제 6 판

저작권법

오승종

박영사

제6판 머리말

2020년 제5판에 이어 2024년을 맞아 제6판을 출간하게 되었다. 17년 전 초판을 발행한 후 보내주신 독자들의 호응에 깊은 감사를 드린다. 그 호응과 기대에 힘입어 지금까지 대략 3년마다 꾸준히 개정판을 이어 올 수 있었다. 제5판 출간 이후 약 3년 반 가까운 시간이 흐르는 동안 저작권법 분야에 있어서도 이론적으로 실무적으로 많은 변화가 있었다. 아울러 저작권을 둘러싸고 있는 문화콘텐츠 산업계에도 큰 발전이 있었다. 이른바 K 문화로 일컬어지는 콘텐츠 산업은 비약적으로 성장하여 우리나라의 주된 먹거리 산업이 되었다. 전체 경제에서 차지하는 비중과 역할도 과거와 비교할 수 없을 만큼 커졌다. 또한 유튜브, 인스타그램을 비롯한 1인 미디어도 하루가 다르게 질적, 양적 성장을 하고 있다. 이러한 시대적 흐름을 제도적으로 뒷받침하고 있는 것이 저작권법이다. 저작권 이슈는 이제 특정 개인이나 특정 기업의 문제가 아니라, 우리 주변에서 누구나 언제라도 부딪힐 수 있는 일상생활의 문제가 되었다. 그러면서 저작권법은 어느새 콘텐츠 산업 사회에서 기본법의 지위를 잡아가고 있다. 도로교통법을 모르고서 자동차 운전을 할 수 없듯이, 저작권법을 모르고서 콘텐츠 사업을 영위하는 것은 위험하다. 오늘날에는 비단 영리적으로 콘텐츠를 생산하고 유통하는 사업자들만이 아니라, 일반인들도 생활 속에서 다양한 방식으로 콘텐츠를 생산하고 유통, 소비하기 때문에 저작권법은 더 이상 관련 분야에 종사하는 사업자들에게만 해당되는 법이 아니다.

지난 3, 4년 동안 메타버스와 NFT를 둘러싼 저작권 이슈가 학계와 실무계를 한참 풍미하더니, 최근에는 인공지능과 관련된 논쟁이 거의 모든 저작권 이슈를 점령하고 있는 것 같다. 기술의 발전과 산업 환경의 변화가 너무나 빠르게 진행되면서 새로운 쟁점들이 매일같이 쏟아져 나오고 있다. 지난 몇 년 동안에 걸친 논의를 통해서 어느 정도 결론을 도출했다고 생각했던 쟁점들이라도 변화된 환경에 맞추어 다시 검토해 보아야 하는 일이 적지 않다. 데이터 텍스트 마이닝(TDM) 등 빅데이터 산업과 관련하여 진행되었던 논의들을 인공지능의 발달로 인해 원점에서부터 다시 검토해 보아야 하는 상황이 된 것이 대표적인 사례이다. 이러한 혼란스러운 상황에서 놓치지 말아야 할 것은 창작자들의 권리를 보호하고 이용자들의 공정한 이용을 도모함으로써 문화 및 관련산업의 발전에 이바지하고자 하는 저작권법의 근본 목적이다.

이제 저작권법은 문화기본법으로서 확고하게 자리를 잡았으며, 창작자와 이용자를 비롯한 관련 당사자들 사이의 이해관계 충돌과 분쟁이 늘어나면서 관련 판례와 이론도 나날이 새롭게 축적되고 있다. 이번 제 6 판에서는 제 5 판 이후 3년 반 가까운 시간이 흐르는 동안 쌓인 중요 판례와 이론을 그 배경 설명과 함께 가급적 빠짐없이 다루고자 하였다. 그 중에는 아직 충분한 검토가 이루어지지 않아 깊이 있는 언급을 할 수 없는 것들도 있으나, 중요 쟁점들에 대하여 최소한 소개 정도는 하려고 하였다. 그 동안 이 책을 보아 주셨던 많은 분들에게 깊은 감사의 말씀을 올린다. 앞으로도 지속적인 주의와 노력을 기울여 겸손한 자세로 이 책을 다듬어 가고자 한다.

2024. 2.

함께 하신 하나님께 감사드리며

오 승 종

제5판 머리말

2016년 제4판을 출간하고 다시 또 4년의 시간이 흘러 2020년이 되었다. 그동안 발전하는 디지털 네트워크 기술과 제4차 산업혁명의 흐름을 따라가기 위해 수차례 저작권법 개정이 이루어졌고, 시대의 변화를 반영하는 새로운 판결들이 속속 나타났다. 유럽을 비롯한 해외 여러 나라에서는 다양하고 획기적인 입법적 노력과 결실이 있었다. 이에 우리나라 학계와 실무계의 이론적인 연구도 깊어지고 그 저변 또한 확대되어 왔다. 특히 국가의 경제성장을 좌우할 제4차 산업혁명의 과정에서 저작권법은 어떠한 역할을 하여야 할 것인지에 대한 근본적인 성찰이 적지 않게 이루어졌다. 미래 저작권 환경에 적합한 저작권법 개정 방향에 대하여 한국저작권위원회가 주도하고 저작권 학계와 실무계가 총체적으로 진행한 연구 성과도 있었다. 이러한 연구는 문화 및 관련 산업의 발전 방향과 속도에 발맞추어 앞으로도 계속 진행될 것이다. 이 번에 출간하는 제5판에서는 2020년까지의 저작권법 개정 내용과 최근 중요 판례들을 빠짐없이 정리하는 한편, 이러한 실무계와 학계의 연구 성과를 충실하게 반영하고자 하였다.

대략 3, 4년 주기로 개정판을 내 왔는데, 어느덧 제5판을 출간하게 되었다. 2007년 초판 이후 제5판에 이르기까지 이 책을 읽어 주셨던 많은 분들에게 감사드린다. 앞으로도 끊임없는 노력과 겸손한 자세로 다듬어 나가고자 한다.

2020. 6.

함께 하신 하나님께 감사드리며

오 승 종

제4판 [전면개정판] 머리말

2013년 초에 제 3 판을 출간하고 3년의 시간이 흘렀다. 그 동안 두 차례의 저작권법 개정이 있었고, 법원에서는 상당수의 중요한 판결들이 선고되었다. 또한 학계에서도 다수의 논문과 저서가 출간되는 등 이론적인 성과의 축적도 있었다. 개인적으로는 2014년 10월부터 한국저작권위원회에 근무하게 되면서 그 동안 학계와 법조계의 시각으로만 보아 오던 저작권 현장을 행정과 정책적인 측면에서 배우고 경험하는 기회를 가질 수 있었다. 이런 과정을 통해서 느끼고 깨달은 점, 그리고 그 동안 정리하여 왔던 내용을 반영하고자 이번에 제 4 판(전면개정판)을 출간하게 되었다.

오늘에 이르기까지 이 책을 아껴주셨던 모든 분들과 부족한 필자에게 많은 가르침을 주셨던 학계와 실무계 여러분께 이 글로나마 감사의 마음을 전한다. 또한 특별한 인연으로 함께 근무하게 된 한국저작권위원회 모든 분들의 격려와 사랑에 진심으로 머리 숙여 감사를 드린다.

앞으로 더 배우고, 묻고, 생각하며 맡은 소명에 충실하고자 한다.

2016. 1.
함께 하신 하나님께 감사드리며
오 승 종

제3판 [전면개정판] 머리말

제2판을 출간한 이후에 한·미 FTA 이행에 따라 대폭 개정된 저작권법이 2012. 3. 15. 자로 발효되었다. 또한 최근 들어 저작권 분야에서 나타난 상당수의 의미있는 판결들과 그동안 실무계 및 학계에서 쌓여 온 이론들 중 지난 개정판까지 미처 다루지 못한 내용들, 그리고 부족했던 부분들을 정리하여 반영할 필요성을 크게 느끼고 있었기에 이번에 제3판(전면개정판)을 준비하게 되었다. 저작권법 전반에 걸친 중요 쟁점과 새로운 이슈, 세부적인 내용들을 가급적 충실하게 다루고자 하다 보니 책의 한 면에 들어가는 글자 수를 최대한 늘리는 등 편집상의 노력을 기울였음에도 부득이하게 전체적인 페이지 수가 꽤 늘어났다.

이 책의 처음 발간 때부터 지난번 제2판 때까지 각별한 애정과 노력으로 편집을 담당해 주셨다가 먼저 하늘나라의 부르심을 받은 홍석태 선생님을 추모하며 이 글로나마 깊은 감사의 마음을 전한다.

앞으로 더욱 정열과 노력을 기울여 도움 주신 모든 분들의 은혜에 보답하고, 하나님께서 주신 직분과 소명에 충실하고자 다짐한다.

2013. 2. 20.

함께 하신 하나님께 감사드리며

오 승 종

제2판 [전면개정판] 머리말

이 책의 초판이 나온 지 4년 반이 지났다. 그동안 여러 차례의 저작권법 개정이 있었고, 특히 2011년에는 한·EU FTA 이행을 위한 실체적으로 중요한 사항을 다수 포함하는 개정 저작권법이 발효되었다. 초판 발간 이후 연구와 검토를 요하는 판례들도 상당히 축적되었고, 그와 더불어 학계와 실무계에서의 이론적인 발전도 이루어졌다. 이에 이번 제2판에서는 2007년 이후 2011년 개정 저작권법에 이르기까지 수차례에 걸쳐 변경된 내용들을 빠짐없이 반영하고, 초판에서 누락되었거나 초판 발행 이후 최근에 나온 중요 판례들, 그리고 초판에서 충분하게 다루어지지 못하였던 중요 쟁점과 새로 나타난 이슈들에 대하여 충실하게 정리하고 검토하고자 하였다. 편집상으로는 페이지수를 최대한 줄이기 위하여 초판보다 책의 판형을 키우고 글자 크기를 축소하였다.

이번 제2판을 준비하고 마무리하기까지 하나님께서 늘 함께 하여 주셔서 조금도 피곤하지 아니하고 항상 기쁘고 감사한 마음으로 집필할 수 있었다. 앞으로 더욱 겸손한 믿음의 자세로 배우고 익혀, 소망을 두고 이 책을 다듬어 나감으로써 크신 은혜와 사랑에 조금이라도 보답하고자 다짐한다.

2011년 12월

함께 하신 하나님께 감사드리며

오 승 종

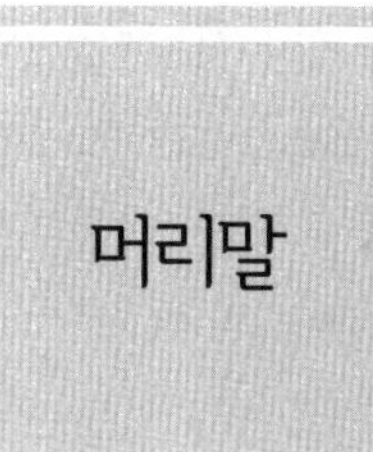

머리말

지식정보사회, 디지털네트워크 시대를 맞이하여 지적재산권, 그중에서도 문화기본법이라고 할 수 있는 저작권법의 중요성은 날로 증대되어 가고 있다. 저자가 1999년 사법연수원 교수 시절에 동료 교수였던 이해완 현 로앤비 대표이사님과 함께 저작권법 저서를 집필하던 때와 비교하여 보더라도 지금은 한 단계 다른 차원에서 저작권법의 새로운 영역이 펼쳐지고 있다. 저작권법은 단순히 문화와 관련된 법이 아니라 국가 산업 전체에서도 커다란 비중을 차지하게 되었고, 나아가 국제적으로도 관심이 집중되는 법영역으로서 그 위상을 높여가고 있다.

2006년 저작권법의 전면 개정을 계기로, 그 동안 분에 넘치게 많은 사랑을 받아 왔던 종전 저서(오승종·이해완 공저)를 마감하고, 이번에 단독저술로 새로 이 책을 출간하게 되었다. 단독저서를 준비하게 된 가장 큰 이유는 무엇보다도 저작권법을 전공하는 학자로서, 또 실무가로서 저작권법 전체를 조망해 보고 싶은 희망이 컸기 때문이다. 아울러 그동안 저작권 분야에서도 많은 판례와 이론의 집적이 있었기에 최근까지의 판례와 이론을 스스로의 책임으로 정리하고 싶은 마음이 있었다. 그리하여 이 책에서는 2007년 6월 29일 시행된 개정 저작권법에 따라 저술하면서, 2007년 상반기까지의 판례와 이론들을 가능한 한 충실하게 정리·분석하고자 하였다.

이 책은 저자의 단독저술이라고는 하지만, 모든 창작은 선인(先人)들의 문화유산의 업적 위에서 이루어진다는 말처럼, 그동안 저작권법의 이론과 실무의 발전에 이바지해 온 많은 분들의 업적의 토대 위에서 쓰여졌다. 오늘날에 이르기까지 저자에게 알게 모르게 많은 가르침을 주셨던 학계, 실무계, 업계 등 각계각층의 여러분들에게 깊은 감사의 말씀을 올리고 싶다. 사실 저자가 처음 저작권법 책을 저술하게 된 것도 이곳저곳에 산재되어 있는 다른 분들의 기존의 연구업적과 외국의 이론 및 판례를 정리하고 싶은 의욕에 힘입었던 바 크다. 이 책 역시 그러한 역할을 할 수 있다면 큰 다행이며, 거기에 저자 나름대로 조그마한 보탬이라도 줄 수가 있다면 더욱 큰 영광으로 생각하겠다. 아무쪼록 이 책이 실무계와 학계, 그리고 문화·산업계의 현장에서 종사하는 분들이나 저작권법 전공자들에게 도움이 되었으면 하는 바람이다. 그리고 부족한 부분, 미처 생각하지 못한 부분, 잘못된 부분에 대하여는 독자들의 지적과 비판을 겸허하게 받아들여 고치고 다듬어 나갈 각오이다.

그동안 저작권법에 대한 높은 식견과 열정으로 저자에게 큰 자극이 되어 주셨던 디지털재산법학회의 양병회 교수님, 이상정 교수님을 비롯한 여러 회원님들, 항상 저자를 격려하고 많은 도움을 주시는 법조 실무계와 학계의 선·후배님들, 따뜻한 지도와 조언을 아끼지 않으신 동료 교수님들을 비롯한 여러분들께 다시 한번 머리 숙여 감사의 마음을 전하고 싶다. 특히 종전 저서의 공저자였던 이해완 로앤비 대표이사님께는 갚을 수 없는 신세를 졌다. 높은 뜻으로 일구신 사업에 큰 발전이 있으시기를 진심으로 기원한다. 아울러 이 책의 저술에 여러 가지로 도움을 주신 저작권위원회 채명기 팀장님, 마지막 교정과 색인 작업에 수고해 주신 최진원 님과 김성은 님, 편집에 애써 주신 박영사 홍석태 차장님의 노고에 깊이 감사드린다.

2007년 6월

함께 하신 하나님께 감사드리며

오 승 종 드림

차 례

CHAPTER 01 총 론

CHAPTER 02 저 작 물

CHAPTER 03 저 작 자

CHAPTER 04 저작자의 권리

CHAPTER 05 저작재산권의 변동과 저작물의 이용

CHAPTER 07 저작인접권과 기타 권리 및 영상저작물의 특례 등

CHAPTER 08 저작권의 등록과 위탁관리 · 저작권위원회 · 저작권보호원

CHAPTER 09 저작재산권 침해의 요건 및 판단기준

CHAPTER 10 저작권침해에 대한 구제

CHAPTER 11 저작권의 국제적 보호

QR코드를 스캔하면 현행 '저작권법'으로 연결됩니다.

Chapter 01

총 론

C/H/A/P/T/E/R 01

총 론

제 1 절 지적재산권 개설

I. 서 설

1. 지적재산권의 개념

지적재산권은 인간의 지적 창조물 중에서 법으로 보호할 만한 가치가 있는 것들에 대하여 법이 부여하는 권리라고 정의할 수 있다. 이러한 개념정의는 간략하지만 많은 의미를 내포하고 있으며, 사실상 지적재산권 전반을 꿰뚫는 포괄적이면서도 중추적인 개념정의라고 할 수 있다. 이러한 개념정의로부터 지적재산권이 성립하기 위한 요건이 도출되며, 그러한 요건을 충족하면 법률적 효과로서 권리, 즉 지적재산권이 부여되는 것이다.

가. 인간의 지적 창조물

우선 지적재산권이라는 권리의 객체는 '인간의 지적(知的) 창조물(創造物)'이며, 따라서 지적재산권은 인간의 지적 창조의 모든 영역을 포괄하여 그 대상으로 한다. 지적 창조물이란 인간의 지적인 정신활동의 결과로서 나타나는 산출물을 말한다. 여기서 '산출물'이라고 할 때의 '물'(物)은 이른바 무체물(無體物)이다. 그렇기 때문에 지적재산권을 '무체재산권'(無體財産權)이라고도 한다. 또한 지적재산권은 '인간'의 정신활동에 따른 산출물을 객체로 하기 때문에 인간이 아닌 존재, 예를 들어 원숭이나 컴퓨터 등이 저작물과 유사한 작품을 만들어 낸다고 하더라도 그것은 지적재산권이 부여될 수 있는 대상이 아니다. 동물이나 컴퓨터, 인공지능 등 인간 이외의 존재가 작성한 작품에 대하여 지적재산권이 부여되기 위해서는 기존 지적재산권법의 개정이나 별도의 입법이 필요하다. 그리고 입법을 통하여 그러한 작품에 권리를 부여한다고 하더라도, 자연인과 법인 등 사람만이 권리와 의무의 주체가 될 수 있다는 민법의 대원칙에 따라 그 권리는 사람에게만 귀속된다.

나. 보호할 만한 가치

인간의 지적 창조물이라고 하여 모두 다 지적재산권이 부여되는 것은 아니다. 인간은 하루에도 수없이 많은 지적 창조를 하면서 살아간다. 예를 들어, 우리가 일상생활에서 말하고 쓰는 것이 모두 자신의 사상이나 감정을 표현하는 지적 창조물이다. 그러나 그와 같이 말하고 쓰는 표현행위에 의하여 나타난 결과물인 지적 창조물이 모두 저작권의 보호를 받는 것은 아니다. 법은 인간의 지적 창조물 중에서 '법으로 보호할 만한 가치가 있는 것'에 대하여만 지적재산권이라는 권리를 부여한다. 그렇다면 인간의 지적 창조물 중에서 어떠한 지적 창조물이 법으로 보호할 만한 '가치'를 가진 것인지 의문이 일어나게 된다. 바로 이 부분이 지적재산권으로 보호받기 위하여 갖추어야 할 '요건'의 핵심을 이루게 된다. 법은 사회적 약속이고 국가와 국민 사이의 일종의 계약이라고도 할 수 있다. 인간이 무엇인가 정신활동을 통하여 지적 창조물을 산출해 내고 그러한 지적 창조물을 통해 국가와 사회가 일정한 이익을 보게 되었을 때, 국가는 그에 대한 대가(代價)로서 그 지적 창조물을 창작한 사람에 대하여 권리, 즉 지적재산권을 부여한다. 따라서 지적재산권의 객체가 되기 위한 요건인 '법으로 보호할 만한 가치'가 있느냐 하는 것은 결과적으로 그 지적 창조물이 국가나 사회에 일정한 이익을 주는 것인지 여부에 달려 있다고 볼 수 있다.

다. 성립요건과의 관계

그런데 '가치'나 '이익'이라는 것은 이른바 '개방형 개념' 또는 '불확정개념'으로서 각자의 주관적인 판단에 흐를 소지가 많은 개념이다. 하나의 지적 창조물을 두고서 그것의 창작자는 '가치'가 있다고 주장하고, 다른 사람은 '가치'가 없다고 주장하는 일이 얼마든지 발생할 수 있다. 그렇게 되면 지적재산권을 주장하는 사람과 그것을 부정하고자 하는 사람 사이에 분쟁이 끊이지 않게 되며, 결과적으로 지적재산권 분야에 있어서 '법적 안정성'(法的安定性)은 영원히 달성할 수 없는 요원한 것이 되고 만다. 그렇기 때문에 법은 인간의 지적 창조물과 관련하여 그것이 '법으로 보호할 만한 가치'가 있는지 없는지에 관하여 일정한 기준을 정해 놓고 그 기준을 충족한 경우에만 보호를 해 준다. 이때 보호여부를 결정하는 기준이 바로 지적재산권으로 성립하기 위한 '요건'이라고 할 수 있다. 뒤에서 보는 바와 같이 인간의 사상이나 감정을 표현한 모든 것이 저작권의 보호를 받는 것이 아니라, 저작권이 주어지기 위해서는 '창작성'이라는 요건이 필요하다. 마찬가지로 인간의 발명이 모두 특허권의 보호를 받는 것이 아니라 '신규성'과 '진보성'과 같은 요건들을 갖추어야 한다. 이러한 요건들이 바로 각각의 지적재산법[1]이 보호할 만한 가치가 있느냐를 판단하기 위한 기준으로 설정된 사회적 약속이라고 볼 수 있다.

라. 지적재산권법의 목적과의 관계

그렇다면 어떤 지적 창조물이 지적재산법이 보호할 만한 가치가 있는 것인가의 판단은 무엇을 근거로 하여 내려져야 하는가? 그것은 각각의 지적재산법이 추구하고자 하는 목적으로부터, 즉 그 법이 추구하고자 하는 목적에 부합하는지 여부를 기준으로 내려져야 한다. 저작권법은 인간의 사상이나 감정의 표현물 중에서도 '창작성'이 없는 것은 보호하지 않는다. 즉, 창작성을 저작권의 보호요건으로 정한 것이다. 입법자는 다른 것을 저작권의 보호요건으로 정할 수도 있었을 것이다. 예를 들어, 미술저작물이라면 예술성, 음악저작물이라면 음악적 독창성, 어문저작물이라면 문학적 가치, 학술논문이라면 뛰어난 학술성 등이다. 그러나 입법자는 그러한 것들이 아니라 '창작성'을 저작권의 보호요건으로 규정하였고, 그것이 사회적 약속으로서 구현된 것이 저작권법이다. 이는 우리 사회가 입법자를 통하여 저작권법을 제정하면서, 창작성이 없는 표현물은 저작권법이 목적으로 하는 "문화 및 관련 산업의 향상발전"에 이바지하는 점이 없으며, 따라서 저작권법이 보호한 만한 가치가 없는 것으로 보기로 약속하였기 때문이다. 특허법도 신규성이나 진보성이 없는 발명은 특허법의 목적인 "국가나 사회의 산업발전"에 아무런 도움이 되지 않는 것으로 보고, 그러한 발명은 특허법으로 보호할 만한 가치가 없는 발명으로 판단한다. 따라서 그러한 발명에 대하여는 특허권이 부여되지 않고 특허법상 아무런 보호도 주어지지 않는다.

---

1) 저작권법, 특허법, 상표법, 부정경쟁방지법 등을 흔히 '지적재산권법'이라는 용어로 총칭하여 왔다. 그러나 저작권법, 특허법, 상표법과 같이 권리부여방식으로 입법되는 법률과 부정경쟁방지법과 같이 권리부여방식이 아닌 행위규제방식으로 규율되는 법률을 모두 포괄한다는 의미에서는 '권리'라는 함의를 제외한 '지적재산법'이라는 용어를 사용하는 것이 바람직하다는 견해가 있다. 박성호, 저작권법, 박영사(2014), 26면. 행위규제방식으로 규율하는 법률이라 하더라도 그 결과로서 권리와 의무가 발생하는 것은 권리부여방식의 법률과 마찬가지이고, 권리와 의무의 존재를 전제로 하지 않는 법률이란 있을 수 없으므로 어느 용어를 사용하더라도 큰 차이는 없다고 생각된다. 이 책도 종전에는 '지적재산권법'이라는 용어를 사용하여 왔으나, 법률 자체의 명칭에는 '권'이라는 용어를 사용하지 않는 것이 통례이고, 지적재산의 창출, 보호 및 활용 등과 관련한 기본법이 2011년에 '지식재산기본법'이라는 명칭으로 입법된 점을 고려하여 본 개정판에서부터는 '지적재산법'이라는 용어를 사용하기로 한다. 나아가 지식재산기본법이 제정된 마당에 '지적재산(권)' 대신 '지식재산(권)'이라는 용어를 사용하여야 한다는 의견도 있으나 반대 의견도 있으므로, 지적재산(권)이라는 용어는 그대로 사용하기로 한다.

마. 목적, 요건, 권리의 상관관계

이와 같이 사회적 약속을 입법이라는 절차를 거쳐 규정화 한 각종의 지적재산법은 각각의 법에서 그 법에 의한 보호를 받기 위해서는 어떠한 요건을 갖추어야 할 것인지에 관하여 규정을 두고 있다. 그리고 그러한 요건을 갖추게 되면 그에 따른 법률적 효과로서 권리, 즉 지적재산권이 부여된다.

이런 점에서 볼 때 각각의 지적재산법이 규정하고 있는 '목적'과 '요건', 그리고 주어지는 '권리'의 내용은 서로 밀접한 상관관계를 맺고 있다. 각종의 지적재산법이 추구하는 목적으로부터 그 법이 어떠한 지적 창조물을 '법으로 보호할 만한 가치'가 있는 것으로 보고 있는지를 파악할 수 있다. 다시 한 번 언급하면, 저작권법은 제 1 조의 목적규정에서 이 법은 "문화 및 관련 산업의 향상발전에 이바지함을 목적으로 한다"고 규정하고 있으므로, 문화 및 관련 산업의 향상발전에 이바지할 수 있는 지적 창조물이 바로 '저작권법으로 보호할 만한 가치가 있는 것'이다. 그리고 어떠한 지적 창조물이 문화 및 관련 산업의 향상발전에 이바지할 수 있는 것이냐에 관하여 저작권법은 '창작성'을 가장 중요한 기준으로 설정하고 있는 것이며, 그렇기 때문에 저작물로서 성립하기 위한 요건의 핵심이 바로 '창작성'인 것이다. 그러한 요건을 갖추면 그에 대한 법률적 효과로서 '저작권'이라는 권리가 부여되며, 다른 사람들은 그 권리를 존중해 주어야 할 의무를 부담하게 된다. 나아가 그 권리의 내용 역시 저작권법이 추구하는 목적, 즉 문화 및 관련 산업의 향상발전에 이바지하는 범위 내에서 결정된다.

2. 지적재산권의 대상과 분류

가. 저작권, 산업재산권, 기타 지적재산권

지적재산법은 인간의 지적 창조의 모든 영역을 포괄하며, 문학, 미술, 음악, 연극, 편집물, 데이터베이스, 컴퓨터프로그램, 생명공학, 전기·기계공학, 화학, 디자인, 생명체의 신품종, 반도체 집적회로, 상품의 상징(symbol) 등 인간의 지적인 능력이 발휘되는 모든 분야가 그 관심의 대상이라고 할 수 있다. 그리하여 지적재산법은 정신적 재화인 지적재산(intellectual property) 내지는 무형의 재화인 무체재산을 그 보호대상으로 하는 일련의 법체계를 일컫는다. 이러한 지적재산에 대한 보호권인 지적재산권은 인간의 지적활동의 성과로 얻어진 정신적, 무형적 재화에 대한 소유권에 유사한 재산권을 지칭하는 것으로, 문학, 예술 또는 학술적 저작물로 대표되는 저작물에 대한 권리인 저작권과 산업적 또는 영업적재산권인 산업재산권의 두 가지 유형으로 대별되며,[2] 그 외에 부정경쟁방지및영업비밀보호에관한법률상의 권리, 퍼블리시티권(right of publicity), 반도체집적회로 등에 관한 권리 등을 '기타 지적재산권'이라고 하여 별도로 나누기도 한다. 그 중에서 산업재산권은 기술적 사상의 창작에 대한 법적 보호로서 부여되는 특허권 및 실용신안권, 물품의 미적 형상에 대하여 부여되는 디자인권, 타인의 상품과 식별력을 가지는 상징(symbol)에 대하여 부여되는 상표권 등 4가지를 이른바 4대 산업재산권이라고 하여 따로 분류하기도 한다.

지적재산권을 크게 저작권과 산업재산권으로 분류하는 것은 나름대로의 의미가 있다. 두 가지 권리는 각각 서로 다른 이념을 가지고 발전해 왔기 때문이다. 굳이 말하자면 저작권은 문화기본권이라고도 지칭되는 것처럼 주로 '문화'[3]의 향상발전을 목적으로 부여되는 권리이다. 이에 반하여 산업재산권은 기본적으로 '산업'의 향상발전을 목적으로 하여 부여되는 권리라는 점에서 차이가 있다. 통상적으로 '문화'라고 하면 비금전적(非金錢的)·비물질적(非物質的)이면서 다소 형이상학적인 정신세계와 관련된 것을 의미하고, 이에 비하여 '산업'이라고 하면 보다 경제적·실리적·기능적이면서 물질세계와 관련된 것을 의미한다고 볼 수 있다. 이와 같이 저작권법의 경우에는 추구하고자 하는 목적이 문화의 향상발전에 있기 때문에 그에 따라 주어지는 권리의 내용과 보호 정도에 있어서 산업재산권과 다소 차이가 난다. 즉, 저작권법은 문화의 향상 발전을 위해서는 창작자의 권리도 중요하지만 이용자가 그 창작물을 공정하게 이용할 수 있는 권리 역시 매우 중요한 것으로 파악한다. 문화는 여러 사람에 의하여 향수(享受)되어야만 그 향수된 문화를 통하여 더욱 발전된 문화를 꽃피울 수 있기 때문이다. 이에 반하여 산업재산권법은 저작권법보다는 상대적으로 창작자의 권리를 보다 견고하게 보호함으로써 창작에 대한 인센티브가 손상 받지 않도록 하는 데 주안점을 두고 있다. 그렇게 하는 것이 산업재산권법이 목적으로 하는 '산업의 발전'에 이바지한다고 보기 때문이다.

나. 문화와 산업의 접근

그런데 오늘날에 와서는 이러한 분류의 의미가 상당히 퇴색되어 가고 있는 것을 볼 수 있다. 우리가 전통적인 문화의 영역이라고 생각하였던 음악이나 미술 등의 분야에 있어서도 '음반산업' 또는 '디자인산업' 등과 같은 용어가 사용되고 있다. 중요한 저작물 중 하나인 '영상저작물'과 관련하여서도 '영화산업'이라는 용어가 일상화되어 있다. 이처럼 종래 전

2) 송영식 외 2인, 지적소유권법, 제3전정판, 육법사, 1994, 54면.
3) 원래 2006. 12. 28. 전부 개정된 저작권법에 이르기까지 그동안의 저작권법 제1조에서는 저작권법의 목적을 '문화'의 향상발전에 이바지하는 것으로 규정하고 있었다.

통적인 문화의 영역이라고 생각하였던 분야들이 산업적인 색채를 강하게 띠게 되면서 저작권법이 산업재산권법적인 요소들을 많이 받아들이는 경향을 볼 수 있다. 이러한 경향은 특히 컴퓨터프로그램저작물과 같은 기능적 저작물에서 현저하게 나타난다. 그리하여 저작권법의 특별법이라고 할 수 있는 구 컴퓨터프로그램보호법은 저작권법에 비하여 상대적으로 산업재산권법적인 성격을 많이 가지고 있으며, 아예 컴퓨터프로그램보호법을 저작권법과 완전히 독립된 독자적인 법의 영역으로 보고자 하는 시도도 있어 왔다. 결국 이러한 시대적 흐름을 반영하여서인지, 2009. 4. 22. 저작권법이 일부 개정되면서 저작권법 제 1 조에서 저작권법의 목적을 종전의 '문화'의 향상발전에서 '문화 및 관련 산업'의 향상발전에 이바지하는 것으로 범위를 넓히는 방향으로 개정되었고, 아울러 구 컴퓨터프로그램보호법이 저작권법에 흡수통합 됨으로써, 저작권법의 산업적 성격은 더욱 강화되었다고 할 수 있다.

Ⅱ. 창작자 이익과 이용자 이익의 균형적 보호

흔히들 지적재산법은 지적 창조자의 권익만을 보호하는 법으로 잘못 알기 쉽다. 그러나 지적재산법의 주된 관심은 인간의 지적 창조물에 대하여 법적인 보호를 부여함으로써 창작의욕을 고취하는 한편, 그 보호가 지나쳐 지적 창조물의 과실을 사회가 충분히 향유할 수 없게 되는 현상을 방지하는 데 있다. 지적재산권에 대한 보호가 불충분하면 창작자의 창작의욕을 고취할 수 없게 되고, 반대로 그 보호가 과도하게 이루어지면 사회·경제적으로 유용한 지적재산을 창작자만이 독점하게 되어 이용자들이 널리 이용할 수 없게 되는 불합리한 상태가 발생한다. 따라서 지적재산법에서는 창작자의 이익과 그 창작물의 이용자인 공중의 이익을 어떻게 조화롭게 보호할 것인지, 창작자에 대한 보호는 어디에서 시작하여 어느 선에서 그쳐야 하는지, 어느 정도의 보호가 창작자와 이용자 사이의 화평을 이루는 적정한 수준이 될 것인지를 판단하는 것이 중요한 쟁점으로 등장하게 된다. 그러므로 지적재산법을 다룸에 있어서는 '창작자의 권리'(author's right)뿐만 아니라, 창작자와 반대되는 지위에 있는 '이용자의 권리'(user's right)에 대하여도 항상 관심을 기울여야 한다.

우리나라 저작권법 제 1 조는, "이 법은 저작자의 권리와 이에 인접하는 권리를 보호하고 저작물의 공정한 이용을 도모함으로써 문화 및 관련 산업의 향상발전에 이바지함을 목적으로 한다"라고 규정하고 있다. 이는 일정한 범위까지 저작자의 개인적 권익을 보호하는 한편, 그 범위 밖에서는 공중의 이익보호를 위하여 저작자의 권리를 제한함으로써 궁극적으로 문화 및 관련산업의 발전에 기여하고자 한다는 취지이다. 마찬가지로 특허법도 제 1 조에서, "이 법은 발명을 보호·장려하고 그 이용을 도모함으로써 기술의 발전을 촉진하여 산업발전에 이바지함을 목적으로 한다"라고 규정함으로써 발명자의 이익과 아울러 그 이용자 이익의 보호도 도모하고 있음을 분명히 하고 있다. 결국 저작권법이나 특허법을 비롯한 모든 지적재산법은 사익적 측면과 공익적 측면을 아울러 고려하여 그 조화를 통한 문화 및 산업발전을 목적으로 한다. 따라서 창조자의 권리와 공중의 이익을 어떻게 화평하게 조화시킬 것인지가 지적재산법 운용에 있어서의 가장 중요한 핵심적 사항이라고 할 수 있다.

Ⅲ. 각종의 지적재산권

1. 저 작 권

저작권은 인간의 사상 또는 감정을 표현한 창작물에 대하여 법이 그 창작자에게 일정기간 동안 그 창작물을 독점적으로 사용케 하고 다른 사람이 무단으로 복제·공연·공중송신(전송, 방송, 디지털음성송신 등)·전시·배포·대여 및 2차적저작물의 작성 등의 행위를 하거나 그 창작물에 대한 창작자의 인격권 침해행위를 하는 것을 금지하는 권리이다. 저작권법은 학문이나 예술과 같은 정신문화의 영역에 속하는 권리로서 인간의 정신생활을 풍요롭게 하고 인류문화의 발달에 기여하여 왔기 때문에 문화기본법이라고 불리어져 왔다.[4)]

저작권의 보호를 받기 위하여서 그 저작물은 일정 수준 이상의 '창작성'(創作性, originality)을 가지고 있을 것이 요구된다. 저작권법에서 요구하는 창작성은 특허권 등 산업재산권에서 요구하는 이른바 '신규성'(新規性, novelty)과는 다른 의미를 가진다. 甲이 창작한 저작물과 완전히 동일한 저작물을 乙이 창작하였다고 하더라도 乙이 그것을 스스로 창작하였고 甲의 저작물을 베끼거나 모방한 것이 아니라면 甲의 저작권은 乙의 저작물에 미치지 아니한다. 이러한 점에서 저작권을 '모방금지권'(模倣禁止權)이라고 하기도 한다. 또한 저작권은 기본적으로 특정한 사상이나 감정(이를 통틀어 idea라고도 한다)의 '표현'(expression)을 보호하는 것이지 그 사상이나 감정 '자체'를 보호하는 것이 아니라는 점에서도 특허권과 구별된다. 특허권은 사상, 그 중에서도 '기술적 사상'(technical idea)을 그 자체로서 보호하는 것이다. 그러므로 동일한 문학적 사상이라고 하더라도 이를 각각 다른 표현으로 구체화하게 되면 그 표현된 각각의 창작물들은 각각 독자적인 저작권의 보호대상이 되나, 하나의 기술적 사상을 여러 개의 다른 방식으로 표현하였다고 하더라도 그 기본이 되는 기술적 사상이 동

4) 송영식 외 2인, 전게서, 62면.

일한 이상 하나의 특허권만이 성립할 뿐 그 표현방식에 따라서 별개의 특허권이 성립하는 것은 아니다.

2. 특 허 권

특허권은 특정한 기술적 사상의 창작물(발명)을 업(業)으로서 일정기간 독점적·배타적으로 실시할 수 있는 권리이다(특허법 제94조).[5] 발명은 산업상 이용가능성, 신규성, 진보성 등 몇 가지 요건을 갖추어야 비로소 특허권을 부여받아 등록될 수 있으며, 그 등록을 위한 출원절차는 행정청인 특허청을 통하여 이루어진다. 특허청은 이와 같은 요건과 아울러 그 출원이 법에서 정한 각종의 개시요건을 충족하고 있는가를 심사하여 특허권 부여 여부를 결정한다. 일단 특허권이 부여되면 일정한 기간 동안 특허권자를 제외한 다른 사람은 특허권자의 허락 없이는 '업'(業)으로서 그 특허발명을 생산, 사용, 양도, 대여, 수입, 양도 및 대여의 청약행위를 하는 것이 금지되며, 만약 특허권자의 허락 없이 그와 같은 행위를 하는 때에는 특허권자는 그 행위자를 상대로 특허권 침해를 원인으로 한 민·형사상 소송의 제기 등을 통해 구제를 받을 수 있다.

3. 실용신안권

실용신안은 산업상 이용할 수 있는 물품의 형상·구조 또는 조합에 관한 고안으로서, 여기서 '고안'(考案)이라 함은 자연법칙을 이용한 기술적 사상의 창작을 말한다(실용신안법 제 2 조, 제 4 조). 특허와 실용신안은 자연법칙을 이용한 기술적 사상의 창작이라는 점에서는 동일하지만 그 창작의 정도가 고도한 것이냐 아니면 그보다 낮은 수준의 것이냐에 따라서 구별되는 것이라고 보면 된다.[6]

국가 전체의 기술수준이 고도화된 사회에서는 특허와 실용신안의 구분이 불분명해지기 때문에 실용신안이라는 권리를 별도로 인정하지 않는 국가도 많이 있다. 그러나 발명보다 창작의 난이도가 낮은 기술인 이른바 '소발명'(小發明)의 보호를 인정하지 않으면 아직 그 기반이 성숙되지 않은 중소발명가의 개발의욕을 꺾는 결과가 될 수 있다. 그렇기 때문에 일부 선진국에서도 비록 변형된 형태이기는 하지만 실용신안권을 인정하고 있다.[7] 실

5) 현재 특허권의 존속기간은 특허권의 설정등록이 있는 날부터 특허출원일 후 20년이 되는 날까지로 되어 있다(특허법 제88조 제 1 항).

6) 다만, 실용신안은 물품의 고안만을 그 대상으로 하고 있으므로 방법이나 물질에 대한 발명은 특허의 대상이지 실용신안의 대상은 아니다.

용신안제도는 독일·일본을 비롯한 여러 나라에서 시행되어 산업발전에 긍정적 기여를 해 온 것으로 평가되고 있고 우리나라에서도 많이 이용되고 있다.[8] 실용신안권의 존속기간은 실용신안권의 설정등록을 한 날부터 실용신안등록출원일 후 10년이 되는 날까지이다(실용신안법 제22조 제1항).

4. 디자인권[9]

디자인권은 물품의 형상, 모양, 색채 또는 이들의 결합으로 시각을 통하여 미감을 일으키게 하는 공업적으로 이용가능한 고안을 보호대상으로 한다(디자인보호법 제2조 제1호). 물품에 대한 창작인 점에서 실용신안과 공통의 기반을 가지지만, 디자인은 미적(美的) 과제의 해결을 목적으로 한다는 점에서 기술적(技術的) 과제의 해결을 목적으로 하는 실용신안과 구별된다. 따라서 하나의 고안에 대하여 실용신안권과 디자인권이 병렬적으로 설정될 수도 있다. 하나의 동일한 고안이 미적 과제와 기술적 과제를 동시에 해결하고 있는 경우가 그러하다.

디자인을 보호하는 방식으로는 특허적 방법과 저작권적 방법이 있으나, 우리나라는 공업적 디자인에 대하여 심사를 거쳐 등록하게 하고[10] 일정기간 동안 독점적 이윤을 보장하는 특허적 방법에 의한 보호를 꾀하는 한편, 저작권법에서도 응용미술을 보호하고 있다. 따라서 이들 사이의 조정이 문제로 된다.[11] 디자인권의 존속기간은 설정등록이 있는 날 발생하여 디자인등록출원일 후 20년이다(디자인보호법 제91조 제1항).

5. 상 표 권

상표라 함은, 상품을 생산·가공·증명 또는 판매하는 것을 업으로 영위하는 자가 자기의 업무와 관련된 상품을 타인의 상품과 식별되도록 하기 위하여 사용하는 기호·문자·도

7) 이종일, 특허법, 한빛지적소유권센터, 1996, 61면.
8) 송영식 외 2인, 전게서, 59면
9) 종전에 '의장법'에 의하여 '의장권'이라는 명칭으로 보호되던 권리이다. 2004. 12. 31. 법 개정을 통하여 '의장법'의 명칭이 '디자인보호법'으로 변경되었고, 그에 따라 권리의 명칭도 '의장권'에서 '디자인권'으로 바뀌었다.
10) 다만, 종전 디자인보호법(1997. 8. 22. 법 제5354호) 이후 현행 디자인보호법(2009. 6. 9. 법 제9764호)은 일부 디자인등록출원에 대하여 등록요건 중 일부사항만을 심사하는 디자인무심사등록제도를 시행하고 있다(위 법 제2조 제5호).
11) 송영식 외 2인, 전게서, 60면; 이 점에 관하여는 제2장 제4절에서 검토한다.

형·입체적 형상·색채·홀로그램·동작 또는 이들을 결합한 것과 소리·냄새 등을 시각적 방법으로 표현한 것을 말하며(상표법 제2조 제1호), 상표권은 이와 같은 상표로서 등록된 것을 독점적·배타적으로 사용할 수 있는 권리를 말한다. 상표를 권리로 보호함으로써 수요자에게 상품의 출처를 명확히 하여 상품선택에 길잡이를 제공하고, 상표사용자는 자신의 상표의 지속적인 사용으로 업무상 신용을 얻어 상품 및 상표의 재산적 가치를 높여가는 효능을 발휘하게 된다.

그러므로 상표를 보호하는 취지는 특허나 실용신안과 같은 지적창작물을 보호하는 취지와는 상당히 다르다. 상표는 상품이나 서비스를 세상에 드러내어 밝히고 상거래에 있어서 소비자를 끌어당기는 자력(commercial magnetism)을 가지는 심볼 마크로서, 그것에 의하여 축적되어 온 생산자나 영업자의 신용을 보호한다. 상표권은 그러한 상표에 의지하여 상품이나 서비스를 선택, 구매하는 수요자의 심리적 기능을 법이 승인함으로써 이를 보호하는 것이다. 따라서 법이 상표를 보호하는 것은 상표가 갖는 이러한 기능, 즉 출처표시기능, 품질보증기능, 광고선전기능 등을 인식하고 그것을 보호하기 위한 것이지 상표를 구성하는 기호, 문자, 도형, 색채 등 그 자체를 보호하기 위한 것이 아니다.[12] 상표의 사용권자는 상표권의 존속기간 동안 다른 사람이 관련 상품의 출처에 대하여 혼동을 일으킬 우려가 있는 동일 또는 유사한 상표를 사용하는 것을 금할 수 있다. 상표의 존속기간은 설정등록이 있는 날부터 10년이며, 그 기간은 10년씩 갱신이 가능하다(상표법 제42조 제1항, 제2항).

6. 기타 지적재산권

가. 영업비밀(Trade Secret)

영업비밀은 사실상 모든 형태의 구체적인 정보, 예컨대 제조공식이나 데이터, 프로그램, 고안, 제조방법, 고객 리스트 등을 포함한다. 다만 그 정보는 그것이 일반적으로 알려져 있지 아니하고, 보통의 수단으로는 다른 사람에 의하여 쉽게 얻어질 수 없는 것으로서, 보유자가 비밀로서 관리하고 있으며 그로 인하여 경제적 가치를 창출할 수 있는 것이어야 영업비밀에 속하게 된다.[13] 즉, 영업비밀로 보호받기 위해서는 비밀성·관리성·경제성 등의 요건을 갖추어야 한다. 특허권이나 실용신안권, 상표권과는 달리 영업비밀에 대한 권리를 취득함에는 등록과 같은 일정한 형식적 요건을 구비하여야 하는 것은 아니다. 영업비밀

12) 송영식 외 2인, 전게서, 61면

13) Donald S. Chisum & Michael A. Jacobs, *Understanding Intellectual Property Law*, Matthew Bender & Co., Inc(1992), pp. 1-4.

의 권리자는 다른 사람이 부정한 방법으로 영업비밀을 취득하거나, 영업비밀을 부정취득한 자로부터 이를 다시 취득하는 행위, 영업비밀을 비밀로서 유지하여야 할 의무가 있는 자가 부당한 방법으로 이를 공개하는 행위를 금지할 수 있다(부정경쟁방지및영업비밀보호에관한법률 제2조 제3호 참조). 영업비밀에 대한 권리는 그 정보가 비밀로 유지되는 한 존속한다.

자신의 발명을 특허출원하여 특허로서 보호받을 것이냐, 아니면 이를 비밀로 하여 영업비밀로서 보호받을 것이냐는 기본적으로 발명자의 선택에 달린 문제이다. 발명이 특허출원되면 그 기술적 사상은 공개되고 따라서 공중은 정당한 절차를 통하여 그 발명을 이용할 수 있다. 뿐만 아니라 그 기술을 토대로 더 나은 기술을 개발할 수도 있고, 사회적으로는 그 기술에 대한 제3자의 이중투자를 방지하여 낭비를 줄임으로써 산업의 효율적 발달을 촉진하는 효과가 있다. 이러한 이점 때문에 법은 발명을 출원하여 공개한 사람에게 일정한 기간 동안 특허권이라는 독점적 권리를 보장함으로써 공개를 유도한다. 만약 발명자가 자신의 발명을 공개하지 아니하고 영업비밀로서 간직한다면 그것이 비밀로 유지되는 한에서는 발명자가 영업비밀로서의 권리를 향유할 것이지만, 일단 그 비밀상태가 해제되거나 누설되면 그때부터 법은 발명자에 대하여 보호를 해 주지 않는다. 따라서 발명자는 자신의 발명을 공개하여 비록 한정된 기간이지만 안정적인 권리보호를 받을 것이냐, 아니면 위험을 감수하더라도 비밀을 유지하여 영구적인 보호를 꾀할 것이냐를 스스로 결정하게 된다.

나. 퍼블리시티권(The Right of Publicity)

퍼블리시티권은 이른바 캐릭터(character) 권리의 한 종류로서 특히 실재하는 사람의 캐릭터에 관한 권리를 말한다. 만화, 영화, 소설, 스포츠에 등장하는 가공적 또는 실재하는 인물의 형상, 명칭 등은 매스컴의 비상한 발달로 대중에게 극히 친숙한 존재이므로 이를 상품, 특히 의류, 문방구, 장난감 등 일반 대중을 구매자 층으로 삼는 상품에 사용하는 경우에는 현저한 고객흡인력을 발휘하게 된다. 본래 실재하는 인물의 용모나 성명 등 캐릭터에 관한 권리는 비경제적인 초상권의 보호 대상이었다. 그러던 것이 실재 인물의 캐릭터가 가지는 경제적 가치, 즉 상품 선전력 내지는 고객흡인력에 착안하게 되면서 특정한 인물이 자신의 캐릭터에 대한 상업적 가치를 통제할 수 있는 권리로서 퍼블리시티권의 개념이 등장하게 되었다. 퍼블리시티권은 일정 부분 저작권과 유사한 성질을 가지고 있으므로 이 책에서 그 대략적인 내용에 관하여 살펴볼 것이다.

다. 배치설계권

반도체칩은 1960년대부터 실용화되어 컴퓨터와 각종 사무용품, 가전제품, 자동차 등의 고성능화, 고품질화, 소형간편화, 저가화를 이룩하는 데 결정적 기여를 함으로써 현대 산업에 있어서 백미라고 불리어지고 있다. 반도체집적회로(integrated circuit, IC)의 회로기판상에 소자(elements)를 어떻게 배열·배선할 것인가 하는 회로의 배치설계(layout design)에 독점배타적인 전용권을 부여한 것이 배치설계권이다. 반도체 강국인 미국에서 특허나 저작권에 의하여 보호하는 것이 부적절하다는 지적에 따라 독자적인 법을 제정하여 등록 또는 산업상 이용일로부터 10년간 독점배타권을 부여하는 방식으로 보호하는 것으로 입법화 되었다. 우리나라에서는 1992. 12. 8. 반도체집적회로의배치설계에관한법률(법률 제4526호)을 제정하여 보호하고 있다.[14] 이 법에서는, '반도체집적회로'란 반도체 재료 또는 절연(絕緣) 재료의 표면이나 반도체 재료의 내부에 한 개 이상의 능동소자를 포함한 회로소자들과 그들을 연결하는 도선이 분리될 수 없는 상태로 동시에 형성되어 전자회로의 기능을 가지도록 제조된 중간 및 최종 단계의 제품을 말하고, '배치설계'란 반도체집적회로를 제조하기 위하여 여러 가지 회로소자 및 그들을 연결하는 도선을 평면적 또는 입체적으로 배치한 설계를 말한다고 정의하고 있다(동 법 제2조 제1, 2호). 배치설계권의 존속기간은 설정등록일부터 10년이다(동 법 제7조 제1항).

Ⅳ. 지적재산 관련 분쟁의 주된 쟁점

법은 분쟁을 전제로 한다. 분쟁이 존재하지 않는다면 법도 존재할 이유가 없을 것이다. 법은 분쟁이 발생하였을 때 그것을 해결하는 기준이 되며, 한편으로는 그러한 기준으로서의 역할을 통하여 잠재적 분쟁이 현실화 되는 것을 막는 기능을 한다. 그런데 지적재산권과 관련된 분쟁을 들여다보면 다른 일반적인 분쟁에서 볼 수 없는 하나의 특징적인 점을 관찰할 수 있다. 그것은 대부분의 지적재산권 관련 분쟁에 있어서 주된 쟁점이 두 가지 사항에 집중된다는 것이다. 첫째는 성립요건의 충족여부이고, 둘째는 침해의 성립여부이다. 이 점을 보다 상세히 살펴보면 다음과 같다.

1. 제1 쟁점 - 성립요건의 충족 여부

첫째로, 지적재산권 관련 분쟁에서는 지적재산으로서의 성립요건의 충족여부가 중요한 쟁점으로 되는 경우가 많다. 다시 말해서 분쟁의 대상이 된 지적 창조물이 지적재산법

14) 송영식 외 2인, 전게서, 64면.

에서 정하고 있는 권리의 성립요건을 제대로 갖추고 있는가 하는 점이 쟁점으로 되는 것이다. 일반적인 물권이 관련된 분쟁에서 권리의 대상인 '물건' 또는 '물권' 그 자체의 성립요건의 충족 여부가 문제로 되는 경우는 거의 없다. 예를 들어, '건물'에 대한 소유권 침해소송에서 소송의 대상이 된 건물이 물건으로서 또는 소유권의 대상으로서 성립요건을 갖추고 있는지 여부는 거의 문제로 되지 않는다. 그러나 지적재산권 관련 분쟁에서는 그렇지 않다. 특허권이 성립되기 위하여서는 산업상 이용가능한 발명이 있어야 하며, 여기서 발명이라 함은 자연법칙을 이용한 기술적 사상의 창작으로서 어느 정도의 고도성(高度性)을 가지고 있어야 한다. 그리고 그 발명은 신규성(novelty)과 진보성(non-obviousness)을 가진 것이어야 하며, 그 밖에 출원과 관련하여 법이 정한 몇 가지 요건들과 등록 등의 절차를 거쳐야 비로소 완전한 권리로서 성립하게 된다. 마찬가지로 상표권이 성립하기 위하여서는 어떤 상품의 상징이 자타상품식별력 또는 출처표시능력을 갖추어야 하며, 디자인권이 성립하기 위하여서는 인간이 시각을 통하여 미감을 느끼게 할 수 있는 물품의 외양으로서 신규성이 있어야 한다. 또한 저작권이 성립하기 위하여서는 인간의 사상이나 감정을 표현한 창작물로서 이른바 창작성(originality)을 가지고 있어야 한다.

이와 같이 인간의 지적 창작물 모두가 지적재산권으로 보호받는 것이 아니라 그러기 위하여서는 각각의 법에서 정하는 일정한 요건들을 충족할 것이 필요하다. 이러한 요건들은 이용자 내지는 공중의 이익을 보호하기 위하여 법이 특별히 정하고 있는 요건들이다. 앞에서도 언급한 바와 같이 지적재산권의 성립요건은 결국 그 지적 창조물이 법으로 보호할 만한 '가치'를 가지고 있는지 여부에 관한 판단기준을 법에서 정해 놓은 것이라고 볼 수 있다. 그런데 '가치'의 존재여부는 상당 부분 주관적 판단에 흐를 수밖에 없는 것이기 때문에 그것을 판단하는 기준인 지적재산권의 '성립요건' 역시 주관적 판단을 요하는 것일 수밖에 없다. 그런 까닭에 각종의 지적재산권의 성립요건들은, 예를 들어 저작권의 성립요건인 '창작성'이나 특허권의 성립요건인 '진보성' 등과 같이 이른바 '개방형 개념' 또는 '불확정개념'으로 구성되어 있는 경우가 많다. 그 결과 실제 분쟁에 들어가면 이러한 요건의 충족여부가 핵심적 쟁점을 이루게 되고, 그것을 둘러싸고 원고와 피고 사이에 치열한 공방이 벌어지게 되는 것이다.

2. 제2 쟁점 – 침해의 성립 여부(보호범위 획정)

둘째로, 지적재산권 관련 분쟁에서는 침해의 성립여부가 쟁점으로 되는 경우가 대부분이다. 즉, 성립요건을 모두 갖추어 지적재산권이 성립한다고 하여도 과연 피고의 행위가 그러한 지적재산권을 침해하는 행위냐 하는 점이 또 다른 중요한 쟁점이 되는 것이다. 이는 결국 각종의 지적재산권의 보호범위를 어디까지 인정해 줄 것이냐, 즉 보호범위 획정의 문제라고도 볼 수 있다. 지적재산권은 물권과 같은 독점·배타적 성격을 갖고 있기 때문에 이를 준물권(準物權)이라고도 한다. 그러나 일반적인 물권의 경우에는 침해여부의 판단이 비교적 쉽다. 예를 들어 피고의 건물이 원고의 토지를 침범(침해)하였는지 문제로 되는 경우 토지경계측량을 해 보면 쉽게 침해여부를 판단할 수 있다. 그리하여 분쟁의 쟁점은 침해여부가 아니라 피고가 과연 그와 같이 원고의 토지를 점유할 정당한 권원이 있는지 여부에 모아지게 되는 것이 보통이다. 그러나 지적재산권이 관련된 분쟁의 경우에는 권리의 침해여부 자체가 불분명한 경우가 많다. 지적창작물의 보호범위는 부동산의 보호범위인 토지 경계처럼 명확하지가 않기 때문이다. 즉, 저작물을 비롯한 지적창작물은 부동산이나 동산처럼 외부적 경계가 명확하지도 않고, 채권처럼 액수나 권리범위가 정해져 있는 것도 아니다. 그리고 대부분의 지적재산권의 침해는 그 보호범위에 속하는지 아닌지의 여부가 불분명한 경계선 상에서 일어나는 것이 일반적이다. 甲의 A라는 발명과 乙의 B라는 실시형태가 동일한 것인지, 균등영역에서의 것인지, 아니면 진보성이 부정되는 범위에서의 것인지를 판단한다는 것은 구체적인 경우에 있어서 극히 어려운 문제이다. 마찬가지로 乙의 상표가 甲의 상표의 유사범위에 속하는지 여부, 乙의 저작물이 甲의 저작물을 표절한 것인지의 여부도 판단이 어려운 문제이다.

3. 쟁점의 원인 – 불확정개념

지적재산권 관련 분쟁에 있어서 이와 같이 성립요건의 충족여부와 침해의 성립여부가 가장 핵심적인 쟁점으로 되는 것은 이들을 판단하는 기준이 모두 '불확정개념'으로 되어 있는 것에 연유하는 바가 크다. 이는 지적창작물이라는 무체재산을 대상으로 하는 지적재산법으로서는 어쩔 수 없는 한계상황이라고도 할 수 있다. 그 결과 지적재산권 관련 분쟁은 어느 정도 주관적 판단을 수반하지 않을 수 없는 부분이 있고, 그리하여 지적재산권 관련 분쟁에 있어서 법적 안정성을 확보한다는 것은 항상 요원하다는 느낌을 감출 수 없다. 그러나 그렇다고 하여 손을 놓고만 있을 수 없는 것이 현실이다. 구체적인 사례들을 검토하고 거기에 가장 합리적으로 적용될 수 있는 분석의 틀을 제시하면서, 그 틀에 맞는 논리적이고 정교한 판단작업을 수행하여야 한다. 그렇게 함으로써 나름대로 객관적인 기준을 만들어 가는 등 지적재산권 분쟁과 관련하여 구체적 타당성 못지않게 법적 안정성을 확보하고자 하는 노력이 필요하다.

V. 정책적 고려의 중요성

지적재산은 대체적으로 다음과 같은 특징을 가지고 있다. 그것은 첫째, 누군가가 그 지적재산을 창조함에는 많은 시간과 노력, 비용이 든다는 것, 둘째, 다른 사람은 창조자보다 훨씬 적은 시간과 노력, 비용으로 그 창조물을 모방할 수 있다는 것, 셋째, 다른 사람의 그 창조물에 대한 사용이 적어도 물리적으로는 창조자의 사용과 저촉되지 않는다는 것 등 세 가지이다. 이러한 세 가지 특징으로 말미암아 지적재산법은 다음과 같은 두 가지 대립되는 입장을 정책적인 고려를 통하여 상호 조율하여야 한다. 첫째는, 창작을 장려할 것이냐 아니면 경쟁을 장려할 것이냐, 둘째는, 지적재산권을 절대적 소유권으로 할 것이냐 아니면 상대적 독점권으로 할 것이냐의 서로 다른 입장이다.[15]

1. 창작자와 이용자

먼저 첫 번째 문제와 관련하여, 창작을 장려하여야 한다는 입장에서는, 만약 창작자 이외의 사람이 동의를 받거나 보상을 해 줌이 없이 마음대로 창작물을 모방하여도 좋다면 창작자의 창작의욕은 일어날 수 없으며, 비록 창작이 되었다 하더라도 그것을 최초로 생산하거나 배포할 이유가 없어진다고 말한다. 이러한 점을 이른바 '무임승차'(free ride) 효과라고도 한다. 반대로 경쟁을 장려하여야 한다는 입장은 생산자들 사이의 자유경쟁을 통하여 소비자가 이익을 얻을 수 있다는 다분히 소비자적인 관점에서의 주장이다. 즉, 경쟁을 통하여서만 자원의 효율적인 배분과 가격체감을 유도할 수 있으며, 저작권이 책값을 올리는 부작용이 있는 것처럼, 지적재산권을 권리로서 보호하면 할수록 소비자 및 공중의 이용권은 제한될 수밖에 없다는 것이다.

2. 소유권이냐 독점권이냐

두 번째 문제와 관련하여, 지적재산권을 절대적 소유권으로 보아야 한다는 입장은 주로 대륙법계의 사고방식으로, 지적 창조물은 이른바 'brain-child'로서 창작자의 완전한 소유물이지 단순한 독점권이 아니라는 것이다. 따라서 창작자에게 배타적인 권리를 부여하는 것은 동산이나 부동산의 소유자에게 완전한 독점·배타권을 부여하는 것과 마찬가지로 아무런 문제될 것이 없으며, 그것이 반경쟁적(anti-competitive)이라고 볼 근거가 없다는 것이다.

---

15) Chisum, *op. cit.*, pp. 1-6.

반대로 지적재산권을 상대적 독점권으로 보아야 한다는 입장은 주로 영미법계의 사고방식으로, 지적창작물에 대하여 창작자가 갖는 권리는 완전한 소유권과는 다른 독점권의 한 형태로서 독점금지법(Antitrust Law) 또는 시장경제의 원리에 의하여 적절하게 통제되어야 한다는 것이다. 따라서 영미법계에서는 이와 같은 독점금지법의 정신 및 전통적인 계약법의 정신의 바탕 아래에서 지적창작물이 공개됨으로써 사회 일반에 대하여 일정한 정도의 기여를 하였을 때에만 그에 대한 '대가'(quid pro quo)로서 보호를 인정하는 경향이 강하다.[16)]

3. 저작권 정책과 공유 정책

이러한 문제는 앞에서 본 보호의 정도와 관련하여 창작자의 권리를 중점적으로 보호할 것이냐 아니면 이용자의 권리를 중점적으로 보호할 것이냐 하는 문제와 깊이 관련되어 있다. 이러한 문제는 저작권 정책을 세우고 시행함에 있어서 가장 근본적인 쟁점이 되는 사항이고, 저작권의 보호기간 설정이나 새로운 저작지분권의 부여, 그 내용의 결정 및 저작권 제한 규정의 도입 등을 논의할 때 논의의 기초가 된다. 결국 이는 해당 국가나 사회의 정책적 고려에 의하여 결정된다. 저작권과 관련하여서는 '저작자'와 '이용자'라는 서로 대립되는 이해관계인이 존재하며, 저작권법의 궁극적인 목적인 문화 및 관련 산업의 향상발전을 위해서는 이들 이해관계인 모두에 대한 고려가 필요하다. 따라서 저작권의 보호는 마치 동전의 양면과 같아서, 저작권을 어느 정도로 보호하는 것이 적정한가를 결정하는 것은 거꾸로 저작권을 어느 정도로 보호하지 않는 것이(즉, 어느 정도로 제한하는 것이) 적정한가를 결정하는 것이 된다. 이는 결국 저작권을 얼마만큼 사적인 권리로서 보호할 것이며, 반대로 저작물을 어느 정도까지 공공의 자산으로 하는 것이 적정할 것이냐를 결정하는 정책적 판단의 문제라고 할 수 있다. 여기서 전자를 '저작권 정책'(copyright policy)이라고 한다면, 후자는 '공유 정책'(public domain policy)이라고 할 수 있는데,[17)] 이는 결국 관점의 차이만 있을 뿐 근본적으로 이 둘은 하나이다. 저작권 보호 수준을 결정함에 있어서 특정한 대상(작품)에 저작권을 부여하여 이를 사적인 자산으로 할 것이냐, 또는 저작권 보호를 부인하여 누구나 자유롭게 이용할 수 있는 공공의 자산으로 할 것이냐의 판단은 동시에 이루어

16) 이에 따라 미국 특허법에서는 출원시 특허명세서에 발명자가 가장 우수한 실시형태라고 생각한 것을 숨김없이 공개하여야 하며(best mode requirement), 미국 저작권법은 창작물이 저작권으로 보호받기 위한 요건으로서 창작성 외에 일정한 형식으로 그 창작물이 고정화(fixation)됨으로써 일반 공중이 쉽게 접근할 수 있을 것을 요구한다.

17) 수사적(修辭的)인 표현으로 copyright와 copyleft라는 용어를 쓰기도 한다. copyleft는 지적 창작물에 대한 사용, 수정, 재생산의 권리를 특정인이 독점하는 것이 아니라, 모든 사람이 공유할 수 있도록 하는 정책을 말한다.

지는 하나의 판단이다. 어느 하나가 늘어나면 다른 것은 상대적으로 줄어들게 되고, 반대로 어느 하나가 줄어들면 다른 하나가 그만큼 늘어나게 된다.[18] 그리고 국가가 이와 같은 정책적 판단을 함에 있어서는 해당 국가에 있어서의 저작권에 대한 사회적 통념과 인식, 문화 및 관련 산업의 발달 단계 및 속도, 다른 산업에 미치는 영향 및 관계, 기타 사회 각 분야에 대한 파급효과 등을 종합적으로 고려하게 된다.

Ⅵ. 저작권의 의의와 저작권법의 목적

1. 저작권의 근거

저작권의 근거는 크게 '자연권론'(natural right theory)과 '유인론'(incentive theory) 두 가지로 나누어진다. 자연권론은 저작권을 보호하는 것이 자연적 정의의 원리에 부합한다는 입장이다. 자연권론은 다시 노동이론과 인격론으로 나누어지는데, 노동이론은 저작자는 다른 노동자와 마찬가지로 그의 정신적 노동에 대한 대가를 보유할 자연권적 권리를 갖는다는 것이고, 인격권론은 저작자는 그의 인격의 표현물인 저작물의 창작자로서 그 저작물의 이용을 결정하고 그 침해로부터 보호받을 자연적 권리를 갖는다는 것이다. 이에 대하여 유인론은 지적 창작물인 저작물이 문화발전에 대한 유인으로 작용한다는 점에서, 나아가 잠재적 저작자로 하여금 저작물을 창작하도록 유인할 필요가 있다는 점에서 창작행위에 대한 경제적 인센티브로서 저작권의 존재 근거가 있다는 입장이다.

스튜어트(Stephen M. Stewart)는 근대적 의미에서의 저작권 보호의 근거를 첫째, 자연적 정의의 원리에 부합하며, 저작권료는 창작자의 지적인 노동에 대한 대가라는 점, 둘째, 투하자본 회수를 가능하게 하는 경제적 유인으로서 필요하다는 점, 셋째, 창작의 장려를 통한 문화 발전을 위해서 필요하다는 점, 넷째, 저작물 보급을 통한 사회 그룹 간 연결고리 생성 등 사회적 결속을 위해 필요하다는 점의 네 가지를 들고 있다고 한다.[19]

저작권 보호의 근거는 최고규범인 헌법에서도 찾을 수 있다. 우리 헌법은 건국 이래 문화국가의 원리를 헌법의 기본원리로 채택하고 있다. 헌법 전문에서 "정치·경제·사회·문화의 모든 영역에 있어서 각인의 기회를 균등히"할 것을 선언하고 있을 뿐만 아니라, 제9조에서 국가에게 "전통문화의 계승·발전과 민족문화의 창달"에 노력할 의무를 부여하고

18) 임원선, 실무자를 위한 저작권법, 개정판, 한국저작권위원회, 2009, 30면.
19) 상게서, 29, 30면 참조.

있다. 이러한 전제 아래에서 헌법 제22조 제 2 항은 "저작자·발명가·과학기술자와 예술가의 권리는 법률로써 보호한다"고 규정함으로써 지적재산권의 헌법적 보호를 명시하고 있다.[20] 한편, 헌법 제23조 제 1 항은 국민의 재산권 보장에 대한 규정인데, 여기서 보장되는 재산권에는 지적재산권이 포함되며, 따라서 헌법 제22조 제 2 항은 제23조에 의하여 보장되고 있는 지적재산권에 대한 법적 보호의 근거가 된다고 볼 수 있다.[21]

2. 저작권의 의의

앞에서 본 바와 같이 지적재산권은 크게 저작권과 산업재산권(특허, 실용신안, 디자인, 상표 등), 기타 지적재산권(영업비밀, 퍼블리시티권, 배치설계권 등)으로 나누어진다. 그 중 저작권은 다시 좁은 의미의 저작권과 넓은 의미의 저작권, 그리고 가장 넓은 의미의 저작권으로 나누어 볼 수 있다. 첫째로, 좁은 의미의 저작권은 저작자의 재산적 이익에 관한 저작재산권을 가리킨다. 영미법계의 국가에서는 종래 저작재산권만을 저작권으로 보호하여 왔다. 둘째로, 넓은 의미의 저작권은 저작재산권에 더하여 저작자의 정신적 이익에 관한 저작인격권을 포함하는 개념이다. 일반적으로 대륙법계 국가에서는 저작권을 저작재산권과 저작인격권을 포괄하는 개념으로 사용하고 있다. 그 중에서도 독일과 같은 나라는 저작재산권과 저작인격권을 단일한 하나의 권리로 파악하는 이른바 저작권 일원론의 입장을 취하고 있다. 이에 반하여 프랑스와 같은 나라는 저작재산권과 저작인격권을 별개의 권리로 파악하는 저작권 이원론의 입장을 취하고 있다. 우리나라는 저작권 이원론의 입법례를 취하고 있다. 셋째로, 가장 넓은 의미에서의 저작권은 실연, 음반, 방송과 같은 저작인접물에 대하여 부여되는 저작인접권을 비롯하여, 데이터베이스제작자의 권리, 설정출판권을 포함하는 배타적발행권 등 실정법인 '저작권법' 안에서 보호하고 있는 모든 권리들을 포함하는 개념이다.

저작권은 저작물을 창작한 자에게 저작권법에 의하여 부여되는 권리로서 무체물인 저

20) 헌법재판소 1993. 11. 25. 선고 92헌마87 결정은, "헌법 제22조 제 2 항은 … 과학·기술의 자유롭고 창조적인 연구개발을 촉진하여 이론과 실제 양면에 있어서 그 연구와 소산(所産)을 보호함으로써 문화창달을 제고하려는 데 그 목적이 있는 것이며 이에 의한 하위법률로써 저작권법, 발명보호법, 특허법, 과학기술진흥법, 국가기술자격법 등이 있는 것이다"라고 판시하고 있다.

21) 학설 중에는, 헌법 제22조 제 2 항은 지적재산권 중에서도 저작권, 특허권, 실용신안권, 디자인권 등과 같이 이른바 '창작법'(創作法)이 규율하는 권리들의 보호에 관해서 규정하는 것이므로, 상표 등과 같이 창작행위가 아니라 영업상의 표지에 화체된 영업상의 신용을 보호대상으로 하는 이른바 '표지법'(標識法)에 대한 헌법적 보호는 헌법 제22조 제 2 항이 아니라 재산권 일반에 관한 보장 규정인 제23조에 의해서만 이루어진다고 보는 견해가 있다(박성호, 전게서, 22면).

작물에 대한 배타적 지배권이기 때문에 물권은 아니지만 물권에 준하는 권리로 취급되며, 그래서 준물권적 권리의 성질을 갖는다. 넓은 의미의 저작권 중 저작재산권, 즉 좁은 의미의 저작권은 유체물에 대한 물권, 그 중에서도 소유권과 유사한 법적 구성을 취하고 있고, 가장 넓은 의미의 저작권 중 설정출판권을 비롯한 배타적발행권은 전세권과 유사한 법적 구성을 취하고 있다. 그러나 이는 저작재산권이나 배타적발행권이 법적 구성에 있어서 소유권 또는 전세권과 유사한 점이 있다는 것일 뿐이다. 저작재산권과 소유권은 권리의 내용에 있어서 매우 다름에도 불구하고 혼동을 일으키는 경우가 많아서 주의를 요한다.

위에서 본 바와 같이 저작권은 헌법상의 근거를 가지고 있는 재산권이다. 저작권은 헌법 제22조 제 2 항에 의하여 보호되는 재산권으로서 자유권의 성격을 가지고 있을 뿐만 아니라, 헌법 제 9 조가 문화국가의 책무를 부여하고 있음에 비추어 볼 때 '문화권' 내지는 '사회권'으로서의 성격을 아울러 가지고 있다.

저작권의 본질에 관한 논의, 저작권과 소유권 등 기타 권리와의 구별 및 관계 등에 관하여는 제 4 장 저작자의 권리 중 제 1 절 '저작권 일반론'에서 살펴보기로 한다.

3. 저작권법의 목적

저작권법 제 1 조는, "이 법은 저작자의 권리와 이에 인접하는 권리를 보호하고 저작물의 공정한 이용을 도모함으로써 문화 및 관련 산업의 향상발전에 이바지함을 목적으로 한다"라고 규정하고 있다. 이는 우리나라 저작권법 전체가 지향하는 목적을 명백히 함으로써 저작권제도의 본질적 의의를 밝히는 동시에, 저작권법을 해석·운용함에 있어서 중심이 되는 기본방침을 설정한 것이라고 볼 수 있다. 이하에서 상세하게 살펴보기로 한다.

가. 저작자의 이익보호

오늘날 대부분 나라의 저작권 제도는 저작자의 권익보호를 가장 중요한 가치로 설정하면서 이를 자명한 이치로 규정하고 있다. 그러나 처음부터 그랬던 것은 아니고, 또 그렇게 되기까지의 과정이 평탄하였던 것도 아니다. 저작물은 출판자 등 중간 유통업자를 통하지 않으면 공중에게 전달될 수 없었기 때문에, 초기에는 그러한 유통업자의 힘이 강하였고, 상대적으로 저작자의 권리는 거의 무시되어져 왔다. 15세기 후반의 인쇄술 발명 시기로부터 18세기 전반까지가 그러한 기간이었다. 이 때에는 각 나라 국왕이 부여하는 특허제도를 기반으로 출판자들이 영업적 독점을 꾀하였고, 특허를 받은 출판자들이 저작물에 관한 배타적 지배권을 행사하였다. 따라서 다른 출판자는 물론이고 심지어는 저작자 자신조차도 저작물에 관하여 별다른 권리를 가질 수 없었다.

이러한 특허시대는 18세기 후반에 이르러 극복되기 시작하였는데 그 계기가 된 것이 개인주의 사상의 출현과 보급이었다. 개인주의 사상은 법의 분야에 혁명적인 변화를 가져왔는데, 이에 따라 종래의 신분제 지배를 기조로 한 봉건질서는 계약의 자유, 사적 소유권의 절대, 과실 책임의 원칙을 지도 원리로 하는 근대법질서로 대체되기에 이르렀다. 그 영향은 당연히 저작권법의 영역에도 파급되었다. 육체적 노동에 의하여 유형물을 획득한 자가 그 물건에 대하여 소유권을 보장받을 수 있다면, 마찬가지로 정신적 노동에 의하여 저작물을 작성한 저작자가 그 저작물에 관하여 일종의 소유권과 같은 권리를 부여받는 것은 당연히 보장되어야 한다는 이른바 '정신적 소유권' 이론이 생겨났다. 이것이 저작권제도의 기초를 형성하게 되었고, 이후 근대국가들은 대부분 저작자 보호를 목적으로 한 저작권법을 제정하게 된다. 이러한 취지는 1886년 베른협약 제 1 조에 명시되어, 저작자의 권리보호는 국제적으로도 정착되기에 이르렀다. 저작권법 제 1 조는 이러한 저작권제도의 연혁 위에서 저작자의 이익보호가 저작권법의 첫째 목적이라는 취지를 명백히 하고 있다.[22)]

나. 저작인접권자의 이익보호

저작권법 제 1 조는 저작자뿐만 아니라 저작인접권자의 이익보호도 규정하고 있다. 저작인접권이란 실연자, 음반제작자 및 방송사업자 3자의 권리를 총칭하여 국제적으로 통용되는 'neighbouring right'(specific right neighbouring on copyright)의 우리말 번역이다. 저작자와 저작인접권자는 저작물에 관여하는 방법과 정도에 있어서 차이가 있다. 저작자가 저작물을 창작한 자라면, 저작인접권자는 저작자가 창작한 저작물을 실연, 음반 또는 방송을 통하여 일반 공중에게 전파하는 역할을 한다. 비록 저작물의 창작에 처음부터 관여하지는 않지만 실연과 음반, 방송을 통하여 저작물을 전파하는 저작인접권자의 역할은 현대와 같은 대중문화 사회에 있어서 실로 중대하다고 하지 않을 수 없다. 이러한 인식을 바탕으로 저작인접권자에 대하여도 저작권에 버금가는 권리를 보장하여 줄 필요가 있다는 주장이 제기되어, 1961년 로마에서 '실연자·음반제작자·방송사업자의 보호를 위한 국제협약'(약칭 '인접권협약' 또는 '로마협약')이 체결되기에 이르렀고, 우리나라도 이를 감안하여 저작권법 제 1 조에서 저작인접권자에 대한 보호를 천명하게 된 것이다.

22) 半田正夫, 著作權法概說, 제 7 판, 一粒社, 1994, 55-55면; 半田正夫·松田政行, 『著作権法コンメンタール, 第2版』, 勁草書房(2015). 1巻, 11-12면.

다. '공정한 이용'의 도모

저작자가 저작물을 창작하였다고 하더라도 이는 저작자 자신만의 독창적인 창작의 결과가 아니라, 선인들이 쌓아 놓은 문화유산의 바탕 위에서 이루어진 것이다. 이 점에서 저작자는 저작물을 창작함에 있어서 많든 적든 어느 정도는 타인의 저작물을 이용하였다고 볼 수 있다. 이를 하버드 대학의 Chafee 교수는 "우리는 거인의 어깨 위에 선 난장이들이다"라는 뉴턴의 말을 원용하여, "거인의 어깨 위에 선 난장이가 거인보다 더 멀리 본다"는 말로 비유한 바 있다.

그러므로 저작물의 이용을 오로지 저작자의 뜻에만 맡겨 놓는 것은 불합리하며, 저작권의 보호에는 일정한 한계를 두는 것이 공평하고 합리적이다. 특히 학문의 연구와 비평, 기존의 저작물을 이용한 새로운 창작 등을 위하여 저작물은 어느 정도 범위 내에서는 공중이 자유롭게 이용할 수 있어야 하고, 그것이 문화발달을 지향하는 사회 관념에도 맞다. 따라서 저작권법은 저작자 및 저작인접권자의 권익을 보호하지만, 그 보호는 무한정한 것이 아니고 일정한 범위 내로 제한되며, 그 범위 밖에서는 저작자의 권리를 제한함으로써 공중의 저작물에 대한 공정한 이용을 도모한다. 이를 위하여 저작권법은 저작재산권의 제한, 법정허락, 존속기간의 제한 등 여러 가지 구체적인 규정을 두고 있다.

라. 문화 및 관련 산업의 향상발전에 이바지

저작권법은 이른바 문화기본법으로서 제 1 조에서 밝히고 있는 바와 같이, 궁극적으로는 '문화 및 관련 산업의 향상발전에 이바지'함을 그 목적으로 하고 있다.[23)] 따라서 저작권법은 창작물에 대하여 일정한 기간 동안 독점권을 부여함으로써 창작의욕을 고취하는 한편, 그 보호가 지나쳐 창작물의 과실을 사회가 충분히 향유할 수 없게 되는 것을 방지하고자 한다. 저작권에 대한 보호가 불충분하면 저작자의 창작의욕을 고취할 수 없게 되고, 반대로 그 보호가 과도하게 이루어지면 사회·경제적으로 유용한 지적재산의 과실을 저작자만이 독점하게 되어 불합리한 상태가 발생하게 된다. 따라서 다른 지적재산법에서도 그런 면이 있지만, 특히 저작권법은 저작자의 이익과 이용자의 이익을 어떻게 조화롭게 보호할

---

23) 저작권법 제1조의 목적 규정에 '관련 산업'이 들어간 것은 2009년 개정 저작권법부터이다. 그 이전에는 '문화의 향상발전'이라고만 되어 있었다. 이에 대하여는 문화산업진흥기본법이라는 별도의 법이 있는데 '관련산업'을 저작권법의 목적 규정에 추가한 것은 부적절하고, 저작자 권리보호 및 공정한 저작물 이용을 통한 문화의 향상발전을 꾀하는 저작권법의 본질에 충실하지 못하다는 반대론이 있다(배대헌, '저작권법 목적규정 재검토', 한국저작권위원회, 미래 저작권 환경에 적합한 저작권법 개정을 위한 연구(2017), 16면).

것인가를 중요하게 다루고 있다. 저작권법을 운용함에 있어서는 창작자의 권리(author's right)뿐만 아니라 이용자의 권리(user's right) 보호에도 소홀함이 없도록 항상 관심을 기울여야 한다.

저작권법의 궁극적인 목적이 문화 및 관련 산업의 향상발전이라고 하여 학술적으로나 예술적으로 우수한 창작물만이 저작권법의 보호를 받는 것은 아니다. 저작물의 학술적 가치나 예술적 가치는 저작권법과는 직접적인 관련이 없다. 그러한 가치는 법적 평가가 아니라 공중의 사회문화적 비판과 평가에 위임되어 있는 것이다.

제 2 절 저작권법의 연혁

Ⅰ. 저작권법의 발생

1. 배 경

가. 출판특허제도

저작물의 대량복제가 가능하게 되고 저작물의 이용으로부터 커다란 수익이 발생하게 되면서 비로소 저작자의 권리라고 하는 것이 구체적으로 문제가 되기 시작하였다. 15세기경 활판인쇄의 발명에 따라 대량인쇄·출판이 가능하게 되면서 처음에는 저작자의 보호가 아니라 출판업자의 보호문제가 대두되었다. 인쇄기술이 발달함으로써 이미 출판된 서적의 복제판을 무단으로 작성하여 부당한 이익을 취하는 업자들이 속출하였고, 그로 인하여 많은 비용과 노력을 들여 최초로 서적을 출판한 출판업자가 커다란 경제적 타격을 받게 되었기 때문이다. 이러한 부정경쟁으로부터 출판업자의 이익을 보호하기 위하여 영국에서는 왕실이 런던의 인쇄업자 및 서적영업상 단체인 인쇄출판단체(Stationers' Company)에게만 인쇄·출판할 수 있는 특허권(독점배타권)을 부여하였다. 이에 따라 이른바 '출판특허제도'(또는 인쇄특권제도)가 발생하였고, 이러한 특허권을 받은 출판업자는 출판물을 독점적으로 인쇄·출판할 권리를 보장받게 되었다.[24] 나아가 특허를 부여하는 측에서도 특허를 주는 대신 사

24) 저작권 제도의 전신이라고 할 수 있는 출판특허(또는 출판특권, printing privilege) 제도는 원래 15세기 이탈리아에서 시작되어 16세기 이후 유럽 여러 나라에 전파되었다고 한다. 이 제도는 인쇄설비에 많은 자본을 투자한 인쇄업자의 사업적 이해와, 출판물을 검열·통제함으로써 통치기반을 위태롭게 할 계몽사상의 유포를 사전에 방지하려는 군주의 정치적 이해가 일치하여 탄생한 것이다. 요컨대 이 제도의 목적은 출판물을 검열하고 출판을 통제하는 것이었다. 출판특권을 부여받은 인쇄업자는 문필가를 재정적

전검열을 통하여 출판물을 검열할 수 있게 되었을 뿐만 아니라 특허료를 징수함으로써 국고를 충실히 할 수도 있게 되었다. 출판특허제도는 16세기 이후 여러 나라에 확대되었는데, 이 제도 아래에서 저작자는 그의 저작물에 대하여 권리를 가지지 못하고, 다만 특허를 받은 출판업자의 독점적 영업권을 통하여 그 이익을 가까스로 보호받는 데 지나지 아니하였다.[25] 이처럼 저작물의 출판은 특정단체의 독점권 행사에 의하여 통제되었으므로 저작자는 그로부터 직접적인 경제적 수익을 얻을 수는 없었고, 다만 출판업자와의 사이에 출판허락계약을 체결함으로써 출판업자가 출판물의 판매에서 일정 규모 이상의 수익을 올리는 경우에 한하여 대가를 나누어 받을 수 있을 뿐이었다. 그 결과 저작자의 법적·경제적 지위는 상당히 열악하였다.

나. 정신적 소유권론

서구 여러 나라에서도 저작물이라고 하는 것은 선인(先人)의 문화적 유산 위에서 작성되는 것이므로, 저작물은 인류공통의 문화적 재산이고 누구라도 그것을 자유롭게 이용할 수 있어야 한다는 생각이 꽤 오랫동안 지배적이었다. 따라서 저작자의 권리는 거의 인정받지 못하였다. 그러나 시대가 발전하고 개인의 가치를 강조하는 근대적 개인주의 사상이 사회에 널리 퍼지기 시작하면서 법 분야에서도 개인의 권리를 기조로 한 근대적 법질서가 형성되기 시작하였다. 이러한 근대적 법질서의 발전에 따라 마침내 물건에 대한 소유권과 마찬가지로 저작자에게도 그의 정신적 노력의 소산인 저작물에 관하여 일종의 소유권과 같은 권리가 인정되어야 한다는 사상이 나타났다. 특히 철학자 피히테(Johann Gottlieb Fichte)가 주장한 형식(Form) 개념은 저작자가 저작물에 대하여 소유권을 주장할 수 있는 철학적 기초를 확립하였다는 점에서 중요하다. 피이테는 정신적 소유권론[26]의 입장에서 정신적 소유물로서의 Buch와 그것을 유형화 한 Buchstück(예컨대, 원고나 서적 등 외부적으로 나타난 것)을 구별하여 전자는 저작권, 후자는 물적 소유권의 대상이라고 하였다. 그러나 피히테는 저작권의 대상인 Buch를 다시 형식(Form)과 내용(Stoff, 素材)으로 나누어 형식에 대해서만 저작권을 인정하였다.[27] 18세기에 들어서면서 이러한 사상은 상당한 힘을 얻게 되었고, 출판업자도 자신들이 누리는 독점적 출판권의 근거를 저작자에게 주어지는 정신적 소유권을

으로 후원, 관리하고 그 대가로 문필가가 제공한 원고를 인쇄·출판함으로써 많은 수익을 얻을 수 있었다고 한다. 박성호, 저작권법, 박영사(2014), 4면.

25) 內田 晋, 問答式 著作權法, 新日本法規出版株式會社, 1979, 3-4면.

26) 유체물에 대하여 주어지는 소유권과 유사하게 정신적 창작물인 저작물에 대하여 소유권과 유사한 권리를 인정하려는 입장을 '정신적 소유권론'이라고 한다.

27) 박성호, 전게서, 8면.

저작자로부터 양도받았다는 데에서 구하기 시작하였다. 한편 저작자 측에서도 그의 정신적 소유권이 당연히 자기들에게 귀속되어야 한다는 것을 주장하기 시작하였고, 점차 저작자의 출판업자에 대한 우위가 승인되었다. 프랑스 혁명 이후 출판특허제도는 붕괴하고 저작물에 대한 저작자의 권리를 인정하는 입법이 각국에서 이루어졌으며, 그리하여 19세기 중반에는 저작자의 권리보호를 기조로 한 저작권제도가 세계 여러 나라에서 자리를 잡게 되었다.[28)]

2. 저작권법의 발생

최초의 저작권법은 1709. 1. 11. 영국 하원에서 제출되어 1710. 4. 10. 확정된 「앤 여왕법」(Statute of Anne)이라고 한다.[29)] 이 법을 통하여 종래 출판업자의 보호로부터 저작자에 대한 보호로 그 초점이 이동하였으며, 저작물과 그 저작물이 화체된 유체물을 명백히 구별하였다.[30)] 그러나 앤 여왕법은 저작자가 자신의 권리를 주장할 수 있는 내용을 추상적으로 규정하고 있을 뿐이었고, 그 보호대상이 서적으로만 한정되어 있었다. 다른 저작물 즉 조각이나 기타 예술작품 등에 대하여서는 언급이 없었다. 이러한 문제점을 보완하여 영국은 1734년 및 1767년에 「판화저작권법」(Engraving Copyright Act), 1777년에 「인쇄물저작권법」(Prints Copyright Act), 1814년에 「조각저작권법」(Sculpture Copyright Act)을 각각 제정하였다.[31)]

미국에서는 처음 연방헌법에서부터 저작자의 권리보호를 선언한 것을 시작으로[32)] 1790년에 최초로 저작권법이 제정되었다. 미국 최초의 이 저작권법은 책·지도·해도만을 저작물로서 보호하였으나, 그 후 음악, 연극, 사진 등이 저작물로서 추가되었고, 1909년과 1976년에 대폭적인 개정을 거쳐 오늘에 이르고 있다. 미국의 현행 저작권법의 뼈대를 이루고 있는 것은 1976년 법이라고 할 수 있는데, 1909년 법과 비교하여 중요한 차이점은, 첫째, 미발행 저작물에 대한 연방법의 보호를 확대하는 한편 매체에 고정되지 아니한 저작물

---

28) 內田 晋, 전게서, 4면.

29) 이 법률의 정식명칭은 Act for the Encouragement of Learning이다.

30) 일반적으로 앤 여왕법을 저작자의 권리를 최초로 확립한 법률이라고 하지만, 그러나 이 법은 서적출판업조합의 오랜 관습을 기초로 제정되었기 때문에 출판특권의 흔적이 남아 있었고, 저작자들이 여전히 후원자인 출판업자들과 이해관계를 맺고 있었기 때문에, 오늘날의 저작권법처럼 명실상부하게 '저작자'와 '저작권'을 규율한 것이라고 말하기는 어렵다고 한다. 그러나 비록 앤 여왕법이 서적출판조합의 오랜 관습을 실정법화 한 것이지만, '저작자 및 권리승계인'에게 출판되지 않은 책에 대해서는 최초 출판 후 14년간 독점적 출판권을 보장하고, 이 기간이 만료된 후에는 저작자가 생존한 경우 재차 14년을 갱신할 수 있도록 하는 등, 그 이전에는 영구히 보호하던 권리를 일정 기간 동안으로 제한하였다는 점은 주목할 부분이라고 한다. 박성호, 전게서, 5면.

31) 송영식·이상정, 저작권법개설, 화산문화, 1997, 30면.

32) 미국 헌법 Art. Ⅰ, Sec. 8, Cl. 8: To promote the progress of science and useful arts, by securing for limited times to authors and inventors the exclusive right to their respective writings and discoveries ….

에 대한 주법(州法)상의 보호를 제한하였고, 둘째, 저작권의 보호기간을 국제적 추세에 맞추어 저작자의 생존기간 및 사후 50년으로 하는 것이었다. 1976년 법 이후에도 미국은 베른협약에 맞추어, 그리고 디지털·네트워크 시대의 도래에 맞추어 수차례에 걸쳐 저작권법을 개정하고 있다.

3. 대륙법계와 영미법계

전체적으로 보면 프랑스와 독일로 대표되는 대륙법계 국가에서는 저작권을 '저작자의 권리'(author's right)로 파악하면서 아울러 저작물은 저작자의 인격의 발현이라는 의식이 강하게 나타나고 있다.[33] 또한 18세기 법이론을 바탕으로 하여 저작자의 정신활동의 산물인 독창적인 창작 그 자체에 대한 가치를 인정함으로써 책이라는 물리적인 대상(물건)과 책 속에 담긴 사고의 표현을 구별하였다. 후자는 전통적인 의미에서의 재산은 아니지만 저작자의 정신활동과 사고의 독창성에 의한 것이라는 점에 기초하여 저작자에게 저작재산권을 부여함과 아울러 저작자 개인의 일신에 전속하는 저작인격권의 개념을 이끌어내게 되었다.[34] 그리하여 대륙법계 국가에서는 저작권을 보호함에 있어서는 재산적 권리의 보호도 중요하지만 저작인격권을 비롯한 인격적 이익의 보호 역시 매우 중요하게 취급한다.

이에 반하여 영국과 미국을 중심으로 하는 영미법계 국가에서는 저작권을 '복제를 금지하는 권리'(copyright)로 파악하여 저작자의 재산적 이익을 확보하는 것에 중점을 두는 경향을 보이고 있다. 즉, 저작권을 저작물의 생산을 위한 경제적 유인으로 보며, '저작권'(copyright)은 그 용어에 이미 내재되어 있듯이 저작권자가 허락하지 않은 자료의 복제로부터 보호하는 것을 의미한다. 이를 통하여 저작자가 저작물의 작성을 위하여 들인 노력에 대한 대가를 회수할 수 있도록 함으로써 저작물의 창작에 나서도록 유인한다. 이러한 영미법계 법 전통에서의 저작권 개념은 영어권 국가들과 과거 영연방이었거나 현재 영연방인 국가들로 확산되었다.[35]

33) 대륙법계 법 전통에서는 저작물을 저작자의 인격적 분신(brain child)으로 보아 저작물에 대한 권리는 인격적 창작 행위에서 생기며 저작물은 저작자의 인격을 표현한 그의 일부이고, 저작물의 일생을 통하여 저작자와 연결되어 있다고 본다. 이러한 이유에서 그 권리를 '저작자의 권리'(author's right)라고 한다. 역사적으로 이러한 저작자의 권리 개념은 프랑스 혁명의 산물이며 프랑스 저작권법에 가장 적극적으로 반영되었다고 한다. 이탈리아와 스페인 등 이베리아 국가들, 그리고 그 영향을 받은 라틴 아메리카 국가들이 이 체제를 택하였다. 독일 등 게르만 국가들이나 핀란드 등 스칸디나비아 국가들도 이 체제를 택하였으나, 프랑스와는 상당한 차이를 보이며 나름의 독특한 제도를 발전시켜 왔다. 임원선, 실무자를 위한 저작권법(제4판), 한국저작권위원회(2014), 25면.

34) 배대헌, 지적재산권 개념의 형성과 그 발전, 지적재산권법의 제문제, 세창출판사, 2004, 15면.

35) 임원선, 전게서, 25-26면.

하지만, 우리나라를 포함하여 일본 등 일반적으로는 대륙법계 법 전통에 속하는 국가들도 업무상저작물 등 일부 측면에서는 오히려 프랑스보다 영미의 저작권 체제에 가까운 제도를 가지고 있다. 또한 영국과 미국도 대륙법계 법 전통의 핵심인 저작인격권을 도입하는 등 이들 대륙법계와 영미법계의 두 전통은 저작권 분야에서 서로 배타적이기보다는 보완적으로 발전해 왔다. 이것은 1886년 베른협약을 시작으로 저작권의 국제적 보호를 위하여 마련된 국제조약이 확산되고 저작물의 국제적인 교류 확대로 저작권 보호의 국가간 조화가 요청된 결과이기도 하다.[36]

Ⅱ. 우리나라 저작권법의 연혁

1. 일본 저작권법의 의용

우리나라에서 저작물에 대한 법적 보호가 시작된 것은 1908년 8월 12일 「한국에서의 발명·의장·상표 및 저작권의 보호에 관한 일미(日美)조약」에서부터라고 한다. 이 조약 제1조는 "일본국 정부는 발명·의장·상표 및 저작권에 관하여 현재 일본국에서 행하는 것과 같은 법령이 본 조약의 실시와 동시에 한국에서 시행되는 것으로 함. 위 법령은 한국에서의 미국 국민에 대하여도 일본국 국민 및 한국 국민에 대하는 것과 동일하게 적용되는 것으로 함"이라고 규정하고 있었다. 이 조약에 따라 「한국저작권령」(칙령 제200호)이 1908년 8월 12일 공표되었고, 같은 달 13일 한국 정부가 내각 고시 제4호로 반포함으로써 같은 달 16일부터 시행되었는데, 본문(제1조, 제2조)과 부칙(제3조 내지 제7조)으로 구성된 전문 7개조로 되어 있었다. 이 고시 제1조와 제2조에서 한국의 저작권에 관하여는 1899년에 제정된 일본 저작권법을 적용한다고 규정함으로써, 당시의 일본 저작권법이 우리나라에 이른바 의용(依用)되게 되었다.[37]

2. 1957년 저작권법

1945년 해방이 되었지만 그 이후에도 우리나라에서는 미국 군정청이 1945년 11월 2일 공포한 「재조선미국육군사령부 군정청 법령 제21호」에 의하여 종래의 일본 저작권법이 해

36) 상게서, 26면.
37) 박성호, 한국에 있어서 저작권법제의 도입과 전개, 저작권법의 이론과 현실, 현암사, 2006, 50면.

방 이전과 마찬가지로 시행되었다. 1948년 대한민국 정부수립 후에도 제헌헌법 제10장 부칙 제100조의 "현행 법령은 이 헌법에 저촉되지 아니하는 한 효력을 가진다."는 경과규정에 따라 일본 저작권법이 한동안 계속 시행되었다.

우리나라 최초의 저작권법은 1957년 1월 28일 법률 제432호로 공포됨으로써 비로소 탄생하였다. 전 5장(제 1 장 총칙, 제 2 장 저작권, 제 3 장 출판권과 공연권, 제 4 장 저작권침해, 제 5 장 벌칙), 본문 75개조 및 부칙으로 구성되어 있다. 저작권법의 목적을 학문적 또는 예술적 저작물의 저작자를 보호하여 민족문화의 향상발전을 도모하는 것으로 선언하고, 저작권법의 적용을 받는 저작물, 저작자 및 저작권의 범위를 규정하였다. 주요한 내용으로는 ① 무방식주의를 채택하고, ② 저작권의 존속기간을 원칙적으로 저작자의 생존기간 및 사후 30년으로 하며, ③ 저작권은 등록함으로써 제 3 자에게 대항할 수 있도록 하고, ④ 외국인의 저작물은 조약에 특별한 규정이 있는 경우에만 보호하며, 조약이 없는 경우에는 국내에 있어서 처음으로 그 저작물을 발행한 자에 한하여 보호를 하고, ⑤ 음반, 녹음필름 등을 공연 또는 방송에 사용하는 것 등 상당히 넓은 범위의 이용행위를 저작권 비침해행위로 규정하고 있었다.[38)]

3. 1986년 저작권법

1957년 저작권법은 저작권자 및 저작물이용자의 이익을 보호하는 데 미흡한 사항이 많았다. 이에 저작권 관련 국제조약의 가입을 전제로, 국제적으로 인정되고 있는 제도를 도입하여 저작권자의 권익을 보호·신장하면서 그 권리의 행사를 공공의 이익과 조화시킴으로써 문화의 향상발전에 이바지 할 수 있도록 한다는 목적 아래, 1986년 12월 31일 법률 제3916호로 저작권법의 전면개정이 이루어졌다.

1986년 개정 저작권법의 시행(1987. 7. 1.)과 동시에 우리나라는 「세계저작권협약」(UCC)과 「음반의 무단복제에 대한 음반저작자의 보호에 관한 협약」(음반협약)에 가입하였다. 1986년 개정 저작권법은 그 내용이나 체제에 있어서 전면적인 개정이 이루어짐으로써 개정이라기보다는 사실상 제정에 가까울 정도였다.

그 중에서도 중요한 내용은 다음과 같다.

---

38) 저작권이라는 의미로 종래 자주 사용되던 '판권'(版權)이라는 용어는 일본의 福澤諭吉이 영어의 copyright를 번역하면서 '출판의 특권' 또는 '판권'이라고 줄여서 번역한 것에서 유래하였다고 한다(박성호, 전게서, 42면).

(1) 저작권에 관련되는 용어의 정의 및 저작물의 예시를 현실에 맞도록 구체적으로 세분화하여 규정하였다.

(2) 외국인 저작물의 보호규정을 보완하여 외국인 저작물은 우리나라가 가입 또는 체결한 조약에 따라 보호하되, 상호주의원칙에 입각하여 우리나라 저작물을 보호하지 아니하는 국가의 저작물에 대하여는 그에 상응하게 제한할 수 있도록 하였다. 한편, 개정법 시행 전에 종전의 규정에 의하여 보호를 받지 못한 외국 저작물에 대하여는 개정법을 적용하지 아니하도록 함으로써 소급효를 인정하지 아니하였다.

(3) 법인·단체 그 밖의 사용자의 기획 하에 그 업무에 종사하는 자가 업무상 작성하는 저작물로서 법인·단체 등의 명의로 공표된 저작물의 저작자는 계약 또는 근무규칙 등에 다른 정함이 없는 때에는 그 법인·단체 등이 되도록 하였다.

(4) 저작재산권을 복제권·공연권·방송권·전시권·배포권·2차적저작물작성권 등으로 세분하여 규정하고 보호기간은 외국의 입법례에 맞추어 저작자의 생존 기간 및 사망 후 50년으로 하였다.

(5) 저작재산권을 제한할 수 있는 경우를 저작재산권자의 보호와 그의 공공적인 이용측면을 고려하여 구체적으로 정하였다.

(6) 공표된 저작물의 이용이 불가피하나 저작재산권자와 협의가 성립되지 아니하는 경우에는 문화체육부장관의 승인을 얻어 상당한 보상금을 공탁하거나 지급한 후 저작물을 이용할 수 있는 경우를 정하였다.

(7) 저작인접권을 신설하여 실연자에게는 녹음·녹화권 및 방송권을, 음반제작자에게는 복제권·배포권을, 방송사업자에게는 복제권·동시중계방송권을 20년간 인정하였다.

(8) 영상저작물에 대하여는 종합예술로서의 특성을 살리고 그 이용의 원활을 기하기 위하여, 저작재산권자가 영상화를 허락한 경우에는 영상저작물의 복제·배포·공개상영권 등까지 포함하여 허락한 것으로 보며, 영상저작물 제작에 참여한 자의 저작물 이용권리가 영상제작자에게 양도된 것으로 보도록 규정하였다.

(9) 저작권법에 의하여 보호되는 권리를 그 권리자를 위하여 대리·중개 또는 신탁관리하는 것을 업으로 하는 저작권위탁관리업 제도를 신설하되, 당해 업을 하고자 하는 자는 문화체육부장관의 허가를 받도록 하였다.

(10) 저작권심의회를 저작권심의조정위원회로 확대·개편하여 저작권에 관한 분쟁의 조정기능과 각종 보상금의 기준에 관한 심의 등을 담당하게 하였다.

(11) 저작권자 그 밖의 권리자는 그의 권리를 침해하거나 침해할 우려가 있는 자에 대하여 침해의 정지 또는 예방과 손해배상의 담보를 청구할 수 있도록 하였다.

(12) 저작재산권자의 허락 없이 저작물을 복제한 경우 그 부정복제물의 부수산정이 어려울 때에는 출판물은 5천부, 음반은 1만매로 추정하도록 하였다.

4. 1994년 저작권법

그 후 한미지적소유권협상, 우루과이라운드 협상의 진전 등 국내외 여건의 변화에 따라 1994년 1월 7일 법률 제4717호로 저작권법이 다시 개정되었다. 특히 국·내외적으로 강화되고 있는 저작권의 보호추세에 능동적으로 대처하기 위하여 음반의 대여권 제도를 도입하고, 저작인접권의 보호기간의 연장 및 저작권침해 등에 대한 벌칙을 상향조정하는 한편, 행정규제의 완화차원에서 저작권위탁관리업 중 일부를 허가제에서 신고제로 전환하였다.

주요 내용은 다음과 같다.

(1) 편집저작물에 해당하는 데이터베이스를 저작물로 보호한다는 점을 명확히 하였다.
(2) 교육부장관이 저작권을 가지거나 교육부장관의 검·인정을 받은 교과용도서에 저작물을 게재할 경우에는 저작재산권자에게 보상을 하도록 하되, 경과조치로 5년간의 유예기간을 두었다.
(3) 음반의 배포권자, 실연자 및 음반제작자에게도 판매용음반을 영리목적으로 대여하는 것을 허락할 권리를 가지도록 하였다.
(4) 저작인접권의 보호기간을 20년에서 50년으로 연장하였다.
(5) 저작권위탁관리업 중 대리·중개만을 하는 저작권위탁관리업의 경우 허가제에서 신고제로 변경하였다.
(6) 저작권 및 저작권법에 의하여 보호되는 권리를 침해한 물건을 그 정(情)을 알면서 배포할 목적으로 소지하는 행위도 당해 권리의 침해행위로 보도록 하였다.
(7) 벌칙 중 벌금액을 현실에 맞도록 상향조정하였다.

5. 1995년 저작권법

1995년 1월 1일 WTO 체제가 출범함에 따라 회원국으로서의 의무이행을 위하여 WTO협정의 내용을 반영하고 저작권 분야의 국제규범인 베른협약 가입에 대비하기 위하여[39] 저작권 등의 보호 수준을 국제적 수준으로 상향하는 등 국·내외의 저작권환경에 효율적으로 대처할 목적으로 1995년 12월 6일 법률 제5015호로 저작권법의 개정이 이루어졌고, 이 개정법은 1996년 7월 1일부터 시행되었다.

주요 내용은 다음과 같다.

39) 우리나라는 1996. 8. 21. 베른협약에 가입하였다.

(1) 종전에는 외국인의 저작물 등에 대하여 대한민국이 가입한 조약에 따라 보호하되, 당해 조약발효일 이전에 발행된 것은 보호하지 아니하도록 함으로써 소급보호를 인정하지 않았으나, 법 개정으로 조약발효일 이전에 공표된 외국인의 저작물에 대하여도 소급하여 보호하도록 하였다.

(2) 종래 단체명의저작물 및 영상저작물의 저작재산권은 공표 후 50년간 존속하되 창작 후 10년 이내에 공표되지 아니한 경우에는 창작한 때부터 50년간 존속하는 것으로 하였으나, 공표유예기간을 10년에서 50년으로 연장함으로써 국제적인 보호수준으로 상향조정하였다.

(3) 베른협약 가입에 대비하여 저작물을 번역함에 있어 저작권자와의 합의가 안 될 경우, 문화체육부장관의 승인을 얻어 번역할 수 있도록 하던 번역권에 대한 강제허락 제도를 폐지하였다.

(4) 종전에는 실연자에게 자신의 실연을 녹음·녹화, 촬영할 권리만을 인정하던 것을 이에 추가하여 녹음·녹화, 촬영된 자신의 실연을 복제할 권리를 인정하였다.

(5) 외국인의 저작물 등의 소급보호에 따른 파급효과를 완화하고 내국인 저작물 등의 보호와 균형을 유지하기 위하여 소급하여 보호되는 외국인의 저작물 등의 보호기간을 조정하였다.

(6) 외국인의 저작권보호의 확대에 따라 당시까지 외국인의 저작물 등을 허락 없이 적법하게 이용하여 온 자의 신뢰를 보호하기 위하여 개정법 시행 전의 적법한 이용행위에 대하여는 면책하는 경과조치를 두었다.

6. 2000년 저작권법

멀티미디어 디지털기술의 발달과 새로운 복사기기의 보급 확대로 인하여 저작자의 권리침해가 날로 증가함에 따라 저작자의 권리를 강화하고 저작물의 이용관계를 개선하는 한편, 저작권의 불법침해로부터 저작자를 보호하기 위하여 저작권침해에 대한 벌칙을 강화하고, 저작권 보호의 실효성을 높이는 등 국내외의 저작권 환경변화에 효율적으로 대처하는 것을 목적으로 2000년 1월 12일 법률 제6134호로 저작권법을 개정하였다.

그 주요 내용은 다음과 같다.

(1) 컴퓨터통신 등이 급속히 발전함에 따라 컴퓨터통신 등에 의하여 저작물을 전송하는 행위가 생활의 일상적인 한 부분이 되었는바, 그러한 행위에 대하여도 저작권자의 이용허락을 받도록 하기 위하여 저작권자가 가지는 저작재산권 중 새로운 지분권으로 전송권을 추가하였다.

(2) 공중용 복사기에 의한 저작물의 복제가 빈번하게 대량으로 이루어짐에 따라 저작권자의 경제적 이익을 훼손할 우려가 커지게 되었는바, 그로부터 저작권자를 보호하기 위하여 공중용 복사기에 의한 복제에 대하여는 저작권자의 이용허락을 받은 후 복제할 수 있도록 관련 규정을 마련하였다.
(3) 전자도서관 구축사업을 원활하게 지원하기 위하여 도서관이 도서 등의 저작물을 컴퓨터 등으로 복제하여 당해 도서관 및 다른 도서관의 이용자가 열람할 수 있도록 전송하는 경우에는 저작권자의 이용허락을 받지 아니할 수 있도록 하였다.
(4) 저작물에 대한 권리관계를 명확히 하기 위하여 저작자 등이 등록할 수 있는 사항을 확대하고, 등록된 저작권 등을 침해한 자에 대한 손해배상청구에 있어서는 그 침해행위에 과실이 있는 것으로 추정하도록 하였다.
(5) 저작재산권 침해에 대한 벌칙을 3년 이하의 징역 또는 3천만 원 이하의 벌금에서 5년 이하의 징역 또는 5천만 원 이하의 벌금으로 상향조정하였다.

7. 2003년 저작권법

2003년 5월 27일 개정되어 2003년 7월 1일부터 법률 제6881호로 시행되었다. 지식정보사회의 진전으로 데이터베이스·디지털콘텐츠 등에 대한 수요가 급증함에 따라 데이터베이스의 제작 등에 소요되는 투자노력을 보호하고, 저작권자 등이 불법복제로부터 자신의 권리를 보호하기 위하여 행하는 기술적 보호조치 및 저작물에 관한 권리관리정보를 다른 사람이 침해하지 못하도록 보호하는 등 디지털 네트워크 환경에서의 저작권보호를 강화하였다. 또한 인터넷을 통한 제 3 자의 저작권침해 시 온라인서비스제공자가 일정한 요건을 갖춘 경우에는 면책 받을 수 있도록 하는 등 그 책임범위를 명확히 함으로써 온라인서비스제공자가 안정적인 영업활동을 도모할 수 있는 제도적 기반을 마련하고, 그 밖에 기존 제도의 운영과정에서 나타난 일부 미비점을 개선·보완하였다.

그 주요 내용은 다음과 같다.

(1) 종전에는 창작성 있는 데이터베이스에 한하여 저작권으로 보호를 하였으나, 창작성의 유무를 구분하지 아니하고 데이터베이스를 제작하거나 그 갱신·검증 또는 보충을 위하여 상당한 투자를 한 자에 대하여는 일정기간 해당 데이터베이스에 관한 복제·배포·방송 및 전송권을 부여하도록 하였다.
(2) 도서관 등이 도서 등을 도서관간에 열람목적으로 전송하거나 디지털 도서 등을 복제하는 경우에 문화관광부장관이 정하여 고시하는 보상금을 지급하거나 이를 공탁

하도록 하고, 해당 도서관 관내에서의 열람을 위하여 이루어지는 복제·전송의 경우에는 보관하고 있는 도서 등의 부수 범위 내에서 저작권자 등의 허락을 받지 아니하고도 가능하도록 하였다.

(3) 시각장애인 등의 복리증진을 목적으로 하는 시설 중 대통령령이 정하는 시설은 영리를 목적으로 하지 아니하고 시각장애인 등의 이용에 제공하기 위한 경우에는 공표된 어문저작물을 시각장애인 등 전용 기록방식으로 복제·배포 또는 전송할 수 있도록 하였다.

(4) 데이터베이스제작자의 권리보호기간은 데이터베이스를 제작하거나 갱신 등을 한 때부터 5년으로 정하였다.

(5) 온라인서비스제공자가 저작물이나 실연·음반·방송 또는 데이터베이스의 복제·전송과 관련된 서비스를 제공하는 것과 관련하여, 다른 사람에 의한 이들 권리의 침해사실을 알고서 해당 복제·전송을 중단시킨 경우에는 그 다른 사람에 의한 권리침해행위와 관련되는 책임을 감경 또는 면제하도록 하는 등 온라인서비스제공자의 면책요건 등을 규정하였다.

(6) 저작권 등의 침해를 방지하기 위한 기술적 보호조치의 무력화를 주된 목적으로 하는 기술·서비스·장치 등이나 그 주요부품을 제공·제조·수입·양도·대여·전송하는 행위는 이를 저작권 그 밖에 이 법에 의하여 보호되는 권리의 침해행위로 보고, 그 위반행위자에 대하여는 3년 이하의 징역 또는 3천만 원 이하의 벌금에 처하도록 하였다.

(7) 저작권 등 권리의 침해를 유발 또는 은닉한다는 사실을 알거나 과실로 알지 못하면서 전자적 형태의 권리관리정보를 제거·변경하는 행위 등은 이를 저작권 등의 권리침해행위로 보고, 그 위반행위자에 대하여는 3년 이하의 징역 또는 3천만 원 이하의 벌금에 처하도록 하였다.

(8) 종전에는 손해액에 관하여 부정복제물의 부수 등을 산정하기 어려운 경우에 이를 출판물의 경우 5천부, 음반의 경우 1만매로 추정하도록 되어 있었으나, 그 규정을 폐지하고 법원이 변론의 취지 및 증거조사의 결과를 참작하여 상당한 손해액을 인정할 수 있도록 하였다.

8. 2006년 저작권법

2006년 12월 28일 법률 제8101호로 개정되어 2007년 6월 29일 시행되었다. 1986년 개정법 이래 두 번째의 전문개정이다. 그동안의 여러 차례에 걸친 부분개정으로 인하여 복잡해진 조문을 정리하는 외에 다음과 같은 개정의 취지를 가지고 있다.

첫째, 디지털 시대에 맞도록 내용을 대폭 수정하였다. 기존 저작권법으로 포섭할 수 없는 신종 서비스가 등장함에 따라 기존의 방송과 전송 외에 디지털음성송신과 이들의 상위개념으로 공중송신에 대한 권리를 새로이 신설하는 등 규정을 정비하였다.

둘째, 우리나라가 새로이 가입하는 「WIPO 실연·음반조약」(WPPT) 등 각종 조약의 가입을 위해서 우리나라 저작권법을 그 조약들과 조화시키기 위한 개정 작업이 이루어졌다. 실연자의 인격권을 신설하고, 실연자 및 음반제작자의 대여권을 강화하였으며, 실연자에 대하여 생실연권을 부여하고, 음반제작자 권리의 보호시점을 조정하였다.

셋째, 저작자 보호뿐만 아니라 저작물의 공정한 이용을 도모하기 위한 각종 조항을 추가하였다. 수업목적을 위한 원격교육이 가능하도록 규정을 정비하고, 보호기간이 만료된 저작물의 이용과 저작물 기증제도 등의 규정을 신설하였다.

넷째, 문화산업 보호·육성을 위한 저작권 제도를 정비하였다. 특수한 유형의 온라인서비스제공자의 의무조항 규정을 신설하는 등 일부 온라인서비스제공자의 의무를 강화하고, 비친고죄의 범위를 확대하였다.

그 주요 내용은 다음과 같다.

(1) 저작권 인증제도의 도입(법 제2조 제33호 및 제56조)
저작물 등의 안전한 유통을 보장하고 건전한 저작권 질서를 유지하기 위하여 저작권 인증제도를 도입하였다.

(2) 정치적 연설 등의 이용(법 제24조)
공개적으로 행한 정치적 연설 등은 자유롭게 이용할 수 있되, 동일한 저작자의 연설 등을 편집하여 이용하는 것은 금지하였다.

(3) 학교수업을 위한 저작물의 전송(법 제25조 제4항 및 제10항)
고등학교 이하의 학교 수업을 위하여 저작물의 전송이 이루어지는 경우에는 보상금을 지급하지 않도록 하되, 복제방지장치 등의 조치를 하도록 하였다.

(4) 시사적인 기사 및 논설의 복제 등(법 제27조)
신문, 인터넷 신문 및 뉴스통신에 게재된 시사적인 기사나 논설을 해당기사 등에 이용 금지 표시가 있는 경우를 제외하고는 다른 언론기관이 자유롭게 복제·배포 또는 방송할 수 있도록 하였다.

(5) 체약국 국민이 제작한 음반에 대한 보호(법 제64조)
대한민국이 가입 또는 체결한 조약에 따라 보호되는 음반으로서 음반제작자가 체약국의 국민인 음반을 저작권법의 보호대상에 포함하도록 하였다.

(6) 실연자(實演者)의 성명표시권 등(법 제66조 내지 제68조, 제70조 내지 제72조, 제76조, 제80조 및 제83조)

(가) 실연자에게 인격권인 성명표시권 및 동일성유지권을 새로 부여하여 일신에 전속시키고, 그 밖에 실연 복제물의 배포권, 배타적 대여권, 고정되지 않은 실연을 공연할 권리, 디지털음성송신보상청구권을 실연자의 저작인접권으로 규정하였다.
(나) 음반제작자에게 배타적 대여권, 디지털음성송신보상청구권을 새로 부여하였다.

(7) 저작인접권의 보호기간(법 제86조)
저작인접권의 발생시점과 보호기간 기산시점을 분리하고, 음반의 보호기간 기산점을 "음반에 음을 맨 처음 고정한 때"에서 "음반을 발행한 때"로 변경하였다.

(8) 특수한 유형의 온라인 서비스제공자의 의무(법 제104조 제1항)
다른 사람들 상호 간에 컴퓨터 등을 이용하여 저작물 등을 전송하도록 하는 것을 주된 목적으로 하는 온라인서비스제공자는 권리자의 요청이 있는 경우 당해 저작물 등의 불법적인 전송을 차단하는 기술적인 조치 등 대통령령이 정하는 필요한 조치를 취하도록 하였다.

(9) 저작권위탁관리업의 수수료 등(법 제105조 제6항 및 제8항)
문화관광부장관은 저작권위탁관리업자가 저작재산권자 등으로부터 받는 수수료와 이용자로부터 받는 사용료의 요율 또는 금액을 승인할 때 저작권위원회의 심의를 거치도록 하고, 필요한 경우 기간을 정하거나 신청내용을 변경하여 승인할 수 있도록 하며, 저작재산권자의 권익보호나 저작물 등의 이용편의를 위하여 승인 내용을 변경할 수 있도록 하였다.

(10) 서류열람의 청구(법 제107조)
저작권신탁관리업자는 신탁관리하는 저작물 등을 영리목적으로 이용하는 자를 상대로 해당 저작물 등의 사용료를 산정하기 위하여 필요한 서류의 열람을 청구할 수 있도록 하였다.

(11) 저작권위원회(법 제112조 및 제113조)
저작권심의조정위원회의 명칭을 저작권위원회로 개칭하고, 저작권위원회의 업무에 저작물의 공정이용 업무, 저작권 연구·교육 및 홍보, 저작권 정책수립 지원, 기술적 보호조치 및 권리관리정보에 관한 정책수립 지원, 저작권 정보제공을 위한 정보관리시스템 구축 및 운영 등을 추가하였다.

(12) 저작권위원회의 조정부(법 제114조)
저작권 분쟁을 효율적으로 조정하기 위하여 저작권위원회에 1인 또는 3인 이상의 위원으로 구성된 조정부를 두도록 하였다.

(13) 불법 복제물의 수거·폐기 및 삭제 등(법 제133조 및 제142조)
문화관광부장관, 시·도지사 또는 시장·군수·구청장은 불법 복제물 등을 수거·폐기할 수 있고, 온라인상 불법 복제물의 삭제를 명령할 수 있으며, 그 삭제명령을 이행하지 않는 자에 대하여는 1천만 원 이하의 과태료를 부과할 수 있도록 하였다.

(14) 건전한 저작물 이용환경 조성(법 제134조)
문화관광부장관은 저작물 등의 권리관리정보 및 기술적 보호조치에 관한 정책을 수립·시행할 수 있도록 하였다.

(15) 친고죄의 예외(법 제140조)
영리를 위하여 상습적으로 저작재산권 등을 침해한 행위 등을 친고죄에서 제외하여 권리자의 고소가 없어도 형사처벌이 가능하도록 하였다.

9. 2009년 저작권법

2009년 4월 22일 법률 제9625호로 개정되어 2009년 7월 23일 시행되었다. 개정의 주된 취지는, 저작권 보호정책의 일관성 유지와 효율적인 집행을 도모하기 위하여 일반 저작물 보호 등에 관한 「저작권법」과 컴퓨터프로그램저작물 보호 등에 관한 「컴퓨터프로그램 보호법」을 통합하는 한편, 온라인상의 불법복제를 효과적으로 근절하기 위하여 온라인서비스제공자 및 불법 복제·전송자에 대한 규제를 강화하고자 하는 것이다. 아울러 저작권법과 컴퓨터프로그램보호법이 통합됨에 따라 종전에 저작권위원회와 프로그램보호위원회 두 기관으로 나누어져 있었던 관련 단체를 통합하여 한국저작권위원회를 설립하는 것으로 하고, 통합 기관의 기능과 운영에 관한 비교적 상세한 규정을 두게 되었다.

그 주요 내용은 다음과 같다.

(1) 「저작권법」과 「컴퓨터프로그램보호법」의 통합(법 제 2 조 제34호 신설 등)
성격이 유사한 일반저작물과 컴퓨터프로그램저작물을 「저작권법」과 「컴퓨터프로그램 보호법」에서 각각 규정하고 있어 정책 수립과 집행에 효율성이 떨어지고 있다는 지적을 받아들여 2개의 법을 통합하였다. 컴퓨터프로그램을 포함한 저작물 전체를 동일한 법률에서 규정함으로써 일관된 정책 추진을 도모하고자 한 것이다. 다만, 컴퓨터프로그램저작물의 경우 일반 저작물과는 다른 특성도 가지고 있으므로, 이를 감안하여 저작권법에 컴퓨터프로그램저작물에 대한 특례(법 제101조의2부터 제101조의7까지) 규정을 신설하면서, 프로그램저작권의 제한, 프로그램코드 역분석, 프로그램 배타적 발행권 설정, 프로그램의 임치 규정 등을 일반적 저작물에 대한 특례로 규정하였다.

(2) 한국저작권위원회의 설립(법 제112조 및 제112조의2)
종전에 저작권위원회와 프로그램보호위원회 두 기관으로 나누어져 있었던 관련 단체를 통합하여 한국저작권위원회라는 단일 기관을 설립하는 한편, 저작권을 효과적으로 보호하기 위해 새로 설립되는 한국저작권위원회의 업무를 확대하고 조직을 정비하는 규정을 두었다.

(3) 온라인상 불법복제 방지대책 강화(법 제133조의2 및 제133조의3 신설)
온라인상 불법복제를 효과적으로 근절하기 위해서는 온라인서비스제공자 및 불법복제·전송자에 대한 보다 효과적인 규제가 필요하다는 요청에 따라, 온라인상에서 불법복제물을 반복적으로 전송하는 자의 개인 계정의 정지를 명하고, 전송된 불법복제물을 게시하는 게시판의 서비스 정지를 명할 수 있는 근거 등을 마련하였다.

10. 2011년 저작권법

2011년 6월 30일 법률 제10807호로 개정되어 2011년 7월 1일 시행되었다. 이 개정은 특별히 「대한민국과 유럽연합 및 그 회원국 간의 자유무역협정」(한·EU FTA)을 이행하기 위하여 저작권의 보호기간을 70년으로 연장하고, 일정한 범위에 한하여 방송사업자의 공연권을 인정하며, 온라인서비스제공자의 면책범위를 유형별로 세분화하고, 기술적 보호조치를 무력화하는 행위를 금지하려는 취지에서 이루어졌다. 2011년 7월 1일 시행 저작권법은 「한·EU FTA 이행을 위한 저작권법」이라는 타이틀을 달고 있지만, 그 이전에 이미 제출된 「한·미 FTA 이행을 위한 저작권법 일부 개정법률안」과 공통되는 사항을 담고 있어서 사실상 이들 두 개의 법률안에다가 2010년 9월 24일 발의된 저작권법 일부 개정법률안 등 세 개의 법안 내용을 포함하고 있다.

그 주요 내용은 다음과 같다.

(1) 저작권 보호기간을 50년에서 70년으로 연장(법 제39조부터 제42조까지)
일반 저작물의 경우 보호기간을 저작자 사후 50년에서 70년으로 연장하였고(공동저작물, 무명 또는 이명저작물의 경우도 같다), 그 밖에 업무상저작물, 영상저작물의 경우도 공표한 때부터 70년으로 연장하였다. 다만, 갑작스러운 저작권 보호기간의 연장이 사회에 미치는 영향을 최소화하기 위하여 한·EU FTA 관련 규정에 따라 저작권의 보호기간에 관한 규정은 이 법 발효 후 2년이 되는 날부터 시행하는 것으로 유예기간을 두었다(부칙 제1조).

(2) 방송사업자의 공연권 일부 인정(법 제85조의2)
공중의 접근이 가능한 장소에서 방송의 시청과 관련하여 입장료를 받는 경우에 한하여 방송사업자의 공연권을 인정하였다.

(3) 온라인서비스제공자를 단순도관, 캐싱, 호스팅, 정보검색의 네 가지 유형으로 나누고, 각 유형별 면책요건을 상세하게 규정(법 제102조 제1항)
나아가 그러한 책임 제한과 관련하여 온라인서비스제공자는 자신의 서비스 안에서 침해행위가 일어나는지를 모니터링하거나 그 침해행위에 관하여 적극적으로 조사할 의무를 지지 않음을 명확히 하였다(법 제102조 제3항). 또한 종전 법에서 온라인서비스제공자가 관련 규정에 따라 저작물 등의 복제·전송을 중단시키거나 재개시킨 경우에 온라인서비스제공자의 책임을 감경 또는 면제할 수 있도록 되어 있던 것을 아예 '면제'하는 것으로 하였다(법 제103조 제5항).

(4) 기술적 보호조치의 무력화를 금지하되, 금지에 대한 예외 규정 신설(법 제104조의2)
누구든지 정당한 권한 없이 고의 또는 과실로 기술적 보호조치를 제거·변경하거나 우회하는 등의 방법으로 무력화하여서는 아니 되며, 다만 암호 분야의 연구에 종사하는 자, 미성년자에게 유해한 저작물에의 접근 차단, 프로그램의 호환을 위하여 필요한 경우 등에는 예외를 인정하였다(법 제104조의2 제1항).

(5) 권리관리정보의 제거·변경 등의 금지 규정 신설(법 제104조의3)
누구든지 정당한 권한 없이 저작권, 그 밖에 저작권법에 따라 보호되는 권리의 침해를 유발 또는 은닉한다는 사실을 알거나 과실로 알지 못하고 전자적 형태의 권리관리정보를 고의로 제거·변경 또는 허위 부가하는 행위 등의 행위를 하여서는 아니 된다는 규정을 신설하였다.

11. 2012년 저작권법

한·미 FTA 협정의 의무이행을 위한 저작권법 개정에 따라 2011년 12월 2일 법률 제11110호로 공포되었으며, 한·미 FTA[40]가 발효된 2012년 3월 15일부터 시행되었다. 한국과 미국 사이에 2006년 2월 시작된 한·미 FTA 협상이 2007년 4월 1차 타결되었고, 그 후 추가 협상 과정을 거쳐 2010년 12월 3일 최종 타결이 되었다. 그리하여 2011년 10월 12일에 한·미 FTA 비준 동의안이 미국 의회를 통과하였으며, 2011년 11월 22일에는 우리 국회를 통과하였다. 한·미 FTA 협정은 저작권을 비롯한 지적재산권 분야에 있어서 양 당사국이 부담하여야 할 의무에 관하여 광범위한 내용을 포함하고 있다. 그러한 의무 사항 중에는 우리의 기존 저작권법과 합치하여 추가적인 입법이 필요 없는 부분, 기존 저작권법의 해석에 따라서는 협약상의 의무를 이행한 것으로 볼 수 있는 부분, 추가적인 입법이 필요한 부분 등 다양한 성질의 것들이 포함되어 있었다.

이에 따라 우리 정부와 국회는 한·미 FTA 협정의 의무 이행을 위한 저작권법 개정작업에 착수하였다. 2008년 10월 10일에 정부가 한·미 FTA 협정 이행을 위한 저작권법 개정안 및 컴퓨터프로그램보호법 개정안을 제출하였고, 그 후 여러 의원들의 저작권법 일

40) 대한민국과 미합중국 간의 자유무역협정 및 대한민국과 미합중국 간의 자유무역협정에 관한 서한교환.

부 개정법률안 발의를 거쳐, 2011년 6월 30일 먼저 위에서 본 한·EU FTA 이행을 위한 개정 저작권법(법률 제10807호, 시행일 2011년 7월 1일)을 공포하였다. 한·EU FTA 이행을 위한 개정 저작권법은 한·미 FTA 협정 이행을 위하여 필요한 저작권법 개정 사항(한·EU FTA와 한·미 FTA의 공통사항)을 상당 부분 포함하고 있었다. 그 후 2011년 11월 2일 한·EU FTA에 반영되지 못한 한·미 FTA 의무사항을 주된 내용으로 하는 저작권법 개정안이 국회에 발의 되었고, 2011년 11월 22일 그 개정안이 국회를 통과하여 같은 해 12월 2일 법률 제11110호로 공포되기에 이르렀다. 이 법의 시행일은 한·미 FTA 협정이 발효하는 날로 되어 있고(부칙 제1조), 한·미 FTA 협정이 2012년 3월 15일자로 발효되었으므로 이 법도 같은 날짜로 시행되게 되었다.

한·미 FTA 협정에 따른 저작권법 개정안은 한·EU FTA 이행을 위한 개정 저작권법을 통하여 저작권 보호기간의 연장 등 양 협정 사이의 공통사항은 이미 반영이 되었으므로, 그 부분을 제외한 일시적 저장의 복제 해당 명문화, 저작인접권 보호기간의 연장 등 나머지 필요한 사항을 규정하는 데 중점을 두었다. 아울러 공정이용 제도의 도입 등 저작권자와 이용자 사이의 이익 균형 조정을 위하여 필요한 관련 규정과 그 밖에 그동안 현행 저작권 제도를 운영하면서 나타난 일부 미비점을 개선·보완하는 것을 내용으로 하고 있다.

그 주요 내용은 다음과 같다.[41]

(1) 일시적 저장이 복제에 해당함을 명문화
디지털 환경에서 저작권자의 권리를 균형있게 보호하기 위하여 일시적 저장을 복제의 범위에 명시하고 그에 대한 예외를 규정하였다.

(2) 공정이용 제도의 도입
저작물의 통상적인 이용방법과 충돌하지 아니하고 저작자의 정당한 이익을 부당하게 해치지 아니하는 경우에 저작재산권을 제한할 수 있도록 하는 포괄적·일반적 규정으로서 공정이용(fair use) 제도를 도입하고, 그 판단의 기준을 설정하였다.

(3) 배타적발행권 제도의 신설
출판권과 프로그램 배타적발행권의 경우에만 인정되었던 배타적 권리(배타적발행권)를 모든 저작물 등의 발행 및 복제·전송에 설정할 수 있도록 하고, 배타적발행권 설정에서 출판권 설정을 제외하여 배타적발행권과 출판권의 관계를 명확히 하였다.

(4) 저작인접권의 보호기간 연장
저작인접권(방송 제외)의 보호기간을 50년에서 70년으로 연장하였다.

41) 한·미 FTA 이행을 위한 개정 저작권법 설명자료, 문화체육관광부(2011. 12.), 3면.

(5) OSP 면책요건 추가 등

한·미 FTA 협정에서 요구하고 있는 온라인서비스제공자(OSP)의 면책 요건을 추가하고, 권리주장자의 복제·전송자에 관한 정보제공청구 제도를 도입하였다.

(6) 금지행위의 추가적 신설

위조 및 불법라벨의 유통, 영화 도촬 및 암호화된 방송 신호의 무력화 등을 금지행위로 규정하였다.

(7) 법정손해배상제도의 도입

법정손해배상제도를 도입하여 실손해 배상과 법정손해배상 중 하나를 선택적으로 청구할 수 있도록 하고, 침해행위 발생 전 등록을 법정손해배상 청구의 요건으로 규정하였다.

(8) 저작인접권 보호기간 연장 특례

1987년 7월 1일부터 1994년 6월 30일 사이에 발생한 저작인접권의 보호기간을 발생한 때의 다음 해부터 기산하여 50년간 존속하는 것으로 연장하였다.

12. 2013년 저작권법

2013년에는 두 차례에 걸쳐 저작권법 개정이 이루어졌다. 2013. 7. 16.에 이루어진 개정(2013. 10. 17. 시행. 법률 제11903호)에서는 저작재산권 제한 규정에 청각장애인 등을 위한 복제 등 규정이 신설되었다(제33조의2). 그 이전 저작권법에서는 공표된 저작물에 대한 시각장애인을 위한 저작재산권 제한규정만이 명시되어 있었고 청각장애인에 관한 규정이 없었다. 이 개정을 통하여 청각장애인을 위하여 공표된 저작물 등을 수화 또는 자막으로 변환할 수 있게 되었고, 이러한 수화 또는 자막을 복제, 배포, 공연 또는 공중송신할 수 있도록 되었다.

다음으로 2013. 12. 30.에 이루어진 개정(2014. 7. 1. 시행. 법률 제12137호)에서는 공공저작물에 대한 자유이용 규정이 신설되었으며(제23조의2), 학교나 교육기관에서의 이용형태에 '전시'를 추가하고, '방송 또는 전송'이 '공중송신'으로 확대되었다(제25조 제 2 항). 이 개정을 통하여 국가나 지방자치단체에서 업무상 작성한 저작물을 납세자인 일반 국민이 자유롭게 이용할 수 있도록 되었으며, 학교 등에서의 수업 목적이나 수업지원 목적으로 저작물을 이용할 수 있는 형태가 교육현장의 수업방식 다양화에 맞추어 확대되었다.

13. 2016년 저작권법

2016년 개정 저작권법의 주요 내용은 다음과 같다. 첫째, '음반'의 정의에 음을 디지털화한 것을 포함하고, '판매용 음반'을 '상업용 음반'으로 용어를 바꾸었다. 둘째, 저작권법 제35조의3(개정 전 법)의 이른바 '공정이용' 규정 중 '보도·비평·교육·연구 등' 공정이용의 목적을 삭제하고, 공정이용 판단 시 고려사항 중 '영리 또는 비영리성'을 삭제하였다. 셋째, 문화체육관광부장관은 저작권신탁관리업자가 사용료 및 보상금을 징수할 경우 대통령령으로 정하는 방법에 따라 통합징수 하도록 요구할 수 있으며, 이에 정당한 사유 없이 따르지 않을 경우 과징금을 부과하도록 하였다. 넷째, 한국저작권위원회와는 별도로 한국저작권보호원의 설립 근거 및 그 구성과 업무에 관한 규정 등을 마련하였다. 다섯째, 불법복제물 등의 삭제명령 등을 위한 심의 및 시정권고의 주체를 한국저작권위원회에서 신설되는 한국저작권보호원으로 변경하였다.

14. 2020년 저작권법

2020년 개정 저작권법의 주요 내용은 두 가지이다.

첫째는, 가상·증강 현실 기술을 이용한 산업의 발전을 뒷받침하기 위하여 촬영 등의 주된 대상에 부수적으로 다른 저작물이 포함되는 경우, 저작권침해를 면책할 수 있는 근거를 마련하고, 공공문화시설이 문화의 향상발전에 이바지할 수 있도록 상당한 조사를 하였어도 저작재산권자나 그의 거소를 알 수 없는 저작물을 활용할 수 있는 근거를 마련하였다.

둘째는, 저작물 유통의 중심 역할을 하고 있는 저작권위탁관리업자에 대한 주무관청인 문화체육관광부의 사무 및 재산상황 조사권, 징계요구권 등 관리감독 권한을 강화하고, 저작권보호심의의 공정성과 효율성을 제고하기 위하여 저작권보호심의위원회 위원의 수를 15명 이상 20명 이내로 확대하는 한편, 그 자격 요건을 강화하였다.

Chapter 02

저 작 물

C / H / A / P / T / E / R 02

저 작 물

제 1 절 저작물의 성립요건과 보호범위

I. 저작물의 성립요건

1. 개 요

저작권법 제 2 조 제 1 호는 저작물을 "인간의 사상 또는 감정을 표현한 창작물을 말한다"고 정의하고 있다. 2006년 개정 전 저작권법은 저작물을 "문학·학술 또는 예술의 범위에 속하는 창작물"로 정의하고 있어 범주적 한정에 큰 의미를 두고 있었다. 그러나 데이터베이스, 컴퓨터프로그램 등도 넓은 의미에서의 저작물로 인정되는 등 저작물의 범주가 확대되고 있는 현실에서 저작물을 범주적으로 한정하는 것은 불필요하고 특별한 의미가 없으며, 오히려 저작물의 포섭범주를 제한하는 요소로 작용한다는 비판이 있었다. 또한 저작물에 대한 정의와 관련하여 대부분의 외국 입법례는 저작물을 인간의 사상이나 감정의 결과물 또는 정신적 창작물로 보고 있고, 국내의 학설·판례에서도 저작물을 인간의 사상이나 감정을 표현한 결과물로 인식하고 있었다. 이를 반영하여 위와 같이 저작물의 개념정의를 "인간의 사상 또는 감정을 표현한 창작물"로 개정한 것이다.[1)2)]

그러나 이와 같은 간단한 정의만으로 저작물을 완전하게 정의할 수는 없다. 특히 저작

1) 심동섭, 개정 저작권법 해설, 계간 저작권, 2006년 겨울, 저작권심의조정위원회, 48면; 문화관광부, 2005 -개정저작권법 설명자료, 3면 참조.

2) 외국의 입법례를 보면, 일본 저작권법은 제 2 조 제 1 항 제 1 호에서 "저작물이란 사상 또는 감정을 창작적으로 표현한 것으로 문예, 학술, 미술 또는 음악의 범위에 속하는 것을 말한다"고 정의하고 있고, 독일 저작권법은 제 2 조 제 2 항에서, "이 법에서의 저작물이란 인간의 정신적 창작물에 한한다"고 규정하고 있다. 한편, 미국, 영국, 프랑스 등은 저작물에 대한 별도의 정의규정을 두고 있지 않다.

물의 개념에 대하여는 종래 여러 가지 학설이 존재하여 왔을 뿐만 아니라, 각국의 저작권 제도가 서로 다르기 때문에 통일된 개념을 정립한다는 것은 극히 어려운 문제이다.[3] 구 저작권법 시대의 우리나라 대법원은 저작물을 "표현의 방법, 형식 여하를 막론하고 학문과 예술에 관한 일체의 물건으로서 사람의 정신적 노력에 의하여 얻어진 사상 또는 감정에 관한 창작적 표현물"이라고 정의한 바 있다.[4]

위와 같은 저작권법 정의규정이나 판례에 나타난 저작물의 개념에 기초하여 도출되는 저작물의 성립요건으로서는 일반적으로, (1) 창작성이 있을 것, (2) 인간의 사상이나 감정을 표현한 것일 것 등 2가지를 들 수 있다.[5] 뒤에서 이들 요건들에 관하여 차례로 살펴본다.

한편 개정 전 저작권법 아래에서는 "문학·학술 또는 예술의 범위에 속할 것"이 저작물의 요건 중 하나로 설명되고 있었다.[6] 그러나 개정 전 저작권법이 저작물의 정의규정에서 "문학·학술 또는 예술의 범위에 속하는"이라고 저작물의 범위를 제한하고 있기는 하였지만, 이는 문학·학술 및 예술을 각기 구분하여 저작물이 되기 위하여서는 반드시 그 중 어느 한 분야에 속하여야 한다는 의미가 아니라, 문학·학술 또는 예술로 총칭되는 지적·문화적인 포괄개념에 속하기만 하면 된다는 것을 의미한다는 것이 일반적인 해석이었다. 따라서 그것이 문학의 범위에 속하는가 아니면 학술 또는 예술의 범위에 속하는가의 여부가 중요한 것이 아니라, 전체적인 지적·문화적 포괄개념에 들어가느냐 아니냐의 여부가 중요한 것이었기 때문에,[7] 이 요건이 특별한 의미를 갖는 경우는 거의 없었다고 볼 수 있다. 그 결과 문학·학술 또는 예술의 범위에 속하지 않는 컴퓨터프로그램저작물이나 지도 또는 설계도 등 도형저작물과 같은 것이라 하더라도 창작성을 비롯한 나머지 요건을 갖춘 이상 저작물로 성립한다는 데 별다른 이의가 없었다.

---

3) 미국 저작권법은 저작물에 관한 정의규정을 두지 않는 대신 제102조에서 '저작권의 보호대상: 총칙'에 관한 정의규정을 두고 있다. 그 내용은, "현재 알려졌거나 장래에 개발될 유형적인 표현매체로서, 직접 또는 기계나 전자장치에 의하여 그로부터 저작물을 지각, 복제 또는 그 밖에 전달할 수 있는 것에 고정된 독창적인 저작물은 이 편 법전의 규정에 따라 저작권의 보호를 받는다"(" … original works of authorship fixed in any tangible medium of expression, now known or later developed, from which they can be perceived, reproduced, or otherwise communicated, either directly or with the aid of machine or device … ")고 규정하고 있다.

4) 대법원 1979. 12. 28. 선고 79도1482 판결.

5) 허희성, 신저작권법축조해설, 범우사, 1988, 18면에서는 '대외적으로 표현될 것'을 세 번째 요건으로 하고 있다.

6) 오승종·이해완, 저작권법, 제 4 판, 박영사, 2005, 24면.

7) 加戸守行, 著作權法逐條講義, 改正新版, 社團法人 著作權情報センタ, 1994, 21면.

2. 창 작 성

가. 의 의

창작성이란 그 저작물이 기존의 다른 저작물을 베끼지 않았다는 것 또는 저작물의 작성이 개인적인 정신활동의 결과라는 것을 의미한다. 저작권법의 보호를 받기 위하여 요구되는 창작성은 특허법이나 실용신안법의 보호를 받기 위한 요건 중 하나인 '신규성'(novelty)처럼 '기존의 것과 다른 새로운 것'이라는 의미가 아니다. 비록 시간적으로 먼저 작성된 甲의 작품과 나중에 작성된 乙의 작품이 서로 완전히 동일한 내용이라 하더라도, 乙이 甲의 작품을 보고 베낀 것이 아니라 스스로 저작한 것이라면 乙의 작품 역시 저작물로 성립할 수 있다. 따라서 이때 乙은 자신의 저작물에 대하여 저작권을 취득하게 되고 복제·공연·공중송신·전시 등 저작권법이 부여하는 모든 권능을 독점적·배타적으로 행사할 수 있다. 이에 반하여 신규성은 단순히 남의 것을 베끼지 않았다는 것이 아니라 기존에 존재하지 않던 것을 새로이 창작해 내었음을 의미한다. 따라서 신규성이 절대적인 개념이라고 한다면, 창작성은 상대적인 개념, 즉 그것이 '실질적으로 모방되지 않고 독자적으로 창작된 것'(not substantially copied, and independently created)임을 의미하는 개념이다.

또한 창작성은 특허의 또 다른 요건인 '진보성'(non-obviousness)과도 구별된다. 진보성은 앞서 존재하던 기술(선행기술, prior arts)에 어떤 기술적인 진보를 가져오는 것을 의미한다. 저작권법은 특허법과 달리 저작물로 되기 위하여 기존의 작품보다 문학·학술 또는 예술적으로 진보되어 있을 것을 요구하지 않는다.

이와 같은 차이는 우리 사회에 있어서 저작권법과 특허법이 추구하는 목적이 서로 다르기 때문에 발생한다. 즉, 저작권법은 양적으로 풍부한 저작물의 축적을 도모하는 반면에, 특허법은 질적으로 효과적인 기술의 축적을 도모하는 제도라는 점에서 차이가 있다. 따라서 저작권법이 요구하는 저작물의 요건은 특허법에서 요구하는 특허요건보다 훨씬 완화된 것이고, 반면에 법적인 보호의 정도에 있어서는 특허법이 저작권법보다 강하다고 볼 수 있다.

따라서 창작성은 예술성과도 구별되는 개념이다. 어떤 작품이 저작물로 성립하기 위한 요건으로서 창작성은 그 작품의 예술성과는 원칙적으로 무관하다. 다섯 살짜리 어린아이가 그린 그림이 예술성을 전혀 갖지 못하고 있다고 하더라도 그 그림이 남의 것을 베끼지 않고 독자적으로 작성된 것이며 최소한도의 개성을 가지고 있으면 저작물로 성립할 수 있다. 다만, 본 장 제 2 절 '저작물의 분류'에서 보는 바와 같이 유독 '건축저작물'에 대하여서만 그 성립요건으로서 건축미술로 평가될 수 있을 정도의 예술성을 요구하는 일부 견해가 있으며, 응용미술의 성립요건인 '분리가능성'과 관련하여 예술성이나 심미적 가치 등을 요구하는 일부 견해가 있을 뿐이다.

나. 노동이론(勞動理論)과 유인이론(誘引理論)

구체적으로 저작물의 성립요건으로서 어느 정도의 가치를 가지는 창작성을 요구할 것인지가 문제로 되는데, 이와 관련하여서는 노동이론과 유인이론이라는 두 가지의 대립되는 입장이 존재한다.

노동이론(sweat of the brow theory)의 입장에서는 저작물에 대하여 저작권을 부여하는 근거를 저작자의 '정신적 노동에 대한 대가'라고 설명한다. 따라서 저작자의 정신적 노동이 투여된 이상 문화적으로는 거의 가치가 없는, 극단적으로 말하면 '기능과 노동'(skill and labour)만에 의하여 작성됨으로써 아주 낮은 수준의 창작성만 가지고 있거나 창작성이 거의 없는 경우에도 저작물로 성립되는 데 지장이 없다고 한다.

반대로 유인이론은 저작권 부여의 근거를 그 저작물이 저작권법의 궁극적 목적인 문화발전을 유인해 준 것에 대한 대가라고 보는 입장이다. 따라서 창작성이 없거나 설사 있다고 하더라도 문화발전에 아무런 동인(動因)을 제공하지 못할 정도의 낮은 수준의 창작성밖에 갖추지 못한 것은, 비록 그것을 작성하기 위하여 상당한 정신적 노력을 기울였다 하더라도 그로 인하여 저작권법이 추구하고자 하는 목적에 아무런 기여도 하지 못하는 것이므로 저작권의 보호를 해 줄 수 없다고 본다. 즉, 문화발전을 유인할 만한 일정 수준 이상의 창작성이 있어야만 저작권의 보호를 받을 수 있는 저작물로 인정하며, 그렇게 해야만 잠재적 저작자로 하여금 저작물의 창작에 보다 많은 시간과 노력, 지식을 투입하도록 함으로써 문화발전을 유인할 수 있다고 보는 것이다. 따라서 유인이론의 입장에서는 창작성과 관련하여 지적인 기능이나 정신적 노동보다는 저작자의 '개성' 또는 '개별성'의 발현을 중요하게 평가하며, 아무리 많은 시간과 지적인 노력을 들였다 하더라도 사실을 있는 그대로 기록한 것이나 누가 작성하더라도 동일하게 작성될 성질의 것, 예를 들어 특정 지역의 인명편 전화번호부라든가, 사법시험 합격자 명단 등과 같은 것은 저작물로서 보호받을 만한 창작성을 갖추었다고 보지 않는다. 우리 법원의 판례나 실무는 다음에서 보는 바와 같이 유인이론의 입장에 서 있는 것으로 보인다.

다. 창작성을 이루는 요소

(1) '독자적 작성'과 '최소한의 창조적 개성'

이처럼 저작권법이 요구하는 창작성은 기본적으로는 남의 것을 베끼지 않고 스스로 저작하였다는 것을 의미한다. 따라서 甲이라는 소설가가 독자적인 창작적 노력 끝에 '엄마를 부탁해'라는 소설을 집필하였는데 그것이 우연하게도 몇 년 전에 나온 다른 작가 乙의 '엄마를 부탁해'라는 소설과 내용 및 등장인물에 이르기까지 같다고 하더라도, 甲이 자신의 소설을 완성하기 전까지는 乙의 '엄마를 부탁해'라는 소설을 듣지도 보지도 못하였다면 甲이 작성한 '엄마를 부탁해'는 乙의 작품을 모방하거나 모작(模作)한 것이 아니므로 창작성이 있으며, 따라서 甲의 '엄마를 부탁해'는 乙의 작품과는 별개의 저작물이 되고 별도로 저작권의 보호대상이 된다.[8)]

저작물로 되기 위하여 요구되는 창작성의 정도에 관하여 서로 대립하는 노동이론과 유인이론 중, 미국은 전통적으로 노동이론에 가까운 입장으로서 남의 것을 베끼지만 않았다면 창작성을 인정하는 입장이었다. 따라서 어떤 작품의 '기원'(origin)이 다른 사람이 아닌 바로 그 작가에게 있으면 창작성이 있다는 의미에서 창작성을 originality라고 부른다. 이에 비하여 독일과 프랑스로 대표되는 대륙법계에서는 저작물로 성립하기 위하여 필요한 창작성은 단순히 남의 것을 베끼지 않았을 뿐만 아니라 문화발전을 유인할 수 있을 정도의 최소한의 가치, 즉 저작자의 '개성'의 발현을 지녀야 한다는 입장에 서 있다. 이러한 면에서의 창작성을 사전적 의미와 완전히 일치하는 것은 아니지만, 영어로 creativity라고 부르기도 한다. 결론적으로 전통적인 노동이론은 첫 번째 요소인 '독자적 작성'만으로 창작성은 구비된다는 입장이고, 이에 반하여 유인이론은 그에 덧붙여 '최소한의 창조적 개성'까지 필요하다고 보는 입장이다. 이하에서는 우리 판례의 입장을 살펴보기로 한다.

(2) 대법원 1995. 11. 14. 판결 – '독자적 작성'

대법원 1995. 11. 14. 선고 94도2238 판결(일명 '세탁학기술개론' 사건)은, "저작권법에 의하여 보호되는 저작물이기 위하여는 문학·학술 또는 예술의 범위에 속하는 창작물이어야 하므로(개정 전 저작권법 제 2 조 제 1 호) 그 요건으로서 창작성이 요구되나 여기서 말하는 창작성이란 완전한 의미의 독창성을 말하는 것은 아니며 단지 어떠한 작품이 남의 것을 단순히 모방한 것이 아니고 작자 자신의 독자적인 사상 또는 감정의 표현을 담고 있음을 의미할 뿐이어서 이러한 요건을 충족하기 위하여는 단지 저작물에 그 저작자 나름대로의 정신적 노력의 소산으로서의 특성이 부여되어 있고 다른 저작자의 기존의 작품과 구별할 수

8) 허희성, 전게서, 18면에 있는 예시를 다소 변형한 것이다.
미국의 Learned Hand 판사도 Sheldon v. Metro-Goldwyn Pictures Corp. 사건에서 비슷한 예를 든 바 있다. 즉, 어떤 작가가 Keats의 시(詩)를 전혀 보지도 듣지도 못한 상태에서 우연히 Keats의 시와 완전히 동일한 시를 작성하였다면 그것은 독립된 저작물로 성립할 수 있고, 제 3 자가 비록 Keats의 시를 복제할 수 있는 권리를 가지고 있다 하더라도 독립된 저작권자인 그 작가의 시를 복제할 수는 없다는 것이다; Sheldon v. Metro-Goldwyn Pictures Corp., 81 F.2d 49(2d Cir.), cert. denied, 298 U.S. 669 (1936).

있을 정도이면 충분하다"고 하였다.[9)]

이 판례는 창작성의 개념이 문제로 될 때 자주 인용되어 온 판례이기도 하다. 그런데 위 판결의 판결이유 중 마지막 부분에 대하여는 다소 의문을 가지지 않을 수 없다. 창작성이라는 것은 남의 것을 모방한 것이 아니라 스스로의 정신활동에 따라 사상이나 감정을 표현한 결과로서 나타나는 것이면 족하고, 반드시 기존의 타인의 작품과 구별할 수 있을 것을 요구하는 것은 아니다. 그러한 점에서 기존의 타인의 창작과 구별될 것을 요구하는 특허법상의 '신규성' 요건과 다르다는 점은 앞에서 본 바와 같다. 따라서 위 판시 마지막 부분인 "다른 저작자의 기존의 작품과 구별할 수 있을 정도"라고 한 부분은 사족으로서 없는 편이 낫지 않았을까 하는 생각도 든다. 그러나 한편으로는 위 마지막 부분을 굳이 잘못된 판시로 볼 것이 아니라, 이는 우리 대법원이 저작물로 성립하기 위한 요건으로서의 창작성을 어느 정도까지 요구할 것인지와 관련하여, 앞에서 본 노동이론과 유인이론의 대립되는 입장 중에서 유인이론의 입장을 택한 취지라고 선해할 수도 있다고 본다. 즉, 창작성이 없거나 그 정도가 극히 낮은 단순한 정신적 노동으로만 이루어진 산물에 대하여는 저작물로 보지 않겠다는 입장을 표명한 것으로서, 위 판시 부분 중 "기존의 작품과 구별할 수 있을 정도"라 함은 "기존의 어떤 작품과도 구별할 수 있을 정도"라는 절대적인 의미가 아니라, "기존의 일반적인 작품과는 구별할 수 있을 정도"를 의미하는 것으로서, 누가 만들어도 동일·유사하게 나올 수밖에 없는 작품(이러한 작품은 문화의 향상발전을 유인할 만한 요소를 갖추었다고 보기 어렵다)은 저작자의 '개성'이나 '개별성'의 발현이 있다고 볼 수 없으므로, 그에 대하여는 설사 지적인 기능이 발휘되고 정신적 노동이 투여되었다고 하더라도 저작물로 인정하지 않겠다는 취지로 이해할 수 있지 않을까 생각한다.

(3) 대법원 2005. 1. 27. 판결 – '독자적 작성 + 최소한의 창조적 개성'

그 후 대법원 2005. 1. 27. 선고 2002도965 판결(일명 '설비제안서 도면' 사건)에서는, "저작물로서 보호를 받기 위해서 필요한 창작성이란 완전한 의미의 독창성을 말하는 것은 아니며 단지 어떠한 작품이 남의 것을 단순히 모방한 것이 아니고 작자 자신의 독자적인 사

9) 이 판결에서는 창작성에 대한 위 판시 이유에서와 같은 전제 아래, "피해자 A가 저술한 '세탁학기술개론'을 기존의 한국세탁업협회에서 발행한 교재들 및 B, C 교수의 공동저작인 '피복관리학' 등과 비교하여 보면, 부분적으로는 동일, 유사한 표현이 존재하는 것은 사실이나 전체적인 구성이나 표현형식에 있어서는 위에 나온 기존의 다른 책자들과 뚜렷이 구별할 수 있다 할 것이어서 그 창작성을 인정할 수 있으므로 위 '세탁학기술개론'이 저작권법 소정의 저작물에 해당하지 아니한다고 할 수 없다(가사 A의 저작이 원저작물과의 관계에서 이것을 토대로 하였다는 의미에서의 종속성을 인정할 수 있어 소위 2차적 저작물에 해당한다 할지라도 원저작자에 대한 관계에서 저작권침해로 되는 것은 별문제로 하고 저작권법상 2차적저작물로서 보호되는 것이라 할 것이다)"고 하였다.

상 또는 감정의 표현을 담고 있음을 의미하므로, 누가 하더라도 같거나 비슷할 수밖에 없는 표현, 즉 저작물 작성자의 창조적 개성이 드러나지 않는 표현을 담고 있는 것은 창작성이 있는 저작물이라고 할 수 없다"고 하여 위 '세탁학기술개론' 사건 대법원 판결의 사족 부분을 판시에서 제외하고 있다.[10] 또한 이 판결에서는 '누가 하더라도 같거나 비슷할 수밖에 없는 표현'에 대하여는 저작자의 '창조적 개성'이 드러나지 않는다고 하여 창작성을 부인함으로써 앞에서 본 유인이론의 입장을 보다 확실하게 천명하고 있다.[11]

(4) 두 판결의 비교

위의 대법원 2005. 1. 27. 판결을 앞의 대법원 1995. 11. 14. 판결과 비교하여 보면, 앞의 판결은 그 판시 마지막 부분을 사족으로 보아 제외할 경우, 창작성은 "남의 것을 모방하지 아니하고 자신이 독자적으로 작성한 것"이라는 의미이고 따라서 "창작성 = 독자적 작성"이라고 해석하는 입장이다. 그러므로 창작성을 "자신의 독자적인 정신적 노력으로 작성한 것"이라고만 보는 노동이론의 입장과 맥을 같이 한다고 볼 수 있다. 다만, 뒤의 사족 부분을 '개성'이나 '개별성'의 발현을 요구하는 것으로 선해한다면 유인이론의 입장을 취하는 것으로 이해할 수도 있다. 반면에 그 후에 나온 대법원 2005. 1. 27. 판결은 "누가 하더라도 같거나 비슷할 수밖에 없는 표현, 즉 저작물 작성자의 창조적 개성이 드러나지 않는

10) 나아가 이 판결에서는, "저작권법 제 4 조 제 1 항 제 8 호에서 '지도·도표·설계도·약도·모형 그 밖의 도형저작물'을 저작물로 예시하고 있는데, 이와 같은 도형저작물은 예술성의 표현보다는 기능이나 실용적인 사상의 표현을 주된 목적으로 하는 이른바 기능적 저작물로서, 기능적 저작물은 그 표현하고자 하는 기능 또는 실용적인 사상이 속하는 분야에서의 일반적인 표현방법, 규격 또는 그 용도나 기능 자체, 저작물 이용자의 이해의 편의성 등에 의하여 그 표현이 제한되는 경우가 많으므로 작성자의 창조적 개성이 드러나지 않을 가능성이 크며, 동일한 기능을 하는 기계장치나 시스템의 연결 관계를 표현하는 기능적 저작물에 있어서 그 장치 등을 구성하는 장비 등이 달라지는 경우 그 표현이 달라지는 것은 당연한 것이고, 저작권법은 기능적 저작물이 담고 있는 사상을 보호하는 것이 아니라, 그 저작물의 창작성 있는 표현을 보호하는 것이므로, 기술 구성의 차이에 따라 달라진 표현에 대하여 동일한 기능을 달리 표현하였다는 사정만으로 그 창작성을 인정할 수는 없고, 창조적 개성이 드러나 있는지 여부를 별도로 판단하여야 한다"고 판시하였다.

11) 대법원 2021. 6. 30. 선고 2019다268061 판결('임원경제지' 사건) : 甲 사단법인의 저작물은 조선시대 실학자 서유구가 편찬한 '임원경제지'를 구성하는 16개의 지(志) 중 하나인 '위선지'의 원문에 교감(校勘), 표점(標點) 작업을 한 부분과 이를 번역한 부분으로 이루어진 것인데, 위 교감·표점 부분이 창작성을 가지는지 문제 된 사안에서, 甲 법인의 저작물에서 교감 작업을 통해 원문을 확정하는 것과 표점 작업을 통해 의미에 맞도록 적절한 표점부호를 선택하는 것은 모두 학술적 사상 그 자체에 해당하고, 이러한 학술적 사상을 문자나 표점부호 등으로 나타낸 甲 법인의 교감·표점 부분에 관해서는 甲 법인과 동일한 학술적 사상을 가진 사람이라면 논리구성상 그와 달리 표현하기 어렵거나 다르게 표현하는 것이 적합하지 않아 위 부분은 결국 누가 하더라도 같거나 비슷한 방식으로 표현될 수밖에 없으므로, 특별한 사정이 없는 한 甲 법인의 저작물 중 교감한 문자와 표점부호 등으로 나타난 표현에는 甲 법인의 창조적 개성이 있다고 보기 어렵다고 판결.

표현을 담고 있는 것은 창작성이 있는 저작물이라고 할 수 없다."고 판시하고 있다. 즉, 창작성이라는 것은 단순히 저작자가 독자적으로 만들었다는 것만으로는 부족하고, 그에 덧붙여 최소한의 '창조적 개성'(creativity)이 반영되어 있을 것을 요한다는 취지이다. 따라서 뒤의 판례는 보다 확실하게 유인이론의 입장에 서 있다고 평가할 수 있다. 이 관점에 의하면 '창작성 = 독자적 작성 + 창조적 개성'이라고 보게 된다.[12)]

이 두 판례 중 뒤의 판례가 전원합의체 판결은 아니기 때문에 앞의 판례를 폐기하거나 변경한 것이라고는 보기 어렵다. 오히려 뒤의 판례는 앞의 판례를 보충하거나 보완하는 측면이 강한 것으로 보는 것이 타당할 것이다. 어문저작물을 다룬 앞의 판례에서는 어문저작물의 특성상 독자적 작성이 있으면 당연히 최소한도의 창조적 개성이 나타난다고 본 반면에, 기능적 저작물을 다룬 뒤의 판례에서는 기능적 저작물의 특성상 독자적 작성이 있더라도 최소한도의 창조적 개성이 있는지 여부는 별도로 검토할 필요가 있기 때문에 이를 요건으로 제시한 것으로 보는 것이 타당하다.[13)] 그렇다면 저작물 중에서 기능적 저작물 등 일정한 유형의 저작물에 대하여만 창조적 개성을 특별히 추가적 요건으로 보아야 한다는 견해도 있을 수 있다. 그러나 저작물의 종류에 따라서 창작성의 기본 개념이 달라진다는 것은 논리적인 측면에서나 저작권법의 전체 체계의 측면에서 받아들이기 어렵다. 창작성의 개념에는 기본적으로 '창조적 개성'이 포함되지만, 실제 구체적인 사건으로 들어갔을 때 그것을 엄격하게 심사할 필요성이 기능적 저작물 등의 경우에 보다 높아진다고 하는 정도로 이해하면 족하고, 위에서 본 대법원 판례도 그러한 취지에서 이해할 수 있다고 본다.[14)]

(5) 소 결

창작성의 내용으로서 단순한 '독자적 작성'(originality)만을 요구할 것인지, 아니면 그보다 어느 정도 높은 수준인 '최소한의 창조적 개성'(creativity)까지를 요구할 것인지는 결국 법정책적인 문제이다. 극단적인 노동이론을 취하여 전자만을 요구한다면 문화발전에 아무런 도움이 안 되는 저작물도 법의 보호를 받게 되어 저작권법의 근본취지를 몰각시키게 된다. 그러나 반대로 극단적인 유인이론을 취하여 높은 수준의 개성을 요구하게 되면 저작권의 부여 여부가 예술성이라든가 학술성 등 주관적인 가치판단에 흐르게 되어 자의적으로 될 우려가 있고 결과적으로는 법적 안정성을 해치게 된다.

저작물을 작성함에 있어서는 선인(先人)들이 이루어 놓은 기존의 문화유산을 토대로

12) 이해완, 저작권법, 박영사, 2007, 25면.
13) 이해완, 전게서 26면; 이규호, 저작권법-사례·해설, 진원사, 2011, 18면.
14) 이해완, 전게서, 27면.

하여 거기에 저작자 자신의 사상이나 감정을 보태게 된다. 저작물 전체가 처음부터 끝까지 오로지 저작자 혼자만에 의하여 독창적으로 작성되는 경우는 거의 없다고 해도 과언이 아니다. 따라서 저작권법에서 요구하는 창작성의 정도도 저작자의 개성이 저작물 중에 어떠한 형태로든 나타나 있으면 그것으로 충분하다고 보아야 할 것이다. 즉, 창작성에서 요구되는 개성(creativity)은 최소한의 정도에 그쳐야 한다.

결론적으로 우리 저작권법이 기본적으로 대륙법계 계통을 따르고 있다는 점, 그리하여 저작권을 단순히 재산권으로만 파악하는 것이 아니라 저작물은 저작자의 인격의 발현이라고 하는 점에서 저작인격권이 특히 강조되고 있다는 점, 저작권법 제 1 조의 목적 규정에서 '문화 및 관련 산업의 발전'을 저작권법이 추구하고자 하는 궁극적인 목적으로 천명하고 있는 점 등에 비추어 볼 때 창작성의 개념은 유인이론의 입장에서 파악하는 것이 타당하다고 생각된다. 따라서 창작성은 기본적으로는 "남의 것을 모방하지 아니하고 자신이 독자적으로 작성한 것"이라는 의미에서 "독자적 작성"을 요구하는 한편, 단순히 저작자가 독자적으로 만들었다는 것만으로는 부족하고, 그에 덧붙여 '최소한의 창조적 개성'(minimal degree of creativity)이 반영되어 있을 것을 요한다고 해석하여야 할 것이다. 즉, '창작성 = 독자적 작성 + 창조적 개성'이라고 이해하고자 한다.[15] 여기서 '최소한의 창조적 개성'의 의미가 무엇인가에 관하여 의문이 있을 수 있다. 사실 이 용어는 뒤에서 보는 미국 연방대법원의 Feist 판결에서 나온 용어인데, 그 의미에 대하여 미국의 Nimmer 교수는 "예술적 기질을 발휘한 표현 또는 차별적인 표현의 발현"(spark of artistic expression or spark of distinctiveness in expression)이라고 풀이하고 있다.[16]

어떤 저작물이 창작성을 가지는가의 여부는 위에서 본 바와 같이 주로 기존의 다른 작품을 베끼거나 모방하였는가 여부에 달려 있기 때문에 창작성의 판단은 마치 그 저작물이 기존 저작물의 저작권을 침해하였는지 여부의 판단과 같은 것이라고 생각하기 쉽다. 그러나 창작성의 판단과 침해판단은 기본적으로 다음과 같은 점에서 차이가 있다. 예를 들어, 기존 저작물을 쉬운 말로 풀어 쓴 작품은 그 자체로서 창작성은 인정받을 수 있으나 기존 저작물에 대한 침해의 책임으로부터 벗어날 수는 없다. 즉, 기존 저작물에 새로운 창작적 요소를 부가(附加)하였다고 하더라도 그 기존 저작물이 저작권의 보호를 받고 있는 것이라면 침해의 책임을 면할 수 없는 것이다. 그리고 침해판단에 있어서 중요한 역할을 하는 청중테스트(audience test, 이에 관하여는 뒤의 저작권 침해부분에서 살펴보기로 한다)는 창작성

15) 용어의 의미상으로는 '독자적 작성'을 '독창성', '최소한의 창조적 개성'을 '최소한의 창작성'으로 표현하는 것이 적절하다는 견해가 있다. 최경수, 저작권법개론, 한울아카데미, 2010, 97-99면 참조. 그러나 표현상의 차이일 뿐, 내용상으로는 본문의 해석론과 큰 차이가 없는 것으로 보인다.

16) Nimmer, pp. 2-15(§ 2.10[B]); 최경수, 전게서, 99면에서 재인용.

판단에 있어서는 적용되지 않는 것이 원칙이다.[17)]

(6) 참고 – '선택의 폭' 이론

① 개 요

창작성과 관련하여서는 최근 일본에서 유력하게 주장되고 있는 이른바 '선택의 폭' 이론을 살펴볼 필요가 있다. 이 이론은, 어떠한 사상이나 감정을 표현하고자 하는 경우에 그에 따른 선택의 폭이 존재하면 창작성을 인정할 수 있지만, 선택의 폭이 거의 없는 경우, 즉 누가 작성하더라도 그 사상이나 감정을 표현하고자 할 때에는 그러한 표현을 사용하지 않을 수 없다거나 그 표현의 폭이 극히 제한되어 있는 경우에는 창작성을 부정하여야 한다는 견해이다. 일본의 中山信弘 교수가 이러한 이론을 주장하는 대표적인 학자 중의 한 사람이다.[18)]

이 이론에서는, 창작성의 개념과 관련하여 앞에서 본 '개성'을 중심으로 파악하는 종래의 견해가 어문저작물이나 음악·미술 등과 같은 종류의 저작물에는 합당할 수 있지만, 최근 재화로서의 사회적 중요성이 증대되고 있는 기능적·사실적 저작물에 대해서는 반드시 타당한 것은 아니라고 한다. 특히 기능적 저작물의 전형적인 사례라고 할 수 있는 컴퓨터프로그램에 있어서 개성이란 구체적으로 어떠한 것을 상정하고 있는 것인지, 과연 프로그램저작물에 있어서 사상·감정의 표출인 개성이라는 것을 관념할 수 있는 것인지 의문이라고 한다. 그리하여 창작성을 개성의 표출이라고 보는 종래의 학설 중에는 기능적·사실적 저작물과 같은 특수한 저작물에 대하여는 다른 일반 저작물보다 더 높은 수준의 창작성을 요구함으로써 구체적 타당성을 꾀하는 등 이른바 '이중 기준'(double standard)을 채택하는 학설도 있었다고 한다.[19)] 그러나 이러한 '이중 기준'을 채택하는 학설은 결국 저작물의 다양화에 따라 모든 저작물에 관하여 종래의 창작성 개념을 일률적으로 적용하는 것은 곤란해졌기 때문에 통일적인 기준의 적용을 포기하고 각각의 저작물의 성질에 맞는 상대적 창작성 개념을 채용하고자 하는 것인데, 특정한 저작물에 대해서만 창작성의 기준을 높게 적용하는 것에 대하여 저작권법상 아무런 근거가 없다는 점, 그로 인하여 자칫 저작권법의 통일적인 체계가 무너질 수 있다는 점, 저작물의 성립여부에 대한 판단이 자의적이고 주관적인 판단에 흐를 수 있다는 점 등의 문제가 있다고 한다.

---

17) Paul Goldstein, Copyright, Vol. Ⅰ, Little Brown Company(2nd ed.), sec. 2.2.1.

18) 中山信弘, 著作權法, 법문사(2008), 44면 이하.

19) 中山信弘, 『ソフトウェアの法的保護』, 有斐閣(1990), 104면. 그러나 대부분의 학설은 이와 같은 이중 기준을 취하는 것에 대하여 반대하였다고 한다. 中山信弘, 著作權法, 법문사(2008), 46면에서 재인용.

② 내 용

'선택의 폭' 이론을 주장하는 中山信弘 교수는, 저작권법의 근본 목적인 '문화발전'을 지향한다는 관점에서 전체 저작물에 통일적으로 적용될 수 있는 새로운 창작성의 개념 필요성을 제기한다. 문화발전은 사상·감정의 표현인 정보를 풍부하게 하는 것에 있는데, 이를 위하여서는 창작성 개념을 표현의 결과물을 통하여 나타나는 '개성'이 아니라, 표현을 하는 과정에서 가지는 '선택의 폭'의 관점에서 파악하여야 한다고 주장한다. 이를테면, 어느 작품에 저작권을 부여하여도 여전히 타인에게는 창작을 행할 여지가 남아 있는 경우에만 창작성이 있다고 보아야 한다는 것이다. 문예적 저작물, 예를 들어 소설과 같이 작가의 개성의 표출 정도가 높은 저작물은 일반적으로 그 표현에 있어서 무수한 선택이 가능하기 때문에 타인의 작품을 모방한 것이 아니라면 거의 예외 없이 작가의 개성이 표현되어 있을 것이다. 따라서 이러한 문예적 저작물에 대하여는 개성을 창작성의 핵심 개념으로 파악하여도 별다른 문제가 없다. 문제가 되는 것은 프로그램이나 설계도 등과 같은 사실적·기능적 저작물의 경우이다. 이런 저작물에 있어서는 표현된 결과물이 어떤 개성을 가지는지는 특별한 의미가 없고, 오히려 그 작품을 표현하는 방법에 있어서 '선택의 폭'이 존재하느냐 여부가 중요하다. 표현 방법에 있어서 선택의 폭이 큰 경우에는 그와 다른 표현 방법, 즉 후발 창작자인 제 3 자에게 남겨져 있는 잔여 표현 방법 부분도 크고, 따라서 그 저작물에 창작성을 인정하여 저작권을 부여하여도 다른 충분한 잔여부분이 있으며 제 3 자에게는 그 잔여부분을 활용하는 창작적 인센티브를 줄 수 있어 결과적으로 정보의 풍부화에 이바지하게 된다. 반면에 표현 방법에 있어서 선택의 폭이 좁아서, 후발 창작자가 선택할 수 있는 잔여부분이 거의 없는 경우에는 해당 작품의 창작성을 인정하여 저작권의 보호를 주게 되면 표현의 독점에 따른 폐해가 나타나게 된다. 이러한 이유로 사실적·기능적 저작물에 있어서는 창작성을 표현에 있어서의 '개성'이 아니라 '선택의 폭'으로 이해하는 것이 결과적으로 공정한 경쟁을 촉진하고 정보의 풍부화에 이바지하게 된다고 한다.[20]

③ 기대 효과

'선택의 폭' 이론에서 창작성이란 인격적 의미에 있어서 개성의 표현이 아니라, 다른 표현의 선택 가능성이 어느 정도 존재하고 있는지의 문제로 보게 된다. 이는 저작권을 바라보는 관점의 비중을 인격권으로부터 경제권(재산권)으로 옮기는 것을 의미하기도 한다. 이렇게 보면 저작권의 보호대상(저작물)이 되기 위한 가장 주된 요건인 창작성의 유무를 종래는 개성이라는 주관적인 개념을 기준으로 판단하였지만, 그러한 기준에서 벗어나 표현에 있어서의 '선택의 폭'이라는 새로운 기준을 정립함으로써 창작자의 주관과 분리된 시장 또

20) 中山信弘, 著作權法, 법문사(2008), 48, 49면.

는 사회에 있어서의 객관적인 판단이 이루어질 수 있다고 한다. 이처럼 선택의 폭을 판단하는 것은 객관적인 판단이지만, 과연 어느 정도의 선택의 폭이 있으면 창작성을 인정할 것인가의 문제는 규범적인 판단이 된다고 한다. 즉, 선택의 폭은 객관적·규범적으로 판단하게 된다. 그렇다면 저작물의 성립요건으로서 창작성의 역할은 보호하여야 하는 것과 보호를 해서는 안 되는 것과의 경계를 획정하는 것에 있고, 그 의미에서 결국 아이디어·표현 이분법과 유사한 기능을 수행하는 것이 된다. 이는 창작성 요건의 존립 근거를 저작자 개성에 대한 보호로부터 선택에 대한 보호로 이동시키는 것이 되며, 저작인격권의 성격 결정에도 영향을 미쳐 결과적으로 저작물을 시장, 특히 디지털시장에서의 중요한 경제적 재화로 파악하는 것을 용이하게 할 것이라고 기대한다.[21)]

이러한 입장에 대하여는, 기본적으로 '선택의 폭' 이론이 '아이디어·표현 이분법'으로부터 도출된 것이라고 하면서, 창작성의 중심개념으로서 개성의 존재여부가 문제로 된 많은 사례들이 '선택의 폭' 이론에 의하여서도 설명될 수 있기는 하지만, '선택의 폭' 이론을 가지고 기존의 모든 사례들을 설명할 수 있을 것인지 여부 등 그 적용 가능성과 범위에 관하여는 보다 깊이 있는 검증이 필요하다는 신중론도 제기되고 있다.[22)]

다음에서는 영미법계를 대표하는 미국과 대륙법계인 우리나라 판례에 나타난 창작성의 요건 및 판단기준에 관하여 몇 가지 구체적 사례를 통하여 살펴보기로 한다. 다른 법 분야보다도 특히 지적재산법 분야는 범세계적으로 법규범의 통일작업이 이루어져 가고 있는 분야이므로, 외국의 학설과 판례 이론은 우리나라의 입장에서도 참고할 가치가 크다.

라. 창작성에 관한 미국 판례 개관

(1) 개 요

미국의 초기판례는 비교적 노동이론에 충실한 입장에 서서 '독립된 창작'(independent creation, not copying)이기만 하면 창작성을 인정하는 것이 주류를 이루고 있었다. 1884년 미국 연방대법원은 극작가인 오스카 와일드를 찍은 사진의 창작성이 문제된 Burrow-Giles 사건에서, 사진사가 피사체의 의상, 포즈, 표정과 조명 등을 연출한 인물사진은 창작성이 있다고 판시하였다. 그러나 이 판례가 나온 후에도 단순한 originality만으로 창작성의 요건이 충족되는지, 아니면 그 밖에 적어도 최소한도의 creativity가 필요한지 여부에 대하여는 많은 논란이 제기되었다. 1988년 제3항소법원은 Sebastian Int'l, Inc. 사건에서 헤어크림 제품 표면에 붙어 있는 라벨의 문구에 대하여 창작성을 인정한 바 있고, New York주 지방

21) 상게서, 50-53면.

22) 半田正夫·松田政行, 『著作權法コンメンタール』, 勁草書房(2008), 1권, 52면 참조.

법원은 랩송(rap song)에 자주 나오는 'hugga-hugga' 등과 같은 후렴구에도 창작성이 있다고 판시한 바 있었다.[23] 이러한 와중에서 originality의 요건 속에는 최소한도의 creativity가 내재하고 있어야 한다는 점을 명확히 한 유명한 판례가 1991년 연방대법원의 Feist 판결이다. 이러한 판례들 중 몇 가지를 간략히 살펴보기로 한다.

(2) Burrow-Giles Lithographic Co. v. Sarony[24]

이 사건의 원고인 Sarony는 유명한 극작가인 오스카 와일드의 사진을 촬영한 바 있었다. 그런데 석판화 제작업자인 피고 Burrow-Giles 회사가 원고의 사진 8,500장을 무단으로 복제하여 판매하였고, 이에 원고는 저작권침해로 인한 손해배상청구소송을 제기하였다. 피고는, 원고가 촬영한 사진은 피사체를 단순히 기계적인 방법으로 촬영한 것이므로 저작권법이 요구하는 최소한의 창작성이 없고, 따라서 저작물로 인정될 수 없다고 주장하였다. 이에 대하여 연방대법원은, 원고가 피사체를 단순히 기계적 방법으로 촬영한 것이 아니라 피사체의 포즈와 의상, 배경이 되는 휘장이나 기타 여러 가지 장식물들, 조명의 방향과 세기 등을 스스로 연출하였는바, 그렇다면 원고의 사진에는 저작물로 되기 위한 최소한의 창작성이 있음이 인정된다고 판시하였다(그림 참조).

J. Ginsburg & R. Gorman, Copyright for the Nineties, Michie, p. 32.

23) Tin Pan Apple Inc. v. Miller Brewing Co., 30 U.S.P.Q. 2d 1791, Copyright L. Dec.(CCH) ¶27,238 (S.D.N.Y. 1994).

24) Burrow-Giles Lithographic Co. v. Sarony, 111 U.S. 53(1884).

(3) Sebastian Int'l, Inc. v. Consumer Contacts(PYT) Ltd.[25]

원고 Sebastian 회사는 'Wet 4'라는 상표로 헤어크림을 제조하여 여러 가지 마케팅적인 이유에서 미국 내에서는 일반 시장이 아닌 전문적인 미장원에 대해서만 판매하여 왔다. 원고는 이 제품을 남아프리카 공화국에 수출하였는데, 그 제품이 수입업자에 의하여 즉시 미국으로 역수출되어 일반 시장에서 판매되기 시작하였다. 원고는 위 제품이 일반 시장에서 판매되는 것을 막기 위하여 채무불이행, 상표권침해, 저작권침해 등 여러 가지를 청구원인으로 하여 소송을 제기하였다. 그 중 저작권침해에 관한 청구원인은, 그 제품에 부착된 라벨의 문구에 대하여 원고가 저작권을 가지고 있음에도 피고가 미국 내에서 위 제품에 그 라벨을 부착하여 판매함으로써 원고의 저작권을 침해하였다는 것이었다. 이 사건에서 제 3 항소법원은 위 라벨 문구가 단순한 제품 성분의 나열이나 사용법, 또는 슬로건을 기재한 차원이 아니라 그 이상의 최소한도의 creativity를 갖추었다는 이유로 창작성을 인정하고 저작권침해 주장을 받아들였다.[26]

(4) Feist Publications, Inc. v. Rural Telephone Service Co.[27]

① 사건의 경위

Feist 사건에서 문제로 된 것은 전화번호부의 인명편이었다. 원고인 Rural Telephone Service는 Kansas주 북서부지역의 전화사업자로서 고객들을 위하여 알파벳 순서에 따른 인명편(white pages)과 상호편(yellow pages)으로 구성된 전형적인 형태의 전화번호부를 발간하여 왔다. 피고 Feist 회사는 출판업자로서 위 지역을 포함한 광역 전화번호부를 출판하고자 원고의 기존 전화번호부에 대한 이용허락을 구하였으나 원고는 이를 거절하였고, 이에 피고는 원고의 전화번호부를 허락 없이 그대로 무단복제하여 해당 지역 전화번호부를 출판하였다. Rural 회사의 전화번호부는 7,700개의 전화번호를 수록하고 있는 반면에, 피고 Feist 회사의 전화번호부는 원고가 서비스를 하는 지역 외에 다른 지역의 전화번호도 포함하여 전체 46,878개의 전화번호를 수록하고 있었다. 원고와 피고의 전화번호부는 모두 무료로 배포되는 것이었지만 피고의 전화번호부가 발간되자 상호편에 게재되는 광고유치를 둘러싸고 원, 피고 사이에는 치열한 경쟁이 벌어지게 되었다.

---

25) 664 F. Supp. 909(D.N.J. 1987), rev'd on other grounds, 847 F. 2d 1093(3rd Cir. 1988).

26) 문제가 된 라벨 문구는 다음과 같다. "Hair stays wet-looking as long as you like. Brushes out to full-bodied dry look. WET 4 is one step-four choice in Sebastian's four step program for a healthy scalp and head of hair. WET is not oily, won't flake and keeps hair wet-looking for hours, allowing you to sculpture, contour, wave or curl. It stays looking wet until it's brushed out. When brushed, hair looks and feels thicker, extra full. Try brushing partly, leaving some parts wet for a different look."

27) 499 U.S. 340, 18 U.S.P.Q. 2d 1275(1991).

피고 Feist는 먼저 조사원들을 고용하여 원고의 전화번호 리스트를 조사하고 주소를 확인하는 등 보다 상세한 정보를 수록하고자 노력하였지만, 피고 전화번호부의 46,878개의 전화번호 중 상당수의 전화번호가 원고 전화번호부 인명편의 것과 동일하다는 것과, 더군다나 그 중에는 원고가 무단복제여부를 탐지하기 위하여 자신의 전화번호부 곳곳에 숨겨놓은 가짜 전화번호 4개가 포함되어 있는 것이 밝혀졌다.[28] 이에 피고는 원고의 전화번호부를 복제하였다는 점에 관하여는 이를 인정하면서도, 원고의 인명편 전화번호부는 창작성이 없어 저작권의 보호를 받을 수 없다고 다투었다.

② 판결의 내용

이 사건에서 연방대법원은, '독자적으로 작성'(independently created)되었기만 하면 창작성을 인정하던 종래의 입장에서 벗어나, 창작성이 인정되기 위하여서는 독자적 작성에 더하여 '최소한의 독창성'(at least some minimal degree of creativity)을 필요로 한다고 하였다. 다만 이때 요구되는 creativity는 극히 낮은 정도의 것이라도 창작성을 인정하는데 문제가 없으며, 대부분의 작품들은 이 요건을 충족할 것이라고 하였다.

Feist 사건 이전의 미국 판례는 창작성 판단과 관련하여 예술품 원작의 재현작품(再現作品)이나 묘사적인 사진 등 특정한 경우에만 creativity를 요구하였었다. 이는 그러한 작품들의 경우에는 작가의 개성이 어느 정도 드러날 수밖에 없는 문학작품이나 회화 등과는 달리, 원작 또는 피사체를 그대로 재현하는 데 주안점을 두기 때문에 작가의 개성이 드러날 여지가 거의 없었기 때문이었던 것으로 보인다. Feist 사건에서 연방대법원은 재현작품이나 사진 작품과 마찬가지로 전화번호부의 인명편도 역시 사실을 그대로 재현하는 것에 해당한다고 하면서, 과학적·역사적·전기적(傳記的) 사실이나 그날그날의 뉴스를 비롯한 사실을 단순히 재현하는 경우에는 최소한의 creativity 요건을 충족하여야 창작성을 인정할 수 있다고 하였다. 그러나 사실의 단순한 재현을 목적으로 하는 것이 아닌 그 밖의 대부분의 다른 작품들의 경우에는 creativity 요건을 쉽게 충족할 수 있을 것이라고 판시함으로써 재현작품이 아닌 작품들에 대하여서까지 creativity 존재여부를 모든 사건마다 면밀히 조사할 필요는 없다는 취지를 표명하였다.

③ 판결의 영향

Feist 사건은 종래 미국 법원이 취하고 있던 노동이론으로부터 상당히 탈피하였다는 점에서 주목할 만하다. 전화번호부의 인명편은 그 제작에 많은 자본과 인원은 물론이고 상당한 정신적 노동이 투여되기 때문에, 저작자의 정신적 노동(labour)이 투여된 바 있기만 하

28) 이는 '공통의 오류'라고 하여 무단복제와 침해여부를 판단함에 있어서 중요한 기법 중 하나이다. 뒤에 저작권 침해부분에서 보다 상세히 검토하기로 한다.

면 창작성이 있다고 보는 노동이론의 입장에 의할 경우 당연히 창작성이 있다고 보아야 할 것이기 때문이다.

이 판결의 영향으로 창작성이 없는 편집물, 특히 많은 비용과 인원이 투자되는 데이터베이스를 어떻게 보호할 것인지에 관하여 세계적인 관심이 모아졌다. 결국 대부분의 나라에서 데이터베이스를 보호하는 특별한 법이나 규정을 도입하는 계기가 되었다.

(5) 소 결

이상 몇 개의 판례에 나타난 내용을 종합하면, 미국 법원은 구체적인 사건에서 저작물의 종류에 따라 창작성의 요건을 달리 적용하고 있는 것으로 보인다. 즉, 사실을 사실 그대로 재현하는 것이 아니라 작가의 주관적인 사상이나 견해로 여과하여 표현하게 되는 시(詩)나 소설 등 문예적 저작물의 경우에는 그 여과 및 표현 과정에서 창작자의 개성이 자연스럽게 드러나게 되므로 창작성을 그다지 문제로 삼지 않는다. 그러나 '사실적 저작'(事實的 著作)이나 '기능적 작품들', 예컨대 전화번호부나 지도, 법률서식, 사진, 원작에 대한 재현작품 등과 같이 있는 사실을 그대로 반영한 저작물에 대하여는 창작성의 충족여부에 주의를 기울이면서 일정한 수준의 creativity를 요구하고 있는 것이다.

일부 법원에서는 이와 같은 사실적 저작이나 기능적 작품들의 창작성을 판단하기 위하여 몇 가지 추가적인 기준들을 제시하고 있다. 첫째로 그 저작이 새로운 것인가(novelty threshold), 둘째로 양적인 면에 있어서 최소한도의 creativity가 있는가(quantitative threshold), 셋째로 저작자가 얼마나 많은 노력을 기울였는가(expenditure of labor threshold) 등을 고려하여 창작성 판단의 보충적인 자료로 삼는 것이다.[29] 첫 번째 기준은 마치 특허법의 신규성 요건을 저작권법에 차용한 것처럼 보이고, 세 번째 기준은 기존의 노동이론과의 조화를 꾀한 것으로 보인다. 이러한 보충적인 판단기준들도 실제 창작성여부를 판단함에 있어서는 일정한 역할을 하므로 아래에서 살펴보기로 한다.

(6) 창작성 판단을 위한 보조적 기준

(가) 새로운 저작인가

이미 언급한 바와 같이 저작권법이 요구하는 창작성은 특허법이 요구하는 신규성과는 다른 것이다. 그러나 실제 소송에서 피고가, 원고의 저작물이 기존에 존재하는 다른 저작물과 동일한 것이라는 사실, 즉 신규성이 없다는 것을 입증함으로써 원고 저작물의 창작성을 부인하는 일은 흔히 발생한다. 저작권법이 요구하는 창작성의 정도는 극히 낮은 정도의

29) Goldstein, *op. cit.*, sec. 2.2.1, p. 2: 14.

것으로도 족하기 때문에 대부분의 저작물은 창작성이 있다는 점을 입증하는 데 있어서 크게 무리가 없다. 그러나 그 저작물이 기존의 다른 저작물과 동일하여 신규성이 없다는 반증이 제시되면 원고로서는 적극적으로 자신의 저작이 다른 저작물을 베낀 것이 아니라는 점을 주장 입증하여야 할 필요가 생긴다.

이와는 달리 원고가 자신의 저작물이 기존의 저작물에 새로운 무엇인가를 부가한 것이라는 점을 주장·입증하여 그 부가된 범위 내에서는 창작성이 있다는 이유로 저작권을 주장하는 경우도 있다. Alfred Bell & Co. 사건[30]에서는 저작권이 소멸하여 공중의 영역(public domain)에 있는 옛날 화가가 그린 유화(油畵)를 동판인쇄(mezzotint) 기법으로 재현한 재현작품의 창작성이 문제로 되었는데, 이 사건에서 제 2 항소법원은 재현작품이라도 저작자 자신의 것이라고 볼 만한 무엇인가가 존재하고 있으면 창작성이 있다고 하였다.[31] 이 판결의 취지를 자세히 살펴보면 창작성을 인정하기 위한 '새로운 부가'는 반드시 외부적으로 표현된 것만을 의미하는 것은 아니다. 원작인 유화와 원고의 동판인쇄에 의한 재현작품이 시각적으로는 완전히 동일한 이미지를 가지고 있고, 따라서 원고가 부가한 부분이 외부적으로는 전혀 드러나지 아니하였다 할지라도, 원작의 저작자가 유화를 그린 기법과 이 사건 원고가 동판인쇄를 제작한 기법은 서로 다른 것이기 때문에 그 점에서 창작성을 인정할 수 있다고 판단한 것이다.

(나) 최소한의 개성(minimal creativity)

창작성을 위하여 필요한 creativity는 양(量)의 문제인가 아니면 질(質)의 문제인가에 관하여 논란이 있을 수 있다. Feist 사건에서는 이와 관련하여 creativity의 질적 수준은 아주 낮은 것이라도 상관없고, 또한 양적으로 아주 사소한 것이라도 상관이 없다고 하여 질적, 양적 어느 면에서든 약간의 creativity만 있으면 족하다고 보고 있다.[32] 그러나 질적인 면에서 creativity를 판단한다는 것은 일찍이 Holmes 판사가 Bleistein 사건[33]에서 밝힌 바와 같이 법률가인 법관으로 하여금 작품의 예술성을 최종적으로 판단하게 하는 위험이 있다.

양적인 면에 있어서 최소한도의 creativity는 단순히 기존 저작물의 표현양식을 변화시켰다고 하여 충족되는 것은 아니다. 예를 들어 2차원 만화 주인공을 3차원 형상으로 제작

30) Alfred Bell & Co. v. Catalda Fine Arts, Inc., 191 F.2nd 99(2d Cir. 1951). 이 사건에서 법원은, 동판인쇄를 하기 위하여 동판을 새기는 데 있어서는 인쇄자의 개인적인 착상과 판단이 작용하게 되며, 기존의 저작물을 그대로 재현한다 하더라도 새김(engraving)을 함에 있어서의 깊이와 모양은 그 기존작품에 대한 인쇄자의 느낌과 기술이 작용하여 결정되므로, 동일한 기존작품을 재현하는 경우에도 완전히 동일한 동판인쇄가 나올 가능성은 거의 없다고 하였다.

31) Goldstein, *op. cit.*, p. 2: 14.

32) "The requisite level of creativity is extremely low, … even a slight amount will suffice."

33) Bleistein v. Donaldson Lithographing Co., 188 U.S. 239(1903).

하거나, 금속으로 된 저금통을 거의 같은 모양의 플라스틱 저금통으로 제조하거나,[34] 자유의 여신상 머리에 씌워져 있는 왕관 모양을 그대로 흉내 낸 플라스틱 왕관을 제조한 경우, 소재의 변경에 따라 세세한 부분에서 원작과 약간의 차이를 보인다 하더라도 창작성 요건이 요구하는 최소한도의 creativity가 있다고는 볼 수 없다.[35]

(다) 투여된 노동의 양

Feist 판결에서 본 바와 같이 이미 미국의 법원은 더 이상 단순히 노동이 투여되었다는 것만으로는 창작성이 있다고 보지 않는다. 그러나 일부 판례에서 투여된 노동의 양은 창작성 판단의 보충적인 자료로서 여전히 중요한 역할을 하고 있다. Alva Studios 사건[36]에서 원고는 로댕의 조각작품인 'Hand of God'를 그대로 축소제작 하였는데, 법원은 이와 같이 유명한 원작을 원작 그대로 축소제작하는 데에는 상당한 기술과 노력이 요구된다는 이유를 들어 창작성을 긍정하였다.

마. 창작성에 관한 우리나라 판례 개관

우리나라 역시 창작성 판단의 기준을 밝힌 명문규정이 없으므로 창작성의 구체적인 기준과 그 적용은 판례와 이론에 맡겨져 있다. 다음에서는 창작성이 문제로 된 대표적인 국내 판례들을 간략하게 살펴보기로 한다.

(1) 대법원 1993. 1. 21.자 92마1081 결정(일명, '미술사 연표' 사건)[37]

신청인 甲이 번역 출판한 '20세기 미술의 모험' 1, 2권에는 1900년부터 1989년까지의 미술 분야에서의 중요사건 및 사실을 연대순으로 선택 배열하여 10년 단위로 분산하여 수록하면서 미술 분야가 아닌 문학 음악 및 공연예술, 영화, 과학 기술 및 기타의 항목도 함께 대비하여 각 분야의 중요한 역사적 사실을 간략하게 수록한 연표가 들어 있다.

대법원은, 신청인의 '20세기 미술의 모험' 1, 2권에 실려 있는 연표는 그 원저작물의 저작자가 자신의 축적된 학식과 경험을 바탕으로 하여 그 목적에 적합하도록 자신의 판단

34) L. Batlin & Son v. Snyder, 536 F.2d 486(2d Cir. 1976): Snyder(항소인)는 원작인 금속으로 된 저금통을 그대로 본떠 플라스틱제 저금통을 제조하였다. 두 작품은 모두 독수리가 새겨진 받침대 위에 우산을 든 신사(미국에서는 Uncle Sam이라는 애칭으로 불린다)가 서 있는 형상으로 약간의 차이점을 제외하고는 거의 유사한 모습이었다. 법원은, 위와 같은 두 작품의 차이점은 제작비용을 아끼기 위한 경제적인 고려 또는 제작기술상의 문제점에 기인한 것일 뿐 creativity의 소산이 아니라는 이유로 창작성을 부인하였다(이 판례는 뒤의 2차적저작물 부분에서 다시 살펴본다).

35) Goldstein, *op. cit.*, p. 2: 16.

36) Alva Studios, Inc. v. Winninger, 177 F.Supp. 265(S.D.N.Y. 1959)－Paul Goldstein, *op. cit.*, p. 2: 19에서 재인용.

37) 법원공보 1993, 1054면.

에 따라 취사선택한 사항을 수록한 것으로서, 소재의 선택이나 배열에 독자적인 창작성이 있다고 볼 여지가 있고, 또 편집저작물을 전체로 이용(예를 들면 복제)하여야만 저작자의 권리를 침해하는 것은 아니므로 그 편집저작물 중 소재의 선택이나 배열에 관하여 창작성이 있는 부분을 이용하면 반드시 전부를 이용하지 아니하더라도 저작권을 침해한 것으로 인정된다고 하였다.[38)]

(2) 대법원 1994. 8. 12. 선고 93다9460 판결(일명,'개역 성경전서' 사건)[39)]

피고 대한성서공회는 주로 성서의 번역출판을 목적으로 설립된 재단법인이다. 피고는 1952년경 한글맞춤법통일안에 따라 '성경전서 개역한글판'(1952년판)을 발행하였으나, 1952년판 성경에 잘못 번역된 부분 또는 현실 언어에 맞지 않는 부분 등이 있어 1961년에 다시 '성경전서 개역한글판'(1961년판)을 발행하였다. 1961년판 성경은 1952년판 성경과 비교하여 볼 때, 오역을 바로 잡은 부분이 약 31 곳이고, 번역을 달리한 것이 약 200여 곳이며, 문장과 문체를 바꾼 것이 약 370 곳, 음역을 달리한 것이 약 37곳, 국어문법과 한글식 표현에 맞게 달리 번역한 것이 약 100여 곳이 되었다.

1952년판 성경의 저작재산권 보호기간은 구 저작권법에 따라 30년이었으나 그 후 1957년 저작권법 제정으로 1961년판 성경에 대하여는 50년의 보호기간이 적용되었다. 따라서 이 사건 판결이 심리되던 1990년 초의 상황에서 보면 1952년판 성경의 보호기간은 이미 만료되었으나 1961년판 성경의 보호기간은 아직 만료되지 아니한 상태였다. 원고는, 1961년판 성경은 1952년판 성경을 어법에 맞도록 일부 표현을 바꾸고, 오기를 바로잡고, 외국 고유명사의 한글표기를 약간 다르게 하여 발행한 것뿐이어서 1952년판 성경과 다른 독립된 창작성을 갖추지 못하였고, 따라서 1952년판 성경과 별도의 2차적저작물이 아니라 동일한 저작물이므로, 1952년판 성경의 저작권 존속기간이 만료된 이상 1961년판 성경의 저작권 역시 소멸하였다고 주장하였다. 이에 대하여 피고는, 두 성경이 서로 다른 저작물이므로 1951년판 성경은 보호기간이 만료되었다고 하더라도 그것과 별개의 저작물인 1961년판 성경의 저작권은 아직 소멸하지 아니하였다고 다투었다. 결국 이 사건의 쟁점은 1961년판 성경이 1952년판 성경과 다른 별개의 저작물이 되기 위한 새로운 창작성을 갖

38) 이 판결에서는 신청인이 작성한 미술사 연표의 창작성은 인정하였지만, 피신청인 乙이 출판한 '20세기 미술의 시각'에 실려 있는 연표는 신청인이 출판한 위 책에 실려 있는 연표의 항목의 선택과 배열을 참고하면서도 소재를 추가하고 배열을 달리하여 전체적으로 볼 때 자신의 창작성을 가미한 것으로서, 신청인이 출판한 위 책에 실려있는 부분을 그대로 모방한 것이라고 보기는 어렵다고 하여 저작권침해의 책임은 부정하였다.

39) 법원공보 1994, 2283면.

추고 있느냐 하는 점이었다.

이에 대하여 대법원은, "1961년판 성경은 1952년판 성경의 오역을 원문에 맞도록 수정하여 그 의미내용을 바꾸고 표현을 변경한 것으로서, 그 범위 내에서 이차적(2次的)저작물의 창작성에 필요한 저작자인 피고 대한성서공회의 정신적 노작(勞作)의 소산인 사상이나 생각의 독창성이 표현되어 있다고 못 볼 바 아니므로, 1961년판 성경은 1952년판 성경과 동일한 것이라고 보기 어렵고 별개로 저작권 보호대상이 된다."고 하여 원고의 청구를 기각하였다.

(3) 서울지방법원 1995. 1. 18.자 94카합9052 결정(일명, '칵테일 사랑' 사건)[40]

신청인 甲은 피신청인 乙로부터 '칵테일 사랑'의 악보를 받아 그 코러스를 편곡하였고, 乙회사의 스튜디오에서 丙과 함께 '칵테일 사랑'이라는 노래를 불러 녹음을 하였는데, 신청인이 주멜로디 3채널(channel)을 포함하여 12채널을 부르고, 丙이 2채널을 불러 녹음을 완성하였다. 甲과 乙이 '칵테일 사랑' 노래를 녹음할 당시에는 코러스 부분의 악보를 작성하지 않았고 나중에 악보를 작성하였는데, 이 노래에서 코러스가 많은 비중을 차지하고 있었다. 이 노래는 주멜로디를 그대로 유지한 채 거기에 코러스를 부가하는 방식으로 만들어졌지만, 그 코러스 부분은 주멜로디와 일정한 높낮이 차이로 음을 넣는 수준의 단순한 화음이 아니라 신청인 이외의 다른 사람에 의하여서는 동일한 코러스를 만드는 것이 거의 불가능하다고 볼 수 있을 정도로 독창적이고, 노래의 내용과 전체적인 분위기에 결정적인 요소로 작용하고 있었다.

법원은, 저작권법 제 5 조 제 1 항은 "원저작물을 번역, 편곡, 변형, 각색, 영상제작 그 밖의 방법으로 작성한 창작물(이하 2차적저작물이라 한다)은 독립적인 저작물로서 보호된다"고 규정하고 있는바, 2차적저작물로 보호를 받기 위하여는 원래의 저작물을 기초로 하되, 사회통념상 새로운 저작물이 될 수 있을 정도로 창작성이 있어야 하는 것이고, 원래의 저작물에 다소의 수정·증감을 가한 데 불과하여 독창적인 저작물이라고 볼 수 없는 경우에는 저작권법에 의한 보호를 받을 수 없다고 할 것이며, 주멜로디를 그대로 둔 채 코러스를 부가한 이른바 '코러스 편곡'의 경우에도 창작성이 있는지 여부에 따라 2차적 저작권의 일종인 편곡저작권이 성립할 수 있을 것이라고 하였다. 그러면서 '칵테일 사랑'에서 코러스가 상당한 비중을 차지하고 있고, 그 코러스 부분은 주멜로디를 토대로 단순히 화음을 넣은 수준을 뛰어넘어 신청인의 노력과 음악적 재능이 투입되어 만들어진 것으로 독창성이 있다고 할 것이므로, 저작권법상 2차적 저작권으로서 보호받을 만한 창작성이 있다고 판단하였다.

40) 하급심판결집 1995-1, 345면.

(4) 서울고등법원 1995. 3. 21. 선고 94나6668 판결[41)]

가요의 작사, 작곡자이자 가수인 원고는 음반회사인 피고와 계약을 체결하여 2개의 음반을 발행하였다. 상당한 시간이 흐른 후에 피고는 이 2개의 음반 중에서 일부 곡들을 선별하여 '히트곡 모음'이라는 새 음반을 원고 허락 없이 발행하였다.

이 사건에서 법원은, "저작자로부터 저작물의 편집권한이 포함된 이용허락을 받은 자라고 하더라도 당사자 사이에 특약이 없는 한 저작자가 가지는 새로운 편집저작물을 작성할 권리까지는 부여받지 않았다고 보아야 할 것이나, 이 사건에서 음반회사인 피고 회사가 새로 만든 재편집 원반(히트곡 모음)은 기존의 이용허락을 받은 원반 2개에 녹음된 가요 및 가창을 활용하여, 동일한 작곡, 작사가 및 가수의 가요 21곡 중 16곡을 단순히 발췌한 후 그 배열만 달리하여 모아 놓은 정도의 편집을 한 것인바, 그 정도라면 여타의 음반회사들에서 히트곡 모음집을 만들기 위하여 통상 사용된 궁리방법에 의한 선택과 배열 정도에 불과하여 그 소재의 선택 및 배열에 있어서 창작성이 있다고는 볼 수 없다 할 것이므로, 그 재편집 음반은 창작성이 있는 편집저작물에는 해당하지 않고 따라서 원고들이 가지는 편집저작물을 작성할 권리를 침해하였다고 볼 수는 없다"고 하였다.

(5) 서울민사지방법원 1995. 4. 7. 선고 94가합63879 판결(일명, '운전면허시험 문제집' 사건)

원고는 자동차운전면허시험과 관련된 각종 교재를 집필, 발행하여 왔는데, 1985년 운전면허시험의 개편에 따라 종래의 여러 권의 교재를 1책으로 모아 운전면허시험 안내, 교통법규 요점정리, 교통법규 예상문제, 자동차구조 요점정리, 자동차구조 예상문제의 골격을 지닌 '운전면허학과시험'을 집필·발행하였다. 피고는 원고의 위 저작물과 마찬가지로 운전면허시험 안내, 교통법규 요점정리, 교통법규 예상문제, 자동차구조 요점정리, 자동차구조 예상문제의 골격을 지닌 '운전면허시험문제집'을 발행하였다.

이 사건에서 법원은, (1) 저작권법은 창작물이 아닌 편집물이라더라도 그 소재의 선택 또는 배열에 창작성이 있는 것은 독자적인 저작물, 소위 편집저작물로서 보호한다고 규정하고 있으며, 이 사건 저작물은 그 앞부분에서 운전면허시험 안내라는 제목 아래 운전면허시험 응시절차 요령, 전국 각 자동차 운전면허 시험장의 주소와 전화번호, 운전면허의 종류와 적성검사의 내용, 운전면허시험 결격 사유자, 학과 및 기능시험에 합격하는 요령 등을 간결하게 정리, 소개하고 있으며, 교통법령 요점 정리란에서는 도로교통법, 동 시행령, 동 시행규칙, 교통사고처리특례법 및 동 시행령, 자동차관리법 및 동 시행령 중 자동차운전면허 학과시험에 자주 출제되었거나 앞으로 출제가 될 것이 예상되는 부분을 발췌하여

41) 하급심판결집 1995-1, 349면.

여러 항목으로 나눈 뒤 간결하게 요약, 정리, 해설하고 있으며, 또 자동차구조 요점정리란에서는 제 1 장 자동차의 총론으로부터 제15장 안전운전방법에 이르기까지 운전면허 학과시험이 요구하는 수준에 맞게 자동차공학에 관한 각종 대학교재, 공업계 고등학교의 교과서 등을 요약, 정리, 해설하고 있으며, 교통법령 및 자동차구조에 대한 각 예상문제란에서는 실제 시험에서 출제되었던 문제들과 원고가 직접 작성한 문제들을 위에서 본 각 항목에 따라 분류하여 수록하고 있고, (2) 이 사건 저작물 이전에 이 사건 저작물과 동일하거나 유사한 체제를 갖춘 저작물이 있었다는 점을 인정할 자료가 없으므로 이 사건 저작물의 전체적인 체제 또한 일응 그 독창성을 지니고 있는 것이라고 할 것이니, 결국 이 사건 저작물은 그 소재의 선택 및 배열이 창작성을 지닌, 저작권법이 보호하는 편집저작물에 해당한다고 하였다.

이 판결에서 위 (2)의 부분을 보면, 원고의 저작물 이전에 그와 동일하거나 유사한 체제를 갖춘 저작물이 있었다는 증거가 없다는 점을 창작성 판단의 한 요소로 고려하고 있다. 이는 앞에서 언급한 미국 법원이 창작성 판단의 보충적인 기준으로 적용하고 있는 '새로운 저작물인가'(novelty threshold) 여부를 판단의 한 요소로 고려한 것으로 보인다. 저작권법이 저작물의 성립요건으로서 '신규성'을 요구하는 것은 결코 아니다. 그러나 실제 소송에서는 이처럼 선행 저작물이 있는지, 즉 '신규성'여부가 저작물의 성립요건이나 침해 판단에서 중요한 역할을 하는 경우가 적지 않다.

(6) 서울고등법원 1995. 5. 19. 선고 95나8746 판결(일명, '만화 데생' 사건)

만화가인 원고 甲은 乙로부터 만화의 집필을 의뢰받아 동화책의 그림을 그렸다. 동화책 그림의 제작과정은 동화책 내용에 따른 연필 데생(연필로 등장인물과 배경을 스케치 하는 작업), 셀트레스(연필 데생을 펜으로 그대로 셀로판지에 옮겨 그리는 작업), 셀칼라 지정과 채색(셀로판지에 옮겨진 그림의 뒷면에 색깔을 지정하여 채색을 하는 작업), 배경채색(등장인물이 등장하는 배경을 따로 켄트지에 그려 채색하는 작업)으로 이루어진다. 甲은 그 중에서 동화 내용에 따른 연필 데생, 셀트레스, 셀칼라 지정 작업을 하였고 나머지 셀로판지 채색작업, 배경채색작업은 乙의 다른 피용자에 의하여 수행되었다. 甲은 데생 작업을 하면서 세계명작동화의 경우에는 일본에서 출간된 동화책의 그림을 참조하였으나 그것을 그대로 모사하지는 아니하였으며, 전래동화의 경우에는 그러한 참조 없이 작업을 하였다. 피고 丙은, 이 사건 그림에서 甲이 실제로 한 작업은 데생뿐이고 그 후에 채색작업 등이 이루어짐으로써 그림이 완성된 것이므로 甲은 최종완성품인 이 사건 그림에 대하여 저작권을 주장할 수 없다고 다투었다.

법원은, 저작권법상 미술저작물이란 형상 또는 색채에 의하여 미적으로 표현된 저작물을 말하며 밑그림이나 데생 또는 미완성작품도 작가의 사상, 감정이 창작적으로 표현된 것이면 미술저작물이라 할 것인데, 비록 동화책을 완성하기까지는 1) 데생, 2) 셀트레스, 3) 셀칼라지정, 4) 셀채색, 5) 배경채색 등에 이르는 여러 단계를 거치고 그 가운데 甲이 한 작업은 1) 2) 3)의 작업이고 나머지 4) 5)의 작업은 乙의 다른 피용자에 의하여 수행되었다 하더라도, 완성된 이 사건 그림 중 창작성이 있는 작업은 등장인물과 배경의 데생 및 셀칼라지정 작업에 있다고 할 것이고, 창작된 인물과 배경그림에 지정된 색깔을 칠하는 작업은 그림의 완성을 위한 기계적인 작업에 불과하다고 할 것이므로, 甲이 데생한 후 甲이 지정한 색깔로 채색된 이 사건 그림은 전체로서 甲의 창작성이 담긴 甲의 미술저작물이라 할 것(또한 완성된 그림동화책의 이야기 작가와 그림 작가가 다르다면 각 작가는 각각 어문저작물과 미술저작물의 저작자라고 봄이 상당하다)이라고 하였다.

또한 저작물에 요구되는 창작성이란 완전한 의미의 독창성을 의미하는 것이 아니라 단지 어떠한 작품이 남의 것을 단순히 모방한 것이 아닌 작자 자신의 사상, 감정을 담고 있는 것을 의미하는 정도일 뿐이므로, 비록 甲이 이 사건 그림 중 세계명작동화의 그림을 데생함에 있어서 일본 동화책을 참조하였다고 할지라도 그러한 사정만으로 이 사건 그림이 창작성이 결여되어 저작물이 아니라고 할 수는 없으며, 설사 세계명작동화에 대한 甲의 데생이 일본동화책 그림의 변형에 지나지 않는다 할지라도, 단순한 모사가 아닌 이상 그것이 일본동화책 그림의 원저자에 대한 저작권침해가 되는 것은 별론으로 하고 채권자의 데생 자체는 2차적저작물로서 보호되어야 한다고 판시하였다.

(7) 서울고등법원 1996. 8. 21.자 96라95 결정(일명, '파트너 성경' 사건)

신청인이 출판한 '파트너 성경'은 12권의 휴대용 소책자로 구성된 성경책으로서, 그 본문은 대한성서공회가 발행한 "한글판 개역관주 성경전서"의 본문을 12 부분으로 나누어 각 권별로 그대로 전재하고, 12권의 책표지는 3권씩 나누어 4개의 다른 색상으로 되어 있다. 신청인은, 이 사건 성경책은 최초로 성경전서의 본문을 12권으로 분책하였고 이렇게 분책한 분류내용에 독창성이 있으며, 또한 각 권을 휴대하기 편리한 크기로 하였고 4계절을 나타낸다는 의미에서 12권의 책표지를 3권씩 다른 색상으로 하여 제작하였으므로, 이 사건 성격책은 저작권법상의 편집저작물이라 할 것인데, 피신청인이 이와 유사하게 구성된 책자를 제작하여 배포함으로써 신청인의 이 사건 성경책에 대한 편집저작권을 침해하고 있다고 주장하였다.

법원은, "저작권법상 보호대상으로서의 편집저작물이라 함은 편집물로서 그 소재의 선택 또는 배열이 창작성이 있는 것을 말하는데, 신구약성경의 내용을 12권으로 분책한 것은 이 사건 성경책이 출판되기 이전부터 흔히 실시되어 온 분책방식이고, 설사 이 사건 성경책에서와 같은 분류로 12권으로 분책한 것이 처음으로 시도된 것이라 하더라도, 이는 신구약성경의 차례나 기존의 분책방식으로부터 용이하게 착안될 수 있는 것임에 비추어, 소재의 선택이나 배열에 창작성이 있다고 할 수 없으며, 이 사건 성경책을 휴대하기 용이한 크기로 12권으로 분책한 것은 기술적 사상의 표현에 해당할 여지는 있다 할 것이나 그것이 곧바로 소재의 선택이나 배열의 문제라고 단정할 수는 없다. 결국 이 사건 성경책은 저작권법상의 보호대상인 편집저작물이라고 할 수 없다."고 하였다.

(8) 그 밖에 창작성이 부정된 사례들

한편 이러한 판례들 외에도 창작성과 관련하여 참고로 할 만한 다양한 판례들이 나와 있다. 그 중 창작성이 부정된 것들을 보면,

①'무영쌈밥정식'이라는 전국 체인점을 운영하는 원고의 쌈밥정식이 차려진 사진 등으로 구성된 광고전단지에 관하여, 위와 같은 광고 전단지의 디자인은 다수의 유사 쌈밥업체에 의하여 공유되며, 광고 전단지에 흔히 사용되는 디자인으로서 창작성이 없다고 한 판례,[42]

②'북역 고려사'는 독자들의 입장에서 한문실력의 배양, 고서에 대한 거부감의 불식, 독서시간의 절약 등의 편의성이 있기는 하나, 고려사 역본을 그대로 축소 복제하여 배치한 다음 동일한 면의 좌우 여백에 해당하는 부분에 고려사 역본의 내용에 대응하는 고려사 한문원본을 대비시킨 것으로서, 한글로 옮겨진 역본에 이미 널리 알려진 한문 원본을 단순히 기계적으로 결합, 배치한 것에 불과하여 그 소재의 선택, 배열에 창작성이 없다고 한 판례,[43]

③국세청 고시자료 중 1996년 이전의 고시금액을 모두 삭제하고 대신 참조할 국세청 고시자료의 해당 쪽수를 표기하고, 아파트 등의 소재지 표기에 있어 '시, 군, 구'를 '-'로 대체하거나 금액, 층수 등의 용어를 '고시금액', '해당 층' 등으로 변경한 차이점이 있으나, 이는 전체적으로 국세청고시자료를 그대로 옮겨놓는 단순한 기계적 작업의 범주를 벗어나지 않는 것이어서 독자적 저작물로 보호할 만한 창작성을 인정할 수 없다고 한 판례,[44]

④피아노 교습에 있어서의 기초적인 사항에 관한 교본의 설명부분 자체가 저작권에 의해 보호될만한 창작성이 없다고 한 판례,[45]

42) 수원지방법원 성남지원 2000. 4. 19. 선고 99가합3675 판결(확정).
43) 서울고등법원 1997. 12. 9. 선고 96나52092 판결(확정).
44) 서울지방법원 1998. 7. 10. 선고 97가합75507 판결(확정).
45) 대법원 1999. 10. 22. 선고 98도112 판결.

⑤"가장 신선한 하이트의 맛, 눈으로 확인하세요"라는 광고문구는 문구가 짧고 의미도 단순하여 그 '내용' 외에 달리 보호할 독창적인 '표현형식'이 포함되어 있지 않으므로 창작성이 결여되어 있다고 한 판례,[46]

⑥주된 목적이 피사체인 햄 제품 자체만을 충실하게 표현하여 광고라는 실용적 목적을 달성하기 위한 것이고, 다만 그와 같은 목적에 부응하기 위하여 그 분야의 고도의 사진기술을 이용한 것에 불과하며, 따라서 사진촬영의 과정에 어느 정도의 창작성이 투여된 것은 인정되나 그것이 저작권법에 의하여 보호할 만한 정도는 아니라고 하여 창작성을 부인한 판례,[47]

⑦양념 통닭용 소스를 제조하여 가맹점에 판매하는 영업을 하면서, 한글 고딕체로 '사라센'이라고 쓴 문자나 풍채 좋은 아리비아 상인 복장의 어른이 왼손에 닭이 올려진 요리쟁반을 들고 오른손으로 이를 가리키는 모습으로 된 도안 위에다가 그 도안을 따라 영문 필기체로 'Sarasen Sauces'라고 쓴 문자 부분을 결합시킨 모양의 상표는 그 미적 요소 내지 창작성이 상품의 표지라는 본래 기능으로부터 분리, 독립되어 별도의 감상의 대상이 될 정도로 독자적인 존재를 인정받기 어렵다고 하여 창작성을 부정한 판례,[48]

⑧안면 및 몸통 부분은 일반적인 곰인형의 형태로서 목에는 리본을 묶고, 하체 부분은 궁둥이와 다리 부분을 분리한 후 궁둥이의 앞부분에 다리를 연결하는 형태로 곰의 형상을 단순화한 뒤 곰인형의 겉에 빤짝이 원단을 입힘으로써 털을 없애고 표면이 빤짝이도록 한 인형(일명 '빤짝이 곰' 또는 '조성모 곰')의 창작성을 부정한 판례[49] 등이 있다.

(9) 소 결

이상에서 살펴본 바와 같이 우리나라 판례에 있어서도 창작성이 특히 문제로 되었던 것은 주로 편집저작물이나 2차적저작물의 경우가 많다.[50] 편집저작물과 2차적저작물의 창작성에 관하여는 뒤에서 다시 한 번 살펴보기로 한다. 우리나라 판례에서 창작성의 일반적인 개념을 비교적 명확하게 밝힌 것은 앞에서 본 바 있는 대법원 1995. 11. 14. 선고 94도2238 판결(일명 '세탁학기술개론' 사건)과 대법원 2005. 1. 27. 선고 2002도965 판결(일명 '설비제안서 도면' 사건)이다. 이 판결들이 정의하고 있는 창작성의 개념을 종합하면, 창작성이란 완

---

46) 서울고등법원 1998. 7. 7. 선고 97나15229 판결(확정).
47) 대법원 2001. 5. 8. 선고 98다43366 판결.
48) 서울지방법원 1997. 9. 5. 선고 96가합36949 판결.
49) 서울지방법원 남부지원 2001. 5. 25. 선고 2000가합7289 판결(확정).
50) 이 외에도 응용미술작품, 지도, 건축설계도, 설비도면 등 다양한 장르에서 창작성이 문제로 된 판례들이 있는데, 이들에 대하여는 뒤의 '저작물의 분류' 부분에서 각각의 장르별 저작물을 설명하면서 함께 보기로 한다.

전한 의미의 독창성을 말하는 것은 아니며, 단지 어떠한 작품이 남의 것을 단순히 모방한 것이 아니고 작자 자신의 독자적인 사상 또는 감정의 표현을 담고 있음을 의미할 뿐이어서, 이러한 요건을 충족하기 위해서는 단지 저작물에 그 저작자 나름대로의 정신적 노력의 소산으로서의 특성이 부여되어 있으면 충분하되, 다만 누가 하더라도 같거나 비슷할 수밖에 없는 표현, 즉 저작물 작성자의 창조적 개성이 드러나지 않는 표현을 담고 있는 것은 창작성을 인정할 수 없다는 것으로 이해할 수 있다.

요약하면 창작성이 인정되기 위해서는 첫째, 남의 것을 단순히 모방한 것이 아닐 것을 요구하고 있는데, 이 부분은 미국 초기판례에서의 'originality'(independently created, not copied)와 같은 개념이라고 볼 수 있다. 즉, 독자적으로 작성되었다는 것을 창작성의 가장 기본적인 요소로 파악하고 있는 것이다. 둘째, 누가 하더라도 같거나 비슷하게 되는 일반적인 것과 구별할 수 있을 정도(distinguishable variation)의 창조적 개성이 있으면 충분하다는 것이다.[51] 이는 창작성이 인정되기 위해서는 단순히 남의 것을 베끼지 않았다는 것만으로는 부족하고, 저작물 작성자의 창조적 개성이 드러날 것, 즉 최소한의 creativity를 요구한다는 점에서 전통적인 노동이론의 입장이 아닌 유인이론의 입장에 선 것이라고 이해할 수 있다.

3. 사상 또는 감정의 표현

저작권의 보호를 받는 저작물이 되기 위하여서는 그것이 인간의 사상 또는 감정을 표현한 것이어야 한다. 2006. 12. 28. 개정되기 전 저작권법은 명문으로 이 요건을 규정하고 있지는 않았다.[52] 그러나 학설과 판례는 이를 당연한 저작물의 요건으로 인정하고 있었으며, 미국[53]이나 일본[54]에 있어서도 마찬가지이다. 2006년 개정 저작권법부터는 저작물에 대한 정의를 '인간의 사상 또는 감정을 표현'한 창작물이라고 하고 있으므로 이제 저작권법은 이 요건을 명문으로 규정한 셈이다.

---

51) 앞에서 본 L. Batlin & Son v. Snyder, 536 F.2d 486(2d Cir. 1976) 사건에서도 창작성에서 요구되는 것은 극히 '사소한 변형'(merely trivial variation)의 정도를 넘어선, 기존의 작품과 '구별될 수 있을 정도의 변형'(distinguishable variation)이라는 점을 밝힌 바 있다.

52) 그 이전에는 저작물을 "문학 학술 또는 예술의 범위에 속하는 창작물을 말한다"고 정의하고 있었다.

53) The Copyright Act of 1976, sec. 102: "Copyright protection subsists, in accordance with this title, in original works of authorship fixed in any tangible medium of expression … "

54) 일본 저작권법 제2조 제1호: 저작물은 사상 또는 감정을 창작적으로 표현한 것으로서, 문예, 학술, 미술 또는 음악의 범위에 속하는 것을 말한다.

가. 사상 또는 감정

(1) 의 의

저작물은 '사상 또는 감정'을 표현한 것이어야 한다. 여기서 말하는 사상 또는 감정은 반드시 학문적이거나 철학적, 심리학적인 개념으로 좁게 해석할 것이 아니라, 단순한 '생각이나 기분' 정도까지를 포함하는 넓은 의미로 새겨야 한다.[55] 사상이나 감정의 표현인지 여부가 문제로 되는 경우를 다음에서 구체적으로 살펴본다.

(2) 구체적 검토

(가) 객관적 사실 그 자체

사상 또는 감정을 표현한 것이 아니라 단순히 사실, 예를 들어 자연과학적 사실이나 사회적 사실, 역사적 사실 등을 표현(나열)한 것에 지나지 않는 것, 예를 들면 식당의 메뉴판이나 역(驛) 구내에 게시되어 있는 열차시각표·요금표와 같이 단순한 사실을 나열한 것, 주가(株價)나 경기 스코어, 기온이나 강수량 등과 같은 데이터를 나열한 것, 1945년에 해방이 되었다는 등의 단순히 역사적 사실을 표현한 것은 저작물이라고 할 수 없다.[56] 다시 말하면, 주관적 요소인 인간의 사상이나 감정이 표현된 것이 아니라 객관적 사실 그 자체만이 표현된 것은 저작물이라고 할 수 없다. 그러나 사실 그 자체의 표현이 아니라 그 사실을 소재로 하여 이를 창작적으로 표현한 경우에는 인간의 정신 활동의 성과라 할 수 있으므로 저작물이 될 수 있다.[57]

인간의 지적 창조물은 사상 또는 감정을 나름대로의 창작적 표현으로 나타낸 것일 수도 있고, 사실 그 자체만을 나타낸 것일 수도 있다. 그런데 사실 그 자체는 주어진 객관적 존재이며 인간의 정신적인 활동의 산물은 아니기 때문에 사실 그 자체를 가지고 '사상·감정'이라고는 말할 수 없다. 즉, 사실 그 자체는 그것이 문장이나 기호, 그림 등으로 표현되어 있다고 하더라도 그것만으로는 저작물이라고 할 수 없다. 또한 아무리 많은 비용과 노력을 투입해서 발견하였다고 하더라도 사실 그 자체는 이미 존재하고 있는 것 또는 존재하고 있다고 생각되던 것이다. 따라서 뒤에서 보는 편집저작물의 경우는 별론으로 하고, 사실 그 자체를 집적해 놓은 것만으로는 저작물이 될 수 없다.

예를 들어, 주가지수(株價指數)나 기온 등과 같은 특정한 현상, 자연계에 존재하는 사실

---

55) 半田正夫, 전게서, 80면.
56) 半田正夫, 전게서, 79면.
57) 박성호, 저작권법, 박영사(2014), 34면.

(예를 들면, '지구는 회전한다'는 자연법칙), 역사적 사실(예를 들면, 1950년에 6·25 전쟁이 시작되었다)과 같은 것은 인간이 아무리 노력하고 투자하여 발견한 것이라고 하더라도 그 자체로서는 저작물이라고 할 수 없다.[58]

기업의 홍보자료에는 객관적 사실을 단문형태로 간략하게 기술하는 경우가 많다. 영어교육 기업의 홍보자료에 기재된 문구의 저작물성이 문제로 된 사건에서 서울중앙지방법원 2019. 7. 26. 선고 2018노3426 판결은, "(원고의 홍보자료는) 한국에서 영어학습에 대한 수요가 증가하였다는 사실과 그 원인이 되는 사회적 변화(해외여행 보편화, 글로벌 서비스/비즈니스 증가, 영어가 세계 공용어에 해당, 해외 드라마 등 영상 콘텐츠를 통해 영어를 접하는 기회의 증가, 스마트폰이나 태블릿 등 모바일기기 사용량 증가 등)를 주된 내용으로 하고 있는데, 이러한 내용들은 영어학습의 수요가 증가하게 된 배경사실이나 사회 환경의 변화를 전형적이고 통상적인 문구로 기술한 것에 불과하고, 동일한 주제를 두고 누구나 비슷하게 연상하거나 표현할 수 있는 것이므로 저작자의 창조적 개성이 발현되었다고 볼 수 없다"고 판시하였다.[59]

(나) 객관적 대상 그 자체

객관적인 대상 그 자체도 저작물이 아니다. 예를 들어 '한라산'이라는 대상을 그림으로 표현한다고 할 때 한라산 자체는 객관적 대상, 즉 일종의 '사실'이라고 할 수 있고, 한라산 자체를 '사상 또는 감정'이라고 볼 수는 없다. 그림의 대상은 한라산이라는 대상 그 자체이지만, 그 대상을 바라보면서 얻어지는 '사상 또는 감정', 바꾸어 말하면 한라산을 바라보고 받은 작가의 느낌이 한라산을 그리는 과정에서 붓의 사용법이나 색채 및 구도의 선택 등을 통하여 구체적인 표현으로 나타나게 되면, 그 그림은 사상 또는 감정을 표현한 것이고, 따라서 저작물이라고 말할 수 있다. 즉, 저작물이란 '사상 또는 감정'을 표현한 것이라고 할 때의 사상 또는 감정이란 대상 자체가 아니라 그 대상을 구체적으로 표현하는 과정에 있어서 작가의 사상 또는 감정이 이입되고, 그 결과로서 구체적으로 표현된 것에 나타나 있는 사상 또는 감정을 의미하는 것이라고 새겨야 한다.[60] 결국 저작물로 성립하기 위하여 중요한 것은 표현하고자 하는 대상이나 소재 자체가 아니라 그 대상이나 소재로부터 구체적인 표현물에 이르기까지 어떠한 사상이나 감정이 이입되어 그 결과 표현물에 그 사상·감정이 나타나 있는가 하는 점이다.

58) 박성호, 전게서, 34면.

59) 문제가 된 문구는 "영상 콘텐츠 또는 영어를 접하는 실상황이 증가. … 최신 인기 해외 드라마(일명 미드)를 온라인/케이블 TV로 더빙없이 소비하는 경향. … 해외 여행 경험, 내한 외국인 수가 늘면서 네이티브와의 대화 상황도 증가함. … 스마트폰, 태블릿 등 스마트기기 사용량 급증. … 콘텐츠 소비의 주요 수단이 TV, PC에서 벗어나 모바일로 급격히 이동중." 등이었다. 대법원 2019. 10. 31. 선고 2019도11970 판결로 확정.

60) 中山信弘, 著作權法(윤선희 편역), 법문사(2008), 30, 31면.

(다) 저작권법 제 7 조의 보호받지 못하는 저작물

위에서 본 바와 같이 어떠한 사상이나 감정의 이입 없이 '사실'이나 '대상' 그 자체만을 단순하게 전달하는 것은 설사 그것이 문장이나 그림, 기호 등으로 표현되어 있다고 하더라도 저작물로는 볼 수 없다. 우리 저작권법 제 7 조는 "보호받지 못하는 저작물"이라는 표제 아래, 제 1 내지 제 4 호에서 "헌법·법률·조약·명령·조례 및 규칙, 국가 또는 지방자치단체의 고시·공고·훈령 그 밖에 이와 유사한 것, 법원의 판결·결정·명령 및 심판이나 행정심판절차 그 밖에 이와 유사한 절차에 의한 의결·결정 등, 또는 국가나 지방자치단체가 작성한 이들의 편집물이나 번역물"과 제 5 호에서 "사실의 전달에 불과한 시사보도"를 열거하고 있다. 이러한 저작권법 제 7 조는 표제에 보호받지 못하는 '저작물'이라고 되어 있으므로, 그 표제대로라면 저작물이기는 하지만 국민에게 널리 알릴 필요가 있다는 등의 공익적인 이유로 저작권의 보호가 주어지지 않는 것들을 열거한 것이다. 따라서 이 규정을 글자 그대로 해석하면 "사실의 전달에 불과한 시사보도"는 저작물이기는 하지만 저작권의 보호는 받지 못하는 것으로 해석될 수 있다. 그러나 "사실의 전달에 불과한 시사보도", 예를 들어 신문의 부고기사(訃告記事)나 인사동정(人事動靜)기사와 같이 사실 그 자체만을 단순하게 전달하는 기사라면 저작권의 보호를 받지 못하는 저작물이 아니라, 아예 저작물로서 성립하지 못하는 것으로 보아야 할 것이다.[61] 즉, 사실의 전달에 불과한 시사보도 등은 사상이나 감정의 표현이라고 볼 수 없어서 저작물성을 부정하여야 하는 것이 원칙이다. 또한, 그러한 시사보도는 누가 작성하더라도 동일한 것이 될 수밖에 없어 저작자의 창작적 개성이 드러날 여지가 거의 없는 경우가 많을 것인데, 그러한 경우에는 창작성이 없다고 하여 저작물성을 부정할 수도 있을 것이다.

(라) 자연물이나 컴퓨터에 의한 생성물

'사상·감정'과 관련하여 한 가지 유의하여야 할 것은 그 사상 또는 감정은 '인간'의 것이어야 한다는 점이다. 예를 들어 침팬지가 그린 그림은 인간의 사상이나 감정을 표현한

---

61) 일본 저작권법은 제10조 제 2 항에서 "사실의 전달에 불과한 잡보 및 시사보도는 전항 제 1 호(어문저작물)에 게시하는 저작물에 해당하지 않는다"고 하여 저작물성을 부정하고 있다. 또한 우리 저작권법 제 7 조 제 1 내지 제 4 호에 해당하는 헌법 기타의 법령, 고시, 훈령, 판결 등과 이들의 편집물 또는 번역물은 일본 저작권법 제13조에서 "권리의 목적이 되지 아니하는 저작물"이라고 하여 별도로 규정하고 있다. 이러한 규정과 관련하여서는 "사실의 전달에 불과한 잡보 및 시사보도"를 저작물에 해당하지 않는다고 하는 것은 당연한 것을 규정한 '주의규정'이라고 보아야 한다는 것이 일본의 다수설이다(中山信弘, 著作權法(윤선희 편역), 법문사(2008); 加戶守行, 『著作權法 逐條講義』, 四訂新版, 社團法人 著作權情報センター, 126면), 한편, 일본도 구 저작권법에서는 "사실의 전달에 불과한 시사보도"를 "법령이나 판결 등"과 병렬적으로 규정함으로써 저작권의 목적이 되지 않는 저작물로 규정하고 있었으므로, 현행 우리 저작권법의 규정 형식은 일본 구 저작권법의 그것과 동일하다고 할 수 있다.

것이 아니므로 저작물이 될 수 없다.[62] 미국 저작권청은 2014년 8월 19일 발표한 내부 지침서 실무(Compendium Of U.S. Copyright Office Practices) 제3판에서 저작권 등록 대상은 저작자가 인간인 저작물에 한정되므로 인간이 아닌 동물에 의하여 만들어진 작품은 저작권청의 저작권 등록 거절 대상이라는 점을 재확인하면서 원숭이가 촬영한 사진을 저작권 등록 제외 대상으로 구체적으로 명시하였다.[63] 자연적으로 만들어진 수석(壽石)이나 관상수 등도 저작물이 될 수 없다.[64]

특히 문제로 되는 것은 컴퓨터 또는 인공지능(Artificial Intelligence, AI)이 작성한 저작물이다. 만약 사람이 그때그때 아무런 작동을 해 주지 않더라도 컴퓨터나 인공지능이 알아서 기상위성으로부터 자료를 받아 매일 매일의 기상도(氣象圖)를 작성한다면 그 기상도를 저작물로 볼 수 있을 것인가? 또 사람이 창작적 기여 없이 최소한의 동작만을 해 주면(예컨대 전원스위치를 넣는다거나, 아니면 폴카, 미뉴에트 등 곡의 형식만을 지정해 주면) 인공지능을 가진 컴퓨터가 자율적으로 매번 다른 악곡을 작곡해 출력해 준다고 할 때 그 악곡을 저작물로 볼 수 있을 것인가? 저작권을 부여하는 목적은 인간의 창작의욕을 고취하고자 하는 것이기 때문에 인간의 정신적인 노력과 아무런 관련이 없는 작품은 저작권법이 보호하는 사상과 감정의 표현이라고 볼 수 없다. 따라서 인간은 창작성이 없는 최소한의 단순한 작업지시만 하고 그에 따라 인공지능이 자율적으로 작성한 작품은 현행 저작권법으로는 보호받을 수 없다는 것이 지금까지의 일반적인 견해이다.[65]다만, 인간이 인공지능을 도구로 사용하여 창작적인 작업지시를 하는 등 인간의 창작적 기여가 발휘된다면 이때에는 그 인간을 저작자로 볼 수 있고, 그렇게 생성된 작품은 저작물로 보호받을 수 있을 것이다.

최근에는 챗GPT와 같은 생성형 인공지능이 만들어낸 결과물이 저작권으로 보호받을 수 있는지와 관련하여 뜨거운 논쟁이 벌어지고 있다. 현재까지의 다수 견해는 저작권 보호를 부정한다. 생성형 인공지능에 의하여 만들어진 결과물에 기존의 다른 작품을 베끼지 않

62) 2015년 인도네시아 동물원의 '나루토'라는 이름의 침팬지가 사진작가의 사진기를 낚아채 간 후 스스로 자기 모습을 촬영한 사진(이른바 '원숭이 셀카사진')에 대하여 미국 동물권리단체가 그 침팬지를 대신하여 저작권확인 청구소송을 제기하였으나, 미국 제9 항소법원은 이를 기각하였다.

63) 한국저작권위원회, 저작권동향, 2015. 10. 23.

64) 미국 제7 항소법원은, 1985년 시카고 중심부에 위치한 그랜트 공원(Grant Park)의 정원 조성작업을 한 정원사가 20년이 흐른 후 그 정원에 대한 저작권을 주장한 사건에서, 인간이 정원 식물들의 초기 배치를 결정하지만, 그것으로 저작자의 지위를 갖는 것은 아니고, 어느 정도까지는 씨앗이나 묘목을 표현의 수단으로 볼 수 있지만, 이는 자연에서 기원하는 것이며, 정원사의 지적 능력이 아니라 자연의 힘이 그 형태, 생장, 모습 등을 결정한다고 하여 그 정원은 저작물로서 보호받을 수 없다고 하였다.(Kelley v. Chicago Park Dist., 635 F.3d 290, 302 (7th Cir. 2011). 서준혁, "현대 예술의 저작자에 대한 저작권법적 고찰", 한국저작권위원회, 계간 저작권, 2023년 봄호, 제36권 제1호(통권 제141호), 70면.

65) Goldstein, op. cit., p. 2: 23. 박성호, 전게서, 35면.

고 누가 하더라도 같거나 비슷하지 않을 정도의 표현이 들어 있다고 하더라도 그 표현을 한 것은 인공지능이지 그 인공지능을 작동한 인간이 한 것이 아닌데, 인공지능은 인간이 아니어서 권리능력이 없으므로 저작권의 보호를 받을 수 없고, 인간 역시 단순히 조작만 하였을 뿐 창작적 기여를 한 것이 없으므로 보호를 받을 수 없어서, 결국 인간과 인공지능 모두 권리를 가질 수 없다는 것이다. 미국 저작권청이 공표하여 시행한 2023. 3. 16.자 지침 역시 이러한 입장을 취하고 있다. 동 지침은 저작권등록신청자로 하여금 등록출원 저작물에 인공지능 생성 콘텐츠가 포함되어 있는지 여부 및 인간 저작자가 기여한 부분에 대하여 밝히도록 규정하고 있다. 인간이 창작적으로 기여한 부분과 인공지능이 생성한 부분을 구분하여 후자에 대하여는 저작권 보호를 부여하지 않겠다는 것이다.

(마) 기술적 사상의 구현

만유인력의 법칙과 같은 자연법칙이나 기술적 사상 그 자체는 저작물이라고 볼 수 없다. 그러나 그러한 법칙이나 기술적 사상을 구체적으로 표현한 것, 예를 들어 특허명세서나 자연과학 학술 논문과 같은 표현물의 경우에는 그 저작물성을 판단하기가 쉽지 않다. 특허명세서나 자연과학 논문의 경우 자연법칙이나 기술적 사상을 그대로 나열한 것이 아니라 그것을 설명함에 있어 인간의 주관적 사상이나 감정이 반영되어 표현되어 있다면 저작물이라고 보아야 할 것이다.

(바) 바 둑

바둑 기보의 저작물성을 인정할 것인지 여부가 논의되고 있다. 보드게임이나 윷놀이 등과 같이 주사위 등을 던져 말판을 움직이는 게임은 인간의 사상이나 감정이 아니라 우연적 요소에 의하여 좌우되는 것이므로 저작물이라고 볼 여지가 없지만, 바둑은 우연적 요소보다는 인간의 정신활동에 의하여 이루어지기 때문에 저작물이라고 볼 여지도 있는 것이다. 흔히 바둑 '기보'(棋譜)의 저작물성에 대하여 문의하는 경우가 많은데, 원칙적으로 기보는 한 판의 바둑을 기록한 매체이므로 저작물성이 인정된다고 하더라도 바둑 자체가 저작물로 인정된다는 것이지, 기보가 저작물로 되는 것은 아니다. 이는 마치 음악저작물에서 악보는 음악저작물을 고정한 기록매체에 불과하고, 악보 자체가 음악저작물은 아닌 것과 마찬가지이다.

바둑의 저작물성에 대하여 학설은 긍정설과 부정설로 나뉜다. 긍정설에서는 바둑 게임은 인간의 사상이나 감정이 창작적으로 표현된 것이라고 본다.[66] 이에 반하여 부정설은 바둑게임에서 바둑알의 위치선정에는 각 기사들의 생각이나 사상이 나타나 있지만 이것은

---

66) 이상정, "기보와 저작권법", 스포츠와법 제10권 제 3 호, 한국스포츠엔터테인먼트학회(2007), 43면. 박성호, 전게서, 39면.

승부를 위한 전략적인 것이지 그 생각이나 사상에 대한 예술적, 창작적 표현은 아니며, 흑과 백돌의 배치에 의하여 형성된 모양 자체도 기사들의 창작적, 정신적 내용이 표현되어 있는 것이 아니라, 기사들의 의도와는 관계없이 개개의 바둑알의 위치선정 결과 우연히 나타난 형상일 뿐이며 기사들의 개성이 나타난 창작적 성과는 아니라고 보아야 한다는 것이다.[67] 긍정설의 입장에서는, 바둑 게임의 진행에는 이성(理性)으로 좌우할 수 있는 필연만이 아니라 운수의 소산인 우연도 개입하지만, 그 우연은 바둑 게임의 두 대국자에 있어서 '아직 인식되지 않은 필연'에 그치는 것이며, 그러한 점에서 한 판의 바둑 게임은 필연에 따라 움직이는 이성의 산물이고, 따라서 당연히 인간의 사상 또는 감정을 나타낸 것이라고 본다. 또한 대국자가 각자 최선의 수(手)를 둔다고 할 때에 그 표현의 선택지는 한정되어 있어서 그 결과 이루어지는 특정 바둑판의 형상은 창작적 표현이라고 말하기 어렵다는 부정설의 주장에 대하여는, 두 대국자 간에 전개되는 한 판의 바둑 게임은 대국 전체를 조망할 때에 대국자 상호간에 선택 가능한 착점과 활용 가능한 행마의 '선택지'가 넓으므로 창작성을 인정할 수 있다고 한다.[68]

결론적으로 부정설이 타당하다고 생각한다. 한 판의 바둑은 대국자인 기사가 흑돌과 백돌을 번갈아 놓아감으로써 이루어지는데, 바둑돌 각각의 착점과 그에 따른 배치 및 운용은 그 각각의 착점 단계에서 가장 유리한 위치를 찾아가는 일종의 '해답'(또는 해법) 풀이라고 볼 수 있다. 이때 어느 곳에 착점할 것인가는 바둑을 두는 기사의 수준, 즉 기력(棋力)에 따라 달라질 수 있겠지만, 자신의 사상을 어떻게 창작적으로 표현하느냐에 따라 달라지는 것은 아니다. 게임이 진행되는 과정에서 기사가 각각의 착점의 단계마다 그 단계에서 가장 유리한 착점이 어느 곳이라고 판단이 되면, 즉 해답이 발견되면 그에 따라 돌의 위치는 자동적으로 결정되는 것이지, 그 판단(사상)을 창작적으로 표현할 다양한 방법이 존재하는 것은 아니다. 해답(solution)은 사상 자체, 즉 아이디어에 해당하지 창작적 표현이라고 볼 수 없다.[69] 따라서 바둑 게임은 기사의 사상 자체 또는 사상의 집합체라고 볼 수는 있을지언정, 그 사상을 창작적으로 표현한 것은 아니어서 저작물로 성립할 수 없다고 본다.[70] 긍정

67) 서달주, "바둑의 기보도 저작물인가", 저작권문화(2006. 6월호), 저작권심의조정위원회, 24, 25면.
68) 박성호, 전게서, 39면. 48면.
69) 'Ⅱ. 저작물의 보호범위' 중 '아이디어·표현 이분법' 부분 참조.
70) 필자는 2006. 3월 한국기원에서 개최된 "기보 저작권 관련 연구 보고회"에서 기보의 보호방법으로 저작권법 이외에 퍼블리시티권, 상표권, 부정경쟁방지법 등의 방법을 생각해 볼 수 있다고 한 바 있는데, 이러한 필자의 언급을 긍정설을 취하는 것으로 이해한 문헌도 있는 것 같다(박성호, 전게서, 38, 39면 참조). 그러나 당시 필자의 의견은 기보는 저작물성을 가지기 어렵기 때문에 유명 기전(棋戰)에서 이루어진 유명 기사의 대국을 허락 없이 사용할 경우 저작권 이외에 위와 같은 다른 보호방법을 생각해 볼 수 있다는 취지를 완곡히 표현한 것이었다.

설에서는 대국 전체를 조망할 때 대국자 상호간에 선택 가능한 착점과 활용 가능한 행마의 선택지가 넓으므로 창작성을 인정할 수 있다고 하나, 그렇다 하더라도 바둑의 진행과정에서 대국자가 두는 각각의 착점과 행마의 선택지는 해법, 즉 사상의 선택지이지 표현의 선택지라고 보기는 어렵다.

나. 표현(expression)

저작물의 성립요건으로서 '표현'은 두 가지 측면에서 생각해 볼 수 있다.

(1) 사상 또는 감정을 '표현'한 것

첫째, 저작물은 사상 또는 감정을 '표현'한 것이어야 한다. 즉, 사상 또는 감정 그 자체만으로는 저작물이 될 수 없고, 그것이 적절한(창작성이 있는) 형태의 '표현'으로 구체화 되어야 한다. 다음의 "저작물의 보호범위"에서 보는 바와 같이 하나의 저작물 중에서 저작권의 보호가 미치는 부분은 '표현'이지 사상 또는 감정 그 자체가 아니다. 예를 들어, 희곡의 기본적인 주제와 같은 것은 대부분 사상이나 감정 그 자체에 해당하여, 설사 그것이 이제까지 존재하지 않던 새로운 것이라 하더라도 거기에는 저작권의 보호가 미치지 아니한다. 따라서 저작권의 보호를 받는 저작물이 되기 위하여서는 ① '창작성'(originality)이 있어야 하며, 거기에 더하여 ② 사상이나 감정－총칭하여 아이디어(idea)라고 부르기도 한다－자체가 아니라 그것들에 대한 '표현'(expression)에 그 창작성이 존재하여야 한다.

저작권법이 창작성을 성립요건으로 하고 있는 취지는 저작물에 대하여 저작권의 보호를 주는 대신 그 보호를 받는 저작물은 단순히 남의 것을 베낀 것 이상의 그 무엇일 것을 요구하는 것이다. 이에 비하여, 표현을 또 하나의 요건으로 하는 것은 창작행위를 함에 있어서 소재로 되는 사상이나 감정, 즉 아이디어는 만인의 공유(공중의 영역, public domain)에 속하며 이에 대하여는 독점권을 인정할 수 없음을 의미한다.[71][72] 다시 말하면, 창작성을 저작물의 성립요건으로 하고 있는 것은 창작적 표현에 대하여 인센티브를 줌으로써 보다 풍부한 창작을 유인하고자 하는 취지임에 대하여, 표현을 요건으로 하는 것은 창작의 소재로 되는 사상이나 감정 자체에 대하여는 독점권을 부인하고 모든 사람이 자유롭게 이용할 수 있도록 함으로써 역시 풍부한 창작을 유인하고자 하는 취지이다.

---

71) 미국 저작권법 제102조에서도 이와 같은 취지를 명시하고 있다.
17 U.S.C sec. 102. (b): In no case does copyright protection for an original work of authorship extend to any idea, procedure, process, system, method of operation, concept, principle, or discovery, regardless of the form in which it is described, explained, illustrated, or embodied in such work.

72) Goldstein, *op. cit.*, p. 2: 20.

(2) '외부적'으로 나타난 표현

둘째, 저작물은 사상이나 감정을 표현한 것이어야 하는데, 이때 '표현'이라고 하고 있으므로 그 사상이나 감정이 언어, 소리, 영상 등의 매체를 통하여 '외부'로 나타나야 한다. 즉, '외부적인 표현'이 있어야 한다는 것이다. 아무리 좋은 생각 또는 아이디어라고 할지라도 그것이 외부적으로 표현되지 않고 머리 속에만 있으면 다른 사람이 이를 감상하거나 이용할 수 없어 저작권법의 목적인 문화의 발전을 이룰 수 없다. 또한 법이 보호하려고 해도 그 보호할 만한 객관적 대상을 확인할 수 없다. 그러므로 사상이나 감정이 머리 속에서 구상된 것만으로는 아직 저작물로 성립하기에 부족하고 그것이 어떤 형태나 방법으로든 외부에 나타나야 한다. 그 나타나는 방법이나 형태에 대하여는 제한이 없다. 원고지에 글로써 나타내거나, 도화지에 그림으로 나타내거나, 말로 구연 또는 낭독하거나, 연극이나 무용과 같은 동작으로 나타내거나 상관하지 않는다.[73]

여기서의 '외부적 표현'은 저작권법 제2조 제25호가 정의하고 있는 '공표'와는 다른 개념이다. 공표는 '공중에게 공개'하는 것을 의미하지만, 저작물의 성립요건으로서의 '외부적 표현'은 외부에 나타나기만 하면 족하고 일반 공중에게 공개될 것까지를 요구하는 것은 아니다. 따라서 혼자만 보는 일기장이나 메모에 시나 수필을 적어놓았다면 설사 공중에게 공개되지 않았다 하더라도 외부적으로 표현은 된 것이므로 '표현'의 성립요건을 충족하게 된다.

다. 표현의 고정화(fixation)여부

주의할 것은 미국 저작권법이 요건으로 하고 있는 '고정화'(fixation)는 우리 저작권법상으로는 저작물의 요건이 아니라고 본다는 점이다.[74][75] 미국 저작권법 제102조 (a)는 저작권법이 보호하는 저작물로 성립하기 위해서는 '유형의 표현매체에 고정'(fixed in tangible medium of expression)되어야 한다고 규정하고 있다.[76] 아울러 순간적으로 사라지는 것이 아니라 외부적으로 인식하고 이를 복제 또는 전달할 수 있을 정도의 상당한 기간 동안 표현매체에

73) 허희성, 전게서, 19면.

74) 同旨, 허희성, 전게서, 19면 참조. 반대로 우리 저작권법도 고정화를 요건으로 한다는 견해도 있다(전석진, 디지탈시대의 저작권, 지적재산권법강의, 홍문사, 1997, 252면).

75) 베른협약은 제2조(2)에서 '고정화'를 저작물의 성립요건으로 할 것인지의 여부는 각국의 입법에 유보하는 것으로 규정하고 있다.

76) 17 U.S.C. § 102. (a): Copyright protection subsists, in accordance with this title, in original works of authorship fixed in any tangible medium of expression, now known or later developed, from which they can perceived, reproduced, or otherwise communicated, either directly or with the aid of a machine or device.

정착되어 있어야만 고정화가 이루어진 것이라고 해석하고 있다. 따라서 원고지에 고정되지 않은 즉흥시나 즉흥강연, 악보에 고정되지 아니한 즉흥곡이나 즉흥연주 등 기록매체에 고정되지 않은 작품은 우리나라 저작권법에 의하면 어쨌든 '소리'라는 표현매체에 의하여 외부적으로 표현되었으므로 저작물로 성립할 수 있지만, 미국 저작권법에 의하면 저작물로 성립할 수 없다.

이처럼 우리 저작권법의 해석상 고정화는 저작물의 요건이 아니라고 보지만, 영상저작물만은 예외이다. 영상저작물은 "연속적인 영상(음의 수반여부는 가리지 아니한다)이 수록된 창작물로서 그 영상을 기계 또는 전자장치에 의하여 재생하여 볼 수 있거나 보고 들을 수 있는 것"이라고 정의되고 있다.[77] 이러한 정의규정에 비추어 볼 때 영상저작물은 일정한 매체에 고정될 것을 요구하는 것으로 해석된다. 일본 저작권법도 영상저작물을 제외하고는 고정화는 저작물의 요건이 아니라고 보고 있다.[78]

4. 창작의 주체(主體)

위에서 본 저작물의 성립요건을 모두 갖추었다고 하여 반드시 우리 저작권법상 보호받는 저작물이 되는 것은 아니다. 저작물이 보호를 받기 위해서는 다음 세 가지 중 하나에 해당하여야 한다.

첫째, 우리나라 사람이 창작한 저작물이거나, 둘째, 우리나라가 가입한 조약에 의해 보호되는 저작물이거나, 셋째, 우리나라에 상시 거주하는 외국인(무국적자 및 우리나라 내에 주된 사무소가 있는 외국법인 포함)의 저작물 또는 우리나라에서 최초로 공표된 저작물 등 세 가지 중 하나에 해당하여야 한다.

그 중 첫째는, 대한민국 국적을 가지는 사람이 창작한 저작물을 의미하며, 둘째는, 그 저작자가 국적을 가지는 나라가 우리나라가 가입한 조약에 함께 가입하고 있어서 우리나라가 그 국민에 대한 보호의 의무를 지는 나라인 경우를 말한다. 셋째는, 그 저작자가 우리나라가 가입한 조약에 의하여 보호를 받는 나라의 국민은 아니지만, 우리나라에 상시적으로 거주하는 사람이거나 우리나라에서 맨 처음 저작물을 공표한 경우이다.

그러나 현실적으로 오늘날 우리나라를 포함한 전 세계의 거의 모든 나라들이 WTO 체제에 들어가 있고, 그로 인하여 저작권 보호에 관한 베른협약 등에 가입하고 있어서, 우리가 접하는 대부분의 외국인의 저작물은 해당 국가에서 그 보호기간이 종료되지 않은 이

77) 저작권법 제 2 조 제13호.
78) 中山信弘, 저작권법, 법문사, 2008, 40면.

상 모두 우리 저작권법상 보호받는 저작물이라고 보아도 무방할 정도이다.[79]

Ⅱ. 저작물의 보호범위

1. 서 설

가. 의 의

하나의 단일한 저작물도 내부적으로는 여러 가지의 다양한 요소로 구성된다. 우선 앞의 저작물의 성립요건에서 본 바와 같이 저작물이 되기 위해서는 인간의 사상이나 감정을 창작적으로 표현한 것이어야 하므로, 가장 기본적으로 저작물은 '사상 또는 감정'과 '창작적 표현'이라는 적어도 두 가지 요소로 구성된다. 또한 저작물을 창작과정의 면에서 살펴보면, 먼저 저작자가 선택한 소재(素材)와 아이디어가 존재하고, 그것들이 조합되어 저작자의 사상체계를 형성하며, 그 사상을 외부에 표현하기 위하여 저작자 나름대로의 일정한 형식을 채용하는 등의 과정을 거치는데, 그 창작의 시간적 진행 단계에 따라 구분해 볼 수도 있을 것이다. 한편, 저작물의 구성부분을 전체적인 것으로부터 시작하여 세부적인 것으로 그 범위의 광협에 따라 살펴보면, 예컨대 문학작품의 경우 저작자의 기본적인 사상, 작품의 주제, 기본적인 플롯(plot), 그 플롯을 이루는 각각의 사건, 그 각각의 사건들을 구성하는 세부적인 대화나 장면묘사 등으로 구분해 볼 수도 있다.

이러한 다양한 요소들로 구성된 하나의 작품이 저작물의 성립요건을 모두 갖추어 저작물로 성립하였다고 하더라도 그 저작물을 이루는 여러 가지의 구성요소들 모두가 그 저작권의 보호범위에 포함되는 것은 아니다. 우선 저작권의 보호는 저작자가 남의 것을 베끼지 않고 창작적으로 기여한 요소들에만 미친다. 또한 저작권법은 저작자에게 일종의 독점권을 부여하여 창작에 대한 인센티브를 제공하는 것이지만, 저작물의 구성요소 중에는 이를 저작권으로 보호하기보다는 '만인의 공유'(또는 공중의 영역, public domain)에 둠으로써 문화의 창달이라고 하는 보다 궁극적인 저작권법의 목적을 달성하는데 지장이 없도록 하여야 하는 것도 있다. 이처럼 하나의 저작물을 이루는 저작물의 구성요소 중에는 저작권으로 보호를 해 주어야 하는 것도 있고 보호를 해 주지 않아야 하는 것도 있다. 따라서 그 중에서 어느 범위까지를 저작권으로 보호할 것인지가 문제로 된다.

즉, 어떤 저작물이 저작권의 보호를 받는다고 하더라도 그 저작권의 보호범위는 해당

79) 임원선, 실무자를 위한 저작권법, 개정판, 한국저작권위원회, 2009, 55-56면.

저작물의 모든 구성부분에 미치는 것이 아니며, 그 저작물을 이루는 구성부분들 중에는 저작권의 보호를 받는 부분과 받지 못하는 부분이 섞여 있기 때문에, 이때 저작권의 침해여부를 가리기 위해 두 저작물을 비교 판단함에 있어서도 원칙적으로 보호받는 부분을 가지고 대비하여야 한다. 여러 판례가 이 점을 분명하게 밝히고 있는데, 대법원 1991. 8. 13. 선고 91다1642 판결[80]이 그러한 점을 판시한 대표적인 대법원 판결 중 하나이다.

나. 대법원 1991. 8. 13. 선고 91다1642 판결

한복 디자인 사이의 저작권침해 여부가 문제로 된 이 사건에서 대법원은, "한복디자인이란 종래의 문화적 유산인 복식에 기초를 두고 이에 변형을 가해 가는 것이므로 그 디자인 중 저작권에 의하여 보호되는 것은 저작자의 독창성이 나타난 개인적인 부분에 한하고 예로부터 전해 내려오는 제작기법이나 표현형식은 누구나 자유롭게 이용할 수 있는 것이어서 저작권 보호의 대상이 되지 않는다. 따라서 저작권의 침해여부를 가리기 위해 두 저작물 사이에 실질적 유사성이 있는가의 여부를 판단함에 있어서도 그 독창적인 부분을 가지고 대비를 해야 한다."고 하였다.

이 사건에서 원고가 제작한 한복치마는 치마폭 이음새마다 바탕색과는 다른 색의 사다리꼴 띠를 수직으로 덧대고 그 띠 안에 꽃·나비·추상적 문양 등의 장식무늬를 일정한 간격으로 혼합배치하여 넣은 것이고, 피고가 제작한 한복치마는 치마폭 이음새마다 바탕색과 다른 색의 직사각형 띠를 덧대고 그 띠 안에 덩쿨 줄 꽃무늬를 연속적으로 배치하여 넣은 것이었다. 대법원은, "어머니 저고리의 깃, 섶, 소매, 단, 바탕 등에 바탕천과 다른 색의 띠나 일정한 문양을 넣은 띠를 수직 또는 수평으로 덧대어 실용성과 심미감을 더하는 의복제작기법은 삼국시대 이전부터 사용되어 오던 것임을 인정할 수 있으므로 원고의 저작물(한복 치마) 중 치마폭 이음새마다 바탕색과 다른 색 띠를 수직으로 덧대거나 띠 안에 무늬를 넣는 방법 자체는 종래의 문화적 유산에 속하는 것이고, 다만 띠의 모양을 사다리꼴로 하고 띠 안에 꽃, 나비, 추상적 문양 등을 소재로 한 무늬를 일정한 간격으로 혼합배치한 점에서 기법상의 독창성이 인정되므로 이 부분이 저작권 보호의 대상이 된다."고 하였다.

이와 같이 저작권의 보호범위에 관한 기본적인 법리를 전제로 하면서 대법원은, "원고의 한복 디자인 중 독창성이 인정되는 부분을 피고의 그것과 대비해 보면, 치마를 착용하였을 때 치마 상단의 주름으로 인해 피고의 띠도 윗부분이 좁고 아랫부분이 넓게 보인다는 점이 원고의 것과 유사하기는 하나, 전체적인 띠의 모양과 넓이가 원고의 것과는 다를

80) 판례공보 1991, 2333면.

뿐 아니라 그 안의 무늬의 소재, 배열방법 등에 있어서 양자는 차이가 있어서, 띠 부분의 전체적인 미감이 유사하다고 보기는 어렵다(그림 참조)"고 하여 결론적으로 저작권침해를 부정하였다.

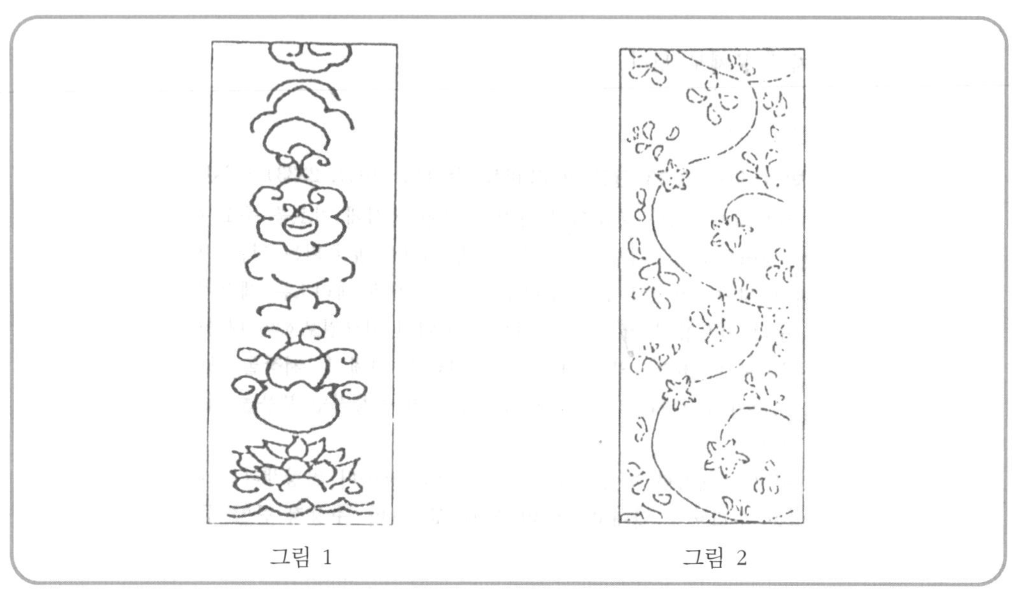

그림 1 그림 2

2. 보호범위 판단의 방법론

저작물의 보호범위는 저작물의 외적인 범위와 내적인 범위 두 가지 방향에서 검토되어야 한다. 먼저 저작물의 외적인 보호범위는 그 저작물의 저작권이 외부적으로 미치는 전체 범위, 즉 그 저작물과 실질적으로 동일하거나 실질적으로 유사한 작품에 대하여 저작권 침해를 주장할 수 있는 범위를 말한다. 이에 비하여 저작물의 내적인 보호범위는 전체 저작물 중 저작권이 작용하는 부분, 즉 그 저작물을 이루는 모든 내부적 구성요소들 중에서 저작권이 미치는 부분과 미치지 않는 부분을 구분하여 그 중에서 저작권의 보호가 미치는 범위를 내적인 보호범위라고 말할 수 있다. 저작물의 외적인 보호범위에 관하여는 뒤의 "제 9 장 저작재산권 침해의 요건 및 판단기준" 부분, 특히 '실질적 유사성'에 관한 부분에서 상세하게 검토할 것이다. 본 장에서는 주로 저작물의 내적 보호범위에 관하여 살펴보기로 한다.

저작물의 구성요소를 보호받는 요소와 보호받지 못하는 요소로 구분하는 문제에 대하여는 독일법을 비롯한 대륙법계와 영미법계의 미국법이 서로 다른 해법을 제시하여 나름대로 이론을 발전시켜 왔다. 독일법은 저작물의 구성요소를 '내용'과 '형식'으로 구분하는 방법을 취하였고, 미국의 판례법은 이른바 아이디어·표현 이분법이라는 독특한 방식을 발전시켰다. 아래에서는 대륙법계의 '내용·형식 이분법'을 간략하게 설명한 후, 현재 세계적으로 큰 영향력을 가지고 있고, 우리나라 저작권법의 실무에 있어서도 주류적인 지위를 차지하고 있는 미국의 '아이디어·표현 이분법'을 중심으로 이 문제에 대한 검토를 해 보기로 한다.

3. 내용·형식 구별론

가. 의 의

저작물의 구성요소 중 어느 범위까지를 저작권으로 보호할 것인가에 관하여 대륙법계에서 처음으로 해법을 제시한 사람은 독일의 철학자 '피히테'(Johann Gottlieb Fichte)였다. 그는 먼저 저작물을 유형적 저작물(예를 들어 집필한 원고 또는 책 그 자체)과 정신적 저작물(그 원고나 책에 내재되어 있는 무형의 정신적 창작물)로 나누어, 그 중 정신적 저작물을 다시 저작물의 '내용'과 이를 외부적으로 표현한 '형식'으로 분류하였다. 그리고 저작물의 '내용'은 저작물의 공표와 동시에 저작자의 손을 떠나 공유(公有)로 되며, 저작권법상 보호되는 것은 저작물을 구성하는 요소들 중 외부적인 '형식'만이라고 하였다.

그러나 이와 같은 피히테의 해법에는 문제점이 지적되었다. 그의 견해와 같이 저작권이 표현형식만을 보호한다고 하면, 예를 들어 서로 동일성이 인정되는 저작물이라고 하여도 약간의 순서와 배열을 달리한 형식을 사용할 경우, 각각 별개의 저작물로 보호하여야 하고 서로 간에 침해의 문제도 발생하지 않는다는 결론에 도달한다. 특히 문학적 저작물을 번역, 영화화 또는 연극화 한다거나, 음악저작물을 편곡한 경우 등은 모두 저작물의 표현형식이 원작과 달라지므로 별개의 저작물로 보호를 받게 되며, 침해의 문제도 생기지 않는다. 이는 합당한 결론이라고 보기 어렵고, 원저작자에게 2차적저작물작성권을 부여하는 저작권법의 원칙에도 반한다. 즉, 이 방법론에 따를 경우 2차적저작물작성권 침해를 설명하기 곤란하다는 문제점이 있다.

이러한 문제점을 극복하기 위하여 '콜러'(Josef Kohler)를 비롯한 일부 학자들은 피히테의 분류를 한 단계 발전시켜, 보호받을 형식에는 '외면적 형식'과 '내면적 형식'이 포함되어 있다고 하였다. 이때 외면적 형식이란 저작자의 사상을 문자, 언어, 색, 음 등 다른 사람이 인식할 수 있는 매체를 통하여 객관화 한 외부적 구성을 의미하며, 내면적 형식이란 외면적 형식에 대응하여 저작자의 내심에 일정한 질서를 가지고 형성된 사상의 체계를 말하되 내용 중 일정 부분을 포함한다고 하였다. 즉, 피히테의 분류에 의하면 보호받을 수 없는 '내용' 중 일정 부분을 저작물의 '내면적 형식'에 해당하는 것으로 파악하여 저작권의 보호를 받을 수 있는 영역에 포함시키고, 나머지 부분이 '순수한 내용'으로서 저작권의 보호가 미치지 않는 공중의 자유로운 영역에 해당한다고 보는 것이다.

달리 말하면, 보호받을 형식(표현)을 '외면적 형식'과 '내면적 형식'으로 나누어, 전자는 외부에 표현된 객관적 구성을 가리키고, 후자는 저작권의 사상·감정의 체계, 즉 어떤 정신적인 것을 표현하고자 하는 과정에서 저작자로부터 발현되는 내면적 질서라고 파악한다. 그리고 '내면적 형식'의 내부에 자리잡고 있는 것이 '내용'이고, 이 부분은 저작권법에서 보호하지 않는 사상·감정이라고 본다. 나아가 외면적 형식이 어떻게 변경되더라도 내면적 형식이 변경되지 않으면 저작물의 동일성을 잃지 않는다고 해석한다. 내면적 형식과 외면적 형식을 모두 저작권의 보호대상으로 인정하면서도 그 중점은 내면적 형식에 둔다. 이 견해에 따르면 원래 피히테의 분류에 의할 경우 '내용'에 해당하여 보호받을 수 없던 소설이나 희곡의 구성 및 줄거리 등도 '내면적 형식'에 편입되어 저작권의 보호를 받을 수 있게 된다.[81] 이 견해는 결국 저작물 중 보호되어야 하는 부분을 외면적 형식과 내면적 형식을 포함하는 '형식'이라고 해석하고, 형식 내부에 존재하는 저작물의 '내용'은 만인의 공유에 속한다고 본다.[82]

나. 비판론과 옹호론

(1) 비판론

그러나 내용·형식 구별론에 대하여는 '내면적 형식'과 '내용'은 밀접불가분의 관계에 있어 양자를 구별하는 것은 불가능할 뿐만 아니라 내용 중에도 저작자의 개성이 나타나 있다면 이를 보호하는 것이 타당하다는 비판이 있다.[83] 일본에서도 中山信弘 같은 학자는, 표현을 '외면적 형식'과 '내면적 형식'으로 구분하는 것은 일견 그럴듯한 분류 같아 보이지만 결국은 언어의 유희에 지나지 않고, 사상과 표현을 구분하는 판단기준으로는 거의 기능을 하지 못한다고 비판한다. 요컨대, 사상과 표현을 구별하는 것은 보호해야 하는 것과 보호해서는 아니 되는 것의 경계를 획정하는 '규범적인 작업'인데, 그렇다면 저작권법의 전 체계를 고찰하여 저작권법이 보호하고자 하는 것은 과연 무엇인가라는 관점에서 출발하여 저작권법은 사상 및 감정과 표현을 구분하는 기준으로서 무엇을 상정하고 있는가의 판단

81) 박성호, 전게서, 57면.
82) 일본에서 이러한 견해를 취하는 입장이 많은 것으로 보인다. 中山信弘, 著作權法, 법문사(2008), 43면 참조.
83) 송영식 외 2인, 전게서, 425면.

을 할 필요가 있다는 것이다. 그러나 수없이 다종다양한 저작물이 존재하고 있는 상황에서 모든 저작물에 적용되는 공통적인 기준을 정립한다는 것은 사실상 불가능하며, 사상과 표현의 경계획정은 저작물의 종류에 따라서 달라질 수밖에 없다고 한다. 결국 사례마다 개별적·구체적으로 판단하고 그 사례의 축적을 기다려야 할 것이라고 주장한다.[84] 이러한 中山信弘의 견해는 저작물에 있어서 보호받는 부분과 보호받지 못하는 부분의 구분은 '내용·형식 이분법'과 같은 통일적인 기준에 의하여 판단할 것이 아니라 구체적인 사례마다 규범적인 판단을 하여야 한다는 입장으로 이해된다. 이는 中山信弘 교수가 창작성의 의미와 관련하여 앞에서 본 이른바 '선택의 폭' 이론을 주장하고 있는 것과 맥락을 같이 하는 것이라고 볼 수 있다.

(2) 옹호론

이러한 내용·형식 구별론에 대한 비판론에 대하여는 미국에서 발전해 온 '아이디어·표현 이분법' 이론에 경도된 나머지 '내용·형식 구별론'의 논리적 구성을 충분히 이해하지 못한 상태에서 제기된 것으로 타당하지 않다는 재 비판론(내용·형식 구별 옹호론)이 있다. 이 견해는 中山信弘 교수의 비판론은 첫째, '내용'과 '아이디어'는 동일한 개념이 아니라는 점(내용이 아이디어보다 넓은 개념), 둘째, 내면적 형식은 '내용'에서 세분화되어 도출된 개념이라는 점에서 비판의 전제가 잘못되었을 뿐 아니라, 셋째, 가장 중요하게는 미국 저작권법의 경우와는 달리 우리나라를 비롯한 독일, 일본 저작권법에서는 동일성유지권(저작인격권)과 2차적저작물작성권(저작재산권)을 체계적으로 이해하는 데에 '내면적 형식'이 유용한 관점을 제공해 준다는 점을 인식하지 못한 상태에서 나온 견해라고 비판한다. 그리하여 독일에서 발달하여 온 내용·형식 구별론과 미국에서 발달하여 온 아이디어·표현 이분법은 양자가 모두 저작물의 본질적 부분의 보호라는 동일한 문제 설정에서 출발하고 있다는 점에서 상호 접근·연결될 수 있을 것이라고 한다.[85]

많은 학자들이 '내용·형식 이분법'을 주장하고 있었던 독일과 일본에서도, 최근에는 저작물의 어떠한 요소가 '형식'에 해당하고 '내용'에 해당하는가를 구별하는 것이 중요한 것이 아니라, 거기에 저작자의 창작적 개성이 나타나 있는가의 여부가 중요하다는 견해가 설득력을 얻고 있다. 예를 들어, '울머'(E. Ulmer) 교수는 형식과 내용간의 구별을, '보호자격 있는' 저작물의 개인적 특성부분과 저작물에 포함된 '보호자격 없는' 공유재산간의 구별로 대신하면서, 저작권법상의 보호가치는 형식 또는 내용에 의하여 결정되는 것이 아니고, 개인적 특

84) 中山信弘, 著作權法, 법문사(2008), 43, 44면.

85) 박성호, 전게서, 65, 66면.

성에 속하는지 아니면 공유재산에 속하는지 여부에 의하여 결정되는 것으로 본다.86) 또한 일본의 半田正夫 등의 학자들은 '형식'과 '내용'을 구분하는 방법을 버리고, 저작물 형식의 3단계인 '외면적 형식', '내면적 형식' 및 '내용' 중에서 저작자의 독창적인 개성이 나타나 있는 것에 대하여는 저작권의 보호를 부여하여야 한다는 입장을 취하고 있다.87)

4. 아이디어·표현 이분법(idea expression dichotomy)

가. 의 의

하나의 저작물을 구성하는 요소를 아이디어와 표현으로 나누어, 그 중 저작권의 보호는 표현에만 미치고 소재가 되는 아이디어에는 미치지 아니한다는 원칙을 '아이디어·표현 이분법'이라고 한다. 1879년 미국 연방대법원의 Baker v. Selden 판결88)을 비롯하여 오랜 기간에 걸쳐 저작권침해 소송의 판례를 통하여 발전하여 온 법리로서, 현재 미국은 물론이고 우리나라를 비롯한 많은 나라에서 저작물의 보호범위를 정하는 기본 원리로서의 역할을 하고 있다. 미국 법원의 판례를 통하여 발전하여 온 아이디어·표현 이분법은 Baker v. Selden 사건의 판결이유를 기초로 입법화 된다. 1976년도 미국 저작권법 제102조 (b)에서, "어떠한 경우에도 당해 저작물의 아이디어, 절차, 공정, 체계, 조작방법, 개념, 원칙 또는 발견에 대하여는, 그것이 어떠한 형식에 의하여 기술, 설명, 예시되거나 저작물에 포함되더라도 저작권의 보호가 미치지 아니한다."는 내용으로 성문화된 것이다. 또한 WTO/TRIPs 협정 제 9 조 제2 항도, "저작권의 보호는 표현에는 적용되나 사상(ideas), 절차, 운용방법 또는 수학적인 개념 그 자체에는 적용되지 아니한다."고 규정함으로써 아이디어·표현 이분법을 천명하고 있다. 우리 저작권법은 직접적인 명문의 규정을 두고 있지는 않지만, 제 2 조 제1 호에서 "저작물은 인간의 사상 또는 감정을 표현한 창작물을 말한다."고 정의하고 있는데, 이는 간접적으로 아이디어·표현 이분법의 취지를 포함한 것으로 이해할 수 있다.

나. 성격 및 기능

(1) 성 격

미국의 법학자들은 아이디어·표현 이분법이 다음과 같은 네 가지 성격을 가지고 있다고 한다.89)

86) 상게서, 59면에서 재인용.
87) 半田正夫, 전게서, 80면 이하 참조.
88) 101. U.S. 99(1879).
89) 이하 Goldstein, *op. cit.*, p. 2: 24.

(가) 상대적 기준

첫째로, 모든 저작물은 많건 적건 아이디어와 표현을 내포하고 있으며, 그 두 가지를 구분하는 것은 정도의 문제이지 절대적인 기준이 있는 것은 아니라는 것이다. 미국 제2항소법원의 Learned Hand 판사는, 예를 들어 희곡에서 스토리를 구성하는 구체적인 사건들을 계속적으로 제거시켜 나가면, 점차 패턴은 일반화되어가고 결국에 가서는 그 희곡의 주제에 관한 가장 추상적인 기술(記述)만이 남게 되는데, 이와 같은 추상화(abstraction) 과정 중에 어느 지점에 이르면 표현은 제거되고 아이디어만이 남아 더 이상 저작권의 보호를 줄 수 없는 상태에 도달하게 된다고 하였다.[90]

(나) case-by-case 판단

둘째로, 아이디어·표현 이분법은 이론적으로보다는 주로 저작권침해소송과 관련하여 실무적으로 발달하여 왔다. 그 결과 법원은 구체적인 사건에 있어서 보호받는 표현과 보호받지 못하는 아이디어 사이에 절대적이거나 일반적인 기준선을 그을 필요가 없었고, 다만 침해소송의 결론을 도출하기 위하여 문제가 된 구체적 사건에서 피고가 차용한 부분이 표현에 해당하는가 아니면 아이디어에 해당하는가를 판단하기만 하면 되었다. 따라서 침해소송 사례들 중 피고가 차용한 부분이 기본적인 플롯(plot)에 해당하여 침해가 아니라고 결론을 내린 사건에 있어서도, 만약 피고가 그 이상의 것을 차용하였다면 침해가 성립되었을 것이라고 단정할 수 있는 것은 아니다. 반대로 피고가 원고의 작품을 문언적으로(literally) 복제함으로써 침해가 인정된 사건에 있어서도, 피고가 만약 문장을 재구성한다든가 약간 다른 표현으로 원고 작품의 내용을 차용하였다면 침해가 성립되지 않았으리라고 단정할 수도 없다. 판례법 국가인 미국에서 아이디어·표현과 관련한 판례를 해석함에 있어서는 이러한 점을 특히 유의해야 한다고 한다. 다시 말하면, 어떤 하나의 판례가 있을 때, 그 판례의 사안과 반대되는 사안에서 반드시 판례의 결론과 반대되는 결론이 도출되어야 한다는 논리적 필연성은 없으며, 그와 같이 예측할 수도 없다는 것이다.

(다) 창작적 표현만 보호

셋째로, 저작물의 성립요건에 해당하는 창작성 및 표현 판단은 보호범위 판단과 논리적으로는 구분되는 것이지만 실제적으로는 서로 겹치는(overlapping) 경향이 있다. 이러한 경향이 나타나는 사례들은 저작물의 기본 소재가 된 아이디어가 저작자 자신에게 기원(origin)을 두고 있지 않는 경우에서 많이 볼 수 있다. 희곡의 기본적인 플롯(plot), 악곡에 있어서 두세 개의 음조(音調), 그림의 기본적인 스케치 선 등과 같은 것은 대부분 이미 존재

90) Nichols v. Universal Pictures Corp., 45 F.2d 119, 121(2d Cir. 1930); Goldstein, *op. cit*, p. 2: 24에서 재인용.

하던 수많은 작품들로부터 차용된 것이다. 그러한 요소들은 성격상 창작성이 없다거나 표현에 해당하지 않는다는 판단을 받기 쉽다. 그러나 이러한 성립요건의 판단과 보호범위의 판단은 다음과 같은 점에서 구별이 된다. 설사 저작자가 기본 소재로 삼은 아이디어가 기존에는 없던 전혀 새로운 것이어서 창작성이 있다는 사실을 입증한다고 하더라도 그 아이디어에는 여전히 저작권의 보호가 미치지 않는다. 또한 기존의 저작물을 베낀, 즉 창작성이 없는 표현은 창작성 요건을 결하였다는 이유로 저작권의 보호를 받지 못하게 된다. 바꾸어 말하면, 창작성은 아이디어와 표현 어느 곳에도 있을 수 있으나 — 물론 아이디어에 창작성이 있다면 표현에 있어서도 창작성을 가지게 될 가능성이 높다 — 그 중 저작권의 보호범위에 속하는 것은 창작성이 있는 표현만이고, 따라서 아래 도표에서는 D 부분만이 저작권의 보호를 받는다.

	창작성이 없는 부분	창작성이 있는 부분
아이디어	A	B
표　현	C	D

(라) 저작물의 종류에 따른 판단

넷째로, 아이디어·표현 이분법의 실제적 적용은 저작물의 종류에 따라 달라지는 경향이 있다. 예를 들어, 문학작품에 있어서의 아이디어(기본적인 plot, 주제, 등장인물의 표준적인 캐릭터 등)와 미술작품에 있어서의 아이디어(선, 색, 원근법 등)는 서로 성격이 다르다. 그러므로 시(詩)가 적혀져 있는 벽보를 그림으로 그렸다고 하면 그 그림의 아이디어는 시의 내용이 아니라 그 그림이 채택하고 있는 선이나 색, 원근법 등에 있다. 따라서 만약 제 3 자가 시의 내용은 동일하나 선이나 색, 원근법(idea)등을 달리 표현하여 미적으로 다른 느낌을 주는 그림을 그렸다면 그것은 창작성 있는 그림이 될 수 있다. 반대로, 시의 내용은 다르지만 미적 표현이 같아 동일한 느낌을 주는 그림이라면 창작성이 없다. 이와 같이 아이디어·표현 이분법은 저작물의 종류에 따라서 무엇을 보호받지 못하는 아이디어로 보고 무엇을 보호받는 표현으로 볼 것인지에 관한 판단을 내포하게 되며, 그 결과 저작물의 종류에 따라 아이디어와 표현의 구별도 달라진다.

(2) 기　능

아이디어·표현 이분법은 어떠한 작품이 저작물에 해당하는가를 판단할 때와 어떠한 작품이 다른 저작물의 저작권을 침해하고 있는가 여부를 판단할 때의 두 가지 단계에서 기능을 하게 된다. 즉, 아이디어·표현 이분법은 성립요건의 판단과 보호범위 판단 양쪽 모두 작용한다. 어떤 작품이 단순한 아이디어에 해당하는 것만으로 이루어지고 창작적인 표현이 결여되어 있다면 그 작품은 성립요건을 결여하여 저작물로 성립할 수 없다. 또한 어떤 작품이 다른 저작물의 구성요소 중 창작적 표현이 아닌 아이디어에 해당하는 것만을 차용하였다면 보호범위에 해당하지 아니하므로 저작권침해가 되지 않는다. 따라서 아이디어·표현 이분법은 저작권 관련 소송에서 가장 중요한 두 가지 쟁점인 성립요건의 문제와 보호범위의 문제 모두에 적용되는 기본원칙이다.

그러나 아이디어는 보호하지 아니하고 표현만을 보호한다는 명제는 외관상 명쾌하기는 하지만, 실제로 구체적인 사건에서 아이디어와 표현을 구분하는 것은 쉽지 않다. 대부분의 저작물에서 아이디어는 표현과 분리되어 존재하는 것이 아니라, 표현 속에 내재되어 있거나 혼합되어 녹아 있기 때문이다. 이 두 가지를 물리적으로나 관념적으로 분리하는 것은 매우 어렵고 자칫 주관적인 판단에 흐를 소지가 많다.

아이디어·표현 이분법은 어떤 작품이 저작물로 성립할 수 있는지 여부와 어떤 작품이 다른 저작물의 저작권을 침해하고 있는지 여부를 판단하는 기준이 된다. 즉, 이 원칙을 통하여 창작자가 독점할 수 있는 부분인 '창작적 표현'과 공중에 의하여 공유되어야 하는 부분인 '아이디어'의 경계선을 설정하게 된다. 그리고 그 과정에서 저작권의 보호범위를 적절하게 제한함으로써 창작자의 권리와 이용자의 권리를 조화롭게 보호하는 한편, 다양하고 풍부한 창작물의 생산과 이용을 조장하여 문화 및 관련 산업의 발전이라는 저작권법의 궁극적인 목적을 달성케 하는 기능과 역할을 담당하게 된다. 또한 사상이나 감정을 총괄적으로 지칭하는 아이디어는 누구나 자유롭게 차용하거나 유통 및 전달할 수 있도록 보장하여 줌으로써 국민의 알 권리를 충족시키는 동시에, 저작자만의 창작성과 개성이 발휘된 독자적인 표현에 대하여는 독점배타적인 권리를 부여함으로써 서로 상충될 수 있는 표현의 자유와 저작권 사이에서 균형과 조화를 이루는 기능을 담당한다.

(3) 정책적 판단 경향

저작자의 창작적 노력은 아이디어에 나타날 수도 있고 그 표현에 나타날 수도 있다. 저작물의 어떤 부분이 아이디어냐 아니면 표현이냐를 구분하는 것은 최종적으로 법원의 판단에 맡겨져 있다. 그런데 경험적으로 볼 때 법원은 이 두 가지를 구분함에 있어서 법리적 판단보다는 정책적 판단을 하는 경향이 있다. 특히 아이디어·표현 이분법을 발달시킨 미국의 법원은 저작물의 어떤 부분은 아이디어이고 어떤 부분은 표현이라고 미리 선을 긋기보다는, 오히려 저작권의 보호를 줌으로써 창작의욕을 고취하여야 할 것으로 판단되는 부분은 표현이라고 하고, 반면에 만인 공유의 영역에 두어 누구라도 자유롭게 사용할 수 있어야 한다고 판단되는 부분에 대하여는 이를 아이디어라고 하여 저작권의 보호를 부인하는 경향이 강하다고 한다. 이는 아이디어·표현 이분법의 원래의 취지, 즉 먼저 아이디어와 표현을 구분하여 그에 따라 저작권의 보호여부를 결정하는 것과는 순서적으로 반대되는 역(逆)의 논리구조를 취하는 셈이다. 이러한 점에서 본다면 아이디어와 표현을 일반적인 개념으로 정의하기 위하여 노력할 것이 아니라, 그것은 결국 정책적으로 판단할 때 저작권의 보호를 받아야 할 부분과 받지 말아야 할 부분을 각각 의미하는 것이라고 해석하는 편이 실제 이해를 돕는 길이라는 견해도 있다.[91]

(4) '창작성'과 '창작적 표현'의 관계

아이디어·표현 이분법에 의하면 저작물 중에서 보호를 받는 것은 아이디어가 아닌 표현, 그 중에서도 '창작적 표현'에 한정된다. 이때 저작물의 보호범위를 획정하는 '창작적 표현'과 저작물의 성립요건인 '창작성'의 관계를 살펴볼 필요가 있다. 저작물의 성립요건인 '창작성'을 이루는 요소는 '독자적 작성'과 '최소한의 창조적 개성' 두 가지이므로, 저작물로 성립하기 위해서 요구되는 창작성의 정도는 '최소한'이면 족하다. 이에 반하여 보호범위를 획정하는 '창작성'은 그 정도가 높으면 높을수록 보호범위가 넓어진다는 점에 특색이 있다. 즉, 저작물로 성립할 수 있느냐의 문제는 창작성이 조금이라도 존재하느냐에 달려 있는 것이라면, 그 저작물이 어느 정도의 보호를 받을 수 있느냐의 문제는 창작성이 얼마나 많이 존재하느냐에 달려 있는 것이다. 따라서 창작성은 저작물로서의 성립 여부를 결정하는 한편, 아울러 보호범위를 획정하는 요소로도 작용하게 된다. 창작성의 정도가 낮은 기능적 저작물은 창작성의 정도가 높은 문예적 저작물에 비하여 저작권으로 보호되는 범위가 좁다.[92] 성립요건인 창작성과 구분하기 위하여 저작물의 보호범위를 획정하는 창작성의 정도를 '표현도'(表現度)라고 부르기도 한다.

다. 아이디어(idea)의 개념과 내용

(1) 개 념

아이디어는 저작물의 표현에 내재되어 있는 인간의 사상이나 감정을 통틀어 부르는 용어이다. 구체적으로 아이디어가 무엇을 의미하는지에 대하여 분명한 정의를 내리는 것은 쉬운 일이 아니며, 개별 사례에서 무엇이 아이디어에 해당하는지도 저작물의 종류에 따라

91) 앞서 '내용·형식 이분법'에 대한 中山信弘 교수의 비판론이 그러한 입장이라고 볼 수 있다.
92) 본 장 제 2 절의 7. '문예적 저작물과 기능적 저작물' 참조.

서 그 의미와 내용이 달라질 수 있다. 앞에서도 언급한 바와 같이 아이디어·표현 이분법에 대하여 풍부한 판례를 집적한 미국의 법원은 아이디어와 표현에 대한 구체적인 정의를 내리기보다는 보호를 주어야 할 것인지 말 것인지를 먼저 결정함으로써 그에 따라 아이디어와 표현을 구분하는 이른바 정책적 판단을 하여 왔다. 이는 아이디어와 표현 사이에 명확한 선을 긋기 어렵다는 점에서 기인하는 바도 크다. 그러나 아이디어와 표현에 관하여 일반적인 개념정립을 시도해 보는 것도 의미가 있으며, 이에 관하여는 미국 Stanford 대학 Goldstein 교수의 개념정의가 비교적 합리적이라고 평가를 받고 있다. Goldstein 교수는 보호를 받지 못하는 아이디어를 미국 저작권법 제102조 (b)의 규정에 따라 다음과 같은 세 가지 카테고리로 분류한다.[93)]

(2) 세 가지 카테고리

(가) 개념(concept)

첫째는, 작품창작의 원동력이 되는 '개념'(concept)이다. 이러한 개념들은 수적으로도 비교적 제한되어 있기 때문에 독점권을 부여하기에 적당하지 않다. 특히 시장성(市場性)을 가진 개념(marketing concept), 예를 들면 각종 콘테스트(contest)나 퀴즈게임, 게임 쇼 등의 진행방식, 할인쿠폰을 모아 놓은 책의 구성 등과 같이 소비자의 구매의욕을 자극하기 위한 개념들은 부정경쟁방지법과 같은 다른 법의 보호대상은 될 수 있을지 몰라도 저작권법의 보호는 받을 수 없다.

전통적으로 게임의 구성형식이나 방송포맷은 이른바 '컨셉'(concept)에 해당하여 저작권의 보호를 받지 못하는 아이디어의 영역에 속한다고 보아 왔다. 그러나 이러한 전통적인 견해에 대하여 새로운 해석을 한 판례들이 최근 나타났다. 예능방송 프로그램의 포맷에 대하여 저작물성을 인정한 대법원 2017. 11. 9. 선고 2014다49180 판결과, 모바일 게임 구성형식에 대하여 저작물성을 인정한 대법원 2019. 6. 27. 선고 2017다212095 판결이 그러한 것들이다. 그 중 후자의 판결은 매치-3-게임(match-3-game) 형식의 모바일 게임을 개발하여 출시한 甲 외국회사가 乙 주식회사를 상대로, 乙 회사가 출시한 모바일 게임이 甲 회사의 저작권을 침해한다는 이유로 침해행위 금지 등을 구한 사안에서, "게임 저작물은 어문저작물, 음악저작물, 미술저작물, 영상저작물, 컴퓨터프로그램저작물 등이 결합되어 있는 복합적 성격의 저작물로서, 컴퓨터 게임물이나 모바일 게임물에는 게임 사용자의 조작에 의해 일정한 시나리오와 게임 규칙에 따라 반응하는 캐릭터, 아이템, 배경화면과 이를 기술적으로 작동하게 하는 컴퓨터프로그램 및 이를 통해 구현된 영상, 배경음악 등이 유기적으로

---

93) Goldstein, *op. cit.*, p. 2: 26-29.

결합되어 있다. 게임저작물은 저작자의 제작 의도와 시나리오를 기술적으로 구현하는 과정에서 다양한 구성요소들을 선택·배열하고 조합함으로써 다른 게임물과 확연히 구별되는 특징이나 개성이 나타날 수 있다. 그러므로 게임저작물의 창작성 여부를 판단할 때에는 게임저작물을 구성하는 구성요소들 각각의 창작성을 고려함은 물론이고, 구성요소들이 일정한 제작 의도와 시나리오에 따라 기술적으로 구현되는 과정에서 선택·배열되고 조합됨에 따라 전체적으로 어우러져 그 게임저작물 자체가 다른 게임물과 구별되는 창작적 개성을 가지고 저작물로서 보호를 받을 정도에 이르렀는지도 고려해야 한다."고 하였다. 그러면서 甲 회사의 게임물이 선행 게임물과 확연히 구별되는 창작적 개성을 갖추고 있으므로 저작물로서 보호 대상이 될 수 있고 乙 회사의 게임물은 甲 회사의 게임물의 창작적인 표현형식을 그대로 포함하고 있으므로 실질적으로 유사하다고 볼 수 있어 저작권침해가 인정된다고 판시하였다.[94]

(나) 문제의 해법(solution)

둘째는, 주로 기능적 작품[95]에서 다루는 문제의 해결방법, 작동원리나 조작방법 같은 것들이 아이디어에 속한다. 이를 명확히 한 유명한 판례가 1879년 미국 연방대법원의 Baker v. Selden 사건 판결이다. 이 사건에서 법원은 새로운 부기(簿記)방식을 설명한 저작물에 대한 저작권의 보호는 그 방식을 묘사한 언어적 표현에만 미칠 뿐, 그 부기방식 자체에까지 미치는 것은 아니라고 하였다. 진료기록부 양식(樣式, blank form)이 문제로 된 Bibbero 사건에서 제 9 항소법원도 같은 취지의 판시를 한 바 있다. 이들 판결의 내용과 각종 양식 등 기능적 저작물의 보호에 대하여는 뒤의 제 2 장 제 2 절 '저작물의 분류' 편 중

94) 이 대법원 판결의 원심인 서울고등법원 2017. 1. 12. 선고 2015나2063761 판결은, "게임은 다양한 소재 내지 소재저작물로 이루어진 결합저작물 내지 편집저작물로서 게임규칙은 추상적인 게임의 개념이나 장르, 게임의 전개방식 등을 결정하는 도구로서 게임을 구성하는 하나의 소재일 뿐 저작권법상 독립적인 보호객체인 저작물에는 해당하지 않는 일종의 아이디어 영역에 해당한다."고 판시하면서, "소설과 유사하게 어떠한 에피소드나 스토리를 형성해 나가는 RPG 게임과 달리 매치-3-게임과 같은 퍼즐 게임은 기본적으로 각 단계마다 주어진 목표를 달성하는 것을 기본 진행방식으로 하는 캐주얼 게임(casual game)으로서, 게임규칙을 전체적으로 적용 또는 순차적으로 배열하여 게임의 각 단계별 개별 미션을 수행하도록 하는 게임이고, 그 규칙들이 전체적으로 적용 또는 순차로 선택되어 배열된다거나 이를 통하여 게임의 각 단계가 진행·전개됨으로써 게임 속에서 그것이 구현된다고 하더라도, 이는 개별 미션을 처리하는 과정 내지 그 방법에 대해서만 영향을 미칠 뿐, 이로써 게임의 에피소드나 스토리 자체의 전개 및 그 표현에 영향을 미친다고 볼 수 없으므로, 이와 같은 규칙들의 조합 자체만으로는 게임 개발자의 개성을 드러내는 '표현'이라고 할 수 없다"고 하여 저작권침해를 부정하였다. 이 판결은 게임의 진행방식은 아이디어의 영역에 속하여 보호받을 수 없다는 전통적인 해석론에 기초한 것으로 볼 수 있다.

95) 기능적 작품(機能的 作品)이란 예술성보다는 특별한 기능을 목적으로 하는 작품, 예를 들어 기술 또는 지식을 전달하거나, 방법이나 해법, 과정 등을 설명한 작품들을 말하며, 이러한 작품들은 자연히 예술적 표현(expression)보다는 아이디어(idea) 쪽에 초점을 두게 된다.

기능적 저작물 부분에서 살펴보기로 한다.

(다) 창작의 도구(building blocks)

셋째는, 저작물의 작성에 필요한 도구(building blocks)들이다. 저작권의 보호가 미치는 것은 창작적 표현이지, 그 창작적 표현을 하기 위하여 필요한 도구들에는 보호가 미치지 아니한다. 무엇이 표현을 위한 도구에 해당하는지는 저작물의 종류에 따라서 각기 다르다. 문학작품의 경우에는 작품의 주제, 플롯(plot), 주인공의 표준적인 캐릭터(character), 배경 등을 비롯하여, 몇 개의 단어로 이루어진 길지 않은 제목과 같은 것들이 이에 해당한다. 미술저작물의 경우에는 개개의 색상이나 형상, 음악저작물의 경우에는 개개의 리듬과 음조(音調), 화성 등이 이에 해당한다고 볼 수 있다. 이와 같은 창작의 도구들에 대하여 저작권이라는 독점적 권리를 주게 되면, 다른 제 3 자의 창작을 방해함으로써 결과적으로 문화의 향상발전이라는 저작권법의 목적에 반하게 된다.

(3) 구체적 판단

그러나 위에서 본 세 가지 카테고리에 해당하는 것이라고 하여 항상 아이디어의 영역에 속하는 것은 아니다. 문제되는 각각의 사례마다 구체적으로 그 실질을 살펴보아야 한다. 예를 들어, 광고업계에서는 '표현'을 흔히 '컨셉'이라고 부르는 경우가 많다. 또 미술계에서는 하나의 색조만으로 구성된 '단색화'가 현대미술의 추상화 경향을 반영하는 중요한 흐름으로 자리를 잡고 있는데, 이런 것들을 단순히 아이디어의 영역에 속한다고 보기는 어렵다. 게임의 진행방식이나 방송 프로그램의 진행방식(이른바 '방송포맷')에 대하여는 전통적으로 아이디어의 영역에 속하는 것으로 보아 왔지만, 최근 대법원은 이러한 전통적 입장에 선 원심판결들을 파기하고 이들을 일종의 편집저작물로 보아 창작적 표현에 해당할 수 있다고 판시하였다.[96] 위 서울고등법원 2017. 1. 12. 선고 2015나2063761 판결이 대법원 2019. 6. 27. 선고 2017다212095 판결로 파기된 것이 그 사례이다. 이에 대하여는 뒤의 편집저작물 부분에서 살펴보기로 한다.

---

96) 대법원 2017. 11. 9. 선고 2014다49180 판결은, "리얼리티 방송 프로그램은 무대, 배경, 소품, 음악, 진행방법, 게임규칙 등 다양한 요소들로 구성되고, 이러한 요소들이 일정한 제작 의도나 방침에 따라 선택되고 배열됨으로써 다른 프로그램과 확연히 구별되는 특징이나 개성이 나타날 수 있다. 따라서 리얼리티 방송 프로그램의 창작성 여부를 판단할 때에는 그 프로그램을 구성하는 개별 요소들 각각의 창작성 외에도, 이러한 개별 요소들이 일정한 제작 의도나 방침에 따라 선택되고 배열됨에 따라 구체적으로 어우러져 그 프로그램 자체가 다른 프로그램과 구별되는 창작적 개성을 가지고 있어 저작물로서 보호를 받을 정도에 이르렀는지도 고려함이 타당하다."고 하여 '방송포맷'이 창작적 표현으로서 보호받을 수 있는 가능성을 인정하였다.

라. 표현(expression)의 의미와 구분 원리

(1) 의 미

저작자의 사상이나 감정, 즉 아이디어는 표현을 통하여 구체화된다. 어떠한 개념을 작품 속에서 구체화하고자 하는 저작자의 정신활동은 표현이라는 형태로 발현된다. 그 과정에서 저작자가 특별히 선택한 단어나 문장들, 여러 가지 미적 형상, 음 또는 그것들을 이리저리 조합하거나 나름대로의 장식법이나 수사법(修辭法) 등을 동원하여 치장해 놓은 세부적인 창작적 요소 등, 이런 것들이 표현으로서 보호를 받게 된다. 그러나 아이디어와 마찬가지로 무엇이 표현인지를 일반적으로 정의할 수 있는 것은 아니다. 표현은 작품을 구성하고 있는 세부적인 단어나 형상, 음향 등 외부적인 요소들뿐만 아니라, 작품의 표면에 드러나지 않고 내재해 있는 요소들까지도 포함하여 나타난다. 이때 후자를 '내재적 표현'이라고 하는데, 작품의 외부에 나타난 "보이는 그대로의 표현"(문자적 또는 외부적 표현, literal expression)과 그 저변에 존재하고 있는 아이디어 사이의 중간층을 형성하고 있는 요소들이라고 볼 수 있다.[97]

외부적 표현(literal expression)
내재적 표현(non-literal expression)
아이디어(idea)

(2) 아이디어와 표현의 구분 원리

아이디어와 표현, 특히 아이디어와 내재적 표현 사이에 명확한 경계선을 긋는다는 것은 매우 어려운 작업이다. 개별적인 사건마다 구체적으로 결정되어야 하지만, Goldstein 교수에 따르면 미국의 법원이 이러한 작업을 함에 있어서는 두 가지 중요한 원칙이 지도원리로 작용하여 왔다고 한다. 첫 번째 원칙은, 아이디어와 표현을 구분하는 작업이 현재의 창작자와 미래의 창작자 양쪽의 이익을 균형 있게 보호하는 선에서 이루어져야 한다는 것이다. 즉, 표현으로 보호하는 범위를 너무 좁게 함으로써 현재의 창작자의 창작의욕을 꺾는다거나, 반대로 그 범위를 너무 넓게 인정함으로써 미래의 창작자가 창작활동에 제한을 받는 일이 없어야 한다는 것이다.

두 번째 원칙은, 아이디어와 표현을 구분하기 어려운 저작물에 있어서는 그 저작물의 아이디어가 무엇인지를 밝혀내기보다는, 가급적 보호받는 표현을 밝혀내는 쪽에서 구분작

97) Goldstein, *op. cit.*, p. 2: 29.

업을 진행하여야 한다는 것이다. 미국의 법원은 저작권 침해 여부를 판단함에 있어서, 아이디어와 표현을 구분하기보다는 표현을 밝혀내는데 중점을 두어 그 표현의 실질적 유사성 여부에 따라 침해여부를 판단한다. 이것은 미국 법원이 저작물의 '표현도'(表現度)의 차이, 즉 그 저작물이 문예적 저작물처럼 풍부하고 다양한 표현이 가능한가, 아니면 기능적 저작물처럼 상대적으로 전형적인 표현만이 가능한가의 차이에 따라 보호의 정도를 달리하고 있기 때문이기도 하다. '표현도'는 표현에 있어서 얼마나 많은 선택지가 부여되어 있는지를 나타내는 정도이다. 아이디어보다는 표현을 밝혀내는데 침해판단의 중점을 둠으로써, 표현도가 낮은 저작물에 지나친 보호가 부여되는 것을 방지하는 효과가 있다. 이는 문예적 저작물과 기능적 저작물 사이에서만 그런 것이 아니라, 같은 문예적 저작물 사이에서도 그러하다. 예를 들어, 어떤 시(詩)가 "님은 갔습니다. 사랑하는 나의 님은 갔습니다"라고만 구성되어 있을 경우, 다른 제 3 자가 이 내용을 약간만 다르게 표현한다면 저작권침해는 성립하지 않을 것이다. 그 시는 표현도가 높지 않기 때문이다. 그러나 한용운의 '님의 침묵' 전체를 제 3 자가 약간 다른 표현으로 재구성(paraphrasing)하였다면 그 달라진 부분에도 불구하고 저작권침해가 성립될 수 있다. 뒤의 저작물이 앞의 저작물보다 상대적으로 표현도가 높은 저작물이기 때문이다.

(3) 성질에 따른 아이디어와 표현의 구분98)

이처럼 하나의 작품 속에서 어떤 부분이 아이디어에 해당하고 어떤 부분이 표현에 해당하는지를 구분하는 작업은 저작물의 보호범위와 침해판단을 위하여 매우 중요하다. 그러나 아이디어는 보호하지 아니하고 표현만 보호한다는 명제는 외관상 명쾌하기는 하지만, 현실적으로 구체적인 사건에서 아이디어와 표현의 명확한 경계선을 긋는 것은 대단히 어려운 작업이다. 다만, 아이디어와 표현이 가지는 각각의 성질에 비추어 볼 때, 아이디어와 표현을 구분함에 있어서 일반적으로 고려하여야 할 요소들로는 다음과 같은 것들을 생각해 볼 수 있다.

(가) 추상성과 구체성

첫째는, '추상성과 구체성'을 들 수 있다. 작품을 구성하는 요소는 그것이 추상적일수록 아이디어일 가능성이 크고 구체적일수록 표현일 가능성이 크다. 일반적으로 어문저작물에서는 주제나 배경, 분위기 등 추상적인 요소들은 아이디어에 해당하지만, 구체적인 사건의 전개와 상세한 줄거리, 등장인물의 성격과 상호관계 등 구체적인 요소들은 표현에 해당

98) 성질에 따른 아이디어와 표현의 구분에 대하여는 권영준 교수의 「저작권침해판단론」, 박영사(2007), 101면 이하에서 탁월한 해석을 전개하고 있다. 본 항의 내용은 권영준 교수의 해석론을 따른 것이다.

한다. 추상적이냐 구체적이냐에 따라서 보호받는 부분과 보호받지 못하는 부분을 구별한 가장 고전적인 사례로는 원고의 희곡과 피고의 영화각본 사이의 저작권침해가 문제로 된 Nichols 사건[99]을 들 수 있다. 이 사건에서 Learned Hand 판사는, 문예물은 기본적으로 캐릭터(characters)와 시퀀스(sequence)로 구성되어 있는데, 저작권으로 보호되는 캐릭터 혹은 시퀀스인가, 아니면 이들의 결합을 통하여 비로소 보호를 받게 되는가를 명백히 밝힐 필요가 있다고 지적하였다. Nichols 사건의 판시에 따르면 이 문제는 분명한 기준이 있다기보다는 캐릭터나 개별 사건들이 작품 속에서 얼마나 개발되고 상호 결합되느냐의 정도에 달려 있다. "캐릭터의 개발정도가 적으면 적을수록 저작권의 보호 가능성은 줄어든다"(The less developed the characters, the less they can be copyrighted)[100]는 명제가 이를 나타낸다.

작품의 시퀀스에 관하여 본다면 저작권에 의한 보호를 받을 수 없는 '사상'(idea)으로부터 비교적 보호받기 힘든 '주제'(theme), 보호받을 수 있는지 여부가 다소 유동적인 '구성'(plot), 비교적 보호받을 가능성이 높은 '사건'(incident), 보호받을 것이 거의 확실한 '대화'나 '말'(dialogue and language)로 구성되어 있다. 캐릭터에 관하여 보면 어떤 캐릭터가 저작권으로 보호받을 수 있는지 여부는 작품 속에서의 '개발의 정도'(stage of development)와 작품에서의 중요성에 달려 있다. 평범한 인물, 전형적이고 판에 박은 통상적인 인물 등은 보호받을 수 없으며, 이들은 기본적으로 사상(idea) 이상을 구성하기 어렵다. 캐릭터가 세밀히 묘사되면 될 수록 그 캐릭터는 보다 더 강한 보호를 받을 수 있게 된다.[101]

컴퓨터프로그램에서도 아이디어와 표현의 경계선을 찾기 위하여 역분석(reverse engineering)과 비슷한 과정을 거친다. 구체적인 개별 소스코드로부터 시작하여 그런 소스코드들을 계속 모듈화 해 나가는 단계를 거침으로써 계층적 구조를 찾아내고 마지막에는 프로그램의 목적 또는 기능이라는 가장 추상적인 아이디어에 이르는 추상화 과정을 거치게 된다(이른바 '추상화 테스트').[102] 이때 그 계층적 구조에서 구체적 단계에 있는 것들이 저작

99) Nichols v. Universal Pictures Corp., 45 F.2d 119(2d Cir. 1930). 이 사건에서 원고의 희곡은 종교적인 차이에서 오는 부모들의 강한 반대에도 불구하고 그 자녀들이 결혼하여 행복한 가정을 이루고 마침내는 양가 부모들이 화해하는 것을 큰 줄거리로 하고 있다. 양가의 아버지들은 자기 자식들이 이교도와 결혼한다는 사실에 격분하여 결혼을 취소시키고자 하였으나 실패하고 자식들과 연락을 끊게 된다. 그 후 세월이 흘러 양가의 아버지들은 자식들을 그리워하다가 크리스마스를 맞아 각각 선물을 들고 자식들의 집을 찾아갔다가 우연히 그 자리에서 마주치게 되고, 거기서 자식들이 손자 손녀를 낳고 행복하게 살고 있는 것을 보면서 서로 화해하는 것으로 이야기가 끝난다. 피고의 영화각본 역시 서로 앙숙처럼 지내는 두 집안의 자녀들이 사랑에 빠져 비밀리에 결혼을 하여 행복한 가정을 이루고, 결국 우여곡절 끝에 양가의 부모들이 화해하게 되는 과정을 내용으로 하고 있다.

100) 송영식 외 2인, 전게서, 426면.

101) 상게서, 426, 427면.

102) 추상화 작업을 통하여 대상 작품의 보호받는 요소와 보호받지 못하는 요소를 구분하는 방법을 '추상화 테스트'(abstraction test)라고 하는데, 이에 대하여는 제 9 장 제 3 절 '저작재산권 침해의 판단방법'에서

권의 보호를 받고, 추상적 단계에 있는 것들은 아이디어로서 보호를 받지 못하게 된다.[103)]

(나) 독창성과 비독창성

둘째는, '독창성과 비독창성'(또는 '창조성과 비창조성')을 들 수 있는데, 독창성이 높을수록 보호받는 표현이 될 가능성이 높아지는 반면, 평범하고 통상적인 것 또는 사물을 있는 그대로 재현하는 것일수록 아이디어가 될 가능성이 높아진다. 독창성이 높다는 것은 그만큼 그 작품으로 인하여 새로 창출되는 가치가 크다는 것을 반증한다. 따라서 일반적으로 독창성이 높은 것은 보호할 가치가 더 크다. 저작물의 성립요건 중의 하나인 창작성은 일반적으로 독창성(또는 창조성, creativity)보다는 낮은 수준의 개념이라고 이해되고 있지만, 근본적으로는 같은 연장선상에 있는 개념이다. 이러한 의미에서 저작물을 이루는 두 가지 요소인 '창작성'과 '표현'은 완전히 별개의 요소가 아니라 '창작성'의 정도가 높으면 '표현'으로 인정될 가능성도 큰 상호관계에 있다고 할 수 있다. 이러한 이유 때문에 작가의 독창성이 발현될 여지가 적은 이른바 '기능적 저작물'에 있어서의 표현의 범위는 독창성이 발현될 여지가 큰 '문예적 저작물'에 비하여 더욱 좁아지게 되는 것이다.[104)]

바꾸어 말하면, 저작물로 성립하는지를 판단함에 있어서는 창작성은 유무가 문제로 되는 반면에, 저작물로서의 보호범위를 판단함에 있어서는 창작성의 정도(높고 낮음)가 문제로 된다.

(다) 유일성과 다양성

셋째는, '유일성과 다양성'을 들 수 있다. 해당 요소가 유일하게 표현될 수밖에 없는 요소인지, 다양하게 표현될 수 있는 요소인지도 아이디어와 표현을 구분하는 하나의 기준이 되는 것이다. 어느 요소가 창작의 유일한 도구에 해당한다면 이에 관하여 특정인에게 독점권을 부여하는 것은 다른 사람들의 창작의 기회를 봉쇄하는 결과를 가져온다. 반면 어느 요소가 다양한 창작의 도구 중의 하나에 불과하다면 그 도구에 관하여 저작권을 부여하더라도 여전히 다른 사람들은 다른 요소를 가지고 같은 사상을 표현하는 별개의 창작물을 만들 수 있다. 따라서 유일하게 또는 극히 제한적인 방법으로 표현될 수밖에 없는 요소는 아이디어로서 저작권 보호의 대상이 되지 않을 가능성이 높다. 반면에 다양하게 표현될 수 있는 요소는 저작권의 보호대상인 표현이 될 가능성이 높다.[105)]

(라) 소재성과 비소재성

넷째는, '소재성과 비소재성'(素材性/非素材性)을 들 수 있다. 당해 요소가 창작의 소재로서

살펴보기로 한다.

103) 권영준, 저작권침해판단론, 박영사, 2007, 101면.

104) 상게서, 102면.

105) 상게서, 102면.

의 성격을 가지면 아이디어가 될 가능성이 크다는 것이다. 예를 들어, 역사소설에서 배경이 되는 역사적 사실 자체라든가, 지도(map)에 있어서 지리적 현상 자체 등은 소재성이 강하여 저작권의 보호를 받지 못하는 아이디어의 영역에 속한다고 보아야 하는 경우가 많다. 이러한 소재성이 강한 요소를 표현이라고 하여 보호하게 되면 후세의 창작자들이 같은 소재로 저작물을 창작하는 것을 극도로 제한하게 되어 불합리한 결과를 가져오게 되기 때문이다.[106)]

(4) 판 례

(가) 대법원 1996. 6. 14. 선고 96다6264 판결('한글교재' 사건)[107)]

대법원은 편집저작물에 있어서 아이디어와 표현의 구분에 관하여, 편집물이 편집저작물로서 보호를 받으려면 일정한 방침 혹은 목적을 가지고 소재를 수집·분류·선택하고 배열하여 편집물을 작성하는 행위에 창작성이 있어야 하고, 저작권법에 의하여 보호되는 저작물은 학문과 예술에 관하여 사람의 정신적 노력에 의하여 얻어진 사상 또는 감정의 창작적 표현물이어야 하는 것이므로, 저작권법이 보호하고 있는 것은 사상·감정을 말·문자·음·색 등에 의하여 구체적으로 외부에 표현한 창작적인 표현형식이고, 그 표현되어 있는 내용, 즉 아이디어나 이론 등의 사상 및 감정 그 자체는 설사 그것이 독창성, 신규성이 있다 하더라도 소설의 스토리 등의 경우를 제외하고는 원칙적으로 저작물이 될 수 없어 저작권법의 보호대상이 되지 못한다고 하였다.

이러한 전제 아래 신청인의 '두리두리'라는 한글교육교재는 그 소재인 글자교육카드의 선택 또는 배열이 창작성이 있다고 할 수 없어 편집저작물로 볼 수 없고, 신청인의 한글교육교재가 채택하고 있는 '순차적 교육방식'이라는 것은 아이디어에 불과하여 저작물로서 보호받을 수 없다고 하였다.

(나) 대법원 1993. 6. 8. 선고 93다3073, 3080 판결('희랍어 분석방법' 사건)[108)]

아이디어와 표현 이분법을 적용한 대표적인 대법원 판결이다. 대법원은, "아이디어나 이론 등의 사상 및 감정 그 자체는 설사 그것이 독창성, 신규성이 있다 하더라도 소설의 스토리 등의 경우를 제외하고는 원칙적으로 저작물일 수 없으며,[109)] 저작권법에서 정하고

---

106) 상게서, 102-103면.

107) 법원공보 1996하, 2178면.

108) 법원공보 1993, 2002면.

109) 이 판결에서는 "소설의 스토리 등을 제외하고는"라고 하여 마치 소설의 스토리도 아이디어의 영역에 속하지만 예외적으로 보호될 수 있는 것처럼 판시하고 있는데, 이는 오해의 소지가 큰 부적절한 판시이다. 소설의 스토리(줄거리)도 거기에 저작자의 창작성이 구체적으로 나타나 있다면 표현으로서 보호를 받을 수 있다. 위 판결 이후 나온 대법원 1998. 7. 10. 선고 97다34839 판결은 이 점을 명확히 함으로써 오해의 소지를 없애고 있다.

있는 저작인격권·저작재산권의 보호대상이 되지 않는다. 특히 학술의 범위에 속하는 저작물의 경우 그 학술적인 내용은 만인에게 공통되는 것이고, 누구에게도 자유로운 이용이 허용되어야 하는 것이므로 그 저작권의 보호는 창작적인 표현형식에 있지 학술적인 내용에 있는 것은 아니다. 따라서 저작권의 보호대상은 아이디어가 아닌 표현에 해당하고, 저작자의 독창성이 나타난 개인적인 부분에 한하므로, 저작권의 침해여부를 가리기 위하여 두 저작물 사이에 실질적인 유사성이 있는가의 여부를 판단함에 있어서도 표현에 해당하고 독창적인 부분만을 가지고 대비하여야 한다."고 하였다.

대법원은 이러한 법리적 전제 아래, "히브리어와 희랍어를 가르치는 A가 그의 강의록에서 B에 의하여 도용당했다고 주장하는 내용 중, 히브리어와 희랍어의 특성과 신약이 희랍어로 구약이 히브리어로 기록되어 있다는 사실 등 단순한 기술 부분과 희랍어의 학습방법에 관한 부분은 A가 독창적으로 창작한 것이라고 보기 어려울 뿐 아니라, 이러한 학술적인 내용은 저작권의 보호대상인 표현의 영역에 속하는 것이 아니라 보호대상이 아닌 아이디어의 영역에 속하므로 그 이론을 이용하더라도 구체적인 표현까지 베끼지 않는 한 저작권의 침해로 인정되지 않는다. 또 희랍어의 문법에 관한 단어의 음절구분과 이를 도식화하여 그 명칭, 악센트의 종류와 규칙, 악센트의 일반원리 등 희랍어의 문법적 특성을 설명한 부분은, 동일한 사실에 관하여 여러 가지 표현형식이 있을 수 있는 문예작품과 달리 그 성질상 표현형식에 있어서 개성이 있기 어려울 뿐 아니라, A가 사용하기 이전부터 보편적으로 사용되어 온 것임을 알 수 있으므로 A의 강의록 중 이 부분이 독창적으로 표현된 것이라고 인정할 수 없고, 이 부분에 관한 설명을 함에 있어서 사용된 용어도 종래부터 사용되어 온 문법용어로서 저작권의 보호대상인 저작물이라고 볼 수 없으므로 B가 그의 저서에서 A의 강의록과 유사한 내용을 인용하고 있다 하더라도 저작권의 침해가 된다고 할 수 없다."고 하였다.

특히 "A가 몇 개의 철자(키-레터스(Key-letters))로써 희랍어를 분석해가는 종래에 사용된 바 없는 방법론을 사용하면서, 예를 들어 희랍어의 1인칭 복수에는 반드시 m(희랍어로는 μ)이 있으므로 m(μ)은 1인칭의 키-레터스이고, 2인칭 복수의 키-레터스는 t(τ)이며, 중간태와 수동태의 키-레터스는 Θ와 $\alpha\iota$ 라는 등으로 설명을 하고 있는 부분이 있으나, A가 사용하고 있는 키-레터스를 이용한 희랍어의 분석방법은 비록 그것이 독창적이라 하더라도 어문법적인 원리나 법칙에 해당하므로 저작권의 보호대상인 표현의 영역에 속하는 것이 아니라 보호대상이 아닌 아이디어의 영역에 속하므로 그 이론을 이용하더라도 구체적인 표현까지 베끼지 않는 한 저작권의 침해로 되지 않는다."고 하였다.

(다) 대법원 2000. 10. 24. 선고 99다10813 판결(일명, '까레이스키' 사건)[110]

이 사건에서도 대법원은, 저작권의 보호 대상은 학문과 예술에 관하여 사람의 정신적 노력에 의하여 얻어진 사상 또는 감정을 말, 문자, 음, 색 등에 의하여 구체적으로 외부에 표현한 창작적인 표현형식이고, 표현되어 있는 내용, 즉 아이디어나 이론 등의 사상 및 감정 그 자체는 설사 그것이 독창성, 신규성이 있다 하더라도 원칙적으로 저작권의 보호대상이 되지 않는 것이므로, 저작권의 침해여부를 가리기 위하여 두 저작물 사이에 실질적인 유사성이 있는가의 여부를 판단함에 있어서도 창작적인 표현형식에 해당하는 것만을 가지고 대비하여야 할 것이며, 소설 등에 있어서 추상적인 인물의 유형 혹은 어떤 주제를 다루는 데 있어 전형적으로 수반되는 사건이나 배경 등은 아이디어의 영역에 속하는 것들로서 저작권법에 의한 보호를 받을 수 없다고 판시하였다.

(라) 대법원 2021. 6. 30. 선고 2019다268061 판결

조선시대 실학자 서유구가 편찬한 '임원경제지' 중 하나인 '위선지'의 원문에 교감(校勘), 표점(標點) 작업을 한 부분이 저작권법상 창작성을 가질 수 있는지 여부에 대하여, 원고 저작물에서 교감 작업을 통해 원문을 확정하는 것과 표점 작업을 통해 의미에 맞도록 적절한 표점부호를 선택하는 것은 모두 학술적 사상 그 자체에 해당하고, 그러한 학술적 사상을 문자나 표점부호 등으로 나타낸 원고 저작물의 교감·표점 부분에 관해서는 원고와 동일한 학술적 사상을 가진 사람이라면 논리구성상 그와 달리 표현하기 어렵거나 다르게 표현하는 것이 적합하지 않으므로, 원고 저작물 중 교감한 문자와 표점부호 등으로 나타난 표현에 원고의 창조적 개성이 드러나 있다고 보기 어렵다고 판시하였다.[111]

마. 아이디어와 표현의 합체

(1) 합체원칙(merger doctrine, 융합원칙)

(가) 의 의

위에서 본 것과 같이 저작권의 보호는 아이디어가 아닌 표현, 그 중에서도 "창작적인 표현"(original expression)에만 주어진다. 그러나 비록 창작적인 표현이라고 하더라도 그 저작물의 사상이나 감정, 즉 아이디어가 오직 그 표현방법 외에는 달리 효과적으로 표현할 방법이 없는 경우에는 그 표현에 대하여는 저작권의 보호가 주어져서는 안 된다. 이를 '합체

110) 법원공보 2000. 12. 15.(120), 381면.

111) 교감(校勘) : 문헌에 관한 여러 판본을 서로 비교·대조하여 문자나 어구의 진위를 고증하고 정확한 원문을 복원하는 작업. 표점(標點) : 구두점이 없거나 띄어쓰기가 되어 있지 않은 한문 원문의 올바른 의미를 파악할 수 있도록 적절한 표점부호를 표기하는 작업.

원칙'(merger doctrine)이라고 한다. 아이디어와 표현이 극히 밀접하게 연관되어 서로 분리할 수 없게 된 것을 아이디어와 표현이 합체되었다고 하는데, 이 경우 그 표현에 대하여 저작권의 보호를 주게 되면 필연적으로 그와 합체되어 있는 아이디어에까지 보호를 주는 결과로 되기 때문이다. 이는 특허법 등 다른 지적재산권법이 요구하고 있는 각종 보호요건들에 대한 심사 없이 아이디어 또는 사상 그 자체에 대하여 독점권 내지는 배타적 이용권을 부여하는 셈이 되어 부당하다.

예를 들어, '가위·바위·보'라는 게임의 방식을 그 게임을 모르는 사람들에게 가장 간략하고 알기 쉽게 설명해 주는 설명문을 작성한다고 가정해 보자. 그 설명문은 "가위는 보자기를 이기고, 보자기는 주먹(바위)을 이기며, 주먹은 가위를 이긴다. 같은 것을 내면 비긴다."와 같이 표현될 수밖에는 없을 것이다. 이때 이와 같이 표현된 설명문에 대하여 저작권의 보호, 즉 독점권을 주게 되면, 다른 사람들은 '가위·바위·보' 게임의 방식을 설명할 방법이 없게 된다. 그 결과 그 설명문을 처음 작성한 사람만이 '가위·바위·보' 게임을 설명하고 이를 활용할 수 있게 되는데, 이는 결국 게임 그 자체(게임의 진행 방식, 이는 앞에서 본 것처럼 '개념', 즉 아이디어에 해당한다)에 대하여 독점권 내지는 배타적 이용권을 부여하는 셈이 되어 아이디어·표현 이분법의 원칙에 반하게 되는 것이다.

(나) 적용 범위

엄격히 말하면 어떠한 아이디어를 표현하는 방법이 한 가지 이상 있을 경우에는 비록 그것을 표현하는 방법이 다소 제한되어 있다고 하더라도 아이디어와 표현이 완전한 합체를 이루었다고는 말할 수 없다. 그러나 합체의 원칙을 발전시킨 미국의 법원들은 기능적 저작물, 예컨대 다음의 Morrissey 사건에서 보는 게임규칙 설명문이나 컴퓨터프로그램저작물 등에 있어서, 그 저작물의 아이디어가 오직 한 가지 방법에 의하여서만 표현될 수 있는 것은 아니라 하더라도 그 표현의 선택지가 극히 제한되어 있을 경우에는 합체의 원칙을 적용하여 왔다. 그렇게 하지 않을 경우 앞선 소수의 저작자가 미리 그 제한된 표현을 사용해 버리면, 뒤따르는 다른 수많은 제 3 자는 더 이상 그 아이디어를 표현할 길이 없어 앞선 소수자들에게 사실상 그 아이디어에 대한 독점권을 부여하는 결과가 되기 때문이다.[112]

다만, 같은 기능적 저작물이라 하더라도 그 저작물이 표현하고자 하는 아이디어의 유형이 무엇이냐에 따라서 합체의 원칙 적용여부가 달라지는 경우가 많다는 점을 유의하여야 한다. 미국의 법원은 이용자의 소비 또는 감상 욕구를 증진시키는 것을 목적으로 하는 이른바 '시장적 개념'(marketing concept)을 주된 아이디어로 하는 저작물에 대하여는 합체의 원칙을 적용함에 있어서 다소 소극적이었다고 한다. 그 이유는 시장적 개념은 대부분의 경

112) Goldstein, *op. cit.*, pp. 2: 32-33.

우 다양한 형태로 표현될 수 있다는 경험적인 인식을 가지고 있었기 때문이라는 것이다.[113] 반면에 다른 유형의 아이디어들, 예를 들어 어떠한 문제를 해결하는 방법(solution)과 같은 것은 일반적으로 극히 제한된 형태로 밖에는 표현할 수 없다는 인식 아래 합체의 원칙을 보다 적극적으로 적용하여 왔다.[114]

(다) 재판례

미국에서 합체의 원칙을 적용한 대표적인 판결로는 Morrissey v. Procter & Gamble Co.[115]을 들 수 있다. 이 사건의 원고는 사회보장번호(social security number; 우리나라의 주민등록번호와 비슷한 것)를 가지고 진행하는 판촉용 경품게임을 창안하여 그 규칙을 설명한 팸플릿을 발간하였다. 한편, 피고도 유사한 내용의 경품게임을 만들어 역시 팸플릿을 발간하였는데, 피고의 팸플릿 중 제 1 번 규칙이 원고의 제 1 번 규칙과 아주 사소한 문구상의 차이를 제외하고는 실질적으로 그 내용이나 표현이 동일하였다.[116] 이 사건에서 미국 제 1 항소법원은, 어떠한 아이디어를 표현하는 방법이 매우 제한되어 있다면 그 표현은 저작권의 보호를 받을 수 없다고 하였다. 이러한 경우 아이디어와 표현은 서로 너무나 밀접하게 연결되어 거의 합체되어 있다 할 것이고, 그러한 표현에 저작권의 보호를 주게 되면 장래의 창작자는 같은 아이디어를 표현할 수 없게 되어 결국에는 아이디어 자체에 독점권을 주는 것과 같은 결과가 되기 때문이다.

이 판례는 경품게임의 방식이나 규칙의 내용 자체는 아이디어로서 저작권의 보호대상이 아니라는 점을 전제로 하고 있다. 그러한 점에서 Morrissey 사건의 판결은 앞서 헤어크림의 라벨문구도 최소한의 creativity만 있으면 창작성이 있어 저작물로 성립할 수 있다고 한 Sebastian 사건의 판결과 서로 모순되는 것처럼 보이기도 한다. 경품게임의 규칙을 설명한 팸플릿과 마찬가지로 헤어크림의 효능을 설명한 라벨 역시 기능적 저작물로서 거기에 담겨져 있는 아이디어를 설명하는 표현은 비교적 제한되어 있고, 이 점에서 아이디어와 표현이 어느 정도 합체되어 있다고도 보이기 때문이다. 물론 Morrissey 사건은 아이디어와 표현의 합체가 직접적으로 문제로 된 사건이었고, 이에 비하여 Sebastian 사건은 저작물의

---

113) 앞서 아이디어의 세 가지 카테고리 부분에서 살펴본 바와 같이 시장적 개념 자체는 보호받지 못하는 아이디어에 해당한다.

114) Goldstein, *op. cit.*, p. 2: 32.

115) 379 F.2d 675(1st Cir. 1967).

116) 문제가 된 제 1 번 규칙은 다음과 같다.

"규칙 1: 경품참가자는 상품상자의 특정부위에 자신의 이름·주소·사회보장번호를 기입하여 이를 소지하고 입장하여야 한다. 경품게임의 규칙은 매장에서 배부하는 전단에 인쇄되어 있다. 사회보장번호가 없는 사람은 함께 거주하고 있는 가까운 친척의 이름과 그의 사회보장번호를 기입하여도 상관이 없다. 이름을 기입한 사람만이 경품참가자로 인정받으며 경품을 받을 자격이 주어진다."

창작성이 문제로 된 사건으로서 각각의 주된 쟁점이 상이하였다는 점, 그리고 같은 기능적 저작물이라 하더라도 양 저작물이 추구하는 기능성의 정도가 상이하였다는 점(게임 규칙의 설명문이 헤어크림의 라벨문구보다 기능적 성격에 있어서 보다 강하다고 볼 수 있다)은 인정되지만, 약간의 의문은 가질 수 있는 부분이다.[117)]

우리나라의 경우 상당히 오래 된 하급심 판결이지만, 한자 옥편 사이의 저작권침해 여부가 문제로 된 서울고등법원 1962. 5. 18. 선고 61나1243 판결(일명, '한자옥편' 사건)[118)]도 합체의 원칙에 입각한 판결로 평가할 수 있다. 이 판결에서는, "원·피고의 두 옥편의 내용은 그 한자 수만 해서 1할 2분이 틀리고 그 해설에 있어서도 상당한 곳이 서로 다르게 되어 있는 것으로 인정되는데, 증인 이숭녕은 우리나라의 국한문옥편은 약 200여 년의 옛적에 저자미상의 '전운옥편'을 비롯하여 융희 3년 5월에 간행된 지석영 선생의 '국한문 자전석요'와 1915. 11. 1.에 최남선 선생의 '신자전' 등의 간행을 전후하여 지금에 이르기까지 퍽 많은 그런 종류의 옥편이 나왔으나, 이것들의 내용은 대개 대동소이할 뿐더러 그 모태는 위의 지석영, 최남선 두 선생의 간행물과 중국의 '강희자전'에 두었다고 하는 사실과 또 옥편은 그 성질이 그렇게 할 수밖에 별다른 방법이 없는 것이라고 하는 요지의 증언을 하고 있음에 비추어, 두 옥편의 나머지 부분이 설혹 원고의 주장처럼 똑같다손 치더라도 그와 같은 정도는 우리들의 사회관념이나 생활감정상 피고의 그것이 원고의 그것을 그대로 모방한 것이라고는 인정할 수가 없다"고 하여 저작권침해를 부정하였다.

한자옥편처럼 저작물의 성질상 거의 비슷한 저서들을 모태로 할 수밖에 없는 경우에는 그 표현방식에 있어서도 제한을 받게 된다. 이러한 경우에는 설사 원고와 피고의 옥편이 일정 부분에서 동일하다고 하더라도 저작권 침해라고 볼 수 없다는 것이다. 따라서 판결문에 '합체의 원칙'을 명시하고 있지는 않지만, 기본적인 취지에 있어서는 합체의 원칙과 동일한 원리에 입각한 것으로 볼 수 있다.

(2) 사실상의 표준(de facto standards)과 합체

(가) 의 의

창작을 할 당시에는 그 작품의 아이디어를 표현하는 방법이 많이 있었는데 나중에 가

117) 우리나라에서도 전통적으로 게임의 구성형식이나 방송포맷은 이른바 '컨셉'(concept)에 해당하여 저작권의 보호를 받지 못하는 아이디어의 영역에 속한다고 보아 왔다. 그러나 앞에서도 언급한 바와 같이, 이러한 전통적인 견해에 대하여 새로운 해석을 한 판례들이 최근 나타나고 있다(예능방송 프로그램의 포맷에 대하여 저작물성을 인정한 대법원 2017. 11. 9. 선고 2014다49180 판결; 모바일 게임 구성형식에 대하여 저작물성을 인정한 대법원 2019. 6. 27. 선고 2017다212095 판결: '밀가루 체험놀이 가루야 가루야'라는 체험놀이 공연 기획안의 저작물성을 인정한 대법원 2019. 12. 27. 선고 2016다208600 판결 등).

118) 고등법원 판결집 1962, 265면.

서 그 방법이 여러 가지 현실적인 여건상 제한되는 경우가 있다. 예를 들어 오늘날 일반적으로 사용되고 있는 영문 키보드(타자) 글자판의 알파벳 배열은 키보드 왼쪽 위에서부터 오른쪽으로 Q, W, E, R, T, Y의 순서로 되어 있기 때문에 이를 QWERTY 방식이라고 부른다. 처음 영문 키보드를 고안할 당시에는 여러 가지 배열방식이 가능하였지만, 세월이 흐르면서 이 배열방식은 사실상의 표준이 되어버렸다. 그 결과 이제 키보드를 만드는 업자의 입장에서는 QWERTY 방식을 사용하지 않을 수 없게 되었고, 다른 방식으로 키보드 자판을 표현한다는 것은 불가능해졌다.[119] 이와 같이 창작 당시에는 합체 상태가 아니었으나 시간이 흐르면서 그 표현방식이 업계의 '사실상의 표준'이 되어 버림으로써 후발적으로 합체현상이 나타나는 경우가 있다.

사실상의 표준화 현상은 '사용자 인터페이스'(user interface)에서 많이 발생한다. 사용자 인터페이스는 어떠한 장치, 예를 들어 컴퓨터나 각종 기계장치 등의 사용자가 그 장치를 이용하여 특정한 작업을 수행하기 위해서 그 장치와 소통 내지 상호작용을 하는 대면부를 말한다. 예를 들어, 흔글 프로그램으로 문서 작성을 할 때 스크린에 나타나는 메뉴나 윈도우 실행 화면에 나타나는 각종 아이콘 모양 등의 스크린 디스플레이(screen display), 키보드나 마우스, 조이스틱 등의 하드웨어 장치, 에러발생시 또는 컴퓨터 통신에서 파일받기(download)가 완성되었을 때 울리는 기계음 멜로디, 자동차의 핸들과 스틱 등 운전자가 사용하는 각종 장치와 계기판의 배열 및 디스플레이 등이 그러한 것들이다. 그 중 저작권법에서 자주 문제로 되는 것이 컴퓨터프로그램의 실행화면인 메뉴구조이다.

(나) 재판례

프로그램 메뉴구조의 저작물성에 관한 논의는 유명한 Lotus 사건에서 본격화되었다. 이 사건의 원고는 계산프로그램인 Lotus 1·2·3의 저작자인 Lotus 회사이고 피고는 그와 유사한 계산프로그램인 Quattro Pro의 제작자인 Borland 회사이다. 원고의 Lotus 1·2·3 프로그램은 당시로서는 독특한 tree형태의 메뉴를 구성요소로 하고 있는데, 나중에 제작된 피고의 Quattro Pro도 그와 거의 똑같은 메뉴로 되어 있었다.[120] 그러나 두 회사의 프로그

119) QWERTY 방식은 옛날에 사용하던 수동타자기의 경우 타자속도가 너무 빠르면 글자쇠가 서로 엉키는 현상이 있어 이를 방지하기 위하여 일부러 타자속도가 지나치게 빨라지지 않도록 약간 비효율적으로 만든 것이라는 이야기도 있다. 실제로 미국에서는 QWERTY 방식보다 타자속도를 더 높일 수 있는 새로운 배열방식이 고안된 적이 있다고 한다. 어쨌든 요즘 같이 전동타자기나 컴퓨터 워드프로세서가 개발된 시점에서도 QWERTY 방식은 그 비효율성에도 불구하고 사실상의 표준으로서 여전히 독점적으로 사용되고 있다.

120) 원래 두 프로그램의 기본메뉴구조는 서로 상이하나, 피고 Quattro Pro는 기존의 Lotus 제품 사용자들이 별도의 조작방법을 익힐 필요가 없이 손쉽게 사용할 수 있도록, 간단한 매크로 조작을 통하여 피고 제품의 메뉴구조를 Lotus 제품의 메뉴구조와 동일하게 만들 수 있게 하였다.

램은 메뉴의 시각적 형태만 동일 유사할 뿐, 기초가 되는 프로그램 코드 자체는 전혀 다른 것임이 인정되었다. 피고는 원고의 것과 동일한 형태로 메뉴를 구성한 것은 대부분의 계산 프로그램 사용자들이 이미 Lotus 1·2·3 프로그램의 메뉴구조에 익숙해져 있기 때문에, 새로 피고의 Quattro Pro 프로그램을 사용하고자 하는 소비자들이 복잡한 명령어를 다시 배워야 하는 노력을 덜어주기 위함이었다고 주장하였다.

1심에서는 원고가 승소하였으나, 항소심인 제 1 연방항소법원은 원심을 파기하고 Lotus 1·2·3 메뉴구조에 대한 저작권 보호를 부인하였다.[121] 항소심은 Lotus의 메뉴구조는 사용자로 하여금 프로그램 작업을 수행하도록 해 주는 일종의 작동방식이나 수단, 즉 TV의 작동 버튼과 같은 것으로, 그러한 작동방식이나 작동수단은 저작권의 보호대상이 아니라고 판시하였다. Baker 사건[122]에서 복식부기 방식을 서술한 표현에는 저작권이 인정될 수 있을지라도 그 부기방식 자체에 대하여는 저작권이 인정될 수 없다고 한 것처럼, Lotus의 메뉴구조에 대하여도 저작권이 인정될 수 없다는 것이다. Lotus 메뉴구조에 저작권의 보호를 준다면, 다른 프로그램의 개발자는 메뉴구조를 Lotus와 달리 구성할 수밖에 없게 된다. 그렇게 되면 새로운 프로그램을 사용하고자 하는 자는 그 때마다 새로운 메뉴구조를 습득하여야 하는데, 그것이 귀찮은 원고제품 사용자들이 더 우수한 프로그램이 나왔음에도 마지못해 원고제품을 계속 사용하는 경우가 발생한다. 이는 소비자의 선택권을 부당하게 제한할 뿐만 아니라, 다른 경쟁업자가 새로운 제품으로 시장에 진입하는 것을 사실상 봉쇄함으로써 자유로운 경쟁을 제한할 우려가 있어, 사회적 후생에 반하는 불합리한 결과라고 본 것이다.

이 사건은 연방대법원에의 상고가 허가되어 1996. 6. 16. 많은 관심 속에 미국 연방대법원 판결이 내려졌는데, 9명의 대법관 중 8명이 심리에 참여한 결과 4 대 4로 의견이 갈림으로써 결국 원고인 Lotus 회사의 청구를 기각한 원심이 유지되었다.[123]

(다) 적용 범위

저작권법 제101조의2는 "프로그램을 작성하기 위하여 사용하는 프로그램 언어, 규약 및 해법에는 저작권법을 적용하지 아니한다."라고 규정하여 프로그램 저작권의 적용이 제한되는 경우를 열거하고 있다. 따라서 이미 널리 사용되어 사실상 표준화된 사용자 인터페이스는 프로그램 규약에 해당한다고 보아 프로그램 저작권의 보호가 제한될 가능성이

121) Lotus Development Corporation v. Borland International, Inc., 1995 WL. 94669(1st Cir. 1995).
122) Baker v. Selden, 101 U.S. 99(1879); 판시내용은 제 2 장 제 2 절 중 '기능적 저작물' 부분에서 소개한다.
123) http://www.usatoday.com/news/court/nscot055.htm: 심리에 참여하지 않은 대법관은 진보파로 알려진 John Stevens 대법관인데 그는 알려지지 않은 이유로 이 사건을 스스로 회피하였다고 한다. 이 사건 판결의 상세한 내용은 뒤의 '저작재산권 침해의 판단 방법' 부분 중 '스크린 디스플레이' 항목에서 다시 보기로 한다.

있다.[124)]

사실상의 표준화에 따라 저작권의 보호를 제한하게 되면, 저작물의 창작 당시가 아니라 나중에 가서 표준화라는 상태가 발생하였을 때 합체여부가 결정되기 때문에 선구적인 창작을 한 저작자가 충분한 보호를 받지 못하게 되어 불합리하다는 주장도 있을 수 있다. 그러나 위에서 본 바와 같은 여러 가지 현실적인 이유와 자유경쟁 및 소비자 후생의 보호라는 차원에서 대부분의 미국 법원은 사실상의 표준화에 따른 합체를 인정하여 왔다.[125)]

사실상의 표준화에 의한 합체를 인정함에 있어서는 두 가지의 어려운 문제가 있다. 첫 번째는, 그 표현방식이 사실상의 표준으로 되었는가의 여부를 판단하는 것이 앞서 QWERTY 자판의 경우에서처럼 항상 명백한 것은 아니라는 점이다. 두 번째는, 사후적으로 저작권의 보호를 제한함으로 인하여 해당 업계의 혼란이 발생할 수 있다는 점이다. 그러나 이러한 문제점이 있음에도 불구하고 미국에서의 일반적인 견해는 마치 상표사건에 있어서 '관용표장'(generic mark)[126)]에 대하여 상표등록을 거절하는 것처럼 저작권 사건에 있어서도 표준화에 의한 합체의 경우에는 저작권의 보호를 부정함으로써 후발 창작자에게 창작의 기회를 보장해 주는 것이 타당하다고 한다.[127)]

(3) 필수장면(scènes à faire)의 원칙

(가) 의 의

합체의 원칙이 주로 기능적인 저작물에 적용되는 원칙이라고 한다면, 그와 비슷한 것으로서 주로 소설이나 희곡과 같은 문예적 저작물 또는 허구적 저작물(fictional works)에 적용되는 'Scènes à Faire' 원칙이 있다. Scènes à Faire는 '필수장면'이라는 뜻의 프랑스어이다. 소설이나 희곡 등에 있어서 그 작품에 내재되어 있는 보호받지 못하는 아이디어(예컨대 소설의 주제나 기본적인 플롯)가 전형적으로 예정하고 있는 사건이라든가 등장인물의 성격타입

124) 송영식 외 2인, 지적소유권법(下), 제5전정판, 육법사, 1998, 561면 참조. 다만, 규약은 사실상의 표준에 해당하기 이전에 그 자체로서 이미 '아이디어'의 영역에 속한다고 볼 수도 있다.

125) 특히 저작권 관련 사건에 대하여 가장 큰 권위를 가지고 있는 미국 제2, 제9항소법원이 '사실상의 표준화'에 따른 합체를 인정하여 왔고, 더군다나 위와 같은 연방대법원의 Lotus 판결이 내려져 현재까지 유지되고 있으므로 다른 대부분의 법원들도 이에 따를 것으로 보인다.

126) '관용표장'은 특정 종류에 속하는 상품에 관하여 관용적으로 사용되는 표장을 말한다. 관용표장은 원래는 식별력을 가진 상표였으나 업계에서 또는 일반 소비자들 사이에서 일반적·계속적으로 사용되어진 결과, 마침내는 해당 상품을 지칭하는 보통명사처럼 되어 버림으로써 식별력을 상실하게 된 것을 말한다. 예를 들어 '아스피린', '에스컬레이터', '요요', '정종', '요구르트' 등이 관용표장에 속한다. 이처럼 원래 상표였던 것이 관용표장으로 되면 상표권자라 하더라도 그 상표를 독점사용 할 수 없고, 결국 이와 같은 상표는 '만인의 공유 영역'(public domain)에 들어가게 된다.

127) Goldstein, *op.cit.*, p. 2: 35.

등과 같은 요소들에 대하여는 설사 그러한 요소들이 표현에 해당하는 것이라 하더라도 저작권의 보호를 주지 말아야 한다는 것이 Scènes à Faire 원칙이다.

이 원칙 역시, 아이디어에 필연적으로 수반되는 표현에 저작권의 보호를 준다면 장래의 다른 창작자가 창작을 할 수 있는 기회를 박탈하여 문화의 향상발전을 궁극적인 목적으로 하는 저작권법의 취지에 오히려 반하게 된다는 것을 그 근거로 한다.

예를 들어, 부모가 살해되어 고아로 자란 소년이 자라서 부모의 원수를 갚는 것을 기본 플롯으로 하는 무협소설에서, 유복하던 부모가 측근의 계략에 의하여 무참하게 살해되어 모든 재산을 빼앗기는 장면이라든가, 그 어린 아들이 충성스러운 하인의 도움으로 구사일생으로 살아남게 되는 장면, 그가 무공이 뛰어난 스승을 찾아가 배움을 청하는 장면, 이어서 고난을 무릅쓰고 무술을 배우고 익히는 장면을 생각해 볼 수 있다. 또는 대공황 시대 미국의 New York 시를 배경으로 한 영화에서, 술 취한 사람과 창녀들이 배회하는 장면이나 길거리에 버려진 낡은 자동차의 모습 같은 것을 들 수 있다. 이러한 장면들은 설사 표현에 해당한다고 하더라도, 그와 같은 배경이나 줄거리를 가진 작품에서 통상적으로 표현되기 마련인 장면으로서 Scènes à Faire 원칙에 따라 저작권의 보호가 제한된다.

(나) 재판례

미국의 파라마운트 영화사가 만든 모험영화 '레이더스－잃어버린 성궤를 찾아서'(Raiders of the Lost Ark)에 관한 저작권침해소송 사건[128]에서 미국 제 2 항소법원은, 뱀이 우글거리는 동굴 안에 보물상자가 숨겨져 있고, 그 뱀을 쫓기 위하여 주인공이 횃불을 휘두르는 장면, 정글을 뚫고 지나가는 사람이 갑자기 새떼가 날아오르자 깜짝 놀라는 장면, 여행에 지친 사람들이 술집에서 안식을 취하는 장면 등은 이러한 종류의 작품에서 필연적으로 수반되는 장면묘사로서 저작권의 보호를 받을 수 없다고 판시하였다. 같은 법원이 선고한 Hoehling 사건[129]의 판결도 비슷한 취지이다. 이 사건에서 제 2 항소법원은, 2차 세계대전 당시 독일 힌덴부르크의 참상이라는 테마를 표현하기 위하여서는, 독일식 맥주홀과 'Heil Hitler!'라는 구령, 2차 세계대전 당시 불렀던 독일 군가 등 나치 독일 당시의 생활과 관련된 표현을 사용하지 않을 수 없게 되는데, 이러한 표현은 작가가 나타내고자 하는 문학적 아이디어에 필수 불가결한 것으로서, 독점권을 주게 되면 다른 작가들이 동일한 아이디어를 표현하는 것을 제한하게 되므로 저작권을 줄 수 없다고 판시하였다.

우리나라 판례 중에서도 필수장면의 원칙을 적용하여 저작권의 보호범위를 제한한 판

---

128) Zambito v. Paramount Pictures Corp., 613 F. Supp. 1107, 1112, 227 U.S.P.Q. 649(E.D.N.Y.), aff'd, 788 F.2d 2(2d Cir. 1985); Goldstein, *op. cit.*, p.2: 36에서 재인용.

129) Hoehling v. Universal City Studios, Inc., 618 F.2d 972, 979, 205 U.S.P.Q. 681, 685(2d Cir. 1980).

례들을 찾아볼 수 있다. 예를 들어, 서울고등법원 1991. 9. 5.자 91라79 결정(일명 '애마부인' 사건)[130]을 보면, "신청인의 소설 '애마부인'과 피신청인이 저작한 영화 '애마부인5'가 모두 중년에 이른 여인의 원만하지 못한 가정생활과 이로 인한 갈등과 방황 등을 소재로 하고 있고, 남편의 이름이 현우이며 동엽이라는 이름의 남자가 등장한다는 점과 남편의 모습에서 말을 연상해 본다든가 말을 타는 여자주인공의 모습을 등장시킨다는 점에 있어서 유사점이 있어도 보이나 그 정도의 유사점은 본질적인 것이라 할 수 없으며(중년여인을 소재로 한 이른바 성인용 소설 또는 성인용 영화가 원만하지 않은 가정생활 등을 갈등의 원인으로 제시하고 말을 상징으로 도입하는 등의 패턴을 취하고 있음은 흔히 볼 수 있다)"라고 판시하고 있는데, 이 판시 내용 중 괄호 안의 부분은 필수장면의 원칙을 적용한 사례라고 볼 수 있다.

5. 제호, 응용미술, 캐릭터 등

그 밖에 저작물로서의 성립 및 보호여부가 문제로 되는 것들로 제호, 응용미술, 슬로건, 캐릭터, 서체(typeface) 등이 있다. 이들에 관하여는 제 2 장 제 4 절 부분에서 검토하기로 한다.

제 2 절 저작물의 분류

Ⅰ. 서 설

저작물이란 저작권법 제 2 조 제 1 호가 정의하는 바와 같이 '인간의 사상 또는 감정을 표현한 창작물'을 말한다.[131] 저작권법 제 4 조 제 1 항은 저작물을 아래에서 보는 바와 같이 9가지 종류로 분류하여 예시하고 있다. 제 4 조의 제목에서도 명시적으로 밝히고 있는 바와 같이 이는 저작물을 제한적으로 열거한 것이 아니라 개괄적으로 예시한 것이다.

따라서 어느 저작물이 여기에 예시된 저작물 분류 중 어느 하나에 속하지 않는다고 하여 저작권법의 보호를 받지 못하는 것은 아니다. 그러나 그렇다고 하여 이러한 분류가

130) 하급심판결집 1991-3, 262면. 이 판결에 대하여는 뒤의 '2차적 저작물' 항목에서 다시 살펴보기로 한다.
131) 2006년 개정되기 전 저작권법은 저작물을 "문학·학술 또는 예술의 범위에 속하는 창작물"이라고 정의하고 있었다.

전혀 의미가 없는 것은 아니다. 저작권법의 일부 규정은 특정한 분류의 저작물에만 해당하는 것들도 있어서 그러한 경우에는 저작권법 제 4 조의 분류 중 어느 분류에 해당하느냐 하는 점이 의미가 있다. 예를 들어, 저작재산권 중 하나인 '전시권'은 미술저작물 등(미술저작물과 사진저작물, 건축저작물)에만 부여되는 권리이고, 저작재산권 제한규정 중 저작권법 제33조(시각장애인 등을 위한 복제 등) 제 2 항은 어문저작물에 대하여서만, 그리고 제35조는 미술저작물 등에 대해서만 적용되는 규정들이다.

저작권법 제 4 조【저작물의 예시 등】① 이 법에서 말하는 저작물을 예시하면 다음과 같다.
1. 소설·시·논문·강연·연설·각본 그 밖의 어문저작물
2. 음악저작물
3. 연극 및 무용·무언극 그 밖의 연극저작물
4. 회화·서예·조각·판화·공예·응용미술저작물 그 밖의 미술저작물
5. 건축물·건축을 위한 모형 및 설계도서 그 밖의 건축저작물
6. 사진저작물(이와 유사한 방법으로 제작된 것을 포함한다)
7. 영상저작물
8. 지도·도표·설계도·약도·모형 그 밖의 도형저작물
9. 컴퓨터프로그램저작물

우리나라 최초의 저작권법(1957년 1월 28일 법률 제432호)은 제 2 조 '저작물의 예시'에서 위에 기재된 것 외에 '연주·가창·음반'도 포함하고 있었다. 그러나 1986년 12월 31일 저작권법이 개정되면서 이들은 저작물이 아니라 저작인접권의 보호대상, 즉 저작인접물로 되었다. 한편, 2009년 개정되기 전 저작권법 제 4 조 제 2 항은 "위 제 9 호의 컴퓨터프로그램저작물의 보호 등에 관하여 필요한 사항은 따로 법률로 정한다"라고 규정하고 있었고, 이에 따라 1986년 12월 31일 법률 제3920호로 「컴퓨터프로그램보호법」이 별도로 제정되어 있었다. 그러나 2009년 저작권법 개정으로 동 법이 저작권법에 흡수통합 됨으로 인하여 종전 저작권법 제 4 조 제 2 항은 삭제되었다.

저작권법 제 4 조의 예시규정은 저작물을 그 표현수단에 따라서 분류한 것이다. 이러한 분류는 서로 배타적인 것이 아니므로, 어느 저작물이 서로 다른 분류의 저작물에 중첩적으로 해당될 수도 있다. 예를 들어, 건축설계도는 제 5 호의 건축저작물과 제 8 호의 도형저작물에 중첩적으로 해당될 수 있다.

저작권법 제 4 조에 의한 분류 외에도 저작물은 그 창작주체의 수와 그들 사이의 관계

에 따라 단독저작물, 결합저작물, 공동저작물로 나눌 수 있다. 또 창작행위의 성질에 따라 자유저작물과 업무상저작물로, 성립순서에 따라 원저작물과 2차적저작물로, 공표의 유무에 따라 공표된 저작물과 미공표 저작물로, 저작명의에 따라 실명저작물(實名著作物), 이명저작물(異名著作物) 또는 무명저작물(無名著作物) 등으로 분류할 수 있다.

이하에서는 먼저 저작권법 제4조에 규정된 표현형식에 따라 분류된 각 저작물을 살펴보고, 이어서 나머지 분류방법에 따른 저작물에 관하여 검토하기로 한다.

Ⅱ. 표현 수단에 따른 분류

1. 어문저작물

가. 의 의

어문저작물은 언어를 표현수단(표현매체)으로 하여 작성된 저작물이다. 즉, 인간의 사상이나 감정이 언어(말과 글 등)를 통하여 표현된 창작물이다. 크게 유형의 문서에 의한 저작물과 무형의 구술에 의한 저작물로 분류할 수 있다. 문서에 의한 저작물은 소설, 시, 논문, 각본 등 문자를 매체로 하여 작성된 것들이 대부분일 것이나, 문자 외에도 암호나 점자(點字), 속기기호, 전신기호 등에 의하여 작성된 것들도 그러한 기호들이 일반적인 언어와 치환될 수 있는 것이라면 문서에 의한 저작물이라고 말할 수 있다. 어문저작물은 디지털 파일 형태로도 작성될 수 있다. 전자문서 및 전자거래기본법 제2조 제1호는 '전자문서'란 "정보처리시스템에 의하여 전자적 형태로 작성, 송신, 수신 또는 저장된 정보를 말한다."고 정의하고 있으며, 제4조 제1항에서 "전자문서는 다른 법률에 특별한 규정이 있는 경우를 제외하고는 전자적 형태로 되어 있다는 이유로 문서로서의 효력이 부인되지 아니한다."고 규정하고 있다. 우리나라 저작권법은 저작물이 외부에 인식할 수 있는 상태로 표현되기만 하면 족하고 미국 저작권법에서와 같은 '고정화'(fixation)를 요건으로 하고 있지 않다. 따라서 어문저작물이 반드시 원고지나 인쇄물 등에 고정되어 있을 필요는 없으므로(앞의 제1절 '저작물의 성립요건' 부분 참조), 구술에 의하여 무형적으로 표현될 수도 있다.

나. 구술에 의한 저작물

구술에 의한 저작물은 강연, 강의, 설교, 축사, 테이블 스피치(table speech) 등 구두의 진술에 의하여 표현된 저작물이다. 여기서 말하는 구술이란 자기의 사상 또는 감정을 창작적으로 연술하는 것이다. 따라서 강담(講談)이나 재담(才談) 등도 자작자연(自作自演)인 경우는 구술저작물로 보호되지만, 타인의 작품을 그 작품 그대로 낭독하거나 구연하는 경우는 실연에 해당하므로 저작인접권에 의하여 보호될 수 있을 뿐이다.[132] 구술에 의한 강의가 독자적인 어문저작물이 될 수 있다고 한 사례로는 서울지방법원 2000. 3. 29. 선고 99카합3667호 판결이 있다. 이 사건은 A가 자신이 저술한 '회계원리'라는 서적을 기본교재로 하여 학원 수강생들을 대상으로 강의를 하는 B에 대하여 그 강의가 A의 서적에 대한 저작권을 침해한다는 이유로 금지를 구하였으나 기각된 사건이다. 이 판결에서는, "B의 강의가 A의 서적을 기본교재로 채택하고 있으나, B가 A의 서적 자체를 구두 표현하고 있다고 보기는 어렵고, 오히려 B의 강의는 그 나름대로의 창작에 의한 구술(口述) 저작물의 일종으로 파악하여야 할 것이며, 비록 그 강의 중에 A의 서적 일부 내용이 거론되는 일이 있다 하더라도 이는 정당하고 합리적인 범위 내에서의 인용의 정도에 불과하다"고 판시하였다.

다. 기타 유형의 어문저작물

어문저작물이라고 하여 반드시 문학적인 가치를 가져야 하는 것은 아니다. 예를 들어 상품 카탈로그나 홍보용 팸플릿,[133] 전화번호부와 같은 기능적 편집물, 각종 지침서 내지는 용법 등의 설명서, 대학입학 시험문제 등도 창작성 등 성립요건을 갖추기만 하면 어문저작물이 될 수 있다. 대학입학 시험문제가 어문저작물이 될 수 있다는 판결로서는 대법원 1997. 11. 25. 선고 97도2227 판결(일명 '대학입시 문제' 사건)이 있다. 이 판결에서는, "1993년 말 시행된 연세대, 고려대, 서강대, 성균관대 등의 대학입학 본고사의 입시문제들은 역사적인 사실이나 자연과학적인 원리에 대한 인식의 정도나 외국어의 해독능력 등을 묻는 것이고, 교과서, 참고서 기타 교재의 일정한 부분을 발췌하거나 변형하여 구성된 측면이 있다고 하더라도, 출제위원들이 우수한 인재를 선발하기 위하여 정신적인 노력과 고심 끝에 남의 것을 베끼지 아니하고 문제를 출제하였고, 그 출제한 문제의 질문의 표현이나 제시된 여러 개의 답안의 표현에 최소한도의 창작성이 인정된다면, 이를 저작권법에 의하여 보호되는 저작물로 보는데 아무런 지장이 없다"고 하였다.[134]

---

132) 송영식 외 2인, 지적소유권법(下), 제 5 전정판, 육법사, 1998, 428면.

133) 대법원 1991. 9. 10. 선고 91도1597 판결.

134) 한편 이 판결에서는 창작성의 개념과 관련하여, "저작권법에 의하여 보호되는 저작물은 문학·학술 또는 예술의 범위에 속하는 창작물이어야 하는바(개정 전 저작권법 제 2 조 제 1 호), 여기에서 창작물이라 함은 저자 자신의 작품으로서 남의 것을 베낀 것이 아니라는 것과 최소한도의 창작성이 있다는 것을 의미한다. 따라서 작품의 수준이 높아야 할 필요는 없지만 저작권법에 의한 보호를 받을 가치가 있는 정도의 최소한의 창작성은 요구되므로, 단편적인 어구나 계약서의 양식 등과 같이 누가 하더라도 같거나 비슷할 수밖에 없는 성질의 것은 최소한도의 창작성을 인정받기가 쉽지 않다 할 것이다. 또한

개인의 편지나 일기, 이메일 같은 것도 어문저작물로 성립하는데 특별한 문제가 없다. 다만, 단순히 용건만 간단하게 전달하는 메모 형태의 편지나 이메일과 같은 것은 창작성이 없어서 저작물로 되지 못하는 경우가 많을 것이다. 서울지방법원 1995. 6. 23. 선고 94카합9230 판결(일명 '소설 이휘소' 사건)은, "단순한 문안 인사나 사실의 통지에 불과한 편지는 저작권의 보호대상이 아니지만, 학자·예술가가 학문상의 의견이나 예술적 견해를 쓴 편지는 물론이고, 자신의 생활을 서술하면서 자신의 사상이나 감정을 표현한 편지는 저작권의 보호대상이 된다."고 하였다.[135] 서예 작품의 경우 그 내용을 이루는 시가(詩歌) 등이 어문저작물이 됨은 별론으로 하고, 서예 작품 그 자체는 비록 문자를 표현한 것이라 하더라도 언어적 사상을 표현한 것이 아니라 시각적·형상적 사상을 표현한 것이다. 따라서 어문저작물이 아니라 법 제4조 제1항 제4호의 미술저작물로 분류할 수 있다.

또한 언어를 매체로 하여 작성된 것이라 하더라도 매우 적은 수의 단어의 조합으로만 이루어진 짤막한 표어나 슬로건, 광고 문구 등도 저작물이 될 수 있는지 여부가 종종 다투어진다. 이들을 저작물로 보호할 경우 제3자의 다른 표현이 방법상 제한을 받을 수 있다는 점 등을 고려하여 신중한 판단을 요한다. 서울고등법원 2006. 11. 14.자 2006라503 결정(일명 '왕의 남자' 사건)에서는, 원고가 창작한 희곡 '키스'에서 사용된 "나 여기 있고 너 거기 있어"라는 대사를 피고가 영화 '왕의 남자'에서 그대로 사용한 경우에 이러한 표현은 일상생활에서 흔히 쓰이는 표현으로 저작권법에 의한 보호를 받을 수 있는 창작성 있는 표현이 아니라고 하여 저작물성을 부정하였다.

컴퓨터프로그램에 대하여는 그 보호의 방식과 관련하여 많은 논의가 있었고, 현재로서는 TRIPs 협정과 WIPO 저작권조약에서 규정하고 있듯이 어문저작물의 보호방식을 취하고 있다.[136] 이는 컴퓨터프로그램은 특정한 결과를 얻기 위하여 컴퓨터 등 정보처리능력을 가진 장치 내에서 직접 또는 간접으로 사용되는 일련의 지시·명령으로 표현된 창작물을 말하는 것인데,[137] 그러한 지시·명령은 C++나 Visual Basic 같은 프로그래밍 언어로 작성되기 때문에 결국 컴퓨터프로그램 역시 언어적 형태로 작성된다는 점에서 어문저작물과

작품 안에 들어 있는 추상적인 아이디어의 내용이나 과학적인 원리, 역사적인 사실들은 이를 저자가 창작한 것이라 할 수 없으므로, 저작권은 추상적인 아이디어의 내용 그 자체에는 미치지 아니하고 그 내용을 나타내는 상세하고 구체적인 표현에만 미친다고 할 것이다(대법원 1993. 6. 8. 선고 93다3073, 3080 판결 등 참조)"라고 판시하고 있다.

135) 이 판결에서는, 편지 자체의 소유권은 수신인에게 있지만 편지의 저작권은 통상 편지를 쓴 발신인에게 남아 있게 된다고 하여, 편지의 경우 유체물인 편지에 대한 소유권과 무체물인 편지 내용에 대한 저작권이 분리됨을 명확히 하였다.

136) 임원선, 실무자를 위한 저작권법, 개정판, 한국저작권위원회, 2009, 61면.

137) 저작권법 제2조 제16호.

유사한 성질을 갖는다는 점을 고려한 것으로 보인다. 그러나 우리 저작권법은 일본 저작권법과 같이 컴퓨터프로그램저작물을 어문저작물과는 별도의 저작물로 분류하고 있다.[138]

2. 음악저작물

가. 의 의

음악저작물은 음(音, 음성·음향)에 의하여 표현되는 저작물, 즉 인간의 사상이나 감정을 음으로 표현한 창작물을 말한다. 오페라 아리아나 가곡, 가요곡 등과 같이 악곡에 가사가 수반되는 경우에는 그 가사도 음악저작물의 하나라고 볼 수 있다.[139] 베른협약 제 2 조(1)은 음악저작물을 "가사를 수반하거나 하지 않은 악곡"(musical compositions with or without words)으로 정의하여 가사의 수반여부를 불문하고 음악저작물로 보고 있다. 이 규정은 악곡에 수반된 가사도 음악 그 자체로서 보호됨을 의미하는 것으로 해석된다. 일본에서의 해석론도 같다.[140] 가사를 수반하는 악곡의 창작과정이나 이용허락 등 거래의 실태를 볼 때 악곡에 수반하는 가사 역시 음악저작물로 보호된다고 보는 것이 합리적이다. 참고로 한국음악저작권협회의 사용료징수규정 제 4 조는 "본 규정에서 음악저작물이라 함은 가사 및 악곡을 일괄하여 말한다."고 규정하고 있다.

그러나 문예작품인 시(詩) 등이 악곡의 가사로 이용되더라도, 그 시가 독립적으로 시집 등에 이용되면 그 범위 내에서는 어문저작물이 된다. 또한 이미 창작되어 존재하던 시를 그 후 가사로서 이용하는 경우에는 그 가사는 원래 어문저작물이고, 악곡이 음악저작물로서의 성질을 갖는다고 할 것이다.[141] 다만, 그와 같이 작성된 가사를 수반하는 악곡이 가사와 함께 결합되어 사용되는 경우에는 그 범위 내에서 어문저작물인 가사가 음악저작물의 성질까지도 갖게 된다고 해석하는 것이 위 베른협약의 정의규정 취지에 부합한다고 본다. 따라서 이 경우에는 하나의 저작물이 어문저작물과 음악저작물의 두 가지 성질을 갖게 되는 것이다.[142] 실무상으로는 음악저작권 신탁관리단체가 작사자로부터 가사에 대한 저작권을 신탁 받아 '음악저작물'로 관리하고 있는데, 그렇다 하더라도 원래 어문저작물인 가사의 성격이 음악저작물로 바뀌는 것은 아니라는 견해도 있다.[143]

---

138) 일본 저작권법 제10조 제 1 항 제 9 호.

139) 미국 저작권법은 악곡에 수반되는 가사는 음악저작물의 일부임을 명시하고 있다.
17 U.S.C. § 102. (a) " … (2) musical works, including any accompanying words;"

140) 半田正夫·松田政行, 著作權法コンメンタール, 勁草書房(1), 509면.

141) 일본에서의 해석론도 같다. 상게서, 508면.

142) 허희성, 신저작권법 축조해설, 범우사, 1988, 47면; 이해완, 저작권법, 박영사, 2007, 55면.

143) 최경수, 저작권법개론, 한울아카데미, 2010, 119-120면.

우리나라 저작권법은 고정화(fixation)를 요건으로 하지 않으므로, 음악저작물이 반드시 악보나 음반 등에 의하여 고정화 되어 있을 필요는 없다.144) 따라서 즉흥연주나 즉흥가창도 음악저작물로 성립할 수 있다. 원래 일본의 초기판례는 악보 등의 매체에 고정되지 않은 즉흥음악은 반복실시가 어렵기 때문에 저작물로 성립할 수 없다고 보았다.145) 그러나 반복실시가 어렵다는 것은 그 저작물이 자신이 창작한 저작물이라고 주장할 때 그것을 입증하기에 어려움이 있다는 것이지, 저작물성 자체를 부인할 문제는 아니라는 비판이 강력히 제기되었다. 이에 따라 오늘날 일본의 해석론도 음악저작물은 악보 등의 매체에 고정되어 있을 것을 요건으로 하지 않으며 따라서 즉흥음악도 음악저작물로서 성립될 수 있다고 보는 것이 통설이다.146)

나. 악보의 저작물성

음악저작물이 고정되어 있는 매체, 예를 들어 악보가 저작물에 해당하는가에 관하여는 논란이 있었다. 이는 2006년 개정되기 전 저작권법 제2조 제14호에서 '복제'의 개념을 정의하면서, "… 각본·악보 그 밖의 이와 유사한 저작물의 경우에는 그 저작물의 공연·실연 또는 방송을 녹음하거나 녹화하는 것을 포함한다."라고 규정하고 있었기 때문이다. 2006년 개정된 이후부터는 저작권법에서 이 부분이 삭제되었지만,147) 개정 전 규정을 보면, 마치 악보 자체도 독립한 저작물이 되는 것으로 볼 여지도 있었다. 그러나 유형물인 원고지나 책은 그 안에 내재되어 있는 어문저작물의 고정수단에 불과하고, 그 내재된 어문저작물을 떠나 독립한 저작물로 성립되는 것은 아니다. 마찬가지로 악보 역시 음악저작물의 고정수단에 불과하고 악곡을 떠나서 그 자체가 독립한 저작물이 되는 것은 아니라고 보아야 한다.148)

---

144) 미국 저작권법은 고정화(fixation)를 저작물의 성립요건으로 한다. 원래 1909년 법에서는 음악저작물은 악보와 같이 읽을 수 있는 형태(readable form)로 고정되어야 한다고 규정하고 있었다. 그러다가 1976년 개정법에 따른 시행규칙에서, 악보뿐만 아니라 테이프나 디스크 등에 고정된 것도 음악저작물로 성립할 수 있다고 규정하였는데, 이는 특히 전자음악 분야에 종사하는 작곡가들의 현실적인 상황을 고려한 것이라고 한다.

Copyright Register's Supplementary Report 4: "[A] musical composition would be copyrightable if it is written or recorded in words or any kind of visible notation, in Braille, on a phonograph disk, on a film sound track, on magnetic tape, or on punch cards."

145) 日本 大審院 大正 3. 7. 4. 판결.

146) 內田 晋, 問答式 入門 著作權法, 新日本法規出版株式會社, 1979, 57면.

147) 개정된 현행 저작권법이 이 부분을 삭제한 것은, 각본·악보 등의 경우에는 그것의 공연·실연 또는 방송을 녹음하거나 녹화하는 것은 이미 복제에 대한 개념정의 규정(개정 전 저작권법 제2조 제14호) 전단의 '인쇄·사진·복사·녹음·녹화 그 밖의 방법'에 포함되어 있어 중복에 해당하므로, 이를 삭제하는 것이 복제의 개념정의를 보다 간명하게 하는 것이라고 보았기 때문이다.

148) 송영식 외 2인, 전게서, 429면.

다만 악보를 무단복제하면 그것은 곧 그에 내재된 음악저작물을 무단복제하는 것이 되어 저작권침해가 된다. 만약 그 음악저작물이 보호기간의 경과 등으로 저작권이 소멸하였다면 그 악보를 복제하였다 하더라도 음악저작물에 대한 저작권침해는 성립하지 않는다. 전래되어 오는 전통음악이나 민요 등을 연주 또는 가창할 수 있도록 기록한 기록물은 그에 내재된 음악저작물이 이미 저작권이 소멸하여 '공중의 영역'(public domain)에 들어간 것이고, 그 기록(채보)방식에 독창성이 있다 하더라도 이는 저작권의 보호가 미치지 않는 아이디어의 영역에 해당할 가능성이 크다. 따라서 설사 그 기록물을 복제하였다고 하더라도 저작권침해는 성립하기 어렵다.[149] 물론 악보 자체가 독창적인 표현으로 제작되어 창작성을 가지는 경우 저작권법 제 4 조 제 8 호의 도형저작물로 성립할 수는 있을 것이지만, 이는 그 악보에 내재되어 있는 음악저작물과는 상관이 없는 것이다.

일본에서는 구 저작권법 시대의 판례 중에, "종래 악보가 존재하지 않았던 악곡을 적절한 독창적 작보방식(作譜方式)을 사용하여 그 악곡을 용이하게 가창연주할 수 있도록 악보로 만든 때에는 이를 악곡과 독립한 새로운 저작물로 보아야 한다."라고 판시한 것이 있었다.[150] 그러나 이 판례에 대하여는 악보 자체는 악곡과 독립하여 저작물로 될 수 없으며, 작보방식에 저작권에 의한 보호를 주는 것은 아이디어에 보호를 주는 것과 동일하여 허용될 수 없다는 강한 반론이 제기되었다. 뿐만 아니라 이 판례는 일본 구 저작권법 제 1 조가 악보를 독립한 저작물로 규정하고 있었던 당시의 판결로서 일본의 개정 저작권법은 이를 삭제하였다. 따라서 현재의 일본에서는 우리나라의 경우와 마찬가지로 악보 자체는 악곡과 독립한 저작물로 성립할 수 없다는 것이 통설로 되어 있다.

다. 민속 유산의 저작물성

참고적으로 민간전승물(민속저작물, folklore), 즉 민담(民譚)이나 민간 수수께끼, 민요, 민속춤, 민속공예, 민속의상 등과 같은 전통적 문화유산을 저작물로 보호할 수 있는지 여부가 국제적으로 문제가 되고 있다. 구전되어 온 민담이나 민요는 비록 공중의 영역(public domain)에 속하는 것이지만 그 채집, 정리에는 많은 노력과 비용이 소요되는 것이 사실이다. 또 일부 선진국에서는 후진국 민족의 민속물을 대량 수집하여 상품화 한 사례도 있어 그 보호가 요청되고 있다. 볼리비아, 알제리 등에서는 민속물을 저작권법으로 보호 중이며 튜니스 모델법도 저작권보호의 대상으로 규정하고 있다고 한다.[151] 아프리카 및 라틴아메리

149) 물론 전통음악과 같이 저작권이 이미 소멸한 음악저작물이라도 이를 현대적 감각에 맞게 또는 연주하기에 적합하도록 편곡을 하였다면 2차적저작물로서 새로운 보호를 받을 수 있을 것이다.

150) 日本 大審院 1936. 1. 24. 판결; 內田 晋, 전게서, 47면에서 재인용.

151) 송영식 외 2인, 전게서, 438면 참조.

카 국가들과 일부 아시아 국가들이 민간전승물의 국제적 보호를 위한 각국의 관심을 촉구하면서 WIPO에서는 2001년부터 지적재산권과 유전자원, 전통지식 및 민간전승물에 관한 정부간위원회(Intergovernmental Committee on Intellectual Property and Genetic Resources, Traditional Knowledge and Folklore) 회의가 진행되고 있다. 이 회의에서는 보호대상이 되는 민간전승물의 정의, 보호 적격, 권리자 또는 수혜자, 보호의 성격, 권리의 범위와 예외, 보호기간, 기존 지적재산권과의 관계, 국제 협력 등에 관하여 의견을 수렴해 오고 있으나, 아직 뚜렷한 성과를 내지는 못하고 있다고 한다.[152)]

라. 악곡과 가사의 결합

(1) 의 의

앞에서 언급한 바와 같이 악곡에 수반되는 가사도 악곡과 함께 음악저작물의 일부를 이룬다. 이처럼 악곡과 가사가 서로 결합되어 외부적으로 하나의 음악저작물처럼 이용되지만, 저작권의 보호는 악곡과 가사 각각에 미친다. 따라서 악곡과 가사가 함께 있는 음악저작물을 무단복제한 자는 악곡과 가사 각각에 대하여 저작권침해의 책임을 진다.

개별적인 악곡이나 가사가 창작성 등 저작물의 성립요건의 흠결로 저작권의 보호를 받지 못하는 것이라 하더라도, 그것들이 결합되었을 때에는 전체로서 저작권의 보호를 받는 음악저작물이 될 수 있다. 예를 들어, 저작권 보호기간이 만료된 민요들을 이리저리 조합하여 작곡을 하거나 전통 가락과 리듬을 조합하여 새로운 창작성을 갖는 음악을 작곡하였다면, 제 3 자가 그 음악저작물을 복제할 경우 전체적인 음악저작물에 대한 침해가 성립할 수 있다. 다만 이 경우에도 저작권의 보호를 받지 못하는 개별 민요나 전통 가락의 악곡 또는 가사 부분 자체에 대하여는 침해가 성립하지 않는다.[153)]

(2) 결합저작물인지 여부

악곡과 가사가 합쳐져서 하나의 음악저작물이 성립되었을 때, 이 하나의 음악저작물을 결합저작물로 볼 것인지 아니면 공동저작물로 볼 것인지가 실무상 문제로 된다. 결합저작물과 공동저작물의 구분에 관하여는 '개별적 이용가능성설'과 '분리가능성설'이 나뉘는데,

152) 최경수, 저작권법개론, 한울아카데미, 2010, 122면. 이에 따르면 민간전승물의 국제적 보호는 몇 가지 숙제를 해결하지 않으면 가능한 일이 아니라고 한다. 첫째, 민간전승물은 대체로 저작권법상 보호기간이 지난 저작물이다. 저작권법에 의해 기간이 만료된 저작물을 보호하는 것은 기존의 저작권 체계에서는 생각하기 어렵다. 둘째, 민간전승물은 그 기원을 찾기 어렵거나 여러 곳에 두는 사례가 적지 않고, 이 경우 권리자나 수혜자를 특정하기 어렵다. 셋째, 현실적으로 저작권 보호를 강력하게 주창하는 선진국들은 민간전승물 보호에 매우 소극적이다.

153) Goldstein, *Copyright*, 2d ed., Little, Brown and Company(1996), p. 2: 104.

우리 저작권법은 개별적 이용가능성설에 입각하고 있다.[154] 그렇다면 대부분의 음악저작물은 악곡과 가사를 분리하여 이용하는 것이 가능하므로 결합저작물로 보는 것이 법리적으로 타당할 것이다.

그러나 음악 산업의 실무 현장에서는 가사와 악곡을 공동저작물처럼 취급하는 경향도 있다. 앞에서 본 바와 같이 한국음악저작권협회의 사용료 징수규정에 의하면 가사와 악곡을 일괄하여 음악저작물이라고 정의하고 있다. 이는 가사와 악곡을 모두 사용하든 어느 하나만을 사용하든 음악 1곡에 대한 사용료를 징수한다는 의미로 볼 수 있다. 예를 들어, 악곡이나 가사만을 이용한다고 하더라도 음악 1곡 전체를 이용하는 것으로 보아 1곡의 사용료 전부를 받는다는 취지이다. 이는 마치 가사가 수반된 음악저작물을 공동저작물로 간주하는 것과 같은 효과를 가져온다.[155] 한국음악저작권협회는 대중가요를 수정·변형하여 만들어진 2차적저작물을 협회에 신탁하고자 할 경우, 개작동의서를 받아 신탁관리 저작물로 등록하도록 하고 있다. 이 때 원래의 대중가요에서 가사만 변형한 경우라도 작곡가의 개작동의서까지 받아 제출하도록 하고 있으며, 반대의 경우도 마찬가지이다. 또한 악곡과 가사로 이루어진 대중가요 원곡의 연주곡 버전, 즉 가사를 제외한 연주곡 버전이 있더라도 별도로 그 연주곡을 따로 등록하지 않는 이상 그 연주곡은 원곡에 포함되는 것으로 처리하고 있다. 그리하여 별도의 연주곡 버전 없이 대중가요의 원곡만이 신탁관리 곡으로 등록되어 있을 경우에는, 저작자에게 사용료를 분배할 때 가사 없이 연주곡만이 사용된 경우라 하더라도 그 사용료를 작곡자와 작사자에게 공동으로 분배하고 있다.[156]

이러한 음악 업계의 실태는, 일반적으로 악곡과 가사가 완전히 독립적으로 창작되는 것이 아니라, 악곡에 가사를 붙이거나 가사에 악곡을 붙이는 방식으로 상호 의존적으로 창작되는 것이 보통이며, 그러한 의미에서 악곡과 가사의 창작자들 사이에 서로 교감하는 공동창작의 의사가 존재한다는 점 및 음악저작물을 이용하고자 할 때 대부분 악곡과 가사를 함께 이용하게 되므로 작사자와 작곡자의 이용허락을 모두 요하게 된다는 점 등 저작물 관리와 사용료 징수 등에 있어서 실무적인 편의를 고려한 것이라고 추측된다.

그러나 우리 저작권법은 공동저작물과 개별저작물의 구분과 관련하여 각자의 이바지한 부분을 분리하여 이용할 수 있느냐 여부, 즉 '개별적 이용가능성설'에 입각하고 있다. 그런데 특별한 경우가 아니라면 악곡과 가사는 분리이용이 가능하므로, 현장에서의 실태와

154) 저작권법 제 2 조 제21호는 공동저작물을, "2인 이상이 공동으로 창작한 저작물로서 각자의 이바지한 부분을 분리하여 이용할 수 없는 것을 말한다"라고 규정하고 있다.

155) 최경수, 전게서, 118면.

156) 기존 음악에서 악곡만 사용하고, 가사는 별도로 작성해서 사용하는 대표적인 경우로는 선거 로고송을 들 수 있다.

는 다르더라도 적어도 법리적으로는 악곡과 가사를 결합저작물로 보는 것이 옳다고 생각한다.[157] 일본의 경우도 일본음악저작권협회(JASRAC)의 저작권사용료는 가사가 수반된 악곡의 경우 설사 가사 없이 악곡만 가라오케용으로 녹음한 경우에도 그에 따른 사용료를 작사자들에게도 분배하고 있다. 그러나 그러한 업계의 실태에도 불구하고 해석론으로서는 가사와 악곡은 공동저작물이 아니라 결합저작물로 보고 있다.[158]

이에 반하여 미국의 판례와 실무에서는, 악곡과 가사는 서로 합체되면서 상호작용을 하여 완전히 새로운 하나의 저작물을 탄생시키는 것으로서, 악곡과 가사로 이루어진 음악저작물은 공동저작물이라고 보는 것이 통설적인 입장이다.[159] 그러나 이는 미국 저작권법 제101조가 '공동저작물'(joint work)을 정의하면서, "공동저작물이란 2인 이상의 저작자가 자신들의 기여분이 단일한 전체의 분리될 수 없거나 상호 의존적인 부분이 될 것이라는 의사를 가지고 작성한 저작물을 말한다."고 규정하고 있음을 전제로 한 해석이다.[160] 즉, 우리 저작권법과는 달리 미국 저작권법에서 공동저작물은 각자의 기여분이 전체 저작물로부터 분리될 수 없는 경우에도 성립하지만, 또는(or) 분리가 가능하더라도 단순히 각자의 기여분이 상호 의존적인 부분이 될 것이라는 의사를 가지고 작성한 경우에도 성립할 수 있다는 점에서 비롯된 해석이다.

악곡과 가사로 이루어진 음악저작물을 공동저작물로 볼 것이냐 아니면 결합저작물로 볼 것이냐에 따라서, 그 음악의 가사 또는 악곡만을 이용하고자 할 때 작곡자와 작사자 전원의 동의를 얻어야 하는지, 아니면 이용되는 부분의 권리자의 허락만 받으면 되는지 여부가 결정되며 보호기간도 달라진다. 위의 해석론에서 본 것처럼 결합저작물이라고 본다면 공동저작물의 저작권행사에 관한 규정인 저작권법 제15조와 제48조는 적용이 없게 된다.[161] 따라서 악곡의 저작자와 가사의 저작자는 각자의 기여분인 악곡 또는 가사에 관하여 개별적으로 이용허락을 할 수도 있고 저작재산권을 양도할 수도 있다. 또한 제 3 자가 악곡과 가사로 구성된 음악저작물 중 악곡만을 이용하고자 할 때에는 악곡의 저작자, 즉 작곡자의 이용허락만을 받으면 되고 작사자의 이용허락까지 받을 필요는 없다(결합저작물에 대한 추가

157) 同旨, 이해완, 저작권법, 박영사, 2007, 54-55면; 최경수, 전게서, 119면.

158) 半田正夫·松田政行, 전게서, 509면.

159) Shapiro, Bernstein & Co. v. Jerry Vogel Music Co., 161 F.2d 406, 409(2d Cir. 1946); Goldstein, *op. cit.*, p. 2: 103에서 재인용.

160) A "joint work" is a work prepared by two or more authors with the intention that their contributions be merged into inseparable or interdependent parts of a unitary whole.

161) 저작권법 제15조 제 1 항은, "공동저작물의 저작인격권은 저작자 전원의 합의에 의하지 아니하고는 이를 행사할 수 없다"고 규정하고 있고, 제48조 제 1 항은, "공동저작물의 저작재산권은 전원의 합의에 의하지 아니하고는 이를 행사할 수 없으며, 다른 저작재산권자의 동의가 없으면 그 지분을 양도하거나 질권의 목적으로 할 수 없다"고 규정하고 있다.

적인 논의는 제3장 '저작자' 중 '결합저작물' 부분 참조). 악곡과 가사를 공동저작물로 본다면 그 보호기간은 맨 마지막으로 사망한 저작자의 사망 후 70년간 존속하게 될 것이나(저작권법 제39조 제2항), 결합저작물로 본다면 보호기간 역시 악곡과 가사에 대하여 각각 진행되어 각 저작자의 사망 후 70년간 존속하게 된다.

결론적으로 가사와 악곡은 분리이용이 가능한 이상 법리적으로는 결합저작물로 보는 것이 옳다고 생각한다. 프로야구 구단이 악곡과 가사로 이루어진 21개 대중가요 원곡의 가사를 개사하거나 곡을 편곡하여 야구장에서 응원가로 사용한 것이 저작인격권, 특히 동일성유지권 침해에 해당하는지 여부가 문제로 된 사건에서, 서울고등법원 2021. 10. 21. 선고 2019나2016985 판결(확정)은, 악곡과 가사로 이루어진 19개 대중가요 모두를 결합저작물이라고 보았다. 따라서 악곡과 가사를 구분하여 개별적으로 작곡가와 작사가의 동일성유지권, 2차적저작물작성권, 성명표시권이 침해되었는지 여부를 판단하여야 한다고 하였다.[162]

마. 악곡을 이루는 요소와 그 보호 정도

음악저작물 중 가사를 분리한 나머지 부분, 즉 악곡은 크게 리듬, 멜로디, 화음의 3가지 요소로 구성되며, 이들 3요소는 실무 현장에서 각기 다른 정도의 보호를 받게 된다. 리듬은 다시 박자와 셈여림으로 구성되는데, 리듬에 대하여는 매우 약한 정도의 보호만이 주어진다고 보는 것이 일반적인 해석이다. 왜냐하면 리듬은 멜로디에 비하여 그 변화의 여지가 적을 뿐만 아니라 악곡의 형식(예를 들면 미뉴에트나 폴카)이 무엇이냐에 따라서 선택의 폭도 좁기 때문이다. 어느 한 리듬에 대하여 저작권의 보호를 강하게 주게 되면 다른 창작자들의 창작의 기회나 자유를 심하게 제한하는 결과를 초래할 우려가 있다.

멜로디(가락)는 개별 음의 고저·장단(高低·長短)으로 구성되며 상대적으로 선택의 폭이 넓기 때문에 악곡의 창작성은 주로 멜로디 부분에서 전형적으로 나타나게 된다. 따라서 멜로디는 악곡의 3요소 중 가장 큰 보호를 받는 부분이기도 하다.

화음(和音)은 높낮이의 차이를 가진 두 개 이상의 개별음이 동시에 또는 짧은 간격을 두고 순차적으로 울림으로써 곡에 깊이를 주는 역할을 한다. 화음 역시 멜로디가 어떻게 구성되느냐에 따라서 리듬과 마찬가지로 선택의 폭이 좁기 때문에 이에 대한 저작권의 보호는 상대적으로 약하다.

이처럼 악곡의 3요소 중 멜로디가 가장 강한 보호를 받게 되나, 이는 보호의 정도에

162) 그리하여 가사의 경우, 원래 가사 중 창작성 있는 기존의 표현이 잔존해 있지 않고 완전히 새로운 가사를 만든 경우 또는 기존 표현의 상당부분을 변경하여 원래 가사와 변경된 가사 사이에 실질적 유사성이 없다고 판단되는 경우에는 변경된 가사는 독립된 저작물로 볼 수 있어 동일성유지권이나 2차적저작물작성권의 침해가 인정되지 않는다고 하였다.

있어서 그렇다는 것일 뿐, 음악저작물에 대한 저작권침해 판단 문제에 있어서는 반드시 그렇지 않다. 뒤의 저작권침해 부분에서 상세히 살펴볼 것이지만, 음악저작물에 대한 저작권침해 여부 역시 두 작품 사이의 실질적 유사성 유무에 달려 있고, 이때 실질적 유사성은 멜로디에 의하여 많이 좌우되기는 하겠지만 궁극적으로는 청중이 받는 전체적인 느낌에 의하여 결정되기 때문이다. 특히 음악을 듣는 일반 청중은 리듬과 멜로디, 화음을 각각 구분하여 느끼는 것이 아니라, 그것들이 어우러진 전체적인 분위기에 따라 감상을 하는 것이 일반적이다. 그리고 이와 같은 음악의 전체적인 분위기를 구성하는 것에는 악곡의 3요소뿐만 아니라, 악곡에 부수되는 여러 가지 표현들, 예를 들면 운지법이라든가 각종 악상기호(부드럽게, 힘 있게, 아름답게, 경쾌하게 등), 이음줄, 프레이징(phrasing), 템포(점점 느리게, 점점 빠르게 등) 따위가 있고 이들에 의하여 음악의 전체적 느낌은 다양하게 변화할 수 있다.[163)]

3. 연극저작물

가. 의 의

연극이란 배우가 관객에게 보이기 위하여 극장에서 각본에 의해 연출하는 종합예술이다. 연극을 구성하는 요소 중 각본은 어문저작물(제 1 호)에 속하며, 연기는 실연[164)]으로서 저작인접권의 보호를 받는다. 따라서 저작권법 제 4 조 제 3 호의 "연극 및 무용·무언극 그 밖의 연극저작물"로 인정되는 것은 연기(演技)의 형(型)으로서 이미 구성되어 있는 안무(按舞, choreographic works)이다. 즉, 연극저작물이란 인간의 사상이나 감정이 동작에 의하여 표현된 것을 말한다. 여기서 안무라고 함은 무도(舞蹈) 작품의 '연출'이 아니라 무도 작품의 '창조'를 가리키는 것이다.[165)] 다시 말해서 저작권법 제 4 조 제 3 호에서 예시하고 있는 연극저작물이란 무용·연기 등 실연의 토대가 되는 동작의 형(型)이다.

서울고등법원 2016. 12. 1. 선고 2016나2020914 판결에서는, 발레 작품의 저작권은 창작자인 안무가에게 귀속하고, 발레 무용에 창작적으로 기여한 바 없는 공연기획자는 발레 작품의 저작자 또는 공동저작자로 볼 수 없다고 하였다.

---

163) 과거의 히트곡 등의 일부를 디지털 정보로 추출·저장하여 이에 적절히 변형을 가한 것을 새로운 작곡·편곡에 이용하는 샘플링(sampling) 기법이 최근 널리 활용되고 있다. 샘플링은 음악저작물의 2차적저작물 해당여부와 관련하여 문제로 되므로 이에 관하여는 제 2 장 제 3 절의 '2차적저작물'에 관한 부분에서 다시 살펴보기로 한다.

164) 저작권법 제 2 조 제 4 호에 의하면, '실연'은 "저작물을 연기·무용·연주·가창·구연·낭독 그 밖의 예능적 방법으로 표현하거나 저작물이 아닌 것을 이와 유사한 방법으로 표현하는 것"을 말한다.

165) 송영식 외 2인, 전게서, 430면.

나. 연극저작물의 범위에 관한 학설

어떤 저작물이 연극저작물에 해당하는지 여부에 관하여 학설의 대립이 있다. 제 1 설은 연극에서 극본(각본)은 어문저작물에, 미술적 형상으로 이루어진 무대장치는 미술저작물에, 배경음악은 음악저작물에 각 해당할 것이며, 연출자의 연출, 배우의 연기 등은 저작인접물인 '실연'에 해당하는 것이므로, 결국 이러한 여러 가지 저작물과 실연으로 연극의 모든 것이 구성되어 있어 그와 별도로 연극저작물이라고 할 만한 것이 있는지 의문이라고 한다. 이 견해는, 우리 저작권법 제 4 조 제 1 항 제 3 호에 대응하는 일본 저작권법 제10조 제 1 항 제 3 호에서 "무용 또는 무언극의 저작물"만을 명시하고 연극을 포함시키지 않은 것은 바로 그러한 점을 고려한 것으로 해석한다.[166] 즉, 무용의 경우에는 '무보' 등의 형태로 고정되거나 혹은 미리 고정되지 아니하더라도 안무가에 의하여 창작적으로 만들어진 '동작의 형(型)'을 저작물로 보는데 문제가 없으나, 연극의 경우에는 극본이라는 어문저작물이 이미 그 내용을 규정하고 있는 마당에, 그 극본에 따른 연출자와 배우의 '실연' 행위로부터 '동작의 형'을 별도로 파악해 내어 그것을 연극저작물로 보호한다는 것은 논리적으로 자연스럽지 못하다는 것이다. 다만, 저작권법이 연극도 어문저작물인 극본과 별도로 연극저작물이 될 수 있도록 규정한 이상, 연극의 경우도 무용의 경우와 마찬가지로 무대에서 행해지는 배우의 연기의 형이 연극저작물로 인정되는 경우가 있을 수 있다고 한다. 그러나 이 경우에도 특별히 극본에 정해진 것 이상의 창작적 노력에 의하여 새로운 연기의 형이 만들어진 경우에만 그 연기의 형을 연극저작물로 인정할 수 있다고 한다.[167]

이에 대하여 제 2 설은, 연극저작물을 크게 보아 좁은 의미의 연극저작물과 무용저작물(choreographic work), 그리고 악극저작물(dramatic-musical work)로 나눈다. 이때 각본은 어문저작물이 될 수도 있고 연극저작물이 될 수도 있다고 한다. 무용(dance)이나 무언극(pantomime)을 포괄하는 무용저작물은 사람의 손짓이나 몸짓을 형상화한 예술이며, 연극이나 음악이 한데 어울려 새로운 장르로 탄생하는 오페라, 뮤지컬 등을 악극저작물이라고 하여 연극저작물의 범주에 포함시키는 견해이다.[168]

제 1 설과 제 2 설의 가장 큰 차이점은 각본을 연극저작물로 볼 수 있느냐 하는 점에

166) 다른 외국의 입법례를 보면, (1) 미국은 일본 저작권법과 마찬가지로 제102조(a)에서 저작물을 예시하면서 그 중 하나로 "무언극 또는 무용저작물"이라고 하고 있다. 한편, 프랑스 저작권법은 제112조의2에서 "연출이 문서 그 밖의 방법으로 고정되어 있는 무용저작물, 서커스 및 무언극"이라고 하여 고정을 요건으로 하고 있다는 점에 특징이 있다.

167) 이해완, 전게서, 60면; 서울대학교기술과법센터, 저작권법주해, 박영사, 2007, 211면도 이러한 입장에서 있는 것으로 보인다.

168) 최경수, 전게서, 1213-124면.

있다고 할 것이다. 그러나 제 2 설이 각본을 연극저작물이라고 하면서도 어문저작물의 성질도 중복하여 가지고 있다고 보고 있으므로 실무상으로 두 견해에 따른 큰 차이는 발생하지 않을 것으로 보인다. 다만, 저작권법 제33조 제 2 항에서 시각장애인 등을 위해 '어문저작물'을 복제 기타 이용할 수 있도록 하고 있는데, 각본이 어문저작물인 동시에 연극저작물의 성격을 가지고 있다면 해석 여하에 따라 동 조항의 적용여부에서 차이가 생길 수 있을 것이다.

다. 판 례

대법원 2005. 10. 4.자 2004마639 결정(일명, 뮤지컬 '사랑은 비를 타고' 사건)은, 뮤지컬은 음악과 춤이 극의 구성·전개에 긴밀하게 짜 맞추어진 연극으로서, 각본, 악곡, 가사, 안무, 무대미술 등이 결합된 종합예술의 분야에 속하고 복수의 저작자에 의하여 외관상 하나의 저작물이 작성된 경우이기는 하나, 그 창작에 관여한 복수의 저작자들 각자의 이바지한 부분이 분리되어 이용될 수도 있다는 점에서, 공동저작물이 아닌 단독 저작물의 결합에 불과한 '결합저작물'이라고 봄이 상당하다고 하였다. 한편 뮤지컬 자체는 연극저작물의 일종으로서 영상저작물과는 그 성격을 근본적으로 달리하기 때문에 영상물제작자에 관한 저작권법상의 특례규정이 뮤지컬 제작자에게 적용될 여지가 없다고 하였다. 따라서 뮤지컬 제작 전체를 기획하고 책임지는 뮤지컬 제작자라도 그가 뮤지컬의 완성에 창작적으로 기여한 바가 없는 이상 독자적인 저작권자라고 볼 수 없으며, 뮤지컬의 연기자, 연출자 등은 해당 뮤지컬에 관여한 실연자로서 그의 실연 자체에 대한 복제권 및 방송권 등 저작인접권을 가질 뿐이라고 판단하였다.[169)]

라. 소 결

연극저작물의 범위를 어떻게 보든, 연극저작물도 고정화를 성립요건으로 요구하고 있지 않으므로 고정되지 아니한 즉흥연기나 즉흥무용도 저작물로 성립될 수 있다. 원래 무용이나 연기 등은 그 형이 정하여져 있다고 하더라도 실제 무대에서 이를 실연하게 되면 원래의 형과 약간씩 다른 것이 되기 쉽고, 또 형의 창작자가 스스로 실연자가 되어 무용을 하는 경우에는 무용저작물과 실연이 확실히 구분되기 어려운 경우가 생길 수 있다. 따라서 연극저작물, 그 중에서도 특히 무용저작물에 관하여서는 무보(舞譜) 등의 형식으로 고정되어 있는 경우에만 저작물로 인정하여야 한다는 논의가 오래 전부터 있어 왔고, 실제로 베른협약도 스톡홀름 개정협약 이전에는 안무가 무보 등의 방법으로 고정되어 있어야만 한

169) 이 판결에 대하여는 제 3 장 제 3 절 '공동저작자' 부분에서 다시 보기로 한다.

다고 규정하고 있었다. 그러나 스톡홀름 개정협약에서 이 문제는 가맹국의 국내법 규정에 일임하도록 되었고, 우리나라와 일본은 무용을 비롯한 연극저작물에 있어서도 별도로 고정화를 요건으로 하고 있지 않다.170) 일본이 무용저작물에 대하여 고정화를 요건으로 하지 않은 것은, 음악저작물 중 악보나 녹음물에 고정되지 아니한 즉흥연주도 음악저작물로 성립할 수 있는 것과의 균형 및 논리적 일관성을 고려한 것이라고 한다.171) 다만, 연극저작물의 경우에 그 동작의 형이 대본이나 무보 등에 고정화 되어 있지 않다면, 저작물로 성립은 할 수 있어도 다른 사람이 그와 실질적으로 유사한 동작을 표현함으로써 저작권을 침해하는 경우에 그 침해여부를 입증하는데 상당한 곤란이 있을 것이다. 이 점은 즉흥음악의 경우와 마찬가지이다.

마. 스포츠 경기에서의 연기(演技)

피겨스케이팅이나 리듬체조, 수중발레 등과 같이 스포츠 경기 중에서 예능적·연기적 요소를 가진 것을 연극저작물로 볼 수 있는지 논란이 있다.172) 이들 경기는 운동능력과 기술적 요소에 예술적 요소가 결합된 형태로서 표현된다. 그런데 대부분의 이러한 종류의 운동경기에는 일정한 규정이 있어서 어떤 동작을 반드시 수행하여야 한다든지, 어떤 동작에 대하여는 특별히 높은 점수를 부여한다든지, 아니면 어떤 동작과 어떤 동작을 반드시 결합하여 수행하여야 한다든지 등의 제한이 있는 경우가 많다. 그렇게 되면 표현에 있어서의 창작성을 발휘할 여지가 적어지므로 이를 저작물로 보기 어렵다고 생각할 수도 있다.

그러나 그와 같은 규정상의 제한이 있다는 점만으로 스포츠 경기에서 예능적으로 표현된 연기가 연극저작물로 성립할 수 없다고 하는 것은 다른 저작물의 경우와 비교하여 볼 때 균형이 맞지 않고 논리적으로도 납득하기 어렵다. 스포츠 경기라고 하여 일률적으로 연극저작물로 성립할 수 없는 것은 아니다. 저작물로서의 성립요건, 즉 인간의 사상이나 감정을 창작적으로 표현한 것이라면 그것이 발레나 고전무용, 무언극 등의 형태로 표현되었든, 또는 피겨스케이팅이나 리듬체조의 형태로 표현되었든 연극저작물로 성립할 수 있다고 보아야 한다. 일반적으로는 연극저작물 중에서도 무용저작물로 되는 경우가 많을 것이다. 따라서 스포츠 경기에서 표현된 연기가 저작물이 될 수 있는지 여부는 그 특정한 연기가 사상이나 감정을 창작적으로 표현한 것인지 여부에 따라 구체적 사안에서 개별적으로 판단되어야 할 문제이지, 스포츠 경기라고 하여 일률적으로 저작물성을 부정할 것은 아니다.

---

170) 內田 晋, 전게서, 59-60면.

171) 半田正夫·松田政行, 著作權法コンメンタール, 勁草書房(1), 518면.

172) 같은 관점에서 이러한 연기를 표현한 스포츠 선수를 저작권법상 '실연자'로 볼 것이냐의 문제도 논란이 있을 수 있다.

스포츠댄스의 스텝, 체조의 마루운동 등의 동작은 저작물성이 인정되지 않는다고 보는 것이 일반적인데, 그러나 이 역시 일률적으로 저작물성을 부인할 것은 아니고 창작성의 유무에 달린 문제라고 본다.

4. 미술저작물

가. 의 의

미술저작물은 인간의 사상이나 감정이 시각적 형상이나 색채 또는 이들의 조합에 의하여 미적(美的)으로 표현되어 있는 저작물이다.[173] 미술저작물을 "회화, 서예, 조각, 판화, 공예, 응용미술 등과 같이 선, 색채, 명암을 사용하여 이차원(평면적) 또는 삼차원적(공간적) 아름다움을 시각적으로 표현한 것"으로 정의하기도 한다.[174] 저작권법 제 4 조 제 4 호에는 미술저작물로, 회화·서예·조각·판화·공예·응용미술저작물이 예시되어 있다. 여기에 예시된 것 외에 만화·삽화 등도 미술저작물에 포함된다. 만화의 경우 스토리를 수반하는 만화는 어문저작물과 미술저작물 양쪽의 성질을 가지며, 스토리와 그림의 결합 정도, 창작 단계에서의 관여 방법 등에 따라서 공동저작물이나 결합저작물 또는 2차적저작물에 해당하게 된다.[175] '서예'(calligraphy)는 미술저작물이지만, '서체'(글자체, typeface)는 이와 구별하여야 한다. 서체의 저작물성에 대하여는 이를 부정하는 것이 일반적인 견해이다. 공예는 일품제작(一品製作)의 수공적인 미술작품을 말하며, 응용미술저작물은 양산을 목적으로 하는 미술작품이다. 공예와 응용미술저작물은 모두 미적인 요소와 실용적인 목적을 아울러 가지고 있는데, 우리 저작권법은 일품제작의 공예품과 양산을 목적으로 하는 응용미술저작물을 구분하여 예시하고 있고, 특히 응용미술저작물에 대하여는 별도의 정의규정을 두어 특별 취급을 하고 있다(저작권법 제 2 조 제15호). 서체와 응용미술저작물에 관하여는 본 장 제 4 절 "저작물성이 문제로 되는 창작물"에서 상세히 살펴보기로 한다.

미술 분야 중 건축저작물과 사진저작물은 같은 조 제 5 호와 제 6 호에서 따로 규정하고 있다. 미술저작물은 완성을 요건으로 하고 있지 않으므로 스케치나 데생도 그 자체든 또는 완성된 미술저작물을 위한 준비단계에서의 것이든 창작성 등 성립요건을 갖추면 저

173) 加戸守行, 著作権法 逐條講義(四訂新版), 社團法人 著作権情報センター, 120면.

174) 정상조·박준석, 지적재산권법(제2판), 홍문사(2011), 274면. 박성호, 전게서, 77면. 半田正夫, 『著作權法槪說(12版)』, 法學書院(2005), 85면.

175) 서울북부지방법원 2008. 12. 30. 선고 2007가합5940 판결은 스토리와 그림으로 구성된 만화저작물이 공동저작물이냐 결합저작물이냐, 스토리를 바탕으로 만화가 제작된 경우 그 만화가 스토리에 대한 2차적저작물로 성립하느냐에 대하여 상세한 판시를 하고 있어 참고가 된다. 이 판결에 대하여는 '제 3 장 저작자' 중 '공동저작자' 부분에서 살펴보기로 한다.

작물성을 취득한다.

미술저작물은 다른 일반 저작물과는 달리 그 표현이 화체된 유체물이 주된 거래의 대상으로 된다. 따라서 그 유체물을 공중이 볼 수 있도록 공개하는 '전시'라는 이용형태가 특별히 중요한 의미를 가지기 때문에 저작권법에는 저작재산권 중 미술저작물에 대한 특유의 지분권으로 '전시권'이 규정되어 있다(제19조).

미술저작물의 작품이 양도 등의 사유로 저작자와 유체물인 원작품의 소유자가 달라지는 경우에, 저작권자가 가지는 전시권을 비롯한 저작재산권과 원작품의 소유자가 가지는 소유권이 충돌하게 되므로 양쪽의 이해관계 조절이 문제로 된다. 또 개방된 장소에 항상 전시되어 있는 미술저작물의 복제 및 그 이용행위 등 저작재산권자와 공중의 이해관계, 초상화나 인물사진의 저작자(초상화가, 사진작가)와 위탁자(모델) 사이의 이해관계는 어떻게 조율하여야 할 것인지 등 여러 가지 문제가 발생하게 된다. 이에 저작권법은 제35조에서 미술저작물 등에 대한 특별규정을 두어 저작자의 전시권이나 복제권 등을 제한함으로써 이러한 이해관계를 조절하고 있다.

나. 입 법 례

어떠한 창작물이 미술저작물에 해당하는지에 관하여는 입법례에 따라 다양한 입장이 나타나고 있다.

우선 베른협약은 제2조 제1항에서 "소묘·회화·건축·조각·판화 및 석판화, 사진과 유사한 과정에 의하여 표현된 저작물을 포함하는 사진저작물, 응용미술저작물, 도해·지도·설계도·스케치 및 지리학·지형학·건축학 또는 과학에 관한 3차원 저작물과 같은 문학·학술 및 예술의 범위에 속하는 모든 제작물을 포함한다."고 규정하고 있다. 즉, 미술저작물을 "문학, 학술, 예술의 범위에 속하는 모든 제작물" 속에서 망라적으로 열거하는 방식을 취하고 있는 것이다. 베른협약이 규정하는 "이러한 카테고리는 그 특성(구상적 또는 추상적)과 목적(순수 또는 상업미술)에 관계없이 이차원(소묘, 판화, 석판화 등)이나 삼차원(조각, 像, 건축물, 기념물 등)의 모든 미술저작물을 실질적으로 포함"하는 것으로 이해되고 있다.[176)]

미국 저작권법은 제101조에서 '회화, 그래픽 및 조각저작물'이라는 제목 아래, 그 예시로서 "평면적 및 입체적 저작물에 해당하는 순수미술, 그래픽미술 그리고 응용미술과 사진, 판화 및 미술 복제물, 지도, 지구의, 도면, 도표, 모형 및 설계도(건축설계도 포함)"를 들고 있다. 그리고 그 성질과 관련하여 "이 저작물들은 기계적이거나 실용적인 측면에서가

176) WIPO, Guide to the Berne Convention for the Protection of Literary and Artistic Works(Paris Act, 1971), 1978. p. 16. 박성호, 전게서, 78면에서 재인용.

아니라 적어도 형태에 있어서 예술적 솜씨를 가지고 있어야 한다. 이 조에서 정의된 바대로 실용품의 디자인은, 회화, 그래픽 및 조각의 특성을 가지고 그 물품의 실용적인 면과 별도로 구별될 수 있고, 그와 독립하여 존재할 수 있는 범위에 한해서만 회화, 그래픽 및 조각저작물로 본다."고 규정하고 있다.

영국 저작권법은 제 4 조에서 '미술저작물'에 속하는 것으로서, "① 예술적인 가치와 상관없이 도면저작물, 사진, 조각 또는 콜라주, ② 건축물 또는 건축물을 위한 모형으로서의 건축저작물, ③ 미술공예저작물"을 예시하고 있으며, 그 중 ①의 '도면저작물'에는 "회화, 소묘, 도해, 지도, 도표 또는 도면, 판화, 동판화, 석판화, 목판화 또는 이와 유사한 저작물"이 포함된다고 규정하고 있다.

독일 저작권법은 제 2 조 제 4 호에서 '미술저작물'에는 건축 및 응용미술저작물과 이들의 초안을 포함한다고 규정하면서 제 5 호에 '사진저작물' 규정을 두어 이에는 "사진저작물 및 그와 유사하게 만들어지는 저작물이 포함된다."고 규정하고 있다.

일본 저작권법은 저작물 예시규정인 제10조 제 1 항의 제 4 호에서 "회화, 판화, 조각 기타 미술저작물"이라고 규정하고 있으며, 이와 별도로 제 5 호의 '건축저작물'과, 제 8 호의 '사진저작물'을 별도로 예시하고 있다.

따라서 비교법적으로 볼 때, 미국 저작권법은 미술저작물 안에 사진저작물은 포함되지만 건축저작물은 별도의 저작물로 규정하고 있다.177) 이와 반대로 독일 저작권법은 미술저작물에 건축저작물을 포함시키면서 사진저작물은 별도로 규정하고 있다. 일본 저작권법은 우리 저작권법과 마찬가지로 미술저작물과 건축저작물, 사진저작물을 각각 별도로 규정하고 있다. 다만, 우리 저작권법상 미술저작물에는 응용미술저작물이 포함되지만, 일본 저작권법의 해석론 중에는, 미술저작물은 순수미술저작물을 의미하는 것이고, '순수미술'이라 함은 주관적으로는 미의 표현을 추구하고 있을 것, 객관적으로는 감상의 대상으로 되는 것을 요소로 하는 창작물이라고 하여 응용미술은 미술저작물의 예시에 해당하지 않는 것으로 보는 견해도 있다.178) 한편, 영국 저작권법은 베른협약과 유사하게 미술저작물을 넓게 정의하여 그 안에 건축저작물과 사진저작물이 포함되는 것으로 규정하고 있다.

이하에서는 미술저작물로 성립할 수 있는지 여부가 문제로 되는 몇 가지 경우에 관하여 살펴보기로 한다.

---

177) 미국 저작권법은 제101조에서 '건축저작물'을 "건물, 건축도면, 또는 제도(製圖) 등 유형적 표현매체에 수록된 건물의 디자인을 말한다. 건축저작물은 종합적인 형태뿐만 아니라 디자인 내의 공간과 요소의 배열과 구성을 포함하지만, 개개의 표준적인 속성은 포함하지 아니한다"고 별도로 정의하고 있다.

178) 半田正夫·松田政行, 『著作権法コンメンタール』, 勁草書房(1), 523면에서 재인용.

다. 간단한 도안

미술저작물이라고 하여 반드시 예술성이라든가 미적인 가치를 가지고 있어야만 하는 것은 아니다. 그러나 올림픽 오륜마크와 같은 간단한 상징적 도안이 저작물로 인정될 수 있는지 여부가 일본에서 다투어진 적이 있었는데, 일본 동경지방법원은 올림픽 오륜마크는 비교적 간단한 도안 모양에 지나지 않으므로 저작물이라고 인정하기는 어렵다고 판시하였다.[179] 이러한 판시는 당시 저작권 전문가들로부터 대체적으로 긍정적인 평가를 받았다. 그 이유는 저작권은 보호기간이 한정되어 있기 때문에 올림픽 오륜마크를 저작물이라고 한다면 보호기간이 끝난 후에는 만인공유(public domain)의 영역에 들어가 누구라도 올림픽 마크를 마음대로 사용할 수 있다는 불합리한 결과를 초래하기 때문이라는 것이었다. 오늘날에 와서는 올림픽 오륜마크나 적십자사의 십자가 마크는 보호기간의 제한이 없는 상표법이나 부정경쟁방지법 등에 의하여 보호되고 있으므로, 그 외에 별도로 저작권법에 의하여 보호할 필요성은 적다고 할 것이다.[180] 그러나 일본의 하급심 판결 중에는 후지 텔레비전의 심벌마크로 알려진 '눈알 모양의 마크'에 대하여 저작물에 해당한다고 한 것이 있으며,[181] 널리 알려진 '스마일 마크'의 저작물성을 인정하는 견해도 있다고 한다.[182]

최근에는 상표 출원이나 디자인 출원을 하였다가 거절된 단순한 도안에 대하여 저작권 등록을 시도하여 출원하는 사례가 늘고 있다. 간단하고 흔한 표장이라고 하여 상표등록이 거절될 정도의 도안이라면 일반적으로 저작물로서의 창작성도 없다고 보는 것이 타당하다고 생각하는데, 이에 관하여는 뒤의 '응용미술' 및 '저작권의 등록' 부분에서 다시 살펴보기로 한다.

라. 무대장치

오페라나 뮤지컬 등에 사용되는 무대장치는 미술저작물에 해당하는가? 무대장치는 보통 일종의 설계도인 '장치디자인'이 먼저 작성되고, 그 장치디자인에 의하여 실제 무대 위에 무대장치가 설치된다. 뉴욕의 브로드웨이에서 장기공연 중인 '오페라의 유령'(Phantom of the Opera)이라든가 '캣츠'(Cats) 같은 뮤지컬에서 화려한 무대장치가 차지하는 비중은 결코 작다고 할 수 없다. 이러한 무대장치도 그 자체의 창작성을 가지면 그것이 속한 오페라나

---

179) 동경지방법원 1964. 9. 25. 결정; 內田 晉, 전게서, 51면에서 재인용.
180) 상표법 제34조(상표등록을 받을 수 없는 상표) 제 1 항 제 1 호: "… 파리협약 동맹국 …의 훈장·포장·기장, 적십자·올림픽 또는 저명한 국제기관 등의 명칭이나 표장과 동일하거나 이와 유사한 상표 … ."
181) 동경지방법원 1996. 8. 30. 판결, 判例時報 1578호 139면.
182) 서울대학교기술과법센터, 저작권법주해, 박영사, 2007, 221면에서 재인용.

뮤지컬 또는 연극저작물과는 별개의 독립된 저작물로 성립할 수 있다. 나아가 장치디자인이 미술저작물 또는 도형저작물로 성립할 수 있는 것과 별도로 그 장치디자인에 의하여 제작된 무대장치도 독립된 저작물로 성립할 수 있다. 이는 마치 건축설계도와 그 설계도에 따라 건축된 건축물이 각각 별개의 건축저작물로 성립할 수 있는 것과 마찬가지이다.[183)]

그러나 같은 각본을 가지고 상연을 한다고 할 때 그 무대장치는 각본의 내용, 무대의 공간적·기술적 제약에 의하여 실제에 있어서 서로 어느 정도 유사하게 밖에는 제작할 수 없는 경우가 많을 것이다. 즉, 무대장치에 있어서는 여러 가지 면에서 그 표현의 창작성 발휘가 제한을 받게 될 가능성이 높다. 따라서 하나의 무대장치에 대하여 저작권의 보호를 주게 된다면 다른 제 3 자가 유사한 무대장치를 만드는 기회를 심하게 제한할 우려가 있으므로, 앞에서 본 '합체의 원칙'(merger doctrine)이 적용될 필요가 있다. 그러므로 일반적으로 무대장치에 있어서 저작권의 보호를 받는 범위는 전체적인 대도구·배경이 아니라 창작성이 있는 세부적인 표현이나 소도구에 있다고 할 것이고, 이는 어문저작물에 있어서 기본적인 플롯이 아니라 세부적인 어법이나 대화가 저작권의 보호를 받는 범위에 속하는 것과 마찬가지라고 할 것이다.

일본 판례 중에는 조형미술작품인 무대장치만을 분리하여 미술저작물로서 보호할 수 있다고 판시한 것이 있으며,[184)] 우리나라 판례에서는 무대장치의 미술저작물성이 문제된 사건에서, 피고들이 무대장치를 사용한 것은 전시권 침해에 해당되고, 무대장치 위에서 이루어진 공연을 영상물로 촬영하는 과정에서 무대장치 역시 촬영되었으므로 이는 복제권 침해에 해당하나 원고들과 피고들 사이에 무대장치 사용에 대한 이용허락이 있어 원고들의 주장이 이유 없다고 판시한 사례가 있다고 한다.[185)]

무대장치를 포함한 무대효과 전체를 하나의 저작물로 볼 수 있는지 여부도 문제가 된다. 극장의 무대는 상연되는 희곡·각본·배우의 연기·배경음악·대도구(大道具) 또는 무대에 조립된 장치·의상·조명·분장 등이 혼연일체가 되어 형성되는 것이다.[186)] 무대효과 전체를 하나의 저작물로 보면, 희곡·각본의 저작자가 가지는 저작물의 공연권(상연권)과의 관계 및

---

183) 박성호, 전게서, 94면.

184) 일본 동경지방법원 1999. 3. 29. 판결.

185) 서울중앙지방법원 2009. 2. 6. 선고 2008가합1908(본소), 30029(반소) 판결. 박성호, 전게서, 95면에서 재인용.

186) Carell v. Shubert Organization, 104 F.Supp. 2d 236 (S.D.N.Y. 2000) 판결은 뮤지컬 캣츠(Cats) 등장 캐릭터의 독특한 메이크업(분장)과 관련하여 메이크업 아티스트와 뮤지컬 제작자 사이에 벌어진 소송에서, 메이크업에 대한 저작권 보호를 인정하였다. 다만, 시효와 저작권 귀속 등의 문제로 청구 자체는 기각되었다. 뮤지컬 캣츠의 캐릭터 메이크업은 8겹까지로 이루어져 매 공연마다 여러 시간이 소요된다고 한다.

그에 사용된 음악작품 저작자가 가지는 공연권(연주권)과의 관계가 복잡해진다. 또 배우의 실연권과의 관계 및 연출가의 역할을 어떻게 평가할 것인지도 어려운 문제이다. 이런 문제점 때문에 일반적으로 무대 그 자체 또는 무대효과 전체를 저작물로 보지는 아니하고 필요에 따라 음악·무대미술 등을 개별적인 저작물로 취급하고 있다. 즉, 무대장치는 그것이 조형미술의 범위에 속하는 경우에는 미술저작물로서 보호를 받지만, 이 경우에 보호의 대상으로 되는 것은 무대에 조립된 무대장치에 한정되는 것이지 의상·조명 등을 포함한 무대효과 전체는 아니라고 보는 것이다. 미술저작물로 성립하는 무대장치에 대하여는 그 창작자인 무대미술가가 저작자로 된다. 무대장치의 설계도 등은 경우에 따라서 무대장치와는 별개로 도형저작물로 성립할 수 있다.[187]

마. 화풍(畵風), 서풍(書風)

특정한 화풍, 예를 들어 입체파(立體派)라든가 인상파(印象派) 등의 화풍으로 그려진 회화가 미술저작물로 성립하는 것은 의심의 여지가 없다. 그러나 입체파나 인상파 등의 화풍 자체가 미술저작물로 보호를 받는 것은 아니다. 이러한 화풍이나 서풍은 인간의 사상이나 감정을 형상이나 색채를 통하여 표현하고자 할 때 사용되는 하나의 방법(method) 내지는 해법(solution)으로서 '아이디어'의 영역에 속하고 그 자체가 '표현'이라고는 볼 수 없기 때문이다. 따라서 어느 화가가 자신만의 독창적인 화풍을 개발하여 그림을 그렸다고 하더라도 그 그림 자체를 구체적으로 모방하지 않는 한, 화풍을 모방한 것만으로 저작권침해가 되는 것은 아니다. 일본 판결에서도 "서풍이나 화풍 자체는 저작권법상 보호의 대상이 아니므로, 타인의 서풍이나 화풍을 모방하여 서화를 작성한 경우 그것이 구체적인 원저작물의 표현까지 모방한 것이 아닌 이상 저작권침해가 되지 않는다."고 하였다.[188]

바. 차용미술

기존의 이미지나 오브제[189]를 이용하거나 재구성함으로써 새로운 의미와 맥락을 부여한 미술을 차용미술(appropriation art)이라고 한다. 포스트모더니즘을 비롯한 현대미술 사조에서 차용미술은 큰 비중을 차지하고 있다. 현대미술의 흐름에서 일상의 사물과 대중매체 광고 등 기존에 존재하는 이미지를 빌려와 새로운 맥락에 편입, 재구성하는 차용미술은 포

---

187) 內田 晋, 전게서, 53-54면.

188) 日本 大審院 1937. 9. 16. 선고 昭和12(れ) 제1035호 판결. 서울대학교기술과법센터, 저작권법주해, 박영사, 2007, 221면에서 재인용.

189) 일상생활 용품이나 자연물 또는 예술과 무관한 물건을 본래의 용도에서 분리하여 작품에 사용함으로써 새로운 느낌을 일으키는 상징적 기능의 물체를 이르는 말(표준국어대사전).

스트모던 미술기법의 하나로 널리 인정되고 있다. 차용미술에서 기존의 이미지는 흔히 오브제로서 혹은 그것이 세계를 표상하는 방식에 대중의 주의를 환기하는 수단으로서 이용(차용)되며, 이때의 차용 이미지는 저작권으로 보호되는 다른 작가의 작품일 수 있다. 차용미술에서는 원작품을 그 맥락으로부터 해체하고 새로운 배경·환경에 편입해 의미를 변화시키는 개념적 가치의 창조가 중요시된다. 이처럼 차용미술은 타인의 표현양식을 빌어오면서 그 맥락과 의미를 변형하는 것을 본질로 하기 때문에 원작의 흔적을 의도적으로 남기게 되고, 따라서 원작과의 표현의 공통성을 저작권 이론의 관점에서 어떻게 파악할 것인지가 문제된다.[190] 차용미술은 창작 과정에서 타인의 저작물의 일부 또는 전부를 복제하거나 변형하여 이용하는 경우가 많기 때문에, 이용된 저작물 저작권자의 복제권과 2차적저작물작성권 및 동일성유지권을 침해할 소지가 크다. 리차드 프린스(Richard Prince), 앤디 워홀(Andy Warhol), 제프 쿤스(Jeff Koons) 등은 대표적인 차용미술 작가들인데, 실제로 이들 저명한 차용미술 작가 중에는 저작권침해 소송을 당한 사례가 적지 않다. 차용미술과 관련된 저작권침해 소송에서는 저작권침해 책임 면책규정, 특히 우리 저작권법 제28조 '공표된 저작물의 인용' 규정 또는 제35조의5 '공정이용' 규정의 적용 여부가 쟁점이 된다.

사. 기　타

그 밖에 응용미술, 캐릭터, 서체 등도 저작물로서의 성립여부와 관련하여 문제가 되고 있는데, 이 부분에 관하여는 뒤에서 따로 검토하기로 한다.

5. 건축저작물

가. 의　의

건축저작물은 인간의 사상 또는 감정이 토지상의 공작물에 표현되어 있는 저작물을 말한다.[191] 반드시 부동산등기법상의 건물이나 건축법상의 건축물이어야만 하는 것은 아니다. 저작권법 제 4 조 제 1 항 제 5 호는 건축저작물을 예시하면서, 건축물·건축을 위한 모형 및 설계도서를 들고 있다. 건축물이라 함은 집이나 사무실 건물과 같은 주거가 가능한 구조물은 물론이고, 반드시 주거를 주된 목적으로 하지 않는, 예컨대 교회나 정자(亭子), 전시장, 가설 건축물 등을 포함한다. 다만, 주거를 목적으로 하지 않는다고 하더라도

---

190) 류시원, "공정이용 판단의 고려요소로서 '변형적 이용'의 한계", 한국저작권위원회, 계간 저작권, 2022년 겨울호, 제35권 제4호(통권 제140호), 8면.

191) 그러나 반드시 '토지상'의 공작물이 아니라 하더라도, 예를 들어 한강 수면 위에 건축된 '세빛둥둥섬'(Floating Islands)과 같이 하천이나 바다 위에 세워진 건물도 건축저작물이 될 수 있다.

어느 정도 사람의 통상적인 출입이 예정되어 있어야 건축저작물이라고 할 수 있지, 그렇지 않다면 조형미술저작물 등으로 볼 수는 있을지언정 건축저작물이라고 보기는 어려울 것이다.[192] 예를 들어, 같은 탑(塔)이라고 하더라도 남산타워 같은 구조물은 사람의 통상적인 출입이 예정되어 있기 때문에 건축저작물로 볼 수 있겠지만, 그렇지 않은 다보탑이나 석가탑과 같은 것은 미술저작물로 보는 것이 타당하고 이를 건축저작물의 개념으로 파악할 것은 아니라고 본다.

실내건축도 건축저작물로 성립할 수 있다.[193] 정원(庭園)·다리(橋)·탑(塔)과 같은 건축물은 그것이 전체 건축저작물의 일부를 구성하는 경우도 있겠지만, 독립하여 그 자체가 창작성을 가지고 있다면 독립한 건축저작물로 평가될 수 있다.[194]

우리나라 저작권법은 제 4 조 제 1 항 제 8 호에서 지도·도표·설계도·약도·모형 그 밖의 도형저작물을 예시하고 있고, 이와는 따로 같은 조 제 5 호에서 건축저작물 중 건축을 위한 모형 및 설계도서를 건축저작물에 포함시키고 있다. 즉, 건축설계도는 제 5 호와 제 8 호 모두에 속할 수 있는 것처럼 규정되어 있는 것이다. 이와 관련하여 제 5 호 중에 건축을 위한 설계도서가 포함된 것은 사족이라는 비판이 있다.[195] 참고로 일본 저작권법 제10조 저작물의 예시규정에 따르면, 같은 조 제 5 호의 건축저작물에는 건축물만이 해당되고, 설계도면 등은 같은 조 제 6 호의 도형저작물에서 건축저작물과 독립하여 규정하고 있다.[196]

---

192) 서울중앙지방법원 2015. 2. 13. 선고 2014가합520165 판결(항소)은, "골프장의 경우 연못이나 홀의 위치와 배치, 골프코스가 돌아가는 흐름(routing plan) 등을 어떻게 정하느냐에 따라 다른 골프장과 구분되는 개성이 드러날 수 있고, 시설물이나 골프코스의 배치 및 루팅 플랜 등을 정함에 있어 골프장 부지의 지형, 토양, 일조방향, 바람, 식생 등 자연적 요소와 진입도로, 관리도로, 상수, 오수, 전기, 통신 등의 관로배치 등을 종합적으로 고려함으로써 골프장의 전체적인 미적 형상을 표현하게 되는바, 이 사건 골프장은 클럽하우스, 연결도로, 홀(티 박스, 페어웨이, 그린, 벙커, 러프 등), 연못과 그 밖의 부대시설 등의 구성요소가 골프장 부지 내에서 배치되고 서로 연결됨에 있어 각각 다른 골프장들과 구별할 수 있을 정도로 창조적인 개성이 인정된다고 할 것이므로, 저작권의 보호대상인 저작물에 해당한다"고 판시하고 있다. 이 판결은 골프장의 저작물성을 인정하면서도 저작물의 예시 규정 중 어느 종류의 저작물에 해당하는지는 명백히 밝히고 있지 않은데, 전체적인 판결 취지에 비추어 볼 때 건축저작물로 인정한 것으로 이해된다. 그 후 이 사건의 항소심인 서울고등법원 2016. 12. 1. 선고 2015나2016239 판결(상고)에서는, 골프장이 건축법령상 건축물 중 운동시설로 분류되어 있는 점 등에 비추어 볼 때, 골프장의 골프코스는 건축저작물에 해당한다고 적극적으로 판단하였다(대법원 2020. 3. 26. 선고 2016다276467 판결로 확정). 이 사건에서 법원은, 골프코스의 저작권자는 골프장 운영 사업자가 아니라, 골프코스 설계자라고 보았다. 골프장 운영 사업자는 저작권자는 아니지만, 부정경쟁방지법 제2조 제1호 파목의 부정경쟁행위를 주장할 수 있다고 하였다.

193) 미국 저작권법은 해석상 주거의 개념과는 상관이 없는 교량이라든가 고속도로 입체교차로, 댐과 같은 것은 건축저작물이 아니라고 본다; H.R. Rep. No. 735, 101st Cong., 2d Sess. 20(1990); Glodstein, *op. cit.*, p. 2: 135에서 재인용.

194) 加戶守行, 著作權法逐條講義, 改訂新版, 社團法人 著作權情報センタ, 1994, 93면; 송영식 외 2인, 전게서, 433면.

195) 송영식 외 2인, 전게서, 433면.

반면에 미국 저작권법은, 제101조에서 건축설계도면은 건축저작물과 미술저작물(회화·그래픽·조각을 포함하는) 양쪽에 해당하는 것으로 정의하고 있다.[197] 이렇게 본다면 우리나라 저작권법의 규정은 미국과 유사하며, 건축설계도면은 도형저작물과 건축저작물의 양면성을 가지고 있는 것으로 파악할 수 있을 것이다.[198]

그런데 미국에서는 이와 같이 건축설계도면이 건축저작물과 미술저작물 양쪽에 중복적으로 해당할 수 있게 규정되어 있음으로 인하여 약간의 혼란이 발생하고 있다. 건축저작물의 보호범위와 관련하여 미국의 판례법은 다음에서 보는 바와 같은 '2단계 테스트'를 요구하는데, 설계도면을 건축저작물로 보느냐 아니면 미술저작물로 보느냐에 따라서 이 테스트를 거쳐야 하는지 여부가 결정되기 때문이다. 따라서 실제 소송에서 원고인 설계도면의 저작자는 이를 미술저작물로 보고자 하는 반면에, 피고는 건축저작물로 보고자 하는 경향이 있다고 한다. 일본과 같이 설계도면은 건축저작물이 아니라 도형저작물에만 해당하는 것으로 규정한다면 이러한 혼란을 방지할 수도 있을 것이다. 그러나 설계도서가 없는 건축물은 생각하기 어렵고, 설계도를 건축저작물에서 떼어내는 것은 건축 분야의 관행에도 반한다고 보이므로 우리의 입법례가 불합리한 것은 아니다. 따라서 건축을 위한 설계도서가 건축저작물과 도형저작물에 모두 해당할 수 있다는 양면성을 인정하되, 다만, 건축을 위한 설계도서 역시 다른 기능적 저작물의 경우와 마찬가지로 보호범위를 그 기능적 성격에 따라 합리적으로 제한하면 될 것이다.[199]

관련하여 대법원 2020. 4. 29. 선고 2019도9601 판결(일명 '테라로사 카페 건물' 사건)은, "건축저작물은 이른바 기능적 저작물로서, 건축분야의 일반적인 표현방법, 용도나 기능 자체, 저작물 이용자의 편의성 등에 따라 표현이 제한되는 경우가 많다. 따라서 건축물이 그와 같은 일반적인 표현방법 등에 따라 기능 또는 실용적인 사상을 나타내고 있을 뿐이라면 창작성을 인정하기 어렵지만, 사상이나 감정에 대한 창작자 자신의 독자적인 표현을 담고 있어 창작자의 창조적 개성이 나타나 있는 경우라면 창작성을 인정할 수 있으므로 저작물로서 보호를 받을 수 있다."고 판시하였다.[200]

---

196) 일본 저작권법 제10조
제 5 호: 건축저작물
제 6 호: 지도 또는 학술적인 성질을 가지는 도면, 도표, 모형 그 밖의 도형저작물

197) 17 U.S.C. 101: … An "architectural work" is the design of a building as embodied in any tangible medium of expression, including a building, architectural plans, or drawings. … "Pictorial, graphic, and sculptural works" include two-dimensional and three-dimensional works of fine, graphic, and applied art, photographs, prints and art reproductions, maps, globes, charts, diagrams, models, and technical drawings, including architectural plans.

198) 허희성, 전게서, 48면.

199) 최경수, 전게서, 143-144면; 이해완, 전게서, 96면 각 참조.

나. 건축물의 구성부분

미국에서는 건축물에 있어서 표준적인 개개의 구성요소들, 예를 들어 창문이라든가 문 또는 그 밖의 건물의 표준적인 구성요소들은 건축저작물로서 보호를 받는 부분이 아니라고 보고 있다.[201] 이러한 부분들은 일종의 '창작의 도구'(building blocks)로서 표현이 아니라 아이디어의 영역에 속한다고 한다. 이러한 입장에서 미국 저작권법은 건축저작물에서 표준적인 개별 구성요소를 명시적으로 배제하고 있다. 미국 저작권법 제101조는 건축저작물을 "건물, 건축도면, 또는 제도 등 유형적 매체에 수록된 건물의 디자인을 말한다. 건축저작물은 종합적인 형태뿐만 아니라 디자인 내의 공간과 요소의 배열 및 구성을 포함하지만, 개개의 표준적인 속성은 포함하지 않는다"라고 규정하고 있다. 즉, 건축저작물에서 저작권법의 보호를 받는 부분은 원칙적으로 그 전체적인 디자인이고, 이는 결국 공간과 각종 구성요소의 배치와 조합을 포함한 전체적인 틀을 말한다. 따라서 건축저작물에 있어서의 창작성은 주로 개개의 구성요소들을 미적으로 선택·배열·조합함으로써 전체적으로 보호받는 저작물을 만들어 내는 데 있다.[202] 그러나 이는 건축물을 이루는 개개의 표준적인 구성요소들이 건축저작물로서 보호를 받지 못한다는 것이지, 건축저작물의 전체가 아닌 일부분은 전혀 저작물로 성립할 수 없다는 의미는 아니다. 건축저작물의 한 부분에 창작성과 창조적 개성이 나타나 있다면 그 부분만으로도 얼마든지 건축저작물 또는 기타 미술저작물 등이 성립할 수 있다. 건물들 중에는 다른 부분은 별다른 특징이 없으나 특별히 지붕 부분만을 예술적으로 표현함으로써 그 부분에 두드러지는 창조적 개성이 나타나 있는 건물들이 있다. 이러한 건물은 지붕 부분만으로도 건축저작물이 성립한다고 볼 것이며, 그 지붕 부분을 동일한 모습으로 모방하여 건축을 한다면 저작권침해의 책임을 물을 수 있다. 또한 건축저작물에는 건축물의 외부디자인뿐만 아니라, 내부공간의 디자인도 포함되며, 이들의 공간적인 배열 또한 포함된다고 해석된다. 따라서 예를 들어, 건축물 전체 외관으로서는 특별한 창작성이 없어서 저작물로 성립할 수 없으나, 출입구 안쪽 홀(entrance hall)의 조형성이

200) 이 사건에서 대법원은, "(테라로사 카페) 건축물은 외벽과 지붕슬래브가 이어져 1층, 2층 사이의 슬래브에 이르기까지 하나의 선으로 연결된 형상, 슬래브의 돌출 정도와 마감 각도, 양쪽 외벽의 기울어진 형태와 정도 등 여러 특징이 함께 어우러져 창작자 자신의 독자적인 표현을 담고 있어, 일반적인 표현방법에 따른 기능 또는 실용적인 사상만이 아니라 창작자의 창조적 개성을 나타내고 있으므로 저작권법으로 보호되는 저작물에 해당한다"고 하여 저작권침해를 인정하였다.

201) Goldstein, *op.cit.*, p. 2: 136.

202) 건축물의 구성부분을 이루는 철제 울타리에 대하여 건축물과 분리하여 별도의 독립된 건축저작물로 볼 수 없다고 한 하급심 판결로서 서울고등법원 2005. 1. 25. 선고 2004나48890 판결(확정)이 있다(권영준, 아래 책에서 재인용).

매우 고도의 예술성이나 창작성을 가지고 있을 경우에는 그 부분에 대하여 건축저작물로서의 보호가 주어질 수 있을 것이다.

관련하여 대법원 2021. 6. 24. 선고 2017다261981 판결은, "乙의 설계도서 중 적어도 지붕 형태, 1층 출입문 및 회랑 형태의 구조는 乙 자신의 독자적인 사상 또는 감정의 표현을 담고 있어 위 설계도서는 乙의 창조적 개성이 드러나는 저작물에 해당"한다고 하여 저작권침해를 인정하였다.[203)]

다. 건축물의 부속물

건축물에 부속된 조각(彫刻)의 경우 그것이 건축물의 일부인지 아니면 독자적인 조각저작물(미술저작물)인지 여부는 상당히 중요한 의미를 가질 수 있다. 저작권법 제35조 제2항은 개방된 장소에 항시 전시되어 있는 미술저작물·건축저작물 또는 사진저작물은 어떠한 방법으로든지 이를 복제하여 이용할 수 있다고 규정하면서도, 그 단서에서 '건축물을 건축물로 복제하는 경우'(제1호), '조각 또는 회화를 조각 또는 회화로 복제하는 경우'(제2호)에는 그 허용범위에서 제외하고 있기 때문이다. 따라서 만약 개방된 장소에 있는 건축물에 부속된 조각을 건축물의 일부로 본다면 이를 조각 또는 회화로 재현(복제)하는 것이 허용될 수 있다. 그러나 건축물과 구분되는 별도의 조각저작물(미술저작물)로 본다면 이를 조각으로 재현하는 것은 허용되지 않는다. Leicester v. Warner Bros. 판결[204)]에서는 건축물 중 예술적으로 표현된 건물벽과 탑 부분이 건축물의 일부인지 아니면 별도의 조각저작물인지가 문제되었다. 이에 대하여 미국 연방 제9항소법원은, 이러한 부분은 건축물의 표현양식 중 필수적인 요소로서 건축저작물의 일부이고, 따라서 이 부분에 대한 사진 기타 회화적인 복제물을 만드는 것이 허용된다고 판시하였다.[205)]

라. 건축저작물의 창작성

건축물을 저작물로 보호하는 취지는 건축물에 의하여 표현된 '미적 형상'을 모방건축으로부터 보호하는 데 있다. 따라서 건축물이기만 하면 모두 본 호에서 말하는 건축저작물로 성립할 수 있는 것은 아니다. 아무 곳에서나 흔히 볼 수 있는 일반 주택과 같은 것은

---

203) 甲 주식회사가 신축하는 다가구주택에 관하여 설계도서를 제작·교부한 건축사 乙이, 위 주택 신축 후 甲 회사가 건축사 丙이 제작·교부한 설계도서로 다른 건물을 신축하자, 甲 회사와 丙을 상대로 그들이 乙의 동의를 받지 아니한 채 乙의 설계도서를 일부 수정하여 위 건물의 설계도서를 제작하였다며 저작권 침해로 인한 손해배상을 구한 사안이다.

204) 232 F.3d 1212(9th Cir. 2000). 아래 권영준 책에서 재인용.

205) 권영준, 저작권침해판단론, 박영사, 2007, 224면.

창작성이 없어서 건축저작물이 될 수 없다. 건축저작물에 요구되는 창작성의 정도에 관하여는 논란이 있다.

(1) 일 본

일본 저작권법은 건축물만을 건축저작물로 규정하고, 설계도면은 도형저작물로 규정하고 있다. 이에 따라 종래의 통설적인 견해는 건축물과 설계도면이 요구하는 창작성의 정도를 각각 달리 보고 있다.[206)]

먼저 건축설계도는 일본 저작권법 제10조 제1항 제6호가 규정하는 학술적 성질을 가지는 도면저작물(도형저작물)에 해당하고, 따라서 설계자의 지식과 기술을 구사하여 작성한 것이어야 창작성을 인정할 수 있다고 본다. 나아가 건축설계도는 주거 등 실제에 이용하는 건축물을 건축하기 위한 것으로서 학술적 성격 외에 실용적·기술적 성격을 아울러 가지고 있는 이른바 기능적 저작물이므로, 그 창작성을 인정함에 있어서는 다른 문예적 저작물보다 엄격한 기준을 적용하여야 한다고 본다.

다음으로 건축저작물로 성립하기 위한 창작성에 관하여 일본의 통설은, 흔히 있는 건축물이 아니라 역사적 건축물과 같이 적어도 건축예술 또는 미술로 평가될 수 있을 정도의 예술성을 가져야 하며, 건축가의 문화적 정신성(精神性)이 감득될 수 있는 것이어야 창작성이 있다고 한다. 즉, 그 건축물이 인간의 지적 활동에 의하여 창작된 건축예술 또는 건축미술이라고 평가될 수 있는 정도가 되어야 한다는 것이다. 미술저작물의 경우에는 어린이가 그린 그림이라도 그것이 그 어린이 나름대로의 지적 활동의 결과물로서 창작적이라고 평가될 수 있다면 예술성의 많고 적음을 떠나 저작물로서 보호를 받게 된다. 그러나 건축저작물이 되기 위하여서는 단순히 지적 활동의 결과물로서 건물이 건축되었다는 것만으로는 부족하고, 건축가의 문화적 정신성이 감득될 수 있을 정도의 것이어야 한다고 본다.

(2) 미 국

미국 저작권법에서 건축설계도면은 미술저작물과 건축저작물 어느 쪽에든 속할 수 있으며, 양쪽의 성질을 모두 가지고 있는 것으로 본다.

먼저 미술저작물의 한 종류로서의 설계도면에 관한 미국의 해석론을 살펴보면, 설계도면이 저작물성을 가지는가의 여부는 그 설계도면으로부터 건축된 건축물이 저작물성을 가지느냐의 여부와는 직접적인 관련이 없다. 설계도면의 저작권자는 제3자가 그 설계도면을 그대로 복제하는 것에 대하여 복제권의 침해라고 주장할 수 있지만 그 설계도면에 의

206) 이하 著作權判例百選, 제2판, 別冊 ジュリスト, No.128, 有斐閣, 1994. 6, 50면 참조.

하여 건축물을 건축하는 행위에 대하여는 침해를 주장할 수 없다. 미술저작물로서의 설계도면도 저작물로 성립하기 위하여서는 기존의 다른 설계도면을 베낀 것이 아닌 것으로서 최소한의 creativity를 가져야 한다(창작성의 요건). 다만, 창작성이 있는 부분이라도 그것이 건축디자인이 요구하는 기능성에 의하여 제약받는 요소, 즉 아이디어에 해당하는 부분이라면 그 부분은 저작권법에 의한 보호가 제한된다.

다음으로 건축설계도면을 건축저작물로 파악하는 경우의 해석론을 보면, 기능적 요소에 따른 보호범위의 제한이 미술저작물의 경우보다 더 광범위하게 이루어진다. 즉, 미술저작물로서의 설계도면도 기능적 요소 부분에 대하여는 보호범위가 제한되지만, 건축저작물의 경우에는 기능적 요소와 관련하여 보다 엄격한 '2단계 테스트'(two-step analysis)의 적용을 요구한다. 테스트의 내용은, 1단계로 건축저작물은 건축물의 개개의 구성요소가 아니라 그 전체적인 외관에 있어서 창작적인 디자인 요소를 갖추고 있어야 하며, 2단계로 그와 같은 디자인 요소가 건축물의 기능상 요구되는 것이 아니어야 한다. 이와 같은 2단계 테스트는 건축물과 건축설계도면에 공통적으로 적용되며, 이 테스트를 통과하면 그 건축저작물은 응용미술의 저작물성을 판단함에 있어서 요구되는 '분리가능성'(separability)의 유무에 관계없이 저작물로서 성립할 수 있다고 본다. 2단계 테스트를 적용하는 결과 건축물과 설계도면 중 개개의 표준적인 외양, 예컨대 창문 또는 문의 모양이나 그 밖의 건물의 구성부분에 대하여는 저작권의 보호가 미치지 아니한다.

이와 같이 설계도면을 미술저작물로 보느냐 아니면 건축저작물로 보느냐에 따라서 창작성의 판단기준이 달라지므로, 분쟁이 있으면 각 당사자가 서로 자신에게 유리한 쪽으로 주장하고자 하는 혼란이 생기게 된다. 이러한 문제점을 해결하기 위하여서는 미술저작물로서의 설계도면에 대하여도 건축저작물에서 일반적으로 요구되는 2단계 테스트를 적용하여야 한다는 견해가 유력하다.[207)]

(3) 우리나라

우리나라에서도 건축저작물의 창작성을 상당히 높은 정도로 요구하는 견해가 있다. 이 견해에 의하면 건축물이라고 하여 모든 건축물이 건축저작물로 되는 것은 아니고, 궁전이나 개선문 등 역사적 건축물로서 대표되는 바와 같이 지적 활동에 의해서 창작된 건축예술이라고 평가되는 건축물에 한하여 건축저작물로 인정되고, 그렇지 못한 일반 건축물은 건축저작물에 포함되지 않는다고 한다.[208)] 이와 약간 다른 견해도 있는데, 건축저작물로 보호되는

207) Goldstein, *op. cit.*, p. 2: 186.
208) 허희성, 전게서, 49면.

건축물은 예술성이 높은 사원(寺院)이나 궁전, 박물관, 올림픽 기념탑 등에 한정된다고 볼 것은 아니며, 빌딩이나 일반 주택 등에 있어서도 아주 흔한 것은 그만두고라도 그것이 사회통념상 '미술의 범위'에 속한다고 인정되는 경우라면 건축저작물에 해당한다고 한다.209) 이러한 견해들은 다른 일반 저작물과는 달리 건축저작물로 되기 위해서는 어느 정도의 예술성을 요구한다는 점에서 앞서 본 일본의 종래의 통설과 궤를 같이 하고 있다.

그러나 예술성이나 미술성 등 다분히 주관적인 요소에 따라서 건축저작물의 저작물성을 판단하는 것이 적절한가는 문제이다. 명시적인 규정이 없음에도 불구하고 굳이 건축저작물의 경우에만 창작성의 기준을 다른 저작물보다 높은 수준으로 요구하는 것이 합리적인 근거가 있는지도 의문이다. 건축저작물이 저작물의 한 종류로서 예시되어 있는 이상 다른 일반 저작물과 마찬가지로 건축물 자체의 창작성의 유무에 따라서 그 저작물성을 판단하는 것이 적절하다고 생각한다. 다만, 건축저작물은 미술저작물이나 사진저작물과 같이 시각적 저작물에 해당하고 베른협약 제 2 조 제 1 항이 건축저작물을 넓은 의미에서의 미술저작물에 포함시키고 있는 점과, 미술저작물의 창작성은 형상, 색채, 명암 등의 시각적 요소에 의하여 미적(美的)으로 표현되는 것이라는 점에 비추어 건축저작물의 창작성 역시 미술저작물처럼 일정한 정도의 미적 표현, 즉 미술성을 요구한다고 보면 된다. 따라서 건축저작물의 창작성은 창작성대로 판단하되, 건축은 주거성(住居性), 실용성(實用性), 기술성(技術性) 등 기능적 저작물로서 특유의 성질이 있는 만큼 이러한 성질을 고려하여 그 보호범위가 축소되는 것으로 보면 족할 것이다.210)211)

특히 우리나라 저작권법은 건축설계도면을 도형저작물과 건축저작물의 양쪽에 속할 수 있는 것으로 규정하고 있는 점에서 미국 저작권법과 유사하다. 따라서 앞서 살펴본 미국 저작권법에서의 건축저작물에 대한 창작성 판단방법은 우리에게도 시사점을 제공한다. 즉, 건축저작물은 기능적 저작물의 한 종류이므로 주거성, 실용성 등을 높이기 위한 기능적 요소에 대하여는 설사 그 요소에 창작성이 있다고 하더라도 저작권의 보호범위를 제한하고, '합체의 원칙'(merger doctrine)을 폭넓게 적용하는 한편, 건축물을 이루는 개개의 표준적인 구성요소가 아니라 그러한 요소들을 포함하여 공간 및 각종 구성요소의 배치와 조합

209) 송영식 외 2인, 전게서, 433면.

210) 著作權判例百選, 전게서, 51면.

211) 이러한 점에서, 건축저작물의 창작성과 관련된 학설들은 어느 쪽이나 "건축저작물로서 보호되기 위해서는 창작성이 필요하지만 창작성이 인정되는 범위는 다른 저작물보다 한정된다"는 견해로 집약될 수 있을 것이고, 다만 건축저작물의 창작성을 표현하는 설명방식의 차이에서 견해의 대립이 있는 것처럼 보였던 것이며, 건축저작물도 넓은 의미의 미술저작물에 속한다는 점에서 사회통념상 '미술의 범위'에 속하면 창작성을 인정하는 견해가 건축저작물의 창작성을 설명하는 방식으로 설득력이 있어 보인다는 의견도 있다. 박성호, 전게서, 102, 103면.

을 포함한 전체적인 외관에 창작성이 있는 경우에 저작물성 및 보호범위를 인정하는 것이 원칙이라고 본다. 물론, 건축물의 일부분이나 내부 공간 등에 건축가의 창작성과 창조적 개성이 나타나 있다면 그러한 부분도 건축저작물 또는 미술저작물로 성립할 수 있다. 건축물의 내부평면 설계도의 창작성 판단 및 보호범위에 있어서 합체의 원칙 적용과 관련하여 상세한 법리를 제시한 사례가 있어서 아래에서 살펴보기로 한다.

(4) 아파트 내부평면 설계도 사건

건축저작물의 저작권과 관련하여 실무상 자주 일어나는 분쟁의 형태로서 아파트 평면설계도를 둘러싼 저작권 분쟁을 들 수 있다. 이 점을 다룬 서울고등법원 2004. 9. 22.자 2004라312 결정(일명, '아파트 평면설계도' 사건)이 대표적인데, 이 판결에서는 먼저 저작권법 제 4 조 제 1 항 제 5 호에 의하여 설계도서는 건축저작물의 일종으로서 그 표현에 있어 창작성(originality)을 구비할 경우에는 저작권법에 의한 보호를 받을 수 있으나, 이러한 건축저작물은 기본적으로 기능적 저작물로서 이에 기초한 건축물의 편의성, 실용성 및 효율성 등의 기능적 가치에 중점을 둘 수밖에 없으며, 아파트 설계도와 같은 경우에는 그 기능을 구현하는 표현방법에 있어 다양성이 제한되어 있는 관계로, 이른바 '합체의 원칙'(merger doctrine)에 의하여 현실적으로 저작권적 보호가 인정되는 부분은 극히 제한될 수밖에 없다고 하였다.

나아가 이 사건 설계도에는 욕실을 현관 측부에 배치하지 않고 안쪽에 배치함으로써 양쪽에 신발장을 두어 충분한 수납공간을 확보한 점, 주방에 냉장고를 배치할 수 있도록 부부욕실 배치와 더불어 계획한 점, 안방에 후변 발코니와 파우더룸, 수납공간을 같이 배치하여 발코니 확장시 수납공간을 강화할 수 있도록 한 점 등의 설계상 특징이 있다는 주장에 대하여, 그러한 특징들은 수납공간의 확보 등 아파트 내부 공간 활용의 편의성을 도모하기 위한 공간 및 요소들의 배치 및 구성에 관련된 것으로 기능적 요소라 할 것이므로, 그 자체로는 아이디어에 해당하여 저작권의 보호 대상이 될 수 없다고 하였다.

또한 이 사건 설계도에 나타난 전체적인 외관 등 그 표현 자체의 창작성에 관하여, 이 사건 설계도처럼 34-35평형 아파트를 설계함에 있어서는 법령상 인정되는 세제상의 혜택을 누리기 위하여 전용면적을 85㎡(이른바 국민주택 규모)에 근접하는 면적으로 설계를 하게 된다는 점, 34-35평형 아파트는 일반적으로 침실 3개, 화장실 2개, 주방과 파우더룸 등으로 구성되는 것이 설계관행인 점, 이 사건 설계도가 작성되기 이전에 관련 아파트 설계업계에서는 이미 '3 베이형'(3개 방의 벽면이 전면 베란다와 접하는 형식), '3.5 베이형'(4개 방이 전면 베란다에 접하되, 그 중 안방 벽면은 약 50%가 베란다에 접하는 형식) 등의 아파트 설계도 작성이 일반화되어 있었던 점, 그 밖에도 현관 욕실을 안쪽에 배치하거나 냉장고를 배치하도록 부부욕실을 배치하는 등의 설계는 이 사건 설계도 작성 이전부터 활용되고 있었던 점 등을 고려하면, 이 사건 설계도는 이미 존재하는 아파트 설계도 형식을 그대로 사용하거나 다소 변용한 것에 불과하여 저작권으로써 보호받을 만한 어떠한 독창성을 가지고 있다고 할 수 없을 뿐만 아니라, 34-35평형 아파트를 설계하는 데 있어서 공간적 제약, 필요한 방실의 수 등의 제약요소로 인하여 상정이 가능한 극히 제한된 표현형태의 하나로 볼 것이므로, 합체의 원칙에 의하여 저작권적 보호를 받을 수 없다고 하였다.

대법원 2009. 1. 30. 선고 2008도29 판결도 아파트 내부평면 설계도와 관련하여 같은 취지의 판시를 하고 있다. 이 판결에서는, 아파트의 경우 해당 건축관계 법령에 따라 건축조건이 이미 결정되어 있는 부분이 많고 각 세대전용면적은 법령상 인정되는 세제상 혜택이나 그 당시 유행하는 선호 평형이 있어 건축이 가능한 각 세대별 전용면적의 선택에서는 제약이 따를 수밖에 없으며, 그 결과 아파트의 경우 공간적 제약, 필요한 방 숫자의 제약, 건축관계 법령의 제약 등으로 평면도, 배치도 등의 작성에 있어서 서로 유사점이 많은 점, 이 사건 평면도 및 배치도는 기본적으로 건설회사에서 작성한 설계도면을 단순화하여 일반인들이 보기 쉽게 만든 것으로서, 발코니 바닥무늬, 식탁과 주방가구 및 숫자 등 일부 표현방식이 독특하게 되어 있기는 하지만, 이는 이미 존재하는 아파트 평면도 및 배치도 형식을 다소 변용한 것에 불과한 것으로 보이는 점 등에 비추어 보면, 이 사건 각 평면도 및 배치도에 저작물로서의 창작성이 있다고 보기는 어렵다고 하였다.

마. 건축물과 설계도면의 관계 – 건축물의 복제

(1) 문제의 소재

저작권법 제 2 조 제22호는 복제의 개념을 정의하면서, "건축물의 경우에는 그 건축을 위한 모형 또는 설계도서에 따라 이를 시공하는 것을 포함한다."고 규정하고 있다. 이 규정은 설계도만 존재하고 아직 그에 따른 건축이 이루어지지 않은 상태에서 제 3 자가 그 설계도에 따라 먼저 건축을 하는 경우를 침해로 인정하기 위한 규정이다.

예를 들어, 甲이 창작성 있는 건물 X를 건축하기 위하여 설계도를 작성하였다고 가정하자. 만약 乙이 그 설계도를 그대로 복제(copy)하였다면 이는 당연히 설계도(도형저작물과 건축저작물 양자의 성격을 갖는다)의 복제가 되어 침해로 인정될 것이다. 또 甲이 자신의 설계도에 따라 건물 X를 건축하였는데, 그 건물을 보고 乙이 그와 실질적으로 동일한 건물을 건축하였다면 甲이 저작권을 가지는 건물 X(건축저작물)에 대한 복제권의 침해가 될 것이다. 여기까지는 별다른 의문이 없다. 문제는 甲이 설계도만 작성하고 아직 그에 따른 건축을 하지 아니하였는데, 乙이 그 설계도를 암기하거나 또는 다른 경로로 입수하여(따라서 설계도 자체의 복제는 하지 아니하였다) 甲보다 앞서서 건물 X를 건축한 경우이다. 이때에는 설계도 자체의 복제행위도 없고 그렇다고 아직 존재하지도 않았던 건축물에 대한 복제가 있었다고 말할 수도 없다. 그러나 이를 침해로 인정하지 못한다는 것은 부당하다. 따라서 이와 같은 경우에도 침해가 성립할 수 있도록 한 것이 바로 저작권법 제 2 조 제22호의 규정인 것이다.

이 규정은 건축 설계도면에는 이미 관념적인 건축물이 표현되어 있는 것으로 본다는 취지가 포함되어 있다. 그러므로 설계도면에 따라 건축을 하는 것은 설사 아직 현실적인 건축물이 존재하지 않는다 하더라도 그 설계도면에 관념적으로 표현되어 있는 건축물을 복제하는 것이 되어 복제권의 침해가 성립한다고 보는 것이다. 즉, 건축저작물의 경우 기계나 장치 등과는 달리 그 모형이나 설계도서에 따른 시공을 통하여 완성된 건축물 역시 저작물로서 보호된다는 특징이 있고, 건축저작물의 저작물로서의 창작적 표현은 그 모형이나 설계도서에 이미 관념적으로 나타나 있기 때문에, 건축을 위한 모형이나 설계도서에 따른 시공은 곧 그러한 관념적 표현을 현실화 하는 것이 되어 이를 건축물에 대한 복제로 보는 것이다. 다시 말해서, 일반적으로 저작권의 보호는 기존에 존재하는 저작물에 대하여 발생하는 것이 원칙이나, 이에 대한 특수한 예외로서, 건축설계도면에 표현된 아직 존재하지 않는 관념적인 건축저작물의 복제를 현실의 건축저작물의 복제와 동일하게 보는 것이다.

(2) 학 설

이러한 이론구성에 대하여는 건축저작물의 개념에 모형이나 설계도서가 포함되고, 그러한 모형이나 설계도서에 따라 건축물을 완성한다면 그것을 복제라고 하기에 아무런 지장이 없는데, 굳이 이 규정과 같은 정의가 필요한지 의문이며, 따라서 이 규정은 확인규정이라고 할 수는 있으나 불필요한 것이라는 견해가 있다. 이 규정은 일본 저작권법을 특별한 검토 없이 수용한 것으로서, 일본 저작권법은 우리 법과는 달리 건축을 위한 설계도면을 도형저작물의 일종으로만 볼 뿐 건축저작물에 포함시키지 않고 있으므로, 설계도면에 따라 시공하여 건축물을 완성한다면 이는 도형저작물의 복제라고는 볼 수 있으나 건축저작물의 복제라고는 보기 어렵다. 따라서 도형저작물과 건축물을 연계할 필요성이 있었고, 이에 일본 저작권법 제 2 조 제 1 항 제15호 나목에서 '복제'를 정의하면서, "건축에 관한 도면에 따라 이를 완성하는 것"을 포함한다는 규정을 둔 것이라고 한다. 그러나 건축 설계도면을 건축저작물로 보고 있는 우리 저작권법상으로는 이 규정이 없다고 하더라도 건축을 위한 설계도서에 따라 건축물이 시공되면 그것으로 건축저작물의 복제물이 되기에 충분한 것이며, 일반적인 복제 개념의 원리를 적용하면 그만이라고 한다.[212] 타당한 지적이라고 생각한다. 우리 저작권법은 건축을 위한 모형 또는 설계도서를 건축저작물로 규정하고 있고, 따라서 모형 또는 설계도서에 따라 건축물을 완성하면 이를 건축저작물에 대한 복제로 볼 수 있다. 그러므로 복제에 대한 정의 규정에서 유독 건축저작물의 경우에만 본 규정과 같은 특별한 사항을 정하는 것도 어색하다. 그런 의미에서 본 규정은 위 견해가 지적하고 있는 바와 같이 확인적 의미를 가지는 것이라고 보는 것이 타당하다.

설계도면을 건축저작물이 아닌 도형저작물로만 규정하고 있는 일본에서도, 건축저작물이라 함은 "설계도에 표현되어 있는 관념적인 건물 자체"라고 하면서, 실제 건물은 건축저작물이 구체화된 것에 지나지 않으므로, 설사 건축물이 아직 완성되지 않은 경우에도 제 3자가 그 설계도를 보고 건물을 건축하면 건축저작물의 복제에 해당한다고 볼 수 있기 때문에, 설계도서에 따라 시공하는 것을 건축물의 복제로 본다는 이 규정은 복제의 개념을 확대하는 것이 아니라 단순히 복제의 개념을 명확히 하는 확인 규정으로서의 의미를 가질 뿐이라고 해석하는 견해가 다수이다.[213]

설계도면을 건축저작물이 아닌 도형저작물로만 파악하고 있는 일본의 해석론 중에는, 이 규정은 설계도면에 따른 건축을 '건축물'의 복제로 파악하고 있으나, 난해하고 복잡한 해석과정을 수반하게 되므로 입법론으로서는 건축설계도면에 따른 건축물의 건축을 '설계도'의 복제에 해당하는 것으로 규정하는 편이 좋았다는 견해가 있다.[214]

한편, 이 규정은 건축설계도면에만 적용되며 다른 설계도면에는 적용이 없다고 보아야 한다. 예를 들어 기계 설계도면에 따라 기계를 제작하였다 하더라도 위 제22호 규정을 유추적용하여 저작권의 침해를 인정할 수는 없다.[215] 그러나 창작적 표현이 관념적으로 표현되어 있는 것은 건축설계도와 모형만이 아니라, 대형 조각품이나 조형물과 같이 그 제작을 위해 설계도나 모형의 작성이 필요한 다른 저작물의 경우에도 마찬가지이다. 따라서 이 규정은 설계도가 필요한 조형저작물에도 유추적용 될 수 있는 것으로 해석함이 타당하다. 아래의 판례도 그러한 취지이다.

(3) 판 례

대법원 2019. 5. 10. 선고 2016도15974 판결은, "저작권법 제2조 제22호는 '복제'의 의미에 대해 '인쇄·사진촬영·복사·녹음·녹화 그 밖의 방법으로 일시적 또는 영구적으로 유

212) 최경수, 전게서, 145-146면.
213) 半田正夫·松田政行, 著作權法コンメンタール, 勁草書房(1), 253면.
214) 山中伸一, 著作權判例百選, 전게서, 50면.
215) 오오사카지방법원 1992. 4. 30. 선고 1436호 판결; 著作權判例百選, 전게서, 54면에서 재인용.

형물에 고정하거나 다시 제작하는 것'이라고 규정하고 있다. 이러한 복제에는 도안이나 도면의 형태로 되어 있는 저작물을 입체적인 조형물로 다시 제작하는 것도 포함한다. 위 조항의 후문은 '건축물의 경우에는 그 건축을 위한 모형 또는 설계도서에 따라 이를 시공하는 것을 포함한다.'라고 규정하고 있으나, 이는 저작물인 '건축물을 위한 모형 또는 설계도서'에 따라 건축물을 시공하더라도 복제에 해당한다는 점을 명확히 하려는 확인적 성격의 규정에 불과하다."고 판시함으로써 위 규정의 취지를 밝히면서, 아울러 위 규정이 건축저작물의 경우만이 아니라, 다른 일반 저작물의 제작을 위한 모형이나 설계도에도 적용된다는 점을 분명히 하였다.[216]

다만, 아 판례는 어디까지나 저작물을 제작하기 위한 도안이나 도면에 적용되는 것이다. 저작물이 아닌 일반 물건을 제작하기 위한 도안이나 도면의 경우는 다르다. 이런 도안이나 도면을 허락 없이 복제하면 도형저작물의 복제권침해에 해당할 것이지만, 그 도안이나 도면에 따라 물건을 제작하는 행위는 저작권침해가 성립하지 않는다.

바. 기본설계도와 실시(응용)설계도의 관계

(1) 판 례

먼저 기본설계도와 응용설계도의 관계를 다룬 하급심 판결을 하나 살펴보기로 한다.

건축가인 원고는 피고회사로부터 일본 미에현에 신축하려 하는 약 30,000평 규모의 A 호텔의 기본설계(계획설계) 및 자문을 맡아 달라는 제의를 받고, 30일간의 작업으로 신축할 호텔의 모형도 10여 개 안과 그에 따른 투시도 14개 안을 슬라이드(환등영사용)필름으로 작성하였다. 원고는 피고회사의 요청에 따라 그 여러 모형도 및 투시도들 중 2개 안의 모형도 및 투시도를 피고회사에 인도하였다. 그 후 원고는 피고 회사의 요청에 따라 일본에 체재하면서 피고회사의 기본설계도 저작 및 도급계약서 작성을 위해 대기하였으나, 피고회사의 지체로 인하여 결국 피고회사와 원고 간의 계약서 작성은 이루어지지 않았고, 따라서 원고는 그 기본설계도 중 평면도 및 입면도를 완성하지 않았다. 그런데 피고회사는 원고가 저작한 모형도 및 투시도를 모방해서 그와 동일할 정도로 유사한 모형도, 투시도, 평면도 및 입면도 등 기본설계도를 일본인 건축사에게 교부하면서 그 기본설계도대로 A호텔 실시설계도(응용설계도)를 제작해서 일본의 건축허가 당국에 허가신청해 달라고 도급을 주었다. A호텔의 기본설계도를 저작하는 순서와 일정은 ① 호텔건물에 대한 연구와 해외 일류호텔

---

216) 이 사건의 원심인 대전지방법원 2016. 9. 22. 선고 2015노3038 판결에서는, "피고인이 이 사건 도안에 따라서 이 사건 조형물을 제작한 행위는, 설령 그 이전에 이 사건 도안을 형상화한 조형물이 존재하지 않았다 하더라도, 이 사건 도안에 따른 관념적인 조형물의 복제로서 위 조항에서 정의하는 복제에 해당한다."고 판시하였다.

의 답사 검토, ② 여러 가지 건물모형의 구상, ③ 그 구상들에 따른 여러 안의 모형도 또는 투시도 저작, ④ 그 모형도 및 투시도들의 비교 검토에 의한 최종 선택, ⑤ 선택된 투시도 및 모형도에 따르는 배치도 1장, 층별 평면도 각 1장, 정면도, 배면도 및 측면도 각 1장 등 합계 청사진 10여 장의 작성 등으로 이루어진다. 한편, 원고는 위 ① 내지 ④ 단계를 거쳐 그 호텔의 최종안 모형도 및 투시도를 완성하였으므로, 원고가 저작하였던 모형도 및 투시도는 기본설계도 저작 중 60% 이상의 비중을 차지하였다.

이 사건에서 서울민사지방법원 1995. 8. 18. 선고 95가합52463 판결은, 원고는 A호텔의 모형도 10여개 안과 그에 따른 투시도 14개 안을 슬라이드(환등영사용)필름으로 저작함으로써 그 건축물 모형도 및 투시도 등 건축저작물에 대한 저작재산권을 가지게 되었고, 그 건축저작물(모형도 및 투시도)들을 변형, 모방해서 모형도 및 투시도를 포함하는 기본설계도 등 2차적저작물을 작성해서 이용할 2차적저작재산권을 가지게 되었다고 할 것이며, 피고회사가 일본인 건축사에게 원고의 건축저작물을 모방, 변형하도록 도급시키고 그대로 건축허가를 받아 낸 행위는 원고의 2차적저작물작성권에 대한 침해행위가 된다고 하였다. 나아가 그 손해배상액에 관하여는, 원고가 그 권리를 행사하였으면 통상 얻을 수 있었을 금액, 즉 로열티 상당의 금액으로 볼 수 있다고 한 후, 위 호텔에 대한 기본설계도 저작의 통상 도급금액이 금470,000,000원 정도이고, 원고가 저작한 위 모형도 및 투시도가 기본설계도 저작의 약 60% 정도를 차지하므로, 원고가 저작한 위 모형도 및 투시도에 관한 권리(그것에 의하여 2차적저작물을 작성할 권리 포함)를 행사하였을 경우 취득할 수 있었던 가액은 금 282,000,000(470,000,000원 × 60%)이 된다고 하였다.

(2) 의 의

일반적으로 건축설계라는 것은 설계도면 한 장을 제작하는 것으로 끝나는 단순한 것이 아니라 건물모형의 구상, 그에 따른 모형도 및 투시도 제작, 평면도·배면도·측면도·배치도를 비롯한 여러 종류의 청사진 작성 등을 거치는 복잡한 작업이다. 그 중 모형도는 건축물을 일정 비율로 축소하여 입체적인 모형으로 제작한 것으로서 대규모 건축물이라든가 예술적으로 중요한 건축물의 경우에 주로 작성된다. 또한 설계도서는 건축법 제 2 조 제 1 항 제14호에서 "건축물의 건축 등에 관한 공사용 도면, 구조 계산서, 시방서(示方書), 그 밖에 국토교통부령으로 정하는 공사에 필요한 서류를 말한다."고 정의하고 있다. 이 중에서 공사용 도면은 다시 투시도, 평면도, 배치도, 입면도, 단면도 등으로 분류된다. 규모가 큰 건축에서는 그에 따르는 설계도서만 수백 장에 이르는 경우도 많다.

위 판례는 원고가 건축물 모형도 및 투시도만을 저작한 상태에서 피고가 이를 변형·

모방하여 모형도 및 투시도를 포함하는 기본설계도를 작성케 한 행위를 원고의 2차적저작물작성권에 대한 침해로 이론구성하고 있다. 합리적인 해석이다. 다만, 이 판례에서는 피고의 행위를 싸잡아 2차적저작물작성권 침해로 규정하고 있으나, 만약 피고가 작성한 모형도 및 투시도가 원고의 그것과 실질적으로 동일한 것이었다면 이 부분에 대해서만은 복제권의 침해가 성립한다고 보아야 할 것이다.

이 판례는 건축저작물과 관련하여 저작권법적인 접근을 시도한 최초의 판례라고 보인다. 종전의 일반적인 소송실무상 이 판례와 같은 사안에서는 채무불이행을 이유로 한 손해배상이나 아니면 용역대금을 청구하는 사례가 많았던 것 같다. 그러나 위 판례에서와 같이 저작권침해로 이론구성을 하게 되면, 저작권법이 규정하고 있는 권리침해에 대한 각종의 구제제도, 예를 들어 침해의 정지청구(법 제123조)라든가 손해배상청구에 있어서 손해액 추정을 위한 규정(법 제125조 제 1 항 등), 명예회복 등의 청구(법 제127조) 등을 이용할 수 있다. 따라서 피고가 원고의 저작권을 침해하여 건축하고 있는 호텔의 건축공사중지 등 가처분을 신청할 수도 있게 되어 훨씬 강력한 보호를 받게 된다.

다만, 아래 대법원 판례에서 보는 바와 같이 건축공사가 상당한 정도로 진척되어 이를 중단하게 되면 중대한 사회적·경제적 손실을 초래할 경우에는 공사중지가처분이 받아들여지지 않을 수 있다.

사. 건축설계계약과 설계도의 이용권

건축설계계약의 성격과 설계도의 이용권에 관하여 대법원 2000. 6. 14.자 99마7466 결정은 매우 의미있는 판시를 한 바 있다.[217)]

이 사건 신청인(甲)은 피신청인(乙)과의 사이에 乙이 건축하는 아파트 신축공사에 관하여 설계도서 등의 작성, 사업승인과, 건축허가 등 대(對)관청 대리업무 이행 등을 업무 내용으로 하되, 甲이 작성한 모든 설계도와 참고서류에 대한 소유권 및 모든 권리는 乙에게 귀속시키기로 하는 건축설계계약을 체결하였다. 이에 따라 甲은 위 아파트의 신축공사에 필요한 설계도서를 작성하여 乙에게 교부하였고, 乙은 甲이 작성한 설계도서에 따라서 지하층의 공사를 마치고 골조공사를 진행하고 있었다. 그런데 甲과 乙 사이에 분쟁이 발생하여 乙은 계약해제의 의사표시를 하였다.

대법원은, 이 사건과 같이 가분적인 내용들로 이루어진 건축설계계약에 있어, 설계도서 등이 완성되어 건축주에게 교부되고, 그에 따라 설계비 중 상당부분이 지급되었으며, 그 설계도서 등에 따른 건축공사가 상당한 정도로 진척되어 이를 중단할 경우 중대한 사

217) 대법원 2022. 5. 12. 선고 2020다240304 판결도 같은 취지이다.

회적·경제적 손실을 초래하게 되고 완성된 부분이 건축주에게 이익이 되는 경우에는, 건축사와 건축주와의 사이에 건축설계계약 관계가 해소되더라도 일단 건축주에게 허여된 설계도서 등에 관한 이용권은 의연 건축주에게 유보되며, 따라서 건축설계계약이 설사 피신청인(乙)의 귀책사유로 해제되었다 하더라도 신청인(甲)이 위 설계도서에 관한 저작재산권(복제권)자로서의 지위를 회복하는 것은 아니라고 판단하였다.

(1) 건축설계계약의 성격

위 대법원 판결의 원심인 서울고등법원 1999. 11. 3.자 99라208 결정은 이 사건 건축설계계약을 위임계약으로 해석하였다. 원심은, "설계계약에 있어서 설계도서가 완성된다고 하여 그 설계업무가 종료하는 것은 아니고, 설계업무라는 것은 건축주로부터 부여된 조건하에서 가장 합리적인 해답을 찾는 작업이며, 그 작업의 과정에 설계자의 가치관이 반영되고 창조성이 발현되는 것이다. 따라서 설계업무는 건축주와 충분한 의사소통을 통하여 그 의도를 찾으면서 업무를 수행하는 것이고, 이러한 설계업무는 건축주로서는 설계자의 기능 등을 신뢰하고 그 특수한 지식과 재능을 이용하는 것이며, 설계자로서는 건축주의 목적에 따라 그 재량으로 가장 합리적인 해법을 만들어 내는 업무로서 이는 위임계약이라고 할 수 있다"고 판시하였다.

그러나 원심이 설시한 위와 같은 내용은 위임에만 한정되는 것은 아니고 도급의 경우에도 마찬가지로 적용되는 사항이다. 전형적인 도급계약인 건축공사를 비롯하여 미술조각품의 제작납품 등의 도급계약에 있어서도, 시공자 또는 창작자는 발주자와 충분한 의사소통을 거치면서 자신의 특수한 지식과 재능을 이용하여 업무를 수행하고, 발주자의 목적에 따라 그 재량으로 가장 합리적인 결과물을 만들어 낸다고 볼 수 있다.

우리와 같은 법제를 가지고 있는 일본에서는 설계계약을 도급과 준위임(準委任)의 성질을 아울러 가지는 특수한 계약으로 해석하고 있으며,[218] 독일에서는 건축설계계약은 모두 원칙적으로 도급계약으로 해석한다.[219] 도급은 일의 완성과 보수의 지급을 내용으로 하는 계약이고, 위임은 당사자 일방이 법률행위 등 기타의 사무의 처리를 상대방에게 위임하는 계약이다. 도급은 일의 완성을 목적으로 하므로 일이 완성되지 않는 한 원칙적으로 보수를 받을 수 없지만, 위임은 반드시 일이 완성되어야만 하는 것은 아니므로, 그 목적달성여부를 불문하고 수임업무를 수행하기만 하면 일단 족한 것이다. 그렇기 때문에 수임인이 중도에서 위임사무의 수행을 중지하더라도 이미 수행한 부분에 상응하는 보수를 받을 수 있으

218) 동경지방법원 1977. 1. 28. 판결, 無體裁集, 9卷 1號, 29면.
219) 日向野弘毅, 전게서, 103면 참조.

며, 이 점이 도급과의 가장 중요한 차이점이다.220)

건축설계계약을 도급 또는 적어도 도급과 준위임의 성격을 겸유하는 특수한 계약으로 보아야 하는 이유는, 일반적으로 건축가와 건축주 사이에 체결되는 설계계약은 "건축설계 및 감리계약"을 의미하며, 여기에는 건축가가 설계도서 및 준공도서 등 각종 도면을 작성하여 건축주에게 인도하는 것은 물론, 사업승인, 건축허가 및 공사준공에 이르기까지 건축과정에서의 각종 신청 등 대(對) 관청업무와 감리업무를 위임받아 수행하는 것이 포함되기 때문이다. 그 중 설계도서의 작성은 일의 완성을 목적으로 하는 도급의 성격을 띠고 있다. 물론 그 대금은 수차례에 걸쳐 나누어 지급하는 것이 상례이지만 이는 통상적으로 그 금액이 고액인 경우가 많기 때문에 그런 것이고, 원칙적으로 설계도서의 완성이 이루어지지 아니하였는데 대금을 지급받을 수는 없다. 다만 일부의 설계도서만으로도 어느 정도의 가치가 있고 그것을 사용하여 추가도서의 작성이 가능한 경우에 건축주가 그 기성부분에 대한 대금을 지급할 수도 있겠지만, 이는 전형적 도급계약인 건축공사에 있어서 기성고에 상응한 공사대금을 지급하는 것과 다를 바 없다.

이에 반하여 설계계약 내용 중 설계도서의 작성 외에 각종 신청 등 관청업무와 감리업무 부분은 사무처리를 위임받아 행하는 위임계약의 성격을 띠고 있다. 그렇기 때문에 건축설계계약은 도급과 위임의 성질을 겸유하는 특수한 계약으로 보아야 하는 것이다.

위 대법원 판결의 사건에서도 신청인(건축가)과 피신청인(건축주) 사이의 건축설계계약서에 의하면, 신청인의 용역범위는 "① 인허가 설계도서(사업승인 등의 설계도서) 작성 및 준공도서 작성, ② 시공도면 작성 및 설계변경도서 작성, ③ 계산서 작성, ④ 위 사항에 있어서의 건축, 기계, 전기, 조명 등 각종 부대시설 포함, ⑤ 사업승인, 건축허가 및 공사준공 완료시까지의 대 관청업무 대리(건축, 건축구조, 조경, 기계, 전기 등), ⑥ 조감도"로 되어 있었다. 특히 이 사건에서 신청인이 해제에 의한 원상회복을 주장하는 것은 감리 또는 관청에 대한 신청업무 부분이 아니라 자신이 제작하여 납품한 설계도서 부분만이며, 이 부분은 위임이라기보다는 당연히 도급의 성질을 가지는 계약이라고 보아야 한다.

다만 이 사건 원심은 가언적 판단으로, 설사 이 사건 건축설계계약을 도급계약으로 본다고 하더라도, 설계계약의 특성상 설계도서가 완성되어 건축주에게 인도되어 건축주가 그에 따라 건축을 시공하고 있는 경우에는, 특별한 사정이 없는 이상 건축설계계약을 해제할 수 없다고 봄이 상당하다고 하고 있다. 이 점에서는 본건에서 대법원이, 건축설계계약이 해제된 경우에도 건축주에게는 이른바 이용권이 남아 있다고 한 것과 일맥상통한다.

---

220) 박영사, 민법주해(15), 채권(8), 515면 참조.

(2) 이용권

건축주는 건축설계감리계약에 의하여 건축가로부터 인도 받은 건축설계도서에 따라 건축을 시행하는데, 이는 1회의 건축에 한정되는가, 아니면 동일한 건축설계도서에 따라서 2회 이상의 건축을 행하는 것도 가능한가. 또 건축가는 그가 작성한 건축설계도서에 의하여 이미 건축이 행해진 경우에 그 건축설계도서를 사용하여 다시 다른 장소에 건축을 하도록 할 수 있는가. 이 문제와 관련된 것이 이른바 건축설계도서의 '이용권'이다.

설계도서의 이용권에 대하여는 우리나라 판례 중에서는 위 대법원 판결이 처음으로 언급을 한 것으로 보인다. 이하에서는 일본과 독일에서의 이용권에 대한 해석론을 살펴보고 마지막으로 위 대법원 판례의 의미에 대하여 검토해 보기로 한다.

(가) 일본의 해석론

일본의 日向野弘毅 교수는, 건축주와 건축가 사이에 체결한 건축설계감리계약에 특약이 없는 한, 건축주는 원칙적으로 당해 건축설계감리계약에 기초하여 인도를 받은 건축설계도서에 따라서 한 번만 건축을 행할 수 있다고 해석한다. 즉, 건축설계감리계약에 특약이 있는 경우 또는 당해 건축설계도서에 따라 2회 이상 건축을 행하는 것이 당연히(또는 묵시적으로) 전제로 된 경우를 제외하고는 건축주는 당해 건축설계도서에 따라서 1회만 건축을 행할 수 있다는 것이다.221)

(나) 독일의 해석론

① 이용권의 부여

독일에서는 원칙적으로 건축가가 가지고 있는 건축설계도 및 건축물에 관한 저작권이 건축설계계약에 의하여 건축주에게 양도되는 것은 아니라고 본다. 그럼에도 불구하고 통설은, 건축가의 설계도에 관한 이용권은 건축설계계약의 체결에 의하여 그와 동시에 건축주에게 부여되는 것으로 해석한다. 다만 건축설계계약은 첫째, 건축가가 건축가업무 전체를 위탁받은 경우와, 둘째, 설계업무만을 위탁받은 경우, 셋째, 건축을 위한 기본조사와 기본구상만을 위탁받은 경우로 나눌 수 있는데, 이 중 첫 번째와 두 번째의 경우에는 건축주에게 이용권이 부여되나, 세 번째의 경우에는 이용권이 건축주에게 자동적으로 부여되는 것은 아니라고 한다.222)

② 건축설계계약의 해소와 이용권의 귀속

어떠한 이유에서든 건축가와 건축주 사이에 체결된 건축설계계약이 해소된 경우에 일단 건축주에게 부여된 설계도의 이용권의 귀속에 관하여는 다소 다른 견해들이 존재한다.

221) 日向野弘毅, 전게서, 14면.
222) 日向野弘毅, 전게서, 102면 이하.

우선 일단 건축주에게 부여된 이용권은 계약관계가 해소되어도 그대로 건축주에게 남아 있다는 견해이다. 즉, 건축설계계약이 체결되면 건축설계도서에 대한 이용권이 건축주에게 부여되는 것으로 추정할 수 있으며, 이때에 이용권의 부여는 계약체결과 동시에 이루어지고, 그 결과 당사자의 일방이 그 후 계약을 해제하더라도 일단 부여된 이용권이 소멸되는 것은 아니라고 한다. 따라서 건축설계계약의 해제는 이용권과 관련하여서는 소급효가 없고, 다만 장래에 있어서 청산의 문제만을 남기게 된다.[223]

이에 대하여, 건축설계계약에 의하여 설계도서의 이용권이 건축주에게 부여되는 것은 아니지만(즉, 건축설계계약에 의하여 설계도서의 이용권이 건축주에게 부여된다고 하는 통설에 반대하는 견해이다), 설계계약관계가 해소되는 경우에는 설계도서에 대한 이용권이 건축주에게 부여된다고 하는 견해가 있다.[224] 이 견해는 설계계약관계가 해소될 때 설계도서에 대한 이용권이 건축주에게 부여되는 근거를 신의성실의 원칙에 두고 있다.

③ 대법원 판결의 의미

위 대법원 판결에서는, "이 사건과 같이 가분적인 내용들로 이루어진 건축설계계약에 있어, 설계도서 등이 완성되어 건축주에게 교부되고, 그에 따라 설계비 중 상당부분이 지급되었으며, 그 설계도서 등에 따른 건축공사가 상당한 정도로 진척되어 이를 중단할 경우 중대한 사회적·경제적 손실을 초래하게 되고 완성된 부분이 건축주에게 이익이 되는 경우에는 건축사(건축가)와 건축주와의 사이에 건축설계계약 관계가 해소되더라도 일단 건축주에게 허여된 설계도서 등에 관한 이용권은 의연 건축주에게 유보된다고 할 것이다"라고 판시함으로써, 건축설계도서에 관한 이용권의 존재를 인정하고 있다.

위 판결내용에 비추어 볼 때 우리 대법원은 모든 경우에 건축설계도서에 대한 건축주의 이용권을 인정하는 것이 아니라, 일정한 요건 아래에서만 이를 인정하는 취지로 이해된다. 그 요건으로서 위 대법원 판례는, 첫째, 건축설계계약이 가분적인 내용들로 이루어질 것, 둘째, 설계도서 등이 완성되어 건축주에게 교부되고, 그에 따라 설계비 중 상당부분이 지급되었을 것, 셋째, 그 설계도서 등에 따른 건축공사가 상당한 정도로 진척되어 이를 중단할 경우 중대한 사회적, 경제적 손실을 초래하게 되고 완성된 부분이 건축주에게 이익이 될 것 등을 들고 있다. 이러한 해석론은 이용권의 근거를 신의성실의 원칙에서 찾는 독일에서의 해석론과 유사하다고 할 수 있다.

그리고 일단 이용권의 존재를 긍정한 이상 이 사건 건축설계계약이 위임계약인지 아니면 도급계약인지 여부는 이 사건의 결론에 직접적인 영향을 주는 것은 아니다. 본건 대

223) 뉴른베르크 상급지방재판소 1989. 1. 10. 판결, 상게서, 115면에서 재인용.
224) 상게서, 116면.

법원 판례도 이와 같은 취지로 판시하고 있다.

이러한 이용권을 인정하는 것은 건축가가 자신의 건축저작물인 설계도서에 대하여 가지는 저작권의 의미를 상당히 제한할 소지가 있다. 따라서 이와 같이 이용권을 인정할 경우 건축가의 보수청구권을 확보할 수 있는 방안이 있어야 할 것이다. 그렇지 않을 경우 건축가의 희생 아래 건축주의 이익만을 보호한다는 비판을 받을 수 있다.

아. 건축물의 파괴·개축

건축물의 소유자가 건축물 저작자의 허락을 받지 아니하고 이를 무단으로 증개축하는 것이 가능한지 문제로 된다. 소유자는 자기의 소유물을 자유롭게 처분할 수 있기 때문에 건축물 소유자가 자신의 건축물을 완전히 파괴하고 새로운 건축을 하는 것은 가능하겠지만, 기존 건축물을 일부 증개축하는 경우에는 그 건축물의 저작자가 가지는 저작인격권의 하나인 동일성유지권을 침해할 여지가 있다. 통설은, 건축물은 다른 저작물과 달리 주거 등 실용적인 목적을 위한 것이므로 소유자가 급박한 필요에 따라 증개축 하는 것을 저작권자가 거부할 수 있다는 것은 부당하므로, 소유자에 의한 증개축은 소유권의 내용 중 하나인 처분권의 행사로서, 원칙적으로 저작인격권 침해가 되지 않는다고 해석한다.[225] 우리 저작권법도, 저작자는 그 저작물의 내용·형식의 동일성을 유지할 권리를 가진다고 하면서도 건축물의 증축·개축 그 밖의 변형에 대하여는 그것이 본질적인 내용의 변경이 아닌 이상 이의를 할 수 없다고 규정하고 있다(제13조 제 2 항 제 2 호). 이에 관하여는 뒤의 저작인격권 부분에서 다시 살펴보기로 한다.

6. 사진저작물

가. 의 의

사진저작물은 사상 또는 감정을 일정한 영상에 의하여 표현한 저작물을 말하며, 여기에는 사진 및 이와 유사한 방법으로 제작된 것이 포함된다(저작권법 제 4 조 제 1 항 제 6 호). 사전적 정의로 본다면 '사진'은 "빛이나 복사 에너지의 작용을 통하여 감광성의 물체 위에 피사체의 형태를 영구적으로 기록하는 방법"이다.[226] 저작권법의 역사에서 볼 때 사진저작물은 다른 저작물에 비하여 상대적으로 늦게 저작물로 인정을 받게 되었다. 사진은 그것이 발달하던 초기에는 저작물이라기보다는 사물을 정확하게 재현하는 것, 즉 복제의 한 수단

225) 半田正夫, 전게서, 98면.
226) 한국 브리태니커 온라인 사전 참조.

이나 방법으로 인식되었기 때문이다. 그러다가 점차 사진촬영 과정에서 발휘되는 창작성에 주목하면서, 사진을 문화·예술의 한 분야로 받아들이게 되고, 그 저작권 보호에 관심을 가지게 되었다. 국제조약에서 사진을 저작물로 처음 받아들인 것은 1908년 베른협약 베를린 개정회의에서였다고 한다.

사진저작물은 '일정한 영상'을 표현매체로 한다는 점에서 '연속적인 영상'을 표현매체로 하는 영상저작물(같은 조 제 7 호)과 구별되며, 사진기와 같은 기계에 의존한다는 점에서 미술저작물(같은 조 제 4 호)과도 구별된다. 사진은 광선의 물리적·화학적 작용을 이용하여 피사체를 필름 등에 재현하는 것이고, 이와 유사한 방법에 의하여 제작한 저작물, 예컨대 그라비아(사진요철, photogravure)인쇄, 사진염색을 비롯하여 디지털 사진 등도 역시 사진저작물에 포함된다.[227] 또한 청사진, 전송사진 기타 인쇄술에 이용되는 Collotype 등도 사진과 유사한 방법에 의하여 제작되는 것이라고 할 수 있다. 요컨대 저작권법 제 4 조 제 1 항 제 6 호가 사진저작물을 예시하면서 사진저작물과 유사한 방법으로 제작된 것을 포함한다고 규정한 것은, 새로운 기술방법이 개발되는 것을 고려하여 그러한 것까지 보호하기 위한 이른바 '개방조항'의 형식을 취한 것이라고 볼 수 있다. 작동방식이나 결과에 있어서 사진적인 창작과 유사한지의 여부가 '유사한 방법으로 제작된 것'에 포함되는지의 기준이 될 것이다.[228]

나. 사진저작물의 창작성

(1) 문제의 소재

사진저작물은 이미 존재하는 피사체를 기계적·화학적 방법에 의하여 재현하는 저작물이라는 점에서 미술저작물이나 건축저작물 등 다른 시각적 저작물과 구별된다. 이와 같이 기계적·화학적 방법에 의하여 작성되는 재현작품이 과연 저작물로서의 성립요건인 창작성을 갖추고 있는지 여부에 관하여 의문이 있을 수 있다.

사진저작물의 창작성과 관련하여서는 앞서 저작물의 성립요건 중 창작성 부분에서 살펴보았던 오스카 와일드의 인물사진과 관련한 미국 연방대법원의 Burrow-Giles 판결[229]이 이 문제를 다룬 효시라고 할 수 있다. 이 판례에서는 피사체를 단순히 기계적인 방법으로 촬영한 것이 아니라 촬영자가 스스로 피사체의 포즈와 의상, 배경이 되는 휘장이나 기타 여러 가지 장식물들, 조명의 방향과 세기 등을 연출하였다면 저작물로 되기 위한 창작성이

227) 半田正夫, 전게서, 101면.
228) 박익환, 사진의 저작권보호, 계간 저작권, 2002. 여름호, 저작권심의조정위원회, 67면.
229) Burrow-Giles Lithographic Co. v. Sarony, 111 U.S. 53(1884).

인정된다고 하였다. 또한 유명 TV탤런트의 브로마이드 사진[230]의 저작물성이 문제로 된 일본의 하급심 판결에서도, "브로마이드 사진은 그 성격상 주로 젊은 팬들을 대상으로 한다는 점 때문에, 촬영에 있어서 피사체의 특징을 나타내기 위하여 그에 맞는 포즈와 표정을 취하게 하고, 배경과 조명의 배합을 보아가면서 셔터찬스를 기다리다가 최종적으로 팬들의 기호에 맞는 표현을 포착하여 촬영을 하는 것이므로, 이와 같은 조작을 거쳐 제작되는 사진에는 촬영자의 개성과 창조성이 나타나는 것이고, 단순한 기계적 작용에 의하여 표현되는 증명사진과 달리 사진저작물로 성립할 수 있다."고 판시한 것이 있다.[231]

이와 같이 사진저작물이 성립하기 위하여서는, 피사체의 선택·구도의 설정·빛의 방향과 양의 조절·카메라 앵글의 설정·셔터찬스의 포착 등에 개성과 창조성이 있어야 한다고 보는 것이 일반적인 해석이다. 따라서 증명사진과 같이 기계적 방법으로 피사체를 충실하게 복제하는 데 그치는 것은 사진저작물로 될 수 없다고 본다. 한편, 사진은 그것이 아무리 단순한 것일지라도 사진작가의 개인적인 영향력(개성)에 관계되지 않을 수 없을 뿐만 아니라, 사진작가에 의하여 주관적으로 행하여지는 피사체의 선택, 사진 찍는 위치, 조도 및 촬영속도를 선택함으로써 창작성이라는 요건을 충족시킬 수 있다는 점에서 대부분의 사진은 사진저작물로 보호된다고 보아야 한다는 견해가 있다.[232]

(2) 판 례

(가) 대법원 2001. 5. 8. 선고 98다43366 판결

이 판결은 광고용 사진에 관한 것인데, 사진저작물은 피사체의 선정, 구도의 설정, 빛의 방향과 양의 조절, 카메라 각도의 설정, 셔터의 속도, 셔터찬스의 포착, 기타 촬영방법, 현상 및 인화 등의 과정에서 촬영자의 개성과 창조성이 인정되어야 저작권법에 의하여 보호되는 저작물에 해당된다고 전제하였다.

나아가 대법원은, 원고가 촬영한 사진은 피고회사가 제작, 판매하는 햄 제품 자체를 촬영한 사진(제품사진)과, 이러한 햄 제품을 다른 장식물이나 과일, 술병 등과 조화롭게 배치하여 촬영함으로써 제품의 이미지를 부각시켜 광고의 효과를 극대화하기 위한 사진(이미

230) 브로마이드(bromide) 사진은 취화은(silver bromide)을 감광제로 사용한 사진용 인화지에 연예인, 가수 등의 모습을 담은 대형 사진을 말한다.

231) 동경지방법원 1987. 7. 10. 선고 소화 57(ワ) 2997 판결; 著作權判例百選, 전게서, 56면에서 재인용.

232) 박익환, 전게논문, 68면 참조. 이 논문에서는 미국의 Learned Hand 판사의 "어떠한 사진도 그것이 아무리 단순할지라도 사진작가의 개인적인 영향력에 관계되지 않을 수 없다"는 표현을 빌리면서, 이와 같은 견해는 미국에서 통설적 견해로서 거의 모든 사진은 사진작가가 대상물, 사진의 각도, 조도를 개인적으로 선정하고 사진촬영의 시간을 결정함으로써 저작권을 주장하기 위해 필요로 하는 독창성을 주장할 수 있다고 한다.

지사진)으로 대별되는데, 그 중 제품사진은 비록 광고사진작가인 원고의 기술에 의하여 촬영되었다고 하더라도, 그 목적은 피사체인 햄 제품 자체만을 충실하게 표현하여 광고라는 실용적인 목적을 달성하기 위한 것이고, 다만 이때 그와 같은 목적에 부응하기 위하여 그 분야의 고도의 기술을 가지고 있는 원고의 사진기술을 이용한 것에 불과하며, 거기에 저작권법에 의하여 보호할 만한 원고의 어떤 창작적 노력 내지 개성을 인정하기 어렵다고 하였다. 또한 이와 같은 제품사진에 있어 중요한 것은 얼마나 피사체를 충실하게 표현하였나 하는 사진 기술적인 문제이고, 표현하는 방법이나 표현에 있어서의 창작성이 아니라고 할 것이니, 비록 거기에 원고의 창작이 전혀 개재되어 있지 않다고는 할 수 없을지는 몰라도 그와 같은 창작의 정도가 저작권법에 의하여 보호할 만한 것으로는 볼 수 없다고 판단하였다.[233]

(나) 대법원 2010. 12. 23. 선고 2008다44542 판결

이 판결은 특정한 수술기를 이용한 수술장면을 그대로 촬영한 사진저작물의 창작성이 문제로 된 사건이다. 대법원은 사진저작물의 경우 피사체의 선정, 구도의 설정, 빛의 방향과 양의 조절, 카메라 각도의 설정, 셔터의 속도, 셔터찬스의 포착, 기타 촬영방법, 현상 및 인화 등의 과정에서 촬영자의 개성과 창조성이 인정되어야 저작물에 해당한다고 볼 수 있을 것(대법원 2001. 5. 8. 선고 98다43366 판결; 대법원 2006. 12. 8. 선고 2005도3130 판결[234] 참조)이라고 전제하였다. 그러한 전제 아래 문제가 된 원고의 사진들은 원고가 생산한 고주파 수술기를 이용하여 치핵절제시술을 하는 과정을 촬영한 것, 고주파 응고법에 의한 자궁질부미란 치료의 경과를 촬영한 것 등으로 모두 촬영 대상을 중앙 부분에 위치시킨 채 근접한 상태에서 촬영한 것이고, 이는 모두 고주파 수술기를 이용한 수술 장면 및 환자의 환부 모습과 치료 경과 등을 충실하게 표현하여 정확하고 명확한 정보를 전달한다는 실용적 목적을 위하여 촬영된 것이어서, 이 사진들은 저작권법상의 사진저작물로서 보호될 정도로 촬영자의 개성과 창조성이 인정되는 저작물에 해당한다고 보기는 어렵다고 하여 저작물성을 부정하였다.[235][236]

---

233) 이 사안에서 '제품사진'이 아닌 '이미지 사진'에 대하여는 대법원이 그 창작성을 인정하였다.

234) 광고용 책자에 게재된 광고사진 중 음식점의 내부 공간을 촬영한 사진은 누가 찍어도 비슷한 결과가 나올 수밖에 없는 사진으로서 사진저작물에 해당한다고 보기 어려우나, 찜질방 내부 전경 사진은 촬영자의 개성과 창조성을 인정할 수 있는 사진저작물에 해당한다고 본 사례이다.

235) 대법원 2010. 12. 23. 선고 2008다44542 판결. 이 판결에서 인용하고 있는 대법원 2001. 5. 8. 선고 98다43366 판결의 내용은 위에서 본 바와 같다.

236) 한편 이들 대법원 판결과 유사한 내용의 일본 판결로서 원화(原畵)를 촬영한 사진의 저작물성을 부정한 동경지방법원 1998. 11. 30. 판결이 있다. "촬영대상이 평면적인 경우에는 정면으로부터 촬영하는 외에 촬영위치를 선택할 여지가 없는 이상, (원화촬영을 위한) 기술적인 배려도 원화를 가능한 한 충실하게 재현하기 위하여 이루어진 것이고 독자적으로 무엇인가를 부가한 것이 아니므로 그와 같은 사

(다) 기 타

① 'before/after 사진'

원고(성형외과 의사)의 홈페이지에 실린 모발이식수술 치료 전후의 사진과 온라인을 통한 환자에 대한 상담내용을 무단으로 자신이 치료한 환자의 임상사례인 것처럼 방송에서 그 사진을 제시하고, 또한 자신이 스스로 상담한 내용처럼 자신의 홈페이지 온라인 상담코너에 그대로 옮겨 싣는 방법으로 이용한 피고(의사)의 행위가 주위적으로 저작권침해행위에 해당하는지 여부와, 예비적으로 일반불법행위책임이 성립하는지 여부가 다투어진 사건도 있었다. 이 사건에서 서울중앙지방법원 2007. 6. 21. 선고 2007가합16095 판결은, 모발이식 전후의 환자사진은 모발치료의 효과를 나타내고자 하는 실용적 목적으로 촬영된 것으로서 피사체의 선정, 촬영방법 등에서 촬영자의 개성과 창조성이 인정되지 않으므로 사진저작물로 볼 수 없고, 홈페이지에서 온라인을 통한 환자에 대한 상담내용을 적은 글 역시 그 상담내용을 표현하는 방법이 한정되어 있어, 누구라도 그러한 내용을 표현할 경우 유사하게 표현할 수밖에 없으므로 저작자의 개성과 창조성이 드러난 어문저작물로 볼 수 없다고 하여 저작권침해에 관한 주위적 주장을 배척하였다.

그러나 일반 불법행위를 이유로 한 예비적 주장에 대하여는, "홈페이지를 통하여 인터넷에 공개된 정보는 저작권법에 따라 배타적인 권리로 인정되지 않는 한 제 3 자가 이를 이용하는 것은 원칙적으로 자유이지만, 부정하게 스스로의 이익을 꾀할 목적으로 이를 이용하거나 또는 정보제공자에게 손해를 줄 목적에 따라 이용하는 등의 특별한 사정이 있는 경우에는 불법행위가 성립할 수 있다"고 한 후, 피고의 행위는 경쟁관계에 있는 원고의 수년간의 연구 성과와 임상경험에 편승하여 부정하게 스스로의 이익을 꾀할 목적으로 이를 이용한 것으로서, 공정하고 자유로운 경쟁원리에 의해 성립하는 거래사회에 있어서 현저하게 불공정한 수단을 사용함으로써 사회적으로 허용되는 한도를 넘어, 원고의 법적으로 보호할 가치 있는 영업활동상의 이익을 위법하게 침해하는 것으로서, 민법 제750조의 불법행위를 구성한다고 하여 결과적으로 손해배상책임을 인정하였다.

② 파파라치 사진

연예인 등 유명인사를 쫓아다니며 개인의 사생활에 접근해서 특종이나 경제적 대가 등을 목적으로 촬영하는 사진을 '파파라치'(paparazzi) 사진이라고 한다. 이러한 사진들은 경우에 따라 매우 큰 경제적 가치를 가지기도 하지만, 반면에 그 창작성이 문제로 될 가능성이 적지 않다. 하급심 판결 중 서울남부지방법원 2014. 4. 24. 선고 2013가단215014 판결은

진은 '사상 또는 감정을 창작적으로 표현한 것'이라고 할 수 없다"고 판시하였다(박익환, 전게논문, 72면에서 재인용).

유명인 남녀가 사적으로 만나는 현장을 몰래 촬영한 사진의 창작성이 문제로 된 사건에서, "이 사건 사진은 유명 남자 운동선수와 여자 아나운서가 공개적이지 않은 장소에서 사적인 만남을 가지고 있다는 사실을 전달하기 위한 목적으로 촬영된 점, 피고가 이 사건 각 사진을 촬영하면서 사용된다고 주장하는 사진 기술은 특정 남녀가 사적인 만남을 가지고 있다는 사실을 전달하기 위해 촬영 대상이 되는 사람이 누구인지와 그들이 어떠한 행동을 하고 있는지가 잘 식별되도록 함을 목적으로 하여 활용되는 것으로 보이는 점, 이 사건 각 사진을 촬영하는 상황의 특성상 촬영 대상이 특정한 연예인으로서 비대체적이고 촬영자가 촬영 시간을 자유롭게 정할 수 없으며 연예인들이 촬영되지 않도록 드러나려고 하지 않기 때문에 촬영자가 사실 전달의 목적 달성을 넘어서서 자신의 개성을 표현하기 위해 구도를 설정하거나 빛의 방향과 양, 카메라 각도를 조절하는 등의 작업을 할 여지가 없어 보이는 점에 비추어 보면, 이 사건 각 사진은 저작권법에 의하여 보호할 만한 원고의 창작적 노력 내지 개성을 인정하기 어렵다 할 것이므로 저작권법에서 보호받는 저작물이라 할 수 없다"고 판시하였다.[237)]

(3) 조각·회화를 촬영한 사진과 창작성

조각이나 건축물 등 입체적 작품을 사진으로 촬영하여 2차원적 영상으로 제작한 것은 인물사진을 촬영한 경우와 마찬가지로 피사체의 선택, 구도의 설정, 조명 등 연출에 있어서 창작성이 인정되면 사진저작물로 성립할 수 있다. 이때 원작인 조각 등이 저작물(예컨대 미술저작물)이라면 그것을 촬영한 사진저작물은 원저작물에 대한 2차적저작물이 될 것이고, 따라서 원저작자인 조각가 등의 허락을 받아야만 촬영을 할 수 있다. 다만, 가로·공원·건축물의 외벽 그 밖에 공중에게 개방된 장소에 항시 전시되어 있는 미술저작물 등은 개방된 장소에 항시 전시하기 위한 경우나 또는 판매목적으로 사진제작하는 경우가 아니라면, 원저작권자의 허락 없이도 자유롭게 사진촬영 할 수 있다(저작권법 제35조 제2항 참조).

3차원 형상을 촬영하는 경우와 달리 2차원적인 회화를 촬영한 사진이 저작물로 성립할 수 있는가에 관하여는 논란이 있다. 평면적인 회화를 그대로 사진촬영하는 것은 구도나 카메라 앵글의 설정, 조명의 강약 및 방향의 조절 등에 있어서 정신적·개성적 요소가 작용할 여지가 거의 없고, 인물의 증명사진과 마찬가지로 원작을 충실하게 기계적으로 재제(再製)하는 것에 불과하므로 창작성을 인정할 수 없다는 견해가 통설의 입장이다. 위 대법

237) 이 사건에서는 원고가 이 사건 사진이 저작물임을 전제로 저작권침해에 따른 청구만을 하고 있어 원고 청구가 기각되었다. 그러나 앞의 'before/after 사진'의 경우처럼 선택적 또는 예비적으로 일반 불법행위에 기한 청구도 하였더라면 그 부분 청구는 어떻게 되었을지 생각해 볼 필요가 있다.

원 2001. 5. 8. 선고 98다43366 판결의 각주 부분에서 본 일본 동경지방법원 1998. 11. 30. 판결이 그러한 입장에 서 있다.

그러나 이에 대하여 일본에서는, 기존의 회화를 사진으로 복제하는 것 모두가 창작성이 없다고 일률적으로 말할 수는 없고, 칼라인쇄기술이 발전하면서 재생효과도 갈수록 치밀해져서 더욱 원본에 가까운 느낌을 달성할 수 있게 되었으며, 이와 같이 기술이 발전할수록 원작의 재생을 위한 사진제작에는 제작자의 미묘한 개성과 기술이 나타나고 있는바, 회화의 복제사진 촬영을 복사기계에 의한 복사와 동일하게 보는 것은 잘못이라는 반론이 있다. 특히 실제로 서양미술책과 같은 책자를 발간하는 경우, 사진의 원판제작자로 누구를 선정하는가는 책의 질을 좌우하는 가장 중요한 문제이고, 이러한 원판제작자들은 자신들이 제작한 원판에 대하여 저작권사용에 유사한 사용료를 받고 있는 현실에 비추어 보더라도 통설의 견해는 의문의 여지가 있다고 한다.[238]

결론적으로는, 회화를 촬영의 방법으로 재생한 사진작품도 창작성을 인정할 부분이 있는가의 여부에 따라 저작물성을 판단하는 것이 옳다. 다만 그러한 사진저작물이 창작성을 가지는가의 여부는 그 사진이 원저작물의 저작권을 침해하였는지의 여부와는 별개의 문제로 판단하여야 한다는 점을 염두에 두어야 한다. 기존의 회화를 사진으로 촬영하여 재생한 경우 그 재생과정에서 새로 부가된 창작성이 있고 따라서 독립한 사진저작물로 성립할 수 있다고 하더라도, 그 기존의 저작물(회화)이 저작권의 보호를 받고 있는 것이라면 침해의 책임을 면할 수 없다. 그러므로 이 경우 원저작자인 미술가의 허락을 받아야 한다.

다. 동물 등 유체물의 소유권과 사진촬영

동물 등 유체물의 소유자는 그 유체물을 사용, 수익할 수 있는 권리를 독점하므로 공개된 유체물을 사진으로 촬영하여 그 사진을 영리목적으로 복제, 발표하는 것을 금지할 수 있다. 따라서 진기한 동물이나 물건의 사진을 촬영하여 이용하려는 자는 그 소유자의 허락을 얻어야 한다.[239] 이른바 물건에 대하여도 퍼블리시티권이 성립될 수 있는가에 대하여는 논란이 있다. 이러한 논점에 대한 상세한 검토는 제 4 장 저작자의 권리 중 '저작재산권과 소유권' 항목에서 하기로 한다.

라. 위탁에 의한 초상화·사진

인물에 대한 초상화나 사진작품의 저작권은 당연히 그 초상화를 그린 화가 또는 그

---

238) 內田 晋, 전게서, 77면.
239) 송영식 외 2인, 전게서, 434면.

사진을 촬영한 사진사에게 귀속된다. 그러나 저작권이 화가나 사진사에게 있다고 하여 그 초상화나 사진의 작성을 위탁한 인물(모델)의 허락 없이 마음대로 초상화·사진을 복제하여 이용할 수 있는 것은 아니다. 예를 들어 A라는 사람이 동네 사진관에서 사진사 B로부터 사진촬영을 하였는데, A가 나중에 유명한 탤런트가 되자 B가 A의 허락 없이 A의 사진을 복제하여 상업적으로 이용하는 경우를 생각해 볼 수 있다. 이때 뒤에서 설명하는 이른바 퍼블리시티권에 의한 해결을 도모할 수도 있겠지만 저작권법도 이러한 경우를 대비하여 특별한 규정을 두고 있다.

즉, 저작권법 제35조 제4항은, "위탁에 의한 초상화 또는 이와 유사한 사진저작물의 경우에는 위탁자의 동의가 없는 때에는 이를 이용할 수 없다"고 규정하고 있다. 초상 또는 사진 본인의 인격권 보호를 위하여 저작권자의 저작권을 제한한 것이다.

원래 구 저작권법에서는 초상화나 사진에 대한 위탁자의 인격적 이익을 보호하기 위하여 저작권 자체를 위탁자에게 귀속하는 것으로 규정하고 있었다(구 저작권법 제13조). 그러나 이에 대하여는 저작권과는 전혀 별개인 초상권 등 인격적 권리의 보호를 저작권 규정을 통하여 해결하는 것이 입법기술상 문제가 있다는 지적이 있었다. 이에 따라 법 개정을 통하여 저작권은 원칙대로 저작자에게 귀속하되, 다만 위탁자의 동의가 없는 때에는 그것을 전시하거나 복제하는 등 이용할 수 없도록 하여 양자의 이해를 조절한 것이다.

다만 저작권법 부칙 제2조 제2항 제3호에서는, 구 저작권법 제13조 규정에 의한 촉탁저작물(위탁저작물)의 저작권 귀속은 구법에 의하는 것으로 규정하고 있다. 즉, 구 저작권법 시행 당시에 제작된 위탁사진저작물의 저작권자는 위탁자가 된다.

뿐만 아니라 구 저작권법은 제36조에서, "학문적 또는 예술적 저작물 중에 삽입된 사진으로서 특히 그 저작물을 위하여 저작하였거나 또는 저작시켰을 때에는 그 사진저작권은 학문적 또는 예술적 저작물의 저작자에게 속하고 그 저작권은 그 학문적 또는 예술적 저작권과 동일한 기간 내에 존속한다."는 규정을 두고 있었다. 이것은 학문적 저작물 중에 삽입된 사진의 저작권이 학문적 저작물의 저작자가 아닌 사진촬영자에게 속하게 됨으로써, 양자의 저작권 귀속주체가 분리됨에 따라 학문적 저작물의 이용이 방해를 받을 것을 우려하여, 아예 그러한 사진의 저작권 자체를 학문적 저작물의 저작자에 속하는 것으로 특례규정을 둔 것이었다. 그러나 이 규정 역시 앞서와 같은 비판을 받았고, 현행 저작권법은 이 특례규정도 삭제하였다. 다만 부칙 제2조 제2항 제4호에서 구 저작권법 제36조 규정에 의한 사진의 저작권 귀속은 구법에 의한다고 규정하고 있을 뿐이다.

마. 동일·유사 피사체 촬영과 저작권침해

사진저작물과 관련하여서는 기존 사진저작물과 동일 또는 유사한 피사체를 동일 또는 유사한 방법으로 촬영한 사진저작물이 기존 사진저작물에 대한 저작권침해에 해당하느냐와 관련하여 첨예한 의견 대립이 있다. 이에 관하여는 제 9 장 중 "Ⅱ.의 6. 사진저작물과 피사체의 관계" 부분에서 살펴보기로 한다.

7. 영상저작물

가. 의 의

영상저작물은 연속적인 영상을 매개체로 하여 사람의 사상 또는 감정을 표현한 저작물이다. 저작권법 제 2 조 제13호는 영상저작물을, "연속적인 영상(음의 수반여부는 가리지 아니한다)이 수록된 창작물로서 그 영상을 기계 또는 전자장치에 의하여 재생하여 볼 수 있거나 보고 들을 수 있는 것을 말한다."라고 정의하고 있다.[240] 통상 극장이나 TV에서 상영하는 극영화를 생각할 수 있지만 그 외에 뉴스영화, 기록영화 등도 창작성 등 저작물로서의 요건을 갖추면 영상저작물로 성립할 수 있다. 종래의 광학적 필름에 의한 영화는 물론이고 자기(磁氣)테이프를 사용한 비디오테이프나 레이저 광선을 이용하여 디스크에 연속적인 영상을 수록한 레이저디스크 등을 매체로 한 영화도 영상저작물이다. 이와 같이 종래의 전통적인 극장에서의 영화뿐만 아니라 모든 형태의 영화를 포함하기 위하여 1957년 저작권법의 '영화저작물'이라는 용어를 1986년 개정 저작권법에서부터는 '영상저작물'이라는 용어로 바꾸었다.

나. 성립요건

저작물의 일반적인 성립요건 외에 저작권법 제 2 조 제13호의 정의규정에 따라 영상저작물로 성립하기 위한 특유한 요건 몇 가지를 생각해 볼 수 있다.

---

240) 이러한 정의규정은 시청각 저작물에 관한 미국 저작권법의 다음과 같은 정의규정과 유사하다. 즉 미국 저작권법 제101조는 audiovisual works를, "works that consist of a series of related images which are intrinsically intended to be shown by the use of machines or devices such as projectors, viewers, or electronic equipment, together with accompanying sounds, if any, regardless of the nature of the material objects, such as films or tapes, in which the works are embodied"라고 정의한다; 17 U.S.C. § 101.

(1) 연속적인 영상

첫째로, 영상저작물은 서로 관련된 연속적인 영상으로 구성되어 있어야 한다. 이 점에서 단일한 영상으로 된 사진저작물과 구분된다. 영상저작물을 구성하는 연속적인 영상은 서로 관련되어 있어야 하지만 반드시 정해진 순서에 따라서 나타나는 것일 필요는 없다. 따라서 컴퓨터에서 작동되는 비디오 게임은 그 영상이 정해진 순서에 의해서가 아니라 사용자의 조작에 따라 그때그때 무작위로 나타나지만 영상저작물에 해당할 수 있다. 서로 관련된 영상이 정해진 순서든 아니면 무작위에 의해서든 연속적으로 나타남으로써 그 영상작품은 저작물이 요구하는 창작성을 가지게 되는 것이다. 예컨대 비디오 게임의 화면을 구성하는 각각의 그래픽 요소가 그 자체로는 창작성을 가지지 못한다 하더라도, 그러한 개별 요소들이 연속적으로 나타남으로써 전체적으로는 영상저작물로서의 창작성을 가질 수 있다.[241)]

(2) 기계 또는 전자장치에 의한 재생

둘째로, 영상저작물은 영상을 기계 또는 전자장치에 의하여 재생할 수 있는 것이어야 한다. 따라서 신문의 4컷 짜리 연재만화는 서로 관련되는 연속적인 영상으로 구성되어 있기는 하지만 기계 또는 전자장치에 의하여 재생하도록 된 것이 아니기 때문에 영상저작물이 아니다. 그러나 서로 관련된 연속적인 사진 슬라이드로 구성된 것은 슬라이드 프로젝터(기계 또는 전자장치)를 통하여 재생하도록 된 것이므로 창작성 등의 다른 일반요건을 갖추면 영상저작물이 될 수 있다.[242)]

(3) 고 정

(가) 학 설

영상저작물이 성립하기 위해서 '고정'(fixation)이 필요한지에 대하여는 학설상 다툼이 있다. 저작물의 성립요건에서 본 바와 같이 우리 저작권법상 저작물은 사상이나 감정을 표현한 것이면 되고, 그 표현이 일정한 매체에 고정되어 있을 것까지를 요구하는 것은 아니다. 이 점에서 고정을 저작물의 성립요건으로 하고 있는 미국 저작권법과 다르다. 그러나 다른 일반적인 저작물과는 달리 영상저작물의 경우에는 저작물로 성립하기 위하여 '고정'을 요건으로 한다는 견해가 다수설이다.[243)] 이는 우리 저작권법 제 2 조 제13호의 영상저작

241) Goldstein, *op. cit.*, p. 2: 139.

242) Goldstein, *op. cit.*, p. 2: 140.

243) 허희성, 2007 신저작권법 축조개설(상), 명문프리컴, 2007, 36면; 서울대학교기술과법센터, 저작권법주해, 박영사, 2007, 80면.

물에 대한 정의규정에서 "수록 및 재생"이라는 용어를 사용하고 있으며, 이러한 수록과 재생은 결국 '고정'을 전제로 하는 것이라고 이해되기 때문이다.

이와 같은 다수설의 입장에 의하면, 생방송으로서 방송과 동시에 사라지는 방송프로그램은 영상저작물로서 보호받을 수 없게 된다.[244] 베른협약 스톡홀름 개정회의나 그 이전에도 영화가 유형물에 '고정'되어 있어야 하는지에 대한 많은 논의가 있었다고 한다. 텔레비전의 뉴스보도를 예로 들면, 녹화된 자료화면을 방송하든 현장에서 생방송을 하든 시청자에게 전달되는 효과는 같으며, 또한 스크린에 나타나는 것이나 텔레비전 화면에 나타나는 것이나 동일하게 보호되어야 한다는데 의견이 일치하였다. 따라서 '고정'의 문제는 전적으로 국내법에 위임하기로 하고, 베른협약은 영상저작물을 단지 '영화와 유사한 방법으로 표현된 저작물'이라고만 명시하였다.[245] 일본 저작권법은 우리의 영상저작물에 해당하는 영화저작물을 "영화의 효과에 유사한 시각적 또는 시청각적 효과를 생기게 하는 방법으로 표현되고 또한 물건에 고정되어 있는 저작물"이라고 정의함으로써, '고정'을 요건으로 함을 명문으로 규정하였다.[246]

반면에 '고정'을 영상저작물의 성립요건으로 보지 않는 견해도 있다. 즉, 일본법의 경우에는 위와 같이 명문으로 '고정'을 요건으로 하고 있으나, 우리 법은 '재생'을 요건으로 하고 있는데, '재생'이라는 용어는 아날로그 시대에는 고정된 형태를 의미하였으나, 인터넷을 통해 디지털 영상물이 제공되는 상황에서는 스트리밍 기술에 힘입어 고정이 없는 '재생'도 충분히 가능하므로 유형물에의 고정이 없더라도 영상저작물이 성립한다고 한다.[247] 고정을 영상저작물의 성립요건으로 보지 않는 또 다른 견해는 영상저작물에 관한 정의규정에서 '고정'(fixation)이라는 용어 대신에 굳이 '수록'(incorporation)이라는 표현을 사용하고 있는데, 수록과 고정은 엄연히 다른 말이라고 한다. 다만, 영상물이란 재생을 목적으로 한 것이므로, 그 재생을 위해서는 당연히 매체에 기록되어야 하는데, 그 기록성은 영상물의 속성에 지나지 않으며, 따라서 '수록'은 '영상저작물'의 성립요건이라기보다는 '영상물'의 성립요건이라고 한다.[248]

(나) 소 결

고정되지 않은 스트리밍 기술에 의한 재생도 가능하지만, 우리 저작권법이 영상저작물

244) 허희성, 전게서, 36면.
245) 서울대학교기술과법센터, 전게서, 81면 참조.
246) 일본 저작권법 제 2 조 제 3 항.
247) 방석호, 인터넷에서의 디지털 영상저작물 유통을 둘러싼 문제점, 정보법학, 제 4 권 제 1 호, 178면(서울대학교기술과법센터, 전게서, 81면에서 재인용).
248) 최경수, 전게서, 156면.

의 정의규정에서 '재생'뿐만 아니라 '수록'된 창작물일 것을 요구하고 있다는 점에서 영상저작물의 경우에는 '고정'을 요건으로 한다는 다수설의 견해가 명문의 규정에 보다 부합한다. 소수설 중 일부 견해가 '고정'과 '수록'의 표현상의 차이를 들고 있지만, 두 용어가 구체적으로 어떤 차이가 있는지는 불분명하다. 오히려 사전적인 의미에서 볼 때 '수록'은 '고정'보다 좁은 개념이며 단순한 고정이 아니라 "여러 가지를 모아서 기록(고정)한다"는 개념이다. 따라서 영상저작물의 정의규정에서 특별히 '고정'보다 좁은 의미의 '수록'이라는 표현을 사용한 것은 영상저작물이 하나의 영상이 아니라 '연속된 영상'을 모아 놓은 것이라는 점에서 그렇게 한 것이 아닌가 생각된다.[249] 그렇게 본다면 영상저작물에서 '고정'을 성립요건으로 요구하는 것이 저작권법상 영상저작물의 정의규정에 어긋나는 것은 아니다.

영상저작물이 고정되는 매체(유형물)에는 특별한 제한이 없다. 위에서 본 바와 같이 전통적인 광학적 필름을 비롯하여 자기(磁氣)테이프를 사용한 비디오테이프나 레이저 광선을 이용한 레이저디스크 등이 될 수도 있다. 디지털 파일 자체는 유형물이 아니지만, 디지털 파일이 CD나 DVD 등의 매체에 저장되어 있거나 또는 서버컴퓨터의 하드디스크에 저장되어 있다가 스트리밍 형태로 재생된다면 그것 역시 고정의 요건을 충족한다고 볼 수 있다.

다만, 다수설과 같이 해석하는 경우에 고정되지 않고 생방송으로 방송된 후 사라지는 프로그램은 어떤 저작물로 보호받을 수 있을 것인지 문제가 될 수 있다. 이 점과 관련하여 '고정'을 영상저작물의 성립요건으로 규정하고 있는 일본에서는 생방송 프로그램이라 하더라도 그 영상이 송신과 동시에 녹화된 경우에는 '고정'의 요건을 충족하는 것으로 본 판례가 있다.[250] 이 판결에서는, 미국 스포츠 경기(全美 여자오픈 골프대회) 주최단체로부터 국제통신위성을 이용하여 생방송 영상을 제공받아 이를 일본 TV 방송국이 방영한 사안에서, 경기 주최단체로부터 영상을 제공받고 그 영상이 송신과 동시에 수록된 경우에는 고정성의 요건을 만족하는 것으로 인정할 수 있다고 하여, 그 생방송 프로그램은 일본 저작권법 제2조 제3항의 영화저작물에 해당한다고 보았다. 생방송 프로그램이라고 하더라도 실제 방송을 함에 있어서는 적어도 저작권법 제34조에 따른 '일시적 녹음·녹화'가 이루어지는 경우가 거의 대부분일 것이다. 특히 방송법 제83조 제2항은 "방송사업자는 방송(재송신을 제외한다)된 방송프로그램(예고방송을 포함한다) 및 방송광고의 원본 또는 사본을 방송 후 6월

249) 반면에 '음반'의 경우에는 그 정의규정에서 "음이 유형물에 고정된 것"이라고 하여 '수록'이라는 용어 대신 '고정'이라는 용어를 사용하고 있는데, 이는 음반의 경우에는 연속된 음이 아니라 극단적으로는 하나의 음성이나 음향에 의하여도 성립할 수 있기 때문이라고 이해할 수 있다(예를 들어, 에밀레 종을 1회 타종한 음향을 유형물에 고정한 것도 음반이 될 수 있는데, 이 경우에는 사전적 의미에서의 '수록'이라는 용어는 부적절하게 된다).

250) 동경지방법원 1998. 9. 25. 판결.

간 보존하여야 한다."고 규정하고 있다. 이와 같이 방송프로그램의 보존이 관련법에 의한 의무사항으로 되어 있는 이상 생방송 프로그램이라 하더라도 고정이 되지 않는 경우는 거의 없을 것이다. 그렇다면 다수설의 입장에 서더라도 방송프로그램의 보호에 특별히 부족함은 없을 것으로 생각된다.

(다) 비디오게임의 영상

영상저작물의 성립요건으로서 '고정'을 요구하는 것과 관련하여 비디오게임의 영상이 영상저작물로 성립할 수 있는지 여부가 다투어진 사례가 있다. 일본 동경지방법원 1984. 9. 28. 판결(일명, '팩맨' 사건)은 비디오게임의 경우에는 그 영상이 플레이어의 레버 조작에 의하여 다양하게 변화하므로 '고정'의 요건을 충족하지 못한다는 주장에 대하여 판단하고 있다. 이 판결에서는, 플레이어의 레버 조작에 따라 게임의 화면 영상에 어떠한 변화가 생긴다고 하더라도 그러한 변화 역시 프로그램에 의하여 이미 설정되어 있는 것으로서, 플레이어가 게임 영상의 그림이나 문자 등을 새롭게 변화시키는 것은 아니며, 그러한 변화는 단순히 프로그램에 내장된 그림 등 데이터의 화면 현시 순서에 제한적인 변화가 나타나는 것에 지나지 않고, 화면에 나타나는 움직임에 따라 보여지는 영상은 고정매체인 컴퓨터의 ROM 안에 전기신호의 형태로 이미 고정되어 있는 것이라고 볼 수 있다고 하여, 비디오게임의 영상이 고정의 요건을 충족하는 것으로 판단하였다. 이 판결을 효시로 하여 지금은 비디오게임의 영상에 대하여 영상저작물의 성립을 긍정하는 것이 이론과 실무의 대세이다.

다. 영상저작물의 창작성

영상작품도 다른 저작물과 마찬가지로 창작성을 갖추어야 저작물로 될 수 있다. 따라서 창작성이 없는 단순한 상(像)의 녹화물은 영상저작물이 아니다. 예를 들어, 길거리에 비디오카메라를 설치하여 두고 아무런 조작 없이 그곳을 지나가는 사람들의 모습을 단순히 자동적으로 필름에 수록하였다면 창작성이 있다고 보기 어렵다. 이러한 영상물은 영상저작물이 아니라 단순한 녹화물에 지나지 않는다. 영상저작물이 되기 위해서는 카메라 앵글과 구도의 선택, 몽타주 또는 커트 등의 기법, 필름 편집 따위의 지적인 활동이 행하여지고 그러한 지적 활동에 창작성이 존재하여야 한다. 그러므로 여러 개의 유명한 그림들을 있는 그대로 비디오로 연속적으로 촬영한 것에 지나지 않는 것이라면 영화저작물로서의 창작성을 갖추었다고 말하기 어렵다.[251] 사진들의 기계적인 병렬(예컨대 연속된 슬라이드)이나 자연적인 사실의 경과를 그대로 재현하는 것도 원칙적으로 창작성이 없다. 그러나 소재의 선택·배열 및 구성과 제작기법 등에 있어서 작성자의 개성이 가미되었다면 창작성을 인정할

251) 內田 晋, 전게서, 71면.

수 있을 것이다.[252]

연극과 같은 것을 상연하는 그대로 필름에 고정한 것은 연극의 녹화이며 각본의 복제에 해당한다. 종전 저작권법은 '복제'에 관한 정의 규정인 제2조 제14호에서 그러한 취지를 반영하여 "각본·악보 그 밖의 이와 유사한 저작물의 경우에는 그 저작물의 공연·실연 또는 방송을 녹음하거나 녹화하는 것을 포함한다."고 규정하고 있었다. 그러나 개정된 저작권법은 이러한 행위는 이미 종전 규정 전단의 복제의 정의 속에 포함되어 있는 것이라고 보아서, 중복을 피하기 위하여 이 부분을 삭제함으로써 복제의 정의를 간명하게 하였다. 따라서 개정된 저작권법 아래에서도 연극의 녹화가 각본에 대한 복제가 되는 것에는 변함이 없다. 그러나 전문적인 영상기법을 바탕으로 창작적으로 이루어진 연극의 영상화는 영상저작물로서 인정될 수 있고, 연극저작물과는 별도로 보호되며 영상저작물의 특례조항의 적용도 받게 된다.

반면에 스포츠 경기를 영상으로 녹화 편집하여 제작하는 경우에 경기 중 가장 중요한 장면을 하이라이트로 강조하는 등 여러 가지 기술과 기법을 창작적으로 사용하면 창작성을 인정할 수 있다. 마찬가지로 스포츠 경기를 생중계하는 TV방송은 사후적인 편집과정은 없다고 하더라도, 경기의 순간순간을 어떻게 효과적으로 포착할 것인가를 고심하고, 여러 대의 카메라로 앵글이나 줌(zoom)을 사용해서 가장 하이라이트에 해당하는 경기 장면을 선택하며, 느린 동작(slow motion)에 의한 반복을 통하여 득점 순간을 재현하는 등 경기장에서 보는 것보다도 더 경기를 흥미진진하게 볼 수 있게 한다. 그렇다면 방송 기술만이 아니라 프로듀서의 창작적 표현이 더하여진 것으로서 저작물의 성립요건인 창작성을 인정할 수 있다.[253]

라. 영상저작물에 대한 특례 규정

영상저작물은 대체로 소설이나 시나리오 등과 같은 원저작물을 토대로 한 2차적저작물로 만들어지는 경우가 많다. 이러한 영상저작물의 저작권 속에는 원저작자의 저작권이 병존하고 있으며, 아울러 영화에 사용된 각종 음악이나 미술 저작자의 권리도 병존하고 있다. 이와 같이 영상저작물에는 그에 관련된 많은 사람들의 권리가 복합적으로 작용하고 있기 때문에, 그대로 방치할 경우 관련자들의 다양한 이해관계의 대립으로 인하여 영상저작물의 이용이 원활하게 이루어지기 어렵고, 그로 인하여 막대한 자본을 들인 영상제작자는 이를 회수할 길이 막히게 된다. 이러한 불합리를 해소하기 위하여 저작권법은 제5장에서

252) 연극·영화관련 저작권 문답식 해설, 저작권심의조정위원회, 1991, 101면.

253) 상게서, 104면.

영상저작물에 관한 특례규정을 두어 영상저작물의 원활한 이용을 도모하고 있다. 영상저작물의 특례규정에 대하여는 이 책 제 7 장 제 4 절에서 따로 검토하기로 한다.

8. 도형저작물

가. 의 의

인간의 사상이나 감정이 지도·도표·설계도·약도·모형 그 밖의 도형 등을 통하여 표현된 저작물을 말한다. 평면적인 설계도·분석표·그래프·도해라든가, 입체적인 지구본·인체모형·동물모형 등 여러 가지 종류가 있을 수 있다. 건축설계도가 제 5 호의 건축저작물과 제 8 호의 도형저작물 양쪽의 성질을 갖는다는 것은 앞서 '건축저작물'에서 살펴본 바 있다. 지도 중에서 만화적 요소를 부가한 관광지도 같은 것은 제 4 호의 미술저작물과 제 8 호의 도형저작물 양쪽의 성질을 모두 갖게 된다.

나. 창작성과 보호범위

도형저작물 중에는 기능적 저작물에 해당하는 것이 많은데, 이런 것들은 창작성 요건의 충족여부가 문제로 되는 경우가 많다. 또한 저작물로 성립한다고 하더라도 표현 방법이 극히 제한되어 있어 아이디어와 표현의 합체(merger)가 일어나기 쉽고 따라서 그 보호범위가 다른 일반 저작물에 비하여 매우 좁아지게 된다. 도형저작물 중 특히 지도(地圖)와 설계도면에서 그러한 경향을 볼 수 있다.

(1) 지 도

지도는 지구상의 자연적 또는 인문적인 형상의 전부 또는 일부를 일정한 축척으로 미리 약속한 특정의 기호를 사용하여 객관적으로 표현하는 것이다. 따라서 지도상에 표현되는 육지·산맥·하천 등 자연현상과 국가·도시·철도·도로 등 인문적 현상은 사실 그 자체로서 저작권의 보호대상은 아니다. 또한 표현방식도 미리 약속된 특정의 기호를 사용하여야 하는 등 상당히 제한되어 있기 때문에 그 창작성을 일반적인 어문저작물이나 미술저작물의 창작성과 같이 볼 수 없는 면이 많다. 지도의 경우에는 창작성 유무의 판단에 있어서, 개개의 소재(예컨대 해류 또는 철도노선)를 종래의 지도와 다른 새로운 방식으로 표현하였는가를 고찰하고, 나아가 그 표현된 각종 소재의 취사선택에 창작성이 있는가를 종합적으로 고려하여야 한다.[254)]

---

254) 內田 晋, 전게서, 55면.

대법원 2011. 2. 10. 선고 2009도291 판결은, 기능적 저작물 성격이 강한 '지도'와 그러한 지도를 포함하는 여행책자 같은 편집저작물이 저작물로 성립하기 위한 창작성 요건에 대하여 판시하고 있다. 이 판결은, 일반적으로 지도는 지표상의 산맥·하천 등의 자연적 현상과 도로·도시·건물 등의 인문적 현상을 일정한 축적으로 약속된 특정한 기호를 사용하여 객관적으로 표현한 것으로서, 지도상에 표현되는 자연적 현상과 인문적 현상은 사실 그 자체일 뿐 저작권의 보호대상은 아니므로, 지도의 창작성 유무를 판단함에 있어서는 지도의 내용이 되는 자연적 현상과 인문적 현상을 종래와 다른 새로운 방식으로 표현하였는지, 그 표현된 내용의 취사선택에 창작성이 있는지 등이 판단의 기준이 된다(대법원 2003. 10. 9. 선고 2001다50586 판결 등 참조)고 하였다. 그리고 지도를 포함하는 여행책자 같은 편집물의 경우에는 일정한 방침 혹은 목적을 가지고 소재를 수집·분류·선택하고 배열하는 등의 작성행위에 편집저작물로서 보호를 받을 가치가 있을 정도의 창작성이 인정되어야 저작물로서 보호받을 수 있다(대법원 2003. 11. 28. 선고 2001다9359 판결 등 참조)고 판시하였다.

위 판결에서 인용하고 있는 대법원 2003. 10. 9. 선고 2001다50586 판결(일명, '전국도로관광지도' 사건)에서는, 원고의 지도책이 채택하고 있는 표현방식과 그 표현된 내용의 취사선택, 예를 들어 전국을 권역으로 나누어 각 권역마다 다른 색상을 부여하고, 그 권역을 다시 구획으로 나누어 각 구획마다 다른 번호를 부여한 후, 구획번호 순으로 각 구획에 대한 세부지도를 편제하고, 속표지 상반부에 천연색 고속도로 사진을 배경으로 제호와 출판사를 표시하고, 하반부에 지도에 사용된 기호를 설명하는 범례를 표시한 점, 권말에 찾아보기 면을 만들어 지명·관공서·대학·언론기관·금융기관·종합병원 등 주요 기관의 지도상의 위치와 전화번호를 수록하면서 '찾아보기' 다음에 전국의 호텔 목록과 전국 유명 음식점 안내를 수록한 것 등은 원고의 지도책들 발행 이전에 국내 및 일본에서 발행되었던 지도책들이 채택하였던 표현방식과 그 표현된 내용의 취사선택에 있어 동일·유사하고, 이를 제외한 원고 주장의 나머지 표현방식 및 그 표현내용의 취사선택도 국내외에서 보편적으로 통용되는 기호의 형태를 약간 변형시킨 것에 불과하므로 창작성을 인정할 수 없다고 하였다.

한편, 3D(Three Demension, 3차원) 형태의 지도에 대하여 창작성이 없다는 이유로 저작물성을 부정한 판결도 있다. 서울중앙지방법원 2009. 5. 15. 선고 2008가합36201 판결은, 각 도시의 여러 구조물 중 주요 관광지나 구조물만을 선택하여 지도에 표시하거나, 전체 도시 중 주요 관광구역 내지 상업구역을 선택·구획하여 지도에 표시하는 방법 및 전체적으로는 평면으로 나타내고 주요 구조물만 3D 등의 입체적인 형태로 표시하며, 그 구조물 등을 실제 모습에 가까울 정도로 세밀하게 묘사하는 등의 표현방식은 원고의 지도 서비스가 제공되기 이전에 이미 국내외의 디지털 지도에서 널리 사용되고 있던 표현방법이고, 원고가 작성한 지도에서 구체적으로 표현한 구조물들도 실제 건물의 모습을 기초로 이를 그대로 묘사한 것에 불과하여 독자적인 도형저작물 내지 미술저작물로서의 창작성을 인정할 수 없을 뿐만 아니라, 3D 형태로 지도를 제작하는 방법 등은 아이디어에 불과하여 그 자체만으로는 독자적인 저작물이 될 수 없어, 피고가 그와 유사한 방법으로 다른 지역의 지도를 제작한 것만으로는 저작권이 침해되었다고 볼 수 없다고 하였다.

그러나 지표상의 자연적·인문적 현상을 사실 그대로 표현하는 지도가 아니라, 일정한 목적 아래 특정 부분을 왜곡하거나 과장 또는 축소하는 방법으로 개성적으로 표현한 지도는 보다 쉽게 창작성을 인정받을 수 있다. 서울중앙지방법원 2005. 8. 11. 선고 2005가단2610 판결(일명, '춘천시 관광지도' 사건)은, 춘천시의 전경을 입체적으로 표현하는 관광지도를 제작하면서, 의도적인 왜곡표현으로 다운타운 지역을 크게 나타내고, 다운타운 지역으로부터 원거리에 산재되어 있는 관광명소들, 예를 들어 남이섬과 같은 관광명소들을 실제보다 가까운 거리에 배치함으로써 관광객으로 하여금 한눈에 관광명소를 볼 수 있도록 제작한 관광지도에 대하여 기존의 관광지도와 구별되는 창작성이 있어 저작물로 보호받을 수 있다고 하였다.

(2) 설계도면

(가) 문제의 소재

건축물의 경우에는 그 건축을 위한 설계도서에 따라 이를 시공하는 것도 복제에 해당한다는 것(저작권법 제 2 조 제22호)은 앞서 건축저작물 부분에서 본 바와 같다. 그러나 이는 건축저작물에 대한 특례규정인 만큼, 건축저작물이 아닌 일반적인 기계설계도 등에는 적용이 없다. 따라서 甲이 저작권을 가지고 있는 자동차 설계도 또는 모형에 따라 乙이 자동차를 제작한다고 하여도 그 자동차 자체가 저작물이 아닌 이상 甲은 저작권침해를 주장할 수 없고, 乙이 甲의 설계도나 모형을 그대로 복제하였을 경우에만 저작권침해를 주장할 수 있다.[255)]

설계도서나 모형 등은 이른바 기능적 저작물에 해당하므로 저작물로 성립한다고 하더라도 그 보호범위는 상당히 좁게 인정하여야 한다. 즉, 설계도서의 경우에는 그 용도에 따른 여러 가지 제약이 존재하므로 작성자의 사상이나 감정을 표현함에 있어서 자유롭지 못하고, 해당 기술분야의 상식이나 사실상의 규격을 무시하고 작성할 수도 없다. 따라서 특히 기계설계도와 같은 것은 '합체의 원칙' 등을 적용하여 보호범위를 좁게 인정함으로써,

255) 內田 晋, 전게서, 94면.

도면 그대로를 복사한 경우나 아니면 그것과 동일하게 볼 수 있을 정도의 예외적인 경우에 한하여 침해를 인정하여야 한다.256)

(나) 판 례

이러한 점을 판시해 주고 있는 사례가 대법원 2005. 1. 27. 선고 2002도965 판결(일명, '설비제안서 도면' 사건)이다. 이 사건에서 대법원은, 저작권법 제 4 조 제 1 항 제 8 호에서 "지도·도표·설계도·약도·모형 그 밖의 도형저작물"을 저작물로 예시하고 있는데, 이와 같은 도형저작물은 예술성의 표현보다는 기능이나 실용적인 사상의 표현을 주된 목적으로 하는 이른바 기능적 저작물로서, 기능적 저작물은 그 표현하고자 하는 기능 또는 실용적인 사상이 속하는 분야에서의 일반적인 표현방법, 규격 또는 그 용도나 기능 자체, 저작물 이용자의 이해의 편의성 등에 의하여 그 표현이 제한되는 경우가 많으므로 작성자의 창조적 개성이 드러나지 않을 가능성이 크다고 전제하였다. 그리고 동일한 기능을 하는 기계장치나 시스템의 연결관계를 표현하는 기능적 저작물에 있어서 그 장치 등을 구성하는 장비 등이 달라지는 경우 그 표현이 달라지는 것은 당연한 것이고, 저작권법은 기능적 저작물이 담고 있는 사상을 보호하는 것이 아니라, 그 저작물의 창작성 있는 표현을 보호하는 것이므로, 기술 구성의 차이에 따라 달라진 표현에 대하여 동일한 기능을 달리 표현하였다는 사정만으로 그 창작성을 인정할 수는 없고, 창조적 개성이 드러나 있는지 여부를 별도로 판단해야 한다고 하였다. 나아가 구체적 판단에 들어가서는, "이 사건 배치도면에서 폐쇄회로 카메라와 모니터, 컴퓨터를 제외한 나머지 장비들을 단순한 사각형으로 도시하고, 장비들을 연결하는 배선을 직선의 실선, 일점쇄선, 점선 등으로 표시하는 것 및 그 장비에 표시한 단자의 모양은 기계설계분야에서 통상적으로 사용하는 블록 다이어그램의 작도법에 불과하므로 거기에 창작성이 있다고 할 수는 없고, 폐쇄회로 카메라와 모니터, 컴퓨터는 실물모양을 간략하게 표현한 것이기는 하지만, 그 간략화 된 실물모양은 이 사건 배치도면을 작성한 자가 독자적으로 창작한 것이 아니라, 그 도면을 작성하는 데 사용한 CAD 프로그램에서 제공하고 있는 정형화된 실물그림 중 하나를 선택한 것으로서, 그 선택에 도면 작성자의 개성이 나타나 있다고 보기 어려울 정도의 표준화된 그림이므로, 이 사건 배치도면에서 묘사하고 있는 장비나 연결선, 단자 등의 모양에 창작성이 있다고 할 수 없다"고 하였다.257)

(다) 설계도와 설계 대상물의 관계

설계도와 그 설계도가 목적으로 하고 있는 설계 대상물 사이의 관계에 대하여는 실무

---

256) 著作權判例百選, 전게서, 55면.
257) 그 밖의 설계도면의 다른 부분들에 대하여도 유사한 이유로 창작성을 부정하고 있다.

상 문제가 될 소지가 많은 부분이므로 보다 깊은 검토가 필요하다. 대상물이 저작권법상 보호대상이 아닌 실용품인 경우에 그러한 점이 설계도의 저작물성 판단에 영향을 미치는지 여부도 살펴보아야 한다.

이에 관한 일본의 판례를 보면, 동경지방법원 1992. 1. 24. 판결(일명, '장식창 격자' 사건)은, "이 사건 각 도면은 건축물의 외장용 재료로 사용되는 피고 제품의 원도(原圖) 또는 설계도로서 대량생산에 적용하기 위하여 제작된 것이고, 현재 각 도면에 따라서 피고 제품이 대량으로 제조·판매되고 있는바, 이 사건 각 도면은 산업용으로 이용하기 위하여 제작된 것이고 실제로도 그러한 용도로 이용되고 있으므로, 이 사건 각 도면은 문예·학술 또는 예술의 범위에 속하지 않는다."고 하여 문제된 도면의 저작물성을 부정하였다. 그러나 오오사카지방법원 1992. 4. 30. 판결은 공작기계의 설계도를 "기계공학상의 기술적 사상을 창작적으로 표현한 것"이라고 하여 도면저작물에 해당한다고 하였다.

학설상으로는 이러한 판결들에 대하여 도면의 대상물의 저작물성과 도면 자체의 저작물성을 적절하게 구분하지 못한 판결들로서 어느 판결도 지지할 수 없다는 견해가 강하다. 이 견해에 따르면 대상물의 저작물성과 도면 자체의 저작물성의 관계는 다음과 같이 판단하여야 한다고 한다.

우선 도면의 대상물이 미술적 창작성을 가지는 것으로서 미술저작물이나 건축저작물로 평가될 수 있는 경우, 설계도로부터 그 대상물이 가지는 창작적인 표현을 감득할 수 있으면, 그 대상물과의 관계에서 설계도는 저작물(미술저작물이나 건축저작물)을 매체(종이나 디스켓 등)에 고정한 것이라고 본다. 따라서 그러한 설계도를 복제하는 행위에 대하여는 대상물의 저작권(복제권)이 미치게 된다. 이 경우에는 그 대상물의 저작자가 그에 대한 저작권을 갖게 된다. 또한 설계도에 따라 대상물을 실제로 작성하는 행위 역시 대상물의 창작적 표현을 재현하는 행위에 해당하므로, 대상물에 대한 복제권이 미치게 된다. 일본 저작권법 제 2 조 제 1 항 제15호에서 '복제'를 정의하면서, 설계도에 따라 건축물을 완성하는 것을 건축저작물의 복제에 해당하는 것으로 규정하고 있는 것은 이러한 취지를 확인하는 규정이라고 해석한다.[258)]

한편, 설계도 자체가 도형저작물에 해당하기 위해서는 대상물의 저작물성 여부와는 상관없이 '도면 자체'의 표현에 창작성이 인정되어야 한다. 도면 자체의 표현이 문제로 되는 것이므로, 대상물이 저작물성을 갖지 않는다는 것이 곧 도면의 저작물성을 부정할 이유가 되지는 않는다. 따라서 저작물성이 없는 기계의 설계도도 도면 자체의 창작성이 있으면 저작물로 성립할 수 있다. 다만, 이 경우 주의하여야 할 것은 그러한 설계도에 저작물성이

258) 半田正夫·松田政行, 著作權法コンメンタール, 勁草書房(1), 544면.

인정된다고 하더라도 이는 그 대상물에 구체화된 기술적 사상의 표현에 대하여서가 아니라, 대상물에 대한 필요한 정보를 도면의 형식으로 객관적으로 전달하기 위한 학술적인 표현에 대한 것이라는 점이다.[259] 결론적으로 이 견해는 도형저작물인 설계도면의 저작물성과 그 대상물의 저작물성은 별개로 취급하여야 한다고 해석한다. 그리하여 설계도는 대상물을 표현하는 것이고, 대상물은 설계도와의 관계에서는 표현에 해당하는 설계도의 상위에 위치하는 일종의 아이디어의 지위에 있는 것으로 이해한다. 따라서 동일한 대상물의 설계도를 작성하고자 할 때 동일한 도면상의 표현을 사용할 수밖에 없는 경우라든가, 설계도를 작성하는 사람이라면 누구라도 사용하지 않을 수 없는 표현만으로 구성된 설계도는 아이디어에 해당하여 저작물성이 부정되거나, 아니면 아이디어와 표현이 합체된 경우로서 보호범위가 부정 또는 데드카피(dead copy)에 해당하는 경우만으로 제한되어야 한다고 본다. 그 결과 대상물이 공업용 대량생산품이라면 그에 대한 설계도 역시 표현에 있어서 채택할 수 있는 선택의 폭이 제한적이어서 저작물성이 부정되거나 보호범위가 제한될 가능성이 상당히 높아진다. 그러나 그러한 사정만으로 위 동경지방법원 1992. 1. 24. 판결처럼 아예 설계도의 저작물성 자체를 부정하는 것은 타당하지 않다고 한다.[260]

다. 설계도에 따라 물건을 제작하는 행위

앞에서 건축저작물에 대한 부분에서 살펴본 바와 같이, 건축저작물에는 건축물과 건축을 위한 모형 또는 설계도서가 포함되고(저작권법 제 4 조 제 1 항 제 5 호), '복제'의 개념 정의에서, 건축물의 경우에는 그 건축을 위한 모형 또는 설계도서에 따라 이를 시공하는 것까지 복제로 보고 있다(저작권법 제 2 조 제22호). 그러므로 건축저작물인 건축설계도의 저작권자 허락 없이 그 설계도에 따라 건축물을 시공하게 되면 이는 그 건축설계도에 대한 저작권, 즉 복제권을 침해하는 것이 된다. 그러나 이는 저작권법 제 4 조 제 1 항 제 5 호에서 규정하는 건축저작물인 건축설계도의 경우에만 해당될 뿐, 건축저작물이 아닌 같은 항 제 8 호에서 규정하고 있는 일반적인 설계도, 예를 들어 기계설계도나 각종 설비 설계도 같은 경우는 이에 해당되지 않는다. 따라서 위 제 8 호에서 규정하고 있는 일반적인 설계도에 의하여 기계나 장치 또는 설비를 재현한다고 하더라도 그 기계나 장치 자체가 저작물이 아니라면 설계도 자체를 복제하지 않는 이상 그것만으로는 복제권침해가 성립하지 않는다. 다만, 그러한 행위가 부정경쟁방지법상 영업비밀침해를 구성하거나(그 설계도면이 영업비밀인 경우) 일반 불법행위를 구성하는지 여부는 별도로 따져보아야 할 문제이다.

---

259) 상게서, 545면.
260) 상게서, 546면.

9. 컴퓨터프로그램저작물

컴퓨터프로그램저작물(이하 '프로그램저작물'이라고만 한다)이라 함은, 특정한 결과를 얻기 위하여 컴퓨터 등 정보처리능력을 가진 장치 내에서 직접 또는 간접으로 사용되는 일련의 지시·명령으로 표현된 창작물을 말한다.[261] 프로그램저작물에 대하여는 종래 컴퓨터프로그램보호법이라는 독자적인 법에서 보호를 하여 왔으나, 2009년 저작권법 개정에 의하여 컴퓨터프로그램보호법이 저작권법에 흡수통합 됨에 따라 다른 저작물과 마찬가지로 저작권법에 의하여 보호를 받게 되었다. 이와 같이 저작권법과 컴퓨터프로그램보호법을 통합한 것은 성격이 유사한 일반 저작물과 프로그램저작물을 저작권법과 컴퓨터프로그램 보호법에서 각각 규정하고 있어 정책 수립과 집행에 효율성이 떨어지고 있다는 지적을 받아들이고, 프로그램저작물을 포함한 저작물 전체를 동일한 법률에서 규정함으로써 일관된 정책 추진을 도모하고자 한 것이다. 다만, 프로그램저작물이 가지고 있는 일반 저작물과는 다른 특성을 감안하여, 저작권법에 프로그램저작물에 대한 특례(법 제101조의2부터 제101조의7까지) 규정을 신설하면서, 보호의 대상, 프로그램 저작재산권의 제한, 프로그램코드 역분석, 프로그램의 임치 등을 일반적 저작물에 대한 특례로 규정하였다.

프로그램저작물과 관련한 구체적인 내용에 대하여는 뒤의 '프로그램에 대한 특례' 부분에서 살펴보기로 한다.

Ⅲ. 기타 방식에 따른 분류

1. 저작명의(著作名義)에 따른 분류

저작물은 저작명의에 따라 실명(實名)저작물·이명(異名)저작물·무명(無名)저작물로 나눌 수 있다. 실명저작물은 저작자의 실제 이름 또는 명칭이 저작물에 표시되어 있는 것을 말하고, 이명저작물은 아호(雅號), 필명, 약칭, 별명, 예명 등 실명 이외의 호칭이 저작자로서 저작물에 표시되어 있는 것을 말한다. 실명저작물과 이명저작물을 합쳐서 기명(記名)저작물이라고도 한다. 반면에 무명저작물은 저작물에 저작자의 표시가 없는 것이다.

이들을 구별하는 실익은, 저작자의 추정(저작권법 제 8 조 제 1 항 제 1 호), 보호기간의 기산점(저작권법 제40조), 실명의 등록(저작권법 제53조) 등의 적용에 있어서이다.

261) 저작권법 제 2 조 제16호.

2. 성립순서에 따른 분류

저작물은 그 성립순서에 따라 원저작물과 2차적저작물로 나눌 수 있다. 기존의 저작물을 기초로 하여 번역·편곡·변형·각색·영상제작 및 그 밖의 방법으로 새로운 저작물을 창작한 경우 그 새로운 저작물을 2차적저작물이라고 하고, 이때 기초로 된 저작물을 원저작물이라고 한다.

원저작물과 2차적저작물을 구별하는 실익은, 2차적저작물도 독자적인 저작물로서 보호를 받으나 그 보호는 원저작물의 저작권자의 권리에 영향을 미치지 아니한다는 점에 있다(법 제5조 제2항). 따라서 2차적저작물을 이용하려는 자는 2차적저작물의 저작자는 물론 원저작물 저작자의 허락도 받아야 한다. 또한 원저작자가 갖는 저작재산권 중에는 2차적저작물작성권도 포함되어 있으므로(법 제22조), 타인의 저작물을 원저작물로 이용하여 2차적저작물을 작성하려면 당연히 그 원저작물 저작자의 허락을 얻어야 한다.

3. 공표의 유무에 따른 분류

저작물은 공표의 유무에 따라 공표저작물과 미공표저작물로 나눌 수 있다. '공표'란 저작물을 공연, 공중송신 또는 전시 그 밖의 방법으로 공중에게 공개하는 경우와 저작물을 발행하는 경우를 말하며, 여기서 '발행'이란 저작물 또는 음반을 공중의 수요를 충족시키기 위하여 복제·배포하는 것을 말한다(법 제2조 제24, 25호).

구별의 실익은, 우선 저작인격권 중 공표권은 미공표저작물에 대하여서만 발생한다는 점에 있다(법 제11조). 그리고 미공표저작물에는 적용되지 않고, 공표저작물에만 적용되는 저작재산권 제한규정이 있다. 학교교육목적 등에의 이용(법 제25조), 공표된 저작물의 인용(법 제28조), 비영리 목적의 공연·방송(법 제29조), 사적이용을 위한 복제(법 제30조), 도서관 등에서의 복제(법 제31조), 시험문제로서의 복제(법 제32조), 점자에 의한 복제(법 제33조)의 경우가 그것이다. 또 저작물이용에 관한 법정허락(법 제50 내지 52조)도 공표저작물에만 적용되며, 공표시점이 저작재산권 보호기간 산정의 기산점이 되는 경우가 있다(법 제39 내지 44조).

4. 저작자의 수에 따른 분류

분리하여 이용할 수 없는 하나의 단일저작물의 작성에 관여한 저작자가 1명인가 2명 이상인가에 따라 단독저작물과 공동저작물로 나누어진다.

구별의 실익은, 공동저작물의 경우 저작권 보호기간의 기산점이 맨 마지막으로 사망한 저작자의 사망시점이 되며(법 제39조 제 2 항), 저작인격권 및 저작재산권의 행사에 있어서 원칙적으로 공동저작권자 전원의 합의가 필요하다(법 제15조, 제48조)는 점이다.

5. 저작물의 결합방법에 따른 분류

공동저작물과 유사한 것으로 결합저작물이 있다. 결합저작물은 2인 이상의 저작자에 의하여 외관상 하나의 저작물이 작성된 경우를 말한다. 이 점에서는 공동저작물과 같다. 그러나 그 작품 전체의 창작에 관여한 저작자 사이에 공동관계가 인정되지 않고, 따라서 결과적으로는 단독저작물의 단순한 결합이라고 보아야 한다는 점에서 차이가 있다.

공동저작물과 결합저작물의 구별기준에 대해서는 분리가능성설과 개별적 이용가능성설이 있다. 분리가능성설은 하나의 저작물의 각 구성부분이 물리적으로 분리가능한가 여부를 기준으로 하는데 반하여, 개별적 이용가능성설은 분리된 것이 단독으로 이용가능한가 여부를 기준으로 한다. 따라서 일반적으로 전자보다도 후자 쪽이 공동저작물로 되는 범위가 넓게 되는 경향이 있다(예컨대, 좌담회에서의 개개의 발언은 물리적으로는 분리가능 하더라도 독자적으로 가치를 갖는 것이 아니기 때문에 분리가능성설의 입장에서는 결합저작물, 개별적 이용가능성설의 입장에서는 공동저작물로 된다).[262] 우리나라 저작권법은 제 2 조 제21호에서 공동저작물을, "2인 이상이 공동으로 창작한 저작물로서 각자의 이바지한 부분을 분리하여 이용할 수 없는 것을 말한다."고 정의함으로써, 개별적 이용가능성설에 입각하고 있다.

공동저작물의 성립요건과 효과에 관하여서는 제 3 장 '저작자' 부분에서 상세히 검토하기로 한다.

6. 계속성의 유무에 따른 분류

저작물은 계속성의 유무에 따라서 일회적(一回的) 저작물과 계속적(繼續的) 저작물로 나눌 수 있다. 일회적 저작물은 단행본이라든가 회화, 조각 등과 같이 1회의 발행이나 공표에 의하여 종료되는 것을 말하고, 계속적 저작물은 신문이나 잡지 등과 같이 계속적으로 발행 또는 공표되는 것을 말한다.[263]

구별을 하는 이유는, 계속적 저작물의 경우에는 보호기간의 기산점으로 되는 공표시기

262) 송영식 외 2인, 전게서, 440면.
263) 半田正夫, 전게서, 90면.

를 명백히 정할 필요가 있기 때문이다. 계속적 저작물 중 축차간행물(책·호 또는 회 등으로 공표하는 저작물)의 경우는 매책·매호 또는 매회의 공표시를 공표시기로 보며, 순차저작물(일부분씩 순차적으로 공표하여 완성하는 저작물)의 경우에는 최종부분의 공표시를 공표시기로 본다(법 제43조 제 1 항).[264)]

7. 문예적 저작물과 기능적 저작물

저작물은 그것이 목적으로 하고 있는 바에 따라 문예적 저작물과 기능적 저작물로 분류할 수 있다. 문예적 저작물은 소설·시·희곡이나 회화, 음악 등과 같이 주로 문학·예술적 표현을 목적으로 하는 저작물임에 반하여, 기능적 저작물은 예술성보다는 실용성을 주된 목적으로 하는 저작물, 예컨대 설계도·각종 서식(書式)·규칙집 등과 같이 특정한 기술 또는 지식·개념을 전달하거나, 방법이나 해법, 작업과정 등을 설명한 것을 말한다. 자연히 예술적 표현(expression)보다는 그 저작물이 달성하고자 하는 기능과 목적을 위한 실용성에 초점을 맞추게 된다. 저작물의 필수적인 구성요소 중 하나인 표현에 있어서도 문예적 저작물과 기능적 저작물은 차이가 있다. 전자에 있어서 표현은 독자나 보는 사람의 감성에 주로 호소하는 것을 목적으로 하는데 비하여, 후자에 있어서의 표현은 그 저작물이 목적으로 하는 실용적 기능에 부수적으로 따르는 것으로서 그 표현 역시 실용적·기능적 목적을 가지고 있다.

이들 두 가지를 구별하는 실익은, 기능적 저작물의 경우 그 창작성이 요구되는 부분, 즉 보호범위가 일반적인 문예저작물과 다르다는 데 있다. 기능적 저작물은 그것이 목적으로 하는 기능을 수행하기 위하여 표준적인 용어와 개념을 사용하여야 하고 다른 사람들이 쉽고 정확하게 알 수 있는 해설방식을 사용하여야 한다. 따라서 그 표현방식은 상당히 제한될 수밖에 없고, 그에 내재된 보호받지 못하는 요소들, 예컨대 개념이나 방법·해법, 작업과정 등 아이디어(idea)와 표현(expression)이 밀접하게 연관되기 마련이다. 그 결과 보호받아서는 아니 되는 아이디어가 보호되는 일이 없도록 저작권의 보호범위를 제한적으로 해석하게 된다.

기능적 저작물의 보호범위를 결정할 때 딜레마에 빠지게 되는 경우가 많다. 기능적 저작물의 표현을 보호하게 되면 그와 밀접하게 연관되어 있는 아이디어들—이들은 원래 특허법과 같은 다른 지적재산권법에 의한 보다 엄격한 심사를 거쳐 보호해야 하는 요소들이다—을 보호하는 결과로 되기 쉽다. 반대로 그 표현을 전혀 보호하지 않게 되면 기능적 저

264) 송영식 외 2인, 전게서, 441면.

작물에 대한 창작의욕을 꺾는 결과로 된다.[265] 또 기능적 저작물에 있어서는 아이디어와 표현이 밀접하게 연관되어 있으므로 그 경계를 명확히 하는 것도 상당히 어려운 작업이다. 따라서 기능적 저작물의 보호범위를 결정함에 있어서는 '합체의 원칙'(merger doctrine) 등을 적극적으로 적용하는 한편, 제 3 자가 다른 표현방법을 사용할 수 있었음에도 불구하고 저작권자가 사용한 구체적인 표현과 굳이 동일한 표현을 사용한 경우에만 침해를 인정하는 등의 방법으로 보호범위를 제한하는 것이 필요하다.

다음에서는 대표적인 기능적 저작물인 '양식'(樣式)과 '규칙서'의 보호범위에 관하여 외국의 판례를 곁들여 검토한다. 또 다른 기능적 저작물인 설계도서와 지도 등의 보호범위에 대하여는 앞의 '도형저작물' 부분에서 이미 언급하였다.

가. 양　식

다음에서 보는 바와 같이 각종 양식에 대하여는 창작성의 요건이 엄격하게 적용되고, 설사 저작물로 인정된다 하더라도 그 보호범위가 제한된다. 다만 이와 같은 양식을 종류에 따라 선택하고 적절하게 배열한 편집물(예컨대, 계약서식전집, 강제집행서식전서 등)은 그 소재로 된 양식의 선택, 배열 및 구성에 창작성이 있으면 편집저작물이라는 새로운 저작물로 보호받을 수 있는데, 이는 이곳에서 논하는 양식 자체의 저작물성과는 별개의 문제이다.

(1) 법률서식·상업용 서식 등

소장·신청서·계약서 양식과 같은 법률서식이나 주문서·신용장과 같은 상업용 서식 등 각종 서식은 이미 공중의 영역(public domain)에 있는 판례나 법령, 거래관습 등을 요령 있게 정리하여 놓은 것에 불과하므로 창작성 기준을 더욱 엄격하게 적용하여야 한다. 뒤에서 보는 바와 같이 미국 제 2 항소법원은 Continental Casualty 사건에서, 설사 서식이 저작권의 보호를 받는다 하더라도 저작자가 사용한 것과 동일한 표현을 사용한 경우에만 침해를 인정할 수 있다고 하여 그 보호범위를 매우 좁게 제한하였다. 나아가 서식의 표현방식이 극히 제한되어 있는 경우에는 합체의 원칙을 적용하여 저작권의 보호를 배제함으로써 공중이 자유롭게 그와 같은 서식을 사용할 수 있도록 보장할 필요가 있다.

(2) Blank forms

이런 저런 제목 아래 여러 개의 빈칸을 만들어 놓고 그 빈칸을 채워 넣기만 하면 되도록 한 양식을 blank form이라고 한다. blank form의 저작권 보호에 관한 선구적인 판례

---

265) Goldstein, *op. cit.*, p. 2: 177.

가 다음에서 보는 미국 연방대법원의 Baker v. Selden 사건 판결이다. 이 판결에서는, 새로운 부기방식을 설명하면서 아울러 부기장부 양식을 예시해 놓은 서적 부분에 대한 저작권의 보호가 그 부기방식 자체 또는 그에 사용된 양식에까지 미치는 것은 아니라고 하였다. Baker 사건의 판시내용은 그 후 1982년 미국 저작권청 규정(Copyright Office Regulation 37 C.F.R.) §202. 1(c)로 입법화 되었는데 우리에게도 참고가 된다. 이 규정은 일반적으로 빈칸을 채워 넣게 되어 있는 양식(blank forms), 예컨대 시간표 양식이라든가 대차대조표 등 회계양식, 다이어리 양식, 은행의 수표양식, 경기 스코어 카드, 주소록 양식, 리포트 양식, 주문서 양식 등과 같이 빈 칸에 정보를 기록하도록 고안된 양식으로서, 그 자체로는 아무런 정보도 제공하지 않는 것은 저작권의 보호를 받을 수 없다고 규정하고 있다.

다만 이에 대하여 Goldstein 교수는 위 규정의 후반부에 대하여 이의를 제기하면서, 정보를 기록하도록 고안된 양식이라고 해서 그 자체로 아무런 정보도 제공하지 않는 것은 아니며, 기하학적 형상을 배열한 추상화도 저작권의 보호를 받는데 blank forms라고 하여 일률적으로 저작권의 보호가 제한된다는 것은 타당하지 않다고 주장한다.[266]

(3) 양식에 대한 저작권 보호를 부정한 사례

(가) Baker v. Selden[267]

원고는 상업용 부기방식을 설명한 몇 권의 책을 저술하였는데, 그 내용 중에서 종전의 복식부기 장부를 개량한 새로운 형식의 대차대조표 양식을 예시하고 있었다. 피고는 자신의 부기책을 저술하면서 원고의 대차대조표 양식을 허락을 받지 않고 무단으로 전재하였다. 이 사건에서 미국 연방대법원은 원고의 대차대조표 양식은 표현(expression)이 아니라 새로운 부기체계의 방식(method of bookkeeping system)으로서 저작권의 보호를 받지 못하는 아이디어에 해당하며, 이와 같은 아이디어는 모든 공중이 자유롭게 사용할 수 있어야 한다고 하였다. 또한 원고의 책과 같은 기능적 저작물에서 설명하고 있는 문제해결의 방식이나 조작방법과 같은 해법(solution)에 대하여 저작권의 보호를 주는 것은, 마치 의자를 만드는 방법을 저술한 저작자에게 그 의자를 만드는 방법 자체에 대한 독점권을 주어 다른 사람들은 같은 방식으로 의자를 만들지 못하도록 하는 결과를 초래하므로 부당하다고 하였다.

특히 이 사건에서 연방대법원은, 원고가 자신의 저서에서 예시한 대차대조표 양식(그림 참조)은 표 안에 적절한 표제와 공란을 배치하여 양식을 사용하는 사람이 편리하게 공란을 채워 넣을 수 있도록 한 것으로서, 새로운 부기방식을 있는 그대로 구현하여 놓은 것일 뿐

---

266) Goldstein, *op. cit.*, p. 2: 181.

267) 101 U.S. 99(1879).

어떠한 표현을 내포하고 있는 것이 아니며, 이와 같은 양식에 대하여 독점권을 부여하는 것은 사상(idea) 자체를 보호하는 특허법 등의 영역이지 표현(expresseion)을 보호하는 저작권법의 영역이 아니라고 하였다. 저작권법은 그 저작물의 신규성에 대하여는 아무런 심사도 하지 아니하고 창작성만 있으면 보호를 해 주는 것이므로, 신규성 심사도 하지 아니한 채 특허권과 유사한 보호를 주는 것은 부당하다는 것이다.

CONDENSED LEDGER.

Bro't Forw'd.		ON TIME.		DATE:			DISTRIBU-TION.		TOTAL.		BALANCE.	
DR.	CR.	DR.	CR.	DR.	CR.	SUNDRIES to SUNDRIES.	DR.	CR.	DR.	CR.	DR.	CR.
						CASH. DR. CR. $ $						
						Carried Forward....						

J. Ginsburg, *op.cit.*, p. 98.

(나) Bibbero Systems, Inc. v. Colwell Systems, Inc.[268)]

원고는 'Superbill'이라고 하는 명칭으로 의사들이 진료 후 의료보험금을 청구할 때 필요한 진료기록부 양식을 만들었는데, 피고가 이와 동일한 양식을 만들어 사용하자 저작권 침해소송을 제기하였다. 원고의 양식은 모두 약 30개의 견본양식으로 구성되어 있으며, 각 양식들은 환자가 자신의 이름과 생년월일, 성별 등 개인적인 사항들을 적어 넣을 수 있는 공란과 그에 대한 지시문구, 보험금 청구권을 환자가 의사에게 양도한다는 문구 및 환자에 대한 정보를 공개하는데 대한 동의문구, 환자의 여러 가지 증상과 그 증상에 따라 시행한 시술내용에 대한 체크리스트 등으로 되어 있었다. 그 체크리스트의 모든 항목들은 미국의료협회(AMA: American Medical Association) 또는 정부간행물과 동일한 분류방법을 따른 것이었고 각 항목의 분류번호도 동일하게 되어 있었으며, 진료분야에 따른 구체적 항목으로 구성되어 있었다(그림 참조).

STATE LIC. # 123456789
SOC. SEC. # 000-11-0000

JOHN R. JOHNNSON, M.D.
Type of Practice or Specialty
1000 MAIN STREET, SUITE 10
SOME PLACE, USA 70000

TELEPHONE: (123) 234-5678

☐PRIVATE ☐BLUE CROSS ☐BLUE SHIELD ☐IND. ☐MEDICAID ☐MEDICARE ☐GOV'T.

PATIENT INFORMATION

PATIENT'S LAST NAME FIRST INITIAL	BIRTHDATE / / — SEX [ ]MALE [ ]FEMALE — TODAY'S DATE / /
ADDRESS CITY STATE ZIP	RELATION TO SUBSCRIBER — REFERRING PHYSICIAN
SUBSCRIBER OR POLICYHOLDER	INSURANCE CARRIER
ADDRESS – IF DIFFERENT CITY STATE ZIP	INS. ID COVERAGE CODE GROUP
DISABILITY RELATED TO: [ ]ILLNESS [ ]ACCIDENT [ ]IND. [ ]PREGNANCY [ ] — DATE SYMPTOMS APPEARED, INCEPTION OF PREGNANCY, OR ACCIDENT OCCURRED: / /	OTHER HEALTH COVERAGE? - [ ]NO [ ]YES - IDENTIFY
ASSIGNMENT: I hereby assign my insurance benefits to be paid directly to the undersigned physician. I am financially responsible for non-covered services. SIGNED: (Patient or Parent If Minor) Date	RELEASE: I authorize the undersigned physician to release any information acquired in the course of my examination or treatment. SIGNED. (Patient or Parent If Minor) Date:

Family Practice

✓	DESCRIPTION		CPT4/MO	FEE
	1. OFFICE VISIT	NEW	EST.	
	Minimal		90030	
	Brief	90000	90040	
	Limited	90010	90050	
	Intermediate	90015	90060	
	Extended		90070	
	Comprehensive	90020	90080	
	2. INJECTIONS & IMMUNIZATIONS			
	Surgical Injection		206	
	DPT		90701	
	DT		90702	
	Tetanus		90703	
	OPV		90712	
	MMR		90707	

✓	DESCRIPTION		CPT4/MO	FEE
	3. HOSP. SERVICES	NEW	EST.	
	Interm (days)	90215	90260	
	Extended		90270	
	Comprehensive	90220		
	Discharge 30 min 1 hr			
	Detention Time 30 min 1 hr		99150	
	Detention Time ____ Hrs.		99151	
	4. SPECIAL SERVICES			
	Called to ER during ofc hrs		99065	
	Night Call - before 10 pm		99050	
	Night Call after 10 pm		99052	
	Sundays or Holidays		99054	
	5. EMERGENCY ROOM			
			905	
	6. HOUSE CALLS			
			901	
	7. EXTENDED CARE FACILITY			
			903	
	8. CONSULTATION			
			906	

✓	DESCRIPTION	CPT4/MO	FEE
	9. LABORATORY – IN OFFICE		
	Urine	81000	
	Occult Blood	89205	
	ECG	93000	
	10. SURGERY		
	Anoscopy	46600	
	Sigmoidoscopy	45355	
	Surgery Assist	-80	
	11 MISCELLANEOUS		
	Booklets	99071	
	Special Reports	99080	
	Supplies, Ace Bandage	99070	
	X Ray		

DIAGNOSIS	ICD-9						
☐ Abscess	682.9	☐ Chonyloma Accuminata	078.1	☐ Hemorrhoids	455.6	☐ Paroxysmal Atrial Tachy	427.2
☐ Abrasion-sup. Injury	919	☐ Conjunctivits	372	☐ Hypertension	401.9	☐ Pediculosis Pubis-Scabies	133.0
☐ Allergic Reaction	995.3	☐ Contusion, Hematoma	924.9	☐ Influenza	487.1	☐ Pelvic Congestion	625.5
☐ Amenorrhea	626.0	☐ Coronary Artery Dis.	414.9	☐ Ingrown Toenail	703.0	☐ Pharyngitis, Tonsil -Acute	462
☐ Anemia	285.9	☐ Cystitis-Pyeloneph	595.9/590.80	☐ Insomnia	780.52	☐ Pigmented Nevus	M8720/0
☐ Anxiety-Stress-Depression	309	☐ Cephalgia-Migraine Tension	784.0	☐ Irritable Colon	564.1	☐ Post Nasal Drip	473.9
☐ Arteriosclerosis	440.9	☐ Dermatitis	692.0	☐ Jaundice-Hepatitis	782.4	☐ Pneumonitis-Pleuritis	486
☐ Arthralgia	719.4	☐ Diabetes Mellitus	250.0	☐ Labyrinth. Vertigo	386.30/780.4	☐ P I D	614.9
☐ Arthrit,-Osteo Rheum.	716/714	☐ Duodenal Ulcer	532.9	☐ Laryngo-Tracheitis	464	☐ Prostatitis	601.9
☐ Asthma Hayfever	493.0	☐ Duodenitis-Gas	535.6	☐ Lipoma	214.9	☐ Puncture Wound	879.8
☐ Bleeding Internal	626.6	☐ Dysmenorrhea	625.3	☐ Lipid Cholesterol Ab	272.7	☐ Renal Stone	592.0
☐ Bleeding Post Men	627.1	☐ Emphysema-COPD	496	☐ Low Back Pain	724.2	☐ Sebaceous Cyst	706.2
☐ Boil-Carbuncle/Furuncle	680	☐ Epicondylitis	726.32	☐ Lymphadenitis	289.3	☐ Seizure Disorder	780.3
☐ Bronchitis-Acute/Chronic	490	☐ Epilepsy	345.9	☐ Lymphangitis	457.2	☐ Sinusitis	473.9
☐ Bronchopneumonitis	485	☐ Eustachian Tube Congest	381.50	☐ Menorrhagia	626.2	☐ Thyroid Disorder	246.9
☐ Bursitis	727	☐ Exogenous Obesity	278.0	☐ Menopausal Syndrome	627.2	☐ Tinea Corpus-Pedis	110.5
☐ Cellulitis-Impetigo	682	☐ Fatigue	780.7	☐ Myofascitis Tendonitis	729.1	☐ URI Viral Syndrome	460
☐ Cerebral Con.	850.9	☐ Foreign Body	879.8	☐ Muscle Strain/Sprain	848.9	☐ Urethritis-Cystitis	599.0
☐ Cervicitis	616.0	☐ Gastroenteritis	558.9	☐ Otitis-External Cerumen	382.9	☐ Vaginitis	616.10
☐ Cholecyst. & Cholelith.	575/574	☐ Heart Failure	428.0	☐ Otitis-Media Acute	382.9	☐ Weight Loss	783.2
		☐ Hiatal Hernia	553.3	☐ Pain		☐	

DIAGNOSIS: (IF NOT CHECKED ABOVE)

SERVICES PERFORMED AT: [ ]Office [ ]E.R. [ ]N.H. [ ] Johnson's Hospital 100 Main St. Some Place, USA 70000

LAB SENT TO: [ ] State Hospital 200 State St. Some Place, USA 70001

DATES DISABLED: FROM: / / TO: / / OK TO RETURN TO WORK/SCHOOL / /

RETURN APPOINTMENT INFORMATION: 5 - 10 - 15 - 20 - 30 - 45 - 60 DAYS WKS. MOS. PRN PX.

NEXT APPOINTMENT: M – T – W – TH – F – S DATE: / / TIME AM PM

DOCTOR'S SIGNATURE/DATE

ACCEPT ASSIGNMENT? [ ]YES [ ]NO

INSTRUCTIONS TO PATIENT FOR FILING INSURANCE CLAIMS

1. COMPLETE UPPER PORTION OF THIS FORM.
2. SIGN & DATE.
3. MAIL THIS FORM DIRECTLY TO YOUR INSURANCE COMPANY. YOU MAY ATTACH YOUR OWN INSURANCE COMPANY'S FORM IF YOU WISH, ALTHOUGH IT IS NOT NECESSARY.

REC'D. BY:	
[ ]CASH	TOTAL TODAY'S FEE
[ ]CR. CD.	OLD BALANCE
[ ]CHECK	TOTAL
#_____	AMT. REC'D. TODAY
	NEW BALANCE

INSUR-A-BILL® • BIBBERO SYSTEMS, INC. • PETALUMA, CA. • © 9/84

J. Ginsburg, *op. cit.*, p. 105.

268) 893 F.2d 1104(9th Cir. 1990).

이 사건에서 제 9 항소법원은 위에서 본 Baker 사건의 판시를 인용하면서, 원고가 만든 Superbill은 양식의 빈칸이 채워지기 전까지는 아무런 정보도 제공하고 있지 않으므로 그 자체로는 저작권의 보호를 받을 수 없다고 판시하였다.

(4) 양식에 대한 저작권 보호를 긍정한 사례

(가) Continental Casualty Co. v. Beardsley[269)]

원고는 증권의 분실로 인한 손해를 보상하는 신종보험을 개발하여 보험약관과 관련양식(약정서, 분실확인서, 면책약관, 위임장 등) 및 이들을 설명하는 소책자를 발간하였다. 피고는 원고의 양식을 그대로 복제하였으나 설명문은 원고의 것을 복제하지 않고 스스로 작성하였다. 피고는 Baker 사건의 판시에 따라 저작권침해가 부정되어야 한다고 주장하였으나, 제 2 항소법원은 피고의 주장을 배척하면서, 원고가 만든 양식(blank form)은 Baker 사건에서의 양식과 달리 보험내용에 대한 설명문(explanatory prose)을 포함하고 있기 때문에 저작권의 보호를 받을 수 있다고 하였다.

그러나 판결의 결론에 있어서는, 이와 같은 양식이 저작권의 보호를 받을 수 있다고 하더라도 이때의 저작권은 이른바 '약한 저작권'(thin copyright)으로서, 저작권자가 사용한 구체적 표현과 동일한 표현을 사용한 경우에만 침해를 긍정할 수 있다고 하였다. 그런데 원고의 설명문 중 일부 문구를 피고가 그대로 사용하였지만, 이는 보험내용을 설명하는 과정에서 부수적으로 행하여진 것일 뿐, 전체적으로는 약간씩 다른 표현을 사용하고 있으므로 피고가 원고의 저작권을 침해하였다고 볼 수 없다고 하였다.

이 판례의 결론에 따른다면 이른바 '약한 저작권'의 보호를 받는 저작물은 제 3 자가 표현을 약간씩만 다르게 하더라도 침해를 구성하지 않기 때문에, 사실상 그 저작권은 매우 제한되고 만다. 제 2 항소법원도 이러한 점을 인정하면서, 이는 기능적 저작물에 있어서 그 아래 깔려 있는 아이디어를 만인이 공유할 수 있도록 하기 위한 불가피한 조치라고 설명하고 있다.

나. 규 칙 서

게임이나 각종 콘테스트 등의 규칙을 설명한 글도 당연히 저작권법이 예시하고 있는 어문저작물에 해당한다. 그러나 이러한 규칙서는 기능적 저작물의 일종으로서 그 보호범위가 제한된다. 특히 규칙서는 설명하고자 하는 규칙을 별다른 묘사 없이 건조하고 간결한 문체로 서술하는 경우가 대부분이므로 제한된 전형적인 표현에 의존할 수밖에 없는 경우가 많다.[270)] 미국의 판례는 이처럼 표현에 있어서 변형의 여지가 적은 규칙서 등은 저작자

269) 253 F.2d 702(2d Cir.) cert. denied, 358 U.S. 816(1958).

가 사용한 표현 그대로를 모방하지 않는 한 약간의 변형이 있어도 침해를 인정하지 않음으로써 그 보호범위를 제한해 왔다.[271] 나아가 그 규칙이 매우 단순한 규칙으로서 그것을 표현함에 있어서 다양성을 발휘한다거나 변형의 여지가 거의 없는 극히 제한된 표현만이 가능한 경우에는 아예 저작권의 보호를 전면적으로 부정한 판례도 있다. 즉, 어떤 사실을 설명하는 표현이 극히 제한되어 있어서 그 표현을 저작권으로 보호할 경우 다른 사람들은 그 사실을 설명할 기회를 현실적으로 봉쇄해 버릴 우려가 있을 때에는 저작권의 보호가 배제되며, 제 3 자가 그 표현을 고의적으로 그대로 베꼈다고 하더라도 침해의 책임을 물을 수 없다고 하였다. 앞서 '아이디어 표현 이분법' 중 '합체의 원칙'을 검토하면서 보았던 Morrissey 사건 판결[272]이 이에 해당한다.

일본에서는 미국과 약간 다른 해석을 한다. 게이트볼(gate-ball)경기 규칙서의 저작권침해가 문제로 된 사건에서 동경지방법원은 규칙서 자체의 저작물성은 인정을 하면서도 표현이 일부 차이가 나는 것을 들어 침해를 부정하였다.[273] 이 판결에 대한 평석을 쓴 染野義信 변호사는, 경기규칙이라는 점만으로 저작물성을 부인할 수는 없고 성문화되어 있지 않은 경기규칙을 성문화된 규칙으로 작성하였다는 점에서 창작성이 인정된다고 보아야 할 것이지만, 이러한 종류의 저작물은 저작자의 개성이 거의 나타나 있지 않으므로 기존의 저작물의 존재를 모른 채 그것에 의거하지 않고도 기존의 것과 유사한 것이 작성될 가능성은 다른 일반적인 문예적 저작물의 경우보다도 훨씬 높다고 하였다. 즉, 규칙서라는 이유만으로 저작물성을 부인한다거나 그 보호범위를 제한하기보다는, 이를 침해소송에 있어서의 입증에 관한 문제로 전환시켜, 규칙서와 같은 저작물에 있어서는 원고와 피고의 저작물이 현저하게 유사하더라도 그것만으로는 피고가 원고의 저작물에 접근하여 이를 베꼈다고 인정할 수 없고 따라서 침해를 인정할 수 없다는 식으로 소송기술적인 해결을 시도하고 있다.

---

270) 물론 규칙서를 작성함에 있어서 건조체의 서술이 아닌 우화적인 또는 코믹한 표현 등을 사용함으로써 독창성을 갖춘다면, 그 부분은 창작성이 있어 저작권의 보호를 받을 수 있을 것이다.

271) Freedman v. Grolier Enters., Inc., 179 U.S.P.Q. 476, 479(S.D.N.Y. 1973); Goldstein, *op. cit.*, p. 2:187에서 재인용.

272) Morrissey v. Procter & Gamble Co., 379 F.2d 675(1st Cir. 1967).

273) 동경지방법원 1984. 2. 10. 선고 昭和56(ワ)1486 판결(無體例集 16卷 1號 78).

제 3 절 2차적저작물과 편집저작물

I. 2차적저작물

1. 의 의

2차적저작물(secondary works, derivative works)이란 원저작물을 기초로 이를 변형하여 새로운 저작물이 창작된 경우에 그 새로운 저작물을 말한다. 우리 저작권법은 제 5 조 제 1 항에서 "원저작물을 번역·편곡·변형·각색·영상제작 그 밖의 방법으로 작성한 창작물은 독자적인 저작물로서 보호된다."라고 2차적저작물을 규정하고 있다.[274] 2006년 개정되기 전 저작권법에서는 편집저작물도 2차적저작물의 한 유형으로 분류하고 있었으나, 2006년 개정 저작권법 이후 이를 2차적저작물과 분리규정하고 있다. 2차적저작물을 원저작물로 하여 다시 번역, 편곡 등을 한 경우에도 2차적저작물이라고 부르며, 3차적저작물이라고는 하지 않는다. 그러나 설명의 편의를 위하여 드물게 3차적, 4차적저작물 등의 용어를 사용하는 경우도 있다. 우리나라 최초의 저작권법인 1957년 저작권법은 제 5 조에서 "번역, 개작 또는 편집한 자"라고 하여 2차적저작물과 편집저작물을 구별하지 않고 있지만, 그 권리에 있어서는 번역권(제25조), 개작권(제26조), 편집권(제27조)을 원저작자의 권리로 각각 구별하여 부여하고 있었다. 여기서 번역권을 별도의 권리로서 규정하고 있는 점이 현행 저작권법과 다른 점인데, 이는 1957년 저작권법 제34조 제 1 항에서 "저작권자가 원저작물 발행일로부터 5년 내에 그 번역물을 발행하지 않을 때에는 그 번역권은 소멸한다."고 하여 번역권에 대하여는 기타 개작권(2차적저작물작성권)과는 다른 특별한 제한을 부과하고 있었기 때문이다.

1957년 저작권법에서는 크게 '번역'과 '개작'으로 나누되, 개작이라 함은 신저작물로 될 수 있는 정도로 원저작물에 수정증감을 가하거나 "① 원저작물을 영화화(각색하여 영화화하는 경우를 포함한다)하거나 또는 영화를 각본화, 소설화하는 것, ② 미술적저작물을 원저작물과 다른 기술로써 전화시키는 것, ③ 음악적저작물을 원저작물과 다른 기술로써 전화시키

274) 미국 저작권법 제101조는 2차적저작물을 규정하면서 좀 더 상세한 예시를 들고 있는데, "2차적저작물(derivative work)이란, 번역(translation), 편곡(musical arrangement), 극화물(dramatization), 소설화물(fictionalization), 영화화물(motion picture version), 녹음물(sound recording), 미술복제물(art reproduction), 축약물(abridgment), 요약물(condensation) 또는 기타 어느 저작물을 개작(recast), 변형(transform), 각색(adapt)한 형태와 같이 기존의 하나 이상의 저작물을 기초로 하여 작성된 저작물을 의미하며, 전체로서 원저작물을 나타내는 편집적 수정물(editorial revision), 주석물(annotation), 퇴고물(elaboration), 기타 수정물(other modification)을 포함하는 저작물을 말한다"라고 규정하고 있다.

어 그 선율을 변화시키는 것, ④ 원저작물을 음반 또는 필름에 사조(寫照)[275] 또는 녹음하는 것, ⑤ 소설을 각본화하거나 또는 각본을 소설화하는 것, ⑥ 소설각본을 시가화하거나 또는 시가를 소설, 각본화하는 것" 등의 방법에 의하여 변형복제하는 것을 말한다고 구체적으로 규정하고 있었다.[276] 그러나 현행 저작권법에서는 2차적저작물 작성 행위의 태양을 "번역, 편곡, 변형, 각색 영상제작 그 밖의 방법"으로 예시하고 있다.[277]

2차적저작물은 엄연히 독자적인 저작물이며 원저작물과는 별도의 보호를 받게 된다. 다만 2차적저작물은 원저작물을 이용하는 관계에 있기 때문에 저작권법 제5조 제2항에서 원저작자와 2차적저작물 저작자 사이의 이해관계를 조절하는 규정을 두고 있다.

2. 성립요건

가. 원저작물을 기초로 할 것 – 의거(依據)관계

2차적저작물은 기존의 저작물, 즉 원저작물을 토대로 이것에 새로운 창작성을 가함으로써 만들어진 새로운 저작물을 말한다. 2차적저작물은 원저작물을 토대로 그에 의거하여 작성된 저작물이므로, 저작자가 기존의 저작물과 실질적으로 유사한 저작물을 작성한 경우에도 그것이 기존의 저작물을 토대로 한 것이 아니라, 단순히 우연의 일치 또는 공통의 소재를 이용한 데서 오는 자연적 귀결이라면 그것은 2차적저작물이 아니라 별개의 저작물이 된다. 또한 여기서 원저작물을 기초로 한다는 것은 원저작물의 창작적 표현 부분을 토대로 한다는 것을 의미한다. 따라서 원저작물을 토대로 한 저작물이라 하더라도 원저작물의 창작적 표현 부분이 아닌 단순히 아이디어나 주제, 소재 등의 것만을 차용하여 작성된 것이라면 2차적저작물로 볼 수 없다. 2차적저작물의 성립요건 중 하나인 원저작물을 기초로 한다는 것은 저작재산권침해의 요건 중 주관적 요건인 '의거요건'과 직접 관련이 있는 부분

---

275) 사조(寫照)라 함은 초상화나 사진과 같이 실제의 형상을 그대로 찍어내는 것을 의미한다.

276) 1957년 저작권법 제5조 제2항. 한편, 여기서 "④ 원저작물을 음반 또는 필름에 사조(寫照) 또는 녹음하는 것"을 개작에 포함시킨 것은 1957년 저작권법이 음반과 녹음필름 등을 별개의 저작물로 취급하고 있었고, 따라서 그러한 행위를 2차적저작물 작성 행위로 볼 수 있었기 때문이다. 그러나 현행 저작권법에서 음반과 녹음필름은 저작물이 아니라 저작인접물로 취급되고 있기 때문에 그러한 행위는 2차적저작물 작성 행위의 예시에서 제외되고 있다.

277) 일본 저작권법은 제2조 제1호에서 2차적저작물을 정의하면서, "저작물을 번역, 편곡 혹은 변형 또는 각색, 영화화 기타 번안하는 것에 의하여 창작한 저작물을 말한다"고 규정하고 있고, 제27조(번역권, 번안권 등)에서 "저작자는 그의 저작물을 번역, 편곡 또는 변형 또는 각색, 영화화 기타 번안하는 권리를 전유한다"고 규정하고 있다. 여기서 각색과 영화화는 '번안'의 예시로 이해되며, 따라서 2차적저작물 작성의 행위유형은 '번역', '편곡', '변형', '번안'으로 구분된다고 한다. 横山久芳, 翻案權侵害の判斷基準の檢討, コピライト 609號(2012), 3면 참조.

이므로 이에 대하여는 뒤의 '제9장 저작재산권 침해의 요건 및 판단 기준' 중 '의거요건' 부분에서 상세히 살펴보기로 한다.

나. 새로운 창작성의 부가 – 실질적인 개변

(1) 의 의

2차적저작물은 독자적인 저작물이다. 따라서 2차적저작물이 성립하기 위하여서는 다른 저작물과 마찬가지로 창작성을 필요로 하며, 2차적저작물은 원저작물이 가지는 창작성에 2차적저작물 작성자가 부가한 창작성이 합쳐질 때 비로소 성립할 수 있다. 즉, 2차적저작물에는 원저작물이 가지는 고유의 창작성과 그에 부가된 2차적저작물 자체의 창작성, 이렇게 두 개의 창작성이 존재한다. 이때 원저작물의 저작권 보호기간이 경과하였는지 여부는 2차적저작물 성립에 영향이 없다. 원저작물의 저작권 보호기간이 만료되었다 하더라도 2차적저작물은 유효하게 성립할 수 있고 저작권의 보호를 받을 수 있다.

한편, 2차적저작물이 성립하기 위해서는 원저작물을 토대로 한 것만으로는 부족하고, 원저작물에 대한 '실질적 개변'(substantial variation)이 이루어져야 한다. 2차적저작물이 성립하기 위해서는 원저작물이 가지고 있는 원래의 창작성에 더하여 별도의 창작성이 요구된다는 것은, 원저작물에 '실질적 개변'이 일어나야 한다는 것을 의미하는 것이기도 하다. 따라서 2차적저작물에는 원저작물이 가지고 있던 창작성과 2차적저작물 저작자가 개변을 통하여 새로 부가한 창작성이 더불어 존재하게 된다. 그렇다면 어느 정도의 개변이 있어야 실질적 개변, 즉 새로운 창작성이 있는 것으로 볼 것인가? 이 문제는 결국 사안마다 개별적·구체적으로 판단할 수밖에 없다.

앞서 저작물의 성립요건 중 창작성 부분에서 살펴보았듯이, 저작권법이 요구하는 창작성은 기본적으로 남의 것을 베끼지 않고 스스로 저작하였다는 것을 말하며, 그 창작성의 정도는 저작자의 개성이 저작물 중에 어떠한 형태로든 나타나 있으면 그것으로 충분하다. 그러나 2차적저작물이 되기 위하여서는 보통의 저작물에서 요구하는 창작성보다는 '단순히 사소한 정도를 넘어서는 더 실질적인 창작성'(some substantial, not merely trivial originality)이 요구된다고 보는 것이 일반적인 해석이다. 다시 말해서, 2차적저작물은 원저작물에 대하여 사회통념상 별개의 저작물이라고 할 정도의 '실질적인 개변'(substantial variation)을 한 것이어야 한다. 그렇지 않은 경우, 예를 들어 맞춤법에 맞게 구두점을 첨가한다든가 용어를 약간 변경하는 등 기존 저작물에 사소한 수정·증감을 한 데 불과한 경우에는 원저작물의 복제물이 될 뿐, 2차적저작물로 성립할 수 없다.

(2) 미국의 해석론

미국의 해석론에서도 2차적저작물(다음에서 보는 편집저작물의 경우도 마찬가지이다)이 성립하기 위해서는 2차적저작물 작성자에 의하여 원저작물에 추가되거나 수정된 창작적 기여분이 일정한 수준 이상일 것을 요구하고 있다. 따라서 다음과 같은 것들은 원저작물에 새로이 추가된 기여분이 그러한 수준에 미달하여 2차적저작물, 또는 편집저작물로 성립할 수 없다고 본다. 즉, 기존 악곡에서 리듬만을 변형하거나 반주의 베이스에 약간의 변형만을 준 것, 공중의 영역에 들어간 저작물에 대하여 단순히 새로운 페이지 매김을 한 것, 특정한 사실을 설명하는 표를 수직형태에서 수평형태로만 변형한 것, 저작권 만료 등으로 공중의 영역에 있는 지도를 이용하여 그 지도 안에 표시될 도시만을 새로이 선별하여 제작한 지도, 3차원 형상의 물품(예컨대 저금통)의 재질을 기존의 금속에서 플라스틱으로 변경하면서 아울러 약간의 모양상의 변화를 준 것,[278] 개개의 영어 단어를 아라비아어로 번역하는 것 등이 그러한 예이다.[279]

반면에 다음과 같은 것들은 2차적저작물로 인정하기에 필요한 실질적인 개변이 있다고 보는 것이 미국 판례의 경향이다. 즉, 공중의 영역에 있는 민요에 독창적인 반주를 붙인 것,[280] 공중의 영역에 있는 자수(刺繡)무늬를 채용하여 직물디자인으로 변형시킨 것[281] 등이 그러한 예이다.

(3) 재현작품

원작을 그대로 재현(再現)한 작품, 특히 사진저작물을 그림으로 복제한다든가 조각저작물을 사진 또는 그림으로 그대로 묘사하여 복제하는 이른바 '이종복제'(異種複製) 작품이 원작과는 별도의 2차적저작물로서 성립할 수 있는지 여부가 종종 문제로 된다. 미국 제 2 항소법원의 Batlin & Son, Inc. v. Snyder 판결[282]이 이러한 문제를 다룬 바 있다. 이 사건에서는 항소인인 Snyder가 기존 저금통을 변형하여 제작한 저금통이 2차적저작물로서 독자적인 저작권 보호를 받을 수 있는지 여부가 문제로 되었다. 원래 미국에서는 미국의 상징물인 Uncle Sam의 형상으로 된 금속제 저금통이 널리 사용되어져 왔다. Snyder는 그 금속제 저금통의 재질을 플라스틱으로 바꾸고 모양을 약간 변형하여 원작인 금속제 저금통의

278) L. Batlin & Son, Inc. v. Snyder, 536 F.2d 486(2nd. Cir.) (en banc), cert. denied, 429 U.S. 857 (1976).

279) Nimmer, *op. cit.*, pp. 3-11.

280) Italian Book Co. v. Rossi, 27 F.2d 1014(S.D.N.Y. 1928).

281) Millworth Converting Corp. v. Slifka, 276 F.2d 443(2d Cir. 1960).

282) 536 F.2d 486(2d Cir. 1976). 이 사건은 작품의 재질을 금속에서 플라스틱으로 변환하였지만, 이종복제에 관한 것이라기보다는 순수한 재현작품에 관한 것이라고 보아야 할 것이다.

2차적저작물로서 저작권등록을 하였다. 이에 Batlin 측에서 Snyder의 플라스틱 저금통은 공중의 영역(public domain)에 있는 기존의 금속제 저금통의 사소한 변형에 불과하여 2차적저작물로 성립할 수 없다면서 저작권등록의 취소를 구하였다. 두 작품을 비교해 보면, 원작인 금속제 저금통은 독수리가 화살을 움켜쥐고 있는 그림이 새겨진 기단 위에 중절모를 쓴 노신사가 우산을 들고 있는 형상이었는데, Snyder가 제작한 저금통은 재질이 플라스틱으로 달라진 것 외에 기단에 새겨진 독수리가 화살 대신 나뭇잎을 움켜쥐고 있으며, 원작과는 달리 노신사가 들고 있는 우산이 몸체와 붙어 있는 등 그 모양에 있어서 약간의 차이가 있었다. 법원은, Snyder가 부가한 변형은 재질을 금속에서 플라스틱으로 바꾼 것뿐이고, 그 밖에 모양에 있어서 약간 달라진 부분들은 위와 같이 재질을 변경함에 따른 제작기법상의 필요에 따른 것(예를 들어, 플라스틱 사출은 금속성형에 비하여 세밀한 표현이 어려우므로 우산을 몸체로부터 분리하여 제작하지 못하고 붙여서 제작한 것)이므로, 이는 2차적저작물의 성립요건인 '실질적인 개변'(substantial variation)에 미치지 못하는 '사소한 개변'(trivial variation)에 불과하다고 하면서 2차적저작물의 성립을 부정하였다.

Original Cast Iron Bank

Snyder Plastic Bank

J. Ginsburg, op.cit., p. 168.

한편, Alva Studios, Inc. v. Winninger 사건에서 뉴욕지방법원은, 로댕의 유명한 조각작품인 '신의 손'(Hand of God)을 정교하게 그대로 축소시킨 작품은 원작과는 별도로 독자적으로 보호받는 2차적저작물이 된다고 판시한 바 있었다. 그러나 Batlin 사건을 담당한 제 2 항소법원은, 로댕의 조각품을 그대로 축소시키는 데 있어서는 상당한 기술과 창작성이 요구되지만, Snyder와 같이 저금통의 재질을 바꾸면서 대량생산을 위하여 모양을 단순한 형태로 다소 변형시키는 데에는 아무런 창작성을 요하지 않는다고 하면서 Alva 사건과 Batlin 사건은 사안을 달리 한다고 보았다.

Kuddle Toy, Inc. v. Pussycat-Toy, Inc.[283] 역시 재현작품(再現作品)의 창작성을 인정한 사례이다. 이 사건에서 원고는 보호기간이 만료되어 공중의 영역(public domain)에 있는 원작 그림을 동판기법(mezzotint)으로 그대로 복제한 작품을 제작하였고, 피고는 그런 원고의 작품을 일반적인 color printing 방법으로 복제하였다. 이 사건 역시 원고의 저작물이 2차적저작물, 즉 원작 그림에 대한 일종의 변형저작물로서 저작권법상 보호받을 수 있는 독자적인 창작성을 가지고 있는지의 여부가 쟁점이었다. 뉴욕지방법원은, 동판인쇄에는 독자적인 착상과 판단, 세심한 수공작업 등 창작적 재능의 발휘를 필요로 한다고 보아 원고 작품의 독자적인 저작물성을 인정하였다.

결국 재현작품이나 이종복제의 경우 독자적인 2차적저작물로 될 수 있는지 여부는 실질적 개변의 존재여부, 즉 새로운 창작성이 부가되었는지 여부를 중심으로 개별 사안에 따라 구체적으로 결정하여야 한다. 다만, 순수한 재현작품, 예를 들어 기존의 회화를 회화 그대로 동일한 기법을 사용하여 원작과 구별할 수 없을 정도로 재현해 낸 작품의 경우에는, 사실상 컬러복사기로 복제를 한 경우와 차이가 없다. 이런 경우는 원작에 존재하지 않던 별도의 사상이나 감정이 표현된 것이라고는 볼 수 없으므로, 원칙적으로는 2차적저작물이 아니라 복제물로 보는 것이 타당할 것이다.

대법원 2018. 5. 15. 선고 2016다227625 판결은, "실제 존재하는 건축물을 축소한 모형도 실제의 건축물을 축소하여 모형의 형태로 구현하는 과정에서 건축물의 형상, 모양, 비율, 색채 등에 관한 변형이 가능하고, 그 변형의 정도에 따라 실제의 건축물과 구별되는 특징이나 개성이 나타날 수 있다. 따라서 실제 존재하는 건축물을 축소한 모형이 실제의 건축물을 충실히 모방하면서 이를 단순히 축소한 것에 불과하거나 사소한 변형만을 가한 경우에는 창작성을 인정하기 어렵지만, 그러한 정도를 넘어서는 변형을 가하여 실제의 건축물과 구별되는 특징이나 개성이 나타난 경우라면, 창작성을 인정할 수 있어 저작물로서 보호를 받을 수 있다."고 판시하였다.

---

283) Kuddle Toy, Inc. v. Pussycat-Toy, Inc., 183 U.S.P.Q. 642(E.D.N.Y. 1974).

다. 실질적 유사성(직접 감득성)의 존재

(1) 의 의

이처럼 2차적저작물이 되기 위해서는 원저작물을 기초로 하되 그 원저작물에 대하여 사소한 개변을 넘어서는 실질적인 개변이 이루어져야 하지만, 반면에 그러한 실질적인 개변에도 불구하고 원저작물의 표현상의 창작성을 차용하고 있어야 하고, 그러한 차용으로 인하여 그 저작물(2차적저작물)로부터 원저작물의 표현상의 창작성을 직접 감득할 수 있어야 한다. 즉, 원저작물을 기초로 하여 그 표현상의 창작성을 이용하였으나, 그에 가하여진 개변이 일정한 정도를 넘어서서 원저작물의 표현상의 창작성을 감득할 수 없는 정도에 이른 경우에는 비록 원저작물에 기초한 것이라 하더라도 이는 2차적저작물이 아니라 완전히 독립된 저작물로 된다.

어느 정도의 개변이 이루어지면 2차적저작물을 넘어서는 완전한 독립 저작물로 되는 것인지 그 경계선을 획정하는 것은 매우 어려운 문제이다. 이에 대하여는 보통 두 가지 방법이 사용된다. 첫째는, 새로 만들어진 저작물로부터 원저작물의 표현의 본질적인 특징을 직접 감득할 수 있는지 여부(직접감득성)를 기준으로 하여, 직접 감득할 수 있으면 2차적저작물로, 그렇지 않으면 완전히 독립된 저작물로 보는 방법이 있다. 둘째는, 원저작물과 새로 만들어진 저작물 사이에 실질적 유사성이 있는지 여부를 기준으로 하여, 실질적 유사성이 존재하면 2차적저작물로, 실질적 유사성을 상실할 정도에 이르렀다면 완전히 독립된 저작물로 보는 방법이 있다.

예를 들어, A라는 원저작물을 기초로 변형을 해 나갈 때 단계별로 다음과 같이 구분할 수 있다.

① A를 그대로 베낀 경우('dead copy')
② A를 약간 수정, 변경하였지만, A와 실질적인 동일성을 인정할 수 있을 정도이며, 새로운 창작성은 부가되지 않은 경우
③ A를 상당히 변형하여 새로운 창작성을 가미하였지만, A와 실질적으로 유사하다고 인정되는 경우(A의 표현의 본질적 특징이 직접 감득되는 경우)
④ A를 완전히 변화시킴으로써 A와 실질적 유사성이 인정되지 않는 경우(A의 표현의 본질적 특징이 직접 감득되지 않는 경우)

이때 ①과 ②는 A의 복제물, ③이 A의 2차적저작물, ④는 A를 기초로 하고 있지만 A

의 2차적저작물이 아니라 별개의 저작물이 된다.

그러나 구체적으로 어떠한 경우가 표현의 본질적인 특징을 직접 감득할 수 있는 경우인지 또는 실질적 유사성이 있는 경우인지에 대한 판단은 매우 어렵고도 미묘한 문제이다. 일본의 판례들은 주로 표현의 본질적인 특징의 직접감득성을 기준으로 판단하는 데 비하여, 미국의 판례들은 실질적 유사성을 기준으로 판단하고 있다. 이 문제는 결국 원저작물의 저작권자가 가지는 2차적저작물작성권의 침해여부와 직접 관련되어 있으므로, 이에 대하여는 뒤의 "제 9 장 저작재산권 침해의 요건 및 판단기준" 부분에서 상세하게 살펴보기로 한다.

(2) 순차 작성된 2차적저작물

원저작물 A에 개변을 가하여 B라는 2차적저작물을 작성하고, 다시 그 B에 기하여 C, C에 기하여 D라는 2차적저작물[284)]을 순차적으로 작성하였다고 할 때, C, D로부터 A의 표현상의 창작적 특징을 직접 감득할 수 있다면, 즉 C, D와 A 사이에 아직도 실질적 유사성이 존재하고 있다면 C, D 역시 A의 2차적저작물이라고 할 수 있다. 그러나 C, D로부터 A의 표현상의 창작적 특징을 직접 감득할 수 없고 C, D와 A 사이에 실질적 유사성이 상실되어 버렸다면 C, D는 비록 순차적으로 거슬러 올라가면 A에서 그 뿌리를 찾을 수 있는 것이기는 하지만 A의 2차적저작물이 아니라 A와는 완전히 독립된 별개의 저작물이 된다. 다만, C, D에서 B의 표현상의 본질적인 특징을 직접 감득할 수 있고, 그들 사이에 실질적 유사성이 존재한다면 C, D는 B의 2차적저작물이 될 수 있을 뿐이다. 결국 어떤 저작물을 원저작물의 2차적저작물로 볼 것이냐의 여부는 그 저작물로부터 원저작물의 표현상의 본질적인 특징을 직접 감득할 수 있느냐, 또는 실질적 유사성이 존재하느냐 여부에 달려있다.

이와 같이 2차적저작물 성립요건으로서 원저작물과의 실질적 유사성 또는 표현상의 본질적 특징의 직접감득성을 요구하는 것은 '저작물의 기능'과 밀접한 관련이 있다. 저작물의 가장 중요한 기능은 그 저작물의 표현에 나타난 저작자의 창작성(독창성과 개성 등 창작적 정보)을 감상자에게 전달하는 것이라고 할 수 있다. 저작물은 그 표현에 나타난 창작성이 저작물의 감상자에게 인식되고 감상의 대상으로 됨으로써 그 기능 및 역할을 수행하며 저작권법의 근본 목적인 문화의 발전에 기여하게 되는 것이다. 그런데 기존 저작물의 창작적인 요소가 후발 작품에 차용되었다고 하더라도 그 표현에 상당한 정도의 실질적인 수정이

---

284) 이를 '3차적저작물', '4차적저작물'이라고도 할 수 있을 것이나, 그러한 용어를 사용하지 않고 모두 2차적저작물이라고 부른다는 점은 앞서 언급한 바와 같다.

나 변경이 가해짐으로 말미암아 후발 작품에 접하는 자가 기존 저작물의 창작성을 인식하고 감득할 수 없게 되는 경우가 있다. 이 경우에 기존 저작물로부터 후발 작품에 차용된 창작적 요소는 그 자체로서는 '창작성의 전달'이라고 하는 저작물 본래의 기능 및 역할을 수행하지 못하게 되며, 따라서 기존 저작물과 후발 작품은 별개의 독립된 기능과 역할을 수행하게 된다. 이 경우에는 기존 저작물의 저작자가 후발 작품에 대하여 권리를 주장할 이유가 없다. 그러나 실질적인 수정이나 변형에도 불구하고 기존 저작물의 창작성이 후발 작품에서 인식되고 감득될 수 있다면 두 작품은 그 범위 내에서 동일 또는 유사한 기능과 역할을 수행하고 있는 것이 된다. 이러한 경우에는 기존 저작물의 저작자가 후발 작품에 대하여도 일정한 권리를 행사할 수 있어야 하는데, 그러한 권리로서 인정된 것이 2차적저작물작성권이라고 볼 수 있는 것이다.

라. 사상·감정(idea)을 차용한 경우

앞에서도 본 바와 같이 기존의 저작물을 기초로 하여 이를 개변하였으나 그 기초로 한 것이 기존 저작물의 아이디어일 뿐 표현이 아닌 경우에는 2차적저작물이 아니다. 원저작물의 표현 부분이 어떤 형태로든 차용되었어야 2차적저작물이 발생하는 것이다. 이렇게 보는 것이 저작권 보호범위에 관한 대원칙인 아이디어·표현 이분법 등 저작권법의 기본원리에도 부합한다. 저작권의 보호는 표현에만 미치고 아이디어에는 미치지 않는다는 것이 '아이디어·표현 이분법'이다. 아이디어는 누구라도 마음대로 차용할 수 있는 것이다.[285]

한편, 2차적저작물을 작성하기 위하여서는 원저작자의 허락을 받아야 한다. 그러므로 만약 아이디어만을 차용하여도 2차적저작물이 작성될 수 있다면, 그러한 2차적저작물의 작성에도 원저작자의 허락을 받아야 하고, 결국 아이디어를 차용하는 데 대하여 원저작자의 허락을 받아야 하는 결과가 된다. 이는 아이디어·표현 이분법의 원리에 반한다. 따라서 아이디어만을 차용하고 거기에 다른 요소를 부가하여 저작물을 창작한 경우에는 2차적저작물이 성립하는 것이 아니라 별개의 저작물이 성립하는 것으로 보아야 한다. 그래야 원저작물의 저작자에게 2차적저작물작성권을 부여하는 저작권법의 기본원리와 부합하게 된다.

마. 원저작자의 동의여부

2차적저작물의 작성에 있어서 원저작물 저작자의 허락이나 동의는 요건이 아니다. 원저작자의 허락이 있는 경우는 물론 원저작자의 허락 없이 작성된 2차적저작물이라 하더라

285) 물론 그 아이디어가 특허법 등에서 요구하는 요건을 갖추어 특허권 등 다른 권리로서 보호되는 것은 별론이다. 여기서는 저작권법적으로 아이디어는 만인의 공유에 속한다는 의미이다.

도 2차적저작물로서 성립함에는 아무런 지장이 없다. 다만, 원저작물의 저작권이 유효하게 살아 있음에도 원저작자의 동의 없이 2차적저작물을 작성하였다면, 원저작자가 가지는 저작재산권의 하나인 2차적저작물작성권[286]을 침해한 것이 되므로 2차적저작물의 작성자가 그에 대한 책임을 져야 하는 것뿐이다.

원저작자의 동의가 없으면 2차적저작물의 저작권은 발생하지 않는다고 해석하는 소수의 견해가 있다.[287] 이 견해는 원저작자의 동의를 2차적저작물의 성립요건으로 파악한다. 이 견해에 의하면 원저작자의 동의 없이 원저작물을 개변하여 작성된 저작물은 저작권이 발생하지 않으므로, 원저작물의 저작권자는 그 개변저작물을 개변자의 허락 없이 사용할 수 있게 되며, 개변자는 자신이 개변한 저작물에 대한 제 3 자의 침해행위에 대하여도 이를 금지할 수 없게 된다. 나아가 원저작물의 저작권이 소멸되면 그 개변저작물은 이른바 '공중의 영역'(public domain)에 들어가 누구나 자유롭게 사용할 수 있게 된다.

우리나라 최초의 저작권법인 1957년 저작권법 제 5 조 제 1 항은, "타인의 저작물을 그 창작자의 동의를 얻어 번역, 개작 또는 편집한 자는 원저작자의 권리를 해하지 않는 범위 내에 있어서 이를 본법에 의한 저작자로 본다."고 규정함으로써, 원저작자의 동의를 2차적저작물의 성립요건으로 파악하고 있었다. 그러나 1987년 저작권법의 개정에 따라 원저작물 저작자의 동의는 2차적저작물의 성립요건이 아닌 것으로 되었고, 그것이 현행 저작권법에 이르기까지 이어지고 있다.[288] 따라서 위 소수설과 같이 원저작자의 동의가 없으면 2차적저작물로 성립할 수 없다거나 그 저작권은 발생하지 않는다고 해석할 것은 아니다. 다만, 저작자는 2차적저작물작성권을 가지고 있기 때문에(저작권법 제22조), 타인이 원저작자의 허락 없이 무단으로 2차적저작물을 작성하게 되면 원저작자가 가지는 저작재산권 중 2차적저작물작성권을 침해하는 것이 된다. 또한 그 타인은 자신이 작성한 2차적저작물을 이용하게 되면 원저작물에 대한 저작권침해가 되기 때문에[289] 결국 다른 제 3 자의 무단이용

286) 원저작물을 그대로 이용하면서 여기에 다른 요소를 추가하기만 한 경우에는 복제권의 침해가 될 수도 있을 것이다. 예컨대, 원저작물 A에 다른 요소 B를 단순히 추가하기만 하여 A+B를 만든 경우에 A에 대하여서는 복제권침해가 될 수도 있고 2차적저작물작성권 침해가 될 수도 있으며, 경우에 따라서는 양쪽 모두의 침해가 될 수도 있는 것이다.

287) 半田正夫, 著作物の利用形態と權利保護, 一粒社(1989), 138면이 현재로서는 유일하게 이 견해를 취하고 있는 것으로 보인다.

288) 원저작물 저작자의 동의를 2차적저작물의 성립요건에서 삭제한 것은 베른협약 등 국제협약과 독일 및 일본 등 각국의 입법례를 반영한 것이다. 베른협약 제 2 조 제 3 항은 "문학·예술저작물의 번역물·각색물·편곡물 기타 개작물은 원저작물의 저작권에 영향을 미치지 아니하고, 저작물로서 보호된다"고 규정하고 있다.

289) 우리 저작권법 제22조는, 저작자는 그의 저작물을 원저작물로 하는 2차적저작물을 '작성'하여 '이용'할 권리를 가진다고 규정하고 있다. 이에 비하여 일본 저작권법은 제27조(번역권, 번안권 등)와 제28조(2차적저작물의 이용에 관한 원저작자의 권리)로 구분함으로써, 2차적저작물을 '작성'하는 권리와 '이용'

행위에 대하여서만 권리를 행사할 수 있을 뿐이다.

제 3 자의 침해에 대한 손해배상청구에 관해서는 약간의 검토가 필요하다. 원저작자의 허락 없이 무단으로 2차적저작물을 창작한 자는 스스로도 그것을 이용할 수 없기 때문에 침해되더라도 손해발생은 없다고 해석할 가능성이 있다. 그러나 허락을 받지 못한 2차적저작물의 창작자라도 원저작물의 저작자에 의하여 현실적으로 중지를 당하기 전까지는 사실상 이용할 수 있었을 것이며 실제로 이익을 얻고 있는 경우도 있을 수 있다. 따라서 손해배상청구는 인정하되, 그 후 처리는 원저작물의 권리자와 조정을 하면 된다고 해석할 수도 있다.[290] 저작권법이 원저작자의 동의를 2차적저작물의 성립요건에서 제외한 점, 구체적인 경우에 들어가면 원저작자의 동의가 있었는지 여부 및 동의가 있었다고 하더라도 그 범위 내에서의 2차적저작물 작성인지 여부가 다투어질 수 있다는 점, 무단으로 저작물을 이용한 제 3 자를 굳이 보호할 필요가 없다는 점 등을 고려하면 후자의 해석이 타당하다고 생각된다.

3. 2차적저작물 판단 기준과 보조적 판단 자료

가. 실질적 개변과 실질적 유사성

앞에서 본 바와 같이 2차적저작물이 되기 위해서는 원저작물에 대한 실질적인 개변(새로운 창작성의 부가)이 이루어져야 하며, 아울러 그러한 개변에도 불구하고 원저작물과의 사이에 실질적 유사성을 가지고 있어야 한다. 따라서 '실질적 개변'(새로운 창작성)과 '실질적 유사성'(또는 표현상의 본질적 특징의 직접감득성)이 2차적저작물을 원저작물 및 완전한 독립저작물과 구분하는 기준이다. 실질적 개변이 없으면 원저작물의 복제물에 불과하고, 실질적 유사성이 없으면 완전한 독립저작물이 된다. 그러나 이러한 기준은 '불확정개념'으로 되어 있어 주관적 판단에 흐를 가능성이 많기 때문에 이들 기준 외에 뒤에서 보는 '시장적 경쟁관계의 유무' 등이 2차적저작물여부를 판단하기 위한 보충적 기준으로서의 역할을 하고 있다.

판례 역시 어떤 저작물이 원작에 대한 2차적저작물이 되기 위하여서는 단순히 사상(idea), 주제(theme) 또는 소재가 같거나 비슷한 것만으로는 부족하고 두 저작물간에 실질적 유사성(substantial similarity), 즉 소설이나 드라마 대본과 같은 어문저작물이라면 사건의 구성(plot) 및 전개과정과 등장인물의 교차 등에 공통점이 있어야 한다고 본다.[291] 이와 같은 실

하는 권리를 별도로 구분하여 규정하고 있다.

290) 中山信弘, 著作權法(윤선희 편역), 법문사(2008), 114면.

291) 서울민사지방법원 1990. 9. 20. 선고 89가합62247 판결-'행복은 성적순이 아니잖아요' 판결(뒤에서 다시 살펴본다).

질적 유사성이 없다면 그 저작물은 원저작물에 대한 2차적저작물이 아니라 전혀 별개의 독립된 저작물이 된다.

이처럼 2차적저작물이 되기 위해서는 원저작물에 대한 '실질적인 개변'(새로운 창작성의 부가)이 이루어져야 하며, 아울러 그러한 개변에도 불구하고 원저작물과의 사이에 '실질적 유사성'을 가지고 있어야 한다. 이러한 점에서 2차적저작물은 원저작물의 복제물과 완전히 별개의 독립된 저작물 중간에 존재하는 애매한 위치의 저작물이라고 할 수 있다.

예를 들어, A라는 기존의 저작물을 이용하되 여기에 변형을 가하거나 새로운 창작성을 가미하여 작품을 만들어 가는 과정을 그 변형 또는 새로운 창작성의 정도에 따라 분류하면 다음과 같이 나누어 볼 수 있다.[292)][293)]

① 기존의 저작물(A)에 의거하여 A를 그대로 베낀 경우(이른바 'dead copy'),
② A에 대하여 다소의 사소한 수정, 변경을 가하였지만 기존의 저작물 A와 실질적인 동일성을 인정할 수 있고 새로운 창작성이 부가되지는 아니한 경우,
③ 기존의 저작물 A를 토대로 하되 그에 새로운 창작성을 가미한 점이 인정되지만, 한편으로 아직도 기존의 저작물 A에 대한 종속적 관계(실질적 유사성의 존재)가 인정되는 경우,
④ 기존의 저작물 A를 이용하였지만, 단순히 시사 받은 정도에 불과하거나 또는 그것을 완전히 소화하여 작품화함으로써 기존 저작물과의 사이에 동일성이나 종속적 관계를 인정할 수 없는 작품이 된 경우

이때 위 ① ②의 경우는 A 저작물의 복제물이고,[294)] ③의 경우가 2차적저작물에 해당한다. 그러나 ④의 경우는 비록 A 저작물에 의거하여 창작된 저작물이기는 하지만 A의 2차적저작물이 아니라 A와는 별개의 완전히 독립된 저작물이 된다. 어느 정도의 개변이 이루어져야 실질적인 개변이고 따라서 2차적저작물이 될 수 있는지는 2차적저작물작성권 침해 판단과 관련하여 매우 중요한 사항이다.

---

292) 대법원 1998. 7. 10. 선고 97다34839 판결. 이 판결은, "어떤 저작물이 기존의 저작물을 다소 이용하였더라도 기존의 저작물과 실질적인 유사성이 없는 별개의 독립적인 신 저작물이 되었다면, 이는 창작으로서 기존의 저작물의 저작권을 침해한 것이 되지 아니한다"라고 판시하였다.

293) 清永利亮, 著作權侵害訴訟, 新·實務民事訴訟講座 Ⅴ, p. 453.

294) 대법원 1989. 10. 24. 선고 89다카12824 판결(저작권심의조정위원회, 「한국저작권판례집」, p. 183 이하)은, "다른 사람의 저작물을 원저작자의 이름으로 무단히 복제하게 되면 복제권의 침해가 되는 것이고, 이 경우 저작물을 원형 그대로 복제하지 아니하고 다소의 수정 증감이나 변경이 가하여진 것이라고 하더라도 원저작물의 재제 또는 동일성이 인식되거나 감지되는 정도이면 복제로 보아야 할 것이며, 원저작물의 일부분을 재제하는 경우에도 그것이 원저작물의 본질적인 부분을 재제하는 경우라면 그것 역시 복제에 해당한다고 보아야 한다"고 판시하였다.

나. 판례의 검토

현재 우리나라의 판례는 원저작물에 대한 2차적저작물이 되기 위해서는 두 저작물 사이에 실질적 유사성이 존재하여야 한다고 보고 있는 것이 대부분이고, 이는 사실상 우리의 판례이론으로 확립되었다고 볼 수 있다. 비교적 초기 하급심 판결인 일명 '행복은 성적순이 아니잖아요' 판결도 이미 원저작물과 2차적저작물의 관계를 인정하기 위하여서는 양 저작물 사이에 실질적 유사성이 있어야 한다고 보고 있다.

서울민사지방법원 1990. 9. 20. 선고 89가합62247 판결(일명, '행복은 성적순이 아니잖아요' 사건)[295]에서 원고는, 첫째, 이 사건 영화에 원작자인 원고의 성명을 표시하지 않음으로써 원고의 저작인격권인 성명표시권을 침해하였고, 둘째, 피고가 제작한 영화에 원작자인 원고의 성명을 표시하지 아니하고 제작상영 되면서부터 일반관객들로 하여금 원작인 원고의 무용극이 오히려 피고가 제작한 영화를 모방하거나 도용한 것으로 오인하게 함으로써 원고의 명예를 훼손시켰으며, 셋째, 피고가 원고의 승낙도 받지 아니하고 원고의 무용극을 원작으로 하여 제3자로 하여금 집필케 한 같은 제목의 소설에도 원작자인 원고의 성명을 표시하지 아니함으로써 원고의 성명표시권 및 저작재산권을 침해하였다고 주장하였다.

이에 대하여 법원은, 원고의 위와 같은 주장은 결국 피고가 제작상영하고 판매한 영화 및 소설이 원고의 무용극을 원작으로 한 2차적저작물에 해당한다는 점을 전제로 하는데, 피고의 영화 및 소설이 원고 무용극의 2차적저작물이 아니라 그와는 다른 독창적 내용이라면 피고는 이 사건 영화 및 소설에 원고의 성명을 표시하거나 원고의 동의를 받을 필요가 없는 것이며, 또한 사상이나 감정의 표현이라고 볼 수 없어서 저작권의 보호대상이 될 수 없는 이 사건 무용극의 "행복은 성적순이 아니잖아요"라는 제명이 이 사건 영화 및 소설의 제명과 동일하다 해서 막바로 저작권침해가 될 수는 없다고 하였다. 그리고 "어떤 저작물이 원작에 대한 2차적저작물이 되기 위해서는 단순히 사상(idea), 주제(theme)나 소재가 같거나 비슷한 것만으로는 부족하고, 두 저작물간에 실질적 유사성(substantial similarity), 즉 사건의 구성(plot) 및 전개과정과 등장인물의 교차 등에 공통점이 있어야 한다 할 것인데, 원고의 무용극과 피고의 영화가 우리나라 청소년교육의 문제점과 경쟁위주의 사회현실을 고발하고 그 해결책을 모색한다는 내용의 주제에 있어 공통점이 있고, 소재에 있어서도 수

295) 하급심판결집 1990-3, 267면. 이 사건에서 모 대학 무용과 교수인 원고는 우리나라 청소년교육 및 입시제도의 문제점을 주제로 한 무용극 '행복은 성적순이 아니잖아요'를 창작하여 공연하여 왔는데, 그 후 영화제작자인 피고가 원고의 허락 없이 위 무용극과 동일한 제목의 영화를 제작하여 상영함으로써 수십만 명의 관객을 동원하는 등 흥행에 성공하였고, 다시 제3자로 하여금 위 영화 시나리오를 소설화한 같은 제목의 소설을 집필케 하여 출판하자 소송을 제기한 사례이다.

업시간, 가정생활, 친구관계 등 유사한 점이 있으나, 원고의 무용극은 제 1 장에서는 공부하다 벌서고 시험치기를 되풀이 하는 학생들의 일상생활을, 제 2 장에서는 서로 앞장서려고 치열히 싸우는 경쟁사회 속에서 시험공부에 시달려온 한 여학생이 "난 1등 같은 거 싫은데 … 난 남을 사랑하여 친구와 살고 싶은데 … 행복은 성적순이 아니잖아!"라는 독백 끝에 쓰러지는 모습을, 제 3 장에서는 브레이크댄스에 열중하다 기진맥진해서 쓰러졌던 청소년들이 '고향의 봄'을 부르며 소생하듯 일어나 예전의 한국 어린이들이 즐기던 놀이를 벌이는 모습 등이 비록 전통적인 무용과는 달리 연극성이 강하고 서술적 전개에 치중하였다고는 하나 역시 무용과 배경의 음악, 효과 등을 통해 상징적으로 표현하고 있는 반면, 피고의 이 사건 영화는 특정된 고교 2년생들의 삶이 갖가지 구체적인 스토리로 개별로 전개되어 나가면서, 그들의 욕구, 갈등, 희열, 좌절 등이 학교성적과 맞물리며 투영되는 등 그 등장인물이라든지 사건 전개 등 실질적 구성면에 있어서는 현저한 차이가 있어서, 원고가 주장하는 무용극과 영화 사이에 내재하는 예술의 존재양식 및 표현기법의 차이를 감안하더라도 양자 사이에 원작과 2차적저작물의 관계를 인정할 만한 실질적 유사성이 있다고 볼 수 없고, 이 사건 소설은 피고가 이 사건 영화의 시나리오를 기초로 재구성한 저작물로서 이것 역시 이 사건 무용극과 실질적 유사성이 없는 저작물인 사실을 인정할 수 있으므로, 원고의 무용극과 피고의 영화 및 소설 사이에 원작과 2차적저작물의 관계가 있다는 점을 전제로 한 원고의 청구는 이유 없다"고 판시하였다. 실질적 유사성의 존재를 2차적저작물 해당여부를 판단하는 기준으로 삼고 있음을 명확히 한 것이다.[296)]

이와 같이 실질적 유사성의 존재를 기준으로 하여 2차적저작물에 해당하는지 여부를

296) 이 사건에서는 피고가 제작한 영화 및 소설이 원고 무용극에 대한 저작인격권인 동일성유지권을 침해하였다는 주장도 있었다. 이 부분에 대한 법원의 판단은 뒤의 제 4 장 제 2 절 '저작인격권' 중 동일성유지권 부분에서 살펴보기로 한다. 한편 이 판결에서 원고의 두 번째 청구원인, 즉 피고가 제작한 영화에 원작자인 원고의 성명을 표시하지 아니하고 제작·상영되면서부터 일반관객들로 하여금 원작인 원고의 무용극이 오히려 피고가 제작한 영화를 모방하거나 도용한 것으로 오인하게 함으로써 대학교수이자 무용극의 창작, 공연 및 저술활동을 하고 있는 원고의 명예를 훼손시켰다는 주장은, 이른바 '역혼동'(逆混同, reverse confusion)의 법리를 주장한 것이어서 주목된다. 역혼동은 원작(A)보다 뒤에 나온 작품(B)이 더 유명한 까닭에 일반인들이 오히려 A가 B를 도용한 것이라는 혼동을 하게 되는 경우를 말한다. 위 판결에서는 피고의 영화가 원고 무용극의 2차적저작물이 아니므로, 따라서 양자가 원작과 2차적저작물 관계에 있을 것을 전제로 한 원고의 주장들은 더 나아가 살펴볼 필요도 없이 이유 없다고 하고 있다. 그러나 원고의 역혼동 주장까지도 반드시 2차적저작물의 성립을 전제로 한 것은 아니라고 할 것이다. 이 사건 판결에서 이 부분에 대한 판단이 없는 것은 아쉽다고 하겠다. 미국에서는 주로 상표 관련 사건에서 역혼동이 문제로 된 사례가 종종 있다. 예를 들어, Banff Ltd. v. Federated Department Stores, Inc., 841 F.2d 486, 6 U.S.P.Q. 2d 1187(2d Cir. 1988) 사건에서, 소규모 의류제조업을 하는 원고는 자신이 제작한 의류에 'Bee Wear'라는 상표를 붙여 판매하였는데, 그 이후에 대형 백화점인 Bloomingdale을 운영하는 피고가 자신의 의류에 유사상표인 'B Wear'라는 상표를 붙여 판매함으로써 일반인들로 하여금 원고가 오히려 피고의 상표를 모방한 것이라는 오해를 불러일으키게 하였다. 이 사건에서 미국 제 2 항소법원은 일반적인 혼동과 역혼동 모두를 인정하였다.

판단한 사례는 대법원 1999. 11. 26. 선고 98다46259 판결('수지요법 강좌 서적' 사건), 대법원 2000. 10. 24. 선고 99다10813 판결('까레이스키' 사건), 대법원 2009. 5. 28. 선고 2007다354 판결 등 2차적저작물 해당여부가 문제로 된 다수의 대법원 판결로 이어져, 지금으로서는 사실상 우리 대법원의 확립된 원칙으로 자리잡고 있다.

다. 보조적 판단 자료 – 시장적(市場的) 경쟁관계

(1) 보조적 판단자료의 필요성

엄격하게 본다면 거의 모든 저작물들은 정도의 차이가 있을 뿐, 그보다 앞선 다른 저작물로부터 파생하였거나 그에 기초한 저작물이다. 저작물의 창작은 선인(先人)들이 이루어 놓은 문화유산의 기초 위에서 이루어지며 문화적 유산과 완전히 독립된 새로운 저작물은 상상하기 어렵기 때문이다.[297] 이처럼 거의 모든 저작물이 직접·간접적으로 이미 존재하는 저작물을 기초로 하여 작성되므로, 그 중에서 어느 범위까지를 2차적저작물로 인정하고 어느 범위부터를 독립저작물로 인정할 것인가의 여부가 문제로 된다.

원저작물에 대한 개변(variation)이 사소한 것인 경우에는 원저작물과 실질적으로 동일한 저작물이라고 보아야 할 것이고, 그러한 저작물을 작성하였다면 이는 원저작물의 복제에 해당할 뿐 2차적저작물이 아니다. 사소한 개변을 넘어서는 실질적인 개변이 있는 경우에 비로소 2차적저작물이 성립한다. 즉, 원저작물의 복제물과 2차적저작물은 기본적으로 실질적 개변이 있는가, 바꾸어 말하면 새로운 창작성이 부가된 것이 있는가의 여부에 따라 구분된다.

그런데 원저작물에 가해진 개변의 정도가 더욱 커져서 실질적인 개변을 넘어서는 개변이 이루어지게 되면 이제는 2차적저작물이 아닌 완전히 독립된 저작물이 생겨나게 된다. 결국 개변의 정도에 따라서 저작물을 분류해 보면, 원저작물 → 원저작물의 복제물(원저작물에 다소의 개변을 하였으나 그 개변이 실절적인 정도에 이르지 못하는 사소한 개변이어서 아직 원저작물과 실질적으로 동일하다고 보아야 할 복제물) → 2차적저작물(원저작물에 가해진 개변이 실질적 개변의 정

297) 미국의 Story 판사는 Emerson v. Davies 사건에서 다음과 같이 판시하였다.
"사실 문학이나 과학, 혹은 예술 분야에 있어서 엄격한 의미에서 완전히 새롭고 독창적인 사상이란 존재하기 어렵다. 모든 문학 작품이나 과학, 예술은 필연적으로 이전부터 존재하고 알려져 있던 것들을 차용하기 마련이다. … 따라서 완전히 독창적인 저작물에만 저작권을 부여한다면 현재의 모든 저작물들은 저작권의 보호를 받지 못하는 결과로 될 것이며, 그러한 저작물을 찾아보려면 우리는 멀리 고대로 거슬러 올라가지 않으면 아니 될 것이다. Virgil은 Homer의 저작으로부터 많은 것을 차용하였으며, Bacon도 당시의 저작물뿐만 아니라 그 이전의 저작물을 상당부분 차용하였다. 심지어는 Shakespeare와 Milton 역시 풍부한 기존의 저작물들을 차용한 것으로 알려지고 있다."; Emerson v. Davies, 8 F. Cas. 615, 619 No. 4436(C.C.D. Mass. 1845) – M. B. Nimmer, Nimmer on Copyright, Matthew & Bender, Vol. I, Chap. 3, pp. 3-2에서 재인용.

도에 이르렀으나 아직 원저작물과 실질적 유사성을 가지고 있는 저작물) → 독립저작물(원저작물에 가해진 개변의 정도가 일정 수준을 넘어섬에 따라 원저작물과의 사이에 실질적 유사성을 상실한 저작물)로 된다.

저작자가 가지는 저작권, 그 중에서도 저작재산권은 복제권, 공연권, 공중송신권, 전시권, 배포권, 대여권 및 2차적저작물작성권의 7가지 지분권으로 나누어진다. 따라서 원저작물 저작권자의 허락 없이 그 복제물을 작성하면 복제권침해에, 2차적저작물을 작성하면 2차적저작물작성권침해에 해당하게 된다.

실무상으로는 어떤 저작물이 원저작물의 2차적저작물이냐 아니면 독립 저작물이냐의 여부가 많이 다투어진다. 2차적저작물을 작성하기 위하여는 원저작자의 동의를 받아야 하나 독립된 저작물을 작성함에는 아무런 동의나 허락을 받을 필요가 없기 때문이다. 예를 들어 甲이 A라는 소설을 저작하였는데 乙이 그 소설과 유사한 스토리의 영화 B를 제작하였다고 할 경우, 만약 영화 B가 소설 A를 개변한 2차적저작물이라면 乙은 그 영화를 제작함에 있어 甲의 동의를 받아야 한다. 그러나 영화 B가 소설 A를 개변한 정도가 훨씬 커서 독립된 저작물로 인정받을 수 있다면 乙은 甲의 동의를 받을 필요 없이 자유롭게 그 영화를 제작할 수 있는 것이다.

따라서 원저작물에 일정한 개변을 한 저작물이 그 개변에도 불구하고 원저작물과 실질적으로 동일한 복제물이냐 또는 2차적저작물이냐, 아니면 완전한 독립저작물이냐 하는 문제는 실제 소송에서 자주 다투어진다. 그러나 이 3가지를 구분한다는 것은 실로 어려운 문제이다. 특히 원저작물과 2차적저작물, 2차적저작물과 독립저작물은 그 경계를 명확하게 확정하기 곤란한 경우가 많다.

이들을 구별하는 기준은 기본적으로 원저작물에 가해진 개변의 정도이다. '사소한 개변'(trivial variation)의 경우에는 원저작물의 복제물로, '실질적인 개변'(substantial variation)인 경우에는 2차적저작물로 되고, 그 개변의 정도가 훨씬 더 커지게 되면 독립저작물로 된다. 그러나 개변의 정도가 그 중 어느 것에 해당하는가의 판단은 판단자의 주관에 흐를 염려가 커서 법적 안정성을 해치는 요인이 되기도 한다.

(2) 시장적 경쟁관계

이에 따라 보다 객관적인 구별기준을 찾기 위한 시도가 있어왔는데, 특히 2차적저작물과 독립저작물을 구별하는 기준으로서 많은 도움을 주는 것이 '시장적(市場的) 경쟁관계'이다. 즉, 대체재(代替財)로서 하나의 시장을 서로 나누어 갖는 관계에 있는가의 여부에 따라 양자를 구별하는 방법이다. 시장적 경쟁관계에 있다는 것은 어떤 저작물이 소비자 또는 구매자에 대하여 원저작물의 수요를 일부라도 대체할 수 있는 기능을 가지고 있다는 것을 의미한다. 대부분의 경우에 있어서 2차적저작물은 원저작물과 시장적 경쟁관계에 있지만, 독립저작물은 원저작물과 시장적 경쟁관계에 있지 않으며, 같은 시장을 나누어 갖는 것이 아니라 서로 독립된 시장을 형성하는 관계에 있다.

예를 들어, 춘향전이라는 소설이 저작권의 보호를 받고 있다고 가정한다면 그 춘향전을 영화화 한 것은 소설 춘향전의 2차적저작물이 된다. 이때 영화 춘향전은 소설 춘향전과 시장적 경쟁관계에 있게 된다. 영화 춘향전을 본 사람들 중 상당수는 소설 춘향전을 다시 읽을 감상적 욕구를 상실하게 되기 때문이다. 그런데 소설 춘향전과 등장인물 및 시대배경, 기본적인 플롯, 일정부분의 표현은 동일하지만 그것을 패러디(parody)한 '외설(猥褻) 춘향전'은 소설 춘향전과 시장적 경쟁관계에 있지 않다. 이 두 작품은 독자에게 서로 다른 감상적 기능을 가지기 때문이다. 따라서 외설 춘향전은 소설 춘향전의 2차적저작물이 아니라 전혀 별개의 독립저작물이 되는 것이다.

이와 같이 시장적 경쟁관계의 유무에 따라서 2차적저작물과 독립저작물을 구분하는 것은 저작권법의 경제적 원리와도 합치된다. 2차적저작물은 원저작물의 시장적 수요를 잠식하는 기능을 갖기 때문에, 저작권법은 원저작물의 저작권자에게 2차적저작물작성권을 부여하여 원저작자가 이를 통제할 수 있게 함으로써 원저작자를 보호하고 있는 것이다. 반면에 독립저작물은 원저작물에 대한 수요를 잠식하지 않기 때문에 이에 대하여는 원저작자에게 아무런 권리를 부여하지 않더라도 불공평함이 없다.

그러나 2차적저작물이라고 하여 항상 원저작물과 시장적 경쟁관계에 있는 것은 아니다. 원저작물과 시장적 경쟁관계가 없는 2차적저작물도 충분히 있을 수 있다. 예를 들어, 미키마우스 만화를 원작으로 한 미키마우스 캐릭터 인형은 그 만화의 2차적저작물이지만, 이때 원저작물인 미키마우스 만화와 2차적저작물인 캐릭터 인형은 시장적 경쟁관계에 있지 않다. 따라서 시장적 경쟁관계의 존재여부는 2차적저작물 해당여부를 판단하기 위한 하나의 유용한 참고적 기준이 되는 것은 사실이지만, 2차적저작물 해당여부가 반드시 시장적 경쟁관계의 존부에 달려 있는 것은 아니다. 이런 의미에서 시장적 경쟁관계는 2차적저작물 해당여부를 판단함에 있어 보조적 판단 기준이라고 하는 것이다.

4. 2차적저작물의 종류

저작권법은 2차적저작물이 성립하는 행위 유형으로, "번역·편곡·변형·각색·영상제작 그 밖의 방법"을 들고 있지만, 특별한 경우가 아닌 한 이들 행위 유형에 따른 법적 효과의 차이는 별로 없다. 따라서 이들을 엄밀하게 구별할 실익도 많지 않다. 다만, 저작재산권은 지분권으로 나누어 각각 양도 또는 이용허락의 대상이 되며, 각 지분권도 다시 지역이나 기간을 세분하여 양도 또는 이용허락하는 것이 어느 정도 가능하다(제 5 장 '저작재산권의 변동과 저작물의 이용' 부분 참조). 따라서 예를 들어, 원저작물 저작자가 가지는 2차적저작물작성권 중 번역권만을 분리하거나 또는 번역권과 각색권을 각각 분리하여 제 3 자에게 양도하거나 이용허락한 경우에, 그 제 3 자가 작성한 저작물이 번역물에 해당하는지 아니면 각색물에 해당하는지에 따라 양도 또는 이용허락 범위 내에서의 작성인지 여부가 달라질 수도 있으므로, 그와 같은 경우에는 번역과 각색 등 행위 유형을 구별할 실익이 있을 수 있다. 또한 우리나라 최초의 저작권법인 1957년 저작권법에서는 2차적저작물작성권 중에서 특별히 '번역권'에 대하여는 원저작물 발행일로부터 5년 내에 그 번역물을 발행하지 않을 때에는 그 번역권은 소멸한다는 규정을 두고 있었으므로, 번역을 번역 이외의 2차저작물 작성 행위와 구분할 필요성이 있었다.

가. 번역저작물

번역이란 어문저작물을 언어체계가 다른 외국어로 표현하는 것을 말한다. 맹인용의 점자역(點字譯)이나 암호문의 해독, 속기기호로 된 문서를 보통의 문자로 된 문서로 전환하는 것은 번역이라고 보지 않으며, 따라서 2차적저작물의 작성이 아니라고 보는 것이 일반적이다. 고어(古語)로 된 시조나 소설을 현대어로 옮기는 것은 번역에 해당한다고 보는 견해도 있으나,[298] 뒤에서 보는 '각색' 내지는 넓은 의미에서의 '번안'에 속하는 것으로 보는 것이 일반적인 해석이다.[299] 일본의 하급심 판결[300] 중에는 10세기경 한문으로 된 전기문학(戰記文學) 작품인 '장문기'(將門記)에 대하여 이미 종전의 훈독문이 나와 있으나 오자와 탈자가 많고 잘못된 부분도 있으므로 이를 보완하는 훈독문을 작성한 것과 관련하여, "한문을 훈독할 때는 원전이 성립한 연대, 그 시대의 용어, 문법, 당시의 정치적, 경제적, 사회적 배경, 원저작자의 지위나 신분 등 원전의 문장의 의미 해석에 관한 여러 조건을 연구하여, 그 연구 결과로서 원전의 의미를 원전이 성립한 시대의 읽는 방법에 가장 가깝게 표현하고, 현대인이 이해할 수 있는 문장으로 다시 쓰는 것이 필요하며, 이러한 작업은 훈독자의 학식과 문장이해력, 표현력의 차이에 의하여 다른 결과가 나타나는 것이므로 2차적저작물이 된다."고 한 것이 있다.[301]

---

298) 허희성, 전게서, 56면.

299) 中山信弘, 전게서, 115면 참조. 다만 번역이든 번안이든 법적 효과에 차이가 없기 때문에 번역과 번안의 어느 쪽에 해당하는가를 논의할 실익은 적다고 하고 있다.

300) 동경지방법원 1982. 3. 8. 선고, 昭和 51년(ワ) 8446호 판결.

출판계의 일반적인 관행상 번역과 출판은 달리 취급되고 별개의 권리에 속하는 것으로 보기 때문에 번역에 대한 허락을 곧 출판에 대한 허락까지 포함하는 것이라고 볼 수는 없다. 따라서 번역한 것을 출판하기 위하여서는 원저작자로부터 번역에 관한 허락뿐만 아니라 출판허락까지를 받아야 하는 것이 원칙이다. 그러나 번역을 허락한 경우에는 묵시적으로 출판까지 포함하여 허락한 것으로 해석해야 하는 경우도 있을 것이다. 베른협약상의 번역권은 번역출판권을 의미한다고 해석되고 있다.302)

우리 대법원은 2007. 3. 29. 선고 2005다44138 판결에서, 번역저작물의 창작성은, 원저작물을 언어체계가 다른 나라의 언어로 표현하기 위한 적절한 어휘와 구문의 선택 및 배열, 문장의 장단 및 서술의 순서, 원저작물에 대한 충실도, 문체, 어조 및 어감의 조절 등 번역자의 창의와 정신적 노력이 깃들은 부분에 있는 것이고, 그 번역저작물에 나타난 사건의 전개, 구체적인 줄거리, 등장인물의 성격과 상호관계, 배경설정 등은 경우에 따라 원저작물의 창작적 표현에 해당할 수 있음은 별론으로 하고 번역저작물의 창작적 표현이라 할 수 없다고 판시한 바 있다.303)

나. 편곡저작물

편곡(編曲, arrangement)이란 음악저작물의 악곡을 변조하여 원곡에 새로운 부가가치를 발생시키는 것이다. 원곡에는 없던 새로운 창작성이 부가되어야 하므로, 오선악보에 기록된 것을 하모니카용으로 1, 2, 3, 4와 같이 단순하게 수보화(數譜化)하거나, 민요를 있는 그대로 채보(採譜)만 하는 것과 같은 행위는 편곡에 해당하지 않는다고 보는 것이 일반적인 해석이다.304) 왜냐하면 이러한 경우에는 음악저작물 자체는 변함이 없이 다만 그 고정매체(악보)에의 기재방법이 바뀌었을 뿐이기 때문이다. 그러나 음악 자체에 변화를 가져오는 변경이 수반되었다면 달리 볼 수 있다. 민요와 같은 민속저작물(folklore)을 채보하는 방식에

301) 田村善之, 著作權法概說, 第2版, 有斐閣, 2003, 13면(허희성, 음악저작물의 창작성과 실질적 유사성-대법원 2004. 7. 8. 선고 2004다18736 판결, 계간 저작권, 68호, 저작권심의조정위원회, 47면에서 재인용).

302) 한승헌, 번역과 저작권, 계간 저작권, 저작권심의조정위원회 97년, 76면 참조.

303) 이 판례는 프랑스어 원작 소설을 우리말로 번역한 원고의 소설과 피고의 동화 사이의 저작권침해여부가 문제로 된 사건이다. 대법원은 위 판시와 같은 전제 아래에서, "번역저작물의 개개 번역 표현들을 구성하고 있는 어휘나 구문과 부분적으로 유사해 보이는 어휘나 구문이 대상 저작물에서 드문드문 발견된다는 사정만으로 바로 번역저작물과 대상 저작물 사이에 실질적 유사성이 있다거나 번역저작물에 대한 번역저작권이 침해되었다고 단정할 수는 없고, 그 실질적 유사성을 인정하기 위해서는 대상 저작물에서 유사 어휘나 구문이 사용된 결과 번역저작물이 갖는 창작적 특성이 대상 저작물에서 감지될 정도에 이르러야 한다. 대상 동화가 프랑스어 원작 소설을 우리말로 번역한 소설에서의 표현과 부분적으로 유사한 어휘나 구문을 사용하고 있으나, 위 소설이 번역저작물로서 갖는 창작적 특성이 대상 동화에서 감지된다고 보기 어려워 양자 사이에 실질적 유사성을 인정할 수 없다"고 하였다.

304) 허희성, 전게서, 57면.

대한 저작권법적인 보호가 모색되고 있다는 점에 대하여는 앞서 제 2 장 제 2 절의 저작물의 종류 중 음악저작물 부분에서 설명한 바 있다.

대법원 2004. 7. 8. 선고 2004다18736 판결(일명, '사랑은 아무나 하나' 사건)은 구전가요와 그의 아류로 여겨지는 다른 구전가요를 기초로 작곡한 '여자야'라는 가요에 대하여, 이 가요는 기존의 두 가지 구전가요의 리듬, 가락, 화성에 사소한 변형을 가하는 데 그치지 않고, 두 구전가요를 자연스럽게 연결될 수 있도록 적절히 배치하고, 여기에 디스코 풍의 경쾌한 템포를 적용함과 아울러 전주 및 간주 부분을 새로 추가함으로써 사회통념상 그 기초로 한 구전가요들과는 구분되는 새로운 저작물, 즉 저작권법 제 5 조 제 1 항 소정의 2차적저작물에 해당한다고 판시하였다. 이는 구전가요를 원저작물로 하여 변형한 편곡저작물로서의 2차적저작물 성립을 인정한 사례이다.

또한 대법원 2002. 1. 25. 선고 99도863 판결에서는, 대중가요 184곡을 컴퓨터를 이용하여 연주할 수 있도록 컴퓨터용 음악으로 편곡[305]한 것에 대하여, 그러한 편곡을 위해서는 컴퓨터음악과 관련 컴퓨터프로그램에 대한 높은 수준의 이해는 물론, 시간적으로도 상당한 노력이 요구되고, 편곡자의 독특한 방법과 취향이 그 편곡된 컴퓨터음악에 반영되어 편곡의 차별성과 독창성이 있어야 하므로, 그런 과정을 거쳐 편곡한 대중가요 184곡은 원곡을 단순히 컴퓨터음악용 곡으로 기술적으로 변환한 정도를 넘어 고도의 창작적 노력이 개입되어 작성된 것으로 저작권법에 의하여 보호될 가치가 있는 2차적저작물에 해당한다고 판시하였다.

편곡과 관련하여 최근에 많이 문제가 되고 있는 것으로 이른바 '커버 음악'(cover music)이 있다. '나는 가수다' '미스 트롯' 등과 같은 오디션 프로그램이 인기를 얻고 있는데, 여기서 출연자들이 부르는 노래는 기존 악곡을 자신의 취향에 맞게 새로운 버전으로 편곡하여 부르는 경우가 많다. 이렇게 타인의 악곡을 자기 버전으로 편곡한 음악을 흔히 '커버 음악'이라고 한다. 작사, 작곡자들의 저작권을 신탁관리하고 있는 한국음악저작권협회에서는 이와 같이 커버 음악으로 편곡할 경우 기존 악곡의 작사, 작곡자로부터 편곡(2차적저작물 작성)에 대한 별도의 이용허락을 받도록 하고 있다.

커버 음악은 유튜브와 같은 개인미디어에서 많이 활용되고 있다. 허락을 받지 않고 만들어진 커버 음악은 원곡 저작권자의 2차적저작물작성권을 침해하는 것이 될 가능성이 높다. 특히 원곡의 녹음물(음원)까지 이용한 커버 뮤직은 원곡의 작사, 작곡자뿐만 아니라, 해

305) 여기서 편곡이라 함은 컴퓨터를 이용하여 음악을 연주할 수 있도록 해 주는 컴퓨터프로그램이 작동될 때 그 프로그램에 입력 인자로 사용될 자료(data)를 미리 약속된 규칙 내에서 작성자의 취향에 따라 다양하게 배열하여 만드는 일련의 과정을 말하는 의미로 사용하였다.

당 음원을 녹음한 음원제작자의 허락까지도 받아야 한다. 다만, 유튜브는 침해 저작물이라 하더라도 원저작자가 그 침해저작물을 유튜브 플랫폼에서 삭제하는 대신에 그로부터 발생하는 수익을 공유할 수 있도록 하는 정책을 시행하고 있다. 그러나 이는 예외적인 경우이고, 커버 음악을 가지고 음반을 제작하고자 할 경우에는 원곡 저작권자로부터 2차적저작물 작성에 관한 허락을 받아야 하는 것이 원칙이다.

또한 서로 다른 작사, 작곡가들의 곡 20개 정도를 한 앨범에 수록하는 이른바 '메들리 음반'의 경우에는, 그 음반이 전체적으로 통일적인 느낌이 나도록 각각의 수록 곡들에 약간의 편곡작업을 거치는 경우가 많다. 이런 경우에도 원곡 작사, 작곡자들로부터 별도의 허락을 받아야 하는 것인지에 관하여 음악계에 혼란이 있었는데, 서울북부지방법원 2019. 8. 23. 선고 2019노508호 판결(상고)에서는, 메들리음반의 경우에도 원곡 작사, 작곡자들의 허락 없이 제작되었다면 2차적저작물작성권의 침해가 성립한다고 판시하였다.

다. 변형저작물

변형(變形, transformation)이란 예컨대 미술저작물의 이종복제(異種複製), 즉 회화를 조각으로 복제한다거나 반대로 조각을 회화로 복제하는 것과 같이 원작을 제작할 때와는 전혀 다른 기법으로 제작하는 행위를 말한다. 2차적저작물의 성립여부가 가장 문제로 되는 것이 바로 이 변형저작물이다. 미국에서는 기존의 회화를 동판화기법으로 제작한 것, 로댕의 조각품 '신의 손'을 크기만 축소하고 형상은 그대로 제작한 것이 2차적저작물로 성립한다고 본 판례가 있다. 이는 앞의 '창작성' 부분에서 살펴본 바 있는데, 재현작품(再現作品)과 관련된 미국 제 2 항소법원의 Batlin & Son, Inc. v. Snyder 판결[306]과 Kuddle Toy, Inc. v. Pussycat-Toy, Inc.[307] 판결 등이 2차적저작물 중 변형저작물에 대한 판결이라고 볼 수 있다.

일본 구 저작권법에서는 미술저작물의 이종복제는 당연히 독립된 저작물로 성립한다는 규정을 두고 있었다.[308] 그러나 이 규정에 대하여는 원작에 부가된 새로운 창작성이 있는가의 여부를 보지도 않은 채 무조건 독립된 저작물로 인정한다는 것은 부당하다는 비판이 있었다. 일본의 현행 저작권법은 그러한 비판을 수용하여 이 규정을 삭제하고 대신 변형·번안이라는 개념을 도입하여 2차적저작물 속으로 포섭하였다. 따라서 일본의 현행 저작권법에서는 미술저작물의 이종복제라고 하더라도 원저작물에 대한 실질적인 개변이 있

306) 536 F.2d 486(2d Cir. 1976).

307) Kuddle Toy, Inc. v. Pussycat-Toy, Inc., 183 U.S.P.Q. 642(E.D.N.Y. 1974).

308) 일본 구 저작권법 제22조 참조. 이 규정에 따라 원저작물과 다른 기술에 의하여 적법하게 미술저작물을 복제한 자는 저작자로 간주되었다. 결국 기술이 다르면 창작성을 요하지 않고 새로운 저작물로 인정하였던 것이다.

고 새로운 창작성이 부가된 경우에만 변형저작물, 즉 2차적저작물로 성립한다고 해석되고 있다.[309]

라. 각색·영상제작 및 그 밖의 방법

(1) 각색·영상제작

일반적으로 각색은 소설 등의 저작물을 희곡이나 시나리오 같은 대본으로 만드는 것을 말하고, 영상제작은 이러한 것들을 영화화하는 것을 말한다. 각색이나 영상제작은 넓게 번안(飜案)의 한 종류라고 볼 수 있다. '번안'은 각색이나 영상제작 뿐만 아니라, 줄거리에는 변경이 없이 소설의 배경만을 고대에서 현대로, 또는 미국에서 우리나라로 변경한다든가, 어른들을 독자로 하여 써진 소설을 어린이용으로 쉽게 풀어 다시 쓴다거나 하는 경우를 모두 포함하며, 이렇게 작성된 저작물 역시 특별한 사정이 없는 한 2차적저작물로 성립한다.

어떤 저작물이 번역저작물이냐 아니면 각색저작물, 또는 번안저작물이냐 하는 것은 저작재산권의 양도나 이용허락의 범위를 정할 때 이외에는 구분의 실익이 거의 없다. 이들은 모두 2차적저작물의 한 종류이고 법적으로 동일한 취급을 받기 때문이다.

저작권침해 소송 중 자주 나타나는 유형 중 하나가 소설과 영화 사이에 원작과 2차적저작물 관계가 있는지에 관한 것이다. 영화가 소설의 2차적저작물이라면 그 영화를 제작하기 위해서는 원작인 소설 저작권자의 허락을 받아야 하기 때문이다. 우리나라 판례를 살펴보면, 소설과 같은 어문저작물을 기초로 영상제작을 하더라도 그 영상물이 원저작물인 어문저작물에 대한 2차적저작물이 되기 위해서는, 원저작물과 영상저작물 사이에 단순히 사상, 주제, 소재 등이 같거나 유사한 것만으로는 부족하고, 두 저작물 사이에 사건의 구성, 전개과정, 등장인물의 교차 등에 공통점이 있어서, 영상저작물로부터 원저작물의 본질적인 특징 자체를 직접 감득할 수 있는 등 두 저작물 사이에 실질적 유사성이 있어야 한다고 본 사례들을 여럿 찾아볼 수 있다.[310]

(2) 기타 – 요약과 다이제스트

소설이나 신문기사, 논설 등과 같은 기존 저작물을 '요약' 또는 '다이제스트' 등의 이름으로 축약변형한 형태의 저작물(편의상 '요약물'이라 부르기로 한다)은 원저작물에 대한 인덱스 역할을 하거나 또는 원저작물 전체를 감상하는데 드는 시간을 절약하게 해 주는 역할을

309) 半田正夫, 전게서, 106면 참조.

310) 서울고등법원 1991. 9. 5.자 91라79 결정(하급심판결집 1991-3, 262면) – '애마부인' 사건 등.

한다. 그래서 꾸준히 소비자들의 수요가 있고 상업성도 높은 저작물이라고 할 수 있다. 이와 같이 기존 저작물을 요약한 요약물이 2차적저작물에 해당하는지 여부가 문제되는 경우가 있다.

대법원 2013. 8. 22. 선고 2011도3599 판결이 이에 대한 판단기준을 설시하고 있는데, "2차적저작물이 되기 위해서는 원저작물을 기초로 수정·증감이 가해지되 원저작물과 실질적 유사성을 유지하여야 한다. 따라서 어문저작물인 원저작물을 기초로 하여 이를 요약한 요약물이 원저작물과 실질적인 유사성이 없는 별개의 독립적인 새로운 저작물이 된 경우에는 원저작물 저작권자의 2차적저작물작성권을 침해한 것으로 되지는 아니하는데, 여기서 요약물이 그 원저작물과 사이에 실질적인 유사성이 있는지 여부는, 요약물이 원저작물의 기본으로 되는 개요, 구조, 주된 구성 등을 그대로 유지하고 있는지 여부, 요약물이 원저작물을 이루는 문장들 중 일부만을 선택하여 발췌한 것이거나 발췌한 문장들의 표현을 단순히 단축한 정도에 불과한지 여부, 원저작물과 비교한 요약물의 상대적인 분량, 요약물의 원저작물에 대한 대체가능성 여부 등을 종합적으로 고려하여 판단해야 한다. 한편 저작권의 보호 대상은 인간의 사상 또는 감정을 말, 문자, 음, 색 등에 의하여 구체적으로 외부에 표현한 창작적인 표현형식이고, 거기에 표현되어 있는 내용 즉 아이디어나 이론 등의 사상 또는 감정 그 자체는 원칙적으로 저작권의 보호 대상이 아니므로, 저작권의 침해 여부를 가리기 위하여 두 저작물 사이에 실질적인 유사성이 있는지 여부를 판단함에 있어서도 창작적인 표현형식에 해당하는 것만을 가지고 대비해 보아야 하고, 표현형식이 아닌 사상 또는 감정 그 자체에 독창성·신규성이 있는지를 고려하여서는 안 된다."고 판시하고 있다.[311)]

외국 사례를 보면, 경제신문을 발행하는 원고 회사의 신문기사를 수집하여 그 요약문을 유료로 제공한 Nihon Keizai Shimbun, Inc. v. Comline Business Data, Inc. 사건[312)]이 있다. 이 사건에서 미국 제 2 항소법원은, 피고의 요약문과 원고의 신문기사를 대비하여 보면, 동일한 구조와 구성을 채택하고 있고, 동일한 어법과 단어를 사용하고 있는 경우까지 있는 점에 비추어 볼 때, 저작권으로 보호되는 표현에 실질적 유사성이 있어 저작권침해에

311) 이 사건은 해외에서 발간된 비즈니스 서적의 영문 요약물을 제공받아 이를 국문으로 번역한 번역요약물을 인터넷을 통하여 유료로 제공한 것에 대하여 저작권법위반죄로 기소된 사안이다. 원심인 서울중앙지방법원 2011. 2. 23. 선고 2010노3247 판결은 피고인들의 번역요약물은 원저작물과 목차 및 주요 내용 등에 있어서 상당 부분 유사성을 지니고 있다는 점을 들어 2차적저작물작성권 침해를 인정하였고, 이에 피고인들이 상고하였으나 위 대법원 판결에 의하여 상고가 기각되었다.

312) 166. F.3d 65(2d Cir. 1999). 이 사건에서는 피고가 이른바 '공정이용'(fair use)에 기한 항변을 하였지만 받아들여지지 아니하였다(공정이용과 관련된 판시 내용에 관하여는 제 6 장 제 2 절 Ⅶ. 공표된 저작물의 인용 중 2.의 라.항 참조).

해당한다고 판시하였다. 또한 이와 거의 동일한 사실관계에 대하여 일본 동경지방법원도 2차적저작물작성권 침해(번안권 침해)를 인정한 사례가 있다.[313]

유튜브에는 여러 가지 서적의 내용을 요약해서 설명해 주는 영상물들이 많이 올라와 있다. 그러한 영상물 중에는 단순히 서적을 소개하는 차원을 넘어서서 내용까지도 상당히 상세하게 알려주는 것들도 적지 않다. 이런 영상물은 소개된 서적의 수요를 대체하는 효과를 가질 수 있어서, 그 서적의 2차적저작물에 해당하는지 여부가 문제될 수 있다.

Ⅱ. 편집저작물

1. 개 요

가. 의 의

편집저작물이란 “편집물(저작물이나 부호·문자·음·영상 그 밖의 형태의 자료의 집합물을 말하며 데이터베이스를 포함한다)로서 그 소재의 선택·배열 또는 구성에 창작성이 있는 것”을 말하며, 독자적인 저작물로서 보호된다(저작권법 제2조 제17, 18호, 저작권법 제6조).[314] 이 중 괄호 안의 부분에서 언급된 ‘데이터베이스’는 “소재를 체계적으로 배열 또는 구성한 편집물로서 개별적으로 그 소재에 접근하거나 그 소재를 검색할 수 있도록 한 것”으로 정의된다(저작권법 제2조 제19호). “독자적인 저작물로서 보호된다”는 것은 여러 가지 소재를 모아서 편집저작물을 작성하였을 때 그 소재들이 저작물로서 보호를 받든지 받지 못하든지 묻지 아니하고, 그 모아 놓은 편집저작물 자체가 소재와는 별개로 전체로서 하나의 저작물로 보호된다는 의미이다. 예를 들어, 다수의 저작물(소설이나 수필 등)과 비저작물(각종의 단순한 정보)로 이루어진 잡지의 경우 그 소재가 된 소설, 수필, 단순한 정보들과는 별개로 잡지 전체가 하나의 저작물로 보호된다는 것이다.

313) 일본 동경지방법원 1994. 2. 18. 선고 平成 4(ワ) 2085 판결. 이 판결에서는 ‘번안’에는 원저작물을 단축하는 ‘요약’이 포함되는데, 이는 그 요약이 원저작물에 의거하여 작성되고, 그 내용에 있어서 원저작물의 내용의 일부가 생략되거나 표현이 단축되고, 경우에 따라서는 서술 순서가 변경되지만, 그 주요한 부분을 포함하고 원저작물이 표현하고 있는 사상, 감정의 주요한 부분과 동일한 사상, 감정을 표현하고 있는 경우를 말한다고 판시하고 있다. 그러나 이러한 판시에 대하여는 사상 또는 감정은 저작권법이 보호하지 않는 아이디어에 해당하는데, 그러한 사상이나 감정이 동일한지 여부를 2차적저작물작성권 침해의 판단기준으로 삼는 것은 부적절하다는 비판이 있다(박태일, “어문저작물인 원저작물을 요약한 요약물이 원저작물과 실질적 유사성이 있는지 판단하는 기준에 관한 연구”, 정보법학 제18권 제3호, 한국정보법학회(2014), 126면에서 그러한 비판론을 소개하고 있다).

314) 1994. 1. 7. 개정 저작권법 제6조 제1항 참조.

1957년 저작권법에서는 편집저작물을 2차적저작물의 한 종류로서 열거하였으나, 편집저작물은 원저작물을 개변함이 없이 소재 또는 자료의 선택과 배열 자체에 창작성을 갖는 것이어서 2차적저작물과는 그 개념을 달리하므로 1986년 개정법부터는 분리하여 규정하고 있다. 즉, 2차적저작물은 기존의 저작물에 변형을 가하는 것이지만, 편집저작물은 그 소재가 되는 자료가 저작물이라 하더라도 그 저작물에는 변형을 가하지 않고 그대로 수록한다는 점에서 구별된다.

백과사전, 회화집, 사전, 캘린더, 문학전집, 판례집, 신문, 잡지, 영어단어장, 직업별 전화번호부 등이 대표적인 편집저작물이라고 볼 수 있다.

나. 일반 저작물과의 구별

소재의 선택, 배열 또는 구성에 창작성이 있는 저작물을 편집저작물이라고 하고 있지만, 사실상 편집저작물 뿐만 아니라 다른 대부분의 저작물도 여러 가지 소재를 선택하여 배열하고 구성함으로써 이루어진다는 점에서 어느 정도 편집저작물로서의 성격을 가지고 있다고 볼 수 있다. 예를 들어, 소설의 창작 과정에서는 주제를 중심으로 여러 가지 다양한 에피소드들을 취사선택하여 배열하는 작업이 이루어지게 되며, 지도를 작성하는 경우에도 지면상에 다수의 각종 지리적 정보를 선택하여 배열하는 작업이 이루어지게 된다. 즉, 소재를 선택, 배열 또는 구성하는 작업은 편집저작물에서만 이루어지는 것이 아니라 다른 일반 저작물에서도 이루어지는 작업이다. 그러나 일반 저작물과 편집저작물은 다음과 같이 구별할 수 있다.

일반 저작물에서는 소재의 선택이나 배열의 결과가 문장 등에 의하여 구체적으로 표현되면 그것이 전체로서 저작물을 구성하게 되는 반면에, 편집저작물에서는 소재의 선택이나 배열의 결과물 그 자체가 직접적으로 저작물을 구성하게 된다. 예를 들어, 저작권 판례집과 저작권법 개설서를 작성할 때, 양쪽 모두 저작권에 관한 여러 가지 판례를 선택하여 배열하는 작업이 이루어지게 된다. 그러나 판례집은 판례의 선택과 배열 그 자체가 완결되고 독립적인 창작적 가치를 가지는 것임에 반하여, 개설서에서는 선택된 판례가 개설서의 내용 중에 흡수되고, 판례의 선택과 배열은 개설서의 서술을 구성하는 요소의 하나로서 기능할 뿐이다. 따라서 개설서로부터 판례의 선택 또는 배열을 따로 분리하여 그 자체로서 완결되고 독립적인 창작적 가치를 가지는 것이라고 평가하기는 어렵다.[315] 즉, 일반 저작물에서는 소재의 선택과 배열의 창작성이 전체 저작물의 창작성에 흡수되지만, 편집저작물에서는 소재의 선택과 배열의 창작성이 독립성을 유지한다는 점에서 차이가 있다.

315) 半田正夫·松田政行, 『著作權法コンメンタール』, 勁草書房(2008), 595, 596면.

다. 입 법 례

(1) 국제 조약

국제 조약에 편집저작물에 관한 규정이 처음으로 들어온 것은 베른협약의 1908년 베를린 개정에서부터이다. 그 후 1948년의 브뤼셀 개정에 의하여 현재와 같은 규정으로 개정되었는데, 이에 베른협약 제 2 조 제 5 항은 "소재의 선택과 배열에 의하여 지적창작물이 되는 백과사전 및 선집과 같은 문학·예술 저작물의 편집물은 그 편집물을 구성하는 각 저작물의 저작권을 해하지 아니하고, 지적 창작물로서 보호된다."고 규정하고 있다. 이처럼 베른협약은 소재가 저작물인 편집저작물만을 대상으로 하고 있다. 이는 이 조항의 개정 당시 편집저작물의 성립을 넓게 인정하는 영미법계와 좁게 인정하는 독일법계의 대립이 심하였기 때문에, 편집저작물을 보호하는 일반적인 규정을 두지 않고 백과사전이나 선집을 편집저작물로 예시하면서 문학적·예술적 편집물에 특화된 보호규정을 둔 것이라고 한다. 그 외의 편집물을 저작물로 보호할지 여부는 협약 가맹국의 선택에 맡겨져 있는 것이다.

그 후 데이터베이스에 대한 보호의 필요성이 증대됨에 따라 TRIPs협정에서는 저작물이 아닌 것을 소재로 하는 편집물도 편집저작물로서 보호된다는 것을 명시하기에 이르렀다. TRIPs협정 제10조 제 2 항은 "소재의 선택 또는 배열에 의하여 지적창작물을 형성하는 데이터 그 밖의 소재의 편집은 기계로 판독 가능한 것인지 기타 형식의 것인지 여부와 상관없이 지적창작물로서 보호된다. 그 보호는 해당 데이터 기타 소재 자체에 미치지 않으며 해당 데이터 기타 소재 자체에 대한 저작권을 해하는 것이어서도 아니 된다."고 규정하고 있다. WIPO저작권조약(WCT) 제 5 조도 이와 거의 유사한 조항을 두고 있다.

(2) 미 국

미국 저작권법 제101조는 '편집저작물'(compilation)을 "전체로서 독창적인 저작물을 구성하는 방법으로 선택, 정리, 또는 배열된, 기존 소재나 데이터의 수집과 조합에 의하여 이루어진 저작물을 말하며, '집합저작물'(collective works)을 포함한다."고 규정하고 있다.

(3) 일 본

일본 저작권법은 제12조(편집저작물)에서 "① 편집물(데이터베이스에 해당하는 것을 제외한다. 이하 같다)로서 그 소재의 선택 또는 배열에 의해 창작성을 가지는 것은 저작물로 보호한다. ② 전항의 규정은 동항의 편집물의 부분을 구성하는 저작물의 저작자의 권리에 영향을 미치지 아니 한다."고 규정하고 있다. 나아가 제12조의2(데이터베이스저작물)에서 "① 데이터베이스로서 그 정보의 선택 또는 체계적인 구성에 의해 창작성을 가지는 것은 저작물로 보호한다. ② 전항의 규정은 데이터베이스의 부분을 구성하는 저작물의 저작자의 권리에 영향을 미치지 아니 한다."고 규정하고 있다.

일본 저작권법과 우리 저작권법의 가장 큰 차이점은 우리 법의 경우 데이터베이스에 대하여 창작성 유무에 관계없이 저작권과 별도로 데이터베이스제작자의 권리라는 독자적 권리를 부여하고 있는데 비하여(따라서 데이터베이스가 창작성이 있으면 저작권으로도 중복 보호된다), 일본의 경우에는 데이터베이스도 창작성을 가지는 것만을 저작권으로 보호하고 창작성이 없는 데이터베이스에 대하여는 저작권법이 아니라, 부정경쟁방지법이나 일반 불법행위법에서 보호를 받을 수 있도록 하였다는 점이다. 또한 일본 저작권법은 편집저작물에서 데이터베이스가 제외된다는 것을 명시하고 있으므로 데이터베이스가 설사 창작성을 구비한다고 하더라도 편집저작물로서 중복하여 성립하는 것은 아니다. 일본 저작권법은 편집저작물의 창작성은 소재의 선택 또는 '배열'에 있어야 하는 것임에 비하여, 데이터베이스의 창작성은 소재의 선택 또는 '체계적 구성'에 있어야 한다고 규정하고 있어, '배열'과 '체계적 구성'을 의식적으로 구분하고 있다는 점도 주목할 부분이다.

라. 편집물, 데이터베이스, 편집저작물의 관계

위에서 본 바와 같이 편집물 중 창작성이 있는 것이 편집저작물이다. 즉, 편집저작물이 되기 위해서는 일반 저작물과 마찬가지로 창작성이 필요한데, 다만 그 창작성이 소재의 선택·배열 또는 구성에 있다는 점에서 일반 저작물과 구별된다. 이에 반하여 편집물 중 데이터베이스는 창작성을 요건으로 하지 않는 대신, 소재의 배열 또는 구성이 '체계적'으로 되어 있을 것을 요구한다. 저작물의 성립요건 부분에서 본 바와 같이, 창작성은 '독자적 작성과 최소한의 창조적 개성'을 의미하는 것인데 비하여, '체계적'이라는 것은 소재에 대한 접근 및 검색의 편리성과 효율성을 의미하는 것이다. 따라서 누가하더라도 동일한 방법으로 소재를 선택·배열 또는 구성하였다면 편집저작물로서의 창작성을 갖추지 못하였다고 할 것이다. 그러나 그 배열 또는 구성이 소재에 대한 접근 및 검색의 편리성을 위해서 필요한 효율적인 방법이었다면 '체계적'이라고 볼 수 있고 따라서 데이터베이스로서는 성립할 수 있다. 그러므로 데이터베이스에 있어서 그 소재의 선택·배열 또는 구성에 창작성까지 인정된다면 그 데이터베이스는 편집저작물로서도 성립할 수 있다. 그 경우에는 데이터베이스제작자의 권리에 의하여 보호받는 것과 더불어 편집저작물의 저작권에 의해서도 보호를 받을 수 있게 된다. 데이터베이스제작자가 갖는 권리는 저작권과는 성격이 다른 일종의 '독자적 권리'(sui generis right)이다.

학설 중에는 여러 가지 소재를 집합해 놓은 편집물 중에서 그 소재에의 접근이나 검색이 가능하도록 소재를 체계적으로 배열 또는 구성한 것이 데이터베이스이고, 여기서 더 나아가 소재의 선택이나 배열 또는 구성에 창작성이 있는 것이 편집저작물이므로, 위 세 가지 개념의 大小관계 내지 포섭관계를 표시하면 "편집물 > 데이터베이스 > 편집저작물"이 된다는 견해가 있다.[316]

그러나 이 견해에 따르면 편집저작물은 반드시 데이터베이스로 성립할 수 있다는 것이 되는데, 하나의 편집물이 '체계성'과 '창작성'을 모두 갖추어 데이터베이스와 편집저작물 양쪽으로 중복하여 성립할 수는 있지만, 편집저작물과 데이터베이스는 성립요건과 성질을 달리하는 것으로서 편집저작물이 데이터베이스에 포섭되는 개념은 아니다. 편집저작물의 개념 속에는 소재의 '선택'이라는 요소가 들어가 있으나 데이터베이스의 개념 속에는 그러한 요소가 없다. 따라서 소재의 선택에 창작성이 있으면 그것만으로도 편집저작물이 성립할 수 있지만, 소재의 선택이 체계적으로 되어 있다고 하더라도 그것만으로는 데이터베이스로 성립할 수 없고 체계적 배열 또는 구성이라는 요소를 별도로 갖추고 있어야 데이터베이스로 성립할 수 있다.[317] 예를 들어, 2014년도에 발표된 수많은 저작권 관련 학술논문 중 20개의 논문을 선별하여 수록한 논문집은 그 선별에 창작성만 있으면 편집저작물로 성립할 수 있지만, 그것이 곧 데이터베이스로서도 성립할 수 있는 것은 아니다. 그 논문집이 데이터베이스로 성립하기 위해서는 논문의 선별과는 별도로 소재가 된 개별 논문의 배열 또는 구성이 체계적으로 이루어져야 한다.

우리 저작권법 아래에서 데이터베이스는 저작권법의 틀 안에 들어와 있고 저작권법에 의하여 보호를 받고 있으며, 창작성을 갖출 경우 편집저작물로서 중복하여 성립할 수 있다. 그러나 법적 성격에 있어서 편집저작물과는 달리 취급되어야 할 것이므로 이에 관하여는 뒤에서 장을 달리하여 살펴보기로 한다.

2. 성립요건

가. 소재(素材)

편집저작물을 구성하는 개별 소재는 저작물이거나 아니거나 상관이 없으며, 개별 소재가 저작물일 경우 그것이 저작권으로 보호받는 저작물인지 아니면 보호기간의 만료 등의

---

316) 박성호, 전게서, 126면.

317) 이 점은 일본 저작권법이 정보의 선택 또는 체계적인 구성에 의해 창작성을 가지는 것을 데이터베이스라고 정의함으로써 '선택'을 데이터베이스의 창작성의 요소로 하고 있는 것과 차이가 난다.

사유로 보호를 받지 못하는 저작물인지의 여부도 상관이 없다.

미국 저작권법 제101조의 정의규정은 'collective works'(개별소재가 저작물인 경우)[318]와 'compilations'(개별소재가 저작물인지 여부를 불문)[319]를 개념적으로 구별하고 있으며, 후자가 전자를 포함하는 것으로 규정하고 있다. 백과사전, 신문, 잡지나 문학전집 등은 전자의 예가 될 것이고, 영어단어집이나 전화번호부 등은 후자의 예가 될 것이다.

나. 소재의 선택·배열 또는 구성에 창작성이 있을 것

(1) 편집저작물의 창작성

편집저작물 역시 저작물이므로 그 성립요건으로서 창작성이 필요하다. 또한 편집저작물의 창작성도 일반 저작물의 경우와 마찬가지로 '독자적 작성'과 '최소한의 창조적 개성'의 두 가지 요소가 있어야 충족된다. 따라서 편집저작물이 되기 위해서는 편집자의 개성이 어떤 형태로든 나타나 있어야 한다. 편집저작물의 창작성은 소재 자체에 있는 것이 아니라 그 소재를 선택하거나 배열 또는 구성하는 것에 있어야 한다. 소재 자체의 생성에 많은 노력과 창작성을 기울였다고 하더라도 그것은 소재 자체의 저작물성의 요건은 될지언정, 편집저작물로서의 요건과는 상관이 없다. 판례도 "편집물이 저작물로서 보호를 받으려면 일정한 방침 혹은 목적을 가지고 소재를 수집·분류·선택하고 배열하여 편집물을 작성하는 행위에 창작성이 있어야 한다."고 판시하여 이 점을 분명히 하고 있다.[320]

단순히 자료를 수집해 놓은 것에 불과하여 누가 작성하더라도 비슷하게 될 수밖에 없는 편집물은 '최소한의 창조적 개성'이 드러날 수 없어서 저작권의 보호도 주어지지 않게 된다.[321] 예를 들어, 단순하게 가나다순으로 성명, 주소 및 전화번호를 배열한 인명편 전화번호부는 편집저작물로서의 창작성을 갖추고 있다고 보기 어렵다. 그러나 직업별 전화번호부는 일반적으로 어떤 업종을 어떤 분류에 넣을 것인가 하는 분류작업과 그와 같이 분류한 업종들을 어떤 순서로 어떻게 배열할 것인가 하는 배열작업을 통하여 제작이 이루어지

318) A "collective work" is a work, such as a periodical issue, anthology, or encyclopedia, in which a number of contributions, constituting separate and independent works in themselves, are assembled into a collective whole.

319) A "compilation" is a work formed by the collection and assembling of preexisting materials or of data that are selected, coordinated, or arranged in such a way that the resulting work as a whole constitutes an original work of authorship. The term 'compilation' includes collective works.

320) 대법원 2003. 11. 28. 선고 2001다9359 판결.

321) 단순히 소재를 잡다하게 집적해 놓은 것은 사상 또는 감정의 표현이라고 볼 수 없어서 창작성 유무를 떠나 아예 '편집물'에도 해당하지 않는다고 보는 견해도 있다. 이 견해에 의하면 '편집물'이 되기 위해서는 창작성의 유무를 떠나 적어도 일정한 편집방침이라고 볼 수 있는 분류기준에 기초하여 수집된 성과물이어야 한다. 半田正夫·松田政行, 『著作權法コンメンタール』, 勁草書房(2008), 591면.

게 되므로 편집저작물로서 성립하기 위한 창작성을 갖추게 된다.[322] 본 장 제1절 '저작물의 성립요건과 보호범위' 부분에서 살펴본 미국 연방대법원의 Feist 판결은 이러한 점을 잘 지적하고 있다.

이처럼 단순히 소재를 무작위로 수집해 놓거나 기계적으로 단순 배열한 것만으로는 편집저작물로 성립하기 위한 창작성을 갖추었다고 볼 수 없다. 그러한 수집 과정에서 아무리 많은 비용과 노력이 들었다 하더라도 마찬가지이다.[323] 비용과 노력만으로는 창작성을 충족할 수 없는 것이다. 창작성과 무관하게 투자된 비용과 노력에 대하여는 수집된 자료가 데이터베이스로서의 요건을 갖추었을 경우 데이터베이스제작자의 권리로 보호를 받거나 아니면 부정경쟁방지법이나 일반 불법행위법에 의한 보호를 받는 방법이 있을 것이다.[324] 요컨대 편집저작물이 되기 위해 요구되는 창작성은 그 편집저작물을 이루는 소재 자체가 아니라, 그러한 소재를 어떻게 선택하고 어떻게 배열 또는 구성하였는지에 존재하여야 한다.

(2) 편집저작물의 창작성과 소재와의 관계

편집저작물을 작성함에 있어서는 처음 시작에서부터 최종 완성 단계에 이르기까지 다양한 차원에서의 선택과 배열 작업이 이루어지게 된다. 예를 들어, 직업별 전화번호부를 작성하는 경우에는 전화번호부에 게재할 지역의 선정, 전화번호의 수집 및 수집된 전화번호의 배열을 위한 직업분류의 결정, 그 직업분류 각 항목 아래에 개개의 전화번호를 맞추어 넣는 작업, 전화번호 및 광고 등의 배치와 레이아웃을 비롯한 전화번호부의 지면 구성 등 각각의 단계와 과정에서 소재의 선택과 배열 작업이 이루어진다. 이런 과정을 거쳐 최종적으로 독립된 편집저작물인 직업별 전화번호부가 만들어지게 된다.

편집저작물은 그것을 이루는 모든 구성요소가 아니라 그 중에서 그 편집저작물이 수

---

322) 허희성, 전게서, 60면.

323) 그런 점에서 위 대법원 2001다9359 판결이 '수집'을 '선택'과 함께 나열한 것은 적절하지 않다는 비판이 있다. 이해완, 저작권법(제3판), 박영사(2015), 226면.

324) 우리 법과는 달리 데이터베이스에 관하여도 창작성을 요구하는 일본에서는 창작성을 갖추지 못한 정보의 수집 행위와 관련하여, 타인이 이룩한 정보 수집의 성과에 대하여 경쟁업자가 무임승차 행위를 하는 것을 규제할 입법적 조치가 필요하며, 그러한 입법적 조치가 이루어지기 이전에도 타인이 비용과 노력을 투자하여 작성한 편집물을 무단복제한 경쟁상품을 판매함으로써 그 타인의 투하자본 회수를 현저하게 곤란하게 하는 행위에 대하여는 일반 불법행위의 성립을 인정할 필요가 있다고 한다. 半田正夫·松田政行, 『著作権法コンメンタール』, 勁草書房(2008), 595면. 동경지방법원 2001. 5. 25. 판결, 판례시보 1774호 132면. 최근 우리 하급심 판결에서도 저작권법 등 개별 지적재산권법에 의하여 보호받지 못하는 타인의 성과물에 대한 침해를 민법상의 일반 불법행위로 규제하는 흐름이 나타나고 있음을 유념할 필요가 있다(제10장 제1절 Ⅶ. 참조).

록하여 제공하는 특정 '소재'의 선택, 배열 또는 구성에 창작성이 있는 저작물이므로, 편집저작물로서의 성립 여부를 판단함에 있어서는 무엇이 그 편집저작물의 '소재'에 해당하는 것인지를 명확히 할 필요가 있다. 이 부분을 특히 강조하는 일본에서는 편집저작물의 작성과정에서 이루어지는 모든 선택과 배열이 편집저작물의 창작성 판단의 근거로 되는 것은 아니고, 그 편집저작물이 '목적'으로 하는 '소재'의 선택 및 배열이 창작성 판단의 근거가 된다는 학설과 판례가 있다. 즉, 해당 편집물의 목적과 성질, 표현형식 등에 비추어 그 편집물의 본질적 특징을 이루는 요소의 선택 및 배열이 편집저작물의 창작성의 근거로 되는 것이며, 그 편집물의 본질적 특징과 관계없는 부수적·부차적인 요소의 선택 및 배열은 편집저작물의 창작성을 판단함에 있어서 특별히 고려하지 않아야 한다는 것이다. 이런 입장에 의하면, 직업별 전화번호부는 개별 업소의 전화번호를 검색하기 위한 수단으로 이용되는 것이므로, 직업별 전화번호부의 표현의 본질적 특징을 구성하는 것은 전화번호 자체의 배열이고, 그 밖의 레이아웃과 같은 것은 전화번호부의 목적과 기능에 있어서 부차적인 성격을 가지는 '가독성'(可讀性)을 확보하기 위한 것이므로, 레이아웃의 창작성은 직업별 전화번호부의 창작성 판단에 고려하지 않는다는 해석이 가능하다. 실제로 일본의 판례 중에는 '연도판(年度版) 용어사전'의 경우 그 사전의 목적과 성격 등에 비추어 볼 때 개개의 용어와 그에 대한 해설문, 관련된 각종 도표의 선택과 배열에 창작성이 인정되는 것이므로, 그와 무관한 서적 편집상의 요소들, 예를 들어 페이지 넘버링의 모양, 항목의 장별 표시, 제목과 해설문에 사용한 글자의 크기 및 서체, 도표의 형태, 편집용 약물(約物)의 형상 등 서적의 레이아웃을 구성하는 요소들은 편집물인 용어사전에 있어서의 '본질적 소재'라고는 볼 수 없고, 따라서 그러한 레이아웃 작업을 담당한 원고(북 디자이너)는 편집저작자가 될 수 없다고 판시한 것이 있다.[325)]

이러한 일본의 학설과 판례의 입장에 따르면, 편집저작물에 있어서 '소재'의 해석은 그 편집저작물의 창작성의 근거를 결정하는 중요한 의미를 가지며, 따라서 편집저작물에 있어서 무엇이 '소재'인지를 파악하는 것은 해당 편집저작물의 창작성 판단은 물론이고, 나아가 그 보호범위와 편집저작자 인정 등에도 영향을 미치게 된다.

그러나 뒤에서 보는 바와 같이, 레이아웃 등 시각적 요소를 편집저작물의 창작성 판단에 있어서 전적으로 배제하는 것은 문제가 있다고 생각된다. 무엇을 편집물의 표현상의 창

325) 그러나 이러한 '북 디자이너'가 작업한 결과물이 미적 창작성을 갖출 경우 그것이 독자적인 미술저작물로 성립하는 것은 별개의 문제이다. 북 디자이너의 작업 결과물이 미술저작물로 성립된다면 그는 그가 작업에 참여한 편집저작물 자체의 공동저작자가 아니라 그와 독립된 일종의 강학상 '결합저작물 저작자'의 지위에 있게 된다. 다만, 북 디자이너가 편집저작물 저작에 종업원으로서 참여하였다면 그 작업의 결과물은 전체로서 하나의 법인저작물인 편집저작물에 흡수되는 것으로 보아야 할 것이다.

작성 또는 본질적 특징으로 볼 것인지의 판단은 다분히 규범적인 평가를 포함하는 것이므로, 편집물의 성격에 따라서는 레이아웃의 창작성도 '소재'의 배열의 창작성으로서 고려할 수 있다. 예를 들어, 직업별 전화번호부라고 하더라도 전화번호의 수록과 아울러 그 전화번호들에 대한 광고들이 큰 비중을 차지하는 '광고용 전화번호부'의 경우에는 창작성 판단에 있어서 레이아웃의 창작성도 고려하여야 할 것이다.[326)]

(3) '선택'에 있어서의 창작성

소재의 '선택'이라 함은 일정한 주제에 따라 편집물에 수록될 구성부분들을 선별하는 행위를 말하며, 소재의 선택에 있어서의 창작성이란 소재로 수록될 기존의 저작물이나 각종 정보 등 소재를 수집하되 일정한 방침 혹은 목적을 가지고 선별함으로써 버릴 것은 버리고 택할 것은 택하는 판단에 창작성이 있음을 의미한다. 단순한 '수집'만으로는 창작성이 있다고 할 수 없으며, 수집에 이어지는 '선별'에 창작성이 있어야 한다. 그러므로 관련 정보를 모두 수집하는 것만으로는 그러한 수집이 아무리 충실하게 되어 있다고 하더라도, 즉 '망라적 충실성'을 갖추었다고 하더라도 편집자의 개성이 발휘되는 선별 과정이 수반되지 않는 한 '선택'에 있어서의 창작성이 있다고 보기 어렵다. 소재의 '수집'은 '선택'의 전제가 되는 행위이지만 '수집'이 곧 '선택'은 아니므로 양자는 분명히 구분되어야 하는 것이다. 다만, 망라적 충실성을 갖춘 편집물이 창작성은 없어도 데이터베이스로서의 요건을 갖추고 있다면 데이터베이스제작자의 권리에 의하여 보호될 수는 있다.

편집저작물이 되기 위해서는 소재의 선택이나 배열 또는 구성 중 어느 하나에 창작성이 있으면 충분하고, 이들 각각에 창작성이 있을 필요는 없다.[327)] 예를 들어, 건국 이후 한국 사회에 영향을 끼친 중요 정치인 100인을 선택하여 이름의 가나다 순으로 배열한 인명록은 그 100인의 정치인을 '선택'하는 과정에서 창작성이 발휘되었다면 비록 '가나다 순'이라는 '배열' 자체에는 창작성이 없다고 하더라도 편집저작물로서 성립할 수 있다.

(4) '배열'에 있어서의 창작성

소재의 '배열'은 선택된 소재 중 어느 소재를 앞에 두고 어느 소재를 뒤에 둘 것인지, 즉 소재들의 순서를 결정하는 것뿐만 아니라, 지면이나 공간 속에서 어느 소재를 어느 위치에 배치할 것인지를 결정하는 것도 포함한다. 그런데 일본의 경우를 보면 앞에서 본 '연도판(年度版) 용어사전' 판례의 경우와 같이, 레이아웃 등 서적 편집상의 요소들은 편집물에

326) 半田正夫·松田政行, 전게서, 597, 598면.
327) 박성호, 전게서, 126면.

있어서 '본질적 소재'라고 볼 수 없다고 판시한 것이 있고, 그에 찬동하는 학설도 있다.[328] 그러나 이에 반대하여, 각종 정보지와 같이 지면의 구성(레이아웃)이 중요시 되는 편집물에서는 조판이나 여백의 처리 방법, 표제어의 위치 및 글자체 등 소재의 배치상의 특성도 배열의 창작성으로 고려될 수 있다고 하는 견해가 있고,[329] 같은 취지의 판례도 있어서,[330] 확립된 이론이나 판례는 아직 없는 것처럼 보인다.

생각건대 서적의 지면을 구성함에 있어서 어떤 소재를 어느 위치에 어떤 모양으로 배열할 것인지에 대하여 편집자의 창조적 개성이 발휘되었다면 그 부분도 편집저작물 성립요건을 이루는 하나의 요소로서 고려되어야 할 것이다. 다만, 지면의 제한, 가독성의 확보, 서적의 개별 내용과 그 전개 과정을 작가의 의도에 맞추어 적절하고 효율적으로 전달하여야 한다는 점 등 여러 가지 외부적 요소들로 인하여, 지면의 구성은 표현 방법이 제한적일 수밖에 없거나 아이디어와 표현이 합체되는 경우가 많다. 따라서 저작권으로 보호되는 범위가 좁아질 수는 있을 것이다. 유의하여야 할 점은, 여기서 서적이나 인쇄물의 지면 구성 등 레이아웃의 창작성 인정 여부를 둘러싸고 학설과 판례가 대립되고 있는 것은 편집저작물의 창작성과 관련하여서라는 점이다. 즉, 편집저작물의 창작성은 '소재'의 선택, 배열 또는 구성에 있어야 하는 것인데, 레이아웃 자체는 편집저작물의 '소재'가 아니므로 그것을 어떻게 '배열'하고 '구성'하는지 여부는 편집저작물의 창작성 판단에서 고려할 부분이 아니라는 것이 위에서 본 '연도판 용어사전' 판결 및 이에 찬동하는 학설의 입장이다. 따라서 그러한 입장에 따른다 하더라도 편집저작물의 구성요소로서가 아니라 레이아웃 자체가 독립하여 일종의 미술저작물(북 디자인)로서 보호받을 수 있는지 여부는 편집저작물과는 다른 문제로서 별도로 판단되어야 할 부분이다.

특히 홈페이지(웹사이트)의 레이아웃과 관련하여 우리나라 하급심 판결 중에는 구체적인 배열 형태에 따라 창작성을 인정한 것도 있고 부정한 것도 있다. 서울중앙지방법원 2006. 12. 14. 선고 2005가합101661 판결은 "레이아웃이나 메뉴구성, 콘텐츠 구성 등은 아이디어에 불과하거나 동종 업종의 다른 업체의 웹사이트에서도 유사한 형태로 구성되어 있는 것"이라고 하여 레이아웃의 창작성을 부정한 바 있으나, 서울지방법원 2003. 8. 19. 선고 2003카합1713 판결은 "인터넷 홈페이지도 그 구성형식, 소재의 선택이나 배열에 있어서 창작성이 있는 경우에는 편집저작물에 해당한다"고 판시하고 있다.[331] 결국 해당 레

328) 『著作権判例百選, 別冊, ジュリスト』, No.128., 75면.

329) 半田正夫·松田政行, 전게서, 592면.

330) 오오사카지방법원 1982. 3. 30. 판결(광고전화번호부 사건), 『판례타임즈』 474호, 234면. 동경고등법원 1995. 1. 31. 판결(永禄建設 사건), 『판례시보』 1525호, 150면.

331) 그러나 위 2003카합1713 판결에는 당해 홈페이지의 구성형식이나 소재의 선택, 배열이 어떤 점에서

이아웃이 창조적 개성 등 창작성의 요건을 갖추고 있는지 여부에 따라 개별적으로 판단하여야 할 문제이다.

(5) '구성'의 의미

다음으로 '구성'의 의미와 관련하여 살펴보기로 한다. 학설은 소재의 '배열'이 인간이 직접 인식 가능한 물리적 순서인데 비하여, '구성'이란 컴퓨터를 이용하는 이용자에게 효율적인 검색을 가능하게 하는 논리구조를 말하는 개념이며, 따라서 구성에 있어서의 창작성이란, 데이터베이스가 편집저작물로서도 보호되는 경우 컴퓨터에 의해 쉽게 검색할 수 있고 또 축적된 정보를 효율적으로 이용할 수 있도록 데이터베이스를 구축할 때에 데이터에 체계를 부여하고 정보의 초록화(抄錄化), 그리고 키워드의 선정·부가와 같은 창작행위가 가미된 것이라고 설명하고 있다.[332)]

1986년 개정 저작권법은 제 6 조 제 1 항에서 편집저작물을 "편집물로서 그 소재의 선택 또는 배열이 창작성이 있는 것"이라고 정의하여 편집저작물로 성립하기 위한 창작성으로서 '선택'과 '배열'의 창작성만을 규정하고 있었다. 그러다가 2003년 개정 저작권법에서는 제 2 조 제12의3호에서 "편집물로서 그 소재의 선택·배열 또는 구성에 창작성이 있는 것"이라고 정의함으로써 '구성'의 창작성이 추가되었다. 이는 같은 조 제12호의4에서 데이터베이스를 "소재를 체계적으로 배열 또는 구성한 편집물로서 그 소재를 개별적으로 접근 또는 검색할 수 있도록 한 것"이라고 정의한 것과 관련하여, 데이터베이스 중에서도 창작성을 갖는 것은 편집저작물로 중복하여 보호할 수 있도록 하기 위한 것이 아닌가 생각된다. 이것은 일본 저작권법이 데이터베이스를 "논문, 수치, 도형 기타 정보의 집합물로, 그러한 정보를 전자계산기(컴퓨터)를 이용하여 검색할 수 있도록 체계적으로 구성한 것"으로 정의하면서,[333)] 데이터베이스의 창작성은 소재의 '선택 또는 체계적 구성'에 있어서의 창작성으로, 편집저작물의 창작성은 소재의 '선택 또는 배열'에 있어서의 창작성으로 각각 달리 규정함으로써 '배열'과 '구성'을 의식적으로 문언상 구분한 입법례의 영향을 받은 것으로 보인다. 다만, 일본 저작권법과 우리 저작권법의 가장 큰 차이점은 우리 법의 경우 데이터베이스에 대하여 창작성 유무에 관계없이 저작권과 별도로 데이터베이스제작자의 권리라는 독자적 권리를 부여하고 있는데 비하여(따라서 데이터베이스가 창작성이 있으면 저작권으로도 중복 보호된다), 일본의 경우에는 데이터베이스도 창작성을 가지는 것만을 저작권으로 보호하

창작성이 있는지에 대한 구체적인 설시가 나타나 있지 않고, 원론적인 언급만을 하고 있을 뿐이다.

332) 박성호, 전게서, 126, 127면.

333) 일본 저작권법 제2조 제10의3호.

고 창작성이 없는 데이터베이스에 대하여는 저작권법에서는 별도의 보호를 하지 않는다는 점이다. 일본 저작권법은 편집저작물에서 데이터베이스가 제외된다는 것을 명시하고 있으므로,[334] 데이터베이스가 설사 창작성을 구비한다고 하더라도 편집저작물로 중복하여 성립하는 것은 아니다. 또한 일본 저작권법은 컴퓨터로 검색할 수 있는 것만을 데이터베이스로 제한하고 있으나, 우리 저작권법은 그러한 제한이 없어 아날로그 형태로 검색하게 되어 있는 것도 데이터베이스로 성립할 수 있다.

이러한 점을 고려하여 편집저작물에서의 소재의 '배열'과 '구성'을 개념적으로 구분하자면, 소재의 배열은 인간이 직접적으로 지각할 수 있도록 소재의 전후, 상하, 좌우 등 '공간적 또는 물리적 순서'를 결정하는 것을 의미하는 것인데 비하여, 소재의 구성은 검색을 위한 '논리적 구조'를 말하는 것이다. 둘 사이의 차이점은 편집저작물과 데이터베이스의 구분에서 분명하게 나타난다. 특히 아날로그 형태가 아닌 컴퓨터로 검색하는 데이터베이스에 있어서 이용자가 지각하는 소재의 배열은 데이터베이스 안에 축적된 소재의 배열과는 연관성이 없다. 데이터베이스 안에 정보가 어떻게 배열되어 있는가는 이용자가 지각할 수 없는 부분이다. 데이터베이스가 편집저작물로서의 요건도 아울러 갖추고 있다 하더라도 그때의 창작성은 검색의 결과로서 나타나는 소재의 외견상의 물리적 순서에 있는 것이 아니라, 검색이 효율적으로 용이하게 처리될 수 있도록 데이터베이스 안에 논리적 구조를 체계적으로 구성한 것에 있는 것이다.

(6) 요구되는 창작성의 정도

(가) 일반론

소재의 선택·배열이나 구성에 어느 정도의 창작성이 있으면 편집저작물로 인정할 것인지는 원저작물에 대하여 어느 정도의 개변이 있으면 2차적저작물로 인정할 수 있을 것인지의 경우와 마찬가지로 매우 어려운 문제이다. 예를 들어 아무런 선별작업을 거치지 않고 단순히 특정한 작가의 모든 작품을 단순히 모아 놓기만 한 작품집은 편집저작물로서의 창작성을 인정하기 어렵다. 반면에 그 작가의 작품 중에서 특별히 작품성이 높은 작품만을 선별하여 연대순으로 배열한 작품선집이라면 편집저작물이 될 수도 있다. 그런데 그 작가

---

334) 일본 저작권법은 제12조(편집저작물)에서 "① 편집물(데이터베이스에 해당하는 것을 제외한다. 이하 같다)로서 그 소재의 선택 또는 배열에 의해 창작성을 가지는 것은 저작물로 보호한다. ② 전항의 규정은 동항의 편집물의 부분을 구성하는 저작물의 저작자의 권리에 영향을 미치지 아니 한다"고 규정하고 있다. 나아가 제12조의2(데이터베이스저작물)에서 "① 데이터베이스로서 그 정보의 선택 또는 체계적인 구성에 의해 창작성을 가지는 것은 저작물로 보호한다. ② 전항의 규정은 동항의 데이터베이스의 부분을 구성하는 저작물의 저작자의 권리에 영향을 미치지 아니 한다"고 규정하고 있다.

의 작품 중 일정한 시기에 발표된 작품만을 골라 단순히 연대순으로 배열한 정도의 것이라면 과연 창작성이 있다고 보아야 할 것인지 애매하다.

요컨대 소재의 '선택'에 창작성이 인정되기 위해서는, 주관적 선택행위로서 편집자의 견해에 기초하여 선택 기준을 결정하고 그 기준에 따라 특정한 소재는 의식적으로 제외함으로써 수록해야 할 소재를 결정하는 판단이 필요하다.[335] 단순히 여러 개의 저작물이 함께 어울려 있다고 해서 편집저작물이 성립하는 것은 아니다. 예를 들어 노래와 가사가 함께 있는 악곡, 소설과 그에 따른 삽화가 함께 게재된 책 등은 결합저작물 또는 공동저작물이지 편집저작물은 아니다. 또 전체를 이루는 소재(자료)의 숫자가 아주 적은 것, 예를 들어 단막극 3개만을 모아 놓은 것 등은 편집저작물로 보기 어렵다. 미국 저작권법 입법 당시 하원의 보고서는 이러한 점을 명백히 하고 있다고 한다.[336] 이와 같은 경우는 선택과 배열에 있어서의 창작성의 정도가 너무 낮아서 편집저작물로서의 저작권을 부여하는 것이 정당화 될 수 없다는 것이다. 미국 저작권등록심사지침도 "선택, 조합 또는 배열할 자료의 양이 많을수록 편집저작물로 등록받을 가능성이 커진다."고 규정하고 있다.[337]

그러나 구체적인 사건에 들어가서 어느 정도의 창작성이 있으면 편집저작물로 성립할 수 있는지를 판단하는 것은 매우 어려운 문제이다. 일본에서는 이러한 경우에 개개의 소재에 관하여 편집자의 편집방침에 따른 독자적인 선택이나 배열을 발휘할 여지가 어느 정도 존재하는가의 '질적인 평가'(소재의 선택과 배열에 관한 선택지의 폭)와 독자적인 선택 또는 배열의 여지가 있는 소재에 대하여 어느 정도의 분량으로 선택 또는 배열을 행하고 있는가의 '양적인 평가'(소재의 선택이나 배열의 빈도)를 상호 관련 아래 종합적으로 고려하여 창작성을 판단하여야 한다는 견해가 있다.[338] 이 견해에 따르면, 개개의 소재의 선택이나 배열에 관한 선택지의 폭이 넓은 경우에는 상대적으로 선택 또는 배열의 빈도가 낮은 경우라 하더라도 창작성이 인정되기 쉽다. 예를 들어, '1980년대 대중가요 베스트 앨범'과 같은 것은

---

335) 박성호, 전게서, 126면.

336) Melville Nimmer & David Nimmer, *Nimmer on Copyright*, Lexis Publishing(2002), pp. 3-7에서 재인용.

337) 미국 저작권청(U.S. Copyright Office)의 저작권등록심사지침 제307조 ①은 "편집저작물은 그 선택, 조합, 배열이 전체로서 독창적인 저작물을 구성하고 있다면 등록할 수 있다. 선택, 조합 또는 배열한 자료의 양이 많으면 많을수록 해당 편집저작물의 등록 가능성이 커진다. 편집저작물의 저작물성이 최소한의 양을 충족시키지 못할 경우 등록이 반려된다. 네 가지 이하의 자료로 구성된 편집물은 등록을 위해 요구되는 저작물성이 부족한 것으로 간주한다."라고 규정하고 있다. 그리하여, 예를 들어 "'오 헨리'의 단편 스무 편을 선택 및 배치한 것은 편집저작물로 등록할 수 있다. 그러나 한 저작자의 희곡 세 편이 모두 이미 발행된 상태이며, 현재 출판물이 그 세 편의 희곡으로 구성된 경우 이러한 편집물은 등록할 수 없다."고 하고 있다. 후자의 경우는 선택과 배열에 있어서의 창작성의 정도가 너무 낮아서 편집저작물로서의 저작권을 부여하는 것이 정당화 될 수 없다는 것이다.

338) 半田正夫·松田政行, 전게서, 593면.

개별 소재의 선택이나 배열에 관한 선택지의 폭이 넓기 때문에 비록 적은 숫자의 소재(가요곡)를 모아 놓은 편집앨범이라도 창작성을 인정할 수 있을 것이다. 반면에, 개별 소재의 선택 또는 배열에 있어서 선택지의 폭이 한정되어 있는 경우에는 선택 또는 배열의 빈도가 낮다면 누가 편집 작업을 하더라도 거의 동일한 결과물에 도달하게 되므로 창작성이 부정될 것이고, 선택 또는 배열의 빈도가 높다면 다양한 변용이 나타날 수 있으므로 창작성을 인정할 여지가 있다고 한다.[339] 이 견해는 저작물의 성립요건 중 '창작성'과 관련하여 최근 일본에서 유력하게 주장되고 있는 이른바 '선택의 폭' 이론[340]과 궤를 같이 하고 있다고 평가할 수 있다.

(나) 구체적 판단 방법

① 편집방침의 고려 여부

편집저작물의 창작성을 판단함에 있어서도 아이디어·표현 이분법이 적용된다. 따라서 편집저작물로 성립하기 위한 창작성 역시 편집상의 아이디어가 아니라 편집상의 표현에 존재하여야 한다. 편집저작물을 작성할 때 먼저 '편집방침'을 수립하게 되는데, 기능적·실용적 요청에 따라 정해지는 편집방침이나 구체화 되지 않은 추상적 편집방침은 일반적으로 표현이 아니라 아이디어의 영역에 속하는 것으로 보아야 할 경우가 많다. 설사 표현이라고 하더라도 '합체의 원칙'이 적용될 가능성이 높으므로 창조적 개성 유무에 대하여 비교적 엄격한 심사가 이루어질 필요가 있다. 판례도 기본적으로 그러한 입장을 취하고 있는 것으로 생각된다.[341] 따라서 편집저작물의 창작성 유무를 판단하기 위해서는 먼저 그 편집저작물이 어떠한 편집방침에 의하여 작성되었는지를 확인하되 그 편집방법이 기능적·실용적 요청에 따른 것이라면 이를 창작성 판단에서 제외하거나 제한하는 작업이 필요하다.

예를 들어, 특정한 지역의 인명편 전화번호부를 제작할 때 전화가입자의 전화번호 정보를 인명의 가나다 순으로 배열한다는 방침은 전화번호부로서의 기능적·실용적 요청에 직접적으로 관련되는 '편집방침'으로서 아이디어의 영역에 속하는 것으로 보아야 한다. 이런 편집방침은 일단 정해지면 소재의 선택, 배열 또는 구성도 그에 따라 결정되고 달리 창작성을 발휘할 여지도 없으며, 누가 하더라도 거의 동일한 형태의 선택, 배열 또는 구성으로 될 수밖에 없다. 따라서 아이디어와 표현이 합체되었다고 볼 수도 있으므로 어느 모로 보나 편집저작물로서의 창작성을 인정하기 어렵다. 한편, 세계사적으로 의미가 있는 100개의 사건을 모아서 하나의 책으로 편집하는 방침, 또는 세계적으로 유명한 여행지 100곳을

339) 상게서, 593면.
340) 中山信弘, 『著作權法』, 법문사(2008), 48-49면.
341) 이해완, 전게서, 226면 참조.

선별하여 하나의 책으로 편집하는 방침의 경우, 이들은 구체화되지 않은 일반적이고 추상적인 편집방침에 해당하여 역시 아이디어의 영역에 속하는 것으로 보아야 할 것이다. 따라서 이러한 편집방침의 수립만으로는 편집저작물로서의 창작성이 있다고 보기 어렵고, 그러한 편집방침에 기초하여 어떠한 역사적 사건, 어떠한 여행지를 선별하여 어떤 방식으로 배열 또는 구성하였는지 여부에 따라 그 부분에 창작성이 발휘되어 있다면 그때 비로소 편집저작물로서의 창작성을 갖추었다고 볼 수 있을 것이다.

그러므로 흔한 편집방침에 의하여 작성한 편집물이라고 하더라도 구체적인 소재의 선택, 배열 또는 구성에 편집자의 개성이 발휘되어 있다면 창작성을 인정할 수 있을 것이다. 반면에 편집방침은 독창적이라고 하더라도 구체적인 소재의 선택, 배열 또는 구성이 진부하거나 누가 하더라도 동일 또는 유사하게 될 수밖에 없는 경우라면 창작성을 인정하기 어렵다.[342] 일본에서는, 편집방침이나 편집방법 중에는 상세하고 구체적인 내용을 가지고 있어서 소재의 선택, 배열 방법을 실질적으로 결정하는 것도 있는데, 이러한 편집방침이나 편집방법은 소재의 선택, 배열의 구체적 결과와 밀접하게 결부되어 있으므로 편집저작물의 창작성을 판단함에 있어서 그러한 편집방침이나 편집방법의 창작성(신규성 또는 독자성)을 고려하여야 한다는 견해가 있다.[343] 이 견해와 같은 취지의 판결로는 아래에서 보는 일본 동경지방법원 2000. 3. 17. 판결을 들 수 있다.

② 학 설

학설 중에는 이러한 경우들을 유형화하여, ① 분류기준이나 편집방법 등이 충분히 세밀화되고 구체화되어 있어 그 분류기준이나 편집방법 자체를 창작성 있는 표현으로 인정할 수 있는 경우, ② 분류기준이나 편집방법 자체로는 충분히 세밀하고 특색 있는 경우에 해당하지 않아 아이디어의 영역에 그치거나 창작성이 인정되지 않고, 구체적 소재를 가지고 그것을 구현함에 있어서의 구체적인 선택, 배열 등에 창조적 개성이 표출된 것으로 보아 그것만을 보호대상으로 인정하여야 할 경우, ③ 분류기준이나 편집방법이 아이디어의 영역에 해당할 뿐만 아니라 그 아이디어의 구체적 표현도 누가 하더라도 같거나 비슷할 수밖에 없는 표현으로 되어 있어 창작성을 인정받을 수 없는 경우의 세 가지로 구분하는 견해도 있다.[344] 이 견해에서는 분류기준이나 편집방침 등이 기능적·실용적인 필요와 직접적인 관련성이 없는 영역에서 세밀하고 특색있게 작성된 것인지 여하에 따라 창조적 개성의 유무에 대한 판단이 달라질 수 있다고 한다.

---

342) 半田正夫·松田政行, 전게서, 593, 594면.

343) 상게서, 594면 참조.

344) 이해완, 전게서, 228면.

③ 소 결

이러한 유형화는 상당한 의미가 있기는 하지만, ①의 경우와 관련하여서는 실제 판단에 있어서 깊은 주의가 필요하다고 생각된다. 위 견해는 ①의 경우에 해당하는 대표적인 사례로서 일본 동경지방법원 2000. 3. 17. 판결[345]을 들고 있는데, 이 판결에서는 "편집방침이나 편집방법 중에는 상세하고 구체적인 내용을 포함하고 있어서 그 자체가 소재의 선택과 배열 방법을 실질적으로 결정하는 경우도 있다. 이러한 편집방침이나 편집방법은 소재의 선택 또는 배열의 구체적인 결과와 밀접하게 결부되어 있으므로 소재의 선택 또는 배열의 창작성을 판단함에 있어서도 이러한 편집방침이나 편집방법의 창작성(신규성 또는 독자성)을 고려하여야 한다."고 판시하였다. 그러면서, "직업별 전화번호부의 경우 '전화번호 정보를 직업별로 배열한다'는 편집방침이 결정되어도 그에 따라 전화번호 정보의 구체적인 배열이 실질적으로 결정되는 것은 아니므로, 그러한 추상적인 편집방침의 창작성이 소재의 배열의 창작성 판단에 고려되어야 하는 것은 아니다. 그러나 전화번호 정보를 직업별로 배열하는 구체적 방법으로서 고안된 직업분류는 전화번호 정보의 구체적인 배열 방법을 실질적으로 결정하게 되므로 그러한 직업분류의 창작성(신규성, 독자성)은 소재의 배열의 창작성 판단에 있어서 고려되어 한다."고 하였다. 즉, 편집방침이 상세하고 구체적이어서 그에 따라 소재의 선택과 배열 방법이 실질적으로 결정될 정도라면 편집방법 자체의 창작성을 인정할 수 있으며, 이때의 편집방법의 창작성은 신규성 또는 독자성과 같은 의미라는 취지로 이해된다.

그런데 편집방법에 있어서 '방법'(method)이라는 것은 일종의 '해법'(solution)과 마찬가지로 원칙적으로 아이디어의 영역에 속하는 것이며, 편집방법에 따라 소재의 선택과 배열 방법이 실질적으로 결정될 정도라면 오히려 아이디어와 표현이 합체되는 경우로 보아야 할 것은 아닌지 의문이다. 또한 신규성과 독창성은 창작성을 판단함에 있어서 보충적인 자료가 될 수는 있지만 개념적으로 창작성과는 성격과 차원이 다른 것이다. 위 일본 판례는 데이터베이스 역시 저작물의 일종으로 규정하는 하면서 그 성립요건으로 창작성을 요구하되, 그 창작성은 소재의 선택 또는 배열이 아니라, 정보의 선택 또는 체계적 구성에 있을 것을 요구하는 일본 저작권법의 해석론으로는 타당할지 모르나, 데이터베이스를 저작물과 완전히 구분하여 창작성을 요건으로 하지 않는 우리 저작권법의 해석론으로 그대로 원용하기에는 적절치 않은 면이 있다고 생각된다.

일본에서도 편집저작물의 창작성을 판단함에 있어서 선택 또는 배열 방법의 신규성과

345) 동경지방법원 2000. 3. 17. 선고 平8(ワ)9325 판결, 『판례시보』 1714호, 128면. 이른바 'NTT 타운페이지 데이터베이스' 사건.

독자성을 고려해야 한다는 위 동경지방법원 2000. 3. 17. 판결의 입장에 대하여는 비판하는 견해가 있으며,[346] 그러한 비판론에 대하여 또 다른 학설은 위 일본 판례의 취지도 편집저작물의 창작성의 요건으로서 신규성 또는 독자성을 요구하는 것이 아니라, 선택과 배열이 흔한 방식으로 되어 있는 것인지 여부를 판단하기 위한 고려요소(간접증거)로서 역할을 할 뿐이라고 설명하고 있다.[347] 그런 점에서 볼 때, 위 일본 판례에서 말하는 "상세하고 구체적인 내용을 포함하고 있어서 소재의 선택과 배열 방법을 실질적으로 결정하는 편집방침이나 편집방법"은 기능적·실용적인 요청에 따라 정해지는 편집방침이나 편집방법의 차원을 넘어서서 실질적으로 표현에 이를 정도로 구체화된 것만을 의미한다고 선해할 수도 있다. 그렇다 하더라도 오해를 불러올 판시라는 비판을 면하기는 어렵다.

최근 대법원은 편집저작물의 창작성 판단과 관련하여 기존 법리와 학설 등을 종합한 일반론을 제시한 바 있다. 대법원 2021. 8. 26. 선고 2020도13556 판결은, "편집물이 저작물로서 보호를 받으려면 일정한 방침 내지 목적을 가지고 소재를 수집 · 분류 · 선택하고 배열하여 편집물을 작성하는 행위에 창작성이 있어야 하는바, 그 창작성은 작품이 저자 자신의 작품으로서 남의 것을 복제한 것이 아니라는 것과 최소한도의 창작성이 있는 것을 의미하므로 반드시 작품의 수준이 높아야 하는 것은 아니지만 저작권법에 의한 보호를 받을 가치가 있는 정도의 최소한의 창작성은 있어야 한다. 편집물에 포함된 소재 자체의 창작성과는 별개로 해당 편집물을 작성한 목적, 의도에 따른 독창적인 편집방침 내지 편집자의 학식과 경험 등 창조적 개성에 따라 소재를 취사선택하였거나 그 취사선택된 구체적인 소재가 단순 나열이나 기계적 작업의 범주를 넘어 나름의 편집방식으로 배열 · 구성된 경우에는 편집저작물로서의 창작성이 인정된다. 편집방침은 독창적이라고 하더라도 그 독창성이 단순히 아이디어에 불과하거나 기능상의 유용성에 머무는 경우, 소재의 선택 · 배열 · 구성이 진부하거나 통상적인 편집방법에 의한 것이어서 최소한의 창작성이 드러나지 않는 경우, 동일 내지 유사한 목적의 편집물을 작성하고자 하는 자라면 누구나 같거나 유사한 자료를 선택할 수밖에 없고 편집방법에서도 개성이 드러나지 않는 경우 등에는 편집저작물로서의 창작성을 인정하기 어렵다."고 판시하였다.

아래에서는 편집저작물의 성립을 긍정한 사례와 부정한 사례를 대표적인 판례를 통하여 살펴보기로 한다.

346) 齊藤博, 『著作權法』, 第3版, 有斐閣(2007), 106면.

347) 半田正夫·松田政行, 전게서, 601면 및 이에 인용된 『著作權判例百選, 別冊, ジュリスト』, 第3版, 75면.

● 편집저작물의 성립을 부정한 사례[348)]

① '성서주해보감' 사건[349)]

문제가 된 저작물은 '성서주해보감'이라는 책으로서, 이 책은 『The Treasury of Scripture Knowledge』라는 원서를 토대로 작성된 것이다. 대법원은, 『The Treasury of Scripture Knowledge』에는 주제성구를 성구 중의 핵심적인 단어로 간단하게 표시하고 있는데 비하여 '성서주해보감'은 보는 사람들이 이해하기 쉽도록 성경구절의 일부 또는 전부를 한글개역성경에서 찾아서 인용하고 있는 점에서 차이가 있기는 하나, 그 인용된 자료는 누구나 찾아볼 수 있는 한글개역성경에 이미 수록된 것이고, 그 인용 작업 또한 한글개역성경에 있는 주제성구 중의 일부를 옮겨 놓는 단순한 기계적 작업의 범주를 그다지 벗어난다고 보이지 아니할 뿐 아니라, 주제성구 부분이 '성서주해보감'에서 차지하는 비중이 극히 적다는 점 등을 참작하여 보면 위와 같은 차이점이 있다는 사실 만으로 위 '성서주해보감'의 소재의 선택 또는 배열이 독자적인 저작물로 보호될 정도로 창작성이 있다고 인정되지는 않는다고 하였다.

② '법조수첩' 사건[350)]

편집물이 저작물로서 보호를 받으려면 일정한 방침 혹은 목적을 가지고 소재를 수집·분류·선택하고 배열하여 편집물을 작성하는 행위에 창작성이 있어야 하는바(대법원 1996. 6. 14. 선고 96다6264 판결), 그 창작성은 작품이 저자 자신의 작품으로서 남의 것을 복제한 것이 아니라는 것과 최소한도의 창작성이 있는 것을 의미하므로 반드시 작품의 수준이 높아야 하는 것은 아니지만 저작권법에 의한 보호를 받을 가치가 있는 정도의 최소한의 창작성은 있어야 하고, 누가 하더라도 같거나 비슷할 수밖에 없는 성질의 것이라면 거기에 창작성이 있다고 할 수 없다(대법원 1997. 11. 25. 선고 97도2227 판결). 원고가 제작한 '법조수첩'은 이를 이용하는 자가 법조 유관기관과 소송 등 업무처리에 필요한 사항 등을 손쉽게 찾아볼 수 있다고 보이기는 하지만, 유용한 기능 그 자체는 창작적인 표현형식이 아니므로, 원고의 수첩에 이러한 기능이 있다고 하여 곧바로 편집저작물에 요구되는 최소한의 창작성이 있다고 할 수는 없고, 거기에 수록된 자료들은 법조 유관기관이나 단체가 배포하는 자료 또는 종래 법전 등이나 일지 형식의 수첩형 책자에 수록되어 있는 것이어서 누구나 손쉽게

348) 여기에 인용한 판결 외에도 대법원 1996. 6. 14. 선고 96다6264 판결(한글교재 사건), 서울고등법원 1996. 8. 21.자 96라95 결정(파트너 성경책 사건) 등이 편집저작물의 창작성을 부정한 대표적인 판결들인데, 이들에 대하여는 앞서 제 1 절 '저작물의 성립요건과 보호범위' 중 창작성 부분에서 살펴본 바 있으므로 이곳에서는 생략한다.

349) 대법원 1993. 6. 8. 선고 92도2963 판결.

350) 대법원 2003. 11. 28. 선고 2001다9359 판결.

그 자료를 구할 수 있을 뿐 아니라, 법률사무에 종사하는 자를 대상으로 한 일지 형태의 수첩을 제작하는 자라면 누구나 원고의 수첩에 실린 자료와 동일 또는 유사한 자료를 선택하여 수첩을 편집할 것으로 보이고, 원고의 수첩에 나타난 조직과 기능별 자료배치 및 법률사무에 필요한 참고자료의 나열 정도는 그와 같은 종류의 자료의 편집에서 통상적으로 행하여지는 편집방법이며, 그러한 자료의 배열에 원고의 개성이 나타나 있지도 아니하므로 원고의 수첩은 그 소재의 선택 또는 배열에 창작성이 있는 편집물이라고 할 수 없다.

③ Feist Publications, Inc. v. Rural Telephone Service[351)]

전화번호부 인명편은 소재의 선택·배열이나 구성에 창작성이 없다고 본 사례로서, 그 사실관계는 앞서 창작성에 대한 부분에서 상세하게 살펴본 바 있다. 이 사건의 원고와 피고는 모두 전화번호부를 제작 배포하는 회사들인데, 원고 Rural Telephone에서 편찬한 전화번호부의 인명편 부분(전화번호부에서 이름과 전화번호를 알파벳 순서로 수록한 부분으로 보통 White Pages라고 부르며, 상호편을 통칭하는 Yellow Pages와 구별된다)을 피고가 자신의 전화번호부에 그대로 전재함으로써 분쟁이 발생한 것이다. 미국 연방대법원은 편집물을 편찬하기 위하여 편집자가 상당한 노력을 기울여 자료를 선택 배열하였다고 하더라도 그 저작물에 창작성(originality) 및 최소한의 독창성(at least some minimal degree of creativity)이 없으면 저작물로서 보호받을 수 없다고 하였다.[352)]

④ Bellsouth Advertising & Publishing Co. v. Donnelley Information Publishing

Feist 판결이 전화번호부 인명편에 관한 판결인데 비하여 이 판결은 상호편에 관한 것이다. 전화번호부 상호편은 인명편과는 그 성질이 다르다. 인명편은 단순히 알파벳 순서에 따라 인명과 전화번호를 배열한 것에 불과하지만, 상호편은 우선 각 업종(business)을 선별하여 이를 일정한 군(群, class)으로 나누고 알파벳 순서로 배열한 후 구별되는 표제(heading)를 붙이며, 다시 각 업종군마다 개개의 상호를 알파벳 순서로 배열하는 식으로 작성하는 것이 일반적이다. 이와 같이 개별 업종의 선별과 그 업종들의 배열 및 통합적인 구성을 하는 작업을 거치므로 인명편에 비하여 어느 정도 독창성이 있다고 인정될 여지가 있다.

이 사건에서 미국 제11항소법원은 결론적으로 업종별 분류만으로는 소재의 선택 및 배열에 있어서의 독창성 내지는 창작성을 인정하기 어렵다고 하였다. 다만, 업종별 분류를 하

351) 499 U.S. 340, 348(1991).

352) 이 사건은 미국 연방대법원이 창작성에 관한 종래의 노동이론에서 탈피한 대표적 사례로 꼽히고 있다. 전화번호부를 만드는 데 있어서는 자료가 되는 개개의 인명과 주소, 전화번호를 조사하고 수집하는데 많은 시간과 노력이 들어가게 된다. 따라서 저작자의 노동이 투입되기만 하면 곧바로 저작물이 성립한다고 하는 전통적인 노동이론의 입장에서 본다면 전화번호부는 인명편이든 상호편이든 당연히 저작물로서 성립한다고 하여야 할 것이다. Feist 판결은 이러한 결론을 부정하고 있다. 즉 저작권이 부여되는 것은 투하된 노동이 아니라 창작성 때문이라는 것을 명백히 하고 있는 것이다.

면서 이용자가 빠르고 편리하게 원하는 업종의 전화번호를 찾아볼 수 있도록 나름대로의 표제어나 그림 등을 추가해 놓았다면 창작성을 인정할 수 있었을 것이라고 하였다. 특히 전화번호 상호편은 인명편과는 달리 표제어나 그림 등이 들어가고, 거기에 선전용 그림이나 포스터, 광고문구가 포함되어 있는 경우가 많은데, 이와 같은 것들을 허락 없이 복제하였다면 저작권의 침해가 성립할 수 있었을 것이라고 하였다.353)

● **편집저작물의 성립을 긍정한 판례**354)

① '입찰경매정보지' 사건355)

A가 제작한 '한국입찰경매정보지'는 법원게시판에 공고되거나 일간신문에 게재된 내용을 토대로 경매사건번호, 소재지, 종별, 면적, 최저경매가로 구분하여 수록하고 이에 덧붙여 A의 직원들이 직접 열람한 경매기록이나 등기부등본을 통하여 알게 된 목적물의 주요 현황, 준공일자, 입주자, 임차금, 입주일 등의 임대차관계, 감정평가액 및 경매결과, 등기부상의 권리관계 등을 구독자가 알아보기 쉽게 필요한 부분만을 발췌·요약하여 수록한 것인바, 이러한 한국입찰경매정보지는 그 소재의 선택이나 배열에 창작성이 있는 것이어서 독자적인 저작물로서 보호되는 편집저작물에 해당한다고 하였다.

② Roth Greeting Cards v. United Card Co.356)

자주 쓰는 인사문구("I miss you already even you haven't left" 따위)를 인쇄해 넣고 아울러 몇 가지 도안을 곁들인 인사용 카드를 제작한 후 이들을 각각 다른 종류끼리 한 다발로 묶은 것의 편집저작물성이 문제된 사례이다. 이 사례에서 미국 제 9 항소법원은 각 소재 자체는 저작물성이 없으나, 그것들이 이리저리 선택되어 배열된 데에는 창작성이 있으므로 편집저작물로 보호된다고 하였다.

③ West Publishing Co. v. Mead Data Central, Inc.357)

원고 West Publishing은 미국 연방법원과 주법원의 판례를 수집하여 West Report라는 판례집을 발간하는 회사이고, 피고 Mead Data Central 역시 미국 법원의 판례를 Lexis라는

353) 다만 판결의 결론에서는, 이 사건의 피고가 그와 같은 창작성이 있는 부분은 복제하지 아니하였고, 단지 원고가 한 업종별 분류와 그 업종 내에서의 상호명 및 전화번호만을 복제하였으므로 침해가 성립하지 않는다고 판시하였다.

354) 여기에 언급한 판례 외에도 대법원 1993. 1. 21.자 92마1081 결정(미술사 연표 사건), 서울민사지방법원 1995. 4. 7. 선고 94가합63879 판결(자동차운전면허 시험문제집 사건) 등이 편집저작물의 성립을 긍정한 대표적인 판례로 인용되고 있으나, 이들 판례는 앞서 제 1 절 '저작물의 성립요건과 보호범위' 부분에서 살펴보았으므로 이곳에서는 생략하기로 한다.

355) 대법원 1996. 12. 6. 선고 96도2440 판결.

356) 429 F.2d 1106(9th. Cir. 1970).

357) 799 F.2d 1219(8th. Cir. 1986), cert. denied, 479 U.S. 1070(1987).

이름으로 컴퓨터 on-line 시스템을 통하여 서비스하고 있는 회사이다. 원고는 판례집을 발간하면서 이용자들의 편의를 위하여 판례의 명칭부여, 순서, 페이지 및 편별지정, 판결개요의 작성에 많은 노력을 기울여 왔는데, 피고는 판례 on-line 서비스를 제공하면서 각 판례마다 원고가 구성한 페이지 및 편별지정(pagination)을 이용하였고, 여기에는 해당 판례가 West Report의 몇 페이지에 나오는지 뿐만 아니라 해당 판례가 여러 페이지로 구성되어 있을 경우 그 판결 이유 중 특정 부분이 West Report의 몇 페이지에 있는지도 알 수 있도록 되어 있었다. 그로 인하여 피고의 Lexis 서비스를 이용하는 사람은 굳이 원고의 판례집을 찾아보지 아니하고도 해당 판례의 인용각주(citation)를 정확하게 작성할 수 있게 되었다.

이 사건에서 미국 제 8 항소법원은, 피고의 on-line 서비스에서 검색되는 특정 판례가 원고의 West Report의 몇 페이지에서 시작하는가를 알려 주는 것은 이른바 '공정사용'(fair use)에 해당되어 저작권침해가 성립하지 않으나, 나아가 그 판례의 판결이유 중 특정 부분이 West Report의 몇 페이지에 나오는가까지를 알려 주는 것은 원고가 공들여 제작한 편집저작물인 페이지 및 편별지정을 그대로 이용하는 것으로서, 원고의 West Report에 대한 수요 내지는 경제적 가치를 현저하게 감소시키는 결과를 초래할 수 있어 용인할 수 없다면서 편집저작권의 침해를 인정하였다.[358)]

④ 일본의 '광고전화번호부' 사건[359)]

원고는 A4 판형 44쪽 분량의 광고전화번호부를 작성하였다. 그 전화번호부는 표지 및 앞 6쪽과 뒤 4쪽에 각 스폰서 광고를 배치하고, 본문에서도 각 쪽의 윗단 및 아랫단에 광고를 게재하는 한편, 본문 중의 스폰서 명칭 및 번호는 굵은 글씨로 표기하고, 본문 우측 여백에 일본어 50음 순서에 따른 표제를 붙인 것이었다. 재판부는 원고전화번호부는 통상적으로 볼 수 있는 일본전신전화공사의 전화번호부와 표현형식에 차이가 있어서 창작성이 인정되며, 따라서 피고가 원고의 전화번호부를 복제하였다면 저작권을 침해한 것이 된다고 하여 원고청구를 인용하였다

358) 우리나라 저작권법 제 7 조 제 3 호, 4호에 비추어 보면, "법원의 판결·결정·명령 및 심판이나 행정심판절차 그 밖의 이와 유사한 절차에 의한 의결·결정 등과 그러한 것들을 소재로 하여 국가 또는 지방자치단체가 작성한 편집물 또는 번역물"은 저작권법의 보호를 받지 못하는 저작물로 규정되어 있다. 따라서 대법원이 발간하는 판례공보 등은 저작권법의 보호를 받지 못한다고 보아야 할 것이다. 그러나 국가나 지방자치단체가 아닌 개인이 판례를 수집·정리하여 예를 들어 '민법기본판례' 또는 '저작권기본판례' 등의 판례집을 만들었고, 이때 그 판례의 선택·배열에 창작성이 있다면 편집저작물로서 보호를 받을 수 있을 것이다.

359) 오오사카지방법원 1982. 3. 30. 선고 1981(ワ) 제4728호 판결-저작권심의조정위원회, 著作權에 관한 外國判例選[3], 121-128면 참조.

(다) 홈페이지의 편집저작물성

대부분의 기업이나 단체, 또는 개인 사업자들은 각자의 홈페이지를 통하여 사업 내용을 알리고 각종 서비스를 제공하고 있다. 홈페이지는 그 기업이나 단체 등에 대한 소개, 인사말, 연혁, 생산 및 판매하는 제품이나 서비스에 대한 설명, 연락처, 이용자들을 위한 게시판 등 다양한 항목으로 구성되는데, 이와 같은 홈페이지가 저작권의 보호를 받을 수 있는지 여부가 종종 문제로 된다. 중심이 되는 쟁점은 해당 홈페이지가 편집저작물로서의 창작성, 즉 소재의 선택, 배열 또는 구성에 창작성이 있는지 여부이다.

하급심 판결 중에는, 인터넷 홈페이지도 그 구성형식, 소재의 선택이나 배열에 있어서 창작성이 있는 경우에는 이른바 편집저작물에 해당하여 독자적인 저작물로 보호받을 수 있다는 전제 아래, 원고의 홈페이지에 게재된 상품정보 등의 구성형식이나 배열, 서비스 메뉴의 구성 등은 편집저작물로 볼 수 있고, 피고가 이를 무단으로 복제하여 피고의 사이트에 게재하거나 피고의 회원들에게 전자메일을 이용하여 전송한 것은 편집저작물인 원고의 홈페이지에 대한 저작권침해 행위가 된다고 한 사례가 있다.[360] 반면에 원고가 저작권을 침해당하였다고 주장하는 원고 웹사이트에서 제휴사 소개 부분을 제외한 나머지 부분 중, 레이아웃이나 메뉴 구성, 콘텐츠 구성 등은 아이디어에 불과하거나 동종 업종의 다른 업체의 웹사이트에서도 유사한 형태로 구성되어 있는 것이라고 하여 편집저작물성을 부정한 사례도 있다.[361] 결국 홈페이지의 편집저작물성 역시 소재의 선택, 배열 또는 구성에 창작성이 있는지 여부를 기준으로 개별 사안에 따라 구체적으로 판단해야 한다.

(라) 게임과 방송포맷의 편집저작물성

최근 우리 대법원에서 아이디어를 비롯하여 저작권의 보호를 받지 못하는 이른바 '공중의 영역'(public domain)에 속하는 요소들로 이루어진 작품을 일종의 편집저작물로 취급하여 저작물성을 인정하는 판례들이 나타나고 있다.

대법원 2019. 6. 27. 선고 2017다212095 판결은, 매치-3-게임(match-3-game) 형식의 모바일 게임을 개발하여 출시한 甲 외국회사가 乙 주식회사를 상대로, 乙 회사가 출시한 모바일 게임이 甲 회사의 저작권을 침해한다는 이유로 침해행위 금지 등을 구한 사안에서, 甲 회사의 게임물은 개발자가 축적된 게임 개발 경험과 지식을 바탕으로 게임물의 성격에 비

360) 앞의 성립요건 부분에서 본 서울지방법원 2003. 8. 19. 선고 2003카합1713 판결.

361) 서울중앙지방법원 2006. 12. 14. 선고 2005가합101661 판결. 이 판결에서는 홈페이지의 편집저작물성과 아울러 개별 항목의 창작성도 다투어졌다. 법원은 문제가 된 홈페이지 개별 항목의 내용인 공인중개사 시험 출제경향 분석, 합격자 현황, 수험준비 전 유의사항, 일반적 학습순서, 객관식 문제풀이 요령, 검정고시 기간별·과목별 합격전략, 시험 직전 체크항목 기재 내용은, 관련기관에서 공개한 정보를 게재한 것이거나 동종 업종의 다른 업체의 웹사이트에 있는 내용과 유사하여 각 해당 항목 부분의 창작성 역시 인정할 수 없다고 판시하였다.

추어 필요하다고 판단된 요소들을 선택하여 나름대로의 제작 의도에 따라 배열·조합함으로써, 개별 구성요소의 창작성 인정 여부와 별개로 특정한 제작 의도와 시나리오에 따라 기술적으로 구현된 주요한 구성요소들이 선택·배열되고 유기적인 조합을 이루어 선행 게임물과 확연히 구별되는 창작적 개성을 갖추고 있으므로 저작물로서 보호 대상이 될 수 있다고 하였다. 그리고 乙회사의 게임물은 甲 회사의 게임물 제작 의도와 시나리오가 기술적으로 구현된 주요한 구성요소들의 선택과 배열 및 유기적인 조합에 따른 창작적인 표현형식을 그대로 포함하고 있으므로, 양 게임물은 실질적으로 유사하다고 볼 수 있다고 하여 저작권 침해를 인정하였다.

대법원 2017. 11. 9. 선고 2014다49180 판결은 종래 아이디어의 영역에 속한다고 보아 저작물성을 부정하였던 방송포맷을 일종의 편집저작물로 보아 그 저작물성을 인정한 사례이다. 이 판결은, "리얼리티 방송 프로그램은 무대, 배경, 소품, 음악, 진행방법, 게임규칙 등 다양한 요소들로 구성되고, 이러한 요소들이 일정한 제작 의도나 방침에 따라 선택되고 배열됨으로써 다른 프로그램과 확연히 구별되는 특징이나 개성이 나타날 수 있다. 따라서 리얼리티 방송 프로그램의 창작성 여부를 판단할 때에는 그 프로그램을 구성하는 개별 요소들 각각의 창작성 외에도, 이러한 개별 요소들이 일정한 제작 의도나 방침에 따라 선택되고 배열됨에 따라 구체적으로 어우러져 그 프로그램 자체가 다른 프로그램과 구별되는 창작적 개성을 가지고 있어 저작물로서 보호를 받을 정도에 이르렀는지도 고려함이 타당하다."고 하였다.

다. 소재 저작물 저작자의 동의여부

소재로 된 저작물이 독립된 저작물일 경우 그 저작자의 동의를 받는 것이 편집저작물의 성립요건인지 아니면 단순한 적법요건인지의 문제이다. 동의가 없어도 편집저작물로서 성립하고 따라서 저작권도 발생하지만, 소재 저작물 저작권자의 복제권(저작권법 제16조) 침해가 성립한다고 보는 것이 현행법의 해석상 타당하다. 즉, 소재저작물 저작자의 허락은 편집저작물의 적법요건이지 성립요건은 아니다. 이 점은 원저작물 저작자의 동의 없이 작성된 2차적저작물이라 하더라도 2차적저작물로서는 성립하고 저작권도 발생하지만, 그와는 별도로 원저작자가 가지는 2차적저작물작성권 침해에 대한 책임은 져야 하는 것과 마찬가지이다.[362] 참고적으로 미국 저작권법은 2차적저작물과 편집저작물에 대한 저작권 보호는 기존 자료를 불법적으로 이용한 부분에 대하여는 미치지 않는다고 규정하고 있다는

362) 2차적저작물에 관하여 초기 베른협약은 원저작물을 적법하게 이용한 경우만을 독자적인 저작물로서 보호받을 수 있는 것으로 규정하였다가, 후에 원저작물 이용의 적법성 요건을 삭제하였다.

점에서 우리와 다르다.[363)]

3. 편집방침을 결정한 자는 편집저작물의 저작자가 될 수 있는가

저작권법은 저작물을 창작한 자를 저작자라고 정의하고 있다(제2조 제2호). 따라서 편집저작물을 작성하는 과정에서 이루어진 여러 행위 중 어느 부분에서 창작성이 발휘되었느냐에 따라 누구를, 또는 누구까지를 편집저작물의 저작자로 볼 것인지 여부가 결정된다. 바꾸어 말하면, 편집저작물은 소재의 선택·배열 또는 구성에 창작성이 있는 저작물이므로, 소재를 선택하고 배열 또는 구성함에 있어서 창작성이 있는 행위를 한 자가 편집저작물의 저작자로서 저작권을 갖게 될 것이다. 이때 편집저작물의 저작자 결정과 관련하여 특히 쟁점이 되는 것은 편집방침을 결정한 자도 편집저작물의 저작자가 될 수 있는가 하는 문제이다.

가. 판례의 검토

이와 관련하여 비교적 상세한 이유를 설시하고 있는 일본 판례들을 살펴보기로 한다. 우선 동경지방법원 1980. 9. 17. 판결은, "소재의 선택·배열은 일정한 편집방침에 따라 행해지는 것인바, 편집방침을 결정하는 것은 소재의 선택·배열을 행하는 것과 밀접불가분의 관계에 있고 그것이 곧 소재의 선택·배열의 창작성에 기여하는 것이라고 할 수 있으므로, 편집방침을 결정한 자도 편집저작물의 편집자(저작자)가 될 수 있다고 해석하여야 한다. 그러나 편집에 관한 그 밖의 행위, 예를 들어 소재의 수집행위는 소재의 선택·배열을 하기 전 단계에서 필요한 행위이지만, 수집한 소재를 창작적으로 선택·배열하는 것과 직접 관련성을 가지고 있다고 할 수 없다. 또한 편집방침과 소재의 선택·배열에 대하여 자문의뢰를 받고 그에 응하여 의견을 낸다거나, 타인이 결정한 편집방침, 소재의 선택·배열을 소극적으로 용인하는 것만으로는 직접 편집저작물의 창작에 관계되는 행위라고는 보기 어려우므로 이러한 행위를 한 자를 가리켜 편집저작물의 편집자라고 할 수는 없다."고 판시함으로써 편집행위에 있어서의 구체적인 역할에 따른 판단기준을 제시하고 있다.[364)]

또한 일본 최고재판소 1993. 3. 30. 판결은, 시집(詩集)의 편집 출판을 제안한 출판사가 수록할 시의 후보 목록과 각각의 시의 배열 순서에 대한 1차 초안을 제시하고 나아가 2, 3

363) 미국 저작권법 제103조의 (a).

364) 동경지방법원 昭和 55(1980). 9. 17. 판결(『판례시보』 975호 3면), 여미숙, "편집저작물의 의의 및 보호범위", 송상현 선생 화갑기념논문집, 870-871면에서 재인용.

개 시의 추가 목록을 제안하였다고 하더라도, 시의 저자가 그러한 제안에 기초하여 스스로 전체 작품을 대상으로 면밀한 검토를 한 후에 수록할 시와 그 최종적인 배열을 확정하였다면 시의 저자가 편집저작자라고 보아야 할 것이며, 출판사의 행위는 기획 내지 구상에 그친 것이어서 출판사를 편집저작자로 볼 수는 없다고 판시하였다.[365)]

나. 학　설

편집방침 또는 편집방법을 결정한 사람이 편집저작자로 인정받을 수 있는지 여부와 관련하여 일본의 학설은, 편집방침이나 편집방법 중 소재의 선택, 배열에 관한 대강의 지침으로서 구체적인 소재의 선택, 배열과의 관련 정도가 약한 것은 편집저작물의 창작성을 구성하는 요소라고 볼 수 없으므로 그러한 편집방침이나 편집방법을 결정하였다고 하더라도 편집저작자가 될 수 없다고 한다. 예를 들어 전화번호부의 경우에 "전화번호를 직업별로 분류한다"는 정도의 편집방법을 결정한 것만으로는 전화번호부의 편집저작자로 될 수 없다는 것이다.

그러나 편집방침이나 편집방법 중에서 소재의 선택, 배열에 실질적인 영향을 주며, 그 결과물과의 관련 정도가 강한 것은 편집저작물의 창작성을 구성하는 요소라고 볼 수 있으므로 그러한 편집방침이나 편집방법을 결정한 자는 편집저작자로 될 수 있다는 것이 다수설의 입장이다. 예를 들어, 직업별 전화번호부를 제작함에 있어서 수립된 '직업분류 방침'이 전화번호의 배열을 사실상 결정할 정도로 세부적·구체적이라면, 그 직업분류 방침을 수립한 자는 편집저작자로 될 수 있다는 것이다.[366)] 이러한 학설의 입장은 앞서 본 동경지방법원 2000. 3. 17. 판결과 취지가 같다고 볼 수 있다.[367)]

Ⅲ. 2차적저작물과 편집저작물의 저작권

1. 독립된 저작권으로 보호

2차적저작물은 원저작물과 실질적으로 유사하지만 그 개변과정에서 원저작물이 가지는 창작성과는 별도의 새로운 창작성이 부가된다. 편집저작물은 소재의 선택·배열 또는

365) 일본 최고재판소 1993. 3. 30. 판결. 『판례시보』 1461호 3면.

366) 半田正夫·松田政行, 전게서, 613면.

367) 동경지방법원 2000. 3. 17. 平8(ワ)9325 판결, 『판례시보』 1714호, 128면. 이른바 'NTT 타운페이지 데이터베이스' 사건.

구성에 창작성이 있는 것이므로 역시 소재 자체의 창작성과는 별도의 새로운 창작성을 가지고 있다. 따라서 2차적저작물과 편집저작물은 그 자체의 독자적인 창작성으로 인하여 원저작물의 단순한 복제물과는 달리 독자적인 저작물로서 보호를 받게 된다. 이에 저작권법은 제 5 조 제 1 항에서, 2차적저작물은 독자적인 저작물로서 보호된다고 규정하고 있고, 제 6 조 제 1 항에서는 편집저작물 역시 독자적인 저작물로서 보호된다고 규정하고 있다. 이처럼 2차적저작물과 편집저작물은 독자적인 저작물로서 보호를 받으므로 다른 일반 저작물들과 마찬가지로 독자적인 저작재산권(복제권, 공연권, 공중송신권, 전시권, 배포권, 대여권, 2차적저작물작성권)과 저작인격권(공표권, 성명표시권, 동일성유지권)이 부여된다.[368]

한편, 2차적저작물과 편집저작물의 작성에는 원저작물 및 소재저작물 저작자권자의 허락이 성립요건이 아니므로 원저작자 및 소재저작물 저작권자의 허락 없이 작성된 2차적저작물 또는 편집저작물도 독자적인 저작물로서 보호를 받는다. 예를 들어, 원저작자의 허락을 받지 않고 작성된 번역물도 이를 무단이용(무단출판)하면 원저작자에 대한 저작권침해는 물론 번역자에 대한 저작권침해도 성립한다.

공중의 영역에 있는 원저작물(예컨대 보호기간이 경과한 저작물)을 기초로 한 2차적저작물이나 그 원저작물을 소재로 한 편집저작물도 독자적인 저작물로서 저작권의 보호를 받는다. 즉, 2차적저작물과 편집저작물에 대한 저작권은 원저작물 또는 소재로 된 저작물의 저작권과 서로 독립하여 존재한다. 2차적저작물(또는 편집저작물) 작성 후에 원저작물(또는 소재저작물)의 보호기간의 경과하였다 하더라도 마찬가지이다. 원저작물(또는 소재 저작물)의 저작권 보호기간이 경과한 후에 그 2차적저작물이나 편집저작물을 이용하고자 하는 제 3 자는 2차적저작물 또는 편집저작물 저작자의 허락만 얻으면 된다. 2차적저작물 및 편집저작물의 저작권은 그 2차적저작물 및 편집저작물 저작자가 창작적으로 기여한 부분에 한하여 미치고, 원저작물에 원래부터 존재하고 있던 부분에 대하여는 미치지 않는다. 따라서 제 3 자가 2차적저작물이나 편집저작물 중 기초 또는 소재로 된 원저작물로부터 차용한 부분만을 이용하는 경우에는 2차적저작물이나 편집저작물 저작자의 허락을 받을 필요가 없다.

368) 미국 저작권법도 "편집저작물 또는 2차적저작물에 대한 저작권은, 그 저작물에 이용된 기존 자료와 구별되는, 그 저작물의 저작자가 기여한 자료에 대해서만 그 효력이 미치며, 기존 자료에 대해서는 아무런 배타적 권리도 의미하지 아니한다. 이 저작물의 저작권은 기존 자료에 대한 저작권의 보호와는 별개이며, 기존 자료에 대한 저작권 보호의 범위, 보호기간, 소유, 또는 존속에 영향을 미치거나 이를 확대하지 아니한다"라고 함으로써 2차적저작물 및 편집저작물에 대하여 원저작물 저작권과 구별되는 독자적인 권리를 인정하고 있다(미국 저작권법 제103조의 b.).

2. 보호의 범위

가. 개 요

그러므로 2차적저작물이나 편집저작물이 독자적인 저작물로서 보호를 받는다고 하더라도 그 보호가 미치는 부분은 원저작물(또는 소재저작물)에는 없던 새로이 부가된 창작성이 존재하는 부분에 한정된다. 즉, 2차적저작물의 저작권은 2차적저작자에 의하여 창작적으로 추가 또는 변경된 부분에만 미치고, 편집저작물의 저작권은 편집저작자의 독자적인 개성이 나타나 있는 소재의 선택, 배열 및 구성에 창작성이 있는 부분에만 미친다. 따라서 제3자가 2차적저작물 또는 편집저작물 중 그 기초로 된 원저작물 또는 소재저작물로부터 빌려온 부분만을 허락 없이 복제하였다면 원저작물 또는 소재저작물에 대한 저작권침해가 성립하는 것은 별론으로 하고 2차적저작물이나 편집저작물에 대한 저작권침해는 성립하지 않는다.

나. 2차적저작물의 보호범위

예컨대 甲이 소설 '나비부인'의 원작자이고 乙이 甲의 허락을 얻어 그 소설을 오페라로 개작하였는데, 그 후 제3자 丙이 甲의 허락 없이 소설 '나비부인'을 기초로 하여 영화를 제작하였다고 가정해 보자.[369] 이때 丙을 상대로 저작권침해를 주장할 수 있는 자는 甲이다. 乙은 자신의 오페라 중 甲의 소설로부터 빌려오지 않은 부분, 즉 乙 스스로 창작적으로 추가, 변경한 부분이 丙의 영화에 의하여 무단이용 된 경우에만 丙을 상대로 저작권침해를 주장할 수 있는 것이다.

乙이 甲으로부터 소설 '나비부인'의 2차적저작물작성에 대한 독점적(배타적) 이용허락을 받은 경우라면 어떻게 될 것인가? 이 경우에도 그와 같은 독점적 이용허락계약은 甲과 乙 사이의 채권적 계약에 불과하므로 甲만이 丙을 상대로 저작권침해를 주장할 수 있고, 乙은 甲이 침해를 주장하지 않는 경우에 채권자대위의 법리(민법 제404조)에 따라 甲을 대위하여서만 丙에 대하여 저작권침해를 주장할 수 있다.[370]

이 사례를 창작성을 가지고 설명해 볼 수도 있다. 甲의 소설 나비부인은 창작성 A(스토

---

369) 나비부인이라는 소설을 기초로 오페라가 제작되고, 다시 그 소설 및 오페라를 기초로 영화가 제작된 사례가 미국에서 실제 소송으로 된 바 있다.－G. Ricordi & Co. v. Paramount Pictures Inc., 189 F.2d 469(2d Cir. 1951).

370) 丙의 무단이용이 乙에 대한 채권침해가 되어 불법행위가 성립하고, 그로 인하여 乙이 丙을 상대로 민사상의 손해배상을 구할 수 있는 경우도 있을 수 있으나, 이는 민법상 불법행위의 일반이론에 의할 것이지 저작권법의 법리와는 관계가 없으므로 이곳에서는 설명을 생략하기로 한다.

리)를 가지고 있다. 乙은 창작성 A(스토리)를 이용하면서 여기에 자신의 창작성 B(음악)를 부가하여 오페라 나비부인을 제작하였다. 그러면 오페라 나비부인은 소설 나비부인의 2차적저작물이 되므로, 乙은 자신이 차용한 창작성 A의 원저작자인 甲의 허락을 받아야 한다. 그 후 丙이 창작성 A(스토리)를 이용하면서 여기에 자신의 창작성 C(영상화)를 부가하여 영화 나비부인을 제작하였다면, 丙 역시 자신이 차용한 창작성 A의 원저작자인 甲의 허락을 받아야 한다. 만약 영화 나비부인이 창작성 A(스토리)와 창작성 B(음악)까지 이용하였다면, 丙은 자신이 차용한 창작성 A의 원저작자인 甲과 창작성 B의 원저작자인 乙 모두의 허락을 받아야 한다.

다. 편집저작물의 보호범위

편집저작물의 경우를 예로 들면, 甲이 저작권법과 관련된 주요 논문을 선별하여 법조문순서대로 배열한 '저작권법 논문집'이라는 편집저작물을 만들었다고 가정할 때, 乙이 그 논문집에 게재된 丙이 저술한 논문 하나만을 복제하고자 하는 경우에는 丙의 허락만 받으면 족하고 편집저작자인 甲의 허락까지 받을 필요는 없다. 그러나 乙이 논문집 전체를 편집된 형태 그대로 복제하고자 하는 경우에는 甲은 물론이고 丙을 포함한 논문집에 게재된 모든 논문저작자의 허락을 받아야 한다. 즉, 타인의 저작물을 소재로 하여 편집저작물을 작성하면 그 편집저작물이 독자적인 저작물로 보호를 받는다 하더라도, 보호가 미치는 부분은 편집저작자의 독자적인 개성이 나타나 있는 부분, 즉 소재의 선택·배열 또는 구성에 있어서 창작성이 있는 부분만이다.

편집저작물이 저작권으로 보호되는 것은 소재의 선택, 배열 또는 구성의 창작성이 있기 때문이다. 따라서 소재의 선택, 배열 또는 구성이 창작적으로 표현된 부분을 무단이용한 경우가 편집저작권의 침해에 해당한다. 그러나 편집저작물의 경우 특히 편집방침이나 편집방법이 아이디어에 해당하는지 아니면 표현에 해당하는지를 구분하는 것은 매우 어렵고 학설과 판례도 다양하다. 그렇기 때문에 이 문제를 둘러싸고 벌어지는 분쟁이 실무상 많이 발생한다. 이는 결국 사실인정과 규범적 판단의 문제로서 개별 사안에 따라 구체적으로 결정되어야 할 것이나, 실제 사례에 들어가면 판단이 쉽지 않다. 아래에서 살펴보기로 한다.

(1) 편집저작물의 일부분을 이용한 경우

편집저작물의 일부분을 무단이용하였는데, 그 일부분이 소재 자체인 경우에는 편집저작권 침해가 되지 않는다. 예를 들어, 편집저작물인 논문집에서 그 소재가 된 논문들 중 하나의 논문만을 복제한 경우에는 소재인 해당 논문 자체에 대한 저작권침해는 될 수 있을지언정 편집저작물인 논문집에 대한 편집저작권 침해는 성립하지 않는다. 반면에 편집저작물의 일부라 하더라도 그 편집저작물의 창작성이 있는 부분이 무단이용 된 경우에는 편집저작권의 침해가 될 수 있다. 예를 들어, 신문이나 잡지와 같은 편집저작물을 그 전체가 아닌 어느 한 부분만을 무단복제한 경우에 편집저작권침해가 인정될 수 있을 것인가? 무단복제된 부분 자체만으로도 소재의 선택, 배열 또는 구성의 창작성이 드러나는 경우에는, 그 부분은 편집저작물의 일부분인 동시에 그 자체가 하나의 편집저작물이 되므로 저작권침해를 인정할 수 있다. 비록 편집저작물의 일부분에 불과하다고 하더라도, 그 부분이 소재의 선택, 배열 또는 구성에 있어서 편집저작물의 일부라는 점이 연상 또는 감지될 정도로 편집이 되어 있는 부분이라면 편집저작권이 미친다고 보아야 한다. 만약 그 일부분만으로는 소재의 선택, 배열 또는 구성의 창작성이 드러나지 않는다면 저작권침해 역시 부정될 것이다.[371] 다만, 이 경우에도 소재 저작물에 대한 저작권침해(복제권침해)가 성립할 수 있음은 물론이다. 따라서 신문이나 잡지의 지면 중 한 면에 해당하는 부분이라 하더라도, 그 부분에 소재의 선택·배열 및 구성이라는 창작적 성과가 표현되어 있다면 그 창작성이 인정되는 범위 내에서는 편집저작권이 미치고, 이 부분을 동일 또는 실질적으로 유사한 모습으로 차용하게 되면 편집저작물에 대한 저작권침해가 된다.[372]

결국 편집저작물 중 소재의 선택, 배열 또는 구성에 창작성이 있는 표현 부분을 이용하면 반드시 편집저작물을 전체로서 이용하지 않았다고 하더라도 편집저작물 저작권의 침해가 된다. 대법원도 "편집저작물을 전체로 이용(예를 들면 복제)하여야만 저작자의 권리를 침해하는 것은 아니므로 편집저작물 중 소재의 선택이나 배열에 관하여 창작성이 있는 부분을 이용하면 반드시 전부를 이용하지 아니하더라도 저작권을 침해한 것으로 인정될 수 있다"고 판시하고 있다.[373]

최근 대법원은 편집저작물의 일부를 무단이용한 경우 편집저작물 저작권 침해판단을 위한 구체적 방법을 제시한 바 있다. 대법원 2021. 8. 26. 선고 2020도13556 판결은, "저작권의 침해 여부를 가리기 위하여 두 저작물 사이에 실질적인 유사성이 있는지를 판단할 때에는 창작적인 표현형식에 해당하는 것만을 가지고 대비해 보아야 한다. 이는 편집저작물의 경우에도 같으므로, 저작권자의 저작물과 침해자의 저작물 사이에 실질적 유사성이

371) 박성호, 편집저작물의 저작권 보호, 계간 저작권, 1995년 겨울, 저작권심의조정위원회, 84면 참조.

372) 이상경, 지적재산권소송법, 육법사, 1998, 696면.

373) 대법원 1993. 1. 21.자 92마1081 결정(일명 '미술사 연표' 사건). 다만 이 판결에서는, 피신청인의 책에 실려 있는 연표가 소재를 추가하고 배열을 달리함으로써 신청인의 책에 실려 있는 연표의 창작성 있는 부분을 그대로 모방한 것이라고 보기 어렵다고 하여 저작권침해의 책임은 부정하였다.

있는지를 판단할 때에도, 소재의 선택·배열 또는 구성에 있어서 창작적 표현에 해당하는 것만을 가지고 대비하여야 한다. 따라서 편집저작물에 관한 저작권 침해 여부가 문제 된 사건에서 저작권자의 저작물 전체가 아니라 그중 일부에 대한 침해 여부가 다투어지는 경우에는, 먼저 침해 여부가 다투어지는 부분을 특정한 뒤 저작물의 종류나 성격 등을 고려하여 저작권자의 저작물 중 침해 여부가 다투어지는 부분이 창작성 있는 표현에 해당하는지, 침해자의 저작물의 해당 부분이 저작권자의 저작물의 해당 부분에 의거하여 작성된 것인지 및 그와 실질적으로 유사한지를 개별적으로 살펴야 하고, 나아가 이용된 창작성 있는 표현 부분이 저작권자의 저작물 전체에서 차지하는 양적·질적 비중 등도 고려하여 저작권 침해 여부를 판단하여야 한다."고 판시하였다.

(2) 편집상의 아이디어와 표현의 구분

특히 주의할 것은 편집저작물을 독자적인 저작물로서 보호한다고 하더라도 그것은 순수한 편집방법 그 자체인 '아이디어'를 보호하는 것이 아니라, 그 아이디어가 구체적으로 구현된 편집상의 '표현'을 보호하는 것이라는 점이다. 이는 저작권법에 의하여 보호되는 것은 저작물의 표현에 한정되고 아이디어에는 보호가 미치지 않는다는 '아이디어·표현 이분법'의 원칙상 당연한 것이다. 이와 관련하여, 동일한 편집방법을 채용하여도 소재가 다르다면 편집저작권 침해가 되지 않는 것인지, 즉 별개의 편집저작물로 성립하는지 여부가 쟁점으로 되는 경우가 많으며, 그로 인하여 실제적으로 어려운 해석문제를 낳고 있다.

예를 들어, 세계사 전체를 100개의 에피소드로 선별하여 배열, 구성한 「세계사 100장면」이라는 책의 편집방법을 모방해서 「한국사 100장면」이라는 책을 만든 경우 후자가 전자의 편집저작권을 침해하는 것이라고 볼 것인지 여부의 문제이다. 이에 대하여는 소재가 다르더라도 편집저작물의 표현의 동일성이 인정되는 경우에는 저작권침해가 된다는 견해와[374] 동일한 편집방법을 채용하여도 그 소재가 전혀 다른 것이라면 별개의 편집저작물로 성립한다는 견해가 있다.[375] 필자는 종전 저서에서 이런 경우에는 편집저작권을 침해하는 것이 아니라고 보아야 한다는 간략한 견해를 밝힌 바 있다.

그러나 이에 관하여는 좀 더 자세한 검토가 필요하다고 보인다. 침해긍정설과 부정설의 두 견해는 일견 서로 대립되는 것처럼 보이지만 사실은 그렇지 않다. 앞의 침해긍정설은 소재가 다르더라도 편집저작물의 "표현의 동일성"이 인정되는 경우에는 저작권침해가 된다는 것이고, 뒤의 침해부정설은 동일한 "편집방법"을 채용하여도 소재가 전혀 달라 그

---

374) 여미숙, 전게논문, 868면; 박익환, 편집저작물의 저작물성, 계간 저작권 66호, 65면.
375) 박성호, 전게논문, 83면.

로 인하여 편집에 의한 표현이 달라진다면 저작권침해가 되지 않는다는 것이다. 즉, 편집상의 '표현'을 동일 또는 유사하게 차용한 것이라면 저작권침해가 되고, '표현'이 아닌 편집상의 '아이디어'(이는 '편집방법'을 아이디어로 본다는 것을 전제로 한다)만을 동일 또는 유사하게 차용한 것이라면 저작권침해가 되지 않는다는 것이다. 이는 아이디어·표현 이분법의 일반적인 원리를 언급한 것인데, 각각 한 쪽 면에서만 언급하였기 때문에 얼핏 위 견해들이 서로 반대되는 취지로 보이게 한 것이라고 짐작된다. 결국 이 문제는 세계사 전체를 100개의 에피소드로 선별하여 배열, 구성한 「세계사의 100장면」이라는 책의 편집형식을 편집상의 '표현'으로 볼 것이냐, 아니면 '아이디어'로 볼 것이냐의 사실인정 또는 규범적·정책적 판단에 귀결될 문제이다. 이러한 편집형식을 '표현'으로 본다면 그 형식을 흉내 낸 「한국사의 100장면」이라는 책은 저작권침해의 책임을 져야 할 것이고, 이를 '아이디어'로 본다면 저작권침해의 책임은 부정되어야 할 것이다.

이 문제는 어떤 입장을 취하느냐에 따라 완전히 다른 결론이 나올 수 있고 또 실무상으로도 다툼의 소지가 많아 분쟁이 빈번하게 일어날 수 있는 문제이다. 아래에서 관점을 달리하여 다시 한 번 검토해 보기로 한다.

(3) 기존 편집저작물과 소재만 다른 편집저작물을 작성한 경우

(가) 문제점

편집저작물은 독자적인 저작물로서 보호되므로(저작권법 제6조 제1항), 편집저작물의 저작자는 그 편집저작물을 원저작물로 하는 2차적저작물을 작성하여 이용할 권리를 가진다(제22조). 이와 관련하여 기존 편집저작물과 소재의 배열이나 구성은 동일 또는 실질적으로 유사한데 그 구체적인 소재만을 달리한 경우 기존 편집저작물에 대한 저작권, 특히 2차적저작물작성권을 침해한 것인지 여부가 문제로 된다. 일반 저작물에서와 마찬가지로 원칙적으로는 구체적인 소재가 달라졌다고 하더라도 후 편집저작물과 기존 편집저작물 사이에 실질적 유사성이 있다면 저작권침해가 성립한다. 그러나 실제 구체적 사례에 들어가면 판단이 쉽지 않다.

(나) 일본의 해석론

이 문제에 대한 일본의 해석론을 살펴본다. 일본의 주류 학설과 판례는 2차적저작물작성권(번안권) 침해 판단과 관련하여 양 저작물 사이의 실질적 유사성의 유무 대신 후 저작물로부터 원저작물의 본질적 특징을 직접 감득할 수 있는지 여부를 기준으로 삼고 있다. 이런 전제 아래에서, 편집저작물의 본질적 특징은 소재의 선택 또는 배열의 창작성이라고 할 것인데, 무엇이 '소재'의 선택 또는 배열의 창작성에 해당하는지는 문제가 된 편집저작물마다 그 목적이나 성질, 표현형식 등을 고려해서 결정해야 한다고 보고 있다.

예를 들어, 각 법률분야의 주요 판례 100개씩을 수집하여 사안의 개요와 해설을 수록하고 있는 '판례백선'은 각각의 사건마다 판결의 요지, 사실관계의 개요, 판례의 취지, 해설을 수록함으로써 전체로서 하나의 편집저작물을 구성하고 있는데, 판례백선 편집자의 창작성이 가장 집약되어 있는 부분은 판례의 선택과 배열 부분이다. 즉, 판례의 선택과 배열이 바로 '판례백선'을 다른 판례해설집과 구별케 하는 주된 특징이 되며, 그 부분의 창작성이 편집저작물인 판례백선의 본질적 특징을 구성한다. 따라서 후행 편집자가 기존 '판례백선'에 수록된 판례의 선택 및 배열만을 모방하고 나머지 부분, 즉 사건의 개요 및 해설문 등은 독자적으로 작성하여 판례해설집을 작성한 경우, 후행 판례해설집으로부터 기존 '판례백선'의 판례의 선택 및 배열과의 유사성을 직접 감득할 수 있다면, 그 나머지 부분, 즉 사안의 개요라든가 해설문 등 다른 세부적인 부분이 다르다 하더라도 편집저작권 침해가 인정될 것이라고 한다.[376]

결국 편집저작물에 있어서 '본질적 특징'은 편집저작물의 창작성의 근거가 되는 소재의 선택, 배열에 의하여 나타나는데, 이 때 세부적·구체적인 소재가 다른 경우에도 기존 편집저작물의 창작성의 근거인 '소재'의 선택 및 배열을 후행 편집물에서 직접 감득할 수 있다면 편집저작권의 침해가 성립한다는 것이다. 그러나 편집저작물 중에는 그 목적 내지 성질상 세부적·구체적 소재의 선택과 배열의 창작성만이 편집저작물의 본질적 특징을 구성하는 것도 있고, 이러한 편집저작물에 있어서는 세부적·구체적으로 특정된 소재가 다르면 편집저작권의 침해도 부정된다고 한다.[377]

결론적으로 이러한 해석론은 세부적·구체적으로 특정된 소재가 상이한 경우에는 그 특정 소재가 해당 편집저작물의 창작성을 이루는 요소인지를 판단하여, 그 결과에 따라 편집저작권 침해 여부를 결정하여야 한다는 것으로 이해된다. 이런 점에서 편집저작물의 성립요건인 창작성 부분에서 살펴본 '소재'의 해석 문제와 궤를 같이 한다고 볼 수 있다.

(다) 판 례

① 침해를 긍정한 판례

먼저 구체적인 소재의 차이에도 불구하고 편집저작권의 침해를 인정한 사례를 살펴본다. 일본 동경고등법원 1995. 1. 31. 판결[378]은, 원고와 피고회사의 각기 자기 회사를 소개하는 책자가 서로 유사한 것이 문제로 된 사례이다. 원고와 피고회사의 소개 책자는 거기

376) 半田正夫·松田政行, 전게서, 602, 603면.

377) 상게서, 604면.

378) 『판례시보』 1525호, 150면. 전게 '永祿建設' 사건 항소심 판결.

에 수록된 사진과 일러스트, 기사 등 개별 소재는 각각 다르지만, 지면 전체의 레이아웃이 유사하였다. 판결은, 기사 내용을 전개함에 있어서 이미지 사진을 넣어 서로 연결되는 장면의 기사 내용을 상징하도록 하고 있는 점, 여백과 백지를 많이 사용함으로써 전체적으로 간결한 느낌이 현저하게 나타나고 있는 점에서 소재의 선택 및 배열의 창작성이 인정된다고 하였다. 그리고 피고의 소개 책자는 원고의 책자가 사용한 사진과 느낌이 유사한 사진을 선택하고 거의 동일한 위치에 여백과 백지를 사용하는 등 소재의 선택 및 배열에 공통성이 인정된다고 하여 개별 소재 자체의 차이에도 불구하고 편집저작권의 침해를 인정하였다. 이 판결은 이미지 사진이나 여백 등의 사용방법(레이아웃)이라고 하는 다소 추상적인 수준의 선택 및 배열에 편집저작물로서의 '본질적 특징'이 있다고 하여, 그 유사성을 이유로 편집저작권의 침해를 인정한 사례이다.[379)]

이 판결에 대하여는, 회사의 소개를 목적으로 하는 책자의 경우 사진이나 기사 등의 구체적인 내용도 중요하지만, 회사에 대한 광고매체로서의 성질을 가진다는 점에서 지면 전체가 독자의 미적 감각에 주는 인상이나 효과도 중요한 의미가 있으며, 실제적으로도 원고의 소개 책자를 제작하는 단계에서 레이아웃의 창작이 매우 중요시 되었으므로, 이미지 사진이나 여백의 사용방법 등 레이아웃을 구성하는 요소는 원고 책자의 본질적 특징을 구성할 수 있다고 하여 찬성하는 견해가 있다.[380)]

② 침해를 부정한 판례

반대로 소재가 다르다는 것을 이유로 편집저작권 침해를 부정한 사례도 있다. 상품의 사진 등을 게재한 상품 카탈로그의 편집저작권 침해가 다투어진 사건에서, 원고와 피고 카탈로그는 게재된 각각의 사진은 다르지만 피사체의 촬영방법이나 카탈로그의 구체적 구성에 유사점이 있음이 인정되었다. 판결은 원고의 상품 카탈로그가 편집저작물인 점은 인정되지만, 원고와 피고의 카탈로그는 선택된 소재가 전혀 다르다고 하여 편집저작권의 침해를 부정하였다.[381)] 일반적으로는 개별 소재가 다르더라도 편집저작권 침해가 인정될 수 있지만, 이 사건에서 문제로 된 상품 카탈로그는 수요자에게 상품정보를 전달하는 것이 가장

379) 이 사례 외에도 동경지방법원 1993. 8. 30. 판결(이른바 'Wall Street Journal' 사건)은, 원고가 발행하는 영문 신문에 게재된 기사를 축약하여 원고 신문 기사와 같은 순서로 배열한 문서를 작성, 배포한 피고의 행위에 대하여, 신문을 편집물의 관점에서 보면 개개의 기사의 구체적 표현이나 상세한 내용은 반드시 중요한 구성요소가 아니고, 오히려 무엇에 관한 기사가 어떤 순서로 게재되어 있는가 하는 점이 신문의 본질적 특징을 구성하는 것이라고 해석하면서, 그 점에서 유사성이 있음을 근거로 편집저작권의 침해를 인정하였다.

380) 半田正夫·松田政行, 전게서, 605면. 다만, 본 판결은 원고회사 소개 책자의 특성을 고려하여 레이아웃이 보호된다고 판단하였으나, 본 판결을 가지고 레이아웃이 일반적으로 소재의 선택 및 배열의 창작성의 근거로 된다고 해석하는 것은 타당하지 않다고 한다.

381) 오오사카지방법원 1995. 3. 28. 판결('三光商事' 사건), 『知的財産權關係民事·行政裁判例集』 27권 1호 210면.

큰 목적이어서 세부적·구체적으로 특정된 사진 등의 상품정보가 상품 카탈로그의 본질적 특징을 구성하는 것이며, 피사체의 촬영방법이나 카탈로그의 레이아웃 구성은 상품 카탈로그에 있어서 부수적, 부차적인 요소에 지나지 않으므로, 두 카탈로그의 개별 소재인 사진 등의 상품정보가 전혀 다른 이상 편집저작권 침해는 인정되지 않는다고 하였다.[382]

또한 교육기관의 명칭, 소재지, 강좌내용, 개강일시 등 각종 강좌에 대한 정보를 수록한 광고정보지의 편집저작권 침해가 다투어진 사례에서도 같은 취지의 판시를 하고 있다. 원고 정보지와 피고 정보지는 각각 자기 회사가 수주한 광고를 게재하고 있어서 게재된 구체적인 광고기사는 다르지만, 이들 광고기사를 분류하는 분류항목이 유사하였다. 이를 근거로 원고가 편집저작권 침해를 주장하였는데, 판결은 원고와 피고 정보지에서 소재로 된 광고기사가 각각 다르다고 하여 편집저작권 침해를 부정하였다. 원고 정보지는 광고매체로서 광고기사의 구체적 내용을 독자에게 전달하는 것을 주된 목적으로 하고 있고, 이러한 광고정보지의 목적, 성질을 고려하면 선택된 개별 광고기사가 원고 정보지의 본질적 특징을 구성하는 소재라고 하여야 할 것인데, 피고 정보지가 원고와 다른 광고기사를 취급하고 있는 이상 기사의 분류방법에 공통점이 있다고 하여도 편집저작권 침해는 성립하지 않는다고 하였다.[383]

(라) 일본 해석론의 문제점

위와 같은 일본의 해석론은 결국 편집물의 목적과 성질, 표현형식 등에 비추어 그 편집물의 본질적 특징을 이루는 요소의 선택 또는 배열이 편집저작물의 창작성의 근거로 되는 것이며, 그 편집물의 본질적 특징과 관계없는 부수적·부차적인 요소의 선택 또는 배열은 편집저작물의 창작성을 판단함에 있어서 고려하지 않는다는 것이다. 따라서 기존 편집저작물과 소재의 배열이나 구성이 동일 또는 실질적으로 유사한데 구체적인 소재는 달리한 경우 기존 편집저작물에 대한 저작권, 특히 2차적저작물작성권을 침해한 것인지 여부는 그 달라진 소재 부분이 편집저작물의 본질적 특징을 이루는 요소에 해당하는가 아니면 부수적·부차적 요소에 해당하는가 여부에 따라 달라진다는 것이다.

아울러 일본의 판례는 편집물의 구체적인 소재가 다른 경우에는 그 편집물의 목적, 성질, 내용 등에 비추어 그 편집물의 본질적 특징을 구성하는 소재가 무엇인지를 결정한 후, 그러한 소재의 선택 및 배열에 있어서 양 편집물에 공통성이 있는지 여부에 따라 편집저작권 침해를 판단하고 있다. 이러한 판례 이론은 학설로부터도 대체적인 지지를 받고 있지만, 이에 따를 경우 편집저작물의 적절한 보호가 곤란해지는 경우가 있다.

---

382) 半田正夫·松田政行, 전게서, 606면.

383) 동경지방법원 2004. 3. 30. 판결, 상게서, 607면에서 재인용.

예를 들면, 직업별 전화번호부에서 전화번호의 배열은 미리 결정된 '직업분류' 방침에 따라 이루어지므로, 직업별 전화번호부에 창작성이 인정된다는 것은 편집자가 '직업분류' 방침의 수립에 독자적인 노력을 기울였고 그 결과 나름대로의 최소한의 개성이 발현되었기 때문이다. 실제 판례에서도 전화번호 배열의 창작성을 판단함에 있어서 직업분류 자체의 창작성을 고려하고 있다.[384] 이와 같이 직업별 전화번호부의 경우 소재를 배열함에 있어서 기준이 되는 직업분류가 매우 중요한 의미를 갖는데, 특정 지역(예를 들면, 서울)의 직업별 전화번호부의 직업분류를 모방하여 다른 지역(예를 들면, 부산)의 직업별 전화번호를 작성하는 것이 편집저작권의 침해로 될 수 있는지 여부가 문제이다. 일본의 해석론에 의하면 이러한 경우 편집저작권 침해는 부정될 것이다. 왜냐하면 일본의 해석론은, 문제로 된 편집물의 목적, 성질 및 내용 등에 비추어 그 편집저작물의 본질적 특징을 구성하는 소재의 선택, 배열에 공통성이 있는지 여부에 따라 침해 판단이 달라진다. 그런데 전화번호부의 목적, 성질 등에 비추어 보면, 전화번호 정보 자체가 전화번호부의 편집물로서의 본질적 특징을 구성하는 소재라고 해석하지 않을 수 없다. 따라서 기존의 직업별 전화번호부의 직업분류를 그대로 이용하여 타 지역의 전화번호부를 작성하더라도 양 전화번호부는 소재인 개별 전화번호 정보가 전혀 다르므로 편집저작권 침해가 될 수 없다는 결론에 이르게 된다.[385]

비단 직업별 전화번호부만이 아니다. 방대한 정보를 수록하는 대규모 편집물들은 필요한 정보를 효율적으로 검색할 수 있도록 상세하고 정밀한 분류체계를 채택하는 경우가 많다. 이러한 편집물은 분류체계의 개성이 소재 배열의 창작성의 근거로 되어야 함에도 불구하고, 편집물의 목적, 성질 등에 비추어 볼 때 본질적 특징은 개개의 정보 자체에 있다. 따

384) 앞에서 본 동경지방법원 2000. 3. 17. 선고 'NTT타운페이지 데이터베이스' 사건 판결은, 직업별 전화번호부에 있어서 "타운페이지의 직업분류는 검색의 편리성이라는 관점으로부터 개개의 직업을 분류하고, 이들을 계층적으로 전개해 나감으로써 전체 직업을 망라하도록 편집되어 있어 원고의 독창적인 고안이 발현되고 있으며, 기존에는 이와 유사한 전화번호부가 존재한다고 인정되지 않으므로, 이러한 직업분류 체계에 따라 전화번호를 직업별로 분류한 타운페이지는 소재의 배열에 의하여 창작성을 갖는 편집저작물이라고 할 수 있다"고 판시하였다. NTT의 직업별 전화번호부의 직업분류는 대분류, 소분류의 계층적 구조를 채용하여, 소분류의 직업항목으로 1,800종의 직업을 선택하여, 이들을 분류·정리한 것이다. NTT의 직업별 전화번호부에서는 직업분류가 이와 같이 상세한 내용을 가지고 있기 때문에, 당해 직업분류에 맞추어 구체적으로 개개의 전화번호를 끼워 넣는 작업은 사실상 거의 기계적으로 이루어지는 것이어서 창작성이 발휘될 여지가 거의 없다. 종전의 판례도 직업분류에 전화번호를 끼워 넣는 과정에는 창작성이 인정되지 않는다고 판시한 것이 있다. 이는 NTT의 직업별 전화번호부의 창작성은 전적으로 직업분류의 창작성에 기인하는 것임을 의미한다.

385) 다만 일부 견해에서는, 직업별 전화번호부와 관련하여 예컨대, 오오사카 전화번호부와 동경 전화번호부 사이에도 소재의 창작성이 있는 배열에 공통성이 있으면 저작권침해를 긍정하는 경우가 있을 수 있다고 한다. 渋谷達紀, 『知的財産法講義(2) 著作權法·意匠法』, 第2版, 有斐閣(2007), 154면.

라서 일본의 위와 같은 해석론 및 판례에 의할 경우 타인의 분류체계를 무단이용 하더라도 소재인 개개의 정보를 채워 넣는 순간 본질적 특징이 다른 저작물이 되고, 그 결과 편집저작권 침해를 주장할 수 없게 된다. 그러나 이러한 편집물에 있어서는 다른 어떤 구성요소보다도 그 '분류체계'에 편집자의 창작성이 가장 강하게 나타나는 것이므로, 분류체계의 무단이용을 막을 수 없다면 편집저작권의 존재의미는 크게 훼손된다.

(마) 새로운 해석론-편집물 개념의 재구성

이러한 통설과 판례의 해석론에 대하여, 편집저작물의 보호에 있어서 반드시 구체적인 편집물을 전제로 해야만 하는 것은 아니라는 점을 전제로 한 새로운 해석론이 등장하고 있다.[386] 이 견해는, 저작권법은 선택, 배열의 대상인 '소재'를 특별히 한정하고 있지 않으므로, 편집저작물의 창작성의 근거로 되는 소재의 선택, 배열을 여러 단계에서 검토해 볼 수 있다고 한다. '편집물'은 '소재'의 선택, 배열의 성과이므로, '소재'를 다양한 단계에서 검토하는 것이 가능하다면, 그에 대응하여 '편집물'도 다양한 단계에서 검토하는 것이 가능하다는 것이다. 예를 들면, 직업별 전화번호부는 전화번호를 소재로 한 편집저작물이지만, 직업별 전화번호부 속에 포함되어 있는 '직업분류'도 일정한 기준에 따라 직업 항목을 선택하고 계층적 구조로 배열한 것이라는 점에서 '직업분류' 자체를 '소재'로 볼 수 있다는 것이다. 이렇게 해석하면 개별 전화번호들이 기입된 이후에도 동일한 직업분류가 무단이용되고 있는 이상 그 기입 이전의 직업분류에 대한 편집저작권 침해를 인정할 수 있게 된다. 이와 같이 구체적인 편집물 속에 단계를 달리하는 복수의 소재의 선택, 배열이 존재하는 경우에는, 구체적인 개별 정보들만을 해당 편집물의 본질적 특징이라고 보는 시각에서 벗어나, 보다 추상적이거나 관념적인 소재의 선택, 배열에 대하여도 그 자체가 독립된 창작적 가치를 가진다면, 그러한 추상적·관념적인 소재의 선택, 배열도 해당 편집저작물의 본질적 특징으로 평가할 수 있다는 것이다.

(바) 새로운 해석론의 문제점과 그 보완

이러한 새로운 해석론에 대하여는 일종의 '편집방법'을 저작권으로 보호하는 것이 되어, 아이디어를 보호하지 않는 저작권법의 취지에 어긋난다는 비판이 있다. 즉, 구체적인 편집물을 기준으로 하여 편집저작물의 창작성이나 편집저작권의 보호범위를 논하는 통설의 입장에서 보면, 아이디어를 보호한다는 비판이 가능하다.

그러나 이러한 비판에 대하여 새로운 해석론을 주장하는 입장에서는 다음과 같이 반박하고 있다. 저작권법이 아이디어를 보호하지 않는 취지는 아이디어를 특정인에게 독점케 할 경우 다른 창작자의 표현활동을 부당하게 제약할 수 있어서 오히려 문화의 발전을 저

386) 半田正夫·松田政行, 전게서, 609-611면.

해할 우려가 있다는 점과, 일반적으로 아이디어를 표현하는 수단은 다양하게 존재하므로 아이디어는 자유로운 이용을 인정하되 그 표현만을 저작권으로 보호함으로써 저작권법의 목적인 저작물의 풍부화, 다양화를 실현할 수 있다는 정책적인 배려에 따른 것이다. 따라서 '전화번호를 직업별로 분류한다'는 극히 추상적인 단계에서의 편집방법을 저작권으로 보호한다면 후발 편집자가 같은 종류의 편집물을 창작하는 것을 부당하게 저해할 수 있지만, 편집방법이라고 하더라도 상세한 '직업분류'와 같이 상당히 구체적인 내용으로 되어 있고 그 소재(직업항목)의 선택, 배열에 있어서도 실질적인 선택의 폭이 넓은 경우에는 저작권의 보호를 인정하더라도 타인의 편집활동의 자유를 과도하게 저해하지는 않는다는 것이다.

따라서 특정한 편집방법을 편집저작물로서 보호하는 것이 경쟁업자의 편집활동을 과도하게 저해한다고 판단될 경우에는 그러한 편집방법은 아이디어로 보고 보호대상으로부터 제외함으로써 타당한 해결을 도모할 수 있다고 한다. 이러한 고려가 이루어진다면 구체적인 편집물을 떠나 관념적인 편집방법에 대하여 저작권의 보호를 부여하더라도 저작권법의 취지에 반하지 않는 결과를 도출할 수 있다는 것이다.

특히 직업별 전화번호부와 같이 방대한 정보를 수록하는 대규모 편집물에 있어서는 편집방법이야말로 편집자의 창작성이 가장 강하게 표출되는 부분이므로, 편집방법에 편집저작물로서의 보호를 인정하는 것은 각종 정보지 등 대규모 편집물 분야에서 편집자에 대한 인센티브를 촉진하는 수단이 될 수 있다. 편집저작물에 있어서 무엇이 '소재'에 해당하는 것인지를 유연하게 해석하여 기존 편집저작물의 보호와 후행 편집자의 편집활동의 자유 사이의 균형을 고려하면서, 무엇이 편집저작권의 보호를 받아야 할 것인지를 실질적으로 고찰하는 것이 오히려 아이디어·표현 이분법을 대원칙으로 하는 저작권법의 취지에 부합한다는 것이 새로운 해석론의 입장이다.[387)]

(사) 소 결

편집상의 방법이나 방침 중에는 상세하고 구체적인 내용을 가지는 것도 있고 그렇지 못한 것도 있다. 예를 들어, 어느 특정 지역의 직업별 전화번호부를 제작할 때, 그 지역의 "전화번호를 직업별로 배열한다"는 방침은 추상적인 단계에서의 편집방침이다. 이러한 방침만으로는 그 지역 각종 영업소의 전화번호를 어떻게 선택하여 어떻게 배열 또는 구성할지 전혀 구체적으로 정하여진 바가 없으므로, 이는 아이디어에 해당할 뿐 표현이 아니고 따라서 편집저작물의 창작성을 판단함에 있어서도 이 부분은 제외되어야 한다.

그러나 그 특정 지역을 다시 몇 개의 구역으로 어떻게 나누고(예컨대, 아파트 단지별로, 또는 행정구역이나 상권별로 구분), 그 각각의 구역에서 다양한 업종을 어떻게 분류하여 얼마만큼 상세하

387) 상게서, 610, 611면.

계 구분하며(이 때에는 특히 업종분류가 중요한 의미를 가질 것이다), 그 분류 내에서 각각의 전화번호를 어떤 순서에 입각하여서(예컨대, 가나다 순서 또는 상가에서의 위치 순서) 어떠한 레이아웃으로 배열할 것인지, 각 구역의 그림지도 등 위치정보를 함께 게재할 것인지, 게재한다면 해당 구역의 지도와 그 구역 내의 전화번호 정보를 각 페이지의 어느 부분에 어떻게 배치할 것이며, 그 연관관계는 어떻게 표시할 것인지 등과 같은 구체적인 편집방법이나 방침은 그것이 결과적으로 편집저작물인 직업별 전화번호부의 구체적인 표현을 결정하게 되므로, 그 자체가 '편집상의 표현'에 해당한다고 볼 수 있다. 따라서 이러한 구체적인 편집상의 표현이 다른 편집저작물에 실질적으로 유사한 형태로 차용되었다면 편집저작물의 저작권침해를 인정할 수 있다.

결국 두 편집저작물에 공통적으로 나타나는 편집상의 '방법' 또는 '방침'이 아이디어에 속하는지 아니면 표현에 속하는지를 판단하는 것은, 사실판단과 규범적·정책적 판단을 종합하여 결정하여야 한다. 일본의 학설 중에는 편집저작물의 어떤 부분을 모방하면 저작권침해가 되는지의 판단은 편집저작물의 창작성 판단과 표리의 관계를 이루는 것으로서, 개별 사안마다 모방의 대상으로 된 소재의 선택, 배열에 관한 '선택의 폭'(질적 평가)과 '모방의 정도'(양적 평가)를 종합고려하여 결정하여야 한다는 견해도 참고가 된다.[388] 즉, 모방의 대상으로 된 소재의 선택, 배열에 관한 선택의 폭이 넓은 경우에는 모방의 정도가 상대적으로 낮다고 하더라도 편집저작권의 침해가 성립하고, 반대로 소재의 선택, 배열에 관한 선택의 폭이 좁은 경우에는 모방의 정도가 높지 않다면 편집저작권의 침해를 인정하지 않는 것이다.

대법원 2021. 8. 26. 선고 2020도13556 판결은 편집저작물의 저작권침해 여부를 판단함에 있어 기준이 될 만한 선례적 판결로서 주목할 만하다. 이 사건에서 대법원은 먼저 편집저작물로 성립하기 위한 창작성 요건과 관련하여, "편집물이 저작물로서 보호를 받으려면 일정한 방침 내지 목적을 가지고 소재를 수집·분류·선택하고 배열하여 편집물을 작성하는 행위에 창작성이 있어야 하는바, 그 창작성은 작품이 저자 자신의 작품으로서 남의 것을 복제한 것이 아니라는 것과 최소한도의 창작성이 있는 것을 의미하므로 반드시 작품의 수준이 높아야 하는 것은 아니지만 저작권법에 의한 보호를 받을 가치가 있는 정도의 최소한의 창작성은 있어야 한다. 편집물에 포함된 소재 자체의 창작성과는 별개로 해당 편집물을 작성한 목적, 의도에 따른 독창적인 편집방침 내지 편집자의 학식과 경험 등 창조적 개성에 따라 소재를 취사선택하였거나 그 취사선택된 구체적인 소재가 단순 나열이나 기계적 작업의 범주를 넘어 나름대로의 편집방식으로 배열·구성된 경우에는 편집저작물

388) 中山信弘, 전게서, 48, 49면.

로서의 창작성이 인정된다. 편집방침은 독창적이라고 하더라도 그 독창성이 단순히 아이디어에 불과하거나 기능상의 유용성에 머무는 경우, 소재의 선택·배열·구성이 진부하거나 통상적인 편집방법에 의한 것이어서 최소한의 창작성이 드러나지 않는 경우, 동일 내지 유사한 목적의 편집물을 작성하고자 하는 자라면 누구나 같거나 유사한 자료를 선택할 수밖에 없고 편집방법에서도 개성이 드러나지 않는 경우 등에는 편집저작물로서의 창작성을 인정하기 어렵다."고 하였다.

나아가 이 판결은 편집저작물의 저작권침해 판단과 관련하여, "저작권의 침해 여부를 가리기 위하여 두 저작물 사이에 실질적인 유사성이 있는지를 판단할 때에는 창작적인 표현형식에 해당하는 것만을 가지고 대비해 보아야 한다. 이는 편집저작물의 경우에도 같으므로, 저작권자의 저작물과 침해자의 저작물 사이에 실질적 유사성이 있는지 여부를 판단할 때에도, 소재의 선택·배열 또는 구성에 있어서 창작적 표현에 해당하는 것만을 가지고 대비하여야 한다. 따라서 편집저작물에 관한 저작권침해 여부가 문제된 사건에서 저작권자의 저작물 전체가 아니라 그중 일부에 대한 침해 여부가 다투어지는 경우에는, 먼저 침해 여부가 다투어지는 부분을 특정한 뒤 저작물의 종류나 성격 등을 고려하여 저작권자의 저작물 중 침해 여부가 다투어지는 부분이 창작성 있는 표현에 해당하는지, 침해자의 저작물의 해당 부분이 저작권자의 저작물의 해당 부분에 의거하여 작성된 것인지 및 그와 실질적으로 유사한지 여부를 개별적으로 살펴야 하고, 나아가 이용된 창작성 있는 표현부분이 저작권자의 저작물 전체에서 차지하는 양적·질적 비중 등도 고려하여 저작권침해 여부를 판단하여야 한다."고 판시하였다.

라. 이용허락 범위를 넘어서는 2차적저작물

원저작물의 저작자가 자신의 저작물을 기초로 2차적저작물을 작성할 것을 허락하면서 그 매체 또는 형식에 제한을 둔 경우(예컨대 오페라로 개작하는 것만을 허락한 경우)에 그 범위를 넘어서서 다른 매체 또는 형식(예컨대 영화로 개작하는 것)으로 2차적저작물을 작성하는 것은 허용되지 않는다. 따라서 저작권침해 또는 계약위반의 책임을 져야 한다. 또한 2차적저작물로 이용할 수 있는 기간에 제한을 둔 경우에 그 제한을 넘어서서 이용하는 것도 허용되지 않는다.

마. 원저작물의 보호기간이 경과한 경우

甲이 저작한 A 소설을 원저작물로 하여 乙이 2차적저작물인 희곡 B를 작성하였는데 A의 저작권 보호기간이 만료되어 공중의 영역에 들어가게 되면, A는 보호를 받지 못하고 희곡 B만이 저작권의 보호를 받게 된다. 이때 보호를 받는 부분은 乙이 스스로 부가·수정한 부분, 즉 乙이 독자적으로 창작적 기여를 한 부분에 한정된다. 이러한 결론이 乙에게 유리한 듯 보이지만 반드시 그런 것은 아니다. 왜냐하면 원작 A의 저작권이 살아 있을 동안에는 그에 기초하여 다른 제 3 자가 별도의 희곡 C를 작성하는 것이 제한되지만, A의 보호기간이 만료되면 그 때부터는 누구라도 A에 기초하여 B와는 다른 별개의 희곡을 작성하는 것이 가능하게 되기 때문이다.

3. 원저작물 및 소재저작물 저작자와의 관계

가. 2차적저작물작성권과 편집저작물작성권

원저작자 또는 소재저작물의 저작자가 갖는 저작재산권 중에는 복제권 및 2차적저작물작성권도 포함되어 있으므로(저작권법 제16조, 제22조), 타인의 저작물을 원저작물 또는 소재로 이용하여 2차적저작물 또는 편집저작물을 작성하려면 원저작자의 동의를 얻어야 한다. 2006년 개정 전 저작권법에서는 원저작물의 저작자는 그 원저작물을 기초로 하는 2차적저작물작성권과 그 원저작물을 소재로 하는 편집저작물작성권을 갖는 것으로 규정하고 있었다. 그러나 편집저작물의 작성은 결국 원저작물의 복제를 통하여 이루어지게 되는 것이어서, 굳이 편집저작물작성권을 따로 규정하지 않는다 하더라도 복제권의 행사를 통하여 그 소재로 되는 저작물의 저작자의 보호에 부족함이 없다. 이에 2006년 개정된 저작권법에서부터는 '2차적저작물작성권'만을 규정하고 편집저작물작성권은 독립된 지분권에서 삭제하였다.

따라서 원저작물(또는 소재저작물) 저작자의 동의를 얻지 않은 2차적저작물이나 편집저작물의 경우 원저작물 저작자가 가지는 2차적저작물작성권 또는 복제권을 침해한 것이 된다. 그러나 적법한 저작물만이 저작권의 보호를 받는 것은 아니므로, 원저작물 저작자의 동의가 없었더라도 2차적저작물 또는 편집저작물 자체의 성립 및 저작권 발생에는 영향이 없다.

나. 2차적저작물 및 편집저작물의 보호와 원저작자의 권리

중요한 것은 2차적저작물 또는 편집저작물의 보호는 그 원저작물의 저작자의 권리에 영향을 미치지 않는다는 것이다(법 제 5 조 제 2 항, 제 6 조 제 2 항). 이는 2차적저작물이나 편집저작물이 작성되었다고 해서 원저작물에 대한 권리가 조금이라도 약화되는 것이 아니라, 2차적저작물 및 편집저작물의 보호와는 전혀 별개로 원저작물의 권리가 여전히 보호된다는 것을 의미한다. 대법원 2021. 12. 30. 선고 2020도18055 판결[389]로 확정된 서울남부지방법원 2020. 12. 10. 선고 2019노69, 357, 2022(병합) 판결은, 국정교과서에 수록된 저작물(동시)의 저작권은 국정교과서를 제작한 교육부가 아닌 그 동시의 창작자인 원저작자에게 있다고 하였다. 즉, 편집저작물인 국정교과서 자체의 편집저작권은 교육부에 있다 하더라도, 그 편집저작물의 소재인 동시에 대한 저작권은 특별한 약정이 없는 한 여전히 해당 동시의 창작자에게 있다는 것이다.

2차적저작물 또는 편집저작물을 이용하는 자는 자연히 그에 내재된 원저작물(소재저작물)을 이용하게 되므로, 2차적저작자 또는 편집저작자는 물론이고 원저작자에 대하여도 동의를 받아야 한다. 예를 들어, 영문으로 된 소설을 우리나라 말로 번역한 번역저작물을 출판하고자 하는 자는 그 번역저작물의 저작자(번역자)뿐만 아니라 원작인 영문소설의 저작자의 허락도 받아야 하고,[390] 논문집을 전체로 복제하려는 자는 그 논문집의 편집저작자뿐만 아니라 소재로 된 개개의 논문저작자들의 허락도 받아야 한다.

또 2차적저작물을 기초로 다시 2차적저작물(3차적, 4차적 … 저작물)을 작성하는 경우에도 그것이 원저작물과의 실질적인 유사성을 상실할 정도의 개변이 이루어져 전혀 독립된 저작물로 되는 것이 아닌 이상, 즉 원저작물과의 사이에 실질적 유사성이 유지되고 있는 이상 원저작자의 동의를 얻어야 한다. 예를 들어, 원작이 프랑스어로 된 소설이고 그것이 영어로 번역되었는데 그 영어 번역판을 기초로 우리나라 말로 다시 번역을 하는 경우에는 영어번역자 뿐만 아니라 프랑스어 원작자의 허락까지 얻어야 한다. 앞의 소설 나비부인의 예에서와 같이 소설을 오페라로 만들고 이 오페라를 기초로 하여 다시 영화를 만드는 경우에도, 그 영화가 원작인 소설과의 관계에서 실질적 유사성을 유지하고 있는 이상, 그 영화를 제작하기 위해서는 오페라 저작권자뿐만 아니라 소설 저작권자의 동의까지도 받아야 하는 것이다.

즉, 2차적저작물을 이용하고자 하는 제3자는 원저작권자와 2차적저작권자의 허락을 받아야 하고, 2차적저작물의 저작권자가 그 2차적저작물을 이용하는 경우에도 원저작권자의 허락이 필요하다. 이러한 경우 원저작권자와 2차적저작권자 사이에는 공동저작물의 저작재산권 행사에 관한 저작권법 제48조를 유추적용하여야 한다는 일부 학설이 있으나,[391] 이를 지지하는 견해는 거의 없는 것으로 보인다. 원저작자의 허락은 2차적저작물의 성립요건이 아니므로, 원저작자가 모르는 사이에 2차적저작물이 작성되는 경우도 있을 수 있는

389) 공보불게재.

390) 다만 다음에서 보는 바와 같이 거래관행 또는 일반적인 의사표시의 해석상 번역허락에는 번역물의 출판허락까지 포함된다고 보아야 할 경우가 많을 것이다.

391) 齊藤博, 著作權法(第３版), 有斐閣(2007), 188면; 中山信弘, 전게서, 117면에서 재인용.

데, 이런 경우에 공동저작물에 대한 규정을 유추적용하게 되면 원저작자는 2차적저작물작성자 전원과 합의를 이루지 아니하고는 저작재산권을 행사할 수 없게 되고, 신의에 반하여 합의의 성립을 방해하거나 동의를 거부할 수 없게 되는 등의 제한을 받게 된다. 이는 원저작자에게 지나치게 큰 불이익이라고 하지 않을 수 없다. 공유관계는 공유로 되는 일정한 사유가 있는 경우에 한하여 발생하는 것이고 그러한 경우에 한하여 저작권법 제48조의 제한을 받는 것이므로, 그러한 사유가 없는 원저작물 저작자과 2차적저작물 저작자 사이에 공동저작물에 관한 저작권법 제48조 규정을 유추적용할 것은 아니라고 본다.[392)]

이러한 원리는 2차적저작물 또는 편집저작물이 원저작자의 동의를 받지 아니하고 무단으로 작성된 경우에도 동일하다. 번역저작물이 원저작자의 동의를 받지 아니하고 작성되었다 하더라도 그 번역물을 출판하려면 원저작자의 동의까지 받아야 하는 것이다. 무단으로 작성된 2차적저작물에 대하여 원저작자는 권리를 행사할 수 없었던 것인데, 자신의 통제 밖에서 제작된 2차적저작물로 인하여 자신의 저작재산권이 제한된다는 것은 부당하기 때문이다.

원저작권과 2차적 및 편집저작권은 서로 독립하여 존재하므로, 설사 원저작권의 보호기간이 경과되었다고 하더라도 2차적저작물 또는 편집저작물의 저작권은 영향을 받지 않는다. 따라서 이러한 경우 2차적저작물을 이용하고자 하는 자는 2차적저작권자의 허락만 얻으면 된다.

다. 2차적, 편집저작자와 원저작자의 관계

2차적저작물은 원저작물과 별개의 저작물이므로 원칙적으로 원저작자와 2차적저작물의 저작자는 공동저작자의 관계에 있는 것이 아니라 각자가 원저작물과 2차적저작물이라는 별개의 저작물의 저작자이고 양자의 저작권은 병존하는 관계에 있다. 다만, 원저작자가 단순히 원저작물의 창작자에만 머무르지 않고 2차적저작물의 저작에도 2차적저작자와 공동하여 창작적으로 기여하는 등 특별한 사정이 있으면 그 2차적저작물에 대하여 원저작자는 공동저작자가 될 수 있다.[393)]

392) 中山信弘, 전게서, 117면.
393) 이에 관한 상세한 논의는 "제 3 장 제 3 절 Ⅰ. 공동저작자" 부분 참조.

4. 원저작물 저작자의 권리가 미치는 범위

가. 문제의 소재

원저작자가 2차적저작물에 대하여 어느 범위까지 권리를 주장할 수 있는가 하는 점에 대하여 구체적인 사례를 들어 논의해 보기로 한다. 스토리 작가가 창작한 이야기를 바탕으로 그림 작가가 그림을 그려 완성하는 만화저작물의 경우, 그 만화저작물은 스토리 작가가 창작한 이야기를 원작으로 한 2차적저작물이라고 할 수 있다. 이때 스토리 작가는 원저작자, 그림 작가는 2차적저작자가 된다. 따라서 그러한 만화저작물을 작성하기 위해서 그림 작가는 스토리 작가의 허락을 받아야 하고, 그렇지 않을 경우 스토리 작가의 2차적저작물 작성권을 침해하는 것이 된다.[394] 여기까지는 별다른 의문이 없다. 그런데 이렇게 작성된 2차적저작물인 만화에서 스토리적인 요소가 아니라 그림적인 요소만을 이용하고자 할 경우, 그림 작가의 허락뿐만 아니라 스토리 작가의 허락까지 받아야 하는지는 의문이 있다. 예를 들어, 만화저작물의 주인공 캐릭터 그림을 이용하여 스토리는 전혀 나타나지 않는 1장짜리 그림카드를 만들어 판매하고자 할 때에도 스토리 작가의 허락을 받아야 하는가의 문제이다. 일본에서는 유명한 만화저작물인 '캔디 캔디' 사건에서 이러한 점이 다투어졌다.

나. 만화 '캔디 캔디' 사례

만화 '캔디 캔디'는 스토리 작가 A의 원작 스토리를 기초로 그림 작가 B가 만화를 그려 넣음으로써 작성된 만화저작물이다. 이 만화가 인기를 끌자 그림 작가 B는 그 만화에 등장하는 주인공의 한 컷짜리 그림이나 표지화, B가 만화와 별도로 작성한 원화 등을 이용한 캐릭터 상품을 스토리 작가 A의 동의 없이 제작 판매하였다. A는 자신이 위 한 컷짜리 그림이나 표지그림에 대하여도 공동저작자 또는 2차적저작물에 대한 원저작자로서의 권리를 가진다고 주장하면서, 그 저작권에 대한 확인청구와 위 캐릭터 상품 등에 대한 제작·복제 및 배포 금지청구의 소송을 제기하였다. 이에 대하여 B는 만화 중 한 컷짜리 그림이나 표지화에는 스토리적 요소가 전혀 나타나 있지 않으므로 스토리의 2차적저작물이 아니라고 주장하였다.

---

394) 한편, 만화 스토리 작가가 스토리를 창작하여 시나리오 또는 콘티의 형식으로 만화가에게 제공하고, 만화가는 이에 기초하여 그림작업을 하여 만화를 완성한 경우, 만화 스토리 작가와 만화가가 하나의 만화에 대한 공동창작의 의사를 가지고 각각 맡은 부분의 창작을 함으로써 주제, 스토리와 그 연출방법, 그림 등의 유기적인 결합으로 완성되어 각 기여부분을 분리하여 이용할 수 없게 되었다면, 2차적저작물이 아니라 공동저작물로 보아야 할 것이다. 이러한 경우 공동저작물과 2차적저작물의 구별 기준에 관하여는 뒤의 제3장 제3절 '공동저작자' 부분에서 살펴보기로 한다.

제 1 심 판결[395]은 '캔디 캔디' 만화에 있어서 스토리와 만화의 관계를 2차적저작물에 해당한다고 판시하였다. 그리고 "A는 2차적저작물인 이 사건 만화에 대하여 원저작자로서의 권리를 가지므로, 이 사건 만화의 일부인 한 컷짜리 캐릭터 그림에 관하여서도 마찬가지의 권리를 가진다."고 하였다. 또한 표지화에 관하여는, "표지화는 그것이 만화의 어느 장면 그림에 해당하는 것인지를 특정할 필요도 없이, 이 사건 만화 주인공인 캔디 그림의 복제에 해당한다. 따라서 만화 캔디 그림의 복제물인 표지화도 역시 A의 스토리를 원작으로 하는 2차적저작물에 해당하고, A는 그 표지그림에 대해서도 원저작자로서의 권리를 가진다."고 하였다. 뿐만 아니라 만화 출간 이후에 B가 새로 그린 원화 역시 만화 캔디 그림의 복제에 해당하며, A는 원저작자로서 새로 작성된 원화의 복제 및 배포 금지를 구할 권리가 있다."고 판단하였다.

그 후 '캔디 캔디' 사건 항소심 판결[396]에서는, "2차적저작물에는 원저작물의 창작성을 이어가는 부분과 2차적저작자의 독자적인 창작성 부분이 모두 들어 있다. 그러나 엄밀히 말하면 2차적저작물을 형성하는 부분에 원저작물의 창작성에 의거하지 않은 부분은 존재하지 않는다."고 하면서, "만화와 별도로 제작된 캐릭터 원화 및 표지화 역시 그것이 이 사건 만화의 주인공인 캔디를 묘사한 것인 이상, 이 사건 만화의 복제물(또는 2차적저작물)로서의 성질을 잃는 것은 아니다."라고 하였다. 이와 같은 항소심의 판단은 그 후 상고심인 최고법원 판결[397]에서도 그대로 받아들여졌다.

다. 학 설

그러나 이러한 판결에 대하여는, 2차적저작물 중 원저작물에 의거하지 않은 2차적저작자만의 창작 부분에 대하여는 원저작자의 권리가 미치지 않는다고 보아야 하며, 따라서 만화와는 별도로 작성한 그림에 대해서까지 원저작자의 권리를 인정하는 것은 일본 대법원 판결이 배척한 바 있는 캐릭터의 저작물성을 인정하는 것과 다름없다고 비판하는 견해가 있다. '캔디 캔디' 판결의 논리에 따를 경우 원저작권자는 2차적저작물에 나타난 모든 표현에 대하여 권리를 갖게 되고, 그 결과 3차적, 4차적저작물에 대해서도 권리를 갖게 된다. 이러한 해석에 의하면, 원작소설에는 나타나 있지 않고 그 2차적저작물인 만화의 배경에만 묘사된 건물 부분을 제 3 자가 복제하여 이용한 경우에 원저작자는 자신이 상상조차 하지 않았던 부분, 즉 창작에 전혀 관계하지 않았던 부분에까지 권리를 행사할 수 있게 된다.

395) 동경지방법원 1999. 2. 25. 판례시보 1673호 66면.
396) 동경고등법원 2000. 3. 30. 판례시보 1726호 162면.
397) 일본 최고재판소 2001. 10. 25. 판례타임즈 1077호 174면.

이는 제 3 자의 2차적저작물 창작 행위로 인하여 원저작자로서는 뜻하지 않게 자신이 창작하지 않은 부분에까지 권리를 가지는 것이 되어, 창작한 자를 보호한다는 저작권법의 기본원칙에 어긋나게 된다. 따라서 2차적저작물에 대하여 원저작물의 창작적 표현이 타나나지 않은 부분에까지 원저작자의 권리를 확장하는 해석은 타당하지 않다는 것이 비판론의 입장이다. 비판론은, 원저작자가 2차적저작물에 관하여 권리를 행사할 수 있는 범위는 원저작물의 표현이 감지될 수 있는 범위에 한정되어야 한다고 해석한다.[398]

반면에 '캔디 캔디' 판결에 찬성하는 견해들도 있다. 찬성하는 견해는, 계약상 별도의 정함이 없는 이상 원저작자의 이바지한 부분과 2차적저작자에 의하여 부가된 부분은 일체로 다루어지므로, 2차적저작물의 경우에는 통상적 의미의 창작성보다 더 넓은 범위를 보호하고자 하는 것이 위 판결의 취지라고 이해할 수 있다고 한다.[399] 또한 원저작물의 존재로 인하여 비로소 2차적저작물의 창작이 가능하게 되었다는 점에서 2차적저작물에는 어떤 형태로든 원저작자의 기여가 인정된다고 하여 위 판결에 찬성하는 견해도 있다.[400] 우리나라의 최근 학설 중에도 순차적으로 2차적저작물이 계속하여 파생된 경우 최종의 2차적저작물을 이용하기 위해서는 원저작자 및 각 단계의 2차적저작자 모두에게 허락을 받아야 한다고 하여 위 판결과 같은 취지의 입장을 보이는 견해가 있다.[401]

라. 소 결

'캔디 캔디' 판결의 논리에 따르면 만화저작물에 있어서 스토리 작가와 그림 작가의 관계는 항상 원저작자와 2차적저작자의 관계에 있으며, 그 만화저작물의 모든 구성요소 및 그로부터 파생되는 모든 저작물을 스토리(이야기)에 대한 2차적저작물로 보고 스토리 작가의 원저작권이 미치게 되는데, 이는 문제가 있다. 스토리 작가의 저작권이 미치기 위해서는 스토리와 그에 기초한 만화저작물의 구성요소나 그로부터 다시 파생되는 저작물 사이에 원저작물과 2차적저작물의 관계를 인정할 수 있는지 여부를 각각의 구성요소 및 파생된 저작물별로 독자적으로 판단하여야 할 것이지, 만화저작물의 모든 구성요소나 그로부터 파생되는 저작물 모두를 일률적으로 스토리에 대한 2차적저작물로 보거나 2차적저작물작성권이 미치는 범위로 보는 것은 법리적으로 무리이다.

다만, '캐릭터'는 ① 명칭, ② 시각적 요소, ③ 청각적 요소, ④ 성격적 요소 등 4가지 요소의 총체적 집합체라고 볼 수 있는데, 이러한 요소들은 만화의 원저작물인 스토리에 이

398) 中山信弘, 전게서, 118, 119면; 作花文雄, 『詳解 著作權法』, 제 3 판, ぎょうせい, 224면.
399) 小泉直樹, 2次的著作物について, コピライト 494號(2002), 17면; 中山信弘, 전게서 119면에서 재인용.
400) 長澤幸男, 2次的著作物, 牧野利秋 · 飯村敏明 編, 新裁判實務大系 22 著作權關係訴訟法, 青林書院(2004), 296면.
401) 신재호, 2차적저작물의 개념 및 법적 취급에 관한 검토, 창작과권리(2011, 겨울), 64면.

미 나타나 있으며, 그것이 2차적저작물인 만화에 반영되는 경우가 많다. 따라서 만화의 구성요소들이나 그로부터 파생되는 저작물들은 스토리에 이미 반영되어 있는 이들 4가지 요소를 많든 적든 일정 부분 내포하고 있는 경우가 대부분이다. 그렇다면 만화의 구성요소들이나 그로부터 파생되는 저작물이 스토리로부터 완전히 독립되어 아무런 관련이 없는 경우는 많지 않을 수도 있다. 그러나 설사 그렇다 하더라도 그 구성요소나 파생저작물이 원작인 스토리의 2차적저작물에 해당하느냐 또는 원저작자의 2차적저작물작성권이 미치는 범위 안에 있느냐 여부는 두 저작물 사이에 실질적 유사성이 존재하는지 여부, 또는 그 구성요소 및 파생저작물로부터 원저작물인 스토리의 표현상의 본질적 특징을 직접 감득할 수 있는지 여부에 의하여 개별적으로 결정되어야 한다. 만화의 구성요소 또는 파생저작물이라고 하여 항상 그 만화의 원작인 스토리에 대한 2차적저작물이 된다는 획일적인 논리는 받아들이기 어렵다.

'캔디 캔디' 판결의 해석론은 일본 저작권법이 2차적저작물에 대한 원저작물 저작자의 권리를 두 개의 조문으로 구분하여, 제27조에서 "저작자는 그의 저작물을 번역, 편곡, 변형 또는 각색, 영화화 기타 번안하는 권리를 전유한다"고 규정하는 한편, 제28조에서는 "2차적저작물의 원저작물의 저작자는 당해 2차적저작물의 이용에 관하여, 당해 2차적저작물의 저작자가 가지는 것과 동일한 종류의 권리를 전유한다"고 별도의 규정을 두고 있음에 기인하는 바가 크다고 생각된다. 즉, 이러한 조문 구조상 원저작자는 2차적저작물의 권리 전부에 대하여 2차적저작물 저작자와 동일한 권리를 가지는 것으로 이해되고, 따라서 원저작자는 자신이 창작하지 않았지만 2차적저작물 작성자에 의하여 창작된 부분에 대하여서까지 그 2차적저작물 작성자가 가지는 것과 동일한 권리를 확장하여 가지는 것으로 해석될 여지가 있다. 그러나 이러한 일본 저작권법상의 명문의 규정에도 불구하고 원저작자가 2차적저작물에 대하여 권리를 행사할 수 있는 범위는 원저작물의 창작적인 표현상의 특징이 직접 감득될 수 있는 범위에 한정된다고 해석하여 '캔디 캔디' 판결의 해석론에 반대하는 견해에 있음은 앞서 본 바와 같다. 그러한 반대론에 수긍할 만한 점이 있고, 더욱이 일본 저작권법 제28조와 같은 규정을 두고 있지 않은 우리 저작권법의 입장에서는 '캔디 캔디' 판결의 해석론을 수용하기 어렵다.[402)]

특히 '캔디 캔디' 판결의 해석론에 따를 경우 원저작자가 2차적저작물 중 자신이 창작하지 않은 부분에 대하여서까지 저작권을 가지게 되는데, 그렇다면 논리적으로는 2차적저

402) 2차적저작물작성권에 관한 우리 저작권법 제22조도 "저작자는 그의 저작물을 원저작물로 하는 2차적저작물을 작성하여 이용할 권리를 가진다"고 하여 2차적저작물을 '이용'할 권리를 규정하고 있기는 하지만, 일본 저작권법과 같이 2차적저작물의 저작자가 가지는 것과 '동일한' 권리를 갖는다고 규정하고 있지는 않다.

작물의 창작자도 자신이 창작하지 않은 부분, 즉 원저작물에 이미 창작적으로 표현되어 있는 부분에까지 권리를 가지는 것으로 보아야 할 가능성이 있다. 그러나 이는 2차적저작물의 저작자는 자신이 창작적으로 기여한 부분에 대하여만 권리를 가지며, 원저작물에 이미 창작적으로 표현되어 있는 부분, 즉 자신이 차용하여 온 부분에 대하여는 권리를 가지지 않는다는 저작권법상의 기본 원칙에 반한다. 또한 다른 근거에서 위 판결에 찬성하는 견해, 즉 원저작물이 존재하고 있기 때문에 비로소 2차적저작물의 창작이 가능하게 되었다고 할 것이므로 2차적저작물에는 어떤 형태로든 원저작자의 기여가 인정된다고 하여 위 판결에 찬성하는 견해도 있지만, 이는 창작에 있어서의 인과관계를 조건적 인과관계로까지 지나치게 넓게 인정하는 해석이어서 수긍하기 어렵다.

결국 원저작자가 2차적저작물에 대하여 행사할 수 있는 권리의 범위는 원저작물의 창작성이 나타나 있는 부분, 즉 원저작물의 창작적 표현상의 본질적 특징을 직접 감득할 수 있는 부분 또는 원저작물과 창작적 표현에 있어서의 실질적 유사성이 있는 부분에 한정된다고 보아야 한다.

5. 영상저작물의 특례

영상저작물은 대부분 2차적저작물인 경우가 많아[403] 그 제작을 위해서는 원저작자의 동의를 받아야 한다. 그러나 영상저작물의 제작은 주로 기업적인 형태로 이루어지며, 참여자의 인적구성이 복잡·다양하여 기존의 저작권 규정에만 의할 경우 권리관계가 매우 복잡해지는 불편이 발생하게 된다. 따라서 저작권법은 이를 단순화시키기 위한 특례규정을 두고 있다.

저작권법 제99조 제 1 항은, "저작재산권자가 저작물의 영상화를 다른 사람에게 허락한 경우에 특약이 없는 때에는, 1. 영상저작물을 제작하기 위하여 저작물을 각색하는 것, 2. 공개상영을 목적으로 한 영상저작물을 공개상영하는 것, 3. 방송을 목적으로 한 영상저작물을 방송하는 것, 4. 전송을 목적으로 한 영상저작물을 전송하는 것, 5. 영상저작물을 그 본래의 목적으로 복제·배포하는 것, 6. 영상저작물의 번역물을 그 영상저작물과 같은 방법으로 이용하는 것에 관한 권리를 포함하여 허락한 것으로 추정한다."고 규정하고 있다. 또한 같은 법 제100조 제 1 항은, "영상제작자와 영상저작물의 제작에 협력할 것을 약정한 자가 그 영상저작물에 대하여 저작권을 취득한 경우 특약이 없는 한 그 영상저작물

403) 영상저작물이 모두 2차적저작물은 아니다. 본문에서 언급하는 것은 소설 등을 원작으로 하여 제작된 2차적저작물로서의 영상제작물의 경우이다.

의 이용을 위하여 필요한 권리는 영상제작자가 이를 양도받은 것으로 추정한다."고 규정하고 있다.

영상저작물의 특례에 관하여는 제 7 장 제 4 절에서 따로 설명하기로 한다.

6. 기 타

가. 기타 저작권법상의 규정들

원저작자의 동의를 얻어 작성된 2차적저작물 또는 편집저작물이 공표된 경우에는 그 원저작물도 공표된 것으로 본다(법 제11조 제 4 항).

저작재산권의 전부를 양도하는 경우에 특약이 없는 때에는 2차적저작물을 작성하여 이용할 권리는 포함되지 아니한 것으로 추정한다(법 제45조 제 2 항 본문). 다만, 프로그램저작물의 경우에는 특약이 없는 한 2차적저작물작성권도 함께 양도된 것으로 추정한다(법 제45조 제 2 항 단서).

번역의 허락을 곧 그 번역물의 출판허락까지 포함하는 것이라고는 볼 수 없다. 따라서 번역한 것을 출판하기 위하여서는 원칙적으로 별도의 허락을 받아야 하지만, 당사자 의사표시의 해석상 번역허락계약에는 번역물의 출판허락까지 포함된다고 보아야 할 경우가 있을 것이다.

법령·고시·공고·훈령·판결·결정·명령 등의 편집물 또는 번역물로서 국가 또는 지방자치단체가 작성한 것은 저작권법에 의한 보호를 받지 못한다(법 제 7 조 제 4 호).

저작재산권자는 배타적발행권 존속기간 중 그 배타적발행권의 목적인 저작물의 저작자가 사망한 때에는, 저작자를 위하여 저작물을 전집 그 밖의 편집물에 수록하거나, 전집 그 밖의 편집물의 일부인 저작물을 분리하여 이를 따로 발행할 수 있다(법 제59조 제 2 항). 따라서 저작재산권자는 저작권자가 사망한 경우 배타적발행권자의 동의 없이도 그 저작물을 분리하여 편집저작물로 제작할 수 있다. 이는 배타적발행권에 대한 예외로서 법이 특별히 규정한 것인데 저작자의 유족이 사망한 저작자를 기념하는 유작집 등을 자유롭게 발행할 수 있도록 한 것이다.

나. 기타 쟁점이 된 사례들

(1) 흑백영화의 컬러화

흑백영화에 색깔을 입혀 컬러영화처럼 만드는 작업을 컬러화(colorization)라고 부른다. 컬러화는 필름에 색을 칠하는 것이 아니라, 컴퓨터로 읽어 들인 각각의 정지화면(이를 프레임이라고 한다. 영화는 보통 1초에 24개의 정지화면, 즉 프레임을 연속적으로 지나가게 함으로써 시각적 잔상효과를 이용하여 움직이는 느낌의 영상을 만들어 낸다)에 전자적으로 색깔을 부여하는 과정을 거쳐 이루어진다. 이를 위해서는 우선 영화 한편을 구성하는 프레임들(상영시간이 90분인 장편영화의 경우 약 13만 프레임) 각각을 컴퓨터 화면으로 불러들여서 각 영역에 색깔을 지정해야만 한다. 예컨대 등장인물의 상의는 푸른색, 모자는 붉은색 하는 식으로 색깔을 부여하는 것이다. 이때 부여하는 색깔이 원 영화를 찍었을 당시의 옷이나 모자의 색깔과 반드시 일치하는 것은 아니다. 즉, 컬러화의 과정은 복원과정이 아니다. 그래서 종종 하나의 영화에 대하여 여러 가지의 서로 다른 컬러화 버전이 제작되기도 한다. 프랭크 카프라의 1946년 흑백영화 '멋진 인생'에는 5가지의 컬러화 버전이 존재한다고 한다.

일부 영화 예술가나 비평가들은 이러한 컬러화 작업이 원래의 창작의도를 손상시킨다는 이유로, '카사블랑카'나 '말타의 매' 등의 고전영화들을 컬러화하는 것을 비판해 왔다. 그러나 판권을 가지고 있는 영화사 측은 관객들에게 다양한 선택의 폭을 제공한다는 명분으로 주요 고전영화들에 대한 컬러화 작업을 80년대 중반 이후로 계속하여 진행하고 있다.[404)]

(2) 샘플링 등의 음악적 기법

샘플링(sampling)은 기존의 음악저작물 중 일부를 각종 전자기기를 이용한 디지털화 등 다양한 방법을 이용하여 추출함으로써 새로운 음악저작물을 만들어 내는 기법이다. 예를 들어, 엘비스 프레슬리의 노래를 디지털화하여 그 중 일부를 기계적으로 변형시켜 녹음한다든가, 아니면 노래가 녹음된 테이프를 거꾸로 주행시켜 전혀 새로운 느낌의 음악을 얻는다든가 하는 것이다. 레코드판을 재생시키면서 손이나 다른 기구를 사용하여 회전하는 레코드판을 규칙적, 단속적으로 멈추었다 다시 회전하게 함으로써 새로운 느낌의 비트를 가미시키는 스크래칭(scratching) 기법도 있다. 샘플링과는 좀 다르지만 가수가 기존의 트로트 가요를 자기에게 맞는 랩 형식으로 변형시켜 부르는 이른바 '커버뮤직' 같은 것도 있다.

이러한 샘플링 등 기법에 대하여도 영화에서의 컬러화 작업과 마찬가지로 '창작성의 무덤'이라고 하여 기존의 음악가들로부터 많은 비판이 있기도 하다. 그러나 작곡이 손쉽다는 점, 디지털 기술의 발달, 그리고 기존 음악저작물의 유명도에 편승하고자 하는 의도 때문에 앞으로도 이러한 기법이 많이 개발되고 이용될 것으로 보인다.

디지털 음원의 샘플링과 관련하여서 대법원 2006. 2. 10. 선고 2003다41555 판결은, 아날로그 방식으로 녹음된 음반을 디지털 샘플링의 기법을 이용하여 디지털화한 것이 2차적

---

404) http://www2.dongailbo.co.kr/docs/magazine/science-donga/9805/.

저작물로 인정되기 위해서는, 단지 아날로그 방식의 음반을 부호화하면서 잡음을 제거하는 등으로 실제 연주에 가깝게 하였다는 정도로는 부족하고, 이를 재구성하거나 새로운 내용을 첨삭하는 등의 방법으로 독자적인 표현을 부가하여야만 한다고 판시하였다. 그리하여 원고가 복제하여 판매한 음악 CD세트는 독일 그라모폰사가 외국에서 녹음한 아날로그 음원을 가지고 디지털 샘플링 작업을 하면서 실제 연주에 근사한 음질을 재현하기 위하여 여러 가지 기술을 이용하여 기존의 잡음을 제거하고, 일부 손상된 부분을 회복시키되 연주의 속도, 리듬, 가락 등에는 아무런 변화를 주지 않은 것으로서, 그와 같은 작업을 가리켜 사회통념상 새로운 저작물을 생성할 수 있는 정도의 수정·증감이라고 볼 수 없으며, 설령 그 작업의 결과로 음악의 재생시간이 다소 변화하였다고 하여도 마찬가지여서, 위 CD세트는 2차적저작물에 해당하지 않는다고 하였다.

(3) UCC

UCC(user created contents)는 '이용자제작콘텐츠'라는 의미로서, 인터넷 등의 사용자가 직접 제작한 동영상, 글, 사진 등의 제작물(콘텐츠)을 말한다. 유튜브 플랫폼을 통하여 유통되는 대부분의 영상물들이 UCC라고 할 수 있다. 전통적인 제작물들이 주로 방송사업자라든가 음반제작자, 영화제작자 등의 전문적인 사업자에 의하여 작성된 것임에 반하여 UCC는 개별 이용자들에 의하여 만들어진 콘텐츠라는 점에 특징이 있다. UCC는 참여·공유·개방을 통한 '집단지성'(collective intelligence)을 표방하며, 누구라도 정보의 생산자가 될 수 있고 또 누구라도 정보를 공유할 수 있도록 함으로써 지식과 정보의 재창조를 이념으로 하는 대표적인 콘텐츠이다. 오늘날 1인 미디어 시대에 있어서 UCC는 인터넷과 디지털·정보통신기술의 발달에 따른 콘텐츠 유통 패러다임의 변화를 선도하며, 정치·경제·사회·문화 등 모든 영역에 있어서 막대한 영향력을 발휘하고 있다.

UCC가 창작되는 과정을 보면, 순수하게 이용자 스스로에 의하여 제작되는 것이 있는가 하면, 다른 사람이 제작한 기존의 콘텐츠에 기반하여 그것을 일부 수정·변형하든가 편집하여 작성되는 것들도 상당수 있다.

타인의 콘텐츠를 기초로 한 UCC는 필연적으로 저작권침해 문제를 야기하게 된다. 즉, UCC를 제작함에 있어서 타인의 콘텐츠를 그대로 또는 실질적으로 동일한 형태로 이용하면 복제권침해가 되며, 이를 수정·변형하였으나 아직도 기존 콘텐츠와 실질적 유사성이 있는 형태로 이용하면 2차적저작물작성권 침해가 된다. 물론 이미 보호기간이 만료되어 공중의 영역(public domain)에 들어간 콘텐츠를 이용하거나, 저작재산권 제한 규정에 의하여 저작권 침해의 책임이 면제되는 형태로 기존의 콘텐츠를 이용한 경우, 또는 패러디 방법을 통하여 완전히 별개의 저작물로 재창작한 경우처럼 저작권침해의 문제가 생기지 않는 경우도 있다. 그러나 그런 예외적인 경우를 제외하고는 어떤 형태로든 기존 콘텐츠 제작자의 권리가 작동하게 된다.

UCC는 우리의 문화생활을 풍족하게 해 주는 중요한 콘텐츠이므로 마땅히 장려되어야 한다. 그러나 한편으로는 기존 콘텐츠 제작자의 저작권 보호도 중요하다. 따라서 기존 콘텐츠 제작자의 권리를 보호하면서도 UCC의 활성화를 도모할 수 있는 방향으로 저작권제도를 운용하여 가는 한편, 건전한 UCC의 유통구조를 구축하는 데에도 노력하여야 한다.

(4) 패러디

패러디(parody)란 대중에게 널리 알려진 원작(原作)의 약점이나 진지함을 목표로 삼아, 이를 조롱하는 내용으로 흉내내거나 과장 또는 왜곡 표현함으로써 원작이나 사회적 상황에 대하여 비평하거나 웃음을 이끌어내는 것을 말한다. 패러디라는 독특한 장르가 저작권법의 영역에서 야기하는 쟁점은 그것이 2차적저작물이냐 하는 문제이다. 만약 패러디가 2차적저작물에 해당한다면 어떤 저작물을 그 저작자의 허락 없이 패러디하는 것은 2차적저작물작성권 침해가 될 수 있다. 뒤에서 상세히 살펴보겠지만, 2차적저작물과 패러디는 구분하여야 하며, 패러디는 원저작물과는 완전히 별개의 독립된 새로운 저작물로 보아야 한다. 다만, 그렇게 되기 위해서 패러디는 반드시 서로 상반되는 것 같은 두 가지 메시지를 전달하여야 한다. 첫째는 그것의 원작이 존재한다는 메시지이고, 둘째는 그것이 원작 그 자체가 아닌 패러디(풍자)라는 메시지이다. 즉, 패러디를 감상하는 사람의 입장에서 원작과 그에 대한 패러디를 함께 느낄 수 있어야 한다. 이때 전자만이 드러나게 되면 그것은 이른바 '실패한 패러디'로서 저작권(예컨대 2차적저작물작성권 및 동일성유지권 등) 침해가 성립할 수 있다. 그러나 일단 패러디로서 성공하게 되면, 즉 원작이 존재한다는 것과 그것을 패러디(풍자)한 것이라는 두 가지 메시지를 성공적으로 전달하게 되면, 그것은 원작에 대한 2차적저작물이 아니라 완전히 독립된 저작물이 되고, 저작권침해의 문제는 처음부터 발생하지 않는다. 이에 비하여 2차적저작물은 원작에 대한 '파생적 저작물'(derivative works)로서 원작의 변형저작물에 해당한다. 또한 2차적저작물은 대부분의 경우 원작의 시장적 수요를 일정 부분 대체하는 효과를 가져오지만 패러디는 그렇지 않다는 점에서도 차이가 있다. 패러디에 대하여는 제 6 장 '저작물의 자유이용과 저작재산권의 제한' 중 '공표된 저작물의 인용' 항목에서 상세히 살펴보기로 한다.

다. 디지털 기술과 2차적·편집저작물

2차적저작물이나 편집저작물은 다양한 실용적·감상적 정보를 제공함으로써 우리의 문화생활을 풍요롭게 하고, 저작권법의 근본 목적인 문화 및 관련 산업의 향상발전에 이바지한다. 번역, 편곡, 변형, 각색, 영상제작 등을 통하여 이루어진 2차적저작물이나 신문, 잡지 등을 비롯한 각종 편집저작물은 과거 아날로그 시대 때부터 이미 우리의 문화생활에서 빼 놓을 수 없는 중요한 저작물이었다. 그런데 오늘날 디지털 기술과 네트워크 환경의 발달에 따라 2차적저작물 및 편집저작물이 가지는 가치와 의미는 더욱 현저하게 증대하고 있다. 디지털 저작물은 기존 아날로그 저작물에 비하여 변형 및 개변이 훨씬 더 용이할 뿐만 아니라, 관련 기술과 인터넷 등 네트워크의 발달에 따라 시간과 공간의 한계를 극복하여 광범위한 수집과 축적이 가능하게 되었다. 그 결과 일반 대중들도 원저작물을 개변하여 새로운 실용적·감상적 정보를 제공하는 저작물을 제작함으로써 자신의 사상 및 감정을 표현하거나 기존의 저작물들을 소재로 다양한 편집저작물을 제작하는 것이 가능해졌고, 그러한 저작물을 널리 공중에게 전파할 수도 있게 되었다. 종전에는 저작물의 감상자 내지는 수신자의 지위에 머물러 있던 일반 공중이 그러한 지위에서 벗어나서 창작자 및 발신자의 대열에 참여할 수 있게 된 것이다.

이와 같이 디지털 기술과 네트워크 환경의 발전에 따라 2차적저작물이나 편집저작물의 가치가 현저하게 부각되고 있는 시점에서 2차적저작물 및 편집저작물에 대하여 어떠한 권리를 부여할 것인지, 그 저작자와 원저작자 또는 소재저작물 저작자 사이의 권리관계를 과거 아날로그 시대와 동일한 원리에 따라 규율하는 것이 과연 합당한지에 대한 의문을 갖게 된다. 예를 들어, 우리 저작권법은 제 4 절 제 2 관에서 저작재산권을 제한하는 경우를 열거하고 있는데, 제36조 제 1 항에서 제25조(학교교육목적 등에의 이용), 제29조(영리를 목적으로 하지 아니하는 공연·방송), 제30조(사적이용을 위한 복제) 또는 제35조의3(저작물의 공정한 이용)에 따라 저작물을 이용하는 경우에는 그 저작물을 번역·편곡 또는 개작하여 이용할 수 있다고 규정하고 있다. 그러나 제36조 제 2 항에서는 제23조(재판절차 등에서의 복제), 제24조(정치적 연설 등의 이용), 제26조(시사보도를 위한 이용), 제27조(시사적인 기사 및 논설의 복제 등), 제28조(공표된 저작물의 인용), 제32조(시험문제로서의 복제) 또는 제33조(시각장애인 등을 위한 복제)에 따라 저작물을 이용하는 경우에는 그 저작물을 번역하여 이용할 수 있다고만 규정하고 있다. 즉, 원저작자의 저작재산권이 2차적저작물 작성을 위하여 제한되는 경우는 상당히 한정적이며, 그 범위도 번역과 같은 특정 행위 유형만으로 제한되는 것이다. 또한 저작물 이용의 법정허락에 관한 저작권법 제50조 내지 제52조의 규정도 2차적저작물을 제작하기 위한 경우에는 해당이 없는 것으로 해석되어 왔다. 이와 같이 종래의 저작권법은 2차적저작물에 대한 창작의 자유를 그다지 넓게 인정하고 있지는 않다. 이러한 저작권법의 입장을 원저작자의 권리를 보호하기 위해서 어쩔 수 없는 것이라고 이해할 수도 있다. 그러나 원저작자의 보호범위를 넓히는 것이 완전히 새로운 창작에 대한 인센티브가 될 수 있을지는 몰라도, 개작을 비롯한 2차적저작물 창작에 대한 인센티브와 관련하여서는 오히려 그것을 감소시키는 방향으로 작용할 수 있다. 오늘날 문화 및 관련 산업에 있어서 2차적저작물과 편집저작물이 차지하는 역할과 비중에 걸맞게 원저작자와 2차적저작물 및 편집저작물 저작자의 권리 사이에서 조화와 균형을 꾀하는 한편, 아울러 공중의 이익을 고려하는 방향으로 입법이나 법해석이 이루어져야 한다.

제 4 절 저작물성이 문제로 되는 창작물

Ⅰ. 캐릭터(Character)

1. 개 요

캐릭터(character)는 그 자체의 고객흡인력으로 인하여 그것이 적용된 상품이나 서비스에 탁월한 경쟁력 우위를 확보해 준다. 그로 인하여 관련 산업이 하나의 커다란 시장을 형성하면서 다양한 사업주체들이 캐릭터 개발과 대중매체를 통한 대중성 확보에 많은 투자를 하고 있다. 캐릭터는 다양하게 정의될 수 있으나, 일반적으로, "만화, TV, 영화, 신문, 잡지, 소설, 연극 등 대중이 접하는 매체를 통하여 등장하는 인물, 동물, 물건의 특징, 성격, 생김새, 명칭, 도안, 특이한 동작 그리고 더 나아가서 작가나 배우가 특수한 성격을 부여하여 묘사한 인물을 포함하는 것"이라고 이해할 수 있다.[405] 캐릭터는 이러한 등장인물 등이 외모나 이야기 내용에 의하여 가지고 있는 독창적인 개성·이미지와 그러한 것들이 합쳐진 '총체적인 아이덴티티(identity)'로 구성된다.

산업현장에서의 캐릭터 이용은 일반적으로 직접 캐릭터의 보유자(권리자)로부터 이용허락(license)을 받고 그 대가로 사용료를 지급하거나, 캐릭터 보유자가 외국인 또는 외국법인일 경우 그 캐릭터를 국내에서 관리하는 대리인(agent)과 상품화권 계약을 체결함으로써 이루어진다. 그러나 이러한 정당한 이용절차를 밟지 않고 타인의 캐릭터를 이용하는 경우,

405) 최연희, 캐릭터 보호에 관한 연구, 이화여대 석사학위 논문, 1990. 1, 4면.

캐릭터 보유자가 어떠한 권리를 근거로 그 이용을 금지하거나 손해배상 등을 청구하여 자신의 캐릭터를 보호할 것인지가 문제로 된다.[406)]

2. 캐릭터의 종류

캐릭터를 미키마우스 등 만화 주인공 같은 '시각적 캐릭터'(visual character)와 임꺽정 등 소설의 주인공 같은 '어문적 캐릭터'(literary character)로 나누기도 하고, 실재로 존재하는지 여부에 따라 '실재캐릭터'(real character)와 '창작캐릭터'(invented character)로 나누기도 한다. 실재캐릭터의 예로서는 영화나 TV의 출연자, 가수, 스포츠 선수, 또는 그들이 사용하는 널리 알려진 물건 등을 들 수 있을 것이고, 창작캐릭터의 예로서는 미키마우스 같은 만화영화 또는 연재만화의 주인공, 코난 도일의 추리소설에 나오는 셜록 홈즈나 007 영화의 제임스 본드 같은 가상적 스토리의 주인공 등을 들 수 있다.

업계 현장에서 주로 사용되는 용어인 '오리지널 캐릭터'라는 것도 있다. 저작권법에서 논의의 대상이 되는 캐릭터가 만화나 만화영화 등을 통하여 생겨나고 그 후에 상품화 사업이 이루어지는 것임에 비하여, 만화나 만화영화 등을 거치지 않고 처음부터 상품화를 목적으로 개발되는 가공의 캐릭터를 업계 현장에서는 흔히 '오리지널 캐릭터'(original character)라 부른다. '오리지널 캐릭터'의 대표적인 예로는 일본의 산리오 회사가 개발하여 성공을 거둔 '헬로우 키티'를 들 수 있다. 이러한 오리지널 캐릭터는 만화나 만화영화 등 스토리를 가진 작품과는 관계없이 단순히 그림이나 도형만으로 창작되지만, 그것을 적용한 상품을 '캐릭터 상품'이라고 하여 상품화권 계약을 체결하는 경우가 있다. 그러나 이러한 '오리지널 캐릭터'는 뒤에서 보는 캐릭터의 4가지 요소가 다 갖추어지지 않은 경우가 많은데, 그런 것은 단순한 미술저작물에 해당할 뿐 여기서 말하는 본래의 의미에서의 캐릭터라고는 할 수 없다. 물론, 이러한 오리지널 캐릭터가 그 후 만화나 만화영화 등에 등장하여 스토리가 부여되고, 그로 말미암아 캐릭터의 4가지 요소를 다 갖추게 되면, 그것은 본래의 의미에서의 캐릭터라고 할 수 있다.

실재캐릭터, 그 중에서도 영화배우나 가수와 같은 실존인물의 캐릭터 보호는 이른바 '퍼블리시티(publicity)권'의 문제로서 이에 관하여는 뒤에서 따로 다루기로 한다. 저작권 실무상 주로 문제로 되는 것은 시각적 캐릭터 중에서도 창작캐릭터, 예컨대 미키마우스나 슈퍼맨 같은 연재만화 또는 만화영화의 주인공 캐릭터이다. 이러한 캐릭터를 저작권법의 '저작물의 예시규정'(저작권법 제 4 조)에 따라 분류해 본다면, 영상저작물이나 미술저작물 또는

406) 상게논문, 2면.

그것에 어문저작물의 성격이 가미된 형태의 저작물이라고 분류할 수 있을 것이다.[407)]

3. 캐릭터의 상품화와 그 보호

캐릭터를 문구류, 의류, 신발, 가방, 장식품 등의 모양 또는 그에 부착하는 도안으로 사용하거나, 과자, 식품 그 밖의 포장용품의 모양이나 그에 부착하는 도안으로 사용할 때 그 캐릭터를 '상품화'(merchandising)한다고 하고, 이렇게 상품의 판매나 서비스의 제공 등에 이용되는 캐릭터를 보유하고 처분하는 권리 및 그 캐릭터를 상품이나 서비스에 이용하려는 자에게 이용허락 할 수 있는 권리를 '상품화권'(merchandising right)이라고 한다.[408)] 캐릭터의 상품화는 오늘날 마케팅의 두드러진 특징 중 하나이며, 본격적으로는 1930년대 이후 월트 디즈니의 미키마우스 상품화에서 시작되었다.

캐릭터 자체가 경제적 이익을 가지고 있는 이상 그 창작자를 보호할 필요가 있다. 따라서 창작자로부터 이용허락을 받은 자만이 캐릭터를 상품화 할 수 있다고 하여야 한다. 그러나 상품화권은 실정법에서 명문으로 인정하고 있는 권리가 아니므로 권리의 내용, 범위 등이 확정되어 있지 않다. 상품화권은 상표권, 저작권 등과 같이 실정법이 인정하는 독자적인 권리는 아니며, 고객흡인력을 갖는 캐릭터가 영업적으로 이용되는 경우 그 캐릭터의 제작과 개발에 관여한 자를 보호하기 위하여 안출된 개념이다. 현행법상으로 상품화권은 각 캐릭터 등이 갖는 특성에 따라 저작권법, 상표법, 디자인보호법 등 각종 법률에 의하여 보호될 수 있다고 해석된다.[409)]

캐릭터가 본격적으로 저작권법의 쟁점으로 등장하기 시작한 것은 캐릭터의 상품화가 발달한 것과 큰 관련이 있지만, 원래 캐릭터의 보호는 상품화권과 관련하여 상표법 내지는 부정경쟁방지법의 영역에서 주로 다루어져 왔다. 즉, 캐릭터의 보유자가 특정상품을 지정상품으로 하여 캐릭터에 대한 상표등록을 받음으로써 상표법에 의한 보호를 받을 수도 있고, 설사 상표등록을 받지 아니한 캐릭터라고 하더라도 그 캐릭터가 국내에 널리 알려져서 주지성을 획득하고 상품화 사업이 이루어지는 등의 사정이 있는 경우에는 부정경쟁방지법에 의한 보호를 받을 수도 있다.

그러나 저작권법을 제외한 다른 지적재산권법에 의한 보호만으로는 캐릭터의 상품화

---

407) 뒤에서 보는 일본 동경지방법원의 '라이더 맨' 판결은, TV 영화의 주인공 캐릭터가 영상저작물과 어문적 저작물의 성격을 모두 가지고 있다고 판시하고 있다.

408) 최연희, 전게논문, 7면.

409) 오세빈, 캐릭터의 부정사용과 부정경쟁방지법 위반죄의 성부, 형사재판의 제문제, 제1권, 박영사, 1997, 246면.

권자에게 불만족스럽고 불편한 점이 많다. 왜냐하면 상표법에 의한 보호를 받기 위해서는 지정상품마다 상표출원을 해서 등록을 받고, 등록 이후에도 상표권 연장등록이나 실제 사용 등 꾸준한 관리를 하여야 한다. 또한 부정경쟁방지법에 의한 보호를 받기 위해서는 캐릭터 자체가 국내에서 주지성을 가지고 있어야 할 뿐만 아니라, 그에 대한 지속적인 상품화 사업이 이루어져 상품표지로서의 주지성까지 가지고 있어야 한다. 이런 이유로 캐릭터에 대한 상품화권리자들은 간편하면서도 포괄적이고 또 보호기간도 상대적으로 장기간인 저작권법에 의한 보호를 추구하게 되었다. 그러나 이때 과연 캐릭터가 그것이 등장하는 소설이나 만화, 또는 영화를 떠나 그것과는 별개의 독자적인 저작물로 성립할 수 있는가 하는 점이 문제로 된다. 캐릭터가 독자적인 저작물로 성립할 수 없다면 캐릭터는 그것이 등장하는 소설이나 만화, 또는 영화가 저작물로 보호받음에 따라 그 안에서 간접적으로 보호를 받을 수밖에 없다. 다음에서 보는 바와 같이 미키마우스를 비롯한 중요 캐릭터에 대한 권리를 많이 가지고 있는 미국은 대체적으로 캐릭터의 독자적인 저작물성을 인정함으로써 저작권에 의한 보호를 긍정한다.[410] 반면에 일본은 부정설이 판례 및 다수설이다.

캐릭터를 독자적인 저작물로 보호하든 아니면 소설이나 영화 등 그 매체를 보호함으로써 간접적인 보호를 하든, 일반적으로는 캐릭터의 특징이 명확하게 드러나고 이미지 전달성이 강한 시각적 캐릭터의 경우가 어문적 캐릭터보다 저작권법의 보호를 받기 쉽다. 우리나라의 판례나 실무에서 어문적 캐릭터가 독자적으로 저작권법의 보호를 받은 경우는 아직까지 없는 것으로 보인다.

4. 캐릭터의 독자적인 저작물성

가. 서 설

캐릭터가 독자적인 저작물로 성립하기 위하여서는 다른 저작물과 마찬가지로 저작권법이 요구하는 성립요건을 갖추어야 한다. 즉, (1) 인간의 사상이나 감정을, (2) 표현한 것으로서, (3) 창작성이 있어야 한다. 이 중에서 가장 문제로 되는 것이 바로 (2)의 '표현'의 요건이다.

캐릭터의 저작물성을 부정하는 입장에서는, 캐릭터라는 것은 그것이 등장하는 소설이나 만화 또는 영화의 구체적 표현으로부터 승화된 등장인물의 총체적인 아이덴티티로서 추상적 개념에 불과할 뿐, 그 자체가 구체적 표현이라고 볼 수는 없다고 한다.[411] 이에 반

410) M. Nimmer, D. Nimmer, *Nimmer on Copyright*, Mattew Bender(1998), Vol. Ⅰ, 2-173.33.

411) 일본 최고재판소 1997. 7. 17. 선고 平成 4(オ) 1443호 판결 참조.

하여 긍정설의 입장에서는, 저작물의 성립요건인 표현은 반드시 구체적 표현을 요하는 것은 아니고 그 매체인 소설이나 만화 또는 영화를 통하여 전체적으로 감지할 수 있는 것이면 족하다고 한다.

나. 긍 정 설

긍정설의 입장에서는 캐릭터가 등장하는 소설은 어문저작물로, 만화는 미술저작물로, 만화영화는 영상저작물로 각각 보호를 받게 되겠지만 이와는 별도로 캐릭터 자체도 저작권법의 보호를 받는 것이며, 캐릭터에 대한 보호는 오히려 그 매체인 어문저작물이나 미술저작물 또는 영상저작물에 대한 보호보다 더 포괄적이라고 본다. 긍정설에 따르면 캐릭터는 그 자체의 생명력을 가지고 있는 독립된 저작물로서, 저작자의 '원래의 표현'(original depiction)을 떠난 복제행위에 대하여도 저작권침해를 주장할 수 있다고 한다.[412)]

예를 들어 월트 디즈니는 미키마우스가 물구나무 선 모습을 한 번도 그린 적이 없는데 제3자가 월트 디즈니의 허락 없이 미키마우스의 물구나무 선 모습을 그렸다면, 비록 이것이 미키마우스가 등장하는 만화나 만화영화를 그대로 복제한 것은 아니라 해도 미키마우스의 아이덴티티를 도용한 것이므로 캐릭터 저작권(복제권)을 침해한 것이라고 본다.

그러나 캐릭터의 저작물성을 긍정하는 입장에서도 해당 캐릭터가 어문적 캐릭터인가 아니면 시각적 캐릭터인가에 따라 보호의 정도를 달리하며, 일반적으로 어문적 캐릭터의 경우에는 시각적 캐릭터에 비하여 저작물로 인정되는 경우를 훨씬 제한적으로 보고 있다.

(1) 어문적 캐릭터(literary character)

(가) 구성요소

어문적 캐릭터를 구성하는 요소로는 캐릭터의 ① 이름(명칭), ② 시각적 요소(외모, 복장 등 이야기 속에 서술된 캐릭터의 신체적 또는 시각적 특징), ③ 청각적 요소(캐릭터의 목소리, 말투, 자주 사용하는 단어나 어법 등),[413)] ④ 성격적 요소(캐릭터의 성격적 특성, 습관, 행동양식 또는 초능력과 같은 특별한 능력 등)의 4가지를 들 수 있다.[414)] 예를 들어 코난 도일(Conan Doyle)의 유명한 추리소설 시리즈의 주인공인 '셜록 홈즈'(Sherlock Holmes) 캐릭터를 위 구성요소에 따라 나누어 보면, 먼저 셜록 홈즈라는 이름, 185센티미터 정도의 키에 길고 날카로운 눈, 매부리코에 약간 창백한 듯한 피부색 등을 특징으로 하는 시각적 요소, 사건조사를 진행할 때

---

412) Goldstein, *Copyright*, Little Brown & Company(1996), p. 2: 130.

413) 어문적 캐릭터의 경우 이러한 시각적 요소나 청각적 요소를 우리가 직접 눈과 귀를 통하여 보고 들을 수는 없지만, 작품 속의 묘사를 통하여 이를 느끼고 파악할 수 있다.

414) 渡邊 修, 文學的 キャラクター の侵害, 裁判實務大系-知的財産權訴訟法(牧野利秋 외 1인 編), 150면 참조.

에는 단호하면서도 극히 과묵하지만 일단 사건이 해결되면 명쾌하게 그 해결과정을 설명하는 어투 등을 특징으로 하는 청각적 요소, 사건해결을 위하여 사색에 잠겨 있을 때에는 의자에 깊숙이 앉아 도자기로 된 파이프를 피우는 습관과 거의 초능력에 가까운 추리력 등을 특징으로 하는 성격적 요소를 들 수 있다. 이 4가지 구성요소 중에서 어느 요소가 해당 캐릭터를 가장 특징적으로 나타내는지는 각각의 캐릭터에 따라서 달라질 수 있다.

(나) 구성요소 각각의 보호여부

어느 캐릭터를 다른 캐릭터와 구별하는 식별력의 관점에서 본다면 위 4가지 구성요소 중에서 가장 강력한 식별력을 갖는 것은 '이름'이다. 다른 3가지 구성요소들은 해당 캐릭터를 구체적으로 묘사하는 것임에 비하여, 이름은 그와 같이 하여 묘사된 캐릭터를 다른 캐릭터와 식별케 하는 '표지'에 해당하는 것이기 때문이다. 이러한 의미에서 캐릭터의 이름은 저작물의 제호와 유사한 기능을 한다. 그러나 저작물의 제호가 저작권법의 보호를 받지 못하는 것과 같은 이유로 캐릭터의 이름도 그 자체로는 보호를 받지 못하는 요소라고 보는 것이 일반적인 해석이다.[415] 비록 셜록 홈즈가 코난 도일 추리소설에 등장하는 주인공의 이름으로서 다른 추리소설에 등장하는 탐정과 구별되는 가장 강한 식별력을 갖는다 하더라도, 셜록(Sherlock)이나 홈즈(Holmes)는 모두 앵글로 색슨족에게서 흔하게 찾아 볼 수 있는 이름과 성으로서 그 자체로는 저작권법에 의한 보호를 받지 못한다는 것이다.[416]

이름 외의 어문적 캐릭터를 구성하는 나머지 3가지 요소도 저작권법에 의한 보호를 받기가 쉽지 않다. 셜록 홈즈의 경우에서 보듯이 셜록 홈즈라는 캐릭터를 묘사하고 있는 시각적, 청각적, 성격적 특징들은 어느 것이나 모두 다른 추리소설의 주인공에서도 흔하게 나타날 수 있는 특징들이다. 이러한 묘사만으로 셜록 홈즈라는 캐릭터가 다른 캐릭터와 확연하게 구분될 수 있는 개성을 가지고 있다고 보기는 어렵다. 설사 코난 도일이 처음으로 이러한 특성의 캐릭터를 창작하였다 하더라도 이에 대하여 저작권법에 의한 독점권의 보호를 주게 되면, 다른 추리소설 창작자의 창작기회를 박탈하거나 창작의 자유를 심하게 제한하는 결과를 초래하므로 부당하다. 특히 기존의 다른 스토리에서도 흔히 등장하는 일반적이거나 표준적인 캐릭터는 이른바 '창작의 도구'(building blocks)로서, 아이디어·표현 이분법에 따를 때 저작권법의 보호를 받지 못하는 아이디어의 영역에 속하는 것으로 보거나, 아니면 설사 표현의 영역에 속하는 것이라 하더라도 '합체의 원칙'(merger doctrine)[417]

415) 상게서, 150면.

416) 상게서, 152면.

417) 창작적인 표현이라고 하더라도 해당 저작물의 사상이나 감정, 즉 아이디어가 오직 그 표현방법 외에는 달리 효과적으로 표현할 방법이 없는 경우에는 아이디어와 표현이 합체되었다고 하고 이때에는 그 표현에 대하여 저작권법의 보호를 부정하는 원칙을 말한다(본 장 제 1 절 '저작물의 성립요건과 보호범

또는 '필수장면의 원칙'(scènes à faire)[418] 이론을 원용하여 저작권에 의한 보호를 제한하여야 한다.

이처럼 어문적 캐릭터의 구성요소가 저작권법에 의한 보호를 받기는 극히 어렵다. 그러므로 캐릭터가 독자적인 저작물로 성립한다고 하더라도 그 캐릭터가 도용당하였는지 여부는 그 캐릭터를 구성하고 있는 요소들을 전체적으로 살펴, 총체적인 아이덴티티(identity)가 도용되었는지, 즉 침해물로부터 해당 캐릭터의 총체적인 아이덴티티를 감지할 수 있는지의 여부에 따라 판단하여야 한다.

(다) 독자성 인정을 위한 미국 법원의 두 가지 기준

그렇다면 어문적 캐릭터가 독자적인 저작물로 성립하기 위해서는 어떠한 조건을 갖추어야 하는가? 미국에서는 어문적 캐릭터의 저작권법상 보호여부를 판정함에 있어 판례를 통하여 개발된 아래와 같은 두 가지 기준을 적용한다.

① 개발의 정도

첫째는, 문예작품과 관련된 Nichols 사건[419]에서 Learned Hand 판사가 제시한, "캐릭터의 개발정도가 적으면 적을수록 저작권의 보호도 적게 되며(The less developed the characters, the less they can be copyrighted), 캐릭터가 세밀하게 묘사되면 묘사될수록 캐릭터는 더 큰 보호를 받을 수 있다."고 하는 판시내용처럼 '개발의 정도'를 보호여부의 판단기준으로 삼는 것이다. 이를 Hand 판사의 'Specificity Test' 라고 부른다. 즉, 개성화·특성화의 정도가 클수록 캐릭터로서 보호받을 가능성이 크다. 캐릭터가 덜 개발됨으로 인하여 보호를 받지 못하게 되면 이는 개성이 뚜렷하지 않은 캐릭터를 개발한 저작자가 감수하여야 할 불이익이라고 본다.[420]

② 'Story being told' Test

두 번째 기준은 Warner Bros., Inc. v. Columbia Broadcasting System 판결(일명, 'Maltese Falcon' 사건)[421]에서 미국 제 9 항소법원이 제시한 'Story being told test'라는 것이다. 이 판결의 사안은 다음과 같다. Dashiell Hammett는 '말테의 매'(The Maltese Falcon)라는 유명한 탐정소설의 저자이다. Hammett는 1930년에 이 소설을 원작으로 하는 영화, TV, 라디오 시리즈물을 제작할 수 있는 권리를 Warner Brothers 회사에 양도하였고, Warner사는 이를 바

위' 참조).

418) 어떠한 사상이나 감정을 나타내고자 할 경우 전형적으로 수반되는 표현에 대하여는 저작권법의 보호를 주지 말아야 한다는 원칙이다(본 장 제 1 절 '저작물의 성립요건과 보호범위' 참조).

419) Nichols v. Universal Pictures Corp., 45 F.2d 119(2d Cir. 193).

420) Nimmer, *op. cit.*, p. 2: 173.

421) 216 F. 2d 945(9th Cir. 1954), cert. denied, 348 U.S. 971(1955).

탕으로 1931년 험프리 보가트(Humphrey Bogart)가 주인공 탐정인 '샘 스패이드'(Sam Spade) 역을 맡은 영화를 제작, 상영하여 큰 성공을 거두었다. 그런데 1946년 Hammett는 피고 CBS 방송사에게 다른 주요 등장인물과 함께 위 '말테의 매'의 주인공 Sam Spade의 이름과 캐릭터를 라디오 방송에 사용할 권리를 양도하였고(소설 자체에 대한 사용권은 양도계약에 포함되지 아니하였다), 이를 바탕으로 CBS 방송사는 1946년부터 1950년까지 Sam Spade를 주인공으로 하는 주말 라디오 탐정물을 제작·방송하였다. 그러자 Warner사가 CBS 및 Hammett를 상대로 저작권침해소송을 제기하였다.

이 사건에서 제 9 항소법원은 원고 Warner사가 피고 Hammett로부터 양도받은 소설 '말테의 매'에 대한 권리 중에는 Sam Spade의 캐릭터에 관한 권리가 포함되어 있지 않다는 이유로 원고의 청구를 기각하였다. 그 대체적인 이유는 다음과 같다.

만약 원고가 Sam Spade 캐릭터에 대한 권리까지 양도받았다고 하려면 먼저 그 전제로서 Sam Spade 캐릭터가 소설과는 별도로 저작권법이 보호하는 독자적인 저작물로 성립될 수 있어야 한다. 그렇지 않다면 캐릭터는 '아이디어' 또는 '창작의 도구'에 해당하여 모든 사람이 자유로이 사용할 수 있어야 하기 때문에, 원고가 피고에 대하여 캐릭터의 부정사용 여부를 다툴 여지가 없다. 한편, 소설의 주인공 같은 어문적 캐릭터가 소설과 별개의 저작물이 되기 위해서는 "캐릭터 자체가 곧 소설을 구성한다"(character constitutes the story being told)고 할 정도의 것이 되어야 한다. 그런데 이 사건에서 Sam Spade라는 캐릭터는 스토리를 구성하는 정도에까지는 이르지 못하고, 스토리를 운행시켜 나가는 '운송수단'(vehicle) 정도의 역할을 하고 있을 뿐이다. 따라서 운송객체인 스토리가 양도되었다고 하여 운송수단인 캐릭터까지 양도되었다고는 볼 수 없으며, 피고 Hammett가 소설 '말테의 매'에 대한 권리를 양도하였다 하더라도, 그 후에 다시 그 소설의 주인공과 같은 인물을 주인공으로 하는 새로운 소설을 자유롭게 저작할 수 있는 것이다.

이 판결에서 제시하고 있는 이른바 'Story being told test'에 의하면, 구체적인 표현을 변경하더라도 변함없이 유지되는 내면적 구성을 '플롯'(plot)이라고 할 때, 어문적 캐릭터의 개발정도가 극히 커서 캐릭터가 플롯(plot)의 주요부를 이루며, 그 캐릭터가 없으면 이야기의 전개, 즉 플롯의 진행이 불가능할 정도에 이른 경우라야 비로소 캐릭터는 전체적인 스토리와는 별개로 독자적으로 저작권법의 보호를 받을 수 있다. 반면에 캐릭터가 단순한 이야기를 진행시켜 나가기 위한 '운송수단'(vehicle)에 불과하거나, 또는 소설의 이야기를 풀어나가는 것을 장기(chess) 게임에 비교할 때 해당 캐릭터가 그 게임을 하기 위한 도구인 장기말(chessman)에 불과한 정도라면 별도로 저작권법의 보호를 받을 수 없다.[422] 즉, 장기 게

422) Nimmer, *op. cit.*, p. 2: 175.

임에는 차(車)·포(包)·마(馬)·상(象)·졸(卒)·사(士) 등의 각종 말들이 있고, 이들은 움직이는 진행 방향 및 형태에 있어서 서로 다른 각자의 특성들을 가지고 있다. 이러한 말들을 가지고 한 판의 장기 게임을 진행하게 되는데, 동일한 말들을 가지고 장기 게임을 하지만 그에 따라 펼쳐지는 게임의 양상은 매번 다르게 나타난다. 여기서 말은 캐릭터로, 한 판의 장기 게임은 그 캐릭터를 주인공으로 하는 작품(예컨대 소설)에 비유할 수 있다. 이때 어떤 작품의 캐릭터가 장기판의 말과 같은 존재여서 그 캐릭터를 사용하여 얼마든지 매번 다른 스토리가 창작될 수 있다면, 그 캐릭터는 작품과 별개의 독자적인 저작권의 보호를 받을 수 없다는 것이 story being told test이다. 즉, 그 캐릭터를 사용할 경우에는 언제나 정해진 스토리가 나올 수밖에 없는 정도에 이르러야 그 캐릭터가 독자적인 보호를 받을 수 있다는 것이다.

셜록 홈즈라는 캐릭터를 'Story being told test'에 대입해 보면, 비록 셜록 홈즈라는 캐릭터가 매우 독창적으로 개발된 캐릭터라고 하더라도 이 테스트의 기준을 충족할 정도에까지는 이르지 않았다고 볼 수밖에 없다. 셜록 홈즈라는 캐릭터가 없어도 얼마든지 동일한 스토리를 구성할 수 있을 뿐만 아니라, 반대로 셜록 홈즈 캐릭터를 그대로 차용하더라도 코난 도일의 추리소설과는 전혀 다른 새로운 플롯을 가지는 스토리를 얼마든지 만들어 낼 수 있기 때문이다. 사실 'Story being told test' 기준은 앞서 Learned Hand 판사가 제시한 '개발의 정도' 기준보다 캐릭터의 저작물성 인정에 있어서 훨씬 엄격한 것이어서, 이러한 기준을 충족하여 독자적인 어문적 캐릭터로 보호받을 수 있는 캐릭터는 현실적으로 거의 존재할 가능성이 없다. 그래서 Goodis 사건[423]에서 미국 제 2 항소법원은 이 기준이 "캐릭터의 도용을 무한정 허용한 공공정책의 관점에서 결코 지지할 수 없는 기준"이라고 비판하기도 하였고, 이 기준을 제시한 Maltese Falcon 사건은 오랜 기간에 걸친 논쟁의 시초가 되었다.[424][425]

'Story being told test' 기준은 어문적 캐릭터의 독자적인 저작물성을 긍정하는 입장에

---

423) Goodis v. United Artists Television, 425 F.2d 397(2d Cir. 1970).

424) 최연희, 전게논문, 29면 참조.

425) 한편, 이 사건 판결의 다른 판시 부분을 보면, Warner사와 같이 저작권을 전문적으로 다루는 대형 영화사가 Hammette로부터 원작이용권을 양도받으면서 작성한 계약서에 캐릭터에 관한 언급이 전혀 없는 점, 당시 Warner사가 이용권 양수대가로 지급한 금액(8,500$)이 '말테의 매'(Maltese Falcon)와 같은 유명한 작품의 캐릭터까지를 포함한 모든 권리의 양수대금으로서는 지나치게 적었다는 점, 그리고 위 양도계약 후인 1932년에도 Hammette가 '말테의 매'에 등장하는 캐릭터를 사용하여 3개의 스토리를 저작하였지만 이에 대하여 Warner사가 아무런 이의도 제기하지 아니하였다는 점 등 여러 가지 주변 정황적인 사실들을 고려하고 있는데, 이러한 판시는 저작권양도계약과 이용허락계약의 해석에 있어서 중요한 지침을 제공하는 것으로 평가를 받고 있다. 이에 관하여는 뒤의 제 5 장 제 3 절 '저작권 양도 및 이용허락과 관련된 계약의 해석' 부분에서 다시 살펴보기로 한다.

서 채택된 기준이기는 하지만, 사실상 이를 부정하는 부정설과 결론에 있어서는 큰 차이가 없을 것으로 보인다. 어쨌든 이 판결은 소극적으로 어문적 저작물의 양도에는 그 저작물의 캐릭터에 대한 양도가 포함되어 있지 않다는 점을 확인하였다는 점에서 의미가 있고, 나아가서는 캐릭터가 곧 스토리를 구성한다고 볼 수 있을 정도로 된 경우에만 스토리와 구분되어 캐릭터 자체로서 저작권법의 보호가 주어질 수 있음을 제시하였다는 점에서 의미가 있는 판결이라고 하겠다.

(라) 어문적 캐릭터에 대한 구체적인 침해 판단

① 기 준

이상의 점을 종합하면, 캐릭터의 독자적인 저작물성을 인정하는 긍정설에 의하더라도 어문적 캐릭터 자체에 대한 저작권침해가 성립하기 위해서는 두 가지 조건이 충족되어야 한다. 첫째로, 그 캐릭터가 '독창적으로 착안'(originally conceived) 됨으로써 그 자체의 창작성을 가지고 있고, 그것이 소설이나 영화 등의 매체를 떠나 독자적인 저작물로 성립할 수 있을 정도로 충분히 개발되고 표현되어야 한다.

둘째로, 그와 같이 개발된 구체적인 표현이 침해자에 의하여 무단이용 되어야 하며 단순히 그 캐릭터의 개괄적이거나 추상적인 아우트라인(outline)이 이용된 것만으로는 부족하다.[426] 캐릭터의 개괄적인 또는 추상적인 아우트라인은 아이디어·표현 이분법에 비추어 볼 때 표현이라기보다는 오히려 보호받지 못하는 아이디어에 해당하기 때문이다.

그런데 위에서 살펴 본 두 가지 기준을 놓고 볼 때, 과연 어문적 캐릭터가 어느 정도까지 개발되고 또 어느 정도까지 스토리를 구성하여야 어문적 저작물과는 별도의 보호를 받을 수 있을 것인가 의문이 생기지 않을 수 없다. 이에 관하여 명확한 한계를 설정하기는 어려우며, 어떻게 보면 어문적 캐릭터를 독자적인 저작물로 보호할 수 있는 경우는 거의 있을 수 없다고도 생각된다. 특히 위에서 본 story being told test의 기준을 충족하는 어문적 캐릭터를 찾아보기란 사실상 불가능하다. 그 캐릭터가 없으면 그 스토리의 구성도 불가능한 경우를 거의 상정하기 어렵기 때문이다. 이러한 점에서 story being told test는 많은 비판을 받고 있지만, 어쨌든 어문적 캐릭터가 독자적으로 저작권법의 보호를 받기는 쉽지 않을 것으로 보인다.

다만, 어문적 캐릭터가 저작권법의 보호를 받지 못한다는 것과, 그 캐릭터를 주인공으로 하고 있는 어문저작물이 저작권법의 보호를 받는 것과는 구분하여야 한다. 비록 캐릭터 자체는 저작권법의 보호를 받지 못한다 하더라도 그 캐릭터를 중요한 요소로 하고 있는 저작물은 명백한 저작권법의 보호대상이며, 이때 그 저작물에 대한 저작권침해가 있느냐 여부

426) Nimmer, *op. cit.*, p. 2: 173.

를 가림에 있어서는 캐릭터의 도용이 있었느냐 여부가 중요한 판단요소가 된다.

② 긍정 사례

현재까지 알려져 있는 범위 내에서 어문적 캐릭터의 독자적인 저작물성을 인정한 취지의 판례로는 미국 캘리포니아지방법원이 선고한 Anderson v. Stallone[427] 판결이 거의 유일한 것 같다. 그 사안은 다음과 같다.

유명 영화배우 실베스타 스탤론(Sylvester Stallone)은 '로키'(Rocky Balboa)라는 권투선수를 주인공으로 하는 시나리오를 쓰고 스스로 주연배우가 됨으로써 영화 Rocky Ⅰ, Ⅱ, Ⅲ에서 큰 성공을 거두었다. 스탤론은 1982년 5월 경 Rocky Ⅲ의 흥행을 위한 모임에서 기자들에게 자신이 구상하고 있는 Rocky Ⅳ의 개략적인 플롯에 관하여 설명하였다. 그 주된 내용은, 주인공 로키가 미국 대표로서 공산치하의 소련에 가서 소련의 권투선수와 시합을 갖는데, 시합 장소는 모스크바에 있는 대형 스타디움이며 모든 관중들이 일방적으로 소련 선수를 응원하는 적대적인 분위기 속에서 올림픽에 앞서 미국과 소련 두 강대국의 대항전 성격의 경기를 치른다는 것이다. 이 사건 원고인 앤더슨(Anderson)은, 1982년 6월경 영화 Rocky Ⅲ을 관람하고서 여기에서 힌트를 얻어 그 속편 Rocky Ⅳ를 위한 31페이지짜리 초록을 작성한 후 자신과 스탤론을 공동저자로 하여 MGM 영화사에 그 초록을 보냈는데 그 내용은 스탤론이 기자회견에서 설명한 플롯과 거의 유사하였다. 그러나 스탤론은 앤더슨의 위 초록과는 별개로 스스로 Rocky Ⅳ의 시나리오를 완성하여 영화를 제작·상영하였고, 이에 앤더슨은 스탤론을 상대로 위 초록에 대한 저작권을 침해하였다는 이유로 소송을 제기하였다.

이 사건에서 캘리포니아지방법원은, Rocky라는 캐릭터는 저작권법의 보호를 받을 수 있을 정도로 충분히 개발된 캐릭터이므로, 스탤론이 앤더슨의 초록에 대한 저작권을 침해한 것이 아니라, 오히려 앤더슨이 Rocky를 주인공으로 하는 위 초록을 작성하였을 때 스탤론이 저작권을 가지는 Rocky 캐릭터에 대한 침해가 성립하고, 따라서 원고 앤더슨의 청구는 이유 없다고 판시하였다.

③ 소 결

위 '로키 사건'의 판결은 Rocky라는 캐릭터가 앞서 본 미국 법원에서 채택된 두 가지 테스트, 즉 '개발의 정도 테스트'(specificity test)와 'story being told test'를 만족시켰다고 보고 있다. 그러나 Rocky 캐릭터가 전자의 테스트는 몰라도 후자, 즉 story being told test를 만족시켰다는 점에 관하여서는 과연 그렇게 볼 수 있는 것인지 크게 의문스럽다.

먼저 Rocky라는 캐릭터는 어떤 요소들로 이루어져 있는지를 살펴보자. 앞에서 설명한

427) 11 U.S.P.Q. 2d 1161(C.D. Cal. 1989).

캐릭터의 4가지 구성요소에 따라 나누어 보면, Rocky 캐릭터는 ① Rocky라는 이름, ② 헤비급 권투선수로서의 거대한 몸집과 근육질의 균형잡힌 몸매를 가진 백인 남자라는 시각적 요소, ③ 약간 바보스럽게 느껴지는 혀짧은 발음과 어눌한 말투를 특징으로 하는 청각적 요소, ④ 남을 속이거나 배신할 줄 모르고 아내와 가정에 충실한 순박한 마음씨를 가졌으며, 한때 방황하기도 하지만 시합을 앞두고 어떤 계기가 생기면 맹렬한 훈련과 연습을 통하여 목표를 이루고자 하는 성격적 요소로 구성된다고 볼 수 있다. 그렇다면 과연 이러한 구성요소를 가진 캐릭터가 없이는 앤더슨이 작성한 초록이나 스탤론의 Rocky Ⅳ 시나리오와 같은 내용의 저작물을 구성하는 것이 불가능한 것인지, 또 Rocky 캐릭터를 등장시키는 이상 매번 같은 스토리의 저작물만이 나올 수밖에 없는 것인지는 의문이며, 오히려 부정적이라고 새길 수밖에 없다. 특별히 Rocky라는 캐릭터가 코난 도일의 '셜록 홈즈' 또는 '말테의 매'에서의 '샘 스페이드'(Sam Spade)보다 더 개발되었고 더 많은 정도로 스토리를 구성하고 있다고 볼 근거를 찾아보기 어려운 것이 사실이다.

Rocky 사건의 판결은 원고 앤더슨의 청구를 기각하여야 한다는 결론을 미리 정해 놓고서, 그 근거로 손쉬운 대로 캐릭터의 법리를 끌어댄 것이라는 인상을 지우기 어렵다. 법원으로서는 적극적으로 원고 앤더슨의 초록과 피고 스탤론의 시나리오 사이에 있어서 작성의 선후관계 및 실질적 유사성과 접근 가능성 등의 관점에서 저작권침해여부를 판단하였어야 한다는 아쉬움이 남는다.

(마) 집합적 캐릭터

어문적 캐릭터가 독자적인 저작물로 성립하는 것을 방해하는 또 다른 요소는, 어문적 캐릭터는 스토리 내에서 다른 캐릭터에 의존하는 정도가 시각적 캐릭터의 경우보다 훨씬 크다는 점이다. 예를 들어 Rocky 사건에서 주인공 Rocky를 구성하는 성격적 요소는 Rocky의 아내로 나오는 '애드리안'(Adrian)의 성격적 요소, 즉 남편에 대한 지극한 신뢰와 사랑, 그리고 순박함을 특징으로 하는 요소와 밀접하게 관련되어 있다. Adrian뿐만 아니라 그 밖의 다른 주인공들인 아폴로(Apollo), 폴리(Paulie) 등도 스토리의 전개 속에서 Rocky 캐릭터와 이런 저런 관련을 맺고 있다. 따라서 설사 Rocky 캐릭터가 위 두 가지 테스트를 모두 통과하여 저작권법의 보호를 받을 수 있을 정도로 개발되었다고 하더라도, 다른 제 3 자가 Rocky의 캐릭터만을 그대로 도용하고 나머지 다른 주인공들은 모두 다른 성격의 인물로 교체하였다고 할 때 캐릭터의 침해가 성립할지는 또 다른 각도에서 살펴보아야 할 문제이다. 이런 점에서 어문적 캐릭터는 설사 보호를 받는다 하더라도 개별적인 캐릭터로서가 아니라 다른 캐릭터들과 밀접하게 관련된 '집합적 캐릭터'(characters as a group)로서만 보호를 받을 수 있다는 견해도 있다.[428)]

우리 하급심 판결 중에도 '집합적 캐릭터'의 보호를 인정한 사례가 있다. 서울남부지방법원 2004. 3. 18. 선고 2002가합4017 판결(일명 '여우와 솜사탕' 사건)[429]은 드라마 대본 사이의 저작권침해여부가 다투어진 사건인데, 양 대본 사이에 등장하는 남녀 주인공, 남자주인공 부모, 여자주인공 부모들의 성격이 유사한 점이 인정되고, 이에 따라 양 대본 모두 남자주인공과 여자주인공의 갈등, 남녀 주인공의 어머니들의 갈등, … 여자주인공과 그 어머니의 갈등, 남자주인공 아버지와 어머니의 갈등의 구조가 서로 대응하며, 그 갈등의 내용 또한 구체적인 줄거리나 전개과정에 있어 서로 상당 부분 대응되는 공통점이 있다고 한 후,[430] 원고 대본에 등장하는 각각의 어문적 캐릭터는 저작권법의 보호를 받기 어려우나, 사건의 전개는 등장인물들 각자의 캐릭터 상호간의 갈등의 표출과 그 해소과정이라고 볼 수 있다는 점에서 그러한 캐릭터들의 '조합'은 저작권의 보호대상이 된다고 판시하였다.

(2) 시각적 캐릭터(visual character)

(가) 개 요

시각적 캐릭터는 미키마우스나 슈퍼맨 같이 만화 또는 만화영화 등 시각적 저작물의 등장인물로 인공적으로 창작된 캐릭터로서, 그 등장인물의 용모, 행동거지, 명칭, 성격, 목소리, 말투 등을 모두 합한 총체적인 아이덴티티(identity)를 말한다. 따라서 캐릭터의 독자적인 저작물성을 긍정하는 입장에서 볼 때, 시각적 캐릭터는 만화나 만화영화 등의 구체적인 표현을 떠나 그 표현으로부터 승화되어 총체적으로 인식할 수 있는 하나의 관념적 실체라고 볼 수 있다. 시각적 캐릭터 역시 용모뿐만 아니라 행동거지나 성격 등도 그 아이덴티티를 이루는 요소가 되므로 순수하게 시각적인 것이라고만은 할 수 없다. 이런 이유로 만화 주인공 같은 시각적 캐릭터를 미술저작물, 또는 영상저작물과 어문저작물이 혼합된 형태의 특수한 저작물이라고 보는 견해도 있다.[431]

428) 渡邊 修, 전게논문, 157면 참조.

429) 한국저작권판례집(10), 저작권심의조정위원회, 2006, 34면 이하.

430) 예를 들어, 양 드라마의 남자주인공의 아버지는 모두 "① 제왕적 가부장의 표상이며, 근검절약 정신이 투철하여 구두쇠로 불린다. ② 부인과 딸에게 엄격하고 구속적이지만 아들에게는 자유방임적이다. ③ 며느리를 위하는 마음이 각별하고, 극본의 후반부에 며느리의 영향으로 부인에게 친절해진다. ④ 중소기업의 사장으로서 겉보기보다 내실이 튼튼한 알부자이다"라는 공통점이 있고, 남자주인공은 모두 "① 어머니의 사랑을 많이 받고, 자유인으로 살아가는 인생에 대한 동경이 있다. ② 욱하는 성질과 허풍이 심하며, 능글맞은 점이 공통된다. ③ 외모가 준수해서 여자들로부터 인기가 좋고, 결혼 전 여러 여자를 사귄다. ④ 여주인공과 결혼할 생각이 없었으나 결국 결혼하게 된다. ⑤ 아내에게 겉으로는 엄격하지만 실은 공처가로서 부드러운 면이 있다. ⑥ 부인이 계속 공부하는 것을 인정해주고 도와준다"는 공통점이 있다.

431) 뒤에서 보는 일본의 '라이더 맨' 판결이 그 예이다.

시각적 캐릭터는 저작권법뿐만 아니라 일정한 요건을 갖추면 상표법, 디자인보호법 또는 부정경쟁방지법에 의하여서도 보호를 받을 수 있다. 시각적 캐릭터의 독자적인 저작물성을 긍정한 대표적인 판례로서는 아래에서 보는 미국 제 9 항소법원의 Walt Disney Production v. Air Pirates 판결과 일본 동경지방법원 1976. 5. 26. 판결(일명 '사자에 양' 사건 판결)을 들 수 있다.

(나) Walt Disney Production v. Air Pirates 판결[432]

원고 월트 디즈니사는 미키마우스, 미니마우스, 도날드 덕, 구피 등이 등장하는 만화 및 만화영화에 대한 저작권을 가지고 있다. 피고는 'Air Pirates Funnies'라는 제목의 성인용 만화잡지를 발행하면서 원고 만화주인공들의 모습과 이름을 그대로 사용하여 피고의 만화주인공으로 하였다. 다만 피고의 만화주인공이 가지는 이미지는 원고 만화에서의 이미지와

J. Ginsburg, op. cit., p. 591.

432) 581 F. 2d 751(9th Cir. 1978).

전혀 상이하였다. 예컨대 원고의 작품에서 보이는 미키마우스의 순진한 성격, 명랑한 얼굴, 미소, 해피엔딩을 연상케 하는 밝은 이미지와는 상반되게, 피고의 만화책에 나오는 미키마우스는 free sex를 표방하는 반항적이면서도 무법자 같은 사고를 갖고 있으며 마약을 복용하는 등 반사회적인 인물로 묘사되었다. 이 사건에서는 첫째로 만화주인공 캐릭터가 그 매체인 만화영화를 떠나서 독자적으로 저작권법의 보호를 받는 대상인지 여부와, 둘째로 캐릭터가 독자적인 저작권의 보호를 받는다 하더라도 이 사건에서 '공정사용'(fair use) 또는 '패러디'(parody)의 항변이 성립할 수 있는지 여부가 쟁점으로 되었다.

미국 제9항소법원은 먼저 첫째 쟁점에 관하여, 앞서 본 어문적 캐릭터에 관한 '말테의 매' 사건의 Story being told test를 인용하면서, 캐릭터가 독립적으로 저작권의 보호를 받기 위하여서는 그 캐릭터가 단순히 스토리의 '운송수단'(vehicle)인 정도를 넘어 서서 캐릭터 자체가 스토리를 구성할 정도가 되어야 하나, 만화의 주인공과 같은 시각적 캐릭터는 '시각적 이미지'(visual image)가 덧붙여짐으로써 저작물의 성립요건인 창작적 표현이 훨씬 강하게 부각되므로 어문적 캐릭터보다 훨씬 쉽게 저작권의 보호를 받을 수 있다고 하였다. 따라서 원고는 자신이 제작한 만화 또는 만화영화에 대한 저작권과 더불어 그 주인공인 캐릭터 자체에 대한 저작권도 보호받을 수 있다고 판단하였다.[433)]

(다) 동경지방법원 1976. 5. 26. 판결(일명, '사자에 양 사건)[434)]

만화가인 원고는 1946년경부터 '사자에 양'이라는 제목으로 4컷짜리 신문연재 만화를 저작하여 왔다. 피고는 관광버스 영업을 시작하면서 그 사업체 명칭을 '사자에 양 관광'으로 하고 자신이 운행하는 관광버스 차체 양쪽에 연재만화 '사자에 양'의 주인공과 등장인물인 '사자에', '가쯔오', '와까메' 3명의 얼굴그림을 상부 중앙 및 하부 좌, 우측에 각각 그려 붙이고 관광버스를 운행하였다.[435)] (그림 참조)

이 사건에서 동경지방법원은, '사자에 양'과 같이 장기간에 걸쳐 연재되는 만화의 등장인물은 각 에피소드나 줄거리의 단순한 설명자를 넘어서서 훨씬 중요한 비중을 차지하며, 오히려 에피소드나 줄거리가 등장인물에 맞추어 선택되고 표현되는 경우가 많다고 전제하였다. 그리고 이러한 연재만화 등장인물의 역할, 용모, 자태 등은 어느 정도 지속성을 가지고 있는 것으로서, 언어로 표현된 에피소드나 줄거리 및 특정한 화면에서의 특정한 표정,

433) 둘째 쟁점에 관하여 법원은 '공정이용'(fair use) 또는 '패러디'(parody) 항변을 받아들이지 아니하였는데, 이에 대한 설명은 뒤의 제6장 '저작물의 자유이용과 저작재산권의 제한' 부분에서 보기로 한다.

434) 無體例集 8권, 1호, 219면; 著作權判例百選, 제2판, ジュリスト No. 128, 40면.

435) 만화 '사자에 양'에는 그 주인공으로서 사자에 양, 그의 남동생인 가쯔오, 누이동생인 와까메, 남편인 마스오, 아버지인 波平, 어머니인 오후네[舟]가 등장하고, 사자에 양은 평범한 회사원의 아내로서 가사, 육아 혹은 이웃교제 등에서 명랑한 성격을 전개하는 것으로 묘사되고 있으며, 그 밖의 등장인물들도 역할, 용모, 자태 등에서 각 등장인물 자체의 성격이 일관되게 표현되고 있다.

시선, 몸의 움직임 등을 초월하는 것이라고 하였다. 피고는 관광버스 차체 양쪽에 만화주인공들의 얼굴그림을 그려 붙인 것일 뿐, 이 사건 만화의 에피소드나 줄거리를 복제한 것은 아니라고 주장하였다. 그러나 법원은, 피고가 그려 붙인 얼굴그림은 누가 보아도 연재만화 '사자에 양'의 등장인물인 사자에 양, 가쯔오, 와까메가 표현된 것이라고 감지할 수 있고, 그와 동일 또는 유사한 그림을 만화 '사자에 양'의 특정한 화면 속에서 찾아낼 수 있을지는 모르지만, 굳이 그와 같은 대비작업을 할 것도 없이 피고의 그림은 오랜 세월 동안 신문지상에 게재됨으로써 형성된 사자에 양의 캐릭터를 무단이용한 것으로서 원고의 저작권을 침해한 것이라고 판단하였다.

사자에 양 그림

다. 부 정 설

부정설은 캐릭터가 등장하는 소설이나 만화, 만화영화를 각각 어문저작물이나 미술저작물 또는 영상저작물로 보호하는 것으로 족하며, 별도로 캐릭터 자체를 독립된 저작권법의 보호대상으로 삼을 필요는 없다는 것이다. 저작물로 성립하기 위해서는 사상이나 감정이 외부적으로 '표현'된 것이어야 하는데, 캐릭터는 그 주인공에게 일관되게 부여되어 있는 용모, 자태, 성격, 특징 등을 총칭하는 것으로서 구체적인 표현이 아니라 그 구체적인 표현으로부터 인식되는 추상적인 사상 또는 감정에 그치는 것이므로 저작물의 성립요건을 결하였다는 것이다.[436]

부정설에 의하면, 월트 디즈니가 미키마우스의 물구나무 선 모습을 전혀 그린 바 없는데 제 3 자가 그런 모습을 그린 경우 이는 원작에 대하여 사회통념상 실질적인 개변(改變)을 가한 것이 아니라 '사소한 개변'(trivial variation)을 한 것에 불과하기 때문에 복제권 침해를 주장할 수 있으며, 설사 사소한 개변을 넘어서는 실질적인 개변이 이루어졌다고 하더라도 이는 허락 없이 2차적저작물을 작성한 것으로서 원저작자의 2차적저작물작성권을 침해한 것으로 규율할 수 있는 만큼 캐릭터의 보호를 위하여 캐릭터 자체에 대한 독립적인 저작물성을 인정할 필요는 없다고 한다.

부정설에 입각한 대표적인 판결로 일본 동경지방법원 1977. 11. 14. 선고 昭和 49(ワ)5415호 판결(일명 '라이더 맨' 사건)과 일본 최고재판소 1997. 7. 17. 선고 平成(オ) 1443호 판결을 들 수 있다.

(1) 동경지방법원 1977. 11. 14. 선고 昭和 49(ワ)5415호 판결(일명,'라이더 맨' 사건)[437]

피고[438]가 제작한 '라이더 맨'은 52회에 걸쳐 연속 방영된 TV 영화이다. 이 영화의 주인공인 라이더 맨은 보통 때에는 일반적인 사람의 모습을 하고 있으나 필요에 따라 곤충의 안면과 유사한 모양으로 입과 그 주변부위만을 남기고 머리 및 안면의 다른 부분을 전체적으로 가리는 특이한 구성의 헬멧을 착용한 개조인간으로 변신하면서, 오른팔 의수에 장착된 로프, 투망, 쇠톱 등을 자유롭게 사용하는 캐릭터이다. 이 영화가 어린이들의 인기를 끌자 완구 제조업자인 원고는 '라이더 맨'의 헬멧과 거의 유사한 모양의 헬멧을 제조하여 판매하였다(그림 참조).

436) 龍村 全, "キャラクタの侵害", 牧野利秋, 전게서, 165면; 加戶守行, 著作權法逐條講義, 社團法人 著作權情報センタ´ 改訂新版(1994), 20면 각 참조.

437) 無體例集 9권 2호, 717면; 著作權判例百選, 전게서, 44면.

438) 이 사건은 저작권의 부존재확인청구 사건이었으므로 저작권자가 피고로, 상대방이 원고로 되어 있다.

이 사건에서 동경지방법원은, 피고의 영화에 나오는 '라이더 맨'의 헬멧과 원고가 제조·판매한 헬멧을 비교하면, 부분적인 사소한 차이에도 불구하고 전체적으로는 모두가 곤충을 연상케 하는 독특한 인상을 주어 일반 시청자 특히 어린이들이 피고의 영화에 등장하는 '라이더 맨'의 헬멧으로 인식하기에 충분하다고 한 후, 원고가 이 사건 헬멧을 제조하는 행위는 피고의 영화에 등장하는 '라이더 맨'의 특징, 즉 캐릭터를 이용하는 것이며 이는 피고가 가지고 있는 영화저작물의 저작권을 침해하는 것이라고 하였다. 이 판결에서는 캐릭터라는 용어를 사용하고 있기는 하지만, 캐릭터를 도용하는 것이 캐릭터 자체가 아닌 '영화저작물'의 저작권을 침해하는 것이라고 보고 있다. 즉, 캐릭터 자체가 독자적인 저작물이 된다는 이론구성을 피하고 있다는 점에서 긍정설이 아니라 부정설의 입장에 선 판결로 평가된다.

라이더맨의 헬멧

(2) 일본 최고재판소 1997. 7. 17. 선고 平成(オ) 1443호 판결(일명, '뽀빠이' 사건)[439]

이 사건에서 일본 최고재판소는, "매회 이야기가 완결되는 형식의 연재만화에 있어서는 등장인물이 묘사된 매회의 만화가 각각 하나의 저작물에 해당하고, 구체적인 만화를 떠나 이른바 캐릭터라는 것을 독자적인 저작물로 볼 수는 없다. 캐릭터는 만화의 구체적인

439) 이 사건의 원고(King Features Syndicate, Inc.)는 뽀빠이라는 널리 알려진 캐릭터를 등장인물로 하여 1929. 1. 17. 신문과 단행본에 첫 만화를 게재하기 시작한 이래 판결 당시까지 연재를 계속하고 있었다. 피고는 1982. 5월경부터 자신이 판매하는 넥타이에 뽀빠이 캐릭터를 붙여 판매하였다.

표현으로부터 승화된 등장인물의 인격이라는 추상적 개념이지, 그 자체가 사상 또는 감정을 창작적으로 표현한 것은 아니다."라고 하였다.

라. 양설의 검토

캐릭터를 독자적인 저작물로 인정할 수 있는가의 문제와 관련하여 미국에서는 전통적으로 이를 긍정하는 입장이 우세하였다. 반면 일본에서는 종래 부정설이 주류를 이루고 있었으나, 1970년대 말 앞서 본 '사자에 양' 사건을 비롯한 일련의 캐릭터 저작권 사건[440]을 통하여 집중적인 논의가 이루어지면서 점차 이를 긍정하는 견해가 나타나기 시작하였다.

우리나라는 하급심에서 캐릭터의 저작물성을 긍정하는 판결[441]이 있는 반면에 명시적으로 부정하는 판례도 있다.[442] 학설상으로도 긍정설이 통설처럼 되어 있으나[443] 부정설도 있다.[444]

긍정설의 장점은 무엇보다도 캐릭터에 대한 보호가 보다 간편하고 확실하다는 것이다. 특히 캐릭터의 가장 중요한 경제적 가치는 그 상품화권에 있는데, 상품화권의 적절한 보호를 위해서는 매체에 대한 보호 외에 캐릭터 자체에 대한 독자적인 보호를 해 주는 것이 거래의 안전과 활성화에 도움이 된다고 볼 수 있다. 이 점은 부정설에 입각한 '라이더 맨' 사건의 일본판례를 분석해 보면 알 수 있다.

라이더 맨 사건에서 저작물은 TV 영화, 즉 영상저작물이었고 침해자는 그 영상저작물에 등장하는 주인공, 그 중에서도 주인공이 착용하는 헬멧만을 복제하였다. 그러므로 영상

---

440) 동경지방법원 1978. 12. 22. 선고 昭和 53(ワ)8889호 판결(判例 タイムズ 378호 152면; 著作權判例百選, 전게서, 42면)–일명 '스누피 사건'; 동경지방법원 1977. 3. 30. 선고 昭和 51(ワ)3895호 판결(著作權判例百選, 전게서, 46면)–일명 '다이야끼 군 사건'.

441) 서울고등법원 1992. 12. 23. 선고 92나15668 판결(확정). "외국영화 닌자거북이의 캐릭터를 신발류의 상표 등으로 부착 판매 할 수 있는 소위 상품화권이라 함은 그 영화의 인기에 따라 일반에 널리 알려진 영화상의 의인화된 거북이의 형상을 영화흥행권과는 별도의 저작권으로 파악하여 원고가 제조하는 신발의 상표 등으로 사용할 수 있도록 그 사용권을 부여한 취지로 해석함이 상당하다." 서울고등법원 1999. 12. 21. 선고 99나23521 판결(일명 '헬로 키티' 사건). "이 사건 캐릭터는 고양이의 얼굴 부위를 단순화·의인화한 도안의 구성과 다양한 사용형태에 비추어 볼 때 그 자체가 상품과 물리적·개념적으로 분리되는 독립한 예술적 특성을 지니고 있다."

442) 부산지방법원 2005. 4. 12.자 2005카합77 결정. "이른바 캐릭터는 일정한 이름, 용모, 역할 등에서 특징을 가진 인물이 반복하여 묘사됨으로써 각자의 표현을 떠나 독자의 머리 속에 형성된 일종의 이미지에 해당하여 그 자체가 사상 또는 감정을 창작적으로 표현한 것이라고 할 수 없고, 따라서 캐릭터 그 자체가 저작권의 보호대상이 되는 저작물에 해당된다고 할 수 없으며, 그 캐릭터가 표현된 구체적 작품이 저작물이 된다고 보아야 한다."(박성호, 저작권법, 박영사(2014), 169면에서 재인용).

443) 김기섭, 외국 만화 캐릭터의 국내법적 보호에 관한 소고, 한국저작권논문선집(Ⅰ), 저작권심의조정위원회, 109면; 최연희, 전게논문, 40면도 긍정설의 입장에 있는 것으로 보인다.

444) 박성호, 미키마우스 저작권의 보호기간–판례평석, 1997. 7. 28.자 법률신문 제2618호, 14면.

저작물 전체(이 사건에서는 1회 방영분)를 하나의 저작물이라고 할 때, 원고가 복제한 것은 그 중에서도 아주 작은 부분에 불과하였다. 물론 저작물의 부분 복제도 그 복제된 부분으로부터 전체 저작물의 본질적인 특징을 감득할 수 있으면 복제권의 침해가 되고, 따라서 침해자가 제작한 헬멧만으로도 영상저작물의 본질적 특징을 감득할 수 있다면 그 영상저작물에 대한 침해를 인정할 여지도 있다. 그러나 주인공이 착용했던 헬멧 하나만을 복제했다고 해서 1편의 영화저작물을 침해했다고 보는 것은 적절치 못하다는 반론이 있을 수 있다. 왜냐하면 영화는 등장인물의 외양뿐만 아니라 등장인물의 성격, 주제, 기본적인 플롯 및 세부적인 스토리의 전개, 동작과 대화 등 수많은 다양한 요소로 구성되는 매우 복합적인 저작물이기 때문이다.

이러한 점을 의식해서인지 담당 재판부는, “이 사건 영화저작물은 어문저작물인 동시에 미술저작물이므로, 원고가 제작한 헬멧과 같이 서술적(敍述的) 내용을 갖고 있지 않더라도 영화저작물의 복제물로 인정될 수 있다”라고 판시하고 있다. 이것은 이 사건에서 침해자가, 영화저작물은 어문저작물처럼 이야기(story)를 표현하는 서술적 작품이므로 침해가 인정되기 위해서는 그 복제물도 당연히 서술적 내용을 가져야 하는데, 본 건 헬멧은 서술적 내용을 전혀 가지고 있지 않으므로 영화저작물의 복제물이라고 볼 수 없다고 주장한 것에 대한 반박이다. 영화는 서술적(또는 언어적) 저작물인 동시에 미술적(또는 회화적) 저작물이고, 영화에 등장하는 인물은 그 중 회화적 저작물의 한 형태이며, 나아가 침해자가 제작한 헬멧은 그 회화적 저작물을 구성하는 하나의 요소를 복제한 것이라고 함으로써 결국 이 사건을 캐릭터 자체가 아닌 영화저작물 침해사건으로 이론구성하고 있는 것이다.[445]

또 하나, 캐릭터를 독자적인 저작물로 인정하지 않는다면 영상저작물의 저작자와 원화(原畵)의 저작자가 따로 있는 경우에 불합리한 결과가 발생할 수 있다. 만화영화의 경우 등장인물의 용모를 원화를 통하여 미리 확정짓고 그 원화를 기초로 영화화 작업을 진행하는 것이 일반적이다. 만약 ‘라이더 맨’ 사건에서 제 3 자 甲이 원화를 그렸고 영화제작자는 甲으로부터 그 원화에 대한 이용허락을 얻어 영화를 제작한 것이라면, 헬멧을 제작한 침해자에 대하여는 오히려 원화제작자인 甲만이, 아니면 적어도 원화제작자인 甲과 영화제작자가 공동으로 저작권침해를 주장할 수 있게 된다. 이는 영화제작자에게 있어 심히 부당한 결과가 될 수 있다. 캐릭터라는 것은 하루아침에 이루어지는 것이 아니라 지속적인 공표와 홍보에 의하여 개발되며, 그 구성에 있어서도 외모뿐만 아니라 이야기 내용에 의하여 가지고 있는 독창적인 개성·이미지 등이 모두 합쳐진 등장인물의 총체적인 아이덴티티로서 이루어지는 것이다. 침해자는 이와 같이 복합적인 과정을 통하여 개발된 캐릭터의 저명성, 고

445) 著作權判例百選, 전게서, 45면, 牛木理一의 판례평석 참조.

객흡인력에 편승하여 부당한 이득을 보려는 자인데, 그러한 캐릭터의 개발을 주도적으로 이루어 낸 영화제작자보다 단순한 원화의 제작자가 더 큰 보호를 받는다는 것은 온당치 못하기 때문이다.

마. 결 론

이처럼 긍정설의 가장 큰 장점은 캐릭터의 상품화권을 간편하고 확실하게 보호할 수 있다는 점이다. 그러나 상품화권을 과연 그렇게 강력하게 보호해 주어야 하는 것인지는 생각해 볼 문제이다. 캐릭터의 상품화권을 저작권법에 의하여 폭넓게 보호할 것인지, 아니면 다른 지적재산권법에 의하여 다소 제한적으로 보호할 것인지는 그 나라의 캐릭터 산업 수준 등 산업정책적인 문제와 밀접하게 관련되어 있다. 일본이 앞서 본 1997. 7. 17. 최고재판소의 판결로 그동안의 논의를 잠재우고 부정설의 입장을 명확히 한 것은 캐릭터에 대하여 두터운 보호를 해 줄 경우 결국은 미국을 비롯한 캐릭터 산업 선진국들의 이익을 더 보호해 줄 우려가 있음을 인식했기 때문이라고 한다.

저작권법은 저작자의 권리를 보호하는 한편 그 공정한 이용을 도모함으로써 문화 및 관련 산업의 향상발전에 이바지하는 것을 목적으로 하고 있다(저작권법 제1조 참조). 그러므로 저작권법을 해석·적용함에 있어서는 저작자의 권리뿐만 아니라 저작물에 대한 '이용자의 권리'(user's right)도 적절하게 보호함으로써 양자 간의 합리적인 조화를 이루어야 한다. 이런 점에서 기존의 저작물에 대한 보호 외에 거기에 등장하는 캐릭터에 대한 독자적인 보호를 따로 인정하여 주는 것이 옳은지 여부는 법리적인 면은 물론이고, 우리나라의 사회문화적 통념과 관련 산업의 수준 및 창작자와 이용자의 이익 균형 등을 고려한 정책적인 판단을 하는 것이 바람직하다.

(1) 긍정설의 문제점

긍정설이 안고 있는 법리적인 문제점으로는 다음과 같은 몇 가지가 있다. 먼저 위 최고재판소 판결에서 밝힌 바와 같이 캐릭터라는 것은 구체적인 표현으로부터 감지되는 추상적인 관념이지 그 자체가 구체적 표현은 아니므로 저작물의 성립요건을 결하고 있다는 것이다.

나아가 캐릭터의 독자적인 저작물성을 긍정하게 되면 과연 그 캐릭터의 저작재산권의 보호기간을 언제부터 기산할 것인지가 문제로 된다. 대부분의 캐릭터는 영화나 방송 등을 통하여 기업적으로 상품화되기 때문에 개인저작물인 경우보다는 업무상저작물인 경우가 많다. 그런데 업무상저작물의 경우 그 보호기간은 공표한 때로부터 70년간 존속하는 것으로 되어 있다(법 제41조). 특히 상당수의 캐릭터가 만화영화 주인공들인데, 만화영화는 영상

저작물이고 영상저작물의 경우에는 업무상저작물인지 여부를 불문하고 공표한 때로부터 70년간 저작재산권이 존속한다(법 제42조). 따라서 캐릭터의 보호기간을 계산하기 위하여서는 공표시점을 확정하여야 하는데, 캐릭터라는 것은 추상적인 개념이며 그것은 하루아침에 이루어지는 것이 아니라 계속적인 공표와 홍보를 통하여 개발되어 가는 까닭에 어느 특정한 시점을 잡아 공표시점으로 인정한다는 것이 어렵다.[446]

또한 저작물의 개수론(個數論)의 관점에서 볼 때 긍정설은 저작권법 해석론으로서는 물론이고 법적인 이론구성에서도 수용하기 어렵다는 비판이 있다. 즉, 저작물의 개수(個數)는 '작품'을 기준으로 판단하는 것이 일반적임에도 불구하고, 특정한 시각적 캐릭터가 등장하는 만화작품(미술저작물)과는 별개로 그 캐릭터 자체의 저작물성이 인정된다면, 전체 저작물의 개수는 만화작품(미술저작물)과 거기에 등장하는 캐릭터의 숫자를 합하여 여러 개가 되어야 할 것인데, 이와 같이 캐릭터 자체의 저작물성을 별도로 인정하여 저작물의 개수를 산정하는 것은 합당치 않다는 것이다.[447]

(2) 부정설의 문제점

한편, 부정설이 가지고 있는 가장 큰 문제점은, 앞에서 본 바와 같이 부정설을 취하게 될 경우 원화(原畵)의 저작자와 영상물에 대한 저작자가 따로 있는 경우에 캐릭터 개발을 열심히 한 영상저작자보다 원화 저작자가 오히려 더 큰 보호를 받는 경우가 있어 영상저작물에 대한 투자의욕을 저하시키는 부작용이 있다는 것이다. 이러한 점을 고려하여 영화제작자나 만화제작자 등은 원화 저작자로부터 원화에 대한 이용허락을 받을 때 그 원화의 영상화 또는 만화화에 대한 이용허락만을 받을 것이 아니라 상품화에 대한 권리까지 양도받을 수 있도록 계약내용을 작성함에 있어 주의를 기울여야 할 것이다.

(3) 결 론

이상의 여러 가지 점을 고려할 때 우리나라의 입장에서 캐릭터의 독자적인 저작물성을 긍정한다는 것은 좀 더 신중해야 하지 않을까 생각한다. 그러나 우리 대법원의 입장은 적어도 시각적 캐릭터에 대하여는 독자적인 저작물성을 인정하는 긍정설의 입장에 선 것

446) 물론 시각적 캐릭터의 경우에는 그 복제물이 해당 캐릭터의 시각적 요소를 모방할 것이기 때문에 그 시각적 요소가 처음으로 공표된 시기, 예를 들어 뽀빠이 연재만화의 경우라면 그 만화의 첫 회가 공표된 시점을 공표시기로 삼으면 될 것이므로 현실적으로는 큰 문제가 없을 것이다. 그러나 이는 결국 캐릭터의 시각적 요소를 침해한 것만으로 주장할 경우에만 소용이 될 뿐, 성격적인 요소를 포함한 캐릭터의 총체적인 아이덴티티의 침해를 주장하는 경우에는 공표시점을 언제로 잡아야 할지가 역시 문제로 된다.

447) 박성호, 저작권법, 박영사(2014), 173면.

으로 보인다.

(가) 판 례

대법원 2010. 2. 11. 선고 2007다63409 판결은, "저작권법에 의하여 보호되는 저작물이기 위하여는 인간의 사상 또는 감정을 표현한 창작물이어야 할 것인바, 만화, 텔레비전, 영화, 신문, 잡지 등 대중이 접하는 매체를 통하여 등장하는 인물, 동물 등의 형상과 명칭을 뜻하는 캐릭터의 경우 그 인물, 동물 등의 생김새, 동작 등의 시각적 표현에 작성자의 창조적 개성이 드러나 있으면 원저작물과 별개로 저작권법에 의하여 보호되는 저작물이 될 수 있다."고 하면서, "야구를 소재로 한 게임물인 '실황야구'에 등장하는 '실황야구' 캐릭터는 야구선수 또는 심판에게 만화 속 등장인물과 같은 귀여운 이미지를 느낄 수 있도록 인물의 모습을 개성적으로 도안함으로써 저작권법이 요구하는 창작성의 요건을 갖추었으므로, 이는 창작성이 있는 저작물로서 원저작물인 게임물과 별개로 저작권법의 보호대상이 될 수 있고, 한편 위 '실황야구' 캐릭터에 관하여 상품화가 이루어졌는지 여부는 저작권법에 의한 보호여부를 판단함에 있어서 고려할 사항이 아니다."라고 하였다.

이 대법원 판결의 원심인 서울고등법원 2007. 8. 22. 선고 2006나72392 판결에서는, "이 사건 '실황야구'라는 저작물에서 등장하는 캐릭터가 독자적으로 저작권법상 보호를 받을 수 있는지 여부에 관하여 보건대, '실황야구'와 같은 저작물은 등장하는 여러 캐릭터, 플롯(plot), 게임의 전개, 다양한 선택, 도구 등 여러 가지 구성요소로 이루어지는 것이 보통인바, 원고가 창작성을 가진 저작물이라고 주장하는 '실황야구' 캐릭터는 이 사건 '실황야구'라는 저작물의 일부분에 불과하고, 이와 별도로 '실황야구' 캐릭터의 상품화 과정을 거쳐 독자적인 저작물성을 인정할 정도에 이르지 않는 한 독자적인 저작물성이 인정되는 캐릭터로 볼 수 없다"고 하였다. 아울러, "저작권법 제 2 조 제 1 호는 저작권 보호의 대상이 되는 저작물이란 인간의 사상 또는 감정을 표현한 창작물을 말한다고 규정하고 있고, 이 창작물이란 표현 그 자체를 가리킨다는 것이 일반적인데, 캐릭터라는 것은 일정한 이름, 용모, 역할 등의 특징을 가진 등장인물이 반복하여 묘사됨으로써, 각각의 표현을 떠나 일반인의 머릿속에 형성된 일종의 이미지로서 표현과는 대비된다. 즉, 캐릭터란 그 각각의 장면의 구체적 표현으로부터 승화된 등장인물의 특징이라는 추상적 개념이지 구체적 표현이 아니며, 결국 그 자체가 사상 또는 감정을 창작적으로 표현한 것이라고 볼 수 없는 것이다"라고 판시하였다.

(나) 판례의 검토

결국 위 고등법원의 판결은 '실황야구' 캐릭터가 등장하는 '실황야구' 자체를 영상저작물로 보호하는 것으로 족하고, 별도로 '실황야구' 캐릭터 자체를 독립된 저작권법의 보호대상으로 보기에는 부족하다는 취지로서, 캐릭터의 독자적인 저작물성을 부정하는 입장을 취한 것인데, 대법원이 이를 뒤집고 긍정설의 입장에 선 것이다.

그러나 캐릭터의 독자적 저작물성을 부정하는 견해 중에는 위 대법원 판결이 '캐릭터 자체'와 '캐릭터의 시각적 표현'을 구별하지 않았다는 점에서 의문이라는 비판도 있다. 이 견해에 따르면, 후자의 경우에는 캐릭터의 시각적 요소를 강조한 회화적 표현이 해당 게임물(영상저작물)의 저작권에 의해 보호를 받게 될 것이기 때문에 법적 보호에 아무런 문제가 없다는 것이다. 요컨대, 캐릭터 자체의 독자적 저작물성 인정 여부를 논의할 아무런 실익이 없는 사안이라는 것이다.[448)]

캐릭터의 독자적인 저작물성을 인정한다는 것은 캐릭터의 4가지 요소, 즉 ①명칭, ②시각적 요소, ③청각적 요소, ④성격적 요소를 포괄하는 총괄적인 아이덴티티로서의 캐릭터의 저작물성을 인정한다는 것이다. 이는 시각적 캐릭터에 있어서도 마찬가지이다. 그런데 위 대법원 판결은 그 판결이유에서 보는 바와 같이 "캐릭터의 경우 그 인물, 동물 등의 생김새, 동작 등의 시각적 표현에 작성자의 창조적 개성이 드러나 있으면 원저작물과 별개로 저작권법에 의하여 보호되는 저작물이 될 수 있다"고 하여 위 4가지 요소 중 마치 '②시각적 요소'만으로 캐릭터가 독자적인 저작물성을 가지는 것처럼 판시하고 있다. 위 대법원 판결이 그동안 논란이 많았던 캐릭터의 독자적 저작물성을 인정할 의도였다면, 나머지 3가지 요소들까지도 언급함으로써 4가지 요소를 모두 고려한 분명한 판시를 하였으면 좋았을 것이라는 아쉬움이 있다.

위 대법원 판결은 게임기용 야구게임에 등장하는 캐릭터에 대한 것이다. 따라서 위 4가지 요소 중에서 ①명칭과 ②시각적 요소를 제외한 나머지 ③청각적 요소와 ④성격적 요소는 잘 드러나지 않았을 수 있다. 그렇다면 굳이 캐릭터의 독자적 저작물성을 판단할 필요가 있었는지, 게임저작물의 일부분으로 보호를 하면 충분하지 않았을까 하는 의문이 있다.

(다) 어문적 캐릭터

위 대법원 판결을 가지고 우리 대법원이 어문적 캐릭터에 대하여서까지 독자적인 저작물성을 인정한 것이라고는 볼 수 없다. 서울고등법원 2010. 1. 14. 선고 2009나4116 판결[449)]은, TV 드라마 '겨울연가', '황진이', '대장금', '주몽'에 등장하는 주인공의 특색을 반영한 캐리커처(caricature) 또는 일반적인 인형이나 완구에 위 드라마 주인공들을 연상시키는 의상을 결합한 상품 등을 제작한 것이 위 주인공 캐릭터에 대한 복제권 또는 2차적저작물 작성권 침해라고 주장한 사안에서, 영화나 드라마의 캐릭터는 자신만의 독특한 외양을 가

448) 박성호, 전게서, 172면.
449) 상고되었으나 대법원 2012. 3. 29. 선고 2010다20044 판결로 확정.

진 배우의 실연에 의하여 표현되며, 등장인물의 용모, 행동거지, 명칭, 성격, 목소리, 말투, 상황이나 대사 등을 모두 합한 총체적인 아이덴티티(identity)를 말하는 것이어서, 시각적 요소가 모두 창작에 의하여 만들어지는 만화나 만화영화의 캐릭터보다는 소설, 희곡 등 어문저작물의 캐릭터에 가깝다고 한 후, "드라마의 등장인물로부터 그러한 속성을 배제한 채 그 명칭이나 복장, 사용하는 소품만을 따로 떼어 낸 캐릭터가 원래의 저작물로부터 독립하여 별도로 저작권에 의하여 보호된다고는 보기 어렵다"고 판시하였다. 이 판결에서는, 그동안 일부 학설로부터 시각적 캐릭터의 독자적인 저작물성을 인정한 것이라는 평가를 받아 온 대법원 1999. 5. 14. 선고 99도115 판결[450] 및 2005. 4. 29. 선고 2005도70 판결[451]은 시각적 요소가 모두 창작에 의하여 만들어진 만화 캐릭터에 관한 것으로서 본건과 같은 어문적 캐릭터에 관한 사안에는 부합하지 않는다고 하였다.

5. 구체적 문제

이하에서는 캐릭터의 독자적인 저작물성을 긍정하거나 또는 부정하는 입장에서 캐릭터와 관련된 개개의 구체적인 문제점들을 어떻게 파악하여야 할 것인지에 관하여 살펴보기로 한다.

가. 캐릭터의 보호

캐릭터 자체의 독자적인 저작물성을 긍정하는 입장에 선다면 특별한 문제가 없지만, 이를 부정하는 입장에 선다면 캐릭터는 그것이 등장하는 매체 저작물이 보호됨에 따라 간접적으로 보호될 수밖에 없다. 이 경우 캐릭터의 저작권법에 의한 보호는 캐릭터가 등장하는 저작물의 종류에 따라서 정해진다고 보는 것이 합리적일 것이다. 가령 캐릭터가 만화의 주인공인 경우는 미술저작물로, 만화영화의 등장인물인 경우에는 영상저작물로 보호된다.[452]

나. 저작재산권의 보호기간

캐릭터의 보호기간 역시 그 매체 저작물의 종류에 따라 달라진다. 캐릭터가 등장하는

---

450) '리틀밥독' 캐릭터는 창작성이 있는 저작물로서 저작권법의 보호대상이라고 판시하였다.

451) A 회사가 저작권을 갖고 있는 저작물인 '탑 블레이드'(Top Blade) 만화영화에 등장하는 캐릭터가 부착된 팽이를 국내에 배포할 목적으로 중국으로부터 수입함으로써 A회사의 저작권을 침해하였다는 공소사실에 대하여 유죄를 인정하였다.

452) 同旨, 박성호, 전게논문, 14면.

매체 저작물이 만화라면 미술저작물에 해당하여 일반 저작물과 다를 바 없이 원칙적으로 저작자의 생존하는 동안 및 사망 후 70년간 존속하게 되겠지만(저작권법 제39조 제 1 항, 다만 업무상저작물이라면 같은 법 제41조에 의하여 공표한 때로부터 70년간 존속), 만화영화 또는 영화라면 이는 영상저작물에 해당하여 공표 후 70년의 보호기간이 적용된다(저작권법 제42조).[453)]

보호기간의 기산점이 되는 공표시점은 캐릭터가 등장하는 매체 저작물의 공표시점이다. 이때 신문의 연재만화나 TV의 연속방영 만화영화 같이 계속적으로 공표되는 저작물의 공표시점이 문제로 된다. 저작권법은 계속적 저작물 중 축차저작물(책, 호 또는 회 등으로 공표하는 저작물)은 매책, 매호 또는 매회의 공표시를 공표시점으로 보며, 순차저작물(일부분씩 순차적으로 공표하여 최종회로써 완성되는 저작물)은 최종 부분의 공표시를 공표시점으로 본다(저작권법 제43조 제 1 항).

문제는 매회 스토리가 완결되는 축차저작물의 경우이다. 캐릭터의 독자적인 저작물성을 부정하는 입장에서는 저작권의 침해를 인정하기 위하여 그 캐릭터가 등장하는 저작물, 예컨대 연재만화 중 어느 회의 만화저작물을 침해한 것인지를 밝혀야 한다. 이때 무단사용된 캐릭터가 연재만화 첫 회에 등장한 캐릭터와 실질적으로 유사하다면, 첫 회에 공표된 만화저작권의 보호기간이 만료한 후부터는 저작권의 보호를 받을 수 없게 된다. 그 연재만화가 업무상저작물이나 영상저작물인 경우에는 첫 회가 공표된 날로부터 70년이 지나면 저작권은 소멸하게 된다.

이 점에 대하여는 캐릭터의 독자적인 저작물성을 인정하는 미국에서도 동일한 해석을 하는 견해가 있다.[454)] 그리고 뽀빠이 캐릭터가 문제된 앞서 본 일본 최고재판소 1997. 7. 17. 판결에서도, 침해자가 제 1 회 발표된 뽀빠이 캐릭터와 실질적으로 동일한 캐릭터를 무단이용하고 있다면 설사 뽀빠이 만화가 현재까지 연재되고 있다 하더라도 최초 제 1 회의

453) 이렇게 보면 가장 유명한 캐릭터인 미키마우스는 우리나라에서는 이미 보호기간이 만료되었다고 보는 견해가 있다(이하 박성호, 전게논문, 14, 15면 참조). 즉, 미키마우스는 첫 유성 만화영화인 「증기선 윌리」(Steamboat Willie)를 통하여 1928년 11월 21일 처음 공표되었으니 미키마우스는 영상저작물로서 보호되어야 하고, 그 보호기간에 대하여는 저작권법 부칙 제 3 조에 의하여 구 저작권법이 적용되는바, 구 저작권법 제38조에는 영화저작권은 독창성을 가진 것에 있어서는 그 보호기간이 저작자의 사망 후 30년(저작자가 자연인인 경우), 또는 발행 또는 공연일로부터 30년(저작자가 단체인 경우)으로 되어 있다. 따라서 위 「증기선 윌리」의 저작권자가 자연인 디즈니라면 디즈니의 사망일인 1966. 12. 15.로부터 30년이 경과한 1997년 12월 31일 저작권이 소멸한 것으로 되고, 그 저작권자가 법인인 디즈니사라면 그 공표일로부터 30년이 경과한 1959년 12월 31일 소멸한 것으로 된다. 그러므로 어떤 경우라도 미키마우스에 대한 저작권은 소멸하였다는 것이다.

454) Nimmer, *op.cit.*, pp. 2: 177-78 참조: 동일한 캐릭터를 사용한 연재물에서 초기의 저작물이 '공중의 영역'(public domain)에 들어가면 나머지 부분의 보호기간이 남아 있다고 하더라도 캐릭터의 침해문제는 생기지 않는다고 하였다.

작품이 발표된 날로부터 50년(당시 일본 저작권법상 저작재산권의 보호기간)이 경과한 1990년 5월 21일로 그 저작권은 소멸하였으므로,[455] 그 이후의 뽀빠이 캐릭터 사용금지 및 손해배상청구는 이유 없다고 판시하였다.

다. 캐릭터의 모습변화에 따른 문제점

미키마우스를 자세히 살펴보면 초기의 미키마우스와 오늘날의 미키마우스는 그 시각적 느낌이 상당히 다른 것을 알 수 있다. 보는 사람에 따라 다르겠지만 최근의 미키마우스가 초기, 예컨대 1928년 1월 21일 최초 상영된 「증기선 윌리」(Steamboat Willie)에 나온 미키마우스보다 훨씬 더 세련되고 깜찍한 모습을 하고 있다. 이처럼 오랜 기간에 걸쳐 사용되는 캐릭터가 세월이 흐름에 따라 제작자에 의하여 그때그때 소비자의 구미와 취향에 맞도록 조금씩 변화하는 것은 드문 일이 아니다.

만약 甲이 저작권을 갖는 만화영화 캐릭터가 A라는 모습에서 점차 시간이 흐름에 따라 B라는 모습으로 변화하였는데, 초기의 A 공표시점으로부터는 저작권의 보호기간이 만료되었으나 B의 공표시점(이 시점은 명확히 알기 어려운 경우가 많을 것이다)으로부터는 아직 보호기간이 남아있는 경우에 제3자 乙이 甲의 허락 없이 B의 모습을 복제하였다면 저작권 침해가 성립할 수 있을 것인지 문제이다.

이 점과 관련하여 우리나라 대법원 판례는 간명한 해결책을 제시하고 있다. 고양이와 쥐를 의인화한 '톰'과 '제리'라는 캐릭터에 관한 대법원 1997. 4. 22. 선고 96도1727 판결(일명, '톰과 제리' 사건)[456]이 그것이다. 이 사건이 문제될 당시에는 아직 우리나라가 WTO 체제에 따라 베른협약을 수용하기 전이었으므로, 세계저작권협약(U.C.C)의 대한민국 내 발효일인 1987년 10월 1일 이전에 창작된 외국인의 저작물은 소급보호를 받지 못하는 상황이었다. 그런데 이들 캐릭터는 그 훨씬 이전부터 제작·방영되고 있었다. 이에 검사는 위 톰과 제리 캐릭터가 1987년 10월 1일 이전에 창작된 외국인의 저작물로서 저작권법에 의한 보호를 받지 못하지만, 위 캐릭터는 위 창작 일시 이후에도 계속적으로 새로 창작되는 부분이 있고, 따라서 피고인이 1995년 1월경 캐릭터를 사용한 것은 U.C.C. 가입에 따라 새롭게 보호되기 시작한 1987년 10월 1일 이후에 창작된 부분에 대한 저작권을 침해하는 것이라고 주장하였다. 이에 대하여 대법원은, 일련의 연속된 특정 만화영상저작물의 캐릭터가 어

---

455) 뽀빠이 연재만화는 1929년 1월 17일 첫 회가 발표되었으므로 그 보호기간의 기산점은 다음 해인 1930년 1월 1일이 된다. 그런데 이러한 경우 일본에서는 보호기간을 계산함에 있어 공표 후 50년에 3,794일의 전시가산(戰時加算)을 하므로 1990년 5월 21일이 보호기간의 만료일이 된다(田村 善之, "連載漫畵의 保護期間-判例評釋", パテント 1997, Vol. 50, 53면 참조).

456) 법원공보 1997상, 1679면.

느 시점을 기준으로 하여 새로운 저작물로 인정되기 위하여서는 종전의 캐릭터와는 동일성이 인정되지 아니할 정도의 전혀 새로운 창작물이어야 할 것인데, 피고인이 사용한 톰과 제리 캐릭터가 1987. 10. 1. 이전의 캐릭터와 동일성이 유지되지 아니할 정도의 새로운 창작물이라는 점을 인정할 증거가 없다고 하여 저작권침해를 부정하였다. 대법원 판결은 시간의 흐름에 따라 모습이 변화하는 캐릭터의 경우, 그것이 어느 시점을 기준으로 하여 새로운 저작물로 인정되기 위해서는 종전 캐릭터와 동일성이 인정되지 않을 정도의 변화가 일어남으로써 완전히 새로운 창작물이 될 정도에 이르러야 한다고 본 것이다.

라. 속편의 문제

하나의 작품이 성공하면 그 작품의 스토리와 캐릭터에 기초하여 속편이 제작되는 것은 매우 흔한 일이다. 이와 같이 주인공을 비롯한 주요 등장인물을 그대로 등장시켜 소설이나 영화의 속편을 제작하는 것이 저작권침해가 되는지 문제로 된다. 이때에는 원작과 속편에 동일하게 등장하는 캐릭터가 어문적 캐릭터인가 아니면 시각적 캐릭터인가에 따라 경우를 나누어 판단해야 한다.

(1) 어문적 캐릭터의 경우

앞에서 본 바와 같이 캐릭터의 독자적인 저작물성을 부정하는 입장에서는 물론이고 이를 긍정하는 입장에서조차 어문적 캐릭터 자체에 대한 저작물성 인정과 그 저작권 보호에 대하여는 지극히 제한적이다. 어문적 캐릭터는 대부분의 경우 보호받는 '표현'이라기보다는 보호받지 못하는 '아이디어'에 가깝기 때문이다. 따라서 아이디어에 해당하는 어문적 캐릭터를 무단이용하여 속편을 제작하였다 하더라도 저작권법상으로는 아무런 침해도 성립하지 않는다.

어문저작물의 경우에는 속편이 원작의 주제와 기본적 골격에 기초한 것이라 하더라도 그 이야기의 구성 자체는 원작과 다르게 진행되는 것이 대부분이다. 이때 주제와 기본적 골격은 저작권법의 보호를 받는 창작적 표현이 아니므로, 그 속편은 독립된 저작물로 보아야 할 것이지, 원작에 대한 2차적저작물로 볼 것은 아니다. 그러므로 원작 저작자의 동의를 받지 아니하고 속편을 제작하였다 하더라도 부정경쟁방지법을 비롯한 다른 법규 위반은 별론으로 하고 적어도 저작권법적으로는 문제를 삼을 수 없다.[457)]

속편뿐만 아니라 캐릭터는 동일하지만 매회 서로 독립된 스토리가 전개되는 연작소설

457) 어문적 캐릭터의 독자적인 저작물성을 인정하는 미국에서는, 속편은 원작의 2차적저작물이라는 해석이 있다(Nimmer, *op. cit.*, p. 2: 178 참조).

이나 시트콤 같은 연속방송극 시나리오에서도, 등장인물과 배경, 기본적 골격과 구성이 동일하기 때문에 매회 비슷한 '유형'(pattern)의 비슷한 스토리가 전개되는 것을 볼 수 있다. 그러나 이때의 기본적 구성이나 유형은 저작권의 보호를 받지 못하는 부분이므로 매회의 스토리가 각각 독립된 저작물이라고 볼 수 있다.458)

서울고등법원이 1991. 9. 5. 선고한 이른바 '애마부인' 사건 판례가 이와 관련된 쟁점을 다루고 있다. 원작 소설 '애마부인'의 여주인공 캐릭터를 그대로 이용하여 영화 '애마부인 제 5 편'을 제작한 것이 2차적저작물작성권 침해에 해당한다는 주장에 대하여, 소설 '애마부인'과 영화 '애마부인 제 5 편'은 원저작물과 2차적저작물의 관계를 인정할 만한 본질적인 특징 자체를 함께 하고 있다고 볼 수 없는 별개의 저작물이라는 이유로 원고의 주장을 배척하였다. 이 판결의 자세한 내용은 뒤의 제 9 장 제 4 절 중 '어문저작물' 부분에 소개되어 있다.

(2) 시각적 캐릭터의 경우

일반적으로 시각적 캐릭터는 어문적 캐릭터에 비하여 특징이 구체적이고 명확하게 표현되어 있고 이미지 전달성도 강하다. 따라서 만화나 만화영화 같은 저작물에서 선행만화에 캐릭터의 특징이 그대로 드러나 있는 이상, 그 캐릭터를 이용한 속편의 만화 또는 만화영화는 가장 큰 이미지 전달성을 가지는 캐릭터의 용모, 자태, 성격의 특징에는 변경이 없고, 다만 구체적인 행동이나 다른 등장인물과의 관계, 대화 등에 있어서 변경이 가해지는 것뿐이므로 선행만화의 2차적저작물이라고 평가될 가능성이 있다.

이 점은 속편뿐만 아니라 매회 독립된 이야기가 전개되는 연재만화에 있어서도 마찬가지이다. 앞서 본 1997. 7. 17. 선고 일본의 최고재판소 판결도 동일한 법리를 판시하고 있다. 즉, 뽀빠이 만화와 같이 1회마다 스토리가 완결되는 형식의 연재만화에서, 첫 회에 이어지는 후속의 연재만화는 그 선행하는 만화와 기본적인 발상, 설정, 주인공을 비롯한 주요 등장인물의 용모, 성격 등의 특징을 같이 하되, 다만 여기에 새로운 이야기나 새로운 등장인물을 덧붙이는 것이 일반적이고, 이와 같은 경우 후속 만화는 선행 만화를 원저작물로 하는 2차적저작물이 된다고 하였다.

한편 2차적저작물의 저작권은 2차적저작물에 새로이 부가된 창작적 부분에만 미치며 원저작물에 이미 존재하던 부분에 대하여는 미치지 않는다. 따라서 원저작물이 보호기간 만료 등으로 '공중의 영역'(public domain)에 들어갔다면 2차적저작물에서 새로이 부가된 부분이 아닌 원저작물에 이미 존재하던 부분은 비록 무단복제하더라도 저작권침해가 성립하

458) 渡邊 修, 전게논문, 158면.

지 않는다. 이 점은 매체를 달리하는 경우에도 동일하게 적용된다. 예를 들어 만화의 캐릭터를 그대로 채용하여 만화영화(2차적저작물)를 제작하였는데 원작인 만화의 보호기간이 만료되었다면, 설사 만화영화의 보호기간은 잔존하고 있다 하더라도 저작권의 보호가 미치는 것은 만화영화에서 새로이 부가된 부분만이고 원작에 이미 존재하던 부분은 공중의 영역에 들어가 저작권의 보호가 미치지 않는다.[459]

마. 캐릭터의 이름(명칭)

캐릭터의 이름(명칭), 예를 들어 미키마우스라는 이름이 미키마우스 캐릭터와는 별도로 이름 자체로서 저작물로 보호받을 수 있는가의 문제이다. 현재로서는 어문저작물의 제호와 마찬가지로 이를 부정하는 것이 통설이고 특별한 반대설이 없는 것으로 보인다. 판례도 이를 부정한다.[460] 일본에서는 캐릭터의 이름이 특수한 장식문자로 표현된 경우에도 그 저작물성을 부정하는 것이 타당하다고 한 사례가 있다.[461]

6. 다른 지적재산법에 의한 캐릭터의 보호

가. 상표법에 의한 보호

저작권법 외에 다른 지적재산법에 의한 보호로서 먼저 캐릭터에 대하여 상표권 등록을 받아두는 방법을 생각해 볼 수 있다. 특히 상품화권의 대상으로서 중요한 역할을 하는 캐릭터의 명칭이나 제호가 저작권의 보호를 받지 못하므로, 이들을 상표등록하여 두는 것은 상품화권의 보호를 위하여 중요한 수단이 된다. 그러나 캐릭터의 형상 또는 명칭을 상표등록하더라도 그 보호범위에는 상표법상의 제한이 따르게 된다.

먼저 상표등록을 위해서는 지정상품을 특정하여야 하며 포괄적인 상품지정은 허용되지 않는다. 그런데 상품화 사업자가 앞으로 그 캐릭터가 사용될 모든 상품군(商品群)을 예상하여 지정상품을 특정하는 것은 현실적으로 어려운 점이 많다.[462]

---

459) Nimmer, *op. cit.*, p. 2: 178도 동일한 해석을 한다.

460) 대법원 1977. 7. 12. 선고 77다90 판결은, 원고의 만화제명 '또복이'는 사상 또는 감정의 표현이라고 보기 어려워 저작물로서 보호받을 수 없고, 따라서 피고가 자신이 제조하는 빵의 상품명을 '또복이'라고 하면서 같은 이름을 그 포장지에 인쇄하여 판매하였다 하더라도 저작권침해가 될 수 없다고 판시하였다.

461) 동경지방법원 1990. 2. 19. 선고 1343호 판결: 뽀빠이라는 명칭을 둥근 글자체로 하고 그 문자에 백색의 하이라이트를 부가한 것에 대하여 저작물성을 부인하고 있다.

462) 예상되는 모든 상품을 지정상품으로 하여 상표등록을 해 둔다 하여도, 상표법은 상표권자 등이 정당한 이유 없이 국내에서 등록상표를 그 지정상품에 대하여 계속하여 3년 이상 사용하지 아니하였을 경우에는 불사용취소심판에 의하여 등록이 취소되도록 규정하고 있다(상표법 제119조 제1항 3호 참조).

나아가 캐릭터가 상표등록 되었다 하더라도 침해물이 그 캐릭터를 '상표적 방법'(trademark manner)으로 사용하여야 상표권침해를 주장할 수 있다는 견해가 있다. 상표의 기능은 출처표시 또는 자타상품식별에 있는데, 캐릭터를 제 3 자가 무단으로 지정상품에 사용하였다 하더라도 출처표시를 위하여 사용한 것이 아니라 단순히 장식적·디자인적으로 사용한 것이라면, 상표적 사용이라고 할 수 없으므로 상표권침해가 될 수 없다는 것이다.[463] 그러나 이에 대하여는 상표권침해가 된다는 반대의 견해도 유력하다.[464]

상표법과 저작권법이 저촉되는 경우가 가끔 생기는데, 보통은 먼저 창작된 저작물을 제 3 자가 후에 상표등록하는 경우이다. 이에 대하여 상표법은, 등록상표의 사용이 상표등록출원일 전에 발생한 타인의 저작권과 저촉하는 경우에는 그 저작권자의 동의를 얻지 아니하고는 그 등록상표를 사용할 수 없다고 규정하고 있다(상표법 제92조 제 1 항). 그리고 유명한 캐릭터를 그 저작권자의 허락을 받지 아니하고 상표등록을 하면 이는 정당한 상행위라고 볼 수 없고, 이러한 상표출원자에게 상표권이라는 독점배타권을 설정해 준다는 것은 경쟁질서의 공정을 꾀하려는 상표제도의 본래의 목적에 반하므로, 상표법상 상표부등록사유인 '공서양속에 위반되는 상표'(상표법 제 34 조 제 1 항 제 4 호) 또는 '수요자를 기만할 우려가 있는 상표'(같은항 제12호)의 개념을 확장하여 등록을 거절함이 타당하다는 학설이 있다.[465]

나. 디자인보호법에 의한 보호

캐릭터에 디자인등록을 받아 놓으면 디자인보호법에 의한 보호를 받을 수 있다. 그러나 디자인권의 경우 디자인등록의 요건을 만족시켜야 하며 권리의 존속기간도 설정등록이 있은 날로부터 발생하여 디자인등록출원일 후 20년(디자인보호법 제91조 제 1 항)으로 저작권에 비하여 상당히 단기간이다.

디자인은 원칙적으로 1디자인 1디자인등록출원에 의하여 물품별로 성립한다. 또한 디

463) 오오사카지방법원 1976. 2. 24. 선고 昭和 49(ワ) 393호(無體集 8권 1호 102면): 이 사건에서 원고는 피복, 수건 등을 지정상품으로 하여 뽀빠이 상표를 등록한 상표권자로서, 뽀빠이 캐릭터를 셔츠 가슴부분 전면에 인쇄하여 판매한 피고에 대하여 상표권침해를 주장하였다. 그러나 법원은, 피고의 행위는 만화 캐릭터를 상품의 구매의욕을 환기시키기 위하여 장식적·의장적인 목적으로 사용한 것에 지나지 않고, 상품의 출처를 표시하기 위하여 사용한 것은 아니므로 사회통념상 상표의 사용에 해당하지 않는다고 판시하였다.

464) 오오사카고등법원 1985. 9. 26. 선고 판결(判例時報 1182호 141면): 앞의 판결과 비슷한 사안이지만, 피고의 뽀빠이 캐릭터의 사용은 그 캐릭터의 외관, 호칭, 관념에 의하여 나타나는 상표에 대한 신뢰감을 이용하여 소비자로 하여금 자신의 상품을 선택하도록 유도하는 것이므로 단순한 의장적·장식적 사용이 아니라 상표적 사용을 겸비한 것이라고 판시하였다.

465) 송영식 외 2인, 지적소유권법(하), 제 5 전정판, 육법사, 1998, 124면.

자인은 신규성과 비(非)용이창작성이 있어야 등록을 받을 수 있다(디자인보호법 제33조 제1, 2항). 일본의 '손가방' 사건 심결은 캐릭터를 디자인으로 등록하고자 할 때의 등록요건 역시 물품을 기준으로 판단하여야 함을 보여주고 있다.[466] 이 심결에서는, "이 사건 강아지 도형은 영화 「멍멍 이야기」에 등장하는 것인데, 이 영화는 1956. 8월 경 이후 국내에 공개되어 그 후 수없이 많이 상영되고 광고·선전되었음은 주지의 사실이며, 월트 디즈니 영화사가 주체임을 대다수의 사람들이 알고 있는바, 저명한 만화의 도형을 어린이용 손가방의 앞면에 표시하는 것은 이 사건 출원 이전부터 해당 업계에서 관례적으로 행해지고 있는 방식이다. 따라서 「멍멍 이야기」의 강아지 도형을 손가방 앞면에 표시하는 것은 당업자에게 있어서 매우 용이한 것이므로 원결정이 이 사건 출원 디자인의 등록을 거절한 것은 타당하다"고 판시하였다.[467]

다. 부정경쟁방지법에 의한 보호

부정경쟁방지법[468]은 국내에 널리 인식되어 주지성(周知性)을 갖는 타인의 성명, 상호, 상표, 상품의 용기, 포장 기타 타인의 상품 또는 영업임을 표시한 표지와 동일 또는 유사한 것을 사용하여 타인의 상품 또는 영업과 혼동을 일으키는 행위를 부정경쟁행위라고 규정하고, 이러한 행위에 대한 금지청구 및 손해배상청구 등을 인정하고 있다(부정경쟁방지법 제2조 1호 참조).

캐릭터를 상품화하는 것과 관련하여 저작권법이나 상표법 또는 디자인보호법에 의한 보호를 구하기도 하지만, 상표법이나 디자인보호법의 경우에는 등록이나 심사 등 절차상 다소의 제한이 따른다. 그리하여 캐릭터의 상품화권에 대하여 부정경쟁방지법에 의한 보호를 구하는 사례가 많다. 캐릭터가 부정경쟁방지법의 보호를 받기 위해서는 그것이 상품표지 또는 영업표지로서 주지성(周知性)을 가지고 있어야 한다.

대법원 2005. 4. 29. 선고 2005도70 판결(일명 – '탑 블레이드 팽이' 사건)[469]은, "만화, 텔레비전, 영화, 신문, 잡지 등 대중이 접하는 매체를 통하여 등장하는 가공적인 또는 실재하는 인물, 동물 등의 형상과 명칭을 뜻하는 이른바 캐릭터(character)는 그것이 가지고 있는 고객

---

466) 1965. 7. 26. 일본특허청 昭和 37년 1983호 심판 – 최연희, 전게논문, 61면에서 재인용.

467) 최연희, 전게논문, 61-62면.

468) 정식 명칭은 '부정경쟁방지및영업비밀보호에관한법률'이다.

469) 대법원 1996. 9. 6. 선고 96도139 판결도 이와 동일한 판시를 하고 있다. 이 판례는 미키마우스에 관한 것인데, 비록 미키마우스 캐릭터 자체는 국내에 널리 알려져 주지성을 가지고 있지만, 사건 당시까지는 그 상품화 사업에 대한 지속적인 광고나 선전이 없었기 때문에 미키마우스 캐릭터가 월트 디즈니사 또는 그로부터 미키마우스 캐릭터의 사용허락을 받은 사람이 제조·판매하는 '상품의 표지'로서 국내에 널리 인식되었다고 보기 어렵다고 판시하였다.

흡인력 때문에 이를 상품에 이용하는 상품화(이른바 캐릭터 머천다이징, character merchandising)가 이루어지게 되고, 상표처럼 상품의 출처를 표시하는 것을 본질적인 기능으로 하는 것은 아니어서, 캐릭터 자체가 널리 알려져 있다고 하더라도 그것이 상품화된 경우에 곧바로 타인의 상품임을 표시한 표지로 되거나, 그러한 표지로서도 널리 알려진 상태에 이르게 되는 것은 아니므로, 캐릭터가 상품화되어 부정경쟁방지법 제2조 제1호 가목에 규정된 국내에 널리 인식된 타인의 상품임을 표시한 표지가 되기 위해서는 캐릭터 자체가 국내에 널리 알려져 있는 것만으로는 부족하고, 그 캐릭터에 대한 상품화 사업이 이루어지고 이에 대한 지속적인 선전, 광고 및 품질관리 등으로 그 캐릭터가 이를 상품화할 수 있는 권리를 가진 자의 상품표지이거나 상품화권자와 그로부터 상품화 계약에 따라 캐릭터 사용허락을 받은 사용권자 및 재사용권자 등 그 캐릭터에 관한 상품화 사업을 영위하는 집단의 상품표지로서 수요자들에게 널리 인식되어 있을 것을 요한다."고 하였다.

서울지방법원 1991. 1. 23. 선고 90가합31607 판결[470]은, 월트 디즈니사가 창작한 '미키마우스', '도날드 덕' 등과 같은 저명캐릭터가 신발, 의류, 과자, 문구 등 여러 종류의 상품에 동시에 사용되고 있는 경우에는 어느 특정상품(영업)의 표지라고 인식되기 어려우므로 부정경쟁방지법상의 혼동초래행위에 해당되지 않는다는 취지로 판시하였다.

이처럼 우리나라에서는 캐릭터의 보호는 실정법상 저작권법에 의하는 것이 원칙이지만 상품화 사업 등이 이루어진 경우 부정경쟁방지법에 의한 보호도 가능하다. 그러나 캐릭터의 상품화는 종류와 성질을 달리하는 광범위한 상품들에 걸치고 그 제조업자도 다수인 경우가 많아 특정한 타인의 상품을 표시하는 표지로서 국내에 널리 인식된다는 요건의 충족이 쉽지 않은 것이 사실이다.[471]

Ⅱ. 저작물의 제호

1. 제호의 저작물성

상품이나 서비스의 명칭, 표어, 슬로건 같이 간단하고 짧은 문구는 창작성을 인정할 수 없어 저작물로 성립하지 않는다는 것이 통설적인 견해이다. 마찬가지로 저작물의 제호 역시 독자적인 저작물로 보지 않는 것이 통설이다.[472]

---

470) 지적재산권판례집, 전게서, 1962면; 하급심판결집, 법원도서관 編, 1991-1, 259면.
471) 오세빈, 전게논문, 247면 참조.

제호를 부정경쟁방지법이나 아니면 다른 별도의 입법에 의하여 보호하는 것은 몰라도, 저작권법으로 제호를 보호하는 것은 입법론으로서도 바람직하지 못하다는 견해가 있다.[473] 그러나 하급심 판결 중에는 제호의 저작물성을 부정하면서도 충분한 창작성이 있을 경우 저작물성을 인정할 수 있다는 약간의 가능성을 열어놓은 사례가 있다. 캐릭터의 명칭도 저작물의 제호와 마찬가지로 독립된 저작물로 보호받지 못한다. 다만 저작물의 제호는 저작권법 제13조 제 1 항에서 규정하는 저작인격권의 하나인 동일성유지권에 의하여 보호를 받는다(저작물 제호의 동일성유지권에 대하여는 제 4 장 제 2 절에서 후술함).

2. 입법례 등

미국이나 영국, 일본, 독일 등은 저작권법에 제호에 대한 특별한 규정을 두고 있지 않다. 미국은 저작권청 규정에서 '이름, 제호, 슬로건' 등은 저작권의 보호대상이 아니라고 규정하고 있다.[474] 미국의 학설과 판례 역시 제호는 저작물의 구성요소이기는 하지만 사소한 부분에 지나지 않아 저작권의 보호를 받을 수 없다고 보는 것이 일반적이다.[475] 다만, 미국의 판례는 저작물의 제호를 저작권법이 아닌 부정경쟁방지법(unfair competition law)이나 상표법 등의 법리에 의하여 보호하고 있다. 반면, 영국이나 일본, 독일의 경우에는 저작물성에 대한 일반적인 기준이 제호에 대해서도 적용된다는 것이 기본적인 입장이다. 그리하여 분량적으로도 충분히 길고 독창적 노력의 성과물이라고 인정할 수 있을 정도의 창작성이 있으면 제호라도 저작물성이 인정된다고 보고 있다. 그러나 실제로는 그 기준이 매우 높아서 제호가 이례적으로 길거나 매우 특별한 독창적인 노력의 성과물이라고 인정되는 경우가 아니면 좀처럼 저작물성을 인정하지 않는다. 따라서 보통의 짧은 제호로는 창작성의 요건을 충족시키기 어려워 저작물성이 인정되는 사례는 극히 예외적인 경우에 한한다. 예컨대 일본에서는 '뽀빠이'라는 특수한 로고타입으로 장식한 '뽀빠이' 넥타이 사건에서 '뽀빠이'라는 명칭 단지 그것만으로는 사상 또는 감정을 창작적으로 표현한 것으로 볼 수 없다고 하여 저작권법의 보호가 부정된 바 있다.[476][477]

---

472) 內田 晋, 전게서, 49면; 황적인·정순희·최현호, 저작권법, 법문사(1988), 142면; 송영식·이상정, 저작권법개설(제8판), 세창출판사(2012), 60, 61면, 이해완, 저작권법(제2판), 박영사(2012), 199, 200면 등.

473) 內田 晋, 전게서, 49면.

474) 미국저작권청 등록심사지침 제202조 2항(i); 37 C.F.R. § 202. 1(a).

475) Nimmer, *op. cit.*, p. 2: 16; 다만, Goldstein, *op. cit.*, 2, 7.3.에서는 제호 역시 창작성여부에 따라서 보호받을 수도 있다는 입장을 취하고 있다.

476) 동경지방법원 1990. 2. 19. 선고 昭和 59(ワ) 10103 판결(판례시보 1343호, 3면).

477) 이상, 최진원·이일호, 제호의 상품화와 지식재산적 보호, (미공간) 참조.

이에 비하여 프랑스나 이탈리아, 스위스 등의 국가는 창작성이 있거나 특징적인 제호는 저작물로서 보호한다는 별도의 명문의 규정을 마련하고 있다. 그러나 이들 입법례에 의하더라도 저작물의 제호나 캐릭터의 명칭에 대해서는 극히 예외적인 경우에 한하여 좁게 창작성이 인정되고 있다고 한다.[478)]

3. 판 례

저작물의 제호 중에는 제법 창작성이 돋보이는 특색 있는 것들도 있지만 대부분의 판례는 그렇더라도 제호만으로는 저작물성을 갖추지 못한다고 보고 있다. 즉, 판례는 오래 전부터 "제호는 사상이나 감정의 표현이라고 볼 수 없어 저작물로서 보호 받을 수 없다"고 하여 제호 자체의 저작물성을 인정하지 않고 있다. 대법원은 만화 제명 '또복이'가 빵 상품에 사용된 사례에서 저작물성을 부인하였으며,[479)] 운전면허학과시험 문제집의 표지 하단에 인쇄된 '크라운출판사'와 같이 단순한 어문저작물의 제호나 저작자, 출판사의 상호 등은 저작물로서 보호받을 수 없다고 하였다.[480)] 하급심 판결로서는 '자유인'이라는 제호에 대한 저작물성을 부인한 것이 있고,[481)] 무용극 제목인 '행복은 성적순이 아니잖아요',[482)] 소설제목 '애마부인',[483)] 연극 제목 '품바',[484)] 등의 저작물성이 모두 부인된 바 있다.

하급심 판결 중에는 '제호'가 저작물로서 보호받을 수 있는지 여부가 시험적으로 다투어진 사건이 있는데, 서울남부지방법원 2005. 3. 18. 선고 2004가단31955 판결(일명, '불타는 빙벽' 사건)이 그것이다. 이 사건에서는 '불타는 빙벽'이라는 소설의 제호가 문제로 되었다. 원고는 이 사건 제호가 비록 '불타는 빙벽'이라는 2개의 단어만으로 이루어져 있지만, 이들은 결합 불가능하고 모순관계에 있는 조합으로 누구도 쉽게 생각하지 못하는 원고만의 독창성과 문학적 개성이 집약된 것으로서, 작품내용 전체를 집약적으로 나타내는 독창성 있는 창작물이므로 '저작물'이라 할 것인데, 피고들이 이를 원고의 허락 없이 사용함으로써 원고의 저작재산권 중 복제권을, 저작인격권 중 성명표시권과 동일성유지권을 각 침해하였다고 주장하였다. 이에 대하여 법원은, 그동안 제호의 저작물성을 부정한 대법원 1996. 8. 23. 선고 96다273 판결,[485)] 대법원 1977. 7. 12. 선고 77다90 판결 및 서울고등법원 1991. 9.

478) 박성호, 저작권법, 박영사(2014), 148면 참조.
479) 대법원 1977. 7. 12. 선고 77다90 판결.
480) 대법원 1996. 8. 23. 선고 96다273 판결.
481) 서울지방법원 1990. 9. 21.자 90카6150 결정.
482) 서울지방법원 1990. 9. 20. 선고 89가합62247 판결.
483) 서울고등법원 1991. 9. 5.자 91라79 결정.
484) 서울고등법원 1989. 4. 11.자 89라28 결정.

5.자 91라79 결정 등을 인용하면서, 저작물의 제목, 제호(title)가 해당 저작물과는 별개의 독자적인 저작물 또는 그 중요한 일부로서 보호받을 수 있는지 여부를 살펴보면, 저작권법에 의하여 보호되는 저작물이라 함은 문학·학술 또는 예술의 범위에 속하는 것으로서 사상 또는 감정을 창작적으로 표현한 것을 말하는바, 어문저작물인 서적 중 제호 자체는 저작물의 표지에 불과하고 독립된 사상 또는 감정의 창작적 표현이라고 보기 어려워 저작물로서 보호받을 수 없으므로, 이 사건 제호 역시 저작물로 보호받을 수 없다고 하였다. 그러면서도 방론으로, 설사 현대 사회에서 제호가 갖는 사회적·경제적 중요성 등을 고려하여 제호의 저작물성을 일률적으로 부인하지 않고 제호 중 창작적 사상 또는 감정을 충분히 표현한 것을 선별하여 독립된 저작물로 보호하는 입장에 선다고 하더라도, 완성된 문장의 형태가 아닌 불과 두 개의 단어로만 구성되어 있는 이 사건 제호가 독자적으로 특정한 사상이나 감정 혹은 기타의 정보를 충분히 표현한 것으로 보기 어렵다고 하여 저작물성을 부정하였다.

4. 제호의 상표등록에 따른 문제점

가. 문제의 소재

저작물의 제호를 상표등록하는 경우에 저작권법과 관련하여 약간의 문제가 생긴다. 서적(단행본)의 제호는 원래 서적의 내용을 표시하는 것이지 상품(서적)의 식별표지는 아니므로 상표로서 등록될 수 없음이 원칙이다. 그러나 서적에 대한 문자상표 출원에 대하여 그것이 제호인지 상표인지 출원심사단계에서는 특정할 수 없으므로 제호도 다수 상표등록이 되고 있는 것이 현실이다.[486] 또 우리나라 특허청 실무에서 저작물의 제호는 서적의 품질을 나타내는 경우 등 특별한 경우를 제외하고는 상표등록이 허용되고 있으므로 제호는 일단 상표법에 의하여서는 보호를 받고 있다고 할 것이다.[487]

그런데 저작권의 보호기간은 일반적으로 사후 70년까지로 제한되어 있지만 상표는 10년마다 갱신등록을 하면 영구히 독점배타권을 행사할 수 있다. 따라서 제호의 상표등

---

485) 이 대법원 판결에서는, "저작권법에 의하여 보호되는 저작물이라 함은 문학·학술 또는 예술에 속하는 것으로서 사상 또는 감정을 창작적으로 표현한 것을 말하므로, 어문저작물인 서적 중 저작자의 사상 또는 감정을 창작적으로 표현한 부분이라고 볼 수 없는 단순한 서적의 제호나 저작자 또는 출판사의 상호 등은 저작물로서 보호받을 수 없다"고 판시하고 있다.

486) 송영식·이상정, 전게서, 76면.

487) 특허청 상표심사기준: 단행본의 제호가 직접 서적의 내용을 나타내는 경우(예를 들면 단행본인 민법총칙 책의 상표를 '민법총칙'으로 하여 출원하는 것)는 품질표시에 해당하여 상표등록을 받을 수 없지만 그렇지 않은 경우에는 상표등록을 받을 수 있다고 한다.

록을 허용하게 되면 저작권의 보호기간 제도를 사실상 피해갈 수 있는 길을 제공하게 되므로 문제이다. 예를 들어, A라는 제호를 상표등록 해 두면 그 저작물의 보호기간이 만료되었다 하더라도 다른 사람은 제호 A를 붙여 그 저작물을 제작하는 것이 불가능하기 때문에 어느 정도 저작권이 상표권처럼 영구존속하는 효과를 가져온다. 그러나 이는 저작권법이 저작물에 대하여 일정 기간 동안 배타적 권리로써 보호하고, 그 이후부터는 만인 공유의 영역에 속하게 함으로써 자유이용이 가능하도록 한 취지와 배치될 수 있다.

나. 판 례

이러한 불합리를 우리나라 판례는 상표법 제90조 제1항 제2호[488]를 적용하여 해결하고 있다. 즉, 서적의 제호는 해당 저작물의 창작물로서의 명칭 내지 내용을 나타내는 것이고, 그러한 창작물을 출판하고 제조·판매하고자 하는 자는 저작권법에 저촉되지 않는 한 누구든지 그 제호를 사용할 수 있는 것이며, 이때의 제호는 품질을 나타내는 보통명칭 또는 관용상표와 같은 성격을 가지므로 상표법 제90조에 의하여 상표권의 효력이 미치지 아니한다고 판시하였다.[489] 일본에서는 이러한 경우 저작물 제호의 상표출원을 각하한 바 있다.[490]

다만, 서적의 제호가 단순히 창작물의 명칭 내지 그 내용을 나타내는 것이 아니라 특별히 상품의 식별표지로 사용되는 경우에는 상표권의 효력이 미치게 된다. 대법원 2005. 8. 25. 선고 2005다22770 판결(일명, '영절하' 사건)[491]이 그러한 법리를 판시한 사례이다. 이 사건 원고는 자신이 저술한 베스트셀러 '영어공부 절대로 하지 마라'(축약하여 '영절하')에 관하여 상표등록을 한 후, 같은 제목으로 영어공부 시리즈물을 출판하고 있는 출판사를 상대로 상표권 침해를 원인으로 한 소송을 제기하였다. 이 사건에서 대법원은, 타인의 등록상표를 그 지정상품과 동일 또는 유사한 상품에 사용하면 타인의 상표권을 침해하는 행위가 된다

488) 상표법 제90조 제1항 제 2 호는, 등록상표의 지정상품과 동일·유사한 상품의 보통명칭·산지·품질·원재료·효능·용도·수량 … 를 보통으로 사용하는 방법으로 표시하는 상표에는 상표권의 효력이 미치지 않는다고 규정한다.

489) 대법원 1995. 9. 26. 선고 95다3381 판결(법원공보 1995, 3520면).
서적출판업을 하는 신청인은 중국 작가인 김용이 저작한 '녹정기'라는 제목의 서적 전 11권을 번역출판하면서 위 서적의 제호인 '녹정기'를 상품구분 052류 서적 외 1건으로 하여 특허청에 상표등록을 하였는데, 피신청인이 그 후 위 서적에 약간의 수정을 거쳐 같은 '녹정기'라는 제목으로 출판하자 피신청인을 상대로 주위적으로는 서적에 대한 저작권침해를, 예비적으로는 상표권침해를 주장한 사건이다.

490) 유명한 작가의 유족이 이미 저작권이 소멸한 그 작가의 저작물의 제호를 상표등록출원한 사안에서, 일본 특허청은 이러한 경우 상표등록을 허용하면 그 작가의 작품에 대한 출판권을 사실상 영구독점하는 결과를 초래한다고 하여 출원을 각하하였다(內田 晋, 전게서, 49면 참조).

491) 법원공보 2005. 10. 1.(235), 1,568면.

고 할 것인바(상표법 제66조 제 1 항 참조), 서적류의 제호는 특별한 사정이 없는 한 해당 저작물의 창작물로서의 명칭 내지는 그 내용을 함축적으로 나타내는 것이며, 그러한 창작물을 출판하고 제조·판매하고자 하는 자는 저작권법에 저촉되지 않는 한은 누구든지 사용할 수 있는 것으로서 품질을 나타내는 보통명칭 또는 관용상표와 같은 성격을 가지는 것이므로, 제호로서의 사용에 대하여는 구 상표법 제51조(현행 상표법 제90조)의 규정에 의하여 상표권의 효력이 미치지 않는 것이 원칙이기는 하나(대법원 1995. 9. 26. 선고 95다3381 판결 참조), 타인의 등록상표를 정기간행물이나 시리즈물의 제호로 사용하는 등 특별한 경우에는 사용 태양, 사용자의 의도, 사용 경위 등 구체적 사정에 따라 실제 거래계에서 제호의 사용이 서적의 출처를 표시하는 식별표지로서 인식될 수도 있으므로, 그러한 경우까지 상표권의 효력이 미치지 않는 것으로 볼 수는 없다고 하였다. 그러면서 피고 출판사가 '영절하'를 제호의 일부로 하는 시리즈물의 형식으로 이 사건 서적을 제작·판매하고 있는 것은, 그 제호의 사용 태양, 사용 의도, 사용 경위 등에 비추어 신청인의 등록상표를 시리즈물인 서적의 제호의 일부로 사용함으로써 시리즈물인 서적의 출처를 표시하고 있는 것으로 볼 여지가 있는바, 그러한 경우에는 원고의 상표권을 침해하는 상표적 사용으로 보아 원고의 상표권의 효력이 미친다고 하였다.

서울고등법원 2014. 7. 3. 선고 2013나54972 판결(상고)은 서적류의 제호에 관한 위 대법원 1995. 9. 26. 판결 및 2005. 8. 25. 판결을 인용하면서, "서적류의 제목과 마찬가지로 영상물의 제목도 어디까지나 저작물인 영상물을 특정하기 위한 것으로, 상품과 그 출처 또는 영상물을 제작, 방영하거나 배급사업을 영위하는 영업주체를 식별하는 표지로서 인식되는 것은 아니므로, 특정한 방송영상물이 인기를 얻어 그 제목이 시청자들 사이에 널리 알려지게 되었고 그에 따라 그 해당 제목으로 특정된 저작물인 영상물의 존재가 널리 인식되었다고 평가할 수 있다고 하더라도 특정한 상품이나 영업주체가 널리 인식되었다거나 저명하게 되었다고 평가할 수는 없다. 따라서 어떤 리얼리티방송을 녹화한 영상물의 제목이 부정경쟁방지법에 정해진 상품이나 영업의 표지에 해당하기 위해서는 특정한 영상물의 제목이 독자적인 특징을 가지고 또 그 제목이 장기간 계속하여 독점적으로 사용되거나 단기간이라도 강력한 선전 등과 함께 사용되어 그 제목이 특정한 사람의 상품이나 영업을 표시하는 표지로서 수요자인 시청자들 사이에 널리 인식되었다고 인정되어야 하고, 그에 이르지 아니한 경우에는 부정경쟁방지법에 정해진 상품이나 영업의 표지에 해당하지 아니한다"고 판시하였다.[492]

492) 이러한 이유로 원고 SBS 방송의 '짝'이라는 리얼리티 프로그램을 패러디한 피고 CJ E&M의 '짝' 프로그램(tvN 채널을 통하여 방영)에 대한 손해배상 청구를 기각하였다.

한편, 타인의 저작물의 제호라도 그 제호를 자기의 상표로 등록하거나 사용하는 것이 가능하며, 이는 허락이 있는 경우는 물론 허락이 없는 경우에도 마찬가지이다. 예를 들어 甲이 저작한 '태백산맥'이라는 단행본의 제호를 乙이 자신이 판매하는 다른 서적의 상표로 사용하는 것도 가능하다.[493] 그러나 타인의 저작물이나 제호를 상표등록한 자가 역으로 자신의 상표권에 기초하여 저작권자에 대하여 그 제호를 해당 저작물에 사용하는 것을 막는 것은 권리남용에 해당하여 허용될 수 없다고 한 일본의 판례가 있다.[494]

Ⅲ. 글자체(typeface)

1. 의 의

글자체(typeface; typographical design)는 '서체도안', '디자인 서체', '활자용 서체', '인쇄용 서체', '자형'(字形), 또는 '글꼴' 등으로도 불리어 왔으며, "한 벌의 문자·서체 등에 대한 독특한 형태의 디자인"을 말한다. 즉, 글자체는 글자 하나하나를 가리키는 것이 아니라 "한 벌의 문자, 숫자, 그 밖의 상징적인 기호들로서(as a set of letters, numbers or other symbolic characters), 그 형태가 표기체제에 일관되게 적용되는 반복적인 디자인 요소들과 관련되어 있고, 문장을 구성하거나 의미 있는 기호의 조합을 구성하는 실용적 기능을 하는 형상"을 의미한다.[495]

디자인보호법(2013. 5. 28. 개정, 법률 제11848호)은 '글자체'라는 용어를 법령상의 용어로 채택하였다. 디자인보호법에서는 '글자체'란 "기록이나 표시 또는 인쇄 등에 사용하기 위하여 공통적인 특징을 가진 형태로 만들어진 한 벌의 글자꼴(숫자, 문장부호 및 기호 등의 형태를 포함한다)을 말한다"고 정의하고 있다(제 2 조 제 2 호). 이처럼 글자체는 글자 하나하나를 가리키는 것이 아니라 글자들 간에 통일과 조화를 이루도록 만들어진 한 벌의 글자들을 의미

493) 다만 이 경우 소비자로 하여금 乙의 서적이 마치 甲의 서적인 것처럼 오인, 혼동케 할 우려가 있다면 구체적인 사안에 따라 乙은 부정경쟁방지법에 의한 책임을 지게 될 것이다.

494) 일본 최고재판소 1990. 7. 20. 판결(判例時報 1356호, 132면); 만화주인공 '뽀빠이'의 관념 및 칭호를 떠올리게 하는 이 사건 등록상표는 그 출원 당시에도 이미 만화의 주인공과 불가분 일체의 것으로 일반인에게 친숙하게 되어 있었고, '뽀빠이'라는 용어는 해당 저작물 이외에 어떠한 것도 의미하지 않는다는 점을 고려하면, '뽀빠이' 명칭의 문자만으로 된 표장을 저작권자의 허락에 의해 상품에 부착·판매하고 있는 자에 대하여 이 사건 등록상표권자가 상표권침해를 주장하는 것은 권리의 남용에 해당한다고 판시하였다.

495) Melville B. Nimmer/David Nimmer, Nimmers on Copyright, Vol. 1, Matthew Bender, 2004, § 2.15. 박성호, 전게서, 98면에서 재인용.

한다.[496] 1973년의 「글자체 보호 및 그 국제기탁에 관한 비인협약」 제 2 조 (i)에서는 "글자체란 (a) 엑센트 부호 및 구두점과 같은 부속물을 수반한 문자 및 알파벳 글자체, (b) 숫자, 정식기호(定式記號), 부호 및 과학기호와 같은 도형적 기호, (c) 가장자리 장식, 꽃무늬 장식, 당초모양 등 장식의 일련의 디자인으로서, 어떤 그래픽기술(any graphic technique)에 의하여 문장을 구성하기 위한 수단을 제공할 것을 의도한 것을 말한다. 다만 그 형상이 순수한 기술적 필요에 기인하는 것은 제외한다."고 정의하고 있다.

2. 글자체의 보호

가. 보호의 필요성

글자체의 수요는 출판뿐만 아니라 다른 업계에도 급격하게 확대되고 있다. 특히 전자산업의 발전에 따라 컴퓨터프로그램 등의 출력용 글자체 디자인이 활발히 이루어지고 있는데, 여기에는 종전 타이프라이터나 활판인쇄용 글자체에 비하여 새로운 연구개발과 투자가 요구된다.[497] 그 외에 텔레비전이나 팩시밀리용 글자체 디자인을 비롯하여, 인터넷 화면, 휴대폰, 아이패드 등의 액정화면에 사용되는 글자체 디자인이 매우 중요해지고 있다.[498] 이러한 글자체를 개발하는 데에는 많은 시간과 노력, 비용이 들어가는 것은 물론이고 글자체 디자이너의 창작성, 독창성이 크게 발휘된다. 따라서 이와 같이 하여 개발된 글자체를 다른 사람들이 아무런 대가를 지불함이 없이 무단사용할 수 있도록 한다면 글자체의 개발자, 창작자에게 손해를 초래함은 물론 그 개발의욕은 크게 손상을 입게 된다.

따라서 창작자에 대한 상당한 보상을 통하여 창작의욕을 진작시킨다는 지적재산권제도의 취지에 비추어, 글자체 창작자에게도 법적으로 일정한 권리를 부여함으로써 보상이 이루어지도록 할 필요성이 제기되었다. 글자체의 지적재산권 보호를 위한 법률로서는 저작권법과 디자인보호법 및 부정경쟁방지법을 들 수 있고, 민법의 일반 불법행위법에 의한 보

496) 김성종, 타이프페이스의 법적 보호론, 계간 저작권, 저작권심의조정위원회, 1995년 가을, 12면.

497) 종래 활자의 모형(주형)을 제작하려면 그 하나하나를 새겨야 하며, 동일 글자체의 활자를 만들려면 여전히 동일한 작업이 요구되므로 모방행위 등이 일어날 수 없었다. 그러나 사진식자기라는 광학기술을 이용하여 문장을 구성하는 기계가 발명됨으로써 사정이 일변하였다. 사진식자기는 약 11포인트 크기의 네가티브 글자체를 집합한 문자반에 빛을 통과시켜, 인화지 또는 필름면에 임의의 글자체를 복사해 내어 판을 작성하는 구조로 되어 있다. 문자반은 글자체의 종류에 따라 여러 종류가 준비되어 있고, 용이하게 복사할 수 있다. 글자체의 모방사건도 이 문자반을 복제판매함으로써 일어났다. 또 다른 모방사건은 글자체 디자이너가 다른 디자이너가 작성한 글자체를 자기의 글자체집에 무단으로 게재하는 형태로 발생하였다; 高石義一, 先端産業の知的所有權, 東洋經濟新報社, 1990, 215면－정진섭 외 1인, 국제지적재산권법, 육법사, 431면에서 재인용.

498) 정진섭 외 1인, 전게서, 431면.

호도 생각해 볼 수 있다.

나. 글자체의 저작물성

글자체를 저작권법에 의하여 보호할 수 있는지 여부는 결국 글자체의 저작물성을 인정할 수 있는지의 문제로 귀결된다. 글자체의 저작물성에 대하여는 학설이 대립하고 있다.[499)]

글자체의 저작물성을 인정하는 견해에 의하면, 우리 저작권법이 '응용미술'을 저작물의 하나로 예시하고 있는 만큼 글자체가 실용성을 가진다고 해서 그 저작물성을 부정하는 것은 타당하지 않으며, 이는 문자 자체가 아닌 글자체에 대한 미적 창작의 문제이므로 이를 보호하는 것은 당연하다고 한다. 이에 반하여 글자체의 저작물성을 부정하는 견해는, 글자체는 실용성을 본질로 하기 때문에 저작물성이 부정되어야 하며, 문자에 대하여 창작성 및 저작권을 인정하는 것은 만인공유의 영역에 속하여 자유롭게 이용되어야 할 문자에 대하여 독점권을 부여하는 결과를 초래하므로 부당하다는 점을 강조한다.[500)]

다만 부정설의 입장에서도 서예라든가 꽃문자와 같은 것은 문자가 정보전달이라는 실용적 기능만을 수행하는 것이 아니라 미적 감상의 대상이라고 할 수 있으므로 저작물성이 있다고 본다.[501)] 예를 들어, 서울고등법원 1997. 9. 24. 선고 97나15236 판결에서는, 궁체에 대비되는 서체로서 일반 백성들의 글씨체에 바탕을 둔 독특하고 개성있는 글씨체인 '민체'를 연구하여 그 민체로 작성한 '춘향가' 본문 글자 중 '축'자와 '제'자를 집자하여 '축제'라는 글자를 영화 포스터에 무단이용한 사건에서, "원고가 쓴 '춘향가' 서체는 원고의 사상 또는 감정 등을 창작적으로 표현한 지적·문화적 정신활동의 소산으로서 하나의 독립적인 예술적 특성과 가치를 지니는 창작물이라 할 것이므로, 원고는 이 사건 글자를 포함한 위 '춘향가'의 서체에 대하여 저작재산권과 저작인격권을 취득하였다"고 판시하여 서예와 같이 문자의 실용적 기능으로부터 독립한 미적 특성을 인정할 수 있는 특수한 디자인서체의 경우에는 저작물로 보호받을 수 있다고 하였다.[502)]

---

499) ① 저작물성을 인정하는 견해: 이상정, 응용미술의 보호, 계간저작권, 1995년 봄호, 9면 이하; 장인숙, 타이프페이스의 보호, 저작권학회보 30호, 1990. 5, 1면 이하; 한승헌, 정보화 시대의 저작권, 나남출판사, 1994, 273면 이하.
② 저작물성을 부정하는 견해: 박문석, 저작권과 글자꼴의 법적 보호(3), 인쇄신문, 1991. 11. 22, 4면; 이호흥, 타이프페이스의 법적 보호에 관한 연구보고서, 저작권심의조정위원회, 1991 – 이상 김성종, 전게논문, 14면 이하에서 재인용.

500) 김성종, 전게논문, 14면 참조.

501) 牧野利秋, 전게서, 97면.

502) 이 사건은 상고심인 대법원 1998. 1. 26. 선고 97다49565 판결에서 심리불속행에 의한 상고기각 판결로 확정되었다. 한국저작권판례집(5), 저작권심의조정위원회, 98면 이하 참조.

다. 판 례

우리나라 판례는 글자체의 저작물성에 관하여 부정설에 입각하고 있다. 일본에서도 부정설이 다수설이다.[503] 서울고등법원 1994. 4. 6. 선고 93구25075 판결(일명, '서체 도안' 사건)은,[504] "원고들이 제작한 서체도안도 그 자체가 미적 감상의 대상으로 할 것을 주된 의도로 하여 작성되었다고 보기는 어렵다(미적 감상을 주된 의도로 하여 작성되는 서체, 예컨대 서예와 같은 것은 달리 취급하여야 한다)"고 한 후, "서체도안은 일부 창작성이 포함되어 있고 문자의 실용성에 부수하여 미감을 불러일으킬 수 있는 점은 인정되나, 그 미적 요소 내지 창작성이 문자의 본래의 기능으로부터 분리, 독립되어 별도로 감상의 대상이 될 정도의 독자적 존재를 인정하기는 어렵다 할 것이어서, 그 자체가 예술에 관한 사상 또는 감정의 창작적 표현물이라고 인정하기에는 미흡하다고 보이므로 이를 저작권법상 보호의 대상인 저작물 내지 미술저작물로 인정하기는 어렵다"고 하였다. 나아가 서체도안의 창작자에게 저작권법상의 모든 권리(저작인격권, 저작재산권 등)를 인정할 경우 종래의 문화유산으로서 만인공유의 대상이 되고 의사, 사상, 감정 등의 전달 및 표현의 기본적 수단인 글자 내지 문자의 사용에 관하여 지나친 제약을 가하는 결과가 될 것이 명백하고, 결과적으로는 서체도안의 창작자에게 일종의 문자에 대한 독점권을 부여하는 효과를 가져올 우려가 있어 이는 문화의 향상 발전에 이바지함을 목적으로 하는 저작권법의 입법취지에 오히려 반하게 될 것이라고 하였다. 이 판결에서는 방론으로, "서체도안의 경우 그 창작에 드는 창작자의 시간과 노력, 비용 등에 어떠한 형태로든 적절한 보상이 있어야 함은 물론이고, 그러한 보상이 이러한 서체도안 등의 창작에 대한 의욕을 보다 활발하게 불러 일으켜 이러한 분야의 발전을 가져올 것은 명백하다. 그러나 서체도안에 관하여 별도로 특별법 등의 제정을 통하여 창작자의 권리 등을 구체적으로 규정하여 이를 보호함은 별론으로 하고 이를 저작물의 범주에 포함된다고 보기는 어렵다"고 덧붙이고 있다.[505]

이처럼 판례는 글자체 자체의 저작물성은 부인하고 있지만, 뒤에서 보는 바와 같이 글자체를 프로그램화 한 서체파일(font file) 프로그램에 대하여는 프로그램저작물로서 성립할 수 있다고 하였다.

---

503) 상게서, 99면 참조.

504) 이 판결은 상고심인 대법원 1996. 8. 23. 선고 94누5632 판결에서 상고기각으로 확정되었다.

505) 이 판결의 상고심인 대법원 1996. 8. 23. 선고 94누5632 판결은, "글자체와 같이 실용적인 기능을 주된 목적으로 하여 창작된 응용미술작품은 거기에 미적인 요소가 가미되어 있다고 하더라도 그 자체가 실용적인 기능과 별도로 하나의 독립적인 예술적 특성이나 가치를 가지고 있어서 예술의 범위에 속하는 창작물에 해당하는 경우에만 저작물로 보호되므로, 글자체가 저작물에 해당하지 아니함이 명백하다"고 판시하였다.

3. 글자체 보호를 위한 국제적 노력

우리나라나 일본뿐만 아니라 미국과 같이 지적재산권의 선두를 달리는 나라에서도 저작권 관리청의 실무나 법원의 판례상 글자체의 저작물성은 부정되어 왔다. 이에 따라 일찍부터 글자체의 법적 보호 필요성을 느끼고 있던 유럽의 10개국[506]이 모여 1973년에 「글자체 보호 및 그 국제기탁에 관한 비인협약」(The Vienna Agreement for the Protection of Typefaces and their International Deposit)을 체결한 바 있다. 이 협약의 주요내용은 첫째, 체약국은 각국에서 디자인보호법, 저작권법 또는 특별입법에 의하여 글자체디자인을 보호하고, 둘째, 보호조건으로서 신규성 또는 독창성, 혹은 그 양자를 요구하며, 셋째, 보호기간은 최저 15년으로 하고, 넷째, 권리자는 자기의 글자체를 복제할 권리를 가짐은 물론이고 이러한 복제권은 다른 사람이 그 글자체를 사용하여 텍스트를 꾸며 출판물로 인쇄하는 행위에도 미치며, 다섯째, 국제기탁제도를 두고, 여섯째, 분쟁해결절차를 정하고 있는 것 등이다.[507] 그러나 위 협정은 아직까지 비준서 등 발효조건이 충족되지 않아 발효되지 않고 있다.

4. 다른 법에 의한 보호

가. 민법에 의한 보호

글자체의 보호와 관련하여 저작권법 외에 민법상 일반 불법행위 이론에 의한 구제가 가능한지 여부이다. 고의 또는 과실로 타인이 공들여 만들어 놓은 글자체를 복제하여 사용했다면 그의 영업상의 이익을 위법하게 침해한 것이라고 볼 여지도 있기 때문이다. 일본에서는 불법행위에 의한 구제를 인정하는 견해가 학설로서는 유력하다. 그러나 일본의 주류적인 판례는 구체적인 사건에서 불법행위에 기초한 글자체의 보호를 인정하지 않고 있다.[508]

나. 디자인보호법에 의한 보호[509]

디자인보호법의 개정 전 법률인 구 의장법에서는 의장이란, "물품의 형상·모양·색채 또는 이들을 결합한 것으로서, 시각을 통하여 미감을 일으키게 하는 것을 말한다"고 규정하고 있었다(구 의장법 제 2 조 제 1 호). 따라서 구 의장법에서는 문자가 물품의 외관에 미적인

506) 프랑스, 독일, 헝가리, 이탈리아, 룩셈부르크, 네덜란드, 산마리노, 스위스, 영국, 유고슬라비아의 10개국.
507) 정진섭 외 1인, 전게서, 432면.
508) 牧野利秋, 전게서, 102면.
509) 김성종, 전게논문, 13면.

영향을 미칠 정도로 고도로 장식화되지 않으면 원칙적으로 문자에 대한 권리는 문자가 가지는 의미나 내용에까지 독점권이 미치는 것으로 오인될 우려가 있어 인정하지 않았다. 의장심사기준도 "도면 중에 음영·지시선 기타 의장을 구성하지 아니하는 선, 부호 또는 문자 등을 표시하는 경우"에는 의장등록출원을 거절하도록 하고 있었다.

글자체는 어떤 물품의 외관에 미감을 일으키는 것을 목적으로 하는 것이 아니라, 글자체 그 자체로서 독립된 심미적 존재이유를 가지는 것이므로 의장법의 대상이 될 수 없다는 것이다. 일본에서도 의장법에 의한 글자체의 보호는 인정하지 않는 것이 통설이다.[510]

그러나 2004. 12. 31. 의장법을 개정하여 디자인보호법으로 법률의 명칭이 바뀌면서 이 법에서 보호하는 '디자인'이라 함은 "물품(물품의 부분 및 글자체를 포함한다)의 형상·모양·색채 또는 이들을 결합한 것으로서, 시각을 통하여 미감을 일으키게 하는 것을 말한다."고 규정하여 '글자체'가 디자인보호법의 보호대상임을 명백히 하였다(디자인보호법 제 2 조 제 1 호). 따라서 디자인등록을 출원하여 디자인권으로 설정등록을 받게 되면 그에 따른 보호를 받게 된다. 다만, 타자·조판 또는 인쇄 등의 통상적인 과정에서 글자체를 사용하는 경우 및 그러한 사용으로 생산된 결과물인 경우에는 디자인권의 효력이 미치지 않는 것으로 하였다(디자인보호법 제94조 제 2 항).

다. 부정경쟁방지법에 의한 보호

부정경쟁방지법 제 2 조 제 1 호 가목에서는, '상품주체의 혼동행위'를 부정경쟁행위로서 금지 또는 예방을 청구할 수 있다고 규정하고 있다. 그러므로 글자체 자체를 상품으로 생각하여 동일 또는 유사한 글자체의 사용금지 등을 청구하는 방안을 생각해 볼 수 있다. 그런데 부정경쟁방지법에서 말하는 상품이란 적어도 유체물이어야 하므로, 무체물인 글자체는 이 법에서 말하는 '상품'에 해당되지 않으며 따라서 부정경쟁방지법의 보호대상이 아니라는 의견이 지배적이다.[511]

일본의 종전 판례들도 같은 이유에서 글자체를 부정경쟁방지법의 보호대상으로 보지 아니하였다.[512] 그런데 그 후 일본에서는 글자체의 경제적 가치를 인정하고 글자체가 독립된 거래대상으로 취급되고 있다는 점을 중시하여, 단순히 무체물이라고 해서 상품에 해당하지 않는다고 볼 수는 없다면서, 글자체를 부정경쟁방지법의 보호대상으로 본 판결이 선고되었다.[513] 일본에서는 학설상으로도 글자체에 대하여 부정경쟁방지법의 적용을 긍정하

510) 牧野利秋, 전게서, 103면.
511) 김성종, 전게논문, 13면.
512) 동경고등법원 1982. 4. 28. 無體集 14권 1호 351면.
513) 동경고등법원 1993. 12. 24. 판결(판례시보 1505호, 136면).

는 견해가 적지 않다. 이들 견해는, 새로운 글자체의 보호를 인정하더라도 법률상 보호를 받지 않는 그 밖의 다른 글자체가 많이 존재하고 있으므로, 만인의 공유재산인 문자에 대한 독점권을 인정하는 결과로는 되지 않는다고 한다. 오히려 글자체의 보호를 부정하여 무단복제를 용인하는 것은 많은 비용과 시간을 투자한 개발자에게 손해를 끼치고, 글자체 디자인을 대상으로 매매 또는 유상의 사용허락이 이루어지고 있는 거래현실을 무시하는 것이라고 본다. 특히 부정경쟁방지법의 취지에 비추어 보면, 그 보호대상을 유체물로 한정하여야 할 근거를 찾아 볼 수 없고, 오히려 자타상품식별력이나 출처표시기능을 가지는 매매의 목적물로 될 수 있는 재화라면 모두 부정경쟁방지법이 보호하는 '상품'에 해당한다고 보아야 한다는 것이다.[514)]

라. 컴퓨터프로그램저작물로서의 보호

컴퓨터에서 사용되는 '컴퓨터 글자체'는 글자꼴을 화면에 출력하거나 인쇄출력하기 위한 컴퓨터프로그램의 일종으로 볼 수 있으므로, 일반적인 글자체에 대한 보호여부에 관계없이 컴퓨터프로그램으로서의 보호가 인정되어야 한다. 원래 컴퓨터프로그램에 대하여는 종전에는 컴퓨터프로그램보호법에 의하여 보호가 이루어져 왔으나, 이 법이 2009년 저작권법 개정에 따라 저작권법에 흡수통합 되었으므로 그 이후부터는 다른 일반 저작물과 마찬가지로 저작권법에 의하여 보호되게 되었다. 우리 판례의 대체적인 경향에 따르면, 서체파일의 경우 프로그램저작물의 일부로서 취급될 수 있으며, 그 파일을 무단 복제하여 사용하면 복제권의 침해가 되고, 저작권자의 허락 없이 서체파일을 변경하여 이용하였을 경우 개작권(2차적저작물작성권)과 동일성유지권의 침해가 될 수 있다.[515)]

서울고등법원 1999. 4. 7. 선고 98나23616 판결(일명, '서체 모음 CD-Rom' 사건)[516)]은, 단순히 서체도안을 처리하는 서체파일 자체와 서체파일 제작 및 구현 프로그램을 구분하여, 그 중 전자의 창작성은 부인하고 후자의 창작성은 이를 인정하고 있다. 즉, "서체도안이 미적인 창작적 요소가 가미되어 있어 그 자체가 실용적인 기능과 별도로 하나의 독립적인 예술적 특성이나 가치를 가지고 있어서 예술의 범위에 속하는 창작물에 해당하여 별도의 저

514) 牧野利秋, 전게서, 104면.

515) 서울지방법원 동부지원 1997. 11. 28. 선고 95가합11403 판결(하급심판결집 1997-2, 384면)에서는, "전자출판용 에디터나 워드프로세서 등에서 사용되는 외곽선 폰트파일(scalable font-file)은 일반적인 프로그램에 비하여 다소 특수한 측면이 있으나 구성요소, 제작 및 출력과정에 비추어 볼 때 컴퓨터프로그램보호법상의 프로그램에 해당되고, 자신이 제작한 에디터에 사용하기 위하여 파일을 승낙 없이 전환하는 행위는 복제행위에 해당된다"고 판시하고 있다.

516) 이 판결의 판시 내용은 한국저작권판례집(5), 저작권심의조정위원회, 429면에 수록된 '판결의 개요' 부분을 참조하였다.

작물로서 보호되는 경우는 별론으로 하고, 서체도안을 컴퓨터 내에서 처리되도록 만든 글꼴 파일 제작 프로그램이나 글꼴 파일 구현 프로그램이 아닌 글꼴 파일 자체는, 도안된 서체를 스캐닝하여 이미지 파일로 전환시킨 다음 폰토그라퍼에 의하여 데이터 수치와 연결 명령어로 구성된 포스트스크립트 언어로 표현하는 수단과 방법이 일치하는 한 동일한 서체도안에 대하여는 항상 동일한 또는 아주 유사한 좌표값을 가지는 원시 코드로 표현될 수밖에 없어 그 창작성을 인정하기 어렵다"고 하였다.

그러나 이 판결은 상고되어 대법원 2001. 6. 29. 선고 99다23246 판결에 의하여 파기된다. 대법원은, "서체파일 제작용 프로그램인 폰토그라퍼(fontographer)에서 윤곽선 추출기능을 통해 자동으로 추출된 윤곽선은 본래의 서체 원도와는 일치하지 않는 불완전한 모습으로 나타나기 때문에 다시 마우스를 사용하여 윤곽선을 수정하여야 하고, 또한 폰토그라퍼에서 하나의 글자를 제작하기 위한 서체 제작용 창의 좌표는 가로축 1,000, 세로축 1,000의 좌표로 세분되어 있어, 동일한 모양의 글자라 하더라도 윤곽선의 각 제어점들의 구체적 좌표값이 위와 같은 수정 부분에 있어서도 일치할 가능성은 거의 없다고 보여지므로, 서체파일을 제작하는 과정에서 글자의 윤곽선을 수정하거나 제작하기 위한 제어점들의 좌표값과 그 지시·명령어를 선택하는 것에는 서체파일 제작자의 정신적 노력의 산물인 창의적 개성이 표현되어 있다고 봄이 상당하고, 따라서 윤곽선의 수정 내지 제작작업을 한 부분의 서체파일은 프로그램저작물로서의 창작성이 인정된다."고 판시하였다.

이로써 대법원은 서체파일은 컴퓨터프로그램이고, 좌표값 등의 선택에 창작성을 인정할 수 있으므로 컴퓨터프로그램저작물성이 있다는 점을 분명히 하였다. 비슷한 시기에 대법원은 연이어 서체파일의 창작성을 인정하는 판시를 함으로써, 서체 자체는 보호하지 않지만 서체파일은 보호한다는 입장을 확립하였다. 그 후 많은 하급심 판결들이 이러한 기준을 따르고 있다.

다만, 컴퓨터프로그램에 번들 형태로 포함된 서체에 대하여는 묵시적 이용허락이 있다고 본 판례도 있다. 서울중앙지방법원 2014. 5. 1. 선고 2012가합535149 판결은, A가 한글 프로그램을 문자 발생기에 설치하는 과정에서 B의 서체가 자동으로 문자 발생기의 운영체제에 저장되었다고 하더라도, 이러한 과정은 서체 파일에 관한 라이선스를 부여한 저작권자들이 프로그램 개발자에게 적어도 이를 묵시적으로 허락하였다고 할 것이므로, A가 A의 문자 발생기에 저장된 서체를 무단으로 복제·사용하여 B의 저작권을 침해하였다고 볼 수 없다고 판시하였다.

Ⅳ. 응용미술

1. 서 설

저작권법 제 4 조 제 1 항은 저작물의 종류를 예시하면서 제 4 호에서 응용미술저작물을 미술저작물의 하나로 규정하고 있다. 응용미술(applied arts)이란 순수미술에 대립하는 개념으로서 널리 실용품에 응용된 미술을 가리키는 말로 사용되고 있다.[517] 여기에는 ① 미술공예품, 장신구 등 실용품 자체인 미적 창작물, ② 가구에 응용된 조각 등과 같이 실용품과 결합된 미적 창작물, ③ 양산되는 실용품의 모형으로 사용되는 것을 목적으로 하는 미적 창작물, ④ 염색도안 등 실용품의 모양으로 이용되는 것을 목적으로 하는 미적 창작물 등이 속한다. 건축저작물도 용어의 의의에 비추어 본다면 응용미술저작물에 속하나, 일찍부터 별도의 유형으로 분류되고 있다.[518]

과거 우리나라에서는 응용미술이라고 하더라도 양산되는 공업제품에 이용되는 경우에는 구 의장법(현 디자인보호법)에 의하여 보호하였고, 저작권법으로 보호되는 것은 원칙적으로 일품제작(一品製作)의 미술공예품에만 한정되었었다. 그러나 1986년 개정법부터는 그와 같은 제한 없이 저작물의 예시 중에 응용미술저작물을 명시함으로써 응용미술작품을 저작권법에 의하여 보호하는 것으로 규정하고 있다. 이와 같이 법 규정만을 가지고 보면 우리나라의 상황은 응용미술에 관하여 한편으로는 디자인보호법에 의한 보호를 하고, 다른 한편으로는 저작권법에 의한 보호를 하고 있어서, 적어도 실정법상으로는 중첩적인 보호가 가능한 것처럼 보인다.[519] 하지만 그 의미나 이로 인한 디자인보호법과의 저촉 등에 대하여는 전혀 고려되지 아니하였다. 구 의장법은 보호요건으로서 신규성과 진보성을 요구하고 있고 보호기간도 설정등록일로부터 15년으로 제한되어 있었으므로, 종래 의장법으로 보호하여 오던 것을 저작권법에 의하여 중첩적으로 보호하게 되면, 의장법이 규정하고 있는 보호요건인 신규성이 없는 도안이나 모형이라고 하여 의장등록이 되지 않던 것 또는 의장권의 보호기간이 지나서 공중의 영역에 들어간 것에 대하여서도 저작권을 주장할 수 있으므로, 결국 의장법을 기초로 하였던 산업계의 거래질서에 커다란 혼란을 초래할 우려가 있게 된 것이다.

이에 우리 저작권법은 2000. 1. 12. 개정을 통하여 응용미술저작물이란 "물품에 동일한

517) 베른협약 로마규정에서는 응용미술을 '산업에 응용된 미술적 저작물'이라고 규정하고 있고, 「WIPO 용어사전」에서는, '수공예품이건 공업적 생산품이건 묻지 않고 실용품에 응용된 미술저작물'이라고 정의하고 있다.

518) 이상정, 응용미술의 보호, 계간 저작권, 저작권심의조정위원회, 1995년 봄, 4면; 內田 晋, 전게서, 65면.

519) 이상정, 전게논문, 5-6면 참조.

형상으로 복제될 수 있는 미술저작물로서 그 이용된 물품과 구분되어 독자성을 인정할 수 있는 것을 말하며, 디자인 등을 포함한다"고 정의함으로써 구 의장법과 저작권법의 중복보호에 따른 문제점을 해결하고자 하였다. 이와 관련하여서는 아래 3항 이하에서 상세히 살펴보기로 한다.

2. 각국에 있어서 응용미술의 보호

가. 미 국

미국에서 응용미술의 저작물성이 문제로 되어 처음으로 관심을 끌게 된 것은 Mazer 사건[520]이었다. 이 사건에서 원고는 춤추는 여인의 모습을 한 조각품을 제작하여 이를 램프 받침대로 응용하였는데(그림 참조), 피고가 이 조각을 복제한 램프 받침대를 만들어 판매하자 저작권침해소송을 제기하였다. 피고는, 대량생산되는 실용품에 응용할 것을 주된 목적으로 하여 제작된 조각품에 대하여는 디자인특허에 의하여 보호하면 충분하고 저작권법으로 중복보호해 주어서는 안 된다고 주장하였다. 법원은 피고의 주장을 배척하면서, 원고의 조각품은 디자인특허와는 별도로 저작권법에 의한 보호도 가능하다고 판단하였다.

그 후 미국 저작권청(Copyright Office)은 법원의 이러한 판단을 바탕으로 종래의 규정을

J. Ginsburg, op. cit., p. 185.

520) Mazer v. Stein, 347 U.S. 201, 100 U.S.P.Q. 325(1954).

개정하여, 응용미술 작품의 유일한 본래의 기능이 실용성에 있다면 그 작품이 독창적이라거나 미적으로 훌륭하다는 것만으로는 저작물성을 가진다고 볼 수 없지만, 실용품이 그 실용품과 분리하여 인식할 수 있고, 독립적으로 존재할 수 있는 회화, 그래픽 또는 조각 등의 형상을 포함하고 있을 경우에는 그 형상은 저작권법의 보호를 받을 수 있다고 하였다.521)

나아가 1976년 개정된 미국 저작권법 제102조의 (a)(5)는 "회화, 그래픽 및 조각저작물"(pictorial, graphic and sculptural works)을 저작물의 하나로 예시하면서 같은 법 제101조에서 이를 정의하기를, "순수미술, 그래픽, 응용미술, 사진 … 등의 2차원 또는 3차원적 작품을 포함한다"고 하였다. 아울러 저작권청의 규정과 마찬가지로 실용품의 디자인이 저작권법에서 말하는 회화, 그래픽 또는 조각저작물이 되기 위하여서는, 그 디자인이 제품의 실용적인 면으로부터 분리하여 인식할 수 있고 독립하여 존재할 수 있을 정도의 회화, 그래픽 또는 조각 등의 형상을 포함하고 있어야 한다고 규정하였다.522)

위 개정 저작권법에 관한 상원과 하원의 의회보고서는, 위와 같은 정의규정은 예술적인 판단이나 미학적인 가치 또는 내재적인 가치를 저작물성의 판단기준으로 하는 것은 아니라고 하였다. 또한 응용미술(applied arts)은 실용품에 적용하기 위한 창작적인 회화, 그래픽 또는 조각 작품으로서 대량생산여부, 상업성여부, 디자인특허(design patent)로 보호를 받을 수 있는지 여부를 불문한다고 하였다.523) 하원 보고서는 저작권의 보호를 받을 수 있는 응용미술이 되기 위하여 필요한 분리가능성은 '물리적'인 분리가능성(physical separability)은 물론이고 '관념적'인 분리가능성(conceptual separability)으로도 족하다고 하였다.524) 그러나 이때 관념적인 분리가능성의 의미가 모호하여 오히려 혼란을 초래한다는 비판을 받게 되었고, 실제로 많은 사건에서 이 부분이 쟁점이 되기도 하였다.525)

이와 같이 미국에서 응용미술은 디자인특허와는 별도로 저작권법에 의하여도 보호받는 저작물이다. 그러나 법원의 판례를 비롯한 실무에서는 저작권청의 규정과 같이, 응용미술이 저작권법의 보호를 받기 위하여서는 그 미적인 요소가 제품의 실용적인 기능성과 물리적 또는 관념적으로 분리가능성이 있어야 한다고 보고 있다. 그 중에서 물리적 분리가능성이 있는 것, 예를 들면 자동차 앞 보닛(bonnet) 위에 부착된 동물장식 같은 것은 분리가

521) 37 C.F.R. § 202. 10(c) – D. Chisum, Understanding Intellectual Property Law, Mattew Bender(1992), 4-71면에서 재인용.

522) 17. U.S.C. § 101, 102

523) Sen. Rep., 53면; H. Rep., 54면.

524) H.R. Rep. No. 94-1476, 94th Cong., 2d Sess. 105(1976): Unless the shape of … industrial product contains some element that, *physically or conceptually*, can be identified as separable from the utilitarian aspects of that article, the design would not be copyrighted under the bill.

525) D. Chisum, *op. cit.*, pp. 4-71 참조.

능성이 있다는 것을 쉽게 알 수 있으므로 큰 문제가 안 된다. 그러나 직물디자인이나 그래픽 디자인과 같이 물리적 분리가능성이 없는 경우, 관념적 분리가능성이 있는지는 상당히 판단이 어려운 문제이고, 실용품이 저작권의 보호를 받느냐 여부를 결정하는데 있어서 가장 큰 쟁점이 되고 있다. 이에 관하여서는 뒤의 결론 부분에서 다시 살펴보기로 한다.

나. 일 본

일본 저작권법은 미술저작물에는 '미술공예품'이 포함된다고 규정하고 있다.[526] 그 취지에 대하여는 도자기 등과 같이 일품제작(一品製作)의 수공적인 것만을 저작권법상의 미술저작물에 포함시키고, 산업용으로 대량생산되는 공예품이나 그 밖의 실용품은 미술저작물의 개념에 포함되지 않는 것으로 보는 것이 통설이었다.[527] 따라서 꽃병이나 찻잔, 직물 같은 실용품이라도 일품제작으로 만들어지는 것이면 미술공예품에 해당하지만, 실용품이 기계적인 방법에 따라 산업용으로 대량생산 되는 이상 그 모양이나 색채 등이 아무리 아름답다고 하더라도 미술저작물에는 해당하지 않는다는 것이 종래의 해석론이었다. 결국 일품제작성 유무에 따라 저작물성이 결정되는 것이다.

이는 입법적으로 보호대상을 한정함으로써 의장법과 저작권법에 의한 중복보호를 가급적 피하고, 전통적으로 의장법을 기조로 하여 유지되어 온 기존의 산업질서에 혼란을 주지 않으려는 의도가 반영된 것으로 볼 수 있다. 그러나 저작물로 성립할 수 있는지는 저작권법이 정한 요건, 즉 창작성이나 표현 등의 요건을 구비하였는가에 따라 결정하여야지 단순히 대량생산성 여부에 따라 결정한다는 것은 저작권법의 기본정신을 무시한 것이라는 비판도 강력하다. 이에 따라 대량생산품임에도 저작물성을 인정한 판례도 있다.[528]

다. 기 타

그 밖에 프랑스에서는 순수미술과 응용미술의 구분 없이 모두 저작권법에 의하여 보호하고 있으며, 독일에서도 비록 고도의 창작성을 요건으로 하고 있지만 응용미술을 저작권법에 의하여 보호하고 있다. 베른협약(Berne Convention)에서도 응용미술을 보호받을 저작물의 하나로서 예시하고 있고 응용미술을 어떠한 형태로든 보호하여야 한다는 것을 가맹국의 의무로

526) 일본 저작권법 제 2 조 제 2 항.

527) 加戶守行, 전게서, 39면; 內田 晋, 전게서, 67면.

528) 오오사카지방법원 1970. 12. 21. 결정; 나가사키지방법원 1973. 2. 7. 결정.
위 나가사키 결정은, "미술적 작품이 양산되어 산업상 이용될 것을 목적으로 제작되고 또 실제로 양산되고 있다는 점을 이유로 저작물성을 부인할 수는 없는 것이고, 나아가 이 사건 인형이 한편으로는 의장법의 대상으로서 의장법에 의한 보호가 가능하다고 하더라도 의장과 미술저작물의 한계는 확정하기 어려운 것이어서 의장법과 저작권법의 중복적인 보호는 가능한 것이라고 보아야 한다"고 판시하였다.

규정하고 있지만, 그 구체적인 보호방법, 예컨대 저작권법에 의할 것인지 아니면 디자인보호법에 의할 것인지와 그 보호조건 등에 대하여는 각 가맹국의 국내법에 위임하고 있다.[529]

WTO 체제 성립과 함께 발효된 '무역관련지적재산권협정'(TRIPs) 제25조 제 2 항은 응용미술 중 특히 생명주기(life-cycle)가 짧고 유행에 민감한 직물디자인(textile design)에 관하여 특칙을 두고 있는데, "체약국은 비용, 심사, 공고상의 요건들을 지나치게 엄격하게 함으로써 직물디자인의 보호가 부당하게 저해되도록 하여서는 아니 된다"고 규정하고 있다.

3. 우리나라 법 규정과 이론의 변천

가. 1987년 저작권법 개정 이전

저작권법에 의한 응용미술 작품의 보호를 검토하기 위해서는 우리나라 저작권법이 응용미술 저작물에 대하여 취한 태도의 변천과정을 살펴보는 것이 필요하다.

1957년에 제정된 우리나라 저작권법(구 저작권법)은 저작물로서 '공예'만을 예시하고 있었을 뿐 응용미술작품은 예시하고 있지 않았다. 즉, 구 저작권법 제 2 조(저작물)에서는 "본법에서 저작물이라 함은 표현의 방법 또는 형식의 여하를 막론하고 문서, 연술, 회화, 조각, 공예, 건축, 지도, 도형, 모형, 사진, 악곡, 악보, 연주, 가창, 무보, 각본, 연출, 음반, 녹음필름, 영화와 기타 학문 또는 예술의 범위에 속하는 일체의 물건을 말한다."고 규정하고 있었다. 이 규정 때문에 구 저작권법은 일품제작의 수공예품만을 보호대상으로 하고, 대량생산되는 물품에 이용된 응용미술의 보호는 구 의장법에 맡기고 있다고 보는 것이 통설적인 해석이었다.[530] 이는 구 저작권법이 일품제작의 수공예품만을 보호하는 일본 저작권법과 같은 태도를 취한 것이라고 이해하는 입장이다. 이러한 해석에 따르면 응용미술저작물에 대하여 저작권법과 의장법의 중복보호라는 문제점이 크게 드러날 여지는 없었다.

그러나 이러한 통설적 견해에 대하여 반대하는 해석론도 있다. 구 저작권법 제 2 조는 위에서 본 바와 같이 "… 기타 학문 또는 예술의 범위에 속하는 일체의 물건을 말한다."라고 규정하고 있으므로, 이는 저작물의 종류를 예시한 '예시규정'이라고 보아야지 '열거규정'으로 볼 수는 없는 것이므로, 응용미술이 이 규정에 예시되어 있지 않다고 해서 응용미술은 저작물에 해당하지 않는다고 해석할 것은 아니라는 것이다.[531] 그 후 1986. 12. 31. 구 저작권법이 전문개정 되어 저작권법 제 4 조(저작물의 예시) 제 1 항 제 4 호에서 응용미술저

529) 정진섭 외 1인, 전게서, 114면.

530) 이상정, 산업디자인과 지적소유권법, 세창출판사, 1995, 89면 이하; 이상정, 전게논문, 60면; 오승종·이해완, 저작권법, 제 4 판, 박영사, 2005, 174면.

531) 한국저작권위원회 연구실(김현철 연구원).

작물을 저작물의 한 종류로서 예시하고 있다. 당시 입법자료에서 밝힌 개정이유에 "저작권에 관련되는 용어의 정의 및 저작물의 예시를 현실에 맞도록 구체적으로 세분화하여 규정함"이라고 되어 있는 점도 이러한 반대견해를 뒷받침하는 하나의 근거가 될 수 있다.

한편 하급심 판결 중에는 위와 같은 통설적 견해에 따라 1987년 이전에 창작된 응용미술작품으로서 일품제작이 아닌 대량생산되는 물품에 적용되는 응용미술은 구 저작권법에 의한 보호대상이 아니라고 한 판결이 있다. 서울중앙지방법원 2006. 2. 9. 선고 2005노3421 판결[532]에서는, "이 사건 묵주반지가 저작권법의 보호대상인 저작물에 해당하는지 여부에 관하여 살펴보면, 기록상 이 사건 묵주반지는 1987. 7. 1. 이전에 고안되어 구 저작권법의 보호를 받지 못하는 것으로 보이므로, 가사 이 사건 묵주반지 디자인이 창작물로서 그 이용된 물품인 반지와 구분되어 독자성을 인정할 수 있다고 하더라도, 이에 대하여는 저작권법에 의한 보호가 주어질 수 없다"고 판시하였다.

나. 1987년 저작권법 개정 이후 2000년 개정 저작권법 이전

(1) 학 설

1986년 12월 31일 개정된 저작권법(1987년 7월 1일 시행)에서 응용미술저작물이 법 제 4 조 제 1 항 제 4 호의 미술저작물 중 하나로 명시됨으로써 모든 응용미술저작물이 전면적으로 저작권법의 보호를 받을 수 있게 되었다.

그러나 1987년 저작권법 아래에서도 응용미술 작품 중 산업적으로 대량생산되는 실용공예품은 구 의장법상 의장권의 대상이 되는지의 여부는 별론으로 하고 저작권법상 미술저작물이라고는 할 수 없으며, 순수미술 내지 미술적 감상을 전제로 한 작품은 미술저작물이 될 수 있다고 하여, 일본법과 동일한 해석을 하는 견해가 있었다.[533] 의장법과의 관계를 고려하여 미술공예품만이 미술저작물에 포함되는 것을 입법취지로 했던 일본법 아래에서라면 몰라도, 공예품 외에 응용미술 작품을 저작물의 한 종류로 별도로 예시하고 있는 1987년 저작권법 아래에서 이러한 해석은 무리라고 할 것이다.[534]

이와 다른 견해로서는, 응용미술 작품을 저작물로 별도 예시하고 있는 우리 법 아래에

532) 이른바 '묵주반지' 사건 판결이다. 이 판결은 대법원 2008. 2. 1. 선고 2006도1553 상고기각 판결로 확정되었다. 또한 이 사건과 관련된 행정소송사건(저작권등록무효확인소송) 제 1 심인 서울행정법원 2006구합439 사건에서도 위 서울중앙지방법원에서와 같은 취지의 판시가 있었다. 그러나 위 서울행정법원 판결의 항소심인 서울고등법원 2006누20145 사건에서는 당사자표시가 잘못되었음(저작권심의조정위원회 위원장을 피고로 하여야 할 것을 저작권심의조정위원회로 하였음)을 이유로 각하판결이 내려졌고, 동 판결이 대법원 2009. 7. 9. 선고 2007두16608 상고기각 판결로 확정되었다.

533) 허희성, 전게서, 48면.

534) 同旨, 이상정, 전게서, 6면.

서는 응용미술 작품이면 그것이 대량생산되어 의장법의 보호대상이 된다고 하더라도 저작권법상의 저작물로 보아야 한다고 하면서,[535] 다만 해석론으로서 응용미술을 저작권법으로 보호하되, 마케팅 수단으로서의 응용미술의 보호는 순수미술과 같은 저작권법의 법리를 그대로 적용할 것이 아니라 일정한 제한을 가하는 것이 바람직하며, 특히 전시권, 저작인격권, 권리의 존속기간은 제한되어야 한다고 주장하는 견해가 있었다.[536]

어찌되었든 수공예품과 대량생산되는 물품에 적용되는 디자인을 포함하는 모든 응용미술저작물을 전면적으로 보호하는 1987년 저작권법의 입법태도에 대하여는, 저작권법과 의장법에 의한 중복보호를 허용함으로 인하여 지금까지 의장법에 기초하여 형성되어 온 산업질서에 큰 혼란을 초래할 수 있다는 등 비판적 견해가 많았다.[537]

(2) 판 례

이러한 와중에 1987년 저작권법 아래에서 응용미술의 저작물성과 관련된 중요한 대법원 판결이 1996. 2. 23. 선고되었다.[538] 이른바 '대한방직' 사건이라고 불리는 이 사건은 민사소송과 형사소송이 맞물려 1, 2심과 대법원을 거치면서 저작권법 학계와 실무계의 뜨거운 관심의 대상이 되었다. 문제가 된 저작물은 미국 법인인 코빙튼 직물주식회사(Covington Fabrics Corp.)가 꽃무늬 등을 여러 가지 색채로 표현하고 적당히 배열하여 제작한 '르 데지레'(Le Desire)와 '르 바스켓'(Le Basket)이라는 직물도안이었다(그림 참조).

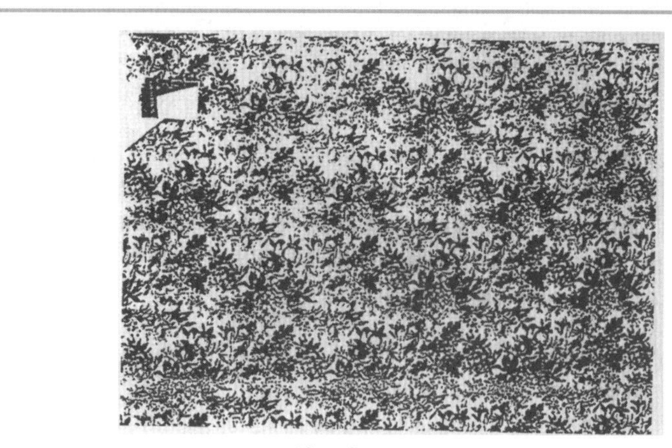

원고제품(Le Desire)

535) 이상정, 전게서, 6면

536) 상게서, 15면

537) 한승헌, 저작권의 법제와 실무, 삼민사, 1988, 308면; 황적인·정순희·최연호, 저작권법, 법문사, 1988, 195면 등.

538) 대법원 1996. 2. 23. 선고 94도3266 판결.

원고제품(Le Basket)

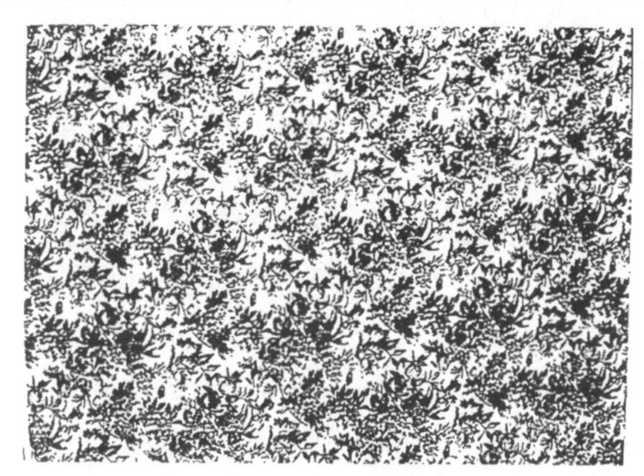

피고제품(Le Desire)

피고인은 이 직물도안과 유사한 도안이 인쇄된 직물을 제조하여 다른 회사에 납품하였다가 코빙튼 측의 고발로 저작권법위반의 죄목으로 형사재판을 받게 되었으나 항소심인 서울형사지방법원 1994. 11. 10. 선고 94노2571 판결로 무죄가 선고되었다. 이 판결에서는 우선 저작권과 의장권의 제도적 취지와 차이점을 대비하여, 양자 모두 시각을 매개로 하여 미적 감각을 대상으로 하는 작품을 보호하는 것이지만, 저작권의 보호 대상이 되면 (1) 등록절차를 밟을 필요 없이 권리가 성립하고, (2) 저작자의 생존 및 사후 50년 동안 권리의 존속이 보장되며, (3) 구체적인 물품의 동일 또는 유사성에 국한되지 아니하고 어떠한 형태의 복제에도 권리가 미치며 인격권까지 보호되는 등 유리한 점이 있는 반면에, 의장법에 따른 보호를 받는 경우에는 (1) 의장권은 모방자의 고의나 접근 등을 입증할 필요 없이 독점배타적인 권리를 행사할 수 있는 등 권리행사에 편의성이 있으며, (2) 공업미술에 사용되는 의장의 경우 대다수의 상품은 생명주기(life cycle)가 짧아 의장권에 의한 보호로 충분하고, 저작권처럼 장기간 공중에게 저작물에의 접근을 제한할 필요가 없으며, (3) 의장권자에 대하여는 실시의무가 부과되고 있는 점 등의 차이를 발견할 수 있다고 하였다. 그리고 이와 같은 양자 간의 제도상의 취지나 오늘날 산업의 발달에 따라 응용미술이 산업분야에 광범위하게 진출하고 있는 현실에서 의장권에 의한 보호로도 충분한 경우까지 무분별하게 저작권법에 의하여 중첩적으로 보호하는 경우에 발생할 수 있는 산업계의 혼란 등을 고려하여 본다면, 응용미술작품 중 염직도안이나 실용품의 모델 등과 같이 본래 산업상의 이용을 목적으로 하여 창작되는 경우에는 원칙적으로 저작물성을 인정할 수 없다고 할 것이고, 다만 이러한 경우에도 도안이나 모델 자체가 실용품의 기능과 물리적 혹은 개념적으로 분리되어 식별될 수 있는 독립적인 예술적 특성이나 가치를 가지고 있는 경우에는 예외적으로 저작물로서 보호될 수 있다고 하였다.

이에 검찰이 상고한 상고심에서 대법원은, "저작권법 제 4 조 제 1 항 제 4 호에 의하면 저작물의 예시로서 '응용미술작품'을 들고 있으나, 저작권법에 의하여 보호되는 저작물이기 위해서는 어디까지나 문학, 학술 또는 예술의 범위에 속하는 창작물이어야 하고, 본래 산업상의 대량생산에의 이용을 목적으로 하여 창작되는 응용미술품 등에 대하여 의장법 외에 저작권법에 의한 중첩적 보호가 일반적으로 인정되게 되면 신규성 요건이나 등록 요건, 단기의 존속기간 등 의장법의 여러 가지 제한 규정의 취지가 몰각되고 기본적으로 의장법에 의한 보호에 익숙한 산업계에 많은 혼란이 우려되는 점 등을 고려하면, 이러한 응용미술작품에 대하여는 원칙적으로 의장법에 의한 보호로써 충분하고 예외적으로 저작권법에 의한 보호가 중첩적으로 주어진다고 보는 것이 의장법 및 저작권법의 입법취지라 할 것이므로, 산업상 대량생산에의 이용을 목적으로 창작되는 모든 응용미술작품이 곧바로 저작권법상의 저작물로 보호된다고 할 수는 없고, 그 중에서도 그 자체가 하나의 독립적인 예술적 특성이나 가치를 가지고 있어 위에서 말하는 예술의 범위에 속하는 창작물에 해당하여야만 저작물로서 보호된다고 할 것이다"라고 판시하였다. 그리고 염직도안인 '르 데지레'(Le Desire)와 '르 바스켓'(Le Basket)은 직물의 염직에 사용하기 위한 것으로서 응용미술품의 일종이긴 하나 저작권법의 보호 대상이 되는 저작물에는 해당하지 않는다고 하였다. 그 후 대법원 2000. 3. 28. 선고 2000도79 판결에서도 이와 유사한 취지의 판결이 선고되었다.[539]

539) 대법원 2000. 3. 28. 선고 2000도79 판결-'생활한복' 사건 판결: "응용미술작품이 상업적인 대량생산

(3) 판례에 대한 비판론

이와 같은 대법원의 판결이유에 대하여는 학계로부터 상당한 비판이 제기되었다. 먼저 위 판례에 의하면 응용미술작품의 저작권법상의 보호여부를 판단하기 위해서는 그 응용미술작품이 공예적으로 창작되었는가 아니면 산업상의 대량생산 목적으로 창작되었는가를 검토하여야 한다. 그러나 원래 저작물 개념은 목적 중립적임에도 불구하고 판례가 저작권법상의 보호여부 판단의 기준을 저작물의 목적에 두고 있는 것은 잘못이라는 것이다.[540] 나아가 위 판례는 응용미술작품이 저작권법의 보호를 받기 위하여서는 그의 기능으로부터 분리될 수 있는 독자적인 예술적 특징과 가치를 가지고 있어야 한다는데, 저작권법은 다양한 종류의 저작물에 대하여 오직 하나의 보호요건, 즉 창작성을 요구하고 있을 뿐임에도 판례가 그러한 창작성과는 별도로 '독자적인 예술적 특징과 가치'를 요구하는 것은 법이 요구하고 있지 않은 새로운 요건을 추가하는 것이어서 받아들이기 어렵다는 것이다.[541] 또한 이 판결은 응용미술을 저작권법과 디자인보호법에 의하여 중첩적으로 보호하는 것에 대해 소극적 태도를 취한 것으로 보이는데, 저작권법이나 디자인보호법은 그 취지상 응용미술저작물의 중첩적 보호에 적극적 태도를 취하고 있다고 이해되고, 따라서 양법의 어디에도 별도의 조정 규정을 두고 있지 않은 이상 이 판례처럼 해석론으로 중첩적 보호를 제한함으로써 응용미술을 예외적인 경우에만 보호할 필요는 없다는 비판론도 있다.[542]

이와 약간 다른 견해도 있는데, 위 판례는 미국의 저작권 실무에서 응용미술의 저작물성 인정을 위해 요구하는 '분리가능성'(separability) 이론을 우리나라에 적용시킨 것으로서 분리가능성 이론은 법제가 다른 우리나라에서는 적용되기 어려운 것이나, 다만 우리 저작권법 제 3 조 제 3 항이 상호주의의 가능성을 규정하고 있고 이 사건의 피해자가 미국회사인 점에 비추어 볼 때 이 판결의 결론에도 다소의 일리는 있다고 하였다.[543]

그러나 이와 같은 학설의 비판처럼 위 대법원 판결이 응용미술의 저작물성을 그 목적(일품제작용인가 아니면 대량생산용인가)과 미적인 요소의 분리가능성여부에 두고 있는지는 판시내용만 놓고 볼 때에는 다소 불분명하다.

에의 이용 또는 실용적인 기능을 주된 목적으로 하여 창작된 경우 그 모두가 바로 저작권법상의 저작물로 보호될 수는 없고, 그 중에서도 그 자체가 하나의 독립적인 예술적 특성이나 가치를 가지고 있어 예술의 범위에 속하는 창작물에 해당하는 것만이 저작물로서 보호된다."

540) 이기수·안효질, 응용미술 작품의 보호－판례평석, 창작과 권리, 세창출판사, 117면.

541) 상게논문, 118면.

542) 박성호, 전게서, 91, 92면.

543) 이상정, 전게서, 8, 14면.

다. 2000년 저작권법의 개정 이후

(1) 응용미술저작물에 대한 정의 규정 신설

1987년 저작권법이 응용미술작품을 저작물의 하나로서 명시적으로 예시하고 있는 이상 일본법에서와 같이 응용미술 중 일품제작의 미술공예품만 저작권법의 보호를 받는다고 해석하는 것은 문언해석상 무리라고 생각된다. 그러나 응용미술작품을 저작물로 본다면, 응용미술작품이 의장법이 요구하는 신규성과 물품성 및 기타 의장등록의 요건까지 충족하고 있는 경우에는 의장법과 저작권법이 중복적용 되어 여러 가지 문제가 생긴다. 즉, 창작성은 있으나 신규성이 없는 경우 또는 의장법에 규정된 존속기간이 경과하거나 의장등록을 하지 않은 상품디자인에 대하여도 저작권을 주장할 수 있게 되어 의장법의 여러 가지 제한규정의 취지가 몰각되면서 산업계에 혼란을 가져올 우려가 있다. 이러한 점에서 응용미술의 저작권법상 보호에 대해서는 신중한 검토가 요망된다는 목소리가 높았고,[544] 어찌되었건 응용미술작품의 저작물성을 전면적으로 인정하는 것은 바람직하지 않다는 것이 주류적인 견해였다. 응용미술과 관련하여 일어난 이와 같은 혼란은 1차적으로는 1986년 개정 저작권법이 응용미술을 보호한다고 규정하면서 그 명백한 의미나 의장법에 대한 고려를 전혀 염두에 두지 아니한 점에 기인하는바, 해석론으로서는 그 해결에 한계가 있고 결국은 새로운 입법에 의할 수밖에 없었다.[545]

이러한 논란을 거쳐 2000년 개정된 저작권법은 제 2 조 제11의2호(현행 저작권법 제 2 조 제15호)에서 응용미술저작물에 대한 정의규정을 두어 디자인을 포함한 응용미술저작물 일반을 저작권법의 보호대상으로 한다는 점을 명확히 하였다. 또한 그 정의규정에서는 응용미술저작물이라 함은 "물품에 동일한 형상으로 복제될 수 있는 미술저작물로서 그 이용된 물품과 구분되어 독자성을 인정할 수 있는 것을 말하며, 디자인 등을 포함한다."고 정의하였다. 이러한 정의규정에 의하면 응용미술작품이 저작권법에 의한 보호를 받기 위해서는 물품과 '구분되는 독자성'이 있어야 한다. 이는 응용미술작품에 대하여 물품의 실용적인 면으로부터 분리하여 인식할 수 있고 독립적으로 존재할 수 있는 (이를 포괄하여 '분리가능성'이라고 부르기로 한다) 형상을 포함할 것을 추가적 요건으로 하여 한정적으로 저작물성을 인정하는 미국 판례이론과 거의 같은 것이었고, 사실상 미국의 분리가능성 이론을 우리 저작권법에 받아들인 것이라고 볼 수 있다.

---

544) 황적인 외 2인, 著作權法, 법문사, 1988, 195면.
545) 이상정, 전게서, 13면.

(2) 대법원 2004. 7. 22. 선고 2003도7572 판결(일명,'히딩크 넥타이' 사건)

이 대법원 판결은 2000년 개정 저작권법에서 응용미술저작물에 관한 정의규정이 새로 신설된 이후에 처음으로 나온 판결로서 응용미술작품에 대한 저작권법적 보호와 관련하여 대법원의 입장을 가늠해 볼 수 있는 상당한 의미를 가지고 있는 판결이다.

대법원은, "2000. 7. 1.부터 시행된 저작권법은 제 2 조 제11의2호에서 '응용미술저작물'을 "물품에 동일한 형상으로 복제될 수 있는 미술저작물로서 그 이용된 물품과 구분되어 독자성을 인정할 수 있는 것을 말하며, 디자인 등을 포함한다"고 규정하고, 제 4 조 제 1 항 제 4 호에서 응용미술저작물 등을 저작물로 예시함으로써 응용미술저작물의 정의를 규정하는 한편, 응용미술저작물이 저작권의 보호대상임을 명백히 하고 있다"고 전제한 후, 문제가 된 '히딩크 넥타이' 도안은 위 저작권법이 시행된 2000. 7. 1. 이후에 2002 월드컵 축구대회의 승리를 기원하는 의미에서 창작한 것인데, 위 도안은 우리 민족 전래의 태극문양 및 팔괘문양을 상하 좌우 연속 반복한 넥타이 도안으로서 응용미술작품의 일종이고, "물품에 동일한 형상으로 복제될 수 있는 미술저작물"에 해당한다고 할 것이며, 또한 그 이용된 물품(이 사건의 경우에는 넥타이)과 구분되어 독자성을 인정할 수 있는 것이라면 저작권법 제 2 조 제11의2호에서 정하는 응용미술저작물에 해당한다고 하였다.

대법원은 응용미술작품이 물품과 구분되어 독자성을 인정받을 수 있는 것이라면 저작권법에 의한 보호를 받을 수 있을 것인데, 원심이 그러한 점에 관한 심리를 하지 않고 곧바로 저작물성을 인정할 수 없다고 판결한 것은 잘못이라고 하여 원심을 파기하고 사건을 서울지방법원으로 환송하였다. 따라서 '히딩크 넥타이'의 디자인이 물품(넥타이)과 구분되는 독자성을 가지고 있는지 여부에 대한 대법원 자체의 판단은 내려지지 않았다는 점에서 다소의 아쉬움은 있다. 이에 대하여 법적 결론만을 놓고 본다면 앞서 대법원 1996. 2. 23. 판결('대한방직' 사건 판결)이나 대법원 2000. 3. 28. 판결('생활한복' 사건 판결)이 응용미술저작물에 대한 저작권법과 디자인보호법의 중첩적 보호에 대하여 소극적인 태도를 취한 것인데 반하여, 히딩크 넥타이 대법원 판결은 적극적인 태도를 취하는 쪽으로 입장을 선회하여 사실상 판례를 변경한 것이라고 볼 수 있다는 견해가 있다.[546)]

이 사건의 파기환송심인 서울지방법원 2005. 2. 4. 선고 2004노2851 판결은 '히딩크 넥타이' 디자인의 저작물성을 긍정하여 저작권침해를 인정하였다.[547)]

---

546) 박성호, 전게서, 91면.

547) 조원희, 응용미술저작물의 보호기준에 관한 소고, 계간 저작권, 2005년 여름호, 저작권심의조정위원회, 20면; 이상정, 판례평석-이른바 '히딩크 넥타이'의 도안의 저작물성, 창작과 권리, 2006년 봄호, 제42호, 세창출판사, 66면.

(3) 그 이후의 판례

이 판결 이후에 서울중앙지방법원 2007. 4. 11. 선고 2005가합102770 판결(일명, '팻 독' 사건)에서는, 강아지의 형상을 개성있게 표현한 디자인에 대하여, 물품에 동일한 형상으로 복제될 수 있는 미술저작물이면서 그 이용된 물품과 구분되어 독자성을 인정할 수 있는 것이므로 저작권법이 정한 응용미술저작물에 해당한다고 판시하였다.

반면에 서울중앙지방법원 2006. 2. 9. 선고 2005노3421 판결(일명, '묵주반지' 사건)에서는, 고소인 A는 여러 모양으로 디자인 된 묵주반지의 창작자로서 각 그 저작권등록을 마친 바 있는데, 피고인들이 이러한 묵주반지를 복제하여 판매함으로써 저작권을 침해하였다는 공소사실에 대하여, "이 사건 각 묵주반지는 일품제작의 미술공예품이 아니므로, 이 사건 공소사실을 유죄로 인정하기 위해서는 각 묵주반지 디자인이 창작물로서 그 이용된 물품인 반지와 구분되어 독자성을 인정할 수 있는 것, 즉 저작권법의 보호대상인 응용미술저작물에 해당하여야 할 것이다"라고 한 후, "① 묵주반지는 통상적으로 둥근 반지의 형태에 1개의 십자가와 10개의 묵주알이 돌출되어 있는데, 돌출된 묵주알에는 일정한 문양이 새겨져 있거나 보석이 박혀 있는 점, ② 묵주반지는 하나의 몸체로 구성되어 있는 일체형인 '일단 묵주반지'와 두 겹으로 이루어져 있어서 반지의 전체 틀은 고정되어 있으면서 십자가와 10개의 묵주알이 돌출되어 있는 가운데 부분을 돌릴 수 있는 분리형인 '돌림 묵주반지'로 분류할 수 있는 점, ③ 십자가는 가장 대표적인 그리스도교의 상징들 가운데 하나인데, 그 문양이 전통적인 것이나 근대적인 것을 막론하고 모두 교회 내에서 보편적으로 사용되고 있으며, 묵주반지에 돌출되어 있는 십자가 문양은 대개 성혈을 의미하는 붉은 색으로 채색되어 있는 점, ④ 묵주알 하나는 장미 한 송이를 의미하기 때문에, 묵주반지에는 장미꽃 문양이 보편적으로 사용되고 있는 점 등에 비추어 보면, 이 사건 묵주반지 디자인은 그 어느 것 하나 '창작물'로서 위 각 묵주반지와 구분되어 '독자성'을 인정할 수 있는 것이라고 보기는 어렵다"고 하여 무죄를 선고하였다.[548]

특허법원 2020. 1. 7. 선고 2018나2407 판결은, "당해 도안은 매화 문양이 얼음 결정을 이루듯이 서로 선 또는 점으로 연결되어 있는데 이는 다른 레이스 제품이나 도안들과는

548) 앞에서도 살펴보았지만 이 판결에서는, 1986년 전면 개정되기 전 구 저작권법은 미술저작물의 예시로서 "공예"를 규정하면서 '응용미술저작물'은 규정하지 아니하였으므로(제 2 조 참조), 응용미술작품이 1987. 7. 1. 개정법 시행 이전에 창작되었다면 구 저작권법이 적용되어 보호를 받을 수 없는 것인바, 이 사건 각 묵주반지는 모두 1987. 7. 1. 이전에 고안된 것이므로, 설사 그 이용된 물품인 반지와 구분되어 독자성을 인정할 수 있는 것이라고 하더라도, 저작권법에 의한 보호가 주어질 수 없다고 판시하였다. 그러나 구 저작권법상 미술저작물의 규정 역시 '예시' 규정으로서, 반드시 그 규정에서 예시한 저작물에 한정하여 보호를 받는 것은 아니라고 할 것인데, 응용미술이 예시되어 있지 않다고 하여 구 저작권법 당시 고안된 응용미술작품은 보호를 받지 못한다는 판시는 의문이라고 하겠다.

명확히 구분되는 것으로서, 단순한 사상 또는 감정 그 자체에 그치는 것이 아니라 선, 면 등에 의해 구체적으로 외부에 표현한 창작적인 표현형식으로 보이는 점, 레이스 원단이나 의류뿐만 아니라 다른 물품에도 동일한 형상으로 복제될 수 있는 점, 표현 방식이 원단이나 의류 등 물품이 가지는 기능적 요소와 불가분적으로 연결되어 있지 않아 쉽게 분리가 가능한 것으로 보이는 점 등에 비추어 보면, 당해 도안은 창작성을 가진 응용미술저작물로서 저작권법의 보호대상인 저작물에 해당한다…저작물과 디자인은 배타적 · 택일적인 관계에 있지 아니하여 디자인보호법상 디자인을 구성할 수 있는 도안이라도 저작권법에 의하여 보호되는 저작물의 요건을 갖춘 경우에는 저작물로 보호받을 수 있다."고 하였다.

4. 미국의 분리가능성 이론

위에서 본 바와 같이 2000년 개정 저작권법에서 신설한 응용미술저작물에 대한 정의 규정에 의하면 응용미술작품이 저작권법에 의한 보호를 받기 위해서는 물품과 '구분되는 독자성'이 있어야 하는데, 이는 사실상 미국의 분리가능성 이론을 우리 저작권법에 받아들인 것이라고 평가되고 있다. 그러므로 이하에서는 미국의 분리가능성 이론을 좀 더 상세하게 살펴보기로 한다.

가. 개 요

응용미술저작물의 보호와 관련된 미국 이론의 대체적 흐름은 응용미술작품의 미적인 요소와 실용적 요소의 분리가능성을 '물리적 분리가능성'(physical separability)과 '관념적 분리가능성'(conceptual separability) 두 가지로 나누어 그 중 어느 한 가지의 분리가능성이 있으면 저작물성을 인정하고 있다. 그리고 미국 저작권법 제101조 정의규정은, 응용미술이 이 법에서 말하는 회화, 그래픽 또는 조각저작물이 되기 위해서는, 그 디자인이 제품의 실용적인 면으로부터 '분리하여 인식'(identified separately)될 수 있고 '독립하여 존재'(exist independently)할 수 있을 정도의 회화, 그래픽 또는 조각 등의 형상을 포함하고 있어야 한다고 규정하였다.[549)]

먼저 물리적 분리가능성은 비교적 판별이 쉽기 때문에 큰 문제가 없다. 재규어 자동차의 앞 보닛에 부착된 동물장식은 그 실용적인 요소(자동차 차체)와 분리되어 인식될 수 있고 또 독립하여 존재할 수 있으므로 물리적 분리가능성이 있다고 판단된다. 문제가 되는 것은

549) 17. U.S.C. § 101; [T]he design of a useful article, as defined in this section, shall be considered a pictorial, graphic, or sculptural work only if, and only to the extent that, such design incorporates pictorial, graphic, or sculptural features that can be identified separately from, and are capable of existing independently of, the utilitarian aspects of the article.

물리적 분리가능성은 없으나 관념적 분리가능성이 있는지 여부가 다투어지는 것들이다. 미국의 판례나 실무도 이러한 사례에 집중되고 있다. 예를 들어 앞에서 본 Mazer 사건에서 춤추는 여인의 형상을 조각한 램프 받침대와 같은 것은 실용적인 요소(램프의 받침대)와 미적인 요소(조각)를 물리적으로 분리하는 것이 불가능하다. 조각을 분리해 내면 받침대도 사라져 버리기 때문이다. 이러한 경우에는 그것이 관념적 분리가능성을 가지고 있는지 여부가 문제로 된다.

관념적 분리가능성에 관하여 미국에서는 상당수의 판례가 축적되어 있고 이론도 많이 발달하여 있지만 명확한 기준이 확립된 것은 아니다. 같은 기준을 적용하면서도 구체적인 경우에 다른 결론을 내린 것으로 해석되는 판결들도 존재한다. 이러한 판례나 이론 모두에 관하여 상세한 언급을 하기보다는, 몇 가지 중요한 판례들의 결론만을 마지막에서 간단하게 언급하기로 한다.[550] 다만 다음에서 보는 자전거 거치대에 관한 Brandis 사건에서 제 2 항소법원의 Oakes 판사가 제시한 테스트로서 그동안 많은 판례를 거치면서 비교적 유용성과 객관성이 있다고 평가된 테스트를 살펴보기로 한다. 그 내용을 보면 다음과 같다.[551]

(1) 그 제품의 주된 용도가 실용적인 것에 있는지 아니면 미적인 것에 있는지, (2) 그 제품에 있어서 미적 요소가 실용적 요소에 비하여 주된 것이라고 말할 수 있는지, (3) 그 제품이 미술품으로서도 상품성을 가지고 있는지 등의 테스트를 통하여 관념적 분리가능성이 있는지 여부를 판단한다. 그리고 그 제품의 디자인적 요소가 미적인 고려와 기능적인 고려를 함께 반영한 것이라면 그 디자인 요소는 설사 미적인 것이라 해도 관념적 분리가능성이 있다고 보기 어렵고, 디자인적 요소가 기능적인 요소를 고려하지 않은 순수한 미적인 판단이 독립적으로 작용한 결과 나타난 것이라면 관념적 분리가능성이 있다고 본다.[552]

사실 이 판례가 제시하고 있는 테스트들은 그 어느 것도 만족할 만한 것은 아니다. 특히 (3)의 테스트는 쉽게 말하면, 만약 그 제품이 실용적인 용도가 전혀 없다고 하더라도 그것이 가지는 미적인 요소 때문에 상당수의 사람들에게 구매될 수 있는 실질적인 가능성이 있는지 여부를 테스트하는 것인데, 이와 같이 구매가능성의 여부를 저작물성 판단의 기준으로 삼는 것은 저작권법 이론으로서는 아무래도 생소한 느낌이 든다. 그러나 이러한 테스트가 미국의 판례나 실무에서 관념적 분리가능성을 판단하기 위한 테스트로서 일종의 기준역할을 하고 있는 것만은 분명한 것 같다.[553]

550) 판결이나 이론의 상세한 내용은, Nimmer, *op. cit.*, p. 2: 89 이하를 참조.
551) Brandir Int'l v. Cascade Pacific Lumber Co., 834 F.2d 1142, 5 U.S.P.Q. 2d 1089(2d Cir. 1987).
552) Chisum, *op. cit.*, p. 4: 72.
553) Nimmer, *op. cit.*, p. 2: 101.

나. 구체적 사례들

그동안 미국에서 관념적 분리가능성이 문제로 되었던 중요한 사례들을 일별해 보면 다음과 같다. 먼저 옥외용 가로등에 관한 Esquire 사건[554]에서 법원은 분리가능성이 없다고 하여 저작물성을 부인하였다(아래 그림 1 참조). 그리고 Norris Industries 사건[555]에서 제11 항소법원은 자동차 바퀴 커버의 저작물성을 부인하였고(아래 그림 2 참조), Carol Barnhart 사건[556]에서 제 2 항소법원은 인간의 가슴부분 형상(토루소)을 한 마네킹의 저작물성을 부인하였으며(아래 그림 3 참조), Brandir 사건[557]에서는 파상형의 자전거 거치대의 저작물성을 부인하였다(아래 그림 4 참조).

반면에 제 2 항소법원은 Kieselstein-Cord 사건[558]에서 추상적인 형태의 혁대 버클은 관념적인 분리가능성이 있다고 하여 저작물성을 인정하였다(아래 그림 5 참조).

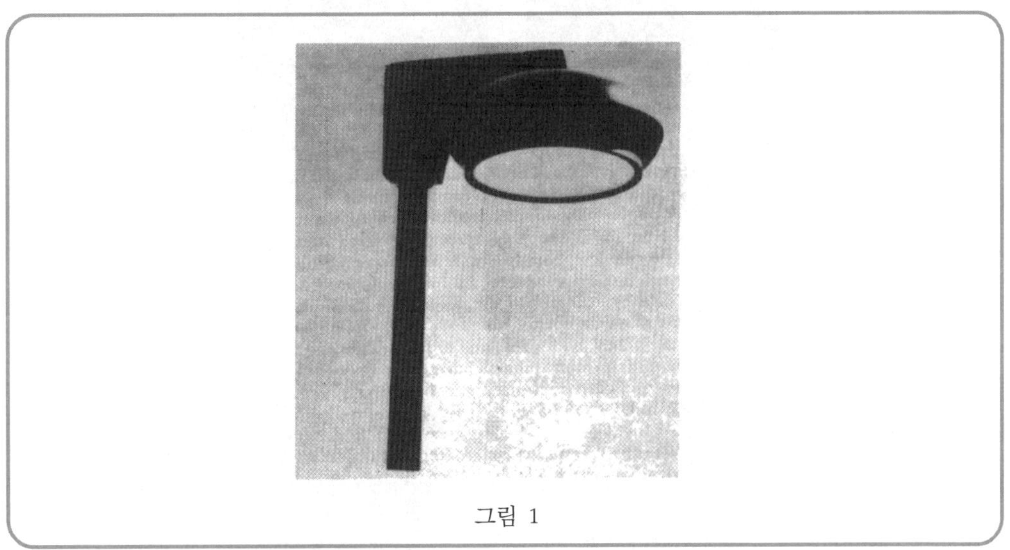

그림 1

554) Esquire, Inc. v. Ringer, 591 F.2d 796, 199 U.S.P.Q. 1(D.C. Cir. 1978), cert. denied, 440 U.S. 908, 201 U.S.P.Q. 256(1979).

555) Norris Indus., Inc. v. International Tel. & Tel. Corp., 696 F.2d 918, 217 U.S.P.Q. 226(11th Cir.), cert. denied, 464 U.S. 818, 220 U.S.P.Q. 385(1983).

556) Carol Barnhart Inc. v. Economy Cover Corp., 773 F.2d 411, 228 U.S.P.Q. 385(2d Cir. 1985).

557) Brandir Int'l v. Cascade Pacific Lumber Co., 834 F.2d 1142, 5 U.S.P.Q. 2d 1089(2d Cir. 1987).

558) Kieselstein-Cord v. Accessories By Pearl, Inc., 632 F.2d 989, 208 U.S.P.Q. 1(2d Cir. 1980).

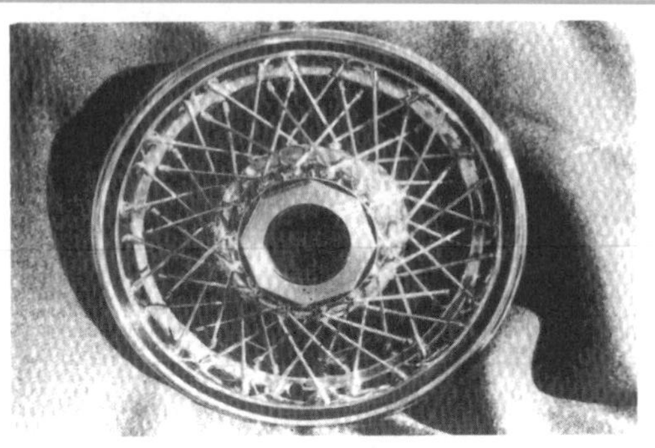

그림 2

그림 3

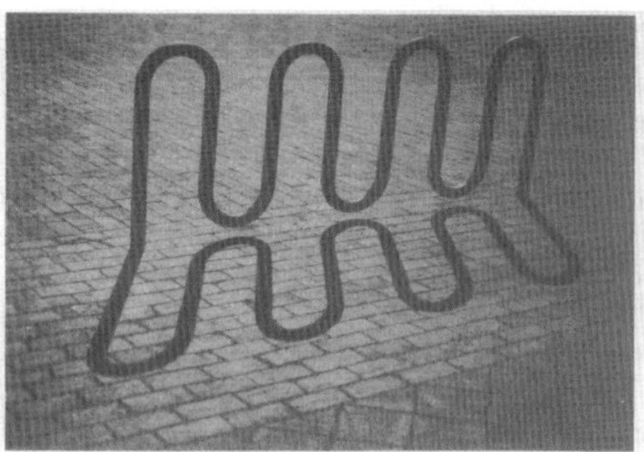

그림 4

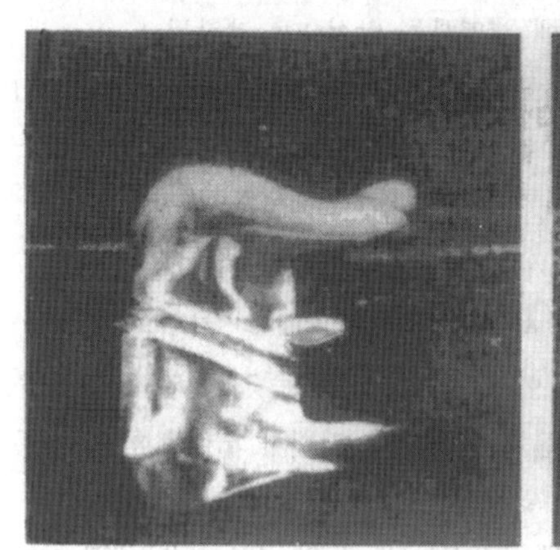
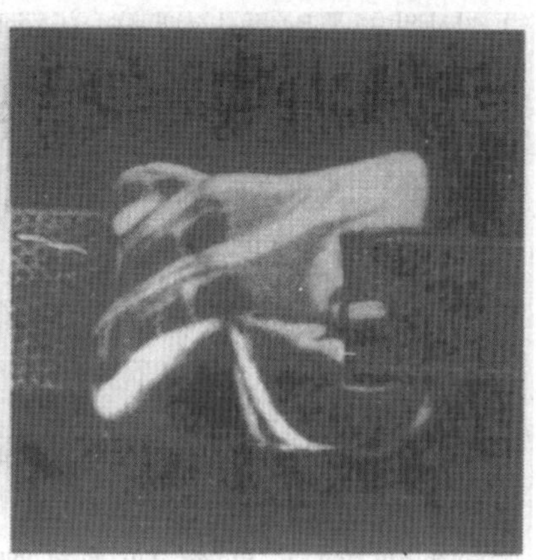

그림 5

이상 그림들: J. Ginsburg & R. Gorman, op. cit., p. 196, pp. 203-207

이상에서 본 바와 같이 판례법 국가인 미국에서는 응용미술(실용품의 디자인)이 저작권법에 의한 보호를 받기 위한 분리가능성 판단기준을 구체적 사례 및 그러한 사례를 바탕으로 한 학설을 통하여 다양하게 발전시켜 왔다. 국내 학자가 그러한 판단기준들 중에서 중요한 것만 추려서 요약을 해 놓은 아래 표는, 우리 저작권법상 응용미술의 보호요건인 '물품과 구분된 독자성'여부를 판단함에 있어서 좋은 참고가 될 것으로 생각한다.

관념적 분리가능성에 대한 미국의 이론 요약[559)]

구 분	요 약
Primary/Subsidiary Test (Kieselstein-Cord 사건)	실용품의 장식적이고 미적으로 즐거움을 주는 측면이 주된(primary) 것이고, 실용적 기능이 부차적인(subsidiary) 것이면 저작권으로 보호될 수 있다고 본다.[560)]
Objective Test (Carol Barnhart 사건)	실용품에 구현된 심미적인 특징이 그 물품의 기능적 특징에 의해 요구되지 않는 것이라면 그 물품으로부터 관념적으로 분리될 수 있다고 본다.[561)]

559) 이 표는 차상육, 응용미술의 저작권법상 보호에 관한 연구, 한양대학교 대학원 박사논문(2010)에서 인용.

560) 위 그림 5의 혁대 버클은 미술적 요소가 주된 것이고 실용적 기능이 부차적인 것이므로 물리적 분리가능성은 없어도 관념적 분리가능성이 있어서 저작권법의 보호를 받을 수 있다고 판시.

561) 위 그림 3의 토루소 마네킨의 경우 마네킨으로서의 실용적 기능을 수행하기 위해서는 반드시 이 토루소처럼 가슴과 어깨의 형태를 갖추고 있어야 하므로 미적 요소와 실용적 요소가 관념적으로도 분리가능성이 없다고 판시.

Temporal Displacement Test (Newman)	실용품의 기능적 측면으로부터 관념적으로 분리되었다고 하려면, 그 실용품이 관찰자의 마음속에 그 실용적 기능이 불러일으키는 개념과 분리된 별개의 개념을 자극시켜야만 하고, 그 실용적 기능에 대한 관념이 예술품이라는 관념에 의하여 대체(displacement)될 수 있어야 한다고 본다.
Design Process Test (Denicola)	디자이너의 창작과정에 초점을 두고, 응용미술 작품의 저작물성은 기능적인 고려에 구속되지 않는 예술적 표현(artistic expression)을 어느 정도 반영하였는가에 달려 있다고 본다.[562]
Marketability Test (Nimmer)	어떤 물품이 아무런 실용적 용도가 없다고 하더라도 사회 구성원 중 상당수 계층(some significant segment of community)에 의하여 그 심미적 가치만으로 시장에서 구매될 수 있는(marketable) 실질적인 가능성(substantial likelihood)이 있는 경우에는 관념적 분리가능성이 존재한다고 본다.
Equally Useful Test (Goldstein)	실용품의 디자인에 편입된 회화, 그래픽, 조각 저작물의 특징은 그것이 전통적으로 인식되는 미술저작물로서 그 존재를 유지할 수 있고, 그것이 구체화된 실용품이 그러한 특징이 없더라도 동등하게 실용적이라면 관념적 분리가능성이 있다고 본다.
Duality Test (Shira Perlmutter)	위에서 Newman 판사가 제시한 '대체성'(displacement) 보다는 '이중성'(duality rather than displacement)에 중점을 두어 관념적 분리가능성을 판단하는 견해로, 일반 관찰자가 어떤 물품이 실용적 기능과 예술품으로서의 기능성 두 가지 측면을 모두 가진 것으로 인지할 수 있다면 관념적 분리가능성이 인정된다고 본다.

5. 응용미술작품의 저작권 등록

가. 저작권 등록 실무상 문제점

응용미술이 저작권법에 의하여 보호를 받기 위해서는 "그 이용된 물품과 구분되어 독자성이 있을 것"이 요구되지만, 그에 앞서 저작물로서의 창작성이 있어야 함이 전제로 된다. 그런데 응용미술은 그것이 적용되는 물품의 실용적 기능이 저작물로서의 창작성과 함께 존재하는 관계로 일반 저작물보다 창작성이 의심되는 경우가 많이 발생한다. 이 점은 저작권 등록관청인 한국저작권위원회의 등록실무와 관련하여서도 상당한 어려움을 낳고 있다. 물론 형식적 심사권한만 가지고 있는 한국저작권위원회로서는 등록 신청 대상물이 응용미술저작물에 해당하는지 여부를 판단함에 있어서, 크게 저작권법에서 정하고 있는 등록요건인 ① 인간의 사상 또는 감정을 표현한 창작물인지 여부와 ② 물품에 동일한 형상

562) 미적 요소가 기능적 요소로부터 독립된 디자이너의 예술적 표현을 반영하고 있다면 관념적 분리가능성이 있다고 할 것인데, 위 그림 4의 자전거 주차용 거치대의 경우 그 미적 형태가 자전거 거치대로서의 실용적 기능에 의해 영향을 받은 것이므로 분리가능성이 없다고 판시.

으로 복제될 수 있는 미술저작물로서 그 이용된 물품과 구분되어 독자성을 인정할 수 있는지 여부를 판단하되, 명백히 이에 해당하지 않는 경우를 제외하고는 등록을 받아들이면 된다. 이때 ①과 ②의 판단은 등록 신청시 첨부된 복제물의 특성 및 저작권 등록신청명세서에 기재된 저작물의 "내용" 기재를 가지고 형식적으로 확인하는데 그치며, 별도로 창작의도라든가, 대량생산 가능성, 상품성, 당해 물품에 대한 일반수요자의 인식, 상표 혹은 디자인 등 산업재산권으로서 특허청에 출원 내지 등록된 사실이 있는지 여부 또는 상표 및 디자인 등록이 가능한지 여부 등에 대해서는 추가적인 조사를 하지 않는 것을 원칙으로 한다.

이처럼 형식적 심사권한만을 가진 한국저작권위원회가 응용미술저작물의 '독자성' 혹은 '분리가능성'에 관한 실체적 판단을 내리기는 현실적으로 매우 곤란한 문제이다. 등록관청인 위원회로서는 신청서 및 명세서 등에 기재된 내용과 첨부 복제물 자체로서 분명한 경우를 제외하면, 저작자의 진정한 창작 의도 및 이용 의사나 계획, 대량 생산여부 등에 대해 판단할 권한도 정보도 없으므로, 앞서 본 '히딩크 넥타이 사건'에서의 법원과 같은 실체적 판단을 하는 것은 현실적으로 어렵다. 따라서 등록관청인 한국저작권위원회로서는 응용미술저작물로서의 '분리가능성' 혹은 '독자성'여부에 대한 판단은 등록신청서 및 명세서와 첨부 복제물 등에 의해 명백히 '독자성'이 인정되지 않는 경우를 제외하면(특히 현행 저작권법이 '대량생산여부'를 기준으로 저작권 보호여부를 결정하던 종래 판례의 입장을 입법적으로 변경한 것이라면, 종전 판례에서 저작물성을 부인한 것들도 경우에 따라서는 응용미술저작물로서 보호될 수 있고, 그렇다면 '명백히' 독자성이 인정되지 않는 경우를 상정하기는 더욱 어렵다), 대부분의 경우에는 일반적인 저작물로서의 성립요건, 즉 '창작성'을 인정할 수 있는지 여부에 따라 등록여부를 판단하게 될 것이다.[563] 다만, 그 경우에도 응용미술저작물의 창작성 판단과 관련하여서는 디자인보호법상 디자인의 성립요건인 '용이창작성'여부에 관한 판단 기준이 어느 정도 참고가 될 것으로 보인다.

특히 종래 판례에 의해 저작물성이 부정된 물품과 유사한 것이라 하더라도 현행법에 의할 경우 응용미술저작물로서 등록 가능한 것이 있을 수 있음을 주의하여야 한다. 응용미술품의 저작물성에 관한 판례의 상당수가 당시 법원이 저작권과 의장권의 중첩적 보호에 따른 제반 문제 등을 감안하여, 그 자체가 하나의 독립적인 예술적 특성이나 가치를 가지

563) 저작권등록신청서상 저작물의 종류는 "반드시 뒤쪽의 분류표를 참고하여 기재할 것"이라고 되어 있고, 그 분류표에 따르면 응용미술은 모두 '미술저작물'로 분류하여 기재하도록 되어 있으므로, 등록신청인이 명세서 등에 그것이 응용미술저작물임을 표시하거나, 대량생산여부, 창작의도, 이용 계획 등에 관해 별도로 밝히지 않는 이상 등록관청의 입장에서 그것이 응용미술저작물인지 여부를 굳이 판단할 필요가 없다는 점에서도 그러하다.

고 있어 예술의 범위에 속하는 창작물에 해당하여야만 저작물로서 보호된다고 하는 등 응용미술품의 저작권 보호에 상당히 소극적인 상황에서 나온 것이기 때문이다. 위 '히딩크 넥타이' 사건에 준하여 보건대 종래 저작물성이 부정되었던 대한방직 사건의 직물 디자인뿐만 아니라 '봉황무늬의 직물도안'(서울지방법원 1997. 8. 22. 선고 97가합26666 판결),[564] '플라스틱 쟁반의 과일 그림'(서울고등법원 1999. 7. 21. 선고 99라74 판결),[565] '전기보온 밥통의 꽃무늬 문양'(수원지방법원 2000. 5. 4. 선고 99노4546 판결)[566] 등도 저작물로서의 창작성이 인정되는 한 현행 저작권법에서는 응용미술저작물로 등록될 여지가 있다고 보인다. 이는 '동물 봉제 인형' 사건(서울지방법원 2000. 8. 18. 선고 99가합72021 판결)[567]이나 '반짝이 곰인형' 사건(서울지방법원 남부지원 2001. 5. 25. 선고 2000가합7289 판결)[568]의 경우도 마찬가지이다.

564) 이 사건에서 법원은 "본건 직물도안은 전설 속의 새인 봉황을 중심으로 여러 가지 형상의 연쇄적인 도형무늬를 적당히 배치시켜 만든 평면적인 도안이 비단에 수를 놓는 방법으로 합체된 것으로서 응용미술품의 일종에 해당한다"고 하면서도 "그 색채나 문양, 표현기법 등에 비추어 볼 때 실용물인 한복지와 분리된 도안 그 자체가 하나의 독립적인 예술적 특성이나 가치를 가지고 있다고 보기 어려우므로 저작권법의 보호대상이 되는 저작물에는 해당하지 않는다"고 판시함으로써 일응 '독자성'의 요건을 갖추지 못하였다고 판시하고 있는 것처럼 보인다. 그러나 '히딩크 넥타이 사건'과 비교할 때 (히딩크 넥타이에서 '태극 무늬'나 이 사건 '봉황무늬'가 공용의 영역에 속하는 것으로서 저작권의 보호대상이 아니라는 논의는 별론으로 하더라도) 양자가 실질적으로 어떤 면에서 서로 차이가 있는지는 알기 어렵다.

565) 이 사건에서 법원은 "저작물이 저작권법에 의하여 보호받기 위하여서는 어디까지나 문학, 학술 또는 예술의 범위에 속하는 창작물이어야 하고, 이 사건에서와 같이 산업상의 대량생산에의 이용을 목적으로 하여 창작되는 응용미술품에 대하여는 그것이 곧바로 저작권법상의 저작물로 보호된다고 할 수는 없고, 그 중에서도 그 자체가 하나의 독립적인 예술적 특성이나 가치를 가지고 있어 위에서 말하는 예술의 범위에 속하는 창작물에 해당하여야만 저작물로서 보호된다"는 전제하에서 이 사건 그림이 그 자체로 하나의 "독립적인 예술적 특성이나 가치를 가지고 있다 할 수 없다"고 판시하였다. 이러한 판시는 그 전제되는 법리가 저작권법 개정에 의하여 변경되었다고 해석할 경우 그 결론도 달라질 수밖에 없을 것이다.

566) 이 판결에서도 법원은 "응용미술저작물이 당초부터 상업적인 대량생산에의 이용 또는 실용적인 기능을 주된 목적으로 하여 창작된 경우에는 그 모두가 바로 저작권법의 저작물로 보호될 수는 없고, 그 중에서도 그 자체가 그 실용품의 기능과 물리적으로 혹은 개념적으로 분리되어 식별될 수 있는 독립적인 예술적 특성이나 가치를 가지고 있는 것만이 저작물로 보호된다 할 것인데, 이 사건 문양은 그 제작경위와 목적, 외관 및 기능상의 특성 등 제반사정에 비추어 볼 때 전기보온밥통의 기능과 물리적으로 혹은 개념적으로 분리되어 식별될 수 있는 예술적 특성을 가지고 있다고는 볼 수 없다"고 하였다.

567) 원고의 봉제인형들은 일반인들에게 판매하기 위하여 제작된 동물의 형상을 딴 인형으로서 이른바 응용미술품의 범주에 속한다고 할 것인데, 동물의 모습 중 그 특징적인 부분(예: 호랑이의 줄무늬) 등을 고안점으로 삼아 이를 원고가 나름대로 재해석하여 형상화 하였다는 점에서 그 독창성이 인정되나, 위 인형들이 저작물로 보호되기 위해서는 인형이 가지는 실용적인 기능과 분리되는 예술적 특성이나 가치가 요구되는데, 원고의 봉제인형들이 그 제작방법, 형태, 재질, 디자인 등에서 실용적 기능과 분리되면서 이를 뛰어넘는 예술적 특징이나 가치를 가진 것으로는 보이지 않는다고 판시하였다.

568) 반짝이 원단으로 제작된 봉제 곰인형은 상업상 대량생산의 목적으로 창작된 응용미술작품이고, 제작목적, 기법 및 외관 등 제반 사정에 비추어 볼 때 그 자체가 상품과 분리되어 하나의 독립적인 예술적 특성이나 가치를 가지고 있어 예술의 범위에 속하는 창작물에 해당한다고 할 수 없으므로, 저작권법의 보호대상이 되는 저작물에 해당하지 않는다고 하였다.

한편, 저작권 등록의 요건으로서 등록관청의 입장에서 판단하여야 하는 저작물성과 저작권이라는 권리로서의 보호범위에 관해 혼동을 해서는 안 된다. 형식적 심사권한만을 가진 등록관청이 '법률상 명백히 저작물에 해당하지 않는지' 여부를 판단하는 소극적 의미에서의 요건 심사 결과가 그 자체로서 저작권의 성립여부 및 권리의 보호 범위를 결정하는 것은 아니기 때문이다. 저작권으로 등록된 저작물이라 하더라도 구체적인 권리 행사에 있어서는 실체적인 사실 관계를 심리하는 법원의 판단에 따라 그 권리범위를 좁게 인정하거나 데드카피(dead copy)에 한정하는 등 극히 제한적으로 해석할 수도 있고, 아예 부정할 수도 있다. 또한 등록반려처분의 취소소송의 경우에도 법원의 판단은 등록관청으로서 형식적 심사권한을 전제로 저작권 등록과 관련된 행정처분이 타당한지 여부를 판단하는 것이지 저작권 보호라는 실체적 내용에 대하여 판단을 하는 것은 아니다.

나. 상표 등록과 저작권 등록

최근에 들어 상표로 사용되는 간단한 도안이나 단순한 캐릭터 도안 또는 실용품의 간단한 형상 등에 대하여 저작권 등록을 신청하는 경우가 늘고 있다. 이러한 경우 순수 미술에 해당하는 회화나 조각 등에 비해 그 저작물성을 판단하기가 더 어렵다. 아래 표에서 보는 바와 같이 판례가 저작물성을 부정한 도안과 저작물성을 인정한 도안을 비교해 보면, 어떠한 차이에서 하나는 저작물성이 인정되었고, 다른 하나는 저작물성이 부정되었는지 한눈에 파악하기 힘들고 기준을 가늠하기도 어렵다. 아래 '사라센' 도안의 표현 정도와 강아지를 형상화한 'Fatdog' 상표의 표현 정도를 비교해 보면, 전자는 중세 유럽인이 서아시아의 이슬람교도를 의미하는 '사라센'의 특징을 개성있게 표현한 것이고, 후자는 강아지의 형상을 개성있게 표현한 것으로, 창작성의 정도에 있어서 특별한 차이가 있다고 보기 힘들다. 아래 '네티비' 캐릭터와 너구리를 형상화한 '롯티' 캐릭터의 경우에는 더욱 그 차이를 발견하기 어렵다.

이들 판결의 판시 내용을 보더라도 구체적인 판단기준을 설시하고 있기보다는 단순히 "상표 본래의 기능으로부터 분리, 독립되어 별도의 (저작물로서의) 감상의 대상이 될 정도로 독자적인 존재를 인정받기 어렵다."고 하거나('사라센 소스' 사건), "캐릭터 자체가 저작권의 보호대상이 될 수 없다."고 하면서 저작물성을 부정하고 있는가 하면, 저작물성을 인정한 경우에도 "강아지 형상을 개성있게 표현한 것으로 응용미술저작물이다"라고 하거나, 아예 아무런 설시도 없이 "저작물인 이 사건 상표"라고만 한다든지('본더치 도형' 상표), "위 너구리 도안의 저작자는 신청인이라 할 것"이라고 하면서 저작물임을 당연한 전제로 하고 있는 판례들을 쉽게 찾아볼 수 있다('롯티' 사건).

저작물성이 부정된 경우	저작물성이 인정된 경우
Saracen Sauces 사라센 569)	570)
Netibee 네티비 571)	572)
	573)

대법원은 '101마리 달마시안' 캐릭터와 관련한 저작권법위반 사건[574]에서, "달마시안 종의 개 101마리라는 설정과 이에 따른 101이라는 숫자 및 달마시안 무늬로 만든 디자인으로 표현된 이 사건 저작물은 자연계에 존재하는 달마시안 종 일반을 연상시키는 것이 아니라 오로지 위 회사가 창작한 만화영화 속 주인공인 101마리의 달마시안 종의 개만을 연상하게 하며, 달마시안 종의 개가 원래 자연계에 존재한다고는 하지만 이 사건 저작물을 달마시안 종의 개에게 만화주인공으로서만이 가질 수 있는 독특한 사랑스러움과 친숙함 등을 느낄 수 있도록 도안함으로써 저작권법에서 요구하는 창작성의 요건을 갖추었다"라고 판시한 바 있다. 이는 원래 자연계에 존재하는 달마시안에 비해 만화주인공으로서의 독특한 사랑스러움과 친숙함 등을 느낄 수 있도록 했다는 점에서 창작성이 인정된다고 한 것으로 간단한 도안의 저작물성을 판단하는 데 참고가 된다.

569) 서울지방법원 1997. 9. 5. 선고 96가합36949 판결
570) 서울중앙지방법원 2007. 4. 11. 선고 2005가합102770 판결.
571) 부산지방법원 2005. 4. 12.자 2005카합77 결정.
572) 대법원 1992. 12. 24. 선고 92다31309 판결.
573) 서울서부지방법원 2005. 9. 1. 선고 2005카합1040 판결.
574) 대법원 2003. 10. 23. 선고 2002도446 판결.

한국저작권위원회에서는 "Princess Tiara"로 구성된 미술저작물의 경우 "해당 문자 도안은 단순한 상품의 표지 내지 명칭으로서 그 자체가 별도의 감상의 대상이 될 정도로 인간의 사상 또는 감정이 표현된 창작물로 볼 수 없다"는 이유로 등록 신청을 반려한 바 있으며, "Von Dutch"로 구성된 도안에 대해서는 "Von Dutch 문자를 단순히 나열한 것으로 저작권법에 의한 보호대상인 저작물에 해당하지 않는다"는 사유로 등록신청을 반려하였다. 또 "LANEIGE Girl"의 경우에도 "단순히 알파벳 문자로만 구성한 것으로, 감상의 대상이 될 만큼 그 자체가 예술에 관한 사상 또는 감정의 창작적인 표현물이라 볼 수 없다."는 이유로 등록신청을 반려한 바 있다. 그리고 도형저작물로 등록신청된 "雪목장"로 구성된 로고마크 역시 "雪목장 문자와 상단에 산형태를 표현한 원형의 이미지를 결합한 단순한 도안으로 그 자체가 별도의 감상의 대상이 될 정도로 인간의 사상 또는 감정이 표현된 창작물로 볼 수 없다."고 하여 역시 등록신청을 반려하였다. 이와 같은 일부 반려 사건에서 한국저작권위원회는 '사라센 소스' 사건 및 '서체도안'에 관한 대법원 판례를 참조 판례로 제시하고 있다. 한국저작권위원회는 일단 "그 자체가 별도의 감상의 대상이 될 정도"의 창작성이 있는지 여부를 판단기준으로 삼고 있는 것으로 보인다.

결국 순수 미술의 영역에 속하지 않는 간단한 도안이 어느 정도의 창작성이 인정되어야 저작물로 볼 수 있는지가 문제인데, 이와 관련해서는 상표법 제33조 제 1 항 제 6 호에서 규정하고 있는 "간단하고 흔한 표장"에 관한 심사기준 및 판례도 좋은 참고자료가 될 수 있을 것으로 생각한다. "간단하고 흔한 표장"의 경우 자타 상품의 출처 식별이라는 상표의 본질적인 속성이 없기 때문에 이를 부등록 사유의 하나로 규정하고 있는 것이고, 저작물의 창작성과 상표의 식별력은 개념상 별개의 것이기는 하다. 그러나 "간단하고 흔하다"는 것은 그만큼 저작물로서의 창작성이 결여되어 있다는 의미도 있으므로, 어떤 것이 간단하고 흔한지 여부를 판단하는 기준은 저작권 등록 실무에서도 충분히 고려할 가치가 있기 때문이다. 반드시라고는 말할 수 없지만, 일반적으로 "간단하고 흔한 표장"이라고 하여 상표등록이 거절될 정도의 디자인이라면 미술저작물로서의 창작성은 더욱 갖추지 못한 것이라고 볼 수 있지 않을까 한다.

다. 판 례

이런 점에서 대법원 2002. 6. 11. 선고 2000후2569 판결의 판시내용은 참고할 만하다.

이 사건에서 특허청은, "Original Jazz Classics"라는 문자를 " ORIGINAL Jazz CLASSICS "와 같이 도안화한 상표에 대하여 상표법 제33조 제1항 제6호의 간단하고 흔한 표장에 해당한다는 이유로 거절결정을 하였다. 이에 출원인이 특허심판원에 거절결정불복심판 및 특허법원에 심결취소소송을 제기하였으나 모두 기각되었다. 그러나 대법원은, 위 표장이 상표법 제33조 제1항 제6호에 해당하지 않고 식별력이 있다는 이유로 특허법원의 판결을 파기 환송하였다. 대법원은 "기술적 문자상표가 도형화(도안화)되어 있어 일반인이 보통의 주의력을 가지고 있는 경우 전체적으로 보아 그 도형화된 정도가 일반인의 특별한 주의를 끌 정도에 이르러 문자의 기술적 또는 설명적인 의미를 직감할 수 없을 만큼 문자인식력을 압도할 경우에는 특별한 식별력을 가진 것으로 보아야 하므로, 이러한 경우에는 상표법 제33조 제1항 제6호에서 정하는 '보통으로 사용하는 방법으로 표시하는' 표장이라고 볼 수 없다(대법원 1997. 2. 28. 선고 96후986 판결,[575] 2000. 2. 25. 선고 98후1679[576] 판결 등 참조)"고 하였다. 그러면서 이 사건 표장의 구성 중 ' '부분을 제외한 나머지 부분은 지정상품의 품질, 효능 등을 보통으로 사용하는 방법으로 표시한 표장 또는 간단하고 흔한 표장에 해당한다고 볼 수 있으나, ' '부분은 'Jazz'라는 영어단어를 필기체로 표기함에 있어 첫 글자는 필기체 알파벳 'J'의 윗부분만을 남겨 놓은 모양이고, 마지막 글자 또한 'z'의 필기체의 아랫부분이 생략된 모양으로서, 일반인들이 보통의 주의력을 가지고 보는 경우에는 첫 글자는 언뜻 숫자7로 보이거나 그 아래에 있는 흰 선과 결합하여 알파벳 'z'나 숫자 '2'로 보이고, 마지막 글자는 숫자 '3'으로 변형되어 있는 것으로 보일 정도로 일반수요자가 이 문자부분을 'Jazz'로 직감할 수 없는 것이어서, 이 표장은 그 기술적 의미를 직감할 수 없을 만큼 문자인식력을 압도하여 일반인의 특별한 주의를 끌 정도에 이르렀다고 봄이 상당하다고 판시하였다.

반면에 " Mini Disc " 표장의 경우 영문자를 도형화한 것이지만 문자의 전체적인 윤곽이 도형화된 정도에 비하여 훨씬 뚜렷하여 일반수요자에게 그 문자 전체로서 직감되어 인식

575) " Truck-Lite "와 같이 구성된 상표가 "특히 일반인의 주의를 끌만한 서체나 도안에 의하여 구성된 것이 아니어서 식별력이 없다"고 한 사건이다.

576) " Premiere "와 같이 구성된 상표에 관하여 "전체적으로 각 문자가 특정됨이 없이 연결되어 있고 또 도형화되어 있어 그 각 문자의 윤곽이 불분명하고 일반 수요자가 'Premiere'라는 불어 또는 영어 단어를 표기한 것으로 직감할 수 없을 정도이어서, 그 도형화의 정도가 일반인의 특별한 주의를 끌 만큼 문자인식력을 압도한다고 보여지므로" 식별력이 있다고 인정하였다.

되고 그대로 호칭될 것으로 보이므로, 그 도형화의 정도로는 일반의 특별한 주의를 끌 만큼 위와 같은 문자인식력을 압도하기가 어려워 특별한 식별력을 가졌다 할 수 없다고 보았다.[577)]

결국 간단한 도안의 저작물성을 판단함에 있어서는 일응 상표의 식별력 유무에 대한 대법원의 판시 기준을 참고하여, 도형화된 정도가 일반인의 특별한 주의를 끌 정도에 이르러 문자 혹은 원래 모티브가 된 사물의 기술적 또는 설명적인 의미를 직감할 수 없을 만큼 문자 혹은 사물의 인식력을 압도할 경우에 창작성이 있는 것으로 보아야 한다. 앞서 살펴본 한국저작권위원회의 등록 반려 사례는 이와 같은 기준에 비추어 볼 때 타당하다. 그러나 부산지방법원 2005. 4. 12.자 2005카합77 결정에서 " "의 저작물성을 부인한 것은 다른 사례에 비추어 볼 때 수긍하기가 어렵다.

그 밖에 상표심사기준에 의하면 흔히 사용되는 원형, 삼각형, 마름모형이나 기호 또는 卍, 삼태극 등과 이러한 도형 또는 무늬를 동일하게 중복하여 표시한 것은 원칙적으로 식별력이 없는 것으로 본다. 다만, 예외적으로 다른 도형 또는 무늬가 결합한 것 중에서 흔히 사용되는 것이라고 볼 수 없는 경우에는 식별력이 인정된다고 하며, 식별력이 없는 표장의 예로 "○, △, □, ◇, #, +, -, &, ⊙, ◎, ◬, ⧈, ◈, ▱, 卍무늬" 등을 들고 있는데, 이와 같은 경우에는 저작물성의 창작성 역시 인정하기 어렵다고 보아도 무방할 것이다.

V. 신문기사

신문은 통상 기자가 정보를 수집하여 기사 원고를 작성하고, 편집담당자가 그 기사 원고 등을 취사선택하여 지면에 배열하는 방식으로 제작된다. 따라서 신문과 관련된 저작물로서는 그 신문을 구성하는 개개의 기사뿐만 아니라 편집저작물로서의 신문지면 전체를 검토해 볼 필요가 있다.[578)]

577) 대법원 1994. 9. 27. 선고 94후708 판결.

578) 茶園成樹, 新聞記事의 要約, 裁判實務大系－知的財産權關係訴訟法(牧野利秋 외 1인 編), 青林書院, 174면.

1. 신문기사의 보호

가. 저작권에 의한 보호

저작권법 제7조 제5호는 보호받지 못하는 저작물로서 '사실의 전달에 불과한 시사보도'를 들고 있다. 그러나 이 규정에서 말하는 '사실의 전달에 불과한 시사보도'는 인사발령이라든가 부고(訃告)기사, 간단한 사건사고 기사 등과 같이 그야말로 '단순한' 사실의 전달에 불과한 보도를 의미하는 것이며, 신문에 게재된 사설이나 각종 칼럼, 기고문은 물론 기자의 사상이나 감정이 표현된 보도기사는 창작성 등 성립요건을 갖추면 당연히 저작물로 성립할 수 있고 저작권법의 보호를 받는다.579)

다만, 대부분의 신문기사는 수집된 정보를 기초로 육하원칙에 의하여 간결하고도 건조한 문체로 작성된다. 그러므로 표현방식에 있어서 상당한 제한이 따르고 동일한 사실을 전달하는 신문기사는 거의 동일한 표현으로 작성되는 경향이 있으며, 이는 아이디어와 표현이 합체되는 한 예라고도 볼 수 있다. 그런 경우 신문기사의 저작물로서의 보호범위는 상당히 제한된다.

대법원 2009. 5. 28. 선고 2007다354 판결은 저작권법 제7조 제5호의 '사실의 전달에 불과한 시사보도'와 관련하여, 원래 저작권법의 보호대상이 되는 것은 외부로 표현된 창작적인 표현형식일 뿐 그 표현의 내용이 된 사상이나 사실 자체가 아니고, 시사보도는 여러 가지 정보를 정확하고 신속하게 전달하기 위하여 간결하고 정형적인 표현을 사용하는 것이 보통이어서 창작적인 요소가 개입될 여지가 적다는 점 등을 고려하여, 독창적이고 개성 있는 표현 수준에 이르지 않고 단순히 '사실의 전달에 불과한 시사보도'의 정도에 그친 것은 저작권법에 의한 보호대상에서 제외하는 취지라고 하였다. 그러면서 이 사건 보도기사들 중 일부 기사들은 스포츠 소식을 비롯하여 각종 사건이나 사고, 수사나 재판 상황, 판결 내용 등 여러 가지 사실이나 정보들을 언론매체의 정형적이고 간결한 문체와 표현 형

---

579) 서울중앙지방법원 2014. 4. 24. 선고 2013가소6000300 판결은 "(저작권법 제7조 제5호의) 사실의 전달에 불과한 시사보도라 함은 (저작권법 제2조 제1호의) 창작성의 의미에 비추어 볼 때 저작권법에 의한 보호를 받을 가치가 없을 정도로 최소한도의 창작성조차 인정되지 않는 경우, 누가 하더라도 같거나 비슷할 수밖에 없는 표현, 즉 저작물 작성자의 창조적 개성이 드러나지 않는 표현을 담고 있는 것을 의미하는 것으로서 인사발령기사, 부고기사, 주식시세, '누가·언제·어디서·무엇을·어떻게·왜하였는가'라는 육하원칙에 해당하는 기본적인 사실로만 구성된 간단한 사건·사고기사(화재·교통사고 등)와 같이 단일한 사항에 대하여 객관적인 사실만을 전하고 있어 그 자체로서 저작물성을 인정할 수 없는 것에 한한다고 할 것이고, 사실을 전달하기 위한 보도기사라고 하더라도 소재의 선택과 배열, 구체적인 용어 선택, 어투, 문장 표현 등에 창작성이 있거나 작성자의 평가, 비판 등이 반영되어 있는 경우에는 저작권법이 보호하는 저작물에 해당한다고 보아야 할 것"이라고 판시하였다.

식을 통하여 있는 그대로 전달하는 정도에 그치는 것임을 알 수 있어, 저작권법에 의하여 보호되는 저작물이라고 할 수 없다고 판시하고 있다.

나. 기타 민법 등에 의한 보호

이처럼 단순히 사실의 전달에 불과한 시사보도는 저작권법에 의하여서는 보호를 받기 어렵고, 다소의 창작성이 있어 저작물로 성립한다고 하더라도 그 보호범위가 크게 제한된다. 그러나 기사를 취재하고 보도함에 있어서 신문사는 막대한 비용과 노력, 인원을 투입하고 있다. 따라서 이러한 신문사의 노력을 지적재산권법의 체계 내에서 또는 일반 불법행위 법리를 적용하여 어떠한 형태로든 보상해 주어야 한다는 논의가 있어 왔다.

미국 연방대법원의 International News Service(INS) v. Associated Press(AP)[580] 판결이 이 문제를 정면으로 다룬 것으로 유명하다. 이 사건 원고인 Associated Press는 흔히 AP 통신이라고 불리는 연합통신사로서 기사의 수집을 공동으로 할 목적으로 미국을 비롯한 각국의 950여 개 언론사가 공동출자하여 설립되었다. AP는 제 1 차 세계대전 당시 AP의 통신원이 유럽에서 취재한 기사를 가맹언론사가 아닌 피고 INS가 무단이용하여 신문에 게재하자 금지청구소송을 법원에 제기하였다. 피고 INS는 AP 가맹언론사의 신문 중 가장 빠른 가판을 입수하여 거기에 실린 기사를 그대로 또는 약간의 수정을 거쳐 자신의 신문에 게재하였는데, 미국의 경우 동부와 서부 사이에 약 3시간의 시차가 있기 때문에 서부에서 발행되는 피고 INS의 신문은 동부에서 발행되는 AP 가맹언론사의 신문과 거의 동시에, 어떤 경우에는 그보다 더 빨리 동일한 기사를 전할 수 있었다.

원고 AP는 저작권법에 기초한 주장을 하지 않았다. 그 이유는 피고가 이용한 기사들이 거의 사실전달에 불과한 것이어서 창작성 등 저작물의 성립요건을 갖추기 어려웠기 때문이다. 그러나 미국 연방대법원은 이 사건에서 피고의 행위는 부정경쟁행위의 한 유형인 부당이용(misappropriation)행위에 해당한다고 보아 원고의 금지청구를 인용하였다. 특히 피고가 기사를 게재함에 있어 그 기사의 출처가 AP라는 사실을 밝히지 아니함으로써 마치 그 기사를 피고가 독립적으로 취재한 듯한 외관을 만들어 낸 것은 위법하다고 하였다.

이에 대해서는 Holmes 대법관의 유명한 반대의견이 있다. Holmes 대법관은 저작권법에 의하여 보호받을 수 없는 기사는 결국 공중의 영역에 들어가 만인이 자유롭게 사용할 수 있는 것이 되며, 이러한 법리는 설사 그 기사를 취재하는 데 많은 비용과 노력이 들었고 그 기사가 커다란 경제적 가치를 가지고 있다고 해도 마찬가지라고 하였다.

이처럼 미국의 연방대법원은 타인이 작성한 신문기사를 상업적으로 이용하는 행위를

---

580) 248 U.S. 215(1918).

부정경쟁행위의 한 유형인 부당이용(misappropriation)으로 보아 금지하였다. 우리나라 부정경쟁방지법은 제 2 조 1호 카목에서, "그 밖에 타인의 상당한 투자나 노력으로 만들어진 성과 등을 공정한 상거래 관행이나 경쟁질서에 반하는 방법으로 자신의 영업을 위하여 무단으로 사용함으로써 타인의 경제적 이익을 침해하는 행위"를 부정경쟁행위의 한 유형으로 보고 있다. 따라서 신문기사의 무단이용은 비록 그 신문기사의 창작성이 인정되지 않아 저작권법의 보호를 받지는 못한다 하더라도 부정경쟁방지법에 의한 보호는 받을 수 있을 것으로 보인다. 나아가 신문기사의 무단이용이 상대방의 고의 또는 과실에 기인한 것으로서 위법성이 있고 그로 인하여 자신의 영업상 손실이 발생한 경우에 일반 불법행위에 따른 손해배상책임을 묻거나, 원고와 피고 사이에 어떤 계약관계가 있고[581] 그 계약내용을 위반한 경우에 계약책임을 물을 수 있을 것이다.

2. 신문기사의 저작권 귀속

신문기사의 저작권은 원칙적으로 그 기사를 작성한 기자에게 귀속된다. 그러나 저작권법 제 9 조의 업무상저작물의 요건이 충족되는 경우에는 사용자인 신문사가 저작자로 되고, 저작권은 신문사에게 귀속된다.[582] 한편, 개정 전 저작권법 제 9 조 단서는 기명저작물(記名著作物)의 경우에는 제 9 조가 적용되지 않는 것으로 규정하고 있었다. 이와 관련하여 최근의 신문기사들 중에는 작성자인 기자의 실명을 밝히는 경우가 많아서 그러한 실명기사의 경우 저작자가 누구인지 여부가 문제로 되었다. 이에 대하여는 기명이 들어간 기사에는 여러 가지 형태가 있을 수 있으므로 그 기명이 어떠한 성격의 것인가를 평가하지 않고 일률적으로 논한다는 것은 타당하지 않고, 결국은 기자의 기명이 표시된 것이 신문사 내의 단순한 업무분담을 표시하는 것에 지나지 않는 경우와, 적극적으로 집필자의 이름을 표시하게 함으로써 그에 대한 책임과 평가를 집필자에게 돌리게 하는 경우를 나누어, 전자의 경우에는 신문사가, 후자의 경우에는 집필자인 기자에게 각 저작권이 귀속하는 것으로 보아

581) 우리나라에서도 최근 연합통신사와 계약을 맺어 그로부터 기사를 받아 사용하는 가맹 언론사가 해당 기사를 위 계약내용에 들어 있지 않은 인터넷 신문기사로 만들어 인터넷 상에서 제공한 사례가 문제로 된 바 있다. 연합통신사로서는 구체적인 계약의 위반책임을 물을 수 있을 것도 같으나 그 결과는 속단하기 어렵고 계약법이나 일반 저작권법뿐만 아니라 정보의 공중전달권 등 정보저작권적인 관점에서 좀 더 연구검토를 요한다고 할 것이다.

582) 저작권법 제 2 조 제31호는, '업무상저작물'을 "법인·단체 그 밖의 사용자(이하 '법인 등'이라 한다)의 기획 하에 법인 등의 업무에 종사하는 자가 업무상 작성하는 저작물을 말한다"고 정의하고 있고, 제 9 조에서는, "법인 등의 명의로 공표되는 업무상저작물의 저작자는 계약 또는 근무규칙 등에 다른 정함이 없는 때에는 그 법인 등이 된다"라고 규정하고 있다.

야 한다는 견해가 유력하였다.[583] 그러나 개정된 저작권법은 기명저작물의 경우에는 업무상저작물에 해당하지 않는 것으로 규정한 위 제 9 조의 단서 조항을 삭제하였다. 따라서 현행 저작권법에 따르면 신문기사 중 기사의 실명이 들어간 기명저작물이라 하더라도 업무상저작물의 요건을 갖추면 특약이 없는 한 해당 신문사가 저작자로 된다. 이에 관하여는 뒤의 '업무상저작물' 부분에서 보다 상세히 살펴보기로 한다.

3. 편집저작물로서의 신문

신문은 기자가 작성한 기사 원고 등을 편집담당자가 선택·배열함으로써 제작되므로, 그 선택·배열에 창작성이 있으면 편집저작물로서 성립하게 된다. 일본에서는, "신문은 보도기사, 사설, 평론 등이 주요한 부분을 점하고, 그 밖에 각종 상황란(예컨대 주식시세표 등), 광고 등에 의하여 구성되는바, 신문사의 종업원인 편집담당자는 이와 같이 모여진 다수의 소재 중에서 사용자인 신문사의 편집방침과 뉴스성을 고려하여 정보로서 제공할 것을 취사선택하며, 각 기사의 중요도와 성격·내용 등을 분석하고 분류하여 지면에 배열하는 것이므로 그 지면구성은 편집담당자의 정신적 활동의 소산이고, 그것이 해당 신문의 개성을 형성하는 것인바, 특정한 날짜의 신문지면 전체는 소재의 선택 및 배열에 창작성이 있는 편집물이라고 인정할 수 있다"고 한 동경고등법원의 판례가 자주 인용되고 있다.[584] 신문의 편집저작물로서의 저작권에 대하여는 앞의 '편집저작물' 부분을 참고하기 바란다.

신문이 편집저작물로 성립하는 경우에는 대부분 저작권법 제 9 조 업무상저작물의 요건을 갖출 것이기 때문에 그 저작자는 신문사가 되는 경우가 절대적으로 많을 것이다.

Ⅵ. 기타 - 광고문구, 슬로건, 짧은 대사, 무대장치, 화풍, 서풍

그 밖에 저작권법의 보호를 받을 저작물성이 있는지 여부가 문제로 되는 경우로는 다음과 같은 것들이 있다.

악보가 없는 악곡에 독자적인 악보를 만든 경우, 이때 제작된 악보는 음악저작물의 고정수단에 불과하고 악곡을 떠나 독자적인 음악저작물로 성립할 수 없다. 이는 앞서 음악저작물에 관한 설명 부분에서 이미 언급한 바 있다. 다만, 그 악보의 표현 자체가 창작성이

583) 茶園成樹, 전게논문, 177면.

584) 동경고등법원 1994. 10. 27. 판결; 茶園成樹, 전게논문, 178면에서 재인용.

있어서 일종의 도형저작물로 성립할 수 있음은 별론이다.

표어나 슬로건 같은 것들은 저작물성을 일률적으로 단정하기 어렵다. 단순한 단어 몇 개를 조합한 것은 일반적으로 저작물성을 인정하기 곤란하다. 표어·슬로건의 경우에는 결국 저작권법의 일반이론으로 돌아가 그것이 사상이나 감정을 창작적으로 표현하고 있는지 여부에 따라서 저작물성을 판단하여야 할 것이다.[585] 개인의 일기나 편지 등도 창작성 있는 표현이 들어 있으면 저작물성이 인정된다(제 2 장 제 2 절 중 '어문저작물'에 대한 부분 참조).

하급심판결 중에는 짧은 광고문구에 대한 저작물성을 부정한 서울고등법원 1998. 7. 7. 선고 97나15229 판결(일명 '○○ 맥주 광고' 사건)이 있다. 맥주회사인 피고회사가 온도감응 잉크로 인쇄된 상표를 부착한 맥주를 생산하여 광고함에 있어 그 사용한 문구 중 "가장 맛있는 온도가 되면 암반천연수 마크가 나타나는 ○○, 눈으로 확인하세요."라는 부분이, 원고가 피고회사에 제안한 바 있었던 광고 문구 중 "최상의 맛을 유지하는 온도, 눈으로 확인하십시오"라는 부분의 저작권을 침해하였는지 여부가 문제로 된 사건이다. 법원은, 이와 유사한 문구들이 다른 맥주의 광고문안에도 사용된 사실이 있다는 점[586] 및 원고가 제안서에 예시한 광고문구와 피고가 사용한 광고문구는 모두 "맛있는 온도를 눈으로 알 수 있다"는 단순한 내용을 표현한 것으로서, 그 문구가 짧고 의미도 단순하여 그 표현형식에 위 내용 외에 어떤 보호할 만한 독창적인 표현형식이 포함되어 있다고 볼 여지도 없다는 점에서, 위 광고 문구에 창작성이나 아이디어로서의 참신성을 인정할 수 없다고 하여, 저작권침해 또는 아이디어 침해가 있다는 원고의 주장을 배척하였다.

또한 희곡의 짤막한 대사(臺詞)의 저작물성을 부정한 서울고등법원 2006. 11. 14.자 2006라503 영화상영금지가처분 사건 결정(일명, '왕의 남자' 사건)도 있다. 이 사건의 신청인은 '키스'라는 희곡의 저작자이고, 피신청인들은 영화 '왕의 남자'의 제작사, 영화감독 및 배급사이다. 희곡 '키스'의 제 1 부에는 주인공 남녀가 서로 떨어져 서 있는 가운데 "나 여기 있고 너 거기 있어"라는 대사가 나온다. 희곡 '키스'는 '소통의 부재'라는 주제를 효과적으로 나타내기 위하여 이 대사와 그것을 변주한 표현들을 치밀하게 배열하여 반복 사용하고 있다. 한편, 영화 '왕의 남자'의 초반부 제 8 장과 마지막 제83장에서는 조선시대의 광대인 두 주인공 장생과 공길의 장님놀이 장면이 나오는데, 그 장면에서 위 대사와 같은 대사가 사용되고 있다.

585) 內田 晋, 전게서, 48면.

586) 일본의 삿포로맥주 주식회사도 온도감응 잉크를 사용한 상표를 사용한 제품의 광고에서 "맛있음을 알려줍니다. 보십시오. 삿포로의 잔은 차가운지 차갑지 않은지 문자가 알려주고 눈으로 알 수 있습니다. 지금이 마실 때입니다"라는 문구를 사용한 사실 및 1989. 8. 21. 발행된 일본발명협회 공개공보에서도 최적 온도를 눈으로 볼 수 있는 등의 표현이 고안의 설명 중에 사용된 사실을 각 인정할 수 있다고 하였다.

신청인은, 이 사건 대사는 관객들에게 공길과 장생에 대한 애환과 슬픔을 유발시키며 관객들을 영화에 한층 더 몰입시키는 중요 대사로 기능하고, 그로써 이 사건 영화를 본 많은 네티즌들이 감동과 찬사를 보내면서 명대사로 인정하여 신문만평까지 등장할 정도로 영화 전체를 관통하는 주제적 울림을 주고 있는바, 이러한 주제적 연관성 및 라스트 신의 강렬함, 영화 속 명대사로 선정되는 점 등에 비추어 이 대사는 충분히 창작성이 인정되고, 그 비중은 50퍼센트 이상이라고 주장하였다. 그러나 법원은, 신청인의 주장과 같이 일부 네티즌들이 이 대사를 명대사로 뽑고 있고, 이 대사가 신문만평에도 한 번 등장한 것은 사실이나, 이 대사는 일상생활에서 흔히 쓰이는 표현으로서 저작권법에 의하여 보호받을 수 있는 창작성 있는 표현이라고 볼 수 없고, 또한 기존의 시(詩) 등 다른 작품에서도 이 대사와 유사한 표현들이 자주 사용되고 있다고 하여 저작물성을 부정하였다.

무대장치 역시 앞서 연극저작물 부분에서 언급하였듯이 그것 자체로 미술의 범위에 속하는 경우에는 독립된 저작물로서 보호를 받을 수 있다. 이때 보호의 대상으로 되는 것은 무대에 조립된 무대장치이지, 거기에 의상이나 조명 등을 포함한 무대효과 전체는 아니다. 무대효과라는 것은 상연되는 희곡이나 각본, 배우의 연기, 반주되는 음악, 의상, 조명 등이 혼연일체가 되어 형성되는 것이어서 무대효과 전체를 하나의 저작물로 보게 되면 거기에 관련된 많은 사람들, 예컨대 희곡이나 각본의 저작자, 반주된 음악의 작곡자, 배우, 연출가, 조명기사, 의상감독 등의 권리관계가 복잡해지기 때문이다.

소설이나 악곡이 아직 미완성 상태라고 하여도 창작성의 요건만 갖추면 저작물로 될 수 있다. 마찬가지로 어떤 그림을 그리기 위한 밑그림, 예컨대 데생이나 스케치와 같은 것도 그 자체로서 창작성을 가지면 저작물로 될 수 있다. 다만 미완성의 정도에 따라서는 창작적 표현을 찾기 힘든 것도 있을 것이고, 그 경우에는 저작물성이 인정되기 어려울 것이다.

창작의 스타일, 예컨대 서풍(書風)이나 화풍(畵風) 그 자체는 저작물이 아니다. 다른 사람의 서풍이나 화풍을 모방하여 서화를 창작한 경우에 특정한 원저작물을 복제한 것이 아닌 이상 저작권의 침해로 볼 수 없다고 한 일본의 판례가 있다.[587)]

587) 일본 대심원 1937. 9. 16. 판결-內田 晋, 전게서, 61면에서 재인용.

제 5 절 보호받지 못하는 저작물

Ⅰ. 서 설

저작권법은 사회공공의 이익을 위한 정책적 고려에서 일정한 저작물을 저작권법의 보호를 받지 못하는 저작물로 규정하고 있다. 이러한 저작물로서는, (1) 헌법·법률·조약·명령·조례 및 규칙, (2) 국가 또는 지방자치단체의 고시·공고·훈령 그 밖에 이와 유사한 것, (3) 법원의 판결·결정·명령 및 심판이나 행정심판절차 그 밖에 이와 유사한 절차에 의한 의결·결정 등, (4) 국가 또는 지방자치단체가 작성한 것으로서 제 1 호 내지 제 3 호에 규정된 것의 편집물 또는 번역물, (5) 사실의 전달에 불과한 시사보도가 있다(저작권법 제 7 조).

이러한 저작물들은 국민에게 널리 알리고 또한 자유롭게 이용하게 하여야 할 것들로서, 저작권의 보호를 주게 되면 자칫 그 원활한 이용이 저해되는 결과를 초래할 우려가 있으므로 공익적 견지에서 저작권의 보호를 제한하고 있는 것이다.

제 7 조에서 열거하고 있는 보호받지 못하는 저작물들은 (5)의 경우를 제외하고는 대부분 국가의 작용과 관련되어 있는 저작물들이다. 참고로 미국 저작권법은 정부저작물은 일괄하여 저작권법에 의한 보호를 배제하고 있다. 미국 저작권법 제101조는 미국 정부의 관리나 근로자가 그의 직무의 일부로서 작성한 저작물을 '미국 정부저작물'이라고 정의하면서, 제105조에서 어떠한 '미국 정부저작물'도 저작권법에 의한 보호를 받지 못한다고 명문으로 규정하고 있다. 그러나 우리나라의 경우에는 법 제 7 조에 해당되지 않는 이상 정부의 관리나 근로자가 그의 직무상 작성한 저작물도 일단은 저작권법에 의한 보호를 받는다. 다만, 법 제24조의2에서 "국가 또는 지방자치단체가 업무상 작성하여 공표한 저작물이나 계약에 따라 저작재산권의 전부를 보유한 저작물은 허락 없이 이용할 수 있다"고 하여 공공저작물의 자유이용에 관한 규정을 두고 있다. 미국 저작권법이 정부저작물에 대한 저작권의 보호를 배제하고 있는 것은, 어차피 국민의 세금에 의하여 작성된 정부저작물을 저작권으로 보호하면, 그것을 이용하는 국민이 다시 이용료를 부담하게 되어 사실상 이중부담을 지우는 결과가 된다는 점을 근거로 한다. 그러나 국민의 세금에 의하여 작성된 정부저작물이라고 하더라도 세금을 낸 모든 국민이 아니라 그 저작물을 이용하고자 하는 특정인만이 이용료를 부담하도록 하는 것은 '수익자 부담의 원칙'에 비추어 불합리하지 않다는 반론도 있고, 그러한 점에서 우리 저작권법과 같이 정부저작물에 대하여도 저작권의 보호를 인정하는 법제가 오히려 더 바람직하다는 견해도 있다.[588)]

Ⅱ. 구체적 검토

1. 제1호

저작권법 제7조 제1호는 '법령'을 보호받지 못하는 저작물로 규정하고 있는데, 법령에는 헌법과 법률, 대통령령, 총리령, 부령뿐만 아니라 법률과 동일한 효력을 가지는 조약과 국제법규도 포함된다. 그리고 우리나라가 아직 가입 또는 비준하지 않은 조약이나 국제법규는 물론 외국 법령도 이에 포함된다. 현재 유효하게 시행 중인 법령만이 아니라 제정 또는 개정을 위한 법령의 초안과 이미 효력을 상실한 폐지 법령도 포함된다.[589)]

2. 제2호

제2호에서는 국가 또는 지방공공단체가 국민에게 널리 알리기 위하여 작성한 고시·공고·훈령 그 밖의 이와 유사한 것을 들고 있다. 고시, 공고, 훈령 등은 단순히 행정학상의 의미로만 해석할 것이 아니라, 넓은 의미에서 국가기관이나 지방공공단체가 국민이나 지역 주민에게 알리기 위한 것이라면 본 호에 해당하는 것으로 보아야 할 것이다. 그러나 국가 내지 지방공공단체가 작성한 것이라도 학술적인 가치가 있는 연감이나 교육백서 또는 국정교과서 등과 문화예술적인 가치가 있는 그림, 그림엽서 등은 본 호에 해당되지 않는다.[590)]

3. 제3호

본 호는 법원의 판결 등과 준사법적인 절차를 행하는 행정청의 결정 등을 들고 있다. 다만 판결문 같은 문서 중에 감정인의 의견서가 포함되어 있는 경우 그 부분은 감정인의 저작물에 해당할 수 있는데, 판결문이 저작권의 보호를 받지 못한다고 하더라도 그에 포함되어 있는 감정저작물에 대한 권리까지 부정되는 것은 아니다.[591)]

---

588) 임원선, 실무자를 위한 저작권법, 개정판, 한국저작권위원회, 2009, 58면.
589) 허희성, 전게서, 62면.
590) 상게서, 62면.
591) 상게서, 63면.

4. 제4호

제 1 호에서 제 3 호까지의 저작물이 저작권의 보호대상이 되지 않는 것과 마찬가지로, 그러한 저작물의 편집물이나 번역물로서 국가 또는 지방공공단체가 작성한 것 역시 저작권의 보호를 받지 못한다. 원래 편집물이나 번역물은 편집저작물 또는 번역저작물로서 보호를 받아야 할 것이지만, 그렇게 할 경우 법원이나 행정관청에서 작성한 법령집 또는 판례집 등의 자유로운 이용이 제한되게 되어 제 1 호에서 제 3 호까지 저작권 제한규정을 둔 취지가 몰각되기 때문이다.

그러나 국가 또는 지방자치단체가 아닌 개인이나 단체가 작성한 제 1 호 내지 제 3 호의 저작물에 대한 편집물이나 번역물은 창작성의 요건만 갖추면 당연히 저작권의 보호를 받는다.

5. 제5호

앞의 제 4 절 '저작물성이 문제로 되는 창작물' 부분에서 본 바와 같이, 대부분의 신문기사는 수집된 정보를 바탕으로 육하원칙에 따라 간결하고도 건조한 문체로 작성된다. 그러므로 그 표현방식에 있어서는 상당한 제한이 따르고 동일한 사실을 전달하는 신문기사는 거의 동일한 표현으로 작성되는 경향이 있다. 이는 아이디어와 표현이 합체되는 한 예라고도 볼 수 있으므로, 일반적으로 신문기사에 대한 저작권의 보호범위는 상당히 제한적이다.

그러나 저작권법 제 7 조 제 5 호에서 말하는 '사실의 전달에 불과한 시사보도'는 인사발령이라든가 부고(訃告)기사, 화재나 교통사고 등의 간단한 사건사고 기사 등과 같이 단순한 사실의 전달에 불과한 보도를 의미한다고 보아야 한다. 이와 같은 시사보도는 신속하고 광범위하게 일반 국민들에게 알릴 필요가 있기 때문에 저작권법의 보호로부터 제외한 것이다. 사실의 전달에 불과한 시사보도기사는 사상이나 감정의 창작적 표현이라고 보기 어려워 저작물로 성립하지 못하는 경우도 많을 것인데, 저작권법은 아예 이러한 기사를 저작권의 보호대상에서 제외하는 명문의 규정을 둠으로써 의문의 여지를 없애고 있다.

다만 단순한 사실의 전달이 아닌 신문에 게재된 사설이나 각종 칼럼, 기고문 등으로서, 기자 또는 저자의 사상이나 감정이 표현된 보도기사 또는 신문에 게재된 소설이나 만화 등은 창작성 등 요건을 갖추면 당연히 저작물로 성립할 수 있고 저작권법의 보호를 받는다. 따라서 신문기사라고 하여 모두 저작물성이 부정되는 것도 아니므로, 문제가 된 신문기사의 창작성 또는 저작물성 여부를 개개의 기사별로 구체적으로 판단하여야 한다.

이 점을 명확히 한 대법원 2006. 9. 14. 선고 2004도5350 판결(일명 '연합뉴스' 사건)이 있다. 이 판결은, 피고인이 일간신문을 제작하는 과정에서 복제한 연합뉴스사의 기사 및 사진 중에는 단순한 사실의 전달에 불과한 시사보도의 수준을 넘어선 것도 일부 포함되어 있기는 하나, 상당수의 기사 및 사진은 정치계나 경제계의 동향, 연예·스포츠 소식을 비롯하여 각종 사건이나 사고, 수사나 재판 상황, 판결 내용, 기상 정보 등 여러 가지 사실이나 정보들을 언론매체의 정형적이고 간결한 문체와 표현형식을 통하여 있는 그대로 전달하는 정도에 그치는 것임을 알 수 있어, 설사 피고인이 이러한 기사 및 사진을 그대로 복제하여 신문에 게재하였다고 하더라도 이를 저작재산권자의 복제권을 침해하는 행위로서 저작권법위반죄를 구성한다고 볼 수는 없다고 하였다. 나아가 원심으로서는 공소사실에 기재된 연합뉴스사의 기사 및 사진의 내용을 개별적으로 살펴서 그 중 단순한 '사실의 전달에 불과한 시사보도'의 정도를 넘어선 것만을 가려내어 그에 대한 복제 행위에 대하여만 복제권 침해행위의 죄책을 인정하였어야 할 것임에도 불구하고, 이러한 조치 없이 공소사실 기재 연합뉴스사의 기사 및 사진 복제 행위에 대하여 모두 복제권 침해행위의 죄책을 인정한 것은, 저작권법의 보호대상이 되는 저작물의 범위에 대한 법리를 오해하였거나 심리를 다하지 아니한 위법을 범한 것이라고 판시하였다.

6. 2006년 개정 전 저작권법 제7조 제6호

2006년 개정되기 전 저작권법 제 제7조 제 6 호는 "공개한 법정·국회 또는 지방의회에서의 연술"도 보호받지 못하는 저작물의 하나로서 규정하고 있었다. 여기서 법정에서 한 연술이란 소송당사자 즉 법관, 원고, 피고 및 검사는 물론 변호사, 보조인, 증인, 감정인 등이 발언한 연술, 신청, 선고 등 모든 것을 포함하며, 의회에서의 연술은 국회나 지방의회에서 행한 의원의 연술, 발언 등을 말한다.

그러나 2006년 개정된 저작권법은 위 제 6 호의 규정을 삭제하였다. 따라서 개정된 저작권법에 의하면 공개한 법정·국회 또는 지방의회에서의 연술이라 하더라도 창작성 등 다른 요건을 갖추면 저작물로 성립할 수 있게 되었다. 다만, 개정된 저작권법은 저작재산권의 제한규정에서 제24조를 신설하여 "공개적으로 행한 정치적 연설 및 법정·국회 또는 지방의회에서 공개적으로 행한 진술은 어떠한 방법으로도 이용할 수 있다. 다만, 동일한 저작자의 연설이나 진술을 편집하여 이용하는 경우에는 그러하지 아니하다"라는 규정을 두었다. 따라서 개정된 저작권법 아래에서는 공개한 법정·국회 또는 지방의회에서의 연술은 저작물로서 보호를 받는다고 하더라도 그 보호범위는 법 제24조에 의하여 크게 제한을 받게 된다. 이에 관한 구체적 내용에 관하여는 뒤의 제 6 장 '저작물의 자유이용과 저작재산권의 제한' 부분에서 상세하게 살펴보기로 한다.

7. 음란물·이적표현물 등 불법 저작물의 보호 여부

음란물이나 이적표현물 등 관련법에 의하여 용인되지 못하는 저작물도 저작권법에 의한 보호를 받을 수 있는지의 문제이다. 우리 법원 판례의 입장은, 저작권법의 보호대상인 저작물이라 함은 사상 또는 감정을 창작적으로 표현한 것으로서 인간의 사상이나 감정을 표현한 것이면 되고, 윤리성 여하는 문제되지 아니하므로 설사 그 내용 중에 부도덕하거나 위법한 부분이 포함되어 있다 하더라도 저작권법상 저작물로 보호된다는 것이다.[592] 서울고등법원 2016. 11. 29.자 2015라1490 결정은, 음란 영상물을 불법복제 · 전송하는 웹사이트를 상대로 한 영상물 전송 등 금지 가처분 사건에서, "영상물이 음란물에 해당되어 형법과 정보통신망이용촉진 및 정보보호 등에 관한 법률 등에 의해 배포 · 판매 · 전시 등의 행위가 처벌되고 배포권과 판매권, 전시권 등 권리행사에 제한을 받을 수 있지만 저작권자의 의사에 반해 저작물이 유통되는 것을 막아달라는 청구까지 제한되는 것은 아니다"라고 판시하였다.

특허법은 공공의 질서 또는 선량한 풍속을 문란하게 하거나 공중의 위생을 해할 염려가 있는 발명에 대하여는 특허를 받을 수 없다고 규정하고 있고,[593] 상표법은 일반인의 통상적인 도덕관념인 선량한 풍속에 어긋나거나 공공의 질서를 해칠 우려가 있는 상표에 대하여 상표등록을 받을 수 없다고 규정하고 있다.[594] 그러나 우리 저작권법은 이와 같은 규정을 두고 있지 않다. 따라서 저작권법이 아닌 다른 관련법에 의하여 제조, 배포, 열람, 소지 등이 금지되는 저작물이라 하더라도 저작권법에 의한 보호를 받을 수 있다고 해석하는 것이 타당하다. 다만, 그러한 저작물이 저작권법에 의한 보호는 받는다고 하더라도 그 권리를 실제로 행사함에 있어서는 해당 관련법에 의한 제한을 받게 될 것인데, 이는 저작권법과는 별개의 문제이다. 예를 들어, 음란물인 서적에 대하여도 저작재산권인 복제권과 배포권이 주어지지만, 그 음란서적을 실제로 인쇄(복제)하여 배포하게 되면 저작권법과는 관계없이 형법 제243조, 제244조의 '음서제조 및 반포죄'에 해당하여 처벌받게 되는 것이다.

---

592) 대법원 1990. 10. 23. 선고 90다카8845 판결; 대법원 2015. 6. 11. 선고 2011도10872 판결; 서울고등법원 2017. 1. 6.자 2015라1516 결정; 서울고등법원 2017. 12. 5.자 2015라1508 결정 등 참조.

593) 특허법 제32조.

594) 상표법 제34조 제 1 항 제 4 호.

Chapter 03

저 작 자

C / H / A / P / T / E / R 03

저 작 자

제1절 개 설

Ⅰ. 저작자의 의의

저작자란 저작물을 창작한 자를 말한다(저작권법 제2조 제2호).[1] '창작'은 사상이나 감정을 창작성 있는 외부적 표현으로 구체화 하는 행위이다.[2] 따라서 저작물을 실제로 창작한 자, 즉 특정한 사상 또는 감정을 창작성 있는 표현으로 구체화 한 자가 저작자이다. '창작'은 법률상으로 '사실행위'[3] 이기 때문에 창작의 행위자, 즉 창작자가 특정한 법률효과를

1) 베른협약이나 세계저작권협약은 '저작자'에 관한 별도의 정의규정을 두고 있지 않으며 각 회원국의 국내법이 정하는 바에 따르도록 맡겨 두고 있다.

2) 민법상으로 볼 때 창작행위는 의사표시를 요소로 하는 법률행위가 아니라 의사의 표현을 본질로 하지 않는 '사실행위'이다. 따라서 창작행위를 하기 위해서 행위자에게 따로 행위능력이 요구되는 것은 아니고 권리능력만 있으면 되므로, 미성년자나 피성년후견인, 피한정후견인 등 행위능력이 제한된 자라도 저작물의 창작행위를 할 수 있다. 사실행위의 예로서는 특허법상 '발명', 저작권법상 저작물의 '창작', 민법상 '가공'이나 '유실물 습득', '무주물 선점', '매장물의 발견' 등이 있는데, 각 법률은 이러한 사실행위에 대하여 행위자의 목적적 의욕과는 관계없이 일정한 법률효과를 부여한다. 이에 따라 사실행위로서 저작물의 창작행위를 한 자에게는 그 법률효과로서 저작권법상 저작자의 지위가 부여되고, 이러한 지위로부터 저작권이 원시적으로 발생한다(박성호, 저작권법, 박영사, 189, 190면).

3) 서울고등법원 2022. 6. 9. 선고 2021나2046460(본소), 2046477(반소) 판결 : 영화감독 A(원고)가 영화제작사 B(피고)와 감독계약을 체결하고 40회로 예정된 촬영 횟수 중 31회 분을 마친 상태에서 피고가 감독계약 해지를 통보하고 그 후 다른 감독에 의하여 영화가 완성된 사안에서, 원고에게는 자신의 창작부분이 하나의 저작물로 완성되지 아니한 상태로 후행저작자의 수정, 증감을 통하여 분리이용이 불가능한 하나의 완결된 저작물을 완성한다는 의사가 있던 것이 아니라, 자신의 창작으로 하나의 완결된 저작물을 만들려는 의사가 있을 뿐이어서, 원고와 이 사건 영화를 최종적으로 완성한 감독 사이에 공동창작의 의사가 있다고 인정할 수 없어 이 사건 영화를 원고와 후행감독의 공동저작물로 볼 수 없고, 원고 촬영영상을 원저작물로 하는 2차적저작물이라고 보는 것이 타당하다고 판결.

발생시키려는 의사가 있었는지 또는 어떤 법률효과가 발생하는지에 대한 인식이 있었는지 여부와 무관하게 오직 '창작'이라는 사실적 결과의 발생만을 목적으로 하는 행위를 하였으면 그에 따른 법률적 효과로서 저작자의 지위가 부여되고, 그 지위에 대하여 저작권이 원시적으로 주어진다. 창작자, 즉 저작자가 중요한 의미를 가지는 것은 이처럼 저작자에게 그 저작물에 대한 저작권이 원시적으로 귀속하기 때문이다. 저작권을 취득하는 경로로는 원시적 취득과 승계적 취득(이전적 취득)을 생각해 볼 수 있는데, 저작자는 저작권을 원시적으로 취득하며, 그 이후에 일어나는 승계적 취득은 제 5 장에서 설명하는 '저작재산권의 변동'의 문제이다. 저작물이 완성되면 그 창작자가 저작자로 되는 것은 당연한 것이지만, 현재 창작 중인 것이라도 그 작품이 이미 독자적인 창작성을 갖추어 저작물로 인정될 수 있을 정도에 도달하였다면 그 미완성 작품의 창작자도 저작자로 될 수 있다. 이에 반하여 창작의 예정을 하고 있지만 아직 창작에 착수하지 않았거나, 창작에는 착수하였지만 아직 저작물이라고 인정될 정도의 창작적인 부분이 나타나지 못한 경우에는 저작자라고 할 수 없다.[4)]

저작자로서 저작권법이 규정하고 있는 여러 가지 권리를 갖기 위하여서는 단순히 창작이라는 사실이 있으면 족하고, 그 밖에 등록이라든가 납본 따위의 형식이 요구되는 것은 아니다(무방식주의). 국회도서관법은 도서 등의 발행 시에 일정 부수를 국회도서관에 납본할 것을 요구하고 있지만 이는 저작권법과는 무관하다.[5)] 또 저작권의 등록[6)] 역시 주로 저작권이나 배타적발행권 또는 출판권변동에 있어서 제 3 자에 대한 대항요건에 지나지 않으며, 등록을 하여야만 저작자로서 권리를 갖는 것은 아니다.[7)] 저작권의 등록에 대하여는 관계되는 곳에서 후술한다.

Ⅱ. 대륙법계와 영미법계

저작자의 개념을 둘러싸고 각국의 입법례는 유럽의 여러 나라를 비롯한 대륙법계 국

4) 半田正夫, 著作權法概說, 12版, 法學書院, 2005, 59면.
5) 국회도서관법 제 7 조: ① 국가기관, 지방자치단체, 공공기관 및 교육·연구기관이 도서·비도서·시청각자료·마이크로형태자료·전자자료, 그 밖에 규칙이 정하는 입법정보지원이나 국제교환에 필요한 자료를 발행 또는 제작한 때에는 그 발행 또는 제작일로부터 30일 이내에 그 자료 10부를 도서관에 제공하여야 한다. ② 국가기관, 지방자치단체, 공공기관 및 교육·연구기관 이외의 자가 도서·비도서·시청각자료·마이크로형태자료·전자자료, 그 밖에 규칙이 정하는 입법정보지원에 필요한 자료를 발행 또는 제작한 때에는 그 발행 또는 제작일로부터 30일 이내에 그 자료 2부를 도서관에 납본하여야 한다. 이 경우 도서관은 납본한 자에게 그 자료에 대한 정당한 보상을 하여야 한다.
6) 저작권법 제53조.
7) 半田正夫, 전게서, 59-60면.

가의 입법례와 미국을 비롯한 영미법계 국가의 입법례로 크게 나누어 볼 수 있다. 대륙법계에서는 전통적으로 저작자는 정신적 창작을 한 자연인에 한정된다는 입장을 기본으로 하고 있다. 이에 반하여 영미법계에서는 저작자는 창작을 한 자연인에 한정되지 않고 창작을 기획한 제작자도 저작자에 포함될 수 있는 경우를 상대적으로 넓게 인정하는 입장을 취하고 있다. 이와 같이 국제적으로 존재하는 두 개의 서로 다른 큰 흐름은 저작권을 '창작자의 권리'(author's right)로 보는 대륙법계의 시각과, 저작권을 기본적으로 '복제할 수 있는 권리'(copyright)로 보는 영미법계의 시각으로부터 기원한다고 볼 수 있다. 다시 말해서 대륙법계에서는 물건을 만든 자에게 그 소유권이 원시적으로 귀속하는 것처럼 저작권을 창작에 대하여 당연 부여되는 자연권적인 권리로 보는 데 비하여, 영미법계는 계약법적인 관점에서 출발하기 때문에 저작권은 창작물을 공중이 이용할 수 있도록 해 준 것에 대하여 사회가 부여하는 대가(對價)적인 것으로 본다. 그리하여 대륙법계에서는 저작자의 재산적 이익뿐만 아니라 인격적 이익의 보호를 중요시하나, 영미법계에서는 저작자의 재산적 이익을 중요시하고 있다.

대륙법계에서는 문자 그대로 저자(author), 즉 현실적으로 창작행위를 한 창작자(creator)가 저작자로 되고 따라서 저작자는 자연인일 것을 전제로 한다. 반면에 영미법계에서는 녹음물을 비롯한 각종 제작물 등 복제의 대상으로 되는 것을 널리 저작권의 객체로 보며, 그에 따라 창작자라기보다는 저작물 이용자로서의 성격이 짙은 음반제작자나 방송사업자까지 저작자에 포함시키고 있고, 반드시 자연인뿐만 아니라 법인이나 단체 등을 포함하는 제작자 등도 저작자의 범주에 들어가는 경우를 널리 인정하고 있다.

이러한 대립되는 양대 조류는 각자의 뿌리 깊은 법문화에서 유래되는 것이어서 좀처럼 접근할 기미를 보이지 않고 있었다. 그러나 근래에 와서는 국제적으로 이와 같은 대립을 가급적 해소하고자 하는 통일화의 노력이 일어났다. 특히 저작인격권과 뒤에서 보게 되는 업무상저작물과 관련하여서 그러한 통일화의 요청이 강하였다. 그리하여 영미법계인 영국은 1988년 저작권법에서 저작인격권 보호에 관한 규정을 두었으며, 미국은 1990년 저작권법 일부 개정을 통하여 시각적 미술저작물(works of visual arts)에 대하여 일정한 범위 내에서의 저작인격권을 부여하는 규정(제106조의 A)을 신설하였다. 또한 우리나라와 일본은 대륙법계 국가에 속하면서도 업무상저작물과 관련하여서는 뒤에서 보는 바와 같이 영미법계적인 내용을 가지고 있다.

제 2 절 저작자의 결정

Ⅰ. 문제로 되는 경우

저작물을 창작한 자는 누구라도 저작자로 될 수 있고, 반면에 스스로 저작물을 창작하지 않은 사람은 저작자로 될 수 없다. 이는 저작자가 자신의 창작물에 대하여 가지는 정신적·경제적 이익을 보호하는 것이 저작권제도의 목적인 이상 당연하다. 그러나 구체적인 경우, 특히 저작물의 작성에 관여한 사람들이 여러 명 있는 경우에 그 중 누가 그 저작물을 창작한 자인가를 결정하는 것은 쉬운 일이 아니다. 문제로 되는 몇 가지 사례를 들어보면 다음과 같다.

1. 창작의 동인(動因)을 제공한 자

창작의 동인(動因)을 준 데 지나지 않는 자는 저작자가 아니다. 예컨대 소설가나 화가, 작곡가에게 창작의 힌트나 테마만 제공한 자는 저작자로 볼 수 없다.

2. 조수(助手)

저작자의 조수 역시 저작자가 아니다. 조수는 저작물을 작성하는 과정에서 저작자의 지휘감독 하에 그의 손발이 되어 지시에 따른 자로서, 저작자의 창작활동을 보조적으로 돕는데 불과하고 스스로 주체적인 창의에 기해서 제작을 하는 자가 아니기 때문이다.[8] 그러므로 소설가의 의뢰에 따라 그의 구술을 필기하여 원고를 작성하거나 필요한 자료를 수집, 정리한 자는 저작자로 볼 수 없다.

예를 들어, 甲이 10여 년 전부터 길거리에서 각설이 실연행위를 해 왔는데, 乙은 甲이 실연 중인 각설이의 캐릭터에 흥미를 느껴 각설이를 주인공으로 한 본격적인 무대극을 만들기로 작정하고 甲의 도움을 구하였다. 甲은 乙에게 자신이 알고 있는 각설이의 캐릭터에 관하여 이야기 해 주었고, 나아가 문헌을 통하여 상세한 정보를 조사하여 乙에게 제공하였다. 乙은 甲으로부터 들은 이야기와 제공받은 정보를 토대로 하여 '각설이'라는 희곡을 집필하였다. 이 경우 甲은 위 희곡의 공동저작자임을 주장할 수 있을 것인가? 단순한 힌트나

8) 송영식·이상정, 저작권법개설, 화산문화, 1987, 93면.

테마를 제공하기만 한 자, 그리고 자료조사를 도운 자(조수)는 저작자로 될 수 없으므로 일반적으로 이러한 사례에서라면 甲은 자신이 공동저작자임을 주장하기 어려울 것이다.

3. 창작의 의뢰자

창작을 의뢰한 자, 즉 위임이나 도급계약 등에 의하여 타인에게 창작을 맡긴 자 역시 원칙적으로 저작자가 아니다. 위임이나 도급계약에서 수임인이나 수급인은 위임인 또는 도급인과의 관계에 있어서 독립적인 지위에 있고 지휘감독이 아니라 자기재량에 의하여 활동을 하기 때문이다. 따라서 초상화의 의뢰자, 건축설계를 의뢰한 건축주 등 제작기회를 제공한 자는 저작자로 볼 수 없다. 의뢰자가 창작을 기획하고 투자를 하였다고 해도 직접 창작에 관여하지 않은 이상 마찬가지이다. 종업원이 업무과정에서 저작물을 창작한 경우에도 저작자는 종업원이며 그가 원시적으로 저작권을 가지는 것이 원칙이다. 따라서 번역사무실을 차려놓고 어학에 능통한 자들을 고용하여 번역한 경우에 저작자는 실제로 번역을 한 번역자이지 번역사무실의 운영자가 아니다.[9] 다만 법인이나 단체 그 밖의 사용자의 기획 하에 법인 등의 업무에 종사하는 종업원이 피용자의 지위에서 업무상 작성하는 저작물(업무상저작물)로서 법인 등의 명의로 공표되는 저작물의 저작자는 계약 또는 근무규칙 등에 다른 정함이 없는 때에는 그 법인 등이 된다(저작권법 제 2 조 제31호, 제 9 조). 구체적인 사례에서, 단순히 창작을 의뢰한 것인지(이때에는 제작자가 저작자로 된다) 아니면 사용자와 피용자의 관계에 있는 것인지(이때에는 저작권법 제 9 조에 의하여 사용자가 저작자로 되는 경우가 생길 수 있다)는 판단이 어려운 부분이다. 이 점에 관하여는 뒤에서 업무상저작물을 설명하면서 다시 보기로 한다.

또 한 가지 창작의 의뢰와 관련하여 문제로 되는 것은, 의뢰자가 스스로 저작물의 작성을 기획하고 저작자에게 필요한 자료를 제공할 뿐만 아니라 창작 과정에서 저작자에게 자세한 주문이나 구체적인 지시를 하고 자기의 의도대로 저작물을 작성케 하는 경우에, 그 의뢰자가 저작자로 될 수 있는지 여부이다. 지시의 정도 및 구체성에 따라서 달라지겠지만, 이 경우에도 일반적으로는 실제 저작물을 작성한 자를 저작자로 보아야 한다. 일본 동경지방법원 1964. 12. 26. 판결(일명 '파노라마 지도' 사건)에서는, 원고가 파노라마 형식의 동경 시내지도 제작을 기획하여, 편집부원으로 하여금 일일이 현지를 답사하게 하고 도로의 주요부분을 공중촬영하는 등 자료를 수집한 후, 그 자료를 화가 A에게 제공하여 지도를 제작하도록 의뢰하면서, 지도의 도안·도형·색채는 물론이고 지도에 들어갈 주요 도로나

9) 상게서, 94면.

건물, 시설 등에 이르기까지 상세한 지시를 하였고, 화가 A도 그러한 지시에 따라 지도를 작성한 사안에서,[10] 비록 화가 A가 지도를 제작함에 있어서 원고로부터 제공받은 자료와 답사결과에 기초하였고 또 원고의 지시를 가능한 한 화면에 담고자 노력하였지만, 그것을 도형이나 그림에 의하여 구체적으로 표현함에 있어서는 그의 화가로서의 예술적인 감각과 기술이 구사되었고, 스스로의 창의와 수단에 따라 원고로부터 의뢰받은 지도의 원화(原畵)를 제작한 것이므로, 지도의 저작자는 화가 A라고 하였다. 또한 일본 동경지방법원 1961. 10. 25. 판결에서는, 과학잡지에 게재할 목적으로 동물의 생태를 묘사한 원화(原畵)를 출판사의 편집방침에 따른 세부적인 지시에 의하여 사실적으로 그린 경우, 그것은 미술화가로서의 감각과 기술에 의거하여 창조적인 정신적 노력으로 작성된 것이므로 출판사가 아니라 화가에게 원화에 대한 저작권이 있다고 하였다.

이와 같이 저작물을 기획하고 저작자에게 지시나 주문을 하며 자료를 제공하였다 하더라도 일반적으로 그것만으로는 저작물의 저작자로 될 수 없다. 그러나 타인에게 저작물을 작성케 한 경우라도 실제로 그 작성에 종사하는 자를 자신의 뜻대로 움직이게 하고 마치 자신의 수족처럼 사용하여 저작물을 완성한 경우라면, 그 지시에 의하여 저작물의 작성에 종사한 자는 저작자라기보다는 오히려 저작자의 보조자에 지나지 않는 경우도 있을 수 있다. 즉, 위탁자가 구체적이고 상세한 지시를 하고 수탁자는 단순히 위탁자의 수족으로 기계적인 작업을 한 것에 지나지 않는 경우에는 위탁자가 저작자로 평가될 수 있는 것이다. 일본 하급심 판결 중에는 발주자가 지엽말단에 이르기까지 상세하게 구체적인 지시를 하고 또한 정형적 사항에 이르기까지 모두 직접 교정을 보는 등 최종 마무리를 한 점, 수탁자 측이 직업적으로 궁리하고 노력한 점은 인정되지만 창작적인 요소는 인정되지 않는다는 점을 들어 발주자를 창작자로 인정한 사례가 있다.[11] 또 의뢰자의 지시 내용이나 구체성의 정도에 따라서는 그 의뢰자를 저작물의 공동저작자로 보아야 할 경우도 있을 수 있다. 결국 저작물의 작성을 의뢰한 자를 저작자로 볼 것인지의 여부는 일률적인 기준을 세우기는 어렵고, 구체적인 사례마다 개별적으로 결정할 수밖에 없을 것이다.[12]

---

10) 이 사건에서는 피고 역시 원고와 비슷한 기획 아래 같은 화가인 A에게 유사한 지도의 작성을 의뢰하였고 그에 따라 완성된 지도를 자신이 발행하는 주간지에 게재하였다. 원고는 자신이 저작자인 지도를 피고가 무단으로 이용하였다고 하여 법원에 사죄광고 청구소송을 제기하였고, 이에 대하여 피고는 위 지도의 저작자는 원고가 아니라 화가 A라고 다투었다.

11) 동경지방법원 1979. 3. 30. 昭和47(ワ) 3400号 判決, 박성호, 전게서, 194면에서 재인용.

12) 內田 晋, 전게서, 96-97면.

4. 감수·교열자

감수(監修) 또는 교열(校閱)을 한 자는 저작자로 될 수 있는가. 서적 같은 출판물에서 감수자로 저명인사의 이름을 표시하는 경우가 많다. 감수자에 대하여서도 "저작물을 창작한 자를 저작자로 한다"는 저작권법의 일반원칙에 의하여 이들의 저작자여부를 가려야 한다.

감수자가 단순히 이름만을 빌려주고 직접 저작물의 내용에까지는 관여하지 않는 경우에 이들을 저작자로 볼 수 없는 것은 당연하다. 또 원고의 내용에 어느 정도 관여하더라도 단순히 오기(誤記)를 지적하거나 중요한 부분에 대하여 조언을 주는 정도로는 저작자로 볼 수 없다. 그러나 감수자나 교열자가 스스로 내용을 검토하고 상당부분에 걸쳐 보정가필을 하거나 내용 편집을 실제 담당한 경우에는 창작에 상당하는 행위가 있었다고 볼 수도 있다. 이러한 경우에는 감수자나 교열자를 공동저작자 또는 편집저작자로 인정할 수 있다. 이처럼 감수자나 교열자의 저작권법상 지위 역시 개개의 경우에 따라 구체적으로 결정된다. 그러므로 타인에게 감수나 교열을 의뢰할 때에는 훗날 저작권을 둘러싸고 분쟁의 소지가 없도록 명시적인 계약 등을 통하여 서로의 지위를 명확하게 해 놓는 것이 바람직하다.[13)]

5. 저작자의 귀속에 관한 합의

저작자의 귀속에 관하여 당사자 사이의 합의가 있는 경우는 어떻게 볼 것인지도 문제로 된다. 이러한 합의는 투하자금 회수의 편의를 도모하거나 영업상의 이익 내지 편의를 도모하는 경우, 당사자 사이의 분쟁을 방지하기 위한 경우 또는 자신의 자서전을 타인과 함께 저작하면서 그 저작자를 자신으로 하는 것과 같은 경우(이때에는 뒤에서 보는 代作의 문제도 생길 수 있다) 등 여러 가지 경우에 나타날 수 있다.

첫 번째는 저작자 또는 저작권의 '귀속'에 관하여 당사자 사이에 합의가 있는 경우, 예컨대 A의 의뢰로 B가 저작물을 창작하면서 당사자 사이에 A를 저작자로 하는 합의가 있는 경우를 생각해 볼 수 있다. 이러한 경우에도 결국은 창작자를 저작자로 한다는 저작권법의 기본원칙에 따라 해결하여야 한다. 즉, 그러한 합의가 있었다 하더라도 A가 실제로 창작활동을 하지 아니하였다면 A는 원시적인 저작자로는 될 수 없고, 다만 그 합의의 효력에 따라 후발적으로 저작권을 양도받아 취득하는데 불과하다. A가 원시적인 저작권자로 되는가 아니면 후발적인 저작권자로 되는가는 제 3 자와의 관계에 있어서 대항요건의 요부

13) 상계서, 97-98면.

와 관련하여 커다란 차이가 생긴다. 왜냐하면, 저작재산권의 양도는 등록하지 아니하면 제 3 자에게 대항할 수 없는데(저작권법 제54조 참조), A가 저작권을 후발적으로 양도받은 것이라면 이를 등록하지 않은 경우 제 3 자에게 양도사실을 대항할 수 없기 때문이다.

두 번째는 저작자 '명의의 표시'에 관하여 당사자 사이에 합의가 있는 경우, 예컨대 A와 B 사이에서 A의 명의로 저작물을 발표하기로 합의한 경우이다. 이러한 경우에도 일반원칙에 따라 발표명의에 관계없이 실제로 창작을 한 자를 저작자로 보아야 한다. 다만 실제 소송에서는 저작권법 제 8 조의 '저작자의 추정' 규정의 적용을 받아 발표명의자인 A가 일단 저작자로 추정을 받게 되고, 따라서 B가 자신이 저작자라고 주장하려면 그 추정을 번복시키기 위한 입증책임을 부담하게 된다.[14)]

대작(代作) 역시 당사자 사이에 저작자의 귀속에 관하여 합의가 있는 경우에 해당한다. 이에 대하여는 다음 항에서 보기로 한다.

이상에서 저작자의 인정여부가 문제로 되는 몇 가지 경우를 살펴보았다. 결국은 획일적인 기준을 세우기는 불가능하고 구체적인 사례에 따라 판단하여야 한다. 창작에 관여한 행위의 태양에 따라서 판단하되, 그 행위의 내용이 자신의 사상이나 감정의 표현이라고 할 수 있는 정도에 이른 경우에는 저작자라고 할 수 있을 것이고, 그렇지 않은 경우에는 저작자라고 할 수 없을 것이다. 요컨대 저작물을 창작함에 있어서 지적인 정신활동 측면에서의 기여, 즉 사상이나 감정의 창작적 표현에 기여한 바가 있었는가를 기준으로 삼아야 한다. 창작환경의 조성이나 그에 대한 기여, 예컨대 자금을 원조한다든가 기획을 한다든가 하는 것은 창작에 아무리 중요한 현실적 영향을 미쳤다 하더라도 그 자체가 창작행위라고는 볼 수 없다.

이러한 기준에 따라 일본의 飯村敏明 판사는 창작에 관여한 행위태양을, ① 창작자의 지시를 받아 필요한 자료를 수집, 정리한 경우, ② 필기나 표현방법 등에 관하여 도움을 준 경우, ③ 기재를 준비, 제공하고 자금을 원조한 경우, ④ 창작의 힌트나 조언을 준 경우, ⑤ 감수자 또는 교열자의 입장에서 독자적으로 수정·가필을 한 경우 등 5 가지 경우로 나눈 후, 그 중 ①②③의 경우는 저작자로 될 수 없고, ④⑤의 경우에는 창작적 기여여부에 따라 구체적으로 판단하여야 한다는 견해를 제시하고 있다.[15)]

---

14) 飯村敏明, 著作者의 認定, 裁判實務大系－知的財産關係訴訟法, 青林書院, 牧野利秋 編, 1997, 232-233면.
15) 상게논문, 229-230면 참조.

Ⅱ. 저작자의 추정

1. 의 의

구체적인 경우에 저작물의 저작자가 누구인가를 다른 사람은 알기 어렵고, 또 누가 저작자인지를 둘러싸고 분쟁이 일어난 경우에 설사 저작자라도 자신이 진정한 저작자임을 입증하는 것은 상당히 곤란한 문제이다. 저작권법은 제 8 조에서 이러한 입증상의 곤란을 구제하기 위하여 저작자의 추정규정을 두고 있다. 즉,

(1) 저작물의 원본이나 그 복제물에 저작자로서 실명(實名) 또는 이명(異名: 예명·아호·약칭 등을 말한다)으로서 널리 알려진 것이 일반적인 방법으로 표시된 자
(2) 저작물을 공연 또는 공중송신하는 경우에 저작자로서의 실명 또는 저작자의 널리 알려진 이명으로서 표시된 자

종전 저작권법에서는 단순히 "저작자로 추정한다"라고 되어 있었는데, 2011년 개정된 현행 저작권법에서는 "저작자로서 그 저작물에 대한 저작권을 가지는 것으로 추정한다"로 개정되었다. 따라서 해당 저작물의 창작 주체로서의 추정을 받을 뿐만 아니라, 그 저작물에 대한 권리 주체로서의 추정까지 받을 수 있게 되었다.

이와 같은 저작자 및 저작권 추정규정이 법률상의 권리추정규정인지 아니면 사실상의 추정규정인지에 관하여 다툼이 있을 수 있으나, 법문언에 관계없이 모두 사실상의 추정이라고 보아야 한다. 따라서 상대방은 반대되는 사실, 예컨대 저작자로 표시된 자가 아닌 다른 사람이 창작하였거나, 다른 사람이 그 저작물에 대한 저작권을 양도 받았다는 사실 등을 반증을 통하여 적극적으로 입증함으로써 추정의 효과를 번복시킬 수 있다.[16] 예를 들어, 서적 출판물에 저작자로서 이름이 표시되어 있으면 그가 그 저작물의 저작자이자 저작권자라고 추정되고, 이러한 사실을 부정하는 측이 그가 저작자가 아니라는 사실을 입증하여야 하는 책임을 부담한다.

저작자명의 표시가 경합된 경우도 있을 수 있다. 하나의 동일한 저작물에 관하여 서로 다른 저작자명이 때를 달리하여 표시되었다면, 시기적으로 앞선 선행표시자가 성명표시권 침해를 주장하여 소송을 제기한 경우에는 선행표시자가 추정에 있어서의 우선권을 갖는다는 견해가 있다.[17] 그러나 누가 먼저 소송을 제기하였는가에 상관없이 선행표시자가 추정

16) 상게논문, 226면.
17) 加戶守行, 著作權法 逐條講義, 四訂新版, 社團法人 著作權情報センター, 143면.

에 있어서의 우선권을 갖는다고 보아야 할 것이다. 만약 그렇게 보지 않는다면, 선행표시자가 아닌 제 3 자는 뒤늦게라도 저작물의 원본이나 복제물에 자신의 명의를 표시함으로써 간단하게 선행표시자가 주장할 수 있었던 추정력을 부정할 수 있게 되는데, 이는 저작자 등의 추정규정을 둔 저작권법의 취지를 몰각시키는 결과를 가져오기 때문이다. 따라서 선행표시자와 다른 저작자명을 표시한 후행표시자는 저작권법 제 8 조의 저작자 추정규정을 항변으로 제기할 수 없다고 보는 것이 타당하다. 이때 후행표시자가 먼저 선행표시자를 상대로 성명표시권 침해를 주장하는 소송을 제기한 경우라 하더라도 선행표시자에게 추정에 있어서의 우선권을 주어야 할 것이다.[18)]

한편, 저작권법 제53조는 저작자로 실명이 등록된 자를 그 등록저작물의 저작자로 추정하는 규정을 두고 있는데, 이 규정과 저작권법 제 8 조의 추정규정이 충돌하는 경우에는 어떻게 처리하여야 할 것인지도 문제가 된다. 이에 대하여는 제 8 장 제 1 절 '저작권 등록의 효과' 부분에서 언급하기로 한다. 결론적으로 어느 쪽의 추정력이 법률상 우위에 있다고 할 수 없고, 사실인정의 기본원칙으로 돌아가 입증책임의 일반원칙 및 법관의 자유심증에 따라 누가 진정한 저작자인지에 관하여 판단해야 할 것이라고 본다.

본 조에서 '널리 알려진 이명'이라 함은 그 이명이 저작자 자신의 호칭이라는 것이 일반인에게 명백하고, 그 실재인물을 사회적으로 특정할 수 있을 정도의 것임을 요한다. 단체가 저작자인 업무상저작물의 경우에는 그 단체의 명칭을 저작자로 표시하면 저작자 추정규정의 적용을 받을 수 있다.

2. 대작(代作)

가. 의 의

자기의 저작물에 유명한 다른 사람의 이름을 저작자로 표시하는 것을 보통 대작이라고 부른다. 이름 없는 작가가 자신의 이름으로는 출판이 어려운 경우에 유명한 다른 사람에게 의뢰하여 그의 이름으로 출판하는 것이 대작의 전형적인 경우라 할 수 있다. 대작에 있어서 실제 창작을 한 사람과 명의를 빌려 준 사람 사이에는 서로 대작에 관한 양해가 되어 있는 것이 보통이지만 외부에서는 그러한 사정을 알기 어렵다. 따라서 이 경우에도 저작자의 추정에 관한 저작권법 제 8 조가 적용되어 저작자로서 이름이 표시된 사람이 저작자로 추정을 받으며 그 결과 저작권도 일단 그에게 귀속하는 것으로 취급하게 된다.

문제는 나중에 가서 대작을 한 자가 자신이 저작자라는 것을 주장할 수 있는지 여부

---

18) 半田正夫·松田政行, 著作權法コンメンタール, 勁草書房(1), 663면.

이다. 대작을 한 자가 실제로는 자신이 그 저작물의 창작자라는 사실을 반증을 들어 입증하면 가능하다고 보아야 한다. 그 입증에 성공하면 그 때부터는 대작자가 저작자로 취급되는 것이다. 그러나 그 경우에도 저작권이 누구에게 귀속하는가의 문제는 결국 대작을 함에 있어서 양 당사자의 의사가 어떠한 것이었는가에 따라 결정하여야 한다. 즉, 대작을 한 자가 자신이 창작하였다는 사실을 입증하여 저작자로 인정을 받는다고 하더라도, 대작계약의 내용에 따라서는 그 저작물의 저작권을 대작을 의뢰한 자에게 양도하는 것으로 보아야 할 경우가 있을 수 있기 때문이다.

학술논문의 대작과 관련하여서는 타인의 집필이 어느 정도에 이르렀을 때 자신의 논문이 아닌 타인의 대작으로 볼 것인지에 대한 대법원 1996. 7. 30. 선고 94도2708 판결이 있다. 이 판결에서는, 일반적으로 석사학위논문 정도의 학술적 저작물을 작성함에 있어서는 논문작성 과정에서 타인으로부터 외국서적의 번역이나 자료의 통계처리 등 단순하고 기술적인 조력을 받는 것은 허용된다고 보아야 할 것이나, 그 작성자로서는 학위논문의 작성을 통하여 논문의 체제나 분류방법 등 논문 작성방법을 배우고, 지도교수가 중점적으로 지도하여 정립한 논문의 틀에 따라 필요한 문헌이나 자료를 수집하여 분석, 정리한 다음 이를 논문의 내용으로 완성하는 것이 가장 중요한 일이므로, 비록 논문작성자가 지도교수의 지도에 따라 논문의 제목, 주제, 목차 등을 직접 작성하였다고 하더라도 단순히 통계처리와 분석, 또는 외국자료의 번역과 타자만을 타인에게 의뢰한 것이 아니라 전체 논문의 초안작성을 의뢰하고, 그에 따라 작성된 논문의 내용에 약간의 수정만을 가하여 제출하는 등 자료를 분석, 정리하여 논문의 내용을 완성하는 일의 대부분을 타인에게 의존하였다면 그 논문은 논문작성자가 주체적으로 작성한 논문이 아니라 타인에 의하여 대작된 것이라고 하였다.[19]

나. 대작과 형사처벌

(1) 저작권법 제137조 제 1항 제1 호 해당 여부

대작의 경우 저작권법 제137조 제 1항 제 1 호에서 규정하는 "저작자 아닌 자를 저작자로 하여 실명·이명을 표시하여 저작물을 공표한 자"에 해당하여 형사처벌의 대상이 될 것인가. 다른 사람의 명의를 허락 없이 도용한 경우에는 당연히 이 규정의 적용대상이 된다. 그러나 실제 저작자의 동의를 받아 저작자가 아닌 자신의 이름으로 저작물을 공표한 대작의 경우에도 이 규정의 적용대상이 될 것인지는 문제이다. 이에 대하여는 이 규정의

19) 이러한 판단에 따라 대법원은, 타인이 대작한 논문을 마치 자신이 작성한 논문인 것처럼 석사학위 논문으로 제출한 행위를 해당 대학의 학사업무를 방해한 행위로서 형법상 업무방해죄에 해당한다고 하였다.

보호법익을 저작자 명의에 대한 인격적 이익으로만 본다면 부정설이 타당하지만, 저작자의 인격적 이익 외에 사회 일반의 신용도 보호법익이라고 보면 위 규정 위반죄의 성립을 인정하여야 할 것인바, 저작권법 제137조 제1호는 저작자의 동의가 없을 것을 요건으로 하고 있지 않으며, 문화계의 잘못된 관행을 바로잡아 사회일반의 신용을 보호하는 것이 바람직하다는 입장에서 형사처벌을 긍정함이 타당하다는 견해가 있다.[20]

저작권법 제140조가 법 제137조 제1항 제1호의 죄를 친고죄의 대상에서 제외하고 있는 것을 보면, 위 규정에 의하여 보호하고자 하는 법익은 단순히 저작자의 개인적인 인격권만이 아니라 저작물에 대한 사회 일반의 신용도 보호법익이라는 점에 수긍이 간다. 이 규정은 일반 공중에 대한 기망행위를 금지한다는 측면에서 부정경쟁방지법 제2조 제1호 가목에서 상품의 출처혼동행위를 부정경쟁행위로서 금지하는 것과 그 취지가 같다. 그러나 모든 경우의 대작을 이 규정 위반죄에 해당한다고 해석하는 것은 대작이 상당히 일반화되어 있는 사회적인 실태에 비추어 무리이다. 대작에 있어서 저작명의자가 반드시 일반 수요자나 독자를 기망할 의도로 대작을 의뢰한다기보다는, 오히려 업무상저작물과 유사한 의미에서 대작집필자를 피용자처럼 사용하여 창작행위를 행하게 하는 경우도 많다.

따라서 대작에 대하여 일률적으로 본 규정의 위반죄가 성립한다고 볼 것이 아니라 경우를 나누어 결론을 내리는 것이 타당하다. 즉, 대작명의자와 대작집필자 사이에 대작명의자의 실명 또는 이명으로 표시하여 공표하기로 하는 합의가 있었고, 그러한 합의에 따라 대작명의자의 실명 또는 이명으로 표시하여 공표함으로써 공중에 대한 신용 보호에 위해를 가져온다거나 혼동의 우려가 발생하는 등 부정경쟁의 결과를 초래하지 않는 경우에는, 본 규정의 구성요건을 충족한다고 하더라도 위법성이 없어 범죄가 성립하지 않는다고 해석하는 것이다. 이에 반하여 대작명의자와 대작집필자 사이에 합의가 있었다고 하더라도 공중에 대한 신용 보호에 위해를 가져온다거나 혼동의 우려가 발생하는 경우에는 본 규정의 죄가 성립하는 것으로 본다. 따라서 자기의 저작물에 타인의 성명을 저작자로 표시하는 것이 자신의 저작 명의로는 사회적 평판이나 그에 따른 판매를 기대하기 어렵기 때문에 저명 작가나 그 분야의 명성이 높은 대가의 성명을 저작자로 표시하는 경우에는 설사 그 저작명의자와 실제 집필자 사이에 합의(즉, 저작명의자의 승낙)가 있었다고 하더라도 본 규정 위반죄가 성립한다고 보게 된다.[21]

대법원 2017. 10. 26. 선고 2016도16031 판결은, "저작권법 제137조 제1항 제1호는 저작자 아닌 자를 저작자로 하여 실명·이명을 표시하여 저작물을 공표한 자를 형사처벌한

20) 이해완, 저작권법, 박영사, 2007, 205-206면.

21) 서울지방법원 1992. 2. 11. 선고 91노4388 판결도 이러한 취지로 판결하고 있다.

다고 규정하고 있다. 위 규정은 자신의 의사에 반하여 타인의 저작물에 저작자로 표시된 저작자 아닌 자와 자신의 의사에 반하여 자신의 저작물에 저작자 아닌 자가 저작자로 표시된 실제 저작자의 인격적 권리뿐만 아니라 저작자 명의에 관한 사회 일반의 신뢰도 보호하려는 데 목적이 있다. 이와 같은 입법 취지 등을 고려하면, 저작자 아닌 자를 저작자로 표시하여 저작물을 공표한 이상 위 규정에 따른 범죄는 성립하고, 사회 통념에 비추어 사회 일반의 신뢰가 손상되지 않는다고 인정되는 특별한 사정이 있는 경우가 아닌 한 그러한 공표에 저작자 아닌 자와 실제 저작자의 동의가 있었더라도 달리 볼 것은 아니다."라고 판시하였다. 대법원 2021. 7. 15. 선고 2018도144 판결(일명, '표지갈이' 사건)도 같은 취지인데 이 판결에서는, "실제 저작자가 저작자 아닌 자를 저작자로 표시하여 저작물을 공표하는 범행에 가담하였다면 위 범죄의 공범으로 처벌할 수 있고, 저작자를 허위로 표시하는 대상이 되는 저작물이 이전에 공표된 적이 있다고 하더라도 위 규정에 따른 범죄의 성립에는 영향이 없다고 판시하였다.

저작권법 제137조 제 1 항 제 1 호의 문제는 아니지만, 대작과 관련하여 형사처벌이 문제로 된 사건으로 대법원 2020. 6. 25. 선고 2018도13696 판결(일명 '조영남 대작' 사건)이 있다. 이 판결에서는, "저작물을 창작한 사람을 저작자라고 할 때 그 창작행위는 '사실행위'이므로 누가 저작물을 창작하였는지는 기본적으로 사실인정의 문제이다. 그러나 창작과정에서 어떤 형태로든 복수의 사람이 관여되어 있는 경우에 어느 과정에 어느 정도 관여하여야 창작적인 표현형식에 기여한 자로서 저작자로 인정되는지는 법적 평가의 문제이다. 이는 미술저작물의 작성에 관여한 복수의 사람이 공동저작자인지 또는 작가와 조수의 관계에 있는지 아니면 저작명의인과 대작화가의 관계에 있는지의 문제이기도 하다."고 저작자 인정에 관한 일반론을 제시하였다. 그러나 사기죄로만 기소되고 저작권법위반죄로 기소되지 아니하였고, 공소사실에도 저작자가 누구인지 기재되어 있지 않으므로 저작자가 누구인지에 대한 사법적 판단은 내리지 않았다.[22]

(2) 저작권법 제136조 제 2 항 제 2 호 해당 여부

한편, 저작권법 제136조 제 2 항 제 2 호는 "저작권법 제53조 및 제54조(제90조 및 제98조에 따라 준용되는 경우를 포함한다)에 따른 등록을 거짓으로 한 자는 3년 이하의 징역 또는 3천만 원 이하의 벌금에 처하거나 이를 병과할 수 있다"고 규정하고 있다. 이와 관련하여 대작의 경우에 대작명의자가 대작집필자의 동의를 얻어 대작명의자를 저작자로 하여 저작권등록을 한 경우 위 조항에 따른 허위등록죄로 처벌할 수 있는지 여부가 문제로 된다. 대

22) 이 사건에서는 사기죄의 구성요건인 '기망'에 대한 입증이 부족하다고 하여 무죄가 확정되었다.

법원 2008. 9. 11. 선고 2006도4806 판결은 "구 저작권법(2006. 12. 28. 법률 제8101호로 개정되기 전의 것)의 저작권등록부 허위등록죄는 저작권등록부의 기재 내용에 대한 공공의 신용을 주된 보호법익으로 하며, 단순히 저작자 개인의 인격적, 재산적 이익만을 보호하는 규정은 아니다. 한편, 저작물의 저작자가 누구인지에 따라서 저작재산권의 보호기간이 달라져 저작물에 대한 공중의 자유로운 이용이 제한될 수 있으므로, 저작자의 성명 등에 관한 사항은 저작권등록부의 중요한 기재 사항으로서 그에 대한 사회적 신뢰를 보호할 필요성이 크다. 따라서 저작자의 성명 등의 허위등록에 있어서 진정한 저작자로부터 동의를 받았는지 여부는 허위등록죄의 성립 여부에 영향이 없다."고 판시하였다.

저작권법 제136조 제 2 항 제 2 호의 허위등록은 권리관계에 직접 영향을 미칠 수 있고 법률상으로 대외적 공시력을 갖는 공부상의 명의를 허위로 한 것으로서 단순한 명의사칭의 경우와는 차원이 다르다. 그런 점에서 법정형도 허위등록죄는 징역 3년으로 되어 있어 징역 1년으로 되어 있는 저작자 명의사칭죄보다 무겁다. 따라서 허위등록의 경우에는 진정한 저작자로부터 동의를 받았는지 여부와 상관없이 허위등록죄의 성립을 인정하는 것이 타당할 것이다.

제 3 절 공동저작자와 결합저작물의 저작자

Ⅰ. 공동저작물의 저작자

1. 의 의

2인 이상이 공동으로 창작한 저작물로서 각자의 이바지한 부분을 분리하여 이용할 수 없는 것을 '공동저작물'이라고 한다(저작권법 제 2 조 제21호). 일반적으로 하나의 저작물을 1인의 저작자가 창작한 것을 '단독저작물'이라고, 하나의 저작물을 복수의 저작자가 관여하여 창작하였을 때, 그 각자의 이바지한 부분을 분리하여 이용할 수 없으면 '공동저작물', 분리하여 이용할 수 있으면 '결합저작물'이라고 부른다. '결합저작물'이라는 용어는 엄밀히 말해서 법률 규정상의 용어는 아니다. '결합저작물'은 복수의 창작자가 관여하여 창작한 저작물로서 각자의 이바지한 부분을 분리하여 이용하는 것이 가능하기 때문에 공동저작물은 아니고 각 저작자가 창작한 각각의 저작물의 집합체라고 보아야 한다. 그러나 외형상으로는 하나의 저작물처럼 보이고 또 이용에 있어서도 흔히 하나의 저작물로 취급되는 저작물을 일컫는 강학상의 용어이다. 노래에 있어서 악곡과 가사(노랫말) 같은 경우가 대표적인 결합저작물이라고 볼 수 있다.

공동저작물의 저작자를 '공동저작자'라고 부르기도 한다. 공동저작자도 저작자로서 저작권법상 보호되는 권리를 향유하지만, 저작자 상호간에 밀접한 결합관계가 존재하기 때문에 저작재산권이나 저작인격권의 행사에 있어서 통상의 저작자와는 다른 일정한 제약을 받게 된다.

2. 공동저작물과 결합저작물의 구별

가. 학 설

공동저작물과 결합저작물의 구별기준으로는 '분리가능성설'과 '개별적 이용가능성설'이 있다. 분리가능성설은 하나의 저작물의 각 구성부분이 물리적으로 분리가능한가 여부를 기준으로 하여, 분리가 가능하면 결합저작물로, 불가능하면 공동저작물로 본다. 이에 반하여, 개별적 이용가능성설은 분리된 것이 단독으로 이용가능한가 여부를 기준으로 하여, 분리된 것이 단독으로 이용가능하면 결합저작물로, 불가능하면 공동저작물로 본다. 따라서 일반적으로 전자보다도 후자 쪽이 공동저작물로 되는 범위가 넓어지는 경향이 있다. 예컨대, 좌담회에서 나온 개개의 발언이 물리적으로는 분리가능하더라도 독자적으로 이용할 수 있는 가치를 갖는 것이 아닌 경우, 분리가능성설에서는 결합저작물로 되고 개별적 이용가능성설에서는 공동저작물로 된다.[23)]

복수의 사람이 창작에 관여한 저작물은 그 성격에 따라서 각자의 기여분을 (1) 분리할 수 없는 것, (2) 분리할 수는 있으나 독자적으로 이용할 수 없는 것, (3) 분리할 수도 있고 독자적으로 이용할 수도 있는 것 등 세 가지 부류로 나눌 수 있다. 이 중 (1)과 (3)은 분리가능성설에 의하든 개별적 이용가능성설에 의하든 (1)은 공동저작물이 되고, (3)은 결합저작물이 된다. 따라서 양 설의 차이점이 발생하는 것은 (2)의 경우로서, 분리가능성설에 의하면 결합저작물로, 개별적 이용가능성설에 의하면 공동저작물로 된다.

나. 공동저작물에 관한 저작권법의 변천

우리나라 최초의 저작권법인 1957년 저작권법 제12조는 '합저작물'(合著作物)이라는 규정을 두고 그 제 2 항에서 "각 저작자의 분담한 부분이 명확하지 않은 경우에 있어서 저작자 중에 그 발행 또는 공연을 거절하는 자가 있을 때에는 그 외의 저작자는 그 자에게

23) 송영식 외 2인, 전게서, 440면.

배상함으로써 그 지분을 취득할 수 있다. 단 반대의 계약이 있을 때에는 예외로 한다."라고 규정하고 있었다. 그리고 이를 이른바 '협의의 합저작물', 즉 공동저작물이라고 보았다. 반면에 같은 조 제3항은 "각 저작자의 분담한 부분이 명확한 부분에 있어서 저작자 중에 그 발행 또는 공연을 거절하는 자가 있을 때에는 그 이외의 저작자는 자기의 부분을 분리하여 단독의 저작물로서 발행 또는 공연할 수 있다. 단 반대의 계약이 있을 때에는 예외로 한다."고 규정하고 있었는데, 이는 결합저작물을 말하는 것으로 이해되었다. 이와 같이 1957년 저작권법은 제2항의 공동저작물과 제3항의 결합저작물의 구분을 각 저작자의 분담한 부분이 "명확하지 않은 경우"를 공동저작물로, "명확한 경우"를 결합저작물이라고 함으로써 분리가능성설에 입각한 것으로 이해되었다.

그러나 1986년 개정된 저작권법(1987. 7. 1. 시행)에서 "2인 이상이 공동으로 창작한 저작물로서 각자의 이바지한 부분을 분리하여 이용할 수 없는 것"을 공동저작물이라고 정의함으로써(제2조 제13호) 개별적 이용가능성설을 채택하였고, 이후 현행 저작권법에까지 이르고 있다.

다. 공동저작물과 결합저작물의 구별

이상에서 본 바와 같이 1986년 개정법 이래 우리나라 저작권법은 공동저작물을, "2인 이상이 공동으로 창작한 저작물로서 각자의 이바지한 부분을 분리하여 이용할 수 없는 것을 말한다"고 정의하고 있으므로 개별적 이용가능성설에 입각하고 있는 것으로 해석된다. 즉, 복수의 저작자가 공동으로 창작행위를 하여 하나의 저작물을 창작하고, 이때 각자의 기여분이 그 저작물 중에 합체되어 그 부분만을 개별적으로 분리하여 이용할 수 없는 경우가 공동저작물이다.

예를 들어, A·B·C 3인의 공저로 된 유럽의 정당에 관한 책 중에서 영국 부분은 A가, 독일 부분은 B가, 프랑스 부분은 C가 저술한 것이 명확하고, 각자의 저술부분을 분리하여 이용할 수 있는 경우 이는 공동저작물이 아니라 결합저작물이다. 그러나 A·B·C 3인이 집필 전에 그 내용에 관하여 충분한 토의를 하고 각자가 집필한 부분을 공동으로 검토하여 공동으로 수정·가필함으로써 각자의 기여분이 합체된 경우에는 공동저작물이 된다.[24]

좌담회나 토론회 등은 그 형식, 발언하는 방식, 사회자의 유무, 사후정리의 유무 등에 따라서 공동저작물이 될 수도 있고 결합저작물이 될 수도 있다. 예를 들어, 좌담회가 甲의 발언에 乙이 답변하고, 乙의 답변을 들은 후 다시 甲이 응답하는 형식으로 진행됨으로써 출석한 사람들의 발언이 서로 얽혀 하나의 내용물을 이루며, 각자의 발언이 상호 의존적이

24) 內田 晋, 전게서, 101면.

어서 분리하여 이용하기 어렵다면 공동저작물로 보아야 한다. 따라서 이와 같은 좌담회의 2차적 사용, 예를 들어 잡지에 게재된 좌담회 기사를 단행본으로 만드는 경우에는 저작권법 제48조 제 1 항에 따라 각 발언자 전원의 동의가 필요하게 된다.[25] 그러나 출석자들이 순서에 따라 돌아가면서 각자 자신의 의견을 피력하는 형식으로 진행되는 좌담회라면, 각 출석자의 발언이 서로 약간의 영향을 미치고 있고 그로 인하여 그 좌담회가 전체적으로 통일된 분위기를 만들어 내고 있다고 하더라도, 그것은 추상적인 아이디어 단계에서의 관여에 지나지 않아 각 출석자에 의한 발언의 창작적 표현은 기본적으로 그 발언자 만에 의하여 비롯된 것이라고 보아야 한다. 나아가 특정 출석자의 발언 부분만을 분리하여 웹 사이트에 게재하는 등 독자적인 이용도 가능하므로 이러한 좌담회에서의 발언은 공동저작물에 해당하지 않는다.

특히 학술적 심포지엄과 같이 1인의 발언자의 발언내용만을 모으더라도 하나의 저작물이 되는 경우에는 결합저작물이 되고, 따라서 그 발언의 2차적 사용에는 해당 발언자의 허락만 얻으면 된다. 이 경우 각 발언자의 발언 내용에 대하여는 해당 발언자들 각각의 저작권이 발생하게 된다.[26]

3. 요 건

이상에서 본 공동저작물의 의의로부터 공동저작물 및 공동저작자의 성립요건을 추출해 보면 다음과 같다.[27]

가. 객관적 요건 – 2인 이상이 공동으로 창작

(1) 2인 이상의 관여

공동저작물이 되기 위해서는 그 창작에 2인 이상이 관여하여야 한다. 1인의 구상과 지휘감독 하에 다른 사람은 보조자로서만 작성에 관여하였다면, 구상과 지휘감독을 한 사람만이 저작자이고 다른 사람은 저작자로 될 수 없으므로 공동저작물이 되지 못한다.

2인 이상이라는 것은 자연인에 한하지 않으며 자연인과 법인이 함께 하는 경우나 2 이상의 법인 간이어도 무방하다. 예를 들어, 법인 A의 업무에 종사하는 피용자와 독자적으로 활동하는 프리랜서 프로그래머 B가 공동으로 컴퓨터프로그램을 창작하고 전자에 대하

---

25) 상게서, 102면; 半田正夫, 전게서, 60면 참조.
26) 하용득, 전게서, 121면.
27) 半田正夫, 전게서, 62면.

여 저작권법 제 9 조의 업무상저작물의 저작자 요건이 충족되는 경우는 법인 A와 개인 B가 그 컴퓨터프로그램의 공동저작자가 된다.[28]

(2) 관여의 정도

(가) 각자의 '창작적 기여'

중요한 것은 그들 각자가 각각 창작에 기여하여야 한다는 것이다. 2인 이상이 관여하여 완성한 저작물 모두가 공동저작물이 되는 것은 아니며, 공동저작물이 되기 위해서는 2인 이상의 사람이 각자 '창작적으로 기여'하여야 한다. 따라서 영화처럼 문학이나 미술, 음악 등의 여러 장르로 구성된 종합저작물이라 하더라도 완전히 1인에 의하여 창작되었다면 공동저작물이라고 할 수 없다. 창작에 관여한 것이 되기 위해서는 창작성 있는 표현자체에 기여를 하여야 하고, 제작을 기획하거나 창작활동의 동기를 부여한데 불과한 자, 창작에 따르는 비용이나 자금만을 제공한 자는 저작자로 될 수 없다. 그러한 기획이나 동기 부여, 자금 제공이 없었다면 저작물이 창작되지 못하였을 경우라도 마찬가지이다. 다만, 영화나 음반 등의 경우 그 제작의 전체를 기획하고 책임을 지는 자는 이른바 '제작자'로서 일정한 지위와 법적 보호를 부여받는 경우가 있을 뿐이다(법 제 2 조 제 6 호, 제14호).

그렇다면 과연 어느 정도의 '창작적 기여'를 하여야 공동저작자로 될 수 있는지에 관하여 살펴볼 필요가 있다. 이에 대하여는 일단 앞서 본 제 2 절 '저작자의 결정' 부분에서의 설명이 그대로 적용될 수 있다. 따라서 (1) 저작물의 창작을 의뢰한 자는 창작의 대가를 지급하는 경우에도 그것만으로는 공동저작자로 인정될 수 없으며, (2) 사실 행위로서의 창작행위를 행하는 자에게 힌트나 아이디어의 제공, 추상적인 지시를 한 것에 지나지 않는 사람도 공동저작자로 인정될 수 없다. (3) 저작자의 지휘·감독 아래 그의 수족으로서 작업에 종사한 자는 창작활동에 도움을 준 자에 불과하고, 그의 사상과 감정을 독자적으로 표현한 자가 아니므로 공동저작자로 될 수 없으며(다만, 보조 작가의 지위에 있더라도 단순히 자료 수집이나 조언의 단계를 넘어 작가와 대등한 입장에서 적극적으로 창의성을 발휘한 경우에는 공동저작자에 해당할 수 있을 것이다), (4) 창작행위를 하는 저작자에게 자료나 기록의 제공, 장소의 준비, 자금의 원조 등 물리적인 협력만을 제공한 사람도 공동저작자로 인정될 수 없다.[29] 다만, 이러한 사람들의 행위가 궁극적으로 '창작적 기여'에 해당하는지 여부는 일률적인 기준에 따라 정해질 것은 아니고, 구체적인 사안에 따라 개별적으로 판단될 사실인정의 문제이다.

---

28) 박성호, 전게서, 235면.

29) 김원오, 공동저작물의 성립요건을 둘러싼 쟁점과 과제, 계간 저작권, 한국저작권위원회, 2011년 여름, 11-12면.

학설로는 공동저작자에게는 저작자로서의 지위와 보호가 부여되므로, 어떤 사람이 공동저작물의 저작자가 되기 위해서는 어느 정도의 수준을 넘어서는 기여를 할 필요가 있고, 그 이바지한 부분만으로도 하나의 저작물로서 존재하는데 충분한 정도의 기여를 해야 한다는 견해가 다수설이다.[30] 즉, 공동저작물에 있어서 각자의 기여분의 고저(高低)나 다과(多寡)는 문제삼지 않으므로 각자의 기여가 공동저작권을 발생시키는 데에 있어 질적, 양적으로 동등할 필요는 없다. 그러나 각자의 기여부분이 독립된 저작물로서의 성립요건을 갖추고 있을 것, 다시 말해서 아이디어나 보호되지 못하는 요소가 아닌 독립적으로 저작권 획득이 가능한 요소의 기여를 필요로 한다고 보는 것이다. 이러한 다수설에 따르면, 자연과학 논문의 경우 일반적으로 논문 작성에 기여한 사람 모두를 공동저자로 기록하는 관행이 있지만, 그 경우에도 법리적으로는 논문의 작성에 창작적으로 기여하지 아니한, 단지 아이디어만을 제공했거나 실험만을 진행한 연구자 등은 특허 등의 권리자가 될 수는 있을지언정 공동저작자는 될 수 없다고 한다.[31] 이런 점에서 연구윤리와 저작권법의 문제는 다를 수 있다.

소수설을 주장하는 학자로는 미국의 Nimmer 교수가 있다. 그에 따르면 어느 1인의 기여부분이 그 자체만으로는 저작권으로 보호받을 수 없는 아이디어를 구상하는 정도에만 국한되어 있더라도 나머지 1인이 그 구상된 아이디어를 바탕으로 어문적 표현을 완성하였다면 두 사람은 공동저작자로 될 수 있다고 한다.[32]

아이디어가 저작권법의 보호대상이 되지 않는다는 저작권법의 대원칙에 비추어 볼 때 다수설이 타당하다고 생각된다.

(나) 판 례

우리 판례도 다수설의 입장에 서 있는 것으로 보인다. 대법원 2009. 12. 10. 선고 2007도7181 판결은, "2인 이상이 저작물의 작성에 관여한 경우 그 중에서 창작적인 표현형식 자체에 기여한 자만이 저작자가 되는 것이고, 창작적인 표현 형식에 기여하지 아니한 자는 비록 저작물의 작성 과정에서 아이디어나 소재 또는 필요한 자료를 제공하는 등의 관여를 하였다고 하더라도 저작자가 되는 것은 아니다. 가사 저작자로 인정되는 자와 공동저작자로 표시할 것을 합의하였다고 하더라도 달리 볼 것은 아니다"라고 하였다.[33]

30) 임원선, 실무자를 위한 저작권법, 개정판, 한국저작권위원회, 2009, 73면; 김원오, 상게논문, 10면.

31) 임원선, 전게서, 74면. 그러나 일본 하급심 판결 중에는 실제로 논문의 집필을 담당하지 않았다고 하더라도, 그 내용을 이루는 연구에 공헌한 자를 공동저작자로 인정한 사례가 있다(京都地判 平成 2. 11. 28. 判決, 半田正夫·松田政行, 著作權法コンメンタール, 勁草書房(1), 233면에서 재인용).

32) 박성호, 전게서, 236면에서 재인용. Nimmer 교수의 이러한 기준을 '최소한의 기준'(de minimis standard)이라고 하고 있다.

33) 서울고등법원 2004. 7. 5.자 2004라246 결정(일명, 뮤지컬 '사랑은 비를 타고' 사건, 대법원 2005. 10.

일본의 경우 공동저작물의 성립요건인 '창작적 기여'에 관한 대표적 판결로 오오사카 고등법원 1980. 6. 26. 판결(일명, '平家物語 英譯版' 사건)[34]이 있다. 이 사건에서 일본인 A는 '平家物語'라고 하는 일본을 대표하는 고전문학 작품을 영어로 번역하면서 미국인 B로부터 용어나 번역문의 교정 및 수정·가필을 받았다. 그 후 B는 자신이 平家物語 번역판의 공동저작자임을 주장하였다. 이에 대하여 법원은, 원전(原典)의 번역작업에 여러 명의 사람이 관여한 경우 누가 번역자인가를 결정하는 것은, 그 관여자가 기본적인 번역, 교정, 재교정, 완역 등 일련의 번역작업 중에서 어떠한 역할을 담당하였는가 하는 질적인 면과, 관여자가 번역한 부분이 전체에서 차지하는 부분이 얼마 만큼인가 하는 양적인 면을 종합적으로 고려해서 결정하여야 한다고 하였다. 그리고 미국인 B가 한 작업이 문법상의 오류나 용어를 정정하는 것뿐만 아니라, 영어를 모국어로 하는 사람만이 느낄 수 있는 어색한 표현을 제거하고 문장의 리듬을 조절하는 등 질적으로 높은 부분을 포함하고 있다는 점은 인정되지만, B는 미국인으로서 오히려 일본어를 잘 몰라 원전을 충분히 이해할 능력이 없었고, 그의 번역작업이 平家物語 전체의 약 50% 정도에서만 이루어진 점을 고려하면, 그의 기여는 교정이라고 보는 것이 타당하고 번역의 정도에 이르렀다고는 볼 수 없다고 하여 B가 공동저작자임을 부정하였다.

역시 일본 판결로서 미술저작물인 광고도안에 대하여 구체적이고 상세한 지시를 한 회사와 그 회사의 지시를 받아 작화(作畵)를 한 자의 공동저작물로 인정한 사례[35]가 있다. 이 사건은 법인과 개인 사이에 공동저작물이 성립할 수 있다는 점을 판시한 사례이기도 하다. 편집저작물과 관련하여서는, 영어교과서의 편집방침과 본문 초안을 작성하고 편집회의에도 참가하는 등의 작업을 수행한 교과서회사(법인)의 기여가 창작적 기여에 해당한다고 한 판례가 있다.[36] 반면에, TV 드라마나 대담 프로그램의 초안을 제공하였을 뿐 그 각

4. 선고 2004마639 재항고 기각으로 확정)에서는, "신청인들이 이 사건 초연 뮤지컬의 제작자 및 연출자로서 초연 뮤지컬의 제작과 공연에 참여하고, 외국 영화로부터 초연 뮤지컬의 기본설정을 착안해 내어 이를 대본작가와 작곡가에게 제공하였으며, 신청인 중 1인이 일부 대본의 수정이나 가사 작성에 관여함과 아울러 초연 뮤지컬의 제작과정 및 공연에 이르기까지 전체적인 조율과 지휘·감독을 한 바 있기는 하지만, 초연 뮤지컬의 대본을 실제로 완성한 A나 그 대본에 따라 곡을 붙인 B는 신청인들의 피용자가 아니라 독자적인 활동을 하면서 각자 스스로의 재량에 따라 예술적인 감각과 기술을 토대로 뮤지컬의 대본과 악곡을 작성할 능력이 있는 희곡작가 또는 작곡가로서, 신청인들로부터 대본작성 및 작곡에 대한 대가로 월급 형태의 급여가 아닌 완성된 작업의 대가를 지급받았으며, A나 B가 초연 뮤지컬의 대본과 악곡에 관한 저작권을 신청인들에게 양도하였다고 볼 만한 아무런 자료가 없으므로, 초연 뮤지컬의 제작자로서 그 완성에 창작적으로 기여한 바 없는 신청인들은 초연 뮤지컬에 대한 저작권이나 저작인접권을 주장하여 피신청인들의 공연의 금지를 구할 수 없다"고 판단하였다.

34) 昭和 52(ネ) 1837호, 無體例集 12권 1호, 266면; 著作權判例百選, 別冊 ジュリスト, No. 128, 114면.

35) 大阪地判 昭和 60. 3. 29. 判決 無體例集 17권 1호, 132면.

36) 東京地判 平成 9. 3. 31. 判例時報 1606호 118면; 半田正夫·松田政行, 전게서 233면에서 재인용.

본의 집필에는 관여하지 않은 경우, 인터뷰에 응하여 기사의 소재를 제공하였을 뿐 인터뷰 내용을 언어로 표현하는 과정에는 관여하지 않은 경우, 집필자에게 집필을 제안하고 취재 여행을 기획하였으며 그 과정에서 출판사와의 연락 및 업무 조정, 집필 내용에 대한 수정 제안을 한 경우, 일러스트나 만화 같은 미술(회화)저작물을 제작함에 있어서 그림작가에게 묘사할 대상의 큰 틀에 대하여만 지시를 하였을 뿐, 회화적 표현에 구체적 관여를 하지 않은 경우 등에서 공동저작물의 성립을 부정한 사례들이 있다.[37)]

(3) '공동'의 창작행위

공동저작물이 되기 위해서는 참가자들 각자의 행위가 '창작적 기여'에 해당하여야 한다. 뿐만 아니라, 각각의 참가자들이 전체적인 공동의 창작계획을 실현하기 위하여 분업적 공동작업의 원리에 따라 상호간의 역할을 분담하여, 각각 창작의 실행단계에서 본질적인 기능을 수행하여야 한다. 즉, 공동의 창작행위는 창작의 '실행단계'에서의 분업적 공동작업을 할 것을 필요로 한다. 따라서 이러한 실행단계 이전의 준비·계획 단계에서만 기여한 행위는 공동창작의 객관적 요건인 실행행위로는 미흡하다. 공동저작자는 각자 자신의 객관적인 창작적 기여를 넘어서 전체 저작물에 미치는 공동 지배 때문에 전체 저작물에 대하여 저작자(공동저작자)로서의 지위를 가지는 것이다. 그러므로 단순히 창작의 준비나 기획 단계에서의 기여자는 그 기여가 본질적인 것이든 비본질적인 것이든 불문하고, 아직 창작의 실행에 대한 지배를 하고 있는 것이 아니기 때문에 그것만으로는 창작행위를 공동으로 하였다고 보기 어렵다.

나. 주관적 요건 – 창작에 있어서 '공동창작의 의사'가 존재

공동저작물이 되기 위해서는 그 창작에 관여한 저작자들 사이에 그 저작물을 공동으로 창작한다고 하는 의사가 존재하여야 한다. 우리 저작권법은 공동저작물의 성립요건으로 공동창작의 의사를 명문으로 요구하고 있지는 않다. 미국 저작권법 제101조는 '공동저작물'(joint works)이란 "2인 이상의 저작자가 자기들의 기여분이 단일한 전체의 분리될 수 없거나 상호 의존적인 부분이 될 것이라는 의사(intent)를 가지고 작성한 저작물을 말한다"고 정의하고 있어, 공동창작의 의사가 있어야 함을 명문으로 규정하고 있다. 그렇다면 과연 어떠한 경우에 공동창작의 의사가 존재한다고 볼 것인지 살펴볼 필요가 있다. 이 부분은 2차적저작물과 공동저작물의 구별과도 깊은 관련이 있다. 특히 학술서적 저작자의 사후에 그의 제자 등에 의하여 그 학술서적의 개정판이 제작된 경우에, 이를 원저

37) 半田正夫·松田政行, 전게서 234면에서 재인용.

작자와 후저작자의 공동저작물로 볼 것인지 아니면 2차적저작물로 볼 것인지와 관련하여 다양한 논의가 이루어지고 있는데, 크게 객관설과 주관설(의사설)로 학설이 대립하고 있다.

(1) 객관설

객관설은 공동저작물의 경우 공동으로 저작물을 작성한다는 '의사(意思)의 연락'이 당사자 사이에 있는 경우가 보통이지만, 공동의사의 존재를 외부에서 식별하는 것은 곤란하므로 이러한 주관적 요건을 지나치게 엄격하게 요구할 것은 아니라고 보는 견해로서, 공동저작물의 성립을 비교적 넓게 인정하고자 하는 입장이다.[38] 이 견해에 따르면, 공동저작물이 성립하기 위한 '공동창작 의사'의 존재란 객관적으로 보아 참가자 상호간에 상대방의 의사에 반하지 않는다고 하는 정도의 관계가 있으면 된다. 요컨대 공동저작물에서는 복수의 행위주체가 사실행위로서의 창작행위를 공동으로 하는 '행위의 공동'이 중요하므로, 당사자 간에 공동의사의 존재를 추단할 수 있다면 그것으로 족하다고 해석한다.[39] 나아가 참가자들 사이의 의사의 연락, 특히 쌍방향적인 의사의 연락이 있을 것까지 요구하는 것은 아니며, 복수의 참가자들 사이에 하나의 저작물을 작성한다는 의사가 있음을 외부로부터 추단할 수 있으면 그것만으로 공동창작의 의사는 존재하는 것으로 볼 수 있다고 한다.[40] 이렇게 되면 객관설에 있어서의 '공동창작의 의사'는 사실상 거의 유명무실해지므로, 학설에 따라서는 객관설을 공동창작의 의사를 요하지 않는 입장이라고 이해하는 견해도 있다.[41]

객관설에 의하면 복수의 저작자의 창작에 대한 기여 시점이 각각 다른 경우에도 공동저작물이 성립할 수 있다. 예컨대, 甲의 학술적 저작물을 그의 사후에 乙이 수정·보충을 함으로써 개작물이 저술된 경우에는 그 개작물에 대하여 甲과 乙이 함께 공동저작자로 된다.[42][43] 다만, 객관설의 입장을 취하면서도 사후 개작물, 예를 들어 스승의 사후에 제자가 저작물을 정정하거나 보충하는 경우(遺著 補訂版)는 설령 스승이 생전에 제자에게 자신의 저작물을 개정하도록 승낙하였거나 아니면 그 저작권을 상속한 유족이 개정을 허락하였더

38) 박성호, 전게서, 238, 239면.

39) 이러한 의미에서 이 견해는 공동저작물의 성립요건으로 공동창작의 의사가 필요 없다는 것이라기보다는 외부의 제3자가 판단하기 어려운 당사자 간의 공동창작의 의사를 그다지 중시할 것은 아니며, 당사자 간에 실제 이루어진 사실행위로서의 창작행위를 공동으로 한다는 행위의 공동을 중시하는 것이 타당하다는 입장이다(상게서, 238면).

40) 半田正夫, 著作權法概說, 12版, 法學書院, 2005, 57면.

41) 최경수, 전게서, 176면; 이해완, 전게서, 210면 각 참조.

42) 半田正夫, 전게서, 62면.

43) 半田正夫·松田政行, 전게서, 236면 참조.

라도, 스승의 사후 제자에 의해서만 이루어진 개정작업에는 스승과 제자 간에 창작행위를 함께 한다는 의미에서의 '행위의 공동'(객관적 공동) 자체가 존재하지 않으므로 공동저작물이 성립할 수 없다는 견해도 있다.[44]

(2) 주관설(의사설)

이에 대하여 주관설(의사설)은 공동저작물의 성립을 좁게 인정하고자 하는 입장으로서, 공동저작물이 되기 위해서는 공동저작의 참가자들 사이에 주관적으로도 공동창작의 의사가 있어야 한다는 입장이다. 공동창작의 의사가 존재하지 않는 경우에는 공동저작물이 아니라 2차적저작물이 성립할 뿐이라고 한다.

이 견해는, 공동저작자에게는 저작권법상 특별한 취급, 즉 저작인격권 및 저작재산권의 행사 등에 있어서 '전원의 합의'에 의하여야 한다는 특별한 제한이 가해지는데(법 제15조 제 1 항, 제48조 제 1 항), 원저작자의 사후에 공동창작의 의사가 없는 후행 저작자가 수정·보완을 하여 개정판을 작성한 경우에, 이를 공동저작물로 보면 후행 저작자는 개정판에 대한 권리행사를 위하여 원저작자의 상속인들과 반드시 전원합의를 이루어야 하는바, 후행 저작자가 개정판에 관하여 그러한 제약을 부담하여야 하는 것은 부당하다는 것을 이유로 든다. 따라서 주관설은 공동저작물로 되기 위해서는 원저작자가 생전에 후행 저작자와 함께 개정판을 작성하고자 하는 의사를 가지고 개정 작업을 어느 정도 진행한 경우라야 한다고 본다.[45]

또한 주관설은 객관설에 의할 경우 저작재산권의 보호기간과 관련하여서도 문제가 있다고 한다. 즉, 저작자 사후 개정판을 공동저작물로 인정하게 되면 선행 저작자의 저작재산권의 존속기간은 선행 저작자가 아니라 후행 저작자의 사망시점을 기준으로 산정하게 되는데, 이에 따라 선행 저작자는 개정 작업에 대하여는 아무런 관여행위가 없었음에도 불구하고 후행 저작자의 개정행위로 인하여 원 저작물의 저작재산권이 소멸한 후에도 해당 개정판에 대한 저작재산권을 가지게 되는 점(이 점에 있어서 후행 저작물이 단순히 2차적저작물이 되는 경우와 다르다)이 불합리하다는 것이다. 특히 선행 저작물의 저작재산권이 소멸한 이후에 그러한 개정이 이루어진 경우에는 그 개정판에 대한 선행 저작자의 저작재산권이 소멸하였다가 새롭게 발생하는 셈이 되는데, 이는 제 3 자의 공정한 이용에 장애가 될 우려가 있다고 한다.[46]

---

44) 박성호, 전게서, 239, 240면.
45) 半田正夫·松田政行, 전게서, 236면; 김원오, 전게논문, 22면.
46) 김원오, 전게논문, 23면.

(3) 소 결

결론적으로는 주관설(의사설)이 타당하다고 생각한다. 공동창작의 의사를 요건으로 보지 않을 경우 사실상 거의 모든 2차적저작물은 공동저작물이 될 가능성이 높은데, 2차적저작물에 대하여 공동저작물에서와 같은 권리행사에 있어서의 제한을 부과할 필요는 없을 것이다. 또한 객관설에 의할 경우 앞에서 본 바와 같이 선행 저작자가 후행 저작자에 대하여 공동저작물에 있어서의 권리행사에 대한 제약을 부담하게 한다는 점과 저작재산권 보호기간의 연장 또는 부활이라는 부작용을 가져올 수 있다는 점 등의 불합리한 면이 있다. 그리고 객관설에 의할 경우 선행 저작자의 의사가 명확하지 않은 상태에서도 후행 저작물을 공동저작물로 인정하게 될 가능성이 크고, 그로 인하여 공동저작물의 성립요건 중 주관적 요건의 충족여부가 애매하게 될 우려가 있다.[47]

나아가 주관적 요건인 '공동창작의 의사'와 객관적 요건인 '공동창작의 행위'를 종합하여 보면, 어떤 저작물을 공동저작물로 귀속시키기 위해서는 그 참가자들 사이에 '공동의 창작 결의'와 기능적 역할분담에 상당하는 '공동의 창작행위'가 있어야 한다. 그런데 위의 예에서 보면, ① 비록 후행 저작자가 선행 저작자의 앞선 창작행위의 결과를 인식·인용한 상태에서 개입하였다고 하더라도 그것만으로는 선·후행 전체 창작행위에 대한 공동의 창작 결의가 있었다고 보기 어렵고, ② 이미 실현된 선행 창작행위 부분과 후행 저작자의 창작적 기여 사이에는 아무런 법률적 인과관계가 없는 경우도 있을 것이며, ③ 후행 저작자는 자신의 개입 전에 이루어진 선행 창작행위를 통제할 수도 없었으므로, 이러한 경우에 선, 후행 창작자에 대하여 공동저작자의 지위를 귀속시킨다는 것은 선뜻 받아들이기 어렵다. 무엇보다도 객관설에 의할 경우 2차적저작물과 공동저작물의 구분이 어려워진다. 또한 공동저작물의 이용에 있어서 공동저작재산권자 전원의 합의를 요하는 등 특별한 제한이 따르는 것은 공동창작의 의사가 있었다는 점에서 그 정당성의 근거를 찾을 수 있다. 따라서 주관설에 찬동하고자 한다.

(4) 판 례

하급심 판결이지만 서울고등법원 2014. 1. 9. 선고 2012나104825(본소), 2012나104832(반소) 판결도, "공동저작물이라 함은, 2인 이상이 공동으로 창작한 저작물로서 각자가 이바지한 부분을 분리하여 이용할 수 없는 것을 말하는 것이므로 어떤 저작물이 공동저작물에 해당하기 위해서는 2인 이상의 복수의 사람이 모두 창작이라고 평가하기에 충분한 정신적 활동에 관여하는 것이 필요하고, 또 저작물을 작성함에 창작적 행위를 행한 사람들

47) 半田正夫·松田政行, 전게서, 237면.

사이에 공동으로 저작물을 작성하려고 하는 공통의 의사가 있어야 한다"고 판시하여 주관설의 입장을 취하고 있다. 학설로서도 주관설이 다수설이다.[48)]

대법원은 "2인 이상이 공동창작의 의사를 가지고 창작적인 표현형식 자체에 공동의 기여를 함으로써 각자의 이바지한 부분을 분리하여 이용할 수 없는 단일한 저작물을 창작한 경우 이들은 그 저작물의 공동저작자가 된다."고 하면서, 이때의 공동창작의 의사는 "법적으로 공동저작자가 되려는 의사를 뜻하는 것이 아니라, 공동의 창작행위에 의하여 각자의 이바지한 부분을 분리하여 이용할 수 없는 단일한 저작물을 만들어 내려는 의사를 뜻하는 것이라고 보아야 한다."고 판시하였는데 이는 주관설의 입장을 취한 것으로 평가된다.[49)]

(5) 시기와 장소를 달리한 공동창작 – 2차적저작물과의 구별

공동창작의 의사는 반드시 시간적 동시성과 장소적 밀접성을 요구하는 것은 아니다. 상이한 시간과 장소에서도 공동저작자들이 공동창작의 의사를 가지고 각자 맡은 부분의 창작을 함으로써 각자의 기여부분을 분리하여 이용할 수 없는 저작물이 창작된다면 족하다.[50)] 서울고등법원 2009. 9. 3. 선고2009나2950 판결은, "하나의 저작물에 2인 이상이 시기를 달리하여 창작에 관여한 경우 선행 저작자에게는 자신의 저작물이 완결되지 아니한 상태로서 후행 저작자가 이를 수정·보완하여 새로운 창작성을 부가하는 것을 허락 내지 수인하는 의사가 있고, 후행 저작자에게는 선행 저작자의 저작물에 터잡아 새로운 창작성을 부가하는 의사가 있다면 … 공동창작의 의사가 있다고 볼 수 있고", 이러한 공동창작의 의사 없이 선행 저작물에 후행 저작자가 새로운 창작성을 부가한 2차적저작물과 구별된다는 취지로 판시하였다.[51)][52)]

대법원 2016. 7. 29. 선고 2014도16517 판결은, " 2인 이상이 시기를 달리하여 순차적으로 창작에 기여함으로써 단일한 저작물이 만들어지는 경우에, 선행 저작자에게 자신의 창작 부분이 하나의 저작물로 완성되지는 아니한 상태로서 후행 저작자의 수정 · 증감 등

---

48) 최경수, 전게서, 176면; 이해완, 전게서, 210면.

49) 대법원 2014. 12. 11. 선고 2012도16066 판결.

50) 서울북부지방법원 2008. 12. 30. 선고 2007가합5940 판결. 이 판결에 대하여는 다음의 '2차적저작물과 구별' 항목에서 검토하기로 한다.

51) 박성호, 전게서, 238면에서 재인용.

52) 이 판결에 대하여는 선행 저작자가 상대방이 창작적 기여를 부가하는 것을 허락하고, 후행 저작자는 선행 저작자의 저작물에 기초하여 새로운 창작을 부가하려는 의사를 갖고 있었지만, 양방향적인 의사의 교환까지는 있었다고 볼 수 없으며, 다만 선행 저작자가 후행 저작자가 수정·보완하는 것을 허락 내지 수인하는 의사가 있었기 때문에 객관설의 입장을 취하고 있는 것으로는 볼 수 없고, 객관설과 의사설을 절충한 입장이라고 평가하는 견해가 있다. 원세환, "공동저작물을 둘러싼 법률관계", 계간 저작권 2014. 여름호, 한국저작권위원회, 61면.

을 통하여 분리이용이 불가능한 하나의 완결된 저작물을 완성한다는 의사가 있고, 후행 저작자에게도 선행 저작자의 창작 부분을 기초로 하여 이에 대한 수정·증감 등을 통하여 분리이용이 불가능한 하나의 완결된 저작물을 완성한다는 의사가 있다면, 이들에게는 각 창작 부분의 상호 보완에 의하여 단일한 저작물을 완성하려는 공동창작의 의사가 있는 것으로 인정할 수 있다. 반면에 선행 저작자에게 위와 같은 의사가 있는 것이 아니라 자신의 창작으로 하나의 완결된 저작물을 만들려는 의사가 있을 뿐이라면 설령 선행 저작자의 창작 부분이 하나의 저작물로 완성되지 아니한 상태에서 후행 저작자의 수정·증감 등에 의하여 분리이용이 불가능한 하나의 저작물이 완성되었더라도 선행 저작자와 후행 저작자 사이에 공동창작의 의사가 있다고 인정할 수 없다. 따라서 이때 후행 저작자에 의하여 완성된 저작물은 선행 저작자의 창작 부분을 원저작물로 하는 2차적 저작물로 볼 수 있을지언정 선행 저작자와 후행 저작자의 공동저작물로 볼 수 없다."고 판시하였다.[53)]

다. 분리이용이 불가능할 것

공동저작물이 되기 위해서는 복수의 참가자에 의하여 단일한 저작물이 창작되고 이때 각자의 기여분이 분리되어 개별적으로 이용하는 것이 불가능하여야 한다. 이 점에서 결합저작물과 구별되며 그 내용에 관하여는 앞서 '1. 의의' 부분에서 본 바와 같다. 그러므로 주관적 요건(공동창작의 의사) 유무에 따라 공동저작물과 2차적저작물로 구분된다면, 분리이용 가능 여부에 따라 공동저작물과 결합저작물로 구분된다.

여기서 분리이용이 불가능하다는 것이 어떤 경우를 의미하는 것인지에 관하여 더 구체적으로 살펴본다.

기여분이 하나의 저작물 속에 흡수되어 그 저작물과 일체(一體)를 이룸으로써만 비로소 의미를 가지게 된다면, 이는 통상적으로 볼 때 분리이용이 불가능한 경우라고 보아야 한다. 그러나 기존의 저작물 중의 어떤 부분이 이용가능한 것인지는 저작물의 창작과 동시에 결정되는 것이 아니라, 그 이후에도 상황에 따라서 얼마든지 달라질 수 있다. 예를 들어, 5명의 조각가가 하나의 인체 조각상을 공동작업으로 창작하면서, 한 사람은 머리 부분

53) 서울고등법원 2022. 6. 9. 선고 2021나2046460(본소), 2046477(반소) 판결 : 영화감독 A(원고)가 영화제작사 B(피고)와 감독계약을 체결하고 40회로 예정된 촬영 횟수 중 31회 분을 마친 상태에서 피고가 감독계약 해지를 통보하고 그 후 다른 감독에 의하여 영화가 완성된 사안에서, 원고에게는 자신의 창작 부분이 하나의 저작물로 완성되지 아니한 상태로 후행저작자의 수정, 증감을 통하여 분리이용이 불가능한 하나의 완결된 저작물을 완성한다는 의사가 있던 것이 아니라, 자신의 창작으로 하나의 완결된 저작물을 만들려는 의사가 있을 뿐이어서, 원고와 이 사건 영화를 최종적으로 완성한 감독 사이에 공동창작의 의사가 있다고 인정할 수 없어 이 사건 영화를 원고와 후행감독의 공동저작물로 볼 수 없고, 원고 촬영영상을 원저작물로 하는 2차적저작물이라고 보는 것이 타당하다고 판결.

을, 한 사람은 팔 부분을, 나머지 사람들은 몸체와 다리 부분을 각각 작업하였다면 이는 창작 당시에는 통상적으로는 분리이용이 불가능하다고 할 것이다. 그러나 나중에 특별한 사정이 있어서 그 조각의 머리 부분만을 사진으로 복제하여 이용하는 것도 예상할 수 있다. 특히 디지털 편집물의 경우에는 이러한 경우가 발생할 가능성이 높다. 따라서 분리이용이 불가능하다는 것은 단순히 경제적인 의미에서 판단할 것이 아니라 사회통념에 따라 법적·규범적 의미에서 판단하여야 한다. 경제적인 측면에서 분리이용이 완전히 불가능한 경우란 사실상 생각하기 어렵기 때문이다.

다른 면으로 생각해 보면, 복수의 참가자가 창작한 하나의 저작물 중에서 어느 한 참가자가 작업한 특정 부분을 이용하고자 할 경우 필연적으로 다른 참가자의 창작적 기여 부분을 이용하는 결과를 가져온다고 평가된다면 그 특정 부분은 분리이용 할 수 없다고 할 것이다.[54] 결국 공동저작물에 있어서 '분리이용 불가능'이라는 성립요건은 해당 부분에 현실적으로 복수의 참가자가 창작적 기여를 하고 있는지 여부와, 각자의 기여분이 하나의 저작물 속에 흡수되어 그 저작물과 일체(一體)를 이룸으로써만 비로소 의미를 가지게 되는지 여부, 어느 한 참가자가 작업한 특정 부분을 이용하고자 할 경우 필연적으로 다른 참가자의 창작적 기여를 이용하는 결과를 가져오는지 여부 등을 사회통념에 따라 법적·규범적 의미에서 종합적으로 고려하여 판단해야 한다.

미국 저작권법은 제101조에서 공동저작물을 "2인 이상의 저작자가 자신들의 기여분이 단일한 전체의 분리될 수 없거나 상호 의존적인 부분이 될 것이라는 의사를 가지고 작성한 저작물을 말한다"고 규정하고 있다. 따라서 반드시 분리 불가능(inseparable)한 경우뿐만 아니라 '상호 의존적'(interdependent)인 부분이 될 것이라는 의사를 가지고 작성한 경우에도 공동저작물이 성립할 수 있으므로 '분리이용 불가능'은 공동저작물의 필수적인 성립요건이 아니다. 이러한 법 규정에 근거하여 미국의 판례와 실무에서는 악곡과 가사는 서로 합체되어 상호 작용을 일으켜 완전히 새로운 저작물로 탄생된다고 하여, 악곡과 가사로 이루어진 음악저작물을 공동저작물로 보는 것이 일반적이다.[55]

라. 2차적저작물과의 구별

2인 이상이 관여하여 하나의 저작물을 작성하는 경우 그 저작물이 2차적저작물이 되는지, 아니면 공동저작물이 되는지는 공동저작물의 성립요건들, 즉 그 참가자들 각자의 의사, 각자의 창작적 기여 유무, 공동의 창작행위 여부 등을 종합적으로 살펴 결정하여야 한

54) 半田正夫·松田政行, 전게서, 238-239면.
55) 원세환, 전게 논문, 62면.

다. 이 점과 관련하여 상세한 언급을 하고 있는 하급심 판결이 있는데, 미리 작성된 스토리에 기초하여 그림을 그려 넣음으로써 작성된 만화의 공동저작물성에 대한 서울북부지방법원 2008. 12. 30. 선고 2007가합5940 판결이다.

이 판결에서는 먼저 공동저작물의 성립과 관련하여, "공동저작물에서의 '공동의 창작행위'는 공동창작의 의사를 가지고 공동저작자 모두 창작에 참여하는 것을 의미하지만, 시간과 장소를 같이 해야만 하는 것은 아니고 상이한 시간과 상이한 장소에서도 공동저작자들이 공동창작의 의사를 가지고 각각 맡은 부분의 창작을 하여 각 기여부분을 분리하여 이용할 수 없는 저작물이 되면 족하며, 각 기여부분을 분리하여 이용할 수 없는 것은 그 분리가 불가능한 경우뿐만 아니라 분리할 수는 있지만 현실적으로 그 분리이용이 불가능한 경우도 포함한다"고 하였다. 그리고 그러한 법리를 바탕으로 하여, (1) 만화스토리 작가인 원고가 이 사건 만화를 통하여 표현하고 싶은 이야기의 주제를 정하고, 다양한 시간적·장소적 배경을 설정한 다음 주인공과 다른 등장인물들 사이의 갈등·대결·화해 등의 관계구조를 이용하여 만화스토리를 창작하여 이를 시나리오 또는 콘티 형식으로 피고에게 제공한 점, (2) 그림 작가인 피고는 제공받은 만화스토리에 기초하여 다양한 모양과 형식으로 장면을 구분하여 배치하고 배경 등 그림을 그리는 역할을 담당한 점, (3) 피고는 만화를 제작할 의도로 원고에게 만화스토리의 작성을 의뢰하였고, 원고도 피고의 그림 작업 등을 거쳐 만화를 완성하는 것을 전제로 피고에게 만화스토리를 제공하였으며, 그러한 사정은 원고와 피고가 충분히 인식하고 있었던 점, (4) 이 사건 만화들은 원고들이 창작하여 제공한 스토리, 구체적으로 묘사한 등장인물의 성격, 배경 설명 등과 이에 기초한 피고 특유한 그림 등이 결합하여 독창적인 만화로 완성되었다고 할 것이고, 피고 이외의 다른 만화작가에게 제공되는 경우에는 그 성격 등의 기본적인 구조가 변형되었을 가능성이 높은 점, (5) 원고는 피고로부터 이 사건 만화에 관한 스토리의 기획, 구상, 작성 등의 과정에서 구체적인 작업 지시나 감독을 받은 바 없는 점 등을 종합하면, 이 사건 만화는 원고와 피고가 하나의 만화를 만들기 위해 공동창작의 의사를 가지고 각각 맡은 부분의 창작을 함으로써 주제, 스토리와 그 연출방법, 그림 등의 유기적인 결합으로 완성되어 각 기여부분을 분리하여 이용할 수 없는 공동저작물이라 하였다.

이 판결에서는 문제가 된 만화가 공동저작물이 아닌 2차적저작물로 성립할 가능성여부에 관하여도 검토하고 있는데, "여러 사람이 관여하여 하나의 저작물을 작성하는 경우 관여자들이 그 작성에 기여하는 정도, 작성되는 저작물의 성질에 따라 그 저작물이 공동저작물이 될 수도 있고 2차적저작물이 될 수도 있다. 만화저작물의 경우 만화스토리 작가가 만화가와 사이에 기획의도·전개방향 등에 대한 구체적인 협의 없이 단순히 만화의 줄거리로 사용하기 위해 독자적인 시나리오 내지 소설 형식으로 만화스토리를 작성하고, 이를 제공받은 만화가가 만화스토리의 구체적인 표현방식을 글(언어)에서 그림으로 변경하면서 만화적 표현방식에 맞게 수정·보완하고 그 만화스토리의 기본적인 전개에 근본적인 변경이 없는 경우에는, 만화스토리를 원저작물, 만화를 2차적저작물로 볼 여지가 있다"고 하였다. 그러나 이 사건에서 원고와 피고는 최종적으로 만화작품의 완성이라는 공동창작의 의사를 가지고 있었던 점, 원고의 만화스토리는 피고에게만 제공된 점, 이 사건 만화는 원고의 만화스토리와 피고의 그림, 장면 설정, 배치 등이 결합하여 만들어지는 저작물인 점, 원고와 피고의 작업과정 등에 비추어 보면 이 사건 만화는 피고가 원고의 스토리를 변형, 각색 등의 방법으로 작성한 2차적저작물이라기보다 원고가 창작하여 제공한 만화스토리와 피고의 독자적인 그림 등이 유기적으로 어우러져 창작된 원고와 피고의 공동저작물이라고 봄이 상당하다고 하였다.

마. 공동저작물과 2차적저작물의 동시 성립여부

하나의 저작물이 공동저작물인 동시에 2차적저작물로도 성립할 수 있는지 여부에 관하여도 논의가 있다. 예를 들어, 甲이 창작한 원저작물인 소설(A)을 기초로 하여 乙이 2차적저작물인 영화(B)를 창작한 경우에 영화(B)가 2차적저작물인 동시에 甲과 乙의 공동저작물에도 해당하는 경우가 있을 수 있는지, 즉 2차적저작물과 공동저작물의 병존가능성 여부에 관한 것이다.

병존가능성을 긍정하는 견해가 있으나,[56] 견해에 따라 특별한 차이가 발생하는 것은 아니라고 생각한다. 영화(B)가 2차적저작물인 동시에 甲과 乙의 공동저작물이 될 수 있는지 여부는 단순한 사실인정의 문제라고 보기 때문이다. 영화(B)를 창작함에 있어서 공동저작물의 성립요건, 즉 甲과 乙 사이에 주관적으로 '공동 창작의 의사'와 객관적으로 '공동의 창작행위'가 있었으면 당연히 영화(B)는 원저작물인 소설(A)의 2차적저작물인 동시에 甲과 乙을 공동저작자로 하는 공동저작물이 된다. 즉, 甲이 乙에게 자신의 저작물인 소설(A)을 단순히 원저작물로 제공하는 데 그쳤다면 2차적저작물인 영화(B)는 乙의 단독저작물로 될 것이지만, 甲이 소설(A)을 단순히 원저작물로 제공하는데 그치지 아니하고 乙과 함께 공동감독을 하는 등 영화(B)의 창작에 적극적으로 참여함으로써 주관적 요건과 객관적 요건을 충족하면 영화(B)는 소설(A)에 대한 2차적저작물인 동시에 甲과 乙의 공동저작물이 되는 것이다. 이때 甲은 소설에 대한 원작자로서의 지위를 가지는 것과 동시에 2차적저작물인 영화에 대하여는 공동저작자로서의 지위를 아울러 가지게 된다. 결국 2차적저작물과 공동저

56) 김원오, 전게논문.

작물이 병존할 수 있느냐의 문제는 공동저작물의 성립요건 충족여부에 대한 사실인정의 문제와 다를 바 없으므로, 특별히 별도로 논의할 실익은 없다고 생각한다.

4. 공동저작물의 권리행사

가. 공동저작물의 저작재산권 행사

(1) 개 요

민법은 제 2 편 제 3 장 제 3 절에서 공유, 합유, 총유 등 물건의 '공동소유'에 관하여 규정하고 있고, 그 중 제278조에서 "본 절의 규정은 소유권 이외의 재산권에 준용한다. 그러나 다른 법률에 특별한 규정이 있으면 그에 의한다"고 규정하고 있다. 따라서 공동저작자는 그 저작권을 준공유(準共有)하며 저작권법에 규정이 없는 사항에 관하여는 민법의 공유에 관한 규정이 준용된다. 그러나 이때의 준공유라고 함은 민법상 공동소유의 세 가지 형태 중 공유(협의의 공유)에 준한다는 의미가 아니라, 그 세 가지를 모두 포함하는 넓은 의미에서의 공유에 준한다는 의미로 해석된다. 저작권법은 공동저작자의 저작권 행사에 대하여 민법의 협의의 공유에 관한 규정과는 다른 제한을 가하고 있어서 오히려 합유에 가까운 성질을 가지고 있다. 공동저작자 사이의 관계에 대하여 민법의 공유에 관한 규정이 준용되므로, 공동저작자는 공동저작물에 대하여 각자의 지분을 가진다. 이때 지분의 비율은 공동저작자 사이의 협의나 기여도에 따라서 정해지며, 그러한 협의가 없고 각자의 기여분도 명확하지 않은 경우에 그 지분비율은 민법의 일반원칙에 따라 균등한 것으로 추정된다(민법 제262조 제 2 항).

공동저작자 상호간에는 공동창작의 의사가 존재하고 있고, 그로 인하여 단일한 저작물이 창작되며 각자의 기여분을 분리하여 개별적으로 이용하는 것이 불가능하고 각 공동저작자의 인격이 투영되어 있다는 점 등, 공동저작자 상호간에는 일반 결합저작물에서 볼 수 없는 밀접한 연대관계가 존재한다. 따라서 그 저작재산권의 행사나 지분의 처분에 있어서 민법의 협의의 공유 규정에는 없는 특별한 제약이 있다. 즉, 저작권법은 공동저작물의 저작재산권은 저작재산권자 전원의 합의에 의하지 아니하고는 이를 행사할 수 없고, 다른 저작재산권자의 동의가 없으면 그 지분을 양도하거나 질권의 목적으로 할 수 없다고 규정하고 있다(같은 법 제48조 제 1 항). 저작재산권의 행사에 있어서도 전원의 합의를 요하고, 지분의 양도나 입질 등 처분행위에 있어서도 다른 저작재산권자들의 동의를 요하도록 규정하고 있는 것이다.

여기서 저작재산권의 행사라 함은 저작물의 이용허락 또는 출판권의 설정 등과 같이 저작권의 내용을 구체적으로 실현하는 적극적인 행위를 의미한다. 따라서 소극적인 행위인 저작재산권 침해행위에 대한 정지청구 등은 여기에 포함되지 않으므로 저작재산권자 전원의 합의 없이 각자가 단독으로 행할 수 있고, 저작재산권 침해로 인한 손해배상도 각자의 지분에 따라 단독으로 청구할 수 있다(저작권법 제129조). 지분의 처분에 있어서 다른 저작재산권자의 동의를 얻도록 한 것은 공동저작자의 연대성을 확보·유지하기 위한 정책적인 고려이다.[57] 제 3 자가 아니라 공동저작자 중의 1인이 스스로 복제, 출판 등의 이용행위를 하는 경우에는 어떻게 취급할 것인가? 그 경우도 저작재산권의 행사에 해당하고, 저작권법이 특별히 공동저작자 중 1인의 이용행위를 달리 취급하고 있지 아니하므로 역시 나머지 공동저작자 전원의 합의가 필요하다고 보는 것이 통설이며,[58] 같은 취지의 하급심 판결도 있다. 서울고등법원 2014. 1. 16. 선고 2013나35025 판결은, "공동저작물은 공동으로 창작한 사람들의 준공유에 속하고, 공유에 관한 민법 262조 이하의 규정이 준용된다. 그런데 저작권법은 저작물에 관한 권리의 특수성을 고려하여 민법 규정과의 관계에서 특칙을 정하고 있다. 공동저작물의 저작재산권은 그 저작재산권자 전원의 합의에 의하지 아니하고는 이를 행사할 수 없고, 다른 저작재산권자의 동의가 없으면 그 지분을 양도하거나 질권의 목적으로 할 수 없다고 규정하고 있다(저작권법 제48조 제 1 항). 여기서 공동저작물의 저작재산권 행사라고 함은, 저작권의 내용을 구체적으로 실현하는 적극적인 행위를 말하고, 구체적으로 저작물의 이용을 허락하거나 출판권을 설정하는 행위뿐만 아니라 공유자 중 일부의 사람이 스스로 해당 저작물을 복제, 출판, 그 밖의 이용행위를 하는 경우를 포함한다"고 판시하고 있다.[59]

그러나 공동저작자가 다른 공동저작자와의 합의 없이 공동저작물을 이용하는 것이 공동저작물에 관한 저작재산권을 침해하는 것인지 여부는 또 다른 문제이다. 이에 관하여는 뒤의 (3)에서 살펴보기로 한다.

다만 저작물의 원활한 이용을 도모하기 위하여 저작인격권이나 저작재산권을 행사함에 있어서 각 저작자는 신의(信義)에 반하여 합의의 성립을 방해할 수 없고, 지분을 처분함

57) 加戶守行, 전게서, 327면.

58) 古城春實, 전게논문, 248면.

59) 이 판결에서는, "따라서 공동저작물의 저작재산권에 관한 이용허락은 공동저작권자인 수인에게 귀속하는 권리로서 모든 수인이 공동하여 행사할 것이 요구되고 있으므로 제3자가 공동저작자를 상대로 공동저작물에 관한 이용권의 내용과 그 귀속관계의 확인을 구하는 소송은 공동저작물의 저작재산권 행사인 이용허락의 효력을 둘러싼 분쟁으로서 그 소송의 목적이 공동저작자 전원에 관하여 합일적으로만 확정되어야 하는 필수적 공동소송에 해당한다"고 한 후, 그러므로 원고가 다수인 경우에는 공동소송인 전원이 공동하여서만 소 전부를 취하할 수 있을 뿐이고 피고의 동의를 얻는다고 하여도 단독으로 자기의 소를 취하할 수 없으며, 마찬가지로 피고가 다수인 경우에 그 일부 피고에 대한 소 취하는 허용되지 아니한다고 판시하고 있다.

에 있어서도 신의에 반하여 동의를 거부할 수 없다(저작권법 제15조 제1항 및 제48조 제1항 각 후문). 여기서 “신의에 반하여”라고 함은 사전에 뚜렷이 합의하지는 않았더라도 공동저작물의 작성 목적, 저작재산권 행사 또는 지분 처분의 구체적 내용이나 방법, 상대방 등에 비추어 합의의 성립을 방해하거나 동의를 거부하여 그러한 행사 또는 처분을 불가능하게 하는 것이 신의성실의 원칙 및 금반언의 원칙 등에 비추어 부당하다고 여길 만한 상황을 뜻한다고 해석된다.[60)]

공동저작물의 이용에 따른 이익은 공동저작자간에 특약이 없는 때에는 그 저작물의 창작에 이바지한 정도에 따라 각자에게 배분되며, 각자의 이바지한 정도가 명확하지 아니한 때에는 균등한 것으로 추정한다(저작권법 제48조 제2항). 공동저작물의 저작재산권자는 그 공동저작물에 대한 자신의 지분을 포기할 수 있으며, 포기하거나 상속인 없이 사망한 경우에 그 지분은 다른 저작재산권자에게 그 지분의 비율에 따라 배분된다(같은 조 제3항).

(2) 공동저작자가 아니면서 저작권을 공유하는 경우

저작권법은 위에서 본 바와 같이 공동저작자들의 저작재산권 행사에 대한 특별규정을 두고 있지만, 공동저작자가 아니면서 저작권을 공유하게 된 경우에 대하여는 아무런 규정을 두고 있지 않다. 저작권은 공동저작물의 경우뿐만 아니라, 상속이나 지분의 양도 등 후발적인 사유에 의하여 공동으로 보유하게 될 수도 있으며, 후자의 경우는 그 저작물이 공동저작물이든 아니면 단독저작물이든 어느 경우에도 나타날 수 있다. 이와 같이 공동저작자가 아니면서 저작권을 공동보유하게 된 저작재산권자들 사이에서도 공동저작물의 저작재산권 행사에 관한 저작권법 제48조의 제한규정이 적용 또는 유추적용되어야 하는 것인가, 아니면 그 경우에는 일반적인 협의의 공유와 같이 저작재산권의 행사나 처분에 있어서 다른 공유자의 동의나 허락 없이 자유롭게 할 수 있는 것인가. 일본 저작권법은 공동저작물에 관한 규정이 기타의 저작권 및 저작인접권의 공유에도 일반적으로 적용됨을 명백히 하고 있어서, 공동저작물의 저작인격권과 저작재산권은 물론이고 공동저작물 이외의 기타 사유로 저작권을 공유하게 된 저작재산권자의 저작권은 저작자 또는 저작재산권자 전원의 합의에 의해서만 행사할 수 있다.[61)] 또한 특허법과 상표법은 특허권 또는 상표권의 공유관계에 관하여 그 공유관계의 발생이 원시적인지(공동발명의 경우) 후발적인지(지분의 양도 등의 경우)를 묻지 아니하고 권리의 행사 및 지분 양도 제한에 관한 규정을 두고 있다.[62)] 나아가

60) 이해완, 저작권법, 제2판, 박영사, 2012, 239면.

61) 일본 저작권법 제65조 ① 공동저작물의 저작권 기타 공유와 관련된 저작권(이하 ‘공유저작권’)에 대하여는 각 공유자는 다른 공유자의 동의를 얻지 않으면 그 지분을 양도 또는 질권의 목적으로 할 수 없다. ② 공유저작권은 그 공유자 전원의 합의에 의하지 않으면 행사할 수 없다.

저작권법 제48조 제 1 항은 공동저작물의 저작재산권은 그 지분 등의 양도에 있어서 '다른 저작자' 전원의 합의가 아니라 '다른 저작재산권자' 전원의 합의를 얻도록 규정하고 있으므로, 이 규정 자체가 공동저작자가 아닌 다른 자가 공동저작물의 저작재산권을 보유하게 되는 경우를 상정하고 있는 것이라고 볼 수도 있다. 그리고 공동저작에 의하여 저작권을 원시적으로 공동보유하게 된 경우와 저작권 성립 후 이를 수인이 공동으로 양수하거나 일부 지분의 양도 또는 상속 등에 의하여 후발적으로 공동보유하게 된 경우를 본질적으로 달리 보아 차별할 근거를 발견하기도 어렵다.

이러한 점에 비추어 볼 때 공동저작물의 저작재산권 행사 및 처분제한에 관한 저작권법 제48조는 저작재산권을 공동저작에 의하지 아니하고 기타 사유로 공동보유하게 된 경우에도 원칙적으로 유추적용하는 것이 타당하다고 생각된다.[63] 한편 학설 중에는, 공동저작자 이외의 저작권 공동보유관계를 ① 공동저작물에 있어서 공동저작자 이외의 제 3 자에게 지분이 이전된 경우와 ② 단독저작물의 저작권이 공동소유로 된 경우로 나누어, 전자는 공동저작물의 성질에는 변화가 없으므로 지분을 양도받은 제 3 자도 공동저작자와 동일한 인적 결합관계에 놓이게 되고, 저작권법상 저작권행사 및 지분처분에 관한 제한이 그대로 적용되지만, 후자는 저작권의 공동보유자 사이에 별도의 계약이 존재하면 그 내용에 따라 저작물의 이용 및 저작재산권의 행사 등이 이루어지고, 계약상의 구체적 약정이 없으면 그 인적 결합관계에 따라 민법상 공유규정 또는 합유규정이 준용된다고 보는 견해가 있다.[64]

하급심 판결 중 서울고등법원 2008. 7. 22. 선고 2007나67809 판결(일명, '두사부일체' 사건)은, 저작권법은 공동저작물의 저작재산권은 다른 저작재산권자의 동의가 없으면 그 지분을 양도할 수 없다고 규정하고 있으나, 저작재산권을 후발적 사유에 의하여 공동보유하는 경우 공동보유자 중 일인의 지분 양도에 관하여는 아무런 규정이 없는데, 저작재산권을 법률의 규정 및 당사자간의 약정에 의하여 공동으로 양도받아 보유하는 경우 그 지분의

---

62) 특허법 제99조 ② 특허권이 공유인 경우에는 각 공유자는 다른 공유자 모두의 동의를 받아야만 그 지분을 양도하거나 그 지분을 목적으로 하는 질권을 설정할 수 있다. ④ 특허권이 공유인 경우에는 각 공유자는 다른 공유자 모두의 동의를 받아야만 그 특허권에 대하여 전용실시권을 설정하거나 통상실시권을 허락할 수 있다.

상표법 제93조 ② 상표권이 공유인 경우에는 각 공유자는 다른 공유자 전원의 동의를 얻지 아니하면 그 지분을 양도하거나 그 지분을 목적으로 하는 질권을 설정할 수 없다. ③ 상표권이 공유인 경우에는 각 공유자는 다른 공유자 전원의 동의를 얻지 아니하면 그 상표권에 대하여 전용사용권 또는 통상사용권을 설정할 수 없다.

63) 이숙연, 영상저작물에 대한 저작재산권의 귀속 및 저작권의 공동보유, Law & Technology 제 5 권 제 3 호, 서울대학교 기술과법센터, 2009, 13면.

64) 정상조, 저작권의 공동보유, 법학 40권 2호(통권 111호), 서울대학교 법학연구소, 235-236면. 이숙연, 전게논문, 14면. 박성호, 전게서, 242면.

양도에 관하여 저작권법 제45조(현행 저작권법 제48조)의 규정이 적용 또는 유추적용되는지 여부는 저작권의 특성, 공동보유자 상호간의 인적 결합관계, 저작재산권을 공동보유하게 된 경위 등을 종합적으로 고려하여 판단하여야 한다고 하였다. 그러면서 저작재산권을 후발적 사유에 의하여 공동보유하는 경우 특약에 의하여 배제하거나 공동보유자 상호간에 저작물의 행사 등에 관하여 협의할 만한 인적결합관계가 없는 특별한 경우가 아닌 한 저작재산권의 공동보유자 사이의 저작재산권의 행사 등에 관하여는 일반적으로 구 저작권법 제45조(현행 저작권법 제48조)를 유추적용함이 상당하다고 판시하였다.[65]

(3) 합의 없는 행사·동의 없는 처분의 효력

(가) 해석론

저작자 전원의 합의가 없는 상태에서 이루어진 이용허락이나 출판권의 설정 등 저작권의 행사와 다른 저작자의 동의가 없는 지분의 처분은 효력을 발생하지 않는다고 해석하는 것이 통설이다.[66] 따라서 공동저작재산권자 중 일부가 반대하거나 전원의 합의가 없는 상태에서 공동저작재산권자 중 일부만의 이용허락을 받아 저작물을 복제한 제 3 자는 그 이용허락이 무효이므로 복제권침해의 책임을 져야 한다. 또한 전원의 동의가 없는 지분이전을 받은 제 3 자는 그 지분을 다른 저작자는 물론이고 어느 누구에게도 주장할 수 없다. 다만, 제48조 제 1 항 후문, 즉 일부 공동저작재산권자가 합의의 성립을 방해하거나 동의를 거부하는 것이 신의에 반하는 것인 경우에는 사전에 전원 합의 또는 동의가 없었다 하더라도 그 이용허락이나 지분의 양도는 유효하다고 본다.

따라서 저작권의 행사나 지분의 처분에 있어서 합의 또는 동의가 성립되지 않는 경우, 합의 또는 동의를 바라는 저작자는 이에 응하지 않는 다른 저작자를 상대로 소송을 제기하여 의사표시에 갈음하는 판결을 받아 합의 또는 동의에 갈음할 수 있다(민법 제389조 제 2 항, 민사집행법 제263조 제 1 항). 법원은 합의의 성립을 방해하거나 동의를 거부하는 것이 신의에 반한다고 판단되는 경우 동의의 의사표시에 갈음하는 판결을 선고하게 된다. 그러나 항상 이와 같이 번잡한 절차를 거쳐야만 하는 것은 아니다.

예를 들어 A, B, C 3인의 공동저작물에서 A와 B가 甲에게 이용허락을 하기 위하여 C

65) 이 사건은 '두사부일체'라는 영화 제작을 함에 있어서 A는 투자금을, B는 영화의 제작이라는 노무를 각 출자한 사례이다. 이 판결에서는 A와 B를 공동저작자의 관계에 준하는 긴밀한 인적결합관계에 있다고 한 후, B의 동의를 받지 않고 A가 '두사부일체'에 관한 자신의 저작재산권의 지분 일체를 피고에게 양도한 것은 다른 저작재산권자인 B에게는 물론 그로부터 그 지분 일체를 승계한 피고에 대하여도 효력이 없다고 판시하였다.

66) 加戶守行, 전게서, 328면; 古城春實, 전게논문, 247면.

와 협의를 하였는데 C가 반대한 경우, 그 반대에도 불구하고 A와 B가 甲에게 이용허락을 하여 甲이 복제행위를 한 때에, 甲의 행위는 권한 없는 복제행위로 되고 따라서 저작권침해의 책임을 져야 한다. 그러므로 원칙적으로 A와 B는 먼저 C를 상대로 소송을 제기하여 동의에 갈음하는 의사표시를 명하는 판결을 받은 후에 甲에게 이용허락을 하여야만 침해의 책임을 면할 수 있다. 그러나 의사표시를 명하는 판결이 확정되기까지는 오랜 시간을 기다려야 하고 이용허락이나 지분의 양도는 시기를 놓치면 그 후에는 소용이 없어지거나 효용이 크게 떨어지게 되는 경우가 많다. 그럼에도 판결을 먼저 받아야만 이용허락이나 지분양도를 할 수 있다면 제48조 제 1 항 후문과 같은 규정을 둔 취지가 크게 몰각될 것이다.

이러한 불편을 피하기 위하여서는 C의 동의나 허락을 받지 않은 A와 B의 이용허락은 원칙적으로 무효라고 할 것이나, C의 반대가 신의에 반하는 것이면 곧바로 A와 B의 이용허락은 유효하고 따라서 침해의 책임도 없는 것으로 해석하는 것이 타당하다.[67] 그렇게 되면 앞의 예에서 A와 B는 C의 반대가 신의에 반하는 것이라고 스스로 판단할 경우 일단 甲에게 이용허락을 해 준다. 그리고 자신의 반대가 신의에 반하는 것이 아니라고 주장하는 C가 오히려 甲을 상대로 저작권침해소송을 제기하여야 하고(따라서 甲이나 A, B가 먼저 C를 상대로 동의의 의사표시에 갈음하는 판결을 재판으로 구할 필요는 없다) 그 소송에서 C의 반대가 신의에 반하는 것이었는지 여부가 판단된다. 결국 소송을 제기하여야 할 부담이 甲(또는 A, B)에게 있는 것이 아니라 C에게 있게 된다.[68]

(나) 판 례

하급심 판결 중 서울민사지방법원 1995. 4. 28. 선고 94가합50354 판결(확정)은 이러한 입장에서 해석을 하고 있는데, 결론적으로 사건의 간명한 처리를 도출해 낼 수 있어 주목할 만하다고 생각된다. 이 사건에서 문제가 된 저작물은 원고 A를 포함한 5인의 조사위원이 공동으로 조사를 진행하여 작성한 종합보고서이다. 조사위원회는 각 조사위원들의 조사결과를 수렴하여 조사보고서를 완성하였고, A는 이 조사보고서에 다른 조사위원 4인과 함께 작성자로서 서명, 날인하였다. 그 후 피고는 위 조사보고서와 조사과정에서 각 조사위원들이 각기 제출한 중간보고서들 및 관계 자료들을 한데 묶어 '종합보고서'라는 제목의 서적을 제작하였다. 이 사건에서 법원은, 위 종합보고서는 그 작성자로서 A 외 4인을 명시하고 있으므로 이는 개정 전 저작권법 제 9 조 단서의 기명저작물에 해당하여 각 그 작성자로 표시되어 있는 A 등 5인이 저작권을 가진다고 보아야 할 것이며, 한편 위 서적은 5

67) 古城春實, 전게논문, 248면.

68) 다만 이와 같은 해석은 저작재산권의 행사와 지분의 처분의 경우에만 허용될 수 있는 것이고, 인격적 요소가 강한 저작인격권의 행사에 있어서는 여전히 원칙에 따라 C의 허락 없는 행사는 무효로 보아야 한다는 견해가 있다(상게논문, 248면).

인의 작성자가 특정부분을 나누어 집필한 것이 아니라 공동의 조사내용을 토대로 공동으로 작성한 것으로 보이므로 이는 각자의 이바지한 부분을 분리하여 이용할 수 없는 공동저작물에 해당한다고 하였다. 그리고 공동저작자의 1인인 A가 저작인격권인 공표권에 기초하여 위 종합보고서의 출판, 배포 금지를 구하는 것은 신의칙에 반한다는 피고의 항변에 대하여, 위 종합보고서는 원래 피고가 기획을 하고 원고 등 조사위원들에게 조사를 위촉하여 그 조사결과를 보고하도록 하여 작성된 서적으로, 이러한 조사결과를 발표할 것인지 여부 등에 대하여는 일단 피고측에 그 권한이 귀속되는 것으로 피고와 조사위원들 사이에 합의가 있었던 사실, A가 작성명의인으로 되어 있는 이 사건 서적 중 문제가 된 부분은 전체 455면 중 10면에 불과한 사실, A가 이 사건 서적의 저작권을 문제삼자 피고는 A에게 위 자료 부분을 해당 서적에서 제외하고 A의 이름 및 서명을 삭제하며 그곳에 A는 본 보고서의 내용에 동의하지 않아 조사위원직을 사임한다는 뜻을 기재하여 주겠다고 제의하였으나 A가 이를 거절한 사실 등에 비추어 보면, 이 사건 서적의 전체적인 창작성에서 A의 기여부분이 차지하고 있는 비중은 극히 미미하다고 보이며, 피고측의 위와 같은 제의에 따른다고 하더라도 A의 기본적인 의도는 충분히 달성될 수 있다고 보이는데도 불구하고, 이 사건 서적의 내용이 "특정인의 명예를 훼손하는 것이며 이 사건 서적이 출판되면 A는 공동저작자로서 그로부터 손해배상청구를 당할 우려가 있다"는 등의 간접적이고 추상적인 이유만을 내세워 여러 사람의 노력이 응집되어 있는 공동저작물 전부에 대해, 그것도 이미 A 스스로 조사보고를 완료하여 그에 기하여 종합보고서가 제작 완료된 단계에서 출판, 발매, 배포의 금지를 구하는 원고 A의 이 사건 청구는 신의칙에 반하여 허용될 수 없다고 하였다.

이 판결은 앞에서의 해석론과 같이 합의에 반대한 공동저작자가 원고가 되어 제기한 저작권침해소송 속에서 그의 반대가 신의칙에 위배된 것인지 여부를 판단하고 있다. 결론적으로, 본건과 같은 경우 공동저작자 중 1인인 A의 허락을 받지 아니하고 저작물을 출판하는 피고의 행위는 A의 반대가 신의에 반하는지 여부를 판단하기에 앞서 일단 저작권침해행위라고 인정할 것은 아니며, A가 원고가 되어 제기한 저작권침해소송에서 피고가 A의 반대가 신의에 반한다는 것을 항변으로 적극 주장·입증하여 성공할 경우 저작권침해의 책임이 면제될 수 있는 것으로 보는 것이 타당하다고 생각된다.

서울고등법원 2019. 6. 13. 선고 2018나2059206, 2018나2059213(병합) 판결은, "여기에서 합의의 성립 방해가 신의에 반하는 것인지를 판단함에 있어서는, ① 해당 공동저작물의 목적, 성질 및 내용, ② 공동저작권자들 사이의 관계와 각자가 공동저작물의 창작에 기여한 정도, ③ 저작재산권 행사에 관한 합의가 성립되지 못한 경위, ④ 저작재산권 행사의 성질, 내용, 시기 등의 구체적 태양, ⑤ 저작재산권의 행사나 불행사로 인하여 공동저작권자들이 얻을 이익이나 입게 될 불이익의 내용·정도 및 그와 같은 불이익을 조정·완화해 줄 수 있는 수단이나 장치의 존재 여부, ⑥ 저작재산권 행사에 협력할 것이라는 신의를 상대방에게 주었거나, 상대방이 그러한 신의를 형성할 만한 특별한 사정이 존재하는지 여부 등 제반 사정을 종합적으로 고려하여, 저작재산권 행사를 반대하는 공동저작권자가 합의의 성립을 방해함으로써 저작재산권을 행사하려는 공동저작권자의 저작재산권 행사를 불가능하게 하는 것이 신의성실의 원칙 또는 금반언의 원칙에 위배되는지를 판단하여야 한다."라고 판시하였다.

이와 관련하여 대법원은, 공동저작자가 저작권법 제48조의 저작재산권 행사 방법에 관한 규정을 위반하여 다른 공동저작자와의 합의 없이 공동저작물의 이용행위를 한 경우에 그것을 단순히 제48조의 저작재산권 행사방법에 관한 규정을 위반한 것으로 그에 따라 민사책임을 지는 것으로 족하다고 보아야 할 것인지, 아니면 공동저작물에 대한 저작재산권을 침해한 것으로 보아 저작재산권 침해에 따르는 민사상·형사상의 구제 수단을 모두 인정할 것인지가 문제로 된 사안에서 주목할 만한 판시를 하고 있다.

대법원 2014. 12. 11. 선고 2012도16066 판결(이른바 '친정엄마 판결')은 "공동저작물의 저작재산권은 그 저작재산권자 전원의 합의에 의하지 아니하고는 이를 행사할 수 없다는 저작권법의 규정은 어디까지나 공동저작자들 사이에서 각자의 이바지한 부분을 분리하여 이용할 수 없는 단일한 공동저작물에 관한 저작재산권을 행사하는 방법을 정하고 있는 것일 뿐이므로, 공동저작자가 다른 공동저작자와의 합의 없이 공동저작물을 이용한다고 하더라도 그것은 공동저작자들 사이에서 위 규정이 정하고 있는 공동저작물에 관한 저작재산권의 행사방법을 위반한 행위가 되는 것에 그칠 뿐 다른 공동저작자의 공동저작물에 관한 저작재산권을 침해하는 행위까지 된다고 볼 수는 없다"고 판시하였다.[69]

그러나 이러한 대법원 판결에 대하여는 반대하는 학설도 유력하다. 반대설은, 대법원 판결과 같이 해석할 경우 저작권 보호에 중대한 공백이 발생한다는 점,[70] 특허권이 공유인

69) 사안은, 甲 은 '친정엄마'라는 제목의 수필의 창작자인데, 甲의 동의 아래 乙이 그 수필을 기초로 연극대본을 집필하였다. 그 후 甲은 乙의 동의 없이 그 연극대본을 기초로 뮤지컬대본을 집필하였고, 그 뮤지컬대본에 따라 공연기획사가 뮤지컬 공연을 하도록 하였다. 이에 乙이 甲을 형사 고소한 사건이다. 대법원은 위 연극대본은 甲과 乙의 공동저작물인데, 甲이 공동저작자 乙과 합의 없이 공동저작물을 이용하였다고 하더라도 저작권법 제136조 제1항의 저작재산권침해에 따른 형사책임은 지지 않는다고 하였다.

70) 이해완, 저작권법, 제3판, 박영사(2015), 350-352면. 예를 들어 10명의 공동저작자가 100억 원 정도가 투자된 프로젝트를 통해 공동저작물을 만들었는데, 마침 그 10명의 공동저작자 중에 1%의 실질적 기여를 한 사람이 포함되어 있고, 그가 다른 공동저작자의 동의 없이 그 저작물 전체를 단독으로 이용함으로써 그 투자가치가 모두 소진되어 버리게 된 경우에도 그것은 '권리행사 방법'의 문제일 뿐 저작권침해가 아니라고 하여 저작권법상의 구제수단을 무력화시키는 결론을 내리게 되어 타당성이 없다고 한다.

경우에 특별히 계약으로 약정한 경우를 제외하고는 각 공유자는 다른 공유자의 동의 없이 실시할 수 있다는 명문의 규정을 두고 있는 점에 비추어 볼 때, 그러한 명문규정을 두고 있지 않은 저작권법의 경우에는 침해로 보아야 한다는 점[71] 등을 근거로 들고 있다.[72]

나. 공동저작물의 저작인격권 행사

공동저작물의 저작인격권 역시 저작자 전원의 합의에 의하지 아니하고는 이를 행사할 수 없다. 다만 이 경우 각 저작자는 신의에 반하여 합의의 성립을 방해할 수 없다(저작권법 제15조 제 1 항). 공동저작자 각자의 의사를 존중하면서도 합의의 성립을 촉구하여 저작물의 원활한 이용을 도모하고 있는 것이다. 그리고 공동저작물의 저작자는 그들 중에서 저작인격권을 대표하여 행사할 수 있는 자를 정할 수 있고, 이때 그 권리를 대표하여 행사하는 자의 대표권에 가하여진 제한이 있을 때에 그 제한은 선의의 제 3 자에게 대항할 수 없다(같은 조 제 2, 3 항).

여기서의 "신의에 반하여"라고 하는 것은 사전에 뚜렷이 합의하지는 않았더라도 공동저작물의 작성 목적, 저작인격권 행사의 구체적 내용이나 방법 등에 비추어 공동저작물에 대한 저작인격권의 행사를 할 수 없도록 하는 것이 신의성실의 원칙 및 금반언의 원칙에 비추어 부당하다고 여길 만한 상황을 말한다.[73]

다. 보호기간

일반 저작물의 저작재산권의 보호기간은 원칙적으로 저작자의 사망 후 70년간으로 되어 있다(저작권법 제39조 제 1 항). 그러나 공동저작물의 경우에는 사망시점이 저작자마다 달라질 수 있으므로 공동저작물의 저작재산권은 맨 마지막으로 사망한 저작자의 사후 70년간 존속하는 것으로 규정하고 있다(같은 조 제 2 항).

공동저작자가 모두 법인인 경우, 예를 들어 법인A와 법인B가 공동저작자인 공동저작물의 경우에는 업무상저작물에 관한 보호기간 규정이 적용되어야 하므로 그 저작재산권의 보호기간은 원칙적으로 공표한 때로부터 70년이라고 보아야 할 것이다(저작권법 제41조 본

---

71) 김병일, "공동저작과 저작물의 공유 - 대법원 2014. 12. 11. 선고 2012도16066 판결의 평석을 중심으로", (사)한국저작권법학회 2015 상반기 학술세미나 자료집, 89면.

72) 박준석, "다른 공동저작자의 동의 없는 공동저작물 자기이용 가능성", 한국저작권위원회, 계간 저작권, 2022년 겨울호, 제35권 제4호(통권 제140호)에서는, 이 대법원 판결에 대하여 저작권법 제48조의 문리해석을 벗어났다는 점 외에, 민법상 고유 규율을 저작권법 특색의 고려 없이 그대로 준용한 점, 저작인격권의 존재 등 공동저작물 권리자들 상호 관계는 특허법 등 다른 지적재산권의 경우와 다르다는 점을 고려하지 않았다는 점, 복제행위와 공연행위는 별개의 권리 대상이라는 점 등을 들어 비판하고 있다.

73) 이해완, 전게서, 238-239면.

문). 한편, 법인과 자연인인 개인 간의 공동저작물인 경우 업무상저작물에 관한 규정을 적용하여 공표한 때로부터 70년으로 볼 것인지, 자연인에 관한 규정을 적용하여 그 개인의 사후 70년으로 볼 것인지 불분명하다. 공동저작물의 경우 맨 마지막으로 사망한 저작자의 사후 70년으로 규정하고 있는 저작권법의 규정 취지를 고려할 때, 위 두 보호기간 중 더 긴 쪽을 보호기간으로 산정하는 것이 타당하다.[74]

라. 침해에 대한 구제

공동저작물의 각 저작자 또는 각 저작재산권자는 다른 저작자 또는 다른 저작재산권자의 동의 없이 저작권을 침해하는 자에 대하여 저작권법 제123조에 따라 침해의 정지를 청구할 수 있으며, 침해할 우려가 있는 자에 대하여 침해의 예방 또는 손해배상의 담보를 청구할 수 있고, 침해행위에 의하여 만들어진 물건의 폐기나 그 밖의 필요한 조치를 청구할 수 있다. 또한 공동저작물의 각 저작자 또는 각 저작재산권자는 그 저작재산권의 침해에 관하여 자신의 지분비율에 따라 저작권법 제125조에 의한 손해배상의 청구를 할 수도 있다(저작권법 제129조).

공동저작물의 저작인격권 행사 및 그 구제방법 등에 대하여는 제 4 장 제 2 절 '저작인격권' 부분과 제10장 '저작권침해에 대한 구제' 부분에서 다시 한 번 상세하게 살펴보기로 한다.

Ⅱ. 결합저작물의 저작자

1. 의 의

결합저작물은 복수의 저작자가 창작에 관여한다는 점에서는 공동저작물과 같지만, 그 작품 전체의 창작에 관여한 저작자 사이에 공동관계가 인정되지 않고, 각자의 기여분이 분리되어 이용될 수 있는 것으로, 사실상 단독저작물의 단순결합이라고 보아야 할 저작물이다. A, B, C, D 4인의 저자가 각각 민법총칙, 물권법, 채권법, 친족상속법 부분을 독자적으로 집필하고 이들을 하나로 묶어 민법개론이라는 하나의 서적을 제작한 경우, 가사에 악곡을 붙인 것, 신문의 연재소설과 삽화 등이 이에 해당한다.[75]

74) 박성호, 전게서, 243면.
75) 허희성, 전게서, 33면 참조.

저작권법은 결합저작물에 대한 정의규정은 두고 있지 않다. 결합저작물은 복수의 저작물을 단순히 모아 놓은 것에 지나지 않기 때문이다. 따라서 결합저작물은 강학상의 개념이며, 그 중에는 소재의 선택이나 배열 및 구성에 창작성이 있는 편집저작물도 있고, 그렇지 못한 단순수집물도 있다. 단순수집물에 해당하는 결합저작물은 저작권법상 일반 저작물과 별도로 논할 실익이 있는 것은 아니다. '결합저작물의 저작자'라는 개념도 없으며, 그 결합저작물에 수록된 개별저작물의 개별저작자들만이 존재할 뿐이다. 그렇기 때문에 공동저작물과 대립되는 개념으로서 결합저작물을 굳이 저작권법에 별도로 규정할 필요도 없는 것이다. 다만, 이하에서는 논의의 편의를 위하여 강학상 결합저작물의 개념에 대하여 검토해 본다.

2. 공동저작물과의 차이

공동저작물에 관한 저작권법 제15조, 제48조 등의 특칙이 결합저작물에 대하여는 적용되지 않는다. 그 결과, A와 B가 창작한 외형상 1개의 저작물이 결합저작물이라고 할 때,

(1) A가 작성한 부분을 이용하고자 하는 자는 A의 허락만을 얻으면 되고 B의 허락을 받을 필요는 없다.
(2) A는 자기가 작성한 부분을 B의 동의를 얻지 않고 자유롭게 제 3 자에게 양도 또는 이용허락 해 줄 수 있다.
(3) A의 사후 70년이 경과하였지만 B의 사후 70년은 아직 경과하지 않은 경우, A의 작성부분은 누구라도 자유롭게 이용할 수 있지만, B의 작성부분은 B의 허락을 받지 않으면 이용할 수 없다.

반대로 A와 B가 창작한 외형상 1개의 저작물이 공동저작물에 해당한다면,

(1) A의 분담부분을 이용하려는 자는 A와 B의 허락을 모두 얻어야 한다.
(2) A는 B의 동의를 조건으로 자기의 지분을 제 3 자에게 양도할 수 있지만, 자기의 분담부분이라고 생각되는 부분을 분리하여 양도할 수는 없다.
(3) A의 사후 70년을 경과하였지만 B의 사후 70년은 아직 경과하지 않은 경우, B의 허락이 없으면 저작물 전체는 물론이고 A의 분담부분만을 이용하는 것도 불가능하다.[76)]

---

76) 半田正夫, 전게서, 64면.

3. 가사와 악곡의 결합

공동저작물과 결합저작물의 구별에 관하여 우리 법이 취하고 있는 개별적 이용가능성설에 의하면 노래의 가사와 악곡이 결합한 것은 특별한 사정이 없는 한 결합저작물이라고 보는 것이 합당하다. 음악저작물은 가사와 악곡이 일체로 이용되는 것이 보통이지만, 가사만을 출판한다거나 악곡만을 연주하는 것처럼 가사와 악곡을 분리하여 이용하는 것도 가능하기 때문이다. 따라서 가요곡이나 오페라곡, 뮤지컬곡 같이 가사와 악곡으로 구성되어 있는 음악저작물은 결합저작물이 되며, 이때 가사만을 이용하는 경우에는 원칙적으로 작사자의 허락만 받으면 되고 악곡만을 이용하는 경우에는 작곡자의 허락만 받으면 된다.

작사가와 작곡가가 창작에 있어서 서로 영향을 준 경우에는 그 영향의 정도에 따라서 두 가지로 나누어 볼 수 있다. 먼저, 가사와 악곡을 모두 합작한 경우, 즉 가사의 창작이나 악곡의 창작을 모두 甲과 乙이 공동으로 한 경우에는 가사도 甲과 乙의 공동저작물이 되고 악곡도 甲과 乙의 공동저작물이 된다. 그리고 그 가사와 악곡으로 성립된 가요곡 저작물은 이 두 개의 저작물로 이루어진 결합저작물이 된다. 두 번째로, 甲이 가사를 작성함에 있어 乙이 조언을 주고, 乙이 악곡을 작성함에 있어 甲이 조언을 준 경우다. 이때 조언을 준 것만으로는 저작자로 될 수 없으므로, 가사는 甲의, 악곡은 乙의 단독저작물이 되고, 이러한 가사와 악곡으로 성립된 가요곡 저작물은 이 두 개의 저작물로 이루어진 결합저작물이 된다.[77]

가사와 악곡이 결합한 음악저작물을 결합저작물로 보면 가사와 악곡의 보호기간이 달라지고, 따라서 공동저작물로 취급하는 경우에 비하여 가사나 악곡 중 한 쪽의 보호기간이 짧아지게 될 뿐만 아니라 권리의 획일적 처리가 곤란해진다. 이 때문에 오페라 등 경제적 가치가 높은 저작권을 많이 가지고 있는 프랑스와 이탈리아에서는 오페라 등을 공동저작물로 규정하고 있으며,[78] 우리나라 실무에서도 법리적인 타당성을 떠나 악곡과 가사를 공동저작물로 취급하는 경우가 있다(이러한 실무상 취급에 대하여는 앞의 제 2 장 제 2 절 '저작물의 분류' 중 '음악저작물' 부분 참조).

4. 본문과 삽화

하급심 판결 중 서울민사지방법원 1992. 6. 5. 선고 91가합39509 판결(일명, '표준전과' 사

77) 상게서, 67면.
78) 內田 晋, 전게서, 103면.

건[79]은 교과서 본문과 삽화를 결합저작물로 보고 있다. 이 사건 원고는 삽화 등을 그리는 화가로서 초등학교 국어교과서의 삽화 119점을 제작하여 주었고, 이에 따라 제작된 초등학교 국어교과서의 뒤표지에는 '삽화가 A'로 원고의 이름이 표시되어 있었다. 한편 피고는 초등학교용 전과 등을 전문으로 출판하는 회사로서 원고가 제작한 삽화를 사용하여 '표준전과'라는 초등학교용 전과를 제작판매하면서 원고를 삽화의 저작자로 표시하지 아니하였다. 이에 원고가 성명표시권 침해를 주장하자 피고는, 삽화와 본문은 분리이용 가능성이 없는 공동저작물이므로 구성물인 삽화에 대한 개별적 저작권은 성립하지 아니하므로 원고는 피고에 대하여 삽화에 대한 저작권을 주장할 수 없다고 다투었다. 법원은, 공동저작물은 2인 이상이 공동으로 창작한 저작물로서 각자가 이바지한 부분을 분리하여 이용할 수 없는 것인데, 교과서는 그 내용인 글과 원고가 제작한 삽화를 배열하여 이루어진 저작물로서 삽화가 글과 분리되어 이용될 수 있어 공동저작물이 아니고 편집저작물[80]이므로, 피고가 주장하는 바와 같이 설사 위 교과서의 저작권은 교육부에 있더라도 이에 수록된 삽화에 대한 저작권은 원저작자인 원고에게 있다고 할 것이니, 원고의 성명을 표시하지 아니한 것은 원고의 성명표시권을 침해한 것이라고 하였다.[81]

5. 뮤 지 컬

대법원 2005. 10. 4.자 2004마639 결정[82]은, 뮤지컬은 음악과 춤이 극의 구성·전개에 긴밀하게 짜 맞추어진 연극으로서, 각본, 악곡, 가사, 안무, 무대미술 등이 결합된 종합예술의 분야에 속하고 복수의 저작자에 의하여 외관상 하나의 저작물이 작성된 경우이기는 하나, 그 창작에 관여한 복수의 저작자들 각자의 이바지한 부분이 분리되어 이용될 수도 있

79) 하급심판결집, 1992-2, 290면(확정).

80) 판결이유에서 '편집저작물'이라고 하고 있으나, 문맥상 정확하게는 '결합저작물'을 의미하는 것으로 이해하여야 할 것이다.

81) 한편 이 사건에서 피고의 주장처럼 이 사건 교과서가 공동저작물이라면 삽화가인 원고는 저작권을 주장할 수 없는 것일까? 그것은 그렇지 않다. 물론 삽화 자체에 대한 개별적인 저작권을 주장할 수는 없겠지만, 이 사건 교과서가 공동저작물이라면 그 저작인격권과 저작재산권은 저작자 전원의 합의에 의하지 않고는 행사할 수 없는 것이므로(저작권법 제15조, 제48조), 피고가 표준전과를 제작하면서 삽화가로서 공동저작자인 원고의 허락을 받지 아니하였다면 원고는 다른 저작자의 동의가 없더라도 저작권법 제123조에 의한 침해의 정지, 침해행위에 의하여 만들어진 물건의 폐기나 기타 필요한 조치를 청구할 수 있는 것은 물론, 같은 법 제125조, 제129조에 따라 저작재산권의 침해에 관하여 자신의 지분에 기한 손해배상의 청구를 할 수도 있다. 즉, 이 사건에서 피고는 주장 자체에서 이유가 없는 항변을 하고 있는 셈이다.

82) 일명, '뮤지컬 사랑은 비를 타고' 사건으로, 서울고등법원 2004. 7. 5.자 2004라246 결정에 대한 재항고심 판결.

다는 점에서 공동저작물이 아닌 단독 저작물의 결합에 불과한 이른바 '결합저작물'이라고 봄이 상당하고, 뮤지컬 자체는 연극저작물의 일종으로서 영상저작물과는 그 성격을 근본적으로 달리하기 때문에 영상물제작자에 관한 저작권법상의 특례규정이 뮤지컬 제작자에게 적용될 여지가 없으므로 뮤지컬의 제작 전체를 기획하고 책임지는 뮤지컬 제작자라도 그가 뮤지컬의 완성에 창작적으로 기여한 바가 없는 이상 독자적인 저작권자라고 볼 수 없으며, 뮤지컬의 연기자, 연출자 등은 해당 뮤지컬에 관여한 실연자로서 그의 실연 자체에 대한 복제권 및 방송권 등 저작인접권을 가질 뿐이라고 하였다.

그러나 이 대법원 결정에 대하여는, 일부 저작물이 분리이용이 가능하다고 하여 그것만으로 뮤지컬을 '결합저작물'이라고 결론을 내리는 것은 타당하지 않다는 비판이 있다. 전체로서의 뮤지컬 저작물 중에는 '분리할 수 없는 부분'(integral part)이 상당수 존재하고 그러한 기여분이 상호간에 밀접한 관련 속에 종합예술로서 뮤지컬을 구성하고 있기 때문이라고 한다.[83]

제 4 절 업무상저작물의 저작자

Ⅰ. 서 설

1. 의 의

저작물은 인간의 사상이나 감정을 표현한 창작물이므로 저작자는 원래 창작자, 그 중에서도 실제로 정신적 창작활동을 하는 자연인만이 될 수 있다는 것이 대륙법계의 기본적인 시각이다. 이와 같이 창작은 자연인만이 할 수 있고, 또 그 자연인 중에서도 실제로 창작행위를 한 자연인만이 저작자가 되어 저작권을 원시적으로 취득한다는 것을 '창작자원칙'이라고 한다. 창작행위는 의사표시를 요소로 하는 법률행위가 아니라 사실행위이기 때문에 민법상 대리가 성립할 여지가 없고, 따라서 대리인으로 하여금 창작하게 하고 그 법률효과인 저작권을 본인이 직접 원시적으로 취득할 수도 없다.[84] 그렇다면 자연인과 달리 실제로 정신적 활동을 할 수 없는 법인이나 단체는 그 자체로서는 창작행위를 할 수 없고 저작자가 될 수도 없어야 하는 것이 원칙이다. 그런데 저작권법은 이와 같이 실제 창작자

---

83) 최경수, 전게서, 178면.
84) 민법주해(Ⅲ), 박영사(1992), 4면(손지열 집필 부분); 박성호, 전게서, 190면.

인 자연인이 저작자가 된다는 대원칙에 대한 중대한 예외로서, 법인·단체 기타 사용자와 일정한 관계에 있는 자연인이 창작한 저작물의 저작자를 그 법인 등이 되는 경우가 있음을 규정하고 있다. 즉, 저작권법 제 2 조 제31호는 "법인·단체 그 밖의 사용자(이하 '법인 등'이라 한다)의 기획 하에 법인 등의 업무에 종사하는 자가 업무상 작성하는 저작물"을 '업무상저작물'로 정의하면서, 제 9 조에서 "법인 등의 명의로 공표되는 업무상저작물의 저작자는 계약 또는 근무규칙 등에 다른 정함이 없는 때에는 그 법인 등이 된다"고 규정하고 있다.

이와 같이 피용자 등 사용자와 일정한 관계에 있는 자가 그 사용자에 대한 업무로서 작성하는 저작물을 업무상저작물이라고 하며, 업무상저작물이 저작권법 제 9 조에서 정한 공표요건을 충족하게 되면 사용자가 저작자가 되는 특별한 취급을 받게 된다. 위 제 9 조의 요건을 충족하는 업무상저작물의 한 종류로서 그 사용자가 법인 또는 단체인 경우를 특히 법인저작물(또는 단체명의저작물)이라고 부르기도 하였으나, 개정된 현행 저작권법에서는 모두 '업무상저작물'로 명칭을 통일하였다.

업무상저작물 규정에 대하여는 위헌소지가 있다는 주장이 있었다. 이에 이 규정이 정당한 보상이나 정보 이용에 관한 예외 없이 업무상 저작한 저작물의 저작자를 사용자로 정하고, 피용자가 퇴직 후 동종업계에서 취업하거나 창업하지 못하게 하므로 저작자·발명가·과학기술자와 예술자의 권리를 보호하는 헌법 제22조 제2항, 직업선택의 자유를 보장하는 헌법 제15조, 개인과 기업의 경제상의 자유와 창의를 존중함을 기본으로 하는 경제질서를 규정한 헌법 제119조 제1항에 위반된다는 이유로 위헌심판이 제기되었으나, 헌법재판소는 2018. 8. 30.자 2016헌가12 결정으로 합헌판정을 내렸다. 이 결정은 업무상저작물 규정의 입법목적과 관련하여, "업무상저작물이 창작되는 실태에 비추어보면, 여러 피용자가 협업하여 작성하고 각자가 작성에 이바지하는 정도나 모습이 다양하여 창작자를 특정하기 쉽지 않다. 창작자를 특정할 수 있다고 하더라도 이들이 저작권을 행사할 경우 향후 업무상저작물을 이용할 때 권리관계가 번잡해질 우려가 있다. 프로그램의 경우 이러한 우려가 더욱 크다. 프로그램이 컴퓨터에서 효율적으로 이용되려면 자주 개량되고, 개량된 프로그램은 디지털화·네트워크화된 환경 속에서 원활하게 유통되어야 한다. 프로그램을 작성한 피용자가 저작자로서 저작권을 행사할 경우 프로그램이 빈번하게 개량되거나 활발하게 유통되기는 쉽지 않다. 한편 업무상저작물의 창작 과정에는 자본이 투여되므로 이를 기획하는 법인 등이 자본을 회수하고 이윤을 획득할 수 있도록 하여 지속적인 창작이 이루어지도록 유인해야 할 필요성도 인정된다. 특히 프로그램의 창작 과정에는 여러 피용자가 법인 등의 기획에 따라 기능적으로 관여하게 되는바, 법인 등의 역할이나 기여가 다른 업무상저작물에 비하여 더욱 중요하다. 이와 같이 심판대상조항이 업무상 창작된 프로그램의 저작자를 법인 등으로 정한 것은 권리관계를 명확히 하고, 이를 바탕으로 프로그램이 활발하게 개량되고 유통되며, 나아가 지속적이고 안정적으로 창작되도록 유인하기 위한 것으로서, 그 입법목적이 정당하다."고 판시하였다.

저작권법 제 9 조의 요건을 갖추지 않은 일반적인 업무상저작물은 그 창작자인 피용자가 저작자로 되므로 다른 일반적인 저작물과 다를 바 없고 이에 관하여는 특별히 설명할 것이 없다. 이하에서는 저작권법 제 9 조의 공표요건까지 갖춘, 따라서 그 사용자가 저작자로 되는 업무상저작물에 관하여 검토해 보기로 한다.

2. 입 법 례

앞서 '저작자의 의의' 부분에서 본 바와 같이 대륙법 계통의 입법례에서는 저작물의 창작자는 오로지 자연인만이 될 수 있고 법인 등 단체는 저작자가 될 수 없다고 보는 것이 원칙이다. 따라서 법인의 피용자가 그 법인의 업무상저작물을 제작하였다 하더라도 그 저작자는 피용자이고 저작권도 피용자에게 귀속된다. 그러나 그렇게 될 경우 창작의 기회를 제공한 법인은 그 저작물을 마음대로 이용할 수 없게 되므로, 대륙법계의 여러 나라는 법인 등 사용자에 의한 저작물의 원활한 이용을 도모하기 위한 여러 가지 제도를 두고 있다. 통일 전 구 서독의 저작권법에서는 사용자와 피용자 사이의 계약에 의하여 저작물의 이용권을 사용자에게 양도하는 것으로 규정하고 있었고, 구 동독이나 불가리아, 헝가리의 법은 법인 등의 사용자가 그 활동과 관련된 목적으로 대가 없이 그 저작물을 이용할 수 있다고 규정하고 있었다. 이러한 대륙법계 입법례에 의할 경우 법인 등 사용자가 취득할 수 있는 업무상저작물에 대한 권리는 저작재산권 뿐이고 저작인격권은 그대로 저작자인 피용자에게 잔존하게 된다.[85)]

이에 반하여 미국을 비롯한 영미법계의 나라들은 업무상저작물의 경우 '법적 의제'의 방법을 통하여 저작자의 지위와 저작권이 법인 등 사용자에게 원시적으로 귀속된다고 규정함으로써 법인 등 사용자가 저작자로 되는 효과를 부여하고 있다. 그런데 대륙법계 전통을 따르는 우리나라와 일본의 저작권법은, 업무상저작물에 대하여 일정한 요건을 갖춘 경우에 법인 등 사용자를 그 저작자라고 규정함으로써 특이하게도 영미법계의 입법태도를 따르고 있다.[86)]

---

85) 박성호, 업무상 작성한 저작물의 저작권 귀속, 한국저작권논문선집(Ⅰ), 저작권심의조정위원회, 1992, 121면.

3. 취 지

저작권법이 특별히 업무상저작물에 관한 규정을 두고 있는 취지는, 오늘날 저작물 창작이 이루어지는 현장의 실제를 보면, 법인 등 단체의 내부에서 여러 사람의 협동작업에 의하여 창작이 이루어지는 경우가 많으며, 이러한 경우에 그 여러 사람의 관여의 정도라든가 태양이 각양각색이어서 구체적으로 누가 창작자인지를 찾아내는 것이 사실상 어렵고 현실에도 부합하지 않는 사례가 많다는 점과, 권리관계를 단순화하여 저작물의 이용을 원활하게 할 수 있다는 점에서 아예 법인이나 단체 등 그 사용자에게 원시적으로 저작자의 권리를 부여하고자 하는 것이다.[87)]

이와 같이 법인 등에게 저작자로서의 지위를 부여하는 저작권법 제 9 조의 규정은 저작권법 제 2 조 제 2 호의 "저작자란 저작물을 창작한 자를 말한다"는 저작권법의 일반원칙에 대하여 중대한 예외를 인정하는 것이 된다. 따라서 법 제 9 조의 입법취지와 실제로 저작물을 창작한 자가 저작자라고 하는 일반원칙, 저작권법이 저작자에게 저작재산권 외에 저작인격권을 부여하고 있는 취지 등을 고려하여 법 제 9 조는 가능한 한 제한적으로 적용하고 축소해석되어야 한다는 견해가 유력하다.[88)] 이 견해와 같은 취지에서 대법원 1992. 12. 24. 선고 92다31309 판결(일명, '롯티' 사건)[89)]은, 상업적 성격이 강하고 주문자의 의도에 맞추어야 할 필요성이 큰 저작물의 경우에도 업무상저작물에 관한 규정은 예외적으로 적용되어야 한다고 판시하였다. 대법원은 그 이유로서, "저작권법은 저작물을 창작한 자를 저작자로 하고(제 2 조 제 2 호), 저작권은 저작한 때로부터 발생하며 어떠한 절차나 형식의 이행을 필요로 하지 아니하며(제10조 제 2 항), 저작인격권은 이를 양도할 수 없는 일신 전속적인 권리로(제14조 제 1 항) 규정하고 있고, 이 규정들은 당사자 사이의 약정에 의하여 변경할 수 없는 강행규정이라고 할 것인바, 비록 이 사건 저작물(놀이공원을 상징하는 너구리 캐릭터 도안)과 같이 상업성이 강하고 주문자의 의도에 따라 상황에 맞도록 변형되어야 할 필요성이 큰 저작물의 경우에는 재산적 가치가 중요시되는 반면, 인격적 가치는 비교적 가볍게 평가될 것이기는 하지만, 이러한 저작물도 제작자의 인격이 표현된 것이고, 제작자가 저작물에 대하여 상당한 애착을 가질 것임은 다른 순수미술작품의 경우와 다르지 않을 것이고, 위 법규정의 취지 또한 실제로 저작물을 창작한 자에게만 저작인격권을 인정하자는 것이라고 볼 수 있으므로 상업성이 강한 응용미술작품의 경우에도 당사자 사이의 계약에 의하

86) 상게논문, 121-122면.
87) 半田正夫, 전게서, 69면.
88) 박성호, 전게논문, 123면.
89) 이 판결의 상세한 사실관계는 제 4 장 제 2 절 '저작인격권' 중 동일성유지권 부분 참조.

여 실제로 제작하지 아니한 자를 저작자로 할 수는 없다"고 하면서, 저작권법 제 9 조를 해석함에 있어서는 위 규정이 예외규정인 만큼 이를 제한적으로 해석하여야 하고 확대 내지 유추해석하여 저작물의 제작에 관한 도급계약에까지 적용할 수는 없다고 하였다.[90)]

4. 법인의 저작행위

법인 등 단체가 저작행위를 할 수 있는가에 관하여는 긍정설과 부정설이 대립해 왔다. 긍정설은 법인실재설(法人實在說)에 입각하여 법인의 기관 등의 저작행위를 법인의 저작행위로 인정한다. 이에 대하여 부정설은 법인의제설(法人擬制說)에 입각하여, 정신적 창작행위는 오로지 자연인만이 할 수 있고 법인의 저작행위라는 것은 인정할 수 없는데, 다만 저작권 행사의 편의상 일정한 관계에 있는 자연인의 저작행위를 법인의 저작행위로 의제하는 것에 지나지 않는다고 한다. 저작권법은 제 9 조에서 " … 저작자는 … 법인 등이 된다"라고 규정하고 있어서 규정형식만을 놓고 볼 때 부정설보다는 긍정설 쪽에 가깝다고 보인다.[91)]

그런데 긍정설에 의하면 다른 쪽에서 해석상 문제가 생긴다. 첫째, 법인의 저작행위를 인정하면 법인의 기관이나 수족으로서 실제의 저작행위를 한 자연인이 창작한 모든 저작물의 저작자를 법인으로 보아야 하는데, 저작권법은 "법인 등의 명의로 공표되는 것"에 한정하여 법인이 저작자로 된다고 한다. 둘째, 법인의 저작행위를 인정하고 법인이 저작자로 될 수 있다면 이론적으로 법인에 소속되어 직무에 종사하는 자가 저작자로 될 여지는 없는데, 저작권법은 "계약 또는 근무규칙 등에 다른 정함이 없는 때"로 한정하고 있다. 이런 점에서 본다면 저작권법은, 저작행위를 할 수 있는 것은 어디까지나 자연인에 한정된다는 전제 아래, 일정한 요건을 구비한 저작물에 대하여는 저작권 이용 및 거래의 편의상 법인을 저작자로 의제한 것이라고 해석된다.[92)]

---

90) 이 사건에서는, 신청인이 제작한 롯데월드의 상징도안(캐릭터)인 너구리도안의 기본도안과 응용도안은 그 소재의 선정뿐 아니라 제작에 있어서도 전적으로 제작자인 신청인의 재량과 예술적인 감각 및 기술에 의하였다는 점을 인정하고 있다.

91) 半田正夫, 전게서, 68면; 부정설에 의한다면, " … 저작자는 … 법인 등으로 본다"라고 규정하는 형식을 취했을 것이라고 한다.

92) 半田正夫, 전게서, 69면.

Ⅱ. 요 건

업무상저작물이 저작권법 제 9 조에서 정하는 일정한 요건을 갖추면 실제 창작을 한 자가 아닌 법인 등 사용자가 저작자가 된다. 아래에서 그 요건을 살펴본다.

1. 법인·단체 그 밖의 사용자가 저작물의 작성에 관하여 기획할 것

가. 사용자의 의의

저작권법 제 9 조에서 말하는 '법인·단체 그 밖의 사용자'라 함은 법인격의 유무를 묻지 아니하고 국가나 지방자치단체, 회사, 학교 기타 모든 단체를 포함한다. 법인격이 없는 사단이나 재단도 대표자 또는 관리인이 정해져 있으면 이에 포함된다. 개인인 사용자도 포함하는가에 관하여는 법문상 이를 특별히 제한하여 규정하고 있지 않으므로 포함된다고 해석함이 타당하다.[93]

나. 저작물의 종류

저작권법 제 9 조는 저작물의 종류에 대하여 명백하게 규정하고 있지 않지만, 2차적저작물을 포함하여 모든 저작물에 적용이 있는 것으로 해석된다. 다만, 영상저작물에도 그 적용이 있는가에 관하여는 다소 의문이 있다. 그러나 영상저작물에도 제 9 조가 당연하게 적용되며, 저작권법 제 5 장(제99조 내지 제101조)의 '영상저작물에 대한 특례'는 제 9 조의 업무상저작물 규정이 적용될 수 없는 영상저작물의 경우에만 적용되는 것이라고 해석함이 타당하다.[94] 하급심 판결 중에도 같은 취지에서 "이 사건 영상시연물은 신청인 회사의 직원이던 피신청인들이 신청인의 총괄적 기획 및 지휘·감독 하에 창작한 작품으로서 신청인 명의로 외부에 공표되었으므로 그 저작권은 영상제작자에 대한 특칙과 관계없이 바로 법인인 신청인에게 귀속된다"고 한 것이 있다.[95] 이러한 해석에 따르면 영상저작물에 관한 특례를 규정한 저작권법 제100조 제 1 항은 영상저작물의 저작자가 누구인가를 결정하는 규정이 아니라 영상저작물의 원활한 유통을 위하여 영상제작자에게 영상저작물 중 일정한 저작재산권이 양도 추정된다는 규정일 뿐이다. 즉, 저작권법 제100조 제 1 항은 영상저작물이 저작권법 제 9 조의 업무상저작물 적용대상이 아닌 경우에 영상저작물의 유통을 원활히

---

93) 齊藤 博, 職務著作, 裁判實務大系－知的財産關係訴訟法, 전게논문, 236면; 半田正夫, 전게서, 70면.
94) 장인숙, 저작권법원론, 보진재출판사, 1989, 210면; 박성호, 전게논문, 125면에서 재인용.
95) 서울고등법원 2000. 9. 26.자 99라319 결정. 박성호, 전게서, 202면에서 재인용.

하고 권리관계를 명확히 하기 위하여 적용되는 규정이다. 그러므로 어느 영상저작물이 저작권법 제 9 조의 요건을 갖추어 법인 등 사용자(영상제작자)가 저작자로 되는 경우에는, 영상저작물을 이용하는 데에 필요한 복제권이나 배포권 등은 당연히 그 저작자인 영상제작자에게 원시적으로 귀속되므로, 저작권법 제100조 제 1 항은 적용될 여지가 없다.[96]

다. 법인 등 사용자의 기획

법인 등 사용자가 일정한 의도에 기초하여 저작물의 작성을 구상하고, 그 구체적인 제작을 피용자에게 명하는 것을 말한다. 사용자가 법인이나 단체인 경우 의사결정기관(주주총회 또는 이사회 등), 집행기관(대표이사 등)이 기획하는 경우는 물론, 피용자에 대하여 지휘·감독의 권한을 갖는 상사의 기획이나 동료들 사이의 의견교환의 결과 확정한 기획도 포함하는 것으로 해석된다.[97]

여기서 사용자의 기획에 의하여야 한다는 요건을 지나치게 엄격하게 해석할 것은 아니고, 사용자의 기획에 의하지 않고 피용자가 임의로 작성한 것이라 하더라도 사용자에 의하여 사후승낙을 얻은 경우라든지, 나아가서는 널리 사용자의 의사에 반하지 않는 경우에는 이 요건을 충족하는 것으로 해석하여야 한다는 견해가 있다.[98]

그러나 이 견해에 대하여는, 그처럼 넓게 해석할 경우 '기획'을 독립된 요건으로 둔 저작권법의 규정취지를 몰각하게 되므로, 법인 등 사용자의 기획은 그 저작물 작성의 전 단계에 이미 존재하고 있어야 한다는 견해도 있다.[99] 이에 따르면 사용자가 법인인 경우에는 우선 법인의 의사결정기관이나 집행기관의 기획은 물론이고, 피용자에 대해 지휘·감독의 권한을 갖는 상사(담당부서의 책임자)의 기획이 있었을 때에 법인의 기획이 있었다고 볼 수 있다고 한다. 그러나 동료들 간의 의견교환의 결과 확정한 기획안은 그 자체로는 아직 법인의 기획이라고 할 수 없고, 기획안을 실시하고자 할 때 법인이 승인하는 단계에서, 즉 법인의 의사결정기관이나 집행기관의 승인 또는 담당부서 책임자의 승인이 있는 단계에서 비로소 '기획'이 인정된다고 한다.[100] 저작권법 제 9 조는 창작자를 저작자로 하

---

96) 박성호, 전게서, 203면. 이에 따르면 영상저작물 중 방송사업자가 영상제작자를 명기하는 '○○○기획·제작' 또는 '△△△제작·저작'이라는 표시는 업무상저작물의 저작자 명의를 나타낸 것으로서 저작권법 제 9 조의 법인 등 사용자 명의의 공표요건에 해당한다고 할 것이고, 반면에 영화감독, 출연자 등의 성명 표시는 영상저작물의 제작에 관여한 업무분담 표시를 한 것에 불과한 것으로 해석하는 것이 일반적이라고 한다.

97) 半田正夫, 전게서, 70면.

98) 상게서, 71면; 박성호, 전게논문, 125면.

99) 齊藤 博, 전게논문, 237면. 박성호, 전게서, 204면.

100) 상게서, 204면.

는 저작권법의 일반원칙에 대한 예외규정으로서 가급적 제한적으로 적용하고 축소해석하여야 한다는 점에서 본다면 이 견해에 경청할만한 가치가 있다고 생각된다.

대법원도 그러한 입장에 서 있는 것으로 보인다. 대법원 2021. 9. 9. 선고 2021다236111 판결은, "(업무상저작물의 성립요건인) '법인 등의 기획'이라 함은 법인 등이 일정한 의도에 기초하여 저작물의 작성을 구상하고 그 구체적인 제작을 업무에 종사하는 자에게 명하는 것을 말한다. 이러한 '법인 등의 기획'은 명시적은 물론 묵시적으로도 이루어질 수 있는 것이기는 하지만, 묵시적인 기획이 있었다고 하기 위해서는 위 법 규정이 실제로 저작물을 창작한 자를 저작자로 하는 같은 법 제 2 조 제 2 호의 예외규정인 만큼 법인 등의 의사가 명시적으로 현출된 경우와 동일시할 수 있을 정도로 그 의사를 추단할 만한 사정이 있는 경우에 한정된다고 보아야 한다."고 하였다.[101)]

2. 법인 등의 업무에 종사하는 자에 의하여 작성될 것(사용관계)

가. 사용관계의 의미

사용관계의 의미에 관하여는 두 가지 견해가 대립한다. 사용관계를 넓게 해석하는 견해에서는, 사용관계란 사용자와 피용자 사이에 실질적인 지휘·감독관계가 있는 것을 말하며, 이러한 관계는 법률적으로는 고용계약에 기하여 발생하는 경우가 많을 것이지만 거기에 한정되지는 않고, 위임계약이나 조합계약에 기초한 경우라도 사용자의 지휘감독에 복종하는 관계에 있다면 사용관계가 있다고 본다.[102)]

이에 반하여 사용관계를 좁게 새기는 견해는, 실질적인 지휘·감독관계에 있어야 하는 것은 물론이고 법인 등과 고용관계에 있는 경우만으로 한정적으로 해석한다. 이 견해는 저작권법 제 9 조는 가능한 한 제한적으로 해석하여야 한다는 점을 그 이유로 든다.[103)]

양설의 차이점은 피용자가 파견근무 중인 경우에 전형적으로 나타난다. 피용자가 원래의 사용자로부터 파견처로 파견되면 고용관계는 원래의 사용자와의 사이에 여전히 존재하지만 실질적인 지휘·감독관계는 파견처에서 행사하게 된다. 따라서 전자의 견해에 의하면 파견처가 사용자로 되고 피용자가 작성한 저작물도 파견처가 저작자로 된다. 그러나 후자의 견해에 의하면 파견처는 피용자와의 사이에 고용관계가 없기 때문에, 그리고 원래의 사용자는 실질적인 지휘·감독관계가 없기 때문에 법 제 9 조의 사용자가 될 수 없고, 따라서

101) 대법원 2010. 1. 14. 선고 2007다61168 판결도 같은 취지이다.
102) 半田正夫, 전게서, 70면; 박성호, 전게논문, 125면.
103) 齊藤 博, 전게논문, 237면.

이 경우 업무상 작성된 저작물의 저작자는 결국 저작권법 원래의 원칙으로 돌아가 피용자가 될 수밖에 없다.

저작권법 제 9 조는 단순히 '업무에 종사하는 자'라고만 규정하고 있을 뿐 반드시 고용관계에 있을 것을 요구하고 있지 않다. 또한 파견의 경우 파견처의 기획 하에 작성된 저작물의 실제 작성자가 자신의 직원인지 아니면 파견된 직원인지에 따라서 파견처가 저작자로 될 수 있는지 여부가 달라진다는 것은 현장의 현실에 비추어 불합리하다. 그러므로 전자의 견해와 같이 해석하는 것이 옳다고 본다. 다만 실질적인 지휘·감독관계가 사용관계를 판단하는 관건이 되므로, 설사 고용관계에 있다 하더라도 실질적인 지휘·감독관계가 없다면 사용관계의 존재를 인정할 수 없다. 따라서 고용관계에 있는 피용자가 장기간 요양 중이거나 군입대 등 기타 사정으로 장기간 휴직 중일 때에는 사용자와 고용관계는 계속되고 있지만 업무면에서는 실질적인 지휘·감독관계가 단절되어 있기 때문에 사용관계가 없다고 보아야 한다.[104)]

그리고 후자의 견해가 지적하고 있는 바와 같이 저작권법 제 9 조는 실제 창작한 자를 저작자로 한다는 저작권법의 일반원칙에 대한 예외규정이므로 실질적인 지휘·감독관계의 존재여부도 가급적 엄격하게 해석하여야 한다. 특히 문제로 되는 것이 다음에서 보는 위임과 도급계약의 경우이다.

본 조가 적용되기 위해서 요구되는 지휘·감독 관계는 '실질적'인 것이어야 한다. 따라서 단순히 계약의 명칭이 고용계약인지 여부에 의하여 결정할 것은 아니고, "법인 등과 저작물을 작성한 자와의 관계를 실질적으로 볼 때에 법인 등의 지휘감독 관계 아래에서 노무를 제공하는 실태에 있고, 법인 등이 그 자에 대하여 지급하는 금전이 노무제공의 대가라고 평가할 수 있는지 여부를 업무태양, 지휘감독의 유무, 대가의 액수 및 지급방법 등 구체적 사정을 종합적으로 고려하여 판단"해야 할 것이다.[105)]

나. 위탁(위임·도급계약)의 경우

사용관계를 넓게 해석하는 입장에 선다 하더라도, 위탁(촉탁), 즉 위임이나 도급계약의 수임인이나 수급인은 위임인이나 도급인에 대하여 독립된 지위에 있고 자신의 재량에 의하여 활동을 하는 것이 원칙이므로, 통상의 위임인·도급인은 저작권법 제 9 조에서 말하는 사용자에 포함되지 않는다.[106)] 뿐만 아니라 저작물의 작성에 대하여 도급인이 계획을 하고

---

104) 하용득, 전게서, 118면.
105) 일본 최고재판소 2003(平成15). 4. 11. 판결. 박성호, 전게서, 213면에서 재인용.
106) 半田正夫, 전게서, 70면.

수급인이 도급인으로부터 자료를 제공받고 도급인의 지시 또는 주문사항을 작품 중에 나타냈다 하더라도 "작성자인 수급인이 예술적인 감각과 기술을 구사하고 스스로의 창의와 수법에 의하여"[107] 저작물을 작성함으로써, 위탁을 받은 수급인의 정신적 작업이 작품의 결정적인 요소로 되었다면 도급인이 아니라 수급인이 저작자로 된다.[108]

물론 위탁을 한 자가 문자 그대로 수탁자를 완전히 자기 손발과 같이 이용하여 저작물을 작성케 한 경우라면 사용관계의 존재가 인정되고, 실제 작업을 한 자가 아닌 위탁을 한 도급인이나 위임인이 저작자로 되는 사례도 있을 수 있다. 그러나 이런 경우 도급인과 수급인의 관계는 저작물의 완성을 목적으로 하는 도급계약 관계라기보다는 오히려 노무제공계약 관계라고 보는 편이 합리적일 것이다.

이처럼 위탁저작물의 저작권은 일반적으로 실제 저작한 자(수임인 또는 수급인)에게 속하기 때문에 위탁을 한 자(위임인이나 도급인)는 자신이 그 저작물을 이용할 수 있는 범위라든가 혹은 저작권이 위탁을 한 자신에게 이전되는가의 여부를 미리 계약으로 명백하게 정해 둘 필요가 있다. 예컨대 회사의 사가(社歌)를 현상모집 또는 위탁하여 만들었을 경우라도 원칙적으로 그 사가의 저작자는 실제로 작사·작곡을 한 자가 된다. 이때 회사의 창립기념일 등의 행사장에서 사가를 연주하는 것은 당초 위탁의 취지에 맞는 이용이므로 저작자의 별도의 허락을 받지 않아도 무방할 것이다. 그러나 그 사가를 음반 등에 수록하여 판매하기 위해서는 그러한 이용이 현상모집요강이나 계약사항에 포함되어 있지 않는 한 저작자의 허락이 필요하게 된다. 또 이때 현상모집요강이나 계약에 의해 저작권이 모집자나 위탁자에게 이전되는 것으로 되어 있더라도, 저작인격권은 여전히 원저작자에게 남아있기 때문에 무단으로 저작물에 수정을 가하거나 원저작자의 이름을 바꾸는 것은 저작인격권을 침해하는 행위가 된다.[109]

미국의 판례와 실무는 위탁관계냐 아니면 고용관계냐를 판단하기 위한 몇 가지 판단기준(factor)을 제시하고 있는데, 우리의 실무에도 참고할 가치가 크다고 생각되어 아래에서 살펴보기로 한다. 여기서 보는 기준들은 그 하나하나가 결정적인 기준이 되는 것은 아니고 전체를 종합적으로 고려하여 고용관계인지 위탁관계인지를 판단하게 된다. 따라서 하나의 기준에서는 고용관계에 가깝다고 판단이 되더라도 다른 기준들을 종합하여 위탁관계로 판단할 수도 있다.

---

107) 앞서 제 2 절 '저작자의 결정' 부분에서 본 일본 동경지방법원의 이른바 '파노라마 지도' 사건의 판시이다.
108) 박성호, 전게논문, 133면.
109) 상게논문, 132면; 앞에서 본 '롯티'사건에서 실제 촉탁저작물의 저작인격권(동일성유지권) 침해가 문제로 된 바 있다.

(1) 저작물의 제작에 요구되는 기술의 숙련도(level of skill)가 높으냐 낮으냐 하는 점이다. 높은 숙련도가 요구되는 제작의 의뢰는 위탁일 경우가 많고 낮은 숙련도가 요구되는 제작은 고용관계일 경우가 많다는 것이다.
(2) 도구 및 재료를 공급하는 자가 제작의 의뢰자인 경우에는 고용관계일 가능성이 많고 제작자 스스로 도구 및 재료를 구입하는 경우에는 위탁일 가능성이 크다.
(3) 작업장소가 의뢰자의 영업장 내이거나 의뢰자가 지시한 장소라면 고용관계로, 제작자가 관리하는 영업장이나 스튜디오, 자택 또는 그가 선택한 곳이라면 위탁일 가능성이 크다.
(4) 제작이 완료된 후 의뢰자가 추가작업 또는 변경·수정작업을 요구할 수 있는 권리가 당연히 유보되어 있다면 고용관계로, 그렇지 않다면 위탁관계로 판단할 여지가 커진다.
(5) 제작에 있어서 작업자의 재량이 발휘될 여지가 적으면 고용관계, 그렇지 않다면 위탁관계일 가능성이 크다.
(6) 작업시간, 예컨대 출·퇴근 시간을 의뢰자가 통제하면 고용관계, 그렇지 않으면 위탁관계일 가능성이 크다.
(7) 보수의 지급방식이 월급 등 정기급여 형식을 취하고 있으면 고용관계, 작업의 완성 후 일괄지급 방식이거나 작업의 진행정도에 따른 기성고 지급방식이라면 위탁관계일 가능성이 크다.
(8) 작업보조자의 고용주가 의뢰자이면 고용관계, 제작자이면 위탁관계일 가능성이 크다.
(9) 의뢰된 작업이 의뢰자의 일상적인 업무 또는 영업의 범위에 속하는 것이라면 고용관계, 그렇지 않으면 위탁관계일 가능성이 크다.

이와 관련된 판례를 살펴본다. 앞에서 본 대법원 1992. 12. 24. 선고 92다31309 판결은, "단체명의저작물(업무상저작물)에 관한 저작권법 제 9 조를 해석함에 있어서도 위 규정이 예외규정인 만큼 이를 제한적으로 해석하여야 하지 확대 내지 유추해석하여 저작물의 제작에 관한 도급계약에까지 적용할 수는 없다. … 제작자가 롯데월드의 상징도형을 제작하는 목적과 소재 선정에 있어서 주문자의 요구사항을 따르기로 하고, 제작물에 관한 모든 권리를 주문자 측에 귀속시키며, 주문자 측에서 제작물에 대한 수정 요구를 하면 제작자가 이에 응할 의무가 있다는 약정을 하였으나, 그 소재 선정이나 위 너구리 도안의 작성은 전적으로 제작자인 신청인의 재량과 예술적인 감각 및 기술에 의하였음을 인정할 수 있으므로 위 너구리 도안의 저작자는 제작자인 신청인이라 할 것이다"고 판시하였다.

반면에 대법원 2000. 11. 10. 선고 98다60590 판결은 위탁에 의하여 개발된 컴퓨터프로그램의 저작권이 위탁자와 수탁자 누구에게 귀속하느냐가 문제된 사안에서, "업무상 창작한 프로그램의 저작자에 관한 구 컴퓨터프로그램보호법 제7조(현행 저작권법 제9조에 해당)의 규정은 프로그램 제작에 관한 도급계약에는 적용되지 않는 것이 원칙이나, 주문자가 전적으로 프로그램에 대한 기획을 하고 자금을 투자하면서 개발업자의 인력만을 빌어 그에게 개발을 위탁하고 이를 위탁받은 개발업자는 당해 프로그램을 오로지 주문자만을 위해서 개발·납품하여 결국 주문자의 명의로 공표하는 것과 같은 예외적인 경우에는 법인 등의 업무에 종사하는 자가 업무상 창작한 프로그램에 준하는 것으로 보아 법 제7조를 준용하여 주문자를 프로그램 저작자로 볼 수 있다"고 판시한 바 있다. 이와 같이 판례의 입장은 일관되지 않은 것처럼 보이는데, 후자의 판결에 대하여는 업무상 저작의 요건은 엄격하게 해석할 필요가 있는데다가 구체적인 사실관계에 비추어 또한 형평의 관점에서 주문자에게 저작권이 귀속된다고 판단된다면 업무상 저작이 아니더라도 주문자에게 저작재산권의 이전에 관한 합의가 있었는지 또는 주문자와 프로그램 개발업자가 공동저작을 한 것은 아닌지 등에 관한 검토를 했어야 한다고 비판하는 견해가 있다.[110] 후자의 판결의 취지는 그 이후에 나온 대법원 2013. 5. 9. 선고 2011다69725 판결에서도 반복되고 있는데, 비판론에서는 이러한 판시가 극히 예외적인 사실관계를 전제로 한 것으로서 선례적 가치를 가진다기보다는 일종의 '사례판결'이라고 평가하고 있다.[111]

위탁관계냐 고용관계냐의 문제는 결국 해당 저작물의 저작자를 누구로 볼 것이냐의 문제이므로, 계약의 명칭에 따라 형식적으로 판단할 것이 아니라 계약의 내용 및 그 계약에 기초하여 당사자들이 해당 저작물을 창작함에 있어서 실제로 수행한 역할이 어떤 것이었느냐에 따라 구체적, 실질적으로 판단해야 한다. 기본적으로는 위탁자의 창작적인 판단과 그에 따른 구체적 지휘감독 아래에서 작성된 것이냐, 수탁자의 독자적인 창작적 판단에 의하여 작성된 것이냐에 의하여 결정되어야 할 것이다. 그 결과 구체적인 사안에 따라 결론도 달라질 수밖에 없기 때문에 판례의 입장이 일관되지 않는 것처럼 보이는 것도 그러한 점에서 이해할 수 있을 것이다.

또한 사안에 따라서는 위탁자가 단순한 위탁을 넘어서서 수탁자의 창작 작업에 실질적으로 창작적인 기여를 하는 경우가 있는데, 그런 경우에는 위탁자와 수탁자가 공동저작자로 될 수 있을 것이다.

110) 정상조·박준석, 지적재산권법(제2판), 홍문사(2011), 317면; 박성호, 전게서, 211면.
111) 박성호, 전게서, 212면.

3. 업무상 작성하는 저작물일 것

업무상 작성하는 저작물이어야 한다. 그리고 저작물의 작성 자체가 업무가 되어야 하므로, 단지 업무수행에 있어 파생적으로 또는 간접적으로만 관련하여 작성되는 경우는 법인 등 사용자가 아니라 실제 저작물의 작성자가 저작자로 된다. 예컨대 공무원이 업무상 얻은 지식·경험에 기하여 창작하거나, 피용자가 자기가 담당하고 있는 업무를 효율적으로 처리하기 위하여 자신의 계획 하에 여가시간을 이용하여 저작물을 작성하는 경우에는 그 실제 작성자가 저작자로 된다.[112]

대학교수의 강의안은 어떤가. 대학당국과 교수들 사이에 강의안을 둘러싼 저작권귀속 분쟁에 대한 미국의 판례를 살펴보면, 대학당국이 아니라 교수에게 강의안에 대한 '보통법상의 저작권'(the common law copyright)이 귀속된다고 보는 것이 일반적이다.[113] 그 근거로서는 대학교수의 강의안은 독자적인 것이고, 대학당국이 교수의 강의내용을 이루는 사상의 표현방식을 지시·규율할 수 없다는 점을 들고 있다. 만일 교수의 강의안에 대한 저작권이 교수가 아니라 대학당국에 귀속된다고 하면 바람직하지 못한 결과가 초래될 수 있다. 예컨대, 어느 대학의 교수가 다른 대학으로 옮겨 강의하는 것이 강의안에 대한 저작권 문제로 인하여 방해를 받을 수 있다는 것이다. 이러한 판례의 입장은 고등학교나 초등학교 교사들에게도 마찬가지로 적용된다고 한다.[114]

그럼에도 불구하고, 저작권법에서 대학교수나 교사들의 강의안에 대하여 업무상저작물의 예외를 인정하는 규정은 1976년 미국 저작권법 개정에서는 반영되지 아니하였다고 한다. 그리하여 이러한 강의안에 대한 업무상저작물 제외가 여전히 타당한지 여부에 대하여는 논란이 있었으나, 업무상저작물의 요건인 '고용'이 되기 위해서는 (1) 그것을 수행하는 것이 고용의 목적일 것, (2) 주로 근무시간과 장소에서 작성되었을 것, (3) 최소한 부분적으로라도 고용인에게 기여하기 위하여 행하여졌을 것 등을 요건으로 한다는 연방대법원의 판결[115]이 있었고, 결국 그러한 요건에 따라 개별적인 사안에서 구체적으로 결정하여야 한다는 것으로 의견이 모아졌다고 한다. 다만, 이러한 연방대법원의 판단 기준을 적용할 경우 상당 부분의 강의안은 업무상저작물에 속하지 않을 것이라고 한다.[116]

결론적으로 대학교수 또는 교사의 강의안을 일괄적으로 업무상저작물로 보거나 반대

112) 하용득, 전게서, 118면.
113) Williams v. Weisser, 273 Cal. App.2d 726(1969).
114) 박성호, 전게논문, 127, 128면.
115) Community for Creative Non-Vilolence v. Reid, 490 U.S. 730(1989).
116) 임원선, 실무자를 위한 저작권법(개정), 한국저작권위원회, 2009, 85-86면에서 재인용.

로 업무상저작물에서 제외하는 것은 타당하지 않고, 업무상저작물의 성립요건에 따라 개별적인 사안에서 구체적으로 판단하여야 할 것이다. 다만, 대학교수나 교사의 직무의 성격상 다른 피고용인의 저작물보다는 업무상저작물로 성립하는 범위가 넓지는 않을 것으로 생각된다.[117] 학설도 이 문제와 관련해서는, 대학교수가 강의자료를 작성하거나 연구논문을 발표하는 것이 대학 당국에 의해 조직적으로 관리되는 업무범위에 해당한다고 볼 수 있을 것인가 하는 점이 문제로 되지만, 업무상저작물이 되기 위해서는 저작물의 작성 자체가 업무가 되어야 하므로 단지 업무수행에 있어서 파생적으로 또는 업무와 관련하여 작성되는 것에 불과할 때는 법인 등 사용자가 아닌 저작물의 작성자 자신이 저작자로 되고, 따라서 대학교수가 강의를 위한 강의안을 작성하는 경우나 피용자가 자기가 담당하고 있는 업무를 효율적으로 처리하기 위하여 자신의 계획 하에 여가시간을 이용하여 저작물을 작성하는 경우는 업무상저작물이 되지 않고 그 작성자가 저작자가 된다고 보고 있다.[118]

4. 법인 등의 명의로 공표되는 것

가. 의 의

피용자가 업무상 작성한 저작물이라 하더라도 법인 등의 명의로 공표되지 아니하고 피용자의 명의로 공표되면 저작권법 제9조는 적용되지 아니한다.

2006년 개정되기 전 저작권법 제9조는 그 단서에서 "기명저작물의 경우에는 그러하지 아니하다"라고 규정하고 있었다. 이는 실제로 창작한 자가 저작자로 되는 것이 저작권법의 일반원칙이라는 점에서, 공표시에 저작자로 법인의 명의와 실제 저작한 피용자의 명의가 함께 표시되어 있는 경우에는 저작권법 제9조는 적용되지 아니하고, 따라서 피용자가 저작자로 된다는 점을 명확하게 하기 위한 규정이라고 해석되었다. 그 결과 개정 전 저작권법에 의하면, 예컨대 신문·잡지 등에 게재되는 소설, 시, 만화, 논설 등은 일반적으로 실제로 저작한 자의 명의를 표시하는데, 이런 경우에는 신문사 등 법인 명의로 공표를 하여도 기명저작물이 되어 위 단서 규정에 따라 다른 특약이 없는 한 실제로 창작한 자가 저작자로 되는 것으로 해석되었다.[119] 다만 법인의 명의와 함께 피용자의 명의가 기재되어 있다고 하더라도 그 피용자의 명의가 저작자 명의로써 기재된 것이 아니라 단순한 업무분담을 밝히는 차원에서 기재된 것이라면 업무상저작물이 성립된다고 보고 있었다.[120]

117) 상게서, 86면.
118) 하용득, 전게서, 118면; 박성호, 전게서, 217면.
119) 허희성, 전게서, 69면; 오승종·이해완, 전게서, 227-228면.
120) 齊藤 博, 전게논문, 240-241면; 오승종·이해완, 전게서, 228면.

특히 문제로 되는 것이 '신문기사'와 같은 저작물이다. 앞서 제 2 장 제 4 절 "저작물성이 문제로 되는 저작물" 부분에서 본 바와 같이 신문기사의 저작자는 원칙적으로 그 기사를 작성한 기자이다. 그러나 대부분의 신문기사의 경우 저작권법 제 9 조의 요건을 충족할 것이므로 사용자인 신문사가 저작자로 되는 것이 일반적이다. 다만 신문기사들 중에는 작성자인 기자의 실명을 밝히는 경우가 많아서 위 개정 전 저작권법의 단서규정에 의할 때, 이러한 실명기사의 저작자가 누구인지 문제되었다. 이러한 경우에도 그 기사를 쓴 기자의 기명(記名)이 들어간 것에는 여러 가지 형태가 있을 수 있으므로, 기명이 어떠한 성격의 것인가를 평가하지 않고 일률적으로 논하는 것은 타당하지 않고, 결국은 기자의 기명이 표시된 것이 신문사 내의 단순한 업무분담을 표시하는 것에 지나지 않는 경우와, 적극적으로 집필자의 이름을 저작자 명의로 표시하게 함으로써 그에 대한 책임과 평가를 집필자에게 돌리게 하는 경우로 나누어, 전자의 경우에는 신문사에게, 후자의 경우에는 집필자인 기자에게 저작자 지위가 귀속한다고 해석하고 있었다.[121)]

이와 같이 2006년 개정되기 전 저작권법에는 기명저작물에 대하여는 업무상저작물 규정의 적용을 배제하는 제 9 조 단서규정이 있음으로 해서 저작물에 근로자의 성명이 표시된 경우에는 법인 등이 아닌 근로자를 저작자로 보아 왔다. 그러나 실제 운용상 그러한 사례는 거의 없으며 오히려 법인 등이 저작권을 빼앗길 것을 우려하여 저작물에 근로자의 이름을 넣어주려는 작은 배려마저 차단하는 역효과를 가져온다고 평가되었다. 이에 따라 2006년 개정 이후 저작권법은 위 단서규정을 삭제하여 법인 등의 기획 하에 법인 등의 업무에 종사하는 자가 업무상 작성하는 저작물은 특약이 없는 한 기명저작물이라 하더라도 법인이 저작자가 되는 것으로 하였다.[122)]

한편, 지금은 저작권법에 통합되어 사라졌지만, 종전 컴퓨터프로그램보호법에서는 업무상저작물이 되기 위한 요건 중에서 기명저작물과 관련된 제 9 조 단서규정과 같은 내용이 원래부터 존재하지 않고 있었다는 점을 유의하여야 한다(구 컴퓨터프로그램보호법 제 5 조).

또한 여기서 말하는 "법인 등의 명의로 공표되는 것"에서의 '공표'는 단순히 그 저작물을 특정하기 위하여 하는 명칭 표시를 의미하는 것이 아니라 저작권의 귀속주체를 표시한 것이라야 한다고 본 판례가 있다. 서울중앙지방법원 2006. 10. 18. 선고 2005가합73377 판결(항소)은 서울시내 공·사립 고등학교 교사들이 출제한 시험문제가 업무상저작물에 해당하는지 여부와 관련하여, 공립학교 교사들이 출제한 교내 중간·기말고사 시험문제가 해

121) 茶園成樹, 전게논문, 177면; 오승종·이해완, 전게서, 228면.
122) 심동섭, 개정 저작권법 해설, 계간 저작권, 2006년 겨울, 저작권심의조정위원회, 51면.

당 고등학교의 기획 하에 소속 교사들이 업무상 작성한 것이고, 문제지에 학교 명칭만이 기재되고 출제자 표시는 되어 있지 않으며, 특정 다수인인 위 학교의 학생들에게 배포되고 회수되지 않았으므로, 이는 그 고등학교 명의로 공표된 업무상저작물에 해당하여 저작권이 학교의 설립주체인 지방자치단체(서울특별시)에 귀속한다고 하였다. 그러면서도 이 판결은, 반면에 사립학교 교사들이 출제한 교내 중간·기말고사 시험문제에 대하여는 그 시험지 중 일부에 해당 시험을 특정하는 표제문구로 학교의 명칭이 기재되어 있기는 하나, 이는 출제자가 임의로 시험을 특정하기 위하여 표시한 것으로 저작권의 귀속주체를 표시하였다고 보기 어려우므로 그 시험문제는 업무상저작물로 볼 수 없다고 하였다.123)

나. 미공표 저작물의 경우

개정 전 저작권법은 법인 등의 명의로 '공표된' 저작물에 한정하여 업무상저작물로 인정하고 있었고, 이에 따라 아직 공표되지 않은 저작물은 누구의 저작물인지가 불분명하였다. 그리하여 저작권법 제 9 조가 미공표 저작물에도 적용되는지에 대하여 긍정설과 부정설의 두 가지 견해가 있었다. 긍정설은 저작권법 제 9 조에서 말하는 공표는 현실적으로 법인 등의 명의로 공표한 것뿐만 아니라 아직 공표되지 않았다고 하더라도 법인 등의 명의로 공표가 예정되어 창작되었다면 이에 해당한다고 한다. 예컨대 최종 편집과정에서 지면(紙面)에 게재하지 않기로 결정된 신문기사도 당초 신문사 명으로 공표할 것을 전제로 하여 작성된 이상 업무상저작물이라고 본다. 또 신문사 사진부 카메라맨이 재직 당시에는 공표되지 않았던 사진을 퇴직 후에 공표하는 경우에도 신문사측은 당초에 신문사 명의로 공표가 예정되어 있었다는 점을 내세워 업무상저작물이라는 주장을 할 수가 있다고 본다.124)

이에 반하여 부정설은, 개정 전 저작권법의 법문이 '공표되는 것'이 아니고 '공표된 것'으로 규정하고 있으므로 업무상저작물이 되기 위해서는 법인 등의 명의로 공표된 것에 한하며, 공표되지 않은 것은 일반원칙에 따라 작성자가 저작자로 된다고 해석하였다. 따라서 신문사의 사진부 기자가 신문에 게재하기 위하여 많은 사진을 촬영하였어도 신문에 게재되는 것은 그 중 하나뿐이고 나머지는 게재되지 않았다면 게재되지 않은 나머지 사진들은

123) 이처럼 이 사건에서 공립학교 교사들이 출제한 시험문제에 대하여는 업무상저작물의 성립을 인정하고, 사립학교 교사들이 출제한 시험문제에 대하여는 이를 부정하고 있다. 그러나 이 판결의 판시이유를 살펴보면, 이는 공립학교와 사립학교에 차이를 두자는 취지는 아니며, 또한 학교 명의가 시험문제지에 표시되어 있다는 점은 공립학교의 것과 사립학교의 것에 큰 차이가 없었으므로, 오히려 출제자인 교사들의 기명이 표시되어 있느냐 하는 점에서 결론이 달라졌던 것으로 보인다. 이는 이 사건이 문제될 당시에는 개정 전 저작권법 제 9 조 단서의 "기명저작물의 경우에는 그러하지 아니하다"는 단서 규정이 여전히 유효한 상황이었기 때문으로 이해된다.

124) 박성호, 전게논문, 130면; 한승헌, 저작권의 법제와 실무, 삼민사, 1988, 341면.

그 사진기자가 저작자로 된다고 하였다.[125]

우리나라 저작권법 제 9 조에 해당하는 일본 저작권법 제15조 제 1 항은 우리나라 개정 전 저작권법 규정의 법문과는 달리 '공표된 것'이라고 하지 않고 '공표되는 것'이라고 규정하고 있다. 따라서 긍정설은 일본법의 해석론으로서는 타당할지 몰라도 법 개정 전의 우리나라와 같이 법문상 명백하게 '공표된 것'이라고 과거형을 쓰고 있는 법제 아래에서는 채택하기 어렵다는 것이 유력한 견해였다. 특히 저작권법 제 9 조는 예외적인 규정으로서 가급적 제한적으로 축소해석하여야 한다는 점에서 본다면 부정설의 입장에 설 수밖에 없었다고 본다.[126]

그러나 개정된 저작권법은 이러한 학설상의 견해 대립을 고려하여 '공표된'을 '공표되는'으로 문구를 수정하였다. 개정된 저작권법은 미공표 상태에 있다고 하더라도 법인 등의 명의로 공표할 것을 예정하고 있는 것이라면 그것 역시 법인 등을 저작자로 보는 것이 법적 안정성을 지킬 수 있다는 점에서 '공표된'을 '공표되는'으로 변경하여 권리관계를 명확히 하였다.[127] 따라서 종전 저작권법에서와 같은 해석상의 논란은 더 이상 필요가 없어졌다.

한편, 프로그램저작물의 경우에는 업무상저작물이 성립하는데 있어서 아예 법인 등의 명의로 공표될 것을 요하지 않는다(저작권법 제 9 조 단서). 이는 프로그램의 경우, 개발 과정에서 공표를 예정하고 있지 않은 많은 시험용 버전들이 만들어질 수 있는데 이러한 프로그램에 대하여 업무상저작물의 성립을 인정하지 않으면 결국 이를 종업원의 저작물로 볼 수밖에 없고, 그 경우 최종적으로 완성되어 공표된 프로그램과 중간 프로그램 사이에서 저작권 상호간의 충돌이 일어나는 등 혼란이 발생할 수 있을 뿐만 아니라, 실제로 공표되지 않고 다른 프로그램의 일부로 사용되거나 또는 영업비밀로서 보호받기를 원하는 경우도 많다는 점을 고려한 것이다(프로그램저작물의 경우에 업무상저작물 성립요건 중 공표 요건을 두지 않은 취지 및 배경에 대하여는 뒤의 '프로그램에 관한 특례' 부분에서 보다 상세하게 살펴보기로 한다).

5. 계약 또는 근무규칙 등에 다른 정함이 없을 것

법인 등 사용자와 실제 저작물 작성자인 피용자 사이에 피용자를 저작자로 하는 특약이 있다면 그 특약에 따른다. 그러나 회사와 피용자 사이에 그러한 특약을 하는 경우는 거의 없을 것이며 오히려 반대되는 내용의 특약을 하는 경우가 많을 것이다 일본의

125) 허희성, 전게서, 69면.
126) 오승종·이해완, 전게서, 229면.
127) 심동섭, 전게논문, 51면.

경우도 대표적인 언론사인 일본 요미우리신문사의 근무규칙에는 저자명의 유무를 불문하고 원칙적으로 회사에 저작권이 귀속되는 것으로 규정하고 있다고 한다.[128]

Ⅲ. 업무상저작물의 효력

1. 저작자 지위의 취득

이상의 요건을 충족하면 그 효과로서 법인 등 사용자가 저작자의 지위를 취득하게 되고, 그 결과 법인 등 사용자에게 저작재산권은 물론이고 저작인격권까지 원시적으로 귀속한다.[129] 저작자에게 저작물의 작성과 동시에 저작권이 발생하기 때문이다.[130] 뿐만 아니라 저작물의 이용허락을 줄 권한과 저작권의 전부 또는 일부의 양도·질권의 설정 등 처분권도 모두 사용자인 법인 등이 갖게 된다.

저작재산권이 법인 등에게 귀속되므로 그 지분권인 복제권, 공연권, 공중송신권, 전시권, 배포권, 대여권 및 2차적저작물작성권(저작권법 제16 내지 제22조)도 당연히 법인 등이 갖는다.

법인 등이 원시적으로 취득하는 저작인격권 역시 공표권, 성명표시권, 동일성유지권(저작권법 제11 내지 제13조)을 모두 포함한다. 그런데 저작인격권과 관련하여서는 약간의 문제가 있다.

먼저, 개정 전 저작권법에 의하면 법인 등이 저작자로 되기 위해서는 법인 등의 명의로 공표된 것을 전제로 하기 때문에 저작물을 공표하거나 공표하지 아니할 것을 결정할 수 있는 권리인 공표권은 업무상저작물의 경우에는 행사될 여지가 없었다.[131] 그러나 개정된 저작권법은 '공표된'을 '공표되는'으로 변경하였으므로, 아직 공표되지 않은 미공표 저작물도 업무상저작물이 될 수 있고, 그 경우에는 공표권이 행사될 여지가 있다.

---

128) 박성호, 전게논문, 130면.

129) 齊藤 博, 전게논문, 242면.

130) 그러나 이에 대하여는 저작자라고 하여 반드시 저작권을 원시취득하는 것은 아니라고 하는 견해도 있다. 즉, 영상저작물에 있어서 실제 창작을 한 자가 아닌 제작자에게 저작권이 양도되도록 하는 것처럼, 업무상저작물에 있어서도 실제 창작을 한 자가 가지는 저작권이 사용자에게 법정양도되는 것으로 보아야 한다는 것이다. 이는 실제 창작을 한 자연인만을 저작자로 보고자 하는 대륙법계에 충실한 해석이다(齊藤 博, 전게논문, 244면 참조). 그러나 우리나라 저작권법(일본법도 마찬가지이다)은 다른 대륙법계 저작권법과는 달리 제9조에서 "… 법인 등이 저작자로 된다"라고 규정하고 있으므로 법인 등 사용자에게 저작권의 원시취득을 인정하는 것이 타당하다고 생각된다.

131) 다만 앞서 미공표저작물에 대하여도 업무상저작물의 성립을 인정하는 긍정설의 입장에서 본다면, 공표예정인 법인저작물의 경우에도 공표권이 행사될 여지가 있었다; 박성호, 전게논문, 131면.

동일성유지권과 관련하여서도 문제가 생긴다. 예컨대 법인 乙의 종업원 甲은 자본주의를 찬양하고 공산주의를 증오하는 자로서 乙 법인의 업무상 작업의 일환으로 자본주의를 옹호하는 글을 써서 乙 명의로 공표하였는데, 나중에 법인 乙이 위 글의 내용을 자본주의를 비방하는 방향으로 수정하였다고 할 때, 저작인격권까지 乙에게 속한다고 한다면 甲은 저작권법상 자신의 양심에 반하는 乙의 내용 변경을 통제할 수단이 없게 된다.

그러나 이러한 결론은 부득이한 것이며, 저작권법이 업무상저작물의 경우 법인 등 사용자가 저작자로 된다고 규정하고 있는 이상, 저작재산권이든 저작인격권이든 모든 저작권이 법인 등에게 원시적으로 귀속되는 것은 논리적 필연이라고 볼 수밖에 없다.

저작인격권은 저작재산권과는 달리 일신전속적 권리이므로 그 주체가 존속하지 않게 되면 저작인격권도 소멸한다. 사용자가 자연인인 경우에는 그의 사망과 함께 소멸할 것이고 법인 등 단체인 경우에는 그 해산과 함께 소멸된다. 그런데 저작권법 제14조 제 2 항은, "저작자의 사망 후에 그의 저작물을 이용하는 자는 저작자가 생존하였더라면 그 저작인격권의 침해가 될 행위를 하여서는 아니 된다"고 규정하고 있다. 이러한 규정은 업무상저작물에도 그대로 적용되어야 할 것이다. 다만 저작권법은 저작자가 사망한 경우 그 유족이나 유언집행자가 저작인격권의 보호를 위한 침해의 정지 등 민사상의 청구를 할 수 있다고 규정하고 있지만(저작권법 제128조), 법인 등 단체가 청산절차가 완료되어 완전히 소멸한 경우 그러한 청구를 누가 할 수 있는지에 대하여는 아무런 규정을 두고 있지 않다. 결국 법인 등 단체가 완전히 소멸한 경우 그 업무상저작물의 저작인격권침해에 대하여는 벌칙규정인 저작권법 제137조 제 1 항 제 3 호 등을 적용하여 형사적인 방법으로 구제받을 수밖에는 없을 것으로 보인다.[132)]

2. 보호기간

업무상저작물의 저작재산권은 공표한 때로부터 70년간 존속한다. 다만 창작한 때로부터 50년 이내에 공표되지 아니한 경우에는 창작한 때로부터 70년간 존속한다(저작권법 제41조). 업무상저작물 중 법인 또는 단체가 저작자인 경우에 있어서는 자연인의 사망에 해당하는 해산·소멸 등을 기준으로 보호기간을 기산하는 것이 불명확하고 적절치 못하므로 공표시 기산주의를 채택한 것이다. 여러 단체가 공동으로 저작한 경우에도 공동저작물에 관한 법 제39조 제 2 항이 적용되는 것이 아니라 제41조의 규정이 적용된다.[133)]

132) 齊藤 博, 전게논문, 243면; 半田正夫, 전게서, 72면.
133) 박성호, 전게논문, 131면.

저작권법 제2조 제31호에서는 "법인 등의 기획 하에 법인 등의 업무에 종사하는 자가 업무상 작성하는 저작물"을 '업무상저작물'이라고 정의하고 있고, 여기에 저작권법 제9조의 요건(법인 등의 명의로 공표되는 것, 계약 또는 근무규칙 등에 다른 정함이 없는 때)의 요건을 갖추면 그 법인 등이 저작자가 된다. 그런데 업무상저작물의 보호기간을 정한 저작권법 제41조에서는 단순히 '업무상저작물'이라고만 하고 있으므로, 이 규정이 적용되기 위해서는 저작권법 제2조 제31호의 정의규정의 요건만 갖추면 되는 것인지, 아니면 제9조의 추가적인 요건까지 갖추어야 하는 것인지 해석상 의문이 있다. 법문상으로만 본다면 전자와 같은 해석도 가능하나, 업무상저작물에 대하여 보호기간을 자연인의 경우와 달리 공표시를 기준으로 하여 정한 것은 법인의 경우 사망이라는 개념이 있을 수 없고, 그렇다고 하여 자연인의 사망에 해당하는 해산이나 소멸 등을 기준으로 정하는 것도 적절하지 않다는 고려에서 부득이하게 나온 것인 만큼, 법인 등이 저작자로 될 수 있는 모든 요건, 즉 저작권법 제9조의 요건까지 충족시키는 경우에만 저작권법 제41조의 보호기간을 적용하고, 그렇지 않은 경우에는 원칙으로 돌아가 자연인에 관한 보호기간 규정인 저작권법 제39조를 적용하는 것이 타당하다.[134)]

한편 법인 또는 단체가 저작자인 업무상저작물의 저작인격권은 자연인의 경우와 마찬가지로 자연인의 사망에 해당하는 해산이나 소멸 등으로 그 단체가 존속하지 아니하게 된 때에 소멸하는 것으로 새겨야 한다. 왜냐하면 업무상저작물의 저작재산권 보호기간이 만료되어 그 저작물이 공중의 영역에 들어갔다 하더라도 저작자인 단체가 존속하고 있는 한 제3자가 그 저작물을 마음대로 변경(저작인격권인 동일성유지권을 침해하는 행위)함으로써 해당 단체의 사회적인 평가에 영향을 주는 것은 제한한 필요가 있기 때문이다.

3. 업무상 작성된 저작인접물 · 데이터베이스

업무상저작물에 관한 규정이 저작인접물이나 데이터베이스에 대하여 준용될 수 있는가. 예를 들어, 국립발레단의 무용수의 실연에 대하여 업무상저작물에 관한 저작권법 규정이 준용될 수 없다면 그 무용수의 실연은 결국 개인 실연으로 볼 수밖에 없고, 따라서 그 무용수의 사용자인 국가라 하더라도 해당 실연자의 저작인접권을 보호하여 주어야 할 의무를 부담하게 된다. 물론 저작인접권 중 재산적 성질을 가진 것에 대하여는 국가가 양도받는 것으로 근무규칙이나 고용계약 등에 따로 정함을 두면 되겠지만, 성명표시권이나 동일성유지권과 같은 인격적 권리는 실연자의 일신에 전속하므로 양도가 불가능하다. 그 결

134) 이해완, 저작권법, 박영사, 2007, 229면.

과 국가는 이러한 권리를 보장해 주어야 하므로 저작인접물의 이용에 많은 제약을 받게 될 가능성이 있다. 데이터베이스의 경우에도 국가가 피용자인 공무원 등을 통하여 제작한 데이터베이스에 대하여 국가가 권리를 행사하지 못하게 될 가능성이 있다. 이러한 문제점을 해결하기 위한 방안으로 저작권법상 업무상저작물에 관한 규정이 저작인접물이나 데이터베이스에도 준용되는 것으로 해석하는 것을 생각해 볼 수 있다. 그러나 현행 저작권법상 명문의 준용규정이 존재하지 않는 이상, 해석론만으로는 어려운 문제가 있다. 추후 입법을 할 때 고려하여야 할 사항이라고 본다.

Chapter 04

저작자의 권리

제 1 절
저작권 일반론

제 2 절
저작인격권

제 3 절
저작재산권

C / H / A / P / T / E / R 04

저작자의 권리

제 1 절 저작권 일반론

Ⅰ. 서 설

1. 저작권의 의의

저작권법은 저작자의 권리와 이에 인접하는 권리를 보호하고 저작물의 공정한 이용을 도모함으로써 문화 및 관련 산업의 향상발전에 이바지함을 목적으로 한다(저작권법 제 1 조). 따라서 저작권법이 보호하고 있는 권리는 저작자의 권리(저작권)와 이에 인접하는 권리(저작인접권) 크게 두 가지라고 볼 수 있다. 저작자의 권리, 즉 저작권은 다시 저작재산권과 저작인격권으로 나누어진다.

저작권법의 정의규정에 비추어 보면, 저작권(copyright)은 인간의 사상 또는 감정을 표현한 창작물(저작물)에 대하여 그 창작자(저작자)가 취득하는 권리를 말하고, 저작인접권(neighbouring right)은 실연자가 실연을 한 때, 음반제작자가 음을 최초로 유형물(음반)에 고정하거나 디지털화 한 때, 그리고 방송사업자가 방송을 한 때 각각 취득하는 권리를 말한다.

저작권이라는 용어는 좁은 의미로는 저작재산권만을 의미하는 경우도 있지만, 저작재산권과 저작인격권이 포함되는 개념으로 주로 사용된다. 가장 넓은 의미로는 저작재산권, 저작인격권에다가 저작인접권과 출판권 등 저작권법에 규정되어 있는 모든 권리를 포함하는 개념으로도 사용되고 있다.

저작권의 개념과 범위는 각국의 경제적·사회적인 여건과 문화정책의 차이로 인하여 실정법상 반드시 일치되어 있지 않고, 강학상으로도 상황에 따라 다양한 개념으로 사용되고 있다. 우리나라의 현행 저작권법은 제10조에서 '저작권'이라는 제목으로, "저작자는 저작인격권과 저작재산권을 가진다"고 규정하고 있으므로, 저작권이라는 용어를 이 두 가지 권리를 포괄하는 넓은 의미의 개념으로 사용하고 있다고 볼 수 있다. 그리고 제 2 장 '저작권' 중 제 3 절에서는 저작인격권의 종류와 성질·행사를, 제 4 절에서는 저작재산권을 규정하고 있으며, 제 7 절에서 '배타적발행권'을, 제 3 장에서 '저작인접권'을, 제 4 장에서 '데이터베이스제작자의 보호'를 각각 규정하고 있다.

이곳에서는 먼저 저작인격권과 저작재산권을 설명하고 그 후 저작인접권 및 배타적발행권 등 저작권법이 규정하고 있는 모든 권리를 차례로 살펴보기로 한다.

2. 조약과의 관계

베른협약 제 5 조(1)은, "저작자는 이 협약에 따라 보호되는 저작물에 관하여, 본국 이외의 동맹국에서 각 법률이 현재 또는 장래에 자국민에게 부여하는 권리 및 이 협약이 특별히 부여하는 권리를 향유한다"고 규정하면서, 구체적으로 "이 협약에서 특별히 부여하는 권리"로서 제 6 조의2(저작인격권으로 성명표시권, 동일성유지권),[1] 제 8 조(번역권), 제 9 조(복제권), 제11조(상연권, 연주권 등),[2] 제11조의2(방송권 등),[3] 제11조의3(낭독권 등), 제12조(번안권, 편곡권 등),[4] 제14조(영화화권, 상영권),[5] 제14조의2(영상저작물의 저작권자의 권리),[6] 제14조의3

1) 베른협약 제 6 조의2 (1): 저작자의 재산권과 독립하여, 그리고 이 권리의 양도 후에도, 저작자는 저작물의 저작자라고 주장할 권리 및 이 저작물과 관련하여 그의 명예나 명성을 해치는 왜곡·절단·기타 변경 또는 기타 훼손행위에 대하여 이의를 제기할 권리를 가진다.

2) 베른협약 제11조 (1): 연극·악극 및 음악 저작물의 저작자는 다음을 허락할 배타적 권리를 향유한다. (i) 어떠한 방법이나 절차에 의한 경우를 포함하는, 그의 저작물의 공개 실연, (ii) 그의 저작물의 실연의 공중에의 전달.

3) 베른협약 제11조의2 (1): 문학·예술 저작물의 저작자는 다음을 허락할 배타적 권리를 향유한다. (i) 그의 저작물을 방송하거나 또는 기타 무선송신의 방법으로 기호, 소리 또는 영상을 공중에 전달하는 것, (ii) 원사업자 이외의 사업자가 유선이나 재방송에 의하여 저작물의 방송물을 공중에 전달하는 것, (iii) 확성기나 기타 유사한 송신 장치에 의하여 저작물의 방송물을 기호·소리 또는 영상으로 저작물의 방송물을 공중 전달하는 것.

4) 베른협약 제12조: 문학·예술 저작물의 저작자는 그의 저작물의 각색·편곡, 기타 개작을 허락할 배타적 권리를 향유한다.

5) 베른협약 제14조 (1): 문학·예술 저작물의 저작자는 다음을 허락할 배타적 권리를 가진다. (i) 그 저작물의 영상적 각색과 복제 및 그와 같이 각색되거나 복제된 저작물의 배포, (ii) 그와 같이 각색되거나 복제된 저작물의 공개 실연 및 유선에 의한 공중에의 전달. (2) 문학·예술 저작물로부터 파생된 영상저작물을 기타 다른 예술적 형태로 각색하는 것은 영상저작물의 저작자가 허락하는 것에 영향을 미치지 아니하고, 원저작물의 저작자의 허락을 받아야 한다.

6) 베른협약 제14조2 (1): 각색되거나 복제된 저작물에 대한 저작권에 영향을 미치지 아니하고, 영상저작물은 원저작물로서 보호된다. 영상저작물의 저작권자는 전 조에서 언급한 권리를 포함하는, 원저작물의 저작자와 같은 권리를 향유한다.

(추급권, 다만 추급권을 규정할 것인지 여부는 동맹국이 임의로 정할 수 있음)[7]을 규정하고 있다. 우리나라 저작권법은 추급권을 제외한 이들 권리를 모두 저작권의 지분권으로서 인정하고 있다.

한편 TRIPs 협정은 제11조에서 컴퓨터프로그램 및 영상저작물에 대하여는 대여권이 보호되어야 한다는 것을 규정하고 있다. WIPO저작권조약(WCT)은 제 6 조에서 모든 저작물에 관하여 양도권을, 제 7 조에서 컴퓨터프로그램과 영상저작물 및 음반에 수록된 저작물에 관하여 대여권을, 제 8 조에서 모든 저작물에 관하여 공중전달권을 보호하도록 규정하고 있다.

Ⅱ. 저작권의 발생 – 무방식주의

1. 의 의

베른협약 제 5 조(2)는 본국 이외의 동맹국에서의 권리의 향유와 행사는 어떠한 방식에 따를 것을 조건으로 하지 아니하며, 그러한 향유와 행사는 저작물의 본국에서 보호가 존재하는 여부와 관계가 없다는 점을 규정하고 있다. 이는 저작물의 본국 이외에서의 보호에 관하여 무방식주의를 채용한 것임을 명백히 한 것이다. 베른협약이 이와 같이 완전한 무방식주의를 채택한 것은 1908년 베를린 개정에서이다.

이러한 베른협약의 정신에 따라 우리나라 저작권법 제10조 제 2 항은, "저작권은 저작물을 창작한 때부터 발생하며 어떠한 절차나 형식의 이행을 필요로 하지 아니한다"라고 규정하여 저작권의 발생에 있어서 '무방식주의'(無方式主義)를 취하고 있음을 명백히 하였다. 다만, 베른협약이 권리의 '향유와 행사'에 있어서 무방식주의를 취하고 있음에 비하여, 우리 저작권법은 권리의 '발생'에 관하여만 무방식주의를 취하는 것으로 규정하고 있다. 그러나 우리 저작권법상 권리의 '행사'와 관련하여 특별한 방식의 이행을 요구하고 있는 규정은 없으므로, 결국 우리나라도 권리의 '향유와 행사' 모두에 있어서 아무런 방식의 이행을 요구하지 않는 것이며, 따라서 베른협약 위반의 문제는 생기지 않는 것으로 해석된다. 무

7) 베른협약 제14조의3 (1) 저작자 또는 그의 사망 후에 국내 입법으로 권한을 받은 자연인이나 단체는 원 미술저작물 및 작사자와 작곡자의 원고에 관하여, 저작자가 저작물을 최초로 이전한 후에 그 저작물의 매매에 있어서의 이익에 대하여 양도할 수 없는 권리를 향유한다. (2) 전항에서 규정한 보호는 저작자가 속한 국가의 입법으로 그와 같이 허용한 경우에, 그리고 이 보호가 주장되는 국가가 허용하는 범위 내에서만 각 동맹국에서 주장될 수 있다. (3) 징수의 절차와 금액은 국내 입법에 맡겨 결정한다.

방식주의에 반대되는 것이 '방식주의'(方式主義)로서, 저작권의 발생에 등록이나 납본, 또는 Ⓒ 표시 등을 요건으로 하는 입법례를 말한다. 과거 방식주의의 대표적인 국가는 미국이었지만, 미국도 1976년의 저작권법 전면개정을 통하여 방식주의를 대폭 완화함으로써 현재에는 다른 나라와 마찬가지로 저작물의 완성만으로 저작권이 발생하는 것으로 하고 있다. 또한 미국은 베른협약 가입 전에는 저작권등록을 저작권침해소송을 제기하기 위한 소송요건으로 하고 있었지만, 베른협약에 가입한 후 그러한 소송요건을 미국 저작물, 즉 미국을 본국으로 하는 저작물에 대해서만 적용하는 것으로 완화하였다.[8)]

다만, 베른협약의 무방식주의는 동 협약 제 5 조 (1)의 보호, 즉 "본국 이외의 동맹국에서의" 보호에 대한 것이고, 본국에서의 보호는 본국법에서 정하는 바에 따르도록 되어 있다.[9)] 그러므로 베른협약의 동맹국이 그 나라를 본국으로 하는 저작물에 관하여 방식주의를 채택하더라도 그것이 베른협약을 위반하는 것은 아니다. 따라서 미국 저작권법이 미국을 본국으로 하는 저작물에 관하여 침해소송 제기를 위한 전제조건으로 등록을 요구하는 것은 베른협약의 위반은 아니라고 해석되고 있다. 우리나라 저작권법은 위에서 본 바와 같이 우리나라를 본국으로 하는 저작물에 대하여도 무방식주의를 취하고 있다. 무방식주의 하에서 저작권등록은 저작권의 발생요건이 아니라 제 3 자에 대한 대항요건에 불과하다.[10)] 방식주의를 취하는 거의 유일한 국가였던 미국이 방식주의를 대폭 완화하면서 종전에 방식주의의 대표적인 형태인 Ⓒ 표시 또는 Ⓒ 표시와 함께 많이 사용되던 'all rights reserved'[11)] 라는 문구는 이제 미국 이외의 국가에서는 법적인 효력이 거의 없는 상징적인 의미만 남게 되었다.

한편, 베른협약 제 2 조(2)는 "일반적인 저작물이나 특정한 범주의 저작물이 유형적인 형태로 고정되어 있지 아니하는 한 보호되지 아니한다고 규정하는 것은 동맹국의 입법에 맡긴다"고 규정하고 있으므로, 베른협약의 동맹국은 무방식주의를 채택하면서도 '고정'을 저작권 보호의 요건으로 할 수 있다. 고정을 보호의 요건으로 하는 대표적인 입법례로서는 미국 저작권법을 들 수 있다.

---

8) 미국 저작권법 제411조(a).

9) 베른협약 제 5 조(3): 본국에서의 보호는 국내법에 의하여 지배된다. 다만, 저작자가 이 협약에 따라 보호되는 저작물의 본국의 국민이 아닌 경우에는 본국에서 자국민과 같은 권리를 향유한다.

10) 등록의 일반적인 내용 및 현행 미국 저작권법상 저작물 표시와 등록 제도에 관하여는 제 8 장에서 상세히 검토하기로 한다.

11) 이 표현은 1910년 미국과 중남미 각국 사이에 마련된 저작권 보호를 위한 국제조약인 부에노스아이레스 협약에서 기원한 것이라고 한다. 임원선, 실무자를 위한 저작권법(개정), 한국저작권위원회, 2009, 96면 참조.

2. 고아저작물

이처럼 무방식주의는 세계 대부분의 국가가 채택하고 있는 제도이지만, 이 제도가 이른바 '고아저작물'(orphan works)을 증가시키는 주요 원인으로 지적되고 있다. 고아저작물은 누가 저작자인지, 또는 누가 저작권자인지를 알 수 없는 저작물을 말한다. 저작권은 배타적 권리로서 저작물을 이용하기 위해서는 사전에 저작권자의 허락을 얻어야 하기 때문에 저작자 또는 저작권자가 누구인지, 그리고 저작물의 이용에 관하여 협의를 하기 위해서는 어떻게 연락을 하여야 하는지가 확인되지 않으면 저작물의 이용은 크게 제한될 수밖에 없다. 이에 대처하기 위하여 저작권법은 상당한 노력을 기울였어도 권리자를 알 수 없거나 권리자의 소재를 알 수 없는 경우에 일정한 절차를 밟아 저작물을 이용할 수 있도록 하는 강제허락제도를 마련하고 있다(저작권법 제50조).[12)]

Ⅲ. 저작권의 주체 및 객체

1. 저작권의 주체

가. 저작인격권의 주체

저작인격권은 저작자의 일신에 전속한다(저작권법 제14조 제 1 항). 따라서 저작자만이 저작인격권의 주체가 될 수 있으며, 다만 저작자가 사망한 경우에는 일정 범위 내의 유족이나 유언집행자 등이 저작인격권의 침해에 대하여 침해의 정지 등 일정한 행위를 할 수 있다(저작권법 제128조).

나. 저작재산권의 주체

저작재산권은 양도성과 상속성을 갖는다. 즉, 일신에 전속하지 않는다. 따라서 저작물을 창작한 자(저작자)뿐만 아니라 그로부터 저작재산권을 양도받거나 상속한 자도 저작재산권의 주체가 될 수 있다. 영상저작물의 제작에 협력할 것을 약정한 자가 그 영상저작물에 대하여 저작권을 취득한 경우 특약이 없는 한 그 영상저작물의 이용을 위하여 필요한 권리는 영상제작자가 이를 양도받은 것으로 추정하므로(저작권법 제100조 제 1 항), 이때에는 영상제작자가 영상저작물의 저작재산권자로 된다. 자연인은 물론이고 법인 등 단체도 저작자

12) 임원선, 전게서, 98면.

로 될 수 있다(저작권법 제 9 조).

2. 저작권의 객체

저작권의 객체로 되는 것은 저작자의 창작행위의 결과로 발생한 저작물이다. 저작물은 인간의 사상 또는 감정을 표현한 창작물을 말하며(저작권법 제 2 조 제 1 호), 외부에 표현되지 않은 내심의 사상이나 감정은 저작물이 아니다. 그리고 저작물은 반드시 완성된 것일 필요는 없으며, 예컨대 미완성 교향곡과 같이 완성에까지는 이르지 못하였으나 나름대로 저작자의 사상이나 감정이 구체적·창작적으로 표현된 것이라면 저작물로 된다. 저작물의 성립요건에 대하여는 앞의 제 2 장에서 이미 살펴본 바 있다.

저작물로 보호받기 위하여서는 사상 또는 감정이 어떠한 형식으로든 외부에 표현되어야 하고, 구체적으로는 문자나 음 등의 매체에 의하여 객관적으로 표현되어야 한다. 그러나 유형적으로 고정되어야만 하는 것은 아니므로 원고 없는 강연이나 즉흥극 등도 저작물이 될 수 있다.

Ⅳ. 저작권의 본질

1. 저작권의 본질에 관한 학설

저작권이 어떠한 성질을 가지는 권리인가에 관하여는 각 시대의 사회관념·법률사상을 반영한 여러 가지 학설이 주창되어 왔다. 이를 크게 나누어 보면 저작권을 재산권으로 보려는 견해와 인격권으로 보려는 견해로 나눌 수 있다. 전자에 해당하는 것으로서 정신적 소유권론(精神的 所有權論), 무체재산권론(無體財産權論), 정신재화경합권론(精神財貨競合權論) 등이 있고, 후자에 해당하는 것으로서는 인격권론(人格權論)이 있다.[13)]

정신적 소유권론은, 소유권이 유체물의 배타적 지배를 내용으로 하는 절대권인 것과 마찬가지로 저작권은 무체물인 저작물에 대한 배타적 지배를 내용으로 하는 절대권으로 보는 것이다. 즉, 저작권을 소유권과 같은 성질의 권리로 파악하지만, 그 객체가 정신적인 것이므로 이를 정신적 소유권이라고 하는 것이다. 무체재산권론은 저작권을 특허권이나 상표권 등과 같은 일종의 무체재산권이라고 보는 견해이고, 정신재화경합권론은 무체재산권

13) 하용득, 전게서, 128면.

론에서 발전하여 저작권이 무체재산권에 인격권적인 내용이 포함된 특수한 권리라고 파악한다.

이에 반하여 인격권론은, 저작물은 인간의 정신활동의 소산으로서 저작자의 개성과 인격의 표현 또는 재생이라 할 수 있으므로, 저작자와 저작물은 서로 불가분의 관계에 놓여 있다고 본다. 따라서 저작권도 저작자의 인격권의 일종으로서 일신에 전속하는 성질을 가지고 있고, 저작물을 이용하는 이용권은 이 인격권으로부터 파생한 종(從)적인 권리에 불과하다고 본다.[14)]

위의 여러 학설들은 각각 다른 학설로부터 비판을 받고 있으며 그 중 어느 학설도 현재의 저작권의 성질을 설명하는 학설로서 완전하다고 볼 수 없다. 위 학설들에 대한 자세한 설명과 비판은 이 책에서는 생략하기로 한다.

2. 저작권의 권리구성

가. 저작권 일원론(一元論)과 이원론(二元論)

저작권은 기본적으로 저작인격권과 저작재산권으로 구성된다. 이때 이들 두 권리의 상호관계를 어떻게 파악하느냐에 따라서 저작권 일원론과 이원론의 대립하는 두 가지 입법례가 존재한다.

(1) 저작권 일원론

저작권 일원론은 저작권을 재산권적 요소와 인격권적 요소가 유기적으로 결합한 단일의 권리이고, 저작인격권과 저작재산권 양자의 상위에 있는 특수한 권리로서 이들 권리를 발생시키는 근원적 권리라고 한다. 즉, 저작권을 일원적으로 구성하는 견해이다. 이 학설은 저작자의 저작물에 대한 재산적 이익과 관념적 이익의 불가분성 때문에 저작인격권과 저작재산권의 엄밀한 구분은 불가능하다고 본다.[15)]

그러므로 저작권의 발생에 관하여는 저작한 때로부터 저작재산권과 저작인격권이 유기적으로 결합된 하나의 단일·불가분의 모권(母權)이 발생한다고 본다. 저작권의 양도에 관하여는, 저작인격권이 일신전속적인 성격을 가지고 있으므로 이것과 불가분의 관계로 결합되어 있는 저작재산권의 양도 역시 불가능하다고 파악한다. 다만 저작자 아닌 제 3 자가 저작물을 이용하는 것은 저작재산권의 '승계적 이전'에 의한 것이 아니라 '설정적 이전'에

14) 상게서, 131면.
15) 상게서, 134면.

의한 것이라고 설명한다. 즉, 건물에 비유하여 말하자면, 제 3 자에게 그 소유권을 양도하는 것이 아니라 전세권을 설정해 줌으로써 전세권 설정을 받은 자가 배타적으로 그 건물을 사용수익 할 수 있도록 해 주는 것처럼, 저작자 아닌 제 3 자의 저작물 이용도 이와 같은 사용수익권의 설정에 따른 것이라고 파악한다.

저작권의 상속에 관하여는 저작인격권과 저작재산권이 합체된 하나의 저작권이 그대로 상속인에게 상속된다고 해석한다. 저작권의 소멸에 관하여는 저작권의 보호기간 경과에 의하여 저작재산권 뿐만 아니라 저작인격권도 함께 소멸한다고 본다.

(2) 저작권 이원론

저작권을 저작인격권과 저작재산권이라는 서로 별개의 독립된 권리가 합쳐진 '복합적 권리'(droit double)로 보는 입장이다. 저작권의 발생에 관하여는 저작한 때로부터 저작인격권과 저작재산권이라는 상호 독립된 2종의 권리가 발생한다고 한다.

저작권의 양도에 관하여서도 두 개의 권리가 각각 독립적이므로, 저작인격권은 일신전속성에 의하여 양도가 불가능한 반면에 저작재산권은 자유롭게 양도할 수 있다. 따라서 저작재산권의 양도는 '설정적 이전'이 아니라 '승계적 이전'이다. 저작자가 사망하면 저작재산권은 당연히 상속인에게 승계되지만, 저작인격권은 일신전속성으로 인하여 상속되지 않고 저작자의 사망과 동시에 소멸한다. 다만, 저작자 사후의 인격적 이익을 보호하기 위하여 유족 등 저작자와 일정한 관계에 있는 자에게 저작자 사후의 인격적 이익을 침해하는 행위 등에 대한 정지청구권 등을 인정한다.

(3) 입법례

우리나라는 1957년 제정된 저작권법 제 7 조에서 저작권의 개념과 관련하여, "본 법에서 저작권이라 함은 저작자가 그 저작물 위에 가지고 있는 일체의 인격적·재산적 권리를 말한다"고 규정하면서, 제 2 장에서는 저작권의 내용으로서 저작인격권에 해당하는 권리들과 저작재산권에 해당하는 권리들을 특별한 구별 없이 열거하고 있었다. 그러다가 1986년 저작권법 전면 개정 당시 현재와 같이 저작권이 저작인격권과 저작재산권으로 구성되는 것으로 양자를 구분하여 규정하였다. 현행 저작권법은 제10조 제 1 항에서, "저작자는 제11조 내지 제13조의 규정에 따른 권리(이하 "저작인격권"이라 한다)와 제16조 내지 제22조의 규정에 따른 권리(이하 "저작재산권"이라 한다)를 가진다"라고 규정하고 있고, 저작인격권과 저작재산권을 각각 서로 다른 절(節)로 구분하여 열거하는 방식을 취하고 있다. 구법에서는 '저작권'을 '저작재산권'과 동일한 의미로 사용하는 부분도 있었는데, 현행 저작권법은 이를 수정하여 저작권은 저작재산권과 저작인격권을 포함하는 상위 개념으로만 사용하고 있다. 또한 우리 저작권법은 제14조에서 저작인격권의 일신전속성을 규정하고 있는데 반하여 제45조 제 1 항에서는 저작재산권의 양도성에 관하여 규정하고 있으며, 보호기간, 상속 등에 있어서도 저작인격권과 저작재산권을 달리 취급하고 있다. 또한 제38조에서 저작재산권에 관한 제한규정은 저작인격권에 영향을 미치지 않는 것으로 규정하고 있다. 이러한 여러 가지 규정들에 비추어 볼 때 우리 저작권법은 저작권 이원론에 입각하고 있는 것으로 해석된다. 우리 저작권법제와 유사한 구성으로 되어 있는 일본의 경우도 다수설은 일본 저작권법이 저작권 이원론을 취하고 있는 것으로 해석한다.[16] 이처럼 대륙법계의 국가는 우리나라나 일본, 프랑스 등 대부분의 국가가 저작권 이원론에 입각한 저작권법을 가지고 있다. 그러나 독특하게 독일 저작권법은 저작권 일원론을 채택한 것으로 평가된다.

우리나라와 같이 이원론적인 권리구성을 취하고 있는 저작권법 아래에서는 저작인격권과 저작재산권은 각각 보호법익 및 법적 보호의 태양이 다르다. 저작재산권 침해로 인한 재산적 손해배상청구와 저작인격권 침해로 인한 정신적 손해배상(위자료)청구는 소송물을 달리하므로 이들 청구를 병합할 수 있다. 따라서 어떤 저작물에 대한 하나의 행위에 의하여 저작인격권과 저작재산권이 함께 침해된 경우에도 저작인격권 침해에 의한 정신적 손해와 저작재산권 침해에 의한 손해는 서로 양립할 수 있고, 양자의 배상을 소송상 함께 청구하는 때에는 소송물을 달리하는 2개의 청구가 병합된 것이 된다. 따라서 저작인격권 침해에 기한 위자료액과 저작재산권 침해에 기한 손해액을 각각 특정하여 청구하여야 하며, 배상금액도 각각 따로 산정하여야 한다.[17]

저작권 중 저작인격권의 개념이 나타나기 시작한 것은 비교적 오래지 않은 일이다. 특히 대륙법계 국가에서 저작인격권의 개념이 생겨난 후에도 영미법계에서는 저작인격권을 인정하지 아니하였는데, 1928년 베른협약이 저작인격권을 명문화 한 이래 영국에서는 1988년 저작권법을 개정하면서 저작인격권을 인정하기에 이르렀다. 그러나 미국에서는 최근 베른협약에 가입한 이후에도 시각적미술저작물 등을 제외하고는 아직 저작인격권을 일반적으로 보호하는 규정을 두고 있지 아니하며, 다만 판례 등에서 계약법이나 명예훼손 등의 법리에 따라 이를 보호하고 있다(이 점에 관하여는 뒤의 저작인격권 부분에서 다시 살펴본다).

16) 半田正夫·松田政行, 『著作權法コンメンタール』(1), 勁草書房(2008), 1, 702면.

17) 김정술, 저작권과 저작인접권의 내용, 지적소유권에 관한 제문제(下), 재판자료 57집, 법원행정처, 1992, 279면; 半田正夫·松田政行, 전게서, 703면.

나. 저작권 보호의 헌법적 근거

우리나라 헌법 제22조 제 2 항은 "저작자, 발명가, 과학기술자와 예술가의 권리는 법률로써 보호한다"고 규정함으로써 저작권을 포함한 지적재산권 보호에 관한 헌법적 근거를 명시하고 있다. 헌법 제23조 제 1 항은 "모든 국민의 재산권은 보장된다. 그 내용과 한계는 법률로 정한다"고 규정하고 있는데, 이 규정에 의하여 보장되는 재산권에 저작권을 비롯한 지적재산권이 당연히 포함된다.

이와 관련하여, 헌법 제22조 제 2 항에 의하여 권리가 부여되는 저작자와 발명가 등은 무엇인가 새로운 것을 창작하는 사람을 가리키므로, 이 규정은 지적재산권 중에서도 저작권, 특허권, 실용신안권, 디자인권 등과 같이 이른바 창작법(創作法)이 규율하는 권리들의 보호에 관한 것으로 이해되며, 상표 등과 같이 영업상의 표지에 화체된 영업상의 신용을 보호대상으로 하는(즉, 인간의 지적, 정신적 창작물을 보호대상으로 하지 않는) 이른바 표지법(標識法)에 대한 헌법적 보호는 헌법 제22조 제 2 항이 아니라 재산권 일반에 관한 보장 규정인 제23조에 의해서만 이루어진다는 견해가 있다.[18]

다. 저작권을 구성하는 권리

가장 넓은 의미에서의 저작권 개념에 포함되는 저작인격권과 저작재산권, 저작인접권은 모두 이른바 '권리의 다발'(bundle of rights)로서, 그 속에는 여러 종류의 지분적 권리가 내포되어 있다. 그리고 그 내용은 각국의 실정법에 따라 차이가 있다. 우리나라 현행 저작권법은 저작인격권으로 공표권(제11조), 성명표시권(제12조), 동일성유지권(제13조)과 출판에 관한 수정증감권(제59조)을 열거하고 있고, 간접적으로 명예권을 보호하고 있다(제124조 제 4 항). 저작재산권으로는 저작물의 이용방법 내지 태양에 따라 복제권(제16조), 공연권(제17조), 공중송신권(제18조), 전시권(제19조), 배포권(제20조), 대여권(제21조), 2차적저작물작성권(제22조)을 열거하고 있다. 그리고 저작인접권으로 실연자에 대하여 성명표시권(제66조), 동일성유지권(제67조), 복제권(제69조), 배포권(제70조), 대여권(제71조), 공연권(제72조), 방송권(제73조), 전송권(제74조), 보상금청구권(제75조, 제76조, 제76조의2)을, 음반제작자에 대하여 복제권(제78조), 배포권(제79조), 대여권(제80조), 전송권(제81조), 보상금청구권(제82조, 제83조, 제83조의2)을,

---

18) 박성호, 저작권법, 박영사(2014), 22면. 이 견해는 우리나라 헌법재판소가 특허권 등에 관해서는 헌법 제22조 제 2 항을 그 근거로 명시하면서도(헌재 2002. 4. 25. 선고 2001헌마200결정), 상표권의 헌법적 보호 근거에 대해서는 헌법상 보호되는 재산권에 속한다고만 설시할 뿐 제22조 제 2 항을 그 근거로 제시하지 않고 있는 점(헌재 2003. 7. 24. 선고 2002헌바31 결정)도 이러한 취지에서 이해할 수 있다고 한다.

방송사업자에 대하여 복제권(제84조), 동시중계방송권(제85조), 공연권(제85조의2)을 열거적으로 규정하고 있다.

저작권법은 제 4 절 제 2 관에서 일정한 경우에 저작재산권이 제한되는 경우를 규정하고 있는데, 그 중 제25조(학교교육목적 등에의 이용) 제 4 항, 제31조(도서관 등에서의 복제) 제 5 항의 경우에는 이용자에게 보상금지급의무를 부과하고 있으며, 그에 따라 저작재산권자는 보상금의 지급을 청구할 권리(보상금청구권)를 갖는다. 또한 저작인접권자는 제75조 및 제82조(방송사업자의 실연자 및 음반제작자에 대한 보상), 제76조 및 제83조(디지털음성송신사업자의 실연자 및 음반제작자에 대한 보상), 제76조의2 및 제83조의2(판매용 음반을 사용하여 공연하는 자의 실연자 및 음반제작자에 대한 보상) 등 일정한 경우에 보상금청구권을 갖는다. 이러한 보상금청구권은 금전을 청구할 수 있는 채권적 권리로서 준물권인 저작권 그 자체에는 해당하지 않는다. 따라서 이용자가 그러한 보상금을 지급하지 않는다 하더라도 저작재산권의 침해로 되는 것은 아니며, 권리침해에 대한 정지청구 규정이나 벌칙규정은 적용되지 않는 것으로 보아야 한다. 우리 저작권법 제123조 제 1 항(침해의 정지 등 청구)은 명문으로 보상금청구권을 침해의 정지 등을 청구할 수 있는 권리에서 제외함으로써 이러한 점을 분명히 하고 있다. 벌칙규정인 저작권법 제136조 제 1 항 제 1 호는 형벌 부과의 대상을 "저작재산권, 그 밖에 이 법에 따라 보호되는 재산적 권리"라고 하고 있어 위와 같은 보상금청구권을 명시적으로 제외하고 있지는 않으나, 보상금청구권이 채권적 권리인 이상 벌칙규정의 적용은 당연히 배제되는 것으로 해석하여야 한다. 일본에서도 보상금청구권은 금지청구 및 벌칙규정의 적용대상이 되지 않는 것으로 해석하고 있다.[19)]

한편 저작권법 제124조는 일정한 행위를 저작권 그 밖에 저작권법에 따라 보호되는 권리의 침해로 본다고 규정하고 있으므로, 반사적 효과로 그러한 범위 내에서 저작재산권이나 저작인격권 등 그 밖에 저작권법이 보호하는 권리의 내용이 확장된다고 할 수 있다.

이와 같이 우리나라 저작권법은 저작권의 지분적 권리들을 제한적으로 열거하는 열거주의(列擧主義)를 채택하고 있다.[20)] 열거주의는 급속히 발전하는 저작물 이용기술의 변천에 대응하는 데에는 어려운 점이 있으나 저작재산권의 내용이 한정적으로 열거되어 있으므로 그 내용이 명확해지는 장점도 크다. 따라서 장래에 저작권법이 미처 예상하지 못한 저작물 이용기술이 발달하게 되고 저작권법이 이에 적절하게 대응할 수 없는 상황이 되면, 저작권

19) 半田正夫·松田政行, 전게서, 704면. 한편, 일본 저작권법은 저작인접권에 관한 제89조에서 채권적 권리인 보상금청구권(2차사용료 청구권 및 보수청구권)을 저작인접권과 별도로 분리하여 규정함으로써 보상금청구권은 저작인접권에 포함되지 않는다는 취지를 명문으로 밝히고 있다.

20) 독일 저작권법은 저작물 이용권에 관하여 포괄적인 규정을 두고 개별적인 이용권은 예시적으로 규정하는 이른바 예시주의(例示主義)를 채택하고 있다고 한다(김정술, 전게논문, 274면 참조).

법의 개정을 통하여 새로운 권리를 창설하는 등의 방법으로 해결하여야 한다. 그러나 법의 개정에는 많은 시간이 걸리는 것이 보통이며 그 과정에서 그만큼 저작권의 전체적인 보호가 지연되고 소홀해진다. 따라서 열거주의를 채택하고 있는 우리나라의 경우에는 저작물의 새로운 이용형태를 만들어 내는 기술의 개발·보급에 언제나 주의를 기울이지 않으면 안 된다.21)

위에서 본 것과 같은 기본적인 권리 외에 프랑스와 독일, 이탈리아 등에서는 미술저작물의 양도 후에도 그 작품이 다시 팔려 이득을 남길 때에는 저작자가 일정비율의 보상금을 청구할 수 있는 '추급권'(追及權)이라는 권리를 인정하고 있다. 또한 저작인격권에 있어서도 독일, 프랑스, 이탈리아 등에서는 저작물의 양도 후에도 원래의 저작권자가 그 저작물에 접촉할 수 있는 '접촉권'(接觸權)과 저작물의 유통단계에서 이를 회수할 수 있는 '철회권'(撤回權) 등을 인정하고 있다.22)

3. 저작권의 일반적 성질

가. 배타적 지배권성(排他的 支配權性)

저작권은 저작권자가 자신의 저작물을, 그리고 저작인접권은 저작인접권자가 자신의 실연, 음반 또는 방송 등 저작인접물을 이용하거나 타인에게 이용을 허락할 수 있는 물권에 준하는 배타적인 지배권이다. 그렇기 때문에 저작권은 계약 등으로 일정한 관계를 맺은 특정인에 대하여서만 주장할 수 있는 채권적 권리가 아니라, 저작권자 이외의 모든 제3자에게 주장할 수 있는 대세적(對世的) 효력, 즉 제3자적 효력을 갖는 준물권(準物權)적 권리이다. 따라서 타인이 저작권자의 허락 없이 저작물을 이용하면 이를 금지시킬 수 있으며, 이러한 점에서 허락 없이 저작물을 이용하더라도 단지 보상금의 지급 등 채권적인 책임만 지게 되는 보상청구권과 구별된다. 그러나 특허권 등 산업재산권과는 달리 기존의 다른 저작물을 모방하지 않았음에도 불구하고 같은 내용의 저작물이 우연히 다수 작성된 경우에, 작성의 선후에 관계없이 선·후 저작물은 모두 배타적인 저작권을 향유한다. 즉, 저작권의 배타적 지배권성은 다른 산업재산권과는 달리 상대적인 것이며, 그래서 저작권은 타인이 자신의 저작물을 모방하는 것을 금지하는 배타적 권리이지 자신의 저작물과 동일한 모든 저작물의 작성을 금지하는 배타적 권리는 아니다. 이러한 점에서 저작권을 '모방금지권'이

21) 하용득, 전게서, 152면.

22) 허희성, 전게서, 71면. 접촉권과 철회권에 대하여는 본 장 '저작인격권'의 마지막 부분에서 간략하게 살펴보기로 한다.

라고 부르기도 한다.

또한 저작권의 속성인 배타적 권리는 저작자가 그 저작물의 창작에 기여한 범위, 즉 저작자가 독자적으로 부여한 창작성의 범위 내에서만 미친다. 저작자가 자기 아닌 다른 사람이 기존에 창작한 부분에 자신의 창작을 부가하여 저작물을 제작한 경우, 저작자는 그 저작물 중 자신이 부가한 창작적 부분에 한하여 배타적 권리를 가지게 된다.

저작권은 기본적으로 배타적 지배권으로서의 성질을 가지지만, 어떤 경우에는 배타적 지배권으로서의 성질이 저작물의 원활한 이용에 장애가 됨으로써 이용자에게 불편함을 주는 것은 물론이고, 그로 말미암아 저작권자의 이익에도 부합하지 못하게 되는 경우가 있다. 예를 들어 음악저작물을 방송이나 인터넷 등을 통하여 공중송신하는 서비스를 제공하기 위해서는 무수히 많은 음악저작물 저작자들로부터 일일이 허락을 받아야 하는데, 그렇게 되면 서비스 사업자가 이용허락을 받기 위하여 지출하는 비용이 음악저작물의 이용으로부터 받게 되는 이익을 초과하게 되는 경우가 발생한다. 이는 그 음악저작물의 이용을 포기하게 만들거나 아니면 허락 없이 불법적으로 이용하게 만드는 결과를 초래할 수 있다. 이러한 결과는 음악저작물의 이용자는 물론이고 저작권자에게도 결코 바람직스럽지 못하다. 따라서 저작권법은 이와 같은 특수한 경우에는 저작권에 배타적 지배권으로서의 효력을 제한 또는 완화시키고 단순한 보상금청구권으로서의 효력만을 부여함으로써 양자의 이익을 도모하고 있다.

즉, 저작권은 배타적 지배권의 성질을 가지는 준물권이고, 저작권법은 물권법에서 다수의 개념을 차용함으로써 물권적 구성을 취하고 있지만, 그것은 어디까지나 정책적이고 편의적인 것이라는 점에 유의할 필요가 있다. 입법론적으로 볼 때 저작권을 물권적으로 구성하는 것이 유일한 방법은 아니며, 보상금청구권으로 구성하거나 또는 일정 기간 동안은 배타적 지배권으로 하고 그 기간이 지난 후에는 보상금청구권(또는 대가청구권)과 같은 권리로 구성하는 것도 가능하다. 또한 오늘날 음악산업에 있어서 음악저작권협회와 같은 신탁관리단체의 역할과 기능이 매우 중요하고 앞으로도 그 위상과 영향력이 커질 개연성이 높다. 이러한 점에 비추어 볼 때, 권리자단체 등의 집중관리에 의하여 저작권이 형식적으로는 물권적 권리이면서도 사실상 보상금청구권화 하는 경향도 강해질 수 있다. 따라서 중요한 것은 저작물의 이용에 의하여 생기는 이익 중 정당한 부분을 어떤 방법으로 권리자에게 환원시키는가 하는 것이고, 물권적 구성을 채용하는가 보상금청구권 구성을 채용하는가는 반드시 그 중 어느 하나만이 옳다고 할 문제는 아니다. 그 시대와 사회 상황에 맞는 합리적인 법적 시스템을 구축하여야 한다.[23)]

---

23) 中山信弘, 著作權法, 법문사(2008), 180면.

나. 공공성(公共性)

저작권법은 저작자의 권리를 보호하는 한편 그 공정한 이용을 도모함으로써 문화 및 관련산업의 향상발전에 이바지함을 궁극적인 목적으로 한다. '공정한 이용'을 강조하는 것은 저작물은 모든 인류를 위한 문화적 소산으로서 공공재(公共財)의 성격을 갖기 때문이다. 즉, 저작물을 이루는 핵심 요체인 콘텐츠는 원래 공공재의 성격을 갖고 있어서 만인이 이용 가능한 재화이지만, 창작에 대한 인센티브를 줌으로써 문화 및 관련 산업의 발전을 도모하기 위하여 그 콘텐츠에 대한 일종의 독점적 권리를 인정한 것이 저작권법이다. 저작물의 공공재적 성격을 감안한 저작물의 공정한 이용을 도모하기 위하여 일정한 범위 내에서 저작권의 배타적 권리로서의 내용은 제한을 받는다. 저작권법은 제2 장 제 4 절 제 2 관에서 저작재산권이 제한되는 여러 가지 경우에 대하여 상세한 규정을 두고 있으며, 제87조에서 저작인접권에 대하여도 그 제한규정을 대부분 준용하고 있다.

다. 유한성(有限性)

저작권은 소유권 등 다른 절대적인 재산권과는 달리 존속기간이 법정되어 있다. 이것도 저작권의 공공성에 의한 제한의 한 형태에 해당한다고 볼 수 있다. 존속기간은 나라마다 달리 규정되고 있으며, 존속기간이 경과하면 그 저작물은 이른바 '공중의 영역'(public domain)에 들어가 누구라도 자유롭게 이용할 수 있게 된다. 저작인격권 역시 일신전속성에 따라 저작자의 사망과 동시에 소멸하게 된다.

라. 가분성(可分性)

저작재산권은 내용적으로 각종의 이용권능으로 나누어진다. 각 이용권능은 기본적 모권(母權)인 저작권을 이루는 부분적 기능으로서 저작권자는 각 이용권능에 대하여 이용허락을 할 수 있고, 또한 분리하여 양도 기타의 처분을 할 수도 있다(저작권법 제45조, 제46조). 즉, 복제권, 공연권 등 개개의 지분권은 그 기초가 된 저작권으로부터 독립하여 양도할 수 있다. 예를 들면, 저작권자 A가 복제권만 B에게 양도하고, 공연권은 C에게 양도할 수 있다. 이때 B와 C에게는 각자 취득한 지분적 권리의 범위 내에서 저작물의 독점적 이용이 인정된다.[24] 그리고 하나의 침해행위에 의하여 각 지분권이 한꺼번에 또는 일부씩 동시에 침해될 수 있다.

지분권은 그 기초가 되는 모권, 즉 저작권이 소멸하면 자동적으로 함께 소멸한다.

24) 하용득, 전게서, 136면.

마. 무체재산권성(無體財産權性)

일반적인 재산권인 물권(物權)이 동산 또는 부동산과 같은 유형물에 대한 권리인 것과는 달리, 저작권은 정신적 산물로서 감각기관에 의하여 감상될 수는 있으나 형체를 가지지는 않는 무체물인 저작물에 대한 권리이다.[25] 저작물은 보통 책이나 음반 같은 유형물 매체에 수록되기 때문에 그 매체와 혼동하기 쉽고, 미술작품처럼 저작물과 그 저작물이 수록된 매체를 분리하기 어려운 경우도 있지만, 개념적으로 저작물과 그것이 수록된 매체는 구별된다. 저작권은 이처럼 무형적 재산에 대한 지배권이라는 성질로 인하여 소비와 이용에 있어서도 비경합성(非競合性)과 비배제성(非排除性)이 두드러진 특징으로 나타난다. 즉, 부동산이나 동산과 같은 유형물은 공간적으로 제한되어 있어서 일정한 시점에서는 특정인만이 이용하고 소비할 수 있지만, 저작물과 같은 무체물은 그러한 제한이 없다. 따라서 하나의 드라마를 모든 국민이 동시에 시청할 수 있는 것처럼 무수히 많은 공중이 동시에 이용하고 소비할 수 있다. 한편, 비배제성이란 특정인을 소비에서 제외시킬 수 없는 성질을 말한다. 자연적 자원인 물이나 공기, 또는 인간이 만들어 낸 사회적 기반인 행정, 국방, 국가기반시설 등과 같이 저작물은 무체물로서 어느 한 사람이 이용하는 것이 다른 사람의 이용에 장애가 되지 않는다. 이러한 저작물의 비경합성과 비배제성은 저작물의 공공재(公共財)적 성격을 나타낸다. 그리고 디지털·네트워크 환경에서 이러한 공공재적 성격은 더욱 짙어지게 된다.

V. 저작권과 다른 권리와의 관계

1. 저작재산권과 소유권

가. 개　　설

소유권은 자기가 소유하는 물건을 배타적으로 사용·수익·처분할 수 있는 권리이다. 그런데 저작재산권도 저작물을 배타적으로 이용하여 그로부터 수익을 얻을 수 있고 또 양도 등 처분행위를 할 수 있다는 점에서 소유권과 상당히 유사한 면이 있다. 소유권은 그 대상으로 된 물건을 배타적으로 지배할 수 있는 권리로서 동일한 물건에 대하여 두 사람

25) 물론 영상저작물과 같이 일정한 매체에 수록되어야만 하는 저작물의 경우에는 유형물로서의 형체를 가질 수도 있다.

이상이 같은 내용의 권리를 갖는 것이 불가능하다. 저작재산권 역시 저작물을 배타적·독점적으로 지배할 수 있는 권리이다.

그러나 저작권은 저작자의 정신적 창작활동의 산물인 무형의 저작물에 대하여 성립하는 권리라는 점에서 유형의 물건 위에 성립하는 소유권과 구별된다. 예를 들어 작가의 소설이 기재된 원고용지는 유체물이고 소유권의 대상이 되지만, 그 원고용지에 기재된 소설의 내용(작가의 사상이나 감정의 표현)은 무체물인 저작물로서 저작권의 대상이 된다. 따라서 원고용지에 대한 소유권을 취득하더라도 그것이 그 원고지에 기재된 소설에 대한 저작권을 취득하는 것은 전혀 아니다. 그리고 소유권의 경우에는 그 객체가 유체물이기 때문에 이용방법이 비교적 제한되어 있고, 하나의 물건을 동시에 여러 장소에서 사용한다는 것이 물리적으로 불가능하다. 그러나 저작권의 경우에는 그 객체인 저작물의 이용방법이 훨씬 다양하며, 여러 사람이 서로 다른 장소에서 동시에 이용하는 것도 가능하다. 예컨대 소설과 같은 저작물을 출판을 통하여 이용할 수 있을 뿐만 아니라 동시에 영화화하여 상영한다든가 방송도 할 수 있다. 이를 각색하여 연극으로 상연할 수도 있다. 한편, 소유권은 그 유체물이 존속하는 한 영구히 존속하는 권리이지만, 저작권은 법에서 정한 보호기간이 경과되면 소멸하여 누구라도 그 저작물을 자유롭게 이용할 수 있게 된다. 또 저작물은 문화유산으로서 널리 이용되어야 할 필요성이 있으므로 소유권과는 달리 법으로 그 행사를 제한할 수 있는 경우가 광범위하게 인정되고 있다.[26]

예를 들어 편지를 발송하여 수신자에게 도달한 경우에, 편지라는 유체물에 대한 소유권은 수신인이 갖게 되겠지만, 그 편지에 담겨 있는 내용, 즉 발신인의 사상이나 감정의 표현인 창작물에 대한 저작권은 여전히 발신인에게 남아 있다. 따라서 그 편지에 대한 소유권과 편지 내용에 대한 저작권의 귀속주체가 달라지게 된다. 서울지방법원 1995. 6. 23. 선고 94카합9230 판결(일명, '이휘소' 사건)[27]에서는, 저작권법에 의하여 보호받는 저작물이라 함은 문학, 학술 또는 예술의 범위에 속하는 창작물을 말하는바(2006년 개정 전 저작권법의 정의규정에 의함), 단순한 문안 인사나 사실의 통지에 불과한 편지는 저작권의 보호대상이 아니지만, 학자·예술가가 학문상의 의견이나 예술적 견해를 쓴 편지뿐만 아니라, 자신의 생활을 서술하면서 자신의 사상이나 감정을 표현한 편지는 저작권의 보호대상이 되고, 그 경우 편지 자체의 소유권은 수신인에게 있지만 편지의 저작권은 통상 편지를 쓴 발신인에게 남아 있게 된다고 하여 이 점을 분명히 하였다.

이처럼 무체물에 대한 권리인 저작권과 유체물에 대한 권리인 소유권은 명확하게 구

26) 內田 晋, 전게서, 29, 30면.
27) 하급심판결집 1995-1, 323면.

분된다. 그런데 어느 저작물이 특별히 한정된 매체(예컨대 원본)에만 수록되어 있을 때 그 저작물에 대한 저작권과 그것이 수록된 매체에 대한 소유권 이 두 가지 권리가 하나의 대상(매체)에 화체되어 있기 때문에 혼동이 일어나는 경우가 자주 발생한다. 특히 저작물과 그 저작물이 수록된 원본[28] 매체가 분리되기 어려운 미술저작물이나 사진저작물의 경우가 그러하다. 예를 들어, 그림이 그려진 캔버스, 인물이 조각된 석고상 같은 '일품제작'(一品製作)의 저작물인 경우에는 저작물과 그것이 수록된 매체를 분리하는 것이 사실상 곤란하다. 그러나 화랑에서 그림이나 조각 작품을 구입한 사람은 유체물인 캔버스나 석고상에 대한 소유권을 취득하는 것일 뿐, 저작권까지 양도받는 것은 아님을 유의하여야 한다. 그림 또는 조각을 구입한 사람은 소유권에 기하여 그 작품(유체물인 캔버스나 석고상)에 대한 사용, 수익, 처분을 자유롭게 할 수 있지만, 저작권은 특별히 따로 저작자(화가 또는 조각가)로부터 양도를 받지 않는 한 여전히 저작자에게 남아 있다. 따라서 그 작품에 대하여 저작재산권의 내용인 복제, 공연, 공중송신, 전시, 배포, 2차적저작물작성 등의 이용행위는 할 수 없다. 이러한 이용행위를 하기 위해서는 원칙적으로 저작자로부터 별도의 허락을 받아야하며, 나아가 성명표시권이나 동일성유지권 등 저작인격권의 침해행위도 금지된다.

예를 들어, 유명 서양화가 甲의 그림을 구입하여 보유하고 있는 乙이 그 그림을 丙에게 잠시 보관만 시켰는데, 丙이 甲과 乙 어느 누구의 허락도 받지 않고 달력 제조회사에게 그 그림을 무단으로 촬영하여 달력 그림으로 사용하게 해 줌으로써 이익을 얻었다면 甲과 乙 중에서 누가 丙에게 손해배상의 청구 등 권리를 행사할 수 있을 것인가. 甲과 乙 모두 권리를 행사할 수 있다고 보아야 할 것이다. 甲은 그림에 대한 저작재산권자로서 가지는 복제권 및 배포권 침해를 이유로 권리를 행사할 수 있고, 乙은 소유권자로서 사용 및 수익권(여기에는 그 그림을 활용하여 이익을 얻을 수 있는 권능도 포함된다)의 침해를 이유로 손해배상 청구 등의 권리를 행사할 수 있는 것이다. 따라서 丙으로서는 甲과 乙 두 사람의 허락을 모두 받아야 저작권 및 소유권 침해에 대한 책임으로부터 자유로울 수 있다. 마찬가지로 A 박물관이 소장하고 있는 레오나르도 다빈치의 유명 그림을 잠시 보관하게 되었음을 기화로 무단 복제하여 이용하였다면 비록 다빈치는 사망한 지 70년이 훨씬 경과하여 저작권은 소멸되었다고 할 것이지만, 그와 같은 무단 복제행위는 A 박물관의 소유권을 침해한 것이 되고 그에 대한 책임은 면할 수 없다. 미술저작물의 원본 소유자가 행사하는 권리의 내용에 대하여는 다음 항목에서 다시 한 번 살펴보기로 한다.

---

28) 보통 '원본'이라고 하면 인간의 사상이나 감정의 표현이 최초로 유형물에 고정된 것을 말하며, 그 원본을 인쇄, 사진촬영, 복사, 녹음, 녹화 등의 방법으로 유형물로 다시 제작한 것을 '복제물'이라고 한다.

나. 저작재산권과 소유권의 조정

(1) 전시권과 소유권

저작재산권과 소유권은 완전히 별개의 권리이므로 각자 독립하여 양도될 수 있음은 당연하다. 그런데 특히 미술저작물(또는 사진저작물이나 건축저작물)의 경우에는 이와 같이 소유권과 저작권이 분리됨으로 말미암아 원본의 진정한 소유권자라 하더라도 함부로 전시할 수 없는 불합리한 상황이 발생하게 된다. 즉, 화가 甲의 그림을 화랑으로부터 구입하여 정당하게 소유권을 취득한 乙이 그 그림을 자기가 근무하는 직장 건물 복도에 전시하기 위해서는 저작권자로서 전시권을 가지고 있는 화가 甲의 허락을 별도로 받아야 한다. 만약 허락을 받지 못한다면 乙은 애써 구입한 그림을 공개된 장소에 걸어놓지는 못하고 자기 집과 같은 개인적인 장소에 두고 혼자서만 보아야 하는 셈이 된다. 이는 매우 불합리할 뿐만 아니라, 그렇게 되면 그림을 구입하여 소장하고자 하는 수요가 대폭 줄어들게 되어 결과적으로 창작자인 화가에게도 바람직하지 못한 상황을 가져오게 된다. 이처럼 화가가 그림을 그려 저작재산권을 수반하지 않고 그림의 소유권만을 양도하게 되면 그 그림에 대한 저작재산권자와 소유권자가 서로 분리되는데, 이는 특히 미술저작물과 같은 일품제작(一品製作)의 저작물에 있어서는 매우 흔하게 발생하는 현상이다. 이때 소유권은 유체물에 대한 배타적 권리이고 저작재산권은 무체물에 대한 배타적 권리이므로 서로 저촉되지 않고 관념적으로는 병존이 가능하다. 그러나 미술저작물의 경우 유체물인 원작품(원본)이 동시에 무체물인 저작물을 체현(體現)하고 있는 관계상 양자의 이용을 둘러싸고 이해관계가 대립하는 경우가 발생하며 이에 대한 조정작업이 필요하게 된다. 기본적으로는 저작권자의 권능이 소유권자의 권능에 앞서는 것으로 보아야 하지만, 저작권법은 다음에서 보는 바와 같이 일정한 경우에 소유권자의 권능을 보장함으로써 저작권자와 소유권자 사이의 이해를 조정하고 있다.

먼저 저작권법은 미술저작물 등의 원본의 소유자나 그의 동의를 얻은 자는 그 저작물을 원본에 의하여 전시할 수 있다고 규정한다(제35조 제 1 항). 그리고 이 규정에 의하여 전시를 하는 자 또는 원본을 판매하고자 하는 자는 그 저작물의 해설이나 소개를 목적으로 하는 목록형태의 책자에 이를 복제하여 배포할 수 있다(같은 조 제 3 항). 이러한 규정을 통하여 저작재산권자의 전시권 및 복제권·배포권을 일정한 범위 내에서 제한하는 한편, 반대로 소유권자의 원작품에 대한 원활한 이용을 보장하여 주고 있는 것이다. 그리고 저작인격권인 공표권에 관하여, 저작자가 공표되지 아니한 미술저작물·건축저작물 또는 사진저작물의 원본을 양도한 경우에는 그 상대방에게 저작물의 원본의 전시방식에 의한 공표를 동의한 것으로 추정한다(제11조 제 3 항).

(2) 복제권과 소유권

한편 원본 소유자의 입장에서 제 3 자가 그 원본을 복제하여 이용하는 것을 금지할 수 있는지, 금지할 수 있다면 그 권리의 내용은 무엇인지가 문제로 된다. 우리나라와 법체계가 비슷한 일본에서는 이 점을 다룬 몇 개의 판례가 있어 살펴보기로 한다.

(가) '안진경 신첩' 사건

일본 최고재판소 1959. 1. 20. 선고 昭和58(オ) 171호 판결(일명, '안진경 신첩'(顔眞卿 身帖) 사건)은, 원고는 중국 서예가인 안진경의 친필 신첩(원본)을 소장하고 있는데, 피고가 원고 이전에 그 신첩을 소유하고 있던 사람으로부터 허락을 받아 촬영하여 두었던 신첩의 사진판을 사용하여 복제물을 출판·판매하자 그러한 행위가 소유권자인 원고의 사용수익권을 침해한다는 이유로 출판금지 등을 청구한 사안이다. 이 사건에서 일본 최고재판소는, "미술저작물의 원작품은 그 자체가 유체물이지만 동시에 무체물인 미술저작물을 체현하고 있다고 볼 수 있는바, 소유권은 유체물을 객체로 하는 권리로서 유체물을 배타적으로 지배할 수 있는 권능에 그치고, 무체물인 미술저작물 자체를 배타적으로 지배할 수 있는 권능은 아니다"라고 한 후, "저작권의 보호기간이 만료된 후에는 저작권자가 가지고 있던 저작물에 대한 복제권 등이 소유권자에게 복귀하는 것이 아니며, 저작물은 공중의 영역(public domain)에 들어가 누구라도 저작자의 인격적 이익을 침해하지 않는 한 자유로이 이를 이용할 수 있는 것이다"라고 하여 원고의 청구를 기각하였다.

이 판결은 소유권과 저작권의 관계에 대하여 명확한 판단을 내린 것으로 주목을 받고 있다. 일본에서는 이 판결에 의하여 소유권은 물건의 유형적 측면에 대한 사용·수익권한으로 한정되고 그 물건을 활용하여 그림을 그리는 등의 무형적 이용에는 미치지 않으며, 저작권법은 보호기간 만료 후의 저작물을 '공중의 영역'(public domain)에 속하게 하여 만인이 자유롭게 이용가능하게 함으로써 문화발전을 도모하는 것으로, 보호기간 만료 후에 소유자가 소유권에 기하여 무형적 이용을 독점할 수 없음이 명백해졌다고 평가하고 있다.[29]

(나) '광고용 애드벌룬' 사건

그러나 위 판결과는 달리 소유자의 권리를 인정한 판결도 상당수 있다. 일본 동경지방법원 1977. 3. 17. 선고 昭和48(ワ) 7540호 판결('광고용 애드벌룬' 사건)은, 광고선전 회사인 원고는 각종 광고의 선전매체로 사용하고자 독일에 주문하여 아주 독특한 모양의 기구(애드벌룬)를 제작하였고, 이를 A 단체가 주관하는 행사장에 선전용으로 임대하여 주었는데, A가

29) 中山信弘, 전게서, 181면.

이 기구를 공개한 직후 직업사진가인 B가 이를 촬영하여 그 사진을 피고에게 광고용 포스터로 제작·사용하게 해 주었고, 이에 원고는 소유권에 기한 사용수익권이 침해되었음을 이유로 손해배상청구 소송을 제기한 사안이다. 이 사건에서 일본 동경지방법원은, "물건의 소유권자는 그 소유권의 범위를 일탈하거나 타인의 권리를 침해하지 않는 범위 내에서 그 소유물을 모든 수단과 방법으로 사용수익 할 수 있고, 제 3 자는 소유자로부터 승낙을 받은 경우를 제외하고는 직접 또는 간접적으로 타인의 소유물을 무단이용함으로써 소유권자의 사용수익을 저해할 수 없다"라고 한 후, "이 사건에서 원고가 광고매체로 사용하여 이익을 얻고자 했던 기구를 원고의 허락 없이 특정회사의 선전용으로 사용한 것은 원고의 소유권자로서의 사용수익권을 침해한 것"이라고 판시하였다.[30]

(다) 기 타

그 외에도 다른 하급심 판결인 일명 '꼬리긴닭' 사건[31]에서는, 국가의 천연기념물인 꼬리긴닭의 소유자가 그 꼬리긴닭을 사진 촬영하여 그림엽서 등에 복제 판매한 자를 상대로 권리를 주장한 사안에서, 꼬리긴닭의 저작물성은 인정하지 않았지만 그것을 사진으로 촬영하여 그림엽서 등에 복제하여 타인에게 판매하는 행위는 꼬리긴닭 소유자의 권리범위에 속한다고 판시하였다. 또한 역시 하급심 판결인 일명 '크루저 사진' 사건[32]에서는, 크루저의 소유권자는 그 선박의 사진 등이 제 3 자에 의하여 무단으로 선전광고 등에 사용되지 않도록 할 권리를 갖고 있다고 하여 손해배상 청구를 인용하고 있다.

(라) 소 결

이처럼 일본에서는 판례의 입장이 갈리는 것처럼 보이지만, 위 '안진경 신첩 사건'에서 법원은 제 3 자의 저작물에 대한 이용이 유체물로서의 원작품에 대한 배타적 지배를 침해하여 이루어진 경우에는 그 법적 책임을 물을 수 있다는 여지를 남겨두고 있다. 예를 들어 자물쇠로 시정장치를 하여 둔 미술작품을 소유자의 허락 없이 개봉하여 사진촬영을 하였다면 소유자의 사용수익권에 대한 침해가 성립될 수 있다는 것이다. 또한 위 '안진경 신첩 사건'은 현재 신첩 소유권자인 원고에 앞서 신첩을 소유하고 있던 전 소유자로부터 피고가 이미 허락을 받아 촬영하여 두었던 사진판을 사용하여 복제한 경우이다. 따라서 원고가 소유권을 가지게 된 이후에 원고의 허락 없이 신첩을 촬영한 경우라면 결론이 달라졌을

30) 다만, 위 광고용 애드벌룬 사건에서 법원은, 피고가 소유권자인 원고의 사용수익권을 침해한 것은 인정이 되지만 피고로서는 원고의 손해발생에 대한 예견가능성이 없었다는 이유로 결론적으로는 손해배상책임의 성립을 부정하였고, 그 항소심에서도 비슷한 이유(피고의 침해행위와 원고의 손해발생 사이에 인과관계가 있음을 입증할 증거가 없다는 이유)로 손해배상책임을 부정하였다.

31) 고치지방법원 1984. 10. 29. 판결, 판례타임즈 599호 291면.

32) 고베지방법원 이타미지원 1991. 11. 28. 판결, 판례시보 1412호 136면.

가능성이 높다. 그렇다면 이 판결의 결론만 보고 소유권은 물건의 유형적 측면에 대한 사용·수익권한일 뿐이고, 그 물건을 활용하여 그림을 그리는 등의 무형적 이용행위에는 미치지 않는다고 일률적으로 해석할 것은 아니다.

오히려 이러한 판례들의 흐름에 비추어 볼 때 일본 판례의 입장은, 원칙적으로 소유권자는 그 배타적 사용수익권에 기초하여 제 3 자가 사진촬영 등 해당 유체물을 사용하는 것을 금지할 권리를 가진다고 보는 것으로 이해된다. 일본의 학설 중에도, 타인의 소유물을 사진 촬영하는 것은 소유자의 명시 또는 묵시적 허락이 없는 한 소유권침해에 해당하고, 이 경우 소유자는 불법행위에 기한 손해배상 청구뿐만 아니라 소유권에 기한 방해배제 내지 방해예방청구로서 복제행위의 금지나 복제물의 폐기도 청구할 수 있다는 견해가 유력하다.[33)]

저작권법을 비롯한 지적재산권법에 의하여 보호되지 않는 콘텐츠라 하더라도 경우에 따라서는 그것을 허락 없이 이용하면 일반 불법행위나 부정경쟁방지법상의 부정경쟁행위를 구성할 수 있다. 물론 개별 지적재산권법에서 보호를 하지 않는 콘텐츠라면 그 콘텐츠는 기본적으로 자유이용이 가능하고 그 콘텐츠를 사용하여 경쟁하는 것도 자유롭다는 것을 의미한다. 또한 법적 안정성의 관점에서도 단순히 그러한 콘텐츠를 사용하였다는 것만으로 섣불리 불법행위의 성립을 인정해서는 안 된다. 그러나 콘텐츠의 소유자가 그것을 취득하고 관리하여 온 경위, 피고가 그 콘텐츠를 입수한 방법, 사용의 태양, 경쟁 행위의 전체적인 부당성, 그로 인하여 콘텐츠의 소유자가 받게 되는 피해 등을 종합적으로 검토하여 위법성이 인정되는 경우에는 불법행위의 성립을 인정할 수 있을 것이다. 따라서 불법적인 유형력을 행사하여 타인의 소유에 속하는 유체물을 그 소유권자의 허락 없이 사용하는 것은 물론이고, 소유자의 명시적 또는 묵시적인 허락 없이 유체물을 사진촬영 등의 방법으로 이용하는 것은 경우에 따라 위법하여 손해배상책임을 질 수 있다. 더 나아가 이 경우에 타인 소유의 유체물을 위법하게 촬영한 자 또는 그러한 사정을 알고 있는 자가 그 사진의 영상을 사용하여 복제물을 작성·배포하는 행위까지도 소유권자의 사용수익권을 침해하는 것으로 볼 수 있을 것이다. 이에 관한 상세한 논의는 "제10장 저작권침해에 대한 구제" 중 "일반 불법행위 법리에 의한 구제" 부분에서 한다.

(3) 배포권과 소유권

저작물에 대한 저작권과 그 저작물이 수록된 매체의 소유권이 하나의 대상에 미치고 있어서 서로 충돌하는 또 다른 경우로서 '배포'를 들 수 있다. 저작권 중에서 배포권, 즉 저

33) 辻正美, 所有權と著作權, 裁判實務大系: 知的財産關係訴訟法, 青林書院(1997), 400면.

작물이 수록된 유형적 매체를 공중에게 보급하는 것을 의미하는 '배포'를 통제할 수 있는 권리는 자칫 그 매체에 대한 소유권의 행사를 심각하게 제약할 수 있다. 예를 들어, 수업용 교재를 구입하여 사용한 학생이 학기가 끝나 필요 없게 된 교재를 다른 학생들에게 판매하는 것이 교재 저작권자의 배포권 침해가 될 수 있다. 그러나 이는 우리의 거래 현실에도 맞지 않을 뿐만 아니라 소유권을 지나치게 제약하는 것이 되어 불합리하다. 이러한 불합리한 결과를 피하기 위하여 저작권법은 그 책을 처음으로 판매 등의 방법으로 배포하는 것에 대해서만 저작권자의 배포권이 미치도록 하고, 그 이후에 이루어지는 배포행위에 대하여는 저작권자의 배포권이 미치지 않도록 하는 규정을 두고 있다.[34)]

2. 저작권과 헌법상 기본권

저작권제도는 저작자의 재산적·인격적 이익을 보호하는 한편, 저작물의 원활한 이용을 도모함으로써 문화 및 관련산업의 발전에 이바지하는 것을 그 목적으로 한다. 그리고 저작권의 보호대상인 저작물은 인간의 사상이나 감정을 표현한 것이므로 저작권 제도는 필연적으로 헌법상 보장되고 있는 기본권인 표현의 자유, 프라이버시권, 알 권리 등과 밀접한 관련을 맺게 된다. 이러한 헌법상의 기본권(이른바 정신적 자유권)과 저작권은 인간의 정신적 활동과 관련되어 있다는 점에서 서로 공통점을 가진다. 그러나 저작권은 사상·감정의 표현물 중 창작성 등 저작권법에서 정하는 일정한 요건을 가진 것을 대상으로 하지만 헌법상 기본권은 그렇지 않다는 점에서 차이가 있다.

헌법상 보장되는 기본권은 저작권법의 상위에 있는 권리로서 저작권에 우선하여 보장되어야 하는 권리이다. 따라서 표현의 자유를 보장하기 위하여 저작권법은 저작재산권에 관한 상세한 제한규정을 두고 있다. '공표된 저작물의 인용' 규정(법 제28조)은 그 대표적인 예이다. 표현의 자유는 특히 저작권침해에 대한 항변으로서의 역할을 하는 경우가 많다. 프라이버시권과 관련하여 저작권법은 공표권(법 제11조), 성명표시권(법 제12조), 동일성유지권(법 제13조) 등의 저작인격권을 보호하고 있고, 이러한 권리를 일신전속적인 권리로 함으로써 저작재산권이 양도되더라도 저작자는 계속하여 이 권리를 행사할 수 있도록 하고 있다. 또한 알 권리의 보장을 위하여 저작권법은 특히 공공성이 강한 저작물이나 공익상 널리 알려야 할 필요가 있는 저작물에 대하여는 저작재산권이 제한되도록 하는 여러 가지 규정을 두고 있다. 재판절차 등에서의 복제(법 제23조), 시사보도를 위한 이용(법 제26조), 도

34) 저작권법 제20조 단서. 이에 관하여도 제 6 장 "저작물의 자유이용과 저작재산권의 제한" 부분에서 '최초판매의 원칙'이라는 항목으로 상세히 살펴보기로 한다.

서관 등에서의 복제(법 제31조), 시각장애인과 청각장애인 등을 위한 복제(법 제33조, 제33조의 2) 등이 그것이다.

3. 저작권과 산업재산권

가. 중복 보호

저작권과 산업재산권은 보호요건에서부터 차이가 있다. 예를 들어 저작권은 창작성을 요건으로 하는데 대하여 특허권은 신규성과 진보성을, 상표권은 식별력을 요건으로 한다. 또한 특허권이나 실용신안권, 상표권, 디자인권 등의 산업재산권은 등록이 권리발생의 요건인 반면에, 저작권은 등록여부와 상관없이 창작과 동시에 권리가 발생하는 무방식주의이다. 보호대상에 있어서도 저작권은 인간의 사상이나 감정을 표현한 창작물을 대상으로 하나, 특허권은 자연법칙을 이용한 기술적 사상의 창작인 '발명'을 대상으로 한다. 이와 같은 본질적인 차이가 있음에도 불구하고 하나의 창작물이 저작권과 산업재산권 양쪽의 보호요건을 충족하는 경우가 종종 있고, 그로 인하여 중복보호의 문제가 발생한다. 특히 디자인의 경우 산업재산권법인 디자인보호법에서 보호를 받는 동시에 저작권법에서는 미술저작물의 일종인 응용미술저작물로도 보호되기 때문에 중복보호의 문제가 생길 수 있다. 이에 대하여는 '제 2 장 제 4 절 Ⅳ. 응용미술'에서 살펴본 바와 같다. 또한 상표의 경우 일반적으로 기호, 문자, 도형, 슬로건, 색채 및 입체적 형상이나 이들의 결합으로 이루어지는데, 이러한 표장들이 저작권법상의 보호요건을 충족하면 저작권에 의한 보호를 중복하여 받을 수도 있다.

나. 산업재산권과 저작권의 저촉

따라서 산업재산권과 저작권법 사이에 저촉의 문제가 발생할 수 있는데, 산업재산권 중 특히 저작권과 저촉 문제가 발생할 가능성이 큰 디자인권과 상표권에서는 이를 해결하기 위한 규정을 두고 있다. 디자인보호법 제95조 제 3 항은, "디자인권자·전용실시권자·통상실시권자는 등록디자인 또는 이와 유사한 디자인이 그 디자인등록출원일 전에 발생한 타인의 저작물을 이용하거나 그 저작권에 저촉되는 경우에는 저작권자의 허락을 받지 아니하고는 자기의 등록디자인 또는 이와 유사한 디자인을 업으로서 실시할 수 없다"고 규정하고 있으며, 상표법도 제92조 제 1 항에서 "상표권자·전용사용권자 또는 통상사용권자는 그 등록상표를 사용할 경우에 그 사용상태에 따라 그 상표등록출원일 전에 출원된 타인의 특허권·실용신안권·디자인권 또는 그 상표등록출원일 전에 발생한 타인의 저작권과 저촉되는 경우에는 지정상품 중 저촉되는 지정상품에 대한 상표의 사용은 특허권자·실용신안권자·디자인권자 또는 저작권자의 동의를 받지 아니하고는 그 등록상표를 사용할 수 없다"고 규정하고 있다.

이러한 규정들이 있음에도 불구하고 타인의 저작물을 상표로 출원하여 등록을 받거나, 상표등록이 거절된 표장을 저작물로 등록을 시도하는 경우가 종종 발생한다. 특허법원 2003. 5. 1. 선고 2002허6671 판결은, "상표법은 타인의 저작권의 목적이 되는 도형을 포함하는 표장의 등록을 금지하는 규정이 없고, 저작권은 상표와는 달리 그 발생에 있어서 무방식주의를 채택하고 있어 상표 심사단계에서 그 출원상표가 이미 발생한 저작권과 저촉되는지 여부를 심사하기가 현실적으로 곤란하며, 상표법 제53조(현행 상표법 제92조 제1항)가 상표권과 저작권의 저촉관계에 관하여 별도로 규정하고 있는 점 등에 비추어 볼 때, 타인의 저작권의 목적인 도형 등을 상표로서 등록하는 것 자체를 공공의 질서나 선량한 풍속을 문란케 하는 것으로서 곧바로 상표법 제7조 제1항 제4호(현행 상표법 제34조 제1항 제4호)의 부등록사유에 해당한다고 하기는 어렵다."고 판시하고 있다.

그러나 등록된 상표라도 그보다 먼저 발생한 저작권에 저촉되는 것이라면 그 범위 내에서 등록상표의 사용이 제한된다. 법원도 같은 취지의 판시를 하고 있다. 대법원 2014. 12. 11. 선고 2012다76829 판결은, 저작물과 상표는 배타적·택일적인 관계에 있지 아니 하므로, 상표법상 상표를 구성할 수 있는 도형 등이라도 저작권법에 의하여 보호되는 저작물의 요건을 갖춘 경우에는 저작권법상의 저작물로 보호받을 수 있고, 그것이 상품의 출처표시를 위하여 사용되고 있거나 사용될 수 있다는 사정이 있다고 하여 저작권법에 의한 보호 여부가 달라진다고 할 수는 없다고 판시하였다. 이 판결의 원심인 서울고등법원 2012. 7. 25. 선고 2011나70802 판결은, "어느 법 조항에서 정한 법률요건을 갖추고 있다면 다른 조항에서 그와 저촉되는 법률관계에 관하여 달리 규율하지 않는 한 해당 조항에서 정한 법률효과가 부여되는 것이 원칙이다. 어느 행위가 저작권법을 위반한 침해행위의 요건을 갖추었다면 저작권법에 따른 금지 등 청구를 할 수 있고, 상표법에 따라 등록된 상표를 사용한다는 사유만으로 저작권법에 따른 금지 등 청구를 거절할 수는 없다. 또한 저작권법과 상표법은 그 보호목적과 보호요건이 다르므로 한쪽의 법률효과를 다른 법률이 저지할 수 없고, 선행 저작물과 동일 유사한 상표가 출원되어 등록될 수도 있다"고 판시하였고, 이 판결이 위 대법원 판결로 상고기각 되어 확정된 것이다.

또한 서적의 제호를 상표등록하는 경우에도 여러 가지 문제점이 발생하는데, 이에 관하여는 제2장 제4절의 Ⅱ. 중 "제호의 상표등록에 따른 문제점" 부분에서 살펴본 바 있다.

제 2 절 저작인격권

Ⅰ. 개 설

1. 의 의

저작인격권은 저작자가 자기의 저작물에 대하여 가지는 인격적·정신적 권리를 말한다. 저작인격권에 구체적으로 어떠한 권리가 포함되는가에 관하여는 각 나라에 따라서 입법례가 다르므로 통일적인 설명은 어렵다. 일반적으로는 공표권, 성명표시권 및 동일성유지권 등이 저작인격권에 포함된다고 이해되고 있으며, 우리나라 저작권법도 제11조 내지 제13조에서 이들 세 가지 권리를 규정하고 있다. 또한 저작권법은 배타적 발행과 출판에 있어서 저작물의 수정증감을 할 수 있는 권리를 규정하고 있는데[35] 이러한 권리도 넓게는 저작인격권에 포함되는 것으로 보고 있다. 그 외에도 우리나라 저작권법에서는 인정되고 있지 않은 원작철회권이나 원작접촉권 등이 저작인격권에 포함된다고 보는 견해나 입법례도 있다.

이상의 권리들 중에서 성명표시권과 동일성유지권은 베른협약에서도 명문으로 규정하고 있으므로 저작인격권을 승인하는 모든 나라에서 거의 예외 없이 보호하고 있다. 그 밖의 저작인격권의 보호여부는 각각의 나라에 따라서 다르게 나타나고 있다. 그리고 성명표시권과 동일성유지권도 그 보호의 태양 및 범위에 있어서는 반드시 일치하고 있는 것은 아니다.

저작인격권은 저작물을 이용하여 경제적인 이익을 추구할 수 있는 저작재산권과 구별되므로, 저작권은 결국 저작인격권과 저작재산권으로 크게 나누어진다고 볼 수 있다.

2. 저작인격권의 발달 및 입법례

가. 발 달

원래 서양에서 저작권이 발달하기 시작하던 초기에는 저작권을 경제적 권리인 저작재산권으로만 파악하였다. 특히 18세기까지 저작권이론의 주류를 이룬 정신적 소유권론에서

35) 저작권법 제58조의2; ① 배타적발행권자가 배타적발행권의 목적인 저작물을 발행 등의 방법으로 다시 이용하는 경우에 저작자는 정당한 범위 안에서 그 저작물의 내용을 수정하거나 증감할 수 있다. ② 배타적발행권자는 배타적발행권의 목적인 저작물을 발행 등의 방법으로 다시 이용하고자 하는 경우에 특약이 없는 때에는 그때마다 미리 저작자에게 그 사실을 알려야 한다.

는, 소유권이 유체물의 배타적인 지배를 내용으로 하는 절대권인 것과 마찬가지로, 저작권은 무체물인 저작물의 배타적인 지배를 내용으로 하는 절대권이고, 이러한 의미에서 저작권은 소유권의 일종이지만 다만 그 객체가 무체물인 정신적 재화라는 의미에서 정신적 소유권이라고 보았다. 그 후 19세기에 이르러 독일법 전반에 커다란 영향을 미친 인격권 이론의 전개에 따라 저작권 분야에 있어서도 저작권의 인격적 측면을 강조하는 견해가 나타나기 시작하였다.

여기에다가 개인존중사상이 가져온 인격권의 법적 승인 추세에 따라 독일과 프랑스를 비롯한 대륙법계의 국가에서 저작인격권(moral right)을 인정하기에 이르렀고, 1928년 베른협약 로마협정 제 6 조의2 제 1 항[36]에서 이를 명문화하였으며, 1948년 세계인권선언에서도 저작자의 정신적 이익의 보호를 선언함에 따라 그 지위가 국제적으로 확립되었다. 그로부터 베른협약 가입국은 물론 비가입국도 이를 인정하도록 권유를 받게 되었고, 현재는 대부분의 국가가 어떠한 방법으로든지 저작자의 인격적 이익의 보호를 꾀하고 있다.

WIPO 저작권조약(WCT) 제 1 조 제 2 항은 “이 조약상의 어떠한 규정도 문학·예술 저작물의 보호를 위한 베른협약에 의하여 체약 당사자가 상호간에 지는 기존의 의무를 훼손하지 아니한다”고 규정하고 있다. 또한 같은 조약 제 1 조 제 4 항은 “체약 당사자는 베른협약 제 1 조 내지 제21조 및 부속서를 준수하여야 한다”고 규정하고 있다. 따라서 WCT상의 저작인격권 보호는 베른협약과 동일하다고 보아야 하고, WCT 가입국은 베른협약의 저작인격권 부여의무를 부담하게 된다. 종래 저작인접권 분야의 국제협약에서는 인격권이 부여되지 않았으나, WIPO 실연·음반조약(WPPT) 제 5 조는 실연자에 대하여 저작자가 가지는 것과 유사한 인격권을 부여하고 있다. 실연자의 인격권은 실연이 그 실연자의 인격의 반영물이라는 사실에 기초하고 있다. 녹음된 실연의 디지털 기술에 의한 조작이나 더빙 같은 기술이 실연자의 명예 또는 명성을 훼손하거나 실연을 왜곡하는 현상이 나타남에 따라 실연자에게 인격권을 부여하여야 한다는 필요성이 국제협약상으로도 강조된 결과이다.[37][38]

---

36) 베른협약(Berne Convention) 제 6 조의2:

(1) 저작자의 재산권과 독립하여, 그리고 그 권리의 양도 후에도 저작자는 저작물의 저작자라고 주장할 권리 및 그 저작물에 관련하여 그의 명예나 성망을 해칠 우려가 있는 왜곡·삭제·기타 변경 또는 훼손 행위에 대하여 이의를 제기할 권리를 가진다(Independently of the author's economic rights, and even after the transfer of the said rights, the author shall have the right to claim authorship of the work and to object to any distortion, mutilation or other modification of, or other derogatory action in relation to, the said work, which would be prejudicial to his honor or reputation.).

(2) 전항에 따라 저작자에게 부여되는 권리는 그의 사망 후에 적어도 저작재산권의 만기까지 계속되고, 보호가 주장되는 국가의 입법에 의한 권한이 있는 사람이나 단체에 의하여 행사될 수 있다. 다만 이 의정서를 비준하거나 또는 이에 가입할 당시에 저작자의 사망 후에 전항에 규정된 모든 권리의 보호를 입법으로 규정하지 않은 국가는 이러한 권리 중 일부를 저작자가 사망한 후에는 존속하지 않도록 할 수 있다.

나. 입 법 례

(1) 영미법계

영미법계 국가의 경우 종래 저작권법에서는 저작재산권의 보호에 관한 규정만 두고 저작자의 인격적 이익은 부정경쟁방지법(unfair competition law)이나 명예훼손 및 프라이버시(privacy) 침해 관련법, 계약법 등 다른 법률에 의하여 따로 보호하고 있었다. 그러다가 영국은 1988년 11월에 저작권법을 개정하여 저작인격권의 보호를 명문으로 규정하기에 이르렀다.[39] 미국 역시 베른협약에 가입하고 그 시행법(Berne Convention Implementation Law)까지 제정하였으나 아직 저작권법에 저작인격권의 보호에 관한 일반적인 명문규정을 두고 있지는 않다. 따라서 미국에서의 저작인격권은 종전과 마찬가지로 구체적인 판결에서 명예훼손이나 계약위반 또는 저작재산권 등의 법리를 원용함으로써 보호되고 있다.

그러던 미국에서도 1990년에 이르러 '시각예술저작자의 권리에 관한 법률'(Visual Artists Rights Act, 일명 VARA)을 제정하여 일정한 경우, 즉 "전시의 목적으로만 제작된 시각적 저작물(조각과 사진을 포함한다)"에 대하여는 저작자의 저작인격권 보호를 도모하고 있다. VARA에 의한 저작인격권 보호는 극히 일부의 저작물에만 미치는데, 회화, 판화 등은 원본만이 존재하거나 저작자가 서명하고 일련번호를 매긴 200개 이하의 복제물만이 인격권 보호의 객체가 되며, 사진의 경우 순수 전시목적을 위하여 제작된 것이어야 하므로 잡지나 뉴스에 게재하기 위하여 촬영한 사진은 보호대상이 아니다. 또한 업무상저작물은 시각예술저작물에 포함되지 않는 것으로 그 정의 규정에서 제외하였다. VARA에 의하면, 시각예술저작자는 그의 인격권을 양도할 수는 없으나 서면에 의하여 포기할 수는 있도록 규정하고 있다. VARA의 적용범위는 발효일 또는 발효일 이후에 창작된 저작물과 발효일 이전에 창작된 저작물 중 저작자가 그 소유권을 양도하지 않은 경우에 미치게 된다. 권리의 존속기간은 발효일 이후의 시각예술저작물에 대하여는 그 저작자가 생존해 있는 동안이지만, 발효일 이전에 창작된 경우에는 저작재산권의 존속기간과 같다. VARA는 판례법이나 주 성문법에 우선하여 적용된다.[40]

저작인격권에 관한 일반적인 명문의 규정을 두고 있지 않은 미국에서 저작자의 인격

37) 신창환, 미국 저작권법의 저작인격권 문제, 계간 저작권, 2004년 여름호, 저작권심의조정위원회, 21-22면.

38) 다만, TRIPs 협정 제 9 조 제 1 항은 "회원국은 베른협약의 제 1 조 내지 제21조 및 그 부속서를 준수하여야 한다. 그러나 베른협약 제 6 조의2에 의하여 부여된 또는 그 규정으로부터 발생한 권리와 관련하여 어떠한 권리나 의무를 부담하지 아니한다"고 규정함으로써 베른협약의 저작인격권 부여를 TRIPs 협정 체약 당사국들의 의무사항으로 하고 있지 않다.

39) 김정술, 전게논문, 272면.

40) 신창환, 전게논문, 22-23면.

적 이익 보호에 관한 판례로서는 Gilliam v. American Broadcasting Co., Inc.[41] 판결이 많이 인용되고 있다. 이 사건의 원고는 영국의 배우이자 극작가인데 녹화 전에는 변형시키지 않겠다는 약정 아래 자신의 희곡을 영국의 BBC 방송국에게 이용허락 해 주었다. 그런데 BBC 방송국은 위 희곡을 바탕으로 방송극을 제작·방영한 후 이를 다시 이 사건 피고인 미국의 ABC 방송국에게 이용허락하였고, ABC 방송국은 위 방송극 중에서 폭력적이고 선정적인 장면을 삭제(전체의 약 27%)한 후 방영하였다. 원고와 BBC 사이의 약정은 제 3 자인 피고에게는 구속력이 없을 뿐만 아니라 그 내용도 녹화 전 변형만을 제한하는 약정이었으므로 녹화 후 변형을 한 피고에게는 약정위반을 주장할 수 없었다. 이에 대하여 제 2 항소법원은, 위 방송극은 원고가 작성한 희곡에 대한 2차적저작물이고 원저작자인 원고가 허락을 한 범위를 넘어서서 변형사용 되어서는 안 된다고 판시함으로써 사실상 대륙법계 국가가 인정하고 있는 저작인격권인 동일성유지권을 인정한 것과 같은 결론에 도달하였다.

한편, Wojnarowicz v. American Family Ass'n.[42] 판결에서는 멀티미디어 예술가의 작품 중 일부분을 잘라내어 복제한 행위가 New York 주법인 Artists' Authorship Rights Act를 위반하였다고 판단하였다.

(2) 대륙법계

우리나라 저작권법은 저작인격권의 보호에 있어서 거의 세계 최고수준의 강력한 보호를 부여하고 있다. 앞에서 본 베른협약 제 6 조의2 제 1 항은, 재산적 권리가 이전된 후에도 "저작물의 창작자임을 주장할 권리"(성명표시권에 해당)와 그 저작물에 관련하여 "저작자의 명예나 성망을 해치는 변경 등의 행위에 대하여 이의를 제기할 권리(동일성유지권에 해당)"를 부여하고 있는 수준이다. 그러나 우리 저작권법은 동일성유지권과 관련하여 아무런 전제조건 없이 단순히 "저작자는 그의 저작물의 내용·형식 및 제호의 동일성을 유지할 권리를 가진다"라고만 규정하고 있다. 일본 저작권법의 동일성유지권은 "의사에 반하여 개변을 받지 않을 권리"[43]로 되어 있는데, 이러한 입법례 역시 베른협약의 보호수준을 넘어서는 세계적으로 보더라도 강력한 보호를 부여하고 있는 것이라고 평가되고 있다.[44] 우리 저작권법의 동일성유지권은 "의사에 반하여"라는 전제조건조차 두고 있지 않으므로 형식적으로는 일본 저작권법보다 더 강력한 보호를 부여한 것으로 볼 수 있다.

---

41) 538 F.2d 14, 192 U.S.P.Q.1(2d Cir. 1976).

42) 745 F.Supp. 130, 17 U.S.P.Q. 2d 1337(S.D.N.Y. 1990).

43) 일본 저작권법 제20조 제 1 항. "저작자는 그 저작물 및 그 제호의 동일성을 유지하는 권리를 가지고, 그 뜻에 반하여 이들의 변경, 절제 기타의 개변을 받지 아니한다."

44) 中山信弘, 著作權法, 법문사(2008), 319면.

저작인격권, 특히 그 중에서도 동일성유지권과 관련된 입법례를 보면, ① 명예 또는 성망을 해하는 개변을 금지하는 것(명예 또는 성망의 현실적인 침해), ② 명예 또는 성망을 해할 우려가 있는 개변을 금지하는 것(명예 또는 성망 침해의 개연성), ③ 저작자의 의사에 반하는 개변을 금지하는 것(개변+주관적 의사), ④ 단순히 개변 자체를 금지하는 것(명예나 성망 또는 주관적 의사를 침해의 요건으로 하지 않는 것) 등의 4가지 형식을 생각해 볼 수 있다. 앞에서 본 저작인격권에 관한 베른협약 제 6 조의2 제 1 항은 위 4가지 형식 중 ②의 형식을 취한 것으로 해석된다.[45)][46)] 일본 저작권법은 저작자의 저작인격권에 관하여는 "그 뜻에 반하여"라고 되어 있어 ③의 형식을 취하고 있지만, 실연자의 동일성유지권에 관하여는 실연자의 "명예 또는 성망을 해하는"이라고 되어 있어 ①의 형식을 취하고 있다.[47)] 우리나라 저작권법은 동일성유지권과 관련하여 위 ① 내지 ③에서와 같은 전제조건을 두지 않고 있으므로 ④의 형식을 취하고 있다. 규정 형식에 비추어 본다면 ②는 침해의 우려가 있는 경우까지를 포함하므로 ①보다 그 범위가 넓다고 할 것이고, ③은 명예나 성망의 침해와는 관계없이 저작자의 주관적 의사에 반하기만 하면 침해가 성립하게 되므로 ②의 경우보다 그 범위가 넓다고 할 수 있다. ④의 경우가 형식적으로는 침해로 성립하는 범위가 가장 넓다고 볼 수 있지만, 저작자의 의사에 반하지 않는 변경 행위에 대하여는 저작자가 이의를 제기할 이유도 없을 것이므로 실질적으로는 ③의 경우와 큰 차이가 없다.

3. 저작인격권의 특질

일반적인 인격권은 주로 19세기 이후 유럽에서 확립되었는데 그 범위 안에는 생명권, 자유권, 성명권, 명예권, 초상권, 프라이버시권 등이 포함된다. 이러한 일반적인 인격권과 저작인격권의 성질에 관하여는, 저작인격권은 기본적으로 일반적인 인격권과 동질의 것으

45) 한국저작권위원회 홈페이지에 게시된 베른협약 번역문에 의하면 "명예나 명성을 해치는"이라고 되어 있어 마치 ①의 형식을 취하고 있는 것처럼 인식될 소지가 있으나, 불어원문과 영문은 "명예나 성망을 해할 우려가 있는 경우"라고 되어 있으므로 ②의 형식을 취한 것으로 보아야 할 것이다(영문은 앞의 각주에서도 본 바와 같이 "which would be prejudicial to his honor or reputation"으로 되어 있다).

46) 일본에서는 베른협약 제 6 조의2 제 1 항의 원문을 "(a) 왜곡·절단·기타 변경 또는 (b) 저작물에 대한 기타 훼손행위로 저작자의 (c) 명예 또는 성망을 해칠 우려가 있는 행위에 대하여 이의를 제기할 권리"라고 번역하여 소개하고 있는데, 그 의미와 관련하여 두 가지 다른 해석이 존재한다. 첫번째 해석론은 (c)의 요건은 (b)에만 걸리는 것으로 이해하여 (a) 또는 (b+c)의 요건을 갖춘 경우가 동일성유지권 침해에 해당한다는 견해이고, 두 번째 해석론은 (c)의 요건이 (a)와 (b) 모두에 걸리는 것으로 이해하여 (a+c) 또는 (b+c)의 요건을 갖춘 경우가 동일성유지권 침해에 해당한다는 견해이다. 이 중에서 첫번째 해석론에 따르면 (a)의 왜곡·절단·기타 변경의 경우에는 명예나 성망을 해할 우려를 요건으로 하지 않게 된다. 半田正夫·松田政行, 『著作權法コンメンタール』(1), 勁草書房(2008), 757면 참조.

47) 일본 저작권법 제90조의3 제 1 항.

로서 일반적 인격권의 하나라는 견해(동질설), 저작인격권과 일반적 인격권은 성질을 달리하는 것으로서 저작인격권은 저작권법이 특별히 정하고 있는 인격권이라고 하는 견해(이질설), 저작인격권에는 일반적 인격권에 해당하는 것과 저작권법이 특별히 인정하고 있는 인격권이 혼재되어 있어, 전자에 대하여는 포기할 수 없지만 다른 부분은 포기할 수도 있다는 견해(중간설) 등이 대립하고 있다.[48] 이와 같은 해석론들이 있음을 염두에 두고 이질설의 입장에서 볼 때 일반적인 인격권에 대하여 저작인격권은 어떠한 특질을 가지고 있는지 살펴본다.

첫째로, 일반적인 인격권은 인간인 이상 모든 사람에게 당연히 보장되는 권리인데 대하여, 저작인격권은 저작자에게만 보장되는 권리라는 점에서 차이가 있다(권리주체의 특질).

둘째로, 일반적인 인격권의 보호대상이 인격 그 자체인데 대하여, 저작인격권의 보호대상은 저작자의 인격으로부터 독립한 저작물이라는 점에서 차이가 있다(권리객체의 특질).

셋째로, 일반적인 인격권은 권리주체의 인격에 대한 관계가 보호되는 권리임에 대하여, 저작인격권은 저작자의 저작물에 대한 관계가 보호되는 권리라는 점에서 차이가 있다.

이와 같이 저작인격권은 일반적 인격권과 유사한 점을 가지고 있으면서도 한편으로는 다른 특질을 가지고 있다. 예를 들어 일반적 인격권인 명예권과 저작인격권인 성명표시권은 유사한 성질을 가지고 있지만, 성명표시권을 통하여서는 저작자의 명예 그 자체가 보호되는 것이 아니라 저작물의 창작자로서의 지위가 보호되는 것이다. 마찬가지로 공표권이나 동일성유지권의 경우에도 그러한 권리를 통하여 저작물 자체가 보호를 받는 것이지, 저작자의 인격이 직접 보호를 받는 것은 아니다. 다만 저작자의 인격은 저작물이 보호를 받음으로써 간접적으로 보호를 받을 뿐이다.[49]

Ⅱ. 공 표 권

1. 의 의

저작자는 공표권, 즉 저작물을 공표할 것인가 공표하지 아니할 것인가를 결정할 수 있는 권리를 가진다(저작권법 제11조 제1항). 따라서 저작물을 공표할 것인지 여부는 저작자만

48) 中山信弘, 著作權法, 법문사(2008), 320-321면. 동질설을 취하는 학자로서는 齊藤博, 이질설을 취하는 학자로서는 半田正夫 등이 있다고 한다. 中山信弘 교수는 이들 견해 중에서 보다 유연한 해석이 가능한 중간설이 매력적이라고 평가하고 있다.

49) 半田正夫, 著作權法概說, 12版, 法學書院, 2005, 126면.

이 결정할 수 있다. 여기에서 '공표'라 함은, 저작물을 공연·공중송신 또는 전시 그 밖의 방법으로 공중에게 공개하는 경우와 저작물을 발행하는 경우 즉, 저작물을 공중의 수요를 충족시키기 위하여 복제·배포하는 것을 말한다(저작권법 제 2 조 제24, 제25호).

저작물은 저작자의 사상이나 감정을 구체적으로 표현한 것이므로 저작물이 일단 공표되어 세상에 나오게 되면, 그 저작물의 가치와 그에 내재된 저작자의 사상이나 감정이 사회적인 평가를 받게 된다. 따라서 저작자로서는 비록 자신이 창작을 한 저작물이라 하더라도 그것이 공표되는 것을 바라지 않는 경우가 있을 수 있고, 이러한 저작자의 기대에 반하여 저작물이 공표된다면 저작자의 인격적 이익을 해치는 결과를 초래하기 때문에 공표권을 저작인격권의 한 종류로서 규정하게 된 것이다.

2. 공표권의 내용

가. 공표여부, 공표의 방법 등

공표권의 구체적인 내용에 관하여 살펴본다. 첫째로, 공표권이 저작자가 미공표의 저작물을 공표할 것인지 아니할 것인지를 결정할 권리를 포함한다는 점에는 다툼이 없다. 둘째로, 공표권에 공표의 시기와 방법을 결정할 권리도 포함되는지에 관하여는 약간의 의문이 있다. 독일 저작권법은 "저작자는 그의 저작물의 공표의 가부 및 그 방법을 결정할 권리를 갖는다"[50]라고 규정하고 있고, 프랑스 저작권법은 "저작자만이 그의 저작물을 공표할 권리를 갖는다. … 저작자는 공표의 방법을 결정하고 공표의 조건을 정한다."[51]고 규정하고 있어서, 공표여부뿐만 아니라 공표의 시기나 방법, 조건에 관하여도 공표권이 미친다는 점을 명확히 하고 있다. 그러나 우리나라 저작권법은 저작자가 그의 저작물을 공표하거나 공표하지 아니할 것을 결정할 권리를 가진다고만 되어 있고, 공표의 시기나 방법, 조건 등에 대하여는 명시적인 규정을 두고 있지 않기 때문에 공표권에는 이러한 부분도 결정할 수 있는 권리가 포함되어 있는지 의문이 생기는 것이다. 이에 대하여는 공표권에 이러한 권리도 포함된다고 보는 것이 통설이다.[52] 통설은 저작자가 그의 미공표 저작물의 공표여부를 결정함에 있어서는 공표가 초래하는 사회적 평가와 영향을 미리 예측하고 판단한 후에 가장 적합한 시기나 방법 및 조건을 선택하여 결정하는 것이 일반적이므로, 이러한 내용들도 공표권이 미치는 것으로 보는 것이 타당하다고 한다.

---

50) 독일 저작권법 제12조 제 1 항.
51) 프랑스 저작권법 제121조의2.
52) 半田正夫, 전게서, 129면; 하용득, 전게서, 138면; 半田正夫·松田政行, 著作權法コンメンタール, 勁草書房(1), 710면; 이해완, 저작권법, 박영사, 2007, 249면.

따라서 저작자는 저작물을 어떠한 형태로 공표할 것인지, 예컨대 책으로 출판할 것인지 무대에서 상연을 할 것인지 아니면 영화로 공개할 것인지 등 최초의 공표방법을 결정할 권리가 있고, 그 공표시기도 결정할 권리가 있다. 또한 당사자 사이에 합의된 공표의 방법이나 시기 등에 위반하여 공표가 이루어진 경우에는, 단순히 계약위반에 대한 책임을 물을 수 있는 것에 그치지 않고, 공표권 침해에 따른 금지청구 등 저작인격권침해에 대한 조치를 청구할 수 있는 효과도 발생한다.[53]

다만 이와 같은 공표권은 제 3 자에 대하여 자기의 미공표 저작물을 공표하도록 적극적인 청구를 할 수 있는 권리가 아니라, 무단공표를 금지하고 공표하고자 하는 자에게 공표허락을 하거나 공표의 조건을 부가하는 것에 불과한 권리이므로, 제 3 자의 적극적인 행위를 규제하는 소극적인 권리라고 하겠다.[54]

나. 의사에 반한 공표

공표권은 어디까지나 '미공표' 상태의 저작물에 대하여 가지는 권리이므로 일단 한 번 공표가 된 이상 저작자가 다시 공표권을 주장할 수는 없다. 예를 들어, 강의실 내에서 수강생들을 대상으로 강의안을 배포한 것을 누군가 책자 형태로 출판한 경우에, 그 수강생들이 사회통념상 '특정 다수인'으로서 '공중'에 해당한다면 그 저작물은 그들에게 배포된 시점에 이미 '공표'된 것으로 보게 된다. 따라서 설사 나중에 이루어진 출판행위가 저작자의 뜻에 반하여 이루어졌다고 하더라도 그것은 저작재산권(복제권 및 배포권)의 침해가 됨은 별론으로 하고 공표권의 침해를 구성하지는 않는다.[55]

그렇다면 저작자의 의사에 반하여 저작물의 공표가 이루어진 경우 그 저작물은 미공표 저작물로 보아서 공표권이 살아 있다고 볼 것인지, 아니면 공표된 저작물로 보아서 더 이상 공표권을 행사할 수 없는 것으로 볼 것인지 검토해 볼 필요가 있다. 이와 관련하여 일본 저작권법은 공표권에 관한 제18조 제 1 항에서, "저작자는 그의 저작물로서 아직 공표되지 아니한 것(그의 동의를 얻지 아니하고 공표된 저작물을 포함한다)"라고 규정함으로써, 저작자의 의사에 반하여 공표된 저작물에 대하여도 공표권을 인정하는 명문의 규정을 두고 있다. 그러나 저작물의 공표가 저작자의 동의를 받은 것인지 아니면 의사에 반하는 것이었는지를 제 3 자가 판단하는 것은 사실상 어려운 일이므로, 일본 저작권법과 같은 명문의 규정을 두고 있지 않은 우리 저작권법 아래에서는 저작자의 의사에 반하는 공표라 하더라도

53) 半田正夫·松田政行, 전게서, 710면.
54) 허희성, 전게서, 74면.
55) 이해완, 저작권법, 박영사, 2007, 250면.

일단 공표가 이루어진 바에는 더 이상 공표권을 행사할 수 없다고 보는 것이 법적 안정성 측면에서 타당하다고 생각된다.[56)]

다. 2차적저작물의 공표

저작자는 자신의 저작물을 원저작물로 하는 2차적저작물에 대하여도 공표권을 행사할 수 있는지 의문이 있으나, 공표권을 행사할 수 있다고 보아야 할 것이다. 2차적저작물은 원저작물과 실질적 유사성을 가지는 저작물로서 원저작물의 본질적 특징을 직접 감득할 수 있는 저작물이므로, 2차적저작물의 공표에 의하여 받게 되는 사회적 평가는 원저작물에도 미치기 때문이다. 예를 들어, 甲이 자신의 개인 노트에 써 놓고 사회적 평가 등을 고려하여 아직 공표하고 있지 않은 습작소설을 乙이 甲의 허락 없이 영화화 한 경우, 甲은 저작재산권의 행사는 별론으로 하고 저작인격권인 공표권에 기하여 그 영화의 상영을 금지시킬 권한이 있다고 보아야 한다. 그렇게 보지 않으면 타인이 저작자의 저작물을 그대로 공표하지 아니하고 일부 개변하여 공표하는 방법으로 얼마든지 저작자의 공표권을 피해나갈 수 있는 길이 생기게 된다. 이는 공표권을 둔 법의 취지에도 어긋난다. 일본 저작권법은 제18조 제 1 항에서 저작자의 공표권을 규정하면서, "당해 저작물을 원저작물로 하는 2차적저작물에 대하여도 동일하다"고 규정함으로써 이 점을 분명히 하고 있다.

3. 공표권의 기능

가. 기능에 관한 의문

저작권법은 공표권을 저작인격권의 한 종류로서 규정하고 있지만 실제에 있어서 공표권이 권리로서의 기능을 얼마만큼이나 수행할 수 있을지에 관하여는 의문이 있다. 공표권이 독자적인 권리로서 역할을 할 수 있는 경우는 그리 많지 않은 까닭이다.

첫째로, 제 3 자가 저작자의 허락을 받지 아니하고 저작물을 공표하였다면, 이와 같은 무단공표는 필연적으로 저작재산권의 내용이 되는 복제권이나 공연권, 공중송신권, 전시권 등의 침해를 수반하게 되므로, 저작자로서는 공표권을 원용할 필요 없이 곧바로 저작재산권의 침해를 주장하는 것이 가능하다. 또한, 한 번 무단공표된 저작물이 계속적으로 확산 공표되는 것이 저작자의 인격적 이익을 침해하는 경우에는 저작재산권뿐만 아니라 일반적인 인격권에 기초하여 금지청구를 할 수도 있을 것이다. 다만 우리나라 저작권법 실무에서는 저작재산권의 침해가 인정되더라도 그에 따른 손해배상이 지극히 소액에 지나지 않는

56) 상게서, 250면.

경우가 많으므로, 저작인격권의 침해를 아울러 주장하여 정신적 손해배상(위자료)을 함께 청구하는 것이 관행이다. 저작재산권과 저작인격권은 각각 그 보호법익을 달리 하기 때문에 저작재산권 침해에 근거한 손해배상액과 저작인격권 침해에 근거한 손해배상액(위자료액)은 각각 별도로 특정하여 청구하게 된다. 그리고 법원도 저작재산권의 침해에 따른 손해배상액이 너무 소액이라는 점을 감안하여 저작인격권의 침해를 너그럽게 인정하는 것이 일반적이다. 이러한 실무관행을 고려한다면 공표권을 비롯한 저작인격권의 기능이 반드시 보잘 것 없는 것은 아니다.

둘째로, 저작자가 저작재산권을 양도한 후에 제 3 자가 무단으로 저작물을 공표한 경우에는 저작재산권의 양수인이 위와 같은 저작재산권의 침해를 주장하면 되고, 거기에 덧붙여 저작자의 독자적인 권리까지 인정할 필요는 없다고도 생각할 수 있다. 저작자가 공표되지 아니한 저작물의 저작재산권을 양도한 경우에는 그 상대방에게 저작물의 공표를 동의한 것으로 추정하기 때문이다(저작권법 제11조 제 2 항). 그러나 저작재산권을 양도하면서 공표의 시기에 관하여는 특별한 약정을 하였는데, 그러한 약정과 달리 제 3 자가 무단으로 공표를 하고, 이에 대하여 저작재산권의 양수인이 아무런 조치도 취하지 않고 있을 경우에는 저작자가 자신의 공표권에 기하여 공표금지 등의 조치를 청구할 실익이 있게 된다.

셋째로, 저작물의 이용계약을 체결한 후 이용자에 의한 저작물의 공표가 있기까지 사이에 저작자의 정신적·인격적 이익을 심하게 침해하는 사태가 생겨 그로 인하여 저작자가 공표의 철회를 희망하는 경우, 그 구제책으로 공표권을 활용할 여지가 있다는 점도 생각해 볼 수 있다. 그러나 이와 같이 계약체결 후 계약의 기초로 된 사정에 당사자가 예견할 수 없었던 변경이 생긴 경우에는, 당초의 계약내용으로 당사자를 구속하는 것이 신의칙과 공평의 원리에 반하는 극히 부당한 결과를 초래하는지 여부를 살펴, 만약 그렇다면 사법상의 사정변경의 법리를 활용하여 계약해제권을 저작자에게 부여하는 방법으로 해결책을 찾아야 한다는 주장도 있다.[57] 이러한 사례에서 공표권을 원용한다는 것은 오히려 공표권의 원래 범위를 넘는 것이 될 수 있다고 한다.

나. 소 결

이와 같이 공표권이 독자적인 기능을 할 수 있는 영역은 그다지 넓지 않다. 다만, ① 저작재산권을 양도한 후에 제 3 자가 아무런 권한이 없이 무단으로 저작물을 공표·이용하고 있음에도 불구하고 그 양수인이 적절하게 권리를 행사하고 있지 않는 경우와, ② 기계기술의 발달에 따라 기존의 저작권법이 예정하지 못한 새로운 저작물의 이용방법이 등장

57) 半田正夫, 전게서, 130면; 하용득, 전게서, 139면.

하고 그 방법에 의하여 제 3 자가 무단으로 저작물을 이용하는 경우에는 공표권이 기능을 발휘할 수 있고 따라서 그 존재의의를 인정할 수 있을 것이다.[58]

한편 뒤에서도 살펴보는 바와 같이 저작자가 가지는 공표권을 보호하기 위하여 민사집행법 제195조 제12호에서는 공표되지 아니한 저작에 관한 물건은 압류가 금지되는 물건으로 규정하고 있다. 같은 취지에서 국세징수법 제31조 제10호에서도 저작에 관한 재산으로서 아직 공표되지 아니한 재산은 압류금지 재산으로 규정하고 있다. 그러므로 이 점에 있어서 공표권이 가지는 의미도 있다.

4. 공표권의 제한

가. 의　　의

앞서 본 바와 같이 공표권은 미공표 저작물에 대하여서만 행사할 수 있다. 따라서 저작물이 저작자에 의하여 공표되는 경우는 물론, 허락받지 아니한 제 3 자에 의하여 무단으로 공표되었다 하더라도 일단 공표가 된 이상 그 이후에 다시 이를 공표하는 자에 대하여는 공표권의 침해를 주장할 수 없다고 해석된다. 다만 복제권이나 공연권, 공중송신권, 전시권과 같은 저작재산권 등의 침해를 문제 삼을 수 있을 뿐이다.[59]

저작자만이 미공표 저작물의 공표여부를 결정할 수 있고, 저작자의 생존 중에는 누구라도 그의 허락 없이는 저작물을 공표할 수 없다. 그러나 저작자가 미공표 저작물의 저작재산권을 타인에게 양도하였음에도 불구하고, 저작자가 다시 공표권에 기하여 그 저작물의 공표를 금지한다면 저작재산권의 양수인은 저작물을 이용할 수 없게 되는 불합리한 결과가 발생한다. 이에 저작권법은 저작물의 원활한 이용을 도모하기 위하여 아래와 같은 일정한 경우에는 저작자가 저작물의 공표를 동의한 것으로 추정하는 규정을 두고 있다.

나. 공표동의의 추정·의제

(1) 저작재산권의 양도 등

저작자가 공표되지 아니한 저작물의 저작재산권을 제45조에 따른 양도, 제46조에 따른 이용허락, 제57조에 따른 배타적발행권의 설정 또는 제63조에 따른 출판권의 설정을 한 경우에는 그 상대방에게 저작물의 공표를 동의한 것으로 추정한다(저작권법 제11조 제 2 항). 개

58) 상게서, 139면.
59) 공표권은 미공표 저작물에 대하여만 인정된다는 취지의 하급심 판결로 서울지방법원 2000. 1. 21. 선고 99가합52003 판결이 있다(한국저작권판례집(6), 저작권심의조정위원회, 2001, 186면).

정 전 저작권법에서는 저작재산권을 양도하거나 저작물의 이용허락을 한 경우에만 공표동의를 추정하였으나, 2009년과 2011년 저작권법을 개정하면서 배타적발행권 또는 출판권을 설정한 경우에도 공표동의를 추정하는 것으로 되었다.

저작물의 이용은 저작물의 공표가 전제로 되어야 한다. 그런데 저작자가 저작재산권을 양도하거나 저작물의 이용허락을 하더라도 저작인격권인 공표권은 일신전속적인 권리라서 여전히 저작자에게 귀속된다. 이 경우 저작권의 양수인이나 저작물의 이용허락을 받은 자가 저작물을 이용하려고 해도 저작자를 통하여서만 저작물을 공표하여야 한다거나 혹은 이용자가 저작물의 공표를 위한 저작자의 별도 허락을 받아야 한다면 저작물의 이용은 불편해지고, 오히려 저작물의 정상적인 유통을 방해하여 저작자에게도 이익이 되지 않는다. 그러므로 한편으로는 저작물의 이용편의를 도모하고 정상적인 유통을 보호하여야 한다는 점, 저작자로서도 저작권을 양도하거나 저작물의 이용허락을 하는 경우에는 저작물의 이용을 위한 공표를 당연히 예정하고 있다고 보는 것이 합리적이라는 점 등을 근거로 이와 같은 공표동의의 추정규정을 두게 된 것이다.

저작재산권의 전부가 아니라 그 중 일부만 양도한 경우에는 양도된 범위 내에서만 공표에 동의한 것으로 추정하여야 한다. 예를 들어, 공연권만 양도한 경우에는 공연에 의한 공표에만 동의한 것으로 추정되고, 공연 이외의 방법으로 공표할 경우 공표권 침해가 될 수 있다. 이용허락의 경우도 마찬가지이다. 예를 들어 저작물의 복제만 허락한 경우에는 공표에 대한 동의가 있는 것으로 추정할 수 없고, 저작물의 방송만을 허락한 경우에 공연의 방식으로 공표하는 데 대한 동의가 있었다고 추정할 수 없다.[60] 이러한 경우에는 입증책임의 일반원칙으로 돌아가, 저작자의 공표 동의 또는 당사자 사이에 공표에 대한 합의가 있었음을 이용자가 입증하여야 할 것이다.

구 컴퓨터프로그램보호법에서는 공표동의를 '추정'하는 저작권법과는 달리 프로그램의 양도 또는 대여한 경우에 공표동의를 '간주'하는 것으로 규정하고 있었다(동법 제 8 조 제 2 항). 그러나 2009년 저작권법 개정에 의하여 컴퓨터프로그램보호법이 저작권법에 흡수통합 되면서 프로그램의 경우에도 공표동의를 '추정'하는 것으로 바뀌었음을 유의할 필요가 있다.

추정은 반증에 의하여 번복될 수 있으므로, 예컨대 저작자가 공표권을 유보한다는 취지의 특약이 있었다는 사실을 입증하면 그 추정의 효과를 번복시킬 수 있다. 저작자가 미공표 저작물을 양도하면서 향후 10년간은 공표하지 않기로 한다는 특약을 한다거나, 화가가 자신의 미공표 그림을 양도하면서 공개전시는 하지 않는다는 특약을 붙이는 것도 가능한 것이다. 이때 이러한 특약에 반하여 공표 또는 공개전시를 하면 저작자의 공표권을 침

60) 이해완, 전게서, 251면; 半田正夫·松田政行, 著作權法コンメンタール, 勁草書房(1), 711면.

해하는 것이 된다.[61]

(2) 미술저작물 등의 경우

저작자가 공표되지 아니한 미술저작물·건축저작물 또는 사진저작물의 원본을 양도한 경우에는 그 상대방에게 저작물의 원본의 전시방식에 의한 공표를 동의한 것으로 추정한다(저작권법 제11조 제 3 항). 이 규정의 취지나 동의추정의 효과도 앞의 저작재산권의 양도 등에 따른 추정의 경우와 같다. 다만 다른 점은 저작재산권의 양도나 저작물의 이용허락이 아니라 미술저작물 등의 원본을 양도한 경우에만 해당되며, 동의가 추정되는 공표의 방법도 원본의 '전시'방식에 한정된다는 점이다. 따라서 화가가 자신의 미공표 그림을 제 3 자에게 판매한 경우 제 3 자가 그 그림을 전시하는데 대하여는 동의를 한 것으로 추정되지만, 전시 이외의 방법으로 공표하는 것, 예컨대 인쇄된 화집에 게재하여 공표하는 것에 대하여는 동의가 추정되지 않는다.

(3) 2차적저작물 등의 경우

원저작자의 동의를 얻어 작성된 2차적저작물 또는 편집저작물이 공표된 경우에는 그 원저작물도 공표된 것으로 본다(저작권법 제11조 제 4 항).[62] 2차적저작물 또는 편집저작물은 원저작물에 기초하여, 또는 원저작물을 소재로 하여 작성된다. 따라서 2차적저작물이나 편집저작물이 공표되면 그 기초가 되는 원저작물의 내용도 공표되는 것으로 볼 수 있으므로, 처음 원저작자가 자신의 저작물을 기초로 하는 2차적저작물 또는 편집저작물의 작성을 허락하였다면 그 허락에는 2차적저작물 등의 공표에 의하여 원저작물도 공표될 것이라는 인식을 당연히 포함하고 있다고 보아야 한다. 그렇기 때문에 이 경우에 저작권법은 앞서 두 가지 경우와는 달리 공표동의를 '추정 '하는 것이 아니라 아예 '의제'(간주)하는 것으로 규정하고 있다. 따라서 공표동의를 하지 아니하였다는 반증을 들어 의제의 효과를 번복할 수 없다.

만약 미공표 저작물을 원작으로 하여 허락을 받지 아니하고 2차적저작물을 작성·공표하였다면 2차적저작물작성권을 침해한 것과는 별도로 원작에 대한 공표권 침해도 된다.

61) 內田 晉, 전게서, 137면.

62) 구 컴퓨터프로그램보호법 제 8 조 제 3 항은, "원프로그램 저작자의 동의를 얻어 창작된 2차적 프로그램이 공표된 경우에는 개작에 원용된 원프로그램 부분에 한하여 공표된 것으로 본다"고 규정하고 있었다.

(4) 공표동의의 철회 가능여부

저작자가 저작물의 공표를 동의하였다가 그 저작물이 공표되기 전에 동의를 철회하는 것이 가능한지 여부를 검토해 본다. 대법원 2000. 6. 14.자 99마7466 결정[63]은 공표동의는 철회할 수 없다는 입장을 취하고 있다. 이 사건에서 건축가(건축저작자)와 건축주 사이에 체결된 설계계약서에는 "을(건축가)이 작성한 모든 설계도서 및 참고서류에 대한 소유권 및 모든 권리는 갑(건축주)에게 귀속한다"라는 규정을 두고 있었다. 이러한 저작권양도 조항에도 불구하고, 저작인격권은 일신전속적 권리로서 양도불가능하기 때문에 저작인격권은 여전히 건축가가 보유하게 된다. 그렇다면 건축가는 저작인격권 중 '공표권'에 기하여 건축주의 이 사건 설계도서에 따른 시공을 금지시킬 수 있는가 하는 점이 문제로 되었다. 이 사건에서 대법원은, 저작권법 제11조 제 2 항에는 저작자가 미공표 저작물의 저작재산권을 양도하거나 저작물의 이용 허락을 한 경우에는 그 상대방에게 저작물의 공표를 동의한 것으로 추정한다고 규정하고 있는바, 저작자가 일단 저작물의 공표에 동의하였거나 동의한 것으로 추정되는 이상 비록 그 저작물이 완전히 공표되지 않았다 하더라도 그 동의를 철회할 수는 없다고 하였다.

5. 다른 법과의 관계

'공공기관의 정보공개에 관한 법률' 제 2 조에 의하면 "공공기관은 보유·관리하는 정보를 이 법이 정하는 바에 따라 공개하여야 한다"고 규정함으로써 정보공개의 원칙을 천명하고 있다. 그런데 공공기관이 보유·관리하는 정보가 미공표 저작물인 경우에도 정보공개의 청구가 있을 경우 이 원칙에 따라 해당 저작물을 공개(공표)하여야 하는가. 위 법률 제 9 조 제 1 항(비공개대상정보)은 "공공기관이 보유·관리하는 정보는 공개대상이 된다. 다만, 다음 각호의 1에 해당하는 정보에 대하여는 이를 공개하지 아니할 수 있다"고 하면서, 그 제 1 호에서, "다른 법률 또는 법률이 위임한 명령(국회규칙·대법원규칙·헌법재판소규칙·중앙선거관리위원회규칙·대통령령 및 조례에 한한다)에 의하여 비밀 또는 비공개 사항으로 규정된 정보"를 들고 있다. 따라서 이 문제는 미공표 저작물이 위 제 1 호에서 말하는 다른 법률에 의하여 비밀 또는 비공개 사항으로 규정된 정보에 해당하느냐 여부에 따라 결정될 것이다. 결론적으로 이에 해당한다고 해석하는 것이 타당하다고 본다.

일본에서는 이와 유사한 사례가 다루어진 바 있다. 사안은 지방자치단체인 어느 도의 도민 甲이 그 도가 보유·관리하고 있는 A회사가 설계한 공동주택 건축확인신청서에 첨부

63) 판례공보 2000. 9. 1. 제113호, 1817면.

된 도면의 열람을 신청하였는데, 도지사가 그 신청을 거부하자 그 거부처분에 대한 취소를 구한 것이다. 이 사건에서 동경고등법원 1991. 5. 31. 판결[64]은, A사가 설계한 도면은 학술적 성질을 가지는 도면으로서 저작물성이 인정되고, 이 도면과 같은 미공표 저작물에 대하여는 저작자가 공표권을 가지는데, 저작권법상 공표권은 저작인격권에 속하는 것으로서, 저작권법이 저작재산권의 제한에 관한 규정에서 "이 관의 규정은 저작인격권에 영향을 미치는 것으로 해석되어서는 아니 된다"는 명시적인 규정을 두고 있는 점에 비추어 볼 때, 다른 명문의 규정이 없음에도 불구하고 공표권을 제한하여서는 아니 된다고 하여 甲의 청구를 기각하였다. 이 판결은 "법인 또는 단체에 관한 정보나 사업을 영위하는 개인의 당해 사업에 관한 정보로서, 공개하게 되면 그 법인이나 개인에게 불이익을 줄 것임이 명백한 경우"에는 정보공개법에 따른 정보공개를 거절할 수 있다고 규정한 해당 자치단체의 조례 및 이에 기초한 도지사의 처분의 적법성여부에 관한 것이다. 공표권과 정보공개법 사이의 관계를 다루었다는 점에서 참고로 할 만하다.

또한 민사집행법 제195조 제12호는 "공표되지 아니한 저작 또는 발명에 관한 물건"을 압류가 금지되는 물건의 하나로 규정하고 있으며, 국세징수법 제31조 제10호도 "발명 또는 저작에 관한 것으로서 공표되지 아니한 것"을 압규금지 재산의 하나로 규정하고 있다. 이러한 법 규정에 비추어 볼 때 미공표 저작물은 강제집행의 대상이 되지 않는 것으로 해석하는 것이 타당하다.[65]

Ⅲ. 성명표시권

1. 의　의

성명표시권은 저작자가 자신이 그 저작물의 창작자임을 주장할 수 있는 권리, 즉 저작물의 원본이나 그 복제물에 또는 저작물의 공표 매체에 그의 실명이나 이명을 표시할 권리를 말한다(저작권법 제12조 제 1 항). 실명이나 이명을 표시할 권리뿐만 아니라 무명(無名)으로 할 권리도 포함된다고 해석한다.[66]

저작물의 원본이나 복제물에 또는 저작물의 공표 매체에 저작자명을 표시하는 것은

64) 行集, 42권 5호, 959면.
65) 이해완, 전게서, 249면.
66) 日本 저작권법은 저작자명을 표시하지 않을 권리를 명문으로 규정하고 있다(제19조 제 1 항).

저작물의 내용에 대하여 책임의 귀속을 명백히 함과 동시에, 저작물에 대하여 주어지는 사회적 평가를 저작자에게 귀속시키려는 의도도 포함되어 있으므로, 이는 저작자의 인격적 이익과 관련하여 매우 중요한 의미를 지니고 있다. 따라서 저작자명의 표시여부 또는 표시한다면 실명을 표시할 것인가 아니면 이명을 표시할 것인가의 결정은 저작자만이 할 수 있도록 한 것이 성명표시권이다.

성명표시권은 공표권과는 달리 최초의 공표시만이 아니라 이미 공표된 저작물에 대하여서도 계속 적용되는 권리이다. 따라서 저작자가 실명으로 공표를 하고 있는데 이용자가 그것을 이명 또는 무명으로 공표한다거나, 이명(펜네임 등)으로 공표된 저작물에 임의로 실명을 표기한다거나, 저작자에 의하여 표시된 저작자의 성명 또는 칭호를 삭제한다거나, 무기명저작물에 저작자의 실명 또는 이명을 표시하는 것 등은 모두 성명표시권의 침해가 된다.[67]

2. 성명표시의 방법

저작자는 자연인인 경우 자신의 성명을, 국가·지방자치단체나 법인인 경우에는 그 명칭을 실명으로 표시할 수 있고, 예명(藝名)·아명(雅名)·펜네임·아호(雅號)·약칭 등 이명이나 저작자 자신만이 아는 독특한 명칭 또는 무명으로도 표시할 수 있다. 그리고 표시하는 방법에 있어서도 회화의 낙관과 같이 원본에 표시하거나 인쇄·출판에 있어서와 같이 책의 말미에 표시하거나 혹은 연주에 있어서와 같이 사회자가 공중 앞에서 발표를 하는 것 등이 모두 성명의 표시에 해당한다.

저작물을 이용하는 자는 그 저작자의 특별한 의사표시가 없는 때에는 저작자가 그의 실명 또는 이명을 표시한 바에 따라 이를 표시하여야 한다(저작권법 제12조 제2항). 따라서 예컨대 '김소월'이라는 이름으로 발표된 시 '진달래꽃'을 출판하는 경우에는 저작자에게 상의할 필요 없이 '김소월'이라는 저작자명(아호)을 표시하면 되는 것이지, 굳이 그의 본명인 '김정식'을 찾아 밝힐 필요는 없다. 오히려 본명을 밝히는 것이 성명표시권 침해가 될 수도 있다. 여기서 "저작자의 특별한 의사표시가 없는 때"라고 하고 있으므로, 저작물을 이용함에 있어서 저작자에게 미리 성명을 어떻게 할 것인지 문의할 필요는 없다. 저작물을 이용하는 단계에서 저작자의 적극적인 의사표시가 있는 경우, 예컨대 이번 개정판부터는 '김소월' 대신 '김정식'으로 표시해 달라는 요청이 있는 경우를 제외하고는 종전과 같은 성명의 표시를 하면 되며, 다만, 이용하기 전에 저작자로부터 따로 요청이 있다면 그것에 따라야

67) 하용득, 전게서, 141면.

한다는 것을 의미한다.[68] 무명의 저작물에 대하여는 저작자가 성명을 표시하지 않을 권리를 행사한 것이므로 그러한 저작물을 이용할 때에는 진정한 저작자를 조사하거나 저작자의 의사를 탐구할 필요 없이 무명의 저작물로 이용하여야 하고, 그것으로 족하다.

3. 성명표시의 대상

저작자가 자신의 실명 또는 이명을 표시할 대상은 저작물의 원본이나 그 복제물 또는 저작물의 공표 매체이다. 이 3가지 중 어느 하나에 해당하지 아니하는 것, 예를 들어 저작물에 대한 설명이나 광고 내용만을 담고 있는 선전광고물에 저작자의 성명표시를 하지 않았다 하더라도 성명표시권의 침해로 되지는 않는다(아래에서 보는 대법원 1989. 1. 17. 선고 87도2604 판결 참조). 서울남부지방법원 2014. 1. 23. 선고 2013노122 판결은 드라마 감독인 피고인이 A가 단독 창작한 드라마 극본을 드라마로 제작한 후, 그 드라마를 방영하면서 A, B, C의 공동저작인 것으로 엔딩 크레디트(ending credit)에 표시하여 올렸다면 잘못된 성명표시로 극본을 공표한 것에 해당하여 성명표시권 침해가 된다고 판시하였다.[69]

한편, 저작자는 자신의 저작물을 원저작물로 하는 2차적저작물에 대하여도 공표권을 주장할 수 있는지 하는 것과 동일한 문제가 성명표시권과 관련하여서도 생길 수 있다. 즉, 저작자는 자신의 저작물을 원저작물로 하는 2차적저작물에 대하여도 성명표시권을 주장할 수 있는지 여부이다. 하급심 판결 중에는 이러한 경우 원저작물의 저작자는 특별한 사정이 없는 한 성명표시권을 주장할 수 없다고 한 것이 있다. 서울서부지방법원 2006. 3. 17. 선고 2004가합4676 판결은, 선행 저작물인 '돌아와요 충무항에'와 후행 저작물인 '돌아와요 부산항에' 가사의 상황설정 및 소재가 유사하고 그 전체적인 형식이 동일하여 실질적 유사성이 있으며, 단순히 '충무항'을 '부산항'으로 바꾸는데 그치지 아니하고 떠나간 형제를 그리워하는 내용으로 바뀌고 일부 표현이 수정되는 등 새로운 창작성이 더해졌으므로 '돌아와요 부산항에'는 '돌아와요 충무항에'의 2차적저작물이라고 하여 2차적저작물작성권의 침해를 인정하였다. 그러면서도 이 판결은, 2차적저작물인 가사를 발표함에 있어 원저작물의 작사자를 표시하지 않았다는 사정만으로 원저작자의 성명표시권·동일성유지권 등의 저작인격권이 침해되었다고 볼 수는 없다고 판시하였다.

---

68) 허희성, 전게서, 77면.

69) 이 판결에서는, 드라마 극본은 통상적으로 극본 자체로 공중에게 공개되는 경우보다는 드라마 방영을 통하여 공중에게 공개되는 점, 이 사건의 경우 드라마 방영을 위한 극본 집필계약을 체결하였으므로 드라마 방영을 통하여 극본이 공개되는 것을 당연히 전제로 하고 있었던 점에 비추어 보면, 이 사건 드라마를 방영함으로써 저작물인 극본이 공표된 것으로 보아야 한다고 판시하였다.

그러나 위 판례의 입장에는 선뜻 동의하기 어렵다. 앞서 공표권에서와 같은 이유로 저작자는 자신의 저작물을 원저작물로 하는 2차적저작물에 대하여도 성명표시권을 행사할 수 있다고 보는 것이 타당하다. 2차적저작물은 원저작물과 실질적 유사성을 가지는 저작물로서 원저작물의 본질적 특징을 직접 감득할 수 있는 저작물이므로 2차적저작물에 의한 사회적·인격적 평가는 원저작물에도 미치게 되기 때문이다.[70] 하급심 판결 중에는 이러한 입장에 선 것으로 보이는 것도 있다. 서울민사지방법원 1990. 9. 20. 선고 89가합62247 판결(일명, '행복은 성적순이 아니잖아요' 사건)은, "원고의 저작인격권(성명표시권)과 저작재산권 침해로 인한 손해배상청구 및 사죄광고청구부분에 관하여 살피건대, 이는 피고가 제작상영 및 판매한 이 사건 영화 및 소설이 원고의 이 사건 무용극을 원작으로 한 소위 2차적저작물에 해당한다는 점을 전제로 한다 할 것이고(피고의 이건 영화 및 소설이 원고의 이건 무용극과 다른 독창적 내용이라면 피고는 이건 영화 및 소설에 원고의 성명을 표시하거나 이건 소설의 집필에 원고의 동의를 받을 필요가 없다 할 것이다)"라고 하여 2차적저작물에는 원저작자의 성명표시권이 미친다는 것을 전제로 판단하고 있다.

참고로 일본 저작권법은 공표권과 마찬가지로 성명표시권에 관한 제19조 제 1 항에서, "그의 저작물을 원저작물로 하는 2차적저작물의 공중에의 제공 또는 제시에 즈음하여 원저작물의 저작자명의 표시에 대하여도 동일하다"고 규정함으로써 이 점을 분명히 하고 있다. 그러나 위 '행복은 성적순이 아니잖아요' 판결의 괄호 안의 부분에서 언급하고 있는 바와 같이, 원저작물에 대한 변형의 정도가 실질적 유사성을 상실할 정도에 이르러 2차적저작물이 아닌 완전히 별개의 저작물이 되었다면, 그러한 저작물에 대하여는 원저작물 저작자의 성명표시권이 미칠 이유가 없다.

4. 성명표시권의 제한

가. 개 요

이와 같이 저작물의 이용자는 저작자의 특별한 의사표시가 없는 때에는 저작자가 그의 실명 또는 이명을 표시한 바에 따라 이를 표시하여야 한다. 그러나 저작물 이용의 목적이나 태양에 비추어 저작자명을 표시하는 것이 곤란하거나 적절하지 아니한 경우도 있다. 이에 저작권법 제12조 제 2 항 단서에서는, "다만, 저작물의 성질이나 그 이용의 목적 및 형태 등에 비추어 부득이하다고 인정되는 경우에는 그러하지 아니하다"고 규정하고 있다. 따라서 첫째, 저작물 이용의 목적 및 태양에 비추어 저작자가 창작자인 것을 주장하는 이

70) 同旨, 이해완, 전게서, 254-255면.

익을 해칠 염려가 없고, 둘째, 성명표시의 생략이 공정한 관행에 합치하는 경우에는 저작자명의 표시를 저작자의 동의 없이 생략할 수 있다.[71]

예를 들어 호텔의 로비나 백화점의 매장에서는 분위기 조성을 위하여 배경음악을 방송으로 내보내는 경우가 있는데, 이때에는 저작자 성명의 표시를 생략할 수 있다고 일반적으로 해석되고 있다. 이러한 경우 하나의 악곡을 방송할 때마다 일일이 작곡가의 이름을 방송 멘트로 알려주어야 한다면 매우 어색하고 분위기를 해칠 뿐만 아니라, 성명의 표시를 생략하여도 의도적으로 저작자명을 은닉하고자 한 것은 아니기 때문이다. 마찬가지로 라디오에서 여러 개의 가요곡을 계속적으로 방송할 때 작사자나 작곡가의 성명을 일일이 방송하지 않아도 무방한 것으로 해석된다.[72]

그러나 성명표시의 생략은 공정한 관행에 합치하여야 한다. 따라서 위와 같은 경우에도 적당한 방법으로 저작자명을 표시하는 것이 가능하고, 그러한 표시방법이 공정한 관행으로 확립되어져 있다면, 그 방법에 따라 저작자명을 표시하여야 한다. 예를 들어 TV 연속극에 삽입된 가요곡의 작사자와 작곡자명은 상영 후 자막(ending credit)에 표시할 수 있고, 또 그렇게 표시하는 것이 관행적으로 널리 행하여지고 있으므로 이러한 경우에는 저작자명의 표시를 생략할 수 없다고 보아야 한다.

일본 저작권법 역시 제19조 제 3 항에서 명문으로, "저작물의 이용목적과 태양에 비추어 저작자가 창작자임을 주장하는 이익을 해할 우려가 없다고 인정되는 경우에는 공정한 관행에 반하지 않는 한 저작자명을 생략할 수 있다"고 규정하고 있다. 과거 우리나라 저작권법에서는 이와 같은 규정을 두게 되면 그 규정이 확대해석이나 확대적용 될 위험성이 많으므로 이를 피하기 위하여 일부러 이런 규정을 두지 않았다고 한다. 그러나 학설상으로는 그런 경우에 성명표시권의 제한을 인정하고 있었는데,[73] 2000년 저작권법의 개정에 의하여 위와 같은 명문규정을 두게 되었다.

나. '부득이'한 경우

저작권법 제12조 제 2 항 단서에 성명표시권의 제한규정을 두면서 '부득이'한 경우로 한정하고 있는 것과 관련하여, 이 규정을 해석함에 있어서 어느 정도의 엄격성을 요구할 것인가에 대한 논란이 있다. 성명표시권이 제한되는 경우는 실제로는 음악저작물을 방송 또는 연주하는 경우와 같이 극히 예외적인 경우에 한정된다고 엄격하게 해석함으로써 저

---

71) 하용득, 전게서, 142면.
72) 內田 晋, 전게서, 138면.
73) 허희성, 전게서, 78면.

작자의 인격적 이익이 침해되지 않도록 하여야 할 것이라는 견해가 있다.[74] 반대로, 이를 지나치게 엄격하게 해석할 필요는 없다고 하면서, 저작자명 표시를 일일이 할 경우에 오히려 어색함이나 불편함이 수반되는 반면에, 저작자명의 표시를 생략하는 것이 사회통념상 부당한 것으로 느껴지지 않고 오히려 관행화 되어 있다면 우리 법의 해석상으로도 '부득이'한 경우에 해당하는 것으로 볼 수 있다는 견해가 있다.[75] 이 부분은 동일성유지권의 제한규정의 해석과 관련하여서도 동일하게 나타나는 문제이다. 현재로서는 엄격한 해석운용을 지지하는 견해가 주류인 것으로 보인다. 일본의 경우도 저작인격권 중 동일성유지권의 제한규정에 있어서의 '부득이'한 경우[76]라 함은 저작물의 성질이나 이용의 목적 및 태양에 비추어 강한 정도의 필요성이 존재하는 경우를 말하는 것으로 해석하여야 한다는 것이 종래부터의 통설이다.[77] 그러나 최근에는 그와 같이 제한규정을 엄격하게 해석하는 것은 저작물의 이용자에게 지나친 의무를 요구하는 것이 되어 불합리하다는 견해가 점차 설득력을 얻어가고 있다.[78]

저작인격권은 저작자의 인격과 사회적 평판, 명성 등에 직접적으로 관련되는 중요한 권리이므로 함부로 제한되어서는 안 된다. 현행 저작권법이 종전 저작권법에서 저작인격권 침해의 요건으로서 요구하고 있던 '명예나 성망'에 대한 위해를 삭제한 것도 저작인격권을 가급적 강하게 보호하고자 하는 취지에서이다. 그러나 성명표시권이나 동일성유지권의 제한규정을 지나치게 엄격하게 해석하여 그 적용범위를 좁히게 되면, 저작물 이용자들의 이용행위를 과도하게 제한하는 결과를 초래하고, 이는 결국 저작물의 원활한 유통에 방해를 가져올 수 있다. 또한 성명표시권이나 동일성유지권의 지나친 행사는 권리남용에 해당할 수도 있다. 따라서 성명표시권 등 저작인격권 제한규정은 저작물의 성질이나 이용의 목적 및 태양(예를 들어, 다수의 저작자를 일일이 다 표시할 수 없어서 일부 저작자를 누락한 경우인지 여부 등), 성명표시 의무를 준수하지 못한 사유(예를 들어, 성명표시를 의도적으로 누락한 경우인지, 타인의 성명을 참칭한 경우인지, 아니면 단순 누락인지 여부 등)를 종합적으로 고려하되, 저작자와 이용자의 이익을 비교형량하는 방법으로 해석운용 하여야 할 것이다.

74) 명문규정이 있는 일본에서도 동일한 해석을 하는 견해가 있다(內田 晉, 전게서, 139면 참조).
75) 이해완, 전게서, 257면.
76) 다만, 일본 저작권법의 경우 성명표시권의 제한 규정에서는 '부득이'한 경우로 한정하고 있지 않으며, 동일성유지권의 제한 규정에서만 '부득이'한 경우로 한정하고 있다.
77) 半田正夫·松田政行, 著作權法コンメンタール, 勁草書房(1), 777면 참조.
78) 상게서, 777-778면.

5. 성명표시권 불행사특약의 효력

저작자와 그 저작물의 이용자 사이에 성명표시권을 행사하지 않겠다는 특약을 하는 경우가 종종 있는데, 그 유효성을 검토해 볼 필요가 있다. 실무적으로는 그러한 특약의 유효성을 인정하는 것이 대세이다. 일본의 경우를 보면 성명표시권 불행사특약이 유효함을 전제로 한 판례들이 있다. 오오사카지방법원 2005. 3. 29. 판결은, 저작자인 원고가 CD-ROM에 자신의 성명이 표시되지 않을 가능성이 있음을 인식하고 있었고, 그럼에도 그에 관하여 아무런 이의를 제기하지 않았으며 확인을 하지도 않았으므로, 피고로서는 원고가 자신의 성명표시를 요구할 것이라고는 생각하기 어려웠던 점 등을 종합하면, 당사자 사이에 성명표시권을 행사하지 않기로 하는 묵시적인 합의가 성립하였다고 봄이 상당하다고 판시하고 있다. 반면에 동경지방법원 2004. 11. 12. 판결은, 저작물의 이용권을 취득한 자에 대하여 저작인격권을 행사하지 않겠다는 각서에 서명날인을 해 준 사안에서, 이는 자신의 성명이 본건 서적에 표시될 것을 전제로 하여 서명날인 한 것이므로, 그러한 각서가 존재한다는 것만으로 원고가 성명표시권의 불행사특약을 하였다고 인정할 수는 없다고 판시하였다.[79)]

성명표시권이나 동일성유지권 같은 저작인격권의 불행사특약은 업계에서 실무상으로도 많이 활용되고 있다. 결국 저작인격권 불행사특약은 그 내용이 명확하고 당사자의 특약 체결에 대한 의사가 분명한 경우임을 전제로 그 효력을 인정하는 것이 현실에 맞는 해석이라고 생각된다.

6. 성명표시권 침해의 태양

첫째, 저작자의 의사에 반하는 성명의 표시 또는 불표시를 들 수 있다. 성명표시권 침해의 태양 중 가장 전형적인 것이다. 저작자의 의사에 반하는 성명의 표시는 저작물을 이용하는 자가 저작자의 특별한 의사표시에 반하여 그의 실명 또는 이명을 표시하거나, 특별한 의사표시가 없더라도 저작자가 그의 실명 또는 이명을 표시한 바에 따라 이를 표시하지 아니하고 다른 방법으로 표시한 경우 등을 들 수 있다. 여기에는 무명으로 이용할 의사를 표시하거나 무명으로 공표된 저작물에 그 저작자의 실명이나 이명을 표시하는 경우도 포함된다. 저작자의 의사에 반하는 성명의 불표시는, 저작자가 그의 실명 또는 이명을 표시할 의사를 특별히 표시하였거나, 저작자가 그의 저작물에 자신의 실명 또는 이명을 표시

79) 상게서, 729-730면에서 재인용.

하였음에도 이를 이용하는 자가 그러한 성명표시를 하지 않고 이용한 경우를 들 수 있다. 저작자가 그의 저작물에 자신의 성명을 표시하지 못하면 저작자는 자신의 명예나 성망을 형성할 수 있는 기회를 상실하게 되며, 나아가 저작자가 기존에 형성하여 놓은 명예나 성망의 저하를 가져올 가능성도 있으므로 불표시의 경우도 성명표시권의 침해로 보는 것이다.

둘째, 저작자의 성명을 참칭(僭稱)하는 경우이다. 저작물의 원본이나 복제물 또는 저작물의 공표 매체에 저작자가 아닌 다른 사람의 이름을 표시함으로써 성명표시권을 침해하는 태양이다.

셋째, 출처를 명시하지 않는 경우이다. 저작권법이 정하는 저작재산권의 제한규정(예를 들어, 저작권법 제28조의 공표된 저작물의 인용)에 따라 저작물을 이용하는 자는 그 출처를 명시하여야 한다. 출처의 명시는 저작물의 이용 상황에 따라 합리적이라고 인정되는 방법으로 하여야 하며, 저작자의 실명 또는 이명이 표시된 저작물인 경우에는 그 실명 또는 이명을 표시하여야 한다(저작권법 제37조). 이러한 출처명시의무를 위반하여 출처를 명시하지 않으면 성명표시권의 침해가 되며, 아울러 벌칙규정이 적용되어 형사책임까지 지게 된다(저작권법 제138조 제2호). 그러나 저작재산권의 제한규정은 저작인격권과 아무런 관련이 없다는 것을 근거로, 출처의 명시를 하지 않은 것만으로는 성명표시권의 침해가 되지 않는다는 소수설도 있다.[80] 출처명시의무를 위반한 행위가 곧바로 성명표시권 침해가 된다는 논리적 필연성이 있는 것은 아니지만, 출처명시의무 위반이 성명표시권 침해에 결부되기 쉽다는 것은 부정할 수 없다.

넷째, 저작권법상 다른 권리의 침해에 수반하는 경우이다. 저작물의 무단복제 및 무단개작을 하거나, 동일성유지권을 침해하는 과정에서 저작자의 성명을 표시하지 않는 경우로서 실무상 가장 많이 나타나는 사례이기도 하다.

7. 판　　례

성명표시권과 관련된 우리 판례를 살펴본다.

대법원 1989. 10. 24. 선고 88다카29269 판결(일명, '윤정아' 사건)[81]은, 피고 대한민국 산하 관청인 문교부가 초등학교 6학년 재학 중인 원고가 창작한 "내가 찾을 할아버지의 고향"이라는 제목의 산문 중 제목을 "찾아야 할 고향"으로 고치고 지은이를 "3학년 4반 황정아"라고 새로이 써 넣었으며(원래 원고의 이름은 '윤정아'이다), '매년'을 '해마다'로 고치는 등

80) 半田正夫·松田政行, 전게서, 732면에 인용된 茶園成樹의 견해 참조.
81) 법원공보 1989, 1759면.

내용 중 일부문구를 수정하여 초등학교 3학년 2학기 국어교과서에 싣고 이를 인쇄하여 배포한 사건에서, 구 저작권법 제14조(현행 저작권법 제12조)에 의하면, 저작자는 저작물에 관한 재산적 권리에 관계없이 또한 그 권리의 이전 후에 있어서도 그 저작물의 창작자임을 주장할 권리가 있고, 이는 저작자가 저작자로서의 인격권에 터잡아 저작물의 원작품이나 그 복제물에 또는 저작물의 공표에 있어서 그의 실명 또는 이명을 표시할 권리가 있다는 것이므로, 저작자의 동의나 승낙 없이 그 성명을 표시하지 않았거나 가공의 이름을 표시하여 그 저작물을 무단복제하는 것은 위 귀속권 침해에 해당한다고 하였다. 나아가 설사 가공의 이름인 황정아로 표시한 이유가 교육정책상의 목적에 있었다 하더라도 그러한 사정만으로는 저작자에게 전속되는 창작자임을 주장할 수 있는 귀속권을 침해할 정당한 사유가 되지는 않는다고 하였다.

대법원 1991. 8. 27. 선고 89도702 판결[82]은, 노동자들이 노동쟁의 때 투쟁의식을 고취하기 위하여 가사를 바꾸어 부르는 곡들, 예컨대 "전우가 남긴 한마디"라는 가요를, 곡명은 "정의를 부르짖는 동지, 단결로 맺어진 동지"로, "생사를 같이 했던 전우야 정말 그립구나 그리워"라는 가사는 "단결로 맺어진 동지야 윙윙 돌아가는 기계 속에서"로 바꾸어 부르고 있는 32곡의 가요를 수집한 다음, 작곡자들의 성명을 기재하지 않고 '노동과 노래'라는 제목의 책자로 100부 가량 인쇄하여 배포한 사안에서 성명표시권침해를 인정하였다.

앞의 '결합저작물' 부분에서 본 서울민사지방법원 1992. 6. 5. 선고 91가합39509 판결(일명, '표준전과' 사건)[83]은, 삽화가인 원고가 초등학교 국어교과서의 삽화 119점을 제작하여 주었고, 이에 따라 제작된 초등학교 국어교과서의 뒷표지에는 '삽화가 ○○○'로 원고의 이름이 표시되어 있었는데, 초등학교용 전과 등을 전문으로 출판하는 피고회사가 원고가 제작한 삽화를 사용하여 '표준전과'라는 초등학교용 전과를 제작판매하면서 원고를 삽화의 저작자로 표시하지 아니한 사안에서 피고회사가 원고의 성명표시권을 침해하였다고 판시하였다.

한편, 대법원 1989. 1. 17. 선고 87도2604 판결[84]은, 피고인이 피해자가 저작한 책자를 출판하기로 계약한 후 그 책자의 선전을 위하여 신문에 광고를 내고 선전 팜플렛을 만들어 배포하였는데, 광고문안에 피해자의 저자표시를 하지 아니하였다고 하여 저작인격권(성명표시권) 침해로 기소된 사건에서, "구 저작권법(1986. 12. 31. 법률 제3916호로 개정되기 전의 것) 제14조에 의하면 저작자는 저작물에 관한 재산적 권리에 관계없이 또한 권리의 이전

82) 법원공보 1991, 2461면.
83) 판결의 상세한 내용은 제 3 장 제 3 절 "공동저작자와 결합저작물의 저작자" 부분 참조.
84) 법원공보, 1989, 322면.

후에 있어서도 그 저작물의 창작자임을 주장하는 권리가 있다고 되어 있고, 같은 법 제69조에는 법 제14조의 규정에 위반하여 저작자의 명예를 훼손시킨 자를 처벌하도록 되어 있는 바, 이는 그 저작권의 귀속을 저작물에 표시할 권리가 있다는 것으로서 저작물이 아닌 선전광고문에 책자의 저자표시를 하지 않은 행위는 저작자가 자기의 창작물임을 주장할 수 있는 권리를 침해하는 구 저작권법 제14조에 위반되는 행위라고 할 수 없다"고 판시한 바 있다. 이 판결의 취지를 자칫 광고선전물에는 저작자명 표시를 하지 않아도 되는 것으로 오해할 여지가 있으나 그렇지 않다. 우선 이 판결에서 문제가 된 광고선전물은 서적(피고인과 피해자가 공동저술한 '아동미술세계'라는 책자)에 관한 것으로서, 광고 내용이나 문안이 해당 책자의 원본이나 복제물 또는 공표매체에 해당하지 않는 사건이었다. 나아가 이 판결은 구 저작권법(1957년 저작권법)이 적용된 사례로서, 현행법의 성명표시권과 대응하는 구 저작권법 제14조는 '귀속권'이라고 하여 "저작자는 저작물에 관한 재산적 권리에 관계없이 또한 권리의 이전 후에 있어서도 그 저작물의 창작자임을 주장할 권리가 있다"고 규정하고 있었다. 이 규정에서는 귀속권, 즉 저작물의 창작자임을 주장할 권리의 대상을 '저작물'이라고 한정하고 있었기 때문에 위 대법원 판결에서는 저작물 자체가 아닌 '광고선전물'에 책자의 저자표시를 하지 않은 것이 귀속권을 침해하지 않는다고 본 것이다. 더욱이 위 판결의 판시이유에 나타난 바와 같이 본건에서 문제가 된 광고선전물은 초판의 출판 판매가 되기도 전에 작성된 것이었다. 그러나 그 후 저작권법 개정에 의하여 1987년 개정 저작권법 이후에는 현행 저작권법과 같이 다소 추상적인 '귀속권'이 아니라 보다 구체적인 '성명표시권'으로 규정하면서 그 내용도 "저작자는 저작물의 원작품이나 그 복제물에 또는 저작물의 공표 매체에 그의 실명 또는 이명을 표시할 권리를 가진다"는 것으로 변경되었다. 따라서 현행 저작권법에 따르면 문제가 된 물품이 설사 광고선전물이라 하더라도 그 전부 또는 일부가 저작물의 복제물이거나 공표 매체에 해당한다면 성명표시권의 대상이 된다고 보아야 한다.

뿐만 아니라, 위 대법원 판결은 형사사건으로 저작인격권침해죄의 성립여부에 관한 판결이다. 구 저작권법 제69조(저작인격권의 침해)는, "제14조, 제16조의 규정에 위반하여 저작자의 명예를 훼손시킨 자는 6월 이하의 징역 또는 10만환 이하의 벌금에 처한다."고 규정하고 있다. 이와 같이 형사처벌을 하기 위해서는 단순히 구 저작권법 제14조의 귀속권 침해만으로는 부족하고 그로 인하여 저작자의 명예를 훼손시키는 것까지 필요하였고, 이는 현행 저작권법에서도 마찬가지이다.[85] 그런데 광고선전물에 저자 표시를 하지 않은 것만으

85) 저작권법 제136조 제 2 항 제 1 호. "저작인격권 또는 실연자의 인격권을 침해하여 저작자 또는 실연자의 명예를 훼손한" 행위를 저작인격권침해죄로 규정하고 있다.

로는 저작자의 명예를 훼손한 것으로는 보기 어렵다는 취지도 위 대법원 판결에 포함되어 있다. 오늘날과 같은 대중문화 시대에 있어서 광고선전물은 일반 대중이 저작물을 접하는 가장 중요한 통로가 되고 있음을 부인하기 어렵다. 이러한 광고선전물의 기능과 효과를 고려할 때 광고선전물이라 하더라도 그 전부 또는 일부가 저작물의 복제물이거나 공표 매체에 해당한다면 성명표시권의 대상이 된다고 보아야 할 것이며, 광고선전물이라고 하여 성명표시권이 미치지 못한다거나 성명표시권의 본질적 내용을 침해하는 행위가 용인된다고 해석해서는 안 된다.[86)]

Ⅳ. 동일성유지권

1. 의 의

저작자는 그의 저작물의 내용·형식 및 제호의 동일성을 유지할 권리를 가진다(저작권법 제13조 제 1 항). 이에 따라 저작물은 원형 그대로 존재하여야 하고 제 3 자에 의한 무단 변경·삭제·개변 등에 의해서 손상되지 않도록 요구할 권리가 저작자에게 보장되어 있다. 이를 '동일성유지권'(right to the integrity of the work) 또는 '저작물존중권'(right to respect for the work), '저작물의 불가침권'(right to inviolability of the work)이라고 한다. 고쳐진 내용·형식·제호가 설사 원래의 것보다 좋게 되었다 하더라도 오자(誤字)나 탈자(脫字)의 정정이라면 모르되 저작자의 동의 없는 개변은 인정되지 않는다. 저작물은 저작자의 사상·감정을 표현한 것이므로 저작물의 수정·개변은 저작자만이 할 수 있는 것이기 때문이다.[87)] 동일성유지권 침해 역시 공표권이나 성명표시권의 경우와 마찬가지로 해당 저작물의 무단이용에 수반하여 문제되는 경우가 대부분이다.

컴퓨터프로그램 저작자가 가지는 동일성유지권에는 일정한 제한이 있다.[88)]

---

86) 임원선, 전게서, 108면.

87) 송영식 외 1인, 전게서, 131면.

88) 구 컴퓨터프로그램보호법 제10조는, "프로그램저작자는 1. 특정한 컴퓨터 외에는 사용할 수 없는 프로그램을 다른 컴퓨터에 사용할 수 있도록 하기 위하여 필요한 범위 안에서 변경하는 경우, 2. 프로그램을 특정한 컴퓨터에 보다 효과적으로 사용할 수 있도록 하기 위하여 필요한 범위 안에서 변경하는 경우, 3. 프로그램의 성질 또는 그 사용목적에 비추어 부득이하다고 인정되는 범위 안에서의 변경의 경우를 제외하고는 그의 프로그램의 제호·내용 및 형식의 동일성을 유지할 권리를 가진다"고 규정하고 있었다.

2. 침해의 요건

가. 기본적 요건

(1) 입법례의 검토

동일성유지권 침해가 성립하기 위한 요건을 파악함에 있어서는, 먼저 어느 정도의 개변 또는 어떤 형태의 개변이 있어야 동일성유지권을 침해하는 것으로 볼 것인지와 관련하여 각국이 취하고 있는 입법례를 살펴볼 필요가 있다. 동일성유지권에 관한 입법례를 규정 형식에 따라 분류하여 보면, ① '현실적'으로 명예(名譽) 또는 성망(聲望)을 해치는 개변이 있어야 한다고 규정하는 입법례, ② 명예 또는 성망을 해칠 '우려'가 있는 개변이 있어야 한다고 규정하는 입법례, ③ 저작자의 '의사'에 반하는 개변이 있어야 한다고 규정하는 입법례, ④ 이유 여하를 불문하고 어떤 형태로든 개변만 있으면 족하고, 사회적 명예나 성망 또는 저작자의 주관적 의사는 침해의 요건으로 보지 않는 입법례 등 4가지 경우가 있다.

베른조약 제 6 조의2는 "명예 또는 성망을 해할 우려가 있는"이라고 규정하고 있으므로 위의 ②의 입법례에 속한다. 일본 저작권법은 저작물의 경우에는 "명예 또는 성망"을 요건으로 하지 않고 대신에 "저작자의 의사에 반하는"이라고 규정함으로써 ③의 입법례를 취하고 있다. 그러나 실연자의 동일성유지권에 대하여는 "명예 또는 성망을 해하는"이라고 규정함으로써 ①의 입법례를 취하고 있다. 미국의 경우는 베른협약에 가입하고 그 시행법까지 제정하였지만 아직 저작권법에 저작인격권에 관한 일반적인 명문의 규정을 두고 있지는 않다. 이에 대한 미국측의 입장은, 미국의 경우 계약법에 의하여 제 3 자적 효력이 있는 개변금지특약이나 부정경쟁방지법상의 허위출처표시[89]의 금지, 명예훼손법리상 개변에 따른 명예훼손책임 등이 존재하고 있고, 이에 더하여 미국 저작권법 제106조(2)가 저작자에게 2차적저작물작성권을 부여하고 있으므로, 이를 통하여 원저작물의 저작권자인 저작자는 결과적으로 자신의 저작물의 동일성을 유지할 수 있다는 것이다. 그러나 이러한 권리들은 대부분 경제적 권리와 독립적으로 규정되어 있는 것이 아니어서 베른협약상의 저작인격권 보호에 상당한 권리라고 보기는 어렵다. 다만, 미국에서는 1990년에 이르러 '시각예술 저작자의 권리에 관한 법률'(VARA)을 제정하여 일정한 경우에 저작자의 인격권 보호를 도모하고 있으나, 그 범위가 극히 제한적임은 앞서 본 바와 같다. 프랑스는 "저작자는 그 이름, 자격 및 저작물의 존중을 요구하는 권리를 가진다"[90]고 하여 ④의 입법례를 취하고 있는 것으로 해석되며, 독일의 경우는 "저작자는 … 저작물에 관한 자신의 정당한 정신적 또

89) Lanham Act 43(a).
90) 프랑스 저작권법 제121조의1.

는 개인적인 이익을 해하는 것으로 평가되는 행위를 금지할 권리를 갖는다."라고 규정함으로써 ③의 입법례를 취한 것으로 해석된다. 우리나라는 단순히 "저작자는 그의 저작물의 내용·형식 및 제호의 동일성을 유지할 권리를 가진다"고 규정함으로써 ④의 입법례를 취하였다. 그 결과 다른 3가지 형식의 입법례보다 가장 광범위하게 동일성유지권을 인정한 것으로 평가된다.

위에서 각국의 입법례를 4가지 경우로 나누어 보았지만, 사실상 ③과 ④는 실질적인 차이가 거의 없다. 왜냐하면 ③과 ④는 '저작자의 의사에 반하는 것'을 요건으로 하느냐 여부에만 차이가 있는데, 저작자의 의사에 반하지 않는 개변이라면 ④의 입법례를 취하는 경우에도 저작자가 굳이 금지청구권이나 손해배상청구권을 행사할 이유가 없을 것이기 때문이다. 반면에 ①②와 ③ 또는 ①②와 ④는 상당한 차이가 생긴다. 일단 저작물에 변경이 일어나면, ③에서는 금지청구권의 성립여부가 저작자의 의사에 달려있고, ④에서는 금지청구권의 행사여부가 저작자의 의사에 달려있지만, ①②에서는 명예 또는 성망의 훼손 또는 우려라는 별도의 요건이 더 필요하기 때문이다. 손해배상청구권의 성립 및 행사여부도 마찬가지이다. 이용자의 입장에서도 차이가 있다. 이론적으로 ①②의 경우에는 개변을 하고자 하는 이용자가 자신의 개변 행위가 저작자의 명예나 성망을 해하는 것인지 여부를 판단하여, 그렇지 않다고 판단되면 저작자의 사전 동의를 구하지 않고 그러한 개변행위를 할 수 있다. 그러나 ③ 또는 ④의 경우에는 개변을 하고자 하는 이용자는 그 개변이 저작자의 명예나 성망에 해가 될 것인지 여부에 관계없이 항상 저작자의 의사를 사전에 미리 확인하여야 할 필요가 있다.

이러한 입법례에 대한 검토를 전제로 하여 볼 때, 우리 저작권법상 동일성유지권의 침해가 인정되기 위해서는 기본적으로 다음과 같은 두 가지 요건이 충족되어야 한다.

(2) 개변에 의한 동일성의 손상

첫째로, 저작물의 내용이나 형식 또는 제호에 개변이 이루어지고 그로 인하여 원래의 저작물의 동일성에 손상이 가해져야 한다. 내용이나 형식에 개변이 이루어져야 하지만 저작물 중에서 보호를 받는 것은 사상이나 감정이 아니라 구체적인 표현이므로, 결국 외부적으로 나타난 표현형식에 개변이 이루어져야 한다. 그리고 개변의 결과 동일성에 손상이 있어야 하므로 비록 세부적인 표현형식에 개변이 이루어졌다고 하더라도, 단순한 오탈자를 수정한다거나 문법적으로 틀린 부분을 맞도록 고친 정도로는 동일성에 손상이 없으므로 동일성유지권의 침해가 되지 않는다. 저작물의 제호 자체는 저작물성을 갖고 있지 않으므로(제 2 장 제 4 절 '저작물성이 문제로 되는 창작물' 부분 참조) 독자적으로는 저작권법의 보호를 받지 못한다. 그러나 제호는 저작자의 사상 및 감정과 작품의 내용을 함축적으로 표현하는 매우 중요한 부분이므로, 이를 개변하는 것은 동일성유지권 침해로 된다.

(3) 개변 전 저작물의 본질적 특징 유지

둘째로, 개변에도 불구하고 개변 전 저작물의 표현상의 본질적인 특징을 직접적으로 감득할 수 있어야 한다. 개변의 정도가 일정한 한도를 넘어서서 그 저작물의 본질적인 특징을 직접적으로는 감득할 수 없을 정도가 된 경우, 예컨대 그림이나 사진저작물을 완전히 훼손하여 원래의 표현형태를 알아 볼 수 없게 만든 경우에는 그 자체로 새로운 저작물이 생기는 것은 별론으로 하고 원작에 대한 동일성유지권 침해로는 되지 않는다.

즉, 원작에 대한 개변이 어느 한도를 넘어서면 그것은 원저작물에 대한 복제물 또는 2차적저작물이라고 할 수 없고 전혀 새로운 독립된 저작물로 성립하며, 그렇게 되면 오히려 동일성유지권 침해의 문제도 생길 여지가 없게 된다. 앞서 제 2 장 제 3 절 중 '2차적저작물' 부분에서 본 서울민사지방법원 1990. 9. 20. 선고 89가합62247 판결(일명, '행복은 성적순이 아니잖아요' 사건)이 이와 같은 법리를 설시하고 있다. 이 사건에서 원고는 자신이 제작한 무용극을 토대로 피고가 원고의 동의를 받지 아니하고 영화 및 소설을 작성하였다고 하여 먼저 2차적저작물 작성권의 침해를 주장하였으나, 피고의 영화 및 소설은 원고의 무용극과 실질적 유사성이 없어 독립된 저작물이라는 이유로 배척되었다. 이에 원고가 동일성유지권의 침해를 주장함에 대하여 법원은, "원고는 피고의 본건 영화 및 소설의 내용이 원고의 본건 무용극의 원작성을 소멸시킬 정도로 달라져 버렸다면 그것은 원작자인 원고의 본건 무용극에 대한 동일성유지권을 침해한 것이 된다고 주장하나, 동일성유지권이란 원저작물 자체에 어떤 변경을 가하는 것을 금지하는 권리라 할 것인데, 피고의 이 사건 영화와 소설은 원고의 이건 무용극과는 다른 독창적 내용의 저작물이므로 원고의 이 사건 무용극에 어떤 변경을 가한 것이 아닌 만큼 이를 전제로 한 원고의 주장은 이유 없다"고 하였다.

(4) 소 결

그렇다면 과연 어느 정도의 개변이 가해져야 동일성유지권의 침해가 되는지 참으로 애매하다. 단순한 오탈자를 수정한 것만으로는 동일성유지권 침해가 되지 않고 어느 정도 이상의 개변이 있어야 동일성유지권 침해가 성립되지만, 반대로 개변의 정도가 지나치게 커지게 되면 원작과는 별개의 독립된 저작물로 되어 버리고 오히려 동일성유지권 침해는 성립하지 않게 된다. 위에서 검토한 입법례에 비추어 보면, 대체로 우리나라와 같이 ④유형을 취하고 있는 프랑스는 사소한 변형도 오자나 탈자의 수정 정도를 벗어나게 되면 동일성유지권의 침해로 보는 반면에, ①유형을 취하고 있는 영국은 저작자의 명예나 평판에 확실한 침해가 있어야 비로소 동일성유지권이 침해된다고 본다. ③유형을 취한 독일에서는 우리 저작권법과 같은 동일성유지권의 제한에 대한 규정은 없지만, 저작물의 사용수익권을 부여받은 자가 그 사용수익의 범위 내에서 신의성실의 원칙에 따라 저작물을 변경한 것에 대하여 저작자가 이의를 제기하는 것은 권리남용으로 본다.[91]

우리나라의 학설은, 동일성유지권은 가급적 두텁게 보호하여야 하며 동일성유지권이 제한되는 경우는 극히 예외적으로 인정하여야 한다는 견해[92]와 동일성유지권은 저작자의 정신적·인격적 이익을 보호하는 것이기 때문에 저작물의 변경으로 보이는 경우라도 그것이 저작자의 인격적 이익을 해하지 않는 정도일 때에는 위법성이 없으므로 동일성유지권의 침해가 되지 않는다는 견해가 있다.[93] 그러나 이러한 두 가지 견해는 서로 대립되는 것이 아니라 오히려 상호 보완적이라고 생각된다. 후자의 견해는 단순한 오탈자의 수정 등과 같이 저작자의 인격적 이익과 관련이 없는 개변에 대하여는 이를 동일성유지권의 범위 밖에 두어 자유롭게 할 수 있도록 하자는 취지이고, 전자의 견해는 저작물의 변경은 저작자의 인격적 이익에 손상을 줄 우려가 크므로 저작물의 성질상 부득이한 개변 등 동일성유지권이 제한되는 경우는 가급적 엄격하게 해석하여야 한다는 취지이기 때문이다.

결국 어느 정도의 변경이 있는 경우에 동일성유지권의 침해를 인정할 것인지는 뒤에서 보는 동일성유지권이 제한되는 저작권법 제13조 제 2 항의 규정이 하나의 기준이 될 수 있을 것이고, 그 기준을 가지고 구체적인 사례에 따라서 합리적으로 결정할 문제이다.

구 저작권법(1986. 12. 31. 법률 제3916호로 개정되기 전의 것)은 "저작자의 명예와 성망을 해"할 것을 동일성유지권 침해의 요건으로 하고 있었다.[94] 현행 저작권법은 이러한 요건을 삭제하였으므로 명예와 성망을 해할 것은 더 이상 동일성유지권 침해의 요건이 아니다. 그러므로 개변으로 인하여 해당 저작물의 가치가 한층 높아졌다 하더라도 동일성유지권의 침해가 성립되는 데에는 지장이 없다. 예를 들어 어린이가 그린 그림에 유명한 화가가 수정을 가하여 예술적 가치가 높아졌다 하더라도 동일성유지권 침해가 된다.[95]

---

91) 김문환, 동일성유지권의 침해여부-'롯티' 사건 판례평석, 한국저작권판례평석집(Ⅰ), 저작권심의조정위원회, 1998, 63면.

92) 하용득, 전게서, 144면; 內田 晉, 전게서, 146면.

93) 김문환, 전게논문, 61면.

94) 구 저작권법 제16조는, "저작자는 저작물에 관한 재산적 권리에 관계없이 또한 그 권리의 이전 후에 있어서도 그 저작물의 내용 또는 제호에 변경을 가하여 그 명예와 성망을 해한 자에 대하여 이의를 주장할 권리가 있다"고 규정하고 있었다.

95) 대법원 1962. 10. 29.자 62마12 결정: 신청인(甲)은 '필승 일반사회'의 저작자로서 출판사인 피신청인

나. 침해물과 피침해물 사이의 동일성 문제

우리나라의 실무와 판례를 살펴보면, 동일성유지권 침해 역시 공표권이나 성명표시권의 경우와 마찬가지로 해당 저작물의 무단이용에 수반하여 문제로 되는 경우가 대부분이다. 그 과정에서 원저작물을 원형 그대로 복제하지 아니하고 다소의 변경을 가한 것이라도 원저작물의 동일성이 감지되는 정도이면 복제가 되고, 이와 같은 복제물이 타인의 저작물로 공표되면 원저작자의 성명표시권 침해가 있었다고 본다. 아울러 원저작물을 복제함에 있어서 함부로 그 저작물의 내용이나 형식, 제호의 변경을 가한 경우에는 원저작자의 동일성유지권을 침해하는 것이 된다. 대법원 1989. 10. 24. 선고 89다카12824 판결(일명, '문익환 가(家)의 사람들' 사건)이 그러한 입장에 서 있다.[96]

그러나 이에 대하여는 반대하는 침해 부정설이 있다. 이 견해는, 위 대법원 판결의 취지는 결국 복제한 자가 원작 그대로 복제를 하지 않고 거기에 자기의 작업을 가미하여 변경할 경우 "복제권 침해 + 동일성유지권 침해"로 된다는 것인데, 무언가 추가된 부분이 있으면 더 큰 침해가 된다는 이러한 고찰방법은 타당하지 않다고 한다. 예를 들어, a + b + c + d로 이루어진 저작물(저작물 1)에서 b + c 부분을 도용하고 거기에 e + f를 덧붙여 다른 저작물 b + c + e + f(저작물 2)를 만들었다면 저작물 2는 저작물 1에서 b + c 부분을 도용한 것이지만, 그렇다고 하여 저작물 2가 저작물 1의 동일성을 변경한 것은 아니라고 한다. 저작물 1은 도용된 후에도 전혀 변경됨이 없이 그대로 존재하고 있고, 도용당했다고 해서 도용된 저작물이 변경되는 것은 아니라는 것이다. 따라서 우리 저작권법상 동일성유지권의 침해를 주장할 수 있는 경우는 특정한 유체물에 화체되어 있는 것(예컨대 순수미술저작물)에 변경을 가하거나 또는 침해자가 변경된 저작물을 침해당한 저작자의 것으로 표시하고 있는 경우, 즉 침해물과 침해당한 저작자 사이에 어떠한 형태로든 연결고리를 만

(乙)에게 그 저작권을 양도하고 그 후 피신청인에 의하여 판을 거듭 출판하던 중 피신청인이 이 사건 개정판을 출판함에 있어서 저자표시를 '저자 乙 출판사 편집부, 발행자 甲'으로 표시하여 허위의 표시를 하고, 위 서적 중 70 여장에 걸쳐 무단 수정 또는 증보 등을 하여 발행하였다. 이 사건에서 대법원은, 저작물의 가치를 일층 높이게 되는 경우라 하여도 저작자의 동의 없이는 저작물의 외형 및 내용을 수정 증감하거나 그 표현 형식을 변경할 수 없는 것이라고 하여 동일성유지권의 침해를 인정하였다.

96) 원고가 '가정조선'이라는 잡지에 기고한 '문익환 가(家)의 사람들'이라는 제목의 글을 피고가 '월간현대'라는 잡지에 문익환 목사 관련 글을 쓰면서 원고가 쓴 글의 60 내지 70%를 표절한 사건에서, "원저작물을 원형 그대로 복제하지 아니하고 다소의 변경을 가한 것이라고 하여도 원저작물의 제제 또는 동일성이 감지되는 정도이면 복제가 되는 것이며, 이와 같은 복제물이 타인의 저작물로 공표되게 되면 원저작자의 성명표시권의 침해가 있었다고 보아야 할 것이고, 원저작물을 복제함에 있어 함부로 그 저작물의 내용, 형식, 제호의 변경을 가한 경우에는 원저작자의 동일성유지권을 침해한 경우에 해당한다"고 하였다.

들어 놓은 경우로 한정하는 것이 타당하다고 한다. 그리고 저작권법이 동일성유지권에 관한 제13조 제 1 항에서, "저작자는 '그'의 저작물의 내용·형식 및 제호의 동일성을 유지할 권리를 가진다"고 표현한 것은 바로 이 점을 나타낸다고 본다.[97)]

이러한 침해부정설의 입장에 서 있는 판례들도 있다. 서울지방법원 1998. 5. 29. 선고 96가합48355 판결[98)](일명, '야록 통일교회사' 사건)은, 동일성유지권은 원저작물 자체에 어떠한 변경을 가하는 것을 금지하는 권리이므로, 원저작물 자체에 변경을 가하는 것이 아니라 원저작물로부터 2차적저작물을 작성하는 경우에는 동일성유지권의 효력이 미친다고 볼 수 없는바, 더구나 무단 번역의 경우에는 저작재산권인 2차적저작물작성권을 침해하는 행위에 해당할 뿐 동일성유지권의 침해여부는 거론될 여지가 없다고 판시하였다. 또한 서울서부지방법원 2006. 3. 17. 선고 2004가합4676 판결(일명, '돌아와요 부산항에' 사건)도, "2차적저작물인 개편된 노래가사를 발표함에 있어 원저작물인 노래 가사의 작사자를 표시하지 않았다는 사정만으로는 원저작자의 저작인격권인 성명표시권을 침해하였다고 할 수 없고, 새로운 독창성을 갖는 2차적저작물로 인정된 이상 원저작자에 대한 2차적저작물작성권 침해가 성립되는 외에 저작인격권인 동일성유지권도 덧붙여 침해된다고 할 수는 없다"고 하였다.

그러나 위 침해부정설의 입장에 따르면 2차적저작물을 작성한 경우에는 동일성유지권의 침해가 성립하지 않는 것으로 보아야 하는데, 뒤에서 보는 바와 같이 허락을 받지 않고 작성된 2차적저작물의 경우 2차적저작물작성권 침해와 별도로 동일성유지권 침해가 성립할 수 있다고 보아야 하는 것과 같은 맥락에서 침해긍정설, 즉 대법원 1989. 10. 24. 선고 89다카12824 판결의 취지에 찬동한다. 이 대법원 판결은, 수정의 정도가 커서 원저작물과의 실질적 유사성을 상실한 완전히 별개의 저작물이 작성된 경우에까지 동일성유지권의 침해를 인정하는 것은 아니고, 변경을 가하였지만 원저작물과의 동일성이 있는 범위(복제물) 또는 실질적 유사성이 감지되는 범위(2차적저작물)에 있는 경우만이 성명표시권 및 동일성유지권 침해라는 취지로 이해하여야 한다. 따라서 개변으로 만들어진 새로운 저작물이 원저작물의 창작성 있는 표현이 감지될 수 있는 범위(복제물 및 2차적저작물의 범위)를 벗어나 완전히 별개의 독립 저작물이 만들어진 경우에는 아예 동일성유지권을 주장할 수 있는 범위를 넘어서게 된다.[99)]

97) 송영식·이상정, 저작권법개설, 제 7 판, 세창출판사, 2011, 170면.
98) 저작권심의조정위원회, 한국저작권판례집(5), 195면 이하.
99) 同旨, 이해완, 전게서, 262면.

3. 침해의 태양

가. 내용·형식의 동일성유지권 침해

저작권자는 저작물의 내용·형식의 동일성을 유지할 권리를 가지므로, 저작권자 아닌 자가 저작물의 내용이나 형식을 변경하고자 할 경우에는 단순한 오자나 탈자를 수정하는 경우와 같이 인격권이 전혀 문제가 되지 아니하는 경우를 제외하고는 저작자의 동의를 받아야 한다. 내용·형식의 동일성유지권 침해가 문제되는 것은 다음과 같은 경우들이다.

(1) 어문저작물의 경우

대학 신문사나 출판부가 학생들을 대상으로 공모하는 현상논문에서, 지면의 제약, 또는 예산상의 고려에 의하여 당선작의 원고 중 일부분을 삭제하고 출판물이나 신문에 게재하는 행위는 동일성유지권 침해가 될 수 있다. 따라서 이러한 경우에는 신문사나 출판부가 미리 응모자에게 양해를 구해놓을 필요가 있다. 원고를 모집하면서 매수를 한정하였는데 그 매수를 넘는 원고가 제출된 경우라 할지라도, 편집자가 임의로 한정된 매수범위 내로 원고를 축소 또는 축약하는 것은 허용되지 않는다.

특히 신문사나 잡지사의 독자투고란 등에서는 신문사 측에서 임의로 제출된 원고를 축약하거나 내용의 일부를 삭제하는 등 수정을 가하는 경우가 많았는데, 이러한 것도 동일성유지권 침해가 되는 것은 물론이다. 따라서 신문사 측으로서는 미리 그와 같은 수정이 가해질 수 있다는 점을 고지해 두어야 한다. 그러한 고지 내용을 인식하고 원고를 투고한 독자는 신문사 측이 투고된 원고에 대하여 어느 정도의 개변은 할 수 있다는 점을 사전에 동의한 것이라고 볼 여지가 있을 것이고, 따라서 저작물의 본질적인 개변이 아닌 한 저작인격권인 동일성유지권의 침해가 인정될 가능성이 그 만큼 적어지게 된다. 다만, 사전에 고지를 해 두었다고 하더라도 저작물의 본질적인 부분을 변경하거나, 저작자의 명예를 훼손하는 방법으로 저작물을 이용하는 행위는 저작인격권의 침해로 된다는 점을 유의하여야 한다(저작권법 제124조 제 2 항).

서적을 출판하면서 제출된 원고에 없는 밑줄이나 방점을 편집자가 임의로 부가하거나 구두점의 사용형식 등 표기방법을 변경하는 것은, 그것이 비록 해당 서적을 더 낫게 만들려는 목적을 위한 것이더라도 동일성유지권 침해가 될 수 있다. 따라서 그러한 변경이 반드시 필요한 경우에는 미리 저작자의 양해를 구한다거나, 사소한 것이라면 그와 같은 변경이 저작자가 아닌 편집자에 의하여 부가된 것이라는 점을 밝혀 두는 것이 좋다.

(2) 미술·사진저작물의 경우

(가) 표현형식의 변경

미술저작물이나 사진저작물의 외부적 표현형식에 변경을 가하면 동일성유지권 침해가 성립한다. 회화집을 제작하면서 편집에 편리한 크기로 맞추기 위하여 회화저작물의 일부면 또는 모서리를 잘라낸다거나(trimming) 삭제하는 행위 또는 인쇄상의 특별한 제약요건이 없음에도 불구하고 색을 임의로 변경하는 행위는 모두 동일성유지권 침해를 구성한다.[100] 다만 인쇄상의 제약에 따라 불가피하게 색을 변경하는 행위, 예를 들어 흑백으로 제작하는 책자에 칼라사진을 게재하면서 어쩔 수 없이 흑백으로만 인쇄한 경우는 다음에서 보는 동일성유지권이 제한되는 부득이한 변경에 해당할 수 있다.

서적이나 포스터 등을 인쇄하면서 제한된 스페이스에 맞추기 위하여 회화나 사진의 가로·세로 비율을 변경한다든가 트리밍하는 행위, 미술·사진저작물 위에 다른 문자 등을 겹쳐서 인쇄하는 행위도 동일성유지권 침해가 된다. 일본에는 사진저작물에 사실과 다른 설명을 붙여 게재한 행위도 동일성유지권의 침해가 된다고 한 판례가 있다.[101] 우리나라의 경우에도 미술작품들을 원화로 사용하여 지하철역 벽화를 만들면서, 벽화의 작가란에 '작가미상'이라고 표시하거나 아예 작가표시란을 두지 않았고, 또한 저작자의 연작 작품 중 일부만을 벽화로 만들거나 원작자가 의도하지 않은 방식으로 제작하고 작품의 위·아래를 거꾸로 설계·시공하는 등 저작자의 작품의도를 훼손하여 설치하거나 전시한 사안에서, 설계업체와 서울특별시 도시철도공사에게 저작재산권 및 저작인격권으로서의 성명표시권, 동일성유지권 침해를 인정한 사례가 있다.[102]

(나) 미술저작물 등의 수선·위치변경, 철거

① 미술저작물 등의 수선

먼저 미술저작물을 수선하는 경우에 동일성유지권 침해가 성립할 수 있는지 살펴본다. 옥외에 설치된 조각품 등은 가끔 수선이 필요한데, 수선을 하면서 원저작자의 협력을 받을 수 있음에도 협력을 의뢰하지 않은 채 다른 미술가의 자문을 받아 수선한다거나, 아니면 그러한 자문도 받음이 없이 임의로 수선을 함으로써 수선 후에 원작품과 다른 변경이 생

100) 일본 동경지방법원 1973. 7. 27. 선고 昭和47(ワ) 7736호 판결(無體例集, 5권 2호, 243면): 원고가 제작한 레저시설 홍보용 일러스트레이션을, 그 의뢰자인 피고가 컬러잉크로 채색된 바다색깔을 포스터칼라로 다시 채색하여 색조에 변화를 주고, 아울러 일부 건물의 모양과 색채를 변경하거나 새로운 그림을 추가하는 등 임의로 수정작업을 한 사안에서 동일성유지권 침해를 인정하였다.

101) 센다이고등법원 1997. 1. 30. 판결: 熊野 지방에 있는 돌담을 찍은 사진을 게재하면서 那馬台城의 사진이라고 잘못된 설명을 붙인 사건에서 동일성유지권의 침해를 인정하였다－伊藤 眞, 著作人格權の侵害行爲, 裁判實務大系, 知的財産關係訴訟法, 牧野利秋 編, 青林書院, 1997, 302면에서 재인용.

102) 서울중앙지방법원 2006. 5. 10. 선고 2004가합67627 판결.

긴 경우를 들 수 있다. 이때 원저작자의 입장에서 본다면 자기의 표현과는 다른 표현이 나타나게 되어 표현의 정체성을 해치게 됨은 물론이고, 감상자의 입장에서도 변경된 표현이 원래 저작물의 표현이라는 오해를 하게 되므로 이래저래 원저작자의 인격적 이익은 침해를 받게 된다. 그러나 비용이라든가 시간 등 수선에 따르는 여러 가지 현실적인 제약이 있는 것도 사실이므로, 원저작자의 협력이나 감수를 부득이하게 받지 못하는 경우도 있다. 따라서 이러한 경우에는 저작자와 이용자 또는 소유자의 이익을 균형있게 고려하여 동일성유지권이 제한되는 '부득이한 변경'(저작권법 제13조 제 2 항 제 3 호)에 해당하는지 여부를 판단하여야 한다.[103)]

② 미술저작물 등의 위치변경

조각과 같은 미술저작물의 경우에는 수선뿐만 아니라 위치변경에 의하여서도 동일성유지권 침해의 문제가 생길 수 있다. 현재 일정규모 이상의 건축물에는 도시미관을 고려하여 일정한 규모 이상의 조각 등 미술품을 설치하도록 되어 있다. 그런데 이와 같은 조각품은 그것이 설치되는 건축물의 구조나 크기, 모양, 위치는 물론이고 주변 공간이나 배경 등과의 관계를 고려하여 적절한 위치에 설치되게 되므로, 나중에 가서 그 위치를 변경하게 되면 동일성유지권의 침해가 문제될 가능성이 있다.[104)] 그러나 조각품이 설치되어 있는 건축물을 철거한다든가 증·개축 및 용도변경 등을 시행함으로 인하여 설치된 조각품의 위치를 변경할 필요는 언제든지 생길 수 있는 것이고, 이때 조각품의 원저작자가 그와 같은 위치변경에 동의를 해 주지 아니한다고 하여 증·개축을 하지 못하는 등 건축물의 원활한 이용에 지장을 받는다면 부당하다고 하지 않을 수 없다. 따라서 이러한 경우에도 동일성유지권이 제한되는 '부득이한 변경'의 해당여부를 적절하게 판단하여야 할 것이지만, 위와 같은 조각품을 발주하여 설치하는 건축주는 원저작자에게 필요한 경우 해당 조각품의 위치를 변경하여도 좋다는 동의를 미리 받아놓는 것이 향후 분쟁을 예방하는 길이 될 것이다.

③ 미술저작물 등의 철거, 파괴, 폐기 등

건축저작물의 소유자가 자기의 소유물인 건축저작물을 완전히 파괴하는 것은 소유권의 한 권능인 처분권에 기초한 것으로서, 건축저작물의 저작자가 가지는 저작인격권인 동

103) 伊藤 眞, 전게논문, 303면.

104) 특정 장소에 맞추어 창작된 미술작품을 '장소특정적 미술'(site-specific art)이라고 한다. 장소특정적 미술작품의 이전설치와 관련하여, 미국의 설치미술가인 리처드 세라(Richard Serra)의 '기울어진 호'(Tilted Arc) 사건이 유명하다. 뉴욕 맨하튼 광장에 설치된 이 작품은 통행인들의 통행을 방해한다는 이유로 이전이 추진되었는데, 이에 대하여 작가인 리처드 세라가 반발하면서 제기된 소송이다. 오랜 공방 끝에 법원은 결국 공공의 이익을 고려하여 철거 및 이전을 승인하였다.

일성유지권 침해를 구성하지 않는다고 보는 것이 일반적인 해석이다. 이는 건축저작물이 가지는 실용적인 목적과 기능을 고려한 해석이다. 그러나 실용적인 성격과는 관계가 먼 미술저작물이나 사진저작물의 원본 소유자가 소각이나 철거, 파괴 등으로 그 저작물을 완전히 훼손하는 경우에도 건축저작물의 경우와 같이 동일성유지권 침해가 성립하지 않는다고 볼 것인지에 대하여는 논란이 있다.

입법례를 살펴보면, 미술저작물 등의 소유권자가 철거 시에 작가의 '동의'를 얻어 철거하거나 변형할 수 있도록 하는 규정이 마련되어 있는 사례로는 스위스 저작권법을 들 수 있다. 스위스 저작권법 제15조는, "저작물본이 더 이상 존재하지 않는 원저작물을 소유하고 있는 자는 저작자의 정당한 이익을 수용하여야 하며, 사전에 저작자에게 되돌려 받을 수 있는 기회를 제공하지 아니하고는 이를 파괴하여서는 아니 된다. 이때 소유자는 그 저작물본에 대하여 재료 가치 이상을 청구하여서는 아니 된다. 소유자는 원저작물을 되돌려 주는 것이 불가능할 경우에는 적당한 방법으로 원저작물의 복제를 가능하게 하여야 한다. 다만, 건축저작물인 경우에는 저작권자는 저작물을 사진 촬영하거나 자기 자신의 비용으로 설계도의 복제물을 요구할 권리만을 가진다"고 규정하고 있다.

이와 관련된 학설로는, 자기 소유인 미술품을 저작자의 동의 없이 철거한 경우에도 건축저작물의 경우와 마찬가지로 동일성유지권 침해는 되지 않는다는 견해가 있다. 저작권법 제13조는 "저작자는 그의 저작물의 내용·형식 및 제호의 동일성을 유지할 권리를 가진다"고 규정하고 있으므로, 미술저작물의 원본을 훼손하는 것은 동일성유지권 침해가 될 수 있으나, 이 규정을 가지고 미술품을 완전히 폐기하거나 파괴하는 것(total destruction)을 막을 수는 없다는 것이다.[105] 그러나 저작물의 일부 변경은 동일성유지권 침해라고 하면서 완전 파괴의 경우에는 동일성유지권 침해가 성립하지 않는다는 것은 저작자의 인격권을 충분히 보호하는 것이라고 보기 어렵다는 반대견해도 유력하다.[106] 같은 취지에서 완전 파괴의 경우를 저작인격권으로 보호하지 못한다면 작가가 받은 정신적 고통을 치유할 수 없다고 하면서, "사전에 저작자에게 되돌려 받을 수 있는 기회를 제공하지 않으면 파괴할 수 없다"는 스위스 저작권법의 태도가 옳다고 주장하는 견해도 있다.[107]

일본의 경우를 보면 저작권법은 저작물이라고 하는 무형의 정보에 관한 법이므로, 유체물인 원작품이나 복제물의 파기 자체는 동일성유지권 침해가 되지 않는다는 견해가 다수설인 것으로 보인다.[108] 원작품 특히 일품(一品)제작 예술품이 폐기되는 경우 저작자가

---

105) 이상정, 법적 측면에서 본 도라산역 벽화 철거, 저작권문화, 2010. 12, 196호, 한국저작권위원회, 14-15면.
106) 위 각주 참조.
107) 홍승기, 공공예술품의 설치와 철거, 저작권문화, 2010. 12, 196호, 한국저작권위원회, 17면.
108) 齊藤博, 著作權法(第 3 版), 有斐閣(2007), 149면; 加戸守行, 『著作權法 逐條講義』, 四訂新版, 社團法人 著作權情

느끼는 심정적 고통에 동정하여야 할 점도 있지만, 이를 보호한다고 하더라도 그것은 저작권법과는 다른 문화재보호적 관점에서 이루어져야 하는 것이지, 단지 원작품이라는 것만으로 동일성유지권이라는 강력한 권리를 인정하는 것은 문제가 많으며, 더군다나 복제물의 폐기에까지 그 권리가 미친다고 한다면 문제는 더욱 커진다는 것이다. 동일성유지권이란 개변된 작품이 자기의 것이라고 인식되는 것을 방지하기 위해 의사에 반한 개변을 금지하는 권리이며, 원작품이 세상에서 소멸되었다고 하여도 저작자와 저작물과의 유대에는 변화가 없다. 따라서 원작품이라고 하더라도 유체물의 파기는 유체물의 소유권에 관한 문제일 뿐, 저작인격권의 침해와 혼동해서는 안 된다는 것이다.[109)]

미술저작물(정확히는 '미술저작물이 화체된 유체물'이라고 하여야 할 것이다)의 소유권자가 그 미술저작물을 완전 폐기하거나 파괴하는 경우에 동일성유지권 침해가 성립되고 따라서 저작자의 허락을 받아야 한다는 것은 우리의 일반적인 사회통념에 비추어 볼 때 아직은 받아들이기 어렵다. 또한 완전 폐기나 파괴의 경우에 저작자를 찾아가서 허락을 받아야 한다면, 미술저작물 보유에 따른 불편함을 가중시키고 미술저작물의 재산적 가치에 부정적 요인으로 작용함으로써 오히려 미술저작물의 시장을 위축시킬 우려가 있다. 선물을 받든 구입을 하든 이런저런 경위로 가치가 높거나 낮은 미술저작물들을 소유하게 되는 경우가 많은데, 살아가면서 그러한 미술저작물들을 마음대로 폐기 또는 파괴할 수 없고 그때마다 원저작자의 허락을 받아야 한다면 생활에 큰 불편을 겪게 된다. 이러한 현실적인 점을 고려할 때 미술저작물의 완전 폐기나 파기의 경우에는 동일성유지권 침해를 부정하는 견해가 타당하다고 생각한다. 다만 입법론적으로 스위스 저작권법과 같은 취지의 규정을 국내법에 도입하는 것을 매우 신중하게 검토해 볼 수는 있을 것이다. 또한 미술저작물의 폐기나 파괴가 동일성유지권 침해에는 해당하지 않는다 하더라도, 그 미술저작물 저작자의 인격적 법익에 대한 부당한 침해로서 불법행위가 성립하는 것은 가능하다. 그러나 어떤 경우에도 미술저작물이 화체된 유체물 소유자에게 지나친 생활상의 간섭이 되거나 불편함을 초래하는 일이 없도록 적절한 고려가 있어야 할 것이다.

하급심 판결 중에는 벽화의 소유자가 그 벽화를 저작자인 화가의 동의를 받지 않고 임의로 철거하여 폐기한 사건에서 저작권법상 동일성유지권 침해에는 해당하지 않지만 민법상 불법행위에는 해당한다고 판시한 사례가 있다.[110)]

報センター, 173면; 作花文雄, 『詳解 著作權法』, 제 3 판, ぎょうせい, 242면; 中山信弘, 著作權法, 법문사(2008), 358면.

109) 中山信弘, 전게서, 358면.

110) 서울고등법원 2012. 11. 29. 선고 2012나31842 판결(이른바 '도라산역 벽화 철거' 사건). 이 판결은 동일성유지권으로서 미술품 소유권자의 처분행위에 대항할 수 없고, 현행 저작권법상 장소 특정적 미술

(다) 콜라주·몽타주

캔버스와는 전혀 이질적인 재료나 잡지의 삽화, 기사 등을 오려 붙여 보는 사람들에게 이미지의 연쇄반응을 일으키게 하는 새로운 저작물을 작성하는 미술적 기법을 '콜라주'(collage)라고 한다. 이때 그 재료로서 타인의 저작물의 전부 또는 일부를 이용하게 되면 그 저작물들은 대부분의 경우 절단되거나 변형되어 사용되므로 동일성유지권과 관련하여 문제가 될 수 있다. 또한 저작물이 절단되지 아니하고 전부가 원형 그대로 사용되었다 하더라도 그것이 다른 작품 속에 재료로 삽입됨으로써 원래의 작품이 전하고자 하였던 사상이나 감정과는 다른 표현을 가지게 된다면 역시 동일성유지권의 침해가 될 수 있다. 그러나 콜라주의 재료로 이용되더라도 원작의 본질적인 특징을 감득할 수 없을 정도로 세분하여 절단·이용하게 되면 이는 동일성유지권 침해의 요건을 결하는 것으로서 아예 침해의 문제가 생기지 않는다.

몽타주(montage) 사진과 같이 여러 개의 사진을 조합하여 하나의 사진으로 합성하는 기법에 있어서의 동일성유지권 침해 문제도 콜라주의 경우와 마찬가지로 생각하면 될 것이다. 즉, 몽타주에 사용된 사진이 가지고 있던 원래의 본질적인 특징을 직접 감득할 수 있는 형태로 사용된 경우에는 동일성유지권 침해가 될 수 있다.[111][112]

(3) 영상저작물의 경우

극장용 영화를 TV로 방영할 때 화면의 네 귀퉁이가 둥글게 잘리는 경우가 있는데 이러한 현상은 화면의 사이즈 차이에 의한 어쩔 수 없는 것이므로 동일성유지권이 제한되는 '부득이한 변경'이라고 볼 수 있다. 그러나 극장용 영화를 TV용으로 재편성하면서 방영시간의 제한 때문에 일부 내용을 삭제하는 것은 동일성유지권 침해가 되므로 영화저작자의 동의를 받아야 한다.

에 대한 특별한 보호는 인정되지 않으므로, 피고(대한민국)의 의뢰에 따라 미술가인 원고가 창작하여 역 구내에 설치한 벽화를 피고가 임의로 떼어낸 후 폐기한 행위는 원고의 동일성유지권을 침해하였다고 보기 어렵다고 판시하였다. 다만, "국민에 대하여 예술의 자유를 보장하여야 할 뿐만 아니라 적극적으로 예술을 보호하고 장려할 책무를 부담하는 국가가 물품관리법 시행령의 관련 규정을 위반하여 이 사건 벽화를 폐기하였고 그 절차가 공론의 장을 충분히 거쳤다고 볼 수도 없으며, 원고는 작품의 보존에 대하여 상당한 이익을 가지고 있음에도 원고에게 알리지도 않고 소각한 피고의 이 사건 벽화 폐기행위는 원고의 인격권을 침해하는 불법행위를 구성한다"고 하여 피고는 원고에게 1천만 원의 위자료를 지급하라고 판시하였다(대법원 2015. 8. 27. 선고 2012다204587 판결로 확정).

111) 伊藤 眞, 전게논문, 303면.

112) 일본 최고재판소 1980. 3. 28. 선고 昭和51(オ) 923호 판결은 몽타주 기법에 의한 합성사진이 그에 사용된 원래의 사진저작물에 대한 동일성유지권 침해가 된다고 판단하고 있다. 이 판결의 상세한 내용은 제 6 장 제 2 절 중 '패러디' 부분에서 살펴보기로 한다.

저작권법은 영상저작물에 대한 특례규정을 두어, 영상저작물의 제작에 협력할 것을 약정한 자가 그 영상저작물에 대하여 저작권을 취득한 경우 특약이 없는 한 그 영상저작물의 이용을 위하여 필요한 권리는 영상제작자가 이를 양도받은 것으로 추정한다(저작권법 제100조 제1항). 그러나 이때 양도 추정되는 것은 저작재산권 뿐이고 저작인격권은 여전히 영상저작자에게 귀속한다고 보아야 하므로, 영화의 내용이나 형식, 제호를 변경할 경우에는 영상제작자가 아닌 영상저작자에게서 동의를 얻어야 한다. 영상저작자라 함은 영상저작물의 제작에 창조적으로 기여한 자를 말하므로 일반적으로 음악감독, 촬영감독, 미술감독, 연출자 등이 여기에 속한다(제7장 제4절 '영상저작물에 대한 특례' 부분 참조). 이와 같이 종합예술인 영상저작물은 저작자가 여러 명이면서도 각자의 기여분을 분리하여 이용할 수 없는 공동저작물이므로, 동일성유지권 침해에 대한 동의도 공동저작물의 저작인격권 행사에 관한 규정인 저작권법 제15조에 따라 저작자 전원의 합의에 의한 동의를 받거나 대표자가 정하여져 있는 경우에는 그 대표자로부터 동의를 받아야 한다.[113]

TV 방송국의 편성권과 저작자의 동일성유지권이 충돌하는 경우의 처리방법에 관하여 상세하게 판시한 고등법원의 주목할 만한 판결로 서울고등법원 1994. 9. 27. 선고 92나35846 판결[114]이 있다. 사안은 강연자가 방송사와의 방송출연계약에 따라 60분 간 방송하기로 한 프로그램을 위해 63분에 걸쳐 강연을 녹화하였으나, 강연자가 연술한 내용 중 23분에 해당하는 중요 부분을 방송사가 임의로 삭제·수정하여 40분간만 방송함으로써 동일성유지권 등의 침해가 문제로 된 것이다. 법원은 먼저 방송출연계약의 성질에 관하여, "방송출연계약의 당사자 쌍방은 계약의 원만한 이행을 위해 상호협력의무를 부담하게 되는데, 제작자인 방송법인은 제작하게 될 프로그램의 편성의도와 제작목적 및 주제, 출연계약의 상대방이 제작출연에 기여하게 될 형태(인터뷰 또는 토론)와 내용, 생방송 되는가 또는 녹화방송 되는가의 여부, 녹화방송 시에는 프로그램의 편집여부 및 삭제와 수정이 필요한 경우에는 그 취지와 정도, 프로그램 내에서 출연자의 순번, 비중, 주어질 질문의 내용, 범위 등을 소상히 설명하고 출연자로 하여금 예상하지 못한 취급으로 기만당하였다고 느끼게 하여서는 아니 될 신의칙상의 의무를 부담하며, 출연자로서는 제작자 측으로부터 방송내용에 관해 법적 책임이 발생할 부분이 있어 방송에 부적합한 내용의 삭제 또는 수정을 요청하는 경우에는 그에 응하여 수정편집에 협력하거나 의견을 제시할 신의칙상의 의무가 있다"고 하였다. 나아가 본건의 경우 "방송사는 강연의 중요 부분의 내용을 임의로 삭제수정하여 방송함으로써 강

113) 일본 실무에서는 영화의 경우 저작인격권의 행사를 영화감독 1인에게 위임함으로써 극장용 영화를 TV용으로 재편성함에 있어서도 감독 1인의 동의를 받는 것으로 충분한 경우가 많다고 한다(內田 眞, 전게서, 144면).

114) 하급심판결집 1994-2, 1면; 지적재산권판례집(下), 대한변리사회 편, 전게서, 2650면.

연자와의 출연계약을 적극적으로 침해함과 동시에 강연자의 저작인격권(동일성유지권)을 침해한 것이므로 방송사는 고의에 의한 불완전이행이나 불법행위로 인하여 강연자가 입은 손해를 전보할 의무가 있다"고 하였다. 특히 동일성유지권과 편성권과의 관계에 대하여, "방송사가 국가 이외의 제 3 자에 대해서도 방송의 자유(편성권)를 주장할 수 있다 하더라도, 그 편성권을 행사하여 특정 프로그램을 제작하기로 내부적 계획을 세운 후 방송사의 소속원이 아닌 제 3 자와 출연계약을 맺게 된 경우에는, 그 당사자의 일방인 방송사는 그 사법상의 출연계약에 특별히 약정한 바가 없다면 그 계약의 내용에 따라 제작하고 방송할 의무를 부담할 뿐, 그 방송사가 갖는 편성권이 제 3 자인 출연자의 저작권을 임의로 침해할 수 있는 근거가 된다고 할 수는 없다"고 하였다.[115)]

(4) 음악저작물의 경우

개사(改詞)는 바뀐 가사가 원래의 가사의 본질적인 특징을 감득할 수 있는 내용이라면 동일성유지권 침해가 된다. 그러나 전혀 별개의 가사를 붙임으로써 원래의 가사를 직접적으로는 감득할 수 없게 한 경우에는 새로운 저작물이 되고 동일성유지권의 침해가 성립하지 않는다. 악곡과 가사는 일반적으로 공동저작물이 아니라 결합저작물이므로 기존의 곡에 새로운 가사를 붙여 가창하는 것은 원칙적으로 그 악곡에 대한 동일성유지권 침해로는 되지 않는다고 본다.

서울중앙지방법원 2007. 7. 23. 선고 판결은,[116)] 일명 '올챙이송'의 창작자와 계약을 맺고 동요 비디오테이프를 만들면서 창작자의 성명을 표시하지 않고, 그의 다른 동요 '손발체조'를 비디오테이프와 CD에 수록하면서 원곡에는 '미'로 되어 있는 8분음표 하나를 '라'로 바꾼 사건에서, "음표 하나가 바뀐 동요 '손발 체조'는 가사가 있는 부분이 12마디 밖에 되지 않는 아주 짧은 곡일뿐만 아니라, 음 하나만 바뀐다고 해도 곡 전체 분위기에 상당한 영향을 미칠 수 있는 점을 고려할 때 원고의 저작물에 관한 동일성유지권이 침해된 것이다"라고 판시하였다.[117)]

특히 최근에는 컴퓨터 기술의 발달에 따라 가창이나 연주의 실연을 녹음하여 디지털 처리를 하고 그 데이터를 이용하여 새로운 가창이나 연주를 합성하는 이른바 '샘플링'

115) 사실상 이 판결은 영상저작물에 대한 동일성유지권 침해에 대한 사례라기보다는 강연, 즉 어문저작물에 대한 동일성유지권 침해 사례라고 보는 것이 적절할 것이다.

116) 중앙일보 2007. 7. 24.자 인터넷 기사 https://news.joins.com/article/2802554

117) 이 사건에서 피고는, 일반적으로 유아용 비디오테이프에는 원저작자의 성명을 표시하지 않는 것이 업계의 관행이라고 주장하였는데, 법원은 그것이 업계의 공정한 관행이라고 보기는 어렵다고 하여 성명표시권의 침해 역시 인정하였다.

(sampling)이라고 하는 기법이 유행하고 있다. 이때 기존 악곡을 직접 감득할 수 없을 정도로 세분화하여 처리하는 경우에는 역시 동일성유지권의 침해는 생기지 않는다고 보아야 할 것이다. 그러나 여러 개의 악곡을 각각 작은 악절로 나누어 다시 결합하는 것처럼 원래 악곡의 본질적 특성을 직접 감득할 수 있는 때에는 미술저작물에 있어서 몽타주 기법과 마찬가지로 동일성유지권 침해가 성립할 수 있다.[118]

서울고등법원 2008. 9. 23. 선고 2007나70720 판결은, 음악저작물을 디지털압축파일로 변환하여 서버에 저장한 다음, 인터넷 이용자에게 전체 듣기, 미리 듣기, 휴대폰 벨소리 서비스 등을 제공하는 과정에서, 원곡이 약 3분 내지 5분 정도 됨에도 불구하고 원고의 의사에 반하여 인터넷 이용자에게 약 1분 내지 1분 30초 정도로 원고 저작물의 표현형식을 절단하여 전송하는 '미리 듣기 서비스'와, 원고의 원곡 일부를 그 의사에 반하여 부분적으로 발췌하여 음악파일로 변환, 저장시킨 다음 그 음악파일을 전송하는 '휴대폰 벨소리 서비스'는 동일성유지권 침해에 해당한다고 판시하였다.

이 사건에서 피고들은, 피고들이 제공한 서비스로 인하여 원고의 명예와 성망 등 인격적 가치를 해한 것이 없으므로 저작인격권인 동일성유지권 침해가 성립하지 않는다고 주장하였다. 그러나 법원은, 구 저작권법(1986. 12. 31. 법률 제3916호로 개정되기 전의 것) 제16조가 동일성유지권 침해와 관련하여 "저작자의 명예와 성망을 해할 것"을 요건으로 규정하였던 것과는 달리, 개정 이후의 우리나라 저작권법은 이러한 요건을 삭제함으로써 저작자의 명예와 성망 등 구체적인 인격적 가치의 훼손이 동일성유지권 침해의 요건이 아니라는 점을 명백히 하였으므로, 우리 저작권법의 해석상으로는 저작물의 동일성을 해치는 변경이 저작자의 동의 없이 이루어진 이상 그와 같은 변경이 실제로 저작자의 명예와 성망을 해한 것인지 여부를 묻지 않고 저작물의 완전성에 관한 저작자의 인격적 이익이 침해된 것으로 간주하여 이를 동일성유지권 침해에 해당한다고 봄이 상당하다고 판시하였다.

이 판결에 대하여는, 원곡을 변경함이 없이 단순히 일부만을 이용한 것을 동일성유지권 침해라고 보는 것은 부당하다고 반대하는 견해가 있다.[119] 일본 저작권법 제20조 제1항은 동일성유지권에 대하여 "저작자는 그 저작물 및 그 제호의 동일성을 유지하는 권리를 가지고, 그 뜻에 반하여 이들의 변경, 절제(切除) 기타의 개변을 받지 아니한다"고 규정함으로써 저작물의 일부 절제는 동일성유지권 침해의 한 태양임을 분명히 하고 있다. 우리 저작권법은 저작물의 일부 절제 이용을 동일성유지권 침해의 한 태양으로 하는 명문규정을 두고 있지는 않지만, 이를 굳이 제외할 이유는 없다고 생각된다. 다만 그러한 일부 절

118) 伊藤 眞, 전게논문, 304면.
119) 송영식·이상정, 전게서, 175면.

제 이용이 저작권법 제13조 제 2 항 제 5 호의 "그 밖에 저작물의 성질이나 그 이용 목적 및 형태 등에 비추어 부득이하다고 인정되는 범위 안에서의 변경"에 해당하는지는 별도로 검토하여야 한다.

그러나 유사한 사안에서 대법원은 동일성유지권 침해를 부정하는 판결을 하여 주목된다. 대법원 2015. 4. 9. 선고 2011다101148 판결은 음악저작물을 노래반주기용 반주곡으로 제작하면서 일부분의 선율을 변경하고, 원곡과 다른 코러스, 랩, 의성어 등을 삽입하였으나, 그러한 변경만으로는 음악저작물을 노래반주기에 이용할 때 일반적으로 통용되는 범위를 초과하여 변경하였다고 보기 어려워 동일성유지권 침해가 되지 않는다고 하였다. 나아가 어문저작물이나 음악저작물, 영상저작물 등의 일부만을 이용하더라도 그 부분적 이용이 저작물 중 일부를 발췌하여 그대로 이용하는 것이어서 이용되는 부분 자체는 아무런 변경이 없고, 이용방법도 그 저작물의 통상적 이용방법에 따른 것이며, 그 저작물의 이용 관행에 비추어 일반 대중이나 그 저작물의 수요자가 그 부분적 이용이 전체 저작물의 일부를 이용한 것임을 쉽게 알 수 있어 저작물 중 부분적으로 이용된 부분이 그 저작물의 전부인 것으로 오인되거나, 부분적 이용으로 저작물에 표현된 저작자의 사상, 감정이 왜곡되거나 저작물의 내용이나 형식이 오인될 우려가 없는 경우에는 그러한 부분적 이용은 저작물의 전부를 이용하는 것과 이용하는 분량 면에서만 차이가 있을 뿐이어서 동일성유지권 침해가 아니라고 하였다.[120]

(5) 2차적저작물 작성의 경우

(가) 허락 받은 2차적저작물 작성

2차적저작물은 원저작물에 수정·개변을 가하여 작성되는 새로운 저작물이므로 언제나 원저작물에 대한 변경, 즉 동일성의 손상을 수반하게 된다. 소설을 각색하여 영화로 만드는 경우에는 반드시 원작소설에 어떠한 형태로든 변경을 가할 필요가 생기게 되며, 저작물을 번역, 편곡, 개작하는 경우에는 당연히 원작의 표현을 상당히 변경하게 된다. 이와 같

120) 대법원은, 피고의 음악저작물 미리듣기 서비스는 음원 중 30초 내지 1분 정도의 분량을 스트리밍 방식으로 전송하여 듣게 하는 일종의 음원 샘플 제공행위로서 음악저작물 이용거래에서 음악저작물의 홍보나 유료 이용에 도움을 주기 위하여 널리 행해지는 음악저작물의 이용 행태 중 하나이고, 음악저작물의 음원을 그대로 전송, 재생하되 한정된 시간 동안 그 일부만 재생하도록 제한하고 있을 뿐이어서 미리듣기 서비스에 이용되는 부분 자체는 아무런 변경이 없다는 점을 근거로 들고 있다. 이 사건 원심인 서울고등법원 2011. 10. 27. 선고 2011나6870 판결은, 피고의 행위는 의도적으로 한정된 시간 동안 원곡의 일부만을 실시간으로 재생되도록 한 것인바, 이러한 행위는 이 사건 음악저작물에 대한 표현방식의 변경에 해당하고, 이러한 변경은 저작물의 성질이나 그 이용의 목적 및 형태에 비추어 부득이하다고 인정되는 범위 안에서의 변경에 해당하지 아니한다고 하여 동일성유지권 침해를 인정하였다.

은 2차적저작물의 창작행위는 원저작물에서 표현된 내용·형식을 변경하는 것이며, 이것은 번역, 편곡, 개작 등에 따른 필연적인 개변이다. 원작의 본질에 관한 것이 아닌 비본질적이거나 세부적인 것의 변경은 번역, 편곡, 개작 등의 과정에서 당연히 있을 수 있는 것이며, 그렇게 하지 않으면 2차적저작물작성권의 내용인 번역권, 편곡권, 개작권 등을 인정할 의미도 없게 된다. 따라서 허락을 받은 2차적저작물 작성의 경우에는 동일성유지권의 침해가 되지 않는다고 새겨야 할 것이다. 그리고 의사표시의 해석상으로도 2차적저작물작성권을 양도하거나 2차적저작물의 작성을 허락하였다면, 특별한 사정이 없는 한 그 의사표시에는 원저작물의 비본질적인 개변에 대한 동의까지 포함된 것으로 보는 것이 타당하다.

그러나 내용이나 형식의 본질적인 변경, 예컨대 비극(悲劇)을 희극(喜劇)으로 하거나, 해피엔드(happy end)를 불행한 결말로 하거나, 원작에서 매우 비중이 높은 중요 장면을 삭제하고 그와는 전혀 다른 장면을 추가하거나, 주인공을 원작과 달리 마음대로 살리거나 죽게 하는 것 등은 원저작물의 본질에 관한 개변이다. 따라서 설사 2차적저작물 작성에 대한 허락을 받았다 하더라도 동일성유지권 침해가 될 수 있으므로, 저작자의 별도의 동의를 필요로 한다. 비본질적이고 세부적인 사항이라도 번역을 함에 있어서 심한 오역을 하는 것 등은 번역에 따른 필연적인 개변이라고 할 수 없으므로 동일성유지권 침해가 문제로 될 수 있다.121)

결론적으로 원저작자로부터 2차적저작물 작성에 관한 동의를 받았다면 2차적저작물 작성에 당연히 수반되는 개변에 대하여는, 원저작자의 동일성유지권이 미치지 않고 일일이 원저작자의 동의를 받을 필요는 없다. 그러나 원저작물의 본질을 개변하는 경우에는 원저작자의 동일성유지권이 미치므로, 설사 2차적저작물 작성에 관한 동의를 받았다 하더라도 본질적 개변에 대한 별도의 동의를 받을 필요가 있다.

이때 주의하여야 할 것은, 원작에 대한 본질적인 개변이 어느 한도를 넘어서게 되면 그것은 원저작물에 대한 2차적저작물이라고 할 수 없고 전혀 새로운 독립된 저작물로 성립하게 되며, 그렇게 되면 오히려 동일성유지권 침해의 문제도 생길 여지가 없게 된다는 점이다.

(나) 허락 받지 않은 2차적저작물 작성

① 문제의 소재 – 허락 없는 2차적저작물 작성은 곧 동일성유지권 침해인가?

그렇다면 원저작자의 동의를 받지 않고 2차적저작물을 작성하는 경우는 어떻게 보아야 할 것인가? 원저작자의 동의를 받지 않고 2차적저작물을 작성하면 원저작자가 가지고 있는 '2차적저작물작성권'(저작권법 제22조)을 침해하게 된다. 그런데 이때에도 당연히 원저

121) 허희성, 전게서, 80-81면; 內田 晋, 전게서, 133면.

작물에 개변을 가져오게 되므로 2차적저작물작성권 침해와는 별도로 동일성유지권의 침해도 성립하는가 하는 의문이 제기된다. 이 점을 직접적으로 다룬 학설은 얼마 전까지만 해도 그다지 많지 않았다. 일본의 학설[122]과 우리나라 하급심 판결들은 '가요 고독' 사건 판결[123]에서 보는 바와 같이 동일성유지권의 침해가 별도로 성립하는 것처럼 본 사례가 비교적 다수였다. 그러나 앞의 "침해물과 피침해물 사이의 동일성 문제" 부분에서 본 서울서부지방법원 1998. 5. 29. 선고 96가합48355 판결(일명, '야록 통일교회사' 사건)[124]이나 서울서부지방법원 2006. 3. 17. 선고 2004가합4676 판결(일명, '돌아와요 부산항에' 사건)[125]처럼 2차적저작물로 인정되는 이상 원저작자에 대한 2차적저작물작성권 침해가 성립하는 외에 동일성유지권 침해는 거론될 여지가 없다고 한 판결도 있어, 판례의 입장은 일관되고 있지 않은 것으로 보인다.

② 검 토

현재 이 문제에 대하여는 2차적저작물작성권의 침해와는 별도로 동일성유지권의 침해가 성립할 수 있다고 보는 것이 다수설이며 그러한 다수설의 입장이 옳다고 생각한다. 다만, 여기서 유의할 것은 2차적저작물작성권과 동일성유지권이 '별도로' 성립할 수 있다는 것이지, 2차적저작물작성권이 침해된 경우에는 '필연적으로' 동일성유지권 침해가 성립한다는 의미는 아니라는 것이다. 이들 두 개의 권리는 하나는 저작재산권이고 하나는 저작인격권으로서 그 취지와 내용, 효과 등이 전혀 다른 별개의 권리이기 때문이다. 어느 하나에 대한 권리가 침해되었다고 하여 다른 권리의 침해는 별도로 성립하지 않는다고 볼 논리적 근거는 없고, 마찬가지로 어느 하나의 권리가 침해되었다고 하여 필연적으로 다른 권리도

---

122) 光石俊郎, 2次的著作物の作成とその原著作物の著作者の同一性保持權について, 知的財産權をめぐる諸問題, 社團法人 發明協會, 1996, 455면 이하.

123) 서울남부지방법원 1989. 12. 8. 선고 88가합2442 판결(일명, '가요 고독' 사건, 또는 '테레사의 연인' 사건): 원고는 '고독'이라는 가요곡의 작사·작곡자인데, 피고 방송사가 '가요드라마'라는 연속 프로그램에서 단막극을 방영하면서 원고의 승낙이나 동의 없이 그 작사·작곡자의 성명도 밝히지 아니한 채 위 '고독'을 원곡 그대로 또는 이를 편곡하여 아코디언이나 전자오르간 등의 악기나 남자의 휘파람, 콧노래 등으로 부르거나 연주하게 하여 위 가요드라마의 주제음악 및 배경음악으로 이용하였다. 이 사안에서 법원은, 피고는 원고가 그의 저작물인 위 가요 '고독'에 대하여 가지는 방송권 및 위 가요를 원저작물 또는 구성부분으로 하는 2차적저작물의 작성·이용권 등의 저작재산권과 그 내용 및 형식의 동일성을 유지할 권리인 동일성유지권 등의 저작인격권을 침해하였다고 판시하였다.

124) "동일성유지권은 원저작물 자체에 어떠한 변경을 가하는 것을 금지하는 내용의 권리이므로 원저작물 자체에 변경을 가하는 것이 아니라 원저작물로부터 2차적저작물을 작성하는 경우에는 동일성유지권의 효력이 미친다고 볼 수 없고, 더구나 무단 번역의 경우에는 저작재산권인 2차적저작물작성권을 침해하는 행위에 해당할 뿐 동일성유지권의 침해 여부는 거론될 여지가 없다"고 판시하였다. 이 사건의 항소심인 서울고등법원 1998. 9. 25. 선고 98나35459 판결도 같은 취지로 판결.

125) 새로운 독창성을 갖는 2차적저작물로 인정된 이상 원저작자에 대한 2차적저작물작성권 침해가 성립되는 외에 저작인격권인 동일성유지권도 덧붙여 침해된다고 할 수는 없다고 판시.

침해된다고 볼 근거도 없다. 앞의 "침해물과 피침해물 사이의 동일성 문제" 부분에서 본 침해부정설의 견해, 즉 우리 저작권법상 동일성유지권 침해를 주장하기 위해서는 특정한 유체물에 화체되어 있는 것에 변경을 가하거나 또는 침해자가 변경된 저작물을 당해 저작자의 것으로 표시하고 있는 경우 등 침해물과 당해 저작자의 연결고리를 만들어 놓은 경우로 한정하는 것이 타당하다는 견해에 의하면, 2차적저작물작성권 침해가 성립할 경우 별도로 동일성유지권 침해는 성립할 수 없다고 하여야 할 것이다. 그러나 반드시 그렇게 제한적으로만 보아야 할 이유가 있는지 의문이다.

학설 중에는 '저작물의 내용'(제13조 제1항)이나 '본질적인 내용'(제13조 제2항 단서)에 변경이 가해진 경우, 다시 말해서 '내면적 형식'을 변경한 경우이거나 또는 '저작자의 명예·명성'을 해할 우려가 있는 변경에 해당하는 경우에는 2차적저작물작성의 허락을 얻었는지 여부와 관계없이 '언제나' 동일성유지권 침해가 발생하고, 이에 비하여 '저작물의 형식'(제13조 제1항)에 변경이 가해진 경우에는 저작물의 외면적 형식을 번역, 편곡, 변형, 각색, 영상제작 그 밖의 방법으로 개작하는 등 2차적저작물 작성행위를 하더라도 그 '외면적 형식'을 삭제하거나 추가 또는 변경하는 등 왜곡행위를 하지 않는 한 저작물의 '내면적 형식'은 변경되지 않고 동일성이 유지된다고 하여 동일성유지권 침해가 성립하지 않는다고 보는 견해가 있다.[126] 이 견해는 2차적저작물작성권 침해는 '개작'(adaptation)의 문제이고, 동일성유지권 침해는 '왜곡'(distortion)인바, 어디까지가 개작이고 어디부터가 왜곡인지 양자의 경계가 항상 명백한 것은 아니지만 개념적으로 구별되어야 하며, 그에 대한 판단은 법원의 몫이라고 설명한다. 이 견해 역시 2차적저작물작성권과 동일성유지권은 서로 별개의 권리로서 각각 독립하여 성립할 수 있다고 보는 점에서 기본적으로 다수설과 같은 입장에 서 있는 것으로 이해된다. 아울러 2차적저작물 작성에 대해 허락을 얻지 않았다고 해서 2차적저작물작성권 침해 외에 '필연적으로' 동일성유지권 침해가 발생하는 것은 아니라는 점을 강조하고 있다.[127]

침해부정설에 의하면 자연히 2차적저작물에 대하여는 그것이 원저작자의 허락을 받고 만들어진 것인지 아닌지를 불문하고 원칙적으로 동일성유지권이 미치지 않는 것으로 보게 된다. 그러나 2차적저작물에는 원저작물의 창작성 있는 표현이 포함되어 있을 수밖에 없으며, 2차적저작물은 그러한 원저작물을 '개변'하여 작성한 것이다. 따라서 허락을 받지 않은 2차적저작물이 작성된 경우에는 침해부정설이 주장하는 것처럼 원저작물에는 아무런 변화가 없는 것이 아니라, 2차적저작물의 범위 내에서 원저작자의 의사에 반하는 원저작물에

126) 박성호, 저작권법, 박영사(2014), 299, 300면.
127) 상게서, 300면.

대한 개변이 이루어진 것으로 보는 것이 타당하다. 따라서 원저작물을 무단 이용하였으나 새로운 창작성이 부가되지 아니하여 원저작물과 실질적으로 동일한 것은 원저작물의 복제물에 지나지 않는데, 이때에도 복제권 침해와는 별개로, 그 내용, 형식 및 제호에 변경이 생기면 그것으로 동일성유지권 침해가 된다. 또한 그 변경으로 인하여 원저작물에 새로운 창작성이 부가됨으로써 2차적저작물이 되는 경우에는 2차적저작물작성권 침해와는 별개로 동일성유지권 침해가 될 수 있다고 보아야 한다.[128]

미국 저작권법은 저작인격권에 관한 일반적인 규정은 두고 있지 않지만, 제106조의 A(a)(1) 및 (3)에서 '시각예술저작물'의 저작자는 그 저작물의 저작자임을 주장할 권리와 그의 이름이 그가 창작하지 않은 시각예술저작물의 저작자로서 사용되는 것을 금지할 권리, 그의 명예나 명성을 손상할 수 있는 저작물의 고의적 왜곡, 훼절 또는 그 밖의 변경을 금지할 권리를 갖는다고 하면서, 이러한 권리가 미치는 범위는 복제물이 아닌 원작품(오리지날 작품)에 한정된다는 점을 명백히 하고 있다.[129] 이와 같은 명문의 규정을 두고 있는 미국 저작권법 아래에서라면 침해부정설과 같은 해석이 타당할 수 있겠으나, 동일성유지권이 원작품에 한하여 인정된다는 명문의 규정을 두고 있지 않은 우리 저작권법의 해석상 침해부정설의 입장은 선뜻 받아들이기 어렵다.

한편, 여기서 복제물이라면 원저작물과 실질적 동일성이 있는 것인데, 그렇다면 복제물이라고 인정되는 이상 동일성유지권의 침해는 그 자체가 문제로 될 여지가 없는 것 아닌가 하는 의문이 제기될 수 있다. 그러나 원저작물과 실질적 동일성이 있는 복제물이라고 하여도 그 내용이나 형식 및 제호에 변경이 있게 되면 동일성유지권 침해가 있는 것으로 보는 것이 타당하다. 복제물에 해당하는지 여부를 가리는 기준으로서의 실질적 동일성과 동일성유지권 침해의 기준으로서의 동일성은 서로 다른 의미라고 보아야 하기 때문이다. 동일성유지권에 관한 저작권법 제13조 제 1 항이 단순히 '저작물의 동일성'이라고 하지 않고, 굳이 "저작물의 내용·형식 및 제호의 동일성"이라고 규정하고 있는 것도 이러한 취지를 반영한 것으로 이해된다. 따라서 동일성유지권 침해여부와 관련하여서는 개변의 결과물로 나타난 것이 원저작물에 대한 복제물이냐 2차적저작물이냐 하는 것이 중요한 것이 아니라, 저작물의 내용·형식 및 제호의 동일성에 변경이 있었느냐 여부가 중요하다. 앞에서 본 대법원 1989. 10. 24. 선고 89다카12824 판결(일명, '문익환 가(家)의 사람들' 사건)도 이러한 입장에 서 있음을 분명히 하고 있다.

나아가 만약 2차적저작물작성권 침해가 성립할 경우 별도로 동일성유지권의 침해는

128) 同旨, 이해완, 저작권법, 박영사, 2007, 262면; 최경수, 저작권법개론, 한울아카데미, 2010, 222면.
129) 미국 저작권법 제106조의 A(c)(3).

성립하지 않는다고 해석하게 되면, 2차적저작물작성권을 포함한 저작재산권이 양도된 경우에 문제가 발생하게 된다. 예컨대 甲이 창작한 저작물 X에 대한 저작재산권을 2차적저작물작성권을 포함하여 모두 乙에게 양도하였는데 제 3 자 丙이 甲이나 乙의 허락 없이 X를 원작으로 하여 새로운 2차적저작물 Y를 작성한 경우에, 甲으로서는 Y가 X의 동일성을 침해하여 자신의 인격적 이익을 훼손하는 것이라 하더라도 그에 대하여 아무런 조치를 취할 방법이 없게 되며, 다만 乙이 甲으로부터 양도받은 2차적저작물작성권에 기하여 丙을 상대로 침해를 주장하는 것을 기다릴 수밖에는 없다. 이는 저작인격권을 일신전속적 권리로 규정함으로써 저작재산권이 양도된 경우에도 저작자가 인격적 이익의 침해행위를 저지할 수 있도록 한 저작권법의 입법취지에 어긋나는 결과라고 아니할 수 없다.

다만 2차적저작물작성권 침해와는 별도로 동일성유지권의 침해가 성립한다고 보는 견해에 의하더라도 저작권법 전체에 비추어 볼 때 약간의 문제는 있다. 즉, 저작권법은 무명 또는 널리 알려지지 아니한 이명이 표시된 저작물이나 업무상저작물의 저작재산권은 공표한 때로부터 70년간 존속하는 것으로 규정하고 있지만(저작권법 제40조 제 1 항, 제41조), 저작인격권은 자연인이라면 저작자의 사망시까지, 단체라면 그 해산이나 소멸시까지 존속한다. 그리고 저작재산권이 보호기간이 만료되어 소멸되면 그 저작물은 '공중의 영역'(public domain)에 들어가 누구라도 자유롭게 이용할 수 있고 그 저작물을 원작으로 한 2차적저작물도 자유롭게 제작할 수 있어야 한다. 그러나 이때 저작자인 단체가 아직 존재하고 있다면 저작인격권은 여전히 존속하고 있는 것으로 되고. 따라서 저작자인 단체는 이미 공중의 영역에 들어간 자신의 저작물을 원작으로 하는 2차적저작물이 작성되는 것을 동일성유지권에 기하여 제한할 수 있게 된다. 이는 저작재산권의 보호기간을 일정한 범위로 한정한 저작권법의 취지에 반하는 결과로 보일 수 있다.

물론 일반적인 저작물이라면 저작재산권은 저작자의 사망 후 70년까지 존속하고, 저작인격권은 일신에 전속한 권리로서 저작자의 사망과 동시에 소멸하며, 그 이후에는 특별히 그 행위의 성질 및 정도에 비추어 사회통념상 저작자의 명예를 훼손하는 것이라고 인정되는 경우에만 유족 등이 침해의 정지 등을 청구할 수 있을 뿐이다. 따라서 일반적인 저작물의 경우에는 저작인격권의 존속기간이 저작재산권의 존속기간보다 짧아 위와 같은 부당한 결과는 거의 발생할 여지가 없다. 부당한 결과가 생기는 것은 업무상저작물 중 저작자가 법인 등 단체인 경우에 있어서 공표 후 70년이 지나 저작재산권은 소멸하였지만 법인 등 단체가 계속 존속하고 있어서 저작인격권은 살아있는 예외적인 경우이다.

이와 같은 문제점은 결국 입법을 통하여 해결할 수밖에는 없을 것이다. 결론적으로 저작권법이 저작재산권과 저작인격권을 독립하여 보호하는 2원론적 구조를 취하고 있는 이상, 동의 또는 허락을 받지 아니하고 2차적저작물을 작성한 경우에는 저작재산권인 2차적저작물작성권의 침해와는 별도로 동일성유지권의 침해가 성립할 수도 있고 양자는 개념적으로 별개라고 보는 것이 타당하다.

일본의 경우 최고재판소 1980. 3. 28. 선고 昭和 51(オ) 제923 판결(일명, '몽타주 사진' 사건)[130]은, 원고가 촬영한 사진을 이용하여 몽타주 형식의 풍자적 사진으로 개변한 사건에서, "몽타주 사진을 1개의 저작물이라고 본다고 하더라도 이 사건 몽타주 사진 가운데 원고 사진의 표현형식에 있어서의 본질적인 특징을 직접 감득할 수 있는 이상, 이 사건 몽타주 사진은 원고의 사진을 그 표현형식에 개변을 가하여 이용한 것으로서 원고 사진에 대한 동일성을 해하는 것이다"라고 판시함으로써, 2차적저작물작성권 침해와는 별도로 동일성유지권 침해가 성립할 수 있음을 분명히 하고 있다. 일본의 다수설의 입장도 그러한 것으로 보인다.[131]

(6) 디지털저작물의 경우

(가) '대체광고' 사건

디지털저작물의 동일성유지권과 관련하여서는, 인터넷 포털이 제공하는 광고를 임의로 대체하는 광고 서비스의 동일성유지권 침해여부를 다룬 대법원 2010. 8. 25.자 2008마1541 결정에 유의할 필요가 있다. 본 판결의 사안은 다음과 같다. 피신청인(Y)은 인터넷 사이트를 이용한 광고시스템인 이 사건 프로그램을 개발하여 인터넷을 통하여 이용자들이 다운로드 받을 수 있도록 하였다. 이 사건 프로그램은 신청인(X)이 운영하는 포털 사이트에서 광고를 검색하면 나타나는 화면의 여백을 찾아내어, X가 제공하는 광고와 함께 Y가 선택한 광고가 삽입되어 노출되도록 하는 방식('삽입광고 방식'), X가 제공하는 광고 대신 Y가 선택한 광고로 덮어쓰는 방식('대체광고 방식'), X의 포털 검색창 하단과 X가 제공하는 키워드 광고 사이에 Y가 제공하는 키워드 광고를 삽입하는 방식('키워드광고 방식') 등 세 가지 방식으로 작동한다.

이 사건에서 X는, 자신의 저작물인 포털 사이트의 화면표시를 이 사건 프로그램에 의하여 함부로 변경, 수정하는 것은 저작인격권 중 동일성유지권을 침해하는 것이며, 특히 '키워드광고 방식'에 있어서는 X의 인터넷 사이트로부터 HTML 파일을 다운로드 받은 다음 그 내용과 구성을 Y의 광고용 HTML 파일을 이용하여 변경하는 것으로서 이는 X 컴퓨터프로그램의 동일성유지권을 침해하는 것이라고 주장하였다.

---

130) 이 판결에 대한 사실관계는 제 6 장 제 2 절 Ⅳ. "공표된 저작물의 인용" 부분에서 검토한다.
131) 半田正夫·松田政行, 著作權法コンメンタール, 勁草書房(1), 771면 이하.

그러나 대법원은, X가 그의 컴퓨터프로그램저작물로서 동일성유지권을 침해당하였다고 주장하는 HTML(Hypertext Markup Language, 인터넷 홈페이지의 하이퍼텍스트 문서를 만들기 위해 사용되는 기본 언어) 코드에는, 검색결과를 표시한 텍스트 부분과 이를 화면에 표시하기 위한 일반적인 HTML 태그 정도가 포함되어 있을 뿐 저작권으로 보호할 만한 창작적인 표현까지 포함되어 있다는 점을 소명할 자료가 없고, 나아가 X가 사용자의 컴퓨터로 보낸 HTML 파일은 그 내용이 화면에 나타나기 위하여 일시적으로 램(Random Access Memory)상으로 복제되게 되는데, 이때 이 사건 프로그램에 의한 Y의 HTML 코드 역시 램에 올라오면서 X의 HTML 코드 자체에는 영향을 미치지 않은 채 이와 별도로 존재할 여지가 있는 반면, 그것이 X의 HTML 코드에 삽입되어 X의 HTML 코드 자체를 변경시킨다는 점은 이를 소명할 자료가 부족하므로, Y의 이 사건 프로그램에 의한 광고행위로 인해 X의 HTML 코드에 대한 동일성유지권이 침해되었다고 볼 수 없다고 판시하였다.[132)]

이 사건 프로그램의 작동원리는, 이용자가 신청인 X의 포털 사이트의 검색창에 검색어를 입력하면, 그 사이트로부터 검색결과 화면의 HTML 파일이 이용자의 컴퓨터로 전송되고, 그 HTML 파일은 그대로 이용자의 컴퓨터 메모리에 올려지는데, 그 올려진 상태 그대로의 HTML 파일에 피신청인 Y 프로그램이 자신의 광고용 HTML 코드를 일시적으로 삽입한 후 이들을 이용자 컴퓨터 디스플레이에 함께 출력하는 방식이다. 따라서 X가 전송한 HTML 소스코드는 단지 이용자의 메모리상에서 일시적으로 Y의 HTML 코드와 합쳐질 뿐, X 서버의 HTML 파일 원본에 어떠한 수정이 일어나는 것은 아니다.

대법원 판결은 이러한 점에 주목하여 피신청인 Y가 이 제조·배포한 이 사건 프로그램이 저작권 및 컴퓨터프로그램보호법의 동일성유지권을 침해하는 것이 아니라고 한 것이다. 이 판결은 디지털 기술의 발달에 따라 새롭게 나타난 비즈니스 모델인 포털의 광고검색 화면을 다른 광고로 대체하는 행위에 대한 판단으로서, 표현을 구현하는 소스코드에는 변경을 가하지 않은 채 화면 표시(display)만을 변경시키는 행위의 동일성유지권 침해여부에 관한 문제를 다루고 있다. 이 판결은 저작권법이 동일성유지권(제13조)에 의하여 보호하는 '내용·형식'이 화면 표시 그 자체인가, 아니면 그 화면 표시를 구현하는 소스코드인가 하는 점에 관하여 후자의 입장을 택한 것으로 해석될 가능성이 있다.

132) 본 사안과 유사한 사안으로서, 개별 사용자로 하여금 '네이버·다음·네이트·구글'의 4대 포털사이트가 제공하는 화면에서 원하는 콘텐츠의 추가·삭제·위치 변경 및 스킨과 색상을 포함한 전체 디자인의 변경을 가능하게 해 주는 개인화 툴 프로그램을 배포한 사안에서, 대법원 2016. 4. 29. 선고 2013다42953 판결은, "이 사건 프로그램을 개별 인터넷 사용자들에게 제공·배포하여 그 개별 사용자들이 사용자 화면을 일부 변화시켜서 본다고 하더라도, 그로써 개별 사용자의 컴퓨터에 전송되는 HTML 코드가 변경되지는 않는다고 보이므로, 원고의 위와 같은 프로그램 제공·배포행위로 인하여 피고의 포털사이트 웹페이지의 동일성이 손상된다고 볼 수는 없다"고 판시하였다.

이러한 대법원 판결에 대하여는, 소스코드는 프로그래밍 단계에서의 표현일 뿐 인간이 그 소스코드 자체를 인지하는 것은 아니며, 오히려 인간은 소스코드의 실행결과인 화면이나 프린터상의 출력결과를 인지하게 되는 만큼, 소스코드가 아니라 화면 표시를 동일성유지권의 보호대상으로 보아야 한다는 이유로 의문을 제기하는 견해가 있다.[133]

(나) 게임프로그램의 개변

일본 최고재판소 판결 중에는 컴퓨터 게임 제작자가 그 게임 사용자의 능력치(파워)를 높일 수 있도록 프로그램을 임의로 개변하는 메모리 카드를 수입·판매하는 업자는 그 게임 프로그램의 동일성유지권 침해를 야기한 것이라고 하여 불법행위에 따른 손해배상책임을 인정한 사례가 있다.[134] 문제로 된 메모리 카드는 게임 프로그램 자체에는 개변을 가하지 않지만 게임의 전개를 바꾸거나 주인공의 의상을 바꿀 수 있는 기능을 제공한다. 이것은 동일성유지권 침해가 인정되어 왔던 종래의 전형적인 개변과는 달리 저작물인 프로그램 자체에는 개변을 가하지 않지만, 그 메모리 카드를 사용함으로써 게임 영상의 스토리 전개 내지 게임의 전개 등이 변화한다는 점에 특색이 있다. 예를 들어, 비극인 영화를 희극 영화로 개변하는 경우에는 영화 필름 그 자체에 개변을 가하는 것이기 때문에 동일성유지권 침해에 해당하는 것이 분명하지만, 게임의 경우에는 플레이어가 스스로의 기량이나 취미에 따라 게임을 전개시켜 나가는 것이고, 원래 일정한 고정적인 내용의 게임 전개가 존재하는 것은 아니다. 이러한 관점에서 일본에서도 하급심 판결에서는 이와 같은 사례에서 침해를 인정하지 않은 사례가 많았다.[135] 그러나 위 최고재판소 판결에서 동일성유지권

133) 오병철, "3D 변환 TV의 저작권침해여부", 정보법학, 14권 3호, 37면.

134) 일본 최고재판소 2001. 2. 13. 판례시보 1740호 78면(일명, ときめきメモリアル 사건 판결). 다만, 이 사건은 금지청구와 형사책임에 대한 것이 아니라 불법행위에 근거한 손해배상청구 사건으로서, 메모리 카드를 수입하여 판매한 자가 직접 침해를 하고 있는 것인지, 아니면 방조책임을 부담하는 것인지 분명하지는 않다. 이에 대하여 中山信弘, 著作權法, 법문사(2008), 327면은 "이 게임은 어린이가 가정 내에서 사용하는 것이며, 실제로 동일성유지권을 침해하고 있는 자는 사용자인 어린이라고 할 것이지만, 그 사용행위를 동일성유지권 침해라고 보고 그에 대한 방조에 의한 공동불법행위로서 업자의 손해배상 의무를 인정한 것"이라고 해석하고 있다.

135) 동경지방법원 1995. 7. 14. 판례시보 1538호 203면(三國志Ⅲ) 판결은, 피고 프로그램은 데이터 등록용 프로그램을 대신한 별개의 프로그램이고, 피고 프로그램을 사용하여 플로피디스크 상의 'NBDATA'에 제한을 초과하는 능력치를 기록함으로써, 본건 저작물의 동일성을 침해한 개변 행위라고 할 수는 없다고 하였다. 그 항소심인 동경고등법원 1999. 3. 18. 판례시보 1684호 112면은, 본건 게임의 전개에 있어서 어떻게 구체적으로 개변되는가 하는 점의 증명이 없다고 하여 동일성유지권 침해를 부정하였다. 또한 오오사카지방법원 1997. 7. 17. 판례타임즈 965호 253면 판결(위 ときめきメモリアル 사건 판결의 항소심 판결)은, 게임 소프트웨어의 프로그램 자체에는 아무런 개변을 가한 것이 아니고, 그 영상의 변화 내지 스토리 전개는 본래 본건 게임 소프트웨어가 예정하고 있던 범위 내의 것이라고 하여 동일성유지권 침해를 부정하였다. 이 사건의 1심 판결에서도 게임 소프트웨어의 프로그램 자체가 바뀌는 것은 아니고 정상적으로 게임을 진행할 수 있기 때문에, 본건 메모리 카드에 넣어진 데이터는 본건 게

침해를 인정한 이후 일본의 하급심 판결들은 대체로 최고재판소 판결의 결론에 따르고 있다고 한다. 일본 최고재판소가 이 사례에서 동일성유지권 침해를 인정한 것은 그 개변이 본래 게임 프로그램이 예정하고 있던 범위 내에서의 변경인지 여부가 아니라, 게임 개발자에 의하여 당초 예정되어 있던 스토리 전개의 범위 내에 있는 것인지 여부를 기준으로 하여 판단한 것이라고 해석된다.

(다) 검 토

이제는 디지털 시대에 있어서 동일성유지권의 의미를 다시 한 번 생각해 보아야 한다는 견해가 유력하게 제기되고 있다. 디지털콘텐츠의 큰 특징 중 하나는 개변용이성이다. 이것은 종래의 일부 특출한 창작적 재능을 가진 자뿐만 아니라, 일반인도 창작자가 되는 이른바 '개작문화'(改作文化)의 발달을 의미한다. 콘텐츠의 발신자(창작자)와 수신자(이용자, 감상자)의 경계가 없어지고 모든 이용자가 창작자가 될 수 있는 시대가 열렸다. 자기의 콘텐츠를 인터넷을 통하여 용이하게 발신할 수 있고, 일반 공중이 그것을 다시 가공하고 자기 나름대로의 창작성을 가미하여 다시 인터넷으로 발신하는 일이 일상적으로 행하여지게 되었다. 이러한 개작문화의 대중화 흐름은 거스를 수 없는 대세가 되었으며, 공중이 개작행위를 통하여 자기실현을 도모하는 것은 앞으로도 더욱 증가할 것이다. 이와 같은 상황에서 동일성유지권을 엄격하고 강력하게 적용하는 것은 이러한 흐름과 충돌하여 콘텐츠의 풍부화에 이바지한다는 저작권법의 취지에 역행할 가능성이 있다.[136] 21세기 중요 산업인 디지털콘텐츠 산업의 발전에 있어서 지나치게 강한 동일성유지권은 오히려 족쇄가 될 수도 있기 때문에 적절하게 그 범위를 한정할 필요가 있다는 것이다.[137]

나. 제호의 동일성유지권 침해

제호에 대한 보호는 외적인 보호와 내적인 보호의 두 가지로 나눌 수 있다. 외적인 보호는 저작물의 제호를 다른 사람이 무단으로 이용하는 것으로부터의 보호를 말한다. 제호에 외적인 보호가 주어지면, 예를 들어 甲이 '짝사랑'이라는 제목의 악곡을 작곡하였는데 제3자 乙이 전혀 다른 악곡을 작곡하면서 제목만 甲의 곡과 같은 '짝사랑'이라는 제목을 붙일 경우 이를 막을 수 있게 된다. 그러나 저작권법은 제호의 외적 보호에 대하여 명문의

임 소프트의 프로그램이 허용한 범위 내라고 하여 동일성유지권 침해를 부정하였다(中山信弘, 전게서, 351면에서 재인용).

136) 저작자에게 경제적 권리(저작재산권)와 정신적 권리(저작인격권)가 보장되지 않는다면 좋은 작품이 생기지 않고 시장도 잃어버리기 때문에 동일성유지권을 강력하게 보호하여야 하고, 그 적용 범위를 명예, 성망을 훼손시킨 경우로 한정해서는 안 된다는 것이다.

137) 中山信弘, 著作權法, 법문사(2008), 344-345면.

규정을 두지 않고 있고, 오히려 판례는 제호가 사상이나 감정의 표현이라고 볼 수 없다고 하여 외적 보호를 인정하지 않고 있다. 따라서 이미 '짝사랑'이라는 제목의 노래가 존재하고 있다고 하더라도 악곡의 표현이 다르다면 누구나 자유롭게 '짝사랑'이라는 제목을 붙일 수 있다.[138] 다만 기존의 '짝사랑'이라는 제호가 주지성(周知性)이나 상표등록 등 일정한 요건을 갖추고 있을 때 부정경쟁방지법이나 상표법에 의한 보호를 받는 것은 다른 문제이다.

반면에 저작권법은 동일성유지권을 통하여 제호의 내적 보호를 인정하고 있다. 이에 따라, 甲이 작곡한 '짝사랑'이라는 곡을 이용하는 자는 그 제목의 동일성을 침해하지 않는 범위 내에서 이용하여야 하며, 임의로 제목을 변경하여 이용하게 되면 제호의 동일성유지권을 침해하게 된다. 제호는 이와 같이 내적인 범위 내에서만 저작권법의 보호를 받는다. 제호에 대하여 내적 보호를 주는 것은 제호가 저작물의 내용을 집약하여 표현한 것으로서 제호의 무단변경은 저작물 자체의 변경은 아니라 하더라도 저작자의 인격적 이익을 해칠 우려가 크기 때문이다.

여기서 동일성유지권으로 보호받는 제호는 저작자 자신이 붙인 제호만을 의미한다. 따라서 저작자에 의하여 붙여진 것이 아니라 사후에 제 3 자에 의하여 붙여진 호칭이나 별칭에는 이러한 보호가 주어지지 않는다. 예컨대 베토벤의 교향곡 제 5 번이 '운명'이라는 이름으로 일반적으로 호칭되고 있지만, 이것은 베토벤이 붙인 제호가 아니라 다른 경위로 현실적으로 그렇게 불리고 있을 뿐이므로 '운명'이란 호칭을 변경하거나 삭제하는 것은 동일성유지권 침해의 문제가 아니다.[139] 그러나 다른 사람이 지어 준 제호라 하더라도 이를 저작자가 채택하여 적극적으로 자신의 저작물의 제호로 삼은 경우에는 저작자가 스스로 붙인 제목과 동일한 보호를 받아야 할 것이다.

제호의 동일성 문제로서 실제상 가장 많이 발생하는 것은 영화의 제호 변경이다. 특히 극장용 영화를 TV로 방송하면서 원래의 제목을 다른 제목으로 표시하여 별개의 작품인 것처럼 착각을 일으키게 하는 경우가 종종 있어 왔다. 외국에서 제작된 영화제목을 우리말로 번역하면서 아주 다르게 의역하거나 상업적인 선전효과를 위하여 원제목과 유사하기는

138) 서울민사지방법원 1991. 4. 26. 선고 90카98799 판결(확정, 하급심판결집1991-1,304): 원고가 창작한 "가자! 장미여관으로"라는 시나리오에 기초하여 영화를 제작하던 피고가 원고와 견해차이가 생겨 원고와의 계약을 파기하고 스스로 전혀 다른 내용의 시나리오를 작성하여 영화를 만들면서 그 제목만은 원고의 위 제목을 그대로 사용한 사안에서, "저작권법상 동일성유지권이란 저작물의 내용, 형식 및 제호의 동일성을 유지할 권리, 즉 무단히 변경, 절제, 기타 개변을 당하지 아니할 저작자의 권리로서 이는 원저작물 자체에 어떤 변경을 가하는 것을 금지하는 내용의 권리라 할 것이므로, 원저작물에 변경을 가하는 것이 아니고 원저작물과 동일성의 범위를 벗어나 전혀 별개의 저작물을 창작하는 경우에는 비록 그 제호가 동일하다 하더라도 원저작물에 대한 동일성유지권을 침해하는 것으로 볼 수는 없다"고 판시하였다.

139) 허희성, 전게서, 80면.

하지만 다른 제목으로 하는 경우도 많다. 그러나 영화 제목에도 동일성유지권이 미친다. 따라서 계약당사자 사이에 영화 제목을 변경하는 것이 업계의 관행으로서 이해되고 있거나 합의에 의하여 제호를 변경하는 경우가 아니라면, 동일성유지권 침해의 문제가 발생할 수 있다.[140)]

4. 동일성유지권의 제한

가. 의 의

저작물의 내용·형식 및 제호를 무단으로 개변하는 것은 비록 사소한 것이라도 동일성유지권 침해가 될 수 있다. 그러나 동일성유지권은 근본적으로 저작자의 인격적 이익을 보호하기 위한 것이므로, 저작물의 개변이 저작자의 인격적 이익을 전혀 해하지 아니하는 경우에도 엄격하게 동일성유지권 침해를 인정하게 되면, 오히려 저작물의 이용을 저해하게 될 뿐만 아니라, 결과적으로 우리의 생활에 불편을 가져올 가능성이 높다. 따라서 어느 정도의 불가피한 개변은 동일성유지권 침해의 책임으로부터 면제하는 조치가 필요하다. 여기서 저작권법은 저작자에게 저작물의 내용·형식 및 제호의 동일성을 유지할 권리를 인정하면서도 일정한 경우에는 사회적인 관행에 따라 아래와 같이 예외를 규정함으로써 동일성유지권 침해의 책임으로부터의 면책을 인정하고 있다.[141)]

다만 이러한 동일성유지권이 제한되는 경우는 사회통념상 부득이하다고 인정되는 변경을 필요한 최소한의 범위에서 허용하고 있는 것으로서 엄격하게 해석·운용하여야 하며 확대해석이 되지 않도록 주의를 기울여야 한다는 것이 종래의 통설이다. 이런 취지에서 저작권법은 동일성유지권의 제한에 대한 제13조 제 2 항 단서에서, 설사 변경의 필요성이 인정되는 경우라 할지라도 저작물의 본질적인 내용의 변경은 할 수 없는 것으로 규정하고 있다.

그러나 동일성유지권을 엄격하게 관철시켜 운용하게 되면 오히려 저작물의 이용 및 유통을 저해시키는 요인이 될 수 있다고 하는 견해가 점차 설득력을 얻어가고 있다. 저작권법은 저작물의 공정한 이용에 유의하면서 저작자 등의 권리 보호를 도모함으로써 문화 및 관련 산업의 발전에 이바지하는 것을 목적으로 하고 있는데, 저작인격권을 지나치게 중시하게 되면 오히려 저작권법의 목적에 부합하지 않는 경우가 발생할 수도 있다는 것이다. 이 견해는 저작인격권을 포함한 저작자의 권리와 이용자의 이용촉진 사이의 조화를 도모할 필요가 있고, 따라서 저작권법 제13조 제 2 항의 동일성유지권 제한규정은 예외규정이

140) 內田 晉, 전게서, 145면; 허희성, 전게서, 80면.
141) 하용득, 전게서, 144면.

라기보다는 조정규정으로서 이 규정을 적극적으로 활용하는 것이야말로 저작권법의 목적에 부합하는 것이라고 주장한다.[142]

나. 제한되는 경우(저작권법 제13조 제 2 항)

(1) 학교교육목적상 부득이한 경우(제 1 호)

저작권법 제25조는, 고등학교 및 이에 준하는 학교 이하의 학교의 교육목적상 필요한 교과용 도서에는 공표된 저작물을 게재할 수 있고, 특별법에 의하여 설립되었거나 각종 교육법에 의한 교육기관 또는 국가나 지방자치단체가 운영하는 교육기관은 그 수업목적상 필요하다고 인정되는 경우에는 공표된 저작물의 일부분을 복제·공연·방송 또는 전송할 수 있다고 규정하고 있다. 이때에는 저작재산권이 제한되므로 저작권자의 허락을 받을 필요 없이 저작물을 이용할 수 있다. 그리고 이 규정에 의하여 저작물을 이용하는 경우에 학교 교육목적상 부득이하다고 인정되는 범위 안에서는 그 표현의 변경을 할 수 있고, 동일성유지권이 제한되어 침해의 문제가 발생하지 않게 된다.

이것은 어려운 한자(漢字)를 대상 학생의 수준에 맞게 쉬운 우리말로 고치거나 영어 교과서에서 학년에 따라 어려운 단어를 쉬운 단어로 바꾸는 것, 문법상의 오류를 고치거나 교과서에 그대로 게재하기에 적절하지 않은 비속어, 차별적 언어 따위를 순화된 언어로 바꾸는 것 등 학교교육의 목적상 필요한 경우에 한정된다. 즉, 여기서 '표현의 변경'이란 어려운 표현을 쉽게 하거나 학생들에게 적합하지 않은 반사회적·반도덕적인 표현을 다른 표현으로 변경하는 것을 말한다. 그리고 법문상 "부득이하다고 인정되는 범위" 안에서의 변경만이 허용되고, 그것도 저작물의 본질적인 내용을 변경하여서는 안 된다는 점을 주의하여야 한다.

(2) 건축물의 변형(제 2 호)

(가) 의 의

제 2 호는 건축물의 증축·개축 그 밖의 변형의 경우 동일성유지권이 제한되는 것으로 규정하고 있다. 건축물 중 어떠한 것이 창작성의 요건을 갖추어 저작물로 되는가에 관하여는 논란이 있지만(이 점에 관하여는 제 2 장 제 2 절 '저작물의 분류' 중 건축저작물 부분에서 살펴본 바 있다), 어쨌든 건축물이라는 것은 순수하게 예술적 목적으로 건축되기보다는 주로 인간의 거주 혹은 사용이라고 하는 실용적 관점에서 건축되는 것이 많다. 따라서 건축물을 사용하면서 파손된 곳을 수리해야 하는 경우도 생기고 이용상 불편한 곳을 개축하여야 하는 경

142) 中山信弘, 著作權法, 법문사(2008), 352면 참조.

우도 생긴다. 그런데, 이와 같이 건축물을 증축·개축할 때마다 저작자를 찾아가서 동의를 받아야 한다면 건축물의 경제적·실용적인 효용에 지장을 받게 되므로, 본질적인 변경이 아닌 한 실용적인 이유로 건축물이 변형되는 것은 허용할 필요가 있다. 다만, 일반적으로 제 2 호의 규정은 실용적 목적을 위한 증·개축 그 밖의 변형의 경우에만 적용되는 것이고, 미적인 관점이나 취향에 의한 증·개축 등은 동일성유지권 침해가 성립한다고 해석되고 있다. 통설적 견해에 의하면, 교회나 사찰 같이 미술적 요소가 강한 건축저작물에 관해서는 예를 들어 신체장애자를 위한 통로의 설치, 냉난방 설비를 위한 개축 등은 본 호의 적용을 받지만, 생활이나 업무에 관계가 없는 취미적인 부분의 개축, 예를 들면 벽화를 다시 칠하거나 특징 있는 지붕의 개축 등은 본 호의 적용대상이 아니라고 한다.[143] 그러나 이러한 통설적 견해에 대하여는 반대하는 견해도 있다. 미술성이 높다고 평가되는 건축저작물에서도 실용적인 목적 이외의 목적으로 증·개축이 이루어지는 경우가 많은데, 이러한 증·개축을 어렵게 하는 해석은 현실적이지 않다는 것이다. 문리상으로도 동일성유지권 제한에 관한 저작권법 제13조 제 2 항에서 제 1 호와 제 3 호 내지 제 5 호의 경우에는 '부득이하다고 인정되는 범위' 또는 '필요한 범위'라고 하는 한정적인 조건이 부과되어 있음에 비하여, 유독 제 2 호의 경우에는 그러한 조건의 부과 없이 증·개축이 인정되고 있다는 것이 그러한 취지를 반영한 것이라고 한다. 즉, 제 2 호는 미술적 요소가 강한 건축물을 실용성 유무에 관계없이 저작물로서 보호하는 대신에 건축물 소유자와의 조정을 도모한 규정이라고 해석하여야 한다는 것이다.[144]

(나) 적용 범위

주의할 것은 완전철거와 같이 건축물을 전부 파괴하는 것은 오히려 동일성유지권이 문제되지 않는다는 점이다. 1960년대 초반에 일본 동경에 있는 제국호텔 전면개축 과정에서 구 건물에 대한 저작권 문제가 제기되었지만, 건물을 완전히 파괴하는 것은 동일성유지권 침해의 문제로 다룰 것이 아니라는 결론이 내려졌다고 한다.[145]

우리 저작권법상 건축저작물에는 건축물만이 아니라 건축을 위한 모형 또는 설계도서도 포함되지만, 본 호는 유체물인 건축물을 증축하거나 개축하는 경우만을 규율하는 것이

---

143) 中山信弘, 著作権法, 법문사(2008), 353면; 加戸守行, 『著作権法 逐條講義』, 四訂新版, 社團法人 著作權情報センター, 174면; 동경지방법원 2003. 6. 11. 판례시보 1840호 106면(이른바 '노구치 룸' 사건) 판결은, 게이오대학(慶應大學)의 노구치 룸을 법과대학원 개설을 위해 해체하고 이축(移築)한 행위는 건축물의 증·개축 등에 해당하여 동일성유지권을 침해한 것이 아니라고 판시하면서도, 방론으로 "개인적인 기호에 근거한 자의적인 개변이나 필요한 범위를 초과한 개변이 제 2 호의 규정에 의하여 허용되는 것은 아니다"라고 하고 있다(中山信弘, 전게서, 353면에서 재인용).

144) 中山信弘, 전게서, 353면.

145) 허희성, 전게서, 84면.

므로, 설계도면이나 모형을 개변하는 것은 본 호의 적용대상이 되지 않는 것으로 해석된다. 따라서 본 호는 설계도에 관념적으로 표현되어 있는 건축저작물146)의 개변에 대하여도 적용되지 않는다. 예를 들어, 아직 건축이 이루어지기 전에 작성되어 있던 원설계도에 기초하여 그 중 일부분을 도면상으로 증축한 변경설계도면을 작성한 후 그 변경설계도면에 따라 건축을 하면, 이러한 경우 역시 넓은 의미에서 건축물을 개변한 경우라고 볼 수 있겠지만 본 호의 적용대상은 아니다.

(다) 성명표시의 삭제 문제

건축물의 개변 후에 건축물 소유자 등이 저작자의 성명표시를 삭제하여야 하는지(또는 저작자가 자신의 성명표시를 삭제하여 줄 것을 요구할 수 있는지), 그 표시를 변경하여야 하는지(또는 저작자가 변경청구권을 행사할 수 있는지) 문제로 될 수 있다. 이는 건축저작물의 개변에 관하여서만이 아니라, 개변이 허용되는 모든 일반적인 경우에도 그러하며, 나아가서는 개변이 허용되는 경우뿐만 아니라 위법한 개변이 이루어진 경우라고 하더라도 동일한 문제가 생길 수 있다. 이 문제에 대하여 저작권법상 성명표시권 조항에서는 아무런 규정을 두고 있지 않다. 그러나 저작권법 제12조 제 2 항의 성명표시권 제한규정에서 “다만, 저작물의 성질이나 그 이용의 목적 및 형태 등에 비추어 부득이하다고 인정되는 경우에는 그러하지 아니하다”고 규정하고 있음에 비추어 볼 때, 본 호에 따라 적법하게 허용되는 범위 내에서의 건축물의 증·개축인 경우에는 특별한 사정이 없는 한 증·개축에 따른 건축물의 개변 후에도 건축주는 개변 전의 건축저작자의 성명표시를 그대로 유지할 수 있다고 해석된다. 따라서 건축저작자의 입장에서도 본 호에 따른 적법한 범위 내에서의 건축물의 증·개축인 경우에는 자신의 성명이 그대로 유지되는 것을 용인하여야 할 것이다.

다만, 본 호의 범위를 넘어서는 위법한 증·개축의 경우에는 저작자가 해당 건축저작물에 되어 있는 자신의 성명표시의 삭제 또는 변경을 요구할 권리가 있다고 보아야 한다. 그 근거는 저작권법 제124조 제 2 항의 “저작자의 명예를 훼손하는 방법으로 저작물을 이용하는 행위는 저작인격권의 침해로 본다”는 규정과, 같은 제123조(침해의 정지 등 청구) 제 1 항 및 2항에서 찾을 수 있다. 이 경우 성명표시의 삭제 청구는 제123조 제 1 항의 침해의 정지 청구 규정에 근거하여 “○○○ 건축물에 ‘저작자(설계자) A’의 표시를 하여서는 아니 된다”는 주문례를 사용할 수 있을 것이고, 성명표시의 변경 청구는 같은 조 제 2 항의 침해행위에 의하여 만들어진 물건의 폐기나 그 밖의 필요한 조치 청구권에 근거하여 “○○○ 건축물 초석의 표시를 ‘원설계 ○○년 ○○월 설계자 A, 개축 ◇◇년 ◇◇월 설계자 B’의

146) 건축 설계도면에는 아직 그에 따른 시공이 완성되지 않았다고 하더라도 앞으로 건축될 건축저작물이 관념적으로 이미 표현되어 있다고 보는 것이 일본의 주류적인 해석론이다.

표시로 변경하라"는 주문례를 사용할 수 있을 것이다.[147]

(라) 참고 – 독일의 해석론

독일의 해석론에 따르면, "저작물의 예술적인 특성 내지 개성이 적으면 적을수록, 저작물 변경 시 저작물의 특징적인 성격이 적게 관계되면 될수록, 그리고 변경의 필요성이 많으면 많을수록 변경의 적법성은 더욱 보장된다. 그리고 이러한 변경은 기본적으로 사용목적에 따른 사용이익, 즉 건물의 유지·보안·보수(補修) 등에 기여하여야 하며, 이때 사용이익의 경제성도 중요한 역할을 한다. 예를 들면, 주거용 건물의 경우에는 안락성을 더욱 강조하기 위해서, 공장건물의 경우에는 생산성의 증가 또는 합리화를 위해서, 학교 건물의 경우에는 교육 내지 학생들에 대한 보호의무를 양적 또는 질적으로 충족하기 위해서 변형하는 경우이다"라고 해석한다.[148]

독일 저작권법 제14조는 "저작자는 저작물에 대한 자신의 정당한 정신적 또는 인격적 이익을 해치는 저작물의 왜곡 또는 기타의 침해를 금지할 권리를 가진다"고 규정하고 있고, 제39조 제 3 항에서 "저작자는 저작물 이용자와의 약정을 통하여 저작물 이용에 있어서 저작물, 제호 또는 저작자 표시의 변경을 허락할 수 있다. 다만, 그 약정은 변경의 형태와 정도가 정확하게 표시되고 저작물을 특정적으로 제한하여 이용하는 경우에만 효력이 있다"고 규정하고 있다. 전통적인 독일의 해석론에 따르면 동일성유지권 침해가 성립되기 위해서는 3단계의 심사를 거쳐야 한다. 우선 저작물에 관한 왜곡 또는 기타 침해가 있어야 하고, 둘째, 저작자의 정신적 이익에 위해를 가할 우려가 있어야 하며, 셋째, 제 3 자의 반대이익과 비교형량한 결과 저작자의 이익이 더 정당하다고 인정되어야 한다는 것이다.[149]

우리 저작권법의 동일성유지권 규정은 저작자의 정신적 이익에 관한 침해보다는 저작물 자체의 변경으로부터의 보호를 염두에 두고 있는 규정이다. 따라서 독일 저작권법에서의 해석론을 그대로 원용하는 것은 적절하지 않을 수도 있지만, 참고할 가치는 충분하다고 생각된다.

(3) 프로그램의 이용을 위한 변경(제 3 호, 제 4 호)

(가) 의 의

저작권법 제13조 제 2 항은, 특정한 컴퓨터 외에는 이용할 수 없는 프로그램을 다른 컴퓨터에 이용할 수 있도록 하기 위하여 필요한 범위에서의 변경(제 3 호) 및 프로그램을 특정

147) 半田正夫·松田政行, 著作權法コンメンタール, 勁草書房(1), 787-788면.
148) 계승균, 저작권과 소유권, 계간 저작권, 2004년 봄호, 저작권심의조정위원회, 10면.
149) 상게논문, 9면.

한 컴퓨터에 보다 효과적으로 이용할 수 있도록 하기 위하여 필요한 범위에서의 변경(제 4 호)을 동일성유지권의 제한사유로 들고 있다. 이 규정은 구 컴퓨터프로그램보호법 제10조 후문으로 규정되어 있던 내용을 동법이 2009년 저작권법 개정에 의하여 저작권법에 흡수 통합 되면서 저작권법으로 옮긴 것이다. 프로그램을 사용하다 보면 버그를 제거·수정한다든가 기능향상(version up)을 위하여 프로그램을 변경하여야 할 필요성이 있는 경우가 발생한다. 이러한 경우에 저작인격권자의 허락 없이도 프로그램을 변경할 수 있도록 허용하는 것이 이 규정의 취지이다. 특정한 컴퓨터 외에는 이용할 수 없는 프로그램을 다른 컴퓨터에 이용할 수 있도록 변경하는 경우로서는 사용기종의 교체에 수반되는 변경 등이 있고, 프로그램을 특정한 컴퓨터에 보다 효과적으로 이용할 수 있도록 하기 위한 변경에는 처리속도의 향상이라든가 새로운 기능의 추가 또는 버그의 제거·수정에 수반되는 변경 등이 있다.

(나) 적용 범위

우리 저작권법에서 '이용'이라는 용어는 흔히 저작재산권의 각 지분권이 미치는 행위를 의미하는 것으로 사용되고 있다. 따라서 저작권법 제13조 제 2 항 제 3, 4 호에서 '이용할 수 있도록'이라고 규정하고 있는 것이 자칫 저작재산권이 미치는 이용행위에 대하여서만 제 3, 4 호가 적용된다는 의미로 오해될 여지도 있다. 그러나 여기서의 '이용'이라는 용어는 복제나 전송 등과 같이 저작재산권이 미치는 이용행위를 의미하는 것이 아니라, 프로그램을 그 기능에 따라 사용하는 것, 즉 일반적인 용어로서 '실행' 또는 '가동'과 같은 의미로 이해되어야 한다. 물론 프로그램을 사용하기 위하여 인스톨하는 경우에는 '복제'행위도 일어나게 되는데, 이때의 복제행위는 위 제 3, 4 호에서 말하는 '이용'에 포함된다고 볼 수 있을 것이다.

다음으로 제 4 호에서 '효과적으로 이용'할 수 있도록 한다는 것은 컴퓨터상에서 프로그램의 기능을 향상시키기 위한 것을 말한다. 따라서 특정한 결과를 얻는 것을 목적으로 작성된 프로그램을 그 목적과는 전혀 다른 새로운 목적이나 기능을 얻는 프로그램으로 변경하는 것은 여기에 포함되지 않는다. 그러나 범용성을 가진 프로그램을 특정한 목적의 프로그램으로 개별화(customizing)하는 것은 그 프로그램 자체가 원래 범용성을 가진 것이었으므로 본 호에 해당할 수 있다고 해석된다. 기존의 급여계산 프로그램에 각종 수당까지도 포함시켜 계산이 가능하도록 기능을 확대하기 위한 변경도 본 호에 의하여 가능하다고 해석된다. 그러나 처음부터 특정한 목적을 위한 업무용으로 개발된 프로그램을 그 목적 업무 외의 다른 목적으로 사용하기 위하여 변경하는 것은 '효과적 이용'을 위한 변경에 해당하지 않는다.[150)]

이와 같이 '효과적 이용'을 위하여 필요한 변경이 허용됨에 따라 프로그램저작물에 대

150) 半田正夫·松田政行, 전게서, 790-791면.

한 동일성유지권이 기능할 수 있는 경우는 상당히 제한을 받게 된다. 따라서 현실적으로는 프로그램저작물의 저작자나 판매회사의 신용을 훼손시키기 위하여 프로그램의 기능을 저하시키는 변경에만 동일성유지권이 기능을 하게 된다는 견해도 있다고 한다. 그러나 본 호로 인하여 프로그램의 신용훼손적인 변경에만 한정되어 동일성유지권이 기능을 할 수 있다고 볼 것은 아니다. 본 호에서 '효과적 이용'이라고 함은 어디까지나 프로그램의 실용적인 기능으로부터 발생하는 '효과'를 의미하는 것이기 때문이다. 그 외의 프로그램의 변경, 예를 들어 특정한 게임을 실행하는 프로그램을 변경하여 게임의 스토리를 변경시키는 것은 본 호에 의하여 허용된다고 보기 어렵다.151)

제 3, 4 호에는 각각 '필요한 범위'에서의 변경이라는 한정적인 문구가 붙어 있다. 여기서 '필요한 범위'라고 함은 "이용할 수 있도록 하기 위한" 또는 "효과적으로 이용할 수 있도록 하기 위한" 목적 범위의 것이라면 이에 해당한다고 폭넓게 해석하는 것이 타당하다. 이는 동일성유지권을 제한하는 다른 규정들인 저작권법 제13조 제 2 항 제 1 호나 제 5 호가 "부득이하다고 인정되는 범위"라고 제한하고 있음에 반하여, 제 3 호와 제 4 호에서는 "필요한 범위"라고 용어를 달리하여 규정하고 있기 때문이다. 즉, '부득이'하다고 하는 것은 그러한 변경 외에는 달리 방법이 없다는 정도의 것임을 요구하는데 비하여, '필요한 범위'는 문언상 그러한 정도까지를 요구하는 것은 아니라고 이해된다. 또한 그렇게 해석하는 것이 프로그램저작물은 다른 일반적인 저작물에 비하여 산업재산적 성질을 강하게 가지고 있으므로 가급적 인격적인 요소를 배제하여 이용을 촉진하여야 한다는 현실적 요청과도 부합하게 된다. 이것이 굳이 '부득이'라는 문구 대신 '필요한 범위'라는 완화된 문구를 사용한 입법자의 의도라고 할 것이다.152)

(다) 프로그램코드 역분석과의 관계

저작권법 제 2 조 제34호는 '프로그램코드 역분석'을 "독립적으로 창작된 컴퓨터프로그램저작물과 다른 컴퓨터프로그램과의 호환에 필요한 정보를 얻기 위하여 컴퓨터프로그램저작물코드를 복제 또는 변환하는 것을 말한다"고 정의하고 있다. 나아가 저작권법 제101조의4에서는 일정한 경우에 프로그램을 이용하는 자 등이 프로그램 저작재산권자의 허락을 받지 않고 프로그램 역분석(복제 또는 변환)을 하는 것을 허용하고 있다. 따라서 이 규정에 의하여 허용되는 프로그램 역분석 과정에서 행하여지는 프로그램의 변환과 저작권법 제13조 제 2 항 제 3, 4 호에 의하여 허용되는 변경이 어떤 차이가 있는 것인지 살펴볼 필요가 있다.

---

151) 상게서, 791면.
152) 상게서, 792면.

우선 제101조의4에서 허용되는 변환은 정당한 권한에 의하여 프로그램을 이용하는 자(예를 들어, 해당 프로그램이 수록된 CD-Rom을 정당하게 구입하여 소유권을 취득한 자) 또는 그의 허락을 받은 자만이 할 수 있다. 이에 비하여 제13조 제 3, 4 호에 의한 변경은 굳이 정당한 권한에 의하여 프로그램을 이용하는 자만이 할 수 있는 것은 아니다. 따라서 문언적으로는 제13조 제 2 항 제 3, 4 호에 의한 변경이 제101조의4에 의한 변환보다 범위가 더 넓다고 볼 수 있다. 즉, 제101조의4에 의하여 허용되는 복제나 변환이 아닌 경우에도 제13조 제 2 항 제 3, 4 호가 적용될 수 있다. 예를 들어, A가 창작한 프로그램에 대하여 그 저작재산권이 B, C, D에게 전전양도 되고 저작인격권은 여전히 A에게 남아 있는 경우에, D로부터 허락을 받은 E가 그 프로그램의 기능향상을 위한 프로그램 변경을 하는 것이 허용되는지 여부는 저작권법 제101조의4에 의하면 과연 D가 '정당한 권한'을 가진 자인지 여부 등을 저작재산권 이전 경위 등을 역으로 추적하여 조사해 보아야 하는 등 애매한 소지가 있지만, 제13조 제 1 항 제 3, 5 호에 의하면 E는 그러한 조사 없이도 변경을 할 수 있게 된다.

(4) 그 밖에 저작물의 성질 등에 비추어 부득이한 경우(제 5 호)

위에서 본 경우 외에도 저작물의 성질이나 그 이용의 목적 및 형태 등에 비추어 부득이하다고 인정되는 범위 안에서의 변경에 대하여는 동일성유지권이 제한된다. 이 규정은 제 1 호 내지 제 4 호의 정형적인 예외 사유에는 해당하지 않지만 동일성유지권 침해의 책임을 묻는 것이 적절하지 않은 경우에 대한 구제 규정이다. 어떠한 행위를 제 5 호의 부득이한 개변으로 볼 것인가 하는 점에 대해서는 구체적인 사례별로 판단할 수밖에 없다. 이 규정은 다의적(多義的)·불확정적인 표현으로 되어 있으나 앞의 경우, 즉 제 1 호 내지 제 4 호의 경우와 균등한 정도의 변경은 저작자가 감내하여야 한다는 의미이다. 따라서 이 규정의 해석과 운용에는 신중을 기하여 확대해석이 되지 않도록 하여야 하며, 본질적인 내용의 변경까지 허용하여 동일성유지권을 대폭적으로 제한하는 것은 입법취지에 어긋난다.[153)154)]

구체적인 예로서는 첫째, 복제의 기술적 수단에 따른 부득이한 개변을 들 수 있다. 예컨대 칼라 인쇄물에서 3색인쇄로서는 원작의 색채와 완전히 동일한 색채가 나오지 않는다는 기술적인 문제에 의한 경우가 있을 수 있고, 음악 작품을 녹음하면서 아주 높은

153) 하용득, 전게서, 144면; 內田 晋, 전게서, 146면.

154) 서울지방법원 2000. 1. 21. 선고 99가합52003 판결: "피고가 발췌하여 게재한 글 내용은 원고의 표현을 그대로 옮긴 것으로서 비록 생략된 부분들이 많으나, 이는 위 저작물을 당보에 게재하기 위해 필요한 범위 내로 축약하는 과정에서 발생한 것으로서 이러한 생략이 위 저작물 본래의 취지를 바꾸거나 왜곡할 정도라고 보기 어려운바, 이러한 사정을 종합해 보면 피고의 위 저작물 이용은 그 동일성을 침해하는 방법으로 행해짐으로써 원고의 인격적 이익이 침해되었다고 보기 어렵고, 오히려 공표된 저작물을 정당한 범위 안에서 공정한 관행에 합치되게 인용한 것이라 할 것이다."

고음이나 아주 낮은 저음은 녹음하기 어렵다는 녹음 기술상의 문제에 의한 경우도 있다. 조각 같은 입체적인 작품을 평면으로 인쇄할 때 그 입체감을 완벽하게 나타낼 수 없다는 본질적인 제약에 의한 경우도 있다.

두 번째는 연주·가창 기술 등의 미숙으로 인하여 부득이한 경우이다. 가창 기술의 미숙이나 연습 부족으로 작곡자의 본래의 음악적 표현을 충분히 나타내지 못하는 경우 등이 이에 해당한다. 분명한 오자(誤字)를 정정하는 것도 이 규정에 의하여 가능하다고 해석된다.[155] 그러나 저작자가 의도적으로 오자를 사용한 경우에 이를 정정하는 것은 동일성유지권 침해가 될 수 있다.[156]

세 번째는 방송 등의 기술적 수단으로 인하여 부득이한 경우이다. 예컨대 극장용 영화를 TV로 방송할 때 브라운관의 구조상 네 모서리가 둥글게 굴곡된 형태로 절단되거나,[157] 회화나 영화를 원래의 완전한 형태로 방영될 수 없는 경우 등을 들 수 있다. 다만 앞서 침해의 태양 부분에서 본 바와 같이 극장용 영화를 TV로 방영하면서 시간적 또는 윤리적 문제로 일부내용을 삭제하는 것은 동일성유지권 침해가 성립할 수 있기 때문에 저작자의 동의를 얻을 필요가 있다.

저작물의 종류에 따라서 어느 정도의 변경이 허용되는 경우가 있다. 예컨대 대중가요곡은 클래식 음악과 같은 엄격성이 요구되지 않고, 가수나 밴드의 기호 및 성격에 따라 독특한 바이브레이션을 가미하거나 편곡의 정도에는 이르지 않는 변화된 리듬감을 나타내기도 한다. 이러한 것은 대중가요 분야에서 음악 전달의 방법으로 어느 정도 일반화되어 있고, 또한 실연자의 개성을 살린다는 의미에서 부득이한 변경이라고 취급할 수 있을 것이다.[158][159]

다. 기타 문제

(1) 저작재산권 제한규정과의 충돌

동일성유지권의 제한과 관련하여 논란이 되고 있는 것으로서 저작재산권의 제한 규정

155) 동경고등법원 1991. 12. 19. 판례시보 1422호 123면(法政大學 懸賞論文 사건) 판결은, 동일성유지권 침해를 인정한 판결이지만, 분명한 오자의 정정 부분에 대하여는 침해를 부정하였다.

156) 이른바 '인터넷 소설'과 같은 경우에는 저작자가 일부러 오자나 맞춤법에 어긋나는 독자적인 표기를 하는 경우가 많은데, 이러한 부분을 함부로 수정하는 것은 동일성유지권 침해가 될 것이다.

157) 동경지방법원 1995. 7. 31. 판례시보 1543호 161면(스위트홈 사건) 판결은, 텔레비전 방송을 위하여 부득이하게 영화를 트리밍한 경우 '부득이한 개변'에 해당한다고 하였다.

158) 內田 晋, 전게서, 145-146면; 허희성, 전게서, 84-85면.

159) 최근 유행하고 있는 '나는 가수다' '복면가왕' 같은 이른바 오디션 프로그램에서는 기존의 대중가요를 자신의 개성에 맞게 상당히 변형하여 부르는 경우가 많은데, 이런 정도의 변형이라면 원작자로부터 편곡(2차적저작물작성)에 대한 허락을 받아야 한다.

중 저작권법 제28조의 '공표된 저작물의 인용' 규정과의 충돌 문제가 있다. 저작권법 제36조 제 1 항에서는 일부 저작재산권 제한 규정에 따라 저작물을 이용하는 경우에 그 저작물을 번역·편곡 또는 개작하여 이용할 수 있다고 규정하고 있는데, 여기에 제28조에 의한 이용은 제외되어 있다. 즉, 저작권법 제28조에 따라 저작물을 이용하는 경우에 제36조 제2항에 의하여 그 저작물을 번역하여 이용할 수는 있지만, 제1항에 의한 편곡 또는 개작하여 이용할 수는 없도록 되어 있다. 그런데 현실적으로 '인용'이 발생하는 경우를 보면, 저작물 전체를 있는 그대로 인용하는 경우도 있지만, 일부를 인용하거나 또는 요약이나 약간의 변형을 가하여 인용을 하는 경우도 많다. 이러한 인용 행위가 저작물의 변경에 해당한다고 하여 모두 동일성유지권의 침해라고 한다면 인용 자체가 어려워지고 타인의 저작물을 인용한 창작활동이 크게 제한을 받게 될 우려가 있다. 이 문제 역시 저작권법 제13조 제 2 항 제 5 호에서 규정하고 있는 "부득이하다고 인정되는 범위 안에서의 변경"의 유연한 해석을 통하여 해결하는 것이 가능하다.[160] 저작권법이 동일성유지권과 함께 2차적저작물의 작성 및 공표된 저작물의 인용 등의 제도를 규정하고 있는 이상, 이들 제도가 양립할 수 있는 해석을 하여야 하고, 따라서 2차적저작물의 작성 및 공표된 저작물의 인용 등에 수반되는 개변은 이들 제도에 당연히 내재하는 동일성유지권의 제한이라고 보아야 한다는 해석론도 있다. 다만, 그렇다고 하여 2차적저작물의 작성과 공표된 저작물의 인용 등의 경우에는 반드시 동일성유지권 침해의 책임이 면제되는 것은 아니다. 통상의 2차적저작물 작성 및 인용 등의 범위를 초과하여 저작자의 명예나 성망을 해치는 경우라면 침해가 될 수 있다.[161]

한편, 현행 저작권법은 이른바 저작재산권을 제한하는 일반조항으로서 제35조의5(저작물의 공정한 이용) 규정을 신설하였다. 이 규정은 저작권법 제28조에 해당하는 경우까지를 포괄하고 있어서 제28조와 중복되는 규정이라는 지적이 있기도 하지만, 제36조에서는 제28조와 달리 제35조의5에 따라 저작물을 이용하는 경우에는 그 저작물을 번역·편곡 또는 개작하여 이용할 수 있도록 되어 있다. 따라서 저작권법 제28조에 해당하면서 아울러 제35조의5의 요건을 충족하는 '인용'의 경우에는[162] 개작하여 이용하는 것이 허용되고 있다는

160) 동경지방법원 1998. 10. 30. 판례시보 1674호 132면('혈액형과 성격' 사건) 판결은, 요약인용을 인정한 다음 인용에 있어서 요약에 의한 개변은 '부득이하다고 인정되는 개변'에 해당한다고 판시하였다. 그러나 이에 대하여 동경지방법원 2004. 5. 31. 판례시보 1936호 40면('남국대학 노트' 사건) 판결은, 소설 속에서 타인의 시(詩)를 이용한 것은 '인용'이 아니라고 한 다음, 본 호는 동일성유지권에 의한 저작자의 인격적 이익의 보호를 예외적으로 제한한 규정으로, 본 호에서 말하는 '부득이하다고 인정되는 개변'에 해당하기 위해서는 저작물의 성질, 이용의 목적 및 태양에 비추어 당해 저작물의 개변에 관하여 본 항의 다른 호에 열거된 예외적인 경우와 동일한 정도의 필요성이 존재할 것을 요구한다고 하여 부득이한 개변은 아니라고 하였다. 中山信弘, 著作權法, 법문사(2008), 356면에서 재인용.

161) 中山信弘, 전게서, 356-357면.

162) 사실상 저작권법 제28조의 요건을 충족하는 '인용'의 경우에는 대부분 제35조의5의 요건도 충족할 수

점에서 동일성유지권 제한과 관련된 보다 유연하고 폭넓은 해석이 가능하여졌다고 볼 수 있다.

'패러디'(parody) 역시 그러한 차원에서 동일성유지권과 관련하여 논란이 되고 있다. 뒤의 패러디 부분에서 다시 살펴볼 것이지만, 일정한 요건을 갖춘 이른바 '성공한' 패러디의 경우 저작재산권이 제한되어 저작재산권침해가 되지 않는다는 것이 일반적인 해석이다. 그리고 저작재산권 침해로부터 면책되는 패러디는 동일성유지권의 침해도 되지 않는 것으로 새겨야 한다. 이러한 점들에 관하여는 제 6 장 "저작물의 자유이용과 저작재산권의 제한" 부분에서 다시 한 번 검토하기로 한다.

(2) 동일성유지권 제한규정의 해석

일본의 경우를 보면, 종래의 학설은 동일성유지권의 제한규정은 극히 엄격하게 해석·운용되어야 하며 확대해석되는 일이 없도록 주의하여야 한다는 견해가 다수설이었다.[163] 그러나 저작권법 입법 당시와 현재의 저작권법이 놓여져 있는 시대적 상황은 매우 달라졌으므로, 동일성유지권 제한규정, 특히 제13조 제 2 항 제 5 호(일본 저작권법 제20조 제 4 호)의 일반조항으로서의 성격에 주목하여, 유연한 해석을 통하여 정보화 시대에 대응하여야 한다는 견해도 유력하게 제기되고 있다. 제 5 호는 일종의 '일반조항'으로서의 성질을 가지고 있다. 원래 저작권법 입법 당시에는 이와 같은 일반조항을 두는 것 자체에 대하여 반대가 매우 강하였고, 이 규정을 두더라도 그 적용은 엄격하게 하여야 한다는 이른바 엄격적용설이 주류를 차지하고 있었다. 그러나 저작권을 둘러싼 상황이 크게 변화하고 있는 현재에 그러한 엄격한 해석을 관철하는 것이 타당한가 하는 점에 관하여는 재검토할 필요가 있다는 것이다. 또한 세계적으로 강한 동일성유지권의 규정을 두고 있는 일본 저작권법의 특수성을 감안하여 이를 현대사회에 적합하도록 수정하는 것도 염두에 두어야 한다고 주장한다.[164] 조문 형식상으로 볼 때 일본보다도 더 강한 동일성유지권 규정을 두고 있고, 디지털·네트워크가 빠르게 진행되고 있는 우리나라의 입장에서도 검토해 볼 필요가 있는 견해라고 생각된다.

우리 대법원 판결 중에는 저작물의 변경에 대하여 저작자의 묵시적 동의가 있었다고 인정하여 동일성유지권 침해를 부정한 사례가 있다. 대법원 1992. 12. 24. 선고 92다31309

있을 것으로 보인다.

163) 加戶守行,『著作權法 逐條講義』, 四訂新版, 社團法人 著作權情報センター, 173면; 齊藤博, 著作者人格權の理論的課題, 民商 116권 6호 834면(1997) 등.

164) 中山信弘, 전게서, 357면. 실제로 일본에서는 최근에 와서 본 호를 적용하여 동일성유지권 침해를 부정하는 판결이 계속하여 늘어나고 있다고 한다.

판결(일명 '롯티' 사건)[165]에서는, 신청인이 제작한 캐릭터(너구리) 도안은 순수미술작품과는 달리 그 성질상 주문자인 피신청인의 기업활동을 위하여 필요한 경우 변경되어야 할 필요성이 있었고, 캐릭터제작계약에 의하여 피신청인측에서 도안에 관한 소유권이나 저작권 등의 모든 권리는 물론 도안을 변경할 권리까지 유보하고 있었을 뿐만 아니라, 신청인이 피신청인측의 수정 요구에 대해서 몇 차례 수정을 하다가 자기로서는 수정을 하여도 같은 도안밖에 나오지 않는다면서 더 이상의 수정을 거절한 사실까지 보태어 보면, 신청인은 그의 의무인 도안의 수정을 거절함으로써 피신청인이 도안을 변경하더라도 이의하지 아니하겠다는 취지의 묵시적인 동의를 하였다고 인정함이 상당하다 할 것이므로, 피신청인측이 제 3 자로 하여금 신청인이 제작한 너구리 도안을 일부 변경하게 한 다음 그 변경된 기본도안과 응용도안을 기업목적에 따라 사용하고 있다고 하더라도 그 변경은 신청인의 묵시적 동의에 의한 것이므로 동일성유지권 침해에는 해당되지 아니한다고 하였다.

이러한 대법원 판결의 결론에 대하여는 두 가지의 서로 다른 견해가 있다. 첫 번째 견해는, 신청인이 묵시적인 동의를 하였으므로 저작인격권의 침해가 되지 않는다는 판시는 저작인격권의 실효성 있는 보호를 힘들게 한다는 점에서 부당하지만, 이 사건의 경우 도안의 변경행위로 신청인의 인격적 이익이 침해된 바 없으므로 인격적·정신적 이익의 보호를 목적으로 하는 동일성유지권의 침해가 있다고 보기는 어렵고, 따라서 위 판결은 동일성유지권의 침해를 부정한 결론에 있어서는 타당하다고 한다.[166] 두 번째 견해는, 신청인이 끝내 수정을 거절하였는데 그 거절의 의사표시를 수정해도 좋다는 묵시적 동의로 본다는 것은 아무래도 부당하다고 한다.[167] 다만 동일성유지권의 침해가 문제로 되려면 신청인의 도안 그 자체에 수정이 가하여져야 하는데, 이 사건의 경우에는 신청인의 도안을 보고 제 3 자가 그와 유사한 자신의 도안을 제작한 것이므로 두 도안의 작성주체가 바뀐 이상 복제권 내지 2차적저작물작성권 침해여부는 별론으로 하고 저작인격권은 문제가 될 수 없고, 그렇다면 동일성유지권의 침해를 인정하지 않은 위 판결은 그 결론에 있어서는 타당하다고 한다.[168]

165) 이 사건에서는 신청인이 제작한 캐릭터 도안인 '롯티'에 대하여 두 가지 쟁점이 문제로 되었다. 첫 번째 쟁점은 피신청인의 의뢰에 의하여 제작된 롯티 캐릭터의 저작자가 누구인지에 대한 것이고, 두 번째 쟁점은 그 캐릭터의 동일성유지권 침해문제이다. 첫 번째 쟁점에 관하여는 앞서 제 3 장 '저작자' 중 업무상저작물 부분에서 검토한 바 있는데, 결론적으로 법원은 위 캐릭터의 저작자는 의뢰자인 롯데월드가 아니라 실제 제작을 한 신청인 甲이라고 판시하였다.

166) 도두형, 판례평석: 저작물 동일성유지권이 미치는 범위, 인권과 정의, 대한변호사협회, 1994. 5, 90면 이하 참조.

167) 이상정, 판례평석－롯티사건, 창작과 권리, 제 6 호, 1997년 봄호, 25-26면.

168) 김문환, 전게논문, 66면에서 재인용. 이 견해는 동일성유지권의 침해를 주장할 수 있는 경우는 침해물과 침해 당한 저작자 사이에 어떠한 형태로든 연결고리를 만들어 놓은 경우에 한정된다는 소수설의

(3) 침해로 인정되는 개변의 정도

어느 정도의 개변이 이루어지면 동일성유지권의 침해로 볼 것인가에 관하여 서울민사지방법원 1994. 9. 2. 선고 94가합28760 판결(일명, '서태지 라이브 콘서트' 사건)[169]을 검토해 보기로 한다. 이 판결은, 당사자 사이에 "영상물에 대한 편집 등 수정을 할 수 없다"는 약정을 체결한 경우에 그 약정에 따라 공연의 제호나 공연실황 된 각 노래제목에 대한 자막을 삽입하는 행위도 금지되는지에 관한 사건이다. 법원은, 영상물에 대한 편집 등 수정행위라 함은 필름의 편집행위 등 수정행위를 의미하고, 그 수정행위는 마스터 테이프에 수록된 순서와 달리 공연의 순서를 변경한다든가 원래의 공연장면 중 일부를 삭제하여 공연시간을 보다 단축하거나 또는 공연실황에 없는 장면 등(예를 들어 상품광고나 회사 선전광고, 다른 공연장면 따위)을 다른 외부의 필름으로부터 삽입하는 것 등을 의미하며, 단순히 영상물의 내용에 따른 설명의 의미로 자막을 삽입하는 행위는 영상물에 대한 동일성을 침해하지 아니하는 한 원고들의 저작권 및 저작인접권을 보호하기 위한 위 영상물의 편집 등 수정행위 금지 대상에 해당하지 않는다고 하면서, "피고가 위 영상물에 삽입한 '93 서태지와 아이들 LIVE 콘서트'라는 자막은 보통 비디오테이프를 제작하는 과정에서 비디오의 시작을 알리는 제호이고, 원고들이 실연한 각 노래 제명에 대한 자막은 피고가 원고들로부터 비디오 복제권 및 배포권을 취득한 이상 그 판매행위의 고객을 위한 서비스 차원에서 관행적으로 이루어지는 행위임을 감안할 때 피고의 행위는 원고들의 영상물에 대한 동일성을 침해한 것이 아니다"라고 하였다.

반면에 저작물의 본질적인 부분의 변경에 해당한다고 하여 동일성유지권의 침해를 인정한 서울동부지방법원 2004. 9. 30. 선고 2004가합4292 판결을 살펴본다.[170] 이 사건에서 법원은, 원고가 창작한 조형물에 피고가 임의로 전광판을 부착하면서 원반형의 스테인리스 구조물을 설치한 것은 원고에 의하여 이 사건 조형물에 반영된 사상과 감정을 훼손하고 그 구성 및 표현방법을 변경하는 것으로서 원고의 동일성유지권을 침해하는 행위에 해당한다고 하였다. 나아가 설사 피고가 이 사건 조형물에 대한 2차적저작물작성권을 원고로부터 양수하였다고 하더라도, 이 사건 조형물은 4개의 주요 부분으로 구성되어 각 부분이 독자적인 상징과 미적 요소를 지니고 있다고 할 것인데, 피고가 이 사건 조형물 중

입장에서 나온 것이다.

169) 송영식·이상정, 전게서, 141면에서 재인용.

170) 이 판결의 사안은, 조형예술가인 원고가 지방자치단체인 피고 송파구가 공모한 잠실 사거리에 설치할 조형물에 '빛의 세계'라는 제목의 조형물로 응모하여 최우수 작품으로 선정되어 그 조형물을 완성하였는데, 그 후 송파구가 위 조형물의 중간 부분에 원래 부착되어 있는 사각형 모양의 고정식 광고판을 원고의 동의를 받지 아니하고 철거한 후 전광판을 갖춘 원반형 스테인리스 구조물로 대체하여 설치한 것이 문제로 된 사례이다.

공익광고물 부분을 철거한 후 전광판을 부착하면서 설치한 원반형 스테인리스 구조물은 이 사건 조형물의 다른 부분보다 월등히 클 뿐만 아니라, 마치 이 사건 조형물의 구성부분을 이루는 것으로 보이는 등 이 사건 조형물에 대한 원고의 창작의도를 중대하게 훼손하였다고 인정되므로, 이는 이 사건 조형물의 본질적인 부분의 변경에 해당한다고 볼 것이고, 따라서 저작권법 제13조 제 2 항의 동일성유지권 제한 규정의 적용도 받을 수 없다고 하였다.[171]

V. 저작인격권의 성질 및 행사

1. 저작인격권의 일신전속성

가. 의 의

저작인격권은 저작자의 일신에 전속한다(저작권법 제14조 제 1 항). 따라서 저작인격권은 타인에게 양도 또는 상속할 수 없고, 저작자가 사망(법인 등 단체가 저작자인 경우 그 단체가 해산)하면 그와 동시에 소멸하게 된다. 다만 뒤에서 보는 바와 같이 저작권법은 저작자가 사망하더라도 일정한 경우에는 그 인격적 이익을 보호하고 있다(같은 조 제 2 항). 양도와 상속이 불가능하고 저작자의 사망과 동시에 소멸하는 성질을 '귀속상의 일신전속성'이라고 한다.

또한 저작인격권은 타인이 그 권리를 행사할 수 없고 오직 저작자의 의사에 행사의 자유가 맡겨져 있는데, 이러한 성질을 '행사상의 일신전속성'이라고 한다. 따라서 저작인격권은 민법상 채권자대위권의 대상이 될 수 없다.[172] 다만, 저작인격권의 본질을 해하지 않는 범위 내에서 저작인격권을 위임하거나 대리행사 하는 것은 가능하다고 본다. 판례는 저작인격권의 일신전속성에 따라 양도성을 부정할 뿐만 아니라, 저작인격권의 행사를 위임하는 것에도 일정한 한계가 있다고 보고 있다. 대법원 1995. 10. 2.자 94마2217 결정은, 저작인격권은 저작재산권과는 달리 일신전속적인 권리로서 양도하거나 이전할 수 없으므로, 비록 그 권한행사 있어서는 이를 대리하거나 위임하는 것이 가능하다 할지라도 이는 어디까지나 저작인격권의 본질을 해하지 아니하는 한도 내에서만 가능하고, 저작인격권 자체는

171) 다만, 이 판결에서는 동일성유지권 침해로 인한 정신적 손해, 즉 위자료 청구만 인용하고, 명예회복에 필요한 조치로서 스테인레스 구조물의 철거 청구는 받아들이지 아니하였다.

172) 민법 제404조 제 1 항 단서.

저작자에게 여전히 귀속되어 있다고 보아야 하며, 저작자는 저작물에 관하여 그 저작자임을 주장할 수 있는 권리(이른바 귀속권)가 있으므로 타인이 무단으로 저작물에 관한 저작자의 성명, 칭호를 변경하거나 은닉하는 것은 고의, 과실을 불문하고 저작인격권의 침해가 된다고 하였다.[173)]

저작자의 생존 중에 저작인격권의 침해행위가 있었고 저작자가 이에 대하여 손해배상청구의 의사표시를 하고 사망한 경우에 그의 유족은 저작자의 생존 중에 발생한 손해배상청구권을 상속하는데, 이것은 저작인격권이 일신전속성이 없는 일종의 금전채권으로 변경되었기 때문이다. 그리고 저작인격권의 일신전속성은 자연인뿐만 아니라 법인 등의 단체에도 적용되므로, 법인이나 단체가 동일성을 상실하지 않고 존속하는 한 저작인격권을 행사할 수 있다. 합병의 경우에도 합병 후의 법인이 합병 전의 법인과 동일성을 가지고 존속하는 것으로 평가된다면 그 법인은 저작인격권을 상실하지 않는다고 보아야 한다.[174)]

나. 프로그램 저작인격권의 일신전속성

이와 같이 저작권법 제14조 제 1 항은 저작인격권의 일신전속성에 관하여 규정하고 있는데, 현행 저작권법에 흡수통합된 구 컴퓨터프로그램보호법은 이러한 규정을 두고 있지 않았다. 이와 관련하여 이는 컴퓨터프로그램보호법이 프로그램 저작인격권에 대하여는 일신전속성을 인정하지 않는 것이라는 견해와, 컴퓨터프로그램보호법에 규정이 없는 경우 프로그램 보호에 관하여 저작권법에 규정이 있을 때에는 그 규정을 적용하도록 되어 있으므로(구 컴퓨터프로그램보호법 제45조) 프로그램 저작인격권의 경우도 당연히 일신전속성이 있다는 견해가 대립하여 왔다.

일신전속성을 부정하는 견해는, 첫째, 컴퓨터프로그램은 문학 및 예술작품 등에 비하여 저작자의 인격적 이익과의 관련성이 약하다는 점, 둘째, 동일성유지권을 포함한 저작인격권에 대하여 일신전속성을 인정하는 것은 빈번한 개변을 필요로 하는 프로그램의 특성과 맞지 않는다는 점, 셋째, 컴퓨터프로그램보호법이 저작권법에 규정된 사항도 다시 중복하여 자세히 규정하는 방식을 취하면서 특별히 저작인격권의 일신전속성에 관한 규정만 제외한 것은 입법자의 의도가 컴퓨터프로그램에 대한 저작인격권의 일신전속성을 배제하

173) 이러한 법리를 바탕으로 대법원은, 신청인이 이 사건 저작물의 공동저작자로 인정됨에도 그에 대한 저작인격권마저 제 3 자에게 포괄적으로 위임되었다는 것을 전제로 피신청인에 의한 이 사건 저작물의 저작자 표시 변경이 신청인의 저작인격권 침해로 되지 않는다고 한다면, 이는 실질상 저작인격권의 양도를 인정하는 결과로 되어 저작인격권의 본질을 벗어나는 것이 되므로 허용되어서는 아니 되고, 이 사건 저작물에 대한 신청인의 저작인격권 자체는 여전히 신청인에게 귀속되어 있는 것이라고 보아야 한다고 하였다.

174) 허희성, 전게서, 86면.

려는 취지였던 것으로 보인다는 점, 넷째, 저작권법상 저작권양도에 관한 조항(저작권법 제45조)은 법문에서 '저작재산권'으로 분명히 제한하고 있음에 반하여 컴퓨터프로그램보호법에서는 '프로그램저작권'이라는 용어를 사용(제15조 제 1 항)하여 서로 다른 규정을 하고 있다는 점 등을 근거로 든다. 다만, 성명표시권은 이를 양도한다고 하더라도 저작자가 아닌 양수인이 자신의 성명을 저작자로 표시하는 것은 허용되지 않는다고 보아야 하므로, 그러한 양도가 있을 때에는 그 권리를 포기한 것과 마찬가지로 보아야 한다고 한다.[175]

한편, 일신전속성을 긍정하는 견해는, 첫째, 프로그램도 저작물로 보호하는 것이 우리 법의 입장인 이상 저작물을 저작재산권·저작인격권으로 파악하는 기본구조를 프로그램의 경우에도 적용하지 않을 수 없다는 점, 둘째, 컴퓨터프로그램보호법은 저작권법의 특별법이므로 컴퓨터프로그램의 경우 저작인격권의 일신전속성을 배제하는 특별규정을 두지 않은 이상 일반적인 저작권법이 적용된다고 봄이 타당하다는 점, 셋째, 컴퓨터프로그램보호법도 컴퓨터프로그램의 보호에 관하여 저작권법에 규정이 있는 경우에는 그 규정을 적용한다고 하고 있다는 점(제45조) 등을 그 근거로 든다.[176]

현행 저작권법은 구 컴퓨터프로그램보호법을 흡수통합하면서, 저작인격권의 일신전속성을 규정한 제14조에서 프로그램저작물을 제외하지 않고 있다. 또한 프로그램저작물에 관한 특례 규정 부분에서도 저작인격권에 관한 특별한 규정을 두고 있지 않다. 이는 결국 프로그램저작물의 경우에도 다른 일반저작물과 마찬가지로 그 저작인격권은 일신전속성을 가짐을 전제로 한 것이라고 이해된다.

다. 저작인격권의 포기 또는 불행사 특약(합의)

(1) 문제의 소재

이와 같이 저작인격권은 일신전속성을 가지고 있으므로 양도나 상속이 될 수 없다. 양도할 수 없다고 하는 것은 담보권 설정도 할 수 없고 압류도 할 수 없다는 것을 의미한다. 그런데 저작인격권의 행사를 미리 포기하거나 불행사 특약을 하는 것은 가능한지 문제로 된다. 일반적으로 저작물을 도급의 형태로 주문하여 창작하도록 하는 경우, 향후 저작물의 변경 등이 필요한 경우를 대비하여 그 주문에 의하여 창작되는 저작물에 대한 2차적저작물작성권을 포함한 일체의 권리를 주문자가 양도받는 계약을 체결하는 사례가 많다. 그런

175) 송상현 외 2인, 컴퓨터프로그램보호법 축조해설, 서울대학교 출판부, 1989, 130-131면; 오승종·이해완, 전게서, 706면.

176) 임준호, 컴퓨터프로그램의 법적 보호, 지적소유권에 관한 제문제(하), 법원행정처, 1992, 491-492면; 김근우, 컴퓨터프로그램보호법상 저작인격권, 디지털재산법연구, 제 4 권 제 1 호, 통권 6호, 세창출판사, 2005, 253면.

데 이때 저작인격권, 특히 동일성유지권은 일신전속성으로 인하여 양도를 받을 수 없기 때문에, 그 대안으로 저작자의 저작인격권의 행사를 미리 불행사(또는 포기) 하도록 하는 합의 또는 계약을 하는 것이다. 예를 들어, 서울특별시가 광화문 광장에 설치할 미술조형물을 조각가 A에게 주문제작을 의뢰하면서, 향후 그 미술조형물의 형태 변경이라든가 수선, 위치변경하여야 할 경우를 대비하여 주문계약서에 2차적저작물작성권을 포함한 일체의 권리를 A로부터 양도받는 조항과 아울러 동일성유지권을 행사하지 않기로 하는 조항까지 삽입하는 경우이다. 이때 그러한 저작인격권의 불행사 합의 조항이 유효한지 여부가 문제로 될 수 있다.

저작인격권은 인격권으로서의 성질을 가지기 때문에 포기할 수 없으며 따라서 원칙적으로 저작인격권 포기 합의는 무효라고 해석하여야 한다. 이와 같이 '인격권의 포기'는 인격권의 본질에 부합하지 않는다는 인식 때문에 실무적으로는 저작인격권의 '불행사 특약' 또는 '개변의 동의' 등의 용어가 많이 사용되고 있으나 그 실체는 크게 다르지 않은 것 같다. 다만, '인격권의 포기'라고 하면 저작자가 저작인격권을 어느 누구에 대하여서도 주장하지 않겠다는 의사표시로 이해될 수 있는 반면에, '불행사 특약'이나 '개변의 동의'라고 하면 저작자가 그 특약 또는 동의의 상대방에 대하여서만 저작인격권을 행사하지 않을 의사를 표시한 것으로 해석될 수 있다는 점에서 차이가 있다. 그러나 합의서에 '저작인격권의 포기'라고 되어 있다고 하더라도 이는 원래의 의미에서의 '포기'라기보다는 '불행사'의 취지로 이해하는 것이 타당하지 않을까 생각한다.

저작인격권 불행사 합의 조항은 일반적으로 주문자와의 관계에서 낮은 협상력을 가질 수밖에 없는 저작자들로 하여금 저작인격권을 어쩔 수 없이 사실상 포기하도록 하는 바람직스럽지 못한 결과를 가져올 수 있다. 그러나 그렇다고 해서 저작인격권 불행사 합의를 전혀 금지하거나 효력이 없다고 하는 것은 저작물 수요자들로 하여금 저작물의 주문제작 자체를 꺼리게 만들 우려가 있고, 오히려 저작자들의 자율성을 지나치게 제약함으로써 그 지위를 개선하는데 도움이 되지 않을 수도 있다.

(2) 학 설

저작권법은 저작인격권의 일신전속성에 대한 규정만 두고 있을 뿐 포기나 불행사 합의에 관한 직접적인 규정을 두고 있지는 않다. 따라서 저작인격권 포기나 불행사 합의의 유효성 여부는 해석에 맡겨져 있다고 할 것인데, 저작인격권을 일반적 인격권과 같은 것으로 보는 동질설에 의하면 저작인격권은 원칙적으로 포기할 수 없는 권리로 이해하게 된다.

학설을 살펴보면, 먼저 국내 학설 중에는 저작인격권은 본질적으로 포기할 수 없는 권리이므로 사전에 포기합의를 한 경우에도 이는 무효로 보아야 한다는 견해가 있다.[177] 이에 반하여 저작인격권 행사를 전혀 포기할 수 없도록 금지하는 것은 저작물의 수요를 감소시키는 등 저작자의 지위를 오히려 약화시킬 우려가 있으므로 포기 조항의 유효성은 이를 인정하면서도, 저작인격권 포기에 대한 부당한 압력으로부터 저작자를 보호하기 위해서는 저작물과 그 저작물의 이용행위를 구체적으로 정하도록 하고, 그러한 경우에 한하여 저작인격권을 포기할 수 있도록 하는 것이 합리적이라는 견해가 있다.[178] 또한 같은 취지에서 민법상의 불법행위나 형법상의 범죄행위는 법에서 허용하지 않는 위법한 행위여야 하는데, 피해자의 승낙은 그것이 공서양속이나 사회상규에 위배되지 않는 한 위법성을 조각하고 따라서 민사상 책임을 물을 수 없거나 형사상 처벌할 수 없게 된다는 점에서 볼 때, 저작자가 사전에 저작인격권을 포기하는 것은 일정한 범위 내에서 허용된다고 보는 견해도 있다.[179] 그러나, 피해자의 승낙에 의하여 위법성이 조각되므로 저작인격권의 포기를 인정할 수 있다는 견해에 대하여는, 특히 성명표시권과 관련하여 저작자 사칭·공표죄(저작권법 제137조 제 1 호)의 취지가 저작자 개인의 성명표시라는 인격적 이익뿐만 아니라 수요자 대중에게 허위의 저작자 정보를 제공하여 부당하게 구매를 유인하는 것을 막고자 하는 등 사회공공에 대한 기만적 행위의 금지라는 사회적·공익적 법익의 보호가 더 중요한 의미를 가지고 있으므로 저작자의 승낙이 있었다는 것만으로는 위법성이 조각되지 않는다는 반론이 있다.[180]

또한 학설 중에는, 저작인격권(동일성유지권)의 포기는 허용될 수 없으며 포기하는 합의는 무효라고 하면서, 그러나 불행사 합의는 경우를 나누어, 동일성유지권의 보호범위 중 일반적 인격권에 해당하는 사회적 명예·명성의 보호를 넘어서는 부분에 대해서는 어느 정도 임의규정으로서의 성질을 긍정할 수 있다(따라서 동일성유지권 불행사 합의가 유효하다)는 견해도 있다. 이 견해에 따르면, 베른협약이 요구하는 동일성유지권의 보호범위는 '명예 또는 명성을 해할 우려가 있는 변경'이고 이는 동 협약이 요구하는 최저한의 기준이라고 할 것이므로, 사회적 명예·명성을 해하는 데에 이르지 않는 범위에 관해서는 동일성유지권의 불행사 합의를 하더라도 그 합의는 유효하다고 한다.[181]

177) 이해완, 저작권법, 박영사(2012, 제 2 판), 316면. 다만, 이 견해는 저작인격권의 포기에 관하여 언급하고 있을 뿐, 불행사 합의의 효력에 관하여는 특별히 언급하고 있지 않아서, 이 부분에 대하여서도 유효성을 부정하는 것인지는 확실하지 않다.

178) 임원선, 실무자를 위한 저작권법, 개정판, 한국저작권위원회, 2009, 103면.

179) 최경수, 저작권법개론, 한울아카데미(2010), 233면.

180) 서울대학교기술과법센터, 저작권법주해, 박영사(2007), 1337면; 서울지방법원 1992. 2. 11. 선고 91노4388 판결.

181) 박성호, 전게서, 296면. 부연하여 저작자의 사회적 명예·명성을 해할 우려가 있는 변경은 저작권법 제

(3) 소 결

오늘날 저작권은 문화기본권적인 본래의 영역을 넘어서서 산업재산권적인 색채가 점차 강하여져 가고 있고, 저작권법의 목적도 '문화의 향상발전'으로부터 '문화 및 관련 산업의 향상발전'으로 수정되었다. 이런 점에 비추어 보면, 저작인격권도 기존 아날로그 시대의 것에서 벗어나서 그 현대적 의미를 검토해 볼 필요가 있다. 컴퓨터프로그램이나 설계도면과 같이 기능적 성격이 강하고 인격적 색채가 약한 저작물에 관하여서는 물론이고, 종래의 아날로그 저작물에 대하여서도 유통 및 거래안전의 확보를 위하여 필요하거나 또는 공익적 필요성이 있는 일정한 경우에는 저작인격권을 유연하게 해석하거나 사전 계약의 효력을 보다 강하게 인정할 필요가 있다. 그것이 오히려 저작물의 수요를 증가시키고 저작자의 자율성을 보장함으로써 저작자에게도 나쁘지 않은 결과를 가져올 수 있다. 만약 저작인격권의 불행사 합의가 절대로 인정될 수 없다면, 경우에 따라서는 저작자가 개변을 사전 동의해 주었다가 나중에 그것을 철회하는 것도 가능하게 되는데, 이는 저작물 유통과 거래에 있어서 큰 법적 리스크 및 장애가 될 수 있다.[182] 그렇게 되면 저작자가 스스로 인격권의 행사를 포기하는 대신에 더 높은 경제적 가치를 실현하기 원한다고 하여도 저작자의 그러한 의도와는 관계없이 그 저작물은 시장에서 리스크만큼 낮은 평가를 받게 된다. 저작물의 경제재로서의 가치가 높아지고 있는 현재의 상황을 생각한다면, 자기 저작물의 경제적 가치의 최대화를 추구하지 못하게 하는 것은 오히려 저작자의 보호를 약화시키는 면도 있다는 것을 간과해서는 안 될 것이다.[183] 따라서 저작인격권의 사전 포기나 불행사 합의를 모두 무효라고 보거나, 저작인격권의 사전 포기나 불행사 합의는 어떠한 경우에도 인정될 수 없다고 단정할 것은 아니다. 저작인격권의 사전 포기나 불행사 합의가 불공정행위에 해당하는 등의 사정이 없는 한 '일정한 경우'에는 그 유효성을 인정할 수 있다고 보아야 할 것이다.[184] 여기서 저작인격권의 사전 포기 또는 불행사를 인정할 수 있는 '일정한 경우'에 해당하려면 일단 저작자의 명예와 명성을 해하지 않는 경우라야 한다. 왜냐하면, 저작인격권에는 일반적 인격권인 명예나 명성에 관한 권리도 포함되어 있는데, 일반적 인격권에 해

13조 제 2 항 단서의 '본질적인 내용의 변경'을 의미하는 것이므로 동일성유지권의 불행사 합의가 본질적인 내용의 변경에 관한 것이 아니라면 그 불행사 합의는 유효하게 성립한다고 한다.

182) 동경지방법원 2001. 7. 2. 판결('우주전함 야마토' 사건)에서는, 저작인격권에 기한 권리를 행사하지 않는다는 약정이 있었음을 인정한 후, 그럼에도 불구하고 저작인격권에 기한 권리행사를 하는 것은 신의칙에 비추어 허용되지 않는다고 판시하였다(中山信弘, 전게서, 324면에서 재인용).

183) 中山信弘, 전게서, 322면.

184) 일본의 中山信弘 교수는, 저작인격권이라고 하더라도 절대로 포기가 인정되지 않는 것은 아니며, 요컨대 어떤 경우에 포기가 인정되는가라는 구체적인 문제로 귀착될 것이라고 하여 저작인격권도 일정한 경우에는 포기할 수 있다는 취지의 견해를 밝히고 있다(中山信弘, 전게서, 323면).

당하는 부분에 대하여는 원칙적으로 사전 포기가 인정되지 않기 때문이다.

저작인격권 중 특히 동일성유지권의 사전 포기나 불행사 합의는 저작물에 대한 변경의 구체적 내용이나 범위가 정해지지 않은 상태에서 이루어지는 경우가 많다. 그러한 경우에는 나중에 실제로 행하여진 변경 행위가 저작자의 명예나 명성을 해하는 것인지를 고려하여 불행사 합의의 유효성 여부를 판단하여야 할 것이다.[185)]

참고적으로 미국 저작권법은 시각예술저작물에 대한 성명표시권과 동일성유지권은 양도할 수는 없으나, 저작자가 서명한 문서로 그러한 포기에 명시적으로 동의하는 경우에는 포기될 수 있으며, 다만 그 문서는 포기가 적용되는 저작물과 그 저작물의 이용행위를 명백히 특정하여야 하고, 포기는 그렇게 특정된 저작물과 그 이용행위에 대해서만 유효하다고 규정하고 있다.[186)] 또한 저작인격권을 비교적 강하게 보호하고 있는 프랑스나 독일의 저작권법에서도 저작인격권은 포기할 수 없는 것이 원칙이기는 하나, 당사자들이 예견할 수 있는 좁은 범위의 포기는 일반적으로 유효하다고 한다. 프랑스 판례에 의하면 저작자가 저작물의 제한적인 변경에 동의한 뒤 나중에 저작인격권의 일신전속성을 들어 동의를 번복하는 경우 저작자의 손을 들어주지 않는다고 하며, 다만 명시적으로 성명표시권 포기 계약을 한 후 일정 기간이 지나면 성명표시권을 다시 주장할 수 있다고 한다.[187)] 이러한 해외의 사례들은 우리 저작권법의 해석상 어떠한 경우가 저작인격권의 사전 포기 조항이 인정될 수 있는 '일정한 경우'에 해당할 것인지를 판단함에 있어서 좋은 참고자료가 될 것으로 보인다.

저작인격권의 사전 포기와 관련된 구체적인 쟁점으로서 대작(代作)의 문제와 성명표시권 불행사 합의의 유효성 문제가 있는데, 이에 관하여는 앞의 제 3 장 제 2 절과 본 장의 '성명표시권' 부분에서 살펴본 바 있다.

2. 공동저작물의 저작인격권 행사

공동저작물의 저작인격권은 저작자 전원의 합의에 의하지 아니하고는 이를 행사할 수 없다. 다만 이 경우 각 저작자는 신의에 반하여 합의의 성립을 방해할 수 없다(저작권법 제15조 제 1 항). 이 규정은 공동저작자 각자의 의사를 존중하면서도 합의의 성립을 촉구하여 저작물의 원활한 이용을 도모하고자 하는 취지에서 마련된 것이다.

---

185) 박성호, 전게서, 297면.
186) 미국 저작권법 제106A조(e).
187) 최경수, 전게서, 232-233면에서 재인용.

공동저작물의 저작자는 그들 중에서 저작인격권을 대표하여 행사할 수 있는 자를 정할 수 있고, 이때 그 권리를 대표하여 행사하는 자의 대표권에 가하여진 제한이 있을 때에 그 제한은 선의의 제 3 자에게 대항할 수 없다(같은 조 제 2, 3 항). 공동저작물의 의의 및 그 저작인격권의 행사방법, 효과 등에 관한 구체적인 내용은 제 3 장 제 3 절의 "공동저작자와 결합저작물의 저작자" 부분을 참고하기 바란다. 여기에서 말하는 저작인격권의 행사는 적극적인 행사, 구체적으로는 미공표저작물의 공표, 성명표시의 변경 또는 삭제, 저작물의 내용·형식·제호 등의 변경(개변) 등을 의미한다.

한편, 저작인격권의 소극적 행사, 즉 저작인격권 침해에 대한 방어적 행사 방법에 대하여는 해석상 의문이 있다. 저작권법 제129조는 "공동저작물의 각 저작자 또는 각 저작재산권자는 다른 저작자 또는 다른 저작재산권자의 동의 없이 제123조의 규정에 따른 청구를 할 수 있으며, 그 저작재산권의 침해에 관하여 자신의 지분에 관한 제125조의 규정에 따른 손해배상의 청구를 할 수 있다"고 규정하고 있다. 여기서 말하는 제123조의 규정에 따른 청구(침해의 정지 등 청구)에 저작인격권 침해에 대한 정지 등의 청구도 포함된다는 것에 대해서는 특별한 의문이 없다. 제123조에서 언급하고 있는 "저작권 그 밖에 이 법에 따라 보호되는 권리" 중에 저작인격권이 제외된다고 볼 이유가 없기 때문이다. 이는 저작권법 제125조 제 1 항에서 손해배상 청구에 관하여 규정하면서 "저작재산권 그 밖에 이 법에 따라 보호되는 권리(저작인격권 및 실연자의 인격권을 제외한다)를 가진 자"라고 하여 저작권으로부터 저작인격권을 제외하는 경우에는 그 취지를 분명하게 언급하고 있는 점에 비추어 보더라도 그러하다. 따라서 그러한 제외 문구가 없는 이상 제123조에서 말하는 "저작권 그 밖에 이 법에 따라 보호되는 권리"에는 당연히 저작인격권도 포함된다고 보는 것이 타당하다. 또한 제129조에서 공동저작물의 권리침해에 대한 권리행사의 주체를 "공동저작물의 각 저작자 또는 각 저작재산권자"라고 하여 저작재산권자 외에 특별히 '저작자'를 언급하고 있는 것도 법 제129조가 전제로 하고 있는 '권리의 침해'에는 저작인격권 침해가 포함된다는 의미로 이해된다. 따라서 저작인격권자는 저작인격권의 침해행위에 대하여 법 제123조에 의한 침해의 정지 등의 청구를 다른 저작자 또는 다른 저작재산권자의 동의 없이 단독으로 할 수 있다고 보아야 한다.[188] 여기까지는 별다른 의문이 없다.

문제는 저작권법 제127조에 의한 명예회복 등의 청구를 단독으로 할 수 있는지 여부이다. 제129조에서는 제127조에 의한 저작인격권 또는 실연자의 인격권을 침해한 자에 대한 손해배상청구 및 명예회복을 위하여 필요한 조치의 청구권에 관하여는 아무런 규정을

188) 우리 저작권법 제123조에 대응하는 일본 저작권법 제112조는 동 조항에 '저작인격권'이 포함됨을 명문으로 밝히고 있다.

두고 있지 않기 때문이다. 따라서 공동저작물의 저작인격권이 침해된 경우 그에 대한 손해배상 및 명예회복을 위하여 필요한 조치의 청구는 각 공동저작자 전원이 행사하여야 하는지 아니면 각자가 단독으로 할 수 있는지에 대한 의문이 생긴다.

이에 대한 결론은 해석과 판례에 맡겨져 있다고 할 것인데, 이에 관하여는 뒤의 제10장 "저작권침해에 대한 구제" 중 제 1 절의 "공동저작물의 저작인격권 침해로 인한 손해배상 등의 청구" 항목에서 상세하게 살펴보기로 한다. 다만 여기서는 대법원 1999. 5. 25. 선고 98다41216 판결이, 공동저작물에 관한 권리가 침해된 경우에 각 저작자 또는 각 저작재산권자는 다른 저작자 또는 다른 저작재산권자의 동의 없이 저작권법 제123조의 규정에 의한 저작권 등의 침해행위 금지청구를 할 수 있고, 제125조에 의하여 저작인격권을 제외한 저작재산권의 침해에 관하여 자신의 지분에 관한 손해배상의 청구를 할 수 있으며, 제127조에 의한 저작인격권의 침해에 대한 손해배상이나 명예회복 등 조치청구는 저작인격권의 침해가 저작자 전원의 이해관계와 관련이 있는 경우에는 전원이 행사하여야 하지만, 1인의 인격적 이익이 침해된 경우에는 단독으로 손해배상 및 명예회복조치 등을 청구할 수 있고, 특히 저작인격권 침해를 이유로 한 정신적 손해배상을 구하는 경우에는 공동저작자 각자가 단독으로 자신의 손해배상을 청구할 수 있다고 판시하였음을 언급해 두기로 한다.

3. 사적 영역에서의 행위와 저작인격권

가. 문제의 소재

사적 영역에서 이루어지는 행위가 저작인격권 침해로 될 수 있는지 검토해 볼 필요가 있다. 이 문제는 '사적 영역'이라는 성격상 공표권을 제외한 성명표시권과 동일성유지권과 관련하여 발생한다. 예를 들어 개인적으로 소장하고 있는 미술작품의 원작 또는 복제물의 저작자 성명표시를 임의로 변경한다든가, 내용이나 형식을 개변하는 행위가 저작인격권 침해가 되는지의 문제이다. 우리 저작권법은 성명표시권과 동일성유지권 규정에서 '공중에의 제공·제시'를 요건으로 하고 있지 않다. 이것이 성명표시권과 동일성유지권은 조리상 당연히 공중에의 제공·제시와의 관계에서 보호되어야 하는 것이므로 굳이 그 요건을 규정하지 않은 것인지, 아니면 성명표시권과 동일성유지권은 공중에의 제공·제시여부와 관계없이 보호되어야 하는 규정이기 때문에 그러한 요건을 의도적으로 배제한 것인지는 의문이다. 우리나라에는 아직 이에 관한 본격적인 논의가 전개되고 있지 아니하므로 유사한 규정을 가지고 있는 일본에서의 해석론을 살펴보기로 한다.

나. 일본의 해석론

일본 저작권법을 보면 성명표시권에 관한 제19조 제 1 항에서 "저작자는 그의 저작물의 원작품에 또는 그의 저작물의 공중에의 제공 혹은 제시에 즈음하여, 그의 실명 혹은 이명을 저작자명으로 표시하거나 또는 저작자명을 표시하지 아니하는 권리를 가진다. 그의 저작물을 원저작물로 하는 2차적저작물의 공중에의 제공 또는 제시에 즈음하여 원저작물의 저작자명의 표시에 대하여도 동일하다"고 규정하고 있다. 이 규정은 '원작품'에 관하여는 사적 영역에서 이루어지는 성명표시의 변경 행위도 성명표시권의 침해가 될 수 있다는 취지라고 해석된다. 예를 들어 집 안의 거실에 걸어 두는 회화의 원작품의 저작자 성명을 없애거나 고친다면 성명표시권 침해가 될 수 있다. 그러나 기타의 저작물이나 복제물, 2차적저작물에 대하여는 '공중에의 제공 또는 제시'라고 하는 제한적 요건이 있기 때문에 사적 영역에서 이루어지는 행위에 대하여는 성명표시권의 침해가 되지 않는다. 따라서 캘린더에 복제되어 있는 그림의 성명을 말소하거나 개변하는 것은 사적 영역에서 이루어지는 한 성명표시권 침해가 되지 않는다. 이와 같이 원작품에 대하여만 특별한 취급을 하는 것은 원작품이 제 3 자에게 건네질 가능성이 높기 때문이라고 한다.[189)]

이에 비하여 동일성유지권과 관련한 일본 저작권법은 성명표시권에서와 같은 '공중에의 제공 또는 제시'라는 제한적 요건이 없다. 따라서 형식적으로는 사적 영역에서 일어나는 저작물에 대한 개변 행위도 동일성유지권 침해가 되는 것처럼 이해될 수 있다. 그러나 사적 영역에서 일어나는 행위를 문제시 하여 저작인격권 침해의 민·형사 책임을 지우는 것은 불합리하다는 이유로 일본의 다수설은 사적 영역에서의 행위는 법문상 명문의 규정이 있는 원작품에 대한 성명표시 개변의 경우를 제외하고는 저작인격권 침해가 되지 않는 것으로 해석하고 있다.[190)] 다만 일부 소수설은 사적 영역에서의 행위라고 하여 일률적으로 동일성유지권 침해에 해당하지 않는다는 해석에 대하여 의문을 제기하고 있다. 作花文雄은 일본 저작권법이 동일성유지권 침해와 관련하여 '공중에의 제공·제시'를 요건으로

189) 中山信弘, 著作權法, 법문사(2008), 328면. 그러나 中山信弘 교수는 디지털 세계에 있어서는 사적 영역에서 개변되는 것도 인터넷을 통하여 유출되는 사태가 극히 용이하게 이루어질 수 있다는 점을 지적하고 있다.

190) 이러한 경우 그 결과물을 디지털 네트워크에 게재하는 등의 공표를 하지 않는 한 저작인격권 침해는 논할 수 없다는 견해(齊藤博, 著作權法, 第 3 版, 有斐閣, 2007, 214면), 인격권이라고 할지라도 사회적 접촉이 있는 경우에 침해가 될 수 있는 것이며, 사회적 접촉이 없는 사적 영역에서 개변이 이루어진 데 불과한 경우에는 동일성유지권 침해는 되지 않는다는 견해(金井重彦, 小倉秀夫 編著, 『著作權法 コンメンタール』, 東京布井出版, 2002, 307면), 동일성유지권 침해가 되는 것은 복제물에 불가역적 변경이 추가되고, 또한 그것이 상당수 사회에 유출된 경우만이라는 견해 등이 있다고 한다(中山信弘, 전게서, 329면 참조).

규정하지 않은 것에 대하여, "입법의 경위에 비추어 볼 때, 동일성유지권은 조리상 당연히 공중에의 제공·제시와의 관계에서 보호되어야 하는 것이므로 굳이 당해 요건을 규정하고 있지 않은 것이라기보다는, 동일성유지권은 공중에의 제공·제시여부와 관계없이 보호되어야 하는 규정이기 때문"에 의도적으로 그러한 요건을 규정하지 않은 것이라고 한다. 그러면서도 "종래 개인적인 이용에 해당하는 범위에서의 저작물의 개변, 예를 들면 집에서 노래를 부르거나 연주를 하면서 음악을 적절하게 개변하는 것, 서적 내용에 적절하게 수기(手記)로 가필을 하는 것 등은 일상생활에서 흔히 있을 수 있는 행위인데, 이러한 행위를 모두 동일성유지권 침해로 인정하는 것은 부당하다는 의견이 있어 왔다. 이러한 행위에 대하여는 법문상 개변을 허용하는 규정이 없다고 하여 동일성유지권 침해로 볼 것이 아니라, 개변의 구체적 태양 및 그로 인하여 피해를 받는 저작자의 인격적 이익의 내용 등을 검토하여 권리침해라고 평가할 수 있는 실질적인 위법성이 존재하는지 여부의 관점에서 해석하여야 한다."고 주장한다.[191] 즉, 사적 영역에서의 행위라고 하여 일률적으로 동일성유지권 침해가 되지 않는다는 결론은 타당하지 않으며, 어떤 경우에 동일성유지권 침해가 될 것인지 여부는 개별적·구체적 사례에 따라 판단되어야 한다는 것이다.

다. 판 례

사적 영역에서의 저작물의 개변이 저작인격권, 특히 동일성유지권의 침해가 되는지 여부가 다투어진 서울중앙지방법원 2011. 8. 11. 선고 2010가합111327 판결이 있다. 사건의 쟁점은 검색 포털사이트인 다음, 네이버, 네이트, 구글 등에서 제공되는 검색화면 콘텐츠의 구성을 사용자가 임의로 추가, 삭제 혹은 순서를 변경하거나 해당 포털사이트의 전체 디자인, 스킨, 글꼴 들을 변경할 수 있는 기능을 제공하는 프로그램이 포털사이트의 검색화면에 대한 동일성유지권을 침해하는 것인지 여부이다. 이 프로그램을 설치하면, 사용자는 '추가', '삭제', '위로 이동', '아래로 이동' 등의 버튼을 이용하여 포털사이트 화면에 나타나는 콘텐츠를 삽입하여 보이게 하거나, 화면에 보이는 콘텐츠의 순서를 변경하는 등 포털사이트에서 기본적으로 제공하는 화면과는 다른 형식 및 내용이 나타나도록 화면을 변경하여 구성할 수 있고, 이와 같이 화면 구성을 변경한 후 포털사이트의 검색창에 특정 단어를 입력하여 검색할 경우 그 검색결과가 해당 포털사이트 운영자가 만들어 제공하는 항목이나 순서에 따라서가 아닌 사용자가 임의로 변경한 구성에 따라 나타나게 된다. 이 사건에서 법원은, 개별 인터넷 사용자들에게 자신의 컴퓨터에서 개인적으로 화면 설정을 변경할 자유가 있는 이상 각 사용자들이 포털사이트가 제공하는 디자인을 그대로 사용할

191) 作花文雄, 詳解 著作權法, 제 3 판, ぎょうせい, 247면.

지, 위 프로그램이 제공하는 디자인 틀 중 하나를 택하여 사용할지, 아니면 또다른 방식으로 화면을 변경하여 사용할지는 개별 사용자들의 기호와 선택에 따른 결과라고 보아야 한다고 하면서, 위 프로그램이 기존 포털사이트의 디자인을 변경하는 기능을 가지고 있다는 사실만으로는 그것이 포털사이트 화면 자체의 동일성을 손상할 정도로 그 내용이나 형식을 변경함으로써 포털사이트의 제작·운영자의 권리를 침해한 것이라고 보기 어렵다고 판시하였다.192)

그 후 대법원 2016. 4. 29. 선고 2013다42953 판결은, 개별 인터넷 사용자들에게 포털사이트가 제공하는 화면, 특히 키워드 검색광고 화면에서 원하는 광고 등 콘텐츠의 추가, 삭제, 위치 변경 및 스킨과 색상을 포함한 전체 디자인이 변형되어 보이도록 해 주는 프로그램의 제공·배포행위로 포털사이트의 광고수익이 감소하는 결과가 발생할 수 있으나 포털사이트 웹페이지의 동일성이 손상된다고는 볼 수 없고, 부당한 수단을 사용하여 개별 인터넷 사용자와 포털사이트 운영회사 사이 또는 광고주들과 포털사이트 운영회사 사이에 존재하는 계약의 이행을 방해하거나 권리를 침해하는 등 불법행위가 성립한다고 볼 수도 없다고 판시하였다.

라. 소 결

우리나라 저작권법은 성명표시권에 관한 제12조 제 1 항에서 "저작자는 저작물의 원본이나 그 복제물에 또는 저작물의 공표 매체에 그의 실명 또는 이명을 표시할 권리를 가진다"고 규정하고 있어서, 원본(원작품)뿐만 아니라 복제물에 대하여도 '공중에의 제공·제시'를 조건으로 하지 않고 성명표시권의 행사가 가능한 것처럼 되어 있다. 따라서 사적 영역에서의 행위에 대하여 조문 형식으로만 본다면 일본 저작권법보다 더 넓은 범위에서 성명표시권을 행사할 수 있는 것처럼 보인다. 그러나 사적 영역에서 일어나는 행위를 문제시하여 저작인격권 침해의 민·형사 책임을 지우는 것은 여로 모로 불합리하다. 사적 영역에서 일어나는 행위를 일일이 규제할 수도 없을 뿐만 아니라 성명표시권이나 동일성유지권도 그것이 인격권인 이상 어느 정도 저작자에 대한 사회적이고 대외적인 평가와 관련되는

192) 또한 위 사건의 가처분사건인 서울중앙지방법원 2012. 1. 3.자 2011카합738 결정에서는, "인터넷 관련 기술의 발전, 다양한 웹브라우저 환경의 이용가능성 등을 감안할 때 인터넷 사용자들은 자신의 컴퓨터 내에서 그 기호에 따라 포털사이트가 제공하는 정보 및 이미지를 변경하여 열람할 권리를 가진다고 보아야 하고, 포털사이트 제작자의 저작권을 이유로 개별 사용자들의 선택에 따른 개인적 화면 변경의 행태까지 규제할 수는 없다"고 하여 가처분신청을 기각하였다. 이 사건과 관련하여서는, 앞에서 살펴본 디지털저작물인 인터넷 포털이 제공하는 광고 화면을 임으로 대체하는 광고 서비스에 관한 동일성유지권 침해여부를 다룬 대법원 2010. 8. 25.자 2008마1541 결정에서 동일성유지권 침해 주장은 인정되지 아니하고 업무방해의 점만 인정된 것도 참고할 필요가 있다.

것인데, 순수하게 특정인의 사적인 영역에서 일어나는 행위는 저작자에 대한 사회적·대외적 평가와 별다른 관련이 없다. 그러한 행위를 저작자의 인격권에 기초하여 규제한다는 것은 개인의 행동에 대한 지나친 간섭이 된다. 또한 원작품의 소유자가 사적 영역에서 그 원작품의 성명표시나 내용·형식 등에 개변을 가한다고 하더라도 이는 그와 같이 개변된 원작품이 공중에 공개될 개연성이 높다는 등의 특별한 사정이 없는 한 소유권자로서의 권능에 의한 행위로서 허용되어야 하며, 그러한 범위 내에서 저작인격권의 행사는 한계를 가질 수밖에 없다. 특히 디지털 형태로 인터넷 네트워크에 의하여 유통되는 저작물의 경우 원본(원작품)이라는 개념 자체가 모호할 뿐만 아니라, 무엇이 원본 또는 복제물이고 무엇이 공표매체인지도 불분명하다. 또한 이용자에 의한 개변 또는 삭제 행위도 빈번하게 일어나게 되는데, 이러한 행위를 모두 저작인격권에 의하여 규율한다는 것은 이용자가 가지는 이른바 '사이버 주권'(cyber 主權)을 침해하고 저작물의 활발한 유통과 이용을 저해함으로써 저작권법의 궁극적인 목적인 문화 및 관련 산업의 발전을 저해할 우려가 있다. 따라서 순수한 사적 영역에서의 행위는 원칙적으로 저작인격권 침해가 되지 않는 것으로 해석함이 타당하다.193)

Ⅵ. 기타 저작자의 인격적 이익 보호를 위한 권리

1. 저작자 사후의 인격권

가. 의 의

저작자의 사망 후에 그의 저작물을 이용하는 자는 저작자가 생존하였더라면 그 저작인격권의 침해가 될 행위를 하여서는 아니 된다. 다만, 그 행위의 성질 및 정도에 비추어 사회통념상 그 저작자의 명예를 훼손하는 것이 아니라고 인정되는 경우에는 그러하지 아니하다(저작권법 제14조 제 2 항).

저작자의 사망에 따라 저작인격권이 어떻게 되느냐에 관하여는 3가지의 입법례를 생각해 볼 수 있다. 첫째는, 저작인격권의 일신전속성을 강조하여 저작자의 사망과 동시에

193) 위 서울중앙지방법원 2011. 8. 11. 선고 2010가합111327 판결에서는, 이용자가 PC방과 같은 장소에서 컴퓨터를 사용하면서 이 사건 프로그램을 설치하여 검색화면을 변경한 후 그 사용을 마친 후에도 그 변경된 내용을 원상회복 하지 아니한 채 자리를 떠날 경우 뒤에 그 컴퓨터를 사용하는 사람에게는 그 변경된 화면이 보여지게 될 것이므로 이는 사적 영역에서의 변경이라고 볼 수 없다는 주장이 있었으나, 법원은 이를 받아들이지 아니하였다.

저작인격권은 완전히 소멸하는 것으로 정하는 것이다. 둘째는, 저작인격권의 일신전속성을 인정하지 않고 저작자가 사망하면 그 상속인에게 저작인격권이 승계되는 것으로 정하는 것이다. 셋째는, 저작인격권은 일신전속성에 따라 저작자의 사망과 동시에 소멸하지만 저작자의 인격적 이익을 보호하기 위하여 일정한 범위의 유족 등에게 저작자 생존시에 가지고 있었던 저작인격권과 유사한 권리가 생기는 것으로 정하는 것이다. 우리나라 저작권법은 이 중 세 번째 방식을 택하고 있다.

저작자의 사망과 동시에 저작인격권이 완전히 소멸한다면 저작자의 사망 후 저작자명이나 저작물의 내용을 멋대로 변경하는 것을 통제할 수 없게 되어, 저작물의 완전성은 상실되고 저작자의 사후에 그의 인격적 이익이 침해되는 불합리한 결과를 초래한다. 이에 따라 베른협약(Berne Convention) 제 6 조의2 제 2 항은, "저작인격권은 저작자의 사후에 있어서도 적어도 저작재산권이 소멸하기까지 존속하고, 이 권리는 각국의 법률이 정하는 자격을 가진 사람이나 단체에 의하여 행사되어야 한다"는 것을 명시하고 있다. 우리나라 저작권법도 위에서 본 바와 같이 저작자 사후의 인격권을 보호하고 있다.

나. 법인 등 단체가 저작자인 경우

저작권법 제14조 제 2 항은 저작자의 '사망' 후 인격권을 보호하는 규정이므로 마치 자연인이 사망한 경우에만 저작인격권이 보호되고 법인 등 단체가 소멸한 경우에는 보호를 받지 못하는 것처럼 해석될 수 있다. 그러나 법인 등 단체가 저작자인 경우에는 그 단체가 해산 등의 사유로 소멸하더라도 이 규정이 적용되어 저작인격권이 보호된다고 보아야 할 것이다.[194] 다만 저작권법은 저작자가 사망한 경우 그 유족이나 유언집행자가 저작인격권의 보호를 위한 침해의 정지 등 민사상의 청구를 할 수 있다고 규정하고 있지만(저작권법 제128조), 법인 등 단체가 청산절차가 완료되어 완전히 소멸한 경우에 그러한 청구를 누가 할 수 있는지에 대하여는 아무런 규정을 두고 있지 않다. 결국 법인 등 단체가 소멸한 경우 그 업무상저작물의 저작인격권침해에 대하여는 저작권법상 벌칙규정인 제137조 제 1 항 제 3 호 등을 적용하여 형사적인 방법으로 구제받을 수밖에는 없을 것으로 보인다.[195]

다. 저작자 사후 인격권의 행사

저작자가 사망한 후에도 보호되는 저작인격권은 누가 어떠한 방식으로 행사할 것인가.

194) 우리나라 저작권법 제14조 제 2 항에 해당하는 일본 저작권법 제60조는, "저작자의 사망 후" 라는 표현 대신 "저작자가 존재하지 않게 된 후"라는 표현을 사용하고 있으므로 법인 등 단체도 해산 이후 그 저작인격권이 당연히 보호되는 것으로 보고 있다.

195) 齊藤 博, 전게논문, 243면; 半田正夫, 전게서, 72면.

이에 관하여 저작권법은, 저작자가 사망한 후에 그 유족(사망한 저작자의 배우자·자(子)·부모·손(孫)·조부모 또는 형제자매를 말한다)[196]이나 유언집행자는 당해 저작물에 대하여 법 제14조 제 2 항의 규정에 위반하거나 위반할 우려가 있는 자에 대하여 법 제123조의 규정에 의한 침해의 정지 등의 청구를 할 수 있으며, 고의 또는 과실로 저작인격권을 침해하거나 제14조 제 2 항의 규정에 위반한 자에 대하여는 법 제127조에 의한 명예회복 등의 청구를 할 수 있다고 규정한다(저작권법 제128조). 그리고 벌칙규정으로서 법 제14조 제 2 항의 규정을 위반한 자에 대하여는 1년 이하의 징역 또는 1천만 원 이하의 벌금에 처하도록 규정하고 있는데, 이는 고소가 없어도 논할 수 있는 비친고죄로 되어 있다(저작권법 제137조 제 3 호, 제140조).

이와 같이 유족이나 유언집행자가 청구할 수 있는 것은 침해 등의 정지나 명예회복을 위한 조치뿐이고 나아가 손해배상을 구할 권리까지는 인정되지 않는 것으로 해석된다. 이는 저작인격권이 정신적·인격적 권리이기 때문에 인격적 이익이 침해됨으로써 정신적 고통을 당한 본인이 아닌 유족이나 유언집행자에게 금전적인 손해배상청구를 허용하는 것은 문제가 있기 때문이다. 다만 저작자의 생전에 저작인격권의 침해가 발생하고 그에 대하여 저작자가 생전에 손해배상청구를 하였거나 청구의 의사를 표명한 경우에는 저작자의 상속인이 손해배상청구를 할 수 있는데, 이는 저작인격권이 일신전속성이 없는 금전청구권인 손해배상청구권으로 변화되었기 때문이다.

그리고 유족 등이 행사할 수 있는 권리는 저작자 사후의 인격권이 침해되는 경우에 그 예방이나 정지를 위하여 부여된 소극적 권리일 뿐이지, 적극적으로 인격권의 침해에 대하여 동의를 줄 권한을 부여하는 것은 아니다. 따라서 설사 유족 등으로부터 저작자의 사후 인격권을 침해해도 좋다는 허락을 받았다 하더라도 저작권법 제14조 제 2 항의 침해행위를 할 경우에는 인격권 침해에 대한 책임을 면할 수 없다.

저작자 사후에 인격권을 행사할 수 있는 자가 유족이나 유언집행자로 한정되어 있기 때문에 이런 사람들도 모두 사망하여 존재하지 않게 되면 저작권법 제128조에 의한 권리는 행사할 수 없게 된다. 이때에는 결국 법 제137조의 벌칙규정에 의한 보호만이 가능하게 된다.

---

196) 이 규정에서 보는 것처럼 저작자가 자연인인 경우 사후 저작인격권을 청구할 수 있는 친족의 범위는 2촌까지로 한정되어 있다. 이것은 사후 저작인격권은 저작자의 유족이 저작인격권에 대한 청구권을 상속하는 것이 아니라, 유족의 지위에서 갖는 고유한 청구권이기 때문이다. 따라서 사후 저작인격권의 청구권자와 저작자의 상속인이 반드시 일치하는 것은 아니다.

라. 저작자 사후 인격권의 한계

(1) 내용적 한계

저작권법은, 저작자의 사망 후에 그의 저작물을 이용하는 자는 저작자가 생존하였더라면 그 저작인격권의 침해가 될 행위를 할 수 없도록 금지하면서도, "그 행위의 성질 및 정도에 비추어 사회통념상 그 저작자의 명예를 훼손하는 것이 아니라고 인정되는 경우에는 그러하지 아니하다"라고 사후 인격권의 행사를 제한하고 있다(법 제14조 제2항 단서). 동일성유지권의 경우에도 저작물의 성질이나 그 이용의 목적 및 형태 등에 비추어 부득이하다고 인정되는 범위 안에서의 변경은 허용이 되고 있는데(법 제13조 제2항 제3호), 저작자가 사망한 후에는 더 나아가 사회통념상 저작자의 명예를 훼손하는 것이 아닌 한 저작인격권의 행사를 제한하고 있는 것이다. 저작자의 사망 후에는 그 저작물의 변경에 관하여 저작자의 동의를 얻는 것이 불가능한데, 그렇다고 하여 모든 변경행위를 일체 금지시키는 것은 현실에 반하기 때문에 둔 규정이다.

구체적으로는 저작자의 사후에도 명백한 사실의 오기(誤記)를 정정하거나 색인 또는 저작자의 약력 따위를 첨가하는 것, 적절한 참고도나 사진 등을 삽입하는 것은 저작자의 명예를 훼손하지 않는 것으로서 허용된다고 보는 것이 일반적이다.[197] 저작물에 새로운 주석이나 해설을 부가하는 것도 원저작물의 부분과 확실히 구분될 수 있는 형태를 취한다면 허용된다고 본다. 예컨대 법률서적에 있어서 저작자의 사후 새로 나온 판례나 법령이 개정된 부분을 수정·보완하는 경우 등을 들 수 있다. 그러나 저작물의 문장을 임의로 상당부분 수정하는 것은 원칙적으로 저작자의 명예를 해치는 것이 되어 허용할 수 없을 것이다. 특히 미술저작물의 경우에는 저작자의 명예를 해치지 않는 작품의 변경이란 거의 생각하기 어렵다.[198]

저작자의 생전에 공표되지 않았던 저작물이라 하더라도 저작자가 생전에 이미 공표를 결정하였던 경우에는 사후에 이를 공표하더라도 문제가 없다. 그러나 그 밖의 경우에는 미공표 저작물을 저작자의 사후에 공표하는 것은 원칙적으로 허용되지 않는다. 공표여부는 저작자만이 결정할 수 있기 때문이다(저작권법 제11조 제1항). 다만 이 경우에도 공표가 저

197) 대법원 1994. 9. 30. 선고 94다7980 판결-'이광수' 사건: 피고들이 망인인 이광수의 허락을 받지 아니하고 그의 소설을 다소 수정한 내용을 실은 도서를 출판, 판매하기는 하였으나, 그 수정한 내용이 주로 해방 후 맞춤법표기법이 바뀜에 따라 오기를 고치거나 일본식 표현을 우리말 표현으로 고친 것으로서, 위 이광수 스스로 또는 위 작품의 출판권을 가진 출판사에서 원작을 수정한 내용과 별로 다르지 않다면, 그 수정행위의 성질 및 정도로 보아 사회통념상 저작자인 위 이광수의 명예를 훼손한 것으로 볼 수 없어 저작자 사망 후의 저작인격권 침해가 되지 아니한다고 판시하였다.

198) 內田 晉, 전게서, 150면.

작자의 명예를 해치는 것이라고 볼 수 없는 때에는 허용된다고 보아야 할 것이다. 편지라든가 일기 등 은밀한 성격을 가지는 저작물의 경우에는 저작자가 공표를 거부할 것이라고 볼 여지도 많다. 그러나 그러한 사적인 저작물이라도 수십 년 이상의 오랜 세월이 흐르게 되면 은밀성이 사라져서 이를 공표하더라도 저작자의 명예를 훼손하지 않게 되는 경우가 있을 것이다.

저작자 사후 인격권의 한계와 관련한 판례로서는 서울민사지방법원 1995. 6. 23.자 94카합9230 결정(일명, '이휘소' 사건)이 있다. 이 사건의 피고는 사망한 유명한 핵물리학자 '이휘소'를 모델로 하여 '소설 이휘소'라는 책을 저술하여 발간하면서, 이휘소가 그의 어머니인 X에게 보낸 편지를 X의 허락을 받고 입수한 후 일부내용을 변경하여 위 책에 게재하였다. 이에 이휘소의 미망인 등 유족은 피고가 편지의 상속인들의 동의를 받지 않고 편지를 공표한 것은 이휘소의 저작인격권을 침해한 것이라고 주장하였다. 이에 대하여 법원은, 편지의 수신인은 모두 이휘소의 어머니인데, 그 편지에 이휘소의 유학생활 및 학문 연구활동 등이 잘 드러나고 있고 이휘소와 신청인들의 명예를 훼손할 만한 내용이 전혀 없기 때문에 어머니인 X가 이휘소의 사후에 위 편지를 공개하고자 했을 경우 이휘소가 이를 반대하지 않았을 것으로 보이며, 미국에 거주하는 상속인들이 그 편지에 별다른 이해관계가 없어 이를 입수하려고 노력한 흔적이 전혀 없었으므로, 이휘소가 어머니인 X에게 위 편지를 이용하거나 다른 사람들로 하여금 공표하는 것을 묵시적으로 승낙하였다고 볼 수 있고, X가 피고에게 위 편지를 공표하는 것도 묵시적으로 허락하였다고 할 것이며, 피고의 소설에서 편지를 일부 변경하였다고 하더라도 이는 이휘소의 사망 후에 행해진 것으로 그 행위의 성질 및 정도에 비추어 사회통념상 그 저작자인 이휘소의 명예를 훼손하는 것이라고 인정되지 않는다고 하여 사후 인격권의 침해를 부정하였다.[199]

(2) 시간적 한계

사후 인격권의 시간적 한계에 대하여도 문제가 있다. 사후 저작인격권의 보호 기간에 제한은 없으며 따라서 이론상으로는 영구히 존속한다고 할 수 있지만, 저작권법 제123조의 규정에 의한 금지청구나 제127조의 명예회복조치 등의 청구는 제128조의 규정에 정해진 유족 또는 유언집행자 등이 모두 사망하면 행사할 수 없게 되므로 그 범위 내에서는 시간

---

199) 한편 이 판결에서는, 단순한 문안 인사나 사실의 통지에 불과한 편지는 저작권의 보호대상이 아니지만, 학자·예술가가 학문상의 의견이나 예술적 견해를 쓴 편지뿐만 아니라 자신의 생활을 서술하면서 사상이나 감정을 표현한 편지도 저작권의 보호대상이 된다고 할 것이며, 이때 편지 자체의 소유권은 수신인에게 있지만 편지의 저작권은 통상 편지를 쓴 발신인에게 남아 있게 된다고 하였는데, 이 점은 앞서 '저작권과 소유권' 항목에서 살펴본 바와 같다.

적 한계가 있다고 볼 수 있다. 그러나 벌칙규정인 저작권법 제137조 제 3 호에는 그러한 시간적 한계가 없고 더구나 이 벌칙규정은 비친고죄로 되어 있기 때문에 문제이다. 극단적으로 말하여 '삼국사기'(三國史記)의 작가인 '김부식'(金富軾)의 저작인격권도 현존하는 저작자의 저작인격권처럼 보호하여야 하는 결과가 되어 합리적이지 않다. 따라서 이러한 때에는 사회통념상 저작자의 명예를 훼손하는 경우에만 사후 인격권의 침해로 인정하는 저작권법 제14조 제 2 항 단서의 규정을 넓게 해석하여 사후 인격권의 무한한 확장을 제한하여야 한다. 특히 일기나 편지와 같은 개인적인 저작물의 경우, 저작 당시 또는 저작자의 생전에는 공표의 의사가 없었다고 하더라도 오랜 세월이 경과하게 되면, 그 저작물의 공표가 사회통념상 저작자의 명예를 훼손하는 것이 아니라고 인정되는 경우도 많을 것이다. 그러한 경우에는 저작권법 제14조 제 2 항 단서의 규정을 유연하게 해석할 필요가 있다.

2. 저작물의 수정증감권

배타적발행권자가 배타적발행권의 목적인 저작물을 발행 등의 방법으로 다시 이용하는 경우에 저작자는 정당한 범위 안에서 그 저작물의 내용을 수정하거나 증감할 수 있다(저작권법 제58조의2 제 1 항). 저작자는 배타적발행권자에 의하여 저작물이 세상에 발행된 후에도 자신의 생각의 변화에 따라 저작물 내용을 수정할 필요를 느끼기도 하며, 부정확한 표현이나 용어 등을 바로잡거나 삭제할 필요를 느끼기도 한다. 따라서 저작권법은 저작자의 인격적 이익을 보호하기 위하여 발행 등의 경우에 저작물의 수정증감권을 인정하고 있다. 출판의 경우도 같다(법 제63조의2).

저작자가 자신의 저작물에 수정증감을 할 필요를 느끼고 있다 하더라도, 배타적발행권자가 저작물을 다시 발행한다는 사실을 사전에 알지 못하면 저작물에 수정증감을 할 기회를 잃을 염려가 있다. 이에 따라 저작권법은 저작자의 수정증감권을 인정하면서 이를 현실적으로 보장하기 위하여 배타적발행권자의 통지의무를 규정하고 있다. 즉, 배타적발행권자는 배타적발행권의 목적인 저작물을 다시 발행하고자 하는 경우에 특약이 없는 때에는 그 때마다 미리 저작자에게 그 사실을 알려야 한다(저작권법 제58조의2 제 2 항).[200] 출판의 경우도 같다.

이와 같은 수정증감권은 인격적 권리인 까닭에 저작자에게만 인정되고 있다. 따라서 저작재산권을 양수받은 복제권자 등 저작자가 아닌 자에게는 이 권리가 인정되지 않는다.

그리고 수정증감권은 정당한 범위 안에서 행사되어야 하므로, 출판비용의 현저한 상승

200) 하용득, 전게서, 147면.

이 예견되는 등 출판권자의 이익을 부당하게 침해하는 대폭적인 수정증감은 출판권자의 동의가 없는 한 허용되지 않는다고 보아야 한다.

3. 명 예 권

저작권법은 저작인격권을 직접적으로 침해하는 행위는 아니더라도 저작자의 명예를 훼손하는 방법으로 저작물을 이용하는 행위를 저작인격권의 침해로 보고 있다(저작권법 제124조 제4항). 이 규정의 입법취지는 저작물을 창작한 저작자의 창작의도에 어긋난 이용을 함으로써 그의 창작의도에 의심을 가지게 하거나, 혹은 저작물에 표현된 예술적 가치를 손상시키는 형태로 저작물이 이용되는 것을 방지하고자 하는 것이다.

구체적으로는 저작자가 바라지 않을 것으로 생각되는 장소에 저작물을 설치하는 경우, 예컨대 예술작품인 누드 회화를 복제하여 도색영화 상영관 극장의 입간판에 사용하는 것과 같이 저작자가 본래 의도하지 않았던 용도로 저작물을 사용하는 경우이다. 또 예술적인 가치가 높은 미술작품을 그 예술성을 전혀 느낄 수 없는 하찮은 물품의 포장지에 복제하여 사용함으로써, 그 미술작품이 마치 그러한 물품 포장지의 디자인으로 창작된 것 같은 인상을 주는 경우나, 장엄한 종교음악을 희극용의 악곡과 합체하여 연주함으로써 저작자가 의도하였던 종교적 영감이나 감흥을 전혀 느낄 수 없도록 이용하는 경우를 들 수 있다.

이때 저작자의 명예를 훼손하는 이용행위로 인정하기 위하여서는 구체적으로 저작자의 명예가 훼손되었다는 것을 입증할 필요는 없고, 사회적으로 보아 저작자의 명예가 훼손될 위험이 있다고 인정되는 행위만 있으면 충분하다.[201)]

4. 기타 우리 법이 인정하고 있지 않은 저작인격권

독일, 프랑스, 이탈리아 등에서는 저작물의 양도 후에도 원래의 저작권자가 그 저작물에 접촉할 수 있는 '접촉권'(接觸權)과 저작물의 유통단계에서 이를 회수할 수 있는 '철회권'(撤回權) 등을 인정하고 있다.[202)] 참고적으로 접촉권과 철회권에 관하여 간략히 살펴보면 아래와 같다.

접촉권 또는 원작접촉권(原作接觸權)이란, 특히 미술저작물에 있어서 저작자가 유형적 저작물(예컨대 회화 또는 건축물)의 소유권 또는 점유권을 타인에게 이전한 후에라도 그 저작

201) 허희성, 전게서, 406면.
202) 허희성, 전게서, 71면.

물에 접촉하여 촬영, 스케치, 메모의 작성 등을 할 수 있는 기회를 제공하여 줄 것을 현재의 점유자에 대하여 요구할 수 있는 권리를 말한다. 오스트리아 저작권법 제22조는 명문으로 이 권리를 인정하여, "유형적 저작물의 점유자는 저작자의 복제에 필요한 경우에 한하여 저작자에 대하여 저작물의 접촉을 허용하지 않으면 안 된다. 이 경우 저작자는 점유자의 이익을 고려하여야 한다."고 규정하고 있다고 한다.[203)]

철회권 또는 원작철회권(原作撤回權)이란, 저작자가 저작물 이용자에게 저작재산권(예컨대 복제권 또는 전시권)을 이전하여 공표를 승낙한 후에라도 저작자의 정신적 이익을 침해하는 것과 같은 '일정한 사유'가 발생한 경우에는 저작자에게 공표를 철회할 권리를 허용하는 것이다. 그 '일정한 사유'에는 이용자가 자신이 취득한 권능을 행사하지 아니하여 그 때문에 저작자의 공표에 대한 기대가 충족될 수 없게 된 경우라든가, 계약체결 후에 저작자의 견해가 변경되어 그대로 공표하는 것이 저작자의 인격적 이익에 반하는 결과를 초래하는 경우가 포함된다. 전자의 경우를 이용권의 불행사에 의한 원작철회권, 후자의 경우를 확신변경에 의한 원작철회권이라고 부르기도 한다.[204)]

제 3 절 저작재산권

Ⅰ. 서 설

저작재산권은 저작물의 이용에 관한 권리로서, 여러 가지 지분권들로 구성되어 있는 '권리의 다발'(bundle of rights)이다. 저작재산권을 이루는 지분권으로는 복제권(법 제16조), 공연권(법 제17조), 공중송신권(법 제18조), 전시권(법 제19조), 배포권(법 제20조), 대여권(법 제21조), 2차적저작물작성권(법 제22조)이 있다. 저작재산권자는 이상의 7가지 지분권을 전유하여[205)] 배타적 지배권을 가지며, 저작재산권자는 이러한 배타적 권리에 터잡아 타인으로 하여금 저작물을 이용할 수 있도록 허락하고 그에 따른 대가를 받는 방법으로 경제적 이익을 취하게 된다. 저작재산권은 배타적 지배권이므로 소유권과 유사한 물권적 권리이고, 그래서 준물권(準物權)이라고도 한다.

---

203) 하용득, 전게서, 137면.
204) 半田正夫, 전게서, 116면.
205) 일본 저작권법은 저작지분권 규정에서 "… 권리를 전유(專有)한다"라는 표현을 쓰고 있다.

그러나 사용, 수익, 처분을 내용으로 하는 소유권과는 달리 저작재산권의 대상인 콘텐츠는 그 이용형태가 다양하고 외연이 불명확하기 때문에 권리행사가 가능한 범위를 일률적으로 정할 수 없다. 예컨대 요리책이 저작물인 경우 그 책 자체를 복제하는 것이 저작물의 이용에 해당한다는 것은 상식적으로도 판단할 수 있지만, 그 요리책을 보고 요리를 만드는 것, 요리학원에서 그 책에 따라 요리법을 가르치는 것, 나아가 그 요리를 먹는 것이 저작물의 이용에 해당하는지는 반드시 명확한 것이 아니다. 그렇기 때문에 저작재산권의 내용은 법으로 명확하게 규정될 필요가 있으며,[206] 그런 이유로 저작권법은 저작재산권을 구성하는 7가지 지분권에 관한 명문의 규정을 두고 있는 것이다.

이러한 지분권이 배타적 권리라는 것은 그 권리의 대상이 되는 행위들, 즉 복제, 공연, 공중송신, 전시, 배포, 대여, 2차적저작물작성 등의 행위에 관하여 저작재산권자 또는 그로부터 허락을 받은 자만이 그러한 행위를 할 수 있고, 따라서 저작재산권자가 독점적으로 그러한 행위를 통하여 경제적 이익을 향수할 수 있다는 취지이다. 이러한 점에서 저작재산권은 일종의 물권적 성질을 가지는 권리이다. 이들 지분권들은 각각 분리하여 양도할 수도 있다. 이 점은 저작재산권의 중요한 특징 중 하나이다.

그러나 저작물 이용에 관한 모든 행위태양이 위 7가지 지분권에 포함되어 있는 것은 아니다. 우리 저작권법에는 추급권[207]이라든가 접근권[208]과 같은 권리들은 위 7가지 지분권에 포함되어 있지 않다. 우리 저작권법은 저작재산권을 구성하는 지분권에 관하여 '열거주의'를 취하고 있기 때문에 저작재산권에는 위의 7가지 지분권만이 존재하며, 그 밖에 저

206) 中山信弘, 著作權法, 법문사(2008), 177면.

207) '추구권'(Droit de suite)이라고도 한다. 미술저작물의 원작품과 작가 및 작곡가의 원고(原稿)에 대하여 그 저작자는 저작자가 그 원작품 및 원고를 양도한 후에 행하여지는 원작품 및 원고의 매매이익에 관하여 양도불능의 일정한 권리를 갖는데 이것이 추급권 또는 추구권이다. 예를 들어, 미술저작물의 경우 저작자인 화가는 복제물이 아니라 원본의 판매에 의하여 수익을 얻게 되는데 그 원본이 전전양도되고 세월이 흐르면서 가격이 최초 판매 당시보다 훨씬 상승하는 경우가 많다. 그런데 그러한 전매 과정에서 발생하는 이익에 대하여 화가는 아무런 보상을 받지 못한다. 이러한 불합리를 방지하기 위하여 원작품의 최초 판매 이후에 발생하는 수익에 대하여 저작자가 참여할 수 있도록 한 것이 추급권 또는 추구권이다. 베른협약에서 그 인정여부를 동맹국의 법령으로 정할 수 있도록 규정하고 있는데, 프랑스, 독일, 이탈리아 등에서 이러한 권리를 인정하고 있다(송영식 외 2, 지적소유권법(상), 제 9 판, 육법사, 2005, 133면 참조).

208) 역시 독일, 프랑스, 이탈리아 등에서 인정되는 권리로서 저작물의 양도 후에도 원래의 저작자가 그 저작물에 접근 또는 접촉할 수 있는 권리이다. 접촉권이라고도 하며, 저작인격권으로서의 성질이 더 크다고도 할 수 있다. 한편, 접근권은 저작물에 접근(access)하는 행위를 통제하고 배타적으로 지배할 수 있는 권리를 의미하는 용어로 사용되기도 한다. 이러한 접근권은 우리 저작권법상 인정되지 않는 것으로 보는 것이 일반적인 해석인데, 기술적 보호조치의 보호가 사실상 접근권을 인정하는 것 아니냐는 논의가 있다. 상세한 것은 제10장 "저작권침해에 대한 구제" 중 기술적 보호조치 부분에서 검토하기로 한다.

작물 이용에 관한 다른 배타적 권리를 인정하기 위해서는 법 개정을 통하여 새로운 권리를 창설하는 수밖에 없다. 다만, 저작재산권자의 실질적 권리는 위와 같은 7가지 지분권에만 한정되는 것이 아니라 저작권법 제124조의 '침해로 보는 행위'에도 미친다. 이러한 점에서 저작권법 제124조는 저작재산권의 내용을 확충하는 역할을 한다.

저작재산권은 대세적 효력을 가지는 배타적 권리이기 때문에, 저작재산권을 구성하는 지분권의 내용에 포함되는 저작물의 이용행위를 하고자 하는 자는 보호기간의 만료나 저작재산권 제한규정이 적용되는 등의 특별한 사정이 없는 한 저작재산권자의 허락을 받아야 한다.

저작재산권을 구성하는 지분권들을 '유형적 권리'(copy related rights), '무형적 권리'(non-copy related rights), '변형권'(transformation rights)으로 분류하기도 한다.[209] 유형적 권리는 유형물을 통한 방법에 의하여 저작물을 이용하는 권리를 지칭하며, 이에 해당하는 권리로서는 복제권, 배포권, 대여권, 전시권 등이 있다. 무형적 권리는 무형적 방법을 통해 저작물을 이용하는 권리를 말한다. 이에 해당하는 것으로는 공연권, 공중송신권(방송권, 전송권, 디지털음성송신권 포함) 등이 있다. 변형권은 번역이나 개작 등 2차적저작물 작성과 관련된 권리이다. 유형적 이용과 무형적 이용의 구분이 의미를 가지는 것은, 유형적 방법에 의한 이용은 1차적 이용 후에도 유형물로 남은 저작물을 다시 복제하거나 배포할 수 있어서 2차적 이용기회가 쉽게 부여될 수 있다는 점에 있다.[210]

Ⅱ. 복 제 권

1. 의 의

"저작자는 그의 저작물을 복제할 권리를 가진다"(법 제16조). 이 규정에 따라 저작자는 자신의 저작물을 스스로 복제할 수도 있고, 타인으로 하여금 복제를 하도록 허락하거나 하지 못하도록 금지할 배타적 권리를 가진다. 조약이나 외국의 법령 중에는 "(복제를 허락할) 배타적 권리를 가진다"라고 하여 배타성을 명문으로 규정하고 있는 것들도 있다.[211] 우리 저작권법은 "복제할 권리를 가진다"라고만 하고 있으나, 복제권을 비롯한 저작재산권이 배

209) Wilhelm Fiscor, *The Law of Copyright and the Internet*, Oxford, 2002. p. 498.
210) 하동철, 공연권에 관한 연구－재구성과 제한을 중심으로, 서강대학교 박사학위 논문, 2005, 34-35면.
211) 加戸守行, 著作權法 逐條講義, 四訂新版, 社團法人 著作權情報センター, 177면.

타적 권리라는 것은 당연한 전제로 되어 있다. 따라서 타인이 저작재산권자(복제권자)의 허락 없이 저작물을 복제할 경우 저작재산권 중 복제권을 침해하는 것이 된다.

복제권은 모든 종류의 저작물에 대하여 적용되는 권리로서 저작재산권 중 가장 기본이 되는 권리이다. 저작권을 copyright라고 하는 것에서 알 수 있는 것처럼 복제는 저작물의 가장 전형적인 이용형태이고, 복제권은 저작재산권의 기초를 이루는 지분권이다. 그 후 사회가 발달하고 저작물의 이용형태가 다양화됨에 따라 복제권 이외의 여러 가지 지분권이 발생하였다.

2. 복제의 유형

가. 인쇄·사진촬영·복사·녹음·녹화 그 밖의 방법

'복제'의 개념에 관하여 저작권법 제 2 조 제22호는 "인쇄·사진촬영·복사·녹음·녹화 그 밖의 방법으로 일시적 또는 영구적으로 유형물에 고정하거나 유형물로 다시 제작하는 것을 말하며, 건축물의 경우에는 그 건축을 위한 모형 또는 설계도서에 따라 이를 시공하는 것을 포함한다."고 정의하고 있다.[212] 구체적으로는 소설을 출판하기 위하여 인쇄하는 것, 그림을 복사하는 것, 강연을 녹음하는 것, CD나 DVD로부터 음악이나 영상을 다른 매체에 더빙하는 것, 사진이나 문서를 스캔하는 것 등의 여러 가지 태양이 있다. 종이 매체에 인쇄된 어문저작물이나 만화, 사진 등을 디지털화하는 것, 극장용 영화를 비디오테이프에 수록하는 것도 관련 업계에서 여러 가지 명칭으로 부를 수 있지만 원칙적으로 모두 복제에 해당한다.

2007년 개정 전 저작권법은 복제의 방법 및 행위유형의 예시를 들면서 '사진'이라고 하고 있었으나, 사진은 행위가 아니라 행위의 결과물이므로 개정법에서는 이를 행위유형인 '사진촬영'으로 변경하였다. 또한 2007년 개정 전 저작권법에서는 "각본·악보 그 밖의 이와 유사한 저작물의 경우에는 그 저작물의 공연·실연 또는 방송을 녹음하거나 녹화하는 것"을 복제에 포함되는 것으로 규정하고 있었다. 개정 전 저작권법이 이와 같이 규정하고 있었던 것은, 예를 들어 연극이 무대에서 상연되거나 방송되고 있는 것을 녹음·녹화하는 것은 연극저작물을 무형적으로 재현하는 것을 다시 유형적으로 복제하는 것으로서, 연극저작물 자체를 유형적으로 복제하는 경우에는 해당하지 않는 것으로 해석될 여지가 있었기 때문에, 그러한

212) WIPO의 Guide to the Berne Convention에 따르면, 복제란 "이미 알려졌거나 또는 앞으로 개발되는 모든 방법을 포함하는 것"이고, "저작물을 어떤 유형적 형태로 고정하는 것(fixing the work in some material form)을 의미할 뿐이다"고 설명한다. WIPO, Guide to the Berne Convention for the Protection of Literary and Artistic Works(Paris Act, 1971), 1978, p.54. 박성호, 저작권법, 박영사(2014), 309면에서 재인용.

해석상의 의문을 해소하기 위하여 둔 규정이다.[213] 그러나 이러한 행위는 위 복제의 정의 규정 전단 문구 속에 이미 포함되어 있는 것이므로, 2006년 개정 저작권법에서는 중복을 피하기 위하여 이 부분을 삭제함으로써 복제의 정의를 간명하게 하였다.[214]

어찌되었든 저작물이 무형적으로 재현되는 것을 다시 유형적으로 복제하는 것은 개정 저작권법 아래에서도 당연히 복제의 범위에 포함된다. 즉, 복제는 유형적 재제(再製)를 의미하지만, 복제의 대상은 고정된 저작물일 필요는 없고 고정되어 있지 아니한 생연주 등의 녹음·녹화도 복제가 된다. 따라서 예를 들어 작가 甲이 창작한 각본 A를 乙이 상연하고, 이를 丙이 비디오테이프로 녹화한 경우, 乙의 상연 행위는 무형적 재생으로서 뒤에서 보는 '공연'에 해당하고, 乙의 상연을 고정한 丙의 행위는 각본 A 자체를 유형적으로 복사한 것은 아니지만 그것 역시 각본 A에 대한 복제에 해당하며 따라서 甲의 복제권이 미치게 된다. 마찬가지로 악보에 의하여 연주하는 것을 녹음한 경우에도 그 악보에 수록된 음악저작물의 복제에 해당하게 된다.[215]

'녹음'은 음을 유형물에 고정하거나 그 고정물을 증제(增製), 즉 재차 고정하는 것을 말한다.[216] 여기서 '음'이란 사람이 청각적으로 지각할 수 있는 공기의 진동을 의미하며, 그것이 반드시 저작물이거나 실연일 필요는 없다. 기계음과 같이 인위적으로 생성된 소리나 새소리, 파도소리 등과 같은 자연의 소리도 포함된다. '고정'이라는 용어의 의미는, 로마협약 제32조에 기초한 '실연자·음반제작자 및 방송사업자의 보호에 관한 모델법'에 의하면 "순간적인 기간 이상의 기간 동안 지각, 복제, 기타 전달하는 것이 가능할 정도로 충분히 영속적이거나 또는 안정적으로 음, 영상 또는 그 양자를 유형물에 수록하는 것"으로 정의되고 있다.[217] 녹음은 증제를 포함하므로 단순히 음을 고정하는 것뿐만 아니라, 고정물을 다시 증제하는 것도 녹음에 포함된다.

'녹화'는 영상을 연속하여 유형물에 고정하거나 그 고정물을 증제하는 것을 말한다.[218] 영상이란 사람의 모습이라든가 자연현상 등 인간이 시각적으로 지각할 수 있는 모든 형태의 것을 포함한다. 여기서 '연속하여'라고 하고 있는데, 이는 설사 연속되는 동작이라고 하더라도 그 중 한 순간을 포착하여 사진촬영하는 것은 앞의 '사진촬영'에 해당하지 '녹화'에

---

213) 오승종·이해완, 저작권법, 제 4 판, 박영사, 2005, 286면.

214) 문화관광부, 2007－개정저작권법 설명자료, 15면.

215) 이에 대하여 각본을 공연하는 것을 녹음 또는 녹화하는 것은 그 공연 자체의 복제이지 각본의 복제라고 볼 수 없다는 견해가 있다. 허희성, 2007 신저작권법 축조개설(상), 명문프리컴(2007), 49-50면.

216) 일본 저작권법 제 2 조 제13호 참조.

217) 한편 '고정물'에 대하여는 WIPO 실연자조약 제 2 조(c)가 "음 또는 음을 표현한 것의 수록물로서 장치를 사용하여 지각, 재생 또는 전달하는 것이 가능한 것"이라고 정의하고 있음을 참조할 필요가 있다.

218) 일본 저작권법 제 2 조 제14호 참조.

해당하는 것은 아니라는 의미이다. 일반적으로 녹화라고 하기 위해서는 다수의 정지화면을 짧은 시간에 연속적으로 촬영함으로써 그 정지화면들을 연속하여 투사할 경우 연속동작으로서의 시각적 효과를 가져오는 경우를 말한다. 따라서 '사진촬영'과 '녹화'는 연속촬영의 정도, 즉 연속동작으로서의 시각적 효과의 정도를 기준으로 하여 구분할 수 있다.

나. 유형물에 고정 또는 유형물로 다시 제작

복제의 정의규정에서 보는 바와 같이 복제는 "유형물에 고정하거나 유형물로 다시 제작하는 것"을 말하는데, 유형물로 다시 제작(再製)하는 경우에도 '유형물에의 고정'이 수반되어야 하므로 저작권법상 복제로 인정되기 위해서는 반드시 '유형물에의 고정'이 있어야 한다. '복제물'이 되기 위해서는 유형물에의 '고정'(fixation)이 필요하다는 점에서 유형물에의 고정을 성립요건으로 하지 않는 '저작물'의 경우와 다르다.

강학상 저작권법 제 2 조 제22호의 '복제'를 유형복제라 하고, 공연이나 방송과 같이 유형물이 아닌 무형적으로 저작물을 재현하는 행위를 '무형복제'(또는 '무형적 再製')라고 구별하는 경우도 있다. 이는 과거 일본 저작권법이 공연이나 방송 등 무형적인 저작물의 재제(再製) 역시 복제의 개념에 포함시키고 있었던 당시의 해석론을 따른 것이다. 오늘날 우리 저작권법의 해석론으로서는 큰 의미가 없다. 현행 저작권법은 복제권이 미치는 범위를 저작물의 유형적 이용의 경우에 한정하고 있기 때문에, '무형복제'에 해당하는 공연, 실연, 방송 등은 복제권의 대상이 아니다. 예를 들어 가수가 무대에서 음악저작물을 노래하는 것이나 배우가 무대에서 무언극을 하거나 무용수가 춤을 추는 것은 복제권이 아니라 공연권 등 다른 권리의 대상이 된다. 한편, 이른바 '가시적(可視的) 복제'를 유형복제라 하고, '재생가능한 복제'를 무형복제라고 하여 구분하는 경우도 있었으나, 복제의 형태가 다양해지고 있는 오늘날에 있어서 가시적이든 재생가능한 것이든 가리지 않고 복제의 개념에 포함되는 것이므로, 이를 구태여 구분할 실익은 별로 없다.[219)]

재제(再製)는 동일한 것을 만드는 것인데, 완전히 동일할 필요는 없고 같은 표현형식일 필요도 없다. 실질적으로 동일하면 되고, 원작품에 창작적 부가가 되어 있지 않으면 재제가 된다. 예컨대, 암호문을 보통 문장으로 고친 경우, 즉흥곡을 채보한 경우, 강연을 원고로 옮긴 경우, 소스 코드를 기계적으로 오브젝트 코드로 변환한 경우 등도 복제가 된다. 또한 평면적 표현을 입체적 표현으로 변경한 경우, 예를 들어 만화영화에 등장하는 주인공 캐릭터가 표현된 원화(原畵)를 가지고 입체적인 봉제인형을 제작하는 경우에도 거기에 새로운 창작적 행위가 더해져 있지 않으면 복제가 된다. 즉, 변경 부분에 창작적 표현이 존

219) 문화관광부, 전게자료, 15면.

재하면 그때 비로소 복제물을 넘어 2차적저작물이 되고, 그 변경을 가한 자에게는 2차적저작물로서의 저작권이 새로 발생한다. 예컨대 고(古)미술저작물을 모사한 경우 기계적인 모사는 복제에 해당하지만, 창작적 행위가 부가되어 있으면 2차적저작물이 된다.[220] 복제물과 2차적저작물의 구분은 결국 창작적 부가가 있는지 여부가 기준이 될 것이지만, 경계는 매우 애매하다.[221] 그 경계 확정에 대하여는 제 2 장 제 3 절의 '2차적저작물' 부분에서 살펴보았다.

복제의 정의규정에서 "유형물에 고정하거나 유형물로 다시 제작하는 것" 중 앞의 "유형물에 고정하거나" 부분은 2000년 저작권법 개정 당시에 새로 추가된 부분이다. 원래의 정의규정에는 "유형물로 다시 제작하는 것"이라고만 되어 있었던 것을 이에 추가하여 "유형물에 고정하거나"를 포함시킨 것이다. 이는 디지털 복제를 저작권법상 복제의 개념에 명확하게 포함시켰다는 의미가 있다. 그러나 "재생 가능한 복제인 녹음·녹화가 유형물에의 고정을 의미하는 것이고, 디지털화의 고정도 재생 가능한 복제이므로 불필요한 이중적 정의"라는 이유를 들어 종전의 복제의 정의인 "유형물로 다시 제작하는 것" 외에 "유형물에 고정하는 것"을 추가할 필요가 있는 것인지 의문이라는 비판이 제기되었고,[222] 그러한 비판에 찬동하는 견해도 있다.[223] 이러한 비판론에 의하면, 해석론으로 해결 가능한 문제를 '디지털화'를 통한 이용 양태를 '명확히' 한다는 명분 아래 '확인적 문구'에 지나지 않는 표현(즉, '유형물에 고정하는 것')을 덧붙인 결과 오히려 '디지털 복제'와 관련하여 복제의 개념을 '오판'하게 만들었다고 한다. 즉, 1986년 저작권법은 복제 개념 중에 '디지털 복제'를 포섭할 수 없고 2000년 저작권법에 이르러서야 비로소 포섭 가능하게 되었다는 이해하기 어려운 결말을 이끌어내게 되었고, 이러한 결말을 상징적으로 보여주는 것이 바로 대법원 2007. 12. 14. 선고 2005도872 판결[224]이라는 것이다.

---

220) 中山信弘, 著作權法, 법문사(2008), 184면.

221) 서울중앙지방법원 2008. 8. 28. 선고 2007가합113644 판결은, "원고의 일본 연예인 모바일 화보집은 A회사 등의 일본 연예인 화보집과 비교하여 볼 때 그 저장매체 내지 저작물이 고정된 유형물이 필름과 전자기록매체로서 서로 차이가 있고, 그 크기에 다소의 수정, 변경이 있을 뿐이며, A회사 등의 일본 연예인 화보집에 더하여 새롭게 사상 또는 감정이 창작적으로 표현되었다고 보기 어렵다. 따라서 원고의 일본 연예인 모바일 화보집은 A회사 등의 일본 연예인 화보집과 실질적으로 동일하여 그 복제물에 불과하고, 2차적저작물에 해당하지는 않는다"고 판시하였다.

222) 허희성, 2000 신저작권법 축조개설(상), 저작권아카데미, 2000, 78면.

223) 박성호, 전게서, 313면.

224) 대법원 2007. 12. 14. 선고 2005도872 판결은, "저작권법 제 2 조의 유형물에는 특별한 제한이 없으므로 컴퓨터의 하드디스크가 이에 포함됨은 물론이지만, 하드디스크에 전자적으로 저장하는 MPEG-1 Audio Layer-3(MP3) 파일을 일컬어 유형물이라고는 할 수 없으므로, 음악 CD로부터 변환한 MP3 파일을 Peer-To-Peer(P2P) 방식으로 전송받아 자신의 컴퓨터 하드디스크에 전자적으로 저장하는 행위는 구 저작권법(2000. 1. 12. 법률 제6134호로 개정되기 전의 것) 제 2 조 제14호의 복제행위인 '유형물로 다

3. 복제권의 내용

가. 복제의 방법

저작권법 제 2 조 제22호는 복제행위의 유형으로 "인쇄·사진촬영·복사·녹음·녹화" 등을 들고 있지만 이는 예시적 규정으로서, 복제의 방법이나 수단에는 제한이 없다. 기계적·전자적·화학적 방법에 의하여 하는 것 외에 손으로 베끼는 것도 포함된다. 소설이나 논문을 인쇄하거나 회화나 조각을 사진촬영하는 것 또는 음악저작물을 음반에 취입하는 것 등은 복제의 대표적인 예라고 할 수 있다. 이에 따라 저작권 업계의 실무현장에서는 녹음권, 녹화권, 비디오화권 등 여러 가지 권리개념이 사용되고 있지만, 법률적으로 이들은 모두 복제권의 범위에 속한다. 유형물이기만 하면 종이·나무·플라스틱·강철·고무·유리·석고·옷감·완구 등 어느 것에 수록하더라도 모두 복제로 된다. 컴퓨터파일 형태로 된 저작물을 컴퓨터의 하드디스크나 CD-Rom 등 전자적 기록매체에 저장하는 것도 복제에 해당한다. 즉, 눈에 보이는 가시적 형태의 것뿐만 아니라 전자적 신호로서 고정되는 불가시적 형태의 것도 복제에 해당한다. 나아가 원본을 복제하는 직접복제뿐만 아니라, 복제물을 복제하는 간접복제도 복제에 포함된다.[225]

인터넷의 링크(link)가 복제에 해당하는지에 대하여 논란이 있는데, 대법원 판례는 이를 부정하고 있다. 대법원 2009. 11. 26. 선고 2008다77405 판결과 대법원 2010. 3. 11. 선고 2009다4343 판결은, 인터넷에서 이용자들이 접속하고자 하는 웹페이지로의 이동을 쉽게 해 주는 기술을 의미하는 인터넷 링크는 링크하고자 하는 저작물의 웹 위치 정보 내지 경로를 나타낸 것에 불과하고, '유형물에 고정하거나 유형물로 다시 제작하는 것'이 아니므로 복제에 해당하지 않는다고 판시하였다.[226]

저작권법 제 2 조 제22호의 복제의 정의규정 중 "건축을 위한 모형 또는 설계도서에 따라 이를 시공하는 것을 포함한다"고 한 것의 의미에 관하여는 제 2 장 제 2 절의 건축저작물 부분에서 상세히 검토한 바 있으므로 여기서는 생략하기로 한다. 다만, 이 규정은 건축저작물의 경우만이 아니라, 다른 저작물의 제작을 위한 모형이나 설계도에도 적용된다고 보아야 한다. 대법원 2019. 5. 10. 선고 2016도15974 판결은, "저작권법 제2조 제22호는 '복제'의 의미에 대해 '인쇄·사진촬영·복사·녹음·녹화 그 밖의 방법으로 일시적 또는 영구적으로 유형물에 고정하거나 다시 제작하는 것'이라고 규정하고 있다. 이러한 복제에는 도

시 제작하는 것'에는 해당하지 않고, 구 저작권법(2006. 12. 28. 법률 제8101호로 전문 개정되기 전의 것) 제 2 조 제14호의 복제행위인 '유형물에 고정하는 것'에 해당한다"고 판시하였다.

225) 오승종·이해완, 전게서, 286면.

226) 인터넷 링크에 대한 보다 상세한 논의는 제 6 장 Ⅵ. 공표된 저작물의 인용 중 6.항 참조.

안이나 도면의 형태로 되어 있는 저작물을 입체적인 조형물로 다시 제작하는 것도 포함한다. 위 조항의 후문은 '건축물의 경우에는 그 건축을 위한 모형 또는 설계도서에 따라 이를 시공하는 것을 포함한다.'라고 규정하고 있으나, 이는 저작물인 '건축물을 위한 모형 또는 설계도서'에 따라 건축물을 시공하더라도 복제에 해당한다는 점을 명확히 하려는 확인적 성격의 규정에 불과하다."고 판시함으로써 이 점을 분명히 하였다.[227)]

다만, 이 규정은 저작물이 아닌 것을 제작하기 위한 설계도면에는 적용이 없다. 예를 들어, 저작물이 아닌 기계를 제작하기 위한 설계도면에 따라 기계를 제작하였다 하더라도 이는 복제에 해당하지 않는다.

한편, 이 규정이 적용되는 것은 아직 설계도만 있고 그에 따른 건축물이 완성되지 않은 경우에 한하며, 이미 건축물이 존재하는 경우에 이와 동일한 건축물을 다시 제작하는 것은 도형저작물인 설계도의 복제가 아니라 건축저작물의 복제에 해당한다는 견해가 있다.[228)] 그러나 이는 잘못된 해석이라고 생각된다. 저작권은 이른바 '모방금지권'(模倣禁止權)이므로, 복제란 기존 저작물에 의거(依據)하여 그와 동일 또는 실질적으로 동일한 것을 유형적으로 다시 제작하는 것을 말한다. 따라서 설계도(A)와 그 설계도에 따른 건축물(B)이 모두 존재하는 상황에서 이와 동일한 건축물(C)을 다시 건축한 경우, 그 건축물(C)이 기존 설계도(A)에 의거하여 건축되었다면 설계도(A)에 대한 복제가 될 것이고, 기존 건축물(B)에 의거하여 건축되었다면 그 건축물(B)에 대한 복제가 된다고 보아야 할 것이다. 즉, 설계도에 따른 건축물이 이미 완성되어 있는 경우라 하여 설계도의 복제가 아니라 항상 건축물의 복제에 해당한다고 보아야 할 이유는 없다.

나. 복제의 인정범위

저작권법 제16조의 복제권은 저작물을 전체적으로 복제하는 경우뿐만 아니라, 일부분이라 하더라도 그 부분이 저작물로서의 가치를 가지는 것인 이상 부분복제에도 미친다. 바꾸어 말하면, 저작물의 일부분을 복제하는 경우에도 그것이 저작물의 창작성이 있는 표현부분을 복제한 것으로서, 양적 또는 질적으로 '실질성'(substantiality)을 갖춘 경우에는 복제에 해당한다. 여기서 '실질성'이라고 함은 '사소함'을 넘어서는 정도에 이른 상태를 말하는 것이라고 이해하면 편하다. 이와 같이 부분적 이용에 대하여 권리가 미치는 것은 복제권뿐만

227) 이 사건의 원심인 대전지방법원 2016. 9. 22. 선고 2015노3038 판결에서는, "피고인이 이 사건 도안에 따라서 이 사건 조형물을 제작한 행위는, 설령 그 이전에 이 사건 도안이 형상화한 조형물이 존재하지 않았다 하더라도, 이 사건 도안에 따른 관념적인 조형물의 복제로서 위 조항에서 정의하는 복제에 해당한다."고 판시하였다.

228) 內田 晉, 問答式 入門 著作權法, 新日本法規出版 株式會社, 2000, 159면.

아니라 저작권법 제17조 내지 제22조의 그 밖의 지분권에 있어서도 마찬가지이다.

복제의 부수에도 제한이 없다. 저작물을 1부만 인쇄한다든가 1부만 복사하는 경우에도 모두 복제에 해당한다. 다만, 그러한 경우 저작권법 제30조의 '사적이용을 위한 복제'의 요건을 갖춘다면 그에 대하여는 저작재산권이 제한될 수 있을 뿐이다.

복제권은 기존 저작물과 '완전히 동일'한 것을 다시 제작하는 경우뿐만 아니라, '실질적으로 동일'한 것을 다시 제작하는 경우에도 미친다. 즉, 복제권이 미치는 복제물이 되기 위해서는 기존 저작물과 완전히 동일할 필요까지는 없고, 실질적 동일성만 가지고 있으면 족하다. 따라서 기존 저작물에 일부 수정·변경을 가하였으나 그 수정·변경이 사소한 정도에 불과하고 새로운 창작성이 부가되었다고 볼 수 없는 경우에는 여전히 복제권이 미치는 복제물이라고 할 수 있다. 예를 들어, 원래의 저작물에서 약간의 오·탈자만을 바로 잡은 것은 원저작물에 대하여 일부 수정·변경이 가해진 것이지만 여전히 원저작물의 복제물이다.

저작권은 '모방금지권'이므로 복제권이 미치는 복제물이 되기 위해서는 그것이 원저작물(또는 그 복제물)에 '의거'(依據)하여 제작된 것이어야 한다. 원저작물에 의거하지 않고 독자적으로 작성된 것인데 우연히 원저작물과 동일한 것이 제작되었다면 이는 복제물이 아니며, 따라서 원저작자의 복제권도 미치지 않는다. 이와 관련하여서는 제 9 장 "저작재산권 침해의 요건 및 판단기준"에서 보다 상세하게 살펴보기로 한다.

4. 배타적발행권과의 관계

'발행'이란 저작물 또는 음반을 공중의 수요를 충족시키기 위하여 복제·배포하는 것을 말한다. 따라서 발행을 하게 되면 기본적으로 저작재산권의 지분권 중 복제권과 배포권이 작용하게 된다. 종전 저작권법은 문서 또는 도화를 발행하는 경우에만 특별히 준물권인 출판권을 설정할 수 있도록 허용하고 있었는데, 현행 저작권법은 모든 저작물과 음반에 대하여 준물권인 배타적발행권을 설정할 수 있도록 하였다(법 제57조). 저작재산권자가 타인에게 배타적발행권(또는 출판권)을 설정하여 준 경우에는 마치 자신의 부동산에 관하여 제한물권인 전세권을 설정한 것과 같은 효과가 발생하고, 저작재산권자의 복제권은 그 범위 내에서 제한된다. 그러나 그 때에도 저작재산권자의 복제권은 잠재적인 권리로서 존재하므로, 제 3 자가 배타적발행권을 침해하는 경우에는 배타적발행권자는 물론 저작재산권자도 방해배제 등을 청구할 권리를 가진다.[229)]

229) 오승종·이해완, 전게서, 287-288면.

5. 2차적저작물의 복제

원저작물을 번역·편곡·변형·각색·영상제작 하는 등의 방법으로 작성한 2차적저작물을 복제하는 행위에 대하여 원저작자는 저작권법 제22조의 2차적저작물작성권을 통하여 배타적 권리를 행사할 수 있다. 제22조는 "저작자는 그의 저작물을 원저작물로 하는 2차적저작물을 작성하여 이용할 권리를 가진다"고 하고 있는데, 여기서 '이용'하는 행위에는 복제행위도 포함되기 때문이다. 2차적저작물 작성자와 원저작자가 따로 존재하는 경우에는 2차적저작물 작성자 역시 그 2차적저작물의 복제행위에 대하여 제16조에 의한 복제권을 자신의 권리로서 행사할 수 있다.

일본 저작권법은 제27조에서 "저작자는 그 저작물을 번역, 편곡, 변형, 각색, 영화화 기타 번안할 권리를 전유한다"고 규정하면서, 제28조에서 "2차적저작물의 원저작물 저작자는 당해 2차적저작물의 이용에 관하여 이 관에서 규정하는 권리로서 당해 2차적저작물의 저작자가 갖는 것과 동일한 종류의 권리를 전유한다"고 규정하고 있다. 이는 원저작자에게 그 원저작물을 기초로 하는 2차적저작물작성권을 부여하면서, 그에 따라 작성된 2차적저작물에 대하여는 2차적저작물의 저작자와 동일한 권리를 가진다고 규정한 것이다. 즉, 2차적저작물의 '작성권'과 '이용권'을 분리하여 별도로 규정하는 체계를 취하고 있다. 따라서 2차적저작물의 복제행위에 대하여 원저작자는 자신의 2차적저작물작성권이 아니라 2차적저작물 작성자가 가지는 복제권과 동일한 권리를 행사할 수 있도록 하였다는 점에서 우리나라와 규정형식이 다르다.

6. 일시적 저장에 관한 문제

가. 일시적 저장의 의의

'일시적 저장'은 일반적으로 디지털화 된 저작물을 컴퓨터 등 정보처리장치를 활용하여 사용 또는 접근하거나, 이를 통신망을 통하여 전송하고자 할 때 그 저작물이 컴퓨터의 주기억장치인 램(RAM)에 일시적으로 저장되는 것을 말하며, '일시적 복제'(temporary reproduction)라고 부르기도 한다. 이러한 일시적 저장은 디지털저작물을 사용하고자 할 경우 반드시 일어나는 현상으로 현재의 기술로는 피할 수 없는 것으로 이해되고 있다. 한편, 램은 반도체로 만들어진 기억장치로서 컴퓨터의 전원이 켜져 있는 동안에만 저장기능을 발휘하며, 일단 전원이 꺼지면 다른 영구적인 저장장치에 저장해 두지 않는 한 저장된 자료가 모두 사라져 버리는 임시적·일시적 속성을 가지고 있다. 그렇기 때문에 램에 저장되는 것을

'일시적 저장'이라고 부르는 것이다.

해석론으로서 '일시적(temporary) 저장'과 '순간적(transitory) 저장'을 구별하여야 한다는 견해가 있다. 일시적 저장이나 순간적 저장이나 모두 전원을 끄면 정보가 사라져 버린다는 점에서는 동일하지만, 일시적 저장은 순간적이지 않고 일정한 시간 지속적인 것이기 때문에 순간적 저장과 구별할 필요가 있다는 것이다. 즉, 일시적 저장이란 순간적인 기간(transitory duration) 이상의 시간 동안 저작물을 인식하거나 복제 또는 전달할 수 있을 정도로 지속적인(permanent) 것이므로 장래 반복하여 사용될 가능성이 있다는 점에서 순간적 저장과는 구별된다고 한다. 반면에 순간적 저장은, 장래 반복하여 사용될 가능성이 없다는 점에서 규범적으로 볼 때 유형물에 고정하거나 재제하는 것으로 평가될 수 없으므로 처음부터 복제에 해당하지 않는다고 본다. 요컨대 '순간적 저장'은 처음부터 복제에 해당하지 않는다는 점에서 저작권법 제35조의2(저작물 이용과정에서의 일시적 복제)의 권리제한 규정은 '순간적 저장'에는 적용될 여지가 없다는 것이다.[230)]

나. 일시적 저장과 관련된 쟁점

저작권법은 '복제'를 인쇄·사진촬영·복사·녹음·녹화 그 밖의 방법에 의하여 유형물에 고정하거나 유형물로 다시 제작하는 것이라고 정의하고 있다. 이러한 복제 개념은 모두 '고정'(fixation)이라는 개념을 전제로 하고 있다. 따라서 일시적 저장이 이러한 고정의 요건을 충족함으로써 우리 저작권법상 '복제'의 개념 범위에 속하는지 여부가 문제로 된다. 만약 일시적 저장이 복제의 개념에 속한다면, 저작재산권자는 일시적 저장에 대하여 배타적 권리를 행사할 수 있게 된다.

디지털환경의 등장에 의하여 저작물의 이용형태는 복제물(copy)이라는 유형의 매개체(material object)를 소유함으로써 이용하는 형태로부터 복제물을 소유하지 않고 무형적으로 이용하는 형태로 패러다임(paradigm)이 변화하고 있다. 일시적 저장은 디지털저작물을 사용하거나 그에 접근하기 위한 필수적인 단계라고 할 수 있는데, 이와 같이 저작물 이용의 패러다임이 변화하고 있는 상황에서 일시적 저장을 '복제'의 범위에 속한다고 하여 저작재산권자의 배타적 권리가 미치게 한다면, 디지털저작물과 관련하여 저작재산권자는 모든 유형의 저작물의 사용 또는 접근을 통제할 수 있게 된다. 2011년 개정된 우리나라 저작권법은 접근통제형 기술적 보호조치규정을 도입하였지만 이른바 '접근권'을 명시적으로 규정하지

230) 박성호, 전게서, 318-319면. 이 견해는 미국 저작권법 제101조의 정의 규정에서 '고정'에 대하여 '순간적인 저장(transitory duration) 이상의 시간 동안 저작물을 인식하거나 복제 또는 그 밖에 전달할 수 있을 정도로 충분히 지속적(permanent)이거나 안정적으로 수록한 때'에, 다시 말해 장래 반복하여 사용될 가능성이 있다는 점을 고려하여 이를 '고정'이라고 정의하고 있는 점을 참조할 필요가 있다고 한다.

는 않고 있었다. 일시적 저장을 '복제'의 범위에 속하는 것으로 파악할 것인지 여부는 디지털 환경 아래에서 저작권법의 근간과 관련되는 매우 중요한 쟁점이라고 할 수 있다. 이 문제는 디지털 환경 아래에서 일시적 저장을 복제의 개념에 포함시키는 것과 포함시키지 않는 것이 각각 저작재산권자와 이용자의 이익에 어떠한 영향을 미칠 것인지, 만약 포함시킨다면 이용자가 받을 불이익을 최소화하기 위해서는 어떠한 예외 또는 제한이 적용되어야 하는지에 대한 깊은 연구와 검토를 필요로 한다.

다. 외국의 판례와 해석론

일시적 저장 또는 일시적 복제의 개념이 본격적으로 나타난 것은 미국의 1993년 MAI System Corp. v. Peak Computer, Inc. 사건 판결[231]에서였다. 이 사건의 원고는 컴퓨터와 소프트웨어를 제조·판매하는 회사이고, 피고는 컴퓨터의 보수 및 수리 서비스를 제공하는 회사이다. 피고의 기술자는 원고의 컴퓨터를 수리하기 위하여 그 컴퓨터와 소프트웨어를 구동시킬 필요가 있었고, 그 과정에서 원고의 운영체계 프로그램이 RAM에 일시적으로 복제되었다. 원고는 자신의 소프트웨어를 구입하는 소비자에 대한 사용허락계약에서 내부적인 정보처리과정을 위하여 소프트웨어를 RAM에서 구동시키는 것은 허용하지만, 피고와 같은 제 3 자가 원고의 소프트웨어를 사용하고 복제하는 것은 허용하지 않고 있다. 원고는 피고를 상대로 저작권침해 등을 이유로 소송을 제기하였고, 미국 법원은 피고가 소프트웨어를 RAM에서 구동시키는 것은 미국 저작권법이 규정하고 있는 '고정'의 개념인 "인식 또는 복제되거나 일시적인 순간 이상의 시간 동안 전달할 수 있을 정도로 충분히 영속적이거나 안정적으로 수록된" 것에 해당한다고 하여 이를 복제로 인정하였다. 한편, 디지털 문제에 관한 미국 행정부의 입장을 천명하고 있는 백서(White Paper)도 RAM에 고정하는 것이 미국 저작권법상 복제(reproduction)에 해당하여 복제권이 미친다는 점을 밝혔다.

그 후 일시적 저장에 관한 국제적인 논의가 WIPO의 저작권조약(WCT) 및 실연음반조약(WPPT)을 체결하기 위한 1996년의 WIPO 외교회의에서 시작되었다. WIPO 외교회의에서 일시적 복제개념을 인정하기 위하여 마련된 WCT 초안 제 7 조[232]는 결국 채택되지는 않았지만, WCT 제 1 조(4)에 관한 해석성명서(agreed statements)에서 일시적 복제 개념을 인정하

231) 991 F.2d 511(9th Cir. 1993).

232) 그 내용은 (1)항에서, "저작물의 복제를 허락할 수 있는 베른협약 제 9 조(1)의 배타적 권리는 항구적이든 또는 일시적이든 그 방식과 형태에 관계없이, 저작물을 직접적·간접적으로 복제하는 행위를 포함한다"고 하면서, 다만 같은 조 (2)항에서는, "저작자의 허락을 받거나 또는 법적으로 허용된 이용과정에서의 일시적 복제가 오직 저작물을 인식하기 위한 것이거나 임시적 또는 부수적인(transient or incidental) 성질의 것인 경우"에 대해서는 예외를 인정하고 있다.

는 듯한 내용[233]을 포함하고 있었기 때문에 일시적 복제개념이 WCT 및 WPPT에 의하여 인정된 것인지는 논란의 여지가 남아 있었다. 학자들 사이에서도 이는 디지털환경에서의 일시적 저장을 복제권으로 규율할 수 있다고 한 것으로 보는 견해와[234] 이 문제에 대하여는 아직 국제적인 합의가 이루어진 것이 아니라고 보는 견해로 나뉘고 있다.[235] 일본에서는 위 해석성명서 내용 중 '저장'(store)이라는 단어가 모든 형태의 일시적 저장을 포함하는 취지는 아니고, 탄력적 해석이 가능한 개념으로 파악하고 있다. 그리하여 적어도 국제조약상으로는 RAM에의 일시적 저장을 반드시 복제의 개념에 포함시켜야 할 의무는 없다는 것이 일본에서의 주류적인 해석론이다.[236]

그러나 현재 미국의 저작권법을 비롯한 유럽연합의 저작권과 관련된 여러 지침이 일시적 저장을 복제의 개념에 포함시키고 있으며, 영국, 독일, 오스트레일리아 등 많은 국가들이 이를 인정하고 있다. 미국의 경우 일시적 저장을 복제 개념에 포함시키는 직접적인 명문의 규정을 두고 있지는 않지만, 미국 저작권법 제117조(a)(1)에서 컴퓨터프로그램을 기계와 함께 사용함에 있어서 필수적으로 행하여지는 복제 및 개작에 대하여는 면책을 하고 있고, 같은 제117조(c)에서는 컴퓨터를 유지하고 수리하는 과정에서 컴퓨터프로그램의 복제물을 합법적으로 장착하고 있는 기계를 작동시키기 위한 프로그램의 복제에 대하여도 면책을 인정하고 있다. 이는 일시적 복제 개념을 간접적으로 인정한 취지라고 이해되고 있다. 그리고 온라인서비스제공자의 시스템 캐싱에 대하여도 일정한 요건 아래 면책을 인정하고 있다. 그 중 컴퓨터 수리과정에서 일어나는 일시적 저장에 관한 면책 규정은 위에서 본 MAI 사건 판결의 결론을 피해나가기 위하여 입법된 것이라고 한다.[237] 오스트레일리아 저작권법 역시 합법적으로 행하는 "통신의 기술적 과정의 일부로서"(as part of the technical process of making a communication) 이루어지는 저작물 및 시청각물의 일시적 복제에 대하여 면책을 인정하고 있다.[238] 이와 같이 일시적 저장을 복제의 개념에 포함시키고 있는 입법례에서도 일시적 저장이 온라인 전송과정이나 컴퓨터의 수리·보수 과정에서 불가

233) 제 1 조 제(4)항에 관련된 부분의 내용은, "베른협약 제 9 조에 규정된 복제권 및 그 예외는 디지털환경, 특히 디지털형태의 저작물을 이용하는 것에 대하여 '완전히 적용된다'(fully apply). 전자적 매체에 디지털형태의 저작물을 저장하는 것은 베른협약 제 9 조의 의미에 따른 복제에 해당하는 것으로 이해한다"라고 규정하고 있다.

234) 정상기, 소프트웨어의 일시적 복제와 전송권, 산업재산권, 2005년 5월, 제17호, (사)한국산업재산권법학회, 262면.

235) 이대희, 저작권법상 일시적 복제개념의 인정여부에 관한 연구, 계간 저작권, 2004년 가을, 제67호, 저작권심의조정위원회, 77면.

236) 齊藤浩貴, 一時的蓄積と複製に關する實際的考察, 著作權法と民法の現代的課題, 法學書院, 2003, 236면.

237) 이대희, 전게논문, 78면.

238) 정상기, 전게논문, 279면.

피하게 발생할 수밖에 없는 경우에는 복제권침해의 책임을 면제하는 면책 대상으로 규정하고 있다.

일본의 경우를 보면, 컴퓨터프로그램의 법적 보호 방안을 심의한 저작권심의회 제 2 소위원회와 제 6 소위원회에서 일시적으로 컴퓨터의 RAM상에 저장되는 것은 복제에 해당하지 않는다는 결론을 내린 바 있었다. 특히 1973년 6월 저작권심의회 제 2 소위원회는 "내부기억장치에서의 저작물 저장은 순간적이고 과도적인 것으로서 곧바로 사라져 버리기 때문에 저작물의 복제에 해당하지 않는다"고 하였다. 그러나 이러한 논의가 있었을 뿐, 구체적으로 어떻게 법률을 정비하여야 할 것인지에 관해서는 정책적 판단이 내려지지 않았던 것으로 보인다. 다만, 위와 같은 소위원회에서의 논의를 둘러싸고 일본에서는 일시적 저장을 복제의 개념에 포함시키지 않는 견해가 다수설이었던 것 같다.[239] 中山信弘 교수는, 일본은 저작권법에 공정이용(fair use)과 같은 일반적 제한규정이 없기 때문에 복제개념은 규범적으로 파악하여 하고, 따라서 일시적 복제는 저작권법상 복제에 해당하지 않으며, 특히 저작권법이 복제권을 인정하고 있는 것은 일정 기간의 독점적 이윤을 보증하여 창작에 대한 인센티브를 주기 위한 것인데, 그러한 목적에 합치되지 않는 일시적 저장은 저작권법상의 복제라고 해석해서는 안 된다고 주장한다.[240] 그러나 이러한 부정론만 있는 것은 아니다. 일본 저작권법은 미국 저작권법과 마찬가지로 일시적 저장을 복제 개념에 포섭시키는 직접적인 명문의 규정을 두고 있지 않다. 그런데 2009년 개정된 일본 저작권법은 인터넷상의 통신에서 정보처리 과정상 필연적으로 수반하는 기록(제47조의8)을 권리제한 대상으로 규정함으로써 면책하고 있다. 따라서 일본 저작권법 제47조의8 규정도 미국 저작권법 제117조(c)와 마찬가지로 일시적 복제 개념을 간접적으로 인정하는 취지의 규정이라고 보는 해석도 가능하다.[241]

라. 우리나라의 기존 해석론

일시적 저장이 복제에 해당하는지 여부는 RAM에의 저장이 복제의 요건인 유형물에의 '고정'에 해당하느냐 여부에 달려 있다.

먼저 부정설의 입장을 살펴본다. 부정설은 현재의 일반적인 PC 환경에 비추어 볼 때 RAM은 하드디스크 등에 비하여 상당히 작은 용량을 가진 임시적인 '작업공간'에 불과하며, 보조기억장치에 의식적으로 이를 저장해 두지 않는 한 전원이 차단됨과 동시에 사라

239) 作花文雄, 詳解 著作權法, 제 3 판, ぎょうせい, 260면.
240) 中山信弘, 전게서, 187면.
241) 박성호, 전게서, 321면에서 재인용.

져 버리는 성질을 가지고 있다. 여기에 일시적 저장과 관련된 이용자의 일반적인 인식을 아울러 고려해 보면 RAM에 일시적으로 저장되는 것을 유형물에의 '고정'으로서 복제에 해당한다고 보기는 어렵다고 한다. 특히 어떤 저작물이 컴퓨터의 모니터 화면에 현시되는 경우에는 항상 RAM에의 저장을 수반하게 되는데, 이를 모두 복제로 보게 되면 결국 사실상 저작권자에게 배타적인 '사용권'(right of use; right of exploitation)을 부여하는 것과 동일한 결과가 된다는 점을 고려하지 않을 수 없다고 한다.[242] 또한 일시적 저장은 인터넷 이용자가 적극적으로 의도한 것이 아니라 그가 인식하지 못하는 사이에 이루어지는 것이고, 저작물의 이용과정에서 기술적으로 불가피하게 발생하는 측면이 있는 만큼, 지나치게 그 물리적인 현상에만 집착하여 획일적으로 복제에 해당한다고 해석할 것은 아니라는 견해도 있다.[243]

나아가 우리나라 국민이 국제적인 정보유통에 있어서 정보의 제공자이기보다는 이용자인 경우가 훨씬 많은 점을 고려할 때, 주요 선진국보다 더 앞질러서 저작권자 보호에 치중한 입법을 하는 것은 지혜롭지 못한 면이 있으므로 일시적 저장을 복제로 인정하는 것은 입법적으로도 신중할 필요가 있다고 한다.[244] 우리나라에서는 이러한 부정설 또는 신중론이 다수설이었다.[245]

일본에서의 견해를 보면, 앞에서 본 바와 같은 부정설이 있는가 하면, 일시적 저장 중에도 여러 가지 형태가 있을 수 있는데, 영구적·고정적 복제가 아니면 일체 복제로 인정할 수 없다고 하는 것은 국제적 조류에도 부합하지 않을 뿐만 아니라, 법감각적으로도 균형에 맞지 않는다는 다소 유동적인 견해가 있다. 후자의 견해에서는 만약 일본 저작권법이 일시적 저장을 일체 저작권법상 복제의 개념에 속하지 않는 것으로 보는 취지라면 시급히 이를 개선하여야 할 필요가 있지만, 현재의 저작권법 하에서도 유연한 해석에 의하여 이 문제를 해결할 수 있다고 한다.[246] 일본에서는 앞에서 언급한 저작권심의회 소위원회의 결론을 재검토하여, '일시적 저장'에는 저작권법상 '복제'에 해당하는 것(예: RAM에 항시적으로 저장한 채 24시간 전원을 끊지 않고 연속사용하는 경우)과 해당하지 않는 것(예: 음악 CD 플레이어에서 일어나는 순간적·과도적인 저장)의 두 가지가 있고, 구체적인 경우에 어떤 형태의

242) 최경수, 멀티미디어와 저작권, 저작권연구자료(21), 저작권심의조정위원회, 1995, 38면; 오승종·이해완, 전게서, 290면.
243) 최정열, 인터넷상의 디지털 정보에 관한 보호, 재판자료집(99), CYBER LAW의 제문제(상), 법원도서관, 2003, 283면.
244) 오승종·이해완, 전게서, 290-291면.
245) 임원선, 새로운 비즈니스 모델과 일시적 복제의 보호, 사이버지적재산권법, 법영사, 2004; 정상기, 전게논문이 이러한 입장에 서 있는 것으로 보인다.
246) 作花文雄, 전게서, 261면.

일시적 저장이 복제에 해당하는지는 사법적 판단에 맡기는 것으로 어느 정도 정리가 되었다고 한다.[247)]

우리나라의 입장에서는 신중론을 취하는 것이 옳다는 것이 종래의 다수설이었다.[248)] 저작권법을 해석함에 있어서는 권리자와 이용자 양자 사이에서 조화로운 균형을 취하는 정책적 판단을 하지 않을 수 없는데, 일시적 복제는 기존의 저작권자에게 부여된 권리를 확대시킬 뿐만 아니라, 디지털저작물에 대한 거의 모든 유형의 사용을 통제할 수 있도록 함으로써 저작권자에게 우리나라 저작권법이 인정하지 않고 있는 '사용권' 또는 '접근권'을 사실상 부여하는 것과 동일한 결과를 가져올 수 있기 때문이다. 그렇게 되면 이제까지 권리자에게 부여된 적이 없는 새로운 통제권을 신설하는 것이 되어 이용자에게 미치는 부정적 영향이 매우 크다. 또한 온라인을 이용한 디지털저작물의 전송과정에서 부수적으로 이루어지는 일시적 저장에 대하여는 저작권법에서 보호하고 있는 전송권 또는 기술적 보호조치에 의하여 비록 간접적이기는 하나 어느 정도 사실상의 통제효과를 가져오고 있다. 따라서 일시적 저장을 구체적으로 특정하여 복제권에 명문으로 포함시키기거나 별도의 권리로 규정할 실익은 그다지 크지 않다고 보았다. 그렇다면 일시적 저장을 복제로 볼 것이냐 아니냐는 기본적으로 구체적 사안에 따라 사법적 판단에 맡기되 그 해석은 가급적 신중하게 함으로써 이용자들에게 미치는 영향이 최소화될 수 있도록 하여야 하며, 일시적 저장을 복제로 보는 적극적 입법조치를 취하는 것도 국제적인 동향을 더 지켜본 뒤에 결정하는 것이 바람직하다는 것이었다.

그러나 그 후 상황은 변하여 2007년 6월 30일 서명된 대한민국과 미국 사이의 자유무역협정(한미자유무역협정)은 그동안의 국내외적 논란과 상관없이 일시적 저장(일시적 복제)의 보호를 의무화하는 내용을 담게 되었다.[249)] 이로써 일시적 저장의 복제 해당여부에 대한 논의는 사실상 의미가 없게 되었고, 이후에는 일시적 저장이 복제에 해당한다는 전제 아래에 일시적 저장을 어떻게 보호할 것인지, 그 보호범위를 어디까지로 하며 어떠한 제한을 둘 것인지가 쟁점으로 대두되었다. 이에 2011년 개정 저작권법[250)]에서는 '일시적 저장'을 '복제'의 정의규정(법 제 2 조 제22호)에 명문으로 포함시키지는 아니하였지만, 온라인서비스제공자의 책임과 관련하여 일시적 저장의 보호에 대한 예외규정을 둠으로써 사실상 '일시

247) 加戶守行, 전게서, 54면.

248) 오승종, 저작권법, 박영사, 2007, 419면.

249) 한미 자유무역협정 제18.4조 제 1 항 "각 당사국은, 저작자·실연자 및 음반제작자가 어떠한 방식이나 형태로든 영구적 또는 일시적으로(전자적 형태의 일시적 저장을 포함한다) 그의 저작물·실연 및 음반의 모든 복제를 허락하거나 금지할 권리를 가지도록 규정한다."

250) 2011년 저작권법 개정은 한·EU 자유무역협정 이행을 위한 저작권법 개정이라는 타이틀을 달고 있지만, 한미 자유무역협정의 공통사항을 반영하고 있다.

적 저장'의 보호를 인정하였다. 이에 관하여는 제 9 장 제 7 절의 "저작권법상 온라인서비스 제공자의 책임제한" 부분에서 상세히 살펴보기로 한다.

마. 일시적 저장의 명문화

(1) 입법의 경위

한·미 FTA 협정은 컴퓨터 램(RAM)에 일시적으로 저장하는 것이 복제임을 명확히 하기 위하여 영구적 복제는 물론이고 전자적 형태의 일시적 저장을 포함한 일시적 복제에 대하여도 저작권자에게 복제권을 부여하여야 한다고 규정하고 있다.[251] 일시적 저장은 온라인이나 오프라인을 가리지 않고 컴퓨터를 이용하는 경우에는 언제든 나타날 수 있다. 그러나 일시적 저장이 저작권자나 이용자에게 현실적·경제적 의미를 가지는 경우로는, i) 컴퓨터프로그램을 스트리밍 형태로 이용자에게 제공하는 컴퓨터프로그램 스트리밍 서비스(ASP: Application Service Provider)의 경우, ii) 음악이나 영화 등을 협정 당사국의 관할권이 미치지 않는 외국에 서버를 두면서 웹캐스팅하고 이용자들이 그러한 사실을 알고 있음에도 이용하는 경우 등을 생각해 볼 수 있다.

앞에서도 본 바와 같이 이러한 일시적 저장을 복제로 인정할 것인지에 대하여는 학계와 실무계에서 찬반 양론이 팽팽하게 대립하고 있었다. 반대하는 측에서는 일시적 저장을 복제로 인정할 경우에는 인터넷을 통한 통상적인 자료 검색 행위마저 복제권의 규율 대상이 되어 정보 접근의 자유가 심각하게 제한받게 된다는 것을 주된 논거로 들고 있었다. 반면에 찬성하는 측에서는 영구적 저장과 일시적 저장은 구별기준이 애매할 뿐만 아니라, 디지털 환경 하에서는 일시적 저장의 형태에 의한 저작물의 이용이 일반적인 이용 형태가 되고 있으므로 이를 복제로 인정할 필요가 있다는 점을 주된 논거로 들고 있었다.[252]

그러나 어쨌든 한·미 FTA 협정으로 인하여 일시적 저장을 복제의 개념에 포함시키기로 한 이상 우리 저작권법에 일시적 저장을 수용할 필요가 있게 되었고, 이에 따라 현행 저작권법에서 이를 반영하는 입법이 이루어지게 되었다.

(2) 일시적 복제에 대한 정의 규정

그동안 우리 저작권법은 복제를 규정하면서 일시적 저장을 복제에서 제외한다는 명시적인 규정을 두고 있지는 않았다. 그러나 그렇다고 하여 일시적 저장을 복제로 보지 않는

251) 한·미 FTA 협정 제18.4조 제 1 항.

252) 한국저작권위원회, 한미 FTA 이행을 위한 저작권법 개정 방안 연구, 저작권연구자료 51(2007), 73면 참조.

다는 점을 명확히 한 판례도 나온 바 없었다. 다만, 일시적 저장이 복제에 해당하는지 여부를 둘러싸고 저작권법 학계나 실무계에서 많은 논란이 있어 왔을 뿐이다. 따라서 일시적 저장을 복제에 해당하는 것으로 적극적으로 해석한다면 한·미 FTA 협정상의 의무를 이행하기 위하여 굳이 우리 저작권법에 일시적 복제에 관한 정의규정을 두는 입법적 조치를 취할 필요는 없었을지도 모른다.

그러나 일시적 저장을 복제로 명확히 규정하지 않을 경우에는 복제 개념의 해석 문제를 둘러싸고 미국 측과 불필요한 소모전을 치를 염려도 있었고, 저작물의 적법한 이용 과정에서 발생하는 일시적 저장을 복제권의 대상에서 면책시키는 규정 역시 명문의 규정으로 두는 것이 곤란해지는 문제점이 있다. 이러한 점을 고려하여 한·미 FTA 협정에 따라 저작권법을 개정하면서 복제의 개념 정의에 일시적 저작을 명문으로 포함시키는 입법적 조치를 취하였다. 그리하여 종전 저작권법 제 2 조 제22호의 '복제'에 대한 정의규정을, "인쇄·사진촬영·복사·녹음·녹화 그 밖의 방법으로 일시적 또는 영구적으로 유형물에 고정하거나 다시 제작하는 것을 말하며, 건축물의 경우에는 그 건축을 위한 모형 또는 설계도서에 따라 이를 시공하는 것을 포함한다"고 하여 '일시적'이라는 문구를 추가하는 내용으로 수정하였다.

(3) 일시적 저장에 대한 면책 규정

일시적 저장을 복제로 보는 것에 대하여 반대하는 견해가 들고 있는 논거처럼, 일시적 저장을 복제로 인정할 경우에는 인터넷을 통한 통상적인 자료 검색 행위마저 복제권의 규율 대상이 되어 정보 접근의 자유가 심각하게 제한을 받게 될 우려가 크다. 현재의 정보통신기술 아래에서는 컴퓨터를 통하여 저작물을 이용하는 경우 반드시 일시적 저장이 일어나게 된다. 그러므로 일시적 저장을 복제로 보는 정의규정을 두는 이상, 그와 더불어 통상적인 저작물 이용과 관련하여 발생하는 일시적 저장을 복제권 침해로부터 면책하는 제한규정을 적절하게 두는 것이 반드시 필요하다.

그리하여 현행 저작권법은 제35조의2(저작물 이용과정에서의 일시적 복제) 규정을 신설하여, "컴퓨터에서 저작물을 이용하는 경우에는 원활하고 효율적인 정보처리를 위하여 필요하다고 인정되는 범위 안에서 그 저작물을 그 컴퓨터에 일시적으로 복제할 수 있다. 다만, 그 저작물의 이용이 저작권을 침해하는 경우에는 그러하지 아니하다"는 규정을 두었다.

이와 관련하여 대법원 2017. 11. 23. 선고 2015다1017 판결은, "입법 취지 등에 비추어 볼 때 여기에서 말하는 '원활하고 효율적인 정보처리를 위하여 필요하다고 인정되는 범위'에는 일시적 복제가 저작물의 이용 등에 불가피하게 수반되는 경우는 물론 안정성이나 효율성을 높이기 위해 이루어지는 경우도 포함된다고 볼 것이지만, 일시적 복제 자체가 독립한 경제적 가치를 가지는 경우는 제외되어야 한다."고 판시하였다. 이에 관하여는 저작재산권의 제한에 관한 제 6 장 제 2 절에서 다시 살펴보기로 한다.

Ⅲ. 공 연 권

1. 개 념

가. 의 의

저작자는 그의 저작물을 공연할 권리를 가진다(저작권법 제17조). 이에 따라 저작자는 자신의 저작물을 스스로 공연할 수도 있고, 타인으로 하여금 공연을 하도록 허락하거나 하지 못하도록 금지할 배타적 권리를 가진다. 저작권법 제 2 조 제 3 호는 '공연'을 "저작물 또는 실연·음반·방송을 상연·연주·가창·구연·낭독·상영·재생 그 밖의 방법으로 공중에게 공개하는 것을 말하며, 동일인의 점유에 속하는 연결된 장소 안에서 이루어지는 송신(전송을 제외한다)을 포함한다"고 정의하고 있다.

참고로 미국 저작권법 제106조 제 4 호, 제 6 호에서 규정하고 있는 "the right to perform publicly"(또는 "the right of public performance")을 '공연권'이라고 번역하여 부르고 있는데, 이는 우리 저작권법상의 공연권과는 그 권리의 범위나 내용이 다소 다르므로 주의할 필요가 있다. 미국 저작권법 제106조 제 4 호는 "어문, 음악, 연극 및 무용저작물, 무언극, 그리고 영화와 그 밖의 시청각저작물의 경우에 보호되는 저작물의 공연"에 대하여, 제 6 호는 "녹음물의 경우에, 디지털 오디오 송신에 의하여 보호되는 저작물의 공연"에 대하여 저작권자의 배타적 권리를 인정하고 있다. 여기서 'perform'은 일반적으로 '실연'이라고 번역되고 있는데,[253] 이는 "직접적으로 또는 어떤 장치나 공정에 의하여 그 저작물을 낭송, 표현, 연주하거나, 춤추거나 연기하는 것, 또는 영화나 그 밖의 시청각저작물의 경우에는 연속적으로 그 영상을 보여주거나 그에 수반되는 음을 들을 수 있도록 하는 것"이라고 정의되고 있다.[254] 따라서 이 개념에는 전시 이외의 모든 것을 '공중에게 전달하는 것'이 포함되고, 우리나라 저작권법상 상연, 연주, 상영 또는 공중송신 중의 방송의 범주에 속하는 것은 미국 저작권법상 'to perform publicly'에 해당하여 제106조 제 4 호 또는 제 6 호의

253) 「미국 저작권법」, 한국저작권위원회(2010), 저작권관계자료 2010-02, 18면.
254) 미국 저작권법 제101조.

"the right to perform publicly"의 대상이 된다. 즉, 우리 저작권법상 공중송신에 해당하는 유선방송이나 무선방송 모두 미국 저작권법에서는 "the right to perform publicly"에 해당한다.[255]

나. 입법 연혁

공연의 개념은 저작권법의 개정과 더불어 여러 차례의 변천을 겪었다. 우선 1986년 저작권법은 공연을 "저작물을 상연·연주·가창·연술·상영 그 밖의 방법으로 일반공중에게 공개하는 것을 말하며, 공연·방송·실연의 녹음물 또는 녹화물을 재생하여 일반공중에게 공개하는 것을 포함한다"고 하였다(제 2 조 제 3 호). 즉, 저작인접물 자체를 공연의 대상에 포함시키지는 않았지만 저작인접물의 복제물의 재생을 공연의 개념에 포함시키고 있었다. 그 후 2000년 개정 저작권법(법률 제6134호)에서는 공연의 개념을, "저작물을 상연·연주·가창·연술·상영 그 밖의 방법으로 일반공중에게 공개하는 것과 이의 복제물을 재생하여 일반공중에게 공개하는 것을 말하며 … "라고 하여 저작인접물의 복제물을 재생하여 공개하는 것을 공연의 개념에서 삭제하였고,[256] 대신에 그 후단에 "동일인의 점유에 속하는 연결된 장소 안에서 이루어지는 송신을 포함한다"라는 문구를 추가함으로써 제한된 장소에서의 저작물의 송신을 방송의 개념에서 분리하여 공연의 개념에 포섭되는 것으로 하였다.

이와 같이 2000년 개정 저작권법은 '저작물'만을 공연의 대상으로 규정하고 있었으나, 2006년 개정 저작권법(법률 제8029호)은 공연의 개념을, "저작물 또는 실연·음반·방송을 상

---

255) "public perform"에 관하여, 호텔 프런트가 비디오를 대여하여 호텔의 객실에 설치된 VTR을 통해 고객에게 이를 감상하게 한 경우, 호텔의 객실이 공개된 장소 또는 반공개(semi-public)된 장소인지가 문제된 사례에서, 미국 판례는, "호텔 자체는 공중에게 개방되어 있는 것이 분명하지만, 호텔의 객실에 일단 투숙하면 공개된 장소라고 할 수 없다"고 하여 공개적 실연, 즉 공연을 부정하였다(Columbia Pictures Indus., Inc. v. Professional Real Estate Investors, Inc., 866. F.2d 278(9th Cir. 1989)). 한편, 비디오 대여점에서 대여한 비디오를 대여점 내에 설치된 별도의 방에서 대여점 측이 일괄 관리·조작하는 VTR로부터 수신하여 감상하는 경우와 관련하여서는, 비디오를 시청할 수 있도록 별도의 방(room)을 제공하는 경우 개개의 방에 있는 시청자는 특정인이라 하더라도 그 방의 장소적 성격이 공중에게 개방된 장소에 해당하므로 당해 비디오의 재생은 공중에게 실연한 것, 즉 공연에 해당한다고 판시한 것이 있다(Columbia Pictures Indus., Inc. v. Redd Home, Inc., 749 F.2d 154 (3d Cir. 1984)). 이상 박성호, 전게서, 333면에서 재인용.

256) 2000년 저작권법에서 공연의 개념이 저작인접물의 복제물을 재생하는 것을 제외하는 것으로 축소된 것은 당시 국제협약 및 각국의 실정법 규정이 일반적으로 공연의 객체를 저작물에 한정하고 있었고, 당시 우리 저작권법도 실연자와 방송사업자의 공연권을 보호하지 않았음에도 저작인접물의 복제물을 재생하여 공개하는 것을 공연에 포함하여 혼선을 초래하였으므로 이를 불식시키기 위한 것이었다고 한다(박성호, 전게서, 326면 참조).

연·연주·가창·구연·낭독·상영·재생 그 밖의 방법으로 공중에게 공개하는 것을 말하며, 동일인의 점유에 속하는 연결된 장소 안에서 이루어지는 송신(전송을 제외한다)을 포함한다."고 하여 공연의 목적 대상에 실연·음반·방송을 새로이 추가하였다. 이는 1986년 개정 저작권법 이래 공연의 개념을 가장 넓게 인정한 것이다. 다만, 후단 부분에서 "(전송을 제외한다)"는 괄호 문구를 추가함으로써 공연의 개념에서 전송이 제외됨을 명백히 하였다. 따라서 2006년 저작권법은 공연과 방송을 구별(동일인의 점유에 속하는 연결된 장소 안에서 이루어지는 송신은 방송이 아닌 공연에 해당)하는 동시에 공연과 전송도 구별(전송은 공연의 대상 개념에서 제외)하고 있는 것이다. 나아가 실연자에게는 고정되지 않은 생실연(生實演)에 대한 공연권을 새롭게 부여하였다(저작권법 제72조).

2006년 개정 저작권법은 실연자에게만 공연권을 부여하였으나, 그 후 2009년 개정 저작권법(법률 제9529호)에서는 음반제작자에게 판매용음반을 사용한 공연에 대하여 보상청구권을 인정하였고(제83조의2), 2011년 개정 저작권법(법률 제10807호)에서는 "방송사업자는 공중의 접근이 가능한 장소에서 방송의 시청과 관련하여 입장료를 받는 경우에 그 방송을 공연할 권리를 가진다"고 하여 방송사업자에게 공연권을 부여하였다(제85조의2).

다. 행위 유형

공연에 해당하는 행위유형을 살펴보면, 우선 각본이나 무보(舞譜) 기타 연극적 저작물을 무대 위에서 실현시키는 것이 '상연'이며,[257] 음악저작물을 악기로써 실연하는 것이 '연주', 음성으로 실연하는 것이 '가창'이다. 또한 '구연'과 '낭독'은 시·소설·논문 등 주로 어문저작물을 구두로 표현하는 것으로써 만담 같은 것도 여기에 포함된다.[258] 개정 전 저작권법에서는 '연술'(演述)이라는 용어를 사용하였으나, 연술은 우리가 일상생활에서 자주 사용하지 않는 용어로서 그 개념이 불분명하므로 이를 좀 더 구체적인 용어인 구연 및 낭독으로 변경한 것이다. 연극적인 저작물을 구연하는 것은 상연에도 해당할 수 있을 것이나, 어차피 양쪽 모두 공연의 개념에 포함되는 것이므로 이를 구별할 실익은 크지 않다.[259] '상영'은 일반적으로 영화나 사진과 같이 영상화된 저작물을 영사막이나 기타의 물체에 영사

257) 일본 저작권법 제 2 조 제16호는 '상연'에 대하여, "연주(가창을 포함한다) 이외의 방법으로 저작물을 연기하는 것"이라고 정의하고 있다.

258) 일본 저작권법은 '구술'이라는 용어를 사용하고 있는데, 동법 제 2 조 제18호에서 '구술'은 "낭독 기타의 방법으로 저작물을 구두로 전달하는 것(실연에 해당하는 것을 제외한다)"이라고 정의하고 있다.

259) 일본 저작권법은 상연권(제22조)과 구술권(제24조)을 구분하고 있는데, 이런 법제에서는 구술과 상연을 구분하는 것이 필요할 것이다. 따라서 일본에서는 소설이나 시가(詩歌), 논문 등을 공중에게 구술하는 행위가 구술권의 대상으로 되고, 연극저작물을 구연하는 것은 상연권의 대상이 된다고 한다(作花文雄, 전게서, 277면).

하는 것을 의미한다.[260][261] '기타의 물체에 영사'하는 것에는 컴퓨터 모니터의 스크린이나 텔레비전 수상기, 건물의 벽체에 저작물 등을 현시하는 것도 포함된다. 즉, '상영'은 공중이 시각적 또는 시청각적으로 느낄 수 있도록 저작물을 모든 종류의 화면에 현시하는 행위 일체를 포함하는 개념이다. 모든 종류의 화면에는 '허공'(虛空)도 포함된다. 따라서 홀로그램으로 허공에 영상을 비추는 것도 '상영'에 해당한다고 본다. 그러나 상영이 반드시 영상저작물에만 해당되는 것은 아니다. 사진이나 회화 같은 정지화면으로 이루어진 저작물이나 도표·문자로 표시된 저작물도 상영에 의하여 공중에게 현시할 수 있다. 따라서 강의나 강연회 등에서 OHP를 이용하여 저작물을 현시하는 것도 상영에 해당한다. 이와 같이 상영은 반드시 영상저작물에만 해당하는 것이 아니므로 일본에서는 2000년 종래 영상저작물에만 인정되던 상영권을 일반 저작물에도 인정하는 것으로 저작권법을 개정한 바 있다. '상연'과 '상영'을 굳이 구분한다면, 상연은 실연(實演)을 공중에게 재생이 아니라 직접 공개하는 것인데 비하여 상영은 영상(映像)을 공개하는 것이라고 볼 수 있다.

공연에는 '재생'도 포함되므로 상연이나 연주 등을 녹음 또는 녹화한 복제물을 재생하여 공중에게 공개하는 것도 공연에 포함된다. 따라서 음반이나 DVD를 구입하여 음악감상실, 커피점, 호프집, 백화점, 체육시설, 유흥장, 음식점 등에서 기계적 또는 전자적으로 재생하여 고객들에게 들려주거나 보여주는 것도 공연에 해당한다. 우리나라 최초의 저작권법인 1957년 법에서는 음반이나 필름과 같은 저작물의 복제물을 재생하여 행하는 공연과 방송을 저작권의 비침해행위로 규정하고 있었다.[262] 그러다가 1986년 저작권법을 개정하면서 공연의 정의 규정 후단에 녹음물 또는 녹화물의 재생행위를 공연의 개념에 포함시키는 것으로 명시하였다. 당시 복제물의 재생행위를 공연에 포함시킨 것은 녹음 및 비디오테이프의 이용이 일상화 되면서 그에 따라 저작자의 경제적 이익에 미치는 영향력이 커진 것을 반영하기 위한 것이었다고 한다.[263]

일반적으로 미술저작물, 사진저작물 또는 건축저작물(이들을 보통 '미술저작물 등'이라고 한다)의 원본이나 복제물을 공중에게 공개하는 것은 공연이 아니라 전시에 해당한다고 본다.

---

260) 오승종·이해완, 전게서, 293면.

261) 일본 저작권법 제2조 제17호는 '상영'에 대하여, "저작물(공중송신되는 것을 제외한다)을 영사막, 기타의 물체에 영사하는 것을 말하며, 이에 수반하여 영화저작물에 고정되어 있는 음을 재생하는 것을 포함한다"고 정의하고 있다. 이와 같이 상영이란 영사막 기타의 '물체'에 영사하는 것이라고 정의되고 있기 때문에, 홀로그램과 같이 영사막 등의 물체가 없는 곳에 상(像)을 맺는 것은 상영이라고 보지 않을 가능성이 있다고 한다. 中山信弘, 著作權法, 법문사(2008), 191면 참조.

262) 1957년 저작권법 제64조 제8호.

263) 안경환, 공연·전시에 있어서의 신·구법의 차이점, 계간 저작권, 1988년 봄호, 저작권심의조정위원회, 16면.

그런데 최근에는 디지털 기술이 발달하면서 이른바 '미디어 아트'(media art)[264]라고 하는 새로운 미술형식이 나타나고 있다. 그 중에는 종래의 회화나 조각처럼 원본이나 복제물의 개념이 아니라 시시각각으로 변화하는 영상 등으로 표현되는 것들도 있다. 이러한 작품의 공개는 결국 그것이 원본이나 복제물, 즉 유형물을 통하여 공개되는 것이냐, 아니면 무형적으로 공개되는 것이냐에 따라서 전자는 '전시'로 후자는 '공연'으로 보아야 할 것이다.

2. 공연권의 성질

공연권은 방송 및 전송과 함께 저작물을 공중에게 전달하는 공중전달권의 한 종류이다. 저작재산권을 유형적 권리, 무형적 권리, 변형권으로 나눌 때 공연권은 저작물을 무형적 방법으로 이용하는 것이므로 무형적 권리에 속한다. 또한 공연권은 저작물을 사람의 실연이나 전자장치를 통해 이용하는 것을 특징으로 하는 이른바 '직접 이용권'(direct use right)에 해당하는 권리이다. 무형적 권리에 속하는 공연권, 방송권 등이 모두 직접 이용권에 해당한다. 직접 이용권은 전달매체에 의해 전달된 저작물을 보관 또는 저장할 필요 없이 인간의 지각기관을 통하여 직접 저작물을 감지하여 이용한다는 특징이 있다. 이에 반하여 복제나 배포는 사람이 저작물을 직접 감상하여 이용하지 않고도 복제나 배포만으로 저작물의 이용행위를 구성한다는 점에서 차이가 있다. 따라서 이용자가 저작물을 보거나 듣지 않았다고 하더라도 권리자의 허락 없이 복제나 배포를 한다면 바로 저작재산권의 침해가 된다.[265]

공연은 '실연'과 구별되어야 한다. 실연이라 함은 "저작물을 연기·무용·연주·가창·구연·낭독 그 밖의 예능적 방법으로 표현하거나 저작물이 아닌 것을 이와 유사한 방법으로 표현"하는 것을 말한다(저작권법 제 2 조 제 4 호). 실연은 상영을 제외하고는 저작물을 인간이 직접 표현하는 것이라는 점에서 공연의 개념에 포함되지만, 공중에게 공개한다는 요건이 없다는 점에서 공연과 구별된다. 또한 공연은 저작물 또는 저작인접물을 공개하는 것이지만, 실연은 저작물이 아닌 것을 연기·무용·연주·가창·구연·낭독하는 것도 포함한다. 따라서 마술, 곡예, 서커스, 복화술과 같이 저작물이 아닌 것을 예능적 방법으로 표현하는 것도 실연에 해당한다. 공연은 그 구성개념에 실연이라는 요소 이외에 실연의 복제물을 재생하여 이를 전달하는 것도 포함하고 있지만, 실연은 그렇지 않다. 따라서 복제물, 예컨대 음

264) 미디어 아트는 인터넷, 웹사이트, 컴퓨터를 이용한 멀티미디어, CD-ROM, DVD, 가상현실 등의 대중매체를 미술에 도입한 것으로 매체예술이라고도 불린다(위키백과사전 참조).
265) 하동철, 전게논문, 36면.

반을 재생하는 것은 실연이 아니다.[266)]

'공연'과 '복제'는 원저작물을 그대로 재현한다는 점에서는 유사하나, 복제는 유형적인 형태로 이루어진다는 점에서 무형적인 형태로 이루어지는 공연과 구별된다. 공연권과 복제권 역시 엄격히 구분되는 권리이므로, 저작재산권자가 저작물의 복제를 허락한 경우에 그 허락을 받은 사람이 그 저작물을 공연하기 위해서는 다시 저작권자의 허락을 받아야 한다. 예컨대 노래반주용 기계의 제작업자에게 사용료를 받고 가사와 악곡 등 음악저작물의 이용을 허락한 경우에 그 허락의 범위는 일반적으로 노래반주용 기계에 그것을 수록하여 복제하는 데 한하는 것이다. 따라서 저작재산권자의 공연에 대한 별도 허락 없이 노래방에서 노래반주용 기계를 구입하여 거기에 복제된 가사와 악곡을 재생하는 방식으로 공중을 상대로 영업하는 행위는 공연권을 침해하는 것이 된다.[267)]

'공연'은 '방송' 및 '전송'과도 구별된다. 공연과 방송 및 전송은 모두 무형적인 형태로 이루어지나, 방송과 전송은 무선 또는 유선 통신방법에 의하여 송신하거나 이용에 제공하는 것이라는 점에서, 기본적으로 무선 또는 유선 통신방법에 의한 송신 개념이 아니라 실연이나 전자장치를 통한 직접 이용에 해당하는 공연과 구별된다.

3. 공개요건

공연은 저작물 등을 '공중에게 공개'하는 것을 말하는데, 여기서 '공중'이라 함은 "불특정 다수인(특정 다수인을 포함한다)"으로 정의된다(저작권법 제2조 제32호). 개정 전 저작권법은 '공중'이라는 용어와 '일반공중'이라는 용어를 혼용하고 있었는데, 개정 저작권법에서는 이를 '공중'으로 통일하였다. 한편, 개정 전 저작권법 아래에서 (일반)공중의 개념은 정의 규정이 없어 법원의 해석에 맡겨져 있었으나, 다른 법률에서 일반적으로 사용되고 있는 개념과의 관계상 불특정다수인을 의미하는 것으로 이해될 소지가 높았다. 그러나 생활의 변화와 기술의 발전에 따라 저작물 이용이 광범해지고 다양해지고 있는 현실에서는 특정다수인의 저작물 이용이라도 그 다수 여하에 따라 저작권자의 이익이 크게 침해될 수 있다. 그래서 특정다수인도 공중에 포함되는 것으로 보아야 한다는 의견이 많았다. 특정다수인을 '공중'으로 보지 않는다면 예를 들어 어떤 단체의 행사에 참가할 수 있는 자가 일정한 자격을 갖춘 회원에게만 한정되면 그 회원의 숫자가 수만 명인 경우라도 특정다수인에 해당하고, 따라서 공중이 아니기 때문에 저작권자의 권리행사로부터 배제되는 결과를 가져오게 된다.

---

266) 상게논문, 38-39면.

267) 대법원 1994. 5. 10. 선고 94도690 판결; 오승종·이해완, 전게서, 294면.

이는 합당한 귀결이라고 볼 수 없다. 노래방에서 노래방 기기에 복제된 음악저작물을 재생하는 것이 공연에 해당하는지 여부에 관한 사건에서 대법원 1996. 3. 22. 선고 95도1288 판결 역시, 공중에게 공개한다 함은 "불특정인 누구에게나 요금을 내는 정도 외에 다른 제한 없이 공개된 장소 또는 통상적인 가족 및 친지의 범위를 넘는 다수인이 모여 있는 장소에서 저작물을 공개하거나, 반드시 같은 시간에 같은 장소에 모여 있지 않다 하더라도 위와 같은 '불특정 또는 다수인'에게 전자장치 등을 이용하여 저작물을 전파, 통신함으로써 공개하는 것을 의미"한다고 하여 특정다수인을 대상으로 한 것이라 하더라도 공중에 공개하는 것이 될 수 있다고 보고 있었다.[268] 이에 2006년 개정 저작권법에서는 특정다수인을 공중의 개념 속에 포섭될 수 있도록 명문으로 규정함으로써 이 부분 해석의 여지를 없앴다.[269]

한편, 공중에 대한 개념 정의 규정에서 공중을 "불특정다수인 및 특정다수인을 말한다"고 하지 않고 "불특정다수인을 말하며, 특정다수인을 포함한다"고 한 것은, 불특정다수인은 반드시 공중이라고 보아야 하지만, 특정다수인은 저작권자의 이익이 침해될 수 있는 경우에만 공중이라고 보아야 함을 상정한 것이라고 한다.[270]

'특정'이라 함은 행위자 사이에 다른 사람들과 구분되는 일정한 결합관계나 공통적인 성격이 있음을 의미한다. 그러나 어느 정도의 관계나 공통적 성격이 있으면 '특정'되었다고 할 수 있는지, 또 어느 정도의 숫자가 모이면 다수인이라고 할 수 있는지는 명확하게 기준을 정할 수 있는 것은 아니다. 저작물의 종류나 이용태양에 따라 어떤 경우에 저작자의 권리를 미치도록 하는 것이 적절한지 여부를 조리에 비추어 합리적으로 판단하여야 할 것이다.[271]

---

268) 이 판결에서는 공중의 의미를 위와 같이 설시한 후, "노래방의 구분된 각 방실이 4, 5인 가량의 고객을 수용할 수 있는 소규모에 불과하다 하더라도 … 일반 고객 누구나가 요금만 내면 제한 없이 이용할 수 있는 공개된 장소인 노래방에서 고객들로 하여금 노래방 기기에 녹음 또는 녹화된 음악저작물을 재생하는 방식으로 저작물을 이용"하게 하였다면 이는 공중에게 저작물을 공개하여 공연한 행위에 해당한다고 판시하였다.

269) 공중의 개념 정의에 관한 외국의 입법례를 보면, 일본 저작권법(제 2 조 제 5 항)은 "이 법률에서 말하는 공중에는 특정 및 다수의 자를 포함하는 것으로 한다"고 규정하고 있고, 독일 저작권법(제15조 제 3 항)은, "저작물의 공개재현이란 그 재현이 다수의 공중을 위한 경우이다. 저작물을 이용하는 자, 혹은 저작물을 무형적인 형태로 감지하거나 접근하는 사람들과 개인적으로 상호간에 연결되지 않는 모든 자는 공중에 속한다"고 규정하고 있다. 미국, 영국, 프랑스는 별도의 규정을 두고 있지 않다고 한다.

270) 문화관광부, 2005-개정저작권법 설명자료, 22면.

271) 일본 나고야지방법원 2004. 2. 7. 판결('사교댄스 교실 CD 재생' 사건)은 "저작물의 공중에 대한 사용행위에 해당하는지 여부는 저작물의 종류 및 성질과 이용태양을 전제로 하여 저작재산권자의 권리를 미치게 하는 것이 사회통념상 적절한지의 관점에서 판단하여야 한다"고 하면서, "본건 시설에서 댄스교습소의 경영주인 피고들은 인적, 물적 조건이 허용되는 한, 아무런 자격이나 관계를 가지지 않는 고객을 수강생으로 받아들이고 있는데, 그러한 수강생에 대하여 사교댄스 지도에 필수적인 음악저작물을 재생하는 것이 조직적·계속적으로 행하여지고 있으므로, 이는 사회통념상 불특정 또는 다수의 자에

어쨌든 위와 같은 정의 규정으로부터 '공연'이라 함은 공개된 장소에서 누구에게나 공개하는 경우는 물론이고, 특정된 사람이라 하더라도 통상적인 가족이나 친지 등 개인적인 관계에 의하여 서로 연결되는 범위를 넘어서는 다수인에게 공개하는 경우를 포함하며, 그와 같은 공개가 반드시 같은 시간, 같은 장소에서 이루어지지 않더라도 기술적인 장치나 설비를 통하여 널리 전파되는 것을 포함하는 개념으로 이해할 수 있다.[272] 판례 중에는 불특정다수인이라 함은 그 개성 또는 특성이나 상호간의 관계 등을 묻지 않은 2인 이상의 사람을 말한다고 한 것이 있다.[273]

따라서 정당의 집회, 단체의 회원대회와 같은 경우는 특정다수인의 모임이지만 공중에 해당한다고 볼 수 있다. 그러나 가족·친지 등으로 참석범위가 한정되는 통상의 결혼식이나 피로연에서의 연주, 오케스트라 단원들의 연습을 위한 연주, 가정에서의 수인의 동호인을 위한 연주나 상영 등은 공중을 대상으로 한 것이 아니어서 공연권이 미치지 않는다. 일반인의 접근이 다소 제한되어 있는 반공개적인 장소(semipublic area)라도 일반인이 그 실연에 접할 수 있는 잠재성이 있다면 그러한 장소에서의 실연은 공연으로 볼 수 있다.[274]

이를 종합하면 공중의 개념은 크게 세 가지 유형으로 나눌 수 있다. 첫째, 공개된 장소에 함께 모인 다수인이다. 이것에는 불특정 다수인과 특정 다수인이 모두 해당된다. 예를 들어, 음악회에 모인 관객, 공공장소에서 텔레비전을 보는 시청자, 노래방에 입장한 손님 등이 이에 속한다. 둘째, 비공개 장소에 함께 모인 다수인이다. 예를 들어, 주최자의 초청을 받아 모인 특정 다수를 생각할 수 있다. 회사 건물 내에서 이루어지는 '사내방송'(통상 사내방송이라고 부르지만, 저작권법상 공연에 해당하는 것)을 보거나 듣는 직원들도 이에 속한다. 셋째, 서로 다른 장소에 있는 특정 또는 불특정 다수인이다. 장소의 공개 여부는 묻지 않는다. 이러한 세 가지 범주에 속하는 공중이란 그러한 가능성이 있으면 충분하고 반드시 다수인이 실제로 참여해야 한다는 의미는 아니다. 따라서 일반에 공개된 음악회에 단 한 명의 관객만 입장하였더라도 그를 대상으로 음악저작물을 연주하였다면 공연에 해당한다.[275]

대한 것으로서 공중에 대한 재생행위라고 평가하는 것이 상당하다"고 하였다. 그리하여 "수강생이 공중에 해당하는지 여부는 합목적적으로 판단하여야 하고, … 저작물이 이용되는 일정 시점에서 실제 수강생이 소수였다는 것만으로 반드시 공중 해당성을 부정할 것은 아니다"라고 하였다(判例時報 1870호, 123-128면); 作花文雄, 전게서, 263면에서 재인용.

272) 이성호, 저작권법상 공연의 의미와 노래방 업주의 책임, 대법원판례해설 제25호, 1996. 11월, 법원도서관, 599면.

273) 대법원 1985. 3. 26. 선고 85도109 판결.

274) 오승종·이해완, 전게서, 293-294면.

275) 박성호, 전게서, 330면; 최경수, 저작권법개론, 한울아카데미(2010), 241면; 임원선, 「실무자를 위한 저작권법」, 제3판, 한국저작권위원회(2012), 135, 136면.

공연의 개념을 이루는 요소들을 분석해 보면 다음과 같다.

가. 개방된 장소

저작물이 전달되는 장소가 공중에게 개방되어 있는 장소라면 그 장소에 모이는 구성원이 많고 적음에 상관없이 공개되었다고 볼 수 있다. 예를 들어, 레스토랑이나 백화점 등과 같이 공중에게 개방된 장소라면 고객 구성원의 성질이나 규모가 문제되지 않는다. 따라서 소규모 인원이 모였다 하더라도 공개에 해당한다.

나. 개방되지 않은 장소

저작물이 전달되는 장소가 공중에게 개방된 장소가 아니라면 모이는 구성원의 수와 성질이 중요한 요소로 작용한다. 즉, 모이는 구성원이 통상적인 범위의 가족이나 사회적 친분관계에 속하는 특정인들이라면 청중의 규모와 성질에 비추어 공개적이라고 할 수 없다. 아래에서 보는 대법원 판례가 비공개장소에서 "통상적인 가족 및 친지의 범위를 넘는 다수인"이 모였다면 이를 공개적이라고 보아야 한다고 설시한 것은 이러한 논리의 연장이다.

다. 공개된 장소 안의 제한된 장소

공개된 장소 안의 제한된 장소의 경우에는 별도의 기준을 적용할 필요가 있다. 이와 같은 장소에서 이루어진 행위가 공개에 해당하는지 여부를 결정하는 기준으로서는 (a) 장소의 성질, (b) 그 장소에서의 사생활에 대한 합리적 기대, (c) 이용자나 제공자의 통제 가능성 등을 들 수 있다.[276)]

대법원 1996. 3. 22. 선고 95도1288 판결은, 노래방에서 음악저작물을 재생하여 이용하게 한 것도 공연에 해당한다고 보고 있다. 이 판결에서는, "저작권법 제 2 조 제 3 호의 규정에 의하면 공연이라 함은 저작물을 상연·연주·가창·연술·상영 그 밖의 방법으로 일반 공중에게 공개하는 것을 말하며, 공연·방송·실연의 녹음물을 재생하여 일반 공중에게 공개하는 것을 포함하는 것인바, 여기서 일반 공중에게 공개한다 함은 불특정인 누구에게나 요금을 내는 정도 외에 다른 제한 없이 공개된 장소 또는 통상적인 가족 및 친지의 범위를 넘는 다수인이 모여 있는 장소에서 저작물을 공개하거나, 반드시 같은 시간에 같은 장소에 모여 있지 않더라도 위와 같은 불특정 또는 다수인에게 전자장치 등을 이용하여 저작물을 전파, 통신함으로써 공개하는 것을 의미한다"고 하면서, "피고인이 경영하는 이 사건 노래방의 구분된 각 방실이 4~5인 가량의 고객을 수용할 수 있는 소규모에 불과하다

---

276) 하동철, 전게논문, 118-120면 참조.

고 하더라도, 피고인이 일반 고객 누구나 요금만 내면 제한 없이 이를 이용할 수 있는 공개된 장소인 위 노래방에서 고객들로 하여금 노래방 기기에 녹음 또는 녹화된 이 사건 음악저작물을 재생하는 방식으로 저작물을 이용하게 한 이상, 피고인의 위와 같은 행위는 일반 공중에게 저작물을 공개하여 공연한 행위에 해당된다"고 판시하였다.

따라서 노래방 기기 제작업자들이 노래방 기기에 음악저작물을 입력(복제)함에 있어서 음악저작물에 대한 저작권신탁관리업자인 한국음악저작권협회에게 사용료를 지급하고 그 허락을 받았다고 하더라도, 이는 노래방 기기에 음악저작물을 복제하여 판매·배포하는 범위에 한정되는 것이고, 그와 같은 허락의 효력이 노래방에서의 공연에 대하여서까지 미치는 것은 아니므로, 그 노래방 기기를 구입한 노래방 영업자들이 그 기기를 가지고 영업(공연)을 함에 있어서는 위 협회나 저작재산권자로부터 별도의 허락을 받아야 한다는 것이다.

4. 동일인의 점유에 속하는 연결된 장소에서의 송신

가. 개 요

공연에 관한 정의규정인 제 2 조 제 3 호 후단은, '공연'에는 "동일인의 점유에 속하는 연결된 장소 안에서 이루어지는 송신(전송을 제외한다)"이 포함된다고 규정하고 있다. 개정 전 저작권법은 "동일인의 점유에 속하는 연결된 장소 안에서 이루어지는 송신을 포함한다"고만 규정하고 있었다. 이에 대하여 동일인의 점유에 속하는 연결된 장소에서 이루어지는 '전송'은 공연이 아니라 전송의 범주에 포함되는데, 개정 전 저작권법이 '송신'이라고 포괄적으로 규정하고 있는 것은 오해의 소지가 있다는 지적이 있었다. 이에 따라 개정 저작권법은 송신 중 전송을 제외하는 것으로 개정함으로써 해석상 불명료한 점을 제거하였다.

동일인의 점유에 속하는 연결된 장소에서 이루어지는 송신의 예로서는 모텔과 같은 곳에서 자체 유선을 이용하여 비디오물을 방영하는 것을 들 수 있다. 이때 일반 비디오물을 투숙객들이 동시에 수신하게 할 목적으로 방영하는 것은 '공연'에 해당된다고 볼 수 있으나, VOD와 같이 투숙객이 원하는 시간에 원하는 프로그램을 선별하여 시청하게 한다면 전송에 해당되어 공연의 개념에서는 제외된다.[277] 이러한 법 제 2 조 제 3 호 후단의 문구는 공연의 개념을 인접개념인 '방송' 등과의 관계에서 보다 명확하게 규정하기 위한 것이다. 이 문구에 따라 공연의 상대방인 공중이 반드시 동일한 장소에 있어야 하는 것은 아니지만, '동일인의 점유에 속하는 연결된 장소 안'에 있어야만 공연의 개념을 충족하게 된다. 한편, 그러한 요건을 충족하는 한, 시간적으로 공중이 반드시 동일한 시각에 있어야 하는

---

277) 문화관광부, 2005－개정저작권법 설명자료, 4-5면.

것은 아니고, 서로 시간적 간격이 있다고 하더라도 공연이 될 수 있다.[278]

회사의 각 사무실이나 학교의 각 교실에 설치된 스피커나 수상기 또는 백화점의 각 매장에 설치된 스피커 등을 통하여 음악을 들려주거나 영상을 보여주는 경우를 일반적으로 '사내방송' 혹은 '교내방송'이라 부르는데, 이러한 사내방송 등이 공연에 해당하는지가 문제될 수 있다. 저작권법 제 2 조 제 3 호의 '공연'의 정의에는 "동일인의 점유에 속하는 연결된 장소 안에서 이루어지는 송신(전송을 제외한다)을 포함한다"고 규정하고 있으므로 사무실이나 교실 또는 매장에 설치된 스피커나 수상기를 통하여 음악이나 영상을 송신하는 경우, 즉 음악을 들려주거나 영상을 보여주는 경우는 모두 저작권법상 공연에 해당한다. 다만, '동일인의 점유'와 '연결된 장소'라는 요건을 충족해야 한다. 만일 동일 건물에 여러 점포가 입주한 경우 입주자가 각 건물의 일부씩을 점유하고 있다면 이곳에서 이루어지는 송신은 공연이 아니라 방송이 될 것이다.[279]

나. 해석상 문제점 – 공연과 방송의 구별

(1) 입법의 경위

위에서 공연에 관한 정의규정인 저작권법 제 2 조 제 3 호 후단에 관하여 간략하게 그 개요를 언급하였지만, 이 부분의 해석이 그리 간단한 것은 아니다. 원래 이 후단 규정은 실연이나 실연의 복제물을 전자장치를 이용하여 공연이 행하여지는 근접장소에 저작물을 전달하는 것을 공연에 포함시키기 위한 취지에서 들어간 것이다. 1986년 저작권법은 제 2 조 제 8 호의 '방송'의 정의규정에서 괄호 안에 "차단되지 아니한 동일한 구역 안에서 단순히 음을 증폭송신 하는 것을 제외한다"고 하였다. 이렇게 규정한 취지는 음악회 등에서 가청거리 범위 밖에 있는 사람을 위하여 확성기 등을 이용하여 음을 증폭하여 전달하는 경우(이때 실연자로부터 가까이 있는 청중은 실연자의 음성이나 연주를 그대로 청취할 수 있지만, 멀리 있는 청중은 확성기와 같은 장치를 통하여 송신되는 음성이나 연주를 청취하게 된다)를 방송의 범위에 포함시키는 것은 아무래도 어색하기 때문에 이를 제외하기 위한 것이었다. 즉, 음악회 등에서 가청거리 안에 있는 사람에 대하여는 공연이 되고, 그 범위를 벗어나 확성기에 의해 청취하는 사람에 대하여는 유선방송이 된다면, 공연권과 방송권이 동일한 구역 내에서 동시에 행사되는 이상한 형태가 되므로 이를 단순화하기 위하여 차단되지 아니한 동일한 구역 안에서는 이를 모두 공연으로 본다는 취지였다.[280]

278) 오승종·이해완, 전게서, 294면.
279) 박성호, 전게서, 331면; 최경수, 전게서, 259면.
280) 허희성, 신저작권법 축조해설, 범우사, 1988, 43면.

그러나 이 규정에 의하여 방송으로부터 제외된 "차단되지 아니한 동일구역"에서의 송신이 공연에 해당하는지 여부에 대하여는 아무런 규정을 두지 않아서 해석상 논란이 있었다. 이에 2000년 개정 저작권법은 '공연'의 정의에 "차단되지 아니한 동일구역"에 대응하는 개념으로 "동일인의 점유에 속하는 연결된 장소 안"이라는 규정을 둔 것이다. 그러나 이 규정의 의미에 대하여도 의문이 있다.

(2) "동일인의 점유에 속하는"

먼저 "동일인의 점유에 속하는"이라는 부분과 관련하여서는, 사업주체의 동일성여부를 중시하여 가령 13동의 건물 중 다른 층 또는 같은 담장 안의 다른 건물이라도 같은 사업자에 의하여 점유되고 있는 곳이라면 외부와 차단되어 있는 동일구역이므로 그 사이에 유선 또는 무선통신에 의한 송신을 하더라도 방송이 될 수 없고 공연으로 보아야 한다. 그러나 1·2·3층이 각각 다른 사업주체인 경우에 그 각각의 사업소에 유선으로 송신한다면 이는 유선방송으로 보아야 한다는 것이 통설적 견해였다.[281] 유사한 규정을 두고 있는 일본[282]의 해석론도 같다.[283]

다만 이와 같은 통설적 견해에 의하면 법적용에 있어서 일관성이 없는 결과가 초래될 수 있다. 예를 들어, 백화점의 방송실에서 상업용 음반을 재생하여 각층의 매장에 음악을 들려줄 경우 백화점 사업주가 그 백화점의 점유자이므로 모든 층의 점유자가 동일하고, 따라서 동일인의 점유에 속하는 연결된 장소에서의 송신이라고 할 수 있다. 그러나 사업주가 각각 다른 복합상가 건물은 각층 또는 각 구역마다 점유자가 다를 수 있으므로 공연이 아니고 방송에 해당한다고 해석하게 된다.[284] 상업용 음반의 공연권에 관한 제한규정인 저작권법 제29조 제 2 항은 '공연'의 경우에만 해당되고 방송의 경우에는 해당이 없으므로, 위와 같은 경우가 공연에 해당하느냐 방송에 해당하느냐에 따라서 권리자와 이용자의 이해관계가 크게 영향을 받게 된다.

이와 같이 다소 해석상 애매한 점이 있지만 결국 통설적 견해와 같이 해석할 수밖에 없다고 본다. 이는 우리 저작권법이 저작물 등의 송신에 의한 공중제시를 두 가지 형태로 나누어 그 중 "동일인의 점유에 속하는 연결된 장소 안에서 이루어지는 송신"의 경우는

281) 허희성, 전게서, 42면; 김정술, 저작권과 저작인접권의 내용, 대법원재판자료집(57집), 법원도서관, 303면.

282) 일본 저작권법의 경우에는 동일인의 점유에 속하는 장소 안에서의 유선전기통신 설비에 따른 송신만이 공연(상연, 연주, 가창, 상영, 구술 등)에 해당하고, 나머지는 공중송신에 속하는 것으로 본다(일본 저작권법 제 2 조 제 1 항 제7-2호).

283) 加戸守行, 전게서, 31면.

284) 하동철, 전게논문, 91면.

공연권으로, 그 밖의 경우는 공중송신권으로 규율하고 있음에 따른 부득이한 해석이다.

(3) "연결된 장소"

"연결된 장소" 부분과 관련하여서도 해석상 문제가 있다. 건물과 건물이 독립된 경우에도 연결된 장소로 볼 수 있느냐 하는 점이다. 예컨대, 대학의 학생회관에 위치한 학교방송실에서 독립된 건물의 각 강의실로 유선으로 연결하는 경우, 쌍둥이 빌딩의 한 건물에서 다른 건물로 음악저작물을 송신하는 경우를 상정해 볼 수 있다. 이런 경우에 비록 독립된 건물이지만 사업주체인 점유자가 동일하다면 공연으로 보아야 한다는 견해가 있다.[285] 그러나 그렇게 공연의 개념을 확대하면 방송법상의 방송의 개념 안에 포함되지 않는 것은 모두 공연으로 볼 수밖에 없다는 문제점이 있다고 하여 반대하는 견해도 있다.[286]

우리 저작권법이 이 부분과 관련하여 일본 저작권법에는 없는 "연결된 장소"라는 한정적인 문구를 굳이 삽입하고 있는 점을 고려하면, 위와 같이 독립된 건물에 있어서의 저작물의 송신은 공연에서 제외하고자 하는 것이 입법자의 의사가 아니었을까 생각된다. 따라서 후자의 견해에 찬성하되, '연결된 장소'라는 것은 통상 하나의 건물을 상정한 것이지만, 여러 건물이더라도 서로 장소적으로 밀접한 연관성이 있다면 이에 해당한다고 볼 수 있을 것이다. 여러 건물이 연결통로와 계단 및 복도로 이어진 학교의 각 교실이나 백화점의 각 매장이 이에 해당한다. 그러나 물리적인 연결성이 존재하지 않는다면 '연결된 장소'라고 말하기 어려울 것이다. 예를 들어, 건물이 여러 곳에 흩어져 있는 대학 캠퍼스를 전체적으로 '연결된 장소'라고 하기는 어렵다. 이러한 곳에서 이루어지는 저작물의 송신(교내방송)은 저작권법상 공연이 아니라 방송으로 보아야 할 것이다.[287]

Ⅳ. 공중송신권

1. 의 의

저작자는 그의 저작물을 공중송신할 권리를 가진다(법 제18조). '공중송신'이라 함은, "저작물, 실연·음반·방송 또는 데이터베이스(이하 '저작물 등'이라 한다)를 공중이 수신하거나

285) 채명기, 저작권법상 비영리목적의 공연에 관한 연구, 저작권심의조정위원회, 1999, 38면.
286) 하동철, 전게논문, 89면.
287) 박성호, 전게서, 331면; 최경수, 전게서, 259면.

접근하게 할 목적으로 무선 또는 유선통신의 방법에 의하여 송신하거나 이용에 제공하는 것을 말한다(법 제2조 제7호). 공중송신은 공중이 수신하거나 접근하게 하는 것이어야 하므로 공중에 해당하지 않는 특정소수인에 대한 전화나 팩스, 이메일에 의한 이른바 '포인트 투 포인트'(point-to-point) 송신은 공중송신에 해당하지 않는다.

2. 입법 경위

공중송신권은 2006년에 저작권법을 개정하면서 신설된 권리로서, 개정 전 저작권법에서의 방송과 전송 및 개정 저작권법에서의 디지털음성송신을 포괄하는 상위개념의 권리이다. 공중송신권을 신설한 취지는 다음과 같다.

아날로그 시대에 무형적 형태로 저작물을 이용자에게 전달하는 방법 중 대표적인 것은 '방송'이었다. 그 후 디지털 환경 아래에서 '전송'이라는 무형적 형태의 전달방법이 등장하였기 때문에, 이에 상응하여 2000년 저작권법은 기존의 방송권과는 별도로 저작자에게 전송권을 새로이 부여하였다.[288] 그런데 그 후 디지털 기술과 네트워크 환경의 발달에 따라 '디지털음성송신'이란 무형적 형태의 전달방법이 새롭게 등장하였고, 2006년 저작권법에 이 개념이 추가되었다. 그리고 그때까지의 전달방법인 '방송'과 '전송'에 더하여 새로운 전달방법인 '디지털음성송신'을 포괄하는 상위 개념으로 '공중송신'이라는 개념을 신설하였고, 이에 상응하여 저작자에게 공중송신권을 부여하였다.

공중송신이라는 상위개념을 신설한 취지는, '방송'과 '전송', '디지털음성송신'의 세 가지 하위개념만을 포함하는 데 그치는 것이 아니라, 그 밖에 앞으로 기술발전에 따라 새롭게 등장하는 공중에 대한 다양한 송신형태도 포괄하는 열린 개념이라는 것이다.[289] 원래 방송과 전송, 디지털음성송신 등은 모두 송신을 주된 개념으로 하는 것으로 파악할 수 있다. 오늘날 기술의 발달에 의하여 방송과 통신이 융합되어가고, 이에 따라 새로운 형태의 저작물 이용방법들이 개발되고 있으나, 2006년 개정되기 전 저작권법은 공중에 대한 송신을 방송과 전송의 이분법적 권리범주만으로 설정하고 있어, 새로운 형태의 저작물 이용방법에 대한 권리적용이 어렵다는 지적이 있었다. 이에 따라 방송과 전송 그리고 디지털음성송신 등 공중에 대한 송신행위를 널리 포괄할 수 있는 최상위 개념으로서 저작물, 실연·음반·방송 또는 데이터베이스를 목적대상으로 하는 공중송신이라는 개념을 신설하게 된 것이다.

288) 2000년 개정된 저작권법은 저작자에게 전송권을 부여하는 규정을 신설하면서도 저작인접권자인 실연자와 음반제작자에게는 전송권을 인정하지 않았다. 실연자와 음반제작자에게 전송권이 부여된 것은 2004. 10. 16. 개정된 저작권법(2005. 1. 17. 시행)에서부터이다.

289) 박성호, 전게서, 334면 참조.

3. 공중송신 개념의 도입에 따른 기존 방송, 전송 개념의 변화

'공중송신'이라는 상위개념이 설정됨에 따라 기존의 방송과 전송 개념도 일부 수정이 필요하게 되었다. 원래 1986년 저작권법 제 2 조 제 8 호는 방송의 개념을 "일반공중으로 하여금 수신하게 할 목적으로 무선 또는 유선통신의 방법에 의하여 음성·음향 또는 영상 등을 송신하는 것(차단되지 아니한 동일구역 안에서 단순히 음을 증폭송신하는 것을 제외한다)을 말한다"고 정의하고 있었다. 이 정의규정에 의하면 방송의 요건으로서 '수신의 동시성'이 명시되어 있지 않은데, 이에 대하여는 전통적으로 방송도 공연과 마찬가지로 공중, 즉 다수의 사람이 '동시에' 수신하는 것을 전제로 하며, 방송은 공연 개념을 장소적으로 확장하는 이용형태라고 이해되어 왔다는 점에서, 방송이 수신의 '동시성'을 요구하는 것은 당연한 것으로 해석하여야 한다는 견해와,[290] 수신의 동시성을 방송의 요건으로 보지 않는 견해가 대립되고 있었다.[291]

이에 2000년 개정된 저작권법은 '전송'의 개념을 새롭게 도입하면서, 방송의 요건으로 '수신의 동시성'을 명시함으로써 방송권과 전송권을 구별하는 기준으로 삼았다. 또한 1986년 저작권법은 공간적 차단 여부를 기준으로 하여 차단되는 경우는 방송으로, 그렇지 않은 경우는 공연으로 보아 양자를 구별한다는 취지였다. 그러나 2000년 개정된 저작권법은 이러한 구별 방법을 버리고, 공간적 차단 여부와 관계없이 '동일인의 점유에 속하는 연결된 장소 안에서 이루어지는 송신'까지 모두 공연의 개념에 포함시켰다. 그 결과 방송의 개념은 같은 법 제 2 조 제 8 호에서 "일반공중으로 하여금 동시에 수신하게 할 목적으로 무선 또는 유선통신의 방법에 의하여 음성·음향 또는 영상 등을 송신하는 것을 말한다"로, 전송의 개념은 제9호의2에서 "일반공중이 개별적으로 선택한 시간과 장소에서 수신하거나 이용할 수 있도록 저작물을 무선 또는 유선통신의 방법에 의하여 송신하거나 이용에 제공하는 것을 말한다."로 각각 정의되었다..

그러나 그 후 송신을 방송과 전송의 이원적인 권리로만 제한하여 규정한 것으로는 디지털 기술과 네트워크의 발달에 따라 속속 등장하는 새로운 이용형태의 송신을 포섭하기 어렵다는 지적이 제기되어, 현행 저작권법과 같이 방송과 전송 및 디지털음성송신 등 공중에 대한 송신행위를 넓게 포괄하는 상위개념으로 '공중송신'이라는 새로운 개념을 도입하게 된 것이다.

---

290) 박성호, 저작권법의 이론과 현실, 현암사(2006), 227면.

291) 장인숙, 저작권법원론, 개정판, 보진재(1996), 82면이 그러한 취지라고 한다(박성호, 전게서, 335면에서 재인용).

그 결과 현행 저작권법에서 '방송'에 대한 개념정의는, "공중이 동시에 수신하게 할 목적으로 음·영상 또는 음과 영상 등을 송신하는 것을 말한다"고 수정되었다(제 2 조 제 8 호). 즉, 음성·음향을 포괄하는 의미로 '음'이라 표현하고, 방법적으로는 유·무선 통신에 의한 것인지 여부를 불문하는데, 이 부분은 상위개념인 공중송신권에 이미 포함되어 있으므로 종전의 유·무선 통신에 의한다는 문구는 삭제한 것이다. 또한 '전송'은 "공중송신 중 공중의 구성원이 개별적으로 선택한 시간과 장소에서 접근할 수 있도록 저작물 등을 이용에 제공하는 것을 말하며, 그에 따라 이루어지는 송신을 포함한다"라고 정의(제 2 조 제10호)함으로써, '이용제공'을 전송의 주개념으로 하고 그에 따라 이루어지는 송신, 즉 기계적 전송은 부개념으로 전송의 정의에 포함시키는 것으로 하였다. 한편, 디지털음성송신은 이른바 웹캐스팅을 포함하는 개념으로서, "공중송신 중 공중으로 하여금 동시에 수신하게 할 목적으로 공중의 구성원의 요청에 의하여 개시되는 디지털 방식의 음의 송신을 말하며, 전송을 제외한다"고 정의하고 있다(제 2 조 제11호). 이는 방송은 아니지만 방송과 유사하게 공중이 동시에 수신할 수 있도록 정보통신망을 통해 디지털 방식의 음성 또는 음향을 송신하는 것을 지칭하는 것이다. 이러한 디지털음성송신은 디지털음성송신사업자만이 서비스되는 콘텐츠를 선택할 수 있고, 특정 콘텐츠의 이용에 대해 이용자는 이용시간을 선택할 수 없는 송신행위를 그 개념으로 규정하고자 한 것이다. 나아가 디지털음성송신사업자는 "디지털음성송신을 업으로 하는 자"로 정의하는 규정을 신설하였다(제 2 조 제12호).

일본 저작권법은 '공중송신권'과는 별도로 '공중전달권'을 명문으로 규정하고 있다. 일본 저작권법상 '공중송신'은 공중에 의하여 직접 수신되는 것을 목적으로 무선통신 또는 유선전기통신의 송신을 하는 것을 말하고,[292] 그러한 공중송신 중 공중으로부터의 요구에 따라 자동적으로 행하는 것(방송 또는 유선방송에 해당하는 것을 제외한다)을 '자동공중송신'이라고 한다. 그리고 자동공중송신에는 그 앞의 단계인 송신가능화가 포함된다.[293] '송신가능화'란 공중의 이용에 제공되고 있는 네트워크에 접속되어 있는 자동공중송신장치(서버)에 정보를 기록·입력하는 것과,[294] 그러한 정보가 기록·입력되어 있는 자동공중송신장치를 공중의 이용에 제공되어 있는 전기통신회선(인터넷)에 접속하는 것을 가리킨다.[295] 일본에서의 이러한 권리는 속칭 업로드(upload)권이라고도 한다. 이러한 규정에 따라 인터넷을 통한 공중에 대한 전달행위는 망라적으로 저작재산권자의 권리범위에 포함되게 되었다.[296]

292) 일본 저작권법 제 2 조 제 1 항 제 7 호의2.
293) 일본 저작권법 제23조 제 1 항.
294) 일본 저작권법 제 2 조 제 1 항 제 9 호의5 가목.
295) 일본 저작권법 제 2 조 제 1 항 제 9 호의5 나목.
296) 일본에서 자동공중송신에 대하여서는 인터넷에 의한 생중계 등을 제외하고, 많은 경우는 서버에의 복

한편, 일본 저작권법이 공중송신권과 별도로 규정하고 있는 '공중전달권'이란 "공중송신되는 그 저작물을 수신장치를 이용하여 공연히 전달하는 권리"를 말한다.[297] 이 권리는 공중송신된 후에도 저작물이 공중에게 흘러가는 것을 통제할 수 있는 권리이다. 이러한 행위는 사실상 상연·연주와 유사한 것임에도 불구하고 '직접' 공중에게 보여주거나 들려주는 것은 아니기 때문에 종래는 상연·연주권의 권리범위 밖에 있었던 것인데, 공중송신된 것이라는 사실만으로 저작재산권자의 권리범위 밖에 두는 것은 사리에 맞지 않는다고 하여 새로이 규정을 둔 것이라고 한다.[298] 공중전달권을 인정하게 되면서 예를 들어 식당이나 이발소 등에서 TV를 켜놓고 있으면 공중전달에 해당하게 되는 등 일반적으로 영향을 미치는 바가 크기 때문에, 방송·유선방송되는 저작물은 영리를 목적으로 하지 아니하고 또한 청중 또는 관중으로부터 요금을 받지 아니하는 경우에는 수신장치를 이용하여 공개적으로 전달할 수 있고, 통상의 가정용 수신장치를 이용하는 경우에도 마찬가지로 공중전달권이 미치지 않는 것으로 규정하고 있다.[299]

4. 내　　용

공중송신권은 무선 및 유선, 방송형 및 주문형(on-demand형) 등 공중에 대하여 저작물 등(저작물, 실연·음반·방송 또는 데이터베이스)을 송신하는 모든 형태의 이용행위를 포괄하여 배타적으로 통제할 수 있는 권리이다. 위성에 의한 방송과 송신도 당연히 그 범위에 포함된다. 다만, 특정인 사이에 이루어지는 통신은 공중에 대한 것이 아니므로 공중송신권의 대상이 아니다.

공중송신권은 무선 또는 유선통신의 방법에 의하여 저작물 등을 '송신'하는 경우뿐만 아니라, '이용에 제공'하는 것까지를 포함한다. 이용에 제공하는 행위의 대표적인 것으로는 인터넷상의 서버에 저작물의 디지털 정보를 업로드하는 경우를 들 수 있다. 따라서 개별 이용자들 중 어느 누구도 그 디지털 정보를 요청하지 않음으로써 실제로는 송신이 이루어지지 않았다 하더라도 업로드하는 행위 자체만으로 이미 공중송신권의 적용을 받게 된다. 방송의 경우와는 달리 인터넷을 이용한 주문형 송신에 있어서는 권리자가 자신의 저작물

제를 수반하기 때문에 1997년 저작권법 개정 전에도 복제권으로 대응 가능한 경우가 대부분이었고, 또 개정 전의 유선송신권으로도 상당히 대응할 수 있었다. 그러나 WIPO저작권협약 제 8 조에 따르기 위하여 위와 같은 현행법 내용으로 개정되었다고 한다. 中山信弘, 著作權法, 법문사(2008), 194면.

297) 일본 저작권법 제23조 제 2 항.

298) 中山信弘, 전게서, 194면.

299) 일본 저작권법 제38조 제 3 항.

등이 언제 어떻게 송신되는가를 파악하는 것이 곤란하므로 송신의 준비단계에 해당하는 업로드 행위 자체에 대하여 권리를 행사할 수 있도록 한 것이다.[300)]

저작물 등을 인터넷에 올려 이용에 제공하기 위해서는 일반적으로 인터넷 서버에 해당 저작물 등에 관한 디지털 정보를 안정적으로 업로드(축적, 복제)하는 것이 필요하다. 따라서 이 경우에는 이미 복제권의 규제 대상으로 되며, 결국 하나의 행위에 대하여 복제권과 공중송신권이 중복적으로 작용하게 된다. 공중송신권만이 별도로 작용하는 경우로서는 음악회의 생공연을 그대로 인터넷을 통하여 생중계하는 인터넷방송과 같은 경우를 생각해 볼 수 있을 것이다.

공중송신권의 내용을 이루는 행위들을 도표로 예시하면 다음과 같다.[301)]

공중송신		
	무선통신	유선통신
방송형	방송(지상파 방송, 방송위성 및 통신위성을 통한 방송)	유선방송(음악유선방송, CATV 등)
전송형(주문형)	통신위성을 이용한 음악, 게임프로그램, 서적 데이터 등의 전송 등	인터넷, PC통신 등

5. 공중송신권을 구성하는 권리들의 관계[302)]

가. 공중송신 개념의 다이어그램

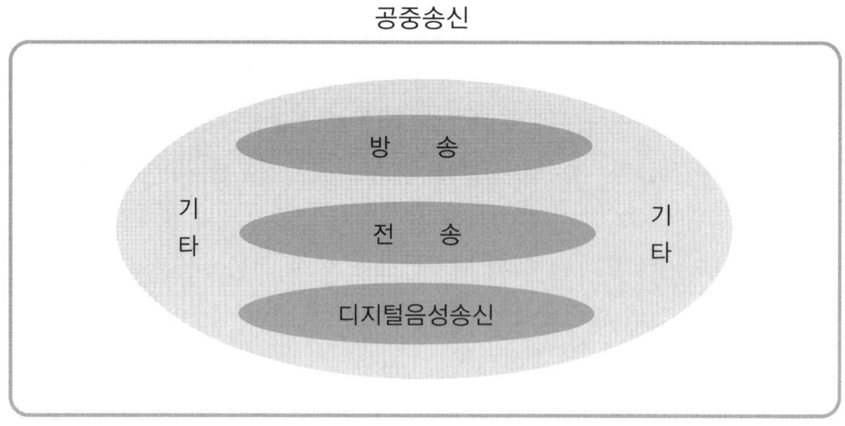

300) 일본 저작권법에서는 '이용에 제공'이라는 용어 대신 '송신가능화'라는 개념을 사용하고 있다(일본 저작권법 제2조 제1항 제9호의5).

301) 作花文雄, 전게서, 275면.

302) 이 부분 내용과 도표는 문화관광부, 2005-개정저작권법 설명자료, 10면 이하에서 인용함.

나. 방송, 전송 및 디지털음성송신의 구별

이용형태	특징			비고
	동시성	쌍방향성	주문형	
방 송	O	X	X	
전 송	X	O	O	
디지털 음성송신	O	O	X	* 문언상으로는 음성·음향에 한정

다. 2006년 공중송신 개념 신설에 따른 각 권리자의 권리 내용 변화

송신형태		웹캐스팅(주문형)		음의 웹캐스팅(실시간)	
권리자		개정 전	개정법	개정 전	개정법
저작자		전송권	공중송신권	WIPO저작권조약상의 공중전달권	공중송신권
저작인접권자	실연자	전송권	전송권	-	보상청구권(디지털음성송신)
	음반제작자	전송권	전송권	-	보상청구권(디지털음성송신)
	방송사업자	-	-	-	-
데이터베이스 제작자		전송권	전송권	-	-

송신형태		방 송		전 송	
권리자		개정 전	개정법	개정 전	개정법
저작자		방송권	공중송신권	전송권	공중송신권
저작인접권자	실연자	방송권(생실연), 보상청구권(판매용음반)	방송권(생실연), 보상청구권(상업용음반)	전송권	전송권
	음반제작자	보상청구권(판매용음반)	보상청구권(상업용음반)	전송권	전송권
	방송사업자	동시중계방송권	동시중계방송권	-	-

데이터베이스 제작자	방송권	방송권	전송권	전송권

※ 쌍방향성: 서버와 클라이언트간의 쌍방향성.(서버는 성공적인 송신을 확인하기 위해 클라이언트와 항시 접속을 하고 있음, WIPO Doc. SCCR/7/8, April 4, 2002)

※ 주 문 형: 이용자가 선택한 시간과 장소에서 접근하거나 이용할 수 있고, 이용자가 원하는 콘텐츠를 선택할 수 있는 서비스를 말한다. 이에 반하여 사업자가 선택한 시간에 사업자가 선택한 콘텐츠를 이용하여야 하는 서비스는 비주문형이라고 한다.

라. 외국의 입법례

○ WIPO 저작권조약(제 8 조 – 공중전달권, right of communication to the public)

베른협약 제11조 제 1 항 (ii), 제11조의2 제 1 항 (i) 및 (ii), 제11조의3 제 1 항 (ii), 제14조 제 1 항 (i) 그리고 제14조의2 제 1 항의 규정에 영향을 미치지 아니하고, 문학·예술 저작물의 저작자는 공중의 구성원이 개별적으로 선택한 장소와 시간에 저작물에 접근할 수 있는 방법으로 공중이 이용할 수 있도록 유선 또는 무선의 수단에 의하여 저작물을 공중에 전달하는 것을 허락할 배타적 권리를 향유한다.

○ WIPO 실연·음반조약(제 2 조 – 정의(g))

실연이나 음반의 '공중전달'이란 방송 이외의 매체에 의하여, 실연의 소리, 음반에 고정된 소리 또는 소리의 표현을 공중에게 송신하는 것을 말한다. 제15조에서의 '공중전달'은 소리 또는 음반에 고정된 소리의 표현을 공중이 청취할 수 있도록 제공하는 것을 포함한다.

이 조약 제10조는 "실연자는 공중의 구성원이 개별적으로 선택한 시간과 장소에 실연에 접근할 수 있는 방법으로, 유선 또는 무선의 수단에 의하여 음반에 고정된 실연을 공중이 이용할 수 있도록 제공하는 것을 허락할 배타적인 권리를 갖는다."고 규정하고 있고, 제14조에서 음반제작자에게 이에 상응하는 권리를 부여하고 있다.[303)]

○ 일본 저작권법(제 2 조 제 1 항 – 정의)

7-2. 공중송신이란 공중에 의해 직접 수신되는 것을 목적으로 무선통신 또는 유선전기통신의 송신[유선전기통신설비로 그 한 부분의 설치장소가 타 부분의 설치장소와 동일한 구내(그 구내가 2 이상의 자의 점유에 속해 있는 경우에는 동일한 자의 점유에 속하는 구역 내)에 있는 것에 의한 송신(프로그램저작물의 송신을 제외)을 제외]하는 것을 말한다.

303) 저작권에 관한 국제협약집, 개정판, 저작권관계자료집(21), 저작권심의조정위원회, 432, 450, 452면.

8. 방송: 공중송신 중 공중에게 동일한 내용의 송신이 동시에 수신되는 것을 목적으로 하는 무선통신의 송신을 말한다.

9. 방송사업자: 방송을 업으로 하는 자를 말한다.

9-2. 유선방송: 공중송신 중 공중에게 동일한 내용의 송신이 동시에 수신되는 것을 목적으로 하는 유선전기통신의 송신을 말한다.

9-3. 유선방송사업자: 유선방송을 업으로 하는 자를 말한다.

9-4. 자동공중송신이란 공중송신 중 공중으로부터의 요구에 따라 자동적으로 행하는 것(방송 또는 유선방송에 해당하는 것을 제외)을 말한다.

9-5. 송신가능화란 다음에 게시하는 행위에 의해 자동공중송신 할 수 있도록 하는 것을 말한다.

가. 공중의 이용에 제공되어 있는 전기통신회선에 접속되어 있는 자동공중송신장치[공중의 이용에 제공되는 전기통신회선에 접속하는 것에 의하여, 그 기록매체 중 자동공중송신의 이용에 제공하는 부분(이하 본 호에서 공중송신용 기록매체라 한다)에 기록되거나 또는 당해 장치에 입력되는 정보를 자동공중송신하는 기능을 가진 장치를 말한다. 이하 같다]의 공중송신용 기록매체에 정보를 기록하고, 정보가 기록된 기록매체를 당해 자동공중송신장치의 공중송신용 기록매체로서 추가, 혹은 정보가 기록된 기록매체를 당해 자동공중송신장치의 공중송신용 기록매체로 변환하거나 또는 당해 자동공중송신장치에 정보를 입력하는 것

나. 그 공중송신용 기록매체에 정보가 기록되고 또는 당해 자동공중송신장치에 정보가 입력되어 있는 자동공중송신장치에 대하여, 공중의 이용에 제공되어 있는 전기통신회선으로의 접속(배선, 자동공중송신장치의 시동, 송수신용 프로그램의 기동, 기타 일련의 행위로 행하여지는 경우에는 당해 일련의 행위 중 맨 마지막 것을 말한다)을 행하는 것

○ 독일 저작권법: 규정 없음

– 제19조a(공중전달권)

공중전달권이란 공중이 선택한 장소 및 시간에 접근할 수 있는 방법으로 유선이든 무선이든 저작물을 공중에게 전달하는 권리이다.

– 제20조(방송권)

방송권이란 저작물을 라디오 및 텔레비전 방송, 위성방송, 유선방송 혹은 이에 유사한 기술장치를 통하여 공중이 접근하도록 하는 권리이다.

– 제20조a(유럽의 위성방송)

① 유럽연합의 회원국이거나 유럽경제지역에 관한 협약의 체약국의 영역 내에서 위성방송이 행해지면, 그 방송은 오직 해당 회원국 혹은 체약국에서만 행해진 것이다.

② 유럽연합의 회원국도 아니며 유럽경제지역에 관한 협약의 체약국도 아닌 국가 영역에서 위성방송이 행해지며 위성방송권을 위하여 위성방송 및 유선재전송에 관한 저작자의 권리 및 인접보호권적 규정의 조화를 위한 1993. 9. 27.자 이사회의 지침 93/83/EWG 제2절에서 규정되는 보호정도가 보장되지 않는다면, 그 방송은 다음의 회원국이나 해당 체약국에서 행해진 것이다.

1. 위성을 위한 프로그램을 담은 신호가 송출되는 지상방송국이 위치하는 나라이거나,
2. 제1호에 따른 요건이 구비되지 않는다면, 방송사업자가 영업소를 갖는 나라.

방송권은 제1호의 경우 당해 지상방송국 운영자에 대하여, 제2호의 경우 해당 방송사업자에게 주장될 수 있다.

③ 제1항 및 제2항의 의미에서 위성방송이란 위성으로 그리고 거꾸로 지상으로 향하게 되는 연속적인 전송망으로 공중수신용 프로그램을 담은 신호를 방송사업자의 통제와 책임 아래 제공하는 것이다.

– 제20조b(유선재전송)

① 동시에 변경되지 않으며 완전하게 재전송되는 프로그램의 범위에서 방송된 저작물을 케이블시스템이나 마이크로파시스템을 통하여 재송신(유선재전송)하는 권리는 오직 관리단체를 통하여만 행사될 수 있다. 이 점은 방송사업자가 자신의 방송에 관하여 행사하는 권리에는 적용되지 않는다.

② 저작자가 유선재전송권을 방송사업자 혹은 음반제작자 또는 영상제작자에게 부여하였다면, 유선사업자는 동시에 저작자에게 유선재전송을 위한 상당한 보상을 지급하여야 한다. 보상청구권은 포기될 수 없다. 보상청구권은 관리단체에게만 사전에 양도될 수 있으며 해당 단체를 통하여만 행사될 수 있다. 이러한 규정은 저작자에게 그로 인하여 각 유선재전송에 대하여 상당한 보상이 부여되는 한도에서 방송사업자의 단체협약 및 경영합의에 반하지 않는다.

이상에서 본 바와 같이, 저작권법상 '공중송신'에 해당하는 무형의 저작물 이용에 대하여는 각국마다 개념 정의가 다양하게 나타나고 있다. 공중전달(communication to the public), 공연(public performance), 방송(broadcasting), 송신(transmission), 이용제공(making available or making available to the public), 송신가능화(making transmittable), 공중송신(public transmission or transmission to the public) 등 다양한 용어가 사용되고 있으며, 그 의미도 각각 다르다. 1996년 WIPO 저작권조약(WCT)이나 WIPO 실연·음반조약(WPPT)이 체결되기 전에는 디지털 송신(digital transmission)에 대한 개념도 특별히 존재하지 않았다고 한다. 그러던 것이 WCT와 WPPT 두 개의 조약 체결과 더불어 무형의 이용행위로서의 공중전달 내지 이용제공의 개념이 각국 국내법에 속속 반영되기 시작하였다.[304)]

웹캐스팅과 같은 실시간 스트리밍 서비스가 WCT 제8조의 '공중전달권'의 범위에 포함될 수 있는지 여부에 대하여는 다소 다른 견해가 존재한다. 첫 번째 견해는, WCT 제8조의 "공중의 구성원이 개별적으로 선택한 시간과 장소에서 저작물에 접근할 수 있는 방법"이라고 하는 것은 쌍방향성, 그 중에서도 주문형 특성을 반영한 것이라고 한다. 다시 말해서, 저작자가 WCT 제8조에서 말하는 공중전달권(특히 이용제공권)을 향유하기 위해서는 해당 서비스가 완전한 쌍방향성을 갖고 있는 주문형 방식이어야만 한다는 것이다. 이렇게 해석하면 웹캐스팅 서비스의 실시간 스트리밍 서비스는 WCT 제8조의 범주에 포섭될 수 없다고 한다.[305)] 두 번째 견해는, 실시간 웹캐스팅[306)]을 WCT 제8조의 '공중전달권(right of communication to the public)' 중에 포함하여 규정하고 있는 저작물에 대한 '공중이용제공권(right of making available to the public)'[307)]의 규율대상이 아니라, 그것을 제외한 '공중전달권'이 적용되는 것으로 해석한다.[308)] 실시간 웹캐스팅의 경우 이용자가 원하는 시간에 임의로 접근할 수 없으며, 이용자로서는 미리 정해진 시간에만 접근하는 것이 가능하기 때문이다.[309)] 그러나 첫 번째 견해에서도 '(특히 이용제공권)'이라고 괄호 안의 부분을 언급하고 있는 점을 보면 웹캐스팅이 우리 저작권법상 '전송'에 해당하는 이용제공권에 해당하지 않는다는 점을 강조한 것이고, 넓은 의미의 '공중전달'에는 그것을 제외한 다른 형태(예를 들어, 방송)의 공중전달이 있음을 부인하는 것 같지는 않다. 그렇다면 양 설 간에 완전한 차이가 있다고 보기는 어려울 것이다.

---

304) 최경수·오기석, 디지털방송과 저작권법, 문화관광부(2003), 32면.

305) 최경수·오기석, 전게서, 문화관광부(2003), 33면.

306) 라디오나 TV 방송프로그램을 특정한 시간대에 일반 공중이 동시에 접근할 수 있도록 전통적인 방법 또는 디지털 네트워크를 통해 송신하는 것을 의미한다.

307) 공중의 구성원이 각자 원하는 시간과 장소에서 접근할 수 있도록 이용제공 하는 것을 의미한다.

308) WCT 제8조는, 공중의 구성원이 각자 원하는 시간과 장소에서 접근할 수 있도록 이용제공 하는 것에 대한 권리(공중이용제공권, right of making available to the public)와, 그 밖의 유선 또는 무선의 수단에 의하여 저작물을 공중에게 전달하는 것에 대한 권리를 포함하여 널리 공중전달권(right of communication to the public)이라는 개념을 설정하고 있다.

309) 박성호, 전게 논문, 449면.

6. 방　송

가. 의　의

저작권법은 '방송'의 개념을 "공중송신 중 공중이 동시에 수신하게 할 목적으로 음·영상 또는 음과 영상 등을 송신하는 것을 말한다"고 정의하고 있다(제2조 제8호). 방송은 공연과 함께 저작물의 무형적 이용의 대표적인 경우이다. 2006년 개정 전 저작권법에서는 방송권이 저작재산권을 이루는 하나의 지분권으로 독립하여 규정되어 있었는데(개정 전 저작권법 제18조), 개정된 저작권법은 방송과 전송, 디지털음성송신 등의 이용행위를 포괄하는 권리로서 공중송신권을 신설하였다. 이에 따라 방송권은 독립된 지분권으로서의 지위를 상실하고 공중송신권에 흡수되었다. 또한 개정 전 저작권법은 방송의 개념에서 "무선 또는 유선통신의 방법에 의하여"라는 문구를 두고 있었으나 개정 저작권법은 이 부분을 삭제하였다. 이는 개정된 저작권법에서 방송은 공중송신의 한 형태이고, 공중송신은 "무선 또는 유선통신의 방법에 의하여" 송신하거나 이용에 제공하는 것을 말하므로, "무선 또는 유선통신"이라는 개념은 이미 방송의 상위개념인 공중송신의 개념에 포함되어 있다고 보아서 이 부분을 생략하여 조문을 간단하게 정리한 것이다.

이러한 정의 규정들에서 보는 바와 같이 우리 저작권법은 유선방송과 무선방송 모두가 방송에 포함되는 것으로 규정하고 있다. 조약이나 외국의 입법례를 보면, 베른협약과 미국 및 독일의 저작권법이 방송의 개념에 무선 또는 유선방송을 모두 포함하고 있으며, 로마협약(인접권조약)에서는 무선방송만 방송의 개념에 포함시키고 있다. 일본 저작권법은 우리 저작권법과 같이 공중송신이라는 보다 넓은 상위개념을 규정하면서 그 가운데 공중에 의하여 동일한 내용의 송신이 동시에 수신될 것을 목적으로 행하는 무선통신의 송신을 '방송'(제2조 제1항 제8호)이라고 하고, 공중송신 중 공중에 의하여 동일한 내용의 송신이 동시에 수신될 것을 목적으로 행하는 유선전기통신의 송신을 '유선방송'(제2조 제1항 제9-2호)이라고 하여 구별해서 규정하고 있다.[310)]

이런 점에서 볼 때 우리 저작권법이 무선통신에 의한 것뿐만 아니라 유선통신에 의한 것까지 방송의 정의에 넣고 있는 것은 국제적으로 통용되는 일반적인 방송의 개념보다 넓은 것이라고 한다. 따라서 저작자는 유선에 의한 모든 송신(백화점 구내에서 행해지는 경우와 같이 '공연'으로 인정되는 일부 예외가 존재한다)에 대하여 배타적인 권리를 가지고, 또한 '유선방송사업자'도 엄연한 저작인접권자로서 저작권법에 의한 보호를 받는다. 이것은 국제조약이나 다른 외국의 입법례에 비하여 보호수준이 높은 것이라고 평가되고 있다.[311)]

310) 오승종·이해완, 전게서, 295면.

무선방송이란 일반적으로 음(音)만의 방송(라디오 방송)과 음 및 영상의 방송(텔레비전 방송)이 그 주된 형태이지만, 반드시 이에 한정되는 것은 아니다. 음성·음향·영상의 송신이 아닌 단순한 부호의 송신은 방송이라고 할 수 없다고 하는 견해도 있지만,[312] 모르스 신호에 의한 방송이나 문자방송 등도 저작권법상 방송에 포함된다고 보는 것이 타당하다. 일본에서도 '무선방송'의 대상으로는 음이나 영상, 전기신호로 변환된 여러 가지 데이터(정보)가 있고, 현실적으로 방송에는 음(라디오 방송) 또는 음과 영상(TV 방송)이 주된 대상이 되고 있지만, 이론적으로는 모르스 신호에 의한 방송이나 이른바 '데이터방송' 등을 비롯하여, 문자방송이나 정지화면의 방송도 이에 해당한다고 해석하는 것이 통설이다.[313] 저작권법의 정의규정에서도 문언상 '음·영상 또는 음과 영상 '등"이라고 하여 방송에 있어서의 송신의 대상을 음과 영상으로만 엄격하게 한정하고 있지 않음을 알 수 있다.[314]

유선방송이란 유선통신에 의한 방송을 말하며, 여기에는 영업소에 대한 유선음악방송이나 케이블TV에 의한 방송 등이 포함된다.

나. 다른 개념과의 구별

저작권법에서는 저작자 외에 저작인접권자에게도 방송권을 부여하고 있다. 현행 저작권법상 실연자에게는 방송권(법 제73조)과 방송사업자에 대한 보상금청구권(법 제75조), 음반제작자에게는 방송사업자에 대한 보상금청구권(법 제82조), 방송사업자에게는 동시중계방송권(법 제85조)이 부여되고 있다. 이러한 권리도 넓은 의미에서의 방송권의 개념에 속한다고 할 수 있고, 저작자의 방송권과 마찬가지로 방송의 개념에 따라 그 범위가 정해진다. 실연자의 경우 그의 허락을 받아 녹음된 실연에 대하여는 방송권이 미치지 아니하고(법 제73조 단서), 다만 실연이 녹음된 상업용 음반을 사용하여 방송하는 경우에는 방송사업자에 대하여 상당한 보상금을 청구할 권리를 가진다(법 제75조 제 1 항). 그런데 저작자와 실연자 및 음반제작자의 권리가 미치는 '방송'과 방송사업자의 권리의 객체(대상)로서의 '방송'은 개념상 다른 것으로 보아야 한다. 전자는 이용행위로서 '방송'(행위)을 말하는 것이고, 후자는 '방송물'을 의미한다.[315]

저작권법상 방송은 방송법상의 방송과도 구별하여야 한다. 방송법에서는 '방송'을, "방송프로그램을 기획·편성 또는 제작하여 이를 공중(시청자)에게 전기통신설비에 의하여 송

311) 최경수·오기석, 디지털방송과 저작권법, 문화관광부, 2003, 6면.
312) 김정술, 전게논문, 303면.
313) 加戶守行, 전게서, 35면.
314) 오승종·이해완, 전게서, 295면.
315) 최경수·오기석, 전게서, 5면 참조.

신하는 것으로서 다음 각목의 것을 말한다"고 하면서 그 각목으로서, (1) 텔레비전방송, (2) 라디오방송, (3) 데이터방송, (4) 이동멀티미디어방송을 들고 있다.[316] 저작권법상 방송의 정의를 충족하는 사업을 영위하는 모든 사업자가 방송법상 방송사업자가 되는 것은 아니다. 또한 방송법상 '방송'의 하나인 중계유선방송은 저작권법상 방송의 요건을 충족하지 못하는가 하면, 저작권법상 '방송'을 하지 않는 방송채널사용사업자가 방송법상 방송사업자의 한 형태로 존재한다.[317]

이하에서는 저작권법상 방송과 전송의 구별에 관하여 살펴보기로 한다. 2006년 저작권법 개정에 의하여 저작재산권 중 방송권과 전송권은 형식상으로는 독립된 지분권으로서 지위를 상실하고 '공중송신권'이라는 상위개념에 포섭되었다. 그렇지만 저작재산권의 제한 규정이나 저작인접권자의 권리에서와 같이 방송과 전송의 경우를 엄밀하게 구분하여 취급하는 경우가 여전히 존재하며, 또 저작권 실무 현장에서도 방송과 전송은 독립하여 이용허락 등 거래의 객체가 되고 있는 것이 현실이다. 따라서 방송과 전송을 구별할 실익은 현행 저작권법 아래에서도 엄연히 존재한다.

7. 전　송

가. 의　의

우리 저작권법은 '전송'의 개념을 "공중송신 중 공중의 구성원이 개별적으로 선택한 시간과 장소에서 접근할 수 있도록 저작물 등을 이용에 제공하는 것을 말하며, 그에 따라 이루어지는 송신을 포함한다"고 규정하고 있다(법 제2조 제10호). 전송 행위를 배타적으로 통제할 수 있는 권리(전송권)는 2006년 개정되기 전 저작권법에서는 '전송권'이라는 독립된 지분권으로 규정되어 있었다(개정 전 저작권법 제18조의2).[318] 그러나 2006년 개정법에서는 저작자에게 '방송'과 '전송'을 포괄하는 상위개념의 권리인 '공중송신권'이 신설되면서 '전송권'은 독립된 지분권으로서의 지위를 잃고 공중송신권에 포함되었다. 그러나 저작인접권자 중 실연자와 음반제작자 및 데이터베이스제작자에게는 여전히 독립된 지분권으로서 전송권이 부여되어 있다.

2006년 개정 전 저작권법은 '전송'의 개념을 "일반공중이 개별적으로 선택한 시간과 장소에서 수신하거나 이용할 수 있도록 저작물을 무선 또는 유선통신의 방법에 의하여 송

316) 방송법 제2조 제1호.
317) 최경수·오기석, 전게서, 10면.
318) 저작자에 대한 '전송권'은 2000년 1월의 개정 저작권법에서 신설되었으며, 실연자 및 음반제작자에게는 2004. 10. 16. 저작권법 개정에 의하여 2005. 1. 17.부터 전송권이 부여되었다.

신하거나 이용에 제공하는 것을 말한다"고 규정하여 '송신 또는 이용제공'을 주된 개념으로 하고 있었다(개정 전 저작권법 제 2 조 제 9 호의2). 이러한 정의개념을 개정법에서 '(송신을 포함하는) 이용제공' 개념으로 변경한 것은 '이용제공'을 전송의 주된 개념으로 하고, 그에 따라 이루어지는 송신, 즉 기계적 전송을 부수적인 개념으로 하기 위한 것이다.

입법례를 보면 이용제공을 전송의 주된 개념으로 하는 것들이 많다. 다음에서 보는 WCT상의 공중전달권 중 이용제공권, WPPT상의 이용제공권이 그러하다. 이러한 이용제공권에 관하여는 이용자가 저작물에 접근할 수 있도록 제공하는 것과 실제 송신이 발생할 경우 그 송신을 포함하는 것이라고 해석하는 견해가 있다.[319] 이에 비하여 일본 저작권법을 보면 전송은 이용제공 그 자체만을 의미하는 것으로 규정하고 있다. 일본 저작권법 제 2 조 제 1 항 제9-5호의 '송신가능화'가 그러한 의미로 해석된다. 우리 저작권법은 이상과 같은 입법례를 고려하여 '이용제공'을 전송의 주된 개념으로 규정한 것이다.

나. 국제조약의 규정

저작물의 무형적 이용에 대하여는 각국마다 개념 정의가 다양하게 나타나고 있다. 공중전달(communication to the public), 공연(public performance), 방송(broadcasting), 송신(transmission), 이용제공(making available or making available to the public), 송신가능화(making transmittable), 공중송신(public transmission or transmission to the public) 등 다양한 용어가 사용되고 있으며, 그 의미도 각각 다르다. 1996년 WIPO 저작권조약(WCT)이나 WIPO 실연·음반조약(WPPT)이 체결되기 전에는 디지털 송신(digital transmission)에 대한 개념도 특별히 존재하지 않았다고 한다. 그러던 것이 WCT와 WPPT 두 개의 조약 체결과 더불어 무형적 이용행위로서의 공중전달 내지 이용제공의 개념이 각국 국내법에 속속 반영되기 시작하였다.[320]

WCT 제 8 조(공중전달권, right of communication to the public)는 "… 문학·예술 저작물의 저작자는 공중의 구성원이 개별적으로 선택한 시간과 장소에서 저작물에 접근할 수 있는 방법으로 공중이 이용할 수 있도록 유선 또는 무선의 수단에 의하여 저작물을 공중에 전달하는 것을 허락할 배타적인 권리를 갖는다"고 규정하고 있다. 또한 WPPT 제10조는 "실연자는 공중의 구성원이 개별적으로 선택한 시간과 장소에 실연에 접근할 수 있는 방법으로, 유선 또는 무선의 수단에 의하여 음반에 고정된 실연을 공중이 이용할 수 있도록 제공하는 것을 허락할 배타적인 권리를 갖는다."고 규정하고 있고, 제14조에서 음반제작자에게

---

319) Jorg Reinbothe and Silke von Lewinski, *The WIPO Treaties*, 1996, Butterworths(2002), pp.108, 369, 338(최경수·오기석, 전게서, 34면에서 재인용).

320) 최경수·오기석, 전게서, 32면.

이에 상응하는 권리를 부여하고 있다.[321)]

WCT 제 8 조의 "공중의 구성원이 개별적으로 선택한 시간과 장소에서 저작물에 접근할 수 있는 방법"이라고 하는 것은 쌍방향성, 그 중에서도 주문형 특성을 반영한 것이라고 한다. 주문형은 완전한 쌍방향적 요소를 지닌 것이고, 제 8 조는 바로 그러한 점을 분명히 한 것으로 볼 수밖에 없기 때문이다. 다시 말해서, 저작자가 WCT 제 8 조에서 말하는 공중전달권(특히 이용제공권)을 향유하기 위해서는 해당 서비스가 완전한 쌍방향성을 갖고 있는 주문형 방식이어야만 한다는 것이다. 이렇게 해석하면 웹캐스팅 서비스 중 실시간 스트리밍 서비스는 WCT 제 8 조의 범주에 포섭될 수 없다고 한다.[322)]

다. 전송의 유형

전송의 유형은 다양하게 나타날 수 있다. 특히 정보통신기술이 급속도로 발전함에 따라 종전에는 생각하지 못하였던 저작물의 공중전달 방식이 새로 생겨나는 경우가 많은데, 이때 그것이 전송에 해당되는지 여부가 불분명하여 문제가 될 수 있다. 이러한 문제는 개정 전 저작권법이 저작물의 공중전달 행위를 방송과 전송 두 가지 개념으로만 이분법적으로 규정하고 있었기에 특히 심각하였다. 그리하여 웹캐스팅 서비스와 같은 유형이 방송에 해당하느냐 아니면 전송에 해당하느냐를 놓고 이해관계인들 사이에 해석이 분분하였다. 웹캐스팅 서비스가 전송에 해당한다고 해석하면 음반제작자의 경우 자신의 음반이 웹캐스팅에 사용되는 것에 대하여 배타적 권리인 전송권을 행사할 수 있지만(개정 전 저작권법 제67조의3), 방송에 해당한다고 하면 방송보상금청구권만을 가질 수 있을 뿐이었다(개정 전 저작권법 제68조).

이에 개정된 저작권법은 방송과 전송을 포괄하는 상위개념으로서 '공중송신권'을 신설하고, 저작자가 기존에 독립된 지분권으로 가지고 있었던 방송권과 전송권을 폐지하였으므로, 저작자에 대하여는 이러한 해석상의 논쟁의 실익은 어느 정도 없어졌다고 할 수 있다. 그러나 실연자와 음반제작자, 그리고 데이터베이스제작자의 경우에는 여전히 방송권(음반제작자의 경우는 방송보상청구권) 및 전송권을 구분하여 가지고 있으므로 전송과 방송을 구별할 실익은 지금도 있는 것이다.

방송과 전송의 구별에 관하여는 앞서 '방송'에 관한 부분에서 이미 언급한 바 있다. 따라서 이하에서는 구체적으로 과연 어떠한 행위가 전송의 유형에 해당하는지에 대하여 일본에서의 해석론을 참고로 살펴보기로 한다. 일본 저작권법에서 우리나라의 '전송'의 개념

---

321) 저작권에 관한 국제협약집, 개정판, 저작권관계자료집(21), 저작권심의조정위원회, 432, 450, 452면.
322) 최경수·오기석, 전게서, 33면.

에 해당하는 것은 제 2 조 제 9-5호에서 규정하고 있는 '송신가능화'이다. 일본 저작권법은 '송신가능화'를 "① 공중용으로 제공되어 있는 전기통신회선에 접속하고 있는 자동공중송신장치의 공중송신용 기록매체에 정보를 기록하거나, 정보가 기록된 기록 매체를 당해 자동공중송신장치의 공중송신용 기록매체로 변환하거나 당해 자동공중송신장치에 정보를 입력하는 행위, 또는 ② 공중송신용 기록매체에 정보가 기록되거나 정보가 입력되어 있는 자동공중송신장치를 공중용으로 제공되어 있는 전기통신회선에 접속시키는 행위" 등 두 가지 중 하나의 행위에 의하여 자동공중송신 할 수 있는 상태에 두는 것을 말한다고 규정하고 있다. 그리고 그 중 ①의 행위에 속하는 유형으로는 해석론상 다음과 같은 4가지 행위를 들고 있다.[323)]

(1) (공중의 이용에 제공되고 있는 전기통신회선에 접속하고 있는, 이하 같다) 자동공중송신장치의 공중송신용 기록매체에 정보를 기록하는 것,
(2) 정보가 기록된 기록매체를 자동공중송신장치의 공중송신용 기록매체로 부가하는 것,
(3) 정보가 기록된 기록매체를 자동공중송신장치의 공중송신용 기록매체로 변환하는 것,
(4) 자동공중송신장치에 정보를 입력하는 것,

(1)은 자동공중송신장치의 공중송신용 기록매체에 저작물을 복제하는 방식으로서, 전송의 형태 중에서 가장 흔하게 일어나는 유형이라고 할 수 있다. 예를 들면, 인터넷 홈페이지를 제작한 후 그 서버의 하드디스크에 저작물을 복제하는 행위 등이 이에 해당한다.
(2)는 자동공중송신장치와 물리적으로 접속되어 있지 않았던 기록매체를 자동공중송신장치와 물리적으로 접속시킴으로써 그 기록매체에 들어 있는 정보를 그 자동공중송신장치를 통하여 네트워크에 올리는 것이다. 예를 들면, 저작물이 저장된 플로피디스켓을 서버를 통하여 네트워크에 올리기 위하여 서버에 삽입하는 행위 등이 이에 해당한다. 이 경우에 새로운 복제행위는 일어나지 않는다.
(3)은 서버로서 컴퓨터를 사용하고 있는 경우에 그 컴퓨터의 하드디스크에는 홈페이지와 같이 네트워크용 프로그램이 사용하는 영역과 그렇지 않은 영역이 존재하고 있는데, 후자에 들어 있는 정보는 그 자체로는 공중에게 전달되지 않는다. 이때 컴퓨터가 어떤 저작물이 후자의 영역에 있다고 인식하게 하는 정보를 전자의 영역에 있다고 인식하게 하는 정보로 변환함으로써, 그 영역에 내재되어 있는 저작물을 공중에게 전달되게 하는 행위가 여기에 해당한다. 예를 들면, 이메일용으로 사용되고 있던 디렉토리를 그 명칭을 변경함으로써 홈페이지용 디렉토리로 변경하는 행위를 들 수 있다. 이 경우에도 새로운 복제행위는 일어나지 않는다.

323) 이하 내용은 加戸守行, 전게서, 41-43면에서 정리.

(4)는 이른바 '인터넷방송'이나 '웹캐스팅' 서비스가 생중계 형태로 행하여지는 것으로서, 저작물을 고정하거나 축적하지 않고, 네트워크에 올린 후에도 서버에는 저작물이 남아 있지 않게 하는 방법으로 공중의 요청에 따라 송신하는 행위가 이에 해당한다.

다음으로 ②의 유형은 ①의 유형과는 반대로 서버 등의 송신용 컴퓨터가 네트워크에 아직 접속하지 않고 있는 상태에서 그 컴퓨터를 네트워크에 접속시킴으로써 그 안에 저장된 저작물(정보)을 네트워크에 업로드 하는 것이다. 여기서 '접속'이라고 할 때 서버 등 송신용 컴퓨터에 모뎀을 연결하고, 전원을 넣고, 송수신용 프로그램을 작동시키는 등의 행위가 일련의 과정으로 일어나는 경우가 있으므로, 이러한 행위들 중 과연 어느 행위가 구체적으로 '접속'에 해당하는지를 분명히 할 필요가 있다. 서버 등 송신용 컴퓨터로부터 정보가 네트워크에 업로드 된 상태에 비로소 '접속'이 되었다고 할 수 있으므로, 일본 저작권법에서는 그러한 일련의 행위들 중 가장 마지막 행위가 '접속'에 해당한다고 규정하고 있다.

이러한 해석론에 따르면 '전송'이란 결국 공중에게 송신될 수 있는 상태에 있지 않았던 것을 송신될 수 있는 상태로 하는 것이므로, 전송권침해 여부는 다음과 같은 기준에 따라 판단하게 된다.

첫째, 누구에게 전송에 관한 권리침해의 책임을 물을 것이냐는 공중송신의 상태에 있지 않았던 저작물이나 실연, 음반 등을 공중송신할 수 있는 상태로 만든 자가 누구냐에 따라 판단되어야 한다.

둘째, 어느 저작물이 공중송신이 가능한 상태로 제공되고 실제로 송신이 이루어지는 과정 중에 그 송신을 중개하는 통신설비에서 형식상 '전송'의 유형에 속하는 행위가 일어날 수 있지만, 통실설비를 단순히 설치·관리·운영하는 자에 대하여는 해당 저작물의 전송에 대한 책임을 물을 수 없다. 마찬가지로 이른바 '온라인서비스제공자' 등 공중송신용 장치를 설치·관리·운영하는 자 역시 그들이 정보의 기록이나 네트워크에의 접속 등을 의뢰받아 단순히 기계적으로 그러한 행위를 행할 뿐이라면, 일반적으로 전송에 관한 직접적인 책임을 물을 수는 없다.[324] 다만, 그러한 자들이 전송 행위에 적극적으로 가담 또는 방조하거나 취해야 할 조치를 취하지 않음으로써 간접침해 유형의 책임을 지는 경우가 있음은 별문제이다.

라. '공중'의 의의

'공중'의 개념에 관하여는 앞의 '공연'에 관한 부분에서 검토한 바 있으므로 이곳에서

324) 상게서, 42-43면.

는 중복하여 언급하지 않기로 한다.

마. '링크' 및 P2P 서비스에 관한 문제

'링크'에 관하여는 본 장 제 3 절의 "복제권" 부분과 제 6 장 "저작물의 자유이용과 저작재산권의 제한" 중 '공표된 저작물의 인용' 부분에서,[325] 그리고 P2P 서비스의 법적 문제에 관하여는 제 9 장 제 6 절 '간접침해' 항목에서 검토하기로 한다.

바. 전송에 관한 권리의 제한

저작권법 제 2 장 제 4 절 제 2 관은 '저작재산권의 제한'에 관하여 규정하고 있다. 그런데 저작권법은 '방송'과 '전송'의 개념을 구분하고 있으므로 저작재산권의 제한 규정들 중에서 '방송'에 대한 권리가 제한되는 경우와 '전송'에 대한 권리가 제한되는 경우 역시 분명하게 구분하여야 한다. 따라서 방송에 대한 권리가 제한된다고 하여 전송에 대한 권리도 제한되는 것은 아니다. 법 제24조의 "정치적 연설 등의 이용"은 어떠한 방법으로도 이용할 수 있으므로 '방송'이나 '전송'의 경우 모두 저작재산권이 제한된다. 법 제25조 제 3 항에서는 "교육을 받는 자가 수업목적상 필요한 경우에 하는 전송"에 대하여 저작재산권이 제한되는 것으로 규정하고 있는데, 이때 방송은 제한의 대상이 아니다. 법 제26조에 의한 "시사보도를 위한 이용"의 경우에는 "공중송신할 수 있다"고 하고 있으므로 '방송'과 '전송' 모두 저작재산권이 제한된다. 그러나 법 제27조의 "시사적인 기사 및 논설"의 경우는 방송만이 허용되고 전송은 허용되지 않는다. 법 제29조의 "영리를 목적으로 하지 않는 공연·방송"은 '전송'에는 해당이 없다. 이들 규정 중 '방송'에 대하여만 저작재산권이 제한되는 경우에는 '방송'이 아닌 '전송'에 해당하거나 인터넷 방송 또는 웹캐스팅과 같이 '디지털음성송신'에 해당하는 경우에는 저작재산권이 그대로 미치게 된다. 다만, 디지털음성송신에 대하여도 법 제29조가 적용되어야 하며, 이 부분이 빠진 것은 입법의 미비라고 보는 견해가 있다. 이에 대하여는 제 6 장 제 2 절의 해당 부분에서 검토하기로 한다.

8. 방송과 전송의 구별

가. 수신에 있어서의 동시성과 이시성

저작권법 제 2 조 제 8 호는 '방송'의 개념을 "공중송신 중 공중이 동시에 수신하게 할

325) 대법원 2009. 11. 26. 선고 2008다77405 판결은 심층링크(직접링크, deep link)를 하는 행위는 저작권법이 규정하는 복제 및 전송에 해당하지 않는다고 판시하였다.

목적으로 음·영상 또는 음과 영상 등을 송신하는 것"으로 정의하고 있다. 방송의 개념에 '동시성'(同時性)을 포함하도록 한 것은 2000년 1월의 저작권법 개정에서인데, 취지는 '전송'과 '방송'을 명확하게 구분하기 위한 것이었다. 따라서 인터넷을 통한 이른바 '인터넷 방송' 중 'VOD'(video on demand) 또는 'AOD'(audio on demand) 방식에 의한 서비스는 동시성을 결한 것이므로 저작권법상 방송이 아니라 전송 또는 디지털음성송신(예컨대 웹캐스팅) 등 다른 개념에 해당하게 된다. 이처럼 방송이냐 전송이냐를 구분하는 것은 '동시성'과 '이시성'(또는 주문형)에 달려 있는 것이지 콘텐츠를 송출하는 수단이 전파냐 인터넷이냐에 달려 있는 것은 아니다.

일본 저작권법은 우리의 현행 저작권법과 유사하게 '방송'과 '전송'을 포괄하는 '공중송신'이라는 상위개념을 규정하면서 그 가운데 공중에 의하여 동일한 내용의 송신이 동시에 수신될 것을 목적으로 행하는 무선통신의 송신을 '방송'이라고 규정하고(일본 저작권법 제2조 제1항 제8호), 공중송신 중 공중에 의하여 동일한 내용의 송신이 동시에 수신될 것을 목적으로 행하는 유선전기통신의 송신을 '유선방송'(제2조 제1항 9-2호)으로 구별하여 규정하고 있다. 즉, 일본 저작권법은 '공중송신'이라는 포괄적인 개념 아래, 넓은 의미의 방송을 '방송'(무선통신)과 '유선방송'(유선통신)으로 구분하여 정의하고 있다. 그러면서 '방송'의 개념에서는 '동일내용·동시수신'을 요건으로 하고 있다. 우리 저작권법은 '방송'의 개념에 '동일내용'은 포함되어 있지 않으나, 이는 법문의 취지상 당연히 포함되어 있는 것이라고 생각된다. 즉, 우리 저작권법상 '동시성'은 '동일내용'을 당연한 전제로 한 것으로 보아야 할 것이다. 그렇게 본다면 일본 저작권법과 우리 저작권법상 '방송'에 해당하기 위한 요건은 사실상 다르지 않다. 참고적으로 향후 방송 기술의 발달에 따라 드라마의 진행이나 스포츠 중계의 내용까지도 수신자가 선택할수록 하는 서비스를 제공한다고 하는데, 그러나 그 경우에도 방송 콘텐츠의 내용이 몇 가지로 나뉘어져 있는 것일 뿐, 각각의 콘텐츠가 수신자에게 도달함에 있어서 내용의 동일성이 상실되는 것은 아니라고 볼 것이다.

나. 일방향성과 쌍방향성

(1) 개 요

'일방향 송신'(one-way communication)이란 정보(신호, 콘텐츠)를 보내는 쪽에서 받는 쪽으로 일방적으로 송신하는 형태를 말한다. 지상파 방송을 비롯하여 유선방송, 위성방송, DMB 등이 이에 해당한다. 이에 반하여 '쌍방향 송신'(interactive communication)이란 전화와 같이 쌍방이 서로 정보를 교환할 수 있는 송·수신 시스템 형태를 말한다. 예를 들어 음악 콘텐츠를 인터넷을 통하여 주문하고 그에 따라 다운로드가 이루어지는 것과 같은 주문형

(on-demand) 서비스나 지상파 방송의 인터넷 다시보기(video on-demand) 서비스 같은 것이 이에 해당한다. 아래에서 보는 바와 같이 방송은 일방향 송신에 해당하고 전송은 쌍방향 송신에 해당한다.

과거에는 유선통신이 아닌 무선통신에 있어서는 쌍방향(interactive) 송수신이라는 형태가 나타나지 않았기 때문에 이에 대한 개념규정도 없었던 것 같다. 그러나 오늘날에는 무선통신에도 쌍방향 송신이 가능하여졌다. 이에 일본 저작권법은 '쌍방향 송신'에 대하여는 유선과 무선을 가리지 아니하고 저작권법 제 2 조 제 1 항 9-4호에서 '자동공중송신'이라는 새로운 개념을 정의하고 있다.[326] 이 점은 우리의 개정 저작권법도 유사하다. 우리 저작권법은 '방송'(동시성)과 '전송'(이시성, 쌍방향성, 주문형)을 구분하면서 이를 포괄하는 상위개념으로 '공중송신권'을 두고 있는데, 일본 저작권법 역시 '방송'(동시성)과 '자동공중송신'(이시성, 쌍방향성)으로 구분하되, 이는 '공중송신'이라는 상위개념에 포함되는 것으로 규정하고 있다. 따라서 우리나라와 일본 저작권법상으로는 '방송'과 '전송' 또는 '자동공중송신'의 요소를 각각 포함하고 있는 새로운 형태의 서비스도 '공중송신'이라는 상위개념에 포함될 수 있다.

(2) 방 송

'방송'은 저작권법에서 "공중이 동시에 수신하게 할 목적으로 … "라고 규정하고 있으므로, 예를 들면, 방송국(key국)과 방송국(net국) 사이를 연결하는 마이크로웨이브나 통신위성을 사용한 CATV국에 대한 프로그램의 배급과 같은 이른바 point to point 송신은 '공중'에 대한 송신이 아니므로 '방송'으로 볼 수 없다. 또한 쌍방향(interactive) 송신은 '공중'에 대한 송신이기는 하지만 "동일내용의 송신이 동시에 수신될 것을 목적"으로 하고 있지 않으므로 '방송'에 해당하지 않으며, 이는 우리 저작권법 제 2 조 제 9 호의2의 '전송'(일본 저작권법의 경우는 제 2 조 제 1 항 9-4호에서 정의하고 있는 '자동공중송신')에 해당하게 된다.[327]

이와 관련하여 프로그램을 인터넷 통신망을 통하여 송신하는 이른바 '인터넷 방송'은 '방송'에 해당한다기보다는 '전송'에 해당한다고 보아야 한다는 견해가 있다. 일본의 加戸守行이 그러한 견해를 취하고 있다.[328] 그렇게 보아야 하는 이유는, '인터넷 방송'에 의한 송신은 '방송'과 달리 당해 저작물이 호스트서버까지만 송신되어 있다가 수신자가 프로그램에 접속(access)함으로써 비로소 호스트서버로부터 이용자의 단말기로의 송신(공중에의 송신)

326) 加戸守行, 전게서, 33면.
327) 상게서, 34면.
328) 상게서, 33-35면.

이 이루어지기 때문이라는 것이다. 그리고 이 부분이 얼핏 방송과 큰 차이가 없는 것처럼 보이지만 저작권법상으로는 다른 취급을 받게 되므로 상당한 의미가 있다고 한다. 이 견해에 따르면 결국 공중에 대하여 '동시에 일제히' 전파를 송출하는 것인지 여부에 따라 '방송'인지 '전송'인지 여부가 결정된다고 할 수 있다. 그러나 뒤에서 언급하는 바와 같이 인터넷 방송이 일률적으로 '전송'에 해당한다는 위 견해에 대하여는 찬성하기 어렵다.

'방송'의 전형적인 예로서는 KBS나 MBC, SBS 등의 방송사업자가 행하는 지상파 TV 방송 및 라디오 방송이나 방송위성에 의한 위성방송을 들 수 있다. 통신위성을 이용하는 경우도 일반가정에 프로그램 송신 서비스를 행하는 경우는 "공중에 대하여 동일한 내용의 송신을 동시에 수신하게 할 것"을 목적으로 한 것이므로 '방송'에 해당한다. 또한 '방송'의 정의규정에서 말하는 '공중'은 불특정다수인만을 의미하는 것이 아니라 특정다수인까지도 포함하는 개념이므로(저작권법 제 2 조 제32호), 불특정인에 대한 송신만이 아니라 특정다수인에 대한 송신도 방송의 개념에 들어가게 된다. 그렇게 되면 방송법상 방송의 인가를 받은 자의 방송만이 아니라 HAM과 같은 아마츄어 무선국이나 택시회사가 무선통신으로 행하는 일방향 송신도 저작권법상의 방송의 개념에 포함될 가능성이 있다.

(3) 전 송

저작권법 제 2 조 제10호에서 말하는 '전송'은 주문형 내지 쌍방향(interactive) 서비스를 제공하는 것이 일반적이다. 그런데 여기서 더 나아가 우리 저작권법의 '전송' 개념이 "주문형 내지 쌍방향 송신"만을 염두에 둔 것인지에 대하여는 해석상 다툼이 있는 것으로 보인다.[329] 만약 '전송'이 주문형 내지 쌍방향 송신만을 의미한다고 해석하면, 주문형의 특성을 가지지 않은 '실시간 스트리밍'은 '전송'에 해당하지 않게 되고, 그렇다고 '방송'에 해당한다고 보는 것도 부적절하여 법적 공백상태가 발생한다는 우려가 있다.[330]

일본의 加戸守行은, '전송'은 '서버'나 '호스트컴퓨터'와 같은 송신용 컴퓨터 등에 축적·입력된 정보를 공중의 접속(access)이 있을 때 자동적으로 그 단말기를 향하여 송신하는 것을 말하며, 이러한 점에서 '방송'과 다른 것이라고 이해하고 있다. 따라서 인터넷의 웹 서비스나 BBS(전자게시판)에 의한 송신서비스는 물론이고, 이른바 '인터넷 방송' 등도 '전송'에 해당한다고 해석하고 있다.

'전송' 중에는 '쌍방향 송신'으로서 이른바 'On demand 송신'이라고 불리는 것이 많다. '쌍방향 송신' 서비스는 공중으로부터의 요구에 응하여 이루어지는 것이어야 하므로, 공중

329) 최경수·오기석, 전게서, 35면 참조.
330) 상게서, 35면.

으로부터의 요구(demand), 즉 접속(access)이 없어도 송신이 이루어지는 형태의 서비스는 이에 해당하지 않는다. 따라서 '전송'을 쌍방향 송신만을 의미한다고 해석한다면 사전에 일정한 분야를 지정하여 그에 해당하는 기사를 이용자의 요청이 없어도 팩시밀리로 자동 송부하는 이른바 '클리핑 서비스'와 같은 것은 '전송'에 해당하지 않는다고 해석될 가능성이 있다.

(4) 문제 사례 검토

앞에서 본 加戸守行의 견해, 즉 '방송'은 공중을 상대로 일제히 동시에 신호를 송출하는 것을 의미한다는 견해에 의하면 인터넷 방송과 같은 웹캐스팅 서비스는 공중을 향하여 일제히 동시에 신호를 송출하는 것이 아니라, 신호는 호스트 서버에 저장되어 있다가 이용자의 요청(demand, access)이 있을 때 비로소 송출되므로 '방송'이 아니라 '전송'에 해당한다고 본다. 그러나 '방송'과 '전송'을 해당 신호를 공중을 상대로 동시에 송출하는지 여부에 따라서 구분하는 것은 '방송'과 '전송'의 개념을 지나치게 획일적·정태적으로 파악하는 것이다. 특히 저작권법상 '방송'은 '공중이 동시에 수신하게 할 목적으로 …'라고 되어 있기 때문에 '방송'의 요건인 '동시성'은 '수신에 있어서의 동시성'이지 '송신(송출)에 있어서의 동시성'을 의미하는 것은 아니다. 설사 이용자의 접속이 있을 때 비로소 신호가 송출된다고 하더라도 그 접속에 따라 실시간으로 다른 기존의 접속자들이 수신하고 있는 것과 동일한 내용의 콘텐츠가 동일한 시간대에 수신되므로, '내용에 있어서의 동일성과 수신에 있어서의 동시성' 요건을 모두 충족한다고 보아야 할 것이다. 즉, 인터넷 방송 서비스에 있어서 이용자의 '접속'(access)이라는 행위는 TV 방송을 시청하기 위하여 TV의 스위치를 켜는 것과 실질적으로 다를 바가 없다. 加戸守行의 견해는, 웹캐스팅 서비스에 있어서는 이용자의 '접속'이 있어야 비로소 신호가 송출되는데 반하여, 방송의 경우에는 신호는 이미 이용자의 단말기(TV 수상기)에 송출되어 있고 단말기의 스위치를 켜는 것은 그 수신된 신호를 화면상에 표시하는 것에 불과하다고 하여 양자를 달리 보아야 한다는 것이나, 이들 양자는 실질에 있어서 그 어느 경우든 내용에 있어서의 동일성과 수신에 있어서의 동시성을 충족하고 있으므로 저작권법상 '방송'에 해당하는 것으로 보아야 할 것이다. 다만, 2006년 개정된 우리 저작권법은 '디지털음성송신'이라는 새로운 상위개념을 신설하였으므로 인터넷 방송 또는 웹캐스팅과 같은 서비스는 현행 저작권법 아래에서는 '디지털음성송신'에 포함될 것이다.

음악을 여러 장르로 구분하고 다채널 선택권을 부여하는 이른바 '스카이라이프'(Sky Life) 서비스와 같은 것이 방송에 해당하는지 문제로 될 수 있다. 앞서 본 '방송'과 '전송'의 개념 해석에 비추어 볼 때, 다채널 선택권을 부여한다고 하더라도 '수신에 있어서의 동시성' 요건을 충족하는 스카이라이프 서비스는 '방송'으로 보아야 할 것이다.

수없이 많은 채널을 개설하고 각 채널마다 하나의 곡만을 계속 반복하여 서비스한다면 이용자의 입장에서는 채널을 선택함에 따라 원하는 곡을 원하는 시간에 선택할 수 있어서 '내용에 있어서의 동일성'이 없고 '동시성'의 요건도 충족하지 못하므로 사실상 '전송'과 같은 것으로 보아야 한다는 견해가 있을 수 있다. 이는 이른바 '유사전송'에 관한 문제로서 음악 산업계에서 크게 쟁점이 되고 있는데, 뒤에서 상세히 살펴보기로 한다.

9. 디지털음성송신

가. 의 의

'디지털음성송신'의 정의규정에서 "동시에 수신하게 할 목적으로"는 수신의 동시성을 의미하고, "공중의 구성원의 요청에 의하여 개시되는" 부분은 쌍방향 송신의 특성을 의미한다.[331] 예를 들어, 인터넷상에서 실시간으로 음악을 청취할 수 있게 제공하는 비주문형 웹캐스팅의 경우를 보면, 일반적으로 그 이용자(수신자)가 해당 사이트에 접속하거나 특정한 서비스 메뉴 등을 클릭함으로써 수신자의 수신정보(IP) 및 송신요청 신호가 서비스 제공자 측의 서버에 전달되어야만 서버로부터 수신자의 PC를 향한 스트리밍 방식의 송신이 개시되는 점에서 '공중의 구성원의 요청에 의하여 개시되는' 것이라고 할 수 있다.[332]

'디지털음성송신'은 기존의 음악 웹캐스팅이 방송인지, 전송인지 의견이 분분했던 점을 감안하여 음(음성·음향)에 한정한 것이기는 하지만 이른바 웹캐스팅으로 대표되는 개념으로 신설된 것이다. 디지털음성송신은 방송 및 전송과 함께 상위개념인 공중송신권에 포괄되는 행위유형이다. 디지털음성송신은 온라인을 통해 실시간으로 음(음성·음향)을 서비스하고, 이용자는 흘러나오는 음악(음성)을 실시간으로 듣는 것을 기본 개념으로 한다. 예를 들어, 개인 인터넷 방송(Winamp 방송), 지상파 방송사의 방송물을 동시 웹캐스팅(simulcast)하는 것 등이 이에 해당한다고 할 수 있다.

나. 디지털음성송신의 유형

디지털음성송신(실시간 웹캐스팅)의 법적 성격을 분명히 하기 위해서는 우선 웹캐스팅

331) 디지털음성송신의 특성인 쌍방향성(interactive)을 의미하는 "공중의 구성원의 요청에 의하여 개시되는"이란 주문형(on demand)과는 다른 의미이다. 뒤에서 다시 살펴보기로 한다.

332) 이해완, 저작권법, 박영사(2013), 342면.

(영상이 있는 경우를 포함한다)의 유형을 그 서비스 방식에 따라 구분하여 볼 필요가 있다. WIPO 방송신조약 제정을 위한 상설위원회(SCCR)에서는 인터넷 송신을 ①사이멀 캐스팅(전통적인 방송사업자가 방송프로그램을 동시 웹캐스팅하는 것), ②방송프로그램의 이시(異時) 웹캐스팅, ③방송프로그램의 주문형 송신, ④인터넷상에서 독자적으로 편성한 프로그램의 송신의 4가지로 나누어 논의가 이루어지고 있으며, 이 가운데 ④에 대해서는 이른바 WIPO 방송신조약의 보호대상에서 제외하여야 한다는 점에 관하여 대체적인 컨센서스가 형성되어 있다고 한다.[333]

이와 같이 WIPO 방송신조약 제정과 관련한 국제적 흐름은 웹캐스팅의 성격을 논함에 있어서 전통적 의미의 방송을 재전송하는 실시간 웹캐스팅(즉, 사이멀 캐스팅)과 독자적으로 만든 프로그램을 인터넷을 통하여 실시간 웹캐스팅하는 것을 구분하여 논의하고 있을 뿐, 우리 저작권법에서와 같이 음성과 영상을 굳이 구분하여 논하고 있지는 않다. 오히려 우리 저작권법에서는 사이멀 캐스팅과 독자 프로그램의 실시간 웹캐스팅을 구분하지 않고 있는데, 이는 WIPO에서의 논의 방향과 관점을 달리하는 것이어서 문제라는 비판이 있다.[334] 위 상설위원회(SCCR) 논의에서는 '전통적인 방송사업자에 의한 인터넷 송신'을 중심으로 검토가 이루어지고 있으며, 웹캐스팅(webcasting)은 기존의 방송이나 유선방송의 재송신이 아니라 웹캐스터가 독자적으로 편성한 프로그램을 인터넷상에서 송신하는 것이라는 의미로 사용되고 있다. 그리고 최근까지는 전자에 대해서만 WIPO방송 신조약 제정을 둘러싸고 그 보호대상으로 논의되고 있다.

다. 방송 및 전송과의 구별

디지털음성송신은 수신의 동시성과 쌍방향적 특성을 가진다는 점에서 방송(동시성, 일방향성) 및 전송(이시성, 쌍방향성)과 구별된다. 한편, 공중송신 중 전송과 나머지 기타 송신은 주문형인지 여부에 따라 구별된다. 즉, 전송은 주문형이고 나머지 송신은 비주문형이다. 또한 방송은 아날로그 방식은 물론이고 설사 디지털 방식이라 하더라도 컴퓨터 네트워크(정보통신망)에 의하지 않고, 방송신호를 공중의 요청 여부와 관계없이 일방적으로 송출한다는 점에서, 컴퓨터 네트워크를 통하여 공중의 요청에 의하여 비로소 송신이 시작되는 전송 및 디지털음성송신 등 다른 송신형태와 구별된다. 컴퓨터 네트워크(정보통신망)를 통한 송신이란 서버와 클라이언트(C/S) 시스템에 의하여 송신자와 이용자 간에 정보를 주고받는 관계, 즉 쌍방향적 관계가 설정되는 것을 말한다. 인터넷 다운로드나 스트리밍 서비스, IPTV 서

333) 박성호, 전게 논문, 461면.
334) 박성호, 전게 논문, 444면.

비스, P2P 네트워크 서비스 등이 이에 해당한다. 이러한 쌍방향적 서비스는 전송과 실시간 스트리밍(웹캐스팅)으로 다시 구별되는데, 그 중 디지털음성송신은 후자에 해당한다. 정리하면, 디지털음성송신은 비주문형이라는 점에서 전송과 구별되고, 컴퓨터 네트워크(정보통신망)를 통한 쌍방향 송신이라는 점에서 방송과 구별된다.[335)]

특히 실무에서 문제가 되는 것은 디지털음성송신과 전송의 구별이다. 음원 서비스사업자가 음원의 디지털음성송신 서비스를 하기 위해서는 저작인접권자(실연자 및 음반제작자)에게 보상금만 지급하면 되지만,[336)] 전송 서비스를 하기 위해서는 사전허락을 받아야 한다.[337)] 따라서 음원 서비스사업자의 입장에서는 자신의 서비스가 디지털음성송신으로 취급되는 것이 전송으로 취급되는 것보다 훨씬 유리하다. 그런데 디지털, 네트워크 기술의 발달에 따라 외형상으로는 디지털음성송신인 것처럼 보이지만, 실질적으로 이용자의 입장에서 볼 때 전송과 다를 바 없거나 거의 유사한 효과를 발휘하는 서비스들이 가능해지고 있다. 이런 서비스들을 디지털음성송신과 전송 중 어느 쪽 범주에 속하는 것으로 취급할 것인지와 관련하여 저작인접권자들과 음원 서비스사업자들 사이에 이해관계가 크게 대립하는 사례들이 자주 나타나고 있다.

라. 이른바 '유사전송론'과 관련된 논의

(1) 문제의 소재

디지털 기술과 네트워크 환경이 발달하면서, 웹캐스팅에 기존 방송 서비스에서는 생각할 수 없었던 다양한 음악 선곡(curation) 기능과 음악 추천(recommendation) 기능 등이 결합되었다. 그 결과 디지털음성송신이 사실상 전송과 거의 유사한 효용을 갖게 되면서, 디지털음성송신이 전송의 영역을 침범하고 있다는 이른바 '유사전송론'이 제기되었다.

예를 들어, 디지털음성송신 서비스의 형식을 취하고 있지만, 이용자가 원하는 곡들로 채널을 주도적으로 편성하여 구성할 수 있고, 해당 채널에 들어온 다른 사람들과 동시에 음악을 듣기는 하지만, 일단 채널을 확정하면 첫 번째 음악부터 실행됨으로써 채널을 편성한 이용자는 사실상 자신이 원하는 곡부터 들을 수 있도록 하는 것이다. 이렇게 되면 이용자가 원하는 곡들로 채널을 구성할 수 있어서 사실상 주문형(on demand) 서비스의 성격을 갖게 되고, 따라서 '전송' 또는 이른바 '유사전송'에 해당한다고 할 것이지, 비주문형을 특징으로 하는 디지털음성송신으로는 보기 어렵다는 주장이 제기된다. 이러한 유형의 서비스

335) 박성호, 전게 논문, 432면.

336) 저작권법 제76조, 제83조,

337) 저작권법 제74조, 제81조.

를 어떻게 보아야 할 것인지에 대하여는 다양한 학설이 존재한다.

(2) 학 설

첫 번째 견해는, 이러한 서비스는 전송과 구별하기 어렵다고 한다. 스스로 원하는 곡들을 선정해서 채널을 개설해서 듣는 경우에는 사실상 자기가 선곡한 곡들을 듣게 되기 때문이다. 따라서 이 견해는 디지털음성송신 중에서 전송과 유사한 효과를 가지는 형태를 구별하여 규율할 필요가 있다고 하는데,[338] 그러면서도 그 성격이 전송에 해당하는지 아니면 기타 공중송신에 해당하는지에 관하여는 분명한 결론을 내리고 있지 않다.

두 번째 견해는, 이와 같은 유사전송의 영역의 서비스에 대하여는 전송과 동일한 취급을 할 필요가 있다는 견해이다. 특히 이용자 자신이 특정한 음악목록을 가지고 '방송만들기'(채널 편성)를 하여 그 목록의 처음부터 방송을 들을 수 있도록 할 경우, 그 부분 서비스에 관한 한 수신의 동시성이 아니라 이시성이 인정되어야 할 것이므로 디지털음성송신이 아니라 전송에 해당한다고 한다. '일시정지 후 다시 이어듣기' 기능이나 '곡 넘기기 기능' 등을 넣은 경우에도 디지털음성송신의 개념요소인 '동시성'은 없고, 제한적이지만 전송의 개념요소인 '이시성'이 인정될 수 있으므로 해석상 '전송'으로 보아야 할 것이라고 한다.[339]

세 번째 견해는, 해당 서비스가 가지는 여러 가지 다양한 기능을 종합적으로 고려하여 전송과 디지털음성송신 중 어느 쪽에 해당하는지를 결정해야 한다는 입장이다. 예를 들어, ①동시수신 여부와 관련하여, 청취하는 음원에 대한 일시정지 기능이 있는지, 곡 넘기기 기능(송신 중인 곡을 듣지 않고 다음 곡으로 강제적으로 이동시키는 기능)이 있는지, 송신되는 특정 곡을 처음부터 들을 수 있는 기능이 있는지, ②채널의 편성 및 선곡 등과 관련하여, 생성된 특정 채널에 수록된 전체 곡의 편성시간의 길이, 특정 가수 또는 특정 앨범 위주로 채널을 편성하여 이용자가 사실상 특정 가수 또는 특정 앨범을 선택하여 청취하는 것과 동일한 효과를 갖는지, ③특정 가수 또는 특정 곡을 검색하여 그 특정 곡만을 선택하여 청취할 수 있는지, ④이용자 스스로 자신이 선호하는 음악만을 모아 채널을 구성하는 것이 가능한지 등을 종합적으로 고려하여 실질적으로 전송과 동일하거나 사실상 전송에 준하는 효과, 즉 원하는 시간에 원하는 곡을 선택하여 들을 수 있는 효과를 가져오는지 여부를 고려하여 그에 따라 전송과 디지털음성송신 중 어느 쪽에 해당하는지를 결정하여야 한다는 것이다.[340]

338) 임원선, 실무자를 위한 저작권법, 제4판, 한국저작권위원회(2014), 149면.
339) 이해완, 저작권법, 박영사(2015), 482면.
340) 오승종, 저작권법, 박영사(2016), 556면.

(3) 유사전송에 대한 실무상 취급

유사전송 서비스의 성격을 어떻게 파악할 것인지에 관하여 뒤에서 보는 바와 같은 한국저작권위원회의 가이드라인이 도출된 바는 있으나, 주무부처인 문화체육관광부나 음악산업의 현장에서 이 가이드라인을 전적으로 수용한 것으로는 보이지 않는다. 또한 아직 판례도 명확하지 않다.

하급심 판결 중에는, "피고인들이 운영하는 사이트를 통하여 이용자인 공중이 '방송하기'와 '방송듣기'의 두 가지 방식으로 음원 청취가 가능한데, '방송하기'는 회원으로 가입한 후 피고인들의 사이트에 업로드 된 음원을 포함한 수많은 음원들 중에서 듣고 싶은(방송하고 싶은) 곡을 2곡 이상 선택하여 '방송하기' 버튼을 클릭하면 선택한 곡으로 이루어진 방송채널을 생성할 수 있는 창이 뜨고, 채널명 입력 후 확인버튼을 클릭하면 바로 듣는 것이 가능해지며, '방송듣기'는 그와 같이 생성된 수많은 '방송하기' 채널 중 특정 채널을 선택한 후 '방송듣기' 버튼을 클릭하면 바로 방송 중인 음악을 듣는 것이 가능한 서비스를 제공하는 경우, 이 중에서 '방송하기'는 음원을 듣고 싶은 사람이 자신이 선택한 시간과 장소에서 자신이 선택한 음원을 처음부터 들을 수 있는 것(수신의 이시성, 주문형)이어서 스트리밍 방식에 의한 주문형 VOD 서비스와 실질적 차이가 없는 점(다만, 반드시 2곡 이상을 선택하여야 하고 1곡을 반복해서 듣거나 듣고 있던 도중에 이를 중지하고 바로 다른 음원을 들을 수 없다는 한계가 있기는 하나, 듣고 싶은 2곡을 선택하고 '방송하기' 버튼을 클릭한 다음 반복재생버튼을 클릭하면 반복적으로 2곡을 계속 들을 수 있으므로, 그러한 한계는 제한적이다)에서 전송으로 보아야 한다."고 판시한 사례가 있다.[341]

(4) 한국저작권위원회의 가이드라인

2014년 국내 음악시장에 출시된 음악 스트리밍 서비스 '밀크'로 인하여 저작권자와 유통사업자들 사이에 그 서비스의 성격이 전송이냐 디지털음성송신이냐에 대한 큰 논란이 일어났고, 그에 따라 어떤 이용계약을 적용하여야 하는지 등의 문제로 날카로운 대립상황이 발생하였다. 이러한 밀크 서비스를 기점으로 하여 기존 국내 음악시장에 속속 등장한 유사전송 형태의 신규 음악서비스로 말미암아 저작권자와 유통사업자 간의 갈등 상황이

---

341) 서울남부지방법원 2013. 9. 26. 선고 2012노1559 판결('프리리슨 서비스' 사건). 또한 서울중앙지방법원 2017. 9. 27. 선고 2016가합558355 판결('DJ FEED' 사건)에서도 "DJ FEED 서비스는 이용자 요청에 의해 개시되기는 하나 이용자는 어디까지나 개별적으로 선택한 시간과 장소에서 음원을 청취할 수 있는 것"이라며 "DJ FEED 서비스는 상충되는 여러 특성들이 혼재되어 있기는 하지만 그 주된 기능으로 볼 때 '동시성'을 결여한 것으로서 디지털음성송신이 아닌 전송에 해당한다"고 판시하였고, 이 판결은 서울고등법원 2018. 5. 3. 선고 2017나2058510 판결에서 항소기각 되었다(상고).

극대화 되었다. 또 그러한 서비스에 적용할 적절한 신탁관리단체 사용료 규정도 없었다. 이에 한국저작권위원회의 주도로 대응방안을 모색하기 위한 신규음악송신서비스 관련 저작권 상생협의체가 출범하였다. 그 목표는 신규음악송신서비스에 적용할 신탁관리단체의 사용료 규정 점검 및 대응방안 도출이었다. 그 결과 2015. 5. 29. 개최된 제5차 회의에서 인터넷 라디오 서비스 관련 디지털음성송신 적격요건(최종안)이 도출되었는데, 그 주요 내용은 다음과 같다.342)

① 동시수신 회피기능 금지

○ 일시정지 후 정지시점에서 다시듣기 기능, 곡 넘기기 기능, 곡 처음부터 듣기 기능이 포함될 경우 '수신의 동시성'이 충족되지 않으므로 전송으로 본다. 다만, 기술적인 문제로 싱크로율의 차이가 발생하는 경우나 이용자가 없는 채널에 최초의 이용자가 접근 시 채널에서 정한 순서대로 처음부터 재생되는 경우는 디지털음성송신으로 본다.

② 채널의 편성 및 선곡 제한

○ 채널의 편성은 3시간 이상이어야 한다.

○ 아래 두 가지 경우와 같이 특정 가수 또는 특정 앨범 위주로 채널을 편성하여, 이용자가 사실상 특정 가수 또는 특정 앨범을 선택하여 청취하는 것과 유사한 효과를 갖는 경우 전송으로 본다.

- 동일한 순서로 3시간 이상을 재생하는 채널의 경우 특정 가수의 곡이 4곡 초과(연속재생의 경우 3곡 초과).

- 동일한 순서로 3시간 이상을 재생하는 채널의 경우 특정 앨범(편집앨범 포함)의 곡이 3곡 초과(연속재생의 경우 2곡 초과).

○ 지상파 방송사의 라디오 프로그램을 재편성 없이 송신하는 경우에는 이상의 요건에도 불구하고 디지털음성송신으로 본다.

③ 가수 또는 곡 검색을 통한 특정 곡의 청취 기능 금지

○ 가수 또는 곡 검색을 통하여 공중의 구성원이 특정 곡을 선택하여 청취할 수 있다면 전송으로 본다. 다만, 가수 또는 곡 검색 결과 해당 가수 또는 곡이 포함된 채널만을 보여주는 경우라면 전송으로 보지 않는다.

④ 특정 이용자 1인만을 위한 채널편성 기능 금지

○ 특정 이용자가 자신만 듣기 위해 자신이 스스로 선택한 곡만을 모아 채널을 구성할 수 있도록 하는 것은 이용자가 특정 곡을 선택하여 청취하는 것과 동일한 효과를 갖는다는 점에서 전송으로 본다.

342) 김동희, 전게 보고서, 참조.

⑤ 선곡표 제공 금지

○ 선곡표를 제공하는 것은 이용자로 하여금 특정 곡을 선택하여 청취할 수 있다는 여지를 제공한다는 점에서 전송에 해당한다.

마. 디지털음성송신 적격요건 및 유사전송론에 대한 검토와 비판

(1) 검토의 배경

음악 산업의 현장에서 주로 웹캐스팅이라고 불리는 디지털음성송신은 기본적으로 이용자의 개별적인 선택에 의해서가 아니라 송신자(디지털음성송신사업자)의 설정에 따라 콘텐츠의 내용이 좌우된다는 측면에서 기존 방송과 유사하다. 방송의 동시성은 기본적으로 송신의 동시성이 아닌 수신의 동시성을 의미하므로, 디지털음성송신이 비록 이용자의 요청에 의해 비로소 송신이 시작된다 하더라도 동일 채널에 접속한 이용자는 모두 같은 구간의 내용을 청취한다는 측면에서 수신의 동시성은 마찬가지라는 견해가 있다.[343] 그럼에도 불구하고 디지털음성송신을 방송과 달리 규율한 것은 방송보다 훨씬 폭넓은 이용상의 선택권과 통제권이 보장되기 때문이다. 즉, 디지털음성송신은 그것이 이루어지는 인터넷 서비스의 기술적 특성상 방송과 달리 쌍방향성을 내포하고 있다는 단순한 기술적 측면을 넘어서서, 기존 방송이 가지고 있는 결정적 제약 요소인 채널 개설의 제한 등 각종 기술적 제약으로부터 상대적으로 자유롭다는 점에서 큰 차이가 있다. 나아가 그러한 기술적 특징으로 인하여 디지털음성송신은 이용자에게 주는 실질적인 효용의 면에 있어서도 방송이 갖지 못한 장점이 있기 때문에 저작권법이 디지털음성송신과 방송을 달리 취급하고 있는 것이다. 따라서 방송과 디지털음성송신을 구분하여 그 법적 취급을 달리 하는 것은 타당하다. 그러나 전송과 디지털음성송신을 구분 짓기 위하여, 굳이 디지털음성송신 적격요건이라는 기준을 만들어 디지털음성송신이 제공할 수 있는 다양하고 유용한 기능들을 제한하는 것이 과연 합당한지에 대하여는 의문이 있다. 이에 위에서 본 디지털음성송신 적격요건들이나 가이드라인이 과연 합당한 것인지 검토해 보기로 한다.

(2) 논의의 전개

저작권자나 저작인접권자의 권리 보호라는 측면에서 본다면 공중송신이 내포하고 있는 권리들 가운데 전송이 가장 강력하고 방송이 가장 약하다. 디지털음성송신은 전송보다는 약하나 방송보다는 강력하여 전송과 방송 사이에 위치하고 있는 서비스 형태라고 볼 수 있다. 유사전송론은 디지털 기술과 네트워크 환경의 발달에 따라 나타난 디지털음성송

343) 금기훈, 전게 논문, 45면 참조.

신이라는 새로운 유형의 서비스가 결과적으로 기존의 전송과 그 편의성이나 효율성면에서 큰 차이가 없다는 인식에서 비롯된 논의이다. 즉, 디지털음성송신 기술의 발달에 따라 이용자가 전송과 사실상 동일하거나 매우 근접한 효용을 누리게 된다면, 이를 디지털음성송신으로 취급하여 권리자의 권리보호를 약화시켜서는 안 되고, 전송으로 취급하여야 한다는 것이 유사전송론 및 디지털음성송신 적격요건을 설정한 근거라고 할 수 있다. 바꾸어 말하면 어떤 특정한 서비스를 디지털음성송신이라고 하여 전송과 차별적인 취급을 하기 위해서는 수신의 동시성만으로는 부족하고, 그 서비스가 제공하는 효용이 전송에 미치지 못하도록 일정한 요건(적격요건)을 갖추어야 한다는 것이다.

문화체육관광부에서 2012년도에 진행한 '디지털음성송신 적격요건에 관한 연구'에서는 유사전송 행위로 인한 문제점으로, (1) 전송과 유사하면서도 전송보다 진입 장벽이 낮고 비용도 낮은 디지털음성송신 영역을 법적으로 허용함으로써 사업자들 간의 형평에 반하는 결과가 초래된다는 점, (2) 이로 인해 디지털음성송신 서비스가 전송 시장을 교란하여, 온라인 음악시장의 건전한 발전을 저해할 가능성이 높다는 점, (3) 저작인접권자의 입장에서는 전송과 실질적으로 유사함에도 형식적으로 디지털음성송신에 해당한다는 이유만으로 배타적 권리의 범위에서 벗어나게 되어 권리보호에 어려움을 겪게 된다는 점 등을 들고 있다.[344] 즉, 유사 전송의 문제점을 크게 사업자간의 형평성, 전송시장의 교란 그리고 권리보호의 어려움으로 보고 있다.

그러나 이러한 연구결과에 대하여는, 이제 막 본격적인 서비스에 나서고 있는 디지털음성송신 서비스에 대하여 음악 산업적인 순기능과 역기능에 대한 분석을 제시하기에는 다소 이르다고 하여 비판하는 견해가 있다.[345]

(3) 미국 DMCA의 디지털음성송신 적격요건에 대한 검토와 비판

미국 저작권법상 디지털음성송신에 해당하기 위해서는 무엇보다도 주문형 서비스가 아니어야 한다. 나아가 보충적 실연, 즉 판매용 음반을 대상으로 하는 것이어야 하고, 곡이나 아티스트를 식별할 수 있는 정보를 사전 고지하여서는 안 된다. 보존된 프로그램의 경우 5시간 이상으로 편성되어야 하고, 그 보존된 프로그램이 2주 이상 이용되지 않아야 한다.

우리나라 저작권법이 디지털음성송신이라는 새로운 권리 개념을 도입한 것은 미국 저작권법의 영향을 크게 받은 것으로 보인다. 미국 저작권법이 웹캐스팅, 즉 디지털음성송신을 저작권 보호영역으로 편입시키면서 그 적격요건을 규정한 것은, 1998년 당시 미국의 음

344) 이해완 외, '디지털음성송신 적격요건에 관한 연구', 문화체육관광부(2012), 50면.
345) 금기훈, 전게 논문, 77면.

악 시장에서 디지털 방식을 통한 새로운 서비스가 등장하면서 타격을 받게 된 기존 오프라인 음반시장을 보호하고 양자의 균형을 도모하기 위한 방책이었다. 그 기본적 방향은 디지털 기술의 발전을 통하여 발휘될 수 있는 다양하고 유용한 기능을 가급적 제한함으로써 기존의 아날로그 오프라인 음반시장을 보호하고자 한 것이었다. 그런데 미국은 물론이고 우리나라도 이제는 시장의 중심추가 디지털 음원시장 쪽으로 현저하게 기울었다.[346] 따라서 디지털 서비스의 유용한 기능들을 억지로 제한한다고 하여 오프라인 음반시장이 유지될 수 있는 상황도 이미 지나버렸다. 그렇다면 1998년 당시 미국의 디지털음성송신 적격요건이 오늘날에도 여전히 그 합리성과 타당성을 가지고 있는지는 의문이다. 이에 디지털 음악 산업으로 시장의 중심축이 이미 이동한 현재 상황에서 오프라인 음반 판매 시장을 고려하는 것은 더 이상 유효하지 않다는 비판이 있다.[347] 디지털 방식의 음악 서비스가 중심이 된 오늘날의 상황에서, 이미 현저하게 위축된 오프라인 음반 시장과의 균형을 고려하여 이용자에게 유용한 서비스를 굳이 제한할 필요가 있는지 의문이고, 그렇게 한다고 해서 오프라인 음반 시장이 되살아나는 것도 아니라는 것이다.

(4) 한국저작권위원회의 가이드라인에 대한 비판적 고찰

(가) 재생 중 건너뛰기와 일시 멈춤

한국저작권위원회 가이드라인에서 디지털음성송신으로 판단하기 위한 핵심 적격요건은 수신의 동시성이다. 어떤 채널을 청취하고 있는 중에 그 채널 안의 특정 곡에서 다른 곡으로 건너뛰기(skip)를 하거나, 어떤 채널의 특정 곡을 청취하는 중에 일시 멈춤(pause)을 하였다가 나중에 그 멈춘 구간부터 다시 재생하는 경우에 그 채널의 다른 수신자는 계속해서 음악을 수신하고 있는 상황이라면, 해당 채널에 대한 다른 수신자와의 동시성이 유지되지 않게 되므로, 이러한 경우에는 전송으로 취급하여야 한다는 것이다. 다만, 일시 멈춤 해제 시 멈춘 구간부터 다시 재생할 수 있는 것이 아니라 현재 재생 중인 단계로 접속하게 된다면 동시성은 충족된다고 한다.

그러나 이에 대하여는 일부 수신자가 음악 재생 중 다음 곡으로 건너뛰기 또는 일시 멈춤을 하는 행위로 인해 특정 채널에서 동시성이 깨지는 경우가 있다고 하여 무조건 전송으로 규정하는 것은 문제라는 비판이 있다. 수신자의 이용 측면에서는 인터넷 라디오 수

---

346) 금기훈, 전게논문, 54면에서는, 웹캐스팅 서비스가 크게 성장한데 기여한 원인으로, (1) 스마트폰의 등장과 저렴한 무선 네트워크 서비스의 확대, (2) 네트워크를 통한 스트리밍 중심의 음악 소비로 급격한 소비형태의 변화, (3) 음악 큐레이션과 추천 기술의 발달, (3) 온라인 광고 시장의 성장과 결제 수단의 고도화를 들고 있다.

347) 금기훈, 전게 논문, 69-71면.

신 중에 특정 곡에서 다음 곡으로 일시적인 건너뛰기를 하는 경우와 채널을 변경하는 경우 사이에 실질적인 차이가 미미하기 때문이다. 즉, 디지털음성송신의 경우 기술적으로 수많은 채널을 개설할 수 있으며, 설사 건너뛰기 기능이 없다고 하더라도 그 중 어떤 채널에서 재생 중인 곡이 마음에 들지 않을 경우 인접 채널이나 유사 채널로의 변경은 얼마든지 가능하고, 이 경우 다른 곡으로의 건너뛰기 기능과 채널 변경 기능은 이용자가 느끼는 효용성의 측면에서 별다른 차이가 없다는 것이다.[348)]

(나) 가수 또는 곡의 검색 기능

한국저작권위원회의 가이드라인은 가수 또는 곡 검색을 통한 특정 곡의 청취 기능을 제공할 경우 전송으로 취급한다. 그러나 이에 대하여도 비판이 있다. 대용량의 정보를 데이터베이스화하여 제공하는 인터넷 서비스에서 검색과 추천과 같은 기본적이고 기술적인 기능요소를 전송과 디지털음성송신의 구분 기준으로 삼는 것은 무리라는 것이다. 곡 추천 기능이 있는 경우도 만일 디지털음성송신사업자가 저작물, 즉 곡이나 음반 단위가 아닌 저작물의 편성물인 채널 단위로 추천을 하는 경우라면, 직접적으로 특정 저작물의 선택적 이용을 제공한 것이 아니므로 이를 전송으로 취급할 이유는 없다고 한다. 오늘날 스마트폰 기반의 디지털음성송신 서비스의 핵심 경쟁력은 빅데이터 등을 활용하여 이용자의 취향을 분석하고, 그 취향에 가장 적합한 채널을 추천해 주는 추천 기술이라고 할 수 있다. 과거 라디오 방송이나 음악다방 등에서 디스크자키가 청취자에게 음악을 소개하고 추천하는 역할을 수행하였던 것과 비교해 보면, 오늘날 인터넷 라디오에서 큐레이션과 추천 서비스를 제공하는 것은 전통적 라디오에서 사람이 하던 역할을 컴퓨터 시스템이 대체하는 것으로 볼 수 있다는 것이다. 따라서 곡의 검색과 추천 같은 기능적인 요소를 디지털음성송신과 전송 및 방송을 구분하는 기준으로 삼는 것은 부당하다고 한다.[349)]

(다) 가수(아티스트)별 채널 제공 기능

한국저작권위원회 가이드라인은 특정 가수 위주로 채널을 편성함으로써 이용자가 사실상 특정 가수를 선택하여 청취하는 효과를 갖게 하는 경우 전송으로 취급하고 있다. 그러나 이에 대하여는 우리 저작권법상 공중송신의 구분은 서비스 제공 방식(동시성과 이시성 여부, 사용자 요청에 의한 개시 여부)에 대해 규정하고 있을 뿐 채널의 편성 방식에 대한 규제는 없고, 가수 그 자체로는 저작물이 될 수가 없어 특정 가수 위주로 편성된 채널이라고 하여 전송으로 취급하는 것은 무리라는 비판이 있다.[350)]

348) 금기훈, 전게 논문, 81면.
349) 금기훈, 전게 논문, 83면.
350) 금기훈, 전게 논문, 84면.

(5) 저작권법상 구별 기준에 대한 검토

(가) 쌍방향성에 대한 검토

저작권법은 디지털음성송신과 방송을 구분하는 요소로서 '쌍방향성'을 들고 있다. 즉, 디지털음성송신은 '수신의 동시성'이라는 점에 있어서는 방송과 같지만, 송신의 개시가 '쌍방향성'으로 이루어진다는 점에서 '일방향성'으로 이루어지는 방송과 구분된다. 그런데 송신의 개시가 쌍방향적으로 이루어지느냐 아니면 일방향적으로 이루어지느냐 하는 점은 이용자에게 있어서는 아무런 의미가 없는 단순히 기술적인 구분에 불과하다. 이러한 구분은, 방송은 콘텐츠(신호)가 공중전파나 유선 방송망 등을 통해 이미 TV 등 수신자의 기기에 도달해 있는 반면에, 디지털음성송신은 콘텐츠가 송신자의 서버 컴퓨터에 저장되어 있고, 그 서버에서 수신자의 기기로의 신호 전달은 수신자의 요청이 있는 경우에만 이루어진다는 차이가 있다는 점에 착안한 것이다. 그러나 이는 기술적인 작동에 있어서의 차이일 뿐, 저작물 이용 측면에서는 사실상 차이가 없다. 이용자의 입장에서는 송신이 쌍방향적으로 이루어지는지 아니면 일방향적으로 이루어지는지 구분할 수도 없고 그럴 필요도 없다. 송신의 쌍방향성 여부는 단순히 송신이 이루어지는 기술적인 차이에 불과하고, 서비스의 효용의 면에 있어서는 전혀 차이를 가져오지 못하는 요소이다. 이용자의 효용에 차이를 가져오는 것은 오히려 수신의 동시성 여부인데, 그렇다면 디지털음성송신과 방송은 이용자의 효용면에 있어서는 아무런 차이가 없는 사실상 같은 서비스를 저작권법이 달리 취급하고 있는 것이다.

디지털음성송신과 방송, 전송을 구분하는 기준을 이용자가 느낄 수도 없는 기술적 측면에서만 찾는 것은 의미가 없고, 그 구분은 이용자의 콘텐츠에 대한 선택 및 통제 가능성 등 효용의 측면에서 찾는 것이 타당하다.[351] 디지털음성송신에서 이용자가 서버에 접속하여 이용을 개시하는 것이나 라디오 방송을 듣기 위해 이용자가 라디오를 켜는 행위는 모두 이용을 개시하기 위한 이용자의 행위에 해당한다. 방송과 디지털음성송신에서 동시성은 송신의 동시성이 아닌 수신의 동시성을 요구하는 것이므로, 디지털음성송신의 경우에 이용자의 요청에 의하여 송신이 비로소 시작된다 하더라도 접속한 사람은 모두 같은 음악을 듣는다는 의미의 수신의 동시성은 충족된다. 그렇다면 공중 구성원의 요청에 의해 개시된다는 점만으로 디지털음성송신과 방송을 구별하는 것은 기존 방송의 개념으로 충분히 해결할 수 있는 부분을 굳이 새로운 개념을 도입하여 법적 규제의 복잡성만 더하는 셈이 된

351) 하동철, "방송 · 통신 융합시대에서 디지털 송신에 대한 저작권법 규율방안 연구", 미디어와 경제문화, 6-1호(2008), 104-105면에서는, 전송과 디지털음성송신, 방송을 일방향성과 쌍방향성 등 기술적 속성에 따라 구분하는 것을 기능설, 이용자의 콘텐츠 선택 및 통제 가능성을 기준으로 구분하는 것을 규범설이라고 분류하고 있다.

다는 지적이 있다.[352)]

(나) 수신의 동시성에 대한 검토

저작권법이 전송과 디지털음성송신을 구분하는 기준으로 삼는 핵심 요소는 '수신의 동시성'이다. 실제 음악 시장에서 전송은 '수신의 이시성(異時性)'이 확보되고 그에 따른 '내려받기'(다운로드) 기능을 통하여 이용자가 선호하는 음원을 복제(저장)하여 소장할 수 있도록 해 준다는 점에서 기존의 오프라인 음반 시장을 대체하는 성격이 있다. 이에 반하여 디지털음성송신 서비스는 '수신의 동시성'을 기본으로 하고 있고, 기술적으로나 실제 음악 시장에서나 다운로드가 아니라 스트리밍 방식으로 이루어지고 있기 때문에 음원의 소장이라는 개념과는 거리가 멀다. 물론, 디지털음성송신의 경우 편성할 수 있는 채널의 수를 무한대로 늘리고 거기에 곡과 가수에 대한 편성정보가 사전에 제공된다든가, 곡이나 가수에 대한 추천기능, 이용자가 자신이 선호하는 곡이나 가수, 앨범 위주로 채널을 스스로 편성할 수 있는 기능 등을 제공할 경우 수신의 동시성 요소가 점차 희미해질 소지가 있는 것은 사실이다. 그러나 아무리 그렇더라도 디지털음성송신이 스트리밍 방식으로 제공되는 이상 이용자들의 중요한 욕구 중 하나인 음원의 소장 기능에는 제한이 있을 수밖에 없다. 따라서 전송과 비교하여 볼 때 디지털음성송신은 기존의 오프라인 음반 시장을 대체하는 기능이 상대적으로 약하다. 디지털음성송신은 음원의 구매 및 소장을 위한 것이라기보다는, 기존의 라디오 음악방송과 유사하게 일차적으로는 음악과 아티스트를 소개하여 감상하게 하고, 그것을 통하여 음원의 구매를 촉진하는 결과를 가져오는 서비스 방식이라는 견해도 있다.[353)] 그렇다면 디지털음성송신은 기존의 오프라인 음반 시장은 물론이고, 나아가서는 그것을 대체하고 있는 전송 시장에 대하여서도 일종의 보완재로서의 성격을 가진다고 볼 여지도 있다.

바. 소 결

(1) 전송과 디지털음성송신, 방송의 상호 보완 필요성

이상에서 검토한 바를 종합하면, 미국 DMCA의 디지털음성송신 적격요건이라든가, 한국저작권위원회의 디지털음성송신 가이드라인에서 제시하고 있는 바와 같이, 디지털음성송신 서비스가 발휘할 수 있는 각종 유용한 기능들을 전송과의 차별성을 유지하기 위하여 억지로 제한하는 것이 과연 의미가 있는지, 그렇게 함으로써 궁극적으로 음악 시장의 발전에 도움이 될 수 있는지는 의문을 갖게 된다. 이는 음악 시장을 오프라인 음반시장과 온라

352) 윤종수, "저작권법상 방송 및 웹캐스팅의 지위에 관한 고찰", 정보법학(11권 1호)(2007), 78면.
353) 금기훈, 전게 논문, 60-61면.

인 디지털 음원 시장으로 양분하여 이들을 서로 대체적인 시장으로만 파악하는 종래의 인식에서 비롯된 것으로 보인다. 오늘날 전체 음악 시장의 큰 축이 온라인 디지털 음원 시장으로 이동함에 따라 전통적으로 음원의 소장과 음악의 자유로운 선택적 이용을 기반으로 한 오프라인 음반 시장을 전송 서비스가 대체하게 되었다.

그러나 향후 디지털 음원 시장을 양분하게 될 전송과 디지털음성송신은 서로 다른 효용을 갖게 될 것으로 예상된다. 디지털음성송신은 개별 음원에 대한 소장과 선택적 이용보다는 다수의 음원으로 편성된 채널을 동시수신의 형태로 서비스하는 방식을 채용한, 방송과 전송의 중간적 또는 융합적 성격의 서비스라고 할 수 있다. 따라서 전송은 특정 콘텐츠에 대한 적극적이고 집중적인 소비성향을 가진 이용자들에게 적합한 서비스인 반면에, 디지털음성송신은 상대적으로 다양한 콘텐츠에 대한 소극적이고 분산적인 소비성향을 가진 이용자들에게 적합한 서비스라고 할 수 있다. 이들 서비스는 서로 음악시장을 양분하거나 잠식하는 대체재라기보다는 상호 보완재 또는 별개의 시장을 형성하는 서비스가 될 수 있다.

앞서 본 바와 같이 이용자가 인식할 수도 없는 쌍방향성이라는 기술적 요소를 기준으로 하여 방송과 디지털음성송신을 구분하는 것은 큰 의미가 없다. 반면에 수신의 동시성은 이용자의 효용에 영향을 미치는 요소로서 유의미하다고 할 수 있으나, 전송과 디지털음성송신을 서로 대체시장인 것으로만 파악한 나머지, 디지털음성송신으로 말미암아 전송 시장이 궤멸될 것이라고 지나치게 우려할 필요는 없을 것이다.

디지털음성송신의 규율에 있어서도 디지털 기술 및 네트워크 환경의 혁신을 통한 음악 서비스의 다양성 확보와, 그것을 기반으로 하는 아티스트 관련 시장의 확대 등을 도모함으로써, 궁극적으로 전체적인 음악 산업이 발전할 수 있도록 저작권법이 적절한 역할을 하여야 할 것이다.

(2) 사용료 차등 적용을 통한 해결

미국 DMCA에서 디지털음성송신 적격요건을 규정하고 있는 것은, 전송이 오프라인 시대의 음반 판매시장을 대체한다는 기존 인식의 틀에 기반한 것으로 볼 수 있다. 그리고 우리 저작권법에서 디지털음성송신 개념을 도입한 것이 미국 DMCA 규정의 영향을 크게 받았던 때문인지, 한국저작권위원회의 가이드라인 역시 그러한 인식의 틀을 크게 벗어나지 못한 것으로 보인다. 그러나 오프라인 음반에서 온라인 디지털 음원으로 이미 시장의 중심축이 이동한 현재의 시점에서, 오프라인 음반 판매 시장과의 상관관계를 고려하여 디지털 음원 서비스를 구분하는 것은 이제 그 의미가 많이 축소되었다.

우리 저작권법이 디지털음성송신을 방송과 구분하고 있으나, 그 구분의 의미는 기술적인 면에서가 아니라 이용자 효용의 면에서 찾아야 할 것이다. 그리고 양자의 균형은 디지털 기술이 제공하는 유용한 기능을 굳이 축소함으로써가 아니라 사용료의 차등을 통하여 이루어 나가야 할 것이다.

음악 산업의 현장에서 지급되고 있는 사용료(보상금)의 실태를 보면, 디지털음성송신은 전송과 방송의 중간 정도의 수준에 있는 것으로 보인다. 이는 디지털음성송신이 이용자의 효용면에 있어서 전송과 방송의 중간 정도에 위치하고 있음을 반영하는 것이라고 유추할 수 있다. 그렇다면 디지털음성송신은 이용자에게 제공하는 효용에 있어서 전송에는 미치지 못하지만, 방송보다는 높은 수준의 서비스를 의미하는 것으로 해석하는 것이 디지털음성송신이라는 권리를 도입한 저작권법의 취지에도 맞다. 즉, '수신의 동시성'에 있어서 방송과 차이가 없음에도 불구하고 저작권법이 굳이 디지털음성송신이라는 권리를 도입하여 방송과 구분하고 있는 것은, 디지털음성송신이 디지털 기술과 네트워크 환경의 발달에 따라 이용자에게 전송에는 미치지 못하지만 방송보다는 높은 효용을 제공하고 있다는 점을 고려하였기 때문이다. 전송과 방송의 중간적 수준에 해당하는 서비스를 별도로 취급함으로써 권리자에게 귀속되는 권리의 내용과 범위, 예컨대 배타적 권리를 부여할 것이냐, 보상금청구권을 부여할 것이냐, 사용료 또는 보상금의 수준이나 요율을 어느 정도로 할 것이냐의 문제에 관하여도 전송과 방송의 중간 정도의 수준에서 이루어지도록 할 필요가 있었던 것이다.

디지털음성송신 서비스에 대한 저작권자 및 저작인접권자의 권리 확보는 디지털 기술과 네트워크 환경의 발전에 따라 디지털음성송신 서비스가 제공하거나 제공할 수 있는 유용한 기능들을 굳이 제한함으로써가 아니라, 보상금 산정 방식과 요율의 차등과 같은 수단을 통하여 달성할 수 있고, 그렇게 함으로써 기존의 전송사업자 등 다른 유통서비스사업자와의 이해관계도 상당 부분 조정이 가능할 것이다.

사. 영상물을 포함한 웹캐스팅

(1) 영상물을 포함한 웹캐스팅의 법적 성격에 대한 논란

(가) 문제의 제기

우리 저작권법은 '음(음성·음향)'의 웹캐스팅을 디지털음성송신으로 규정하고 있는데, 그렇다면 영상물을 포함하는 웹캐스팅(예를 들어, On Air TV, 아프리카 TV 등)은 방송·전송·디지털음성송신·그 밖의 공중송신 중 어느 범주에 해당하는지 문제된다. 이에 대하여는 여러 학설과 주무부처인 문화체육관광부의 유권해석이 있으며, 또 그에 대한 찬성론과 비판론 등 다양한 견해가 존재한다. 이하에서 살펴보기로 한다.

(나) 학 설

가) 방송설

저작권법에 디지털음성송신 개념을 도입한 입법 설명자료는, 음악 웹캐스팅은 디지털음성송신에 따른 권리보호를 받게 되며, 영상물을 포함하는 웹캐스팅은 방송의 범주에 포함시켜 보호받을 수 있다고 하여 방송설을 취하고 있다.354) 학설로도, “인터넷 방송은 매체가 인터넷일 뿐 일반 방송처럼 듣거나 보는 이가 선택의 여지없이 일방적으로 수신만 하는 것과, 스트리밍 방식이어서 비록 정보 자체를 내려싣기 할 수는 없으나 듣거나 보는 이가 원하는 정보를 선택해서 그때그때 듣거나 볼 수 있는 것으로 나누어 볼 수 있는데, 전자는 송신되는 내용이 음반인 경우에는 디지털음성송신이 되고 영상인 경우에는 방송이 된다. 저작권법은 음의 웹캐스팅만 디지털음성송신으로 별도 규정하고 있으나, 영상의 웹캐스팅에 대해서는 규정하고 있지 않다. 그렇다고 이에 대하여 아무런 권리가 미치지 않는 것은 아니고, 이는 현행 저작권법상 방송에 해당한다. 저작권법이 송신의 수단을 가리지 않고 다만 공중이 동시에 수신하게 할 목적으로 송신하는 것을 모두 방송으로 정의하고 있기 때문이다.”고 하여 방송설을 취하는 견해가 있다.355)

주무부처인 문화체육관광부의 유권해석도 방송설을 취하고 있다. 즉, 저작권법 상 ‘디지털음성송신’은 ‘음’의 송신에 한정되는 개념이므로, 영상이 포함된 실시간 웹캐스팅 서비스는 수신의 동시성 또는 쌍방향성 여부와 상관없이 “공중이 동시에 수신하게 할 목적으로 음·영상 또는 음과 영상 등을 송신”하는 것은 저작권법 상 ‘방송’에 해당하며, 저작권법 상 ‘방송’인지 여부는 방송법, 인터넷 멀티미디어방송사업법 상의 지위와는 관련이 없다고 하고 있다.356)

디지털음성송신 개념의 성급한 도입을 입법론적으로 비판하면서, 디지털 송신은 영상물을 포함한 웹캐스팅의 경우도 방송의 범주에 포함시키는 방향으로 저작권법을 개정하는 것이 타당하다는 견해도 있다. 이 견해는, “우리 저작권법이 디지털음성송신 개념을 수용한 입법적 결단은 미국 저작권법의 디지털음성송신권에 관한 입법에서 영향을 받은 바가 크다. ‘새로운 기술’에 입각한 공중전달방식에 대해 방송유사의 범주로 파악하여 충분히 수용할 수 있었음에도 불구하고 너무 성급하게 ‘새로운 권리’를 창설하여 대응한 것이다.”라고 하면서 저작권법 개정안을 제시하고 있는데, (1) 디지털음성송신은 물론 영상물을 포함

354) 심동섭, “개정 저작권법 해설”, 계간 저작권(2006, 겨울호), 저작권심의조정위원회, 49면.
355) 임원선, 실무자를 위한 저작권법(제4판), 한국저작권위원회(2014), 148면.
356) 문화체육관광부 저작권산업과-2565 (2016. 8. 17.).

하는 실시간 웹캐스팅에 대해서 '디지털송신'이란 용어를 사용하여 저작권법 정의규정상 '방송'의 범주에 포함시킬 것과, (2) 방송사업자와 디지털음성송신사업자를 구별하여 전자에 대해서만 저작인접권자로서 보호할 것을 제안하고 있다. 그렇게 함으로써 WIPO 방송신조약 논의과정에서 대체로 합의에 이른 내용, 즉 전통적인 방송사업자만을 저작인접권자로서 보호하고 웹캐스터(디지털음성송신사업자)는 저작인접권자로서 보호하지 않는 입장과도 부합한다고 한다.[357]

이러한 방송설에 대하여는, 디지털음성송신이라는 개념을 방송과 분리하여 정의한 것은 웹캐스팅이 방송에 포함되지 않음을 명백히 한 것이므로 음성이 아닌 영상의 웹캐스팅의 경우도 이를 방송에 포섭시킬 여지가 없어지고 만 것이며, 이와 같이 방송과 디지털음성송신을 분리하였음에도 영상의 경우에는 방송으로 볼 수 있다는 해석은 납득하기 어렵다는 비판론이 있다.[358]

나) 기타 공중송신설

위에서 본 방송설에 대한 비판론에 입각하여, 영상의 웹캐스팅은 공중송신 중 전송이나 방송, 디지털음성송신의 어느 영역에도 속하지 않는 그 밖의 공중송신으로 보아야 한다는 견해이다.[359] 일반적으로 '공중의 구성원의 요청에 의하여 개시되는' 서비스를 '쌍방향 서비스'라고 한다는 점과 방송은 비쌍방향성을 특징으로 한다는 점에 비추어 볼 때, 음성이 아닌 영상의 웹캐스팅의 경우도 이를 방송이라고 보기는 어렵고 그 밖의 공중송신으로 보아야 한다고 해석한다.[360]

그러나 저작자의 경우에는 공중송신권이라는 포괄적 권리가 부여되어 있으나, 실연자와 음반제작자에게는 개별적인 전송권과 디지털음성송신 권리만이 부여되어 있고 그 권리범위에 '그 밖의 공중송신'이 포함되어 있지 않으므로, 이 견해를 따르게 될 경우 저작인접권자의 권리보호에 공백이 발생하게 된다. 따라서 현행법의 해석론으로서는 불충분하고 결국 입법적 보완이 있어야 한다는 점이 이 견해의 한계라는 비판이 있다.[361]

---

357) 박성호, 전게 논문, 463면.

358) 윤종수, 전게 논문, 79-80면.

359) 이해완, "저작권법상 공중송신의 유형 및 그 법적 취급에 관한 연구", 성균관법학(제24권 제4호, 2012), 400-401면. 이해완, 저작권법, 박영사(2013), 343면. 이해완 교수는, 현행법이 '디지털음성송신'을 방송으로 보지 않고 별개의 개념으로 파악하고 있으므로, 영상의 송신을 포함하는 비주문형의 웹캐스팅도 현행법상 방송에 포함시키지 않고자 한 것이 입법자의 의사인 것으로 추정된다고 하여, 입법 관여자의 의사를 방송설과 달리 해석한다. 특히 2005년 저작권법 개정 당시 문화체육관광부의 개정 저작권법 설명자료에 의하면, 방송의 특징은 동시성, 비쌍방향성, 비주문형으로 설명되고 있는데, 실시간 웹캐스팅의 경우에는 쌍방향성이 있으므로 방송에 포함되지 않는다고 해석하고 있다.

360) 오승종, 저작권법, 박영사(2016), 557면.

361) 박성호, 전게 논문, 446면.

다) 디지털음성송신설

음성이 수반되는 영상 웹캐스팅도 디지털음성송신으로 보는 것이 타당하다는 견해도 있다. 즉, 저작권법이 명백히 디지털'음성'송신이라고 규정하고 있으므로 음성과 영상이 함께 수반되는 이른바 동영상 웹캐스팅은 문리적으로는 디지털음성송신이라고 볼 수 없어서 부득이 '그 밖의 공중송신'에 해당한다고 할지라도, 보호측면에서는 '디지털음성송신'으로 취급하여 보호하면 된다는, 다소 유연한 확장해석을 하는 입장이다.[362]

(다) 판례 – 마이티비 사건[363]

가입자들에 대하여 케이블방송사로부터 수신한 지상파 방송프로그램의 실시간 재전송 서비스와 원하는 프로그램을 저장하여 사후에 시청할 수 있도록 하는 예약녹화 서비스를 제공한 것이 지상파 방송사업자의 저작재산권(복제권, 공중송신권 중 전송권) 및 저작인접권(복제권, 동시중계방송권)을 침해한 것인지 여부에 대한 사례이다. 피신청인은 실시간 재전송 서비스에 대하여는 개별 가입자의 수신보조행위라는 점을 들어, 예약녹화 서비스에 대하여는 자신이 복제의 주체가 아니라는 점을 들어 항변하였다. 그러나 법원은 이러한 항변을 배척하면서, 실시간 재전송 서비스와 관련하여서는 이를 영상물의 실시간 웹캐스팅으로서 동시중계방송권의 침해라고 인정하였다. 이 판결은 영상물의 실시간 웹캐스팅을 방송에 준하는 것으로 파악한 것이라고 볼 여지가 있지만, 영상의 실시간 웹캐스팅에 대한 법적 성격을 직접적으로 명확하게 밝히고 있지는 않다.[364]

(2) 소 결

이상에서 본 바와 같이 영상을 포함한 웹캐스팅의 법적 성격에 대하여는, 우선 입법자료가 방송설을 취하고 있고, 관련 주무부처인 문화체육관광부의 유권해석도 방송설의 입장에 서 있다. 그리고 WCT 규정에 대한 해석도 영상을 포함한 실시간 웹캐스팅은 방송으로 보아야 한다는 입장으로 이해하는 견해가 있다.[365] 그러나 WCT는 디지털음성송신이라는 권리를 별도로 구분하지 않고 있기 때문에 보호를 한다면 전송이거나 아니면 방송이거나 둘 중 하나로 규정할 수밖에 없는 체제이므로, 영상을 포함한 웹캐스팅의 경우도 이를 보호하고자 할 경우 전송보다는 방송에 가깝다는 해석론으로 이해하는 것이 타당할 것이다. 이에 반하여 우리나라의 경우 방송과 전송 어느 쪽에도 속하지 않는 디지털음성송신이

362) 송영식 · 이상정, 저작권법개설(제9판), 세창출판사(2015), 122면.
363) 서울중앙지방법원 2010. 9. 28.자 2009카합4625 결정.
364) 이 결정에 대하여는, 이숙연, "지상파 방송에 대한 Time-Shifting 서비스와 저작권 침해 판단", 2010년 법관연수 특허권 · 저작권의 쟁점, 사법연수원(2010), 11-13면 참조.
365) 박성호, 전게 논문, 449면.

라는 개념을 도입하였다. 그 도입이 타당했는지 여부에 대한 비판은 있으나, 일단 디지털음성송신의 개념을 도입한 이상 영상과 음성이 함께 수반된 웹캐스팅이라고 하여 음성만의 웹캐스팅과 달리 방송으로 보아야 한다는 것은 설득력이 떨어진다. 또한 웹캐스팅의 서비스 방식에도 여러 가지가 있고 그에 따른 이용자의 효용도 차이가 나타나므로, 서비스 방식에 따라 보호의 성격을 구체적으로 살펴볼 필요가 있다.

우선 앞에서 본 디지털음성송신의 유형 중, ① 전통적인 방송사업자가 방송프로그램을 동시에 웹캐스팅하는 이른바 사이멀 캐스팅의 경우는 이를 방송으로 보아도 무방할 것이다. 그 서비스 방식이나 이용자가 느끼는 효용의 면에 있어서 기존의 방송과 크게 다르지 않기 때문이다. 전통적인 공중파를 이용하느냐 인터넷을 이용하느냐의 기술적인 차이점은 있지만, 그러한 차이점은 외부적으로는 거의 드러나지 않고 이용자들도 그 차이점을 사실상 느낄 수 없다.

이에 반하여 ② 방송프로그램의 이시(異時)의 웹캐스팅, ③ 방송프로그램의 주문형 송신, ④ 인터넷상에서 독자적으로 편성한 프로그램의 송신의 경우는 그 서비스 방식이나 이용자의 효용의 면에 있어서 방송으로 보기에는 이용자의 자유로운 통제가능성(선택가능성)이 현저히 높다. 이러한 서비스는 저작권법상 방송과는 구분되며, 전송의 성격을 많이 포함하고 있다. 따라서 저작권법이 전송과 방송의 중간적 개념으로 디지털음성송신을 도입한 이상 디지털음성송신의 개념으로 보호하는 것이 타당하다. 다만, 저작권법상 디지털음성송신은 음의 경우로만 한정되는 것으로 정의되어 있는 만큼, 입법적으로 해결이 이루어지 전까지는 영상이 포함된 디지털 송신의 경우 이를 기타 공중송신에 해당하는 것으로 해석하되, 그 보호의 수준은 디지털음성송신과 같은 수준에서 이루어지도록 운용해 나가는 것이 타당하다고 생각된다.

사. 결 론

디지털음성송신은 디지털 기술과 네트워크 환경의 발전에 따라 나타난 방송과 전송의 중간적 효용을 가진 형태의 서비스를 규율하기 위하여 우리 저작권법이 새롭게 도입한 개념이다. 디지털음성송신 개념을 도입한 것에 대한 입법론적인 비판이 있으나, 일단 도입이 된 이상 현재의 상황에 맞추어 현실적인 해석을 할 필요가 있다. 그동안 음악 산업계에서는 디지털음성송신 서비스가 방송과 전송으로 이분화 되어 있던 시장을 잠식함으로써, 전송권 도입 이후 비로소 자리 잡아가고 있는 현장의 질서와 권리자들의 권리를 훼손할 수 있다는 우려가 깊었던 것으로 보인다. 그리하여 기술의 발달에 따라 디지털음성송신이 제공할 수 있는 여러 가지 유용한 기능들을 디지털음성송신 가이드라인 또는 적격요건이라는 이름으로 제한함으로써 이용자의 효용 확대에 오히려 장애를 가져오는 경우가 있었다.

그러나 디지털음성송신은 기존 시장을 잠식하기보다는 오히려 새로운 시장을 개척하여 음악 산업계의 전체적인 파이를 키우는데 역할을 할 것이라고 기대되는 면이 있고, 실제로 그러한 효과가 나타나고 있다. 따라서 기존 시장의 잠식을 우려하여 디지털음성송신의 기능들을 기술적으로 굳이 제한하는 것은 현명한 정책이라고 보기 어렵다. 오히려 디지털음성송신이 제공할 수 있는 다양한 기능들을 장려함으로써 이용자들의 효용을 높이고 나아가서는 음악 산업의 활성화를 기대하는 것이 올바른 방향이다.

그렇다면 디지털음성송신이 가지고 있는 기술적·기능적 장점을 살리고, 그에 상응하여 권리자들에게 지급하여야 할 보상금의 수준을 높임으로써 권리자에게도 이익이 돌아가게 하는 방법을 생각해 볼 수 있다. 기술적·기능적 장점이 있는 디지털음성송신을 유사전송(전송)으로 취급해서, 앨범별 채널 편성이나 곡넘기기 기능 등 유용한 기능을 살리지 못하게 할 것이 아니라, 그러한 기술적·기능적 장점은 살리되, 그로 인하여 이용자의 효용이 높아지는 것에 상응하여 디지털음성송신사업자가 권리자들에게 지급할 보상금 수준을 상향함으로써 권리자와 디지털음성송신사업자가 서로 상생할 수 있는 길을 열어주는 것이다. 특히 디지털음성송신은 어느 정도 기존의 전송 시장을 대체한다는 점을 부인할 수 없음에도 불구하고, 저작인접권자에게 배타적 권리가 아닌 보상금청구권만을 부여하고 있어서 그 만큼 디지털음성송신사업자를 우대하고 있다. 따라서 그 보상금은 적어도 방송과 같은 수준으로 되어서는 안 될 것이고, 전송에 가까운 효용을 가질수록 전송에 근접하는 수준의 보상금이 책정되는 것이 균형이 맞는다고 할 것이다. 이와 같이 디지털음성송신의 서비스 수준(이용편의성) 정도에 따라 사용료를 달리함으로써 권리자의 이익을 도모하고 디지털음성송신사업자도 스스로의 사업적 판단에 따라 기술적 수준 내지 서비스의 편의성 정도를 선택할 수 있도록 해 주는 것이 합리적이고, 시장의 선순환과 상생구조를 이룰 수 있는 길이 될 것이라고 본다.

나아가 영상이 포함된 웹캐스팅 서비스의 경우, 저작권법상 디지털음성송신은 음성에 한정되는 것으로 정의되어 있는 만큼, 입법적으로 해결이 이루어지 전까지는 기타 공중송신에 해당하는 것으로 해석하되, 그 보호의 수준은 디지털음성송신과 같은 수준에서 이루어지도록 운용해 나가는 것이 합리적이고 입법취지에도 맞는다고 생각된다.

V. 전 시 권

1. 의 의

저작자는 미술저작물 등의 원본이나 그 복제물을 전시할 권리를 가진다(법 제19조). 따라서 저작자는 미술저작물 등의 원작품이나 그 복제물을 스스로 전시할 수도 있고, 타인으로 하여금 전시하도록 허락하거나 허락하지 않은 타인의 전시행위를 금지시킬 수 있는 배타적 권리를 가진다. 여기서 '미술저작물 등'이라 함은 저작권법 제4조 제1항에서 예시하고 있는 저작물 중 "미술저작물, 건축저작물, 그리고 사진저작물"의 세 가지 저작물을 말한다(법 제11조 제3항).

'전시'는 저작물이 화체되어 있는 유형물을 공중이 관람할 수 있도록 진열하거나 게시하는 것을 말한다. 판례도 "(저작권법은) '전시'에 관하여는 별도의 정의 규정을 두고 있지 않지만, 그 입법취지 등을 고려하면 '전시'는 미술저작물·건축저작물 또는 사진저작물의 원작품이나 그 복제물 등의 유형물을 일반인이 자유로이 관람할 수 있도록 진열하거나 게시하는 것을 말한다"고 판시하고 있다.[366] 전시의 장소는 화랑·도서관·상점의 진열대·진열장 등과 같이 전시를 위하여 마련된 장소뿐만 아니라, 가로, 공원, 건축물의 외벽, 호텔의 로비, 극장의 복도, 그 밖의 공중에게 개방된 모든 장소가 포함된다.

통상적인 의미에서의 전시는 일반인에 대한 공개를 전제로 하는 것을 말한다. 공개적인 이상 전시의 방법, 관람료의 징수여부는 묻지 아니한다.[367] 따라서 전시의 방법이나 관람료의 징수 여부에 따라서 일반인의 접근이 일정한 범위 내에서 제한된다고 하더라도 전시에 해당한다.[368]

---

366) 대법원 2010. 3. 11. 선고 2009다4343 판결. 다만, 여기서 '일반인'이 공중을 의미하는 것인지, 그리고 어느 정도를 '자유로이' 관람하는 것이라고 할 수 있는지 다소 애매하다는 주장도 있다(김형렬, "저작권법상의 전시권 관련 규정의 문제점과 개선방안", 정보법학 제18권 제3호, 한국정보법학회, 150면).

367) 김정술, 전게논문, 306면; 오승종·이해완, 전게서, 309-310면.

368) 학설 중에는 전시가 오로지 공중에게 공개하는 경우에만 인정되는 것은 아니며, 공중에 대한 공개에 이르지 아니한 경우도 '전시'라는 표현을 사용하는 사례를 쉽게 찾아볼 수 있다는 점에서, '전시'와 '공개적 전시'를 구분하되, 사적인 범위 내에서의 전시 행위는 저작권법의 통제 하에 있지 않지만 그렇더라도 처음부터 '공개적 전시'만이 전시권의 대상이 된다고 명정하는 것이 전시권에 대한 권리범위 해석을 보다 간명하게 할 수 있는 방법이라는 견해가 있다(김형렬, 전게 논문, 155면 참조). 참고로 일본 저작권법 제25조는 전시권에 대하여 "공개적으로 전시"하는 것이라고 명시하고 있다.

2. 입 법 례

전시권은 국제조약이나 주요 국가들의 저작권법에서 저작자의 권리로 인정되지 않는 경우도 있으며, 인정하는 경우에도 그 범위에 있어서 상당한 차이가 있다. 국제조약은 일반적으로 전시권을 인정하지 않고 있다. 베른협약이나 1996년에 성립된 WIPO 저작권조약(WCT)에서는 전시권에 관한 규정을 두고 있지 않다. 주요 국가의 저작권법에서도 전시권을 두고 있지 않는 경우가 적지 않다. 영국이나 이탈리아 저작권법에는 전시권에 관한 규정이 없다고 한다.[369] 그러나 미국, 독일, 일본 등의 저작권법에서는 우리 저작권법과 같이 저작자의 권리로서 전시권을 별도로 인정하여 보호하고 있다. 다만 전시권을 인정하여 보호하는 국가들 사이에서도 구체적인 전시권의 인정 범위에 관하여는 상당한 차이가 존재한다.[370]

우리 저작권법은 '전시'에 관하여 별도의 정의규정을 두고 있지 않지만, 저작권법 제19조에 비추어 보면 미술저작물 등의 원본이나 그 복제물 등의 유형물을 공중에게 보여주는 것을 의미한다고 이해할 수 있다. 우리 저작권법은 원본과 그 복제물의 구분 없이 그리고 공표여부와 상관없이 전시권이 미치도록 하고 있는데, 이는 다른 나라의 입법례와 비교하여 볼 때 그 대상 범위를 상당히 넓게 인정하고 있는 편이다.[371]

일본의 경우를 보면 전시권은 "미술저작물 또는 아직 발행되지 아니한 사진저작물을 그 원본에 의하여 공중에게 전시"하는 것이라고 규정되어 있다(일본 저작권법 제25조). 따라서 미술저작물과 미발행의 사진저작물에 대하여서만 그것도 원본에 한하여 전시권을 인정하고 있는 것이다.[372]

독일 저작권법은 전시권을 "미공표 미술저작물 또는 미공표 사진저작물의 원본 또는 복제물을 공개전시 하는 권리"라고 규정함으로써, 아직 공표하지 않은 미술저작물이나 건

---

369) 이탈리아, 프랑스 등의 국가는 전시 행위를 전시권이 아닌 공연권 또는 공중전달권 등 다른 권리를 통해 보호한다.

370) 허희성, 사진저작물에 대한 이용허락의 범위, 계간 저작권, 2005년 봄호, 제69호, 저작권심의조정위원회, 65면.

371) 우리 저작권법이 공표 여부를 가리지 않고 미술, 건축, 사진저작물에 대하여 원본이든 복제물이든 상관없이 넓게 전시권을 인정하고 있는 것은 문제이며, 이는 세계에서 유래가 없는 입법일 뿐만 아니라 이러한 규정대로 법을 운용하면 지나치게 권리자에게 유리하게 되어 저작권법의 또 하나의 축인 공공의 이익은 무시되고 만다는 비판이 있다(이상정, 「미술과 법」, 세창출판사(2009), 271면).

372) 일본 저작권법이 사진저작물의 전시권 보호와 관련하여 미공표일 것을 요구하는 이유는, (1) 미술저작물은 주로 일품 제작되는 경우가 많은 반면 사진저작물은 네거티브 필름으로부터 사진이 대량으로 프린트되어 다수의 원본이 존재할 가능성이 높다는 점, (2) 사진저작물의 경우 복제기술의 발전으로 원본과 복제물의 구분이 어렵다는 점 때문이라고 한다(김형렬, 전게 논문, 173, 174면 참조).

축저작물,[373] 또는 사진저작물의 원본 혹은 복제물에 대하여만 전시권을 인정하고 있다(독일 저작권법 제18조).

넓은 범위의 전시권을 인정하는 국가로는 프랑스와 미국을 들 수 있다. 프랑스에서는 저작물에 대한 재산적 권리를 크게 유형적 이용권인 복제권과 무형적 이용권인 공연권으로 나누어, 공중에 전시할 권리를 공연권의 한 형태로 포함시키고 있기 때문에, 전시권의 대상이 되는 저작물의 종류나 공표여부 및 원본과 복제물 여부 등에 관하여 아무런 제한이 없다.[374]

미국 저작권법도 제106조 제 5 항에서 "영화 기타 시청각저작물에 있어서의 개개의 영상을 포함한, 어문, 음악, 연극 및 무용저작물, 무언극 및 회화, 그래픽 또는 조각저작물의 '공개적 전시'를 저작물에 대한 배타적 권리로서 인정하고 있다. 따라서 제102조가 규정한 8종의 저작물 중에서 녹음물(음반)과 건축저작물만이 전시권의 대상에서 제외되고 있는 셈이다.[375] 미국 저작권법은 '전시'(display)를 "직접적으로 또는 필름, 슬라이드, 텔레비전 영상이나 기타 다른 장치 및 공정에 의하여 그 복제물을 보여주는 것을 의미하며, 영화나 기타 시청각 저작물의 경우에는 개별적 영상을 비연속적으로 보여주는 것을 말한다."고 정의하면서, 이와는 별도로 '공개적(publicly) 전시'의 의미에 대하여, "(1) 공중에게 공개된 장소에서, 또는 가족의 통상적인 범위와 그 사회적 지인을 벗어나는 상당수의 사람들이 모인 장소에서 그 저작물을 전시하거나, 또는 (2) 그 저작물의 전시행위를 접할 수 있는 공중의 구성원이 같은 장소나 다른 장소에서, 그리고 같은 시각이나 다른 시각에 그 전시행위를 접하느냐의 여부를 불문하고, (1)호에서 정한 장소에 또는 공중에게 어떠한 장치나 공정에 의하여 그 전시행위를 송신하거나 그 밖에 전달하는 것을 말한다"고 정의하고 있다(미국 저작권법 제101조).

---

373) 법문상으로는 건축저작물이 제외되어 있는 것 같으나 독일 저작권법 제 2 조에서 미술저작물에 건축저작물이 포함되는 것으로 되어 있다. 다만, 전시권은 미공표 미술저작물에 대하여만 인정되고 있으므로, 건축을 위한 도면이나 모형이 아닌 실제 건축물의 경우에는 그 특성상 전시권이 미칠 여지가 거의 없다.

374) 다만, 프랑스의 경우에는 전시권을 따로 규정하지 않고 공연에 포함시키고 있어 별도의 전시권이 없다고 평가되기도 한다.

375) 허희성, 전게논문, 65면. 그러나 미국 저작권법은 전시권에 의한 보호대상 저작물이 광범위하며 우리 저작권법의 경우처럼 미술저작물이나 건축저작물 또는 사진저작물에 한정되지 않는다고 하여, 건축저작물도 미국 저작권법상 전시권의 대상에 포함되는 것으로 파악하는 견해도 있다(박성호, 전게서, 344면 참조).

3. 공　　개

우리 저작권법은 '공표'의 정의규정(법 제 2 조 제25호)에서 공연, 공중송신 외에 전시를 열거하고 있어서 전시가 공중에 대한 공개수단임을 명시하고 있다. 따라서 앞에서 '공연' 부분에서 본 '공개'에 관한 해석이 특별히 그 성질에 반하지 않는 한 전시의 경우에도 동일하게 적용될 수 있다.

4. 원본의 소유자와의 관계

미술저작물 등에 있어서 저작자와 원본의 소유자가 서로 다른 사람일 경우 전시권과 소유권의 충돌이 일어날 수 있다. 이러한 충돌은 저작권과 소유권이 엄격하게 구별되는 권리이기 때문에 특히 미술저작물과 같이 원본이 존재하고 주로 일품제작(一品製作)의 형태로 작성되는 저작물에서 나타나는 현상이다. '원본'(original work)이란 첫째로는 저작자의 사상이나 감정이 표현되어 직접 제작된 유체물을 의미하고, 둘째로는 복제물이 아닌 것을 말한다.[376] 또한 저작자의 사상이나 감정의 표현을 최초로 유체물에 고정한 것이라고 정의하기도 한다.[377] 미술저작물 등의 원본을 구입하여 그 소유자가 된 사람이 이를 자기 마음대로 전시할 수 없고, 전시를 할 때마다 항상 저작자의 허락을 받아야 한다면 소유자의 이익을 크게 해치게 되며, 나아가서는 미술저작물 등의 시장적 가치를 떨어뜨림으로써 오히려 저작자의 이익에도 부합하지 않는 결과를 초래할 수 있다.

이에 저작권법은 저작자가 가지는 배타적 권리인 전시권에 대하여 일정한 제한을 둠으로써 이 문제를 해결하고 있다. 즉, 저작권법 제35조 제 1 항에서 "미술저작물 등의 원본의 소유자나 그의 동의를 얻은 자는 그 저작물을 원본에 의하여 전시할 수 있다. 다만, 가로·공원·건축물의 외벽 그 밖에 공중에게 개방된 장소에 항시 전시하는 경우에는 그러하지 아니하다"라고 규정함으로써, 일정한 예외적인 경우를 제외하고는 소유자에게 저작물을 원본에 의하여 전시할 수 있도록 허용하고, 그 범위 내에서 저작자의 전시권을 제한함으로써 양자의 이해관계를 조정하고 있다. 또한 저작권법 제35조 제 4 항은, 위탁에 의한 초상화 또는 이와 유사한 사진저작물의 경우에는 위탁자의 동의가 없는 때에는 이를 이용할 수 없다고 규정하고 있는데, 이 규정 역시 전시권을 제한하는 규정에 해당한다. 이상과 같

---

376) 加戸守行, 著作權法 逐條講義, 四訂新版, 社團法人 著作權情報センター, 297면.

377) 木村 豊, 美術の著作物等に關する著作權の制限, 著作權法の權利制限規定をめぐる諸問題, 權利制限委員會, 社團法人 著作權情報センター, 2004. 3, 112면. 원본의 의미에 대하여는 제 6 장의 저작재산권의 제한 규정 중 제35조 제 1 항 부분 참조.

은 전시권의 제한에 관한 상세한 내용은 제 6 장 "저작물의 자유이용과 저작재산권의 제한" 중 해당 부분에서 살펴보기로 한다.

5. 달력 사진의 전시 사례

하급심 판결 중에는 달력 사진을 오려서 병원 건물 복도에 걸어 놓은 것이 그 사진저작물에 대한 전시권을 침해한 것이라고 한 사례가 있다. 서울중앙지방법원 2004. 11. 11. 선고 2003나51230 판결[378]은, 이 사건 달력에 게재된 사진들은 각 월별의 계절적 특성을 시각적으로 표현하기 위하여 날짜·요일과 함께 게재된 것인데, 사진이 달력으로부터 분리될 경우에 이러한 시각적 효과를 기대할 수 없을 뿐만 아니라, 분리된 사진을 통하여서는 날짜와 요일을 전혀 알 수 없으므로 이는 이미 달력의 일부라고 할 수 없고 단지 독자적인 사진예술품으로 인식된다는 점, 달력을 판매함에 있어 전시를 허락한 직접적인 대상은 어디까지나 달력 전체이고 그 안에 포함된 사진은 달력 전체를 하나의 저작물로 전시할 수 있는 범위 내에서 부수적으로 그 사진에 대한 전시도 허락된 것에 불과하다는 점,[379] 달력에서 사진을 분리하여 이를 독자적으로 전시하는 것은 달력의 일부로서가 아니라 새로운 사진 작품을 전시하는 것에 해당된다는 점, 인쇄기술의 발달로 인하여 달력에 게재된 사진과 필름으로부터 바로 인화한 사진의 구별이 용이하지 않다는 점, 원고가 사진저작물을 대여함에 있어 액자로 전시하는 경우와 달력에 게재하는 경우를 구별하고 있는 점 등을 종합하면, 원고는 이 사건 각 사진을 달력에 게재하여 전시하는 용도로만 그 사용을 허락하였다고 봄이 상당하므로, 이 사건 달력을 구입한 사람들이 달력에 게재된 방법으로 이 사건 각 사진을 전시하지 아니하고 달력에서 이 사건 각 사진을 오려낸 후 액자에 넣어 공중이 볼 수 있는 장소에 전시하는 행위는 허락된 범위를 넘는 것이라고 할 것이고, 따라서 피고는 이 사건 각 사진의 독립된 게시를 통하여 원고의 전시권을 침해한 것이라고 판단하였다.

이 판결에 대하여는 찬성하는 취지의 견해도 있고,[380] 저작권남용이라는 이유로 비판하는 견해도 있다. 비판하는 견해에서는, 달력에 사용되는 사진저작물의 이용방법 및 조건은 저작권자와 달력제작업자 사이에 체결된 사항으로서 달력 구매자는 이러한 이용방법

---

378) 한국저작권판례집(9), 저작권관계자료집(47), 저작권심의조정위원회, 2005, 105면 이하.

379) 원고가 위 사진에 대하여 성질상 공중에게 전시할 수 있도록 허용되어 있는 달력에 그 게재를 허락한 이상, 그 달력을 구입한 피고가 달력에서 사진을 오려낸 후 액자에 넣어 병원 복도의 벽에 걸어 놓았다 하더라도, 이는 원고가 당초 사용을 허락한 범위 내의 사용이므로 이 사건 각 사진에 대한 원고의 저작권을 침해한 것은 아니라는 피고 주장에 대한 판단이다.

380) 허희성, 전게논문, 67면 참조.

및 조건을 알 수 없는데, 달력구매자가 자신의 소유권에 근거하여 사진저작물을 이용하는 행위에 대하여 전시권 침해의 책임을 부담하게 된다면, 그러한 침해책임이 법률의 무지에서 오는 책임이라기보다는 저작권자의 과도한 권리행사에서 오는 것이라고 보는 것이 공중의 법감정에 부합된다고 한다. 그러므로 사진저작권자와 사진저작물이 이용된 달력 등 소유자의 소유권 관계를 조정하기 위해서 사진저작권자의 전시권을 제한하는 것이 바람직하며, 저작권남용의 법리를 응용하여 이러한 권리행사를 전시권의 남용으로 볼 필요가 있다고 한다.[381] 이 사례에 있어서 굳이 전시권의 남용 여부를 적용하기에 앞서서, 사진저작물과는 별도로 그 사진저작물을 포함하는 달력이 별개의 저작물로 인정될 수 있는 경우, 즉 달력 중에서 사진저작물을 제외한 날짜와 요일이 인쇄된 부분만으로도 창작성이 있어서 별개의 저작물로 인정되는 경우를 제외한다면, 사진저작물만을 전시한 경우나 그 사진저작물에 날짜와 요일이 포함된 달력을 전시한 경우를 구별할 필요가 없다. 따라서 그러한 경우라면 달력을 걸어 놓은 것이나 그 달력 중의 사진저작물만을 따로 분리하여 걸어 놓은 것이나 결국 동일한 저작물을 걸어 놓은 것에 지나지 않으므로 전시권 침해에 해당하지 않는다고 보는 것이 타당할 것이다.[382]

6. 디지털 형태의 현시(顯示)

오늘날 인터넷을 비롯한 디지털, 전자 기술의 발달로 인하여 미술저작물 등을 원본이나 복제물을 통하지 아니하고 디지털 자료의 형태로 컴퓨터모니터나 여러 가지 다양한 형태의 스크린, 심지어는 아무런 스크린도 없는 허공에 공개적으로 현시(顯示)하는 방법의 예술형태가 많이 나타나고 있다. 이러한 예술형태에 있어서의 공개 행위가 저작권법상 전시에 해당하는 것인지, 아니면 다른 권리의 대상이 되는 행위인지 문제가 될 수 있다. 물론 우리 저작권법상 '전시'는 미술저작물 등만을 대상으로 하고 있으므로 현시되는 작품이 미술저작물 등이 아니라면 그것은 전시에 해당할 여지가 없을 것이다. 또한 미술저작물인 경우에 그 저작물이 먼저 컴퓨터의 저장 장치에 복제된 후에 그 복제물을 통하여 현시된다면 전시권에 해당하는지 여부는 별론으로 하고 그에 앞서 복제권이 우선적으로 작용하게 될 것이다.

인터넷을 통하여 미술저작물 등을 감상하기 위해서는 최소한 미술저작물 등의 복제물을 RAM에 일시적으로 복제하는 것을 필요로 하고, 이러한 방법에 의한 미술저작물 등의

381) 유대종, 저작권 남용의 법리에 관한 연구, 경희대학교 박사논문, 2006, 212면.

382) 임원선, 「실무자를 위한 저작권법」, 저작권심의조정위원회(2006), 119, 120면; 박성호, 전게서, 344면.

이용은 미술저작물 등을 고정시킨 복제물인 필름 등을 이용하여 슬라이드에 의하여 전시하거나, 필름이나 테이프 등을 이용하여 TV 화면으로 전시하는 것과 비교하여 간접적으로 전시하는 면에 있어서 아무런 차이가 없으므로, 인터넷상으로 화면을 전송하는 경우 전시권의 문제가 발생할 수 있다는 견해가 있다.[383)]

우리 저작권법상 '전시'는 원본이나 복제물, 즉 유형물을 전제로 하여 그 유형물을 공중에게 공개하는 것을 말하므로, 이러한 행위가 전시냐 아니면 공연과 같은 무형적 이용에 해당하느냐 하는 점은 결국 그 공개하는 행위가 유형물을 통하여 이루어지느냐 여부에 달려 있다고 보아야 할 것이다. 물론 인터넷상에서 미술저작물 등을 감상하기 위해서는 그 미술저작물 등이 RAM에 일시적으로 복제될 것을 필요로 하지만, '전시'에서 원본 또는 복제물을 현시한다는 것은 그 원본이나 복제물 자체의 외형(外形)에 표현된 형상이나 색채를 직접 보여주는 것을 의미한다고 보아야 한다. 그런데 미술저작물 등이 RAM에 일시적으로 복제되었고, 그 복제물을 통하여 간접적으로 현시된다고 하더라도, 그것은 복제물 '외형'에 표현된 형상이나 색채를 현시하는 것이 아니라, 그 복제물에 무형적인 파일로 내재되어 있는 미술저작물 등을 전자적 방법을 통하여 시각적으로 인지할 수 있는 모습(이것 역시 무형적인 것으로 보아야 할 것이다)으로 나타내 주는 것이다. 따라서 이를 유형물에 의한 현시, 즉 '전시'라고는 보기 어렵고, 결국 '공연'의 일종인 '상영' 이나 '전송' 등에 해당한다고 보는 것이 타당하다고 생각된다.

즉, 우리 저작권법상 '전시'는 미술저작물 등의 원본이나 복제물, 즉 유형물을 공중이 아무런 매개체도 거치지 않고 자유롭게 직접 관람할 수 있도록 진열하거나 게시하는 것을 의미하고, 이른바 '간접전시', 즉 미술·건축·사진저작물을 필름, 슬라이드, TV 영상, 또는 그 밖의 다른 장치나 공정에 의하여 보여주는 것은 공연의 행위유형 중 상영에, 인터넷을 통해 전송하여 감상하도록 모니터에 현시하는 '인터넷 전시'와 같이 유체물의 존재를 전제로 하지 않는 무형적 전달행위는 상영이나 전송 등에 해당한다고 볼 것이다.[384)] 결국 미술저작물 등의 영상을 인터넷을 통하여 송신하거나 TV로 방송한다면, '전송' 및 '방송'에 해당하여 저작권법 제18조에 규정된 '공중송신권'의 적용대상이 될 것이다.

한편, 미국 저작권법에 있어서는 앞서 언급한 바와 같이 전시권의 대상이 미술저작물이나 사진저작물에 한정되지 않고 건축저작물과 음반을 제외한 모든 저작물을 포함하고, 공개적 전시(public display)에는 복제물을 직접 보여주는 것은 물론이고, 필름, 슬라이드, TV 영상, 그 밖의 다른 장치나 공정에 의하여 보여주는 것을 포함하므로, 이른바 '인터넷 전

383) 서울대학교기술과법센터, 저작권법주해, 박영사, 2007, 417면.

384) 같은 취지로는 박성호, 전게서, 342, 343면.

시'도 전시의 개념에 들어간다고 볼 수 있다. 그러나 미국 연방항소법원은 Perfect 10, Inc. v. Amazon.com, Inc. 사건에서, 피고 온라인서비스제공자가 인라인 링크(in-line linking)를 통해서 피고의 프레임 안에서 원고의 웹페이지(framed page)가 보이도록 검색서비스를 제공한 것에 대해서 원고의 전시권을 침해한 것이 아니라고 판시하였다. 또한 검색서비스를 제공하는 온라인 서비스제공자가 어느 한 이용자가 게재한 위법 복제물을 다른 이용자가 검색할 수 있도록 한 것에 대해서도 전시처럼 보이지만 전시권침해가 아니라고 하였다. 이러한 사례에서 전시권침해가 인정되지 않은 것은 온라인서비스제공자가 위법 복제물 자체를 자신의 서버에 보관하고 있는 것이 아니므로 그 전시행위의 주체가 아니라는 이유 때문이라고 한다. 그러나 온라인서비스제공자가 위법 복제물을 썸네일 형태로 만들어서 이를 서버에 보관한 다음 이용자에게 송신한 것에 대해서는 전시행위를 인정하였다. 다만, 그 전시행위에 대해서는 공정이용이 성립한다고 판시하였다.[385)]

Ⅵ. 배 포 권

1. 의 의

저작자는 저작물의 원본이나 그 복제물을 배포할 권리를 가진다(저작권법 제20조 본문). 여기서 '배포'라 함은 "저작물 등의 원본 또는 그 복제물을 공중에게 대가를 받거나 받지 아니하고 양도 또는 대여하는 것"을 말한다(저작권법 제2조 제23호). 따라서 배포권이란 저작자가 자신의 저작물의 공중에 대한 제공을 통제할 수 있는 배타적 권리라고 할 수 있다.

저작물은 보통 복제물을 통하여 공중의 이용에 제공된다. 그런데 이때 저작자에게 복제권을 주는 것만으로는 저작자 보호에 충분하지 않다. 저작물을 공중의 이용에 제공함에 있어서 복제를 하는 업자와 배포를 하는 업자가 서로 다른 경우가 많기 때문이다. 마찬가지로 저작권을 침해하는 경우에도 복제를 통하여 침해하는 주체와 그 복제물의 배포행위를 통하여 침해하는 주체가 다를 수 있다. 이러한 이유에서 저작자에게 복제권과는 별도로 배포권을 부여하는 입법례가 점차 늘어나고 있다.

우리나라 구 저작권법에서는 배포권을 독립된 권리로 인정하지 않고 발행과 출판의 정의 속에 배포를 포함시켜, 발행 또는 출판이란 "저작물을 복제하여 배포하는 것"이라고

---

385) Perfect 10, Inc. v. Amazon.com, Inc., 487 F. 3d 701 (9th Cir. 2007), 이상 박성호, 전게서, 344, 345면에서 재인용.

정의함으로써 발행권과 출판권만 인정하고 있었다. 또 베른협약에서도 복제권을 규정하면서(제 9 조) 배포권은 모든 유형의 저작물에 인정되는 것이 아니라 영상저작물에 대하여만 인정되는 것으로 규정하고 있다.[386] 그 이유는 국가에 따라 배포권을 인정하는 국가도 있고, 그렇지 않은 국가도 있을 뿐만 아니라, 그 내용에 있어서도 통일되지 않기 때문이라고 한다.[387] 그러나 우리나라는 1986년 12월 31일 저작권법의 전문개정을 하면서 선진 각국의 입법을 좇아 배포권을 독립적인 권리로 인정하였다. 이는 과학기술의 발달에 따라 저작물의 이용수단이 다양화하면서 저작물의 복제업자와 배포업자가 각각 별개의 업으로 성장·발전하였다는 점, 따라서 저작자 보호에 충실을 기하기 위해서는 복제권과 배포권을 별개의 권리로 인정하는 것이 바람직하다는 점, 저작물의 유통이 범세계적으로 활발하게 이루어지는 상황에서 저작권에 대한 관리의 효율성을 높이기 위해서는 배포권을 복제권으로부터 분리하여 배포권만 지역적 또는 기간적으로 제한할 수 있도록 할 필요가 있다는 점 등을 고려한 것이라고 한다.[388]

다만, 1986년 저작권법은 배포를 "저작물의 원작품 또는 그 복제물을 일반 공중에게 대가를 받거나 받지 아니하고 양도 또는 대여하는 것을 말한다"(제 2 조 제15호)로 정의하고 있었는데, 2006년 저작권법을 개정하면서 "저작물의 원작품 또는 그 복제물" 중 '저작물의' 라는 문구를 '저작물 등의'라는 문구로 변경함으로써 기존의 저작물 외에 '실연, 음반, 방송 또는 데이터베이스'까지 배포의 대상에 포함되는 것으로 하였다. 또한 배포권은 저작물의 원본 또는 복제물을 보호대상으로 한다는 점에서, 저작물의 복제물(상업용 음반과 상업용 프로그램)만을 보호대상으로 하는 대여권과 구별된다.

일본의 경우를 보면 베른협약의 영향을 받아 배포권은 영상저작물에 대하여만 인정하고 있고,[389] 영상저작물을 제외한 다른 저작물에 대하여는 저작자에게 '양도권'[390] 및 '대여

386) 베른협약 § 14(1)(i), § 14의 2(1).

387) 오승종·이해완, 전게서, 311면.

388) 허희성, 전게서, 101면; 오승종·이해완, 전게서, 311면.

389) 일본 저작권법 제26조: ① 저작자는 그의 영화저작물을 복제물에 의해 배포할 권리를 전유한다. ② 저작자는 영화저작물에 복제되어 있는 그의 저작물을 당해 영화저작물의 복제물에 의해 배포할 권리를 전유한다. 일본 저작권법이 영화저작물에 대하여서만 배포권(반포권)을 인정하고 있는 것은, 배포권자는 저작물의 복제물의 양도 또는 대여 상대방을 지정 또는 한정할 수도 있기 때문에 사실상 중고품 시장을 포함하여 유통을 통제할 수 있는 권리를 갖게 되기 때문이라고 한다. 즉, 통상의 상품에 대하여 유통을 통제한다면 독점금지법 위반이 되겠지만 영화에 대해서만은 이러한 강력한 권리를 인정하더라도 큰 문제가 없는데, 그 이유는 영화저작물에 있어서는 종래부터 거래 관행상 이른바 '필름 배급권'이라는 것이 존재하고 있었고, 따라서 배포권을 인정하더라도 거래상 혼란이 없을 것이기 때문이라고 한다. 즉, 대량의 복제물을 시장에 투입하는 것이 아니라 소수의 프린트 필름을 작성하여 그것을 특정 영화관에 배급함으로써 고액의 투자를 회수하는 영화산업계의 일반적인 시스템을 유지하기 위해서 영화저작물에 대해서만 배포권을 인정한 것이라고 한다. 그러나 극장용 영화배급은 거의 모든 경우

권'[391]을 부여하고 있다.

2. 인터넷상에서의 저작물의 유통과 배포권

정보통신과 디지털 기술이 발달한 오늘날 인터넷은 저작물의 유통에 있어서 다른 어떤 유통경로보다도 막강한 힘을 발휘하고 있다. 따라서 인터넷상에서 저작물을 공중의 이용에 제공하는 것에 대하여 저작자에게 어떤 형태로든 배타적 권리를 부여하여야 한다는 것에 관하여는 국가들간에 대체적으로 합의가 이루어진 것으로 보인다. 그러나 구체적으로 어떠한 형태로 어떠한 내용의 배타적 권리를 인정할 것인가에 관하여는 조약이나 각국의 입법례에 따라 다양한 차이점을 보이고 있다.

WIPO 저작권조약(WCT) 제 8 조는 공중전달권(right of communication to the public)이라는 권리를 부여함으로써 인터넷상에서의 저작물의 이용제공에 대하여 통제권을 행사할 수 있도록 하였다. WCT는 이와는 별도로 배포권에 관하여도 규정하고 있다. 즉, 제 6 조 제 1 항에서 "문학·예술 저작물의 저작자는 판매 또는 기타 소유권의 이전을 통하여 저작물의 원본이나 복제물을 공중이 이용할 수 있도록 제공하는 것을 허락할 배타적인 권리를 갖는다"고 규정하고 있다.

우리 저작권법도 저작물을 공중의 이용에 제공하는 것과 관련하여 공중송신권과 배포권 두 가지 권리를 규정하고 있다. 이때 인터넷상에서 저작물을 공중에게 제공하는 것에 대하여도 배포권이 작용할 수 있는지 의문이 있고 또 실제로 문제가 된 사례가 있다. 인터넷상에서 주로 음악저작물 파일을 공유할 수 있도록 해 주는 이른바 P2P 프로그램이 해당 음악저작물의 저작권을 침해하는 것인지 여부가 문제로 된 '소리바다' 사건이 바로 그 사례이다. 이 사건 1심 가처분이의 판결[392]에서는, "이용자들이 공유폴더에 MP3 파일을 저

필름의 양도가 아니라 대여라는 형태로 유통되고 있고, 그 유통은 계약으로 통제할 수 있을 터인데 배급권의 확보를 위해 배포권이라는 강력한 물권적 권리까지 인정할 필요가 있었는지에 대하여는 의문을 표하는 견해도 있다. 中山信弘, 著作權法, 법문사(2008), 198면.

390) 일본 저작권법 제26조의2: ① 저작자는 그의 저작물(영화저작물을 제외한다)을 그 원작품 또는 그 복제물(영화저작물에 복제되어 있는 저작물에 대하여는 당해 영화저작물의 복제물을 제외한다)의 양도에 의하여 공중에게 제공할 권리를 전유한다. 일본 저작권법상 양도권은 1999년 개정 저작권법에 의하여 신설된 권리로서 영화 이외의 저작물에 대하여 부여된 권리이다. 일본 저작권법상 양도권은 최초판매의 원칙(권리소진의 원칙)이 적용되어 최초 양도에 따라 그 권리가 소진된다는 점에서 소진되지 않는 권리인 대여권과 취급이 다르다.

391) 일본 저작권법 제26조의3: 저작자는 저작물(영화저작물을 제외한다)을 복제물(영화저작물에 복제되어 있는 저작물에 대하여는 당해 영화저작물의 복제물을 제외한다)의 대여에 의하여 공중에게 제공할 권리를 전유한다.

392) 수원지방법원 성남지원 2003. 2. 14. 선고 2002카합284 판결.

장한 채 소리바다 서버에 접속하여 자동적으로 다른 이용자들이 다운로드 받을 수 있는 상태에 놓이게 하는 행위는, … 다른 이용자들이 … MP3 파일에 대한 다운로드를 요청하고, 그 요청에 따라 컴퓨터가 … MP3 파일에 대하여 새로이 재복제물을 생성하고 이를 자동적으로 요청자에게 송신하는 전기적 신호과정을 통해 요청자가 MP3 파일을 다운로드 받게 되고, … 다운로드 폴더에 자동적으로 저장됨으로써 재복제물이 생성되는 일련의 행위 과정과 결합됨으로써, 결과적으로 음을 유형물에 고정하여 양도하는 결과가 되어 음반제작자의 배포권을 침해하는 것"이라고 하여 배포권 침해를 긍정하였다.[393)]

그러나 이러한 판결에 대하여는 비판하는 견해가 강하였다. 우리 저작권법상 배포란 "저작물의 원작품 또는 그 복제물을 공중에게 대가를 받거나 받지 아니하고 양도 또는 대여하는 것"(개정 전 저작권법 제 2 조 제15호)을 말하는데, 이 사건과 같이 MP3 복제파일을 가진 이용자가 원본파일은 자신의 컴퓨터에 여전히 보관한 상태로 파일을 전송하여 다른 이용자들의 컴퓨터에 각각 복제되게 송신하는 행위에서는 양도 또는 대여에서와 달리 점유의 이전이 없기 때문에 배포라고 보기 어렵다는 것이다.[394)]

그 후 소리바다 사건의 항소심 판결[395)]에서는 위와 같은 비판론의 입장을 따라, '배포'는 '전송'의 개념에 대비되어 유체물의 형태로서 저작물이나 복제물이 이동하는 것을 의미하는 것인데, 이용자가 특정 MP3 파일을 공유폴더에 저장한 채로 소리바다 서버에 접속함으로써 다른 이용자가 이를 다운로드 받을 수 있게 한 행위는, '전송'에 해당함은 논외로 하고, 그 자체만으로 그 MP3 파일의 양도나 대여가 있었다고 볼 수는 없어 '배포'에 해당하지 않는다고 하였다.

배포의 정의규정에 비추어 볼 때, 그리고 2000년 1월 12일 저작권법의 개정에 의하여 '전송'의 개념이 저작권법에 확실하게 규정된 점으로 볼 때, 인터넷상에서의 저작물의 이용제공과 같이 유형물을 전제로 하지 않은 공중에 대한 제공은 배포의 개념에 포함되지 않는 것으로 보는 것이 옳을 것이다. 독일 저작권법 제17조 제 1 항은 "배포권이란 저작물의 원본 또는 복제본을 공중에게 제공하거나 거래하도록 하는 권리이다."라고 정의하고 있는데, 이러한 독일 저작권법의 규정 역시 배포권은 유형물만을 대상으로 하는 권리임을 분명히 한 것으로 이해된다.

393) 박준석, 인터넷 서비스 제공자의 책임, 박영사, 2006, 268-269면.
394) 상게서, 275면.
395) 서울고등법원 2005. 1. 12. 선고 2003나21140 판결.

3. 권리소진의 원칙

가. 의 의

저작권법 제20조는 저작자에게 배포권을 부여하면서, 그 단서에서 "다만, 저작물의 원본이나 그 복제물이 당해 저작재산권자의 허락을 받아 판매 등의 방법으로 거래에 제공된 경우에는 그러하지 아니하다"라고 규정하여 배포권을 제한하고 있다. 저작권에 있어서 이른바 '권리소진의 원칙'(exhaustion of right) 또는 '최초판매의 원칙'(first sale doctrine)을 규정한 것이다.

배포권을 가지는 저작재산권자의 허락을 받아 어떤 저작물이 양도 등의 방법으로 공중에게 배포되었는데, 그와 같이 배포된 저작물을 다시 배포하고자 할 경우 또다시 배포권이 작용하고 저작재산권자의 허락을 새로 받아야 한다면, 이는 보통 불편한 일이 아니며 우리의 거래 현실과도 맞지 않게 된다. 예를 들어, 서점에서 책을 구입하여 다 읽은 후에 더 이상 소장할 필요가 없어져서 그 책을 되팔고자 할 때, 그러한 되파는 행위가 저작권법상 배포에 해당한다고 하여 저작재산권자의 허락을 다시 받아야 한다면 서적의 자유로운 거래와 유통은 크게 곤란을 받게 될 것이다. 서점이나 음반매장에서 구입한 책이나 음반을 저작권자의 허락을 받지 않고는 다시 양도할 수 없게 되어, 중고서적이나 중고음반 시장은 존립기반을 상실하게 된다.

이러한 점을 고려하여 저작권은 물론이고 특허권이나 상표권을 비롯한 대부분의 지적재산권에 대하여 권리소진의 원칙 또는 최초판매의 원칙이 적용되고 있다. 그리하여 지적재산권이 화체된 유체물이 일단 적법하게 거래에 제공된 이상, 그 최초의 거래 제공 당시에 지적재산권이 행사되어 소진된 것으로 보고, 그 후에 일어나는 그 유체물의 전전유통에 대하여는 다시 지적재산권을 행사할 수 없도록 하고 있다. 다만, 특허권이나 상표권을 비롯한 다른 지적재산권에 있어서의 권리소진의 원칙과 저작권에 있어서의 권리소진의 원칙이 차이가 나는 점은, 특허권자나 상표권자의 경우 권리소진의 원칙에 의하여 권리 전체를 잃게 되지만, 저작권자의 경우에는 배포권 이외의 다른 저작재산권이나 저작인격권은 소진되지 않는다는 것이다.

권리소진의 원칙을 채택하는 근거로서는 자유로운 거래의 보장과 권리자에 대한 보상을 든다. 즉, 저작물의 최초판매가 이루어진 후에 그 취득자의 계속되는 판매나 처분행위에 대하여는 저작권자가 권리를 주장할 수 없도록 법률로 규정함으로써 자유로운 거래의 안전을 보장하고, 최초판매에 의하여 저작권자는 자신이 투자한 창작적 노력에 대하여 이미 보상을 받을 기회를 가졌다고 할 수 있으므로 그 이후에 이루어지는 처분행위에 대하

여는 또다시 권리를 행사할 수 없다고 보아야 한다는 것이다.[396)]

이러한 권리소진의 원칙을 통하여 저작물에 대한 저작권과 그 저작물이 수록된 매체에 대한 소유권이 충돌하는 것을 조율하는 효과도 거둘 수 있게 된다. 미국의 판례를 통하여 확인되기 시작한 권리소진의 원칙은, (1) 저작권자가 배포권을 이용하여 복제물 배포과정에 지속적으로 관여하는 것을 차단함으로써 저작권이 경쟁을 제한하는 수단으로 사용되는 것을 막는 것과, (2) 일단 유통된 저작물은 저작권자의 간섭 없이 자유로이 처분할 수 있도록 함으로써 콘텐츠의 자유로운 유통을 보장하고 사회의 편익을 극대화하는 것의 두 가지 주요한 기능을 수행하여 왔다.[397)]

개정 전 저작권법에서는 권리소진의 원칙을 배포권 조항과 독립하여 제43조 제 1 항에서 따로 규정하고 있었다. 그러나 권리소진의 원칙은 결국 배포권의 예외조항이라고 할 수 있으므로, 2006년 개정된 저작권법에서는 제43조 제 1 항을 제20조의 배포권의 단서 조항으로 이전함으로써 조문의 체계를 정리하였다. 또한 개정 전 저작권법에서는 "저작물의 원작품이나 그 복제물이 배포권자의 허락을 받아 판매의 방법으로 거래에 제공된 경우에는 이를 계속하여 배포할 수 있다"라고 규정하고 있던 것을 "다만, 저작물의 원본이나 그 복제물이 당해 저작재산권자의 허락을 받아 판매 등의 방법으로 거래에 제공된 경우에는 그러하지 아니하다"라고 문구를 수정하였다. 이는 개정 전 저작권법에서 '배포권자'는 결국 당해 저작재산권자를 의미하므로 오해의 여지를 없애기 위하여 '배포권자'를 '당해 저작재산권자'로 변경한 것이다. 또한 거래에 제공하는 방법에는 판매 이외에도 여러 가지 방법이 있을 수 있으므로 '판매 등'으로 문구를 수정하였다.[398)]

권리소진의 원칙을 규정한 저작권법 제20조 단서는 강행규정으로서, 당사자 사이에 특약을 맺어 이 규정의 적용을 배제하는 것은 허용되지 않는다고 해석된다.[399)]

나. 요 건

(1) 원본이나 그 복제물

권리소진의 원칙이 적용되기 위해서는 우선 저작물의 '원본이나 그 복제물'이 거래에 제공되어야 한다. 앞의 배포권 부분에서 본 바와 같이 원본이나 그 복제물은 유형물을 말한다. 이와 같이 권리소진의 원칙이 유형물에 대해서만 적용되는 것은 이 원칙이 저작물에 대한 저작권과 그 저작물이 수록된 매체에 대한 소유권 사이의 충돌을 조율하기 위한 것

396) 계승균, 저작권법상 권리소진이론, 창작과 권리, 2003년 겨울호, 제33호, 세창출판사, 85면.
397) 임원선, 전게서, 196면.
398) 문화관광부, 2005－개정저작권법 설명자료, 33면.
399) 半田正夫·松田政行, 著作權法コンメンタール, 勁草書房(2), 36면.

이기 때문이다. 따라서 전송이나 방송, 공연 등과 같이 무형적으로 거래에 제공되는 경우에는 배포권이 적용되지 않고 권리소진의 원칙 역시 적용되지 않는다. 그러므로 저작물이 당해 저작재산권자의 허락을 받아 최초의 전송이나 방송, 공연 등이 이루어졌다고 하더라도 이는 배포된 것이 아니므로, 그 이후에 다시 전송이나 방송, 공연 등을 하기 위해서는 새로 저작재산권자의 허락을 받아야 한다. 마찬가지로 저작재산권자가 인터넷으로 전송한 저작물을 수신한 사람이 당해 저작재산권자의 허락을 받지 않고 그 저작물을 유형적인 매체, 예를 들어 CD Rom과 같은 매체에 고정하게 되면 이는 복제권의 침해가 된다.

그렇다면 서책(書冊)과 같은 유형적 매체가 아닌 무형적으로 제공되는 책, 예를 들어 전자책(e-book)의 경우에는 일반 서책형 도서와는 달리 권리소진의 원칙이 적용되지 않는다. 이는 오늘날 디지털 시대를 맞이하여 빠른 속도로 시장이 확장되고 있는 전자책의 구매자를, 일반형 서책의 구매자에 비하여 상대적으로 불리한 입장에 처하게 만드는 문제점이 있다. 이에 관하여는 뒤에서 다시 살펴보기로 한다.

(2) 당해 저작재산권자의 허락을 받을 것

권리소진의 원칙이 적용되기 위해서는 그 저작물이 당해 저작재산권자의 허락을 받아 거래에 제공되어야 한다. 여기서의 '허락'은 순차적으로 또는 단계를 거쳐 이루어질 수도 있다. 예를 들어, 저작재산권자로부터 출판권을 설정 받거나 출판허락계약을 체결한 출판사가 도서를 출판하여 서점 등을 통하여 유통시킨 경우를 생각해 본다. 이때 그 도서를 직접적으로 거래에 제공한 사람은 출판사이지만, 출판사는 저작재산권자로부터 복제 및 배포에 대한 허락을 받은 것이므로 그 거래의 제공에는 결국 저작재산권자의 허락이 있다고 보아야 한다. 따라서 이 경우에도 권리소진의 원칙이 적용될 수 있다. 일본 저작권법은 "양도권자 또는 그의 허락을 얻은 자"라고 하여 이 점을 분명히 하고 있다.[400)]

불법 제작된 복제물이 배포된 경우에는 저작재산권자의 허락을 받지 않은 것이므로 배포권이 소진되지 않는다. 한편, 불법 복제물을 제3자가 선의·무과실로 취득하여 이른바 '선의취득'이 인정되는 경우에 배포권이 소진된다고 볼 것인지 문제로 된다. 비록 선의취득이 인정되는 경우라 하더라도 저작재산권자의 허락이 없이 거래에 제공된 것이므로 배포권이 소진되지 않는다고 보아야 할 것이다.[401)] 따라서 불법 복제물을 선의취득한 제3자라 하더라도 그 취득한 복제물의 배포를 금지 당할 수 있으며, 그 복제물이 저작재산권자의 허락 없이 거래에 제공된 것이라는 점을 알거나 알 수 있게 되고 난 이후에 이를 배포하

---

400) 일본 저작권법 제26조의2 제 2 항 제 1 호.

401) 같은 취지로 박성호, 전게서, 349면.

게 되면 배포권 침해에 대한 과실이 인정되어 손해배상 책임까지 질 수 있다. 이와 관련하여 일본 저작권법 제113조의2는 선의·무과실인 제3자의 배포행위는 배포권을 침해하지 않는 것으로 본다는 특례규정을 두고 있음을 입법론으로서 참고할 필요가 있다.

저작재산권자의 허락은 거래의 제공이 일어난 지역에 대하여 부여되어야 한다. 예를 들어, 대한민국에서의 판매에 대하여만 허락을 받은 자가 일본 지역에서도 판매를 하였다면 일본 지역에서의 배포권은 소진되지 않는다. 따라서 이 경우에 일본에서 판매된 저작물은 저작재산권자의 동의 없이는 거래에 제공되거나 다른 국가에서 계속 배포될 수 없다.402)

(3) 판매 등의 방법으로 거래에 제공

권리소진의 원칙이 적용되기 위해서는 당해 저작물이 판매 등의 방법으로 거래에 제공되어야 한다. 거래에 제공되는 형태로는 판매가 가장 대표적인 것이겠지만, 그 외에 교환이나 증여, 소유권의 포기 등에 의하여도 거래에의 제공이 이루어질 수 있다. 이러한 점을 고려하여 종전 저작권법에서 '판매'라고만 제한적으로 되어 있던 것을 2006년 개정 저작권법에서는 '판매 등'이라고 문구를 수정하였다.

그런데 이와 같이 문구를 수정함으로써 다음과 같은 문제가 생긴다. 즉, 대여나 대출과 같은 형태로 거래에 제공된 경우에도 권리소진의 원칙이 적용될 것인지 여부이다. '거래에 제공'은 결국 배포행위의 한 내용이라고 할 수 있는데, 우리 저작권법상 '배포'라 함은 양도는 물론이고 대여까지를 포함하는 개념이기 때문이다(저작권법 제 2 조 제23호). 그러나 대여나 대출의 경우에도 권리소진의 원칙이 적용된다면 뒤에서 보는 대여권은 사실상 아무런 의미가 없어지게 된다. 결론적으로 대여나 대출의 경우에는 권리소진의 원칙이 적용되지 않는다고 보아야 한다. 이는 우리 저작권법과 유사한 규정을 가지고 있는 다른 나라의 입법례를 보면 비교적 명확하다. 권리소진의 원칙을 규정하고 있는 일본 저작권법 제26조의2 제 2 항 제 1 호는 "전항에 규정하는 권리(양도권)를 가지는 자 또는 그의 허락을 얻은 자에 의하여 공중에게 양도된 저작물의 원작품 또는 복제물"이라고 하고 있다. 또한 역시 권리소진의 원칙을 규정하고 있는 독일 저작권법 제17조 제 2 항은 "저작물의 원본 혹은 복제물이 배포권자의 동의를 얻어 … 양도의 방법으로 거래에 제공되었다면 … "이라고 규정하고 있다. 이처럼 이들 입법례에서는 '양도'라는 용어를 사용하고 있는데, 이때의 양도에 해당하는지 여부는 그 행위로 인하여 저작재산권자가 저작물의 원본이나 복제물에 대한 처분가능성을 최종적으로 상실하는 것인지 여부에 의하여 결정한다고 한다.

402) 계승균, 권리소진이론에 관한 연구, 부산대학교 박사학위 논문, 2003, 48-49면.

따라서 대여나 대출과 같이 잠정적으로 점유를 이전할 뿐 처분권을 최종적으로 상실하지 않는 경우는 '양도'라고 할 수 없고 권리소진의 원칙이 적용되지 않는다고 한다.[403] 이러한 입법례에 비추어 본다면 대여나 대출의 경우는 여기서 말하는 "판매 등의 방법으로 거래에 제공"된 것이라고 해석할 수 없고, 따라서 권리소진의 원칙이 적용되지 않는다고 보아야 할 것이다. 결론적으로 권리소진의 원칙 규정에서 "판매 등"이라고 하는 것은 처분권이 최종적으로 이전되는 것을 의미하고, 따라서 판매 또는 교환이나 증여는 물론이고 상속 등의 방법으로 저작물의 원본이나 복제물의 처분권이 이전되는 경우가 이에 해당한다고 볼 수 있다.

원본이나 복제물에 대한 처분가능성의 상실여부를 가지고 권리소진의 원칙의 적용여부를 따진다면, 저작물의 원본이나 복제물에 대하여 단순히 양도담보만을 설정한 경우가 문제로 된다. 양도담보권자는 그 원본이나 복제물에 대하여 처분권을 최종적으로 가지는 것이 아니라, 그에 내재하고 있는 경제적 가치만을 담보로 제공받고 있는 것이다. 따라서 양도담보가 실행되어 소유권을 완전히 취득하기 전까지는 그 원본이나 복제물은 거래에 제공된 것이 아니고, 결국 권리소진의 원칙도 적용되지 않는 것이 된다. 그러나 소유권유보 형태의 매매에 의하여 거래에 제공된 경우에는 권리소진의 원칙이 적용된다고 한다.[404]

또한 판매가 아니라 공중 이외의 특정한 개인이나 소수인에게 양도 또는 증여된 경우에도 권리소진의 원칙이 적용될 것인지 의문이 있을 수 있다. 예를 들어 책의 저자가 자신의 지인들에게 증정본을 보낸 경우처럼 특정 소수인에게 증여된 경우에는 '거래에 제공'된 것이라고 보기 어렵기 때문이다. 그러나 '거래의 안전'이라는 점을 고려할 때 이러한 경우에도 권리소진의 원칙이 적용되어야 할 것이다. 일본 저작권법은 제26조의2 제2항 제4호에서, "(양도권)[405]을 가지는 자 또는 그의 승낙[406]을 얻은 자에 의하여 특정한 그리고 소수의 자에게 양도된 저작물의 원작품 또는 복제물"에 대하여도 권리소진의 원칙이 적용됨을 명문으로 인정하고 있다.

(4) 이용허락(라이선스)과 권리소진의 원칙 적용 여부

위에서 본 바와 같이 권리소진의 원칙은 판매 등의 방법으로 처분권이 최종적으로 이전된 경우에 적용되는 원칙이다. 그런데 예를 들어, 어느 프로그램의 저작권자가 그 프로

403) 상게논문, 88면.
404) 상게논문, 89면.
405) 우리 저작권법상 '배포권' 중 '양도'에 관한 권리에 해당한다.
406) 특정 소수인에 대한 양도에는 본래 양도권이 미치지 않고 따라서 권리자에게는 특정 소수인에 대한 양도를 '허락'할 권원이 없기 때문에, 여기서는 '허락'이 아니라 굳이 '승낙'이라는 용어를 사용하고 있다.

그램의 이용을 허락하는 라이선스만을 부여한다는 취지의 이용허락계약[407] 아래 프로그램이 수록된 CD를 판매하였는데, CD를 구입한 이용자가 그 이후 그 CD를 제3자에게 중고판매의 방법으로 거래에 제공한 경우에 최초판매의 원칙이 적용되는지 문제될 수 있다. 이때의 CD 판매를 프로그램 복제물의 판매라고 본다면 최초판매의 원칙에 의하여 배포권이 소진되므로 배포권 침해가 성립하지 않게 될 것이고, 이를 판매가 아니라 이용허락만을 부여한 것이라고 본다면 배포권 침해가 성립하게 될 것이다.

이러한 경우에 대하여 학설은 CD라는 유체물을 오프라인상 유통하면서 이를 구입한 소비자에게 CD라는 유체물을 판매한 것이 아니라 CD에 담긴 프로그램의 이용허락만을 한 것이라는 주장이 과연 법 논리적으로 유효한 것인지 의문이고, 만일 이러한 논리가 관철된다면 최초판매의 원칙은 계약서의 내용과 거래의 성격을 종합적으로 고려하여 판단한다는 법 논리 속에 함몰되어 유명무실해지고 말 것이라면서 반대하는 견해가 다수인 것 같다.[408] 최초판매의 원칙은 저작권자와 그 저작물의 복제물에 대한 소유권자 사이의 균형을 도모하기 위한 원칙으로서 저작물 복제물의 거래안전을 보호하기 위한 원칙이라는 점을 고려한다면, 위와 같은 경우에도 최초판매의 원칙이 적용되고 따라서 배포권은 소진된다고 보는 것이 타당하다고 생각된다.

다. 권리소진의 효과

(1) 개 요

권리소진의 원칙이 적용되면 배포권이 소진되고 그 이후에 이어지는 저작물의 원본 또는 복제물의 계속적인 배포는 저작재산권자의 허락을 받지 않더라도 모두 적법하게 된다. 권리소진의 원칙에 의하여 소진되는 권리는 저작재산권 중 배포권에 한정된다. 따라서 복제권이나 공중송신권, 공연권 등의 다른 저작재산권은 권리소진의 원칙의 적용여부에 관계없이 계속 유효하다. 예를 들어 영상저작물을 녹화한 비디오테이프가 당해 저작재산권자의 허락을 받아 판매의 방법으로 거래에 제공되었다 하더라도 그 비디오테이프를 공중에게 상영하는 것에 대하여는 공연권이 여전히 미치므로 저작재산권자의 허락을 받아야 한다.

권리소진의 효과는 원본이나 복제물을 판매 등의 방법으로 거래에 제공한 저작재산권

---

407) 보통 '수축포장형 이용허락계약'(shrink wrap license)이나 온라인상 이용허락계약(click wrap license) 등의 형태로 체결되는 이용허락계약으로서, CD를 구입하는 소비자는 CD에 저장된 프로그램을 비독점적이고 양도불가능한 조건 아래 사용할 수 있는 권한만을 갖게 되고, 프로그램 저작권자가 CD의 복제물에 대한 처분권을 비롯한 모든 권리를 여전히 보유한다는 내용이 명시된다.

408) 박성호, 전게서, 350면; 정상조 편, 「저작권법주해」, 박영사(2007), 422면 등.

자의 의사가 어떠하였든지 그에 불문하고 인정된다. 즉, 저작재산권자가 배포권의 소진을 의욕하지 않았다 하더라도 일단 저작재산권자의 허락을 받아 원본이나 복제물이 판매 등의 방법으로 거래에 제공된 이상 그에 대한 배포권은 소진된다. 이는 권리소진의 원칙을 정한 저작권법 제20조 단서가 강행규정이라는 점과 일맥상통한다.

(2) 국제적 권리소진 – 병행수입

(가) 문제의 소재

권리소진의 효과와 관련하여 중요한 쟁점으로 되는 것이 '국제적 권리소진'을 인정할 것이냐 하는 문제이다. 이는 이른바 저작물의 '병행수입'(parallel importation)을 인정할 것이냐의 문제이기도 하다. 일반적으로 '병행수입' 또는 '진정상품의 병행수입'이라고 하면 권리자가 해외에서만 판매하기를 의도한 상품이, 권리자의 의도와는 달리 정상적인 유통경로를 통하지 않고 이를 우회하여 권리자의 동의 없이 수입되는 것을 말한다.

권리소진 원칙의 적용 범위와 관련하여서는 '국내 소진'과 '국제 소진' 두 가지 입장이 있다. '국내 소진'의 입장에 따르면 일단 저작물의 원본이나 복제물이 해외에서 적법하게 판매된 것이라 하더라도, 그것을 병행수입 행위 등을 통하여 국내로 수입하여 공중에게 다시 판매의 방법으로 거래에 제공하고자 할 경우에는 배포권이 소진되지 않으므로, 새로 저작재산권자의 허락을 받아야만 한다. 따라서 국내에서 판매에 제공된 경우에만 배포권이 소진되며, 이는 구체적으로 저작재산권자에게 '수입권'을 부여하는 결과가 된다. 예를 들어, 대한민국 국내에서 제작된 마이클 잭슨의 음반은 비록 합법적으로 허락을 받아 제작되었다고 하더라도, 음반에 대한 수입권을 인정하고 있는 일본[409]이나 국내 소진의 입장을 취하고 있는 미국에 수출하기 위해서는 그곳에서 그 음반에 대한 배포권을 가지고 있는 권리자의 허락을 받아야 한다.[410] 이에 반하여 '국제 소진'에 의하면 저작물의 원본 또는 복제물이 세계 어느 나라에서든지 일단 적법하게 판매 등의 방법으로 거래에 제공된 이상 배포권은 소진되고, 그 후 그것을 국내에 수입하여 다시 거래에 제공하는 경우에도 배포권을 행사할 수 없게 된다.

저작재산권자는 저작물을 국제적으로 유통시킴에 있어서 나라별로 가격차별 정책을 구사하는 경우가 많다. 물가나 소득수준이 높은 나라에서는 높은 가격에 판매하고, 그렇지 않은 나라에서는 낮은 가격에 판매하는 것이다. 그런데 병행수입에 대하여 적절한 통제권

409) 일본의 경우 일반적인 저작물에 대해서는 뒤에서 보는 바와 같이 국제적 권리소진을 명문으로 규정하고 있지만, 다만 상업용 음반에 대하여서만은 '수입권'(일본 저작권법 제113조 제5항)이라는 형태의 권리를 부여함으로써 사실상 국내적 권리소진의 효력만이 있게 된다.

410) 임원선, 전게서, 197면.

을 행사할 수 없으면, 해외에서 낮은 가격에 판매한 저작물이 국내에 수입되어 염가에 팔림으로써, 국내에서 정상적인 유통경로를 통하여 판매되는 저작물이 가격경쟁력을 잃게 될 우려가 있다. 이때 국내 소진의 입장을 취하게 되면 저작재산권자는 저작물의 병행수입을 효과적으로 저지할 수 있게 되므로, 안심하고 가격차별화 정책을 구사하면서 해외시장을 개척할 수 있게 된다. 그러나 반면에, 국제거래의 안전이라는 측면에서 본다면 국제 소진을 취하여야 한다는 입장도 충분히 설득력이 있다.

(나) 입법례와 해석론

다른 나라의 입법례를 보면, 일본 저작권법의 경우에는 권리소진의 원칙을 규정한 제26조의2 제 2 항 제 5 호에서, "국외에서 전항에 규정하는 권리에 상당하는 권리(양도권)를 침해하지 않거나 그에 상당하는 권리를 가지는 자 또는 그의 허락을 얻은 자에 의하여 양도된 저작물의 원작품 또는 복제물"에 대하여는 양도권이 미치지 않는 것으로 규정함으로써 국제 소진의 입장을 취하고 있음을 분명히 하고 있다. 이에 반하여 독일 저작권법 제17조 제 2 항은 "저작물의 원본 또는 복제물이 배포권자의 동의를 얻어 유럽공동체협약 지역이나 유럽경제공동체협약에 관한 체약국 지역 내에서 양도의 방법으로 거래에 제공되었다면 … "이라고 규정하고 있다. 이와 같은 독일 저작권법의 규정은 결국 유럽공동체협약이나 유럽경제공동체협약의 회원국 내에서만 권리의 소진을 인정하고 있는 것이어서, 사실상 국내 소진의 입장을 취하고 있는 것으로 해석된다. 미국 저작권법은 제106조 제 3 항에서 저작권자에게, "보호되는 저작물의 복제물이나 음반을 판매 또는 그 밖의 소유권의 이전 또는 대여, 리스 또는 대출에 의하여 공중에게 배포하는 권리"인 배포권을 부여하고 있으며, 한편 같은 법 제109조 (a)는 "제106조 제 3 항의 규정에도 불구하고 합법적으로 제작된 특정 복제물이나 음반의 소유자 또는 그로부터 권한을 부여받은 자는 저작권자의 허락 없이 그 복제물이나 음반을 판매하거나 기타 처분할 수 있다"고 하여 권리소진의 원칙을 규정하고 있다. 국제 소진여부에 대하여 판례는 부정적으로 새기고 있다.[411)]

우리 저작권법이 권리소진의 원칙과 관련하여 국내 소진의 입장을 취하고 있는지 아니면 국제 소진의 입장을 취하고 있는지 여부는 명문의 규정이 없어서 분명하지 않다. 해석론으로서는 저작권법의 속지주의 원칙상 국내 소진의 입장을 취하고 있는 것이라고 보아야 한다는 견해가 있고,[412)] 국제 소진의 입장을 취하고 있는 것이라고 보아야 한다는 견해가 있다.[413)] 후자의 견해는 우리 저작권법이 제124조에서 규정하고 있는 '침해로 보는

411) 미국 저작권법, 한국저작권위원회, 2010, 32, 38면.
412) 계승균, 전게논문, 93면.
413) 배금자, 저작권에 있어서의 병행수입의 문제, 창작과 권리, 2003년 봄호, 제30호, 세창출판사, 168면.

행위'에 병행수입행위가 포함된다고 해석하기 어렵고, 우리 저작권법에는 병행수입을 저지하는데 사용되는 '수입'에 관한 규정이 없다는 점을 그 근거로 든다. 즉, 저작권법 제124조는 저작권의 침해로 보는 행위로서 "수입 시에 대한민국 내에서 만들어졌더라면 저작권 그 밖에 이 법에 따라 보호되는 권리의 침해로 될 물건을 대한민국 내에서 배포할 목적으로 수입하는 행위"라고 규정하고 있는데, 진정상품은 대한민국 내에서 만들어졌을 때 권리의 침해가 될 수 없는 물건이므로 진정상품의 병행수입은 이에 해당하지 않으며, 따라서 우리 저작권법상 진정상품의 병행수입을 금지하는 것은 어렵다는 것이다.

후자의 견해는 일본에서의 해석론과 유사하다. 일본의 경우 우리 저작권법과 마찬가지로 "수입 시에 일본에서 만들어졌더라면 저작인격권, 저작재산권, 출판권 또는 저작인접권의 침해로 될 물건을 일본 내에서 배포할 목적으로 수입하는 행위"를 저작권을 침해하는 행위로 보는 규정을 두고 있는데,[414] 이는 불법제작된 물건, 즉 해적판의 수입행위만을 저작권 침해행위로 간주하여 금지하는 것이고, 진정상품의 병행수입은 허용한다는 취지로서 양도권(우리 저작권법상 배포권에 해당)의 국제 소진을 인정한 것이며, 그래야 일본 저작권법이 저작재산권의 지분권으로서 일반 저작물에 대하여는 수입권을 인정하지 않고 있다[415]는 것과 상응한다는 것이 주류적인 해석이었다.

그러나 이러한 해석론만으로는 다소 설명하기 어려운 부분도 있다. 병행수입을 금지할 수 있다면 그것은 배포권이 소진되지 않았기에 배포권 침해로 금지할 수 있기 때문이지, 저작권법 제124조의 '침해로 보는 행위'에 해당하기 때문은 아닌 까닭이다. 즉, 국제 소진이 인정되지 않는다면 진정상품의 국내 수입에 대하여는 배포권이 소진되지 아니하여 배포권 자체의 침해로 금지할 수 있는 것이고, 굳이 그 행위가 침해로 보는 행위에 해당하는지 여부를 따질 것도 없다. 침해로 보는 행위에서 해적판이 아닌 진정상품의 수입에 대하여는 금지의 대상으로 명문으로 규정하지 않고 있다는 점이 곧 배포권의 국제 소진을 인정하는 것이라고 볼 논리적 필요성은 없는 것이다.

(다) 소 결

따라서 저작권법 제124조의 침해로 보는 행위 규정만을 근거로 하여 우리 저작권법이 배포권에 있어서 국제 소진의 원칙을 취하고 있다고 확언할 수는 없을 것이다. 권리소진의 원칙의 효력 범위를 국내로 제한할 것인지 혹은 국제적으로 소진되는 것으로 할 것인지는, 저작권자에게 수입권을 허용할 것인지의 문제와 맞물려 있다. 즉, 저작권 관련 시장의 세

414) 일본 저작권법 제113조 제1항 제1호.

415) 다만, 앞에서 본 바와 같이 일본 저작권법은 2004년 저작권법 개정을 통하여 상업용 음반에 대하여서만 수입권, 즉 진정상품이라 하더라도 그 상업용 음반에 대한 일본 내의 수입을 금지할 수 있는 권리를 부여하였다.

계화 현상과 관련하여 저작권자에게 국가별 또는 지역별로 시장을 관리할 수 있도록 해 줌으로써 창작에 대한 보다 강력한 보호를 해 줄 것인지, 아니면 상품의 자유로운 이동을 보장해 줌으로써 저작물의 원활한 이용을 도모할 것인지는 결국 정책적인 판단의 문제라고 할 것이다.

그러나 경제의 글로벌화에 따라 저작물이 수록된 상품들이 국경을 넘어 광범위하게 유통되고 있다는 점에 비추어 볼 때 국제거래의 안전을 고려하고 그러한 상품들의 원활한 유통을 확보하여야 한다는 측면과, 우리 저작권법 제124조의 '침해로 보는 행위'에 진정상품의 병행수입을 침해로 보는 명문의 규정은 없다는 점, 저작자에게 수입권을 인정하는 규정도 없다는 점 등을 종합하여 볼 때, 해석론으로서는 배포권의 국제 소진을 인정하는 입장을 취하는 것이 보다 타당하다고 생각한다. 이는 결국 입법이나 판례를 통하여 해결되어야 할 문제이다. 참고적으로 일본에서는 이러한 점을 고려하여 저작권법을 개정하면서 아예 배포권의 국제적 소진, 즉 권리소진 원칙의 국제적 효력을 인정하는 명문의 규정을 두기에 이르렀다.[416)]

라. 저작인접권과 권리소진의 원칙

저작권법은 저작인접권자인 실연자 및 음반제작자에 대하여도 배포권을 부여하고 있는데, 권리소진의 원칙은 이들 실연자 및 음반제작자의 배포권에 대하여도 적용된다(법 제70조 및 제79조의 각 단서).

마. 디지털 저작물의 전송과 권리소진의 원칙

오늘날 인터넷을 비롯한 네트워크와 디지털 기술의 발달로 인하여 많은 저작물들이 오프라인에서가 아니라 온라인상에서 유통되고 있다. 이러한 온라인상에서의 저작물의 유통은 기존의 서적이라든가 신문, CD, 음반 등과 같은 유형물이 아니라, 디지털콘텐츠 형태인 무형물의 모습으로 이루어지게 된다. 그런데 권리소진의 원칙은 원본 또는 복제물, 즉 유형물이 판매 등의 방법으로 거래에 제공된 경우에만 적용이 되므로, 무형물로 제공된 저작물에 대하여서는 권리소진의 원칙이 적용되지 못하는 결과를 가져온다.

또한 권리소진의 원칙은 유형물이 '판매 등'의 방법으로 거래에 제공된 경우에 적용되는데, 여기서 '판매 등'의 의미를 저작재산권자가 원본이나 복제물에 대한 처분가능성을 최종적으로 상실하는 것인지 여부에 의하여 결정한다면, 디지털콘텐츠를 거래에 제공하는 방법에는 매매와 같이 원권리자가 가지고 있던 처분가능성을 최종적으로 상실하는 경우보다

416) 일본 저작권법 제26조의2 제 1 항 제 5 호.

는 오히려 원권리자는 자신의 권한을 그대로 유지하고 있고 사용자들에게는 단지 이용권을 부여하는 형태로 많이 이루어지는데, 그러한 경우에도 권리소진의 원칙은 적용하기 어렵게 된다.

이와 같이 권리소진의 원칙을 적용하지 못하게 된다면, 이는 기존의 유형물 형태에 담긴 저작물을 구입한 소비자에 비하여 무형물인 디지털콘텐츠 형태로 저작물을 구입한 소비자를 상대적으로 불리한 입장에 처하게 만든다. 예를 들어 서점에서 기존의 서책형 소설책을 구입한 소비자는 그 소설책이 필요 없어진 경우에 권리소진의 원칙에 따라 자유롭게 공중에게 처분할 수 있지만, 디지털콘텐츠인 전자책(e-book)으로 소설을 구입한 소비자는 권리소진의 원칙이 적용되지 않는 관계상 그 소설에 대한 효용이 없어진 이후에도 이를 처분할 수가 없게 된다.

권리소진의 원칙이 가지는 두 가지 기능, 즉 첫째로 저작권자가 저작권을 이용하여 저작물의 배포 및 유통과정에 지속적으로 관여하는 것을 제한함으로써 저작권자가 자신의 저작권을 경쟁제한의 수단으로 사용하는 것을 막는 것과, 둘째로 일단 유통된 저작물이 저작권자의 간섭 없이 자유롭게 처분될 수 있도록 함으로써 콘텐츠의 자유로운 유통을 보장하는 기능의 필요성은 유형물의 형태로 유통되는 저작물이나 무형물의 형태로 유통되는 저작물이나 다르지 않다. 이러한 점에서 디지털 형태로 유통되는 저작물에 대하여도 권리소진의 원칙이 담당하여 온 기능과 역할은 손상됨이 없이 그대로 유지되어야 한다는 주장이 제기되고 있다. 이러한 주장은 전자출판 시장의 확대와 그로 인한 전자책의 유통이 크게 늘어남에 따라 더욱 설득력을 얻어가고 있다.

디지털콘텐츠 형태의 저작물에 대하여도 권리소진의 원칙이 적용되어야 한다고 주장하는 입장에서는 권리소진의 원칙의 적용 요건을 다소 수정하여, 디지털콘텐츠를 구입한 소비자가 이를 처분하고자 특정한 다른 사람에게 송신할 때에 그 소비자가 자신이 가지고 있던 디지털콘텐츠를 삭제함으로써 그에 대한 처분권한을 더 이상 행사할 수 없게 된 경우에는 권리소진의 원칙을 적용할 수 있도록 하여야 한다고 주장한다.[417] 그렇게 한다면 유형물을 배포하는 경우와 결과적으로 아무런 차이가 없으므로 권리소진의 원칙을 적용받을 수 있어야 하는 것이 마땅하다는 것이다.[418]

그러나 이러한 주장에 대하여는 두 가지 관점에서 비판이 제기되고 있다. 첫째는, 전

417) 다만, 여기서 주의할 것은 그 처분행위로서 이루어지는 '송신'은 특정인에게만 행하여져야 권리소진의 원칙이 적용될 여지가 있다는 점이다. 만약 그 송신도 공중을 상대로 행하여진다면 이는 저작권법상 '전송'에 해당하여 권리소진의 원칙이 적용될 수 없고, 저작권자가 가지고 있는 전송에 관한 권리(공중송신권)의 제한을 받게 될 것이다.

418) 임원선, 전게서, 202면 참조.

송자가 전송 후에 자발적으로 전송에 사용된 자신이 가지고 있던 원래의 디지털콘텐츠를 삭제하도록 하는 것은 사실상 사적복제를 자발적으로 신고하라고 하는 것과 마찬가지로 현실성이 없다는 것이다. 둘째는, 전송자가 전송을 한 후에 그 전송에 사용된 디지털콘텐츠를 자발적으로 삭제하도록 하는 것이 현실성이 없다면, 그 콘텐츠가 자동적으로 삭제되도록 하는 기술인 '보내고 삭제하기'(forward-and-delete) 기술을 개발하면 된다고 하지만, 설사 그러한 기술이 개발된다고 하더라도 그것이 실제 사용되려면 충분히 강력하고 지속적이며 또 사용이 간편해야 하는데 그럴 가능성이 거의 없다는 것이다.[419] 이러한 현실적인 문제점을 고려해 볼 때, 배포와 전송을 엄격하게 구분하고 있는 현행 저작권법의 해석으로는, 디지털 저작물 및 그 전송에 대하여는 권리소진의 원칙이 적용되지 않는다고 보는 것이 타당하다고 생각된다.[420]

결국 이에 관한 논의는 저작물의 유통 매체로서 유형물에 대한 매매계약과 무형물에 대한 이용허락계약의 차이점, 저작물의 유형적 이용과 무형적 이용의 차이점과 앞으로의 시장 상황을 지켜보면서 합리적인 결론을 이끌어 낼 수 있도록 이루어져 나가야 할 것이다.

Ⅶ. 대 여 권

1. 의 의

위에서 본 바와 같이 저작자가 가지는 배포권은 권리소진의 원칙에 의하여 대폭적으로 제한을 받게 되며, 일단 저작물의 원본이나 복제물이 당해 저작재산권자의 허락을 받아 판매 등의 방법으로 거래에 제공된 이상 그 후에 발생하는 양도나 대여에 관하여 저작재산권자는 배포권으로 이를 통제할 수 없게 된다. 그런데 도서나 DVD, 음반, 컴퓨터프로그램 등 각종 저작물의 복제물을 대량으로 비치하여 두고 공중을 상대로 빌려주는 대여업이 발전하면서 이러한 대여업이 전체 저작권 산업 전반을 위협할 수 있다는 우려가 제기되었

419) 상게서, 202-203면 참조.

420) 박성호, 전게서, 353면에서는, 전송에 대하여 권리소진의 원칙을 인정한다면 이는 유추해석이 될 것인데, 현행 법 아래에서는 부정적으로 해석할 수밖에 없으며, WIPO저작권조약(WCT)은 체약국이 배포권의 소진을 국내법으로 정할 수 있다고 규정하고(제 6 조 제 2 항), 배포권의 대상은 유체물에 한정된다는 제 6 조의 해석에 관한 합의성명(agreed statement)을 제시하고 있으며, 우리 법의 전송권에 상응하는 공중전달권(제 8 조)의 소진에 대해서는 아무런 언급도 하고 있지 않으므로, WCT의 규정상으로도 부정적으로 해석할 수밖에 없다고 한다.

다. 이에 대처하기 위하여 세계 각국은 음반이나 컴퓨터프로그램, 서적, 비디오테이프나 DVD 같은 영상저작물 등 대여업이 성행할 수 있는 분야를 중심으로 최초판매의 원칙을 제한하거나 대여권이라는 새로운 권리를 신설함으로써 저작자의 이익을 보호하는 방향으로 입법을 하게 되었다.

이에 우리 저작권법도 제21조에서 "제20조 단서(최초판매의 원칙)에도 불구하고 저작자는 상업적 목적으로 공표된 음반(상업용 음반)이나 상업적 목적으로 공표된 프로그램을 영리를 목적으로 대여할 권리를 가진다"고 규정함으로써, 상업용 음반 및 상업용 프로그램의 영리목적 대여행위에 대하여는 최초판매의 원칙이 적용되지 않고 저작자가 배타적 권리인 대여권을 행사할 수 있도록 하고 있다.

원래 2006년 개정 전 저작권법에서는 최초판매의 원칙을 규정한 제43조 제 1 항에 이어 제 2 항에서 "배포권자는 제 1 항의 규정에 불구하고 판매용 음반의 영리를 목적으로 하는 대여를 허락할 권리를 가진다"고 규정하고 있었다. 즉, 배포권은 최초판매의 원칙에 의하여 소진되는데, 판매용 음반(현행법의 상업용 음반)의 영리목적 대여의 경우에는 최초판매의 원칙이 적용되지 않는 예외로 규정함으로써 대여에 관한 권리(배포권)가 소진되지 않도록 한 것이다. 그런데 2006년 개정 저작권법에서 최초판매의 원칙을 배포권에 관한 단서 규정으로 옮기는 형태로 조문을 정리하였으므로, 그와 더불어 상업용 음반 및 상업용 프로그램의 영리목적 대여의 경우에는 아예 '대여권'을 신설하는 형태로 법을 개정한 것이다. 내용상으로는 개정 전 저작권법과 달라진 것이 없다.

대여권은 저작물의 복제물만을 대상으로 한다는 점에서 저작물의 원본 또는 복제물을 보호대상으로 하는 배포권과 구별된다.

2. 대여권의 주체

대여권을 가지는 주체는 저작자이다. 또한 저작인접권자 중 실연자는 그의 실연이 녹음된 상업용 음반에 대하여, 음반제작자는 그가 제작한 상업용 음반에 대하여 각각 대여권을 가진다. 구 컴퓨터프로그램보호법에서는 프로그램저작권자와 프로그램배타적발행권자가 대여권을 갖는 것으로 되어 있었다.

3. 대여권의 대상이 되는 저작물

저작권법상 대여권의 대상이 되는 저작물은 상업용 음반과 상업용 컴퓨터프로그램에 한정된다(저작권법 제21조). 구 컴퓨터프로그램보호법은 제19조 제 1 항에서 "프로그램저작권자 또는 프로그램배타적발행권자 등의 허락을 받아 원프로그램 또는 그 복제물을 판매의 방법으로 거래에 제공한 경우에는 이를 계속하여 배포할 수 있다"라고 하여 최초판매의 원칙을 규정하면서, 제 2 항에서 "제 1 항의 규정에 불구하고 판매용 프로그램을 영리를 목적으로 대여하는 경우에는 프로그램저작권자 또는 프로그램배타적발행권자 등의 허락을 받아야 한다"고 규정함으로써 대여권을 인정하고 있었다. 그런데 구 컴퓨터프로그램보호법이 저작권법에 흡수통합 되면서 이 규정 역시 저작권법 제21조에 흡수되었다. 따라서 현재로서는 저작물 중 상업용 음반과 상업용 프로그램만이 대여권의 대상으로 인정되고 있다.

현재 대여업이 크게 성행하고 있는 저작물 분야로서는 상업용 음반이나 상업용 프로그램보다는 오히려 만화, 소설, 잡지와 같은 도서 분야와 비디오테이프, DVD와 같은 영상저작물 분야를 들 수 있다. 그러나 이들 분야는 저작자의 허락을 받지 않은 상태에서 이미 그러한 대여업이 널리 성행함으로써 사회적 현실로 굳어진 면도 있고, 또 대부분 영세업자들인 이들 저작물 대여업자들의 경제적인 부담도 고려하여야 하는 등 저작자와의 이해관계가 갈려 아직 대여권이 인정되지 않고 있다.

일본 저작권법의 경우를 보면 영상저작물에 대하여만 우리의 배포권과 유사한 반포권을 인정하고 다른 저작물에 대하여는 배포권을 인정하지 않고 있었는데, 1984년에 저작권법을 개정하면서 영상저작물을 제외한 다른 모든 저작물에 대하여 대여권을 인정하는 것으로 하였다.[421] 일본은 원래 반포권을 영상저작물 이외의 모든 저작물에 대하여 확대하는 방향으로의 입법을 검토하였으나, 반포권은 대여와 양도를 포함한 모든 유통을 통제할 수 있는 강력한 권리이므로 영상저작물 이외의 저작물에 대하여는 그 광범위한 영향력에 대하여 신중한 검토가 필요하다는 이유에서 대여권만을 신설하는 쪽으로 입법을 하였다고 한다.[422] 다만, 저작물 중 서적과 잡지(주로 악보로 구성되어 있는 것을 제외한다)의 대여에 대하여는 그동안의 관행과 관계자들의 이해관계를 고려하여 당분간 대여권을 적용하지 않는 것으로 부칙 제 4 조의2에서 규정하고 있었다. 그러나 종래와 같은 소규모 도서대여업 대신에 만화 등 대형 도서대여업이 출현하는 등 상황이 변화하자 이 부칙은 2004년 저작권법 개정에 의하여 폐지되고, 영화저작물을 제외한 모든 저작물에 대하여 대여권이 미치게 되었다.[423]

---

421) 일본 저작권법 제26조 및 제26조의3.

422) 加戶守行, 전게서, 203면.

423) 다만, 위 2004년 개정 저작권법 부칙 제 4 조에서 경과규정을 두어, 도서대여업자가 종전부터 공중에 대한 대여의 목적으로 소지하고 있는 서적·잡지에 대하여는 대여권의 효력이 미치지 않는 것으로 하고 있다.

4. 영리를 목적으로 한 대여

대여권이 미치는 것은 상업용 음반이나 상업용 컴퓨터프로그램의 "영리를 목적으로 하는 대여"에 한정된다. 따라서 영리를 목적으로 하지 않는 개인적인 대여에 대하여는 대여권이 미치지 않는다. 어떤 경우가 "영리목적의 대여"에 해당하느냐 하는 점에 대하여는 독일 저작권법이 명문의 규정을 두고 있어서 해석의 참고가 될 만하다. 독일 저작권법 제17조 제3항은 '대여'란 제한된 시간 동안 영리목적으로 사용권한을 넘겨주는 것을 의미하며, 여기서 영리목적이라 함은 직접 또는 간접적으로 영리의 목적이 있는 경우를 포함한다고 규정하고 있다.

대여권과 유사하지만 구별하여야 할 개념으로 '공공대출권'(public lending rights)이 있다. 공공대출권이란 도서관에서 소장하고 있는 도서나 음반을 공중에게 대출하는 경우에는 그 도서나 음반이 이용되는 만큼 저작자로서는 판매의 기회를 잃어 재산적 손실을 보게 되므로 보상금을 지급하여야 한다는 취지에서 인정되는 권리이다. 공공대출권 제도는 1946년에 덴마크에서 세계 최초로 시작된 이래 영국·독일·네덜란드·오스트레일리아 등에서 성공적으로 시행되고 있다고 하나, 우리나라에서는 아직 도입하지 않고 있다.[424)]

대여인지 여부가 다투어진 사건으로서 일본 동경지방법원 1987. 4. 6. 판결[425)]은, 중고판매방식이라고 하면서 중고판매가격의 1할 내지 전액을 계약보증금·대금으로 하여 그 수령과 교환으로 고객에게 상품을 인도함과 동시에 고객에게 반환 약속 또는 재판매 예약이나 약속을 하고, 후일 반환일 또는 재판매일까지의 일수(日數)에 따른 금액을 계약보증금·대금과 정산한 다음 고객으로부터 징수하여 고객에게 상품을 반환시키는 방법의 영업을 대여권 침해라고 판시한 사례가 있다.

대여권은 컴퓨터프로그램에도 미치기 때문에, 예를 들어 렌터카의 엔진에 포함되어 있는 프로그램저작물의 복제물에 대하여도 대여권이 미치는가 하는 점이 문제로 될 수 있다. 오늘날 첨단 공업제품의 대부분에는 다양한 형태의 프로그램이 포함되어 있기 때문에 그에 대하여 대여권이 미치게 된다면 거래계에 큰 혼란을 가져올 우려가 있다. 따라서 그러한 경우에는 대여권이 미치지 않는 것으로 해석하여야 할 것이다.[426)]

---

424) 오승종·이해완, 전게서, 313면.
425) 판례시보 1227호 112면.
426) 中山信弘, 著作權法, 법문사(2008), 209면.

Ⅷ. 2차적저작물작성권

저작자는 그의 저작물을 원저작물로 하는 2차적저작물을 작성하여 이용할 권리를 가진다(저작권법 제22조). 여기서 '2차적저작물'이라 함은 원저작물을 번역·편곡·변형·각색·영상제작 그 밖의 방법으로 작성한 창작물을 말한다(저작권법 제5조 제1항). 개정 전 저작권법은 '2차적저작물 등의 작성권'이라고 하여 2차적저작물뿐만 아니라 그 저작물을 구성부분으로 하는 편집저작물을 작성하여 이용할 권리까지를 포함하고 있었다. 그러나 편집저작물은 원저작물을 구성부분으로 하는 새로운 저작물로서 원저작물 저작자의 복제권이 미치는 대상이고, 따라서 편집저작물의 작성행위에 대하여는 복제권만으로도 충분히 통제가 가능하므로 별도의 입법적 조치가 필요하지 않다는 고려에 따라 개정 저작권법에서는 편집저작물작성권에 관한 부분은 삭제를 하였다.[427)]

2차적저작물작성권은 복제권과 함께 저작권침해 사건에 있어서 가장 큰 쟁점을 야기하는 중요한 권리이다. 이들 두 가지 권리는 원저작물을 기초로 하여 그와 동일한 유형물을 작성하거나(복제) 또는 동일하지는 않지만 실질적으로 유사한 새로운 저작물을 작성하는 행위(2차적저작물작성)를 통제할 수 있는 배타적 권리이다. 따라서 이미 작성된 저작물 또는 그 복제물을 단순히 이용하는 형태로서 새로운 작성행위를 수반하지 않는 공중송신권, 공연권, 전시권, 배포권 등과는 그 성격이 다르다. 그리하여 저작권침해 사건, 특히 표절과 관련된 사건들은 거의 대부분이 피고의 저작물이 원고의 저작물에 대한 2차적저작물에 해당하느냐, 즉 2차적저작물작성권의 침해가 있느냐 여부가 쟁점으로 된다.

2차적저작물과 관련하여서는 제2장 제3절의 '2차적저작물' 부분에서 상세히 살펴본 바 있고, 또한 2차적저작물작성권 침해 판단의 핵심이라고 할 수 있는 실질적 유사성 부분에 대하여는 제9장 "저작재산권 침해의 요건 및 판단기준" 부분에서 검토할 것이므로 여기서는 설명을 생략하기로 한다.

Ⅸ. 기 타

위에서 본 권리들 외에 우리나라 저작권법이 수용하고 있지는 않지만, 국제협약이나 다른 나라의 저작권법에서 보호하고 있는 권리들로서 다음과 같은 것들이 있다.

427) 문화관광부, 2005-개정저작권법 설명자료, 34면.

1. 수입권(right of importation)

수입권은 저작물의 원본이나 합법적으로 제작된 복제물이 판매 등의 방법으로 거래에 제공된 이후에도 이를 자국 내에 수입하는 것에 대하여 통제할 수 있도록 하는 권리이다. 앞에서도 본 바와 같이 수입권은 권리소진의 원칙의 국제적 적용범위와 깊은 관련이 있다. 권리소진의 원칙의 적용 범위와 관련하여서는 '국내 소진'과 '국제 소진' 두 가지 입장이 있다. '국내 소진'의 입장에 따르면 일단 저작물의 원본이나 복제물이 해외에서 적법하게 판매된 것이라 하더라도, 그것을 병행수입 행위 등을 통하여 국내로 수입하여 공중에게 다시 판매의 방법으로 거래에 제공하고자 할 경우에는, 배포권이 소진되지 않으므로 새로 저작재산권자의 허락을 받아야만 한다. 그리고 이는 저작재산권자에게 '수입권'을 부여하는 것과 같은 결과가 된다.

현재에는 미국과 유럽연합 등이 이 권리를 채택하고 있고, 일본은 권리소진의 원칙과 관련하여 '국제 소진'의 원칙을 취하고 있으나 2004년 저작권법 개정(2005. 1. 1. 시행)을 통하여 음반에 대하여만 제한적으로 수입권을 인정하고 있다.

2. 미술저작물의 재판매 보상청구권(droit de suite)

추급권(追及權)이라고도 한다. 미술가가 자신의 미술저작물을 판매한 이후에도, 그것이 경매 또는 화랑 등 공개시장을 통하여 계속하여 판매되는 경우에 그 매매가격의 일부를 보상금으로 청구할 수 있는 권리를 말한다. 베른협약 제14조의3에서 이 권리를 회원국들이 선택적으로 수용할 수 있도록 규정하고 있으며, 유럽연합 국가들과 브라질, 우루과이, 모로코, 필리핀, 뉴질랜드 등의 국가들 및 미국에서는 캘리포니아 주가 유일하게 이 권리를 도입하고 있다고 한다.[428)]

428) 임원선, 전게서, 140면 참조.

Chapter 05

저작재산권의 변동과 저작물의 이용

C / H / A / P / T / E / R 05

저작재산권의 변동과 저작물의 이용

제 1 절 저작재산권의 양도

Ⅰ. 저작재산권 양도의 의의

저작자는 저작물에 관하여 저작권법 제11조 내지 제13조의 규정에 의한 저작인격권과 제16조 내지 제22조의 규정에 의한 저작재산권을 갖는다(법 제10조 제 1 항). 저작인격권은 저작자의 인격적 이익을 보호하는 권리로서 일신에 전속하지만, 저작재산권은 경제적 이익을 보호하는 권리로서 타인에게 양도할 수 있다. 저작권법 제45조 제 1 항은 "저작재산권은 전부 또는 일부를 양도할 수 있다"고 규정하고 있으며, 이는 저작재산권의 양도성을 명문으로 인정한 것이다.

다른 사람이 창작한 저작물을 이용하는 방법으로서는 크게 저작재산권을 양도받는 방법과 이용허락을 받는 방법의 두 가지가 있을 수 있다. 저작재산권의 양도는 당사자의 의사표시만으로 그 효력이 발생한다. 저작권법 제54조에서 저작재산권의 양도는 이를 등록하지 아니하면 제 3 자에게 대항할 수 없다고 규정하고 있지만, 그 규정 자체에서 알 수 있듯이 저작재산권 양도에 있어서 등록은 효력발생요건이 아니라 대항요건이다. 따라서 별도로 저작재산권 양도 사실을 등록하지 않는다 하더라도 양도의 효력은 발생하고, 다만 그 양도 사실을 제 3 자에게 대항할 수 없을 뿐이다.

저작재산권을 양도하는 계약 등의 법률행위는 일반적으로 저작재산권의 이전을 직접적인 목적으로 하는 이른바 '준물권행위'(準物權行爲) 또는 '준물권계약'(準物權契約)으로서의 성질을 가진다.[1)] 저작재산권의 이전을 직접적인 목적으로 하는 계약이 체결되면 별다른

1) 다만, 뒤에서 살펴보는 "장래 발생할 저작재산권을 양도하기로 하는 계약"은 채권적 계약으로 보아야

절차 없이 저작재산권이 양수인에게 이전되고, 그 계약이 무효이면 저작재산권은 처음부터 이전되지 않았다고 보아야 한다.[2)]

Ⅱ. 저작재산권의 일부양도, 제한적 양도

1. 의 의

저작권법 제45조 제1항은 저작재산권은 그 '일부'를 양도할 수 있음을 규정하고 있다. 저작재산권은 저작물이 포괄하고 있는 당해 저작물의 이용에 관한 각종의 권리를 말한다. 따라서 그 전부를 양도할 수도 있지만, 그러한 포괄적인 저작재산권을 각각의 지분권으로 분리하여 양도하거나 또는 권리의 내용 및 이용태양에 따라 임의로 분할하여 양도하거나, 아니면 저작재산권을 행사할 지역이나 장소, 기한 등에 관하여 일정한 제한을 덧붙여 양도하는 것도 가능하다. 저작권법 제45조 제1항은 이를 명문으로 인정한 것이다. 사실 저작재산권은 경제적 권리이므로 당연히 양도성을 갖는다. 따라서 저작재산권을 양도할 수 있다는 것은 이러한 당연한 법리를 선언한 것에 다름 아니므로, 법 제45조는 결국 저작재산권의 '일부'를 양도할 수 있다는 점을 규정하였다는 점에서 보다 큰 의미를 갖는다 할 것이다.

2. 지분권의 양도

가. 지분권의 분리 양도

저작재산권의 일부를 양도할 수 있다면, 과연 어떤 형태로 분리하여 양도할 수 있는 것인지를 검토해 보아야 한다. 우선 저작재산권을 이루는 각각의 지분권들로 나누어 양도하는 것을 생각해 볼 수 있다. 저작권법은 저작재산권의 내용을 제16조 내지 제22조(복제권 내지 2차적저작물작성권)로 나누어 규정하고 있으므로 이들 각각의 권리(지분권)를 분리하여 그 분리된 지분권을 양도하는 것은 당연히 가능하다. 이러한 지분권들은 모두 별개의 권리로서 독자적인 사회적 기능을 수행하고 있고, 실제에 있어서도 독립하여 거래의 대상으로 되고 있기 때문이다.

저작권법 제18조의 공중송신권은 다시 방송권, 전송권, 디지털음성송신권 등의 권리로

한다는 해석이 있다. 오승종·이해완, 저작권법, 제4판, 박영사, 2005, 314면.

2) 대법원 2003. 4. 22. 선고 2003다2390 판결.

나누어지는데, 이들 각각의 권리도 분리하여 양도하는 것이 가능하고 실제 거래에 있어서도 이들은 독립된 권리로서 기능하고 있다. 또한 저작권법 제22조의 2차적저작물작성권은 저작자가 "그의 저작물을 원저작물로 하는 2차적저작물을 작성하여 이용할 권리"이므로, 2차적저작물을 작성할 권리와 그것을 이용할 권리도 분리하여 양도하는 것이 가능하다고 볼 수 있다.

나. 양도의 세분화와 그 한계

그런데 여기서 더 나아가 개별적인 지분권을 더 세분하여 양도하거나 이용의 태양을 더욱 세분하여 양도하는 것이 무한정 허용될 수 있는지에 대하여는 검토를 해 보아야 한다. 원칙적으로는 독립된 경제적 효용을 기대할 수 있는 부분마다 그 권리를 나누어 양도할 수 있다고 볼 수 있을 것이다. 또한 개별적인 권리로서 구별될 수 있고 사회적으로도 구별하여 취급할 필요성이 있는 경우라면 분리하여 양도할 수 있다고 보아야 할 것이다. 예를 들면, 같은 복제권이라고 하더라도 실무적으로는 인쇄·출판을 내용으로 하는 권리와 녹음권, 녹화권은 각각 분리독립된 사회적 기능을 수행한다. 따라서 저작권 실무처리에서도 이들은 완전히 별개의 권리로 취급되고 있다. 그렇다면 이러한 권리들은 독립된 권리로서 구별될 수 있고 또한 사회적으로도 구별하여야 할 필요성이 높은 권리라고 할 것이므로, 각각 분리하여 양도하는 것이 가능하다고 보아야 한다.[3]

마찬가지로 같은 2차적저작물작성권이라 하더라도 이용되는 태양이나 목적물에 따라서 완전히 독립된 기능을 수행하는 경우가 있다. 예를 들어, A라는 소설을 원저작물로 하여 B, C, D라는 별개의 영화들이 만들어진다든가, 또는 A라는 소설을 원작으로 하여 서로 다른 언어로 번역된 E, F, G라는 번역저작물이 작성되는 경우를 들 수 있다. 이들 B 내지 G의 저작물들은 모두 A라는 소설을 원저작물로 하는 2차적저작물이지만 경제적으로 각각 독립되어 거래의 대상이 될 수 있고 독자적인 역할을 수행한다. 그리고 저작권 실무처리에서도 역시 완전히 별개의 권리로 취급되는 것이 보통이다.[4] 따라서 이때 A 소설의 원저작자가 가지는 저작재산권 중 B 내지 G에 대한 각각의 2차적저작물작성권들은 개별적으로 구분되어야 할 필요성이 있으며, 각각의 분리양도 역시 가능하다고 보아야 한다.

그런데 이와 같이 저작재산권의 분리양도가 가능하다고 하더라도 무한정 세분하여 양도하는 것을 모두 허용한다면 오히려 거래의 안전을 해하고 혼란을 가져올 우려가 있다.

---

3) 加戸守行, 著作權法 逐條講義四訂新版, 社團法人 著作權情報センター, 362면.

4) 문예작품이나 학술논문과 같은 어문저작물의 번역에 있어서는 출판계의 실무상으로도 번역되는 언어마다 그 번역출판권이 구별되고 있다.

저작권은 발생 및 이전에 있어서 어떠한 형식도 필요하지 않을 뿐만 아니라, 지분권의 양수인은 양수한 범위 내에서 당해 저작물의 배타적인 이용을 할 수 있음과 동시에 타인에게 이용허락을 하는 것도 가능하다. 그러므로 지분권을 필요 이상으로 세분화하는 것을 인정하면, 원래의 저작권자와 위와 같이 세분화된 권리의 양수인이 각자 제 3 자에게 이용허락을 한 경우, 또는 위 권리자들과 침해자 사이에 손해배상청구소송이 제기된 경우 등에 있어서 상당한 혼란이 발생할 가능성이 있다. 따라서 분리양도의 세분화에는 어느 정도 한계가 있어야 한다.[5)]

예를 들어, 저작재산권의 지분권 중 하나인 복제권을 다시 세분하여 서적 출판을 위한 복제권, 그 중에서도 문고본(文庫本)을 제작하기 위한 복제권과 호화본(豪華本)을 제작하기 위한 복제권으로 나누는 경우를 생각해 보자. 복제권을 이용허락의 대상으로 세분화하는 경우라면 몰라도, 이용허락이 아닌 양도의 목적으로 복제권을 이와 같이 세분화하는 것은 오히려 거래의 혼란만 가져오기 때문에 허용되지 않는다고 보아야 한다는 견해가 유력하다.[6)] 왜냐하면 복제권을 문고본에 대한 권리와 호화본에 대한 권리로 세분하여 양도하였는데 그 각각의 권리의 양수인이 서로 다른 사람이라면, 제 3 자가 동일한 책을 새로운 판형(版型)으로 무단출판을 하였을 경우, 또는 등사(謄寫)를 하거나 복사기기를 사용하여 대량으로 복제를 하였을 경우 이들 양수인들 중 누구의 권리를 침해하는 것인지 불분명하여 혼란이 발생할 수 있다는 것이다. 따라서 저작재산권의 일부를 양도하는 것이 가능하다고 하더라도 이러한 정도까지 세분하여 양도하는 것은 허용되지 않는다고 해석하여야 할 것이다.

저작재산권을 어느 정도까지 세분하여 양도하는 것이 허용될 것인가는, 당해 저작물의 성질, 세분화된 권리의 이용태양, 세분화를 하여야 할 합리적 이유, 독립하여 취급하여야 할 사회적 필요성의 유무, 실무관행, 같은 목적을 달성하기 위한 다른 수단의 존재, 세분화된 양도를 인정할 경우 권리관계가 불명확하게 되거나 복잡하여짐으로써 발생하는 불이익 등의 제반사정을 종합적으로 고려하여 신중하게 판단하여야 한다.[7)]

3. 장소적 제한이 붙은 양도

저작재산권을 장소적으로 분할하거나 장소적 제한을 가하여 양도하는 것이 가능한지 여부이다. 통설은 이러한 양도를 인정한다. 특히 국가 단위로 제한하여 양도하는 것, 예를

5) 오승종·이해완, 전게서, 315면; 足立謙三, "著作權の移轉と登錄", 裁判實務大系: 知的財産關係訴訟法, 靑林書院, 1997, 268면; 加戶守行, 著作權法 逐條講義, 四訂新版, 社團法人 著作權情報センター, 363면.

6) 加戶守行, 전게서, 363면.

7) 足立謙三, 전게서, 268면.

들어 대한민국에서의 공연권과 미국에서의 공연권을 분리하여 양도하는 것이 가능하다고 보는 데에는 국내외의 학설이 대부분 일치하고 있다.[8] 그러나 여기서 더 세분하여 예를 들어, 대한민국 중에서도 서울에서만 출판할 권리, 미국 중에서도 뉴욕에서만 공연할 권리 등으로 나누어 저작재산권을 양도하는 것이 가능한지 여부에 대하여는 견해의 대립이 있다. 이를 부정하는 견해에서는 그렇게 세분하여 양도할 경우 저작재산권이 하나의 독립적인 권리로서의 존재가치를 상실하게 된다는 점, 누가 권리자인지를 외부에서 쉽게 알 수 없게 되어 거래의 안전을 해할 우려가 있다는 점, 독점적 이용허락계약을 체결함으로써 그와 같이 세분하여 양도하는 것과 거의 동일한 목적을 달성할 수 있다는 점을 그 근거로 든다.[9]

실제로 저작재산권을 장소적으로 제한하여 양도하는 것을 인정할 경우 극단적인 예를 들면, A라는 무용극을 서울 내에서도 세종문화회관에서 공연할 권리만을 양도하는 것도 가능하게 되고, 그렇게 되면 권리의 지나친 세분화가 이루어져 저작재산권의 재산권으로서의 독립적인 가치나 저작재산권자의 확정성이 흔들릴 위험성이 있다. 이 문제에 대하여도 획일적인 결론을 내리기보다는 지분권 세분화의 한계를 그을 때 고려해야 할 앞에서 든 제반 사정을 종합적으로 고려하여, 그와 같이 장소적으로 세분하여 양도하여야 할 사회적 타당성이 있는지 여부에 따라 한계를 설정하는 것이 바람직하다.[10]

4. 기한부 양도

가. 문제의 소재

다음으로는 저작재산권을 시간적으로 분할하거나 시간적 제한을 부가하여 양도하는 것, 즉 기한을 정하여 양도하는 경우를 생각해 볼 수 있다. 이러한 양도도 유효하다고 보는 것이 통설이다.[11] 예를 들어, 2007년 3월 1일부터 3년간 저작재산권을 양도하는 경우이다. 통설에 의하면 이 경우에는 저작재산권 양도의 효과는 완전히 발생하지만, 3년의 기간이 경과함과 동시에 저작재산권은 '자동적'으로 다시 원래의 권리자에게 환원된다고 한다. 따라서 실질적으로는 저작재산권의 양수인이 3년간 독점적 이용허락을 받는 것과 동일하지만, 그 기간 중에 제 3 자의 저작재산권 침해행위가 있을 경우에는 양도인(원래의 저작재산

8) 허희성, 신저작권법 축조해설, 범우사, 1988, 175면, 內田 晉, 問答式 入門 著作權法, 新日本法規出版 株式會社, 2000, 291면; 足立謙三, 전게서, 269면; 加戶守行, 전게서, 364면; 송영식 · 이상정, 저작권법개설, 전정판, 세창출판사, 2000, 180면 등.
9) 內田 晉, 전게서, 291면 참조.
10) 오승종 · 이해완, 전게서, 316면.
11) 足立謙三, 전게서, 269면.

권자)이 아니라 양수인이 그 제 3 자에 대하여 직접 저작재산권의 침해를 주장할 수 있다는 점에서 큰 차이가 있다. 또한 기한을 정한 저작재산권의 양도는 그 기간이 경과하면 저작재산권이 원래의 권리자에게 환원된다는 점에서 환매특약부 양도계약의 성질과 유사하다고 한다.[12)]

그러나 기한을 정한 저작재산권의 양도를 유효하다고 하면서 그 기한이 도래하면 저작재산권은 원래의 양도인에게 자동적으로 환원된다고 보는 통설의 입장에는 의문스러운 점이 있다. 우선, 기간을 정한 독점적 이용허락을 함으로써 기한을 정하여 저작재산권을 양도하는 것과 동일한 목적을 달성할 수 있기 때문에 굳이 그러한 양도를 인정할 실익이 적다. 물론 위 통설의 입장에서 본 바와 같이 기한을 정한 저작재산권 양도의 경우 양수인이 직접 제 3 의 침해자를 상대로 소송을 제기할 수 있다는 점에서 독점적 이용허락의 경우와는 차이가 있다. 나아가 독점적 이용허락의 경우 대외적으로는 원래의 저작재산권자가 여전히 저작재산권자로 인정되므로, 권리의 독점적 효력의 면에 있어서는 독점적 이용허락의 경우보다 기한을 정한 저작재산권의 양도의 경우가 아무래도 강하다는 점도 있다. 실제로도 양도인의 입장에서 양도 기간 동안은 저작재산권자의 지위에서 물러나 아무런 관여도 하지 않고, 침해자가 있을 경우 양수인이 직접 나서서 모든 방어행위를 알아서 할 것을 원하는 경우도 있을 것이므로, 그러한 당사자들의 의사를 실현하기 위해서는 독점적 이용허락을 하는 것보다 기한을 정하여 저작재산권을 양도하는 것이 보다 확실할 것이다.

그러나 통설의 해석을 따를 경우 사안에 따라서는 상당히 복잡한 문제가 발생하게 된다. 우선, 통설의 입장에서는 정해진 기한이 경과함과 동시에 저작재산권은 '자동적'으로 원래의 권리자에게 환원된다고 하지만 과연 그렇게 될 수 있을지, 그리고 그렇게 보아야 할 법률상 근거가 있는지는 상당히 의문이다.[13)] 기한을 정하여 저작재산권을 양도받은 양수인이 그 기한 내에 양도받은 저작재산권을 제 3 자에게 다시 양도하는 등 처분행위를 하거나, 그 양도받은 저작재산권에 대하여 제 3 자로부터 압류나 가압류, 가처분 등이 있을 경우에 그 제 3 자와 저작재산권을 환원 받아야 할 원래의 권리자 및 양수인 사이에는 상당히 복잡한 법률관계가 형성될 수 있다. 통설의 입장에서는 기한을 정한 저작재산권의 양도가 일종의 환매특약부 양도계약과 성질이 유사하다고 하지만, 환매특약부 양도계약의 경우도 일정 기간이 지나면 소유권이 자동적으로 원래의 매도인에게 환원되는 것이 아니라 환매권을 실행하고자 하는 매도인의 의사표시[14)]가 있어야 한다. 그리고 그러한 의사표시가

12) 加戶守行, 전게서, 363면.

13) 加戶守行에 의하면 기한을 정한 저작재산권 양도의 경우 그 기간이 경과하면 '자동적'으로 저작재산권이 원래의 양도인에게 환원된다고 하면서도, 그 성질은 환매특약부 양도계약과 흡사하다고 하고 있는데(加戶守行, 전게서, 363면), 이는 모순이라고 생각된다.

있기 전에 매수인이 제 3 자에게 그 물건에 대한 소유권을 다시 양도함으로써 전득자(轉得者)가 생긴 경우에는 원래의 매도인은 환매권의 보류를 미리 등기하여 놓지 않는 이상(부동산의 경우) 그와 같은 전득자 등 제 3 자에게 환매권으로 대항할 수 없다.

나. 소 결

이러한 점에 비추어 볼 때 기한을 정한 저작재산권 양도의 효력을 통설의 입장과 같이 무조건 인정할 수는 없다고 생각한다. 물론 양수인이 직접 제 3 의 침해자를 상대로 침해금지청구소송을 제기하는 등 당사자의 지위에 설 수 있어 실익이 없는 것은 아니지만, 뒤에서 보는 바와 같이 독점적 이용허락을 받은 자도 저작재산권자를 대위하여 제 3의 침해자를 상대로 침해금지청구소송을 제기할 수 있다고 본다면 그 실익은 그다지 크다고 할 수 없다. 이에 비하여 그 기한 내에 압류채권자나 전득자 등 이해관계를 가지는 제 3 자가 나타나는 것은 실제로 매우 비일비재하게 일어날 수 있는 상황이고, 그렇게 될 경우 당사자들 사이의 법률관계가 복잡해질 뿐만 아니라, 거래의 안전도 심각한 위협을 받게 될 소지가 있다.

물론 부동산의 경우에 환매권 보류의 등기를 함으로써 환매권의 존재를 공시하고 나아가 제 3 자에게 대항할 수 있는 것처럼, 저작재산권의 경우에도 그러한 기한의 제한이 있는 저작재산권의 양도임을 저작권등록부에 등록하여 공시하는 것이 하나의 방법이 될 수도 있을 것이다.[15] 그러나 저작재산권의 발생은 무방식주의로서 등록을 하지 않았다 하더라도 창작과 동시에 저작재산권이 발생하는 관계로 아직 대부분의 저작물이 등록되지 않고 있는 것이 현실인 점, 그리고 부동산의 경우에는 등기가 권리변동의 요건으로 되어 있음에 반하여 저작재산권에 있어서는 등록이 단순한 대항요건에 불과하다는 점에 비추어 볼 때, 기한의 제한이 있는 저작재산권의 양도라는 점을 저작권등록부에 등록한다고 하더

---

14) 환매권은 형성권이므로 이때의 의사표시는 일방적 의사표시로서 족하다.

15) 저작재산권의 권리변동 등의 등록에 관하여 규정하고 있는 저작권법 제54조의 규정에 비추어 볼 때, 저작재산권의 양도 등록을 하면서 기한의 제한이 있다는 점을 아울러 등록할 수 있는지 여부도 문제가 될 수 있다. 저작권법 제54조 제 1 호가 등록을 할 수 있는 사항으로 저작재산권의 양도 또는 처분제한만을 들고 있는데, 저작재산권의 양도에 기한의 제한이 있다는 것이 그 중 어느 사항에 속할 수 있는지 불분명하기 때문이다. 또 만약 등록을 할 수 있다면 그 형식은 부동산등기에 있어서 환매등기의 경우를 유추하여 부기등록의 형식으로 이루어져야 할 것인지(부동산등기법 제64조의2 참조), 아니면 저작권법 제54조 제 1 호에 의한 처분제한의 등록 형식으로 하여야 할 것인지도 의문이다.
한편, 이에 대한 저작권위원회의 등록실무를 보면, 저작재산권의 권리변동에 관한 등록신청을 하면서, 양도의 경우에 당사자 사이에 '기간', '국가', '언어' 등에 있어서 특약이 있는 경우에는 이를 신청서에 기재함으로써 등록할 수 있도록 하고 있다. 저작인접권 및 데이터베이스제작자의 권리 등의 양도의 경우에도 마찬가지이다.

라도 과연 얼마만큼 공시적 효력이 있을지 의문이며, 그러한 등록으로 인하여 거래의 안전이 유지될 것이라는 보장도 전혀 없다. 결국 기한을 정한 저작재산권의 양도의 유효성을 통설과 같이 무조건 인정할 것은 아니고, 이 문제는 양도인과 양수인 등 당사자의 의사는 물론이고 양수인으로부터 다시 권리를 양수하는 등으로 새로운 이해관계를 맺게 된 제3자와의 관계에서 거래의 안전을 고려하여 그 효력의 인정여부 및 범위를 결정하여야 할 것이다.

그렇다면 저작재산권자가 기한을 정하여 저작재산권을 양도하는 계약을 체결한 경우에는 그 계약서의 형식이 '저작재산권 양도계약' 등 무엇으로 되어 있든지 간에 계약 내용의 실질을 따져 보아서 그 정해진 기간 동안 저작재산권의 독점적 이용허락을 부여한 계약으로 해석하든가, 아니면 저작재산권을 완전히 양도하되 일정 기간이 경과하면 원래의 권리자가 환매를 할 수 있는 환매권을 보류한 양도계약으로 해석하는 것이 옳다고 생각한다. 만약 전자로 해석된다면 그 독점적 이용허락계약에는 원래의 권리자, 즉 양도인도 그 기간 동안에는 저작재산권을 행사할 수 없도록 하는 당사자 사이의 특약이 있는 것으로 보아야 할 것이다. 그리고 후자, 즉 환매권을 보류한 저작재산권의 양도계약으로 해석할 경우에는 민법상 환매에 대한 법리의 적용을 받게 될 것이고, 따라서 환매권 보류의 등록을 하지 않은 이상 제3자에게 대항할 수 없다고 보아야 할 것이다. 독점적 이용허락으로 볼 것인지 아니면 환매권을 보류한 양도계약으로 볼 것인지는 결국 당사자의 의사와 계약에 이르게 된 경위, 대가의 지급방법[16] 등을 종합적으로 고려하여 결정할 것이지만, 당사자의 의사가 원래의 권리자, 즉 저작재산권 양도인이 그 정해진 기간 동안 대내적으로는 물론이고 대외적으로도 권리행사를 하지 못하도록 하려는 취지가 분명하다면 굳이 '저작재산권 양도계약'의 외형을 취한 이상 다른 특별한 사정이 없는 한 독점적 이용허락이 아니라 환매권을 보류한 양도계약으로 보는 것이 타당할 것으로 생각된다.

다. 문제점

다만, 이와 같이 해석할 경우에도 한 가지 문제가 있다. 그것은 기한을 정한 저작재산권의 양도가 독점적 이용허락으로 해석되느냐, 아니면 환매권을 보류한 양도계약으로 해석되느냐에 따라서 양수인으로부터 다시 권리를 양수한 제3자의 지위가 완전히 달라지기 때문에, 오히려 제3자의 지위가 불안해짐으로써 거래의 안전을 해칠 수 있지 않겠느냐 하

16) 기한을 정한 저작재산권 양도계약을 체결하였는데, 그 대가의 지급방법이 일괄지급(예를 들어, 계약금, 중도금, 잔금으로 지급하는 형태)이 아니라 사용료 지급의 형태(예를 들어, 판매부수의 몇 % 등)를 취하고 있다면 이는 양도계약이 아니라 독점적 이용허락계약으로 해석할 하나의 징표가 될 수 있을 것이다.

는 점이다.

즉, A가 B에게 기한을 정한 저작재산권 양도를 해 주었는데, 그것이 독점적 이용허락으로 인정된다면 이는 채권에 불과하기 때문에 B로부터 다시 권리를 양수한 제 3 자 C는 저작재산권을 전혀 취득할 수 없게 된다. 반면에 환매권을 보류한 양도계약으로 인정된다면 환매권 보류의 등록이 되어 있지 않은 이상 B로부터 다시 저작재산권을 양수한 제 3 자 C는 완전한 저작재산권을 취득하게 된다. 따라서 독점적 이용허락으로 해석될 경우의 C의 지위는 환매권을 보류한 양도계약으로 해석될 경우에 비하여 훨씬 열악해지는 것이다.

그러나 이 문제는 독점적 이용허락이라고 해석될 경우, A가 B에 대하여 그 독점적 이용허락에 따른 권리를 제 3 자에게 양도하는 것을 사전에 동의한 것으로 보는 것으로써 해결할 수 있을 것이다. 즉, 저작권법 제46조 제 3 항은 허락에 의하여 저작물을 이용할 수 있는 권리는 저작재산권자의 동의 없이 제 3 자에게 양도할 수 없다고 규정하고 있는바, 기한을 정한 저작재산권의 양도를 독점적 이용허락으로 해석할 경우에는 B가 그 이용권을 제 3 자에게 다시 양도하는 것을 A가 사전에 동의한 것으로 해석하는 것이다. 이는 A의 입장에서 볼 때 계약 상대방인 B의 지위가 일반적인 독점적 이용허락보다 더 강한 저작재산권을 양도하는 외형으로 계약을 체결하였음을 고려하면 충분히 가능한 해석이라고 생각된다. 그렇게 되면 B로부터 그의 권리를 다시 양수한 제 3 자 C는 B의 지위를 승계하여 그가 가지고 있던 독점적 이용권을 그대로 행사할 수 있게 된다. 다만, B의 지위를 승계한 C는 원래의 양도계약에서 정해진 기한이 경과하면 그 이용권이 소멸되는 것을 감수하여야 하나, 그로 인하여 거래의 안전이 크게 위협을 받지는 않을 것이다.

한편, 위 계약이 환매권을 보류한 저작재산권의 양도계약으로 해석될 경우에는, 환매권 보류의 등록을 해 두지 않은 이상 제 3 자 C는 완전한 저작재산권을 취득하게 되고, A는 저작재산권을 회복할 수 없게 된다. 따라서 그 위험은 A가 부담하게 되는 것이고, 다만 A는 B에 대하여 환매권 상실에 따른 손해배상 등을 청구할 수 있을 뿐이다.

우리 하급심 판결 중에는 시간적 제한이 붙은 양도계약을 그 계약서 제목 표시(저작권 양도계약)에도 불구하고 이용허락계약으로 해석한 사례가 있다. 서울고등법원 2007. 2. 7. 선고 2005나20837 판결(일명, '만화 그리스·로마 신화' 사건)은, 저작자와 체결한 저작권 양도계약서 제 9 조에 "본 계약의 유효기간은 10년으로 한다. 단, 계약 종료 3개월 이전까지 서면상 해지통보가 없는 경우 3년씩 자동연장되는 것으로 한다"라고 규정하고 있는 사건에서, 이러한 규정 내용에 비추어 보면 이 사건 양도계약은 문서의 제목이나 다른 조항에서 '저작권 양도'라고 표시하였다 하더라도 계약 당사자 간의 진실한 의사표시는 '저작권 이용'에 관한 계약이라고 봄이 타당하다고 하였다.

Ⅲ. 2차적저작물작성권 양도에 관한 특례 규정

1. 의 의

저작권법은 저작재산권의 전부를 양도하는 경우에 특약이 없는 때에는 제22조의 규정에 의한 2차적저작물을 작성하여 이용할 권리, 즉 원저작물을 기초로 번역·편곡·변형·각색·영상제작 그 밖의 방법으로 작성하여 이용할 권리는 포함되지 아니한 것으로 추정한다(저작권법 제45조 제2항).

일본 저작권법도 동일한 규정을 두고 있다.[17] 일본에서 이러한 규정을 두게 된 원래의 취지는, 신문사 등이 주최하는 현상공모 또는 신춘문예작품 공모에 출품하는 작품에 대하여 아예 그 응모요강에 "당선된 작품에 대한 저작권은 신문사에게 귀속된다"고 하는 조항이 들어 있는 경우가 많은데, 이런 경우에 2차적저작물에 대한 권리까지 신문사에게 귀속된다고 하면 당선작 저작자는 자신의 창작물을 영화화하거나 번역하는 것이 불가능해지기 때문에, 약자의 지위에 있을 수밖에 없는 응모자들의 권리를 보호하기 위한 것이라고 한다. 즉, 일방 당사자에 의하여 획일적으로 정해진 계약내용의 수용을 어쩔 수 없이 강제당하는 상대방 당사자의 권리를 보호하기 위한 것이 본 규정의 취지라는 것이다.[18]

그러나 오늘날에 있어서 이 규정은 계약내용이 약관과 같이 미리 정형적으로 정해져 있는 경우뿐만 아니라, 당사자가 대등한 입장에서 자유로운 의사에 기한 쌍방 교섭에 의하여 체결되는 계약에 대하여도 적용된다는 점에서, 입법 당시의 원래의 취지보다 그 의미가 더 커졌다고 할 수 있다. 오늘날 저작권법이 저작재산권의 전부를 양도하는 경우에라도 특약이 없으면 2차적저작물작성권은 포함되지 않는 것으로 추정하는 규정을 두고 있는 것은, 저작자가 자신의 창작물에 대한 저작재산권을 양도한다 하더라도, 동일한 작품이 아니라 그 창작물을 변형하여 실질적으로 유사하지만 사실상 별개인 작품을 창작하는 것은 당사자 사이에 특별한 의사표시가 없는 한 저작자의 권리로 남겨두어야 할 필요가 있기 때문이다. 그렇게 하지 않을 경우 저작자의 창작의 자유 및 경제적 권리가 심하게 훼손되게 된다. 왜냐하면 대부분의 저작자들은 작품을 창작함에 있어서 일정한 작풍(作風)을 가지는 경향이 있고, 따라서 동일한 저작자가 창작한 작품들은 일견 유사성을 가질 수도 있어서, 2차적저작물작성권까지 양도하게 되면 자신의 작풍을 유지하는데 곤란을 받을 가능성을 배제할 수 없기 때문이다.

---

17) 일본 저작권법 제61조 제2항.
18) 加戸守行, 전게서, 365-366면.

또한 저작재산권을 양도하는 경우에 양도인의 통상적인 의사는 자신의 저작물을 원작 그대로의 형태로 이용할 권리를 양도하는 것이고, 그 저작물이 향후 어떠한 형태로 변형이용 되어 어떠한 부가가치(附加價値)를 가질 것인지에 대하여는 쉽게 예상하기 어렵다. 따라서 그러한 변형된 부가가치를 가지는 이용행위에 대한 권리까지 양도하는 것으로 보기는 어렵다는 점도 본 항의 근거가 될 수 있다.

예를 들어, 甲이라는 소설가가 자신이 창작한 A라는 소설의 저작재산권을 출판사에 양도한 경우 甲은 그러한 양도에도 불구하고 A 소설과 유사하지만 실질적인 변형을 가한 A'라는 소설을 창작하는 행위를 자유롭게 할 수 있으며, 이는 저작재산권을 양도받은 출판사에 대한 저작권침해가 되지 않는다고 보아야 한다. 결국 2차적저작물을 작성하여 이용할 권리까지 양도한다는 것은 저작자의 입장에서 볼 때 창작의 자유뿐만 아니라 유사 저작물로 수입을 얻을 수 있는 경제적 권리를 심하게 제한 당하는 결과를 초래하기 때문에 그 양도는 극히 엄격하게 해석하여야 하고, 그런 이유로 본 항과 같은 특별한 규정을 두고 있는 것이다.

2. 2차적저작물작성권 양도 약정과 그 해석

가. 문제의 소재

따라서 저작재산권의 양수인이 저작권법 제22조의 2차적저작물작성권까지 양도를 받기 위해서는 양도계약서에 그러한 점을 분명히 해 둘 필요가 있다. 예를 들어, "번역권, 각색권, 영화화권 등 2차적저작물작성권을 포함하는 일체의 저작재산권"을 양도한다고 분명히 기재함으로써 본 항에 의한 추정의 효과가 발생하는 것을 막을 수 있을 것이다. 단순히 '모든 저작권' 또는 '저작재산권 일체'라고 하는 것만으로는 다른 사정이 없는 한 2차적저작물작성권까지 양도하는 특약을 한 것이라고 볼 수 없고, 따라서 그 경우에는 본 항의 적용을 막을 수 없다.[19)]

2차적저작물작성권까지 양도하기로 하는 특약의 존재에 의하여 본 항의 추정은 번복된다. 그 특약은 명시적으로뿐만 아니라 묵시적으로도 가능하다. 따라서 양도계약에 이르게 된 당사자의 의사와 양도 대가의 액수를 비롯한 계약 당시의 제반 상황을 종합적으로 고려하여 2차적저작물작성권까지 양도하기로 하는 특약이 있었는지 여부를 판단하여야 한다.

---

19) 加戸守行, 전게서, 367면.

나. 판　　례

2차적저작물작성권의 양도여부를 둘러싼 양도계약서의 해석과 관련하여 종합적인 판단을 하고 있는 하급심 판결이 있어 살펴보기로 한다.

서울지방법원 서부지원 2000. 6. 21. 선고 2000카합442 판결에서는 하단 각주에서 보는 바와 같은 사실관계 아래에서,[20] 저작권 양수인인 채권자와 저작권양도인 A 사이에 체결된 계약의 목적은 채권자가 출판업자의 지위에서 한 것이 아니라, 채권자가 경영하는 어학원에서 사용될 교재 발간을 위한 것으로, 그 개발과정에서 기획, 주문, 지시, 자료제공 등을 통한 채권자의 관여 및 개입의 여지가 상당하여 그 내용이 도급계약에 가까운 점, A에 대하여 용역도급의 대가로 지불하기로 한 금 1,500만원은 통상의 인세상당액을 크게 상회하는 것으로 보이는 점, 채권자와 A 사이에 체결된 계약서에 2차적저작물작성권이라는 용어가 사용된 것은 아니지만(즉, 2차적저작물작성권 양도에 관한 명시적인 특약은 없었다는 것이다), A가 용역수행과 관련하여 자료의 유출과 다른 도서에의 표절 또는 인용을 하지 아니할 의무를 부담하고 있고, 표절의 경우 저작권침해에 따른 책임을 부담한다는 내용이 있는 점, 그 계약 내용 중 제 1 서적에 저작자(삽화가)로 A의 이름을 표시하기로 하는 사항이 포함되어 있지 아니한 점 등에 비추어 보면, 적어도 제 1 서적 삽화에 대한 저작권 중 일본어교육교재와 관련한 2차적저작물작성권까지는 채권자에게 양도되었다고 봄이 상당하다고 하였다.

다. 판례의 의미

이 판결은 2차적저작물작성권 양도와 관련하여 다음과 같은 몇 가지 점에서 의의를 가진다.

첫째, 용역도급의 대가로 지불된 금액의 규모를 2차적저작물작성권 양도여부의 판단기초로 삼았다는 것이다. 저작자와 출판자 사이에 저작물 이용대가를 판매부수에 따라 지급

---

20) 이 판결의 사실관계는 다음과 같다. 채권자는 삽화가 A와 사이에 일본어 회화 교재(제 1 서적)에 들어갈 삽화를 약 1,500컷 제작하여 채권자에게 납품함과 아울러 삽화저작권 일체를 채권자에게 양도하고, 채권자는 A에게 위 삽화 1컷당 1만원씩 모두 1,500만원을 지급하되, A는 위 삽화저작과 관련하여 그 자료를 외부로 유출하거나 다른 도서에 이를 표절, 인용하여서는 아니 되는 의무를 부담하기로 하는 내용의 삽화제작용역계약을 체결하는 한편, 채무자(乙)과의 사이에 채무자(乙)이 위 일본어교재의 편집작업을 수행하되, 그에 따른 편집저작권 일체를 채권자에게 양도하고, 편집작업 수행 중 채권자가 제공한 자료를 외부로 유출 또는 훼손하여서는 아니 된다는 의무를 부담하기로 하는 내용의 편집용역계약을 체결하였다. 그런데 그 후 채무자(乙)은 독자적으로 채권자와는 별도로 일본어 초급교재를 출판하기로 하고, 그 삽화작업을 A에게 의뢰하여 일본어 초급교재(제 2 서적)를 출판하였다. 동일인 A에 의하여 작성된 제 1 서적과 제 2 서적의 삽화는 실질적으로 유사하다고 인정되었다.

하는 것이 아니라 미리 일괄지급하는 형태의 소위 매절계약(買切契約)의 경우에, 그 원고료로 일괄지급한 대가가 인세를 훨씬 초과하는 고액이라는 등의 입증이 없는 한 이는 저작재산권의 양도가 아니라 출판권설정계약 또는 독점적 출판계약으로 봄이 상당하다는 것이 판례[21]의 입장이다. 이 사건 판결은 이러한 판례의 취지에 따라 저작자와 출판자 사이에 저작물이용대가로 지급된 금액이 통상의 인세상당액을 크게 상회하는 점에 비추어 당사자들(채권자와 A) 사이의 계약을 저작재산권 양도계약으로 파악하였을 뿐만 아니라, 한 걸음 더 나아가 저작재산권 전부를 양도하는 경우에도 특약이 없는 한 양도되지 않는 것으로 추정하는 2차적저작물작성권까지 양수인에게 양도된 것으로 판단하였다. 물론 재판부의 이와 같은 판단은 단순히 지급된 금액이 인세상당액을 크게 상회한다는 점뿐만 아니라 뒤에서 보는 다른 여러 가지 사정도 고려한 종합적인 판단이었다고 보인다.

둘째, 2차적저작물작성권 양도여부를 판단함에 있어 신의성실의 원칙을 적용하였다는 점이다. 위 판시 부분에 직접적으로 나타난 것은 아니지만, 판결 후반부에서는 다음과 같이 판시하고 있다. 즉, "채무자와 A는 채권자와의 사이에 체결한 편집용역계약 및 삽화제작용역계약의 각 수급인으로서 일의 완성이라는 주(主)채무 외에 신의성실의 원칙에 따라 도급인인 채권자가 그 일의 결과에 대하여 가지는 이익을 침해하지 말아야 할 계약상의 부수적 의무를 부담한다고 할 것인데, 앞서 본 바와 같이 채무자가 일본어 회화교재인 채권자의 제 1 서적을 편집하면서 그 서적의 삽화제작자인 A를 알게 됨을 기화로, 그 표현내용이 유사할 수밖에 없음을 잘 알면서도 A로부터 삽화를 공급받아 자신이 발행하는 제 2 서적에 수록하였다면, 이와 같은 채무자의 행위는 자신이 신의성실의 원칙에 따라 채권자에게 부담하는 편집용역계약상의 부작위의무를 위반함과 아울러 A가 신의성실의 원칙에 따라 채권자에게 부담하는 삽화제작용역계약상의 부수적 의무를 위반하는데 적극 가담함으로써 채권자의 이익을 침해하였다고 봄이 상당하고, 채권자는 이러한 경우 그 위반에 따른 결과물을 제거하고 장래에 대한 적당한 처분을 청구할 수 있다"고 판시하고 있다.

셋째, 이 사건 판결에서는 삽화 저작권 중 "적어도 일본어교육교재와 관련한" 2차적저작물작성권까지는 채권자에게 양도되었다고 판단하였다. 즉, 2차적저작물작성권 전부는 아니라 할지라도 채권자가 영위하고 있는 일본어학원과 직접 관련되고, 또 이 사건 저작물제작 용역계약의 목적으로 된 일본어교육교재와 관련된 2차적저작물작성권은 채권자에게 양도되었다고 본 것이다. 일반적인 저작재산권양도계약에 있어서 다른 지분권들과 함께 2차적저작물작성권까지 양도되었다고 보게 되면 향후에 있어서 저작자의 창작의 자유를 심하게 제한하는 한편, 저작자의 경제적 권리까지 제한하는 결과를 초래한다. 따라서 2차적

21) 서울민사지방법원 1994. 6. 1. 선고 94카합3724 판결(한국저작권 판례집 Ⅱ).

저작물작성권의 양도를 인정하려면 당사자간에 그에 관한 특약이 있어야 하는데, 본건에서는 그러한 명시적인 특약은 없었다. 이에 이 판결에서는 당사자 간에 지급된 대가나 신의성실의 원칙만을 적용하여 2차적저작물작성권의 전부양도를 인정하는 것은 아무래도 무리라고 판단하였던지, 2차적저작물작성권 중 '일본어 교육교재와 관련한' 부분만이 양도된 것이라고 제한적으로 해석한 것이다. 이처럼 이 판결은 2차적저작물작성권의 일부 양도를 인정하였다는 점에서 특색이 있다.

라. 소 결

저작권법은 저작재산권의 일부양도를 인정하고 있다. 복제권, 공연권, 공중송신권, 전시권, 배포권, 2차적저작물작성권, 대여권 등의 지분권을 다시 그 이용형태에 따라 분할하여 양도하는 것도 일반적으로는 가능하되, 다만 지나치게 세분화하여 양도하는 것까지 가능하다고 볼 것인지는 다소 검토를 요하는 문제라는 점은 앞에서 언급하였다. 본 판결이 2차적저작물작성권을 전체적·일괄적으로 파악하지 아니하고 그 중 당사자 사이의 계약목적이 되었던 부분만을 따로 분리하여, 적어도 그 부분에 관련된 2차적저작물작성권에 대하여서만은 양도가 된 것이라고 판단한 것은 그러한 점에서 연구할 가치가 있는 이론구성이라고 할 것이다.

특히 최근에는 컴퓨터 및 정보통신 기술의 발달과 관련하여 각종 소프트웨어나 응용시스템 위탁개발이 활발하게 이루어지고 있는데, 이때 자주 문제로 되는 것이 개발자와 위탁자 중 결과물에 대한 2차적저작물작성권을 누가 갖느냐 하는 부분이다. 이 부분을 가지고 계약 당사자 사이에서 다툼이 자주 일어나기 때문에, 실무상 위탁개발 계약을 체결함에 있어서 계약서 문구의 작성에도 어려움이 많다. 본 판결이 계약목적과 관련된 범위 내에서의 2차적저작물작성권의 일부양도를 인정한 것은 이러한 문제에 대한 많은 시사점을 제공한다.

2차적저작물작성권 양도의 경우 그에 포함된 원저작물 저작권의 양도 또는 이용허락이 당연히 수반되는 것으로 볼 것인지에 관하여 대법원 2016. 8. 17. 선고 2014다5333 판결은, "2차적저작물은 원저작물과는 별개의 저작물이므로, 어떤 저작물을 원저작물로 하는 2차적저작물의 저작재산권이 양도되는 경우, 원저작물의 저작재산권에 관한 별도의 양도 의사표시가 없다면 원저작물이 2차적저작물에 포함되어 있다는 이유만으로 원저작물의 저작재산권이 2차적저작물의 저작재산권 양도에 수반하여 당연히 함께 양도되는 것은 아니다. 그리고 양수인이 취득한 2차적저작물의 저작재산권에 2차적저작물에 관한 2차적저작물작성권이 포함되어 있는 경우, 2차적저작물작성권의 행사가 원저작물의 이용을 수반한다면 양수인은 원저작물의 저작권자로부터 원저작물에 관한 저작재산권을 함께 양수하거나 원저작물 이용에 관한 허락을 받아야 한다. 한편 원저작물과 2차적저작물에 관한 저작재산권을 모두 보유한 자가 그중 2차적저작물의 저작재산권을 양도하는 경우, 양도의 의사표시에 원저작물 이용에 관한 허락도 포함되어 있는지는 양도계약에 관한 의사표시 해석의 문제로서 계약의 내용, 계약이 이루어진 동기와 경위, 당사자가 계약에 의하여 달성하려고 하는 목적, 거래의 관행 등을 종합적으로 고찰하여 논리와 경험의 법칙에 따라 합리적으로 해석하여야 한다."고 판시하였다.

3. 프로그램저작물에 대한 예외

이상에서 본 바와 같이, 저작재산권의 전부를 양도하는 경우에 특약이 없는 때에는 제22조에 따른 2차적저작물을 작성하여 이용할 권리는 포함되지 아니한 것으로 추정하지만, 프로그램저작물의 경우에는 저작재산권의 전부를 양도하는 경우에 특약이 없는 한 2차적저작물작성권도 함께 양도된 것으로 추정한다(저작권법 제45조 제 2 항 단서). 이처럼 프로그램저작물에 대하여 일반 저작물과 정반대 취지의 규정을 두고 있는 것은 실용적·기능적 저작물인 프로그램저작물의 특성상 업그레이드나 이용환경에 적합하도록 변형하는 등의 2차적저작물작성 행위가 빈번하게 일어날 수밖에 없다는 점을 고려한 것이다. 이 규정은 2002년 12월 종전 컴퓨터프로그램보호법을 개정하면서 신설된 규정인데, 동법이 2009년 법 개정으로 말미암아 저작권법에 흡수통합 되면서 저작권법 제45조 제 2 항 단서로 옮기게 된 것이다.

Ⅳ. 장래 발생할 저작재산권의 양도

장래 발생할 저작재산권을 양도하기로 하는 계약은, 예를 들어 아직 창작하지 아니하여 저작재산권이 발생하지 않은 저작물의 장래 발생할 저작재산권을 양도하기로 하는 계약상의 의무를 부담하고, 저작재산권이 발생함과 동시에 그 저작재산권을 양수인에게 이전하기로 하는 계약이다. 이에 관하여 현행법은 명문의 규정을 두고 있지 않다. 그렇지만 계약자유의 원칙상 이러한 계약 체결을 특별히 무효로 보아야 할 이유는 없다.[22] 장래 저작재산권이 발생하면 양수인에게 양도하기로 하는 채권계약은 물론이고, 장래 저작재산권이 발생함과 동시에 저작재산권이 양수인에게 이전되도록 하는 조건부 준물권계약도 유효한

22) 足立謙三, 전게서, 265-266면.

것으로 해석된다.[23]

다만, 저작자가 장차 저작할 모든 저작물의 장래 발생할 저작재산권을 일괄적으로 양도하는 것을 내용으로 하는 계약은 문제이다. 이런 계약에서 계약기간의 정함이 없고 저작자가 평생 그 계약에 구속되도록 하는 내용이라면, 민법상 일반원칙인 공서양속위반 금지에 반하므로 무효라고 보아야 할 경우가 있을 것이다.[24] 독일 저작권법은 장래 발생할 저작물의 저작재산권을 양도하는 계약의 효력을 인정하지만, 계약 후 5년이 경과하면 당사자가 그 계약을 해지할 수 있도록 하는 등 일정한 제한을 가하고 있다.[25]

뒤에서 저작권위탁관리업 부분에서 자세히 살펴보겠지만, 상당수의 신탁관리단체가 사용하고 있는 신탁약관에 의하면, 회원인 권리자는 자신이 창작한 모든 저작물은 물론이고 장차 창작할 저작물의 권리에 대해서도 신탁을 하는 것으로 규정하고 있다. 이를 이른바 '인별신탁'(人別信託)이라고 하는데, 이 제도가 공서양속에 위반하거나 신탁관리단체의 독점적 지위를 남용하는 것이 아닌가 하는 의문이 있다. 이에 최근에는 상당수의 신탁관리단체가 권리자의 선택에 의하여 자신의 창작물 중 일부분을 신탁관리 범위에서 제외시킬 수 있도록 약관을 개정하고 있다.

제 2 절 저작물의 이용허락

Ⅰ. 의 의

저작재산권자는 다른 사람에게 그 저작물의 이용을 허락할 수 있다(저작권법 제46조 제 1 항). 저작물의 이용허락은 저작재산권을 행사하는 가장 기본적인 형태라고 할 수 있다. 저작재산권자는 저작권법 제16조 내지 제22조의 권리를 가지며, 이들은 배타적 권리로서의 성질을 갖는다. 이는 저작재산권자가 그 권리의 내용이 되는 저작물의 이용행위를 할

---

23) 足立謙三, 전게서, 265-266면; 오승종·이해완, 전게서, 316-317면.

24) 內田 晋, 전게서, 295면; 오승종·이해완, 전게서, 317면.

25) 독일 저작권법 제40조 ① 상세히 정해지지 아니하거나 오직 종류에 의하여 정해지는 장래의 저작물에 대하여 저작자가 용익권을 부여하도록 의무를 부담하는 계약은 서면에 의한 형식을 요한다. 위 계약은 계약 체결 후 5년이 지나면 양 당사자에 의해 해지될 수 있다. 위 해지의 고지기간은 더 짧은 기간이 합의되지 아니하는 한 6개월이다. ② 위 해지권은 사전에 포기될 수 없다. 기타 계약상 혹은 법률상의 해지권은 이로 인하여 영향을 받지 아니한다. 독일저작권법, 저작권심의조정위원회, 저작권관계자료집 (45), 33면.

수 있다는 적극적인 의미와, 다른 사람이 저작재산권자의 허락 없이 그러한 행위를 하는 것을 금지할 수 있다는 소극적인 의미를 갖는다. 그러나 대부분의 이용행위는 저작재산권자 스스로 행하기보다는 이용행위를 할 수 있는 인적·물적 설비를 갖추고 있는 제 3 자에 의하여 이루어지는 경우가 많다. 따라서 타인의 이용행위에 대하여 승인을 해 주는 행위를 '허락'이라고 하고, 이를 저작재산권자의 권능으로 정하고 있는 것이 저작권법 제46조 제 1 항의 취지라고 볼 수 있다.

이때의 '허락'은 저작재산권 양도의 경우와는 달리 저작재산권자가 자신의 저작재산권을 그대로 보유하면서, 단지 허락을 받은 타인이 그 저작물을 이용하는 행위를 정당화시켜 주는 의사표시에 불과하다. 따라서 허락을 받은 이용자가 저작재산권자와의 이용허락계약에 의하여 취득하는 '이용권'은 준물권(準物權)으로서의 성질이 아니라, 저작재산권자에 대한 관계에서 자신의 저작물이용행위를 정당화할 수 있는 채권(債權)으로서의 성질을 가진다.[26]

Ⅱ. 이용허락의 범위와 이용권의 양도

1. 이용허락의 범위

저작권법 제46조 제 2 항은 저작물의 이용허락을 받은 자는 그 허락받은 이용 방법 및 조건의 범위 안에서 그 저작물을 이용할 수 있다고 규정하고 있다. 이것이 어떤 의미인지 살펴본다. 허락을 받은 자는 그 허락된 저작물의 이용에 관하여 저작재산권자로부터 저작권으로써 대항을 받지 않을 채권적 권리를 갖는다는 것을 의미한다. "허락받은 이용 방법 및 조건"이라 함은 출판·녹음·연주·방송 등 이용태양, 출판부수, 방송횟수, 방송시간과 같은 이용시간, 공연장소와 같은 이용장소를 비롯하여, 문고본으로서의 출판이라든가 카세트테이프에 녹음 등과 같은 세부적인 이용방법에 대한 제한을 의미한다.

2. 이용허락 범위를 넘어선 이용행위

가. 문제의 소재

이용허락을 받은 자는 허락받은 이용방법 및 조건의 범위 안에서 저작물을 이용할 수

26) 오승종·이해완, 전게서, 317면.

있다. 그렇다면 그 이용방법이나 조건에 위반하여 이용한 경우 단순한 채무불이행에 해당하는지, 아니면 채무불이행뿐만 아니라 더 나아가 불법행위인 저작권침해에도 해당되는지 살펴볼 필요가 있다. 이에 대하여는 그 이용방법이나 조건이 저작권의 본래적 내용에 관한 것인가 아니면 저작권의 행사와 관련하여 저작재산권자가 부가한 채권·채무관계에 불과한 것인가를 먼저 검토하여야 한다. 그리하여 전자의 이용방법이나 조건을 위반한 경우에는 저작권침해가 되고, 후자의 것을 위반한 경우에는 단순한 채무불이행 책임만이 성립할 뿐, 따로 저작권침해까지 성립하는 것은 아니라고 본다.[27]

예를 들어, 출판물의 판매 장소를 한정하여 이용허락을 해 주었는데, 그 한정된 장소를 위반하여 판매를 한 경우에는 특단의 사정이 없는 한 단순한 채무불이행에 불과하고 저작권침해의 책임까지 물을 수 있는 것은 아니다. 또한 저작물 출판 이용허락을 하면서 인세를 지급받기로 하였는데 인세를 지급하지 않는 것 역시 단순 채무불이행에 불과한 경우가 많다. 그러나 한정된 이용기한을 넘어서서 저작물을 이용하는 것은 단순한 채무불이행이 아니라 저작권침해까지 성립할 가능성이 높다. 허락된 복제부수를 초과하여 발행한 경우 그 초과된 부수에 대하여는 저작권침해가 성립한다고 해석된다.[28]

요컨대 허락받은 이용의 방법 및 조건 중에서 저작권의 본질적 내용에 관계되는 것, 즉 저작물의 이용을 적법하게 해 주는 방법 및 조건과, 기타 저작권의 비본질적 내용에 관계되는 방법 및 조건으로 나누어, 전자를 위반한 경우에는 채무불이행은 물론이고 저작권침해의 책임까지 부담하지만, 후자를 위반한 경우에는 단순한 채무불이행의 책임만을 질 뿐 저작권침해의 책임까지 지는 것은 아니라고 해석할 것이다. 그러나 이는 획일적인 기준은 아니고, 후자를 위반한 경우에도 그것이 다른 여러 가지 사정과 합쳐져서 저작권의 본질적 내용에 대한 위반으로 평가할 수 있을 정도가 된다면, 그 경우에는 저작권침해의 책임까지도 물을 수 있다고 보아야 한다. 또한 후자의 이용방법 및 조건의 경우도 그것을 위반하였음을 이유로 하여 이용허락계약이 해제 또는 해지된다면, 해제 또는 해지의 효력이 생기는 때로부터 그 이용행위는 저작권침해로 될 것이다.

이러한 해석론에 대하여는 문제가 된 이용방법 및 조건이 저작권의 본질적 내용에 관한 것인지 비본질적 내용에 관한 것인지 그 기준이 애매하여 자의적 판단이 될 수밖에 없

27) 加戶守行, 전게서, 376면, 作花文雄, 詳解 著作權法, 제 3 판, ぎょうせい, 415면도 같은 취지라고 보여진다. 다만, 加戶守行은 이용방법과 조건을 구분하여 이용방법을 위반한 경우에는 보통 저작권침해가 되지만, 조건을 위반한 경우에는 대부분 단순한 채무불이행에 그치는 경우가 많을 것이라고 한다. 그러나 이용방법과 조건을 명확하게 구분하는 것은 쉽지 않다고 생각되며, 특별한 실익이 있을지도 의문이다. 加戶守行의 견해에 의하더라도 이용기간이 이용방법과 이용조건 중 어느 것에 속하는지 불분명하고, 양쪽에서 혼용되고 있는 것을 볼 수 있다(加戶守行, 전게서, 376면 참조).

28) 作花文雄, 전게서, 414면.

다는 단점을 지적하는 견해가 있다. 이 견해에서는, 이용권자가 부담하는 의무관계를 그 발생근거에 따라서 저작권법에 의해 설정된 의무(그 의무가 저작권의 효력에 의해 부여된 것)와 당사자의 합의에 의해 비로소 발생한 의무(그 의무가 계약의 효력에 의해 부여된 것)로 구별한 다음, 전자의 위반은 저작권침해에 이르지만 후자의 위반은 채무불이행에 그친다고 해석한다.[29] 나아가 이러한 구별은 "이 법의 규정은 저작권법, 특허법, 실용신안법, 디자인보호법 또는 상표법에 의한 권리의 정당한 행사라고 인정되는 행위에 대하여는 적용하지 아니한다"는 '독점규제 및 공정거래에 관한 법률' 제59조의 적용범위를 정할 때에도 유효하다고 한다. 즉, 저작권자가 저작권의 효력으로서 부담해야 하는 의무를 이용권자에게 강제하는 것은 독점규제법 제59조에서 규정하는 "저작권법에 의한 권리의 정당한 행사라고 인정되는 행위"이므로 대체로 독점규제법 위반의 문제가 발생하지 않지만, 저작권자가 계약(합의)의 효력으로서 저작권법이 규정한 것 이외의 의무를 이용권자에게 강제하는 것은 저작권의 행사가 아니므로 독점규제법에 의한 심사에 따르게 된다는 것이다.[30]

다음에서 보는 '이용허락계약'과 '사용허락계약'을 구별하는 하급심 판결의 취지도 이러한 해석론과 궤를 같이 하는 것으로 볼 수 있다.

나. '이용'과 '사용'의 구별

이용허락계약의 위반이 단순 채무불이행으로 되는데 그치는가, 아니면 저작권침해로도 되는가와 관련하여 이용허락과 사용허락을 구분하여 법적 취급을 달리한 판례가 있어 주목된다. 서울고등법원은 일명 '오픈캡처' 사건 판결에서, 저작권법 제46조 제 1, 2 항에서의 저작물의 '이용'이라고 함은, 저작권법의 규정에 따라 저작권자가 배타적으로 전유하고 있는 형태로 사용하는 저작재산권의 내용으로 되어 있는 행위에 해당하는 복제, 공연, 공중송신, 전시, 배포, 대여, 2차적저작물작성 등 저작권의 지분권에 관한 행위를 말하고, 저작물이 화체된 매체를 매개로 저작물을 지각하는 행위 등 제 3 자에 대하여 저작권법에서 금지의 효력이 미치지 아니하는 형태로 저작물의 내용을 향수하는 행위를 가리키는 저작물의 '사용'과 구별된다고 전제하였다.

그리하여 "컴퓨터프로그램 저작자가 작성하는 사용허락계약에 들어 있는 여러 가지 내용의 조항 중에는 일반적으로 저작권법 제46조 제 2 항에 정해진 이용방법이나 조건에 해당하는 것과 해당하지 아니하는 것이 혼재되어 있어, 계약으로 저작권제한규정이나 저작물의 소유자에게 당연하게 허용되는 저작물의 '사용'을 사실상 무력화하는 약정도 포함될

29) 島並良, "著作權ライセンシ一の法的地位", コピライト No. 569, 2008. 9, 12면; 박성호, 전게서, 435면.
30) 박성호, 전게서, 436면.

수 있는바, 따라서 저작물의 이용허락을 받은 자가 이용방법이나 조건을 위반하여 저작물을 이용한 경우에 이용방법이나 조건이 저작권의 본래적 내용에 해당하는 저작물의 이용을 적법하게 해 주는 방법이나 조건이라면 채무불이행뿐만 아니라 저작권침해의 불법행위도 성립하지만, 이용방법이나 조건이 저작권의 행사에 있어서 저작권자가 부가한 채권채무관계에 불과하다면 채무불이행만이 성립하게 되고 저작권침해로는 되지 않는다"고 판시하였다.[31)32)]

3. 이용권의 양도

가. 저작재산권자의 동의

허락에 의하여 저작물을 이용할 수 있는 권리는 저작재산권자의 동의 없이 제 3 자에게 이를 양도할 수 없다(법 제46조 제 3 항). 여기서 '권리'라고 하고 있지만 이는 복제권이나 공연권 등 저작재산권의 지분권과 같이 준물권적 권리가 아니라, 단순히 저작물의 이용과 관련하여 저작재산권자로부터 대항을 받지 않을 채권적 권리 또는 지위를 말한다.[33)]

채권은 원칙적으로 양도성을 가지며 채무자에 대한 통지로써 그 양도사실을 채무자에게 대항할 수 있다.[34)] 저작물의 이용허락에 따른 권리, 즉 이용권 역시 일종의 채권적 권리이므로 이용허락을 받은 자는 그 이용권을 제 3 자에게 양도할 수 있음은 당연하다. 그리고 다음에서 보는 바와 같이 이용허락에는 비독점적인 단순이용허락과 독점적 이용허락이 있는데, 이들 모두가 양도의 대상이 된다. 그러나 저작자(또는 저작재산권자)가 자신의 저작

---

31) 서울고등법원 2014. 11. 20. 선고 2014나19891(본소), 19907(병합), 19914(병합), 19921(반소) 판결(상고). 그리하여 "컴퓨터프로그램 저작권자는 그 프로그램을 실행하는 것에 대하여 배타적 권리를 가지는 것은 아니므로 프로그램의 실행은 저작권법 제46조 제1, 2항의 저작물의 '이용'에 해당하지 아니하고, 따라서 컴퓨터프로그램 사용과 관련하여 컴퓨터프로그램 저작권자와 그 사용자 사이에 사용허락계약이 체결된 경우에 그 사용자는 사용허락계약에 정해진 바에 따라 그 프로그램을 실행하여야 할 채무를 부담할 뿐이고, 그 사용자가 '이용'과 관련 없는 사용허락계약에 정해진 조건에 위반한 방법으로 프로그램을 실행하였다고 하더라도 사용허락계약 위반이 성립하는 것은 별도로 하고 저작권 침해행위로 되지는 아니한다"고 판시하였다.

32) 관련 사건의 상고심 판결인 대법원 2017. 11. 23. 선고 2015다1017 판결은, "저작재산권자로부터 컴퓨터프로그램의 설치에 의한 복제를 허락받은 자가 위 프로그램을 컴퓨터 하드디스크 드라이브(HDD) 등 보조기억장치에 설치하여 사용하는 것은 저작물의 이용을 허락받은 자가 허락받은 이용 방법 및 조건의 범위 안에서 그 저작물을 이용하는 것에 해당한다. 위와 같이 복제를 허락받은 사용자가 저작재산권자와 계약으로 정한 프로그램의 사용 방법이나 조건을 위반하였다고 하더라도, 위 사용자가 그 계약 위반에 따른 채무불이행책임을 지는 것은 별론으로 하고 저작재산권자의 복제권을 침해하였다고 볼 수는 없다."고 하여 위 원심판결과 같은 취지로 판시하였다.

33) 加戶守行, 전게서, 377면.

34) 민법 제450조 제 1 항.

물을 이용하는 자를 선택함에 있어서는 특수한 신뢰관계가 바탕이 되는 경우가 많고, 저작물은 재산적 권리의 대상이 될 뿐만 아니라 인격적 권리의 대상이 되기도 하므로, 권리자의 입장에서는 자신의 저작물을 이용하는 자가 누구냐 하는 것에 대하여 특별한 이해관계를 가지지 않을 수 없다. 이러한 점을 고려하여 저작권법은 이용허락에 따른 이용권의 양도를 원칙적으로 인정하되, 그 양도에는 저작재산권자의 동의를 받도록 한 것이다. 따라서 일반적인 채권양도에서와 같이 단순히 채무자(저작재산권자)에게 통지하는 것만으로는 이용권을 제 3 자에게 양도할 수 없다.

나. 이용권 양도의 법적 성질

그러므로 저작권법 제46조 제 3 항은 채무자에 대한 통지만으로 채무자에 대항할 수 있도록 한 민법상 채권양도 규정에 대한 특별규정이라고 볼 수 있다. 그러나 이용권의 양도를 채권양도가 아닌 민법상 계약인수의 일종이라고 이해할 수도 있다.[35] 계약인수는 원래의 계약 당사자와 인수인 사이의 3자 계약에 의하여 이루어진다. 이용권의 양도를 계약인수로 본다면 이용권의 양도는 원래의 당사자인 저작재산권자와 이용허락을 받은 자, 그리고 인수인 사이의 3자 계약에 의하여 이루어져야 하므로 저작재산권자의 동의는 당연한 것이 된다. 그렇다면 저작권법 제46조 제 3 항은 특별규정이 아니라 그러한 당연한 사항을 명문화 한 것이 된다.

이용권의 양도는 채권양도가 아니라 계약인수로 보는 것이 타당하다고 생각한다. 그 이유는 다음과 같다. 우선 이용권의 양도가 있게 되면 종전 이용권자는 계약관계에서 벗어나고 새로운 이용권자와 저작재산권자 사이에 이용허락관계가 계속된다고 보는 것이 합리적이다. 나아가 이용권의 양도를 민법상 채권양도로 본다면, 저작재산권자가 이의를 보류하지 않고 이용권의 양도를 승낙(동의)한 경우에는 양도인(원래의 이용권자)에게 대항할 수 있었던 사유, 즉 각종 항변이나 이의할 수 있는 권리로써 양수인(새로운 이용권자)에게 대항할 수 없게 된다.[36] 그런데 저작물의 이용허락과 관련하여서는 이용방법이나 조건 등에 있어서 각종 제한 등이 부가되는 경우가 많기 때문에 단순히 이의를 보류하지 않고 이용권 양도를 동의하였다고 하여 그러한 항변이나 이의할 수 있는 권리를 상실하게 된다는 것은 적절치 않고, 나아가 당사자 사이의 법률관계를 복잡하게 만들 우려도 있다. 일본의 다수설도 저작권법 제46조 제 3 항에 의하여 저작물의 이용권이 제 3 자에게 양도되면 원래 이

35) 예를 들어 "임차인은 임대인의 동의 없이 그 권리(임차권)를 양도하지 못한다"고 규정한 민법 제629조 제 1 항의 임차권의 양도를 채권양도로 보는 것이 통설이기는 하지만, 이를 계약인수로 보는 견해도 유력하다(지원림, 전게서, 1147면 등).

36) 민법 제451조 제 1 항 본문.

용허락계약에 존재하였던 이용허락의 방법 및 조건을 포함한 계약상의 지위가 그대로 양수인에게 이전한다고 해석한다.[37] 또한 저작물 이용허락계약은 당사자 사이의 인적 신뢰관계가 기초로 된 계속적 법률관계이다.

이러한 점에 비추어 본다면 이용권의 양도는 당사자 일방이 계약관계로부터 탈퇴하고 대신 제 3 자가 계약관계의 당사자로 들어서는 계약인수로 보는 것이 타당할 것이다. 따라서 탈퇴하는 당사자(원래의 이용권자)가 가지고 있던 계약상의 모든 권리·의무를 계약인수인(새로운 이용권자)이 인수하며, 별도로 저작재산권자가 이의를 보류하지 아니하더라도 저작물 이용허락과 관련하여 부가된 이용 방법 및 조건 등은 당연히 새로운 이용권자에게도 구속력을 갖는다.

다. 저작재산권자의 동의 없이 한 이용권의 양도

이용권의 양도를 계약인수로 본다면 저작권법 제46조 제 3 항의 규정을 위반하여 저작재산권자의 동의 없이 양도를 한 경우의 효력은 다음과 같이 해석할 수 있다. 우선 원래의 이용권자가 저작재산권자의 동의 없이 제 3 자에게 이용권을 양도하여 그로 하여금 저작물을 이용하도록 한 경우에 그 제 3 자는 이용권의 양수를 가지고 저작재산권자에게 대항하지 못한다. 즉, 양도인과 양수인 사이에는 양도에 따른 채권적 효력이 발생하지만, 저작재산권자에 대한 관계에서는 양도의 효력이 발생하지 않는다. 따라서 저작재산권자는 그 제 3 자에 대하여 저작재산권 침해의 책임을 물을 수 있다. 나아가 저작재산권자는 원래의 이용권자에 대하여 이용허락계약 위반을 이유로 이용허락계약을 해지(또는 해제)할 수도 있다. 한편, 이용권 양도의 채권적 효력으로 인하여 양도인은 양수인을 위하여 저작재산권자의 동의를 받아줄 의무를 부담한다.[38] 그리고 권한 없이 타인의 저작물에 대한 권리를 양도하였으므로 양도인은 양수인에 대하여 담보책임을 지게 된다.[39]

---

37) 加戶守行, 전게서, 377면; 作花文雄, 詳解 著作權法, 제 3 판, ぎょうせい, 415면 각 참조. 일본에서도 이용권의 양도가 채권양도인지 계약인수인지를 직접적으로 논하고 있는 견해는 찾아보기 어렵다. 그러나 우리 저작권법 제46조 제 3 항에 해당하는 일본 저작권법 제63조 제 3 항 역시 '이용할 수 있는 권리'라고 되어 있지만, 일본 다수설은 '권리의 양도'라는 용어보다는 '지위의 이전' 또는 '지위의 양도'라는 용어를 사용하고 있다. 이는 이용권의 양도를 단순한 채권의 양도로는 볼 수 없다는 인식이 깔려 있는 것이 아닌가 생각된다.

38) 대법원 1986. 2. 25. 선고 85다카1812 판결 참조.

39) 민법 제567조, 제570조 참조.

Ⅲ. 이용허락계약의 종류와 효력

1. 단순이용허락과 독점적 이용허락

이용허락은 양 당사자 사이에 다른 제3자에 대한 이용허락을 하지 않는다는 특약이 포함되어 있는지 여부에 따라 단순이용허락과 독점적 이용허락의 두 가지 종류로 나눌 수 있다.

단순이용허락의 경우 저작재산권자는 복수의 사람들에게 중첩적으로 이용허락을 해 줄 수 있다. 따라서 단순이용허락계약에 의하여 이용허락을 받은 자는 그 저작물을 이용할 수 있음에 그치고, 독점적·배타적으로 이용할 수는 없다. 저작재산권자로부터 동일한 이용허락을 받은 제 3 자가 있어도 이를 배제할 어떠한 권리도 가지지 못한다. 결국 단순이용허락을 받은 자가 가지는 권리는 저작재산권자에 대하여 자신의 이용행위를 용인할 것을 요구할 수 있는 일종의 부작위청구권(不作爲請求權)이다. 저작권법 제46조에서 규정하는 이용허락은 다른 특단의 사정이 없는 한 단순이용허락을 규정한 것이라고 본다.

이에 반하여 독점적 이용허락을 받은 자는 저작재산권자로부터 그 저작물을 독점적으로 이용할 수 있는 권리를 부여받는다. 독점적 이용허락은 이용자가 저작재산권자와의 사이에 일정한 범위 내에서 독점적인 이용을 인정하거나, 이용자 이외의 다른 사람에게는 이용허락을 하지 않기로 하는 특약을 체결한 경우이다. 그러나 이러한 독점적 이용허락도 채권적인 성질을 가지는 점에서는 단순이용허락과 차이가 없으므로(따라서 준물권계약으로서의 성질을 가지는 저작재산권 양도계약과는 다르다), 저작재산권자가 그 이용자 이외의 다른 사람으로 하여금 저작물을 이중으로 이용하게 한 경우에도 독점적 허락을 받은 이용자가 직접 다른 이용자를 상대로 금지청구나 손해배상청구를 할 수는 없다. 다만, 저작재산권자를 상대로 하여 채무불이행(독점적 이용허락계약 위반)을 이유로 한 손해배상청구를 할 수 있을 뿐이다. 즉, 독점적 이용허락에 의하여 부여되는 권리는 배타성이 없다.

영미법상 '배타적 이용허락'(exclusive license)의 경우에는 이용권자가 다른 제 3 자의 이용행위에 대하여 금지청구를 할 수 있는 등 배타적 권리를 가지게 되어 사실상 저작재산권자와 유사한 지위를 가진다. 그러나 우리 저작권법상으로는 배타적발행권이나 출판권과 같이 특별히 법에서 명문의 규정으로 배타적 권리임을 인정하고 있는 경우가 아닌 이상, 영미법에서와 같은 일반적인 배타적 이용허락은 인정되지 않는다.[40] 따라서 우리 저작권법이 인정하는 독점적 이용허락은 영미법상의 배타적 이용허락과는 다르다.

---

40) 오승종·이해완, 전게서, 318면.

참고적으로 이 문제와 관련한 미국의 저작권 실무를 살펴본다. 미국 연방저작권법 제201조 d.①은 저작권의 전부 또는 일부를 이전(transfer)할 수 있다고 규정하고 있다. 이때의 저작권의 이전(transfer of copyright ownership)에는 배타적 권리를 양도(assignment)하는 것과 배타적 이용허락(exclusive license)을 해 주는 것이 있다. 그러나 비배타적 이용허락(nonexclusive license)은 이에 포함되지 않는다. 미국 연방저작권법 제101조는, "저작권의 이전이라 함은 그 효력이 시간적으로나 장소적으로 제한되는지 여부를 불문하고, 저작권 또는 저작권을 구성하는 배타적 권리의 양도, 저당, 배타적 이용허락, 그 밖의 이전, 양여, 또는 담보제공을 의미한다. 다만, 비배타적 이용허락은 포함하지 않는다."고 규정하고 있기 때문이다.

미국 저작권법상 저작권의 이전은 이전되는 권리의 소유자 또는 그로부터 적법한 수권(授權)을 받은 대리인의 서명이 있는 양도증서, 이전 기록 또는 각서 등과 같은 서면에 의하여야 한다(제204조). 저작권의 이전을 받은 자는 자기가 보유하는 권리의 범위 내에서 연방저작권법이 저작권자에게 부여하는 모든 보호를 받을 수 있다. 나아가 배타적 이용허락을 받은 자는 그 이용권을 근거로 침해자 등에 대하여 스스로 소송을 제기할 수 있다(제501조 b.) 미국 연방저작권법은 저작권의 이전, 배타적 이용허락 또는 비배타적 이용허락과 관련된 서면을 저작권청에 등록할 수 있도록 하는 제도를 두고 있다. 이러한 등록제도는 서로 양립할 수 없는 저작권의 이중양도(제205조 d.) 및 이중이용허락으로 인한 문제를 해결하기 위한 것이다.

2. 단순이용허락과 독점적 이용허락의 효력상의 차이

가. 중첩적 이용허락에 대한 효력

결론적으로 저작재산권자 A가 B에게 이용허락을 해 준 후 다시 B 이외의 다른 제 3 자 C에게 중첩적으로 이용허락을 해 준 경우 B에 대한 이용허락이 단순이용허락이든 독점적 이용허락이든 B는 제 3 자 C에 대하여 금지청구나 손해배상청구 등을 할 수 없다. 이용허락은 설사 그것이 독점적 이용허락이라 하더라도 배타성이 없기 때문이다. 그러나 독점적 이용허락의 경우 B는 저작재산권자 A를 상대로 독점적 이용허락계약 위반에 따른 손해배상을 청구할 수 있다는 점에서 단순이용허락과 다르다.

나. 제3자의 무단이용 행위에 대한 효력

(1) 단순이용허락의 효력

저작재산권자 A로부터 B가 이용허락을 받았는데 제 3 자 C가 저작재산권자의 허락을 받지 않고 무단으로 그 이용허락계약의 내용인 저작물 이용행위를 하는 경우에 B는 C에 대하여 어떠한 권리를 행사할 수 있는지 검토할 필요가 있다.

우선 B가 받은 이용허락이 단순이용허락인 경우에는 B는 단순히 저작재산권자 A에 대하여 자신의 이용행위를 용인하여 줄 것을 요구할 수 있는 권리만을 부여받고 있을 뿐이므로, 무단이용행위를 하는 제 3 자 C에 대하여 금지청구나 손해배상청구를 비롯한 어떠한 권리도 행사할 수 없다. 그러나 B가 받은 이용허락이 독점적 이용허락인 경우에는 문제가 달라진다.

(2) 독점적 이용허락의 효력

(가) 제 3 자에 대한 금지청구

우선 B가 제 3 자 C를 상대로 무단이용행위의 금지청구를 할 수 있는지 살펴본다. 이 경우 B는 독점적 이용권을 가지고 있지만 그 권리 역시 배타성이 있는 준물권이 아니라 채권적 권리에 불과하므로, 제 3 자의 무단이용행위에 대하여 직접 고유의 금지청구권을 행사할 수 있는 근거는 없다.[41] 문제는 저작재산권자 A가 적극적으로 C의 무단이용행위를 중지시키고자 하는 조치를 취하지 아니하고 그의 무단이용행위를 방임하고 있는 경우에, B가 자신의 채권인 독점적 이용권을 보전하기 위하여 민법 제404조의 규정에 의한 채권자대위권을 행사하여 A의 권리에 속하는 금지청구권을 행사할 수 있는지 여부이다. 이에 대하여는 긍정설도 있고,[42] 좀 더 검토해 보아야 할 문제라는 신중론도 있다.[43]

긍정설이 타당하다고 생각된다. 채무자의 자력과 관계가 없는 특정채권의 보전을 위한 채권자대위권의 전용(轉用)을 널리 인정하는 것이 우리 대법원의 확립된 입장이고,[44] 무단이용을 하는 제 3 자를 특별히 보호해 줄 이유도 없기 때문이다. 또 한 가지 이유는 저작권법의 국제적 성격에서 찾을 수 있다. 즉, 저작권법과 같은 지적재산권법은 그 대상이 되는 재화(저작물 등)가 매우 쉽게 국경을 넘나드는 성격을 가지고 있기 때문에, 각국마다 서로 다른 법체계를 가지고 있을 경우 혼란이 발생할 가능성이 매우 높다. 그런 이유로 지적재

---

41) 足立謙三, 전게서, 265면.

42) 加戸守行, 전게서, 375면.

43) 足立謙三, 전게서, 265면. *作花文雄*, 전게서, 412면은, 금지청구권의 대위행사가 가능할 것인지 의문이며, 설사 가능하다고 하더라도 어떠한 경우에 허용할 것인지는 검증을 요하는 문제라고 하여 다소 부정적인 견해를 표명하고 있다.

44) 우리 대법원은 특정채권의 보전을 위하여 채권자대위권을 전용하는 유형으로서 임차인에 의한 임대인의 임차목적물 침해자에 대한 방해제거 또는 예방청구권의 대위행사를 인정하고 있다. 예를 들어, 토지소유자 D가 E에게 토지를 임대해 주었는데, F가 이 토지의 이용을 방해하고 있는 경우에, E는 D가 F에 대하여 가지는 소유물방해제거청구권(민법 제214조)을 대위행사하여 F에게 방해의 제거(및 자기에게로의 인도)를 청구할 수 있다고 한다(지원림, 민법강의, 제 3 판, 홍문사, 2004, 890면).

산권 분야는 다른 어떤 법 분야보다도 '규범의 국제화'가 빠르게 이루어지고 있는 법 분야이기도 하다. 그런데 우리 저작권법은 앞서 본 바와 같이 영미법에서와 같은 '배타적 이용허락'을 인정하지 않고 있으며, 그로 인하여 특히 영미 저작물의 국내이용과 관련하여 자주 혼란이 발생하고 있다. 이러한 점에 비추어 볼 때 배타성이 없는 우리 저작권법상 독점적 이용허락을 받은 자에게 무단이용하는 제 3 자에 대하여 채권자대위권 행사를 통한 금지청구를 할 수 있는 길을 열어 줌으로써 영미법과의 조화를 꾀할 수 있다는 점도 채권자대위권 행사를 인정하여야 할 하나의 현실적인 이유가 될 수 있을 것이다.

다음에서 보는 바와 같이 그동안 우리나라 하급심 판결 중에는 독점적 이용허락을 받은 자가 무단침해자를 상대로 저작재산권자의 침해금지청구권을 대위행사 하는 것을 인정한 사례가 있었으며, 일본의 하급심 판결 중에도 대위행사를 인정한 것이 있다.[45] 서울서부지방법원 2006. 5. 24.자 2006카합700 결정에서는, 반드시 순차매도 또는 임대차에 있어 소유권이전등기청구권이나 명도청구권 등의 보전을 위한 경우에 한하여 채권자대위권이 인정되는 것은 아니라고 한 대법원 2001. 5. 8. 선고 99다38699 판결[46]을 인용하면서, "이 사건 저작물(금융분석정보)에 대한 배타적·독점적인 이용권한을 부여받은 신청인이 각 증권사를 대위하여 피신청인에게 구하는 권리는 신청인의 각 증권사에 대한 이 사건 저작물에 대한 배타적·독점적인 이용권한과 밀접하게 관련되어 있어서, 신청인이 각 증권사의 권리를 대위하여 행사하지 않으면 신청인의 이 사건 저작물에 대한 배타적이고 독점적인 권리의 실현을 얻지 못할 수 있기 때문에, 신청인이 각 증권사의 권리를 대위하여 행사하는 것이 신청인의 위와 같은 권리의 현실적 이행을 유효·적절하게 확보하기 위하여 필요한 경우라 할 것이고, 각 증권사 또한 피신청인에게 이 사건 저작물의 무단사용을 금지할 것을 요구하고 있어, 신청인의 채권자대위권의 행사가 각 증권사의 자유로운 재산관리행위에 대한 부당한 간섭이 될 소지도 적다고 할 것이므로, 신청인이 각 증권사를 대위하여 피신청인에게 이 사건 저작물의 게재 금지를 구하는 것은 적법하다"고 한 사례가 있다.

그러다가 우리나라 대법원은 소리바다 관련 가처분이의 상고심 판결인 대법원 2007.

45) 동경지방법원 2003. 1. 31. 판결, 判例時報 1818호, 165-170면, 判例タイムズ 1120호, 277-282면.

46) 이 대법원 판결의 취지는, 채권자는 채무자에 대한 채권을 보전하기 위하여 채무자를 대위해서 채무자의 권리를 행사할 수 있는데, 채권자가 보전하려는 권리와 대위하여 행사하려는 채무자의 권리가 밀접하게 관련되어 있고, 채권자가 채무자의 권리를 대위행사하지 않으면 자기 채권의 완전한 만족을 얻을 수 없게 될 위험이 있어 채무자의 권리를 대위하여 행사하는 것이 자기 채권의 현실적 이행을 유효·적절하게 확보하기 위하여 필요한 경우에는, 채권자대위권의 행사가 채무자의 자유로운 재산관리행위에 대한 부당한 간섭이 된다는 등의 특별한 사정이 없는 한 채권자는 채무자의 권리를 대위하여 행사할 수 있어야 하고, 피보전채권이 특정채권이라 하여 반드시 순차매도 또는 임대차에 있어 소유권이전등기청구권이나 명도청구권 등의 보전을 위한 경우에만 한하여 채권자대위권이 인정되는 것은 아니라고 하였다.

1. 25. 선고 2005다11626 판결에서, "저작권법은 특허법이 전용실시권제도를 둔 것과는 달리 침해정지청구권을 행사할 수 있는 이용권을 부여하는 제도를 마련하고 있지 아니하여, 이용허락계약의 당사자들이 독점적인 이용을 허락하는 계약을 체결한 경우라도 그 이용권자가 독자적으로 저작권법상의 침해정지청구권을 행사할 수는 없다. 따라서 이용허락의 목적이 된 저작권법이 보호하는 재산권의 침해가 발생하는 경우에 그 권리자가 스스로 침해정지청구권을 행사하지 아니하는 때에는 독점적인 이용권자로서는 이를 대위하여 행사하지 아니하면 달리 자신의 권리를 보전할 방법이 없을 뿐만 아니라, 저작권법이 보호하는 이용허락의 대상이 되는 권리들은 일신전속적인 권리도 아니므로 독점적인 이용권자는 자신의 권리를 보전하기 위하여 필요한 범위 내에서 권리자를 대위하여 구 저작권법 제91조에 기한 침해정지청구권을 행사할 수 있다"고 하여 독점적 이용권자의 침해정지청구권 대위행사를 인정하였다.

(나) 제 3 자의 무단이용 행위에 대한 손해배상청구

다음으로 독점적 이용허락을 받은 B가 무단이용하는 제 3 자를 상대로 손해배상청구를 할 수 있는가 하는 점이 문제로 된다. 일본의 경우 학설이 나뉘어져 있다. 이 경우에 독점적 이용허락을 받은 자는 저작물의 독점적 이용에 관하여 밀접한 이해관계를 가지고 있어서, 적어도 독점적 허락이 있다는 것을 인식하면서 저작물의 무단이용을 한 침해자의 행위를 감수하여야 할 이유는 없다고 할 것이다. 따라서 그러한 제 3 자에 대하여는 손해배상청구권을 가지는 것으로 해석함이 타당하다고 생각되는데,[47] 이는 결국 제 3 자의 무단이용 행위가 독점적 이용허락을 받은 자에 대한 채권침해로서 불법행위가 성립하는가의 문제라고 할 수 있다.

학설에서도 채무자 이외의 제 3 자에 의하여 채권목적의 실현이 방해되는 이른바 제 3 자에 의한 채권침해로 불법행위가 성립할 수 있는지, 따라서 그에 대한 손해배상청구권을 인정할 수 있는지에 관하여 논의가 있다. 학설은 일반적으로 제 3 자의 채권침해로 인하여 불법행위가 성립할 수 있다고 본다.[48] 다만, 위 대법원 2001. 5. 8. 선고 99다38699 판결이 판시하고 있는 바와 같이, 제 3 자에 의한 채권침해, 예를 들어 독점적 이용허락을 받은 저작물에 대한 무단이용 행위가 불법행위를 구성할 수는 있으나, 그러한 행위가 언제나 불법행위가 되는 것은 아니고 채권침해의 태양에 따라 그 성립여부를 구체적으로 검토하여 정하여야 한다.

47) 足立謙三, 전게서, 264면; 오승종·이해완, 전게서, 318면.
48) 지원림, 민법강의, 제 7 판, 홍문사, 2009, 835면.

(다) 중복하여 이용허락을 받은 제 3 자에 대한 청구

이처럼 제 3 자의 채권침해로 인한 불법행위 책임도 그것이 성립하려면 불법행위의 일반적 성립요건을 갖추어야 한다. 그런데 앞서 사례와는 달리 독점적 이용허락을 받은 저작물에 대한 무단이용 행위가 아니라, 그러한 독점적 이용허락계약의 존재를 알면서도 저작자와의 별도의 계약을 체결하여 이용행위를 하는 제 3 자와 같이 독립한 경제주체간의 경쟁적 계약관계에 따른 채권침해가 성립할 수 있는지 문제가 될 수 있다. 이 경우에는 단순히 제 3 자가 저작자와 독점적 이용허락권자 사이의 계약내용을 알면서 그러한 계약에 위반되는 내용의 계약을 체결한 것만으로는 제 3 자의 고의·과실 및 위법성을 인정하기에 부족하고, 제 3 자가 채무자와 적극 공모하였다거나, 제 3 자가 기망·협박 등 사회상규에 반하는 수단을 사용하거나, 채권자를 해할 의사로 채무자와 계약을 체결하였다는 등의 특별한 사정이 있는 경우에 한하여 제 3 자의 고의·과실 및 위법성을 인정하여야 할 것이다.

통설은 제 3 자의 채권침해에 의한 불법행위의 성립을 사실상 고의에 의한 경우로 한정하고 있다고 보인다. 따라서 제3자가 독점적 이용권자를 해한다는 사정을 알면서도 법규에 위반하거나 선량한 풍속 또는 사회질서에 위반하는 등 위법한 행위를 함으로써 채권자인 독점적 이용권자의 이익을 침해한 경우라면, 채권의 귀속 자체를 침해한 경우에 해당한다고 볼 수 있으므로 불법행위가 성립한다. 아울러 무단이용을 하는 제 3 자가 저작권자와 적극 공모하였다거나 또는 제 3 자가 기망, 협박 등 사회상규에 반하는 수단을 사용하거나 채권자인 독점적 이용권자를 해할 의사로 제3자가 저작권자와 계약을 체결하였다는 등의 사정이 있는 경우라면 독점적 이용권자의 채권의 목적인 급부를 침해하는 불법행위의 성립을 인정할 수도 있을 것이라고 한다. 즉, 제3자가 고의 내지 해의(害意)에 의한 채권침해를 하고 그 침해에 위법성이 있다고 평가되는 경우에는 독점적 이용권자가 무단이용을 하는 제 3 자를 상대로 직접 손해배상청구를 하는 것이 가능하다는 것이다.[49)]

나아가 독점적 이용허락을 받은 자가 저작권자로부터 중복하여 이용허락을 받은 제3자의 이용행위에 대하여 저작권자를 대위하여 금지청구를 하는 것이 가능한지 여부가 문제로 될 수 있다. 이 경우는 제 3 자의 무단이용에 대하여 대위청구를 긍정한 앞서 본 2007. 1. 25. 선고 2005다11626 판결('소리바다' 사건)과는 사안이 다르고, 독점적 이용허락권자나 제 3 자 모두 이용허락을 받은 경우이므로 대위하여 금지청구를 할 수 없다고 보는 것이 타당할 것이다.

---

49) 박성호, 전게서, 424면 참조.

제 3 절 저작권 양도 및 이용허락과 관련된 계약의 해석

Ⅰ. 서 설

저작재산권의 양도 및 이용허락은 일반적으로 계약과 같은 법률행위에 의하여 이루어지게 된다. 이때 당사자는 법률행위에 담겨진 의사표시에 의하여 일정한 법적인 효과를 의도한다. 그러나 법률행위가 이루어지는 실상을 보면 일정한 법적 효과를 의도하는 의사표시가 존재하는지 여부, 나아가 의사표시가 존재한다고 하더라도 그 의사표시가 정확히 어떠한 내용을 가지는 것인가 하는 점이 반드시 명확하지 않은 경우가 많이 발생한다. 계약체결 당시에 당사자의 모든 의사를 완벽하게 계약서에 담아내는 것은 사실상 불가능하기 때문이다. 그러나 의사표시의 존재 및 내용이 명확하게 되어야 그 의사표시의 합치에 의하여 성립된 계약의 내용과 효력을 확정할 수 있다. 따라서 계약서 문구의 흠결과 현실과의 간극을 보충하여 계약의 내용을 확정하기 위한 수단으로서 계약의 해석은 매우 중요한 의미를 가진다. 다른 사법(私法) 분야에서도 마찬가지이지만, 저작권관련 분야에 있어서도 계약의 해석과 관련된 분쟁이 상당한 다수를 차지한다.

계약의 해석(법률행위의 해석)은 계약의 내용을 확정하는 것이라고 할 수 있다.[50] 통설은 일반적으로 '법률행위의 해석'이란 당사자의 숨은 진의(眞意) 내지 내심적 의사를 탐구하는 것이 아니라, 당사자의 의사의 객관적 표현이라고 볼 수 있는 것, 즉 표시행위가 가지는 객관적 의미를 밝히는 것이라고 보고 있다. 판례도 통설과 같은 입장에 있는 것으로 이해된다.[51]

50) Savigny는 "법률행위의 해석은 죽은 문자에 넣어 둔 산 사고(思考)를 우리의 관찰 앞에 재현시키는 것이다"라고 하였다.

51) 대법원 2002. 6. 28. 선고 2002다23842 판결은, "의사표시 해석에 있어서 당사자의 진정한 의사를 알 수 없다면, 의사표시의 요소가 되는 것은 표시행위로부터 추단되는 효과의사, 즉 표시상의 효과의사이고 표의자가 가지고 있던 내심적 효과의사는 아니므로, 당사자의 내심의 의사보다는 외부로 표시된 행위에 의하여 추단되는 의사를 가지고 해석함이 상당하다"고 판시하고 있다. 그러나 이러한 통설과 판례의 입장에 대하여, 사적자치가 허용되는 범위에서 당사자의 의사를 실현하는 수단이 바로 법률행위라는 점 등을 고려하면, 해석이란 당연히 당사자의 내심의 효과의사, 즉 진의(眞意)가 무엇인가를 밝히는 것이라고 하여야 한다는 반대설이 있다(지원림, 전게서, 166-167면).

Ⅱ. 계약의 해석과 관련된 일반원칙

1. 계약의 해석이 필요한 경우

계약의 해석은 다음과 같은 경우에 필요하다.

첫째, 의사표시의 존부 자체가 문제로 되는 경우이다. 즉, 의사표시에 해당하는지 또는 특정한 의사표시가 존재하였는지 여부가 불분명한 경우이다. 저작권 계약과 관련하여 예를 든다면, 과연 저작재산권 양도의 의사표시가 존재하였는지 여부가 불분명한 경우를 들 수 있을 것이다.

둘째, 표시행위가 다의적(多義的)인 경우이다. 외부적으로 나타난 의사표시의 내용이 여러 가지로 해석될 수 있는 경우를 말한다.

셋째, 의사와 표시가 불일치하는 경우이다. 예를 들어, 저작재산권 양도의 대가, 이용허락의 대가, 기간, 지역범위 등 계약 조건을 표시함에 있어서 당사자의 내심의 의사와 계약서에 표시된 내용 사이에 불일치가 있는 경우이다.

넷째, 숨은 불합의(不合意)가 있는 경우이다. 표의자가 표시행위에서 사용한 개념이 객관적으로 표의자가 부여하는 것과는 다른 의미가 있는 경우이다. 예를 들어, 일반적으로 저작재산권의 양도로 이해되는 '매절'(買切)이라는 용어의 의미를 저작자가 단순한 저작물 이용허락계약이라고 생각하고 매절계약을 한 경우를 들 수 있다.

다섯째, 약정의 간극(間隙, 틈)이 있는 경우로서, 표의자가 어떤 상황을 예측하지 못하여 중요한 사항에 관하여 의사표시를 명확히 하지 않은 경우이다. 기술의 발달을 예상하지 못하여 새로운 매체에 대한 이용허락여부를 계약서에 명백히 표시하지 않은 경우를 예로 들 수 있다. 특히 약정의 간극이 있는 경우에는 다음에서 보는 보충적 해석이 중요한 역할을 하게 된다.

2. 계약의 해석 기준

계약(법률행위) 해석의 기준에 관한 명문의 규정은 없지만 학설은 일반적으로 민법 제106조를 근거로 하여, ① 당사자가 기도한 목적, ② (사실인) 관습, ③ 임의규정, ④ 신의성실의 원칙을 법률행위 해석의 기준으로 들고 있다. 판례도 비슷한 입장이다.[52] 이러한 기

52) 대법원 2001. 3. 23. 선고 2000다40858 판결: "법률행위의 해석은 당사자가 그 표시행위에 부여한 객관적인 의미를 명백하게 확정하는 것으로서, 사용된 문언에만 구애받는 것은 아니지만, 어디까지나 당사

준들 중 임의규정은 법의 적용의 문제이지, 이를 해석의 기준으로 볼 수 없다는 견해도 있다.[53] 그래서 판례는 임의규정을 해석의 기준으로 열거하고 있지 않는 것으로 보인다.

우선, 당사자가 기도한 목적이 법률행위 해석의 중요한 기준이 된다. 당사자가 기도한 목적이라 함은 당사자가 그 법률행위에 의하여 달성하고자 하는 사실적·경제적 목적을 말한다. 당사자가 기도한 목적을 밝히기 위해서는 법률행위의 동기나 계약 당시에 존재하는 제반 사정 및 경위도 고려되어야 한다.

사실인 관습도 법률행위의 해석 기준이 된다. 법률행위는 그것이 행하여지는 장소와 시점에 있어서 존재하는 관습, 특히 거래관행에 따라 행하여지므로 당사자의 진의(眞意)가 명확하지 않은 경우에는 사실인 관습이 해석의 표준으로 되는 것이다. 사실인 관습이 법률행위의 내용을 확정하는 기준으로 되기 위해서는 강행규정에 위반되지 않는 관습이 존재하여야 하고, 당사자의 의사가 명확하지 않아야 하며, 선량한 풍속 기타 사회질서에 반하지 않아야 하는데, 계약에서는 당사자 전원에 공통되는 관습만이 해석의 기준으로 된다.[54]

신의성실의 원칙은 우리 민법상의 대원칙으로서 다음에서 보는 보충적 해석의 근거가 되며, 아울러 약관의 해석에 있어서 중요한 원칙이다.[55]

3. 보충적 해석

보충적 해석이란 법률행위에 간극(틈)이 있는 경우에 이를 보충하는 해석방법을 말한다. 계약의 보충적 해석은 일단 계약의 성립이 인정된 경우에만 행하여질 수 있다. 당사자들이 일정한 사항을 알면서 계약에서 규정하지 않은 경우뿐만 아니라, 무의식적으로 간극이 발생한 경우에도 보충적 해석이 요구된다. 그리고 당사자가 법률행위 성립 당시 이미 존재하는 사정을 간과한 경우는 물론이고, 간극을 발생시키는 사정이 사후적으로 발생한 경우에도 역시 보충적 해석이 행하여져야 한다.[56]

법률행위에 간극이 존재하는 경우에는 법관이 그것을 보충하여야 한다. 법관은 계약

자의 내심의 의사가 어떤지에 관계없이 그 문언의 내용에 의하여 당사자가 그 표시행위에 부여한 객관적인 의미를 합리적으로 해석하여야 하는 것이고, 당사자가 표시한 문언에 의하여 그 객관적인 의미가 명확하게 드러나지 않는 경우에는 그 문언의 형식과 내용, 그 법률행위가 이루어진 동기 및 경위, 당사자가 그 법률행위에 의하여 달성하려는 목적과 진정한 의사, 거래의 관행 등을 종합적으로 고려하여 사회정의와 형평의 이념에 맞도록 논리와 경험의 법칙, 그리고 사회 일반의 상식과 거래의 통념에 따라 합리적으로 해석하여야 한다."

53) 지원림, 전게서, 169면.

54) 상게서, 170면.

55) 약관의규제에관한법률 제 5 조 제 1 항.

56) 지원림, 전게서, 168-169면.

체결 당시 간과된 사정을 당사자들이 알았더라면 무엇을 의욕하였을 것인가를 신의성실의 원칙과 거래관행을 고려하여 탐구하여야 한다. 간극을 보충함에 있어서 법관이 평가를 어떻게 하여야 하는가는 개개의 사례에 따라 달라진다. 법률행위의 동기, 거래관행, 이익상황 등 모든 사정들이 고려되어야 하고, 계약을 통하여 당사자들이 추구한 경제적 목적도 고려될 수 있다.[57]

그러나 보충적 해석에는 한계가 있다. 특히 계약이 원래부터 당사자 사이의 정당한 합의에 의하여 한쪽 당사자에게 의도적으로 불리하게 성립한 경우에, 이를 보충적 해석이라는 명목으로 그 당사자에게 불리하지 않도록 해석하여서는 안 된다. 이는 사적자치의 원칙상 당연한 한계이다.

Ⅲ. 저작권관련 계약의 해석

1. 서 설

위에서 주로 민법 분야에서 발전하여 온 계약의 해석과 관련한 일반원칙에 대하여 살펴보았다. 그런데 이와 같은 일반 민법상의 해석론이 저작권과 관련된 계약에도 그대로 적용되어야 할 것인지는 검토를 해 보아야 한다. 일반 민법상의 해석론을 저작물 이용허락계약이나 저작재산권 양도계약 등 저작권관련 계약에 그대로 적용하게 되면 이용자 또는 양수인보다 저작자에게 불리한 결과로 나타날 가능성이 많기 때문이다. 그 대표적인 이유로서는 다음과 같은 것들을 들 수 있다.

첫째, 저작자와 저작물 이용자 사이에는 원초적으로 역학적·구조적인 불균형이 존재하는 경우가 많다. 저작자는 자신의 저작물을 자체적으로 활용할 수 있는 수단을 가지지 않는 경우가 대부분이고, 그래서 저작물을 활용할 자본과 설비, 인력, 유통망 등을 가지고 있는 저작물 이용자와의 사이에 이용허락계약을 체결하거나 저작재산권 양도계약을 체결할 수밖에 없는 구조이다. 그런데 그 저작물을 활용하기 위하여 들어가는 투하자본의 회수 여부는 불투명하고 그에 대한 위험은 대부분 저작물 이용자가 지게 되기 때문에, 자연히 투자여부에 대한 결정권도 이용자가 가지게 된다. 이러한 구조로 인하여 저작물 이용자는 자신에게 일방적으로 유리한 계약을 체결하고자 하고, 저작자의 입장에서는 그러한 계약을 받아들일 수밖에 없게 됨으로써, 저작자와 이용자 사이에는 역학적·구조적 불균형이 존재

57) 상게서, 169면.

하게 되는 것이다.

둘째, 저작물의 장래 이용상황 및 수익성에 관한 예측이 곤란하다는 점이 저작자에게 불리한 요소로 작용한다. 저작물은 무체물이기 때문에 과학기술과 매체의 발달에 의하여 이용상황이나 이용방법이 달라질 가능성이 높으며, 그에 따라 새로운 시장이 형성되고 추가적인 수익이 발생할 수도 있다. 그러나 일반적으로 저작자들은 그러한 상황을 예측하기 어렵고, 또 설사 예측한다고 하더라도 저작물 이용자에 비하여 상대적으로 열등한 지위에 있는 관계상 그러한 장래 상황에 대하여 계약 당시부터 확실한 권리를 주장하기 어려운 면이 있다. 또한 저작물은 무체물이기 때문에 저작물관련 계약의 내용이 이용허락의 범위나 양도의 범위 등에 있어서 포괄적으로 규정되기 마련이다. 그리고 포괄적 규정의 특성에서 생기는 불이익은 저작자의 부담이 될 가능성이 높다. 뿐만 아니라 최초에 이용허락계약이나 양도계약을 체결할 당시의 기초적 사정이 변동한다든가, 계약 당시에는 예상하지 못하였던 상황이 계약기간 중에 발생할 수도 있다. 예를 들어, 어떤 소설이 당초 예상을 훨씬 뛰어넘는 베스트셀러가 됨으로써 저작자와 이용자(출판사) 사이에 체결한 인세 약정이 현저하게 균형을 잃게 되는 경우를 생각해 볼 수 있다. 나아가 저작자의 입장에서는 이용자가 양적 또는 질적 측면에서 어느 정도의 규모로 자신의 저작물을 이용할 것인지를 알기 어렵고, 설사 그 부분을 예측한다고 하더라도 그러한 점을 반영한 계약을 체결하기가 쉽지 않다. 또 계약 이후의 상황변화에 따라 당초 예측하였던 이용규모가 훨씬 늘어나는 경우도 있다. 이러한 사정변경에 대하여 저작자는 자신의 권리를 주장하기 어려운 경우가 많다.

이러한 이유 때문에 저작권관련 계약을 해석함에 있어서는 민법상 일반계약의 해석론을 그대로 적용하는 것은 합리적이지 않다는 지적이 있다. 독일이나 미국의 경우를 보면 이러한 문제점을 입법을 통하여 해결하거나, 법원의 해석을 통하여 해결하려는 경향을 보이고 있다. 이하에서 상세히 살펴보기로 한다.

2. 저작권관련 계약 해석에 있어서 각국의 입법과 해석론

가. 독 일

독일 저작권법은 철저하게 저작자 보호 위주로 규정되어 있다. 유증(遺贈)이나 상속의 경우를 제외하고는 저작재산권의 양도는 아예 허용되지 않으며, 저작자가 이용권을 부여한 경우에도 계약 당시 알려지지 아니한 방법에 의한 이용권의 부여는 무효이다. 따라서 새로운 매체를 통한 저작물 이용권은 언제나 저작자에게 유보되어 있다. 또한 저작물의 이용대가가 현저하게 불균형하게 된 때에는 저작자가 이용권자에게 계약변경을 요구할 권리가 있고, 이용권 부여계약의 해석에 관하여도 의심스러운 때에는 저작자에게 유리하게 해석하도록 하는 등의 여러 규정을 아예 저작권법에서 명문화하고 있다.[58)]

【독일 저작권법의 관련 규정】[59)]

제29조 ① 사망으로 인한 처분행위의 이행으로, 또는 상속재산 분할의 방법으로 공동상속인에게 이전될 수 있는 경우를 제외하고 저작권은 양도될 수 없다.

제31조 ④ 아직 알려져 있지 아니한 방식에 관한 이용권 및 이를 위한 의무 부여는 무효이다. ⑤ 이용권의 부여 당시 이용의 종류가 개별적·명시적으로 표시되지 않으면, 이용의 방식이 미치는 범위는 양 당사자에 의하여 기초가 된 계약의 목적에 의하여 결정된다. 이상은 이용권이 부여되었는지의 여부, 이용권이 비배타적인 것인지 아니면 배타적인 것인지의 여부, 이용권과 금지권이 미치는 범위의 문제 및 이용권에 어떠한 제한이 따르는가의 문제에 준용된다.

제32조의 a. ① 저작자가 타인에게 이용권을 부여할 때에 약정한 반대급부가 저작자와 그 타인과의 모든 관계에 비추어 저작물의 이용으로부터 발생하는 수익이나 이득에 비하여 현저히 불균형한 상태로 되어 있는 경우에는, 그 타인은 저작자의 요구에 따라 위 수익이나 이익에 관하여 저작자에게 상황에 따른 상당한 분배가 보장되도록 당해 계약의 변경에 승낙할 의무가 있다. 이때 계약의 상대방이 목표된 수익이나 이득의 수액을 예상하였는지의 여부 혹은 예상할 수 있었는지의 여부는 고려하지 않는다. ③ 제1항 및 제2항에 따른 청구권은 사전에 포기될 수 없다. 이에 대한 기대권은 강제집행의 대상이 아니다. 위 기대권에 관한 처분은 효력이 없다.

제37조 ① 저작자가 타인에게 저작물에 관한 이용권을 부여하는 경우 의심스러운 때에는 저작물의 개작물의 공표 혹은 그 이용에 관한 동의는 저작자에게 유보된다. ② 저작자가 타인에게 저작물의 복제에 관한 이용권을 부여하는 경우에, 계약의 내용이 불분명한 때에는 저작물을 녹화물 혹은 녹음물로 복제하는 권리는 저작자에게 유보된다. ③ 저작자가 타인에게 저작물의 공개 재현을 위한 이용권을 부여하는 경우에 계약의 내용이 불분명한 때에는 정하여진 장소 외에서 화면, 확성기 혹은 이와 유사한 기술적 장치를 통하여 위 재현물을 공개 감지하도록 하는 권한은 그 타인에게 주어지지 아니한다.

제40조 ① 상세히 정해지지 아니하거나 오직 종류에 의하여 정해지는 장래의 저작물에

---

58) 이성호, 저작물 이용허락의 범위와 새로운 매체—미국 저작권법을 중심으로, 판례월보, 311호, 52면; 서달주, 2002 독일 개정저작권법과 저작자의 지위 강화, 저작권심의조정위원회, 2003 참조.

59) 저작권심의조정위원회, 독일저작권법, 2004, 저작권관계자료집(45), 26면 이하.

대하여 저작자가 이용권을 부여하여야 할 의무를 부담하는 계약은 서면에 의한 형식을 요한다. 위 계약은 계약 체결 후 5년이 지나면 양 당사자에 의해 해지될 수 있다. 위 해지의 고지기간은 더 짧은 기간이 합의되지 아니하는 한 6개월이다. ② 위 해지권은 사전에 포기될 수 없다. 그 밖의 계약상 혹은 법률상의 해지권은 이로 인하여 영향을 받지 아니한다. ③ 계약을 이행함에 있어서 장래 저작물의 이용권이 부여되어 있는 경우, 위 계약이 종료됨으로써 종료 당시 아직 인도되어 있지 아니하는 저작물에 관한 처분은 효력이 없다.

독일에서는 저작권 관련 계약에 있어서 이른바 '목적양도론'(目的讓渡論)이라고 하는 독특한 해석론을 통하여 저작자의 지위를 보호하고 있다. 목적양도론은 독일에서 학설과 판례에 의하여 인정되어 온 이론으로서, 요컨대 저작물 이용허락계약에 있어서 이용이 허락된 범위는 그 허락의 '목적'에 따라 제한되어 결정된다는 것이다. 즉, 저작물에 관한 권리를 취득한 이용자(사업자)는 자신의 목적수행을 위하여 필요한 한도 내에서 권리를 취득하며, 그러한 한도 내에서 저작자의 허락의사가 존재한다는 것이다. 결국 이러한 의사의 합치가 있는 한도 내에서 법률행위가 성립되는 것이고, 그것을 넘어서는 부분에 있어서는 계약이 성립하지 않는 것으로 본다.

목적양도론은 판례와 학설에 의하여 발달하여 왔지만 지금은 그 상당부분이 독일 저작권법에 명문화되었다. 그것이 위에서 본 제31조 제 4 항과 제 5 항, 제37조 등의 규정이다. 이와 같이 명문화됨에 따라 목적양도론은 단순한 이론을 넘어서서, 그 조문들의 해석을 둘러싼 실정법적인 문제가 논의의 주종을 이루게 되었다. 그리고 통설적인 견해에 의하면, 이들 조항이 적용되지 않는 범위에서는 조문화되지 않은 해석방법론으로서의 종전의 목적양도론이 계속 적용되는 것으로 받아들여지고 있다.[60)]

저작물의 새로운 이용방법을 예로 들어 목적양도론의 해석론을 살펴보면 다음과 같다. 위에서 본 바와 같이 독일 저작권법 제31조 제 4 항은 아직 알려지지 아니한 저작물 이용방법을 위한 이용권(용익권)의 부여 및 의무부담 행위는 무효이고, 적절한 대가에 대한 결정권 및 계약체결 당시에 알려지지 아니한 이용방법으로 이용하는 것을 허락할 것인지에 관한 결정권이 저작자에게 유보된다. 나아가 독일 판례는, 이용허락계약 체결 당시에 그 이용방법이 알려진 것이었는지 여부는 규정의 보호목적에 따라 객관적으로 결정하기보다는 저작자의 관점에서 결정하여야 한다고 본다. 이용방법이 계약체결 당시에 평균적인 저작자에게 상세하게는 아니더라도 실질적으로 실행가능한 것으로 익히 알려져 있다면 그것

60) 박범석, 저작권계약의 해석방법론에 관한 연구－저작자와 저작권이용자 사이의 계약 해석에 있어서－, 서울대학교 법학석사 논문, 2000. 8, 51면.

은 알려진 이용방법으로 볼 수 있다. 그러나 오직 전문가들만이 알고 있는 이용방법, 이론적으로 가능하지만 실질적으로 확실하지 않은 이용방법은 저작자 쪽에서는 아직 그에 대한 구체적인 평가가 이루어지지 않은 것으로 보아야 할 것이고, 따라서 알려지지 않은 이용방법이라고 해석한다. 발명이나 테스트의 시점에 따라 알려진 이용방법인지 여부의 판단이 좌우되는 것도 아니다. 위와 같은 법률규정의 목적은 새로운 이용방법의 발전을 고려하여 저작자가 자신의 작품을 그 새로이 발견된 방법으로 이용함에 있어 동의할 것인지, 동의한다면 어떤 대가를 받고 동의할 것인지에 대한 결정권을 항상 가질 수 있도록 함에 있다고 본다.[61]

나. 프 랑 스

프랑스 저작권법은 저작권 양도 자체는 이를 인정하면서도 저작권 양도나 이용허락으로 인하여 저작자가 불이익을 당하지 않도록 하는 여러 가지 규정을 두고 있다.

먼저 저작자를 보호하기 위하여 저작권 관련 계약 체결에 있어서 원칙적으로 서면계약을 요구하고 있으며, 나아가 그 계약에서 일정사항을 규정하도록 요구하고 있다. 즉, 프랑스 저작권법 제131조의2 제 1 항은, "이 법 제 3 편에서 규정하고 있는 공연계약, 출판계약 및 시청각물 제작계약은 서면으로 작성되어야 한다. 무상으로 허락하는 경우에도 같다"고 규정하고 있다. 또한 장래의 저작물 전체를 양도하는 계약은 무효라고 규정하고 있으며,[62] 저작권 양도계약의 해석과 관련하여, 양도되는 저작자의 권리의 범위를 되도록 제한하고 있다.[63] 따라서 완전한 저작권 전체를 양도한다는 형태의 계약은 금지되고, 개개의 권리를 일일이 열거하여야 할 뿐 아니라, 그 이용영역이 범위, 목적, 장소, 기간의 4가지 관점에서 명확하게 규정되어야 한다.

예를 들면 음악출판의 경우 그 범위가 무성출판(無聲出版, 악보)에만 미치는 것인지 아니면 유성출판(有聲出版, 음반)도 포함하는지를 명확히 하여야 하고(범위), 음반으로 공중에게 직접 발표하는 권리는 특별한 허락이 없는 한 그것을 라디오로 방송하는 권리를 포함하지 않으며(목적), 장소도 프랑스에만 국한된 것인지 아니면 해외까지를 포함하는 것인지를 규정하여야 하고(장소), 마지막으로 저작자가 다시 그 권리를 되찾아 자유롭게 행사할 수 있는 기간이 확정되어 있어야 한다(기간).

---

61) 상게논문, 54-55면.

62) 프랑스 저작권법 제131조의1.

63) 프랑스 저작권법 제131조의3 제 1 항: "저작자의 권리의 이전은, 양도되는 개개의 권리가 양도증서에 분명하게 표시되어야 하며, 양도되는 권리의 이용영역은 그 범위, 목적, 장소와 기간에 의하여 한정되어야 한다."

또한 공연권의 양도는 복제권의 양도를 포함하지 않으며, 복제권의 양도는 공연권의 양도를 포함하지 않는다고 명시하고 있다. 그리고 그 중의 어느 한 권리라도 완전히 양도하는 계약인 경우, 그 범위는 계약에 명시된 이용방법(mode d'exploitation)에 한정된다고 규정하고 있다.[64]

계약 당시 예견하지 못하였던 새로운 매체의 이용과 관련하여 저작자를 보호하는 규정도 두고 있다. 프랑스 저작권법 제131조의6은, 계약체결일에 예견할 수 없었거나 예견되지 않았던 형태로 저작물을 이용할 권리를 부여하는 조항은 이를 명시하여야 하며, 또한 그 이용으로 인한 이득을 분배받는 규정을 두어야 한다고 규정하고 있다. 즉, 장래에 저작물을 배포하는 새로운 수단(moyens nouveaux de diffusion de l'oeuvre)이 우연히 나타나거나 이미 존재하였으나 당사자들이 몰랐던 수단이 나타나는 것을 고려하여, 계약서 조항 자체의 효력을 부정하지는 않지만, 그것이 저작자에게 매우 불리한 경우가 많기 때문에 명시적으로 위와 같은 일정한 사항을 규정할 것과 그로 인한 이득의 비율적인 보상에 관하여 규정할 것을 요구하고 있는 것이다.[65][66]

다. 미 국

(1) 서 설

위에서 본 바와 같이 독일의 경우 저작권 관련 계약을 해석함에 있어서, 일반 민법상 해석론과는 다른 특수한 해석론을 적용함으로써 저작자의 지위를 보호하는 후견적 역할을 하고 있다. 그러나 미국 저작권 실무에서는 그러한 특수한 해석론을 적용하지는 않고, 기본적으로 일반 민법상의 계약해석과 동일한 원리에 입각하고 있는 것으로 보인다. 즉, 일반적인 계약해석의 방법론이 저작권계약의 해석에도 동일하게 적용되고 있다고 할 수 있다.

이러한 경향은, 저작권계약에 있어서도 저작자와 그 이용자가 서로 대등한 입장에 있는 것으로 보고, 계약서에 명시된 내용을 구두증거 등 부수적인 증거에 의하여 배척할 수 없다는 계약법상의 원칙을 저작권계약의 해석에도 그대로 적용하고 있는 점, 계약에서 규정하고 있는 용어가 불분명하거나 개괄적인 내용일 경우에 그 구체적 의미를 해석함에 있어서, 거래관행이나 용례, 계약 당시 당사자의 지식, 계약 후의 당사자의 행동 등의 부수적

---

64) 프랑스 저작권법 제122조의7 제 2, 3, 4 항.

65) 이상 프랑스에 있어서의 저작권 관련 계약의 해석에 관한 정리 및 소개는, 이재환, 저작권의 양도 및 이용허락에 관한 프랑스법의 태도와 본 주제에 관한 사견, 판례실무연구, 1997, 박영사, 89-90면 참조.

66) 프랑스 저작권법에 관하여 상세한 내용은, 서달주, 프랑스 저작권 이용계약법, 저작권심의조정위원회, 2004 참조.

인 정황증거들에 의하여 그 계약내용을 확정하는 점에서 드러난다. 그러나 특정한 이용방법이나 매체에 관하여 당사자들의 의사가 현저하게 불분명하여 아예 의사의 합치가 없는 것으로 보이는 경우에는 그러한 한도에서 이용허락이 없다고 보거나, 저작자에게 유리한 추정의 원칙 또는 계약문언 작성자에게 불리한 추정의 원칙 등을 적용하여 이용자가 주장하는 방법은 이용허락의 범위에 들어가지 않는 것으로 해석하는 등 나름대로 저작자를 보호하는 입장을 취하고 있다.[67]

이하에서는 주로 그러한 추정과 관련된 원칙에 대하여 살펴보기로 한다.

(2) **저작자에게 유리한 추정**(presumption for author)

양도 또는 이용허락 되었음이 외부적으로 표현되지 아니한 것은 저작자에게 그 권리가 유보된 것으로 추정하는 원칙이다. 연방 제 9 항소법원을 중심으로 형성된 판례의 입장이라고 한다. 그리하여 명시적으로 허용되지 않음으로써 분쟁의 대상이 되고 있는 권리는 저작자에게 유보된 것으로 해석한다. 저작자로부터 그의 노력의 산물을 이전받기 위해서는 그에 관한 분명한 언급이 필요하므로 "의심스러울 때에는 저작자에게 유리하게" 해석하여야 한다는 것이다.[68]

(3) **계약문안 작성자에게 불리한 추정**(presumption against drafter)

저작권관련 계약서의 내용 중에 애매한 부분이 있을 경우 그 계약서 문안을 작성한 자에게 불리하게 추정한다는 것이다. 쌍방 당사자 중 계약서 문안을 직접 작성한 자가 자신의 의도를 가장 분명하게 표현할 수 있는 지위에 있는 것이므로, 문안에 분명하게 표현되지 아니한 것은 문안작성자에게 불리하게 추정하는 것이 타당하며, 저작권관련 계약에 있어서 일반적으로 문안을 작성하는 자가 그러한 계약과 관련하여 상대방보다 더 경험이 많거나 전문적 지식을 가진 당사자이므로 정확한 문안작성의 실패에 따른 부담도 그에게 지우는 것이 공평하다는 것을 근거로 한다.[69]

이러한 추정을 채택한 대표적인 판결로서 워너브라더스 영화사가 당사자인 'Maltese Falcon 판결'이 있다.[70] 이 판결은 'Maltese Falcon'이라는 유명한 탐정소설을 원작으로 하

---

67) 박범석, 전게논문, 45-46면.

68) 이성호, 전게논문, 54면.

69) 이성호, 전게논문, 55면.

70) Warner Bros., Inc. v. Columbia Broadcasting System, 216 F.2d 945(9th Cir. 1954), cert. denied, 348 U.S. 971(1955). 이 판결에 관한 상세한 사실관계는 제 2 장 제 4 절 "저작물성이 문제로 되는 창작물" 중 '캐릭터'에 관한 부분 참조.

는 영화화 권리에 대한 양도계약을 체결하였는데, 그 양도된 권리 속에 그 원작 소설에 등장하는 캐릭터에 관한 권리까지 포함된 것인지 여부가 다투어진 사건이다. 이 사건에서 연방 제 9 항소법원은, 워너브라더스사와 같이 저작권을 전문으로 다루는 대형 영화사는 당연히 저작권 관련 계약 실무에 있어서도 상당한 전문성을 가지고 있다고 보아야 할 것인데, 그런 영화사가 원작 소설가로부터 원작에 대한 영화화 권리를 양도받으면서 작성한 계약서에 '캐릭터'에 관한 언급이 전혀 없다는 것은 캐릭터에 관한 권리는 양도되지 않았다고 추정하는 하나의 근거가 된다고 판시하였다.[71)]

(4) 부수적 증거

계약에서 규정하고 있는 용어가 분명하지 아니하거나 개괄적인 내용일 경우에는 그 구체적 의미를 해석함에 있어서 산업상의 거래관행이나 용례, 계약 당시의 당사자의 지식, 계약 후의 당사자의 행동 등 부수적인 정황증거들이 활용된다.

'거래상의 관행 및 용례'(trade custom and usage)를 증거로 받아들인 사례로서, 저작자에게 지급하여야 할 이용료를 특별히 정하지 아니한 음반계약에 관하여, 원음반(master recording)을 제 3 자에게 이용허락 할 경우 저작자에게 순이익의 50%를 이용료로 지급하는 것이 거래상의 관행이라고 한 사례가 있다. '당사자의 지식'(parties' knowledge) 및 '당사자의 행동' (parties' conduct)을 증거로 채택한 사례로는 앞에서 본 'Maltese Falcon' 판결을 예로 들 수 있다. '당사자의 행동'이란 당사자의 일방이나 쌍방이 그동안 문제가 된 계약조항을 어느 특정한 의미로 이해하고 이에 순응하여 행동하여 왔다는 점을 계약해석을 위한 일종의 정황증거로 채택하는 것을 말한다.[72)]

(5) Bartsch 판결 등

미국 연방법원의 판결 중에서 저작권 계약의 해석과 관련하여 가장 원론적인 해석론을 펼친 판결로서 Bartsch 판결[73)]을 들 수 있다. 이 판결은 극장에서 영화를 상영할 권리에는 TV를 통한 방영권까지 포함된다고 한 사례이다. 사건의 경위는 독일의 오페라 Wie Einst in Mai의 저작자들로부터 그 오페라를 "영화촬영 또는 그와 유사한 어느 방법"으로

71) 이 판결은 그 외에도, 당시 워너브라더스사가 원작 저작자에 대하여 영화화권 양수의 대가로 지급한 금액이 'Maltese Falcon'과 같이 유명한 작품의 캐릭터까지를 포함한 모든 권리의 양수대금으로서는 지나치게 적었다는 점, 양도계약 이후에도 원작 저작자가 'Maltese Falcon'에 등장하는 캐릭터를 사용하여 3개의 스토리를 저작하였지만, 이에 대하여 워너브라더스사가 아무런 이의도 제기하지 않았다는 점 등을 추정의 근거로 들고 있다.

72) 이성호, 전게논문, 56면.

73) Bartsch v. Metro-Goldwin-Mayer Inc., 391 F.2d 150(2d Cir), cert. denied, 393 U.S. 826(1968).

제작하고, “그 영화에 대하여 전 세계적으로 저작권을 부여하고 판매, 이용허락, 상영할 수 있는” 배타적 권리를 부여받은 Hans Bartsch가 그 영화화권 및 배포권을 워너브라더스사에 이전하였고 워너브라더스사는 다시 그 권리를 피고 MGM사에 이전하여 MGM사가 이를 기초로 영화 Maytime을 제작 배포하여 흥행에 크게 성공하였는데, 그 후 MGM이 위 영화에 대한 TV방영을 타인에게 허락하자 Hans Bartsch의 상속인인 원고가 저작권침해를 주장한 사안이다.

이 사건에서 미국 제 2 항소법원은, “특정 매체에 대한 저작물 이용허락계약의 이용허락 범위를 해석함에 있어서는, 그 계약서에 사용된 용어의 명확하고 핵심적인 의미 내에 들어가는 이용만을 포함하고 그 밖의 불분명한 영역에 해당하는 모든 사용을 배제하는 것이라고 해석하는 접근방법과, 그 계약서에서 기술하고 있는 매체의 범위 내에 들어간다고 봄이 합리적이라고 할 수 있는 모든 이용을 포함하는 것이라고 해석하는 접근방법 등 두 가지 접근방법이 있다. 이 사건에서는 그 두 가지 접근방법(해석방법) 중에서 후자의 방법을 취하여야 한다. 계약서에 사용된 용어가 새로운 사용방법을 포함하는 것으로 볼 수 있을 만큼 광범위할 경우에는, 거기에 포함되지 않는 예외를 분명히 설정하여야 하는 부담은 이용을 허락하는 자가 지도록 하는 것이 보다 공평하기 때문이다. 이 사건에서 원고측이 이용허락의 범위를 전통적인 극장 스크린을 통한 영화 상영만으로 제한하기를 원하였다면 그들은 그렇게 약정할 수 있었을 것인데도 그러한 명시적인 약정을 하지 아니하였다. 후자의 해석방법을 따라야 하는 또 하나의 이유는, 허락여부가 불분명한 영역에 속하는 매체를 통하여서도 공중이 저작물을 이용할 수 있는 기회를 제공하기 위함이다. 전자의 해석방법을 취하면 저작권자와 이용권자 사이에 협상이 교착상태에 빠질 경우 새로운 매체를 통한 저작물의 이용 자체가 전면 금지되어 공중이 그 저작물을 이용할 수 있는 기회가 박탈되는 결과가 되기 때문이다”라고 하였다.[74]

이 판결을 평가함에 있어서는 저작물의 이용을 허락한 원고 Bartsch가 경험이 많은 사업가로서 계약상대방과 대등한 위치에서 계약서 문안을 작성하였다는 점이 영향을 미쳤음을 유의하여야 한다. 따라서 저작권 계약서에 포괄적인 이용허락의 문언을 사용한 경우라 하더라도, 쌍방이 대등한 지위에서 적정한 대가를 지급받기로 하고 계약을 체결한 것이 아니라, 저작자가 그 문언의 구체적 의미를 제대로 이해하지 못한 경우였다든가, 경제적 또는 사회적 약자로서 그와 같은 포괄적인 이용허락에 비해 현저하게 균형을 잃은 대가만을

74) 이상 Bartshc 판결에 대한 정리는, 지대운, 저작권에 관한 계약이 저작권양도계약인지 이용허락계약인지의 구별기준, 저작권이용허락계약 시 매체의 범위에 대한 명시적 약정이 없는 경우 새로운 매체에 관한 이용을 허락한 것으로 볼 것인지 여부, 判例實務硏究(I), 비교법실무연구회, 121-122면; 이성호, 전게논문, 59-60면 참조.

지급받았다고 보이는 경우에는, 새로운 매체에 대한 예외조항을 명시하지 않은 책임을 저작자의 부담으로 돌리는 것은 저작자의 보호와 공평의 원칙에 비추어 바람직하지 않다. 그 경우에는 오히려 문안작성자에게 불리한 해석원칙을 적용하여 이용허락여부가 불분명한 새로운 매체에 대하여는 원칙적으로 이용자인 상대방에게 불리하게, 즉 이용허락을 받지 않은 것으로 해석함이 옳다고 한다.[75)]

그 밖의 미국 연방법원의 판결 중에는 유사한 사건에서 서로 상반된 결론이 난 것들이 있다. "음악저작물을 모든 방법, 모든 매체, 모든 형태, 모든 언어로 음반제작하는 것을 이용허락한 경우라도, 당시 알려지지 않았던 가정에서 시청할 수 있는 비디오카세트테이프에 의한 배포는 이용허락에 포함되지 않는 것으로 해석하여야 한다"고 한 Cohen 판결[76)]과, "특정 저작물을 모든 방법, 모든 매체, 모든 형태의 음반으로 제작하고, 그 음악을 영화에 사용할 수 있도록 하는 이용허락은 그 영화를 비디오카세트테이프에 수록하여 배포하는 것을 포함한다"고 한 Boosey 판결[77)] 등을 들 수 있다.

미국 연방법원의 판례들은 계약 당사자들이 현재에 존재하는 특정한 매체를 통한 이용뿐만 아니라, 미래의 불특정한 매체를 통한 이용에 대하여서까지 '명시적'으로 허락을 한 경우에는 새로운 매체에 대한 허락도 포함된 것으로 보는 것이 일반적이다. 다만, 위 Cohen 판결은 계약서에 포괄적 이용허락 규정과 함께 '명시적 유보(express reservation)조항', 즉 "이 계약에서 허락되지 아니한 모든 권리는 저작자에게 유보된다"는 규정이 있었던 경우라는 점에서 Boosey 판결과 상이한 결론에 이르게 된 것으로 이해될 수 있다.

라. 일 본

일본의 판례는 저작권 계약의 해석에 관하여도 기본적으로는 일반 민법상의 계약해석의 원리에 입각하고 있는 것으로 보인다. 일본 판례 중에는, 계약 내용에 구체적 명시가 없는 경우에 우선 대가의 액수를 검토한 다음, 그 액수의 많고 적음에 따라 저작권양도여부 및 이용범위 등을 결정한 것이 있다.[78)] 또한 보충적으로 당사자의 계약 체결 전후의 거동과 업계에 존재하였던 거래관행 등을 고려한 것이 있다.[79)] 다만, 일부 하급심 판결 중에서는

75) 이성호, 전게논문, 60-61면.

76) Cohen v. Paramount Pictures Corp., 845 F.2d 851(9th Cir. 1988).

77) Boosey & Hawkes Music Pub. v. Walt Disney Co., 145 F.3d 481(2d Cir. 1998).

78) 동경지방법원이 1975. 2. 24. 선고한 이른바 '秘錄大東亞戰史 事件' 판결에서는, 원고에게 지급된 원고료가 인세 상당액을 훨씬 상회하는 것으로 보이고, 원고 외의 '비록대동아전사' 책자의 다른 집필자들로부터 현재에 이르기까지 인세청구가 없었다는 점 등에 비추어 볼 때, 원고로부터 출판사에 대하여 이 사건 책자에 관하여 복제할 수 있는 권리의 양도가 이루어졌다고 인정하는 것이 상당하다고 판결하였다.

79) 동경고등법원이 1989. 6. 20. 선고한 이른바 '原色動物大圖鑑 事件' 판결에서는, 그동안 원고가 저작물의

일반적으로 저작권의 양도인지, 출판권설정 내지 출판허락인지 분명하지 아니한 경우에는 당사자의 의사에 기하여 후자의 취지로 합의가 이루어졌다고 보는 것이 상당하다고 하거나, 의심스러운 경우에는 저작자에게 유리하게 해석하여야 한다는 등 저작자에게 유리한 해석 방법론을 받아들인 것 같은 느낌을 주는 것이 있다. 그러나 이러한 해석론은 일반 민법상의 해석론에 의하여도 가능한 것이고, 통상의 당사자의 의사를 추정하는 것 이상으로 일반 민법과 다른 특별한 해석원칙을 적용하는 것을 의미하는 것은 아니라고 하는 견해가 있다.[80)]

3. 우리나라 판례의 검토

가. 양도계약과 이용허락계약의 구별

(1) 해석론

저작권 양도계약은 준물권계약이고 저작물 이용허락계약은 채권적 계약이다. 따라서 이용자의 입장에서 본다면 저작권 양도계약을 체결하는 것이 제 3 자에 대한 배타적 효력을 가질 수 있고 또 이용의 범위도 넓어서 저작물 이용허락계약을 체결하는 경우보다 그 지위가 강하다고 볼 수 있다. 반면에 저작권자의 입장은 그 만큼 약화된다. 저작권 관련 계약이 체결되었는데 그것이 저작권 양도계약인지 이용허락계약인지 불분명한 경우에 어떻게 해석할 것인지에 관하여 우리나라 판례는 기본적으로 민법상 일반 계약의 해석원리에 입각하고 있는 것으로 보인다. 대법원 1996. 7. 30. 선고 95다29130 판결은, "일반적으로 법률행위의 해석은 당사자가 그 표시행위에 부여한 객관적인 의미를 명백하게 확정하는 것으로서, 당사자가 표시한 문언에 의하여 그 객관적인 의미가 명확하게 드러나지 않는 경우에는 그 문언의 내용과 그 법률행위가 이루어진 동기 및 경위, 당사자가 그 법률행위에 의하여 달성하려고 하는 목적과 진정한 의사, 거래의 관행 등을 종합적으로 고찰하여 사회정의와 형평의 이념에 맞도록 논리와 경험의 법칙, 그리고 사회 일반의 상식과 거래의 통념에 따라 합리적으로 해석하여야 한다"고 하면서, "저작권에 관한 계약을 해석함에 있어 과연 그것이 저작권 양도계약인지 이용허락계약인지 명백하지 아니한 경우, 저작권 양도 또는 이용허락 되었음이 외부적으로 표현되지 아니한 경우에는 저작자에게 권리가 유보된

저작권을 주장한다든가 사용료(인세)의 지급과 이 사건 원화(原畵)의 반환을 청구한 적이 전혀 없다는 점 및 당시 출판사가 화가에게 도서의 삽화를 그려 줄 것을 의뢰하는 경우 출판사가 화가로부터 삽화의 저작권 및 소유권을 양수하는 관행이 있었고, 당시의 물가 수준에 비하여 원고에게 지급된 인세가 원고가 생물화가라는 사회적 지위와 각 원화가 극명하게 사실적으로 그려져 있다는 점을 고려해 보더라도 상당한 고액이라는 점에 비추어 보면, 이 사건 저작물의 저작권을 양도하기로 하는 매절(買切)의 합의가 있었다고 인정하였다.

80) 박범석, 전게논문, 58-59면.

것으로 유리하게 추정함이 상당하며, 계약내용이 불분명한 경우 구체적인 의미를 해석함에 있어 거래관행이나 당사자의 지식, 행동 등을 종합하여 해석함이 상당하다"고 하고 있다. 이 판결은 전체적으로 볼 때 민법상의 일반 계약의 해석론과 거의 그 내용을 같이 하고 있다.[81)]

다만 이 판결에서, 저작권 양도계약인지 이용허락계약인지 불분명한 경우나 저작권 양도 또는 이용허락 되었음이 외부적으로 표현되지 아니한 경우에는 저작자에게 유리하게 추정함이 상당하다고 하고 있으나,[82)] 이러한 추정이 반드시 민법상의 해석론과는 다른 특수한 해석론을 받아들인 것이라고 보기에는 다소 부족하다. 또한 그 부분 판시 뒤에 "계약내용이 불분명한 경우 거래관행이나 당사자의 지식, 행동 등을 종합하여 해석함이 상당하다"고 덧붙이는 등,[83)] 여러 가지 부수적 사정을 강조하고 있는 점에 비추어 볼 때 일반 계약의 해석론과 크게 다른 특별한 해석론은 아니라고 보는 것이 타당할 것이다. 다만, 이 판결은 일정 부분 앞에서 본 미국 연방항소법원의 저작권관련 계약의 해석론과 궤를 같이 하고 있는 것으로 보이며, "불분명한 경우 저작자에게 유리한 추정"을 할 것을 명시하고 있다는 점에서는 나름대로 의미가 있다고 평가된다.

(2) 매절계약

주로 출판계에서 저작권을 양도한다는 의미로 '원고의 매절(買切)' 또는 '매절계약'이라는 용어가 사용되고 있는 것을 볼 수 있다. 하급심 판결 중에는 "저작물 이용대가를 판매부수에 따라 지급하는 것이 아니라 미리 일괄지급하는 형태의 이른바 '매절'(買切)계약의 경우, 그 원고료로 지급한 대가가 인세를 훨씬 상회하는 고액이라는 등의 입증이 없는 한 이는 출판권설정계약 또는 독점적 출판계약(즉, 이용허락계약)으로 볼 것이지 저작재산권 양도계약으로 볼 수는 없다"고 한 것이 있고,[84)] 다음에서 보는 바와 같이 그와 유사한 취지

81) 민법상의 일반 계약의 해석원리에 대하여 대법원 1992. 5. 26. 선고 91다35571 판결은, "법률행위의 해석은 당사자가 그 표시행위에 부여한 객관적인 의미를 명백하게 확정하는 것으로서 당사자가 표시한 문언에 의하여 그 객관적인 의미가 명확하게 드러나지 않는 경우에는 그 문언의 내용과 그 법률행위가 이루어진 동기 및 경위, 당사자가 그 법률행위에 의하여 달성하려고 하는 목적과 진정한 의사, 거래의 관행 등을 종합적으로 고찰하여 사회정의와 형평의 이념에 맞도록 논리와 경험의 법칙, 그리고 사회일반의 상식과 거래의 통념에 따라 합리적으로 해석하여야 한다"고 하고 있는바, 저작권에 관한 본문 대법원 판례와 그 내용이 거의 유사하다.

82) 그리하여 이 판결이 양도계약의 해석, 즉 이용허락계약과 양도계약 중 어느 계약에 해당하는지 불분명한 경우 "의심스러울 때는 저작자를 위하여"(In dubio pro auctore)라는 해석원칙에 입각하고 있다고 보는 견해도 있다(박성호, 전게서, 417면 참조).

83) 이 부분은 앞에서 본 미국 저작권 판례에서 계약의 해석을 위한 판단의 요소로 받아들이고 있는 이른바 '부수적 증거'와 유사하다.

84) 서울민사지방법원 1994. 6. 1. 선고 94카합3724 판결(하급심판결집 94.1, 435면). 이른바 '녹정기' 사건

의 판결들도 여럿 있다.

대법원 1985. 5. 28.자 84다카2514 결정은 방송사인 피고가 방영이 끝난 TV 드라마의 녹화작품을 TV 방송이 아닌 VTR 테이프에 복사하여 판매한 것이 드라마 대본 작가들인 원고들의 극본사용승낙의 범위를 넘는 2차적저작물 이용으로서 원고들의 저작권을 침해한 것인지 여부가 다투어진 사건이다. 대법원은, "원고들이 피고 방송사로부터 대가를 받고 그들이 저작한 극본을 피고에게 제공하였다 하더라도, 다른 특별한 사정이 없는 한 이는 저작권자인 원고들이 피고 방송사에게 저작물인 위 극본의 이용권을 설정해 준 데 불과할 뿐, 이로써 원고들의 극본에 대한 저작권을 상실시키기로 한 것이라고는 볼 수 없으므로 위 극본 저작자인 원고들은 위 극본에 대한 저작권을 그대로 보유한다. 원고들과 피고 사이에 체결된 극본공급계약에는 원고들이 피고 방송사로 하여금 그 극본을 토대로 2차적저작물인 TV 드라마 녹화작품을 제작하여 TV 방송을 통하여 방영하는 것(개작 및 방송)을 승낙하는 의사가 당연히 포함되어 있다고 할 것이나, 그렇다고 하여 원고들이 피고 방송사에게 원고들로부터 별도의 동의를 받지 않고 위 극본을 토대로 제작된 녹화작품을 VTR 테이프로 이용하는 것까지를 승낙하였다고 볼 수는 없다"고 하였다.

서울지방법원 남부지원 1992. 6. 19. 판결은, "원고가 피고(한국교육개발원)에게 매절의 형식으로 TV 방송교재 원고 일부를 넘겨주었다고 하더라도 그 원고료 액수가 인세 상당액을 대폭 상회하는 등의 특별한 사정이 없고, TV 방송교재가 1989년도에 사용하기 위한 1회용 교재라는 점에 비추어 볼 때, 피고가 그 저작권까지 양도받을 필요는 없었다고 할 것이므로, 그 기간이 경과되면 위 교재에 관한 저작권 등 권리가 다시 원고에게 환원되었다고 보아야 한다."고 하였다.

(3) 기타 판례

그러나 다른 하급심 판결 중에는 양도계약인지 이용허락계약인지 여부가 문제로 된 사건에서 다음에서 보는 바와 같이 당사자의 관계, 저작물의 창작과정, 계약에 이르게 된 경위 등을 종합적으로 고려하여 저작물 이용허락계약이 아니라 저작재산권 중 일부 지분권에 대한 제한적인 양도계약으로 해석한 것이 있다.

서울고등법원 1997. 11. 28. 선고 96나5256 판결[85]은, "이 사건 가요에 대한 이용허락 계약 당시 우리나라 음반업계의 관행은 음반제작자가 제작비용 전부를 부담하고 제작 후의 홍보도 주도적으로 하였으며, 작사·작곡자 또는 가수들은 곡을 제공하거나 가창만을

판결.

85) 저작권심의조정위원회, 한국저작권판례집(5), 57면.

할 뿐, 비용을 부담하지는 않았던 사실, 따라서 음반제작자가 투자된 비용을 회수하고 이윤을 얻을 수 있는지 불확실하여 작사·작곡자 또는 가수의 경우 1회의 사용료를 받거나 무명의 경우에는 보수도 받지 않은 채 음반취입의 기회만을 가진 것에 만족하고 음반제작자에게 그가 제작하는 음반에 관한 복제권을 수량·횟수·기간 및 종류 등의 제한 없이 부여하였고, 그러한 경우에도 작사·작곡자 등이 음반의 판매량에 따른 별도의 인세지급 등을 주장하는 일은 없었으며, 오히려 음반제작자로서의 권리를 보호해 주기 위하여 일정기간 다른 음반제작자에게 이중으로 권리를 부여하는 일이 없도록 제한을 두었던 사실, 한편 음반제작자 중에는 제작된 원반을 이용하여 음반을 판매목적으로 제조할 수 있는 시설을 갖춘 자가 많지 않았고, 따라서 음반제작자가 음반제조시설을 갖춘 다른 사업자와 공동으로 음반을 제조·판매하거나 그 음반에 관한 권리를 양도하는 일이 흔히 있었던 사실 등"을 인정한 후, 이러한 여러 사정을 종합하여 보면, 원고(작사·작곡자)와 甲(음반제작자) 사이에서 이 사건 가요를 녹음물 일체에 사용하는 것을 원고가 승낙한다고 약정한 것은 甲이 원고가 작사·작곡한 가요를 이용하여 단순히 음반을 제작하는 행위를 승낙한다는 뜻을 넘어 그 음반에 대한 원고의 저작재산권 중 복제·배포권을 甲에게 양도하고 그가 이를 처분할 수 있는 권한까지 부여한 것으로 해석함이 상당하다고 하였다.

그러나 편집앨범의 제작과 저작물 이용허락과 관련하여서는 다음과 같은 대법원 판결도 있음에 유의하여야 한다. 대법원 2006. 7. 13. 선고 2004다10756 판결은, "저작권법이 음반제작자는 그 음반을 복제·배포할 권리를 가진다고 규정하면서도 같은 법 제62조에서 음반제작자 등의 저작인접권에 관한 규정이 저작권에 영향을 미치는 것으로 해석되어서는 아니 된다고 규정하고 있고, 같은 법 제42조 제 3 항에서 저작재산권자의 저작물 이용허락에 의하여 저작물을 이용할 수 있는 권리는 저작재산권자의 동의 없이 제 3 자에게 이를 양도할 수 없다고 규정하고 있는 점에 비추어 볼 때, 저작권자가 자신의 저작재산권 중 복제·배포권의 처분권한까지 음반제작자에게 부여하였다거나, 또는 음반제작자로 하여금 저작인접물인 음반 이외에 저작물에 대하여서까지 이용허락을 할 수 있는 권한 내지 저작물의 이용권을 제 3 자에게 양도할 수 있는 권한을 부여하였다는 등의 특별한 사정이 인정되지 않는 한, 음반제작자에 의하여 제작된 원반(原盤) 등 저작인접물에 수록된 내용 중 일부씩을 발췌하여 이른바 '편집앨범'을 제작하고자 하는 자는 해당 음반제작자의 저작인접물에 대한 이용허락 이외에 저작권자로부터도 음악저작물에 대한 이용허락을 얻어야 한다"고 하였다.[86]

또한 역시 편집앨범의 제작과 저작물 이용허락에 관하여 대법원 2007. 2. 22. 선고

86) 이 판결에서 참조판례로서 인용한 대법원 2002. 9. 24. 선고 2001다60682 판결도 같은 취지이다.

2005다74894 판결은, "피고들이 이 사건 15개 음악저작물의 저작자들로부터 이용허락을 받아 그에 관한 원반을 제작하였던 자로서 그 원반의 복제·배포권을 갖게 되었다 하더라도, 그 저작자들이 이용허락을 한 구체적인 범위가 어디까지인지를 심리하지 아니하고서는, 곧바로 피고들이 이 사건 15개 음악저작물의 원반을 복제하여 편집음반을 제작·판매한 행위가 이 사건 15개 음악저작물에 대한 저작재산권의 침해에 해당하지 않는다고 단정할 수 없다."고 하였다.

문학잡지가 제정한 문학상 수상작품들을 당사자 간의 특별한 약정이 없는 상태에서 그 문학잡지가 출간하는 '수상작품집'에 계속하여 수록하는 행위의 적법성여부가 다투어진 사건에서, 수상자와 문학잡지사 사이의 계약은 저작권 양도계약이 아니라 이용허락계약이라고 하여 저작권침해를 인정한 사례가 있다. 서울고등법원 2002. 7. 24. 선고 2001나5755 판결(일명, '이상문학상 수상작품집' 사건)[87]에서는, 피고가 제정한 문학상 수상작가들인 저자들이 피고에게 그 수상작인 이 사건 저작물을 이용하도록 한 것이 저작재산권 또는 복제·배포권의 양도에 해당하는지에 관하여, "피고가 저자들에게 상금을 지급하고 그들의 묵시적 허락을 받아 이 사건 저작물을 수상작품집에 수록하여 출판하였으나, 위 출판에 관하여 정식으로 계약서가 작성된 사실이 없고 … 피고가 저자들에게 수여한 상금이 단순히 당해 저작물의 우수성에 대한 표창의 의미만 있는 것이 아니라 이 사건 저작물의 출판에 따른 대가(인세 또는 원고료)까지 포함한다고 볼 수는 있지만, 그 비율이 어느 정도인지 알 수가 없고, 또 저자들이 받은 상금이 저작재산권 또는 복제·배포권의 양도대가로 볼 수 있을 정도의 고액이라고 보기는 어려운 점(특히 추천우수작상 수상자의 경우는 더욱 그러하다), 피고가 저자들에게 이 사건 '저작권 조항'[88]을 고지 또는 설명하였다거나, 저자들이 그 저작권 조

87) 이 판결은 대법원 2004. 8. 16. 선고 2002다47792 판결에서 상고기각으로 확정되었다. 이 사건에서 원고(사단법인 한국문예학술저작권협회)의 주장은, 피고(문학사상사)가 제정한 문학상의 수상작가들인 저자들이 그 문학상 수상작품들을 수록한 수상작품집을 피고가 3년 동안 출판하는 것에는 묵시적으로나마 동의하였다고 할 것이나, 그 밖에 저자들과 피고 사이에 이 사건 저작물에 관한 출판권설정계약이나 저작권양도계약을 체결한 사실이 없으므로, 피고는 3년이 경과한 때부터는 저작자들에게 인세 등 이용대가를 지급할 의무가 있다는 것이었다. 이에 대하여 피고는, 저자들과 피고 사이에는 계약 또는 민법 제678조의 '우수현상광고'의 법리 및 출판계의 관습 등에 의하여 이 사건 저작물에 관한 저작권 또는 복제·배포권에 대한 양도계약이 있었다고 보아야 할 것이므로, 그러한 권리를 양도받은 피고의 수상작품집 발간행위는 적법하다고 다투었다.

88) 피고의 '이상문학상 수상작품집'은 1977년 작품집부터 발간되고 있는데, 1986년 수상작품집부터는 그 권말에 '이상문학상의 취지와 선정 방법 '이라는 제목의 글이 게재되어 있다. 이 글의 제6항은 저작권에 관련된 부분으로서 그 내용은 "대상 수상작품의 출판저작권은 문학사상사에 귀속된다. 단 2차저작권(번역출판권, 영화화·연극화 등의 저작권)은 저자에게 있고, 이상문학상 수상작품집 발행 후 3년이 경과하면 저자의 작품집에 수록할 수 있으나, 그 작품집의 서명은 이상문학상 수상작품집과 같은 명칭으로 할 수 없다. 단, 우수작상 및 기수상작가 우수작상은 관례에 따라 당해년도 작품집에 한하여 본사

항에 동의하여 그 조항에 따라 출판하였다고 볼 만한 사정이 없는 점, 이 사건 저자들 대부분이 기성 작가들로서 '이상문학상'의 수상을 통하여 자신의 이름을 알리는 이점이 그다지 크지 아니한 점, 저자들이 이 사건 저작물의 출판을 허락하게 된 데에는 피고의 종전 경영자와의 인간적인 관계도 영향을 미쳤을 것으로 보이는 점 등을 종합하여 보면, 이 사건 저자들의 위와 같은 출판허락은 이를 이 사건 저작물에 대한 출판권 설정계약이나 저작권 또는 복제·배포권의 양도라고 보기는 어렵고, 다만 저자들에게 수여한 상금에 이용대가가 포함되어 있는 저작권법 제42조(현행 저작권법 제46조) 소정의 저작물 이용허락이라고 봄이 상당하다"고 하였다.

나. 새로운 매체의 등장과 저작물 이용허락계약의 해석

(1) 문제의 소재

저작물 이용허락을 체결하면서 그 계약의 대상으로 되는 매체의 범위에 관하여 특별한 약정을 하지 않은 경우에, 계약 당시에 존재하지 않았거나 알지 못했던 새로운 매체가 등장하였다면 그 이용허락 된 매체의 범위에 새로운 매체까지 포함되는 것인지 여부가 쟁점으로 되는 경우가 종종 발생한다. 특히 저작물은 무체물이라는 특성상 과학기술의 발달에 따라 이용하는 방법이 날로 다양해지는데, 이때 계약 당시에 당사자가 예정하지 않았던 방법에 의한 이용까지 허락한 것이라고 볼 것인지 문제로 된다. 이것 역시 저작물 이용허락계약의 해석에 관한 문제로서 획일적인 기준은 존재하지 않고, 사안에 따라서 구체적으로 판단하여야 한다.

(2) 판 례

이와 관련하여서는 대법원 1996. 7. 30. 선고 95다29130 판결이 중요한 시사점을 제공하고 있다. 이 사건에서 음반회사인 피고는 원고들(작사·작곡자, 가수 등)과 1984. 4월 경 음반제작계약을 체결하고 원반을 제작하여 이를 LP 음반으로 복제·판매하였다. 그런데 그 후 CD라는 매체가 등장하였고, 이에 피고는 1992년경부터 LP 음반에 수록된 원고들의 가요에다가 일부 다른 가요를 추가한 재편집 원반을 제작한 다음 이를 CD로 복제하여 판매하였다. 원고들은 이 사건 계약이 피고로 하여금 원고들의 저작물에 대하여 1회에 한하여 재편집함이 없이 LP 음반으로 복제·판매하는 것만을 허용하는 것을 내용으로 하는 것이라고 주장하면서, 피고에 대하여 저작재산권과 저작인격권 침해로 인한 손해배상 등을 청

(문학사상사)가 계속 저작권을 갖는다"라고 되어 있다(이를 '저작권 조항'이라고 하였다). 이 저작권 조항은 1986년 수상작품집 이전의 수상작품집에는 없었던 조항이다.

구하였다.

이에 대하여 대법원은 먼저 해석론으로서, "저작권에 관한 이용허락계약의 해석에 있어서 저작권 이용허락을 받은 매체의 범위를 결정하는 것은, 분쟁의 대상이 된 새로운 매체로부터 발생하는 이익을 누구에게 귀속시킬 것인가의 문제라고 할 것이므로, '녹음물 일체'에 관한 이용권을 허락하는 것으로 약정하였을 뿐 새로운 매체에 관한 이용허락에 대한 명시적인 약정이 없는 경우 과연 당사자 사이에 새로운 매체에 관하여도 이용을 허락한 것으로 볼 것인지에 관한 의사해석의 원칙은, ① 계약 당시 새로운 매체가 알려지지 아니한 경우인지 여부, 당사자가 계약의 구체적 의미를 제대로 이해한 경우인지 여부, 포괄적 이용허락에 비하여 현저히 균형을 잃은 대가만을 지급 받았다고 보여지는 경우로서 저작자의 보호와 공평의 견지에서 새로운 매체에 대한 예외조항을 명시하지 아니하였다고 하여 그 책임을 저작자에게 돌리는 것이 바람직하지 않은 경우인지 여부 등 당사자의 새로운 매체에 대한 지식, 경험, 경제적 지위, 진정한 의사, 관행 등을 고려하고, ② 이용허락계약 조건이 저작물 이용에 따른 수익과 비교하여 지나치게 적은 대가만을 지급하는 조건으로 되어 있어 중대한 불균형이 있는 경우인지 여부, 이용을 허락 받은 자는 계약서에서 기술하고 있는 매체의 범위 내에 들어간다고 봄이 합리적이라고 판단되는 어떠한 사용도 가능하다고 해석할 수 있는 경우인지 여부 등 사회일반의 상식과 거래의 통념에 따른 계약의 합리적이고 공평한 해석의 필요성을 참작하며, ③ 새로운 매체를 통한 저작물의 이용이 기존의 매체를 통한 저작물의 이용에 미치는 경제적 영향, 만일 계약 당시 당사자들이 새로운 매체의 등장을 알았더라면 당사자들이 다른 내용의 약정을 하였으리라고 예상되는 경우인지 여부, 새로운 매체가 기존의 매체와 사용, 소비방법에 있어 유사하여 기존 매체시장을 잠식, 대체하는 측면이 강한 경우이어서 이용자에게 새로운 매체에 대한 이용권이 허락된 것으로 볼 수 있는지 아니면 그와 달리 새로운 매체가 기술혁신을 통해 기존의 매체시장에 별다른 영향을 미치지 않으면서 새로운 시장을 창출하는 측면이 강한 경우이어서 새로운 매체에 대한 이용권이 저작자에게 유보된 것으로 볼 수 있는지 여부 등 새로운 매체로 인한 경제적 이익의 적절한 안배의 필요성 등을 종합적으로 고려하여 사회정의와 형평의 이념에 맞도록 해석하여야 한다"고 하였다.

위 대법원 판결은 이와 같은 해석론을 전개한 후에, "이 사건에 있어서 원고들이 경제적 지위에 있어서 현저히 약자적 입장에 있었고, 또한 원고들이 대편성 악단에 대한 비용, 음반업계의 관행상 무명가수인 경우 원고들이 부담하였을 음반 제작비용으로서 피고가 부담한 부분, 음반의 복제, 판매로 인한 원고들의 선전비용 상당의 대가만으로 과연 새로운 매체인 CD음반에 대한 이용허락까지도 한 것이라고 볼 수 있을 것인가 하는 점이 없지 아니하나, 다른 한편, 원고들의 학력이나 경력에 비추어 이 사건 계약 당시 지식, 경험 등은 쌍방이 대체로 균등하다고 볼 수 있고 당시 CD음반이 오늘날과 같이 대중적이지는 아니하였어도 해외에서는 이미 상품화되고 있었던 점에서 새로운 매체에 대한 대체적인 지식도 어느 정도 구비되어 있었다고 보여지고, 이 사건 계약이 원고들의 요구에 의하여 이루어진 점, 피고 회사가 이 사건 계약 후 LP음반 및 테이프로 복제·판매한 대체적인 수량이 합계 1,002매 정도이고, CD음반을 복제·판매한 1991년 이후 1994년까지 CD음반의 판매 현황이 합계 4천여 매에 불과하여 위 LP음반 및 테이프의 판매수량이 많지 아니할 뿐 아니라 CD음반의 판매로 피고 회사가 얻은 이익도 400여 만 원에 지나지 아니하는 점에 비추어 비록 원고들이 위와 같이 적은 대가만을 받았다고 하더라도 그 포괄적 이용허락에 비하여 현저히 균형을 잃은 대가만을 지급 받았다거나 새로운 매체로 인한 경제적 이익 안배의 필요성이 현저한 경우에 해당한다고는 보여지지 아니하는 점, 당시 원고(가수)는 무명가수이어서 피고 회사의 비용부담이라는 조건이라면 원고들이 이와 같이 CD음반에 대한 이용허락을 포함하는 방법으로라도 이 사건 계약을 체결하였으리라고 보여지는 점, 음반업계의 관행에 비추어 이 사건 계약에 대한 위 대가가 유형적인 것은 아니라고 할지라도 그 가액이 상당한 정도에 달하는 점, CD음반이 LP음반과 소비, 사용기능에 있어 유사하여 LP음반 시장을 대체, 잠식하는 성격이 강한 점 등이 인정되고 이를 종합하면 앞서와 같은 대가를 받고 한 이 사건 계약에는 새로운 매체인 CD음반에 대한 이용허락까지도 포함되어 있는 것이라고 봄이 상당하다"고 판시하였다.

(3) 판례에 대한 해석론

이 판결의 결론에 대하여는 찬성론과 비판론이 모두 존재하는데, 비판하는 견해가 조금 더 많은 것 같다.

(가) 찬성론

우선 위 대법원 판결에 찬성하는 견해는, CD음반 역시 음반의 일종으로서 기존의 음반과 동일한 연장선상에 있는 유사한 매체이고, 기존의 음반시장과 별도로 새로운 시장을 창출하는 측면보다는 기존의 음반시장을 잠식·대체하는 측면이 보다 강하므로, 쌍방이 대등한 지위에서 적정한 대가를 지급받기로 하고 이용계약을 체결한 통상의 경우에는, 기존의 음반에 의한 포괄적인 복제이용권을 허락받은 자는 CD음반에 의한 복제이용도 허락받은 것으로 해석함이 옳다고 한다.[89)]

다만, 개개의 구체적인 사안에 들어가서 저작물이용허락의 범위를 판단함에 있어서는,

89) 이성호, 전게논문, 64면.

먼저 당사자 간에 체결된 저작물 이용계약 문언의 내용과 계약체결의 목적 및 의도, 계약서 문안의 직접적인 작성자, 거래관행, 당사자들의 전문적인 지식이나 경험 및 경제적 지위, 계약 후에 취하여 온 행동, 그리고 무엇보다도 새로운 매체의 배포방법 및 수요시장 창출과 관련한 기술혁신의 정도와 기존 매체의 시장에 미치는 경제적 영향 등을 구체적으로 심리·확정한 다음, 위와 같은 여러 사정들을 종합적으로 고려하여 저작권법의 입법취지와 계약해석상의 공평의 원칙에 맞게 합리적으로 이용허락여부를 판단하여야 할 것이라고 한다. 그러면서 무명의 신인가수가 새로운 매체의 등장 가능성 및 그 경제적 의미 등에 관한 아무런 지식이나 경험이 없이 경제적으로 열등하거나 궁박에 가까운 상태에서 무료 또는 극히 형식적인 대가만을 지급받기로 한 경우에는 앞서 본 통상적인 경우와는 달리 저작자 보호 및 계약해석의 공평의 원칙 쪽에 좀 더 무게를 두어야 할 것이고, 따라서 새로운 매체를 통한 이용은 가급적 허락받지 아니한 것으로 새기는 것이 옳을 것이라고 한다.[90]

(나) 비판론

이에 반하여 비판론 중에는, 피고가 음반제작계약이 체결된 날로부터 수년이 경과한 후에 원고들의 음악을 자유롭게 편집하여 CD음반이라고 하는 새로운 매체에 복제하여 판매할 수 있는 것인지 여부는 음반제작계약이라고 하는 음악저작물 이용허락계약의 해석에 따른 이용허락범위의 판단에 달려있는 것이고, 이용허락범위의 판단은 기본적으로 이용허락계약 당사자들의 진정한 의사가 무엇인가를 알아냄으로써 이루어지는 것이지만, 계약당사자들의 진정한 의사가 분명하지 아니한 경우에는 개별적인 저장매체·이용방법 또는 개별적인 권리(복제권, 편집권 등)가 구체적으로 열거되어 있지 않는 한 이용허락범위를 제한적으로 해석하는 것이 저작권보호의 취지에 부합하는 것이라고 하여 반대하는 취지의 견해가 있다.[91]

또한 위 대법원 판결이 결론을 도출함에 있어서 음반업계의 관행을 판단의 근거로 삼은 것과 관련하여, 저작권자나 저작인접권자에게 현실적으로 불리하게 형성되어 있는 관행을 저작자나 저작인접권자의 동의여부에 관계없이 인정하는 것은 문제가 있다고 하여 역시 반대 입장을 보이는 견해도 있다.[92]

나아가 이 대법원 판결은 "극장에서 영화를 상영할 권리에는 TV를 통한 방영권까지 포함된다"고 한 앞에서 본 미국 연방 제 2 항소법원의 Bartsch 판결을 참조한 것인데,

---

90) 상게논문, 64면.
91) 정상조, 저작물 이용허락의 범위, 판례실무연구(Ⅰ), 비교법실무연구회, 53면.
92) 박범석, 전게논문, 29면.

Bartsch 판결은 1968년도에 나온 판결로서 오늘날과 같이 저작권의 중요성이 강조되고 있고 의심스러운 경우에는 저작자의 이익으로 해석하는 원칙이 널리 받아들여지고 있는 상황에서는 적합하지 않다고 하는 비판론이 있다.[93)]

(다) 소 결

이러한 비판론에는 충분히 경청할 만한 가치가 있고 또 공감하는 바이다. 그러나 결론의 타당성여부를 떠나서 위 대법원 판결이 종래의 판결에서 찾기 어려웠던 요소들, 즉 위 판시 부분 중 "③ 새로운 매체를 통한 저작물의 이용이 기존의 매체를 통한 저작물의 이용에 미치는 경제적 영향, … 새로운 매체가 기존의 매체와 사용, 소비 방법에 있어 유사하여 기존 매체시장을 잠식, 대체하는 측면이 강한 경우인지 여부"를 판단의 요소로 삼고 있는 것은 일종의 '경제적 접근방법'에 의하여 정의와 형평의 이념에 부합하는 결론을 도출하고자 시도한 것이라는 점에서 평가받을 만하다고 생각한다.

(4) 기 타

위 대법원 판결 이후에 편집앨범의 제작과 저작물 이용허락과 관련하여 대법원 2006. 12. 22. 선고 2006다21002 판결이 선고되었는데, 위의 쟁점과 관련하여 참고할 필요가 있다. 이 판결에서는 먼저 해석론으로서, 음반제작자와 저작재산권자 사이에 체결된 이용허락계약을 해석함에 있어 이용허락의 범위가 명백하지 않은 경우에는, 당사자가 이용허락계약을 체결하게 된 동기 및 경위, 이용허락계약에 의하여 달성하려는 목적, 거래관행, 당사자의 지식, 경험 및 경제적 지위, 수수된 급부가 균형을 유지하고 있는지 여부, 이용허락 당시 해당 음악저작물의 이용방법이 예견 가능하였는지 및 그러한 이용방법을 알았더라면 당사자가 다른 내용의 약정을 하였을 것이라고 예상되는지 여부, 해당 음악저작물의 이용방법이 기존 음반시장을 대체하는 것인지 아니면 새로운 시장을 창출하는 것인지 여부 등 여러 사정을 종합하여 그 이용허락의 범위를 사회 일반의 상식과 거래의 통념에 따라 합리적으로 해석하여야 한다고 하였다.

그리고 그러한 해석론의 전제 아래, "피고 A가 저작자들로부터 이용허락을 받아 '베이비복스 1집 내지 5집'에 수록된 총 58곡의 원반(原盤, Master Tape)을 제작하면서 원반의 기획, 악단의 편성 및 섭외, 녹음 및 편집, 홍보 등 대부분의 제작업무 및 이에 소요되는 제반 비용을 부담하였고, 저작자들 중 원반의 제작에 참여한 자에 대하여는 별도의 작업비용을 지급하였던 점, 피고 A와 저작자들은 이용허락 당시 거래관행에 따라 이용기간, 최초로

93) 이재환, 저작권의 양도 및 이용허락에 관한 프랑스법의 태도와 본 주제에 관한 사견, 판례실무연구, 1997, 비교법실무연구회, 92면.

지급되는 정액의 금원(통상 '곡비'라고 부른다) 외의 사용료 지급여부 및 그 방식, 음악편집권의 주체 및 편집횟수, 매체선택을 포함한 이 사건 원반의 이용방법 등에 관하여 명시적으로 약정하지는 아니하였지만, 저작자들로서는 음반을 출시한다고 하더라도 투자된 비용을 회수하고 이윤을 창출할 수 있을지가 불확실하여 그로 인한 저작권사용료 수입의 극대화보다는 자신의 음악저작물이 널리 알려짐으로써 출판, 공연, 방송 등을 통하여 저작권사용료 수입을 극대화하는 것에 더 큰 관심을 가지고 음반제작자의 기획·제작 및 홍보능력에 의지하여 그에게 자신의 음악저작물에 관하여 실연, 악단의 편성, 녹음, 편집, 홍보방법 등에 있어서 별다른 제한을 두지 않고 이용을 허락한 것으로 보이는 점, 피고 A와 저작자들은 이 사건 음악저작물에 대한 이용허락 당시 장차 음반제작자인 피고 A가 음반시장의 변화에 대응하여 이 사건 음악저작물의 실연자로 예정된 '베이비복스'가 부른 노래만으로 구성된 별도의 편집음반에 이 사건 음악저작물을 포함시킬 수 있다는 정도는 예견할 수 있었던 점, 피고 A가 이 사건 원반 중 이 사건 음악저작물을 포함한 39곡의 원반을 복제하여 제작·판매한 '베이비복스 5.5집 스페셜 앨범'(이하 '이 사건 편집음반'이라고 한다)은 모두 '베이비복스'에 의하여 실연된 곡들을 수록한 것으로서, 대부분 기존의 '베이비복스 1집 내지 5집'에 실린 곡들로 이루어져 음반시장의 측면에서는 '베이비복스 1집 내지 5집'을 대체하는 성격이 짙은 점 등의 여러 사정을 종합하면, 이 사건 음악저작물에 대한 이용허락의 범위에는 이 사건 편집음반의 제작·판매도 포함되어 있다고 볼 것이다"라고 판단하였다.

4. 저작물 이용허락의 해석과 관련된 기타 문제

그 밖에 우리나라 판례에 나타난 저작물 이용허락의 해석과 관련하여 유의할 만한 것으로는 다음과 같은 것들이 있다.

먼저 음악극 주제곡에 대하여 지급된 작곡료의 해석과 관련하여 대법원 1994. 12. 9. 선고 93다50321 판결은, "피고가 지급한 작곡료는 민중극단이 음악극 신데렐라의 공연과 관련하여 이 사건 주제곡에 대하여 그 작곡을 의뢰할 당시 이미 예정되거나 또는 앞으로 그 공연을 예견할 수 있는 범위 내에서 향후 상당기간 내에 이루어지는 재공연에 대한 저작권료를 지급한 것으로 봄이 상당하고, 또한 1차 공연은 초연 후 불과 3일 후에 장소만을 옮겨 재공연된 것으로서 초연 당시 이미 예정되어 있었다고 보이므로, 초연시 지급받은 작곡료 금 300,000원에는 최소한 1차 공연시 사용될 이 사건 주제곡에 대한 저작권료를 포함하고 있다고 봄이 상당하다"고 하였다.

노래방 기기 제작업자에 대한 음악저작물 이용허락의 해석과 관련하여 대법원 1996.

3. 22. 선고 95도1288 판결은, 음악저작물에 대한 저작권위탁관리업자인 사단법인 한국음악저작권협회가 영상반주기 등 노래방 기기의 제작이나 신곡의 추가 입력시에 그 제작업자들로부터 사용료를 받고서 음악저작물의 이용을 허락한 것은 특별한 사정이 없는 한 제작업자들이 저작물을 복제하여 노래방 기기에 수록하고 노래방 기기와 함께 판매· 배포하는 범위에 한정되는 것이라 할 것이고, 그와 같은 허락의 효력이 노래방 기기를 구입한 노래방 영업자가 공중을 상대로 거기에 수록된 저작물을 재생하여 주는 방식으로 이용하는 데에까지 미치는 것은 아니라고 하였다.[94)]

하급심 판결로서 서울지방법원 1998. 9. 21. 선고 98카합1699 판결[95)]은 온라인 유료정보 이용허락계약의 해석과 관련하여, 신청인이 PC 통신상에서 제공하고 있는 입찰정보는 그 정보소재의 선택·배열·검색조건·검색화면 구성 등에 있어서 최소한의 창작성이 있다고 할 것이고, 신청인이 이와 같은 정보를 제공함에 있어 일정한 수수료를 받고 회원들에게 그 이용을 허락하였다고 하더라도 그것은 위 정보를 복제하여 새로운 상업적 이용에 이르게 하는 것까지를 포함하는 것은 아니라고 하였다.

5. 결 어

저작물은 무체물이기 때문에 그에 대한 권리의 양도나 이용허락의 범위에 관하여 명확하게 특정하기 어려운 점이 많다. 또한 저작물의 이용방법은 과학과 기술의 진보에 따라 나날이 발전하면서 새롭고 다양한 이용방법이 속속 등장한다. 그렇기 때문에 저작권관련 계약에 있어서 권리의 양도 및 이용허락의 범위와 관련된 조항 역시 추상적이거나 포괄적인 문언으로 작성되는 경우가 비일비재하다. 예를 들어, 일반적으로 사용되는 저작권 관련 계약서 조항 중 이른바 '미래기술에 관한 조항'이라고 부르는 " … 기타 본 저작물에 관한 일체의 이용행위(기술 등의 진보에 의하여 생길 수 있는 이용형태를 포함한다)를 할 수 있다 … "와 같은 규정, 반대로 '권리유보조항'이라고 부르는 " … 위의 규정에도 불구하고 ○○○에 대한 권리는 저작권자가 여전히 이를 보유한다 … "[96)] 또는 " … 기타 이 계약에 명시되지 아니한 권리는 저작권자에게 유보된다 … "[97)]와 같은 규정들을 들 수 있다. 이와 같은 포괄적인 규정들은 그 해석을 둘러싸고 다툼이 일어날 소지가 많고, 그런 이유로 인하여 저작권 관련 계약의 해석은 실무상 매우 중요한 쟁점이 되고 있다.

---

94) 대법원 1994. 5. 10. 선고 94도690 판결 역시 같은 취지이다.

95) 법률신문 제2738호.

96) 이를 '특별 권리유보조항'이라고 한다.

97) 이를 '일반 권리유보조항'이라고 한다.

저작권 계약의 해석과 관련하여서는 민법상의 일반 계약에 관한 해석원리를 그대로 적용할 것이냐, 아니면 저작물의 특수성을 고려하여 일반 계약의 해석원리와는 다른 특수한 해석원리를 적용할 것이냐 여부를 먼저 결정하여야 한다. 학설 중에는 저작권법에 특수한 해석원리를 적용하여야 한다는 견해도 있다.[98] 그러나 독일이나 프랑스처럼 성문법에 저작권 계약의 해석에 관한 특별한 규정을 두고 있는 경우와는 달리, 우리나라 저작권법은 "저작재산권의 전부를 양도하는 경우에 특약이 없는 때에는 제22조의 규정에 의한 2차적저작물을 작성하여 이용할 권리는 포함되지 아니한 것으로 추정한다"(법 제45조 제 2 항)는 규정과, 기타 영상저작물과 관련하여 허락의 범위 및 권리양도를 추정하는 특례규정(법 제99조 제 1 항 및 제100조)을 두고 있을 뿐이다. 이와 같은 우리나라의 입장에서 저작권관련 계약이라고 하여 민법상 일반 계약과는 다른 특수한 해석원리를 적용하여야 한다는 것은 쉽게 채택하기 어려운 견해라고 생각된다. 대법원 판례를 비롯한 우리나라 판례들도 그러한 입장에서 있는 것으로 이해된다. 그러나 민법상 일반 계약에 관한 해석원리를 적용한다고 하더라도 저작물의 특수성을 고려하여 구체적 사안에 따라 합리적이고 공평한 결론을 도출하는 것은 크게 어려운 일이 아니다. 앞에서 본 "불분명한 경우에는 저작자에게 유리하게 추정한다"고 표명한 대법원 1996. 7. 30. 선고 95다29130 판결이 이러한 점을 잘 보여주고 있다.

결국 구체적인 사안에 들어가서는, 저작물관련 계약의 문언의 내용과 계약체결의 목적 및 의도, 계약서 문안의 직접적인 작성자, 당사자들의 전문적인 지식이나 경험 및 경제적 우열관계, 계약 후 당사자들이 취하여 온 행동, 경제적 영향 등을 종합적으로 고려하여 저작권법의 목적과 공평의 관념에 부합하는 합리적인 결론을 도출하는 것이 필요하다.

다만, 한 가지 지적하고 싶은 것은 우리 판례를 보면 '관련 업계의 관행'을 해석의 기준으로 참작하는 경우가 많은데,[99] 이 부분에서는 다소 주의를 요한다는 점이다. 민법 제106조는 당사자의 의사가 명확하지 않은 경우에 사실인 관습에 의한다고 함으로써 이른바 '사실인 관습'을 법률행위 해석의 기준으로 규정하고 있으나, 관습과 관행은 엄격하게 구별되어야 한다. 그리고 기존의 관행 중에는 무명가수나 무명작곡가들이 얼마 되지 않는 대가를 받고 포괄적인 이용허락 또는 아예 저작권을 양도해 주는 것과 같이, 경제적 약자의 지위에 있는 저작권자들이 자신의 권리를 적극적으로 주장하지 못하고 침묵함으로써 유지되어 온 관행들도 많다. 이러한 관행은 사실상 선량한 풍속이나 사회질서에 위반된다는 의문이 제기될 수도 있다.[100] 따라서 법원이 이러한 관행을 저작권 계약의 해석기준으로 참작

98) 박범석, 전게논문이 그러한 입장을 취하고 있는 것으로 보인다.

99) 본문의 대법원 1996. 7. 30. 선고 95다29130 판결이 그러하고, 앞에서 본 서울고등법원 1997. 11. 28. 선고 96나5256 판결 등이 그러하다.

100) 정상조, 전게논문, 56면.

할 경우에는 당사자들의 경제적 지위 등 다른 구체적 사정을 함께 고려함으로써 공평한 결론이 도출될 수 있도록 주의를 기울여야 할 것이다.

제 4 절 저작재산권을 목적으로 하는 담보권

Ⅰ. 저작재산권을 목적으로 하는 질권

1. 성 질

질권(質權)이란 채권자가 채무의 변제를 받을 때까지 그 채권의 담보로 채무자 또는 제 3 자(물상보증인)로부터 인도받은 물건 또는 재산권을 유치(留置)함으로써 채무의 변제를 간접적으로 강제하는 동시에, 변제가 없으면 그 매각대금으로부터 우선적으로 변제를 받을 수 있는 담보물권을 말한다.[101]

저작권법 제47조는 저작재산권을 목적으로 하는 질권의 행사방법에 관하여 규정하고 있다. 이는 저작재산권에 질권을 설정할 수 있음을 당연한 전제로 하고 있는 것이다. 민법 제345조는 "질권은 재산권을 그 목적으로 할 수 있다"라고 규정함으로써 이른바 '권리질권'을 인정하고 있는데, 여기서 권리질권은 동산 외에 재산권을 목적으로 하는 질권을 말한다. 유체물뿐만 아니라 현금화에 의하여 우선변제를 받을 수 있는 것이면 모두 질권의 목적으로 될 수 있고, 이러한 이유에서 법은 재산권에 관한 질권의 성립을 인정한다.

저작재산권을 목적으로 하는 질권 역시 권리질권으로 보는 것이 통설적인 견해이다.[102] 그러나 이에 대하여는 반대 견해도 있다. 반대 견해는 저작재산권의 경우에는 질권 설정 이후에도 저작물의 이용은 기본적으로 저작권자가 한다는 점에서 권리질권과 다른 성격을 가지고 있으므로, 저작재산권에 대한 질권은 저당권과 유사한 '특수질권'이라고 주장한다.[103] 그러나 저작재산권을 목적으로 하지 않는 일반 권리질권의 경우도 사용가치가 아닌 교환가치에 중점을 두고 있고, 따라서 질권자가 그 목적이 되는 재산권을 이용할 수 있는 것은 아니므로, 저작재산권을 목적으로 하는 질권을 민법 제345조에서 말하는 일반적인 '권리질권'에 해당하지 않는 것으로 볼 이유는 없다. 즉, 동산질권의 경우 사용가치의

101) 민법 제329조, 제345조.
102) 오승종·이해완, 전게서, 324면; 송영식·이상정, 전게서, 182면; 지원림, 전게서, 593면; 加戶守行, 전게서, 388면 등.
103) 허희성, 전게서, 189면 참조.

지배를 통한 유치적 효력이 중요한 내용을 이루지만, 동산 이외의 재산권은 일반적으로 사용가치가 아니라 교환가치를 목적으로 하는 것이므로, 권리질권의 경우 동산질권에 있어서와 같은 유치적 효력으로 인한 심리적 강제기능은 현저하게 약화되어 있다. 따라서 일반적인 재산권을 목적으로 하는 권리질권의 경우 유치적 효력은 설정자로 하여금 그 권리를 행사하지 못하도록 하는 의미를 가질 뿐이다.

한편, 지적재산권이 질권의 목적인 경우에는 이론적으로 권리의 행사를 질권자에게 맡기는 경우(이른바 '수익질')와 이를 설정자(지적재산권자)에게 유보해 두는 방법 등 두 가지 방법을 생각할 수 있는데, 질권설정자의 승낙이 없으면 수익질은 허용되지 않는다.[104] 따라서 이러한 경우에 질권은 유치적 효력을 거의 발휘하지 못하며, 사실상 저당권과 유사한 효력을 가지게 된다.

2. 질권의 설정과 등록

권리질권의 설정은 법률에 다른 규정이 없으면 그 권리의 양도에 관한 방법에 의하여야 하므로,[105] 저작재산권을 목적으로 하는 질권의 설정은 저작재산권 양도의 방법에 의하여야 한다. 그런데 저작재산권의 양도는 저작재산권 양도계약에 의하여야 하므로, 결국 저작재산권을 목적으로 하는 질권의 설정은 당사자 사이의 질권설정계약에 의하여 성립한다고 볼 수 있다.

저작재산권을 목적으로 하는 질권의 경우도 따로 등록을 하여야만 성립하는 것은 아니라는 점은 저작재산권 양도의 경우와 같다. 그러나 저작재산권을 목적으로 하는 질권의 설정·이전·변경·소멸 또는 처분제한은 이를 저작권등록부에 등록할 수 있으며, 등록을 하지 아니하면 제3자에게 대항할 수 없다(저작권법 제54조 제2호). 따라서 질권이 설정된 저작재산권을 저작재산권자로부터 양수한 양수인도 질권자가 대항요건을 갖추기 전에 먼저 대항요건을 갖추면 질권의 부담이 없는 완전한 저작재산권을 취득하게 된다. 그와 반대로 질권설정 이전에 저작재산권을 양수한 양수인이라도 그 후에 질권을 취득한 질권자가 먼저 대항요건을 갖춘 경우에는 그 질권자에게 대항할 수 없다.[106)]

104) 질권의 목적물과 관련하여 구민법은 수익질(收益質)인 부동산질권도 인정하였으나, 현행 민법은 수익질을 인정하지 않고, 점유질(占有質)인 동산을 목적으로 하는 동산질권과 채권 기타 재산권을 목적으로 하는 권리질권의 2종류만을 인정한다. 다만 저작재산권과 같은 지적재산권 위의 질권에 있어서 질권설정자의 승낙에 의하여 질권자가 목적물(지적재산)로부터 수익을 얻을 수 있는 권리를 갖고 있으면 이는 수익질의 실질을 가지고 있다고 볼 수 있다.

105) 민법 제346조.

106) 오승종·이해완, 전게서, 325면.

3. 질권설정자의 권한과 의무

가. 권 한

저작권법 제47조 제 1 항은 "저작재산권을 목적으로 하는 질권은 그 저작재산권의 양도 또는 그 저작물의 이용에 따라 저작재산권자가 받을 금전 그 밖의 물건(배타적발행권 및 출판권 설정의 대가를 포함한다)에 대하여도 행사할 수 있다. 다만, 이들의 지급 또는 인도 전에 이를 압류하여야 한다"고 규정하고 있다. 이 규정은 해석상 저작재산권을 목적으로 하는 질권을 설정한 이후에도 저작재산권자가 여전히 저작재산권을 행사할 수 있음을 전제로 하고 있는 것으로 이해되어 왔다. 즉, 저작재산권자는 그 저작재산권을 목적으로 하는 질권이 설정된 이후에도 저작재산권을 양도하거나 저작물의 이용허락, 배타적발행권 설정 등의 방법으로 저작재산권을 행사할 수 있는 것이고,[107] 이는 질권의 설정에도 불구하고 저작재산권에 대한 처분권한은 저작재산권자에게 남아 있음을 의미한다.[108]

이와 같이 질권의 설정에도 불구하고 원래의 권리자가 그 권리를 행사할 수 있다는 것은 다른 지적재산권법에서도 공통적으로 볼 수 있는 내용이다. 그리하여 특허법은 "특허권, 전용실시권, 통상실시권을 목적으로 하는 질권을 설정한 때에는 질권자는 계약으로 특별히 정한 경우를 제외하고는 해당 특허발명을 실시할 수 없다"는 점을 명문으로 규정하고 있고, 실용신안법은 이러한 특허법의 규정을 준용하고 있으며, 상표법, 디자인보호법도 같은 취지의 규정을 두고 있다.[109] 이에 2009년 개정된 저작권법 제47조 제 2 항에서는, "질권의 목적으로 된 저작재산권은 설정행위에 특약이 없는 한 저작재산권자가 이를 행사한다"라고 아예 명문의 규정을 둠으로써 다른 해석의 여지를 없애버렸다.

그러나 저작권법 제47조 제 2 항에서 보는 바와 같이 설정행위에서 특별한 약정을 함으로써 질권자가 저작재산권을 행사할 수 있도록 정하는 것은 계약자유의 원칙상 당연히 허용된다. 현행 민법은 수익질(收益質)을 인정하지 않고 있지만, 저작재산권을 목적으로 하는 질권에 있어서 질권설정자의 승낙을 받아 질권자가 목적물인 저작재산권으로부터 수익을 얻는다면 이는 실질적으로 수익질의 성격을 갖는다고 할 수 있다.

---

107) 다만, 저작재산권자가 배타적발행권을 설정함에 있어서는 질권자의 허락을 받아야 한다(저작권법 제57조 제 4 항).

108) 일본 저작권법 제66조 제 1 항은, "저작권은 그것을 목적으로 하는 질권을 설정한 경우에도 설정행위에 특별한 정함이 없는 한 저작권자가 이를 행사할 수 있다"고 하여 이 점을 명문으로 규정하고 있다.

109) 특허법 제121조, 실용신안법 제28조, 상표법 제104조, 디자인보호법 제108조.

나. 의 무

질권설정자는 질권자의 동의 없이 질권의 목적이 된 권리를 소멸하게 하거나 질권자의 이익을 해하는 변경을 할 수 없다.[110] 그러나 저작재산권을 양도하거나 저작물 이용허락을 하는 행위는 이에 해당하지 않는 것으로 본다. 다만 질권을 등록함으로써 대항요건을 갖춘 경우 그 이후에 저작재산권을 양도하게 되면 양수인은 질권의 부담이 있는 저작재산권을 취득하게 될 뿐이다.

4. 질권의 효력이 미치는 범위

저작재산권을 목적으로 하는 질권은 그 저작재산권의 양도 또는 그 저작물의 이용에 따라 저작재산권자가 받을 금전 그 밖의 물건(배타적발행권 및 출판권 설정의 대가를 포함한다)에 대하여도 행사할 수 있다(저작권법 제47조 본문). 질권이 설정되어 있는 저작재산권이라 하더라도 이를 양도할 수 있고, 또 그 저작물에 대하여 배타적밸행권이나 출판권을 설정하거나 이용허락을 할 수도 있으므로, 저작권법은 저작재산권을 목적으로 한 질권의 실효성을 확보하기 위하여 이와 같은 규정을 둔 것이다. 저작재산권의 양도대금에 대하여 질권의 효력이 미치도록 규정한 것은 민법 제342조의 '물상대위'에 관한 규정을 저작재산권에 대하여는 '양도'의 경우에도 확장하여 적용한 것으로 볼 수 있고,[111] 저작물의 이용허락이나 배타적발행권 및 출판권설정에 따라 저작재산권자가 받을 대금(예컨대 인세) 또는 수수료(사용료)는 저작재산권의 '법정과실'에 해당하므로 그에 대하여 질권의 효력이 미치도록 한 것은 당연한 규정이라고 할 수 있다.[112]

한편, 저작재산권의 침해로 인하여 질권설정자인 저작재산권자가 받을 손해배상금이나 부당이득금 등이 여기에 해당할 것인지에 대하여는 의문이 있다. 저작권법이 "저작재산권의 양도 또는 그 저작물의 이용에 따라" 저작재산권자가 받을 금전 그 밖의 물건이라고 한정적으로 규정하고 있기 때문이다. 그러나 질권의 물상대위에 관한 민법 제342조가 질물의 훼손 등으로 인하여 질권설정자가 받을 금전 기타 물건에 대하여 질권이 미치는 것으로 규정하고 있고, 저작권법 제47조는 그러한 물상대위의 법리를 원용한 것이라고 보이므로, 손해배상금이나 부당이득금에 대하여도 저작권법 제47조에 의하여 질권을 행사할 수

110) 민법 제352조.

111) 민법 제342조(물상대위). "질권은 질물의 멸실, 훼손 또는 공용징수로 인하여 질권설정자가 받을 금전 기타 물건에 대하여도 이를 행사할 수 있다. 이 경우에는 그 지급 또는 인도 전에 압류하여야 한다."

112) 오승종·이해완, 전게서, 325-326면.

있는 것으로 보는 것이 타당하다고 생각한다. 우리와 동일한 조문을 두고 있는 일본의 해석론도 같다.[113)]

다만, 이 경우에 다른 제 3 자와의 사이에 우선변제권의 존부에 관한 다툼이 있을 수 있으며, 이들 금전이나 물건 등이 저작재산권자의 일반 재산에 편입되어 버린 후에도 질권자의 우선변제권을 인정하게 된다면 저작재산권자에 대한 다른 일반 채권자의 이익과 충돌할 우려가 있다. 이에 질권 행사의 기준을 명백히 하기 위하여 저작권법 제47조 제 1 항 단서는, 질권자가 위와 같은 금전 또는 물건에 대하여 권리를 행사하기 위해서는 이들의 지급 또는 인도 전에 이를 압류하여야 한다고 규정하고 있다.

Ⅱ. 저작재산권을 목적으로 하는 양도담보 등

저작재산권을 목적으로 하는 양도담보가 가능한지 여부에 관하여 저작권법은 명문의 규정을 두고 있지 않다. 그러나 이를 부정할 이유는 없다고 생각한다. 일본에서는 저작재산권을 목적으로 하는 양도담보가 실제 실무상으로도 행하여지고 있다고 하며, 그 형식은 저작재산권을 양도하는 방법 또는 피담보채권의 담보목적으로 양도하고 피담보채권의 변제가 있으면 원래의 권리자에게 저작재산권을 환원케 하는 계약을 체결하는 방법 등이 사용되고 있다고 한다.[114)]

저작권을 비롯한 지적재산권은 담보로서 활용되는 경우가 그다지 많지 않았던 것이 종래의 현실이다. 그 주된 이유는 담보물인 지적재산권을 처분할 수 있는 시장이 활성화되어 있지 않았고, 그 교환가치의 평가도 곤란하였으며, 장래에 있어서의 가치의 변동을 예측하기 어렵다는 점 때문이었다. 그러나 최근 정보산업을 비롯한 벤처기업 등의 육성을 위하여 부동산이나 기타 자산을 담보로 제공하기 곤란한 경우에는 지적재산권을 담보로 하여 융자를 하여 주는 시스템을 확립하는 것이 산업정책상 중요한 과제로 되고 있으며, 지적재산권의 평가방법 개발도 이루어지고 있다. 특히 저작권 분야에서는 프로그램저작물과 관련하여 그 필요성이 높은 것으로 인식되고 있는데, 영상저작물이나 게임저작물 등에 있어서도 그러할 것으로 예상된다. 앞으로 저작재산권을 목적으로 하는 담보방법에 관하여 많은 연구가 있어야 할 것이다.

113) 加戶守行, 390면 참조.
114) 作花文雄, 전게서, 422면.

제 5 절 저작재산권의 소멸과 시효

Ⅰ. 저작권법상 소멸사유

저작재산권은 첫째, 저작재산권자가 상속인 없이 사망한 경우에 그 권리가 민법 기타 법률의 규정에 의하여 국가에 귀속되는 경우, 둘째, 저작재산권자인 법인 또는 단체가 해산되어 그 권리가 민법 기타 법률의 규정에 의하여 국가에 귀속되는 경우에 소멸하는 것으로 되어 있다(저작권법 제49조). 저작물은 문화적 소산으로서 그 이익을 향유하여야 할 사적 주체가 없는 한 일반국민이 널리 이용하도록 하는 것이 바람직하며, 국유재산으로서 국가가 저작재산권을 행사하는 것은 적당하지 않기 때문에 민법 규정에 의하여 국유로 되는 경우에는 이를 사회적 공유로 하는 것이 문화정책적으로 바람직하다는 취지에서 나온 규정이다.[115)]

이 규정에 의하여 소멸하는 저작재산권은 저작재산권 전부인 경우뿐만 아니라, 복제권 또는 공연권과 같은 지분권인 경우도 있다. 예를 들어, 저작재산권 중 복제권만을 양도받은 자가 상속인 없이 사망한 경우에는 그 복제권은 원래의 저작재산권자에게 복귀하는 것이 아니라 이 규정에 의하여 소멸하는 것이다.[116)]

Ⅱ. 저작재산권의 포기

저작권법은 특별히 저작재산권의 포기에 관하여 규정을 두고 있지 않다. 그러나 저작재산권 역시 재산권인 이상, 그 권리주체의 의사에 의하여 포기하는 것은 저작재산권에 대한 담보권자 등의 이익을 해하지 않는 한 금지할 이유가 없다고 할 것이다. 특허법 제119조는, 특허권자는 전용실시권자, 질권자 또는 통상실시권자의 동의를 얻지 아니하면 특허권을 포기할 수 없다고 규정하고 있는데, 이는 특허권을 포기할 수 있음을 당연한 전제로 한 규정이다. 따라서 저작재산권의 경우에도 이를 포기할 수 있다고 볼 것이며, 그 형식은 저작재산권자의 의사표시만으로 가능하고 특별한 방식을 필요로 하지 않는다고 할 것이다. 한편, 특허법에 의하면 포기로 인한 특허권의 소멸은 이를 등록하지 아니하면 그 효력이

115) 오승종·이해완, 전게서, 326면; 加戸守行, 전게서, 368면.
116) 오승종·이해완, 전게서, 326면; 加戸守行, 전게서, 368면.

발생하지 않는 것으로 되어 있지만,[117] 이는 특허권의 경우 권리의 성립 및 권리이전의 효력 발생에 등록을 요건으로 하는 것과의 균형상 당연한 규정일 뿐이다. 이에 비하여 저작재산권은 그 성립에 있어서 다른 특별한 방식을 필요로 하지 아니하고 창작과 동시에 발생하며, 이전에 있어서도 등록은 대항요건에 불과하므로, 저작재산권의 포기로 인한 소멸 역시 포기의 의사표시만으로 효력이 발생한다고 해석된다.

그러나 포기의 의사표시는 저작재산권을 포기한다는 '적극적 의사표시'여야 하며, 단순히 저작권을 행사하지 않겠다는 취지의 소극적 의사표시만으로는 저작재산권의 포기가 있었다고 볼 수 없다. 저작재산권을 목적으로 한 질권이 설정되어 있다든가, 저작재산권자가 배타적발행권을 설정한 경우 등에는 저작재산권의 임의적인 포기는 인정되지 않는다고 보아야 한다.

Ⅲ. 저작재산권의 시효소멸

민법 제162조 제 2 항은 "채권 및 소유권 이외의 재산권은 20년간 행사하지 아니하면 소멸시효가 완성한다"고 규정하고 있다. 이와 관련하여 저작재산권이 이러한 시효에 걸려 소멸하는 것인가 하는 점이 문제로 될 수 있다. 그러나 저작재산권을 비롯한 대부분의 지적재산권은 보호기간이 존재하고 있는바, 이는 그 기간이 경과하기 전까지는 권리의 행사 여부에 관계없이 권리의 시효소멸을 인정하지 않는 취지라고 보아야 할 것이다. 이에 대하여는 학설상 이론(異論)이 없는 것으로 보인다. 다만, 저작재산권 등의 침해에 의하여 발생한 손해배상청구권은 불법행위에 관한 민법 제766조의 규정에 따라 그 손해 및 가해자를 안 날로부터 3년 또는 그 침해행위가 있은 날로부터 10년을 경과하면 소멸하고, 부당이득반환청구권은 민법 제162조 제 1 항에 의하여 10년간 행사하지 않으면 소멸하지만, 이는 저작재산권 자체의 시효소멸과는 전혀 다른 문제이다.

Ⅳ. 저작재산권의 시효취득

민법 제245조 제 1 항은 "20년간 소유의 의사로 평온·공연하게 부동산을 점유하는 자는 등기함으로써 그 소유권을 취득한다"고 하여 점유로 인한 부동산소유권의 시효취득을

117) 특허법 제101조 제 1 항 제 1 호.

규정하고 있으며, 민법 제248조에서 취득시효에 관한 민법 제245조 내지 제247조의 규정은 "소유권 이외의 재산권의 취득에 준용한다"고 규정하고 있다. 이와 관련하여 저작재산권도 시효취득의 대상이 될 수 있는지 여부가 문제로 된다. 저작재산권 등 지적재산권에 관하여 취득시효의 적용을 인정하는 학설도 있고,[118] 권리자가 알 수 없는 상황에서 무권리자가 권리행사를 할 경우 권리자가 그 시효취득을 막을 수단이 없다는 점을 들어 부정하는 학설도 있다.[119]

그러나 본래 취득시효제도는 유체물을 전제로 한 제도이고, 유체물은 그 성질상 동시에 복수의 장소에서 다수인에 의하여 이용한다는 것이 불가능하므로 권리자 소유의 물건을 다른 사람이 소유의 의사로 무단점유한 경우에 권리자가 그 사실을 알게 될 가능성이 높다. 따라서 그럼에도 불구하고 장기간에 걸쳐 그 제 3 자의 점유를 묵인하여 온 권리자는 이른바 "권리 위에 잠자는 자"로서 보호를 하지 않아도 된다는 것이 취득시효를 인정하는 취지이다. 그러나 저작재산권의 대상인 저작물은 무체물로서 성질상 동시에 복수의 장소에서 여러 사람에 의하여 이용될 수 있으므로, 저작재산권자의 입장에서는 스스로 특정한 장소에서 저작재산권을 행사하고 있어도(따라서 이 경우 저작재산권자는 권리 위에 잠자는 자가 아니다), 다른 제 3 자가 별도의 장소에서 저작물을 사용하고 있다는 사실을 알 수 없는 경우도 적지 않다. 그럼에도 불구하고 그 제 3 자에 대하여 저작재산권의 시효취득을 인정한다는 것은 저작재산권자에게 가혹한 결과가 될 수 있다.[120] 또한 저작재산권의 시효취득을 인정하여야 할 사회적 필요성도 크지 않다는 점, 입법연혁을 따져 보아도 취득시효에 관한 민법의 규정은 저작권법이 제정되기 전부터 존재하던 규정으로서 저작권을 염두에 두고 만들어진 것은 아니므로, 만약 저작권에 대하여 준용한다면 입법자의 의도에는 부합하지 않는 결과를 초래할 가능성이 많다는 점, 저작재산권에 관하여는 보호기간을 둠으로써 그 기간 동안은 저작재산권자의 배타적 권리를 보장하고 있다는 점 등에 비추어 보면, 저작재산권의 경우에는 원칙적으로 취득시효가 인정되지 않는 것으로 보는 것이 타당하다고 생각한다.[121]

뿐만 아니라, 저작재산권의 시효취득을 인정할 경우 현실적으로 아주 복잡한 문제가

118) 半田正夫, 著作權の準占有, 取得時效, 裁判實務大系－知的財産關係訴訟法, 青林書院, 294면 참조. 일본 구 저작권법 시대에는 저작재산권의 시효취득을 인정하는 것이 다수설이었다고 한다(加戶守行, 전게서, 369면 참조). 일본 최고법원 1998. 7. 17. 판결(이른바 '뽀빠이 넥타이 사건' 판결)은 저작재산권의 시효취득 가능성을 일반론으로서 인정하면서, 다만 문제가 된 사안의 경우에는 시효취득의 요건을 갖추지 못하였다고 판결하였다.

119) 加戶守行, 369면.

120) 半田正夫, 전게서, 294면.

121) 오승종·이해완, 전게서, 327면.

발생하게 된다. 예를 들어, A가 저작재산권자인데 B라는 사람이 자신이 저작재산권자라고 주장하면서 A 모르게 제주도에서 20년간 그 저작물에 관하여 출판권을 설정하여 주고 인세를 수령한 경우에 B가 그 저작재산권을 시효취득하는 것을 인정한다면, 과연 그가 시효취득한 권리가 그 저작재산권 전부인지, 저작재산권 중 복제권에 한정되는 것인지, 나아가서는 복제권 중에서도 인쇄출판에만 한정되는 것인지가 문제로 될 것이다. 뿐만 아니라 그가 시효취득한 권리가 제주도라는 장소에 한정된 것으로 볼 것인지 아니면 대한민국을 포함한 우리나라가 가입 또는 체결한 국제조약에 가입된 국가들 전체에 미치는 것으로 볼 것인지 등이 문제로 된다. 이러한 점 때문에 저작재산권의 시효취득을 인정하는 견해에서도, 설사 인정을 하더라도 특정한 지역에서의 이용권의 시효취득만을 인정하거나, 시효취득의 요건으로서의 준점유(準占有)의 '공연성'(公然性) 요건을 "저작재산권자가 당연히 알 수 있도록 하는 방법 또는 모습으로"라는 의미로 한정하여 엄격하게 해석하는 등의 방법으로 그 인정범위를 제한하여야 한다고 주장한다.[122]

122) 半田正夫, 전게서, 294-295면 참조.

Chapter 06

저작물의 자유이용과 저작재산권의 제한

제 1 절
서　　설

제 2 절
저작재산권 제한규정의 개별적 검토

제 3 절
저작재산권 제한규정의 관련 문제

제 4 절
저작물이용의 법정허락

제 5 절
저작재산권의 보호기간

C / H / A / P / T / E / R 06

저작물의 자유이용과 저작재산권의 제한

제 1 절 서 설

Ⅰ. 의 의

저작권법 제 1 조는, "이 법은 저작자의 권리와 이에 인접하는 권리를 보호하고 저작물의 공정한 이용을 도모함으로써 문화 및 관련 산업의 향상발전에 이바지함을 목적으로 한다"라고 규정하고 있다. 저작권법은 기본적으로 저작자의 권리를 보호하는 법이지만 저작물의 모든 이용형태에 있어서 무제한으로 저작자의 권리만이 보호된다면, 저작물의 원활한 이용을 방해하여 결과적으로는 문화 및 관련 산업의 발전에 지장을 초래하게 되고 저작권법의 목적에 반하게 된다. 저작자가 창작한 저작물도 따지고 보면 선인들이 이루어 놓은 문화유산의 토대 위에서 창작된 것이니만큼, 저작물은 문화적 재산으로서 가능한 한 많은 사람에 의하여 널리 이용되는 것이 문화발전을 위하여 필요하다.

여기서 저작권법은 저작자의 저작물에 대한 배타적 지배권을 인정하여 저작자의 이익을 도모하는 한편, 일정한 경우에는 저작물의 자유이용을 허용하거나 저작재산권을 제한하여 저작물을 이용하는 공중의 이익을 도모함으로써 양자의 이익의 균형을 꾀하고 있다.

일정한 경우에 저작물의 자유이용 및 저작재산권의 제한을 인정하는 것은 대부분의 국가가 취하고 있는 제도이다. 그러나 그 구체적인 방법은 나라에 따라서 항상 일치하는 것은 아니다. 영미법계 국가인 영국과 미국에서는 판례법을 중심으로 '공정이용'(fair use 또는 fair dealing)이라는 개념이 발달하였다. 즉, 실정법에서 저작물의 자유이용이나 저작재산권이 제한되는 상세한 규정을 두기보다는 구체적인 사례에서 판례나 거래실무를 통하여 관련된 법리를 구축하고 있다.[1] 이에 반하여 대륙법계인 독일이나 일본, 그리고 우리나라의 저작권법은 저작물의 자유이용 및 저작재산권이 제한되는 경우에 관하여 비교적 상세한 명문의 규정을 두고 있다.

널리 저작물의 자유이용 및 저작재산권의 제한이라 함은 저작권이 보호되는 저작물을 무상으로 또는 일정한 보상금을 지급하고 자유로이 이용할 수 있는 경우를 말하는데, 이는 다음과 같이 여러 가지 의미로 사용되기도 한다.

(1) **최광의(最廣義)**: 타인의 저작물을 그것이 저작권의 보호를 받는 저작물인지 여부를 불문하고 자유롭게 이용할 수 있는 모든 경우를 말한다. 저작권법 제 7 조의 "보호받지 못하는 저작물", 조약상 보호의무를 지지 않는 외국인의 저작물, 저작권보호기간이 지난 저작물 등의 자유이용을 포함한다.

(2) **광의(廣義)**: 저작권이 보호되는 타인의 저작물을 저작권자의 허락 없이 이용할 수 있는 모든 경우를 말한다. 여기에는 강제허락제도에 의한 저작물이용(저작권법 제50조 내지 제52조)이 포함된다. "공중이 저작권자의 허락을 받지 아니하고 저작물을 자유로이 이용할 수 있는 것"이라는 자유이용에 대한 정의는 자유이용을 광의로 파악한 것이다.

(3) **협의(俠義)**: 광의의 자유이용 중 강제허락제도에 의한 저작물 이용을 제외한 것, 즉 저작재산권의 제한으로서 저작권법 제23조 내지 제37조에 규정된 경우를 말한다. 저작권법상 자유이용이라고 하면 대개 이러한 협의로 이해되고 있다.[2]

이상과 같이 저작물의 자유이용 및 저작재산권의 제한 중에는 여러 가지 제도나 규정 등이 포함되어 있는데, 이들을 체계적으로 살펴보면 다음과 같다.

먼저 저작물의 자유이용에는 저작권법 제 7 조에서 규정하고 있는 '보호받지 못하는 저작물'과 여러 가지 사유로 '공중의 영역'(public domain)에 속하게 된 저작물, 즉 공유 저작물의 경우가 있다. 다음으로 넓은 의미에서의 저작재산권의 제한은 첫째, 저작권법 제23조 내지 제37조(단, 법정허락에 해당하는 제25조 제 4 항과 제31조 제 5 항은 제외), 제101조의3 내지 제101조의5에서 규정하고 있는 이른바 '좁은 의미에서의 저작재산권의 제한'과, 둘째, 비자발적 허락(non-voluntary license)으로 나눌 수 있다. 그 중 비자발적 허락을 넓은 의미에서의 강제허락이라고도 하며, 여기에는 법률에서 정하는 일정한 요건이 충족되면 이용자가 저작재

1) 다만 1976년 개정된 미국 저작권법 제107조는 그동안 판례를 통하여 구축된 법이론을 집약하여 공정이용이 되기 위한 요건 4가지를 명문화하였다.

2) 이형하, 저작권법상의 자유이용, 지적소유권에 관한 제문제(下), 재판자료 57집, 법원행정처, 1992, 339-340면.

산권자와 사전 협의를 거치지 않고 소정의 보상금을 지급하고 저작물을 이용할 수 있는 '법정허락'(statutory license, 저작권법 제25조 제 4 항과 제31조 제 5 항)과 저작재산권자와 협의를 하고자 하나 그 협의가 불가능한 때 또는 협의가 성립되지 않았을 때 권한 있는 기관의 승인을 받은 후 일정한 보상금을 지급하거나 공탁을 한 후 저작물을 이용할 수 있는 좁은 의미에서의 '강제허락'(저작권법 제50조 내지 제52조, compulsory license)의 두 가지가 있다. 우리 저작권법은 statutory license와 compulsory license를 구별하지 않고 이 두 가지를 모두 '법정허락'이라고 부르고 있는데, 이 두 가지는 서로 구별되는 개념임을 유의할 필요가 있다.

이하에서는 저작물의 자유이용과 저작재산권의 제한(법정허락 포함)을 중심으로 하여 검토하고 뒤에 가서 강제허락에 관하여 살펴보기로 한다.

Ⅱ. 저작물의 자유이용

저작물을 자유이용 할 수 있는 경우로는 첫째로, 저작권법 제 7 조의 '보호받지 못하는 저작물', 둘째로, 저작재산권의 만료 등 여러 가지 사유로 '공중의 영역'(public domain)에 속하게 된 저작물의 경우를 들 수 있다. 그 중에서 '보호받지 못하는 저작물'에 대하여는 앞서 제 2 장 제 5절 에서, 저작재산권의 만료에 관하여는 제 5 장 제 5 절에서 각각 살펴본 바 있다.

한편, 저작권법 제49조는 ① 저작재산권자가 상속인 없이 사망한 경우에 그 권리가 민법 그 밖의 법률의 규정에 따라 국가에 귀속되는 경우와, ② 저작재산권자인 법인 또는 단체가 해산되어 그 권리가 민법 그 밖의 법률의 규정에 따라 국가에 귀속되는 경우에는 저작재산권이 소멸한다고 규정하고 있으므로, 이러한 경우에도 해당 저작물은 공중의 영역에 들어가 자유이용이 가능하게 된다. 저작재산권자가 저작재산권을 포기한 경우에도 자유이용 저작물이 될 수 있다.

저작물의 자유이용과 구분하여야 할 것 중에 이른바 '크리에이티브 커먼스 라이선스'(Creative Commons License, CCL)와 저작재산권의 '기증'이 있다. '크리에이티브 커먼스'는 창작자가 자신의 저작물에 관하여 창작과 동시에 자동적으로 부여되는 저작권을 스스로 포기 또는 최소화하고 그것을 외부적으로 표시하는 자발적 공유 표시방식인 이른바 CCL 표시를 통해 해당 창작물을 인류의 공동자산화 하는 개념이다. CCL은 저작자가 자신의 저작물에 대한 이용방법과 조건을 표기하는 일종의 표준약관이자 저작물 이용허락 표시를 말한다. 저작자 표시를 할 것인지 여부, 영리적 이용을 허용할 것인지 여부, 개작을 허용할 것인지 여부 등 일반적으로 많이 문제되는 저작물의 이용방법 및 조건을 규격화해 몇 가지 표준 라이선스를 정한 것으로, 저작자가 이 중에서 자신이 원하는 라이선스 유형을 선택해 저작물에 표시하는 방식이다. 이 같은 라이센스 유형에는 크게 '저작자 표시'(Attribution), '비영리'(Noncommercial), '변경금지'(No Derivative), '동일조건변경허락'(Share Alike) 등 네 가지가 있다. 저작자 표시는 저작자의 이름, 출처 등 저작자를 표시해야 한다는 조건, 비영리는 저작물을 영리목적으로 이용할 수 없으며 영리목적의 이용을 위해서는 별도의 계약이 필요하다는 조건, 변경금지는 저작물을 변경하거나 저작물을 이용한 2차적저작물의 작성을 금지한다는 조건, 동일조건변경허락은 2차적저작물의 작성을 허용하되, 그렇게 작성된 2차적저작물은 원저작물과 동일한 이용허락조건을 적용해야 한다는 조건을 말한다. CCL은 보통 이러한 네 가지 유형을 조합해서 이용조건을 설정한다. 이러한 CCL을 통하여 저작자는 자신의 저작물에 대하여 일정한 조건 아래 다른 사람의 자유로운 이용을 허락하게 된다.

한편, 저작권법 제135조는 저작재산권의 기증이 원활하게 이루어지고 기증된 저작재산권을 통하여 해당 저작물이 공적 목적에 사용될 수 있도록 저작재산권 등의 기증에 관하여 규정하고 있다. 이에 따라 저작재산권자는 자신의 권리를 문화체육관광부 장관에게 기증할 수 있고, 문화체육관광부 장관은 저작재산권자 등으로부터 기증된 저작물 등의 권리를 공정하게 관리할 수 있는 단체를 지정할 수 있다. 그 지정된 단체는 영리를 목적으로 또는 당해 저작재산권자 등의 의사에 반하여 저작물 등을 이용할 수 없다.

CCL이나 저작재산권의 기증을 통하여 해당 저작물이 완전한 공중의 영역에 들어가게 되는 것은 아니지만, 일정한 조건 아래 자유로운 이용이 가능하게 된다든가, 저작재산권자의 허락 없이 널리 공익적 목적에 사용될 수 있다는 점에서 저작자의 자발적인 의사에 따른 저작물의 공유화라고 볼 수 있다.

Ⅲ. 저작재산권의 제한

1. 규정의 전체적 내용

우리나라 저작권법은 독일이나 일본의 저작권법처럼 제23조 내지 제37조에서 상세한 저작재산권 제한규정을 두고 있다. 구체적으로는 재판절차에서의 복제(제23조), 정치적 연설 등의 이용(제24조), 학교교육목적 등에의 이용(제25조), 시사보도를 위한 이용(제26조), 시사적인 기사 및 논설의 복제(제27조), 공표된 저작물의 인용(제28조), 영리를 목적으로 하지 아니하는 공연·방송(제29조), 사적이용을 위한 복제(제30조), 도서관 등에서의 복제(제31조), 시험문제로서의 복제(제32조), 시각장애인 등을 위한 복제(제33조), 방송사업자의 일시적 녹음·녹화(제34조), 미술저작물 등의 전시 또는 복제(제35조), 일시적 복제(제35조의2), 부수적 복제(제35조의3), 문화시설에 의한 복제(제35조의4), 공정한 이용(제35조의5) 등에 대하여 규정하고 있다.[3)]

이와 같은 우리 저작권법상 저작재산권 제한 규정은 '열거적'(列擧的) 규정방식을 취하고 있으며, '예시적'(例示的) 규정방식을 취하고 있는 것은 아니라고 해석된다. 저작재산권 제한과 관련하여 우리 저작권법처럼 상세한 제한규정을 두고 있는 일본의 경우[4)]에 있어서도 이는 '한정열거' 방식을 채용하고 있는 것으로서, 저작재산권 제한은 저작권법에 구체적으로 규정되어 있는 경우에 한정되고, 법에 규정되어 있지 않은 내용을 가지고 저작재산권을 함부로 제한할 수는 없다는 것이 통설적인 해석이다.[5)] 그러나 반대론도 있다. 즉, 어느 행위가 개별적인 권리제한규정에 해당하지 않는다 하더라도, 일정한 경우에는 공정한 이용에 해당한다고 하여 결론적으로 저작권침해를 부정할 수 있다는 견해가 있다.[6)]

저작재산권의 제한규정은 그 기능과 역할에 따라서 다음과 같이 아래 4가지 유형으로 분류할 수 있다. 제한규정 중 어떤 것은 그 성질에 따라서 아래 4가지 유형 중 복수의 유형에 중복하여 해당할 수도 있다.

첫째는, 저작물의 이용의 성질에 비추어 볼 때 저작재산권의 효력을 미치게 하는 것이 타당하지 않은 경우이다. 대표적으로 저작재산권이 미치게 하더라도 거래비용의 과다로 인하여 저작재산권의 현실적·효과적인 행사가 사실상 불가능한 경우를 들 수 있다. 저작물의 이용을 허락 받고자 하여도 권리자를 확인하는 것과 저작권 이용료 등 저작물 이용의 조건 및 방법에 대한 협상에 지나친 비용이 소요되어, 그 비용이 저작물을 이용함으로써 얻게 되는 이용자의 통상적인 이익을 오히려 초과하는 경우가 이에 해당한다. 사적이용을 위한 복제를 허용하는 것이 대표적인 사례라고 할 수 있다.

둘째는, 공익적인 목적을 위하여 저작재산권의 제한이 필요한 경우이다. 재판과 같은 사법절차를 위하여 필요한 경우 또는 입법이나 행정 목적의 달성을 위하여 내부적인 자료로서 필요한 경우, 그 밖에 도서관에서의 복제와 같이 지식과 정보의 공유 및 전달이라는

---

3) 앞에서 언급한 바와 같이 저작권법 第25조 제 4 항과 제31조 제 5 항은 좁은 의미에서는 저작재산권의 제한이 아니라, '비자발적 허락'(non-voluntary license)의 한 종류인 '법정허락'(statutory license)에 해당하지만, 편의상 이 곳에서 설명하기로 한다.
4) 일본 저작권법 제30조 이하.
5) 作花文雄, 詳解 著作權法, 제 3 판, ぎょうせい, 310면.
6) 中山信弘, ソフトウェアの法的保護, 新版, 有斐閣, 1988, 131면.

공익적 목적의 달성을 위하여 필요한 경우가 이에 해당한다. 또한 시각장애인 등을 위한 복제와 같이 사회적 약자 및 소수자를 배려하기 위한 제한도 공익적 목적을 위하여 저작재산권의 제한이 필요한 경우라고 할 수 있다.

셋째, 다른 권리와의 조정을 위하여 저작재산권의 제한이 필요한 경우이다. 예를 들어 헌법상 기본권인 알 권리와 언론의 자유 등과의 조화를 위하여 필요한 경우로서, 시사보도를 위한 이용, 시사적인 기사 및 논설의 복제 등을 들 수 있다. 또한 소유권과의 조화를 위하여 저작재산권의 제한이 필요한 경우로서 미술저작물 등의 전시 또는 복제에 대한 제한규정 및 배포권에 대한 권리소진의 원칙(최초판매의 원칙) 등을 들 수 있다.

넷째, 사회적 관행으로 굳어진 행위로서 저작재산권을 제한하더라도 저작재산권자의 경제적 이익을 부당하게 해하지 않는 경우이다. 시사보도를 위한 이용이나 사적이용을 위한 복제 등이 이에 해당한다고 볼 수 있다.

한편 저작권법 제36조에서는, "제24조의2, 제25조, 제29조, 제30조 또는 제35조의5에 따라 저작물을 이용하는 경우에는 그 저작물을 번역·편곡 또는 개작하여 이용할 수 있고, 제23조, 제24조, 제26조, 제27조, 제28조, 제32조, 제33조 또는 제33조의2에 따라 저작물을 이용하는 경우에는 그 저작물을 번역하여 이용할 수 있다"라고 규정하고 있다.

또한 저작재산권의 제한규정 전체에 걸치는 규정으로서 제37조에서, 저작재산권의 제한규정에 의하여 저작물을 이용하는 자는 그 출처를 명시하여야 하고(다만 제26조, 제29조 내지 제32조, 제34조 및 제35조의2의 경우는 제외), 출처의 명시는 저작물의 이용상황에 따라 합리적이라고 인정되는 방법으로 하여야 하며, 저작자의 실명 또는 이명이 표시된 저작물인 경우에는 그 실명 또는 이명을 표시하여야 한다고 규정한다. 그리고 제38조에서는 저작재산권 제한의 규정은 저작인격권에 영향을 미치는 것으로 해석되어서는 아니 된다고 규정함으로써, 저작재산권은 제한되더라도 저작자의 저작인격권은 여전히 보호받는다는 점을 명확히 하였다.

제23조 내지 제35조의5의 저작재산권 제한규정이 적용되면 저작물의 이용이 허용된다. 즉, 저작재산권자로부터 이용허락을 얻지 아니하고 저작물을 이용할 수 있으며, 다만 일정한 경우에는 보상금을 지급하거나 공탁하는 것을 전제로 이용이 가능하다.

2. 제한규정의 해석·운용

위에서 본 바와 같이 우리나라 저작권법은 상세한 저작재산권 제한규정을 두고 있다. 그러나 구체적으로 어떤 경우에 저작재산권이 제한되는지를 모두 예상하여 법에 규정한다는 것은 입법기술상 불가능하다. 그렇기 때문에 제한규정 중에도 '… 교육목적상 필요한 …' 이라든가 '… 정당한 범위 안에서 …' 등의 이른바 불확정개념이라고 할 수 있는 추상적인 용어를 사용하고 있는 경우가 적지 않다. 따라서 이러한 추상적인 개념을 구체적인 사건에서 어떻게 해석·운용하는가에 따라 저작자의 권리가 심하게 제한되거나 아니면 반대로 이용자의 공정한 이용이 지장을 받을 우려가 있다.

특히 저작물 이용기술의 비약적인 개발·보급은 저작물의 이용형태도 급속하게 변화시키고 있다. 지금까지 전문가나 특정인에 의하여서만 행하여지던 저작물의 복제가 복사기술 등의 발달에 따라 대중에 의하여 일반가정 등 사적 영역에서도 다양하게 행하여지고 있는 것이 오늘날의 현실인데, 저작권법의 저작재산권 제한규정을 종전 그대로 해석·적용하는 것만으로는 이러한 문제를 해결하기가 어려운 경우가 많다. 따라서 저작권법의 저작재산권 제한규정을 해석·적용함에 있어서는 '현재의 타당한 법'을 추구하는 법적 노력이 필요하게 된다.7)

아직은 저작권법상 저작재산권 제한규정을 해석함에 있어서는 '엄격성'과 '한정성'을 요한다는 것이 통설적인 견해이다. 즉, 권리제한 규정은 권리자가 가지고 있는 본래의 권리내용을 공익성 등 특별한 요청에 따라 예외적으로 제한하는 것이므로, 그 규정을 해석함에 있어서는 '엄격성'(자유이용이 허용되는 조건을 엄격하게 해석하여야 한다는 것)이 요구되고, 나아가 권리에 대한 제한은 '한정적'(권리제한은 법문에 구체적으로 열거되어 있는 경우에 한정된다는 것)이어야 한다는 것이다.

그러나 저작권과 관련된 사회상황이 급변하여 법 제정 당시에는 미처 예상하지 못하였던 권리자와 이용자 사이의 불균형이 나타날 가능성이 더욱 높아지고 있는 오늘날에 있어서도 반드시 저작재산권 제한규정의 해석과 관련하여 엄격성과 한정성의 태도를 굳건히 견지하여야 하는 것인지는 검토를 요한다. 특히 '한정성'은 우리 저작재산권 제한규정이 열거적 규정이라고 이해되는 이상 어쩔 수 없는 것이라 하더라도, '엄격성'을 저작재산권 제한규정을 해석함에 있어서 반드시 필수적인 기준으로 가지고 가야 할 것인지는 의문이다. 개정 전 우리 저작권법은 미국 저작권법에서와 같은 공정이용에 관한 일반조항을 두고 있지 않았는데, 그러한 우리 저작권법 체계에서 엄격성과 한정성에 지나치게 집착하는 것은 저작권법의 목적에 합치하지 않는 결과를 양산할 수 있어 바람직스럽지 않았다.

따라서 저작재산권 제한규정은 좀 더 유연하고 탄력성 있게 합목적적으로 해석할 필요가 있으며, 그 경우 목적규정인 저작권법 제 1 조가 해석의 기본적인 기준이 될 수 있다. 즉, 저작권법 제 1 조가 곧바로 공정이용의 법리에 관한 일반적 근거조항이 될 수는 없다고

7) 하용득, 저작권법, 사단법인 법령편찬보급회, 1988, 173면.

할지라도, 저작재산권 제한에 관한 각 규정들을 해석하는 일반적인 지도원리로서의 역할은 충분히 수행할 수 있는 것이다. 그리고 그것이 성문법 체계에서 결여되기 쉬운 유연성과 구체적 타당성을 확보할 수 있는 하나의 중요한 수단이 될 수 있을 것이다. 그 과정에서 미국 저작권법상 공정이용 여부의 판단기준인 4가지 요소가 우리 저작권법상 저작재산권 제한규정의 적용여부를 판단함에 있어서 중요한 참고자료가 될 수 있음은 물론이다. 이러한 점을 고려하여 현행 저작권법은 한·미FTA 타결에 따라 저작권법을 개정하는 과정에서 저작자 편으로 기울어진 균형의 추를 회복하고 지적재산권법의 세계화 경향에 발맞추기 위하여 미국 저작권법상 공정이용에 관한 규정과 유사한 일반조항으로서의 '공정이용'(저작권법 제35조의5)에 관한 규정을 저작재산권 제한규정 속에 도입하였다.

애초에 저작권은 천부인권이 아니며, 그 내용은 원래 공공재인 정보를 어떠한 범위로 나누어 어떠한 내용의 권리를 창작자에게 배분하는 것이 정보의 풍부화에 이바지하는지, 또는 정보의 과소생산·사회적 비효율을 방지하는 수단으로써 타당한지 등의 관점에서 결정되어야 한다. 따라서 저작재산권 제한 규정은 권리자로부터 권리를 빼앗기 위한 규정이 아니라, 저작권이라는 권리의 본래의 모습을 그려내기 위한 규정이라고 생각하여야 할 것이다.[8]

지적재산권법의 다른 중요한 개념들이 대부분 그러한 것처럼, 저작재산권 제한규정의 적용요건을 이루는 중요한 개념들 중에는 불확정개념이 많이 존재한다. 따라서 저작권법의 규정만으로는 실제로 발생하는 다양한 형태의 이용행위가 구체적으로 저작재산권 제한규정의 적용대상이 되는지 여부를 판단하기 쉽지 않다. 그 결과 제한규정의 해석을 위한 일반적인 기준이 다시 필요할 수 있는데, 그러한 일반적 기준의 역할을 할 수 있는 것으로서 베른협약 등 국제조약상의 기준을 들 수 있고, 또한 미국에서 판례법을 통하여 구축된 '공정이용의 법리'도 일정한 범위 내에서 해석상의 기준으로서의 역할을 할 수 있다. 또한 저작재산권 역시 사유재산권의 하나이므로 재산권 보장 및 한계를 규정하고 있는 헌법의 규정에 의하여 제한을 받게 된다.

이와 관련하여 우리 저작권법상 저작재산권 제한규정을 당사자 사이의 계약으로 배제할 수 있는지 여부, 즉 저작재산권 제한규정을 강행규정으로 볼 것이냐 임의규정으로 볼 것이냐의 문제도 있다. 저작재산권 제한규정은 헌법 및 국제조약상의 원리와 규정 등에 따른 저작권의 내재적 한계를 입법으로 구체화한 것이라는 점에서 원칙적으로 당사자 사이의 계약에 의하여 배제할 수 없는 강행규정이라고 보는 것이 타당할 것이다.[9]

---

8) 中山信弘, 著作權法, 법문사(2008), 212면.
9) 박성호, 저작권법, 박영사(2014), 514면.

가. 베른협약과 WTO/TRIPs 협정의 3단계 테스트

(1) 의 의

베른협약 제 9 조는 제 1 항에서, "이 협약이 보호하는 문학·예술적 저작물의 저작자는 어떠한 방법이나 방식으로 그 저작물의 복제를 허락할 배타적 권리를 가진다"라고 하여 복제권을 규정하면서 같은 조 제 2 항에서는, "일정한 특별한 경우에 있어서 그러한 저작물의 복제를 허락하는 것은 동맹국의 입법에 맡긴다. 다만, 그러한 복제는 저작물의 통상적인 이용과 충돌하지 않아야 하며 권리자의 합법적인 이익을 불합리하게 해치지 않아야 한다."라고 규정하고 있다. 즉, ① 일정한 특별한 경우에, ② 저작물의 통상적인 이용과 저촉되지 않고, ③ 권리자의 정당한 이익을 해치지 않을 것을 복제권 제한의 일반적인 기준으로 제시하고 있다.

복제권 제한에 관한 베른협약의 이러한 세 가지 기준을 이른바 '3단계 테스트'(three-step test)라고 한다. 이 기준은 WTO/TRIPs 협정 제13조에 의하여 복제권을 넘어서서 저작재산권 일반에 관한 제한 기준으로 확대되었다. 따라서 3단계 테스트는 WTO 회원국들이 배타적 권리인 저작재산권에 대한 제한 또는 예외 규정을 제정하거나 이를 적용할 때 지켜야 할 기준이 된다. 이러한 3단계 테스트에 관하여 좀 더 상세히 살펴보기로 한다.

(2) 첫 번째 기준

먼저 첫 번째 기준인 "① 일정한(certain) 특별한(special) 경우"란 그 적용 범위가 잘 정의되어 있어야 하며, 좁게 제한되어 있어야 함을 의미하는 것으로 해석한다. 즉, 저작재산권을 제한하는 범위가 명확하게 정의되고, 그에 따른 저작물의 이용은 '특정한 목적'에 한정되어야 한다는 것이다. 여기서 '특별한'이란 '공공정책적인 명확한 이유'(clear reason of public policy) 또는 '그 밖의 예외적 상황'에 의해 정당화되어야 한다는 것을 의미한다. 따라서 '일정한(또는 일부) 특별한 경우'란 저작물의 이용범위가 특정 목적에 한정되고 공공정책적인 명확한 이유나 그 밖의 예외적 상황으로 정당화되는 경우이어야 한다.[10)]

(3) 두 번째 기준

다음으로 두 번째 기준의 "② 저작물의 통상적인 이용(normal exploitation)과 저촉되지 않는다"에서 '통상적인 이용'이란 그 저작물이 일반적으로 지향하고 있는 시장에서의 이용을 의미한다. 단순히 경험적인 의미에서 '통상적인' 이용방법을 가리키는 용어가 아니라

10) 상게서, 607면.

"상당한 경제적 또는 실용적 중요성을 가지고 있거나, 그러한 중요성을 취득할 가능성이 있는 모든 형태의 저작물 이용행위"를 의미하는 규범적 성질을 가지는 문구라고 이해되고 있다.

따라서 두 번째 기준의 의미는 "상당한 경제적 또는 실용적 중요성을 가지고 있거나, 그러한 중요성을 취득할 가능성이 있는 모든 형태의 저작물 이용행위는 반드시 저작재산권자에게 유보되어야 한다"는 것이다.[11] 예를 들어, 학습보조교재의 경우라면 학교 수업시간에서의 복제나 공연 등을 통하여 활용되는 것이 일반적이고 상당한 경제적 또는 실용적 중요성을 가지고 있으므로, 그러한 이용을 통상적인 이용이라고 할 수 있다.

여기서의 '통상적인 이용'에 '잠재적인 이용' 즉, 현재 실제적으로 이용되고 있는 분야는 아니지만 저작재산권자가 향후 수익을 창출할 수 있는 잠재적 시장에서의 이용까지도 포함되는 것인지에 관하여 논란이 있는데, 위에서 본 바와 같이 이 기준은 "상당한 경제적 또는 실용적 중요성을 취득할 가능성이 있는" 경우까지를 포함한다. 이와 관련하여 2000년의 WTO 패널보고서에서는, "상당한 경제적 또는 실제적인 중요성을 갖거나 가질 것으로 보이는 모든 형태의 저작물 이용은 저작자에게 남겨져야 한다"는 명제에서 출발하여, "현재 상당한 또는 가시적인 수익을 창출하고 있는 이용형태 뿐만 아니라, 일정한 정도의 가능성과 개연성을 가진(with a certain degree of likelihood and plausibility) 상당한 경제적 또는 실제적인 중요성이 있는 이용형태"까지 포함되어야 한다고 하였다.[12]

한편, 저작재산권에 대한 제한을 가하면서 그에 따른 공정한 보상을 저작재산권자에게 해 주는 것이 이 두 번째 기준을 충족하는지 여부를 판단하는데 고려되어야 할 요소인지에 관하여, 공정한 보상의 지불 문제는 다음에서 보는 세 번째 기준의 판단에서 고려할 요소일 뿐, 두 번째 기준에서는 고려할 성질의 것은 아니라는 것이 일반적인 견해라고 한다.[13]

(4) 세 번째 기준

마지막으로 세 번째 기준의 "③ 권리자의 정당한 이익을 해치지 않을 것"이란 그러한 저작재산권에 대한 제한이나 예외에 따라 행하여지는 행위가 일반적인 저작권의 목적으로부터 얻어지며 그와 상응하는 권리자의 이익을 부당하게 저해하지 않아야 한다는 것을 의미한다. 여기서 '정당한 이익'이란 권리자의 법적 이익 중 사회규범이나 공공정책에 의해 뒷받침 될 수 있는 이익을 가리키는 것으로 이해할 수 있다.[14] 저작재산권 제한에 상응하

---

11) 상게서, 608면 참조.
12) 임원선, 실무자를 위한 저작권법, 개정판, 한국저작권위원회, 2009, 165-166면.
13) 상게서, 167면.
14) 박성호, 전게서, 608면.

여 이루어지는 정당한 보상 등이 이 단계에서 고려될 수 있을 것이다.

(5) 판단의 순서 및 적용 범위

베른협약 및 WTO/TRIPs 협정의 이와 같은 3단계 테스트는 각 단계별 테스트의 충족 또는 준수여부가 순서대로 검토되어야 하는 계층적 테스트라고 이해된다. 즉, 저작재산권에 대한 어떤 제한이나 예외 규정이 이 3단계 테스트를 충족하고 있는지를 판단하기 위해서는 우선, 그것이 '특별한 경우'의 예외인가, 만약 그렇다면 그 예외에 의하여 행하여지는 사용이 저작재산권자의 통상의 이용과 충돌하는 것은 아닌가, 만약 충돌하지 않는다면 그 사용이 저작재산권자의 정당한 이용을 부당하게 저해하지는 않는가, 이렇게 세 가지 검토가 순서에 입각하여 차례대로 이루어져야 한다는 것이다.[15)]

원칙적으로 베른협약의 3단계 테스트는 각 국가의 저작재산권에 대한 제한 또는 예외 규정이 정당하고 합리적인 것인지를 검토하기 위한 기준이다. 그러나 경우에 따라서는 각 국가에서 이 테스트 자체를 저작재산권에 대한 제한 또는 예외의 적용기준으로 활용할 수도 있다. 예를 들면, 프로그램의 저작재산권을 제한하는 규정을 두면서 "프로그램의 저작재산권자의 이익을 부당하게 해치는 경우에는 그러하지 아니하다"라는 단서 규정을 두는 것이 그런 경우라고 볼 수 있다.[16)]

한편, 위 3단계 테스트를 저작재산권 제한규정에서 명문으로 규정하고 있지 않은 경우에도 일반적으로 모든 저작재산권 제한규정을 적용함에 있어서 3단계 테스트의 만족을 조건으로 하여야 하는지에 대하여는 논란이 있다. 이 문제와 관련하여 뒤의 사적이용을 위한 복제 부분에서 살펴볼 일본 동경지방법원의 '스타디지오 사건' 판결[17)]에서는, 사적이용을 위한 복제를 규정한 일본 저작권법 제30조 제 1 항이 베른협약 제 9 조(2) 단서의 조건을 만족할 것을 조건으로 적용되어야 한다는 주장에 대하여, 구체적으로 어떠한 태양이 그 조건을 만족하는 것인가에 관해서는 베른협약이 이를 명시적으로 규정하고 있지 않으므로, 이는 결국 각 동맹국의 입법에 위임된 문제라고 하여야 할 것이고, 따라서 저작권법에 의하여 인정되는 사적이용을 위한 복제인가 아닌가를 논함에 있어서는 저작권법 제30조 제 1 항의 규정에 해당하는지 여부를 판단하면 족한 것이지, 동 조항의 배경으로 되고 있는 베른협약의 규정에 해당하는지 여부를 반드시 판단하여야 하는 것은 아니라고 하였다.

그러나 이에 대하여는 3단계 테스트는 배타적 권리에 대한 제한 또는 예외 규정을 제

15) 상게서, 164면.
16) 우리 저작권법 제101조의3 제 1 항 단서가 그러한 사례에 해당한다.
17) 동경지방법원 2000. 5. 16. 판례타임즈 1057호, 221면 이하.

정하거나 이를 해석할 때 적용되는 기준을 일컫는 것이며, 따라서 저작재산권의 제한 규정을 입법화하는 경우는 물론이고 그 규정을 적용하는 경우에도 3단계 테스트에 부합하도록 해석하여야 한다는 견해가 있다.[18)]

나. 영미법상 공정이용의 원칙

미국에서는 저작물의 자유이용 및 저작재산권의 제한에 관한 이론이 형평법상 판례를 통하여 '공정이용'(fair use)이라는 원칙으로 확립되었다. 그동안 판례법으로만 해석·운용되던 공정이용의 법리는 1976년 개정된 미국 저작권법 제107조에서 처음으로 명문화되기에 이르렀다. 이 조문은 공정이용 원칙에 따라 저작권의 제한이 이루어지기 위하여서는, (1) 저작물 이용의 목적 및 성격(이용이 영리성을 가지는 것인지 아니면 비영리적 교육목적을 위한 것인지 등 그 이용의 목적과 성격), (2) 보호되는 저작물의 성격, (3) 이용되는 부분이 저작물 전체에서 차지하는 양적·질적 비율, (4) 그 저작물의 잠재적 시장 또는 가격에 대하여 미치는 영향 등을 고려하여야 한다고 규정하고 있다.[19)]

미국 저작권법은 제107조 외에도 제108조부터 제119조까지 저작재산권이 제한되는 규정을 두고 있으나 이들은 이른바 '면책조항'(statutory exemption)으로서 공정이용과는 구별되어야 하는 규정이다. 우리나라 저작권법의 저작재산권 제한규정 중 제23조(재판절차에서의 복제), 제26조(시사보도를 위한 이용), 제28조(공표된 저작물의 인용) 등이 미국 저작권법 제107조의 공정이용 개념에 상응하고, 나머지 제25조(학교교육목적 등에의 이용), 제29조(영리를 목적으로 하지 아니하는 공연·방송), 제30조(사적이용을 위한 복제), 제31조(도서관 등에서의 복제), 제33조(시각장애인 등을 위한 복제) 등은 면책조항에 상응한다.[20)]

위와 같이 미국 저작권법은 공정이용이 적용되는 기준을 명문으로 규정하고 있기는 하지만, 이들은 그 하나하나가 결정적인 기준은 아니고, 그동안 산재해 있던 판례법상의 기준들을 집약한 것이다. 그러나 이와 같은 명문규정이 생겼다는 것은 미국의 법원이 공정이용의 항변을 판단함에 있어서는 위의 네 가지 요소들을 반드시 고려하여야 한다는 것을 의미한다. 다만 이때 법원이 참작하여야 하는 것이 위 네 가지 요소에만 국한될 필요는 없

18) 박성호, 전게서, 511면.

19) 17 U.S.C. § 107: In determining whether the use made of a work in any particular case is a fair use the factors to be considered shall include - (1) the purpose and character of the use, including whether such use is of a commercial nature or is for nonprofit educational purpose; (2) the nature of the copyrighted work; (3) the amount and substantiality of the portion used in relation to the copyrighted work as a whole; and (4) the effect of the use upon the potential market for or value of the copyrighted work.

20) 이형하, 전게논문, 341면.

다. 그 규정이 'shall include'라는 문언을 사용하고 있음에 비추어 볼 때, 법원은 재량에 따라 '선의(善意)의 부존재'(lack of good faith)라든가 '산업적인 관습' 등 다른 요소들도 함께 참작할 수 있다고 해석되기 때문이다.[21] 미국법상 공정이용의 법리에 관하여는 뒤에서 다시 상세히 살펴보기로 한다.

다. 헌법에 따른 제한

헌법 제22조 제 2 항은 "저작자·발명가·과학기술자와 예술가의 권리는 법률로써 보호한다"고 규정하고 있다. 이 규정은 저작권을 포함한 지적재산권의 헌법적 보장을 명시한 규정으로 이해되고 있다. 또한 헌법 제23조 제 1 항은 "모든 국민의 재산권은 보장된다. 그 내용과 한계는 법률로 정한다"고 하여 일반적인 재산권 보장을 규정하고 있다. 이러한 재산권에는 저작재산권도 당연히 포함되므로 그 내용과 한계는 법률에 의하여 정해진다. 따라서 저작재산권의 행사는 법률에 의하여 일정한 제약을 받는다. 아울러 헌법 제23조 제 2 항은 "재산권의 행사는 공공복리에 적합하도록 하여야 한다"고 규정하고 있으므로 그러한 점에서도 저작재산권의 행사는 일정한 내재적 한계를 갖게 된다.

하급심 판결 중에는 저작재산권 제한규정과 관련하여 헌법적인 관점에서 해석론을 전개하고 있어 관심을 끈 사례가 있다. 유명 가수의 가창을 흉내 낸 동영상이 저작권침해에 해당하는지 여부가 다투어진 서울남부지방법원 2010. 2. 18. 선고 2009가합18800 판결로서, 일명 '가수 손담비 동영상 사건'으로 알려진 판결이다. 원고는 다섯 살 된 자신의 딸이 의자에 앉아 가수 손담비가 부른 '미쳤어'라는 제목의 음악저작물을 부르면서 춤을 추는 것을 촬영한 동영상(UCC)을 인터넷 블로그에 게시하였다. 이에 대하여 피고 한국음악저작권협회가 위 동영상이 피고가 신탁받아 관리하는 저작권을 침해하였음을 이유로 그 블로그 서비스를 제공하는 인터넷 포털 서비스회사에 대하여 복제 및 전송의 중단조치를 요청하였고, 이에 포털 서비스회사는 그 동영상의 복제 및 전송을 중단하는 조치를 취하였다. 원고는 위 동영상이 해당 음악저작물의 저작권을 침해한 바 없다고 주장하여 소송을 제기하였다.

이 판결의 쟁점은 위와 같은 동영상이 저작재산권 제한규정 중 저작권법 제28조의 '공표된 저작물의 인용'에 해당하여 정당화 될 수 있는지 여부이다. 이에 대하여 법원은, "이 사건과 같이 어떠한 기본권 주체가 다른 기본권 주체의 저작물을 사용하여 새로운 창작물을 창조하여 공개하는 경우, 일방 기본권 주체의 표현의 자유 및 문화·예술의 자유라는

21) 이호열, WTO 체제하의 저작권 대책－미국 저작권법상 공정이용을 중심으로, 고려대학교 대학원, 1997 박사학위 논문, 45면.

기본권이 상대방 기본권 주체의 저작재산권이라는 기본권과 충돌하는 상황이 초래된다. 이러한 충돌을 조화롭게 해결하기 위하여 기본권 제한의 문제가 대두되는데, 우리 헌법은 '국민의 모든 자유와 권리는 국가안전보장·질서유지 또는 공공복리를 위하여 필요한 경우에 한하여 법률로써 제한할 수 있다'(헌법 제37조 제 2 항 참조)는 일반규정을 두면서 좀 더 구체적으로 재산권에 있어서는 '재산권의 행사는 공공복리에 적합하도록 하여야' 하며 '그 내용과 한계는 법률로 정한다'는 내용의 제한(헌법 제23조 제 1, 2 항 참조)을 두고 있다. 이러한 취지에 따라 저작재산권 보호 및 제한의 법리를 구체적으로 입법화한 것이 저작권법이다." 라고 전제하였다.

그리고 어떠한 경우에 저작재산권이 제한될 수 있는지를 모두 법으로 규정하는 것은 입법기술상 불가능하므로, 우리 저작권법상의 제한규정에서도 불가피하게 추상적인 개념들이 사용되고 있는바, 그러한 추상적 개념들을 구체적인 사안에서 해석함에 있어서는 우리 헌법의 이념, 위에서 살펴본 저작권법의 목적 및 입법취지를 고려하여 당사자들의 충돌하는 기본권 사이에 세밀한 이익형량과 상위규범과의 조화로운 해석이 요구된다고 판시하였다.

구체적으로 이 사건이 저작권법 제28조에 해당할 수 있을지 여부에 대하여 법원은, 인용의 '정당한 범위'는 인용저작물의 표현 형식상 피인용저작물이 보족, 부연, 예증, 참고자료 등으로 이용되어 인용저작물에 대하여 부종적 성질을 가지는 관계(즉, 인용저작물이 주이고, 피인용저작물이 종인 관계)에 있다고 인정되어야 하고, 나아가 정당한 범위 안에서 공정한 관행에 합치되게 인용한 것인지 여부는 인용의 목적, 저작물의 성질, 인용된 내용과 분량, 피인용저작물을 수록한 방법과 형태, 독자의 일반적 관념, 원저작물에 대한 수요를 대체하는지 여부 등을 종합적으로 고려하여 판단하여야 한다고 한 후, 이 사건 동영상은 위 음악저작물을 정당한 범위 안에서 공정한 관행에 합치되게 인용한 것으로 판단된다고 하여, 저작권침해의 책임을 부정하였다.

우리 헌법은 전문에서 문화민족의 이념을 천명하고 있고, 이러한 문화민족의 이념을 실현하기 위하여 헌법 제 9 조에서 국가에게 전통문화의 계승·발전과 민족문화 창달을 위한 의무를 부과하고 있다. 나아가 헌법은 학문과 예술의 자유를 규정한 제22조 제 2 항에서 "저작자·발명가·과학기술자와 예술가의 권리는 법률로서 보호한다"고 하여 저작자의 권리를 재산권 일반규정인 헌법 제23조에서 규정하지 않고 별도로 규정하고 있다. 이와 같이 헌법이 저작권과 일반적인 재산권을 별도로 규정하고 있는 것에 대하여는 여러 가지 해석이 있을 수 있다.

그러나 헌법의 조문에 비추어 분명한 것은, 저작권 역시 법률에 의하여 보호되는 권리라는 것이다. 또한 저작권 중 저작재산권은 그것이 재산권인 이상 헌법 제23조의 적용대상이 되며, 따라서 그 행사는 공공복리에 적합하도록 하여야 한다는 점도 분명하다(헌법 제23조 제2항). 그리고 저작권을 보호하기 위하여 제정된 법률인 저작권법은 저작자의 권리만을 보호하는 것이 아니라 "이용자의 공정한 이용을 도모"함으로써 궁극적으로는 문화 및 관련 산업의 향상발전에 이바지함을 목적으로 하고 있다(법 제1조). 이러한 점에서 저작권은 다른 일반적인 재산권보다 사회적 권리로서의 성격을 더 강하게 가지고 있다고 할 수 있다. 그런 면에서 볼 때, 위 판결은 저작재산권 제한 규정과 관련하여 헌법적 관점에서 근본적인 해석을 시도하고 있다는 점에서 의미를 가진다고 하겠다.

제 2 절 저작재산권 제한규정의 개별적 검토

Ⅰ. 재판 등에서의 복제

1. 의 의

저작권법 제23조는, "다음 각 호의 어느 하나에 해당하는 경우에는 그 한도 안에서 저작물을 복제할 수 있다. 다만, 그 저작물의 종류와 복제의 부수 및 형태 등에 비추어 해당 저작재산권자의 이익을 부당하게 침해하는 경우에는 그러하지 아니하다."라고 규정하면서, 그 각 호로서 "1. 재판 또는 수사를 위하여 필요한 경우, 2. 입법·행정 목적을 위한 내부 자료로서 필요한 경우"를 들고 있다.

이 규정에서는 특별히 공표된 저작물에 한하여 복제할 수 있는 것으로 제한하고 있지 않으므로 미공표저작물이라 하더라도 재판 또는 수사를 위하여, 그리고 입법·행정의 목적을 위한 내부자료로서 필요한 경우에는 복제할 수 있다. 그러나 이 규정에 의하여 제한되는 것은 저작재산권뿐이고 저작인격권이 제한되는 것은 아니다. 따라서 이 규정에도 불구하고 저작자의 공표권은 여전히 작용하게 된다. 즉, 본 규정에 의하여 공표된 저작물뿐만 아니라 미공표저작물을 복제하는 것도 허용되어 있다고 하여 저작자의 인격권인 공표권이 제한된다는 취지는 결코 아니다. 이 점은 저작권법 제38조에서 저작재산권 제한규정은 저작인격권에 영향을 미치는 것으로 해석되어서는 아니 된다고 규정하고 있는 점에 비추어 보더라도 명백하다.

따라서 미공표 저작물을 재판 또는 수사, 입법·행정의 목적을 위한 자료로 이용하는 경우에도 이를 비공개·내부자료로서가 아니라 외부에 공표하는 경우에는 저작자의 허락을 받을 필요가 있다. 그런데 소송당사자가 자신의 주장·입증을 위하여 제출한 미공표 저작물의 복제물이 재판부에 의하여 증거로 채택되어 판결문 중에 사용되면 그 한도 내에서는 저작물의 내용이 공중에 알려지는 셈이 된다. 이러한 경우에 저작자의 공표권 침해가 된다면 재판절차를 위한 복제권의 제한을 둔 저작권법의 취지가 상실된다. 따라서 이와 같은 경우에는 공표권의 침해가 성립하지 않는다고 해석하여야 할 것이다.[22]

2. 허용되는 유형

가. 재판 또는 수사를 위하여 필요한 경우

판결문 중에 저작권으로 보호되는 저작물을 인용의 정도를 넘어서 차용할 필요가 있는 경우, 또는 소송자료 예컨대 증거서류나 변론, 혹은 준비서면의 자료로서 제출할 필요가 있는 경우 등이 이에 해당한다. 여기서 재판이라 함은 법원의 재판절차만이 아니라 행정청의 준사법절차, 예컨대 특허심판원, 해난심판원, 공정거래위원회, 노동위원회 등이 행하는 각종 심판이나 조정, 중재, 행정심판법에 의한 행정심판위원회의 재결절차도 포함한다는 견해가 있다.[23] 그러나 이러한 견해에 대하여는 선뜻 찬성하기 어렵다. 일본 저작권법의 경우 제42조가 "재판절차 등에서의 복제"에 관하여 규정하고 있는데, 그 때 '재판절차'라는 용어에 관하여는 제40조(정치적 연설 등의 이용)에서 " … 정치적 연설 및 재판절차(행정청이 행하는 심판 기타 재판에 준하는 절차를 포함한다. 제42조에서도 같다) … "고 규정하고 있다. 이와 같이 법 규정에서 명문으로 행정청이 행하는 심판 기타 재판에 준하는 절차를 포함하고 있는 일본 저작권법과는 달리, 그러한 규정을 두고 있지 않은 우리 저작권법(정치적 연설 등의 이용을 허용하는 제24조에도 그러한 규정이 없다)의 해석론으로서는 행정청의 준사법절차를 위하여 필요한 경우라도 그것이 저작권법 제23조 본문 후단에서 규정하는 "입법·행정의 목적을 위한 내부자료"에 해당하지 않는 한 본 조에 의하여 자유롭게 복제할 수 있는 것은 아니라고 보아야 한다. 이는 저작재산권 제한에 관한 개별 규정은 기본적으로 '엄격성'(자유이용이 허용되는 조건을 엄격하게 해석하여야 한다는 것) 및 '한정성'(권리제한은 법문에 구체적으로 열거되어 있는 경우에 한정한다는 것)의 원칙에 입각하여 판단하여야 한다는 전통적인 해석론의 입장에 비추어 보더라도 그렇다. 법원의 재판절차가 아닌 준사법절차에서 타인의 저작물을 이용하여야 할 필요성이 있는 경우에는 공정이용에 관한 일반 조항인 저작

22) 內田 晋, 問答式 入門 著作權法, 新日本法規出版 株式會社, 2000, 255면.
23) 허희성, 신저작권법 축조해설, 범우사, 1988, 110면; 이해완, 저작권법, 박영사(2012), 391면.

권법 제35조의5를 탄력적으로 적용하거나 저작권법 제28조(공표된 저작물의 인용)의 규정을 적용함으로써 구체적 타당성을 기할 수 있을 것으로 본다.

재판을 위하여 필요한 경우에 해당하면 법원이나 검찰청과 같은 국가기관만이 아니라 쟁송사건의 당사자인 원고, 피고 및 변호사, 감정인 등도 저작물을 복제할 수 있다.

한편, 이러한 재판절차가 구체적으로 개시되기 이전의 단계, 즉 재판의 준비단계에서도 위와 같은 복제가 허용되는지 여부가 문제로 된다. 이 규정의 취지가 국가목적의 실현, 그 중에서도 공정한 재판의 요청에 있는 것인 만큼 공정한 재판을 위하여 재판 이전의 단계에서도 저작물의 복제가 필요한지 여부에 따라서 결정하여야 할 것이다. 그러나 이를 지나치게 넓게 인정하게 되면 저작자의 권리를 심하게 제한할 가능성이 있으므로 해석상 신중을 기하여야 함은 물론이다.

나. 입법·행정목적을 위한 내부자료로서의 복제

입법목적을 위한 복제라 함은 국회 또는 지방자치단체 의회에서 법안 기타 안건을 심의하는 경우 일정한 요건 아래 타인의 저작물을 복제하는 것을 말한다. 여기에서의 입법은 국회의 법률안 심의만이 아니라 지방자치단체의 의회가 행하는 조례제정이나 대법원의 규칙제정, 정부의 조약체결, 행정각부의 부령(部令)도 이에 해당한다고 본다. 행정목적을 위한 복제는 행정청이 소관사무를 수행하기 위하여 필요한 경우 일정한 요건 하에 타인의 저작물을 복제하는 것을 말한다. 복제의 주체와 관련하여 재판절차에서의 복제의 경우에는 법원이나 검찰청과 같은 국가기관만이 아니라 원고, 피고 등 당사자도 그 주체가 될 수 있지만, 입법·행정목적을 위한 복제의 경우는 일반 개인이 이를 행하는 것은 생각하기 어려우므로, 이 경우 복제를 할 수 있는 주체는 입법 또는 행정기관이나 그 구성원인 직원에 한정된다고 보아야 할 것이다.[24] 또한 입법·행정목적으로 작성된 복제물을 다른 목적으로 이용해서는 안 된다.[25] 내부자료로서 복제하는 것만이 허용되므로, 예컨대 타인의 저작물을 복제하여 행정기관의 홍보용 자료와 함께 외부에 배포하는 것은 허용되지 않는다.

3. 한　계

제23조 본문과 각 호에서 정하는 바와 같이 이 규정은 "필요한 경우 그 한도 안에서" 복제하는 것만이 허용된다. 따라서 저작물의 일부만이 필요한 데도 불구하고 저작물 전체

24) 加戶守行, 著作權法 逐條講義, 4訂新版, 社團法人 著作權情報センター, 282면.
25) 하용득, 전게서, 177면.

를 복제하거나 필요한 부수를 초과하여 복제하는 것은 허용되지 않는다. 또한 비록 행정기관의 내부자료라 하더라도 전체 직원에게 배포하기 위하여 복제하는 것, 예컨대 국세청에서 직원의 교육용이나 내부적인 업무참고용으로 세법학자가 저술한 세법학개론 전체를 복제하여 배포하는 것은 허용되지 않는다.

제23조 본문 단서는, 저작물의 종류와 복제의 부수 및 형태 등에 비추어 저작재산권자의 이익을 부당하게 침해하는 경우에는 재판 등에서의 복제라 하더라도 저작재산권자의 허락이 없으면 이를 할 수 없음을 규정하고 있다. 즉, 저작물의 경제적 이익이나 잠재적 시장에 부당하게 큰 영향을 미치는 경우에는 설사 내부자료라 하더라도 복제물을 작성할 수 없다고 보아야 한다.

제23조의 규정에 따라 타인의 저작물을 이용하는 자는 그 저작물을 번역하여 이용할 수도 있다(법 제36조 제 2 항). 또한 그 이용을 하는 자는 저작물의 이용 상황에 따라 합리적이라고 인정되는 방법으로 그 출처를 명시하여야 하며, 저작자의 실명(實名) 또는 이명(異名)이 표시된 저작물의 경우에는 그 실명 또는 이명을 명시하여야 한다(법 제37조).

4. 컴퓨터프로그램저작물의 경우

저작권법 제23조는 컴퓨터프로그램저작물에 대하여는 적용되지 않는다(저작권법 제37조의2). 대신에 저작권법 제101조의3 제 1 항 제 1 호에서, 재판 또는 수사를 위하여 복제하는 경우 그 목적상 필요한 범위에서 공표된 프로그램을 복제 또는 배포할 수 있다고 규정하고 있다. 이 규정은 프로그램 이외의 일반 저작물에 대한 규정인 저작권법 제23조와 비교하여 볼 때 다음과 같은 점에서 그 적용 범위가 좁다는 점을 유의하여야 한다.

첫째, 제23조는 미공표 저작물에 대하여도 적용되지만, 제101조의3 제 1 항 제 1 호는 미공표 프로그램저작물에 대하여는 아예 그 적용이 되지 않는다.

둘째, 법문상 '재판 또는 수사'로 한정되어 있기 때문에 수사를 위한 경우를 제외하고는 입법·행정의 목적을 위한 내부자료로서 필요한 경우에도 자유이용이 허용되지 않는다. 여기서의 '수사'는 수사기관에 의하여 법에 따라 이루어지는 것이면 강제수사인지 임의수사인지 묻지 않고 적용대상이 되는 것으로 해석한다.[26]

셋째, 제101조의3 제 1 항 단서에 "프로그램의 종류·용도, 프로그램에서 복제된 부분이 차지하는 비중 및 복제의 부수 등에 비추어 프로그램의 저작재산권자의 이익을 부당하게 해치는 경우에는 그러하지 아니하다"라는 제한이 부가되어 있다. 다만, 이러한 단서 규

26) 서울대학교 기술과법센터, 저작권법주해(김기영 집필 부분), 박영사(2007), 476면; 이해완, 전게서, 393면.

정과 같은 제한은 베른협약상의 3단계 테스트 등과 관련하여 명문의 규정이 없는 다른 저작물의 경우에도 일반적으로 적용될 수 있는 내용이다.[27] 따라서 굳이 일반 저작물과 프로그램저작물 사이의 명백한 차이점이라고 볼 것은 아니고, 프로그램저작물에 관하여 특별히 주의를 환기시킨 주의적 규정이라고 봄이 상당하다.

Ⅱ. 정치적 연설 등의 이용

1. 의　　의

공개적으로 행한 정치적 연설 및 법정·국회 또는 지방의회에서 공개적으로 행한 진술은 어떠한 방법으로도 이용할 수 있다. 다만, 동일한 저작자의 것을 편집하여 이용하는 경우에는 그러하지 아니하다(저작권법 제24조).

정치적 연설 등은 국민의 알권리 충족을 위하여 널리 공중에게 전달되고 자유롭게 이용되어야 할 필요가 있다. 이에 공개적으로 행한 정치적 연설이나 법정·국회 또는 지방의회에서 공개적으로 행한 진술은 원칙적으로 자유롭게 이용할 수 있어야 한다는 취지에서 2006년 개정 저작권법이 신설한 규정이다. 베른협약 제 2 조의2 제 1 항은 재판절차에서의 진술 및 정치적 연설의 저작재산권 제한에 대해서는 동맹국의 입법적 재량에 맡기고 있다. 2006년 개정되기 전 저작권법에서는 제 7 조 제 6 호에서 공개한 법정·국회 또는 지방의회에서의 연술을 '보호받지 못하는 저작물'로 규정하고 있었다. 2006년 개정법에서는 다른 선진국의 예에 따라 제 7 조 제 6 호를 삭제하는 대신 기존 저작재산권 제한 규정에 포함되어 있지 않았던 "공개적으로 행한 정치적 연설"을 저작재산권 제한 대상에 포함시켜 독립규정화 한 것이다.

다만, 베른협약 제 2 조의2 제 3 항은 재판절차에서의 진술 및 정치적 연설 등의 저작자는 편집저작물을 작성할 권리를 갖도록 하고 있다.[28] 따라서 "동일한 저작자의 것을 편집하여 이용하는 경우에는 그러하지 아니하다"는 단서규정을 두어 베른협약과의 조화를

27) 이는 베른협약 및 WTO/TRIPs 협정의 3단계 테스트가 법의 제정은 물론이고 개별 저작재산권 제한규정의 해석에도 적용되어야 한다는 입장에 따른 것이다.

28) 베른협약 제 2 조의2는, "① 정치적 연술 및 재판절차에서의 연술을 전조에서 규정한 보호로부터 전부 또는 일부 배제하는 것은 동맹국의 입법에 맡긴다. ② 또한 강의, 강연 및 기타 공중에 전하는 성격의 저작물이 언론에 의하여 복제·방송되고 … 전달이 될 수 있는 조건은 그러한 사용이 보도의 목적에 의하여 정당화되는 경우에 동맹국의 입법에 맡겨 결정한다. ③ 다만, 저작자는 전항들에서 말한 저작물의 수집물을 만들 배타적 권리를 가진다"고 규정하고 있다.

도모하였다.

2. 요 건

'공개적'으로 행한 정치적 연설 등이어야 한다. 비밀회의에서의 연설이라든가 비공개심리에서 한 진술 등은 외부에 발표할 것을 전제로 하지 않은 상태에서 행하여진 것으로서 내밀성(內密性)을 가진다. 그러한 연술은 자유이용의 대상으로 하는 것이 부적절하기 때문에 '공개적'으로 할 것을 본 조의 요건으로 한 것이다. 따라서 비공개회의에서 행한 연설 등을 이용하는 것은 저작인격권으로서 공표권을 침해하는 것이 될 뿐만 아니라 저작재산권도 침해하는 것이 될 수 있다. 그러나 비공개회의에서 행한 연설이라고 하여도 그 연설이 동시에 중계방송 되는 것이라면 이는 공개된 연설이라고 해석하여야 하고, 특정한 청중을 대상으로 한 집회에서 행한 연설이라도 일반 보도기관의 입장이 허용된 집회였다면 공개된 연설이라고 보아야 할 것이다.[29)]

여기서 정치적 연설이라 함은 단순히 정치에 관한 연설이나 진술을 말하는 것이 아니라, 정치적 영향을 주기 위한 의도를 가지고 자신의 의견을 진술하는 것을 말한다. 즉, 연설의 '정치성'이 인정되어야 한다. 정치적 영향을 주는 연설로서는 선거연설회, 정당연설회 등에서 행하여지는 연설을 생각해 볼 수 있다. 또한 국제정치 문제에 관한 토론집회에서의 발언과 같은 것도 정치적 연설이라고 볼 수 있을 것이다. 정치에 관한 진술이라 하더라도 정치문제에 관한 해설처럼 정치적 영향을 주기 위한 주장이 포함되어 있지 않은 것은 여기서 말하는 정치적 연설 등에는 해당하지 않는다는 견해가 있다.[30)] 그러나 실제로 정치적 연설과 단순한 정치적 해설을 구별하기는 쉽지 않을 것으로 생각된다.

다음으로 법정에서 공개적으로 행한 진술이라 함은 법정에서 검사, 변호사, 원고 및 피고 등이 행한 변론, 참고인이나 감정인 등의 의견진술과 같이 공개된 법정에서 이루어진 심리에서 행하여진 것을 말한다. 이러한 진술의 경우에는 '정치성'을 요구하지 않는다. 앞의 "재판절차 등에서의 복제" 항목에서 본 바와 같이, 일본 저작권법에서는 법정에서의 진술뿐만 아니라 행정청이 하는 심판 기타 재판에 준하는 절차에서의 진술도 자유이용이 허용되는 것으로 규정하고 있다.[31)] 그러나 우리 저작권법은 그러한 규정을 두고 있지 않다. 우리 저작권법이 일본 저작권법과 같은 규정을 굳이 두지 않은 점에 비추어 본다면, 앞의

29) 加戶守行, 전게서, 276면.
30) 상게서, 276면.
31) 일본 저작권법 제40조 제 1 항.

항목에서도 언급한 바와 같이 행정청이 하는 심판 기타 재판에 준하는 절차에서의 진술은 본 조에 의한 자유이용의 대상이 아니라고 보아야 하지 않을까 생각한다. 다만, 저작재산권 제한에 관한 일반조항인 제35조의5 또는 제28조 공표된 저작물의 인용 규정에 의하여 자유이용 허용여부를 결정하는 것이 타당하다고 본다.

본 조의 적용대상이 되는 국회 또는 지방의회에서 공개적으로 행한 진술은 그 성질상 정치성을 갖는 경우가 많을 것이나, 반드시 그에 한정할 것은 아니다.

3. 효 과

이상의 요건을 갖춘 정치적 연설이나 법정 등에서의 진술은 어떠한 방법으로든지 이를 이용할 수 있다. 따라서 저작권법 제36조의 규정을 적용할 필요도 없이 연술 및 진술의 동일성유지권을 침해하지 않는 한도 내에서 번역이나 요약을 하는 따위의 일체의 행위가 허용되며, 인쇄출판, 녹음 등의 복제를 비롯하여 방송, 상영 등 무형적 이용행위 등 이용방법의 태양을 묻지 않고 이를 이용할 수 있다.[32] 다만, 이 규정에 의하여 저작물을 이용하는 자는 그 출처를 명시하여야 한다. 출처의 명시는 저작물의 이용 상황에 따라 합리적이라고 인정되는 방법으로 하여야 하며, 저작자의 실명 또는 이명이 표시된 저작물인 경우에는 그 실명 또는 이명을 명시하여야 한다(저작권법 제37조).

동일한 저작자의 것을 편집하여 이용하는 경우에는 본 조에 의한 허용대상이 아니다(제24조 단서). 따라서 A라는 특정한 정치인의 연설을 따로 모아 '정치인 A 연설집'과 같은 편집저작물을 작성하려면 그 정치인의 허락을 받아야 한다. 단서는 '동일한 저작자'의 연설이나 진술로 한정하고 있으므로, '역대 대통령 연설집'과 같이 특정한 한 사람, 즉 동일한 저작자가 아닌 다수인의 연설을 편집하여 수록하는 것이 허용될 것인지는 의문이다. 이 단서조항의 반대해석으로서 그러한 경우에는 법률상 허용된다고 보는 견해가 있다.[33] 동일인이 아닌 다수인의 연설을 편집하여 수록한 것이므로 단서규정에 해당하지 않아 허용된다고 볼 수 있을 것이다. 그러나 단서의 취지에 비추어 볼 때 한 권의 연설집에 여러 명의 연설문이 포함되어 있지만, 그 중 한 사람의 연설문만 따로 분리하여 보더라도 그 한 사람의 연설을 편집하여 이용하는 것으로 볼 수 있을 정도에 이른 경우에는 단서가 적용되어 허용되지 않는 것으로 새겨야 할 것이다.

---

32) 加戸守行, 전게서, 277면.

33) 상게서, 277면.

Ⅲ. 공공저작물의 자유이용

1. 의 의

국가 또는 지방자치단체가 업무상 작성하여 공표한 저작물이나 계약에 따라 저작재산권의 전부를 보유한 저작물은 허락 없이 이용할 수 있다(저작권법 제24조의2 제 1 항). 이 규정은 2013년 저작권법(2013. 12. 30. 법률 제12137호, 2014. 7. 1. 시행) 일부 개정에 의하여 신설된 것이다. 국가나 지방자치단체가 업무상 작성하거나 계약에 따라 저작재산권의 전부를 보유한 저작물은 공공저작물로서 공익적인 관점에서 원칙적으로 공중이 자유롭게 접근하고 자유롭게 이용할 수 있도록 하는 것이 바람직하다. 이러한 공공저작물의 자유로운 이용을 활성화하는 것은 세계적인 추세이다. 개정 전 저작권법은 제 7 조의 "보호받지 못하는 저작물" 규정에서 특정한 공공저작물을 저작권의 보호를 받지 못하는 저작물로 규정함으로써 공중의 자유로운 이용을 허용하고 있었으나, 그 대상이 법령이나 판결 등 매우 제한적이었다. 또한 제28조의 "공표된 저작물의 인용" 규정이 있지만 그 요건이 까다롭고 불명확하여 이 규정을 통하여는 국가나 지방자치단체 등이 저작권을 가진 저작물을 폭넓고 자유롭게 이용하는데 많은 제약이 따를 수밖에 없었다. 특히 국가나 지방자치단체가 공중에게 알릴 목적으로 공표하는 각종 홍보자료나 통계자료, 보고서 등은 저작권을 주장할 실익이 적다. 그 밖의 다른 공공저작물도 그 대부분이 국민의 세금이나 각종 준조세 등을 재원으로 하여 작성되는 것들이므로 자유로운 이용이 확대되어야 할 필요가 있다. 이러한 필요성과 공공저작물 이용확대의 세계적 추세에 부응하는 한편, 공공저작물을 새로운 창작의 기반으로서 일반 공중이 자유롭게 활용하도록 한다는 취지에서 본 규정을 신설하게 된 것이다.

2. 입 법 례

독일 저작권법은 법령이나 판결 등에 대하여 저작권의 보호를 받지 못하도록 규정하는 동시에, 공공의 이익을 위하여 일반 공중에게 주지시키기 위하여 공표된 공공저작물도 저작권의 보호가 미치지 않도록 하고 있다.[34)]

일본 저작권법은 제32조(인용) 제 2 항에서, "국가 또는 지방자치단체의 기관, 독립행정법인 또는 지방독립행정법인이 일반에게 주지시키는 것을 목적으로 작성하고, 그의 저작명의 하에 공표하는 홍보자료, 조사통계자료 보고서, 기타 이에 유사한 저작물은 설명의

34) 독일 저작권법 제 5 조.

재료로서 신문, 잡지 기타의 간행물에 전재할 수 있다. 다만, 이를 금지하는 취지의 표시가 있는 경우에는 그러하지 아니하다"라고 규정하고 있다. 즉, 일본 저작권법은 공공저작물을 '보호받지 못하는 저작물'이 아니라 저작재산권 제한규정을 통해 그 보호를 제한하고 있다. 그 대상이 되는 저작물은 국가, 지방자치단체 등이 일반 공중에 주지시키는 것을 목적으로 작성한 것이어야 하므로, 집필이나 편집이 국가나 지방자치단체에 의하여 이루어질 것을 요하며, 국가나 지방자치단체 명의로 공표되는 저작물이어야 한다. 그 이용의 행위는 '설명의 재료로서 간행물에 전재'하는 것이므로, 일반적인 인용 규정에서 요구하는 '주종관계'는 요건이 아니며, 일부의 전재뿐만 아니라 전부 전재도 인정되고, 이 규정에서 말하는 간행물에는 서지적 형태의 간행물은 물론이고 CD-Rom이나 DVD 등 전자매체도 포함되는 것으로 해석하고 있다. 그러나 공중송신 등 전재 이외의 방법으로 이용하는 경우에는 별도의 허락이 필요한 것으로 보고 있다. 다만, 전재를 금지하는 표시가 있는 경우에는 전재를 할 수 없도록 단서에서 규정하고 있는데, 이는 국가나 지방자치단체가 해당 저작물을 그의 재산으로 활용하려는 적극적인 의사가 있는 경우에는 그 의사를 존중하기 위한 것이라고 한다.[35)]

미국 저작권법 제105조는 "미국 정부의 어떠한 저작물도 저작권의 보호를 받지 못한다. 다만, 미국 정부가 양도, 유증 또는 그 밖의 방법에 의하여 이전된 저작권을 인수 또는 보유하는 것은 금지되지 아니한다"라고 규정하고 있어서, 정부 저작물을 저작권 보호에서 배제하는 방식을 취하고 있다. 이때 '정부 저작물'(work of the United States Government)은 그 작성 주체가 '미국 정부의 관리나 근로자'이고 그 직무의 일부로서 작성된 저작물을 말한다. 또한 정부와의 계약이나 보조금을 재원으로 하여 작성된 저작물에 대해서는 사인(私人)에의 저작권 귀속을 금지하고 있지 않으며, 정부의 위탁에 의하여 작성된 저작물의 저작권은 각 연방 기관의 재량에 따라 저작권 이전 여부를 결정할 수 있도록 하고 있다.[36)]

3. 요 건

가. 국가 또는 지방자치단체가 업무상 작성하여 공표한 저작물이거나 계약에 따라 저작재산권의 전부를 보유한 저작물일 것

국가 또는 지방자치단체가 업무상 작성하여 공표한 저작물은 저작권법 제 9 조에 따라

35) 半田正夫·松田政行, 『著作權法コンメンタール』(Ⅱ), 勁草書房(2008), 209면.
36) 이영록, "정부의 위탁 또는 연구지원 창작 저작물의 저작권 및 활용", Copyright Issue Report 제 2 호 (2010. 2. 18.), 한국저작권위원회.

국가 또는 지방자치단체가 그 저작물의 저작자로 인정되므로 국가나 지방자치단체에게 그 저작물의 저작재산권과 저작인격권이 원시적으로 귀속된다. 이러한 경위로 국가나 지방자치단체가 저작자로 인정되는 저작물로서는 각종 연감이나 백서 등을 들 수 있다.

국가나 지방자치단체가 계약에 따라 저작물에 대한 저작재산권 전부를 보유하는 경우는 국가 등이 연구용역계약을 체결하여 그 성과물에 대한 저작재산권 전부를 양수할 때에 발생한다.[37] 국가나 지방자치단체가 저작물에 대한 저작재산권 전부를 취득하여 보유하여야 하므로 저작재산권을 구성하는 일부 지분권(가령, 복제권)만을 취득한 경우는 여기에 해당하지 않는다.[38]

이 규정에 따라 공공저작물을 이용하는 경우에는 그 저작물을 번역, 편곡 또는 개작하여 이용할 수 있다(저작권법 제36조 제 1 항). 이때 이용자는 그 출처를 명시하여야 한다(제37조).

나. 1항 단서 각호에 해당하지 아니할 것

공공저작물이라 하더라도 저작권법 제24조의2 제 1 항 단서의 각호, 즉 (1) 국가안전보장에 관련되는 정보를 포함하는 경우, (2) 개인의 사생활 또는 사업상 비밀에 해당하는 경우, (3) 다른 법률에 따라 공개가 제한되는 정보를 포함하는 경우, (4) 저작권법 제112조에 따른 한국저작권위원회에 등록된 저작물로서 「국유재산법」에 따른 국유재산 또는 「공유재산 및 물품 관리법」에 따른 공유재산으로 관리되는 경우에는 제24조의2가 적용되지 않으므로 자유이용의 대상에서 제외된다.

다. 기타 공공저작물 이용활성화를 위한 경우 등

본 조가 적용되기 위해서는 그 저작물의 작성 주체가 '국가 또는 지방자치단체'여야 한다. 따라서 '공공기관의 운영에 관한 법률' 제 4 조에서 정하는 '공공기관'이 업무상 작성하여 공표한 저작물이나 계약에 따라 저작재산권의 전부를 보유한 저작물에 대해서는 본 조가 적용되지 않는다. 공공기관까지 포함할 경우 이용가능한 저작물의 수가 늘어나게 되

37) 그러나 과학기술기본법 제11조의 관련 시행령인 '국가연구개발사업의 관리 등에 관한 규정' 제20조(연구개발 결과물의 소유) 제 2 항은 "국가연구개발사업의 수행 과정에서 얻어지는 지식재산권, 연구보고서의 판권 등 무형적 결과물은 협약으로 정하는 바에 따라 주관연구기관(세부과제의 경우에는 협동연구기관을 말한다)의 소유로 한다"고 규정되어 있다. 따라서 연구 성과물에 대해 국가재원이나 공공기금이 지원되었다고 하더라도 그 성과물에 대한 저작재산권은 국가나 지방자치단체가 아니라 협약으로 정하는 바에 따라 개별 연구기관에게 귀속된다고 규정하고 있다는 점에 유의할 필요가 있다. 박성호, 저작권법, 박영사(2014), 516면.

38) 박성호, 전게서, 516면.

지만, 공공기관의 개념 자체가 명확하지 않을 뿐만 아니라, 위탁 등 창작형식이 다양하고 복잡하여 이용에 있어서 불명확성이 높아진다는 점을 고려한 것이다. 그러나 공공기관의 저작물이라고 하더라도 공중의 자유이용의 필요성이 높다는 점에서는 국가나 지방자치단체의 공공저작물과 다를 바 없으므로, 본 조 제 2 항은 "국가는 「공공기관의 운영에 관한 법률」 제 4 조에 따른 공공기관이 업무상 작성하여 공표한 저작물이나 계약에 따라 저작재산권의 전부를 보유한 저작물의 이용을 활성화하기 위하여 대통령령으로 정하는 바에 따라 공공저작물 이용활성화 시책을 수립·시행할 수 있다"고 규정하고 있다.

제1항과 제2항을 비교하면, 저작권법 제24조의2 제 1 항에 따르면 국가 또는 지자체가 저작재산권을 모두 보유하는 저작물은 '허락 없이 이용할 수 있는' 저작물로서, 저작재산권자의 권리행사가 제한된다. 그러므로 제24조의2 제 1 항에 따른 자유이용은 저작권자의 허락 없이 어떤 방법으로든 이용할 수 있음을 의미하며, 법 제36조 제 1 항에 따라 번역·편곡 또는 개작도 가능하다. 이용계약이나 이용료 등도 적용되지 않는다. 이에 비하여 제24조의2 제 2 항에 의하면 「공공기관의 운영에 관한 법률」에서 정한 공공기관이 저작재산권을 모두 보유하는 저작물은 정부의 '공공저작물 이용활성화 시책'의 대상이 되는데, 이 경우에는 법률에 의해 저작재산권이 제한되는 것이 아니라 저작물에 대한 저작재산권을 보유하는 기관의 결정을 매개로 하여 자유이용이 가능해지므로, 여기서의 자유이용은 제 1 항과 같은 무제한적 자유이용이 아니라, 저작권자의 의사에 따라 변경금지, 비영리 등의 제한을 받을 수 있다.[39)]

아울러 위의 제24조의2 제 1 항 제 4 호에 따라 자유이용이 제한되는 공공저작물에 대하여도 같은 조 제 3 항에서 "국가 또는 지방자치단체는 제 1 항 제 4 호의 공공저작물 중 자유로운 이용을 위하여 필요하다고 인정하는 경우 「국유재산법」 또는 「공유재산 및 물품 관리법」에도 불구하고 대통령령으로 정하는 바에 따라 사용하게 할 수 있다"고 규정하고 있다. 이로써 한국저작권위원회에 등록된 저작물로서 공유재산으로 관리되는 저작물의 경우에도 저작권법 시행령으로 자유이용이 가능하도록 하는 규정을 마련할 수 있다. 이에 따라 저작권법 시행령 제1조의3 제 2 항은 국유재산 또는 공유재산으로 관리되는 공공저작물이라 하더라도 문화체육관광부장관이 정한 기준에 따른 표시(공공누리 유형 표시)를 하여 국민이 개별적으로 이용허락을 받을 필요 없이 자유롭게 이용하도록 할 수 있다고 규정하고 있다.

이용행위의 범위와 관련하여서는 일본의 경우와 같이 '전재' 등의 경우에만 자유이용

39) 유지혜, "공공기관이 보유하는 저작물의 자유이용에 관한 연구", 계간 저작권, 한국저작권위원회, 2023 봄호, 제36권 제1호(통권 제141호), 207면.

이 가능하고 '공중송신' 등의 경우에는 자유이용에서 제외하는 입법례도 있다. 그러나 공공저작물의 폭넓은 이용을 가능하게 하고자 한다는 취지에서 본 조에서는 이용행위의 범위를 전재나 복제 등으로 제한하고 있지 않고 모든 이용이 가능하도록 하고 있으며, 제36조 제 1 항에 의하여 번역, 편곡 또는 개작을 통한 이용까지 가능하다.

위의 입법례에서 본 바와 같이 독일이나 일본의 경우에는 자유이용이 가능한 공공저작물의 성격을 '홍보자료' 등에 한정하고 있고, 미국의 경우에는 업무상저작물에 한정하고 있다. 그러나 본 조의 적용대상을 홍보자료 또는 업무상저작물 등으로 한정할 경우 창작기반으로서 공공저작물을 활용하도록 한다는 입법 목적에 부합하지 않는다는 점을 고려하여 우리 저작권법은 본 조의 적용대상에 대하여 그러한 제한을 두지 않았다. 다만, 국가나 지방자치단체가 양수 계약 등을 통하여 저작재산권의 전부를 보유한 저작물인 경우에는, 저작인격권과 저작재산권의 보유주체가 분리되어 별도의 저작인격권자가 존재할 수 있고, 본 조의 규정은 저작인격권에 영향을 미치는 것은 아니므로, 그러한 저작물을 이용함에 있어서는 저작인격권자로부터 별도의 허락이 필요한 경우가 있을 수 있다.[40)]

Ⅳ. 학교교육목적 등에의 이용

1. 개 설

가. 의 의

학교나 기타 교육기관의 교육과정에서는 필연적으로 많은 기존의 저작물들이 교재나 기타 자료로 사용될 수밖에 없다. 저작권법은 교육의 공공성을 고려하여 학교나 기타 교육기관의 교육과정에서 사용되는 저작물의 저작재산권을 교육목적상 필요한 경우에 제한하

40) 한편, 「공공데이터법의 제공 및 이용 활성화에 관한 법률」은 공공기관이 보유 · 관리하는 공공데이터에 제3자의 저작권 등 법령에 의해 보호받는 권리가 포함되지 않는 한 그것을 국민에게 제공할 의무가 있고(동법 제17조 제1항), 다른 법률에 특별한 규정이 있거나 공공데이터의 이용이 제3자의 권리를 현저하게 침해하는 등의 사정이 없는 한 공공데이터의 영리적 이용인 경우에도 이를 금지 또는 제한하지 못하도록 규정하고 있다(동법 제3조 제4항). 이를 고려하면 공공데이터의 요건을 만족하는 공공저작물이 공공데이터법상 절차를 통해 제공될 경우, 다른 법률의 특별한 규정이나 제3자의 권리 침해 등의 사유가 없는 한 영리적 이용이라도 제한되거나 금지되지 않고 자유롭게 이용할 수 있게 되는데, 이는 공공데이터 보유기관의 저작권 행사가 제한될 수 있음을 의미하며, 국가 및 지방자치단체와 공공기관의 공공저작물에 대한 권리제한여부를 구분하여 규정하는 저작권법 제24조의2와 배치된다는 견해가 있다(유지혜, 전게 논문, 208, 209면).

고 있는데, 공표된 저작물을 교과용 도서에 게재하는 경우(제25조 제 1 항)와 공표된 저작물을 학교 또는 교육기관에서 복제·배포·공연·전시 또는 공중송신하는 경우(제25조 제 3 항)가 이에 해당한다.[41] 2006년 개정 전 법에서는 교육기관만이 저작재산권이 제한되는 대상으로 되어 있어서 교육을 받는 자는 이에 해당되지 않는 것으로 볼 수밖에 없었다. 그러나 인터넷을 이용한 원격 교육이 널리 보급되면서 쌍방향 교육이 활성화되었고, 그에 따라 교육을 받는 자도 본 조의 적용을 받는 것으로 할 필요가 있다는 주장이 강해졌다. 이에 2006년 개정법에서는 교육을 받는 자 역시 수업목적상 필요하다고 인정되는 경우에는 공표된 저작물을 복제하거나 전송할 수 있는 것으로 하였다(법 제25조 제 5 항).

종전 저작권법에서는 교육기관에서의 공연 또는 방송·복제와 관련된 저작재산권 제한 규정은 저작인접권에도 준용이 되나, 교과용 도서에의 게재규정은 저작인접권에는 준용되지 않는 것으로 되어 있었다(종전 저작권법 제71조). 그러나 2006년 개정 저작권법에서는 저작권법 제25조 제 1 항 내지 제 3 항의 규정이 모두 저작인접권에도 준용됨으로써 이들 경우에도 저작인접권이 제한되는 것으로 범위가 넓어졌다(제87조).[42]

나. 입법 취지와 주된 내용

이상에서 본 바와 같이 2006년도 개정 저작권법은 학교교육목적 등에의 이용을 위한 저작재산권 제한규정을 대폭 손질하였다. 그 주된 취지와 내용을 요약하면 다음과 같다.

첫째, 원격교육의 근거를 마련하였다는 점이다. 원격교육은 교수자와 학습자가 같은 장소에 있지 않고 떨어져 있으면서 정보 전달 매체를 통하여 교수·학습이 일어나는 교육형태로서 디지털 시대에는 꼭 필요한 교육방법이다. 원격교육과 관련해서는 저작권의 처리문제가 중요한 쟁점으로 등장하고 있어 많은 검토가 필요하지만, 2006년 개정에서는 일단 원격교육이 행해질 수 있는 근거를 마련하였다는 점에 큰 의미가 있다. 원격교육을 위하여 타인의 저작물을 이용하는 경우에는 문화체육관광부장관이 정하여 고시하는 기준에 의한 보상금을 저작재산권자에게 지급하도록 하였으나, 고등학교 이하는 보상금을 면제하는 것으로 하였다.

둘째, 저작권법 제25조 제 3 항 및 제 5 항에 의하여 저작재산권이 제한되는 경우를 '수

41) 종전 저작권법에서는 저작물의 일부분을 "복제·배포·공연·방송 또는 전송"할 수 있도록 규정하고 있었으나, 오늘날 교육현장의 수업방식이 다양화되고 있는 현실을 고려하여 현행 저작권법(법률 제12137호, 2013. 12. 30. 일부 개정, 2014. 7. 1 시행)에서 저작권자의 이용허락 없이 저작물을 이용할 수 있는 학교교육목적의 저작물 이용형태에 '전시'를 추가하고 '방송 또는 전송'을 상위개념인 '공중송신'으로 변경하였다.

42) 일본 저작권법에서는 교과용 도서에의 게재(제33조) 및 학교 교육프로그램의 방송 등(제34조)의 규정은 저작인접권에는 준용되지 않는 것으로 되어 있다(제102조).

업'목적상 필요하다고 인정되는 경우로 한정하였다. 종전 법에서는 '교육'목적상 필요하다고 인정되는 경우라고 되어 있었는데, 이때의 교육목적이라 하는 것도 일반적으로 수업목적으로 해석되고 있었다. 현행법에서는 원격교육의 도입으로 인하여 저작권자의 재산적 이익이 불가피하게 제한되고 더욱이 교육을 받는 자의 전송행위도 가능하게 되었으므로, 원격교육을 그 목적상 꼭 필요한 범위로 한정할 필요가 있었다. 이에 기존의 '교육'목적을 '수업'목적으로 변경하여 명확히 함으로써 해석상 불명료한 점을 제거하였다.

셋째, 교육을 받는 자의 복제 및 전송을 허용하였다. 교육은 피동적으로 교사가 제공하는 자료를 받는 것만으로는 목적한 성과를 거둘 수 없고, 수업을 받는 학생들도 자료를 작성하여 제출하는 등 쌍방향적인 성격을 가지는 것이 이상적이다. 원격교육을 통해 다양한 자료들이 수업과정에서 이용될 수 있는 환경은 쌍방향적 교육이 이루어질 수 있는 좋은 여건이므로, 교육을 받는 학생도 수업과 관계된 리포트 등을 교사 등에게 제출하는 길을 열어 놓는 것이 교육의 질을 높일 수 있는 방안이 된다. 이러한 점을 고려하여 개정법에서는 교육을 받는 자의 복제 및 전송행위에 대하여도 저작재산권이 제한되는 것으로 하였다.

넷째, 교과용도서 보상금 지급과 관련한 절차적 용이성을 확보하였다. 교과용도서 보상금의 경우 권리자 소재 파악의 어려움 등으로 인해 분배되지 않는 보상금이 대다수를 차지하고 있는데, 이를 공탁하는 절차가 번잡하여 많은 어려움이 초래되고 있었다. 이에 보상금 지급시스템을 종전 저작권법 제65조 방송사업자의 실연자에 대한 보상과 같이 지정단체 방식으로 변경하여 어려움을 해소하고자 하였다.

다섯째, 지정단체(보상금수령단체)가 수령한 보상금을 공익적 목적으로 사용할 수 있는 근거를 마련하였다. 또한 지정단체의 지정과 취소 요건 및 기준을 법률에 명시하여 행정청의 재량의 여지를 축소하고, 불이익 처분에 대한 국민의 예측가능성을 제고하였다. 보상금은 권리자가 나타나지 않아 미분배 보상금으로 공탁되는 경우, 일정한 기간이 경과하면 계속적인 보관보다는 공익적인 목적으로 사용하는 것이 더 큰 효과를 가질 수 있다는 점을 고려하여, 제 5 항의 규정에 따른 단체는 보상금 분배 공고를 한 날부터 5년이 지난 미분배 보상금에 대하여는 문화체육관광부장관의 승인을 얻어 공익목적을 위하여 사용할 수 있도록 하였다.[43)]

43) 이상 2005 저작권법 개정안 설명자료, 문화관광부, 39-40면.

2. 허용되는 유형

가. 교과용 도서에의 게재 등

(1) 학 교

고등학교 및 이에 준하는 학교 이하의 학교의 교육목적상 필요한 교과용 도서에는 공표된 저작물을 게재할 수 있다(저작권법 제25조 제 1 항).

고등학교 및 이에 준하는 학교 이하의 학교에는, 초등학교 및 이에 준하는 공민학교, 중학교 및 이에 준하는 고등공민학교, 고등학교와 이에 준하는 고등기술학교, 특수학교(맹인학교, 농아학교 등 신체적·정신적·지적 장애인을 위한 학교), 각종학교 등이 포함되는데, 이들 학교의 종류와 내용에 관하여는 초·중등교육법(법률 제5438호)이 규정하고 있다. 따라서 고등교육법에 의한 대학이나 전문대학, 원격대학(방송통신대학 및 사이버대학 등), 기술대학 등은 여기에 포함되지 않는다.

종전 초·중등교육법에서는 유치원도 초등교육을 실시하는 학교에 속하는 것으로 규정되어 있었으나, 2004. 1. 29. 법률 개정으로 유치원에 관한 규정은 삭제되고, 유치원에 관하여는 따로 유아교육법(2004. 1. 29. 법률 제7120호)에서 규정하게 되었다. 이러한 법 개정과 교과용도서에관한규정(대통령령 제17634호)의 규정 취지에 비추어 보면,[44] 유치원에서 사용하는 교재는 교과용 도서에 해당하지 않고, 따라서 저작권법 제25조 규정의 적용이 없다고 보아야 한다는 해석도 가능하다. 그러나 교육기본법(법률 제8915호) 제 9 조 제 1 항에 의하면 "유아교육·초등교육·중등교육 및 고등교육을 하기 위하여 학교를 둔다"고 되어 있어 유아교육을 위해서도 학교가 존재할 수 있는 것이고, 유아교육법 제 2 조 제 2 호에서는 '유치원'이란 "유아의 교육을 위하여 이 법에 따라 설립·운영되는 학교를 말한다"고 규정하고 있다. 따라서 저작권법 제25조 제 1 항에서 고등학교 및 이에 준하는 학교 이하의 학교에는 유아교육을 위한 학교, 즉 유치원도 포함되는 것으로 해석하는 것이 타당할 것이다.[45] 그렇다면 저작권법 제25조 제 1 항의 교과용 도서에는 유치원 교육과정 운영을 위한 교과서 및 지도서도 포함되는 것으로 해석할 수 있을 것이다.

---

44) 교과용도서에관한규정 제 1 조는, "이 영은 초·중등교육법 제29조 제 2 항의 규정에 의하여 각 학교의 교과용도서의 범위·저작·검정·인정·발행·공급·선정 및 가격사정에 관하여 필요한 사항을 규정함을 목적으로 한다"라고 규정하고 있다.

45) 유아교육법 제 2 조 제 2 호에서는 '유치원'이란 "유아의 교육을 위하여 이 법에 따라 설립·운영되는 학교를 말한다"고 정의하고 있고, 같은 법 제13조 제 3 항에서는 "교육부장관은 유치원의 교육과정 운영을 위한 프로그램 및 교재를 개발하여 보급할 수 있다"고 규정하고 있다.

(2) 교과용 도서

이상과 같은 초·중등교육법에서 정하는 학교에서는 국가가 저작권을 가지고 있거나 교육부장관이 검정 또는 인정한 교과용 도서를 사용하여야 하는데(위 같은 법 제29조), 교과용 도서에는 교과서와 지도서가 포함된다(교과용도서에관한규정 제 2 조 제 1 호). 그 중 '교과서'라 함은 학교에서 학생들의 교육을 위하여 사용되는 학생용의 서책·음반·영상 및 전자저작물 등을 말하며, '지도서'라 함은 학교에서 학생들의 교육을 위하여 사용되는 교사용의 서책·음반·영상 및 전자저작물 등을 말한다. 따라서 시중에서 판매되고 있는 학습참고서는 교과용 도서가 아니다.[46] 교과용 도서에는 교육부가 저작권을 가진 '국정도서', 교육부장관의 검정을 받은 '검정도서', 국정도서·검정도서가 없는 경우 또는 이를 사용하기 곤란하거나 보충할 필요가 있는 경우에 사용하기 위하여 교육부장관의 인정을 받은 '인정도서'가 있다(위 같은 규정 제 2 조 제 4, 5, 6 호).

(3) 게 재

교과용 도서에 자유롭게 게재할 수 있는 저작물은 문학·음악·미술저작물 등 그 종류를 가리지 않지만, 공표된 저작물에 한한다.

여기에서 '게재'한다는 것에는 복제 및 배포가 포함된다. 원격교육을 위한 전송도 '게재'에 포함되는지 의문이 있었지만, 학교의 수업목적을 위하여 '전자저작물'인 교과용 도서를 전송하는 것이 가능하다고 해석되었다.[47] 현행 저작권법은 제 2 항을 신설하여 이 문제를 해결하였다.

이 규정은 학교교육의 공공성을 고려하여 교과용 도서에 게재할 저작물의 저작재산권을 제한하는 취지이지, 교과용 도서 자체의 저작권을 제한하는 것은 아니다. 따라서 교과용 도서의 내용을 저작권자의 허락 없이 학습용 참고서 등에 이용하는 것은 저작권침해가

46) 앞서 '제 3 장 저작자' 중 결합저작물 부분에서 본 이른바 '표준전과' 사건(서울민사지방법원 1992. 6. 5. 선고 91가합39509 판결)이 이러한 취지를 판시하고 있다. 즉, 원고가 제작한 초등학교 국어 교과서의 삽화를 표준전과라는 학습용 참고서에 무단게재한 사건에서, 피고가 위 표준전과는 교과용 도서에 속하므로 보상금지급의무가 없다고 항변한 데 대하여 법원은, "교과용 도서라 함은 교과서, 지도서, 인정도서를 말하고, 교과서는 학교에서 교육을 위하여 사용되는 학생용의 주된 교재로서 교육부가 저작권을 가진 도서와 교육부장관의 검정을 받은 도서로 구분되고, 지도서는 학교에서 교육을 위하여 사용되는 교사용의 주된 교재를 말하며, 교육부가 저작권을 가진 도서와 교육부장관의 검정을 받은 도서로 구분되고, 인정도서라 함은 교과서 또는 지도서에 갈음하거나 이를 보충하기 위하여 교육부장관의 승인을 얻은 도서를 말하는데, 이 사건 표준전과가 교육부가 저작권을 가지거나 교육부장관의 검정 또는 승인을 받은 도서라고 인정할 만한 증거가 없고, 참고서는 교과용 도서에 해당되지 아니 한다"라고 판시하였다.

47) 임원선, 실무자를 위한 저작권법, 한국저작권위원회(2009), 212면; 이해완, 전게서, 398면.

될 수 있다. 교과용 도서를 기본교재로 하여 그 내용을 가지고 인터넷 강의를 제공하는 것이 공표된 저작물의 인용으로서의 범위를 초과한 경우에는 저작재산권 중 복제권 및 공중송신권(전송권)을 침해한 것으로 인정한 판례도 있다.[48]

(4) 교과용 도서에 게재한 저작물의 복제 · 배포 · 공중송신

교과용도서를 발행한 자는 교과용 도서를 본래의 목적으로 이용하기 위하여 필요한 한도 내에서 제1항에 따라 교과용 도서에 게재한 저작물을 복제·배포·공중송신할 수 있다(제25조 제2항). 2020. 2. 4. 개정 저작권법에 새로 신설된 규정이다. 온라인 등을 통한 다양한 교육 콘텐츠 제공이 가능하도록 교과용 도서에 게재된 공표된 저작물을 복제·배포·공중송신할 수 있도록 근거규정을 둔 것이다.

나. 학교 또는 교육기관 등에서의 복제·배포·공연·전시 또는 공중송신

(1) 법률 규정

저작권법 제25조 제 3 항은, "다음 각 호의 어느 하나에 해당하는 학교 또는 교육기관이 수업 목적으로 이용하는 경우에는 공표된 저작물의 일부분을 복제·배포·공연·전시 또는 공중송신(이하 이 조에서 '복제 등'이라 한다)할 수 있다. 다만, 공표된 저작물의 성질이나 그 이용의 목적 및 형태 등에 비추어 해당 저작물의 전부를 복제 등을 하는 것이 부득이한 경우에는 전부 복제 등을 할 수 있다."고 규정하면서, 그 각 호로서, "1. 특별법에 따라 설립된 학교, 2. 「유아교육법」, 「초·중등교육법」 또는 「고등교육법」에 따른 학교, 3. 국가나 지방자치단체가 운영하는 교육기관"을 열거하고 있다. 또한 같은 조 제 4 항은, "국가나 지방자치단체에 소속되어 제 3 항 각 호의 학교 또는 교육기관의 수업을 지원하는 기관(이하 "수업지원기관"이라 한다)은 수업 지원을 위하여 필요한 경우에는 공표된 저작물의 일부분을 복제 등을 할 수 있다. 다만, 공표된 저작물의 성질이나 그 이용의 목적 및 형태 등에 비추어 해당 저작물의 전부를 복제 등을 하는 것이 부득이한 경우에는 전부 복제 등을 할 수 있다."고 규정하고 있다.

48) 서울중앙지방법원 2005. 11. 9. 선고 2004노732 판결(상고취하로 확정). "문제되고 있는 저작물이 교과용 도서라는 사유는 저작권법 제 6 절에 규정된 저작재산권의 제한규정, 특히 제25조(현행 저작권법 제28조, 공표된 저작물의 인용 규정)에 해당하는지 여부를 판단하는 하나의 참작사유에 불과할 뿐, 그것이 교과용 도서라는 이유만으로 저작권의 범위가 제한되거나 그 저작권에 내재적 한계가 있다고는 볼 수 없다"고 판시하였다(서울대학교 기술과법센터, 전게서, 하상익 집필 부분, 487면).

(2) 이용 주체

(가) 학교, 교육기관

제25조 제3항과 제4항은 종전 저작권법 제2항에 함께 있던 내용을 2020. 2. 4. 개정법에서 두 개의 조문으로 분리하여, 규정의 내용을 의문의 여지가 없도록 명확히 한 것이다.

여기서 말하는 특별법에 의하여 설립된 교육기관에는 평생교육법(법률 제10915호)에 의하여 설치·운영되고 있는 각종의 평생교육기관,[49] 직업교육훈련촉진법(법률 제10776호)에 의하여 설치된 직업교육훈련기관, 산업교육진흥및산학협력촉진에관한법률(법률 제10907호)에 의한 산업교육기관, 장애인등에대한특수교육법(법률 제10876호)에 의한 특수교육기관, 유아교육법(법률 제10854호)에 의한 유치원 등이 있다. 또한 초·중등교육법에 의한 학교로서는 앞에서 본 바와 같이 초등학교, 공민학교, 중학교, 고등공민학교, 고등학교, 고등기술학교, 특수학교, 각종학교(이상 초·중등교육법 제 2 조) 등이 있으며, 고등교육법에 의한 학교로서는 대학, 산업대학, 교육대학, 전문대학, 방송대학·통신대학·방송통신대학, 사이버대학(원격대학), 기술대학, 각종학교(이상 고등교육법 제 2 조) 등이 있다.

또한 법에 특별한 근거가 없더라도 국가나 지방자치단체가 운영하는 교육기관이면 이 조항의 적용을 받는 교육기관에 포함되는 것으로 규정하고 있다. 그러한 교육기관으로서는 공무원의 각종 교육·연수·훈련 등을 위한 교육기관(중앙 및 지방공무원연수원, 각 시도 교육연수원 등)을 비롯하여, 국가나 지방자치단체가 특수한 목적을 위하여 운영하는 교육기관도 포함되는 것으로 해석된다.[50]

그러나 학원의설립·운영및과외교습에관한법률(구 사설강습소에관한법률)의 적용대상이 되는 학교교과 교습학원, 즉 학원이나 교습소는 영리를 목적으로 하여 설립된 시설이므로 본 조에서 정하는 교육기관에 해당하지 않는 것으로 보아야 한다.[51] 또한 궁극적으로는 사업체의 이익에 연결되는 회사 등이 개설한 직원연수시설과 같은 것도 이에 해당하지 않는다.[52] 일본에서는 이 부분과 관련하여, 임의단체 또는 동아리 형태의 학습회나 관공서의 특정 부서 등이 주최하는 설명회·연수회 등은 기관으로서의 독립성 및 영속성을 가지지

---

49) 평생교육법 제 2 조 제 2 호에 의하면, '평생교육기관'이란, "가. 평생교육법에 따라 인가·등록·신고된 시설·법인 또는 단체, 나. 학원의 설립·운영 및 과외교습에 관한 법률에 따른 학원 중 학교교과교습학원을 제외한 평생직업교육을 실시하는 학원, 다. 그 밖에 다른 법령에 따라 평생교육을 주된 목적으로 하는 시설·법인 또는 단체"를 말한다.

50) 허희성, 신저작권법 축조개설(상), 명문프리컴(2007), 194면; 이해완, 저작권법, 제2판, 박영사(2012), 399면.

51) 일본 저작권법 제35조(학교 기타 교육기관에서의 복제)에서는 "학교 기타의 교육기관(영리를 목적으로 설치되어 있는 것은 제외한다) … "라고 하여 영리를 목적으로 설치된 교육기관은 본 조의 적용대상에서 제외된다는 취지를 명문으로 밝히고 있다.

52) 加戶守行, 전게서, 253면.

않는 것이므로 본 조의 대상에서 제외되고, 기업의 연수시설·사숙은 영리성을 가진다는 관점에서 역시 본 조에 해당하지 않는다고 해석하고 있다.[53]

(나) 교육지원기관

한편 종전 저작권법 제25조 제 2 항에서는 학교, 국가나 지방자치단체가 운영하는 교육기관 외에 이들 교육기관의 수업을 지원하기 위하여 국가나 지방자치단체에 소속된 교육지원기관도 본 조의 적용을 받을 수 있다고 규정하고 있었다. 그런데 이 조항에서 규정하고 있는 '이들 교육기관'에 그 앞에서 언급된 '학교'가 포함되느냐 여부가 문맥상 명확하지 않아 논란의 소지가 있었다. 만약 이 규정에서 '이들 교육기관'에 '학교'가 포함되는 것으로 보면 국가나 지방자치단체에 소속된 교수학습지원센터가 학교에서의 수업을 지원하기 위해 학교 수업에 필요한 자료들을 제작하거나 보급하는 행위들도 이 규정의 적용을 받을 수 있게 된다. 그러나 '이들 교육기관'에 '학교'는 포함되지 않고, 바로 그 문구 앞에 언급된 '국가나 지방자치단체가 운영하는 교육기관'만을 의미하는 것이라고 한다면, 교수학습지원센터가 학교에서의 수업을 지원하기 위하여 학습자료나 보조자료를 제작하여 배포하거나 공연, 방송 또는 전송 등의 이용행위는 이 규정의 혜택을 받지 못하게 된다.

문화체육관광부는 앞의 견해, 즉 '이들 교육기관'에 '학교'가 포함되는 것으로 해석하고 있었다.[54] 즉, 제 2 항에서 말하는 '이들 교육기관'에는 국가나 지방자치단체가 운영하는 '교육기관'은 물론이고 특별법에 따라 설립되었거나 유아교육법, 초·중등교육법 또는 고등교육법에 따른 각급 '학교'도 포함된다는 것이다. 그러한 해석에 의하면, 여기의 '교육지원기관'에 해당하기 위해서는 우선 각급 학교 또는 국가나 지방자치단체가 운영하는 교육기관의 '수업 지원'을 목적으로 하여야 하고, 또한 해당 교육지원기관 구성원의 신분은 국가공무원법 또는 지방공무원법상의 공무원에 해당하여야 한다. 예를 들면, 학교나 중앙공무원교육원 등 교육기관의 '수업을 지원'하기 위한 '학습지원센터' 등이 이에 해당할 것이며, 따라서 공무원 신분이 아닌 한국교육개발원이나 한국교육학술정보원, 그리고 한국교육과정평가원 등은 이에 해당하지 않는다고 해석된다.[55][56]

53) 田口重憲, 學校教育目的での著作物利用と權利制限, 著作權法の權利制限規定をめぐる諸問題, 權利制限委員會, 社團法人 著作權情報センター, 2004. 3, 77면.

54) 박성호, 전게서, 519면도 같은 해석론을 취하고 있다.

55) 한국저작권위원회, 개정 저작권법 해설, 2009, 29면.

56) 한편, 한국교육방송공사(EBS)의 경우는 특별법인 한국교육방송공사법(법률 제9280호)에 따라 설립되었고, 동 법 제 1 조(목적)는 "이 법은 한국교육방송공사를 설립하여 교육방송을 효율적으로 실시함으로써 학교교육을 보완하고 국민의 평생교육과 민주적 교육발전에 이바지함을 목적으로 한다"고 규정하고 있지만, EBS를 국가나 지방자치단체에 소속된 기관이라고 보기 어려우며 그 구성원이 국가공무원법 또는 지방공무원법상의 공무원에 해당하지 않으므로, 결국 EBS는 어느 견해에 의하더라도 저작권법 제25조 제 2 항에서 정하고 있는 '교육지원기관'에는 해당하지 않는 것으로 생각된다.

이와 같이 '이들 교육기관'에 '학교'가 포함되는 것으로 해석하는 문화체육관광부의 해석은 교수학습지원센터가 학교에서의 수업에 필요한 자료를 제작하고 보급하는데 있어서 주도적인 역할을 하고 있는 현실을 고려한 것이라고 한다. 그러나 이러한 해석에 대하여는 저작재산권의 제한을 지나치게 확대할 수 있음을 우려하는 견해가 있었다. 이 견해에 의하면, 교사가 직접 수업을 진행하는 상황과 달리 교육지원기관에서 수업을 지원하는 경우에는 저작물을 미리 계획된 바에 따라 대규모로 이용하는 경우가 대부분이므로, 저작권을 제한할 필요는 크지 않은 반면에 그에 따른 저작권자의 피해는 더욱 클 것이라고 한다. 아울러 베른협약도 저작물을 "교수목적을 위하여(for teaching) 예시의 방법으로(by way of illustration)" 이용하는 것에 대해 제한을 허용하고 있는 점에 비추어 그러한 확대 해석에는 신중하여야 할 필요가 있음을 지적하고 있다.[57]

이러한 해석상의 이견을 해소하기 위하여 2020. 2. 4. 개정법은 종전 저작권법 제25조 제2항 중에서 교육지원기관 관련 내용을 제4항으로 신설하여 분리독립 시키면서, 그 조문을 "국가나 지방자치단체에 소속되어 제3항 각 호의 학교 또는 교육기관의 수업을 지원하는 기관"이라고 규정한 것이다. 따라서 '학교'의 수업을 지원하는 기관은 당연히 제4항에 포함되며, 해당 교육지원기관 구성원의 신분은 국가공무원법 또는 지방공무원법상의 공무원에 해당하여야 한다.

(다) 교 원

저작물을 복제·배포·공연·전시 또는 공중송신할 수 있는 자는 위에서 본 바와 같은 교육기관은 물론이고 그 교육기관에서 직접 교육업무를 담당하고 있는 교원도 본 조에 의하여 타인의 저작물을 복제·배포·공연·전시 또는 공중송신할 수 있다. 이 규정에 따라 교사는 수업시간에 학생들에게 나누어 줄 수업용 자료로서 타인의 저작물을 복제한 유인물을 제작할 수 있다. 본 항에 의한 이용행위의 주체가 교육기관으로 되어 있지만 실제로는 교사나 교수가 스스로 또는 조교나 직원 등의 보조를 받아서 이용행위를 하는 경우가 대부분일 것이다. 교원이 복제의 주체인 한 실제의 복제행위를 학생에게 시키더라도 무방하다. 그러나 교육을 담당하지 않는 교육위원회 등이 복제물을 제작하여 관내 학교에 배포하는 것은 허용되지 않는다고 본다.[58]

(3) 이용 방법 및 대상

본 항에 의하여 허용되는 이용의 방법은 복제·배포·공연·전시 또는 공중송신이다.

57) 임원선, 실무자를 위한 저작권법, 개정판, 한국저작권위원회, 2009, 214면.
58) 이형하, 전게논문, 343면; 加戶守行, 전게서, 254면.

2000년 저작권법 개정 이전에는 '방송'과 '복제'만 허용하였다가 2000년 개정으로 '공연'이 추가되고, 2006년 개정에서 '전송'이 추가되었으며, 2009년 4월 22일 개정에 의하여 '배포'가 추가되었고, 2020년 2월 4일 개정법에서 복제·배포·공연·전시 또는 공중송신('복제 등')으로 확대되었다.

복제 등의 목적이 수업 목적으로 이용하거나 수업 지원에 필요한 경우라야 한다. 따라서 교원이 자신이 담임하고 있는 반의 학생에게 배포하기 위한 것이라면 관계없지만, 전교생을 위한 인쇄물을 작성하는 것은 허용되지 않는다고 보는 것이 일본에서의 해석론이다. 마찬가지로 전교생을 대상으로 하는 방송을 하기 위하여 교육방송 프로그램을 비디오테이프에 녹화하는 것도 그 교원이 전교생에 대한 시청각교육을 담당하고 있다는 등의 특별한 사정이 없는 한 허용되지 않는다고 한다.[59)][60)]

본 조에 의하여 자유롭게 복제·배포·공연·전시 또는 공중송신할 수 있는 저작물은 문학·음악·미술저작물 등 종류를 가리지 않지만 공표된 저작물의 일부분에 한한다. 2006년 개정되기 전 저작권법에서는 "공표된 저작물을 … "이라고 되어 있었는데, 현행 저작권법에서는 "공표된 저작물의 일부분을 … "이라고 하여 저작재산권자의 피해를 최소화하고자 하였다. 다만, 짧은 시조나 사진, 회화 등과 같이 저작물의 성질이나 그 이용의 목적 및 형태 등에 비추어 저작물의 전부를 이용하는 것이 부득이한 경우에는 전부를 이용할 수 있도록 하였다(제25조 제3, 4항 각 단서).

(4) 이용의 목적

종전 저작권법에서는 특별히 목적을 제한하지 않았었는데, 현행법에서는 교육기관이 하는 복제·배포·공연·전시·공중송신이라 하더라도 "수업목적으로 이용하는 경우"와 "수업지원을 위하여 필요한 경우"에만 저작재산권이 제한되는 것으로 명확히 하였다. 그러나 여기서 말하는 '수업목적'이 어느 범위까지를 의미하는 것인지는 여전히 불명확하다. '수업목적'을 좁게 해석하면 교육과정을 실시하는 수업에 직접적으로 사용할 것을 목적으로 하는 경우로 한정될 것이고, 넓게 해석하면 널리 수업을 위하여 필요한 준비과정에서의 이용행위까지를 포함하게 된다.

개정된 저작권법에서는 종전에 허용되던 복제·배포·공연·전시는 물론이고 전파력이

59) 加戶守行, 전게서, 254면.

60) 일본 저작권법에서는 "수업과정에서 사용할 것을 목적으로"라고 규정하고 있다. 이때 일정한 계획에 따라 교육을 실시하는 것이 '수업과정'에 해당하는 것이며, 초·중등교육을 예로 들면 학습지도 요령에 기초하여 교육과정을 실시하는 것이 이에 해당한다고 한다. 교육과정의 영역을 넘어서는 학습자들의 임의적인 활동까지를 포함하는 것은 아니라고 해석하고 있다. 田中重憲, 전게서, 77면.

훨씬 커서 저작재산권자의 이익을 침해할 우려가 그만큼 크다고 할 수 있는 공중송신까지 허용하고 있는 점과 현행 저작권법이 특별히 '수업목적'이라는 제한을 두고 있는 취지 등을 고려하면 '수업목적'의 범위를 지나치게 넓게 해석하는 것은 바람직하지 않다. 여기서 '수업 목적'이란 "당해 수업에서의 직접적인 교수행위"를 위한 것임을 의미하는 것으로 해석함이 상당하다. 본 조항에 대응하는 일본 저작권법 제35조 제 2 항은, "당해 수업을 직접 받는 자에 대하여"라고 하여 본 조항의 적용범위를 보다 명확하게 규정하고 있다. 예를 들어, 환경미화와 같은 교육환경의 조성이나 개선을 위한 행위는 이에 포함되지 않으며, 따라서 환경미화나 조경 등을 위하여 미술저작물을 복제하거나 전시하는 행위는 이 규정의 적용을 받을 수 없다. 당해 수업의 목적을 벗어나 포괄적으로 이용될 수 있는 교육 관련 자료집을 제작하거나, 학생의 수보다 더 많은 수의 복제물을 제작하여 비치하고 향후의 수요에 대비하는 것 등의 행위도 이 규정의 적용을 받기 어렵다고 본다.

일본의 경우를 보면 "수업과정에서 사용할 목적으로 … "라고 되어 있는데, 이는 우리나라의 개정 저작권법에서 '수업 목적'이라고 한 것보다 범위를 제한적으로 규정한 것으로 이해된다.[61] 일본의 해석론에서는 이때의 '수업과정'의 의미에 관하여 법문상 명확하지는 않으나 초·중등교육기관의 경우에는 교과로서의 수업 외에 특별활동인 운동회 등의 학교행사나 필수과목으로 되어 있는 동아리 활동 등이 포함되며, 대학 등의 고등교육기관의 경우에는 강의, 실험, 실습, 세미나 등도 포함되지만, 과외활동은 이에 포함되지 않는 것으로 본다. 요컨대 초·중등학교의 경우에는 학습지도요령에 정규과목으로 들어 있는 교육활동을, 그리고 고등교육의 경우에는 학점단위를 인정할 수 있는 교육활동이 이에 포함된다고 한다.[62] 또한 동아리 활동이라고 하더라도 담당교원의 지도 아래 이루어지는 행위는 학교교육에 있어서 상당히 중요한 위치를 차지하고 있는 교육활동의 하나이므로 반드시 정규과목이 아니라 하더라도 이에 포함되는 것으로 보아야 한다는 견해도 있다.[63]

우리나라의 해석론으로서는, 여기서 말하는 '수업'이란 교과로서의 수업만이 포함되는 것으로 아주 좁게 해석할 것은 아니라는 것이 일반적인 견해이다. 따라서 초중등교육에서는 특별교육활동인 학교행사(운동회, 수학여행 등), 세미나, 실험·실습, 필수과목으로 되어 있고 교사의 지도를 받는 동아리활동 등도 포함될 수 있고, 대학 등의 고등교육에서는 학점취득이 인정되는 교육활동이 여기에 포함될 수 있다고 보고 있으며,[64] 원격수업도 물론 포함된다고 본다. '창의적 체험활동'이나 '방과 후 학습'도 학교 교육과정에 따라 학교장의 지

61) 일본 저작권법 제35조.
62) 加戶守行, 전게서, 254면; 作花文雄, 詳解 著作權法, 제 3 판, ぎょうせい, 345면.
63) 作花文雄, 전게서, 345면.
64) 오승종, 저작권법, 박영사(2007), 568면.

휘, 감독 아래 학교 안 또는 밖에서 교수 및 교사에 준하는 지위에 있는 사람에 의하여 수행되는 것이라면 수업의 범위에 포함되는 것으로 볼 수 있다고 해석한다.[65] 또한 교사들이 수업을 위해 준비하는 과정(각종 수업자료의 개발, 작성)도 수업의 개념에 포함되며, 수업을 위해 관련 교사 사이에 자료를 공유하는 과정도 수업의 준비행위로 볼 수 있다고 한다. 다만, 그 공유는 과목 교사들 사이의 한정된 범위 안에서 가능하며 일반인들의 접근이 가능한 방식의 공유는 허용되지 않는다고 해석한다.[66]

여기서 수업이라 함은 현재 진행되고 있거나 구체적인 수업일시·내용이 정해져 있는 수업만을 의미하는 것이므로, 장차 수업에 사용하려 한다는 등의 추상적인 목적의 경우는 본 조항의 적용범위에서 제외된다. 그리고 학생들이 자율적으로 수행하는 과외활동도 수업의 범위에 포함되지 않는다.[67] 학교건물의 건립이나 환경미화 같은 교육환경의 조성이나 개선을 위한 행위도 이에 포함되지 않으며, 따라서 학교조경을 위해 미술저작물을 복제하는 것은 이 규정에 의하여 허용되는 행위가 아니라고 본다.[68] 그 외에 ① 학교의 교육계획에 근거하지 않은 자주적인 활동으로서의 동아리, 동호회, 연구회 등, ② 수업과 관계없는 참고자료의 사용, ③ 학급통신·학교소식 등에의 게재, ④ 학교 홈페이지에의 게재 등의 행위들도 수업목적의 이용행위라고 보기 어렵다고 해석한다.[69]

교육기관에서의 수업목적을 위한 이용이 광범위하게 허용될 경우 저작자, 특히 교육용 교재를 제작하여 판매하는 사업자들의 이해관계에 큰 영향을 미칠 수 있다. 예를 들어, 학습보조교재 전문 출판사가 중학교 생물수업에 활용될 수 있을 것으로 예상하여 많은 시간과 비용, 인원을 투자하여 '우리나라의 민물고기'라는 비디오테이프, 또는 도감(圖鑑)을 제작하였는데, 생물 교사가 수업에 사용하기 위한 목적으로 저작자의 허락 없이 그 비디오테이프나 도감을 학생들 앞에서 상영하거나 복제·배포하게 되면 그 출판사는 영업에 큰 타격을 받게 될 것이다. 또한 보통 학습장(學習帳)이나 연습장(鍊習帳)처럼 수업과정에서 활용 및 소비되기 위하여 제작되는 워크북과 같은 부교재들도 수업목적을 위한 것이라고 하여 교사들에 의하여 저작권자의 허락 없이 학생들에게 복제·배포된다면, 그 부교재들의 제작·판매업자들은 판로를 잃게 될 것이다. 나아가 그로 인하여 결국 누구도 그러한 부교재들을 제작하지 않게 되어 오히려 관련 시장을 무너뜨리고, 문화 및 관련 산업의 발전이라고 하는 저작권법의 궁극적인 목적에도 부합하지 않는 결과를 초래할 가능성이 크다. 따라서 베

65) 이해완, 전게서, 402면.
66) 상게서, 402면.
67) 서울대학교 기술과법센터, 전게서, 490면; 오승종, 전게서, 568면; 이해완, 전게서, 402면.
68) 이해완, 전게서, 402면; 임원선, 전게서, 215면.
69) 이해완, 전게서, 402면.

른협약에서 교육목적을 위한 복제를 허용하면서도 그것이 공정한 관행에 합치될 것을 요구하고 있는 점[70] 등을 고려하여, 본 조항을 해석·운용함에 있어서는 저작물의 '통상적인 이용'과 정면으로 충돌하는 일이 없도록 주의를 기울여야 할 것이다.

이용목적에 따른 본 항의 허용범위에 관하여는 뒤에서 본 조 전체의 한계와 범위에 대한 별도의 항목(4. 한계와 범위)에서 다시 한 번 살펴보기로 한다.

참고로 미국은 공연이나 전시에 대해서만 교육목적을 위한 별도의 저작재산권 제한규정을 두고,[71] 복제 등에 대하여는 일반 공정이용(fair use) 조항의 해석을 통하여 해결하여 왔는데, 그러한 공정이용 조항의 해석 및 적용과 관련하여 저작권계와 교육계가 논의를 한 결과 다음과 같은 가이드라인에 합의한 바 있다고 한다. 그 주요사항을 정리하면 다음과 같다.[72]

미국의 수업목적 복사 지침

교사를 위한 1부의 복제: 수업 또는 수업 준비를 위해 교사가 직접 또는 요청을 하여 다음의 것을 1부 복제할 수 있다. 책의 한 장(章), 정기간행물의 하나의 논문, 편집물에 게재된 하나의 단편이나 시 등, 책에 게재된 하나의 차트, 만화 등
수업 과정을 위한 여러 부의 복제: 어떤 경우에도 학생 1인당 1부를 넘지 않는 선에서, 그리고 사소성 기준과 자발성 기준, 누적효과 기준을 충족시킨다는 전제 하에 교사가 직접 또는 그를 위해서 여러 부 복제할 수 있다.

〈사소성 기준〉
250 단어 또는 2페이지를 넘지 않는 시의 경우: 전부
250 단어 또는 2페이지를 넘는 시의 경우: 250 단어 이내
2,500 단어를 넘지 않는 산문의 경우: 전부 또는 1,000 단어, 또는 전체의 10%를 초과하지 않는 범위 내에서의 초록
〈자발성 기준〉
복제는 교사의 의뢰로 그의 생각에 의해 이루어져야 한다.
그 저작물을 사용할 것으로 생각하고 결정한 때와 교육효과를 극대화하기 위한 사용의 시기가 너무 촉박해서 저작권 허락을 요청하는 것이 시간적으로 불합리하여야 한다.

70) 베른협약 제10조 제 2 항.
71) 미국 저작권법 제110조.
72) U.S. Copyright Office, Circular 21: Reproduction of Copyrighted Works by Education and Librations, at 6-9; 임원선, 전게서, 217-218면에서 재인용.

〈누적효과 기준〉
자료의 복제는 그러한 복제물이 만들어지는 학교에서 오직 한 과정을 위한 것이어야 한다.
같은 저작자의 것은 단지 하나의 시, 논문 또는 두 개의 초록만이 가능하고, 하나의 편집물로부터는 세 개 이내의 것만이 가능하다.
한 학기에 한 과정을 위해 여러 부를 복제하는 경우가 아홉 번을 초과해서는 안 된다.

그리고 이러한 복제는 편집물을 위해 활용되어서는 안 되며, 워크북이나 표준적인 시험지 또는 답안지처럼 수업 과정에서 소비되기 위한 자료를 복제해서는 안 된다. 또, 이러한 복제가 도서의 구매를 대체하거나 상부 기관의 지시에 의해 이루어져서는 안 되며 같은 교사에 의해 매 학기마다 같은 자료가 반복적으로 복제되어서도 안 된다.

(5) 복제방지조치

저작권법 제25조 제 2 내지 제 4 항의 규정에 따라 교과용 도서를 발행한 자, 학교, 교육기관 및 수업지원기관이 저작물을 공중송신을 하는 경우에는 저작권 그 밖에 이 법에 의하여 보호되는 권리의 침해를 방지하기 위하여 복제방지조치 등 대통령령이 정하는 필요한 조치를 하여야 한다(저작권법 제25조 제12항). 이는 다른 이용행위와는 달리 특히 '전송'을 비롯한 '공중송신'의 경우에 복제방지의 기술적 조치가 없는 상태에서 무제한 허용하게 되면, 저작물이 쉽게 유출되어 인터넷 등을 통해 널리 유포됨으로써 저작권자의 정당한 이익을 크게 훼손할 가능성이 높다는 점을 고려하여 두게 된 규정이다.[73]

다. 교육받는 자의 복제·전송

저작권법 제25조 제 3 항 각 호의 학교 또는 교육기관에서 교육을 받는 자는 수업목적상 필요하다고 인정되는 경우에는 제 3 항의 범위 내에서 공표된 저작물을 복제하거나 공중송신할 수 있다(저작권법 제25조 제 5 항). 이 규정은 2006년에 개정된 저작권법부터 새로이 들어간 규정이다. 그 이전 저작권법에는 이 규정이 없었기 때문에 해석상 이견이 있었다. 즉, 교육을 담당하는 자의 지휘감독 아래에서 이루어지는 수업에 이용하기 위하여 복제된

---

73) 이 규정에서 말하는 '대통령령이 정하는 필요한 조치'는 다음과 같은 조치들을 의미한다(저작권법 시행령 제 9 조).
① 불법 이용을 방지하기 위하여 필요한 다음 각 목에 해당하는 기술적 조치.
가. 전송하는 저작물을 수업을 받는 자 외에는 이용할 수 없도록 하는 접근제한조치.
나. 전송하는 저작물을 수업을 받는 자 외에는 복제할 수 없도록 하는 복제방지조치.
② 저작물에 저작권 보호 관련 경고문구의 표시.
③ 전송과 관련한 보상금을 산정하기 위한 장치의 설치.

경우는 학습자에 의한 복제라 하더라도 법적인 의미에서 그 복제의 주체는 '수업을 담당하는 자'라고 해석하여야 한다는 견해와, 권리제한규정은 엄격하게 해석하여야 하고 이를 확장해석 하여서는 아니 된다고 하여 이에 반대하는 견해가 있었다.[74)]

그러나 오늘날 교육 현장에서는 컴퓨터와 인터넷 등 정보기기 및 기술을 활용한 주체적인 학습이 널리 이루어지고 있으며, 특히 사회교육을 포함한 평생학습 전반에 걸쳐 학습자가 스스로 정보수집을 행하는 형태로 교육의 태양이 변화하고 있다. 그러한 점에서 교육을 받는 자 역시 학교 교육목적을 위한 저작권제한 규정의 혜택을 볼 수 있도록 해 주어야 할 필요성도 절실해졌다. 즉, 학교 교육의 형태가 교육을 받는 자가 여러 가지 정보기기 등을 활용하여 주체적으로 학습을 행하며, 정보를 적절하게 수집·판단·창작·발신하는 방향으로 나아가고 있고, 이는 국가에서도 장려하는 바로서 교육을 받는 자의 자발성·주체성과 정보활용 능력의 육성이 강조되고 있다. 이와 같이 교육기관에서 이루어지는 교육 및 학습활동의 방법 자체가 개개의 학습자가 스스로 정보의 수집 등을 행하는 형태로 크게 변형되어가고 있으므로, 교육기관에서 교육을 받는 학습자 자신이 수업 과정에서 사용하기 위하여 스스로 복제를 행하는 것을 허용할 필요성이 커지게 된 것이다.

이에 따라 교육기관에서 교육을 받는 자는 수업목적상 필요하다고 인정되는 경우에 한하여 일정한 범위 내에서 공표된 저작물을 복제하거나 전송할 수 있도록 하는 것이 타당하다는 의견이 대두되었고, 이러한 의견을 반영한 것이 현행 저작권법 제25조 제 5 항의 취지라고 볼 수 있다. 다만, 이러한 현행법에 대하여는 교육을 받는 자도 자유롭게 복제를 할 수 있게 됨으로써 자유이용되는 저작물의 총량이 급격하게 증가할 수 있고, 수업 목적상 필요한 범위에 해당하는지 여부를 학습자 스스로 판단할 수 있는지, 그리고 그에 대하여 교육을 담당하는 자가 적절한 지도를 행할 수 있을 것인지에 대한 의문이 있으며, 나아가서는 저작권에 대한 학습자의 의식 및 인식에 부정적 효과를 초래할 가능성이 있다는 권리자 측의 우려가 있음을 유의할 필요가 있다.

이용의 방법과 관련하여 교육기관 및 교육지원기관이 주체가 된 경우(저작권법 제25조 제 3, 4 항)에는 복제, 배포, 공연, 전시 또는 공중송신을 할 수 있는 것으로 규정되어 있으나, 교육을 받는 자가 주체가 된 경우(같은 조 제 5 항)는 복제 또는 공중송신만 할 수 있는 것으로 규정되어 있음도 주의를 요한다.

본 항에 의하여 허용되는 이용행위의 주체는 교육을 받는 자, 즉 학생 개인이다. 그러다 보니 그 능력 등을 감안하여 저작권법 제25조 제12항의 '복제방지조치' 등의 의무규정은 본 항에 의한 이용행위에는 적용하지 않는 것으로 되어 있다. 그러나 저작재산권자의

74) 상게서, 78면.

권리가 부당하게 침해되지 않도록 교육기관이 접근통제를 위하여 필요한 조치를 취한 사이버 공간(예를 들어, 특정 학급 학생만 들어오도록 제한된 학교 홈페이지 내 게시판 혹은 자료실) 내에서 공중송신하는 것만 허용되는 것으로 보는 것이 '수업목적상 필요한' 범위 내에서 복제 및 전송을 허용한 본 항의 입법취지에 부합하는 해석이라고 할 것이다.[75)]

본 항에 의하여 허용되는 이용행위는 "제 3 항의 범위 내에서"의 이용행위라는 점을 유념하여야 한다. 이는 학교나 교육기관에서의 이용을 전제로 그것과 연관하여 이루어지는 이용행위의 범위 내에서 교육을 받는 자의 복제·공중송신행위가 허용된다는 의미이다.

3. 보상금의 지급

저작권법 제25조 제 1 항부터 제 4 항의 규정에 따라 저작물을 이용하려는 자는 문화체육관광부장관이 정하여 고시하는 기준에 따른 보상금을 해당 저작재산권자에게 지급하여야 한다. 다만, 고등학교 및 이에 준하는 학교 이하의 학교에서 복제 등을 하는 경우에는 보상금을 지급하지 아니 한다(제25조 제 6 항). 이것은 저작재산권자와 이용허락에 관한 사전 협의를 거치지 않더라도 일정한 금액의 보상금을 저작재산권자에게 지급한다는 것을 전제로 저작물을 이용할 수 있는 '법정허락'(statutory license) 제도이다.

보상금의 지급을 받을 권리는 문화체육관광부장관이 지정하는 단체를 통하여 행사되어야 한다. 이는 이용자들이 일일이 저작물마다 저작재산권자를 찾아서 보상금을 지급하는 것이 매우 번거롭고 불편하기 때문에 지정단체에 의한 통일적인 권리행사가 이루어지도록 한 것이다. 그 지정단체의 요건에 관하여는 저작권법 제25조 제 7 항이 이를 규정하고 있는데, 현재 교육용 도서에의 저작물 게재로 인한 보상금청구권을 행사할 수 있는 단체로는 사단법인 한국복제전송저작권협회가 지정되어 있다. 보상금을 지급받을 단체의 권한과 미분배 보상금에 대한 처리절차 등에 관하여 저작권법은 비교적 상세한 규정을 두고 있다(제25조 제 8 내지 제11항).

이 규정에 의하여 저작재산권자가 갖게 되는 보상금청구권은 물권적 권리가 아닌 채권적 권리이다. 따라서 이 규정에 의하여 저작물을 이용한 자가 보상금을 지급하지 않았다고 하여 그 이용행위가 저작재산권 침해행위로 되는 것은 아니며, 다만 보상금지급채무 불이행에 따른 채권적 책임만을 지게 될 뿐이다. 또한 저작재산권자의 입장에서 이용자가 보상금의 지급의무를 불이행하였을 경우 민사상 구제로서 보상금지급 청구를 할 수 있으나, 물권적 청구권인 침해의 정지청구 등을 할 수는 없다. 침해의 정지 등 청구에 관한 저작권

75) 이해완, 전게서, 401면.

법 제123조 제 1 항은 제25조의 규정에 따른 보상을 받을 권리를 제외한다고 명시함으로써 이러한 점을 분명히 하고 있다.

한편, 이 규정을 근거로 하여 한국복제전송저작권협회에 의하여 징수된 보상금은 해당 저작재산권자에게 분배되어야 하는데, 아직까지 저작재산권자를 확인하는 체계적인 분배 시스템의 결여 등의 원인으로 실제로 저작재산권자에게 분배되지 못하는 미분배 보상금이 상당액에 달한다. 이에 대하여 저작권법 제25조 제10항은 "제 7 항에 따른 단체(한국복제전송저작권협회)는 보상금 분배 공고를 한 날부터 5년이 지난 미분배 보상금에 대하여 문화체육관광부장관의 승인을 받아 다음 각 호의 어느 하나에 해당하는 목적을 위하여 사용할 수 있다. 다만, 보상권리자에 대한 정보가 확인되는 경우 보상금을 지급하기 위하여 일정 비율의 미분배 보상금을 대통령령으로 정하는 바에 따라 적립하여야 한다."고 규정하고 있다. 그리고 그 각 호로서, 1. 저작권 교육·홍보 및 연구, 2. 저작권 정보의 관리 및 제공, 3. 저작물 창작 활동의 지원, 4. 저작권 보호 사업, 5. 창작자 권익옹호 사업, 6. 보상권리자에 대한 보상금 분배 활성화 사업, 7. 저작물 이용 활성화 및 공정한 이용을 도모하기 위한 사업을 열거하고 있다.

4. 한계와 범위

가. 제25조 제 1 항

교과용 도서에의 게재를 허용하는 저작권법 제25조 제 1 항은 "학교교육목적상 필요"하다고 인정되는 한도에서 자유이용이 허용되는 것이므로,[76] 교과서 편집자가 주관적으로 필요하다고 생각하는 한도가 아니라 객관적으로 필요하다고 판단되는 정당한 범위 내를 그 한도로 하는 의미라고 해석한다. 따라서 그 한도라고 하는 것은 결국 학교교육의 목적을 달성하기 위하여 유효적절한 범위를 넘어서지 않아야 하며, 그 판단은 주무관청이나 학교 당국 등에서 제공하는 학습지도요령이나 기타 기준에 따라 좌우되는 부분이 많을 것이다. 원칙적으로 동일한 저작자의 저작물을 대량으로 게재하거나 소설 전체를 게재하는 것

---

76) 구 저작권법 제25조 제 1 항은 "학교교육목적상 필요한 교과용 도서에는 공표된 저작물을 게재할 수 있다"라고 규정하고 있어서 "학교교육목적상 필요한"이라는 문구가 "교과용 도서"를 수식하는 것처럼 되어 있었다. 그러나 '교과용 도서'라 함은 학교에서 학생들의 교육을 위하여 사용되는 학생용 또는 교사용의 서책·음반·영상 및 전자저작물 등을 말하는 것이고(교과용 도서에 관한 규정 제 2 조 제 2 호, 제 3 호), 따라서 교과용 도서가 학교교육목적상 필요한 것이라는 점은 굳이 법문상으로 규정할 것까지도 없이 당연한 것이므로, 저작권법 제25조 제 1 항에서 "학교교육목적상 필요한"이라는 문구는 교과용 도서를 수식하는 문구가 아니라 교과용 도서에 게재할 수 있는 범위를 제한하는 문구로 이해하였다. 현행 저작권법은 이 점을 고려하여 조항의 문구를 정리한 것이다.

은 허용되지 않는다. 그러나 시가·시조·회화·사진과 같은 저작물의 경우에는 그 성질상 전체를 게재하는 것도 가능하다고 보아야 하며, 필요하다면 단편소설을 전문 게재하는 것도 인정될 수 있을 것이다. 특히 외국 작품에 관하여는 베른협약과의 관계를 고려하여 게재할 수 있는 한도를 엄격하게 해석하여야 할 필요가 있다.77)

나. 제25조 제 3, 4, 5 항

앞에서도 본 바와 같이 저작권법 제25조 제 3 내지 5 항에 의하여 교육기관 및 교육지원기관의 복제·배포·공연·전시 또는 공중송신 및 교육을 받는 자의 복제와 공중송신이 허용되는 것은 수업 또는 지원 목적상 필요한 경우로 한정된다. 이 규정에 의하여 자유롭게 이용할 수 있는 저작물은 그 종류를 가리지 아니하나 공표된 저작물의 일부분에 한한다. 2006년 개정되기 전 저작권법에서는 단순히 "공표된 저작물을 … "이라고 되어 있었는데, 개정된 저작권법에서 "공표된 저작물의 일부분을 … "이라고 한 것은 저작재산권자의 피해를 최소화하려는 취지에서라고 할 수 있다. 다만, 짧은 시조나 사진, 회화 등과 같이 저작물의 성질이나 그 이용의 목적 및 형태 등에 비추어 저작물의 전부를 이용하는 것이 부득이한 경우에는 전부를 이용할 수 있다(제25조 제 3, 4 항 각 단서).

본 조와 관련하여 특례규정을 두고 있는 컴퓨터프로그램저작물의 경우에는 '저작물의 일부분'을 복제 또는 배포할 수 있다는 명시적 규정은 두지 않는 대신에, "프로그램의 종류·용도, 프로그램에서 복제된 부분이 차지하는 비중 및 복제의 부수 등에 비추어 프로그램 저작재산권자의 이익을 부당하게 해치는 경우에는 그러하지 아니하다"고 하는 제한을 두고 있다(저작권법 제101조의3 제 1 항 단서, 제 2 호). 그러나 이러한 제한은 프로그램저작물 이외의 일반 저작물의 경우에도 적용되는 것으로 해석할 수 있다. 따라서 이 규정에 의하여 자유이용이 허용되는 경우라 하더라도 저작물의 종류와 용도, 복제의 부수와 형태 등에 비추어 저작권자의 경제적 이익을 부당하게 침해하지 않도록 하여야 한다.78) 예컨대 학생 1인당 1부씩 돌아가는 수만큼만 복제하여야 하며, 저작물을 교육상 필요하지 않은 부분까지 통째로 복제하거나 여러 개의 저작물을 복제하여 하나의 작품집 등 편집물을 만들어서는 안 된다.79)

이러한 관점에서 구체적으로 다음과 같은 경우에는 수업목적을 위한 정당한 이용으로

77) 加戶守行, 전게서, 248면.
78) 일본 저작권법 제35조는 그 단서에서, "다만, 당해 저작물의 종류와 용도, 복제의 부수와 태양에 비추어 저작권자의 이익을 부당하게 해하는 경우에는 그러하지 아니하다"라고 하여 이러한 점을 명문으로 규정하고 있다.
79) 이형하, 전게논문, 346면.

보기 어려울 것이다.[80] ① 교사 또는 학생들이 구입하거나 빌려서 이용할 것을 상정하여 시장에 제공되고 있는 것(참고서, 문제집, 대학 교과서 또는 보조교재, 연습서, 교육기관에서의 상영을 목적으로 판매 또는 대여되는 영상물 등)을 구입하는 대신에 그것을 대체할 목적으로 복제하는 행위, ② 원격 수업에 이용할 수 있도록 하기 위한 목적으로 판매되고 있는 저작물을 허락 없이 복제, 전송하는 행위, ③ 본래의 수업목적을 넘는 이용으로서, 예컨대 필요한 기간을 넘어 교실 내 혹은 학교 내의 벽면에 미술저작물을 게시하는 등의 행위, ④ 학생 1인당 1부를 초과하여 복제하는 경우, ⑤ 복제 후 제본까지 함으로써 시판되는 책과 동일하게 만들거나 미술, 사진 등 저작물을 감상용이 될 정도의 화질로 인쇄하는 경우 등이다.

일본에서의 해석론을 살펴보면, 어떤 경우가 저작권자의 이익을 부당하게 해하는 경우인지에 관한 판단기준으로서 다음과 같은 것들을 들고 있다. 첫 번째 판단기준은 이용하고자 하는 저작물의 종류이다. 예를 들어 미술감상용으로 회화를 복제하는 것은 허용되지 않으며, 국어 교재로 사용하기 위하여 소설·동화·시집 등을 전부 복제하는 것도 허용되지 않는다고 한다. 또한 일반적으로 입수하기 어려운 원서를 사용할 필요가 있다고 하더라도, 그 논문의 상당부분을 복제하는 것은 저작권자의 이익을 부당하게 해하는 것이라고 보고 있다. 두 번째 판단기준은 이용하고자 하는 저작물의 본래적 용도인바, 예를 들어 시판되고 있는 연습용 워크북(workbook)이나 교육용 소프트웨어와 같이 원래부터 교육 과정에서의 이용을 목적으로 작성된 보조교재를 1부 구입하여 학생용으로 다수 복제하여 배포하는 것은 인정되지 않는다고 한다. 세 번째 판단기준은 복제의 부수이다. 학교의 모든 학생들에게 배부하기 위하여 복제하는 것은 허용되지 않으며, 어느 대학교수의 강의 수강자가 일반적인 경우의 수강생 숫자를 훨씬 초과하는 500명 정도의 다수인이라고 할 때 그 수강자 수만큼 복제하는 것 또한 인정되지 않는다고 한다. 네 번째 판단기준은 복제의 형태이다. 예를 들어, 인쇄 또는 제본 등과 같이 복제물을 시판하거나 영구보존 할 수 있을 정도의 형태로 복제하는 것은 허용되지 않는다. 또한 경제적 가치가 높은 비디오테이프를 복제하는 것과 같은 경우에 대하여는 극히 엄격하게 자유이용을 허용하여야 한다고 본다. 결국 본 조의 적용여부는 저작권자가 당해 저작물을 활용하여 경제적 이익을 얻을 수 있는 시장과 충돌하는지 여부, 즉 학교 등의 교육기관에서의 자유로운 복제행위가 행하여짐에 따라 현실적으로 당해 저작물의 판매량이 저하될 것인지, 나아가서는 그 저작물의 현재의 시장뿐만 아니라 장래에 있을 잠재적 판로를 침해할 것인지에 따라 판단하여야 할 것이라고 한다. 그리고 이러한 관점에서 보면 본 조의 규정에 의하여 작성된 복제물이라 하더라도 수업 과정에서 반복사용을 필요로 하는 경우를 제외하면 사용 후에는 이를 폐기처분 하는

80) 이해완, 전게서, 403면.

것이 바람직하며, 특히 방송물을 비디오테이프에 녹화하여 학교 도서관 등에 보존하는 것은 교육목적을 위하여 필요한 범위를 넘는 것이라고 보고 있다.[81)][82)]

다. 개작 이용과 출처 명시

본 조에 의하여 저작물을 자유이용하는 경우에는 그 저작물을 번역·편곡 또는 개작하여 이용할 수 있다(법 제36조). 그리고 출처를 명시하여야 한다. 출처의 명시는 저작물의 이용상황에 따라 합리적이라고 인정되는 방법으로 하여야 하며, 저작자의 실명 또는 이명이 표시된 저작물인 경우에는 그 실명 또는 이명을 명시하여야 한다(법 제37조).

5. 컴퓨터프로그램저작물에 대한 특례

일반 저작물과는 달리 컴퓨터프로그램저작물에 대하여는 저작권법 제25조의 규정이 적용되지 않고, 제101조의3에서 특례규정을 두고 있다. 이 규정 제 1 항은 제 2 호의 "「유아교육법」, 「초·중등교육법」, 「고등교육법」에 따른 학교 및 다른 법률에 따라 설립된 교육기관(초등학교·중학교 또는 고등학교를 졸업한 것과 같은 수준의 학력이 인정되거나 학위를 수여하는 교육기관으로 한정한다)에서 교육을 담당하는 자가 수업과정에 제공할 목적으로 복제 또는 배포하는 경우"와, 제 3 호의 "「초·중등교육법」에 따른 학교 및 이에 준하는 학교의 교육목적을 위한 교과용 도서에 게재하기 위하여 복제하는 경우"에는 "그 목적상 필요한 범위에서 공표된 프로그램을 복제 또는 배포할 수 있다. 다만, 프로그램의 종류·용도, 프로그램에서 복제된 부분이 차지하는 비중 및 복제의 부수 등에 비추어 프로그램의 저작재산권자의 이익을 부당하게 해치는 경우에는 그러하지 아니하다"고 규정하고 있다.

이에 따라 학교교육목적을 위한 이용에 있어서 프로그램저작물의 경우에는 저작권법 제25조 제 2 항 및 제 3 항이 적용되는 일반 저작물과 비교하여 볼 때 다음과 같은 점에서

---

81) 加戶守行, 전게서, 254-255면.

82) 학교 기타 교육기관에서의 복제를 규정하고 있는 일본 저작권법 제35조는 그 단서에서, "다만, 당해 저작물의 종류 및 용도, 그 복제의 부수 및 태양에 비추어 저작권자의 이익을 부당하게 해하는 경우에는 그러하지 아니하다"라고 하여 다시 그 면책의 범위를 제한하고 있다. 이 단서의 취지는 개개의 복제행위에 관하여 저작권자의 이익을 부당하게 해하게 되는지 여부에 관한 판단기준을 제시하는 것이다. 그리하여 "저작물의 종류 및 용도"와 관련하여, 악보와 교육용 영화 필름 등과 같이 사소한 복제에 의해서도 관련 저작물의 시장이 현저하게 영향을 받을 우려가 있는 저작물과, 워크북, 드릴(연습문제) 등과 같이 원래부터 교육과정에서 개개의 학습자에 의하여 이용될 것을 목적으로 작성된 저작물의 복제는 원칙적으로 허용하지 않는다고 해석하고 있다. 또한 "복제의 부수 및 태양"과 관련하여, 초등학교 등에서 통상의 학급규모를 초과하는 부수의 복제와 문예작품 등의 전부 내지 상당부분의 복제는 인정되지 않는 것으로 해석한다. 田口重憲, 전게서, 77면.

차이가 생기게 된다.

첫째, 수업목적을 위한 이용에 있어서의 이용주체인 교육기관은 상급학교 입학을 위한 학력이 인정되거나 학위를 수여하는 교육기관으로 한정된다.

둘째, 일반 저작물에 있어서는 교육기관뿐만 아니라 교육지원기관도 이용행위의 주체가 될 수 있으나, 프로그램저작물의 경우에는 교육기관이 아닌 교육지원기관은 이용행위의 주체가 될 수 없다.

셋째, 일반 저작물의 경우에는 교육을 받는 자도 이용행위의 주체가 될 수 있으나, 프로그램저작물의 경우에는 교육을 받는 자는 이용행위의 주체가 될 수 없다.

넷째, 일반 저작물의 경우에 교육기관 또는 교육지원기관이 할 수 있는 이용행위의 태양에는 복제·배포·공연·전시 및 공중송신이 포함되나, 프로그램저작물의 경우에는 복제 또는 배포의 이용행위만이 허용되고 있다.

다섯째, 일반 저작물의 경우에는 공표된 저작물의 '일부분'만을 이용할 수 있다는 명시적 규정이 있는데, 프로그램저작물의 경우에는 그러한 제한은 없는 대신 "프로그램의 종류·용도, 프로그램에서 복제된 부분이 차지하는 비중 및 복제의 부수 등에 비추어 프로그램 저작재산권자의 이익을 부당하게 해치는 경우에는 그러하지 아니하다"고 하는 제한을 두고 있다. 그러나 프로그램저작물에 대한 이러한 제한은 일반 저작물의 경우에도 적용되는 것으로 해석할 수 있다는 점은 앞에서 언급한 바와 같다.

6. 향후의 과제

가. 서 설

저작권에 관한 국제조약 중에서 가장 기본적인 조약이라고 할 수 있는 베른협약(문학 및 예술저작물의 보호에 관한 베른협약 파리 개정조약)은 저작물의 교육목적으로의 이용에 관하여 다음과 같이 규정하고 있다.

> 제10조 (2)
> "문학 또는 예술저작물을 수업용으로 출판, 방송, 녹음 또는 녹화의 방법으로 그 목적상 정당한 범위에서 적법하게 이용하는 것에 관해서는 동맹국의 법령 또는 동맹국간의 현행 혹은 장래 체결될 특별한 취급에서 정하는 바에 따른다. 다만, 그러한 이용은 공정한 관행에 합치되지 않으면 아니 된다"

저작권법은 이와 같은 베른협약 및 관련된 규정에 따라 저작물과 실연, 음반, 방송 등 저작인접물의 학교 교육목적을 위한 이용을 원활하게 하기 위해서 저작권이나 저작인접권을 제한하는 규정을 두고 있다.

그런데 최근 디지털환경의 도래에 따른 복제기술의 발전 및 보급은 교육현장에도 그 효과를 미치게 되었고, 그로 인하여 수업과정 중에 교사가 저작물을 복제하여 학생들에게 제시하거나 배포하는 것이 종전보다 훨씬 용이해졌다. 또한 수업방법도 변화하여 학생들이 신문이나 잡지에 게재된 기사 등의 저작물을 복제하여 스스로의 발표나 보고에 이용하는 것도 용이하게 되었으며, 그러한 행위가 상당히 빈번하게 일어나게 되었다. 뿐만 아니라 교육현장에 컴퓨터와 인터넷을 비롯한 네트워크가 형성·보급되면서, 디지털 기기와 기술을 이용한 복제와 송신 등의 행위가 더욱 큰 규모로 일어나게 되었다. 이와 같은 상황은 필연적으로 저작권법과의 관계에서 권리자와 이용자 사이의 이해관계 조절이라는 쟁점을 야기하게 되었는데, 이 점은 지금까지의 저작권법 개정 작업 이후에도 계속적으로 논의가 되어야 할 문제라고 할 수 있다.

이러한 논의는 교육현장에서의 저작물의 새로운 이용형태와 저작권법을 제정 또는 개정할 당시의 예상을 초월한 저작물의 향후 이용형태에 관하여, 저작권법의 목적인 '저작자의 권리보호'와 '창작물의 공정한 이용' 사이의 균형을 어떻게 도모할 것인가 라고 하는 점과 깊이 관련되어 있다.

저작물의 창작에 대해서 보면, 결국 모든 저작물은 과거 선인들의 지적인 성과물과 그 영향 아래에서 창작되는 것이다. 이때 교육은 창작의 원점이고 문화를 확대발전시키는 기반이다. 따라서 학교교육은 가장 공익성이 높은 분야이고 창작물의 이용이 증진되어야 하는 분야 중의 하나라고 할 수 있을 것이다. 이러한 현실을 반영하여 개정 저작권법은 학교 교육목적을 위한 저작재산권의 제한 규정의 적용범위를 상당히 넓혔다는 평가를 받을 수 있지만, 기존의 쟁점 중에서 앞으로도 더 논의되어야 할 부분이 많이 남아있다. 또 기술과 교육환경의 변화에 따라 새로이 논의되어야 할 부분도 나타날 것이다.[83] 이하에서는 이러한 쟁점들에 대한 현재까지의 논의의 흐름과 학교 교육목적을 위한 저작재산권 제한규정

83) 일본의 경우를 보면, 1970년 일본 저작권법 제정 직후부터 학교에 있어서의 저작물 이용에 관하여 여러 가지 논의가 있어 왔다. 그리고 쟁점이 되는 부분에 대하여는 그동안 그때그때의 법률해석에 의하여 대처를 해 왔는데, 2003년의 저작권법의 일부개정 시점에 이르러 이 문제에 관하여 일부나마 입법적 해결을 도모하게 되었다. 그리하여 2003년 이루어진 저작권법 개정 중, 학교교육목적을 위한 저작물의 이용에 관한 부분은 교육기관 등에서의 저작물 활용을 촉진한다는 관점에서, (1) 수업 과정에서의 학생들에 의한 복제, (2) 원격수업에서의 교재 등의 송신, (3) 인터넷 시험의 실시에서의 권리제한규정 등을 추가하게 되었다. 이러한 저작권법 개정 작업은 2003년의 문화심의회 저작권분과회의 보고에 기초하여 행하여진 것이다. 田口重憲, 전게서, 74면.

의 향후 나아가야 할 방향에 관하여 정리해 본다.

나. 제25조 제 3 항에 의하여 작성된 복제물을 동일 교육기관 내에서 공용할 수 있는가

저작권법 제25조 제 3 항에 의하여 학교 또는 교육기관이 저작재산권자의 허락을 받지 않고 작성한 복제물을 동일한 교육기관 내에서 교원들이 교재로서 공유하기 위하여 그 교육기관의 서버 등에 축적(복제)하는 것이 가능한가의 문제이다. 저작권법 제25조 제 3 항은 "수업목적으로 이용하는 경우"에 한정하여 이용할 수 있도록 하고 있다. 여기서 '수업목적'을 넓게 해석하느냐 좁게 해석하느냐에 따라서 이 문제에 대한 해답이 달라질 수 있다. 일반적으로 '수업'이라 함은 일정한 교육계획을 실시하는 것을 의미한다. 예를 들어 학습지도요령에 기초하여 교육과정을 실시하는 것이 이에 해당한다고 본다. 따라서 학습자들이나 교사들의 임의적인 활동까지를 포함하는 것은 아니다.[84)]

원래 저작재산권 제한규정은 '엄격성'과 '한정성'의 원칙에 따라 해석하여야 한다는 것이 전통적인 해석론이다. 나아가 앞서 본 바와 같이 본 조에 의하여 자유이용이 허용되는 경우라 하더라도 저작물의 종류와 용도, 복제의 부수와 형태 등에 비추어 저작권자의 경제적 이익을 부당하게 침해하지 않도록 하여야 한다. 이런 점에 비추어 본다면 '수업목적'이라는 요건을 다소 엄격하게 해석할 필요가 있다. 그렇다면 저작권법 제25조에 의하여 저작재산권자의 허락을 받지 않고 작성한 복제물을 그 교육기관의 서버 등에 축적하는 것은 현행법의 취지상 허용되지 않는다고 보는 것이 옳을 것이다.

그러나 교육기회의 균등한 제공 및 교사들 사이의 업무분담에 따른 효율성 제고 등의 요청에 따라, 동일한 교육기관 내에서 교사들이 학생 지도에 사용할 교재 등을 공동으로 활용할 필요가 있는 경우가 많을 것이라는 점은 충분히 예상할 수 있다. 특히 오늘날 대부분의 교육기관에 내부 통신망(LAN)이 설치되어 있고, 그에 따라 교사들 간의 상호 협력과 연대에 의한 학습지도 활동이 증가되고 있음을 고려하면, 제25조 제 2 항에 의하여 작성된 복제물을 교내 서버 등에 축적하여 활용할 교육상의 필요성은 앞으로 더욱 확대될 것이다. 이런 경우 그 복제물을 교내 서버 등에 축적하고자 할 때 매번 저작재산권자의 허락을 얻어야 한다면 저작권법 제25조 제 3 항의 효용은 상당히 약화될 것이다. 그러나 그렇다고 하여 서버 등에의 축적 역시 저작재산권자의 허락 없이 할 수 있다고 한다면 제25조 제 3 항에서 '수업목적으로 이용하는 경우'로 한정한 취지가 몰각되고 이 규정의 한계와 범위를 벗어나는 것이 되어 저작재산권자의 이익을 크게 손상할 우려가 있게 된다.

84) 田口重憲, 전게서, 77면.

이와 관련하여 일본의 사단법인 저작권정보센터의 권리제한위원회에서는, 이 문제는 결국 저작재산권자와 이용자들이 서로 협의를 하여 타당한 결론을 이끌어 내야 할 사항이라고 보고 있다. 그러면서도 교육의 질을 향상시키기 위해서는 교원들 사이의 공동작업에 의한 교재의 연구개발이 적극적으로 이루어질 필요가 있다는 점에서 우리 저작권법 제25조에 해당하는 일본 저작권법 제35조 단서 규정, 즉 "당해 저작물의 종류 및 용도, 복제의 부수 및 태양에 비추어 저작재산권자의 이익을 부당하게 해하는 경우"가 아닌 한 자유롭게 작성하여 공유할 수 있도록 하는 것이 바람직하다고 해석하고 있다. 다만, 그와 관련하여 권리자 측으로부터 간편한 절차에 따라 적절한 대가로 허락을 받을 수 있는 시스템을 개발할 수 있다면 그러한 시스템에 의하는 것도 고려해 볼 수 있을 것이라고 한다.[85]

다. 제25조 제 3 항에 의하여 작성된 복제물을 교사들의 교과연구회 등에서 사용할 수 있는가

이 문제 역시 저작권법 제25조 제 3 항 규정 중 '수업목적'의 의미를 어떻게 해석할 것인가 하는 것과 관련되어 있다. '수업목적'의 의미를 넓게 해석하는 것은 가급적 자제하여야 한다는 입장에 선다면, 제25조 제 3 항에 의하여 저작재산권자의 허락을 받지 않고 작성된 복제물을 교재연구를 위한 교사들의 교과연구회 등에서 사용하는 것은 '수업목적'을 넘는 것이 되어 허용되어서는 안 될 것이다. 그러나 다양한 교재를 활용한 수업방법을 효율적으로 발전시켜 나가기 위해서는 교육정보의 교환이 필요하고, 그것을 위해서는 수업에서 사용한 교재를 교과연구회 등에서 배포하여 공동연구와 평가를 하는 것이 필요하다. 따라서 교육의 질을 향상시키기 위해서는 이러한 행위가 허용되어야 한다는 요청이 강하다.

일본의 경우 앞에서 본 권리제한위원회에서는 이 문제와 관련하여 다음과 같이 논의하고 있다. 즉, 일본 저작권법 제35조(우리 저작권법 제25조에 해당)의 규정에 의하여 비영리목적의 교육기관에서 '교육을 담당하는 자'가 허락을 받지 않고 제작한 복제물은 '본인의 수업과정'에서만 사용할 수 있는 것으로 되어 있지만, 그 수업에 관한 연구활동을 함에 있어서도 그 복제물을 사용할 수 있도록 하여야 한다는 견해가 있다. 그 근거로서는 최근 여러 가지 미디어를 활용한 교재의 활용이 활발하게 이루어지고 있고, 다수의 교사에 의한 조직적이고 상호 협력을 바탕으로 한 교육활동이 추진되고 있으므로, 다양한 교재를 활용하는 수업방법을 시행함에 있어서는 교사들 사이의 정보교환이 필요하고, 그러한 정보교환을 위해서는 수업에서 사용한 교재를 상호 배포하여 연구하고 이용하는 것이 필수적이라는 점을 들고 있다.

---

85) 상게서, 79-80면.

그러나 권리제한위원회는 이러한 행위들은 대부분 일본 저작권법 제32조의 공표된 저작물의 인용 규정에 따라 해결할 수 있다고 본다. 즉, 현행법상 수업목적을 위하여 저작재산권자의 허락 없이 작성된 복제물을 그 수업의 범위를 넘어 학교 외의 교과연구회 등에서 사용하는 것까지를 허용할 수는 없다는 것이다. 교과연구회 등에서 사용할 필요성이 있다고 하더라도 그것은 기본적으로 공표된 저작물의 인용 규정에 의하여 해결하여야 할 문제이며, 그 경우에도 '인용'의 요건에 맞게 하는 것이 중요하다고 한다. 왜냐하면 복제물의 인용에 의하여 만들어진 교과연구회 자료가 나중에 실제 교재로서 널리 이용되는 경우도 생길 수 있는데, 그렇게 되면 교과용 도서 등에 게재하는 경우에 보상금의 지급이 의무화되어 있는 것과 불균형이 생길 수 있기 때문이라고 한다.[86]

V. 시사보도를 위한 이용

1. 의 의

방송·신문 그 밖의 방법에 의하여 시사보도를 하는 경우에 그 과정에서 보이거나 들리는 저작물은 보도를 위한 정당한 범위 안에서 복제·배포·공연 또는 공중송신할 수 있다(저작권법 제26조). 뉴스 시간에 축제행사의 퍼레이드를 방송하는 경우 음악대가 연주하는 행진곡이 방송을 타고 흘러나온다거나, 미술관에서 발생한 폭력사건을 TV 뉴스로 방영하는 과정에서 그 미술관에 전시되어 있는 그림들이 배경화면에 나오는 것은 어쩔 수 없는 일이다. 이처럼 언론이 시사보도를 하는 과정에서 부득이하게 또는 우발적으로 타인의 저작물을 이용하는 것이 저작권침해의 책임을 져야 한다면 언론의 자유를 심하게 제한하게 되므로 이런 경우 언론을 보호하기 위한 취지에서 두게 된 것이 이 규정이다.

한편 저작권법 제28조는, "공표된 저작물은 보도·비평·교육·연구 등을 위하여는 정당한 범위 안에서 공정한 관행에 합치되게 이를 인용할 수 있다"고 규정하고 있다. 제28조에서도 '보도'를 위한 저작물의 인용을 인정하고 있는 것이다. 제26조와 제28조의 차이는, 제26조는 보도의 과정에서 '우발적'으로 저작물이 이용되는 경우에 관한 것이고, 제28조는 '적극적'으로 그 저작물을 보도를 위하여 인용하는 경우에 관한 것이라는 점이다. 따라서 제28조는 제26조에 비하여 훨씬 더 엄격한 요건(정당한 범위와 공정한 관행에 합치될 것)을 갖추어야 자유이용이 가능한 것으로 되어 있다.

86) 상게서, 80, 81면.

2. 요 건

가. 객 체

이용되는 저작물은 시사보도를 하는 과정에서 보이거나 들리는 저작물, 즉 부득이하게 우발적으로 복제되는 저작물이다. 따라서 저작물을 적극적으로 보도를 위하여 인용하는 것이 아니며, 이 점에서 제28조의 제한규정과 구별된다.

전형적인 예로는 회화·조각 전시회장에서 발생한 미술품 도난사건을 보도하는 과정에서 회화·조각 등 저작물이 보이는 경우, 대통령이 미술전람회를 방문한 것을 TV 방송으로 보도하면서 전람회 장면 중 그 전람회에 출품 전시된 회화작품이 불가피하게 보이는 경우, 스포츠 경기를 보도하면서 입장행진곡이나 응원가 연주음이 불가피하게 들리는 경우를 들 수 있다.[87] 그러나 사건현장을 촬영한 보도용 사진은 사건보도의 과정에서 보이는 저작물이 아니므로 본 조에 의하여 이용할 수 있는 저작물이 아니다.[88] 객관적으로 판단하여 시사적인 사건이라고 인정될 수 있어야 하므로, 보도가 아니라 저작물을 이용하는 것에 주안점을 두고 의도적으로 시사 사건임을 빙자하여 저작물을 이용하는 것은 본 조에 의하여 허용되지 않는다. 결국 이는 그 사건이 뉴스성(시사성)을 가지는가 여부의 문제와 직결되어 있다고 할 것이다. 즉, 본 조가 적용될 수 있는가는 과거의 기록적인 가치가 아니라 그날에 있어서 뉴스로서의 가치를 가지는지 여부에 달려 있다. 그러나 언론기관에서 사람들의 관심사라고 보도를 한 이상 대개의 경우 시사성이나 뉴스로서의 가치가 있다고 보는데 큰 문제는 없을 것이다. 따라서 그 판단을 너무 까다롭게 할 것은 아니며, 보도의 영역도 정치, 경제, 사회, 문화, 예술, 스포츠, 연예 등 모든 분야에 걸친 것으로 볼 수 있다.[89]

특정한 '사건을 구성하는 저작물' 자체도 본 조의 자유이용 객체로 될 수 있는지에 관하여 학설상 다툼이 있다. "사건을 구성하는 저작물"이란 특정한 사건의 주제로 되어 있는 저작물을 말하는 것으로서, 예컨대 어떤 미술관에서 유명작가의 그림이 도난당했을 경우에, 그 사건을 공중에게 알리기 위하여 바로 그 그림의 복제사진을 신문에 게재하거나 방송으로 내보내는 것을 말한다. 긍정설은 이런 경우에도 본 조가 적용될 수 있다고 한다.[90] 부정설은 이런 경우는 해당 저작물을 보도를 위하여 적극적으로 인용하는 것이므로 제28조가 적용되는 것은 별론으로 하고 제26조가 적용될 것은 아니라고 한다.[91] 우리 저작권법 제26조에 해

87) 허희성, 전게서, 118면.
88) 이형하, 전게논문, 347면.
89) 이형하, 전게논문, 348면; 이해완, 전게서, 407면.
90) 허희성, 전게서, 117면.
91) 이형하, 전게논문, 349면.

당하는 일본 저작권법 제41조는 “사진, 영화, 방송 기타의 방법에 의하여 시사사건을 보도하는 경우에는 당해 사건을 구성하거나 또는 당해 사건의 과정에서 보이거나 들리는 저작물은 보도의 목적상 정당한 범위 내에서 복제하거나 당해 사건의 보도에 수반하여 이용할 수 있다”라고 규정하고 있다. 이와 같은 규정을 가지고 있는 일본 저작권법 아래에서라면 몰라도 그렇지 아니한 우리 저작권법의 해석으로서는 “당해 사건을 구성하는 저작물”에 대하여 저작권법 제26조를 적용하는 것은 적절하지 않다. 다만 저작권법 제28조의 요건을 갖추었을 때 “공표된 저작물의 인용”으로서 허용될 수는 있을 것이다.

다만, ‘시사보도를 위한 과정에서 보이거나 들리는 저작물’과 ‘당해 사건을 구성하는 저작물’ 중 어느 것에 해당하는지 불분명한 경우도 있는데, 그 경우에 그것이 ‘당해 사건을 구성하는 저작물’이라고 하여 제26조의 적용을 간단하게 부정하는 것은 타당하지 않다. 명백히 ‘당해 사건을 구성하는 저작물’에만 해당하고 ‘시사보도를 위한 과정에서 보이거나 들리는 저작물’이라고는 볼 수 없는 경우에 한하여 제26조의 적용을 부정하고 제28조의 인용에 관한 규정을 적용하여야 할 것이다. 그러한 경우에 해당하는 전형적인 사례로서는, 미술관의 회화가 도난당한 사건을 보도하면서 현재 도난당하여 현장에 없는 회화에 대한 과거의 영상을 보여 주는 경우를 들 수 있다.[92)]

나. 이용의 태양

본 조에 의한 이용의 태양으로서는 복제·배포·공연 또는 공중송신이 포함된다. 따라서 보도를 위한 소재로서 사진촬영을 하거나 테이프에 녹음하는 것, 필름에 녹화하는 것 등이 가능하며, 그 밖에 보도에 수반하여 신문 등의 인쇄물에 게재하거나, TV 또는 라디오로 방송하는 것, 영화 상영, 인터넷 언론매체를 통해 전송을 하는 것, 디지털음성송신(웹캐스팅) 등의 형태의 이용이 가능하다.[93)]

본 조는 “방송·신문 그 밖의 방법에 의하여 시사보도를 하는 경우”에 적용되는데, 이때 “그 밖의 방법”으로는 방송과 신문 외에 영화나 사진, 인터넷을 이용한 시사보도를 들 수 있다.

한 가지 문제로 되는 것은, 예를 들어 어느 유명 인사를 인터뷰하는 과정에서 그 사람의 배경에 미술작품이 걸려 있어서 TV 방송이나 사진 중에 그 그림이 필연적으로 보이게 되는 경우를 생각해 볼 수 있다. 이러한 경우는 그것이 본 조의 시사보도를 위한 이용에 해당할 수도 있겠지만 그 여부를 따지기에 전에 아예 저작물의 이용에 해당하지 않는다고

92) 이형하, 전게논문, 349면; 이해완, 전게서, 407면.

93) 加戶守行, 전게서, 280면.

보는 것도 한 방법이다. 즉, 주된 피사체의 배경에 어떤 저작물이 들어 있다고 하는 정도만으로는 저작물의 실질적인 이용이라고 할 수 없고, 그 정도의 이용행위에 대하여는 저작권이 작용하지 않는다고 보는 것이다. 그러나 그 배경에 있는 미술작품에 의식적으로 카메라의 초점을 맞추어 촬영하는 경우는 저작권이 미칠 수 있다. 이러한 의미에서 본다면 본조에서 사건 과정에서 나타나는 저작물이라고 하는 것은 저작물의 실질적 이용이라고 할 수 있는 경우를 말하는 것이고, 배경에 잠깐 나타나는 정도로서 크게 눈길을 끌지 못하는 정도라면 아예 저작물을 이용하는 것이 아니라고 보는 것이 옳다는 견해도 있다.[94)]

실제로 2006년 독일 월드컵 행사에 즈음하여 당시 저작권심의조정위원회(현 한국저작권위원회)에 조정신청이 제기된 사건 중, 어느 홈쇼핑 업체에서 FIFA 월드컵 공식 후원제품인 디지털카메라를 선전하는 쇼호스트가 미술저작물인 'Be the Reds'가 그려진 붉은 티셔츠를 입고 나와 방송된 것이 'Be the Reds'에 대한 저작권을 침해한 것인지 여부가 문제로 된 사례가 있었다. 이러한 경우 역시 'Be the Reds' 저작물에 대한 실질적인 이용이 아니므로 저작권침해가 부정될 수 있다. 그렇지 않다면 TV 프로그램을 제작하는 방송사에서는 출연자들이 혹시 미술저작물에 해당할 수 있는 의상을 착용하지 않았는지(의상에 주로 사용되는 버버리 무늬나 닥스 무늬 같은 것은 미술저작물이 될 가능성이 있다), 화면 배경에 저작물에 해당할 만한 것들이 걸려있지는 않은지를 항상 주의 깊게 살펴야 한다는 것이 되는데, 이는 우리의 일상생활에 지나친 제약을 가하는 것이 되어 현실적으로도 맞지 않는다.

이러한 점이 고려되어 현행 저작권법은 제35조의3(부수적 복제 등) 규정을 신설하였다. 따라서 위에서 본 사례들의 경우에 제35조의3 규정에 따라 저작권침해의 책임이 면제될 수도 있을 것이다. 이에 관하여는 뒤에서 다시 살펴보기로 한다.

다. 정당한 범위

정당한 범위 내의 이용이어야 하므로 보도를 위하여 필요하고, 저작물의 본래적 이용과 충돌하지 않아야 한다. 따라서 시사보도에 사용하는 경우라도 취재를 기화로 의도적으로 취재대상의 배경에 등장하는 저작물에 초점을 맞추었다면 보도를 위한 정당한 범위 안에서의 이용이라고 할 수 없다. 예를 들어, 도난당한 미술작품을 보도하면서 그 미술작품을 고급 종이에 컬러로 크게 인쇄하여 감상용으로도 사용할 수 있도록 이용하는 것은 허용되지 않는다. 또한 보도 이외의 목적을 위하여 저작물을 이용하여서는 안 되므로, 가령 타인의 저작물이 포함된 장면을 보도가 끝난 뒤 비디오테이프에 수록하거나 화집(畵集) 등으로 만들어 시판하는 것은 허용되지 않는다.[95)] 본 조의 객체가 되는 저작물에는 미공표된

94) 상게서, 281면.

저작물도 포함되는데, 미공표저작물이 보도과정에서 보이거나 들리는 경우에는 저작자의 저작인격권인 공표권이 문제될 수 있다.[96] 본 조에 의하여 저작재산권이 제한되더라도 저작인격권에는 아무런 영향을 미치지 않기 때문이다(저작권법 제38조). 따라서 미공표저작물의 본 조에 의한 이용은 저작인격권에 의하여 상당히 제한을 받게 된다.

이용되는 저작물의 양에 있어서도 정당한 범위를 초과하여서는 아니 된다. 예를 들어 미술전람회를 방문한 유명인사의 동정을 보도하면서 그 전람회에 전시된 모든 작품을 방송한다거나, 한 작품만을 계속적으로 장시간 동안 방송한다면 정당한 범위를 초과하는 것이라고 보아야 한다. 이러한 의미에서 본 조에 해당하지 않는 예로서는, 야구 실황중계 또는 자선 음악회를 보도하면서 연주된 음악을 전부 들려주는 것과 같이 단순한 보도의 목적을 넘어서서 장시간에 걸쳐서 취미 또는 감상적인 목적으로 방송하는 것 등을 들 수 있다.[97]

라. 기 타

본 조에 의하여 저작물을 이용하는 경우에는 그 저작물을 번역하여 이용할 수 있으며(저작권법 제36조 제 2 항), 출처명시의 의무는 없다(제37조 제 1 항 단서).[98]

Ⅵ. 시사적인 기사 및 논설의 복제 등

1. 의 의

정치·경제·사회·문화·종교에 관하여 「신문 등의 진흥에 관한 법률」 제 2 조의 규정에 따른 신문 및 인터넷신문 또는 「뉴스통신진흥에 관한 법률」 제 2 조의 규정에 따른 뉴스통신에 게재된 시사적인 기사나 논설은 다른 언론기관이 복제·배포 또는 방송할 수 있다. 다만, 이용을 금지하는 표시가 있는 경우에는 그러하지 아니하다(저작권법 제27조). 본 조는 시사보도에 대한 사회적 요청에 부응하기 위하여 2006년 개정법에서 새로이 신설된 규정으로서, 신문이나 잡지에 게재된 정치·경제·사회·문화·종교에 관한 시사기사 및 논설을 보도의 형태로 이용하는 것을 허용하는 것이다.

95) 이형하, 전게논문, 349-350면.
96) 이형하, 전게논문, 350면.
97) 加戶守行, 著作權法 逐條講義, 四訂新版, 社團法人 著作權情報センター, 279면.
98) 일본 저작권법의 경우에는, 시사보도를 위한 이용에 있어서 출처를 명시하는 관행이 있는 때에는 그 출처를 명시하여야 한다고 규정하고 있다(일본 저작권법 제48조 제 1 항 제 3 호).

시사적인 기사나 논설은 널리 국민에게 배포되어 국민의 여론형성에 기여할 필요가 있고, 그 원활한 흐름은 국민의 알권리를 충족시킨다. 따라서 시사정보는 원활히 국민에게 전달될 수 있어야 한다. 베른협약 제10조의2 제 1 항에서도 명시적인 이용금지가 없는 한 시사기사 등의 전재는 동맹국의 입법에 따른다고 규정하고 있으며,[99] 일본 및 독일도 이와 유사한 규정을 두고 있다. 저작권법은 2006년 개정법에서 이러한 국제적인 경향을 반영하여 본 조를 신설하였다.

2. 요 건

가. 대상 저작물

신문 등의 진흥에 관한 법률에 따른 '신문'이란, 정치·경제·사회·문화·산업·과학·종교·교육·체육 등 전체 분야 또는 특정 분야에 관한 보도·논평·여론 및 정보 등을 전파하기 위하여 같은 명칭으로 월 2회 이상 발행하는 간행물로서, ① 정치·경제·사회·문화 등에 관한 보도·논평 및 여론 등을 전파하기 위하여 매일 발행하는 간행물인 '일반일간신문', ② 산업·과학·종교·교육 또는 체육 등 특정 분야(정치를 제외한다)에 국한된 사항의 보도·논평 및 여론 등을 전파하기 위하여 매일 발행하는 간행물인 '특수일간신문', ③ 정치·경제·사회·문화 등에 관한 보도·논평 및 여론 등을 전파하기 위하여 매주 1회 발행하는 간행물(주 2회 또는 월 2회 이상 발행하는 것을 포함한다)인 '일반주간신문', ④ 산업·과학·종교·교육 또는 체육 등 특정 분야(정치를 제외한다)에 국한된 사항의 보도·논평 및 여론 등을 전파하기 위하여 매주 1회 발행하는 간행물(주 2회 또는 월 2회 이상 발행하는 것을 포함한다)인 '특수주간신문'을 포함하는 개념이다.[100]

'인터넷신문'이란 컴퓨터 등 정보처리능력을 가진 장치와 통신망을 이용하여 정치·경제·사회·문화 등에 관한 보도·논평 및 여론·정보 등을 전파하기 위하여 간행하는 전자간행물로서 독자적 기사 생산과 지속적인 발행 등 대통령령으로 정하는 기준을 충족하는 것을 말한다.[101] 2005년 7월 시행된 '신문등의 자유와 기능보장에 관한 법률'(현행 '신문등의 진흥에 관한 법률', 법률 제9974호)에서 기존의 정기간행물 외에 인터넷 신문도 새로이 언론매

99) 베른협약 제10조의2 제 1 항은, "경제·정치 또는 종교적인 시사문제에 관하여 신문이나 정기간행물에 발행된 기사 및 같은 성격의 방송저작물이 언론에 의하여 복제되거나, 방송되거나, 유선으로 공중에 전달되는 것을 허용하는 것은 그 복제, 방송 또는 전달이 명시적으로 유보되지 아니한 경우에 동맹국의 입법에 맡긴다. 다만, 출처는 항상 분명히 표시되어야 한다. 이 의무의 위반에 따른 법적 효과는 보호가 주장되는 국가의 입법에 따라 결정한다"고 규정하고 있다.

100) 신문 등의 진흥에 관한 법률 제 2 조 제 1 호.

101) 같은 법 제 2 조 제 2 호.

체의 일종으로 포섭한 점을 고려하여 본 조 규정이 적용되는 대상으로 인터넷 신문을 포함하도록 한 것이다.[102)]

뉴스통신진흥에 관한 법률에 의하면 '뉴스통신'이란 「전파법」에 따라 무선국(無線局)의 허가를 받거나, 그 밖의 정보통신기술을 이용하여 외국의 뉴스통신사와 뉴스통신계약을 체결하고 국내외의 정치·경제·사회·문화·시사 등에 관한 보도·논평 및 여론 등을 전파하는 것을 목적으로 하는 유무선을 포괄한 송수신 또는 이를 목적으로 발행하는 간행물을 말한다.[103)]

따라서 본 조에 의하여 이용대상이 되는 저작물은 이상에서 본 신문, 인터넷신문 또는 뉴스통신에 게재된 것만 포함되며, 잡지에 게재된 저작물은 제외된다. '잡지'란, 정치·경제·사회·문화·시사·산업·과학·종교·교육·체육 등 전체분야 또는 특정분야에 관한 보도·논평·여론 및 정보 등을 전파하기 위하여 동일한 제호로 월 1회 이하 정기적으로 발행하는 책자 형태의 간행물을 말한다.[104)] 결국 신문과 잡지를 구별하는 가장 기본적인 기준은 월 1회 이하 발행되는 것인지, 월 2회 이상 발행되는 것인지에 달려 있다고 할 수 있다.

또한 본 조에 의하여 자유이용할 수 있는 기사나 논설은 신문 등 정기간행물, 인터넷 신문 또는 뉴스통신에 '게재'(揭載)된 것이어야 한다. 따라서 유선이나 무선으로 '방송'된 기사나 논설은 본 조에서 허용하는 대상이 아니다. 방송의 경우 매 프로그램마다 이용을 금지하는 표시를 나타내기 어렵고, 정확히 동일한 내용으로 복제하는 것도 어렵다는 현실적인 이유 때문에 일단 2006년 개정법에서는 방송의 시사보도 내용에 대한 전재규정의 도입은 유보한 것이다.

이처럼 잡지에 게재되거나 방송된 저작물이 본 조에 의한 자유이용의 대상에서 제외되고 있는데, 이 두 가지 중요한 언론매체가 포함되지 않은 것은 본 조의 취지를 크게 약화시킨다는 비판이 있다.[105)]

한편, 본 조에 따라 저작물을 이용하는 경우에는 저작권법 제36조 제 2 항에서 그 저작물을 번역하여 이용할 수 있다고 규정하고 있는 점에 비추어 볼 때 외국 언론사의 기사나 논설도 번역하여 전재할 수 있다고 해석된다.[106)]

---

102) 신문등의진흥에관한법률 제 2 조 제 2 호는, '인터넷신문'이란 "컴퓨터 등 정보처리능력을 가진 장치와 통신망을 이용하여 정치·경제·사회·문화 등에 관한 보도·논평 및 여론·정보 등을 전파하기 위하여 간행하는 전자간행물로서 독자적 기사 생산과 지속적인 발행 등 대통령령으로 정하는 기준을 충족하는 것을 말한다"고 정의하고 있다.

103) 뉴스통신진흥에 관한 법률 제 2 조 제 1 호.

104) 잡지 등 정기간행물의 진흥에 관한 법률 제 2 조 제 1 호 가목.

105) 임원선, 전게서, 196면; 이해완, 전게서, 410면.

106) 심동섭, "개정 저작권법 해설", 계간 저작권, 저작권심의조정위원회, 2006년 겨울호, 53면.

본 조에 의하여 복제·배포 또는 방송에 의한 이용이 허용되는 기사 및 논설은 정치·경제·사회·문화·종교에 관한 시사적인 것이어야 한다. 그러나 대부분의 시사문제는 넓게 보면 정치·경제·사회·문화·종교의 어느 하나에 걸리지 않는 것이 거의 없을 것이기 때문에, 이 요건을 엄격한 의미로 해석할 것은 아니다. 결국 게재된 시점에서 정치·경제·사회·문화·종교 등에 관한 거의 모든 문제가 이에 해당한다고 이해하여도 좋을 것이다. 또한 시사적인 기사 및 논설이 되기 위해서는 최근의 사건에 관한 것이어야 할 것이지만, 과거의 사건에 관한 것이라 하더라도 그것이 최근의 사회상황과 관련이 있는 것이라면 본 조에 해당한다고 볼 수 있다.[107] 규정 자체만 보아서는 명백하지 않지만, 언론기관 상호간의 전재(轉載)를 허용하고자 한 규정 취지에 비추어 볼 때, 언론사 내부인이 아니라 외부의 기고자(寄稿者)가 작성한 저작물은 본 조의 적용대상에서 제외되는 것으로 보아야 한다는 것이 다수설이다.[108]

일본의 경우도 본 조와 유사한 규정을 두고 있지만, 일본 저작권법에서는 시사문제에 관한 '논설'만이 본 조의 대상으로 되고, 단순한 '기사'는 본 조의 대상이 아니다.[109] 따라서 일본의 경우에는 본 조에 해당하기 위해서는 신문의 사설이나 잡지의 권두언과 같이 언론기관으로서의 주의주장이나 제언을 전개하고 있는 논설일 것을 요구하며, 단순한 시사문제에 관한 해설이나 기사는 이에 해당하지 않는다. 또한 일본 저작권법에서는 논설이라 하더라도 학술적인 성격을 가지는 것은 본 조의 대상에서 제외하고 있다. 이는 대학교수나 평론가 등이 신문이나 잡지에 기고한 시사평론과 같은 저작물은, 집필자가 학문적인 입장에서 각종 분석을 통하여 시사문제에 관한 비판을 가하고 있는 것으로서 학술적 성격을 가지는 것이 있으며, 그러한 저작물은 자유롭게 전재를 허용할 수 있는 성격의 저작물이 아니라는 점을 고려한 것이다. '게재'된 것이 아니라 '방송'된 시사적인 기사 및 논설을 본 조의 적용대상에서 제외하고 있는 점은 일본의 경우도 우리와 같다. 이러한 점에서 본다면 우리 저작권법이 일본 저작권법보다 본 조의 적용대상에 있어서는 훨씬 더 넓게 포괄적으로 규정하고 있다.

나. 이용의 주체

본 조에 의한 자유이용을 할 수 있는 주체는 다른 언론기관이다. 언론기관만이 주체로 규정되어 있으므로 일반 국민들이 개인적으로 전재하는 것은 여기에 해당되지 않는다. 법

107) 加戶守行, 전게서, 273면.
108) 서달주, 한국저작권법, 박문각(2007), 283면; 이해완, 전게서, 411면.
109) 일본 저작권법 제39조 제 1 항.

률상 '언론기관'에 포함되는 것에는 텔레비전 및 라디오 방송사, 신문사업자, 잡지 등 정기간행물 사업자, 뉴스통신사업자, 인터넷언론사 등이 있다. 일반 출판사는 포함되지 않으므로 출판사가 특정한 목적으로 기사나 논설을 편집하여 책으로 출판하는 것은 본 조의 적용대상이 아니다.[110)]

다. 이용금지의 표시가 없을 것

이용하고자 하는 기사 및 논설에 이용을 금지하는 표시가 있는 경우에는 본 조가 적용되지 않는다(저작권법 제27조 단서). "이용을 금지하는 표시"라고 하고 있으므로, 당해 기사나 논설에 '전재금지'(轉載禁止)와 같은 표시가 붙어 있다면 이에 해당한다고 보아야 할 것이다. 일본에서는, 그러한 표시가 명확히 붙어 있지 않다고 하더라도 집필자의 서명이 들어가 있는 기사의 경우에는 전재를 금지하는 취지가 포함된 것으로 해석·운용하여 온 것이 종래의 관행이라고 하면서, 그러한 점에 비추어 집필자의 서명은 전재를 금지하는 취지의 표시로 취급하는 것이 타당하다는 해석이 있다.[111)] 또한 단순히 '전재금지'(轉載禁止)라고만 표시되어 있는 경우 이를 엄격히 해석하면 '전재'(轉載)만을 금지한다는 것이므로, 게재가 아니라 방송을 하는 경우에 대하여는 금지 표시가 없는 것이고 결국 허용되는 것이 아닌가 하는 의문이 있다. 그러나 표시의 취지에 비추어 볼 때 신문이나 잡지에 게재하는 것과 방송하는 것을 구별하여 취급할 이유는 없으므로, '전재금지'의 표시가 있으면 방송의 경우도 금지의 표시가 있는 것으로 해석함이 상당하다.[112)]

금지 표시가 저작물의 어느 장소에 되어 있어야 하는지도 문제이다. 신문 1면 첫머리나 잡지의 권말에 일괄하여 전재금지 표시를 하는 것만으로는 그 표시가 신문이나 잡지 전체에 대한 저작권을 주장하는 취지인지, 아니면 그 신문이나 잡지에 실린 전체 기사 또는 논설의 전재를 금지하는 표시인지가 불명확하다. 그러한 표시만으로는 본 조의 이용금지 표시라고 보기 어렵다고 한다. 따라서 각각의 기사나 논설마다 이용금지의 표시를 하는 것이 필요하다는 견해가 있다.[113)] 그러나 그렇게 될 경우 성명표시권을 지나치게 강조할 때 생길 수 있는 폐해와 유사한 문제가 발생할 가능성이 있으므로 향후의 관행 등을 고려하여 신중하게 판단해야 할 것이라는 취지의 견해가 설득력을 얻고 있다.[114)]

저작물의 속표지 등에 흔히 표시되는 ⓒ표시 또는 '모든 권리 유보'(all rights reserved)

110) 이해완, 전게서, 411-412면.
111) 加戸守行, 전게서, 274면.
112) 상게서, 274면.
113) 상게서, 274면.
114) 임원선, 전게서, 196면; 이해완, 전게서, 412면.

표시는 이 규정에서 말하는 이용을 금지하는 표시에 해당하지 않는다고 본다. 이용을 금지하는 표시란 일반적인 의미에서의 이용 금지가 아니라, 본 조 규정에 의한 이용 금지를 뜻하는 것으로 보아야 하기 때문이다. 일반적인 이용이라면 그것은 바로 저작권 보호를 의미하는 것으로서 저작물인 이상 당연한 것이고 따라서 본 조의 단서에 해당하는 표시라고 보기 어렵다. 과거에 미국이 저작물의 성립과 관련하여 방식주의를 취하고 있던 시대에 무방식주의와 방식주의 사이의 타협의 산물인 ⓒ표시 또는 '모든 권리 유보'(all rights reserved) 표시는 미국이 방식주의를 사실상 포기한 현재에 있어서는 실제 법적인 의미는 크지 않다. 다만, 저작자 또는 저작재산권자가 저작권을 포기하지 않았으며, 침해자에 대하여는 권리를 행사할 수 있다는 의사표시로서 다분히 형식적·소극적 의미를 가질 뿐이다. 따라서 이러한 표시를 본 조에서 말하는 이용을 금지하는 표시로 해석하기에는 무리가 있다.[115)]

3. 효 과

이상의 요건을 충족하면 신문 등 정기간행물, 인터넷 신문 또는 뉴스통신에 게재된 시사적인 기사나 논설을 다른 언론기관이 복제·배포 또는 방송할 수 있다. 즉, 본 조에 의하여 허용되는 자유이용의 방법은 '복제·배포 또는 방송'에 한한다. 전형적인 이용태양으로서는 어느 신문에 게재된 시사기사를 다른 신문이 전재하는 것을 들 수 있다.

허용되는 행위로는 복제·배포 및 방송이 있으며, 전송은 여기서 제외되고 있다. 전송까지 허용하게 되면 시사적인 기사나 논설의 보도적 이용행위뿐만 아니라 정보제공 서비스적 행위까지 허용될 우려가 있기 때문이다. 즉, 시사적인 기사나 논설의 데이터베이스를 제작하고자 할 경우에는 해당 기사나 논설에 대하여 복제권을 가지고 있는 자의 허락이 필요한데, 본 조에서 전송의 경우를 허용하게 되면 복제를 거치지 않고 시사적인 기사나 논설이 실린 지면을 그대로 영상으로 전송하는 것이 가능해져서 복제권자의 경제적 권리를 심각하게 손상케 할 우려가 있다. 그리하여 본 조에서는 보도적인 형태로서의 복제·배포 및 방송만을 허용하고 전송의 경우는 이를 제외한 것이다.

본 조는 외국의 시사적인 기사 및 논설에 대하여도 이용이 담보되어야 그 실효성이 있으므로 제36조 제 2 항에서 본 조의 규정에 의하여 저작물을 이용하는 경우에는 그 저작물을 번역하여 이용할 수 있다고 규정하고 있다. 아울러 베른협약 제10조의2 제 1 항에서 전재기사에 대한 출처표시 의무를 강제하고 있으므로 저작권법은 본 조에 의하여 저작물을 이용하는 자는 그 출처를 명시하여야 함을 규정하고 있다(제37조 제 1 항).

115) 임원선, 전게서, 224면.

Ⅶ. 공표된 저작물의 인용

1. 개 설

가. 의 의

공표된 저작물은 보도·비평·교육·연구 등을 위하여는 정당한 범위 안에서 공정한 관행에 합치되게 이를 인용할 수 있다(저작권법 제28조). 인용이란 자기의 논문 중에 자기가 주장하는 학설을 뒷받침하기 위하여 타인의 논문 일부를 빌려 온다든가, 소설 작품 속에 타인의 시문(詩文) 등을 이용하는 것과 같이 자기의 저작물 중에 타인의 저작물을 "끌어다가 이용"하는 것을 말하며, 그런 의미에서 특별히 '이용'(利用)이라는 용어 대신 '인용'(引用)이라는 용어를 사용한 것이다. 인용은 citation과 quotation의 두 가지 용어로 표현할 수 있는데, 영미법 용어사전인 Black's Law Dictionary에서는 citation이란 "주어진 입장을 입증하거나 반박하기 위하여 판례나 법령, 또는 문헌과 같이 법적 선례나 전거(典據)에 관하여 언급하는 것"이라고 하고, quotation은 "서술이나 구절의 출처를 밝히고 재제(再製)하면서 언급하는 것"을 말한다고 설명한다. 전자가 문헌 등을 인용한 특정 부분, 즉 문헌의 권·호·발행연도와 면수를 나타내는 것이라면, 후자는 문헌으로부터 특정한 기재내용을 취하여 이용하는 것을 가리킨다.[116] 저작권과 관련해서 '인용'이란 저작자 자신의 견해를 논증하거나 명확히 나타내기 위하여 또는 다른 저작자의 견해를 정확하게 언급하기 위하여 다른 저작물로부터 상대적으로 짧은 구절을 끌어다 이용하는 것을 말한다고 정의한다.[117]

원래 인용은 타인의 저작물을 복제하는 것과 다름이 없어 원저작물의 저작재산권에 대한 침해가 될 것이지만, 새로운 문화발전을 위하여 필요불가결한 것이므로 공익과의 조화라는 관점에서 자유로운 이용을 허용하는 것이다. 학문과 예술을 비롯한 문화 및 관련 산업의 발전이라고 하는 저작권법의 근본 목적은 타인이 앞서 이루어 놓은 학문과 예술 등의 문화유산을 바탕으로 이를 끊임없이 비교·검토하고 비평함으로써 이루어질 수 있는 것이고, 이를 위해서는 타인의 선행 저작물을 일정한 요건 아래 인용하는 것을 허용할 필요가 있다. 인용은 어문저작물에만 한정되는 것은 아니며, 영화·라디오·TV 프로그램 등에서도 인정될 수 있다.[118]

여기서 '인용'(引用)이라고 하는 것은 타인이 자신의 사상이나 감정을 표현한 저작물을

---

116) Black's Law Dictionary, 7th ed. West Group, 1999, p.236, p.1293; 박성호, 전게서, 531면.

117) WIPO Glossary of Terms of the Law of Copyright and Neighboring Rights, WIPO, 1980, p.213; 박성호, 전게서, 531면.

118) 하용득, 전게서, 184면.

그 표현 '그대로' 끌어다 쓰는 것을 말한다. 인용을 하면서 약간의 수정이나 변경을 하였다 하더라도 인용되는 저작물의 기본적 동일성에 변함이 없고, 그 표현의 본질적 특성을 그대로 감득할 수 있다면 역시 인용이라고 보아야 할 것이다. 저작권법 제28조의 인용규정이 적용되는 것은 타인의 저작물의 표현을 인용한 경우이다. 타인의 사상이나 감정 그 자체는 저작권법의 보호를 받지 못하는 아이디어에 해당하므로, 저작자가 독점·배타권을 행사할 수 없고 누구라도 자유로이 이용할 수 있는 것이기 때문이다. 따라서 타인의 저작물을 보고 거기에 나타난 사상과 감정을 소화하여 자신의 표현으로 나타내었다면 이는 인용이 아니라 독자적인 저작이라고 할 것이다.

제28조 규정에서, 보도·비평·교육·연구 '등'이라고 하고 있으므로 이는 제한적이 아니라 예시적 규정이다.

제28조에 의하여 타인의 저작물의 자유이용이 허용되는 것은 정당한 범위 안에서 공정한 관행에 합치되는 경우로 한정된다. 이러한 한정은 베른협약 1967년 스톡홀름 개정규정 제10조 제 1 항에서 유래된 것으로, 인용이 허용되기 위해서는 '공정한 관행'(fair practice)에 합치되고 '목적상 정당한 범위 안에서'(their extent does not exceed that justified by purpose) 이루어져야 한다고 규정하고 있다.[119] 인용은 문학, 학술, 예술 등 모든 문화 분야에 걸쳐 널리 행하여지는 행위로서 저작재산권자의 이익을 해칠 우려가 크므로, 특별히 허용요건을 엄격하게 정하고 있는 것이다. 그러나 그 요건이 상당히 추상적인 문구로 되어 있어 명백한 기준을 제공하고 있다고는 볼 수 없고, 결국은 구체적인 사례가 문제로 되었을 때 법원의 판단에 최종적으로 일임되어 있다고 할 것이다. 다만 앞서 I. 서설 부분에서 본 미국 저작권법 제107조가 규정하고 있는 판단기준들은 우리 저작권법 제28조를 해석함에 있어서도 상당한 도움이 될 수 있다.

나. 입법례 및 연혁

(1) 입법례

미국 저작권법은 저작재산권 제한에 관하여 개별적인 규정을 두는 대신 제107조에서 '공정이용'(fair use)에 관한 일반규정을 두고 있다. 그리하여 비평, 논평, 시사보도, 교수(학습용으로 다수 복제하는 경우를 포함), 학문, 또는 연구 등의 목적을 위하여 저작물을 복제 그 밖의 방법으로 이용하는 경우를 포함하여 공정이용하는 것은 저작권침해가 되지 않는다고

119) 베른협약 제10조 제 3 항은 인용을 하는 경우에는 출처를 명시하여야 한다고 규정하고 있는데, 출처명시의무가 인용의 요건인지 여부, 즉 출처명시의무를 위반하였을 때 인용 자체가 부적법하게 되는지 여부는 명확하지 않다. 출처명시의무를 위반하였을 때 인용이 부적법하게 될 것을 동맹국의 의무로 하고 있는 것은 아니라는 것이 일반적인 해석이다.

규정한다. 그러면서 구체적인 경우에 어떤 저작물의 이용이 공정이용이냐의 여부를 결정함에 있어서는 (1) 그 이용이 상업적 성질의 것인지 또는 비영리적 교육목적을 위한 것인지 등 이용의 목적과 성격, (2) 보호되는 저작물의 성격, (3) 이용된 부분이 보호되는 저작물 전체에서 차지하는 양과 상당성, (4) 그 이용이 보호되는 저작물의 잠재적 시장이나 가치에 미치는 영향 등 4가지 요소를 참작하여야 하며, 이러한 요소를 참작하여 내려지는 결정인 경우에 저작물이 미발행되었다는 사실 자체는 공정이용이라는 결정을 방해하지 못한다고 규정하고 있다. 이 규정은 약 150년에 걸쳐 판례에 의하여 확립된 법리를 1976년 저작권법에서 명문화 한 것이다.

독일 저작권법은 제51조에서, "다음 각 호의 경우에는 그 목적상 필요한 범위 내에서 복제, 배포 또는 공중에 대한 재생이 허용된다. (1) 개개의 저작물을 그 발행 후에 독립된 학술저작물 중에서 그 내용을 설명하기 위하여 수록하는 경우, (2) 저작물의 부분을 그 공표 후 독립된 어문저작물 중에 인용하는 경우, (3) 발행된 음악저작물의 일부분을 독립된 음악저작물 중에 인용하는 경우"라고 규정하고 있다. 독일 저작권법은 피인용저작물이 이용되는 인용저작물의 종류를 학술저작물, 어문저작물 및 음악저작물로 한정하고 있다는 점, 인용저작물은 피인용저작물과 독립된 저작물일 것을 요건으로 명시하고 있다는 점이 특색이다.

일본 저작권법은 제32조 제 1 항에서, "공표된 저작물은 인용하여 이용할 수 있다. 이 경우에 그 인용은 공정한 관행에 합치하는 것이어야 하고, 보도, 비평, 연구 기타 인용의 목적상 정당한 범위 내에서 행해지는 것이어야 한다"고 규정하고 있어, 우리 저작권법과 거의 유사한 내용으로 되어 있다.

(2) 연 혁

우리나라 최초의 저작권법인 1957년 저작권법은 제64조(비침해행위)에서 "이미 발행된 저작물을 다음 방법에 의하여 복제하는 것은 이를 저작권침해로 보지 않는다"고 규정하면서, 그 제 2 호에서 "자기의 저작물 중에 정당한 범위 내에 있어서 절록인용하는 것"을 들고 있었다. '절록인용'(節錄引用)이란 자기의 저작물 중에 타인의 저작물을 '알맞게 줄여서' 일부만을 인용한다는 의미이다. 이는 타인의 저작물을 정당한 범위 내에서 자유롭게 자기의 저작물 중에 절록인용하는 것을 허용한다는 일본 구 저작권법 제30조 제 1 항 제 2 호를 답습한 것으로 보인다. 이 규정과 관련하여 일본 최고재판소는 "구 일본 저작권법 제30조 제 1 항 제 2 호에서의 인용이라 함은, 소개, 참조, 논평 그 밖의 목적으로 자기의 저작물 중에 타인의 저작물을 원칙적으로 일부를 수록하는 것"으로 해석하였다.[120]

그 후 우리 저작권법은 1986년 개정 저작권법(법률 제3916호) 제25조(공표된 저작물의 인용)에서 "공표된 저작물은 보도·비평·교육·연구 등을 위하여는 정당한 범위 안에서 공정한 관행에 합치되게 이를 인용할 수 있다"라고 규정함으로써 현재와 같은 내용으로 개정되었고, 이 규정이 현행 저작권법에 이르기까지 조문 번호만 바뀌어 그대로 유지되고 있다.

2. 요 건

가. 공표된 저작물

제28조에 의하여 인용할 수 있는 것은 공표된 저작물에 한한다.[121] 공표된 저작물이라면 반드시 어문저작물에만 한정되지 않고, 영상저작물이나 음악, 미술저작물 등 저작물의 종류에 관계없이 제28조의 적용대상이 된다.

나. 보도·비평·교육·연구 등을 위한 인용일 것

(1) 보도·비평·교육·연구 등의 목적

인용하는 목적이 보도·비평·교육·연구 등을 위한 것이어야 한다. 여기서 보도·비평·교육·연구 '등'이라고 하고 있으므로 이는 제한적이 아니라 예시적 규정이다. 따라서 여기에 나열된 네 가지 목적에 한정되지 아니하고 다른 목적도 포함될 수 있겠지만, 본 조의 취지가 새로운 문화발전을 위하여 공익과의 조화라는 관점에서 자유로운 이용을 허용하는 것이므로, 새로운 문화발전과 무관하거나 그에 비추어 정당화될 수 없는 것이라면 본 조에

120) 일본 최고재판소 55. 3. 28.(民集 34권 3호 244면) - 이른바 '사진 패러디' 사건 제1차 최고재판소 판결.

121) 서울고등법원 1995. 5. 4. 선고 93나47372 판결(확정): 이미 실시된 토플시험문제를 입수하여 피고가 토플시험 대비용 문제집을 발간한 사안에 관한 판결이다. 피고는 이 문제집이 공표된 시험문제를 인용한 것이라고 항변하였으나 법원은, "공표란 저작물을 공연, 방송 또는 전시 그 밖의 방법으로 일반 공중에게 공개하는 경우와 저작물을 발행하는 경우를 말하는데(개정 전 저작권법 제 2 조 제17호), 원고는 토플시험 응시생들에게 문제지의 소지, 유출을 허용하지 아니하고 그대로 회수함으로써 시험문제들이 공중에게 공개되는 것을 방지하고 있고, 시험이 시행된 후에 원고 자체의 판단에 따라 재사용여부나 공개여부, 공개 시기 등을 별도로 결정하고 있으므로, 이러한 사정 아래에서 제한된 범위의 응시생들이 토플 시험을 치르는 행위만으로는 이를 공표라 할 수 없다"라고 하여 피고의 항변을 배척하였다. 이 판결에 대하여는, 시험 시행기관의 입장에서 볼 때 응시생들에게 시험문제지를 나누어 준 것은 응시생들이 최소한 특정다수인이라고 볼 경우 공중에게 저작물의 복제물을 대여한 것에 해당하므로 '배포'의 개념에 해당하고(저작권법 제 2 조 제23호), 나아가 저작물을 공중의 수요를 충족시키기 위하여 공중에게 배포하는 행위, 즉 '발행'에도 해당하는 것으로 보아야 할 것인데(저작권법 제 2 조 제24호), 이는 결국 저작물을 발행하는 경우로서 '공표'의 개념에 해당하는 것으로 보아야 할 것(저작권법 제 2 조 제25호)이므로, 법적인 관점에서 보면 공표한 것에 해당한다고 보는 것이 타당하다는 견해가 있다(이해완, 전게서, 414-415면).

의한 공정이용으로 인정되기 어려울 것이다. 즉, 본 조에 나열된 네 가지 목적과 전혀 취지와 성질을 달리 하는 것, 예를 들어 단순히 저작에 소요되는 시간과 노력을 절약하기 위하여 타인의 저작물을 이용하거나, 자신의 저작물을 아름답게 꾸며서 독자의 호기심을 자극하기 위한 장식용으로 타인의 저작물을 표지 등에 이용하거나, 대중에게 잘 알려진 타인의 저작물을 이용하여 자신의 저작물의 상품가치를 높이려는 것 역시 본 조가 허용하는 인용의 목적이라고 할 수 없다. 영리를 위한 상품광고에 특별한 관련성도 없는 타인의 저작물을 이용하는 것이 그 전형적인 사례가 될 수 있다.[122)]

서울중앙지방법원은 여행알선업 등을 하는 자가 다른 여행안내서에 기재되어 있는 내용을 자신의 인터넷 홈페이지에 그대로 베끼어 게재하는 한편, 이를 다른 여행사의 인터넷 사이트에도 제공한 사건에서, "여행안내서의 일부를 베낀 목적은 홈페이지 게재 자료를 작성하는 시간과 노력을 절약하기 위한 것으로 봄이 상당하여 보도, 비평 등과 상관없다 할 것이고, 출처가 원저작물(인용된 저작물)이라는 것을 명시하지 않아 인용방법도 공정한 관행에 합치되지 않는다고 할 것이므로, 저작권법상 허용되는 인용이라고 볼 수 없다"고 판시하였다.[123)]

즉, 여기서 '등'이라는 용어를 사용하고 있으므로 인용의 목적을 예시적으로 규정한 것이라고 보아야 하겠지만, 그렇다고 하여 인용하는 목적은 어떤 경우라도 상관이 없다는 것은 아니다. 보도·비평·교육·연구의 분야는 전통적 일반관념에 비추어 볼 때 사회의 다른 분야에 비하여 상대적으로 영리성이 낮고 공익적 성격이 강한 분야로서, 저작권법의 궁극적인 목적인 문화의 향상발전에 기초적이고도 필수적인 역할을 하는 분야라고 할 수 있다. 따라서 본 조에서 '등'이라고 하고 있는 것은 그 앞에 나오는 보도·비평·교육·연구 목적과 성격적으로 대등하거나 적어도 부분적으로는 어느 정도의 관련성 또는 유사성을 가질 수 있는 목적을 지칭하는 것으로 해석함이 타당하다.

(2) 비영리성의 요부

그러나 그렇다고 하여 본 조의 인용이 반드시 비영리적인 목적을 위한 것이어야 하는 것은 아니다. 우리 저작권법상 저작재산권에 대한 제한규정 중 '비영리'를 요건으로 하는 경우에는 반드시 '비영리'를 법문에서 명시하고 있다. 예를 들어, 저작권법 제29조의 "영리를 목적으로 하지 아니하는 공연·방송", 제30조(사적이용을 위한 복제)에서의 "영리를 목적으

122) 이형하, 전게논문, 354면.

123) 서울중앙지방법원 2003. 5. 30. 선고 2001가합64030 판결; 서울대학교기술과법센터, 저작권법주해, 박영사, 2007, 511면에서 재인용.

로 하지 아니하고 개인적으로 … "라는 규정, 제32조(시험문제로서의 복제)에서의 "다만, 영리를 목적으로 하는 경우에는 … "라는 규정, 제33조(시각장애인 등을 위한 복제 등)에서의 "영리를 목적으로 하지 아니하고 시각장애인 등의 이용에 … "라는 규정 등이 그러하다.

이에 비하여 제28조는 '영리목적' 여부를 명시적으로 언급함이 없이 '보도·비평·교육·연구 등'이라고만 행위 유형을 예시하고 있을 뿐이다. 따라서 '비영리성'은 요건이 아니다. 사실상 오늘날에 있어서 보도·비평·교육·연구 등의 행위 유형도 대부분 어느 정도 영리성을 가지지 않을 수 없으므로(예를 들어, 각종 신문사나 방송사를 비롯한 언론사, 직업적인 비평가들, 사설 교육기관이나 연구기관 등), 영리목적의 인용이 인용의 목적상 정당한 범위에 속하지 않는다고 한다면 저작권법 제28조는 순수 학술논문에서의 인용 외에는 거의 적용될 여지가 없어진다고 할 것이다.

저작권법 제28조의 인용에 해당하기 위해서 반드시 비영리 목적을 위한 인용이라야 하는 것은 아니므로, 상업적인 광고에 타인의 저작물을 인용하는 것도 경우에 따라서는 본 조에 의한 공정이용으로 허용될 가능성이 있다. 특히 '비평'의 요소를 포함한 '비교광고' 또는 '패러디 광고'의 경우에는 이 규정에 의한 자유이용이 인정될 가능성이 상대적으로 많겠지만, 반드시 그것에 한정되는 것이라고 말할 수는 없다.[124] 그러나 인용의 목적이 영리성을 추구하는 것인 때에는 비영리 목적을 위한 인용의 경우에 비하여 자유이용이 허용되는 범위를 좁게 해석하는 것은 타당하고 또 필요하다.

대법원 1997. 11. 25. 선고 97도2227 판결('대입 본고사 입시문제' 사건 판결)은 국내 출판사가 "95년 대학별 고사 국어"라는 제목의 대학입시용 문제집을 제작함에 있어서, 학교 법인 등이 저작권을 가지는 대학입시 문제의 질문과 제시된 답안을 그대로 베낀 사건에서, "(저작권법 제28조의) 정당한 범위 안에서 공정한 관행에 합치되게 인용한 것인가의 여부는 인용의 목적, 저작물의 성질, 인용된 내용과 분량, 피인용저작물을 수록한 방법과 형태, 독자의 일반적 관념, 원저작물에 대한 수요를 대체하는지 여부 등을 종합적으로 고려하여 판단하여야 할 것이고, 이 경우 반드시 비영리적인 이용이어야만 교육을 위한 것으로 인정될 수 있는 것은 아니라 할 것이지만, 영리적인 교육목적을 위한 이용은 비영리적 교육목적을 위한 이용의 경우에 비하여 자유이용이 허용되는 범위가 상당히 좁아진다"고 판시하였다. 나아가 이 사건의 경우 피고인은 대학입시용 문제집을 제작함에 있어서 개개의 문제의 질문을 만들기 위하여 그 질문의 일부분으로서 대학입시문제를 인용한 것이 아니라, 대학입시문제의 질문과 제시된 답안을 그대로 베꼈고, 이로써 문제집의 분량을 상당히 늘릴 수 있

124) 서울대학교 기술과법센터, 전게서, 511면(김기영 집필 부분); 임원선, 전게서, 226면; 이해완, 전게서, 416면.

었으며, 특히 위 대학입시용 문제집에 학교법인들이 저작권을 갖는 본고사 문제를 전부 수록함으로써 본고사 문제에 대한 일반 수요자들의 시장수요를 상당히 대체하였다고 할 것이므로, 이와 같은 인용을 가리켜 교육을 위한 정당한 범위 안에서의 공정한 관행에 합치되는 인용이라고는 볼 수 없다고 하였다.[125)]

이와 같이 영리적 이용의 경우에는 비영리적 이용의 경우에 비하여 자유이용이 허용되는 범위가 상당히 좁아진다는 취지는 그 후 대법원 2014. 8. 26. 선고 2012도10786 판결 등에서도 이어지고 있다.

다. 정당한 범위 내일 것

(1) 개 관

정당한 범위 내인가 아닌가는 사실문제로서 각각의 경우에 따라 결정하여야 할 것이므로 사회통념에 의하되, 인용되는 분량, 내용상의 주종(主從)의 구분, 저작물의 형태, 이용목적 등에 따라 개별적·구체적으로 판단하여야 한다. 최종적으로는 법원의 판단에 맡길 수밖에 없다.[126)]

종래 우리 법원 판례는, 적법한 인용이 되기 위하여서는 이용자의 저작물(인용저작물) 중에서 저작재산권자의 저작물(피인용저작물)이 분명하게 구별되어 인식될 수 있어야 하되,[127)] 양 저작물 사이에 전자가 주된 것이고 후자가 이에 종속된다고 하는 '주종관계'가 있어야 함을 중요한 기준으로 들고 있다. 이는 인용저작물과의 관계에서 피인용저작물이 '부종적 성질'을 가져야 한다는 것이다. 이러한 주종관계는 단순히 양적(量的)인 면에서만 판단할 것이 아니라 내용상의 주종관계, 즉 질적(質的)인 면에서의 주종관계도 아울러 검토하여야 한다. 주종관계는 결국, 양 저작물의 관계를 인용의 목적, 양 저작물 각각의 성질, 내용 및 분량, 피인용저작물의 인용 방법 및 태양 등의 여러 가지 점에 기초하여 고려하고, 여기에 당해 저작물이 예정하고 있는 감상자(수요자)의 일반적 관념에 비추어 볼 때 인

125) 서울남부지방법원 2008. 6. 5. 선고 2007가합18479 판결은, 피고 방송사가 오락 프로그램 중 스타의 숨은 이야기를 발굴하는 코너인 '스타 UCC' 편에서 연기자 A가 영화 '대괴수 용가리'라는 영화에 출연한 사실이 있는지를 확인하는 내용을 방송하는 과정에서, 원고가 저작권을 가지는 위 영화 중 일부 장면을 3분 정도 방영한 것이 저작권법 제28조의 '인용'에 해당할 수 있는지 여부가 문제로 된 사건이다. 법원은, 제28조의 적용여부는 인용의 목적, 저작물의 성질, 인용된 내용과 분량, 피인용저작물을 수록한 방법과 형태, 독자의 일반적 관념, 원저작물에 대한 수요를 대체하는지 여부 등을 종합적으로 고려하여 판단하여야 할 것이고, 이 경우 반드시 비영리적인 목적을 위한 이용만이 인정될 수 있는 것은 아니라 할 것이지만, 영리적인 목적을 위한 이용은 비영리적 목적을 위한 이용의 경우에 비하여 자유이용이 허용되는 범위가 상당히 좁아진다고 판시하였다.

126) 하용득, 전게서, 185면

127) 이 부분은 엄밀히 말하면 뒤에서 보는 "공정한 관행에 합치" 요건에 해당한다.

용저작물이 전체 저작물 중에서 주체성을 보유하고 있고, 피인용저작물이 인용저작물의 내용을 보충설명하거나 인용저작물에 대한 예증 또는 참고자료를 제공하는 등 인용저작물에 대하여 부종적(附從的) 성격을 가지는 것으로 인정되는지 여부에 따라 결정하여야 한다.

대법원 판결 중 본 조의 '정당한 범위 안에서'의 의미를 '주종관계'로 파악함으로써 '주종관계'를 본 조의 적용요건으로 본 대표적인 사례로는 다음의 '질적 주종관계' 부분에서 살펴보는 대법원 1990. 10. 23. 선고 90다카8845 판결을 들 수 있다.

유의하여야 할 것은, 정당한 범위 안에서 이루어진 인용인지 여부를 판단함에 있어서는 원칙적으로 첫 번째 요건인 '인용의 목적'과 연결하여 검토해야 한다는 점이다. 즉, 인용의 정도는 인용 목적에 의하여 정당화 될 수 있는 정도를 한도로 한다는 것이다. 이는 앞에서 본 베른협약 제10조 제 1 항이 공표된 저작물의 인용은 "목적상 정당한 범위 안에서"(extent does not exceed that justified by purpose) 이루어져야 한다는 것을 명시하고 있는 점에 비추어 보더라도 그러하다.

이하에서는 주종관계의 두 축을 이루는 양적 주종관계와 질적 주종관계에 관하여 살펴보고, 최근에 등장한 이에 대한 보완이론에 관하여 검토해 보기로 한다.

(2) 양적(量的) 주종관계

(가) 개 요

자기의 저작물에 타인의 저작물을 인용하는 것이므로 우선 양적인 면에 있어서 볼 때 어디까지나 인용하고자 하는 자기의 저작물이 주체가 되어야 하고, 인용되는 타인의 저작물은 종적인 존재라야 한다. 타인의 저작물만 있고 자신의 저작부분은 없다면 정당한 범위 내의 인용이라고 볼 수 없다. 타인의 저작물이 대부분을 차지하고 자기의 창작부분은 인용부분보다 적은 경우에도 일반적으로 정당한 인용의 범위를 초과한 것이라고 할 수 있다. 예를 들어 다른 사람들의 수필이나 기타 저작물들을 수집하여 놓고 거기에 자신의 비평이나 해설을 약간씩 덧붙여 하나의 저작물을 만든 경우에, 전체 저작물에서 차지하는 분량이 자신의 비평이나 해설 쪽보다 타인의 저작물 쪽이 훨씬 더 크다면, 비록 타인의 저작물이 비평 또는 해설의 자료로서 사용된 것이라 하더라도 정당한 범위 내라고 볼 수 없다.

다만 인용되는 저작물의 성질상 미술작품이나 사진 혹은 시조와 같은 짧은 문예작품인 경우에는 일부인용을 생각하기 어려우므로 이들은 전부 인용이 가능하다고 보아야 할 것이다.[128] 예를 들어 미술사(美術史)에 관한 책을 저술하면서 내용에 대한 자료로서 필요

128) 구 저작권법 제64조 제 2 호는, "자기의 저작물 중에 정당한 범위 내에서 절록인용(節錄引用)하는 것"이라고 하여 저작물 중 일부를 인용하는 경우에만 자유이용이 가능하고, 전부인용의 경우에는 그렇지 않

한 특정 회화작품 전체를 인용한다거나, 미술평론서에서 평론의 대상인 특정 미술작품 전체를 인용하는 것, 어느 시인에 대한 문학평론을 저술하면서 평론의 대상이 된 그 시인의 시 중 몇 편을 전부 인용하는 것은 모두 가능하다. 그러나 미술사 저서의 본문에 기재된 내용과 관련이 없는 작품을 다수 게재하는 것은 정당한 범위를 일탈하는 것이 된다.129) 이러한 경우에는 다음에서 보는 질적인 주종관계를 검토해 보아야 한다.

특히 '보도'의 경우에 정당한 범위를 판단하기 쉽지 않다. 회화 또는 조각의 전시회나 음악연주회 소식을 보도·방영하면서 전체 회화나 조각을 모두 녹화하거나 전체 연주를 모두 녹음하여 방영하는 경우에는 인용의 정당한 범위 내라고 볼 수 없을 것이다.130)

(나) 판례 – '소설마당' 사건

출판사가 저작권자 등으로부터 허락을 받지 아니하고, 개화기부터 1960년대까지의 국내 소설 가운데 고등학교용 교과서에 수록된 작품 또는 비교적 문학성이 뛰어나다고 생각되는 작품들을 선정하여 단편소설은 그 전문을, 장편소설은 그 일부를 발췌하여 수록한 편집물을 작성한 사례이다. 이 사건에서 서울지방법원 1994. 7. 29.자 94카합6025 결정(일명, '소설마당' 사건)은, "공표된 저작물은 비평, 연구, 교육 등을 위하여 이를 인용할 수 있으나, 이 경우에도 그 인용의 범위는 표현형식이나 인용목적 등에서 피인용저작물이 보충, 부연, 예증, 참고자료 등으로 이용됨으로써 인용저작물에 대하여 부종적 성질을 가지는 관계에 있어야 하고, 인용의 정도에 있어서도 피인용저작물을 지나치게 많이 인용하거나 전부 인용하여 원저작물에 대한 시장수요를 대체할 수 있는 정도가 되어서는 아니 되는 등 그 인용이 정당한 범위 안에서 공정한 관행에 합치되어야 한다는 제한이 있다"고 한 후, "이 사건 저작물이 대학입시 준비를 하는 학생들을 위하여 소설 감상능력을 키워주기 위한 목적상 우리나라의 대표적인 소설들을 선정하여 수록하면서 각 작품마다 그 작가를 소개하고, 작품의 주제, 줄거리, 단락, 플롯, 시점, 등장인물과 인물의 묘사방법, 배경, 문학사적 의의

은 것으로 규정하고 있었다.

129) 일본의 경우에는 음악저작물을 소설에 인용하는 경우 사단법인 일본음악저작권협회와 사단법인 일본문예협회 사이에 합의가 체결되어 있어서, 예를 들어 가사 1절 이내라면 허락을 받을 필요가 없는 것으로 되어 있다. 그러나 이는 실무적인 처리에 관하여 이해 당사자들 사이에 합의를 하여 둔 것에 불과하고, 공표된 저작물의 인용 규정에 대한 해석을 좌우하는 것은 아니라고 보고 있다. 加戶守行, 전게서, 245면.

130) Zacchini v. Scripps-Howard Broadcasting Co., 47 Ohio St. 2d 224, 351 454(1976), rev'd, 433 U.S. 562, 205 U.S.P.Q. 741(1977): 이 사건의 원고인 Zacchini는 스스로 대포 속에 들어가 발사되는 인간대포알의 실연행위를 하는 것으로 유명한 사람이었다. 원고의 실연행위는 시작부터 발사, 목표지점 도착에 이르기까지 불과 15초 정도가 소요되는데, 피고 방송사가 원고의 허락을 받지 아니하고 원고의 실연행위 전체를 뉴스시간에 방영한 것이 문제로 되었다. 이 사건에서 법원은 피고가 원고의 실연행위 전체를 방영한 것은 원고가 실연자로서 가지는 경제적 이익을 침해할 우려가 큰 것으로서 정당한 범위를 초과하는 것이라고 하여 피고의 공정사용 및 표현의 자유에 기한 항변을 배척하였다.

등을 간략하게 기술한 작품해설을 싣고는 있으나, 그 작품에 대한 해설은 작품을 감상하기 위해 필요한 최소한의 분량에 그치고 있으면서, 실제로 각 작품 자체를 읽을 수 있도록 단편의 경우에는 그 전문을, 중·장편의 경우에도 상당한 분량을 인용하고 있어서 전체적으로 인용 부분이 주가 되고 있는 사실을 인정할 수 있는바, 이는 정당한 인용의 범위를 넘어 원저작물의 시장수요를 대체할 수 있는 정도라고 판단되므로, 인용저작물과 피인용 저작물이 부종적 관계에 있다거나 정당한 관행에 합치된 인용이라고 보기 어렵다"고 하였다.

(다) 편집물에 수록하는 경우

위 사례에서 문제가 된 '소설마당'이라는 책자는 그 판시에서 지적하고 있는 바와 같이 편집물에 해당한다. 그런데 편집물의 소재로서 타인의 저작물을 수록하는 행위에 대하여는 주종관계를 따질 것도 없이 아예 처음부터 공표된 저작물의 인용 규정이 적용될 수 없다는 견해가 있다. 저작권법은 편집저작물에 관하여 제 6 조 제 1 항에서 "편집저작물은 독자적인 저작물로 보호된다"고 규정하면서, 아울러 제 2 항에서 "편집저작물의 보호는 그 편집저작물의 구성부분이 되는 소재의 저작권 그 밖에 이 법에 따라 보호되는 권리에 영향을 미치지 아니한다"고 규정하고 있다. 그런데 편집저작물을 작성하여 이를 복제하거나 배포하는 등의 이용행위를 하면 필연적으로 그에 수록된 소재 저작물의 이용행위를 수반하게 되고, 그러한 행위에 대하여는 위 제 2 항에 따라 소재 저작물 저작자의 권리가 미치게 된다. 그렇다면 편집물의 소재로서 타인의 저작물을 수록하는 행위를 공표된 저작물의 인용에 해당한다고 하여 소재 저작물 저작자의 권리가 미치지 못한다고 하는 것은 타당하지 않다. 따라서 편집물의 소재로서 타인의 저작물을 수록하는 행위에 대하여는 원칙적으로 공표된 저작물의 인용 규정이 적용될 여지가 없다고 보는 것이 타당할 것이다. 일본의 학설도 편집저작물이나 데이터베이스에 그 소재 또는 정보로서 타인의 저작물을 수록하는 행위는 인용의 목적을 운운할 것까지도 없이 그 자체로 공표된 저작물의 인용에 해당하지 않는다고 하거나, 타인의 저작물을 수집하여 하나의 편집물을 창작(제작)하는 경우는 편집물 속에 타인의 저작물이 인용되는 것이라기보다는, 타인의 저작물에 의하여 당해 저작물(편집물)이 구성되고 있는 것에 지나지 않는다고 하여 공표된 저작물의 인용 개념에는 아예 해당하지 않는다고 보는 견해가 통설의 입장이다.[131)]

편집물을 제작함에 있어서 공표된 저작물의 인용이 허용되는지 여부는 이른바 '전유형' 인용을 허용할 것인지 여부와 관련이 있다. 인용에는 자기의 저작물 중에 타인의 저작물을 끌어들여 종적인 부분으로 인용하는 '삽입형(insert)' 인용과, 자기의 저작물이 존재하지 않거나 설사 존재한다고 하더라도 사소한 부분에 불과하고 타인의 저작물을 전부 인용

131) 半田正夫·松田政行, 著作權法コンメンタール, 勁草書房(2), 205-206면 참조.

하는 '전유형(appropriation)' 인용 두 가지가 있을 수 있는데,[132] 저작권법 제28조가 전유형 인용도 허용하는지 문제로 된다. 기존의 통설은 전유형 인용은 허용되지 않는다는 입장이었다. 그런데 2006년 대법원에서는 이를 인정하는 취지의 판결(이른바 '썸네일 이미지' 사건 판결)이 내려진 바 있어 검토를 요한다. 이에 대하여는 뒤의 "(3) 주종관계론에 대한 보완이론" 항목에서 살펴보기로 한다.

(3) 질적·내용적(質的·內容的) 주종관계

(가) 의 의

질적 주종관계는 양적 주종관계보다 더 중요하다. 피인용저작물이 인용저작물보다 월등히 높은 존재가치를 가지는 경우에는 정당한 범위 내의 인용이라고 할 수 없다.[133] 인용저작물이 주(主)가 되려면 먼저 피인용부분을 제외하더라도 인용저작물이 저작물로서의 독자적인 존재의의를 가지는 창작적 부분이 존재하여야 한다. 또한 원칙적으로 피인용저작물이 그 인용된 부분만으로는 독자적인 존재의의를 갖지 못하고 인용저작물과 관련이 될 때에 비로소 존재이유를 갖게 되는 경우라야 한다.

자신이 저작한 부분이 분량면에서는 인용된 부분보다 많더라도 내용면에서는 피인용부분이 월등한 가치를 가지는 경우가 있다. 인용저작물이 주가 되려면 피인용부분을 제외하더라도 저작물로서의 독자적인 존재의의를 가지는 창작부분이 존재하여야 한다. 피인용저작물이 종이 된다는 것은, 피인용부분만으로는 독자적인 존재의의를 갖지 못하고 오히려 인용저작물과 연관이 될 때에 비로소 존재이유를 갖게 된다는 것을 의미한다. 예컨대, 타인이 저술한 논문을 자기의 저서 중에 그대로 '전재하는 행위'는 공정한 인용에 해당하지 않는다. 이러한 전재행위는 자기의 이론을 뒷받침하기 위하여 또는 타인의 주장을 반박하기 위한 것이라기보다는, 저작에 소요되는 시간과 노력을 절약하기 위하여 또는 자기 저작물의 가치나 시장성을 높이기 위하여 피인용저작물을 이용하는 것일 뿐, 피인용저작물과 인용저작물 사이에 '전재'를 정당화할 만한 특별한 관계가 없다.[134]

질적 주종관계를 판단하기 위한 중요한 기준의 하나로서 작용하는 것이 인용으로 말미암아 피인용저작물의 시장수요를 대체할 성격의 것이냐 하는 것이다. 이는 미국 저작권

---

132) 박성호, 전게서, 537면.

133) 이형하, 전게논문, 368면에서는, 미술이나 사진저작물의 경우에는 성질상 일부인용이라는 것을 생각하기 어렵지만, 미술저작물이라도 조각·공예와 같은 입체적인 작품의 경우 이를 촬영한 사진이나 묘사한 그림의 형태로 인용하는 것은 전부인용이 아니라 일부인용에 해당한다고 보아야 하고, 감상용으로 제작된 칼라사진을 그보다 화질이 떨어지는 흑백사진으로 복제하여 시사보도에 사용하였다면 이는 질적으로 전부인용이라고 볼 수 없다고 한다.

134) 상계논문, 366면.

법 제107조가 공정이용의 판단기준으로서 제시하고 있는 4가지 기준 중 하나이기도 하다. 즉, 인용저작물이 배포됨으로 인하여 피인용저작물에 대한 시장수요가 상당한 정도로 감소된다거나, 인용저작물이 시중에서 팔리는 주된 이유가 저작자 자신의 저술부분 때문이 아니라 그 저작물 중에 인용된 타인의 저작부분 때문이라면 인용저작물이 주된 것이고 피인용저작물이 종된 것이라고 볼 수 없을 것이다.

(나) 판 례

질적 주종관계에 관하여 해석의 기준을 제공해 주고 있는 대표적 판례로서 대법원 1990. 10. 23. 선고 90다카8845 판결이 있다. 이 사건은 사진작가인 원고가 일본 시사주간지 '플래쉬'(FLASH)에 자신이 제작한 누드사진 11점을 게재하도록 허락해 주었는데, 피고가 자신이 발행하는 월간 잡지에 "한국 여대생, 연예인 누드사진이 포르노로 둔갑" 또는 "사진예술작품들, 일본으로 건너가 포르노성 기획으로 전락"이라는 제목 아래 원고의 동의를 받지 아니하고 위 플래쉬 주간지에 게재된 원고의 사진 중 8점을 게재한 사안이다. 피고는, 이들 사진은 시사보도를 하는 과정으로 게재한 것이고 또한 보도, 비평을 하기 위하여 공표된 것을 인용한 것이어서 저작권법 제26조, 제28조에 의하여 면책된다고 주장하였다.

이에 대하여 법원은, "저작권법 제26조 소정의 시사보도를 위한 이용으로 타인 저작물의 자유이용이 허용되기 위하여는 사회통념과 시사보도의 관행에 비추어 보도의 목적상 정당한 범위 안에서의 이용이어야 하는데, 피고의 잡지에 게재된 사진이 칼라로 된 양질의 사진으로서 그 크기나 배치를 보아 전체적으로 3면의 기사 중 비평기사보다는 사진이 절대적 비중을 차지하는 화보형식으로 구성되어 있어서, 위 사진들은 보도의 목적이라기보다는 감상용으로 인용되었다고 보이므로 보도를 위한 정당한 범위 안에서 이용되었다고 볼 수 없으며, 저작권법 제28조 소정의 보도, 비평 등을 위한 인용의 요건 중의 하나인 '정당한 범위'에 들기 위하여서는 그 표현형식상 피인용저작물이 보족, 부연, 예증, 참고자료 등으로 이용됨으로써 인용저작물에 대하여 부종적 성질을 가지는 관계(즉, 인용저작물이 주이고, 피인용저작물이 종인 관계)에 있다고 인정되어야 한다"고 하여 저작권법 제26조 및 제28조에 기한 면책항변을 모두 배척하였다.[135)]

이 대법원 판결에서는 피고가 시사보도를 위한 이용(저작권법 제26조)에 기한 항변을 하고 있어 법원도 이에 대하여 판단하고 있으나, 제26조는 시사보도를 하는 과정에서 우발적으로 어쩔 수 없이 보이거나 들리는 저작물에 대한 것이다. 따라서 이 사건의 경우는 원칙

135) 이 사건에서는 문제된 저작물이 비윤리적이어서 저작권법의 보호대상이 될 수 없다는 주장도 있었으나, 법원은 저작권법의 보호대상인 저작물이라 함은 사상 또는 감정을 창작적으로 표현한 것으로서 문학, 학술 또는 예술의 범위에 속하는 것이면 되고 윤리성 여하는 문제되지 아니하므로 설사 그 내용 중에 부도덕하거나 위법한 부분이 포함되어 있다 하더라도 저작권법상 저작물로 보호된다고 판시하였다.

적으로 공표된 저작물의 인용 규정만이 적용될 뿐 시사보도를 위한 이용에 관한 조항이 적용될 것은 아니다. 왜냐하면 이 사건에서 원고의 저작물은 그 자체가 보도의 객체(이른바 '사건을 구성하는 저작물')로 되어 적극적으로 인용된 것이기 때문이다.

일본에서도 이와 유사한 판례가 있다. 인용저작물은 어문저작물(논문)이고 피인용저작물은 미술저작물(회화)인데, 회화 12점을 복제하여 논문에 게재한 사례이다. 그 12점의 회화 복제물들 가운데 논문에서 해당 회화에 대한 내용 부분과 같은 페이지에 게재된 회화는 2점에 불과하고, 나머지 10점의 회화는 해당 회화에 대한 내용 부분과는 다른 페이지에 게재되어 있어서 논문 내용과의 결부 정도가 강하지 않았다. 그리고 그 회화 복제물 중 컬러 도판은 특별히 고급 코드지를, 흑백 도판 역시 고급 용지를 사용하고 있었고, 각 도판의 크기도 가장 작은 것이 8분의 1페이지에서 가장 큰 것은 3분의 2 페이지에 이르며, 1페이지에 회화 1점의 비율로 게재되어 있었다. 이 사건에서 동경고등법원은, 위 회화 복제물은 그 자체가 감상용의 성격을 가지고 있고 독립성을 보유하고 있다는 점 등에 비추어 논문에 대한 종속적 관계에 있지 않다고 하여 공표된 저작물 인용에 해당하지 않는다고 판시하였다.[136]

위 동경고등법원의 판결은 인용된 회화가 그 자체로서 감상용의 성격을 가지며 독립성을 가진다는 이유로 논문에 대한 종속성을 부인한 것인데 반하여, 인용된 저작물이 감상용의 성격을 가지고 있다고 하더라도 그것만으로 주종관계가 상실된다고 볼 수는 없다고 한 판례도 있다. 같은 동경고등법원 1985. 10. 17. 판결[137]에서는, "원고의 서적은 '의견주장만화'라는 제목의 것으로서 만화의 형식을 빌려 자신의 의견을 표현한 저작물이며, 피고의 서적은 그러한 의견에 대한 비평, 비판, 반론을 목적으로 한 저작물이라는 점, 피고의 서적에 인용된 원고의 만화는 원고 만화의 극히 일부분에 지나지 않아서, 비평, 비판, 반론에 필요한 한도를 초과하여 원고 만화의 시장적 수요를 잠식하는 정도라고는 보이지 않는다는 점을 고려하면, 피고 서적에 있어서는 피고의 논설 부분이 주를 이루고 있고 원고의 만화는 종된 관계를 가진다고 보아야 하며, 이때 인용된 원고의 만화가 독립된 감상용으로서의 성질을 가진다는 점이 인정된다고 하여도 원고 서적과 피고 서적의 위와 같은 관계에 비추어보면, 그러한 점만으로 피고의 논설과 원고의 만화가 주종관계를 상실하였다고 볼 수는 없다"고 판시하였다.

(다) 특정 교재를 기본교재로 하는 강의

온라인 동영상 강의가 활성화 되면서, 관련 시장에서는 특정한 출판사의 교과서나 수

136) 東京高判 昭和 60. 10. 17; 無體例集 17권 3호, 462면.
137) 東京高判 平成 12. 4. 25; 判例時報 1724호 124면.

험용 교재를 기본교재로 하는 동영상 강의가 많이 제작되고 있다. 이러한 동영상 강의들은 기본교재의 어떤 부분을 어떠한 형태로 얼마만큼 이용하고 있는가에 따라서 그 이용부분이 해당 기본교재의 복제물이나 2차적저작물이 되는 경우가 있고, 이용을 하더라도 강사가 기본교재의 내용을 완전히 소화하여 자신만의 표현으로 강의를 함으로써 기본교재와는 별개의 완전히 독립된 저작물이 되는 경우도 있다. 이때 쟁점으로 되는 것이 기본교재를 이용한 행위가 본 조의 공표된 저작물의 인용으로서 허용될 수 있는지의 문제이다.

서울지방법원 2003. 3. 29. 선고 99카합3667호 결정은, 신청인이 자신이 저술한 '회계원리'라는 교재를 기본교재로 하여 학원 수강생들을 대상으로 강의를 하는 피신청인에게 그러한 강의가 신청인이 위 교재에 대하여 가지고 있는 저작권을 침해한다는 이유로 금지청구를 하였다가 기각된 사례이다. 이 결정에서는, "피신청인의 강의가 신청인의 교재를 기본교재로 채택하고 있는 사실은 인정되나, 피신청인이 신청인의 저작물 자체를 구두 표현하고 있다고 보기는 어렵고, 오히려 피신청인의 강의는 나름대로의 창작에 의한 구술 저작물의 일종으로 파악하여야 할 것이며, 비록 그 강의 중에 신청인의 교재의 일부 내용이 거론되는 일이 있다 하더라도 이는 저작권법 제28조에서 인정하는 정당하고 합리적인 범위 내에서의 인용의 정도에 불과하다"고 판시하였다.

그러나 오늘날 인터넷 동영상 교육업계의 현실을 보면, 특정 교재를 기본교재로 하여 동영상 강의를 제작할 경우 그에 대한 대가로 교재 저작권자에게 사용료(로열티)를 지급하는 것이 관행처럼 굳어져 가고 있다. 이는 대부분의 동영상 강의들이 단순한 강의 자체뿐만 아니라, 이용자들로 하여금 교재의 지문이나 내용도 모니터 상에서 볼 수 있도록 해당 부분을 복제하여 전송하는 등의 서비스까지도 제공하고 있기 때문인 것으로 보인다. 일반적으로 특정 교재를 기본교재로 하여 동영상 강의를 제작한다고 하더라도 그것만으로 특별히 그 교재 저작권자의 허락을 받아야 할 이유는 없다. 그러나 동영상 강의와 별도로 그 교재에 들어있는 지문이나 내용들이 이용자의 모니터 화면에 그대로 현시되도록 서비스한다거나, 교재를 인용하는 부분이 나머지 다른 부분에 비하여 훨씬 중요한 의의와 역할을 하는 경우라면, 교재 저작권자가 가지는 저작재산권 중 복제권, 공중송신권(전송권 및 방송권), 또는 2차적저작물작성권 등 저작재산권을 침해하는 것이 될 수 있다. 서울중앙지방법원 2008. 1. 14.자 2007카합3701 결정[138]에서와 같이, 동영상 강의에 영어교과서 지문을 그대로 이용하는 것은 저작권법 제28조가 적용될 수 없고, 저작권침해가 성립한다고 한 사례도 있다.

한편, 특정 출판사의 국어 교과서와 문제집을 기본교재로 한 동영상 강의를 제작하여 서비스한 사례에서 서울중앙지방법원 2011. 9. 14.자 2011카합683 결정은, 이 사건 동영상

138) 일명, '메가스터디 사건' 판결로서 영어교과서를 기본 교재로 한 동영상 강의가 문제로 된 사건이다.

강의에서 강사들은 신청인(출판사)의 교과서 및 문제집의 내용을 그대로 판서, 영사하거나 낭독하면서 그 내용을 나름의 요령과 방식으로 설명하고 있고, 피신청인(동영상 강의 업체)은 그러한 강의를 녹화하여 동영상으로 제작함으로써 추가적인 변경을 가하였지만, 그러한 부가 및 변형 부분을 모두 감안하더라도 국어 교과서 및 문제집의 기본 틀과 지문이 위 강의에서 그대로 사용될 것인 점 등을 고려하면, 이는 이 사건 교과서 및 문제집의 본질적인 특성을 해하지 않는 범위 내에서의 수정·증감·변경에 지나지 않는 것으로 보이므로, 이 사건 동영상은 교과서 및 문제집과 별개의 저작물이 아니라 2차적저작물에 해당할 여지가 많다고 판단하였다. 나아가 그 교과서 및 문제집을 이용한 것이 저작권법 제28조에 해당하는지 여부는 인용의 목적, 저작물의 성질, 인용된 내용과 분량, 피인용저작물을 수록한 방법과 형태, 독자의 일반적 관념, 원저작물에 대한 수요를 대체하는지 여부 등을 종합적으로 고려하여 판단하여야 할 것이고, 이 경우 반드시 비영리적인 이용이어야만 교육을 위한 것으로 인정될 수 있는 것은 아니라 할 것이지만, 영리적인 교육목적을 위한 이용은 비영리적 교육목적을 위한 이용의 경우에 비하여 자유이용이 허용되는 범위가 상당히 좁아진다고 할 것인데,[139] 이 사건에서 피신청인이 동영상을 제작한 행위는 중등 국어 교과의 교육목적에 기한 것이었기는 하나, 피신청인이 온라인 강의 전문회사로서 동영상 강의를 수강생들로부터 가입비, 수강료를 받고 유료로 제공하고 있어 그 이용의 근본적인 성격은 상업적·영리적이라 할 것이므로, 자유이용이 허락되는 범위는 상당히 좁아진다고 판시하였다. 그러면서 이 사건 동영상 강의에서는 교과서 및 문제집의 내용을 상당부분 그대로 발췌하여 낭독하거나, 판서, 투사하는 방식으로 인용하고 있고, 교과서 및 문제집의 거의 전 부분을 강의 대상으로 삼고 있으며, 중등 국어·생활국어의 교과목 특성상 교과서 및 문제집의 지문 등 내용 자체가 강의에 있어서 중요한 의의와 역할을 가지는 점 등을 종합하여 보면, 이 사건 동영상에서 신청인의 교과서 및 문제집으로부터 인용하는 부분을 제외하면 나머지 부분만으로는 중등 교과과정에 대한 강의로서의 실질적인 가치를 가질 수 없을 것으로 보이므로, 이 사건의 경우 피인용부분인 교과서 및 문제집의 지문, 문제 등이 해당 강사의 강의를 위한 단순한 보족, 부연, 예증, 참고자료로서 부종적 성질을 가지는 관계에 그친다고 평가하기는 어렵고, 오히려 위 강의는 교과서 및 문제 내용의 표현을 주된 요소로 하여 거기에 해당 강사의 설명이 그와 비슷한 비중을 차지하며 더하여 진 것으로 봄이 상당하다고 하여 저작권법 제28조의 공표된 저작물의 인용에 해당하지 않는다고 판단하였다.[140]

---

139) 이 부분에서 대법원 1997. 11. 25. 선고 97도2227 판결을 인용하고 있다.

140) 이 결정에서는 이와 같이 피신청인의 이용행위가 저작권법 제28조에 따른 자유이용에 해당하지 않는다고 하면서도, 결론에 있어서는 피신청인의 권리남용의 항변을 받아들여 신청인의 신청을 기각하였다. 권리남용 항변 부분에 대하여는 본 장 제3절 중 "저작권남용 항변" 부분에서 살펴보기로 한다.

(4) 주종관계론에 대한 보완이론

(가) '썸네일 이미지' 사건 판결

이상에서 본 바와 같이 우리나라의 판례는 '주종관계론'을 기초로 하여 정당한 범위 요건을 판단하고 있다. 그러나 이와 다른 판례도 있다. 이는 앞에서 언급한 '전유형 인용'과 관련된 사례이기도 한데, 저작권법 제28조의 적용여부를 판단함에 있어 '주종관계'를 주된 판단기준으로 삼았던 대법원 1990. 10. 23. 선고 90다카8845 판결(일명 'FLASH 잡지' 사건)과는 달리, '주종관계'를 요건의 전면에 내세우지 않고 여러 가지 요소들을 종합적으로 고려하여 판단하는 흐름을 보이고 있다. 이른바 '썸네일 이미지'에 관한 대법원 2006. 2. 9. 선고 2005도7793 판결이 대표적이다.

이 판결의 구체적 사안에 관하여는 뒤의 "6.의 나. 검색 서비스" 항목에서 다시 한 번 상세히 살펴보겠지만, 이 판결에서는 저작권법 제28조의 정당한 범위 안에서 공정한 관행에 합치되게 인용한 것인지 여부는 ① 인용의 목적, ② 저작물의 성질, ③ 인용된 내용과 분량, ④ 피인용저작물을 수록한 방법과 형태, ⑤ 독자의 일반적 관념, ⑥ 원저작물에 대한 수요를 대체하는 것인지 여부 등을 종합적으로 고려해서 판단하여야 한다고 판시하고 있다.[141)]

이러한 이론을 '종합고려설'이라고 부르는 견해도 있다. 이에 따르면 종합고려설이 맨 처음 제시된 것은 앞의 '영리적 목적' 부분에서 살펴본 '대입 본고사 입시문제' 사건에 관한 대법원 1997. 11. 25. 선고 97도2227 판결이라고 한다. 다만, 이 판결에서는 썸네일 사건 판결에서와 같이 6가지 요소를 종합적으로 고려하여 판단해야 한다고 판시하면서도, '주종관계'에 관해서는 '인용된 내용과 분량'을 판단하면서 "개개 문제의 질문을 만들기 위해 그 질문의 '일부분으로' 대학입시문제를 인용한 것"이어야 하는데 그렇게 하지 않았다는 점을 지적함으로써 간접적이지만 여전히 피인용저작물이 '부종적 성질'을 가져야 한다는 관점을 유지하였다고 평가한다. 그런데 '썸네일 이미지' 사건에서 대법원은 위 6가지 요소를 종합적으로 고려해야 한다는 점을 강조하면서도 피인용저작물의 '부종적 성질'에 대하여는 일절 언급하지 않음으로써 '공표된 저작물의 인용' 요건의 해석과 관련하여 새로운 국면에 접어드는 계기, 즉 '전유형'(appropriation) 인용도 제28조의 적용범위에 포함시킬 수 있는 계기가 마련되었다고 한다.[142)]

(나) '리프리놀 논문' 사건[143)]

피고인이 '리프리놀'이라는 천연 추출 오일복합물질을 건강 기능성 원료로 인정받기

---

141) 이 판결에서는 대법원 2004. 5. 13. 선고 2004도1075 판결을 참조판결로 제시하고 있다.

142) 박성호, 전게서, 537면.

143) 대법원 2013. 2. 15. 선고 2011도5835 판결.

위하여 식품의약품안전청에 자료를 제출하면서 의학저널에 실린 피해자의 논문 전체를 허락 없이 무단 복제·첨부한 것이 저작권법 제28조에 의하여 허용될 수 있는지에 대한 판결이다. 이 사건에서는 먼저 우리 저작권법상 저작재산권 제한에 관한 명문의 개별 규정이 적용되지 않는 경우에 당시 명문의 규정이 없던 공정이용에 관한 일반 법리가 적용될 수 있는지 여부가 문제로 되었다. 대법원은 "저작물의 공정이용은 저작권자의 이익과 공공의 이익이라고 하는 대립되는 이해의 조정 위에서 성립하는 것이므로 공정이용의 법리가 적용되기 위해서는 그 요건이 명확하게 규정되어 있을 것이 필요한데, 구 저작권법은 이에 관하여 명시적 규정을 두지 않으면서('저작물의 공정한 이용'에 관한 규정은 2011. 12. 2. 법률 제11110호로 개정된 저작권법에서 비로소 신설되었다) 제23조 이하에서 저작재산권의 제한사유를 개별적으로 나열하고 있을 뿐이므로, 구 저작권법 하에서는 널리 공정이용의 법리가 인정되는 것으로 보기는 어렵다"고 하였다.

나아가 저작권법 제28조의 적용 여부와 관련하여 "이 규정에 해당하기 위하여는 그 인용의 목적이 보도·비평·교육·연구에 한정된다고 볼 것은 아니지만, 인용의 '정당한 범위'는 인용저작물의 표현 형식상 피인용저작물이 보족, 부연, 예증, 참고자료 등으로 이용되어 인용저작물에 대하여 부종적 성질을 가지는 관계(즉, 인용저작물이 주이고, 피인용저작물이 종인 관계)에 있다고 인정되어야 하고, 정당한 범위 안에서 공정한 관행에 합치되게 인용한 것인지 여부는 인용의 목적, 저작물의 성질, 인용된 내용과 분량, 피인용저작물을 수록한 방법과 형태, 독자의 일반적 관념, 원저작물에 대한 수요를 대체하는지 여부 등을 종합적으로 고려하여 판단하여야 한다"고 판시하였다.

이 판결은 위 '썸네일 이미지' 사건 판결이나 '대입 본고사 입시문제' 사건 판결에서처럼 6가지 요소를 종합적으로 고려하여야 한다는 점을 유지하면서도, 종래의 판결에서와 같이 피인용저작물이 인용저작물과의 관계에서 '부종적 성질'을 가져야 한다는 점을 강조함으로써 '주종관계론'의 입장을 다시 한 번 확인하고 있다. 결국 이 판결은 종래의 판례가 따르고 있었던 '주종관계론'에 최근 판례의 흐름인 6가지 요소 종합고려 입장을 결합한 판시라고 이해할 수 있다. 위 '종합고려설'을 언급한 견해에서는, 이 판결은 제28조의 '공표된 저작물의 인용'에는 인용저작물과 피인용저작물 간의 '주종관계'를 전제로 한 '삽입형' 인용만이 적용될 수 있고, 이와 달리 현행 저작권법에 새로 규정된 제35조의5 '공정이용' 조항에는 제28조가 적용될 수 없는 이용 양태가 적용 가능하다는 것, 예컨대 '전유형' 인용이 적용될 수 있다는 점을 암시함으로써, 제35조의5 조항에 관한 향후 해석 방향을 제시한 것이라고 이해할 수 있다고 주장한다.[144)]

144) 박성호, 전게서, 540면.

(다) 6가지 고려요소의 의미

'썸네일 이미지' 사건이나 '대입 본고사 입시문제' 사건, '리프리놀 논문' 사건 판결에서 언급하고 있는 고려요소들 중 ①의 '인용의 목적'은 앞에서 '보도·비평·교육·연구 등' 부분에서 설명한 바와 같고, ③의 '인용된 내용과 분량'은 앞의 양적·질적인 면에서의 '주종관계' 부분에서 설명한 바와 같다. ②의 '저작물의 성질'과 ⑥ '원저작물에 대한 수요를 대체하는 것인지 여부'는 다음에서 살펴보는 2012년 저작권법에서 신설된 공정이용에 관한 일반규정인 저작권법 제35조의5에 대한 설명과 특별한 차이가 없으므로 그 부분에서 언급하기로 한다. ⑥의 '원저작물에 대한 수요를 대체하는 것인지 여부'는 본 조의 공표된 저작물의 인용과 제35조의5의 적용여부를 판단함에 있어서 가장 중요한 역할을 하게 된다. ④의 '피인용저작물을 수록한 방법과 형태'는 '공정한 관행에 합치' 요건과 같은 내용을 의미하는 것이라고 볼 수 있다. 마지막으로 ⑤ '독자의 일반적 관념'은 인용저작물의 일반적인 감상자(이용자)들이 거기에 인용된 피인용저작물을 감상용으로 생각할 것인지, 아니면 단순히 하나의 정보로 생각할 것인지 등의 관념을 말하는 것으로서, 원저작물의 수요를 대체하는 것인지 여부를 판단하는 데 있어서 하나의 고려요소가 된다고 할 수 있을 것이다.[145)]

(5) 소 결

저작권법 제28조는 그 표제에서 "공표된 저작물의 인용"이라고 하고 있는 점에서 볼 수 있는 것처럼 '인용' 즉, 자신의 저작물(인용 저작물)에 타인의 저작물(피인용 저작물)을 '끌어다 쓰는' 것을 말한다. 따라서 인용의 주체인 자기 저작물의 존재를 전제로 허용 여부를 판단할 수 있는 것이므로, 원칙적으로 '전유형 인용'이 아니라 '삽입형 인용'에 적용되는 규정이다. 전유형 인용 내지 일반적인 이용 형태에 관하여는 제35조의5 규정을 적용하는 것이 타당할 것이다.

그러므로 제28조의 공표된 저작물의 인용이 되기 위한 인용저작물과 피인용저작물 사이의 주종관계는 양적으로 인정되어야 할 뿐만 아니라, 질적으로도 인용저작물(인용하여 이용하는 쪽의 저작물)이 주체성을 보유하고 있어야 한다. 그 판단은 인용저작물이 상정하고 있는 독자나 감상자 기타 사용자의 일반적인 관념에 비추어 이루어져야 한다. 또한 주종관계는 단순히 분량적인 면만이 아니라, 작품 전체에서 차지하고 있는 인용부분의 중요도를 개별적·구체적으로 검토하여 결정하여야 할 문제이다. 따라서 인용된 부분의 분량의 많고 적음이 판단의 기준으로서 상당한 의미를 가질 수 있지만, 그것의 의미 역시 해당 저작물의 성격에 따라서 달라질 수 있다. 예를 들어, 일반적으로 학술연구나 비평을 위한 인용의

145) 이해완, 전게서, 420면.

경우에는 저작물의 인용이 상당히 광범위하게 인정될 수 있을 것이고, 이에 비하여 소설이나 희곡 등에 인용되는 경우에는 그 인정되는 범위가 좁게 한정되어야 한다.146)

이처럼 주종관계는 양적인 면과 질적인 면, 즉 분량적인 면과 내용적인 면을 함께 종합적으로 고려하여 판단하여야 한다. 인용저작물이 피인용저작물에 비하여 분량적으로는 많다고 하여도 양자의 내용이 밀접하게 관련되어 있지 않은 경우, 예를 들면 비평문에서 회화를 인용하였는데 그 회화에 관한 구체적인 해설은 없고 다른 회화로 교체를 하거나 아예 없어도 내용에 지장이 없을 정도로 관련성이 떨어지는 경우에는 주종관계를 인정하기 어렵다는 것이 대체적인 해석이다.147) 이처럼 판례나 학설은 양적인 주종관계보다는 질적인 주종관계에 대한 비중을 상대적으로 더 크게 보고 있다.

이러한 인용의 요건 외에도 "인용의 필요성 내지 필연성이 있을 것", "인용의 범위가 인용 목적상 필요최소한의 범위 내일 것", "인용저작물이 저작물성 및 창작성이 있을 것", "인용이 권리자의 경제적 이익에 미치는 영향을 고려하여야 할 것" 등의 요건을 들고 있는 견해들이 있는데, 이에 관하여는 뒤의 "인용에 관한 요건론의 전개" 부분에서 살펴보기로 한다. 특히 우리 대법원에서는 '주종관계'만을 요건으로 하고 있던 종래의 흐름에서 벗어나 위에서 본 '리프리놀 논문' 사건 판결에서와 같이 보다 종합적인 기준을 제시하는 판례들이 나오고 있음을 유의하여야 한다.

결론적으로 저작권법 제28조의 '정당한 범위 안에서' 요건을 판단함에 있어서는 주종관계의 존재여부를 기본으로 하되, 최근 판결들에서 언급하고 있는 6가지 요소들을 종합적으로 고려하여 판단하는 것이 바람직하다고 생각된다.

라. 공정한 관행에 합치

(1) 의 의

인용이 정당한 것으로 인정되기 위하여서는 그 목적과 방법이 공정한 관행에 합치되어야 한다. 대법원 판례는 "정당한 범위 안에서 공정한 관행에 합치되게 인용한 것인가의 여부는 인용의 목적, 저작물의 성질, 인용된 내용과 분량, 피인용 저작물을 수록한 방법과 형태, 독자의 일반적 관념, 원저작물에 대한 수요를 대체하는지 여부 등을 종합적으로 고려하여 판단하여야 한다"라고 판시하여 '공정한 관행의 합치' 요건을 앞의 '정당한 범위 안에서' 요건과 특별히 구분하지 않고 종합적으로 함께 판단하고 있다.148) 그러나 개념적으

146) 半田正夫·松田政行, 著作權法コンメンタール, 勁草書房(2), 197면.
147) 상계서, 198면.
148) 대법원 2013. 2. 15. 선고 2011도5835 판결; 대법원 2014. 8. 26. 선고 2012도10786 판결 등.

로 '정당한 범위 안에서'가 인용의 '범위'에 관한 것이라면 '공정한 관행의 합치'는 인용의 '방법'에 대한 것이라고 볼 수 있다.[149)]

공정한 관행에 합치되는지 여부를 판단하기 위해서는 먼저 그러한 관행이 실제로 존재하고 있는지, 예컨대 저작권자와 이용자가 소속된 학계·언론계·교육계·예술계 등 관련 집단 내에서 일반적으로 통용되는 합의지침 또는 신사협정(紳士協定) 같은 것이 있는지를 살펴보아야 한다.[150)] 그러한 합의지침을 발견할 수 없다면 다음과 같은 일반적 기준이 참고가 될 수 있다.

(2) 인용의 목적 및 인용되는 저작물의 성질

첫째, 인용의 목적이 인용 및 인용되는 저작물의 성질에 비추어 보아 공정한 관행에 합치되어야 한다. 이때의 공정한 관행에 합치되는지 여부는 건전한 사회통념에 비추어 판단하여야 한다. 예를 들면 보도의 재료로서 저작물을 가져다 쓰는 것, 타인의 학설이나 견해를 논평하기 위하여 자신의 저작물 중에 타인의 저작물의 일부를 인용하여 비평하는 것, 자기의 논문 중에 타인의 논문 일부를 인용하여 자신의 주장을 보강하는 논거로 하는 것, 소설을 저술하면서 그 배경이 되는 시대상황을 설명하거나 묘사하기 위하여 필요한 작품으로서 타인의 시가(詩歌)의 한 문구 또는 한 구절을 삽입하는 것, 미술작품에 관한 평론을 저술하면서 타인의 회화(繪畵)를 인용하는 것 등은 저작물의 성질에 비추어 공정한 관행에 합치된다고 볼 수 있다.[151)]

다만, 회화를 인용하는 경우에는 보다 세심한 주의가 필요한데, 미술사에 관한 책을 저술하면서 그 서술하는 내용과 밀접한 관계가 있는 회화를 자료적인 의미에서 인용하는 것은 공정한 관행에 합치된다고 할 것이지만, 실질적으로 감상을 목적으로 하는 형태로 이용함으로써 그 인용된 회화를 보는 사람이 회화 자체를 감상할 수 있을 정도라면 공정한 관행에 합치된다고 볼 수 없을 것이다. 결국 이 문제는 어떤 의도로 회화를 인용하고 있는가, 그리고 그 인용된 회화가 어떠한 이용가치를 가지고 있는가에 따라서 달라진다.[152)] 같은 저작물을 인용한다고 하더라도 보도나 비평, 교육, 연구 등을 위하여 인용하는 경우라면 공정한 관행에 합치된다고 할 것이나, 상업적 목적 예컨대 광고 포스터에 이용하기 위하여 타인의 그림을 인용하는 것은 인용의 목적에 비추어 공정한 관행에 합치된다고 볼 수 없는 경우가 많을 것이다.

---

149) 박성호, 전게서, 541면.
150) 이형하, 전게논문, 370면.
151) 하용득, 전게서, 186면.
152) 加戶守行, 전게서, 244면.

(3) 인용하는 방법 – 개작인용, 요약인용의 허용 여부

둘째, 인용하는 방법이 공정한 관행에 합치되어야 한다. 논문이라면 인용부분에 각주를 달아서 인용부분이 자신의 저작물이 아니라 타인의 저작물이라는 점을 분명히 하고 그 출처를 명시하여야 한다(저작권법 제37조). 이를 '명료구별성' 또는 '명료구분성'의 요건이라고도 한다. 또 인용을 하면서도 인용되는 저작물을 함부로 수정 또는 개작하는 것은 공정한 관행에 합치되지 아니할 뿐만 아니라, 저작인격권인 동일성유지권의 침해 문제를 야기할 수도 있다. 즉, 타인의 저작물을 인용함에 있어서는 원문 그대로 또는 원형 그대로 인용하여야 하는 것이 원칙이다. 저작권법 제36조는 제25조, 제29조, 제30조의 경우에는 번역, 편곡 또는 개작에 의한 이용도 가능하다고 하고 있으나, 제28조에 대하여는 번역하여 이용하는 것만을 허용하고 있고 개작에 의한 인용은 허용하지 않고 있다는 점을 주의하여야 한다. 따라서 어문저작물을 다이제스트하여 인용하는 것은 허용되지 않는다고 보아야 할 것이고, 그 경우에는 저작권이 미치지 않을 정도로 저작물의 요지만 인용하는 것에 그쳐야 한다.

일본 저작권법 역시 우리 저작권법과 마찬가지로 번역하여 인용하는 것만이 허용될 뿐 개작(번안)에 의한 인용은 허용되는 행위로 규정되어 있지 않다.[153] 그런데 일본 판결 중에는 다이제스트 인용(요약인용)도 본 조에 의하여 허용되며, 그 경우에는 동일성유지권 침해도 성립하지 않는다고 한 것이 있다. 동경지방법원이 1998. 10. 30. 선고한 이른바 "혈액형과 성격의 사회사" 사건 판결은 '요약인용'(타인의 저작물을 그 취지에 충실하게 요약하여 인용하는 것)을 다음 4가지의 이유에서 인정하고 있다.

(1) 저작권법상 저작재산권을 제한하는 인용 규정이 원저작물을 그대로 사용하는 경우에만 한정적으로 적용된다고 해석할 근거는 없다.
(2) 요약하여 인용하는 것보다도 타인의 어문저작물 전체 또는 상당히 넓은 범위를 원문 그대로 인용하는 것이 저작권자의 권리를 침해하는 정도가 오히려 크다.
(3) 요약하여 인용을 하는 것으로 족하고, 전문을 모두 인용할 필요까지는 없는 경우가 있다.
(4) 원문의 일부를 생략하면서 부분부분 인용하는 것보다는 원문의 취지에 충실하게 요약을 하여 인용하는 것이 더 합리적인 경우가 있다.

이러한 점을 근거로, 이 판결에서는 일본 저작권법 제43조 제 2 호(우리 저작권법 제36조 제 2 항)에서 번역에 의한 이용만을 열거하고 있음에도 불구하고 그 입법취지에 비추어 볼 때, 본 호는 개작(번안)의 한 형태인 '요약인용'까지 허용하는 것이라고 판시하고 있다. 나아

153) 일본 저작권법 제43조 제 2 호.

가 이 판결에서는 일본 저작권법 제43조에 의하여 이용이 허용되는 경우에는 필연적으로 피인용저작물에 대한 개변을 수반하게 되는데 그 때의 개변은 동일성유지권의 제한사유인 "부득이하다고 인정되는 개변"으로서 동일성유지권 침해도 되지 않는다고 판시하고 있다. 그 이유는 한편으로는 적법한 인용(저작재산권침해로 되지 않는 인용)이라고 하면서, 다른 한편으로는 저작인격권 침해가 성립한다고 하면 인용을 인정하는 취지가 몰각될 것이기 때문이라고 한다.

그러나 이러한 판시에 대하여는 비판론이 있다. 저작재산권 제한에 관한 규정은 저작인격권에 영향을 미치는 것으로 해석되어서는 아니 되는 것이고(저작권법 제38조), "공표된 저작물의 인용"은 저작재산권 침해에 대한 항변인데, 그것이 어떤 근거로 저작인격권 침해에 대한 항변으로도 기능할 수 있는지에 관해서 이론적 설명이 부족하다는 것이다. 비판론에서는 저작재산권과 저작인격권은 각각 그 지향하는 취지가 다르다는 점, 즉 저작재산권은 경제적 이익을 보호하고자 하는 것임에 대하여, 저작인격권은 인격적 이익의 보호에 그 취지가 있다는 점, 저작재산권과 저작인격권 침해의 판단은 각각 별개로 이루어지는 것이라는 점 등에 비추어 볼 때, 저작재산권 침해는 성립하지 않지만 저작인격권 침해는 성립한다고 하여 반드시 불합리한 것은 아니라고 한다.[154] 비판론은 요약인용에 대한 동일성유지권 침해여부를 판단함에 있어서는 저작재산권과는 별도로 인격적 이익의 보호의 관점으로부터 판단하여, 그러한 요약으로 인하여 그 저작물이 저작자가 당초 생각했던 것과는 다른 저작물이라고 인식될 우려가 있는지 여부, 그러한 요약에 의하여 저작자가 정신적인 고통을 느낄 것인지 여부의 관점에서 보아야 한다고 주장한다.[155] 결국 이 견해는 요약인용이 저작재산권 침해에 해당하는지 여부와 상관없이 동일성유지권 침해여부는 독자적으로 판단하여야 한다는 점에서 저작재산권과 저작인격권을 연계하여 판단하고 있는 위 동경지방법원의 판결을 비판하고 있다. 다만, 비판론은 첫 번째 쟁점인 요약인용 자체가 저작재산권 침해에 해당하는지에 관하여는 명백한 언급을 하지 않고 있다.

우리 저작권법 제36조 제 2 항이 같은 조 제 1 항과는 달리, 공표된 저작물의 인용에 대하여는 번역하여 이용하는 것만을 허용하고 있고 개작에 의한 인용은 명시적으로 제외하고 있는 점에 비추어 본다면, 이는 결국 개작에 의한 인용은 허용하지 않고 저작재산권 침해로 보겠다는 입법자의 의지를 표명한 것으로 볼 수 있을 것이다. 그러나 비평이나 연구를 위하여 타인의 저작물을 인용하여야 하는데 그 내용이 장황하여 이를 요약할 필요가

154) 三山裕三, 引用に依する著作權の制限, 著作權法の權利制限規定をめぐる諸問題, 權利制限委員會, 社團法人 著作權情報センター, 2004. 3, 67-68면.

155) 상게논문, 68면.

있는 경우는 흔히 발생하며, 이때 전혀 요약을 해서는 안 된다고 한다면 매우 불편하고 현실에도 맞지 않는다. 따라서 그것이 인용이라는 사실만 명백히 밝힌다면 요약에 의한 인용도 가능하다고 보아야 할 것이다. 물론 저작권법 제36조 제 2 항이 개작에 의한 인용을 명문으로 허용하고 있지 않고 번역에 의한 이용만을 허용하고 있지만, 공표된 저작물의 인용을 허용하는 저작권법의 전체 취지에 비추어 볼 때 이 규정이 요약에 의한 인용을 완전히 배제하는 의미는 아니라고 해석할 여지도 있다. 따라서 요약에 의한 인용도 공표된 저작물의 인용 규정의 적용에서 제외할 것은 아니다. 그러나 요약의 정도가 지나쳐서 원작에 대한 개작의 수준에 이르게 된다거나, 그러한 요약으로 인하여 원작의 시장적 수요에 감소를 가져올 정도가 된다면 공정한 관행에 합치되는 인용이라고 보기 어려울 것이다.

따라서 어문저작물을 다이제스트(요약)하여 인용할 경우 그것이 개작의 수준에 이를 정도라면 이는 저작재산권 침해는 물론이고 경우에 따라서는 동일성유지권의 침해도 성립할 수 있다고 보아야 한다. 여기서 개작이라 함은 원저작물을 기초로 한 2차적저작물이 될 정도의 것을 말한다. 결국 요약인용의 필요가 있을 경우에는 실질적인 동일성이 인정될 수 있는 범위 내에서 요약을 하거나 피인용저작물의 취지에 충실하게 인용을 하여야 하고, 그렇지 않다면 아예 저작재산권이나 저작인격권이 미치지 않을 정도로 저작물의 요지(要旨)만 인용하는 것에 그쳐야 저작권침해의 책임을 면할 수 있을 것이다.

참고적으로 앞의 제 2 장 제 3 절의 Ⅰ. 2차적저작물 중 4.의 라.에서 언급한, 경제신문기사를 수집하여 요약문을 유료로 제공한 Nihon Keizai Shimbun, Inc. v. Comline Business Data, Inc. 사건[156]에서 미국 제 2 항소법원은, 피고의 요약문과 원고의 신문기사를 대비하여 보면, 동일한 구조와 구성을 채택하고 있고, 동일한 어법과 단어를 사용하고 있는 경우까지 있는 점에 비추어 볼 때, 저작권으로 보호되는 표현에 있어서 실질적 유사성이 있어 저작권침해에 해당한다고 판시하면서, 피고의 공정이용(fair use)에 기한 항변을 배척하고 있다. 그 판시 내용을 보면, 첫째, '이용의 목적과 성질'의 측면에서 볼 때 피고 요약문을 작성하면서 피고가 새롭게 추가한 내용은 거의 없어 공정이용에 부정적으로 작용하고 있고, 둘째, '이용되는 저작물의 성격'의 측면에서 원고의 기사는 사실적 저작물(factual work)이어서 공정이용에 중립적으로 작용하며, 셋째, '이용된 부분이 저작물 전체에서 차지하는 양과 상당성'의 측면에서 보면 이용된 분량이 대단히 많으므로 공정이용에 부정적으로 작용하고, 넷째, '이용행위가 원저작물의 잠재적 시장이나 가치에 미치는 영향'의 측면에서 보면

156) 166. F.3d 65(2d Cir. 1999). 이 사건에서는 피고가 이른바 '공정이용'(fair use)에 기한 항변을 하였지만 받아들여지지 아니하였다(공정이용과 관련된 판시 내용에 관하여는 제 6 장 제 2 절 Ⅶ. 공표된 저작물의 인용 중 2.의 라.항 참조).

피고의 요약문이 원고의 기사와 경쟁관계에 있고 이를 대체하는 것이므로 공정이용에 매우 부정적으로 작용한다고 하였다. 그리고 이러한 공정이용의 네 가지 요소의 영향을 전체적으로 고려하면 피고의 공정이용 항변을 받아들일 수 없다고 하였다.[157)]

(4) 선의(善意)에 기한 인용

셋째, 인용이 선의(善意)에 기한 것이어야 한다. 이 기준은 위의 두 기준 및 '정당한 범위 내'라는 요건과도 깊은 관련을 가지고 있다. 즉, 타인의 저작물을 인용하면서 독자나 시청자로 하여금 그것이 자신의 저작물인 것으로 오해할 수 있는 형태로 이용하거나, 인용에 이르게 된 경위에 있어서 피인용저작물의 저작권자를 기망하거나 그 신뢰에 반하여 저작물을 무단으로 인용하는 등 신의성실의 원칙에 반하는 행동을 하여서는 안 된다. 또 어문저작물에 인용된 회화가 본문의 내용과 직접 관련이 없거나, 관련이 있더라도 이미 공중의 영역(public domain)에 있는 회화가 얼마든지 있음에도 굳이 저작권의 보호를 받는 회화를 인용한다거나, 일부인용이 가능함에도 전부인용을 한 경우에는 선의에 기한 인용이 아니라고 판단될 여지가 많다.[158)]

2006년 저작권법 개정에 따라 2007. 4. 30. 입법예고 된 바 있었던 저작권법시행령 전부개정령(안) 제 9 조 제 1 항에 의하면, "법 제28조의 규정에 따른 정당한 범위란 (i) 인용되는 저작물이 인용하는 저작물에 대하여 부종적 성질을 가지는지 여부, (ii) 인용하는 저작물이 인용되는 저작물의 시장 대체여부의 기준을 포함하여야 한다"고 규정하고 있었고, 같은 조 제 2 항에 의하면, "법 제28조의 규정에 따른 공정한 관행이란 (i) 인용되는 저작물이 인용하는 저작물과 구분되는지 여부, (ii) 인용되는 저작물의 출처를 명시하였는지 여부, (iii) 그 밖에 문화관광부장관이 정하여 고시하는 기준을 포함한다"고 규정하고 있었다. 그러나 이러한 내용이 법 제28조의 적용여부를 결정하는 기준으로서 타당한 것인지, 그리고 이러한 기준에 대한 규정을 저작권법시행령에 두는 것이 옳은지 여부에 대하여는 좀 더 검토를 요한다는 것이 당시의 대체적인 견해였고,[159)] 결국 이 시행령 개정령(안)은 입법화되지 못하였다.

마. 출처명시의무

저작권법 제37조 제 1 항은 제28조에 의한 인용의 경우에 출처를 명시할 의무를 규정

157) 박태일, "어문저작물인 원저작물을 요약한 요약물이 원저작물과 실질적 유사성이 있는지 판단하는 기준에 관한 연구", 정보법학 제18권 제 3 호, 한국정보법학회(2014), 123면에서 재인용.
158) 이형하, 전게논문, 372면.
159) 오승종, 전게서, 601면.

하고 있으며, 저작권법 제138조 제 2 호는 이 규정을 위반하여 출처를 명시하지 아니한 자에 대한 형사처벌을 규정하고 있다. 이러한 출처명시의무를 지키지 않은 경우에 공표된 저작물의 인용이 위법하게 되는 것인지, 즉 출처명시가 공표된 저작물의 인용에 해당하기 위한 요건인지 여부가 문제로 된다.

공표된 저작물의 인용 규정은 베른협약에 그 근원을 두고 있다. 베른협약 제10조 제 1 항은, "이미 적법하게 공중에게 제공된 저작물로부터의 인용(신문잡지를 요약하는 형태로 신문이나 정기간행물의 기사로부터의 인용을 포함한다)은 그 인용이 공정한 관행에 합치하고 목적상 정당한 범위 내에서 행하여지는 것을 조건으로 적법한 것으로 한다"고 규정하고 있다. 이와 같이 베른협약은 인용의 적법 조건으로서, ① 이미 적법하게 공중에게 제공된 저작물로부터의 인용일 것, ② 공정한 관행에 합치될 것, ③ 목적상 정당한 범위 내에서 행하여질 것을 규정하고 있고, 이를 우리 저작권법이 수용한 것이다. 한편, 베른협약 제10조 제 3 항은 인용의 경우에 출처의 명시를 의무로 하고 있는데, 여기서도 출처의 명시가 인용의 요건인지 여부는 명확하지 않다. 다만, 출처명시가 되어 있지 않은 경우에 그러한 인용을 위법한 것으로 보아야 하는지, 즉 출처명시가 공표된 저작물의 인용규정이 적용되기 위한 요건인지 여부는 협약 가맹국의 재량에 맡겨져 있으며 의무사항은 아닌 것으로 보는 것이 일반적인 해석이다.[160)]

출처명시의무가 공표된 저작물 인용 규정을 적용받기 위한 요건에 해당한다면, 출처명시의무를 위반한 경우 저작권침해의 책임을 지게 되는데, 저작권법은 벌칙 규정과 관련하여 제136조에서 저작권침해죄에 대한 벌칙을 규정하면서 5년 이하의 징역이나 5천만 원 이하의 벌금 또는 그 병과에 처하도록 하고 있는 한편, 출처명시의무위반죄에 대하여는 이와는 별도로 제138조 제 2 호에서 500만 원 이하의 벌금에 처하도록 하고 있다. 이처럼 별개의 규정으로 형량에 있어서도 큰 차이를 두고 있는 것은 출처명시의무를 위반하였다고 하여 저작권 침해가 되지는 않는다는 것이며, 이는 결국 출처명시의무의 이행이 공표된 저작물 인용의 요건은 아니고, 타인의 저작물을 이용함에 있어서 이용자에게 부과되는 의무에 해당할 뿐임을 의미하는 것이라고 이해된다.

따라서 출처를 명시하였는지의 여부가 "공정한 관행에 합치" 요건의 충족여부를 판단하는 하나의 기준이 될 수는 있겠지만, 출처를 명시하지 아니하였다고 하여 반드시 공표된 저작물 인용의 요건을 충족하지 못한 것이고, 따라서 저작권침해의 책임을 부담하여야 한다는 결론으로 이어지는 것은 아니라고 본다.

160) 半田正夫·松田政行, 著作權法コンメンタール, 勁草書房(2), 187면.

3. 餘論 – 인용의 요건에 관한 추가적 논의

가. 서 설

이상에서 본 공표된 저작물의 인용에 관한 요건은 우리 저작권법 제28조 조문의 문구에 충실하게 구성해 본 것이다. 그런데 이와 같이 조문 문구에 따라 구성된 인용의 요건은 "정당한 범위 안에서" "공정한 관행에 합치"라고 하는 두 가지 가장 중요한 요건이 매우 추상적인 불확정개념으로 되어 있어서 실무상 명확한 기준이 되지 못하고 오히려 혼란을 가중시킬 뿐이라는 비판이 있다. 본 조는 저작재산권 제한규정 중에서도 가장 큰 비중을 차지하고 있기 때문에 본 조의 적용 요건은 저작재산권의 침해여부를 결정함에 있어서 매우 중요하다. 이에 저작권법 제28조 규정의 형식적인 조문에 얽매이지 않고 보다 현실적이고 구체적인 요건과 기준을 정립하고자 하는 노력이 나타나고 있다.

일본의 경우를 보면, 뒤에서 보는 '패러디 몽타주사진'에 관한 최고재판소 1980. 3. 28. 판결 이래 다수의 판례들이 공표된 저작물의 인용에 관한 일본 저작권법 제32조 제 1 항의 명문 규정[161]에도 불구하고, 적법 인용의 요건으로서 일관하여 (a) 명료구분성, (b) 주종관계의 두 가지를 들고 있다. 즉, 적법한 인용에 해당하기 위해서는 인용을 포함한 저작물의 표현형식상 이용하는 쪽의 저작물과 이용되는 쪽의 저작물을 명료하게 구별하여 인식할 수 있어야 하고, 양 저작물 사이에 전자가 주가 되고 후자가 종이 되는 관계가 인정되어야 한다고 보고 있다. 또한 현행 일본 저작권법에는 구법 제30조 제 1 항 제 2 호의 '절록인용'(節錄引用)이어야 한다는 제한은 없으므로, 단가(短歌), 회화, 사진, 도표 또는 도면 등과 같이 저작물의 전부를 인용하지 않으면 인용의 목적을 달성할 수 없는 경우에는 전부의 인용도 허용된다고 본다. 이러한 판례의 태도와 관련한 일본 학자들의 견해는 다음과 같이 다양하게 나타나고 있다.

나. 학 설

(1) 飯村敏明 판사의 견해

명료구분성은 당연한 요건이므로 크게 문제가 되는 기준은 아니고, 인용의 적법성여부를 가리는 실질적인 판단기준은 '주종관계'(부종성)라고 한다. 그러나 주종관계의 요건은 여러 가지 행위태양에 관하여 유연한 해결을 도모할 수 있는 기준으로서는 적절하지 않고

161) 일본 저작권법 제32조 제 1 항 역시 우리 저작권법 제28조와 유사하게, "공표된 저작물은 이를 인용하여 이용할 수 있다. 이 경우에 그 인용은 공정한 관행에 합치하고 보도, 비평, 연구 기타의 인용의 목적상 정당한 범위 내에서 행해져야 한다"라고 규정하고 있다.

조문의 문언 내용과의 관련성도 적어 문제라고 한다. 그러면서 '공정한 관행'과 '인용목적상 정당한 범위'라고 하는 2개의 요건을 들어, 전자에 관해서는 일반적인 관행 등을 고려하여 "인용방법 내지 인용태양이 공정할 것" 정도의 요건이라고 보면 족하고, 후자에 관해서는 '목적', '효과', '채록방법', '이용의 태양' 등의 여러 가지 요소(factor)에 따라 검토하는 것이 중요하다고 한다. 예를 들어, 서적의 경우라면 (i) 그 서적의 목적, 주제, 구성, 성질, (ii) 인용되어 복제된 원고 저작물 부분의 내용, 성질, 위치, (iii) 이용의 태양, 원고의 저작물이 피고의 저작물에서 점유하는 분량 등을 고려해야 한다는 것이다.[162]

(2) 기타의 견해

'공정한 관행' 요건은 결국 '명료구분성' 요건과 동일한 것이라고 하면서, '인용목적상 정당범위'는 '주종관계의 준수'와 동일한 것이라고 보는 견해,[163] 인용을 취득목적형과 비평·연구목적형으로 나누어, 전자에 대해서는 취득목적의 인용인 이상 명료구분성 요건을 만족한다는 것은 사실상 곤란하므로 그 경우에는 필연성, 필요최소한도성 및 저작권자에게 주는 경제적 불이익의 최소성 등 3가지의 요건을 요구하고, 후자에 대해서는 일본 최고재판소가 패러디 몽타주 사진 사건에서 제시한 명료구분성 및 부종성의 2가지 요건을 가지고 판단하는 것이 타당하다고 하는 견해,[164] 일반적으로 인용하는 저작물과 인용되는 저작물 사이의 주종관계는 양적으로 판단되는 경우가 많은데, 그것은 양적인 측면에 따라 질적인 주종관계도 판단되기 때문이라고 하면서, 주종관계에 관하여는 간명하게 양의 문제로서 고려하면 족하다고 하는 견해,[165] 인용을 하여야 할 필연성을 요건으로 보는 견해,[166] 인용이 필요최소한도일 것을 요구하는 견해,[167] 일본 최고재판소 판례가 제시한 2가지 요건(명료구분성과 부종성)으로부터 결별하고 일본 저작권법 제32조 제 1 항의 문언으로 회귀하여 그 문언에 충실하게 인용의 요건을 구성하여야 한다고 하면서, 예를 들어 '정당한 범위 내'라고 하는 요건 속에서 권리자에게 주는 경제적 영향까지도 고려할 수 있고, 나아가 인용의 목적이 보도, 비평, 연구 등에 있을 것이 필요하다고 보는 견해[168] 등이 있다.

162) 三山裕三, 전게논문, 63면.
163) 吉田大輔, '明解著作權 201答', 出版ニュース社, 2001.
164) 田村善之, 著作權法概說, 有斐閣, 제 2 판, 2001, 243면.
165) 阿部浩二, 判例評論 314호, 400면.
166) 加戶守行, 著作權法 逐條講義, 四訂新版, 社團法人 著作權情報センター, 244면.
167) 齊藤博, 概說著作權法, 一粒社, 171면.
168) 上野達弘, 引用をめぐる要件論の再構成, 著作權法と民法の現代的課題, 307면.

(3) 검 토

이러한 여러 견해에 대하여 三山裕三 변호사는 다음과 같이 의견을 제시하고 있다.[169] 우선 飯村敏明 판사의 견해에 대하여는 인용의 요건과 관련하여 보다 세분화된 판단의 '요소'(factor)를 정립하고자 시도한 점은 평가할 수 있지만, 구체적 사건에서 그들 각 요소들에 대한 평가가 저작권침해를 인정하는 것과 부정하는 것으로 구구하게 나누어질 경우에 최종적인 종합판단은 결국 판단자의 주관에 따를 수밖에 없게 되므로, 요건 판단의 불명료성을 치유하기에는 부족하다고 비판한다. 吉田大輔의 견해에 대하여는 저작권법의 조문에 있는 요건을 단순 치환한 것에 지나지 않고, 구체적으로 어떤 기준으로 판단할 것인가 하는 점에 있어서는 여전히 해결이 어렵다는 점을 지적하고 있다. 田村善之의 견해에 대하여는, 그 견해가 들고 있는 필연성(필요성) 요건은 다분히 저작자의 주관을 고려하여 판단할 수밖에 없으므로 판단기준으로서의 객관성이 훼손될 우려가 있다고 한다. 齊藤博이 제시하고 있는 필요최소한도일 것을 요구하는 견해에 관해서는, 그 한도를 현저하게 초과하는 경우에는 인용저작물의 주체성이나 피인용저작물의 부종성을 잃는 경우가 많을 것이므로, 이 부분은 주종관계의 판단에서 고려하면 족한 것이지 굳이 별개의 요건으로 보아야 할 이유는 없다고 지적한다. 결국 필요최소한도의 판단은 주종관계의 판단과 특별한 차이가 없다는 것이다. 阿部浩二의 견해에 대하여는, 동 견해가 제시하고 있는 양과 질이라고 하는 기준은 다소 범위가 넓은 기준이지만, 오히려 그러한 기준이 주종관계 판단에 있어서는 유용하다고 평가한다.

上野達弘의 견해에 관해서는, '경제적 영향'을 인용의 적법 요건으로 드는 것은 권리제한규정이 저작자와 이용자와의 조정규정이라는 점에서 경청할 가치가 있지만, 일본 저작권법 제32조 제 1 항의 규정을 보면 '목적상 정당한 범위'라는 문언 중에 경제적 영향이라는 요소는 포함되어 있지 않으며, 제30조 이하의 다른 제한규정에서 경제적 영향이 있는 경우에는 보상금의 지급 등을 정하고 있는 점과 대비하여 볼 때, 보상금 규정을 두지 않고 있는 제32조에 있어서는 피인용저작물의 경제적 영향이 다소 손상된다고 하여도 저작권법은 적법한 인용을 인정하고 있는 것으로 보아야 한다고 비판한다. 그러면서 주종관계를 판단하는 과정에서 저작재산권자에게 미치는 경제적 영향이 사실상 고려된다고 한다. 왜냐하면 인용의 결과 인용저작물이 아니라 피인용저작물이 주가 되는 때에는 그로 인하여 피인용저작물에 미치는 경제적 영향이 클 수밖에 없기 때문이다. 다만, 上野達弘의 견해가 목적의 존재를 요건으로 하는 점에 관해서는 공감을 표시하고 있다.

---

169) 三山裕三, 전게논문, 63-70면.

(4) 三山裕三의 견해

위에서 서술한 바와 같이 그동안 제기된 적법인용의 요건과 관련된 여러 견해들을 비판하면서, 三山裕三 변호사는 다음과 같이 자신의 견해를 피력하고 있다.

인용이 적법한 것으로 인정되기 위하여는 공표된 저작물일 것, 명료구분성, 주종관계 및 보도, 비평, 연구 등의 목적의 존재라는 4가지 요건이 필요하다.

우선 공표된 저작물일 것을 요구하는 것은 조문상 당연하다. 과거 판례에서는 그에 더하여 명료구별성 및 주종관계의 2가지 요건만을 추가적인 요건으로 들고 있으나, 보도, 비평, 연구 등의 목적이 조문에 엄연히 규정되어 있고 목적은 반드시 주종관계에 포섭되는 것은 아니므로, 이들 목적의 존재도 요건으로서 요구된다. 인용부분이 근소한 때에는 통상 주종관계의 요건은 충족될 것이지만, 그 때에도 보도, 비평, 연구 등의 목적이 인정되지 않는 경우(목적의 존재는 통상 간접사실로부터의 추정에 의하여 인정될 것이다)에는 설사 주종관계에 있어서는 피인용부분이 종의 관계에 있다고 하여도 목적의 요건을 충족하지 못하므로 결론적으로 적법인용이 아니라고 해석하여야 한다.

다음으로 명료구분성 및 주종관계 요건에 관하여는, 이 요건들이 저작권법의 조문상으로 분명하게 명시되어 있는 요건이 아니고 지나치게 넓은 개념으로서 사안의 유연한 해결기준으로서는 적절치 못한 것이라는 견해(飯村敏明의 견해)와, 주종관계 요건은 그 근저에 극히 다양한 고려 요소가 명백한 관련성도 없이 뒤죽박죽으로 섞여 있어 혼란 상태를 야기할 뿐이라고 하는 비판적 견해(上野達弘의 견해)가 있다. 그렇지만 저작권법상 인용에 해당하는지 여부가 저작권의 침해 또는 비침해를 결정하는 기준인 이상, 적법인용의 요건으로서 갖추어야 할 가장 중요한 점은 장래의 예측가능성, 즉 자기의 행위(인용행위)가 저작권 침해로 될 것인가 아닌가에 대한 예측가능성이라고 보아야 한다. 그렇다면 가능한 한 알기 쉽고 객관적인 기준이 있어야 한다. 이러한 관점에서 볼 때 저작권법 조문상의 요건인 '공정한 관행'이라든가 '인용의 목적상 정당한 범위'라는 요건은 지나치게 막연하고 추상적인 규범적 요건이라고 하지 않을 수 없다. 또한 飯村敏明 판사가 제시한 목적, 효과, 채록방법, 이용의 태양 등의 요소(factor)들도 그 의미를 일관되게 파악할 수 있는 일의적(一義的)으로 명료한 기준이라고는 볼 수 없다. 이러한 기준은 객관적·사후적으로 법원이 적용하는 기준으로서는 타당할지 몰라도, 인용하고자 하는 이용자가 자신의 인용이 적법이냐 위법이냐를 결정하여야 하는 시점에서 판단하여야 할 때 적용할 수 있는 요건으로서는 부적절하고, 그 경우에는 '명료구분성' 및 '주종관계'의 요건 쪽이 보다 간명하고 알기 쉬워 합리적이라고 할 수 있다.

주종관계에 관해서는 종래와 같이 기본적으로는 양과 질의 두 가지 관점으로부터 판단할 것이지만, 그것을 결정하는 세부 요소(factor)로서는 飯村敏明이 들고 있는 요소들, 즉 (i) 저작물의 목적, 주제, 구성, 성질, (ii) 인용된 원고 저작물 부분의 내용, 성질, 위치, (iii) 이용의 태양, 원고 저작물 부분이 피고 저작물에서 차지하는 분량 등의 요소들이 참고가 된다. 명료구분성 및 주종관계의 두 가지 요건은 일본 저작권법 제32조 제 1 항의 문언에 명시되어 있지는 않지만 그 규정의 전체적 취지로부터 추출된 것으로서 의미가 있는 요건이다.

다음으로 필연성(필요성)을 적법인용의 요건으로 하면, 저작자의 주관을 고려하여 판단할 수밖에 없는 측면이 있고, 판단 기준으로서의 객관성이 떨어질 우려가 있다. 그렇다면 이를 적법인용의 요건으로 할 것은 아니고, 필요최소한도를 현저하게 초과하는 경우에는 인용저작물의 주체성, 피인용저작물의 부종성을 상실케 할 수 있다는 의미에서 주종관계의 판단에서 고려하면 족하다. 필연성을 적법인용의 별개의 요건으로 할 필요는 없다.

출처의 명시는 적법인용의 요건은 아니고, 이에 위반한 경우에도 성명표시권침해 및 벌칙의 적용이 있음에 그친다고 해석하여야 한다.

요약하여 인용하는 경우에도 적법인용으로 되는 경우가 있다. 그 경우에는 동일성유지권 침해가 되지 않는 경우가 많을 것이다. 그러나 저작인격권은 인격적 이익의 보호라고 하는 저작재산권과는 별개의 목적으로부터 인정되는 것이므로, 적법인용으로 인정되어 저작재산권침해가 되지 않는 경우에도 요약에 의하여 그 저작물이 저작자가 당초 의도하였던 것과는 다른 저작물처럼 보일 우려가 있거나, 요약에 의하여 저작자가 정신적인 고통을 느낄 것이라고 인정되는 경우에는 동일성유지권 침해가 성립할 수 있다.170)

4. 인용의 효과

저작권법 제28조 규정에 따른 요건들을 갖추게 되면 그 인용은 적법한 것이 되고, 저작재산권자의 허락 없이 무상으로 그 인용된 부분을 이용할 수 있다. 우리 저작권법은 "인용할 수 있다"고 규정하고 있음에 비하여, 일본 저작권법은 "인용하여 이용할 수 있다"고 규정하고 있다. 일본 저작권법이 이와 같이 규정하고 있는 이유에 관하여 일본 학계의 해석은 다음과 같다. '인용' 즉 자신의 저작물 중에 타인의 저작물을 끌어다 쓰는 행위와, 저작물의 이용에 수반하여 그 중에 인용된 저작물을 인쇄, 연주, 방송 등의 행위를 하는 것은 개념적으로 구분될 수 있는 것이다. 이때 인용행위 그 자체보다는 인용부분을 포함한 저작물 이용에 수반되어 인용된 저작물을 이용하는 것에 법률적 의미가 있는 것이므로, 그러한 형태의 저작물 이용행위를 적법행위로 하는 것이 본 규정의 취지이며, 그러한 의미에

170) 三山裕三, 전게논문, 68-70면.

서 "인용하여 이용할 수 있다"는 표현을 사용한 것이라고 한다.[171)]

우리 저작권법 제28조에서는 단순히 "인용할 수 있다"고 규정하고 있다. 다른 대부분의 저작재산권 제한규정이 "복제할 수 있다" 또는 "복제·배포·공연 또는 공중송신할 수 있다" 라고 규정함으로써 적용 범위를 특정한 이용행위로 한정하고 있는 것과 비교하면, 제28조의 공표된 저작물의 인용규정이 단순히 "인용할 수 있다"고 규정한 것은 매우 넓은 적용범위를 가지고 있는 것이다. 복제행위는 말할 것도 없고, 공연, 공중송신 등 모든 형태의 저작물의 이용행위가 허용된다.[172)]

5. 패러디(parody)

가. 패러디의 의의

넓은 의미의 패러디란 표현형식을 불문하고 대중에게 널리 알려진 원작(原作)의 약점이나 진지함을 목표로 삼아, 이를 흉내 내거나 과장하여 왜곡시킨 다음, 그 결과를 알림으로써 원작이나 사회적 상황에 대하여 비평 또는 웃음을 이끌어내는 것을 말한다. 패러디에는 원작 자체를 비평의 대상으로 삼는 '직접적 패러디'(direct parody)와, 원작을 비평의 수단으로 이용하지만 원작의 내용과는 무관한 사회에 대한 일반적인 비평을 하는 '매개적(媒介的) 패러디'(vehicle parody)의 두 가지 종류가 있다.[173)] 직접적 패러디에서는 인용되는 저작물 자체가 비평의 '대상'이 되는데 비하여, 매개적 패러디에서 인용되는 저작물은 비평의 대상이 아니라 비평을 위한 '수단'이 된다.

패러디가 예술적 표현양식으로서 나름대로의 존재 의미와 가치를 가지는 이상, 문화의 향상발전이라고 하는 저작권법의 근본 목적을 달성하고 표현의 자유를 실질적으로 보장한다는 차원에서, 일정한 요건을 갖춘 패러디는 그 패러디에 이용된 원저작물에 대한 저작권 침해 책임으로부터 면제되어야 한다는 인식은 널리 공유되고 있다. 그러나 법률적으로 어떤 근거에 의하여 면책된다고 볼 것인지에 대하여는 일치된 결론이 나오지 않고 있다. 대부분의 나라에서도 패러디의 저작권침해 책임 면책은 해석상의 문제로 제기되고 있을 뿐이고, 저작권법에서 직접 패러디를 명문으로 규정하고 있는 입법례는 드물다고 한다.[174)]

171) 半田正夫·松田政行, 著作權法コンメンタール, 勁草書房(2), 193면.

172) 상게서, 193면.

173) 정재훈, "패러디 廣告와 著作權 侵害", 광고연구, 한국방송광고공사, 1998년 여름, 39호, 11면.

174) 이해완, 전게서, 443면. 다만, 프랑스 저작권법은 제122조의5 제 4 호에서 '표현양식의 규칙'을 준수할 것을 전제로 풍자적으로 표현하는 자유, 즉 패러디, 파스티슈, 캐리커처의 자유를 허용하고 있다. 이때 중요한 기준이 되는 '표현양식의 규칙'은 결국 해석에 맡겨져 있는 것으로서 판례를 중심으로 그에 대한 해석이 전개되고 있다고 한다. 상게서, 443면; 서달주, 전게서, 286-287면. 여기서 '파스티슈'

해석상 패러디를 원저작물에 대한 저작재산권침해 책임으로부터 면제하는 이유, 즉 저작재산권 제한을 인정하는 이유로는 보통 세 가지를 든다. 첫째, 패러디는 기존의 작품에 비평이나 논평, 풍자 등 새로운 창작을 가미함으로써 인류의 문화유산을 풍부하게 하고, 문화 및 관련 산업의 향상발전이라는 저작권법의 목적달성에 기여한다. 둘째, 패러디에 그와 같은 이로운 점이 있음에도 불구하고 보통 패러디는 엄숙하고 진지한 작품에 대한 풍자, 비평, 비꼼에서 시작하므로, 원저작자로서는 자신의 저작물에 대하여 스스로 패러디를 작성한다거나 아니면 다른 사람에게 자신의 저작물에 대한 패러디를 작성하도록 허락해 줄 가능성이 희박하다. 셋째, 패러디는 원작의 시장적 가치를 침해할 가능성이 거의 없다. 원작과 패러디는 전혀 다른 효용가치를 가지므로, 패러디 작품을 감상하였다고 해서 원작에 대한 수요가 감소되지는 않기 때문이다.[175)]

패러디에 대하여 저작권이 제한된다고 할 때 종래 그 근거로서 제시되어 온 명문의 규정은 저작권법 제28조이다. 현행 저작권법에서는 저작재산권 제한에 관한 일반조항인 제35조의5 규정이 신설되었으므로 앞으로는 이 신설조항이 패러디에 대한 저작권 제한의 근거규정으로서 보다 적절할 것으로 생각된다. 그러나 패러디와 관련하여서는 이미 제28조 규정을 주된 근거로 하여 학설이 전개되어 왔고, 많지는 않지만 일부 판례도 존재하므로, 본 서에서도 제28조와 관련하여 패러디의 문제를 다루기로 한다.

나. 저작권법상 의미

패러디라는 독특한 장르는 저작권법의 여러 영역에서 문제점을 야기한다. 첫째로, 패러디가 2차적저작물이냐의 문제이다. 둘째, 패러디가 원저작자에 대한 저작인격권, 특히 동일성유지권을 침해하는 것이냐의 문제이다. 이러한 문제들은 패러디가 필연적으로 원작에 대한 수정·개변을 수반하기 때문에 발생한다. 그러나 패러디의 존재가치를 인정하는 한

(pastiche)는 원래 '합성작품'(合成作品) 또는 혼성작품을 지칭하는 미술용어인데, 패러디와 마찬가지로 모방을 의미하는 용어이지만 패러디가 어떤 진지한 작품을 해학적으로 개작한 것이라면, 파스티슈는 유명한 대가의 기법과 양식을 모방한 것을 말한다. '캐리커처'(caricature)는 어떤 사람의 특징을 과장하여 우스꽝스럽게 묘사한 그림이나 사진을 말한다. 또한 '오마주'(hommage)라고 하는 것도 있는데, 이는 원작자에 대한 존경의 뜻으로 그 원작자의 작품 중 감명 깊은 주요 대사나 장면 등 일부를 따오는 행위이다. 브라이언 드 팔마 감독이 자신의 영화 'Dressed to Kill'을 제작하면서 유명한 알프레드 히치콕 감독의 스릴러 영화 '사이코'(Psycho) 작품에서 욕실의 샤워 살인 장면을 따오면서 존경을 표시한 것이 대표적이라고 한다.

175) 예컨대 자유를 향한 인간의 의지를 주제로 한 '빠삐용'이라는 소설 또는 영화를 원작으로 한 바퀴벌레약 광고 패러디를 보았다고 해서 소설 또는 영화 '빠삐용'에 대한 소비자의 수요가 감소되는 것은 아니다. 마찬가지로 '원본 춘향전'을 패러디한 '외설 춘향전'을 읽었다고 해서 '원본 춘향전'에 대한 독자들의 수요가 감소되는 것은 아니다.

이와 같은 문제점들은 모두 부정적으로 새길 수밖에 없다. 패러디를 원작에 대한 2차적저작물이라고 한다면 패러디를 작성할 때 저작재산권자의 동의를 얻어야 하고, 패러디가 원작에 대한 동일성유지권 침해가 된다면 저작인격권자인 저작자의 동의를 얻어야 한다. 그러나 그러한 동의를 받을 가능성은 거의 희박하므로, 패러디를 원작에 대한 2차적저작물로 보거나 동일성유지권을 침해하는 것으로 본다는 것은 결국 패러디라는 독특한 장르의 존재를 인정하지 않겠다는 것과 마찬가지여서 패러디를 저작물 자유이용의 한 형태로 인정하는 취지에 어긋나기 때문이다. 그렇다고 하여 패러디라는 이름만 붙이면 어떠한 경우에도 그에 이용된 원저작물에 대한 저작권침해의 책임으로부터 면제된다고 하는 것도 타당하지 않다. 결국 패러디라는 표현양식도 일정한 요건을 갖춘 경우에만 저작권침해의 책임을 면제해 주어야 한다. 문제는 그 요건을 어떻게 설정할 것인가 하는 점이다. 그 요건의 충족여부에 따라 저작권침해의 책임이 면제되는 패러디('성공한 패러디')와 그렇지 못한 패러디('실패한 패러디')가 구분될 것이다.

성공한 패러디(이하에서 단순히 '패러디'라고 하면 '성공한 패러디'를 의미하는 것으로 한다)가 되려면 반드시 서로 상반되는 두 가지 메시지를 전달하여야 한다. 하나는 그것의 원작이 존재한다는 사실, 다른 하나는 그것이 원작 그 자체가 아닌 패러디라는 사실이다. 패러디를 감상하는 사람의 입장에서 원작과 그에 대한 패러디를 함께 느낄 수 있어야 하는 것이다. 이때 전자만이 드러나게 되면 그것은 '실패한 패러디'로서 저작권(예컨대 복제권·2차적저작물작성권 및 동일성유지권 등)의 침해가 성립할 수 있다. 실패한 패러디는 대부분 거기에 이용된 원저작물과의 관계에서 2차적저작물이 될 가능성이 높다. 그러나 일단 패러디로서 성공하게 되면 원작에 대한 2차적저작물이 아니라 완전히 독립된 저작물이 되고, 저작권침해의 문제는 발생하지 않는다. 이에 반하여 2차적저작물은 원작에 대한 '파생적 저작물'(derivative works)로서 원작의 변형저작물에 해당한다. 또한 2차적저작물은 대부분 원작의 시장적 수요를 어느 정도 대체하는 효과를 가지고 있지만 패러디는 그렇지 않다는 점에서도 차이가 있다. 패러디와 동일성유지권과의 관계에 관하여는 아래에서 항을 달리하여 살펴보기로 한다.

다. 패러디의 근거와 기준

(1) 패러디의 저작권법상 근거

그렇다면 패러디가 원작에 대한 2차적저작물작성권이나 동일성유지권 침해가 되지 않는다는 근거와 요건을 저작권법 어디에선가 찾을 수 있어야 한다. 이때 그 근거로서 일반적으로 거론되어 온 것이 제28조의 '공표된 저작물의 인용'이다. 따라서 위에서 본 저작권법 제28조의 적용 요건, 즉 공표된 저작물일 것, 보도·비평·교육·연구 등의 목적을 위한 것일 것, 정당한 범위 내의 인용일 것, 공정한 관행에 합치될 것 등은 패러디의 경우에 있어서도 적용되어야 한다. 인용의 목적과 관련하여 패러디는 보통 '비평'의 목적으로 작성되는 경우가 많을 것이다. 한편, 현행 저작권법에서는 저작재산권 제한에 관한 일반조항인 제35조의5 규정이 신설되었고, 이러한 신설규정이 패러디 인정의 근거로서 제28조보다 더 적합하다고 볼 수도 있다.

(2) 패러디의 면책 기준

패러디는 그 패러디를 감상하는 사람이 원작을 즉시 떠올릴 수 있어야 하므로, 원작으로부터 양적으로나 질적으로 비중이 큰 부분을 이용하여 작성되는 경우가 대부분이다. 그 결과 저작권법 제28조나 제35조의5 규정에서 정하고 있는 요건들을 다른 일반적인 저작물의 경우처럼 엄격하게 적용하게 되면 사실상 패러디는 존립하기 어려운 상황에 처할 가능성이 높다. 따라서 패러디에 대하여는 저작권법 제28조나 제35조의5의 요건들을 보다 유연하게 해석·적용할 필요가 있다.

이와 관련하여서는 저작권법 제35조의5 규정의 모태가 된 미국 저작권법 제107조(fair use 규정) 및 동 규정에 따른 패러디 해석 기준이 패러디의 면책, 즉 패러디로서의 허용 여부를 판단함에 있어서 중요한 참고자료가 될 수 있을 것이다. 아래에서는 미국의 판례이론을 통하여 개발된 패러디 인정여부를 판단하기 위하여 고려되어야 할 요소(factor)들을 차례로 살펴보기로 한다. 우리나라에서는 아직 패러디에 관한 판례의 축적이나 이론적인 연구가 충분히 이루어지지 않은 상태이므로(가까운 일본의 경우도 마찬가지이다), 공정이용(fair use)의 적용과 관련하여 패러디에 대한 판례와 이론이 많이 발전한 미국의 논의는 우리의 입장에서도 충분히 검토할 만한 가치가 있다. 패러디와 관련하여 미국 저작권법 제107조의 '공정이용의 기준' 및 그에 따른 고려요소들을 검토함에 있어 유의하여야 할 것은, 그러한 요소들은 하나하나가 절대적·결정적인 기준은 아니며, 매 사건마다 이들 요소들이 동등한 비중으로 또는 하나도 빠짐없이 모두 고려되어야 한다는 것도 아니고, 이러한 요소들을 종합적으로 고려하여 구체적인 경우에 자유이용이 가능한지 여부를 판정하여야 한다는 점이다.

(3) 패러디의 대상

(가) 직접적 패러디와 매개적 패러디

패러디는 원작을 이용하여 대상을 비평(批評) 또는 풍자(諷刺)하여야 한다. 그리고 그 비평 또는 풍자에 원작이 이용되었다는 사실을 패러디 자체에서 감상자가 알 수 있어야 한다. 그렇기 때문에 패러디는 일반적으로 잘 알려진 원작을 패러디하는 것이 보통이다. 만약 감상자 입장에서 그것이 원작에 대한 비평 또는 풍자라는 사실을 알기 어렵고 오히려 패러디를 원작 그 자체로 오인한다거나, 아니면 패러디를 통하여 원작이 원래 그러한 것이었나 하는 사실과 다른 오해를 불러일으키게 된다면 그러한 패러디는 '실패한 패러디'로서 저작권침해가 성립할 수 있다.

비평 또는 풍자의 직접적인 대상이 반드시 원작 그 자체여야 하는가, 아니면 원작을 수단(매개)으로 하여 원작과 무관한 사회현실을 풍자의 대상으로 삼는 것도 저작권법상 패러디로서 허용이 되는가 하는 문제가 있다. 즉, 직접적 패러디의 경우에만 원작의 자유이용이 가능한지, 아니면 매개적 패러디의 경우에도 원작의 자유이용이 가능한지의 문제이다.[176] 우선, 직접적 패러디의 경우에만 자유이용이 허용된다는 견해가 있다.[177] 그 근거는 원작을 직접적인 비평의 대상으로 삼지 않고 일반적인 사회현실을 비평·풍자한다거나 그 밖의 다른 목적을 위하여 원작을 수단으로 이용하는 매개적 패러디의 경우에는, 원저작권자가 그 사용허락을 꺼릴 이유가 없고 기꺼이 사용료를 받고 이용허락을 할 것이므로, 굳이 그러한 패러디에 자유이용을 인정해서 저작권을 제한할 필요가 없다는 것이다. 더구나 매개적 패러디를 하는 사람의 입장에서는 일반 사회현상에 대한 비평을 위해서라면 굳이 그 원작 이외에도 다양한 소재나 수단을 선택할 수 있었을 것인데, 그런데도 저작권자와 협의를 하지 않고 무단으로 타인의 저작물을 이용한 것이므로 이를 패러디라는 범주에 넣어 보호하는 것은 근거가 박약하다고 한다.[178][179]

(나) 판 례

하급심 판결 중에는 서울지방법원 2001. 11. 1. 선고 2001카합1837 결정(일명, 서태지 'Come Back Home 패러디' 사건)처럼 패러디의 성립 요건을 상세하게 언급하면서 매개적 패러디의 경우에는 저작권침해 책임이 면제되지 않는다는 취지로 판시한 것이 있다. 이 사건에서 법원은, "기존의 저작물에 풍자나 비평 등으로 새로운 창작적 노력을 부가함으로써 사회 전체적으로 유용한 이익을 가져다 줄 수 있는 점이나 저작권법 제25조(현행법 제28조)에

---

176) 원작을 직접 비평의 대상으로 하는 직접적 패러디만을 패러디라고 하고, 원작을 수단으로 하여 원작이 아닌 다른 대상을 비평하는 것을 '풍자'(諷刺)라고 하여 패러디와 용어 자체부터 구분하기도 한다.

177) 정재훈, 전게논문, 11면.

178) 상게논문, 13면.

179) 다수설에 따르면, 영화 '빠삐용'을 패러디한 바퀴벌레약 광고에 대하여는 위 영화를 직접적으로 풍자하거나 비꼰 것이 아닌 이른바 매개 패러디로서 그 영화의 저작권자와 협의를 하였다면 그로부터 이용허락을 받을 수 있었을 것이므로, 이러한 경우에 영화 저작권자의 동의 없이 위 광고를 제작하였다면 패러디라는 이름으로 면책되어서는 아니 된다는 결론에 이르게 된다.

서 "공표된 저작물은 보도·비평·교육·연구 등을 위하여는 정당한 범위 안에서 공정한 관행에 합치되게 이를 인용할 수 있다"고 규정하고 있는 점 등에 비추어 이른바 패러디가 당해 저작물에 대한 자유이용의 범주로서 허용될 여지가 있음은 부인할 수 없다 하겠으나, 그러한 패러디는 우리 저작권법이 인정하고 있는 저작자의 동일성유지권과 필연적으로 충돌할 수밖에 없는 이상, 그러한 동일성유지권의 본질적인 부분을 침해하지 않는 범위 내에서 예외적으로만 허용되는 것으로 보아야 할 것이고, 이러한 관점에서 패러디로서 저작물의 변형적 이용이 허용되는 경우인지 여부는 저작권법 제25조(현행법 제28조) 및 제13조 제2항의 규정취지에 비추어 원저작물에 대한 비평·풍자여부, 원저작물의 이용 목적과 성격, 이용된 부분의 분량과 질, 이용된 방법과 형태, 소비자들의 일반적인 관념, 원저작물에 대한 시장수요 내지 가치에 미치는 영향 등을 종합적으로 고려하여 신중하게 판단하여야 할 것이다"라고 한 후, "이 사건 개사곡은 신청인의 이 사건 원곡에 나타난 독특한 음악적 특징을 흉내내어 단순히 웃음을 자아내는 정도에 그치는 것일 뿐 원곡에 대한 비평적 내용을 부가하여 새로운 가치를 창출한 것으로 보이지 아니하고(피신청인들은 자신들의 노래에 음치가 놀림 받는 우리사회의 현실을 비판하거나 대중적으로 우상화된 신청인도 한 인간에 불과하다는 등의 비평과 풍자가 담겨있다고 주장하나, 패러디로서 보호되는 것은 당해 저작물에 대한 비평이나 풍자인 경우라 할 것이고 당해 저작물이 아닌 사회현실에 대한 것까지 패러디로서 허용된다고 보기 어려우며, 여러 가지 제반사정들에 비추어 이 사건 개사곡에 피신청인들 주장과 같은 비평과 풍자가 담겨있다고 보기도 어렵다), 피신청인들이 상업적인 목적으로 이 사건 원곡을 이용하였으며, 그 원곡을 인용한 정도가 피신청인들이 패러디로서 의도하는 바를 넘는 것으로 보이고, 이 사건 개사곡으로 인하여 이 사건 원곡에 대한 사회적 가치의 저하나 잠재적 수요의 하락이 전혀 없다고는 보기 어려운 점 등을 종합하여 보면, 결국 피신청인들의 이 사건 개사곡은 패러디로서 보호받을 수 없다"고 하였다.

이 판결은 패러디의 성립을 매우 예외적인 경우에만 좁은 범위 내에서 인정하는 입장에 서있는 것으로 보인다.

한편, 미국 연방대법원도 Campbell v. Acuff-Rose 사건에서, 저작권법이 추구하는 목적에 비추어 볼 때 패러디는 적어도 부분적으로는 원저작물에 대한 비평을 담은 새로운 저작물을 만들어내기 위하여 원저작물의 어떤 요소들을 사용하는 것이라고 함으로써, 적어도 부분적으로는 직접적 패러디의 성격을 가질 것이 패러디의 요건임을 판시한 바 있다.[180]

180) Campbell v. Acuff-Rose Music, Inc., 114 S.ct. 1164, 1176(1994). 이 판결은 Roy Orbison의 노래 "Oh, Pretty Woman"을 패러디하여 랩버전의 노래로 음반에 수록하여 판매함으로써 상업적으로 크게 성공을 거둔 사안에 대한 것이다.

(다) 소 결

그러나 판례의 이러한 소극적 태도에 대하여는, 직접적 패러디인지 매개적 패러디인지를 구별하는 것 자체가 쉬운 일이 아닐 뿐만 아니라, 설령 그 구별을 전제하더라도 권리자로부터 이용허락을 받기 어려운 것은 직접적 패러디에 국한된다고 할 수 없으며, 매개적 패러디의 경우에도 허락을 받기 어려운 것은 마찬가지라고 할 것이므로, 패러디라는 예술 장르의 존립을 보호하기 위해서는 직접적 패러디인지 매개적 패러디인지를 구별할 필요 없이 권리제한의 문제로써 창작의 자유와 표현의 자유를 보장해줄 실익이 존재한다는 비판론이 있다.[181)]

미국에서도 위 Campbell 사건 이후에 나온 제 2 항소법원의 Blanch v. Koons 사건에서 유명 패션잡지의 사진을 원작으로 하여 사회적, 문화적 현상을 비평한 패러디의 면책을 인정함으로써 매개적 패러디를 허용하는 등 패러디의 인정 범위를 넓혀가고 있다.[182)]

생각건대 패러디로서의 허용 여부는 그것이 직접적 패러디인가 매개적 패러디인가를 기준으로 판단할 것은 아니다. 패러디의 저작자가 진정한 창조적인 의도를 가지고 원작을 이용하되, 원작과는 전혀 다른 별개의 목적과 내용으로 작성함으로써 문화적 가치가 있는 새로운 창작물을 산출한 것이라면, 문화의 발전이라고 하는 저작권법의 궁극적인 목적에 비추어 허용되어야 할 것이다. 그러나 현재까지 우리 법원의 입장은 위에서 본 하급심 판결에서 보는 것처럼 패러디의 면책에 대하여 상당히 인색한 편이다. 대법원은 아직 명확한 입장을 밝히고 있지 않지만, 대법원 2020. 6. 25. 선고 2017도5797 판결에서도 패러디로서 공정이용 규정에 따른 면책항변을 배척한 하급심 판결[183)]을 그대로 확정하였다.

(4) 이용행위의 목적과 성격

원작을 이용하여 패러디를 만드는 행위가 상업적 성격을 갖는가 아니면 비상업적인 성격을 갖는가 여부도 기준이 된다. 그러나 이 기준은 결정적인 것은 아니며 상업적 성격을 가진 이용행위에도 패러디가 인정된 사례가 다수 있다.[184)] 위 Campbell 사건에서 미국

181) 박성호, 전게서, 545면.

182) Blanch v. Koons, 467 F.3d 244 (2d Cir. 2006). 이 사건에서 피고는 패션잡지에 실린 유명 브랜드 샌들을 신은 여성의 다리 사진을 잘라내어 나이아가라 폭포를 배경으로 다른 세 쌍의 다리 사진과 함께 배치하는 방식으로 콜라주를 완성하였다. 원저작물의 창작 목적은 유명 브랜드 상품의 판매를 위한 광고 목적이었으나, 피고의 후속 저작물의 창작 목적은 패션 사진에 드러난 매스미디어의 사회적, 미학적 결과를 비평하고 풍자하기 위함이었다. 제 2 항소법원은 이 콜라주가 매개적 패러디이지만 '변형적 이용'에 해당한다고 하여 공정이용을 긍정하였다. 박유선, "미국 판례상의 변형적 이용에 대한 연구", 계간 저작권, 한국저작권위원회, 2015년 여름호, 80, 81면.

183) 서울남부지방법원 2017. 4. 13. 선고 2016노1019 판결 : 이 판결에 대한 평석으로, 계승균, "패러디와 저작권침해", 한국저작권위원회, 저작권문화(2020. 10. vol. 314) 참조.

연방대법원은 설사 상업적 성격을 가지는 이용행위라고 하더라도 패러디가 원저작물과 다른 기능을 하는 '변형적 이용'(transformative use)으로서의 성격이 강하다면 공정이용에 해당할 수 있다고 하였다. '변형적 이용'의 의미에 관하여는 본 장 제 3 절의 Ⅰ. "미국 저작권법상 공정이용의 법리"에 관한 부분에서 상세하게 살펴보기로 한다.

(5) 이용된 분량과 실질적 가치

이는 원작으로부터 어느 정도의 분량을 차용하였는가를 살펴보는 기준이다. 이 기준은 일반적으로 'conjure up test'라고 불린다. 패러디를 작성하기 위해서는 어차피 원작을 차용할 수밖에 없는데, 이때 그 차용의 정도는 '원작을 떠올리는 정도'(conjuring up)여야 한다는 것으로서 종래의 미국 판례 및 학설이 일치하여 인정하는 기준이다. 다만, 그것이 차용할 수 있는 최소한의 분량을 의미하는 것인지, 아니면 최대한의 분량을 의미하는 것인지에 대하여는 견해가 나뉘었다. 미국 초기 판결에서는 원작을 인식하기에 '필요한' 분량까지만 차용할 수 있다고 판시하였으나,[185] 점차 패러디의 목적을 달성하기 위해서라면 원작을 떠올리는 것 이상의 차용, 즉 '충분한' 분량까지의 차용도 허용될 수 있다고 판시하기 시작하였다.[186] 그러나 거의 전적인 차용이나 토씨하나 바꾸지 아니한 복제일 경우에는 아무리 패러디의 성격을 갖추었다고 하더라도 자유이용이 허용되기 어렵다.[187] 일반적으로 원작을 떠올릴 수 있을 정도로 차용하되, 차용된 부분의 분량이나 실질적 가치가 적을수록 공정한 인용으로서 허용될 가능성이 높아지고, 반대로 차용된 부분이 많을수록 허용가능성이 낮아진다.

---

184) Eveready Battery Co. v. Adolph Coors Co., 765 F.Supp. 440(N.D. Ill. 1991) 등.

185) 앞서 제 2 장 제 4 절 중 '캐릭터' 부분에서 살펴본 바 있는 Walt Disney Production v. Air Pirates, 581 F. 2d 751(9th Cir. 1978) 판결에서는, 원고가 저작권을 가지는 미키마우스 등 캐릭터의 시각적 표현을 그대로 차용하되 다만 그 성격적 이미지만은 반항적이면서 반문화적인 인물로 묘사하여 성인용 만화를 제작한 피고에 대하여, 피고의 위와 같은 차용행위는 패러디로서 원작을 떠올리기에 '필요한 분량'을 넘어서는 것이라는 이유로 패러디의 성립을 부정하였다.

186) Berlin v. E.C. Publication, 329 F.2d 541, 545(2d Cir.) cert. denied, 379 U.S. 822(1964) (conjuring up은 패러디스트에게 부여된 최소한의 분량이라고 판시); 앞의 주 Eveready Battery 판결(conjure up은 패러디가 원작으로부터 차용할 수 있는 최상한을 정한 것이 아니라고 판시). 그 후 Campbell v. Acuff-Rose Music, Inc., 114 S.ct. 1164, 1176(1994) 판결은, "특정원작을 대상으로 할 경우 패러디는 비평의 목적을 달성하기 위해 원작을 떠올리기에 '충분한 분량'을 차용하는 것이 허용되어야 한다. 일단 떠올리기에 충분한 분량이 차용된 이후에는 그 이상 어디까지의 차용이 적당한가는 패러디의 목적과 성격에 따라서 달라진다"고 판시하였다. – 정재훈, 전게논문, 19면에서 재인용.

187) 정재훈, 전게논문, 19면.

(6) 패러디가 원작의 시장적 수요에 미치는 영향

패러디가 원작의 시장적·경제적 가치에 미치는 효과를 분석하여, 원작의 현재 또는 잠재적인 시장적·경제적 가치를 감소시키거나, 수요를 대체하는 효과를 가져오는 패러디에 대하여는 자유이용을 허용하지 않는다는 것이다. 그러한 패러디는 실패한 패러디일 가능성이 매우 높고, 또한 패러디를 저작권침해의 책임으로부터 면제하는 이유가 성공한 패러디는 원저작물과 다른 기능을 수행하고, 따라서 원저작물의 시장적 수요에 영향을 미치지 않는다는 것에 있기 때문이다. 대체적으로 패러디로서 성공하게 되면 원저작물과는 전혀 다른 감상적 기능을 수행하게 되므로, 성공한 패러디가 원작의 시장적 수요에 미치는 영향을 거의 없을 것이다.

이 기준을 적용함에 있어서 미국의 법원은 패러디의 존재로 인한 소비자의 혼동 또는 저작자의 신용이나 명성에 대한 손상에 초점을 맞추거나, 아니면 원작에 대한 직접적인 수요 또는 2차적저작물작성권 등을 침해하였는지 여부에 초점을 맞추는 경향이 있다.188) Campbell 사건에서 미국 연방대법원도 "순수한 패러디의 경우 그것이 원저작물을 대체함으로써 원저작물의 시장에 위해를 가져올 가능성은 거의 없다. 패러디와 원저작물은 일반적으로 서로 다른 시장적 기능에 기여하기 때문이다"라고 판시하고 있다.

라. 동일성유지권과의 관계

패러디는 필연적으로 원작에 대한 변형을 동반하게 된다. 그렇다고 해서 패러디가 동일성유지권을 침해하는 것이라고 본다면, 패러디 작성자는 항상 원저작자로부터 패러디 작성에 대한 허락을 받아야 하는 결과로 되어 패러디를 인정하고자 하는 취지에 어긋나게 된다.

패러디는 원작의 내용을 변경하지만, 동일성유지권의 취지에 내재되어 있는 저작자가 저작물에 대하여 가지는 인격의 보호를 해할 목적으로 시도되는 것은 아니며, 대중들도 그러한 사실을 충분히 알 수 있다. 따라서 저작인격권을 내세워 패러디 표현의 자유를 제한하는 것은 부당하다. 저작인격권이 발동될 수 있는 경우는 실패한 패러디, 즉 패러디로서 성공하지 못하고 원작에 대한 단순한 변형에 그침으로써 원작과의 구별이 어려워진다거나, 대중으로 하여금 원작이 원래 패러디와 같은 것이었나 하는 오해를 불러일으킴으로 인하여 저작자의 인격적 이익이 훼손될 우려가 있는 경우로만 제한되어야 한다.189) 저작권법

---

188) 상게논문, 20면.

189) 박성호, 포스트모던 시대의 예술과 저작권, 한국저작권논문선집(Ⅱ), 저작권심의조정위원회, 1995, 222면; 허희성, 전게서, 81면; 정재훈, 전게논문, 26면.

제13조 제 2 항 제 3 호에서 규정하는 동일성유지권이 제한되는 경우, 즉 "그 밖에 저작물의 성질이나 그 이용의 목적 및 형태에 비추어 부득이하다고 인정되는 범위 안에서의 변경"에 패러디가 해당되는 것으로 해석함으로써, 패러디의 경우에는 동일성유지권의 침해가 성립하지 않는 것으로 보아야 한다는 견해도 있다.190)

일본에서는 최고재판소 1980. 3. 28. 선고 昭和51(オ)923 판결191)이 패러디를 다룬 판결로서 널리 알려져 있다. 이 판결은, 여섯 명의 스키어들이 눈 덮인 산의 급경사면을 활강해 내려오는 모습을 멀리서 찍은 원고의 사진(그림 1)을, 피고가 자동차 공해를 풍자하는데 사용하기로 하여, 사진의 좌측 일부를 잘라낸 후 우측상단의 산 정상에 타이어회사의 광고사진에서 복제한 자동차 스노우타이어 사진을 배치하여 합성한 흑백 몽타주 사진(그림 2)에 관한 사안이다. 이 사건에서 일본 최고재판소는, 공표된 저작물의 인용 규정이 적용되기 위하여는 (1) 인용저작물의 표현형식상 피인용저작물과 인용저작물을 명료하게 구별할 수 있고, (2) 두 저작물 사이에 전자가 주가 되고 후자가 종이 되는 주종관계가 성립되어야 하며, (3) 피인용저작물 저작자의 저작인격권을 해치지 않는 방식으로 인용하여야 하는데, 피고의 위 사진은 이와 같은 요건을 충족하지 못하였다고 하여 저작권침해를 인정하였다.

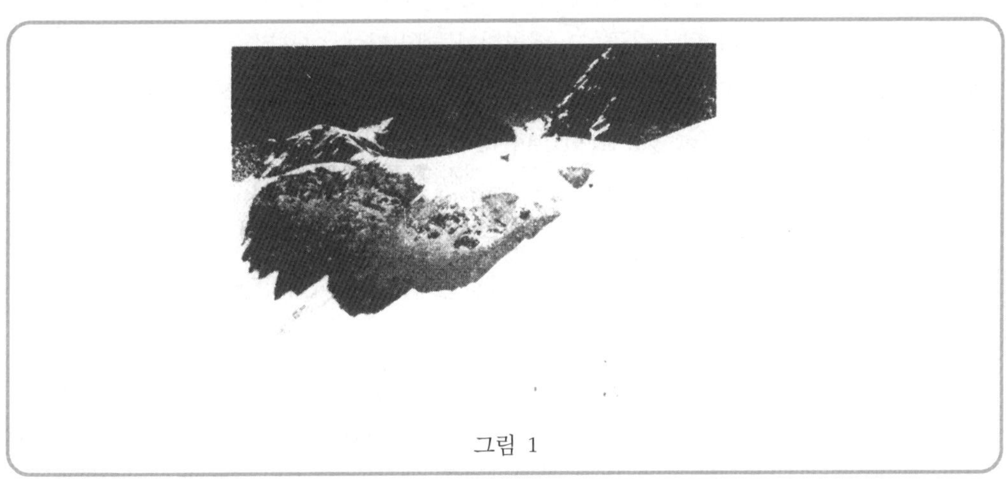

그림 1

190) 정재훈, 전게논문, 27면; 이해완, 전게서, 450면.
191) 著作權判例百選, 別冊 ジュリスト, No. 128, 140면.

그림 2

마. 소 결

이상에서 살펴본 바를 종합하면, 패러디의 경우 2차적저작물작성권침해 또는 동일성유지권침해가 성립하느냐 여부는 결국 그 패러디가 패러디에 이용된 원저작물과 완전히 별개의 독립된 저작물로 성립하느냐 여부에 달려있다. 원저작물을 이용하였지만 그와는 종속성(동일성 또는 실질적 유사성)을 상실한 완전히 별개의 독립된 저작물로 성립한다면 2차적저작물작성권 또는 동일성유지권 침해의 문제도 생기지 않는다. 이에 반하여 패러디가 원저작물에 상당한 수정·변형을 가하였음에도 불구하고 여전히 원저작물과의 종속성이 인정되는 일종의 파생적 저작물(또는 2차적저작물)에 해당한다면 2차적저작물작성권은 물론이고 동일성유지권 침해의 책임도 성립할 수 있다.

결론적으로 저작재산권이나 저작인격권 침해여부를 논함에 있어서 패러디라고 하여 다른 일반적인 저작물과는 다른 별도의 특별한 이론이 적용되어야 할 것은 아니다. 저작재산권과 저작인격권 규정 및 그에 대한 제한규정에 대한 원칙적인 해석론에 따르되, 다만 패러디라는 장르상의 특수성, 예를 들어 패러디는 기존 작품을 비판적·창조적으로 변형하여 작품 자체를 비평하거나 다른 현상이나 사상을 비평하는 기능을 가지며, 그에 따라 '변형적 가치'(transformative value)에 중점을 두고 있다는 점 등을 반영하는 것으로 해결하여야 할 문제이다.

바. 출처명시의무 및 성명표시권과의 관계

저작권법 제37조는 제28조의 "공표된 저작물의 인용"이 성립하여 저작물의 자유이용이 허용되는 경우라도 그 저작물 이용자는 출처를 명시하여야 한다고 규정하고 있다. 그러나 패러디에 있어서는 원작의 출처를 명시한다는 것이 아무래도 자연스럽지 못한 면이 있다. 따라서 특별히 패러디를 인정하는 명문의 규정을 두고 있지 않은 현행법상 패러디 인정의 근거를 저작권법 제28조에서 찾을 수밖에는 없지만, 출처의 명시의무까지 적용되는 것으로 해석할 것은 아니라고 본다. 패러디에는 일반적으로 누구라도 알 수 있을 정도의 유명한 작품이 원작으로 차용되므로, 그런 경우에는 특별히 출처를 명시할 의무까지는 없다고 해석할 수도 있을 것이다. 같은 의미에서 저작권법 제28조 또는 제35조의5 규정 등에 의하여 저작재산권 침해의 책임이 면제되는 패러디에 대하여는 성명표시권 침해의 문제도 생기지 않는 것으로 해석된다.

6. 정보통신기술과 관련된 몇 가지 문제점

가. 링크(link)

(1) 링크의 의의 및 종류

'링크'란 인터넷 이용자가 웹상의 어느 특정한 사이트에 접속하는 방법 중 하나로서, 웹의 이용자가 링크[192]를 마우스로 클릭하면 이용자의 검색프로그램은 링크에 의하여 연결되는 자료를 자동으로 검색한 후 이를 복제하여 이용자의 컴퓨터 화면에 나타나도록 한다. 링크에는 다음과 같은 몇 가지 종류가 있는데, 다른 방식에 의한 분류도 가능하다.

(1) Surface link: 다른 웹사이트의 홈페이지(프론트페이지)로 연결시켜 주는 일반적인 링크. '외부링크'라고도 한다.

(2) Deep link: 다른 웹사이트의 홈페이지보다 한 단계 또는 여러 단계 심층에 존재하는 내부 페이지(internal page) 또는 부속 페이지(subsidiary page)로 연결시켜 주는 링크. '내부링크'라고도 한다.

(3) Frame link: 검색을 행하고 있는 사용자 화면상의 프레임 내에 링크될 페이지의 콘텐츠를 표시하게 하는 형태의 링크.

(4) Image link: 검색을 행하고 있는 사용자의 화면에 링크될 페이지의 화상 이미지를 자동표시하게 하는 링크.

192) 보통 색채를 본문과 다르게 하거나 밑줄을 쳐 놓음으로써 눈에 띄게 구성된다.

링크는 저작권법상 공표된 저작물의 인용규정과 관련하여 몇 가지 쟁점을 제기한다. 링크는 다른 사람의 인터넷 웹페이지에 '연결'을 함으로써 그 웹페이지를 용이하게 참조할 수 있도록 하는 것인데, 그것이 저작권침해가 되는 것은 아닌지, 그 경우에 공표된 저작물의 인용규정이 적용될 수 있는지 여부가 문제로 된다. 링크는 저작권법뿐만 아니라 상표법 등과 관련하여서도 다양한 쟁점을 제기하지만, 여기서는 저작권법상의 문제에 관하여만 검토해 보기로 한다.

(2) 저작권 침해여부

(가) 직접침해 – 복제권 및 전송권 침해여부

링크의 저작권침해 문제는 복제권 및 전송권과 관련하여 나타난다. 타인의 웹페이지에 링크를 하는 것이 이러한 권리를 침해하는지에 관하여는 여러 가지 견해가 있다. 일반적인 견해는 링크 자체는 저작권침해가 아니고 원칙적으로 자유롭게 할 수 있는 행위라고 보아야 한다는 것이다. 그 이유로는 ① 링크에서 이용하고 있는 것은 URL(인터넷 주소)뿐인데, URL 자체는 창작성이 없어 저작물이 될 수 없다는 점, ② 링크는 웹페이지의 소재 또는 장소를 지시할 뿐이고, 웹페이지 그 자체를 복제한다거나 복제물을 송신하는 것은 아니라는 점, ③ 홈페이지 개설자는 널리 공중에 의하여 열람될 것을 상정하여 홈페이지를 제작·전송하는 것인데, 링크는 홈페이지 개설자로부터 전송을 받고자 하는 공중의 행위를 보조하기 위하여 URL을 지정해 주는 것이어서, 이를 전송권침해로 보는 것은 불합리하다는 점,[193] ④링크는 단지 저작물의 전송을 의뢰하는 지시 또는 준비에 해당할 뿐이므로 원칙적으로 저작권법상 전송에 해당하지 않는다는 점[194] 등을 들고 있다.

다른 사람이 링크를 통하여 자기의 웹페이지를 열람하는 것을 원하지 않는 개설자는 ID나 패스워드에 의한 접근 제한을 설정하면 된다(이를 파괴한 경우 해킹 등 부정한 접근행위가 될 수 있는데, 이는 저작권침해의 문제는 아니다). 따라서 여러 가지 종류의 링크 중 적어도 Surface link는 위에서 본 성격을 가지고 있으므로 저작권침해에 해당하지 않는다는 것이 일반적인 견해이다.

그렇다면 Deep link의 경우는 어떠한가. Deep link의 경우에도 기본적인 사고의 틀은 Surface link와 마찬가지이므로 원칙적으로 저작권침해에 해당하지 않는다고 보아야 한다.[195]

193) 大澤恒夫, IT分野と私的複製·引用に關聯する若干の檢討, 著作權法の權利制限規定をめぐる諸問題, 權利制限委員會, 社團法人 著作權情報センター, 2004. 3, 41면.

194) 오승종·이해완, 저작권법, 박영사, 제 4 판, 2005, 299면.

195) 상게서, 300면. 미국의 Ticketmaster v. Tickets.com 사건 판결에서도 deep link의 저작권침해여부와 관련하여 "링크 자체는 복제를 수반하지 않으며 이용자는 링크에 의하여 원저작자의 홈페이지로 옮겨

Deep link를 통할 경우 광고표시가 있는 상위 페이지를 건너뛰게 되어 해당 홈페이지 개설자의 광고수익을 침해할 수 있으나, 이는 저작권침해의 문제는 아니다. 다만 상위 페이지에는 보통 저작자의 성명표시가 나타나 있는데, Deep link가 걸리는 심층 페이지에는 성명표시가 없어서 Deep link에 의하여 성명표시가 나타나지 않게 된다면 성명표시권 침해가 성립한다고 보는 견해가 있다.196)

Frame link나 Image link의 경우에는 사용자의 화면에 표시된 링크되는 페이지의 콘텐츠가 링크하는 페이지의 콘텐츠의 일부인 것처럼 보이게 되므로 저작권침해가 된다는 견해가 있다. 그러나 이 경우 구체적으로 과연 무엇이 저작권침해인가는 상당히 어려운 문제이다. 사용자의 화면상에 표시되기까지의 과정에서 발생한 메모리에의 축적을 복제라고 할 것인가, 전송권의 침해라고 보아야 할 것인가, 아니면 화면에 표시된 표현이 링크되는 페이지 저작자의 의도와 다르게 나타났다는 점에서 2차적저작물작성권과 동일성유지권 및 성명표시권의 침해라고 볼 것인가 등 다양한 견해가 있을 수 있다. 나아가 그러한 경우에도 출처의 명시를 하면 공표된 저작물의 인용규정에 의하여 허용될 수 있다는 견해도 있다.197)

대법원 2009. 11. 26. 선고 2008다77405 판결은, 인터넷 링크 중 이른바 '심층링크' 내지 '직접링크'를 하는 행위가 구 저작권법에서 정한 복제 및 전송에 해당하는지 여부에 대해 이를 부정하였다. 이 판결은, "인터넷에서 이용자들이 접속하고자 하는 웹페이지로의 이동을 쉽게 해 주는 기술을 의미하는 인터넷 링크 가운데 이른바 심층링크(deep link) 또는 직접링크(direct link)는 웹사이트의 서버에 저장된 저작물의 인터넷 주소(URL)와 하이퍼텍스트 태그(tag) 정보를 복사하여 이용자가 이를 자신의 블로그 게시물 등에 붙여두고 여기를 클릭함으로써 웹사이트 서버에 저장된 저작물을 직접 보거나 들을 수 있게 하는 것으로서, 인터넷에서 링크하고자 하는 저작물의 웹 위치 정보 내지 경로를 나타낸 것에 불과하다. 따라서 이는 구 저작권법 제 2 조 제14호에 규정된 '유형물에 고정하거나 유형물로 다시 제작하는 것'에 해당하지 아니하고, 또한 저작물의 전송의뢰를 하는 지시 또는 의뢰의 준비행위로 볼 수 있을지언정 같은 조 제 9 호의2에 규정된 '송신하거나 이용에 제공하는 것'에 해당하지도 아니한다. 그러므로 심층링크 내지 직접링크를 하는 행위는 구 저작권법이 규정하는 복제 및 전송에 해당하지 않는다"고 판시하였다.

데스크톱(PC) 환경에서 뿐만 아니라 모바일 기기에서 실행되는 응용프로그램인 애플리

질 뿐"이라고 하여 저작권침해를 부정하였다고 한다.

196) 大澤恒夫, 전게서, 41면.

197) 상게서, 42면.

케이션, 즉 일명 '앱'(app)의 경우도 마찬가지이다. 대법원 2016. 5. 26. 선고 2015도16701 판결은, 인터넷 링크를 하는 행위는 저작권법상 복제, 전시 또는 2차적저작물 작성에 해당하지 않으며, 이러한 법리는 모바일 애플리케이션(Mobile application)에서 인터넷 링크와 유사하게 제3자가 관리 · 운영하는 모바일 웹페이지로 이동하도록 연결하는 경우에도 마찬가지라고 판시하였다.

일본에서는 링크와 관련하여 동경지방법원 2004. 3. 24. '디지털 얼라이언스 사건' 판결이 널리 알려져 있다. 이 판결은, Yahoo! Japan이 운영하는 웹페이지인 'Yahoo! 뉴스'상에 공개되어 있는 최신 뉴스의 표제어를 피고의 웹페이지에 자동적으로 전달하여, "뉴스 LINK LINE TOPICS"라고 표시된 한 줄의 박스 속에 흐르도록 표시하는 시스템을 개발하여 피고의 홈페이지에 사용하고 또한 그것을 제 3 자도 사용할 수 있도록 한 사안에 관한 것이다. 피고 홈페이지에서 흐르고 있는 표제어를 클릭하면 Yahoo! Japan이 제휴하고 있는 요미우리 신문사 등의 온라인 기사(요미우리 신문사는 Yomiuri On-Line, YOL 홈페이지에서 뉴스 서비스를 제공하고 있다)로 연결되어 그 내용이 표시되는데, 그 과정에서 '링크'가 사용되는 것이다. 한편, Yahoo! 뉴스 사이트에는 '링크 자유'(link free) 방침이 표명되어 있다. 이러한 피고의 서비스에 대하여 요미우리 신문사가 YOL 기사의 표제어에 대한 저작권(복제권 및 전송권) 침해를 이유로 서비스 금지 및 손해배상을 청구하는 소송을 제기하였다. 이 사건에서 동경지방법원은, "YOL 표제어는 원고 자신이 인터넷상에 무상으로 공개한 정보이고, 저작권법 등에 의하여 원고에게 배타적인 권리가 인정되지 않는 이상 제 3 자가 그것을 이용하는 것은 본래 자유이다. 따라서 부정한 이익을 도모할 목적으로 이용한 경우 또는 원고에게 손해를 가할 목적으로 이용한 경우 등 특단의 사정이 있는 경우는 별론이지만, 그러한 사정이 없는 한 인터넷 상에 공개된 정보를 이용하는 것이 위법이라고는 볼 수 없다"고 판시하였다.[198]

아래 각주에서 보는 바와 같이 이 사건에서 동경지방법원은 기사 표제어의 저작물성을

---

198) 이 사건에서는 판단의 전제로서 기사 표제어의 저작물성여부가 먼저 다투어졌다. 이에 대하여 이 판결에서는, ① YOL 표제어는 그 성질상 간단한 표현에 의하여 보도의 대상으로 된 뉴스 기사의 내용을 독자에게 전달하기 위하여 표기된 것으로서 그 표현상 선택의 폭이 넓지 않다는 점, ② YOL 표제어는 25자의 제한 범위 내에서 작성되는바, 대부분 20자 미만의 글자로 구성되며 따라서 이 점에서도 그 선택의 폭이 넓지 않다는 점, ③ YOL 표제어는 YOL 기사 중의 문구를 그대로 사용하거나 이를 단축한 표현 또는 극히 짧은 수식어를 부가한 것에 지나지 않는다는 점 등에 비추어 볼 때 YOL 표제어는 YOL 기사에 기재된 사실을 발췌하여 기술한 것이라고 해석하여야 하며, 따라서 일본 저작권법 제10조 제 2 항(우리 저작권법 제 7 조 제 5 호)에서 규정하는 '사실의 전달에 불과한 잡보 내지 시사의 보도'에 해당한다고 하였다. 따라서 YOL 표제어는 창작적 표현이라고 볼 수 없고, 그것이 YOL 기사에 기재된 사실과 독립된 별개의 정신적 노력이 응축된 저작물이라고 할 수 없다고 하였다.

부정함으로써 원고의 청구를 기각하였다. 그러나 이 사건은 표제어의 인용과 관련하여서도 검토할 부분이 있다. 만약 '표제어'가 저작물로 인정된다면 웹페이지 화면의 '뉴스 LINK LINE TOPICS' 박스 내에 표제어를 흐르게 하는 것(telop)을 공표된 저작물의 인용이라고 볼 수 있는가 하는 점이다. 이때에는 정당한 인용의 요건 및 판단기준이 되는 인용의 목적, 주종관계, 명료구분성, 필연성, 필요최소한도 등의 판단이 문제로 된다. '뉴스 LINK LINE TOPICS'에서 표제어가 흐르는 부분은 화면 중의 극히 일부(5밀리 × 12센티 정도)에 불과하고, 이용자의 화면에 표시된 웹사이트에는 양적으로 볼 때 다른 콘텐츠가 차지하는 비중이 훨씬 클 것이다. 그러나 '뉴스 LINK LINE TOPICS'에 표시된 내용이 웹사이트에 있는 주된 콘텐츠와 아무런 관계도 없고, 웹상에서 뉴스 표시가 눈에 띄는 형태로 표시되어 그 웹사이트 방문을 유인하는 요소로 이용되고 있다면, '인용'에 있어서 합리적인 필요성·필연성, 또는 주종관계 등의 요건이 만족되지 않는다고 보아야 할 가능성이 커진다.[199]

(나) 방조책임 여부

위에서 본 바와 같이 링크에 대하여는 복제권 및 전송권 침해를 부정하는 것이 지금까지의 판례의 입장이다. 그런데 링크 행위에 대하여 저작권침해의 방조책임도 물을 수 없는 것인지 여부에 대하여는 논란이 있다. 대법원은 링크의 방조책임도 부정하는 판결을 선고한 바 있다. 사안은 피고인이 관리·운영하는 사이트의 일부 회원들이 사이트 게시판에, 저작권을 침해하는 일본 만화 등 디지털 콘텐츠를 게시하여 이용자가 열람 또는 다운로드 할 수 있도록 하는 외국 블로그에 연결되는 링크를 게재하였음에도 이를 삭제하지 않고 방치한 사례이다.

이 사건에서 대법원 2015. 3. 12. 선고 2012도13748 판결은 "인터넷 링크는 인터넷에서 링크를 하고자 하는 웹 페이지나, 웹 사이트 등의 서버에 개개의 저작물 등의 웹 위치 정보나 경로를 나타낸 것에 불과하여, 비록 인터넷 이용자가 링크 부분을 클릭함으로써 링크가 된 웹 페이지나 개개의 저작물에 직접 연결된다 하더라도 위와 같은 링크를 하는 행위는 저작권법이 규정하는 복제 및 전송에 해당하지 아니 한다"고 하여 앞서 본 대법원 2009. 11. 26. 선고 2008다77405 판결을 인용하였다. 그리고 방조책임의 성립 여부와 관련하여 "형법상 방조행위는 정범의 실행을 용이하게 하는 직접, 간접의 모든 행위를 가리키는 것인데, 링크를 하는 행위 자체는 인터넷에서 링크하고자 하는 웹페이지 등의 위치 정보나 경로를 나타낸 것에 불과하여, 인터넷 이용자가 링크 부분을 클릭함으로써 저작권자로부터 이용허락을 받지 아니한 저작물을 게시하거나 인터넷 이용자에게 그러한 저작물을 송신하는 등의 방법으로 저작권자의 복제권이나 공중송신권을 침해하는 웹페이지 등에 직

199) 大澤恒夫, 전게서, 46면.

접 연결된다고 하더라도, 그 침해행위의 실행 자체를 용이하게 한다고 할 수는 없으므로, 이러한 링크 행위만으로는 위와 같은 저작재산권 침해행위의 방조행위에 해당한다고 볼 수 없다"고 하였다.

즉, 피고인이 관리·운영하는 사이트 회원들이 그 사이트 게시판에 불법 저작물이 업로드 된 외국 블로그에 연결되는 링크를 게재하였다 하더라도, 회원들이 위와 같이 링크를 하는 행위는 저작권법상 복제 및 전송에 해당하지 아니하고, 비록 외국 블로그에서 이 사건 저작물에 관한 복제권이나 공중송신권 등의 저작재산권을 침해하고 있고 인터넷 이용자가 위 링크 부분을 클릭함으로써 그러한 외국 블로그에 직접 연결된다고 하더라도, 그러한 링크 행위만으로는 저작재산권 침해의 방조행위에 해당한다고 볼 수 없다는 것이다.

그러나 이러한 대법원 판결에 대하여는 비판론이 강하다. 링크에 대하여 직접침해는 아니더라도 간접침해의 가능성을 열어 두고 있는 미국 및 일본의 입장과 우리나라의 입장은 다르기 때문에, 이 대법원 판결에 따를 경우 저작권 보호에 큰 공백을 초래할 것이라고 한다. 이 견해는, 피고인이 불법저작물의 업로드 행위(복제권침해 행위)에 대하여 공동정범 내지 방조범이 되지 않는다는 점은 납득할 수 있지만, 더 나아가 그러한 업로드 행위 이후에 일어나는 사후적 침해행위, 즉 업로드 된 불법저작물이 링크를 통해 제 3 자에게 전송되어 그 제 3 자의 컴퓨터에 일시적 저장(복제)되면 이는 불법저작물의 업로드 행위를 한 자가 전송행위를 하고, 이를 제 3 자가 수신하여 복제행위를 한 것이 되어 사후적 침해행위의 정범이 성립하게 되는데, 그에 대하여서까지 방조범이 되지 않는다는 것은 불합리하다고 주장한다.[200]

그 후 이러한 비판론을 수용한 판결도 나타났다. 서울고등법원 2017. 3. 30. 선고 2016나2087313 판결(상고)은, 甲이 인터넷 사이트를 개설한 후 해외 동영상 공유 사이트에 저작권자인 乙 방송사 등의 허락을 받지 않고 게시된 방송 프로그램에 대한 임베디드 링크[201]를 게재하여 이용자들이 무료로 시청할 수 있도록 한 사안에서, "甲의 링크행위는 乙 방송사 등의 전송권을 직접 침해하는 행위로는 보기 어려우나, … 링크행위는 침해된 저작물에 대하여 실질적으로 접근가능성을 증대시켜 이용에 제공하는 행위를 용이하게 하므로 다른 이용자에 의하여 실제 당해 링크를 통한 송신이 이루어지는지에 관계없이 이용자의 전송권 침해행위에 대한 방조가 성립할 수 있는 점, 링크행위를 전송권 침해행위에 대한 방조로 보지 않는다면 침해 저작물임을 명백히 알고 있는 정보로의 링크행위가 증가될 가능성

200) 이해완, "인터넷 링크와 저작권침해 책임", (사)한국저작권법학회 2015 상반기 학술세미나 자료집, 65-68면.

201) embedded link, 링크된 정보를 호출하기 위해 이용자가 클릭을 할 필요 없이 링크제공 정보를 포함한 웹페이지에 접속하면 자동으로 링크된 정보가 바로 재생되는 방식의 링크.

이 높은 점, 링크행위를 전송권 침해행위에 대한 방조로 본다 하더라도 링크행위의 자유를 심각하게 제한하는 것은 아닌 점, 甲의 링크행위는 이용자들로 하여금 편리하게 해외 동영상 공유 사이트에 게시된 방송 프로그램의 복제물을 전송받을 수 있도록 함으로써 해외 동영상 공유 사이트 게시자의 이용에 제공하는 행위를 용이하게 하는 행위를 하였다고 평가하기에 충분한 점 등을 종합하면, 甲의 링크행위는 실질적으로 해외 동영상 공유 사이트 게시자의 공중에의 이용제공의 여지를 더욱 확대시키는 행위로서 해외 동영상 공유 사이트 게시자의 공중송신권(전송권) 침해행위에 대한 방조에는 해당한다"고 판시하였다.[202)][203)]

마침내 대법원은 2021. 9. 9. 선고 2017도19025 전원합의체 판결에서, 링크 행위자는 침해 게시물을 공중의 이용에 제공하는 정범의 범죄를 용이하게 하므로 공중송신권 침해의 방조범이 성립할 수 있다고 판시함으로써 링크의 방조책임을 부정하던 종전 대법원 판결을 변경하였다. 즉, 링크 행위자가 정범이 공중송신권을 침해한다는 사실을 충분히 인식하면서 그러한 침해 게시물 등에 연결되는 링크를 인터넷 사이트에 영리적 · 계속적으로 게시하는 등으로 공중의 구성원이 개별적으로 선택한 시간과 장소에서 침해 게시물에 쉽게 접근할 수 있도록 하는 정도의 링크 행위를 한 경우에는, 침해 게시물을 공중의 이용에 제공하는 정범의 범죄를 용이하게 하므로 공중송신권 침해의 방조범이 성립할 수 있다고 하였다. 링크를 하는 행위 자체는 저작재산권 침해행위의 방조행위에 해당한다고 볼 수 없다는 위 대법원 2015. 3. 12. 선고 2012도13748 판결 등을 변경한 것이다. 그러면서도 이 판결에서는 "다만 행위자가 링크 대상이 침해 게시물 등이라는 점을 명확하게 인식하지 못한 경우에는 방조가 성립하지 않고, 침해 게시물 등에 연결되는 링크를 영리적 · 계속적으로 제공한 정도에 이르지 않은 경우 등과 같이 방조범의 고의 또는 링크 행위와 정범의 범죄 실현 사이의 인과관계가 부정될 수 있거나 법질서 전체의 관점에서 살펴볼 때 사회적 상당성을 갖추었다고 볼 수 있는 경우에는 공중송신권 침해에 대한 방조가 성립하지 않을 수 있다."고 하여 방조범 성립이 부정될 여지를 두고 있다.

특히 위 전원합의체 판결은 링크 행위의 형사적 방조책임을 인정하였다는 점에 유의

202) 더 나아가 이 판결에서는, 이러한 판시와 일부 배치되는 대법원 2015. 3. 12. 선고 2012도13748 판결 등의 견해는 변경되어야 하고, 설령 그 판례의 취지에 따라 이 사건 링크행위를 전송권 침해행위에 대한 방조로 볼 수 없다고 하더라도, 甲의 이 사건 링크행위는 부정하게 스스로의 이익을 꾀할 목적으로 타인의 시간과 노력 및 자본을 투입하여 이룩한 성과물의 명성 등에 편승하는 행위로서 법적으로 보호할 가치가 있는 원고들의 이익을 침해한 위법한 행위에 해당하므로 민법상의 일반 불법행위가 성립한다고 하여, 하급심판결로는 이례적으로 기존 대법원 판례가 변경되어야 한다는 점까지 적극적으로 표명하고 있다.

203) 이 판결에 대하여는 원고들만이 전송권 직접침해를 인정하지 않은 부분에 대하여 상고를 하였기 때문에 그 상고심인 대법원 2017. 9. 7. 선고 2017다222757 판결에서 상고기각으로 원 판결이 확정되었으나, 전송권침해 방조책임의 성립 여부에 대하여는 직접적으로 판단이 이루어지지 않았다.

할 필요가 있다. 일찍이 대법원 1998. 12. 23. 선고 98다31264 판결은, "민법 제760조 제3항은 교사자나 방조자는 공동행위자로 본다고 규정하여 교사자나 방조자에게 공동불법행위자로서 책임을 부담시키고 있는바, 이러한 불법행위의 방조는 형법과 달리 손해의 전보를 목적으로 하여 과실을 원칙적으로 고의와 동일시하는 민법의 해석으로서는 과실에 의한 방조도 가능하다"고 판시하였다. 민사 방조책임은 고의에 의한 경우뿐만 아니라 과실에 의한 경우에도 성립할 수 있다고 하여 형사 방조책임과 구별한 것이다.204)

나. 검색 서비스

검색 서비스는 이용자가 인터넷을 통하여 필요한 여러 가지 정보를 얻을 수 있도록 해 주는 서비스이다. 디지털 기술과 네트워크 환경의 발달에 따라 점차 그 사용이 일상화되고 있어서 오늘날에는 우리들의 생활에서 거의 없어서는 아니 될 존재가 되었다. 특히 각종 포털에서 제공하는 검색 서비스는 검색엔진의 기능이 점점 고도화되고 있고, 그에 따라 전 세계 웹사이트에 올라 있는 정보들로부터 이용자가 원하는 적절한 정보를 순식간에 검색하고 색출할 수 있게 되었다. 또한 검색결과를 요약한 내용을 간단하게 표시한 목록을 제공함으로써 이용자가 여러 검색결과로부터 가장 적절한 결과를 선택할 수 있도록 편리성도 증대되었고, 문서의 검색뿐만 아니라 이미지나 동영상에 대한 검색 서비스도 이미 오래 전에 활성화되었다. 오늘날 이러한 검색 서비스가 없다면 인터넷의 효용과 가치는 크게 감소하게 될 것이다.

대부분의 인터넷 이용자들은 네이버, 다음, 야후, 구글과 같은 포털 사업자 홈페이지를 통하여 검색 서비스를 이용하게 된다. 이러한 포털 사업자들이 사용하는 검색엔진은 인터넷에 올라 있는 전 세계 웹페이지들을 대상으로 검색을 수행하므로, 그 과정에서 검색되는 웹페이지의 저작권자들로부터 일일이 허락을 받는다는 것은 사실상 불가능하다. 따라서 포털 사업자와 검색대상이 되는 웹페이지(또는 그 웹페이지에 게재된 콘텐츠) 저작권자 사이의 이해관계를 어떻게 조절할 것인가 하는 점이 문제로 된다.

앞에서 본 일본의 '디지털 얼라이언스' 사건은 뉴스 기사의 표제어를 가져다 이용한 것인데, 그 표제어 자체가 저작물에 해당하지 않는 것으로 판단된 이상 더 나아가 저작권

---

204) 대법원 2021. 11. 25. 선고 2021도10903 판결은 위 전원합의체 판결을 인용하면서, 법률 위반 행위 중간에 일시적으로 판례에 따라 그 행위가 처벌대상이 되지 않는 것으로 해석되었던 적이 있었다고 하더라도 그것만으로 자신의 행위가 처벌되지 않는 것으로 믿은 데에 정당한 이유가 있다고 할 수 없다고 하였다. 그러면서 피고인들의 링크행위가 저작권법위반 방조에 해당한다고 가정하더라도, 자신들의 행위가 저작권법위반죄 또는 저작권법위반 방조죄가 되지 않는다고 오인하였고, 그 오인에 정당한 이유가 있는 때에 해당한다고 하여 무죄를 선고한 제2심 판결을 유죄의 취지로 파기환송하였다.

침해여부를 판단할 필요도 없었던 사건이다. 그러나 검색엔진을 통하여 다른 사람의 웹페이지에 게재되어 있는 저작물, 특히 이미지나 동영상을 수집하여 보여주는 경우에는 문제가 달라진다. 이 경우 포털 사업자측에서 제기할 수 있는 저작권법상의 항변으로서 가장 먼저 생각할 수 있는 것이 "공표된 저작물의 인용"이다. 따라서 이러한 검색 서비스가 허용될 수 있는지는 공표된 저작물의 인용에 관한 요건, 즉 인용의 목적, 주종관계, 명료구분성, 필연성, 필요최소한도 등의 관점으로부터 판단되어야 한다.

포털사이트에서 제공하는 이미지 검색 서비스와 관련하여서는, 해당 이미지의 인터넷상 위치정보를 제공하는 것을 주된 목적으로 하는 '썸네일 이미지 검색 서비스'는 공표된 저작물의 인용에 해당할 수 있다고 한 판례가 있고, 이에 반하여 위치정보뿐만 아니라 어느 정도의 심미감을 줄 수 있는 이미지까지 제공하는 '상세보기 이미지 검색 서비스'는 공표된 저작물의 인용에 해당하지 않는다고 한 판례가 있다.

(1) 썸네일 이미지 검색 사건

먼저 '썸네일 이미지 검색 서비스'에 관한 서울중앙지방법원 2005. 9. 23. 선고 2004노1342 판결[205]에 관하여 살펴본다. 사안은 검색로봇 프로그램을 이용하여 인터넷에 연결된 이미지를 무작위로 검색, 수집하여 필요한 이미지들을 피고인 회사 서버에 가져온 후 100×74픽셀(인쇄할 경우 약 3㎝×2.5㎝) 정도 크기의 썸네일(thumbnail) 이미지로 축소·변환시켜 원래의 이미지는 삭제하고 썸네일 이미지만을 저장한 데이터베이스를 구축하여 이미지 검색 서비스를 제공한 것이다. 이용자가 컴퓨터 화면상에서 썸네일 이미지를 클릭하면 독립된 창에 이미지가 다소 확장되어 나타나고 이를 복제할 수도 있으나, 그것 역시 104×79픽셀(약 4㎝×3㎝ 정도)의 크기에 불과하다.

이에 대하여 법원은, 이 사건에서 썸네일 이미지로 이용된 고소인의 사진작품들은 이미 공표된 저작물이고, 피고인들이 이 사건 검색 서비스를 제공하는 것은 이용자들에게 이미지의 위치정보를 제공하는 데 목적이 있는 것이지, 그 사진작품들을 예술작품으로 전시하거나 판매하기 위한 것이 아니어서 그 상업적인 성격은 간접적이고 부차적인 것에 불과한 점, 썸네일 이미지는 원본에 비하여 훨씬 작은 크기로서 원본 사진과 같은 크기로 확대한 후 보정작업을 거친다고 하더라도 작품으로서의 사진을 감상하기는 어려운 만큼 피고인이 이 사건 사진작품을 그 본질적인 면에서 사용한 것으로는 보기 어려운 점, 검색엔진의 특성에 비추어 볼 때 특정 사진의 일부만을 사용하는 것은 검색엔진의 유용성을 크게 해하는 것이어서 독립된 사진 전체를 사용했다 하더라도 사용된 부분의 양을 문제 삼기는

205) 이 판결은 대법원 2006. 2. 9. 선고 2005도7793 판결로 그대로 확정되었다.

어려운 점, 이미지 검색을 이용하는 이용자들도 썸네일 이미지를 작품사진으로 감상하기보다는 이미지와 관련된 사이트를 찾아가는 통로로 인식할 가능성이 높은 점, 이미지 검색 프로그램이 검색어와 관련된 이미지를 무작위로 수집하는 것이라고 하더라도, 인터넷은 그 속성상 정보의 유통에 기반을 둔 구조이고, 그러한 구조 속에서 인터넷 사용자들이 자신들이 원하는 정보를 보다 쉽고 빠르게 검색하기 위한 검색엔진은 공익을 위한 불가결한 도구이며, 인터넷 이용자 대부분이 검색사이트를 이용하여 관련 정보를 얻고 있는 현실을 고려할 때, 썸네일 이미지의 사용은 검색사이트를 이용하는 사용자들에게 보다 완결된 정보를 제공하기 위한 공익적 측면이 강한 점 등을 종합하여 보면, 피고인 등이 이 사건 사진작품들을 이용한 것은 그 이용의 목적, 이용된 부분의 내용 내지 실질성, 이용된 저작물을 수록한 방법과 형태, 검색서비스 이용자들의 일반적인 관념, 원저작물에 대한 수요대체성의 면에서 볼 때 정당한 범위 안에서 공정한 관행에 합치되게 이용한 것이라고 봄이 상당하다고 하였다.[206]

이 판결은 상고심인 대법원 2006. 2. 9. 선고 2005도7793 판결에 의하여 판시 내용 그대로 확정되었다. 대법원은 저작권법 제28조의 적용여부를 판단함에 있어서 '주종관계'를 주된 판단기준으로 삼았던 대법원 1990. 10. 23. 선고 90다카8845 판결(일명 'FLASH 잡지' 사건)과는 달리, ① 인용의 목적, ② 저작물의 성질, ③ 인용된 내용과 분량, ④ 피인용저작물을 수록한 방법과 형태, ⑤ 독자의 일반적 관념, ⑥ 원저작물에 대한 수요를 대체하는 것인지 여부 등을 종합적으로 고려하여야 한다고 판시하였다. '주종관계'가 법문상으로 규정된 요건이 아니라 '정당한 범위 내'인지 여부를 판단하는 하나의 기준 또는 도구적 개념이라는 점에서, 굳이 주종관계를 따지기 어려운 본건과 같은 경우에는 위 대법원 판결과 같이 여러 가지 요소들을 종합적으로 고려하여 포괄적인 판단을 하는 것이 타당하다고 생각된다. 특히 검색엔진은 공익을 위한 불가결한 도구이며, 썸네일 이미지의 사용은 검색사이트를 이용하는 사용자들에게 보다 완결된 정보를 제공하기 위한 공익적 측면이 강한 점 등 '공익적 성격'을 고려요소로 삼은 것도 이 판결의 주목할 만한 부분이다.

이와 매우 유사한 사례가 미국에서도 있었다. Kelly v. Arriba Soft 사건[207]이 그것이다. 이 사건의 원고 Kelly는 전문 사진작가로서 자신이 촬영한 사진의 일부를 본인이 운영하는 홈페이지에 게재하고 일부는 이용허락을 해 준 다른 웹사이트에 게재하도록 하고 있었다. 피고 Arriba Soft는 웹사이트에 존재하는 이미지 검색엔진을 운영하는 업체인데, 피고의 검

206) 미국 제9항소법원의 Kelly, et al. v. Arriba Soft Corp., 280 F. 3d 934(9th Cir. 2002) 판결 역시 일반적인 썸네일 이미지 검색서비스를 제공하는 것은 공정이용(fair use)에 해당하여 저작권침해가 성립하지 않는다고 하였다.

207) 336 F. 3d 811(9th Cir. 2003).

색엔진이 1999년 1월 원고의 사진 중 35장을 웹사이트에 복제하여 썸네일 이미지로 변환한 후 서비스 하던 중, 원고의 삭제요청에 따라 서버에 보관되어 있던 원고의 사진저작물 썸네일 이미지를 삭제하고 이후 검색엔진이 원고의 사이트를 검색하지 않도록 하였다. 그런데 피고의 검색엔진이 다른 웹사이트에 존재하던 원고의 사진을 다시 수집하여 썸네일 이미지로 변환하여 검색제공하자 원고가 저작권침해금지 등을 청구한 사건이다.

이 사건에서 미국 제 9 항소법원은, ① 저작물 이용의 목적과 성격, ② 저작물의 성질, ③ 이용된 저작물의 양과 실질성, ④ 저작물의 잠재적 시장 또는 가치에 미치는 영향 등 미국 저작권법 제107조가 규정하고 있는 4가지 고려요소를 종합할 때 피고 Arriba가 원고 Kelly의 사진저작물을 썸네일 이미지로 변환하여 이용한 것은 공정이용에 해당한다고 판시하였다. 특히 위 ④의 요소와 관련하여 미국 제 9 항소법원은, 이용자들이 원고의 이미지와 관련된 단어를 키워드로 입력하면 썸네일 이미지가 보여지도록 한 것은 원고의 웹사이트에 대한 접근이 가능하도록 한 것이지 그 접근을 차단한 것이 아니라는 점, 썸네일 이미지를 확대할 경우 원본 이미지가 손상되기 때문에 썸네일 이미지가 원본 이미지를 대체하는 것은 아니라는 점, 피고는 제 3 자에게 썸네일 이미지를 판매하거나 이용허락할 가능성이 없다는 점 및 썸네일 이미지를 다운받은 이용자들도 그 이미지의 질이 떨어지기 때문에 이를 판매할 가능성이 거의 없다는 점 등 피고가 원고의 이미지를 이용함으로 인하여 원고의 이미지에 대한 판매나 이용허락에 영향을 미치지 않는다는 점, 이용자들은 원고의 웹사이트를 방문하지 않는 한 원본 이미지를 보거나, 만들거나, 판매할 수 있는 방법이 없다는 점 등을 들어 공정이용에 해당한다고 판시하였다.

(2) 상세보기 이미지 검색 사건

다음으로 '썸네일 이미지'와는 다른 결론이 내려진 '상세보기 이미지 검색 서비스'에 관한 서울중앙지방법원 2006. 9. 29. 선고 2006가합19486 판결을 살펴본다. 이 판결에서 피고의 이미지 검색 서비스는 검색로봇 프로그램을 사용하여 인터넷에 연결된 이미지를 무작위로 검색하여 필요한 것들을 수집한 다음, 이를 피고 측 서버에 원래 이미지보다 훨씬 작은 116×86 픽셀(인쇄할 경우 약 3㎝×2.5㎝, '썸네일 이미지') 크기로 축소 변환시켜 원래의 이미지는 삭제하고 그 썸네일 이미지를 이용자에게 제공한다. 한편, 피고는 위 썸네일 이미지 제공방식에 추가하여 원래의 이미지를 400×300 픽셀(인쇄할 경우 10.5㎝×8㎝, '상세보기 이미지') 크기로도 변환하여 데이터베이스를 구축한 후, 이용자들이 '백두산', '한강' 등의 검색 키워드를 입력하여 이미지 검색을 수행하면 그 단어와 관련된 썸네일 이미지들이 표시되고, 이용자들이 그 썸네일 이미지 중 하나를 클릭하면 창이 바뀌면서 상세보기 이미지가 표시되도록 하였다.

이에 대하여 법원은, 상세보기 이미지는 썸네일 이미지와 달리 크기가 400×300 픽셀로서 인용된 내용과 분량의 측면에서 볼 때 원래의 사진 작품이 가지고 있는 심미감(審美感)을 상당 부분 충족시킬 수 있어 그 수요를 대체할 가능성이 있는 점, 실제로 상세보기 이미지에 부가적으로 제공되는 슬라이드 쇼 기능은 짧은 시간에 다른 이미지를 교체하면서 표시하기 때문에 인터넷 이용자로 하여금 상세보기 이미지를 클릭하여 저작권자의 원래의 홈페이지로 접속하도록 하는 것을 차단하는 효과가 있는 점, 인터넷 검색 서비스의 공공적인 목적을 위해서는 목록화 된 썸네일 이미지만으로도 충분한 점 등을 고려하면, 상세보기 이미지의 게시는 그 공공적인 목적을 위한 정당한 범위를 넘는 것으로서 저작권법 제28조에 해당한다고 볼 수 없다고 하였다.[208)]

Ⅷ. 영리를 목적으로 하지 않는 공연·방송

1. 의 의

영리를 목적으로 하지 않는 공연·방송에 대한 저작재산권 제한 규정은 두 가지로 나누어진다.

첫째, 영리를 목적으로 하지 아니하고 청중이나 관중 또는 제 3 자로부터 어떤 명목으로든지 반대급부를 받지 아니하는 경우에는 공표된 저작물을 공연(상업용 음반 또는 상업적 목적으로 공표된 영상저작물을 재생하는 경우를 제외한다) 또는 방송할 수 있다. 다만 실연자에게 통상의 보수를 지급하는 경우에는 그러하지 아니하다(저작권법 제29조 제 1 항).[209)] 이는 비영리 목적의 공연·방송에 대한 저작재산권 제한규정이다.

둘째, 청중이나 관중으로부터 당해 공연에 대한 반대급부, 예컨대 입장료 등을 받지 아니하는 경우에는 상업용 음반 또는 상업적 목적으로 공표된 영상저작물을 재생하여 공

208) 이 사건은 항소심인 서울고등법원 2007. 10. 2. 선고 2006나96589 판결과 상고심인 대법원 2010. 3. 11. 선고 2007다76733 판결에서도 저작권침해의 책임이 인정되었다. 그러나 대법원에서 원심이 저작재산권 침해로 인한 손해배상액을 산정하면서 저작재산권자의 과실상계사유를 전혀 참작하지 아니한 것은 형평의 원칙에 비추어 현저히 불합리한 조치라고 하여 파기환송을 하였고, 그 후 환송심인 서울고등법원 2010나31862 사건에서 조정성립으로 확정되었다.

209) 2016. 3. 22. 개정 저작권법 이전에는 괄호 안의 부분이 없었고, 그로 인하여 상업용 음반이나 상업적 목적으로 공표된 영상저작물이 제 1 항의 적용 대상에 포함되는지 여부를 두고 견해의 대립이 있었다.

중에게 공연할 수 있다. 다만, 대통령령으로 정하는 경우에는 그러하지 아니하다(같은 조 제 2 항). 이는 상업용 음반 또는 상업적 목적으로 공표된 영상저작물의 재생에 대한 저작재산권 제한규정이다.

이상의 두 규정에 의하여 저작물을 이용하는 경우에는 이용하는 저작물에 대한 출처명시의 의무가 없다(저작권법 제37조 제 1 항 단서).

저작권법은 문화 및 관련 산업의 발전을 목적으로 하는 법이므로(저작권법 제 1 조), 그 성질상 공공복리 또는 공익적 고려에 따르는 내재적 제한을 가질 수밖에 없다. 제29조는 바로 이러한 공공복리 또는 공익적 고려에 따라 사익과의 조화를 이루기 위하여, 비영리적이고 무형적이며 일과성에 그치는 공연·방송(제 1 항) 및 반대급부 없이 이루어지는 상업용 음반·영상저작물의 재생 공연에 대하여 저작재산권을 제한한 규정이다. 제29조는 이용자에게 다른 사적 이익, 예를 들어 영리적 목적이라든가 실연자에 대한 보수 지급, 반대급부의 지급 등의 경제적 이익이 없는 경우에 사권인 저작재산권을 제한함으로써 공익과 사익의 조화를 이루고자 하는 규정이다.

제29조 제 1 항은 1901년 독일 구 저작권법 제27조 및 이를 계수한 일본 구 저작권법 제30조 제 1 항(현행 일본 저작권법 제38조 제 1 항)으로부터, 제29조 제 2 항은 1999년에 삭제된 일본 저작권법 부칙 제14조로부터 영향을 받아 제정된 것이다. 독일 구 저작권법 제27조 제 1 항은, 영리를 목적으로 하지 않고 청중의 입장이 무료인 경우에는 저작권자의 허락을 받지 않고 음악을 연주할 수 있으며, 그 외에도 연주의 개최가 음악축전을 제외한 국민적 축제에서 행하여지는 경우, 자선목적의 연주에서 출연자에게 보수를 지급하지 않을 것을 조건으로 저작권자의 허락 없이 연주할 수 있다는 취지의 규정을 두고 있었다. 삭제된 일본 저작권법 부칙 제14조는 적법하게 녹음된 음악저작물의 재생에 대하여는 방송 또는 유선송신에 해당하는 경우 및 영리를 목적으로 음악저작물을 사용하는 사업으로서 정령(政令)에서 정하는 경우를 제외하고는 연주권 침해가 되지 않는다고 규정하고 있었다.

2. 비영리 목적의 공연·방송(제29조 제 1 항)

가. 요 건

(1) 공표된 저작물일 것

저작권법 제29조 제 1 항이 적용되는 것은 공표된 저작물에 한한다. '공표'의 개념에 관하여는 저작권법 제 2 조 제25호에서 정의규정을 두고 있다.

(2) 영리를 목적으로 하지 않는 공연 또는 방송일 것

본 항에 의하여 자유이용이 허용되는 이용행위는 공연 또는 방송에 한정된다. 따라서 전송이나 전시의 경우에는 본 항의 적용대상이 될 수 없다. 그리고 영리를 목적으로 하지 않아야 하는데, 직접적으로는 물론 간접적으로라도 영리를 목적으로 하는 경우에는 본 항의 적용이 없다.[210] 간접적인 영리 목적의 공연 및 방송이라 함은 공연이나 방송의 주체가 해당 공연이나 방송으로부터 직접적인 대가를 받는 것은 아니지만, 그 공연·방송 행위로 인하여 경제적인 이익을 얻거나 경제적 이익이 증대되는 경우를 말한다. 따라서 청중이나 관중으로부터 입장료를 받지 않는다고 하더라도 기업이 자기 회사나 상품 선전을 위하여 하는 시사회나 연주회는 영리를 목적으로 하는 것에 해당한다. 공영방송도 그 방송 중에 선전광고가 삽입되어 있거나 시청료를 받는다면 영리목적의 방송이라고 보아야 하며, 선전광고도 없고 시청료도 받지 않는 경우라도 방송의 주체가 상법상의 회사라면 역시 영리목적의 방송이다.[211] 그러나 수신료를 받는 공영방송사라 하더라도 사회교육방송이나 국군방송과 같이 오직 비영리목적의 채널만을 운영하는 경우에는 비영리 요건을 충족한다고 보는 견해가 있다.[212] 반면에, 제29조 제 1 항에서 방송이라 함은 그 비영리성 요건과 관련하여 볼 때에 각급 학교의 교내 방송국에서 라이브로 실연하거나 상업용 음반 등을 재생함으로써 이루어지는 이른바 교내방송이 이에 해당한다는 견해도 있다.[213]

다방 같은 업소에서 분위기를 위하여 또는 손님을 끌기 위하여 음악을 제공하는 것은 영리목적의 공연 또는 방송에 해당한다. 그 음악이 상업용 음반에 수록된 것을 재생하는 것이라면 제 1 항 괄호 부분에 해당하여 제 1 항의 적용 대상에서 제외된다. 따라서 이 경우에는 그 음악의 제공이 상업용 음반의 재생을 통하여 이루어진다면 제29조 제 1 항이 아니라 다음에서 보는 같은 조 제 2 항의 적용여부를 따져 보아야 한다. 그러나 회사의 경우라도 직원 체육대회나 회식과 같이 순수하게 친목을 목적으로 하는 모임에서 음악을 공연하거나 방송하는 것은 비영리 목적으로 보아도 좋을 것이다.[214] 자선공연, 위문공연, 종교행사, 군악대의 연주, 국경일 행사를 위한 공연 등도 비영리 목적의 공연·방송으로 보는 견해가 있다.[215] 그러나 이 경우에는 다음에서 보는 '반대급부를 받지 아니할 것'의 요건의

210) 김병일, 음악공연권과 그 제한에 관한 고찰, 산업재산권 제17호, 2005, 249면은 "영리개념은 '직접적인 영리'와 '간접적인 영리'로 구분할 수 있지만, 이들 영리는 수단에서 차이가 있을 뿐 이익을 얻는다는 점에서는 본질적인 차이가 없으므로 차별적으로 적용을 하여서는 아니 된다고 하고 있다.

211) 허희성, 전게서, 123면.

212) 하동철, 공연권에 관한 연구－재구성과 제한을 중심으로, 서강대학교 박사학위 논문, 2005, 295면.

213) 박성호, 전게서, 554면.

214) 加戸守行, 전게서, 177면; 內田 晋, 전게서, 234면.

215) 하동철, 전게논문, 293면.

충족여부를 엄밀하게 따져보아야 할 것이다.

개정 전 저작권법 제29조 제1항에서는 현행법의 괄호 부분 기재, 즉 "상업용 음반 또는 상업적 목적으로 공표된 영상저작물을 재생하는 경우를 제외한다"는 기재가 없어서 재생 공연의 경우도 제29조 제1항이 적용되는지 여부에 관하여 해석상 이견이 있었다. 현행법에서는 괄호 부분 기재를 추가함으로써 논란의 여지를 없앴다.

(3) 반대급부를 받지 아니할 것

공연 또는 방송과 관련하여 청중이나 관중으로부터 또는 제 3 자로부터 어떤 명목이든 반대급부를 받지 아니하여야 한다. 여기서 반대급부란 공연과 관련된 경제적 이익을 말한다. 음악회를 개최하여 입장수입의 전부를 자선사업에 기부하고 출연자가 보수를 받지 아니하는 경우에도, 비록 목적 자체는 비영리일지 모르나 청중으로부터 반대급부를 받는 것이므로 이 요건을 충족하지 못하는 것이 된다.[216] 비영리 목적과 반대급부를 받지 아니할 것의 요건은 서로 독립된 요건이므로 각각 개별적으로 해석하여야 한다. 그러므로 비영리 목적이라 하더라도 어떤 형식으로든 반대급부를 받는다면 본 항에 해당하지 않는다. 따라서 자선기금 모금, 재난구조기금 모금 등을 위해 반대급부(기부금 등)를 받고 공연하는 경우에는 저작권침해의 책임이 면제되지 않는다.[217]

입장료는 무료이지만 공연장에 입장할 수 있는 자는 일정한 회비를 납부한 회원으로만 한정된다면 그 회비의 일부가 반대급부에 해당한다.

공연장에서 회장정리비 또는 청소비 등의 명목으로 금품을 받는 경우가 있는데, 이때에는 그것이 실제 회장정리비나 청소비의 성격인지, 아니면 그러한 명목으로 사실상 수익이나 공연·방송에 대한 대가를 얻고자 한 것인지를 살펴 그에 따라 판단하여야 한다는 견해가 있다.[218] 그러나 이러한 견해는 일본 저작권법의 해석론으로서는 몰라도 우리 저작권법상으로는 채택하기 어렵다고 생각된다. 우리 저작권법 제29조 제 1 항에 해당하는 일본 저작권법 제38조 제 1 항은 우리의 반대급부에 해당하는 것을 '요금'이라고 규정하고 있는데 여기서 요금은 어떠한 명목을 가지는 것인지를 불문하고 "저작물의 제공 또는 제시와 관련하여" 받는 대가라고 하고 있다.[219] 그런데 우리 저작권법은 "명목 여하를 묻지 아니

216) 외국의 입법례 중에는 자선음악회에 대하여는 입장료를 받더라도 저작물의 자유이용을 허용하는 것도 있으나, 일본과 우리나라는 이와 같은 규정을 두면 자선음악회라는 이름 아래 사실은 영리를 목적으로 하는 것과 같이 남용될 우려가 있으므로 그러한 규정을 두지 않았다고 한다(內田 晉, 전게서, 236면; 하용득, 전게서, 188면).

217) 하동철, 전게논문, 297면.

218) 허희성, 전게서, 124면.

219) 일본 저작권법 제38조 제 1 항.

하고"(따라서 저작물의 제공 또는 제시에 대한 대가인지 여부도 불문한다) 반대급부를 받지 않을 것을 요건으로 하고 있다. 따라서 회장정리비나 청소비 등의 명목으로 입장시 금품을 징수한다면 그 액수 여하를 불문하고 본 조의 적용대상이 되지 않는다고 새겨야 할 것이다.[220)]

(4) 실연자에게 통상의 보수를 지급하지 아니할 것

여기서 '보수'라 함은 명목여하를 불문하고 실연자에게 실연의 대가로 지급되는 반대급부를 의미한다. 통상의 보수가 지급되지 않으면 되므로, 실연자에게 교통비나 식비 등의 실비를 지급하는 것은 상관이 없다고 본다.[221)] 다만 그것이 명목만 교통비 또는 식비일 뿐 실제로 교통비나 식비에 소요되는 정도를 초과하는 금액으로서 사실상 출연에 대한 대가의 성질을 가지는 것이라면 이는 보수를 지급한 것으로 보아야 한다. 따라서 이 경우에는 지급된 금액이 통상의 교통비 정도의 금액인지 아니면 그것을 초과하는 액수인지를 살펴보아야 할 것이다. 군악대가 연주를 하는 경우에 그 군악대 대원은 군인 급여를 받지만, 이는 군인의 직무에 종사하는 것에 대한 일반적인 의미에서의 대가를 받는 것이지, 연주 자체에 대한 대가나 보수를 받는 것은 아니므로 이 요건을 충족할 수 있다. 그러나 월급을 받는 직업 연주악단 단원의 경우에는 악단의 연주에 따라 포괄적으로 지불되는 보수를 수령하는 것이라고 볼 것이므로 이 요건을 충족하지 못한다고 해석된다.[222)] 무료 연주회에서 해설자에게만 보수가 지급되는 경우에는 어떻게 해석할 것이냐도 문제인데, 이때의 해설자는 저작물을 실연하는 자가 아니므로 실연자에게 보수를 지불하는 경우에 해당하지 않는다고 볼 것이다.[223)]

나. 비영리 공연·방송의 예

위의 요건을 모두 충족하여 저작재산권자의 허락 없이 저작물을 공연할 수 있는 경우로는 다음과 같은 것들이 있다.[224)] 다만, 이 경우에도 실연자에게 통상의 보수가 지급되지 않아야 함은 물론이다.

---

220) 同旨, 하동철, 전게논문, 297면.

221) 하용득, 전게서, 188면; 內田 晋, 전게서, 236면.

222) 加戶守行, 전게서, 266면.

223) 실연자라 함은, 저작물을 연기·무용·연주·가창·구연·낭독 그 밖의 예능적 방법으로 표현하거나 저작물이 아닌 것을 이와 유사한 방법으로 표현하는 실연을 하는 자를 말하며, 실연을 지휘, 연출 또는 감독하는 자를 포함하는 것으로 정의되고 있음을 상기할 필요가 있다(저작권법 제 2 조 제 4 호).

224) 채명기, 저작권법상 비영리목적의 공연에 관한 연구, 저작권심의조정위원회, 1999, 42면; 하동철, 전게논문, 298-299면.

(1) 군경 음악대의 야외행진 연주
(2) 학교의 학예회
(3) 동호인의 야외음악회
(4) 입장료 등을 전혀 받지 않는 순수한 자선 또는 친선 목적의 음악회

3. 반대급부 없는 상업용 음반 등의 재생 공연(제29조 제 2 항)[225]

가. 의의 및 요건

(1) 당해 공연에 대한 반대급부를 받지 아니할 것

청중이나 관중으로부터 당해 공연에 대한 반대급부를 받지 아니하는 경우에는 상업용 음반 또는 상업적 목적으로 공표된 영상저작물을 재생하여 공중에게 공연할 수 있다.

제 1 항의 비영리 공연·방송과의 차이점은, 먼저 반대급부를 받지만 않으면 되고 비영리 목적은 요건이 아니라는 점이다. 따라서 영리를 목적으로 하거나 영리법인이 주체가 된 경우라도 당해 공연에 대한 반대급부를 받지 않는다면 제 2 항의 적용을 받을 수 있다. 공항휴게실이나 대중음식점, 다방 등의 업소, 고속버스, 슈퍼마켓 등의 매장에서 노래 테이프나 비디오테이프를 공연하는 것은 영리성을 가지고 있지만, 당해 공연에 대한 반대급부를 받는 것은 아니므로 제 2 항에 의한 자유이용이 가능하다.

두 번째 차이점은, 제 1 항에서는 '어떤 명목으로든지' 반대급부를 받지 아니하여야 하지만 제 2 항에서는 '당해 공연에 대한' 반대급부만 받지 않으면 된다. 따라서 제 1 항에서 언급한 회장정리비나 청소비는 그것이 사실상 당해 공연에 대한 대가인 경우가 아니라면 제 2 항의 적용은 가능하다. 입장료 등 직접적인 반대급부를 받지 않는다면, 광고를 삽입함으로써 광고주로부터 간접적인 대가나 수익을 얻는다 하더라도 상관이 없다.[226] 하급심 판결 중에는 무도장에서 판매용 음반을 틀어 춤을 추게 하고 입장료를 1,000원씩 받은 사건에서, "무도장 입장료는 무도 공간의 사용 대가일 뿐만 아니라 무도곡에 대한 반대급부의 성질도 아울러 가진다"고 하여 본 항의 적용을 부정한 사례가 있다.[227]

---

225) 이 규정의 규정형식을 보면, 본문에서 원칙적으로 저작재산권을 제한하되 단서에서 그 예외를 규정하고 있다. 이 규정에 관하여, 영리목적의 공연인 경우에도 원칙적으로 재산권을 제한하고 있다는 점에서 저작물의 공정한 이용이라는 목적에 기여하는 적합한 수단이 될 수 없고, 이 규정 형식과 반대로 예외적으로만 재산권을 제한하도록 하는 방안, 영리목적이 없는 경우를 저작재산권 제한의 요건으로 하는 방안, 저작재산권 제한을 하더라도 그에 대한 정당한 보상을 제공하는 방안 등 저작재산권자에게 덜 침해적인 수단을 채택할 수 있었다는 점에서 헌법상 비례의 원칙 등에 위반된다는 이유로 위헌심판이 제기된 바 있다. 그러나 헌법재판소 2019. 11. 28.자 2016헌마1115, 2019헌가18(병합) 결정으로 합헌 결정이 내려졌다.

226) 同旨 김병일, 전게논문, 224면; 하동철, 전게논문, 303면.

(2) 상업용 음반 또는 상업적 목적으로 공표된 영상저작물을 재생하여 하는 공연일 것

(가) 상업용 음반 또는 상업적 목적으로 공표된 영상저작물

본 항은 상업용 음반 또는 상업적 목적으로 공표된 영상저작물을 재생하여 공연하는 경우에만 적용된다. 상업용 음반 또는 상업적 목적으로 공표된 영상저작물은 보통 개인적으로 감상하는 용도로 제작되어 공중을 대상으로 판매되는 음반이나 영상저작물을 말한다. 2016. 3. 22. 개정 전 저작권법에서는 본 항의 대상을 '판매용 음반 또는 판매용 영상저작물'이라고 하고 있었는데, 이때 '판매용'이라는 용어가 '시판용'만을 의미하는 것인지 아니면 널리 상업적 목적으로 제작된 것까지를 포함하는 것인지에 관하여 논란이 있었다. 일명 '스타벅스' 사건이라고 하는 사례인데 이 사례에서는, 처음부터 공연에 사용할 목적으로 특별히 제작된 음반(일반인을 대상으로 한 시중 판매는 하지 않는다), 예를 들어 커피숍과 같은 매장에 전문적으로 배경음악(백그라운드 음악)을 제공하는 업체에 의하여 그러한 목적으로 제작된 음반(CD)이 종전 저작권법 제29조 제 2 항의 '판매용 음반'에 해당하는지 여부가 문제로 되었다. 이 사건의 항소심인 서울고등법원 2010. 9. 9. 선고 2009나53224 판결에서는, "저작권법 제52조를 비롯하여 저작권법상 각 조항에 규정된 '판매용 음반'은 모두 '시판을 목적으로 제작된 음반'으로 해석되는데, 이들 각 조항과 저작권법 제29조 제 2 항의 '판매용 음반'을 달리 해석할 합리적인 이유가 없는 점을 고려하면, 제29조 제 2 항의 '판매용 음반'은 '시판용 음반'으로 해석하여야 할 것"이라고 한 후 이 사건 CD는 '판매용 음반'에 해당한다고 보기 어렵다고 하였다. 이 판결은 대법원 2012. 5. 10. 선고 2010다87474 판결로 상고기각 되어 확정되었다.[228)]

한편, 위 스타벅스 사건 대법원 판결 이후에 대법원 2015. 12. 10. 선고 2013다219616

---

227) 전주지방법원 1998. 12. 7. 선고 88가소16095 판결(하동철, 전게논문, 303면에서 재인용).

228) 이 대법원 판결에서는, "(저작권법 제29조 제 2 항의) 규정은, 공연권의 제한에 관한 저작권법 제29조 제 1 항이 영리를 목적으로 하지 않고 청중이나 관중 또는 제 3 자로부터 어떤 명목으로든지 반대급부를 받지 않으며 또 실연자에게 통상의 보수를 지급하지 않는 경우에 한하여 공표된 저작물을 공연 또는 방송할 수 있도록 규정하고 있는 것과는 달리, 당해 공연에 대한 반대급부를 받지 않는 경우라면 비영리 목적을 요건으로 하지 않고 있어, 비록 공중이 저작물의 이용을 통해 문화적 혜택을 향수하도록 할 공공의 필요가 있는 경우라도 자칫 저작권자의 정당한 이익을 부당하게 해할 염려가 있으므로, 위 제 2 항의 규정에 따라 저작물의 자유이용이 허용되는 조건은 엄격하게 해석할 필요가 있다. 한편, 저작권법 제29조 제 2 항이 위와 같이 '판매용 음반'을 재생하여 공중에게 공연하는 행위에 관하여 아무런 보상 없이 저작권자의 공연권을 제한하는 취지의 근저에는 음반의 재생에 의한 공연으로 그 음반이 시중의 소비자들에게 널리 알려짐으로써 당해 음반의 판매량이 증가하게 되고 그에 따라 음반제작자는 물론 음반의 복제·배포에 필연적으로 수반되는 당해 음반에 수록된 저작물의 이용을 허락할 권능을 가지는 저작권자 또한 간접적인 이익을 얻게 된다는 점도 고려되었을 것이므로, 이러한 규정의 내용과 취지 등에 비추어 보면 위 규정에서 말하는 '판매용 음반'이라 함은 그와 같이 시중에 판매할 목적으로 제작된 음반을 의미하는 것으로 제한하여 해석함이 상당하다"고 판시하였다.

판결(일명 '현대백화점' 사건)은, 제29조 제 2 항의 경우와는 달리 저작권법 제76조의2, 제82조의2가 규정하는 '판매용 음반'은 반드시 일반 공중을 대상으로 판매될 것을 예정한 '시판용 음반'에 국한된다고 할 수 없고, 특정 대상 또는 범위를 한정하여 판매된 음반을 비롯하여 어떠한 형태이든 판매를 통해 거래에 제공된 음반은 모두 이에 포함된다고 판시하였음을 유념할 필요가 있다. 이 판결은 디지털 음원도 하드디스크와 같은 저장 매체에 저장되는 방식으로 고정되면 저작권법상 음반으로 볼 수 있다고 하였다.[229)]

이와 같이 '스타벅스 사건'에서 판시한 구 저작권법 제29조 제2항에서의 '판매용 음반'에 대한 해석과 '현대백화점 사건'에서 판시한 구 저작권법 제76조의2 및 제83조의2에서의 '판매용 음반'에 대한 해석은 서로 어긋나고 있다. 전자에서는 판매용 음반을 좁게 해석하고 후자에서는 넓게 해석하고 있는 것이다. 이러한 엇갈린 것처럼 보이는 판결들로 인하여 시중의 혼란이 가중되자, 이들 판결에서 판시한 '판매용 음반'에 관한 해석이 상호 모순되지 않고 정합적으로 이해될 수 있는 방안을 강구할 필요가 생겼다.

이러한 필요에 부응하기 위하여 2016년 개정된 현행 저작권법은 종전 저작권법에서 사용하던 '판매용 음반'이라는 용어를 '상업용 음반'으로 개정하였다. 그러나 그 개정된 규정과 관련하여 다시 학계와 실무계의 논란이 나타나는 등 혼란은 계속되었고, 마침내 이 규정에 대한 위헌소송이 제기되기에 이르렀다. 그 배경에는 근본적으로 우리 저작권법 제29조 제2항의 적용 범위가 지나치게 넓어 국제조약의 위반 소지가 있을 뿐만 아니라, 다른 나라의 상황과 비교해 보더라도 저작재산권자의 정당한 이익을 해하는 정도가 불합리하게 크다고 하는 저작재산권자 측의 주장이 있다.

(나) 재생하는 공연

제29조 제 1 항과 제 2 항의 세 번째 차이점은, 제 1 항은 공연과 방송이 모두 가능하지만, 제 2 항은 공연에만 해당된다는 것이다. 제 2 항이 제 1 항에 비하여 훨씬 광범위하게 저작재산권자의 이익을 침해할 소지가 있기 때문에 법이 그 범위를 스스로 제한한 것이다. 방송이 제외되므로 예컨대 백화점 내에서 고객들을 위하여 상업용 음반을 자체 방송하는 것이나, 호텔의 객실에 상업적 목적으로 공표된 영상저작물(비디오테이프)을 자체 방송하는 것은 그것이 저작권법 제 2 조 제 8 호의 방송의 개념(공중송신 중 공중이 동시에 수신하게 할 목적으로 음·영상 또는 음과 영상 등을 송신하는 것)에 들어가는 이상 본 항은 적용되지 않는다.

---

229) 2016. 3. 22. 개정된 저작권법에서는 제 2 조 제 5 호의 음반의 정의규정에서 "음을 디지털화 한 것을 포함한다"고 규정함으로써, 디지털 음원이 음반에 해당한다는 것을 명확히 하였다.

나. 예 외

제 2 항은 자유이용의 범위가 넓어 저작재산권자의 경제적 이익을 심각하게 훼손할 염려가 있으므로 단서에서 그 예외를 대통령령에 위임하여 규정하고 있다. 이에 저작권법 시행령 제11조는 다음과 같은 경우에는 저작재산권이 미치는 것으로 하고 있다.

첫째, 식품위생법 시행령 제21조 제 8 호 다목의 규정에 의한 단란주점과 라목의 규정에 의한 유흥주점에서 하는 공연이다. '단란주점'은 주로 주류를 조리·판매하는 영업으로서 손님이 노래를 부르는 행위가 허용되는 영업이고, '유흥주점'은 주로 주류를 조리·판매하는 영업으로서 유흥종사자를 두거나 유흥시설을 설치할 수 있고 손님이 노래를 부르거나 춤을 추는 행위가 허용되는 영업을 말한다.[230]

둘째, 위 첫째 규정에 해당하지 아니하는 영업소에서 하는 공연으로서, 음악 또는 영상저작물을 감상하는 설비를 갖추고, 음악이나 영상저작물을 감상하게 하는 것을 영업의 주요 내용의 일부로 하는 공연이다. 앞의 단란주점이나 유흥주점의 경우에는 감상 설비나 감상을 영업의 주요 내용으로 할 것을 요하지 않는 반면에, 이 둘째 경우에는 그러한 요건을 갖춘 경우에만 제29조 제 2 항의 적용 제외 사유에 해당한다.

셋째, 다음과 같은 경우들이 제29조 제 2 항의 예외에 해당한다.[231]

가. 「한국마사회법」에 따른 경마장, 「경륜·경정법」에 따른 경륜장 또는 경정장에서 하는 공연

나. 「체육시설의 설치·이용에 관한 법률」에 따른 골프장·스키장·에어로빅장·무도장·무도학원 또는 전문체육시설 중 문화체육관광부령으로 정하는 전문체육시설에서 하는 공연

다. 「항공사업법」에 따른 항공운송사업용 여객용 항공기, 「해운법」에 따른 해상여객운송사업용 선박 또는 「철도사업법」에 따른 여객용 열차에서 하는 공연

라. 「관광진흥법」에 따른 호텔·휴양콘도미니엄·카지노 또는 유원시설에서 하는 공연

마. 「유통산업발전법」 별표에 따른 대형마트·전문점·백화점 또는 쇼핑센터에서 하는 공연

바. 「공중위생관리법」 제 2 조 제 1 항 제 2 호 숙박업 및 같은 항 제 3 호 나목의 목욕장에서 영상저작물을 감상하게 하기 위한 설비를 갖추고 하는 상업적 목적으로 공표된 영상저작물의 공연

230) 식품위생법 시행령 제21조 제 8 호 다목, 라목.

231) 저작권법 시행령 제11조 제 2 내지 제 7 호.

넷째, 아래의 어느 하나에 해당하는 시설에서 영상저작물을 감상하게 하기 위한 설비를 갖추고 발행일로부터 6개월이 지나지 않은 상업적 목적으로 공표된 영상저작물을 재생하는 형태의 공연은 본 항의 예외로 된다.[232)]

가. 국가·지방자치단체(그 소속기관을 포함한다)의 청사 및 그 부속시설
나. 「공연법」에 따른 공연장
다. 「박물관 및 미술관 진흥법」에 따른 박물관·미술관
라. 「도서관법」에 따른 도서관
마. 「지방문화원진흥법」에 따른 지방문화원
바. 「사회복지사업법」에 따른 사회복지관
사. 「양성평등기본법」 제47조 및 제50조에 따른 여성인력개발센터 및 여성사박물관
아. 「청소년활동진흥법」 제10조 제 1 호 가목에 따른 청소년수련관
자. 「지방자치법」 제144조에 따른 공공시설 중 시·군·구민회관

이와 같은 영업소들은 개별적인 작곡가나 작사가로부터 각각의 음악저작물 등에 대한 이용허락을 얻는 것이 아니라 저작권의 신탁·대리·중개를 업으로 하는 저작권위탁관리단체와 협의하여 사용료를 일괄지불하고 저작물을 이용하는 경우가 많을 것이다.

4. 음반 및 상업용 음반의 개념

가. 음반의 개념

(1) 로마협약

1961년 10월 26일 로마에서 채택된 '실연자, 음반제작자 및 방송사업자의 보호를 위한 국제협약(로마협약)'은 실연자에게 상업용 음반의 방송에 대한 2차사용료 청구권을 부여하고, 음반제작자에게 복제권과 상업용 음반의 방송사용에 대한 2차사용료 청구권을 부여하고 있다. 로마협약 제 3 조 제 6 항은 음반(phonogram)을 "실연의 음, 그 밖의 음을 오로지 청각적으로 고정한 것(any exclusively aural fixation of sounds of a performance or of other sounds)"이라고 정의하고 있다. 이러한 정의에 따르면 실연의 음 또는 그 밖의 음(예를 들어 새의 지저귀는 소리 등 자연의 소리)을 청각적으로만 고정한 것이 음반이고, 고정이 청각적 · 시각적으로 이루어진 경우에는 음반이 아니다.

232) 저작권법 시행령 제11조 제 8 호.

로마협약에는 상업적 목적으로 발행된 음반에만 해당되는 규정이 존재하는데, 음반의 정의 규정은 상업용 음반에만 한정된 것은 아니다. 음반의 정의는 상업적 목적으로 발행된 음반 이외에도, ① 발행을 목적으로 하지 않는 음반, ② 발행을 목적으로 하지만 아직 발행되지는 않은 음반, ③ 발행되었지만 상업적 목적이 아닌 음반에도 적용된다.

(2) 세계음반조약

이 조약에서는 음반을 "실연의 음, 그 밖의 음을 오로지 청각적으로 고정한 것을 말한다"고 하여 로마협약과 동일한 정의 규정을 두고 있다.

(3) WPPT

WPPT(세계지적재산권기구 실연 · 음반조약, WIPO Performances and Phonograms Treaty) 제 2 조 (b)에서는 음반을 "실연의 음, 그 밖의 음 또는 음을 표현한 것의 고정물(영화 기타 시청각적 저작물에 고정된 것을 제외한다)(the fixation of the sounds of a performance or of other sounds, or of a representation of sounds, other than in the form of a fixation incorporated in a cinematographic or other audiovisual work)"이라고 정의하고 있다.

이러한 정의는 두 가지 점에서 로마협약 및 세계음반조약의 정의와 다르다. 첫째로, 음반의 정의를 '음의 고정물이 아닌 음반'에도 확대하였다는 것이다. 이는 디지털 기술의 발전에 따라 음으로는 존재하지 않지만, 전자기기를 사용하여 음으로 재생할 수 있는 데이터를 고정한 것도 음반으로 보겠다는 취지이다. 둘째로, 로마조약에서 '오로지 청각적으로'라는 표현이 '영화 그 밖의 시청각적 저작물에 고정된 것을 제외한다'는 표현으로 바뀌었다. 그 결과 실연의 음, 그 밖의 음 또는 음을 표현한 것이 시청각적인 고정물에 삽입되었지만, 그 시청각적 고정물이 '저작물'이 아닌 경우에는 제외 규정의 대상이 아니게 되고, 따라서 그 음의 고정물은 '음반'으로 취급된다.[233][234]

나. 판매용(상업용) 음반의 개념

개정 전 저작권법 중 판매용 음반이라는 용어는 제21조, 제29조 제 2 항, 제75조, 제76조의2, 제83조의2 등에서 나타나는데, 이들은 모두 로마협약 제12조 및 WPPT 제15조와 공통으로 관련되어 있다. 따라서 개정 전 저작권법에서의 '판매용 음반'이라는 용어는 로마협약 제12조 및 WPPT 제15조의 '상업적 목적으로 발행된 음반(phonogram published for

233) 半田正夫·松田政行, 「著作権法コンメンタール」, 勁草書房(2008), 82면.

234) TRIPs 협정에서는 음반제작자의 복제권 및 대여권에 관한 규정을 두고 있지만 별도로 음반의 정의 규정을 두고 있지는 않다.

commercial purposes)'과 같은 개념으로 이해되고 있었다.[235)]

(1) 로마협약

로마협약 제12조는, "상업적인 목적으로 발행된 음반 또는 그러한 음반의 복제물이 방송 또는 공중전달에 직접적으로 사용되는 경우에는, 단일의 공정한 보상이 사용자에 의하여 실연자나 음반제작자 또는 이들 양자에게 지급되어야 한다. 당사국 사이에 약정이 없는 경우에는 국내법으로 이 보상금의 배분 조건을 정할 수 있다."라고 규정하고 있다. 여기서 '상업적 목적으로 발행된 음반'은 일반 공중에게 판매 또는 대여하기 위하여 시장에 제공된 음반으로 해석된다.[236)] 또한 '상업적 목적'은 음반을 판매하거나 홍보하기 위한 수단으로 무료로 배포하는 것을 포함하는 등 직접적 또는 간접적인 이익이나 그 밖에 상업적인 이득(advantage)을 얻는 것을 의미한다고 해석된다.[237)][238)]

(2) WPPT

WPPT 제15조(방송과 공중전달에 대한 보상청구권) 제1항에서는 "실연자와 음반제작자는 상업적인 목적으로 발행된 음반(a phonogram published for commercial purpose)이 방송이나 공중에 대한 전달을 위하여 직접 또는 간접적으로 이용되는 경우에 공정한 단일 보상을 받을 권리를 향유한다."라고 규정하고 있다. 이때 '상업적 목적으로 발행된 음반'의 의미는 시중에서 판매되는 것, 즉 '시판용'을 목적으로 제작된 음반보다는 다소 넓은 개념으로 이해하는 것이 일반적이다. 예컨대, 백그라운드 음악(BGM)용으로 제작된 음반이나 샘플 음원을 녹음한 데모테이프는 시판용 음반은 아니지만, 상당한 수량의 복제물이 공중에게 제공된다면 '상업적 목적으로 발행된 음반'으로 해석될 수 있다.[239)] 즉, WPPT 제15조에서 말하는 '상업용 음반'의 개념은 단지 시판용 목적으로 발행된 음반뿐만 아니라, 공중에게 상당한 수량의 복제물이 제공되는 경우라면 이를 모두 포함하는 광의의 개념이다. 특히 제15조 제4항은 "공중의 구성원이 개별적으로 선택한 장소와 시간에 접근할 수 있는 방법으로 유선이나 무선 수단에 의하여 공중이 이용가능하게 된 음반은 상업적 목적으로 발행된 것으로 간주한다."라고 규정함으로써 '상업적 목적으로 발행된 음반'의 개념을 오프라인에서

235) 박성호, "구 저작권법 제29조 제2항, 제76조의2 및 제83조의2에서 규정하는 '판매용 음반'의 개념과 의미", 정보법학 제20권 제3호, 한국정보법학회, 2017, 2면.

236) 한지영, "개정 저작권법에 의한 상업용 음반의 의의와 실연자의 보상청구권에 관한 고찰", 한국재산법학회, 재산법연구 제33권 제4호, 2017, 60면.

237) Jorg Reinbothe and Silke von Lewinski, *The WIPO Treaties*, 1996, Buttenworths, 2002, p.383.

238) 한지영, 전게논문, 60-61면.

239) 오승종, 「저작권법」, 박영사, 2016, 773면.

CD 등 유형물의 형태로 발행된 것뿐만 아니라, 인터넷에서 음원 파일이나 스트리밍 서비스, 전송의 형태로 공중에게 제공되는 음원도 모두 상업적 목적으로 발행된 음반에 해당하는 것으로 규정하고 있다.[240)]

(3) 문화체육관광부의 입장

저작권 주무부처인 문화체육관광부와 한국저작권위원회가 발간한 '개정 저작권법에 따른 상업용 음반 바로알기'라는 소책자에 의하면, 상업용 음반이란 상업적 목적으로 공표된 음반으로, 이때 '상업적 목적'이란 공중에게 음반을 판매의 방법으로 거래에 제공하거나, 해당 음반의 판매와 관련된 간접적인 이익을 얻고자 하는 것을 말하며, 이때 '간접적인 이익'이란 해당 음반의 광고 및 홍보 등을 통해 음반 자체의 판매를 촉진시켜 얻을 수 있는 이익을 말한다고 해석하고 있다. 예를 들면, 음반의 홍보를 위해 무료로 CD를 배포하는 경우는 음반 자체의 판매 촉진을 통한 간접적인 이익을 추구하고 있어서 상업적 목적이 있는 것으로 해석되지만, 기업의 홍보나 상품 판매 촉진을 위해 자체 제작한 음반을 매장에서 재생하는 것은 음반 자체에 대한 이익을 얻을 목적은 없기 때문에 상업적 목적에 해당하지 않는다고 한다.[241)] 또한 음반은 CD 등 유형의 매체가 아니라 디지털 음원을 포함한 음 그 자체이며, 따라서 상업용 음반을 구입해서 이를 디지털 파일로 변환하거나 편집하여 다른 매체에 고정한 경우에도 역시 상업용 음반으로 해석될 수 있다고 한다.[242)]

[상업용 · 비상업용 음반의 구체적 예시][243)]

항목	분류	구분	비고
일반 음반	정규/싱글 앨범의 경우	상업용 음반	가수 ○○○ 3집 앨범, 가수 △△△ 디지털 싱글 등
	영화/드라마의 OST의 경우	상업용 음반	드라마 ○○ OST 음악, 영화 △△ OST 음악
	방송 프로그램에서 제작한 경우	상업용 음반	슈퍼스타K, 복면가왕, 불후의 명곡, K-POP STAR 등의 방송 프로그램에서 제작된 음악
	음반 홍보를 위해 무료로 배부된 경우	상업용 음반	가수 ○○○의 앨범을 홍보하기 위하여 비매 · 홍보용으로 나눠주는 CD등

240) 한지영, 전게논문, 59-60면.

241) 문화체육관광부 · 한국저작권위원회, 「개정 저작권법에 따른 상업용 음반 바로알기」, 2016.에서는 상업용 음반의 유형에 대하여 상세하게 설명하고 있다. 특히 상업용 음반의 의미에 대해서는 박영규, "개정 저작권법상 공연권 제한과 상업용 음반의 의미", 계간저작권, 2016년 가을호 통권 115권, 100면 이하 참조.

242) 한지영, 전게논문, 77면.

243) 전게 「개정 저작권법에 따른 상업용 음반 바로알기」, 9면.

	공연 실황을 녹음한 경우		상업용 음반	가수 ○○○ 25주년 기념 Live 앨범, 가수 △△△ 콘서트라이브 CD 등
주제 · 배경 · 시그널 음반	①	기존 상업용 음반을 주제·배경·시그널 음악으로 사용하는 경우	상업용 음반	대중가수의 정규/싱글, OST 등의 음반을 활용하기 때문에 상업적 목적으로 공표된 음반의 성격이 변하는 것은 아님
	②	음반 제작 업체가 사전에 제작한 주제·배경·시그널 음악을 방송국 또는 영상제작자 등이 선택하여 사용하는 경우	상업용 음반	다수의 주문자가 선택할 수 있도록 사전에 제작하여 제공하는 경우에는 상업적 목적에 해당함
	③	방송사업자가 자기의 방송을 위하여 주제·배경·시그널 음악을 자체 제작 또는 주문 제작하여 사용하는 경우	비상업용 음반	프로그램 홍보·진행 등의 목적으로 만들어졌기 때문에 음반 자체의 상업적 목적이 없음

5. 번역 등에 의한 이용

저작권법 제36조 제 1 항은 제29조에 따라 저작물을 이용하는 경우에는 그 저작물을 번역·편곡 또는 개작하여 이용할 수 있다고 규정한다. 이는 우리 제29조의 입법 당시 영향을 받은 일본 저작권법의 태도와는 다른 것이다. 우리 저작권법 제36조 제 1 항에 해당하는 일본 저작권법 제43조 제 1 항은 일본 저작권법 제38조(우리 저작권법 제29조)를 적용대상에서 제외하고 있다. 따라서 우리나라에서는 예를 들어, 학교의 학예회에서 원작 소설을 각색하여 상연(공연)하는 경우에도 제29조 제 1 항에 의하여 저작재산권자의 허락 없이 공연이 가능하지만, 일본의 경우에는 원작 그대로 이용하는 것만이 허용되고 각색하여 공연하는 것은 허용되지 않는다.

Ⅸ. 사적이용을 위한 복제

1. 의 의

공표된 저작물을 영리를 목적으로 하지 아니하고 개인적으로 이용하거나 가정 및 이에 준하는 한정된 범위 안에서 이용하는 경우에는 그 이용자는 이를 복제할 수 있다(저작권법 제30조 본문). 이 규정은 타인의 저작물을 개인적으로 또는 가정이나 그에 준하는 소수의 한정된 범위 안에서 이용하는 것은 저작재산권자의 경제적 이익을 크게 손상할 우려가 없고, 또 그것을 일일이 규제하여 저작재산권자의 이용허락을 얻게 한다는 것도 현실적이지 못하다는 고려 하에 두게 된 것이다. 그러나 이 규정은 저작재산권의 제한규정 중 저작재산권자의 이익을 가장 포괄적으로 제한할 소지가 있는 규정인 만큼 그 해석·운용에는 신중함이 요구된다.[244][245]

본 조는 복제의 수단과 방법을 묻지 않는다. 그런데 오늘날에는 문헌복사기, 오디오·비디오테이프 레코더, 팩시밀리, 스캐너 등 복제기술이 급속도로 발전하고 있고, 과거에는 전문가나 영업소에서만 사용되던 복사용 기계도 요즈음에는 각 가정마다 상당수 보급되어 있는 실정이기 때문에 사적이용을 자유롭게 허용하는 본 조에 따라 저작재산권자의 이익이 침해될 여지는 훨씬 더 커지고 있다.

이 규정에 의하여 타인의 저작물을 자유이용하는 자는 그 저작물을 번역·편곡 또는 개작하여 이용할 수도 있으며(저작권법 제36조 제 1 항), 출처의 명시의무도 면제된다(제37조 제 1 항). 출처명시의무를 면제한 것은 본 조에 의한 저작물의 이용이 개인적 또는 가정과 같은 한정된 범위에서만 이루어지는 것이고 대외적인 이용을 전제로 한 것이 아니기 때문에 출처명시를 할 필요성이 없고, 현실적으로도 출처명시의무를 부과하는 것이 실효성이나 타당성이 없다고 보아서 그렇게 한 것이다.

본 조와 앞서 본 저작권법 제28조의 "공표된 저작물의 인용"과의 차이점은, 본 조는 저작물을 개인적이거나 가정적인 또는 그에 준하는 제한된 용도로만 이용하는 것인데 비하여, 제28조는 타인의 저작물을 자기의 저작물에 인용하되 그 용도는 반드시 위와 같은 제한된 것만이 아니라 널리 공중에게 공표하거나 판매하는 것도 허용된다는 점이다.

2. 요 건

가. 비영리 목적

영리의 목적이라 함은 소극적으로 저작물의 구입비용을 절감한다는 의미가 아니라, 복제물을 타인에게 판매하거나 타인으로부터 복제의 의뢰를 받아 유상으로 복제를 대행하는

---

244) 앞의 서설 부분에서 본 바와 같이 베른협약 제 9 조 제 2 항은, "일정한 특별한 경우에 있어서 저작물의 복제를 허용하는 것은 동맹국의 입법에 맡긴다. 그러나 그러한 복제는 저작물의 통상적인 이용과 충돌하지 않아야 하며, 저작자의 합법적인 이익을 불합리하게 해치지 않아야 한다"라고 규정하고 있는데, 이러한 규정이 하나의 해석기준이 될 수 있을 것이다.

245) 미국 저작권법은 사적이용에 대한 규정을 따로 두고 있지 않고 공정이용(fair use)에 관한 일반규정인 제107조에 의하여 사적이용의 허용여부를 결정하도록 하고 있다.

등 복제행위를 통하여 직접 이득을 취할 목적을 말한다.[246] 따라서 개인사업자 또는 영리법인이 타인에게 판매할 의사 없이 사업체 내부에서 이용하기 위하여 저작물을 복제하는 것은 영리를 목적으로 하는 것이 아니다. 그러나 이러한 복제행위가 가정 및 이에 준하는 범위 내에서의 이용을 넘어서는 경우에는 본 조가 적용되지 않는다.[247] 또 변호사나 의사 등 전문적 지식을 가지는 직업에 종사하는 사람이 현재의 구체적인 변호사 또는 의사 업무와는 관계없이 자신의 지식을 넓히기 위하여 사적이용의 목적으로 복제하는 경우에는, 그것이 결국 자신의 영리적 직업에 기여하게 되더라도 비영리성에 반하는 것은 아니라고 해석된다.[248]

그러나 법무법인이나 종합병원이 다수의 소속 변호사들 및 의사들로 하여금 업무상 이용하게 하기 위하여 복제하는 것은, 비록 그 복제물이 외부에 유출되지 않고 내부적으로만 이용되는 것이어서 직접 영리를 목적으로 한 것으로는 볼 수 없다 하더라도, 가정 및 이에 준하는 범위 내에서의 이용이라고는 보기 어렵다. 교사가 학생들에게 배포할 것을 전제로 하지 않고 개인적으로 수업을 준비하기 위한 자료로서 타인의 저작물을 복제하는 행위는 본 조에서 정하는 "사적이용을 위한 복제"에 해당한다. 그러나 이러한 목적으로 제작된 복제물을 다수의 학생들에게 나누어 준다면 그것은 가정 및 이에 준하는 범위 내에 속하는 것으로 볼 수 없다. 다만 학교 기타 교육기관이나 교사의 경우에는 저작권법 제25조 제 2 항에 따라 교육목적을 위하여 학생들에게 복제물을 배포하는 것이 허용된다.[249]

나. 개인적으로 이용하거나

'개인적'이라고 함은 '혼자서'라는 취지이다. 따라서 조직적인 활동의 일환으로서 행하는 복제의 경우에는 '개인적'이라고 할 수 없다. 예를 들면, 기업 기타 단체 내에서 종업원이나 그 구성원이 업무상 이용하기 위하여 저작물을 복제하는 경우에는 설사 그 종업원만

246) 同旨, 박성호, 전게서, 562면. 반대 취지로, 최경수, 전게서, 418면은, 영리 목적이란 경제적 이익을 얻기 위한 목적을 말하며, 직접적인 영리 목적뿐만 아니라 간접적인 영리 목적을 포함한다고 한다. 한편, 하급심 판결 중에는 "일반적으로 소극적으로 저작물의 구입비용을 절감하는 정도만으로는 영리의 목적을 인정하기에 부족하다 할 것이나, 시판되는 게임프로그램 등을 다른 사람이 구입한 게임 CD로부터 복제하는 경우와 마찬가지로 통상 대가를 지급하고 구입해야 하는 것을 무상으로 얻는 행위에는 영리의 목적이 인정된다"고 한 사례가 있다(수원지방법원 성남지원 2003. 2. 14. 선고 2002카합284 판결). 그러나 이와 같이 영리 목적을 너무 넓게 인정한 판결을 그대로 수용하면 저작권법 제30조에서 허용하는 사적 복제는 부분 복제의 경우만이 해당되므로 사적 복제 규정의 존립을 위태롭게 할 우려가 있다고 하여, 위 반대 취지의 견해로부터도 비판을 받고 있다.

247) 이형하, 전게논문, 376면.

248) 하용득, 전게서, 192면.

249) 이형하, 전게논문, 377면.

이 혼자서 이용하는 경우라 하더라도 본 조에 의하여 허용되는 복제가 아니라고 해석하여야 한다. 즉, 개인이 어떤 조직의 구성원으로서 조직의 목적을 수행하는 과정에서 복제하는 경우는 본 조에 해당하지 않는다. 사적인 영역인지 공적인 영역인지 명확하게 구분하기 어려운 경우도 있는데, 일반적으로 복제하는 자가 소속된 조직의 업무에 관련되는 경우에는 사적인 영역에서의 복제에 해당하지 않는 것으로 해석하는 것이 타당할 것이다.

법인 소속이 아닌 변호사나 의사 등 자영업자가 업무상 하는 복제도 본 조에 해당할 수 있는지 문제로 된다. 이에 대하여는 본 조에서의 '영리 목적'을 엄격하게 해석하여 업무적인 것과 구별함으로써, 자영업자의 경우에는 업무상 행하는 복제도 광의의 개인적인 이용에 해당하고 비영리 목적을 띤 것으로 보아 본 조의 사적 복제에 해당한다고 긍정적으로 보는 견해가 있다.[250] 반대로, 본 조는 개인의 취미나 교양을 위하여 복제를 하는 경우로 국한하는 것이 타당하며, 구태여 '영리 목적'의 의미를 해석할 필요도 없이 그것이 직업이나 사업 등과 관련이 된다면 이를 개인적이라고 보기 어렵다고 하여 본 조의 적용을 부정하는 견해도 있다.[251] 그러나 부정설을 취하는 입장에서도, 자영업자의 경우에는 직업을 위한 것과 그의 취미나 교양을 위한 것을 명백히 구분하는 것이 어려울 수 있고, 행위의 태양에 따라서는 직업적 성격과 교양적 성격이 혼재되어 있는 것도 많을 것이기 때문에, 비록 직업과 관련이 되더라도 그것이 널리 교양을 위한 것인 경우에는 사적 이용을 위한 복제에 해당한다고 한다. 직업 분야가 교양과 겹친다고 해서 차별하는 것은 적절하지 않기 때문이다. 다만, 그가 현재 당면하고 있는 직업적 필요에 대응하기 위하여 복제하는 것은 분명 직업적이라고 할 수 있고, 이는 본 조의 사적 이용을 위한 복제에는 해당하지 않는다고 봄이 타당하다고 한다.[252] 본 조는 폐쇄적인 사적 영역에서의 소규모적인 영세한 복제행위를 허용하고자 하는 취지의 규정이다. 따라서 업무상 행하는 복제는 그 업무가 자영업이나 자유직업에 따른 것이라 하더라도 원칙적으로는 '개인적'인 복제에 해당하지 않는다고 해석하는 것이 타당하다. 그러나 현실적으로 그러한 행위를 얼마나 실효적으로 규제할 수 있는지는 의문이다.

다. 가정 및 이에 준하는 한정된 범위

(1) 인적(人的) 범위

저작권법 제30조는 저작재산권자의 이익을 광범위하게 해할 우려가 크므로 특히 엄격

250) 안효질, 사적 이용을 위한 복제, 계간 저작권, 1997년 겨울, 53-54면.
251) 임원선, 전게서, 231-232면.
252) 作花文雄, 詳解 著作權法, 第3版, ぎょうせい, 318-319면; 임원선, 전게서, 232면; 이해완, 저작권법, 박영사(2012), 465면.

하게 해석하여야 한다. 가정 또는 이에 준하는 한정된 범위라는 것도 극히 한정된 소수의 그룹(동아리)으로서 그 구성원 사이에 강한 개인적 결합관계가 존재하는 경우를 말한다. 소수의 극히 친한 친구들이나 10인 이하 정도의 인원으로 구성된 동호회원 사이에서 저작물이 사용되는 경우라야 이에 해당할 것이다.

강의실에서 교사의 강의내용을 테이프레코더로 녹음하는 것도 복습 등 개인적인 이용을 위한 것이라면 제30조가 적용되어 자유롭게 할 수 있다고 본다. 그러나 녹음된 내용을 일반 학생들에게 공표한다든가 판매한다면 이는 개인적인 이용을 위한 것이 아니므로 제30조가 적용될 여지는 없게 된다. 음악회 등에서 개인적인 감상을 목적으로 음악을 녹음하는 것도 본 조에 의하여 가능하다. 그러나 교사나 강사 또는 음악회장의 관리책임자는 학생 또는 청중의 개인적인 녹음을 프라이버시권 등 저작권법과는 다른 차원에서 금지할 수 있을 것이다.[253]

앞의 '개인적' 이용 부분에서 본 것과 같은 논의가 이용의 범위와 관련하여서도 나타난다. 그리하여 기업의 내부적인 복제행위는 그것이 기업의 영리목적에 직결되지 않고 적은 부수로만 복제하면 일반 개인의 자료수집을 위한 복제와 다르지 않으므로 제30조가 적용될 수 있다는 견해가 있다.[254] 그러나 기업 내부의 복제행위는 개인의 경우보다 대규모·조직적으로 행하여지는 것이 일반적이고, 특히 기업은 저작물이용의 대가를 지불하더라도 이를 생산비용에 산입하여 궁극적으로는 소비자에게 부담시킬 수 있으므로, 본 조와 같은 면책규정이 없으면 자신이 종국적으로 이용대가를 지불하여야 하는 개인의 경우와 같이 볼 수 없다는 반대의 견해가 오히려 통설이다.[255] 통설에 따르면, 회사나 기업에서 내부적인 이용을 위하여 하는 복제에는 저작권법 제30조가 적용되지 않는다. 일본의 해석론에서도 회사의 내부적 이용을 위한 복제행위는 "가정 및 이에 준하는 한정된 범위"에서의 사용에 해당하지 않는다고 보는 것이 통설이며,[256] 일본의 판례 중에도 그러한 해석을 한 것이 있다.[257] 본 조는 폐쇄적인 사적 영역에서의 소규모적인 영세한 복제행위를 허용하고자 하는 취지의 규정인데, 기업이나 단체 조직의 일원으로서의 활동은 폐쇄된 사적 영역 내에서의

253) 內田 晉, 전게서, 195면.

254) 半田正夫, 著作權法の現代的課題, 一粒社, 72면; 하용득, 전게서, 197면; 이해완, 전게서, 465면.

255) 허희성, 전게서, 130면; 이형하, 전게논문, 380면; 內田 晉, 전게서, 193면.

256) 加戶守行, 著作權法 逐條講義, 四訂新版, 社團法人 著作權情報センター, 226면.

257) 일본 동경지방법원 1977. 7. 22. 선고 昭和 25(ワ)2198호 판결: 원고 X는 한국정부로부터 의뢰를 받아 한국의 국립극장 무대장치의 설계도를 작성하였다. 그 후 한국정부가 행한 무대장치 제작 경쟁입찰에서 Y가 낙찰을 받았고 Y는 이를 Z에게 하청을 주었는데, Z는 위 무대장치 제작을 위하여 한국정부로부터 X가 작성한 무대장치 설계도를 입수하여 이를 복제한 후 참고자료로 사용하였다. 이 사건에서 법원은, 기업 등 단체가 내부적으로 업무상 이용하기 위하여 저작물을 복제하는 행위는 일본 저작권법 제30조의 사적이용을 위한 복제에 해당하지 않는다고 하였다.

활동이라고 보기 어렵고, 나아가 조직적으로 복제가 행하여지는 경우에는 이를 소규모의 영세적인 복제라고 할 수 없는 경우가 많을 것이다. 따라서 조직의 일원으로서 행하는 복제나 업무상 행하는 복제는 원칙적으로 '개인적'인 복제에 해당하지 않는다고 해석하는 것이 타당하다.[258] 다만 기업 내부에 사적으로 조직된 동아리에서 소수의 구성원들이 복제를 행하는 것에는 제30조가 적용될 수 있다고 보아야 할 것이다.

인터넷상의 개인적인 공간인 블로그(blog)에 타인의 저작물을 허락 없이 게시(업로드)하는 것이 사적복제로서 허용될 수 있는지 문제로 된다. 그 블로그가 비록 개인적인 관심사를 올리는 사적인 영역이라고 하더라도 공중, 즉 불특정 다수인 또는 특정 다수인이 접근 및 이용할 수 있는 형태로 운영되고 있다면 이는 가정 또는 그에 준하는 한정된 범위에서의 이용이라고 할 수 없다. 따라서 사적복제에 해당하지 않는다고 보아야 할 것이다.[259]

(2) 양적(量的) 범위

사적인 이용이라도 이용에 있어서 합리적으로 필요한 범위를 넘는 과도한 복제행위는 허용되어서는 안 된다. 현행법의 해석상으로는 필요하다면 하나의 저작물의 전부를 복제하는 것도 허용된다. 그러나 저작물의 일부만을 사용하면 될 경우에 전부를 복제한다거나, 한 부만을 복제하면 될 경우에 3, 4부를 복제하는 것은 사적복제를 허용한 저작권법의 취지에 어긋나는 것이다.

가정 내에서 방송전파를 통하여 TV로 수신되는 영상저작물을 비디오 기기를 사용하여 녹화하거나, 라디오에서 수신되는 음악저작물을 오디오 기기를 사용하여 녹음한 다음 이를 비치·수집하는 행위가 본 조의 사적이용으로서 허용되는지 여부에 대하여는 견해의 대립이 있다. 개인적인 이용이라 하더라도 가정에서 비디오 자료실을 만들어 놓고 TV 프로그램 등을 녹화하여 많은 영상저작물을 비치하는 행위는 국제관례상 정립된 "저작물의 통상적 이용을 방해하지 않고 또한 저작자의 정당한 이익을 부당하게 해하지 않을 것(베른협약 제 9 조 제 2 항)"의 조건을 충족하지 못하는 것으로서 허용되어서는 안 된다는 견해와,[260]

258) 서울중앙지방법원 2014. 2. 11. 선고 2013나36100 판결은, 피고가 원고의 동의나 승낙을 받지 않은 채 피고 회사의 홈페이지 중 주류 관련 뉴스 코너에 원고가 작성하여 저작권을 가진 인터넷 기사 중 69건의 기사를 게시한 사례에서, 피고 회사의 홈페이지 중 주류 관련 뉴스 코너의 경우 일반인이 접근할 수 없도록 폐쇄적으로 운영하면서 소수의 사원에게 엄격한 로그인 절차를 거쳐서만 게시물을 볼 수 있도록 하였지만, 영리 목적으로 설립된 기업의 경우 설령 내부적 이용이라 하더라도 '기업'을 '비영리의 개인, 가정 및 이에 준하는' 것으로 볼 수 없으므로 사적 이용을 위한 복제에 해당하지 않는다고 판시하였다.

259) 이해완, 전게서, 465면.

260) 허희성, 전게서, 129면; 內田 晋, 전게서, 191면.

우리 저작권법이 제30조와 같은 특별면책규정을 두고 있는 취지는 저작권자의 이익을 해한다고 하더라도 개인적인 이용에 그치는 이상 저작권침해의 책임을 묻지 않겠다는 입법자의 결단이 있었던 것으로 보아야 하므로 복제물의 수집·비치행위라 하더라도 개인적 이용에 그치는 한 허용되어야 한다는 견해가 있다.[261)]

대법원 1991. 8. 27. 선고 89도702 판결[262)]은, 노동자들에 의해 새로운 가사가 붙여진 가요 등을 수집하여 원작곡자나 작사자의 승낙 없이 원곡의 악보를 전사하고, 그 곡조에 따라 근로자들에 의해 불리는 곡명 및 가사와 원곡의 곡명을 적어 넣고, 서문과 분류 목차를 첨가 편집하여 원작곡자나 작사자의 성명은 밝히지 아니한 채 인쇄업자에게 의뢰하여 100부를 출판하여 배포한 사안에서, 이는 발행할 의사로 기계적 방법에 의하여 복제한 것으로서, 악곡의 전부와 가사를 그대로 편집한 것은 자기 저작물의 종된 자료로서 이를 인용하거나 또는 학문적 예술적 저작물을 설명하는 자료로서 삽입한 것으로 볼 수도 없어 비침해행위를 규정한 저작재산권 제한 규정의 어느 것에도 해당하지 아니하고, 복제의 방법과 그 부수, 배포대상 등에 비추어 볼 때 설령 피고인이 연구의 목적으로 위 책자를 출판하였다고 하더라도 정당한 이용행위의 범주에 속하는 사적이용을 위한 복제라고 할 수 없다고 하였다.

라. 이용자에 의한 복제

사적이용을 하는 이용자 본인이 스스로 복제하여야 한다. 회사의 사장이 비서에게 복사를 시키는 것처럼 복제물 이용자가 수족처럼 사용하는 사람이나 보조적 입장에 있는 사람에게 구체적인 복제행위를 하게 하는 것도 이용자 본인의 복제행위라고 보아 허용된다. 그러나 이용자가 복제업자(예컨대 복사전문점)에게 복제를 위탁하여 복제하는 경우에는, 복제업자는 위탁계약에 기하여 독립된 복제주체로서 복제를 행하는 것이므로 의뢰자의 수족과 같다고는 볼 수 없고, 또한 복제업자의 사적이용으로도 볼 수 없으므로 제30조의 요건을 충족하지 못한다고 보아야 한다.[263)] 폐쇄적이고 한정된 사적인 영역 내에서의 영세한 복제를 허용하고자 하는 것이 본 조의 취지임을 고려하면, '이용자에 의한 복제'라는 요건은 가급적 엄격하게 해석하여야 한다. 폐쇄적이고 한정된 범위를 넘어선 자에게 위탁하여 복제

261) 이형하, 전게논문, 382면.

262) 판례공보 1991, 2461면. 이 판례는 앞서 제 2 절 저작인격권 중 '성명표시권' 부분에서도 살펴본 바 있다.

263) 허희성, 전게서, 130면; 이형하, 전게논문, 384면, 加戶守行, 전게서, 227면; 이해완, 전게서, 467면. 그러나 이렇게 되면, 복사기와 같은 고가의 기계를 구입할 수 있는 자에 대하여는 제30조에 의한 자유이용이 허용되고, 그렇지 못하고 복제업자에게 위탁을 하여야 하는 자는 제30조의 적용을 받지 못하는 부당한 결과를 초래하므로 운용상 문제가 있다는 견해가 있다(하용득, 전게서, 197면).

를 하게 하는 경우는 포함되지 않는다고 볼 것이다.

마. 제30조 단서 – 공중용 복제기기에 의한 복제가 아닐 것

저작권법은 제30조에 의하여 허용되는 복제의 수단이나 방법에 관하여 특별한 제한을 두고 있지 않다.264) 따라서 필사에 의한 복제는 물론이고 복사기 또는 녹음, 녹화기기를 사용하거나 인터넷 웹사이트에서 제공하는 복제기능을 이용하거나 어떤 방법으로 복사하더라도 아무런 상관이 없다. 다만, 그 단서에서 "공중의 사용에 제공하기 위하여 설치된 복사기기, 스캐너, 사진기 등 문화체육관광부령으로 정하는 복제기기에 의한 복제"를 본 조에 의하여 허용되는 복제로부터 제외하고 있다.

오늘날 복사기기의 발달에 의하여 누구나 매우 간편하게 복제를 할 수 있게 됨에 따라, 복제의 주체를 개인과 가정 및 이에 준하는 한정된 범위로 제한하는 것만으로는 과도한 복제행위를 제어하는 것이 더욱 어려워졌다. 음악이나 영상물의 파일 복제기, 프로그램 복제기, 문헌복사기 등 간편하게 복제물을 작성할 수 있는 기기를 공중에게 제공하여 개인이 스스로 복제를 할 수 있게 하는 업자들이 출현하였고, 그에 따라 대량으로 저작물의 복제가 이루어지고 있다. 본 조는 가정 및 그에 준하는 한정된 범위라고 하는 폐쇄적이고 사적인 영역에서의 영세한 복제를 허용하고자 하는 것이지, 복사업자에게 의뢰하여 행하는 복제와 같이 제 3 자를 개입시켜 행하는 복제까지 허용하는 것은 아니다. 이러한 점에 비추어 볼 때, 비록 개인이나 가정 및 그에 준하는 한정된 범위에서 일어나는 복제라고 하더라도, 대량으로 이루어지는 복제행위를 허용하는 것은 저작재산권자의 권리를 지나치게 제한하는 것이 될 수 있다. 그러나 구 저작권법에서는 복제의 주체만을 제한할 뿐 사용되는 복제기기에 대하여는 특별한 제한을 두고 있지 않았기 때문에 적절한 대처를 할 수 없다는 점이 지적되었다. 이에 따라 권리자의 적정한 보호를 도모하기 위하여 2000년 1월 12일 저작권법을 일부 개정함으로써 "공중의 사용에 제공하기 위하여 설치된 복제기기"를 사용한 복제의 경우에는 본 조에서 허용하는 복제로부터 제외하도록 한 것이 제30조 단서 규정이다. 결국, 제30조 본문이 적용되기 위해서는 공중용이 아닌 이용자의 지배하에 있는 복제기기를 사용하여, 이용자가 직접 복제하거나 그 통제 아래에 있는 보조자를 통하여 복제하여야 한다.

종전 저작권법에는 이 단서 규정의 '복제기기'가 '복사기기'라고 되어 있었기 때문에 해석상 이견이 있었다. 종전 저작권법 제30조 단서에서 말하는 '복사기기'의 의미와 그 범위에 관한 것이었다. 일본 저작권법에서도 '복제기기'라는 용어를 사용하고 있는데, 이때의

---

264) 1957년 제정된 구 저작권법은 기계적·화학적 방법에 의하지 아니한 복제만을 허용하고 있었다.

'복제기기'라고 하는 것은 복사, 녹음, 녹화 등의 복제를 행하는 기능을 가지며, 복제장치의 전부 또는 주요한 부분이 전동방식과 같이 자동화되어 있는 기기를 말한다고 한다. 전자복사기, 팩시밀리 등과 같은 복사기기, 오디오 및 비디오테이프 레코더와 고속 더빙기 등과 같은 녹음·녹화기기, 프로그램을 내장한 테이프나 디스크 복사장치 등 기존의 문서, 음원, 영상 등을 그대로 기계적·자동적으로 재제(再製)할 수 있는 복제기기의 대부분이 그 범위에 포함된다. 이에 해당하지 않는 것으로는 조판과 사식(寫植) 과정을 거쳐 복제를 하는 인쇄기기를 생각할 수 있다.[265)]

이에 반하여 종전 우리 저작권법 제30조 단서는 '복사기기'라는 말을 쓰고 있었으므로 이는 모든 복제기기를 포함하는 것이 아니라 주로 문헌 복제에서 많이 이용되는 복제방법인 사진(寫眞)적인 복제(photocopying)를 위한 기기만을 의미하는 것으로 보아야 한다는 견해가 있었다. 이 견해에 의하면 일반적으로 '복사기'라고 불리는 것 외에 복사기의 기능을 가진 복합기와 사진적 복제의 방식을 취하는 팩스기 등의 경우는 여기에 포함된다고 볼 수 있을 것이나, 그렇지 않은 오디오 및 비디오테이프 레코더와 고속 더빙기 등과 같은 녹음·녹화기기, 프로그램을 내장한 컴퓨터 등은 그 범위에서 제외된다고 한다.[266)]

이와 같이 일본과 우리나라의 해석론이 달라졌던 것은 종전 우리 저작권법 제30조 단서가 '복제기기'라고 하지 않고 '복사기기'라는 용어를 사용하고 있었기 때문이다. 종전 우리 저작권법 제30조 단서에 대응하는 일본 저작권법 제30조 제 1 항 제 1 호는 "공중의 사용에 제공하는 것을 목적으로 설치되어 있는 자동복제기기(복제의 기능을 가지고, 이에 관한 장치의 전부 또는 주요한 부분이 자동화되어 있는 기기를 말한다)를 이용하여 복제하는 경우"라고 되어 있다. 저작권법의 정의 규정에 의하면 '복제'의 개념에는 "인쇄·사진촬영·복사·녹음·녹화 그 밖의 방법"이 포함되므로(저작권법 제 2 조 제22호), 종전 우리 저작권법 제30조 단서에서 '복제기기'라는 용어 대신 굳이 '복사기기'라는 용어를 사용하고 있는 것을 보면, 우리 저작권법은 주로 문헌 복제에 사용되는 사진(寫眞)적인 복제를 위한 기기만을 의미한다고 해석하는 것이 타당하였다. 그러나 저작권 업계의 실무에서는 '복사'가 '복제' 전체를 포괄하는 용어로 사용되는 경우도 있으므로 혼란이 생기고 있었다.[267)] 이러한 혼란을 불식시키

---

265) 加戶守行, 전게서, 228면. 우리나라 하급심 판결 중에도 컴퓨터 하드웨어와 소프트웨어가 결합된 것을 복사기기로 본 사례가 있다. 서울고등법원 2009. 4. 30. 선고 2008나86722 판결은, 지상파 TV 송신신호 수신장치, 송신된 신호를 특정 비디오 형식으로 변환하는 장치와 일정 기간 파일을 보관할 수 있는 저장장치(서버) 등 30대의 개인용 컴퓨터 및 이를 제어하는 30여 종의 소프트웨어로 구성되어 있는 '엔탈녹화시스템'에 의한 복제를 제30조 단서에서 정하고 있는 공중의 사용에 제공하기 위하여 설치된 복사기기에 의한 복제로 볼 수 있다고 판시하였다(이해완, 전게서, 468면; 법률신문 2009. 5. 22.).

266) 이해완, 전게서, 468면.

267) 위 서울고등법원 2009. 4. 30. 선고 2008나86722 판결('엔탈녹화시스템' 사건 판결)은, 방영 중인 TV

기 위하여 현행 저작권법에서는 '복사기기'라는 용어 대신 '복제기기'라고 범위를 넓힌 것이다.

복제기기 중에서 "공중의 사용에 제공하기 위하여 설치된" 복제기기를 사용한 복제행위가 본 조에서 허용되는 복제로부터 제외된다. 따라서 개인이 소유하고 있든, 다른 사람으로부터 빌린 것이든 묻지 않고 가정 내에서 사용하는 복제기기는 저작권법 제30조 단서의 복제기기에 해당하지 않는다. 반면에 업자들이 고객으로 하여금 사용하게 할 목적으로 영업소에 설치하여 둔 복제기기는 물론이고, 관공서나 주민을 위한 시설 등의 공공시설에서 주민들이 사용할 수 있도록 설치한 복제기기는 제30조 단서에서 말하는 복제기기에 해당하게 된다.268)

바. 컴퓨터프로그램의 경우

컴퓨터프로그램에 대하여는 사적복제에 관한 저작권법 제30조 규정이 적용되지 않고(저작권법 제37조의2), 대신 저작권법 제101조의3 제 1 항 제 4 호가 적용된다. 이 규정에 의하면 "가정과 같은 한정된 장소에서 개인적인 목적(영리를 목적으로 하는 경우를 제외한다)으로 복제하는 경우 그 목적상 필요한 범위에서 공표된 프로그램을 복제 또는 배포할 수 있다. 다만, 프로그램의 종류·용도, 프로그램에서 복제된 부분이 차지하는 비중 및 복제의 부수 등에 비추어 프로그램의 저작재산권자의 이익을 부당하게 해치는 경우에는 그러하지 아니하다."

이 규정에서 말하는 "가정과 같은 한정된 장소에서 개인적인 목적"으로 이용하는 경우와 저작권법 제30조의 "개인적으로 이용하거나 가정 및 이에 준하는 한정된 범위 안에서"는 그 내용이 다르다. 저작권법 제30조의 경우에는 복제하는 사람 자신이 개인적으로 이용하는 경우뿐만 아니라 가정이나 그에 준하는 한정된 범위 안에 있는 소수의 사람들이 함께 이용하는 경우가 포함될 수 있지만, 프로그램에 대한 저작권법 제101조의3 제 1 항 제 4 호가 적용되기 위해서는 복제하는 사람 자신이 개인적으로 이용하는 것을 목적으로 하는 경우일 것을 필요로 한다. 또한 "가정과 같은 한정된 장소에서"라고 하는 것은 이용자의 범위를 넓히는 것이 아니라 오히려 복제의 장소를 가정 안이나 혹은 그에 준하는 한정된 장소로 제한하는 의미로 해석된다. 즉, 가정과 같은 한정된 장소에서 복제한 경우에만 개인적인 목적으로 이용하는 것이 가능하다는 의미이다. 이러한 해석에 의하면, 공공장소에 설치된

방송콘텐츠를 동영상 파일로 인코딩하여 사이트 서버에 저장한 후 다운로드 받을 수 있는 서비스를 제공한 것은 제30조 단서의 공중의 사용에 제공하기 위하여 설치된 복사기기에 의한 복제에 해당한다고 하여 저작권침해를 인정하였다(상고 후 심리불속행으로 확정).

268) 加戶守行, 전게서, 228면.

PC 등에 의한 복제는 개인적인 목적이라 하더라도 자유이용의 범위에서 제외된다.[269] 이에 반하여, “가정과 같은 한정된 장소에서”라는 의미는 어느 장소에서 복제를 하였든지 간에 가정과 같은 한정된 장소에서 개인적인 목적으로 이용하는 것을 허용하는 취지라고 해석하는 견해도 있다.[270]

3. 복제보상금제도와 복사권센터제도

가. 서 설

사적이용을 위한 복제에 대하여 저작재산권을 제한하고 있는 현재의 법규정은 지금과 같이 복제기술이 발달하기 전에 생겨난 것이다. 과거 복제기기의 성능이나 보급이 지금 같지 않았던 시절에는 별 문제가 없었지만, 오늘날 디지털 기술의 발전에 따라 일반 가정에서조차 손쉽게 복제가 행하여 질 수 있는 상황에서는 저작권법 제30조가 적용될 수 있는 영역과 그 영향력이 크게 확대되었고, 그만큼 저작재산권자의 이익이 침해될 여지도 커지게 되었다. 그럼에도 불구하고 저작권법이 이러한 현실을 제대로 반영하지 못하고 있기 때문에 저작재산권자들로부터 이 점을 지적하는 주장이 강하게 제기되고 있다. 이러한 점을 고려할 때 저작권법 제30조는 저작재산권자의 이익이 부당하게 침해되지 않도록 엄격하게 해석·운용되어야 한다. 그러나 해석론만으로 이러한 불합리를 완전히 해소하기는 곤란하고, 결국 입법을 통하는 것이 보다 근원적이 해결책이 될 수밖에 없을 것이다.

공중의 사용에 제공하기 위하여 설치된 복사기기에 의한 복제를 제30조의 적용대상에서 제외한 것이 그러한 경향을 반영한 사례라고 볼 수 있다. 저작권법 제30조 단서는 저작재산권자를 보호하기 위하여 공중용 복사기기에 의한 복제에 대하여는 사적복제로부터 제외함으로써 저작재산권이 작용할 수 있는 근거규정을 마련한 것이다. 그러나 이 규정만 있으면, 결국 개인용 복사기기를 소장하고 있는 사람만이 사적복제 규정의 혜택을 받을 수 있고, 그렇지 못하여 공중용 복사기기를 사용할 수밖에 없는 사람들은 불이익을 받게 되는 결과가 된다. 따라서 이 규정의 취지를 살리기 위해서는 저작재산권이 작용하면서도, 한편으로는 이용자들이 큰 불편 없이 사적복제를 할 수 있는 실효적인 방안이 필요하다. 그 방

---

269) 이해완, 전게서, 472면; 임원선, 실무자를 위한 저작권법(제4판), 한국저작권위원회(2014), 276면(이 견해에서는, 이 규정이 구 컴퓨터프로그램보호법에 있던 내용을 옮긴 것인데, 사적복제에 관하여 보다 엄격한 기준이 필요하다는 점은 이해되지만 일반 저작물과 이렇듯 차이를 두어야 할 이유를 찾기 어렵다고 비판하고 있다).

270) 최경수, 전게서, 421면. 다만 이 견해는, 이러한 해석에 따를 경우 프로그램에 관한 특례규정을 둔 실익이 거의 없는 것 같다고 덧붙이고 있다.

안으로 제시되고 있는 것은 다음의 두 가지이다.

가장 먼저 생각해 볼 수 있는 것이 복제보상금제도이다. 복제보상금제도는 독일에서 처음 도입된 이래[271] 오스트리아(1980), 헝가리(1981), 콩고(1982), 핀란드(1984), 아이슬란드(1984), 포르투갈(1985), 프랑스(1985), 스페인(1987), 오스트레일리아(1989), 네덜란드(1989), 불가리아(1991), 체코(1991)로 이어지는 등 2001년까지 42개국 이상이 이를 받아들였고, 미국과 일본도 제한적이기는 하나 이 제도를 도입하였다고 한다. 그 밖에 이와 유사하지만 스웨덴이나 노르웨이와 같이 과세제도로 운용하는 나라도 있다고 한다.[272]

또 한 가지 방법으로는 당사자 간의 계약을 통하여 권리처리를 하는 제도를 생각해 볼 수 있다. 이를 위해서는 복제권(복사권) 센터를 설립하여 권리자와 이용자들 사이의 계약체결을 중개 또는 대리하도록 하는 것이 보통이다. 현재 미국이 이러한 제도를 채택하고 있다.

아래에서는 독일식 복제보상금제도와 미국식 복사권센터제도에 관하여 간략하게 소개를 해 두기로 한다.

나. 복제보상금제도

(1) 의 의

복제보상금제도(부과금제도, levy system)는 복사기·녹음기·녹화기와 같은 복제기기나 녹음테이프·녹화테이프 등과 같은 복제용 주변기기를 구입하는 사람은 그것으로 책이나 음악·영화 등 타인의 저작물을 복제할 확률이 크므로, 그와 같은 기기를 구입하는 사람이 저작권자에게 일정한 금액의 보상금을 지급하도록 하는 제도이다. 이때 기기를 구입하는 사람이 직접 저작권자에게 보상금을 지급하는 것이 아니라 기기 가격의 일정비율(예컨대 1 내지 2%)을 추가 부담하도록 하여 그 제조자에게 지급하고, 제조자가 이를 수령하여 저작권위탁관리단체에 지급하면, 이 단체가 회원인 저작권자들에게 보상금을 분배하는 식으로 진행하게 된다. 복제보상금제도는 1955년 독일의 헌법재판소 판례에서 인정되기 시작하여

---

271) 독일 저작권법 제53조(사적이용 및 기타 개인적 이용을 위한 복제), 제54조(보상의무)로서, 1965년 법에 도입되었는데 그 기본적인 내용은 다음과 같다.

(1) 녹음물·녹화물의 경우 권리자에게 귀속되는 보상액: 녹음기 1대당 2.5 DM, 녹화기 1대당 18 DM, 1시간분의 녹음테이프당 0.12 DM, 1시간분의 녹화테이프당 0.17 DM, (2) 문헌복사기의 경우 권리자에게 귀속되는 보상액: 분당 2 내지 12장을 복사하는 복사기 1대당 75 DM, 분당 13 내지 35장을 복사하는 복사기 1대당 100 DM, 분당 36 내지 70장을 복사하는 복사기 1대당 150 DM, 분당 70장 이상을 복사하는 복사기 1대당 600 DM(이상의 경우 컬러복사기인 경우에는 보상액은 2배)-송영식 외 1인, 전게서, 186면에서 재인용

272) 김현철, 디지털환경하의 사적복제 문제에 관한 비교법적 고찰, 저작권심의조정위원회, 2004, 23면.

앞에서 본 것처럼 여러 나라에 전파되고 있다.[273)]

(2) 찬·반 양론

이러한 복제보상금제도에 대하여는 찬·반 양론이 있다.

먼저 반대론은, 복제기기를 사용하는 것은 최종 소비자인데 제조자가 사용료를 부담한다는 것은 부당하며, 모든 복제기기가 사적복제에 사용되는 것도 아닌데 그 기기를 제조하는 제조자들이나 구입하는 소비자들에게 일괄적으로 보상금지급 의무를 부과하는 것은 법리상 문제가 있다고 한다. 그리고 복제보상금제도는 준조세적인 성격이 있고 물가상승을 유발하며, 따라서 그 제품에 대한 국제경쟁력도 감소시킨다는 점 등 현실적이고 정책적인 이유도 들고 있다.[274)]

이에 반하여 찬성론은, 복제기술의 발달에 따라 각종 저작물이 빈번히 복제됨으로 말미암아 저작재산권자의 경제적 이익이 종전에 비하여 현저하게 침해를 당하고 있는 만큼 이를 보상해 줄 필요가 있다는 점을 든다.[275)] 그리고 제조업자가 사용료를 부담하는 것은 권리처리 방법상 불가피한 것이고, 사실상 제조업자는 그가 지급하여야 할 사용료를 제품가격에 얹어 사용자에게 이전할 수 있으므로 문제가 되지 않는다고 한다. 그리고 보상금의 성격은 본질적으로 저작권사용료로서 저작자의 창작행위에 대한 보수이지 준조세적 성격을 갖는 것은 아니며, 보상금을 부과하면 물가가 상승된다고 하지만 저작권료의 지불을 면탈함으로써 물가를 억제한다는 것은 경제논리로도 맞지 않는다고 한다.[276)]

독일 헌법재판소 판결은, 사적복제에 저작재산권자의 보상청구권을 인정하는 것은 복제기기의 매수인이 개인적 이용을 위하여 복제물을 제작할 수 있도록 허용한데 따른 대가이지 준조세가 아니며, 보상금을 직접 부담하는 자는 제조업자들이지만 결국에는 최종 구입자인 복제사용자에게 전가되는 것이어서 제조업자들의 재산권을 제한하는 것이 아니라는 등의 이유를 들어 복제보상금제도가 헌법에 반하는 것이 아니라고 판시하였다.

---

273) 일본에서는 1984년 저작권법을 개정하면서 제30조(사적사용을 위한 복제) 규정을 일부 개정하여, 공중의 사용에 제공하는 것을 목적으로 설치되어 있는 자동복제기기를 사용하여 복제하는 경우는 사적사용을 위한 자유이용으로부터 제외하였고, 그 후 1992년 저작권법을 다시 개정하면서 같은 조에 제 2항을 신설하여, "사적사용을 목적으로 하여 디지털 방식의 녹음 또는 녹화의 기능을 가지는 기기로서 시행령에 정해진 것에 의하여, 그리고 그러한 기기에 제공되는 기록매체로서 시행령에 정해진 것에 의하여 녹음 또는 녹화를 하는 자는 상당한 액수의 보상금을 저작권자에게 지급하여야 한다"고 규정하였다. 아울러 제104조의2 내지 11을 신설하여 사적녹음·녹화의 보상금에 대한 권리행사, 액수, 징수 등에 관한 상세한 규정을 두었다.

274) http://alpha.cpf.or.kr/daou/cpf/word/dec.

275) 황적인, 복제보상금제의 긍정론, 한국저작권논문선집(Ⅱ), 저작권심의조정위원회, 1995, 200면.

276) http://alpha.cpf.or.kr/daou/cpf/word/dec.

복제보상금제도는 복제기술의 발전과 복제기기의 보급에 따라 크게 위협받고 있는 저작권자들의 권익을 보호하여 문화 발전에 기여하는 면에서는 긍정적인 제도로 평가되고 있다. 그리하여 저작권관련단체 등을 중심으로 일찍부터 그 도입이 추진되어 왔으나, 현실적으로 복사기·녹음기·녹화기 제조업체의 원가상승을 불러오는 등 경제적인 이해관계가 맞물려 있어 난항을 겪어 왔다. 우리나라의 경우도 이미 지난 1993년에 문화체육관광부가 이 제도를 도입한 저작권법 개정안을 마련하여 입법예고까지 하였으나, 정부 내의 경제관련 부처인 재정경제부, 산업자원부 등의 강력한 반대로 무산된 바도 있다고 한다. 결과적으로 복제보상금제도는 아직 입법적으로 도입되지는 않았으나, 앞에서 본 바와 같이 공중용 복사기를 이용한 경우를 예외로 보는 단서조항이 신설되고 2000년에 복사권 등에 관한 집중관리단체인 사단법인 한국복제전송저작권협회[277]가 설립됨에 따라 현재 이 협회가 복사점 등과 일괄계약을 맺음으로써 개별적으로 복사를 할 때에는 별도로 허락을 받지 않아도 되도록 하면서 복사로 인하여 피해를 입고 있는 저작권자에게 일부 보상이 돌아가도록 하고 있다.[278]

다. 복사권센터제도

복사권센터제도는 기본적으로 당사자 간의 계약을 통해서 권리처리를 하는 제도라는 점에서 복제보상금제도와는 완전히 다른 시스템이다. 미국과 우리나라가 이 제도를 채택하고 있다. 미국의 경우에는 1987년 설립된 CCC(Copyright Clearance Center: 저작권처리센터)가 중심이 되어 중앙집중적인 복사허락 및 지급 시스템을 사용자와 저작권자 및 출판자에게 제공하고 있다.

우리나라에는 현재 이러한 업무를 수행할 단체로 위에서 언급한 사단법인 한국복제전송저작권협회가 설립되어 있다. 이 협회는 2000. 7. 1. 설립되어[279] 저작권신탁관리업무 허가를 받은 단체로서, 저작권자와 출판권자로부터 저작물의 복사와 전송에 관한 권리위탁을 받아 이를 관리한다. 그리하여 이용자와 복사·전송에 관한 이용허락계약을 체결하여 저작권 사용료를 징수하며, 이용자로부터 징수한 복사·전송에 대한 사용료를 회원단체를 통하여 저작권자 및 출판권자에게 분배하는 역할을 수행한다. 보통의 경우 협회는 저작자와 출판권자를 대표하는 저작자 단체나 출판권자 단체 등과의 계약을 통하여 저작자 및 출판권자의 복사·전송권에 관한 권리위탁을 받고, 그 위탁계약에 기하여 협회가 개인 등 개별이

277) 2012. 12. 6.자로 "사단법인 한국복제전송저작권협회"로 명칭이 변경되었다.
278) 이해완, 전게서, 471-472면.
279) 설립 당시의 명칭은 '사단법인 한국복사전송권관리센터'였다.

용자 또는 행정기관, 대학, 도서관, 기업, 복사점 등과 이용허락계약을 체결한 후 그에 따라 징수된 사용료를 저작자 단체 또는 출판권자 단체에게 지급하면, 그 단체로부터 개별 저작권자나 출판권자가 사용료를 분배받는 구조를 취하고 있다. 즉, 협회는 저작권자 또는 출판권자를 대표하는 단체와 이용자(개인 또는 기관) 사이의 중간에 위치하여 이용허락을 해주고 사용료를 징수 및 분배하는 역할을 수행하는 것이다.

4. 정보통신 발달에 따른 사적복제 규정의 문제점

가. 서 설

저작권법이 사적복제에 관한 규정을 두어 저작재산권을 제한하고 있는 것은, 첫째로, 타인의 저작물을 개인적으로 또는 가정이나 그에 준하는 소수의 한정된 범위 안에서 이용하는 것은 저작재산권자의 경제적 이익을 크게 손상할 우려가 없고, 둘째로, 그것을 일일이 규제하여 저작재산권자의 이용허락을 얻게 하는 것도 현실적이지 못하다는 두 가지 점을 근거로 한 것이다. 그러나 이 규정은 저작재산권 제한규정 중 저작재산권자의 이익을 가장 포괄적으로 제한할 소지가 있는 규정인 만큼 해석·운영에 신중함이 요구된다.

사적복제 규정의 해석·운영을 위한 기준은 따로 마련되어 있지 않고, 이 부분은 사실상 판례와 실무에 맡겨져 있다고 볼 수 있다. 다만, 베른협약 제 9 조 제 2 항은, “특별한 경우에 있어서 저작물의 복제를 허용하는 것은 동맹국의 입법에 맡길 수 있으나, 그러한 복제는 저작물의 통상적인 이용과 충돌하지 않아야 하며, 저작자의 합법적인 이익을 불합리하게 해치지 않아야 한다”라고 규정하고 있다. 이 규정이 사적복제의 해석·운영을 위한 하나의 기준으로서의 기능을 하기도 한다.

사적복제 규정은 복제의 수단과 방법을 묻지 아니한다. 그런데 오늘날에는 정보통신기술의 발달과 함께 문헌 복사기, 오디오·비디오테이프 레코더, 팩시밀리, 스캐너 등 복제기술이 급속도로 발전하고 있고, 과거에는 전문가나 영업소에서만 사용되던 복사용 기계도 요즈음에는 각 가정마다 보급이 되어 있는 실정이다. 따라서 자유로운 사적이용을 허용하는 이 규정에 따라 저작재산권자의 이익이 침해될 여지는 훨씬 더 커지고 있다. 뿐만 아니라 인터넷의 발달과 디지털 환경의 도래는 사적복제 규정에 의한 저작재산권자의 이익 침해 가능성을 더욱 높이는 계기가 되었으며, 그로 인하여 사적복제 규정을 두게 된 두 가지 근거에 대하여 다시 한 번 생각해 보아야 할 필요성이 생겨났다.

디지털·네트워크 환경의 발달에 따라, (1) 복제에 소요되는 노력과 시간은 더 이상 대량복제를 방지하는 요인이 되지 못하게 되었고, (2) 복제를 거듭하여도 원본과 복제물의 질적 차이가 없으며, (3) 원본에 대한 조작이나 변경이 쉽고 그 흔적 또한 거의 남지 않으며, (4) 문자·음성·음향 및 영상 등 존재의 태양이 다른 여러 저작물이 하나의 매체에 상호 연결되어 이용될 수 있고, (5) 디지털화 된 저작물이 인터넷과 같은 통신망을 통하여 순식간에 전 세계에 송신될 수 있게 되었다. 따라서 타인의 저작물을 개인적으로 또는 가정이나 그에 준하는 소수의 한정된 범위 안에서 이용하는 것은 저작재산권자의 경제적 이익을 크게 손상할 우려가 없다는 사적복제 규정의 첫 번째 근거가 디지털·네트워크 환경 아래에서도 타당할 수 있는 것인지 검토해 보아야 한다.

반면에 디지털·네트워크 기술의 발달이 저작권 환경에 미치는 긍정적인 효과도 크다. (1) 디지털 콘텐츠의 표시 식별화가 가능하게 되었고, (2) 표시와 콘텐츠 시장과의 연계가 보다 손쉽게 되었으며, (3) 네트워크 방식의 인증체계가 구축되고, (4) 권리의 다발인 저작권 이용허락을 얻기 위한 협상 채널로서의 저작권집중관리단체의 발달 및 온라인 시스템의 구축이 이루어지고 있으며, (5) 명확하고 정교한 정산시스템이 발달하고, (6) 저작권 등록 시스템과 메타데이터의 연계가 이루어지는 등 저작물의 권리관리가 용이해지고, 이용허락 또한 온라인 시스템을 통하여 손쉽게 받을 수 있는 환경이 도래하고 있다. 아날로그 환경에서는 저작권자들과 이용자들이 일일이 이용허락계약을 체결하는 것이 현실적이지 못하였지만, 디지털·네트워크 환경 아래에서는 손쉽게 개별적인 이용허락이 가능하게 된 것이다. 따라서 사적복제 규정을 두게 된 두 번째 근거도 다시 검토해 보아야 할 필요가 생겼다.

이처럼 종래 아날로그 환경을 전제로 하여 제정된 사적복제 규정은 그 근거에서부터 기본적인 변화가 나타났기 때문에, 저작권자 및 저작인접권자의 권리를 보호함으로써 창작에 대한 인센티브를 제공한다는 저작권법의 기본취지에 비추어 그 개정의 필요성이 계속하여 논의되고 있다. 이하에서는 정보통신기술의 발달에 따른 사적복제 규정에 대한 개정 논의와 판례의 경향에 대하여 살펴보기로 한다.

나. 불법 복제물의 사적복제 허용 여부

(1) 입법론

불법 복제물을 사적이용을 위하여 복제하는 행위도 본 조에 의하여 허용되는가의 문제이다. 먼저 일본의 경우를 살펴본다. 일본 저작권법상 사적복제 규정은 처음에는 '필사'(筆寫)에 의한 사적복제만이 허용되는 것으로 규정하고 있었다. 따라서 기계적 방법이나 화학적 방법에 의한 복제행위에 대하여는 아예 사적복제의 적용이 없었고, 저작재산권이 여전히 효력을 미치고 있었다. 그러다가 "발행할 의사 없이 기계적 또는 화학적 방법에 의하여 복제하는 것"은 위작(저작권침해)으로 보지 않는다고 규정하여[280] 사적복제가 되는 복제수단의 범위를 넓혔다. 그러나 복제기기의 발전으로 기계적 또는 화학적 방법에 의한 복제가 가정 내에서까지 광범위하게 행하여지면서, 복제수단에 따른 구법의 규정은 현실에 맞지 않게 되었다. 이에 "개인적으로 또는 가정 및 그에 준하는 한정된 범위에서 사용할 목적"의 복제는 침해가 되지 않는다고 하여, 목적에 따른 규정으로 변경하였다. 즉, 가정과 같은 사적이고 제한된 영역 내에서 일어나는 행위를 규제하는 것은 현실적으로 곤란하다는 고려에 따라, 복제의 수단을 묻지 않고 사적복제를 허용하는 내용으로 개정한 것이다. 다만, 사적복제 규정에 따라 만들어진 복제물이라 하더라도 이를 그 목적 외에 사용하는 것은 금지하고 있다.[281] 그러다가 최근에 와서는 다시 ① 공중의 사용에 제공되는 것을 목적으로 하여 설치된 자동복제기기를 이용하여 복제하는 경우, ② 기술적 보호수단의 회피에 의하여 가능하게 되거나, 그 결과에 장애가 생기지 않도록 하여 이루어진 복제를 그러한 사실을 알면서 행하는 경우, ③ 저작권을 침해하는 자동공중송신(국외에서 행해지는 자동공중송신으로, 국내에서 행해졌다면 저작권의 침해가 되는 것을 포함한다)을 수신하여 행하는 디지털 방식의 녹음 또는 녹화를 그 사실을 알면서 행하는 경우는 사적복제 규정의 적용에서 제외하는 것으로 법을 개정하였다.[282] 이런 점을 보면, 일본의 경우 처음에는 아주 좁은 범위에서만 사적복제를 허용하였던 것을 대폭적으로 허용하는 쪽으로 개정하였다가, 다시 일부 제한을 가하는 방향으로 법 개정이 이루어졌다고 할 수 있다.

2004년 개정된 독일 저작권법 제53조 제 1 항은, "사적이용을 위하여 자연인이 저작물을 임의의 매체에 개별적으로 복제하는 행위는, 직·간접적으로 영업목적이 아니며 복제를 위해 명백하게 위법 제작된 모형이 사용되지 않는 한도 내에서 허용된다."고 규정함으로써, 불법복제물을 다시 복제하는 것은 사적복제 허용범위에서 제외하고 있다.

우리나라 저작권법도 앞에서 본 바와 같이 일본 저작권법의 ①과 같은 내용은 이미 반영이 되어 있다. 한편, 2005년 2월 경 국회에서 저작권법 중 사적복제 규정의 개정안이 제시된 바 있는데, 그 개정안의 내용은 개정 전 저작권법 중 사적복제에 관한 제27조(현행법 제30조)의 단서에 "저작권을 침해하여 만들어진 복제물 또는 정당한 권리 없이 배포·방송·전송된 복제물을 그 사실을 알면서 복제하는 경우"는 사적이용을 위한 복제로 허용되

---

280) 구 일본 저작권법 제30조 제 1 항 제 1 호.

281) 일본 저작권법 제49조(복제물의 목적 외 사용 등) 제 1 항: 다음에 열거한 자는 제21조의 복제를 행한 것으로 본다. 1. 제30조 제 1 항 … 에서 정하는 목적 이외의 목적을 위하여 이 규정의 적용을 받아 작성된 저작물의 복제물을 배포하거나 또는 당해 복제물에 의해 그 저작물을 공중에게 제시한 자.

282) 일본 저작권법 제30조 제 1 항 제 1 호, 제 2 호, 제 3 호. 제 1 호와 제 2 호는 1999년 개정법에서 추가되었고, 제 3 호는 2009년 개정법에서 신설되었다.

는 범위에서 제외한다는 것이었다. 이 개정안은 일본 저작권법 중 위 ②의 부분과 연결지어 볼 수 있을 것이나 그 내용은 사뭇 다르다. 일본 저작권법은 "기술적 보호수단의 회피"에 따른 사적복제를 불허하는 것인데 반하여, 우리 저작권법 개정안은 "저작권을 침해하여 만들어진 복제물" 즉 불법복제물을 다시 복제하는 행위를 불허하는 것이다. 이 개정안은 일본 저작권법 중 위 ③의 부분과 내용이나 효과면에서 유사하다. 이 개정안은 권리자들의 많은 관심을 불러일으킨 바 있으나, 결국 법안으로 성립하지는 못하였고 따라서 현행법은 종전 저작권법과 차이가 없다.[283] 그러나 정보통신과 디지털 기술의 발달에 따라 사적복제 규정이 권리자 및 이용자에게 미치는 영향이 매우 크므로, 이 규정에 관한 개정 논의는 앞으로도 계속될 것으로 보인다.

(2) 판 례

하급심판결이지만 서울중앙지방법원 2008. 8. 5.자 2008카합968 결정에서는 불법 저작물을 다시 복제하는 것은 저작권침해의 상태가 영구히 유지되는 부당한 결과가 생긴다고 하여 사적복제로서 허용될 수 없다고 한 판례가 있다. 이 판결에서는, "인터넷 이용자들이 저작권자로부터 이용허락을 받지 않은 영화 파일을 업로드하여 웹스토리지에 저장하거나 다운로드하여 개인용 하드디스크 또는 웹스토리지에 저장하는 행위는 유형물인 컴퓨터의 하드디스크에 고정하는 경우에 해당하므로 특별한 사정이 없는 한 저작권자의 복제권을 침해한다. 그런데 저작권법 제30조는 이른바 사적이용을 위한 복제를 허용하고 있으므로, 위와 같은 이용자들의 복제행위가 이에 해당하여 적법한지 여부를 살펴 볼 필요가 있다. 먼저 웹스토리지에 공중이 다운로드할 수 있는 상태로 업로드되어 있는 영화 파일을 다운로드하여 개인용 하드디스크 또는 비공개 웹스토리지에 저장하는 행위가 영리의 목적 없이 개인적으로 이용하기 위하여 복제를 하는 경우에는 사적이용을 위한 복제에 해당할 수 있다. 그러나 업로드되어 있는 영화 파일이 명백히 저작권을 침해한 파일인 경우에까지 이를 원본으로 하여 사적이용을 위한 복제가 허용된다고 보게 되면 저작권침해의 상태가 영구히 유지되는 부당한 결과가 생길 수 있으므로, 다운로더 입장에서 복제의 대상이 되는 파일이 저작권을 침해한 불법파일인 것을 미필적으로나마 알고 있었다면 위와 같은 다운로드 행위를 사적이용을 위한 복제로서 적법하다고 할 수는 없다"고 하였다.[284]

---

283) 다만, 현행법이 '공중'에 관한 정의규정을 신설하면서 단서에서 종전 '일반공중'이라고 했던 용어를 '공중'이라고 통일한 것만 차이가 있을 뿐이다.

284) 아울러 이 판결에서는 개인용 하드디스크에 저장된 영화 파일을 '비공개' 상태로 업로드하여 웹스토리지에 저장하는 행위에 관하여도, "해당 파일이 예컨대 DVD를 합법적으로 구매하여 이를 개인적으로 이용할 목적으로 파일로 변환한 것과 같이 적법한 파일인 경우라면, 이를 다시 웹스토리지에 비공개

그러나 이 판결처럼 원본의 적법성 여부에 따라서 사적복제 해당 여부를 판단하는 것은 입법적 조치가 이루어지지 않은 현행 저작권법의 해석론상 가능한지 문제가 될 수 있다. 일본이나 독일의 경우와 달리 불법복제물을 복제한 경우 사적복제 허용범위에서 제외하는 명문규정을 두고 있지 않는 우리나라의 입장에서, 또 아직 2005년 저작권법 개정안과 같은 입법적 조치가 이루어지지도 않은 상태에서 위 하급심판결과 같이 해석하는 것은 상당한 무리가 있을 수 있다.[285] 그러나 정보통신과 디지털 기술의 발달에 따라 사적복제 규정이 권리자 및 이용자에게 미치는 영향이 매우 크다는 점을 고려할 때 충분히 연구·검토해 볼 만한 의미가 있는 판결이라고 생각된다.

일본의 경우, 2009년 개정법에 의하여 위 제30조 제 1 항 제 3 호의 "저작권을 침해하는 자동공중송신을 수신하여 행하는 디지털 방식의 녹음 또는 녹화를 그 사실을 알면서 행하는 경우"를 사적복제의 허용범위에서 제외하는 규정이 신설되기 전에는, 위법 복제물을 사적사용 목적을 위하여 복제하는 것도 사적복제에 해당하여 저작재산권이 미치지 않는다고 해석하고 있었다.[286] 그러나 인터넷상에 업로드 된 불법 복제물을 사적이용 목적으로 복제하는 사례가 증가함에 따라 법개정을 하여야 한다는 논의가 있었고, 이에 따라 위 제 3 호의 규정을 신설함으로써 어느 정도 입법적 해결을 보았다고 할 수 있다.

다. 새로운 기술의 등장과 사적복제

(1) 스타디지오 사건 판결[287]

(가) 사건의 배경

스타디지오 사건은 통신위성(CS)을 통한 라디오 방송에 의하여 이루어지는 음악 콘텐

상태로 저장하는 행위도 사적이용을 위한 복제로서 적법하다고 할 것이나, 해당 파일이 불법 파일인 경우라면 이를 웹스토리지에 비공개 상태로 저장하더라도 그것이 사적이용을 위한 복제로서 적법하다고 할 수는 없다"고 하였다.

285) 다만, 독일의 경우에는 위와 같은 명문 규정이 도입되기 전에도 이미 항소심 및 대법원(BGH) 판결로, 사적복제를 위해서 피고가 원본을 적법하게 취득해야 한다는 것은 비록 명시적 요건은 아니지만, 사적이용을 위한 복제를 규정한 독일 저작권법 제53조의 불문의 구성요건에 해당한다고 판시한 사례가 있다고 한다. 이러한 판결의 영향으로 2004년 독일 저작권법 제53조 제 1 항이 개정되었다는 것이다(박성호, 전게서, 569면 참조).

286) 中山信弘, 著作權法, 법문사(2008), 216면.

287) 동경지방법원 2000. 5. 16. 판례타임즈 1057호, 221면 이하(빅터 사 외 8명 v. 제일흥상·일본디지털방송의 제 1 사건과, 일본 콜롬비아사 외 7명 v. 제일흥상의 제 2 사건이 있다). 2002. 12. 26. 보도에 의하면, 항소심인 동경고등법원에서 화해가 성립하였는데, 화해조건은 ① 피고측은 악곡의 방송개시와 종료시간을 인터넷 홈페이지 등으로 사용자에게 사전에 알리지 않는다. ② 피고측은 신보 싱글앨범은 발매일을 포함하여 5일간, 신보 앨범은 발매일을 포함하여 11일간, 방송하지 않는다는 것 등이라고 한다.

츠의 송신이 음반제작자의 저작인접권을 침해하는 것인지 여부가 문제로 된 사건으로, 다음의 저작권법 제34조 "방송사업자의 일시적 녹음·녹화" 부분에서 보다 상세히 검토해 볼 것이다(따라서 그 배경과 사실관계에 관하여는 그 부분을 참고하기 바란다). 이 판결에는 피고가 방송으로 송신한 음악콘텐츠를 일반 청취자들이 녹음테이프로 녹음하는 것이 사적복제에 해당하는지 여부 등 '사적복제의 허용범위'와 관련한 판시가 포함되어 있고, 그 판시를 둘러싸고 일본에서 많은 논쟁을 불러일으켰다. 이 부분 판결의 내용을 살펴본다.

저작재산권자인 원고의 주장은 다음과 같다. 우선 사적복제에 관한 일본 저작권법 제30조 제1항은 베른협약 제9조에 근거를 둔 규정인데, 베른협약 제9조(2) 단서에서는 "다만, 그러한 복제가 당해 저작물의 통상의 이용을 방해하지 않고, 저작자의 정당한 이익을 해하지 않을 것을 조건으로 한다"고 규정하고 있으므로, 그 조건을 만족하지 않는 복제행위는 일본 저작권법 제30조 제1항이 허용하는 사적복제에 해당하지 않는다는 것이다. 피고가 행하고 있는 프로그램 방송(송신)은 시판되는 CD의 전체 송신(full size 송신), 디지털 송신, Near On-Demand 송신, 프로그램 예고송신, 60분 송신, 신보 송신 등인데, 이는 영리를 목적으로 수신자로 하여금 복제를 가능케 하는 영업적 음반 송신 서비스로 보아야 한다. 음반에 있어서 '통상의 이용'은 곧 그 음반을 공중에 판매하는 것인데, 이 사건 프로그램을 공중에게 송신하는 것은 시판 중인 CD의 판매기회를 박탈하는 것이며, 피고의 방송을 통하여 송신된 음원을 일반 수신자들이 녹음테이프(MD)로 녹음하는 행위는 시판되는 CD와 대체성이 있는 물건을 CD의 판매가격보다도 훨씬 싸게 작성하는 행위로서, 이는 음반제작자의 "저작물의 통상의 이용을 방해"하는 행위라는 것이다.

(나) 판시 내용

이에 대한 법원의 판결은 다음과 같다. 피고 방송의 개별 수신자들의 음원 녹음행위는 "개인적 또는 가정 기타 그에 준하는 한정된 범위 내에서 사용되는 것"을 목적으로 행하여진 것이고, 그 녹음이 공중의 사용에 제공된 복사기기에 의하여 이루어진 것도 아니므로, 이 사건에서 수신자에 의한 피고 방송의 녹음행위는 '사적이용을 위한 복제'에 해당한다. 비록 일부 수신자 중에는 그러한 사용을 초과하는 목적으로 녹음을 하는 사람들이 있겠지만, 피고가 그러한 녹음을 구체적으로 교사·방조하고 있다고 보이지 않는다. 또한 원고가 사적복제 규정은 베른협약 제9조(2) 단서의 조건을 만족한다는 전제 하에 적용되어야 한다고 주장하지만, 구체적으로 어떠한 태양이 그 조건을 만족하는 것인가에 관해서는 베른협약이 이를 명시적으로 규정하고 있지 않으므로, 이는 결국 각 동맹국의 입법에 위임된 문제이다. 따라서 사적복제로서 허용되는지 여부를 판단함에 있어서는 저작권법상 사적복제 규정에 해당하는지 여부를 판단하면 족한 것이지, 동 조항의 배경으로 되고 있는 베른협약의 규정까지 쟁점으로 삼을 것은 아니다. 결국 행위의 목적·태양에 비추어 볼 때 본래 "사적복제"에 해당하여야 할 개개의 수신자에 의한 녹음행위에 대하여, 그것이 공중송신이라는 특수한 성격의 행위를 기초로 이루어졌음을 이유로 하여 "사적복제"에 해당하지 않는다고 한다면, 이는 개개의 수신자에게 자기책임 영역에 속하지 않는 타인의 행위에 대해서까지 책임을 부담케 하는 것과 같은 결과로 될 것이어서 부당하다.

(2) 파일로그 사건 판결[288)]

피고(일본 MMO)가 제공하고 있는 파일로그(File Rogue) 서비스는 인터넷을 경유하여 중앙서버에 접속된 불특정다수의 사용자 컴퓨터에 수록된 파일 중에서 동일한 시점에 중앙서버에 접속되어 있는 다른 사용자가 원하는 파일을 선택하여 무료로 다운로드 할 수 있도록 해 주는 것이다. 이 서비스는 미국의 Napster와 유사한 P2P 서비스인데, 이러한 P2P 파일교환에 의한 음악 콘텐츠의 유통이 저작권 내지 저작인접권을 침해하는 것인지 여부가 문제로 되었다.[289)] 이 판결을 이해하기 위해서는 우리 저작권법에는 없는 일본 저작권법 제49조 제 1 항에 유의할 필요가 있다. 일본 저작권법 제49조(복제물의 목적 외 사용 등) 제 1 항은 "다음에 열거한 자는 제21조의 복제를 행한 것으로 본다."고 규정하면서, 제 1 호에서 "제30조 제 1 항 … 에서 정하는 목적 이외의 목적을 위해 이러한 규정의 적용을 받아 작성된 저작물의 복제물을 배포하거나 또는 당해 복제물에 의해 당해 저작물을 공중에게 제시한 자"를 규정하고 있다. 즉, 사적복제 규정에 따라 만들어진 복제물이라 하더라도 이를 그 목적 외에 사용하는 것은 복제권침해로 간주되는 것이다. 이 사건에서 '사적복제'에 근거한 피고의 항변과 그에 대한 법원의 판단은 다음과 같다.

피고는 일본 저작권법 제49조 제 1 항 제 1 호가 적용되기 위해서는 '음반에 수록된 음원 등'이 사적이용 목적으로 작성된 복제물 자체로서 공중에게 제시될 필요가 있으나, 이 사건에서 수신자 측 컴퓨터에 복제되는 음원은 '송신자'가 사적이용 목적으로 작성한 복제물에 의하여 제시되는 것이 아니라, '수신자'가 사적이용 목적으로 작성한 복제물이므로, 사적이용 목적으로 작성된 MP3 형식의 음악 파일을 공유폴더에 저장한 채 피고의 서버에

288) 동경지방법원 2002. 4. 9. 선고 2002년 22010호 판결.
289) 파일로그 사건에 관해서는 2002. 4월에 가처분결정이 내려졌는데, 그 중 저작인접권 부분에 대하여는 동경지방법원 2002. 4. 9.(채권자는 콜럼비아 외 18개사) 결정이, 저작권 부분에 대하여는 동경지방법원 2002. 4. 11.(채권자는 일본음악저작권협회인 JASRAC) 결정이 각각 내려졌다(판례타임즈 1092호 1100면). 그 후 2003. 1월에 권리침해와 배상책임을 인정하는 중간판결이 선고되었으며(동경지방법원 2003. 1. 29. 판결. 저작권 및 인접권의 양자에 관하여 같은 날에 판결이 내려졌다), 최종적으로 같은 해 12. 17.에 저작권자·저작인접권자의 청구를 인용하는 종국판결이 선고되었다(동경지방법원 2003. 12. 17. 판결, 피고 항소).

접속한다고 하더라도, 그것이 저작권법 제49조 제1항 제1호의 복제권 침해 간주규정의 적용을 받는 것은 아니라고 주장하였다.

이에 대하여 법원은, 이용자가 처음부터 공중에게 송신할 것을 목적으로 음악 CD를 MP3 형식의 파일로 변환한 경우에는 일본 저작권법 제30조 제1항의 규정의 해석상 당연히 복제권 침해를 구성하고, 설사 처음에는 사적이용 목적으로 복제한 경우라 하여도 공중이 당해 MP3 파일을 송신하여 음악을 재생가능한 상태로 만든 경우에는 그 복제물에 의하여 당해 저작물을 공중에게 제시한 것에 해당하므로 일본 저작권법 제49조 제1항 제1호의 규정에 따라 복제권 침해를 구성한다고 판시하였다.

(3) 위 판결들에 대한 검토

이상에서 본 바와 같이 스타디지오 사건에서는 이용자에 의한 복제행위는 사적복제로서 적법한 것이라고 판단하였는데, 파일로그 사건에서는 반대로 이용자에 의한 복제는 적법한 사적복제에 해당하지 않는다고 판단하였다. 이와 같이 두 사건에서 결론에 차이가 나는 것은, 스타디지오 사건에서는 사용자인 수신자가 녹음한 방송 파일은 원칙적으로 오로지 당해 수신자가 자기 또는 가정에서 청취하기 위한 것이고 사적복제의 목적을 초과하여 그 녹음물을 제3자에게 배포할 개연성이 있다고 볼 사정도 존재하지 않음에 대하여, 파일로그 사건에서는 이용자가 파일교환 소프트웨어를 다운로드함으로써 자기 자신이 그 복제물을 사용할 뿐만 아니라, 시스템상으로나 현실적으로나 공중송신에 제공할 목적(사전 목적이든, 사후 목적이든)으로 음악파일을 복제하는 것이라고 인정되었기 때문이다.[290)]

즉, 송신자의 입장에서 수신자가 자기의 단말기에 복제를 할 것이라는 점을 전제로 송신하는 경우 그 실질은 복제물의 반포행위와 다를 바 없고, 그 경우에는 당해 복제행위의 법적 주체는 개개의 수신자가 아니라 송신자라고 볼 수 있다. 그러나 수신자 측의 임의적인 의사에 의하여 사적복제가 행하여지는 경우에는, 설사 복제의 개연성이 높다고 하여도 송신자 측에게 직접 복제행위의 주체성을 인정하기는 어렵다는 것이다.

이 점과 관련하여 스타디지오 사건의 동경지방법원은 "… 본건 방송의 서비스 형태가 … 녹음(복제)행위를 유인·조장하는 면이 있다는 것은 부정할 수 없으나, 그에 의하여 녹음을 실제로 행할 것인지에 관하여 수신자의 자유의사가 배제되어 있는 것은 아니므로, 피고가 수신자를 자기의 수족으로서 이용하고 있다고 할 수 있을 정도의 관리·지배의 관계를 인정할 수는 없다"고 판단하고 있다. 이것을 뒤집어 말하면 수신자의 "자유의사가 배제

---

290) 大澤恒夫, IT分野と私的複製·引用に關聯する若干の檢討, 著作權法の權利制限規定をめぐる諸問題, 權利制限委員會, 社團法人 著作權情報センター, 2004. 3, 38면.

되고 있다"고 인정되는 경우에는 수신자 측의 복제행위가 사적이용 목적인 경우에도 송신자 자신이 (수신자를 수족으로 하여) 복제행위를 행하는 것으로 볼 수 있다는 것이다. 또한 파일로그 사건에서 피고의 행위가 위법이라고 판단한 실질적 이유는 수신자 측의 자유의지의 개재 유무에 있다기보다는, 송신된 파일이 저작권법상 적법하게 복제된 것이 아니라는 점(이에 반하여 스타디지오 사건에서는 송신된 음악파일은 방송을 위한 일시적 고정에 의한 것으로서 그 적법성이 인정되었다), 수신자가 주관적으로는 사적이용의 목적으로 수신을 한다고 하여도, 시스템적으로는 공중송신을 가능하게 할 개연성이 높은 것이 현실이라는 점 등에 비추어 볼 때, 이는 객관적으로 '사적복제'에 해당하기 어려운 위법한 행위라고 판단한 것이라고 해석되고 있다.[291)]

(4) 우리나라 판례 – '소리바다' 판결[292)]

(가) 사건의 배경

피고의 소리바다 서비스는 이용자(접속자)들의 개인 컴퓨터들이 서로 연결되어 직접 파일을 주고받는 통신방식인 이른바 'P2P'(peer to peer) 방식의 MP3 음악파일 공유서비스이다. 미국의 Napster 서비스가 회사의 중앙서버에 이용자들이 가진 음악파일들에 관한 각종 정보, 가령 파일명, 파일크기 등을 리스트로 저장하고 있다가 다른 이용자의 검색요구가 있을 때 중앙서버가 검색을 수행하여 그 결과를 검색요구자에게 전송하는 방식을 취하는 것임에 반하여, 소리바다에서는 중앙서버가 이용자들의 IP주소와 같이 연결에 필요한 정보만 보관하여 다른 이용자들의 로그인 상태를 알려줄 뿐, 파일명, 파일크기 등의 리스트가 보관되지 않는다는 차이점이 있다. 그리하여 기존의 P2P 방식에서의 문제점, 즉 비대한 중앙서버 운영에 따른 재정적 부담 또는 파일전송 과정에서의 기술적 병목현상을 동시에 해결한 시스템으로 평가받고 있다. 소리바다 시스템에서는 다른 이용자의 검색요구가 있으면 그 명령이 중앙서버를 통하기는 하지만 중앙서버가 검색을 수행하는 것이 아니라, 중앙서버를 통하여 검색요청을 전달받은 다른 이용자의 컴퓨터에 설치된 소리바다 소프트웨어가 검색기능을 수행하여 다시 중앙서버를 통하여 전달하게 된다.

이러한 소리바다 서비스에 대하여 음악저작권자와 음반제작자 등 권리자들이 서비스 중지 가처분 및 손해배상 등의 소송을 제기한 것이 이 사건이다. 이 사건은 사적복제뿐만

291) 상게서, 39면.

292) 소리바다 사건에 관하여는 가처분 사건, 가처분이의 사건, 민사 본안사건 및 형사사건 등 여러 사건이 1심과 2심을 거쳐 진행되었는바, 이하에서 검토하는 것은 가처분이의 사건인 수원지방법원 성남지원 2003. 2. 14. 선고 2002카합284 판결과 그에 대한 항소심인 서울고등법원 2005. 1. 12. 선고 2003나21140 판결(대법원 2007. 1. 25. 선고 2005다11626 상고기각 판결로 확정)이다.

아니라 과실에 의한 방조책임 등 여러 가지 다양한 법률적 쟁점을 포함하고 있는데, 여기서는 사적복제의 항변 부분에 한정하여 살펴보기로 한다.

(나) 판시 내용

소리바다 제 1 심 가처분 이의사건 판결은, "사적복제에 해당하여 복제가 허용되기 위해서는, (i) 영리의 목적이 없어야 하고, (ii) 이용범위가 개인적 이용이나 가정 및 이에 준하는 한정된 범위로 국한되어야 한다"는 것을 전제하였다. 그리고 본건의 경우 먼저 (i)의 요건에 관하여 보면, "소극적으로 저작물의 구입비용을 절감하는 정도만으로는 영리의 목적을 인정하기에 부족하지만, 시판되는 게임프로그램 등을 다른 사람이 구입한 게임CD로부터 복제하는 경우와 마찬가지로 통상 대가를 지급하고 구입해야 하는 것을 무상으로 얻는 행위에는 영리의 목적이 인정된다. 그런데 피고들이 소리바다 서비스를 시작한 후에도 음반제작자들은 곡당 900원에 인터넷을 통하여 MP3 파일을 판매하여 왔으므로 음반제작자들로부터 이용자들이 MP3 파일을 구입하는 대신 소리바다 서비스를 통하여 무상으로 다운로드 받는 행위에는 영리적 목적이 인정된다"고 하였다. 다음으로 (ii)의 요건에 관하여는, "한정된 범위에서의 이용이 되려면 이용인원이 소수이고, 이용인원들 사이에 강한 인적결합이 존재할 것이 요구되는데, 소리바다 서비스는 약 450만 명 이상의 회원 수, 5,000명 이상의 동시접속이용자 수, P2P 네트워크의 특성상 공유폴더에 MP3 파일이 위치하기만 하면 불특정다수의 소리바다 이용자들 사이에 MP3 파일의 교환행위가 연쇄적이고 동시다발적으로 이루어지는 점 등에 비추어 보면, 이를 개인, 가정 또는 이에 준하는 한정된 범위에서의 이용이라고 볼 수 없다"고 하여 사적복제의 항변을 배척하였다.

한편, 위 판결의 항소심 판결에서는 1심 법원이 제시한 사적복제의 (i)과 (ii)의 요건 중 (i)의 '비영리적 목적'의 요건은 판단하지 아니하고, (ii)의 요건만을 판단한 후 그 (ii)의 요건을 충족하지 못하였으므로 사적복제로서 허용되지 않는다고 하였다. (ii)의 요건을 충족하지 못하였다고 본 이유는 1심 판결의 것과 같다. 이러한 판시는 그 이후 계속된 일련의 소리바다 사건의 각급 법원 판결에서도 거의 그대로 유지되었다.

X. 도서관 등에서의 복제

1. 의 의

도서관법에 의한 도서관 및 도서·문서·기록 그 밖의 자료를 공중의 이용에 제공하는 시설 중 대통령령이 정하는 시설에서는 다음과 같은 경우에 보관된 자료를 사용하여 저작물을 복제할 수 있다. 첫째, 조사·연구를 목적으로 하는 이용자의 요구에 따라 공표된 저작물의 일부분의 복제물을 1인 1부에 한하여 제공하는 경우, 둘째, 도서관 등이 자료의 자체보존을 위하여 필요한 경우, 셋째, 다른 도서관 등의 요구에 따라 절판 그 밖에 이에 준하는 사유로 구하기 어려운 저작물의 복제물을 보존용으로 제공하는 경우이다(저작권법 제31조 제 1 항). 다만, 위 첫째와 셋째의 경우에는 디지털 형태로 복제할 수는 없다(같은 항 단서).

정보사회의 진전에 따라 도서관은 자료를 수집·정리·보존하여 열람·대출의 방법으로 이용에 제공하는 것만으로는 이용자의 요구를 만족시킬 수 없으며, 복제서비스 등 이용자에 대한 적극적인 봉사활동이 요구되고 있다. 이에 저작권법은 도서관 등에서 저작물의 복제가 이용자의 조사·연구를 통하여 학술문화발전에 유익하게 기능할 수 있도록, 일정한 경우에 저작재산권을 제한하여 저작물의 자유로운 복제를 허용함으로써 사익과 공익의 조화를 도모하고 있다.[293)]

2. 요 건

가. 도서관 등이 복제의 주체일 것

저작권법 제31조에 의한 자유이용을 할 수 있는 것은 도서관 등이 복제의 주체로 된 경우에 한한다. 이와 관련하여서는 복제장소가 도서관 등 시설 내인 것을 의미하는 것이 아니라, 복제행위의 주체가 도서관이라는 것, 즉 도서관 직원의 관리 아래에서 이루어지는 복제행위일 것을 요구한다고 보고 있다.[294)] 따라서 실제로는 도서관의 직원이 그러한 복제행위를 하게 될 것이지만, 도서관 직원의 지시감독 하에 이용자가 복제를 하는 경우에도 본 조의 적용이 있다고 볼 것이다. 그러나 전문 복사업자가 도서관 구내에 복사기를 설치하여 도서관 이용자 등의 요청에 따라 복제서비스를 제공하는 것은 도서관 등이 주체적으로 복제 업무를 행하는 것으로 볼 수 없으므로 이에 해당하지 않는다. 도서관 구내에 설치된 도서관 소유의 복사기를 사용하여 도서관 이용자가 스스로 그 도서관에 비치된 자료를 복제하는 행위 역시 본 조에 해당하는 것으로 보기 어려울 것이다.

일본에서는 도서관 내 또는 그에 인접한 장소에 코인식 복사기(또는 복사카드식 복사기)를

---

293) 하용득, 전게서, 202면.

294) 早稲田祐美子, 圖書館をめぐる權利制限の問題, 著作權法の權利制限規定をめぐる諸問題, 權利制限委員會, 社團法人 著作權情報センター, 2004. 3, 52면.

설치하고 이용자가 도서관 등의 자료를 직접 복사하는 행위가 문제로 된 바 있다. 그 형태로는, ① 도서관 내에 코인식 복사기를 설치하고 이용자가 복사기를 조작하여 복사하는 행위, ② 도서관으로부터 도서 등 자료를 대출받아 도서관 바깥의 인접한 장소에 설치된 코인식 복사기에서 이용자가 복사하는 행위를 생각할 수 있다. 이때 ①에 대하여는 복제사업의 주체가 도서관인 경우, 즉 도서관 직원의 감리 하에서 이용자가 도서관 직원의 수족으로 복사를 하는 경우라면 본 조의 범위 내라고 볼 수 있지만, 도서관 직원의 관리 아래에 있지 않은 이용자가 전적으로 자유롭게 복사를 할 수 있는 상태에 있는 경우라면 본 조의 적용범위를 넘는 것이라고 보고 있다. ②의 행위는 도서관 자료 대출의 취지를 일탈하는 것으로서, 이러한 행위를 허용한다면 저작권법 제31조에서 복제를 저작물의 일부분에 한정한 의미가 없고 저작권자의 권리를 크게 침해한다고 보고 있다.[295)][296)]

도서관법(2006년 10월 4일 법률 제8029호) 제 2 조에서는 도서관을 "도서관자료를 수집·정리·분석·보존하여 공중에게 제공함으로써 정보이용·조사·연구·학습·교양·평생교육 등에 이바지하는 시설"이라고 정의하고 있다. 그리고 도서관의 종류를 공공도서관·대학도서관·학교도서관·전문도서관으로 구분한다.[297)] 이와 같은 도서관 및 도서·문서·기록 그 밖의 자료를 공중의 이용에 제공하는 시설 중 대통령령(저작권법시행령) 제12조가 정하는 시설

295) 早稲田祐美子, 전게논문, 53면.

296) 일본에서는 지방자치단체가 도서관 내에 코인식 복사기를 비치하고 이용자가 복사기를 조작케 하는 것이 저작권법 위반에 해당하는지 여부가 문제로 되어, 일본서적출판협회가 당해 지방자치단체에 대하여 그러한 행위의 중지를 구하는 내용증명 우편을 보내는 사태가 있었다고 한다.

297) 도서관법에서 정하고 있는 각각의 도서관의 정의는 다음과 같다.

(1) 공공도서관: 공중의 정보이용·문화활동·독서활동 및 평생교육을 위하여 국가 또는 지방자치단체가 설립한 도서관이나 공중에게 개방할 목적으로 민간기관 및 단체가 설립한 도서관을 말한다. 다음 각 호의 시설은 공공도서관의 범주 안에 포함된다.

가. 제5조의 규정에 따른 도서관의 시설 및 자료기준에 미달되는 소규모의 비영리 독서시설인 문고
나. 장애인에게 도서관서비스를 제공하는 것을 주된 목적으로 하는 장애인도서관
다. 의료기관에 입원 중인 사람에게 도서관서비스를 제공하는 것을 주된 목적으로 하는 병원도서관

(2) 대학도서관: 고등교육법에 의하여 설립된 대학(산업대학·교육대학·전문대학·방송대학·통신대학·방송통신대학·기술대학 및 이들과 유사한 각종 학교를 포함한다) 및 다른 법률의 규정에 의하여 설립된 대학교육과정 이상의 교육기관에서 교수와 학생의 연구 및 교육을 지원함을 주된 목적으로 하는 도서관

(3) 학교도서관: 고등학교 이하의 각급학교(이에 준하는 각종 학교를 포함한다)에서 교원과 학생의 교수·학습활동을 지원함을 주된 목적으로 하는 도서관 또는 도서실

(4) 전문도서관: 그 설립기관·단체의 소속원 또는 공중에게 특정분야에 관한 전문적인 도서관봉사를 제공함을 주된 목적으로 하는 도서관

(5) 특수도서관: 장애인, 군사시설에서 근무 중인 자 기타 대통령령이 정하는 자에게 학습·교양·조사·연구 및 문화활동 등을 위한 도서관봉사를 제공함을 주된 목적으로 하는 도서관

(6) 병영도서관: 육군, 해군, 공군 등 각급부대의 병영 내 장병들에게 교육, 학습, 연구 및 문화활동 등을 위한 도서관봉사를 제공함을 주된 목적으로 하는 특수도서관.

만이 제31조에 의한 복제를 할 수 있다. 본 조에 해당하는 시설로는 다음과 같은 것들이 있다.[298]

(1) 도서관법에 따른 국립중앙도서관·공공도서관·대학도서관·학교도서관·전문도서관(영리를 목적으로 하는 법인 또는 단체에서 설립한 전문도서관으로서 그 소속원만을 대상으로 도서관봉사를 하는 것을 주된 목적으로 하는 도서관은 제외한다)
(2) 국가, 지방자치단체, 영리를 목적으로 하지 아니하는 법인 또는 단체가 도서·문서·기록과 그 밖의 자료를 보존·대출하거나 그 밖에 공중의 이용에 제공하기 위하여 설치한 시설

나. 복제의 대상 및 태양

도서관 등에 보관된 도서 등을 저작권법 제31조에 의하여 복제할 수 있다. 여기서 '도서 등'이라 함은 도서·문서·기록 그 밖의 자료를 말하는 것으로 넓게 규정하고 있으므로(저작권법 제31조 제 1 항 본문), 서적이나 잡지, 간행물과 같은 문서 형태의 자료는 물론이고, 도서 이외의 지도, 모형, 사진, LP, 비디오테이프를 비롯하여 CD나 DVD 등 디지털 형태의 저작물도 이에 포함되는 것으로 해석된다.[299] 그 자료의 소유권이 당해 도서관에 있는지 아니면 다른 도서관으로부터 일시적으로 빌려온 것인지 여부는 불문한다.[300] 그러나 이용자가 스스로 외부에서 가지고 온 자료는 여기에 해당하지 않는다. 한편, 도서관법에서는 '도서관자료'란 인쇄자료, 필사자료, 시청각자료, 마이크로형태자료, 전자자료, 그 밖에 장애인을 위한 특수자료 등 지식정보자원 전달을 목적으로 정보가 축적된 모든 자료(온라인 자료를 포함한다)로서 도서관이 수집·정리·보존하는 자료를 말한다고 정의하고 있다.

본 조에서는 '복제'할 수 있다고 하고 있으므로, 인쇄에 한정되지 않고 복사, 사진촬영, 녹음, 녹화 또는 마이크로 필름화하는 등의 행위도 모두 포함되며, 디지털 형태로 복제하는 것도 가능하다. 다만, 디지털 형태로 복제하는 경우에는 저작권법 제31조 제 1 항 단서에 의한 제한이 있어서 도서 등의 자체보존을 위하여 필요한 경우에만 허용된다.

298) 저작권법 시행령 제12조.
299) 早稻田祐美子, 전게논문, 54면.
300) 하용득, 전게서, 203면에서는, 도서관 등이 그 자료의 소유권을 가지고 있을 필요는 없으나 상당한 기간에 걸쳐 관리하고 있는 등 보관하고 있지 않으면 안 되므로 도서관 등 사이에서 단기간의 상호대출에 의한 것은 일반적으로 여기에 해당하지 않는다고 하여 보관의 개념을 좁게 해석하고 있다.

다. 유형별 요건

(1) 이용자의 요구에 의한 복제(제1호)

저작권법 제31조 제1항 제1호는 조사·연구를 목적으로 하는 이용자의 요구에 따라 공표된 도서 등의 일부분의 복제물을 1인 1부에 한하여 제공하는 경우이다. 이 규정에 의하여 허용되는 도서관 이용자의 요구에 따른 복제의 경우에는 다음과 같은 몇 가지 요건의 충족이 필요하다.

(가) 첫째, 이용자의 복제요구가 조사·연구를 목적으로 하는 것이어야 한다. 따라서 이용자의 목적이 단순한 개인적인 취미나 오락용에만 그치는 것인 경우에는 이에 해당하지 않는다고 보아야 한다. 그러나 단순한 취미·오락과 조사·연구의 경계선을 긋는다는 것이 쉽지 않을 뿐만 아니라, 복제요구를 받은 도서관의 입장에서 이용자의 주관적인 목적이 그 중 어느 것에 있는지를 판단하거나 추궁한다는 것도 현실성이 없으므로 결국 이 요건은 선언적인 의미 이상의 별다른 중요성은 갖고 있지 못하다는 견해가 있다.[301] 그러나 예를 들어, 소설이나 시, 악보, 회화, 영화, 사진 등을 조사 및 연구의 목적이 아닌 감상용으로 복제하는 것은 위 첫째 요건을 충족하지 못한다고 보아야 할 것이며, 그러한 점에 있어서는 첫째 요건이 반드시 선언적 의미에만 그치는 것은 아니다. 조사·연구는 반드시 학문적으로 수준이 높은 것을 의미하는 것은 아니므로 예를 들어 초등학생이 학교 숙제를 하기 위하여 조사·연구를 하는 것도 여기에 해당된다고 볼 것이다. 또한 비영리 목적의 조사·연구일 것을 요구하지도 않으므로 조사·연구 목적이기만 하면 영리 목적이라도 상관이 없다.

(나) 둘째, 복제의 대상은 공표된 저작물이어야 한다. 따라서 유명 작가의 유고 또는 일기와 같은 것으로서 미공표 저작물은 도서관에 소장되어 있다고 하더라도 이를 복제하여 이용자에게 제공하여서는 안 된다. 한편, 미공표 저작물이라도 도서관이 이를 입수하게 된 경위에 비추어 저작자가 도서관 이용자에 의한 열람 기타 사용을 허용하였다고 볼 수 있는 경우에는 공표된 저작물에 준하여 취급할 수 있다는 견해가 있다.[302] 그러나 이러한 경우에는 공표된 저작물로 취급하여 저작재산권 제한 규정을 적용할 것이 아니라, 저작자의 묵시적인 공표 동의가 있었던 것으로 보는 것이 타당할 것이다.

(다) 셋째, 도서 등의 일부분만을 복제하여야 한다. 도서 등의 '일부분'이 어느 정도를 의미하는지에 대하여 일정한 기준이 정해져 있는 것은 아니지만, 현재 사단법인 한국복제

---

301) 이형하, 전게논문, 388면.

302) 상게논문, 389면.

전송저작권협회는 이를 10퍼센트로 정하고 있고, 호주 저작권법도 일반적으로 10퍼센트를 기준으로 정하고 있다고 한다(호주 저작권법 제10조).[303]

이와 관련하여 도서의 일부분만 복제할 수 있으므로 1책으로 되어 있는 논문의 전부 복제는 할 수 없고, 악보나 지도의 복제도 그 일부분이어야 하며, 이때 일부분이란 저작물 전체의 절반 이하여야 한다는 견해가 있다.[304] 그러나 도서의 일부분에 한정하는 취지는 예컨대 낱권으로 되어 있는 저작물을 통째로 복제하는 것을 막기 위한 것일 뿐, 논문 중 주요부분을 전부 복제한다고 하더라도 이는 일부복제로서 허용되어야 한다는 반대의 견해도 있다.[305] 후자의 견해가 현실적으로 타당하다고 생각한다. 전자의 견해를 취하는 입장에서도 회화 등 미술저작물이나 사진저작물과 같이 하나의 저작물로서 불가분성을 갖는 것은 그 일부분을 복제하는 것만으로는 의미가 없을 뿐만 아니라, 동일성유지권 침해의 문제도 야기할 우려가 있다. 따라서 현실적으로는 저작물 전체를 복제의 대상으로 허용하는 것이 부득이하다고 보고 있다.[306] 또 잡지나 작품집 같은 편집저작물에 수록된 기사나 작품은 그 자체로는 하나의 완전한 저작물이지만 잡지 또는 작품집을 기준으로 하면 하나의 저작물 중 일부에 해당한다고 볼 여지도 있으므로, 제31조에 따라서 그 기사나 작품 한편을 복제할 수 있다고 보아야 한다는 견해도 있다.[307] 특히 본 호에서 '저작물의 일부분'이라고 하지 않고 '도서 등의 일부분'이라고 하고 있는 점에 비추어 보면, 예컨대 논문집은 도서에 해당하지만 그 논문집에 실린 개개의 논문들은 각각 별개의 저작물이므로 그 논문 중 하나를 전부 복사하더라도 논문집 전체로 보면 도서의 일부분을 복제한 것으로 볼 수도 있다.

요컨대 여기서 '일부분'이라는 문구를 지나치게 엄격하게 해석하는 것은 입법취지와도 맞지 않고 현재의 도서관 이용 실태와도 부합하지 않는다. 따라서 학술지나 논문집에 실린 논문들 중 논문 한 편을 전부 복제하는 것도 허용된다고 보아야 할 것이다. 우리 저작권법 제31조에 해당하는 일본 저작권법 제31조는, 발행 후 상당한 기간이 경과한 정기간행물에 게재된 개개의 저작물은 그 전부를 복제할 수 있다고 규정하고 있으며, 이때 발행 후 상당한 기간이 경과하였다 함은 통상적인 판매경로를 통하여서는 그 정기간행물을 구입할 수 없을 정도의 기간이 지났음을 말한다고 해석하는 것이 통설이다. 따라서 이미 그 다음 호

303) 임원선, 전게서, 272면. 하지만 악보나 시처럼 분량이 적은 저작물의 경우에는 이를 일률적으로 적용하기 어려운 점이 있다고 서술하고 있다.

304) 加戸守行, 전게서, 239면; 허희성, 전게서, 135면.

305) 하용득, 전게서, 204면; 이형하, 전게논문, 389면.

306) 加戸守行, 전게서, 239면.

307) 이형하, 전게논문, 390면.

가 발행되었다 하더라도 아직 해당 호를 입수할 수 있는 경우에는 이에 해당하지 않는다고 한다.[308)]

(라) 넷째, 이용자의 요구에 따라 복제하여야 한다. 따라서 미리 수요를 예측하여 복제물을 작성·비치해 놓고 이용자에게 판매하는 형태는 이에 해당하지 않는다고 보아야 한다.[309)]

(마) 다섯째, 1인 1부에 한하여 제공하여야 한다. 복수의 사람으로 구성된 단체(예컨대 동호인들의 모임)가 그 명의로 도서관에 대하여 여러 부의 복제를 요구한 경우, 또는 한 사람의 대표자가 여러 사람을 위하여 여러 부의 복제를 요구한 경우에도 도서관으로서는 1인 1부의 원칙에 따라 1부만을 제공하여야 하며, 요구한 대로 여러 부를 제공하여서는 안 된다.[310)] 이 요건은 이용자 1사람이 여러 부의 복제물을 입수하는 것을 방지하려는데 의미가 있기 때문이다. 따라서 개인뿐만 아니라 법인이나 단체도 그 명의로 1부의 복제물을 요구하여 제공받는 것은 허용되나, 제공받은 복제물을 법인이나 단체가 구성원들의 업무를 위하여 다수 복제하는 것은 본 조에 의하여 허용되는 범위를 넘어서는 것으로 보아야 한다. 그리고 법인이나 단체가 구성원들의 업무상 필요에 따라 저작물을 여러 부 복제하는 것은 사적복제에도 해당되지 않을 것이다.

(바) 여섯째, 디지털 형태의 복제가 아니어야 한다. 문서와 같은 아날로그 자료를 스캐닝 등의 작업을 통하여 디지털 자료로 변환하는 것도 일종의 복제에 해당하지만, 그러한 복제를 자유롭게 허용하여 이용자들에게 전달될 경우 온라인을 통하여 쉽게 유통될 가능성이 있어 저작권자의 정당한 이익에 부정적인 영향을 미칠 수 있다는 점을 고려한 규정이다. 팩스로 복제물을 송부하는 것은 전기적 신호로 전달을 하는 것이지만, 이는 우리 저작권법상 '전송'의 개념에 해당한다고 보기 어려우므로 제 1 호에 따라 허용되는 범위에 포함된다고 볼 수 있을 것이다. 그러나 요즘 일반화되고 있는 디지털 팩시밀리에 의한 송부는 '디지털 형태의 복제'가 수반될 수 있으므로 제 1 호의 허용범위를 벗어나는 것이라고 보아야 한다. 반대로 디지털 형태의 자료를 아날로그 형태로 복제하는 것은 이 규정에 의하여 허용되는 범위 안에 있다. 즉, 전자책이나 디지털 형태의 학술논문 자료 등을 프린터로 인쇄용지에 출력하여 제공하는 것은 가능하다. 다만, 그 경우에는 뒤에서 보는 바와 같은 보상금 지급의무가 따른다.[311)]

(사) 그 밖에 여러 사람이 서로 분담하여 하나의 저작물의 일부분씩을 복제함으로써

308) 內田 晋, 전게서, 201면.

309) 허희성, 전게서, 135면; 加戶守行, 전게서, 238면.

310) 허희성, 전게서, 135면; 이형하, 전게논문, 390면; 加戶守行, 전게서, 240면.

311) 이해완, 전게서, 478면.

결국 저작물 전체를 복제한다거나, 아니면 한 사람이 여러 차례에 걸쳐 일부분씩을 복제함으로써 저작물 전체를 복사하는 경우도 문제이다. 이러한 방식으로 전체를 복제하는 것은 일부분만의 복제를 허용하는 저작권법의 취지를 무색하게 하는 것이므로 허용되지 않는 것이 원칙이다. 그러나 도서관의 입장에서 이러한 행위를 통제한다는 것은 현실적으로 어렵다. 이처럼 저작권법 제31조는 현실적인 적용이 곤란하여 사실상 선언적 규정에 그치는 경우가 많다.

(2) 도서관 등의 자체보존을 위한 복제(제 2 호)

저작권법 제31조 제 1 항 제 2 호는 도서 등의 자체보존을 위하여 필요한 경우 저작물의 복제를 허용하고 있다. 이 규정의 적용을 받기 위해서는 다음과 같은 요건이 충족되어야 한다.

첫째, 자료의 자체보존을 위한 필요성이 있어야 한다. 예를 들어 소장공간이 협소하여 자료를 마이크로필름의 형태로 축소복제를 한 후 보존하는 경우, 또는 소장하는 자료의 손상으로 말미암아 이를 보완하기 위하여 복제하는 경우 등을 들 수 있다. 따라서 다른 도서관 등의 보존에 제공하기 위한 것은 여기에 해당하지 않고, 다만 그 경우 다음의 제 3 호에는 해당할 수 있을 것이다. 정기간행물의 결호를 보완하기 위해 복제물을 만드는 것은, 시장에서의 구입 가능성 여부를 떠나 본 조 제 1 항 본문에서 말하는 '그 도서관 등에 보관된 도서 등'을 복제하는 행위에 해당하지 않으므로 본 호가 적용될 수 없다.[312)]

둘째, 복제할 수 있는 범위가 문제로 되는데, 보존의 필요성이 있는 이상 저작물 전체를 복제하는 것도 가능하지만, 그 부수는 통상 1부에 한정된다. 열람용과 보존용을 따로 소장하기 위하여 복제하는 것은 일반적으로 허용되지 않는 것으로 보아야 한다. 따라서 열람용 자료가 있는데 별도의 보존용으로 복제를 한다든가, 보존용 자료가 있는데 열람용으로 별도 복제를 하는 것은 허용되지 않는다.

마이크로필름 또는 디지털화 된 형태로 자료를 보존하고 있는데 그 자료를 열람할 수 있는 기기 등이 사용할 수 없게 되거나 입수곤란하게 된 경우에, 그 자료를 열람할 수 있는 새로운 매체의 형태로 복제하는 것이 인정되는지 문제로 될 수 있다. 저작권법 제31조 제 1 항 제 2 호는 도서관 자료의 보존을 목적으로 하는 것이고, 기술의 변화에 의하여 열람 불가능하게 된 경우에 그 자료를 열람가능한 매체로 복제하는 행위가 저작권자의 경제적 이익을 침해하는 것이라고는 보기 어렵기 때문에, 그러한 행위는 본 조에 의하여 허용된다고 볼 수 있을 것이다.[313)]

---

312) 이해완, 전게서, 479면. 박성호, 전게서, 575면.

본 호의 경우에는 제 1 호 및 제 3 호의 경우와 달리 '디지털 형태의 복제'도 허용된다. 이는 본 호에 의한 복제의 경우 도서관 등의 내부 보관을 위한 것이므로, 저작권자의 정당한 이익을 부당하게 침해할 수 있는 불법유통의 가능성이 상대적으로 적은 반면에, 아날로그 자료를 디지털 자료로 변환·복제하여 보관하는 것이 공간의 문제나 보관기간의 경과로 인한 훼손의 문제에 대비하기 위한 유용한 방법 중의 하나가 된다는 현실적인 필요가 있기 때문이다. 다만, 본 호에 대하여는 본 조 제 4 항 및 제 7 항의 제한이 있다. 즉, 도서관 등은 본 호의 규정에 따라 도서 등의 복제를 할 경우에 그 도서 등이 디지털 형태로 판매되고 있는 때에는 그 도서 등을 디지털 형태로 복제할 수 없다. 이러한 경우에는 판매되는 도서 등을 구입하거나 따로 이용허락을 받아서 하여야 한다. 그리고 본 호에 의하여 디지털 형태로 복제하는 경우에 도서관 등은 저작권 등 권리의 침해를 방지하기 위한 복제방지조치 등의 필요한 조치를 취할 의무를 부담한다.

(3) 다른 도서관 등의 요구에 따른 복제(제 3 호)

저작권법 제31조 제 1 항 제 3 호는 "다른 도서관 등의 요구에 따라 절판 그 밖에 이에 준하는 사유로 구하기 어려운 도서 등의 복제물을 보존용으로 제공하는 경우"이다. 이 규정의 적용을 받기 위해서는 다음과 같은 요건이 필요하다.

첫째, 다른 도서관의 요구가 있어야 하고 이때 그 요구를 한 도서관도 저작권법 제31조 본문에서 정하는 시설, 즉 같은 법 시행령 제11조가 정하는 시설에 해당하여야 한다.

둘째, 절판 그 밖에 이에 준하는 사유로 구하기 어려운 저작물이어야 한다. 따라서 외국 저작물이어서 구입하는 데 오랜 시간이 걸린다거나, 값이 비싼 저작물이어서 경제적으로 구하기 어렵다거나 하는 사정은 이에 해당하지 않는다.

셋째, 어디까지나 다른 도서관의 요구가 있을 경우 그에 따르는 것이어야 하고, 그러한 요구가 있을 것에 대비하여 미리 복제를 하여 두는 것은 허용되지 않는다.[314)]

3. 전자도서관 관련 규정(제31조 제 2 항 내지 제 8 항)

도서관은 국민의 알권리를 비롯한 문화적 기본권을 충족시키고 정보의 유통과 확산에 기여함으로써 문화의 향상발전에 이바지하는 공익적 기능을 수행하고 있다. 오늘날 도서관은 정보화 시대를 맞이하여 종이로 된 책뿐 아니라 디지털 형태의 정보와 자료를 구

313) 早稲田祐美子, 전게논문, 56면.
314) 상게논문, 56-57면.

축하여 컴퓨터 등 정보통신매체를 통해 이용자들에게 제공하는 이른바 '전자도서관'의 구축을 목표로 노력하고 있다. 정보와 지식이 유형의 재화보다 더 큰 가치를 가지는 정보화 사회가 도래함에 따라, 정보 유통의 한 축을 담당하는 도서관 역시 디지털 기술을 이용한 정보 서비스를 고려하지 않을 수 없게 되었다. 그런데 도서관이 제공하는 정보의 대부분은 저작물에 해당하기 때문에, 도서관이 디지털 형태의 정보를 제공하는 것은 저작재산권자에게 심각한 경제적 위협을 가져올 수 있다.

이에 우리 저작권법은 도서관에 대한 새로운 시대적 요청을 감안하여, 도서관이 원활하게 디지털 서비스를 제공할 수 있도록 조약 위반이라는 비판을 받을 위험을 감수하고, 2003년 저작권법을 개정하여 일정한 범위 내에서 도서관에 의한 디지털 형태의 정보제공 서비스가 가능하도록 하였다. 전자도서관에 관한 법적 근거를 마련한 것은 이미 2000년 저작권법에서 시작되었지만, 2000년 저작권법의 전자도서관 규정은 그 내용이 너무 단순하고 디지털 형태로 제공할 수 있는 서비스의 내용도 명확하지 않아 저작권자와 도서관 모두로부터 비판을 받았다.[315] 그래서 도서관이 제공할 수 있는 서비스 형태를 명확하게 하는 한편, 저작권자와 도서관 사이의 이해관계를 적절히 조절하기 위하여 디지털 전송 서비스에 대하여 보상금제도를 도입하는 저작권법 개정을 2003년 다시 단행하기에 이른 것이다.[316]

이에 따라 현행 개정법은 앞에서 본 바와 같이 저작권법 제31조 제 1 항에서 도서관 등이 이용자의 요구 또는 다른 도서관의 요구에 따라 복제하는 경우에는 디지털 형태로 복제할 수 없도록 제한함과 동시에(법 제31조 제 1 항 단서), 전자도서관과 관련하여 제31조 제 2 항에서 제 8 항까지의 자세한 규정을 통해 전자도서관 구축을 위한 복제, 전송 등을 제한적으로만 허용함으로써 저작권자의 권익보호를 위한 상세한 규정들을 마련하였다. 현재 도서관 등은 도서 등의 자체 보존을 위하여 필요한 경우(법 제31조 제 1 항 제 2 호)와 관내 전송 및 관간 전송의 경우에 제한적으로 디지털 형태의 복제 또는 전송이 가능하다. 그 자세한 내용은 다음과 같다.

---

315) 2000년 개정 저작권법은 도서관 면책규정 중 제28조 제 2 항을 신설한 바 있었다. 그 내용은, "도서관 등은 컴퓨터 등 정보처리능력을 가진 장치를 통하여 당해 시설과 다른 도서관 등에서 이용자가 도서 등을 열람할 수 있도록 이를 복제·전송할 수 있다. 이 경우 도서관 등은 이 법에 의하여 보호되는 권리를 위하여 필요한 조치를 취하여야 한다"라고 규정하고 있었다. 이 규정에 대하여는 특히 출판사 등으로부터 전자도서관의 구축 편의 및 활성화에만 치중하여 저작자 등의 권리를 지나치게 제한하는 규정이라는 비판이 높았다.

316) 김현철, 도서관보상금제도 안내, 저작권아카데미 제 6 차 사서과정, 89면.

가. 도서관 내 디지털 복제·전송의 경우

도서관 등은 컴퓨터를 이용하여 이용자가 그 도서관 등의 안에서 열람할 수 있도록 보관된 도서 등을 복제하거나 전송할 수 있다. 이 경우 동시에 열람할 수 있는 이용자의 수는 그 도서관 등에서 보관하고 있거나 저작권 그 밖에 이 법에 따라 보호되는 권리를 가진 자로부터 이용허락을 받은 그 도서 등의 부수를 초과할 수 없다(제31조 제2항).

이 규정으로 인하여 도서관 등에서 보다 많은 이용자들에게 디지털 형태의 정보를 제공하고자 할 경우에는 그 만큼 더 많은 부수의 도서 등을 구입하거나 이용허락을 받아야만 하게 되었고, 결과적으로 저작권자의 이익을 보호할 수 있게 되었다.

이 규정은 이용자의 열람을 목적으로 하는 복제·전송의 경우에만 해당된다. 일반적으로 '열람'이라 함은 저작물을 시각적으로 보는 행위를 말하지만, 도서관 이용의 관행상 이에 국한되는 것은 아니며, 듣는 행위를 포함하는 것으로 이해된다. 따라서 음반이나 영상저작물을 복제·전송하여 청취 또는 시청하게 하는 것도 이에 포함되는 것으로 볼 수 있다. 여기서의 복제는 전송을 위한 디지털 형태의 복제를 뜻한다. 이용자가 열람을 넘어 복제를 할 수 있도록 제공하는 것은 이 규정에 의한 자유이용의 범위를 넘어선 것으로 보아야 한다. 따라서 이용자로 하여금 디지털 형태의 도서 등을 디지털 형태로 복제(다운로드, USB로의 파일복제 등)하도록 하는 것이 허용되지 않음은 물론이고, 아날로그 형태로 복제, 즉 출력(프린트 아웃)을 할 수 있도록 하는 것도 제31조 제1항 제1호에 따라서 저작물의 일부분을 복제(프린트 아웃)하는 경우를 제외하고는 이 규정(제2항)에 따라 허용되지는 않는다.[317)]

이 규정의 적용 요건인 동시열람자 수 제한은 보상금지급 의무가 수반되지 않는 관내 전송에 관한 제31조 제2항의 경우에만 해당되고, 보상금지급 의무가 수반되는 관간 전송에 관한 제31조 제3항의 경우에는 해당되지 않는다. 제2항에서 동시열람이 가능한 이용자 수를 제한한 것은 도서관 등에서 보다 많은 이용자에게 디지털 정보를 동시에 열람할 수 있도록 제공하고자 할 경우에는, 보다 많은 부수의 도서 등을 구입하거나 저작권자 등으로부터 별도의 이용허락을 받도록 함으로서 저작권자 등의 권익을 보호하기 위함이다.

본 항의 규정에 따라 도서 등을 디지털 형태로 복제하거나 전송하는 경우에 도서관 등은 저작권 등 권리침해를 방지하기 위하여 복제방지조치 등 필요한 조치를 취하여야 하며(제31조 제7항), 그 도서 등이 디지털 형태로 판매되고 있는 때에는 그 도서 등을 디지털

317) 이해완, 전게서, 480-481면.

형태로 복제할 수 없다(제31조 제 4 항).

나. 도서관 간 디지털 복제·전송의 경우

도서관 등은 컴퓨터를 이용하여 이용자가 다른 도서관 등의 안에서 열람할 수 있도록 보관된 도서 등을 복제하거나 전송할 수 있다. 다만, 그 전부 또는 일부가 판매용으로 발행된 도서 등은 그 발행일로부터 5년이 경과하지 아니한 경우에는 그러하지 아니 하다(제31조 제 3 항). 따라서 비매품으로만 발행된 도서나 발행일로부터 5년이 경과된 도서 등이 본 항 본문의 적용을 받아 자유로운 복제 및 전송이 가능하다. 제31조 제 2 항의 경우와 마찬가지로, 본 항의 규정에 따라 도서 등을 디지털 형태로 복제하거나 전송하는 경우에 도서관 등은 저작권 등 권리침해를 방지하기 위하여 복제방지조치 등 필요한 조치를 취하여야 하며(제31조 제 7 항), 그 도서 등이 디지털 형태로 판매되고 있는 때에는 그 도서 등을 디지털 형태로 복제할 수 없다(제31조 제 4 항).

다. 도서 등이 디지털 형태로 판매되고 있는 경우 – 디지털 형태의 복제 제한

앞에서 언급한 바와 같이, 도서관 등은 도서 등의 자체 보존을 위하여 필요한 복제 및 위 관내 전송과 관간 전송에 관한 규정에 의하여 도서 등의 복제를 함에 있어서 그 도서 등이 디지털 형태로 판매되고 있는 경우에는 그 도서 등을 디지털 형태로 복제할 수 없다(제31조 제 4 항). 본 항은 어떤 서적이 전자책(e-book)의 형태로 제작되어 판매되고 있는 경우에 그러한 전자책을 보유하게 된 도서관 등이 이용자들에게 디지털 형태의 복제를 해 주는 것을 허용하게 되면, 그 서적 저작권자의 경제적 권리를 심하게 훼손할 수 있기 때문에 두게 된 규정이다. 다만, 본 항에 의하여 제한되는 것은 디지털 형태의 복제행위만이고 전송행위는 금지하고 있지 않다. 이는 기왕에 도서관 등이 디지털화하여 데이터베이스를 구축해 놓은 것은 그대로 전자도서관으로 활용할 수 있도록 한 취지라고 한다. 따라서 도서관 등이 그 소장 도서 등을 이미 디지털 형태로 복제하였다면 이를 본 조 제 2 항(도서관 등 안에서의 전자적 열람을 위한 전송)과 제 3 항(다른 도서관 등 안에서의 전자적 열람을 위한 전송)의 규정에 의하여 전송할 수는 있다.[318]

라. 소 결

2003년 저작권법 개정으로 인하여 종전과 달라진 내용 중 중요한 것만을 살펴보면 다음과 같다.

---

318) 서울대학교 기술과법센터, 전게서(임원선 집필 부분), 572면; 이해완, 전게서, 483면.

첫째, 도서관은 소장 자료를 스캔 등의 방법으로 디지털화하여 데이터베이스를 구축한 다음 당해 도서관의 이용자로 하여금 열람하게 하거나 출력하게 할 수 있다.

둘째, 도서관은 다른 도서관의 이용자로 하여금 도서 등을 열람하거나 출력할 수 있도록 도서 등을 디지털 형태로 복제, 전송할 수 있다.

셋째, 도서관은 디지털 형태의 도서 등을 이용한 일정한 정보제공에 대하여 보상금을 지급하여야 한다.319)

도서관 면책규정의 주요 개정 내용320)

항 목	2000년 저작권법	현행 저작권법
디지털 복제물 제공	· 디지털 복제물 이용자 제공여부 불명확	· 디지털 복제물 제공 불가 명시
도서관 내 전송	· 동시 열람자 수에 제한 없음 · 디지털화한 자료의 열람만 가능	· 보관 부수 범위 내에서만 동시 열람 · 디지털화한 자료로부터 출력 가능
도서관 간 전송	· 전송 대상 제한 없음 · 디지털화한 자료의 열람만 가능	· 비매품 또는 5년이 경과한 판매용 도서만 전송 가능 · 디지털화한 자료로부터 출력 가능
보 상 금	· 보상금 지급 규정 없음	· 디지털물로부터의 출력, 도서관간 전송시 보상금 지급의무

마. 보상금의 지급

(1) 개 요

도서관 등은 저작권법 제31조 제 1 항 제 1 호의 규정에 의하여 디지털 형태의 도서 등을 복제하는 경우(조사·연구를 목적으로 하는 이용자의 요구에 따라 공표된 도서 등의 일부분의 복제물을 1인 1부에 한하여 제공하는 경우)321) 및 제 3 항의 규정에 의하여 도서 등을 다른 도서관 등의 안에서 열람할 수 있도록 복제하거나 전송하는 경우(관간 복제 및 전송의 경우)에는 문화체육관광부장관이 정하여 고시하는 기준에 의한 보상금을 당해 저작재산권자에게 지급하여야 한다. 다만, 국가, 지방자치단체 또는 고등교육법 제 2 조의 규정에 따른 학교를 저작재산권자로 하는 도서 등은 그 전부 또는 일부가 판매용으로 발행된 도서 등이 아닌 한 보상금 지급의무가 면제된다(제31조 제 5 항).

319) 김현철, 전게논문, 96면.

320) 상게논문, 97면.

321) 본 조 제 1 항 제 1 호는 '복제물'을 제공하는 경우로 되어 있으므로, 보상금을 지급하여야 하는 것은 디지털 형태의 도서 등을 아날로그 형태로 복제하는 경우를 말한다.

(2) 디지털 형태의 도서 등을 출력하는 행위

도서관이 저작권법 제31조 제 1 항 제 1 호의 규정에 의하여 “디지털 형태의 도서 등을 복제”하는 경우에는 보상금을 지급하여야 한다. 여기서 “디지털 형태의 도서 등의 복제”라고 하고 있지만, 저작권법 제31조 제 1 항 본문 단서가 “이용자의 요구에 의한 복제”의 경우에는 디지털물로 복제해 줄 수 없다고 규정하고 있으므로 결국 디지털화된 자료로부터 출력(프린트 아웃)하는 경우만을 의미한다. 그러므로 기존처럼 도서 등을 복사기를 가지고 복사하는 경우에는 본 조에 의한 보상금의 지급대상이 아닌 것이다. 이와 같이 디지털 형태의 도서 등으로부터 출력하는 경우에만 보상금을 지급하도록 한 것은 복제의 편의성과 복제물의 질에 있어서 기존의 복사기를 통한 복사와는 차이가 많이 나서 저작권자에게 심각한 위협이 될 수 있다는 판단에 따른 것이다.[322]

구체적으로는 다음의 세 가지 경우를 생각할 수 있다.

첫째, 도서관이 구입하여 소장하고 있는 전자책 등으로부터 출력(CD-Rom으로부터의 출력은 제외)하는 경우이다.

둘째, 도서관이 관내 전송을 위하여 자체적으로 구축한 데이터베이스로부터 당해 도서관 이용자가 출력하는 경우이다.

셋째, 도서관 이용자가 도서관간 전송서비스를 통하여 다른 도서관으로부터 전송받은 디지털 자료에 의하여 출력하는 경우이다.

도서관 보상금은 저작재산권 제한에 대한 보상이므로 도서 등이 저작물이 아니거나, 저작물이라도 저작재산권 보호기관이 도과하였거나, 저작권자의 허락이 있는 경우에는 보상금을 지급할 필요가 없다. 그러므로 도서관의 입장에서는 소장하고 있는 도서 등을 이러한 기준에 따라 내부적으로 분류해 둘 필요가 있다.[323]

(3) 도서관간 자료의 전송

도서관이 저작권법 제31조 제 3 항의 규정에 의하여 다른 도서관 이용자를 위하여 “다른 도서관으로 자료를 전송”한 경우에는 보상금을 지급하여야 한다. 도서관이 자기 도서관 내에서 이용자들이 자체적으로 구축한 데이터베이스로부터 도서 등을 열람하도록 하는 것은 보상금 지급 대상이 아니지만, 다른 도서관으로 전송하는 경우에는 보상금을 지급하여야 한다.

이처럼 도서관간 자료의 전송에 대하여 보상금을 지급하도록 한 것은 예컨대, 우리나

322) 상게논문, 97면.
323) 상게논문, 98면.

라의 모든 도서관이 국립중앙도서관의 데이터베이스에 접속하여 자료를 열람하고 출력할 수 있다고 가정하면, 전국적으로 도서관이 구입하는 도서는 1권에 지나지 않게 되는 경우도 있을 수 있기 때문이다. 그렇게 되면 저자나 출판사에게 경제적으로 심각한 악영향을 미치게 될 수도 있으므로 도서관간 자료 전송 서비스에 일정한 제한을 가하고 보상금으로 그 손실 부분을 보전하도록 한 것이다.[324)]

(4) 예 외

이처럼 위의 경우 중 어느 하나에 해당하면 도서관은 보상금을 지급하여야 하지만, 국가·지방자치단체 또는 고등교육법 제 2 조의 규정에 의한 학교(대학교 이상의 학교)가 복제 또는 전송된 도서 등의 저작재산권자인 경우에는 보상금을 지급하지 않아도 된다. 다만, 이용된 도서 등의 전부 또는 일부가 판매용으로 발행된 경우에는 설사 국가 등이 저작재산권자라 하더라도 다시 원칙으로 돌아가 보상금을 지급하여야 한다.[325)]

(5) 보상금 지급 기준

보상금 지급 기준에는 '정액제'(총액결정방식)와 '종량제'(개별결정방식)의 두 가지 방법이 있을 수 있는데, 현재는 번거로운 절차와 비용을 줄일 수 있는 정액제를 채택하고 있다. 2016년 현재 적용되고 있는 보상금 지급기준은 다음과 같다.[326)]

구 분		출 력	전송(전송을 위한 복제 포함)
단행본	판매용	1면당 6원	1파일당 25원
	비매용	1면당 3원	0원
정기간행물	판매용	1면당 6원	1파일당 25원
	비매용	1면당 3원	0원

(6) 보상금 지급의 주체와 대상

보상금 지급 주체는 보상금 지급대상인 서비스의 유형에 따라 다르다. 보상금을 지급하여야 할 두 가지 경우 중 첫 번째인 "디지털 자료로부터 출력을 하는 경우"에는 최종적으로 출력이 이루어진 도서관이 보상금 지급의 주체가 된다. 두 번째 경우인 "다른 도서관으로의 도서 등의 전송의 경우"에는 전송을 행한 도서관이 보상금 지급의 주체가

324) 상게논문, 98면.
325) 상게논문, 98면.
326) 2011년도 '도서관의 저작물 복제·전송이용 보상금' 기준, 문화체육관광부 고시 제2014-0028호.

된다.[327)]

한편, 보상금 지급의 대상은 지급업무의 편의를 도모하기 위하여 '저작재산권단체'를 단일 창구로 하고 있다(저작권법 시행령 제12조 제 1 항). 그리하여 현재는 '사단법인 한국복제전송저작권협회'가 보상금을 지급받을 저작재산권단체로 지정되어 있다.

바. 권리보호에 필요한 조치(복제방지조치 등)

저작권법 제31조의 각 규정에 의하여 도서 등을 디지털 형태로 복제하거나 전송하는 경우에, 도서관 등은 저작권 그 밖에 저작권법에 의하여 보호되는 권리의 침해를 방지하기 위하여 복제방지조치 등 저작권법 시행령 제13조가 정하는 필요한 조치를 취하여야 한다(저작권법 제31조 제 7 항). 그 조치 중 하나로서 "보상금 산정을 위한 장치"가 있다. 그리하여 보상금 지급대상이 되는 서비스를 하는 도서관은 전송과 출력의 수량을 확인할 수 있는 로그 파일이 자동적으로 생성·보관되도록 하여야 한다.

사. 온라인 자료의 보존을 위한 국립중앙도서관의 복제

우리나라에서 산출되는 기록물의 전반적인 수집기관인 국립중앙도서관의 원활한 수집 기능 확보를 위하여 도서관법 제20조 제 1 항은 "누구든지 도서관자료(온라인 자료를 제외한다)를 발행 또는 제작한 경우 그 발행일 또는 제작일부터 30일 이내에 그 도서관자료를 국립중앙도서관에 납본하여야 한다. 수정증보판인 경우에도 또한 같다"고 하여 도서관자료의 국립중앙도서관에의 납본 의무를 규정하고 있다. 아날로그 형태의 자료에 대한 이와 같은 납본 의무에 대응하여 온라인 자료(디지털 형태의 자료)에 대하여는, 같은 법 제20조의2 제 1 항에서 "국립중앙도서관은 대한민국에서 서비스되는 온라인 자료 중에서 보존가치가 높은 온라인 자료를 선정하여 수집·보존하여야 한다"고 규정하고 있다. 그리고 이 규정의 실효성을 확보하기 위하여 저작권법 제31조 제 8 항에서는, "도서관법 제20조의2에 따라 국립중앙도서관이 온라인 자료의 보존을 위하여 수집하는 경우에는 해당 자료를 복제할 수 있다"고 규정하고 있다. 국립중앙도서관은 이 규정에 따라 수집하는 온라인 자료의 전부 또는 일부가 판매용인 경우에는 그 온라인 자료에 대하여 정당한 보상을 하여야 한다(도서관법 제20조의2 제 5 항).

아. 개작 이용 금지 등

본 조의 규정에 따른 자유이용에 있어서는 그 저작물을 번역하거나 편곡 또는 개작

327) 김현철, 전게논문, 100면.

하여 이용할 수 없으며(저작권법 제36조), 출처의 명시의무는 면제된다(저작권법 제37조 제 1 항 단서).

XI. 시험문제로서의 복제

1. 의 의

학교의 입학시험이나 그 밖에 학식 및 기능에 관한 시험 또는 검정을 위하여 필요한 경우에는 그 목적을 위하여 정당한 범위에서 공표된 저작물을 복제·배포 또는 공중송신할 수 있다. 다만, 영리를 목적으로 하는 경우에는 그러하지 아니하다(저작권법 제32조). 예를 들어 국어시험 문제를 출제하면서 소설이나 시조를 복제하여 이용한다든가 음악시험에서 악보를 복제하여 이용하는 경우를 들 수 있다. 시험문제라는 것 자체가 그 성질상 비밀리에 작성될 것이 요구되므로 사전에 저작권자의 허락을 얻는다는 것이 곤란하며, 특히 비영리적인 목적으로 만들어지는 시험문제에 타인의 저작물을 이용하는 것은 저작권자의 통상적인 사용수익권을 해칠 가능성도 별로 없기 때문에 자유이용을 허용하고 있는 것이다.

한편, 저작권법 제25조는 저작물을 교과서에 사용하는 경우에도 보상금을 지급하도록 규정하고 있는데, 본 조가 시험문제로 복제하여 사용하는 것을 허용하면서 보상금을 지급하도록 하는 규정을 두지 않은 것은 제25조와의 관계상 균형을 잃은 것이 아닌가 하는 의문이 있다. 그러나 교과서의 경우 다양한 저작물 중에서 자유롭게 지문을 선택할 수 있는 상황에서 특별히 해당 저작물을 지문으로 선택한 것임에 반하여, 일반적으로 교과서의 특정 부분을 범위로 하여 출제되는 시험문제의 경우에는 선택의 여지가 별로 없이 교과서의 특정 부분에 실린 특정 지문을 인용할 수밖에 없는 구조로 되어 있으므로, 자유이용의 필요성이 교과서의 경우와는 차원이 다르다고 보아야 한다.

또한 예를 들어, 국어 교과서에 실리는 지문들은 대개 시나 시조, 수필, 소설 등과 같은 감상을 목적으로 한 저작물들로서, 그것이 교과서에 실릴 경우 역시 감상용으로 실리게 되므로 시장에서의 대체성이 인정되지만, 그러한 저작물이 시험문제의 지문으로 실리는 것은 '감상용'이 아니라 순전히 '평가용'으로 실리는 것이기 때문에 시장에서의 대체성이 전혀 없다. 특히 교과서는 저작물을 이용하면서 그 전부를 그대로 이용하는 경우가 많은데 반하여, 시험문제의 경우에는 필요한 부분만 발췌하거나 복합적으로 구성하여 이용하는 경우가 많다. 이러한 점에 비추어 볼 때 교과서에서의 저작물 이용과 시험문제로서의 저작물 이용은 전혀 다른 차원에서 보아야 한다. 따라서 시험문제로 복제하여 이용할 때 보상금 지급을 지급하지 않는 것이 반드시 저작권법 제25조와의 균형상 허용될 수 없는 것은 아니다.

본 조에 해당하는 경우에는 저작권법 제36조 제 2 항에 의하여 그 저작물을 번역하여 이용할 수 있고, 또 제37조 제 1 항 단서에 의하여 출처의 명시의무가 없다.

2. 요 건

첫째, 공표된 저작물이어야 한다. 공표된 저작물인 이상 그 저작물의 종류는 묻지 아니한다.

둘째, 시험의 목적을 위하여 필요한 경우 그 정당한 범위 내에서의 이용이어야 한다. 예를 들면, 입학시험에서 국어문제로서 소설이나 시조 등의 문예작품이나 수필, 평론을 출제한다거나, 영어문장을 국어로 번역하는 문제로 영미작가의 문장을 출제한다거나, 음악시험에서 악보를 출제하는 경우 등을 생각할 수 있다. 학식이나 기능에 관한 시험 또는 검정을 위한 경우에 본 조가 적용되는바, 여기에는 입학시험, 입사시험 등의 선발시험, 모의시험 등의 학력평가시험, 운전면허와 같은 기능검정시험 등 여러 가지 경우가 있다. 또한 학교와 같은 교육기관에서의 학기말 시험 등 정기적인 시험도 본 조에 해당한다고 볼 수 있는데, 수업 과정에서 실시하는 시험이라면 저작권법 제25조의 학교교육목적을 위한 이용의 면책규정도 중복적으로 적용될 수 있을 것이다.[328] 주의할 것은 시험문제 출제의 목적을 위한 것이어야 하므로, 이미 출제된 시험문제를 수집하여 예상문제집 등의 참고서로 복제하는 행위에 대하여는 본 조의 적용이 없다는 것이다. 또 시험문제 제작에 필요한 범위를 넘어서서 저작물의 전체를 복제하여 이용하는 등의 행위는 허용되지 않는다.

셋째, 영리를 목적으로 하지 않는 것이어야 한다. 따라서 시험문제의 제작을 영업으로 하는 자가 외부의 의뢰를 받아 대가를 받고 시험문제를 제작하는 경우는 본 조에 해당하지 않는다. 또한 학습지 회사나 수험문제집 회사에서 예상문제집 등을 발간하기 위하여 공표된 저작물을 복제하거나, 각급 학교에서 출제된 중간고사나 기말고사 등의 시험문제를 사설학원에서 임의로 수집하여 문제집 형태로 발간하는 것 역시 본 조의 적용을 받을 수 없다.[329]

328) 加戸守行, 著作權法 逐條講義, 四訂新版, 社團法人 著作權情報センター, 257면.

329) 일본 저작권법 제36조 제 2 항은 "영리를 목적으로 전항(시험문제로서)의 복제 또는 공중송신을 하는 자는 통상의 사용료액에 상당하는 액의 보상금을 저작권자에게 지불하여야 한다"고 규정하고 있다. 즉, 보상을 전제로 하여 영리를 목적으로 하는 경우에도 시험문제로서의 복제 등을 허용하고 있는 것이다. 시험문제의 경우에는 비밀성을 요하므로 저작물을 사용하기 위해 사전에 저작권자의 허락을 받기가 곤란한 반면, 시험문제로 이용되는 것만으로는 저작권자의 이익을 해할 우려가 크지 않다는 특성이 있는바, 그러한 특성은 영리목적이 있는 경우에도 크게 다를 바는 없는 것이므로, 영리목적이라고

그러나 공공기관이나 비영리단체가 자체적인 직원의 충원이나 채용을 위하여 시행하는 시험문제의 출제에 사용하는 것은 비영리적인 것이므로 본 조가 적용된다고 본다. 주식회사의 입사시험 등은 영리를 목적으로 하는 것에 해당하지 않는가 하는 의문이 있다. 그러나 본 조에서 말하는 영리성이란 저작물의 복제행위 자체가 직접 영리와 관련되는지 여부에 따라 판단하여야 하는 것이므로, 주식회사와 같은 상사회사의 입사시험도 문제 작성 자체를 당해 회사가 직접하는 경우에는 영리목적이라고 볼 수 없다.[330]

또한 시험문제로서 저작물을 복제하는 경우에는 저작인격권 중 동일성유지권을 침해하지 않도록 유의할 필요가 있다. 원문 중 일부를 공란으로 해 놓고 그 부분을 채워 넣도록 하는 것은 큰 문제가 없을 것이지만, 어느 문장의 틀린 부분을 올바로 고치라는 문제를 출제하면서 원작의 문장을 지나치게 개변하여 출제하는 것은 동일성유지권의 침해가 될 여지가 있다고 하는 견해가 있다.[331]

3. 허용되는 행위

본 조에 의하여 허용되는 행위는 복제·배포 또는 공중송신이다.

종전 저작권법에서는 '복제·배포'라고만 되어 있었다. 따라서 '전송'을 하는 것은 본 조에 의하여 허용되는 행위라고 보기 어려웠다. 일본 저작권법은 2003년 저작권법 개정으로 저작물을 '공중송신'(방송 또는 유선방송을 제외하며, 자동공중송신의 경우에 있어서는 송신가능화를 포함한다)하는 경우에도 시험문제로서의 복제 규정의 적용을 받을 수 있도록 하였으나,[332] 종전 우리 저작권법은 아직 그러한 규정을 두고 있지 않았던 것이다. 이에 온라인상의 시험 등을 위하여 우리 저작권법에서도 그러한 규정을 두는 것이 입법론적으로 타당할 것이라는 견해가 있었다.[333]

인터넷과 정보통신기술의 발달에 따라 원격교육이 활성화되고 있으며, 이러한 원격교육에서는 수업뿐만 아니라 시험을 비롯한 각종 평가 역시 인터넷 등 통신기술을 이용하여 행하여지는 경우가 많다. 원격지에 있는 학습자를 대상으로 시험을 행하기 위해서는 시험문제를 단순히 복제하는 것만으로는 부족하고 이를 전송하는 것까지도 할 수 있어야 한

하여 아무런 제한규정을 두지 않는 것보다는 일본 저작권법과 같이 보상을 전제로 한 제한규정을 두는 것이 입법론적으로는 바람직하다는 견해가 있다(이해완, 전게서, 제487면).

330) 허희성, 전게서, 139면.

331) 加戸守行, 전게서, 257면.

332) 일본 저작권법 제36조 제1항.

333) 이해완, 전게서, 486면.

다. 현행 저작권법은 이러한 견해를 받아들여 이용행위의 범위를 '공중송신'까지 확대한 것이다.

본 조에 의한 자유이용에 있어서는 그 저작물을 번역하여 이용할 수 있지만, 편곡이나 개작하여 이용하는 것은 허용되지 않는다(저작권법 제36조 제 1 항, 제 2 항). 출처의 명시의무는 면제된다(저작권법 제37조 제 1 항 단서).

서울고등법원 2021. 8. 19. 선고 2020나2045644 판결은, "시험문제에 저작물을 자유이용할 수 있는 범위는 응시자의 학습능력과 지식 등에 대한 객관적이고 공정한 평가를 하기 위한 시험의 목적에 필요한 범위에 한정된다고 보아야 하므로, 해당 시험이 종료된 후에 저작권자의 동의 없이 시험문제를 공개하는 것도 해당 시험의 목적에 필요한 범위 즉, 해당 시험문제에 대한 이의신청 등 검증 과정을 거쳐 정당한 채점과 성적을 제공하는 데 필요한, 제한적 범위 내에서만 허용되어야 한다."고 하였다.[334)]

4. 컴퓨터프로그램저작물의 경우

프로그램에 관한 특례규정에 의하여 컴퓨터프로그램저작물에 대하여는 저작권법 제32조가 적용되지 않고(저작권법 제37조의2), 저작권법 제101조의3 제 1 항 제 5 호가 적용된다. 그리하여 "「초·중등교육법」, 「고등교육법」에 따른 학교 및 이에 준하는 학교의 입학시험이나 그 밖의 학식 및 기능에 관한 시험 또는 검정을 목적(영리를 목적으로 하는 경우를 제외한다)으로 복제 또는 배포하는 경우"에는 그 목적상 필요한 범위에서 공표된 프로그램을 복제 또는 배포할 수 있다. 다만, 프로그램의 종류·용도, 프로그램에서 복제된 부분이 차지하는 비중 및 복제의 부수 등에 비추어 프로그램 저작재산권자의 이익을 부당하게 해치는 경우에는 그러하지 아니하다.

334) 그런데 해당 시험의 출제와 성적 제공까지 전체적인 과정이 완료된 후에 수년 동안 기간의 제한 없이 불특정 다수인에게 시험에 이용된 저작물을 저작권자의 허락 없이 인터넷에 게시하는 것은, 시험의 목적에 필요한 정당한 범위에 포함되지 않는다 할 것이어서, 공중송신이 추가된 현행 저작권법 제32조에 의하더라도 허용되는 행위라고 볼 수 없다고 하였다.

XII. 시각장애인 등을 위한 복제 등

1. 의 의

공표된 저작물은 시각장애인 등을 위하여 점자(點字)로 복제·배포할 수 있다(저작권법 제33조 제1항). 또한 시각장애인 등의 복리증진을 목적으로 하는 시설 중 저작권법 시행령 제14조가 정하는 시설(당해 시설의 장을 포함한다)은 영리를 목적으로 하지 아니하고, 시각장애인 등의 이용에 제공하기 위하여 공표된 어문저작물을 녹음하거나 시각장애인 등을 위한 전용 기록방식으로 복제·배포 또는 전송할 수 있다(저작권법 제33조 제2항).[335)]

시각장애인 등을 위한 복제나 녹음은 복지정책상의 필요성 등 공공성이 큰 부분이며, 이러한 복제나 녹음을 허용한다 하더라도 이는 저작권자가 통상적으로 예정하고 있는 저작물의 이용행위가 아니어서 저작권자의 경제적 이익을 해할 우려가 거의 없기 때문에 두고 있는 규정이다.

2. 요 건

가. 시각장애인 등을 위한 것일 것

제33조는 시각장애인 등을 위한 목적일 것을 요건으로 한다. 2003년 개정되기 전 저작권법에서는 단순히 '시각장애인'이라고만 규정하고 있어서 그 대상의 범위가 제한적이었는데, 2003년 저작권법을 개정하면서부터 '시각장애인 등'이라고 함으로써 본 조의 대상 범위를 보다 폭넓게 인정하고 있다. 저작권법 시행령 제15조는 '시각장애인 등'의 범위를 (i) 「장애인복지법 시행령」 별표 1 제3호에 따른 시각장애인 중 좋은 눈의 시력(만국식 시력표에 따라 측정된 교정시력을 말한다)이 0.2 이하인 사람과, 두 눈의 시야가 각각 주시점(注視點)에서 10도 이하로 남은 사람과, (ii) 신체적 또는 정신적 장애로 인하여 도서를 다루지 못하거나 독

---

335) 저작권법 시행령 제14조가 정하는 시설이라 함은 다음 중 하나에 해당하는 시설을 말한다.
(1) 장애인복지법 제58조 제1항에 따른 장애인복지시설 중 다음 각 목의 어느 하나에 해당하는 시설
가. 시각장애인 등을 위한 장애인 생활시설
나. 점자도서관
다. 장애인지역사회재활시설 및 장애인직업재활시설 중 시각장애인 등을 보호하고 있는 시설
(2) 유아교육법, 초·중등교육법 및 장애인 등에 대한 특수교육법에 따른 특수학교와 시각장애인 등을 위하여 특수학급을 둔 각급학교
(3) 국가·지방자치단체, 영리를 목적으로 하지 아니하는 법인 또는 단체가 시각장애인 등의 교육·학술 또는 복리 증진을 목적으로 설치·운영하는 시설

서 능력이 뚜렷하게 손상되어 정상적인 독서를 할 수 없는 사람으로 규정하고 있다.

본 조 제 1 항의 경우는 점자를 위한 복제이어야 하므로 점자와 함께 정상인도 읽을 수 있는 형태를 부가하여 복제하는 것은 허용되지 아니한다. 제 2 항의 경우에도 시각장애인 등을 위한 녹음이어야 하므로 정상인도 함께 그 대상으로 할 목적으로 녹음을 하는 것은 본 조에 해당하지 않는다.[336] 즉, 본 조는 오로지 시각장애인 등을 위한 것이어야 하므로 정상인들도 포함한 사람들을 대상으로 하여 제공하고자 하는 경우라면 본 조의 적용을 받을 수 없다.

나. 영리성 및 비영리성

제33조 제 1 항에 의한 복제나 배포(점자로 복제·배포하는 것)는 비영리성을 요건으로 하고 있지 않으므로, 영리적인 목적으로 복제·배포하더라도 본 조에 의한 자유이용이 허용된다. 그러나 본 조 제 2 항에 의한 녹음 및 복제·배포 또는 전송의 경우에는 비영리성을 요건으로 하므로 영리적인 목적으로 하는 녹음 및 복제·배포 또는 전송의 경우에는 본 조에 의한 자유이용이 허용되지 않는다.

다. 공표된 저작물일 것

본 조에 의하여 이용의 대상이 되는 저작물은 공표된 저작물이어야 한다. 다만, 본 조 제 1 항의 경우에는 공표된 이상 저작물의 종류를 묻지 아니하나, 제 2 항의 경우에는 어문저작물만을 대상으로 한다. 제 2 항의 대상 저작물을 어문저작물로 한정한 것은, 음악저작물과 같은 경우에는 복제 등의 행위를 통하여 정상인 등에 의하여 무단으로 이용될 가능성이 높아 저작권자의 정당한 권리를 부당하게 해할 우려가 있고, 실제 시각장애인 등의 복리증진을 위하여 필요한 것은 주로 어문저작물이며, 미술저작물이나 사진저작물, 건축저작물과 같은 시각적 저작물의 경우는 시각장애인 등에게 별다른 의미가 없기 때문이다.

라. 제 2 항의 경우 법령이 정하는 시설에서 행할 것

본 조 제 2 항이 적용되기 위해서는 시각장애인 등의 복리증진을 목적으로 하는 시설

336) 이와 관련하여 일본에서는, 점자로 복제하는 것 외에 녹음까지 허용이 된다면 시각장애자뿐만 아니라 정상인의 사용에도 제공되지 않을까 하는 우려, 그리고 현재 성장해 나가고 있는 녹음도서(음성도서)의 출판시장에 부정적인 영향을 끼칠 수 있다는 우려 및 그로 인하여 저작권자의 경제적 이익을 부당하게 침해할 수 있다는 우려 등이 제기되고 있다. 또한 그 제작과정에서 음독과 입력이 부정확하게 행하여질 가능성도 있고 그럴 경우 저작인격권 침해의 문제가 발생할 수 있다는 주장도 있다. 著作權法の權利制限規定をめぐる諸問題, 權利制限委員會, 社團法人 著作權情報センター, 2004. 3, 90면.

중 대통령령이 정하는 시설(당해 시설의 장을 포함한다)에서 행하는 녹음 또는 복제·배포 또는 전송이어야 한다. 여기서 대통령령이 정하는 시설이라 함은, "(i) 「장애인복지법」 제58조 제 1 항에 따른 장애인복지시설 중 시각장애인 등을 위한 장애인 거주시설, 점자도서관, 장애인 지역사회재활시설 및 장애인 직업재활시설 중 시각장애인 등을 보호하고 있는 시설 가운데 어느 하나에 해당하는 시설, (ii) 「유아교육법」, 「초·중등교육법」 및 「장애인 등에 대한 특수교육법」에 따른 특수학교와 시각장애인 등을 위하여 특수학급을 둔 각급학교, (iii) 국가·지방자치단체, 영리를 목적으로 하지 아니하는 법인 또는 단체가 시각장애인 등의 교육·학술 또는 복리 증진을 목적으로 설치·운영하는 시설 중 어느 하나에 해당하는 시설을 말한다(저작권법 시행령 제14조 제 1 항).

마. 행위의 태양

본 조 제 1 항에 의하여 허용되는 행위는 '점자'로 '복제·배포'하는 것에 한정된다. 이에 비하여 제 2 항에 의하여 허용되는 행위는 '녹음'하거나 시각장애인 등을 위한 전용 기록방식으로 '복제·배포 또는 전송'하는 것에 한정된다. 제 2 항의 경우 2003년 개정되기 전 저작권법에서는 '녹음' 행위만을 그 대상으로 규정하고 있었으나, 2003년 저작권법을 개정하면서 시각장애인 등을 위한 전용 기록방식으로 복제·배포 또는 전송할 수 있도록 함으로써 그 대상 범위를 대폭 확대하였다. 여기서 "대통령령으로 정하는 시각장애인 등을 위한 전용 기록방식"이란 (i) 점자로 나타나게 하는 것을 목적으로 하는 전자적 형태의 정보기록방식, (ii) 인쇄물을 음성으로 변환하는 것을 목적으로 하는 정보기록방식, (iii) 시각장애인을 위하여 표준화된 디지털음성 정보기록방식, (iv) 시각장애인 외에는 이용할 수 없도록 하는 기술적 보호조치가 적용된 정보기록방식 중 어느 하나에 해당하는 것을 말한다(저작권법 시행령 제14조 제 2 항).[337)]

---

337) 여기서 (i)의 경우는 디지털 점자 등이 이에 해당하고, (ii)의 경우는 2차원 바코드로 기록되어 리더기를 통하여 음성으로 들을 수 있도록 하는 보이스아이(Voice eye) 등이 이에 해당하며, (iii)의 경우는 음성합성장치를 통하여 음성으로 전환될 수 있도록 하는 방식으로서 시각장애인을 위하여 표준화된 것을 말하며, 데이지(Daisy) 또는 보이스 브레일(Voice Braille)이 이에 해당한다고 한다. 또한 (iv)의 경우는, 정보기록방식 자체의 속성만을 볼 때에는 시각장애인 등을 위한 방식이라 할 수 없는 것, 예를 들어 일반 텍스트 파일과 같은 경우에도 시각장애인 외에는 이용할 수 없도록 하는 기술적 보호조치가 적용될 경우에는 이 규정에 따라 복제, 전송을 할 수 있도록 근거규정을 마련한 것이라고 한다. 다만, 그 기술적 보호조치가 충분히 효과적이어서 시각장애인 외에는 이용할 수 없도록 보장할 수 있을 것을 전제로 한 것이라고 한다. 이해완, 전게서, 490면.

바. 출처명시의무 등

본 조의 규정에 의하여 저작물을 이용하는 경우에는 그 저작물을 번역하여 이용할 수 있으며(제36조 제 2 항), 그 출처를 명시하여야 한다(제37조 제 1 항 본문).

XⅢ. 청각장애인 등을 위한 복제 등

1. 입법 취지

2013. 7. 16. 법률 제11903호(2013. 10. 17. 시행) 저작권법 일부 개정에 의하여 청각장애인 등을 위한 저작재산권 제한규정이 신설되었다. 그 이전의 저작권법에서는 시각장애인을 위한 저작재산권 제한규정만을 명시하고 있었고, 청각장애인에 대하여는 아무런 규정도 두고 있지 않았다. 본 조는 청각장애인의 경우에도 일반인과 동등하게 공표된 저작물을 적극적으로 향유할 수 있도록 공표된 저작물 등을 수화 또는 자막으로 변환할 수 있고, 이러한 수화 또는 자막을 복제·배포·공연 또는 공중송신할 수 있도록 허용함으로써 청각장애인이 저작물 등에 접근할 수 있도록 배려한 규정이다.

2. 내 용

누구든지 청각장애인 등을 위하여 공표된 저작물을 수화로 변환할 수 있고, 이러한 수화를 복제·배포·공연 또는 공중송신할 수 있다(저작권법 제33조의2 제 1 항). 여기서 '청각장애인 등'이란 두 귀의 청력 손실이 각각 60데시벨 이상인 사람, 한 귀의 청력 손실이 80데시벨 이상, 다른 귀의 청력 손실이 40데시벨 이상인 사람, 두 귀에 들리는 보통 말소리의 명료도가 50퍼센트 이하인 사람, 평형 기능에 상당한 장애가 있는 사람을 말한다.[338]

청각장애인 등의 복리증진을 목적으로 하는 시설 중 대통령령으로 정하는 시설(해당 시설의 장을 포함한다)은 영리를 목적으로 하지 아니하고 청각장애인 등의 이용에 제공하기 위하여 필요한 범위에서 공표된 저작물 등에 포함된 음성 및 음향 등을 자막 등 청각장애인이 인지할 수 있는 방식으로 변환할 수 있고, 이러한 자막 등을 청각장애인 등이 이용할 수 있도록 복제·배포·공연 또는 공중송신할 수 있다(같은 조 제 2 항). 유의할 것은 시각장애

338) 저작권법 시행령 제15조의3(청각장애인 등의 범위) 참조.

인 등을 위한 경우와는 달리 청각장애인 등을 위한 경우에는 자유이용이 허용되는 행위태양에 복제·배포·전송 외에 공연과 공중송신이 포함되어 있다는 점이다. 이와 같이 복제·배포·공연 또는 공중송신하여 이용하는 경우에는 번역하여 이용할 수 있고(저작권법 제36조 제 2 항), 그 출처를 명시하여야 한다(제37조).

XIV. 방송사업자의 일시적 녹음·녹화

1. 의 의

저작물을 방송할 권한을 가지는 방송사업자는 자신의 방송을 위하여 자체의 수단으로 저작물을 일시적으로 녹음하거나 녹화할 수 있다(저작권법 제34조 제 1 항).339) 이 규정에 의하여 만들어진 녹음물 또는 녹화물은 녹음일 또는 녹화일로부터 1년을 초과하여 보존할 수 없다. 다만 그 녹음물 또는 녹화물이 기록의 자료로서 대통령령이 정하는 장소에 보존되는 경우에는 그러하지 아니하다(같은 조 제 2 항).

저작자는 저작재산권으로서 복제권(저작권법 제16조)과 공중송신권(저작권법 제18조, 방송권 포함) 등의 여러 가지 권리를 가지며, 복제권은 저작물을 녹음·녹화하는 권리를 포함한다. 그런데 대부분의 방송이 사전 녹화·녹음에 의하여 이루어지는 것이 일반적이므로, 저작물을 방송하는 경우에는 생방송이 아닌 한 그 전제로서 저작물을 녹음·녹화하는 것이 필요하다. 따라서 저작물을 방송하고자 하는 자는 방송에 관한 허락뿐만 아니라 녹음·녹화에 관한 허락까지 함께 받아야 하는 것이 원칙이지만, 이러한 원칙을 고집하면 방송의 현실에 비추어 불합리한 점이 많다. 즉, 저작재산권자의 허락을 받은 방송에 있어서 기술적으로 행하여지는 고정(복제)에 관하여, 그 고정물이 당해 허락을 얻은 방송에만 사용되고 사용 후에는 폐기되는 경우에는, 방송과 별도로 그 고정에 대하여 별도의 허락을 얻고 사용료를 지급하게 하는 것은 합리적이지 않다. 이것이 방송사업자의 일시적 녹음·녹화를 허용하는 이유이다.

---

339) 개정 전 저작권법에서는 "그 저작물이 방송권자의 의사에 반한 때에는 그러하지 아니 하다"는 단서규정을 두고 있었다. 이는 방송할 권한을 가진 방송사업자가 일시적 녹음·녹화를 할 수 있으나 저작재산권자가 이에 대해 반대의 의사를 분명히 한 때에는 본 항에 의한 일시적 녹음·녹화를 할 수 없다는 의미였다. 그러나 저작재산권자는 저작물의 방송을 허락하는 때에 그 저작물의 생방송 또는 녹음·녹화 방송을 결정할 수 있는 기회가 있기 때문에 방송을 허락한 저작재산권자가 다시 일시적 녹음·녹화를 제약할 수 있는 여지를 존치시킬 실익이 없어서 개정법에서는 단서를 삭제한 것이다.

그러나 원래 방송에 관한 허락이 녹음·녹화에 대한 허락을 당연히 포함하는 것인지에 관하여는 저작재산권자와 방송사업자 사이에 첨예한 이해의 대립이 있었다. 이에 베른협약 제11조의2는 제 1 항에서 저작자의 방송권을 규정하면서 같은 조 제 3 항에서는, "다르게 규정하지 않는 한 위 제 1 항에 따라 부여되는 승낙은 방송되는 저작물을 소리나 영상을 기록하는 장치에 의하여 기록하도록 승낙하는 것을 의미하지 않는다. 다만, 방송사업자가 자체의 시설에 의하여 자신의 방송에 사용되는 '일시적 고정물'(ephemeral recording)[340]을 작성하는 것에 관하여는 동맹국의 입법에 따라 결정한다"라고 규정함으로써 방송사업자의 일시적 녹음·녹화 허용여부를 각국의 법률에 위임하였다. 우리 저작권법은 위에서 본 바와 같은 방송의 현실을 고려하여 제34조의 규정을 둠으로써 방송사업자가 스스로의 방송을 위하여 사전 녹화·녹음을 하는 것은 그것이 일시적인 것이라면 저작권자의 허락을 받지 않고도 할 수 있도록 한 것이다.

2. 요 건

(1) 녹음·녹화의 주체는 방송사업자여야 한다. 방송사업자라 함은 방송을 업으로 하는 자를 말한다(저작권법 제 2 조 제 9 호). '방송'을 업으로 하는 자여야 하므로, 방송이 아닌 '전송'이나 '디지털음성송신'을 비롯한 비주문형 웹캐스팅을 업으로 하는 자는 여기서 말하는 방송사업자가 아닌 것으로 해석된다.

(2) "저작물을 방송할 권한을 가지는" 방송사업자여야 한다. 종전 법에서는 본 조의 적용대상을 단순히 '방송사업자'라고만 하였고, 해당 방송사업자가 방송권한을 가진 자인지에 대한 분명한 언급이 없어서 오해의 소지가 있었다. 이에 개정법에서는 "방송할 권한을 가지는" 방송사업자만이 본 조의 적용대상임을 분명히 한 것이다. 방송사업자가 "방송할 권한을 가지는" 경우로서는 방송사업자가 저작재산권자로부터 방송을 할 수 있는 허락을 받은 경우, 저작권법상 저작재산권 제한규정에 의하여 저작물을 방송할 수 있는 경우, 저작권법 제50조 및 제51조의 규정에 의하여 저작물 이용에 관한 법정허락을 받은 경우, 저작재산권 중 복제(녹음·녹화)권을 제외하고 방송권만을 양도받은 경우 등을 생각해 볼 수 있다.

(3) 방송사업자 자신의 방송을 위한 것이어야 한다. 우선 「방송」을 위한 것이어야 하므로 다른 용도, 즉 시청이나 보관, 감상, 판매 등을 위한 녹음·녹화는 이에 해당하지 않는다. 그리고 '자신'의 방송을 위한 것이어야 하므로 타인의 방송을 위해서나 타인으로 하여금 방송하게 하기 위한 녹음·녹화 역시 이에 해당하지 않는다.[341] KBS와 같은 공영방송

340) 저작인접권 보호를 위한 '로마협약' 제15조에서는 'ephemeral fixation'이라는 용어를 사용하고 있다.

에서는 서울 본사가 지방 네트워크의 방송을 위하여 녹음·녹화를 하는 것이 가능하다고 할 것이지만, MBC와 같이 서울 본사와 지방 방송사가 서로 다른 법인체인 경우에는 서울 본사가 지방 방송사를 위하여 녹음·녹화할 수 있는지가 문제로 된다. 현실적으로는 이와 같은 일이 사실상 행하여지고 있지만, 법 규정을 엄격히 해석하면 이는 본 조에 해당하는 경우가 아니므로 저작권자의 별도의 동의가 없는 한 불가능하다는 견해가 있다.342)

(4) 방송사업자의 자체수단으로 녹음·녹화하여야 한다. 방송사업자 자신의 시설 및 설비를 사용하여 자신의 직원에 의하여 녹음·녹화하는 것을 말한다. 다만 방송사업자가 타인의 스튜디오를 빌려 녹음·녹화하는 것은 자체수단에 의한 녹음·녹화라고 볼 수 있을 것이다. 따라서 방송사업자가 외부의 녹음·녹화업자인 제작자(프로덕션) 등에게 위탁하여 녹음·녹화물을 작성하도록 하거나, 혹은 방송사업자와 외부 제작자의 공동사업으로 녹음·녹화물을 작성하는 경우에는 본 조의 '자체수단'에 해당하지 않게 된다.343)

(5) 일시적인 녹음·녹화여야 한다. 본 조는 방송사업자의 방송을 위한 편의를 고려한 것이지, 장기적인 보관이나 판매, 감상 등을 목적으로 한 것이 아니므로 일시적이 아닌 계속 보존을 위한 녹음·녹화는 이에 해당하지 않는다. 일시적 녹음·녹화를 허용하는 것은 작성된 녹음·녹화물이 일정기간 경과 후에는 폐기된다는 것, 즉 일시적이라는 이유로 저작재산권을 제한하는 것이기 때문이다. 본 조의 규정에 의하여 작성된 녹음물 또는 녹화물이 당초의 목적인 저작물의 방영에 사용된 후에도 계속하여 수회 방송되는 것은 본 조의 취지를 훼손하는 것으로서 허용되어서는 안 된다는 견해가 있다.344) 그러나 1회성이 아닌 수회 방송될 것을 예정하고 있는 프로그램을 제작하면서 방송을 할 때마다 새로 일시적 녹음·녹화를 하여야 한다는 것은 현실성이 떨어진다는 의문이 있다.

저작권법은 본 조에 따라 방송사업자에 의하여 만들어진 녹음물 또는 녹화물은 녹음일 또는 녹화일로부터 1년을 초과하여 보존할 수 없도록 하고 있다(제34조 제2항 본문).345) 따라서 이 기간을 경과하여 녹음물·녹화물을 보존하는 경우에는 본 조의 적용이 없게 보게 되므로, 방송사업자는 저작권자로부터 복제에 관한 허락을 받아야 한다.346) 일본 저작

341) 허희성, 전게서, 143면.

342) 加戶守行, 著作權法 逐條講義, 四訂新版, 社團法人 著作權情報センター, 289면; 이해완, 전게서, 492면.그러나 우리 저작권법 제34조에 해당하는 일본 저작권법 제44조는, "자기의 방송을 위하여 자기의 수단 또는 당해 저작물을 동일하게 방송할 수 있는 다른 방송사업자의 수단에 의하여 일시적으로 녹음·녹화할 수 있다"라고 규정하고 있으므로, 위의 MBC의 경우에 있어서 서울 본사는 이를 동일하게 방송하는 지방 MBC 방송사업자를 위하여 녹음·녹화를 할 수 있는 것으로 된다.

343) 허희성, 전게서, 143면; 加戶守行, 전게서, 290면.

344) 內田 晉, 전게서, 248면.

345) 저작권법 시행령 제16조.

346) 하용득, 전게서, 211면.

권법에서는 녹음일 또는 녹화일로부터 6개월을 초과하여 보존할 수 없다고 하면서, 다만 그 6개월 기간 내에 당해 녹음물 또는 녹화물을 사용하여 행하는 방송 또는 유선방송이 있었던 때에는 그 방송 또는 유선방송 후 6개월을 초과하여 보존할 수 없다고 규정하고 있다. 따라서 일본 저작권법에 의하면 녹음 또는 녹화를 하고 나서 5개월이 되는 때에 방송이 이루어지면 실질적으로는 녹음 또는 녹화 후 11개월까지 보존이 가능한 것으로 된다. 우리 저작권법은 방송이 행하여졌는지 여부를 불문하고 녹음 또는 녹화를 한 날로부터 1년을 초과하여 보존할 수 없도록 규정하고 있다.

제34조 제 2 항 단서는 녹음·녹화물이 기록의 자료로서 대통령령이 정하는 장소에 보존되는 경우에는 1년을 초과하여 보존할 수 있다고 규정하고 있다. 그러한 장소로는 (1) 기록의 보존을 목적으로 국가 또는 지방자치단체가 설치·운영하는 시설, (2) 방송용으로 제공된 녹음물 또는 녹화물을 기록의 자료로 수집·보존하기 위하여 방송법 제 2 조 제 3 호의 규정에 따른 방송사업자가 운영하거나 그의 위탁을 받아 녹음물 등을 보존하는 시설이 있다.

3. 기 타

본 조의 규정에 의하여 저작물을 일시적으로 녹음 또는 녹화하는 경우 번역이나 편곡, 개작을 할 수 없으며(저작권법 제36조), 출처 명시의무가 없다(같은 제37조 제 1 항).

4. 방송기술 발달에 따른 일시적 녹음·녹화의 문제점

기술의 진전과 함께 방송의 형태는 종래의 지상파 아날로그 방송으로부터 지상파 디지털 방송, 방송위성(BS) 및 통신위성(CS)을 통한 디지털 방송, 방송과 통신의 융합에 의한 네트워크 방송 등으로 다양하게 변화하였다. '방송사업자'의 개념도 방송법에서 지상파방송사업자, 종합유선방송사업자, 위성방송사업자, 방송채널사용사업자(방송법 제 2 조 제 3 호)가 규정되는 등 그 개념이 넓어지고 있고, '프로그램' 제작의 모습도 다양화 되고 있어, 종래 아날로그 방송 시대에 만들어진 방송을 위한 일시적 녹음·녹화 규정이 시대의 흐름을 제대로 반영할 수 있는지 여부에 대하여 의문이 제기되고 있다. 예를 들어, 방송의 제작 및 서비스 과정이 디지털화 하면서 방송사가 음악 등 콘텐츠를 디지털 파일 형태로 전환하여 서버에 저장한 후, 매 방송 때마다 활용하는 사례가 늘어나고 있다. 이렇게 서버에 저장된 음악파일은 기간과 횟수에 관계없이 보존 및 활용되거나, 심지어는 다른 방송사에 무상 또는 유상으로 제공되는 사례도 있다고 하는데, 이는 본 조의 취지를 벗어난 것으로 해석될 수 있다.

이와 관련하여 일본에서는 통신위성을 통한 디지털방송에 있어서의 음원 사용이 음반 제작자의 저작인접권을 침해한 것인지 여부와 관련하여 많은 관심을 불러일으킨 이른바 '스타디지오 판결'이 선고된 바 있다. 이 판결은 디지털 시대에 있어서 방송사업자의 일시적 녹음·녹화 규정의 해석과 관련하여 중요한 시사점을 제공하고 있으므로, 이하에서는 앞의 '사적복제' 부분에서 한 번 살펴보았던 일본 동경지방법원 2000. 5. 16. 선고 판결(일명, '스타디지오' 사건)[347]에서의 방송사업자의 일시적 녹음·녹화 관련 쟁점의 배경 및 판결이유와 그에 대한 비판론 등을 살펴보기로 한다.

가. 기초사실

원고들은 음반제작자들이고, 피고 A는 방송법상 위탁방송사업자로서 통신위성방송 채널에서 음악을 중심으로 한 라디오 프로그램을 디지털 신호로 공중에게 유료송신하고 있으며, 피고 B는 피고 A의 위탁을 받아 송신 업무를 수행하고 있다.

이 사건 방송에 있어서 판매용 음반에 수록된 음악이 공중에게 송신되는 과정은 다음과 같다.

1. 아날로그 재생 및 디지털 변환: 음악CD를 아날로그 재생하여 그 신호를 디지털 신호로 변환한다.
2. 압축: 변환된 디지털 신호를 컴퓨터상에서 압축한다.
3. 보유서버에 저장: 압축된 디지털 신호를 보유서버에 저장한다. 보유서버는 피고 A가 리스회사로부터 리스를 받아 자기의 설비로서 관리·이용하고 있다.
4. 프로그램 편성 및 편성서버에의 입력: 각 채널마다 프로그램을 편성한 후 그 내용을 프로그램 데이터 형식으로 편성서버에 입력한다.
5. 송출서버에 송신 및 축적: 편성서버는 보유서버에 접속(access)하여 입력된 방송 편성 데이터에 따라 필요한 음악 데이터를 보유서버로부터 복수의 송출서버에 송출케 한다. 송출서버는 보유서버로부터 송출된 음악데이터를 축적한다.
6. 다중화.
7. 스크램블 가공.
8. 오류 정정부호 부가, 인터리브 처리.
9. 변환(디지털 데이터를 전파로 변환한다).

347) 1998년 17018호, 1998년 19566호 판결.

10. 통신위성에 송출(업 링크).
11. 위성에 의한 증폭과 공중 송신.

한편, 음악데이터를 보유서버에 축적하는 운용방법은 다음과 같다.

1. 방송할 곡목은 방송예정 주간의 1개월 내지 1개월 반 전에 결정되고(다만, 신보에 대해서는 방송 직전에 결정되는 경우도 있다), 현재 보유서버에 축적되어 있지 않은 곡은 방송예정 주간의 직전 금요일까지 보유서버에 축적한다.
2. 보유서버의 용량은 약 10만곡 분에 상당하는 음악데이터를 저장할 수 있는데, 실제로는 약 4만곡에서 7만곡 정도를 저장하고 있다.
3. 보유서버에 링크된 컴퓨터에는 삭제할 곡을 검색하기 위한 프로그램이 설정되어 있어서, 일정한 날짜를 입력하면 최종 방송일이 입력된 날짜 이전인 곡을 검색하여 그 곡들을 일괄하여 제거할 수 있는 시스템으로 되어 있다.
4. 매주 프로그램 내용을 변경하고 보유서버에 새로운 곡의 음악데이터를 저장하기 위하여 마지막 방송된 날로부터 오래된 곡(보통 3개월이 지난 곡) 순서대로 필요한 곡의 숫자만큼 삭제한다.

이 사건의 쟁점은 피고가 원고들의 음원(음악데이터)을 보유서버에 저장하는 것이 복제권 침해에 해당하는지, 아니면 방송사업자의 일시적 녹음에 해당하여 면책될 수 있는지 여부이다.

나. 원고의 주장

일본 저작권법 제44조 제 1 항(우리 저작권법 제34조 제 1 항)에서 “방송을 위한 일시적 고정”을 허용하는 취지는, (i) 방송의 허락에는 그 방송을 위한 녹음·녹화에 관해서도 묵시적 허락이 있다고 볼 수 있으며, (ii) 대부분의 방송은 생방송이 아니라 사전에 비디오 촬영 등 녹음·녹화를 하여 이루어지는 것이 통상적인바, 그러한 방송에 필수적인 일시적 고정을 인정할 필요가 있고, (iii) 곧 폐기될 것이 예정된 일시적 고정(ephemeral recording)은 그 경미성에 비추어 복제권 침해를 문제 삼을 가치가 없기 때문이다.

그런데 피고가 음악데이터를 보유서버에 축적하는 행위는, 편성 프로그램에서 채택한 음악을 보유서버에 축적된 데이터로부터 호출하여 송신함으로써, 하나의 음악데이터를 다른 프로그램에서 공유, 범용하는 것을 가능하게 하고, 효율적인 다(多)채널 방송을 실시하는 것을 목적으로 하는 것이다. 또한 피고가 설치한 프로그램에 의하여 보유서버에 축적된 음악데이터가 지속적으로 삭제된다고 하여도, 그것은 기억용량이 약 10만 곡분에 한정되고 있어서 축적된 악곡의 일부를 삭제하는 것이 기술적으로 필요하기 때문이며, 이는 상품으로서의 수명을 다한 작품을 삭제하고 있는 것에 지나지 않는다. 또한 피고의 보유서버에는 최소 4만 곡에 이르는 음악데이터가 항상 축적되어 있는바, 이는 사실상 음악저작물의 '데이터베이스'에 해당하며, 보유서버에 축적된 곡은 곧 소멸될 일시적인 존재도 아니다. 따라서 이는 "방송을 위한 일시적 녹음"에 해당하지 않는다.

다. 법원의 판단

"방송을 위한 일시적 녹음"에 해당하는지 여부를 판단함에 있어서는 당해 녹음이 그 목적으로 하는 방송의 실태에 비추어 구체적인 방송에 통상 필요하다고 판단되는 범위 내의 것인지 여부의 관점으로부터 고찰하여야 한다. 이 사건의 경우에 피고가 음악데이터를 보유서버에 축적하는 것은 특정한 구체적인 방송계획을 전제로 하여 비로소 행하여지는 것이고, 또한 보유서버에 축적된 음악의 총 곡수가 한정되어 있으며, 방송되지 않는 곡은 언젠가는 삭제되는 시스템을 가지고 있으므로 구체적인 방송의 필요에 따라 그 필요성의 범위 내에서 행하여지는 것이라고 할 수 있다.

따라서 이 사건에서 음악데이터를 피고의 보유서버에 축적하는 것은 그 운용의 실태에 비추어 볼 때 언젠가 삭제될 것이 예정된 시스템 아래에서 행하여진다는 의미에서 '일시적'인 것이라고 할 수 있으며, 또한 구체적인 방송에 통상 필요하다고 판단되는 범위 내에서 행하여지는 것이므로, 저작권법상 "방송을 위한 일시적 녹음"에 해당한다. 또한 피고가 음악데이터를 보유서버에 축적하는 것은 구체적인 방송계획을 전제로 한 것이고, 일반적인 방송을 위하여 행하여지는 것은 아니며, 그 축적은 구체적인 방송상의 필요성이 없으면 머지않아 삭제되도록 되어 있으므로 당초부터 범용성을 목적으로 한 축적이라고는 볼 수 없다.

여러 번 방송에 사용할 것을 예정한 것이라고 하여 곧바로 그 녹음이 "방송을 위한 일시적 녹음"에 해당하지 않는다고 해석할 근거는 없다. 오히려 저작권법 제44조 제3항(우리 저작권법 제34조 제2항)이 녹음·녹화로부터 6개월 이내에 당해 녹음물·녹화물을 사용한 방송이 있었던 경우에는 그 방송의 때로부터 다시 6개월의 기간 동안 그 녹음물·녹화물을 방송을 위하여 보존하는 것도 적법하다고 인정하고 있는 점에 비추어 보면, 저작권법 제44조는 한번 방송에 의하여 삭제되는 것이 아니라 그 후의 방송에서 다시 사용할 것을 예정한 녹음·녹화라도 "방송을 위한 일시적 녹음·녹화"로서 허용될 수 있음을 전제로 하고 있는 것이라고 보아야 한다. 만약 여러 번 방송에 사용하는 것이 예정된 녹음은 "방송을 위한 일시적 녹음"에 해당하지 않는다면, 여러 번 방송에 사용할 것이 예정되어 있는 곡의 경우 개개의 방송이 종료할 때마다 이를 삭제하고 다음 방송을 위하여 다시 녹음하는 것을 반복하지 않을 수 없게 되는데, 이는 번잡할 뿐만 아니라, 그로 인하여 음반제작자에게 특별한 이익을 가져다주지도 않기 때문에 사회적·경제적으로도 불합리한 결과를 초래할 뿐이다.

라. 판결에 대한 비판론[348)]

이와 같이 스타디지오 판결은 피고의 행위가 방송사업자의 일시적 복제(녹음·녹화)에 해당하므로 음반제작자의 복제권을 침해하는 것이 아니라고 판시하였다. 그러나 이에 대하여는 비판론이 강한데, 비판론의 요지는 다음과 같다.

방송사업자의 일시적 복제를 허용하는 입법취지는, 생방송보다도 사전에 비디오 촬영을 하여 테이프에 녹취한 프로그램을 방송하는 것이 통상적이라는 점을 고려한 것이다. 또한 방송을 위한 복제로부터 실제 방송에 이르기까지에는 상당한 시간적 간격이 생기게 되며, 민간방송에서는 본국에서 방송된 이후 지방국의 방송이 종료하기까지에도 상당한 기간이 필요하다. 이러한 사정 및 복제 후 6개월 동안은 그 복제물을 보존할 필요가 있다는 점과, 그 복제물을 방송에 사용한 후에도 방송법에 따라 방송내용의 확인을 위하여 일정기간 동안 보존하여야 하는 경우가 있다는 점을 아울러 고려한 것이 본 조의 취지이다.[349)] 물론 방송법에 의하여 보존의무를 부담하는 대상은 '방송 프로그램' 자체라고 할 것이지만, 프로그램과 일체성을 가지는 한에 있어서는 프로그램 소재를 복제하는 것에 대하여도 일시적 복제의 규정이 적용되어야 한다고 볼 것이다.

이 사건에서 음반에 수록된 음악이 공중에 송신되는 과정에서의 업무처리를 보면 복제는 2단계, 즉 (1) 보유서버에의 축적(압축된 디지털 신호를 보유서버에 축적), (2) 송출서버에의 송신 및 축적(편성서버는 보유서버에 접속하여 입력된 프로그램 편성 데이터에 따라 필요한 음악데이터를 보유데이터로부터 복수의 송출서버에 송출케 한다. 송출서버는 보유서버로부터 송출된 음악데이터를 축적한다)로 이루어진다. 이때 편성서버가 보유서버에 접속하여 보유서버로부터 송출된 음악데이터를 축적하는 것은 프로그램 제작과 일체성을 갖는 행위이다. 그렇지만 보유서버

348) 棚野正士, 放送事業者等による一時的固定 - 判例 スターデジオ事件にみる, 著作權法の權利制限規定をめぐる諸問題, 權利制限委員會, 社團法人 著作權情報センター, 2004. 3, 104-107면.

349) 일본 방송법 제 5 조(방송프로그램의 보존)에서는, "방송사업자는 당해 방송프로그램의 방송 후 3개월간(정정방송 또는 취소방송의 청구가 있는 방송에 대하여 그 청구에 관한 사안이 3개월을 초과하여 계속하는 경우에는 6개월을 초과하지 않는 범위 내에서 당해 사실이 계속하는 기간)은 방송프로그램의 내용을 심의기관 또는 정정 및 취소방송 관계자가 시청 기타 방법에 의하여 확인하는 것이 가능하도록 방송프로그램을 보존하지 않으면 아니 된다"고 규정하고 있다.

에의 축적은 프로그램 편성 이전에 이루어지는 음악데이터의 축적으로서 프로그램과 일체성을 가지는 것이라고는 볼 수 없다. 결국 피고의 행위는 10만 곡을 수납할 수 있는 CD 라이브러리를 구축한 것과 다를 바 없고, 이는 프로그램 소재로서 선택하기 전 단계의 녹음물의 축적에 해당하며, 다만 이를 CD 대신에 음악데이터로서 축적하고 있는 것뿐이라고 할 수 있다. 일반적인 방송이라면 CD 라이브러리로서 음악데이터의 고정물인 CD 자체를 보유하는 것이 보통이다. 그러나 피고는 CD 라이브러리 대신 디지털 파일형태로 음악데이터를 보유서버에 축적하고 있다. 이러한 데이터의 축적은 복제권의 근간에 관한 본질적인 문제라고 할 수 있으며, 따라서 복제권이 미치는 행위로 평가되어야 한다.

방송을 위한 일시적 복제에 있어서 '방송'은 구체적인 방송이어야 하며 방송 일반을 가리키는 것은 아니다. 결국 피고의 복제행위는 범용적인 목적을 위한 음악데이터의 축적에 해당한다는 해석을 피할 수 없다. 이 사건 판결은 수회의 방송에 사용되는 것을 예정한 것이라는 이유만으로 곧바로 그 축적이 "방송을 위한 일시적 녹음"에 해당하지 않는다고 해석할 근거는 없다고 판시하였는데, 이는 프로그램 자체에 대하여는 타당할지 몰라도 프로그램에 이용된 음악데이터에 대하여서까지 타당한 논리는 아니다.[350)]

XV. 미술저작물 등의 전시 또는 복제

1. 서 설

저작권법 제35조는 미술저작물 등의 전시 또는 복제와 관련된 저작재산권 제한 조항이다. 제35조에서 '미술저작물 등'이라고 규정하고 있는데, 이는 미술저작물, 건축저작물 또는 사진저작물을 말한다(저작권법 제11조 제 3 항). 미술저작물 등은 일반적으로 일품제작(一品製作)의 형태로 만들어진다는 점에서 다른 저작물과는 다른 특성을 가지고 있다. 그로 인하

350) 이 사건은 2000. 5월 제 1 심인 동경지방법원이 원고 음반제작자들의 청구를 기각하였고, 항소되어 동경고등법원에서 심리가 진행되었는데, 법원의 화해권고를 받아들여 당사자 간에 다음과 같은 내용으로 화해가 성립되었다.
피고 제일흥상은 음반제작자의 저작인접권자로서의 권리를 존중하고, '스타디지오 방송'에서의 상업용 음반의 사용에 관하여 아래의 사용방식을 준수한다.
① Fax 서비스 및 인터넷 홈페이지 등에 의한 '스타디지오' 방송 내용의 사전고지에 있어서 각 악곡의 연주 개시 시각 및 종료 시각을 표시하지 않는다.
② 신보 싱글 앨범에 대해서는 앨범 발매일 익일로부터 4일간, 신보 앨범에 대해서는 앨범 발매일 익일로부터 10일간 '스타디지오' 방송에 사용하지 않는다.

여 미술저작물 등은 다른 일반 저작물과는 달리 그 표현이 화체된 유체물이 주된 거래의 대상이 되며, 나아가 그 유체물을 공중이 볼 수 있도록 공개하는 '전시'라는 이용형태가 특별히 중요한 의미를 가진다. 따라서 양도 등의 사유로 저작자와 유체물인 원작품의 소유자가 달라지는 경우에 양쪽의 이해관계를 어떻게 조절할 것인지, 저작권자가 가지는 전시권을 비롯한 저작재산권과 원작품의 소유자가 가지는 소유권과의 충돌, 개방된 장소에 항상 전시되어 있는 미술저작물의 복제 및 그 이용행위를 어떻게 규율하여야 할 것인지 등 저작재산권과 공중의 이익 간의 조화, 초상화나 인물사진 저작물 등의 경우에 있어서 그 저작자와 위탁자 사이의 이해관계는 어떻게 조율하여야 할 것인지 등 여러 가지 문제가 발생하게 된다. 이에 저작권법은 제35조에서 미술저작물 등에 대한 특별규정을 두어 저작자의 전시권이나 복제권 등을 제한하고 있다.

저작권법 제35조에 의하여 저작물을 전시 또는 복제하는 자는 그 출처를 명시하여야 한다(저작권법 제37조).

2. 원본의 소유자에 의한 전시

가. 의 의

먼저 저작물의 원본 소유자 등의 전시에 관하여 저작권법은, "미술저작물 등의 원본의 소유자나 그의 동의를 얻은 자는 그 저작물을 원본에 의하여 전시할 수 있다. 다만, 가로·공원·건축물의 외벽 그 밖에 공중에게 개방된 장소에 항시 전시하는 경우에는 그러하지 아니하다"(저작권법 제35조 제 1 항)라고 규정하고 있다.

원래 전시권은 저작재산권의 지분권 중 하나로서 특단의 사정이 없는 한 저작자가 전시권을 가지며(저작권법 제19조), 이러한 전시권은 그 저작물이 양도되었다고 하더라도 저작물의 소유권과 함께 이전되는 것이 아니다. 그런데 화가(저작권자)로부터 미술작품을 구입하여 원본의 소유권을 취득하였음에도 불구하고 그 미술품을 화랑 등에 전시할 때마다 저작권자인 화가의 허락을 받아야 한다면 매우 불합리하고 사회통념과도 맞지 않는다. 오히려 미술저작물의 유통성이나 상품가치를 떨어뜨리게 될 것이다. 따라서 본 규정은 미술, 사진 또는 건축저작물의 원본이 양도된 경우에 저작권자의 전시권과 원본 소유자의 소유권 사이의 조정을 도모하기 위하여, 원본 소유자에 의한 자유로운 전시를 허용함과 동시에, 단서에서 이들 작품이 공중에게 개방된 장소에 항상 전시되는 경우에는 파급효과가 크다는 점을 고려하여 저작권자의 동의를 받도록 한 것이다. 원본 소유자의 동의를 얻은 자도 전시를 할 수 있으므로, 예를 들어 화랑(畵廊)이나 백화점 등이 주체가 되어 전시회를 할 때에도 원본 소유자의 동의만을 얻으면 전시가 가능하다.

이 규정의 취지는 저작자의 저작재산권(전시권)을 제한함으로써 원본 소유자의 자유로운 전시, 즉 자유이용을 허용한다는 취지이지, 원본 소유자에게 새로운 전시권을 창설하는 것은 아니다. 따라서 저작재산권이 보호기간의 만료로 소멸하게 되면 그 미술저작물은 누구라도 자유로이 전시할 수 있는 것이며, 원본 소유자의 전시권만이 남아있게 되는 것은 아니다. 다만 원본을 그 소유자가 배타적으로 점유·관리하고 있음으로 인하여 사실상 그만이 전시를 할 수 있게 되는 것은 별문제이다. 이 규정으로 말미암아 미술저작물 등의 저작재산권자가 복제물이 아닌 원본에 대하여 가지고 있는 전시권은 공중에게 개방된 장소에 항시 설치하는 경우 외에는 거의 작용할 여지가 없게 되었다고 볼 수 있다.

나. 요 건

(1) 주 체

미술저작물 등의 원본의 소유자 또는 그의 동의를 얻은 자에 의한 전시여야 한다.

(2) 객 체

미술저작물 등의 원본에 의하여 전시하여야 한다. 본 항에서 '미술저작물 등'이라고 하고 있지만, 건축저작물 중 건축물에 대하여는 본 항이 적용될 여지가 별로 없을 것으로 보인다. 왜냐하면 건축저작물 중 건축을 위한 모형 및 설계도서를 제외한 건축물은 대부분 공중에게 개방된 장소에 항시 전시되어 있어 본 항 단서의 적용을 받을 수밖에 없기 때문이다.

'원본'(original work)이란 첫째로는 저작자의 사상이나 감정이 표현되어 직접 제작된 유체물을 의미하고, 둘째로는 복제물이 아닌 것을 말한다.[351] 원본은 저작자의 사상이나 감정의 표현을 최초로 유체물에 고정한 것이라고 정의하기도 한다.[352] 따라서 원본은 일품(一品)에 한정되지 않고, 복제물이라고 하더라도 주형(鑄型, 거푸집)에 의하여 제작된 조각 작품이나 판화와 같이 저작자에 의하여 직접 제작된 것은 그것들이 원본으로서 작성된 것인 이상 설사 몇 십 개가 존재한다고 하더라도 모두 원본으로 보아야 한다. 다만, 이러한 작품들 중 특별히 저작자가 원본 인정의 의사를 나타내는 서명이나 한정 번호 등의 일정한 표시를 한 경우에는 그러한 표시를 갖춘 유체물(오리지널 카피)에 한하여 원본으로 인정한

---

351) 加戶守行, 전게서, 297면.

352) 木村 豊, 美術の著作物等に關する著作權の制限, 著作權法の權利制限規定をめぐる諸問題, 權利制限委員會, 社團法人 著作權情報センター, 2004. 3, 112면.

다. 사진저작물의 경우에는 필름이 원본이 아니라 인화지에 프린트된 것을 원본으로 보아야 하므로 원본과 복제물과의 구별이 더욱 어렵다. 그러나 어쨌든 복제물을 전시하는 경우에는 본 조의 적용을 받을 수 없고 저작권자의 동의를 받아야 한다. 하급심 판결 중에는 달력에 있는 사진(복제물)을 오려 내서 액자에 넣어 병원 복도에 걸어놓은 것은 저작권자의 전시권을 침해하는 행위라고 본 사례가 있다.[353)]

본 항의 규정은 원본 소유자에게 전시권을 창설하는 것은 아니므로, 회화나 조각 같이 원본이 하나인 경우에는 문제가 없으나 판화처럼 동일한 원본이 여러 개인 경우에는 자기가 소유하는 원본 이외의 것은 전시할 수 없다.[354)]

원본은 유체물에 고정된 것을 말하므로 미술저작물 중에는 원본이 없는 것도 있다. 즉, 컴퓨터 화면에서 보여주는 것만을 목적으로 하여 제작된 컴퓨터그래픽 미술저작물, 컴퓨터프로그램을 이용하여 모니터상에 그림을 그렸으나 아직 출력을 하지 않은 그림, 디지털 카메라로 촬영을 하였지만 아직 인화를 하지 않은 영상과 같이 유형물로 고정되지 않은 작품에는 원본이 존재하지 않는다고 볼 수 있다. 이러한 경우 그 과정에서 작성된 컴퓨터파일이나 디지털파일이 메모리에 저장되어 있으므로 그것을 유형물로 볼 수 있지 않을까 생각할 수도 있으나, 이때의 컴퓨터파일이나 디지털파일은 프로그램저작물이라고 볼 수 있을지는 몰라도, 그 자체가 미술저작물이라고 할 수는 없다. 따라서 미술저작물로서의 유형물, 즉 원본이 제작된 것은 아니라고 보는 것이 타당할 것이다. 한편, 우리 저작권법상 '전시'는 미술저작물 등의 원본이나 그 복제물을 공개하는 것을 의미하는데(제19조), 원본이든 복제물이든 모두 유형물이므로 저작권법상 전시는 어느 경우에나 유체물을 전제로 하는 것이라고 볼 수 있다.[355)] 따라서 유체물인 원본이 없는 컴퓨터그래픽 미술저작물의 경우에는 '전시'라는 것을 상정하기 곤란하여 본 조의 적용 역시 없다고 보아야 하며, 그러한 미술저작물을 공중에게 공개하는 것은 '상영' 또는 '재생'에 해당하여 저작권법 제 2 조 제 3 호에서 정의하고 있는 '공연'으로 보거나 아니면 '전송' 등에 해당한다고 보아야 하지 않을까 생각한다.[356)]

353) 서울중앙지방법원 2004. 11. 11. 선고 2003나51230 판결. 이 판결에 대하여는 찬성하는 취지의 견해도 있고, 저작권남용이라고 하여 비판하는 견해도 있다(상세한 내용에 대하여는 "제 4 장의 Ⅴ. 전시권" 부분 참조). 다만, 이 사례의 경우에 사용된 사진은 원본이 아니라 복제물이므로 어떻든 본 조의 적용을 받지 못한다는 점에는 차이가 없다.

354) 허희성, 전게서, 148면; 加戶守行, 전게서, 297면.

355) 저작권법상 '복제'를 유형복제(가시적 복제)와 무형복제(재생가능한 복제)로 나누는 견해가 있으나, '복제물'이라고 하면 유체물로 고정된 것만을 의미한다고 보아야 할 것이다.

356) 이와 관련하여서는 제 4 장 저작자의 권리 중 '전시권' 부분을 참조.

(3) 공중에게 개방된 장소에 항시 전시하는 것이 아닐 것

'전시'란 저작물이 화체되어 있는 유형물을 일반 공중이 관람할 수 있도록 진열하거나 게시하는 것을 말한다.[357] 그런데 공중에게 개방된 장소에서 저작물을 항시 전시하게 되면 저작물이 대폭적으로 이용되는 결과로 되어 저작재산권자의 이익을 심하게 해칠 우려가 있기 때문에 본 항 단서에서 이와 같은 요건을 두게 된 것이다. 따라서 미술저작물 등의 원본을 옥외의 장소에 항시적으로 설치하기 위해서는 저작재산권자의 허락을 별도로 받아야 한다. 다만, 원래부터 옥외의 장소에 항시적으로 설치하기 위하여 제작된 미술저작물 등의 경우에는, 그 저작자가 개방된 장소에서의 항시적 전시를 적어도 묵시적으로는 허용한 것으로 볼 수 있는 경우가 많을 것이다.

공중에게 개방된 장소의 예로서 저작권법은 가로(街路)·공원(公園)·건축물의 외벽 등을 들고 있다. 공유지뿐만 아니라 사유지라 하더라도 공중에게 개방되어 있는 옥외 장소라면 이에 해당하지만, 일반인의 출입이 제한된 장소는 이에 해당하지 않는다. 그러나 유료공원이나 유료유원지 같이 입장료를 징수한다고 하더라도 입장객의 자격을 특별히 한정하지 않고, 그 구역 내에서 사진촬영 등이 자유롭게 인정되는 장소라면 본 조의 개방된 장소에 해당한다고 보는 견해가 통설이다.[358] 상점의 내부를 들여다 볼 수 있는 쇼윈도(show window) 안에 전시된 것은 건축물의 외벽이 아니라 내부에 전시된 것이므로 공중에게 개방된 장소에 전시된 것으로 볼 수 없다고 해석된다.[359]

한편, 우리 저작권법은 "가로·공원·건축물의 외벽 그 밖에 공중에게 개방된 장소에 항시 전시"라고만 되어 있을 뿐, 일본 저작권법 제46조 제 1 항과 달리 그 장소가 '옥외', 즉 '건물 밖'일 것을 명시적으로 요구하고 있지는 않다. 그러나 하급심 판결 중에는 우리 저작권법의 해석상으로도 이 규정의 의미는 '옥외'에 설치되어 전시되는 것을 요구한다고 하여, 호텔 로비 라운지 한쪽 벽면에 미술저작물이 걸려 있는 것은 공중에게 개방된 장소에 전시된 것으로 볼 수 없다고 한 사례가 있다.[360] 학설도 본 항에서 '공중에게 개방된 장

357) '전시'의 개념과 관련하여서도 제 4 장의 '전시권' 부분 참조.

358) 허희성, 전게서, 149면. 박성호, 전게서, 588면.

359) 加戶守行, 전게서, 297-298면.

360) 서울중앙지방법원 2007. 5. 17. 선고 2006가합104292 판결은, 호텔 로비 라운지의 한쪽 벽면에 미술저작물이 설치된 것도 공중에게 개방된 장소에 전시된 것이므로 저작권법 제35조 제 2 항 규정에 의하여 자유이용이 가능한지 여부가 문제로 된 사례에서, "구 저작권법 제32조 제 2 항(현행 저작권법 제35조 제 2 항)에서 정해진 '일반 공중에게 개방된 장소'라고 함은 도로나 공원 기타 일반 공중이 자유롭게 출입할 수 있는 '옥외의 장소'와 건조물의 외벽 기타 일반 공중이 보기 쉬운 '옥외의 장소'를 말하는 것이고, '옥내의 장소'는 비록 일반 공중이 자유롭게 출입할 수 있다고 하더라도 일반 공중이 쉽게 볼 수 있는 곳이라고 볼 수 없으므로 이에 해당하지 않는다고 봄이 상당하다. 이와 달리 옥내의 장소도 일반 공중이 자유롭게 출입할 수 있으면 개방된 장소에 포함된다고 해석하게 되면 미술저작물의 소유자가

소'의 예로서 가로·공원·건축물의 외벽을 예시하고 있는 것에서 알 수 있듯이 이는 '옥외 장소'를 의미하는 것이고 건물 안의 '실내 장소'를 의미하는 것은 아니라고 한다.[361)]

"항시 전시하는 경우"라 함은 항상 계속하여 공중의 관람에 제공되는 경우를 말한다. '항시' 전시하는 경우만이 문제로 되므로, 임시로 공개적인 장소에 설치하였다가 오래지 않아 철거하는 경우는 이 단서조항에 해당하지 않는다.[362)] 따라서 세종로에 있는 이순신 장군 동상과 같이 쉽게 분리할 수 없는 상태로 토지상의 좌대에 고정되어 있는 경우라든가, 벽화와 같이 건축물 자체와 일체로 되어 있는 경우라든가, 건축물의 외벽에 고정·부착되어 있는 경우 등이 "항시 전시하는 경우"에 해당한다고 볼 수 있다. 이처럼 토지나 건물과 같은 부동산에 고정적으로 부착되어 있는 경우가 대부분이지만, 버스 몸체 같은 곳에 미술저작물 등을 부착한 경우도 공중에게 개방된 장소에 항시 전시한 것이라고 볼 수 있을 것이다.[363)] 그러나 계절에 따라 작품이 바뀌어 걸리는 경우는 이에 해당하지 않는다고 해석된다. 또한 미술관 내부가 아닌 미술관 정원에 조각 작품이 전시되어 있는 경우는 외부에서 보고자 하면 얼마든지 볼 수 있기는 하지만 본 조 단서에서 말하는 공중에게 개방된 장소는 아니라고 본다. 왜냐하면 그 조각 작품이 설치되어 있는 미술관 정원은, 원래 미술관 외부로부터 관람하도록 예정되어 있는 것이 아니라 미술관 내부와 일체를 이루는 장소로 보아야 하기 때문이다.[364)]

다. 공표권과의 관계

저작권법의 저작재산권 제한규정은 저작인격권의 행사에 영향을 미치지 아니한다(저작권법 제38조). 따라서 본 조에 의하여 원본 소유자에게 자유로운 전시가 허용된다고 하더라도 그 원본이 미공표저작물인 경우 이를 전시하면 공표권 침해의 문제가 야기될 수 있다. 이러한 점을 고려하여 저작권법은, 저작자가 공표되지 아니한 미술저작물·건축저작물 또는 사진저작물의 원본을 양도한 경우에는 그 상대방에게 저작물의 원본의 전시방식에 의한 공표를 동의한 것으로 추정하고 있다(제11조 제 3 항). 그러나 이와 같은 추정은 반증에

일반 공중의 출입이 자유로운 건축물 내부의 장소에서 그 미술저작물을 전시하는 경우에도 항상 저작권자의 동의가 필요하다는 불합리한 결과가 초래된다. 이 사건에서 보면 A호텔 1층 라운지는 일반 공중의 출입이 제한되지 아니하여 누구든지 자유롭게 출입할 수 있는 장소에 해당하지만 호텔 라운지는 호텔 내부공간으로서 구 저작권법 제32조 제 2 항의 '일반 공중에게 개방된 장소'에 해당하지 않는다" 고 하면서, 호텔 1층 로비 라운지에 전시된 원고 저작물을 배경으로 허락 없이 동영상광고를 제작하여 TV와 인터넷을 통해 광고한 피고들에 대하여 복제권 및 방송권, 전송권 침해의 책임을 인정하였다.

361) 박성호,전게서, 587면.
362) 장인숙, 전게서, 103면.
363) 일본 동경지방법원 2001. 7. 25. 판결, 판례시보 1758호 137면; 판례타임즈 1067호 297면.
364) 加戶守行, 전게서, 298면.

의하여 번복될 수 있고, 그렇게 되면 공표권의 침해가 성립할 수 있다.

3. 개방된 장소에 항시 전시된 미술저작물 등의 복제 및 이용

가. 원 칙

저작권법은, "가로·공원·건축물의 외벽 그 밖에 공중에게 개방된 장소에 항시 전시되어 있는 미술저작물 등은 어떠한 방법으로든지 이를 복제하여 이용할 수 있다. 다만, (1) 건축물을 건축물로 복제하는 경우, (2) 조각 또는 회화를 조각 또는 회화로 복제하는 경우, (3) 개방된 장소 등에 항시 전시하기 위하여 복제하는 경우, (4) 판매의 목적으로 복제하는 경우에는 그러하지 아니하다"라고 규정한다(제35조 제 2 항). 세종로에 세워져 있는 충무공의 동상을 그 거리를 산책하는 시민들이나 관광객들이 사진촬영 하는 것은 매우 자연스러운 일상적 행위인데, 이러한 사진촬영을 할 때마다 충무공 동상 저작권자의 동의를 얻어야 한다면 사회통념에 맞지 않고 공중의 이익에도 배치될 뿐만 아니라, 이러한 경우에 저작재산권을 제한한다고 하더라도 저작권자의 경제적 이익을 크게 해치는 것은 아니므로 두게 된 규정이다.

여기서 "개방된 장소에 항시 전시"의 의미는 앞의 제 1 항 단서 규정에서의 의미와 동일하다.

'복제'할 수 있다고 규정하고 있으므로 협의의 복제개념인 인쇄·사진촬영·복사·녹음·녹화 그 밖의 방법에 의하여 유형물에 고정하거나 다시 제작하는 것이 여기에 포함된다(저작권법 제 2 조 제22호). 그러나 제35조에서 말하는 복제는 위와 같은 유형적 복제만이 아니라 무형적 복제까지를 포함하는 광의의 복제를 의미하며, 여기에는 방송이나 전송 같은 공중송신도 포함된다고 해석하는 것이 통설이다. 그 이유는 앞의 예에서 충무공의 동상을 촬영할 수는 있지만 이를 방송하거나 인터넷상에 전송할 수 없다면 입법취지나 형평에 맞지 않기 때문이라고 한다.[365] 하지만 이러한 통설 중에도 본 조의 복제개념에 배포하는 것까지는 포함되지 않는다는 견해가 있었다.[366] 이러한 논의가 나오게 된 것은 2006년 개정되기 전 저작권법이 "… 어떠한 방법으로든지 이를 복제할 수 있다"라고만 규정하고 있어서 개방된 장소의 전시물을 단순히 복제하는 것만이 허용되는 것처럼 되어 있었음에 연유한다고 볼 수 있다. 그러나 개정 전 저작권법 아래에서도 복제는 결국 저작물 이용을 위한 전제행위이기 때문에 복제하여 이용할 수 있다는 의미로 이해하고 있었다. 이에 개정된 현

365) 허희성, 전게서, 150면. 박성호, 전게서, 589면.
366) 허희성, 전게서, 150면.

행 저작권법에서는 " … 어떠한 방법으로든지 이를 복제하여 이용할 수 있다"고 규정함으로써 해석상 오해의 소지를 없앴다. 따라서 공중에게 개방된 장소에 항시 전시되어 있는 미술저작물 등은 아래의 네 가지 예외 규정에 해당되지 않는 한 모든 방법에 의한 이용행위가 허용되므로, 사진촬영, 녹화, 복제물의 배포, TV 방송, 유선방송, 인터넷 전송, 상영 등의 방법으로 이용하는 것이 모두 가능하다.367)

다만, 여기서 복제하여 이용할 수 있다는 것이 적극적인 개작행위, 즉 2차적저작물작성행위까지를 허용하는 것인지에 대하여는 의문이 있다. 일반적인 저작권법의 해석상 '이용'이라고 하면 저작재산권의 지분권이 적용되는 모든 행위, 즉 '복제·공연·방송과 전송을 비롯한 공중송신·전시·배포·2차적저작물작성'의 행위를 모두 포함하는 것으로 이해되고 있다. 그러나 본 항의 입법취지는, 개방된 장소에 항시 전시된 미술저작물 등의 복제행위는 일상생활에서 자연스럽게 일어나는 행위여서 이를 저작권으로 제한하는 것은 사회통념에 맞지 않을 뿐만 아니라, 자유이용을 허용하더라도 저작권자의 경제적 이익을 크게 해치는 것은 아니라는 점에 있다. 따라서 그러한 입법취지를 넘어서는 경우, 즉 적극적인 2차적저작물의 작성행위까지 허용하는 것은 아니라고 해석하는 것이 타당하다. 만약 2차적저작물 작성행위까지 허용하는 것이라고 하면 본 항 예외사유에 의하여 건축물을 건축물로 복제하는 것은 허용되지 않는데, 건축물을 그와 실질적으로 유사한 건축물(2차적저작물)로 개작하여 건축하는 것은 허용되게 되어 부당하다.

유사한 규정을 두고 있는 일본 저작권법 제46조 제 1 항이 "어떠한 방법으로든지 이를 이용할 수 있다"고 규정하고 있음에 반하여, 우리 저작권법은 "어떠한 방법으로든지 이를 '복제하여' 이용할 수 있다"고 하여 의도적으로 2차적저작물작성을 제외한 것으로 볼 여지도 있다. 또한 우리 저작권법 제36조 제 1 항은 저작재산권 제한 규정 중 개작하여 이용할 수 있는 경우를 명시하고 있는데, 여기에 제35조 제 2 항은 언급되어 있지 않다. 문리상으로 볼 때 우리 저작권법보다 더 포괄적으로 이용행위를 허용하고 있는 일본 저작권법 아래에서도 통설은 이 규정을 엄격하게 해석하고 있다. 즉, 일본 저작권법 제46조 제 1 항이 "어떠한 방법으로든지 이를 이용할 수 있다"고 하고 있으므로 같은 법 제27조(번안권) 및 제28조(2차적저작물이용권)의 이용을 포함하는 것으로 해석되지만, 그렇다고 하여 예컨대 '도라에몽'을 그린 원작품이 옥외 광고간판으로 설치되어 있다는 이유로, '도라에몽'을 등장캐릭터로 하는 애니메이션 영상저작물을 제작하는 것이 자유롭게 허용되는 것은 아니며, 옥외에 항시설치된 작품의 이용이라는 것이 명백한 경우('도라에몽'이 그려진 옥외 광고간판이 사

367) 본 항과 관련하여 우리나라 개정 저작권법과 유사하게 " … 어떠한 방법으로든 이를 이용할 수 있다"고 규정하고 있는 일본 저작권법에 대한 加戶守行의 해석론이 이와 같다. 加戶守行, 전게서, 299면.

진이나 영화로 촬영된다거나, 그 그림을 포함하는 풍경이 만화에 묘사되는 경우 등이 이에 해당한다)에 한정되어 본 항에 의한 자유이용이 허용된다고 해석하고 있다.[368]

저작재산권에 관한 제한규정은 저작인격권에 영향을 미치는 것으로 해석되어서는 아니 되므로(저작권법 제38조), 2차적저작물을 작성하여 이용하는 경우는 물론이고, '복제하여 이용'하는 경우라 하더라도 그 이용과정에서 저작인격권 중 동일성유지권을 침해하는 것은 허용될 수 없다.

이 규정에 의하여 저작물을 이용하는 자는 그 출처를 명시하여야 한다(저작권법 제37조 제 1 항).[369]

나. 예 외

(1) 건축물을 건축물로 복제하는 경우(제 1 호)

건축물을 건축물로 복제하는 것을 제외하는 것은 모방건축을 허용하지 않겠다는 취지이다. 모방건축을 허용하게 되면 건축저작물의 저작권은 거의 사문화될 수밖에 없기 때문이다. 본 호에서는 건축물을 건축물로 복제하는 것만을 예외로 규정하고 있으므로, 그 반대해석상 건축물을 건축을 위한 모형이나 설계도서로 복제하는 것은 본 호의 예외규정에 해당하지 않는다고 해석하는 것이 명문의 규정에 비추어 부득이하다고 보인다. 그러나 우리 저작권법이 건축물은 물론이고 건축을 위한 모형 및 설계도서를 모두 건축저작물에 포함시키고 있는 점을 고려하면, 본 호의 예외범위에 건축물을 건축을 위한 모형이나 설계도서로 복제하는 경우까지 포함시키는 것으로 규정하는 것이 타당하다고 생각한다. 물론, 건축물을 복제한 모형이나 설계도에 따라서 건축물을 시공하게 되면 이는 당연히 건축저작물에 대한 복제가 되어 저작재산권자의 복제권이 미치게 된다.

건축저작물을 "건축을 위한" 모형이 아니라 단순한 모형, 즉 미니어처(miniature)로 제작하는 것은 본 호의 예외규정에 해당하지 아니하여 허용된다고 볼 것이다. 다만, 그러한 미니어처를 개방된 장소에 항시 전시하거나 판매의 목적으로 제작하는 경우에는 아래 제 3 호 및 제 4 호에 해당하여 제한될 수 있다.

---

368) 半田正夫·松田政行, 『著作權法コンメンタール』, 勁草書房(2), 394면.

369) 일본 저작권법에서는 본 항에 의한 이용의 모든 경우에 출처명시 의무가 있는 것이 아니라 "출처를 명시하는 관행이 있을 경우에는 그 관행에 따라 출처를 명시하여야 한다"고 규정하고 있다. 공중에게 개방된 장소에 항시 전시되어 있는 미술저작물 등을 복제하여 이용함에 있어서는 출처를 명시하기 곤란하거나 불필요한 경우도 있을 수 있으므로 입법론으로서는 일본 저작권법과 같이 규정하는 것이 더 나았을 것이라고 생각된다.

(2) 조각 또는 회화를 같은 형태로 복제하는 경우(제 2 호)

이것은 조각을 조각으로 복제하거나 회화를 회화로 복제하는 것(동형복제)을 금하는 취지이다.370) 이러한 '동형복제'를 허용하게 되면 저작권자의 가장 중요한 권리인 복제권이 형해화 할 우려가 있기 때문이다. 따라서 개방된 장소에 항시 전시된 조각을 회화로 복제하거나 회화를 조각으로 복제하는 것(이형복제)은 가능하며, 사진촬영이나 영상에 수록하는 것도 가능하다.371) 다만, 여기서 '이형복제'는 가능하다고 하더라도 그것은 어디까지나 '복제'여야 하므로, 만약 개방된 장소에 항시 전시된 조각작품을 회화로 제작하거나 회화작품을 조각으로 제작하면서 단순한 복제를 넘어 새로운 창작성을 부가함으로써 2차적저작물로 보아야 할 정도에 이르렀다면 이는 제35조 제 2 항에 의하여 허용되는 자유이용의 범위를 넘어서는 것으로 보아야 할 것이다. 원작품과 완전히 동일한 작품으로 복제하는 경우뿐만 아니라, 환조조각(丸彫彫刻) 작품을 부조조각(浮彫彫刻)372) 작품과 같은 형태로 복제하는 등 표현 방식만을 달리한 형태로 복제하는 것도 본 예외규정에 해당하여 금지되는 것으로 해석하여야 할 것이다.373)

(3) 개방된 장소 등에 항시 전시하기 위하여 복제하는 경우(제 3 호)

개방된 장소에 항시 전시하기 위한 복제를 허용하면 저작물에 대한 대폭적인 자유이용이 허용되어 저작권자의 경제적 이익이 크게 손상될 위험이 있고, 특히 이미 개방된 장소에 항시 전시되고 있는 미술저작물 등의 '원본'과 그 복제물이 경합하게 되어 미술저작물 등의 저작자의 전시권은 물론이고 원본 소유자의 이익과도 상충하게 되므로 이를 규제하기 위하여 본 호의 예외를 둔 것이다.374) 주의할 것은 이때의 복제에는 원작품의 이형복제(변형복제)도 포함된다는 점이다. 따라서 예컨대 조각을 회화로 복제하거나 회화를 조각으로 복제하는 경우에도, 그 복제물을 공개된 장소에 항시 전시하기 위한 것이라면 본 예외규정이 적용되어 자유로운 복제는 허용되지 않는다.375) 또한 건축물을 복제한 건축물은 위 제 1 호의 예외에 해당하지만, 개방된 장소에 항시 전시하기 위하여 건축저작물의 미니

370) 좁은 의미에서 조각(彫刻)은 재료를 새기거나 깎아서 입체 형상을 만드는 것을 말하고, 소조(塑造)는 찰흙, 석고 따위의 재료를 빚거나 덧붙여서 만드는 것을 말하는데, 본 호에서 '조각'은 좁은 의미의 조각과 소조를 모두 포함하는 의미, 즉 조각과 소조를 모두 포함하는 이른바 '조소'(彫塑)의 의미로 이해할 것이다.

371) 허희성, 전게서, 150면.

372) 환조는 한 덩어리의 재료에서 물체의 모양 전부를 조각해 내는 것을 말하며, 부조는 돋을새김(평평한 면에 글자나 그림 따위를 도드라지게 새기는 것)을 말한다.

373) 加戶守行, 전게서, 300면.

374) 박성호, 전게서, 590면.

375) 허희성, 전게서, 151면.

어처(miniature)를 작성하는 것은 본 제 3 호의 예외에 해당하여 역시 저작재산권이 미치게 된다. 개방된 장소에 항시 전시하는 경우라 함은 일반적으로 토지나 건물과 같은 부동산에 부착하여 설치하는 경우가 보통이지만, 버스 몸체 같은 곳에 복제하는 것도 이에 해당한다는 것은 앞에서 본 바와 같다.

(4) 판매를 목적으로 복제하는 경우(제 4 호)

판매의 목적으로 그림엽서, 연하장, 캘린더, 포스터 등의 형태로 복제하는 것은 허용되지 않는다. 1장짜리 형태로 된 복제물뿐만 아니라 화집(畵集)이나 도록(圖錄) 같은 경우도 이에 해당한다. 문제로 되는 것은 판매되는 잡지 등의 표지에 개방된 장소에 전시된 미술저작물, 예컨대 충무공 동상의 사진을 게재하는 것이 판매의 목적으로 복제한 것에 해당되느냐의 여부이다. 이에 대하여는 잡지에 이러한 사진을 게재하는 것이 독자의 눈을 끌게 하기 위한 것으로 그것이 잡지판매에 큰 비중을 차지하고 있는지 여부에 따라 판단하여야 한다는 견해가 있다.[376] 한편, 판매를 목적으로 복제하는 경우만이 본 예외규정에 해당하므로, 선전 등 영리를 목적으로 하는 것이라도 무료로 배포되는 것이라면 이에 해당하지 않는다. 따라서 무료로 배포되는 기업의 홍보용 캘린더에 복제하는 것은 본 예외규정의 적용이 없고 제35조 제 2 항 본문에 따라 자유이용이 허용된다고 본다.[377]

그림엽서에 사용할 목적으로 풍경사진을 촬영할 때 그 배경에 개방된 장소에 항시 설치되어 있는 미술저작물 등이 들어가는 경우가 있는데, 이때에는 그 그림엽서에서 해당 미술저작물이 주된 존재인가 종된 존재인가 여부에 따라 본 예외규정의 적용여부를 결정하여야 할 것이다. 따라서 풍경은 단순히 부수적인 것이고 미술저작물을 주된 소재로 하여 촬영한 것이라면 본 예외규정이 적용될 것이지만, 반대로 풍경이 주된 소재이고 그 배경에 멀리 미술작품이 촬영되어 있음에 지나지 않는 경우라면 본 예외규정의 적용은 없다고 볼 것이다.[378]

학설 중에는 미술저작물 등을 상영하거나 공중송신할 목적으로 행하는 복제나 그 복

---

376) 상게서, 150면. 한편, 일본 저작권법은 본 예외규정에 해당하는 제46조 제 4 호에서 "오로지 미술저작물의 복제물의 판매를 목적으로 복제하거나 … "라고 규정하고 있다. 따라서 그 자체가 독립하여 감상의 목적이 될 수 있는 미술저작물의 복제물로서 잡지게재의 형식만을 취하고 있을 뿐 실질적으로는 판매를 목적으로 한 것이라고 평가되는 경우가 아닌 한, 일반적으로 잡지의 표지에 게재하는 것은 본 예외규정에 해당하지 않는다고 해석하고 있다. 加戶守行, 전게서, 301면.

377) 일본에서는 기업의 홍보용으로 무상 배포되는 캘린더와 같은 경우에는 저작재산권자의 허락을 받도록 하는 것이 타당하므로, 본 예외규정에서 "판매를 목적으로 … "라고 하는 부분을 삭제하고, 대신 "오로지 미술저작물의 복제물의 배포를 목적으로 복제하는 경우"로 개정하는 것이 타당하다는 주장이 있다. 木村 豊, 전게논문, 116면.

378) 加戶守行, 전게서, 301-302면.

제물을 전시하거나 대여할 목적으로 행하는 복제에는 본 호가 적용되지 않는다는 견해가 있다.[379] 또한 미술저작물이 잡지 등에 게재된 경우라도 미술저작물 그 자체가 독립된 감상의 목적으로 복제된 것이 아니라면 본 호의 적용대상이 아니라고 한다. 그러므로 미술저작물 등이 잡지의 표지나 잡지 앞부분의 화보, 그라비어(gravure) 사진으로 게재된 경우 그것이 독자의 주목을 끌어 잡지를 판매하는 데에 큰 비중을 차지하고 있는지 여부에 따라 본 호의 적용대상인지 여부가 판단된다고 한다. 문제는 판매에 큰 비중을 차지하는지 여부를 판단하는 기준을 어떻게 설정할 것인가 하는 점인데, 잡지에서 표지나 앞부분 화보, 그라비어 사진 부분만을 분리하여도 독립된 상품가치를 가진다고 평가할 수 있는 경우에는 본 호에 해당하지만, 그러한 경우는 예외적일 것이라고 한다.[380]

다. 물건에 대한 퍼블리시티권 또는 소유권과의 관계

일본에서는 물건을 사진촬영하여 이용하는 행위에 관하여 그 물건에 대한 퍼블리시티권 또는 소유권자의 사용수익권을 인정한 판례가 몇 개 보인다. "광고용 애드벌룬 사건",[381] "꼬리 긴 닭 사진 사건",[382] "크루저 사진 사건"[383] 등의 판결에서는 광고용 애드벌룬, 꼬리긴 닭, 크루저와 같은 물건을 사진촬영하여 이용하는 행위를 그 물건 소유자의 권리를 침해하는 행위로 인정하고 있다.

이들은 모두 일반인의 눈길을 끄는 특징적인 물건에 고객흡인력이 있어 그 이용행위를 둘러싸고 다툼이 발생한 사례인데, 미술저작물 등의 경우에도 그러한 분쟁을 예상해 볼 수 있다. 예를 들어 88 올림픽을 기념하여 서울 송파구에 설치된 '빛의 세계'라는 조형물(이를 조형미술로 볼 것인지 건축저작물로 볼 것인지의 해석은 나뉠 수 있다)은 매우 특징적인 조형물인데, 이 조형물을 T셔츠의 모양으로 제작하여 판매하는 것을 생각할 수 있다. 또는 서울 광화문에 있는 '이순신 장군 동상'의 형상을 그대로 모방한 가장무도회 복장을 제작하여 판매하는 경우도 생각해 볼 수 있다. 이러한 경우가 저작권법 제35조 제 2 항 제 4 호의 "판매의 목적으로 복제하는 경우"에 해당할 것인지 규정상으로는 애매하다. 어쨌든 그 조형물

---

379) 박성호, 전게서, 591면.

380) 박성호, 전게서, 591, 592면. 이와 관련하여 원고의 미술저작물이 노선 버스 차체에 그려져 있고 그 버스는 낮 시간에 시내를 주행하고 있는데 피고가 유아용 그림책을 만들면서 그 표지 및 본문 중에 위 버스 사진을 게재한 사안에서, 일본 하급심 판결은 피고의 서적은 유아용 그림책으로서 사진을 이용하여 시내를 주행하는 각종 자동차를 설명할 목적으로 만들어진 것이지 버스 차체에 그려진 미술저작물의 복제물을 판매할 목적으로 제작된 것이 아니므로 본 호에 해당하지 않는다고 판시한 사례가 있다고 한다(동경지방법원 2001. 7. 25. 판결).

381) 동경지방법원 1977. 3. 17. 판결, 판례시보 868호, 64면, 판례타임즈 362호, 288면.

382) 高知지방법원 1984. 10. 29. 판결, 판례타임즈 559호, 291면

383) 고베지방법원 이타미지원 1991. 11. 28. 판결, 판례시보 1412호, 136면.

이 가지고 있는 고객흡인력에 착안하여 이용하는 것이므로 물건에 대한 퍼블리시티권 또는 그 소유자의 사용수익권이 작용될 여지가 있을 것이다. 그러나 물건에 대한 퍼블리시티권이나 사용수익권은 그 물건의 소유권자에게 귀속되는 것이지 저작자에게 귀속되는 것은 아니므로, 저작자의 입장에서는 저작권법 제35조 제 2 항 제 4 호의 예외규정에 해당하지 않는 한 그러한 행위에 대하여 저작재산권을 주장할 수 없게 된다. 해석론으로서는 그러한 행위들은 모두 저작권법 제35조 제 2 항 제 4 호의 예외규정에 해당하여, 저작재산권이 미친다고 보는 것이 타당하다고 생각된다.

4. 미술저작물 등의 전시·판매에 수반되는 복제 및 배포

저작권법 제35조 제 1 항의 규정에 의하여 전시를 하는 자 또는 미술저작물 등의 원본을 판매하고자 하는 자는 그 저작물의 해설이나 소개를 목적으로 하는 목록형태의 책자에 이를 복제하여 배포할 수 있다(제35조 제 3 항). 화랑에서 미술품을 전시하거나 판매하고자 할 때 그 미술품을 복제한 사진 등을 실어 이를 소개하는 목록 등 소책자를 제작·배포하는 것은 통상적으로 행하여지는 일이다. 이에 저작권법은 본 항과 같은 규정을 두어 그러한 목록제작을 위하여 미술품 등을 사진 등으로 복제·배포하는 경우에는 일일이 원본 저작자의 동의를 받을 필요가 없도록 하였다. 제35조 제 1 항에 의한 전시를 하는 자 또는 원본을 판매하고자 하는 자만이 본 항의 주체가 되므로, 미술저작물 등의 원본이 아니라 복제물을 판매하고자 하는 자는 이 규정에 의한 자유이용의 주체가 될 수 없다.

이 규정에서 “판매를 하고자 하는 자”라 함은 원본의 소유자가 직접 판매를 하고자 하는 경우 그 소유자는 물론이고, 그의 의뢰에 의하여 판매를 위탁받은 화랑(畵廊) 등도 포함된다. 화랑에서 열리는 특별전람회와 같은 경우에는 그 전람회에 출품되어 진열된 작품을 복제하여 게재하는 것이 허용되지만, 미술관과 같은 상설적인 시설에서는 목록작성 시점에 진열되어 있는 작품뿐만 아니라 교체진열이 예정되어 있는 소장작품 전체를 소장목록 형태의 책자로 복제하는 것도 허용된다고 해석된다.384)

저작권법이 그 저작물의 해설이나 소개를 목적으로 하는 목록형태의 책자라고 규정하고 있으므로, 단순한 소개의 목적이 아니라 호화판으로 제작되어 사실상 감상을 목적으로 하는 책자라든가, 목록이 아닌 하나의 작품마다 제작된 복제화(複製畵)나 포스터 같은 것은 본 항의 적용을 받을 수 없다.385) 업계의 현실을 보면 미술전시회를 하면서 매우 호화스러

384) 加戸守行, 전게서, 302면.

385) 허희성, 전게서, 152면; 하용득, 전게서, 215면; 內田 晋, 전게서, 251면.

운 화보 형태의 카탈로그가 제작되고 있고, 이러한 책자들은 지질(紙質)이나 인쇄태양, 작품의 복제규모에 따라서는 목록이나 도록이라기보다는 사실상 화집(畵集)에 해당한다고 보아야 할 것들이 있다. 이러한 책자는 저작권자의 경제적 이익(예컨대 그 미술작품에 대한 화보집 등 2차적저작물을 제작할 이익)을 현저하게 해칠 우려가 있으므로 본 항의 적용이 없다고 해석하여야 할 것이다. 일본에서는 "레오나르 후지타 사건",[386] "반즈 콜렉션 사건",[387] "달리 전(展) 소책자 사건"[388] 등에서 본 항의 적용을 부정하고 저작권침해를 인정한 판례가 있는데, 이는 일본 법원의 확립된 태도라고 할 수 있다.

또한 본 항의 규정에 의하여 작성된 카탈로그나 목록 등이 제작 실비 가격으로 판매되는 경우는 물론이고 전시회 등의 수익을 위하여 실비 이상의 가격으로 판매되는 경우도 있는데, 그러한 경우라고 하여 본 항이 적용되지 않는다고 볼 것은 아니다. 그러나 그러한 고가의 카탈로그나 목록은 해당 미술저작물 등의 시장적 가치를 저해하는 결과를 초래할 우려가 크므로 본 항의 적용여부를 해석함에 있어서는 더욱 엄격하게 볼 필요가 있다. 예를 들면, 관람 예정인원을 훨씬 상회하는 부수를 작성하여 관람객이 아닌 일반인들에게까지 널리 판매하는 것은 허용되지 않는다고 할 것이다. 또한 목록형태의 책자가 아니라 그림엽서나 1장짜리 복제화를 작성하는 것도 본 항이 적용되지 않고, 그 경우에는 저작재산권자의 허락 없이는 작성할 수 없다고 해석된다.[389]

본 항에서는 원본을 전시 또는 판매하고자 하는 자가 그 주체가 될 수 있으며 목록형태의 책자에 복제하여 배포할 수 있다고 규정하고 있으므로, 본 항의 규정은 오프라인 인쇄물 형태로 제작하여 배포하는 것만 자유이용을 허용하는 것이고, CD-Rom 등의 전자기록매체에 수록하여 배포하거나 인터넷을 통하여 전시작품을 소개하는 것(이 경우에는 복제권뿐만 아니라 공중송신권까지 작용하게 된다)은 본 항에 의한 자유이용의 대상이 아니라고 해석될 수 있다.[390] 그러나 전자상거래가 활성화된 오늘날의 디지털 환경 아래에서는 미술저작물의 인터넷 경매 등의 경우에 미술저작물의 축소 이미지를 경매 사이트에 올려서 구매희망자들이 볼 수 있게 할 필요성이 크다.[391] 판매하는 그림 등이 어떤 것인지를 구매희망자

386) 동경지방법원 1988. 10. 6. 판결, 별책 쥬리스트 157호; 저작권판례백선, 제 3 판, 174-175면; 판례시보 1323호, 140면; 판례타임즈 710호, 234면.

387) 동경지방법원 1998. 2. 20. 판결, 판례시보 1643호, 176면; 판례타임즈 974호, 204면.

388) 동경지방법원 1997. 9. 5. 판결, 판례시보 1621호, 130면; 판례타임즈 955호, 243면.

389) 加戸守行, 전게서, 303면.

390) 半田正夫·松田政行, 『著作権法コンメンタール』, 勁草書房(2008), 2권 411-412면.

391) 이러한 점을 고려하여 일본은 2009년 저작권법 개정에 의하여 제47조의2(미술저작물 등의 양도 등의 신청에 수반하는 복제) 규정을 신설하여, "미술저작물 또는 사진저작물의 원작품 또는 복제물의 소유자 기타 이들의 양도 또는 대여의 권원을 가지는 자가 제26조의2 제 1 항(양도권) 또는 제26조의3(대여권)에 규정하는 권리를 해하지 아니하고 그 원작품 또는 복제물을 양도하거나 대여하고자 하는 경우에는,

들이 알 수 있도록 축소이미지의 목록을 경매사이트 등에 올려 '전송'하는 것은 그 축소 이미지의 해상도가 높지 않아 저작권자의 이익을 부당하게 해치지 않는 한, 굳이 본 항 규정을 유추적용하지 않더라도 공표된 저작물의 인용에 관한 저작권법 제28조 또는 공정이용에 관한 일반조항인 제35조의5의 규정에 따라 자유이용이 허용된다고 볼 가능성이 높을 것이다.[392)]

5. 위탁에 의한 초상화 등

위탁에 의한 초상화 또는 이와 유사한 사진저작물의 경우에는 위탁자의 동의가 없는 때에는 이를 이용할 수 없다(저작권법 제35조 제 4 항). 사진사에게 위탁하여 사진을 촬영하면 그 사진저작물의 저작권은 촬영한 사진사에게 귀속된다. 그러나 이 경우 사진사 마음대로 그 사진을 전시하거나 복제할 수 있다고 하면 사진의 모델이 된 위탁자의 프라이버시 등 인격적 이익을 해치는 결과를 초래하게 된다. 따라서 저작권법은 위와 같은 특별규정을 두어 저작권자의 이용행위를 제한하고 있는 것이다.

원래 구 저작권법에서는 이와 같은 초상화나 사진에 대하여 위탁자의 인격적 이익을 보호하기 위하여 저작권 자체를 위탁자에게 귀속하는 것으로 규정하고 있었다(구 저작권법 제13조). 그러나 이 규정에 대하여는 초상권 등 인격적 권리의 보호라는 저작권과는 전혀 별개의 요청을 저작권 규정을 통하여 해결하는 것이 입법 구조상 문제가 있다는 지적이 있었다. 이에 따라 저작권법 개정을 통하여 저작권은 일반원칙대로 저작자(촬영자)에게 귀속하되 다만 위탁자의 동의가 없는 때에는 그것을 전시하거나 복제할 수 없도록 하여 양쪽의 이해를 조절하였다. 그러다가 2000년 1월 12일 다시 저작권법을 개정하면서 전시와 복제뿐만 아니라 모든 이용행위가 제한되는 것으로 규정하였으며, 그것이 현행 저작권법에도 그대로 이어지고 있다. 종전 저작권법에서는 '촉탁'(囑託)이라는 용어를 사용하고 있었는데, 이 용어는 국가와 사인간의 계약을 의미하는 것으로 오해할 우려가 있다고 하여 2006년 개정된 저작권법에서부터는 '촉탁' 대신 '위탁'(委託)이라고 용어를 변경하였다.

한편, 2006년 개정되기 전 저작권법 부칙 제 2 조 제 2 항 제 3 호에서는, 구 저작권법

당해 권원을 가지는 자 또는 그 위탁을 받은 자는 그 신청용으로 제공하기 위해 이들 저작물에 대하여 복제 또는 공중송신(자동공중송신의 경우에는 송신가능화를 포함한다)(당해 복제에 의하여 작성되는 복제물을 이용하여 행하는 이들 저작물의 복제 또는 당해 공중송신을 수신하여 하는 이들 저작물의 복제를 방지 또는 억제하기 위한 조치 기타 저작권자의 이익을 부당하게 해하지 아니하기 위한 조치로서 정령으로 정하는 조치를 강구하여 행하는 것에 한한다)할 수 있다"는 규정을 신설하였다.

392) 이해완, 전게서, 502-503면.

제13조 규정에 의한 촉탁저작물(위탁저작물)의 저작권 귀속은 구법에 의하는 것으로 규정하고 있음을 주의할 필요가 있다. 즉, 구 저작권법 시행 당시에 제작된 촉탁사진저작물의 저작권자는 개정법 시행 이후에도 촉탁자인 것이다.

참고로 소비자피해보상규정(재정경제부 고시 제2006-36호)393)에서는, 사진현상 및 촬영업을 하는 사업자가 소비자의 촉탁에 의해 대가를 받고 촬영한 증명사진 및 기념사진의 원판 소유권의 귀속에 관하여 규정하고 있다. 이에 따르면 원판 소유권의 귀속은 사업자와 소비자 사이의 사전 계약에 의하되, 사전 계약이 없는 경우에는 ① 광학 방식의 필름원판은 소비자에게 인도하고, ② 디지털 방식의 사진 파일은 소비자에게 인도하되, 인도에 소요되는 비용(디스켓 등) 등 실비는 소비자의 부담으로 할 수 있는 것으로 규정하고 있다. 또한 사진의 원판을 인도하더라도 저작권은 양도되지 않고, 사업자가 사진원판을 보관하는 경우 그 보관기간은 1년으로 정하고 있다. 이러한 규정은 민법과 저작권법의 내용을 절충하여 반영한 것이라고 이해할 수 있다.

6. 출처의 명시 등

본 조에 의하여 미술저작물 등을 이용하는 경우에는 그 출처를 명시하여야 한다(저작권법 제37조 제 1 항). 개작에 의한 이용은 허용되지 않는다(저작권법 제36조).

XVI. 일시적 복제에 대한 면책

1. 의 의

제 4 장 제 3 절의 Ⅱ 복제권 부분에서 살펴본 바와 같이 현행 저작권법은 제 2 조 제22호의 '복제'에 대한 정의규정을, "…일시적 또는 영구적으로 유형물에 고정하거나 다시 제작하는 것을 말하며, …"라고 '일시적'이라는 문구를 추가하는 내용으로 수정함으로써, 일시적 저장이 복제의 범위에 포함된다는 점을 명문으로 규정하였다. 따라서 일시적 저장에 대하여도 복제권자의 권리가 미치게 되었다. 그러나 일시적 저장을 복제로 보는 것을 반대

393) 이 규정은 소비자보호법 제12조 제 2 항에 의하여 소비자와 사업자간의 분쟁의 원활한 해결을 위하여 소비자보호법 시행령 제10조 규정에 의한 일반적 소비자피해보상기준에 따라 품목별로 소비자피해를 보상할 수 있는 기준을 정한 것이다.

하여 왔던 견해가 들고 있는 논거처럼, 일시적 저장을 복제로 인정할 경우에는 인터넷을 통한 통상적인 자료 검색 행위마저 복제권의 규율 대상이 되어 정보 접근의 자유가 심각하게 제한을 받게 될 우려가 크다. 현재의 정보통신기술 아래에서는 컴퓨터를 통하여 저작물을 이용하는 경우 필수적으로 일시적 저장이 일어나게 된다. 그러므로 일시적 저장을 복제로 보는 정의규정을 두는 이상, 통상적인 저작물 이용과 관련하여 발생하는 일시적 저장을 복제권 침해로부터 면책하는 제한 규정을 적절하게 두는 것이 반드시 필요하다.

그리하여 현행 저작권법은 일시적 저장을 복제의 개념에 포함시키는 한편, 기존 저작재산권 제한 규정에 제35조의2(저작물 이용과정에서의 일시적 복제) 규정을 신설하여, "컴퓨터에서 저작물을 이용하는 경우에는 원활하고 효율적인 정보처리를 위하여 필요하다고 인정되는 범위 안에서 그 저작물을 그 컴퓨터에 일시적으로 복제할 수 있다. 다만, 그 저작물의 이용이 저작권을 침해하는 경우에는 그러하지 아니하다"는 규정을 두었다. 일시적 저장을 복제권침해의 책임으로부터 면책하는 입법 형식으로는 컴퓨터 유지보수를 위한 경우, 버퍼 캐싱 등과 같이 구체적으로 유형을 열거하는 방식과, 적법한 저작물 이용에 따르는 일시적 저장을 포괄적으로 면책시키는 규정을 두는 방법을 생각해 볼 수 있다. 법적 안정성과 명확성을 기한다는 측면에서는 개별적으로 열거하는 것이 바람직할 수도 있지만, 일시적 저장을 복제의 개념에 수용함으로 인하여 통상적이고 일반적인 디지털 형태의 저작물 이용이 뜻하지 않은 지장을 받지 않도록 한다는 취지에서 개정안은 포괄적 면책규정을 두는 방식을 택하였다.[394)]

저작권법 제35조의2 본문은 일시적 저장의 발생이 기술적 측면에서 필수적으로 요청되는 경우에만 면책이 된다는 점을 분명히 한 것이고, 단서 부분은 합법적 이용에 부수하는 일시적 저장만이 면책된다는 점을 규정한 것이다. 따라서 저작권 침해물을 이용하는 과정에서 발생하는 일시적 저장이나 이용행위 자체가 저작권침해가 되는 경우에 발생하는 일시적 저장은 면책이 되지 않는다.

2. 요 건

가. 컴퓨터에서의 저작물 이용에 따른 부수적 이용일 것

본 조는 컴퓨터에서 저작물을 이용하는 것이 "주된 이용"이고, 컴퓨터에 일시적으로 복제하는 것은 그에 따라 이루어지는 "부수적 이용"일 것을 요건으로 한다. 예를 들어, DVD를 구입하여 컴퓨터를 통해 시청하기 위해 재생을 시키는 과정에서 DVD에 수록된

394) 저작권위원회, 전게서, 87-88면.

파일의 내용이 컴퓨터의 램(RAM)에 일시적으로 저장되는 것, 인터넷상의 정보를 검색하고 이용하는 과정에서 그 정보의 내용이 램에 저장되거나 일부 내용이 캐시 파일로 하드디스크에 일시적으로 복제되는 것 등이 그러한 경우에 해당한다. 이때 컴퓨터에서 DVD를 재생하여 시청하는 것이 주된 이용이라면, 그 과정에서 램에 일시적 복제가 일어나는 것은 부수적 이용이며, 인터넷상의 정보를 검색 또는 열람하는 것이 주된 이용이라면 그 과정에서 램이나 캐싱 폴더에 저작물이 일시적으로 복제되는 것이 부수적 이용이다.[395]

그런데 문화체육관광부 설명자료에 의하면, "원활하고 효율적인 정보처리를 위하여 필요한 범위 내"를 "컴퓨터 등에서 저작물을 송신받아 이용하거나 또는 컴퓨터 내의 저장매체나 그 밖의 저장매체에 저장된 저작물을 이용하는 경우에, 버퍼링(buffering)이나 캐싱(caching) 등을 포함하여 이를 원활하고 효율적으로 처리하기 위해서 필요한 범위 내의 일시적 복제가 모두 이에 해당하고, 이에 해당하기 위하여 그러한 일시적 복제가 반드시 이용에 부수적이어야 한다거나 불가피한 것일 필요는 없다"고 설명하고 있다.[396] 이러한 설명에 대하여는, 원활하고 효율적인 정보처리를 위하여 필요하다고 인정되는 범위에 해당하는지 여부를 결정하는 중요 판단기준 중의 하나가 저작물의 '주된 이용'에 따르는 '부수적 이용'인지 여부라고 할 것이므로 이는 본 조의 요건과 대립하는 것이라기보다 서로 수렴하는 관계에 있는 설명이라고 해석하는 견해가 있다.[397]

본 조의 "저작물을 이용하는 경우"에서 말하는 '이용'에는 반드시 저작재산권의 구체적 지분권에 해당하는 이용만이 아니라, DVD의 시청, 정보의 검색·열람 등과 같이 지분권에 포함되지 않는 일반적 의미에서의 이용도 포함되는 것으로 보아야 할 것이다.[398]

대법원 2017. 11. 23. 선고 2015다1017 판결(일명 '오픈캡처' 사건)은, "(일시적 복제 면책규정의) 취지는 새로운 저작물 이용환경에 맞추어 저작권자의 권리보호를 충실하게 만드는 한편, 이로 인하여 컴퓨터에서의 저작물 이용과 유통이 과도하게 제한되는 것을 방지함으로써 저작권의 보호와 저작물의 원활한 이용의 적절한 균형을 도모하는 데 있다. 이와 같은 입법 취지 등에 비추어 볼 때 여기에서 말하는 '원활하고 효율적인 정보처리를 위하여 필요하다고 인정되는 범위'에는 일시적 복제가 저작물의 이용 등에 불가피하게 수반되는 경우는 물론, 안정성이나 효율성을 높이기 위해 이루어지는 경우도 포함된다고 볼 것이지만, 일시적 복제 자체가 독립한 경제적 가치를 가지는 경우는 제외되어야 한다."고 판시하였다.

같은 취지에서, 대법원 2018. 11. 15. 선고 2016다20916 판결은, 甲 주식회사가 乙 외국

395) 이해완, 전게서, 512-513면.
396) 한·미 FTA 설명자료, 전게서, 6면 참조.
397) 박성호, 전게서, 598면.
398) 이해완, 전게서, 513면.

회사가 저작권을 가지고 있는 소프트웨어에 관하여 판매대리점 계약을 체결하였고, 乙 회사는 위 소프트웨어에 대한 이용허락계약(라이선스 계약)을 통하여 라이선스 받은 최대 동시사용자 수보다 많은 사용자가 소프트웨어를 동시에 사용할 수 없도록 하는 동시사용 방식의 라이선스를 부여하고 있었는데, 甲 회사가 위 소프트웨어의 최종사용자가 라이선스를 추가로 확보할 수 있는 기능을 가진 소프트웨어를 개발하여 乙 회사의 소프트웨어의 최종사용자들에게 판매하였고, 이를 사용하면 최대 동시사용자 수를 초과하는 乙 회사의 소프트웨어가 사용자 컴퓨터의 램(RAM)에 일시적으로 복제된 상태로 남게 되는 사안에서, 라이선스 계약을 체결할 당시 저작권자인 乙 회사가 약정한 최대 라이선스 수를 넘는 일시적 복제까지 허락하였다고 볼 수 없는 점, 甲 회사의 소프트웨어는 乙 회사의 소프트웨어의 작동과정에서 원활하고 효율적인 정보처리를 위한 작업을 하는 것으로만 볼 수 없고, 乙 회사의 소프트웨어가 사용자 컴퓨터의 램(RAM)에 복제된 상태로 남게 되는 것은 甲 회사의 소프트웨어에 의해 추가적으로 발생한 것이지 乙 회사의 소프트웨어를 이용하는 과정 중에 불가피하게 수반되는 결과물이라고 볼 수도 없는 점, 라이선스 계약과 같은 동시사용 방식에서 유상 거래의 핵심이 되는 것은 '최대 라이선스의 수'라고 볼 수 있는데, 甲 회사의 소프트웨어로 인해 '최대 라이선스의 수'가 증가되는 효과가 발생하게 되고 甲 회사의 소프트웨어를 사용하면 구매할 라이선스 수를 줄일 수 있으므로 乙 회사의 소프트웨어의 라이선스 판매량이 감소하는 경제적 효과가 발생하게 되는 점 등을 종합하면, 甲 회사의 소프트웨어에 의해 발생하는 일시적 복제는 乙 회사의 소프트웨어의 이용과정에서 불가피하게 수반되거나 안정성이나 효율성을 높이는 것으로만 보기 어렵고, 독립한 경제적 가치를 가지는 것으로 볼 수 있으므로, 甲 회사의 소프트웨어는 乙 회사의 일시적 복제권을 침해하였다고 판시하였다.

나. 원활하고 효율적인 정보처리를 위하여 필요하다고 인정되는 범위 안에서 이루어질 것

학설 중에는 컴퓨터에서 저작물을 이용하는 경우 "원활하고 효율적인 정보처리"를 위한 목적을 가지지 않는 '일시적 복제'가 존재하는지 의문이라고 하면서 본 요건의 의미에 관하여 의문을 제기하는 견해가 있다. 이 견해에 따르면, 일시적 저장행위는 기본적으로 정보처리를 원활하고 효율적으로 하기 위한 기능을 수반하기 때문에, 본 규정의 입법취지는 원활하고 효율적인 정보처리'만'을 위하여 필요하다고 인정되는 범위에서 복제권을 제한하고자 한 것이 아닌지 검토할 필요가 있다고 한다.[399)]

---

399) 신재호, 한·미 FTA 이행을 위한 개정 저작권법에 관한 검토, 2012. 7. 12. 디지털재산법학회 포럼 발

그러나 "원활하고 효율적인 정보처리를 위하여 필요하다"는 것은 위에서도 예를 든 바와 같이, DVD의 원활한 재생을 위해 그 안에 수록된 정보를 램에 일시적으로 저장하는 것이나 정보검색의 속도를 향상시키기 위해 캐시파일을 컴퓨터 하드디스크의 임시폴더에 저장해 두는 것과 같이, 원활하고 효율적인 정보처리를 위한 기술적 필요에 의하여 일시적 복제가 필요한 경우를 말한다. 따라서 이러한 경우가 아니라 사용자가 특별히 하드디스크에 저장한 후 일정한 기간만 사용하는 것 등의 경우에는 그 사용기간이 비록 짧다고 하더라도 이 요건을 충족하는 것으로 보기 어렵다. 한편, 캐싱 등 기술적 과정에서 하드디스크에 저장된 파일이라 하더라도 그것을 다른 저장공간으로 복사하여 사용하는 등의 2차적 사용행위를 할 경우에는 "원활하고 효율적인 정보처리"를 위해 필요한 범위 내의 이용이라고 할 수 없으므로, 역시 이 요건을 충족하지 못하고 복제권 침해가 성립할 수 있다.[400] 예컨대, 인터넷 또는 IPTV 등에서 정보를 효율적으로 검색하거나 프로그램을 안정적으로 시청하기 위해 이루어지는 브라우저 캐시를 별도로 복제하기 위해 이용하거나, 이렇게 이루어진 브라우저 캐시를 다른 사람에게 공중송신하기 위해 이용하는 경우에는 본 조가 적용되지 않는다.[401]

다. 일시적으로 복제하는 경우일 것

복제의 성격이 '일시적'이어야 한다. 여기서 '일시적'이라는 것은 시간적으로 짧은 기간을 의미하는 것이다. 일반적으로 컴퓨터에서 저작물을 이용하는 경우에 그 저작물이 당해 컴퓨터의 램에 저장되는 경우는 특별한 사정이 없는 한 그 저장이 임시성 또는 휘발성을 가지므로 '일시적' 저장이라고 볼 수 있을 것이다. 또한 저장되는 기간이 다소 길다고 하더라도 그 저장이 일정한 시간의 경과 등에 따라 기술적으로 삭제 또는 갱신되도록 되어 있다면 '일시적' 복제의 성격을 가진다고 이해할 수 있을 것이다. 즉, 기술적으로 볼 때 일정한 시간적 유한성이 있다면 일시적 복제에 해당하는 것으로 볼 수 있다.[402]

학설 중에는 '일시적'(temporary)과 '순간적'(transitory)이란 두 개념을 구별할 필요가 있다고 하면서, 일시적 저장이나 순간적 저장이나 모두 전원을 끄면 정보가 사라져 버린다는 점에서는 동일하지만, 순간적 저장은 장래 반복하여 사용될 가능성이 없다는 점에서 유형물에 재제 또는 고정하는 것이라고 평가될 수 없으므로 처음부터 복제에 해당하지 않는 것이고, 이에 반해 일시적 저장이란 순간적이지 않고 일정한 시간 지속하기 때문에 장래

표자료, 4면.

400) 이해완, 전게서, 513면.

401) 임원선, 전게서, 290면. 박성호, 전게서, 598면.

402) 이해완, 전게서, 514면.

반복하여 사용될 가능성이 있다는 점에서 순간적 저장과는 달리 복제에 해당하는바, 제35조의2 법문에서 '일시적 복제'라고 하는 것은 후자, 즉 복제의 범위에 포함되는 '일시적 저장'을 말하는 것이라는 견해가 있다.[403] 그러나 제35조의2가 의미를 가지는 것은 장래 사용 가능성이 있는 복제의 경우이므로 어느 해석론을 취하더라도 결론에 있어서 큰 차이는 없을 것으로 보인다.

라. 그 저작물의 이용이 저작권을 침해하는 경우가 아닐 것

저작권법 제35조의2 단서는 "다만, 그 저작물의 이용이 저작권을 침해하는 경우"에는 본문의 적용을 받을 수 없다고 규정하고 있다. 이 단서에서 말하는 "그 저작물의 이용"은 앞에서 본 본문 규정의 '주된 이용'을 말하는 것이고, '부수적 이용'(일시적 복제)을 말하는 것은 아니라고 해석된다. 왜냐하면 만약 이 단서 규정의 "그 저작물의 이용"이 본문의 일시적 복제행위를 의미하는 것이라고 해석한다면, 본문에서 그러한 일시적 복제행위를 허용한다고 규정하면서, 단서에서 다시 저작권침해라고 규정하는 것이 되어 본문과 단서가 논리적으로 모순되기 때문이다. 즉, 위 단서 규정의 "그 저작물의 이용"이 일시적 복제행위를 의미하는 것으로 해석한다면, 일시적 복제행위가 저작권을 침해하는 경우에는 저작재산권 제한 규정이 적용되지 않는다는 의미가 되고 결과적으로 일시적 복제행위가 저작권을 침해하지 않는 경우에만 저작재산권을 제한한다는 무의미한 규정이 되어 버린다.

따라서 저작권법 제35조의2 단서 규정은 일시적 복제의 주체가 행하는 저작물의 '주된 이용'이 저작권법상의 복제권이나 공중송신권 등의 저작재산권의 지분을 침해하는 경우에는 그에 부수하여 이루어지는 일시적 복제 역시 같은 조 본문의 자유이용으로부터 제외하겠다는 취지의 규정이라고 보아야 할 것이다. 즉, 컴퓨터에서 저작물을 이용하는 과정에서 발생하는 일시적 저장행위는 복제 내지 공중송신행위('주된 이용'행위)에 수반하는 일련의 과정 속에서 발생하는 경우가 많은데, 이러한 복제 내지 공중송신행위 등 주된 이용행위가 저작권을 침해하는 경우에는 그에 수반되는 일시적 복제행위도 면책하지 아니한다는 의미로 보아야 한다. 예를 들어 컴퓨터를 이용하여 DVD에 수록된 영상저작물 또는 인터넷상에서 스트리밍 방식으로 제공되는 영상저작물을 재생하여 공중이 시청할 수 있도록 보여주는 공연행위를 저작권자의 허락 없이 할 경우, 그 영상저작물을 컴퓨터의 램에 일시적으로 저장하는 것은 비록 공연행위의 과정에서 부수적으로 행하여지는 것으로서 제35조의2 본문의 요건을 모두 충족하는 것이라 하더라도 그 주된 이용행위인 공연이 저작권침해를 구성하는 이상 그 일시적 저장도 복제권 침해에 해당하는 것으로 보아야 한다는 것이 본

403) 박성호, 전게서, 598, 599면.

조 단서의 의미이다.[404] 또한, 저작물의 이용행위 자체가 저작권자의 허락을 받아야 하는 이용행위는 아니지만 저작권법이 특별히 저작권침해로 간주하는 경우에도 해당하지 않아야 한다.[405]

이와 같이 본 조 단서는 주된 이용행위가 저작권침해를 구성하는 경우에는 그에 따라 부수적으로 일어나는 일시적 복제행위를 자유이용에서 제외, 즉 면책하지 않겠다는 취지라고 해석된다. 그렇다면 본 조 단서의 규정이 없다고 하더라도 주된 이용행위가 저작권침해를 구성하는 이상 그 주된 이용행위를 규제하면 될 것이지 굳이 그에 따라 부수적으로 이루어지는 일시적인 복제행위까지 규제하는 단서 규정은 특별한 의미가 없는 것이 아닌가 하는 의문이 있을 수 있다. 굳이 본 조 단서 규정이 의미를 가질 수 있는 상황을 상정해 본다면 우리나라의 사법권이 미치지 않는 해외나 공해상에 송출용 서버를 두고 그 서버를 통하여 인터넷으로 응용프로그램을 우리나라 국내에 스트리밍 방식으로 제공하는 경우에, 그 송출행위가 전송권침해에 해당하더라도 사법관할권의 한계로 인하여 이를 현실적으로 규율할 수는 없지만, 국내에서 스트리밍 방식으로 사용하는 과정에서 당해 컴퓨터(PC 등)에 그 응용프로그램이 일시적으로 복제될 것이므로 그러한 복제행위에 대하여는 저작권법 제35조의2 단서가 적용되어 설사 일시적 복제라 하더라도 면책의 대상에서 제외할 수 있게 될 것이다. 그러나 이러한 경우는 일시적 저장 자체가 독립한 경제적 가치를 가지는 것으로 볼 수 있고, 이용자 PC의 램에 소프트웨어나 콘텐츠가 일시적으로 저장되는 것 자체가 유상거래의 핵심적 대상이 되는 경우여서 단순히 부수적인 행위라고는 볼 수 없으므로, 아예 제35조의2의 본문의 요건을 갖추지 못한 것으로 보아야 한다는 견해도 있다. 이 견해에 의하면 저작권법 제35조의2 본문은 분명하게 "독립한 경제적 가치가 없을 것"을 요건의 하나로 제시하고 있지는 않지만, 그 규정의 취지 속에 일시적 복제가 '주된 이용'과의 관계에서 '부수적'인 성격을 가질 것을 요하는 의미가 내포되어 있고, 그 부수성의 자연적인 귀결로서 일시적 복제가 그 자체로서 독립한 경제적 가치를 갖지는 않는 경우일 것을 요하는 것으로 해석할 수 있다고 한다.[406]

3. 프로그램에 대한 특례

일시적 저장의 면책이 적용되는 가장 대표적인 경우로서는 컴퓨터 유지보수를 위한

404) 이해완, 전게서, 515면.

405) 한미 FTA 이행을 위한 개정 저작권법 설명자료, 문화체육관광부·한국저작권위원회 편(2011. 12. 14.), 7면. 박성호, 전게서, 599면.

406) 이해완, 전게서, 516면.

경우를 들 수 있다. 그런데 우리 저작권법은 제 5 장의2에서 프로그램에 관한 특례 규정을 두어 일반 저작물과 달리 특별한 취급을 하고 있다. 이에 현행 저작권법에서는 제35조의2를 신설하는 것과 아울러 프로그램에 관한 특례 규정 중 제101조의3(프로그램의 저작재산권의 제한) 규정에 제 2 항을 신설함으로써, "컴퓨터의 유지·보수를 위하여 그 컴퓨터를 이용하는 과정에서 프로그램(정당하게 취득한 경우에 한한다)을 일시적으로 복제할 수 있다"는 규정을 별도로 두는 것으로 하였다. 이에 관하여는 제 7 장 제 7 절의 Ⅵ. 프로그램 저작재산권의 제한 부분에서 살펴보기로 한다.

XⅦ. 부수적 복제 등

1. 규정의 형식과 취지

사진촬영, 녹음 또는 녹화(이하 '촬영 등'이라 한다)를 하는 과정에서 보이거나 들리는 저작물이 촬영 등의 주된 대상에 부수적으로 포함되는 경우에는 이를 복제·배포·공연·전시 또는 공중송신 할 수 있다. 다만, 그 이용된 저작물의 종류 및 용도, 이용의 목적 및 성격 등에 비추어 저작재산권자의 이익을 부당하게 해치는 경우에는 그러하지 아니하다(저작권법 제35조의3). 2019년 11월 26일 개정된 저작권법에 신설된 저작재산권 제한규정이다.

이 규정의 취지는, 가상·증강 현실 기술을 이용한 산업의 발전을 뒷받침하기 위하여 촬영 등의 주된 대상에 부수적으로 다른 저작물이 포함되는 경우 저작권 침해를 면책할 수 있는 근거를 마련한 것이라고 한다. 사진이나 영상을 촬영할 때 주된 피사체 배경에 있는 그림이나 캐릭터가 부수적으로 촬영되는 경우, 또는 길거리에서 영상을 녹화하는데, 그 거리에 울려 퍼지고 있는 음악이 부수적으로 녹음되는 경우는 흔히 있다. 이와 같이 부수적으로 촬영 또는 녹음된 저작물을 저작권침해라고 한다면 우리의 일상생활은 불편해질 수밖에 없다. 본 조는 이러한 행위를 저작권침해의 책임으로부터 면책시켜 주기 위한 규정이다. 이 규정에 따라 위와 같이 촬영된 사진이나 영상 등을 블로그나 유튜브에 올리는 것도 가능해졌다.

2. 요 건

가. '부수적'으로 포함되는 저작물

본 조의 적용대상이 되는 것은 본래 의도했던 주된 피사체에 부수적으로 포함되는 저작물이다. '부수적'이라는 것은 그 저작물의 이용을 주된 목적으로 하지 않았던 행위에 수반되어 발생하는 것을 의미하며, 그 이용이 주된 이용에 비하여 질적으로나 양적으로나 사회통념상 경미하다고 평가될 수 있는 것을 말한다. 예를 들면, 유명 배우를 모델로 사진을 촬영하는데, 그 배경에 벽에 붙어 있던 포스터 그림이 함께 촬영된 경우, 거리의 풍경을 비디오로 촬영하였는데, 본래 의도했던 거리의 풍경과 함께 그 거리 건물 벽에 붙어 있는 포스터 그림이 함께 촬영되거나, 길거리 점포에서 흘러나오는 음악이 함께 녹음된 경우 등을 들 수 있다. 본 조에서 "복제·배포·공연·전시 또는 공중송신 할 수 있다"라고 되어 있으므로, 이렇게 촬영된 사진이나 녹화된 영상 등을 부수적으로 포함된 저작물의 저작재산권자의 동의 없이, 포함된 형태 그대로 출력하여 배포하거나, 인터넷 블로그나 유튜브에 올릴 수 있다.

그러나 그 포스터를 주된 대상으로 하여 사진을 촬영하거나, 점포에서 흘러나오는 음악을 주된 대상으로 하여 녹화를 한 경우에는 '부수적' 이용행위라고 볼 수 없고 본 조가 적용되지 않는다. 예를 들어, TV 드라마를 촬영하면서 시청자에게 적극적으로 보여줄 의도로 벽에 부착되어 있는 그림을 촬영하는 행위, 유명한 만화 캐릭터가 가지고 있는 고객흡인력을 이용하기 위하여 주된 피사체와 함께 그 캐릭터가 들어간 그림을 촬영하여 스티커 등으로 판매하는 행위에는 본 조가 적용되지 않는다.

나. '사진촬영, 녹음 또는 녹화'

본 조가 적용되는 것은 '사진촬영, 녹음 또는 녹화'의 경우이다. 사진촬영, 녹음 또는 녹화 이외의 경우, 예를 들어 거리의 풍경을 스케치 하는 경우 또는 녹음이나 녹화를 하지 않고 생방송이나 생전송을 하는 경우에 본 조가 적용될 수 있는지에 관하여 의문이 있다. 우리와 유사한 조문을 두고 있는 일본 저작권법의 해석론으로는, 스케치의 경우에는 본 조가 적용되지 않지만, 생방송이나 생전송의 경우에는 녹화와 실질적으로 다르지 않다고 보아 본 조를 확장 내지 유추적용하여야 한다는 견해가 다수설이다.[407]

---

407) 半田正夫·松田政行,『著作権法コンメンタール, 第 2 版』, 勁草書房(2015), 2巻, 186면.

다. '복제·배포·공연·전시 또는 공중송신' 할 수 있다

본 조에 의하여 허용되는 이용행위는 '복제·배포·공연·전시 또는 공중송신'이다. 비영리 목적인 경우로 제한되어 있지 않으므로, 영리적 목적을 위하여 '복제·배포·공연·전시 또는 공중송신'하는 경우에도 본 조가 적용될 수 있다.

본 조에 해당하는 일본 저작권법 제30조의2는 '번안', 즉 2차적저작물 작성까지 할 수 있는 것으로 되어 있는데 비하여, 우리 저작권법에서는 2차적저작물의 작성은 본 조의 적용범위에 포함되어 있지 않다. 따라서 길거리 풍경을 3D 카메라로 촬영할 때 벽에 붙어 있는 2D의 포스터 그림이 부수적으로 촬영되어 그 2D 그림이 3D의 입체적 표현으로 녹화된 경우[408] 일본 저작권법에 의하면 본 조의 적용대상이 되나, 우리 저작권법상으로는 본 조의 적용대상이 되지 않을 수 있다. 다만, 2D의 포스터 그림이 3D 카메라 촬영에 의하여 입체적 형태로 된 것이 새로운 창작성이 들어가지 않은 형태만의 변화라면, 그것은 2차적저작물 작성이라고 볼 수 없고 여전히 원래 포스터 그림의 복제물이라고 보아야 한다. 그런 경우라면 우리 저작권법 아래에서도 본 조가 적용될 수 있을 것이다.

사진촬영, 녹음, 녹화에 부수적으로 포함된 저작물만 분리하여 '복제·배포·공연·전시 또는 공중송신'하는 것도 본 조에 의하여 허용될 수 있는 것인지 생각해 볼 필요가 있다. 예를 들어, 길거리 풍경을 촬영하면서 부수적으로 건물 벽에 붙어 있는 포스터 그림이 포함되어 촬영되었는데, 나중에 그 포스터 그림 부분만을 분리하여 이용하는 것이 본 조에 의하여 허용될 것인지의 문제이다. 본 조의 입법 취지는 저작재산권자의 이익을 부당하게 해칠 우려가 없는 통상적으로 행하여지는 이용행위에 대하여 적법성을 확인해 주는 것에 있다는 점에 비추어 볼 때, 부수적으로 포함된 저작물을 나중에 분리하여 이용하거나 그 부분만을 확대하여 이용함으로써 그 이용행위가 부수적 이용이 아닌 주된 이용이 되는 경우에는 본 조의 적용을 받을 수 없다고 보는 것이 타당하다.

라. '저작재산권자의 이익을 부당하게 해치는 경우'가 아니어야 한다

본 조가 적용되기 위해서는 '그 이용된 저작물의 종류 및 용도, 이용의 목적 및 성격 등에 비추어 저작재산권자의 이익을 부당하게 해치는 경우'가 아니어야 한다. 저작재산권자의 이익을 부당하게 해치는 경우에 해당하는지 여부는 부수적으로 포함된 저작물의 현재 또는 잠재적 시장과 충돌할 우려가 있는지, 즉 현재 또는 잠재적 수요를 침해할 우려가

---

408) 길거리 풍경을 촬영하면서 화면을 암갈색 톤으로 바꾸어주는 특수 필터를 장착하여 촬영하는 경우도 동일하게 생각해 볼 수 있다.

있는지의 관점에서 판단할 수 있다. 예를 들어, 길거리 풍경을 촬영하는데, 거리 공연을 하고 있는 악사의 특정 악곡에 대한 가창과 연주가 감상이 가능할 정도의 고음질로 충분한 시간에 걸쳐 녹음되어, 그 영상을 방송하거나 전송할 경우 해당 악곡에 대한 감상적 수요를 대체할 우려가 있는 경우에는 본 조가 적용되지 않는다.

마. 기 타

'부수적'으로 포함되는 저작물이면 되고, 주된 피사체에 필연적으로 수반되는 저작물이어야 할 필요는 없다. 예를 들어, 특정 모델을 주된 피사체로 하여 사진을 촬영할 때, 각도를 약간만 달리 하면 벽에 붙어 있는 포스터 그림이 포함되지 않도록 촬영하는 것이 가능한데 그렇게 하지 않았다고 해서 본 조의 적용이 부정되는 것은 아니다. 일본 저작권법 제30조의2는 '부수적' 외에 '분리하는 것이 곤란한' 경우에 본 조가 적용되는 것으로 제한적으로 규정하고 있지만, 우리 저작권법은 그러한 제한이 없다. 따라서 부수적 저작물이 포함되지 않도록 사진촬영, 녹음 또는 녹화가 가능한 경우라 하더라도 본 조가 적용될 수 있다고 해석된다.[409)]

또한 본 조에서 특별히 공표된 저작물만을 대상으로 하고 있지 않으므로, 미공표 저작물의 경우에도 본 조가 적용될 수 있다고 해석된다.

XVIII 문화시설에 의한 복제 등

국가나 지방자치단체가 운영하는 문화예술 활동에 지속적으로 이용되는 시설 중 대통령령으로 정하는 문화시설(해당 시설의 장을 포함한다. 이하 '문화시설')은 대통령령으로 정하는 기준에 해당하는 상당한 조사를 하였어도 공표된 저작물(저작권법 제 3 조에 따른 외국인의 저작물을 제외한다. 이하 같다)의 저작재산권자나 그의 거소를 알 수 없는 경우 그 문화시설에 보관된 자료를 수집·정리·분석·보존하여 공중에게 제공하기 위한 목적(영리를 목적으로 하는 경우를 제외한다)으로 그 자료를 사용하여 저작물을 복제·배포·공연·전시 또는 공중송신할 수 있다(저작권법 제35조의4 제 1 항).

저작재산권자는 제 1 항에 따른 문화시설의 이용에 대하여 해당 저작물의 이용을 중단

409) 일본 저작권법의 해석론에서도, '분리하기 곤란한' 경우는 '부수적'으로 포함되는 경우의 전형적인 예를 든 것에 불과하다고 하여 제30조의2를 넓게 해석하는 견해가 있다(半田正夫·松田政行, 『著作權法コンメンタール, 第2版』, 勁草書房(2015). 2卷, 187면에 인용된 前田의 견해 재인용).

할 것을 요구할 수 있으며, 요구를 받은 문화시설은 지체 없이 해당 저작물의 이용을 중단하여야 한다(같은 조 제 2 항).

저작재산권자는 제 1 항에 따른 이용에 대하여 보상금을 청구할 수 있으며, 문화시설은 저작재산권자와 협의한 보상금을 지급하여야 한다(같은 조 제 3 항).

제 3 항에 따라 보상금 협의절차를 거쳤으나 협의가 성립되지 아니한 경우에는 문화시설 또는 저작재산권자는 문화체육관광부장관에게 보상금 결정을 신청하여야 한다(같은 조 제 4 항).

제 4 항에 따른 보상금 결정 신청이 있는 경우에 문화체육관광부장관은 저작물의 이용 목적·이용 형태·이용 범위 등을 고려하여 보상금 규모 및 지급 시기를 정한 후 이를 문화시설 및 저작재산권자에게 통보하여야 한다(같은 조 제 5 항).

제 1 항에 따라 문화시설이 저작물을 이용하고자 하는 경우에는 대통령령으로 정하는 바에 따라 이용되는 저작물의 목록·내용 등과 관련된 정보의 게시, 저작권 및 그 밖에 이 법에 따라 보호되는 권리의 침해를 방지하기 위한 복제방지조치 등 필요한 조치를 하여야 한다(같은 조 제 6 항).

제 2 항부터 제 5 항까지의 규정에 따른 이용 중단 요구 절차와 방법, 보상금 결정 신청 및 결정 절차 등에 관하여 필요한 사항은 대통령령으로 정한다(같은 조 제 7 항).

이 규정 역시 2019. 11. 26. 개정된 저작권법에 새로 신설된 규정이다. 공공문화시설이 저작자불명저작물을 활용하여 문화향상 발전에 이바지할 수 있도록 저작자불명저작물을 이용할 수 있는 근거를 마련한 것이다.

XIX. 저작물의 공정한 이용

1. 배 경

개정 전 우리 저작권법은 제23조(재판절차 등에서의 복제)에서부터 제35조(미술저작물 등의 전시 또는 복제)에 걸쳐 개별적인 저작재산권 제한 사유만을 열거적으로 규정하고 있을 뿐, 포괄적인 일반조항 형태의 이른바 '공정이용'(fair use)에 대한 규정은 두고 있지 않았다. 그러나 저작재산권 제한의 일반조항으로서 공정이용의 법리와 그에 대한 우리 저작권법에의 적용 가능성에 대하여는 그동안 우리 학계 및 실무계에서도 어느 정도 논의가 되어 왔었다. 우리나라와 마찬가지로 저작재산권의 제한 사유를 열거적으로 규정하고 있는 일본의 경우 저작재산권 제한 규정을 해석함에 있어서는 '엄격성'과 '한정성'을 요구한다는 점 때문에, 명문의 규정이 없이 저작권법상 공정이용의 법리를 적용하는 것에 대하여는 부정적으로 보는 것이 종래의 통설이다. 그러나 디지털·네트워크 시대의 급변하는 기술적 환경에 적절하고 탄력적으로 대처하기 위해서는 우리 저작권법에 저작재산권을 제한하는 일반조항으로서 '공정이용'에 관한 규정을 도입할 필요성이 있다는 주장이 점차 설득력을 얻어가고 있었다.

저작재산권의 제한사유로서 일반적·포괄적 조항인 공정이용 규정을 도입하면 첫째, 기술 발전으로 등장하는 새로운 저작물 이용 문제를 신속하게 해결할 수 있다는 점, 둘째, 성문 규정의 개념적 한계를 넘는 무리한 해석을 줄일 수 있다는 점, 셋째, 저작권이 가지는 '시장 실패'(market failure)를 보완할 수 있다는 점, 넷째, 빈번한 법률 개정 작업에 따르는 노력과 비용을 줄일 수 있다는 점 등의 장점이 있는 것으로 평가되었다. 그러나 그 반면에 첫째, 법적 불확실성이 증대한다는 점, 둘째, 공정이용의 항변이 남용되어 법원의 부담이 증가한다는 점, 셋째, 저작권 보호가 위축될 수 있다는 점 등이 단점으로 지적되고 있었다.[410]

한·미 FTA 협정은 공정이용 규정의 도입여부에 대하여는 특별히 규정하고 있지 않다. 다만, 저작권을 제한하는 제한규정을 입법하는 경우에 당사국이 지켜야 할 기준으로서 이른바 '3단계 테스트'를 규정하고 있을 뿐이다. 즉, 한·미 FTA 협정 제18.4조 제10항 가호는, "각 당사국은 배타적 권리에 대한 제한 또는 예외를 저작물·실연 또는 음반의 통상적인 이용과 충돌하지 아니하고, 권리자의 정당한 이익을 불합리하게 저해하지 아니하는 특정한 경우로 한정하여야 한다"고만 규정하고 있다. 그러므로 공정이용에 관한 일반조항을 도입할 의무가 우리 정부에 있었던 것은 아니며, 이는 우리의 입법 재량에 맡겨진 문제였다.

그러나 2011년 개정 저작권법은 저작물의 디지털화와 유통환경의 변화에 따라 기존 저작권법상의 열거적인 저작재산권 제한규정으로는 다양한 상황 하에서의 저작물 이용을 모두 아우르기 어려운 한계가 있다는 점과, 제한적으로 열거되어 있는 저작재산권 제한사유 이외에도 환경 변화에 대응하여 적용될 수 있는 포괄적인 저작재산권 제한 규정이 필요하다는 점 등을 고려하였다. 이에 한·미 FTA 협정 이행에 따라 저작권법을 개정하는 마당에 저작재산권을 제한하는 일반적·포괄적 사유로서 공정이용 규정을 도입하는 것으로 하였다. 그동안 계속되는 저작권법 개정으로 인하여 저작권자의 보호가 더욱 강화되어 권리자 쪽으로 저작권제도의 균형이 기울여졌는데, 공정이용 규정을 도입함으로써 그 균형을 회복하는 효과를 기대할 수 있다는 점도 중요하게 고려되었다.

---

410) 저작권위원회, 전게서, 274-275면.

2. 규정의 형식과 취지

가. 규정의 형식

이와 같은 입법 경위에 따라 2011년 개정 저작권법은 종전 저작권법상의 저작재산권 제한 규정(제23조부터 제35조의4까지, 제101조의3부터 제101조의5까지) 이외에 저작물의 통상적인 이용과 충돌하지 아니하고 저작자의 합리적인 이익을 부당하게 저해하지 않는 범위 내에서 보도·비평·교육·연구 등을 위하여 저작물을 이용할 수 있도록 하는 포괄적 공정이용 조항을 신설하고, 특정한 이용이 공정한 이용에 해당하는지를 판단할 때에 고려할 기준을 예시하는 규정을 두었다.

그 후 2016년 법 개정으로 현행 제35조의5(저작물의 공정한 이용)은 제 1 항에서, "제23조부터 제35조의4까지, 제101조의3부터 제101조의5까지의 경우 외에 저작물의 통상적인 이용 방법과 충돌하지 아니하고 저작자의 정당한 이익을 부당하게 해치지 아니하는 경우에는 저작물을 이용할 수 있다"고 규정하였다.

공정이용의 규정을 도입함에 있어서는 입법 기술상 공정이용의 허용 범위를 어떻게 설정할 것인지가 문제로 된다. 가능한 방법으로는 ① 저작물 등의 구체적인 이용 목적을 열거하는 방법, ② 구체적인 목적을 예시적으로만 나열하고 그 밖의 목적을 추가하는 방법, ③ 구체적인 목적을 나열하지 않고 공정이용의 판단 기준만을 규정하는 방법 등을 생각해 볼 수 있다. 현행법은 이 세 가지 방법 중 ③의 방법을 택한 것으로 보인다. 현행법을 입법하는 초기 준비 단계에서는 ①의 방법은 포괄적인 면책 규정으로서의 공정이용의 탄력성과 유연성을 상실하게 하는 것으로서, 결국 새로운 제한적 면책 규정을 하나 신설하는 것에 지나지 않는다는 이유로, 그리고 ②의 방법은 미국 저작권법처럼 비평, 교육 등을 이용 목적으로 열거하는 것으로서 이 방법을 취하게 되면 현행 저작권법의 '공표된 저작물의 인용' 규정과 중복되는 모습을 띠게 되는 문제가 있어 적절하지 않다고 보았던 것 같다. 그리하여 구체적인 이용 목적을 나열하지 않되 3단계 테스트[411] 범위 내에서만 공정이용

411) '3단계 테스트': 베른협약 제 9 조는 제 1 항에서, "이 협약이 보호하는 문학·예술적 저작물의 저작자는 어떠한 방법이나 방식으로 그 저작물의 복제를 허락할 배타적 권리를 가진다"라고 하여 복제권을 규정하면서, 같은 조 제 2 항에서는, "일정한 특별한 경우에 있어서 그러한 저작물의 복제를 허락하는 것은 동맹국의 입법에 맡긴다. 다만, 그러한 복제는 저작물의 통상적인 이용과 충돌하지 않아야 하며 권리자의 합법적인 이익을 불합리하게 해치지 않아야 한다."라고 규정하고 있다. 즉, ① 일정한 특별한 경우에, ② 저작물의 통상적인 이용과 저촉되지 않고, ③ 권리자의 정당한 이익을 해치지 않을 것을 저작권 제한의 일반적인 기준으로 제시하고 있는 것이다. 이들 세 가지 기준을 일반적으로 3단계 테스트라고 한다(자세한 내용은 본 책 제 6 장 1절의 Ⅱ 참조). 3단계 테스트는 베른협약이 복제권에 관한 제한과 예외와 관련하여 각국이 따라야 할 기준을 제시한 것이지만, 그 후 TRIPs와 WIPO 저작권조약

이 허용된다는 측면을 강조하는 ③의 방법을 택할 것이 유력하게 검토되었다.[412] 처음 개정법은 ②와 ③의 방법을 절충하여, 3단계 테스트를 충족하는 범위 내에서 보도·비평·교육·연구 등 예시적 목적을 위하여 공정이용이 허용된다는 내용으로 규정하고 있었는데, 그 후 예시적 목적 부분은 삭제되었다.

이처럼 저작권법 제35조의5 제 1 항은 3단계 테스트의 내용을 도입한 것이다. 다만, 입법 과정의 최종적인 단계에서 3단계 테스트 중 "일정한 특별한 경우에"라는 첫 번째 요건을 생략하고 그 대신에 "보도·비평·교육·연구 등을 위하여"라는 예시적 열거에 해당하는 법문을 추가한 것인데, 그래서 실질적으로는 '2단계 테스트'라고 하는 평가도 있다.[413]

나. 취 지

이 규정에서 언급하고 있었던 "보도·비평·교육·연구 등"이라는 이용목적은 저작권법 제28조(공표된 저작물의 인용) 규정에서 인용의 목적으로 규정하고 있는 부분과 사실상 동일하다. 따라서 위 제35조의5 제 1 항의 "보도·비평·교육·연구 등"의 의미와 내용은 저작권법 제28조에서 정하고 있는 인용의 목적 부분과 같다고 보면 될 것이다. 이와 관련하여 현행법 제35조의5 규정을 기초한 문화체육관광부의 설명자료에 의하면, 이 규정에서의 "보도·비평·교육·연구"는 저작물 이용행위의 목적을 예시한 것으로서 반드시 이에 국한되는 것은 아니라고 한다. 즉, 이는 공정이용 조문 신설에 따른 혼란을 방지하기 위하여 공정이용의 대표적 목적의 예를 제시한 것으로서, "보도·비평·교육·연구 등"이라는 표현을 통하여 다른 목적의 이용에 대한 적용 가능성까지 열어 둔 것이라고 한다.[414]

한편, 현행 저작권법은 제35조의5 제 2 항에서, "저작물 이용 행위가 제 1 항에 해당하는지를 판단할 때에는 다음 각 호의 사항 등을 고려하여야 한다"고 하면서, 그 각 호로서, "1. 이용의 목적 및 성격,[415] 2. 저작물의 종류 및 용도, 3. 이용된 부분이 저작물 전체에서

(WCT) 및 WIPO 실연·음반조약(WPPT)에 와서는 복제권뿐만 아니라 조약에 포함된 다른 모든 권리에 대한 제한과 예외의 한계를 정하는 기준으로 작용하게 되었다. 3단계 테스트의 보다 구체적 내용에 대하여는 본 장 Ⅲ의 2. "가. 베른협약과 WTO/TRIPs 협정의 3단계 테스트" 부분 참조.

412) 저작권위원회, 전게서, 279면.

413) 이와 같이 최종적으로 3단계 테스트 중 첫 번째 단계를 생략한 것은 아마도 미국 저작권법 제107조의 공정이용 조항은 3단계 테스트 중 "일부 특별한 경우"라는 첫 번째 요건을 충족시키지 못하는 것이 아닌가 하는 이론적 문제에 마주서게 되었고, 나아가 공정이용 조항 자체가 애당초 3단계 테스트에 부합하지 못하는 것이 아닌가 하는 본질적 문제 제기를 의식하였기 때문일 것이라고 한다(박성호, 전게서, 608면 참조).

414) 문화체육관광부, 전게서, 10면 참조.

415) 종전 저작권법 제1호는 "영리성 또는 비영리성 등 이용의 목적 및 성격"이라고 되어 있었는데, 2016. 3. 22. 개정법(법률 제14083호)에서 "영리성 또는 비영리성 등" 부분을 삭제하였다. 영리성 있는 이용에 대해서도 더 넓게 공정이용을 인정해 주기 위한 취지라고 생각된다. 그러나 이러한 법 개정 이후에

차지하는 비중과 그 중요성, 4. 저작물의 이용이 그 저작물의 현재 시장 또는 가치나 잠재적인 시장 또는 가치에 미치는 영향"을 들고 있다. 이는 미국 저작권법상 공정이용에 관한 성문법 규정인 제107조의 내용을 거의 그대로 참조한 것으로 보인다. 이들 각 호의 구체적 의미와 내용에 관하여는 본 책 제 6 장 제 3 절의 Ⅱ "미국법상 공정이용의 법리" 부분에서 상세히 검토하고 있으므로, 이곳에서는 그 설명을 생략하기로 한다.

다. 다른 저작재산권 제한규정과의 관계

2011년 개정 저작권법에 의하여 신설된 제35조의5 공정이용 규정과 기존의 저작재산권 제한 규정과의 관계가 문제로 된다. 이에 관하여는 제35조의5 공정이용 규정은 그 기준을 충족하는 한 기존의 저작재산권 제한 규정이 존재하는 영역(예를 들면, 교육목적의 이용, 도서관에서의 복제 등)에도 중첩적으로 적용될 수 있다고 본다. 즉, 기존 저작재산권 제한규정(제23조 내지 제35조의4, 제101조의3 내지 101조의5)에 해당하면 당연히 권리제한이 되는 것이고, 이에 해당하지 않는 경우에도 제35조의5에 해당하면 추가적·보충적으로 권리제한이 된다는 것이다.

특히 제35조의5 규정과 내용이 거의 유사한 저작권법 제28조의 공표된 저작물의 인용 규정과의 관계가 문제로 되는데, 제28조의 공표된 저작물의 인용 규정과 제35조의5가 직접적으로 중첩될 여지가 있는 것은 사실이다. 그러나 기존의 제28조는 기본적으로 '인용'(引用)에 관한 조항으로서, 저작물의 '이용'(利用) 일반에 확대하여 적용하는 데에는 한계가 있었으므로 제35조의5와 상호 보완적인 의미가 있을 것이다.[416] 즉, 제28조는 어디까지나 공표된 저작물의 '인용'에 관한 조항이므로 원칙적으로 자신의 저작물인 인용저작물의 존재를 전제로 하여 거기에 피인용저작물인 타인의 공표된 저작물을 '끌어다' 사용하는, 이른바 '삽입형'(insert) 인용을 위한 규정이다. 따라서 제28조를 미공표 저작물이나 인용저작물의 존재를 전제로 하지 않는 이른바 '전유형'(appropriation) 인용을 비롯한 저작물의 '이용' 일반에 무작정 확대 적용하는 것은 바람직하지 않고 또한 형식적으로도 타당하지 않다.[417] 종전에도 저작권법 제28조가 사실상 일반조항으로서의 공정이용 조항으로 운영되고 있었던 것이 어느 정도의 현실이고, 그래서 전유형 인용의 경우에도 제28조를 적용한 사례가 없었

도 영리성 여부는 공정이용 여부를 판단함에 있어 상당히 중요한 역할을 하고 있는 것으로 보인다. 이일호, "우리 저작권법상 공정이용의 운영 현황과 과제", 한국저작권위원회, 계간 저작권 2023년 봄호, 제36권 제1호(통권 제141호), 165면.

416) 상게서, 11면.

417) 제28조는 공표된 저작물일 것을 요건으로 하지만, 제35조의5에서 저작물의 공표 여부는 하나의 고려요소에 불과하다.

던 것은 아니다. 그러나 일반조항이 아닌 것을 일반조항으로 해석하여 운영하는 상황을 방치하기보다는 정면으로 일반조항을 잘 구성하여 규정하고, 인용에 관한 규정은 개별조항으로서의 의미를 살리도록 하는 것이 입법정책상으로도 타당하다.[418] 그러한 점에서 현행법에서 제35조의5 공정이용 규정을 도입한 것은 타당성이 있는 입법이라고 생각된다. 본 조와 저작권법 제28조 공표된 저작물의 인용 조항과의 관계에 관한 보다 상세한 설명은 앞의 제28조 부분을 참조하기 바란다.

저작재산권 제한의 일반규정으로서의 성격을 가지는 저작권법 제35조의5 공정이용 규정의 구체적 적용 및 해석에 관하여 아래에서 미국과 일본의 해석론에 비추어 보다 상세하게 검토하기로 한다.

3. '공정이용'(Fair Use)의 의미

우리 헌법은 전문에서 문화민족의 이념을 천명하고 있고, 이러한 문화민족의 이념을 실현하기 위하여 헌법 제 9 조에서 국가에게 전통문화의 계승·발전과 민족문화 창달을 위한 의무를 부과하고 있다. 나아가 헌법은 학문과 예술의 자유를 규정한 제22조 제 2 항에서 "저작자·발명가·과학기술자와 예술가의 권리는 법률로서 보호한다"고 하여 저작자의 권리를 재산권 일반규정인 헌법 제23조에서 규정하지 않고 별도로 규정하고 있다. 이와 같이 헌법이 저작권과 일반적인 재산권을 별도로 규정하고 있는 것에 대하여는 여러 가지 해석이 있을 수 있다. 그러나 헌법의 조문에 비추어 분명한 것은 저작권은 법률에 의하여 보호되는 권리라는 것이다. 저작권 중 저작재산권은 그것이 재산권인 이상 헌법 제23조의 적용대상이 되며, 따라서 그 행사는 공공복리에 적합하도록 하여야 한다는 점도 분명하다(헌법 제23조 제 2 항). 그리고 저작권을 보호하기 위하여 제정된 법률인 저작권법은 저작자의 권리만을 보호하는 것이 아니라 "이용자의 공정한 이용을 도모"함으로써 궁극적으로는 문화 및 관련 산업의 향상발전에 이바지함을 목적으로 하고 있다(법 제 1 조). 이러한 점에서 저작권은 다른 일반적인 재산권보다 사회적 권리로서의 성격을 더 강하게 가지고 있다고 할 수 있다.

그렇다면 저작권법 제 1 조에서의 '공정한 이용'이란 무엇을 말하는 것인가? 이에 대하여 일본의 半田正夫 교수는, "'공정한 이용'이라 함은, 공중에 의한 일정 한도 내에서의 저작물의 이용이 자유롭게 행하여 질 수 있다는 것이며, 반면에 그로 인하여 저작자 등의 권리가 일정한 제약을 받는다는 것을 의미한다 … 저작물은 저작자의 개인 재산으로서의 측

418) 이해완, 전게서, 388면 참조.

면을 가지는 것과 동시에 국민공통의 재산으로서의 측면도 가지며, 저작자 자신도 저작물을 창작함에 있어서는 선인들의 문화유산을 어떤 형태로든 이용하여야 하므로, 저작물의 이용을 영구히 아무 제약 없이 저작자의 자의에만 맡겨 두어서는 안 된다. 따라서 저작권의 보호에 일정한 한계가 있다는 것은 저작권의 당연한 숙명이다. 이는 저작권에 내재하는 제약으로서 저작권 제도가 확립된 이후 모든 나라의 입법상의 원칙의 하나로 되어 있다. '공정한 이용'이라는 문언은 바로 이러한 취지를 설명하고 있는 것이며, 이를 구체화한 것으로서 저작재산권의 제한규정 및 보호기간의 규정 등이 존재한다. 저작인접권에 관하여서도 마찬가지이다."라고 언급하고 있다.[419)]

저작권법은 이용자들의 '공정한 이용'을 보호하기 위해서는 저작권자의 권리를 일정 범위에서 제한할 필요가 있다는 관점에서 저작재산권 제한 규정을 구체적으로 열거하고 있다. 현행법 이전의 종전 저작권법(2011년 개정 저작권법까지)은 제35조의5와 같은 저작재산권 제한과 관련한 일반조항 성격을 가지는 규정을 두고 있지 않았다. 따라서 저작권법에 명문으로 구체적으로 열거된 사항 외에 일반적인 법리로서 미국 저작권법에서와 같은 '공정이용'(fair use)의 법리를 적용할 필요가 있는지, 성문법 체계를 취하고 있는 우리나라의 경우에 '공정이용'에 관한 명시적인 일반조항이 존재하지 않음에도 불구하고 구체적 케이스에 공정이용의 법리를 적용할 수 있는지, 만약 적용할 수 없다면 저작권법이나 기타 다른 법률에서 공정이용을 적용할 수 있는 근거규정을 찾을 수 있는지 등의 쟁점을 두고 다양한 논의가 있었다. 현행 저작권법에서 제35조의5 규정을 신설함으로써 이러한 논의의 상당부분이 입법적으로 해결되었다고 할 수 있으나, 그 구체적인 적용이나 해석과 관련하여서는 아직도 검토해야 할 다양한 쟁점들이 있다. 현행 저작권법 제35조의5 규정은 기본적으로 미국 저작권법 제107조의 공정이용(fair use) 규정을 도입한 것이다. 따라서 아래에서는 먼저 미국법상 공정이용 법리에 관한 개념을 살펴보고, 기타 제기될 수 있는 논점에 대하여 차례로 검토해 보기로 한다.

4. 미국법상 공정이용(Fair Use)의 법리

가. 의 의

미국 저작권법에서 공정이용이라는 개념은 저작권자 이외의 자가 저작권자의 독점적인 권리가 존재함에도 불구하고 저작권자의 동의 없이 저작물을 합리적인 방식으로 사용하는 특권,[420)] 또는 저작권법을 엄격하게 적용하면 오히려 저작권법이 장려하고자 하는 창

419) 半田正夫, 著作權法槪說, 제11판, 2003. 8, 52면.

작성을 억제하게 되는 경우 그러한 엄격한 적용을 법원이 회피할 수 있도록 하는 원리[421] 라고 설명되고 있다.[422]

저작권침해 사건에서 원고가 저작권침해에 대한 '기본적 증명'(prima facie evidence)을 하면, 피고는 공정이용의 항변을 통하여 침해의 책임으로부터 면제될 수 있다. 공정이용의 법리는 보통법상 형평의 원리로부터 발전해 온 것이다. 공정이용의 법리는 법원으로 하여금 저작권법의 엄격한 적용이 오히려 불공정한 결과를 초래하는 경우, 예를 들어 타인의 창작의 자유를 부당하게 제한하거나 유용한 창작물의 공중에 대한 생산 및 배포에 바람직스럽지 못한 장애가 될 수 있는 경우에 그러한 결과를 피할 수 있는 장치를 제공한다. 이처럼 공정이용의 법리는 법원으로 하여금 구체적인 사건에서 불공정한 결과를 피해갈 수 있는 융통성을 부여하기 위한 장치이다. 따라서 공정이용의 법리는 필연적으로 그 내용에 있어서 객관적이고 명확한 기준을 제공하기보다는 추상적이고 불명확한 점이 있을 수밖에 없으며, 각 사건마다 구체적인 사실관계와 상황에 따라 case-by-case로 적용되는 성질을 가지게 된다.

나. 판단 기준

공정이용에 관하여 미국 저작권법 제107조는 다음과 같이 규정하고 있다.

제107조(배타적 권리에 대한 제한: 공정이용). 제106조 및 제106조의 A의 규정에도 불구하고 비평, 논평, 시사보도, 교수(학습용으로 다수 복제하는 경우를 포함), 학문 또는 연구 등과 같은 목적을 위하여 저작권으로 보호되는 저작물을 복제물이나 음반으로 제작하거나 기타 제106조 및 제106조의 A에서 규정한 방법으로 사용하는 경우를 포함하여 공정이용하는 행위는 저작권침해가 되지 아니한다. 구체적인 경우에 저작물의 이용이 공정이용에 해당하느냐 여부를 판단함에 있어서는 다음과 같은 사항을 참작하여야 한다.

① 그 이용이 상업적 성격의 것인지 또는 비영리적 교육목적을 위한 것인지 등 이용의 목적 및 성격(The purpose and character of the use, including whether such use is of a commercial nature or is for nonprofit educational purposes.)
② 저작권으로 보호되는 저작물의 성격(The nature of the copyrighted work.)
③ 이용된 부분이 저작권으로 보호되는 저작물 전체에서 차지하는 양과 상당성(The amount

420) Paul Goldstein, supra., § 10.1.
421) Stewart v. Avend, 495 U.S. 207, 1990.
422) 유대종, 저작권남용의 법리에 관한 연구, 경희대학교 박사학위 논문, 2006, 43면.

and substantiality of the portion used in relation to the copyrighted work as a whole.)

④ 이용된 저작물의 잠재적 시장이나 가치에 미치는 영향(The effect of the use upon the potential market for or value of the copyrighted work.)

위의 모든 사항을 참작하여 결정하되, 저작물이 아직 발행되지 않았다는 사실은 공정이용의 결정을 방해하지 아니한다.

공정이용의 법리가 미국 법원에 의하여 판례상 확립되어 온 것은 오래 전의 일이지만 미국 저작권법에 명문으로 이 법리가 규정된 것은 1976년 법에서부터이다. 공정이용 법리의 융통성을 고려하여 미국 의회는 이 규정을 제정함에 있어서 구체적인 용어로 정의하는 것을 가급적 피하였다고 한다. 대신 공정이용이 될 수 있는 행위유형을 예시하는 한편, 법원이 공정이용을 판단함에 있어서 고려하여야 할 요소들을 예시하였다. 따라서 위에서 본 미국 저작권법 제107조에서 언급한 4가지 판단 요소들은 열거적·배타적인 것이 아니라 예시적·경합적인 것으로 보아야 한다.

(1) 이용행위의 태양

미국 저작권법 제107조는 비평, 논평, 시사보도, 교수, 학문 또는 연구 등을 위하여 저작물을 복제하는 행위를 공정이용에 해당하는 행위로 예시하고 있다. 이러한 행위들은 이른바 '생산적인 이용'(productive uses)으로서 저작권법이 추구하고자 하는 목적에 부합하기 때문에 저작권을 제한하고 자유이용을 허용하는 것이다. 그러나 이러한 행위태양은 예시적이므로, 이에 해당하지 않더라도 공정이용에 해당하는 경우가 있을 수 있다. 또한 여기에 예시된 행위태양에 해당한다고 하여 그것만으로 곧바로 공정이용이 성립하는 것도 아니다. 따라서 이러한 행위태양은 공정이용을 판단함에 있어서 다음에서 보는 4가지 판단요소와 함께 고려되는 요소 중 하나이다.

(2) 4가지 판단요소

(가) 이용의 목적 및 성격

① 상업적 이용과 비상업적 이용

저작물을 이용하는 목적이 상업적인지, 교육과 같은 비영리적인 목적을 위한 것인지 등 이용의 목적을 고려한다. 미국 연방대법원은 Harper & Row Publishers 사건[423]에서 저작물을 이용하는 목적이 상업적이라면 비상업적인 경우보다 공정이용으로 판단될 여지가

423) Harper & Row Publishers, Inc. v. Nation Enterprises, 471 U.S. 539(1985).

더 적어진다고 하였다. 이 사건에서 연방대법원은, 통상적인 저작물 사용료를 지급하지 않고 그 저작물의 이용으로부터 경제적 이익을 얻는다면 이는 상업적 이용이라고 하면서, 피고의 뉴스 잡지가 포드 전 미국 대통령이 저술한 회고록 일부분을 게재하여 보도한 것에 대하여 공정이용에 해당하지 않는다고 하였다. 이 사건에서 피고의 행위는 일종의 '시사보도'(news reporting) 행위이고 이는 앞에서 본 공정이용에 해당하는 행위태양에 속한다. 그럼에도 법원은 이용행위의 목적이 상업적이라는 점을 고려하여 공정이용에 해당하지 않는다고 판단한 것이다. 이처럼 미국 법원은 제107조가 규정하고 있는 공정이용에 해당하는 행위태양에 속한다고 하여 그것만으로 곧바로 공정이용에 해당한다고 판단하는 것이 아니다. 제107조가 규정하고 있는 나머지 4가지 요소들을 종합적으로 고려하여 공정이용 해당여부를 판단하는 태도를 취하고 있다.

미국 저작권법 제107조에서 예시하고 있는 공정이용에 속하는 행위태양들인 비평, 논평, 시사보도, 교수, 학문 또는 연구 등과 같은 행위들은 전통적으로 비상업적인 목적을 가진 대표적인 행위들이다. 그렇기 때문에 이러한 행위들이 공정이용에 속하는 행위들로서 제107조에 예시되었다고 볼 수도 있다. 그러나 오늘날에 와서는 이러한 행위들도 대부분 어느 정도는 상업적인 성격을 띠는 경우가 많아졌다. 이러한 행위들이 순수하게 비상업적으로 행하여지는 경우는 오히려 찾아보기 어렵게 된 것이다. 따라서 지금은 상업적이라고 해서 공정이용이 성립하지 않는 것은 아니며, 반대로 비영리적 교육목적이라고 하여 항상 공정이용이 되는 것도 아니다. 결국 공정이용 여부를 결정하기 위한 요소로서의 상업적·비상업적의 구별 실익이나 중요성은 오늘날에 이르러서는 많이 희박해졌다. 미국 연방대법원도 1994년의 Campbell 사건[424]에서 저작물의 이용이 상업적인 성격을 갖는다는 것만으로 공정이용이 성립하지 않는다고 추정할 수는 없다고 판시하기에 이르렀다. 이 사건에서는 'Oh, Pretty Women'이라는 노래 가사를 패러디하여 랩 음악 형태로 발표한 피고의 행위는 명백히 상업적 목적을 위한 것이지만, 다음에서 보는 변형적 이용으로서의 성격이 크다는 점을 들어 공정이용에 해당한다고 하였다.

② 변형적 이용(transformative use)

피고의 이용행위가 '생산적'(productive) 또는 '변형적'(transformative)[425] 이용행위인지 여부는 중요한 고려요소이다. 변형적 이용이란 원저작물을 이용한 결과물이 단순히 원저작물을 대체하는 수준을 넘어 원저작물에 없거나 원저작물과는 다른 사상 및 감정을 전달함으

424) Campbell v. Acuff-Rose Music, 510 U.S. 569 (1994).

425) 여기서 transformative use를 '변형적(變形的) 이용'이라고 직역하고 있지만, 이와 같은 직역은 적절하지 않고 그보다는 '창작부가적'(創作附加的) 이용이라고 하는 것이 좋다는 견해가 있다. 作花文雄, 詳解 著作權法, 제 3 판, ぎょうせい, 310면.

로써, 원저작물과 별개의 목적이나 성격을 갖게 되는 경우를 말한다. 해석론으로서는 원저작물에 가하여지는 수정·변형을 2차적저작물로의 변형과 공정이용에 해당하는 변형으로 나누는 견해가 있다. 2차적저작물로의 변형은 원저작물과 동일 또는 유사한 사상이나 감정을 다른 형식으로 표현한 것으로서 '표현형식의 변형'만이 있을 뿐이고 '이용목적의 변형'은 없는 경우를 말한다. 이에 반하여 '공정이용에 해당하는 변형'은 '이용목적의 변형'을 말하며, 원저작물과는 다른 사상 또는 감정을 표현하기 위하여 원저작물을 재료로서 이용한 경우가 '이용목적의 변형을 인정할 수 있는 최소한의 범위'라고 보면서, 그 예로서 '비평, 원저작자의 성향의 공개, 사실의 증명, 원작품의 사상을 옹호 또는 공격할 목적으로 원작품의 내용을 요약하는 것, 패러디, 상징화, 미학적 선언' 등을 들고 있다.[426] 이 견해에서 보는 것처럼 변형적 이용여부는 원저작물이 가지고 있는 고유한 목적과 동일한 목적으로 이용한 것인지, 아니면 원저작물과는 별개의 다른 목적으로 이용한 것인지를 중심으로 결정된다는 점에서 공정이용 판단의 제1 요소인 '이용의 목적 및 성격'을 판단하는 중요한 지표로 고려되고 있다. 이때 변형이용의 목적은 비평, 논평, 시사보도, 교수, 학문 또는 연구 목적 등 제107조에 예시된 것 이외의 목적도 포함되는 것으로 넓게 해석된다.[427]

이용행위가 이러한 변형적 이용으로서의 성격을 갖는다면 공정이용으로 판단될 여지가 커진다. 저작권법은 궁극적으로 문화의 향상발전을 목적으로 하는바, 생산적 또는 변형적 이용행위에 의하여 기존 저작물과 다른 문화적 가치를 가지는 새로운 저작물이 생겨난다면 이는 인류의 문화유산의 축적에 보탬이 되는 이용행위로서 공공의 이익에 기여한다고 볼 수 있다. 따라서 저작권법의 목적에 부합하는 공정한 이용행위에 해당할 수 있는 것이다.

변형적 이용이 공정이용 인정에 절대적이고 필수적인 요소는 아니다. 예를 들어, 특정 소설의 내용을 거의 그대로 차용하여 영화로 제작한 경우, 그러한 차용이 설사 원작 소설

---

426) 박준우, 2차적저작물로의 변형과 공정이용인 변형의 차이, 상사판례연구(제22집 제4권), 한국상사판례학회, 2009, 554면 이하 참조.

427) 미국 법원은 목적의 변형(변경)이 없는 경우에는 '변형적 이용'에 해당하지 않는다고 보는 경향이 있다고 한다. Gaylord v. United States, 595 F.3d 1364 (Fed. Cir. 2010) 사건에서, 피고는 미국 워싱턴D.C에 위치한 한국전쟁 참전용사기념관에 전시되고 있는 군인들의 조각상을 조명과 배경을 이용하여 조각상에 눈이 내린 모습을 마치 군인들이 실제로 진군하는 것처럼 보이도록 사진으로 찍어 한국전 50주년 기념우표로 제작, 판매하였다. 원심은 피고의 사진이 원작과는 다른 성격의 새로운 저작물로 보아야 한다고 하여 변형적 이용이라고 판시하였으나, 항소법원은 햇볕이 따뜻한 날이 아니라 비바람이 몰아친 겨울날 아침에 조각상의 사진을 찍은 것만으로 원저작물의 성격이 변형되었다고 볼 수 없으며, 피고의 이용행위의 목적은 원고의 창작목적과 마찬가지로 한국전쟁 참전용사들을 추모하고 기념하기 위한 것이었으므로 새로운 목적이 더해지지 않는 한 저작물의 성격이 변형되었다고 볼 수 없다고 판시하였다. 박유선, 전게 논문, 86, 87면.

에 대한 '변형적 이용'에 해당한다고 하더라도 그것만으로 공정이용으로 면책이 될 수는 없다. 그러나 미국의 법원은 저작권법의 목적이 "과학과 유용한 기술의 발전"에 있고, 그러한 목적은 변형적 이용을 통해 효과적으로 성취될 수 있다는 점을 중요하게 보고 있다. 그리하여 원저작물을 소재로 사용하면서도 그것에 변형을 가하여 새로운 사상이나 감정 또는 새로운 정보, 미적 느낌, 통찰, 이해 등을 갖도록 함으로써, 궁극적으로 문화의 향상 발전을 도모한다는 점에서 변형적 이용은 공정이용의 성립을 인정하는 핵심적인 요소라고 해석한다.[428] 미국 연방대법원은 음악저작물을 패러디로 이용한 Campbelle v. Acuff-Rose 사건[429]에서 변형적 이용을 중요한 판단요소로 고려하였고, 최근 구글이 모바일 운영체제인 안드로이드 개발 과정에서 JAVA API의 코드를 복제한 Google v. Oracle 사건[430]에서도 변형적 이용의 중요성을 재확인하였다.

③ 부수적·우발적 이용과 고의적·비윤리적 이용

이용행위가 '부수적'(subordinate) 또는 '우발적'(incidental)으로 일어나는 행위인지 여부도 고려의 대상이 된다. 부수적 또는 우발적 이용행위라면 공정이용에 해당할 여지가 커진다. 시사보도의 과정에서 저작물이 우연히 들리거나 보이게 되는 경우가 대표적인 사례라고 볼 수 있다.

또한 이용행위의 윤리적 측면도 고려의 대상이 된다. 위 Harper 사건에서 미국 연방대법원은 공정이용의 항변은 형평법상의 법원리에 기초한 것이므로, 이용행위의 윤리적 적합성 또는 선의(good faith)여부가 고려되어야 한다고 판시하고 있다. 이 사건에서 피고 뉴스

---

428) 예를 들어, Elvis Presley Enterprises, Inc. v. Passport Video, 349 F.3d 622 (9th Cir. 2003) 판결에서 제 9 항소법원은 "변형적 이용은 연방저작권법 제107조의 공정이용을 판단하는 제 1 요소에 있어서 가장 중요하게 고려하여야 할 사항"이라고 하고 있다. 이 사건에서 피고는 유명한 로큰롤 가수인 엘비스 프레슬리(Elvis Presley)의 일생에 관한 16시간 분량의 다큐멘터리 비디오테이프를 제작·판매하면서 엘비스 프레슬리의 저작물이나 퍼블리시티권을 관리하는 법인인 원고의 허락을 받지 않았다. 이러한 피고의 행위에 대하여 제 9 항소법원은, 피고가 제작한 다큐멘터리는 단순히 엘비스 프레슬리의 일생에 대한 참고자료로서의 기능을 넘어서서 원고가 관리하는 저작권 등의 권리에 의하여 보호되는 고유한 엔터테인먼트 기능과 동일한 기능을 수행하고 있다는 것을 이유로, 피고가 제작·판매하는 다큐멘터리는 '변형적 이용'에 해당하지 않는다고 하였다.

429) Campbell v. Acuff-Rose Music, 510 U.S. 569 (1994).

430) Google LL.C. v. Oracle America Inc., 141 S.Ct. 1183 (2021). 구글의 복제행위는 프로그래머들의 창조적·진보적 활동에 크게 기여하는 안드로이드 플랫폼이라는 새로운 제품을 만들기 위한 것이었다는 점에서 미국 연방헌법에 명시된 저작권법의 목적에 부합하는 변형적 이용에 해당한다고 평가하고, 그 행위의 상업적 성격은 이용의 결과가 안드로이드 시스템에서 갖는 본질적으로 변형적인 역할에 비추어 결정적 요소가 될 수 없다고 하였다. 류시원, "공정이용 판단의 고려요소로서 '변형적 이용'의 한계", 한국저작권위원회, 계간 저작권, 2022년 겨울호, 제35권 제4호(통권 제140호), 13면. 이 논문에서는 '변형적 이용'이 차용미술과 관련된 미국 연방법원의 일련의 저작권침해 사건에서도 비중 있는 역할을 하였음을 지적하고 있다.

잡지사가 아직 출판되지 않은 회고록 원고(原稿)를 불법적인 수단으로 입수한 것에 주목하면서, 이러한 정황은 공정이용의 항변을 배척하는 사유가 된다고 하였다.

그러나 이용행위가 고의적인지 여부가 고려의 대상이 되는지에 대하여는 판례가 갈리고 있다. 예를 들어 1980년 Roy 사건에서 미국 뉴욕주 남부지방법원은 원저작물 이용자의 악의 또는 고의가 있었음은 공정이용의 성립에 불리한 요소로 작용한다고 판시한 바 있다.[431] 이에 반하여 같은 법원은 2008년 Lennon 사건에서 피고가 다른 저작물들에 대하여는 모두 이용허락을 받았으면서도 원고의 저작물에 대해서는 이용허락을 받지 않고 영상물을 제작한 경우에 공정이용이 인정된다고 판시함으로써, 고의성을 다른 요소들에 비하여 그다지 중요하게 고려하지 않고 있음을 보여주고 있다.[432] 실제로 공정이용 성립여부가 문제로 되는 대부분의 사건들은 고의적 또는 의도적으로 원저작물을 사용하는 경우일 것이므로, 고의적·의도적 이용이라고 하여 공정이용을 부정한다면 공정이용의 항변이 받아들여질 여지는 거의 사라지게 된다. 나아가 이용자가 원저작권자로부터 이용허락을 받으려고 하였으나 거절당하였다는 정황이 있어도, 이는 이용자가 저작권침해를 자인하였다기보다는 원저작권자와의 분쟁을 피하기 위한 사업적인 의도를 가지고 있었음을 나타내는 것에 불과하기 때문에 공정이용의 성립에 부정적인 요소로 작용하지 않는다고 한 연방대법원의 판결도 있다.[433] 사실상 원저작물 이용에 있어서의 고의성 여부는 공정이용의 성립여부에 큰 영향을 주지 않는다고 보아야 할 것이다.

---

431) Roy Export Co. Establishment etc. v. Columbia Broadcasting System, Inc., 503 F. Supp. 1137. 원고는 찰리 채플린(Charlie Chaplin)이 대본을 쓰고 감독 및 출연한 영화들의 발췌·편집 영상물에 대한 저작권 등 권리를 가지고 있었다. 피고는 여러 차례에 걸쳐 그 영상물에 대한 이용허락을 구하였으나 원고는 원고 스스로 찰리 채플린에 대한 회고 영상물을 제작하고자 한다는 이유로 계속하여 이를 거절하였다. 그러던 중 1977. 12. 25. 찰리 채플린이 사망하자 피고는 그 다음 날 자정 무렵에 찰리 채플린에 대한 회고 프로그램을 방영하였는데, 그 프로그램의 약 40%가 원고가 저작권을 가지고 있는 위 영상물로 구성되어 있었다. 이 사건에서 법원은 공정이용 판단을 위한 4가지 고려 요소를 검토한 후에 그에 덧붙여 본건의 경우 피고 CBS가 악의적으로(in bad faith) 원고의 저작물을 이용하였음을 언급하고 있다. 피고는 그동안 원고가 분명한 이유를 들어 계속적으로 거절 의사를 밝혔음에도 불구하고 심야 뉴스시간에만 사용하겠다고 하여 가지고 있던 원고의 영상물을 회고 프로그램에 사용하였는바, 이는 피고 자신의 상업적 이익을 위하여 원고의 저작권을 무시한 것으로서 피고 방송사 자체의 규정을 위반하였을 뿐만 아니라, 방송업계의 윤리적 기준에도 어긋나는 행위라고 하여 공정이용의 항변을 배척하였다.

432) Lennon v. Premise Media Corp., 556 F. Supp. 2d 310 (S.D.N.Y. 2008). 피고는 과학과 종교 사이의 갈등을 소재로 한 다큐멘터리 영상물을 제작하면서 다양한 이미지 영상과 함께 비틀즈 멤버였던 유명 가수 존 레논(John Lennon)의 노래 'Imagine' 중 15초 분량을 원고의 허락 없이 배경음악으로 사용하였다. 법원은 피고가 고의적으로 원고의 음악을 사용하였으나, 원고 Lennon의 노래를 비평을 위한 목적으로 이용하였으므로 이는 변형적 이용에 해당한다는 점을 중시하여 공정이용의 항변을 받아들였다.

433) Campbell v. Acuff-Rose Music, 510 U.S. 569 (1994).

(나) 이용되는 저작물의 성격

Harper 사건에서 미국 연방대법원은 이용되는 저작물이 공표(발행)된 저작물인지 미공표(미발행) 저작물인지는 공정이용 여부를 판단함에 있어서 매우 중요한 요소라고 판시하였다. 미공표된 저작물을 허락을 받지 아니하고 미리 이용하여 공표하는 것은, 공표의 시점을 결정하고 최초 공표자가 되고자 하는 저작자의 권리를 심각하게 훼손하는 것으로서, 대부분 공정이용이 되기 어렵다는 것이다. 따라서 원저작물이 발행되었다는 사정 또는 발행은 되었으나 그 후 절판되어 더 이상 공중에 제공되고 있지 않다는 사정은 공정이용의 성립에 긍정적인 요소로 작용하여 왔다. 그러나 그렇게 될 경우 예를 들어 유명 인물의 전기나 평전을 작성하면서, 일반 대중에게 알려지지 않은 미공개 자료들을 인용하는 경우에 공정이용이 성립할 여지가 크게 줄어들 수 있고 이는 표현의 자유를 제한할 우려가 있다는 점이 지적되었다. 이에 미국 의회는 1992년 저작권법 제107조를 개정하면서, 제107조의 4가지 요소를 모두 고려하여 내려지는 결정인 경우에 저작물이 발행되지 않았다는 사정 자체는 공정이용의 성립을 인정하는 데 장애가 될 수 없다는 점을 명문으로 추가하였다.[434]

저작물의 성격과 관련하여 또 한 가지 중요한 고려요소는 이용되는 저작물이 '사실적 저작물'(factual work)이냐 '허구적 저작물'(fictional work)이냐 하는 점이다. 역사저작물이나 전기(傳記)저작물 같은 사실적 저작물의 경우에는 공정이용이 인정될 여지가 커진다. 역사적 사실이나 전기적 사실은 특정인에게 독점되어서는 안 되고, 누구든지 인용하거나 활용하여 자신의 창작을 할 수 있어야 하기 때문이다. 이에 반하여 허구적 저작물의 경우에는 다른 사람들이 반드시 그 저작물을 인용하여야 할 필요성이 그다지 크지 않으므로 공정이용을 허용하여야 할 필요성도 그만큼 적어진다고 할 수 있다.

(다) 이용된 부분이 원고 저작물 전체에서 차지하는 양과 상당성

원고 저작물과 피고 저작물 사이에 실질적 유사성이 존재한다면 일단 저작권침해가 인정될 가능성이 높다. 그러나 그 경우에도 공정이용 여부를 판단하기 위하여 이용된 부분의 양과 질 및 중요성을 고려할 필요성은 여전히 존재한다. Harper 판결에서는 원고 저작물 중에서 클라이맥스 또는 핵심에 해당하는 실질적으로 중요한 표현을 차용하였다면, 그 부분이 비록 양적으로는 얼마 되지 않는다 하더라도 공정이용을 부정하는 요소로 작용한다고 판시하고 있다. 그리하여 200,000 단어 분량의 원저작물 중에서 300 단어 정도를 인용하여 양적으로는 얼마 되지 않지만, 그 부분이 질적으로 핵심적인 내용을 이루고 있다고 하여 공정이용의 성립을 부정하는 요소로 판단하였다.

434) 미국 저작권법 제107조 후문: 17 U.S.C. § 107 "… The fact that a work is unpublished shall not itself bar a finding of fair use if such finding is made upon consideration of all the above factors."

또 한 가지 중요한 고려사항은 피고가 자신의 저작물을 작성하기 위하여 필요한 범위 내에서 이용을 하였느냐 아니면 그 범위 이상의 것을 이용하였느냐 하는 점이다. 필요한 범위 이상으로 원고 저작물을 차용하였다면 이는 공정이용을 부정하는 근거가 될 수 있다. 그러나 설사 원고 저작물 전체를 복제한 경우라도 다른 요소들을 고려하여 여전히 공정이용으로 인정될 수 있다. 예를 들어, 인터넷 검색 서비스에서 검색 결과로 썸네일 이미지를 제공하는 것은 그 과정에서 저작물 전체를 복제하지만, 크기가 축소되고 화질이 떨어질 뿐만 아니라 그러한 행위가 검색 서비스를 수행하기 위해서 필수적이라는 점을 고려하여 공정이용의 성립을 인정한 사례가 있다.[435)]

(라) 이용행위가 원고 저작물의 잠재적 시장이나 가치에 미치는 영향

Harper 사건에서 미국 연방대법원은 이 4번째 고려 요소가 전체 4가지 고려 요소 중에서 가장 중요한 것이라고 하였다. 피고의 이용행위가 원고 저작물 또는 그것을 원작으로 하는 2차적저작물의 시장적 가치를 그다지 훼손하지 않는다면 공정이용이 될 가능성이 높아진다. 이때 피고의 이용행위가 원고 저작물의 시장적 가치를 훼손하는지 여부를 판단하는 방법 중 하나가 피고의 저작물이 원고의 저작물과 '유사한 기능'을 가지는 것인지를 보는 것이다. 피고의 저작물이 원고의 저작물과 동일 또는 유사한 기능을 수행한다면 원고 저작물의 잠재적 수요를 충족시킬 가능성이 있고, 따라서 원고 저작물의 시장적 가치를 훼손하게 된다. 이 4 번째 요소는 원고 저작물의 '잠재적' 가치 훼손여부를 판단하는 것이므로, 현실적인 훼손이 있다고 입증된 경우는 물론이고 훼손의 우려가 있다는 점만이라도 입증이 되면 공정이용을 부정하는 요소로 작용한다. Harper 사건에서 미국 연방대법원은, 일단 피고의 침해행위와 원고 저작물에서 생기는 수입의 현실적인 감소 사이에 합리적인 관련성이 있다는 점이 입증되면, 그 다음에는 피고가 그러한 관련성의 부존재를 적극적으로 반증하여야 할 책임을 부담한다고 판시하였다.

그러나 원저작물의 잠재적 시장이나 가치에 미치는 영향이 매우 사소한 경우에도 그러한 점이 공정이용을 인정하는데 부정적인 요소로 작용한다면 공정이용의 항변이 성립할 여지는 극히 좁아지게 된다. 이러한 점을 고려하여 원저작물의 이용이 원저작물의 시장적 가치에 미치는 영향이 '상당히 실질적인'(reasonably substantial) 경우에만 공정이용 인정에 부정적인 요소로 보아야 한다는 견해도 유력하게 제기되고 있다.[436)]

여기서 '잠재적 시장'이라 함은 원저작물의 2차적저작물 또는 대체저작물에 대한 시장, 원저작자가 스스로 또는 제 3 자로 하여금 향후 진출하는 것이 일반적·전통적이거나 합리

435) Kelly v. Arriba Soft Corp., 336 F. 3d 811 (9th Cir. 2003).

436) Pierre N. Leval, Toward a Fair Use Standard, 103 Harvard Law Review(1990) 1105, 1124.

적 가능성이 있는 시장, 원저작물의 저작권자가 이용허락을 할 가능성이 있는 시장 등을 의미한다. 또한 '잠재적 시장'에 대한 영향을 고려하는 것이므로 해당 저작물에 대한 직접적 수익, 즉 저작물을 이용하는 자가 그 저작물의 저작자에게 지급하였어야 할 이용료 등을 고려할 것은 아니다. 공정이용은 그 자체로서 해당 저작물의 직접적 수익에 대하여는 부정적인 영향을 미칠 수밖에 없는 것이기 때문에(예를 들어, 이용료 수입의 상실) 이를 고려한다면 공정이용 판단을 위한 제 4 요소는 언제나 공정이용 성립에 부정적인 요소로 작용할 것이기 때문이다.

(3) 기 타

이상에서 본 미국 저작권법 제107조에서 들고 있는 4가지 고려 요소는 배타적인 것이 아니라 예시적인 것이고 서로 경합하여 적용될 수 있는 것이다. 그리하여 미국의 법원은 위 4가지 요소들 외에 사건에 따라서는 다른 요소들도 고려하는 경우가 많이 있다. 예를 들어, 이용된 부분이 '원고' 저작물 전체에서 차지하는 양적·질적 상당성만이 아니라 '피고' 저작물 전체에서 그 이용된 부분이 차지하는 양적·질적 상당성을 고려하는 경우도 있다. Harper 사건에서도 미국 연방대법원은 이용된 부분이 원고 저작물 중에서 차지하는 양적인 비율은 매우 미미하지만, 그 부분이 피고 저작물의 13% 이상을 차지하고 있다는 점을 공정이용을 부정하는 하나의 요소로 파악하고 있다.

나아가 위 4가지 고려 요소들은 그 중 어느 하나가 특별히 결정적인 역할을 하는 것은 아니다. 위 4가지 요소들 중 어느 하나가 존재하거나 존재하지 않는다고 하여 공정이용이 추정되거나 그 반대의 결과로 되는 것은 아닌 것이다. 공정이용을 판단함에 있어서는 이들 4가지 요소를 종합적으로 고려하여야 한다.

한편, 입증책임과 관련하여서는 공정이용을 주장하는 것은 이른바 '적극적 항변'(affirmative defense)에 해당하므로 공정이용의 성립을 주장하는 자가 그 입증책임을 부담한다고 본다. 미국 연방대법원은 Campbell 사건[437]에서, 공정이용을 판단하는 4가지 요소 중 제 4 요소, 즉 이용행위가 원저작물의 잠재적 시장이나 가치에 미치는 영향에 대하여도 이용자인 피고가 입증책임을 부담하므로, 피고는 문제가 된 원저작물의 이용으로 인하여 당해 원저작물의 잠재적 시장이나 가치를 훼손할 우려가 낮다는 점에 관한 입증책임을 부담한다고 판시하였다. 그러나 반면에 제 1 요소와 관련하여 피고의 이용이 비상업적 이용인 경우에는 원저작물의 잠재적 시장이나 가치에 대한 훼손 가능성이 추정되지 않으며, 특히 패러디와 같이 원저작물에 대한 변형적 이용으로 인정되는 경우에는 원저작물을 상업적으로 이용

437) Campbell v. Acuff-Rose Music, 510 U.S. 569 (1994).

하였다는 사정만으로 그 잠재적 시장이나 가치에 대한 훼손이 추정되지는 않는다고 판시하였다. 비상업적 이용이나 변형적 이용 등의 경우에는 제 4 요소에 대한 입증책임을 권리자인 원고에게 부담시키고 있는 것이다.

(4) 구체적 사례를 통한 검토

이해의 편의를 위하여 공정이용의 법리가 구체적인 경우에 어떻게 적용될 수 있을 것인지를 실제 사례를 가지고 검토해 보기로 한다. 과거 국내 e스포츠 주 종목인 '스타크래프트'[438]의 개발사 블리자드 엔터테인먼트사(이하 '블리자드')가 e스포츠의 케이블 TV 중계방송과 관련하여 한국 e스포츠협회 및 온게임넷, MBC게임 등에 대하여 중계방송에 따른 수익배분을 요구하는 등 저작권을 주장한 바 있다. 그리하여 첫째, e스포츠 방송에 대하여 블리자드가 저작권을 주장할 수 있는지, 둘째, 주장할 수 있다면 그 권리의 범위는 어디까지인지 여부가 문제로 되었다. 온게임넷 등에서 방영하고 있는 e스포츠 방송은 '스타크래프트' 게임을 소재로 하고 있으므로, 방송 화면에 전체적·계속적으로 '스타크래프트' 게임의 특정 장면들이 현시(顯示)된다. 따라서 블리자드가 '스타크래프트'에 대한 유효한 저작권을 가지고 있는 이상, 다른 특별한 사유가 없다면 e스포츠 방송은 블리자드가 보유하고 있는 '스타크래프트'에 대한 저작권, 그 중에서도 복제권[439] 및 방송권(공중송신권)[440]을 침해하는 것으로 볼 수 있다. 또한 e스포츠 방송은 '스타크래프트' 게임을 원저작물로 하는 2차적저작물로 볼 여지도 있다. 그렇게 된다면 e스포츠 방송은 블리자드의 '스타크래프트'에 대한 2차적저작물작성권[441]까지도 침해하는 것이라고 보아야 한다. 결국 이 사례는 e스포츠 방송과 관련하여 '스타크래프트'의 저작권을 제한할 만한 '특별한 사정'이 있느냐 여부에 의하여 결론이 내려질 것인데, 그 '특별한 사정'은 다른 말로 하면, 저작권법에서 규정하고 있는 저작재산권 제한사유[442]를 의미한다고 하겠다. 이 사례를 미국법상 공정이용의

---

438) 1998년 미국의 벤처기업인 블리자드(Blizzard)는 사실적 입체감, 자연스러운 움직임이 돋보이는 캐릭터들과 다양한 게임기술을 보유하고 있는 다른 게임 회사들에 대항하기 위하여 실시간 모의(시뮬레이션) 전략게임을 내놓았는데, 이것이 '스타크래프트'의 시초이다. '스타크래프트'는 테란, 프로토스, 저그의 각기 다른 특성을 가진 종족 가운데 한 종족을 선택해 우주의 지배권을 놓고 싸움을 벌이는 게임이다. 발매된 지 얼마 지나지 않아 모의 전략게임 시장을 석권하였으며, 한국에서도 발매 시점과 거의 같은 시기에 들어와 삽시간에 인기를 독차지하면서 전국 PC방의 폭발적인 증가를 주도하였다. 국내에 많은 프로게이머가 활동하고 있으며, '스타크래프트' 대회인 '스타리그'가 개최되고 있다(이상, 네이버, 두산세계대백과에서 인용).

439) 저작권법 제16조.

440) 저작권법 제18조.

441) 저작권법 제22조.

442) 저작권법 제 4 절 제 2 관 이하.

법리에 비추어 판단해 보기로 한다.

먼저, 공정이용의 4가지 판단 요소 중 첫 번째 이용의 목적 및 성격에 관하여 살펴본다. e스포츠 방송은 성격상 상업적 방송이다. 저작물을 이용하는 목적이 상업적이라면 비상업적인 경우보다 공정이용으로 판단될 여지가 적어진다. 따라서 이 부분 판단은 블리자드 측에게 유리한 방향, 즉 저작권침해가 인정되는 방향으로 작용할 수 있다. 그러나 오늘날에 이르러서는 과거 비상업적인 이용이라고 보았던 보도·비평·교육·연구 등의 행위들도 대부분 어느 정도 상업적인 성격을 배제할 수 없게 되었다. 따라서 지금은 상업적 행위라고 하여 공정이용이 성립하지 않는 것은 아니며, 상업적·비상업적의 구별 실익이나 중요성은 많이 희박해진 것이 사실이다.

다음으로 방송사들의 '스타크래프트' 이용행위가 '생산적'(productive) 또는 '변형적'(transformative) 이용행위인지 여부에 관하여 살펴본다. 결론적으로 방송사들의 '스타크래프트' 이용행위는 생산적 또는 변형적 이용행위에 가깝다. 방송사들의 e스포츠 방영물은 기존의 '스타크래프트' 게임소프트 저작물과는 다른 목적과 문화적 가치를 가지는 새로운 저작물이라고 보아야 하고, 이는 인류의 다양한 문화유산의 축적에 보탬이 되는 이용행위로서 공공의 이익에 기여한다고 볼 수 있기 때문이다. 따라서 이와 같은 판단은 블리자드 측에게 불리한 방향, 즉 공정이용이 인정되고 저작권침해가 부정되는 방향으로 작용하게 된다.

다음으로 공정이용의 4가지 판단요소 중 두 번째, 이용되는 저작물의 성격에 관하여 살펴본다. '스타크래프트'는 공표된 저작물이다. 따라서 이 점은 방송사들에게 유리한 요소로 작용한다. 그러나 반면에 '스타크래프트'는 사실적 저작물과 허구적 저작물 중 허구적 저작물에 속한다. 따라서 다른 사람들이 반드시 이 저작물을 이용하여야 할 공익적 필요성이 그다지 크지 않으므로 공정이용을 허용하여야 할 필요성도 그만큼 적어진다. 이 점은 블리자드 측에게 유리한 요소로 작용한다.

세 번째, 공정이용의 4가지 판단요소 중 이용된 부분이 이용 저작물 전체에서 차지하는 양과 상당성에 관하여 살펴본다. 이 부분은 앞에서 저작권법 제28조(공표된 저작물의 인용)의 적용 요건 부분 중 "양적·질적 주종관계"에서 본 것과 내용적으로 거의 동일하다고 할 수 있다. e스포츠 방송물에서는 블리자드가 저작권을 가지고 있는 '스타크래프트'의 화면들이 계속적·반복적·전체적으로 현시된다. 물론 그 화면은 게이머들이 수행하는 게임 내용에 따라 그때그때 달라지지만, 그 달라진 화면들 역시 모두 블리자드가 저작권을 가지고 있는 범위 내에 들어 있다. 예를 들어, A와 B 두 게이머가 게임을 하고 있는 상황을 e스포츠 방송으로 방영한다고 할 때, TV 스크린(화면)에 디스플레이 되는 내용물은 대부분 블리자드가 저작권을 가지고 있는 '스타크래프트' 게임소프트웨어에 내장된 화면들이고, 아주 가끔씩 A 또는 B 게이머의 모습을 비추어 준다거나 해설자의 모습을 비추어 주는 정도가 있을 뿐이다. 이런 점에서 볼 때, 이용저작물인 e스포츠 방송에 있어서 피이용저작물인 '스타크래프트' 저작물이 차지하는 비중은 질적인 면에 있어서나 양적인 면에 있어서나 사실상 거의 대부분이라고 하여도 과언이 아니다. 따라서 이 부분 판단은 블리자드 측에게 유리한 방향, 즉 저작권침해가 인정되는 방향으로 작용한다.

네 번째로, 공정이용의 4가지 판단요소 중 이용행위가 피이용저작물의 잠재적 시장이나 가치에 미치는 영향에 관하여 살펴본다. 이 사례에서 방송사들의 이용행위의 결과로 나타난 이용저작물(e스포츠 방송물)과 피이용저작물인 '스타크래프트'는 시장적 경쟁관계에 있지 않다고 보는 것이 타당할 것이다. 즉, e스포츠 방송물은 '스타크래프트'와 대체재(代替財) 관계에 있지 않다. '스타크래프트'는 자신이 직접 게임을 즐기기 위하여 사용되는 게임저작물인데 반하여 e스포츠 방송물은 다른 사람이 진행하는 게임을 시청함으로써 그 게임의 진행상황과 승패의 결과를 파악하고 곁들여지는 해설을 청취하기 위하여 이용되는 시청각저작물이므로, 양 저작물은 이용되는 목적과 형태, 기능에 있어서 전혀 다르다. '스타크래프트'의 대체재라고 한다면 유사한 형태의 다른 전략 시뮬레이션 게임 등을 예로 들어야 할 것이다. 오히려 e스포츠 방송물은 그것을 시청하는 시청자들로 하여금 '스타크래프트'에 대한 흥미를 유발시켜 '스타크래프트'의 이용자를 증가시키는 효과가 있을 것으로 예상되므로, 양 저작물은 '대체재'라기보다는 '보완재'(補完財) 관계에 있는 측면이 더 많다고 볼 수 있다. 따라서 e스포츠 방송물은 '스타크래프트' 저작물과 동일 또는 유사한 기능을 수행한다고 할 수 없으므로, '스타크래프트' 저작물에 대한 잠재적 수요를 충족시킨다거나 '스타크래프트' 저작물의 시장적 가치를 훼손하게 될 가능성이 별로 없다. 이는 저작권침해를 부정하고 공정이용을 받아들이게 하는 방향으로 작용한다.

이상에서 살펴본 바와 같이 본 사례의 경우 공정이용을 판단하기 위한 4가지 요소들 중 어떤 요소는 저작권침해를 긍정하는 방향으로, 어떤 요소는 저작권침해의 부정, 즉 공정이용을 인정하는 방향으로 작용한다. 대체적으로 첫 번째 요소인 "이용의 목적 및 성격"과 네 번째 요소인 "이용행위가 피이용저작물의 잠재적 시장이나 가치에 미치는 영향"은 저작권침해를 부정하고 공정이용을 인정하게 하는 방향으로, 두 번째 요소인 "피이용저작물의 성격"과 세 번째 요소인 "이용된 부분이 피이용저작물 전체에서 차지하는 양과 상당성"은 저작권침해를 긍정하게 하는 방향으로 작용한다고 볼 수 있다. 이와 같이 4가지 요소들 중 어느 요소는 저작권침해를 긍정하는 방향으로, 다른 요소는 저작권침해를 부정하는 방향으로 작용하는 사례는 다른 경우에도 많이 볼 수 있으며, 오히려 공정이용이 문제로 되는 대부분의 사례가 그런 경우이다.

공정이용을 판단하기 위한 4가지 고려 요소는 상호 배타적인 것이 아니라 예시적인 것이다. 그리고 이들 4가지 고려 요소들은 그 중 어느 하나가 특별히 결정적인 역할을 하는 것은 아니며, 그 4가지 요소들 중 어느 하나가 존재하거나 존재하지 않는다고 하여 공정이용이 추정되거나 그 반대의 결과로 되는 것은 아니다. 즉, 공정이용 해당여부를 판단함에 있어서는 이들 4가지 요소들을 종합적으로 고려하여야 한다. 그럼에도 불구하고 해석상 이들 4가지 요소들 중 중요성이 가장 부각되는 요소가 있다. 네 번째 고려 요소인 "이용행위가 피이용저작물의 잠재적 시장이나 가치에 미치는 영향"이 그것이다. 특히 앞서 본 Harper 사건에서 미국 연방대법원은 이 네 번째 고려 요소가 전체 4가지 고려 요소 중에서 가장 중요한 것이라고 하였다.

이상의 여러 가지 점들을 종합적으로 고려하면서, 위 사례의 경우를 미국 저작권법의 이론과 판례의 경향에 비추어 본다면, 저작권침해가 긍정되기보다는 공정이용의 항변이 받아들여져서 저작권침해가 부정될 가능성이 더 높다고 생각된다. 공정이용을 판단하는 4가지 요소들 중 가장 중요한 비중을 차지하는 네 번째 요소가 공정이용을 긍정하는 방향으로 작용하고 있으며, 또한 이용의 목적과 성격에 있어서 방송사의 이용행위가 '생산적' 또는 '변형적' 이용행위라고 볼 수 있기 때문이다. 물론, 이용된 부분이 피이용저작물 전체에서 차지하는 질적·양적 비중이 상당히 크다는 점은 있지만, 사실 이 부분은 본 사례와 같이 특정 게이머들의 특정 게임을 전체적으로 방송함에 있어서는 부득이한 면이 있는 것이다. 그야말로 순수하게 보도의 목적으로 게임의 결과만을 짤막하게 보도하는 경우가 아니라, 특정 게임의 전체적 진행상황과 승패의 결과, 중요 부분에 대한 해설 등을 시청자에게 제공하기 위해서는 피이용저작물인 '스타크래프트'의 화면이 방송물의 대부분을 차지할 수 밖에 없는 구조로 되어 있기 때문이다. 그 결과 e스포츠 방송물에 있어서 '스타크래프트' 게임저작물의 화면이 대량으로, 그리고 계속적으로 비추어지는 것은 그 방송물의 성격상 어쩔 수 없는 부분이라고 이해될 수 있다.[443)]

(5) 판 례

공정이용 규정이 우리 저작권법에 도입된 지 상당한 기간이 흘렀음에도 우리 법원이 이 규정을 직접적으로 다룬 사례는 많지 않다. 그나마 하급심 판결에서 찾아볼 수 있을 뿐, 아직 대법원 판례는 나오지 않고 있다. 공정이용을 언급한 하급심 판결도 대부분 방론으로 언급하고 있을 뿐, 본격적으로 공정이용 법리를 다룬 사례는 더욱 드물다. 그런 중에

443) 그러나 실제 이 사례에 있어서는 방송사들이 저작권침해 책임을 인정하고 저작권자인 블리자드에게 일정 금액의 배상을 하는 것으로 사건이 종결된 것으로 알려지고 있다.

서울중앙지방법원 2017. 6. 15. 선고 2016가합534984 판결은 제35조의5 제 2 항의 4가지 기준을 모두 고려하여 종합적인 판단을 내리고 있어서 참고가 될 만하다. 이 판결에서는, "저작물의 이용의 목적이 원저작물의 시장 또는 가치에 미치는 영향을 중심으로 검토하는데, 저작물 이용의 목적이 원저작물과는 다른 변형적 방법이나 변형적 목적으로 이용되어 원저작물을 단순히 대체하는 것이 아니라 새로운 가치를 부여하였다면 공정이용으로 인정하기 용이하고, 저작물을 이용한 이후에 원저작물을 이용할 동기가 상당 부분 감소하여 '원저작물의 수요대체성'이 인정된다면 공정이용으로 인정하기 어렵다. 이에 관한 원저작물의 시장 또는 가치의 범위는 저작물 그 자체뿐만 아니라 그 저작권의 효력이 미치는 2차적저작물의 시장범위를 포함하나, 저작권 자체(표현)로 인한 시장범위에 한정되고 그 저작물에 포함된 내용(아이디어)으로 인한 시장범위까지 확장되는 것은 아니다. 한편 영리성은 이용자의 동기가 금전적인 이득을 얻기 위한 것인지 여부가 아니라 이용자가 일반적인 대가를 지불하지 아니하고 저작물을 이용하여 이익을 취하였는지 여부를 의미하는 것으로 이용하는 저작물 자체에 대한 영리성에 한정하여야 하는데, 현대 사회에서는 언론, 교육, 연구 등을 위한 목적이라고 하더라도 그 영리적 동기를 완전히 배제하기 어렵고, 위 개정 취지도 고려하면, 영리성 그 자체를 중요한 요소로 판단하기 어렵다. 따라서 단순히 이용자에게 영리적인 동기나 목적이 있다고 하여 공정이용으로 인정할 수 없는 것이 아니고, 그 영리성이나 이용의 목적이 충분히 변형적으로 인정되어 원저작물의 현재 또는 잠재적인 시장 또는 가치에 부정적 영향을 미치지 않는다면 공정이용으로 인정할 수 있다."고 하였다.[444)]

5. 일본에 있어서의 공정이용(Fair Use)의 법리

일본은 우리의 개정전 저작권법과 마찬가지로 저작재산권 제한규정에 일반조항으로서의 공정이용에 관한 명문의 규정은 두고 있지 않다. 이에 대하여 명문의 규정이 없어도 일반 법리로서 공정이용의 법리를 적용할 수 있는지 여부에 대하여 많은 논의가 전개되고 있다. 이러한 일본에서의 논의는 일반조항으로서의 성격을 가지는 제35조의5 규정을 신설한 우리나라의 입장에서도 나머지 개별 저작재산권 제한 규정의 해석 및 적용과 관련하여

444) 사안은 건강보험심사평가원 비급여대상 심사를 위해 타인의 논문을 복제하여 첨부서류로 제출한 것이다. 위 1심 판결은 위와 같은 법리 설시 아래 공정이용 항변을 인정하였으나, 항소심인 서울고등법원 2019. 9. 26. 선고 2017나2034378 판결에서는, 피고의 행위로 피고는 상당한 이익을 얻을 것으로 예상되고, 저작물 전체를 그대로 사본하여 첨부한 점에 비추어 공정이용에 해당하지 않는다고 판단하였다. 이일호, 전게 논문, 부록 제21면에서는, 위 1심 판결은 '영리성'의 의미를 좁게 해석한 것인데, 이러한 입장은 비교적 소수에 속하고, 항소심이 이를 받아들이지 않은 것으로 보인다고 하였다.

참고할 만한 가치가 있다. 따라서 이하에서는 일본에서의 공정이용 법리 적용여부에 관한 논의를 소개하고 그에 대한 검토를 해 보기로 한다.

가. 판례의 검토

일본의 경우에도 판결이유 중에서 공정이용(fair use)에 대하여 직접 언급한 판례는 그리 많지 않다. 판결이유에서 처음으로 공정이용 또는 fair use 라는 문구가 나타난 것은 앞서 공표된 저작물의 인용 부분에서 본 사진의 개변(몽타주)에 관한 이른바 '패러디 몽타주 사진 사건'[445]의 동경고등법원 항소심 판결에서라고 한다.

본건은 1971년에 소송이 제기된 일본 구 저작권법 시대의 판결로서, 일본 구 저작권법 제30조 제 1 항 제 2 호가 규정하고 있는 "공표된 저작물의 인용" 해당여부가 쟁점으로 된 사건이다. 이 사건에서 피고(피항소인)는 자신이 작성한 사진은 원고(항소인)의 작품을 공정한 관행에 합치되게 인용하여 제작한 몽타주 사진이라고 항변하였다. 이에 대하여 동경고등법원은, "여기서 말하는 '정당한 범위'라 함은 위 규정이 저작권의 사회성에 기초하여 그에 대한 공공적 한계를 부여함으로써 타인에 의한 공정이용(fair use)을 허락하는 것을 의미한다는 점에 비추어 볼 때, 이 규정에 해당하기 위해서는 자신의 저작물을 저작하는 목적상 인용을 필요로 하고, 나아가 그것이 객관적으로도 정당하다고 보일 수 있어야 한다"고 하였는데, 여기서 fair use라는 용어를 처음으로 사용하고 있다.

이 항소심 판결은 상고심인 최고재판소에서 파기되어 원심 동경고등법원에 환송되었는데, 최고재판소 판결 중에는 fair use 라는 용어가 보이지 않는다. 동경고등법원이 어떠한 의미에서 공정이용(fair use)이라는 용어를 사용한 것인지는 알 수 없다. 이 사건 상고심에 관여한 어느 재판관은 보충의견에서, "(피고) 사진의 패러디로서의 의의 및 가치를 평가하는 것은 가능하지만, 그것 때문에 명문의 근거도 없이 본건 사진 저작자의 저작인격권을 부정하는 해석을 채택한다는 것은 실정법이 달성하고자 하는 조화를 파괴하는 것으로서 받아들이기 어렵다"고 하였다.

그 외에 강학상 공정이용 또는 fair use 법리에 관한 선례로서 들고 있는 것으로 이른바 藤田 화백 그림 복제사건[446]이 있다. 藤田 화백은 저명한 화가로서, 제 2 차 세계대전 후

445) 패러디 몽타주 사진 사건, 제 1 심 동경지방법원 1972. 11. 20, 知的裁集 4권 2호, 619면; 판례시보 689호, 57면; 판례타임즈 289호, 277면; 항소심 동경고등법원 1976. 5. 19, 판례시보 815호 , 21면; 판례타임즈 336호, 194면; 최고재판소 1980. 3. 28. 民集 34권 3호, 244면; 판례시보 967호, 45면; 판례타임즈 415호, 100면.

446) 제 1 심 동경지방법원 1984. 8. 31. 知的裁集 16권 2호, 547면; 항소심 동경고등법원 1985. 10. 17. 知的裁集 17권 3호, 462면.

프랑스에 건너가 거기서 생을 마감하였다. 피고 출판사는 그의 회화 12점을 피고가 출판하는 "현대 일본의 미술"이라는 출판물에 게재하고자 화가의 저작재산권을 상속한 그의 처(원고)에게 허락을 구하였으나 처는 이를 거절하였다. 이에 피고 출판사는 그 그림을 게재하지 않기로 하였다가 출판물의 후반 부분에서 소외 甲의 논문을 게재하면서 藤田 화백의 회화를 보충 도판 형태로 채록하여 원고의 허락을 받지 않은 채 게재·출판하였다. 이에 원고는 출판금지청구 등의 소송을 제기하였고, 피고는 정당한 인용에 해당한다고 항변하였다. 나아가 피고는, "저작권법 제 1 조의 규정은 저작권이 공정한 이용과의 조화를 이루며 존재하여야 한다는 점을 선언하고 있고, 이러한 저작권법의 사상은 그 근저에 있어서 영미법상 'fair use' 또는 'fair dealing'의 법리와 공통되는 점을 가지고 있다. 그리고 저작권법은 그러한 사상을 구체화한 자유이용에 관한 개별적인 규정을 제 2 장 제 3 절 제 5 관(저작재산권 제한규정)에 두고 있는 것이다. 수없이 다양한 형태로 발생하는 저작권 현상의 모든 부분을 적절하고 타당하게 규율하는 것에는 한계가 있을 수밖에 없다. 여기서 '공정이용'이라는 일반규정을 두고 있지 않은 우리 저작권법에 있어서도 이러한 법리를 도입할 필요가 있다."고 주장하면서, 공공의 재산이라고 하여야 할 藤田 화백 작품의 게재허락을 원고가 거부한 것은 작품을 사장시키는 권리남용이라고 주장하였다.

이러한 피고의 항변에 대하여 동경지방법원은 藤田 화백의 작품이 사장되어서는 아니되는 문화적 의의를 가지는 저작물이라고 하여도, 그러한 사실로부터 곧바로 저작재산권자의 복제권을 무시하고 그의 허락 없이 자유롭게 복제할 수 있다는 결론이 도출될 수는 없다고 하면서, 피고에 의한 공정이용의 항변이나 권리남용의 항변은 어느 것도 그 전제를 결하고 있어 받아들일 수 없다고 하였다.

이상에서 본 패러디 몽타주사진 사건 판결과 藤田 화백 사건 판결들은 모두 일반 법리로서 공정이용의 법리를 적용하여야 한다는 피고의 항변이 제기된 사례들이지만, 법원은 그 판결이유에서 공정이용 법리의 채택여부에 대하여 본격적인 판단을 하고 있지는 않다. 그러나 다음에서 보는 두 개의 판례는 공정이용의 법리에 관하여 직접적인 언급을 한 사례로서 의미를 가진다.

(1) Wall Street Journal 판결[447)]

미국의 경제신문 Wall Street Journal(WSJ)의 기사를 일본의 A 법인이 번역(초역)하여 그 기사를 분류하고 배열한 문서를 작성한 후 이를 일본 국내에서 예약자들에게 유료로 배포

447) 제 1 심 동경지방법원 1993. 8. 30, 知的裁集 25권 2호, 380면; 항소심 동경고등법원 1994. 10. 27. 知的裁集 26권 3호, 1151면.

하였다. 이 문서에는 특정 날짜의 WSJ 기사의 전부 또는 일부가 1건 당 약 34 문자로 1행 내지 3행 정도의 일본어로 번역되어 뉴스의 종류별로 나뉘어 게재되고 있었다. 또한 WSJ의 기사가 각각 그 순서대로 번역기재 되어 있고 그 내용은 대응하는 WSJ의 기사 내용과 동일하며, 이 문서를 읽으면 WSJ 기사의 핵심내용을 알 수 있도록 되어 있었다. WSJ은 A를 상대로 동경지방법원에 해당 번역문서의 작성 및 배포금지 가처분을 신청하였고, 1991. 9월 가처분 인용결정이 내려졌다. 이에 A는 가처분이의 소송을 제기하였는데, 그에 대한 판결이 Wall Street Journal 판결이다.

이 사건에서 A는 예비적으로 위 번역문서의 작성 및 배포는 공정이용의 법리에 의하여 허용되어야 한다고 주장하였다. 즉, 일본 저작권법은 제 1 조 저작권법의 목적규정에서 문화적 산출물의 '공정한 이용'을 도모할 것을 규정하고 있고, 제30조 이하에서 교육목적 기타 문화, 사회적인 가치가 있는 경우에 일정한 조건 아래에서 저작재산권이 제한된다는 것을 규정하고 있으므로, 이들 규정을 종합하여 보면 일본에 있어서도 명문의 규정은 없으나 공정이용의 법리가 인정되어야 한다고 하였다. 그리고 미국 저작권법상 공정이용을 판단하는 4가지 요소에 비추어 다음과 같이 주장하였다.

첫째, 피고가 WSJ를 번역하여 이용한 목적은 일본인 독자가 WSJ의 뉴스에 접근(access)하는 것을 가능하게 하기 위한 것으로, WSJ 기사의 요지 또는 대략의 정보를 제공하는 것이므로 상업적인 것이기는 하지만 공공적인 의미도 있다.

둘째, WSJ은 뉴스 보도를 주목적으로 한 신문이므로 공공적 사명으로서 정보의 자유로운 유통이라고 하는 공익적 요청에 부응하여야 한다.

셋째, WSJ 본문과 A가 작성한 문서를 비교하여 보면, A가 작성한 문서는 WSJ의 1.2% 밖에 사용하고 있지 않으므로 이용된 부분이 양적으로 대단히 적다.

넷째, WSJ은 영문으로 되어 있어 일본인 독자의 대부분은 이를 해독하기 어려운데, A가 작성한 번역문서에 의하여 WSJ이 일본인 독자들에게 보다 친근한 매체가 될 수 있으므로 WSJ의 구독자는 오히려 늘어날 것으로 예상된다. 따라서 WSJ의 시장성에 대한 부정적인 영향은 없다.

이에 대하여 동경지방법원은, "(일본 법제상) 일반적으로 공정이용의 법리가 인정될 수 있는지 여부는 별론으로 하고, 이 사건에서 A는 WSJ을 허락 없이 이용하여 번역문서를 작성하고, 이를 다수의 회원들을 상대로 하여 1개월에 3만 엔 정도의 회비, 또는 100자 당 1,000엔의 요금을 수령하는 등 상업적으로 배포하고 있다. 이는 신문의 개성을 형성하는 데 있어서 매우 중요한 요소인 편집저작권을 침해하는 행위로서 이러한 행위가 공정이용으로서 허용된다는 것은 받아들이기 어렵다."고 하여 A의 주장을 배척하였다.

이에 대하여 A가 항소하였다. 항소심은, "저작권법 제 1 조는 저작권법의 목적과 관련하여, '문화적 산출물의 공정한 이용에 유의하면서 저작권자 등의 권리의 보호를 도모하고, 나아가 문화의 발전에 기여하는 것을 목적으로 한다'고 규정하고 있고, 같은 법 제30조 이하에서는 이러한 입법취지에 기초하여 저작재산권의 제한에 관한 규정을 두고 있는바, 이러한 규정으로부터 곧바로 일본에서도 일반적으로 공정이용(fair use)의 법리가 인정된다고 보기는 어렵다. 저작물에 대한 공정이용은 저작권자의 이익과 공공의 필요성이라고 하는 대립되는 이해의 조정 위에서 성립하는 것이므로, 공정이용의 법리가 적용되기 위해서는 그 요건이 명확하게 규정되어 있을 것이 필요하다. 따라서 명시적 규정이 존재하지 않는 일본 법제 아래에서는 일반적으로 공정이용의 법리를 인정할 수 없다"고 하여 A의 항소를 기각하였다.

(2) 'Last Message in 最終號' 사건[448)]

이 사건 피고는 1986년부터 1993년까지 사이에 휴간·폐간된 잡지 286종을 수집하여 그 잡지들의 편집부 또는 편집장이 독자들에게 휴·폐간의 사정이나 앞으로의 당부 등을 기술한 휴·폐간사와 최종호의 표지를 연대별로 묶어 1권의 책으로 편철·발행하였다. 이에 286개 잡지사 중 45개사(원고들)가 그 서적의 발행금지 및 손해배상을 구하였다. 원고들은 피고가 이용한 휴·폐간사 등은 사상 또는 감정의 표현으로서 저작권의 보호를 받는 저작물이고 이를 허락 없이 이용한 것은 저작권침해라고 주장하였다. 이에 대하여 피고는 본건은 미국 저작권법 제107조가 규정하고 있는 것과 같은 공정이용(fair use)의 법리가 적용되어야 한다고 하면서, 미국법상 공정이용 판단을 위한 4가지 요소와 관련하여 다음과 같이 주장하였다.

첫째, 피고가 본건 기사를 이용한 목적은 "잡지에 있어서의 신진대사"라고 하는 최근의 사회현상을 보도·비평하고 그 현상에 관한 자료를 수집하여 보존하기 위한 것으로서, 기본적 성격은 보도·비평·학술을 목적으로 하는 것이며, 이용된 본건 기사(휴·폐간사 등)의 본래의 목적과는 전혀 이질적인 것이다.

둘째, 이용된 기사들은 기본적으로 "사실의 전달에 지나지 않는 잡보(雜報)" 내지 '시사보도'의 성격을 가지는 것이며, 설사 저작물성을 가진다 하더라도 대부분 신문의 사설 혹은 잡지의 권두언과 같은 성질의 것이어서 "다른 신문 또는 잡지"에 자유롭게 전재하는 것이 가능한 저작물이라고 보아야 한다(일본 저작권법 제39조).[449)] 또한 공정이용의 법리를

448) 동경지방법원 1995. 12. 18, 知的裁集 27권 4호, 787면; 판례시보 1567호, 126면; 판례타임즈 916호 206면.
449) 일본 저작권법 제39조는 "신문 또는 잡지에 게재되어 발행된 정치·경제·사회의 시사문제에 관한 논

적용함에 있어서는 일본 저작권법 제39조에서 말하는 '신문·잡지'와 본건에서 피고가 작성한 '서적'을 특별히 구별하여야 할 이유가 없다.

셋째, 피고는 각 잡지의 최종 페이지에 게재된 휴·폐간에 관한 고지(告知)를 이용한 것에 지나지 않고, 사고(社告)나 편집후기 같은 것은 이들 잡지의 실질적 부분이 아니며, 그 이용된 부분은 양적으로 볼 때 전체의 100분의 1에도 미치지 않는다.

넷째, 원고들의 잡지들은 이미 휴·폐간 되어 있으므로, 피고의 서적이 그 잡지들의 장래에 있어서의 잠재적 시장에 아무런 영향도 미칠 수 없다.

이에 대하여 동경지방법원은 위 (1)의 WSJ 사건에서의 동경고등법원 판결과 마찬가지로 일본에 있어서는 저작재산권을 제한하는 일반 법리로서 공정이용의 이론을 적용할 수 없다고 판시하였다. 그러면서 일반 원리로서의 공정이용의 법리를 받아들일 수 없는 이유를 다음과 같이 보다 상세히 설시하고 있다.

즉, 일본 저작권법은 제 1 조에서 "이 법률은 … 문화적 산출물인 저작물의 공정한 이용에 유의하면서 저작자 등의 권리보호를 도모하고, 나아가 문화의 발전에 기여하는 것을 목적으로 한다"고 규정하고 있다. 이러한 목적규정으로부터 명백히 나타나는 바와 같이, 저작권법은 문화의 발전이라고 하는 최종 목적을 달성하기 위해서는 저작권자 등의 권리보호를 도모할 뿐만 아니라, 저작물의 공정이용에 유의할 필요가 있다고 하는 당연한 이치를 인식하고 있는 것이다. 그리하여 저작자의 권리인 사권과 사회 및 타인에 의한 저작물의 공정한 이용이라고 하는 공익의 조정을 위하여 일본 저작권법 제30조 내지 제49조에서 저작권이 제한되는 경우 및 그 요건을 구체적이고 상세하게 정하고 있다. 그러나 그 외에 '공정이용'(fair use)의 법리에 해당하는 일반조항을 두고 있지는 않다. 이는 저작물의 공정한 이용을 위하여 저작권이 제한된 경우는 위 저작재산권 제한 규정에 열거된 경우에 한정하는 취지라고 이해된다. 나아가 저작권법의 성립 후 오늘에 이르기까지 사회상황의 변화를 고려해 보더라도 피고의 서적과 관련하여 실정법상의 근거가 없는 상태에서 '공정이용'(fair use)의 법리를 적용하는 것이 정당하다고 볼 사정은 인정되지 않는다고 판시하였다.

나. 공정이용 법리에 관한 일본의 학설

(1) 적용긍정설

적용긍정설을 취하는 대표적인 학자는 *作花文雄*이다. 그는 저작물의 이용행위가 배타적 권리의 영역에 속하는 경우라 하더라도, 저작재산권의 행사로 인한 결과가 조리에 비추어 불합리한 경우에까지 제한규정이 없는 한 예외 없이 배타적 권리의 지배권이 미친다고

설은 다른 신문이나 잡지에 전재하거나 방송 또는 유선방송 할 수 있다"고 규정하고 있다.

한다면 이는 지나치게 경직된 법 운용으로서 받아들이기 어렵다고 한다. 따라서 제한규정에 구체적으로 열거되어 있지 않고 일반적인 공정이용의 법리에 관한 명문 규정이 없다고 하더라도, 저작재산권의 배타적 효력이 획일적으로 미친다고 해석할 것은 아니며, 제한규정의 엄격성과 한정성에 의한 권리의 보장과 공정한 이용의 조화를 도모하는 법 운용을 하여야 한다고 주장한다. 그리하여 제한규정에 명확하게 규정되어 있지 않은 경우라 하더라도 제한규정의 입법취지 또는 각 권리의 제정취지를 고려하여 당해 배타적 권리의 실질적인 규범영역을 획정하여야 하고, 권리남용의 법리 또는 권리의 내재적 제약에 근거한 합리적인 해석운용을 할 필요가 있다고 주장한다.[450] 즉, 저작권법상 제한규정에 명확하게 규정되어 있지 않는 경우에 있어서도, 제한규정의 입법취지나 각 권리의 규정 취지를 감안하여 권리를 제한하거나, 민법의 일반원칙인 권리남용의 법리 및 재산권의 내재적 제약론 등을 적용할 수 있다고 본다.

한편 加戸守行은, 사적이용을 위한 복제에 관한 일본 저작권법 제30조의 해석과 관련하여, 영미법상 공정이용의 법리에 대한 자신의 견해를 다음과 같이 밝히고 있다.

"영국 저작권법상 fair dealing 또는 미국 저작권법상 fair use 등 이른바 '공정이용'이라는 용어는 추상적이고 막연한 개념이며, 일본 저작권법 제30조에서 규정하는 사적이용 외에 제31조의 도서관의 복제 서비스, 제32조의 인용, 제35조의 교육목적의 복제까지를 포함하는 광의의 의미를 가지고 있다. 영미법 계통의 나라는 보통법(common law)상의 판례법을 중심으로 하고 있으므로, 실정법에서 정밀한 규정을 두고 있지 않아도 법원에서 구체적으로 그 행위의 옳고 그름에 대한 판단이 내려지게 된다. 그런데 일본과 같은 실정법 중심주의를 취하는 나라에서는 실정법에서 그 경계선을 명확하게 해 주지 않으면 법원에서도 판단을 하기 어렵고, 일반 국민에 대한 법률서비스의 측면에서도 충분하지 못하다는 평가를 받게 되므로 법률에 세밀한 규정을 두는 것이 통례이다. 어느 쪽이 좋은지는 한 마디로 말할 수 없지만, 저작권제한에 관한 한 일본 법제보다 영미법 계통의 법제가 장점을 가지고 있다는 느낌이 없지 않다"고 하고 있다.

이상과 같은 加戸守行의 해석을 보면 그가 반드시 공정이용 법리의 적용긍정설의 입장에 있는지는 분명하지 않다. 그러나 阿部浩二 같은 학자들은 이러한 加戸守行의 견해에 대하여 그가 공정이용의 법리에 관하여 상당히 호의적 견해를 가지고 있으며, 이는 사실상 일본 저작권실무에서 공정이용의 법리를 적용할 수 있다는 의견을 표명한 것이라고 보고 있다.

450) 作花文雄, 詳解 著作權法, 제 3 판, ぎょうせい, 311-312면.

(2) 적용부정설

적용부정설은 저작권법이 저작재산권에 관하여 상세한 제한규정을 두는 한편, 저작권을 제한하는 일반조항을 두지 않고 있는 이상 이는 결국 개별 제한규정의 운용에 의하여서만 저작권을 제한하고 있는 취지라고 보아야 할 것이므로, 해석론으로서 일반 원리인 공정이용의 항변을 인정하는 것은 곤란하다는 견해이다. 공정이용의 법리는 판례에 의하여 그 내용이 구체화됨으로써 미국 저작권법 체계상 나름대로의 위치를 가지게 된 것이며 따라서 그 내용이 공허하다고 할 것은 아니지만, 판례의 축적으로 공정이용의 법리가 귀납적으로 발전하고 그 법리가 다시 판례에 의하여 단련되는 법의 형성과정은 주로 판례법 국가에서 이루어지는 것이지, 성문법 체계를 취하고 있는 국가에서는 쉽게 받아들이기 어려운 것이라고 한다.[451)]

다만, 田村善之, 三山裕三 등은 부정성을 취하면서도 민법의 일반원리인 권리남용의 이론을 적용하여 저작권을 제한하는 것은 가능하다고 한다.[452)]

6. 공정이용(Fair Use) 일반규정과 저작권법의 목적규정

위에서 본 것처럼 저작재산권의 제한에 관하여 상세한 개별 규정을 두고 있는 대신 공정이용(fair use)에 관한 일반조항을 두고 있지 않은 일본에서는 공정이용 법리의 적용 가능성에 관하여 긍정설과 부정설이 나뉘어 활발한 이론 전개가 이루어지고 있다. 현재까지 일본에서는 적용부정설이 판례 및 다수설의 입장이다.

우리나라에서는 그동안 이에 관한 본격적인 논의가 이루어지고 있지 않았다. 다만, 일부 학설에서 "저작권법이 설정한 공·사익 간의 경계선이라고 할 수 있는 저작재산권 제한규정은 저작권자의 권리내용을 공익성 등 특별한 관점에서 특례적으로 제한하는 것이라고 볼 수 있으므로, 이를 해석함에 있어서는 자유이용으로 이용되는 조건을 엄격하게 해석하여야 하며, 저작물의 이용행위에 대한 권리행사의 제한은 법문에 구체적으로 열거되어 있는 것에 한정하여 해석하여야 한다"고 하여 부정설의 입장을 취한 견해가 있었다.[453)]

필자 역시 기본적으로 부정설의 입장에 따르고자 했던 입장이었다. 물론 급변하는 저작권 상황을 고려할 때 긍정설이 결코 가볍게 넘길 수 없는 장점을 가지고 있음은 분명하다. 우리 저작권법상 권리제한규정을 살펴보면, '부당하게 침해하는'(법 제23조)이라든가, '정

451) 阿部浩二, 權利制限規定とフェア·ユースの法理, 著作權法の權利制限規定をめぐる諸問題, 權利制限委員會, 社團法人 著作權情報センター, 2004. 3, 11면; 田村善之, 齊藤 博, 三山裕三 등이 이러한 견해를 취하고 있다.

452) 阿部浩二, 전게논문, 11면.

453) 유대종, "저작권 남용의 법리에 관한 연구, 경희대학교 박사논문, 2006, 232면.

당한 범위', '공정한 관행'(법 제28조), '한정된 범위'(법 제30조)라는 등의 불확정개념 또는 개방형 용어를 사용하고 있어서, 일반조항에 의한 해석 또는 법원에 의한 일정한 재량에 의한 해석을 수반하지 않을 수 없는 부분들이 이미 존재하고 있다. 나아가 미디어의 발달을 비롯한 사회 상황이 변화함에 따라 저작권자와 이용자 사이의 균형이 당초 기대하였던 것과 다르게 어느 한 쪽으로 편중되어 변화하는 것도 예상할 수 있다. 따라서 저작재산권의 제한규정을 현행 법 조문에 엄격히 국한하여 운용하는 것은 자칫 탄력성과 융통성을 잃어 저작권법의 목적에 반하게 되는 경우가 있을 수 있다. 이러한 경우에는 실질적으로 법의 목적을 가장 우선적으로 고려하여야 한다는 점, 어느 특정 시기에 도식화 해 놓은 구체적·열거적 권리제한규정만으로는 그에 내재하는 법의 목적에 실질적으로 합치하는 운용을 하기 어렵다는 점을 고려하면, 입법의 미비를 한시적으로 보충하고 법의 궁극적인 정신을 실현하기 위해서 '공정이용'이라는 일반적 법리를 적용할 필요가 있다는 긍정론의 입장에도 충분히 공감되는 바가 있었다.

그러나 그럼에도 불구하고 부정설의 입장에 설 수밖에 없었던 것은 우리나라는 성문법 내지 제정법 체계를 취하고 있고 저작권법상 저작재산권 제한규정은 열거적 규정이라고 해석하지 않을 수 없었기 때문이다. 이와 같은 열거적 제한규정을 두고 있고 일반조항에 관한 명문의 규정이 없음에도 불구하고 판례법 국가인 미국 저작권법에서 발달한 공정이용의 법리를 그대로 적용한다는 것은 성문법 체계를 흔들고 법적 안정성을 심히 훼손할 우려가 있다. 특정한 사례의 결론을 도출함에 있어서 저작재산권 제한규정의 적용여부가 불분명하거나, 제한규정에 포함되어 있는 불확정개념 또는 개방적 용어를 해석할 때 불분명한 점이 있으면 저작권법의 목적과 저작재산권 제한규정의 취지를 감안하여 합목적적인 해석을 할 수는 있다. 그리고 그러한 해석을 함에 있어서 미국법상 공정이용의 법리를 참고적인 기준이나 판단요소로 삼는 것은 충분히 가능하다고 할 것이다. 그러나 그렇다 하더라도, 개별 저작재산권 제한규정과는 별도로 명문의 일반조항이 없는 상태에서 공정이용의 법리를 독립적인 일반 법원리로 인정하고 적용하는 것은 현행법의 해석상 받아들이기 어려운 것으로 생각되었다.

다만, 저작재산권 역시 재산권이므로 "재산권의 행사는 공공복리에 적합하도록 하여야 한다"는 헌법상 원칙(헌법 제23조 제 2 항)에 의한 제한을 받을 수 있는 것이고, 나아가 민법의 기본원리인 권리남용 금지의 원칙 및 신의성실의 원칙(민법 제 2 조) 등 일반 법원리에 의한 지배를 받을 수는 있을 것이다.

이와 관련하여 일본에서는, 일본 저작권법 제 1 조에 '공정한 이용'이라는 용어가 포함되어 있음을 들어 이를 공정이용 법리에 관한 일반조항, 즉 공정이용 법리의 성문법적 근거규정으로 볼 수 있다는 견해가 있다. 이 견해는, 일본 저작권법 제 1 조의 본문 중에 언급되고 있는 '공정한 이용'이라는 내용을 저작권 제한의 일반조항으로 보더라도 무리가 없다고 한다. 기존의 학설이나 판례에서 일본 저작권법에 일반적인 저작권 제한조항은 존재하지 않는다고 하고 있는데, 그것이 일본 저작권법 제 2 장 제 3 절 제 5 관에서 정하는 저작권의 제한조항 중에 일반적인 제한조항이 규정되어 있지 않다고 하는 의미라면 맞는 말이지만, 일반적 제한조항이 반드시 위 제 5 관 중에 규정되어 있어야 한다는 원칙은 없다는 것이다. 그리하여 저작권의 보호기간에 관한 규정(일본 저작권법 제51조 이하)이나 저작권자가 불명인 경우에 그 저작물을 재정을 통하여 이용할 수 있다고 하는 규정(일본 저작권법 제67조 이하)도 일종의 저작권의 제한규정이며, 제 5 관에서 규정하는 "저작권의 제한"은 저작권의 제한 중 "저작권의 효력의 제한"만을 의미하는 것이라고 해석한다. 그렇게 본다면 오히려 저작권법 전체에 걸치는 저작권 제한조항(즉, 일반적 저작권 제한조항)을 저작권법 제 1 조에서 규정하고 있는 것은 매우 적절한 입법형식이라고 볼 수 있다는 것이다. 그리하여 '공정한 이용'이라 함은 저작권자의 권리와 이용자의 편익을 고려한 조화로운 상태를 표현한 것이며, 저작권자의 입장에서 보면 그것이 바로 권리를 제한하는 것이라고 한다. 결국 '공정한 이용'이라는 문구가 추상적인 표현이기는 하지만 저작권법 제 1 조에서 실정법상의 존재를 분명히 찾을 수 있는 것이며, 따라서 저작권법에 일반조항에 대한 명문의 근거가 없는 것은 아니라고 한다.[454)]

그러나 이러한 견해에도 선뜻 찬동하기 어렵다. 목적규정과 일반규정은 구별되어야 하기 때문이다. 권리남용금지의 원칙이나 신의성실의 원칙을 규정하고 있는 민법 제 2 조는 일반조항이기는 하지만 그것이 목적규정은 아니다. 목적규정은 일반적으로 그 법을 해석함에 있어서 전체를 관통하는 원칙과 기준이 된다고는 볼 수 있지만, 목적규정 자체가 독립된 금지 또는 제한 규정으로서 작용을 하는 것은 자칫 법적 안정성을 훼손하고 이른바 "일반조항으로의 도피" 현상을 양산하는 부작용을 초래할 수 있어 우리 성문법 체계에서는 받아들이기 어려운 것이 아닌가 생각한다.

7. 소 결

우리 저작권법상 넓은 의미에서의 공정이용과 관련되는 규정으로는 저작재산권의 제한규정, 저작권 보호기간에 관한 규정, 저작물 이용의 법정허락, 그리고 보호받지 못하는

454) 阿部浩二, 權利制限規定とFair Useの法理, 著作權法の權利制限規定をめぐる諸問題, 權利制限委員會, 社團法人 著作權情報センター, 2004. 3, 16-17면.

저작물에 관한 규정 등이 이에 해당한다고 볼 수 있다. 그 중에서도 가장 중요한 것은 물론 저작재산권 제한규정이다. 그런데 이러한 저작재산권 제한규정이 열거적 규정이냐 아니면 예시적 규정이냐에 대하여 견해의 대립이 있어 왔다. 앞에서 본 바와 같이 우리의 종전 저작권법은 제23조 내지 제35조에서 저작재산권이 제한되는 경우를 개별적으로 규정하고 있었고, 이들 개별 저작재산권 제한 규정은 열거적 규정이라고 해석하는 것이 통설의 입장이었다. 그런데 현행 저작권법은 그러한 개별 저작재산권 제한 규정 외에 저작물의 공정한 이용을 허용하는 일반 조항의 성격을 가지는 제35조의5 규정을 도입하였다. 이에 따라 기존의 제23조 내지 제35조는 예시적 규정으로 해석될 여지가 커졌다고 할 수 있다. 이들 규정을 예시적 규정이라고 본다면 개별 제한규정에 구체적으로 명시되어 있는 경우가 아니더라도, 저작권법의 전체적인 취지와 목적에 비추어 보거나 제35조의5 규정에 의하여 저작물의 이용을 허용할 수 있는 경우가 있을 것이다. 그리고 그 경우 미국 저작권법에서 발달한 공정이용의 법리는 매우 유용한 참고 자료가 될 수도 있을 것이다.

시간의 흐름에 따라 사회는 변동하고 새로운 저작물이나 새로운 이용방법들이 등장하고 있으며, 그 변화의 속도는 점점 빨라지고 있다. 문화 및 관련 산업의 향상발달이라고 하는 저작권법의 목적에 비추어 저작권자의 권리를 제한하고 공정이용을 허용하여야 할 필요성이 있는 새로운 분야들도 속속 생겨나고 있다. 그런데 이러한 필요성이 나타날 때마다 일일이 입법적으로 대응을 하는 것에는 한계가 있다. 그리하여 저작재산권 제한규정에 열거되어 있지 않더라도 일반 법리로서 공정이용의 법리를 적용할 수는 없는 것인가 하는 의문이 제기되어 왔다. 일반 법리로서 공정이용의 법리를 적용한다면 매번 번거로운 입법절차를 거치지 않더라도 그때그때의 새로운 이용의 필요성에 탄력적인 대응을 할 수 있기 때문이다. 이러한 점에서 현행 저작권법이 제35조의5 규정을 도입한 것은 매우 큰 의미를 가진다고 할 것이다.

이와 같이 현행 저작권법은 저작물의 디지털화와 유통환경의 변화에 따라 기존 저작권법상의 열거적인 저작재산권 제한규정으로는 제한 규정이 필요한 다양한 상황 하에서의 저작물 이용을 모두 아우르기 어려운 한계가 있다는 점 및 제한적으로 열거되어 있는 저작재산권 제한사유 이외에도 환경 변화에 대응하여 적용될 수 있는 포괄적인 저작재산권 제한 규정이 필요하다는 점 등을 고려하여, 저작재산권을 제한하는 일반적·포괄적 사유로서 저작물의 공정한 이용에 관한 제35조의5 규정을 도입하였다. 이 규정을 통하여 그동안 계속되는 저작권법 개정에 따라 권리자 보호 쪽으로 기울어진 저작권 제도의 균형을 회복하는 효과를 기대할 수 있을 것이다. 앞으로 저작권법 제35조의5 규정은 물론이고 기존의 저작재산권 제한에 관한 개별 규정을 해석·적용함에 있어서도 이러한 입법 취지가 적극 반영되어야 할 것으로 본다.

XX. 프로그램에 대한 적용 제외

프로그램저작물에 대하여는 저작재산권 제한 규정 중 저작권법 제23조(재판절차 등에서의 복제)·제25조(학교교육목적 등에의 이용)·제30조(사적이용을 위한 복제) 및 제32조(시험문제로서의 복제) 규정을 적용하지 아니한다. 다만, 프로그램저작물에 대하여는 2009. 4. 22. 법 개정에 따라 저작권법이 종전의 구 컴퓨터프로그램보호법을 흡수통합하면서 "저작권법 제 5 장의2 프로그램에 관한 특례" 부분(제101조의2부터 제101조의7)이 신설되었다. 그 중 제101조의3(프로그램의 저작재산권의 제한), 제101조의4(프로그램코드 역분석), 제101조의5(정당한 이용자에 의한 보존을 위한 복제 등) 부분이 프로그램 저작재산권의 제한 규정으로서의 역할을 하고 있다. 이에 관하여는 뒤의 제 7 장 제 7 절 '프로그램에 관한 특례' 부분에서 살펴보기로 한다.

제 3 절 저작재산권 제한규정의 관련 문제

Ⅰ. 출처의 명시

1. 의 의

저작재산권 제한 규정에 따라 저작물을 이용하는 자는 그 출처를 명시하여야 한다. 다만, 제26조(시사보도를 위한 이용), 제29조부터 제32조까지(비영리 공연·방송, 사적복제, 도서관 등에서의 복제, 시험문제로서의 복제), 제34조(방송사업자의 일시적 녹음·녹화) 및 제35조의2(일시적 복제)부터 제35조의4(문화시설에 의한 복제 등)까지의 경우에는 그러하지 아니하다(저작권법 제37조 제 1 항). 출처의 명시는 저작물의 이용 상황에 따라 합리적이라고 인정되는 방법으로 하여야 하며, 저작자의 실명 또는 이명이 표시된 저작물인 경우에는 그 실명 또는 이명을 명시하여야 한다(같은 조 제 2 항).

저작권법 제138조 제 2 호는 이와 같은 규정을 위반하여 출처를 명시하지 아니한 자에 대한 형사처벌을 규정하고 있다. 여기서 이러한 출처명시의무를 지키지 않은 경우에 저작물의 이용이 위법하게 되는 것인지, 즉 출처명시가 저작재산권 제한규정에 해당하기 위한 요건인지 여부가 문제로 된다. 출처명시의무가 저작재산권 제한 규정을 적용받기 위한 요건에 해당한다면 출처명시의무를 위반한 경우 결국 저작권침해의 책임을 지게 된다고 할 것인데, 저작권법은 벌칙 규정과 관련하여 제136조에서 저작권침해죄에 대한 벌칙을 규정하면서 5년 이하의 징역이나 5천만 원 이하의 벌금 또는 그 병과에 처하도록 하고 있는 한편, 출처명시의무위반죄에 대하여는 이와는 별도로 제138조 제 2 호에서 500만 원 이하의 벌금에 처하도록 하고 있다. 이처럼 별개의 규정으로 형량에 있어서도 큰 차이를 두고 있는 것은 출처명시의무를 위반하였다고 하여 그것이 반드시 저작권 등 권리의 침해가 되지는 않는다는 것이다. 이는 결국 출처명시의무의 이행이 저작재산권 제한규정을 적용하기 위한 요건은 아니고, 타인의 저작물을 이용함에 있어서 이용자에게 부과되는 의무에 해당할 뿐임을 의미하는 것이라고 이해된다.

따라서 출처를 명시하였는지의 여부가 제28조 공표된 저작물의 인용 규정의 요건 중 하나인 "공정한 관행에 합치" 요건의 충족여부를 판단하는 하나의 기준이 될 수는 있겠지만, 출처를 명시하지 아니하였다고 하여 반드시 공표된 저작물 인용의 요건을 충족하지 못한 것이고, 저작권침해의 책임을 부담하여야 한다는 결론으로 이어지는 것은 아니라고 할 것이다.

그러나 출처명시의무를 규정하고 있는 저작권법 제37조의 존재에 비추어 출처명시에 대한 저작자의 이익은 법적으로 보호되는 이익이라고 할 것이므로, 저작물의 이용자가 고의 또는 과실로 제37조에 위반하여 저작물의 출처명시를 하지 않은 경우에는 민사상 일반 불법행위책임(민법 제750조)을 물을 수 있을 것이며, 그 밖에도 이용자를 상대로 출처명시를 위한 필요한 조치를 청구할 수도 있을 것이다. 이러한 출처명시의무에 관한 민사상의 청구주체에는 저작권자는 물론 저작자도 포함된다고 할 것이다.[455)]

2. 출처명시의 방법

저작권법은 출처의 명시는 저작물의 이용 상황에 따라 합리적이라고 인정되는 방법으로 하여야 한다고 규정한다. 이용 상황에 따라 합리적인 방법이란, 예를 들어 학술논문의 경우에는 저작물의 제호와 저작자명을 표시하고, 이에 덧붙여 해당 저작물이 게재된 서적, 잡지, 논문집 등의 서적명, 출판사명, 판수 또는 권호수, 발행연월일, 게재된 페이지를 밝혀주는 것을 의미한다. 신문이나 잡지 등 정기간행물의 기사나 논설 등에 있어서는 학술논문의 경우보다는 간략한 방법으로 표시하더라도 어느 정도 용인될 수 있을 것으로 본다. 연

455) 박성호, 전게서, 613면.

설이나 강연 등의 저작물로부터 이용하는 경우에는 해당 연설이나 강연 등의 시기와 장소 등을 명시한다. 미술저작물이나 건축저작물을 이용하는 경우에는 그 소유자나 소장자, 설치 및 전시 장소 등을 표시하고, 영상물의 경우에는 영상제작자를 명시하는 등의 표시방법을 생각해 볼 수 있다. 번역물과 같은 2차적저작물을 이용하는 경우에는 2차적저작물 자체의 표시에 덧붙여 원저작물의 제호나 원저작자명까지 표시하는 것이 합당하다.

출처를 명시하는 위치는 일반적으로 이용된 저작물과 가장 가까운 곳으로 하는 것이 원칙이다. 학술논문의 경우에는 본문 속의 주나 각주(脚註) 또는 후주(後註) 등의 방법을 사용하는 것을 의미한다. 소설과 같은 교양서적 등의 경우에 문장의 흐름에 비추어 해당 본문 중에서 출처를 명시하는 것이 부적당한 경우도 있을 수 있어 어느 정도의 융통성은 허용된다. 그렇다고 하여 책의 머리말이나 끝머리에 참고문헌을 일괄적으로 기재하는 것만으로는 어느 저작물이 어디에서 어떻게 이용되고 있는지를 확인할 수 없으므로 적절한 출처 명시 방법으로는 부족하다.

대법원 2016. 10. 27. 선고 2015다5170 판결은, "저술의 성격 내지 학문 분야에 따라 요구되는 출처표시의 정도에 차이가 있을 수는 있으나, 출처의 표시는 저작물의 이용 상황에 따라 합리적이라고 인정되는 방법으로 하여야 한다(저작권법 제37조 참조). 외국 문헌을 직접 번역하여 자기 저술에 인용하는 경우에는 외국 문헌을 출처로 표시하여야 하고, 외국 문헌의 번역물을 인용하는 경우에는 합리적인 방식에 의하여 외국 문헌을 원출처로, 번역물을 2차 출처로 표시하여야 한다. 타인과의 공저인 선행 저술 중 일부를 인용하여 단독 저술을 할 때는 원칙적으로 출처표시의무를 부담하고, 공저가 편집저작물이나 결합저작물에 해당하는 경우라도 자신의 집필 부분을 넘어 다른 공저자의 집필 부분을 인용하는 경우에는 출처표시의무를 부담한다."고 판시하였다.

Ⅱ. 저작인격권과의 관계

저작재산권 제한에 관한 규정은 저작인격권에 영향을 미치는 것으로 해석되어서는 아니 된다(저작권법 제38조). 저작권은 저작재산권과 저작인격권으로 구성이 되는데, 이들 두 가지 권리를 전혀 별개의 권리로 보는 저작권이원론과, 밀접불가분의 관계에 있는 것으로 보는 저작권일원론이 있다는 것은 앞의 제 4 장 제 1 절 저작권 일반론에서 살펴본 바와 같다. 우리 저작권법은 제11조에서 제13조까지 저작인격권을 규정하고 있고, 제16조에서 제22조까지 저작재산권을 규정하고 있다. 이러한 조문 형식에 비추어 저작권이원론을 취하고 있는 것이라고 보는 것이 일반적인 해석이다. 따라서 저작재산권과 저작인격권은 서로 구분되는 별개의 권리인 이상 저작재산권에 관한 제한규정이 저작인격권까지 제한하는 등 영향을 미쳐서는 아니 된다는 것은 당연하다. 결국 저작권법 제38조는 이와 같은 당연한 법리를 확인적으로 선언한 규정으로서의 의미를 갖는다고 할 것이다.

저작재산권과 저작인격권이 서로 별개의 권리라고 하여도 하나의 저작물을 이용함에 있어서 저작재산권과 저작인격권은 상호 연동하여 작용하는 경우가 대부분이다. 따라서 저작재산권의 제한규정에 근거하여 저작물을 이용함으로써 저작재산권은 침해되지 않는 경우에도 저작인격권 침해는 발생할 수 있다. 이때 저작인격권 침해가 성립하는지 여부는 저작권법이 저작재산권을 제한하는 취지와 저작인격권을 보호하는 취지 및 그 상호관계에 비추어 개별적으로 판단하여야 한다. 그 중에서 특별히 문제가 될 만한 것들에 관하여 아래에서 검토해 보기로 한다.

1. 저작재산권의 제한규정과 공표권의 관계

저작물을 이용하면 통상 그 저작물의 공표를 수반하게 된다. 이때 그 저작물의 이용이 저작재산권 제한규정에 따른 것이어서 저작재산권 침해는 성립하지 않더라도, 저작인격권인 공표권 침해는 성립할 수 있다. 다만, 공표권의 침해 문제는 '미공표' 저작물에 대하여만 발생할 수 있는데, 상당수의 저작재산권 제한규정은 '공표된 저작물'을 대상으로 한다는 점을 명문으로 규정하고 있기 때문에, 그러한 경우에는 공표권 침해의 문제는 발생할 여지가 없다. 학교교육목적 등에의 이용(법 제25조), 공표된 저작물의 인용(법 제28조), 영리를 목적으로 하지 아니하는 공연 및 방송(법 제29조), 사적이용을 위한 복제(법 제30조), 시험문제로서의 복제(법 제32조), 시각장애인 등을 위한 복제(법 제33조) 등이 그러한 경우이다. 또한 법문에서 '공표된 저작물'을 대상으로 한다는 점을 명문으로 밝히고 있지는 않지만, 정치적 연설 등의 이용(법 제24조), 시사적인 기사 및 논설의 복제 등(법 제27조), 방송사업자의 일시적 녹음, 녹화(법 제34조), 미술저작물 등의 복제(법 제35조 제 2 항) 등의 경우 역시 그 규정 내용에 비추어 볼 때 공표된 저작물을 대상으로 하는 것이므로 공표권 침해의 문제는 발생하지 않는다. 따라서 저작재산권 제한규정에 따른 이용과 관련하여 공표권 침해의 문제가 발생하는 경우는 이들 규정 이외의 제한규정에 의하여 미공표 저작물을 이용하는 경우라 할 것이다.

도서관 등에서의 복제를 규정하고 있는 저작권법 제31조는 반드시 '공표된 저작물'을 대상으로 하는 것은 아니지만, 도서관이 소장하고 있는 자료의 대부분은 공표된 저작물일 것이고, 또한 설사 아직 공표된 바 없는 자료라 하더라도 일단 도서관에 소장이 된 이상 그 시점에서 공표된 것으로 해석하여도 큰 무리는 없을 것이라고 생각된다.

시사보도를 하는 경우에 그 과정에서 보이거나 들리는 저작물이 아직 공표되지 않은 경우에는 공표권 침해가 문제로 될 수 있다. 예를 들어, 화가의 집에서 발생한 미술품 도난사건을 방송으로 보도하는 과정에서 그 화가가 창작하였지만 아직 공표하지 않은 상태로 보관하고 있던 그림이 우발적으로 보이게 되는 경우를 생각해 볼 수 있다. 이 경우에는 시사보도의 공공적 사명 또는 언론의 자유 등과의 관계를 고려해야 할 것이나, 이러한 고려요소들이 당연히 공표권에 우선한다고는 볼 수 없다. 따라서 원칙적으로는 공표권 침해가 된다. 그러나 미공표 저작물이라 하더라도 일단 방송에 의하여 공표가 된 이후에는 더 이상 공표권을 행사할 여지가 없어지므로, 민사적 구제방법으로서 공표권 침해를 이유로 한 저작권법 제123조의 침해의 정지를 청구할 실익은 거의 없을 것이다. 나아가 저작권법 제125조의 손해배상을 청구하기 위해서는 침해자의 고의 또는 과실을 요구하는데, 미공표 저작물이라는 정을 모르고 시사보도를 하는 과정에서 우발적으로 보이거나 들리게 된 것을 가지고 고의나 과실이 있다고 볼 수 있을지는 의문이며, 구체적인 경우에 들어가면 공표권 침해자의 고의나 과실에 대한 입증이 어려운 경우가 많을 것이다.

저작권법 제23조에 따라 "입법·행정의 목적을 위한 내부자료"로서 이용하는 경우에는 그것이 '내부자료'로 이용되는 이상 해당 저작물을 공중에게 제공하거나 제시하는 행위, 즉 공표행위를 수반하지는 않는 것이라고 보아야 하므로 공표권 침해의 문제는 생기지 않을 것이다. 행정청인 특허청에서 이루어지는 특허나 상표, 디자인 등의 심사, 실용신안의 기술적 평가, 국제출원에 있어서의 국제조사 또는 국제예비심사 절차, 식품의약청 등 행정청에서 행하는 의약품에 관한 심사 및 이에 수반되는 절차를 위하여 미공표 저작물을 복제하여 이용하더라도 내부의 심사자료로만 이용되고 공중에게 제공되거나 제시되지 않는 한 공표권 침해는 성립하지 않을 것이다. 그러나 "재판절차를 위하여 필요한 경우"는 문제이다. 소송 당사자의 주장입증 활동 과정에서 미공표 저작물의 복제본이 제출되거나, 판결 등 재판문서에 복제되는 경우 등을 생각해 볼 수 있는데, 재판절차나 판결문 등 재판기록은 공개를 원칙으로 하고 있으므로, 통상적으로 저작물의 복제물을 공중에게 제시하거나 제공함으로써 공표를 수반하게 된다. 따라서 미공표 저작물이 재판절차를 위하여 복제된 경우에는 특별히 비공개 재판으로 진행하거나 소송기록의 열람 등의 제한조치를 취한 경우를 제외하고는 저작자의 동의가 없는 이상 공표권 침해가 될 수 있다.[456)]

미술저작물 등(사진저작물과 건축저작물을 포함한다)의 원본의 소유자나 그의 동의를 얻은 자가 그 저작물을 원본에 의하여 전시하는 경우, 전시는 공표를 수반하게 되므로 공표권

456) 半田正夫·松田政行, 著作權法コンメンタール, 勁草書房(2), 466-467면.

침해가 문제될 수 있다. 그러나 저작자가 공표되지 아니한 미술저작물 등의 원본을 양도한 경우에는 그 상대방에게 저작물의 원본의 전시방식에 의한 공표를 동의한 것으로 추정되므로(저작권법 제11조 제3항) 그러한 공표 동의가 없었다는 점에 관하여는 저작자 측에서 이를 입증하여야 할 것이다.

2. 저작재산권의 제한규정과 성명표시권의 관계

저작재산권자의 허락을 받아 저작물을 이용하는 경우에도 저작자의 성명표시를 잘못한 경우, 예를 들어 무명으로 공표된 저작물을 저작자의 이름을 표시하여 이용한다든가, 예명으로 표시되어 공표된 저작물을 실명으로 표시하여 이용하면 저작인격권 중 성명표시권 침해가 된다. 이 점은 저작재산권자의 허락을 받지 않고 저작재산권 제한규정의 적용을 받아 저작물을 자유이용하는 경우에도 마찬가지이다.

저작권법 제37조는 저작재산권 제한규정에 따라 저작물을 이용하는 자는 그 출처를 명시하여야 하고(제1항), 그 출처의 명시는 저작물의 이용 상황에 따라 합리적이라고 인정되는 방법으로 하여야 하며, 저작자의 실명 또는 이명이 표시된 저작물인 경우에는 그 실명 또는 이명을 명시하여야 한다(제2항)고 규정하고 있다. 저작권법 제37조의 규정에 따라 출처를 명시한 경우에는 저작자의 의사에 합치되는 방법으로 성명표시를 한 것으로 볼 것이므로, 특별히 성명표시권의 침해가 되지는 않을 것이다. 또한 제2항에서는 무명으로 표시되어 공표된 저작물의 경우를 제외함으로써 실명이나 이명을 표시할 의무를 부과하지 않고 있다. 이는 무명으로 표시되어 공표된 저작물의 경우에는 저작자의 성명을 표시하지 않는 것이 저작자의 의사에 합치하는 것임을 고려한 것이다. 따라서 저작권법상 출처명시의무와 성명표시권은 원칙적으로 충돌할 여지가 없고, 오히려 출처명시의무를 준수한 경우에는 통상적으로 성명표시권의 보호도 이루어진 것이라고 볼 수 있다.

그러나 출처명시의무와 성명표시권은 취지와 성격이 엄연히 다른 권리이다. 출처명시의무는 저작재산권 제한규정에 의하여 저작물을 이용하게 될 때에 저작재산권자가 받을 수 있는 피해나 불이익을 방지하기 위한 규정이다. 이에 비하여 성명표시권은 저작자의 인격적 이익을 보호하기 위한 규정이다. 따라서 출처명시의무를 이행하였다고 하여 반드시 성명표시권의 침해가 성립하지 않는다거나, 반대로 출처명시의무를 불이행하였다고 하여 곧바로 성명표시권의 침해가 되는 것은 아니다. 예를 들어, 무명저작물에 저작자의 실명을 표시하여 이용하는 것은 출처명시의무 위반은 되지 않지만 성명표시권 침해는 될 수 있다.[457)]

3. 저작재산권의 제한규정과 동일성유지권의 관계

저작재산권자의 허락을 받아 저작물을 이용하는 경우에도 그 저작물의 내용이나 형식, 제호 등을 함부로 변경하게 되면 저작인격권인 동일성유지권 침해가 된다(저작권법 제13조 제 1 항). 이 점은 저작재산권자의 허락 없이 저작재산권 제한규정의 적용에 따라 저작물을 이용하는 경우에도 동일하게 적용된다. 따라서 저작재산권 제한규정에 따라 저작물을 이용하는 경우에도 함부로 저작물의 내용이나 형식, 제호 등을 개변하는 것은 동일성유지권 침해로 된다. 또한 동일성유지권 제한에 관한 저작권법 제13조 제 2 항은 저작재산권 제한규정에 의하여 저작물을 이용하는 경우에도 마찬가지로 적용된다. 예를 들어, 학교 교육목적을 위하여 부득이한 경우로서, 소설 중 일부분을 초등학교 교과서에 게재하면서 소설에 나오는 어려운 한자 용어를 그 교육대상인 초등학생에게 적합한 쉬운 우리말로 개변하여 이용하는 것에 대하여는 저작자가 동일성유지권에 기초하여 이의를 제기할 수 없을 것이다.

저작재산권 제한규정에 따라 저작물을 이용하는 경우에 그 규정에서 저작물의 전체가 아닌 일정한 범위로 제한된 이용만을 허용하고 있는 경우는 다소 문제가 될 수 있다. 예를 들어 저작권법 제28조의 "공표된 저작물의 인용" 규정이나 제32조의 "시험문제로서의 복제" 규정에서는 "정당한 범위"로 이용범위가 제한되어 있고, 제25조 제 2 항의 "수업 목적을 위한 이용" 규정에서는 ""공표된 저작물의 일부분"으로 이용범위가 제한되어 있다. 그런데 이러한 규정에 따라 저작물의 일부분만을 이용하는 경우 그것이 오히려 저작물의 내용이나 형식을 임의로 개변하는 것이 되어 동일성유지권 침해가 될 수 있어 문제인 것이다. 그러나 그렇게 되면 저작재산권 제한규정에서 정하고 있는 제한된 범위를 넘어서서 이용을 한 경우에는 동일성유지권 침해의 책임을 지지 않아도 되고, 오히려 저작재산권 제한규정에 따라 충실하게 범위를 제한하여 이용한 행위가 동일성유지권의 침해가 된다는 불합리한 결론에 이르게 된다. 따라서 이러한 경우에는 어떻든 동일성유지권의 침해가 되지 않는다고 보아야 한다. 그 근거에 대하여는, 동일성유지권은 저작물의 일부를 삭제하는 개변이 이루어지고 그 남아있는 부분만이 공중에게 제시 내지 제공됨으로써 그 제시된 부분이 전체 저작물인 것처럼 오인될 우려가 있는 경우에 그러한 오인으로부터 저작자의 인격적 이익을 보호하기 위한 것인바, 이러한 취지에 비추어 볼 때 부분적 이용이라고 하더라도 그것이 부분적 이용임을 공중이 알 수 있는 방법으로 행하여진다면 동일성유지권 침해가 성립하지 않는다고 보아야 한다는 견해가 있다.458)

---

457) 半田正夫·松田政行, 전게서, 470면.

458) 상게서, 472면.

저작권법 제36조에서는 저작재산권 제한규정에 따른 저작물 이용에 있어서 일정한 경우에는 그 저작물을 번역하거나, 또는 편곡, 개작하여 이용할 수 있다고 규정하고 있다. 이러한 규정에 따라 저작물을 번역, 편곡 또는 개작하여 이용하는 경우 역시 동일성유지권의 침해가 되지 않는다고 하여야 할 것이다. 이는 적법하게 2차적저작물작성권을 가지는 자가 그 권리의 범위 내에서 저작물에 새로운 창작성을 부가하는 변경행위가 동일성유지권의 침해가 되지 않는 것과 마찬가지이다. 다만, 그러한 경우에도 저작물의 본질적인 내용을 변경하는 것은 저작권법 제13조 제 2 항 단서의 규정 취지에 비추어 허용되지 않는다고 보아야 한다. 예를 들어, 번역을 하면서 저작물의 본질적인 내용을 변경할 정도의 오역(誤譯)을 한다면 동일성유지권 침해가 될 수 있다.[459] 또한 2차적저작물작성권에 기초한 번역이나 개작 등에 의하여 동일성의 범위를 넘어서서 새로운 창작성이 부가된 2차적저작물이 창작된 경우, 그 새로운 창작성이 상당한 가치를 가진다고 하더라도 그 변경으로 인하여 원저작자의 인격적 이익을 침해한다고 볼 만한 특단의 사정이 있는 경우에는 2차적저작물작성권과는 무관하게 동일성유지권 침해를 인정할 수 있다는 견해도 있다.[460]

2차적저작물작성권에 기초한 것이든, 저작재산권 제한규정에 의한 번역, 편곡 및 개작에 기초한 것이든 그것이 그 권한 범위 내에서 저작권법의 규정에 따라 이루어지는 이상 동일성유지권의 침해는 성립하지 않는다고 보아야 할 것이다. 이러한 경우들 중 상당부분은 저작권법 제13조 제 2 항 제 5 호의 "그 밖에 저작물의 성질이나 그 이용의 목적 및 형태 등에 비추어 부득이하다고 인정되는 범위 안에서의 변경"에 대하여는 저작자가 동일성유지권을 근거로 이의를 제기할 수 없도록 한 규정을 원용하여 면책을 받을 수 있을 것이다.[461]

Ⅲ. 저작권의 남용

1. 의 의

과거 저작권법에서와 같이 저작재산권 제한에 관한 명문의 일반조항이 없는 상황에서 공정이용 법리의 일반적 적용을 부정하는 견해를 취한다면, 기술과 미디어의 발달 등 사회적 변화에 따라 저작권법이 미처 예상하지 못하였던 방향으로 권리자와 이용자 사이의 균

459) 加戶守行, 전게서, 164면.
460) 作花文雄, 詳解 著作權法, 第 3 版, ぎょうせい, 391면.
461) 半田正夫·松田政行, 전게서, 473면.

형이 어느 한쪽으로 기울어지는 상황이 발생하였을 때 법의 목적을 충실하게 달성할 수가 없다. 따라서 그러한 부작용을 합리적으로 해소할 수 있는 방안의 존재가 필요하였는데, 저작재산권 제한규정이 미비한 경우에 자유이용을 허용하는 근거는 결국 권리남용 금지의 법리밖에는 없다는 견해가 있었다.[462] 권리남용, 즉 저작권 남용의 항변은 저작재산권 제한 규정과는 요건이나 효과를 달리하는 독립적인 항변이므로, 저작재산권 제한에 관한 명문의 일반조항이 없었던 종전 저작권법 아래에서는 물론이고, 일반조항이 도입된 현행 저작권법 아래에서도 일정한 역할을 할 수 있을 것이다. 이하에서는 저작권침해에 대한 제한 및 항변사유로서의 저작권 남용의 법리에 관하여 살펴보기로 한다.

2. 저작권 남용 법리의 발달

저작권을 비롯한 지적재산권의 남용을 불공정거래행위의 한 유형으로 파악하는 미국 판례법에서는 일찍부터 특허권 등과 관련하여 권리남용(patent misuse)의 법리가 발달하여 왔다. 그러다가 1990년 Lasercomb America, Inc. v. Reynolds 판결[463]에서 처음으로 저작권 남용의 항변이 인정되었다. 이 사건에서 컴퓨터 소프트웨어 저작권자인 원고 Lasercomb은 자신의 소프트웨어에 대한 이용허락을 해 주면서 표준이용허락계약서에 원고 Lasercomb과 이용허락계약을 체결한 회사의 임원 및 종업원은 계약체결 이후 향후 100년 동안 원고의 서면에 의한 동의 없이는 원고의 소프트웨어와 경쟁적인 소프트웨어를 설계, 개발, 생산 및 판매할 수 없다는 조항을 넣었는데, 이것이 저작권 남용에 해당하는지 여부가 다투어졌다. 연방 제 4 항소법원은 어떠한 행위가 반드시 독점규제법 위반이 되어야만 저작권 남용이 성립하는 것은 아니며, 저작권 남용여부는 원고가 자신의 저작권을 이용하는 방법이 저작권의 배경이 되는 공공정책에 부합하는지 여부를 판단기준으로 하여야 한다고 판시하면서, 원고의 청구는 저작권 남용에 해당한다고 하였다.[464]

그 이후 Practice Management Information v. American Medical Association 판결[465]에서도 연방 제 9 항소법원은, 진료절차를 확인하기 위하여 의사들이 사용하는 의료절차를 번호로 표시한 분류표의 저작권자인 미국의료협회(American Medical Association, AMA)가 연방보건재정국(Health Care Financing Administration)에 대하여, 그 분류표의 이용허락을 하는 대신 연방보건재정국이 그 외의 다른 어떠한 분류표도 사용할 수 없게 하는 것을 조건으로 약

462) 三山裕三, 權利制限規定とFair Useの法理, 전게서, 12면.
463) 911 F.2d 970(4th Cir. 1990).
464) 유대종, 전게논문, 125면.
465) 121 F.3d 516(9th Cir. 1997).

정을 체결한 것에 관하여, 이는 불공정한 반경쟁적 방법으로 저작권을 행사한 것으로서 저작권의 남용에 해당한다고 판시하였다.

3. 민법상 권리남용 법리의 적용

이와 같이 저작권의 남용을 불공정거래행위의 한 유형으로 파악하는 미국과는 달리 우리나라는 저작권 남용의 항변을 민법상 권리남용 금지의 원칙 테두리 내에서 파악하고 있다. 그런데 민법의 일반원칙인 권리남용 금지의 원칙은 기본적으로 사권(私權)을 대상으로 한 것이어서 그 적용요건이 매우 엄격하고, 따라서 실제 사건에서 권리남용이라고 판단되는 경우는 매우 드물다. 민법상 권리남용이 성립되기 위해서는 첫째, 주관적 요건으로서 가해의사 내지 목적이 필요하고, 둘째, 객관적 요건으로서 권리의 행사가 신의성실의 원칙, 공공복리, 공평의 이념, 사회 윤리관념, 공서양속과 도의, 사회질서, 정의 등에 위반될 것을 요구한다. 이 중 주관적 요건에 대하여는 그것이 객관적 요건에 따르는 부차적인 요건에 지나지 않는다고 보는 것이 학설의 일반적인 경향이기는 하다. 그러나 이러한 주관적 요건이 권리남용 금지의 항변을 쉽게 받아들일 수 없도록 하는 장애물로 작용하는 것은 분명하다. 대법원 판결도 민법상 권리가 남용되었는지 여부를 판단함에 있어서 주관적 요건이 필요하다는 취지로 판시하고 있다.[466] 그러므로 일반 사권에 관한 법 원리인 권리남용 금지의 법리를 사회성·공익성이 강한 저작권에 그대로 적용하는 것만으로는 소기의 목적을 달성하기 어렵고, 자유이용 또는 공정이용으로 인정될 수 있는 경우를 극히 제한하는 결과를 초래할 가능성이 높다.

일본의 경우에도 저작권 침해소송에서 권리남용의 항변이 제기된 사례가 몇 건 있었으나 그 중 실제 권리남용으로 인정된 사례는 거의 찾아볼 수 없다.[467] 우리나라의 경우에도 그렇다. 저작권 남용의 항변이 제기된 최초의 사례라고 알려지고 있는 하급심 판

---

466) 대법원 2003. 11. 27. 선고 2003다40422 판결. 대법원 2005. 3. 24. 선고 2004다71522, 71539 판결(다만, 그 권리의 행사가 상대방에게 고통이나 손해를 주기 위한 것이라는 주관적 요건은 권리자의 정당한 이익을 결여한 권리행사로 보여지는 객관적인 사정에 의하여 추인할 수 있다고 판시하고 있다) 등.

467) 동경지방법원 1996. 2. 23. 평성 5(ワ) 8372 “충격의 시리즈, 역시 추녀를 좋아해” 사건에서 피고의 권리남용 항변이 받아들여진 사례가 있으나, 이 사건은 원고와 피고 사이에 작품 수정에 대한 합의가 있었음에도 그 합의에 위반하여 수정 작업을 이행하지 않은 원고가 부득이하게 스스로 수정작업을 거쳐 원고 저작물을 출판한 피고에 대하여 복제권 및 동일성유지권 침해의 책임을 묻는 것은 권리남용에 해당한다고 한 것이다. 따라서 당사자 사이에 계약관계가 존재하였고, 원고 스스로 그 계약을 위반한 사례라는 점에서 순수한 저작재산권 제한에 관한 사례라고는 보기 어렵다. 그 외 권리남용 항변이 제기된 동경고등법원 1983. 4. 22. 昭和 52(ネ) 827 ‘龍溪書舍’ 판결 및 동경고등법원 1985. 10. 17. 昭和 59(ネ) 2293 ‘藤田 畵伯’ 판결에서는 모두 권리남용 항변이 배척되었다.

결[468]에서는 저작권 남용이 성립되기 위해서는 "주관적으로 그 권리행사의 목적이 오직 상대방에게 고통을 주고 손해를 입히려는 데 있을 뿐, 행사하는 사람에게는 아무런 이익이 없는 경우"라야 한다고 하였다. 즉, 저작권자의 가해의사 내지 목적이라고 하는 주관적 요건을 저작권 남용의 성립 요건으로 보아 저작권 남용의 항변을 배척하였다. 그 외에 같은 취지에서 피고의 권리남용 항변을 배척한 하급심 판결이 다수 존재한다.[469]

그러나 천부인권 사상에서 유래되는 소유권의 경우와는 달리 저작권과 같은 지적재산권의 경우에는 국가의 개입에 의하여 독점권이 부여되는 것으로서 소유권에 비하여 '공익적합성'(公益適合性)이 더욱 강조된다. 나아가 저작권법 제 1 조의 목적 규정에서 '저작권의 보호'와 아울러 '공정한 이용'을 동일하게 강조하고 있는 점에 비추어 볼 때 '가해의사 내지 목적'이라고 하는 주관적 요건을 엄격하게 요구하는 것은 문제가 있다. 저작권법의 목적과 법률체계, 사회질서 및 사회적 후생, 공공복리 등의 구체적인 상황을 종합적으로 고려한 '객관적 사정'이 저작권의 남용 여부를 판단하는 중요한 기준이 되어야할 것이다. 우리 대법원도 특허권이나 상표권과 같은 지적재산권이 관련된 경우에는 권리남용을 판단함에 있어 권리자의 '가해의사 내지 목적'보다는 특허의 진보성이 결여되어 특허무효임이 명백한 경우,[470] 상표등록이 무효임이 명백한 경우[471] 등의 '객관적 사정'을 핵심적인 요건사실로 다루고 있음을 볼 수 있다.

이러한 취지에서 주목할 만한 하급심 판결이 있다. 서울중앙지방법원 2013. 2. 5. 선고 2012가합508727 판결(확정)은, 한국음악저작권협회가 한국방송공사(KBS)를 상대로 음악저작물에 관한 저작권침해금지소송을 제기한 사안에서, (1) 원고와 피고 모두 국민 전체의 공공복리와 직결되는 공적 기능을 수행하고 있는 점, (2) 관계법령에 의하여 관할 관청에게

468) 수원지방법원 성남지원 2003. 6. 25. 선고 2002카합280 음반복제금지등 가처분 사건(일명 '벅스뮤직' 사건): 이 사건에서 채무자는 ① 이 사건 당시 발효 중인 저작권법은 저작인접권자에게 전송권을 부여하지 않고 있는데, 저작인접권자인 음반제작자가 복제권에 기하여 방송 또는 전송 목적으로 제작되는 음악파일의 제작을 금지할 수 있다고 하면 이는 저작인접권자에게 방송권 또는 전송권을 부여하는 것과 같은 결과를 가져오게 되고, ② 저작권법 제62조는 저작인접권에 관한 규정은 저작권에 영향을 미치는 것으로 해석되어서는 아니 된다고 규정하고 있는데, 저작인접권자인 채권자들의 신청이 인용되면 저작권법 제62조의 정신을 훼손하여 저작자의 방송권 및 전송권을 침해하며, ③ 본건 신청이 인용되더라도 채권자들이 실질적으로 얻는 이익은 적은데 비해 채무자가 입는 불이익은 현저하게 커서 권리남용에 해당하므로 허용되어서는 아니 된다고 주장하였다.

469) 수원지방법원 성남지원 2004. 7. 22.자 2004카합125 결정; 서울지방법원 2003. 9. 30.자 2003카합2114 결정 등.

470) 대법원 2012. 1. 19. 선고2010다95390 전원합의체 판결. 진보성이 결여되었음이 명백하여 결국 특허발명이 무효임이 명백한 경우에 특허권을 행사하면서 특허권침해금지소송을 제기하는 것은 특허권 남용에 해당하여 허용되지 않는다고 판시하였다.

471) 대법원 2007. 1. 25. 선고 2005다67223 판결. 상표등록이 무효임이 명백한 경우에 상표권을 행사하면서 상표권침해금지소송을 제기하는 것은 상표권 남용에 해당하여 허용되지 않는다고 판시하였다.

음악저작물에 관한 이용계약의 내용을 감독, 통제할 수 있는 권한을 부여하고 있는 점, (3) 원고와 피고가 음악저작물에 관한 이용계약을 체결하면서 차기 이용계약의 체결을 당연히 전제하고 있는 점, (4) 원고와 피고 사이의 금전관계로 말미암아 국민 전체의 공공복리가 훼손될 가능성이 있는 점, (5) 문화관광부장관이 저작권사용료 징수규정 개정안을 승인하여 한국음악저작권협회에게 이에 따른 이용계약을 새롭게 체결할 의무가 부여된 점 등을 종합하면, 원고와 피고 사이에 음악저작물에 관한 이용계약이 체결되지 않았다고 하여 원고의 저작권침해금지 청구를 인용하는 것은 정의관념에 현저히 반하여 허용될 수 없다고 판시하고 있다.

4. 독점규제법 법리의 적용

민법상 권리남용의 법리 외에 독점규제법상 불공정 거래행위나 시장지배적 지위 남용 등의 법리를 적용하여 저작권 남용 여부를 판단할 수 있다. 이 경우 민법상 권리남용 법리의 적용요건인 주관적 요건을 따질 필요가 없어서 저작권을 제한할 수 있는 범위가 더 넓어지거나 탄력적 적용이 가능하다. 예를 들어, 저작권자가 이용허락을 하면서 이용권자에게 저작권으로 보호되지 않는 비보호저작물을 끼워팔기 하거나, 이용허락된 저작물을 이용권자가 복제 배포하려고 할 때에 배포 장소나 판매가격을 제한하는 경우 불공정거래행위에 해당할 수 있다. 이 경우에 민법상 권리남용의 법리가 적용되기는 어렵다 하더라도 독점규제법에 따라 저작권자에게 시정조치, 과징금 부과, 형사벌 등의 제재를 가할 수 있고, 저작권자의 민사적 청구에 대하여도 그 권리행사를 제한할 수 있다.

실제로 서울중앙지방법원 2011. 9. 14.자 2011카합683 결정은 특정 출판사의 국어 교과서와 문제집을 기본교재로 한 동영상 강의를 제작하고자 하는 동영상 강의업체가 해당 교과서와 문제집의 저작권자인 출판사와의 사이에 저작물 이용허락계약을 체결하고자 하였으나 이를 거부당하여 결국 이용허락 없이 동영상 강의를 제작하여 서비스한 사례에서, 독점규제법의 법리를 적용하여 피신청인(동영상 강의업체)의 권리남용 항변을 받아들이고 있어서 주목된다. 이 결정에서는, 이미 특정 교과서를 채택한 학교의 학생들을 대상으로 온라인으로 교과서 및 문제집에 기초한 강의를 녹화한 동영상을 서비스하고자 하는 사업자들에게 다른 출판사의 교과서 및 문제집은 대체상품이 될 수 없으므로, 이 사건의 경우 신청인(출판사)의 시장지배적 지위여부를 판단하기 위한 관련상품시장의 범위는 모든 교과서 및 문제집에 따른 시장이 아니라 신청인이 출판한 중등 국어·생활국어 교과서 및 문제집 및 이에 대한 저작권을 대상으로 하는 시장으로 보아야 한다고 판시하였다. 그러면서 피신청인을 비롯한 온라인 강의 업체들로서는 신청인이 출판한 이 사건 교과서 및 문제집을 채택한 학교에 다니는 학생들을 대상으로 하여 온라인 강의 사업을 하기 위해서는 반드시 이 사건 교과서와 문제집을 이용하여야 하므로, 이 사건 교과서 및 문제집과 그에 따른 저작물 이용허락은 그 온라인 강의 사업에 있어서 필수적인 요소이고, 신청인이 그 요소를 독점적으로 소유 또는 통제하고 있으며, 피신청인 등 이 사건 교과서 및 문제집을 이용한 온라인 강의 사업을 하려는 사업자가 그 요소를 재생산하거나 다른 요소로 대체하는 것은 사실상 가능하지 않다는 점 등에 비추어 볼 때 신청인이 피신청인에게 이 사건 교과서 및 문제집의 이용에 관한 거래를 거절함으로써 발생하는 관련상품 시장에서의 경쟁제한효과는 매우 크며, 신청인이 피신청인에 대하여 이용허락을 거절한 것은 스스로 온라인 강의 사업 시장에 진출한 신청인이 피신청인을 비롯한 다른 경쟁업체들을 배제하고 이 사건 교과서 및 문제집을 이용한 온라인 강의 시장을 독점하고자 하는 데에 주된 목적이 있는 것으로 판단된다고 하여, 피신청인의 권리남용 항변을 받아들이고 신청인의 신청을 기각하였다.

오늘날 음악저작물, 특히 대중음악 저작물의 저작재산권은 거의 대부분이 신탁관리단체에 의하여 사실상 독점적으로 집중관리되고 있다. 그런데 이런 신탁관리단체가 특정 사업자에 대하여 이용허락을 거절한다면 그 사업자는 영업을 할 수 없게 된다. 이러한 이용허락 거절은 독점규제법 위반이 될 소지가 있다. 2020. 5. 27. 시행된 현행 저작권법은 이런 점을 고려해서 제106조의2를 신설하여 "저작권신탁관리업자는 정당한 이유가 없으면 관리하는 저작물 등의 이용허락을 거부해서는 아니 된다"고 규정하는 한편, 이를 위반한 경우에는 1천만 원 이하의 과태료에 처할 수 있도록 하였다(제142조 제2항 제2호의2).

Ⅳ. 저작재산권 제한규정의 성질 - 강행규정과 임의규정

1. 서 설

저작재산권의 제한규정이 강행규정과 임의규정 중 어느 것에 해당하느냐에 따라서 저작재산권자와 이용자 사이의 이용허락계약 또는 특약으로 동 규정의 적용을 배제할 수 있는지 여부가 달라질 수 있다. 종전에는 저작물, 특히 그 중에서도 컴퓨터프로그램저작물과 관련해서 저작재산권자가 유통업자를 통해 이용자와 shrink wrap license[472]를 체결하는 경

472) shrink wrap license는 패키지 소프트웨어의 대표적인 이용허락계약 형태이다. 소프트웨어 이용허락에

우가 많았으며, 인터넷 환경 아래에서는 저작재산권자가 유통업자를 중간에 게재시키지 않고 최종 이용자와 click on license를 통하여 직접 이용허락계약을 체결하는 경우가 많다. 이때 저작재산권자들은 이용허락계약에 특약 조항을 두어 저작권법이 규정하고 있는 저작재산권 제한규정을 배제하고자 하는 시도를 하고 있다.

저작권은 정신적 창작물을 배타적으로 지배하는 권리로서 '물권에 유사한 권리'라고 설명되고 있다. 이러한 해석을 전제로 하면 민법 제185조의 물권법정주의, 즉 "물권은 법률 또는 관습법에 의하는 외에는 임의로 창설하지 못한다"라는 원칙과의 관계도 고려해 보아야 한다. 물권법정주의를 저작권법에 적용하면, 저작권법에 규정된 것 이외의 저작재산권은 인정되지 않으며, 저작권법에서 인정하고 있는 권리를 계약자유라는 명목으로 그 내용을 저작권법에 규정되어 있는 내용과 다른 것으로 변형하는 것은 허용되지 않는다. 유통망과 인터넷 환경의 발달에 의하여 저작물의 이용허락 및 유통이 어느 때보다 활발하게 행하여지는 현재의 상황에서, 저작권의 내용이 계약과 상황에 따라서 그때그때 달라진다면 거래의 안전을 해할 우려가 있음은 물론이고, 최종 소비자를 포함한 이용자의 보호에도 상당한 문제를 불러일으킬 수 있다.

이에 저작자의 권리를 제한하는 저작재산권 제한규정이 당사자 사이의 특약에 의하여 배제될 수 있는 것인지, 다시 말하면 저작재산권 제한규정의 배제 특약은 유효한 것인지 여부가 중요한 문제로 된다. 이는 결국 저작재산권 제한규정이 강행규정이냐 아니면 임의규정이냐를 비롯하여 궁극적으로는 저작재산권 제한규정의 성격을 어떻게 볼 것이냐에 달려 있는 문제라 할 수 있다. 저작재산권을 제한하는 개별 규정의 성격은 그 근거가 되는 "저작물의 공정한 이용" 등 저작권법의 일반원리 및 국제조약의 해석에 따라서 달라질 수 있다. 저작권법의 일반원리에 대하여는 앞에서 살펴본 바 있으므로 이하에서는 국제조약의 규정 내용을 검토하고, 그 다음에 각각의 저작재산권 제한규정의 성격에 관하여 살펴보기로 한다.

2. 국제조약상 권리제한 근거규정

베른협약 제 9 조 제 2 항은 "특별한 경우에 저작물의 복제를 인정하는 권능은 동맹국

관한 계약조항을 패키지의 외부 상자에 인쇄하여 두고, 사용자가 사전에 계약조항을 검토한 후 그 패키지를 뜯으면 그와 동시에 그 조항에 기재된 내용대로 계약이 체결된 것으로 보는 형태의 계약방식이다. 이와 유사한 것으로서 click on license가 있는데, 이는 소프트웨어에 대하여 온라인상으로 이용허락을 해 줄 때 소프트웨어 업자가 온라인상에 계약조항을 올려놓고 이용자가 그 계약조항에 동의한다는 버튼을 클릭하면 계약이 체결된 것으로 보는 형태의 계약방식이다.

의 입법에 유보된다. 다만, 그 복제가 당해 저작물의 통상의 이용을 방해하지 않고 나아가 저작자의 정당한 이익을 부당하게 해하지 않는다는 것을 조건으로 한다"고 규정함으로써 일정한 조건 아래 복제권에 관한 제한규정을 두는 것을 가맹국의 권리로 유보하고 있다. 또한 Trips 협정 제13조는, "가맹국은 배타적 권리의 제한 또는 예외를 저작물의 통상의 이용을 방해하지 않고, 권리자의 정당한 이익을 부당하게 해하지 않는 특별한 경우에 한정하여야 한다"고 함으로써 복제권에 한정하지 않고 널리 저작권 전반에 대하여 이른바 '3단계 테스트'(three step test)에 적합할 것을 조건으로 그 제한을 인정할 수 있음을 규정하고 있다.

3단계 테스트 중 '특별성의 요건'이 한정열거주의를 취하고 있는 우리나라의 권리제한규정과 부합하는 것은 명백하다.[473] 그렇다면 다른 두 가지 요건과 권리제한규정의 관계는 어떠한가.

우선, "저작물의 통상의 이용을 방해하지 않아야 한다"는 요건은 저작물의 종류, 성질에 따라 변할 수 있다. 예를 들면, 소설과 같은 어문저작물의 이용태양은 인쇄매체에 의한 이용, 콘텐츠로서의 이용, 또는 만화나 영화 등 2차적저작물 작성에 의한 이용을 상정할 수 있는데, 이러한 이용태양에 비추어 이 요건의 충족여부를 판단하게 될 것이다.[474]

다음으로 "정당한 이익을 부당하게 해하지 않아야 한다"는 요건은 문언상으로 볼 때 단순히 손해를 입히지 않는다는 것만을 의미하는 것은 아니다. 이 요건은 "정당한 이익"과 "부당하게 해하지 않는다"라고 하는 두 가지의 조건을 가지고 있으므로, 단순한 현실적인 손해의 유무가 아니라 시장에 있어서 실질적인 영향 등을 고려하여 판단하는 것을 의미한다. 다만, 적절한 보상금에 의한 손해의 전보가 이루어지면 "정당한 이익을 부당하게 해하지 않아야 한다"는 요건은 충족될 수 있다고 한다.[475]

3. 강행규정과 임의규정

가. 강행규정과 임의규정

사법상의 법률효과를 중심으로 볼 때 법규는 강행법규와 임의법규로 구별된다. 일반적

473) 특별성의 요건에 관하여서는, 특별한 공공정책 목적일 것을 요건으로 한다고 하는 해석과, 그러한 목적의 유무를 묻지 않고, 충분히 명확하게 단절된 영역이라면 족하다고 하는 해석이 있다. 土肥一史, "著作權法上權利制限規定の性質", 著作權法の權利制限規定をめぐる諸問題, 權利制限委員會, 社團法人 著作權情報センター, 2004. 3, 21면.
474) 상게서, 21면.
475) 상게서, 21면.

으로 사법상의 각 규정은 일정한 사실이 있으면 당사자 사이에 일정한 법률효과가 생긴다고 규정하고 있다. 이때 당사자가 어떤 규정이 정하는 효과와 다른 효과를 발생시키려고 원한다면 그렇게 할 수 있는 것, 바꾸어 말하면 당사자의 의사에 의하여 그 규정의 적용을 배제할 수 있는 규정을 '임의규정'(任意規定) 또는 '임의법규'라고 한다. 민법 제106조가 "법령 중의 선량한 풍속 기타 사회질서에 관계없는 규정"이라고 하고 있는 것은 이 임의규정을 말한다. 이에 반하여 당사자가 규정이 정하는 것과 다른 효과를 원하더라도 할 수 없는 것, 바꾸어 말하면 당사자의 의사에 의하여 그 규정의 적용을 배제할 수 없는 규정을 '강행규정'(强行規定) 또는 '강행법규'라고 한다. 즉, 당사자의 의사와는 관계없이 적용되는 규정이 강행규정이다. 민법의 경우를 예로 들면, "법령 중의 선량한 풍속 기타 사회질서에 관계있는 규정"이 강행규정에 해당한다.[476]

나. 강행규정과 임의규정의 구별

어떤 규정이 강행규정이냐 또는 임의규정이냐를 구별하는 것은 대단히 중요하다. 강행규정은 당사자의 의사로 그 적용을 배제할 수 없으므로, 그것은 사적 자치의 한계를 정하는 것이기 때문이다. 따라서 저작재산권 제한규정이 강행규정에 해당한다면 저작자와 이용자 사이의 특약에 의하여 이를 배제하는 것은 허용되지 않는다. 민법의 경우를 본다면, 민법 제185조, 제289조, 제608조와 같이 법문의 내용에 그 규정이 강행규정이라는 취지의 문언이 있는 경우에는 강행규정이고, "다른 의사표시가 없으면 … "이라는 문언이 있는 경우(민법 제473조)와 같이 법규정의 내용에 임의규정이라는 취지의 문언이 있는 경우에는 임의규정이다. 그러나 법문 자체에 임의규정 또는 강행규정이라는 명문의 내용이 없는 경우 양자의 구별 기준에 관한 일반적 원칙은 존재하지 않는다. 다만, 구체적으로 각 법규마다 그 종류·성질·입법목적 등을 고려하여 개인의 의사에 의한 배제를 허용하는 것이냐 아니냐를 판단·결정하는 수밖에 없다.[477]

다. 단속규정과 효력규정의 구별

한편, 강행규정 안에서도 단속규정과 효력규정이 나누어진다. 행정상의 목적에 의하여 일정한 행위를 금지하거나 또는 제한하는 규정들 중에는 그 위반자에 대하여 형벌이나 행정벌 등 제재를 과하지만 위반행위의 사법상의 효력은 부인하지 않는 것과, 그 위반자에 대하여 제재를 과할 뿐만 아니라 위반행위의 사법상의 효력까지 부인하는 것이 있다. 전자

476) 민법주해(Ⅱ), 박영사, 1996, 257면.
477) 상게서, 257-258면.

를 '단속규정'이라고 하고 후자를 '효력규정'이라고 한다. 따라서 민법상 강행법규 위반으로 무효가 되는 것은 효력규정 위반의 법률행위이며, 단속규정에 위반하는 데 지나지 않는 법률행위는 원칙적으로 유효하고 다만 행위자가 단속상의 제재를 받을 뿐이다.[478]

효력규정과 단속규정의 구별 기준에 관하여도 일반적인 원칙은 없다. 행정법규에는 단순한 단속규정에 지나지 않는 것이 많지만, 구체적으로는 그 법률행위를 유효 또는 무효로 함으로써 생기는 사회경제적 영향을 고려하여, 법규의 입법취지가 법규가 규정하는 내용 그 자체의 실현을 금지하고 있는가(법률효과의 금지) 또는 단순히 그러한 행위를 하는 것을 금하고 있는가에 따라서 결정하게 된다.[479] 결국 효력규정과 단속규정의 구별은 당해 규정의 입법취지와 사회적 요청에 비추어 판단하여야 한다. 규정의 입법취지가 모든 행위 관계자에게 손해를 미치는 것까지를 각오하고, 그 규정에 위반한 행위의 효력에 영향을 주어 위반행위를 금지하는 취지라면 효력규정이라고 판단한다. 이에 반하여 그 규정에 위반하는 행위도 유효한 것으로 취급하되, 단순히 그에 위반한 특정인에 대해서 일정한 불이익, 예컨대 손해배상 의무 등을 부담케 하는 것이 사회적 요청에 합치하는 경우에는 단속규정이라고 판단한다.

라. 저작권법에서의 구별기준

저작권법에 존재하는 각각의 저작재산권 제한규정들이 강행규정이냐 임의규정이냐, 또한 강행규정이라고 할 때 단속규정이냐 효력규정이냐를 결정하는 것 역시 당해 규정의 입법취지와 사회적 요청을 저작권법이 추구하는 궁극적인 목적에 비추어 판단하여야 한다. 나아가 저작재산권 제한규정의 근거가 되는 국제조약들도 판단의 기준이 될 수 있다.

우리 저작권법 제 1 조는 "이 법은 저작자의 권리와 이에 인접하는 권리를 보호하고 저작물의 공정한 이용을 도모함으로써 문화 및 관련 산업의 향상발전에 이바지함을 목적으로 한다"고 규정하고 있다. 이러한 규정을 전제로 하여 각 개별 제한규정의 목적·취지를 검토하고, 그 개별 제한규정이 실현하고자 하는 여러 가지 이익을 고려하여 강행규정인지 임의규정인지 여부를 결정하여야 한다. 또한 그 판단에 있어서는 관련 국제조약과의 합치성도 요구되므로, 앞에서 언급한 베른협약 제 9 조 제 2 항 및 TRIPs 협정 제13조를 비롯한 각종의 국제조약과 연계하여 검토할 것이 요구된다.[480]

478) 상게서, 260면.
479) 상게서, 261면.
480) 土肥一史, 전게서, 23면.

4. 개별 저작재산권 제한규정의 성질

입법론으로서는 특약에 의하여 배제할 수 없는 제한규정인지 여부를 아예 그 규정 중에 명시해 주는 것이 해석상 불명료함을 해소할 수 있어서 좋을 것이다.[481] 그러나 그러한 배려가 없는 우리 현행법 아래에서는 다음에서 언급하는 여러 가지 요소를 고려하여 각각의 제한규정이 특약에 의한 배제가 가능한지 여부를 결정할 수밖에 없다.

우선, 저작물의 종류 및 성질의 관점에서 볼 때 순수한 예술적인 저작물인가 산업상 이용되는 저작물인가, 아날로그 저작물인가 디지털 저작물인가 등이 판단에 있어서의 착안점으로 될 수 있다. TRIPs 협정 제13조가 규정하고 있는 이른바 3단계 테스트 중 저작물의 통상의 이용이 방해될 가능성은 일반적으로 전자의 경우는 적고 후자의 경우는 클 개연성이 있다고 인정되기 때문이다. 따라서 후자의 경우에는 권리제한규정을 배제하는 특약의 유효성을 인정하는 것이 전자의 경우보다 용이하다고 할 수 있다.[482]

다음으로 이용행위의 성질이 복제권에만 관련되는 이용행위인가 2차적저작물작성 등에까지 관련되는 이용행위인가의 여부, 그 이용행위에 의하여 새로운 창작물이 만들어지는지 여부, 바꾸어 말하면 소비적 이용행위인가 생산적 이용행위인가 등이 판단에 있어서의 착안점이 될 수 있다. 다양한 문화적 콘텐츠의 생산을 목적으로 하는 저작권법의 이념에 비추어 볼 때, 이용행위가 생산적인 성질을 가진다면 소비적·향락적인 이용행위보다도 특약에 의한 권리제한규정의 배제를 허용할 여지가 적다고 보아야 할 것이다. 아날로그적인 이용인가 디지털적인 이용인가도 마찬가지로 고려되어야 할 부분이다. 디지털적인 이용행위에 의하여 만들어진 복제물은 피복제물과 품질에 있어서 아무런 차이가 없는 경우가 많다. 이처럼 디지털 복제는 원작과 동일한 것을 양산해 내는 결과를 가져오므로 이러한 경우에는 다양한 문화의 향상발전이라고 하는 관점에서 볼 때에 권리제한규정을 두는 것과 어울리지 않게 된다. 그러므로 보상금 등 적절한 대가를 지불하는 경우라면 몰라도 그렇지 않은 경우에는 그 이용행위가 디지털적인 것이라는 점은 특약에 의한 권리제한규정의 배제를 보다 널리 인정할 수 있는 요소로 작용한다.[483]

기술적 보호수단을 갖추지 않고 이용제한에 관한 아무런 문구 표시도 없이 그냥 인터넷상에 올려진 저작물에 관하여서는 그 저작물의 통상적인 이용이 허락된 것이라고 추정된다는 견해가 있다.[484] 권리자의 입장에서는 인터넷에 올린 저작물의 통상적인 이용에 의

481) 상게서, 27면.

482) 상게서, 27면.

483) 상게서, 27면.

484) 그러한 취지를 명확히 한 판결로서 BGH 17. Juli 2003, WRP 2003, 1341이 있다. 이 판결에서는, “인

하여 자신의 정당한 이익이 침해를 받는다고 판단될 경우 기술적 보호수단으로 대응을 하는 것이 가능하기 때문이다. 그러나 기술적 보호수단을 적용하지 않고 그냥 인터넷에 올려진 저작물이라 하더라도 그 저작물의 상업적 이용까지 허용한 것으로 추정할 것은 아니다. 상업적 이용의 경우에는 저작물의 통상의 이용이 방해를 받게 될 가능성이 훨씬 커질 수 있기 때문이다.[485)]

권리자의 이익을 부당하게 해하는 것인지 여부는 3단계 테스트와의 관계에서도 고려하여야 할 기본적 요소이다. 이 요소를 고려함에 있어서는 권리제한규정에 의하여 자유이용이 허용되는 범위가 제조업자까지를 포함하는가 아니면 최종 소비자에게 한정되는가의 여부, 즉 자유이용의 주체적 범위가 어디까지인지를 먼저 고려하여야 한다. 그리고 저작권 산업의 육성과 관련하여 자유이용을 허용하여야 할 산업정책상의 이유가 있는지 여부 및 정보의 수집, 가공, 기타 이용을 촉진하여야 할 정책적 이유가 있는지 여부도 고려사항이 될 수 있다.[486)]

나아가 권리제한규정의 보호법익과의 관계에 대한 고려도 필요하다. 공익상의 이유에서 인정되는 권리제한규정이라면 이는 그 규정을 배제하는 특약의 유효성을 엄격하게 보아야 할 매우 중요한 의미를 가지게 된다. 따라서 그러한 경우에는 권리제한규정의 적용을 배제하는 특약의 유효성을 인정하기 어려워진다. 예를 들면, 표현의 자유 등 정신적 자유권에 속하는 보호법익이나 국민의 알 권리의 실질적 확보를 위하여 필요한 보도의 자유와 관련된 권리제한규정 등은 당사자 간의 특약으로 배제할 수 없다고 보아야 한다. 저작권법 제24조의 "정치적 연설 등의 이용"이나 제26조의 "시사보도를 위한 이용", 제31조의 "도서관 등에서의 복제", 제33조의 "시각장애인 등을 위한 복제" 규정 등이 이에 해당한다고 할 수 있다. 또한 국가권력을 행사하는 기관들에게 부여된 임무인 국정 실현을 달성하기 위해 두어진 권리제한규정도 이에 준한다고 볼 수 있다. 저작권법 제 7 조의 "보호받지 못하는 저작물" 규정, 제23조의 "재판절차 등에서의 복제" 등이 이에 해당할 수 있다. 나아가 저작권법의 궁극적 목적인 문화의 향상발전에 따르는 학문적 이용행위 등과 관련된 제한규정도 당사자 사이의 특약으로 배제할 수 없다고 본다. 저작권법 제28조의 "공표된 저작물의 인용"이 이에 속한다.

이러한 경우에 해당하지 않는 것으로서, 예컨대 단순한 개인적인 흥미를 만족시키고자 하는 개인적 보호법익에 대해서는 당사자 사이의 특약으로 배제하는 것이 가능한 경우가

터넷에 기술적 보호수단 없이 저작권법상 보호되는 저작물을 공중에게 접속(access)하게 한 권리자는 그 접속을 통하여 가능하게 된 이용행위를 허락한 것으로 추정된다"고 하였다. 상게서, 27면 참조.

485) 상게서, 27면.

486) 상게서, 28면.

상대적으로 많을 것이다. 예를 들어, 저작권법 제30조의 "사적이용을 위한 복제" 규정은 계약 당사자의 합의에 의하여 그 적용을 배제하는 것을 굳이 무효로 할 이유가 없으며, 그런 점에서 이 규정은 임의규정이라고 해석된다.[487] 다만, 다음에서 보는 바와 같이 학문연구를 위한 사적복제를 허용하지 않는 특약은 무효라고 볼 것이다. 기본적으로 권리제한 규정을 배제하는 특약에 의하여 이용자가 2중으로 대가를 지불하게 된다면 그러한 배제 특약은 효력을 인정할 수 없다고 보아야 할 것이다.[488]

어느 저작물에 대한 '시장의 실패'가 있다면 이는 그 저작물에 대한 저작권의 제한을 정당화하는 요소로 작용할 수 있다. 여기서 말하는 시장이라 함은 권리자를 찾기 위한 시장을 말하며, '시장의 실패'란 이용자가 이용허락을 받으려 해도 권리자를 찾을 수 없거나 찾기가 극히 곤란한 경우를 포함한다. 저작권자를 찾아내어 그의 이용허락을 얻는데 소요되는 비용이 저작물 이용의 대가보다도 크다면, 이는 시장이 실패한 경우라고 할 수 있다. 이러한 경우에는 저작재산권의 제한을 인정하되 권리자에게 적절한 보상금청구권을 인정한다면 권리자의 정당한 이익을 부당하게 해하는 것이라고 볼 수 없을 것이다. 따라서 권리자의 통상의 이용을 방해하지 않는 한 이러한 권리제한규정을 특약으로 배제하는 것은 허용하지 않는 것이 타당하다. 반대로 이러한 권리제한규정이 권리자의 통상의 이용을 방해하는 경우에는 특약에 의한 배제가 허용될 수 있을 것이다.[489]

아래에서는 특약에 의한 배제가 특별히 문제로 되는 경우에 관하여 살펴보기로 한다.

가. 사적이용을 위한 복제

저작권법 제30조에 의하여 허용되는 사적이용을 위한 복제에는 그 대상으로 되는 저작물의 종류, 복제의 태양, 복제의 목적 등에 따라 여러 가지 형태가 있을 수 있다. 따라서 그러한 행위들에 대하여 일률적으로 특약에 의한 배제의 가능여부를 논하는 것은 적절치 않다. 예를 들면, 학술연구를 위한 사적복제와 개인적으로 즐기기 위한 사적복제는 특약에 의한 배제를 허용할 것인지 여부에 있어서 달리 취급될 수 있다.

학술연구(학습을 위한 것을 포함한다)를 위한 사적복제는 새로운 창작활동을 유인하는 복제이므로 문화의 향상발전 및 다양한 문화적 산출물을 장려한다는 저작권법의 목적과 정신에 비추어 볼 때 필수적인 것이다. 따라서 이를 허용하는 권리제한규정을 특약으로 배제하는 것은 허용되지 않는다고 보아야 한다. 그러나 개인적으로 즐기는 소비적인 이용행위

487) 作花文雄, 詳解 著作權法, 제 3 판, ぎょうせい, 314면.
488) 土肥一史, 전게서, 28면.
489) 상게서, 29면.

에 대하여는 달리 볼 수 있다. 개인적으로 즐기기 위한 복제행위라면 저작재산권 제한을 무한정 허용할 것이 아니라, 일정한 대가를 지불하도록 하거나 보상금청구권 제도를 도입하는 것도 가능하다. 나아가 해당 저작물이 아날로그 저작물이냐 디지털 저작물이냐 하는 것도 중요한 의미를 가진다. 아날로그 저작물이라면 보상금청구권이 없는 경우에도 저작재산권의 제한을 인정할 수 있는 경우가 많을 것이다. 그러나 디지털 저작물의 경우에 저작권의 제한을 넓게 인정한다면 저작권자의 이익을 크게 훼손케 할 우려가 커서 주의할 필요가 있다. 다만, 현재로서는 디지털 저작물에 대해서는 기술적 보호수단에 의한 통제가 가능하고 또 그것이 효과적이므로, 앞에서도 언급한 바와 같이 어떤 디지털 저작물을 기술적 보호수단을 적용하지 않은 상태로 그냥 인터넷에 올린 것은 사실상 복제를 허락한 것이나 마찬가지라고 보아야 한다는 견해도 있다. 그러나 설사 그렇다 하더라도 상업적인 복제까지 허락한 것이라고 볼 것인지에 대하여는 소극적으로 해석하여야 할 것이다.[490]

결국 사적복제 규정의 특약에 의한 배제 허용여부를 결정함에 있어서는 저작물의 종류나 복제의 태양 등 여러 가지를 고려하여야 하고, 일률적으로 허용여부를 단정할 수는 없다.

나. 공표된 저작물의 인용

저작권법 제28조의 "공표된 저작물의 인용" 규정은 저작권법의 목적인 문화의 향상발전과 다양한 문화적 소산을 확보함에 있어서 매우 중요하다. 패러디와 같은 종래에 없던 새로운 표현형태의 창작행위에 수반되는 인용행위의 적법성을 판단함에 있어서도 문화의 향상발전과 다양한 문화적 창작행위를 제한하지 않는 해석이 필요하다. 특히 공표된 저작물의 인용 규정은 기본적 자유권인 표현의 자유를 확보하기 위하여 필수적인 규정으로서 저작권법의 근본정신과도 연결되어 있다. 따라서 이 규정을 특약으로 배제하는 것은 허용될 수 없다고 볼 것이다.[491]

다. 영리를 목적으로 하지 않는 상연 등

저작권법 제29조는 "영리를 목적으로 하지 않는 공연·방송"에 대한 저작재산권의 제한을 규정하고 있는데, 이 규정에 따른 저작재산권의 제한을 특약에 의하여 배제할 수 있는지 여부도 일률적으로 말할 수 없다. 예를 들어, 비영리적인 활동이나 사회봉사 활동에 수반되는 공연·방송, 초등학교 등 학교의 동아리 활동에 수반되는 공연·방송에 대하여는

490) 상게서, 30면.
491) 상게서, 31면.

강행규정성을 인정할 필요가 있을 것이다. 그러나 저작물의 소비적 이용행위에 해당하지만 그에 관한 시장이 성립하지 않고 있기 때문에 부득이하게 내버려두고 있는 비영리적 공연·방송이라면 그 시장이 성립할 경우 제한규정을 특약에 의하여 배제하는 것도 인정할 수 있을 것이다.[492]

5. 소 결

저작권법이 규정하고 있는 권리제한규정 모두를 임의규정 또는 강행규정이라고 일률적으로 확정할 수는 없다. 각각의 개별 규정에서 그 규정이 실현하고자 하는 저작권자와 이용자 사이의 이해관계의 균형과 궁극적으로는 저작권법의 목적과 정신에 비추어 임의규정인지 강행규정인지를 결정하여야 할 것이다.

따라서 권리 제한규정의 성질을 판단함에 있어서는 우선 저작권자의 이익을 제한하면서까지 실현하고자 하는 이익과 그로 인하여 제한되는 저작권자의 이익을 비교교량하는 것이 기본적인 방법이다. 이때에는 당해 제한규정에 의하여 자유롭게 인정되고 있는 이용행위가 저작물의 통상의 이용행위에 미치는 영향과 저작권자의 정당한 이익을 부당하게 해치는 상황이 발생할 우려는 없는가 하는 점을 고려하여야 한다. 저작물의 통상의 이용에 부당한 영향을 미치지 아니하고, 또한 저작권자의 정당한 이익을 부당하게 해치지 않는 경우라 하더라도, 더 나아가 제한규정의 적용 배제로 인하여 이용이 가능하게 된 저작물의 종류는 어떠한 것인가, 허용되는 이용행위의 태양은 어떠한 것인가, 기술적 제한수단을 두는 것이 가능한가, 보상금청구권 등을 통하여 대가가 지불될 수 있는 이용행위인가 등 여러 가지 요인을 고려하여 종합적인 이익교량 아래에서 당해 제한규정의 배제를 허용할 것인지 여부를 판단하여야 할 것이다.[493]

또한 제한규정이 임의규정이라고 해석되는 경우에도 그 배제특약이 경제적인 역학관계로 말미암아 이용자에게 부당하게 불이익을 강요하는 결과로 된다면, 이는 민법상 원칙에 따라 공서양속 등에 위반되어 무효로 될 수 있을 것이다. 결국 강행규정의 성격을 가지는 제한규정에 위반하는 계약은 그 자체로서 무효로 되며, 임의규정이라고 해석되는 제한규정이라 하더라도 구체적 사정에 따라 그 배제특약이 민법상 공서양속 위반의 법률행위가 되어 무효로 되는 경우가 있을 수 있다.[494]

492) 상게서, 33면.
493) 상게서, 33면.
494) 作花文雄, 전게서, 314면.

입법론적으로는 특약에 의한 배제가 허용되는 권리제한규정인지 여부를 해당 규정 중에 명시하는 것이 향후 보다 일반화 될 것으로 예상되는 기술적 보호수단과의 관계에 있어서도 편리할 것이라는 견해가 있다.[495] 나아가 저작물의 이용에 관한 약관의 해석과 검증도 중요한 문제로 대두하고 있다.

제 4 절 저작물이용의 법정허락

I. 서 설

저작물의 이용이 공중의 입장에서 필요불가결한 경우에 저작권자의 허락을 받지 못하였다고 하더라도 적정한 대가를 지급하거나 공탁하고 이를 이용하게 할 수 있도록 한 제도가 '법정허락' 또는 '강제허락'(non-voluntary licenses) 제도이다. 저작물이 어떠한 이유에서인지 사용되고 있지 않다든가 저작권자와의 협의가 잘 성립되지 아니하여 허락을 받을 수 없는 경우라도 그 저작물의 사회적 이용을 가능하게 함으로써 저작물의 문화적 가치를 일반 국민이 향유하도록 하는 것에 이 제도의 취지가 있다.

강학상으로는 법에서 정한 사유가 있으면 저작권자와의 협의를 거치지 아니하고 소정의 보상금을 지급 또는 공탁하고 그대로 이용할 수 있게 한 경우를 '법정허락'(statutory license)제도라고 하고, 저작권자에게 이용조건을 협상할 수 있도록 보장하고 그것이 잘 안 되는 경우에 소정의 보상금을 지급 또는 공탁함을 조건으로 저작물을 이용할 수 있도록 한 경우를 '강제허락'(compulsory license)제도라고 한다. 그러나 우리 저작권법은 이를 구별하지 않고 법정허락이라는 용어를 사용하고 있다.[496]

우리 저작권법이 채택하고 있는 강학상 의미의 '법정허락' 제도는 두 가지 경우이다. 첫째는, 공표된 저작물을 교과용 도서에 게재하거나 수업목적을 위해 공표된 저작물을 복제, 공연, 방송 또는 전송하는 등으로 이용하는 경우(저작권법 제25조)이고, 둘째는, 도서관 등에서 디지털화 된 저작물을 출력하거나 다른 도서관 등의 안에서 열람할 수 있도록 저작물을 전송하는 경우(저작권법 제31조 제 5 항)이다. 저작권법이 이 두 가지 경우를 강제허락이 아닌 법정허락의 대상으로 한 이유는, 교육목적을 위한 이용이나 도서관 등에서의 이용

495) 土肥一史, 전게서, 33면.
496) 송영식 외 1인, 전게서, 190면.

의 경우에는 저작물의 이용이 매우 광범위하고 빈번하게 발생하기 때문에, 일일이 강제허락을 받기 위해 필요한 저작권자와의 사전 협의를 요구하는 것이 합리적이지 않기 때문이라고 한다.[497)]

한편, 우리 저작권법이 채택하고 있는 강학상 의미의 '강제허락' 제도는 세 가지 경우에 적용되고 있다. 첫째는, 상당한 노력을 기울였어도 저작재산권자가 누구인지 알지 못하거나 그의 거소를 알 수 없어서 저작물의 이용허락을 받을 수 없는 경우(제50조), 둘째, 공표된 저작물을 공익상 필요에 의하여 방송하고자 협의하였으나 협의가 성립되지 않은 경우(제51조), 셋째, 상업용 음반이 우리나라에서 처음으로 판매되어 3년이 경과하고 그 음반에 녹음된 저작물을 녹음하여 다른 상업용 음반을 제작하고자 협의하였으나 협의가 성립되지 않은 경우(제52조)이다. 저작권법은 저작인접물에 대하여도 이 규정을 준용하고 있다.

따라서 우리 저작권법이 제50조 내지 제52조에서 '법정허락'이라는 항목으로 규정하고 있는 내용들은 강학상으로는 '법정허락'이 아니라 '강제허락'이라고 보아야 하며, '법정허락'에 해당되는 내용들은 그 앞의 '저작재산권 제한규정'에 포함되어 있다. 그러나 저작권법이 제50조 내지 제52조 규정에 대하여 '법정허락'이라는 제목을 붙이고 있으므로 이하에서도 이 규정들에 대하여 '법정허락'이라는 제목 아래 검토해 보기로 한다.

법정허락제도는 세계적으로 인정되고 있는 제도로서, 세계저작권협약(UCC) 제 5 조 제 2 항은, 어문저작물의 최초발행일로부터 7년이 경과한 후에도 그 저작물이 당해 체약국의 언어로 번역되어 있지 아니한 경우, 체약국의 국민은 일정한 절차를 거쳐 자국기관으로부터 비배타적인 번역권을 부여받을 수 있다고 규정하고 있고, 제 5 조의4에서 복제권의 강제허락에 대한 구체적인 규정을 두고 있다. 베른협약도 제11조의2 제 2 항에서 방송권의, 그리고 제13조 제 1 항에서 음악저작물의 녹음권의 각 법정허락제도를 규정하고 있다. 미국 저작권법은 케이블 TV에 의한 방송의 재방송(§ 111), 비연극적(非演劇的, nondramatic) 음악저작물의 음반제작 및 배포(§ 115), 비연극적 음악저작물의 쥬크박스에의 이용(§ 116), 비상업적 방송자의 비연극적 음악저작물 및 공개된 미술저작물의 이용(§ 118) 등에 관한 법정허락제도를 두고 있다.

구 저작권법(1987년 법)은 저작물이 발행되어 7년이 경과한 저작물로서 그 번역물이 공표되지 아니하였거나 공표되었더라도 절판된 경우에 법정허락을 인정하는 규정을 두고 있었으나, 이 규정은 삭제되었다.

---

497) 임원선, 실무자를 위한 저작권법, 한국저작권위원회, 2009, 260면.

Ⅱ. 법정허락의 유형

1. 저작재산권자 불명(不明)의 경우

가. 의 의

누구든지 대통령령이 정하는 기준에 해당하는 상당한 노력을 기울였어도 공표된 저작물의 저작재산권자나 그의 거소(居所)를 알 수 없어 그 저작물의 이용허락을 받을 수 없는 경우에는 대통령령이 정하는 바에 의하여 문화체육관광부장관의 승인을 얻은 후 문화체육관광부장관이 정하는 기준에 의한 보상금을 한국저작권위원회에 공탁하고 이를 이용할 수 있다(저작권법 제50조 제 1 항). 구 저작권법은 미공표 저작물의 법정허락도 인정하고 있었으나 2000년 개정법에서는 공표된 저작물에 한정하고 있다. 이는 저작자의 저작인격권인 공표권을 고려한 것이다. 이 규정에 의하여 저작물을 이용하는 자는 그러한 뜻과 승인연월일을 표시하여야 한다(같은 조 제 2 항).

종전 저작권법에서는 저작재산권자 불명인 경우의 법정허락과 관련하여 외국인의 저작물을 특별히 제외하고 있었다. 법정허락제도는 저작권자 불명인 저작물의 이용을 위해 유용한 제도이긴 하지만 배타적 권리를 제한하는 것으로서, 국내법에 의해 외국인의 저작물까지 거소불명이라는 이유로 행정명령을 통해 자유로이 사용하게 하는 것은 국제조약 위반의 문제가 있으므로 외국인의 저작물은 제외하였던 것이다. 그러나 2020. 5. 27. 시행된 현행 저작권법에서는 이러한 제한을 없앴고, 따라서 외국인의 저작물도 본 조의 적용을 받을 수 있게 되었다.

저작재산권자가 불명인 경우의 전형적인 사례로서는, 저작재산권자가 누구인지 알 수 없는 경우, 저작자가 누구인지는 알 수 있지만 그가 사망하여 저작재산권을 상속한 사람이 누구인지 알 수 없는 경우, 또는 저작재산권자가 누구인지는 알지만 그의 소재를 알 수 없는 경우 등이 있다. 이러한 저작물을 흔히 '고아저작물'(orphan works)이라고 부르기도 한다.

한편, 저작재산권자가 스스로 자신의 저작물에 대한 이용을 더 이상 하지 않겠다는 의사, 예를 들어 '절판'을 선언한 이후에 소재불명이 된 경우는 법정허락 제도의 전체적인 취지에 비추어 볼 때 설사 그 소재를 알 수 없다고 하더라도 본 규정에 의한 법정허락이 허용되지 않는다고 보는 것이 타당할 것이다.[498]

498) 박성호, 전게서, 439면. 저작권법 시행령 제22조 제 1 항 제 3 호가 "저작재산권자가 저작물의 출판이나 그 밖의 이용에 제공되지 아니하도록 저작물의 모든 복제물을 회수할 경우" 문화체육관광부장관은 법정허락의 승인신청을 기각한다고 규정되어 있는 것이 그러한 취지를 고려한 것이라고 한다. 다만, 그 취지를 보다 명확히 하기 위하여 위 제 3 호를 "이용에 제공하지 않을 의사를 명백히 한 경우까지 포

나. 절　　차

저작권법 제50조 제1항에서 상당한 노력을 기울였어도 저작재산권자나 그의 거소를 알 수 없는 경우라 함은, 단순히 저작재산권자와 연락이 되지 않는다거나 저작재산권자가 외국에 거주하고 있어 연락을 취함에 있어서 시간이나 경비가 많이 소요된다는 사정만으로는 부족하고, 대통령령이 정하는 기준에 해당하는 상당한 노력을 기울인 경우를 말한다. 대통령령에 해당하는 저작권법 시행령에서는 상당한 노력의 기준을 제18조에서 상세하게 규정하고 있다. 나아가 저작권법 시행령은 본 항에 의한 문화체육관광부장관의 승인 및 보상금 공탁 절차에 관하여 제18조 내지 제23조에서 상세한 규정을 두고 있다.

본 항의 규정에 따라 법정허락 된 저작물이 다시 법정허락의 대상이 되는 때에는 제1항의 규정에 따른 대통령령이 정하는 기준에 해당하는 상당한 노력의 절차를 생략할 수 있다. 다만, 그 저작물에 대한 법정허락의 승인 이전에 저작재산권자가 대통령령이 정하는 절차에 따라 이의를 제기하는 때에는 그러하지 아니하다(제50조 제3항). 이 규정은 2006년 저작권법 개정에서 신설된 규정이다. 법정허락을 받기 위해서는 대통령령이 정하는 바에 따라 저작재산권자를 찾는 여러 가지 절차를 거치게 된다. 그런데 2006년 개정되기 전 저작권법의 경우 이러한 복잡한 절차를 거쳐 한번 법정허락 된 저작물이라도 다른 사업자가 이를 사용하고자 할 경우에는 앞서 미리 허락받은 사람이 거친 절차를 그대로 거칠 수밖에 없었기 때문에 과도한 시간과 비용낭비라는 비판이 있어왔다. 이에 개정법은 이미 법정허락 된 저작물을 이용하고자 하는 경우에는 상당한 노력의 절차를 생략할 수 있도록 규정함으로써 후발 이용자의 신속한 법정허락을 가능하게 하였다. 다만, 이미 법정허락 된 저작물이라도 추후에 저작재산권자가 나타날 개연성이 있는 만큼 그 저작물에 대한 법정허락의 승인 이전에 저작재산권자가 적법한 절차에 따라 이의를 제기하는 때에는 저작재산권자의 허락을 받도록 한 것이다.[499)]

문화체육관광부장관은 대통령령이 정하는 바에 따라 법정허락 내용을 정보통신망에 게시하여야 한다(같은 조 제4항).

2012. 4. 12. 개정된 저작권법시행령(2012. 10. 13. 시행)은 권리자가 불명인 저작물 등의 이용 절차의 복잡성으로 인한 해당 저작물 등의 이용 관련 국민의 불편을 해소하고 문화 및 관련 산업의 발전을 도모하기 위하여 문화체육관광부장관은 저작물 등을 이용하려는 자를 대신하여 해당 저작물 등의 권리자를 찾기 위한 노력을 할 수 있도록 하고, 문화체육

함하도록 개정할 필요가 있다고 한다.

499) 심동섭, 개정 저작권법 해설, 계간 저작권, 2006년 겨울, 저작권심의조정위원회, 53-54면.

관광부장관은 권리자가 불명인 저작물 등의 권리자를 찾기 위한 권리자 찾기 정보시스템을 구축·운영할 수 있도록 하는 한편, 그 밖에 현행 제도의 운영상 나타난 일부 미비점을 개선·보완하는 취지의 규정을 두는 것으로 종전 규정을 개정하였다.

그 주된 내용으로는 먼저 '상당한 노력'의 요건을 변경하여 종래 ① 신탁관리업자 등에의 조회확인과 ② 일반 일간지 또는 문화체육관광부 및 한국저작권위원회 홈페이지를 통하여 조회사항을 공고한 날로부터 10일이 지났을 것으로 되어 있던 것에서, '저작권등록부를 통한 조회' 요건을 추가하는 한편, 위 ②의 공고 방법에 시행령 제73조 제 2 항[500]에 따른 권리자가 불명인 저작물 등의 '권리자 찾기 정보시스템'에 공고한 날로부터 10일이 지난 경우까지를 포함하는 것으로 하였다.

다음으로 '상당한 노력'의 행위주체를 법정허락 신청인뿐만 아니라 국가기관을 추가하였다. 그리하여 시행령 제18조 제 2 항을 신설함으로써 권리자가 불명인 저작물 등의 법정허락 절차를 간소화하였는데, 구체적인 내용은 다음과 같다. 즉, 저작권법 제50조에 따라 이용하려는 저작물이 저작권법 제25조 제 8 항(법 제31조 제 6 항에서 준용하는 경우를 포함한다)에 따른 보상금 분배 공고를 한 날부터 3년이 경과한 미분배 보상금 관련 저작물, 그 밖에 저작재산권자나 그의 거소가 명확하지 않은 저작물에 해당하고 문화체육관광부장관이 그 저작물에 대하여 ① 저작권법 제55조에 따른 저작권등록부를 통한 해당 저작물의 저작재산권자나 그의 거소의 조회, ② 제52조 제 3 항에 따라 저작권위탁관리업자가 보고한 사항을 통한 해당 저작물의 저작재산권자나 그의 거소의 조회, ③ 권리자 찾기 정보시스템에 저작재산권자나 그의 거소 등 문화체육관광부령으로 정하는 사항을 공고한 날부터 3개월 이상이 지났을 것의 세 가지 항의 모든 노력을 한 경우에는 시행령 제18조 제 1 항 각 호의 상당한 노력의 모든 요건을 충족한 것으로 본다.

이러한 시행령의 신설규정에 따라 권리자가 불명인 저작물 등의 법정허락 절차가 간소화됨으로써 법정허락 제도 이용의 편의성이 증진되고 권리자가 불명인 저작물 등의 이용이 활성화될 것으로 기대되고 있다.

2. 공표된 저작물의 방송

공표된 저작물을 공익상 필요에 의하여 방송하고자 하는 방송사업자가 그 저작재산권

500) 저작권법시행령 제73조 제 2 항은, 문화체육관광부장관은 권리자가 불명인 저작물 등의 이용 활성화를 위한 사업을 효율적으로 수행하기 위하여 권리자가 불명인 저작물 등의 권리자 찾기 정보시스템을 구축·운영할 수 있다고 규정하고 있다.

자와 협의하였으나 협의가 성립되지 아니하는 경우에는 대통령령이 정하는 바에 의하여 문화체육관광부장관의 승인을 얻은 후, 문화체육관광부장관이 정하는 기준에 의한 보상금을 당해 저작재산권자에게 지급하거나 공탁하고 이를 방송할 수 있다(저작권법 제51조). 이 규정을 적용함에 있어서 우리나라 저작권법은 방송사업자의 성격에 관하여 아무런 제한을 두고 있지 않으나 미국 저작권법은 비상업적 공공방송에 한정하고 있다.[501)]

본 조는 방송의 공익적 기능을 원활하게 수행할 수 있도록 저작재산권자의 권리행사를 제한하는 규정이다. 공익상 필요에 의하여 방송하고자 저작재산권자와 협의하였으나 협의가 성립되지 아니하는 경우에 적용된다. 협의가 중도에 결렬된 경우뿐만 아니라 협의를 하고자 하였으나 저작재산권자가 처음부터 협의에 응할 의사가 없어 아예 협의에 들어가지 못한 경우라도 본 조에 해당한다고 본다. 그러나 저작재산권자가 아예 불명인 경우에는 본 조에 의할 것이 아니라 저작권법 제50조의 규정에 따른 절차를 거쳐야 한다.

이 규정은 1986. 12. 31. 법률 제3916호로 전부 개정한 저작권법 제48조의 신설규정에서 유래된 것인데, 위 1986년으로부터 30년 가까운 세월이 흐른 지금까지 이 규정이 적용되어 저작물의 법정허락이 승인된 사례는 한 건도 없다고 한다. 그렇기 때문에 이 규정은 실질적으로는 '사문화'(死文化)된 것으로 보인다는 평가도 있다.[502)]

3. 상업용 음반의 제작

상업용 음반이 우리나라에서 처음으로 판매되어 3년이 경과한 경우, 그 음반에 녹음된 저작물을 녹음하여 다른 상업용 음반을 제작하고자 하는 자가 그 저작재산권자와 협의하였으나 협의가 성립되지 아니하는 때에는, 대통령령이 정하는 바에 의하여 문화체육관광부장관의 승인을 얻은 후, 문화체육관광부장관이 정하는 기준에 의한 보상금을 당해 저작재산권자에 지급하거나 공탁하고 다른 상업용 음반을 제작할 수 있다(저작권법 제52조). 이 규정은 음반제작자가 작곡가나 작사가와의 전속계약을 통하여 장기간에 걸쳐 녹음권을 독점하는 것을 방지하여 음악의 유통을 촉진하고 음악문화의 향상을 도모하기 위한 취지에서

501) 17 U.S.C § 118.

502) 수원지방법원 2013. 12. 10. 선고 2012가합8921 판결. 이 판결 이유에 보면, 이 사건 원고들은 이른바 PP(Program Provider)로서 방송프로그램을 제작, 구매하여 시청자에게 제공하는 방송사업자(방송채널사용사업자)들인데, 종합유선방송사업자(이른바 SO, Systeim Operator)에게 원고들이 제작, 구매한 프로그램을 피고들에게 공급하는 것을 거절한 것에 대하여 피고들이 저작권법 제51조에 의한 법정허락을 한국저작권위원회에 신청하였으나, 한국저작권위원회는 법정허락의 '포괄승인'에 관하여는 하위 시행령이 마련되어 있지 않다는 이유로 그 신청에 대한 구체적이며 실질적인 심사 및 행정작용에 나아가지 않고 2013. 8. 16. '반려통보'로 종결하였다고 한다.

두게 된 것이다.

상업용 음반의 개념은 앞의 제29조 제2항 부분에서 본 바와 같다. 여기서 음반은 음(音)이 유형물에 고정된 것(음을 디지털화 한 것을 포함한다)을 말하며, 다만 음(音)이 영상과 함께 고정된 것을 제외한다(저작권법 제 2 조 제 5 호). 따라서 음반에는 영화필름의 사운드 트랙이나 비디오테이프의 음성부분이 제외되며, 가사와 악곡은 음반에 포함되지만 오페라나 뮤지컬과 같은 '악극적 저작물'(dramatic musical works)은 본 조에 해당하지 않는다고 본다. 악극적 저작물은 음악저작물인 동시에 어문저작물의 성질을 가지고 있기 때문이다. 국제적인 관례도 악극적 저작물은 이른바 '대권리'(大權利, grand right)의 대상으로서 음악저작권관리단체에 의한 관리대상으로 되어 있으며, 법정허락의 대상에서 제외하고 있다.[503] 우리나라 판소리의 경우에는 의문이 있다. 판소리의 경우에는 거기에 어문저작물이 내재되어 있다고 하더라도 이미 그 보호기간이 경과한 경우가 대부분일 것이므로 본 조의 음반에 해당하는 것으로 보아도 좋을 것으로 생각된다. 다만, 전승되는 설화 등 고전 어문저작물을 현대적으로 재해석하거나 풍자한 마당극과 같은 것은 새로운 어문저작물이 내재된 것으로 보아야 할 것이므로, 이 경우에는 본 조의 음반에 해당하지 않는 것으로 볼 것이다. 그리고 악극적 저작물이라 하더라도 아리아, 간주곡, 서곡 등과 같이 그 일부분만을 분리해 놓음으로써 어문저작물로서의 성격을 상실한 경우에는 음악저작물로서 본 조의 법정허락의 대상이 될 수 있다. 본 조의 음반에는 디스크·테이프·CD·쥬크박스 등이 포함된다.

우리나라에서 처음으로 판매된 상업용 음반으로부터의 녹음만이 본 조에 해당하므로, 외국에서 처음으로 판매된 판매용 음반의 원판에 의한 국내 리프레스 음반은 이에 포함되지 않는다. 그러나 외국음반과 같은 가사·작곡이라 하더라도 국내에서 새로운 가수나 밴드에 의하여 새롭게 제작된 음반이면 본 조에 포함된다.[504]

4. 실연·음반 및 방송이용의 법정허락

2000년 개정된 저작권법은 제72조의2 규정을 신설하여 법정허락에 관한 규정은 실연·음반 및 방송의 이용에 관하여 이를 준용한다는 규정을 두었다. 즉, 종래의 저작물뿐만 아니라 실연·음반 및 방송 등의 저작인접물 역시 법정허락의 대상으로 된 것이다. 이 규정은 2011년 개정된 현행법에도 그대로 유지되어, 제89조(실연·음반 및 방송의 법정허락)에서 "제50조 내지 제52조의 규정은 실연·음반 및 방송의 이용에 관하여 준용한다"고 규정하고 있다.

503) 加戶守行, 전게서, 398면.
504) 하용득, 전게서, 243-244면; 加戶守行, 전게서, 399면.

Ⅲ. 법정허락의 효과

저작권법 제25조나 제31조 제 5 항과 같은 강학상 법정허락은 저작권의 성격을 배타적 권리에서 보상금청구권으로 사실상 변화시키는 효력을 갖는다. 그러나 저작권법 제50조 내지 제52조의 법정허락, 즉 강학상 강제허락은 단지 권리의 행사방법에 일부 제약을 가할 뿐 배타적 권리 자체의 성격을 변화시키는 것은 아니다. 따라서 저작권법 제50조 내지 제52조에서 정한 절차에 따라 저작물을 이용하고자 한국저작권위원회에 저작물 이용신청서를 제출하여 승인을 받았으나, 그 보상금을 지급하거나 공탁하지 않고 이용하는 경우에, 저작물 이용에 대한 대가로 지급하여야 하는 보상금의 지급은 같은 조에서 정한 강제허락의 요건이므로 이를 이행하지 않고 저작물을 이용하였다면 저작권침해가 된다. 따라서 이 경우 저작재산권자는 뒤늦게라도 배타적 권리인 저작권에 기초하여 침해의 정지청구를 하거나 침해행위로 인한 손해배상 등의 청구를 할 수 있다.

이에 반하여 강학상 법정허락의 경우, 예를 들어 공표된 저작물을 교과용 도서에 게재하거나 수업목적을 위해 공표된 저작물을 복제, 공연, 방송 또는 전송하는 등으로 이용하는 경우(저작권법 제25조)에는 설사 같은 조 제 4 항에서 정한 보상금을 지급하지 않고 이용하였다 하더라도 저작권침해가 되는 것은 아니고, 다만 저작재산권자가 보상금청구권 등 채권적 권리만 행사할 수 있을 뿐이다. 따라서 이 경우에 저작재산권자는 저작권침해에 대한 정지청구나 손해배상 등의 청구를 할 수는 없다.

제 5 절 저작재산권의 보호기간

Ⅰ. 서 설

1. 보호기간의 의의

저작권법은 제 3 관에서 제39조부터 제44조까지 저작재산권의 보호기간에 관한 규정을 두고 있다. 저작물은 저작자의 창작적 노력의 소산이지만 저작자는 저작물을 창작함에 있어서 많든 적든 선인들이 쌓아 놓은 문화적 유산을 바탕으로 하게 된다. 기존의 문화유산을 기초로 하지 아니한 저작물은 없다고 하여도 과언이 아닐 것이다. 이처럼 저작자는 선인의 문화유산을 바탕으로 창작을 하고, 그가 창작한 저작물은 그것이 공표됨에 따라 다시 후세의 사람에 의하여 이용되게 되며, 그로 인하여 더 많은 새로운 저작물의 창작을 유인하는 결과를 가져온다. 이런 의미에서 모든 저작물은 인류공통의 문화유산이라고 말할 수 있을 것이다. 이와 같은 성격을 가지고 있는 저작물에 대한 재산적 권리를 저작자 또는 권리승계인이 아무런 시간적 제한이 없이 영원토록 행사할 수 있도록 한다는 것은 타당하지 않다. 여기서 저작권법은 저작재산권에 일정한 시간적 제한, 즉 존속기간을 두어 그 기간이 경과하면 당해 저작물은 '공중의 영역'(public domain)에 들어가서 누구라도 자유로이 이용할 수 있도록 하고 있다. 이것이 저작재산권의 보호기간 제도이다.[505]

보호기간을 길게 할 것인가 아니면 짧게 할 것인가는 각국의 입법정책의 문제이나, 우리나라를 비롯한 세계 여러 나라가 가입한 베른협약 등 국제조약은 동맹국에게 저작권의 보호기간을 일정기간 이상으로 정할 것을 요구하고 있다.

2. 보호기간의 국제적 경향

오늘날 저작재산권의 보호기간은 저작자 생존하는 동안 및 사후 50년 또는 70년까지로 정하는 것이 일반적이다. 저작권의 보호기간을 저작자의 생존 및 사후 몇 년 하는 식으로 정하는 것은 저작자나 그의 가족이 모두 저작재산권으로부터 이익을 받아야 한다는 취지이다.

역사적으로 볼 때 1709년 영국 앤 여왕법은 저작물 출간 후 14년 동안만 저작권을 보호했으며, 이는 특허권의 보호기간과 동일한 것이었다. 다만 저작자가 출간 후 14년 경과 후에도 생존하고 있으면 다시 14년간을 연장할 수 있도록 되어 있었다. 그 후 저작재산권의 보호기간은 서서히 그리고 점차 많은 나라에서 연장되어갔다. 최초의 출간 후 28년 동안 저작권을 보호하고 다시 28년간 연장할 수 있다고 규정했던 미국 저작권법은 1976년 개정을 계기로 저작자 사후 50년으로 보호기간을 연장하였다.[506][507] 그런데 미국은 1998년 이른바 '소니보노 저작권 보호기간 연장법'(Sonny Bono Copyright Term Extension Act)을 제정하여 저작권의 보호기간을 저작자 사후 50년에서 사후 70년으로 연장하였다. 그리고 무명저작물과 이명저작물, 업무상저작물에 관하여는 이러한 저작물이 최초로 발행된 해로부터 75년간 또는 그 창작된 해로부터 100년간 중에서 먼저 종료되는 기간 동안 저작권이 존속한다고 규정되었던 것을, 최초로 발행된 해로부터 95년간 또는 그 창작된 해로부터 120년간

505) 內田 晉, 전게서, 265면.
506) 17 U.S.C. § 302(a).
507) 송영식 외 1인, 전게서, 193면.

중에서 먼저 종료되는 기간 동안 존속하는 것으로 연장하였다.

이러한 미국의 입법에 대하여는 EU의 저작권 보호기간과 균형을 맞추기 위한 것이라는 명목에도 불구하고, '일정기간' 저작물을 보호하는 미국 연방헌법 제 1 조 제 8 항 제 8 호 규정에 위반되고, 특히 기존 저작물에 이를 적용하는 것은 소급하여 기간을 연장하는 것이 되어 공중으로부터 개인에게 재산을 이전하는 결과가 될 뿐 아니라, 수정헌법 제 1 조에도 위반되어 위헌이라는 주장이 있었다. 그러나 이에 대해 미국 연방대법원은 2003년 1월 15일 7 대 2의 다수결로 합헌이라고 판결하였다.[508)]

저작권에 관한 국제적 조약인 세계저작권협약(UCC)과 베른협약도 저작재산권 보호기간을 정하고 있다. 세계저작권협약은, "저작재산권의 보호기간은 저작자의 생존기간 및 사후 25년 이상이어야 하며, 보호기간을 최초 발행일로부터 기산하는 방식을 취할 경우에는 그 발행일로부터 25년 이상 보호하여야 한다"라고 규정하고 있다(동 협약 제 4 조 제 2 항 a). 이에 반하여 베른협약은 제 7 조 제 1 항에서, "이 협약이 부여하는 보호기간은 저작자의 생존기간과 그의 사망 후 50년"이라고 규정하여 세계의 일반적인 추세와 보조를 같이 하고 있다. 특히 베른협약은 제 7 조 제 2 항 내지 제 8 항과 제 7 조의2에서 영화저작물, 무명이나 이명저작물, 사진저작물과 응용미술저작물, 공동저작물 등의 저작재산권 보호기간에 관한 상세한 규정을 두고 있다.

일반적인 보호기간만을 놓고 본다면 베른협약은 대략 저작자 및 그를 포함한 3세대의 후손에 걸친 보호를 겨냥했고, 세계저작권협약은 2세대에 걸친 보호를 겨냥했다고 볼 수 있을 것이다.

3. 우리나라

우리나라는 최초 1957년 법에서 저작자의 생존하는 동안과 사망 후 30년 보호를 원칙으로 하고 있었다가, 1986년 개정 저작권법에서는 저작자의 생존하는 동안과 사망 후 50년간 저작재산권이 존속하는 것으로 규정하였다. 그러다가 한·EU 자유무역협정 비준동의안이 유럽의회와 우리 국회를 각각 통과함에 따라 2011. 6. 30. 개정된 저작권법 개정법률(현행 법률)에 의하여 그 기간을 사후 50년에서 다시 70년으로 연장하였다. 다만, 저작권 보호기간의 연장은 사회에 미치는 영향이 크므로 이를 최소화하기 위하여 보호기간 연장에 관한 규정은 개정 법률의 발효일인 2011. 7. 1. 후 2년이 되는 날부터 시행하는 것으로 하였다(부칙 제 1 조 단서). 저작권법은 특별한 경우로서, 무명 또는 이명저작물, 업무상저작물, 영

---

508) 박성호, "저작권의 보호기간", 한·미 FTA 저작권 분야 공청회 자료, 2006, 54면.

상저작물, 계속적 간행물 등의 보호기간을 따로 정하고 있으며, 그 밖에 출판권, 저작인접권, 영상저작물의 보호기간에 관하여도 정하고 있는데 이에 관하여는 관련되는 부분에서 각각 살펴보기로 한다.

Ⅱ. 보호기간의 원칙

1. 일반원칙

저작재산권은 저작권법에 다른 특별한 규정이 있는 경우를 제외하고는 저작자가 생존하는 동안과 사망한 후 70년간 존속한다(저작권법 제39조 제 1 항). 우리나라 최초의 저작권법인 1957년 저작권법에서는 원칙적 보호기간을 저작자의 생존하는 동안과 사망 후 30년으로 규정하고 있었다. 그러다가 1987년 개정 저작권법에서부터 베른협약 및 세계 여러 나라의 일반적인 추세를 반영하여 생존하는 동안과 사망 후 50년으로 저작재산권의 보호기간을 20년 연장하였고, 2011년 개정법에 의하여 다시 사망 후 70년으로 보호기간이 연장된 것이다.

1987년 개정 저작권법에 의하여 1957년 저작권법 당시의 모든 저작물에 대하여도 저작재산권의 보호기간이 사후 50년으로 연장된 것은 아니고, 당시 부칙 제 2 조의 규정에 따라 1987년 저작권법 시행일 즉 1987년 7월 1일 이전에 저작권의 전부 또는 일부가 소멸한 저작물이나 보호를 받지 못한 저작물에 대하여는 그 부분에 대하여 1987년 법이 적용되지 않으므로 보호기간 연장의 혜택이 없다. 즉, 1987년 법 시행일에 저작권의 일부 또는 전부가 잔존한 저작물과 1987년 법 시행 후에 창작된 저작물에 한하여 보호기간이 사망 후 50년간으로 연장된 것이다.

또한 1957년 저작권법상 저작물로서 다른 저작물과 마찬가지로 사후 30년간 보호되었던 연주·가창·연출·음반·녹음필름 등은 1987년 법에서 저작인접권제도를 신설함에 따라 저작인접권으로 보호를 받게 되었다. 1987년 법은 저작인접권을 20년간 보호하는 것으로 규정하였으므로 1987년 법 시행 후에 공표된 위와 같은 저작인접물은 보호기간이 20년으로 되었다. 다만 저작권법 부칙 제 2 조 제 2 항 제 1 호에 의하여, 1987년 법 시행일(1987. 7. 1.) 이전에 1957년 법의 규정에 의하여 공표된 위와 같은 저작물의 보호기간은 종전 규정에 따라 사망 후 30년간 보호를 받는다. 그 후 1994년 저작권법을 다시 개정하면서 저작인접권의 보호기간이 저작물과 같은 50년으로 연장되었다. 다만 이 연장조치 역시 부칙 제 3

항에 의하여 1994년 법 시행일인 1994. 7. 1. 이후에 발생된 저작인접권에만 적용된다.

한편, 현행 저작권법(2011. 7. 1. 시행)은 저작재산권의 보호기간을 저작자가 생존하는 동안과 사망한 후 70년간 존속하는 것으로 연장하였고, 아울러 저작물의 공표를 기준으로 하는 무명·이명저작물, 업무상저작물, 영상저작물의 보호기간도 공표된 때로부터 70년간 존속하는 것으로 개정하였다. 다만, 특정 저작물에 대한 보호기간의 만료를 기대하고 출판, 영화 등 관련 사업을 준비하고 있던 업체들이 예기치 못한 피해를 입지 않도록 보호기간에 관한 규정들(저작권법 제39조부터 제42조까지의 개정규정)에 대하여는 개정 법률 발효일로부터 2년간 시행 유예기간을 두었다(부칙 제1조). 또한 개정 전 저작권법 제42조에서는 영상저작물 및 프로그램의 저작재산권은 공표한 때부터 50년간 존속한다고 규정되어 있어서 프로그램의 보호기간에 대하여는 일반저작물과는 달리 공표시점을 기준으로 하고 있었다. 그러나 개정법은 위 규정 중에서 '프로그램' 부분을 삭제함으로써 프로그램의 경우도 국제기준에 맞추어 원칙적으로 일반저작물과 동일하게 저작자가 생존하는 동안과 사망한 후 70년간 존속하는 것으로 변경하였다. 물론 그 프로그램이 업무상저작물인 경우에는 공표된 때로부터 70년간 존속하게 된다.

저작권법 제39조는 저작재산권의 종기(終期)만을 규정하고 있다. 저작재산권의 시기(始期), 즉 기산점에 관하여는 저작권법 제10조 제2항이 규정하고 있는데, "저작권은 저작물을 창작한 때부터 발생하며 어떠한 절차나 형식의 이행을 필요로 하지 아니 한다"라고 규정하고 있다. 여기서 '창작한 때'라 함은 저작자가 그의 사상 또는 감정을 표현수단을 통하여 외부로 구체화한 시점을 말한다.[509] 저작권의 발생에 어떠한 절차나 형식의 이행을 필요로 하지 않는다는 것은 무방식주의(無方式主義)를 채택함을 말하는 것으로 그 의미에 대하여는 앞서 저작권 일반론 부분에서 살펴본 바 있다.

개정 전 저작권법 제39조 제1항 단서에서는, 저작자의 사망 후 40년이 경과하고 50년이 되기 전에 공표된 저작물(이른바 '장기 미공표 저작물')의 저작재산권은 공표된 때로부터 10년간 존속한다는 규정을 두고 있었다. 즉, 저작자의 사후 40년이 경과하도록 공표되지 않았던 저작물이 저작자의 사후 50년이 되기 전에 공표되었다면 그 저작재산권은 공표된 시점으로부터 10년간 존속하도록 하고 있었다. 이는 저작자의 사후 40년이 경과하고 50년이 되기 전에 공표한 저작물에 대하여 앞서의 일반원칙을 따르게 되면 저작자의 사후 50년까지인 10년 미만의 잔존기간만 보호를 받게 되어 저작자 내지 저작재산권자가 저작물에 대한 보상을 받을 수 있는 기간이 너무 짧아 가혹하게 된다는 점을 고려하여, 단서 규정을 통하여 그러한 저작물에 대하여 최소한 10년의 보호기간을 보장해 주고자 하였던 것

---

509) 하용득, 전게서, 218면.

이다. 그러나 2011년 저작권법 개정으로 저작재산권의 보호기간이 사망한 후 70년간으로 연장된 만큼 위 장기 미공표 저작물에 대한 단서 규정은 사실상 의미가 없어졌으므로 개정법에서는 이 단서 규정을 삭제하였다.

2. 공동저작물

공동저작물의 저작재산권은 맨 마지막으로 사망한 저작자가 사망한 후 70년간 존속한다(저작권법 제39조 제 2 항). 예컨대 甲과 乙 두 사람이 공동으로 작성한 저작물에 있어서 甲은 1990년에 사망하고 乙은 2000년에 사망하였다면 그 저작물의 저작재산권은 2001. 1. 1.부터 70년 후인 2070. 12. 31.까지 존속하고, 따라서 甲과 乙의 유족은 다같이 그 때까지 저작재산권을 주장할 수 있다.[510)]

3. 외국인 저작물의 보호기간

외국인의 저작물이 국내에서 보호될 때에는 내국민대우의 원칙에 따라 국내 저작물과 동일하게 보호되며, 보호기간 역시 동일하다. 다만 다음과 같은 두 가지 점에 유의할 필요가 있다.

첫째, 저작물의 본국에서 보호기간이 만료된 경우에는 비록 우리 저작권법에서 정한 보호기간이 만료되지 않았더라도 우리나라에서의 보호는 종료된다. 이는 베른협약의 보호기간의 비교 원칙에 따른 것이다. 베른협약은 보호기간은 보호가 주장되는 국가의 입법의 지배를 받으며, 그 국가의 입법으로 다르게 규정하지 않는 한, 그 기간은 저작물의 본국에서 정한 기간을 초과할 수 없다고 규정하고 있다. 둘째, 저작물의 보호기간은 우리나라 저작권법에 의하여 정해진다. 예를 들어, 1928년에 처음 공표된 월트 디즈니의 미키마우스의 경우에 이 저작물이 우리 저작권법상 업무상저작물이라면 미국 저작권법에 의할 경우 공표한 때로부터 95년간 보호되나,[511)] 우리나라에서의 보호기간은 공표한 때로부터 70년이 경과하면 만료된다.[512)]

1987년 저작권법에서는 우리나라가 가입 또는 체결한 조약에 따라 외국인의 저작물을 보호하되(동법 제 3 조 제 1 항 본문), 그 조약이 우리나라에 시행(세계저작권협약의 경우 1987. 10.

---

510) 상게서, 163면.

511) 미국 저작권법 제302조(c). 무명저작물, 이명저작물, 업무상저작물의 경우에 저작권은 그 저작물이 최초로 발행된 해로부터 95년 또는 창작된 해로부터 120년 중에서 먼저 종료되는 기간 동안 존속한다.

512) 임원선, 전게서, 184면 참조.

1.)되기 전에 발행된 외국인의 저작물은 소급해서 보호하지 않았다(같은 조 단서). 이는 당시 우리나라가 가입하고 있던 세계저작권협약(UCC)상 불소급원칙을 원용한 결과이다. 그러나 1995. 12. 6. 개정되어 1996. 7. 1. 시행된 저작권법(이하 '1996년 법')은 TRIPs협정의 체결에 따라 외국인 저작물의 소급보호를 원칙으로 하는 베른협약을 수용하게 되었다. 이에 따라 1987년 저작권법 제3조 제1항 단서를 삭제하였고, 부칙 제1조에서 그 효력은 1996. 7. 1.부터 적용되는 것으로 규정하였다. 그 결과 그 전까지는 자유이용이 가능했던 외국인의 저작물도 1996. 7. 1.부터는 새로이 소급보호 되게 되었다(이와 같이 소급보호 되는 저작물을 저작권법은 '회복저작물'이라는 용어로 부르고 있다).

대법원 2020. 12. 10. 선고 2020도6425 판결('소설 대망' 사건)은, "1995. 12. 6. 법률 제5015호로 개정된 저작권법은 국제적인 기준에 따라 외국인의 저작권을 소급적으로 보호하면서, 부칙 제4조를 통하여 위 법 시행 전의 적법한 이용행위로 제작된 복제물이나 2차적저작물 등을 법 시행 이후에도 일정기간 이용할 수 있게 함으로써 1995년 개정 저작권법으로 소급적으로 저작권법의 보호를 받게 된 외국인의 저작물('회복저작물')을 1995년 개정 저작권법 시행 전에 적법하게 이용하여 온 자의 신뢰를 보호하는 한편 그동안 들인 노력과 비용을 회수할 수 있는 기회도 부여하였다. 특히 2차적저작물의 작성자는 단순한 복제와 달리 상당한 투자를 하는 경우가 많으므로, 부칙 제4조 제3항을 통해 회복저작물의 2차적저작물 작성자의 이용행위를 기간의 제한 없이 허용하면서, 저작권의 배타적 허락권의 성격을 보상청구권으로 완화함으로써 회복저작물의 원저작자와 2차적저작물 작성자 사이의 이해관계를 합리적으로 조정하고자 하였다. 위 부칙 제4조 제3항은 회복저작물을 원저작물로 하는 2차적저작물로서 1995. 1. 1. 전에 작성된 것을 계속 이용하는 행위에 대한 규정으로 새로운 저작물을 창작하는 것을 허용하는 규정으로 보기 어렵고, 위 부칙 제4조 제3항이 허용하는 2차적저작물의 이용행위를 지나치게 넓게 인정하게 되면 회복저작물의 저작자 보호가 형해화되거나 회복저작물 저작자의 2차적저작물 작성권을 침해할 수 있다. 따라서 회복저작물을 원저작물로 하는 2차적저작물과 이를 이용한 저작물이 실질적으로 유사하더라도, 위 2차적저작물을 수정 · 변경하면서 부가한 새로운 창작성이 양적 · 질적으로 상당하여 사회통념상 새로운 저작물로 볼 정도에 이르렀다면, 위 부칙 제4조 제3항이 규정하는 2차적저작물의 이용행위에는 포함되지 않는다고 보아야 한다."고 판시하였다.

Ⅲ. 공표시를 기준으로 하는 저작물

1. 무명(無名) 또는 이명(異名) 저작물

가. 원 칙

무명 또는 널리 알려지지 아니한 이명이 표시된 저작물의 저작재산권은 공표된 때부터 70년간 존속한다. 다만, 이 기간 내에 저작자가 사망한지 70년이 지났다고 인정할 만한 정당한 사유가 발생한 경우에는 그 저작재산권은 저작자가 사망한 후 70년이 지났다고 인정되는 때에 소멸한 것으로 본다(저작권법 제40조 제 1 항). 무명 또는 널리 알려지지 아니한 이명으로 표시된 저작물은 저작자의 사망 시점을 객관적으로 확정하기 어려워 저작권법 제39조 제 1 항이 규정하고 있는 보호기간의 일반원칙을 적용하는 것이 부적절하다. 따라서 사망시점이 확인되는 경우를 제외하고는 객관적 확정이 용이한 저작물의 공표시점을 기준으로 하여 그로부터 70년간 저작재산권이 존속하는 것으로 정한 것이다. 본 항의 단서 규정은 일본 저작권법 제52조 제 1 항 단서를 본받아 1995년 12월 6일 저작권법을 개정하면서 새로 추가한 규정이다.

앞에서도 언급하였지만 현행 저작권법에서 보호기간과 관련하여 주목하여야 할 점은 프로그램저작물의 저작재산권 보호기간의 원칙이 공표시 기산주의에서 사망시 기산주의로 변경되었다는 점이다.

나. 예 외

무명 또는 이명저작물이라 하더라도 (1) 공표 후 70년의 기간 이내에 저작자의 실명 또는 널리 알려진 이명이 밝혀진 경우, (2) 공표 후 70년의 기간 내에 저작권법 제53조 제 1 항의 규정에 따른 저작자의 실명등록(實名登錄)이 있는 경우에는 제40조 제 1 항의 규정은 적용되지 아니하고, 이때에는 원칙으로 돌아가 실명 또는 널리 알려진 이명이 밝혀진 저작자의 사후 70년간 저작재산권이 존속하게 된다(제40조 제 2 항). 본 항은 무명 또는 이명저작물이라 하더라도 그 보호기간 중에 저작자가 확인이 되고, 따라서 그 사망시점을 확정할 수 있게 된 경우에는 보호기간의 원칙으로 돌아가야 한다는 것을 의미한다.

공표 후 70년이 지나기 전에 실명이 확인되거나 실명등록이 있어야 하며, 이 기간이 지난 후에 실명이 확인되거나 실명등록이 있었다 하더라도 제40조 제 1 항의 규정에 따라 보호기간의 만료로 이미 소멸된 저작재산권이 부활하는 것은 아니다.

2. 업무상저작물

업무상저작물의 저작재산권은 공표한 때로부터 70년간 존속한다. 다만, 창작한 때부터 50년 이내에 공표되지 아니한 경우에는 창작한 때부터 70년간 존속한다(저작권법 제41조). 법인이나 단체 등의 경우에는 자연인의 사망에 해당하는 해산(解散) 또는 소멸의 시점을 보호기간의 기산점으로 할 수도 있지만, 그렇게 할 경우 단체가 영원히 해산 또는 소멸하지 않고 존속한다면 자연인이 저작권자인 저작물보다 보호기간이 훨씬 길어지게 되어 불합리하므로 위와 같은 규정을 두게 된 것이다. 그리고 본 조 단서규정을 두게 된 것은, 예컨대 단체 등이 저작물을 공표하지 아니한 상태로 보관만하고 있는 경우에 그 저작재산권이 언제까지나 살아있다고 하는 것은 불합리하기 때문이다. 1987년 개정 저작권법에서는 "창작한 때로부터 10년 이내에 공표되지 아니한 경우"라고 규정하고 있었는데, 1995년 12월 6일 법을 다시 개정하면서 위와 같이 미공표로 있을 수 있는 기간을 50년으로 연장하였다.

3. 영상저작물

영상저작물의 저작재산권은 저작권법 제39조와 제40조의 규정에 불구하고 공표한 때부터 70년간 존속한다. 다만, 창작한 때부터 50년 이내에 공표되지 아니한 경우에는 창작한 때부터 70년간 존속한다(저작권법 제42조). 따라서 영상저작물은 업무상저작물과 보호기간이 동일하다. 영상저작물의 제작은 원작자·시나리오 작가·감독·배우·촬영기사·필름현상가·음악가 등 많은 사람들의 공동작업에 의하여 이루어지는 이른바 종합예술이므로 저작자를 특정하기가 어렵다. 또한 저작권법은 영상저작물에 대하여는 그 원활한 이용을 고려하여 특례규정을 둠으로써 저작재산권을 영상제작자에게 귀속시키고 있다. 이런 점을 고려하여 보호기간의 면에 있어서도 업무상저작물과 같이 특례를 적용하는 것이다. 그러나 이 규정은 영상저작물 자체에 한정되는 것이며 그 바탕이 된 소설·각본·미술저작물·음악저작물 등은 별도로 저작권법의 일반규정(원칙적으로 저작자의 사망 후 70년까지)에 따라 보호기간이 결정된다.[513)]

---

513) 하용득, 전게서, 221면.

4. 계속적 간행물 등의 공표시기

가. 의 의

위에서 본 바와 같이 저작권법은 여러 가지 이유로 해서 저작자 사망 후 70년이라는 원칙 대신 공표시를 기준으로 하여 보호기간을 산정하는 몇 가지 특례를 두고 있다. 무명 또는 널리 알려지지 아니한 이명이 표시된 저작물(저작권법 제40조 제 1 항), 업무상저작물(제41조), 영상저작물(제42조) 등이 그것이다.[514)]

한편 저작물은 계속성의 유무에 따라서 일회적(一回的) 저작물과 계속적(繼續的) 저작물로 나눌 수 있는데, 일회적 저작물은 단행본이라든가 회화(繪畵), 조각 등과 같이 1회의 발행이나 공표에 의하여 창작이 종료되는 저작물을 말하고, 계속적 저작물은 신문이나 잡지 등과 같이 계속적으로 발행 또는 공표되는 저작물을 말한다.[515)] 여기서 위의 보호기간의 특례가 적용되는 저작물이 계속적 저작물인 경우에는 그 공표시기를 명확히 할 필요가 생긴다. 이러한 필요에 따라 저작권법은 제43조에서 위 특례규정이 적용되는 계속적 저작물의 공표시기를 정하는 규정을 두고 있다. 계속적 저작물에는 다음에서 보는 바와 같이 축차저작물(逐次著作物)과 순차저작물(順次著作物)이 있고, 저작권법은 이들의 공표시점을 각각 달리 규정하고 있다.

나. 축차저작물

축차저작물이라 함은 책(冊)·호(號) 또는 회(回) 등으로 공표하는 저작물을 말한다. 이와 같은 저작물의 공표시기는 매책(每冊)·매호(每號) 또는 매회(每回) 등의 공표시로 한다(저작권법 제43조 제 1 항 전단). 일간·주간·월간·계간 등의 신문이나 잡지 등 간행물을 비롯하여 각종 연감(年鑑) 등과 같이 종기를 예정하지 않고 속간되는 저작물, 매회의 줄거리가 독립된 TV 연속드라마 등이 이에 해당한다. 이와 같은 저작물에 대하여는 매책·매호 또는 매회 등의 공표시, 즉 각각으로 공표된 때가 공표시로 된다. 따라서 잡지라면 2007년 8월호는 그 8월호가 공표된 때를 공표시로 하게 된다.

다. 순차저작물

순차저작물이라 함은 일부분씩 순차로 공표하여 최종회로써 완성되는 저작물을 말한

514) 계속적 간행물 등의 공표시기를 정하고 있는 저작권법 제39조 제 1 항은 영상저작물을 명시하고 있지는 않지만, 영상저작물도 연속극이나 연재만화영화 등과 같이 계속적으로 공표되는 것이라면 당연히 제39조 제 1 항의 규정에 따라 공표시기를 정하여야 하는 것으로 해석된다.(同旨, 하용득, 전게서, 221면).

515) 半田正夫, 전게서, 90면.

다. 이와 같은 저작물의 경우에는 최종부분의 공표시를 공표시로 한다(저작권법 제43조 제1항 후단). 신문의 연재소설, 스토리가 계속 연결되어 마지막 회로써 완결되는 TV 연속극 등이 이에 해당한다. 이러한 저작물은 최종부분의 공표시, 즉 작품을 완결한 시점이 공표시로 되며, 전부의 공표가 되기 전에는 보호기간이 진행하지 아니한다.

그러나 순차저작물의 계속되어야 할 부분이 최근의 공표시기로부터 3년이 경과되어도 공표되지 아니하는 경우에는 이미 공표된 맨 뒤의 부분을 위 규정에 의한 최종부분으로 본다(같은 조 제2항). 예를 들어 영상저작물인 TV연속극이 5회까지만 방영을 하고 아직 마지막 회가 방영되지 아니하였음에도 그 후 3년이 경과되도록 제6회가 방영되지 않고 있다면 위 5회가 방영된 시점을 전체 연속극의 공표시점으로 보게 된다는 의미이다.

이처럼 순차저작물에 있어서는 그 순차저작물 전체를 하나의 독립된 저작물로 보아 최종적인 완성시점을 공표시점으로 본다. 그러나 이러한 취급이 저작인격권인 공표권에 영향을 미치는 것은 아니다. 따라서 위의 예에 있어서 제5회까지 이미 공표되었다고 해서 나머지 부분에 대한 공표권이 소멸된다거나, 반대로 이미 공표된 제5회까지의 방송분에 대한 공표권이 아직 남아 있다고 볼 것은 아니다.

Ⅳ. 보호기간의 기산

저작권법은, "저작재산권의 보호기간을 계산하는 경우에는 저작자가 사망하거나 저작물을 창작 또는 공표한 다음 해부터 기산한다"라고 규정하고 있다(법 제44조).

저작권법이 정하고 있는 보호기간의 기산점에는 사망시점, 창작시점, 공표시점의 세 가지가 있다. 이때 보호기간의 계산을 엄밀하게 하기 위해서는 사망일, 창작일, 공표일인 특정 날짜로부터 기산하는 것이 가장 정확할 것이지만, 그렇게 되면 저작자나 저작물마다 보호기간의 종기(終期)가 달라지고 계산도 번잡하다. 또한 사망의 경우는 물론이고 창작 또는 공표의 시점을 기준으로 하는 경우에 긴 세월이 흐른 후에는 그 날짜가 불분명해져서 보호기간의 계산에 혼란이 올 우려가 있다. 이에 저작권법은 보호기간의 계산을 명확하고 획일적으로 하기 위하여, 보호기간의 계산은 저작자의 사망, 저작물의 창작 또는 공표한 해의 다음 해부터 기산하는 것으로 정하고 있다. 따라서 예컨대 저작자가 2000년 중 어느 날인가에 사망하였다면 그 날이 어느 날이든 그 다음 해 1월 1일부터 기산하여 70년이 되는 2070년 12월 31일에 저작재산권이 소멸하게 된다. 창작시점이나 공표시점을 기준으로 하여야 하는 경우도 마찬가지이다.

V. 1957년 저작권법상 저작물의 보호기간

1. 서 설

1957년 저작권법상 저작재산권의 보호기간은 원칙적으로 저작자의 생존기간과 사망 후 30년으로 되어 있었으나, 1986년에 개정되어 1987년 7월 1일 시행된 저작권법(이하 '1987년 저작권법'이라고 한다)에서는 생존기간과 사망 후 50년 동안 존속하는 것으로 하고 있다. 이에 따라 1987년 저작권법은 부칙에서 경과조치를 두고 있는데, 먼저 부칙 제 2 조 제 1 항은 보호기간과 관련한 1987년 법의 적용범위를 규정하고 있고, 부칙 제 3 조는 1987년 법의 적용으로 인하여 보호기간이 오히려 짧아지는 경우에는 1957년 법의 규정에 따른다는 규정을 두어 신법이든 구법이든 보호기간이 장기(長期)인 쪽이 적용된다는 점을 명백히 하였다.

2. 1987년 법의 적용범위

먼저 부칙 제 2 조 제 1 항은, "1987년 법 시행 전에 1957년 법의 규정에 의하여 저작권의 전부 또는 일부가 소멸하였거나 보호를 받지 못한 저작물에 대하여는 그 부분에 대하여는 1987년 법을 적용하지 아니한다"고 규정하고 있다. 1957년 법보다 1987년 법의 보호기간이 연장되었다고 하여 구법상 이미 저작재산권의 보호기간이 경과한 저작물의 저작재산권까지 부활한다면, 공중의 영역에 들어갔던 저작물에 대하여 다시 저작권자의 배타적 지배권을 인정하는 셈이 되어 법적안정성을 해치게 될 뿐만 아니라 법률효과 불소급의 원칙에도 반하므로 위와 같은 규정을 두게 된 것이다.

가. 저작재산권이 전부 소멸한 경우

부칙 제 2 조 제 1 항은 저작권의 전부 또는 일부가 소멸하였거나 보호를 받지 못한 저작물이라고 하고 있는데, 먼저 저작권의 전부가 소멸된 경우를 본다. 1957년 법상 보호기간은 원칙적으로 저작자의 사후 30년, 사후에 공표된 저작물과 무명, 이명저작물 또는 단체명의저작물에 있어서는 공표 후 30년, 사진저작물과 독창성이 없는 영상저작물은 최초발행(공연)일로부터 10년간 존속하는 것으로 규정하고 있었다. 따라서 1957년 법상 30년의 보호기간이 적용되는 저작물에 있어서는 1957. 1. 1. 이전에 저작자가 사망하였거나 그 저작물이 공표된 경우, 그리고 10년의 보호기간이 적용되는 저작물에 있어서는 1977. 1. 1. 이

전에 발행이 되었다면 그 저작물의 저작재산권은 1987년 법 시행일인 1987. 7. 1. 이전에 전부 소멸하는 것이 된다. 이와 같이 1987년 법 시행일 이전에 저작재산권이 전부 소멸한 저작물은 1987년 개정 저작권법의 발효에도 불구하고 그 소멸된 저작권이 다시 부활하지 않는다는 것이다.

예를 들어 1956. 5. 1.에 저작자가 사망하였다면 그 저작물의 보호기간은 그 다음해인 1957. 1. 1.부터 기산하여 30년이 경과하는 1986. 12. 31.에 만료되고 따라서 신법 시행일인 1987. 7. 1. 이전에 이미 저작재산권이 전부 소멸한 것으로 되므로 신법의 적용은 없고 보호기간의 연장도 없다. 그러나 저작자가 1957. 5. 1.에 사망하였다면 그 저작물의 보호기간은 다음해인 1958. 1. 1.부터 기산하여 30년이 경과되는 1987. 12. 31.에 만료되어야 할 것이나 이 경우에는 그 만료 전에 이미 신법이 발효되었으므로 신법이 적용되게 되고, 따라서 그 저작물의 저작재산권 보호기간은 저작자의 사망 후 50년으로 되어 결국은 2007. 12. 31.에 보호기간이 만료하는 것으로 된다. 즉 20년의 보호기간 연장의 효과가 나타나는 것이다.

나. 저작재산권의 일부가 소멸한 경우

1957년 법에 의하여 저작권이 일부 소멸하는 경우는 다음과 같은 것들이 있다. 먼저 1957년 저작권법 제34조는, "저작권자가 원저작물 발행일로부터 5년 내에 그 번역물을 발행하지 않을 때에는 그 번역권은 소멸한다."라고 규정하고 있었다. 따라서 1957년 법 시대에 작성된 저작물로서 발행일로부터 5년 내에 번역물이 발행되지 않아 번역권이 소멸된 저작물은 1987년 법이 시행된 이후에 저작재산권 중 복제권을 비롯한 다른 권리는 존속하더라도 이미 구법에 의하여 소멸한 번역권(신법에서는 2차적저작물작성권)은 부활하지 않는다.

두 번째는 아주 희귀한 예이지만 예컨대 1957년 법상의 출판권 등 저작권의 일부를 다른 사람에게 양도하였으나 그 양수인이 상속인 없이 사망한 때에는 1957년 저작권법 제45조에 의하여 양도된 권리, 즉 출판권만 소멸하므로 1987년 저작권법 아래에서는 나머지 다른 저작재산권만이 존속하고 구법에 의하여 소멸된 출판권(신법에서는 복제권)은 없는 것으로 된다.[516)]

다. 1957년 법상 보호를 받지 못하던 저작물

1957년 저작권법에 의하여 보호를 받지 못하던 저작물은 1987년 법에 의하여도 보호를 받지 못한다. 1957년 저작권법상의 음반과 녹음필름은 동법 제 2 조에서 저작물로 열거

516) 허희성, 전게서, 455면.

되어 있기는 하지만 같은 법 제64조 제 1 항 제 8 호에서 음반, 녹음필름을 공연 또는 방송에 제공하는 것은 저작권의 비침해행위라고 규정하고 있었으므로, 1957년 법 아래에서 음반과 녹음필름은 저작물이면서도 공연과 방송에 대하여는 사실상 보호를 받지 못하였다. 따라서 1987년 법 아래에서도 구 저작권법 시대에 제작된 음반과 녹음필름(녹음물)은 계속 공연이나 방송에 제공하여도 1987년 법 부칙 제 2 조 제 1 항의 규정에 의하여 보호를 받지 못한다. 그리고 음반과 녹음필름이 공연과 방송에서 보호를 받지 못하는 결과 그 음반과 녹음필름에 수록된 악곡과 가사의 저작권도 해당 음반과 녹음필름의 공연 및 방송과 관련하여서는 보호를 받지 못하는 것으로 해석된다.[517)]

3. 보호기간에 관한 경과조치

1987년 법 부칙 제 3 조는, "1987년 법 시행 전에 공표된 저작물로서 부칙 제 2 조 제 1 항에 해당되지 아니한 저작물의 보호기간은, (1) 구법의 규정에 의한 보호기간이 신법에 의한 보호기간보다 긴 때에는 구법의 규정에 의하고, (2) 구법의 규정에 의한 보호기간이 신법에 의한 보호기간보다 짧은 때에는 신법에 의한다"라고 규정하고 있다. 신법에 의할 경우 일반적으로 저작재산권의 보호기간이 연장되지만 예외적으로 그렇지 않은 경우도 있다. 본 조는 이와 같은 경우에는 보호기간이 장기인 구법에 의한다는 점을 밝힌 것이다.

본 조가 적용되는 것은 1957년 법(구법) 아래에서 '공표된' 저작물에 한한다. 1957년 법 아래에서는 저작권의 보호기간이 저작물의 공표시로부터 진행하므로(1957년 법 제30조) 미공표 저작물에 대하여는 보호기간이 진행하지 않아 영구히 보호되는 결과로 되었다. 따라서 미공표 저작물에 있어서는 보호기간의 장단(長短)도 있을 수 없었다. 그러나 1987년 법에서는 저작물의 공표여부와 관계없이 저작자의 사후 50년까지만 보호하는 것으로 하였으므로 구법 당시의 미공표 저작물이 신법 아래에서도 미공표인 상태로 존속한다면 저작자의 사후 50년이 경과함으로써 저작재산권이 소멸하게 된다.[518)]

1957년 법에 의한 보호기간이 1987년 법에 의한 보호기간보다 장기인 경우로는 저작자의 사후에 공표된 저작물을 들 수 있다. 1957년 저작권법에 의하면 저작자의 사후에 공표된 저작물은 공표시로부터 30년간 보호를 받는데(동법 제31조), 1987년 법에 의하면 저작자의 사후 공표여부를 불문하고 저작자의 사후 50년까지만 보호를 받고 저작자의 사후 40년이 경과하고 50년이 되기 전에 공표되었다면 공표시로부터 10년간 보호된다(1987년 법 제

517) 상게서, 456면.
518) 상게서, 462면.

36조 제 1 항). 그러므로 1957년 법 아래에서 저작자의 사후 30년이 경과한 후에 공표하였다면 결국 저작자의 사후 60년까지 보호를 받는 것이 되나, 1987년 법에 의하면 저작자의 사후 50년이 경과하면 보호를 받지 못한다. 따라서 이와 같은 경우에는 구법의 보호기간이 더 장기인 것에 해당되고 구법이 적용된다.[519)]

Ⅵ. 외국인 저작물의 보호기간

1. 서설 – 소급보호

1987년 저작권법에서는 우리나라가 가입 또는 체결한 조약에 따라 외국인의 저작물을 보호하되(동법 제 3 조 제 1 항 본문), 그 조약이 우리나라에 시행(세계저작권협약의 경우 1987. 10. 1.)되기 전에 발행된 외국인의 저작물은 소급해서 보호하지 않았다(같은 조 단서). 이는 당시 우리나라가 가입하고 있던 세계저작권협약(UCC)상 불소급원칙을 원용한 결과이다. 그러나 1995. 12. 6. 개정되어 1996. 7. 1. 시행된 저작권법(이하 '1996년 법')은 TRIPs협정의 체결에 따라 외국인 저작물의 소급보호를 원칙으로 하는 베른협약을 수용하게 되었다. 이에 따라 1987년 저작권법 제 3 조 제 1 항 단서를 삭제하였고, 부칙 제 1 조에서 그 효력은 1996. 7. 1.부터 적용되는 것으로 규정하였다. 그 결과 그 전까지는 자유이용이 가능했던 외국인의 저작물도 1996. 7. 1.부터는 새로이 소급보호 되게 되었다(이와 같이 소급보호 되는 저작물을 저작권법은 '회복저작물'이라는 용어로 부르고 있다).

2. 소급보호의 범위

1996년 법에 의하여 새로이 소급보호 되는 외국인의 저작물(회복저작물)은 우리나라 저작권법에 의한 대한민국인의 저작물과 동일한 기간만큼 보호된다. 따라서 A 국가에서 저작권의 보호기간이 저작자의 사후 75년으로 되어 있다고 하더라도 우리나라에서 위 규정에 따라 소급보호 되는 A국의 저작물(회복저작물)은 1996년 우리나라 저작권법에 따라 저작자의 사후 50년까지만 보호된다.

그리고 베른협약 제18조 제 1 항이, "이 협약은 협약의 효력발생 당시 본국에서 보호기간의 만료에 의하여 이미 공유가 되지 아니한 모든 저작물에 적용된다"고 규정하고 있으

519) 상게서, 463면.

므로 그러한 저작물 모두가 우리나라에서 회복저작물이 된다.

1996년 저작권법 부칙 제 3 조는, "저작권법 제 3 조 제 1 항 및 제61조의 규정에 의하여 새로이 보호되는 외국인의 저작물 및 음반으로서 이 법 시행 전에 공표된 것(회복저작물)의 저작권과 실연자 및 음반제작자의 권리는 당해 회복저작물 등이 대한민국에서 보호되었더라면 인정되었을 보호기간의 잔여기간 동안 존속한다"고 규정하고 있다. 이는 대한민국의 저작권법이 내국인에게 부여하는 보호기간, 즉 1987년 저작권법(법률 제3916호)의 시행일인 1987. 7. 1.부터 30년간 소급하여 1957. 1. 1. 이후에 사망한 외국인의 저작물에 한해서 보호된다는 의미이다.

예를 들면, 1957년 저작권법은 저작자 사후 30년의 보호기간을 원칙으로 하고 있으므로, 어느 저작물의 저작자 A가 한국인인데 그가 1956년 사망하였다면 그 저작재산권의 보호기간은 1957. 1. 1.부터 기산하여 30년이 되는 1986. 12. 31.까지로 된다. 반면에 A가 1957년 사망하였다면 1958. 1. 1.부터 기산하여 30년이 되는 1987. 12. 31.까지 보호될 것이나 1987년 법 부칙 제 3 조 제 2 호에 의하여 2007. 12. 31.까지로 보호기간이 연장되게 된다. 따라서 1957년 이전에 사망한 저작자에 대하여는 기간 연장의 혜택이 없다. 그런데 만약 A가 외국인이고 그의 본국 저작권법이 저작자 사후 50년의 보호를 정하고 있다면 위의 베른협약 제18조 제 1 항의 규정에 따라 비록 A가 1956년에 사망하였다고 하더라도 그의 저작물은 1957. 1. 1.부터 50년이 되는 2006. 12. 31.까지 보호되는 것으로 되어 앞서 A가 한국인 경우보다 훨씬 더 유리한 보호를 받게 된다. 위 부칙 제 3 조는 이와 같이 외국인이 오히려 두터운 보호를 받는 결과를 방지하기 위하여 두게 된 규정이다. 따라서 A가 외국인이라 하더라도 그의 회복저작물이 대한민국에서 보호되었더라면 인정되었을 보호기간의 잔여기간 동안만 존속하므로, A가 1956년에 사망하였다면 그의 저작물은 1957. 1. 1.로부터 30년이 경과한 1986. 12. 31.로 보호기간이 만료된다.

3. 회복저작물 등의 이용에 관한 경과조치

1996년 저작권법 부칙 제 4 조는, "(1) 이 법 시행 전에 회복저작물을 이용한 행위는 이 법에서 정한 권리의 침해로 보지 아니한다, (2) 회복저작물 등의 복제물로서 1995. 1. 1. 전에 제작된 것은 1996. 12. 31.까지 이를 계속하여 배포할 수 있다, (3) 회복저작물 등을 원저작물로 하는 2차적저작물로서 1995. 1. 1.전에 작성된 것은 이 법 시행 후에도 이를 계속하여 이용할 수 있다. 다만, 그 원저작물의 권리자는 1999. 12. 31. 이후의 이용에 대하여 상당한 보상을 청구할 수 있다"라고 규정한다. 이는 회복저작물 규정을 통하여 외국인의 저작권보호를 확대하는 한편, 외국인의 저작물 등을 이 법 시행 전에 적법하게 이용하여 온 자의 신뢰를 보호하기 위하여 법 시행 전의 적법한 이용행위에 대하여는 면책규정을 둔 것이다. 동시에 이용행위로 인하여 제작된 복제물이나 2차적저작물 등을 법 시행 후에도 일정기간까지 이용할 수 있도록 함으로써 투하자본을 회수할 수 있도록 하고 있다.

Ⅶ. 기 타

저작인격권은 저작물의 창작과 동시에 발생하며 저작자의 일신에 전속하는 권리이므로 저작자의 사망과 동시에 소멸한다. 저작인접권은 실연의 경우에는 그 실연을 한 때, 음반의 경우에는 그 음을 맨 처음 음반에 고정한 때, 방송의 경우에는 그 방송을 한 때로부터 발생한다(저작권법 제86조 제1항). 그리고 저작인접권은 실연의 경우에는 그 실연을 한 때, 다만 실연을 한 때부터 50년 이내에 실연이 고정된 음반이 발행된 경우에는 음반을 발행한 때, 음반의 경우에는 그 음반을 발행한 때, 다만, 음을 음반에 맨 처음 고정한 때의 다음해부터 기산하여 50년이 경과한 때까지 음반을 발행하지 아니한 경우에는 음을 음반에 맨 처음 고정한 때, 방송의 경우에는 그 방송을 한 때의 다음해부터 기산하여 70년(다만, 방송의 경우에는 50년)간 존속한다(같은 조 제2항). 이처럼 현행 저작권법에서 저작재산권의 보호기간은 원칙적으로 각 기산시점으로부터 70년으로 연장되었고, 저작인접권의 보호기간도 방송을 제외하고 각 기산시점으로부터 70년으로 연장되었다(저작인접권의 발생시점 및 보호기간에 관하여는 뒤의 제7장 저작인접권 부분 참조).

2006년 개정되기 전 저작권법에서는 음반의 보호기간의 기산점을 음반에 음을 "맨 처음 고정한 때"부터로 하고 있었다. 그러다가 2006년 개정 저작권법에서부터는 음반을 "처음 발행한 때"로부터 보호기간을 기산하는 것을 원칙으로 하였다. 따라서 음반의 경우에는 저작인접권이 발생하는 시점과 보호기간 계산의 기산점이 원칙적으로 달라지게 되었다. 이와 같이 개정한 이유는 WIPO 실연·음반조약 제17조가 음반을 발행한 때를 보호기간의 기산점으로 정하고 있어서, WIPO 실연·음반조약 가입을 전제로 할 때 기존 저작권법이 '음의 고정'을 기준으로 하고 있던 것을 '음반의 발행' 기준으로 변경할 필요가 있었기 때문이다. 한편, 실연자의 경우 WIPO 실연·음반조약에서 실연을 고정한 때를 보호기간의 기산점으로 하고 있으나, 실제로 실연의 경우에는 실연과 동시에 고정이 이루어지기 때문에 보호기간의 기산점을 실연을 고정한 때로 하지 않고 기존 저작권법과 같이 실연을 한 때로 하여도 무방하다고 판단되어 이 부분은 개정을 하지 않았다.

배타적발행권과 설정출판권은 그 설정행위에 다른 특약이 없는 때에는 맨 처음 발행 또는 출판한 날로부터 3년간 존속한다. 다만, 저작물의 영상화를 위하여 배타적발행권을 설정하는 경우에는 5년으로 한다(저작권법 제59조 제 1 항, 제63조의2). 이들에 대하여는 관련되는 곳에서 따로 검토하기로 한다.

Chapter 07

저작인접권과 기타 권리 및 영상저작물의 특례 등

C / H / A / P / T / E / R 07

저작인접권과 기타 권리 및 영상저작물의 특례 등

제 1 절 저작인접권

Ⅰ. 서 설

1. 개 념

저작인접권(neighboring rights)이란 실연자, 음반제작자 및 방송사업자에게 부여되는 저작권에 유사한 권리를 말한다. 실연자, 음반제작자, 방송사업자는 저작물의 직접적인 창작자는 아니지만 저작물의 해석자 내지는 전달자로서 창작에 준하는 활동을 통해 저작물의 가치를 증진시킨다는 점에서 저작권법이 저작권에 준하는 권리를 부여하고 있다.

저작권법은 저작인접권자를 다음과 같이 정의하고 있다. 먼저 '실연자'(實演者)란 "저작물을 연기·무용·연주·가창·구연·낭독 그 밖의 예능적 방법으로 표현하거나 저작물이 아닌 것을 이와 유사한 방법으로 표현하는 실연을 하는 자를 말하며, 실연을 지휘, 연출 또는 감독하는 자"를 포함한다(제 2 조 제 4 호). '음반제작자'(音盤製作者)는 "음을 음반에 최초로 고정하는데 있어 전체적으로 기획하고 책임을 지는 자"를 말하며(제 2 조 제 6 호), '방송사업자'(放送事業者)는 "방송을 업으로 하는 자"를 말한다(같은 조 제 9 호).

저작인접권은 2차적저작물의 저작권과 다소 비슷한 면이 있다. 다만 저작인접권을 저작권과 별도로 규정한 것은 보호기간이나 인정되는 권리의 범위에 있어서 저작권보다 제한적인 권리로서 보호하기 위한 정책적인 의도에 따른 것이라고 한다.

2. 저작인접권의 형성

종래 과학기술이 발전하기 전에는 저작인접권이라는 개념이 필요하지 않았다. 예컨대 실연자의 실연행위는 이를 복제해 둘 수단이 없었기 때문에 실연을 감상하고자 하는 자는 극장 등 실연장소에 찾아가야만 했고, 실연자는 그 입장료 수입으로부터 실연에 대한 대가를 얻으면 되었다. 그러나 녹음이나 녹화 등 과학기술의 발전에 따라 대중들은 굳이 실연자가 직접 출연하는 실연장소를 찾지 않아도 가정이나 감상실에서 얼마든지 좋은 품질의 실연을 감상할 수 있게 되어, 실연자의 연주기회는 줄어들고 경제적 지위는 크게 약화되기 시작하였다. 또 실연은 단순히 저작물을 있는 그대로 공중에게 전달하는 것이 아니라 실연자 나름대로의 저작물에 대한 해석과 기예가 발휘되는 것이므로 저작자에 준하는 창작성이 있다는 점도 인식되기 시작하였다. 음반제작에 있어서는 종래의 단순한 기계적 녹음작업에서 벗어나 고도의 기술과 창의성이 발휘되기에 이르렀고,[1] 방송에 있어서도 1950년대 이후 TV 방송이 시작되고 더불어 방송이 저작물에 대한 최대의 이용자의 지위를 점하게 되면서 그 후에 이루어진 기술적·사회적 변화에 따라 방송사업자의 역할에 대한 보호의 필요성이 제기되었다.[2] 특히 음반을 제작하여 유통시키거나 방송프로그램을 제작하여 송출하기 위해서는 많은 노력과 비용 및 인원의 투자가 이루어져야 한다. 그런데 기술의 발전과 디지털 네트워크 환경의 비약적인 성장으로 말미암아 그러한 노력과 비용의 투자에 무임승차하여 그 결과물을 가로채서 활용하는 것은 매우 쉬워졌다. 따라서 음반제작자나 방송사업자의 투자를 회수할 수 있는 장치를 법적·제도적으로 보장해 주지 않는다면, 음반이나 방송사업에 대한 투자 의욕을 상실케 함으로써 결과적으로 관련시장을 무너뜨리고 문화 및 관련 산업의 발달에 역기능을 초래하게 된다. 이러한 점 때문에 음반제작자 및 방송사업자에 대한 보호가 요청되었으며, 이는 실연의 경우와 비교하여 볼 때 상대적으로 투자에 대한 보호라는 측면이 강하다.

이와 같은 사회적 공감대의 형성을 바탕으로, 저작인접권의 개념은 1928년 베른협약 개정 로마회의를 거쳐 1961년 로마협약(실연자·음반제작자 및 방송사업자의 보호를 위한 국제협약)[3]에서 구체적으로 성립하였다. 로마협약은 실연자·음반제작자·방송사업자에 대한 보호

1) 독일과 같이 클래식 음악에 관한 음반산업이 발달한 나라에서는 음반제작에 있어서 이른바 '톤 마에스터'라고 하는 전문적인 음반제작 기술자가 창조적으로 관여를 하는데, 현재 세계적으로도 극소수 존재하는 이들은 음악은 물론 전기·전자·음향분야에 대한 엄격하고도 장기적인 훈련과정을 거쳐 양성된다고 한다.

2) 곽경직, 저작인접권의 보호, 계간 저작권, 1995년 겨울, 68면.

3) International Convention for the Protection of Performers, Producers of phonograms and Broadcasting Organization, 흔히 약칭하여 '로마협약'이라고 부른다.

가 저작권 보호에 영향을 미치는 것이 아니라는 점을 명시하면서(로마협약 제 1 조), 가맹국이 국내적으로 실연자·음반제작자·방송사업자를 보호하여야 할 최저 기준을 규정하고 있다. 우리나라는 이 협약에 가입하고 있지 않다가 2009. 3. 18. 가입하였지만, 그 이전에 이미 1971년 제네바에서 체결된 "음반의 무단복제에 대한 음반제작자의 보호에 관한 협약"[4]에 가입하였다.

그 후 1993년 우리나라를 포함한 세계 100여 개 나라가 가입한 WTO 체제가 출범함에 따라 그 부속서류인 TRIPs 협정이 발효되었다. TRIPs 협정은 실연자·음반제작자·방송사업자 등 저작인접권자의 권리보호에 대하여 규정하고 있다. 이 협정에 의하면 실연자는 그의 허락 없이 이루어지는 고정되지 아니한 실연의 고정 및 복제를 금할 수 있고, 허락 없이 실연을 무선에 의하여 방송하거나 공중에 전달하는 것을 금지할 수 있다. 그리고 음반제작자는 그의 음반이 직·간접적으로 복제되는 것을 허락하거나 금지할 수 있으며, 방송사업자는 방송의 고정, 그 고정물의 복제, 무선수단에 의한 재방송 및 방송의 공중에 대한 TV 방송에 의한 전달을 금지 또는 허락할 수 있는 권리를 가진다.[5]

한편 세계지적재산권기구(WIPO)의 실연·음반조약(WPPT)은 저작인접권 보호에 관한 로마협약의 미비점을 보완하면서 디지털·네트워크화에 따른 환경변화에 대처하는 성격을 가지고 있다. 로마협약은 그동안 이루어진 새로운 매체와 기술의 출현 및 디지털환경으로의 급격한 변화를 반영하지 못하고 있다는 한계를 노출하였다. 특히 로마협약은 가입 회원국이 많지 않아 베른협약만큼의 보편성을 갖추고 있지도 못하였다. WPPT는 로마협약의 위와 같은 문제점을 보완하고, 디지털시대의 새로운 환경에 적응하는 것을 목적으로 하였다. 우리나라는 WPPT에 가입하기 위하여 2006년 말 저작권법을 대폭 개정하여 그 선행조건들을 충족시키는 내용을 포함시켰다. 이에 대하여는 아래에서 각각의 저작인접권의 내용과 관련하여 살펴보기로 한다.[6]

현재 저작권과 별도로 저작인접권을 보호하는 것은 세계적으로 보편화된 경향이다. 미국 저작권법은 저작인접권 제도 자체는 이를 인정하고 있지 않다. 그러나 실연, 음반, 방송은 창작성이 인정되고 '고정'되어 있을 것을 요건으로 하여 저작물로 보호된다. 즉, 청각적 실연, 음반제작 및 라디오 방송은 '녹음물'로서, 시청각 실연 및 TV방송은 '영화 그 밖의 시청각 저작물'로서 저작권의 보호대상이 된다. 음악이 수록된 음반은 실연자와 음반제작자가 공동제작한 저작물로 보는데, 실무상으로는 음반제작자가 실연자와의 계약에 의해

---

4) Convention for the Protection of Producers of Phonograms against Unauthorized Duplication of their Phonogram, 약칭하여 '제네바 음반협약'이라고 한다.

5) 곽경직, 전게논문, 71면.

6) 오승종·이해완, 저작권법, 박영사, 제 4 판, 2005, 603면.

'고용저작물'의 저작자, 즉 '업무상저작물'의 저작자가 되는 것이 일반적이라고 한다.7)

3. 저작권과 저작인접권의 관계

저작권법은 저작인접권을 보호하는 한편 저작권과 저작인접권의 관계에 대하여, "저작인접권에 관한 규정이 저작권에 영향을 미치는 것으로 해석되어서는 아니 된다"(제65조)고 규정하고 있다. 이 규정은 저작인접물인 실연, 음반, 방송의 이용은 필연적으로 저작물의 이용을 수반하게 되는데, 이때 저작인접권자의 허락뿐만 아니라 저작권자의 허락도 필요하다는 것을 주의적으로 규정한 것이다. 예를 들어 가수 甲(실연자)의 노래를 乙(음반제작자)이 음반으로 제작하고 그 음반을 丙(방송사업자) 방송국이 방송·녹음하는 경우에는 저작인접권으로서 甲·乙·丙 3자의 권리가 발생하지만, 그 노래의 저작권자인 작곡가 및 작사가의 권리도 그에 영향을 받지 않고 여전히 작용한다는 것을 의미한다.8) 따라서 실연이 녹음된 음악CD를 복제하여 사용하는 경우에는 사적이용을 위한 복제(저작권법 제30조) 등 저작재산권 제한규정에 해당하지 않는 이상 ① 작사가와 작곡가의 음악저작권, ② 음반제작자의 저작인접권, ③ 실연자의 저작인접권에 대한 처리가 필요하다. 또한 실연이 녹음된 판매용 음반을 방송에 사용하는 경우에는 작사·작곡가의 저작권과 음반제작자 및 실연자의 보상금청구권(2차사용료 청구권)이 작용한다.

Ⅱ. 실연자의 권리

1. 실연의 의의

실연은 저작물을 연기·무용·연주·가창·구연·낭독 그 밖의 예능적 방법으로 표현하거나 저작물이 아닌 것을 이와 유사한 방법으로 표현하는 것을 말한다(저작권법 제2조 제4호). 2006년 개정되기 전 저작권법에는 실연과 실연자에 대한 정의규정이 별도로 존재하고 있었고, 또 공연과 실연의 정의를 동시에 두고 있어 혼동이 있었다. 이에 2006년 개정 저작권법부터는 실연에 대한 정의규정을 삭제하여 실연자의 정의규정에 포함시키고 공연의 정의는 그대로 존치하는 것으로 하였다.

---

7) 박성호, 저작권법, 박영사(2014), 368면.
8) 허희성, 신저작권법 축조해설, 범우사, 1988, 281면.

실연 중에서 저작권법이 보호하는 실연은, ① 대한민국 국민(대한민국 법률에 의하여 설립된 법인 및 대한민국 내에 주된 사무소가 있는 외국법인을 포함한다. 이하 같다)이 행하는 실연, ② 대한민국이 가입 또는 체결한 조약에 따라 보호되는 실연, ③ 저작인접권의 보호를 받는 음반(저작권법 제64조 제 1 항 제 2 호 각 목에 규정된 음반)에 고정된 실연, ④ 저작인접권의 보호를 받는 방송(저작권법 제64조 제 1 항 제 3 호 각 목에 규정된 방송)에 의하여 송신되는 실연(송신 전에 녹음 또는 녹화되어 있는 실연을 제외한다) 등이다(저작권법 제64조 제 1 항 제 1 호).

위 ③에서 저작인접권의 보호를 받는 음반이란 우리나라가 보호하는 음반을 의미하며, 따라서 우리나라가 보호할 의무가 있는 외국음반에 수록된 외국인의 실연은 위 ③에 의하여 보호를 받게 되는 것이다. 그리고 위 ④에서 송신 전에 녹음 또는 녹화되어 있는 실연을 제외하고 있음에 주의하여야 한다. 송신 전의 녹음은 음반에 해당되므로 이를 방송하는 것은 저작권법 제75조에 의한 보상금청구권으로 보호를 받게 되고, 송신 전의 녹화는 영상저작물에 해당되므로 이를 방송하는 것에 대하여는 영상저작물에 관한 특례규정인 저작권법 제100조 제 3 항이 적용되게 되어 각각 그 보호의 방법과 정도에 있어서 차이가 난다. 그러므로 ④의 방송에 의하여 송신되는 실연으로서 보호되는 것은 이른바 생실연, 즉 현재 실연행위 중인 것을 직접 생방송하는 경우만이다.

저작물이 아닌 것의 실연도 실연에 해당한다. 따라서 마술이나 서커스와 같이 저작물이 아닌 것을 실연하는 자도 실연자의 권리에 의하여 보호를 받는다. 보호의 대상이 되는지의 여부는 예능적 방법으로 표현을 한 것인지의 여부에 달려 있다. 야구나 체조 같은 운동경기는 여기서 제외된다고 보는 것이 일반적이나, 스포츠라 하더라도 예능적 성질을 가진 것, 예컨대 리듬체조나 수중발레, 피겨스케이팅 등과 같은 것은 실연에 해당할 수 있다. 학설로서는, 프로야구 등의 스포츠는 일반적으로 그 성격상 실연에 해당하지 않지만, 원래 스포츠 종목에 포함되는 것이라 하더라도 예능적인 성격을 가지는 리듬체조, 수중체조, 피겨스케이팅 등의 경우 이를 스포츠의 일부로서가 아니라 일종의 '쇼'로서 수행할 경우에는 실연에 해당하는 것으로 볼 수 있다고 하는 견해가 있다. 즉, 같은 행위라도 공연하는 자가 누구인지, 어떤 목적을 가지고 하는지에 따라서 실연으로 볼 수도 있고 그렇지 않을 수도 있다는 것이다. 체조의 마루운동과 같은 경우에도 그것을 체조경기에서 수행할 경우에는 실연이라 할 수 없지만, 비슷한 것을 '태양의 서커스단'과 같은 공연단의 일원으로서 애크러뱃 쇼(acrobat show)의 일부로 하면 실연이 되는 것이고, 피겨스케이팅도 '아이스쇼'로 하면 실연이 될 수 있다고 한다. 이와 같이 실연이 되려면 단순한 스포츠가 아니라 예술적이거나 아니면 오락적인 성격이 주가 되는 경우여야 한다는 것이다.[9] 일본에서는 스포츠

9) 이해완, 전게서, 634-635면.

에서 경기자의 행위는 저작물을 표현하는 것이 아니고 예능적인 성질을 가지는 것도 아니며, 경쟁의 원리가 작동하는 행위로서 실연에 해당하지 않는다고 보는 것이 일반적인 견해이다. 다만, 피겨스케이팅과 같은 경우 경쟁의 정신에 지배되는 행위이기는 하지만, 무용저작물을 표현하는 것이라고 볼 수 있다면 실연의 범주에 들어갈 수 있다고 한다. 그러나 실연은 실연자가 실연자로서의 자격에서 행하는 활동을 의미한다고 하면서 원칙적으로 스포츠 선수의 활동은 실연으로부터 제외된다고 보고 있다.[10]

어떻든 실연은 저작물을 공중에게 전달하는 매체적 행위이며, 그 행위에는 저작물의 성립요건인 창작성에 준하는 창의가 인정되어야 실연으로서 저작인접권의 보호를 받는다는 것이 저작권법의 취지라고 할 것이다.[11]

2. 실 연 자

실연자는 실연을 하는 자 및 실연을 지휘, 연출 또는 감독하는 자를 말한다(저작권법 제2조 제4호). 배우·가수·연주가·무용가 등이 여기에 해당하며 마술이나 서커스도 실연행위로서 보호를 받으므로 이러한 것의 실연을 행하는 자도 실연자라고 할 수 있다. 그러나 실연자로서 보호를 받기 위해서는 그의 직업이 배우나 가수라는 것이 중요한 것이 아니라 구체적인 경우에 그의 행위 자체가 실연에 해당하는가를 보아야 한다. 따라서 배우가 연기를 한 것이 아니고 단순히 소설을 낭독하였을 뿐 예능적 방법으로 표현한 것이 아니라면 그 행위에 있어서는 실연자라고 볼 수 없다.

실연을 지휘·연출 또는 감독하는 자도 실연자에 포함되는데, 이는 실연 자체를 하는 것과 동일한 평가를 할 수 있는 사람을 말한다. 예컨대 교향악단·합창단의 지휘자나 무대의 연출가와 같이 실연자를 지도하고 스스로 실연의 주체로서 실연을 행하게 하는 자, 또는 실연을 행하고 있는 것과 같은 상태에 있는 자를 말한다. 여기서 말하는 지휘란 교향악단이나 음악연주단의 지휘자를, 연출이란 연극이나 무용의 연출가를, 그리고 감독은 영화의 감독을 상정한 것이다.[12]

실연자의 개념과 관련된 외국의 입법례를 보면 다음과 같다.

10) 半田正夫·松田政行, 『著作権法コンメンタール』 1권, 勁草書房(2008), 70-71면.
11) 하용득, 전게서, 278면.
12) 허희성, 전게서, 24면. 대법원 2005. 10. 4.자 2004마639 결정(이른바 "뮤지컬 사랑은 비를 타고" 사건)은 뮤지컬의 연출자는 저작자가 아니라 실연자에 해당한다고 판시하고 있다.

로마협약(제 3 조)

(a) "실연자"라 함은 배우, 가수, 연기자, 무용가, 기타 문학·예술 저작물을 연기·가창·낭독·웅변·표현하거나 기타 실연하는 사람을 말한다.

WIPO 실연·음반조약(제 2 조)

(a) "실연자"란 배우, 가수, 연주자, 무용가 및 기타 문학·예술 저작물이나 민간전승물의 표현을 연기, 가창, 구연, 낭독, 연주, 연출하거나 기타 실연하는 사람을 말한다.

일본 저작권법(제 2 조)

① 3. 실연이란 저작물을 연극적으로 연기하거나 춤추거나 연주하거나 노래하거나 구연하거나 낭송하거나 기타의 방법에 의해 연기하는 것(이에 유사한 행위로 저작물을 연기하지는 아니하나 예능적인 성질을 가지는 것을 포함한다)을 말한다.

4. 실연자란 배우, 무용가, 연주가, 가수 기타 실연을 행하는 자 및 실연을 지휘하거나 연출하는 자를 말한다.

독일 저작권법(제73조)

본 법상 실연자란 저작물 혹은 민속예술의 표현형태를 상연, 가창, 연기 혹은 기타 방식으로 표현하는 자 또는 그러한 표현에 있어서 예술적으로 협력하는 자를 말한다.

프랑스 저작권법(제212조의1)

실연자라 함은 직업상의 관행에 따라 보조적인 실연자로 간주되는 자를 제외하고, 문학적 혹은 미술적 저작물 또는 기예, 서커스 혹은 인형극을 상연, 연주, 가창, 낭독, 연기 또는 기타 방법에 의해 실연하는 자를 말한다.

3. 실연자의 추정

실연자로서의 실명 또는 널리 알려진 이명이 일반적인 방법으로 표시된 자는 실연자로서 그 실연에 대하여 실연자의 권리를 가지는 것으로 추정한다(저작권법 제64조의2). 한·EU FTA 이행을 위한 2011. 6. 29. 개정 저작권법에 의하여 새로 도입된 저작인접권자에 대한 권리추정규정에 따른 것이다.

4. 보호받는 실연

저작권법이 보호하는 실연은 ① 대한민국 국민(대한민국 법률에 따라 설립된 법인 및 대한민국 내에 주된 사무소가 있는 외국법인 포함)이 행하는 실연, ② 대한민국이 가입 또는 체결한 조약에 따라 보호되는 실연, ③ 저작권법으로 보호받는 음반에 고정된 실연, ④ 저작권법으로 보호받는 방송에 의하여 송신되는 실연(송신 전에 녹음 또는 녹화되어 있는 실연을 제외)의 네 가지이다. ②와 관련하여 대한민국이 가입 또는 체결한 조약으로는 제네바음반협약, WTO/TRIPs 협정, 로마협약, WIPO실연음반조약 및 위성협약이 있다. 이러한 조약에 의하여 대한민국이 보호의무를 지는 실연이나 그러한 음반에 수록된 실연은 우리나라에서 보호된다. ④와 관련하여 송신 전에 녹음 또는 녹화되어 있는 실연을 제외하는 것은 송신, 즉 방송 전에 실연자의 승낙을 얻어 녹음 또는 녹화가 되었다면 그 과정에서 이미 실연자가 권리를 행사한 것이므로 이중으로 권리를 행사하는 것은 타당하지 않다는 취지이다. 또한 송신 전의 녹음은 음반에 해당되므로 이를 방송하는 것은 저작권법 제75조에 의한 보상금청구권으로 보호를 받게 되고, 송신 전의 녹화는 영상저작물에 해당되므로 이를 방송하는 것에 대하여는 영상저작물에 관한 특례규정인 저작권법 제100조 제 3 항이 적용되게 되어 각각 그 보호의 방법과 정도에 있어서 차이가 난다는 점도 고려하였다. 따라서 방송과 관련하여 실연자가 권리를 가지는 것은 생실연(live performance)이 방송되는 경우이다.[13)]

5. 실연자의 권리(1) – 인격권

가. 실연자 인격권 신설의 배경

2006년 개정된 저작권법은 실연자에게 인격적 권리로서 성명표시권과 동일성유지권을 새로이 부여하였다. 이는 실연이 사회적으로 또는 산업적으로 많이 이용됨에 따라 실연의 주체가 누구인지를 밝힐 필요가 있고(성명표시권), 실연은 실연자의 인격의 반영이라는 측면이 강하므로 자신의 실연내용과 형식이 변형되지 않을 동일성유지권을 부여할 필요가 있다는 정책적 고려에 따른 것이다. 또한 우리나라가 가입하는 WIPO 실연·음반조약(WPPT)도 청각실연자에게 성명표시권과 동일성유지권을 부여하고 있으므로[14)] 국내법을 조약과 조화시킬 필요가 있었다. 우리 저작권법은 WPPT와는 달리 청각실연자에 한정하지 않고

13) 임원선, 「실무자를 위한 저작권법」, 제3판, 한국저작권위원회(2012), 310, 311면; 박성호, 전게서, 371면.

14) WPPT 제 5 조(실연자의 인격권) ① 실연자는 자신의 재산권과 독립하여 그리고 그 권리의 이전 후에도, 실연의 이용 방법상 생략이 요구되는 경우를 제외하고는, 자신의 청각적 생실연 또는 음반에 고정된 실연에 대하여 그 실연의 실연자라고 주장하고, 자신의 명성을 해칠 수 있는 실연의 왜곡, 훼손 기타 변경에 대하여 이의를 제기할 권리를 가진다. ② 제①항에 따라 실연자에게 부여되는 권리는 그의 사망 후, 적어도 재산권이 종료할 때까지 존속하고 보호가 주장되는 체약 당사국의 입법에 의하여 권한 있는 사람이나 단체에 의하여 행사될 수 있다. 다만, 체약 당사국이 이 조약을 비준하거나 이 조약에 가입할 당시에 전항에서 규정한 모든 권리를 실연자의 사망 후에는 보호하지 아니하는 경우, 그 체약 당사국은 이러한 권리 중 일부가 그의 사망 후에는 존속하지 아니한다고 규정할 수 있다. ③ 본 조에서 부여하는 권리를 보장하기 위한 구제 방법은 그 보호가 주장되는 체약 당사국의 입법에 따른다.

모든 실연자에게 성명표시권과 동일성유지권을 부여하였다. 청각실연자와 시각실연자를 굳이 차별할 필요가 없으며 독일, 일본, 프랑스 등도 이미 시청각을 불문하고 이를 인정하고 있는 점을 감안한 것이다. 하지만 실연자의 인격권을 지나치게 보호할 경우 나타날 수 있는 부작용을 고려하여, 실연의 성질이나 그 이용의 목적 및 형태 등에 비추어 부득이하다고 인정되는 경우에는 실연을 이용하려는 사람은 성명을 표시하지 않거나 동일성을 유지하지 않아도 되도록 하였다. 실연자의 인격권은 그 인격의 주체와는 분리하여 존재할 수 없는 것이므로 실연자의 일신에 전속하여 양도할 수 없고 사망으로 소멸하게 된다(저작권법 제68조).

저작자가 가지고 있는 저작인격권과 비교하여 보았을 때 저작자와 달리 실연자에게는 공표권이 인정되지 않는다. WPPT는 실연자에게 공표권을 부여하는 규정을 두고 있지 않아서 실연자에게 공표권을 부여할지 여부는 각 체약 당사국의 재량에 맡겨져 있다고 볼 수 있는데, 우리 저작권법은 실연자에게 공표권을 부여하지 않는 입장을 채택한 것이다. 우리 저작권법이 실연자의 공표권을 인정하지 않은 것은 대부분의 실연이 처음부터 공표를 전제로 이루어지거나 또는 실연과 동시에 공표 그 자체를 겸하게 되는 경우가 많고, 실연자에게 공표권을 부여할 경우 저작물의 공표와 직결되어 저작권의 행사를 심각하게 제한할 우려가 있을 뿐만 아니라, 독일이나 프랑스, 일본과 같은 외국의 입법례도 실연자의 공표권을 인정하지 않고 있기 때문에 굳이 우리나라 실연자의 공표권을 인정할 필요는 없다는 점을 고려한 것이다.[15)]

나. 성명표시권

실연자는 그의 실연 또는 실연의 복제물에 그의 실명 또는 이명을 표시할 권리를 가진다(저작권법 제66조 제1항). 노래나 연주, 연기 등과 관련하여 실연자가 그것이 자신의 실연이라는 점을 대외적으로 표시할 것인지 여부, 또 표시한다면 어떤 이름으로 표시할 것인지 여부는 당해 실연자의 인격적 이익에 관계되는 것이므로, 실연자의 인격권으로서 '성명표시권'을 규정한 것이다. "실연 또는 실연의 복제물"이라고 규정하고 있으므로 CD 등 유형적 매체를 통한 전달뿐만 아니라 실연 자체의 공개 및 방송 등 무형적인 전달도 포함하는 취지라고 이해된다. 따라서 공중에 대하여 실연을 제공하는 행위, 즉 실연을 전송하거나 방송하는 경우, 실연이 녹음 또는 녹화된 음악 CD나 DVD 등을 판매할 경우 각 제품

15) 저작권심의조정위원회, 저작권법 전면 개정을 위한 조사연구 보고서(1), 2002, 199-200면 참조. 이처럼 저작권법이 실연자의 공표권을 직접 인정되고 있지는 않지만, 공표되지 않은 실연자의 리허설 연주나 연기를 녹음 또는 녹화하여 허락 없이 공표하는 것은 실연자의 일반적 인격권을 침해하는 것이 될 수 있다(中山信弘, 「著作權法」, 有斐閣(2007), 440면; 박성호, 전게서, 373면 참조).

의 포장이나 노래가사 카드 등에 실연자의 성명 등을 어떻게 표시할 것인가에 관하여 당해 실연자의 동의를 얻을 필요가 있다. 또한 공중에 대한 실연의 제시, 즉 음악이나 영화를 방송하거나 극장에서 영화를 상영함에 있어서도 연주자나 배우의 성명 등을 어떻게 표시할 것인가에 관하여 당해 실연자의 동의를 얻어야 한다.[16)]

실연을 이용하는 자는 그 실연자의 특별한 의사표시가 없는 때에는 실연자가 그의 실명 또는 이명을 표시한 바에 따라 이를 표시하여야 한다. 다만, 실연의 성질이나 그 이용의 목적 및 형태 등에 비추어 부득이하다고 인정되는 경우에는 그러하지 아니하다(저작권법 제66조 제 2 항). 따라서 실연자가 그의 실명 또는 이명을 표시한 바 있을 경우에는 일일이 실연자의 의사를 물을 것 없이 그 표시된 바에 따라 표시하여야 하고, 그렇게 함으로써 성명표시권을 침해하지 않은 것으로 인정될 수 있다.

또한 위 단서규정이 적용되는 결과, 일반 음식점에서 배경음악으로 음악CD를 재생하는 경우에 가수나 연주가의 성명을 일일이 표시하지 않아도 무방하다고 해석된다. 백화점의 매장이나 호텔의 로비 등에서 분위기를 위해 배경음악을 방송으로 내보내는 경우에도 일일이 곡마다 실연자의 성명을 알려주어야 한다면 매우 불편할 뿐만 아니라 오히려 분위기를 해치게 된다. 그러한 경우에는 실연자의 성명을 알리지 않는다고 하더라도 의도적으로 실연자의 성명을 은닉한 것은 아니므로 성명표시를 생략할 수 있다고 본다. 영화에 엑스트라로 출연한 배우라든가 가수가 노래를 부를 때 뒤에서 백코러스나 반주를 한 연주자 등의 경우에도 그들의 성명표시를 일일이 하지 않아도 된다고 할 것이다. 각종 콘서트나 오페라 공연의 경우에도 막이 내리기 전에 그날 무대에 등장한 연주가나 가수 전원의 성명을 장내에 방송하거나 사회자가 일일이 호명하지 않고, 공연 내용을 소개하는 목록(팸플릿) 또는 포스터 등에 그 이름을 소개하는 정도에 그치는 것도 오늘날 공연 현장의 일반적인 관행으로 정착되어 있는 것으로 보인다. TV에서 음악관련 방송을 하는 경우에도 방송 마지막에 자막으로 실연자의 성명을 표시해 주는 정도가 공정한 관행이라고 할 수 있다.

참고로 일본 저작권법의 경우에는 "실연자의 성명표시는 실연의 이용의 목적 및 태양에 비추어 실연자가 당해 실연의 실연자인 것을 주장하는 이익을 해할 우려가 없다고 인정되는 경우 또는 공정한 관행에 반하지 않는다고 인정되는 경우에는 생략할 수 있다"고 하고 있다. 즉, 이익을 해할 우려가 없거나 공정한 관행에 반하지 않는 두 가지 경우 중 어느 하나에 해당하기만 하면 실연자의 성명표시를 생략할 수 있는 것으로 다소 폭넓게 인정하고 있다.[17)] 이 점은 일본 저작권법이 저작자의 성명표시권에 대하여는 "저작자의 성명

16) 作花文雄, 詳解 著作權法, 제 3 판, ぎょうせい, 447면.
17) 일본 저작권법 제90조의2 제 3 항.

표시는 저작물의 이용의 목적 및 태양에 비추어 저작자가 창작자인 것을 주장하는 이익을 해할 우려가 없다고 인정되는 경우에 공정한 관행에 반하지 않는 한 생략할 수 있다"고 규정하여 전문과 후문의 두 가지 요건을 모두 충족할 때 비로소 성명표시를 생략할 수 있도록 한 것과 대조된다.[18]

실연자의 성명표시권이 명문으로 규정되어 있지 않던 개정 전 저작권법 아래에서도 마치 실연자의 성명표시권을 인정하는 듯한 판례가 있었다. 서울지방법원 1995. 1. 18.자 94카합9052 결정(일명, '칵테일 사랑' 사건)[19]은, "설사 신청인과 피신청인 사이에 신청인이 이 사건 악곡을 노래한 가수라는 사실을 표시하기로 하는 명시적인 약정이 없었다고 하더라도 가수는 음악저작물을 음성으로 표현하여 일반대중에게 전달하는 사람으로서, 실제로 노래를 부른 가수의 이름을 표시하는 것이 음반업계의 관행이라고 할 것이고, 특히 대중가요에 있어서는 일반대중이 어떤 노래를 그 가수의 이름과 함께 기억하는 것이 현실이라고 할 것이므로, 피신청인이 위 악곡이 수록된 음반을 출반할 경우에는 다른 약정이 없는 한 가수인 신청인의 성명을 표시하여야 한다"고 하였다.

다. 동일성유지권

실연자는 그의 실연의 내용과 형식의 동일성을 유지할 권리를 가진다(저작권법 제67조 본문). 유명 배우가 출연하는 영화의 한 장면을 이용하여 광고용 영상을 제작하거나 노래방 기기의 배경화면으로 사용하는 행위, 또는 그 영상을 다른 영상과 합성하는 등의 이용행위가 빈번하게 행하여지고 있다. 또한 디지털 기기를 사용하여 인위적으로 가수의 노래 중 일부분을 변형시키는 경우도 있다. 최근의 디지털 기술의 발달에 따라 이러한 개변행위는 보다 용이하고 다양한 형태로 발전하고 있으며, 그에 따라 실연자의 인격적 이익의 확보가 중요한 과제로 인식되기에 이르렀다. 이에 2006년 저작권법 개정에 의하여 종래 저작자에게만 주어지던 동일성유지권을 실연자에게도 부여하였다.

WPPT와 일본 저작권법에서는 "명예 또는 성망을 해하는" 것을 실연자의 동일성유지권 침해의 요건으로 규정하고 있으나, 우리 저작권법은 그러한 제한을 두지 않고 있으므로 그 보호범위가 WPPT나 일본 저작권법의 경우보다 넓다고 할 수 있다.[20] 저작자의 동일성

18) 일본 저작권법 제19조 제 3 항.

19) 하급심판결집 1995-1, 345면; 본 판결의 상세한 사실관계는 제 2 장 제 1 절 중 '창작성' 부분 참조.

20) WPPT 제 5 조는 "실연자의 명성을 해할 수 있는 실연의 왜곡, 훼손 기타 변경"(any distortion, mutilation or other modification of his performances that would be prejudicial to his reputation)이라고 하고 있고, 일본 저작권법 제90조의3 제 1 항은 "실연자의 명예 또는 성망을 해하는 그 실연의 변경, 절제 기타의 개변"이라고 하고 있다. 즉, WPPT는 실연자의 명성을 해할 '우려'가 있는 경우를 포함하는 것으로 되어 있는 데 비하여, 일본 저작권법은 단순히 실연자의 명성을 해하는 경우라고 하고 있어 현실적

유지권의 경우에는 "명예 또는 성망을 해하는" 경우를 요건으로 하고 있지 않음에도 불구하고 WPPT나 일본 저작권법이 실연자의 경우에는 그것을 요건으로 하고 있는 것은, 저작인격권의 경우에는 저작물 자체의 동일성유지에 중점을 두고 있는 것임에 반하여, 실연자 인격권의 경우에는 보호의 주체인 실연자의 명예 또는 성망에 중점을 두고 있기 때문이라고 한다.[21)]

실연자의 동일성유지권의 경우에도 성명표시권의 경우와 같이 일정한 제한이 따른다. 즉 실연의 성질이나 그 이용의 목적 및 형태 등에 비추어 부득이하다고 인정되는 경우에는 동일성유지권이 적용되지 아니한다(제67조 단서). 예를 들면 녹화나 녹음기술의 제약으로 인하여 색채나 음질 등을 실연의 원래 모습 그대로 재현하는 것이 불가능하여 그 실연자가 요구하는 수준의 예술성을 유지할 수 없는 경우를 들 수 있다. 시사보도나 기타 방송프로그램 등에서 작품의 소개를 위하여 부분적 이용을 하는 경우라든가, 방송시간의 제약으로 인하여 재편집하거나 해외 방송을 위하여 더빙을 하는 경우 등에는 원래의 실연의 동일성을 유지하기 어렵고 부득이하게 수정·변경을 하여야 하는 경우가 있을 수 있다. 이러한 경우에는 저작권법 제67조 단서의 규정에 따라 실연자의 동일성유지권이 제한될 수 있다. 제67조 단서의 실연자의 동일성유지권 제한 규정은 저작자에 대한 동일성유지권의 제한규정인 제13조 제 2 항과 취지가 같으므로 그 해석도 동일하게 할 수 있을 것이다. 일본 저작권법은 이 경우에도 성명표시권의 경우와 마찬가지로 "실연의 성질과 그 이용의 목적 및 태양에 비추어 부득이하다고 인정되는 개변" 또는 "공정한 관행에 반하지 아니한다고 인정되는 경우" 중 어느 하나에 해당하면 실연자의 동일성유지권 침해에 해당하지 않는 것으로 규정하고 있다. 따라서 우리 저작권법의 경우보다 동일성유지권이 제한되는 범위가 넓다고 할 수 있다.[22)]

라. 실연자 인격권의 일신전속성 등

이처럼 2006년 개정법에 의하여 실연자에게도 인격권이 부여되었으므로 실연자는 인격권을 침해한 자에 대하여 손해배상에 갈음하거나 손해배상과 함께 명예회복을 위하여 필요한 조치를 청구할 수 있게 되었다(저작권법 제127조).

한편, 저작권법 제14조 제 2 항은 저작인격권의 일신전속성과 관련하여 "저작자의 사망 후에 그의 저작물을 이용하는 자는 저작자가 생존하였더라면 그 저작인격권의 침해가

으로 명성을 해하는 경우일 것을 요건으로 하는 것처럼 이해된다.

21) 半田正夫·松田政行, 『著作權法コンメンタール』 2권, 勁草書房(2008), 제890면.

22) 일본 저작권법 제90조의3 제 2 항.

될 행위를 하여서는 아니 된다"고 규정하고 있고, 제128조에서 저작자 사망 후 그 인격적 보호를 위하여 유족이나 유언집행자가 침해의 정지, 손해배상 및 명예회복에 필요한 조치 등의 청구를 할 수 있도록 규정하고 있다. 그런데 저작인접권의 경우에는 이러한 규정이 없고, 위 조항들을 준용하고 있지도 않다. 따라서 우리 저작권법은 저작자에 대하여는 사망 후에도 그 인격적 이익을 보호하지만, 실연자에 대하여는 그러한 보호를 부여하지 않고 있는 것으로 해석된다.[23] 참고로 일본 저작권법은 제101조의3 본문에서 "실연을 공중에 제공 또는 제시하는 자는, 그 실연의 실연자 사후에 있어서도 실연자가 생존하였다면 그 실연자인격권의 침해로 될 행위를 하여서는 아니 된다"고 규정함으로써 실연자 사후의 인격적 이익보호에 관한 명문의 규정을 두고 있다.

6. 실연자의 권리(2) – 재산권

가. 복 제 권

실연자는 그의 실연을 복제할 권리를 갖는다(저작권법 제69조). 1986년 저작권법에서는 실연자에게 자신의 실연을 녹음·녹화하거나 또는 사진으로 촬영할 권리만을 인정하였었다.[24] 그 후 1995년 법 개정을 통하여 폭넓게 복제할 권리를 가진다고 규정함으로써 종전의 권리 외에 실연의 고정물, 즉 녹음·녹화 및 촬영된 자신의 실연을 복제하는 권리까지 가지게 되었다. 따라서 실연을 맨 처음 녹음·녹화하는 것은 물론, 실연을 고정한 음반, 녹음테이프, 녹화테이프, 영화필름 등을 다시 복제하는 것도 이 권리의 내용에 해당한다. 뿐만 아니라 실연의 고정물을 사용한 방송, 공연 등의 음이나 영상을 테이프 등에 녹음·녹화하는 것도 실연의 녹음·녹화로서 본 조가 적용된다. 또한 CD나 DVD에 수록되어 있는 실연을 디지털 형식의 데이터로 추출하여 컴퓨터 등에서 처리할 수 있는 파일로 변환하거나 다른 폴더 등에 복사하는 등의 방법으로 복제하는 '디지털 복제'도 실연자가 가지는 복제권의 범위에 속한다. 로마협약에서는 이른바 'One Chance 주의'라고 하여 일단 실연자의 허락을 받아 실연이 녹음 또는 녹화되면 그 녹음·녹화물을 다시 복제하는 것에 대하여는 실연자의 권리가 미치지 않는다는 원칙을 채택하고 있다. 그러나 우리 저작권법은 그러한 제한을 두고 있지 않으므로 로마협약보다 실연자의 권리를 두텁게 보호하고 있다고 할 수 있다.

다만, 실연자를 비롯한 저작인접권자에게는 '복제권'만 있을 뿐, 저작자에게 주어지는

23) 임원선, 실무자를 위한 저작권법, 개정판, 한국저작권위원회, 2009, 274면 참조.

24) 1987년 저작권법 제63조(녹음·녹화권) "실연자는 그의 실연을 녹음 또는 녹화하거나 사진으로 촬영할 권리를 가진다."

2차적저작물작성권과 같은 권리는 없다. 따라서 실제로 실연자가 행한 실연 자체를 복제하는 데에만 실연자의 권리가 미치고 그 실연과 유사한 다른 실연을 녹음·녹화하는 것에는 권리가 미치지 아니한다. 즉, 유명 가수의 실연행위를 모창하는 행위에 대하여는 실연자의 권리가 미치지 아니하며, 다만 이때 그 가수의 퍼블리시티권이 미치는지의 여부는 별개의 문제이다. 이 점에 있어서 저작물의 경우 그 저작물과 실질적으로 유사한 다른 저작물을 녹음·녹화하는 것에도 저작자의 권리(저작권법 제22조, 2차적저작물을 작성하여 이용할 권리)가 미치는 것과 다르다.

실연자의 복제권도 영상저작물과의 관계에서는 제약을 받는다. 즉, 실연자가 일단 영상저작물에 출연하여 그의 실연이 당해 영상저작물 중에 녹음 또는 녹화된 경우에는 그 영상저작물의 이용에 대해서는 특약이 없는 한 복제권, 배포권, 방송권 및 전송권은 영상제작자에게 양도된 것으로 추정된다(저작권법 제100조 제3항). 그러나 이 경우 양도된 것으로 추정되는 복제권과 실연방송권은 그 영상저작물을 본래의 창작물로서 이용하는데 필요한 복제권 내지 실연방송권만이라고 보아야 한다. 대법원 1997. 6. 10. 선고 96도2856 판결은, "저작권법 제75조 제3항(현행법 제100조 제3항)의 규정에 의하여 영상제작자에게 양도된 것으로 간주[25]되는 '영상저작물의 이용에 관한 실연자의 녹음·녹화권'이란 그 영상저작물을 본래의 창작물로서 이용하는데 필요한 녹음·녹화권을 말한다고 보아야 할 것이다. 따라서 영화상영을 목적으로 제작된 영상저작물 중에서 특정 배우들의 실연장면만을 모아 가라오케용 LD음반을 제작하는 것은, 그 영상저작물을 본래의 창작물로서 이용하는 것이 아니라 별개의 새로운 영상저작물을 제작하는데 이용하는 것에 해당하므로, 영화배우들의 실연을 이와 같은 방법으로 LD음반에 녹화하는 권리는 구 저작권법 제75조 제3항(현행 저작권법 제100조 제3항)에 의하여 영상제작자에게 양도되는 권리의 범위에 속하지 아니한다"고 판시하였다.

나. 배 포 권

실연자는 그의 실연의 복제물을 배포할 권리를 가진다. 다만, 실연의 복제물이 실연자의 허락을 받아 판매 등의 방법으로 거래에 제공된 경우에는 그러하지 아니하다(저작권법 제70조).

실연자의 배포권은 2006년 개정법에서 새로 신설된 권리이다. 실연의 복제물의 유통에

---

25) 영상저작물의 특례에 관한 종전 저작권법 제75조 제3항은 실연자의 권리가 영상제작자에게 양도된 것으로 '간주'한다고 규정하고 있었다. 그러다가 2003년 저작권법 개정에 의하여 '간주'가 아니라 '추정'하는 것으로 변경되었다.

대한 실연자의 통제권을 강화시킬 필요가 있고 WIPO 실연·음반조약(WPPT)도 청각 실연자에게 배포권을 부여할 것을 체약국의 의무로 규정하고 있는 점을 감안하여 실연자에게 배포권을 새로이 부여하였다.[26] 다만, 실연자의 배포권은 일반 이용자의 실연에 대한 접근 및 실연 복제물의 유통을 곤란하게 하는 측면이 있고 WPPT도 각 체약국에게 배포권 소진의 인정여부 및 소진될 조건을 정할 자유를 인정하고 있으므로, 저작자의 배포권과 마찬가지로 실연자의 배포권도 한번 거래에 제공됨으로써 소진되도록 단서 규정을 두었다(최초판매의 원칙).[27]

실연자의 배포권을 신설하게 됨에 따라 이 권리도 특약이 없는 한 영상제작자가 이를 양도받은 것으로 추정하도록 하였다(제100조 제 3 항). 이처럼 실연자의 배포권도 특약이 없는 한 영상제작자에게 양도된 것으로 추정되므로, 영상제작자가 실연자로부터 양도받는 권리를 확인하는 제101조에 기존의 복제·방송 또는 전송할 권리에 덧붙여 실연자의 배포권을 추가하였다.[28]

다. 대 여 권

실연자는 제70조 단서의 규정에 불구하고 그의 실연이 녹음된 판매용 음반을 영리를 목적으로 대여할 권리를 가진다(저작권법 제71조).

2006년 개정되기 전 저작권법 제65조의2 제 1 항은 "실연자는 그의 실연이 녹음된 판매용 음반의 영리를 목적으로 하는 대여를 허락할 권리를 가진다"고 하여 실연자의 판매용 음반에 대한 대여허락권을 규정하고 있었다. 이 규정은 1994년 1월 7일 저작권법 개정 당시 새로 신설된 규정이었다. 우리나라에서는 아직 활성화 되지 않고 있지만 이웃 일본에서는 판매용 음반을 대여하는 것을 영업으로 하는 점포가 상당수 있다고 한다. 이러한 음반대여업소로부터 판매용 음반을 싼 값에 대여 받아 이용하거나 심지어는 이를 가정에서 복제하는 행위가 발생할 수도 있는데, 그렇게 되면 음반판매량의 감소 등 실연자와 음반제작자의 피해도 늘어날 수밖에 없을 것이다. 그러나 종래 저작권법은 대여권을 인정하지 아

---

26) WPPT는 실연자와 음반제작자의 배포권을 인정하고 있다. 2006년 개정 전의 저작권법은 음반제작자에게만 배포권을 인정하고 있었으므로(제67조) WPPT를 우리 저작권법에 수용하기 위하여 2006년 저작권법을 개정하면서 실연자에게도 배포권을 인정한 것이다.

27) WIPO 실연·음반조약(제 8 조)
(1) 실연자는 판매 또는 기타 소유권의 이전을 통하여 음반에 고정된 실연의 원본이나 복제물을 공중이 이용할 수 있도록 제공하는 것을 허락할 배타적 권리를 향유한다.
(2) 이 조약의 어떠한 규정도 체약 당사자가 고정된 실연의 원본이나 복제물이 실연자의 허락 아래 최초 판매되거나 또는 기타 소유권이 이전된 후에 제 1 항의 권리의 소진이 적용될 조건을 결정할 자유에 영향을 미치지 아니한다.

28) 심동섭, 개정 저작권법 해설, 계간 저작권, 2006년 겨울, 저작권심의조정위원회, 56면.

니하였으므로 이를 구제할 길이 없었다. 저작권법은 제43조에서, “저작물의 원작품이나 그 복제물이 배포권자의 허락을 받아 판매의 방법으로 거래에 제공된 경우에는 이를 계속하여 배포할 수 있다”라고 규정하여 이른바 ‘권리소진의 원칙’(first sale doctrine)을 천명하고 있었고 여기서 배포라 함은 유상·무상의 대여를 포함하는 것이므로(같은 법 제 2 조 제15호), 일단 판매용 음반을 판매한 이상 음반대여점이 이를 구입하여 일반 고객에게 대여하는 것은 막을 수 없었던 것이다. 이에 저작권법은 1994년 법 개정으로 실연자와 음반제작자에 대하여 판매용 음반(현행 저작권법에서는 ‘상업용 음반’)의 영리를 목적으로 하는 대여를 허락할 권리를 신설함으로써 그들의 권리보호를 도모한 것이다. 그러나 이때 인정된 실연자와 음반제작자의 판매용 음반에 대한 대여권은 완전한 의미의 배타적 권리가 아니라, 방송사업자에 대한 보상금 청구권(2차적 사용료 청구권)과 마찬가지로 지정된 실연자단체 등 집중관리단체를 통해서만 행사할 수 있는 제한된 권리로 되어 있었다(1994년 저작권법 제65조의2 제 2 항, 제65조 제 2 항).

그런데 WPPT 제 9 조는 실연이 고정된 음반의 대여를 허락할 배타적 권리를 실연자에게 부여하는 것을 체약국의 의무로 규정하면서, 다만 1994년 4월 15일 이전에 대여와 관련한 보상청구권제도를 가지고 있는 국가는 계속 보상청구권 제도를 유지할 수 있도록 허용하고 있다.[29] 1994년 7월 1일 발효된 개정 전 저작권법 제65조의2는 실연자에게 음반대여에 대한 배타적 권리를 부여하면서도 대여권의 구체적인 행사방법과 관련하여서는 지정단체를 통해서 행사하는 보상청구 방법만을 규정하고 있어서 배타적 권리의 성격과는 맞지 않았다. 이에 우리나라가 WPPT에 가입하게 되면 동 조약 위반이라는 주장이 제기될 소지가 다분하였다. 따라서 2006년 저작권법을 개정하면서 실연자의 음반 대여권에 대한 보상청구권을 삭제하고 완전한 배타적 권리로 인정한 것이다. 마찬가지 이유로 음반제작자에 대한 상업용 음반의 대여권도 배타적 권리로 확실히 규정하였다.[30] 이와 같은 경위로 개정된 현행 저작권법은 종전 저작권법에서 인정되던 실연자의 대여허락권을 확실한 배타적 권리로 보다 공고히 하였다는 점에서 의미가 있다.

---

29) WIPO 실연·음반조약(제 9 조)

(1) 실연자는 음반에 고정된 실연의 원본이나 복제물이 자신에 의하여 또는 자신의 허락에 의하여 배포된 후에도, 체약 당사자의 국내법에서 정한 바대로 이를 공중에 상업적으로 대여하는 것을 허락할 배타적 권리를 향유한다.

(2) 제 1 항의 규정에도 불구하고, 1994년 4월 15일 당시에 음반에 고정된 자신의 실연의 복제물의 대여에 대하여 실연자에게 공정한 보상제도를 가지고 있었고, 그 이후로도 이를 유지하고 있는 체약 당사자는 음반에 고정된 실연의 상업적 대여가 실연자의 배타적 복제권을 실질적으로 침해하지 아니하는 한 그 제도를 유지할 수 있다.

30) 심동섭, 전게논문, 56면.

라. 공연권(생실연 공연권)

실연자는 그의 고정되지 아니한 실연을 공연할 권리를 가진다. 다만, 그 실연이 방송되는 실연인 경우에는 그러하지 아니하다(저작권법 제72조). 방송되는 실연을 제외한 것은 실연자에게 공연권과 별도로 방송권이 부여되어 있기 때문이다.

WPPT 제 6 조는 실연자에게 방송되지 않은 생실연에 대해 공중전달권을 부여할 것을 체약국의 의무로 규정하고 있다. WPPT 제 2 조는 공중전달의 개념을 "방송 이외의 모든 매체에 의하여 실연의 소리 … 를 공중에게 송신하는 것"이라고 규정하고 있는데,[31] 이러한 의미에서의 공중전달의 상당부분은 유선방송이 차지하지만 그 밖에 확성기나 멀티비전 등의 대형화면을 통한 전달도 생각해 볼 수 있다. 우리 저작권법은 1994년 개정법에서부터 생실연의 방송(유선방송 포함)에 대하여 실연자에게 이미 방송권을 부여하고 있었으므로[32] WPPT 가입을 위하여서는 공중전달에서 유선방송을 제외한 부분, 즉 생실연을 확성기나 멀티비전 등을 통하여 실연 장소 이외의 지역에 있는 공중에게 실시간으로 제공하는 행위에 대하여 새롭게 권리를 부여하여야 할 필요가 생겼다. 그런데 우리 저작권법상 이러한 행위는 공연에 해당하므로 2006년 저작권법을 개정하면서 실연자에게 고정되지 않은 생실연(生實演, Live 공연)에 대한 공연권을 새로이 부여한 것이다. 따라서 예를 들어 세종문화회관에서 유명가수의 라이브 공연을 회관 밖에서 멀티비전을 통해 볼 수 있도록 하는 경우, 종전에는 이를 통제할 규정이 없었으나 2006년 개정 저작권법 이후부터 그 가수는 이 조항을 들어 자신의 권리를 주장할 수 있게 되었다.[33]

마. 방 송 권

실연자는 그의 실연을 방송할 권리를 가진다. 다만, 실연자의 허락을 받아 녹음된 실

---

31) WIPO실연·음반조약
  –제 2 조(g)
  실연이나 음반의 '공중전달'이란 방송 이외의 모든 매체에 의하여, 실연의 소리, 음반에 고정된 소리 또는 소리의 표현을 공중에게 송신하는 것을 말한다. 제15조에서의 '공중전달'은 음반에 고정된 소리 또는 소리의 표현을 공중의 청취에 제공하는 것을 포함한다.
  – 제 6 조
  실연자는 자신의 실연에 관하여 다음을 허락할 배타적 권리를 향유한다.
  (i) 실연이 이미 방송실연인 경우를 제외하고, 고정되지 아니한 실연을 방송하고 공중에 전달하는 것
  (ii) 자신의 고정되지 아니한 실연을 고정하는 것

32) 1994년 저작권법 제64조(실연방송권) "실연자는 그의 실연을 방송할 권리를 가진다. 다만, 실연자의 허락을 받아 녹음된 실연에 대하여는 그러하지 아니하다."(현행 저작권법 제73조)

33) 심동섭, 전게논문, 56-57면.

연에 대하여는 그러하지 아니하다(저작권법 제73조). 여기서 단서규정은 이미 실연자가 자신의 실연이 녹음될 것을 허락한 경우에는 이를 방송하기 위하여 다시 실연자의 허락을 받을 필요가 없다는 것을 의미한다. 따라서 실연의 녹음이 상업용 음반으로 행하여진 경우에 그 상업용 음반을 방송하게 되면 실연자는 저작권법 제75조의 규정에 따라 해당 방송사업자에게 일정한 보상금을 청구할 수 있을 뿐이다. 그리고 위 단서에서 녹음의 경우만을 규정하고 있고 녹화에 대한 규정을 두고 있지 않은 것은, 실연자의 허락을 받아 녹화된 영상저작물에 대하여는 제100조 제 3 항의 영상저작물에 관한 특례규정이 적용되므로 이를 통하여 제한이 가능하기 때문이다. 즉, 영상저작물의 제작에 협력할 것을 약정한 실연자의 그 영상저작물의 이용에 관한 실연방송권은 특약이 없는 한 영상제작자에게 양도된 것으로 추정한다. 그러므로 청각 실연자의 방송권은 그 실연이 실연자의 허락을 받아 녹음된 경우에는 제한되고, 시청각 실연자의 방송권은 그 실연이 영상저작물로 녹화된 경우에는 제한된다.

따라서 실연자는 음반제작계약을 체결하거나 영상저작물 출연계약을 체결할 때 자신의 이익을 충분히 반영할 수 있도록 계약 체결 단계에서부터 주의할 필요가 있다. 이것은 실연자의 저작인접권과 관련하여서는 전통적으로 이른바 'One Chance 주의',[34] 즉 실연자에게는 최초 계약에서 자신의 권리를 보장받을 수 있는 기회가 한 번 주어지며 그 단계에서 자신의 이익을 반영하지 않으면 그 이후에는 실연자의 권리가 작동하지 않도록 하는 입장이 바탕에 깔려 있기 때문이다. 제73조 단서 규정은 이처럼 실연자의 권리 행사를 1회로 한정시키려는 입법적 경향을 반영하여 실연자가 그 실연을 녹음하는 과정에서 일단 권리를 행사한 이상 그 녹음물을 방송하는 것에 대하여는 권리를 제한하려는 취지라고 볼 수 있다.

이와 같이 실연자의 실연방송권은 저작권법 제73조 단서 및 제100조 제 3 항의 제한을 받게 되므로 결국 실연의 방송에 관하여 실연자의 권리가 미치는 범위는, ① '직접' 실연의 생방송, ② '직접' 실연의 방송을 수신하여 행하는 재방송, ③ 실연자의 허락 없이 녹음·녹화한 고정물을 이용한 방송 등이라고 할 수 있다.[35]

한편, 저작재산권의 경우에는 2006년 개정법에서부터 '전송'과 '방송' 및 '디지털음성송신'을 포괄하는 상위개념으로서 '공중송신권'(저작권법 제18조)을 신설하고 있으나, 저작인접

34) 로마협약(제 7 조, 제19조)에서 실연자의 권리는 그 실연이 이용될 때마다 작동되는 것이 아니라 실연의 이용을 허락하는 최초 계약을 체결할 때에 그 이후 실연의 이용 상황까지 감안하여 이익 확보를 도모하는 길이 남아 있을 뿐이다. 'One Chance주의'라는 용어는 이러한 로마협약상 실연자의 권리의 성격을 설명하기 위하여 일본 학자들이 편의상 사용한 용어라고 한다(박성호, 전게서, 378면).

35) 허희성, 전게서, 285면.

권인 실연자 및 음반제작자의 권리에 있어서는 여전히 '방송'과 '전송'을 구별하여 독립적으로 규정하고 있음을 주의할 필요가 있다. 이는 저작재산권과는 달리 저작인접권의 경우에는 위와 같이 허락을 받아 녹음된 실연의 방송에 대하여 권리를 제한하고, 상업용 음반의 방송사용과 실연이 녹음된 음반의 디지털음성송신의 경우에 배타적 권리가 아닌 채권적 청구권인 보상금청구권만 인정하는 등 '전송'과 '방송' 및 '디지털음성송신'에 대하여 각각 차별적인 취급을 하기 위한 것이다.

바. 전 송 권

(1) 내 용

실연자는 그의 실연을 전송할 권리를 가진다(저작권법 제74조). 2004년 저작권법 개정 당시 실연자에게 새로이 부여된 권리이다. 2000년 개정된 저작권법은 저작권자에게 전송권을 부여하는 규정을 신설하면서도 저작인접권자인 실연자와 음반제작자에게는 전송권을 인정하지 않았다. 그러다가 인터넷상에서의 불법음원 유통 행위가 상당한 규모로 일어나게 되고, 그로 인하여 실연자와 음반제작자의 경제적 이익에 큰 위해가 발생하자, 2004. 10. 16. 저작권법 개정을 통하여 실연자와 음반제작자에게도 전송권을 부여한 것이다. 이 규정은 2005년 1월 17일부터 효력을 발생하였다.

이 규정에 따라 실연자는 자신의 실연의 고정물인 음반이나 영상 등을 다른 사람이 온라인상에서 파일 형태로 업로드하거나 AOD 또는 VOD 형식으로 스트리밍 서비스를 하는 등의 전송행위를 하는 것을 허락하거나 금지할 수 있는 배타적 권리를 가지게 되었다. 이전에도 실연자의 허락 없이 음악 파일이 온라인상에 업로드 되는 과정에 디지털 복제행위가 수반됨을 들어 복제권의 침해를 주장할 수는 있었으나, 전송권의 신설로 업로드 등 전송행위 자체에 대하여 권리를 행사할 수 있게 되었다. 실연자의 온라인상의 권리가 보다 확고해졌다고 할 수 있다.[36)]

(2) 인터넷 방송

오늘날 디지털 기술의 발달에 따라 인터넷을 기반으로 하는 다양한 형태의 저작물 송신 서비스가 나타나고 있다. 그 중에는 이른바 '인터넷 방송'이라는 이름으로 제공되는 것이 상당한 부분을 차지하고 있는데, 이러한 '인터넷 방송'은 서비스가 이루어지는 구체적인

---

36) 오승종·이해완, 전게서, 404면. 다만 우리 저작권법이 저작인접권자에게 인정하고 있는 전송권은 WIPO실연음반조약에서 규정된 전송권의 범위보다 넓어서 과잉입법이 아닌지 의심된다는 견해가 있다(박성호, 전게서, 379면).

형태에 따라서 '방송', '전송' 또는 '디지털음성송신' 및 기타 그 밖의 것들로 구분해 볼 수 있다. 일단 그러한 인터넷 방송이라고 통칭되는 서비스 중에서 이용자가 개별적으로 선택한 시간과 장소에서 접근할 수 있도록 제공되는 것, 즉 이시성(異時性)을 가지는 주문형(on demand) 방식의 서비스는 저작권법상 '전송'에 해당한다고 보아야 할 것이다. 따라서 그 경우 실연자 및 음반제작자에게는 채권적 권리인 보상금청구권이 아니라 물권적 권리인 배타적 금지권이 주어지게 된다.

그러나 이용자가 동일한 시간에 동일한 내용의 콘텐츠를 수신하도록 되어 있는 '동시수신'(同時受信) 형태의 서비스의 경우[37]에는 다시 두 가지 경우로 나누어 생각해 볼 수 있다. 우선 그 서비스가 '영상'이 아닌 '음'(音)만을 송신하는 것인 경우에는 '디지털음성송신'에 해당하고, 그러한 서비스를 제공하는 사업자에 대하여 실연자는 저작권법 제76조의 규정에 의한 보상금청구권을 가지게 된다. 이에 비하여 '영상'을 포함하여 송신하는 서비스인 경우에는 '방송'에 포함된다는 견해와,[38] 그것은 저작재산권 중 '공중송신'의 개념에는 포함되지만 실연자의 권리, 즉 실연자의 물권적 또는 채권적 권리가 미치는 방송, 전송, 디지털음성송신 중에는 그 어느 것에도 해당하지 않는 것으로 보는 견해가 있다.[39] 후자의 견해는, 따라서 '디지털음성송신'에 해당하지 않는 비주문형 웹캐스팅 서비스에 대하여는 실연자의 권리 중 어느 것도 해당하거나 저촉되는 것이 없다고 보아야 하며, 그러한 경우 권리관계의 복잡화를 피하기 위한 영상저작물의 특례규정의 취지에 비추어 실연자에게 그 부분에 대한 별도의 권리를 인정하지 않는 것이 바람직하다고 보았기 때문에 그와 같이 규정하게 된 것이라고 한다.[40]

현행 저작권법에서 방송의 개념을 매체의 쌍방향성이 있는 경우를 제외한다는 취지를 명시하고 있지 않고 다만 공중을 대상으로 할 것과 수신의 동시성이 있을 것만을 개념요소로 하고 있기 때문에, 매체의 쌍방향성과 수신의 동시성이 있는 송신 중 디지털음성송신의 경우에만 방송의 개념에서 제외되고 나머지는 여전히 방송에 해당하는 것으로 보는 것이 문리해석상 가능하다는 점에서 전자의 견해도 근거가 있다. 반면에 후자의 견해는 개정 저작권법에서 디지털음성송신의 개념을 구별하여 다루기로 한 취지에는 실시간 웹캐스팅과 같이 매체의 쌍방향성을 가진 송신의 경우는 방송에 대한 저작권법상의 여러 규정, 특히 방송사업자의 저작인접권 보호와 방송에 특화된 저작재산권 제한 규정 등을 그대로 적

37) 이러한 서비스를 보통 '비주문형 웹캐스팅'이라고 부르고 있는 것 같다.
38) 임원선, 실무가를 위한 저작권법(개정판), 한국저작권위원회, 2009, 132면; 심동섭, 개정 저작권법 해설, 계간 저작권(2006, 겨울), 저작권심의조정위원회, 48-49면 각 참조.
39) 이해완, 저작권법(제 2 판), 박영사, 2012, 343, 645면.
40) 상게서, 645면.

용하기가 곤란한 면이 있다는 것이 반영된 것으로 보는 관점에 입각하고 있다. 그러한 입법취지에 비추어 매체의 쌍방향성이 있는 송신은 방송의 개념에서 제외되고, 그 가운데 수신의 동시성이 있는 것은 전송의 개념에서도 제외되며, 영상의 송신이나 음과 영상의 동시 송신의 경우에는 디지털음성송신의 개념에서도 제외되므로, 결국 '기타의 공중송신'으로 볼 수밖에 없다고 하는 것이다.41)

현재로서는 어느 견해가 타당한지 쉽게 판단하기 어렵다. 디지털 관련 기술이 급속도로 발전하고 있어서 향후 어떠한 형태의 서비스가 새로 등장할지 예측하기 곤란하다는 점도 그러한 판단을 어렵게 하는 이유가 되고 있다. 입법취지에 비추어 후자의 견해가 타당한 면이 있으나, 다만 그렇게 해석할 경우 영상을 포함하는 비주문형 웹캐스팅 서비스는 '방송', '전송' 및 '디지털음성송신' 중 어느 것에도 해당하지 아니하여 실연자 및 음반제작자의 권리와 관련하여 중대한 권리의 공백이 생기게 된다는 비판이 있을 수 있다. 그러나 일반적으로 '공중의 구성원의 요청에 의하여 개시되는' 서비스를 '쌍방향성 서비스'라고 한다는 점과 방송은 비쌍방향성을 특징으로 한다는 점에 비추어 볼 때, 음성이 아닌 영상의 웹캐스팅의 경우도 이를 방송이라고 보기는 어려운 면이 있지만 부득이 방송으로 볼 수밖에 없으며, 그렇게 해석함으로써 입법상의 공백을 메울 수 있지 않을까 생각한다. 이 부분에 대한 상세한 논의는 제4장의 '디지털음성송신' 부분을 참고하기를 바라며, 향후 입법이나 판례를 통하여 보다 명확한 결론이 도출되기를 기대한다.

영상제작자와 영상저작물의 제작에 협력할 것을 약정한 실연자의 그 영상저작물의 이용에 관한 전송권 역시 특약이 없는 한 영상제작자에게 양도된 것으로 추정한다(저작권법 제100조 제 3 항).

사. 실연자의 보상청구권

저작권법은 실연자에 대하여 실연이 녹음된 상업용 음반을 방송에 사용하는 경우에 방송사업자를 상대로 상당한 보상금을 청구할 권리(제75조), 실연이 녹음된 음반을 사용하여 디지털음성송신사업자가 송신하는 경우에 상당한 보상금을 청구할 권리(제76조), 실연이 녹음된 상업용 음반을 사용하여 공연을 하는 자에 대하여 상당한 보상금을 청구할 권리(제76조의2) 등 세 가지 경우에 대하여 상당한 보상금을 청구할 권리를 실연자에게 부여하고 있다. 이러한 권리를 총칭하여 실연자의 보상청구권이라고 한다. 앞에서 본 실연자의 복제권이나 방송권, 전송권 등의 저작인접권이 배타적 권리로서 준물권적(準物權的) 권리인 것

41) 이해완, 유사전송 행위의 법적 취급 – 그 문제점과 개선방안, 한국저작권위원회, 2012. 5. 10. 저작권정책 릴레이 토론회 발표자료, 11-12면.

에 대하여, 보상청구권은 배타적 효력이 없는 채권적 권리라는 점에 특색이 있다. 즉, 보상청구권은 물권에 준하는 효력을 갖는 것이 아니라 단순히 보상금을 청구할 수 있는 채권적 권리이므로, '先 허락, 後 사용'이 아니라 '先 사용, 後 보상'의 개념을 가지는 권리라고 할 수 있다. 예를 들어 상업용 음반을 방송에 사용하고자 하는 방송사업자는 해당 실연자나 음반제작자의 허락 여부와 관계없이 일단 음반을 방송에 사용할 수 있고, 나중에 그 사용료 상당액을 실연자 또는 음반제작자에게 보상금으로 지급하기만 하면 된다. 그렇기 때문에 보상청구권에 대하여는 저작권법 제123조의 침해정지청구권이 적용되지 않는다.

아래에서는 실연자가 가지는 각각의 보상청구권에 대하여 살펴보기로 한다.

(1) 상업용 음반 방송사용 보상청구권

방송사업자가 실연이 녹음된 상업용 음반을 사용하여 방송하는 경우에는 상당한 보상금을 그 실연자에게 지급하여야 한다. 다만, 실연자가 외국인인 경우에 그 외국에서 대한민국 국민인 실연자에게 이 항의 규정에 의한 보상금을 인정하지 아니하는 때에는 그러하지 아니하다(저작권법 제75조 제 1 항).

상업용 음반은 보통 개인용이나 가정용으로 사용될 것을 예정하고 있는 것이다. 그런데 상업용 음반이 방송을 통하여 전파되게 되면 그러한 예정을 뛰어넘는 현저한 이용이 이루어지게 되며 그로 인하여 실연자는 실연의 기회를 상실하는 셈이 되므로, 이에 대하여는 별도의 보상을 해 줄 필요가 있다. 본 항은 이러한 취지에서 상업용 음반의 연주라는 1차적 사용의 범위를 벗어나 다시 이를 방송으로 사용하는데 대한 사용료청구권을 인정하는 것이므로 이를 '2차적 사용료청구권'이라고 한다.[42] 실연자로서는 자신의 허락을 받아 녹음된 실연의 방송에 대하여는 이를 허락하고 말고 할 권리가 없지만(저작권법 제73조 단서), 그런 경우라도 상업용 음반이 방송에 사용된 경우에 대하여는 실연자에게 일정한 보상을 받을 권리를 부여함으로써 실연자와 방송사업자의 이해관계를 조절한 것이다.

실연자에게 보상금청구권을 인정한다고 하더라도 수많은 음악을 방송하여야 하는 방송사업자가 모든 실연자와 접촉하여 보상금을 협의한다는 것은 실연자의 입장에서나 방송사업자의 입장에서나 현실적으로 어렵고 불편하다. 이에 저작권법은 본 항에 의한 보상금의

---

42) 그런데 음악 저작권 실무계에서는 일반적으로 한국음악저작권협회에 지급되는 음악저작물 사용료를 '1차 사용료'라고 지칭하고, 상업용 음반의 방송이나 공연에 따른 보상금을 '2차 사용료'라고 지칭하고 있음을 유의할 필요가 있다. 이는 그러한 보상금을 수령하는 권한을 가진 저작인접권자 단체와 보상금 지급의무자(주로 방송사들) 사이에 보상금 액수를 협의·결정함에 있어서 한국음악저작권협회, 즉 저작자에게 지급하는 저작물 사용료를 기준으로 하여 저작물 사용료의 몇 % 하는 식으로 결정하는 경우가 많기 때문에, 저작물 사용료를 1차 사용료, 상업용 음반에 대한 보상금을 2차 사용료라고 지칭하는 것이다.

지급 등과 관련하여 저작권법 제25조 제 5 항 내지 제 9 항의 규정을 준용하도록 하고 있다(제75조 제 2 항). 따라서 실연자의 보상금청구권은 제25조 제 5 항 각호의 요건을 갖춘 단체로서 문화체육관광부장관이 지정하는 단체를 통하여 행사되어야 한다.[43] 이러한 단체가 보상권리자를 위하여 청구할 수 있는 보상금의 금액은 매년 그 단체와 방송사업자가 협의하여 정하며(제75조 제 3 항), 그 협의가 성립되지 아니하는 경우에 그 단체 또는 방송사업자는 대통령령이 정하는 바에 의하여 한국저작권위원회에 조정을 신청할 수 있다(제75조 제 4 항). 그러나 한국저작권위원회의 조정절차는 강제성이 없는 임의조정의 성격을 가지므로 궁극적으로 당사자 사이의 의견의 합치를 이루어내지 못하면 조정은 불성립하게 되며, 그 경우 보상금 수령단체는 법원에 보상금 청구소송을 제기할 수 있다. 결국 보상금의 금액에 대하여는 먼저 보상금 수령단체와 방송사업자 사이의 협의에 의하여 정하고, 그 협의가 성립하지 아니하는 경우에 한국저작권위원회의 조정절차에 따르게 되지만, 당사자 사이의 합의가 이루어지지 않아 조정이 불성립될 경우에는 최종적으로 법원의 판결에 따라 보상금액을 결정하게 된다. 보상금액을 결정하는 기준과 관련한 판결의 경향을 보면 음악저작권자에게 지급하는 저작물 사용료(이른바, '1차 사용료')의 일정 비율(%)을 보상금액으로 본 판결도 있고,[44] 방송사업자의 매출액을 기준으로 하여 보상금액을 결정한 판결도 있다.[45]

한편, 위와 같이 실연자의 보상금청구권을 문화체육부장관이 지정하는 단체가 독점적으로 행사할 수 있도록 한 결과 그 지정단체에 가입하지 아니한 실연자의 보상금청구권

43) 현재로서는 사단법인 한국음악실연자연합회가 보상금에 관한 업무를 수행하는 단체로 지정되어 있다.

44) 서울지방법원 1999. 7. 30. 선고 97가합44527 판결은, "원고들(사단법인 한국예술실연자단체연합회, 사단법인 영상음반협회)과 피고가 1990년경 이래로 수차례의 협의 등을 거쳐 결정하여 온 보상금 지급수준은 향후 보상금의 수액을 결정함에 있어서 유력한 자료가 된다고 할 것인바, 종래의 경과에 의하면 원고와 피고는 보상청구권이 인정되는 취지, 보상금액 산출의 현실적인 어려움, 피고에 의하여 1차 사용료가 지급되는 한국음악저작권협회의 관리곡 중에서 국내곡이 차지하는 비율 및 국내곡 중에서 원고들의 관리곡이 차지하는 비율 등 제반 사정을 고려해야 한다는 공통의 이해 하에 피고가 지급하여야 할 보상금을 1차 사용료의 70% 수준으로 정한다는 내용의 협의가 이루어져 왔다고 봄이 상당하다"고 판시하고 있다.

45) 서울중앙지방법원 2011. 9. 16. 선고 2009가합123027 판결은, "① 피고 방송사업자들은 각 기존 방송사용 보상금계약에서 방송사용 보상금으로 1차 사용료의 47%를 지급하고 있었고, 이는 전년도 매출액의 약 0.182%에 해당하는 점, ② 공중파 라디오 방송사의 경우 2009년 이전에 전년도 매출액 대비 약 0.11% 내지 0.39% 사이의 수준으로 방송사용 보상금을 지급하도록 되어 있는 점, ③ 음악방송을 전문으로 하는 케이엠티브이 주식회사도 2004년도에는 전년도 매출액 대비 0.075%, 2010년도에는 전년도 매출액 대비 0.504%의 방송사용 보상금을 지급하기로 합의한 점, ④ 피고들은 종교방송사로서 다른 방송사와 달리 방송시간의 60% 이상을 선교 프로그램으로 편성하여야 하는 점(방송법 제69조 제 4 항, 방송법 시행령 제50조 제 4 항 제 1 호 참조), ⑤ 원고는 이 사건에서 2007년도 방송사용 보상금만 청구하고 있으므로 이 사건에서 정할 보상금의 수준에 비추어 그 이후의 보상금은 앞으로의 협의에 따라 더 상향될 여지가 있는 점 등을 고려해 보면, 피고들이 원고에게 지급할 2007년도 보상금의 수준은 전년도인 2006년도 매출액의 0.23%로 정함이 상당하다"고 판시하였다.

행사가 문제로 된다. 이에 저작권법 제75조 제 2 항이 준용하는 법 제25조 제 6 항은, 보상금청구권의 행사자로 지정된 단체는 그 구성원이 아니라도 보상금을 받을 권리를 가진 자로부터 신청이 있을 때에는 그 자를 위하여 그 권리행사를 거부할 수 없으며, 이 경우에 그 단체는 자기의 명의로 그 권리에 관한 재판상 또는 재판 외의 행위를 할 권한을 가진다고 규정하고 있다.

2006년 개정된 저작권법은 외국인 실연자의 방송보상청구권을 상호주의의 전제 아래에서 인정하고 있다. 2006년 개정되기 전 저작권법은 실연자의 방송보상청구권을 인정하면서도 "다만, 실연자가 외국인인 경우에는 그러하지 아니하다"라고 하여(개정 전 저작권법 제65조 제 1 항 단서) 외국인 실연자(가수 등)가 노래한 상업용 음반을 방송하는 경우에는 우리나라 실연자와 차별하여 그 외국인에게 보상을 하지 않았다. 그러나 2006년 개정된 이후 현행 저작권법은 외국인의 실연을 방송하는 경우에도 외국에서 우리나라 국민에게 보상금을 지급하는 것을 전제로(상호주의) 그 외국인에게 방송보상청구권을 인정하였다. 이는 비록 상호주의이긴 하지만 우리나라 실연자가 외국 방송사업자로부터 보상금을 받을 수 있는 길을 열어주고, 외국과의 불필요한 지적재산권 분쟁을 방지하기 위하여 마련한 조항이라고 할 수 있다.

미국은 내외국인을 불문하고 공중파 방송에서 사용한 음반에 대한 실연자의 방송보상청구권을 인정하지 않고 있다. 그러므로 상호주의에 따라 우리나라 공중파 방송사는 일단 미국인 실연자의 상업용 음반에 대한 방송보상청구권을 인정할 필요가 없다고 볼 수 있다. 다만, 방송의 형태는 종류가 다양하므로 상세한 내용과 관련하여서는 미국 저작권법에 대한 보다 면밀한 검토가 필요할 것이다. 한편, 일본과 독일은 상호주의에 따라 공중파 방송에 사용한 음반에 대한 실연자의 방송보상청구권을 인정하므로 우리나라 방송사도 그들의 방송보상청구권을 인정하여야 한다.[46)]

실연의 경우와 마찬가지로 외국인 음반제작자의 방송보상청구권도 상호주의의 따라 인정하도록 되어 있다.

(2) 디지털음성송신 보상청구권

디지털음성송신사업자가 실연이 녹음된 음반을 사용하여 송신하는 경우에는 상당한 보상금을 그 실연자에게 지급하여야 한다(저작권법 제76조 제 1 항).

디지털음성송신권이 신설됨에 따라 2006년 개정 저작권법에서 실연자에게 디지털음성송신에 대한 보상청구권을 새로이 부여한 것이다. '디지털음성송신'은 공중송신 중 공중으

46) 심동섭, 전게논문, 57면.

로 하여금 동시에 수신하게 할 목적으로 공중의 구성원의 요청에 의하여 개시되는 디지털 방식의 음의 송신을 말하며, 전송을 제외한다(저작권법 제 2 조 제11호). '음'(音)만을 송신하는 것이 아니라 '영상'의 송신이 포함된 경우에 대하여는 이를 '방송'으로 볼 것인지 아니면 그러한 경우는 디지털음성송신은 물론이고 방송이나 전송의 개념 어디에도 해당하지 않아 실연자의 권리의 대상에서 제외된다고 볼 것인지에 대하여는 앞의 실연자의 '전송권' 부분에서 살펴본 바와 같다.

한편, 다른 보상청구권 규정과는 달리 이 규정에서는 '상업용 음반'이 아니라 그냥 '음반'이라고 하고 있다는 점,[47] 그리고 상호주의를 적용하지 않고 있다는 점을 유의하여야 한다. 상호주의가 적용되지 않고 내국민대우(national treatment) 원칙이 적용되므로, 해당 국가(외국)에서 우리나라 국민인 실연자에게 디지털음성송신에 대하여 보상금청구 등 보호를 하지 않고 있다고 하더라도 그 외국인의 실연이 녹음된 음반이 우리나라에서 디지털음성송신에 사용된 경우에는 그 외국인에 대하여 보상금을 지급하여야 한다.[48]

인터넷 방송 또는 동시 웹캐스팅의 형태로 소리를 송신하는 디지털음성송신은 그 서비스의 행태가 방송과 유사하므로 디지털음성송신사업자로 하여금 음반에 녹음된 실연자를 일일이 찾아다니며 계약을 맺도록 하는 것(배타적 권리)보다 방송과 마찬가지로 보상청구권을 부여하는 것이 타당하다는 논지에 따른 것이다. 다만, 방송의 경우와 다른 점은 방송의 경우에는 실연이 녹음된 음반을 사용하여 방송하는 경우를 제외하고는 실연자의 배타적 방송권의 대상이 되도록 규정하고 있음에 반하여, 디지털음성송신에 대하여는 실연자의 배타적 권리가 전혀 미치지 않도록 되어 있다는 점과, 방송사업자에 대한 보상금청구권이 성립하기 위해서는 반드시 실연이 녹음된 '상업용 음반'을 사용하여 방송하는 경우에 한정됨에 반하여, 디지털음성송신사업자에 대한 보상금청구권은 상업용 음반뿐만 아니라 어떤 형태로든 실연이 녹음된 음반을 사용하여 송신하는 경우를 널리 포함하여 성립할 수

---

47) '상업용 음반이 아닌 '음반'이라고 규정한 이유는 방송과 전송의 중간 영역인 웹캐스팅으로 대표되는 디지털음성송신의 특성 때문이라고 한다. 즉, 디지털음성송신을 WIPO실연·음반조약의 공중전달의 한 유형으로 보고 상업용 음반에 한정하여 보상청구권을 부여할 경우에 동 조약의 국내법적 이행에는 문제가 없으나, 디지털음성송신을 전송의 한 유형으로 보았을 때 비상업용 음반에 대해서만 아무런 권리를 행사할 수 없게 되는 문제점이 나타나게 되었기 때문에, 디지털음성송신의 경우에는 '상업용 음반'이 아닌 '음반'에 대하여 보상청구를 할 수 있도록 규정한 것이라고 한다. 김찬동, "저작권법상 '음반', '판매용 음반'의 의미와 해석, 그 적용", 계간 저작권, 한국저작권위원회(2013, 여름), 218-219면; 박성호, 전게서, 383면.

48) 이는 디지털음성송신, 즉 웹캐스팅은 종래의 방송처럼 주파수가 미치는 범위에 의해 그 송신권역이 제한되는 것이 아니라 세계 어느 곳이든 서비스 권역에 포함될 수 있기 때문에, 외국인의 실연이 녹음된 음반을 사용한 디지털음성송신의 서비스 대상에 그 외국도 포함될 수 있다는 점을 고려한 것이다. 임원선, 전게서, 319면; 박성호, 전게서, 384면.

있다는 점 등이다. 또한, 외국인 실연자의 방송보상청구권은 상호주의에 따라 인정하도록 하였으나, 디지털음성송신은 인터넷을 기반으로 하고 국경을 초월하여 송신된다는 점을 감안하여 상호주의 적용을 배제하고 내외국인을 불문하고 보상하도록 하였다.49)

보상금의 지급과 관련하여서는 방송보상금청구권과 마찬가지로 저작권법 제25조 제 5 항 내지 제 9 항의 규정을 준용하고 있다(저작권법 제76조 제 2 항). 이 규정에 의하여 보상을 받을 권리를 행사하는 단체가 보상권리자를 위하여 청구할 수 있는 보상금의 금액은 매년 그 단체와 디지털음성송신사업자가 대통령령이 정하는 기간 내에 협의하여 정한다(제76조 제 3 항). 그러나 방송보상금의 지급의무자인 방송사업자와는 달리 본 조의 보상금의 지급의무자인 디지털음성송신사업자(보통 음악 웹캐스팅업체라고 부른다)들은 현실적으로 수백, 수천, 수만에 이를 수 있고, 그 보상금액도 방송사업자가 지급할 보상금 액수와는 비교되지 않을 정도로 소액인 경우가 많을 것이므로 실연자 단체와 이들 디지털음성송신사업자 사이에서 보상금액을 협상하여 결정한다는 것은 굉장히 어려운 일이라고 짐작된다. 이에 따라 당사자 사이에 협의가 성립하지 않을 경우 한국저작권위원회에 조정신청을 할 수 있도록 규정하고 있는 방송보상금 청구권의 경우와는 달리 디지털음성송신사업자에 대한 보상금 청구권에 대하여는 대통령령이 정한 기간 내에 협의를 끝내지 못할 경우에 문화체육관광부장관이 정하여 고시하는 금액을 지급하도록 하였다(제76조 제 4 항). 이는 주무관청인 문화체육관광부가 다소 강제성을 갖는 일종의 중재적인 역할을 수행하도록 한 것이라는 점에 특색이 있다. 2006년 개정 저작권법은 음반제작자에 대해서도 같은 취지에서 디지털음성송신 보상청구권을 인정하였다.

(3) 상업용 음반 공연사용 보상청구권

실연이 녹음된 상업용 음반을 사용하여 공연을 하는 자는 상당한 보상금을 해당 실연자에게 지급하여야 한다(저작권법 제76조의2 제 1 항). 앞에서 본 바와 같이 실연자에게는 법 제72조에 의하여 자신의 실연을 공중에게 공개할 권리인 공연권이 부여되어 있는데, 이때의 공연권은 고정되지 아니한 실연, 즉 생실연에만 국한하도록 되어 있다. 그리고 고정된 실연에 대하여는 본 항에 의한 보상청구권을 부여한 것이다. 즉, 고정되지 않은 실연의 공연에 대하여는 공연권을, 고정된 실연인 상업용 음반의 공연에 대하여는 보상청구권을 부여하고 있는 것이다. 이로써 로마협약 및 WIPO실연·음반조약상 상업용 음반의 방송 및 공중전달에 대한 보상청구권이 실연자에게 모두 부여되게 되었다.

보상금의 지급과 관련하여서는 방송 및 디지털음성송신에 대한 보상금청구권과 마찬

49) 심동섭, 전게논문, 57면.

가지로 저작권법 제25조 제 5 항 내지 제 9 항 및 제76조 제 3, 4 항의 규정을 준용하고 있다(제76조의2 제 2 항). 이 규정에 의하여 보상을 받을 권리를 행사하는 단체가 보상권리자를 위하여 청구할 수 있는 보상금의 금액은 매년 그 단체와 공연사업자가 대통령령이 정하는 기간 내에 협의하여 정한다(제76조 제 3 항). 하지만 현실적으로 공연사업자 역시 음악 웹캐스팅업체와 마찬가지로 무수히 많을 수 있으므로 이들 사업자와 일일이 보상금액을 협상한다는 것은 굉장히 어려울 것이다. 이러한 점을 감안하여 디지털음성송신보상청구의 경우와 마찬가지로 대통령령이 정한 기간 내에 협의를 끝내지 못할 경우에는 문화체육관광부장관이 정하여 고시하는 금액을 지급하도록 하였다(제76조 제 4 항).

상업용 음반의 공연사용에 대한 보상청구권 역시 상업용 음반의 방송사용에 대한 보상금청구권의 경우와 마찬가지로 외국인 실연자에 대하여는 상호주의의 전제 아래에서 이를 인정하고 있다. 즉, 실연자가 외국인인 경우에 그 외국에서 대한민국 국민인 실연자에게 상업용 음반의 공연에 대한 보상청구권을 인정하지 않는 경우에는 우리나라도 그 외국인 실연자에게 보상청구권을 인정하지 않는다(제72조의2 제 1 항, 단서).

Ⅲ. 공동실연자의 권리행사

1. 재산권의 행사

가. 행사 방법과 관련된 논의

2인 이상이 공동으로 합창·합주 또는 연극 등을 실연하는 경우에 실연자의 권리(실연자의 인격권은 제외한다)는 공동으로 실연하는 자가 선출하는 대표자가 이를 행사한다. 다만, 대표자의 선출이 없는 경우에는 지휘자 또는 연출자 등이 이를 행사한다(저작권법 제77조 제 1 항).

공동저작물의 저작재산권은 저작재산권자 전원의 합의에 의하여 행하여야 하지만, 실연을 공동으로 한 경우, 즉 공동저작인접권자의 경우에 그 실연행위를 이용하고자 하는 자가 실연자 전원의 허락을 얻어야 한다면 매우 불편하다(대규모 합창단원 전원의 허락을 얻어야 하는 경우를 생각해 보면 된다). 따라서 저작권법은 공동실연자의 경우 반드시 선출된 대표자가 실연자의 권리를 행사하는 것으로 규정하였다.

여러 사람이 저작물의 작성에 관여한 저작물 중 각자의 이바지한 부분을 분리하여 이용할 수 있는 저작물을 결합저작물, 분리이용이 불가능한 저작물을 공동저작물이라고 하고, 저작권법은 이들 두 가지 저작물에 대한 권리행사 및 이용방식을 달리 규정하고 있음은 앞에서 본 바와 같다(제3장 '저작자' 중 '공동저작자' 부분 참조). 그런데 공동실연에 있어서도 공동실연자의 권리귀속을 어떻게 파악할 것인지에 관하여 비슷한 문제로 학설의 대립이 있다.

첫째 견해는, 저작물의 경우와 마찬가지로 저작인접권의 경우에도 가수의 가창과 피아노 반주와 같이 각자의 기여분을 분리이용할 수 있는 것과, 합창단의 합창과 같이 각 구성원의 기여분을 분리이용할 수 없는 것으로 나누는 것이 이론상 불가능한 것은 아니지만, 저작권법 제77조 제1항이 이들 두 가지를 특별히 구분하여 규정하고 있지 아니할 뿐만 아니라, 본 조의 취지가 저작인접물의 이용을 원활하게 하자는데 있으므로 2인 이상이 실연행위를 한 모든 경우에 있어서 그 대표자가 저작인접권을 행사하는 것으로 새기는 편이 좋다고 보는 견해가 있다. 다만, 공동실연을 전체적으로 함께 이용하는 것이 아니라 특정부분만 분리하여 그 부분만 이용하고자 할 경우에는 해당 부분 실연자의 허락만으로 이용이 가능한 것으로 해석한다.[50)]

둘째 견해는, 공동실연이라고 하더라도 각 개별실연자의 실연은 다른 실연자의 실연과 명백히 구분될 수 있고 그 실연이 합체되어 구분이 불가능한 하나의 실연으로 되는 것은 아니므로, 실연자의 권리는 각 개별 공동실연자에게 귀속되는 것으로 해석하는 것이 타당하다는 견해가 있다. 이 견해는, 우리 저작권법은 공동저작물을 "2인 이상이 공동으로 창작한 저작물로서 각자의 이바지한 부분을 분리하여 이용할 수 없는 것"이라고 정의하고 있는데, 합창, 합주 또는 연극과 같이 2인 이상이 공동으로 실연을 하였더라도 저작물과는 달리 각 개별 실연자들의 실연 부분을 분리하여 이용하는 것도 가능하므로, 공동실연자의 권리를 준공동소유관계로 해석하기는 어렵고, 따라서 공동실연자라 하더라도 다른 사람의 실연에 대하여서까지 내부적으로 지분을 갖거나 자신의 권리를 주장할 수는 없다고 한다. 다만, 저작권법 제77조에 의하여 그 실연권의 행사만은 대표자를 통하여야 하는 제한을 받을 뿐이라는 것이다.[51)]

이러한 논의와 관련하여서는 먼저 저작물에서의 '공동저작물' 및 '결합저작물'의 개념을 저작인접물에도 적용할 수 있느냐에 대하여서부터 생각해 보아야 한다. 즉, 저작인접물, 특히 실연의 경우에도 각자의 실연 부분을 분리하여 이용할 수 없는 '공동실연물'과 분리이용이 가능한 '결합실연물'이라는 개념으로 나누어, 그 권리행사 및 이용의 방법을 각각 달리 정할 수 있느냐의 문제이다. 위에서 본 첫째 견해가 그 중 어느 입장을 취하고 있는

50) 허희성, 2007 신저작권법 축조개설(상), 명문프리컴, 2007, 411면.
51) 서울대학교기술과법센터, 저작권법주해, 박영사, 2007, 815면.

지는 다소 불분명하나, 공동실연물과 결합실연물로 나누는 것이 가능하다는 전제에 서 있는 것으로 이해된다. 이에 반하여 둘째 견해는 '공동저작물'과 같은 의미에서의 '공동실연', 즉 각자의 기여분을 분리하여 이용할 수 없는 실연의 성립 자체를 부정하고, 복수의 실연자가 함께 실연을 한 경우에는 언제든 각자의 기여분을 분리하여 이용할 수 있다는 취지로 해석된다. 따라서 실연자들은 2인 이상이 공동으로 실연을 하였더라도 각자의 실연에 대하여 각자의 권리를 가질 뿐이며, 다만 저작권법 제77조에 의하여 그 실연권의 행사만은 대표자를 통하여야 하는 제한을 받는다는 것이다.

위 두 가지 견해 외에도, 2인 이상이 공동으로 합창, 합주 또는 연극 등을 실연하는 경우에는 각자의 실연부분을 분리하여 이용하기는 어려울 것이므로 공동저작물의 경우와 마찬가지로 전원합의에 의하여 행사하도록 하는 것이 원칙이나, 그렇게 규정할 경우 수십 명이 함께 합창을 한 경우에는 그 실연을 이용하고자 하는 사람이 수십 명의 실연자 전원으로부터 개별적인 허락을 모두 받아야 한다는 결과가 되므로 그러한 점을 감안하여 저작권법 제77조와 같은 규정을 둔 것이라고 하는 견해가 있다.[52] 이 견해는 공동저작물의 개념을 공동실연에 준용하거나 적어도 유추적용할 수 있음을 전제로 한 것으로 보인다.

나. 일본의 해석론

이 문제와 관련하여서는 일본에서도 학설이 나뉜다. 加戸守行은, 합창이나 오케스트라 연주, 연극 등 다수의 실연자가 참여하는 실연의 경우 하나의 실연에 따른 저작인접권을 다수의 실연자가 공유하며, 하나의 실연인지 여부를 가늠하는 기준은 공동저작물의 경우와 마찬가지로 각 실연자의 기여분을 분리하여 이용할 수 있느냐 여부에 따라 결정할 것이라고 한다.[53] 이에 반하여 作花文雄은, 일본 저작권법상 공동저작물에 관한 정의 규정인 제 2 조 제 1 항 제12호(우리 저작권법 제 2 조 제21호에 해당)[54]를 실연자에 대하여 준용한다는 명문의 규정이 없음에도 불구하고 실연의 경우에도 공동저작물에 관한 규정에 준하여 해석할 수 있는지는 의문이며, 저작물의 경우에는 복수인이 창작적으로 기여하고 그 창작적 기여를 분리하여 이용할 수 없는 경우에 공동저작물이 성립하는 것이지만, 실연의 경우는 창작성과는 상관없이 실연을 행하는 것 자체에 의하여 보호대상으로 되는 것이므로 이를 저작물에 준하여 볼 수는 없다고 한다.[55]

---

52) 이해완, 저작권법, 박영사, 2007, 535-536면.

53) 加戸守行, 著作權法 逐條講義(四訂新版), 社團法人 著作權情報センター, 597면.

54) 일본 저작권법 제 2 조 제 1 항 제12호. "공동저작물: 2인 이상의 자가 공동하여 창작한 저작물로서, 그 각자의 기여를 분리하여 개별적으로 이용할 수 없는 것을 말한다."

55) 半田正夫·松田政行, 著作權法コンメンタール, 勁草書房(3), 作花文雄 집필 부분, 262면.

이러한 일본의 해석론 중 후자의 견해는 일본 저작권법 제103조[56]에서 저작인접권이 공유로 된 경우에 공동저작물의 저작재산권 행사에 관한 규정인 일본 저작권법 제65조[57]를 준용하도록 하고 있으면서도 공동저작물의 저작인격권 행사에 관한 규정인 같은 법 제64조[58]는 준용하도록 하는 규정을 두고 있지 않다는 점을 근거로 하고 있다. 즉, 2002년 일본 저작권법을 개정하면서 실연자의 인격권을 새로 도입하게 되었는데, 저작물에서의 공동저작물의 개념에 대응하는 '공동실연'이라는 개념은 제도상 상정하고 있지 않았기 때문에 같은 법 제64조 규정은 준용하지 않은 것이라고 한다.[59]

다. 소 결

그런데 우리 저작권법은 일본 저작권법과는 달리 제77조 제 3 항에서 공동저작물의 저작인격권에 관한 규정인 제15조의 규정을 공동실연자의 인격권 행사에 준용하도록 명문의 규정을 두고 있다. 또한 제77조의 제목부터 '공동실연자'라고 하여 저작물에 있어서의 '공동저작자' 개념에 대응하는 용어를 사용하고 있으며, 이는 일본 저작권법 제103조가 '공동실연자'라는 용어를 사용하지 않고, "저작인접권이 공유와 관련된 경우"라고 하고 있는 것과도 대비된다. 즉, 일본 저작권법이 제65조(공유저작권의 행사)에서 "공동저작물의 저작권 기타 공유와 관련된 저작권"이라고 규정하고 있음에도 같은 법 제103조에서는 구태여 앞의 '공동저작물' 부분은 배제하고 뒤의 '공유와 관련된 부분'만으로 규정하고 있는 것은, 저작물에 있어서의 '공동저작자'에 대응하는 '공동실연자'라는 개념을 의도적으로 배제한 것으로 보인다.

이처럼 일본 저작권법과는 달리 우리나라 저작권법의 경우 위에서 본 바와 같이 제77조에서 '공동실연자'라는 개념을 배제하지 않고 있으며, 오히려 그 조문의 제목에서부터 '공동실연자'라는 용어와 개념을 명문으로 인정하고 있다. 이러한 점을 본다면 우리 저작권법은 실연자와 관련하여 저작물에 있어서의 '공동저작자'에 대응하는 '공동실연자'라는 개

56) 일본 저작권법 제103조(저작인접권의 양도, 행사 등). " … 제65조의 규정은 저작인접권이 공유와 관련된 경우에 대하여 … 준용한다."

57) 일본 저작권법 제65조(공유저작권의 행사). "① 공동저작물의 저작권 기타 공유와 관련된 저작권에 대하여는, 각 공유자는 다른 공유자의 동의를 얻지 않으면 그 지분을 양도 또는 질권의 목적으로 할 수 없다. ② 공유저작권은 그 공유자 전원의 합의에 의하지 않으면 행사할 수 없다. ③ 전 2항의 경우에 있어서 각 공유자는 정당한 이유가 없는 한, 제 1 항의 동의를 거부하거나 또는 전항의 합의의 성립을 방해할 수 없다. ④ 전조 제 3 항 및 제 4 항의 규정은 공유저작권의 행사에 대하여 준용한다."

58) 일본 저작권법 제64조(공동저작물의 저작인격권의 행사) "① 공동저작물의 저작인격권은 저작자 전원의 합의에 의하지 않으면 행사할 수 없다. ② 공동저작물의 각 저작자는 신의에 반하여 전항의 합의의 성립을 방해할 수 없다. ③ 공동저작물의 저작자는 그 중에서 그들의 저작인격권을 대표하여 행사할 자를 정할 수 있다. ④ 전항의 권리를 대표하여 행사하는 자의 대표권에 가해진 제한은 선의의 제 3 자에 대항할 수 없다."

59) 半田正夫·松田政行, 전게서, 262면.

념을 적극적으로 상정하고 있는 것으로 보인다. 그렇다면 우리 저작권법이 상정하고 있는 '공동실연자'는 과연 어떠한 경우에 성립하는 것인지 생각해 볼 필요가 있다. 우선 저작권법 제 2 조 제21호가 공동저작물을 "각자의 이바지한 부분을 분리하여 이용할 수 없는 것"으로 정의하고 있으므로, '공동실연물' 역시 실연자 각자의 이바지한 부분을 분리하여 이용할 수 없는 것이라고 유추해석 해 볼 수 있을 것이다. 그러나 그렇게 해석하면, 앞에서 加戸守行의 견해에 대한 반대 견해가 지적하고 있는 것과 같은 비판에 직면하게 된다. 즉, 공동저작물의 경우에는 복수인이 창작적으로 기여하고 그 창작적 기여를 분리하여 이용할 수 없는 경우에 성립하는 것이지만, 실연의 경우는 창작성과는 상관없이 실연을 행하는 것 자체에 의하여 성립하게 되므로 이를 저작물에 준하여 볼 수는 없다는 것이다. 또한 우리 저작권법은 공동저작물에 대한 정의규정을 공동실연물에 대하여 준용하는 규정은 두고 있지 않은데, 이 점은 일본 저작권법의 경우와 마찬가지이다. 따라서 우리 저작권법은 '공동실연자'라는 개념을 상정하고 있으면서도 그 내용이나 의미, 성립요건에 대하여는 적극적으로 규정하지 아니함으로써, 이 부분에 대하여는 구체적인 사례에서의 해석이나 법원의 판단에 맡기고 있는 것으로 보인다. 이는 우리 저작권법이 2차적저작물에 대하여 별도의 정의규정을 두지 않고 법 제 5 조 제 1 항에서 "원저작물을 번역·편곡·변형·각색·영상제작 그 밖의 방법으로 작성한 창작물"이라고 하여 범주방법이 아닌 사례방법으로 그 의미를 규정하고 있는 것과 마찬가지로, '공동실연'에 대하여도 같은 방법으로 의미를 규정하고 있는 것으로 이해된다. 그렇다면 저작권법 제77조 제 1 항에서, "2인 이상이 공동으로 합창, 합주 또는 연극 등을 실연하는 경우"라고 하고 있으므로, 2인 이상이 공동으로 행하는 합창, 합주, 연극이나 이와 실질적으로 균등한 것으로 볼 수 있는 실연을 공동실연의 구체적인 사례라고 할 것이며, 그러한 실연의 경우에는 공동저작물의 저작권행사에 관하여 전원의 합의에 의하도록 한 저작권법 제48조를 유추적용할 것이 아니라, 공동으로 실연하는 자가 선출하는 대표자가 행사하도록 특별규정을 둔 것으로 이해하는 것이 타당하다고 생각된다. 즉, 권리의 행사에 있어서 공동저작물의 경우에는 원칙적으로 공동저작자 전원의 합의에 의하되 필요에 따라 대표자를 정하여 권리를 행사할 수 있도록 되어 있으나(저작권법 제48조 제 1 항, 제 4 항, 같은 법 제15조 제 2 항 및 제 3 항), 공동실연의 경우에는 아예 처음부터 공동실연자 전원의 합의가 아니라 공동실연자들이 선출하는 대표자가 그 권리를 행사하는 것으로 특별규정을 둔 것으로 이해하는 것이다.

그렇다면 2인 이상이 공동으로 행한 실연 가운데 합창, 합주, 연극 또는 이와 균등하게 볼 수 있는 실연에 해당하지 않는 경우, 즉 2인 이상의 실연이지만 저작권법 제77조 제 1 항에는 해당하지 않는 실연의 경우에는 그 권리를 어떻게 행사하여야 할 것인지의 문제가 남게 된다. 이러한 경우에 대하여는 우리 저작권법이 공동저작물의 권리행사에 관한 규정을 준용하고 있지 않는 이상, 이들 공동실연자들 사이의 권리관계를 준공동소유관계로 해석하기는 어렵다. 따라서 이러한 공동실연자들은 각자 자신의 실연행위에 대하여 개별적인 권리를 가지고 있을 뿐이며, 다른 공동실연자에 대하여서까지 내부적으로 지분을 갖거나 자신의 권리를 주장할 수는 없다고 해석함이 타당하다고 생각된다. 그렇다면 결국 그들 사이의 권리관계는 결합저작물에 있어서의 각 저작자들의 권리관계와 유사하다고 볼 수 있을 것이다.

한편, 저작권법 제75조 제 2 항 및 제76조 제 2 항이 보상금청구와 관련된 실연자의 권리는 지정단체만이 이를 행사할 수 있도록 하였으므로 본 조에 있어서 대표자가 실연자의 권리를 행사한다는 규정과 충돌이 발생하게 된다. 이에 대하여는 공동실연자의 경우에도 지정단체만이 권리를 행사할 수 있다고 보아야 할 것이다. 지정단체로 하여금 일괄적으로 권리행사를 하도록 한 저작권법의 취지는 공동실연자라고 해서 예외가 아니기 때문이다. 따라서 이 한도 내에서는 공동실연 대표자의 권리가 제한되는 것이며, 사실상 공동실연의 대표자는 지정단체에의 가입여부 및 지정단체가 일괄적으로 수령한 보상금을 지정단체를 상대로 청구할 권리 등을 가진다고 보면 될 것이다.[60)]

라. 기 타

(1) 내부적 제한의 효과

본 항 단서에서 "지휘자 또는 연출자"라고 하고 있으나 그 명칭에 구애됨이 없이 실연을 전체적으로 기획·지휘하여 이를 완성한 자라고 보면 될 것이다. 그런데 저작권법은 공동저작물의 저작인격권 행사(제15조 제 3 항), 공동저작물의 저작재산권 행사(제48조 제 4 항), 공동실연자의 실연자인격권 행사(제77조 제 3 항)의 경우에는 대표권의 제한으로 선의의 제 3 자에게 대항할 수 없다는 점을 명확히 하고 있으나, 공동실연자의 인격권 이외의 실연권의 대표행사에 관하여는 이러한 규정을 두고 있지 않다. 따라서 공동실연자의 대표자가 행사할 수 있는 권리에 대한 내부적인 제한이 있는 경우, 그러한 제한을 가지고 선의의 제 3 자에게 대항할 수 있는지 여부가 문제로 될 수 있다. 그러나 공동실연자의 실연권의 대표행사에 관하여서만 선의의 제 3 자 보호를 인정하지 않는다는 것은 타당성이 없다. 따라서 공동실연자의 실연권 대표행사의 경우에도 대표권에 대한 내부적인 제한으로 선의의 제 3 자에게 대항할 수 없다고 해석하여야 할 것이다.[61)]

---

60) 상게서, 297면.

61) 同旨, 서울대학교기술과법센터, 저작권법주해, 박영사, 2007, 816-817면.

(2) 독창 또는 독주의 경우

본 항의 규정에 의하여 실연자의 권리를 행사하는 경우에 독창 또는 독주가 함께 실연된 때에는 독창자 또는 독주자의 동의를 얻어야 한다(제77조 제 2 항). 이는 독창이나 독주는 일반적인 공동실연보다 그 실연에서 차지하는 비중이 훨씬 크기 때문에 둔 규정이다.

독창자 또는 독주자의 동의 없이 대표자가 실연의 이용허락을 한 경우에 대표자의 허락의 유효성여부에 관하여 견해의 대립이 있다. 이러한 경우에 동의를 흠결한 대표자의 허락을 무효로 볼 것인지, 아니면 대표자의 허락은 유효한 것으로 보아 이용자가 적법한 이용을 할 수는 있으되, 다만 동의 없는 이용허락을 한 대표자가 독창자나 독주자에 대하여 책임을 지게 될 뿐인지 여부이다.

첫째 견해는 동의 없는 이용허락이라도 대외적으로는 유효하다고 보는 입장으로서, 저작권법 제77조의 입법취지가 실연 이용자들의 편의를 위한 것이므로, 본 항의 해석에 있어서도 독창자 또는 독주자의 동의가 대표자 등의 권리행사에 있어서의 적법요건이 아니라 책임요건으로 해석되어야 한다는 것이다. 이 견해에 따르면 대표자로부터 이용허락을 받은 이용자는 설사 그 이용허락에 독창자나 독주자의 동의가 없었다고 하더라도 저작인접권침해의 책임을 지지 않게 된다.[62]

둘째 견해는 독창이나 독주 및 그에 대한 반주로 공동실연이 이루어지는 경우, 그러한 독창자나 독주자의 의사에 반하여 반주자들의 대표자가 이용허락을 할 수 있다고 하는 것은 독창자나 독주자의 의사에 따라 실연의 이용허락이 결정되는 문화예술계의 관행에 부합하지 아니하고 법의 취지를 지나치게 확대해석한 것이므로, 독창자나 독주자의 동의 없는 대표자의 권리행사는 무효라고 보아야 한다는 것이다.[63]

후자의 견해가 타당하다고 생각된다. 독창이나 독주의 경우 그것이 공동실연에서 차지하는 비중이 월등히 큰 경우가 대부분이기 때문이다. 또한 그러한 공동실연을 이용하고자 하는 자는 독창자나 독주자의 허락을 받아야 한다는 것을 인식하고 있고, 또 실제로도 그 허락을 받아 이용을 하는 것이 오늘날 업계의 현실이자 일반적인 관행이기 때문에 후자의 견해를 따른다고 하더라도 거래의 안전을 해할 염려는 그리 크지 않을 것으로 보인다.

62) 허희성, 2007 신저작권법 축조개설(상), 명문프리컴(2007), 414면; 이해완, 저작권법(제 2 판), 박영사, 2012, 652면.
63) 서울대학교기술과법센터, 저작권법주해, 박영사(2007), 817면.

2. 공동실연자의 인격권 행사

공동실연자의 인격권 행사에 관하여는 저작권법 제15조(공동저작물의 저작인격권) 규정이 준용된다(저작권법 제77조 제3항). 따라서 공동실연자의 인격권은 실연자 전원의 합의에 의하지 아니하고는 이를 행사할 수 없다. 이 경우 각 실연자는 신의에 반하여 합의의 성립을 방해할 수 없다(제15조 제1항). 또한 공동실연자는 그들 중에서 인격권을 대표하여 행사할 수 있는 자를 정할 수 있으며(제15조 제2항), 이 규정에 의하여 권리를 대표하여 행사하는 자의 대표권에 가하여진 제한이 있을 때에 그 제한은 선의의 제3자에게 대항할 수 없다(제15조 제3항).

이와 같이 공동실연자의 인격권은 원칙적으로 실연자 전원의 합의에 의하여 행사하여야 하며, 다만 필요한 경우 공동실연자들이 임의로 대표자를 선임하여 인격권을 행사할 수 있다. 이는 공동실연자의 재산권의 경우 처음부터 전원의 합의가 아닌 대표자를 선임하여 권리를 행사할 수 있도록 한 것과 대비된다.

Ⅳ. 음반제작자의 권리

1. 음반 및 음반제작자의 의의

가. 음반의 의의

'음반'이라 함은 음(음성·음향을 말한다)이 유형물에 고정된 것(음을 디지털화 한 것을 포함하며, 음이 영상과 함께 고정된 것을 제외한다)을 말한다(저작권법 제2조 제5호). 일반적으로 '음반'이라고 하면 디스크나 레코드 등을 의미하지만, 저작권법상 '음반'은 그러한 일반적인 의미를 포함하여 널리 유체물에 수록되어 있는 음의 존재 자체를 지칭하는 개념이다. 즉, 음이 고정되어 있는 매체인 유체물 그 자체가 아니라 그러한 유체물에 음이 고정되어 있는 추상적 존재가 저작권법에서 말하는 음반인 것이다. 음반에 대한 정의규정인 위 제2조 제5호에서 "음이 고정된 유형물"이라고 하지 않고 "음이 유형물에 고정된 것"이라고 정의하고 있는 것도 그러한 취지를 표명한 것이라고 할 수 있다.[64] 즉, 유형물인 녹음매체가

64) '음반'을 "축음기용 음반, 녹음테이프 그 밖의 물(物)에 음을 고정한 것"이라고 정의하고 있는 일본 저작권법 제2조 제1항 제5호에 대한 일본의 해석론도 같다(半田正夫·松田政行, 『著作権法コンメンタール』 1권, 勁草書房, 2008, 87면).

음반이 아니라 유형물인 매체에 고정되어 있는 무형물로서의 음의 존재가 음반인 것이다.

'고정'의 개념에 관하여 1996년 체결된 WIPO 실연·음반협약에서는, 어떤 장치를 통하여 지각, 복제 또는 전달될 수 있는 소리 또는 소리의 표현을 수록(embodiment)하는 것이라고 규정하고 있다(제 2 조c). 음반은 반드시 그 고정된 내용이 음악이거나 그 밖의 다른 저작물일 필요는 없다. 새소리나 물소리 등 자연의 소리이거나, 시를 낭송하는 것을 녹음한 것 등도 음반에 해당한다. 원래 1961년 체결된 로마협약은 '음반'을 "실연의 소리 또는 그 밖의 소리를 '청각적으로만 고정한 것'(exclusively aural fixation)을 말한다"고 규정하고 있었다(제 3 조b). 그런데 그 후 디지털 기술이 발달함에 따라 소리를 청각적으로 고정하는 것뿐만 아니라 디지털데이터의 형태로도 고정할 수 있게 되었고, 이에 위 WIPO 실연·음반협약에서는 음반을 "실연의 소리 또는 그 밖의 소리, 또는 '소리의 표현'(representation of sounds)을 고정한 것"이라고 정의하였다. 이에 따라 소리가 청각적으로만 고정된 것 외에도, 소리가 전자장치 등에 의하여 디지털데이터의 형태로 표현되어 고정된 것도 음반에 해당하게 되었다.

우리 저작권법도 제 2 조 제 5 호에서 음반을 정의하면서 음이 유형물에 고정될 것을 요구할 뿐 청각적으로만 고정될 것을 요구하고 있지 않으므로, 소리가 디지털데이터의 형태로 표현되어 고정된 것도 음반에 해당한다. 음반의 정의 규정인 저작권법 제2조 제5호는 이 점을 명백히 하고 있다. 따라서 음을 디지털데이터화 하여 컴퓨터의 기억장치(ROM, Read Only Memory)에 고정한 것도 음반에 해당한다. 음악이 내장된 컴퓨터칩을 음반에 해당한다고 본 하급심 판결도 있다. 서울지방법원 1995. 6. 23. 선고 93가합47184 판결은, "저작권법 제61조 제 2 호는 저작인접권의 하나로서 음반제작자의 권리를 보호하고 있고, 같은 법 제 2 조 제 4 호는 음반이라 함은 음이 유형물에 고정된 것을 말한다고 규정하고 있는바, 컴퓨터 가요 반주기에 내장된 컴퓨터메모리칩은 불휘발성 롬(ROM)으로서, 미디장비들과 음악의 입력(녹음), 출력(연주), 편집(수정), 악보인쇄까지도 할 수 있도록 만들어진 미디소프트웨어를 컴퓨터와 연결하여 이를 일정한 프로그램에 따라 신호화된 음으로 입력하면 이 음은 컴퓨터용 언어인 기호로 변역되어 반도체로 만든 메모리칩에 입력되고 그 메모리칩이 컴퓨터의 중앙연산처리장치와 연결되어 있어 메모리칩에 입력된 음악자료가 음향출력장치를 통해 원음으로 재생되어 나오는 것임을 알 수 있으므로, 음이 저장된 메모리칩은 음을 전자적 방법으로 유형물에 고정시킨 것으로서 저작권법상의 음반에 해당된다"고 하였다.[65)]

---

65) 이 판결에서는 음악이 내장된 컴퓨터칩을 음반으로 보아 그 제작자를 저작권법상 저작인접권자인 음반제작자로 인정을 하였다. 그러나 더 나아가 그 컴퓨터칩에 음악을 입력하는 작업에 있어서 고도의 창작적 노력이 개입되어 컴퓨터칩에 입력된 음악이 원래의 편곡용 음악과 구별되는 독창성을 가졌음의 입증이 없는 한 원고는 음반에 해당하는 위 컴퓨터칩의 제작자에 불과하여 저작인접권을 갖는데 그치고

나아가 이 판결은, "컴퓨터반주기에 내장된 메모리칩의 복제는 우선 메모리칩을 꺼내어 그 속에 입력되어 있는 컴퓨터용 기호를 롬라이트로 출력하여 이 기호를 다시 롬라이트를 사용하여 별도의 메모리칩에 입력시키는 방법, 가요반주기를 컴퓨터장치에 연결시켜서 가요반주기를 작동하여 메모리칩에 입력되어 있는 음악기호가 컴퓨터에 전송되어 디스켓에 저장되고 이와 같이 저장된 자료를 롬라이트를 이용하여 별도의 메모리칩에 입력시키는 등으로 이루어지는바, 이와 같은 복제행위도 음반의 복제에 해당한다"고 판시하였다.[66] 다만, 이 판결에서 음악이 내장된 메모리칩 자체를 음반에 해당하는 것처럼 판시한 것은, 앞서 유형물인 녹음매체가 음반이 아니라 유형물인 매체에 고정되어 있는 무형물로서의 음의 존재가 음반이라는 점에 비추어 다소 정확하지 못한 점이 있다.

그러나 음이 영상과 함께 고정된 것은 음반에서 제외된다. 예를 들어, 음이 영상과 함께 고정됨으로써 영상과 함께 재생되어야 하는 뮤직비디오, 영화필름의 사운드트랙 등은 음반이 아니라 저작권법 제 2 조 제13호의 '영상저작물'에 해당되어 별도 규정의 적용을 받게 된다. 다만, 뮤직비디오나 영화필름 등에서 소리부분만을 별도로 녹음한 사운드트랙 앨범은 음이 영상과 함께 고정된 것이 아니므로 음반에 해당한다.

저작권법상 음반에는 디스크·테이프·컴팩트디스크(CD)·쥬크박스 등이 포함되며, 녹음된 내용은 음악에 한하지 아니하고 어문저작물·자연음·기계음이라도 상관이 없다. 그러나 음이 영상과 함께 고정된 것은 제외되므로 영화필름 중에 수록된 배경음악(사운드트랙)이나 비디오테이프의 음성부분은 음반에 해당하지 않는다.[67]

나. 보호받는 음반

저작인접권의 보호를 받는 음반은, ① 대한민국 국민을 음반제작자로 하는 음반, ②음이 맨 처음 대한민국 내에서 고정된 음반, ③ 대한민국이 가입 또는 체결한 조약에 따라 보호되는 음반으로서 체약국 내에서 최초로 고정된 음반, ④ 대한민국이 가입 또는 체결한 조약에 따라 보호되는 음반으로서 체약국의 국민(당해 체약국의 법률에 의하여 설립된 법인 및 당해 체약국 내에 주된 사무소가 있는 법인을 포함한다)을 음반제작자로 하는 음반 등이다(저작권법 제64조 제 2 호).

저작자는 될 수 없다고 하였다.

66) 서울고등법원 1996. 6. 27. 선고 95나30774 판결도, "저작권법 제 2 조 제 6 호에 의하면 음이 유형물에 고정된 것을 음반이라 하는바, 메모리 칩은 불휘발성 롬으로서 음이 컴퓨터 수치화되어 그에 입력되어 있다가 중앙연산장치가 작동하면 음원모듈장치를 통하여 원음으로 재생되게 나오게 되어 있으므로, 메모리 칩은 음이 고정된 유형물이라 할 것이고 따라서 이는 저작권법 소정의 음반에 해당한다"고 판시한 바 있다.

67) 하용득, 전게서, 282면.

여기서 ①은 국적주의(國籍主義) 원칙을 천명한 것으로서, 우리나라 국민을 음반제작자로 하는 음반이 보호된다는 것이다. ②는 고정지주의(固定地主義)의 원칙으로서 최초의 녹음행위지가 대한민국이라면 외국인이 녹음한 음반도 보호한다는 취지이다. 음반의 보호에 관하여는 발행지주의(發行地主義)를 취하는 입법례도 있으나 우리나라는 고정지주의를 취하고 있다.[68] ③은 우리나라가 가입 또는 체결한 조약에 따라 보호되는 음반을 보호한다는 것인데, 우리나라는 이미 제네바 음반협약에 가입하였으므로 동 협약에 의하여 보호되는 외국음반은 우리 법에 의하여 보호를 받게 된다. 다만 그 음반이 체약국내에서 최초로 고정되었어야 한다. ④는 2006년 개정법에서 새로이 추가된 규정이다. WIPO의 실연·음반조약(WPPT)은 체약국의 국민을 음반제작자로 하는 음반은 어느 나라에서 그 음반을 고정하던지 고정지를 불문하고 보호할 것을 체약국의 의무로 규정하고 있어서 우리나라가 WPPT에 가입하기 위해서는 국내법을 정비할 필요가 생겼다.[69] 이에 따라 저작권법 제64조 제 2 호 라목에서 위 ④와 같은 규정을 신설함으로써 체약국의 국민을 음반제작자로 하는 음반으로서 체약국 이외의 지역에서 최초로 고정된 음반도 우리 저작권법상 보호받는 음반의 하나로 추가하게 된 것이다. 그 결과 예를 들어, 종전에는 저작권관련조약 체약국인 A국 국민의 음반이 우리나라에서 보호받으려면 우리나라에 와서 음반을 고정하거나 A국을 포함한 조약 체약국에서 고정하여야 하였으나, 지금은 A국 국민이 체약국이 아닌 다른 나라에 가서 음반을 고정하더라도 이를 보호하게 된다.[70]

다. 음반제작자

음반제작자는 음반을 최초로 제작하는 데 있어 전체적으로 기획하고 책임을 지는 자를 말한다(저작권법 제 2 조 제 6 호). 2006년 개정되기 전 저작권법은 음반제작자를 음을 음반에 맨 처음 고정한 자라고 정의하고 있었는데, 실제로 고정행위를 한 자가 아니라 음반의 제작에 대하여 기획 및 투자를 하고 책임을 지는 자를 음반제작자로 보아야 하기 때문에 위와 같이 정의규정을 변경한 것이다.[71] 이와 같이 정의규정이 변경되었으나 음반에 대한

68) 로마협약은 음반의 보호와 관련하여 음반이 맨 처음 고정된 곳을 기준으로 하는 고정지주의와 맨 처음 발행된 곳을 기준으로 하는 발행지주의를 선택할 수 있도록 하고 있다.

69) WIPO 실연·음반조약(제 3 조)

(1) 체약당사자는 다른 체약당사자의 국민인 실연자와 음반제작자에게 이 조약에서 규정한 보호를 부여하여야 한다.

(2) 다른 체약당사자의 국민이란 이 조약의 체약당사자가 모두 로마협약의 체약당사자라면 동 협약에서 규정한 보호 적격 기준을 충족하는 실연자와 음반제작자로 이해된다. 체약당사자는 이러한 적격 기준에 관하여 이 조약 제 2 조의 관련 정의를 적용하여야 한다.

70) 심동섭, 개정 저작권법 해설, 계간 저작권, 2006년 겨울, 저작권심의조정위원회, 55면.

71) 그러나 개정 전 저작권법 아래에서도 '고정한 자'라고 함은 물리적으로 음의 고정작업(녹음장치의 조작)

저작인접권의 발생시점에 관하여 저작권법 第86조 제1항은 "음을 맨 처음 음반에 고정한 때"라고 규정하고 있다. 즉, 음을 '맨 처음' 고정한 때에 음반제작자로서의 저작인접권이 발생함을 분명히 하고 있는 것이다. 따라서 어떠한 방법으로든지 유형물에 이미 고정되어 있는 음을 재고정한 자, 혹은 음반의 복제자는 음반제작자가 아니다.

실연의 경우와 마찬가지로 음반의 '복제'에 '모방'의 개념은 포함되지 않는다. 즉, 유형물에 고정된 음 자체를 그대로 이용하여 다른 매체 등에 재고정하는 등의 행위만 복제에 해당하며, 그렇지 않고 예를 들어 기존 음반과 동일한 가수 또는 동일한 연주자들로 하여금 다시 음을 생성하게 하여 고정한 경우에는 설사 그와 같이 고정된 뒤의 음이 기존에 이미 고정된 음과 매우 흡사하다고 할지라도 음반의 복제에는 해당하지 않는다. 그러한 경우에는 뒤의 새로운 고정을 함에 있어서 기획하고 책임을 진 자가 그 새로운 음반의 제작자로 인정될 수 있다.[72)]

또한 앞에서도 언급한 바와 같이 음이 영상과 함께 고정되어 있는 것은 음반의 개념에서 제외되지만, 영상과 함께 고정된 음을 영상으로부터 분리하여 별도의 음반(예를 들어, OST 음반)을 제작하였을 경우 그 음반에 대한 음반제작자로서의 지위는 그 음이 영상으로부터 분리되기 이전에 현실의 음으로서 영상물에 고정되는 과정을 기획하고 책임진 자에게 귀속하는 것으로 보아야 할 것이지, 그 음을 영상으로부터 분리한 자에게 귀속한다고 볼 것은 아니다. 나아가 음반제작자가 누구인지는 음반 제작과 동시에 원시적으로 결정되는 것으로서, 당사자 사이의 계약에 의하여 후발적으로 음반제작자의 지위를 결정하는 것은 허용되지 않는다고 본다. 이 점은 저작자가 누구인지 여부는 창작과 동시에 원시적으로 결정되는 것과 마찬가지이다. 따라서 실제 음반을 기획하고 책임을 진 제작자가 아닌 다른 사람, 예를 들어 원반(原盤) 제작 이후에 후발적으로 투자비용 상당액을 보상해 준 사람을 음반제작자로 하기로 하는 약정을 체결하였다고 하더라도, 실제 음반을 기획하고 책임을 진 원반제작자가 음반제작자가 된다. 다만 그와 같은 약정의 의미는 음반제작자의 권리와 지위를 양도하는 취지라고 해석할 수는 있을 것이다. 그러한 양도 약정에 따라 음반제작자의 권리를 양수받은 자는 원시적인 음반제작자가 아니므로 그와 양립할 수 없는 지위를 가진 제3자, 예를 들어 음반제작자로서의 권리의 2중 양수인과의 관계에서 등록이라고 하는 대항요건을 갖추지 않는 이상 그 제3자에 대항할 수 없게 되는 한계를 갖는다.[73)] 또

을 한 자를 의미하는 것이 아니라 고정행위의 주체를 가리키는 것으로서, 예를 들어 레코드 회사가 고정한 음반이라면 고정작업을 실제로 한 기술자가 아닌 그 회사 자체가 음반제작자로 된다고 보는 것이 일반적인 해석이었다(장인숙, 전게서, 186면).

72) 이해완, 전게서, 654면.

73) 이해완, 전게서, 654면.

라디오 방송을 위한 고정물도 음반이므로 일시적인 녹음물인지 여부를 불문하고 그 행위를 전체적으로 기획하고 책임을 지는 방송사업자도 본 조의 음반제작자가 될 수 있다.[74)]

현재 업계의 상황을 보면 음반의 제조 및 유통은 음반제작을 위한 제반 시설을 보유한 음반제작사와 음반제작에 대한 기획 및 홍보를 담당하는 음반기획사에 의해 이루어지고 있다. 과거에는 음반제작사가 음반의 기획·제작·유통을 모두 담당하는 방식으로 음반의 제작 및 유통이 이루어졌으나, 점차 음반기획사들이 가수들을 발굴한 후 이들을 전속시켜 이들의 음반제작을 기획하고, 음반제작사에게 음반제작을 의뢰하여 그에 따라 생산된 음반의 판매로부터 나오는 이익을 음반제작사와의 계약에 의하여 분배하는 형태로 음반의 제작 및 유통이 이루어지고 있다고 한다. 또한 가수들이 직접 자신의 음반기획사를 설립하여 음반제작사와 음반제작계약을 체결하기도 한다.[75)]

이러한 환경 아래에서 제작된 음반의 음반제작자가 누구인지를 확정하기 위해서는 단지 음을 음반에 최초로 고정하는 행위를 한 자가 누구인지를 가리는 것에서 그치는 것이 아니라, 가수와 음반기획사, 음반제작사 사이에 체결된 구체적인 계약 내용, 실제 음반의 기획과 제작과정에서 담당한 역할과 그 정도 등을 고려하여 누가 음반을 제작하는 행위를 전체적으로 기획하고 책임을 지는 역할을 하였는지를 판단하여야 할 것이다. 예를 들어, 가수가 스스로 작사, 작곡을 하거나 저작권자로부터 이용허락을 얻은 후 노래와 연주를 하여 카세트테이프에 녹음하고 이를 단지 대량생산하기 위하여 음반제작사에 제공하였을 뿐이라면 그 가수가 음반제작자가 된다. 단순히 CD나 테이프와 같은 상업용 음반을 기계적으로 리프레스(repress)하여 제작하는 음반회사는 음반제작자가 아니다. 음반기획사가 가수와 전속계약을 체결하고, 곡의 선정, 반주, 편곡 등을 준비하여 원반(master tape)을 제작한 후 이를 이용하여 음반제작사와 음반의 대량 제작·판매 계약을 체결하였다면 음반기획사가 음반제작자가 되고, 음반제작사가 음반을 기획한 후 사실상 음반기획사를 고용하여 제작하게 한 경우에는 음반제작사가 음반제작자로 된다고 할 것이다.[76)]

서울중앙지방법원 2006. 10. 10. 선고 2003가합66177 판결은 사망한 가수 김광석의 4개 음반의 음반제작자가 누구인지가 문제로 된 사건에서, "가수 김광석이 이 사건 음반에 수록된 곡을 가창하는 외에도, 직접 이 사건 음반에 수록될 곡을 선정하여 그 작사자, 작곡자로부터 이용허락을 받고, 연주자와 작업실을 섭외하여 녹음 작업을 진행하며, 연주 악기별 연주와 자신의 가창을 트랙을 나누어 녹음한 멀티테이프를 제작하고, 그 멀티테이프

74) 허희성, 전게서, 301면.
75) 서울대학교기술과법센터, 저작권법주해, 박영사, 2007, 44면.
76) 상게서, 44-45면.

에 녹음된 음원 중 일부를 골라 가창과 연주의 음의 강약이나 소리의 조화를 꾀하는 편집 과정을 통해 이 사건 음반의 마스터테이프를 제작하는 등 이 사건 음반의 음원을 유형물에 고정하는 주된 작업을 직접 담당하였던 점 등에 비추어 보면 가수 김광석을 음반제작자로 인정할 수 있다"고 판시하였다.[77)]

한편, 우리나라 최초의 저작권법인 구 저작권법(1986. 12. 31. 법률 제3916호로 전부 개정되기 전의 것)은 음반을 저작물의 하나로 보고 '원저작물을 음반에 녹음하는 것'을 변형복제의 일종으로서 원저작물에 관한 저작권과는 별개의 새로운 저작권의 발생요건인 개작에 해당한다고 간주하고 있었다.[78)] 따라서 구 저작권법상으로 '원저작물을 음반에 녹음한 자'는 작사 작곡자 등 원저작자와는 별개로 새로운 저작자(음반의 저작자)가 된다. 이러한 구 저작권법이 적용되어 저작물로 취급되는 음반에 대하여 누구를 저작자로 볼 것인지에 관하여, 대법원 2016. 4. 28. 선고 2013다56167 판결은 구 저작권법상 음반에 관한 저작자의 결정에서 현행 저작권법상 음반제작자의 결정과 통일적인 기준을 적용할 필요가 있다고 하였다. 따라서 구 저작권법상 음반에 관한 저작자는 음반의 저작권을 자신에게 귀속시킬 의사로 원저작물을 음반에 녹음하는 과정을 전체적으로 기획하고 책임을 지는 법률상의 주체를 뜻하고, 법률상의 주체로서의 행위가 아닌 한 음반의 제작에 연주·가창 등의 실연이나 이에 대한 연출·지휘 등으로 사실적·기능적 기여를 하는 것만으로는 음반에 관한 저작자가 될 수 없다고 판시하였다.

이처럼 구 저작권법에서는 음반을 저작물로 규정하고 있었을 뿐만 아니라, 원저작물을 음반에 녹음하는 것, 즉 음반제작행위는 개작행위의 한 형태로서 저작권이 발생하는 것으로 규정하고 있었다. 그러나 구 저작권법 제64조에서 음반을 공연 또는 방송용으로 제공하는 것을 비침해행위로 규정하고 있었으므로 사실상 음반제작자의 권리는 유명무실하였다. 1986년 개정 저작권법에서부터 음반을 저작권의 대상으로 하지 않고 저작인접권의 대상으로 하면서, 명목상 권리는 격하되었지만 국제적인 관례에 따라 실제적인 보호가 이루어지게 되었다.[79)]

---

77) 음반업계에서 일반적으로 통용되는 용어를 정리하면 다음과 같다.
멀티테이프(multi tpae) : 다수의 트랙(track, 저장공간)으로 이루어진 저장매체(테이프 등)에 악기별 연주와 가창, 코러스 등의 개별 음원 소스(source)들을 트랙을 나누어 녹음한 테이프.
마스터테이프(master tape) : 멀티테이프에 녹음된 음원 중 전부 또는 일부를 선택하여 믹싱(mixing)한 후 가창과 연주의 음의 강약이나 소리를 조화시키는 편집과정을 거쳐 통상 스테레오 2 채널(channel)로 제작된 테이프. 원반(原盤)이라고도 하며, CD 등 상업용 음반으로 복제할 수 있는 최종 산출물.
MR(music recorded) : 가수의 가창이 없고, 반주와 코러스만 녹음된 음반. 가수들이 공연이나 방송 무대 등 현장에서 실연을 할 때 반주용으로 사용.
AR(all recorded) : MR에 가수의 가창이 함께 녹음된 음반. CD 등 상업용 음반을 제작하기 위해 사용.

78) 구 저작권법 제2조, 제5조 제1항, 제2항.

2. 복 제 권

가. 의 의

음반제작자는 그의 음반을 복제할 권리를 가진다(저작권법 제78조). 음반의 복제에는 녹음물에 수록되어 있는 음을 다른 고정물에 녹음하는 행위와 음반 그 자체를 리프레스(repress) 등의 방법에 의하여 증제하는 행위가 모두 포함된다. 따라서 녹음물을 재생시키면서 이를 다른 일회용 테이프에 녹음하거나, 음반을 방송에 사용하여 그 방송음을 테이프에 녹음하는 것도 복제에 해당하여 음반제작자의 복제권이 작용한다. 저작권법 제 2 조 제22호는 복제를 "인쇄·사진촬영·복사·녹음·녹화 그 밖의 방법에 의하여 일시적 또는 영구적으로 유형물에 고정하거나 유형물로 다시 제작하는 것"으로 정의하고 있다. 따라서 음반에 고정된 음원을 디지털 파일로 변환하는 것도 그 과정에서 유형물인 컴퓨터 하드디스크 등 전자적 기록매체에 저장이 수반되므로 유형물에의 고정인 복제에 해당하게 된다.[80]

이때 위와 같은 변환행위가 2차적저작물작성 행위에 해당하는지 의문이 있을 수 있다. 그러나 음반제작자와의 관계에서 보면 변환에 이용된 음반이나 변환 후의 디지털파일 모두 저작물이 아닌 이상(그 안에 있는 음악이 저작물이다) 이를 음반 자체의 2차적저작물작성 행위라고는 인정할 수 없다. 위와 같은 변환행위는 음반의 복제에 해당할 뿐이다. 또한 음악저작권자와의 관계에서 보더라도 이는 음악의 고정매체 또는 고정방식을 달리하는 것일 뿐, 변환된 디지털파일에 고정된 음악이 원래 음반에 고정되어 있던 음악과 다른 새로운 창작성을 가지는 것은 아니므로 역시 2차적저작물작성 행위라고 보기는 어렵다.[81]

한편, 디지털 음악의 일부만을 발췌하여 편집하거나 발췌한 디지털 음악을 컴퓨터로 변형하여 이용하는 행위가 음반의 일부복제로서 음반제작자의 복제권 등 기타 권리를 침해하는 것인지 여부가 문제로 될 수 있다. 음반의 일부만을 발췌하여 그대로 편집에 이용한다

79) 허희성, 전게서, 300면.

80) 대법원 2021. 6. 3. 선고 2020다244672 판결 : 이 사건 MR파일은 이 사건 각 음반과 마찬가지로 음이 유형물에 고정된 것으로서 저작권법이 정한 음반에 해당하고, 이에 대한 음반제작자의 저작인접권은 그 음을 맨 처음 음반에 고정한 때부터 발생한다. 따라서 피고가 이 사건 각 음반과 이 사건 MR파일에 수록된 음악저작물에 대하여 저작자로서 저작권을 가지는 것과 별개로, 원고는 이 사건 각 음반과 이 사건 MR파일의 제작을 전체적으로 기획하고 책임진 음반제작자로서 그 음반에 대하여 복제권 등의 저작인접권을 가진다. 그리고 피고가 비록 이 사건 MR파일에 수록된 음악저작물의 저작재산권자이기는 하지만, 이와 같이 이 사건 MR파일의 음반제작자로서 저작인접권자인 원고의 허락 없이 그의 음반을 복제한 이상, 이 사건 MR파일에 대한 원고의 복제권을 침해하였다고 볼 수 있다. 나아가 피고가 원고에게 이 사건 MR파일에 대한 정당한 대가를 지급하지 않고 위와 같은 행위를 함으로써 원고에게 적어도 위 금액 상당의 손해가 발생하였다고 볼 여지가 있고, 이는 이 사건 MR파일의 원본을 원고가 그대로 보유하고 있었다고 하더라도 마찬가지이다.

81) 서울대학교기술과법센터, 저작권법주해, 박영사, 2007, 830면.

면, 그 과정에서 해당 부분에 대한 복제가 일어날 것이기 때문에 그 부분에 대한 음반제작자의 복제권을 침해하는 것으로 볼 수 있다. 그러나 음반제작자에게는 저작자와 같은 2차적저작물작성권이 없기 때문에 음반의 일부를 그대로 복제하는 것이 아니라, 그 음반에 수록된 음악을 컴퓨터로 변형하여 이용하는 행위의 경우에는 그것이 음반제작자의 어떤 권리를 침해하는 것인지 불분명하다. 미국 저작권법은 녹음물(음반)에 고정된 실제음을 재배열 또는 재혼합하거나 그 밖의 방법으로 그 순서나 음질을 변경시키는 것은 녹음물에 대한 저작권자의 배타적 권리인 2차적저작물작성권의 침해에 해당된다는 것을 명시적으로 규정하고 있다.[82] 그러나 이는 기본적으로 저작인접권에 관한 개념이 없는 미국 저작권법이 우리 저작권법과는 달리 녹음물(음반, sound recording)을 저작인접물이 아닌 저작물로 보호하고 있기에 가능한 규정이다. 음반을 저작인접물의 개념으로 보고 저작물과 달리 취급하고 있는 우리 법에서 해석론으로 원용하기는 어렵다고 보이며, 입법적으로나 해결할 문제이다.

나. 디지털 기술의 발달과 복제 개념의 확대

디지털 기술의 발달과 네트워크 환경의 확대는 음반의 복제와 관련하여 큰 변화를 가져왔다. 이러한 변화에 따라 전통적인 '복제'의 개념도 변화하였다. 2000. 1. 12. 개정 전 저작권법 제 2 조 제14호는 '복제'를 유형물로 다시 제작하는 것으로 한정하여 정의하고 있었으나, 개정 이후 저작권법에서는 '복제'의 개념 정의에 "유형물에 고정하는 것"을 추가하였다. 그리하여 정보통신망을 통하여 송신되거나 검색된 디지털 형태의 저작물 등을 다시 디지털 형태로 전자적 기록매체 등에 저장하는 행위도 복제의 개념에 포함시킬 수 있게 되었고, 이른바 '디지털 복제'의 개념이 등장하게 되었다. 이러한 변화를 가져온 현상 중 대표적인 것이 디지털콘텐츠에 대한 스트리밍 서비스의 보급과 다운로드의 확산이다.

먼저 스트리밍 서비스가 음반의 복제에 해당하는지 여부에 관하여, 서울지방법원 2003. 9. 30.자 2003카합2114 결정(이른바 '벅스뮤직' 사건)은, 약 150,000개의 음반을 ASF, OGG 등의 컴퓨터 압축파일형태로 변환하여 피고가 운영하는 사이트 서버의 보조기억장치에 저장한 후, 사이트에 접속한 인터넷 이용자들에게 무료로 그와 같이 변환시킨 컴퓨터 압축파일들 중 이용자들이 선택한 컴퓨터 압축파일을 스트리밍 방식에 의하여 전송함으로써 이용자들이 실시간으로 음악을 청취할 수 있도록 하는 서비스를 제공한 것에 대하여 음반제작자의 복제권을 침해한 것이라고 판시하였다. 이 판결은 스트리밍 서비스를 하기 위하여 음원을 컴퓨터 압축파일 형태로 변환하여 서버에 저장하는 행위를 음반의 복제에 해당한다고 본 것이다.[83]

---

82) 미국 저작권법 제114조(b).

한편, 음반을 인터넷 접속자들로 하여금 다운로드 받을 수 있도록 디지털파일로 변환하여 서버에 저장하는 행위 및 음반을 복제한 음악파일을 다운로드 받아 자신의 컴퓨터 등에 저장하는 행위는 모두 음반의 복제에 해당한다. MP3 파일을 P2P 방식에 의하여 다운로드 받을 수 있게 하는 프로그램인 소리바다에 관한 일련의 사건에서 법원은, 인터넷 이용자가 타인에게 파일을 제공하기 위하여 원시적으로 음반이나 CD로부터 음원을 추출하여 MP3 형식의 파일로 매체에 저장하거나 다른 이용자의 컴퓨터에 접속하여 MP3 파일 등을 다운로드 받아 자신의 컴퓨터 내 하드디스크에 저장하는 행위, 이와 같이 저장된 MP3 파일을 다시 MP3 플레이어칩이나 CD에 저장하는 행위 등은 모두 음을 유형물에 고정하는 것으로서 복제에 해당한다고 판시하였다.[84] 또한 소리바다 서비스의 경우 약 450만 명 이상의 회원 수, 5,000명 이상의 동시접속이용자 수, P2P 네트워크의 특성상 공유폴더에 MP3 파일이 위치하기만 하면 불특정다수의 소리바다 이용자들 사이에 MP3 파일의 교환행위가 연쇄적이고 동시다발적으로 이루어지는 점 등에 비추어, 그 과정에서 일어나는 복제행위가 단순히 개인, 가정 또는 이에 준하는 한정된 범위에서의 이용이라고 볼 수 없다고 하여 사적복제로 허용되는 범위를 넘어서는 것이라고 하였다(제 6 장의 Ⅷ. 4 참조).

인터넷을 통한 스트리밍 서비스 등으로 음악을 감상하는 경우에는 서비스업자의 서버에 저장되어 있던 음원이 이용자에게 전송되어 재생되는 과정에서 일시적으로 이용자의 버퍼(buffer)상에 저장되었다가 RAM으로 이동하게 되는데, 그러한 일시적 저장을 복제로 볼 수 있는지 여부가 문제로 된다. 이에 관하여는 제 4 장 제 3 절 '저작재산권' 중 '복제권' 부분에서 살펴본 바 있다.

다. 싱크권(Sync 권, Syncronization Right)

싱크로나이제이션(synchronization. 약칭하여 "싱크")은 '동시에 하기', '동기화' 등의 의미를 가지고 있으며, 영화 등 시청각 저작물의 화면과 음향, 배경음악 등을 조화롭게 일치시키는 것을 말한다. 음악을 영화, 비디오, 텔레비전 프로그램 또는 비디오 게임 등 시청각 저작물에 배경음악으로 수록하기 위해서는 일반적으로 음악저작물을 녹음한 음반(sound recording)을 이용하는데, 이때 그 시청각 저작물에 "타이밍을 맞춰" 음악을 적용하는 것을 업계에서 싱크로나이제이션, 약칭하여 싱크라고 부르고 있다. 우리 저작권법상 싱크 행위는 복제 행위의 한 종류로 이해되고 있으며, 따라서 복제권과 별도로 싱크권이라는 독자적인 권리는

83) 수원지방법원 2003. 6. 25.자 2002카합280 결정 등 같은 취지의 판결이 다수 있다.
84) 서울고등법원 2005. 1. 12. 선고 2003나21140 판결 등; 서울대학교기술과법센터, 저작권법주해, 박영사, 2007, 832면 참조.

인정되지 않는다고 해석된다. 싱크를 하기 위해서는 이용되는 음악저작물의 작사가와 작곡가, 음반에 대한 실연자와 음반제작자에게 복제권에 대한 이용허락을 받아야 한다.[85)]

서울중앙지방법원 2020. 12. 3.자 2020카합21242 결정은, "이른바 싱크권(Synchronization License)은, 영화나 드라마와 같은 영상저작물에 음악저작물을 삽입, 재생할 수 있는 권리로서 일부 국가에서 저작재산권의 일종으로 인정되고 있음은 신청인의 주장과 같으나, 이에 관한 별도의 규정을 두고 있지 아니한 우리 저작권법상으로는 이를 복제권의 일부로 해석할 여지가 있을 뿐 다른 저작재산권과 구별되는 별개의 권리로 인정할 수는 없고, 위와 같은 권리를 별개의 저작재산권으로 인정하는 관습법이 존재한다고 볼 수도 없다. 설령 싱크권을 독립한 저작재산권으로 인정하는 일부 거래관행이 존재한다고 하더라도 이는 거래당사자들 사이의 계약에 의하여 인정되는 채권적 권리에 불과하다"고 판시하였다.

3. 배 포 권

음반제작자는 그의 음반을 배포할 권리를 가진다(저작권법 제79조 본문). 음반의 배포라 함은 음반을 공중에게 대가를 받거나 받지 아니하고 양도 또는 대여하는 것을 말한다(저작권법 제 2 조 제23호). 다만, 음반의 복제물이 음반제작자의 허락을 받아 판매 등의 방법으로 거래에 제공된 경우에는 배포권이 미치지 아니한다(저작권법 제79조 단서).

'배포'는 저작물의 "원본 또는 그 복제물"을 공중에게 대가를 받거나 받지 아니하고 양도 또는 대여하는 것을 말하므로(저작권법 제 2 조 제23호), 유형물을 전제로 하는 개념이다. 따라서 카세트테이프나 CD와 같이 유형물이 아닌 디지털파일 등의 형태로 제공되는 음원에 대하여는 배포권이 미치지 아니하고, 이는 전송이나 방송, 디지털음성송신 등의 공중송신권이 적용될 부분이다.

음반제작자의 배포권 역시 실연자의 경우와 마찬가지로 2006년 개정법에서 새로 신설된 권리이다. 음반의 유통에 대한 음반제작자의 통제권을 강화시킬 필요가 있고, WIPO 실연·음반조약(WPPT) 제12조도 음반제작자에게 배포권을 부여할 것을 체약국의 의무로 규정하고 있는 점을 감안하여, 음반제작자에게 배포권을 새로이 부여하였다. 다만, 음반제작자

---

85) 조규철, 2020. 11. 18. 제10회 ALAI Korea 월례연구회 발표자료 : 싱크권과 관련하여 (사)한국음악저작권협회와 (사)함께하는음악저작인협회는 복제권으로 사용료를 징수하고, 인격권에 대해서는 사용자가 허가자로부터 직접 허가를 받는 방식을 취하고 있는데 반하여, 국내 음악출판사와 음반사는 싱크권을 허가하는 방식으로 권리를 처리한다고 한다. 이러한 싱크권의 허가는 외국곡의 경우 일반적으로 국내의 음악출판사가 해외의 원권리 음악출판사에게 사용신청을 보내 저작자의 허가를 받는 형태로 진행되며, 국내의 음반사 역시 해외의 원권리 음반사에게 사용신청을 보내 허가를 받는다고 한다.

의 배포권은 일반 이용자의 실연에의 접근과 음반의 유통을 곤란하게 하는 측면이 있고, WPPT도 각 체약국에게 배포권 소진의 인정여부 및 소진될 조건을 정할 자유를 인정하고 있으므로, 저작자의 배포권과 마찬가지로 음반제작자의 배포권도 한번 거래에 제공됨으로써 소진되도록 하는 단서 규정을 두었다. 이로써 음반제작자의 배포권도 최초판매의 원칙에 의하여 제한된다는 점을 명백히 하였다. 디지털 형태의 저작물에 대한 최초판매의 원칙 적용여부에 대하여도 최근 논란이 많은데, 이 부분 역시 앞의 저작재산권 중 '배포권' 부분에서 살펴본 바 있다.

4. 대 여 권

음반제작자는 저작권법 제79조의 단서의 규정에 불구하고 상업용 음반을 영리를 목적으로 대여할 권리를 가진다(저작권법 제80조).

2006년 개정 전 저작권법은 음반제작자에게 음반에 대한 대여허락권을 부여하고 있었다. 즉, 음반제작자도 실연자와 마찬가지로 상업용 음반의 영리적 목적의 대여에 대하여 허락할 권리를 가지는 것으로 하고 있었다(2006년 개정 전 저작권법 제67조의2에서 준용하는 제43조 제 2 항). 상업용 음반이 원래의 취지를 넘어서서 대여에 제공되게 되면 음반제작자의 경제적 이익이 크게 손상을 입기 때문이다. 그리고 음반제작자의 대여허락권도 2차적 사용료의 청구권과 마찬가지로 음반제작자 단체를 구성하여 집중행사를 위임하도록 하고 있었다(2006년 개정 전 저작권법 제67조의2 제 2 항, 제65조 제 2 항).

2006년 개정된 현행 저작권법의 대여권은 종전 법의 대여허락권을 보다 확실하게 하여 완전한 배타적 권리로 인정한 것이다. 그와 같이 개정한 취지는 실연자의 대여권 부분에서 본 것과 같다.

5. 전 송 권

음반제작자는 그의 음반을 전송할 권리를 가진다(저작권법 제81조). 이 규정의 취지 역시 앞서 실연자의 전송권 부분에서 본 바와 같다. 전송권은 2004년 저작권법 개정 당시 음반제작자에게 새로이 부여된 권리이다. 2000년 개정된 저작권법은 저작권자에게 전송권을 부여하는 규정을 신설하면서도 저작인접권자인 실연자와 음반제작자에게는 전송권을 인정하지 않았다. 그러다가 인터넷상에서의 불법음원 유통 행위가 상당한 규모로 일어나고, 그로 인하여 실연자와 음반제작자의 경제적 이익에 큰 위해가 발생하게 되자 2004년 10월

16일 저작권법 개정을 통하여 실연자와 음반제작자에게도 전송권을 부여하였다. 이 규정은 2005년 1월 17일부터 효력을 발생하였다.

이 규정에 따라 음반제작자는 자신이 제작한 음반을 다른 사람이 온라인상에서 파일 형태로 업로드하거나 AOD 또는 VOD 형식으로 스트리밍 서비스를 하는 등의 전송행위를 하는 것을 허락하거나 금지할 수 있는 배타적 권리를 가지게 되었다. 이전에도 음반제작자의 허락 없이 음악 파일이 온라인상에 업로드 되는 과정에서 디지털 복제행위가 수반됨을 들어 복제권의 침해를 주장할 수는 있었으나, 전송권의 신설로 업로드 등 전송행위 자체에 대하여 권리를 행사할 수 있게 되어 음반제작자의 온라인상의 권리가 보다 확고해졌다고 할 수 있다.[86)]

오늘날 '인터넷 방송'이라는 이름으로 다양한 서비스가 행하여지고 있다. 그 중에서 공중의 구성원(이용자)이 개별적으로 선택한 시간과 장소에서 접근할 수 있는 서비스, 즉 이시성(異時性)을 가진 서비스는 통상적으로 방송이라는 명칭으로 불리어지고 있지만 저작권법상 방송이 아니라 '전송'에 해당한다. 따라서 그러한 서비스에 대하여는 본 조에 의하여 음반제작자의 배타적인 권리인 전송권이 미치게 된다. 그러나 이용자가 동일한 시간에 동일한 내용을 수신하도록 되어 있는 동시성(同時性)을 가지는 음의 송신서비스, 즉 비주문형 웹캐스팅의 경우에는 전송이 아니라 '디지털음성송신'에 해당한다. 디지털음성송신에 대하여 음반제작자는 배타적 권리가 아닌 다음에서 보는 바와 같은 '보상금청구권'을 갖는다.

6. 음반의 방송사용 보상청구권

음반제작자에게는 실연자와 달리 배타적 권리로서의 방송권은 없다. 그 대신 방송사업자가 상업용 음반을 사용하여 방송하는 경우에는 그 음반제작자에게 상당한 보상금을 지급하여야 한다(저작권법 제82조 제 1 항 본문). 음반제작자는 많은 노력과 시간, 경비를 들여 음반을 제작·판매하게 되는데, 방송에서 이를 사용함에 따라 어느 정도는 그 판매량이 향상되는 면도 있으나 일반적인 사용의 범위를 초과할 경우 그 매상고가 줄어들 우려가 있고, 방송사업자는 음반을 사용하여 이익을 얻게 되기 때문에 음반제작자에게 이와 같은 채권적인 청구권을 인정함으로써 음반제작자와 상업용 음반의 사용자 사이에 이익의 균형을 도모하고 있는 것이다.[87)]

음반제작자의 방송사용에 대한 보상금청구권 역시 실연자의 방송사업자에 대한 보상

86) 오승종·이해완, 전게서, 404면.
87) 김정술, 전게논문, 327면.

금청구권과 같이 2차적 사용료청구권의 성질을 갖는다. 음반제작자에게 인정되는 2차적 사용료청구권은 실연자의 그것과 병존하는 것으로, 방송사업자가 방송하고자 하는 상업용 음반이 실연자의 실연을 담은 것일 경우에는 실연자와 음반제작자 모두에게 별개의 보상을 하여야 한다. 음반제작자의 2차적 사용료청구권에 대하여도 문화체육관광부장관의 지정을 받은 단체를 통하여 집중행사 하도록 하고 있다(제82조 제 2 항).[88] 지정 단체는 그 구성원이 아니라도 하더라도 보상권리자로부터 신청이 있을 때에는 그 자를 위하여 그 권리행사를 거부할 수 없다. 이 경우에 그 단체는 자기의 명의로 그 권리에 관한 재판상 또는 재판 외의 행위를 할 권한을 가진다(저작권법 제75조 제 2 항에 의하여 준용되는 제25조 제 6 항).

음반제작자가 외국인인 경우에 그 외국에서 대한민국 국민인 음반제작자에게 방송보상금을 인정하지 아니하는 때에는 그 외국인에 대하여 음반의 방송사용에 따른 보상금을 지급할 의무가 없다(제82조 제 1 항 단서). 2006년 개정 전 저작권법은 음반제작자의 방송보상청구권을 인정하면서도 "다만, 음반제작자가 외국인인 경우에는 그러하지 아니하다"라고 하여(2006년 개정 전 저작권법 제68조 제 1 항 단서) 외국인 음반제작자가 제작한 상업용 음반을 방송하는 경우에는 우리나라 음반제작자와 차별하여 보상을 하지 않았다. 그러나 2006년 개정된 현행 저작권법은 외국인의 음반을 방송하는 경우에도 외국에서 우리나라 국민에게 보상금을 지급하는 것을 전제로(상호주의) 그 외국인에게 방송보상청구권을 인정하였다. 그 취지와 내용 역시 실연자의 경우와 같다.

7. 디지털음성송신 보상청구권

디지털음성송신사업자가 음반을 사용하여 송신하는 경우에는 상당한 보상금을 그 음반제작자에게 지급하여야 한다(저작권법 제83조 제 1 항).

디지털음성송신권이 신설됨에 따라 2006년 개정 저작권법에서 음반제작자에게 디지털음성송신에 대한 보상청구권을 새로이 부여한 것이다. 인터넷 방송 또는 동시 웹캐스팅의 형태로 소리를 송신하는 디지털음성송신은 사실상 방송과 그 성격이 유사할 뿐만 아니라 그 서비스를 행하는 디지털음성송신사업자가 소규모 다수인 경우가 많을 것이므로 음반제작자와 디지털음성송신사업자가 서로 상대방을 일일이 찾아다니며 계약을 맺도록 하는 것(배타적 권리)보다 방송과 마찬가지로 보상청구권을 부여하는 것이 타당하다는 논지에 따른 것이다. 다만, 방송의 경우에 보상금청구권이 인정되기 위해서는 반드시 '상업용 음반'을 사용하여 방송하는 경우일 것을 요구하는 데 반하여, 디지털음성송신사업자에 대한 보상금

88) 현재로는 사단법인 한국음반산업협회가 보상금업무 수행단체로 지정되어 있다.

청구권의 경우에는 상업용인지 여부를 불문하고 음반을 사용하여 송신하기만 하면 인정된다는 점에서 차이가 있다. 외국인 음반제작자의 방송보상청구권은 상호주의에 따라 인정하도록 하였으나, 디지털음성송신은 인터넷을 기반으로 하고 국경을 초월하여 송신된다는 점을 감안하여 상호주의 적용을 배제하고 내외국인을 불문하고 보상하도록 하였다.[89]

보상금의 지급 및 금액 등에 관한 내용은 실연자의 디지털음성송신보상청구권의 경우와 같다(저작권법 제83조 제 2 항). 즉, 방송보상금의 지급의무자인 방송사업자와는 달리 본 조의 보상금의 지급의무자인 디지털음성송신사업자(보통 음악 웹캐스팅업체라고 부른다)들은 현실적으로 수백, 수천, 수만에 이를 수 있고, 그 보상금액도 방송사업자가 지급할 보상금 액수와는 비교되지 않을 정도로 소액인 경우가 많을 것이다. 이러한 점을 고려하여 당사자 사이에 협의가 성립하지 않을 경우 한국저작권위원회에 조정신청을 할 수 있도록 규정하고 있는 방송보상금 청구권의 경우와는 달리 디지털음성송신사업자에 대한 보상금 청구권에 대하여는 대통령령이 정한 기간 내에 협의를 끝내지 못할 경우에 문화체육관광부장관이 정하여 고시하는 금액을 지급하도록 하였다(제76조 제 4 항).

8. 상업용 음반 공연사용 보상청구권

상업용 음반을 사용하여 공연을 하는 자는 상당한 보상금을 그 음반제작자에게 지급하여야 한다(저작권법 제83조의2 제 1 항). 앞에서 본 바와 같이 실연자가 그의 실연이 고정된 음반에 대하여 공연사용 보상청구권을 갖게 됨에 따라 그에 상응하는 권리로서 2009년 저작권법 개정에 의하여 음반제작자에게 새로 부여된 권리이다. 이로써 음반제작자에게도 로마협약 및 WIPO실연·음반조약상 상업용 음반의 방송 및 공중전달에 대한 보상청구권이 모두 부여되게 되었다.

보상금의 지급과 관련하여서는 역시 방송 및 디지털음성송신에 대한 보상금청구권과 마찬가지로 저작권법 제25조 제 5 항 내지 제 9 항 및 제76조 제 3, 4 항의 규정을 준용하고 있다(제83조의2 제 2 항). 이 규정에 의하여 보상을 받을 권리를 행사하는 단체가 보상권리자를 위하여 청구할 수 있는 보상금의 금액은 매년 그 단체와 공연 사업자가 대통령령이 정하는 기간 내에 협의하여 정한다(제76조 제 3 항). 하지만 이 부분 역시 현실적인 여건을 고려하여 대통령령이 정한 기간 내에 협의를 끝내지 못할 경우에는 문화체육관광부장관이 정하여 고시하는 금액을 지급하도록 하였다(제76조 제 4 항).

상업용 음반의 공연사용에 대한 보상청구권 역시 상업용 음반의 방송사용에 대한 보

89) 심동섭, 전게논문, 57면.

상금청구권의 경우와 마찬가지로 음반제작자가 외국인인 경우에는 상호주의의 전제 아래에서 이를 인정하고 있다. 즉, 음반제작자가 외국인인 경우에 그 외국에서 대한민국 국민인 음반제작자에게 상업용 음반의 공연에 대한 보상청구권을 인정하지 않는 경우에는, 우리나라도 그 외국인 음반제작자에게 보상청구권을 인정하지 않는다(제83조의2 제 1 항, 단서).

V. 방송사업자의 권리

1. 방송사업자의 의의

방송은 공중송신 중 공중이 동시에 수신하게 할 목적으로 음·영상 또는 음과 영상 등을 송신하는 것을 말하고(저작권법 제 2 조 제 8 호), 방송사업자는 이러한 방송을 업으로서 하는 자를 말한다(제 2 조 9호). 그리고 방송의 객체는 반드시 저작물일 필요가 없으므로 뉴스나 일기예보, 스포츠 중계 등도 방송에 포함된다.

저작인접권의 보호를 받는 방송은, ① 대한민국 국민인 방송사업자의 방송, ② 대한민국 내에 있는 방송설비로부터 행하여지는 방송, ③ 대한민국이 가입 또는 체결한 조약에 따라 보호되는 방송으로서 체약국의 국민인 방송사업자가 당해 체약국 내에 있는 방송설비로부터 행하는 방송이다(저작권법 제64조 제 3 호). 위 ①은 이른바 국적주의(國籍主義) 원칙을 천명한 것이고, ②는 발신주의(發信主義)에 입각한 것이다. ②에 해당하는 것으로서 주한 미군방송인 AFN Korea(American Forces Network Korea)가 있다. ③의 대한민국이 가입 또는 체결한 조약으로서 방송과 관련된 것으로서는 WTO/TRIPs 협정과 위성방송협정이 있다. 따라서 이들 협정 가입국의 국민인 방송사업자가 행하는 방송은 우리나라에서 보호를 받는다.

웹캐스팅사업자가 방송사업자에 해당하는지 여부에 대하여는 논란이 있다. 위에서 본 '방송' 및 '방송사업자'의 정의규정에 따르면 웹캐스팅사업자를 방송사업자로 보지 못할 이유는 없는 것처럼 보인다. 웹캐스팅사업자를 방송사업자로 보게 되면 이들은 저작인접권자로서의 권리를 가지게 될 뿐만 아니라, 방송사업자의 일시적 녹음·녹화를 허용하는 저작권법 제34조의 혜택을 받을 수 있다. 그러나 저작권법은 '방송' 및 '방송사업자'와는 별도로 '디지털음성송신' 및 '디지털음성송신사업자'에 관한 정의규정을 두고 있고, 2009년 개정 저작권법에서 디지털음성송신사업자에 대하여는 실연이 녹음된 음반을 사용하여 송신하는 경우에 이를 일시적으로 복제할 수 있도록 하는 규정(제87조 제 2 항)을 두었다. 이는 저작권법이 디지털음성송신사업자에 대하여는 이를 방송사업자에 포함되지 않는 별도의 사업자로 보면서도, 그 성격이 방송과 유사한 면이 있음을 고려하여 그에 따라 요구되는 지위를 부여하고자 하는 취지라고 보인다.

2. 방송사업자의 권리

방송사업자는 그의 방송을 복제할 권리와 동시중계방송할 권리 및 제한된 범위 내에서의 공연권을 가진다(저작권법 제84조, 제85조, 제85조의2). 이러한 방송사업자의 권리는 방송사업자로서 방송을 하기만 하면 발생하는 것으로서 그 방송의 내용(콘텐츠)이 저작물이든 저작물이 아니든, 생방송이든 녹음 또는 녹화방송이든 묻지 아니한다. 또한 방송하는 내용이 다른 방송사업자가 방송한 것을 그대로 받아서 재송신(재방송)하는 것이어도 방송사업자의 권리는 보호된다. 우리나라의 MBC 방송과 같이 네트워크에 의한 방송은 같은 내용의 방송을 이른바 Key국과 Net국이 동시에 송출하더라도 Key국 방송사의 권리만이 보호되는 것이 아니라 같은 방송에 관하여 각 방송사마다 독립된 저작인접권을 갖게 되는 것이다. 그리고 여기서 방송은 생방송만을 의미하는 것이 아니며, 일시적인 고정물을 포함하는 기존의 녹음·녹화물을 사용한 방송인 경우에도 방송사업자의 저작인접권이 작용한다. 따라서 실연자 및 음반제작자의 권리가 미치는 음반을 사용하여 방송하는 경우에는 별도로 방송사업자의 권리가 발생하게 된다. 즉, 기존의 녹음물, 예컨대 A가 작사 및 작곡한 음악저작물을 B가 노래하고 C가 음반으로 제작하였는데 그 음반을 사용하여 D가 방송을 한 경우에 그 방송을 수신하여 녹음을 하게 되면, 기본적으로 저작권법 제16조에 의한 A의 복제권과 저작권법 제69조에 의한 실연자 B의 복제권, 제78조에 의한 음반제작자 C의 복제권 및 제84조에 의한 D의 방송사업자의 복제권 등의 권리가 동시에 작용하게 되므로, 이들로부터 각각 허락을 받지 아니할 경우 해당 권리에 대한 침해의 책임을 지게 된다.[90]

가. 복 제 권

방송사업자는 그의 방송을 복제할 권리를 가진다(저작권법 제84조). 여기서 복제라 함은 방송되고 있는 음 또는 영상을 복제하는 것, 즉 무형적인 방송신호인 음 또는 영상을 유형물에 고정하는 것을 말한다. 예를 들어, 방송을 녹음, 녹화하거나 사진촬영 등의 방법으로 복제하는 것이 이에 해당한다. 즉, 방송사업자가 가지는 복제권은 방송의 유형적 이용형태에 관한 권리로서 방송의 고정 및 그 고정물의 복제에 관한 권리라고 할 수 있다. 그러므로 방송 자체를 무단복제하는 것은 물론이고, 방송을 녹화한 복제물(예컨대 비디오테이프)을

90) 허희성, 전게서, 307면.

구입한 다음 이를 다시 무단으로 복제하는 것도 이 권리의 침해가 된다. 따라서 A방송사가 한 방송을 B방송사가 녹음 또는 녹화(복제)해 두었다가 나중에 재방송하였는데, 이 재방송을 C가 녹음 또는 녹화하게 되면, C가 한 녹음 또는 녹화는 B방송의 복제가 될 뿐 아니라 동시에 A방송도 복제한 것으로 된다. 또한 A방송사의 무선방송을 B방송사가 유선방송으로 동시중계하였는데, 이 동시중계방송을 C가 녹음, 녹화하였다면 그것은 B의 유선방송을 복제한 것인 동시에 A의 무선방송도 복제한 것으로 된다.[91)]

방송사업자에게 부여된 이 권리는 방송사업자의 의사에 반하여 방송의 내용이 공중에게 그대로 전달되지 못하도록 보호하기 위한 것이다. 예컨대 TV 화면을 사진촬영하거나 인터넷 등에 '다시보기' 서비스 등의 이름으로 올려져 있는 방송물 중 일부 화면을 캡처하여 저장하는 것과 같은 방법에 의하여 복제하는 것도 이에 해당한다. 개정 전 저작권법은 방송사업자의 복제권에 대하여 "방송사업자는 그의 방송을 녹음·녹화·사진 그 밖의 이와 유사한 방법으로 복제하거나 동시중계방송할 권리를 가진다"고 하여 복제권과 동시중계방송권을 함께 규정하고 있었다. 여기서 "사진 그 밖의 이와 유사한 방법으로 복제"하는 것이 포함되어 있으므로 TV 화면을 사진촬영하는 것과 같은 방법에 의하여 복제하는 행위에 대하여는 당연히 방송사업자의 복제권이 미치게 된다. 현행 저작권법은 그냥 복제라고만 하고 있으나, 이는 종전 저작권법에서 규정하고 있는 '녹음·녹화·사진' 등이 이미 복제의 정의규정(법 제 2 조 22호)에 들어 있기 때문에 중복을 피하고 조문을 간략하게 한 것이지, 종전 저작권법과 의미가 달라진 것은 아니다.

TV 화면을 녹화하거나 사진촬영을 하는 경우 그 녹화자나 촬영자가 단지 기계적인 조작행위만을 하고 창작적 기여를 하지 않았다면 독립된 영상저작물의 작성자나 사진저작물의 작성자로 될 수는 없다.[92)]

나. 동시중계방송권

동시중계방송권은 방송사업자의 방송에 대한 무형적 이용형태에 관한 권리이다. 동시중계방송이라 함은 다른 방송사업자의 방송을 수신과 동시에 재방송하는 것을 말한다. 중계방송에 의하여 방송이 공급되는 영역에 관하여는 아무런 제한이 없다. 따라서 타인의 방송을 무단으로 그 방송의 공급영역 외의 수신인에게 광역케이블로 재송신하는 것도 동시중계방송권의 침해로 된다. 재방송에는 방송을 녹음·녹화하여 고정하였다가 나중에 송신하는 '이시적 재방송'(異時的 再放送, deferred broadcasting)도 있으나 이에 관하여 방송사업자는 위 (1)항

91) 이해완, 전게서, 667면.
92) 김정술, 전게논문, 329면.

의 복제권에 의하여 규율할 수 있으므로 본 조는 동시중계방송(simultaneous broadcasting)에 대하여만 규정하고 있다.[93)]

동시중계방송권과 관련하여 지상파 방송사의 케이블 방송사를 상대로 한 소송에서 매우 의미가 있는 판결이 선고된 바 있다. 우리나라는 산악지형이 많고 도시 지역에도 높은 빌딩들이 밀집해 있어서 공중파(지상파, KBS 1, 2, MBC, SBS, EBS 등이 있다) 방송의 방송신호가 제대로 전달되지 않는 이른바 '난시청 지역'이 많이 존재한다. 이러한 난시청의 문제의 해결을 그동안 케이블 방송에서 상당한 부분 담당하여 왔던 것이 사실이다. 지상파 방송신호를 케이블 방송사업자가 수신하여 케이블 방송 가입자에게 유선으로 동시 재송신함으로써 케이블 방송 가입자(이용자)가 케이블 TV를 통하여 지상파 방송을 수신할 수 있도록 하여 온 것이다. 이러한 구조는 지상파 방송사업자에게도 자체 비용을 들이지 않고 난시청 지역을 해소하며, 특히 민영 방송사업자(SBS, MBC)의 입장에서는 자신의 지상파 광고의 수신 영역을 넓힐 수 있는 유리한 것이었다. 그렇기 때문에 그동안 지상파 방송사업자 측에서는 케이블 방송사업자에 대하여 지상파 동시 재송신에 대한 아무런 권리 주장을 하지 않았고, 이러한 관행은 수십 년 동안 지속되어 왔다.

그러다가 디지털방송 실시에 즈음하여 그동안 권리주장을 하지 않아 왔던 지상파 방송사업자들(KBS 2, MBC, SBS)이 케이블 방송사업자를 상대로 동시재송신에 대하여 저작권법상 동시중계방송권의 침해라고 하여 사용료 지급을 요구하면서 동시재송신 중단을 요구하는 가처분 및 본안소송을 제기한 것이 이 사건의 시작이다. 본건의 법률적 쟁점은 크게, 케이블 방송사업자의 지상파 방송 동시재송신 행위가 저작권법상 '동시중계방송'에 해당하는 것인지, 아니면 단순히 지상파를 수신하여 보는 이용자(각 가정이나 개인)의 수신행위를 보조하는 행위에 불과한 것인지 하는 점과, 지상파 방송사업자들이 수십 년 동안 권리를 행사하지 않다가 이제와서 특별한 사정 변경이 없음에도 불구하고 갑자기 권리를 주장하는 것이 이른바 '실효의 원칙'에 해당하여 허용될 수 없는 것인지 여부이다.

가처분 제 1 심에서는 케이블 방송사업자들의 재송신 행위가 지상파 방송사업자들의 저작권법상 권리인 동시중계방송권을 침해한다는 점은 인정하면서도, 당장 이를 중지시킬 경우 이용자들의 큰 피해가 예상되고 아울러 향후 협상의 여지가 크다는 점을 고려하여

---

93) 상게논문, 329면. 우리 저작권법상 동시중계방송권은 로마협약의 '재방송'(rebroadcasting)에 상응하는 권리이다. 일반적으로 재방송은 동시적(同時的) 재방송과 이시적(異時的) 재방송 모두를 포괄하는 의미이지만, 로마협약은 '재방송'을 방송사업자가 다른 방송사업자의 방송을 동시에 방송하는 것을 말한다고 규정함으로써 이시적 재방송은 포함되지 않는 것으로 하고 있다. 우리 저작권법은 로마협약의 규정 취지에 따르면서 그 의미를 더욱 분명히 하기 위하여 '동시'중계방송권이라는 용어를 사용한 것이다(박성호, 전게서, 391면).

가처분 인용결정은 내리지 않았다.[94] 그러나 그 후 1심 본안 소송[95]에서 지상파 방송사업자들이 사실상 승소판결을 받았고, 위 가처분 1심 결정도 항소심에서 파기되어 2011. 6월 가처분을 인용하는 판결이 내려졌다.[96]

다. 공 연 권

방송사업자는 공중의 접근이 가능한 장소에서 방송의 시청과 관련하여 입장료를 받는 경우에 그 방송을 공연할 권리를 가진다(저작권법 제85조의2). 이 권리는 한·EU FTA 이행을 위한 2011년 개정법에 의하여 방송사업자에게 새로 부여된 권리이다. 방송을 시청할 수 있는 시설에서 그 방송의 시청에 대한 입장료 등 직접적인 반대급부를 받는 경우에 방송사업자에게 그러한 방송의 공연에 대하여 배타적 권리를 부여한 것이다. 이 규정은 공중의 접근이 가능한 장소에서 입장료를 받고 방송을 시청하게 하는 경우에 한정되어 인정되는 것이기 때문에, 이 규정에 의하여 방송사업자에게 부여된 공연권은 상당히 제한된 범위 내에서의 권리이다. 유럽에서는 스포츠 중계를 시청하기 위하여 특정한 시설에서 입장료를 지불하고 관람하는 사례가 있어서 이러한 규정이 의미가 있을 것이지만, 우리나라의 경우 특정한 장소에 입장료를 지불하고 들어가서 방송을 시청하는 경우는 거의 없으므로 이 규정이 국내에 미치는 영향은 당분간은 거의 없을 것으로 추측된다. 예를 들어, TV 방송을 상영해 주는 대가로 입장료를 받는 경우가 아니라면 일반 음식점이나 주점 등의 영업소에서 TV 방송프로그램을 상영하는 것에 대하여는 본 규정이 적용되지 않는 것으로 해석된다.

---

94) 서울중앙지방법원 2009. 12. 31.자 2009카합3358 결정. 케이블 방송사업자의 지상파 방송 동시재송신 행위가 단순한 수신보조행위에 불과한 것인지 여부에 관하여 이 결정은, 방송신호를 재전송하는 행위가 '수신보조행위'가 아니라 '재송신행위'에 해당하기 위해서는 방송신호를 받아 이를 수신자에게 단순 전달하는 기술적 행위가 있는 것만으로는 부족하고, 사회일반의 관념으로 볼 때 그 행위자가 수신자와는 독립한 지위에서 수신자의 영역으로 방송신호를 송신한 것이라고 평가할 수 있어야 하는 것인바, 수신자의 의사를 대행하거나 수신자들을 대표하여 방송의 수신 및 전송행위를 하는 것은 저작권법에 의하여 금지되는 동시중계방송에 해당한다고 보기 어렵다(대법원 2008. 9. 11. 선고 2008도1724 판결 참조) 고 하였다. 그러면서도 이 결정은, 이 사건의 경우 아파트 입주자들이 내부적으로 실시하는 재전송과 피신청인 케이블 방송사업자가 행하는 재전송은 그 설비의 주체에서부터 현저한 차이가 있으므로 아파트 공동수신설비의 허용 논리를 그대로 이 사건에 적용하여 피신청인이 가입자의 의사를 대행하거나 이들을 대표하여 이 사건 방송을 재전송하는 것으로 보기는 어렵다고 한 후, 결국 피신청인의 재전송 행위는 가입자가 디지털 지상파방송을 편리하게 수신할 수 있도록 보조하는 기능을 수행하는 정도를 넘어, 이 사건 방송신호를 자체 설비를 통해 수신, 가공하여 피신청인의 방송서비스에 포함시킨 후 독립한 사업자의 지위에서 이를 가입자에게 '동시재송신'하여 지상파 방송사업자들의 동시중계방송권을 침해하고 있는 것이라고 판시하였다.

95) 서울중앙지방법원 2010. 9. 8. 선고 2009가합132731 판결.

96) 서울고등법원 2011. 6. 2. 선고 2010라109 판결(확정).

Ⅵ. 저작인접권의 발생 및 보호기간

1. 서 설

저작인접권(실연자의 인격권을 제외한다)은 실연의 경우에는 그 실연을 한 때, 음반의 경우에는 그 음을 맨 처음 음반에 고정한 때, 방송의 경우에는 그 방송을 한 때부터 발생하며, 어떠한 절차나 형식의 이행을 필요로 하지 아니 한다(저작권법 제86조 제 1 항). 저작인접권의 보호기간은, 실연의 경우에는 그 실연을 한 때(다만, 실연을 한 때부터 50년 이내에 실연이 고정된 음반이 발행된 경우에는 음반을 발행한 때), 음반의 경우에는 그 음반을 발행한 때(다만, 음을 음반에 맨 처음 고정한 때의 다음해부터 기산하여 50년이 경과한 때까지 음반을 발행하지 아니한 경우에는 음을 음반에 맨 처음 고정한 때), 방송의 경우에는 그 방송을 한 때의 다음 해부터 기산하여 70년(방송의 경우에는 50년)간 존속한다(제86조 제 2 항).

2006년 개정된 저작권법(법률 제8101호)은 음반의 경우 보호기간의 기산점을 "음을 맨 처음 고정한 때"에서 WIPO 실연·음반조약(WPPT)과 같이 "음반을 발행한 때"로 개정하였다. 따라서 음반의 경우에는 저작인접권의 발생시점과 보호기간의 기산점이 다르다. 원래 저작권법은 저작인접권의 발생시점과 보호기간의 기산점을 같이 규정하고 있었는데, 2006년 개정법에서부터 둘을 구분하여 규정하고 있다.[97] 이에 따라 음반의 발행에 대한 명확한 개념규정이 새로이 필요해졌다. 그리하여 그 전의 저작권법에 존재하던 발행의 정의규정인 "저작물을 일반공중의 수요를 위하여 복제·배포하는 것"에 음반을 포함시켜 "저작물 또는 음반을 공중의 수요를 충족시키기 위하여 복제·배포하는 것"이라고 변경함으로써 그 의미를 명확히 하였다.

2. 저작인접권의 보호기간 연장과 기존 저작인접물

한·미 FTA 협정 제18.4조 제 4 항은 각 당사국은 저작물(사진저작물 포함)·실연 또는 음반의 보호기간을 70년보다 짧게 규정하여서는 아니 된다는 것을 의무사항으로 하고 있다. 따라서 저작물 및 저작인접물 중 방송을 제외한 실연 및 음반에 대하여는 보호기간을 종전 50년에서 70년 이상으로 연장할 필요가 있었다.[98] 저작물의 보호기간을 70년으로 연

---

97) 다만, 저작인접권의 발생시점과 보호기간의 기산점이 실제적으로 차이가 나는 것은 음반의 경우뿐이다. 실연의 경우에는 그 실연을 한 때, 방송의 경우에는 그 방송을 한 때가 저작인접권의 발생시점 및 보호기간의 기산점이 된다.

98) 2011. 12. 2. 저작권법 개정 당시 저작인접권의 보호기간 연장에서 '방송'이 제외된 것은 미국이 저작권

장하는 것은 이미 한·EU FTA에 따른 2011년 7월 1일 시행 저작권법(법률 제10807호)에 공통사항으로서 반영이 되어 있었다. 그리하여 2012년 개정 저작권법 제86조 제 2 항은, "저작인접권(실연자의 인격권은 제외한다. 이하 같다)은 다음 각 호의 어느 하나에 해당하는 때의 다음 해부터 기산하여 70년(방송의 경우에는 50년)간 존속한다"고 규정하여, 실연과 음반의 보호기간은 70년으로, 방송의 경우에는 50년으로 규정하고 있다.

한편, 한·미 FTA 협정에서 보호기간의 연장과 관련하여 2년의 유예기간을 인정하고 있으므로, 실연과 음반의 보호기간을 50년에서 70년으로 연장하되 보호기간과 관련된 법률의 발효 시점에 대하여는 부칙에 경과규정을 두는 것이 필요하였다. 그런데 저작물의 경우에는 2011년 저작권법이 보호기간을 20년 연장하면서 부칙으로 2년간 유예기간을 두는 규정(부칙 제 1 조)을 두었지만, 2012년 개정법에는 실연 및 음반에 대한 보호기간을 20년 연장하면서도 부칙에서는 이에 관하여 아무런 언급을 하고 있지 않다. 이는 입법의 미비가 아니라, 한·페루 FTA가 2011. 8. 1. 발효됨에 따라 이를 이행하기 위한 저작인접권 보호기간 연장에 대한 시행일이 2013. 8. 1.로 이미 정해져 있음을 고려한 것이라고 한다.

1957년 우리나라 최초의 저작권법이 제정된 이후 저작인접권의 보호기간은 1986년, 1994년, 2006년, 2011년 등 크게 네 차례에 걸쳐 개정되어 왔다. 1957년 법에서는 연주, 가창, 음반 등을 저작인접물이 아닌 저작물로 인정하여 저작자의 생존기간 및 사후 30년 동안 보호를 하고 있었다. 그 후 1986년 법에서는 이들을 저작인접권의 대상에 포함시켜 실연, 음의 맨 처음 고정, 방송을 한 때의 다음해부터 기산하여 20년간 보호기간이 존속하는 것으로 규정하였으며, 1994년 법에서는 그 보호기간을 50년으로 연장하였다. 한편, 2006년 개정법에서는 앞에서 본 바와 같이 음반에 관하여 보호기간의 기산점을 음반을 발행한 때로부터 함으로써 사실상 보호기간을 연장하게 되었다. 그 후 2011. 12. 2.자 저작권법 개정(2012. 3. 15. 시행)에 의하여 실연 및 음반의 보호기간이 70년으로 연장되었고 그 적용 시점은 2013. 8. 1.이다. 어떤 저작인접물이 이들 개정법률 중 어느 법의 적용을 받을 것인지는 각 개정법의 부칙규정에서 정하는 바에 따르게 된다.

먼저 1986년 법의 시행일인 1987. 7. 1. 이전에 공표된 연주, 가창, 연출, 음반 또는 녹음 필름 등은 같은 법 부칙 제 2 조 제 2 항의 규정[99]에 따라 1957년 법의 적용을 받아 저

법에서 방송사업자를 별도로 보호하지 않고 있는 까닭에 한·미 FTA 협상에서 방송이 제외되었고, 방송사업자의 권리에 대하여는 WIPO에서 조약 마련을 위한 논의가 진행 중이어서 그 결과를 기다려 볼 필요가 있기 때문이었다고 한다.

99) 부칙 제 2 조 제 2 항. 이 법 시행 전에 종전의 규정에 의하여 공표된 저작물로서 다음 각 호의 1에 해당하는 것은 종전의 규정에 의한다. 1. 종전의 법 제 2 조의 규정에 의한 연주·가창·연출·음반 또는 녹음필름.

작인접물이 아니라 저작물로서 저작자 생존기간 및 사후 30년간 보호된다. 그 다음으로 1994년 법의 시행일인 1994. 7. 1. 이전에 발생한 저작인접권은 원래 1986년 법에 따라 20년의 기간만 보호되고, 그 이후에 발생한 저작인접권은 1994년 법에 따라 실연, 음의 맨 처음 고정, 방송을 한 때의 다음해부터 기산하여 50년간 보호를 받는 것으로 되었다. 그런데 그와 같이 1987. 7. 1.부터 1994. 6. 30.까지의 기간 동안에 발생한 저작인접권만 특별히 20년이라는 짧은 보호기간만 인정된다는 것은 형평성에 문제가 있다는 지적에 따라 2011. 12. 2. 저작권법을 개정하면서 부칙에서 이 문제에 관한 특별한 규정을 두었고(다음 "6. 저작인접권 보호기간에 관한 연장 특례" 참조), 그에 따라 1987. 7. 1.부터 1994. 6. 30.까지의 기간 동안에 발생한 저작인접권도 50년의 보호기간을 인정받게 되었다. 한편, 1994년 법 시행일인 1994. 7. 1. 이후에 발생한 저작인접권은 원래부터 50년의 보호기간을 인정받게 되었는데, 그 중 실연과 음반의 경우에는 2011. 12. 2.자 개정법에 의한 보호기간 연장에 따라 2013. 8. 1.부터 다시 70년으로 보호기간이 연장되게 되었다.

3. 실연·음반의 보호기간 기산점

현행 저작권법으로 개정되기 전의 2011년 저작권법은 실연의 경우 저작인접권의 보호기간의 기산점이 되는 시점을 "그 실연을 한 때"로 규정하고 있었다(동 법 제86조 제2항 제1호). 이에 비하여, 로마협약은 실연의 보호기간을 고정되지 않은 실연은 실연을 한 때로부터, 고정된 실연은 고정된 때로부터 기산하고 있고, WPPT는 실연이 고정된 때로부터 기산하고 있다. 한편, 한·미 FTA 협정은 음반에 고정된 실연의 보호기간과 관련하여 "실연이 최초로 허락되어 발행된 연도 말로부터" 기산하도록 규정하고 있다. 이에 따라 실연의 기산점에 "실연을 한 때" 외에 "실연을 발행한 때"를 적절히 추가할 필요가 생겼다. 이에 현행법 제86조 제2항 제1호는 실연의 저작인접권 보호기간의 기산점과 관련하여, "실연의 경우에는 그 실연을 한 때. 다만, 실연을 한 때부터 50년 이내에 실연이 고정된 음반이 발행된 경우에는 음반을 발행한 때"라고 규정하였다.

한편, 앞에서도 본 바와 같이 2006년 저작권법 개정에 따라 음반의 경우 저작인접권의 발생시점은 "그 음을 맨 처음 음반에 고정한 때"이지만, 보호기간의 기산점은 "그 음반을 발행한 때. 다만, 음을 음반에 맨 처음 고정한 때의 다음 해부터 기산하여 50년이 경과한 때까지 음반을 발행하지 아니한 경우에는 음을 음반에 맨 처음 고정한 때"로 되어 있어 저작인접권의 발생시점과 보호기간의 기산점이 달라졌다. 즉, 음반의 경우 음을 맨 처음 음반에 고정한 때로부터 보호기간을 기산하지 아니하고, 그 발행한 때를 기산점으로 함으로써 고정일과 발행일 사이의 기간만큼 보호기간이 연장되는 효과를 가져왔다.[100] 그런데 이와 같이 발행한 때를 기산점으로 하게 되면 음을 고정만 해 놓고 발행을 하지 않고 있을 경우 저작인접권의 보호기간이 무한정 늘어나게 되는 문제가 발생할 수 있다. 이러한 문제를 해결하기 위하여 제 2 항 제 2 호 단서에서 "다만, 음을 음반에 맨 처음 고정한 때의 다음 해부터 기산하여 50년이 경과한 때까지 음반을 발행하지 아니한 경우에는 음을 음반에 맨 처음 고정한 때"라고 규정함으로써, 음을 음반에 맨 처음 고정한 때의 다음 해부터 기산하여 50년이 경과할 때까지 음반을 발행하지 아니한 경우에는 음을 음반에 맨 처음 고정한 때를 기산점으로 하도록 한 것이다.

이와 같이 2006년 개정법에 의하여 음반의 경우 저작인접권의 발생시점과 보호기간의 기산점이 달라짐으로써 보호기간이 실질적으로 다소 연장되는 효과가 있게 되었는데, 이와 관련하여 2006년 개정법 부칙 제 8 조(음반의 보호기간의 기산에 관한 경과조치)는, "이 법 시행 전에 고정되었으나 아직 발행되지 아니한 음반의 보호기간의 기산은 이 법에 따른다"고 규정하고 있다. 따라서 2006년 개정법 시행일인 2007. 6. 29. 이전에 고정되고 발행까지 된 음반은 개정전 법에 의하여 음의 최초 고정시점을 기산점으로 보게 되고, 그 이전에 고정되었지만 시행일 현재 발행되지 않은 것은 개정법의 적용을 받아 발행시점을 기산점으로 하여 보호기간을 산정하게 된다.

이와 같이 현행 저작권법이 실연의 보호기간 기산점에 관하여는 "그 실연을 한 때. 다만, 실연을 한 때부터 50년 이내에 실연이 고정된 음반이 발행된 경우에는 음반을 발행한 때"로 규정하고 있음에 반하여, 음반의 보호기간 기산점에 관하여는 "그 음반을 발행한 때. 다만, 음을 음반에 맨 처음 고정한 때의 다음 해부터 기산하여 50년이 경과한 때까지 음반을 발행하지 아니한 경우에는 음을 음반에 맨 처음 고정한 때"라고 규정함으로써 마치 서로 다른 취지의 규정인 것처럼 이해될 소지가 있는데, 자세히 살펴보면 결국 실연이나 음반 모두 음반이 발행된 경우에는 그 음반이 발행된 때가 기산점이 된다는 것이어서, 두 경우를 서로 상반되는 형식의 문장으로 입법을 한 이유를 알 수 없다고 하는 의문이 제기되고 있다.[101]

100) 2006년 개정법이 음반의 경우 저작인접권의 발생시점과 기산점을 달리 함으로써 실질적으로 보호기간이 연장되도록 한 것은 당시 우리나라가 가입을 준비하던 WPPT가 개정법과 유사한 규정을 두고 있어서 그와 같이 개정하지 아니하면 WPPT에 비하여 음반의 경우 보호기간이 짧아지는 문제점이 있었기 때문이다.

101) 신재호, 한·미 FTA 이행을 위한 개정 저작권법에 관한 검토, 디지털재산법학회 2012. 7. 7. 포럼 발표자료, 11면.

4. 상호주의

개정된 현행법에 따라 저작인접물의 보호기간이 실연 및 음반의 경우에는 70년으로 연장되었지만(방송의 경우에는 종전대로 50년), 우리 저작권법보다 보호기간이 짧은 외국에 대하여는 한·미 FTA 협정의 효과를 그대로 인정할 필요가 없다. 즉, 한·미 FTA 협정에서 저작권 및 저작인접물의 보호기간을 20년 연장하는 것은 미국과의 관계에서의 요구사항이지 모든 외국인의 저작물이나 저작인접물에 대하여 각 그 기산점으로부터 70년까지 보호하여야 하는 것은 아니다. 베른협약도 저작물의 본국에서 정한 보호기간을 초과하여 보호하지는 않는다는 원칙을 규정하고 있다.[102] 따라서 보호기간이 70년보다 짧은 외국과의 관계에서 보호기간의 균형을 맞추기 위해서는 외국인의 저작인접권 보호에 관한 규정에 보호기간의 상호주의를 적용하는 규정을 신설할 필요가 생겼다. 그리하여 현행법은 제64조에 제 2 항을 신설하여, "제 1 항에 따라 보호되는 외국인의 실연·음반 및 방송이라도 그 외국에서 보호기간이 만료된 경우에는 이 법에 따른 보호기간을 인정하지 아니한다"는 규정을 두었다.[103]

5. 저작인접권 무방식주의

한·미 FTA 협정은 "어떠한 당사국도 실연자 및 음반제작자의 권리의 향유와 행사에 있어서 특정한 형식에 따를 것을 조건으로 할 수 없다"고 하여 저작인접물 중 실연 및 음반에 대한 무방식주의를 의무로 규정하고 있다.[104] 그동안 우리 저작권법은 저작물과 관련하여서는 무방식주의를 명시하고 있으면서도 저작인접물과 관련하여서는 이를 명시하거나 준용하고 있지 않았다. 이에 현행법은 저작인접권의 보호기간에 관한 제86조 제 1 항을 "저작인접권은 다음 각 호의 어느 하나에 해당하는 때부터 발생하며, 어떠한 절차나 형식의 이행을 필요로 하지 아니 한다"라고 규정함으로써 저작인접물 모두에 대하여 무방식주의가 적용됨을 분명히 하였다.

---

102) 베른협약 제 7 조 제 8 항.

103) 저작물의 보호기간에 있어서의 상호주의 적용은 2011년 개정 저작권법(2011년 저작권법) 제 3 조 제 4 항에 이미 반영된 바 있다.

104) 한·미 FTA 협정 제18.6조 제 4 항.

6. 기존 저작인접권 보호기간 연장 특례(부칙 제 4 조)

그동안 있었던 저작권법의 개정에 따라 저작인접물의 보호기간은 1957년 법, 1984년 법, 1994년 법, 그리고 현행법에 따라 각각 다르다. 그러므로 저작인접물이 어느 법이 발효 중일 때 공표되었는가에 따라 그 보호기간이 달라진다. 위 각 법이 발효 중일 때 공표된 저작인접물은 그 후 저작권법의 개정에도 불구하고 부칙의 경과조치에 의하여 종전 법에 의한 보호기간을 인정받는다(1987년 개정법 부칙 제 2 조 제 2 항 제 1 호 및 1994년 개정법 부칙 제 3 조).

따라서 구법(1957년법) 시행 당시, 즉 1987년 7월 1일 이전에 공표된 연주·가창·연출·음반 또는 녹음필름, 즉 실연과 음반은 저작인접물이 아니라 저작물이므로 구법상의 저작권 존속기간에 관한 규정에 따라 저작자의 사후 30년간 보호된다(1957년 법 제30조).

1987년 개정된 저작권법은 저작인접권의 보호기간에 대하여 실연·음의 고정·방송으로부터 20년간 보호되는 것으로 규정하고 있었다. 따라서 1987년 개정법이 발효된 1987년 7월 1일 이후 1994년 개정법 발효일인 1994년 7월 1일 이전에 발생된 저작인접권의 보호기간은 위 1987년 법에 따라 20년만 인정되고 있었다. 즉, 1994년 7월 1일 이후에 발생된 저작인접물에 대하여서만 발생한 날로부터 50년간 저작인접권이 존속하는 것으로 되어 있었던 것이다.

이에 현행 저작권법은 한·미 FTA 협정에 따라 저작권법을 개정하는 기회에 1994년 저작권법 개정 당시 20년에서 50년으로 저작인접권에 대한 보호기간을 연장한 규정의 혜택을 보지 못하였던 1987년 7월 1일부터 1994년 6월 30일까지 사이에 발생한 저작인접물에 대하여 그 보호기간을 50년으로 연장하도록 하고 이를 위하여 부칙 제 4 조(저작인접권 보호기간의 특례) 규정을 두기로 하였다. 1987년 7월 1일부터 1994년 6월 30일까지의 시기는 이선희, 김광석, 김건모, 이문세, 서태지와 아이들 등이 활동하였던 한국대중음악의 르네상스 시기로서 이 시기에 발행된 음반의 국내외적 충분한 보호를 위하여 보호기간의 연장이 필요하다는 것이 당시 개정법률안을 마련한 문화체육관광부의 설명이다.[105]

우리 저작권법상 저작인접권의 보호기간의 변천과정을 부칙과 관련하여 조금 더 상세히 살펴보면 다음과 같다.

저작인접권은 1987년 7월 1일 시행된 법률 제3916호 저작권법에서부터 보호되기 시작하였다. 이때 저작인접권을 신설하면서 실연자에게는 녹음·녹화 및 방송권을, 음반제작자에게는 복제·배포권을, 방송사업자에게는 복제권·동시중계방송권을 부여하면서 그 보호기간은 20년으로 하였다.

---

105) 개정 저작권법 해설, 한국저작권위원회, 2011. 7, 54면.

그 후 1994년 7월 1일 시행 법률 제4717호 개정 저작권법 제70조에서 저작인접권의 보호기간을 50년으로 연장하였는데,[106] 다만, 그 부칙의 ③(저작인접권의 보호기간에 관한 경과조치)에서, "이 법 시행 전에 발생된 저작인접권의 보호기간은 종전의 규정에 의한다"는 규정을 둠으로써 1994년 7월 1일 이전에 발생된 저작인접권에 대하여는 위 보호기간 연장의 적용이 없는 것으로 하였다.

그 후 2007년 6월 29일 법률 제8101호로 시행된 저작권법의 부칙에서도 제 2 조 ③항을 두어 "종전의 부칙 규정은 이 법의 시행 후에도 계속하여 적용한다"고 규정함으로써 위 법률 제4717호 저작권법의 부칙 규정이 그대로 적용되는 것으로 되어 있었다. 이에 따라 저작인접권이 처음 인정되기 시작한 1987년 7월 1일부터 법률 제4717호 저작권법이 시행되기 전인 1994년 6월 30일까지 사이의 시기에 발생한 저작인접권에 대하여는 여전히 20년의 보호기간이 적용되었다. 따라서 이 시기에 발생한 저작인접권의 보호기간을 그 이후 발생한 저작인접권과 같이 50년으로 연장하기 위해서는 위와 같은 부칙 규정들을 개정할 필요가 생겼다.

이에 개정법 부칙은 종전 저작권법 부칙 제 2 조 제 3 항의 "종전의 부칙 규정은 이 법 시행 후에도 계속하여 적용한다"는 내용에 "다만, 법률 제4717호 저작권법 중 개정법률 부칙 제 3 항에 따른 저작인접권의 보호기간에 관한 경과조치 규정은 제외한다"는 단서를 신설하였다. 나아가 부칙 제 4 조(저작인접권 보호기간의 특례) 규정을 신설하여, 그 제 1 항에 "제 3 조에도 불구하고 법률 제8101호 저작권법 전부 개정법률 부칙 제 2 조 제 3 항의 개정규정에 따라 1987년 7월 1일부터 1994년 6월 30일 사이에 발생한 저작인접권은 1994년 7월 1일 시행된 법률 제4717호 저작권법 중 개정법률(이하 이 조에서 '같은 법'이라 한다) 제70조의 개정규정에 따라 그 발생한 때의 다음 해부터 기산하여 50년간 존속한다"는 규정과, 제 2 항에 "같은 법 부칙 제 3 항에 따라 1987년 7월 1일부터 1994년 6월 30일 사이에 발생한 저작인접권 중 이 법 시행 전에 종전 법(법률 제4717호 저작권법 중 개정법률 시행 전의 저작권법을 말한다. 이하 이 조에서 같다)에 따른 보호기간 20년이 경과되어 소멸된 저작인접권은 이 법 시행일부터 회복되어 저작인접권자에게 귀속된다. 이 경우 그 저작인접권은 처음 발생한 때의 다음 해부터 기산하여 50년간 존속하는 것으로 하여 보호되었더라면 인정되었을 보호기간의 잔여기간 동안 존속한다"는 규정을 두었다.

이러한 개정법 부칙 제 4 조 제 1 항과 2항 규정에 의하여 1987년 7월 1일부터 1994년 6월 30일까지 사이에 발생한 저작인접권에 대하여도 그 발생한 해의 다음해부터 기산하여

106) 그 보호기간의 기산점은, "1. 실연에 있어서는 그 실연을 한 때, 2. 음반에 있어서는 그 음을 맨 처음 그 음반에 고정한 때, 3. 방송에 있어서는 그 방송을 한 때"로 규정하였다.

50년간의 보호기간을 인정받게 되었고, 개정법 시행 전에 보호기간이 만료되어 소멸된 저작인접권도 되살아나게 되었다. 다만, 이와 같이 소멸된 저작인접권이 회복됨에 따라 기왕에 저작인접권이 소멸된 상태에서 이를 적법하게 이용하여 오던 이용자들의 행위에 대하여는 면책규정을 둘 필요가 생겼다. 이에 개정법 부칙 제 4 조는, "③ 제 2 항에 따라 저작인접권이 회복된 실연·음반·방송을 이 법 시행 전에 이용한 행위는 이 법에서 정한 권리의 침해로 보지 아니한다"는 규정을 두어 기존 이용자들의 신뢰를 보호하는 한편, "④ 제 2 항에 따른 저작인접권이 종전 법에 따라 소멸된 후에 해당 실연·음반·방송을 이용하여 이 법 시행 전에 제작한 복제물은 이 법 시행 후 2년 동안 저작인접권자의 허락 없이 계속 배포할 수 있다"고 규정하여 이용자들의 종전 법에 따른 적법한 이용행위로 인하여 제작된 복제물을 개정법 시행 후에도 일정기간까지 이용할 수 있도록 함으로써 투하자본을 회수할 수 있도록 하였다.

한편, 이와 같이 이미 소멸된 저작인접권을 소급하여 보호하는 것이 위헌의 소지가 없는지에 관하여 문화체육관광부는, 개정안이 실연·음반·방송을 이용한 과거의 행위에 대하여 소급적용하는 것이 아니라, 보호가 회복되는 실연·음반·방송에 대해 법 시행 후의 행위에만 적용된다는 점, 또한 보호기간의 만료로 이용자가 갖게 되는 지위는 재산권이라기보다는 그 실연·음반·방송을 저작인접권자의 허락 없이 이용할 수 있을 것이라는 기대이익(반사적 이익)에 불과한 것으로서, 보호기간이 이미 종료한 것이라고 할지라도 다만 정도의 차이가 있을 뿐 기대이익이라는 그 성격을 변화시키는 것은 아니라는 점, 이러한 기대이익의 박탈은 저작권법에 의하여 새로운 권리가 추가되거나 보호의 대상이 추가되는 등의 경우에 늘 발생하는 것으로서 환경변화에 맞추어 보호의 범위를 변경하는 경우에 항시 수반되는 현상이라는 점 등에 비추어 위헌성이 없다고 설명하고 있다.[107]

Ⅶ. 기 타

1. 외국인의 저작인접권 보호

1995년 개정법의 발효일인 1996. 7. 1. 이전까지는 저작인접권은 음반제작자의 경우를 제외하고는 국내법에 의하여서만 보호를 받아왔다. 우리나라가 제네바 음반협약에만 가입하였기 때문이다. 이에 반하여 1995년 개정법은 "대한민국이 가입 또는 체결한 조약에 따

107) 문화체육관광부, 전게서, 55면.

라 보호되는 실연", "대한민국이 가입 또는 체결한 조약에 따라 보호되는 음반으로서 체약국 내에서 최초로 고정된 음반" 및 "이에 고정된 실연", "대한민국이 가입 또는 체결한 조약에 따라 보호되는 방송으로서 체약국의 국민인 방송사업자가 당해 체약국 내에 있는 방송설비로부터 행하는 방송" 및 "이러한 방송에 의하여 송신되는 실연"을 보호한다(1995년 저작권법 제61조 1, 2, 3호). 이러한 규정은 당시 우리나라가 저작인접권 보호에 관한 로마협약에 가입하지 않은 상태에서 TRIPs 규정에 따라 내국민대우의 원칙을 모든 저작인접물에 적용하기 위한 것이다.[108]

2006년 개정 저작권법은 외국인이 음반제작자인 경우의 보호와 관련하여, 대한민국이 가입 또는 체결한 조약에 따라 보호되는 음반으로서 체약국의 국민(당해 체약국의 법률에 의하여 설립된 법인 및 당해 체약국 내에 주된 사무소가 있는 법인을 포함한다)을 음반제작자로 하는 음반을 보호대상에 포함시켰다(제64조 제2호 라목). 또한 외국인인 실연자 및 음반제작자에 대한 방송보상금청구권을 종전 저작권법에서는 인정하지 않았으나, 2006년 개정된 저작권법에서부터는 상호주의를 가미하여 방송보상금청구권을 인정하고 있다(제75조 제1항 단서, 제82조 제1항 단서).

2. 저작인접권의 제한

저작인접권도 저작권과 마찬가지로 사회공공의 이익과 저작인접물의 원활한 이용을 위하여 저작재산권의 제한규정 중 상당부분을 그대로 준용하여 저작인접권을 제한하고 있다. 즉, 재판절차 등에서의 복제(저작권법 제23조), 정치적 연설 등의 이용(제24조), 학교교육목적 등에의 이용(제25조 제1항 내지 제3항), 시사보도를 위한 이용(제26조), 시사적인 기사 및 논설의 복제(제27조), 공표된 저작물의 인용(제28조), 비영리 공연·방송(제29조), 사적이용을 위한 복제(제30조), 도서관 등에서의 복제(제31조), 시험문제로서의 복제(제32조), 시각장애인 등을 위한 복제(제33조 제2항), 방송사업자의 일시적 녹음·녹화(제34조), 일시적 복제(제35조의2), 부수적 복제(제35조의3), 문화시설에 의한 복제(제35조의4), 공정이용(제35조의5), 번역 등에 의한 이용(제36조), 출처의 명시(제37조) 등의 제 규정이 저작인접물의 이용에 대하여도 준용된다(제87조 제1항). 결국 저작재산권 제한규정의 대부분이 저작인접권에도 준용되며, 준용에서 제외된 것은 공표된 저작물은 시각장애인 등을 위하여 점자로 복제·배포할 수 있다고 규정한 제33조 제1항과 청각장애인 등을 위한 복제를 규정한 제33조의2, 미술저작물 등의 전시 또는 복제에 관한 제35조뿐이다. 이들 규정은 그 성질상 원래부터 저작인

108) 송영식·이상정, 전게서, 200면.

접권이 적용되기 어려운 것들이기 때문에 제외된 것이다.

저작권법 제28조 공표된 저작물의 인용규정을 준용함에 있어서는 저작물을 인용하기 위하여 그 저작물을 포함하는 실연이나 음반, 방송을 인용할 수 있다는 취지가 아니라, 인용의 대상인 실연이나 음반, 방송 그 자체를 인용할 필요가 있는 경우에 한정된다는 점에 주의하여야 한다. 예를 들면, 실연자의 연기력을 비평하는 방송프로그램에 인용하기 위하여 그 실연의 일부를 사용하는 경우라든가, 진기한 동물의 울음소리를 처음으로 녹음한 경험담을 보도하기 위하여 그 울음소리가 수록되어 있는 음반의 일부를 인용하는 경우 등이 제28조 준용의 적용을 받는다.109)

2009년 저작권법을 개정하면서 저작권법 제87조 제 2 항으로, "디지털음성송신사업자는 제76조 제 1 항 및 제83조 제 1 항에 따라 실연이 녹음된 음반을 사용하여 송신하는 경우에는 자체의 수단으로 실연이 녹음된 음반을 일시적으로 복제할 수 있다. 이 경우 복제물의 보존기간에 관하여는 제34조 제 2 항을 준용한다"는 규정을 신설하였다. 저작권법 제34조에서 방송사업자의 일시적 녹음·녹화에 대한 저작재산권 제한규정을 두고 있고, 이를 저작인접권에 준용하고 있음에도 이와 같이 디지털음성송신사업자를 위한 별도의 저작인접권 제한규정을 둔 것은 디지털음성송신사업자가 방송사업자의 지위를 가지는가에 대한 의문이 제기될 수 있어서 그렇지 않다는 점을 명확히 하려는 취지였다고 한다.110) 이 규정에 의하여 디지털음성송신사업자는 방송사업자의 일시적 녹음·녹화 규정의 적용을 받지 않고도, 자신의 서비스를 위하여 자체의 수단으로 실연이 녹음된 음반을 일시적으로 복제할 수 있게 되었다.

3. 저작인접권의 양도·행사·소멸

저작인접권의 양도에는 저작재산권의 양도에 관한 규정(저작권법 제45조 제 1 항)이, 저작인접물의 이용허락에 관하여는 저작물의 이용허락에 관한 규정(제46조)이, 저작인접권을 목적으로 하는 질권의 행사에는 저작재산권을 목적으로 하는 질권의 행사에 관한 규정(제47조)이, 저작인접권의 소멸에는 저작재산권의 소멸에 관한 규정(제49조)이 각각 준용된다(제88조).

또한 2011. 12. 2.자 저작권법 개정에 의하여 제57조부터 제62조까지 저작물의 '배타적발행권' 규정이 도입되었는바, 실연, 음반 또는 방송의 배타적발행권 설정에 관하여는 이들 규정을 준용하도록 규정하고 있다(저작권법 제88조). 그러나 공동저작물의 저작재산권 행사

---

109) 加戶守行, 전게서, 579-580면.
110) 임원선, 실무자를 위한 저작권법, 개정판, 한국저작권위원회, 2009, 301면.

에 관한 저작권법 제48조 규정은 준용하고 있지 않으며, 공동저작물의 저작인격권 행사에 관한 제15조가 공동실연자의 인격권 행사에 관하여 준용되고 있다(저작권법 제77조 제3항). 공동실연자의 권리행사에 대하여는 저작권법 제77조에서 별도의 규정을 두고 있다. 공동실연자의 재산권과 인격권의 행사에 관하여는 본 절 Ⅲ에서 설명한 바 있다. 저작인접권 중 실연자의 권리에 대하여만 별도의 규정을 두고 있는 것은 음반이나 방송의 경우에는 공동음반이나 공동방송이라고 하여 특별한 의미를 부여하고 별도의 취급을 할 만한 행위나 필요성을 상정하기 어렵고, 음반이나 방송을 공동으로 한 경우에는 민법상 공유에 관한 규정을 준용하면 충분하기 때문이라고 생각된다.

4. 실연·음반 및 방송이용의 법정허락

저작물 이용의 법정허락에 관한 제50조 내지 제52조의 규정은 실연·음반 및 방송의 이용에 관하여 준용한다(저작권법 제89조).

5. 저작인접권의 등록

저작권의 등록에 관한 저작권법 제53조 내지 제55조의2 규정은 저작인접권 및 저작인접권의 배타적발행권의 등록에 관하여 준용한다. 이 경우 제55조 중 '저작권등록부'는 '저작인접권등록부'로 본다(저작권법 제90조). 따라서 ① 상속 기타 일반승계의 경우를 제외한 저작인접권의 양도 또는 처분의 제한, ② 저작인접권에 대한 배타적발행권의 설정·이전·변경·소멸 또는 처분제한의 경우와, ③ 저작인접권 또는 저작인접권의 배타적발행권을 목적으로 하는 질권의 설정·이전·변경·소멸 또는 처분제한은 등록하지 아니하면 제3자에게 대항할 수 없다(제54조). 등록절차에 있어서도 저작권의 등록절차가 준용된다(제55조).

제 2 절 배타적발행권

Ⅰ. 개 설

1. 배타적발행권의 개념

우리 민법상 재산권은 크게 대세적 효력(제 3 자적 효력) 및 배타성을 갖는 물권과 그러한 효력이 없는 비배타적인 성질을 가지는 채권으로 나누어진다. 물권은 다시 기본적 물권인 소유권 및 점유권과 제한물권으로 나누어지고, 제한물권은 대상물의 사용·수익을 목적으로 하는 용익물권과 채권의 담보에 목적이 있는 담보물권으로 나누어진다. 저작권법에서 배타적발행권이란, 저작권이라는 기본적 준(準) 물권에 기하여 저작물 이용자에게 저작물을 배타적으로 사용·수익할 수 있도록 설정해 준 권리로서 일종의 '용익물권'과 유사한 권리라고 볼 수 있다. 배타적발행권은 배타적 성질, 즉 모든 제 3 자에 대하여 독점적 권리를 주장할 수 있다. 이 점에서 이용허락을 준 상대방에 대하여서만 독점적 권리를 주장할 수 있는 채권적 권리인 '독점적 이용허락권'(exclusive license)과 다르다. 우리 민법과 현행 저작권법 아래에서는 저작물에 관한 독점적 이용허락을 받은 자는 민법상 독점적 채권자의 지위만을 가지게 된다. 이때 독점적 채권자는 채무자(저작재산권자인 경우가 보통일 것이다)에 대한 관계에서는 자신의 이름으로 권리를 행사할 수 있지만, 제 3 자인 이용자나 침해자에 대한 관계에서는 원칙적으로 자신의 이름으로 권리를 행사할 수 없다.

이에 비하여 배타적발행권을 갖게 되면 모든 제 3 자에 대하여 그 저작물에 대한 배타적이고 독점적인 이용권리를 주장할 수 있다. 따라서 그 저작물에 대한 제 3 자의 이용행위나 침해행위가 있을 경우 저작권자를 대위하지 않고도 직접 민사소송의 원고가 되거나 형사소송의 고소권을 행사하여 민·형사상 구제를 받을 수 있게 된다.

2. 배타적발행권 도입 경위

미국 저작권법은 독점적 이용허락을 '저작권의 이전'(transfer of copyright ownership)의 한 형태로 규정하고 있다.[111] 그리고 이러한 저작권의 이전에 의하여 배타적 권리를 부여받은 자, 즉 독점적 이용허락권자는 그 권리의 범위 내에서 저작권자에게 부여된 모든 보호와 구제를 받을 수 있는 것으로 규정하고 있다. 그 결과 미국 저작권법 아래에서 독점적 이용

111) 미국 저작권법 제101조.

허락을 받은 자는 저작권자와 동일하게 자신의 이름으로 민사소송의 제기나 형사고소 등 민·형사상의 권한을 행사할 수 있는 지위를 가지게 된다.

한·미 FTA 협정은 저작권을 포함한 지적재산권의 집행, 특히 민사절차와 관련하여 지적재산권의 전부 또는 일부를 배타적으로 보유한 자에 대하여 민사절차를 이용할 수 있도록 할 것을 요구하고 있다. 여기서 '저작권의 전부 또는 일부를 배타적으로 보유한 자'에 저작재산권의 전부 또는 일부를 '양도'받은 자가 포함되는 것으로 보는 데에는 한·미 FTA 협정 이행과 관련하여 아무런 문제가 없다. 우리 저작권법상으로도 저작재산권의 전부 또는 일부를 양도받은 자는 저작재산권자로서 그 양도받은 저작재산권의 범위 내에서 민·형사상의 구제와 관련된 모든 권리를 행사할 수 있기 때문이다. 그러나 독점적 이용허락을 받은 자도 여기에 포함된다고 해석한다면 독점적 이용허락을 받은 자의 지위에 관하여 위에서 본 우리 저작권법과 미국 저작권법의 체계상의 차이로 인하여 문제가 발생하게 된다. 우리 저작권법에서와 같이 독점적 이용허락권자는 자신의 이름으로 소송의 제기나 형사고소 등 민·형사상 구제조치를 취할 수 있는 권한이 없다고 한다면, 한·미 FTA 협정을 이행하기 위하여서는 저작권법을 개정하여 독점적 이용허락권자에게 배타적 권리를 부여해 줄 필요가 있게 된다.

우리의 종전 저작권법 아래에서도 독점적 이용허락권자가 스스로 권리를 행사할 수 있는 길이 해석론이나 판례에 의하여 열려 있으므로 한·미 FTA 협정 이행 때문에 굳이 독점적 이용허락권자에게 배타적 권리를 부여하여 줄 필요는 없다는 주장도 있을 수 있다. 즉, 우리나라 하급심 판결 중에는 독점적 이용허락을 받은 자가 무단침해자를 상대로 저작재산권자의 침해금지청구권을 대위행사 하는 것을 인정한 사례가 있으며,[112] 일본의 하급심 판결 중에도 대위행사를 인정한 것이 있다.[113] 우리나라 대법원도 소리바다 관련 가처분이의 상고심 판결인 대법원 2007. 1. 25. 선고 2005다11626 판결에서, "저작권법은 특허법이 전용실시권제도를 둔 것과는 달리 침해정지청구권을 행사할 수 있는 이용권을 부여하는 제도를 마련하고 있지 아니하여, 이용허락계약의 당사자들이 독점적인 이용을 허락하는 계약을 체결한 경우라도 그 이용권자가 독자적으로 저작권법상의 침해정지청구권을 행사할 수는 없다. 따라서 이용허락의 목적이 된 저작권법이 보호하는 재산권의 침해가 발생하는 경우에도 그 권리자가 스스로 침해정지청구권을 행사하지 아니하는 때에는 독점적인 이용권자로서는 이를 대위하여 행사하지 아니하면 달리 자신의 권리를 보전할 방법이 없을 뿐만 아니라, 저작권법이 보호하는 이용허락의 대상이 되는 권리들은 일신전속적인 권

112) 서울서부지방법원 2006. 5. 24.자 2006카합700 가처분이의 결정.
113) 동경지방법원 2003. 1. 31. 판결, 判例時報 1818호, 165-170면, 判例タイムズ 1120호, 277-282면.

리도 아니어서 독점적인 이용권자는 자신의 권리를 보전하기 위하여 필요한 범위 내에서 권리자를 대위하여 저작권법 제91조에 기한 침해정지청구권을 행사할 수 있다"고 하여 독점적 이용권자의 침해정지청구권 대위행사를 인정한 바 있다.

다음으로 독점적 이용허락권자가 해당 저작물을 무단이용하는 제 3 자를 상대로 손해배상청구를 할 수 있는가 하는 점과 관련하여 살펴보면, 일본의 경우 학설상으로 견해가 나뉘어 있으나, 이 경우에 독점적 이용허락권자는 저작물의 독점적 이용에 관하여 밀접한 이해관계를 가지고 있어서 적어도 독점적 허락이 있다는 것을 인식하면서 저작물의 무단이용을 한 침해자의 행위를 감수하여야 할 이유는 없다고 할 것이므로, 그러한 제 3 자에 대하여는 직접 손해배상청구권을 가지는 것으로 해석함이 타당하다는 것이 다수설이다.[114]

이와 같이 독점적 이용허락권자에게 있어서도 제 3 자의 침해행위 등에 관하여 해석상 민사적 구제 절차로서의 권리를 행사할 수 있는 길이 어느 정도는 열려 있다고 볼 수 있다. 그러나 채권은 기본적으로 상대적·비배타적인 권리로서 이를 대외적으로 공시하는 방법도 없으므로 민법상으로 제 3 자의 침해행위가 채권자에 대한 채권침해로서 불법행위로 인정되는 경우는 극히 드물다. 채권자 대위권의 행사에 의하더라도 불법 침해자인 제 3 자에 대하여 손해배상까지 청구할 수 있는지는 명확하지 않다(위 판례들은 모두 침해금지청구에 대한 것이다). 또한 위와 같은 구제 절차는 민사적 절차에 한정된 것이며, 독점적 이용허락권자가 불법 침해자인 제 3 자에 대하여 형사적 구제에 대한 권한까지 행사할 수 있는지 여부 역시 확실하지 않다. 따라서 한·미 FTA 협정의 이행과 관련하여 불필요한 해석상의 논란을 피하기 위해서는 우리 저작권법상 대세적 효력을 가지는 배타적발행권 제도를 도입하는 것이 바람직하다고 볼 수 있다.

나아가 업계의 현실에 비추어 볼 때 한·미 FTA를 떠나서라도 배타적발행권 제도를 도입하는 것의 장점이 있다. 즉, 저작물의 복제물은 대부분 저작권자가 스스로 제조하여 판매하기보다는 매체 제작자인 제 3 자에 의하여 제작·판매되는 경우가 많다. 이러한 경우에 저작권자로부터 이용허락을 받은 이용권자는 안정적으로 저작물을 제작·판매하는 사업을 영위하기 원하지만, 이용허락계약만으로는 제 3 자가 불법복제 등으로 저작권을 침해하는 경우에 적절하게 책임을 추궁할 수 없게 된다. 그러므로 저작권 산업을 보다 안정적으로 발전시키고 그에 대한 투자를 촉진하기 위해서라도 배타적발행권 제도를 도입할 필요성이 있다는 견해가 설득력을 얻고 있었다.[115]

114) 足立謙三, '著作權の移轉と登錄', 裁判實務大系: 知的財産關係訴訟法, 青林書院(1997), 264면; 오승종·이해완, 저작권법, 박영사(2000), 318면.

115) 저작권위원회, 전게서, 177면.

개정 전 저작권법은 저작물의 이용에 있어서의 준 용익물권적·배타적 권리의 설정에 해당하는 것으로서는 '설정출판권' 제도와 컴퓨터프로그램에 대한 '배타적발행권' 제도만을 두고 있었을 뿐, 모든 저작물에 적용되는 특허법상의 전용실시권과 같은 일반적인 배타적 발행권은 인정하지 않고 있었다. 그리고 설정출판권도 저작물을 "인쇄 그 밖에 이와 유사한 방법으로 문서 또는 도화로 발행"하는 경우에만 이용할 수 있고(저작권법 제57조 제 1 항), 저작물을 기타의 방법으로 배타적으로 이용하고자 하는 경우, 예를 들어 유형물이 아닌 전자출판의 형태로 이용하고자 하는 경우에는 설정출판권을 설정할 수 없는 것으로 해석되고 있었다. 물권법정주의 원칙에 따라 물권은 개인 간의 계약에 의하여 임의로 창설할 수 없고 법률이나 관습법에 의하여서만 창설할 수 있도록 되어 있다. 따라서 기존의 설정출판권을 넘어서는 배타적발행권을 인정하기 위해서는 이에 관한 근거 규정을 저작권법에 신설할 필요가 있었다. 다만, 배타적발행권을 신설하는 경우에는 기존의 설정출판권과의 관계를 조화롭게 규율할 필요가 있다는 점이 지적되었다.[116]

3. 배타적발행권 규정의 체제

배타적발행권 제도를 저작권법에 도입하는 방식으로는 크게 2가지를 생각해 볼 수 있다. 하나는 저작재산권의 양도·행사에 관한 부분에 저작재산권 행사의 한 가지 유형으로 배타적발행권을 설정할 수 있다고 규정하는 것이고, 다른 하나는 종전의 설정출판권처럼 독립된 장을 신설하여 여기에서 출판권과 함께 배타적발행권에 관한 내용을 규정하는 방식이다.

현행법은 그 중 후자의 방법을 택하였다. 그리하여 설정출판권에 관한 종전 저작권법 제 7 절을 그 제목부터 '배타적발행권'으로 변경하고, 기존 설정출판권에 관한 규정을 내용적으로 포섭하여 제57조에서 제62조에 이르기까지 배타적발행권자의 권리와 의무, 배타적발행권의 행사 방법 등을 세부적으로 규정하였다. 한편, 기존의 설정출판권에 대하여는 "제 7 절의2 출판에 관한 특례" 규정(제63조 및 제63조의2)을 따로 둠으로써 배타적발행권의 신설에도 불구하고 유형물의 발행에만 적용되던 기존의 설정출판권을 그대로 이용하고자 하는 저작권자 또는 이용권자들의 요구를 수용할 수 있도록 하였다.

이에 따라 현행법은 먼저 제57조(배타적발행권의 설정) 제 1 항에서, "저작물을 발행하거나 복제·전송(이하 '발행 등'이라 한다)할 권리를 가진 자는 그 저작물을 발행 등에 이용하고자 하는 자에 대하여 배타적 권리(이하 '배타적발행권'이라 하며, 제63조에 따른 출판권은 제외한다.

116) 상게서, 177면.

이하 같다)를 설정할 수 있다"고 규정하였다. 종전 설정출판권과 내용적으로 가장 크게 달라진 부분이라고 한다면 종전 설정출판권에서 "저작물을 복제·배포할 권리"로 되어 있던 부분을 "저작물을 발행하거나 복제·전송할 권리"라고 함으로써, 유형물의 이용행위에 대하여만 적용되는 것으로 해석되던 기존의 설정출판권과 달리 복제·전송, 즉 디지털콘텐츠와 같은 무형적인 이용행위에 대하여서도 배타적발행권을 설정할 수 있는 것으로 하였다는 점이다. 그리하여 현행법 제57조 이하의 조문에서는 종전 저작권법에서 복제·배포하는 행위인 '발행' 또는 '출판'이라고만 하고 있던 것을 발행 이외에 복제·전송하는 행위까지를 포함한다는 취지에서 '발행 등'이라고 하여 적용 범위를 넓혔고, '출판권'이라는 문구를 '배타적발행권'이라는 문구로 대체하였다.

또한 제57조의 제 2 항을 신설하여 "저작재산권자는 그 저작물에 대하여 발행 등의 방법 및 조건이 중첩되지 않는 범위 내에서 새로운 배타적발행권을 설정할 수 있다"는 점을 분명히 하였다. 제59조 제 1 항의 배타적발행권의 존속기간과 관련하여서는 기본적으로 종전 설정출판권의 경우와 같이 설정행위에 특약이 없는 때에는 맨 처음 발행 등을 한 날로부터 3년간 존속하는 것으로 하되, 다만, 저작물의 영상화를 위하여 배타적발행권을 설정하는 경우에는 그 존속기간을 5년으로 함으로써, 영상저작물에 관한 특례규정에서 영상화 허락 기간을 5년으로 정하고 있는 규정(저작권법 제99조 제 2 항)과 균형을 맞추도록 하였다. 그 밖에 배타적발행권자의 의무(제58조), 저작물의 수정증감(제58조의2), 배타적발행권의 존속기간 등(제59조), 배타적발행권의 소멸통고(제60조), 배타적발행권 소멸 후의 복제물의 배포(제61조), 배타적발행권의 양도·제한(제62조) 등의 규정은 기존의 출판권의 내용을 거의 그대로 가져온 것이다.

Ⅱ. 배타적발행권의 성질 및 내용

1. 법적 성질

배타적발행권이란 저작물을 발행하거나 복제·전송(이하 "발행 등"이라 한다)할 권리를 가진 자가 제 3 자(배타적발행권자)에게 설정행위에서 정하는 바에 따라 그 저작물을 발행 등의 방법으로 이용하도록 설정하여 준 배타적 권리(배타적발행권)를 말한다(저작권법 제57조 제 1 항). 저작권법 제63조에 별도로 규정된 출판권은 배타적발행권에서 제외된다. 일반적으로 저작권자(발행 및 복제·전송권자)와 제 3 자 사이에 배타적발행권 설정계약이 체결되고 그 설정계약이 정하는 바에 따라 그 제 3 자는 배타적발행권을 취득하게 된다.

이러한 배타적발행권은 앞에서 본 이용허락에 의한 채권적 권리와 달리 민법상 용익물권과 같은 배타적·독점적인 권리이다. 따라서 단순히 계약 당사자 사이에서만 주장할 수 있는 권리가 아니라 배타적이고 대세적인 효력을 가지는 준물권(準物權)적인 성격의 권리이다. 이와 같은 준물권적 권리는 당사자 사이의 계약에 의하여 임의로 창설할 수 있는 것이 아니라 법률에 근거가 있는 경우에만 설정할 수 있는 것인데, 저작권법 제57조 제 1 항이 그러한 준물권적 권리인 배타적발행권을 설정할 수 있는 근거로서 현행법에서 새로이 신설된 규정이다. 따라서 저작재산권자가 직접 저작물을 이용하지 않고 제 3 자에게 이용하도록 할 경우에 그 방법으로서는 첫째, 저작재산권을 양도하는 것, 둘째, 저작물에 대한 배타적발행권을 설정해 주는 것, 셋째, 이용허락계약을 체결하는 것 등 크게 세 가지 방법을 생각해 볼 수 있다. 이들 각각의 경우를 토지에 대한 민법상 권리에 비유하여 본다면, 저작재산권의 양도는 토지 소유권의 양도에 해당하고, 저작물에 대한 배타적발행권의 설정은 토지에 대한 용익물권(예를 들어, 지상권)의 설정에 해당하며, 저작물의 이용허락은 채권적 권리인 토지 임대차에 해당한다고 볼 수 있다.

따라서 저작재산권을 양도하게 되면 그 때부터는 양수인만이 저작재산권을 행사할 수 있고 양도인은 더 이상 저작재산권자의 지위를 가질 수 없게 된다. 이에 비하여 배타적발행권을 설정하더라도 저작재산권자는 그 설정된 배타적발행권의 범위 내에서 제한을 받는 것 외에는 여전히 그 저작물에 대한 저작재산권자로서의 지위를 가진다. 나아가 이용허락계약은 설사 그것이 독점적 이용허락계약이라고 하더라도 원칙적으로 채권적 효력만 가질 뿐이고, 배타적발행권과 같은 준물권적 효력을 가질 수는 없다. 뒤의 출판권 부분에서 보는 바와 같이 실제 저작권자와 그 저작물을 이용하는 제 3 자 사이에 체결된 계약이 저작권 양도계약인지, 배타적발행권 설정계약인지, 아니면 이용허락계약인지 여부가 불분명한 경우가 많이 생길 것으로 예상된다. 이러한 경우에는 계약서의 명칭에 구애받을 것이 아니라 계약의 실질적 내용과 당사자 의사 등에 비추어 어느 계약에 해당하는지 여부를 판단하여야 할 것이며, 이는 결국 의사해석의 문제에 귀착된다고 할 것이다.

배타적발행권은 배타적·대세적 성질을 가지는 준물권이므로 배타적발행권자는 저작재산권자를 포함한 모든 사람에게 배타적발행권을 주장할 수 있다. 즉, 저작재산권자라 하더라도 일단 배타적발행권을 설정하여 준 이상 그 배타적발행권을 존중하여야 하므로, 그 설정행위(설정계약)에서 정한 방법 및 조건의 범위 내에서는 스스로 동일한 저작물을 발행 등의 방법으로 이용하거나 다른 제 3 자에게 2중으로 배타적발행권을 설정하거나 이용허락을 할 수 없다. 저작권법 제57조 제 3 항이 "배타적발행권을 설정받은 자(배타적발행권자)는 그 설정행위에서 정하는 바에 따라 그 배타적발행권의 목적인 저작물을 발행 등의 방법으로 이용할 권리를 가진다"고 규정하면서, 같은 조 제 2 항이 "저작재산권자는 그 저작물에 대하여 발행 등의 방법 및 조건이 중첩되지 않는 범위 내에서 새로운 배타적발행권을 설정할 수 있다"고 규정하고 있는 것은 이러한 취지를 전제로 한 것이라고 볼 수 있다. 즉, 저작권자는 발행 등의 방법 및 조건이 중첩되는 범위 내에서는 새로운 배타적발행권을 중복하여 설정할 수 없는 것이며, 이를 위반할 경우 설정계약상의 채무불이행 책임뿐만 아니라 배타적발행권 침해에 따른 민·형사상의 책임을 지게 된다.

따라서 배타적발행권이 설정되었는데 그 권리와 저촉되는 제 3 자의 중복 이용행위가 있을 경우에 배타적발행권자는 그 이용행위의 금지뿐만 아니라 손해배상도 구할 수 있음은 배타적발행권의 준물권적 성격에 비추어 당연하다. 저작재산권자의 권리를 대위하지 아니하고 직접 배타적발행권자 자신의 명의로 침해의 정지청구, 손해배상 청구, 형사고소 등을 포함하는 모든 민·형사상의 구제를 받을 수 있는 것이다.

배타적발행권을 설정한 저작재산권자가 그 설정범위 내에서 제 3 자의 침해행위가 있을 경우에 저작재산권 침해를 이유로 한 침해정지청구를 할 수 있는지 여부가 문제로 된다. 이와 관련하여 저작권법상의 배타적발행권과 유사한 법적 성격을 갖는 상표법상의 전용사용권에 관하여 대법원 2006. 9. 8. 선고 2006도1580 판결은, "상표권이나 서비스표권에 관하여 전용사용권이 설정된 경우 이로 인하여 상표권자나 서비스표권자의 상표 또는 서비스표의 사용권이 제한받게 되지만, 제 3 자가 그 상표 또는 서비스표를 정당한 법적 권한 없이 사용하는 경우에는 그 상표권자나 서비스표권자가 그 상표권이나 서비스표권에 기하여 제 3 자의 상표 또는 서비스표의 사용에 대한 금지를 청구할 수 있는 권리까지 상실하는 것은 아니고, 이러한 경우에 그 상표나 서비스표에 대한 전용사용권을 침해하는 상표법 위반죄가 성립함은 물론 상표권자나 서비스표권자의 상표권 또는 서비스표권을 침해하는 상표법 위반죄도 함께 성립한다"고 판시하고 있다. 이와 같은 대법원 판결의 취지에 비추어 본다면, 배타적발행권을 설정해 준 저작재산권자도 배타적발행권 설정범위 내에서의 제 3 자의 침해행위에 대하여 침해의 정지청구를 할 수 있다고 보아야 할 것이다.[117)]

117) 이해완, 전게서, 596면. 이해완 교수는 저작재산권과 배타적발행권의 관계는 민법상 소유권과 지상권의 관계와 본질적으로 유사한 면이 있는데, 지상권을 설정한 소유권자의 지위와 관련하여, 대법원 1974. 11. 12. 선고 74다1150 판결은 "무릇 토지소유권은 그 토지에 대한 지상권설정이 있어도 이로 인하여 그 권리의 전부 또는 일부가 소멸하는 것도 아니고 단지 지상권의 범위에서 그 권리행사가 제한되는 것에 불과하며, 일단 지상권이 소멸되면 토지소유권은 다시 자동적으로 완전한 제한 없는 권리로 회복되는 법리라 할 것이므로 소유자가 그 소유토지에 대하여 지상권을 설정하여도 그 소유자는 그 토지를 불법으로 점유하는 자에게 대하여 방해배제를 구할 수 있는 물권적 청구권이 있다고 해석함이 상당"하다고 판시하여 이러한 입장을 뒷받침하고 있다고 한다.

저작재산권자는 그 저작물의 복제권·배포권·전송권을 목적으로 하는 질권이 설정되어 있는 경우에는 그 질권자의 허락이 있어야 배타적발행권을 설정할 수 있다(저작권법 제57조 제 3 항).

저작권법상 배타적발행권에 관한 규정은 실연·음반 또는 방송에 대하여 준용되고 있다(저작권법 제88조). 따라서 실연자와 음반제작자는 각자의 권리(복제권, 배포권 및 전송권)에 대하여 배타적발행권을 설정할 수 있다. 다만, 저작권법 제88조는 방송의 경우에도 배타적발행권을 설정할 수 있는 것으로 규정하고 있으나, 방송사업자의 경우 복제권과 동시중계방송권, 제한된 공연권만 가지고 있을 뿐, 발행을 위한 배포권이나 전송권을 가지고 있지 않으므로 현실적으로 배타적발행권을 설정할 수 있을 것인지 여부는 다소 의문이다.

2. 배타적발행권의 내용·존속기간

가. 내 용

배타적발행권을 설정받은 자(배타적발행권자)는 그 설정행위에서 정하는 바에 따라 그 배타적발행권의 목적인 저작물을 발행하거나 복제·전송의 방법으로 이용할 권리를 가진다(저작권법 제57조 제 3 항).

(1) 설정행위에서 정하는 바에 따라

여기서 "설정행위에서 정하는 바에 따라"라고 하고 있는데, 그 범위를 어디까지로 보아야 할 것인지 문제되는 경우가 있다. 이용허락계약의 경우라면 채권적 계약이므로 계약자유의 원칙에 따라 그 내용을 자유롭게 정할 수 있다. 예를 들어, A회사에 대하여 A회사 웹사이트에만 올리는 방식으로 복제, 전송하는 것을 허락하는 이용허락계약을 체결할 수도 있다. 그러나 배타적발행권을 설정함에 있어서는 배타적발행권의 제도적 본질에 반하는 설정계약은 효력을 가질 수 없다고 보아야 한다. 만약 A회사 웹사이트에만 올리는 것을 내용으로 하는 배타적발행권 설정계약을 체결하면 A회사는 제 3 자가 다른 웹사이트에서 그 저작물을 사용하는 것에 대하여 아무런 권리도 행사할 수 없게 되는데, 이는 배타적·대세적 효력을 가지는 준물권인 배타적발행권의 제도적 본질과 어긋나는 것이다. 따라서 이러한 경우에는 설사 배타적발행권 설정계약이라는 제목으로 계약이 체결되어 있다고 하더라도 실질적으로는 이용허락계약에 해당하는 것으로 해석함이 타당할 것이다.

제 5 장 제 1 절 '저작재산권의 양도' 중 '지분권의 양도' 부분에서 본 바와 같이 저작재산권의 분리양도가 가능하다고 하더라도 무한정 세분하여 양도하는 것을 모두 허용한다면

거래의 안전을 해하고 혼란을 가져올 우려가 있어 어느 정도 제한이 필요하다. 배타적발행권의 경우에도 저작권법 제57조 제 2 항에서 "저작재산권자는 그 저작물에 대하여 발행 등의 방법 및 조건이 중첩되지 않는 범위 내에서 새로운 배타적발행권을 설정할 수 있다"고 규정하고 있어서, 하나의 저작물에 대하여 방법 및 조건이 중첩되지 않도록 분리하여 별개의 배타적발행권을 설정할 수 있다고 되어 있지만, 거래의 안전을 해하고 혼란을 가져올 우려가 있을 정도로 지나치게 세분화된 배타적발행권의 설정행위는 효력이 없다고 보아야 할 것이다. 다만, 그러한 배타적발행권 설정계약도 전부 무효로 볼 것은 아니고, 당사자 합의에 따른 채권적 효력은 인정할 수 있는 경우가 대부분일 것이다. 배타적발행권과 유사한 준물권적 성격을 갖는 출판권의 경우에도 같은 논의가 있음을 참고할 필요가 있다. 즉, 출판권설정계약의 경우에도 예를 들어 단행본에 대한 출판권만을 설정하는 계약은 허용되지 않는다고 하는 견해가 있다.[118] 그 이유는 출판권은 배타적·물권적 권리인데 단행본과 문고판처럼 같은 내용의 출판권이 서로 분리되어 경합하는 것을 인정하면, 일물일권주의(一物一權主義)의 관점에서 볼 때 그와 같이 분할·세분화된 출판권은 서로 상대방에 대하여 유효한 방해배제권을 가질 수 없게 되기 때문이라고 한다.[119]

시간적 또는 장소적으로 범위를 분할하여 배타적발행권을 설정하는 것도 가능하다고 본다. 그러나 이 경우에도 그 범위를 지나치게 세분화하여 거래의 안전과 혼란을 가져오는 것은 허용되지 않는다고 볼 것이다. 예를 들어, 향후 2년 동안은 A에게 그 후 2년 동안은 B에게 배타적발행권을 설정한다든가, 서울 지역에서는 A에게 서울을 제외한 기타 지역에서는 B에게 배타적발행권을 설정하는 정도는 가능할 수 있겠지만, 향후 1개월 동안은 A에게 그 후 1개월 동안은 B에게 설정한다든가, 또는 서울 지역 중에서도 또다시 범위를 나누어 특정 구(區)나 동(洞)에서는 A에게 다른 구나 동에서는 B에게라는 식으로 배타적발행권을 설정하게 되면, A와 B의 이용행위 사이에 저촉이 생길 수 있고 제 3 자의 침해행위가 발생하였을 때 누가 권리를 행사할 수 있는지 여부도 불분명하게 되어, 거래의 안전을 위협하고 혼란을 가져올 우려가 있으므로 허용되지 않는다고 하여야 할 것이다.

(2) '발행 등'의 방법으로 이용

배타적발행권자는 그 설정행위에서 정하는 바에 따라 그 배타적발행권의 목적인 저작물을 '발행 등'의 방법으로 이용할 권리를 가진다(저작권법 제57조 제 3 항). 여기서 '발행 등'이라 함은 발행하거나 복제·전송하는 것을 말하며(같은 조 제 1 항), '발행'은 저작물 또는 음반

118) 半田正夫·松田政行, 著作權法コンメンタール, 勁草書房(2), 767면.
119) 이에 대한 세부적인 논의는 뒤의 '출판권' 부분 참조.

을 공중의 수요를 충족시키기 위하여 복제·배포하는 것을 말한다(저작권법 제2조 제24호). 출판의 경우에 출판권을 설정받은 자는 그 출판권의 목적인 저작물을 '원작 그대로' 출판할 권리를 가진다고 규정하고 있다(저작권법 제63조 제2항). 배타적발행권의 경우에는 '원작 그대로'라는 문구가 없지만, 배타적발행권도 복제하여 배포하거나 복제하여 전송하는 것이 그 권리의 내용이고 따라서 복제를 기본으로 하고 있는 점에서는 출판의 경우와 마찬가지이므로 배타적발행권자 역시 특약이 없는 한 '원작 그대로' 발행 등의 방법으로 이용하는 권리를 갖는 것으로 보아야 할 것이다. 다만, 여기서 '원작 그대로'라 함은 개작이나 번역 등을 하지 못한다는 의미이고, 예를 들어 오자·탈자 등이나 맞춤법이 틀린 것 정도는 수정하여 발행할 수 있다고 본다.

이와 같이 배타적발행권은 배타적발행권의 목적인 저작물을 원작 그대로 이용할 권리를 말하므로, 배타적발행권의 침해가 되는 무단이용행위는 배타적발행권의 목적인 저작물을 원작 그대로 이용하는 행위, 즉 원작과 실질적 동일성이 인정되는 범위 내에서의 복제·배포 또는 복제·전송행위여야 한다. 따라서 일반적인 저작권침해가 성립하기 위해서는 원작과 '실질적 유사성'(substantial similarity)이 있으면 족하지만 배타적발행권의 침해가 인정되기 위해서는 원작과의 사이에 '실질적 동일성'(substantial sameness)이 있어야 한다. 그러므로 제3자가 원저작물에 대한 배타적발행권자의 허락 없이 2차적저작물을 작성한 것만으로는 배타적발행권에 대한 침해가 되기에 부족하며, 어떤 부분에든지 원저작물을 복제한 부분이 있어야 배타적발행권의 침해가 성립할 수 있다. 또한 배타적발행권의 침해가 되는 무단이용행위는 저작물 전부를 복제·배포 또는 복제·전송하는 것만이 아니라 일부분이라도 그중 상당한 양을 복제한 경우까지를 포함한다. 나아가 배타적발행권 침해가 되기 위해서는 그 침해행위가 복제하여 배포 또는 전송에까지 이르러야 하는 것은 아니고, 복제 단계에만 이른 경우에도 침해가 될 수 있다.

(3) 출판권의 제외

배타적발행권은 저작물을 발행(복제·배포)하거나 복제·전송할 권리이며, 이에 비하여 출판권은 저작물을 발행(복제·배포)하는 권리이므로, 원칙적으로 출판권은 배타적발행권에 포함되는 권리라고 할 것이다. 그런데 기존의 출판권은 현행 저작권법에 배타적발행권이 도입되기 훨씬 전부터 오랜 기간 동안 우리 사회에 현실적으로 뿌리깊게 활용되어 온 권리로서 그에 기초하여 이미 많은 거래관행과 법률관계가 형성되어 있다. 때문에 새로 도입된 배타적발행권이 출판권을 포함하는 것이라고 하게 되면 그와 같은 거래관행과 법률관계에 상당한 혼란이 생길 우려가 있다. 이에 현행 저작권법은 배타적발행권제도를 도입하면서도 제57조 제 1 항 괄호 부분에서 "제63조에 따른 출판권은 제외한다"고 규정함으로써 배타적발행권에서 기존의 출판권은 제외되는 것으로 하였다. 따라서 현행 저작권법상 배타적발행권은 출판권을 포함하는 것이 아니라 출판권은 배타적발행권의 내용에서 적극적으로 제외되고 있는 것으로 해석된다. 그렇다면 기존의 출판권의 대상인 저작물을 인쇄 그 밖에 이와 유사한 방법으로 문서 또는 도화로 발행하고자 하는 경우, 즉 오프라인 상에서의 서책형 출판의 경우에는 배타적발행권이 아니라 뒤에서 보는 출판권을 설정하여야 할 것이며, 오프라인 상에서의 서책형 출판과 온라인상의 전자출판을 동시에 하고자 할 경우에는 배타적발행권과 출판권을 동시에 설정받아야 하는 것이 된다. 이러한 해석이 당분간은 어쩔 수 없다고 하더라도 이왕 배타적발행권 제도를 도입한 마당에는 중복적인 권리설정에 따르는 실무상의 혼란과 불편함을 줄이기 위하여 장기적으로 출판권을 배타적발행권에 흡수하는 것이 검토되어야 할 것이다.

나. 존속기간 등

배타적발행권은 그 설정행위에 특약이 없는 때에는 맨 처음 발행 등을 한 날로부터 3년간 존속한다(저작권법 제59조 제 1 항 본문). 다만, 저작물의 영상화를 위하여 배타적발행권을 설정하는 경우에는 5년으로 한다(같은 항 단서).

여기서 "맨 처음 발행 등을 한 날"은 배타적발행권이 발생하는 시점이 아니라, 배타적발행권의 존속기간의 기산점을 의미하는 것으로 이해하여야 할 것이다. 즉, 배타적발행권은 설정행위에서 정하는 바에 따라 계약과 동시에 발생하는 것으로 정할 수도 있지만, 그 경우에도 그 존속기간은 계약일로부터가 아니라 맨 처음 발행 등을 한 날로부터 기산하여 3년간 존속하는 것으로 보아야 한다. 그렇지 않고 배타적발행권이 맨 처음 발행 등을 한 날에 비로소 발생하는 것으로 보게 되면 계약일로부터 맨 처음 발행 등을 한 날까지 사이의 기간 동안에는 배타적발행권이 인정되지 않는 결과로 되어 부당하다. 이와 같이 배타적발행권의 존속기간의 기산점을 맨 처음 발행 등을 한 날로 규정한 것은, 배타적발행권 설정일(계약일)로부터 실제로 발행에 이르기까지에는 상당한 준비기간이 필요한 경우가 많고, 심지어는 몇 년의 기간이 소요되는 경우도 있는데, 이때 배타적발행권의 존속기간의 기산점을 설정일로부터 하게 되면 배타적발행권자가 그 권리를 행사하여 투하자본을 회수하기에는 너무 촉박할 수 있으므로, 배타적발행권자에게 충분한 기간을 부여하기 위한 취지이다. 한편, 저작물의 영상화를 위하여 배타적발행권을 설정하는 경우에는 그 존속기간을 5년으로 함으로써, 영상저작물에 관한 특례규정에서 영상화 허락 기간을 5년으로 정하고 있는 규정(저작권법 제99조 제 2 항)과 균형을 맞추도록 하였다.

배타적발행권이 그 존속기간의 만료 그 밖의 사유로 소멸된 경우에는 그 배타적발행권을 가지고 있던 자는 ① 배타적발행권 설정행위에 특약이 있는 경우, ② 배타적발행권의 존속기간 중 저작재산권자에게 그 저작물의 발행에 따른 대가를 지급하고 그 대가에 상응하는 부수의 복제물을 배포하는 경우 중 어느 하나에 해당하는 경우를 제외하고는 그 배타적발행권의 존속기간 중 만들어진 복제물을 배포할 수 없다(저작권법 제61조). 배타적발행권은 저작물을 복제·배포하거나 복제·전송하는 것을 말하므로 배타적발행권이 소멸되면 기존의 배타적발행권자는 그 저작물을 더 이상 배포 또는 전송하지 못하는 것이 원칙이다. 그러나 그렇게 되면 기존의 배타적발행권자는 이미 제작되어 재고로 남아 있는 복제물을 판매할 수 없게 되어 많은 손해를 입게 되고 결국은 이를 폐기할 수밖에 없어 사회경제적으로도 바람직하지 않다. 따라서 저작권법은 일정한 경우에 기존의 배타적발행권자가 배타적발행권의 소멸에도 불구하고 복제물을 배포할 수 있는 경우를 제한적으로 인정하고 있는 것이다. 다만, 여기서 허용되고 있는 것은 '복제물'에 대한 '배포', 즉 유형물의 양도 또는 대여만이며, 무형물에 대한 '전송'은 인정되고 있지 않음을 주의하여야 한다. 전송의 경우에는 재고라는 개념을 생각하기 어렵기 때문이다. 위 ②호는 배타적발행권 존속기간 중에 이미 저작재산권자에게 그 저작물의 발행에 따른 대가를 지급한 경우에 그 대가에 상응하는 부수의 복제물을 배포할 수 있다는 의미이다. 예를 들어 이미 1천부에 대한 대가를 지급하고 1천부를 제작하였는데 그 중 7백부만이 배포되었으면 나머지 3백부는 배타적발행권 소멸 후에도 배포할 수 있다는 것이다.[120)]

3. 배타적발행권의 양도·질권설정 등

배타적발행권자는 저작재산권자의 동의 없이 배타적발행권을 양도하거나 또는 질권의 목적으로 할 수 없다(저작권법 제62조 제1항). 배타적발행권도 재산적 권리인 이상 당연히 양도성과 이전성(移轉性)을 갖는다. 따라서 양도 또는 질권설정(入質)도 가능하다. 그러나 저작물을 발행함에 있어서 저작권자는 발행을 하는 자의 전문적 지식·경험·자력·지명도와 평판 등을 고려하여 계약에 임하는 것이 보통이므로 배타적발행자의 개성이 중시되고 임의로 다른 사람으로 하여금 발행을 하도록 하는 것은 저작권자의 의사에 반하기 때문에 배타적발행권의 양도나 질권설정에 대하여 저작재산권자의 동의를 얻도록 한 것이다.[121)] 배타적발행권의 질권설정 시점에서 질권설정에 대한 저작재산권자의 동의가 있었다면 그

120) 허희성, 전게서, 267면.

121) 상게서, 265면.

질권의 실행으로 인하여 배타적발행권이 이전되는 경우에는 따로 이전(양도)에 대한 동의를 받을 필요는 없다고 본다. 또한 계약에 의한 이전 등과 같은 이른바 '특정승계'가 아닌 자연인인 배타적발행권자의 사망이나 법인인 배타적발행권자의 합병 등과 같은 '포괄승계'의 경우에는 저작재산권자의 동의 없이 배타적발행권의 이전이 인정된다.

저작재산권자의 동의 없이 배타적발행권을 양도 또는 질권의 목적으로 한 경우의 효과에 대해서는 무효라는 설도 있으나, 이 규정은 저작권자의 이익을 위한 규정이므로 동의 없는 양도를 받은 양수인이나 질권설정을 받은 자는 자기의 법률상 지위를 저작권자에게 주장할 수 없을 뿐 무효는 아니라고 볼 것이다.[122] 또한 저작권자는 배타적발행권자가 저작권자의 동의 없이 양도·질권설정함으로써 배타적발행권자에게 발행의사가 없음이 명백하게 드러난 경우에는 저작권법 제60조 제 2 항에 의하여 배타적발행권의 소멸통고를 할 수 있는 것으로 보아야 한다.

배타적발행권의 양도·질권설정에 있어서 저작권자의 동의를 요하는 것은 배타적발행권을 설정한 경우에 한하는 것이며, 저작재산권 자체 또는 그 중 '발행 등'을 할 수 있는 권능(복제·배포권, 복제·전송권)을 아예 양도받은 경우에 그 양수인은 자신의 권리를 제 3 자에게 양도 또는 질권설정함에 있어서 저작권자의 동의를 받을 필요는 없다.

4. 배타적발행권의 제한

배타적발행권도 저작재산권과 마찬가지로 공공의 이익과 원활한 이용을 위하여 일정한 경우에 제한을 받게 된다. 일정한 경우에 저작재산권자의 권리를 제한하고 저작물에 대한 이용자의 자유로운 이용을 허용함으로써 궁극적으로 문화 및 관련산업의 발전에 이바지하도록 하는 것이 저작재산권 제한규정의 취지라고 할 것인데, 이 규정에 의하여 저작재산권이 제한됨에도 불구하고 배타적발행권이 여전히 작용하여 자유이용을 할 수 없다고 한다면 저작재산권 제한규정의 취지가 몰각될 우려가 있다. 따라서 저작권법은 저작재산권이 제한되는 경우에는 배타적발행권의 성질과 부합하지 않는 경우를 제외한 대부분의 경우에 있어서 배타적발행권도 제한되는 것으로 규정하고 있다.[123]

그리하여 배타적발행권은 재판절차 등에서의 복제(제23조), 정치적 연설 등의 이용(제24조), 학교교육목적 등에의 이용(제25조 제 1 항 내지 제 3 항), 시사보도를 위한 이용(제26조), 시

122) 송영식·이상정, 전게서, 218면.

123) 배타적발행권은 복제·배포 및 복제·전송에 관한 권리이므로 예를 들어, 공연과 방송에 있어서의 저작재산권 제한규정인 저작권법 제29조(영리를 목적으로 하지 아니하는 공연, 방송), 제34조(방송사업자의 일시적 녹음, 녹화)는 배타적발행권에는 준용되지 않고 있다.

사적인 기사 및 논설의 복제(제27조), 공표된 저작물의 인용(제28조), 사적이용을 위한 복제(제30조), 도서관 등에서의 복제(제31조), 시험문제로서의 복제(제32조), 점자에 의한 복제(제33조), 공개전시된 미술저작물의 복제(제35조 제 2 항), 미술저작물의 판매에 수반하는 복제(제35조 제 3 항), 저작물 이용과정에서의 일시적 복제(제35조의2), 부수적 복제(제35조의3), 문화시설에 의한 복제(제35조의4), 저작물의 공정한 이용(제35조의5) 규정 등에 의한 제한을 받는다(제62조 제 2 항).

또한 저작재산권 제한에 관한 제36조(번역 등에 의한 이용), 제37조(출처의 명시) 규정이 배타적발행권 제한에 관하여도 준용되므로, 저작물을 번역, 편곡 또는 개작하여 이용하는 것까지 허용되는 경우 및 번역 이용까지만 허용되는 경우, 출처를 명시하여야 하는 경우 및 그 출처표시의 방법 등에 관하여는 저작재산권 제한에서와 같이 해석하면 될 것이다.

현행법에 저작물 일반에 대한 배타적발행권이 도입되기 이전에도 종전의 구 컴퓨터프로그램보호법은 프로그램저작물에 대하여 배타적발행권 제도를 인정하고 있었다. 그 후 이 법이 2009년도 법 개정에 의하여 저작권법에 통합되면서 프로그램 배타적발행권과 프로그램저작권의 제한 규정 등은 2009년도 저작권법이 신설한 컴퓨터프로그램저작물에 대한 특례 규정에 포함되었다. 그러다가 현행 저작권법에서 저작물 일반에 대한 배타적발행권이 도입됨에 따라 프로그램 배타적발행권 규정(제101조의6)은 삭제되고 프로그램의 배타적발행권 역시 일반 저작물에 대한 배타적발행권에 의하여 통일적인 적용을 받는 것으로 바뀌게 되었다. 그런데 현행 저작권법에 프로그램 저작재산권의 제한 규정은 그대로 존치되고 있어서(제101조의3 내지 제101조의5), 이 규정들이 프로그램의 배타적발행권에도 적용되는지 의문이 있을 수 있다. 이 규정들 역시 일정한 경우에 프로그램 저작재산권을 제한하여 자유이용을 허용하고자 하는 취지라고 할 것인데, 그 경우에 배타적발행권이 설정되어 있다는 이유로 자유이용이 허용되지 않는다고 한다면 프로그램 저작재산권을 제한한 입법취지가 몰각될 우려가 있다. 따라서 프로그램 저작재산권 제한에 관한 법 제101조의3 내지 제101조의5 규정은 프로그램에 대한 배타적발행권에 대하여도 당연히 적용된다고 보아야 할 것이다.[124]

5. 배타적발행권의 등록

배타적발행권의 설정·이전·변경·소멸 또는 처분제한은 등록할 수 있으며, 등록하지 아니하면 제 3 자에게 대항할 수 없다(저작권법 제54조 제 2 호). 저작권법은 저작권의 등록에

124) 이해완, 전게서, 603면.

관하여 권리 자체의 등록에 관한 제53조와 권리변동 및 처분제한 등의 등록에 관한 제54조로 나누어, 제54조의 경우에만 등록을 제 3 자에 대한 대항요건으로 규정하고 있다. 그런데 배타적발행권과 출판권에 관하여서는 권리 자체의 등록이라고 할 수 있는 '설정'에 관한 등록을 제54조에 규정함으로써 제 3 자에 대한 대항요건으로 규정하고 있다. 이는 배타적발행권이나 출판권(설정출판권)의 경우에는 그것이 저작재산권자가 설정하는 배타적 권리로서 소유권에 대한 제한물권과 유사한 성격을 가지며, 따라서 그 '설정' 자체가 권리 변동 및 처분제한의 성격을 가지고 있다는 점을 고려한 것이다.

그러므로 하나의 저작물에 대하여 발행 등의 방법 및 조건이 중첩되는 배타적발행권 설정계약이 중복하여 체결되어 있는 경우에는 그 설정계약자들 중에서 배타적발행권 설정등록을 먼저 한 자가 자신의 배타적발행권을 다른 설정계약자들에 대하여 주장할 수 있게 된다. 나아가 배타적발행권을 설정한 저작재산권자가 그 저작재산권을 제 3 자에게 양도한 경우에도 그 양도 이전에 배타적발행권에 대한 설정등록을 경료하였다면 그 배타적발행권자는 배타적발행권의 존속기간 동안 양수인인 제 3 자에 대하여 자신의 배타적발행권으로 대항할 수 있다.

6. 배타적발행권자의 의무

가. 9개월 이내에 발행할 의무

배타적발행권자는 그 설정행위에 특약이 없는 때에는 배타적발행권의 목적인 저작물을 복제하기 위하여 필요한 원고 또는 이에 상당하는 물건을 받은 날부터 9월 이내에 이를 발행 등의 방법으로 이용하여야 한다(저작권법 제58조 제 1 항). 저작재산권자는 배타적발행권자가 이 의무를 위반한 경우에는 6월 이상의 기간을 정하여 그 이행을 최고하고 그 기간 내에 이행하지 아니하는 때에는 배타적발행권의 소멸을 통고할 수 있다(저작권법 제60조 제 1 항). 여기서 '발행 등의 방법으로 이용'하여야 한다고 규정하고 있으므로 9월 이내에 복제를 완료한 것만으로는 부족하고 복제물을 배포하거나 전송하는 것까지가 필요하다.[125] 따라서 배포의 경우에는 편집된 원고를 인쇄소에 보내는 것만으로는 부족하고 인쇄된 복제물을 서점과 같은 판매처에 진열하거나 거래소에 발송하는 정도에 이르러야 한다.[126]

125) 內田 晋, 전게서, 331면.
126) 하용득, 전게서, 268면.

나. 계속 발행 등의 방법으로 이용할 의무

배타적발행권자는 그 설정행위에 특약이 없는 때에는 관행에 따라 그 저작물을 계속하여 발행 등의 방법으로 이용하여야 한다(저작권법 제58조 제2항). 계속하여 발행 등의 방법으로 이용한다는 것은 복제·배포 또는 복제·전송행위를 끊임없이 계속하는 것을 의미하는 것은 아니며, 복제물을 서점이나 거래소 등에 진열하고 공중의 수요에 제공하기에 족한 재고를 확보해 두어 언제든지 그 수요에 제공할 수 있는 상태에 두거나, 인터넷상에서 이용자들이 언제라도 접근하여 검색 및 이용할 수 있는 상태에 두고 있는 것이라면 계속하여 발행 등의 방법으로 이용을 하고 있는 것이다.

계속 이용은 관행에 따라 행하면 된다. 따라서 배타적발행권자는 언제나 배포 또는 전송이 가능하도록 하며 배포의 경우에는 복제물이 품절이 되지 않도록 해야 하나, 복제물의 추가 제작 직전에 시간이 맞지 않아 발생하는 일시적 품절이나, 수험용 교재나 기말고사용 자료 등과 같이 계절적 요인에 의하여 판매가 좌우되는 발행물의 경우에 수요기가 지난 시점에서 발생하는 일시적 품절 등 업계의 관행에 따라 인정되는 품절은 계속 이용의 의무를 위반한 것이라고 보지 않는다.

저작재산권자는 배타적발행권자가 이와 같은 계속 이용의 의무를 위반한 경우에는 6월 이상의 기간을 정하여 그 이행을 최고하고 그 기간 내에 이행하지 아니하는 때에는 배타적발행권의 소멸을 통고할 수 있다(저작권법 제60조 제1항).

다. 복제권자 표지의무

배타적발행권자는 특약이 없는 때에는 각 복제물에 대통령령이 정하는 바에 따라 저작재산권자의 표지를 하여야 한다(저작권법 제58조 제3항). '각' 복제물이라고 하고 있으므로 디스켓이면 디스켓, CD면 CD 하나하나마다 저작재산권자의 표지를 하여야 한다는 것을 의미한다. 이 의무는 당사자 사이에 특약이 없는 경우에 발생하는 의무이므로, 저작재산권자와 배타적발행권자 사이의 특약으로 이 의무를 면제할 수 있다. 따라서 이 규정은 임의규정에 해당한다.

이 규정의 뿌리가 된 출판권자의 복제권자 표지의무에 대하여 살펴보면, 출판물에 복제권자의 표지를 하는 것은 저작권자의 보호와 밀접한 관련이 있으므로 1957년 구 저작권법 제48조 제2항은, 출판권자는 출판물을 표시하기 위하여 각 출판물에 저작권자의 검인을 첩부하여야 한다고 규정하여 강행규정으로 하고 있었다. 그러나 1987년 저작권법 개정 당시 이 규정을 임의규정으로 하여 당사자 사이의 특약으로 복제권자 표지의무를 면제할 수 있도록 하였다. 이 의무는 저작권자와 출판권자 사이에 이해관계가 크게 대립되고 있는 '검인첩부'로부터 비롯된 것이다. 검인은 일반적으로 저작자가 출판물을 확인하였다는 사실을 표시하기 위하여 인장을 찍는 것을 말한다. 저작권자측은 우리나라의 현행 출판 질서로 보아 발행부수를 확인할 수 있는 유일한 수단으로서, 저작자들의 권익을 보호할 수 있는 최소한의 장치인 검인첩부제도는 존속·강화되어야 한다고 주장한다. 이에 반하여, 출판자측은 검인첩부제도는 음반 등에는 없는 제도인데 특별히 출판물에만 이를 적용하는 것은 형평을 잃은 것이며, 검인첩부 작업이 전적으로 수작업에 의존하고 있어 경비나 시간 면에서 비경제적이고, 외국의 입법례도 없다는 이유로 이 제도에 반대하여 왔다. 1987년 개정 저작권법은 이러한 양자의 주장을 절충하여 저작권자와 출판권자 사이에 합의가 있으면 특약으로 검인첩부의무를 면제할 수 있도록 한 것이다.[127)]

저작권법 시행령이 규정하고 있는 저작재산권자의 표지방법은 다음의 3가지이다. 다만, 「신문 등의 진흥에 관한 법률」 제 9 조 제 1 항에 따라 등록된 신문 및 「잡지 등 정기간행물의 진흥에 관한 법률」 제15조 및 제16조에 따라 등록 또는 신고된 정기간행물의 경우에는 저작재산권자의 표지를 하지 아니한다(저작권법시행령 제38조).

① 복제의 대상이 외국인의 저작물일 경우에는 저작재산권자의 성명 및 맨 처음의 발행연도의 표지

② 복제의 대상이 대한민국 국민의 저작물일 경우에는 제 1 호에 따른 표지 및 저작재산권자의 검인

③ 배타적발행권자가 복제권의 양도를 받은 경우에는 그 취지의 표시

라. 재이용에 대한 통지의무

배타적발행권자는 배타적발행권의 목적인 저작물을 발행 등의 방법으로 다시 이용하고자 하는 경우에 특약이 없는 때에는 그때마다 미리 저작자에게 그 사실을 알려야 한다(저작권법 제58조의2 제 2 항). 여기서 통지의 대상이 저작재산권자가 아니라 '저작자'라는 점을 유의하여야 한다. 이 의무는 뒤에서 보는 저작자의 수정증감권을 확보하기 위한 것인데, 저작자가 수정증감권을 행사하기 위하여서는 재이용을 한다는 사실을 알고 있어야 하기 때문이다. 따라서 저작자가 저작재산권을 양도하여 현실적으로 저작재산권을 보유하고 있지 않은 경우에 이 규정이 특히 실익을 가진다. 그러나 이 의무를 위반한 경우에 대하여 저작권법은 아무런 제재규정을 두고 있지 않다. 뒤에서 보는 바와 같이 출판권과 관련된 판례 중에는 이 의무를 위반하여도 손해배상청구는 별론으로 하고 출판권설정계약을 해지

127) 하용득, 전게서, 270면; 허희성, 전게서, 252면.

할 수는 없다고 판시한 것이 있다.[128]

한편, 법 규정에서는 "특약이 없는 때에는"라고 함으로써 특약이 있는 경우에는 재이용에 대한 통지의무를 면제할 수 있는 것으로 규정하고 있으나, 이는 저작자와 배타적발행권자 사이의 특약으로서 이 의무를 면제할 수 있다는 것이지, 저작재산권의 양도 등으로 저작자와 저작재산권자가 달라진 경우에 저작재산권자와 배타적발행권자 사이의 특약으로 저작자에 대한 이 의무를 면제할 수 있는 것은 아니다.

마. 원고(原稿) 반환의무

저작재산권자의 청구가 있는 경우에 배타적발행권자는 인도받은 원고를 반환하여야 하는가. 독일 출판법은 저작자가 복제의 개시 전에 원고의 반환청구권을 유보한 경우에 한하여 출판자는 복제 종료 후에 원고를 반환할 의무를 부담한다고 규정하고 있다. 이러한 명문규정이 없는 우리나라의 경우에는 일반원칙에 돌아가 해석할 수밖에 없다. 무체물로서 저작권의 보호객체가 되는 저작물과 그 저작물을 유형적 매체에 고정한 유체물로서 소유권의 대상이 되는 원고는 전혀 별개의 것이며, 배타적발행권 설정계약은 전자의 이용을 목적으로 하는 것이어서 후자의 귀속과는 아무런 관계가 없다. 따라서 원고의 소유권은 배타적발행권자에게 이전하는 것이 아니고 여전히 저작권자에게 있으며, 저작권자의 청구가 있으면 배타적발행권자는 원고를 반환할 의무가 있다고 해석된다.[129]

Ⅲ. 배타적발행과 저작자·저작권자의 권리

1. 수정증감권

배타적발행권자가 배타적발행권의 목적인 저작물을 발행 등의 방법으로 다시 이용하는 경우에 저작자는 정당한 범위 안에서 그 저작물의 내용을 수정하거나 증감할 수 있다(저작권법 제58조의2 제 1 항). 이 권리는 저작자의 동일성유지권과 표리적 관계에 있는 것으로 적극적인 내용변경권이며, 일종의 인격적 이익을 보장한다는 관점에서 두어진 것이다. 그러므로 원칙적으로는 배타적발행권이 설정된 경우만이 아니라 저작물이용허락계약에 있어서도 이 권리가 인정된다고 해석해야 할 것이다.[130]

---

128) 서울민사지방법원 1992. 12. 24. 선고 91가합47869 판결(일명, '태백산맥' 사건).
129) 同旨, 하용득, 전게서, 272면; 송영식·이상정, 전게서, 220면.

수정증감권을 가지는 자는 저작자이므로 저작재산권을 타인에게 양도한 경우에도 여전히 저작자에게 수정증감권이 인정된다. 그러나 저작자가 사망한 후에 그의 유족은 본 항의 권리를 가질 수 없고, 따라서 수정증감권은 소멸한다고 해석된다. 이는 수정증감권이 일종의 저작인격권과 유사한 성질을 가지기 때문이다.

수정증감을 할 수 있는 시기는 배타적발행권자가 저작물을 발행 등의 방법으로 다시 이용하는 경우이다. "다시 이용한다"는 것은 전회의 복제행위로부터 일정한 간격을 두고 다시 복제행위를 하는 것을 말한다. 수정증감권을 행사할 수 있는 한도는 정당한 범위 내라야 한다. 따라서 배타적발행권자에게 많은 경제적 부담을 가중시키는 전면적 수정이나, 예정된 발행시기를 현저하게 지연시키는 때늦은 수정증감의 요구 등은 인정되지 않는다고 보아야 한다. 구체적으로는 다시 이용하는 형태에 따라 요구할 수 있는 수정증감의 정도도 다를 것이다. 출판의 경우에도 저작자에게 수정증감권이 인정되고 있는데, 이때의 수정증감권도 조판을 변경하지 않고 행하는 증쇄(增刷)·중쇄(重刷) 등의 경우에는 단순한 오자 정정이나 새로운 자료의 기계적 대체 또는 저작자가 치명적이라고 생각하는 이론 정정 등에 한할 것이며, 조판을 변경하여 행하는 개정판, 신판 등의 경우에는 저작자의 취향에 따른 저작물의 개량을 포함하는 대폭적인 내용변경도 요구할 수 있다고 해석된다는 점을 참고할 필요가 있다. 그러나 어느 경우에도 그 변경의 정도는 저작물의 성질, 배타적발행권자의 경제적 부담, 관련 업계에 있어서 신의성실의 원칙 등에 따라 좌우될 것이다.[131)]

본 항의 수정증감권을 보장하기 위하여 배타적발행권자에게는 앞에서 본 재이용에 대한 통지의무가 부과되고 있다.

2. 저작자 사후의 권리

저작재산권자는 배타적발행권 존속기간 중 그 배타적발행권의 목적인 저작물의 저작자가 사망한 때에는 제 1 항에도 불구하고 저작자를 위하여 저작물을 전집 그 밖의 편집물에 수록하거나 전집 그 밖의 편집물의 일부인 저작물을 분리하여 이를 따로 발행 등의 방법으로 이용할 수 있다(저작권법 제59조 제 2 항). 이것은 저작자가 사망하게 되면 그의 유족이나 동료들이 유고작품집 같은 기념물이나 그 저작자의 작품을 집대성한 편집물 등을 발행하거나 전자출판하는 것을 원할 수 있고, 일반 대중들도 그러한 요구를 하는 경우가 많다는 점을 고려하여 저작재산권자에게 인정한 권리이다. 이 규정은 강행규정으로서 배타적

130) 허희성, 전게서, 253면.
131) 상게서, 254면.

발행권 설정계약에서 특약으로 이 권리를 배제할 수 없다고 해석된다. 다만 저작자가 배타적발행권의 존속기간 중에 사망하는 것이 본 항이 적용되기 위한 요건이므로, 저작자의 사망 후에 배타적발행권이 설정된 경우에는 본 항이 적용될 수 없다.[132] 편집물의 일부인 저작물을 분리하여 이를 따로 발행 등의 방법으로 이용할 수 있다는 것은 설정된 배타적발행권의 내용이 전집 기타 편집물의 형태인 경우에, 사망한 저작자의 부분만 분리하여 별도로 발행하거나 전자출판하는 등의 이용이 가능하다는 것이다.

3. 배타적발행권 소멸통고권

저작재산권자는 배타적발행권자가 9월 이내의 발행의무(저작권법 제58조 제1항) 또는 계속 발행의무(같은 조 제2항)를 위반한 경우에는 6월 이상의 기간을 정하여 그 이행을 최고하고 그 기간 내에 이행하지 아니하는 때에는 배타적발행권의 소멸을 통고할 수 있다(제60조 제1항). 또한 저작재산권자는 배타적발행권자가 그 저작물을 발행 등의 방법으로 이용하는 것이 불가능하거나 이용할 의사가 없음이 명백한 경우에는 위 제1항에도 불구하고 즉시 배타적발행권의 소멸을 통고할 수 있다. 발행 등의 방법으로 이용하는 것이 불가능하거나 이용할 의사가 없음이 명백한 경우가 어떠한 경우를 말하는 것인지는 일반 사회통념에 비추어 판단하여야 할 것인데, 배타적발행권자의 파산이나 일시적이 아닌 폐업과 같은 경우 또는 발행 등의 이용행위를 위하여 필요한 물적 설비를 다른 대체방안 없이 모두 처분하여 버린 경우 등과 같이 객관적으로 명백한 사유가 있는 경우로 한정하여야 할 것이다.

이 권리는 앞서 본 배타적발행권자의 의무이행을 확보하기 위한 규정이다. 소멸통고권은 일종의 형성권으로서 저작재산권자의 일방적인 의사표시에 의하여 배타적발행권이 소멸한다. 따라서 이 규정에 의하여 저작재산권자가 배타적발행권의 소멸을 통고한 경우에는 배타적발행권자가 그 통고를 받은 때에 배타적발행권이 소멸한 것으로 본다(같은 조 제3항). 이 경우에 저작재산권자는 배타적발행권자에 대하여 언제든지 원상회복을 청구하거나 발행 등을 중지함으로 인한 손해의 배상을 청구할 수 있다(같은 조 제4항).

---

132) 허희성, 전게서, 258면.

제 3 절 출 판 권

I. 개 설

1. 출판의 의의

일반적으로 출판이라 함은 저작물을 원작 그대로 인쇄술에 의하여 문서 또는 도화(圖畵)로 복제·배포하는 것을 말한다. 따라서 출판에는 저작재산권의 하나인 복제·배포권이 작용하게 되므로 원래 저작재산권자만이 행사할 수 있으나, 보통은 저작재산권자가 이러한 출판의 권능을 출판사 등 제 3 자에게 맡기는 경우가 많다.

저작권법 제63조는, "저작물을 복제·배포할 권리를 가진 자는 그 저작물을 인쇄 그 밖에 이와 유사한 방법으로 문서 또는 도화로 발행하고자 하는 자에 대하여 이를 출판할 권리를 설정할 수 있다"라고 규정하고 있다. 이 규정으로부터 출판권이라 함은 "저작물을 인쇄 그 밖에 이와 유사한 방법으로 문서 또는 도화로 발행하는 권리"를 말하는 것이라고 이해할 수 있다. 계약실무상 출판계약이라 함은 일반적으로 출판자가 복제·배포권을 취득함과 동시에 복제·배포의무를 부담하는 계약을 말하는 것으로 보고 있다. 주로 출판권 설정계약과 출판허락계약의 두 가지 유형이 전형적인 것이라고 할 수 있고, 일본에서 유래된 매절(買切)이라는 독특한 형태의 계약도 상당수 존재하는 것으로 알려지고 있다. 이처럼 거래계에서는 여러 가지 형태의 출판계약이 이루어지고 있으며, 어떤 경우에는 이들을 혼합한 유형의 출판계약도 존재한다. 따라서 어느 출판계약이 그 중 어느 유형에 해당하는가는 구체적인 경우에 계약의 내용을 살펴 판단할 수밖에 없다.

2. 출판과 관련된 계약의 유형

가. 출판허락계약

저작권자가 출판자에 대하여 출판을 허락하고 이에 대하여 출판자는 자기의 계산으로 복제·배포할 권리와 의무를 부담하는 계약을 말한다. 이는 저작권법 제46조가 규정하는 저작물의 이용허락에 해당한다. 여기에는 단순히 저작물을 이용하여 출판할 수 있도록 허락을 얻는 비배타적(비독점적) 출판허락계약과, 그 저작물을 이용하여 허락을 받은 자만이 출판할 수 있고 저작권자의 입장에서도 동일한 내용의 허락을 다른 사람에게 해 줄 수 없는 의무를 부담하는 배타적(독점적) 출판허락계약이 있다. 전자는 배타성이 없으므로 제 3

자의 중복 출판행위가 있을 경우 이를 금지하거나 저작권자에 채무불이행의 책임을 물을 수 없다. 후자는 배타성이 있으므로 제 3 자의 중복 출판행위가 있을 경우 저작권자에게 채무불이행 책임을 물을 수 있다. 그러나 배타성에 관한 약정은 저작권자와 출판자 사이의 관계에서만 효력을 가지므로 출판자가 직접 제 3 자의 출판행위를 금지시킬 수는 없다. 설사 그 제 3 자의 출판행위가 저작권자의 허락을 받지 아니한 무단출판이라 하더라도, 출판자는 저작권자로 하여금 그러한 무단출판을 금지시키도록 요청할 수 있을 뿐이지, 스스로 무단출판자를 상대로 출판금지를 구할 권능은 없는 것이다. 그러나 제 3 자의 무단출판행위에 대하여 출판자의 요구에도 불구하고 저작권자가 아무런 조치를 취하지 아니하는 경우에 출판자가 민법 제404조의 규정에 의한 채권자대위권을 행사하여 저작권자를 대위하여 제 3 자를 상대로 출판금지를 청구할 수 있는지는 생각해 볼 문제이다. 임차인이 사용수익권에 기하여 임대인을 대위하여 제 3 자를 상대로 목적물인도청구권을 행사할 수 있다는 대법원판례[133]에 비추어 본다면 대위청구를 긍정하는 편이 옳다고 생각한다.[134] 이와 관련하여서는 제 5 장 제 2 절 "저작물의 이용허락" 부분에서 검토한 바 있다.

나. 출판권설정계약

출판권설정계약은 저작자와 출판자 사이에 체결되는 출판권의 설정을 목적으로 하는 준물권계약을 말한다. 저작권법 제 7 절의2 '출판에 관한 특례'에서 말하는 출판권은 바로 출판권설정계약에 의하여 발생하는 출판권을 의미하는 것이다. 이 계약으로 출판자는 배타적·독점적 권리를 취득하는 한편 출판의무(저작권법 제58조)를 부담하게 된다. 이때의 출판권과 출판허락계약에 의하여 발생하는 출판권과의 용어상 혼동을 피하기 위하여 저작권법 제 7 절에서의 출판권을 특히 '설정출판권'이라고 부르기도 한다. 이 권리는 배타적 권리이므로 출판권의 목적이 된 저작물에 대한 복제 및 배포권의 침해가 있을 경우 출판권자는 저작자와 관계없이 독자적으로 금지청구권이나 손해배상청구권을 행사할 수 있다. 다만, 그 경우에도 저작권자의 금지청구권 자체는 인정되므로, 저작권자와 출판권자의 청구권이 각각 존재하게 된다.

출판허락계약에 관하여는 제 5 장 제 2 절의 "저작물의 이용허락" 부분의 내용이 적용되므로, 본 장에서는 설정출판권에 대하여만 검토하기로 한다. 아래에서 출판권이라 함은 특별한 언급이 없는 한 설정출판권을 의미한다.

---

133) 대법원 1964. 12. 29. 선고 64다804 판결.
134) 同旨, 허희성, 전게서, 243면.

다. 저작재산권 양도계약

이것은 저작재산권 전부를 출판자에게 양도하는 계약을 말한다(저작권법 제45조 제 1 항). 저작재산권에는 출판을 위하여 필요한 복제·배포권을 비롯하여 공중송신권·전시권·2차적 저작물작성권 등이 포함되어 있으므로 저작재산권을 양도받은 출판자는 독점적으로 그 저작물을 출판할 수 있게 된다. 특히 뒤에서 보는 '매절계약'은 그것이 저작재산권의 양도계약인지 아니면 출판권설정계약 또는 출판허락계약인지가 종종 문제로 된다.

출판과 관련된 저작재산권 양도계약 중에는 특별히 저작재산권을 구성하는 여러 가지 지분적 권능 중 출판에 꼭 필요한 복제권과 배포권만을 출판자에게 양도하는 복제권·배포권 양도계약도 있다. 이는 저작권법 제45조 제 1 항에 따른 저작재산권의 일부양도계약에 해당한다.

한편, 시간적 제한을 둔 저작재산권 양도계약, 즉 복제 및 배포권의 기한부 양도계약을 체결하는 경우도 있는데, 그러한 계약은 효과면에서 본다면 기간을 정한 출판권설정계약과 사실상 별다른 차이가 없다고 볼 수 있다. 다만, 기한부 양도계약이라면 저작재산권을 양도한 원 저작권자는 그 기한이 도래하기 전까지는 저작재산권을 보유하고 있지 않으므로 그 기간 동안에 출판의 목적인 저작물의 침해행위가 있어도 침해금지청구권의 행사주체가 될 수 없으나, 출판권설정계약이라면 저작권자는 출판권자의 침해금지청구권과는 별도로 독자적인 침해금지청구권을 행사할 수 있다.

라. 매 절

(1) 매절계약의 해석

일반적으로 저작물에 대한 대가는 판쇄 및 부수에 따라서 인세를 지급하는 방식으로 여러 번에 나누어 지급하는 것이 보통이다. 이에 비하여 '매절'(買切)이라는 것은 책 판매량과 상관없이 출판자가 저작권자에게 미리 한 번에 저작물에 대한 대가를 지급하는 것을 말한다.[135] 거래계에서는 출판계약시 그 대가를 인세제가 아닌 원고료 형태로 한 번에 미리 지급하는 모든 경우를 통칭하여 매절, 또는 매절계약이라고 하는 것 같다. 매절은 특히 번역출판에 있어서 출판계의 오래된 관행이다. 또한 백과사전이나 TOEFL 문제집 같이 하나의 책에 여러 명의 집필자가 동원되는 편집물에 있어서 판매량에 따른 인세로 지급하면 인세산정 및 배분에 어려움이 있거나 그 액수가 너무 적은 경우에, 집필자들에게 원고 집

135) 원래 매절(買切)이라고 하면, 상인이 팔다가 남더라도 반품하지 않는다는 조건 하에 한데 몰아서 사는 것을 말한다(네이버 국어사전 참조).

필의 동기를 부여하기 위하여 인세 대신 많이 사용되는 것으로 보인다.[136] 매절이라는 이름으로 출판계약이 체결된 경우 그 계약이 실질적으로 앞에서 본 4가지 출판계약의 유형 중 어느 유형에 해당하는지, 특히 저작권양도계약으로 볼 수 있는지 여부가 많이 문제로 된다. 실제 출판업계에서도 매절의 의미와 성질에 관하여는 상당한 혼란이 있는 것 같다. 매절계약을 저작권양도계약으로 볼 것인지 여부는 원고(原稿)의 매매 및 취득 등과 같은 사실적 행위만으로 판단할 것이 아니다. 이는 매절이라는 이름 아래 체결된 계약 당시에 있어서 당사자 사이의 구체적인 계약내용에 관한 의사해석을 둘러싼 종합적인 사실인정의 문제로서, 원고료가 인세액을 크게 상회하고 있는지, 지급금액의 추가 변경이 가능한지, 발행부수나 재판(再版)에 대한 약정이 있는지 여부 등을 종합적으로 고려하여 판단하여야 한다. 매절을 저작권양도계약으로 보게 되면 저작자의 권리는 사라지거나 크게 제한된다.

매절계약의 해석이 문제로 되는 것은 매절계약으로 출판권을 갖게 된 출판사가 여러 가지 사정으로 출판을 못하게 되어 저작권자의 동의 없이 다른 출판사에게 그 출판권을 넘긴 경우에 자주 발생한다. 이때 매절계약을 저작권양도계약이라고 해석하면 저작권자는 출판권의 양도에 대하여 아무런 주장도 할 수 없게 되지만, 출판권설정계약 또는 출판허락계약이라고 해석한다면 출판권자는 저작권자의 동의 없이 이를 양도할 수 없다(저작권법 제63조의2에 의하여 준용되는 저작권법 제62조 제 1 항, 제46조 제 3 항).

출판과 관련된 계약은 출판에 따라 저작자에게 지급하는 대가를 어떤 방식으로 산정하고 지급하는지를 기준으로 매절계약과 인세지급계약으로 크게 나누어 볼 수 있다. 매절계약은 위에서 본 것처럼 책의 판매부수와 상관없이 미리 집필의 대가를 통상 '원고료'라는 명목으로 1회적으로 지급하는 방식이다. 이에 비하여 인세지급계약은 일반적으로 출판물 판매가격의 일정한 퍼센트(계약서에서는 '인세율'이라고 한다)에 발행부수 또는 판매부수를 곱한 금액을 대가로 산정하여 지급하는 방식의 계약이다.[137]

---

136) 권영상, 매절, 한국저작권논문선집(Ⅱ), 저작권심의조정위원회, 1995, 289면.

137) 임대차계약에 있어서의 차임증감청구에 관한 규정이 인세지급계약에 유추적용될 수 있는지 여부에 관하여 대법원 2000. 5. 26. 선고 2000다2375 판결은, "출판허락계약상 약정 인세의 감액을 구하는 소송은 그 성질상 법률에 규정이 있는 경우에 한하여 허용되는 형성의 소에 해당하는바, 이를 허용하는 아무런 법률상의 근거가 없고, 명문의 근거 규정이 없는 경우에도 특정 형성소송에 관한 규정을 유추적용하여 일정한 요건하에 최소한의 범위 내에서 그와 유사한 법률관계에 관하여 형성의 소를 허용하여야 할 경우가 있다고 하더라도, 출판허락계약의 특성과 사회적 기능 특히 출판허락계약상 저작물의 발행·보급의 목적 등 모든 사정을 고려해 보면, 임대차계약에 관한 민법 제628조 소정의 차임증감청구에 관한 규정을 출판허락계약상의 인세에 유추적용할 수 없다"고 판시하고 있다.

(2) 판 례

판례는 매절계약이라는 명칭으로 이루어진 계약이 출판권설정계약인지 저작물이용허락계약인지, 아니면 출판권양도계약인지를 구분하는 기준으로서 그 계약에 따라 저작자가 원고료 또는 집필료 등의 명목으로 지급받는 대가의 다과(多寡)를 중요하게 보고 있다. 그리하여 원고료 또는 집필료 등으로 일괄지급한 대가 금액이 통상적인 인세를 훨씬 초과하는 고액이라는 등의 입증이 없는 한 일반적으로 저작권양도계약이라고는 볼 수 없다고 한다. 서울민사지방법원 1994. 6. 1. 선고 94카합3724 판결(일명, '녹정기' 사건)[138]은, "신청인과 甲 사이의 계약은 저작물 이용대가를 판매부수에 따라 지급하는 것이 아니라 미리 일괄지급하는 형태로서 소위 매절계약이라 할 것으로, 그 원고료로 일괄지급한 대가가 인세를 훨씬 초과하는 고액이라는 등의 소명이 없는 한 이는 저작권양도계약이 아니라 출판권설정계약 또는 독점적출판계약이라고 봄이 상당하다."고 하였다.[139]

저작권의 양도 또는 저작물 이용허락계약의 해석과 관련하여 우리 법원의 판례는 기본적으로 민법상 일반 계약의 해석원리에 입각하고 있으며, 이른바 "저작자에게 유리한 추정의 원칙"과 같은 특별한 해석원칙을 채택하지 않고 있다고 보는 것이 일반적인 견해이다.[140] 그런데 위 '녹정기 사건' 판결의 취지는 사실상 그러한 특별 해석원칙을 적용하는 것과 같은 결론을 도출하고 있다.

위 '녹정기 사건' 판결에서 신청인이 지급한 원고료는 원고 1매당 600원에서 1,000원까지로 전액이 60만원 내지 100만원 정도였는데, 책의 정가는 5,000원으로 3,000부를 기준으로 할 경우 인세로 지급하여야 할 금액은 150만원 정도였음이 고려되었다. 이 판결의 항소심인 서울고등법원 1994. 12. 16. 선고 94나23267 판결에서는, 신청인과 甲(번역저작자) 사이의 계약서 문구 및 신청인이 이 사건 서적을 출판하면서 번역자를 甲이라고 표시하였고, 저작재산권이 신청인에게 귀속되었음을 서적 끝에 'ⓒ 도서출판 중원문화'라고 하여 표시

138) 이 사건에서 출판업자인 신청인은 甲이 번역한 '녹정기'라는 소설에 대하여 甲과의 사이에 매절계약을 체결하고, 신청인은 이 계약에 따라 원고료로 甲에게 제 1 권은 1매당 1,000원, 2권 내지 6권은 600원, 7권 이하는 800원을 일괄지급하였다. 그런데 그 후 신청인이 노사분규로 위 소설을 출판하지 못하게 되자 甲은 그 출판권을 피신청인에게 넘겨 출판하게 하였다. 이에 신청인은 위 매절계약이 그 성질상 저작권양도계약이므로 甲이 피신청인에게 다시 출판권을 설정한 것은 무효이고 따라서 그 서적인쇄중지 가처분을 구한다고 주장하였다.

139) 한편, 신청인은 '녹정기'라는 서적의 제호를 상표등록하여 두었는데 피신청인의 같은 제호의 서적출판이 위 상표권을 침해한 것이라는 주장도 하였다. 이에 대하여 법원은 구 상표법 제51조의 규정에 의하면 상표권이 등록되어 있다 하더라도 품질을 나타내는 보통명칭으로 사용하거나 관용상표인 경우에는 상표권의 효력이 미치지 아니한다고 하여 신청인의 주장을 배척하였다 – 제 2 장 제 4 절 "저작물성이 문제되는 창작물" 중 '제호' 부분 참조.

140) 제 5 장 제 3 절 "저작권 양도 및 이용허락과 관련된 계약의 해석" 부분 참조.

한 사실 등을 바탕으로 신청인과 甲 사이의 계약을 저작권양도계약으로 해석하였다(다만 신청인이 저작권양도사실을 등록하지 아니하였으므로 선의의 제 3 자인 피신청인에게 대항할 수 없다고 함으로써 신청인의 신청을 기각한 원심과 결론에 있어서는 같다). 상고심인 대법원 1995. 9. 26. 선고 95다3381 판결도 위 항소심의 판결을 유지하였다.

참고적으로 위 '녹정기 사건' 1심 판결에서는, "신청인의 주장을 저작권에 기한 것이 아니라 설정출판권에 기한 침해금지의 뜻이 포함되어 있는 것으로 보더라도 출판권은 특약이 없는 한 3년간 존속하는바, 신청인의 출판권은 계약일로부터 3년이 경과하여 이미 소멸되었음이 명백하여 신청인의 주장은 이유 없다"고 판시하고 있는데, 이 부분은 다소 의문이다. 출판권은 그 설정행위에 특약이 없는 때에는 '계약일'로부터가 아니라 '맨 처음 출판한 날'로부터 3년간 존속하는 것인데(저작권법 제60조 제 1 항), 이 사건에서는 출판행위가 아예 처음부터 없었기 때문이다.[141] 출판권자가 계속하여 출판을 하지 않고 있는 경우라면 저작자는 저작권법 제58조 제 1 항이 규정하고 있는 "9개월 이내에 출판할 의무" 위반을 이유로 출판계약을 해제함으로써 출판권의 존재 자체를 다투어야 할 것이다.

일본의 경우에도 저작권양도계약인지 아니면 출판권설정계약 또는 저작물이용허락계약인지 여부가 다투어지는 사건에서 저작자가 지급받은 대가의 다과를 중요하게 고려하고 있다. 일본 동경지방법원 1975. 2. 24. 판결(일명, '대동아전사' 사건)은, '비록(秘錄) 대동아전사'라는 출판물에 게재할 저작물의 집필을 의뢰받은 저작자 X가 400자 원고지 매당 500엔의 비율로 매절하기로 약정하고 집필한 원고를 출판사 Y에 인도하였는데, Y 출판사가 약 5년간 출판하다가 다른 출판사 Z에 그 저작권을 양도함으로써 Z가 출판을 하자 X가 저작권 침해를 주장한 사안에서, 지급받은 원고료가 인세상당액을 훨씬 상회하는 것으로서 책자 편집출판 전 미리 지급하였고, 발행부수나 재판의 경우에 관한 약정이 없으며, 출판된 이래 현재까지 각 집필자가 인세를 청구한 사실도 없고 저작물이 편집물의 작은 일부분에 불과한 점 등을 들어 위 매절은 저작권양도계약이라고 봄이 상당하다고 하여 X의 청구를 기각하였다.

141) 다만, 1957년 구 저작권법은, 출판권은 설정행위에 별도로 정함이 없는 한 '설정일'로부터 3년간 존속한다고 하고 있었으므로, 위 판결의 대상이 된 번역저작물이 구 저작권법 시행 당시에 저작된 것이라면 위 판시는 타당한 것이 된다.

Ⅱ. 출 판 권

1. 의 의

저작물을 복제·배포할 권리를 가진 자는 그 저작물을 인쇄 그 밖에 이와 유사한 방법으로 문서 또는 도화로 발행하고자 하는 자에 대하여 이를 출판할 권리를 설정할 수 있다(저작권법 제57조 제 1 항). 이에 따라 저작권자와 출판자 사이에 출판권설정계약이 체결되고 그로부터 출판자는 출판권을 취득하게 된다.

출판권은 이용허락에 의한 채권적 권리와 달리 민법상 용익물권과 같은 배타적·독점적인 권리이다. 출판권이 설정되었는데 제 3 자의 중복 출판행위가 있을 경우에는 설정출판권자는 그 출판행위의 금지뿐만 아니라 손해배상도 구할 수 있다고 본다. 또 설정출판권은 저작물을 문서 또는 도화로 발행하는 것에 한정하고 있으므로 저작재산권의 일종인 복제권(녹음·녹화 등이 포함된다) 및 배포권(양도 및 대여) 자체와도 다르다.

앞에서도 살펴보았지만, 설정출판권을 설정하는 출판권설정계약과 복제·배포의 허락을 의미하는 출판허락계약과의 구별이 실무상 자주 문제로 된다. 출판허락계약이 체결된 경우에도 거래계에서는 일반적으로 출판권을 취득하였다고 하는 등 '출판권'이라는 용어가 실제상 사용되고 있다. 그러나 이 경우에 출판권의 법률적 성질은 저작물을 복제·배포할 수 있는 채권적인 권리(출판허락계약)이거나, 또는 저작재산권의 지분권으로서 복제권과 배포권이지 저작권법 제57조에서 말하는 출판권과는 성질이 다르다. 따라서 양자의 구별은 단순히 계약서의 제목만으로 결정할 것은 아니다. '출판권설정계약서'라는 명칭을 사용하고 있다 하더라도 계약의 전체 취지로부터 저작권자가 다른 출판자에 대하여도 출판을 허락할 수 있는 것이 명백한 경우에는 이는 출판권설정계약이라고 할 수 없고 출판허락계약이라고 보아야 할 것이다. 결국 의사해석의 문제로 귀착될 것이다.[142)]

복제권자는 그 저작물의 복제권을 목적으로 하는 질권이 설정되어 있는 경우에는 그 질권자의 허락이 있어야 출판권을 설정할 수 있다(저작권법 제57조 제 3 항).

2. 출판권의 내용·존속기간

가. 내 용

출판권자는 그 설정행위에서 정하는 바에 따라 그 출판권의 목적인 저작물을 원작 그

142) 하용득, 전게서, 261면.

대로 출판할 권리를 가진다(저작권법 제57조 제 2 항).

(1) 설정행위에서 정하는 바에 따라

여기서 "설정행위에서 정하는 바에 따라"라고 하고 있는데, 그 범위를 어디까지로 보아야 할 것인지 문제가 되는 경우가 있다. 출판허락계약의 경우라면 이는 채권적 계약이므로 계약자유의 원칙에 따라 그 내용을 자유롭게 정할 수 있다. 따라서 A 출판사에게는 단행본의 출판만을 허락하고, B 출판사에 대하여는 문고본이나 전집의 출판을 허락하는 것도 가능하다. 그러나 배타적 권리를 부여하게 되는 출판권설정계약의 경우에도 그와 같이 자유롭게 내용을 정할 수 있는 것인지는 의문이다.

이와 관련하여 출판권설정계약의 경우에는 예를 들어 문고판은 제외하고 단행본에 대한 출판권만을 설정하는 계약은 허용되지 않는다고 하는 견해가 있다.[143] 왜냐하면 출판권은 배타적·물권적 권리인데 단행본과 문고판처럼 같은 내용의 출판권이 서로 분리되어 경합하는 것을 인정하면, 일물일권주의(一物一權主義)의 관점에서 볼 때 그와 같이 분할·세분화 된 출판권은 서로 상대방에 대하여 유효한 방해배제권을 가질 수 없게 되기 때문이다. 이러한 문제점은 저작권 양도계약의 경우에도 마찬가지로 발생한다. 제 5 장 제 1 절 "저작재산권의 양도" 중 "지분권의 양도" 부분에서 본 바와 같이, 저작재산권의 분리양도가 가능하다고 하더라도 무한정 세분하여 양도하는 것을 모두 허용한다면 오히려 거래의 안전을 해하고 혼란을 가져올 우려가 있다. 저작권은 발생 및 이전에 있어서 어떠한 형식도 필요로 하지 아니할 뿐만 아니라, 지분권의 양수인은 양수한 범위 내에서 당해 저작물의 배타적인 이용을 할 수 있음과 동시에 타인에게 이용허락을 하는 것도 가능하다. 그러므로 지분권을 필요 이상으로 세분화하는 것을 인정하면, 원래의 저작권자와 세분화된 권리의 양수인이 각자 제 3 자에게 이용허락을 한 경우, 또는 그 권리자들과 침해자 사이에 손해배상청구소송이 제기된 경우에 상당한 혼란이 발생할 가능성이 있고, 침해자에 대하여 권리를 행사할 수 있는 자가 누구인지 가릴 수 없어서 결국 저작재산권이 약화되는 결과를 초래할 수 있다. 따라서 분리양도의 세분화에는 어느 정도 한계가 있어야 한다.

출판을 위한 저작권양도계약에 있어서도 출판권설정계약의 경우와 마찬가지로, 저작재산권의 지분권 중 하나인 복제권을 다시 세분하여 문고본(文庫本)을 제작하기 위한 복제권과 호화본(豪華本)을 제작하기 위한 복제권으로 나누어 양도하는 경우를 생각해 볼 수 있다. 이에 대하여는 이용허락계약에 있어서 허락의 대상을 이와 같이 세분화하는 것이라면 몰라도, 저작권양도계약에 있어서 목적물인 복제권을 이와 같이 세분화하는 것은 거래의

143) 半田正夫·松田政行, 著作權法コンメンタール, 勁草書房(2), 767면.

혼란만 가져오기 때문에 허용되지 않는다고 보아야 한다는 견해가 유력하다.[144] 이러한 견해에 따르면 동일한 하나의 지분권을 세분하여 출판권을 설정하는 행위는 무효로 보아야 하고, 다만 당사자 사이에서는 합의에 따른 채권적 효력만 유지할 뿐이라고 한다.[145]

이와 관련한 사례로서 동경고등법원 1986. 2. 26. 판결[146]은, 저작자가 A출판사에게 단행본을 출판하도록 해 준 후 약 1년 경과한 시점에서 B출판사에게 이번에는 문고본을 출판하도록 해 줌으로써 A출판사가 B출판사를 상대로 문고본의 출판금지 등을 청구한 사건에서 A출판사의 청구를 받아들이지 아니하였다. 이 사건은 A출판사와의 계약이 구두로 이루어졌기 때문에, 그 내용이 출판권설정계약인지 출판허락계약인지 불분명한 사건이었던 것으로 보인다. 이런 경우라면 아무래도 저작자에게 유리하게 출판권의 내용이 약한 출판허락계약으로 해석하는 경향이 있음을 고려하여야 할 것이다.

또한 동경지방법원 1999. 1. 27. 판결은, 출판권설정계약에 의하여 설정된 출판권은 단행본이나 문고본의 판형 차이에 따라 세분될 수는 없는 것이므로 설정출판권의 효력은 단행본뿐만 아니라 문고본에도 미친다는 주장에 대하여, "저작권법상 출판권이 판형의 차이에 따라 분할될 수 없는 성질을 가진다고 하더라도, 출판권설정계약에서 당사자 사이의 합의로 출판자의 권리범위를 제한하여 문고본에는 미치지 않는 것으로 정하면 그 합의에는 계약당사자를 구속하는 채권적 효력이 발생하므로, 출판자는 저작권자와의 관계에서 당해 저작물의 문고본에 대한 출판권을 주장할 수 없다"고 하였다.

저작권자로서는 단행본 이외에 문고본이 출판됨에 의하여 보다 더 많은 독자를 확보할 수 있고, 인세 등의 수입 측면에서도 유리할 수 있다. 그러나 단행본 출판사의 입장에서는 출판 초기에 단행본에 비하여 훨씬 싼 값에 공급되는 문고본이 다른 출판사에 의하여 출시된다면 큰 타격을 입을 가능성이 매우 높다. 결론적으로 단행본 또는 문고본과 같이 유형을 세분화하여 출판권을 설정하는 것은 저작재산권의 지분권을 지나치게 세분하여 양도하는 경우와 마찬가지의 부작용이 있으므로, 그러한 설정행위는 무효로 보는 것이 타당하다고 생각된다. 따라서 예를 들어 단행본에 대하여만 출판권설정계약을 체결하였다면, 그 설정행위 부분은 효력이 없으므로 그 설정계약은 배타적·물권적 효력을 가지지 않고, 단순히 저작권자와 출판자 사이의 합의에 의한 채권적 효력만을 갖는다고 해석함이 타당하다. 다만, 당사자의 의사에 비추어 볼 때 그 경우의 채권적 효력은 독점적 이용허락계약으로 보아야 할 경우가 많을 것으로 생각된다.

---

144) 加戶守行, 전게서, 363면.

145) 半田正夫·松田政行, 전게서, 768면.

146) 無體例集 18권 1호 40면(일명, '太陽風交點' 사건).

(2) 원작 그대로

"원작 그대로"라 함은 개작이나 번역 등을 하지 못한다는 의미이다. 오·탈자나 맞춤법이 틀린 것 정도는 수정하여 출판할 수 있다고 본다. 원저작물과 그에 대한 번역저작물이 있는 경우 번역저작물에 대하여 출판권을 설정할 수 있는 권리자는 번역저작물의 저작자이지 원저작물의 저작자가 아니다.

복제권과 출판권은 각각 배타적인 권리이므로 복제권자가 출판권을 설정한 경우 양자간에 경합이 생기고 복제권자는 그 범위에서 권리행사를 할 수 없게 된다. 그러나 제 3 자의 무단 출판행위가 있을 경우에는 복제권자와 설정출판권자는 자기의 복제권 및 출판권에 기하여 각각 침해정지 또는 손해배상청구를 할 수 있다고 본다.

출판권은 출판권의 목적인 저작물을 "원작 그대로" 출판할 권리를 말하므로, 출판권의 침해가 되는 무단출판행위는 출판권의 목적인 원작을 원작 그대로 출판하는 행위, 즉 원작과 실질적 동일성이 인정되는 복제·배포행위여야 한다. 따라서 일반적인 저작권침해가 성립하기 위해서는 원작과 '실질적 유사성'(substantial similarity)이 있으면 족하지만 출판권의 침해가 인정되기 위해서는 원작과의 사이에 '실질적 동일성'(substantial sameness)이 있어야 한다. 또한 출판권침해가 되는 무단출판행위는 출판된 저작물 전부를 복제·배포하는 것만이 아니라 일부분이라도 그 중 상당한 양을 복제한 경우까지 포함한다.

대법원 2005. 9. 9. 선고 2003다47782 판결(일명, '만화 삼국지' 사건)이 이러한 쟁점을 다루고 있다. 이 사건은 원고 출판사가 '삼국지연의'라는 일본어판 만화의 저작권자와 사이에 그 만화의 한국어판을 출판할 수 있는 권리를 취득하여 '전략삼국지'라는 제호로 출판을 하였는데, 그 후 피고 출판사가 출판한 '슈퍼삼국지'라는 만화가 원고 만화의 등장인물과 배경, 대화 내용 등의 구체적 표현을 그대로 모방하거나 약간 변형하여 작성된 것으로서 원고의 출판권을 침해하였다고 하여 소송을 제기한 사례이다. 이 사건의 원심인 서울고등법원 2003. 8. 19. 선고 2002나22610 판결에서는, 말풍선 내의 대사의 흐름, 대사를 끊어주는 시점 등에 있어서 양 작품 사이에 상당한 유사성이 발견되고, 두 만화의 원작이 모두 나관중의 '삼국지연의'이기 때문이라는 것만으로는 설명할 수 없을 정도로 개개 컷의 구성, 컷 내의 그림의 배치, 컷 나누기에 있어 유사한 점을 많이 발견할 수 있으며, 이러한 정도의 유사성은 '슈퍼삼국지'의 저작과정에서 '전략삼국지'를 모방하지 않았다면 나올 수 없을 정도의 유사성이라고 보아야 한다는 점 등의 이유를 들어 피고의 '슈퍼삼국지' 중 3,000쪽 이상에서 전부 또는 일부 컷이 원고의 '전략삼국지'에 대한 출판권을 침해하였다는 취지로 판단하였다.

그러나 대법원은, 저작권법 제57조에서 정하고 있는 출판권은 저작물을 복제·배포할 권리를 가진 자와의 설정행위에서 정하는 바에 따라 저작물을 원작 그대로 출판하는 것을 그 내용으로 하는 권리인바, 제 3 자가 출판권자의 허락 없이 원작의 전부 또는 상당 부분과 '동일성' 있는 작품을 출판하는 때에는 출판권 침해가 성립된다 할 것이지만(대법원 2003. 2. 28. 선고 2001도3115 판결 참조), 원작과의 동일성을 손상하는 정도로 원작을 변경하여 출판하는 때에는 저작자의 2차적저작물작성권 침해에 해당할지언정 출판권자의 출판권 침해는 성립되지 않는다고 하였다. 그리고 글과 그림이 유기적으로 결합된 만화저작물에 있어서 원작과 제 3 자가 출판한 작품과의 동일성여부는 글과 그림의 표현형식, 연출의 방법(이야기의 전개순서에 따라 글과 그림으로 구성되는 개개의 장면을 구상하고 그 이야기의 전개를 위해 지면을 다양한 크기와 모양의 칸으로 분할하며 그 분할된 해당 칸에 구상한 장면을 배열하는 것) 등을 종합적으로 고려하여 판단하여야 한다고 하면서, 피고 출판의 '슈퍼삼국지'와 원고 출판의 '전략삼국지'는 전체의 약 30% 가량에 해당되는 쪽의 전부 또는 일부 컷에 있어서 말풍선 내의 대사의 흐름, 대사를 끊어주는 시점, 컷 나누기, 개개 컷의 구성, 컷 내의 그림의 배치, 인물의 표정·동작 및 주변의 묘사 등이 상당히 유사하지만, 그림의 표현형식에 있어서 '전략삼국지'는 약화체로 표현되어 있고 흑백의 단색으로 되어 있는 데에 비하여 '슈퍼삼국지'는 사실체로 표현되어 있고 컴퓨터그래픽 채색작업에 의한 천연색으로 되어 있을 뿐만 아니라, 대표적인 등장인물들의 얼굴형이 '전략삼국지'의 그것과 확연히 달라 양 작품의 유사점만으로는 곧바로 '슈퍼삼국지'와 '전략삼국지'가 동일성이 있는 작품이라고 단정하기 어렵다고 하였다.

한편, 대법원 2003. 2. 28. 선고 2001도3115 판결은, 원심에서 출판이라 함은 저작물을 "원작 그대로" 인쇄술에 의하여 문서 또는 도화로 복제·배포하는 것을 말하므로, 피고인이 피해자 발행의 책자를 원작 그대로가 아니라 그 내용 중의 일부만을 그것도 저자를 달리하여 복제·배포한 것은 출판권 침해에 해당되지 않는다는 이유로 무죄를 선고한 것에 대하여, "일반적으로 출판이라 함은 저작물을 인쇄, 그 밖의 이와 유사한 방법으로 문서 또는 도화로 발행 즉, 복제·배포하는 행위를 말하는 것이고(저작권법 제54조 제 1 항, 제 2 조 제16호), 저작권법 제57조 제 2 항이 출판권을 설정 받은 자는 그 설정행위에서 정하는 바에 따라 그 출판권의 목적인 저작물을 원작 그대로 출판할 권리를 가진다고 규정하고 있으나, 여기서 '원작 그대로'라고 함은 원작을 개작하거나 번역하는 등의 방법으로 변경하지 않고 출판하는 것을 의미할 뿐 원작의 전부를 출판하는 것만을 의미하는 것은 아니므로, 침해자가 출판된 저작물을 전부 복제하지 않았다 하더라도 그 중 상당한 양을 복제한 경우에는 출판권자의 출판권을 침해하는 것이고, 또 저작물을 복제함에 있어 저자의 표시를 달리 하였다 하여 출판권 침해가 되지 않는다고 볼 이유는 없다"고 하였다.

나. 존속기간 등

출판권은 그 설정행위에 특약이 없는 때에는 맨 처음 출판한 날로부터 3년간 존속한다(저작권법 제59조 제1항, 제63조의2). 1957년 구 저작권법은, 출판권은 설정행위에 별도로 정함이 없는 한 '설정일'로부터 3년간 존속한다고 규정하고 있었다. 그러나 출판권설정일로부터 실제로 출판에 이르기까지에는 상당한 시간, 심지어는 몇 년씩 걸리는 것이 보통이므로 맨 처음 출판한 날로부터 기산하는 것으로 개정되었다.

출판권이 그 존속기간의 만료 또는 그 밖의 사유로 소멸된 경우에는 그 출판권을 가지고 있던 자는 ① 출판권설정행위에 특약이 있는 경우와 ② 출판권의 존속기간 중 복제권자에게 그 저작물의 출판에 따른 대가를 지급하고 그 대가에 상응하는 부수(部數)의 출판물을 배포하는 경우를 제외하고는 그 출판권의 존속기간 중 만들어진 출판물을 배포할 수 없다. 출판이란 복제와 배포를 말하므로 출판권이 소멸되면 종래의 출판권자는 출판물을 다시 복제하거나 배포하지 못하는 것이 원칙이다. 그러나 이렇게 되면 이미 제작되어 재고로 남아있는 출판물을 판매할 수 없게 되어 기존의 출판권자는 많은 손해를 입게 되고 결국은 이를 폐기할 수밖에 없어 사회경제적으로도 바람직하지 않다. 따라서 저작권법은 일정한 경우에 기존 출판권자가 출판권의 소멸에도 불구하고 출판물을 배포할 수 있는 경우를 제한적으로 인정하고 있는 것이다. 위 ②호는 출판권 존속기간 중에 이미 복제권자에게 출판에 따른 대가를 지급한 경우에 그 대가에 상응하는 부수의 출판물을 배포할 수 있다는 의미이다. 예를 들어 이미 1천부에 대한 대가를 지급하고 1천부를 제작하였는데 그 중 7백부만이 배포되었으면 나머지 3백부는 출판권 소멸 후에도 배포할 수 있다는 것이다.[147]

3. 출판권의 양도·제한·등록 등

출판권은 복제권자의 동의 없이 이를 양도 또는 질권의 목적으로 할 수 없다(저작권법 제62조 제1항, 제63조의2). 출판권도 하나의 재산적 권리인 이상 당연히 양도성과 이전성(移轉性)을 갖는다. 따라서 양도 또는 질권설정도 가능하나, 저작물의 출판에 있어서 저작권자는 출판자의 전문적 지식·경험·자력 등을 고려하여 계약을 체결하는 것이 보통이므로 출판자의 개성과 신뢰관계가 중시되고 임의로 다른 사람이 출판을 하게 되는 것은 저작권자의 의사에 반하기 때문이다.[148]

147) 허희성, 전게서, 267면.
148) 상게서, 265면.

복제권자의 동의 없이 출판권을 양도 또는 질권의 목적으로 한 경우의 효과에 대해서는 무효라는 설도 있으나, 이 규정은 저작권자의 이익을 위한 규정이므로 동의 없는 양도를 받은 양수인이나 질권설정을 받은 자는 자기의 법률상 지위를 저작권자에게 주장할 수 없으며,[149] 출판권자의 동의 없는 양도·질권설정으로 출판권자에게 출판의사가 없음이 명백하게 드러난 경우에 저작권자는 저작권법 제61조 제 2 항에 의하여 출판권의 소멸통고를 할 수 있는 것으로 보아야 할 것이다. 그리고 출판권의 양도·질권설정에 있어서 저작권자의 동의를 요하는 것은 설정출판권의 경우에 한하는 것이며, 저작재산권 자체 또는 그 중 출판권능(복제·배포권)을 아예 양도받은 경우에 그 양수인은 자신의 권리를 제 3 자에게 양도·질권설정함에 있어서 원저작권자의 동의를 받을 필요는 없다.

대법원 1979. 5. 15. 선고 78다1263 판결도, 원고 甲이 피고 乙에게 차용금의 담보조로 세계대백과사전의 발매권 및 그 필름을 양도하였는데, 원고가 위 차용금을 변제기가 도과하도록 변제하지 아니하므로 피고 乙은 담보권의 실행으로 위 양도받은 출판권과 필름을 피고 丙에게 매도하고 피고 丙은 이에 기하여 위 백과사전을 출판한 사례에서, 원고의 발매권 및 필름 양도는 저작권의 일부(출판권능) 양도에 해당되는데, 피고 丙의 출판은 피고 乙의 적법한 담보권 실행에 의하여 취득한 그 출판권에 의한 것이어서 정당한 것이며, 출판권 양도에 있어서의 저작권자의 동의에 관한 저작권법 제63조(현행 저작권법 제62조)의 규정은 같은 법 제57조에 의하여 설정된 출판권에 관한 것이어서 이 사건에서와 같이 저작권의 일부로서의 출판권능을 양도받은 경우(현행법 제45조의 경우)에는 적용될 성질의 것이 아니라고 하였다.

한편, 출판권도 저작재산권과 마찬가지로 공공의 이익과 원활한 이용을 위하여 일정한 경우에 제한을 받게 된다. 재판절차등에서의 복제(제23조), 학교교육목적 등에의 이용(제25조 제 1 항 내지 제 3 항), 시사보도를 위한 이용(제26조), 시사적인 기사 및 논설의 복제(제27조), 공표된 저작물의 인용(제28조), 사적이용을 위한 복제(제30조), 도서관 등에서의 복제(제31조), 시험문제로서의 복제(제32조), 점자에 의한 복제(제33조), 공개전시된 미술저작물의 복제(제35조 제 2 항), 미술저작물의 판매에 수반하는 복제(제35조 제 3 항), 일시적 복제(제35조의2), 부수적 복제(제35조의3), 문화시설에 의한 복제(제35조의4), 저작물의 공정한 이용(제35조의5) 등의 제한을 받는다(제63조의2, 제62조 제 2 항).

출판권의 설정, 이전, 변경, 소멸 또는 처분제한, 출판권을 목적으로 하는 질권의 설정·이전·변경·소멸 또는 처분제한은 이를 등록할 수 있으며, 등록하지 아니하면 제 3 자에게 대항할 수 없다. 등록은 문화체육관광부장관이 출판권등록부에 기재하여 행한다(저작권법

149) 송영식·이상정, 전게서, 218면.

제54조, 제55조).

Ⅲ. 출판권자의 의무

1. 원작 그대로 출판할 의무

출판권을 설정 받은 자(출판권자)는 그 설정행위에서 정하는 바에 따라 그 출판권의 목적인 저작물을 원작 그대로 출판할 권리를 가진다(저작권법 제63조 제2항). 이는 출판권자의 권리이자 의무이기도 하다. 따라서 출판권자가 스스로 판단하여 저작물을 개작·수정하여서는 안 된다. 다만 명백한 오·탈자를 바로잡거나 맞춤법에 맞게 고치는 정도의 수정은 허용된다고 본다.

2. 9개월 이내에 출판할 의무

출판권자는 그 설정행위에 특약이 없는 때에는 출판권의 목적인 저작물을 복제하기 위하여 필요한 원고 또는 이에 상당하는 물건을 받은 날부터 9월 이내에 이를 출판하여야 한다(저작권법 제58조 제1항, 제63조의2). 출판권자가 이 의무를 이행하지 아니하는 경우에는 복제권자는 6월 이상의 기간을 정하여 그 이행을 최고하고, 그 기간 내에 이행하지 아니하는 때에는 출판권의 소멸을 통고할 수 있다(제60조 제1항, 제63조의2). '출판'을 하여야 한다고 규정하고 있으므로 9월 이내에 복제를 완료한 것만으로는 부족하고 복제물을 배포하여 유통과정에 두는 것까지가 필요하다.[150] 따라서 원고를 인쇄소에 보내는 것만으로는 부족하고 출판물을 서점에 진열 또는 거래소에 발송하는 정도에 이르러야 한다.[151]

3. 계속 출판할 의무

출판권자는 그 설정행위에 특약이 없는 때에는 관행에 따라 그 저작물을 계속하여 출판하여야 한다(저작권법 제58조 제2항, 제63조의2). 계속하여 출판한다는 것은 복제·배포행위를 끊임없이 계속하는 것을 의미하는 것은 아니며, 출판물을 서점 등에 진열하고 공중의

---

150) 內田 晋, 전게서, 331면.
151) 하용득, 전게서, 268면.

수요에 제공하기에 족한 재고를 확보해 두어 언제든지 그 수요에 제공할 수 있는 상태라면 계속 출판을 하고 있는 것이다.

계속출판은 관행에 따라 행하면 된다. 따라서 출판권자는 언제나 배포가 될 수 있고 품절이 되지 않도록 해야 하나, 증쇄 직전에 시간이 맞지 않아 발생하는 일시적 품절이나, 수험용 참고서와 같이 계절적 요인에 의하여 판매가 좌우되는 출판물의 경우에 수요기가 지난 시점에서 발생하는 일시적 품절 등 출판계의 관행에 따라 인정되는 품절은 계속출판의 의무를 위반한 것이라고 보지 않는다.

출판권자가 계속출판의무를 위반한 경우에도 복제권자는 6월 이상의 기간을 정하여 이행을 최고하고 그 기간 내에 이행하지 아니하는 때에는 출판권의 소멸을 통고할 수 있다(제60조 제 1 항, 제63조의2).

4. 복제권자 표지의무

출판권자는 특약이 없는 때에는 각 출판물에 대통령령이 정하는 바에 따라 복제권자의 표지를 하여야 한다(저작권법 제58조 제 3 항, 제63조의2). '각' 출판물이라고 하고 있으므로 책이면 책 한권 한권마다 복제권자의 표지를 하여야 한다는 것을 의미한다.

출판물에 복제권자의 표지를 하는 것은 저작권자의 보호와 밀접한 관련이 있으므로 1957년 구 저작권법 제48조 제 2 항은, 출판권자는 출판물을 표시하기 위하여 각 출판물에 저작권자의 검인을 첩부하여야 한다고 규정하여 강행규정으로 하고 있었다. 그러나 현행법은 임의규정으로 하여 당사자 사이의 특약으로 이 의무를 면제할 수 있도록 하였다. 이 의무는 저작권자와 출판권자 사이에 이해관계가 크게 대립되고 있는 '검인첩부'로부터 비롯된 것이다. 검인은 일반적으로 저작자가 출판물을 확인하였다는 사실을 표시하기 위하여 인장을 찍는 것을 말한다. 저작권자측은 우리나라의 현행 출판 질서로 보아 발행부수를 확인할 수 있는 유일한 수단으로서, 저작자들의 권익을 보호할 수 있는 최소한의 장치인 검인첩부제도는 존속·강화되어야 한다고 주장한다. 이에 반하여, 출판자측은 검인첩부제도는 음반 등에는 없는 제도인데 특별히 출판물에만 이를 적용하는 것은 형평을 잃은 것이며, 검인첩부 작업이 전적으로 수작업에 의존하고 있어 경비나 시간 면에서 비경제적이고, 외국의 입법례도 없다는 이유로 이 제도에 반대하여 왔다. 현행법은 이러한 양자의 주장을 절충하여 저작권자와 출판권자 사이에 합의가 있으면 특약으로 검인첩부의무를 면제할 수 있도록 한 것이다.[152)]

152) 하용득, 전게서, 270면; 허희성, 전게서, 252면.

저작권법 시행령이 규정하고 있는 복제권자의 표지방법은 다음의 3가지이다. 다만, “신문 등의 진흥에 관한 법률” 제 9 조 제 1 항에 따라 등록된 신문과 “잡지 등 정기간행물의 진흥에 관한 법률” 제15조 및 제16조에 따라 등록 또는 신고된 정기간행물의 경우에는 복제권자의 표지를 하지 아니한다(저작권법시행령 제38조).

① 복제의 대상이 외국인의 저작물일 경우에는 복제권자의 성명 및 맨 처음의 발행연도의 표지
② 복제의 대상이 대한민국 국민의 저작물일 경우에는 제 1 호에 따른 표지 및 복제권자의 검인
③ 출판권자가 복제권의 양도를 받은 경우에는 그 취지의 표시

5. 재판(再版) 통지의무

출판권자는 출판권의 목적인 저작물을 다시 출판하고자 하는 경우에 특약이 없는 때에는 그때마다 미리 저작자에게 그 사실을 알려야 한다. 통지의 대상은 저작자이다. 이 의무는 뒤에서 보는 저작자의 수정증감권을 확보하기 위한 것인데, 저작자가 수정증감권을 행사하기 위하여서는 재판을 출판한다는 사실을 미리 알고 있어야 하기 때문이다.

그러나 이 의무를 위반한 경우에 대하여 저작권법은 아무런 제재규정을 두고 있지 않다. 판례 중에는 이 의무를 위반하여도 손해배상청구는 별론으로 하고 출판권설정계약을 해지할 수는 없다고 판시한 것이 있는데, 서울민사지방법원 1992. 12. 24. 선고 91가합47869 판결(일명, ‘태백산맥’ 사건)이 그것이다. 이 사건에서 저자인 원고는 출판사인 피고가 책의 판수가 변경되었음에도 원고에게 이를 통지하지 아니한 채 재판을 발행하였는바 이는 저작권법 제59조 제 2 항(현행 저작권법 제58조의2 제 2 항)의 재판통지의무를 위반한 것으로서 이에 따른 원고의 이 사건 출판계약 해지는 적법하다는 취지의 주장을 하였다. 이에 대하여 법원은, “저작권법이 재판통지의무를 규정하고 있는 것은 출판권자가 출판권의 목적인 저작물을 다시 출판하는 경우에 저작자는 정당한 범위 내에서 그 저작물의 내용을 수정하거나 증감할 수 있으므로(현행법 제58조의2 제 1 항) 저작자로 하여금 자신의 저작물을 수정하거나 증감할 기회를 주기 위하여 출판권자에게 부과된 의무라 할 것인데, 피고가 이 사건 소설을 출판함에 있어 원고에게 판수 및 권수를 지정하여 인지의 교부를 요청하면 원고는 이에 따라 인지를 교부하였고, 피고는 원고가 교부한 인지의 범위 내에서 이 사건 소설을 출판하였으므로 피고의 위 인지교부요청에는 재판통지의 의사표시가 포함되어 있

는 것이며, 그 후 피고가 교부받은 인지를 출판하기로 한 특정의 권수 및 판수에 첨부하지 아니하고 다른 권수 및 판수의 출판 시에 첨부하였다 할지라도 이 사건 소설의 출판이 원고가 교부한 인지의 범위 내에서 이루어진 이상 피고가 위 재판통지의무를 위반하였다고 보기는 어렵다"고 하였다. 또한 설사 피고가 재판통지의무를 위반하였다 할지라도 저작권법은 그 의무를 해태한 경우에 관하여는 아무런 제재규정을 두고 있지 아니하므로, 출판계약상의 특약이 없는 한 손해배상청구권이 인정될 수 있음은 별론으로 하고 재판통지의무 위반을 이유로 한 출판계약해지권까지 인정된다고 보기는 어렵다고 하였다.

6. 원고반환의무

저작권자의 청구가 있는 경우에 출판자는 인도받은 원고를 반환하여야 하는지 문제로 된다. 독일 출판법은 저작자가 복제의 개시 전에 원고의 반환청구권을 유보한 경우에 한하여 출판자는 복제 종료 후에 원고를 반환할 의무를 부담한다고 규정하고 있다. 이러한 명문규정이 없는 우리나라의 경우에는 일반원칙에 돌아가 해석할 수밖에 없다. 무체물로서 저작권의 보호객체가 되는 저작물과 그 저작물을 유형적 매체에 고정한 결과인 유체물로서 소유권의 대상이 되는 원고는 전혀 별개의 것이며, 출판권설정계약은 전자의 이용을 목적으로 하는 것이어서 후자의 귀속과는 아무런 관계가 없다. 따라서 원고의 소유권은 출판권자에게 이전하는 것이 아니고 여전히 저작권자에게 있다고 볼 것이며, 결국 저작권자의 청구가 있으면 출판권자는 원고를 반환할 의무가 있다고 해석된다.[153)]

Ⅳ. 출판에 있어서 저작자·저작권자의 권리

1. 저작자 사후의 권리

복제권자는 출판권 존속기간 중 그 출판권의 목적인 저작물의 저작자가 사망한 때에는 출판권의 존속에도 불구하고 저작자를 위하여 저작물을 전집 그 밖의 편집물에 수록하거나 전집 그 밖의 편집물의 일부인 저작물을 분리하여 이를 따로 출판할 수 있다. 이것은 저작자가 사망하게 되면 그의 유족이나 동료들이 유고집과 같은 기념출판이나 그 저작자의 작품을 집대성한 편집물 등의 출판을 원할 수 있고 일반 대중들도 그러한 요구를 하는

153) 同旨, 하용득, 전게서, 272면; 송영식·이상정, 전게서, 220면.

경우가 많다는 점을 고려하여 복제권자에게 인정한 권리이다. 이 규정은 강행규정으로서 출판권설정계약에서 특약으로 이러한 권리를 배제할 수 없다고 해석된다. 다만 저작자가 출판권의 존속기간 중에 사망하는 것이 본 항의 요건이므로 저작자의 사망 후에 출판권이 설정된 경우에는 본 항이 적용될 여지가 없다.[154] 편집물의 일부인 저작물을 분리하여 이를 따로 출판할 수 있다는 것은 설정된 출판권의 내용이 전집 기타 편집물의 형태인 경우에 사망한 저작자의 부분만 분리하여 단행본 등으로 별도출판이 가능하다는 것이다.

2. 출판권 소멸통고권

복제권자는 출판권자가 9월 이내의 출판의무 또는 계속출판의무를 위반한 경우에는 6월 이상의 기간을 정하여 그 이행을 최고하고 그 기간 내에 이행하지 아니하는 때에는 출판권의 소멸을 통고할 수 있다. 복제권자는 출판권자가 출판이 불가능하거나 출판할 의사가 없음이 명백한 경우에는 위 제1항의 규정에 불구하고 즉시 출판권의 소멸을 통고할 수 있다. 출판할 의사가 없음이 명백한 경우라 함은, 예컨대 출판권자가 출판사를 폐쇄하거나 출판을 위한 설비를 다른 대체방안 없이 모두 처분하는 경우 등이다.

이것은 앞서 본 출판권자의 의무이행을 확보하기 위한 규정이다. 소멸통고권은 일종의 형성권으로서 복제권자의 일방적인 의사표시에 의하여 출판권이 소멸한다. 따라서 위 규정에 의하여 복제권자가 출판권의 소멸을 통고한 경우에는 출판권자가 통고를 받은 때에 출판권이 소멸한 것으로 본다. 그리고 이 경우에 복제권자는 출판권자에 대하여 언제든지 원상회복을 청구하거나 출판을 중지함으로 인한 손해의 배상을 청구할 수 있다.

3. 수정증감권

출판권자가 출판권의 목적인 저작물을 다시 출판하는 경우에 저작자는 정당한 범위 안에서 그 저작물의 내용을 수정하거나 증감할 수 있다. 이 권리는 저작자의 동일성유지권과 표리적 관계에 있는 것으로 적극적인 내용변경권이며, 일종의 인격적 이익을 보장한다는 관점에서 두어진 것이다. 그러므로 원칙적으로는 출판권이 설정된 경우만이 아니라 일반적인 출판허락계약에 있어서도 이 권리가 인정된다고 해석해야 할 것이다.[155]

수정증감권을 가지는 자는 저작자이므로 저작재산권을 타인에게 양도한 경우에도 여

154) 허희성, 전게서, 258면.
155) 허희성, 전게서, 253면.

전히 저작자에게 수정증감권이 인정된다. 그러나 저작자가 사망한 후에 그의 유족은 본 항의 권리를 가질 수 없다고 해석된다. 이는 수정증감권이 일종의 저작인격권과 유사한 성질을 가지기 때문이다.

수정증감을 할 수 있는 시기는 출판권자가 저작물을 다시 출판하는 경우이다. "다시 출판한다"는 것은 전회의 인쇄행위로부터 일정한 간격을 두고 다시 인쇄행위를 하는 것을 말하며, 증쇄이거나 재판이거나 불문하고 일단 종료한 인쇄행위로부터 일정기간이 경과한 후에 행하는 인쇄행위를 말하는 것이다. 수정증감권을 행사할 수 있는 한도는 정당한 범위 내라야 한다. 따라서 출판권자에게 많은 경제적 부담을 가중시키는 전면적 수정이나 예정된 출판시기를 현저하게 지연시키는 때늦은 수정증감의 요구 등은 인정되지 않는다. 구체적으로는 다시 출판하는 형태에 따라 요구할 수 있는 수정증감의 정도도 다를 것이다. 예컨대 조판을 변경하지 않고 행하는 증쇄(增刷)·중쇄(重刷) 등의 경우에는 단순한 오자 정정이나 새로운 자료의 기계적인 대체 또는 저작자가 치명적이라고 생각하는 이론 정정 등에 한할 것이지만, 조판을 변경하여 행하는 개정판, 신판 등의 경우에는 저작자의 취향에 따른 저작물의 개량도 포함하는 대폭적인 내용변경도 요구할 수 있을 것이다. 그러나 어느 경우에도 그 변경의 정도는 저작물의 성질, 출판권자의 경제적 부담 혹은 출판계에 있어서 신의성실의 원칙 등에 따라 좌우될 것이다.[156]

본 항의 수정증감권을 보장하기 위하여 출판권자에게는 앞에서 본 재판통지의무가 부과되고 있다.

V. 기 타

1. 판면권(版面權)[157]

위에서 본 것처럼 출판권자는 저작물을 '원작 그대로' 출판할 의무를 부담한다. 그러나 출판권자가 출판을 함에 있어서는 원고를 인도받아 교정·식자·장정·활자의 선택·편집 등 여러 가지 노력을 하게 되고, 여기에는 상당한 창작성과 전문적 기술, 노하우(know-how)가 작용하게 된다. 오늘날에는 컴퓨터 편집과 편집디자인이 발달하면서 이러한 출판자의

156) 상게서, 254면.
157) 판면권은 '판권면'(colophon)과 구별하여야 한다. 판권면은 책의 제호나 발행연월일, 발행지, 출판사, 판수, 정가, 저자명 등이 기재된 책의 맨 앞 페이지나 또는 맨 뒷 페이지를 말한다.

노력을 보호할 필요가 더 커졌다고 할 수 있다. 이에 영국에서는 인쇄상의 편집(Typographical Arrangement)을 최초의 발행일로부터 25년간 보호하며, 대만은 '제판권'(製版權)을 인정하여 10년간 판면권을 보호하고, 독일은 학술적 정선행위에 기한 고문서의 출판에 대해 출판자에게 10년간 권리를 인정한다고 한다. 우리나라의 경우는 아직 명문의 규정이 없어서 향후의 입법에 맡겨진 과제이다.158)

최근에 서책의 편집형식이나 구성이 저작물로서 보호받을 수 있는지 여부가 다투어진 사례로서 서울중앙지방법원 2010. 1. 13.자 2009카합3104 결정이 있다. 이 사건에서 법원은, 교과서의 디자인이 응용미술저작물로서 저작권법의 보호를 받기 위해서는, ① 산업적 목적의 이용을 위한 '복제가능성'과, ② 당해 물품의 실용적·기능적 요소로부터의 '분리가능성'이라는 두 가지의 요건이 충족되어야 한다고 전제한 후,159) '분리가능성' 요건과 관련하여, "이는 예를 들어 넥타이의 문양과 같이 당해 물품의 기능적 요소와는 구분되는 미적인 요소로서 그 독자성이 인정됨에 따라 그 자체로 얼마든지 다른 물품(의류, 가방 등)에도 적용될 수 있는 성질을 의미한다고 할 것인데, 신청인이 담당하였다는 이 사건 교과서의 편집이나 구성 등 형식적인 부분은 모두 그 내용(교과서 원고)의 존재를 전제로 이를 효과적으로 전달하기 위한 수단에 불과하므로, 문자, 그림의 형태나 배열 등의 형식적 요소 자체만으로는 하나의 미술저작물이라고 할 수 있을 정도의 독자적인 실체가 인정되지 않는다. 교과서를 비롯한 학습도서는 원칙적으로 문자를 그 구성요소로 하고 있고 신청인의 작업부분도 상당 부분 문자의 형태(서체, 크기 등)나 배치(줄 간격 등)와 관련되어 있는데, 이는 도서의 고유한 특성으로서 문자를 구성요소로 하지 않는 대부분의 물품에는 이를 그대로 적용할 수가 없으므로(문양이나 장식이 여러 물품에 실질적으로 동일한 형태로 구현될 수 있는 것과 대조된다), 이 점에서도 신청인의 작업물이 물품과의 '분리가능성'을 요건으로 하는 응용미술저작물에 해당한다고 보기 어렵다"고 판시하였다.

이 결정에 대하여는 신청인이 항소하여 다투었는데, 항소심에서 당사자들 사이에 합의

158) 송영식·이상정, 전게서, 223면.

159) 제 2 장 제 4 절의 '응용미술' 부분에서 살펴본 바와 같이, 저작권법 제 4 조 제 1 항 제 4 호는 저작물의 일종으로 '응용미술저작물'을 규정하고 있고, 제 2 조 제15호에서는 이를 "물품에 동일한 형상으로 복제될 수 있는 미술저작물로서 그 이용된 물품과 구분되어 독자성을 인정할 수 있는 것을 말하며, 디자인 등을 포함한다"라고 정의하고 있다. 이와 관련하여 우리 대법원 2004. 7. 22. 선고 2003도7572 판결(일명 '히딩크 넥타이 사건)에서는, "우리 민족 전래의 태극문양 및 팔괘문양을 상하 좌우 연속 반복한 넥타이 도안은 '물품에 동일한 형상으로 복제될 수 있는 미술저작물'에 해당한다고 할 것이며, 또한 그 이용된 물품(넥타이)과 구분되어 독자성을 인정할 수 있는 것이라면 위 저작권법 정의에서 규정하는 '응용미술저작물'에 해당한다고 할 것이다"라고 판시한 바 있다. 이 대법원 판결에 따른 환송심인 서울지방법원 2005. 2. 4. 선고 2004노2851 판결에서는 이 넥타이 디자인의 저작물성을 인정하여 저작권침해를 인정하였다.

가 이루어져 결국 판결 선고 없이 종결, 확정이 되었다. 다만, 이 결정이 판면권의 보호 자체를 부정한 것인지 여부는 결정문상으로 볼 때 아직 확실하지 않다. 왜냐하면 이 결정은 서책의 디자인이 응용미술저작물로 보호받기 위한 요건을 전제로만 판결 이유를 구성하고 있기 때문이다. 그러나 이 결정에서의 결론을 따른다면 서책의 디자인으로서 응용미술의 보호요건인 '복제가능성'과 '분리가능성'을 충족시킬 수 있는 디자인은 거의 존재하기 어려운 것이 아닌가 하는 생각이 든다. 대부분의 서책 디자인은 특정한 원고(原稿)에 적용하도록 제작되는 것이지, 그 밖에 일반적인 원고나 기타 다른 물품에도 적용될 수 있는 범용성을 가지는 것으로 제작되는 것은 아니기 때문이다.

생각건대 서책의 디자인이 반드시 응용미술저작물의 범주에 한정되어 저작권법상 보호여부가 결정되어야 하는 것인지는 의문이다. 학설로는 이 결정이 '책 디자인' 일체가 저작권의 보호범위에서 제외되어야 하는 취지는 아니라고 하여 확장해석을 경계하는 견해가 있다.[160)]

2. 저작권침해 저작물의 출판

저작자의 저작물이 제 3 자의 저작권을 침해하는 내용일 경우에 이를 출판한 출판자의 책임이 자주 문제로 된다. 표절 등 저작권침해를 주장하는 제 3 자가 직접 표절을 한 자뿐만 아니라, 그 표절 서적을 출판한 출판사까지 피고로 하여 소송을 제기하는 경우를 많이 볼 수 있다. 민사법의 대원칙인 과실책임의 원칙에 비추어 볼 때, 출판자가 표절 사실을 전혀 알지 못하고 또 그에 대하여 과실이 없는 경우에는 출판자가 저작권침해의 책임을 질 이유는 없다. 그러나 출판자에게 고의 또는 과실이 있는 경우에는 저작권법 제125조에 의하여 손해배상책임이 있다. 한편, 저작권법 제123조에 의한 침해의 정지 등 청구권은 침해자의 고의·과실을 요건으로 하지 않으므로, 저작권을 침해 당한 제 3 자는 출판자를 상대로 출판자의 고의·과실 유무를 불문하고 출판정지 등의 청구를 할 수 있다.

출판한 저작물이 제 3 자의 저작권을 침해하는 것이고 그로 인하여 출판자가 출판을 못하게 되는 등 손해를 입었을 경우, 출판자는 저작자의 제 3 자에 대한 침해행위가 출판계약에 위배되는 것일 때에는 저작자를 상대로 계약위반을 이유로 한 손해배상책임을, 고의·과실에 기인한 것일 때에는 불법행위를 이유로 한 손해배상책임을 물을 수 있다.[161)]

160) 정진근, 책 디자인, 저작권보호 대상이 아니다, 저작권문화, 2010. 3, 38면.
161) 송영식·이상정, 전게서, 225면.

3. 전자출판

종래의 종이 형태의 도서가 아니라 디지털화된 전자적 형태의 문서로 출판하는 것을 일반적으로 '전자출판'이라고 부른다. 그런데 이러한 전자출판이 저작권법상 '출판'의 개념에 속할 수 있는지 여부가 문제로 된다. 앞서 본 바와 같이 출판은 "저작물을 인쇄 그 밖에 이와 유사한 방법으로 문서 또는 도화로 발행"하는 것을 말한다. 한편, 전자거래기본법 제 2 조 제 1 호에서는 '전자문서'라 함은 "정보처리시스템에 의하여 전자적 형태로 작성, 송신·수신 또는 저장된 정보를 말한다"라고 하고 있고, 같은 법 제 4 조 제 1 항에서는 "전자문서는 다른 법률에 특별한 규정이 있는 경우를 제외하고는 전자적 형태로 되어 있다는 이유로 문서로서의 효력이 부인되지 아니 한다"라고 규정하고 있다. 따라서 전자적 형태로 된 문서 역시 저작권법상 문서에 해당한다고 볼 수 있을 것이다. 그러나 전자출판이 과연 저작권법상 '발행'의 개념에 속할 수 있는지는 문제이다. 저작권법 제 2 조 제24호는 '발행'을 "저작물 또는 음반을 공중의 수요를 충족시키기 위하여 복제·배포하는 것을 말한다"라고 정의하고 있다. 여기서 '복제'는 저작권법 제 2 조 제22호에 의하여 "인쇄·사진촬영·복사·녹음·녹화 그 밖의 방법에 의하여 일시적 또는 영구적으로 유형물에 고정하거나 유형물로 다시 제작하는 것"을 말하고, '배포'란 같은 조 제23호에 의하여 "저작물 등의 원본 또는 그 복제물을 공중에게 대가를 받거나 받지 아니하고 양도 또는 대여하는 것"을 말하므로, 결국 발행은 유형물을 전제로 하는 것이 된다. 이렇게 본다면 전자출판 중에서도 CD나 DVD와 같은 패키지(유형물) 형태를 통하지 않고, 디지털파일로만 유통되는 순수한 온라인 형태의 전자출판은 저작권법상 '출판'의 개념에 속하지 않는다고 보아야 할 것이다.[162] 따라서 전자출판에 관하여 저작권법상 출판권을 설정하는 것은 법에 규정되지 않은 준물권을 창설하는 것이 되어 어렵다고 생각한다. 이러한 전자출판에 대하여 설정출판권의 규정과 같은 내용이 적용되기 위해서는 복제와 전송, 배포를 포괄하는 배타적발행권의 설정이 필요하다.

또한 출판권설정계약을 체결한 후 그 계약에 기하여 전자출판에 대한 별도의 특약이 없이 서책 형태의 출판뿐만 아니라 전자출판을 하는 것까지 허용되는지도 논란이 있다. 이는 결국 해당 출판권설정계약에 있어서의 당사자의 의사해석 문제라고 할 것이지만, 기본적으로는 특별히 계약에 명시되지 않은 이상 전자출판을 하기 위해서는 별도의 계약을 맺거나 배타적발행권을 설정 받아야 한다고 보는 것이 타당할 것이다.[163] 왜냐하면 전자출판

162) 同旨, 허희성, 신저작권법 축조개설, 저작권아카데미, 26면; 박성호, 저작권법의 이론과 현실, 현암사, 2006, 296-297면.

은 디지털 형태로 되어 있어 복제나 전송이 대량으로 손쉽게 이루어질 수 있는 까닭에 저작자의 권리에 미치는 영향과 위험이 종이 형태의 책보다 훨씬 클 소지가 있기 때문이다.

끝으로 전자출판 된 전자책에 대하여도 이른바 '최초판매의 원칙'이 적용될 수 있을 것인지 여부가 논란이 되고 있다. 최초판매의 원칙 역시 원래 유형물을 전제로 하여 수립된 원칙이기 때문에 전자책에 대하여는 적용되기 어려운 면이 있다. 그러나 최초판매의 원칙은 저작권의 남용 제한과 정보의 자유로운 유통을 위하여 인정된 매우 중요한 원칙이고, 이 원칙이 허물어질 경우 저작권자와 이용자들 사이에 이미 형성된 기존 제도와 관행에 혼란을 초래할 가능성이 크다. 그렇기 때문에 전자책, 나아가서는 일반적인 디지털 저작물에 대하여도 최초판매의 원칙이 적용될 수 있도록 대책이 강구되어야 한다는 주장이 강하다.[164] 이 점에 관하여는 제 4 장 제 3 절 저작재산권 중 '배포권' 부분에서 최초판매의 원칙과 관련하여 검토한 바 있다.

제 4 절 데이터베이스제작자의 권리

Ⅰ. 개 설

1. 데이터베이스의 의의

'데이터베이스'라 함은 "소재를 체계적으로 배열 또는 구성한 편집물로서 개별적으로 그 소재에 접근하거나 그 소재를 검색할 수 있도록 한 것"을 말한다(저작권법 제 2 조 제19호). 2003년 개정되기 전 저작권법은 "논문, 수치, 도형 기타 자료의 집합물로서 이를 정보처리장치를 이용하여 검색할 수 있도록 체계적으로 구성한 편집물"을 데이터베이스라고 하여 그 소재의 선택 또는 배열에 창작성이 있는 경우에만 편집저작물의 한 형태로서 보호하고 있었다(개정 전 저작권법 제 6 조 제 1 항). 그러다가 2003년 저작권법을 개정하면서 창작성이 없는 데이터베이스의 경우에도 이를 보호하는 규정을 신설하였다.[165] 저작권법상 정의규정

163) 同旨, 박성호, 전게서, 298면.
164) 임원선, 전게서, 201면.
165) 우리나라에서는 1999. 12. 3. 데이터베이스 보호 및 이용에 관한 법률안이 발의된 바 있었으며, 그 후 정부 부처간 협의를 거쳐 데이터베이스제작자 보호에 관한 규정을 저작권법에 두는 것으로 결정되어 2003. 5. 27. 개정 저작권법(법률 제6881호)에서 데이터베이스제작자 보호에 관한 규정을 신설하게 되었다.

에 따라 데이터베이스의 개념은 다음과 같이 정리해 볼 수 있다.

첫째, 편집물이어야 한다. '편집물'은 저작물이나 부호·문자·음·영상 그 밖의 형태의 자료(소재)의 집합물을 말한다(저작권법 제 2 조 제17호). 편집물을 이루는 소재는 저작물일 수도 있고 저작물이 아니어도 상관이 없다.

둘째, 소재를 체계적으로 배열 또는 구성한 것이어야 한다. 데이터베이스로 보호받기 위해서 창작성을 요건으로 하지는 않으나, 그렇다고 하더라도 단순히 소재를 모아 놓은 것만으로는 부족하고, 소재의 배열 또는 구성에 있어서 체계성이 인정되어야 한다. 이는 데이터베이스의 주된 가치이며 보호의 근거가 되는 '자료 검색의 편리성'을 위하여 요구되는 것이다. 다만, 창작성을 요하지는 않으므로, 예컨대 전화번호부 인명편을 알파벳 순으로 구성하는 것처럼 다른 사람들이 일반적으로 사용하는 배열 및 구성방법을 모방하거나, 누가 하더라도 동일하게 할 수밖에 없는 방법으로 배열 또는 구성하는 것이어도 데이터베이스로 보호받을 수 있다.

셋째, 개별적으로 그 소재에 접근하거나 그 소재를 검색할 수 있도록 되어 있어야 한다. 원하는 특정 정보(소재)를 검색하기 위하여 데이터베이스 전체를 처음부터 끝까지 다 살펴보아야 할 필요 없이, 손쉽게 그 정보를 찾아낼 수 있도록 구성되어 있어야 한다. 이러한 점 역시 데이터베이스의 가치인 자료 검색의 편리성을 위하여 요구되는 것으로서, 앞의 둘째 요소와 연계되는 개념요소라고 할 것이다.

2. 데이터베이스의 보호 태양

데이터베이스는 반드시 컴퓨터를 기반으로 하는 것일 필요는 없으나, 보호의 필요성이 특히 강조되고 있는 것은 컴퓨터에 의하여 자료를 저장·추출할 수 있는 형태의 데이터베이스이다. 이러한 데이터베이스는 극히 적은 노력으로 데이터의 추출, 복제 및 재이용이 가능하기 때문이다. 이러한 데이터베이스는 대부분 온라인 디지털콘텐츠의 형태로 제작되는 경우가 많은데, 그 경우에는 저작권법에 의한 보호뿐만 아니라 콘텐츠산업진흥법(구 온라인디지털콘텐츠산업발전법)에 의한 보호도 받게 된다.

그러나 데이터베이스는 반드시 컴퓨터에 의하여 전자적 형태로 자료를 저장·추출할 수 있는 것만이 아니라, 비전자적 형태의 편집물도 포함되는 것으로 해석되고 있다. 예를 들어, 사전(辭典)이나 전화번호부, 연감(年鑑), 백서(白書), 인명부, 주소록 등의 편집물은 전자화된 형태가 아니라 하더라도 데이터베이스의 개념에 포함된다고 볼 수 있다.

또한 데이터베이스는 창작성을 갖추지 못한 경우에도 저작권법 제 4 장 '데이터베이스제작자의 보호' 규정에 의한 보호를 받을 수 있고, 소재의 선택, 배열 또는 구성에 있어서 창작성을 갖춘 데이터베이스는 일반 편집저작물로서의 보호도 중첩적으로 받을 수 있다고 해석된다. 창작성을 갖춘 데이터베이스에 대한 침해가 있는 경우 편집저작물로서의 저작권 침해문제와 데이터베이스제작자의 권리침해의 문제는 별개의 소송물에 해당하고 별도의 쟁송의 대상이 될 수 있다고 본다.[166]

데이터베이스는 그 데이터베이스를 이용하기 위한 컴퓨터프로그램과는 구별하여야 한다. 데이터베이스를 이용하기 위한 컴퓨터프로그램은 별도로 저작권법에 의하여 프로그램저작물로서 보호를 받게 된다.[167]

3. 일반 편집저작물과의 차이

본질적으로는 데이터베이스는 정보자료를 수집·정리한 것으로서 편집저작물과 유사한 성질을 가진다. 그러나 데이터베이스는 그 목적이 검색에 있기 때문에 일반적인 편집저작물과는 다른 특성이 있다.

전통적인 편집저작물은 소재의 선택과 배열이 창작성의 요소이지만, 데이터베이스의 가치는 정보의 양과 검색의 용이성에 있다. 이것이 데이터베이스를 다른 일반 편집저작물과 구별케 하는 요소가 된다. 검색의 용이성은 체계적 구성과 적절한 키워드(keyword)의 부과에 의해 좌우된다. 전통적인 편집저작물에서의 '배열'의 개념은 구체적이고 가시적인 것인데 비하여, 데이터베이스에 있어서의 '체계적 구성'은 보다 관념적이고 추상적이다. 데이터베이스에서 소재의 가시적 '배열'은 별다른 의미를 가지지 않으며, 그보다는 검색의 편리를 위한 소재들의 논리적 '체계'가 큰 의미를 가진다. 또한 데이터베이스에 있어서는 자료의 축적이 중요하다. 따라서 데이터베이스에 대하여 다른 일반 편집저작물과 같이 소재의 선택·배열 및 구성에 있어서의 창작성을 성립 및 보호요건으로 요구한다면 데이터베이스에 대한 보호는 유명무실해질 우려가 있다.[168] 이것이 창작성이 없는 데이터베이스도 보호

166) 박익환, 편집물의 저작물성, '법조수첩' 사건 판례평석, 계간 저작권, 2004년 여름호(제66호), 67면.

167) 황인상, 데이터베이스의 저작권법상의 보호 및 새로운 입법의 필요성, 사법연수원 제28기 수료논문, 5면.

168) 이런 이유로 일본 저작권법은 데이터베이스를 일반 편집저작물과는 별도의 조문으로 구별하여 보호하고 있다(일본 저작권법 제12조의2). 그 입법이유를 보면, 데이터베이스는 소재로 되는 정보의 선택·배열에 창작성을 가질 뿐만 아니라 문헌 데이터베이스의 경우에는 초록이 작성되는 경우가 많고, 수치정보나 화상처리 데이터베이스의 경우에는 통계적으로 처리한다든지 그래프나 일람표를 만드는 등 가공이 이루어지며, 그 밖에도 원자료의 내용을 분석하여 그 결과 추출된 주제나 중요개념을 표현하는 키워드가 부여되는 등 단순한 편집저작물과는 다른 창작성이 있기 때문이라고 한다.

하는 저작권법의 주된 취지이다.

Ⅱ. 데이터베이스 보호의 내용

1. 보호의 방법

창작성이 없는 데이터베이스를 보호하는 방법으로는 배타적 지배권을 부여하는 물권적 보호방법과 데이터베이스의 부정이용만을 금지하는 부정경쟁방지적 보호방법의 두 가지 보호방법이 논의되어 왔다. EU의 데이터베이스 보호지침과 그 회원국들은 주로 물권적 보호방법을 채택하였다고 알려지고 있다. 우리나라는 2003년 저작권법 개정을 통하여 창작성이 없는 데이터베이스도 보호하게 되었는데, 그 방법으로 저작권에 유사한 배타적 권리로 보호하는 물권적 보호방법을 채택하였다. 그러나 창작성이 전혀 없는 데이터베이스에 대해서까지 저작권에 유사한 배타적 지배권을 부여하는 것은 저작권법의 기본 목적과 취지에 반하고 헌법적 근거가 되는 헌법 제22조에 위반될 소지가 있다고 하여 반대하는 견해가 있다. 이 견해는 헌법 제22조가 저작권 등을 규정한 취지는 우리 사회에 창작적인 기여를 유인하기 위하여 그 필요에 비례한 한도에서만 배타적 권리를 부여하는 것인데, 창작성을 결여한 데이터베이스에 대해서 배타적 권리를 부여하는 것은 헌법 규정의 취지에 반하고 본래 공유자산인 것을 사유화하는 길을 열어주는 것에 해당한다고 한다.[169)]

2. 저작권법에 의한 보호

가. 보호대상과 범위

앞에서 본 바와 같이 저작권법이 보호하는 데이터베이스란 소재를 체계적으로 배열 또는 구성한 편집물로서 개별적으로 그 소재에 접근하거나 그 소재를 검색할 수 있도록 한 것을 말한다. 창작성의 유무를 가리지 아니한다. 컴퓨터에 의하여 자료를 저장·추출할 수 있는 형태의 것이거나 전자적 형태의 것에 한정되지 않고 모든 형태의 데이터베이스가 보호의 대상으로 된다.

다만, ① 데이터베이스의 제작·갱신 등[170)] 또는 운영에 이용되는 컴퓨터프로그램과,

---

169) 정상조, 우리나라의 데이터베이스 보호, 세계의 언론법제, 2006년 상권, 한국언론재단, 24면.
170) '갱신 등'은 "갱신·검증 또는 보충"을 말한다(저작권법 제 2 조 제20호).

② 무선 또는 유선통신을 기술적으로 가능하게 하기 위하여 제작되거나 갱신·검증 또는 보충 등이 되는 데이터베이스는 저작권법에 의한 보호대상에서 제외된다(저작권법 제92조).

데이터베이스의 제작, 갱신 등이나 또는 운영에 이용되는 컴퓨터프로그램은 컴퓨터프로그램이 데이터베이스와 결합되어 이용되는 경우이며 컴퓨터프로그램에 대하여는 별도의 저작물로 보호하고 있다. 따라서 데이터베이스의 보호가 컴퓨터프로그램의 보호에 악용 혹은 남용될 위험을 방지하고 이중적인 보호를 피하기 위하여 데이터베이스 보호로부터 제외한 것이다. 데이터베이스보호에 관한 유럽연합의 지침(directive)에서도 전자적 수단에 의하여 접근 가능한 데이터베이스의 제작이나 운영에 이용되는 컴퓨터프로그램은 보호대상에서 제외하고 있다(동 지침 제 1 조).[171)]

무선 또는 유선통신을 기술적으로 가능하게 하기 위하여 제작되거나 갱신 등이 되는 데이터베이스라 함은, 주로 인터넷 등으로 데이터베이스를 이용하는 경우에 도메인 네임의 등록부나 인터넷 주소록 등과 같이 무선 또는 유선통신을 가능하게 하는데 필요한 필수적인 정보들로 구성된 데이터베이스, 예컨대 IP 어드레스나 이메일 어드레스 등의 집합물을 말한다. 이들의 제품이나 서비스는 기술적·수단적인 성격의 것이므로 데이터베이스의 본질이 아니다. 또한 이들에 대하여 배타적 권리가 부여된다면 인터넷의 운영 자체가 크게 위협을 받게 될 것이므로, 통신망의 안정적인 운영을 위하여 보호대상에서 제외한 것이다.[172)173)]

데이터베이스 보호범위와 관련되어 이른바 '유일출처 정보'의 보호여부가 문제로 되고 있다. 유일출처의 정보라 함은 해당 데이터베이스에 수록될 정보(소재)의 출처가 하나뿐인 정보를 말한다. 유일출처 정보가 형성되는 경우로는, (1) 배타적으로 사적 생산자에게 제공된 정부 데이터와, (2) 전화가입자 정보, 스포츠 통계, 금융시장 거래 데이터 등과 같이 데이터베이스제작자 자신이 생산한 데이터가 예시되고 있다. 유일출처 정보는 그 정보를 원초적으로 독점하고 있는 특정인과의 계약을 맺어 이용할 수도 있으나, 어느 한 당사자에게

171) 허희성, 신 저작권법 축조개설(하), 명문프리컴, 2011, 474면.

172) 상게서, 474면.

173) 정부는 당시 선행사례로서 유럽연합 지침과 1999년 미국 법안(H.R. 335)을 검토한 바 있다고 한다. 양자 모두 컴퓨터프로그램을 보호대상에서 제외하고 있으나, 후자, 즉 제92조 제 2 호에 관해서는 미국 법안만이 언급하고 있다. 이에 의하면, "디지털 온라인 정보통신의 어드레싱, 라우팅, 포워딩, 송신 및 저장, 디지털 온라인 정보통신에 사용되는 주소 등록 또는 디지털 온라인 정보통신을 위한 연결 접속을 제공하거나 수신하기 위한 … 정보집합물을 수록한 제품이나 서비스"(제1404조(c))에는 보호가 미치지 않도록 하고 있다. 하원 보고서에 따르면, 이것은 인터넷 기능에 장애를 가져오는 여하한 제품이나 서비스를 보호대상에서 배제하는 데 목적을 두고 있다고 하면서, 그러한 예로 스펙(Internet Specification), 도메인 네임이나 주소 명부를 들고 있다. 그러나 이것이 권리관리정보의 요소인 경우(DOI나 메타데이터와 같이) 그에 대한 보호를 배제하는 것은 아니라고 한다. 최경수, 저작권의 새로운 지평, 2003년 저작권법(하), 계간 저작권, 2004년 봄호(제64호), 저작권심의조정위원회, 66면; 이해완, 전게서, 683면.

만 독점적으로 이용허락을 한다든가 아무에게도 개방하지 않고 정보 생산자가 혼자서만 관리하는 경우 그 정보를 이용하고자 하는 사업에 폐쇄적 진입장벽이 생기게 되고, 이는 소비자들의 선택권을 방해하는 등 결과적으로 사회적 후생을 떨어뜨리는 부작용을 가져올 우려가 있다. 이러한 문제 때문에 창작성 없는 데이터베이스의 법적 보호와 관련하여 유일 출처 정보를 어떻게 취급할 것인지 여부가 쟁점이 되고 있는 것이다. 그 처리 방안으로는 ① 아예 그러한 정보는 데이터베이스의 보호 대상에서 제외되도록 규정하는 방안, ② 보호를 인정하되 강제허락 규정을 두는 방안, ③ 독점금지 등 기존 규제에 맡기는 방안 등을 생각해 볼 수 있다. 우리 저작권법은 ① 또는 ②의 규정을 두고 있지 않으므로 결과적으로 시장의 자율에 맡기면서 기존의 독점규제법에 저촉될 경우에 한하여 규제를 할 수 있도록 한 취지라고 해석된다.[174)]

나. 데이터베이스제작자의 권리

(1) 데이터베이스제작자

데이터베이스제작자란 데이터베이스의 제작 또는 그 소재의 갱신·검증 또는 보충에 인적 또는 물적으로 상당한 투자를 한 자를 말한다(저작권법 제 2 조 제20호). 우리 저작권법에서 '제작자'라는 이름으로 권리를 부여받고 있는 주체로는 '음반제작자'와 '영상제작자' 그리고 '데이터베이스제작자'가 있다. 그런데 저작권법은 '음반제작자'는 "음을 음반에 고정하는 데 있어 전체적으로 기획하고 책임을 지는 자"로(제 2 조 제 6 호), '영상제작자'는 "영상저작물의 제작에 있어 그 전체를 기획하고 책임을 지는 자"를 말한다고 하여(같은 조 제14호), "기획과 책임"을 그 개념요소로 하고 있음에 반하여, '데이터베이스제작자'의 경우에는 "상당한 투자"를 개념요소로 하고 있다. 이와 같이 데이터베이스제작자의 개념요소를 음반제작자나 영상제작자의 경우와 달리 규정하고 있는 것은, 데이터베이스제작자 보호 규정의 근거가 된 WIPO 조약안 등의 규정 내용을 따랐기 때문인 것으로 보인다. 그러나 저작권법이 음반제작자든 영상제작자든, 또는 데이터베이스제작자든 저작자가 아닌 이러한 자들을 보호하는 규정을 두고 있는 것은 해당 음반이나 영상저작물 및 데이터베이스를 제작함에 있어서 실질적으로 가장 큰 투자 위험(risk)을 부담한 자를 보호하고자 하는 데 있다는 점에서는 취지가 같다고 할 것이다.

데이터베이스제작자의 보호와 관련하여 가장 핵심적인 개념이라고 할 수 있는 '상당한 투자'에 대한 구체적인 기준은 특별히 없다. 이 부분은 결국 구체적인 사건에서 법원이 저

174) 이상정, 데이터베이스제작자의 보호, 계간 저작권(제63호), 저작권심의조정위원회, 30면; 이해완, 전게서, 684면.

작권법의 목적과 취지를 살펴 판단할 문제이다. 다만, 특정한 종류의 데이터베이스와 그것을 구성하는 정보의 사회·경제적 중요성과 그 수집·조직의 용이성, 그 보호가 시장에 미치는 영향, 그리고 그 데이터베이스를 구성하는 개별 정보에 대한 접근의 중요성 등을 고려하여 판단하여야 하며, 질적인 면과 양적인 면이 모두 고려되어야 할 것이다.[175]

참고로 WIPO 조약안은 '상당한 투자'를 "질적·양적으로 중요한 투자"(qualitatively or quantitatively significant investment)로 정의하고 있다.[176] 최초 데이터베이스를 제작한 자뿐만 아니라 갱신, 검증 또는 보충에 상당한 투자를 한 자도 데이터베이스제작자로서 보호된다.[177] 데이터베이스를 제작하기 위하여 소재를 수집한 자도 그 수집에 상당한 투자를 하였다면, 나중에 그것이 데이터베이스로 제작되었을 때 데이터베이스제작자로서의 지위를 가진다고 볼 것이다.

우리 저작권법은 모든 데이터베이스제작자를 보호하는 것이 아니라, ① 대한민국 국민 또는 ② 데이터베이스의 보호와 관련하여 대한민국이 가입 또는 체결한 조약에 따라 보호되는 외국인만이 보호된다(저작권법 제91조 제 1 항). 또한 이에 따라 보호되는 외국인의 데이터베이스라도 그 외국에서 대한민국 국민의 데이터베이스를 보호하지 아니하는 경우에는 그에 상응하게 조약 및 저작권법에 따른 보호를 제한할 수 있다(제91조 제 2 항).

데이터베이스제작자란 개별 소재를 체계적으로 배열하거나 구성하여 그 소재에 접근 또는 검색할 수 있도록 한 자를 말하며, 개별 소재 자체를 생산한 자를 말하는 것이 아니

---

175) 부산지방법원 2010. 9. 2. 선고 2010가합2230 판결은, "원고가 데이터베이스제작자로서의 지위를 가지는지에 관하여 살피건대, '데이터베이스'는 소재를 체계적으로 배열 또는 구성한 편집물로서 개별적으로 그 소재에 접근하거나 그 소재를 검색할 수 있도록 한 것을 말하고(저작권법 제 2 조 제19호), '데이터베이스제작자'는 데이터베이스의 제작 또는 그 소재의 갱신검증 또는 보충에 인적 또는 물적으로 상당한 투자를 한 자를 말하는데(같은 조 제20호), 이 사건의 경우 원고 주장과 같이 이 사건 한자 부분이 데이터베이스에 해당하더라도 이 사건 한자 부분은 그 대부분이 원고 도서 이전에 이미 발행된 도서인 위 A사전 중 216면부터 340면까지와 거의 동일한 사실을 인정할 수 있고, 달리 원고가 이를 제작 또는 그 소재의 갱신검증 또는 보충에 인적 또는 물적으로 상당한 투자를 하였음을 인정할 증거가 없으므로 원고가 데이터베이스제작자로서의 권리를 가진다고 할 수 없다"고 하였다. 이 판결은 데이터베이스를 구성하는 소재의 수집 및 조직의 용이성 등에 비추어 데이터베이스제작자로서의 상당한 투자를 인정하기 어렵다고 본 사례이다.

176) 이상정, 데이터베이스제작자의 보호, 계간 저작권, 2003년 가을호, 저작권심의조정위원회, 26면.

177) 서울고등법원 2016. 12. 15. 선고 2015나2074198 판결: 이용자들이 특정한 주제어에 관한 게시물을 자유롭게 작성하여 게시하거나 이미 게시된 내용을 자유롭게 수정하는 방식으로 운영되는 원고의 온라인 백과사전에 대하여, 피고가 원고 사이트의 게시물 전부를 복제한 이른바 '미러링(mirroring) 사이트'를 운영한 사례에서, 원고 사이트에 집적된 20만 건 이상의 데이터는 대부분 이용자가 작성하거나 수정한 점, 색인까지도 이용자가 자유롭게 수정, 편집할 수 있도록 되어 있는 점 등 원고의 역할이 상당히 제한적이기는 하지만, 원고가 데이터베이스에 해당하는 원고 사이트를 제작하기 위하여 사이트의 설계, 검색엔진 개발 및 업데이트, 자료 접근성 향상 노력, 서버 관리 등 인적 또는 물적으로 상당한 투자를 하였다고 보아 데이터베이스제작자로서의 지위를 인정하였다.

다.[178] 그런데 특정한 커뮤니티 웹사이트의 데이터베이스처럼, 거기에 수록되는 정보는 전적으로 고객(이용자)이 입력하고 그 배열과 구성만을 웹사이트 운영자가 하는 경우에, 그로 인하여 축적·생성된 데이터베이스에 대하여 누구를 제작자로 볼 것인지가 문제로 될 수 있다. 이와 같이 고객의 입력행위에 의하여 형성된 데이터베이스에 있어서 그 고객을 데이터베이스제작자로 볼 수 없는 것은 당연하다. 고객은 데이터베이스의 형성과 갱신 등에 있어서 상당한 인적 또는 물적 투자를 한 사람이 아니기 때문이다. 문제는 그 웹사이트의 운영자를 데이터베이스제작자로 보호하는 것이 타당하냐 하는 점이다. 저작권법의 문언 해석으로는 그 웹사이트 운영자를 데이터베이스제작자로 볼 수 있을지 모르나, 그러한 보호가 정책적으로도 타당한 것인지에 관하여는 근본적인 의문을 제기하는 견해가 있다.[179] 또한 그러한 데이터베이스가 형성된 웹사이트 상의 커뮤니티는 본래 데이터베이스 제작을 위한 목적으로 운영된 것이라고 볼 수 없기 때문에 그 웹사이트 운영자를 데이터베이스제작자로 보는 것은 의문이라는 견해도 있다.[180] 이러한 문제는 결국 그 데이터베이스의 형성과 갱신 등에 웹사이트 운영자가 어느 정도의 지배력을 가지고 있는지, 즉 데이터베이스의 형성과 갱신에 있어서 해당 웹사이트 운영자에게 법적인 의미에서의 행위주체성(行爲主體性)을 인정할 수 있는지, 그에 대하여 어느 정도로 상당한 인적 또는 물적 투자를 하였는지 여부에 따라 데이터베이스제작자로서의 지위를 인정할 것인지가 결정되어야 할 것이다.

(2) 데이터베이스제작자 권리의 내용

데이터베이스제작자는 그의 데이터베이스의 전부 또는 상당한 부분을 복제·배포·방송 또는 전송할 권리를 가진다(저작권법 제93조 제 1 항). "복제·배포·방송 또는 전송"의 개념은 저작권법 제 2 조의 정의규정에서 정하고 있는 바와 같다. 저작물에서와 달리 공연, 전시 등이 권리의 범위에서 제외된 것은, 그러한 행위는 데이터베이스의 성질에 비추어 문제될 여지가 없기 때문이다. 이러한 저작권법의 규정은 데이터베이스제작자에게는 그 데이터베이스를 구성하는 데이터의 전부 또는 상당한 부분(substantial part)을 추출하거나 그것을 재이용하는 행위를 금지할 배타적 권리가 부여된다고 하는 EU의 지침과 유사하다. EU의 지침에 따르면, 여기서 '추출'이라 함은 데이터베이스의 전부 또는 상당한 부분을 기타 매체에 어떤 수단이나 형태로 영구적이거나 일시적으로 이동시키는 것을 말하며, '재이용'이란 사본 유포, 온라인 전송이나 기타 유형의 전송에 의하여 데이터베이스 내용의 전부 또

178) 다만, 그 개별 소재가 저작물인 경우에 그 저작물을 창작한 자가 저작자로서 보호를 받을 수 있음은 물론이다.

179) 정상조, 전게논문, 27면.

180) 김윤명, 정보기술과 디지털법, 진한 M&B, 2005, 362면.

는 상당한 부분을 대중에게 공개하는 것을 말한다.[181)]

데이터베이스의 개별 소재는 제 1 항의 규정에 따른 당해 데이터베이스의 상당한 부분으로 간주되지 않는다. 다만, 데이터베이스의 개별 소재 또는 그 상당한 부분에 이르지 못하는 부분의 복제 행위라 하더라도, 그러한 행위를 반복적이거나 특정한 목적을 위하여 체계적으로 함으로써 당해 데이터베이스의 통상적인 이용과 충돌하거나 데이터베이스제작자의 이익을 부당하게 해치는 경우에는, 당해 데이터베이스의 상당한 부분의 복제 등을 하는 행위로 본다(제93조 제 2 항).[182)] 데이터베이스제작자에 대한 보호는 당해 데이터베이스의 구성부분이 되는 소재의 저작권 그 밖에 저작권법에 의하여 보호되는 권리에 영향을 미치지 아니한다(제93조 제 3 항). 이는 편집저작물에 있어서 편집저작물의 보호는 그 편집저작물의 구성부분이 되는 소재의 저작권 그 밖에 저작권법에 따라 보호되는 권리에 영향을 미치지 않는다는 저작권법 제 6 조 제 2 항과 같은 취지이다. 또한 데이터베이스제작자에 대한 보호는 데이터베이스의 구성부분이 되는 소재 그 자체에는 미치지 않는다(제93조 제 4 항).

이러한 점을 종합하면 데이터베이스를 구성하는 개별 소재 자체를 데이터베이스제작자의 허락 없이 복제·배포·방송 또는 전송하는 것은 데이터베이스제작자의 권리를 침해하는 것이 아니다. 예를 들어, 대표적인 데이터베이스라고 할 수 있는 인명편 전화번호부에서 소수 특정인의 전화번호 몇 개를 찾아 유인물로 만들어 배포하는 것은 전화번호부(데이터베이스) 제작자의 복제권이나 배포권을 침해하는 행위가 아니다. 그러나 그 개별 소재들을 반복적으로 복제·배포·방송 또는 전송함으로써 당해 데이터베이스의 통상적인 이용과 충돌하거나, 데이터베이스제작자의 이익을 부당하게 해치는 경우, 즉 결과적으로 데이터베이스의 상당한 부분을 복제·배포·방송 또는 전송하는 것과 마찬가지의 효과를 가져

181) 이상정, 전게논문, 24면.

182) 서울고등법원 2010. 6. 9. 선고 2009나96309 판결('종합물가정보' 사건)은 시중물가 전문조사기관인 원고가 '종합물가정보'라는 이름으로 월간지를 출판하여 영업을 하고 있는데, 피고회사가 건설공사 원가계산을 위한 프로그램을 제작하면서 원고의 물가정보지에서 분기별로 7,361개 상당의 물가정보를 추출하여 이를 피고 프로그램에 연동할 수 있는 데이터파일로 만들어 이용한 사례에 관한 것이다. 이 판결은, "피고가 원고의 홈페이지에서 검색순위가 1위부터 100위 사이에 이르는 중요한 가격정보만을 추출해 피고의 데이터파일을 만든 이상, 이를 두고 단순히 원고 물가정보지의 개별 소재를 사용한 것에 불과하다고 할 수 없을 뿐만 아니라, 원고의 수익은 물가정보지 판매수익과 물가정보지에 게재되는 광고수익으로 구성되어 있고, 기업이 공사내역서에 물가정보의 정확한 근거를 밝히기 위해서는 물가정보가 수록된 물가정보지의 발행 호수와 쪽수를 기입해야 하기 때문에 그 기입을 위해서는 해당 물가정보지를 구입할 수밖에 없는데, 이러한 점은 저작권법 제93조 제 2 항 단서에서 정한 바와 같이, 데이터베이스의 개별 소재 또는 그 상당한 부분에 이르지 못하는 부분의 복제 등이라 하더라도 반복적이거나 특정한 목적을 위하여 체계적으로 함으로써 당해 데이터베이스의 통상적인 이용과 충돌하거나 데이터베이스제작자의 이익을 부당하게 해치는 경우에 해당한다고 볼 수 있으므로, 이러한 관점에서 보더라도 피고는 원고 물가정보지의 상당한 부분을 복제한 것으로 볼 수밖에 없다"고 판시하였다.

올 경우에는 데이터베이스제작자의 권리가 미치게 된다. 여기서 데이터베이스의 통상적인 이용과 충돌한다는 것은 그 데이터베이스와 시장에서 경쟁하는 관계에 놓인다거나, 현재 또는 잠재적 시장에 영향을 미칠 정도에 이른 경우를 의미하며, 데이터베이스제작자의 이익을 부당하게 해치는 경우라고 함은 그 데이터베이스제작자가 통상적으로 이용허락을 함으로써 얻을 수 있는 이익을 부당하게 상실하게 되는 경우를 의미한다고 해석된다.[183)]

대법원 2022. 5. 12. 선고 2021도1533 판결은, "데이터베이스 제작자의 권리가 침해되었다고 하기 위해서는 데이터베이스 제작자의 허락 없이 데이터베이스의 전부 또는 상당한 부분의 복제 등이 되어야 하는데, 여기서 상당한 부분의 복제 등에 해당하는지를 판단할 때는 양적인 측면만이 아니라 질적인 측면도 함께 고려하여야 한다. 양적으로 상당한 부분인지 여부는 복제 등이 된 부분을 전체 데이터베이스의 규모와 비교하여 판단하여야 하며, 질적으로 상당한 부분인지 여부는 복제 등이 된 부분에 포함되어 있는 개별 소재 자체의 가치나 그 개별 소재의 생산에 들어간 투자가 아니라 데이터베이스 제작자가 그 복제 등이 된 부분의 제작 또는 그 소재의 갱신 검증 또는 보충에 인적 또는 물적으로 상당한 투자를 하였는지를 기준으로 제반 사정에 비추어 판단하여야 한다. 데이터베이스의 개별 소재 또는 상당한 부분에 이르지 못하는 부분의 반복적이거나 특정한 목적을 위한 체계적 복제 등에 의한 데이터베이스 제작자의 권리 침해는 데이터베이스의 개별 소재 또는 상당하지 않은 부분에 대한 반복적이고 체계적인 복제 등으로 결국 상당한 부분의 복제 등을 한 것과 같은 결과를 발생하게 한 경우에 한하여 인정함이 타당하다."고 하였다.[184)]

특정 데이터베이스를 구성하는 소재의 상당부분을 그 제작자의 허락 없이 그대로 이용하면서, 다만 소재의 배열 또는 구성의 체계만을 달리한 경우 데이터베이스제작자의 권리를 침해한 것으로 볼 것인지 여부가 문제로 될 수 있다. 침해를 긍정하는 견해는 위 규정의 해석상 개별 소재가 동일하다면 아무리 그 배열이나 구성을 달리하더라도 침해라고 보아야 한다는 것이다.[185)] 이에 반하여 침해를 부정하는 견해는 데이터베이스 보호의 취지가 편집의 노력을 보호하기 위한 것이라는 점을 감안할 때 그러한 경우에는 침해가 되지 않는다고 보아야 할 것이라고 주장한다.[186)] 저작권법이 데이터베이스제작자를 보호하는 것

183) 이해완, 전게서, 687면; 최경수, 전게논문, 70면.

184) 모바일 앱에서 API 서버에 정보를 호출하여 숙박업소에 관한 정보를 내려받아 이용자에게 제공하는 방식으로 서비스를 제공하던 피해자 회사의 API 서버에 '패킷캡처' 분석을 통해 만든 크롤링 프로그램으로 주기적으로 접근해 피해자 회사에서 제공하는 숙박업소 정보를 복제한 크롤링 행위의 형사책임 여부가 문제된 사안.

185) 정상조, 저작권법에 의한 데이터베이스 보호의 문제점, 데이터베이스 보호, 서울대학교 기술과법센터, 2003. 6. 55면; 이해완, 전게서, 687면.

186) 한지영, 데이터베이스의 법적 보호에 관한 연구, 서울대학교 대학원, 2005, 41-43면.

은 데이터베이스의 제작 또는 그 소재의 갱신·검증 또는 보충에 인적 또는 물적으로 상당한 투자를 한 것을 보호하고자 하는 것이고, 앞에서도 본 바와 같이 데이터베이스 제작의 전체 과정이 아니라 소재를 수집하는 것에만 관여한 자라도 그 수집에 있어서 상당한 투자를 하였다면, 그것이 데이터베이스로 제작되었을 때 그에 대한 데이터베이스제작자로서의 지위를 가진다는 점에 비추어 볼 때, 데이터베이스를 구성하는 소재만을 허락 없이 이용한 경우라 하더라도 데이터베이스제작자의 권리를 침해한 것으로 보는 것이 타당하다고 생각된다.

(3) 데이터베이스제작자 권리의 제한

저작권법 제23조(재판절차 등에서의 복제)·제28조(공표된 저작물의 인용)·제29조(영리를 목적으로 하지 아니하는 공연·방송)·제30조(사적이용을 위한 복제)·제31조(도서관 등에서의 복제)·제32조(시험문제로서의 복제)·제33조(시각장애인 등을 위한 복제)·제33조의2(청각장애인 등을 위한 복제)·제34조(방송사업자의 일시적 녹음·녹화)·제35조의2(저작물 이용과정에서의 일시적 복제)·제35조의4(문화시설에 의한 복제)·제35조의5(저작물의 공정한 이용)·제36조(번역 등에 의한 이용) 및 제37조(출처의 명시)의 규정은 데이터베이스제작자의 권리의 목적이 되는 데이터베이스의 이용에 관하여 준용한다(저작권법 제94조 제 1 항).

또한 ① 교육·학술 또는 연구를 위하여 이용하는 경우(다만, 영리를 목적으로 하는 경우를 제외), ② 시사보도를 위하여 이용하는 경우에는 누구든지 데이터베이스의 전부 또는 그 상당한 부분을 복제·배포·방송 또는 전송할 수 있다. 다만, 당해 데이터베이스의 통상적인 이용과 저촉되는 경우에는 그러하지 아니하다(저작권법 제94조 제 2 항).

(4) 보호기간

데이터베이스제작자의 권리는 데이터베이스의 제작을 완료한 때부터 발생하며, 그 다음 해부터 기산하여 5년간 존속한다(저작권법 제95조 제 1 항).[187] 데이터베이스의 갱신·검증 또는 보충을 위하여 인적 또는 물적으로 상당한 투자가 이루어진 경우에 당해 부분에 대한 데이터베이스제작자의 권리는 그 갱신 등을 한 때부터 발생하며, 그 다음 해부터 기산하여 5년간 존속한다(저작권법 제95조 제 2 항). 이와 같이 데이터베이스의 갱신 등을 위하여 상당한 인적·물적 투자가 이루어지면 새로운 보호기간이 진행되므로, 상당한 투자가 계속적으로 이루어지는 한 데이터베이스는 사실상 영구적으로 보호를 받는 셈이 된다.

187) 데이터베이스 보호에 관한 EU 지침은 15년을 존속기간으로 하고 있다.

다. 기 타

(1) 데이터베이스제작자 권리의 양도·행사 등

저작권법 제20조 단서의 규정(배포권이 제한되는 권리소진에 관한 규정)은 데이터베이스의 거래제공에, 제45조 제 1 항(저작재산권의 양도)의 규정은 데이터베이스제작자의 권리의 양도에, 제46조(저작물의 이용허락)의 규정은 데이터베이스의 이용허락에, 제47조(저작재산권을 목적으로 하는 질권의 행사)의 규정은 데이터베이스제작자의 권리를 목적으로 하는 질권의 행사에, 제48조(공동저작물의 저작재산권 행사)의 규정은 공동데이터베이스의 제작자의 권리행사에, 제49조(저작재산권의 소멸)의 규정은 데이터베이스제작자의 권리의 소멸에, 제57조 내지 제62조(배타적발행권)의 규정은 데이터베이스의 배타적발행권 설정에 관하여 각각 준용한다(저작권법 제96조).

(2) 데이터베이스 이용의 법정허락

저작권법 제50조(저작재산권자 불명인 저작물의 이용) 및 제51조(공표된 저작물의 공익상 필요에 의한 방송)의 규정은 데이터베이스의 이용에 관하여 준용한다(저작권법 제97조).

(3) 데이터베이스제작자의 권리의 등록

저작권법 제53조(저작권의 등록)·제54조(권리변동 등의 등록·효력)·제55조(등록의 절차 등)의 규정은 데이터베이스제작자의 권리의 등록에 관하여 준용한다. 이 경우 제55조 중 '저작권등록부'는 '데이터베이스제작자권리등록부'로 본다(제98조).

(4) 기술적보호조치에 의한 보호

저작권법 제104조의2 제 1 항은 "누구든지 정당한 권한 없이 고의 또는 과실로 제 2 조 제28호 가목의 기술적 보호조치를 제거·변경하거나 우회하는 등의 방법으로 무력화하여서는 아니 된다"고 규정하고 있고, 같은 조 제 2 항은 그러한 기술적 보호조치를 무력화하는 장치 등을 제조, 수입, 배포, 전송, 판매, 대여, 공중에 대한 청약, 판매나 대여를 위한 광고, 또는 유통을 목적으로 보관 또는 소지하거나, 서비스를 제공하여서는 아니 된다고 규정하고 있다. 이러한 규정에서 보호되는 기술적 보호조치에는 데이터베이스제작자의 권리를 보호하기 위한 기술적 보호조치도 포함된다고 해석된다.[188] 데이터베이스제작자는 이 규정을 위반한 자에 대하여 침해의 정지·예방, 손해배상의 담보 또는 손해배상이나 이에 갈음하

188) 저작권법 제 2 조 제28호 '기술적 보호조치'에 관한 정의규정 참조.

는 법정손해배상의 청구를 할 수 있으며, 고의 또는 과실 없이 제104조의2 제 1 항의 행위를 한 자에 대하여는 침해의 정지·예방을 청구할 수 있다(제104조의8).

3. 계약에 의한 데이터베이스의 보호 – Shrink wrap License

제 2 장 제 3 절 중 편집저작물에 대한 부분에서 전화번호부 인명편의 편집저작물성을 부인한 미국 연방대법원의 Feist 판례를 검토해 본 바 있다. 이 판결은 그동안의 미국 저작권 실무계에서 나름대로의 입지를 확보하고 있던 노동이론에 대한 커다란 수정(사실상 폐기에 가깝다고 볼 수도 있다)을 의미하는 것이었고, 그로 인한 실무계의 충격은 상당한 것이었다. 대표적 데이터베이스인 전화번호부를 저작권법이 보호하지 못한다면 막대한 노력과 비용을 들인 수많은 데이터베이스 제작 작업의 결과물이 법적으로 아무런 보호를 받지 못하게 되고, 그로 인하여 정보산업 전체가 존폐의 기로에 서게 되는 결과를 초래할 것이기 때문이었다. 이에 따라 미국의 실무계는 Feist 판결 이후에 다른 대체입법이 마련되지 않은 상황 아래에서 데이터베이스 보호를 위한 법리의 개발에 골몰하였고, 이러한 시도는 위스콘신지방법원과 그 항소심인 제 7 항소법원의 ProCD 판결에 나타났다.

이 사건의 원고인 ProCD는 수백만 달러를 들여 미국 전지역을 커버하는 방대한 양의 전화번호부를 작성하였다. 이 전화번호부는 무려 일억 개 이상의 전화번호를 수록하고 있었기 때문에 원고는 이 전화번호부를 책자가 아닌 CD-Rom의 형태로 발간하였고, 이 CD-Rom에는 수록된 전화번호를 검색할 수 있는 컴퓨터소프트웨어인 브라우저가 포함되어 있었다. 원고는 그 CD-Rom을 '포장지 계약'(Shrink wrap license),[189] 즉 이 CD-Rom을 구입하는 사람은 그 안에 축적된 자료나 소프트웨어의 전부 또는 일부를 자신의 것이 아닌 다른 사람의 컴퓨터에 이전시킬 수 없도록 하는 약정이 포함된 형태로 판매하였다. 피고는

---

189) 포장지 계약(shrink wrap license)은 컴퓨터 소프트웨어를 판매하면서 그 포장지에 "이 소프트웨어를 구입하는 사람은 다른 사람에게 이 소프트웨어를 무단으로 양도하거나 대여 또는 복제해 주어서는 아니 된다. 이 제품의 포장지를 뜯는 사람은 이 약정에 동의하는 것으로 간주한다"라는 식의 문구를 기재하여 소프트웨어의 구입자로 하여금 타인에게 무단복제를 해 주지 못하도록 의무를 부과하는 약정을 말한다. 컴퓨터 on-line 상에서 소프트웨어를 download 받을 때, 먼저 화면에 나오는 저작권 관련 약정에 동의한다는 취지에 click 해야만 그 다음의 download 작업이 수행되는 것도 shrink wrap license의 변형된 형태라고 볼 수 있다. 그 외에 가정용 비디오테이프를 재생하면 제일 먼저 화면에 나오는 "이 프로그램은 가정용으로 제작되었으며, … 장소에서는 상영할 수 없고 무단복제하면 법에 의하여 … " 등의 문구도 유사한 것이다.
포장지 계약의 유효성은 일반적으로 시인되고 있으나, 그 계약은 계약 당사자인 당해 포장지를 뜯은 사람에게만 구속력이 있고 그로부터 전전양도 받은 사람에 대하여는 아무런 구속력이 없다는 중대한 약점이 있다.

원고의 CD-Rom을 구입하여 그 안에 수록된 모든 자료를 복제한 다음, 검색 브라우저인 소프트웨어만 스스로 제작한 후 이를 자신의 인터넷 홈페이지를 통하여 상업적으로 서비스하기 시작하였다.

이때는 이미 연방대법원에서 Feist 판결이 선고됨으로써 인명편 전화번호부의 저작물성이 부정된 후였기 때문에, 원고로서는 자신의 전화번호 데이터베이스에 대한 편집저작권을 주장할 수는 없었다. 또한 원고가 CD-Rom에 포함시킨 검색 브라우저 소프트웨어가 있었지만, 이 부분은 피고가 원고의 것을 복제하지 않고 스스로 자체 제작하였기 때문에 컴퓨터프로그램에 대한 침해를 주장하기도 어려웠다. 이에 원고는 포장지 계약의 위반과 부정경쟁방지법상의 부정이용(misappropriation)의 법리[190]를 주장하였다.

1심인 위스콘신지방법원은 원고의 청구를 모두 기각하였다.[191] 사인간의 계약인 포장지 계약으로 공익적 성격이 강한 저작권법의 법리를 회피하는 것은 부당하며, 부정이용의 법리 역시 가급적, 특히 저작권법과 충돌하는 영역에 있어서는 제한적으로 적용되어야 한다는 것을 그 이유로 들었다.

그러나 항소심인 제 7 항소법원은 포장지 계약의 유효성을 부정한 원심을 파기함으로써 업계의 큰 반향을 불러 일으켰다.[192] 이 판결에 대하여는 찬성론도 있지만 반대론도 만만치 않다. 이 판결로 인하여 데이터베이스의 제작자들은 포장지 계약을 삽입함으로써 적어도 최초 구매자에 대하여는 Feist 판결의 결론을 회피할 수 있게 되었는데, 이러한 결론은 '공정이용'(fair use)의 항변을 널리 인정하는 미국 저작권법의 체계와는 맞지 않는다는 것이 반대론의 주장이었다.[193]

다만 제 7 항소법원은 포장지 계약에 관한 부분에서만 원심을 파기하였으므로 부정이용의 법리와 관련하여서는 항소심의 판단이 없는 셈이다. 우리나라의 경우에도 이 사건에서 피고와 같은 행위는, 타인이 많은 노력과 투자를 하여 구축한 영업상의 이익을 침해하는 것으로서 부정경쟁행위 또는 일반 민법상의 불법행위가 성립할 가능성이 있다.

---

190) 미국에 있어서 부정경쟁방지법상의 '부정이용'(misappropriation)의 법리는 연방대법원의 Associated Press(AP) v. INS(Int'l News Service) 사건에서 발달하기 시작하였다(이 판결의 상세한 내용은 제 2 장 제 4 절 중 Ⅴ. 신문기사 부분 참조).

191) ProCD, Inc. v. Zeidenberg, 908 F. Supp. 640(W.D. Wis. 1996), rev'd, 86 F. 3d 1447(7th Cir. 1996).

192) 86 F.3d 1447(7th Cir. 1996).

193) Nimmer, *op. cit.*, 3, pp. 34-35 참조.

4. 국제적인 입법 동향[194)]

가. 유럽연합(EU)의 데이터베이스 보호에 관한 지침

EC 집행위원회는 1988년 6월에 "저작권과 기술의 도전에 관한 청서"(Green Paper on Copyright and the Challenge of Technology)를 발표하였는데, 그 제 6 장에서, 데이터베이스의 편집형식을 보호하는 권리를 데이터베이스에 수록되어 있는 저작권의 보호를 받지 못하는 자료나 저작물에도 확대해야 하는지, 그리고 그 보호를 저작권에 의할 것인지 아니면 특별법적 권리에 의할 것인지에 대해 신중하고도 지속적인 검토가 요구된다고 문제제기를 하였다. 그 후 공청회를 거쳐, EC 내에서 데이터베이스의 보호를 위한 조화적이고 안정된 법체계를 마련할 목적으로 본 지침의 초안이 1992년 5월에, 그리고 그 개정안이 1993년 10월에 각각 발표되었다.

이 지침안의 최대의 특징은 데이터베이스에 대한 회원국 간의 저작권 보호의 조화와 데이터베이스제작자의 보호를 위하여 새로운 형태의 특별법적인 권리를 도입하고 있다는 점이다. 그 권리는 데이터베이스 소재의 무단추출(unauthorised extraction)과 재이용(reutilization)을 15년간 금지시킬 수 있는 내용이다.

무단추출방지권은 데이터베이스 소재만을 보호하는 것이며, 그 소재가 저작권 또는 저작인접권에 의해 보호되지 않는 경우에만 적용된다. 데이터베이스 소재의 전체나 상당부분이 상업적 목적으로 무단추출되거나 재이용되는 것을 방지하고자 하는 취지에서 인정하는 권리이며, 이 권리는 데이터베이스가 합법적으로 공중에 이용된 날 또는 데이터베이스의 본질적 변경이 이루어진 날로부터 15년간 지속된다. 비본질적인 변경은 보호기간을 연장시키지 아니한다. 본질적인 변경이란 소재의 본질적인 추가, 삭제, 변경으로 데이터베이스 소재의 전체 또는 부분이 본질적으로 변경된 것을 말한다.

이 지침안은 데이터베이스를 편집저작물로 저작권법에 의한 보호를 하는 한편, 그 자체로는 저작권법에 의한 보호를 받지 못하는 소재에 대해서는 특별법적인 권리로 보호하는 2원적인 보호제도를 강구하고 있는 것이다. 이는 소재 자체에 저작물성이 없으며 그 선택 및 배열에도 창작성이 없어 저작권법으로는 보호받을 수 없는 데이터베이스에까지 보호를 확대하고자 하는 것이다.

위와 같은 지침안을 거쳐, 1996년 3월 11일 EC회의는 세계에서 처음으로 저작권법에 의하여 보호되지 않는 데이터베이스의 보호에 관한 입법적 조치를 행하였다. 이는 지침(directive)의 형태로서 각국은 이 지침에 따라 1998년 1월 1일까지 국내법의 정비를 하여야

194) 황인상, 전게논문, 17-26면.

할 의무를 부과 받은 것이다. 그러나 이 기간까지 국내법의 정비를 마친 국가는 독일, 스웨덴, 영국과 오스트리아뿐이었다고 한다. 나머지 벨기에, 덴마크, 핀란드, 프랑스, 네덜란드, 스페인과 이탈리아는 1998년부터 2000년 사이에 국내법 정비를 완료하였다.[195] 한편 유럽연합은 WIPO에서 진행되고 있던 베른협약 개정회의에 1996년 2월 이 지침을 기초로 한 조약안을 제출한 바 있다.

이 지침의 본문은 제 1 장 적용범위, 제 2 장 저작권, 제 3 장 독자적인 권리, 제 4 장 공통규정으로 구성되어 있는데, 제 3 장의 내용 중 중요한 것을 요약하면 아래와 같다.

(1) 구성원 각국은 데이터베이스를 구성하는 데이터를 추출하는 것과 재이용하는 것을 금지할 수 있는 권리로서, 데이터베이스에 관하여 저작권이 아니면서 15년간 보호되는 독자적인 권리(sui generis right)를 창설한다.
여기서 '추출'이라 함은 데이터베이스의 전부 또는 실질적인 부분을 기타 매체에 어떤 수단이나 형태로 영구적이거나 일시적으로 이동시키는 것을 말하며, '재이용'이란 사본 유포, 온라인 전송이나 기타 유형의 전송에 의하여 데이터베이스 내용의 전부 또는 실질적인 부분을 대중에게 공개하는 모든 형식을 말한다.

(2) 데이터베이스 내용의 취득, 검증이나 표현에 대하여 양적 질적으로 데이터베이스제작자가 실질적인 투자를 한 경우에 한하여 이와 같은 권리가 인정된다. 즉, 이 권리를 인정하는 취지는 데이터베이스 작성에 관련된 투자를 보호하기 위한 것이다.

제 4 장 공통규정의 말미에서는 새로운 권리 창설로 인하여 독점적인 사업자의 남용행위가 있는지를 3년 동안 검토하여 그러한 현상이 인정될 때에는 각국이 독점의 폐해를 보완하기 위한 조치들을 취할 것을 검토하여야 한다고 규정하고 있다.

1996년 EU 데이터베이스 지침이 나올 당시 이미 일부 북유럽 국가(덴마크, 핀란드, 아이슬란드, 노르웨이, 스웨덴)에서는 창작성이 없는 데이터베이스를 보호하기 위한 저작권법 규정을 가지고 있었다고 한다. 이들 국가에서는 "다량의 정보가 편집된 카달로그, 표 기타 이와 유사한 것"에 대하여 비록 창작성의 요건을 갖추지 못하였다고 하더라도 저작권법상 일정한 보호를 하였다. 1996년 EU 데이터베이스 지침은, 데이터베이스 시장 규모가 크고 그 산업은 성장산업으로서 각국마다 산업육성에 관심이 높았던 시대적 상황, 유럽 각국이 데이터베이스 보호에 관한 일관된 법규범을 가지고 있지 않아서 이를 통일적으로 규범화하여 공동체의 재화와 서비스의 자유이용이라는 공동체 목표를 추구하여야 했던 점, 미국이 전 세계 데이터베이스 시장을 대부분 장악하고 있는 현실에서 유럽 데이터베이스 산업의 발전을

195) 이상정, 전게논문, 23-24면.

위해 법적 보호가 필요했던 상황 등 몇 가지 배경 속에서 제정되었으며, 우리 저작권법의 데이터베이스제작자 보호 규정을 제정함에 있어서 상당한 영향을 미쳤다.[196]

나. 미 국

미국은 1996년 5월 국내적으로는 유럽의 Directive와 유사한 내용의 법안(H.R. 3531 Database Investment and Intellectual Property Act of 1996)을 의회에 제출하였다. 또한 비슷한 시기에 WIPO 베른협약 개정회의에 조약안 초안을 제출하였는데, 유럽연합이 제출한 안과 유사하지만, 보호기간을 25년으로 하고 있고, 데이터 추출 방지를 우회하는 장치와 서비스의 제공을 금지하고 있는 내용이 포함되어 있다.

미국 의회에 제출된 법안의 내용을 보면,[197] 제 2 조(정의 및 개념)에서 데이터베이스의 개념을 "저작물, 데이터 또는 다른 내용들을 체계적이거나 특정 방법에 따라 현재 또는 미래에 개발될 어떠한 형태나 매체에 수집, 조립 또는 편집한 것"이라 하고 있어 장래의 기술발전을 감안한 다분히 포괄적인 정의를 하고 있다. 데이터베이스제작자의 정의는 미국 저작권법의 개인 저작권자, 법인 저작권자, 공동저작권자의 개념에 따르고 있다.

제 3 조(데이터베이스 법적 보호의 대상과 기준)에서는, 보호대상이 되는 데이터베이스에 관하여, 데이터베이스 내용물을 수집, 조립, 검증, 조직 또는 제시함에 있어서 인적 자원, 기술적 자원, 재정적 또는 다른 자원을 질적 양적으로 상당한 투자를 한 결과물일 것을 요구한다. 그러나 보호대상이 되는 데이터베이스는 공공목적과 상업적 목적으로 제작된 것을 구분하지 않으며, 데이터베이스가 구현된 형태나 매체, 데이터베이스 또는 그 내용이 지적인 창조인가를 불문한다고 하여 포괄적으로 규정하고 있다.

제 4 조(금지행위)에서는 데이터베이스 소유자(제작자 및 그 승계인)의 통상적인 개발이나 그 데이터베이스의 현실 또는 잠재 시장에 부정적인 영향을 주는 데이터베이스의 내용의 전부 또는 상당한 부분을 발췌, 이용 또는 재이용하는 행위를 금하고, 내용을 조금씩이라도 반복적 또는 조직적으로 발췌, 이용 또는 재이용함으로써 누적적으로 데이터베이스 소유자의 통상적인 이익 등을 해하는 행위도 금지하고 있다.

제 5 조는 금지규정에 대한 예외규정으로서 공공이나 상업용 데이터베이스의 합법적 이용자들은 데이터베이스의 핵심이라고 여겨지지 않을 만큼의 내용을 발췌, 이용 또는 재이용할 수 있으며, 데이터베이스 이외의 자료원으로부터 독자적으로 저작물, 데이터 또는 기타 내용을 수집, 조립, 편집하는 것을 제한할 수 없다고 하고 있다.

---

196) 최경수, 저작권법개론, 한울아카데미, 2010, 354-355면.
197) 한국데이터베이스진흥센터, 외국의 데이터베이스 관련 정책 및 제도연구, 42-46면.

제 6 조에서는 금지기간을 유럽연합보다 장기인 25년으로 하고, 수정, 보완, 갱신의 경우 그 시점부터 다시 기산하는 것은 유럽연합의 경우와 같게 규정하고 있다.

Ⅲ. 기타 - 콘텐츠산업진흥법

1. 의 의

콘텐츠산업진흥법(법률 제10369호)은 종전의 온라인디지털콘텐츠산업발전법의 대체 입법으로서 2010. 6. 10. 공포되어 2010. 12. 11. 시행되었다. 종전의 온라인디지털콘텐츠산업발전법은 경쟁사업자에 의한 디지털콘텐츠의 무단복제 등 행위를 부정행위로 규정하여 금지함으로써 디지털콘텐츠 제작자의 투자와 노력을 법적으로 보호하고자 하는 취지에서 제정된 법률인데, 그러한 취지의 법률로서는 사실상 세계 최초의 것이었다. 이 법은 디지털콘텐츠 산업발전 추진체계 및 디지털콘텐츠산업의 기반 조성에 대한 규정을 두어 디지털콘텐츠 사업자를 보호하고 지원할 수 있도록 하고 있었다.

콘텐츠산업진흥법은 변화된 콘텐츠산업 환경에 따라 종전 "온라인디지털콘텐츠산업발전법"의 명칭을 "콘텐츠산업진흥법"으로 변경하는 한편, 디지털콘텐츠를 포괄하는 콘텐츠의 개념과 융합콘텐츠 등 새롭게 등장한 분야를 포함하는 콘텐츠산업의 개념을 재정립하고자 제정된 법이다. 이 법을 통하여 범정부적인 콘텐츠산업 발전 추진체계를 마련하여 콘텐츠산업 진흥에 관한 기본계획 등을 수립하도록 하고, 콘텐츠산업의 발전을 위하여 필요한 각종 행정적·재정적 지원의 근거를 마련하는 한편, 콘텐츠 이용자의 이용편익과 유통의 활성화 및 투명성을 보장하기 위한 콘텐츠서비스 품질인증 제도 등을 정비하고, 콘텐츠를 둘러싼 분쟁을 조정하기 위하여 콘텐츠분쟁조정위원회를 설치하는 등 급변하는 콘텐츠산업 환경에 유연하게 대응할 수 있도록 함으로써 국민의 삶의 질 향상과 국민경제의 발전에 이바지하려는 것이 그 주된 취지이다.

2. 중요 내용

가. 콘텐츠산업진흥위원회의 확대·개편(콘텐츠산업진흥법 제 7 조)

(1) 각 행정기관 간 상호 협력을 통한 범정부적인 콘텐츠산업 진흥 정책을 수립·추진하도록 하기 위하여 기존의 온라인디지털콘텐츠산업발전위원회를 확대·개편하였다.

(2) 콘텐츠 관련 각 부처의 장 및 민간 콘텐츠산업 전문가 등을 위원회의 구성원으로 하여 콘텐츠산업에 관한 기본계획 수립·추진, 콘텐츠산업 진흥정책의 총괄·조정, 콘텐츠산업 관련 중복규제의 조정 등에 관한 내용을 심의하도록 하였다.

나. 콘텐츠 제작의 활성화(같은 법 제9조)

다양한 콘텐츠가 창작·유통될 수 있는 환경 조성이 콘텐츠산업 발전의 핵심이므로, 정부는 다양한 분야와 형태의 콘텐츠가 창작·유통·이용될 수 있는 환경을 조성하기 위하여 콘텐츠제작자의 창의성을 높이고 경쟁력을 강화하기 위한 시책을 마련하고, 콘텐츠제작자가 콘텐츠 제작에 필요한 자금을 원활하고 안정적으로 조달할 수 있도록 필요한 시책을 마련하도록 하였다.

다. 콘텐츠 거래사실 인증사업의 추진(같은 법 제21조)

문화체육관광부장관은 콘텐츠 거래사실에 관한 자료를 보관하고 거래사실을 확인·증명하는 콘텐츠 거래사실의 인증사업을 할 수 있도록 하고, 콘텐츠 거래사실 인증기관 지정 및 콘텐츠 거래사실 인증사업의 효율적 추진을 위한 행정적·재정적 지원 근거를 마련하였다.

라. 콘텐츠제공서비스의 품질인증(같은 법 제22조)

콘텐츠 이용자의 편익과 유통 활성화 및 신뢰성을 보장하고 이용자가 콘텐츠를 용이하게 구매·사용할 수 있도록 콘텐츠제공서비스의 품질을 인증하는 제도의 마련이 필요하다. 이에 문화체육관광부장관은 콘텐츠제공서비스의 품질을 인증하는 사업을 추진할 수 있도록 하고, 콘텐츠제공서비스의 품질인증사업을 추진하기 위한 인증기준 및 운영기준을 마련하도록 하였다.

마. 콘텐츠 식별체계에 관한 시책 수립 등(같은 법 제23조)

콘텐츠의 권리관계와 유통 및 이용의 선진화 등을 위하여 콘텐츠 식별체계에 대한 연구 및 이용 활성화를 위한 사업 추진이 필요한바, 문화체육관광부장관은 콘텐츠 식별체계에 관한 시책을 수립·시행하도록 하고, 이의 확립·보급을 위하여 식별체계 연구개발, 식별체계 표준화, 식별체계 이용, 보급 및 확산 등의 사업을 추진하도록 하였다.

바. 공정한 유통 환경 조성 등(같은 법 제24조)

합리적인 이유 없이 콘텐츠사업자에게 정보통신망 등 중개시설의 제공을 거부하거나 그 지위를 이용하여 부당한 이득을 취득하는 것을 금지하고, 지적재산권의 일방적인 양도를 요구하는 불공정한 계약을 강요하는 행위 등을 금지하며, 이를 위반하는 경우에 문화체육관광부장관이 관계기관의 장에게 필요한 조치를 하여 줄 것을 요청할 수 있도록 하였다.

사. 이용자의 권익 보호(같은 법 제26조부터 제28조까지)

콘텐츠 이용자의 피해를 예방하고 구제조치를 실시하는 등 이용자의 권익 보호를 위한 제도가 필요한 바, 문화체육관광부장관은 콘텐츠 이용자 권익 보호를 위하여 콘텐츠 정보 제공 및 교육 등의 사업 등을 추진하고, 이용자보호지침을 정할 수 있도록 하며, 콘텐츠사업자는 사용하는 약관이 이용자보호지침보다 이용자에게 불리한 경우 그 내용을 이용자가 알기 쉽게 표시하거나 고지하도록 하였다.

아. 분쟁조정위원회의 설치 및 운영 등(같은 법 제29조부터 제36조까지)

콘텐츠 관련 분쟁을 조정하기 위하여 콘텐츠분쟁조정위원회를 설치하고, 분쟁조정 신청을 받은 위원회는 조정안을 작성하여 분쟁당사자에게 권고하며, 권고안을 당사자가 수락한 경우에는 그 분쟁조정의 내용이 재판상 화해와 동일한 효력을 갖도록 하는 등 콘텐츠분쟁조정위원회의 구성과 운영 및 조정 절차 등을 정하였다.

자. 콘텐츠제작자의 보호

누구든지 정당한 권한 없이 콘텐츠제작자가 상당한 노력으로 제작하여 대통령령으로 정하는 방법에 따라[198] 콘텐츠 또는 그 포장에 제작연월일, 제작자명 및 이 법에 따라 보

198) 법 제37조 제1항에서 "대통령령으로 정하는 방법"이란 다음 각 호의 구분에 따른 어느 하나의 표시방법을 말한다.
1. 콘텐츠에 표시하는 경우
가. 제작연월일, 제작자명 및 이 법에 따라 보호받는다는 사실을 이용화면의 우측 상단에 순서대로 표시하되, 이 법에 따라 보호받는다는 사실을 표시하기 위해서는 다음의 도안과 내용을 모두 표시
1) 아래의 도안은 테두리는 회색으로, 내부문자 C는 검은색으로, 내부문자 C 외의 내부는 흰색으로 표시한다. 이 경우 문화체육관광부장관은 아래 도안을 문화체육관광부의 인터넷 홈페이지 등에 게시하여야 한다.

2) "이 콘텐츠는 「콘텐츠산업진흥법」에 따라 최초 제작일부터 5년간 보호됩니다"라는 문구
나. 이용화면 전체 면적의 10분의 1 이상 크기로 우측 상단에 제작연월일, 제작자명 및 이 법에 따라 보호받는다는 사실을 모두 표시
다. 제작연월일, 제작자명 및 이 법에 따라 보호받는다는 사실을 표시할 때에는 1초 이상의 정지화면으로 표시

호받는다는 사실을 표시한 콘텐츠의 전부 또는 상당한 부분을 복제·배포·방송 또는 전송함으로써 콘텐츠제작자의 영업에 관한 이익을 침해하여서는 아니 된다. 다만, 콘텐츠를 최초로 제작한 날부터 5년이 지났을 때에는 그러하지 아니하다(같은 법 제37조 제 1 항). 따라서 모든 콘텐츠가 보호를 받는 것이 아니라 콘텐츠제작자가 '상당한 노력'으로 제작한 것으로서, 대통령령이 정하는 방법에 따른 표시가 되어 있어야 한다. 여기서 '상당한 노력'은 데이터베이스제작자의 권리보호 요건인 '인적·물적으로 상당한 투자'와 유사한 개념으로 이해할 수 있을 것이다. 종전의 구 온라인디지털콘텐츠산업발전법 당시의 판결이지만, 하급심 판결 중에 법이 정하는 방법에 따른 표시가 되어 있지 않았다는 이유로 보호를 받을 수 없다고 한 판결이 있다.[199)]

침해의 태양은 복제·배포·방송 또는 전송의 4가지에 한정된다. 또한 '콘텐츠제작자의 영업에 관한 이익'이 침해될 것을 요건으로 하므로, 단순한 복제, 배포, 방송 또는 전송의 행위가 있다고 하여 무조건 이 규정을 위반한 것이 되는 것은 아니며, 그러한 행위의 결과 콘텐츠제작자의 영업에 관한 이익을 침해한 것으로 인정될 수 있어야 한다. 따라서 예를

라. 이용화면의 색상과 대비되는 색상으로 제작연월일, 제작자명 및 이 법에 따라 보호받는다는 사실을 표시

2. 포장에 표시하는 경우

가. 제작연월일, 제작자명 및 이 법에 따라 보호받는다는 사실을 포장의 표시되는 겉표지면의 우측 상단에 순서대로 표시하되, 이 법에 따라 보호받는다는 사실을 표시하기 위해서는 다음의 도안과 내용을 모두 표시

1) 아래의 도안은 테두리는 회색으로, 내부문자 C는 검은색으로, 내부문자 C 외의 내부는 흰색으로 표시한다. 이 경우 문화체육관광부장관은 아래 도안을 문화체육관광부의 인터넷 홈페이지 등에 게시하여야 한다.

2) "이 콘텐츠는 「콘텐츠산업진흥법」에 따라 최초 제작일부터 5년간 보호됩니다"라는 문구

나. 포장의 표시되는 겉표지의 우측 상단에 그 겉표지면 면적의 10분의 1 이상 크기로 제작연월일, 제작자명 및 이 법에 따라 보호받는다는 사실을 모두 표시

다. 포장의 표시되는 겉표지면의 색상과 대비되는 색상으로 제작연월일, 제작자명 및 이 법에 따라 보호받는다는 사실을 표시

199) 서울중앙지방법원 2004. 12. 3. 선고 2004노555 판결. 피해자인 A회사가 만화 저작권자와 저작물 사용계약을 체결하고 만화책의 내용을 온라인디지털콘텐츠의 형태인 이 사건 만화로 변환하여 인터넷사이트를 통하여 유료로 제공하였는데, 피고인이 이 사건 만화를 복제한 후 그것을 인터넷사이트를 통해 유료로 불특정다수인에게 전송한 사안에서, 피해자 A회사는 이 사건 만화에 'www.A.com'이라는 회사 URL을 표시함으로써 온라인디지털콘텐츠의 제작자가 위 사이트 운영자측이라는 것을 명시하였지만 이 사건 만화의 제작 및 표시 연월일은 표시하지 않았음을 인정한 후, 구 온라인디지털콘텐츠산업발전법 제17조 제 1 항 소정의 표시 중 최소한 온라인콘텐츠의 제작자 성명과 제작 및 표시 연월일이 표시되지 아니한 온라인콘텐츠는 같은 법 제18조 제 1 항의 보호대상에서 제외된다고 봄이 상당하다고 하였다.

들어 공공기관에서 무료로 제공하는 콘텐츠의 경우라면 그것을 복제하여 사용하더라도 콘텐츠제작자의 영업에 관한 이익을 침해한 것으로는 볼 수 없으므로 이 금지규정의 위반이라고 볼 수 없다.[200] 종전의 온라인디지털콘텐츠산업발전법에서는 부정경쟁방지적 차원의 규제임을 명확히 하는 뜻에서 "경쟁사업자의 영업에 관한 이익"을 침해할 것을 요건으로 하는 것으로 규정하고 있었으나, 2010년 전면개정에 의하여 금지행위의 요건에 "경쟁사업자의"라고 하는 부분이 삭제되었으므로, 이제는 침해 주체와 콘텐츠제작자 사이에 경쟁사업자 관계에 있을 것을 요한다고 볼 근거는 없어졌다.[201]

침해행위로부터 보호받는 기간은 제작한 날로부터 5년으로 규정되어 있지만, 데이터베이스제작자에 대한 경우와 마찬가지로, 콘텐츠를 계속 추가, 갱신하는 사업자의 경우에는 그 추가, 갱신 부분에 대하여는 다시 그 추가, 갱신일을 제작일로 표시하여 그로부터 5년의 기간 동안 보호를 받을 수 있는 것으로 해석된다.[202]

또한 콘텐츠에 적용된 기술적 보호조치도 보호를 받는다. 즉, 누구든지 정당한 권한 없이 콘텐츠제작자나 그로부터 허락을 받은 자가 위 제 1 항 본문의 침해행위를 효과적으로 방지하기 위하여 콘텐츠에 적용한 기술적보호조치를 회피·제거 또는 변경하는 것을 주된 목적으로 하는 기술·서비스·장치 또는 그 주요 부품을 제공·수입·제조·양도·대여 또는 전송하거나 이를 양도·대여하기 위하여 전시하는 행위를 하여서는 아니 된다. 다만, 기술적보호조치의 연구·개발을 위하여 기술적보호조치를 무력화하는 장치 또는 부품을 제조하는 경우에는 그러하지 아니하다(같은 법 제37조 제 2 항).

제37조 제 1 항 본문 및 같은 조 제 2 항 본문을 위반하는 행위로 인하여 자신의 영업에 관한 이익이 침해되거나 침해될 우려가 있는 자는 그 위반행위의 중지 또는 예방 및 그 위반행위로 인한 손해의 배상을 청구할 수 있다. 다만, 제37조 제 1 항 본문을 위반하는 행위에 대하여 콘텐츠제작자가 같은 항의 표시사항을 콘텐츠에 표시하지 아니한 경우에는 그러하지 아니하다(같은 법 제38조 제 1 항). 법원은 손해의 발생은 인정되나 손해액을 산정하기 곤란한 경우에는 변론의 취지 및 증거조사 결과를 고려하여 상당한 손해액을 인정할 수 있다(같은 법 제38조 제 2 항).

제37조제 1 항 본문을 위반하여 콘텐츠제작자의 영업에 관한 이익을 침해하는 행위 또는 제37조제 2 항 본문을 위반하여 정당한 권한 없이 기술적보호조치의 무력화를 목적으로 하는 기술·서비스·장치 또는 그 주요 부품을 제공·수입·제조·양도·대여 또는 전송하거

200) 이해완, 전게서, 695면.
201) 상게서, 695-696면.
202) 상게서, 698면.

나 이를 양도·대여하기 위하여 전시하는 행위를 한 자는 2년 이하의 징역 또는 2천만 원 이하의 벌금에 처한다(같은 법 제40조 제 1 항). 이 죄는 고소가 있어야 공소를 제기할 수 있는 친고죄이다(같은 조 제 2 항).

차. 콘텐츠공제조합

2012. 2. 17. 개정법에서 신설된 규정이다. 개정법은 제 3 장의2에 '콘텐츠공제조합'에 관한 별도의 장을 두어, 콘텐츠사업자는 상호협동과 자율적인 경제활동을 도모하고 콘텐츠산업의 건전한 발전을 위하여 문화체육관광부장관의 인가를 받아 각종 자금 대여와 보증 등을 행하는 콘텐츠공제조합(이하 "공제조합"이라 한다)을 설립할 수 있도록 하였다(제20조의2 제 1 항). 공제조합은 ① 콘텐츠의 개발 및 부가가치 향상과 경영안정에 필요한 자금의 대여 및 투자, ② 콘텐츠의 개발 및 부가가치 향상과 경영안정에 필요한 자금을 금융기관으로부터 차입하고자 할 경우 그 채무에 대한 보증, ③ 콘텐츠사업에 따른 의무이행에 필요한 이행보증 등의 사업을 행한다. 콘텐츠산업의 지속적인 성장을 위하여 안정적인 재원마련의 기반을 구축할 필요성이 제기됨에 따라 콘텐츠공제조합을 설립하기 위한 근거규정을 신설한 것이다.

3. 다른 법률과의 관계

콘텐츠제작자가 저작권법의 보호를 받는 경우에는 저작권법이 콘텐츠산업진흥법에 우선하여 적용된다(같은 법 제 4 조 제 2 항).

제 5 절 퍼블리시티권(The Right of Publicity)

Ⅰ. 서 설

1. 퍼블리시티권의 의의

퍼블리시티권은 캐릭터(character)권리의 한 종류라고 볼 수 있다. 만화, 영화, 소설, 스포츠 등에 등장하는 가공적 또는 실재하는 인물의 형상, 명칭 등(예컨대, 미키마우스, ET, 배트맨 …)은 매스컴의 비상한 발달로 대중에게 극히 친숙한 존재이므로, 이를 상품, 특히 의류, 문방구, 장남감, 과자류 등 일반 대중을 구매자층으로 삼는 상품에 사용하는 경우에는 현저한 고객흡인력을 발휘하게 된다. 따라서 캐릭터는 상표와 마찬가지로 상품에 사용되기는 하지만, 상품의 식별표지로서가 아니고 상품의 선전력 또는 고객흡인력을 강화하기 위하여 사용된다. 이러한 캐릭터 권리 중 특히 실재하는 사람의 캐릭터에 관한 권리로서 퍼블리시티권이 있다.

퍼블리시티권은 다양하게 정의되고 있고 아직 개념이 불명확한 점도 있지만, 간단히 정의하면, '초상·성명 등의 상업적 이용에 관한 권리', 즉 '사람의 초상·성명 등 그 사람 자체를 가리키는 것(identity)을 광고·상품 등에 상업적으로 이용하여 경제적 이익을 얻을 수 있는 권리',[203] 또는 '개인의 성명·초상 등 동일성을 광고 또는 상품 등에 상업적으로 이용하여 재산적 이익을 얻을 수 있고 타인의 이용을 통제할 수 있는 권리'[204]라고 말할 수 있다.

퍼블리시티권은 저작권법상의 권리는 아니지만, 저작물 특히 캐릭터 저작물과 깊은 관련을 가지고 있고 저작권법과 유사한 법리가 적용되는 부분이 있어서 이 곳에서 다루고자 한다.[205]

2. 퍼블리시티권의 발달

본래 실재하는 인물의 이름이나 용모 등에 관한 권리는 비경제적인 초상권의 보호대상이었다. 그러던 것이 대중들의 인기를 끌고 있는 저명 인물의 경제적 가치, 즉 상품선전력 내지는 고객흡인력 등에 착안하게 되면서 저명한 인물이 자신의 캐릭터에 대한 상업적 가치를 통제할 수 있는 권리, 즉 퍼블리시티권 개념이 등장하게 되었다. 퍼블리시티권은 실재 인물의 경제적 가치를 보호하는 것이므로, 일부 견해는 이 권리가 상품적 가치를 가진 연예인 등 유명인사들에게만 인정되는 제한적 권리라고 한정하여 정의하기도 한다. 퍼블리시티권은 특히 개인의 용모, 이름, 음성, 서명(署名), 성품, 동작, 실연 스타일 등 '총체적 인성'(總體的 人性, personal identity)에 대한 상품성 보호에 주안점을 두고 있다. 오늘날 그 중요성이 날로 강조되고 있으며, 미처 생각지 못했던 분야에서 퍼블리시티권이 문제로 되는 경우가 늘어나고 있다.

---

203) 한위수, 퍼블리시티권의 침해와 민사책임, 인권과 정의, 1996. 10월, 11월, 29면.
204) 유대종, Publicity권에 관한 고찰, 경희대학교 석사학위논문, 1999, 7면.
205) 저작권법과 유사한 법리가 적용된다는 점에서 퍼블리시티권을 '초상저작권'이라고 부르는 경우도 있다. 미국 Law School에서는 퍼블리시티권을 저작권 분야가 아니라 상표 및 부정경쟁방지법 분야에서 다루는 경우가 많은 것 같다.

가. 미 국

퍼블리시티권의 법리가 본격적으로 발전하기 시작한 것은 미국의 판례와 이에 뒤따른 이론적 검토에서부터였다. 그 중에서도 1953년 미국 제 2 항소법원의 Haelan 판결[206]이 퍼블리시티권을 주된 쟁점으로 다룬 최초의 판결이었다고 할 수 있다. 이 판결은 유명 프로야구 선수들의 사진을 독점적으로 광고에 사용할 수 있는 허락을 받은 원고(껌 제조회사)가 동일한 선수들의 사진을 사용하여 광고를 한 피고(원고와 경쟁관계에 있는 껌 제조회사)를 상대로 광고금지를 구한 사건이다. 원래 초상권이나 프라이버시권 같은 인격권은 일신전속적인 권리로서, 초상본인만이 침해의 정지 등을 구할 당사자적격이 있다. 따라서 일반적인 초상권의 법리에 따르는 한 원고회사는 피고회사를 상대로 직접 위와 같은 광고의 금지를 구할 자격이 없고, 프로야구 선수들 측에서 피고를 상대로 침해정지를 구해 줄 것을 기다릴 수밖에 없는 형편이었다.[207] 이에 원고회사는 초상권 등 인격권과는 별도로 경제적 권리로서 양도성을 가지는 퍼블리시티권이 존재하는데, 원고회사는 이러한 퍼블리시티권을 야구선수들로부터 독점적으로 양도받았으므로 피고회사를 상대로 광고의 중지 등을 청구할 수 있다고 주장하였고, 법원이 이와 같은 원고의 주장을 받아들인 것이다.

그 후 저작권법계의 유명한 학자인 Melville Nimmer 교수가 Haelan 판결에 나타난 퍼블리시티권의 개념을 학문적·이론적으로 체계를 잡아 성명이나 초상 등 특정인물의 인성(人性, 또는 동일성)을 구성하는 총체적인 요소(아이덴티티)에 대하여 가지는 상업적 이익은 전통적인 프라이버시권 이론만으로는 보호가 불충분하며, 지적재산권과 같이 그 개인의 인성에 대한 '공표가치'(publicity value)를 배타적 재산권으로 구성할 필요가 있음을 주장하였다.

이와 같은 이론적 발전을 거쳐 1970년대에는 미국 법원이 프라이버시권으로 보호되는 인격권적 이익과 퍼블리시티권으로 보호되는 재산권적 이익을 구별하여 보호하는 것을 인정하게 되었다. 그 대표적인 사례라고 할 수 있는 Lugosi 판결[208]은, 인격적 권리인 프라이버시권으로부터 완전히 구별되어 분리된 인간의 성명·초상에 대한 재산권으로서의 퍼블리시티권의 개념을 확립하였다. 나아가 1977년 미국 연방대법원은 Zacchini 판결에서[209] 퍼

---

206) Haelan Laboratories, Inc. v. Topps Chewing Gum, Inc., 202 F.2d 866(2d Cir. 1953), cert. denied, 346 U.S. 816(1953).

207) 인격권은 일신전속적인 성질을 가지는 권리이므로 민법 제404조 제 1 항 단서에 의하여 채권자대위권 행사의 대상도 되지 않는다.

208) Lugosi v. Universal Pictures Co., Inc., 25 Cal. 3d 813, 603 P.2d 425, 160 Cal. Rptr. 323, 205 U.S.P.Q. 1090 (1979).

209) Zacchini v. Scripps-Howard Broadcasting Co., 47 Ohio St. 2d 224, 351 454(1976), rev'd, 433 U.S. 562, 205 U.S.P.Q. 741(1977): 이 사건의 원고인 Zacchini는 스스로 대포 속에 들어가 발사되는 인간

블리시티권이라는 권리를 정식으로 언급하였고, 이에 퍼블리시티권은 판례법상 확고한 지위를 가지게 되었다. 이 사건은 전형적인 퍼블리시티권에 대한 것은 아니고 서커스 연기자의 실연행위를 방송사가 뉴스 시간에 허락 없이 방송한 것이 퍼블리시티권의 침해인지, 아니면 언론의 자유에 의하여 면책되는 것인지 여부가 다투어진 사건이었다. 그러나 이 사건을 계기로 미국에서 퍼블리시티권을 부정하는 견해는 거의 사라졌으며, 이후 퍼블리시티권에 대한 논의는 주로 그 권리의 인정범위 및 사후존속성 여부로 옮겨지게 되었다.

이러한 과정을 거쳐 퍼블리시티권에 대한 판례와 이론이 급속히 발달하여, 미국의 일부 주는 주법에서 명문으로 퍼블리시티권을 인정하고 있고, 명문 규정이 없는 주들도 과반수 이상이 법원의 판례에 의하여 퍼블리시티권의 보호를 인정하고 있다고 한다.[210] 퍼블리시티권은 부정경쟁방지법상의 권리나 저작인접권과 일부 겹치는 부분이 있다. 그러나 퍼블리시티권은 출처에 대한 혼동가능성이 있을 것을 요하지 않고, 단지 자신의 인성(人性, 또는 identity)이 그의 허락 없이 사용되었다는 점만을 입증하면 된다는 점에 특징이 있다. 만약 어떤 유명인사의 이름이 특정 상품에 허락 없이 사용되어 마치 그 유명인사가 그 상품을 선전하는 것처럼 혼동을 준 경우라면 퍼블리시티권 침해와 부정경쟁방지법이 함께 적용될 수도 있다. 또한 유명 배우의 실연행위가 수록된 녹화물을 그의 허락 없이 TV의 상품광고 방송에 사용하면 실연자의 저작인접권인 방송권과 퍼블리시티권 침해가 함께 성립될 수 있다.

나. 일 본

일본에서 전통적인 인격권으로서의 초상권 및 성명권과는 별도로 특정인의 초상이나 성명이 경제적 권리의 객체가 될 수 있다는 것을 처음으로 인정한 사례는 동경지방법원이 1976. 6. 29. 선고한 이른바 '마크 레스터(Mark Lester) 사건' 판결이다.[211] 이 사건은 영국의 유명한 아역 배우였던 마크 레스터가 출연한 영화 '작은 목격자'의 한 장면을 무단으로 TV 광고에 이용한 사건으로, TV 초콜릿 광고에 위 영화 중 마크 레스터의 상반신이 화면 가득 클로즈업 되는 장면과 '마크 레스터'라는 자막을 삽입하고, 화면과 함께 남성의 목소리

대포알의 실연행위를 하는 것으로 유명한 사람이었다. 원고의 실연행위는 시작부터 발사, 목표지점 도착에 이르기까지 불과 15초 정도가 소요되는데, 피고 방송사가 원고의 허락을 받지 아니하고 원고의 실연행위 전체를 뉴스시간에 방영한 것이 문제로 되었다. 이 사건에서 법원은 피고가 원고의 실연행위 전체를 방영한 것은 원고가 실연자로서 가지는 경제적 이익을 침해할 우려가 큰 것으로서 정당한 범위를 초과하는 것이라고 하여 피고의 공정이용 및 표현의 자유에 기한 항변을 배척하였다(이 판결은 제6장의 '공표된 저작물의 인용' 부분에서도 소개한 바 있다).

210) Chisum, *op. cit.*, pp. 6-67.

211) 동경지방법원 1976. 6. 29. 昭46(ワ)9609 판결, 판례시보 817호 23면.

로 "마크 레스터도 아주 좋아합니다"라는 내레이션을 삽입한 광고를 방영하였다. 이 사건에서 동경지방법원은 퍼블리시티권이라는 용어를 직접적으로 사용하지는 않았다. 그러나 초상이나 성명이 갖는 재산적 이익의 침해에 대하여 불법행위를 인정하고 손해배상을 명하였다는 점에서, 일본에서 퍼블리시티권을 인정한 최초의 판결이라고 평가되고 있다.

그 후 금지청구에 관한 사건으로서는 동경지방법원 1976. 10. 2. 결정(이른바 '왕정치 메달' 사건)[212]이 있었으나, 1990년에 이르러 동경고등법원이 선고한 이른바 '오냥코 클럽 사건' 판결[213]에서 비로소 퍼블리시티권에 관한 인정근거를 상세히 밝히게 된다. 이 사건은 오냥코 클럽이라고 하는 TV 탤런트 단체에 소속된 탤런트들의 성명과 실연모습 등 초상을 게재한 캘린더를 본인들의 승낙을 받지 않고 무단으로 판매한 업자를 상대로 그 상품의 판매금지와 폐기 및 손해배상을 청구한 사건이다. 이 사건에서 동경고등법원은, "고유의 명성, 사회적 평가, 지명도 등을 획득한 연예인의 성명·초상을 상품에 부착하면 해당 상품의 판매촉진에 긍정적인 효과를 가져온다는 것은 공지의 사실이다. 연예인 자신의 성명이나 초상이 가진 이와 같은 고객흡인력은 그 연예인이 획득한 명성, 사회적 평가, 지명도 등에서 발생한 독립된 경제적 이익 내지 가치이며, 이러한 가치가 그 연예인에게 고유한 것으로서 귀속되어야 하는 것은 당연하고, 연예인은 그러한 고객흡인력이 갖는 경제적인 이익 내지 가치를 배타적으로 지배할 재산적 권리를 가진다"고 하여 퍼블리시티권의 인정근거를 밝히고 있다.

그 후 일본에서는 퍼블리시티권을 명문으로 인정한 최고재판소 판결이 처음으로 내려졌다. 일본 최고재판소는 2012. 2. 2. 선고한 판결[214]에서, "사람의 성명, 초상 등은 개인 인격의 상징이므로, 당해 개인은 인격권에서 유래하는 그것을 함부로 이용당하지 않을 권리를 가진다. 초상 등은 상품의 판매 등을 촉진하는 고객흡인력을 가지는 경우가 있고, 이와 같은 고객흡인력을 배타적으로 이용하는 권리(퍼블리시티권)는 초상 자체의 상업적 가치에 기초를 두고 있기 때문에, 인격권으로부터 유래하는 권리의 내용을 구성하는 것이라고 볼 수 있다. 한편, 초상 등에 고객흡인력을 가지는 자는 사회의 이목을 집중시키는 자로서, 그 초상 등이 시사보도, 논설, 창작물 등에 사용되는 것은 정당한 표현행위에 해당하기 때문에 수인하여야 할 때도 있다. 따라서 초상 등을 무단이용하는 행위, 즉 (1) 초상 등 그 자체를 독립하여 감상의 대상이 되는 상품 등으로 이용하거나, (2) 상품 등을 차별화할 목적으로 초상 등을 상품에 붙이거나, (3) 초상 등을 상품 광고에 이용하는 등 오로지 초상 등

212) 동경지방법원 1976. 10. 2. 결정, 판례타임즈 372호 97면.
213) 동경고등법원 1990. 9. 26. 판결, 판례시보 1400호 3면.
214) 平成 21(受)2056 판결.

이 가지고 있는 고객흡인력을 이용할 목적으로 사용한 경우에 퍼블리시티권을 침해하는 불법행위법가 된다"고 판시하였다.

이 판결은 그동안 일본 하급심 판결에서만 문제로 되었던 퍼블리시티권에 관하여 정식으로 '퍼블리시티권'이라는 명칭을 부여하고 그 법리적 구성에 관하여 언급한 최초의 일본 최고재판소 판결이라는 점, 퍼블리시티권을 일종의 인격권으로 보고 있다는 점, 퍼블리시티권의 성립요건에 관하여 구체적으로 설시하면서 '오로지' 초상 등이 가지고 있는 고객흡인력을 이용할 목적으로 사용한 경우에 한하여 불법행위가 성립한다고 하고 있는 점, 퍼블리시티권은 표현의 자유 등에 의하여 제한을 받는다는 점을 분명히 하였다는 점에서 의미를 갖는다.[215]

다. 우리나라

우리나라에서도 퍼블리시티권이 인정되느냐에 관하여는 논란이 있었다. 현재까지 각급 법원의 판결에서 퍼블리시티권의 존재를 인정하는 것을 전제로 한 판결들이 다수 나왔고,[216] 학설도 퍼블리시티권을 대체적으로 긍정하고 있다.[217] 퍼블리시티권을 독립된 권리로서 인정하여야 할 것인지 여부에 대하여는 아직도 검토할 점이 많이 있기는 하나, 위에서 본 것처럼 세계적인 흐름은 물론이고 우리나라의 주류적인 판례나 실무도 퍼블리시티권을 인정하는 입장이 있다. 따라서 이하에서는 퍼블리시티권의 법적 성격과 실무상 문제점 및 쟁점 사례들에 관하여 살펴보기로 한다.

---

215) 계승균, 대한변협신문 2012. 12. 17.자(427호) 판례평석. 이 사건은 유명 여성듀엣인 '핑크레이디'의 초상 등을 다이어트에 관한 잡지 기사에서 사용한 사례이다. 이 판결에서는 핑크레이디의 고객흡인력을 인정하면서도 해당 잡지에 게재된 사진은 흑백사진이며, 이용된 부분이 잡지의 3페이지 정도에 지나지 않는다는 점과, 이 기사가 상품의 판매 등을 위한 것이 아니고 다이어트에 관한 기사이며, 초상 등을 이용한 부분이 그 다이어트 기사를 보충하여 설명하기 위한 보족(補足)에 해당한다고 보아 퍼블리시티권의 침해는 결과적으로 부정하였다.

216) 우리나라 판례에 있어서 퍼블리시티권의 성립과 발달에 관하여는 별도로 항을 나누어 상세하게 살펴보기로 한다. 참고로, 초기 판결로서 서울지방법원 1995. 6. 23. 선고 94카합9230 판결(제 4 장 제 2 절 '저작인격권' 부분에서 본 이른바 '이휘소 사건' 판결로서, 망 이휘소 박사의 유족이 피고의 '소설 이휘소'가 망인의 퍼블리시티권을 침해하였다고 주장한 사안)에서는, 퍼블리시티권은 재산적 가치가 있는 유명인의 성명, 초상 등 프라이버시에 속하는 사항을 상업적으로 이용하는 권리(right of commercial appropriation)라고 할 수 있는데, 문학작품인 소설에서 이휘소의 성명 사진 등을 사용하였다고 하더라도 이를 상업적으로 이용했다고 볼 수는 없다고 하여, 유족들의 주장을 받아들이지 아니하였다. 그러나 그 후 발달한 퍼블리시티권에 대한 이론과 논의의 결과에 비추어 보면, 문학작품에서 사용하였다는 이유만으로 상업적 이용으로 볼 수 없는 것인지에 대하여는 의문이 있다.

217) 한위수, 전게논문, 28면; 정재훈, 퍼블리시티권의 제한, 창작과 권리, 1998년 봄, 90면.

3. 퍼블리시티권의 법적 성격

퍼블리시티권의 법적 성격에 관하여는 다양한 학설이 존재하는데, 크게 세 가지로 구분해 볼 수 있다.

첫째는 '인격권설'로서, 퍼블리시티권은 재산권적 성격이 강하지만 인격권인 프라이버시권에서 파생되어 나온 권리이므로 기본적으로 인격권임을 부인할 수 없다는 견해이다.[218) 이 견해는 인격권은 성명, 초상 등이 갖는 인격적 이익뿐만 아니라 재산적 가치까지 보호해 주는 권리이므로 성명, 초상 등 인격적 속성이 갖는 재산적 가치는 인격권에 의하여 보호될 수 있다고 한다. 또한 퍼블리시티권을 독립된 재산권으로 보게 되면 침해금지청구권을 인정하는 근거를 설명하기 곤란하고, 불법행위법의 특별법으로 제정된 지적재산권법 체계를 흔들 우려가 있으므로, 인격적 속성의 재산적 가치를 보호하기 위한 도구로서 굳이 퍼블리시티권을 인정할 필요는 없다고 한다.

둘째는 '재산권설'로서, 퍼블리시티권은 성명, 초상 등을 상업적으로 이용하여 재산적 이익을 취할 수 있는 권리로서 재산권의 성격을 갖는다는 견해이다.[219) 이 견해는, 일반적으로 성명, 초상 등이 갖는 경제적 이익 내지 가치를 상업적으로 사용·통제하거나 배타적으로 지배하는 권리라고 설명되는 퍼블리시티권(Right of Publicity)은 일찍이 광고산업이 발달한 미국에서 판례와 각 주의 성문법에 의하여 보호되기 시작하였으며, 일본과 우리나라에서도 이러한 권리를 인정한 하급심 판결을 다수 찾을 수 있는바, 비록 퍼블리시티권의 양도 및 상속성, 보호대상과 존속기간, 구제수단 등을 구체적으로 규정한 실정법이나 확립

---

218) 박재영, 퍼블리시티권(The Right of Publicity)에 대한 연구, 고려대학교 대학원 석사학위논문, 1998, 7면.

219) 이한주, 퍼블리시티권에 관하여, 사법논집 39집, 법원도서관, 2004, 351면. 서울중앙지방법원 2007. 11. 28. 선고 2007가합2393 판결(세계적으로 널리 알려진 전 배드민턴 국가대표 선수의 성명, 초상 등에 대하여 형성된 경제적 가치가 이미 광고업 등 관련 업계에서 널리 인정되고 있으므로 이를 침해하는 행위는 민법상의 불법행위를 구성하고, 이와 같이 보호되는 한도 내에서 위 선수가 자신의 성명, 초상 등의 상업적 이용에 대하여 배타적으로 지배할 수 있는 권리를 퍼블리시티권으로 파악하기 충분하며, 이는 위 선수의 인격으로부터 파생된 것이기는 하나 그 선수의 인격권과는 독립된 별개의 재산권이라고 본 판례이다. 이 판결은, 유명 스포츠 선수에게 일정 기간 활동비를 지급하고 그 기간 동안 그 선수의 성명과 초상을 무상사용하기로 계약한 자가 그 기간 만료 후에도 인터넷 홈페이지에 그 선수의 성명과 초상을 사용하여 광고를 한 경우, 이는 그 선수의 성명권, 초상권, 퍼블리시티권을 침해한 것이므로 이로 인하여 그 선수가 입은 손해를 배상할 책임이 있다고 하였으며, 퍼블리시티권 침해행위로 인한 재산상 손해는 퍼블리시티권자의 승낙을 받아서 그의 성명·초상을 사용할 경우에 지급하여야 할 대가 상당액이라고 하였다. 그러나 유명 스포츠 선수의 성명권, 초상권은 일반인들의 그것과 달리 재산권인 퍼블리시티권으로 특별히 보호받으므로 타인의 불법행위로 그 초상권 등이 침해된 경우, 특별한 사정이 없는 한 그 재산상 손해 외에 정신적 손해가 발생한다고 보기 어렵다고 하여 위자료 청구는 받아들이지 아니하였다.

된 관습법이 존재하지는 않으나, 특정인의 성명, 초상 등에 대하여 형성된 경제적 가치가 이미 광고업 등 관련 업계에서 널리 인정되고 있는 이상 이를 침해하는 행위는 그 특정인에 대한 관계에서는 민법상 불법행위를 구성한다고 볼 것이고, 이와 같이 보호되는 한도 내에서 그 특정인이 자신의 성명, 초상 등의 상업적 이용에 대하여 배타적으로 지배할 수 있는 권리를 퍼블리시티권으로 파악하기에 충분하며, 이는 그의 인격으로부터 파생된 것이기는 하나 인격권과는 독립된 별개의 재산권이라고 한다. 그러나 이 견해에 대하여는, 초상이나 성명이 가지는 가치를 인격적 가치가 아닌 재산적 가치로만 파악할 경우, 침해에 의한 구제방법으로는 재산상의 손해배상만이 가능하며 위자료의 청구나 침해금지청구를 함에 있어서는 별개의 소인(訴因)인 초상권 등 인격권의 침해를 청구원인으로 내세워야 한다는 한계가 있다.[220)]

셋째로 '지적재산권설'로서, 퍼블리시티권은 성명 또는 초상 본인의 노력과 활동에 의하여 생겨난 성명 또는 초상의 고객흡인력 등 경제적 이익에 대한 권리로서, 저작권과 유사한 성격을 가지며, 성명 또는 초상에 상표권이나 저작권이 주어지는 것과 마찬가지의 효과를 가지고, 제 3 자에 대한 양도 및 이용허락이 가능하다는 점 등에 있어서도 상표권이나 저작권 등과 유사한 측면이 있어서 넓은 의미의 지적재산권의 하나로 볼 수 있다는 견해이다.[221)]

이러한 견해들 중 어느 견해가 타당한지에 대하여 현재로서는 섣불리 결론을 내리기 어렵다. 그러나 이들 견해를 종합하면, 퍼블리시티권은 인격권으로서의 초상권 및 성명권과 비교하여 볼 때, (1) 퍼블리시티권은 초상, 성명을 '상업적으로' 이용하는 권리라는 점에서 이용의 태양 또는 침해의 태양을 달리하고, (2) 그 보호법익이 초상, 성명 등이 가지는 인격적 가치가 아닌 '재산적 가치'라는 점에서 구별된다. 이때 위 둘 중 어느 것에 중점을 두는가에 따라 차이가 있다. 예컨대, 자기의 사진이 무단으로 광고에 이용된 경우, (1)의 입장이라면 퍼블리시티권의 침해만을 이유로 위자료와 재산상 손해배상을 동시에 구할 수 있는 반면, (2)의 입장이라면 퍼블리시티권의 침해를 이유로 해서는 재산상 손해배상만을 구할 수 있고 위자료의 청구는 따로 초상권의 침해를 청구원인으로 내세워야만 한다는 것이다.[222)]

특히 재산권설의 입장에서는, 초상권이나 프라이버시권 등 인격적 권리는 권리자 일신에 전속한 권리로서 양도성이 없으나, 퍼블리시티권은 경제적 권리로서 양도성이 있고, 이 점에서 퍼블리시티권을 독립된 권리로서 인정할 가장 큰 실익이 있다고 한다.

---

220) 한위수, 퍼블리시티권의 침해와 민사책임, 인권과 정의, 242호, 대한변호사협회, 1996, 30면 참조.
221) 한위수, 전게논문, 30면.
222) 상게논문, 29면.

4. 퍼블리시티권의 인정 필요성에 대한 논의[223)]

성명, 초상을 상업적으로 이용할 권리를 인정한다고 하더라도, 성명권, 초상권과는 별도로 재산권으로서의 퍼블리시티권을 굳이 인정할 이유는 무엇인가? 그 이유로는 다음의 두 가지가 언급되고 있다.

첫째, 연예인, 운동선수 등은 자기의 성명이나 초상을 이용하여 자기의 존재를 널리 알리고자 하므로, 이들에게는 일반 사인들과 달리 성명이나 초상이 무단으로 사용되더라도 특별한 사정이 없는 한 정신적 고통이 없다. 따라서 그로 인한 손해배상도 받을 수 없으므로, 그들의 성명, 초상이 가지는 경제적인 가치에 중점을 두는 퍼블리시티권을 인정함으로써 재산적 손해에 대한 배상을 받을 수 있도록 하여야 한다.

둘째, 인격권적 성격의 성명권, 초상권은 그 성질상 타인에게 양도할 수 없으므로, 양도성이 있는 재산권적 성격의 퍼블리시티권을 인정하여야 자신의 성명과 초상이 가지는 경제적 가치에 대한 충분한 대가를 받을 수 있고, 또한 그러한 권리를 양도받은 타인도 보호받을 수 있다. 이 두 번째 이유가 퍼블리시티권을 인정하는 가장 강력한 근거가 된다. 그러나 퍼블리시티권의 양도성이나 상속성과 관련하여서는 뒤에서 보는 바와 같이 견해의 대립이 심하다.

우리 하급심 판결 중에서는 서울중앙지방법원 2006. 4. 19. 선고 2005가합80450 판결이 퍼블리시티권의 인정 근거를 비교적 상세하게 판시하고 있다. 이 사건은 유명 프로야구 선수들의 허락을 받지 않고 그들의 성명을 사용한 게임물을 제작하여 상업적으로 이동통신회사에 제공한 것이 해당 프로야구 선수들의 성명권과 퍼블리시티권을 침해한 불법행위에 해당하는지 여부에 관한 사례이다. 이 판결은 헌법상의 행복추구권과 인격권의 한 내용을 이루는 성명권은 사회통념상 특정인임을 알 수 있는 방법으로 성명이 함부로 사용, 공표되지 않을 권리, 성명이 함부로 영리에 이용되지 않을 권리를 포함하고, 유명인의 성명이나 초상을 사용하여 선전하거나 성명이나 초상을 상품에 부착하는 경우 유명인의 성명이 상품의 판매촉진에 기여하는 효과가 발생하는데, 이러한 효과는 유명인이 스스로의 노력에 의하여 획득한 명성, 사회적인 평가, 지명도 등으로부터 생기는 독립한 경제적 이익 또는 가치로서 파악할 수 있는바, 유명인의 허락을 받지 아니하고 그의 성명을 상업적으로 이용하는 행위는 성명권 중 성명이 함부로 영리에 이용되지 않을 권리를 침해한 민법상의 불법행위를 구성한다고 볼 것이고, 이와 같이 보호되는 한도 내에서 자신의 성명 등의 상업적 이용에 대하여 배타적으로 지배할 수 있는 권리를 퍼블리시티권으로 파악하기에 충

223) 상게논문, 36면.

분하며, 이는 인격으로부터 파생된 것이기는 하나 독립한 경제적 이익 또는 가치에 관한 것인 이상 인격권과는 독립된 별개의 재산권으로 보아야 한다고 하였다.

한편, 퍼블리시티권이 침해된 경우라 할지라도 헌법상 보장되고 있는 표현의 자유와 관련하여 그 침해를 용인하여야 하는 사례가 있음을 유의하여야 한다. 특히 상품의 선전이나 광고의 목적으로 퍼블리시티권을 침해한 것이 아니라, 언론보도나 전기(傳記)의 집필 등을 목적으로 한 경우에 그러한 예가 많다.[224]

5. 퍼블리시티권의 주체

가. 자 연 인

배우, 탤런트, 가수, 스포츠 선수, 정치인 등 유명인이 퍼블리시티권을 가지는 것은 의문의 여지가 없고, 이러한 관점에서 퍼블리시티권을 '유명권'이라고 부르는 경우도 있었다. 유명인이 아닌 일반인에게도 퍼블리시티권을 인정할 것인가에 대하여는 견해의 대립이 있다. 통설인 긍정설은, (1) 유명인이 아니라도 타인이 성명, 초상을 광고 등에 상업적으로 이용하는 사실 자체가 그 사람의 이름, 초상에 상업적 가치가 있다는 증거이며, (2) 일반인도 광고에 출연하는 경우에 출연료를 지급받는 것이 업계의 관행이므로 그의 이름이나 초상이 무단이용된 경우 재산상의 손실이 없다고 할 수 없고, (3) 무엇보다도 유명인과 일반인을 구별하는 뚜렷한 기준이 없으므로 유명인이냐, 일반이이냐의 여부는 손해액 산정에서 고려할 요소이지 권리의 존부 자체를 결정할 요소는 아니라고 한다.[225] 통설이 타당하다고 본다.

하급심 판결 중에는 일반인의 퍼블리시티권을 인정한 것이 있다.[226]

나. 법인 또는 단체

법인 또는 단체에도 퍼블리시티권을 인정할 것인가에 관하여 견해의 대립이 있다. 뉴욕지방법원은 Bi-Rite Enters 사건[227]에서 퍼블리시티권은 프라이버시 권리와는 달리 개인뿐만 아니라 음악연주그룹과 같은 단체의 명칭에도 인정된다고 판시한 바 있지만, 미국에서도 법인이나 단체에는 퍼블리시티권을 인정하지 않는 입장이 주류를 이루고 있었다. 그

224) Ann-Margret v. High Society Magazine, Inc., 498 F.Supp. 401, 406-97, 208 U.S.P.Q. 428(S.D.N.Y. 1980): 이 사건에서는 피고 잡지사가 유명 연예인들의 피부관리 비법을 소개한 기사를 실으면서 원고인 가수 Ann-Margret의 사진을 게재한 것은 언론보도를 위한 표현의 자유의 한 형태로서 퍼블리시티권의 침해가 아니라고 판시하였다.

225) 한위수, 전게논문, 110면.

226) 서울동부지방법원 2004. 2. 12. 선고 2002가합3370 판결.

227) Bi-Rite Enters., Inc. v. Button Master, 555 F.Supp. 1188(S.D.N.Y. 1983).

러나 상법, 부정경쟁방지법, 상표법만으로는 법인의 이름을 함부로 광고 등 상업적으로 사용한 데 대한 제재를 가하기에는 부족하다는 점을 감안하면, 법인 또는 비법인 단체 등에도 퍼블리시티권을 인정함이 타당하다고 하는 반론도 유력하다.[228)]

Ⅱ. 보호의 대상

1. 성 명

사람의 성명은 성과 이름을 불문하고, 또 예명이나 닉네임[229)]이라 할지라도 퍼블리시티권으로 보호를 받는다. 그러나 세상에는 동일한 성명을 쓰는 사람이 많으므로 퍼블리시티권 침해를 주장하는 자는 자신의 이름이 허락 없이 사용되었다는 것뿐만 아니라, 그 사용된 이름이 바로 자신을 지칭(identify)하고 있다는 것을 입증하여야 한다.

유명한 사례로 미국 제 6 항소법원이 판시한 Carson v. Here's Johnny Portable Toilets, Inc.[230)] 사건이 있다. 이 사건은 미국 NBC 방송의 텔레비전 토크쇼 프로그램인 투나이트쇼(Tonight Show)의 사회자이자 유명한 코미디언인 John W. Carson(흔히 '쟈니 카슨'이라고 불린다)이 원고가 된 사건으로, 부정경쟁방지법 위반, 사생활보호권 침해 및 퍼블리시티권 침해 등 여러 가지 청구원인이 결합된 소송이었다. 원고 John Carson은 그가 사회자로 진행하는 Tonight Show의 방송 첫머리에서 항상 'Here's Johnny!'라는 아나운서 멘트와 함께 청중 앞에 소개되었고, 이러한 형식은 원고가 처음으로 위 프로그램의 사회를 맡은 1962년도부터 변함없이 계속되어 왔다. 위 멘트는 그 후 Tonight Show의 성공과 함께 너무나 널리 알려졌고, 1967년에 Carson은 어느 식당업자가 식당체인점 광고에 위 멘트를 이용한 'Here's Johnny Restaurants'라는 문구를 사용하는 데 대하여 라이선스를 주기도 하였다. 한편, 피고는 이동식 화장실 제작업자로서 'Here's Johnny'라는 이름의 이동식 화장실을 제작하여 상품화하였다. 제 1 심에서는 피고가 원고의 정확한 이름을 사용한 것이 아니라는 이유로 원고의 청구를 기각하였다(원고의 성명 어디에도 Johnny라는 이름은 없다). 그러나 항소심은, 원고와 같은 유명인사의 경우 이름과 유사한 명칭의 사용으로 그 인물의 동일성이 인식될 정

228) 한위수, 전게논문, 111면.

229) Hirsch v. S.C. Johnson & Sons, Inc., 90 Wis. 2d 379, 280 N.W.2d 129, 205 U.S.P.Q. 920(1979); 이 사건에서는 피고 Johnson & Sons社가 판매하고 있는 Crazylegs라는 상품명의 여성용 면도크림이 같은 Crazylegs라는 닉네임으로 유명한 프로 풋볼선수인 원고의 퍼블리시티권을 침해하였다고 판시하였다.

230) 98 F.2d 831(6th Cir. 1983).

도에 이르렀다면, 반드시 정확한 이름이나 사진이 사용된 경우가 아니라 하더라도 퍼블리시티권 침해가 있다고 볼 것이며, 특히 원고의 경우에는 자신의 본명보다도 Johnny라는 예명으로 더욱 알려져 있으므로 Johnny라는 예명이 오히려 원고의 동일성을 인식하게 하는데 효과적이라고 판시하여 원고의 청구를 인용하였다.

미국 구어체에서 'John'은 남자용 화장실을 가리키는 용어로도 사용되고 있으며, 'Go to john'이라고 하면 남자들이 화장실에 가는 것을 의미한다고 한다. 실제 피고는 위 소송에서 피고의 상품명 'Here's Johnny'가 원고를 특별히 지칭(identify)하는 것이 아니라 일반적인 화장실을 가리키는 것이라고 주장하였다. 그리고 이 사건에서 피고는 이동식 화장실에 'Here's Johnny'라는 상품명 아래 "The World's Foremost Commodian"이라는 표어문구를 붙여 판매하였다. 이 표어는 마치 피고제품인 이동식 화장실이 세상에서 가장 편안하다(commodious)는 의미로 읽혀진다. 그러나 commodian이라는 단어는 실제로는 사전에 없는 단어로서 이것은 '편안하다'라는 뜻의 commodious와 원고의 직업인 코미디언(comedian)이라는 단어를 교묘하게 조합하여 만들어낸 조어(造語)였던 것이다. 그렇게 보면 위 표어는 당시 미국 최고의 코미디언이었던 원고를 지칭하는 것으로 읽혀질 소지가 많았다. 이 사건에서 피고는 John과 commodious라는 일반적인 단어를 원고의 이름 및 직업과 교묘하게 연결시킴으로써 대중들에게 원고를 지칭, 또는 연상시킬 의도를 가졌었다고 보이고, 법원도 그러한 점을 고려하여 침해를 인정하는 판결을 하였다.

한편, 이름 중 일부를 변경하거나 생략하는 것, 예컨대 'Charlie Chaplin'이라는 이름 대신 'Charlie Aplin'이라는 변형된 이름을 사용하였다고 하더라도 그것이 특정인을 지칭하고 있다는 것을 인식할 수 있을 정도라면 퍼블리시티권의 침해가 된다고 본 사례가 있다.[231]

2. 초상·용모

특정인의 얼굴이나 외모, 특이한 행동거지를 사진이나 그림 등을 통하여 허락 없이 묘사하거나 그와 비슷하게 모방하는 것도 퍼블리시티권의 침해가 될 수 있다.[232][233][234]

Allen 사건[235]은 유명한 영화감독이자 배우인 '우디 알렌'이 원고로 된 사건인데, 비디

231) Chaplin v. Amador, 93 Cal. App. 358,269 P. 544(1928).

232) Grant v. Esquire, Inc., 367 F.Supp.876(S.D.N.Y. 1973): 배우 캐리그란트의 사진이 문제로 된 사건.

233) Ali v. Playgirl, Inc., 447 F.Supp. 723, 206 U.S.P.Q. 1021(S.D.N.Y. 1978): 권투선수 무하마드 알리의 퍼블리시티권의 침해가 인정된 사례로서, 피고는 복싱링 코너에 앉아 있는 흑인권투선수를 묘사한 그림에 'The Greatest'(알리의 별명)라는 설명을 붙여 자신이 발행하는 잡지에 게재하였다.

234) 서울중앙지방법원 2007. 1. 19. 선고 2006가단250396 판결(SBS TV의 코미디 프로인 '웃찾사'에서 '따라와' 코너를 맡아 연기를 해 온 개그맨의 캐릭터를 모방한 사례).

오테이프 대여 체인점을 영업으로 하는 피고가 자신들의 고객카드를 선전하기 위하여 원고와 매우 닮은 사람을 광고에 등장시켜 원고의 독특한 몸짓을 하게 한 것이 그의 퍼블리시티권을 침해하였다고 판시하였다.[236)]

참고적으로 일본에서는 특정인의 묘사·모방에 따른 퍼블리시티권 침해와 관련하여 이른바 "솟쿠리상(そっくりさん, 똑 같은 사람) 이론"이라는 법률이론이 발달하여 왔다. 유명인과 유사한 용모, 목소리, 스타일을 흉내 내어 그 유명인이 가지고 있는 고객흡인력을 이용하는 광고를 일본에서는 '솟쿠리상(そっくりさん) 광고'라고 한다. 솟쿠리상 이론은 矢澤永吉 사건에서 비롯되었다고 한다. 이 사건은 로큰롤 가수로 유명하였던 矢澤永吉이라는 사람과 유사한 용모의 사람이 지역 텔레비전 방송의 빠찡꼬 업체 광고에 출연함으로써, 시청자들로 하여금 마치 矢澤永吉 본인이 직접 출연한 것과 같은 인상을 준 사례이다. 이 광고에는 실제 출연한 사람이 矢澤永吉 본인이 아니라 다른 사람(대역)이라는 표시가 되어 있지 않았다. 이에 矢澤永吉 본인이 소송을 제기하였는데 소송 자체는 결국 화해로 종결되었다고 한다. 그러나 그 과정에서 이른바 솟쿠리상 이론이 발달하게 되었는데, 그 기본적인 골격은 다음과 같다.

유명인의 대역(そっくりさん)을 이용한 광고를 할 경우 퍼블리시티권 침해를 면하기 위해서는 다음과 같은 점이 지켜져야 한다.

첫째로, 대역(そっくりさん)을 이용한 광고를 하기에 앞서, 사전에 유명인 본인에게 그와 같은 광고를 한다는 사실과 광고의 구체적 내용을 알려야 한다. 유명인 본인은 당해 광고의 내용을 검토한 후 그 광고의 중지를 요구할 수 있고, 중지요구가 있을 경우에는 그것이 권리남용에 해당하는 등 특별한 사정이 없는 한 원칙적으로 유명인 본인의 의사를 존중하여 당해 광고를 중지하여야 한다. 둘째로, 본인의 사전 승낙을 얻은 경우라 할지라도, 시청자 등 그 광고를 보는 사람이 대역을 유명인 본인으로 오인하지 않도록, 광고에 등장하는 인물이 대역이라는 사실을 광고 자체 내에서 명백히 밝혀야 한다.

이상에서 보는 바와 같이 일본의 솟쿠리상 이론은 광고를 제작하는 사람의 입장에서 보면 지나치다고 할 정도로 엄격한 규제를 하고 있다. 그러나 어쨌든 이 이론은 일본에서 유명인의 대역을 이용한 광고의 허용여부에 관하여 유력한 이론으로 자리를 잡고 있는 것으로 보인다.

---

235) Allen v. National Video, Inc., 610 F.Supp. 612(S.D.N.Y. 1985).

236) Allen 사건에서 피고가 제작한 광고는 원고인 우디 알렌과 매후 흡사한 인물을 등장시켜 원고가 항상 쓰고 다니는 두꺼운 검정 뿔테안경을 쓰고 원고가 자주 짓는 나른한 표정으로 팔을 괸 상태로 피고의 고객카드를 들고 있으며, 그 옆 카운터에는 원고가 출연한 작품의 비디오테이프가 놓여 있는 사진을 사용한 것이었다.

한편 대역을 이용한 광고가 패러디로서 면책될 수는 없는가 하는 점도 문제로 된다. 패러디 항변의 가능성여부이다. 패러디가 저작권법상 원작에 대한 침해 책임을 면하기 위하여서는 원작을 비평 또는 풍자하여야 한다. 그리고 그것이 원작을 비평 또는 풍자한 것이라는 사실을 감상자가 알 수 있어야 한다. 그렇기 때문에 패러디는 일반적으로 누구라도 알 수 있는 유명한 원작을 패러디하는 것이 보통이다. 만약 감상자의 입장에서 그것이 원작에 대한 비평 또는 풍자라는 사실을 알기 어렵고, 오히려 패러디를 원작 그 자체로 오인한다거나, 아니면 패러디를 통하여 원작이 원래 그러한 것이었나 하는 사실과 다른 오해를 불러일으키게 된다면, 그러한 패러디는 이른바 '실패한 패러디'로서 저작권침해가 성립할 수 있다.

솟쿠리상 광고 역시 일종의 패러디로서 그 본질은 '풍자' 또는 '웃음'에 있다. '웃음'이 없다면 패러디가 될 수 없으며, '웃음'의 본질은 원작과의 '차이'를 인식하는 것에서 비롯된다. 따라서 대역을 이용한 광고에 대하여 패러디 항변이 성립하여 퍼블리시티권 침해를 면하기 위하여서는, 감상자의 입장에서 볼 때 원작인 본인과 실제 출연한 대역의 차이를 알 수 있어야 한다. 더 나아가 패러디가 면책이 되기 위해서는 그것이 원작이 아니라 패러디라는 점을 감상자가 '금방' 또는 '즉각적으로' 알 수 있어야 한다. 그런데 솟쿠리상 광고의 경우에도 그 사람이 대역이라는 사실을 감상자가 금방 알 수 있어야만 패러디로서 면책이 된다는 것은 문제이다. 대역의 입장에서는 원작인 본인과 똑같이 흉내를 내면 낼수록, 그리하여 감상자가 처음에는 대역이라는 사실을 몰랐다가 나중에 가서 알아차리게 됨으로써 속았다는 느낌이 들 정도가 되어야 광고로서 성공하였다고 볼 수 있기 때문이다. 따라서 감상자가 원작 본인이 아닌 대역이라는 사실을 '금방' 알 수 있도록 할 것을 면책요건으로 한다는 것은 비판의 소지가 있다.

솟쿠리상과 관련하여 또 한 가지 문제로 되는 것은 솟쿠리상, 즉 대역 스스로도 퍼블리시티권을 인정받을 수 있는지 여부이다. 즉, 유명인에게 퍼블리시티권이 있다면 대역에게도 마땅히 퍼블리시티권이 있어야 한다는 주장이 있다. 대역은 유명인을 모방하거나 흉내 냄으로써 경제적 활동을 하는 경우가 많고, 따라서 이들은 유명인을 닮은 자신의 스타일이나 외모, 목소리 등에 자신만의 퍼블리시티권을 가질 수 있다. 만약 대역이 자신만의 퍼블리시티권을 가진다고 하면, 대역이 광고에 출연하는 것은 자신의 퍼블리시티권을 행사하는 것이지, 유명인의 퍼블리시티권을 도용하는 것이 아니기 때문에 침해가 아니라는 항변이 가능할 수 있다.

저작물을 그대로 베끼는 것(dead copy)은 쉽지만 그것을 수정하거나 개량, 변형하는 것에는 나름대로의 노력이 들어가게 된다. 따라서 저작권법에서는 일반적으로 남이 노력한 결과물에 그대로 편승(free-ride)하는 데드카피(dead copy)를 더 엄격하게 처벌하며, 타인의 저작물을 수정, 개량, 변형한 것은 '2차적저작물'로서 독자적인 저작물로 보호한다고 규정하고 있다(저작권법 제 5 조 제 1 항). 그러나 대역에 있어서는 그와 반대로 똑같이 데드카피를 하는 것이 훨씬 더 어렵다. 어떤 유명인을 똑같이, 다른 사람이 알아보지 못할 정도로 그대로 흉내를 내기 위하여 대역은 나름대로 많은 노력을 하여야 한다. 이렇게 많은 노력을 들여서 유명인을 그대로 모방할 수 있게 된 대역에 대하여는 그 노력에 대한 정당한 보상을 해 주어야 하는 것인데, 유명인을 그대로 흉내 내는 것이 그 유명인의 퍼블리시티권을 침해하는 것이라고 하여 흉내를 내지 못하게 한다면, 그 노력에 대한 정당한 보상을 받을 수 있는 길을 봉쇄하는 결과를 초래하게 된다. 이런 이유로 하여 일본에서는 솟쿠리상 자신의 퍼블리시티권을 인정하여야 한다는 견해가 있지만, 아직 폭넓은 지지를 받고 있지는 못한 것으로 보인다. 또 설사 솟쿠리상 자신의 퍼블리시티권을 인정한다고 하더라도 그 권리의 행사는 유명인 본인의 퍼블리시티권을 침해하지 않는 범위 내에서 행사되어야지, 유명인 본인의 퍼블리시티권을 침해하는 범위 내에서는 어쨌든 침해가 된다고 보는 견해가 유력하다.

3. 역할모방

예를 들어 어떤 배우가 특정한 역할이나 배역을 단골로 함으로써 그 배역하면 곧 그 배우를 연상하여 인식할 수 있을 정도가 되었다면, 다른 사람이 그 배역이나 역할을 묘사, 또는 모방함으로써 그 배우의 퍼블리시티권을 침해할 수 있다. 이 경우에는 과연 그 역할이 특정한 배우와 동일시 될 수 있는 정도에까지 이르렀느냐의 여부를 판단하는 것이 가장 어려운 문제이다. Lugosi 사건[237]에서 캘리포니아주 대법원은 일련의 드라큘라 시리즈 영화에서 드라큘라 백작의 역할을 맡은 바 있는 원고의 드라큘라 연기를 모방한 것이 원고에 대한 퍼블리시티권 침해가 아니라고 판시하였다.

역할모방에 의하여 퍼블리시티권 침해가 인정된 사례로는 Vanna White 사건과 Motschenbacher 사건이 대표적이다.

Vanna White v. Samsung Electronics America, Inc.[238] 판결은 우리나라 삼성전자 주식회사의 미국 현지법인이 피고로 된 사건에 대한 것으로, 우리나라 신문지상을 통하여도 소개된 바가 있다. 원고인 Vanna White는 미국에서 가장 오래되고 인기있는 퀴즈 프로그램

237) Lugosi v. Universal Pictures, 25 Cal. 3d 813, 603 P.2d 425, 160 Cal. Rptr. 323, 205 U.S.P.Q. 1090(1979).

238) 971 F.2d 1395(9th Cir. 1992), petition for rehearing and rehearing en banc denied, 989 F.2d 1512 (9th Cir.), cert. denied, 113 S.Ct. 2443(1993).

의 하나인 'Wheel of Fortune'의 보조진행자로서, 출연자들이 문제로 출제된 단어의 철자를 맞출 때마다 게임판의 정답을 하나하나 뒤집어 주거나 상품을 소개하는 역할을 하고 있다. 피고 삼성전자는 자사 제품인 비디오카세트 레코더(VCR)를 선전하는 광고를 제작하면서 이 퀴즈 프로그램을 소재로 하였다. 광고 내용은 원고처럼 금발머리를 한 로봇이 게임판 앞에 원고가 그 퀴즈 프로그램에서 항상 하는 포즈대로 서 있으면서 피고의 VCR을 소개하는 것으로, 그 광고 중에 "서기 2012년, 가장 오래된 퀴즈 프로그램"이라는 자막을 내 보냄으로써 보는 사람으로 하여금 20년 후인 2012년이 되어도 피고의 전자제품은 여전히 사용되고 있을 것이라는 메시지를 주기 위한 의도로 제작되었다.

법원은 이 사건에서 피고의 광고에 등장한 로봇이 원고의 외모를 그대로 묘사 또는 모방한 것이 아니라는 점은 인정하면서도, 그러나 퍼블리시티권은 반드시 특정인물의 이름이나 외모 등을 사용함으로써만 침해되는 것이 아니라 동일성을 인정할 수 있을 정도로 그 인물의 특정한 배역이나 역할을 묘사, 모방함으로써도 침해될 수 있다고 판시하였다. 그리고 원고청구를 인용하면서 403,000달러의 손해배상을 명하였다.

Motschenbacher v. R.J. Reynolds Tobacco Co.[239] 판결은, 담배제조회사인 피고가 피고회사 상품인 윈스톤 담배의 텔레비전 광고에 유명한 자동차경주 선수인 원고가 애용하는 경주용 자동차의 사진을 원고 허락 없이 사용한 사안이다. 피고의 광고 사진에 나타난 원고의 경주용 자동차는 먼 거리에서 촬영되어, 운전자인 원고의 모습은 보이지 않으며 그 광고에 원고의 이름이 사용되지도 않았다. 그러나 법원은, 위 광고를 보는 사람들은 그 경주용 자동차에 당연히 원고가 승차하고 있을 것이라는 추론을 하기에 충분하고, 따라서 원고가 피고의 담배제품을 광고하고 있다는 연상을 일으킬 여지가 있으므로 퍼블리시티권의 침해가 있다고 판시하였다.

위에서 본 Vanna White 사건의 판결은 퍼블리시티권을 지나치게 넓게 인정했다고 해서 미국에서조차 강한 비판을 받았다. 특히 이 사건에서는 일반 대중이 White 역할을 대신한 로봇을 로봇 그 자체로 인식하지 White로 인식하지는 않는다는 점이 간과되었다. 즉 퍼블리시티권 침해의 요건인 지칭(identify)이 없는 것이다. Motschenbacher 사건에서 침해자는 사진에 나타난 경주용 자동차의 번호를 일부러 변조함으로써 운전자가 누구인지를 잘 식별할 수 없도록 하는 등 침해의 책임을 회피하고자 하였지만, 일반 대중은 자동차의 독특한 외관을 보고 원고가 피고의 광고에 출연한 것이라고 생각하게 되었고, 그 때문에 지칭(identify) 또는 소비자의 혼동가능성이 있었던 것이다. 이에 반하여 일반 대중이 Vanna White 광고에서 로봇을 원고인 White로 인식한다거나 혼동할 가능성은 없고, 이 광고는 21

239) 498 F.2d 821(9th Cir. 1974).

세기가 도래하면 Vanna White와 같은 보조진행자는 로봇으로 대체될 것이라는 피고가 의도적으로 설정한 상황을 일반 대중이 충분히 합리적으로 추론해 낼 수 있었던 것이다. 즉 광고에서 나타난 아이덴티티는 Vanna White의 아이덴티티가 아니었다. 합리적인 소비자라면 그 광고에 출연한 로봇이 원고 Vanna White를 지칭하는 것이 아님을 알 수 있었다고 보아야 하는 것이 상당하다. 일반 대중은 단지 20년 후 미래에는 원고가 지금 맡고 있는 역할을 그 로봇이 대체하고 있다고 생각할 것이기 때문이다.[240]

4. 음성묘사

미국 법원은 종전에는 음성에 대한 퍼블리시티권의 보호를 인정하지 않았다. 그러다가 제 9 항소법원이 Midler 사건에서 허락을 받지 아니한 음성의 묘사나 모방은 퍼블리시티권의 침해가 된다고 판시하였으며, 그 이후 몇몇 주(州)에서는 주법으로 개인에게 그의 목소리에 대한 권리를 인정하고 있다. 그러나 그 규정들은 실제 목소리를 허락을 받지 아니하고 사용하는 것을 금하는 것일 뿐, 목소리의 모방까지는 금지하지 않고 있다.

Midler v. Ford Motor Co.[241] 사건의 원고는 1970년대에 그녀의 노래 앨범이 백만 장 이상 팔린 유명한 가수이자 아카데미상을 수상한 여배우이기도 한 Bette Midler이다. 피고 Ford 자동차 회사는 자사 제품인 링컨 머큐리 자동차 광고를 제작하면서, 중년 고객들의 관심을 불러일으키기 위하여 1970년대에 유행한 노래 19곡을 선정하여 배경음악으로 사용하고자 하였다. 그러나 1973년도에 가장 유행하였던 노래를 부른 원고가 자신의 노래의 사용을 허락하지 않았다. 피고는 할 수 없이 원고와 유사한 목소리를 가진 가수로 하여금 원고의 노래를 부르게 하여 그것을 광고의 배경음악으로 사용하였다. 법원은 이 사건에서 널리 알려진 유명 가수의 특색있는 목소리를 상품 광고를 위하여 허락 없이 흉내 내어 사용하였다면 퍼블리시티권 침해가 있다고 판시하였다.

5. 실연자의 복제권과의 구별

실연자는 그의 실연을 복제할 권리를 가진다(저작권법 제69조). 따라서 실연자의 실연을 그대로 모방하거나 묘사하는 것이 실연자의 복제권을 침해하는 것은 아닌지 의문이 있을 수 있다. 그러나 실연자의 복제권은 그 실연 자체를 복제하는 경우에 미치는 권리이다. 즉, 실연

240) 정재훈, 퍼블리시티권의 제한, 창작과 권리, 1998년 봄, 110면.
241) 849 F.2d 460, 7 U.S.P.Q. 2d 1398(9th Cir. 1988).

자의 복제권을 침해하기 위해서는 실연 그 자체를 사진촬영, 녹음, 녹화 등으로 복제하는 경우라야 하고, 성대묘사나 모창, 흉내 등의 경우는 실연의 복제에 해당하지 않는다. 또한 실연자에게는 저작자가 가지는 2차적저작물작성권과 같은 권리가 없으므로 실연자의 실연과 실질적으로 유사한 실연을 한다고 하더라도 이를 규제할 수단은 없다. 그러나 퍼블리시티권은 실연을 복제하는지 여부가 아니라 특정 실연자의 아이덴티티에 대한 묘사나 모방 등을 통하여 그 특정 실연자를 연상시키는지 여부를 중심으로 판단하는 것이므로, 묘사나 모방 등의 경우에도 그것이 광고와 같은 상업적 이용일 경우에는 침해가 될 수 있는 것이다.

Ⅲ. 침해의 요건과 유형

1. 침해의 요건 – identity와 identify

퍼블리시티권은 특정인의 용모, 성명, 음성, 동작 등 '총체적인 인성(人性)'(개인의 동일성, personal identity)에 대한 경제적 권리이다. 따라서 퍼블리시티권의 침해가 인정되기 위해서는 그 특정인의 '동일성'(identity)이 허락 없이 사용될 것이 요구된다. 그리고 그러한 동일성의 사용으로 인하여 그것이 그 특정인을 '지칭'(identify)하고 있다는 것을 일반 대중이 인식할 수 있어야 한다. 특히 이름의 경우에는 동명이인이 많이 존재하므로 자신의 이름이 무단이용됨으로써 퍼블리시티권이 침해되었다고 주장하는 사람은 그 사용된 이름이 바로 자신을 지칭(identify)하고 있다는 사실을 입증하여야 한다.

예를 들어, 최진실이라는 배우의 이름을 무단이용하여 '최진실 요리백과' 또는 '진실이의 요리백과' 라는 제명의 책을 출판·판매하였을 때, 배우 최진실이 자신의 퍼블리시티권 침해를 주장하기 위해서는 책 제명에 나타난 이름이 바로 자신의 이름을 도용한 것으로서 자신을 지칭하고 있다는 사실을 입증하여야 한다. 따라서 최진실과 동명이인인 일반인이 있다 하여도 그 사람은 위 책에 대하여 퍼블리시티권을 주장하기는 곤란할 것이다. 왜냐하면 그 책의 제명이 바로 자신을 지칭하고 있다는 것을 입증하기 어려울 것이기 때문이다.[242] 만약 위 요리책의 표지에 배우 최진실을 유명하게 만든 광고멘트인 "남자는 여자하기 나름이에요"라는 문구가 기재되어 있다면 배우 최진실로서는 자신을 '지칭'(identify)하고

242) 후커(Hooker)라는 이름을 가진 한 목수가 TV 연속방송물인 '후커와 로마노'에서 경찰관으로 나오는 후커(Hooker)가 자신의 퍼블리시티권을 침해한 것이라고 주장한 사례가 있었다. 이 사례에서 미국 법원은 identify의 입증이 없다는 이유로 원고의 청구를 기각하였다–T. J. Hooker v. Columbia Pictures Indus., Inc., 551 F. Supp. 1060(N.D. Ill. 1982).

있음을 훨씬 더 입증하기 쉬울 것이다.

퍼블리시티권 침해가 문제로 되는 상당수의 사건에서 '동일성' 요건보다는 '지칭' 요건의 충족여부가 쟁점으로 된다. 타인의 성명 또는 초상을 무단으로 이용하고자 하는 자는 한편으로는 그 타인의 동일성(identity)을 이용하여 그것이 가지고 있는 고객흡인력에 편승하고자 의도하면서도, 다른 한편으로는 그것이 바로 그 타인을 '지칭'하는 것이 아니라는 점을 부각시켜 침해의 책임으로부터 회피해 보고자 하기 때문이다. 예를 들어, 새로 출시되는 빙과제품의 명칭으로 유명 야구선수인 박찬호 선수의 성명을 영어식으로 변용한 '찬호박'이라는 표장을 붙이면서, 그 표장이 박찬호 선수를 지칭하는 것이 아니라 해당 빙과제품이 차가운 호박의 맛이 나는 제품이라는 점을 설명하기 위한 것이라고 주장하는 경우를 들 수 있다.

2. 퍼블리시티권의 침해유형

가. 광　고

퍼블리시티권 침해의 가장 전형적인 모습이다. 허락 없이 타인의 성명 또는 초상을 광고에 이용한 사실 자체만으로 퍼블리시티권의 침해가 인정되며, 본인이 그 제품을 보증하거나 추천하는 것이라고 소비자들이 믿게 될 정도에 이를 것을 요하는 것은 아니다. 다만 그러한 소비자의 오신(誤信)을 초래한 경우, 손해액 산정의 고려요소가 되거나 명예훼손 또는 허위광고로 인한 별개의 불법행위를 구성할 수 있을 것이다. 나아가 광고는 제품의 판매나 영리사업을 위한 것뿐만 아니라 자선단체, 종교단체, 교육기관, 정부기관 등 비영리단체의 홍보를 위한 광고도 포함된다.[243)]

그러나 광고되는 제품, 책, 연극, 뮤지컬의 제작자, 저자, 작곡자, 또는 출연자를 밝히기 위하여 그의 성명, 초상을 광고에 이용하는 것은 승낙이 추정되어 허용된다고 본다. 미국에서는 타인의 성명, 초상 등을 뉴스나 논평, 픽션 또는 논픽션에 사용하는 것은 퍼블리시티권의 침해에 해당하지 않는다고 보는 논리의 연장선상에서, 그 뉴스가 실린 잡지 또는 유명인사의 전기 등을 광고하면서 그의 성명, 초상을 사용하는 것도 퍼블리시티권의 침해에 해당하지 않는다고 보고 있다.[244)]

특히 유명한 타인의 성명이나 초상을 허락 없이 자기 상품의 선전광고에 사용함으로써, 일반 소비자에게 마치 그 유명인이 자기 상품의 품질을 보증하고 있는 것처럼 잘못된

243) 한위수, 전게논문, 119면.
244) 상게논문, 119면.

믿음을 조장하는 행위는 부정경쟁방지법에 저촉될 수도 있다. 부정경쟁방지법은 소비자에게 혼동을 초래할 것을 요건으로 하고 있지만, 위와 같은 행위도 넓은 의미에서의 혼동초래행위로 보는 것이 통설이다.245)

나. 상품에의 사용

허락 없이 타인의 이름이나 모습이 새겨진 상품, 예컨대 포스터, 달력, 티셔츠, 단추, 목걸이 등 기념품을 판매하는 것도 전형적인 퍼블리시티권의 침해사례에 해당한다. 게임에 등장하는 캐릭터에 유명인의 이름을 붙이는 것도 마찬가지이다.246) 다만, 이와 같은 상품은 본인에 대한 존경 또는 기념의 메시지를 전하기 위한 것으로 헌법상 보장되는 표현의 자유의 범위에 속하므로 면책된다는 주장이 있을 수 있다.247)

반드시 본인에 대한 기념 메시지를 담은 상품이 아니라도 '표현의 자유' 항변에 의하여 퍼블리시티권의 침해가 부정된 사례들이 있다. Cardtoons, L.C. v. Major League Players Association사건248)에서는, 메이저리그 야구선수들의 독점협상 대리인 자격을 가진 MLPA가 메이저리그 야구선수들의 경기모습을 패러디한 만화를 담은 수집용 카드를 제작한 피고 Cardtoons社를 상대로 퍼블리시티권의 침해를 주장하였다. 법원은 Cardtoons의 패러디 카드는 광고 이상의 의미를 담고 있는 보호할 가치가 있는 표현이기 때문에 헌법상 기본권인 표현의 자유권에 기하여 Cardtoons의 행위는 허용되어야 한다고 판시하였다.

다. 보도·연예오락·창작품에의 사용

퍼블리시티권도 헌법이 보장하는 언론의 자유에 의하여 제약을 받게 된다. 따라서 신문, 잡지, 방송 등에서 보도를 위하여 필요한 범위 내에서 타인의 성명, 초상 등을 사용하

---

245) Boston Professional Hockey Ass'n v. Dallas Cap & Emblem, 510 F.2d 1004(5th Cir. 1975): 프로 아이스하키팀인 원고는 자기 팀을 상징하는 문장(文章)을 피고가 그대로 복사하여 의복의 장식용 패드를 만들어 상품화하자 그 금지를 법원에 청구하였다. 제 1 심은 만약 원고의 청구를 인용하게 되면 저작권등록이 되지 아니한 원고의 문장에 마치 저작권과 같은 보호를 주게 되어 부당하다는 이유로 원고 패소 판결을 선고하였다. 그러나 항소심인 제 5 항소법원은 피고의 장식용 패드를 허용하게 되면 마치 원고가 피고의 제품을 후원하고 있다는 것 같은 잘못된 믿음을 일반 대중에게 줄 우려가 있고, 이는 원고가 자신의 문장으로 누릴 수 있는 경제적 가치를 부당하게 침해하는 것이 된다는 이유로 원심을 파기하고 원고 승소판결을 하였다.

246) 서울중앙지방법원 2006. 4. 19. 선고 2005가합80450 판결－'한국프로야구 2005'라는 게임물에 이종범 등 유명 프로야구선수들의 이름을 사용한 것은 그 선수들의 퍼블리시티권을 침해한 것이라고 판결하였다.

247) 한위수, 전게논문, 120면 참조.

248) No. 955006, 1996 U.S. App. Lexis 22629(10th Cir. aug. 27, 1996)－정재훈, 퍼블리시티권의 제한, 창작과 권리, 1998, 봄, 130면에서 재인용.

는 것은 비록 언론사가 공영기관이 아니고 영리목적으로 보도를 하는 것이라 하더라도 퍼블리시티권 침해에 해당하지 않는다.[249)]

그런데, 보도가 아니라 유명인의 전기를 쓰거나 그 일생을 영화화하는 등의 경우에도 본인의 허락에 관계없이 그 성명, 초상의 사용이 허용될 것인가에 관하여 논란이 있다. 미국에서는, 언론의 자유는 연예오락, 픽션, 논픽션을 포함한 창작품에까지 미치므로, 본인의 허락 없이 전기를 쓰거나 소설화, 영화화, 연극화하여 타인의 성명, 초상을 사용하더라도 퍼블리시티권 침해가 아니라는 것이 통설이다.[250)] 우리나라에서도 소설이나 영화 등의 창작품에 타인의 성명, 초상 등을 사용하는 것은 일반적으로 퍼블리시티권 침해에 해당하지 않는 것으로 본다. 이러한 경우는 뒤에서 보는 언론 및 표현의 자유를 보장하기 위하여 퍼블리시티권의 제한이 요구되는 분야이기도 하므로, 그 범위 내에서 퍼블리시티권이 제한되는 것을 수인하여야 할 것이다. 따라서 언론보도와 같이 언론의 자유가 보장되어야 하는 분야는 물론이고, 소설이나 영화, 연극, 만화, 논픽션 저작물(전기, 평전, 다큐멘터리 등) 등도 표현의 자유라고 하는 헌법적 가치가 우선하는 영역이므로 마찬가지로 보아야 할 것이다.[251)]

이러한 취지의 하급심 판례로서 서울고등법원 1998. 9. 29.자 98라35 결정('박찬호 선수' 사건)이 있다. 이 결정은, "메이저리그와 정복자 박찬호"라는 제호로 유명 프로야구선수인 박찬호 선수의 평전적 성격의 서적을 출판하면서 그의 야구하는 장면 등을 촬영한 사진들을 게재하는 한편, 별책부록으로 박찬호 선수의 브로마이드를 제작하여 판매한 사례이다. 브로마이드에 대하여는 퍼블리시티권 침해를 인정하였지만, 서적에 성명과 초상을 사용한 것에 대하여는 침해를 부정하였다.[252)]

---

249) 이때 퍼블리시티권의 침해가 되지 않기 위한 요건은 저작재산권의 제한 부분에서 본 '공표된 저작물의 인용'(저작권법 제28조), 영미법상의 '공정이용(fair use) 항변', 또는 '패러디(parody) 항변' 등의 요건과 유사하다. 따라서 공정한 관행에 합치되고 정당한 범위 내에 있는 이용인가 여부를 우선적으로 살펴야 할 것이다.

250) 한위수, 전게논문, 121면.

251) 이해완, 전게서, 723면.

252) 이 사건의 피신청인은 개인적으로 수집·정리한 자료와 일간지인 스포츠서울에 수회에 걸쳐 자서전 혹은 기자의 편집형식으로 연재된 신청인의 야구선수로서의 성장과정과 활약상에 관한 기사 등을 엮어 "메이저리그와 정복자 박찬호"라는 제호의 320여 쪽에 이르는 평전적 성격의 서적을 저술하고, 그 서적의 특별부록으로 앞면에는 신청인의 투구모습을, 뒷면에는 신청인의 런닝 모습을 천연색으로 인쇄한 가로 약 53cm, 세로 약 78cm인 포스터형식의 브로마이드를 제작하였다. 이 사건에서 서울고등법원은, 첫째 서적부분에 대하여는 "이 사건 서적의 표지구성 형식과 내용, 그와 관련하여 게재된 신청인의 성명과 사진이나 이 사건 서적의 배포를 위한 광고내용을 정사하여 보아도 그 내용에 나타나는 신청인의 성명과 사진이 공적인물인 신청인이 수인하여야 할 정도를 넘어서서 신청인의 성명권과 초상권을 침해하는 정도로 과다하거나 부적절하게 이용되었다고 보이지 아니하고, 또한 신청인이 유명야구선수로서 그 성명과 초상을 재산권으로 이용할 수 있는 권리 즉 이른바 퍼블리시티권을 침해하는 것으로

라. 그 밖의 이용행위

상품에의 이용행위 외에 건물 등에 타인의 이름을 붙이는 행위도 퍼블리시티권 침해에 해당할 수 있다. 반면, 국가 또는 공공기관에서 저명인의 업적을 기리기 위하여 도로나 학교, 체육관 등 건물에 그 이름을 붙이는 것은 상업적 이용이라고 보기 어려우므로 퍼블리시티권 침해에 해당하지 아니함은 물론, 공익목적 등에 의하여 위법성이 조각되어 인격권으로서의 성명권 침해에도 해당하지 않는다고 해석된다. 그러나 이에 대하여는 목적이나 의도를 가려서 허용여부를 따지기는 어려우므로 본인이나 유족에게 모든 명명에 대하여 이의권(異議權)을 주는 것이 바람직하다는 반론도 있다.[253)]

Ⅳ. 우리나라 판례의 변천[254)]

1. 초기 판례

가. 한혜숙 사건

이 사건은 유명 배우인 원고 한혜숙이 의류회사인 피고회사 카탈로그 제작용 사진 모델 계약을 하였는데, 추가 약정이 없었음에도 피고가 원고의 위 카탈로그용 사진을 여러 종류의 여성용 월간잡지에 게재하였고, 이에 원고가 초상권침해를 이유로 손해배상을 청구한 사건이다. 이 사건에서 서울고등법원[255)]은 원고 승소 판결을 하였다. 당시에는 퍼블리시티권에 관한 개념이 확립되지 아니하여 인격권인 초상권을 청구원인으로 하고 있지만, 퍼블리시티권이 문제로 될 수 있는 사안이었다.

나. 최애숙 사건

모델인 원고 최애숙이 커피 판매 회사인 피고가 원고와 체결한 선전용 TV 광고출연

볼 수 있을 정도로 신청인의 성명과 초상 그 자체가 독립적·영리적으로 이용되었다고 보이지 않는다"고 하여 퍼블피시티권의 침해를 부정하였다. 그러나 브로마이드 부분에 대하여는, "신청인의 대형사진이 게재된 이 사건 브로마이드는 신청인에 대한 평전이라 할 수 있는 이 사건 서적의 내용으로 필요불가결한 부분이라 할 수 없을 뿐만 아니라 이 사건 서적과 분리되어 별책 부록으로 제작된 것으로서 그 자체만으로도 상업적으로 이용될 염려가 적지 않고, 그와 같이 상업적으로 이용될 경우에 신청인의 초상권 또는 퍼블리시티권이 침해될 것으로 보인다"고 하였다.

253) 한위수, 전게논문, 122면.

254) 이하 퍼블리시티권과 관련한 우리나라 판례의 변천과정은, 김진욱, 퍼블리시티권의 보호범위와 한계에 관한 연구, 성균관대학교 석사학위 논문, 2005, 22면 이하의 내용을 정리한 것이다.

255) 서울고등법원 1989. 1. 23. 선고 88나38770 판결.

계약 만료 후에도 계속 광고를 방영함으로써 원고의 성명권과 초상권이 침해되었음을 이유로 피고에 대하여 재산상·정신상 손해배상을 구한 사건이다. 서울지방법원은 다음과 같이 원고 일부 승소의 판결을 하였다.256)

"개인은 그의 허락이나 동의 없이 자신의 성명과 초상이 제 3 자에 의하여 공표되지 아니할 인격적 이익을 가지고 있고, 이를 침해한 자에 대하여는 불법행위를 이유로 정신적 고통에 대한 손해배상청구권을 가지며, 비록 모델 등 대중과의 접촉을 직업으로 하는 사람에 있어서는 통상 자기의 성명이나 초상이 널리 일반대중에게 공개되는 것을 희망 또는 의욕하는 점에 비추어 그 사용방법, 태양, 목적 등으로부터 보아 그의 모델로서의 평가, 명성, 인상 등을 훼손 또는 저하시키는 경우, 기타 자기의 성명이나 초상을 상품선전에 이용하지 않는 것을 의욕한 경우와 같이 특별한 사정이 있는 경우에 한하여 정신적 고통이 있다 할 수 있고, 따라서 손해배상청구권이 인정되는 경우도 제한된다 할 것이다. 그러나 위와 같은 모델 등은 자기가 얻은 명성으로 인하여 자기의 성명이나 초상을 대가를 얻고 제 3 자에게 전속적으로 이용하게 할 수 있는 경제적 이익을 가지고 있어서, 이를 침해한 자에 대하여 그 불법사용에 대한 사용료 상당의 손해를 재산상 손해로서 배상을 청구할 수 있으므로, 상품선전용 TV 광고출연계약 기간 만료 후에도 광고주가 광고를 계속 방영하였다면, 그로 인하여 그 광고모델의 인격적 및 경제적 이익을 침해하였다 할 것이므로 광고주는 위 모델이 입은 재산상 및 정신상의 모든 손해를 배상할 책임이 있다."

2. 퍼블리시티권 성립기 판례

가. 이휘소 사건257)

'소설 이휘소' '무궁화꽃이 피었습니다'에 관한 출판금지 등 가처분 사건에서 서울지방법원은 피신청인이 이휘소와 신청인들의 성명, 초상, 경력, 이력 등이 지닌 재산상 가치를 이용함으로써 퍼블리시티권을 침해하였다는 신청인들의 주장에 대하여, "퍼블리시티권이라 함은 재산적 가치가 있는 유명인의 성명, 초상 등의 프라이버시에 속하는 사항을 상업적으로 이용하는 권리(right of commercial appropriation)라고 할 수 있는데, 문학작품인 소설에 이휘소의 성명, 사진 등을 사용하였다고 하더라도 이를 상업적으로 이용하였다고 볼 수는 없으므로 위 주장은 이유가 없다"고 판시하였다. 이 판결은 퍼블리시티권의 개념을 최초로 정의하였다는 점에서 의미를 찾을 수 있으나, 퍼블리시티권의 존재를 인정하면서도 소

---

256) 서울지방법원 1991. 7. 25. 선고 90가합76280 판결.
257) 서울지방법원 1995. 6. 23. 선고 94카합9230 판결.

설에 사용한 것은 상업적 사용이 아니라고 한 점에 다소 의문이 있다. 차라리 표현의 자유와의 충돌을 이유로 원고의 청구를 배척하는 것이 보다 설득력이 있었을 것이라는 주장이 있다.[258)]

나. 황인정 사건[259)]

이 사건 판결에서는 "광고모델 등 연예인의 성명이나 초상 등을 상업적으로 이용할 수 있는 권리는 일반인들의 그것과는 달리 일종의 재산권으로서의 보호대상이 되므로, 타인의 불법행위로 말미암아 그 성명이나 초상 등을 이용할 수 있는 권리가 침해된 경우에는 특별한 사정이 없는 한 그 재산상 손해 외에 정신적인 손해가 발생한다고 보기 어렵다. … 일반적인 출연계약의 종류, 계약기간, 광고계 관행, 이 사건 광고계약의 성격, 광고의 방송기간 등 제반사정을 고려하여 이 광고 계약은 단발계약이고 광고매체는 영상매체이며, 존속기간은 1년 정도로 정하였다고 봄이 상당하다"고 하면서, 피고회사가 존속기간을 초과하여 광고를 집행한 부분에 대하여 4,250만원의 배상을 명하고 있다.

이 판결의 경우 퍼블리시티권이라는 용어만 사용하고 있지 않았을 뿐, 사실상 퍼블리시티권을 인정한 것과 동일한 결과에 이르고 있다.

3. 퍼블리시티권 발달기

가. 제임스딘 사건

영화배우 제임스딘의 유족으로부터 퍼블리시티권을 양도 및 수탁 받은 원고가 '제임스딘'이라는 표장을 사용한 국내 의류업체를 상대로 퍼블리시티권 침해를 이유로 손해배상 등을 청구한 사건이다. 이 사건에서 법원은 다음에서 보는 바와 같이 퍼블리시티권의 성립을 인정하면서도 상속성은 부정하는 것 같은 판시를 하고 있다.[260)]

"근래 저명한 영화배우, 연예인, 운동선수 등의 성명, 초상 등이 상품의 표장이나 광고에 사용되는 경우 그 저명성으로 인하여 이를 사용한 상품이 소비자들 사이에 월등한 인지도와 신뢰성을 획득할 수 있기 때문에, 이들의 성명, 초상 등을 상업적으로 이용하는 경향이 보편화되었고, 따라서 위와 같은 영화배우 등의 성명, 초상 등이 본인들의 승낙 없이 무단히 사용되는 경우 본인들이 입게 되는 손해는 자신들의 성명, 초상이 무단히 사용된

258) 김진욱, 전게논문, 25면.
259) 서울고등법원 1998. 3. 27. 선고 97나29686 판결.
260) 서울지방법원 서부지원 1997. 8. 29. 선고 94가합13831 판결.

데에 따른 정신적인 고통이라기보다는 오히려 자신들이 정당한 사용계약을 체결하였을 경우 받을 수 있었던 경제적인 이익의 박탈이라고 파악하는 것이 법률학자들과 실무가들 사이에 유력하게 주장되고 있는데, 이는 현실에 부합하는 해석론이라 할 것이고, 이미 미국의 경우 22개 주에서 성문법으로서 퍼블리시티권의 존재를 인정한 것을 비롯하여 판례로서 퍼블리시티권의 존재를 인정하고 있으며, 국내에서도 퍼블리시티권의 성립을 전제로 하는 판결이 나오고 있는 점 등을 고려하여 보면, 성명, 초상 등의 상업적 이용과 같은 특수분야에 있어서는 기존의 인격권의 일종으로서의 초상권과는 별도로 재산적 권리로서의 특성을 가지는, 이른바 퍼블리시티권의 성립을 인정할 여지가 있다고 보인다."

"그러나 퍼블리시티권이 상속이 가능한 권리인지에 관하여 보건대, 퍼블리시티권이 아직까지 성문법상의 권리로서 인정되지 않고 있고, 향유주체(저명인에게만 인정될 것인가, 저명인이 아닌 일반인 모두에게도 인정될 것인가, 또는 법인이나 단체에게도 인정될 수 있는가의 문제) 및 양도의 가능여부 등에 관하여 아직까지 학설의 대립이 있을 뿐, 이에 대한 일치된 견해가 없는 점, 퍼블리시티권이 한 사람의 인격을 상징하는 성명, 초상 등을 상업적 이용이 가능한 특수 분야에서 이용할 수 있는 권리를 의미한다는 점에서 볼 때 그 당사자의 인격과 완전히 분리된 독립된 권리 또는 무체재산권과 유사한 권리라고 보기 어려운 점, 재산권이라고 하여 반드시 상속이 가능한 것은 아닌 점(예컨대, 연금청구권) 등을 고려하여 볼 때, 일반적으로 인격권은 상속될 수 없는 것과 마찬가지로 퍼블리시티권도 상속될 수 없는 권리라고 파악하는 것이 타당하다. 설사 퍼블리시티권의 상속이 인정된다고 하더라도 이 사건 소송은 제임스딘이 사망한 후 약 39년이 경과한 후에야 제기된 것인바, 퍼블리시티권이 당사자의 사망 이후에도 위 기간 동안 존속한다고 볼 만한 아무런 근거가 없고, 원고의 주장과 같이 퍼블리시티권의 사후 존속기간이 저작권의 경우와 동일하게 인정되어야 할 만한 근거는 더욱 없다."

이 사건의 항소심 판결[261]에서는, "성문법주의를 취하고 있는 우리나라에서 법률, 조약 등 실정법이나 확립된 관습법 등의 근거 없이 필요성이 있다는 사정만으로 물권과 유사한 독점배타적 재산권인 퍼블리시티권을 인정하기는 어렵다고 할 것이며, 퍼블리시티권의 성립요건, 양도·상속성, 보호대상과 존속기간, 침해가 있는 경우의 구제수단 등을 구체적으로 규정하는 법률적 근거가 마련되어야 비로소 원고가 주장하는 바와 같은 퍼블리시티권을 인정할 수 있다."고 하여 원고의 청구를 기각하였다.

261) 서울고등법원 2002. 4. 16. 선고 2000나42061 판결.

나. 비달사순 사건[262)]

이 사건에서 법원은, "비달사순처럼 초상이나 성명 등에 독자적인 경제적 가치가 있다고 인정될 경우, 제반 권리를 양도하는 것도 인정되는 만큼 비달사순으로부터 권리를 넘겨받은 원고의 승낙을 받지 않고 이를 사용할 경우 퍼블리시티권의 침해가 있다"고 판시하였다. 또한 퍼블리시티권의 개념에 관하여는 "퍼블리시티권이란 재산적 가치가 있는 유명인의 성명, 초상 등 프라이버시에 속하는 사항을 상업적으로 이용할 수 있는 권리로 일반적으로 인정되는 인격권에 기초한 권리이지만, 인격권과는 달리 양도가 가능하다"고 판시하였다.

다. 이영애 사건[263)]

이 사건에서 법원은, "피고회사가 사용기간이 종료한 이후에 계속하여 무단으로 이 사건 책자에 원고를 모델로 한 광고물 등을 사용하는 것은, 그 목적여부를 불문하고 원고의 인격권으로서의 초상권을 침해한 것이다. 그리고 피고회사의 방문판매원들이 이 사건 책자를 교육용 교재로만 사용함에 그치지 않고, 고객들을 방문하여 화장품을 판매하면서 이 사건 책자를 이용하여 제품 설명이나 홍보를 하는 데도 사용하였으리라 보이고, 피고회사가 소외 A에게 이 사건 책자를 정당한 광고물인 것처럼 홍보용으로 양도하여 결국 위 A로부터 다시 이 사건 책자를 홍보용으로 양수 받은 소외 B가 이를 스캔하여 다음(DAUM) 사이트 공동구매란에 게재하도록 하였다. 이는 피고회사가 원고의 초상을 상업적으로 이용한 것으로서 탤런트, 영화배우 겸 광고모델로 대중적 지명도가 있어 재산적 가치가 있는 원고의 초상 등을 상업적으로 이용할 권리인 퍼블리시티권도 침해한 것이다."라고 판시하였다.

라. 기 타

위에서 본 사건들 외에도,

(1) 서울중앙지방법원 2005. 9. 27. 선고 2004가단235324 판결은, "원고는 대중적 지명도가 있는 연예인으로서 자신의 초상이나 성명 등을 상업적으로 이용할 수 있는 권리를 보유하는 데, 피고가 원고로부터 아무런 승낙을 받지 않고 원고의 얼굴을 형상화하여 일반인들이 원고임을 쉽게 알아 볼 수 있는 캐릭터를 제작한 후, 이를 이동통신회사들이 운영하는 인터넷 모바일 서비스에 콘텐츠로 제공하여, 이동통신회사의 고객들이 돈을 지불하고

262) 서울고등법원 2000. 2. 2. 선고 99나26339 판결.
263) 서울중앙지방법원 2004. 12. 10. 선고 2004가합16025 판결.

휴대전화로 캐릭터를 다운로드 받도록 하는 방법으로 영업을 하였다. 이는 피고가 원고의 승낙 없이 원고의 초상과 성명을 상업적으로 사용함으로써 코미디언으로서 대중적 지명도가 있어 재산적 가치가 있는 원고의 초상 등을 상업적으로 이용할 권리인 퍼블리시티권을 침해한 것으로서 불법행위에 해당한다."고 판결하였다.

(2) 서울중앙지방법원 2006. 4. 19. 선고 2005가합80450 판결은, "헌법상의 행복추구권과 인격권의 한 내용을 이루는 성명권은 사회통념상 특정인임을 알 수 있는 방법으로 성명이 함부로 사용, 공표되지 않을 권리, 성명이 함부로 영리에 이용되지 않을 권리를 포함한다. 유명인의 성명이나 초상을 사용하여 선전하거나 성명이나 초상을 상품에 부착하는 경우 유명인의 성명이 상품의 판매촉진에 기여하는 효과가 발생할 것인데, 이러한 효과는 유명인이 스스로의 노력에 의하여 획득한 명성, 사회적인 평가, 지명도 등으로부터 생기는 독립한 경제적 이익 또는 가치로서 파악할 수 있다. 따라서 유명인의 허락을 받지 아니하고 그의 성명을 상업적으로 이용하는 행위는 성명권 중 성명이 함부로 영리에 이용되지 않을 권리를 침해한 민법상의 불법행위를 구성한다. 이와 같이 보호되는 한도 내에서 자신의 성명 등의 상업적 이용에 대하여 배타적으로 지배할 수 있는 권리를 퍼블리시티권으로 파악하기에 충분하며, 이는 인격으로부터 파생된 것이기는 하나 독립한 경제적 이익 또는 가치에 관한 것인 이상 인격권과는 독립된 별개의 재산권으로 보아야 한다."고 한 후, 유명 프로야구 선수들의 허락을 받지 아니하고 그 성명을 사용한 게임물을 제작하여 상업적으로 이동통신회사에 제공한 것은 그 프로야구 선수들의 성명권 및 퍼블리시티권을 침해한 불법행위에 해당한다고 하였다.

한편 이 판결에서는, 퍼블리시티권 침해행위로 인한 재산상 손해는 퍼블리시티권자의 승낙을 받아서 그의 성명을 사용할 경우에 지급하여야 할 대가 상당액이고, 퍼블리시티권자가 자신의 성명에 관하여 사용계약을 체결하거나 사용료를 받은 적이 전혀 없는 경우라면 일단 그 업계에서 일반화되어 있는 사용료를 손해액 산정기준의 하나로 삼을 수 있다고 판시하였다.

(3) 서울중앙지방법원 2007. 11. 28. 선고 2007가합2393 판결 역시 위 (2)의 판결과 거의 같은 내용으로, 세계적으로 널리 알려진 전 배드민턴 국가대표 선수의 성명, 초상 등에 대하여 형성된 경제적 가치가 이미 광고업 등 관련 업계에서 널리 인정되고 있으므로 이를 침해하는 행위는 민법상의 불법행위를 구성하고, 이와 같이 보호되는 한도 내에서 그 선수가 자신의 성명, 초상 등의 상업적 이용에 대하여 배타적으로 지배할 수 있는 권리를 퍼블리시티권으로 파악하기 충분하다고 하였다. 그리고 퍼블리시티권은 그 선수의 인격으로부터 파생된 것이기는 하지만, 인격권과는 독립된 별개의 재산권이라고 보고 있다.

위 (2)와 (3)의 판결에서는 퍼블리시티권 침해로 인한 재산적 손해배상 외에 초상권 등 인격권 침해로 인한 정신적 손해배상(위자료)에 대한 청구도 있었다. 그러나 (2) 판결에서는, "프로스포츠 선수들은 경기중계, 인터뷰, 광고 등을 통한 대중과의 접촉을 직업으로 하는 사람들로서 통상 자기의 성명 등이 일반대중에게 공개되는 것을 희망 또는 의욕하는 직업적 특성에 비추어 볼 때, 자신들의 성명이 허락 없이 사용되었다고 하더라도 그 사용의 방법, 목적 등으로 보아 운동선수로서의 평가, 명성, 인상 등을 훼손 또는 저해하는 경우 등의 특별한 사정이 없는 한, 그로 인하여 정신적 고통을 받았다고 보기는 어렵고, 유명 운동선수들의 성명 등을 상업적으로 이용할 수 있는 권리는 재산권으로서 보호대상이 된다고 할 것이므로 타인의 불법행위로 말미암아 그 성명 등을 이용할 수 있는 권리가 침해된 경우에는 특별한 사정이 없는 한 재산적 손해의 배상에 의하여 정신적 고통도 회복된다고 보아야 할 것이므로, 휴대전화용 야구게임물을 제작함에 있어 각 구단의 프로야구 선수들의 성명을 허락 없이 사용하였다고 하더라도, 이로 인하여 위 프로야구 선수들이 운동선수로서의 평가, 명성, 인상 등이 훼손 또는 저해되어 정신적 고통을 받았다고 보이지 아니하고, 가사 위와 같은 행위로 인하여 정신적 고통을 받았다고 하더라도 그 정신적 고통이 재산적 손해의 배상에 의하여 회복될 수 없을 정도의 것이라고 보이지 아니한다."는 이유로 재산상 손해 외에 정신적 고통으로 인한 위자료의 지급책임을 부정하였다. (3)의 판결에서도 역시 유사한 이유로 위자료의 지급책임을 부정하였다.

4. 퍼블리시티권을 부정한 판결

위에서 본 바와 같이 그동안 우리나라 판례는 하급심 판결이기는 하지만 퍼블리시티권을 인정하는 것이 대세이다. 그러나 퍼블리시티권을 부정한 하급심 판결도 있다. 수원지방법원 성남지원 2014. 1. 22. 선고 2013가합201390 판결은, "퍼블리시티권이라는 새로운 권리 개념을 인정할 필요성은 충분히 수긍할 수 있으나, 민법 제185조는 '물권은 법률 또는 관습법에 의하는 외에는 임의로 창설하지 못한다'고 규정하여 이른바 물권법정주의를 선언하고 있고, 물권법의 강행법규성은 이를 중핵으로 하고 있으므로, 법률(성문법과 관습법)이 인정하지 않는 새로운 종류의 물권을 창설하는 것은 허용되지 아니한다. 그런데 재산권으로서의 퍼블리시티권은 성문법과 관습법 어디에도 그 근거가 없다. 따라서 이러한 법률, 조약 등 실정법이나 확립된 관습법 등의 근거 없이 그 필요성이 있다는 사정만으로 물권과 유사한 독점배타적 재산권인 퍼블리시티권을 인정하기는 어렵다고 할 것이고, 퍼블리시티권의 성립요건, 양도·상속성, 보호대상과 존속기간, 침해가 있는 경우의 구제수단 등을 구체적으로 규정하는 법률적인 근거가 마련되어야만 비로소 원고들이 주장하는 바와 같은 퍼블리시티권을 인정할 수 있다."고 판시하고 있다.[264)]

이 밖에도 연예기획사인 'YG 엔터테인먼트'가 유명 가수 싸이를 흉내 내는 인형 제조회사를 상대로 제기한 퍼블리시티권 소송이나, 장동건, 소녀시대 등 유명 연예인 35명이 제기한 퍼블리시티권 소송에서 법원이 "우리나라의 실정법, 확립된 관습법이 없는 상황에서 독점·배타적인 재산권인 퍼블리시티권을 인정하기는 어렵다"고 퍼블리시티권을 인정하지 않는 등, 퍼블리시티권을 부정하는 하급심 판결도 다수 나타나고 있어 혼란을 불러일으키고 있다. 학설도 퍼블리시티권을 인정하는 견해와 부정하는 견해가 크게 나뉘어져 우열을 가리기 힘든 상황이다. 현재 퍼블리시티권을 인정하는 법률안이 국회에 제출되어 있다고 하는데, 그에 따른 입법이 이루어진다면 이 문제가 입법적 해결을 보게 되겠지만, 그 법률안 자체에 대하여도 반대론이 강한 상황이다. 인격권과 재산권을 엄격하게 분리하여 취급하고 있는 대륙법계 체계를 취하는 우리나라의 입장에서 인격적 요소와 강하게 결합되어 있는 초상 등에 관한 권리를 재산적 권리인 퍼블리시티권으로 새롭게 설정하는 것은 민사법 전체 체계에서 신중하게 검토해 보아야 할 문제이다.

Ⅴ. 퍼블리시티권의 권리관계

1. 퍼블리시티권의 양도성과 상속성

가. 퍼블리시티권의 양도성

(1) 양도성 긍정설

퍼블리시티권의 재산권적 성질을 강조하는 입장에서는 다른 재산권과 마찬가지로 퍼

264) 이 판결에서는, 원고들이 인격권인 초상권 침해에 기하여 위자료를 청구한 예비적 주장에 대하여, "인격적 법익에 관한 일반이론은 그 주체가 배우, 가수, 프로스포츠 선수인 경우에는 다소의 수정을 필요로 한다고 할 것이다. 배우 등의 직업을 선택한 사람은 본래 자기의 성명과 초상이 대중 앞에 공개되는 것을 포괄적으로 허락한 것이어서 그 인격적 보호는 대폭적으로 제한된다고 해석할 수 있는 여지가 있기 때문이다. 그러므로 배우 등이 자기의 성명과 초상을 권한 없이 사용한 것에 의해 정신적 고통을 입었다는 점을 이유로 손해배상을 청구하기 위해서는 그 사용의 방법, 태양, 목적 등에 비추어 그 배우 등의 평가, 명성, 인상 등을 훼손하거나 저하시키는 경우, 그 밖에 자기의 성명과 초상이 상품선전 등에 이용됨으로써 정신적 고통을 입었다고 인정될 만한 특별한 사정이 존재하여야 한다"고 한 후, 원고들과 같은 연예인들은 통상 자기의 성명이 널리 일반 대중에게 공개되는 것을 희망 또는 의욕하고 있다는 점에서 원고의 성명이나 초상 등을 사용한 키워드 광고 검색이 원고들의 평가, 명성, 인상 등을 훼손 또는 저하시킨다고 볼 수는 없다는 점 등을 들어 위자료 청구를 배척하였다.

블리시티권도 양도할 수 있고, 양도성이 인정될 때에만 퍼블리시티권이 제대로 보호된다고 한다. 또한 인격권으로서의 프라이버시권 또는 성명권, 초상권과 구별되는 퍼블리시티권의 개념이 형성된 것도 양도성을 인정할 필요에서 나온 것이라고 주장한다.265) 이 견해에 의하면, 퍼블리시티권의 양도성을 인정한다고 하더라도 명예훼손적인 이용에 대하여는 프라이버시권으로 통제할 수 있어서 본인의 통제권을 완전히 상실케 하는 것은 아니므로, 양도부정설이 주장하는 바와 같은 인격적 이익 침해에 대한 우려는 거의 없을 것이라고 한다. 양도성을 인정하는 견해의 대부분은 퍼블리시티권 양도의 효과로서 양도인이 갖는 퍼블리시티권이 동일성을 유지한 채 양수인에게 이전(승계적 이전)된다고 설명한다. 즉, 제 3 자가 양도인의 초상이나 성명을 무단으로 광고에 이용한 경우에는 양수인이 그 제 3 자를 상대로 직접 손해배상 또는 침해행위의 배제 등을 구할 수 있음은 물론이고, 양도인이 자기의 초상이나 성명을 상업적으로 이용한 경우에도 양수인은 양도인을 상대로 퍼블리시티권 침해에 대하여 직접 손해배상 또는 침해행위의 배제 등을 구할 수 있다고 한다.266)

이에 비하여 양도긍정설 중에서도 '설정적 이전설'의 입장에서는 퍼블리시티권은 인격과 불가분적으로 결합되어 있으므로 그 양도의 성격은 승계적 이전이 아닌 설정적 이전으로 제한된다고 본다. 즉, 퍼블리시티권을 양도하더라도 재산적 측면의 권리만 설정적으로 이전되고 퍼블리시티권 자체는 본인에게 유보된다는 것이다. 이때 양도된 퍼블리시티권의 이용은 양수인의 이용목적에 필요한 한도에 그치고, 제 3 자가 퍼블리시티권을 침해한 경우에는 본인이 양수인과 관계없이 구제를 청구할 수 있다. 제 3 자가 퍼블리시티권을 침해하였을 경우 양수인은 제 3 자에 대하여 양수채권에 기하여 손해배상을 청구할 수 있으나, 직접적인 침해금지청구는 할 수 없으며, 다만, 양수인은 양도인을 대위하여 제 3 자에게 침해금지를 청구할 수 있다는 해석도 있다. 또한 양도된 재산적 측면에서의 권리가 그 목적을 다하였을 때에는 본인 또는 상속인에게 그 권리가 복귀한다고 한다.267)

(2) 양도성 부정설

양도성을 부정하는 학설은, 퍼블리시티권의 재산권적 성질을 인정하더라도 퍼블리시티권은 프라이버시권과 함께 본인의 인격으로부터 파생하는 권리로서 본인과 불가분 일체를 이루는 것이므로, 통상의 재산권과는 달리 제 3 자에게 양도할 수 없는 것이라고 주장한다.268)269) 나아가 연금청구권에서도 알 수 있듯이 재산권이라고 하여 반드시 양도성

265) 유대종, Publicity권에 관한 고찰, 경희대학교 석사학위 논문, 1999, 47-49면 참조.
266) 강승묵, 퍼블리시티권의 상속에 관한 연구, 법학논총 27집 4호, 2010, 204면; 이한주, 전게논문, 383면.
267) 이한주, 전게논문, 385면; 강승묵, 전게논문, 204면 참조(이들 논문에서는 퍼블리시티권의 양도성에 관한 다양한 학설과 그 학설의 논거를 언급하고 있지만, 실제 어떠한 입장에 서 있는지는 다소 불분명하다).

이 인정되어야 하는 것은 아니라고 한다. 그리고 퍼블리시티권은 프라이버시권과 다르다고 하더라도 인격권을 표상하는 성명이나 초상 등을 공유하고 있어, 그 사용을 인격 주체가 통제할 수 있어야 한다고 한다. 예를 들어, 배우 등이 신인 시절에 경제적으로 어려운 상태에서 퍼블리시티권을 양도하였다가 나중에 유명해지게 된 경우에는, 양도인에게는 많은 경제적 기회손실을 주고 양수인에게는 큰 경제적 이익을 가져다주는 불합리가 생긴다는 것이다.

자신의 동일성을 표상하는 성명이나 초상 등에 대한 권리의 양도는 선량한 풍속 기타 사회질서에 위반되는 것이라고 하는 주장도 있으며, 굳이 양도를 인정하지 않더라도 사용분야, 사용 기간 등을 특정하여 사용권을 부여하거나 이용을 허락하는 방법을 통하여 초상이나 성명 등의 본인이 경제적 이익을 향유할 수 있다는 점을 들기도 한다. 또한 양도성을 부정하고 사용권의 부여만을 인정하더라도 독점적 사용권자의 경우 제 3 자가 본인의 초상이나 성명 등을 도용할 경우 직접 그 제 3 자를 상대로 소송을 제기할 수 있도록 하면 된다고 한다.[270]

(3) 소 결

미국과 일본은 퍼블리시티권의 양도성을 인정하는 것이 판례 및 다수설인 것으로 보인다. 우리나라 판례는 앞에서 본 바와 같이 '비달사순' 판결처럼 양도성을 인정하는 판결도 있으나 아직까지 명확한 입장정리가 되지 않고 있다.

생각하건대 퍼블리시티권을 재산권적 권리로 이해한다고 하더라도 양도성을 인정하는 것에는 현행법상 무리가 있는 것 같다. 성문법적인 근거가 없는 이상 퍼블리시티권을 인정하기 위해서는 인격권적인 측면에 기초하지 않을 수 없기 때문이다. 또한 퍼블리시티권은 인격권을 표상하고 있는 성명이나 초상 등에 의하여 발현되는 권리라는 점에서, 인격권과 마찬가지로 그에 대한 사용을 초상이나 성명의 본인인 인격주체가 통제할 수 있는 수단이 있어야 할 것이다. 그런데 퍼블리시티권의 양도성을 긍정할 경우 양도인은 그러한 통제수단을 잃게 되어 불합리한 점이 있고, 이는 선량한 풍속이나 기타 사회질서에 위배될 소지도 있다.[271] 굳이 퍼블리시티권의 양도성을 인정하지 않더라도 이용허락, 특히 독점적 이

268) 한위수, 전게논문, 115면(본 논문은 기본적으로 양도성을 부정하는 입장이다).
269) 한위수, 전게논문, 113면; 정희섭, 퍼블리시티(Publicity)권에 관한 고찰 - 개념과 법적 성격을 중심으로, 동아대학교 대학원 논문집 25호, 2000, 75면.
270) 오세용, 퍼블리시티권(The Right of Publicity)의 양도성·상속성에 관한 연구, 서울대학교 대학원 석사학위 논문, 2005, 93면.
271) 송영식 외 6인, 지적소유권법, 육법사(하), 2008, 586면.

용허락을 통하여 그 재산권적 이익을 보호할 수 있다. 향후 입법론으로서도 양도성을 인정하기보다는 퍼블리시티권에 대한 배타적 이용권 설정 등과 같은 제도를 도입함으로써, 준물권적·배타적 권리로서의 지위를 부여할 수 있을 것으로 생각한다. 성명이나 초상을 대상으로 하는 권리를 저작물을 대상으로 하는 저작권과 대비하여 보면, 프라이버시권은 저작인격권에, 퍼블리시티권은 저작재산권에 각각 대응한다고 볼 수 있는데, 저작권을 저작인격권과 저작재산권으로 나누는 이원론적 입법례에 있어서는 기본적으로 저작재산권의 양도성을 부정하는 국가(예를 들어, 독일, 오스트리아)와, 저작재산권의 양도성을 인정하더라도 기한부·조건부로만 허용하는 국가(예를 들어, 프랑스, 스페인, 이탈리아 등 유럽 각국)들이 주류를 이루고 있다.[272] 이러한 점에 비추어 볼 때 퍼블리시티권의 재산권적 성격을 인정하더라도 이를 인격적 측면과 완전히 분리하여 준물권적 양도나 이전의 대상으로 삼는 것은 적절하지 않다. 따라서 퍼블리시티권의 양도부정설이 타당하다고 본다.

나. 퍼블리시티권의 양도 또는 이용허락에 따른 법률관계

퍼블리시티권의 양도성을 인정하는 양도긍정설 중 주류적인 해석인 '승계적 이전설'에 의할 경우, 퍼블리시티권이 양도되면 양수인이 그 권리를 행사하게 된다. 즉, 제 3 자가 양도인의 초상, 성명을 무단으로 광고에 이용한 경우는 양수인이 직접 제 3 자를 상대로 손해배상 또는 침해행위의 배제를 구할 수 있음을 물론, 양도인이 자기의 초상, 성명을 상업적으로 이용한 경우에도 양수인이 양도인을 상대로 퍼블리시티권의 침해에 대한 배상을 청구할 수 있게 된다. 다만, 퍼블리시티권이 이전되어도 인격권으로서의 초상권, 성명권은 여전히 양도인에게 남아 있으므로 제 3 자가 그 초상, 성명을 함부로 광고에 이용함으로 인한 정신적인 손해의 배상은 양도인만이 구할 수 있다.

한편, 퍼블리시티권의 양도성을 인정하는 경우는 물론이고 그렇지 않은 경우에도, 퍼블리시티권의 재산적 성격에 기초하여 그 권리자가 자신의 성명이나 초상 등에 대한 이용허락을 함으로써 경제적 이익을 향유할 수 있음은 물론이다. 따라서 퍼블리시티권에 대하여 통상의 이용허락뿐만 아니라 독점적 이용허락을 하는 것도 가능하다. 퍼블리시티권에 대한 이용허락이 있은 때에는 그 이용허락에도 불구하고 퍼블리시티권 자체는 여전히 본인에게 있으므로, 이용허락을 받은 자는 그 본인에 대한 채권적 권리자에 불과하고, 제 3 자에 대한 준물권적·배타적 권리를 갖는 것은 아니므로, 제 3 자로부터 침해가 있더라도

272) 서달주, 한국저작권법, 박문각, 2007, 326-327면. 저작권을 기본적으로 재산권적인 성격을 갖는 권리로만 파악하고 인격권적인 측면을 인정하지 않는 미국 저작권법은 저작재산권의 전부 또는 일부에 대한 준물권적 양도를 인정하고 있다. 한편, 우리나라와 일본은 저작권 이원론의 입법례를 따르고 있으면서도 저작재산권의 양도성을 인정하고 있다.

원칙적으로 본인만이 그 침해의 배제, 손해배상 등을 구할 수 있을 뿐이다.[273] 다만, 독점적 이용허락을 받은 자는 해당 퍼블리시티권에 대한 제 3 자의 침해행위가 있을 경우 채권자대위권의 요건을 갖춘 경우에 한하여 본인을 대위하여 침해금지청구권을 행사할 수 있을 것으로 본다. 이에 관하여는 제 2 장 제 2 절의 Ⅱ. 단순이용허락과 독점적 이용허락 부분에서 언급한 법리가 적용될 수 있을 것이다.

다. 퍼블리시티권의 상속성(사후존속 가능성)

(1) 학 설

사람이 사망하면 그의 퍼블리시티권이 소멸할 것인가, 아니면 상속인에게 상속될 것인가, 상속된다면 그 존속기간은 언제까지인가에 대하여 견해의 대립이 있다. 이 부분은 결론 여하에 따라 파급효과가 매우 클 것이기 때문에 퍼블리시티권과 관련하여 가장 핵심적인 논쟁이 되고 있다. 긍정설과 부정설이 첨예하게 대립하고 있고, 생존 중에 자기의 성명, 초상 등을 상업적으로 이용한 사실이 있는 경우에만 사후에 존속한다고 보는 견해도 있다.[274] 우리나라의 하급심판결 중에는 앞에서 본 '제임스딘' 사건의 항소심 판결처럼 상속성을 인정하지 않음으로써 소 제기 약 39년 전에 사망한 미국의 영화배우 제임스 딘에 대한 퍼블리시티권을 부정한 사례가 있는가 하면,[275] 상속성을 인정하되 저작권법을 유추적용하여 사후 50년 동안만 존속한다고 한 사례도 있다.[276]

상속성을 부정하는 견해에서는, 퍼블리시티권의 재산권적인 성격에 중점을 두어 상속성을 인정하게 되면 존속기간을 한정하기 어렵다는 점, 그렇다고 영원히 권리가 존속한다고 하면 다른 지적재산권과 비교하여 과잉보호가 되며 현실적으로도 문제가 많아 불합리하다는 점, 언론 및 표현의 자유와 충돌할 가능성이 높아진다는 점 등을 문제로 지적하고 있다. 퍼블리시티권은 프라이버시권과 함께 본인의 인격으로부터 파생하는 권리로서 본인과 불가분 일체를 이루는 것이므로 통상의 재산권과는 달리 본인의 사망으로 소멸한다고 보아야 하며, 이는 연금청구권 역시 재산권이지만 상속되지 않는 권리인 것과 마찬가지라고 한다.

273) 한위수, 전게논문, 115면.

274) 상게논문, 117면은, 기본적으로 퍼블리시티권의 상속성을 인정하지 않되, 불명확성의 해소를 위하여 미국의 일부 주와 같이 퍼블리시티권의 사후존속을 명시적으로 인정하고, 다만 그 존속기간을 한정하는 법률을 제정하여 입법적으로 해결하는 것이 가장 바람직하다는 견해이다.

275) 서울지방법원 1997. 11. 21. 선고 97가합5560 판결.

276) 서울동부지방법원 2006. 12. 21. 선고 2006가합6780 판결. 소설가 이효석의 초상 등을 문화상품권 표지에 게재한 사건으로서, 퍼블리시티권은 독립적인 권리로 인정될 수 있고 상속성도 있다고 할 것이지만, 그 존속기간은 저작권법의 보호기간을 유추적용하여 해당자의 사후 50년까지 존속하는 것으로 봄이 상당한데, 이 사건 해당자인 이효석은 사망한 지 62년이 경과하였으므로 퍼블리시티권이 소멸되었다고 판결하였다.

즉, 퍼블리시티권은 저작권이나 상표권과 유사한 면도 있지만, 그보다는 프라이버시권과의 유사성이 더 크므로 프라이버시권과 같이 상속성을 인정하지 않아야 하고, 퍼블리시티권의 상속성을 인정하여 얻게 되는 이익보다 저명한 망인의 성명과 초상을 자유로이 이용함으로써 얻는 공공의 이익이 더 중요하며, 퍼블리시티권의 상속을 인정할 경우 그 존속기간을 어떻게 정할 것인지가 문제로 되고, 그렇다고 하여 퍼블리시티권이 영원히 존속한다고 하면 사후 수백 년이 지난 후에도 그 후손이 조상의 퍼블리시티권의 침해를 이유로 그 사용을 금지시키거나 손해배상을 구할 수 있게 되는데 이는 명백히 부당하다고 한다.[277]

반면에 상속성을 긍정하는 견해에서는, 퍼블리시티권의 인격권적인 성격에 중점을 두어 상속성을 부인하게 되면 저명인의 사망 직후 그의 이름이나 초상 등이 아무런 통제도 받지 않고 광고 등에 이용될 우려가 있어 그 사망자의 명예나 유족의 보호에 미흡하게 된다는 점을 지적한다.[278] 또한 인격권의 성격을 가지는 프라이버시권은 일신전속적인 것이어서 권리 주체의 사망으로 권리 또한 소멸한다고 할 것이지만, 퍼블리시티권은 재산권이므로 본인의 사망으로 소멸하지 않고 상속인에게 상속된다고 보아야 하며, 퍼블리시티권은 그 성질이 저작권 또는 상표권과 유사한 측면이 있는데 이러한 권리들이 상속성을 가지는 것과의 균형상 퍼블리시티권도 상속성을 가져야 한다는 것이다. 또한 퍼블리시티권의 상속성을 인정하지 않으면 권리자의 사후에 그의 성명이나 초상 등에 대한 재산권은 곧바로 소멸하여 공중의 영역에 들어가게 되는데, 그렇게 되면 생전에 그로부터 사용승낙을 받고 사용하고 있던 자의 이익을 보호할 수 없다고 한다.[279]

(2) 소 결

우리나라의 경우 퍼블리시티권의 상속성여부와 관련하여서도 아직 확실한 판례나 이론의 정립이 이루어지지 않고 있다. 상속성 긍정설과 부정설 외에도 생존 중에 자기의 성명이나 초상 등을 상업적으로 이용한 적이 있는 경우에만 사후존속을 인정하는 견해도 있고,[280] 퍼블리시티권을 인격권 내지 인격 결합 재산권으로 보는 입장을 취하면서도, 저작

277) 박재영, 퍼블리시티권에 관한 연구, 고려대학교 대학원 석사학위 논문, 1998, 45면; 한위수, 전게논문, 116면 참조.

278) 한위수, 전게논문, 115면 참조.

279) 유대종, 전게논문, 51면.

280) 송영식 외 6인 공저, 지적소유권법(하), 육법사, 2008, 587면에 의하면 미국의 조지아주 최고법원이 이른바 '마틴 루터 킹 사건' 판결에서 이러한 입장을 취하였다고 한다. 이 견해의 논거는, 본인이 생존 중에 자기의 성명이나 초상을 이용하여 경제적 이익을 추구한 바 없다면 퍼블리시티권이 발생하지 아니하였으므로 사후에 그의 성명이나 초상이 상업적으로 이용되더라도 재산상 손실이 없고, 퍼블리시티권은 무형의 권리로서 저작권이 구체적으로 표현된 경우에 비로소 인정되는 것과 마찬가지로 본인이 생존 중에 계약 등을 통하여 양도 또는 이용허락하는 등 이를 권리로 행사하여야만 비로소 상속될 수

인격권과 같이 사람의 사망 후에 인격 자체는 소멸하지만 인격적 이익은 유족에게 승계되는 것처럼, 그 인격적 이익이 화체된 재화인 퍼블리시티권도 유족에게 상속된다고 보는 견해도 있어 다양한 이론들이 제기되고 있다.[281]

퍼블리시티권의 상속성 및 사후존속성에 대하여 이론적으로는 긍정하는 견해와 부정하는 견해 어느 쪽에도 각각 타당한 근거가 있어 쉽게 결론을 내리기 어려운 문제이다. 다만 현실적인 면을 고려할 때 상속성을 인정하지 않을 경우 유명인의 사망 직후에는 누구라도 그의 초상이나 성명을 영업적으로 이용할 수 있게 되는데, 그러한 무분별한 이용에 대하여 유족들이 아무런 통제권을 행사할 수 없다고 하는 것은 불합리하며,[282] 생전에 그 유명인으로부터 사용허락을 받아 그의 초상이나 성명을 이용하고 있던 기존 사업자들의 이익을 보호하기 어렵다는 점을 고려하면, 퍼블리시티권의 상속성 또는 사후존속성을 인정하는 것이 타당하다고 본다. 퍼블리시티권의 양도성을 부정하는 입장에 선다면 논리적으로 볼 때 상속성에 있어서도 부정설의 입장에 설 수밖에 없다는 견해도 있을 수 있다. 그러나 독일 저작권법과 같이 저작재산권의 양도성을 부정하면서도 상속성은 인정하는 입법례도 있음을 볼 때, 퍼블리시티권의 양도성을 부정한다고 하여 반드시 그 상속성까지 부정하여야 하는 것은 아닐 것이다. 다만, 그 상속성을 인정하더라도 사후 언제까지 그 존속을 인정할 것인지 여부가 문제인데, 이에 대하여는 다양한 견해가 있다. 종전 저작권과 마찬가지로 사후 50년으로 보는 것이 타당하다는 견해가 있으며,[283] 그 기간이 불필요하게 너무 길다고 하면서 5년, 10년, 20년, 30년 등을 주장하는 견해들도 있다.[284] 퍼블리시티권이 사후 영구히 존속한다고 하는 것은 명백히 불합리하므로 그 존속기간에는 일정한 제한이 있어야 될 것이다. 그 경우 저작권법과 균형을 맞추는 것이 일반적인 법적 통념에 맞지 않을까 생각되지만, 결국 이 부분은 입법적으로 해결되어야 할 문제라고 할 것이다.

있는 재산권으로서 구체성을 띠게 되고, 본인이 생존 중에 퍼블리시티권을 행사하지 아니하였다는 것은 사후에도 이를 행사할 것을 바라지 아니하는 것으로 해석될 수 있는데, 언론의 자유를 제약할 우려가 있는 퍼블리시티권을 본인의 의사에 반하여 후손들에게 인정할 필요가 없다는 것이다(강승묵, 전게논문, 207면 참조).

281) 강승묵, 전게논문, 205면 참조.

282) 사망에 따라 인격권인 프라이버시권 역시 소멸하므로 프라이버시권에 의한 통제도 불가능하며, 또한 상업적인 이용을 명예훼손적인 이용이라고 할 수도 없으므로 사자(死者)에 대한 명예훼손 등을 이유로 한 통제도 어렵다.

283) 송영식 외 6인, 전게서, 588면(다만, 결국에는 입법적으로 해결할 문제라고 한다); 앞에서 본 서울동부지방법원 2006. 12. 21. 선고 2006가합6780 판결('이효석 초상' 사건)이 이러한 입장에 서 있다. 다만, 현행 저작권법은 저작재산권의 보호기간이 사후 70년으로 연장되었는바, 그에 따라 퍼블리시티권의 사후존속기간도 70년으로 연장되어야 할 것인지에 대하여는 아직 특별한 의견이 없다.

284) 이해완, 전게서, 720면.

2. 퍼블리시티권의 침해에 대한 구제

퍼블리시티권 긍정설에서는 퍼블리시티권이 침해된 경우 일반적인 불법행위와 마찬가지로 손해배상(민법 제750조) 또는 부당이득반환청구(민법 제741조), 신용회복에 적당한 처분(민법 제764조)을 구할 수 있고, 저작권법 제123조의 규정을 유추하여 금지청구도 인정된다고 본다. 퍼블리시티권을 침해하는 내용의 광고가 언론매체에 실린 경우에 그 언론매체를 상대로 정정보도청구를 할 수 있는가에 관하여는 이를 부정하는 판례가 있다. 서울민사지방법원 1992. 9. 15.자 92카키474 결정은, "광고는 언론기관이 광고주와의 광고계약에 의하여 광고주의 개인적인 의사표시를 그대로 게재해 주는 광고주의 주장에 불과할 뿐, 언론기관이 여론의 형성 등을 목적으로 공표한 사실적 주장이라고 할 수 없는데다가, 광고는 언론기관이 광고주로부터 그 대가를 받고 이를 게재해 주는 것임에 반하여, 정정보도는 이를 무료로 게재해 주어야 하는 것이어서 이른바 대등의 원칙에도 반하게 되는 점 등에 비추어 볼 때, 광고의 게재로 인하여 피해를 받은 자는 광고주 또는 언론기관을 상대로 민·형사상의 구제수단을 강구하는 것은 별론으로 하고, 광고자체를 위 법에 의한 정정보도청구의 대상으로 삼을 수는 없다"고 하였다.

퍼블리시티권 침해에 대한 구제로서 금지청구를 인정할 것인지 여부는 매우 중요한 쟁점이 되고 있다. 일반적으로 인격권 침해에 대하여는 금지청구권이 인정되고 있지만, 재산적 권리의 침해에 대하여는 저작권법이나 특허법과 같이 특별히 금지청구권이 법에 규정되어 있는 경우를 제외하고는 금지청구권이 인정되지 않고, 손해배상 등 금전적 청구만이 인정되는 것이 보통이다. 따라서 퍼블리시티권을 인격권과 분리된 재산적 권리로서 인정하는 이상 그 침해에 대하여 금지청구권을 인정하기는 쉽지 않다. 그래서 하급심 판결 중에는 성명이나 초상의 상업적 이용에 대하여 금지청구를 인정하면서도 그 근거를 퍼블리티시권의 침해가 아니라 인격권의 침해에서 구한 사례도 있다.

예를 들어, 서울중앙지방법원 2006. 4. 19. 선고 2005가합80450 판결은, 유명 프로야구 선수들의 허락을 받지 아니하고 그 성명을 사용한 게임물을 제작하여 상업적으로 이동통신회사에 제공한 것은 해당 프로야구 선수들의 성명권 및 퍼블리시티권을 침해한 것으로 불법행위에 해당한다고 한 사례인데, 금지청구와 관련하여서는 해당 프로야구 선수들의 인격권으로서의 성명권이 침해되었다고 보아 게임물에 프로야구 선수들의 성명을 사용하거나 이를 사용한 게임물을 제작, 공급 및 판매하여서는 아니 된다는 금지청구를 인용하였다.[285)][286)] 그러나 학설로서는 퍼블리시티권은 지적재산권과 유사한 성격을 가지고 있어서

285) 이 판결은 퍼블리시티권 침해에 대한 구제조치로서 먼저 손해배상 중 재산적 손해에 대하여는, 퍼블

저작권법의 규정을 유추적용할 수 있다는 점, 퍼블리시티권이 재산권이기는 하지만 물권과 유사한 배타적 권리이고, 무단이용의 객체는 성명이나 초상 등 인격권과 관계된 것이며, 현재 침해가 일어나고 있는데 이의 금지를 청구할 수 없다면 가장 효과적인 구제수단의 하나를 빼앗는 결과가 된다는 점 등의 이유로 금지청구권을 긍정하는 견해가 유력하고,[287) 이러한 긍정설이 다수설인 것으로 보인다.

Ⅵ. 퍼블리시티권의 한계

1. 서 론

퍼블리시티권을 제한하는 요인이 될 수 있는 것은 여러 가지가 있다. 퍼블리시티권이 개인의 프라이버시권에서 기원함으로써 인격권으로부터 완전히 독립할 수 없다는 점도 하나

리시티권 침해행위로 인한 재산상 손해는 퍼블리시티권자의 승낙을 받아서 그의 성명을 사용할 경우에 지급하여야 할 대가 상당액이라고 할 것이고, 퍼블리시티권자가 자신의 성명에 관하여 사용계약을 체결하거나 사용료를 받은 적이 전혀 없는 경우라면 일응 그 업계에서 일반화되어 있는 사용료를 손해액 산정에서 한 기준으로 삼을 수 있다고 하였다. 그러나 인격권 침해와 관련한 위자료 청구에 대하여는, 프로스포츠 선수들은 경기중계, 인터뷰, 광고 등을 통한 대중과의 접촉을 직업으로 하는 사람들로서 통상 자기의 성명 등이 일반대중에게 공개되는 것을 희망 또는 의욕하는 직업적 특성에 비추어 볼 때, 자신들의 성명이 허락 없이 사용되었다고 하더라도 그 사용의 방법, 목적 등으로 보아 운동선수로서의 평가, 명성, 인상 등을 훼손 또는 저해하는 경우 등의 특별한 사정이 없는 한 그로 인하여 정신적 고통을 받았다고 보기는 어렵고, 유명 운동선수들의 성명 등을 상업적으로 이용할 수 있는 권리는 재산권으로서 보호대상이 된다고 할 것이므로 타인의 불법행위로 말미암아 그 성명 등을 이용할 수 있는 권리가 침해된 경우에는 특별한 사정이 없는 한 재산적 손해의 배상에 의하여 정신적 고통도 회복된다고 보아야 할 것이므로 피고들이 휴대전화용 야구게임물을 제작함에 있어 프로야구 선수들의 성명을 허락 없이 사용하였다고 하더라도 이로 인하여 그 프로야구 선수들이 운동선수로서의 평가, 명성, 인상 등이 훼손 또는 저해되어 정신적 고통을 받았다고 보이지 않는다고 하여 책임을 부정하였다.

286) 일본 동경지방법원 1990. 12. 21. 선고 판결(판례시보 1400호, 10면)도 인기 TV 탤런트의 사진과 이름을 달력에 게재하여 판매한 사건에서, 원고가 인격권에 기한 판매금지와 퍼블리시티권에 기한 판매금지를 모두 주장하였으나, 인격권에 기하여 판매금지청구가 인정된다고 하여 퍼블리시티권에 기한 금지청구가 가능한지의 여부에 대하여는 판단을 회피하였다고 한다(한위수, 퍼블리시티권-성명·초상 등의 상업적 이용에 관한 권리-의 침해와 민사책임, 민사재판의 제문제 제 9 호, 사법행정학회, 1997, 527면; 이해완, 전게서, 725면).

287) 한위수, 전게논문, 573-574면; 오승종·이해완, 전게서, 446면; 송영식 외 6인, 전게서, 594면. 한편, 이해완, 전게서, 726면의 입장은 다소 불분명하지만, 퍼블리시티권이 개념적으로도 인격권적 성격에서 완전히 떠나 있는 것은 아니라고 보면 퍼블리시티권 침해를 이유로 하더라도 그 속에 내포된 인격권적 속성을 감안하여 금지청구권 행사를 인정할 수 있다고 하고 있는 점에서 긍정설의 입장에 서 있는 것으로 보인다.

의 제한요인이라고 할 수 있다. 그렇지만 퍼블리시티권을 제한하는 가장 원칙적이면서도 광범위한 요인이 되는 것은 다른 법률 등에 의한 타인의 권리와의 상충이다. 그 가운데 가장 중요한 것이 헌법상 언론·출판의 자유 및 표현의 자유이다. 그 외에도 저작권법상 권리행사 제한의 규정이 퍼블리시티권과 관련해서도 원용될 여지가 있다. 또한 일반적인 권리행사의 제한근거가 되는 권리남용의 법리에 대해서도 생각해 볼 수 있다.[288)]

2. 언론·출판의 자유에 의한 제한

퍼블리시티권의 한계와 관련하여 가장 문제로 되는 부분은 언론·출판의 자유에 의한 제한여부이다. 퍼블리시티권도 헌법이 보장하는 언론의 자유에 의하여 제약을 받게 되는 것은 당연하다. 따라서 신문·잡지·방송 등에서 보도를 위하여 필요한 범위 내에서 타인의 성명이나 초상, 사진 등을 사용하는 것은, 비록 언론사가 공영기관이 아니고 영리목적으로 보도를 하는 경우라 하더라도 퍼블리시티권의 침해에는 해당되지 않을 가능성이 크다.

미국의 경우를 보면 언론·출판의 자유에 대하여는 거의 절대적인 보호를 하고 있다. 따라서 퍼블리시티권은 상대적으로 언론·출판과 관계되는 부분에 있어서는 그 만큼 제약을 받게 된다. 과거 미국에서는 상업적 언론은 언론·출판의 자유를 규정한 수정헌법 제 1 조의 보호대상이 아니라는 것이 이른바 1942년의 Valentine 사건에 의하여 '상업적 언론의 원칙'이라는 이름으로 확립되어 있었다. 여기서 '상업적 언론'이라 함은 판매를 촉진하기 위한 광고나 널리 상업적 거래를 제안하는 언론을 가리키는 표현인데, "이윤 또는 사업 목적을 위한 상품이나 서비스를 광고하는 모든 형태의 언론"이라고 정의될 수 있다. 그러나 1976년 Virginia Board 사건에서 '상업적 언론의 원칙'은 폐기되었다. 그리하여 현재 미국에서는 상업적 언론도 수정헌법 제 1 조에 의한 보호를 받는 것이 원칙이다.[289)]

보도(報道)가 아니라 특정인의 일생을 그린 전기(傳記)를 쓰거나 그 일생을 영화화하는 등의 경우에도 본인의 허락에 관계없이 그 성명·초상·사진 등을 사용하는 것이 허용될 것인가? 미국에서는 언론의 자유는 연예오락·픽션·논픽션을 포함한 창작품에까지 미치므로 본인의 허락 없이 전기를 쓰거나 소설화·영화화·연극화하여 타인의 성명·초상·사진 등을 사용하더라도 퍼블리시티권의 침해에는 해당하지 않는다고 보는 것이 통설이다.[290)]

---

288) 이영록, 퍼블리시티권에 관한 연구(Ⅱ), 저작권심의조정위원회 저작권연구자료 47권, 2004, 54면.
289) 상게논문, 58-59면.

우리나라 법원은 소설 '무궁화꽃이 피었습니다' 사건에서 "문학작품에서 … 성명, 사진 등을 사용하였다고 하더라도 이를 상업적으로 이용했다고 볼 수는 없다"고 하였고, '김우중, 신화는 없다' 표지 및 광고에 사진과 성명을 게재한 사건에서도, "뛰어난 기업인으로 공적인물이 되었다고 볼 수 있는 경우, 자신의 사진, 성명, 가족들의 생활상이 공표되는 것을 어느 정도 수인하여야 하고, 그 사람을 모델로 하여 쓰여진 평전에 사진을 사용하거나 성명을 사용하는 것, 가족관계를 기재하는 것은 명예를 훼손시키는 내용이 아닌 한 허용되어야 한다."고 하였다. 또한 실존 카레이서 최종림을 소재로 한 허영만의 만화 '아스팔트 사나이' 사건에서도 표현의 자유가 우위에 있다고 하였다. 1998년 '메이저리그와 정복자 박찬호' 사건 역시 "공적 관심의 대상이 되는 인물, 즉 공적 인물에 대한 서술, 평가는 자유스러워야하고, 그것은 헌법이 보장하는 언론·출판 및 표현의 자유의 내용"이라고 하면서 수인(受忍) 한도를 넘지 않았다고 판시한 바 있다.[291)]

정리하면, 유명인과 같은 공적 인물의 일생을 전기나 소설로 창작하는 것은 가능하며, 그 경우 그 유명인의 성명이나 초상을 이용하는 것도 특별히 명예를 훼손하는 등의 이용이 아닌 이상 가능할 것으로 본다. 다만, 그 유명인에 대한 정보를 실제와 달리 왜곡하거나 사실이 아닌 내용을 묘사하는 것은 명예훼손 등이 될 수 있으므로, 유명인에 관한 평전이나 전기 형식의 저작물 작성에는 사실적인 내용에 좀 더 충실하여야 할 것이다.

그렇다면 언론·출판의 자유와 퍼블리시티권을 어떻게 조화롭게 보호할 수 있는가 하는 점이 문제로 된다. 미국에서는 어떠한 법률도 언론·출판의 자유를 보장하는 수정헌법 제 1 조를 위반하는 형태로 적용되어서는 안 된다는 것이 원칙이다. 따라서 여러 주법에서 규정하고 있는 퍼블리시티권들은 뉴스보도, 공적 사건 및 기타 전통적으로 수정헌법 제 1 조에 의하여 보호되는 활동들과 관련하여 특정인의 아이덴티티를 허락 없이 이용하는 것을 명시적으로 면책하고 있다. 사회적 흥미나 공적인 논의를 제기하기 위해서, 또는 예술작품이나 연예작품을 만들어내기 위해서 타인의 동일성(identity)을 이용하는 경우도 수정헌법 제 1 조에 의하여 면책될 가능성이 많다. 미국의 법원은 개인에 대한 정보를 담고 있는 표현수단의 발행이나 방송을 진실되게 광고하기 위해 그 개인의 동일성을 허락 없이 이용하는 매체표현에도 수정헌법 제 1 조의 보호를 확대하고 있다.[292)]

이와 같이 수정헌법 제 1 조가 퍼블리시티권의 커다란 제한요소로서 작용한다. 그리

---

290) 한위수, 전게논문, 121면.

291) 최진원, 하인즈 워드와 동화책 – 인격권·퍼블리시티권과 예술·표현의 자유, 저작권 문화, 2006. 7, 저작권심의조정위원회, 29면에서 재인용.

292) Stern v. Delphi Interest Servs. Corp., 626 N.Y.S. 2d 694(Sup. Ct. N.Y. Co. 1995). 이영록, 전게논문 p. 67에서 재인용.

고 상업적 언론의 경우에도 수정헌법 제 1 조에 의한 보호가 주어진다. 그러나 수정헌법 제 1 조의 항변으로서 퍼블리시티권을 제한할 수 없는 경우도 상당수 존재한다.[293] 따라서 언론·출판의 자유와 퍼블리시티권을 어떻게 조화할 것인지가 숙제이다. 결론적으로 교육적 또는 정보제공을 통한 의사소통이 수정헌법 제 1 조의 기능 또는 목적으로 작용할 수 있기 때문에, 퍼블리시티권이 교육적 또는 정보제공적 목적에 이바지하는 경우 면책의 대상이 될 가능성이 크다고 할 수 있다. 특히 보도의 차원에서 행하여지는 경우는 이러한 정보제공적 목적이 강하게 표출되므로 언론·출판의 자유에 의하여 면책될 가능성이 높다.[294]

그러나 언론·출판의 자유에 의한 면책은 단지 이러한 목적의 정당성만으로 이루어지는 것은 아니다. 퍼블리시티권과 언론·출판의 자유의 조화를 위한 새로운 심사기준들이 제시되고 있다. 이러한 기준들에 해당하는 것으로서 여러 가지가 개발되어 있지만 주로 다음의 네 가지 요소에 의한 심사(four factor test)가 적용되고 있다고 한다.[295] 첫째, “그 이용이 원고의 이미지나 개성을 환기시키는지 여부”, 둘째, “그 이용이 원고의 공적 개성에 관련된 것인지 여부”, 셋째, “그 이용이 보도를 빙자하였지만 사실상은 위장된 광고인지 여부”, 넷째, “피고의 메시지 전달의 대안적 수단이 존재하는지 여부”이다. 이러한 심사기준은 원고의 성명이나 개성 또는 외모를 피고가 이용한 것이 보도적(報道的) 또는 공적 관심사라고 판단된 후에 적용된다.[296]

3. 저작권법상 공정이용(Fair Use)의 법리에 의한 제한

저작권법 제 1 조는 “이 법은 저작자의 권리와 이에 인접하는 권리를 보호하고 저작물의 공정한 이용을 도모함으로써 문화 및 관련 산업의 향상발전에 이바지함을 목적으로 한다”라고 규정하고 있다. 즉, 저작권법은 기본적으로 저작자의 권리를 보호하지만, 저작물의 모든 이용형태에 있어서 무제한으로 저작자의 권리가 보호된다면 저작물의 원활한 이용을 방해하여 결과적으로는 문화 및 관련 산업의 발전에 지장을 초래하고 저작권법의 목적에 반하게 된다. 이러한 이유로 저작권법은 저작자의 저작물에 대한 배타적 지배권을 인정하여 저작자의 이익을 도모하는 한편, 일정한 경우에는 저작물의 자유이용을 허용하여 저작

293) Zacchini v. Scripps-Howard Broadcasting Co., 433 U.S. 562, 205 U.S.P.Q. 741(1977).
294) 이영록, 전게논문, 67면.
295) Levine, K. Jason, Can the Right of Publicity Afford Free Speech?, 27 Hastings Comm. & Ent. L. J. 171, Fall 2004, pp.200-216; 이영록, 전게논문 68면에서 재인용.
296) 이영록, 전게논문 68면.

물을 이용하는 공중의 이익을 도모함으로써 양자의 이익의 균형을 꾀하고 있다.[297] 그리하여 우리나라 저작권법은 독일이나 일본의 저작권법과 같이 제23조 내지 제35조의5에서 상세한 저작재산권 제한 규정을 두고 있다.

이러한 저작권법상의 권리제한규정들이 퍼블리시티권과 관련해서도 유추적용(類推適用)될 수 있을 것인가에 관해서는 다툼이 있다. 긍정적인 견해는 저작권과 퍼블리시티권은 바탕이 되는 정책적인 측면에서 유사성이 있다고 본다. 따라서 퍼블리시티권의 범주를 한정함에 있어 저작권이 적절한 유추대상이라는 것을 시사한다고 한다. 퍼블리시티권과 저작권은 모두 개인에게 그들의 개인적 노력에 따른 수익을 얻게 함으로써 창작적 노력에 대한 유인(誘因)을 제공하는 동시에, 헌법상 언론·출판의 자유와 표현의 자유, 그리고 저작권법상의 공정이용의 법리와 충돌하거나 그에 의하여 제한될 가능성을 내포하고 있다는 것이다.[298]

저작재산권 제한규정 중 퍼블리시티권의 제한원리로서 작용할 가능성이 가장 높은 것은 저작권법 제28조 '공표된 저작물의 인용'과 제35조의5 '저작물의 공정한 이용' 규정이다. 저작권법 제28조는 "공표된 저작물은 보도·비평·교육·연구 등을 위해서는 정당한 범위 안에서 공정한 관행에 합치되게 이를 인용할 수 있다"고 규정하고 있고, 제35조의5는 "저작물의 통상적인 이용 방법과 충돌하지 아니하고 저작자의 정당한 이익을 부당하게 해치지 아니하는 경우에는 저작물을 이용할 수 있다"고 규정하고 있다. 제28조에서 '인용'이란 자기의 논문 중에 자기가 주장하는 학설을 뒷받침하기 위하여 타인의 논문 일부를 빌려온다든가, 소설 작품 속에 타인의 시문(詩文) 등을 이용하는 것 같이 자기의 저작물 중에 타인의 저작물을 이용하는 것을 말한다. 원래 인용은 타인의 저작물을 복제하는 것이어서 원저작물의 저작재산권에 대한 침해가 될 것이지만, 새로운 문화발전을 위하여 필요불가결한 것이므로 공익과의 조화라는 관점에서 자유이용을 허용하는 것이다. 인용은 어문저작물에만 한정되는 것은 아니며, 영화·라디오·TV 프로그램 등에서도 인정될 수 있다.

그러나 저작권법 제28조는 '보도·비평·교육·연구' 등을 목적으로 하는 경우에는 언제나 저작재산권의 제한이 인정되는 것이 아니라, 일정한 요건이 갖추어진 경우에만 제한이 인정된다. 즉, 저작권법 제28조 자체에서 명문으로 규정하고 있듯이 저작재산권 제한이 인정되는 '인용'이 되기 위해서는 그 인용이 '정당한 범위 안'에서 이루어지고, '공정한 관행에 합치'되어야 한다.

이는 퍼블리시티권과 관련하여서도 동일하게 적용될 수 있다. 정당한 범위 내인가 아

297) 오승종·이해완, 저작권법, 박영사, 2005, 328면.
298) 이영록, 전게논문, 69면.

닌가 하는 것은 결국 사실문제로서 각각의 사안에 따라 결정되어야 할 것이므로, 사회통념에 의한 판단을 근거로 하되, 인용되는 동일성(identity)의 분량, 내용상의 주종의 구별, 이용의 형태, 이용의 목적 등에 따라 개별적으로 판단되어야 한다. 따라서 보도나 비평, 교육, 연구 등을 위한 목적을 벗어나 특정인의 성명 등 동일성을 사실상 '광고적'(廣告的)으로 이용하는 행위에 대하여는 저작권법 제28조를 유추적용할 수 없을 것이다.

제 6 절 영상저작물에 대한 특례

Ⅰ. 서 설

1. 영상저작물의 의의

영상저작물은 연속적인 영상(음의 수반여부는 가리지 아니한다)이 수록된 창작물로서 그 영상을 기계 또는 전자장치에 의하여 재생하여 볼 수 있거나 보고 들을 수 있는 것을 말한다(저작권법 제 2 조 제13호). 영상저작물의 의의에 관하여는 제 2 장 제 2 절 '저작물의 분류' 부분에서 살펴보았다. 종래의 광학적 필름에 의한 영화는 물론이고 자기테이프를 사용한 비디오테이프나 레이저 광선을 이용하여 디스크에 영상을 수록한 레이저디스크에 의한 영화도 영상저작물로 본다. 비디오게임도 연속적인 영상이 수록된 것이면 영상저작물로 보아야 할 경우가 많다. TV 방송사가 보낸 방송을 수상기를 통하여 수신하여 보는 TV 프로그램들도 영상저작물이다.

구 저작권법에서는 '영화저작물'이라는 용어를 사용하고 있었는데, 가정용 비디오테이프 등이 보편화되면서 '영상저작물'이라는 용어를 채택하게 되었다.

영상저작물도 다른 저작물과 마찬가지로 창작성이 요구된다. 따라서 사진들의 기계적인 병렬(예컨대 연속된 슬라이드)이나 자연적인 사실의 경과를 단순히 재현하는 것(예컨대 길거리에 카메라를 설치해 놓고 일정시간 동안 아무런 조작 없이 지나가는 사람들을 단순 촬영한 것) 등은 원칙적으로 저작물성이 없다. 그러나 영상 소재의 선택·배열 및 제작기술 등에 제작자의 독특한 창작성이 가미되었다면 영상저작물로 인정할 수 있다. 공연되는 연극을 그대로 영상에 담은 것이나 스포츠 중계 등 창작성이 문제로 되는 영상물에 관하여는 제 2 장 제 2 절 중 '영상저작물' 부분에서 검토한 바 있다.

'영상화'란 일반적으로 소설, 각본 등 기존의 저작물(원저작물)을 영상저작물의 작성에 이용하는 것을 말한다. 이용되는 저작물은 소설이나 각본 등의 어문저작물은 물론이고, 미술저작물이나 음악저작물도 영상화가 가능하다고 보는 것이 통설이다.[299] 영상화에 기존의 저작물을 이용하지 않는 경우(순수한 풍경영화나 기록영화)도 있을 수 있으나 예외적이다. '영상화 허락'이란 원저작물을 2차적저작물인 영화로 제작할 수 있도록 허락하는 것을 말한다. 원저작물의 저작자가 자신의 저작물을 영화로 제작할 수 있도록 허락하는 형태로는 2차적저작물작성권 자체를 양도하거나, 아니면 그 작성을 허락만 하는 이용허락을 생각해 볼 수 있다. 일반적으로는 후자의 것이 많을 것으로 생각된다. 후자의 경우 2차적저작물작성권 자체는 원저작자가 그대로 보유하고, 영상화 허락을 받은 자는 그 원저작물을 기초로 하여 당해 영화를 제작하는 것만이 허용된다.

영상저작물은 주로 2차적저작물인 동시에 공동저작물로서 종합예술의 한 형태이며 그 제작에는 원저작자, 감독자, 촬영자, 연출자와 같은 창작적 협력자와 실연자, 영상제작자 등이 대거 참여하게 된다. 이들에 관하여 아래에서 차례로 살펴보기로 한다.

2. 영상저작물의 저작자

가. 의의 및 입법례

영상저작물은 주로 2차적저작물인 동시에 공동저작물로서 종합예술의 한 형태이다. 그 제작에 창작적으로 관여하는 저작자로는 영화의 원작이 되는 소설이나 만화 등의 원저작자, 영상저작물의 감독, 연출, 촬영 등을 담당하여 실제 영상저작물의 형성에 창작적으로 관여하는 감독자, 연출자, 촬영자 등이 있다. 이들을 크게 2종류로 분류하는데 이른바 '고전적 저작자'(classical author), '근대적 저작자'(modern author),[300]가 그것이다. 고전적 저작자란 그의 저작물이 영상저작물의 소재저작물로 이용되는 자를 말하며, 예를 들어 소설가, 방송작가, 시나리오[301] 작가, 미술저작물의 저작자, 음악저작물의 저작자 등이 이에 해당된다. 근대적 저작자란 감독, 연출, 촬영, 미술 등을 담당하는 자로 영상저작물의 전체적 형성에

299) 최현호, 영상저작물에 관한 특례, 한국저작권논문선집(Ⅰ), 저작권심의조정위원회, 1992, 253면; 송영식·이상정, 전게서, 101면.

300) '근대적 저작자'를 경우에 따라서는 '현대적 저작자'라고 부르기도 한다. 박성호, 저작권법, 박영사(2014), 478면.

301) '시나리오'(scenario)는 영화를 제작하기 위하여 작성한 각본으로서, 장면이나 그 순서, 배우의 행동이나 대사 등을 기술한 어문저작물을 말한다. 'screenplay' 또는 'script'라는 용어를 쓰기도 한다. 시나리오의 작성에 이르기까지의 단계를 살펴보면, 먼저 제작하려는 영화의 플롯과 주요 장면의 개요를 그린 '시놉시스'(synopsis)가 만들어지고, 그 다음 단계인 '트리트먼트'(treatment)를 거쳐 최종적으로 '시나리오'의 완성에 이르게 된다고 한다(박성호, 전게서, 477면 참조).

창작적으로 활동을 하는 자를 말한다. 극장용 영상저작물의 경우 감독(director), 촬영감독, 조명감독, 미술감독 등이 이에 해당된다. TV 프로그램에서는 보통 '감독'이라는 명칭보다는 '프로듀서'(PD)라는 명칭을 많이 사용하는 것 같다. 실연자는 배우나 가수들을 말하는데 이들은 저작자는 아니나 저작인접권자로서 저작권법에 의하여 일정한 보호를 받는다.[302)]

영상저작물의 저작자가 누구인가를 정하는 문제는 복잡하고도 난해하다. 입법적으로는 크게 두 가지 방법이 발전하여 왔는데, 저작권법의 일반원칙인 '창작자 원칙'에 따라 개개의 영상저작물에 있어서 누가 저작자로서의 특성을 가졌는가, 또는 누가 창작적으로 기여하였는가에 따라 그때그때 저작자를 결정하는 '사례방법'과, 법적 안정성을 기하기 위하여 창작자 중의 일정한 자(예컨대 감독, 제작자 등)를 저작자로 보는 것으로 미리 법에 정해 놓는 '범주방법'이 있다.[303)] 외국의 경우를 보면, 범주방법을 취하는 사례로서 법에서 영상제작자를 영상저작자라고 하는 국가(영국), 영상제작에 창작적으로 참여한 사람들이 공동저작자라는 국가(프랑스), 원저작물의 저작자를 제외한 제작, 감독, 연출, 촬영 등 영상저작물의 전체적 형성에 창작적으로 기여한 자를 영상저작자라고 하는 국가(일본)가 있고, 저작권법에 영상저작자를 명시하지 않는 사례방법을 취하는 국가(미국, 독일)도 있다.[304)]

더 구체적으로 살펴보면, 대륙법계 국가 중 프랑스 저작권법은 고전적 저작자, 즉 영화의 원작이 되는 소설, 만화 등의 저작자 및 그것을 시나리오로 개작하거나 오리지널 시나리오를 작성한 작가 등도 영상저작물의 공동저작자에 포함시키는 입법례이다. 프랑스 저작권법 제113조의7 제 1 항은 "시청각적 저작물의 저작자의 지위는 저작물의 지적 창작을 실행한 자연인 또는 복수의 자연인에게 귀속된다"고 하고 있고, 제 2 항에서는 반증이 없는 한 대본의 저작자, 개작의 저작자, 대사의 저작자, 시청각적 저작물을 위하여 특별히 작성된 가사가 있거나 또는 가사가 없는 악곡의 저작자, 감독 등을 시청각적 저작물의 공동저작자로 추정하고 있다. 독일 저작권법은 저작권법에 영상저작물의 저작자 내지 저작권자에 대하여 아무런 규정을 두고 있지 않고, 영상저작물의 이용을 위한 권리가 영상제작자에게 주어지는 것으로 규정하고 있다.[305)] 일본 저작권법 제16조는, "영화저작물의 저작자는 그 영화저작물에 있어서 번안 또는 복제된 소설, 각본, 음악 기타 저작물의 저작자를 제외하고, 제작, 감독, 연출, 촬영, 미술 등을 담당하고 그 영화저작물의 전체적 형성에 창작적으로 기여한 자로 한다. 다만, 전조의 규정(업무상저작물)의 적용이 있는 경우에는 그러하지 아

302) 최현호, 전게논문, 252면.

303) 베른협약 제14조의2 제 2 항 (가)호는, "영화저작물의 저작권자의 결정은 가맹국의 법령이 정하는 바에 따른다"라고 하여 영상저작물의 저작권의 귀속결정을 각국의 법령의 규정에 위임하고 있다.

304) 연극·영화관련 저작권 문답식해설, 저작권심의조정위원회, 1991, 109면.

305) 독일 저작권법 제89조.

니하다"고 규정하고 있다.

영미법계 국가 중 미국은 저작권법상 영상저작물의 저작자 내지 저작권자에 대한 규정을 두지 않는 대신, 영상저작물을 '직무저작물'(work for hire)로 보고,[306] 직무저작물의 저작권은 고용주에게 귀속하는 것으로 규정하고 있다.[307] 영국 저작권법은 영상저작물의 저작자는 영상제작자와 총감독이라고 규정하면서도, 그 저작권은 사용자에게 귀속하는 것으로 규정하고 있다.[308] 이처럼 영미법계 입법례에서는 직무저작물 규정에 따라 결과적으로 사용자인 영상제작자가 저작자로 되는 경우가 많다.

나. 고전적 저작자와 근대적 저작자

(1) 고전적 저작자

위에서 본 바와 같이 영상저작물의 저작자와 관련하여서는 다양한 입법례가 있으나, 우리 저작권법은 영상저작물의 저작자를 규정하는 별도의 조항을 두지 않는 이른바 '사례방법'을 취하고 있다. 따라서 '창작자 원칙'에 따라 영상저작물의 저작자를 결정하게 된다. 이에 의하면 영화의 원작이 되는 소설이나 시나리오 등의 작가, 즉 이른바 고전적 저작자는 2차적저작물인 영상저작물의 원저작물 저작자에 해당하며, 단순히 2차적저작물작성권을 양도하거나 이용허락을 한 것만으로는 영상저작물의 저작자가 될 수 없다고 해석된다. 특히 우리 저작권법은 프랑스 저작권법과 같이 대본의 저작자 등 고전적 저작자와 감독 등 근대적 저작자가 영상저작물의 공동저작자가 되는 것으로 추정하는 규정도 두고 있지 않으며, 원작과 그 원작을 기초로 한 영상저작물은 개별적으로 분리하여 이용할 수 있는 저작물이므로 공동저작물이 아니라 독립된 저작물로 보게 된다. 또한 우리 저작권법 제100조 제 2 항은 "영상저작물의 제작에 사용되는 소설·각본·미술저작물 또는 음악저작물 등의 저작재산권은 제 1 항의 규정으로 인하여 영향을 받지 아니 한다"고 규정하여 소설이나 각본 등이 영상저작물과 별도의 저작재산권의 대상임을 명백히 하고 있다. 이러한 점들에 비추어 볼 때 우리 저작권법상 이른바 '고전적 저작자'는 원칙적으로 영상저작물의 저작자가 아니라고 해석하는 것이 타당하다.[309]

따라서 영상저작물의 저작자는 영상저작물의 제작에 창작적으로 기여한 자, 즉 보통의 경우에는 영상이나 음의 형성에 창작적으로 기여한 감독, 연출, 촬영, 미술, 편집 등을 담당한 근대적 저작자가 이에 해당한다. 그러나 우리 저작권법과 같이 영상저작물에 대한 저작

306) 미국 저작권법 제101조.
307) 미국 저작권법 제201조b.
308) 영국 저작권법 제 9 조, 제11조.
309) 이해완, 전게서, 730면.

자 내지 저작권자에 관하여 아무런 규정이 없는 경우에는 영상저작물의 제작에 창작적으로 기여한 모든 기여자는 고전적 저작자이든 근대적 저작자이든 구분할 필요 없이 모두 공동저작자로 되며, 또한 저작권도 모든 기여자의 공동저작권으로 귀속한다는 견해도 있다.[310)]

물론 고전적 저작자라도 단순히 자기의 저작물을 이용하여 영상화하는 것을 허락하는 데 그치지 않고, 영상저작물의 작성에 창작적으로 기여한 경우에는 영상저작물의 저작자가 될 수 있다. 실제 영상저작물을 제작하는 과정을 보면 시나리오 작가나 방송대본 작가들이 단순히 시나리오를 집필하여 감독 등 근대적 저작자에게 넘기는 것에 그치지 않고, 제작이 완료될 때까지 계속하여 수정작업을 하는 등 영상저작물의 제작에 협력하는 경우도 많다. 그러나 그러한 정도만으로 영상저작물의 공동저작자가 되기는 어려우며, 실질적으로 영상저작물 자체의 제작과정에 창작적으로 깊이 관여하여 시나리오나 대본이 갖는 창작성을 넘어서서 영상저작물 자체가 가지는 창작성의 형성에 실질적으로 기여한 경우라야 비로소 그 고전적 저작자를 영상저작물의 공동저작자로 볼 수 있을 것이다. 어느 정도의 창작적 기여가 있어야 영상저작물의 저작자로 볼 수 있는지는 영상 제작 참여자들 각각의 행위를 개별적으로 검토하되, 전체 영상저작물에서 차지하는 기여도 등을 종합적으로 고려하여 판단하여야 할 것이다.

(2) 근대적 저작자

우리 저작권법은 영상저작물의 저작자를 누구로 볼 것이냐에 관하여는 아무런 규정도 두고 있지 않지만, 제100조 제 1 항에서, "영상저작물의 제작에 협력할 것을 약정한 자가 그 영상저작물에 대하여 저작권을 취득한 경우 … "라고 규정하고 있다. 이는 영상제작자와의 사이에 영상저작물의 제작에 협력할 것을 약정한 자 중에서 상황에 따라 영상저작물에 대한 저작권을 원시적으로 취득하는 경우가 있음을 전제로 하고 있는 것이며, 이 점에서 '사례방법'을 취한 것으로 이해된다.[311)] 따라서 저작물을 창작한 자를 저작자로 보는 저작권법 제 2 조 제 2 호의 창작자 원칙에 따라 영상저작물의 제작에 협력할 것을 약정한 자 중에서도 창작적으로 기여한 자가 저작자가 된다. 일반적으로는 구체적인 영상을 만들어 가는 과정을 지휘하고 책임지는 영화감독, 연출감독, 촬영감독, 조명감독, 미술감독 등의 근대적 저작자를 영상저작물의 저작자로 볼 수 있을 것이다.

그러나 근대적 저작자로 흔히 일컬어지는 감독, 촬영감독, 녹음감독, 조명감독, 편집감독 등이 언제나 영상저작물의 저작자가 되는 것은 아니다. 구체적으로 개개의 경우에 영상

310) 허희성, 2011 신저작권법 축조개설, 명문프리컴, 2011, 506-507면.
311) 최현호, 전게논문, 263면.

저작물을 작성하는데 자기의 사상과 감정을 독창적·창작적으로 표현하였는지 여부가 중요하다. 조감독이나 보조카메라맨 같은 보조자는 일반적으로는 영상저작물의 저작자라고 보기 힘들 것이다.

3. 실 연 자

연기하는 배우나 영상물에 음성을 제공하는 성우 등 실연자는 영상저작물의 제작에 창작적으로 참여한 것이 아니어서 영상저작물의 저작자가 아니라고 보아야 할 것이다. 감독 중에서도 연기나 무술 등 실연행위만을 지도하는 감독은 실연자의 범주에 속한다. '예능적 방법'으로 표현하지 않는 보조 실연자 또는 엑스트라 등은 실연자의 범주에서도 제외된다.[312] 그러나 영상저작물의 제작에 관여한 자가 그 영상저작물의 저작자로서의 지위를 가질 수 있는지 여부는, 그가 실질적으로 창작적 기여를 하였는지 여부에 따라서 결정되는 것이지, 명목상의 직책이 무엇이냐에 따라 결정되는 것은 아니다. 예를 들어 영화배우라는 직책으로 영화제작에 참여하였다고 하더라도, 단순히 실연만 하는 것을 넘어서서 영화 제작의 창작적인 부분에 구체적으로 깊이 관여하고 기여를 하였다면 공동저작자로서의 지위를 가질 수 있다. 마찬가지로 조명감독이라든가 의상감독 등 '감독'이라는 이름으로 영화제작에 참여하였다고 하더라도, 실질적으로 창작적인 기여를 하지 못하고 단순히 다른 감독의 지시에 따르는 보조적인 역할만을 하였다면 공동저작자로 인정받을 수 없을 것이다.

4. 업무상저작물의 성립 여부

영상저작물은 그 제작에 많은 비용과 인력, 시간이 투자되고 종합적인 기획이 필요하기 때문에 개인보다는 법인이나 단체 등에 의하여 제작되는 경우가 많다. 이때 영상저작물의 경우에도 업무상저작물이 성립할 수 있을지 여부가 문제로 된다. 이는 우리 저작권법이 미국의 고용저작물(works made for hire) 이론과 프랑스의 집합저작물 제도가 절충된 일본 저작권법 제15조 제 1 항을 받아들여 제 9 조의 '업무상저작물' 규정을 마련하면서, 동시에 독일 저작권법 제 3 장(제88조 내지 제95조)의 '영상저작물에 대한 특별규정'을 받아들였기 때문에 생기는 해석상의 어려움이다.[313] 일본 저작권법 제16조 단서는 영상저작물에 대하여도 업무상저작물에 관한 규정이 적용됨을 명시하고 있고,[314] 미국 저작권법 제101조도 '고용

312) 최경수, 저작권법개론, 한울아카데미, 2010, 564면.
313) 박성호, 업무상 작성한 저작물의 저작자 지위에 관한 연구, 서울대학교 석사학위 논문, 1998, 106-107면.

저작물'에는 시청각저작물이 포함된다고 명시하고 있는데, 우리 저작권법에는 영상저작물과 업무상저작물에 대한 관계를 명시해 주는 규정이 없이 그냥 영상저작물에 대한 특례규정을 두고 있다. 그래서 우리 저작권법이 영상저작물에 관한 특례규정을 두고 있는 것이 영상저작물의 경우에는 업무상저작물의 성립을 배제하는 취지가 아닌지 의문이 생기게 되는 것이다.

그러나 오히려 업무상저작물에 관한 저작권법 제 9 조에서 영상저작물을 특별히 배제하고 있지 않은 이상, 영상저작물의 경우에도 제 9 조에서 정하고 있는 업무상저작물의 요건을 갖추면 업무상저작물로 성립할 수 있다고 보는 것이 타당할 것이다.[315] 하급심 판결도 영상저작물이 업무상저작물로 될 수 있다고 판시하고 있다.[316] 따라서 영상저작물이 업무상저작물의 성립요건을 갖춘 때, 즉 ① 법인·단체 그 밖의 사용자(법인 등)가 그 영상저작물의 작성에 기획을 하고, ② 법인 등의 업무에 종사하는 자에 의하여 작성되고, ③ 그 작성이 업무상 행위에 해당하고, ④ 법인 등의 명의로 공표되는 것이며, ⑤ 계약 또는 근무규칙 등에 다른 정함이 없는 때에는 그 영상저작물은 업무상저작물이 되어 법인 등이 저작자로서 저작재산권과 저작인격권을 원시적으로 취득한다. 결국 영상저작물에 대한 특례규정은 영상저작물이 업무상저작물로서의 성립요건을 충족하지 못하는 경우에 그 유통을 원활히 하고 권리관계를 명확하게 하기 위한 특별 규정이라고 해석된다.[317] 따라서 영상저작물이 저작권법 제 9 조의 요건을 갖추어 업무상저작물로 되는 경우에는 영상제작자인 법인 등 사용자가 저작자가 되어 저작인격권과 저작재산권을 원시적으로 취득하게 되므로, 영상저작물에 관한 특례규정인 저작권법 제100조 제 1 항은 적용될 여지가 없을 것이다.

극장용 영화나 TV드라마와 같은 영상저작물의 경우에는 일반적으로 작품의 상영 시작 전에 자막으로 표시되는 '오프닝 크레딧'(opening credit) 또는 작품의 상영이 끝난 후에 자막으로 표시되는 '엔딩 크레딧'(ending credit)에서 그 영상저작물의 제작에 관여한 감독이나 PD, 스텝 등의 이름을 명시하는 경우가 많다. 그런데 이로 인하여 "법인 등의 명의로 공표되는"의 요건을 충족하지 못하는 것 아닌가 하는 의심이 있을 수 있다. 그러나 2006년

---

314) 일본 저작권법 제16조(영화저작물의 저작자). "영화저작물의 저작자는 그 영화저작물에 있어서 번안 또는 복제된 소설, 각본, 음악, 기타 저작물의 저작자를 제외하고, 제작, 감독, 연출, 촬영, 미술 등을 담당하고 그 영화저작물의 전체적 형성에 창작적으로 기여한 자로 한다. 다만, 전 조(업무상 작성하는 저작물의 저작자)의 규정의 적용이 있는 경우에는 그러하지 아니하다."

315) 장인숙, 전게서, 224-225면; 서울대학교 기술과법센터, 전게서, 944면(홍승기 변호사 집필 부분), 이해완, 전게서, 731면.

316) 서울고등법원 2000. 9. 26.자 99라319 결정; 서울지방법원 2003. 7. 11. 선고 2001가합40881 판결.

317) 박성호, 전게논문, 115-116면.

개정되기 전 저작권법은 단체명의저작물의 저작자에 관한 제 9 조 단서에서 "기명저작물의 경우에는 그러하지 아니하다"라고 하여 기명저작물의 경우에는 업무상저작물이 성립하지 않는 것으로 규정하고 있었으나, 2006년 저작권법을 개정하면서 그러한 단서 규정을 삭제하였다. 또한 설사 오프닝 크레딧이나 엔딩 크레딧에 감독 또는 PD 등의 이름을 명시한다고 하더라도 이는 영상저작물을 그 이름으로 공표한다는 취지가 아니라 단순히 그 영상저작물 제작에 있어서 내부적인 업무분담을 표시하는 것 정도로 보아야 한다. 따라서 그런 경우에도 업무상저작물의 성립을 부정할 것은 아니다.[318] 다만, 영화제작의 현실을 볼 때 법인 등이 제작하는 영화라 하더라도 영화감독의 경우에는 그 법인 등으로부터 지휘감독을 받는 관계가 아닌 상당히 독립적인 지위에서 계약을 체결하고 영화제작에 참여하는 경우가 많다. 이러한 경우에는 업무상저작물의 성립요건 중 하나인 "업무에 종사하는 자"에 해당하지 않으므로 업무상저작물에 관한 규정이 적용되지 않는다고 보아야 할 것이다.

5. 영상제작자

가. 의 의

영상저작물에서 '저작자'와 '제작자'는 구별하여야 한다. 영상저작물의 저작자는 영상저작물의 제작에 창작적으로 기여한 자를 말하고, 영상제작자는 영상저작물의 제작에 있어서 그 전체를 기획하고 책임을 지는 자를 말한다(저작권법 제 2 조 제14호). 즉, 영상제작자가 되기 위해서는 '창작'이 아니라 '기획'과 '책임'이라는 두 가지 요소가 필요하다. 여기서 '기획'이란 자신의 결정에 의해 영상저작물을 제작하는 것을 말하므로 단순히 계획을 세우는 것만으로는 부족하다. 또 스스로 기획할 필요까지는 없으며 외부로부터 위탁받아 기획을 결정하고 영상저작물을 제작하는 경우도 포함된다. '책임'이란 자기의 경제적 부담으로 영상저작물을 제작하는 것을 말하며, 이는 영상저작물의 제작에 관한 법률상 권리·의무가 귀속하는 주체로서, 경제적인 수입·지출의 주체가 된다는 의미이다. 따라서 영상저작물의 제작을 기획하고 자금을 제공한 경우에도 단순한 외주제작을 의뢰한 것에 불과한 경우에는 '책임'이 인정되지 않기 때문에 영상제작자가 아니다.[319] '전체'를 기획하고 책임을 지는 자

---

318) 이러한 취지에서 기명저작물을 업무상저작물에서 제외하는 단서규정이 존재하고 있던 개정 전 저작권법 아래에서도, 원고(단체)의 직원이던 피고들이 원고의 총괄적 기획 및 지휘·감독 아래 창작한 영상저작물은 비록 그 제작에 참여하였던 피고들 일부의 성명이 크레딧에 스텝으로 표시되었다 하더라도 그 영상저작물의 저작자는 사용자인 원고라고 인정한 사례(서울지방법원 2003. 7. 11. 선고 2001가합40881 판결)가 있다. 서울대학교 기술과법센터, 전게서, 945면 참조.

319) 박성호, 저작권법, 박영사(2014), 474면.

로 한정한 것은, 영상저작물이 종합저작물로서 제작부분이나 단계에 따라서 각 부분을 책임지는 부분기획자들도 있으므로 이들을 본 특례규정이 적용되는 영상제작자로부터 제외하기 위한 의도라고 한다.[320] 전체를 기획하고 책임을 진다는 것은 쉽게 말하면 영상저작물의 제작에 있어서 전체적인 계획을 짜고 제작비용과 인원을 투입하는 등 경제적인 수입과 지출의 주체가 된다는 것을 의미한다. 영상제작자는 개인적으로 영화나 동영상을 제작하는 자연인도 있지만 영화사나 방송사, 비디오제작사 같은 법인인 경우도 많다.

'프로듀서'(producer)를 '영화제작자자'라는 의미로 사용하는 경우가 있지만, 프로듀서를 한 마디로 정의하기는 어려우며 다양한 의미로 사용되고 있다. 실무적으로 프로듀서에는 영상제작회사의 대표를 의미하는 Executive Producer(영화사 대표), 예산과 스케줄에 따라 제작을 진행하는 Line Producer(제작실장), 구체적 스케줄에 따라 실제 예산을 집행하고 일을 진행하는 Production Manager(제작팀장) 등이 포함된다. 그렇다면 저작권법에서 말하는 영상제작자는 이들 각 프로듀서를 고용하거나, 이들 프로듀서들과 위임이나 도급계약에 의하여 영화를 제작하는 제작사 혹은 독립제작사를 의미한다고 한다. 즉, 저작권법상의 영상제작자는 여러 가지 유형의 프로듀서들을 포괄하는 상위 개념으로서 이른바 '현대적(근대적) 저작자'와는 구별되는 개념으로 이해하는 것이 타당하다는 것이다.[321]

따라서 어떤 회사가 제작비를 전액 부담하고 영화제작회사에게 광고영화의 제작을 위탁한 경우에, 이 제작을 위탁한 회사는 영상제작자가 아니다. 영상저작물의 제작을 기획하지 아니하였기 때문이다. 위탁한 회사는 영상제작회사와의 계약에 따라 영상제작자가 그 영상저작물(광고영화)에 대하여 가지고 있는 권리를 양도받거나 이용허락을 받을 수 있을 뿐이다. TV방송사가 직접 영상저작물을 제작하지 않고, 외부의 독립 프로덕션에 영상제작을 의뢰한 경우에도 TV방송사는 영상제작자가 아니고 직접 제작을 한 프로덕션이 영상제작자로 된다. TV방송사는 독립 프로덕션으로부터 이용권을 양도받거나 이용허락을 받아 방송을 하게 된다.[322]

나. 판 례

하급심 판결 중에는 영상제작자란 영상저작물의 제작에 있어서 전체적인 계획을 짜고 경제적인 수입과 지출의 주체가 되는 자를 의미하므로, "단순히 영화제작비만을 부담하고 수익만을 갖기로 하는 경우"에는 영상제작자로 볼 수 없다고 한 판결이 있다.[323] 일본 판례

320) 허희성, 저작권법 축조개설, 범우사, 30면.
321) 박성호, 전게서, 475면. 홍승기, "영화제작자의 권리", 「Entertainment Law」, 박영사(2007), 184면.
322) 연극·영화관련 저작권 문답식해설, 전게서, 113면.
323) 서울지방법원 2003. 8. 29. 선고 2003카합2565 판결.

중에는 영상제작자로 인정되기 위한 요건으로서, ① 당해 영화에 관한 제작의사를 가지고 있는지, ② 제작에 있어서의 법률상의 권리의무의 주체로 인정되는지, ③ 제작에 따르는 경제적 수입, 지출의 주체로 인정될 수 있는지 등이 고려되어야 한다고 판시한 것이 있다.[324)]

다른 하급심 판결 중에는, 영상제작자를 영상저작물 자체의 창작과정을 기획하고 책임을 지는 자만을 의미하는 것으로 좁게 해석할 수는 없고, 그 외 영상저작물의 제작을 위하여 직접 투자를 하거나, 다른 투자자를 유치하고 영상저작물의 제작과 관련된 제반 사무처리 및 회계업무를 담당하는 등 영상저작물의 제작과 관련된 사무적인 업무를 전체적으로 기획하고 책임을 진 자 역시 전체 영상 제작과정에 기여한 정도에 따라 영상제작자에 포함될 수 있다고 본 판례가 있다. 이 판결에서는 이러한 기준에 따라, ① 영화 제작사인 A사와 투자사인 B사는 이 사건 영화의 '공동제작'을 위하여 영화제작계약을 체결하면서, A사는 영화의 제작 관련 업무를, B사는 판권 거래 등 모든 상행위 관련 업무를 각 담당하기로 역할을 분담하여 각 해당 분야의 전체를 기획하고 책임진 점, ② A사와 B사는 이 사건 영화의 감독, 연출, 촬영감독, 편집자, 배우 및 기타 스텝진과 사이에 각기 별도의 계약서에 의하여 영화제작협력계약을 체결한 점, ③ A사가 영화의 제작을 담당하기로 하면서도 제작과 관련한 결정을 B사와 상의하여 진행한 점, ④ 이 사건 영화에 대한 보도자료, 포스터, 영화 크레딧 등에 B사와 A사가 '공동제작자'로 표시되어 있는 점 등을 종합하여, B사와 A사는 이 사건 영화제작과 관련하여 각자 역할을 분담하여 공동으로 전체를 기획하고 그 책임을 가진 것으로 봄이 상당하므로, B사가 이 사건 영화의 창작에 기여하였는지 여부에 관계없이 B사와 A사는 모두 이 사건 영화의 공동제작자에 해당한다고 판시하였다. 나아가 이 판결은 영화에 대한 공동제작자들의 권리행사와 관련하여, 공동저작물의 저작재산권 행사 및 처분에 있어서 저작재산권자 전원의 합의를 요하도록 한 저작권법 제48조 제 1 항은 공동저작물의 특수성에 따른 특칙이어서 저작재산권 공유자 사이에 공동저작물에 준할 정도의 인적 결합관계가 있는 경우에도 준용될 수 있다고 하였다. 그리하여 A사와 B사는 공동저작자의 관계에 준할 정도의 긴밀한 인적 결합관계에 있다고 판단한 다음, 저작권법 제48조 제 1 항을 유추적용 하여 B사는 그가 A사와 공동보유하고 있는 이 사건 영화에 대한 저작재산권의 지분 전부 또는 일부를 양도함에 있어 다른 저작재산권자인 A사의 동의를 얻어야 하며, 그와 같은 동의가 없는 양도는 다른 저작재산권자인 A사에게는 물론 그로부터 이 사건 영화에 대한 저작재산권 일체를 승계한 피고에 대하여도 효력이 없다고 판시하였다.[325)] 이 판결은 영상제작자에 해당하는지 여부에 대한 판단 기준을 제시

324) 동경고등법원 2003. 9. 25. 판결 '超時空要塞マクロス 사건'. 위 각주 및 본 각주 판결은 조영선, 영화 및 공연과 지적재산권, 엔터테인먼트법(하), 진원사, 2008, 6면에서 재인용.

함과 아울러 실제 영화계에서 많이 이루어지고 있는 투자자와 제작자 사이의 공동제작 행위와 그에 따른 공동제작자들의 역할 분담 및 그들 사이의 인적 결합관계 여하에 따라 권리행사에 있어서 공동저작자에 관한 규정을 유추적용 할 수 있다는 점을 판시하고 있다는 점에서 주목된다.

다. 소 결

영상제작자를 확정하는 것은 개별 사안에서의 계약의 형태와 역할에 따라 구체적으로 판단하여야 한다. 제작자와 투자자 사이의 영화제작 투자계약에는 여러 형태가 있을 수 있다. 통상적으로는 투자자가 제작비 등 영화에 들어가는 비용을 조달하고 제작자는 영화제작 용역을 제공하며, 순수익이 발생할 경우 약정한 비율로 나누어 가지고, 주된 투자자는 제작된 영화의 판권[326]을 가져가며, 지적재산권의 귀속에 관하여는 수익창출에 필요한 일정 기간 동안은 투자자가 지적재산권을 보유하다가 제작자에게 돌려주거나 투자자와 제작자가 공유하는 형태가 많다고 한다.[327] 투자자가 자금의 회수에만 관심이 있다면 그 투자자를 영상제작자(공동영상제작자)로 보기 어려우며, 이러한 경우에 투자자는 영상저작물 특례규정의 적용을 받을 수 없어서 저작권법 제100조에 의하여 저작재산권을 양도받는 것으로 추정되지 않는다. 그러므로 제작사 또는 영상저작물의 저작자 및 실연자들과의 사이에 별도의 약정을 체결함으로써 저작권 귀속의 문제를 해결하게 될 것이다.[328]

영상제작자는 영상저작자와 구별되지만, 영상제작자가 영상저작자인 영화감독 등과 함께 대본의 채택과 배우 캐스팅, 촬영의 시작에서부터 필름의 편집 작업에 이르기까지 영상저작물의 제작에 창작적으로 실질적으로 기여를 한 경우에는 그 영상저작물에 대한 공동저작자로서의 지위도 함께 가지게 된다.

---

325) 서울고등법원 2008. 7. 22. 선고 2007나67809 판결(확정). 이숙연, 전게논문, 4면에서 재인용.

326) 영화관련 계약에서 통상적으로 사용되는 '판권'이라는 개념은 저작권보다 넓은 개념으로서, 영화로부터 발생하는 수익을 창출할 수 있는 일체의 권리를 말하는 것이고, 극장, 지상파 TV, 케이블 및 위성 TV, DVD, 비디오, 해외 판매 등을 통해서 수익을 창출할 수 있는 모든 권리를 포함하는 개념으로 이해되고 있다. 박완규, 영화산업의 현황과 법적 문제, 엔터테인먼트법(상), 진원사, 2008, 64면 참조.

327) 조광희 외 2인, 영화인을 위한 법률가이드, 시각과 언어, 2003, 132면; 박완규, 전게서, 64면.

328) 이숙연, 영상저작물에 대한 저작재산권의 귀속 및 저작권의 공동보유, Law & Technology 제5권 제3호, 서울대학교 기술과법센터, 2009. 5월, 9면.

Ⅱ. 영상저작물에 대한 특례

1. 개 관

위에서 본 바와 같이 구체적인 사안에서 누가 영상저작자인지를 확정하는 것은 매우 어려운 문제이고, 영상저작물의 제작에는 많은 사람들이 복합적으로 관여하기 때문에 일반적인 저작권법 규정에 의할 경우 권리관계가 복잡해지고, 그로 인하여 영상저작물의 원활한 이용을 저해할 위험이 있다. 특히 영상저작물은 대부분 공동저작물로 될 것이고, 그렇게 되면 그 영상저작물을 이용함에 있어서는 공동저작자 전원의 동의를 받아야 하는데, 수많은 사람들이 공동으로 참여한 영상저작물에 있어서 전원의 동의를 얻는다는 것은 거의 불가능에 가까운 일이다. 뿐만 아니라 영상저작물의 제작에는 많은 자본과 노력이 들어가므로 그에 따른 위험은 누군가가 부담하여야 하고, 제작에 참여하는 모든 사람들을 전체적으로 종합·관리하는 특수한 기술과 노하우(know-how)가 필요하다. 따라서 영상저작물에 있어서는 저작자뿐만 아니라 이러한 기여도를 가진 자, 즉 영상제작자를 충분하게 보호할 필요가 있는 것이다. 이에 저작권법은 영상저작물에 대한 특례규정을 두어 영상저작물의 저작에 공동 참여한 자들의 권리관계를 규율하고 영상저작물의 원활한 이용을 도모하는 한편, 영상제작자의 투하자본 회수를 쉽게 하고 있다.

2. 특례규정의 구조 – 영상화계약과 영상제작계약

영상저작물에 대한 특례규정의 구조를 보면, 대체적으로 저작권법 제99조는 고전적 저작자의 저작물, 즉 영상저작물의 기초가 된 원저작물의 이용관계를 규정하고 있다. 기존의 저작물을 이용하여 영상화하는 경우에는 원칙적으로 저작물의 이용에 관한 일반이론이 적용되어야 하겠지만, 저작권법은 영상저작물의 원활한 이용과 영상제작자의 보호를 위하여 당사자의 의사표시를 보충하는 규정을 두고 있는 것이다. 이에 비하여 저작권법 제100조는 작성된 영상저작물에 대한 권리관계를 규율하고 있는데, 제 1 항은 근대적 저작자에 대하여, 제 2 항은 고전적 저작자에 대하여, 제 3 항은 실연자에 대하여 규정하고 있다. 나아가 저작권법 제101조는 영상제작자의 권리를 확인하는 의미를 담고 있는 규정이다.

영상저작물의 제작과정은 크게 ① 기획(영상화 계약 등), ② 제작 준비(감독 계약, 배우 출연 계약, 스태프 계약), ③ 제작(촬영), ④ 완성(편집, 사운드 추가, 크레딧 삽입 등), ⑤ 배급으로 구성된다. 영상화 계약은 ①의 '기획' 단계에 속하는 것이고, 영상제작계약은 ②의 '제작 준비' 단계에 해당한다.[329] 통상적으로 저작권법 제99조는 '영상화' 단계에 있어서 특약이 없는 경우에 대한, 그리고 제100조 제1항은 '영상제작' 단계에 있어서 특약이 없는 경우에 대한 특례를 규정한 것이라고 이해하고 있다.

영상저작물은 풍경영화나 기록영화와 같이 원저작물에 기초하지 않고 곧바로 제작되는 경우도 있으나 소설 등 기존의 저작물을 원저작물로 하여 2차적저작물로 제작되는 것이 대부분이다. 이처럼 기존의 저작물을 2차적저작물인 영상저작물로 제작할 수 있는 권리를 '영상화권'이라고 하고, 그 '영상화권'을 양도받거나 이용허락 받기 위한 계약을 보통 '영상화계약'이라고 한다.[330] 한편, '영상제작계약'은 영상제작자와 근대적 저작자 간에, 영상제작자와 실연자 간에, 그리고 영상제작자와 그 밖의 스태프 간에 각기 체결되는 계약들을 일컫는 용어이다. 따라서 영상제작계약에는 영상제작자와 근대적 저작자 간에 체결되는 감독 계약, 프로듀서 계약, 영상제작자와 실연자 간에 체결되는 배우 출연 계약, 그리고 영상제작자와 그 밖의 스태프 간에 체결되는 스태프 계약 등이 포함된다.[331]

영상저작물에 대한 특례규정 제100조는 영상저작물에 대하여만 적용되는 것이기 때문에, 영상제작의 어느 단계에 이르렀을 때 영상저작물로 볼 것인지 여부가 문제로 된다. 일반 저작물과 마찬가지로 영상저작물의 경우에도 원칙적으로는 영상저작물이 최종적인 완성에 이르지는 못하였다고 하더라도, 영상저작자들의 창작적 기여행위에 따라 창작성이 부여되었을 때 그 부여된 부분에 대하여는 영상저작물로 성립한다고 볼 것이다. 그러나 영상저작물 특례규정 제100조가 영상제작자의 투하자본 회수를 용이하게 하기 위한 특별규정이라는 점을 감안한다면, 영상저작물의 제작이 전체적으로 완성되었을 때, 또는 적어도 영상저작물로서 창작성이 부여되고 그 창작된 부분이 투하자본 회수, 즉 기획된 전체 영상저작물의 유통과 관련하여 상당한 독립된 경제적 가치를 가지게 되었을 때 특례규정 제100조가 적용된다고 보는 것이 타당하다고 생각된다.

---

329) 박성호, 전게서, 476면.

330) 영화업계에서는 영상화계약을 다시 소설 등의 원작의 사용권 취득(또는 영화판권 취득, 원작권 구입)에 관한 '영상화 허락계약'과, 이러한 원작을 기초로 시나리오를 작성하는 '시나리오 계약'으로 구분하는 것이 일반적이라고 한다. 소설 등의 원작 없이 곧바로 시나리오가 작성되는 경우(이른바 '오리지널 시나리오')에는 시나리오 작가와 체결하는 시나리오 계약 자체가 영상화 계약에 해당한다(박성호, 전게서, 477면).

331) 상게서, 478면.

3. 저작물의 영상화를 위한 특례

가. 영상화의 대상

저작권법 제 5 조 제 1 항은 "원저작물을 번역·편곡·변형·각색·영상제작 그 밖의 방법으로 작성한 창작물"을 2차적저작물이라고 규정하고 있다. 소설이나 각본 등을 소재로 하여 영상화함으로써 영상저작물을 제작하게 되면 그 영상저작물은 원저작물에 대한 2차적저작물이 되고, 따라서 원저작물 저작자의 2차적저작물작성권이 미치게 된다. 그러나 반드시 소설이나 각본과 같은 저작물만이 영상저작물의 기초가 되는 것은 아니고, 음악저작물이나 미술저작물이 영상저작물의 테마나 주제가 되는 경우도 있을 것이다. 이런 경우도 음악저작물이나 미술저작물의 '영상화'라고 할 수 있을 것이나, 그에 따라 제작된 영상저작물이 거기에 이용된 음악 또는 미술저작물의 2차적저작물이라고 보기는 어려울 것이다. 왜냐하면 그 경우에는 테마가 된 음악저작물이나 미술저작물이 실질적인 변형 없이 그대로 영상저작물에 이용되는 경우도 많을 것인데, 그 때에는 해당 음악이나 미술저작물에 대한 '복제'가 된다고 할 것이고, 설사 영상저작물에 사용되는 과정에서 그 음악이나 미술저작물에 실질적인 변형이 이루어진다고 하더라도 그 변형된 음악이나 미술저작물을 원래의 음악 또는 미술저작물에 대한 2차적저작물이라고 볼 수는 있을지언정, 그 음악이 사용된 영상저작물 자체를 해당 음악 또는 미술저작물의 2차적저작물이라고 보기는 어려울 것이기 때문이다. 이러한 점에 비추어 볼 때 저작권법 제99조 제 1 항에서 규정하는 '영상화'란 반드시 2차적저작물의 작성의 경우만을 의미하는 것은 아니라고 할 것이다.[332)]

판례 중에도 같은 취지로 판시한 사례가 있다. 일명 'CGV 판결'이라고 불리는 것으로, 영화의 주제곡이나 배경음악으로 사용된 음악에 대하여 음악저작권 신탁관리단체인 한국음악저작권협회가 복제사용료 외에 영화상영에 따른 별도의 공연사용료를 청구한 사건이다. 이 사건에서 1심인 서울중앙지방법원 2013. 5. 23. 선고 2012가합512054 판결은, 한국음악저작권협회는 저작권법 제99조 제 1 항에서 말하는 '저작물의 영상화'란 저작물을 시각적인 영상으로 만드는 것을 의미하고 그러기 위해서는 일정한 이야기가 있어야 하므로, 위 조항은 일정한 이야기가 있는 어문저작물에만 적용될 뿐 일정한 이야기가 없는 음악저작

332) 이와 같은 견해로는, 이해완, 저작권법, 박영사(2012), 734면. 반대 견해로는, 박성호, 전게서, 480면. 다만, 반대 견해에서도, 영상화의 대상이 어문저작물에 국한된다고 해석하더라도 영상저작물의 원활한 이용을 도모하기 위하여 제정된 '영상저작물에 관한 특례' 규정의 입법정신에 비추어 볼 때에 '직접적'으로 영상화 또는 영상제작의 대상이 될 수 없는 음악이나 미술저작물을 영상제작에 이용하는 경우에 있어서도 '영상제작에의 이용'에는 '영상화' 또는 '영상제작'이 포함되는 것이므로 영상화 허락에 관한 특례규정 제99조가 적용된다고 넓게 해석하는 것이 바람직하다는 입장을 밝히고 있다.

물의 경우에는 적용되지 않으며, 설사 위 조항의 저작물에 음악저작물이 포함된다고 하더라도 음악저작물의 이미지를 영상으로 제작하는 경우에만 '저작물의 영상화'에 해당하고 음악저작물을 단순히 주제곡이나 배경음악으로 사용하는 경우에는 저작물의 영상화로 볼 수 없다고 주장하였다. 이에 대하여 법원은, 저작권법 제99조 제 1 항의 저작물을 어문저작물로만 한정하여 해석할 아무런 근거가 없는 점, 저작권법 제100조 제 2 항에서는 "영상저작물의 제작에 사용되는 소설·각본·미술저작물 또는 음악저작물 등의 저작재산권은 제 1 항의 규정으로 인하여 영향을 받지 아니한다"라고 규정함으로써 음악저작물도 소설, 각본 등의 어문저작물과 마찬가지로 영상화의 대상이 됨을 전제로 하고 있는 점, 음악저작물이 영화에 이용되는 형태 중에는 음악저작물을 특별한 변형 없이 영화의 주제곡이나 배경음악으로 이용하는 경우가 훨씬 더 많은데, 이러한 경우를 저작권법 제99조 제 1 항의 '저작물의 영상화'에서 제외시킨다면 영화의 제작단계에서 개별 저작권자들로부터 이용허락을 받았다고 하더라고 그 상영을 위하여 별도로 모든 저작권자들의 허락을 받아야 하는 문제가 발생하므로 영상저작물에 대하여 종합예술로서 특성을 살리고 그 이용의 원활을 기하고자 하는 위 조항의 입법취지가 크게 훼손되는 점 등을 들어 한국음악저작권협회의 주장을 배척하였다. 따라서 음악저작물을 영화의 주제곡이나 배경음악으로 사용하는 경우에도 저작권법 제99조 제1항이 적용되고, 특약이 없는 한 영화상영관은 그 영화를 상영함에 있어서 별도의 공연사용료를 지급하지 않아도 된다고 판시하였다.[333)][334)]

따라서 어떤 저작물을 영상화 할 경우에는 그 저작물에 대한 2차적저작물작성권이 미칠 수도 있고 경우에 따라서는 복제권이 미칠 수도 있다. 또한 그러한 영상화 과정을 통하여 제작된 영상저작물에 대하여는 공연, 방송, 전송, 복제 및 배포 등은 물론이고, 그 영상저작물의 번역물을 제작하여 이용하는 등 다양한 이용행위가 일어날 수 있는데, 이러한 이용행위에는 저작권법 제99조 제 1 항이 적용된다.

나. 허락의 추정(제99조 제 1 항)

(1) 의 의

저작재산권자가 저작물의 영상화를 다른 사람에게 허락한 경우에 특약이 없는 때에는

333) 이 판결의 항소심인 서울고등법원 2013. 12. 19. 선고 2013나2010916 판결에서도 같은 취지로 원심을 인용하였고, 대법원 2016. 1. 14. 선고 2014다202110 판결에 의하여 확정되었다.

334) 다만, 서울고등법원 2022. 2. 10. 선고 2019나2022065 판결은 음악저작물이 이용된 영상물을 IPTV로 공중송신한 사안에서, 위 CGV 사건 이후 한국음악저작권협회가 사용승인신청서를 개정하여 사용허락의 범위를 한정적, 열거적으로 규정하면서 영상제작자가 그 명시된 이용허락범위 이외의 용도로 사용하거나 제3자에게 사용하도록 할 경우에는 동 협회로부터 재허락을 받도록 하고 있다는 점 등을 들어 저작권법 제99조 제1항의 적용을 배제하는 '특약의 존재'를 인정하였음을 유의할 필요가 있다.

다음 각 호의 권리를 포함하여 허락한 것으로 추정한다.

① 영상저작물을 제작하기 위하여 저작물을 각색하는 것
② 공개상영을 목적으로 한 영상저작물을 공개상영하는 것
③ 방송을 목적으로 한 영상저작물을 방송하는 것
④ 전송을 목적으로 한 영상저작물을 전송하는 것
⑤ 영상저작물을 그 본래의 목적으로 복제·배포하는 것
⑥ 영상저작물의 번역물을 그 영상저작물과 같은 방법으로 이용하는 것

영상저작물의 제작, 즉 영상화 작업은 보통의 경우 2차적저작물작성의 한 태양이지만, 저작재산권은 2차적저작물작성권 외에 복제권, 공연권, 공중송신권, 전시권, 배포권, 대여권 등을 포함하고 있고, 2차적저작물작성권도 영상제작뿐만 아니라 번역, 편곡, 변형, 각색 등을 포함하고 있다. 이와 같이 어떤 저작물을 '영상화'하게 되면 그 소재가 된 저작물 저작재산권자의 다양한 권리가 복잡하게 작용할 수가 있는데, 이러한 권리들 중 하나라도 빠지게 되면 영상제작자가 영상저작물을 활용하는데 예기치 못한 지장을 가져올 우려가 있다. 이러한 우려를 불식시키기 위하여 저작권법은 영상저작물의 제작단계에서 영상제작자의 편의를 도모하기 위하여 위와 같은 특례규정을 두고 있는 것이다. 이 규정은 원래 "… 허락한 것으로 간주한다"는 규정으로 되어 있었으나 2003년 저작권법 개정으로 추정규정으로 바뀌었다.

이 특례규정에서는 "다른 사람에게 허락한 경우"라고 되어 있어 마치 이용허락을 한 경우에만 적용되는 것처럼 이해될 소지가 있으나, 저작권을 양도한 경우에도 적용된다고 보아야 할 것이다. 다만, 이 특례규정은 당사자 사이에 특약이 없는 경우에만 적용되는 것인데, 오늘날 많은 자본이 투자되는 영상저작물의 제작에 있어서는 세밀하고 구체적인 계약을 체결하는 경우가 대부분이므로 이 특례규정이 적용될 여지는 많이 줄어들고 있다. 저작권위탁관리업자로부터 이용허락을 받는 경우에도 계약내용이 정형화 되어 있기 때문에 이 특례규정의 적용 여지는 줄어들게 된다.

(2) 구체적 내용

(가) 영상저작물을 제작하기 위하여 저작물을 각색하는 것(제 1 호)

각색(脚色)이란 보통 소설이나 설화, 서사시 등의 어문저작물을 무대에서 상연하거나 영화로 제작하기 위하여 희곡이나 시나리오 등 각본(脚本)으로 고쳐 쓰는 것을 말한다. 그

러나 반드시 그에 한정되는 것은 아니고 음악이나 미술저작물 등의 이미지를 각본화 하는 것도 이에 해당한다. 즉, 원래 '각색'이란 소설이나 서사시와 같은 작품을 희곡이나 시나리오로 각본화 하는 것을 의미하지만, 여기서의 '각색'은 음악저작물이나 미술저작물 등을 영상화하는 과정에서 적절하게 편곡하거나 변형하는 것을 포함하는 개념으로 이해할 것이다.[335] 각본으로 만드는 것에는 원저작물을 윤색(潤色)하거나 수정, 증감하는 것도 포함한다. 따라서 각색은 영상화에 맞도록 개작하는 것까지 포함하는 넓은 개념으로 해석하여야 한다.

저작권법에서 2차적저작물은 원저작물을 번역·편곡·변형·각색·영상제작 기타 방법으로 작성하는 창작물을 말한다고 규정하고 있으므로(저작권법 제 5 조 제 1 항), 각색과 영상제작은 2차적저작물 작성에 있어서 별개의 행위 형태로 예시되어 있다. 따라서 원저작물을 영상제작하는 허락만을 받은 경우에 원저작물을 각색하기 위하여서는 따로 별도의 허락을 받아야 하는 것이 원칙이다. 그러나 그렇게 되면 번잡하므로 영상화를 허락한 경우에는 영상화를 위하여 저작물을 각색하는 것까지 허락을 한 것으로 추정한다는 것이 본 호의 취지이다.[336]

그러나 각색이나 개작의 허락이 추정된다고 하더라도 그 각색이나 개작으로 인하여 원저작자의 명예를 훼손하는 결과를 초래한다면 저작인격권의 침해가 될 수 있다는 점을 유의하여야 한다(저작권법 제124조 제 2 항). 순수 예술성이 높은 원저작물에 대한 영상화 허락을 얻어 선정적이고 저속한 포르노 영화를 제작하였다면 원저작물 저작자에 대한 저작인격권 침해가 될 수 있다.

(나) 공개상영을 목적으로 한 영상저작물을 공개상영하는 것(제 2 호)

원저작물에 대한 영상화 허락을 받아 영화를 제작하면 그 영화는 원저작물에 대한 2차적저작물이 되고 독자적인 저작물로서 보호를 받는다(저작권법 제 5 조 제 1 항). 그러나 그로 인하여 원저작물 저작자의 권리에 영향을 미치는 것은 아니므로(같은 조 제 2항), 그 영화를 공개상영하는 등 이용행위를 하게 되면 원저작물 저작자가 그 이용행위에 대하여 여전히 저작권을 행사할 수 있다. 따라서 2차적저작물인 영상저작물을 이용하고자 할 때에는 영상화 계약과는 별도로 원저작물 저작자로부터 이용행위에 대한 허락을 얻어야 하는 것이 원칙이다. 그러나 그렇게 되면 번잡하고 영화는 어차피 이용행위를 전제로 하여 제작되는 것이므로, 영상저작물의 원활한 이용과 유통을 도모하기 위하여 원저작자로부터 영상화 허락을 받은 경우에 달리 특약이 없는 때에는 공개상영을 목적으로 한 영상저작물을 공개

335) 최현호, 전게논문, 258면; 장인숙, 전게서, 214면; 이해완, 전게서, 734면.
336) 허희성, 2011 신저작권법 축조개설, 명문프리컴(하), 490면.

상영하는 것에 대하여도 허락이 있는 것으로 추정한다는 것이 본 호의 취지이다.

여기서 '공개상영'이라 함은 영상저작물을 극장 등 공개된 장소에서 상영하는 것을 말한다. 이는 개념상 저작물의 공연에 해당하므로 ⑤에서의 복제·배포와 구분하여 명시한 것이다. 방송을 목적으로 한 영상저작물을 극장 같은 곳에서 공개상영하는 것이 본 호에 의하여 허용될 것인지의 여부에 관하여도 논쟁이 있었으나, 허용되지 않는다고 보는 견해가 다수설이었다. 이는 2003년 개정 전 저작권법에서는 "공개상영을 목적으로 한" 영상저작물로 제한하지 않고 그냥 단순히 "영상저작물을 공개상영하는 것"이라고만 규정하고 있어서 방송을 목적으로 하여 제작된 영상저작물을 공개상영(공연)하는 것이 이 규정에 해당하는지 여부에 대하여 학설이 나뉘었던 것이다. 그 후 2003년 저작권법 개정에 의하여 현행법과 같이 "공개상영을 목적으로 한" 경우만이 이 규정에 해당하게 되었다. 결국 종전의 다수설에 따라 개정이 된 것이라고 할 수 있다. 같은 취지에서 공개상영을 목적으로 한 영상저작물을 TV로 방송하거나 인터넷을 통하여 전송하는 것도 원래의 목적을 벗어나는 것으로서 허용되지 않는다고 본다.[337]

(다) 방송을 목적으로 한 영상저작물을 방송하는 것(제 3 호)

제 2 호와 마찬가지로 방송을 목적으로 제작한 영상저작물을 방송하는 경우에도 영상화 계약에 달리 특약이 없는 때에는 그 방송에 대하여 허락을 받은 것으로 추정한다. 제 3 호는 방송을 목적으로 한 영상저작물(예컨대 TV 드라마)을 방송하는 경우에만 적용되므로 방송을 목적으로 하지 않은 영상저작물, 예를 들어 극장에서 공개상영을 목적으로 한 영화를 TV로 방송하는 경우에는 본 특례규정이 적용되지 않는다.

(라) 전송을 목적으로 한 영상저작물을 전송하는 것(제 4 호)

같은 취지로, 전송을 목적으로 하여 제작한 영상저작물을 전송하는 경우에 영상화 계약에 달리 특약이 없는 때에는 그 전송에 대하여 허락을 받은 것으로 추정하는 것이다. 제 4 호 역시 전송을 목적으로 한 영상저작물을 전송하는 경우에만 적용되므로, 전송을 목적으로 하지 않고 제작된 영상저작물을 전송하는 경우에는 본 특례규정은 적용되지 않는다.[338]

(마) 영상저작물을 그 본래의 목적으로 복제·배포하는 것(제 5 호)

제 5 호에서 복제·배포의 허락을 추정하고 있는 것은, 저작재산권은 각각의 지분권으로 이루어져 있고 그 지분권들 중 2차적저작물작성권과 복제·배포권은 별개의 권리로 규

337) 연극·영화관련 저작권문답식 해설, 전게서, 113면; 반대설, 최현호, 전게논문, 261면; 오승종·이해완, 전게서, 452면에서 재인용.

338) 오승종·이해완, 전게서, 452면.

정되어 있는 까닭에, 본 호가 없으면 영상화를 허락한 것만으로는 복제·배포의 허락까지 받은 것으로 보기 어렵기 때문이다. 본 호에 의하여 방송용으로 제작된 영상저작물을 방송의 목적으로 복제·배포하는 것, 예를 들어 방송을 목적으로 제작된 TV 드라마를 난시청 지역의 방송을 위해 복제하여 난시청 지역 방송국에 배포하는 것은 허락된 것으로 추정된다.

그러나 그 TV 드라마를 비디오테이프로 복제·배포하는 것도 허락한 것으로 추정되는가에 대하여는 의문이 있다. 통설은 방송을 목적으로 한 영상저작물을 비디오테이프, 레이저디스크 등으로 만들어 복제판매하는 것은 당사자가 추구하는 목적의 범위를 넘는 것으로 제 5 호는 그 한도에서 적용이 제한되는 것으로 본다.[339] 그러나 반대로 해석하는 설도 있다.[340] 저작권법 제99조 제 1 항이 영상제작자에게 부여하는 권리는 그 영화의 제작목적에 필수적인 이용방법에 한정되는 것이지 모든 이용방법을 다 허용하는 취지는 아니라고 보이므로 통설에 찬동한다.[341]

(바) 영상저작물의 번역물을 그 영상저작물과 같은 방법으로 이용하는 것(제 6 호)

제 6 호의 '영상저작물의 번역물'이라 함은 영상저작물에 사용된 언어를 더빙 또는 자막 등을 통하여 다른 언어로 바꾼 것을 말한다. 여기서 같은 방법으로 이용한다는 것은, 당초에 공개상영용 영상저작물이면 번역한 영상저작물도 공개상영에 이용하는 것, 당초에 방송용이라면 번역한 영상저작물도 방송에만 이용하는 것을 말하고, 방송용으로 번역한 것을 공개상영하거나 공개상영용으로 번역한 것을 방송하는 것은 이 규정에 해당하지 않는다고 하는 견해가 있다(제한설).[342] 이에 반하여 번역된 영상물을 복제·배포·공개상영·방송하는 것은 특약이 없는 한 영상화의 허락 속에 모두 포함된 것으로 해석하는 견해도 있

339) 연극·영화관련 저작권문답식 해설, 전게서, 132면, 박성호, 전게서, 486면.
영상저작물에 관한 특례규정이 없던 구 저작권법 시기에 서울고등법원 1984. 11. 28. 선고 83나4449 판결은, 방송극자가와 방송사 간의 TV극본공급계약에 관한 분쟁에서 방송사가 녹화작품을 TV방송이 아닌 VTR 테이프에 복사하여 판매한 것은 극작가의 극본사용승낙의 범위를 넘는 2차적저작물 이용으로서 극작가의 극본저작권침해라고 보았다. 이 판결은 대법원에서도 유지되었다.

340) 최현호, 전게논문, 260면.

341) 참고로 서울고등법원 1984. 11. 28. 선고 83나4449 판결은, 방송극작가들인 원고들이 방송사업자인 피고공사의 주문에 의하여 방송극본을 저작하여 대가를 받고 극본을 피고공사에 공급하기로 한 극본공급계약은 원고들이 피고공사로 하여금 동 극본을 토대로 2차적저작물인 TV드라마 녹화작품을 제작하여 TV방송을 통하여 방영하는 것(즉 개작 및 방송)을 승락하는 의사가 당연히 포함되어 있다 할 것이나, 그렇다고 하여 그 극본공급계약으로써 원고들이 피고공사에게 원고들의 별도의 동의 없이 그 극본을 토대로 제작된 녹화작품을 TV방송이 아닌 다른 방법으로 이용하는 행위까지 승낙하였다고는 볼 수 없다 할 것이고, 따라서 피고들이 위 녹화작품을 TV방송이 아닌 VTR 테이프에 복사하여 판매한 것은 원고들의 극본사용 승낙의 범위를 넘는 2차적저작물 이용으로서 원고들의 극본저작권을 침해한 것이라고 하였다.

342) 허희성, 전게서, 494면; 박성호, 전게서, 486면.

다(확장설).[343]

제 6 호는 오늘날 영상저작물이 국내적 이용을 넘어서서 국제적인 이용도 활발하게 이루어지고 있음을 고려하여, 영상저작물의 원래 언어를 다른 나라 언어로 번역하여 당초의 영상저작물과 같은 방법으로 이용할 수 있도록 한 규정이다. 따라서 그와 같이 번역된 영상저작물이라고 하여 제 2 호 내지 제 5 호에서 정한 범위를 넘어서서 이용허락을 한 것으로 추정하는 것은 타당하지 않으므로, 제한설이 옳다고 생각된다. 예를 들어 공개상영을 목적으로 한 영상저작물의 번역물은 그 번역물을 공개상영하는 방법으로 이용하는 것을 허락한 것으로 추정할 것이지, 공개상영을 넘어서서 방송에 사용하는 것까지 허락한 것으로 추정할 것은 아니다.[344]

다. 독점적 허락(법 제99조 제 2 항)

저작재산권자는 그 저작물의 영상화를 허락한 경우에 특약이 없는 때에는 허락한 날로부터 5년이 경과한 때에 그 저작물을 다른 영상저작물로 영상화하는 것을 허락할 수 있다.

저작재산권자가 저작물의 이용허락을 해 주는 경우 단순이용허락과 독점적 이용허락이 있다. 그러나 본 규정에 의하여 저작재산권자가 영상화를 허락한 경우에는 특약이 없는 이상 그 이용허락은 독점적 이용허락의 성격을 가지며, 그 기간은 적어도 5년간 존속하게 된다. 이는 영상저작물의 제작에는 인적·물적으로 많은 투자가 이루어지는 경우가 보통이므로, 영상제작자로 하여금 특약이 없는 한 5년간 독점적으로 영상제작을 할 수 있게 보장해 줌으로써 그 투하자본의 회수를 도모할 수 있도록 한 취지이다. 이 5년의 독점적 기간은 특약으로 연장하거나 단축할 수 있다.

따라서 이 규정에 의하여 저작재산권자의 입장에서는 특약으로 미리 유보해 두지 않는 이상 5년의 기간 동안 다른 영상저작물로 영상화하는 것을 허락할 수 없는 제한을 받게 된다. 다만, 출판이나 공연 등 영상화 이외의 방법으로 이용하는 것을 허락하는 것은 가능하다. 특약으로 독점적 기간을 단축하는 것은 가능하지만, 더 나아가 독점적 영상화 자체를 배제할 수 있는지 여부에 대하여는 긍정설[345]과 부정설[346]이 있다. 부정설은 영상제작자의 투하자본 회수를 보호하여야 한다는 법 제99조 제 2 항의 취지를 강조하는 견해인데, 그렇다 하더라도 본 규정은 특약이 없는 때에 적용되는 보충적 규정이고, 이 규정을 특별히 강

343) 장인숙, 전게서, 217면; 최현호, 전게논문, 260면.

344) 이해완, 전게서, 736면.

345) 장인숙, 전게서, 233면; 박성호, 전게서, 487면.

346) 허희성, 전게서, 495면.

행규정이라고 보기에는 부족하다는 점을 고려할 때 긍정설이 타당하다고 생각된다.

2011년 개정 저작권법에서 신설된 배타적발행권 규정은 일반적인 배타적발행권에 대하여는 그 존속기간을 3년으로 규정하고 있지만, 저작물의 영상화를 위하여 배타적발행권을 설정하는 경우에는 본 조와의 균형상 존속기간을 5년으로 규정하고 있다(저작권법 제59조 제 1 항).

4. 영상저작물의 권리관계에 관한 특례

가. 저작권법 제100조 제 1 항

영상제작자와 영상저작물의 제작에 협력할 것을 약정한 자가 그 영상저작물에 대하여 저작권을 취득한 경우 특약이 없는 한 그 영상저작물의 이용을 위하여 필요한 권리는 영상제작자가 이를 양도받은 것으로 추정한다(법 제100조 제 1 항). 이 규정은 영상제작계약, 즉 감독이나 제작 스태프, 배우를 비롯한 실연자 등의 수많은 이해관계인과 영상제작자 사이에 체결되는 계약의 내용 중에 관련 조항이 없거나 불분명한 경우에 그 계약 내용을 보충하기 위한 특례규정이다. 이 규정 역시 종전 저작권법에서는 '간주규정'으로 되어 있었으나 2003년 저작권법 개정에 따라 '추정규정'으로 바뀌었다.

본 항은 영상저작물의 제작이 완성된 단계에서의 제작참여자의 권리관계를 규정한 것이다. 즉, 영상저작물의 저작권자가 누구인가를 규정하는 것이 아니라, 저작권의 귀속여부를 불문하고 그 영상저작물의 이용을 위한 권리는 영상제작자에게 양도된 것으로 추정하여 영상저작물의 원활한 이용을 도모하기 위한 규정인 것이다. 저작물의 영상화를 위한 특례규정인 저작권법 제99조가 영상저작물의 제작 단계에서의 특례규정이라고 한다면, 제100조는 제작된 이후 영상저작물의 권리관계를 규율하기 위한 특례규정으로서 완성된 영상저작물의 이용 단계에서의 특례규정이라고 할 수 있다.

(1) 영상저작물의 제작에 협력할 것을 약정한 자

본 항에서 말하는 "영상저작물의 제작에 협력할 것을 약정한 자"의 의미에 관하여 학설상 다툼이 있다. 저작권법 제100조 제 1 항이 영상저작물의 제작에 참여하는 사람들 중 근대적 저작자만을 대상으로 한 것이냐, 아니면 고전적 저작자까지를 포함하는 저작자들을 대상으로 한 것이냐에 관하여 학설이 나뉘고 있는 것이다.

1설은, 영상저작물에 수록되는 소설, 각본, 음악, 미술 등의 원저작물의 저작권자는 저작권법 제99조 제 1 항에 의하여 "저작물의 영상화를 허락한 자" 즉, 이른바 고전적 저작자

(classic author)에 해당하므로 저작권법 제100조 제 1 항에서 영상제작자와 "영상저작물의 제작에 협력할 것을 약정한 자"에서는 제외되며, 영상저작물에 출연하는 배우 등의 실연자는 제100조 제 3 항에 해당하여 이 역시 제100조 제 1 항에서는 제외되므로, 저작권법 제100조 제 1 항에 해당하는 자는 영상저작물의 제작에 제작, 감독, 연출, 촬영, 미술, 녹음, 편집 등을 담당하여 영상저작물의 전체적 형성에 창작적으로 기여한 이른바 '근대적 저작자'(modern author)만을 의미하는 것이라고 해석한다.[347)]

이에 대하여 2설은, 저작권법 제100조 제 1 항은 그 규정 자체에서 특별한 제한을 두고 있지 않으므로 근대적 저작자뿐만 아니라 제작스태프, 실연자 등 영상제작에 참여하는 모든 이해관계인에게 적용되는 일반적 규정이라고 해석한다.[348)]

그러나 어느 학설을 취하든지 결론에 있어서는 큰 차이가 없을 것으로 보인다. 왜냐하면, 제 2 설의 취지를 자세히 살펴보면 "영상제작자와 영상저작물의 제작에 협력할 것을 약정한 자"에는 모든 이해관계인이 포함될 수 있지만, 제100조 제 1 항은 그러한 자 중에서 특별히 "그 영상저작물에 대하여 저작권을 취득한 경우"만을 대상으로 하고 있기 때문이다. 따라서 결국에는 대부분 근대적 저작자만이 이 규정의 요건에 해당할 것이다. 예를 들어, 음악저작물의 저작자가 자신의 음악을 영상저작물에 사용할 수 있도록 이용허락을 해 주었다고 하더라도, 그것만으로 음악저작물의 저작자가 해당 영상저작물에 대하여 저작권을 취득하는 경우란 거의 있을 수 없다. 따라서 제100조 제 1 항이 음악저작물의 저작자에게 해당할 여지는 특별히 없다고 보아야 한다.[349)] 그러나 제100조 제 1 항이 특별히 고전적 저작자를 제외하고 있지 않고 있으며, 고전적 저작자라 하더라도 단순히 소설이나 대본 등을 영상화 하도록 제공하는 데 그치지 않고, 더 나아가 영상저작물의 제작에까지 깊이 관여를 하여 창작적 기여를 함으로써 영상저작물에 대한 저작권을 취득하는 경우가 전혀 없다고는 할 수 없다. 제100조 제 1 항은 이러한 경우까지를 포함하여 그 고전적 저작자가 취득한 영상저작물에 대한 저작권도 영상제작자에게 양도된 것으로 추정하는 규정이라고 보는 것이 타당하다고 생각된다. 따라서 제 2 설에 찬동하고자 한다.

(2) 영상저작물의 이용을 위하여 필요한 권리의 양도 추정

그러므로 법 제100조 제 1 항에서 영상저작물에 대한 저작권을 취득한 경우란 영상저작물의 제작에 창작적 기여를 함으로써 해당 영상저작물에 대한 공동저작자로서의 지위

347) 허희성, 2007 신저작권법 축조개설(상), 명문프리컴, 2007, 470면.
348) 최현호, 영상저작물에 관한 특례, 한국저작권논문선집(Ⅰ), 저작권심의조정위원회, 1992, 266면.
349) 同旨, 이해완, 저작권법, 박영사, 2007, 620면.

및 그에 따른 저작인격권과 저작재산권을 취득하는 경우를 말한다.

이 규정에 의하여 영상제작자는 영상저작물의 이용에 필요한 권리를 승계한 것으로 추정된다. 그러나 영상저작물을 본래의 목적을 벗어나 비영화적으로 이용할 권리는 여전히 영상저작물의 저작자에게 남아 있다. 영상제작자는 영상저작물의 저작자와 구별되지만, 영상제작자가 영상저작물 저작자인 영화감독 등과 함께 대본의 채택과 배우 캐스팅, 촬영의 시작에서부터 필름의 편집 작업에 이르기까지 영상저작물의 제작에 창작적으로 실질적으로 기여를 한 경우에는 그 영상저작물에 대한 공동저작자로서의 지위도 함께 가진다.

본 항의 규정에 의하여 영상제작자에게 양도된 것으로 추정되는 권리는 양도가 가능한 저작재산권뿐이며, 저작인격권은 여전히 영상저작물의 저작자에게 남아 있는 것으로 보아야 한다.[350] 따라서 TV 방송국이 드라마를 제작한 경우에 그 드라마의 저작자인 프로듀서의 권리 중 그 드라마를 방송하기 위하여 필요한 권리는 영상제작자에게 이전한 것으로 추정되지만, 그에 대한 저작인격권은 여전히 프로듀서가 보유하게 된다. 따라서 TV 방송국으로서는 프로듀서의 저작인격권을 존중하여 드라마 방영시 그의 성명을 표시하여야 하는 것은 물론이고, 무단히 그 내용을 변경함으로써 동일성유지권을 침해하여서는 안 된다.[351] 다만 공표권에 관하여서는 영상저작물의 제작에 협력할 것을 약정함으로써 저작권법 제11조 제 2 항에 따라 공표에 대한 동의를 한 것으로 추정하는 것이 합리적일 것이다. 그리고 영상저작물이라 하더라도 그것이 업무상저작물로서의 요건을 갖춘 경우에는 저작권법 제 9 조가 적용되어 단체 또는 사용자가 저작자가 되고, 따라서 단체 또는 사용자가 저작인격권과 저작재산권 모두를 원시적으로 보유하게 된다. 예를 들어, 프로듀서가 방송국의 직원으로서 업무상 제작에 참여하고 방송국의 명의로 공표됨으로써 그 드라마가 업무상저작물로 되는 경우에는, 그 저작재산권과 저작인격권 모두가 단체 또는 사용자인 방송국에 귀속되므로 프로듀서의 저작인격권이 성립할 여지가 없다.

이 규정에서 "그 영상저작물의 이용을 위하여 필요한 권리"는 그 영상저작물을 "복제·배포·공개상영·방송·전송 그 밖의 방법으로 이용할 권리"를 말한다(저작권법 제101조 제 1 항). 2차적저작물작성권이 여기에 포함될 수 있는지 여부는 법문상으로는 명백하지 않다. 2003년 개정되기 전 저작권법 제76조는 "영상제작자는 영상제작물이 수록된 녹화물을 복제·배포하거나 공개상영 또는 방송에 이용할 권리를 가지며 … "라고 규정하고 있어서 영

350) 허희성, 전게서, 331면.

351) 서울지방법원 2002. 7. 9. 선고 2001가합1247 판결은, 영화제작사가 영화를 가정용 비디오테이프로 제작하는 과정에서 시나리오 작가 겸 연출가의 승낙을 받지 않고 선정적인 장면을 길게 삽입하는 방식으로 원래 극장에서 상영된 영화와는 다르게 제작을 하였다면 동일성유지권 침해가 성립한다고 판시하였다.

상제작자에게 양도되는 것으로 간주되는 권리는 복제·배포·공개상영 또는 방송에 이용하는 권리에 한정되는 것으로 되어 있었다.[352] 그러다가 2003년 저작권법 개정에 의하여 이 규정이 "영상제작물의 제작에 협력할 것을 약정한 자로부터 영상제작자가 양도받는 영상저작물의 이용을 위하여 필요한 권리는 영상저작물을 복제·배포·공개상영·방송·전송 그 밖의 방법으로 이용할 권리로 하며 … "로 변경되었는데, 여기서 "그 밖의 방법으로 이용할 권리"에 2차적저작물작성권이 포함되는 것인지 여부에 대하여 해석상 논란이 생기게 된 것이다.

그러나 저작권법 제45조 제 2 항 본문에서 "저작재산권의 전부를 양도하는 경우에 특약이 없는 때에는 제22조에 따른 2차적저작물을 작성하여 이용할 권리는 포함되지 아니한 것으로 추정한다"고 규정하고 있는 점과, 영상제작자에게 양도되는 권리는 당해 영상저작물의 원활한 이용 및 그에 따른 투자금 회수에 필요한 범위로 한정하는 것이 타당하다는 점, 영상저작물에 창작적 기여를 하지 아니한 투자자가 영상제작자로 인정되는 경우 당해 영상저작물뿐만 아니라 2차적저작물 작성에 관하여서도 권리를 취득하는 것으로 추정하는 것은 투자에 비하여 과도한 이익을 얻게 할 수 있다는 점 등에 비추어 볼 때, 원칙적으로 2차적저작물작성권은 이 규정에 의하여 영상제작자가 양도받은 것으로 추정되는 권리에 포함되지 않는다고 보는 것이 타당하다.[353] 따라서 영상제작자가 2차적저작물작성권까지 양도받기 위해서는 별도의 특약이 필요하다고 볼 것이다.

저작권법 제100조 제 1 항 역시 당사자 사이에 특약이 없는 경우에 적용되는 추정규정이므로, 영상저작물의 저작자는 영상제작자에게 양도되는 것으로 추정될 권리의 전부 또는 일부에 대하여 동 조항의 적용을 배제하는 권리유보의 특약을 할 수 있다.

나. 저작권법 제100조 제 2 항

영상저작물의 제작에 사용되는 소설·각본·미술저작물 또는 음악저작물 등의 저작재산권은 제 1 항의 규정으로 인하여 영향을 받지 아니한다(제100조 제 2 항). 소설가, 시나리오 작가, 음악작곡가, 미술가 등 원저작물의 저작자는 자신의 저작물을 영상화하도록 허락함으로써 영상제작자가 영상저작물을 제작할 수 있게 한다. 그 영상화 허락에는 영상저작물의 특례조항에 의하여 원저작물의 각색권, 공개상영권, 방송권, 전송권, 복제·배포권, 번역

352) 개정 전 저작권법에 관한 서울고등법원 2008. 7. 22. 선고 2007나67809 판결은, 구 저작권법 제75조에 의하여 양도받은 것으로 간주되는 권리, 즉 같은 법 제76조의 권리는 당해 영상저작물에 대한 저작재산권으로서 투입된 자본의 회수에 필요한 권리를 '한정적'으로 열거한 것으로 보아, 2차적저작물작성권은 위 법률의 규정에 의하여 양도된 것으로 간주되지 않는다고 판시하였다.

353) 이해완, 전게서, 738면; 이숙연, 전게논문, 11면.

및 더빙에 대한 허락 등이 포함되기 때문에, 이와 같은 영화적 이용방법에 관한 제반권리는 영상제작자에게 독점되는 것이다. 그러나 영상저작물의 제작에 사용된 소설이나 각본, 미술저작물 또는 음악저작물 등 원저작물의 저작재산권자는 영상화 계약에서 따로 특약을 하였다면 그 특약에 의한 제한을, 특약을 하지 않았다면 제99조의 추정규정에 의한 제한을 받을 뿐, 그 이외의 경우에는 아무런 제한 없이 원저작물에 대한 저작재산권을 행사할 수 있다. 따라서 비영화적 이용방법에 관한 한 원저작권자는 자기 저작물을 영화 이외의 다른 방법으로 이용할 권리를 여전히 보유한다. 예컨대 소설가는 영화화 허락을 준 뒤에도 소설을 출판할 수 있고, 시나리오 작가는 자신의 시나리오를 연극공연에 사용할 권리를 별도로 가지며, 음악작곡가는 자기 음악을 영화의 배경음악에 제공한 후에도 이를 악보로 출판하거나 음반으로 출반할 권리를 가진다. 미술저작자도 영화에 제공한 미술저작물을 별도로 전시하거나 출판할 수 있다.[354)]

저작권법 제100조 제 2 항은 이러한 취지를 규정한 것이다. 즉, 소재 저작물의 저작권자가 예외적으로 영상저작물의 제작에 창작적 기여를 함으로써 그 영상저작물에 대한 저작권을 취득한 경우에도, 저작권법 제100조 제 1 항에 의하여 영상제작자가 양도받은 것으로 추정되는 저작권은 그 영상저작물에 대한 저작권에 한하고, 소재 저작물에 대하여 원래 가지고 있던 소설가, 시나리오 작가, 음악작곡가, 미술가 등의 저작권에는 아무런 영향이 없다는 점이 제100조 제 2 항의 취지에 포함되어 있는 것이다.

다. 저작권법 제100조 제 3 항

(1) 의 의

영상제작자와 영상저작물의 제작에 협력할 것을 약정한 실연자의 그 영상저작물의 이용에 관한 저작권법 제69조의 규정에 의한 복제권, 제70조의 규정에 의한 배포권, 제73조의 규정에 의한 방송권 및 제74조의 규정에 의한 전송권은 특약이 없는 한 영상제작자가 이를 양도받은 것으로 추정한다(저작권법 제100조 제 3 항).

영화배우가 영화제작에 기여하는 바는 매우 크며, 심지어 영화배우가 지닌 명성이나 인기에 따라서 영화흥행의 성패가 결정되는 경우도 많다. 그러나 저작권법은 영화배우 등 실연자는 저작자로 보지 아니한다. 이는 영화배우는 창작자가 아니라 창작물을 창작자의 지시대로 충실하게 전달하는 자에 불과하다는 인식이 바탕에 깔려 있기 때문이다. 다만, 실연자의 실연 속에도 예능적인 능력이나 기술적 능력이 담겨져 있으므로 저작권법은 실연자를 저작인접권자로서 제한된 범위 내에서만 보호하고 있을 뿐이다. 저작권법은 본 항에서 영상저작

354) 연극·영화관련 저작권 문답식해설, 전게서, 135, 136면.

물의 경우에 실연자의 영상저작물의 이용에 관한 복제권과 배포권, 방송권 및 전송권은 특약이 없는 한 영상제작자에게 양도된 것으로 추정하고 있다. 이는 영화배우 같은 실연자는 영상제작시 영상제작자로부터 이미 적절한 금전적 보수를 받는다는 전제를 바탕에 깔고 있는 것으로 보인다. 따라서 실연자가 일단 영상저작물의 제작에 협력할 것을 약정한 이상, 특약이 없는 한 실연자는 영상화된 자신의 실연에 대하여 사실상 별다른 권리가 없는 것이나 마찬가지라고 할 수 있다.[355]

(2) 적용 범위

그러나 이 규정에 의하여 양도 추정되는 것은 '영상저작물의 이용에 관한' 복제권·배포권·방송권 및 전송권에 한정되며, 여기서 '영상저작물의 이용에 관한'이라는 문구의 의미는 "영상저작물을 본래의 영상저작물로서 이용하는데 필요한"이라는 의미로 해석하여야 한다. 따라서 실연자는 자신의 실연이 영화필름이 아니라 음반, 예컨대 오리지널 사운드 트랙 음반에 실려 사용되는 경우와 같이 영상저작물의 본래의 이용목적 범위 밖에서 이용되는 경우에는, 본 항에 불구하고 그 실연에 대한 저작인접권을 여전히 보유하게 된다. 따라서 그러한 오리지널 사운드 트랙 음반을 제작하여 판매하고자 하는 경우에는 실연자로부터 따로 복제 및 배포에 대한 허락을 받아야 한다.[356] 영화에 출연한 배우들의 실연장면을 노래방 기기의 배경화면이나 뮤직비디오의 일부로 사용하는 것도, 그 영화를 본래의 영상저작물로 이용하는 범위를 벗어나는 것이므로 배우들의 저작인접권이 미치게 된다.[357]

마찬가지로 영상저작물 제작에 협력한 실연자의 퍼블리시티권도 이 규정에 의하여 영상제작자에게 양도되는 범위에서 원칙적으로 제외된다고 보아야 할 것이다. 우리 하급심 판결은, "영상저작물을 본래의 창작물로서 이용하는 경우에는 실연자가 일단 영상저작물의 제작에 협력할 것을 약정한 이상, 실연자는 특약이 없는 한 영상화된 자신의 실연에 대하

355) 상게서, 112면.

356) 앞서 저작인접권 부분에서 본 대법원 1997. 6. 10. 선고 96도2856 판결 참조.

357) 대법원 1997. 6. 10. 선고 96도2856 판결. "구 저작권법(1994. 1. 7. 법률 제4717호로 개정되기 전의 것) 제75조 제 3 항에서 영상저작물의 제작에 협력할 것을 약정한 실연자의 그 영상저작물의 이용에 관한 제63조의 규정에 의한 녹음·녹화권 등과 제64조의 규정에 의한 실연방송권은 영상제작자에게 양도된 것으로 본다는 특례규정을 두고 있는바, 위 규정에 의하여 영상제작자에게 양도된 것으로 간주되는 '그 영상저작물의 이용에 관한 실연자의 녹음·녹화권'이란 그 영상저작물을 본래의 창작물로서 이용하는 데 필요한 녹음·녹화권을 말한다. … 영화상영을 목적으로 제작된 영상저작물 중에서 특정 배우들의 실연장면만을 모아 가라오케용 엘디(LD)음반을 제작하는 것은, 그 영상제작물을 본래의 창작물로서 이용하는 것이 아니라 별개의 새로운 영상저작물을 제작하는 데 이용하는 것에 해당하므로, 영화배우들의 실연을 이와 같은 방법으로 엘디음반에 녹화하는 권리는 구 저작권법 제75조 제 3 항에 의하여 영상제작자에게 양도되는 권리의 범위에 속하지 아니한다"고 판시하였다.

여 사실상 권리가 없다고 할 것이나, 한편, 영상저작물은 물리적으로는 개개의 장면의 연속체로서 그 개개의 장면은 사진과 조금도 성질을 달리하지 않기 때문에, 실연자인 배우도 해당 화면에 촬영된 자기의 초상에 대해서는 고유한 정신적, 재산적 이익을 보유하고 있다고 보아야 하므로, 영상제작자라고 하더라도 그러한 초상이 영상저작물의 배포, 통상의 홍보에 수반하는 필수적인 범위를 넘어서 실연자의 허락 없이 영상장면을 이용하여 일반 광고에 사용하거나, 사진집, 브로마이드 사진, 상품 등에 임의로 이용하는 행위 등 별도의 상업적 목적으로 사용하는 경우까지 초상권 등 퍼블리시티권이 저작인접권에 흡수되었다거나 영상저작물 출연계약 자체에 의하여 배우가 퍼블리시티권을 행사하지 않기로 묵시적으로 합의하였다고 볼 수는 없고, 실연자인 배우는 초상권, 퍼블리시티권 등을 여전히 행사할 수 있다고 봄이 상당하다"고 판시하고 있다.[358]

이 규정도 원래는 '간주규정'이었으나 2003년 저작권법이 개정되면서 '추정규정'으로 바뀌었다. 간주규정이었을 때에는 당사자 사이에 별도의 특약이 가능한지 여부 등을 둘러싸고 해석상의 논란이 많았으나,[359] '추정규정'으로 바뀌면서 논란의 여지가 없어지게 되었다. 즉, 실연자의 권리가 양도되는 것으로 법률상 간주(의제)되는 것이 아니라 추정될 뿐이므로, 그와 다른 내용의 특약을 체결하는 것이 가능한 것은 물론이고, 그러한 특약이 있음을 입증하거나 당사자 사이에 합치된 실질적인 의사가 그와 다르다는 것을 입증한 경우에는 추정이 번복될 수 있다.[360]

---

358) 서울중앙지방법원 2007. 1. 31. 선고 2005가합51001 판결; 서울중앙지방법원 2007. 11. 14. 선고 2006가합106519 판결; 이해완, 전게서, 740-741면 참조.

359) '간주규정'의 성격에 관하여, 제 1 설은, 이러한 양도간주 규정은 당사자 간의 계약에 의하여 이를 배제할 수는 없으나 저작재산권자는 양도간주에 따른 조건은 붙일 수 있다고 본다. 다만 영상저작물의 이용을 방해하는 대세적·물권적인 조건은 붙일 수 없고 영상저작자에 대한 대인적·채권적인 조건만 붙일 수 있다고 한다(허희성, 전게서, 332면). 제 2 설은, 영상제작자에게 양도간주 되는 권리의 전부 또는 일부에 대하여 사적자치의 원칙에 따라 유보를 약정할 수 있다고 하면서, 다만 이러한 특약이 있다는 사실에 대하여는 그 사실의 존재를 주장하는 자에게 입증책임이 있다고 한다. 제 3 설은, 위 양도간주 규정을 법정양도로 해석할 것이 아니라 양도의 추정보다는 다소 의미가 강한 당사자 간에 특약이 없는 경우에 발효되는 의사표시 보완규정으로 해석한다(황적인, 영상저작물의 판례평석, 계간 저작권, 1988, 봄호, 23면). 제 4 설은, 법이 "양도된 것으로 본다"라고 규정하고 있는 이상 여기에 다른 특약이나 조건을 붙이는 것은 그 자체로 무효이나, 다만 특약이나 조건에 관한 당사자의 실질적인 의사를 탐구하여 당사자 사이에 저작재산권의 양도의 합의가 있다고 하여야 하는 경우에는 저작재산권의 양도계약으로의 전환이 있다고 본다(최현호, 전게논문, 270면).

360) 오승종·이해완, 전게서, 456면.

Ⅲ. 영상제작자의 권리

위에서 본 바와 같이 영상제작자는 영상저작물의 제작 및 이용을 위한 권리를 저작권법에 의하여 양도받은 것으로 추정된다. 예를 들어 TV 방송국이 영상제작자인 경우에 그 방송국은 먼저 자신의 대본을 영상화할 것을 허락한 극작가(고전적 저작자)로부터 그 대본을 영상화하기 위한 각색권·공개상영권·방송권·전송권·복제권·배포권·방송권·번역물을 같은 방법으로 이용할 수 있는 권리 등을 취득한 것으로 추정된다(저작권법 제99조 제 1 항). 그리고 TV 프로의 제작에 직접 창작적으로 참여한 프로듀서나 촬영감독·편집감독 등 근대적 저작자로부터 그 완성된 방송극의 이용을 위한 권리를 양도받은 것으로 추정된다(제100조 제 1 항). 뿐만 아니라 그 방송극에 출연한 연기자 등 실연자들의 녹음·녹화 등 복제권과 배포권, 방송권, 전송권 등도 양도받은 것으로 추정된다(제100조 제 3 항).

저작권법은 여기서 더 나아가, 영상제작물의 제작에 협력할 것을 약정한 자로부터 영상제작자가 양도받는 영상저작물의 이용을 위하여 필요한 권리는 영상저작물을 복제·배포·공개상영·방송·전송 그 밖의 방법으로 이용할 권리로 하며, 이를 양도하거나 질권의 목적으로 할 수 있다고 규정한다(저작권법 제101조 제 1 항). 본 조는 영상저작물에 대한 이용권이 영상제작자에게 있음을 다시 한 번 명확히 함과 동시에, 이용의 형태를 복제·배포·공개상영·방송·전송 및 그 밖의 방법으로 이용할 권리로 포괄적으로 규정하는 한편, 영상제작자의 일괄적인 자본회수를 위하여 그 이용권을 양도하거나 질권의 목적으로 할 수 있도록 한 것이다.[361]

이용허락 시 공표동의를 추정하고 있는 저작권법 제11조 제 2 항은 영상저작물의 이용에도 적용된다고 본다.[362] 그렇게 해석하지 않을 경우에는 저작권자가 공표권에 기하여 영상제작자의 영상저작물 이용을 막을 수 있게 되므로, 영상저작물에 대한 특례규정을 두어 영상제작자를 보호하려는 본 조의 입법취지가 상실될 우려가 있기 때문이다.

저작권법 제46조 제 3 항은, 저작재산권자가 다른 사람에게 그 저작물의 이용을 허락한 경우 그 허락에 의하여 저작물을 이용할 수 있는 권리는 저작재산권자의 동의 없이는 제 3 자에게 이를 양도할 수 없다고 규정한다. 만약 이 규정이 영상저작물에 대한 저작권 양도를 받은 영상제작자에게도 적용된다면 그 이용권을 양도 또는 질권의 목적으로 할 수

361) 허희성, 전게서, 335면.

362) 영상저작물에 대한 특례를 '간주규정'으로 하고 있었던 종전 저작권법 아래에서는 저작권법 제11조 제 2 항의 '공표동의의 추정'은 법률행위에 의한 것을 전제로 하는 것이므로, 간주규정(법정양도)으로 되어 있는 영상저작물에 대하여는 제11조 제 2 항이 적용될 수 없다는 견해가 있었으나(최현호, 전게논문, 267면), '추정규정'으로 바뀐 현행 저작권법 아래에서는 당연히 적용된다고 보아야 할 것이다.

있다고 한 본 조의 취지는 사라지게 된다. 따라서 영상제작자가 본 조의 규정에 의하여 영상저작물이 수록된 녹화물에 대한 권리를 양도하거나 질권의 목적으로 함에 있어서는 저작재산권자의 동의를 요하지 않는다고 본다.363)

한편, 2003년 개정되기 전 저작권법 제76조는 "영상제작물의 제작에 협력할 것을 약정한 자로부터 영상제작자가 양도받는 영상저작물의 이용을 위하여 필요한 권리는 영상저작물을 복제·배포·공개상영·방송·전송 그 밖의 방법으로 이용할 권리로 하며 … "라고 규정하고 있었는데, 여기서 "영상저작물의 이용을 위하여 필요한 권리"라고 할 때 그 권리의 성격이 무엇이냐에 관하여 법정이용권이라는 견해와 저작재산권 또는 저작인접권이라는 견해가 대립하고 있었다. 그러나 위 제76조를 개정하여 규정된 현행법 제101조는 제100조 제 1 항에 의하여 양도가 추정되는 저작재산권 및 같은 조 제 2 항에 의하여 양도가 추정되는 저작인접권이 영상제작자의 권리임을 구체적으로 확인하는 규정이므로, 현행법 제101조에서 말하는 영상제작자가 양도 받는 영상저작물의 이용을 위하여 필요한 권리의 성격은 저작재산권 및 저작인접권 그 자체라고 보아야 한다. 별도의 법정이용권이라고 볼 것은 아니다.364)

매우 큰 규모의 뮤지컬이나 연극, 오페라 등은 제작자가 영상제작자 못지않은 자본과 노력을 투자하게 된다. 그러나 이들 공연물들은 영상저작물이 아니므로 그 제작자가 저작권법상 영상저작물에 관한 특례규정의 적용을 받을 수 없어 영상제작자와 비교하여 볼 때 형평성에 문제가 있다고 보일 수 있다. 대법원은 "뮤지컬은 음악과 춤이 극의 구성·전개에 긴밀하게 짜 맞추어진 연극으로서, 각본, 악곡, 가사, 안무, 무대미술 등이 결합된 종합예술의 분야에 속하고 복수의 저작자에 의하여 외관상 하나의 저작물이 작성된 경우이기는 하나, 그 창작에 관여한 복수의 저작자들 각자의 이바지한 부분이 분리되어 이용될 수도 있다는 점에서 공동저작물이 아닌 단독 저작물의 결합에 불과한 이른바 '결합저작물'이라고 봄이 상당하고, 한편 뮤지컬 자체는 연극저작물의 일종으로서 영상저작물과는 그 성격을 근본적으로 달리하기 때문에 영상물제작자에 관한 저작권법상의 특례규정이 뮤지컬 제작자에게 적용될 여지가 없으므로, 뮤지컬의 제작 전체를 기획하고 책임지는 뮤지컬 제작자라도 그가 뮤지컬의 완성에 창작적으로 기여한 바가 없는 이상 독자적인 저작권자라고 볼 수 없다"고 판시하였다.365) 따라서 뮤지컬과 같은 공연물의 제작자는 업무상저작물의 요건을 갖추거나 그 제작에 참여한 자들과의 사이에 특약을 체결하는 등 별도의 방법

363) 허희성, 전게서, 337면.
364) 이해완, 전게서, 743면; 이숙연, 전게논문, 10면 참조.
365) 대법원 2005.10. 4.자 2004마639 결정(뮤지컬 '사랑은 비를 타고' 사건).

으로 투하자본의 회수를 도모하여야 할 것이다.

Ⅳ. 보호기간

영상저작물의 저작재산권은 공표한 때부터 70년간 존속한다. 다만, 창작한 때부터 50년 이내에 공표되지 아니한 경우에는 창작한 때부터 70년간 존속한다(저작권법 제42조). 영상저작물에 있어서는 그 제작에 창작적으로 관여하는 사람, 즉 저작자가 다수인 경우가 대부분이므로 사망시점을 기준으로 하여 보호기간을 산정한다는 것은 불합리하다. 따라서 영상저작물은 업무상저작물과 마찬가지로 공표시점을 기산점으로 한 것이다. 영상저작물의 보호기간 역시 종전 저작권법에서는 공표한 때부터 50년으로 되어 있었으나, 2011년 저작권법을 개정하면서 다른 저작물과 맞추어 공표한 때부터 70년간으로 연장되었다. 다만, 그 연장규정은 한·EU 자유무역협정이 발효한 2011. 7. 1. 이후 2년이 되는 날부터 시행되었다(부칙 제 1 조).

제 7 절 컴퓨터프로그램에 관한 특례

Ⅰ. 서 설

과거 컴퓨터 관련 산업은 주로 하드웨어를 중심으로 발달하였으며, 소프트웨어는 하드웨어에 장착된 일종의 구성부분 정도쯤으로 생각되는 경향이 강하였다. 그러나 21세기 정보통신 사회에 들어선 오늘날에 와서는 오히려 소프트웨어 분야가 하드웨어 분야보다 훨씬 더 그 중요성이 강조되고 있으며, 무수한 기업체가 경쟁적으로 투자를 늘리고 기술개발에 박차를 가하는 국가적으로도 사활이 걸린 매우 중요한 분야로 인식되고 있다. 컴퓨터프로그램 분야는 하루가 다르게 새로운 기술이 쏟아져 나오고 있지만, 다른 기술에 비하여 그 복제나 모방이 쉽기 때문에 특히 미국을 비롯한 이 분야의 선진국들로서는 보호의 필요성을 크게 느끼는 분야이기도 하다.

컴퓨터프로그램의 보호와 관련하여서는 크게 특허법적인 보호와 저작권법적인 보호 두 가지를 생각할 수 있다. 일반적으로 컴퓨터프로그램의 구성요소 중 알고리듬(algorithms,

수학적 연산식)에 관한 부분은 특허법에 의하여 보호되어져야 한다. 반면에 이러한 알고리듬을 FORTRAN, COBOL, BASIC 등 컴퓨터언어(computer language)로 표현한 것을 보통 프로그램이라고 하는데, 그러한 프로그램을 구성하는 컴퓨터언어로 작성된 일련의 지시·명령은 창작적 표현물로 보아 저작권법적인 원리에 의하여 보호하고 있다. 이는 저작권법에 있어서 저작물의 보호범위와 관련한 전통적인 아이디어·표현 이분법에 따른 것이기도 하다. 컴퓨터프로그램을 이루는 알고리듬은 아이디어에 해당하므로 그것은 저작권의 보호대상이 아니라는 정신에 바탕을 두고 있는 것이다. 즉, 특허법은 기술적 사상의 창작을 '발명'이라고 하여 보호하며, 저작권법은 인간의 사상 또는 감정을 표현한 창작물을 '저작물'이라고 하여 보호한다. 따라서 컴퓨터프로그램의 구성요소 중 알고리듬은 기술적 사상 그 자체, 즉 아이디어에 해당하기 때문에 특허법에 의한 보호를 하는 것이 적절하며, 알고리듬을 컴퓨터에 사용되는 구체적인 지시·명령으로 표현한 창작물은 표현으로서 저작권법에 의한 보호를 하는 것이 적절하다는 것이다.

컴퓨터프로그램을 저작권법에 의하여 보호하면 특허와 같은 복잡한 심사과정을 거치지 않아도 된다. 또한 창작과 동시에 권리가 발생하며 조약에 따른 국제적인 보호도 쉽게 받을 수 있다. 이에 반하여 특허법에 의하여 보호할 경우 장기간에 걸친 복잡한 심사과정을 거쳐야 권리를 받을 수 있고, 보호를 받고자 하는 나라마다 출원을 하여야 하는 불편함이 있다. 그리고 보호기간도 출원 후 20년으로 되어 있어 사후 70년 동안 보호하는 저작권법에 의하는 경우보다 훨씬 짧다. 그러나 컴퓨터프로그램을 저작권법에 의하여 보호할 경우 저작권법은 구체적인 표현만을 보호하므로, 같은 기능을 가진 컴퓨터프로그램이라 하더라도 지시·명령의 구체적 표현이 다르면 서로 다른 프로그램으로 보게 된다. 따라서 그러한 프로그램에 대하여는 침해 주장을 할 수가 없다. 실제 컴퓨터프로그램에 있어서는 지시·명령의 구체적인 표현보다 그 프로그램이 어떠한 기능을 수행하는가 하는 점이 관심의 대상이라는 점을 고려하면, 컴퓨터프로그램을 저작권법에 의하여 보호하는 것은 한계가 있다. 따라서 오늘날에는 컴퓨터프로그램에 관하여 특허법에 의한 보호가 점점 확대되어 가고 있는 추세에 있다.

미국이나 일본을 비롯한 세계 대부분의 국가들은 컴퓨터프로그램저작물(이하 '프로그램'이라고만 한다)을 저작권법 자체에 의하여 보호하고 있으나, 우리나라는 프로그램을 저작권법의 원리에 의하여 보호하는 법으로서 저작권법의 특별법이라고 할 수 있는 컴퓨터프로그램보호법을 별도로 제정하여 그 법에서 프로그램을 보호하고 있었다. 이와 같이 저작권법과 별도로 컴퓨터프로그램보호법을 제정하고 있는 나라는 우리나라 외에 브라질, 벨기에 등 몇 나라 되지 않았다. 우리나라의 컴퓨터프로그램보호법은 1986년 12월 31일에 법률 제

3920호로 제정되어 몇 차례의 개정을 거쳐 오다가, 2009년 저작권법을 개정하면서 저작권법에 흡수통합 되었다.

구 컴퓨터프로그램보호법은 제 1 조에서 법의 목적과 관련하여 "이 법은 컴퓨터프로그램저작물의 저작자의 권리 그 밖에 컴퓨터프로그램저작물과 관련된 권리를 보호하고 그 공정한 이용을 도모하여 당해 관련 산업과 기술을 진흥함으로써 국민경제의 건전한 발전에 이바지함을 목적으로 한다."고 규정하고 있었다. 이러한 목적규정에서 보는 바와 같이 구 컴퓨터프로그램보호법은 '문화 및 관련 산업의 향상발전'을 목적으로 하는 저작권법과는 다소 그 취지가 다르다고 할 수 있다. 이는 프로그램이 저작권법의 주된 대상으로 되어 있는 문화적 창작물로서의 성격과 아울러 특허법 등 산업재산권법이 주된 대상으로 하고 있는 산업적 창작물로서의 성격을 함께 가지고 있기 때문인 것으로 보인다.

특허권과 컴퓨터프로그램저작권 비교[366)]

구 분	특허권(특허법)	프로그램저작권(저작권법)
목 적	기술발전, 산업발전	문화 및 (프로그램) 관련 산업 발전
보호대상	'아이디어': 자연법칙을 이용한 기술적 '사상'의 창작(아이디어)으로서 고도(高度)한 것	'표현': 사상 또는 감정을 창작적으로 '표현'한 것, 직접·간접으로 사용되는 일련의 지시·명령으로 표현된 것
권리의 발생	설정등록: 방식주의. 심사후의 설정등록(등록공고): 특허권은 '설정등록'에 의하여 발생함	창작 즉시: 무방식주의 프로그램저작권은 창작된 때로부터 발생하며, 어떠한 절차나 형식을 요하지 아니함

Ⅱ. 개정 연혁과 특례규정

1. 개정 연혁

구 컴퓨터프로그램보호법은 1986년 제정된 이래 수차례의 개정을 거쳐 저작권법에 통합되기까지에 이르고 있는데, 그 중 중요한 개정 내용을 보면 다음과 같다.

1994년 1월 5일 개정

① 법인 등의 기획 하에 법인 등의 업무에 종사하는 자가 업무상 창작한 프로그램은

366) 박덕영, 컴퓨터프로그램보호법 교재, 저작권심의조정위원회, 4면.

법인 등의 명의로 공표되지 아니하더라도 계약이나 근무규칙 등에 달리 정함이 없는 한 그 법인 등을 당해 프로그램의 저작자로 인정하였다. 즉, 종전 규정에서 업무상 프로그램 창작이 성립하기 위한 요건 중 "법인 등의 명의로 공표된" 부분을 삭제하였다.

② 원 프로그램 또는 그 복제물이 저작권자의 허락을 받아 판매의 방법으로 거래에 제공된 경우에도 저작권자는 당해 프로그램 또는 그 복제물을 영리의 목적으로 대여하는 것을 허락하는 권리(대여권)를 가지도록 하였다.

③ 프로그램저작권을 침해하는 행위에 의하여 만들어진 프로그램의 복제물을 그 사정을 알면서 취득한 자가 이를 컴퓨터에 업무상 사용하는 행위도 당해 프로그램의 침해행위로 보도록 하였다.

④ '프로그램심의위원회'를 '프로그램심의조정위원회'로 개편하여 프로그램저작권 등의 분쟁에 관한 사전조정제도를 도입하였다.

⑤ 프로그램저작권 침해행위에 대한 벌금을 '300만 원 이하'에서 '3천만 원이하'로 상향조정함과 동시에 징역형과 벌금을 병과할 수 있도록 하는 등 형량을 상향조정하였다.

1998년 12월 30일 개정

① 컴퓨터프로그램저작권자가 유·무선통신의 방법으로 프로그램을 송신할 수 있는 권리인 전송권을 신설하고, 컴퓨터프로그램 및 컴퓨터프로그램저작자 등에 관한 정보인 저작권관리정보에 대한 보호규정을 신설하였다.

② 종전에는 컴퓨터프로그램을 교과용 도서에 게재하는 경우 이를 무상으로 하였으나, 일반 저작물과 같이 일정한 보상금을 지급하거나 공탁하도록 하였다.

③ 컴퓨터프로그램저작권의 침해로 인하여 손해가 발생한 사실은 인정되나 손해액을 산정하기 어려운 경우에는, 법원이 상당한 손해액을 인정할 수 있도록 하여 컴퓨터프로그램저작권자의 손해액에 대한 입증부담을 경감하였다.

④ 컴퓨터프로그램저작권을 침해한 자에 대한 벌금을 3천만 원 이하에서 5천만 원 이하로 상향조정하였다.

2000년 1월 28일 개정

① 프로그램 불법복제 방지를 위한 기술적보호조치를 제거·회피 등의 방법으로 무력화하는 행위를 금지하였다.

② 프로그램기술개발의 활성화를 위하여 연구 등의 목적으로 타인의 프로그램을 역분석할 수 있는 제도적 장치를 신설하였다.

③ 프로그램 불법복제에 대한 지속적인 단속과 그 효율성을 제고하기 위하여 정보통신부 관계공무원에게 단속권을 부여하였다.

2001년 1월 16일 개정

① 시행령에서 규정하고 있던 컴퓨터프로그램코드 역분석에 관한 사항을 보다 구체화하여 컴퓨터프로그램보호법에서 직접 규정하는 것으로 하였다.

② 정보통신부장관은 프로그램의 등록, 프로그램복제물의 접수 및 프로그램저작권의 이전등록 등에 관한 업무를 프로그램심의조정위원회에 위탁할 수 있도록 하였다.

③ 프로그램심의조정위원회의 조정조서에 대하여 재판상의 화해와 동일한 효력이 있도록 하였다.

2002년 12월 30일 개정

① 컴퓨터프로그램은 기능적 저작물로서 그 특성상 변경 또는 개작이 필수불가결하므로 프로그램저작권의 전부를 양도한 경우 특약이 없는 한 개작권도 함께 양도한 것으로 추정하도록 하였다(법 제15조 제2항 신설).

② 온라인상에서 프로그램 유통의 활성화를 위하여 프로그램저작권자는 다른 사람에게 프로그램을 독점적으로 복제하여 배포 또는 전송할 수 있도록 하는 배타적 권리(배타적발행권)를 설정할 수 있도록 하였다.

③ 프로그램 사용허락을 받은 자의 안정적인 프로그램사용을 보장하기 위하여 프로그램저작권자는 프로그램의 원시코드 및 기술정보 등을 임치하여 필요시 프로그램 사용허락을 받은 자에게 이를 제공할 수 있도록 하는 프로그램의 임치제도를 도입하였다.

④ 온라인서비스제공자가 온라인서비스이용자에 의한 프로그램의 복제·전송이 프로그램저작권자 등의 권리를 침해함을 알고서 당해 복제·전송을 중단시킨 경우에는 온라인서비스이용자에 의한 권리침해와 관련하여 그 책임을 감경 또는 면제하도록 하는 등 온라인서비스제공자의 면책요건 등을 정함으로써 온라인서비스제공자가 보다 안정적인 영업활동을 영위할 수 있도록 하였다.

⑤ 프로그램저작권 그밖에 프로그램과 관련된 사항에 관한 분쟁당사자가 프로그램심의조정위원회에 분쟁해결을 위한 알선을 신청한 때에는 위원장이 위원 중에서 알선위원을 지명하여 알선을 하도록 하는 분쟁알선제도를 도입하였다.

2006년 10월 4일 개정

① 종전에는 프로그램저작권 자체에 관하여는 프로그램등록부 및 프로그램공보에, 프로그램저작권의 이전·제한 등에 관하여는 프로그램저작권등록부 및 프로그램저작권공보에 각각 등재하도록 하여 이원적으로 관리하였으나, 용어의 혼동을 막고 관리의 효율성을 높이기 위하여 프로그램등록부 및 프로그램공보로 일원화하는 등 등록 및 공보 관련규정을 체계적으로 정비하였다.

② 창작 후 1년이 경과한 프로그램의 경우도 등록을 허용하였다. 다만, 이 경우 창작연월일의 추정력은 발생하지 아니하도록 하였다.

③ 정보통신망을 통하여 부정복제물을 유통시키는 온라인서비스제공자에 대한 시정권고 제도를 신설하였다.

④ 프로그램심의조정위원회의 명칭을 컴퓨터프로그램보호위원회로 변경하고, 동 위원회의 업무에 새로이 온라인서비스제공자에 대한 시정권고를 추가하는 등 그 기능을 강화하였다.

⑤ 프로그램저작권 침해에 대한 벌칙을 종전 3년 이하의 징역에서 5년 이하의 징역으로 강화하는 등 프로그램저작권 침해행위에 대한 벌칙을 상향 조정하였다.

2009년 4월 22일 개정 저작권법에 흡수통합

2009년 4월 22일 법률 제9625호로 저작권법이 개정되어 2009년 7월 23일 시행되었는바, 그 개정의 주된 이유는, 저작권 보호정책의 일관성 유지와 효율적인 집행을 도모하기 위하여 일반 저작물 보호 등에 관한 "저작권법"과 컴퓨터프로그램저작물 보호 등에 관한 "컴퓨터프로그램보호법"을 통합하는 한편, 온라인상의 불법복제를 효과적으로 근절하기 위하여 온라인서비스제공자 및 불법 복제·전송자에 대한 규제를 강화하려는 것이었다. 아울러 저작권법과 컴퓨터프로그램보호법이 통합됨에 따라 종전에 저작권위원회와 프로그램보호위원회 두 기관으로 나누어져 있었던 관련 단체를 통합하여 한국저작권위원회를 설립하는 것으로 하고, 통합 기관의 기능과 운영에 관한 비교적 상세한 규정을 두게 되었다.

다만, 컴퓨터프로그램저작물의 경우 일반 저작물과는 다른 특성도 가지고 있으므로, 이를 감안하여 저작권법에 컴퓨터프로그램저작물에 대한 특례(법 제101조의2부터 제101조의7까지) 규정을 신설하면서, 프로그램저작권의 제한, 프로그램코드 역분석, 프로그램배타적발행권 설정, 프로그램의 임치 규정 등을 일반적 저작물에 대한 특례로 규정하였다.

2. 특례 규정

위에서 본 바와 같은 개정 연혁을 거쳐 현행 저작권법에서 컴퓨터프로그램에 대하여 특례적으로 규정하고 있는 내용들을 모두 나열해 보면 다음과 같다.[367]

(1) 업무상저작물의 요건 중 '공표' 요건의 배제(제9조 단서)

(2) 프로그램에 대한 동일성유지권 제한사유 규정(제13조 제2항 제3호, 제4호)

(3) 프로그램에 대한 대여권 규정(제21조)

(4) 저작재산권 제한사유 중 일반 저작물에 대한 일부 규정들(제23조, 제25조, 제30조, 제32조)의 적용제외(제37조의2)

367) 이상, 이해완, 전게서, 744면.

(5) 보호기간에 있어서 공표시 기산주의(제42조, 다만 2011. 6. 30. 저작권법 개정에 따라 프로그램에 대한 부분이 삭제되어 그 시행일인 2013. 7. 1.부터는 프로그램저작물도 특례의 적용을 받지 않고 일반 저작물과 동일하게 원칙적으로 사망시 기산주의가 적용됨).

(6) 저작재산권 양도시 2차적저작물작성권도 함께 양도한 것으로 추정(제45조 제 2 항 단서)

(7) 프로그램등록부의 별도 관리(제55조)

(8) 보호의 대상에 대한 제한(제101조의2)

(9) 프로그램의 저작재산권 제한사유(제101조의3, 제101조의4, 제101조의5)

(10) 프로그램의 임치(제101조의7)

(11) 프로그램에 대한 감정(제119조 제 1 항 제 2 호)

(12) 프로그램의 업무상 사용의 침해간주(제124조 제 1 항 제 3 호)

Ⅲ. 보호대상

1. 프로그램의 정의

구 컴퓨터프로그램보호법은 컴퓨터프로그램저작물을 "특정한 결과를 얻기 위하여 컴퓨터 등 정보처리능력을 가진 장치(이하 '컴퓨터'라 한다) 내에서 직접 또는 간접으로 사용되는 일련의 지시·명령으로 표현된 창작물을 말한다"고 정의하고 있었고(동법 제 2 조 제 1 호), 이러한 정의규정은 현행 저작권법 제 2 조 제16호에 그대로 반영되었다. 이 정의규정은 컴퓨터프로그램을 "어떤 결과를 초래하기 위하여 컴퓨터 내에서 직접 또는 간접으로 사용되는 일련의 진술이나 지시를 말한다."고 정의한 미국 연방저작권법 제101조의 규정과 큰 차이가 없다.

컴퓨터프로그램과 컴퓨터 소프트웨어는 어떻게 다른가? 엄밀하게 말하면 소프트웨어는 컴퓨터프로그램 자체 외에 그것이 특정형태로 구체화 된 수학적 과정 내지 알고리듬(algorithm) 및 흐름도(flowchart)와 프로그램 매뉴얼(manual) 등 프로그램의 개발과 사용에 필요한 보조적인 문서를 포함하는 보다 넓은 개념이라고 할 수 있다. 강학상 이 두 가지를 구별하지 않고 혼용하는 예가 많으나,[368] 소프트웨어산업진흥법 제 2 조 제 1 호는, '소프트웨어'라 함은 "컴퓨터·통신·자동화 등의 장비와 그 주변장치에 대하여 명령·제어·입력·처리·저장·출력·상호작용이 가능하도록 하게 하는 지시·명령(음성이나 영상정보 등을 포함한

368) 송상현 외 3인, 컴퓨터프로그램보호법 축조연구, 서울대학교 출판부, 1989, 6면 참조.

다)의 집합과 이를 작성하기 위하여 사용된 기술서나 그 밖의 관련 자료를 말한다."라고 정의하고 있다. 따라서 소프트웨어산업진흥법상 소프트웨어에는 프로그램과 이를 작성하기 위하여 사용된 설계서·기술서 기타 관련자료 등이 포함된다. 저작권법은 이러한 넓은 의미의 소프트웨어를 보호대상으로 하지 않고, '프로그램'만을 보호대상으로 하는 점에서 차이가 있으며,[369] 이러한 점에서는 일본 저작권법상 프로그램 정의와 유사하다.[370]

2. 프로그램의 요건

가. 정보처리능력을 가진 장치 내에서 사용되는 것

통상 컴퓨터가 가지고 있는 연산·제어(통제)·기억·입력·출력의 5종류의 기능 중 입력·출력의 기능이 없더라도 연산·제어·기억의 기능만 가지고 있으면 여기서 말하는 정보처리능력을 가진 장치라고 할 수 있다(예컨대 전화교환기, 마이크로프로세서 등). 그러한 장치 내에서 사용된다는 것은 그 장치의 통상적인 용법에 따라 사용될 수 있는 것을 의미한다.[371]

나. 특정한 결과를 얻을 수 있을 것

특정한 결과를 얻을 수 있다는 것은 어떠한 의미를 갖는 하나의 일을 할 수 있다는 의미이다. 일의 크고 작음이나 가치의 높고 낮음은 문제되지 않는다. 응용프로그램(application program)이 전체로서 하나의 프로그램인 경우에 그것이 몇 개의 독립하여 기능할 수 있는 모듈이나 서브루틴으로 구성되어 있으면, 이들도 '프로그램'에 해당하는 것으로 볼 수 있다.[372]

다. 컴퓨터 내에서 직접·간접으로 사용되는 일련의 지시·명령일 것

프로그램은 일련의 지시·명령이다. 그러므로 단 한 스텝의 지시만으로는 프로그램이라고 인정될 수 없을 것이다. 몇 스텝의 지시·명령이 결합되어야 프로그램으로 인정할 수 있을지는 구체적·개별적으로 판단하여 결정하여야 한다.

---

369) 오승종·이해완, 저작권법, 박영사, 2000, 594면.
370) 일본 저작권법 제 2 조 제 1 항 제10의2호에서는, "프로그램이란 전자계산기를 기능시켜 하나의 결과를 얻도록 이에 대한 지령을 조합하여 표현한 것을 말한다."고 규정하고 있으며, 같은 법 제10조의 저작물 예시규정에서 '프로그램저작물'을 저작물로서 예시하고 있다.
371) 오승종·이해완, 전게서, 614면.
372) 상게서, 614면.

또한 프로그램이란 컴퓨터 내에서 직접·간접으로 사용되는 것이어야 한다. 이것은 프로그램이라고 할 수 있기 위하여서는 그 지시나 명령이 컴퓨터에 대한 것이어야 한다는 의미이다. 따라서 흐름도(flowchart) 등은 컴퓨터에 대한 지시·명령이 아니므로 프로그램이 아니고 경우에 따라 통상의 저작물로 인정될 수 있을 뿐이다.

"직접 또는 간접으로 사용되는 일련의 지시·명령으로"에서 '직접 또는 간접'이란 프로그램이 컴퓨터 내에서 사용되는 방법은 관계가 없다는 의미로 해석된다. 따라서 원시코드(source code)와 목적코드(object code)가 모두 포함됨을 의미한다.[373)]

라. 외부에 표현된 것일 것

이것은 일반 저작물의 성립요건을 재확인한 것으로서, 아이디어는 보호되지 않고 아이디어의 '표현'이 보호대상이라는 의미를 내포한다. 외부에 표현된 것을 요구할 뿐이므로, '유형적 표현매체에의 고정'(fixation in a tangible medium of expression)을 요하는 것으로 해석하지는 않는다.[374)] 미국을 비롯한 영미법계의 저작권법에서는 일반적으로 '고정'을 저작물의 요건으로 하지만, 독일과 프랑스를 중심으로 한 대륙법계 국가들에서는 '고정'은 요건이 아니다.

마. 창작성을 가질 것

저작권법의 정의규정에 포함되어 있지는 않지만, 저작권법상 보호대상인 프로그램도 일반 저작물과 마찬가지로 창작성을 요건으로 한다는 점에 대하여는 이론이 없다. 프로그램의 '표현'에 창작성이 있을 것을 요하므로 아이디어에 창작성이 있는 것만으로는 저작권의 보호를 받을 수 없다.

3. 적용범위의 제한

저작권법은 프로그램을 작성하기 위하여 사용하고 있는 프로그램 언어, 규약, 해법에 대하여는 이를 보호대상에서 제외하고 있다(저작권법 제101조의2). 이 규정은 저작권법의 원리인 아이디어·표현 이분법을 적용한 것으로 이해되고 있다.

---

373) 송영식 외 2인, 지적소유권법(하), 육법사, 554면.

374) 이에 대하여는 '고정'을 요구한다는 반대의 견해도 있다: 전석진, 디지털시대의 저작권, 지적재산권법 강의, 홍문사, 1997, 252면.

가. 프로그램 언어

프로그램 언어란 프로그램을 표현하는 수단으로서의 문자·기호 및 그 체계를 말한다(저작권법 제101조의2 제 1 호). 프로그램 언어를 보호대상에서 제외시킨 이유는 프로그래머들이 공동이용하고 있는 프로그램 언어에 대하여 독점권을 인정할 경우 프로그램 간의 호환성 확보가 어려우며 산업의 발전을 기대할 수 없기 때문이다. 또한 프로그램 언어는 표현의 수단이며 표현 그 자체가 아니다. 따라서 전통적으로 아이디어의 영역에 속하는 것으로 분류되는 '창작의 도구'(building blocks)에 해당한다고 할 수 있다.

나. 규　　약

규약이란 특정한 프로그램에 있어서 프로그램 언어의 용법에 관한 특별한 약속을 말한다(저작권법 제101조의2 제 2 호). 규약은 컴퓨터 사이의 호환성을 확보하고 데이터의 교환을 용이하게 하기 위하여 사용된다. 구체적으로는 프로그램 언어의 사용방법을 기술한 사용설명서, 프로그램과 시스템 분석에 있어서 인정되고 있는 표준적인 약속들, 프로그램과 프로그램 상호간 및 하드웨어와 프로그램 상호간, 하드웨어와 하드웨어 상호간, 그리고 네트워크 시스템에 접속하기 위한 약속 등이 이에 해당한다.[375)]

다. 해　　법

해법이란 프로그램에 있어서의 지시·명령의 조합방법을 말한다(저작권법 제101조의2 제 3 호). 이른바 알고리듬, 즉 프로그램에 있어서 특정한 문제를 해결하기 위한 논리적인 순서가 여기에 해당한다. 다만, 이 규정은 프로그램의 해법 자체에 관한 프로그램저작권의 보호를 부정하는 취지일 뿐, 더 나아가 프로그램 해법이 구체적으로 표현된 코드에 대해서까지 보호를 부정하는 취지는 아니다. 따라서 프로그램의 알고리듬 자체는 추상적인 아이디어로서 저작권의 보호대상이 될 수 없으나, 알고리듬이 구체적으로 표현된 코드는 저작권의 보호대상이 된다. 다만, 특정한 알고리듬의 표현방법이 이론상 또는 사실상 한 가지 밖에 없는 경우에는 아이디어와 표현의 합체의 원칙에 의하여 그 표현은 보호받지 못하게 될 것이다.[376)]

375) 박덕영, 전게서, 9면.
376) 권영준, 컴퓨터프로그램저작권과 아이디어/표현 이분법, 사이버지적재산권법, 법영사, 2004, 288면.

4. 프로그램 해당성

위에서 본 바와 같이 저작권법은 프로그램을 "특정한 결과를 얻기 위하여 컴퓨터 등 정보처리능력을 가진 장치 내에서 직접 또는 간접으로 사용되는 일련의 지시·명령으로 표현된 것"으로 정의하고 있다. 여기서 "컴퓨터 등 정보처리능력을 가진 장치"라고 하고 있으므로 컴퓨터뿐만 아니라 정보처리능력을 가진 모든 장치 내에서 사용되는 일련의 지시·명령은 프로그램으로 정의될 소지가 있다. 그런데 오늘날에 있어서 대부분의 전기·전자제품은 어느 정도의 정보처리능력을 가지고 있기 때문에, 위와 같은 정의는 자칫 저작권법의 프로그램 보호대상을 지나치게 넓게 만들 우려도 있다. 이 점은 아래에서 보는 서울지방법원 남부지원의 하급심판결에서 잘 나타나고 있다. 이 판결에서는 공중전화카드에 부착되는 '워터마크'라고 하는 마그네틱테이프에 산화철의 배열방식에 따라 기록된 '0'과 '1'의 조합이 구 컴퓨터프로그램보호법의 보호대상인 프로그램으로 인정될 수 있는가 여부가 쟁점으로 되었다. 이 테이프에 기록된 워터마크 중 테이프의 앞, 뒤 또는 어떤 부분이라는 표지나 카드의 복제 또는 변조를 방지하기 위한 부분은 해석하기에 따라서는 '준비하라', '시작하라', '다음 데이터를 읽어라', '데이터를 전달하라', '끝내라' 등의 명령어로 볼 수도 있는데, 그렇다면 이들 부분은 프로그램으로 인정될 소지도 있는 것이다. 이는 구 컴퓨터프로그램보호법이 프로그램을 정의하면서 컴퓨터뿐만 아니라 '정보처리능력을 가진 장치'에서 사용되기만 하면 프로그램 해당성이 있는 것으로 보고 있기 때문에 생기는 문제이다. 프로그램을 이와 같이 정의할 경우 극단적으로 말하면 음악이 수록된 CD의 일정 부분 역시 컴퓨터프로그램에 해당하게 된다. 음악 CD에서는 음악 역시 '0'과 '1'이 조합된 디지털 자료로서 수록되어 있고, 그것을 CD 플레이어가 읽어 소리로 표현하기 때문이다. 그리고 음악 CD에도 음악 데이터의 시작, 한 곡의 연주시간, 곡과 곡의 사이, 음악 데이터의 끝을 알리는 정보가 수록되어 있는데, 이들도 음악 데이터를 '읽기 시작하라', '읽기를 중단하라', '다시 읽기 시작하라', '읽기를 끝내라' 등의 명령어로 이루어진 컴퓨터프로그램으로 해석될 여지가 있는 것이다. 또한 경우에 따라서는 선의 굵기에 의하여 '0'과 '1'을 나타내며, 그 조합에 따라 일정한 정보를 표시하게 되는 바코드(bar code) 역시 프로그램으로 해석될 여지가 있을 것이다.

이러한 문제점을 해결하기 위하여는 우리 저작권법에서도 일본의 경우와 마찬가지로 일반적인 정보처리능력을 가진 장치라고 하는 대신, 컴퓨터(전자계산기)에서 사용되는 것만을 프로그램으로 보는 것으로 법을 개정함으로써 오해의 소지를 없애는 것도 생각해 볼 수 있다. 그러나 또 한편으로 생각하면 컴퓨터프로그램은 최근 산업적으로 크게 주목받고 있는 Embedded Software[377]와 같이 반드시 컴퓨터에 사용되는 것에 한하지 않고 다양한 형태로 존재할 수도 있다. 이러한 점을 고려하면 현행 저작권법의 입법 태도는 일면 타당성이 있다고 생각한다.

이러한 관점에서 공중전화용 카드의 '워터마크'가 프로그램저작물에 해당하는지 여부가 문제로 된 서울지방법원 남부지원 2000. 7. 21. 선고 99가합8750 판결(확정)을 살펴본다. 워터마크 테이프는 그 테이프 위에 액체 상태의 산화철 입자를 배열한 후 전자석(電子石)의 자력으로 자장을 형성하여 산화철 입자의 배열을 일정한 각도로 바꾼 후 이를 고형화하여 만들어졌다. 이 테이프는 디지털 신호를 기록하기 위하여 테이프를 일정한 구역(bit)으로 나누어, 한 구역에 있는 산화철 입자들을 비스듬히 서 있기만 한 배열이거나 누워 있기만 한 배열로 배치한 것으로써 '0'을, 한 구역 안에 있는 산화철 입자들이 비스듬히 서있는 것과 누워 있는 것이 동시에 존재하도록 배치한 것으로써 '1'을 표시하도록 하였다. 문제가 된 워터마크 테이프는 8개의 부분으로 구성되어 있다. (1) LZ: 워터마크의 시작부분으로서 8 내지 18개의 '0'이 계속되는 부분, (2) SB: LZ 부분이 끝나고 처음으로 '1'이 나오는 부분, (3) SS: 공중전화카드의 데이터 바로 앞에 위치하면서 10개의 코드값으로 구성된 부분, (4) CC: 사용국가를 나타내는 코드값, (5) FOV: 카드의 액면가액을 나타내는 코드값, (6) SN: 카드의 제작번호를 나타내는 코드값, (7) EOM: 데이터의 끝부분에서 '1'이 나오는 부분, (8) TZ: EOM에서 워터마크의 끝까지 '0'이 계속되는 부분이다.

이 사건에서 원고는, 워터마크 구성부분 중 LZ는 '준비하라', SB는 '시작하라', SS는 '다음 데이터를 읽어라', EOM은 '데이터를 전달하라', TZ는 '끝내라'는 기계어 명령이므로 이들의 조합은 구 컴퓨터프로그램보호법에 의하여 보호되는 프로그램저작물이라고 주장하였다. 그러나 법원은, 이 부분은 (1) 카드의 앞이나 뒤 여백을 채우기 위한 부분(LZ, TZ), (2) LZ와 그 다음 부분을 구분하기 위한 부분(SB), (3) 워터마크의 변조 및 복제를 방지하기 위하여 마련된 부분(SS), (4) 데이터 부분(CC, FOV, SN)과 TZ를 구별하기 위한 부분(EOM)들로서, 이들은 결국 워터마크 테이프의 앞, 뒤, 또는 어떤 부분이라는 표지가 될 수도 있고, 카드의 진정성을 확보하도록 하는 기능을 가지고 있을 뿐으로서 공중전화카드가 공중전화기에 끌려 들어가면 카드판독기는 당연히 워터마크 테이프의 처음부터 끝까지를 읽도록 되어 있으므로, 카드판독기가 워터마크 테이프를 읽음에 있어 준비하라, 시작하라, 읽어라, 끝내라 등의 명령에 따르는 것은 아니라 할 것인바, 그렇다면 위 해당부분은 일련의 지시·

377) 일반적인 컴퓨터가 아닌 각종 전자제품이나 정보기기 등에 설치되어 있는 마이크로프로세서(Microprocessor)에 미리 정해진 특정한 기능을 수행하는 소프트웨어를 내장시킨 시스템을 Embedded System이라고 하고, 여기에 내장된 소프트웨어가 Embedded Software이다.

명령을 나타내는 것이라 할 수 없고 따라서 컴퓨터프로그램저작물에 해당한다고 볼 수 없다고 하였다.

5. 프로그램의 창작성

대법원은 "창작성이란 완전한 의미의 독창성을 말하는 것이 아니며, 단지 어떠한 작품이 남의 것을 단순히 모방한 것이 아니고 작자 자신의 독자적인 사상 또는 감정의 표현을 담고 있음을 의미할 뿐이어서 이러한 요건을 충족하기 위하여는 단지 저작물에 그 저작자 나름대로의 정신적 노력의 소산으로서의 특성이 부여되어 있고, 다른 저작자의 기존의 작품과 구별할 수 있을 정도면 충분하다"[378]고 하고 있다. 그러나 프로그램은 기능적 저작물로서의 특성을 가지고 있으므로 다른 문예적 저작물과는 달리 창작성의 유무를 다소 신중하게 해석하여야 한다. 실제로 독일에서는 과학적·기술적 성격을 가진 저작물의 경우에는, 공중에 의하여 널리 이용됨으로써 교육·연구 및 개발이 왕성하게 이루어지도록 하기 위해서, 창작성이 낮은 평범한 수준의 저작물에 대하여는 저작권의 성립을 부인하는 경향을 보이고 있다고 한다. 따라서 프로그램의 창작성도 첫째, 기존의 프로그램들과 비교하여 문제된 프로그램의 새로운 요소들을 찾아내서 그 새로운 요소들만을 판단의 대상으로 하고, 둘째, 그러한 새로운 요소들이 일반적인 프로그램 개발과정에서 통상적으로 만들어질 수 있는 것인지를 판정하는 식의 2단계 판단방법을 거치도록 하여 비교적 엄격하게 판단하고 있다고 한다.[379]

미국의 법원도 저작물의 종류에 따라서 문예적 저작물과 기능적 저작물로 구별을 하여, 기능적 저작물의 경우에는 최소한의 창작성이 있는지 여부를 더 신중하게 심리하는 경향을 보이고 있다. 기능적 저작물은 그것이 목적으로 하는 기능을 수행하기 위하여 표준적인 용어와 개념을 사용하여야 하며, 따라서 그 표현방식은 상당히 제한될 수밖에 없고, 그에 내재된 보호받지 못하는 요소들, 예컨대 개념이나 방법, 해법, 작업과정 등 아이디어(idea)와 표현(expression)이 밀접하게 연관되기 마련이다. 그러므로 표현을 보호한다고 하다가 자칫 보호받아서는 아니 되는 아이디어까지 보호되는 일이 없도록 저작권의 보호범위를 제한적으로 해석할 수밖에 없다는 것이다.[380] 이러한 해석론에 대하여는, 그것은 동일

378) 대법원 1995. 11. 14. 선고 94도2238 판결 등.

379) Inkasso-Programm 판결 등: 이기수 외 6인, 지적소유권법, 한빛지적소유권센터, 1135, 1136면 참조.

380) 기능적 저작물의 보호범위를 결정함에 있어서는 항상 어려운 딜레마에 빠지게 되는바, 기능적 저작물의 표현을 보호하게 되면 그와 밀접하게 연관되어 있는 아이디어들-이들은 원래 특허법과 같은 다른 지적재산권법에 의한 보다 엄격한 심사를 거쳐 보호해야 하는 요소들이다-을 보호하는 결과로 되며,

한 기준을 적용함에 있어서 저작물의 특성에 따른 고려를 하는 것일 뿐 저작물의 종류에 따라 서로 다른 이중의 기준을 적용하는 것은 아니라는 견해도 있다.[381)]

우리 법의 해석상으로도 위에서 본 바와 같은 창작성의 개념은 프로그램에 대하여도 그대로 적용되는 것으로 보아야 한다. 즉, 프로그램의 경우도 다른 저작물과 똑같은 정도의 창작성이 요구되는 것으로서 특별히 다른 기준을 적용할 것은 아니다. 다만 기능적 저작물로서의 특성을 감안하여 문예적 작품의 경우보다는 상대적으로 신중하게 창작성 유무를 판단할 필요가 있다.

앞에서 본 서울지방법원 남부지원 2000. 7. 21. 선고 99가합8750 판결에서는 공중전화카드에 부착된 워터마크 테이프에 기록된 '0'과 '1'의 조합이 컴퓨터프로그램에 해당하지 않는다고 판단하면서, 설사 그 기록부분이 프로그램에 해당한다고 볼 여지가 있다 하더라도 이는 창작성이 없어 구 컴퓨터프로그램보호법의 보호를 받을 수 없다고 하였다.[382)]

또한 '글꼴 프로그램'(서체 프로그램)의 경우에도 그것이 일반적으로 창작성이 있는 것인지에 대하여 의문을 제기하는 견해가 많았다. 이 견해에 의하면 Font 프로그램이라고 하는 것은 서체에 관한 좌표값과 글자의 윤곽선을 그려 주기 위한 명령으로서, 서체도안에 관한 수치화된 정보 그 자체에 불과한 것이며, 아이디어·표현 이분법에 따르면 보호될 수 없는 성질의 정보를 주된 내용으로 가지고 있고, Font 프로그램의 제작도 프로그래머의 창작적인 노력에 의해서 제작하는 것이라기보다는 서체도안 원도를 스캐너로 읽어 디지털화한 후 그 서체 디지털 이미지를 Fonto-Grapher 등의 서체파일제작 프로그램을 통하여 다소의 수정·보완을 한 후에, 그래픽 기능을 가진 프로그래밍 언어의 일종인 PostScript 언어 등의 파일형태로 저장·완성하는 기계적인 작업에 의해서 이루어지는 것이기 때문에 창작성이 인정될 수 있을지 여부는 극히 의문시된다고 한다.[383)] 그러나 우

반대로 그 표현을 보호하지 않게 되면 기능적 저작물에 대한 창작의욕을 꺾는 결과를 초래하기 때문이다, Paul Goldstein, Copyright, 2d ed., Little Brown and Company, 1996, p. 2.

381) NEC Co. v. Intel Co., 10 U.S.P.Q. 2d(BNA) 1177 판결 등, 오승종·이해완, 전게서, 616면 참조.

382) 이 부분 판결요지는 다음과 같다. "컴퓨터프로그램보호법이 보호하고 있는 컴퓨터프로그램저작물에는 창작성이 있을 것이 요구되는 것인바, 설사 이 사건 워터마크 테이프 제작자 또는 원고가 이 사건 해당부분을 위와 같이 준비하라, 시작하라, 읽어라, 끝내라 등의 지시·명령을 나타낼 것을 의도하고 워터마크 테이프에 이 사건 해당부분을 추가하였다 하더라도, 그와 같은 명령어라는 것이 결국은 워터마크 테이프에 있는 데이터를 읽으라는 의미 밖에 없는 것으로서(카드판독기가 당연히 데이터를 전부 읽도록 되어 있는데, 데이터를 읽는 것을 준비하고, 시작하고, 끝내라는 명령은 아무 의미가 없는 것이다), 그와 같이 지극히 단순한 지시·명령이 포함되어 있다 하여 워터마크 테이프를 창작성이 있는 컴퓨터프로그램저작물이라 할 수는 없다."

383) 컴퓨터프로그램보호회, 컴퓨터프로그램보호법 축조해설(http://www.cpf.or.kr/content/study/aaa1.thm); 서울고등법원 1999. 4. 7. 선고 98나23616 판결 등 참조: 그러나 이에 대하여는 일반론으로서 글꼴 프로그램의 창작성을 전적으로 부정하는 결론을 내리는 것은 바람직하지 않으며, 구체적인 사건마다 그

리 판례는 대체적으로 서체 프로그램에 대하여 창작성을 인정하는 취지의 판시를 하고 있다.[384)]

Ⅳ. 프로그램 저작자

1. 프로그램의 저작자

프로그램 역시 일반 저작물과 마찬가지로 프로그램을 창작한 자가 저작자가 된다(저작권법 제 2 조 제 2 호). 저작권법은 제 8 조에서 저작자를 추정하는 규정을 두고 있는데, 이러한 규정은 프로그램에도 그대로 적용된다. 또한 저작권법 제 3 조의 규정에 따라 외국인의 프로그램은 대한민국이 가입 또는 체결한 조약에 따라 보호된다(제 1 항). 대한민국 내에 상시 거주하는 외국인(무국적자 및 대한민국 내에 주된 사무소가 있는 외국법인을 포함한다)의 프로그램과 맨 처음 대한민국 내에서 공표된 외국인의 프로그램(외국에서 공표된 날로부터 30일 이내에 대한민국 내에서 공표된 프로그램을 포함한다)은 저작권법에 따라 보호된다(제 2 항).[385)] 다만, 그와 같이 보호되는 외국인(대한민국 내에 상시 거주하는 외국인 및 무국적자는 제외한다)의 저작물이라도 그 외국에서 대한민국 국민의 저작물을 보호하지 아니하는 경우에는 그에 상응하게 조약 및 저작권에 따른 보호를 제한할 수 있다(제 3 항).

제작과정에서 투입된 노력과 창의성의 정도를 세밀하게 파악하여 개별적으로 판단하여야 할 것이고, 기본적으로 서체파일제작 프로그램을 이용한 좌표값의 지정·이동 등의 작업과정에 프로그래머의 정신적 노력이 깃들어 있는 한 매우 제한적인 범위 내에서라도 그 창작성을 인정하는 것이 타당하다는 견해가 있다. 이 견해에 의하면, 그렇다 하더라도 글꼴 원도 자체의 저작물성이 부인되는 이상 컴퓨터로 저장된 글꼴파일이 가지는 창작성도 매우 미약한 경우가 많을 것이므로, 그 보호범위를 결정하는 데 있어서는 이 점을 고려할 필요가 있다고 한다(Adobe System Inc. v. Southern Software, Inc. et. al.(N.D. Cal., 1998); 오승종·이해완, 전게서, 627-628면 참조).

384) 대법원 2001. 5. 15. 선고 98도732 판결 등(이 판결의 내용에 관하여는 앞의 제 2 장 제 4 절 "저작물성이 문제로 되는 창작물" 중 '글자체' 부분 참조). 그러나 글꼴파일 자체는 도안된 서체를 스캐닝하여 이미지파일로 전환시킨 다음 공개된 폰토그라퍼에 의하여 데이터 수치와 연결명령어로 구성된 포스트스크립트 언어로 표현하는 수단과 방법이 일치하는 한 동일한 서체도안에 대하여는 항상 동일한 또는 아주 유사한 좌표값을 갖는 원시코드로 표현될 수밖에 없어 창작성을 인정하기 어렵다고 한 판례도 있다(서울고등법원 1999. 4. 4. 선고 98나 23616 판결).

385) 이와 같이 저작권법 제 3 조 제 2 항은 '공표'된 것을 요건으로 하고 있지만, 이에 대응하는 구 컴퓨터프로그램보호법 제 2 항에서는 '공표' 대신 '발행'을 요건으로 하고 있었다.

2. 업무상 창작한 프로그램의 저작자

가. 의 의

저작물은 사람의 사상, 감정을 표현한 것이므로 그 주체, 즉 저작자는 원래 창작자인 자연인만이 될 수 있다는 것이 대륙법계 저작권법의 기본적인 시각이다. 그러나 자연인만이 저작자가 될 수 있다면 현실적으로 불합리한 경우가 생길 수 있다. 이러한 불합리는 특히 준산업재산권적인 성격을 가지는 프로그램에 있어서 잘 드러난다. 오늘날 컴퓨터프로그램 창작의 현실을 보면, 법인 등 단체의 내부에서 여러 사람의 협동작업에 의하여 이루어지는 경우가 많고, 이러한 경우에 다수인의 관계의 정도라든가 태양이 각양각색이어서 구체적으로 누가 창작자인지를 자연인 중에서 찾는 것이 실상에 반하는 경우가 많다.[386)]

이와 같은 사정을 고려하여 종전 컴퓨터프로그램보호법 역시 저작권법과 마찬가지로 법인·단체 기타 사용자와 일정한 관계에 있는 자연인이 창작한 저작물의 저작자를 그 법인 등이 되는 것으로 규정하고 있었다. 즉, 위 법 제 5 조에서 "국가·법인·단체 그 밖의 사용자(이하 "법인 등")의 기획 하에 법인 등의 업무에 종사하는 자가 업무상 창작한 프로그램은 계약이나 근무규칙 등에 달리 정함이 없는 한 그 법인 등을 당해 프로그램의 저작자로 한다"고 규정하고 있었다. 한편, 저작권법은 "법인 등의 기획 하에 법인 등의 업무에 종사하는 자가 업무상 작성하는 저작물(업무상저작물)로서 법인 등의 명의로 공표되는 저작물의 저작자는 계약 또는 근무규칙 등에 다른 정함이 없는 때에는 그 법인 등이 된다"(저작권법 제 2 조 제31호, 제 9 조)고 규정하고 있어서 종전 컴퓨터프로그램보호법과는 달리 "법인 등의 명의로 공표되는"의 요건이 추가되어 있다. 따라서 종전 컴퓨터프로그램보호법 아래에서는 법인 등의 명의로 공표되는 것인지 여부를 따지지 아니하고 동법 제 5 조가 정하는 다른 요건만 갖추면 법인 등이 저작자로 되었던 것이다.[387)] 2009년 개정 저작권법은 구 컴퓨터프로그램보호법을 흡수통합하면서 이러한 양 법 사이의 차이를 고려하여, 법 제 9 조(업무상저작물의 저작자)에서, "법인 등의 명의로 공표되는 업무상저작물의 저작자는 계약 또

---

386) 半田正夫, 著作權法槪說, 第 7 版, 一粒社, 1994, 59면.

387) 일본의 개정 저작권법 제15조 제 2 항도 컴퓨터프로그램과 관련하여서는 업무상저작물의 성립요건에서 공표요건을 삭제하는 특례규정을 두고 있다. 다만, 일본 저작권법은 컴퓨터프로그램뿐만 아니라 매뉴얼 등 넓은 의미의 소프트웨어를 보호하고 있는바, 이와 같은 특례규정은 어디까지나 프로그램에 대한 특례이고, 프로그램 이외의 소프트웨어에 대하여는 '법인 등의 명의로 공표될 것'을 요건으로 하는 저작권법의 원칙이 그대로 적용된다. 그러므로 프로그램과 그 이외의 소프트웨어 저작권이 그 원시적 귀속이 달라지는 경우도 있을 수 있는데, 이는 현행법의 해석상 어쩔 수 없는 결과라고 하며, 따라서 이에 관하여서는 취업규칙 등에서 명문으로 약정을 하여 둠으로써 나중에 분쟁이 발생하지 않도록 배려를 할 필요가 있을 것이라고 한다(中山信弘, ソフトウェアの法的保護, 有斐閣, 1990, 56면).

는 근무규칙 등에 다른 정함이 없는 때에는 그 법인 등이 된다. 다만, 컴퓨터프로그램저작물(이하 "프로그램" 이라 한다)의 경우 공표될 것을 요하지 아니한다"고 규정함으로써 프로그램에 대하여는 업무상저작물로 성립하는데 있어서 '공표'를 요건으로 하지 않고 있다.

특허법이 경제적 성격이 매우 강한 '특허를 받을 권리'는 발명행위를 한 개인에게 원시적으로 귀속한다고 하고 있음에 대하여,[388] 상대적으로 인격적 성격이 강한 저작권법이 법인 등 사용자에게 종업원이 한 저작행위의 성과를 원시적으로 귀속하게 하는 경우를 인정하고 있는 것은 일견 모순인 것처럼 보일 여지도 있다. 그러나 특허권의 경우에는 특허등록원부나 특허증을 확인하는 것에 의하여 누가 권리자인가, 또 존속기간은 언제까지인가 하는 것을 용이하게 확인할 수 있다. 이에 반하여 프로그램을 비롯한 저작물의 경우에는 원칙적으로 등록을 요하지 않고, 따라서 권리자나 존속기간을 공시할 수단이 없기 때문에 제 3 자가 권리자를 용이하게 판단할 수 있도록 하는 제도적 장치를 둘 필요가 있다. 이것이 저작권법에서 특별히 업무상저작물 규정을 둔 이유라고 한다. 또한 위에서 본 일정한 요건을 만족하는 경우에는 당사자(종업원)도 사용자에게 저작권을 원시적으로 귀속케 하고자 하는 의사가 있었다고 할 것이고, 나아가 제 3 자에게 예측하지 못한 손해를 주지 않아야 한다는 법적 안정성의 측면에서 본다면 저작권법이나 종전 컴퓨터프로그램보호법의 업무상저작물 규정은 타당성을 갖는다고 할 수 있다.[389]

388) 종전 특허법 제39조: "종업원·법인의 임원 또는 공무원(이하 '종업원 등'이라 한다)이 그 직무에 관하여 발명한 것이 성질상 사용자·법인 또는 국가나 지방자치단체(이하 '사용자 등'이라 한다)의 업무범위에 속하고, 그 발명을 하게 된 행위가 종업원 등의 현재 또는 과거의 직무에 속하는 발명에 대하여 종업원 등이 특허를 받았거나 특허를 받을 수 있는 권리를 승계한 자가 특허를 받았을 때에는 사용자 등은 그 특허권에 대하여 통상실시권을 가진다"고 규정하고 있다(이 규정은 2006. 3. 3. 특허법 개정에 의하여 '발명진흥법' 제 8 조에서 규정하게 되었다). 이처럼 직무발명에 관한 권리는 '발명자주의'(특허법 제33조)의 원칙에 의하여 종업원(발명자)에게 귀속한다. 즉, 직무발명을 한 종업원도 일반 자유발명의 경우와 마찬가지로 특허 받을 수 있는 권리를 아무런 제한 없이 향유하게 되는 것이고, 사용자 등은 그에 대하여 통상실시권을 가질 뿐이다. 그러나 종업원의 직무발명에 대하여 사용자 등은 특허 받을 수 있는 권리를 승계할 수 있으며 사전계약으로도 승계할 수 있는바, 현실에 있어서 대부분의 경우 사용자 등은 취업규칙 등에서 종업원 등의 직무발명에 대하여 특허 받을 수 있는 권리를 승계하는 것으로 사전계약을 하는 것이 보통이다(이종일, 특허법, 한빛지적소유권센터, 172면 참조).

389) 中山信弘, 전게서, 56면. 업무상저작물 규정에 대하여는, 이 규정이 정당한 보상이나 정보 이용에 관한 예외 없이 업무상 저작한 저작물의 저작자를 사용자로 정하고, 피용자가 퇴직 후 동종업계에서 취업하거나 창업하지 못하게 하므로 저작자·발명가·과학기술자와 예술자의 권리를 보호하는 헌법 제22조 제2항, 직업선택의 자유를 보장하는 헌법 제15조, 개인과 기업의 경제상의 자유와 창의를 존중함을 기본으로 하는 경제질서를 규정한 헌법 제119조 제 1 항에 위반된다는 이유로 위헌심판이 제기되었으나, 헌법재판소는 2018. 8. 30.자 2016헌가12 결정으로 합헌판정을 내렸다.

나. 공표요건의 삭제 배경

1994년 개정되기 전 구 컴퓨터프로그램보호법은 저작권법과 마찬가지로 "법인 등의 명의로 공표된 것"을 요건으로 하고 있었다. 그러던 것을 1994년 법 개정을 통하여 이 요건을 삭제하였는데, 이는 미공표 프로그램 즉, 개발진행 중에 있는 프로그램도 법인 등에게 저작권이 귀속되도록 하기 위한 것이라고 한다. 개발 진행 중에 법인의 종업원이 미공표 프로그램의 소스코드를 빼내어 거기에 약간의 자신의 창작을 덧붙여 먼저 개발완료한 후 제품을 만들고, 이를 자기 이름으로 공표함으로써 오히려 법인 등에 대하여 저작권침해 주장을 하는 것을 막기 위한 것이다.[390] 또한 기업의 입장에서는 여러 가지 목적으로 개발된 프로그램을 공표하지 아니하고 영업비밀로 해 놓는 경우도 있을 것인데, 이와 같이 프로그램의 공표가 예정되어 있지 않은 경우 당해 프로그램의 저작권이 종업원에게 원시적으로 귀속된다고 하면, 기업의 입장에서는 향후 프로그램저작권과 관련된 분쟁을 방지하기 위하여 모든 프로그램을 공개하여야 하는 문제가 발생할 수 있다. 물론 사용자가 종업원으로부터 프로그램 저작재산권의 승계를 받는 것도 가능하지만, 그 경우에도 인격권은 종업원에게 남아 있게 되어 여러 가지 문제가 발생할 우려가 있다. 따라서 이러한 경우에도 프로그램의 저작권이 기업에게 원시적으로 귀속하도록 하기 위하여서는 위와 같은 공표요건을 아예 삭제할 필요성이 있었던 것이다.

컴퓨터프로그램, 특히 대형 프로그램에 있어서는 산업적 생산물로서의 성격이 강하고 경제재적 성격이 강하다. 이러한 컴퓨터프로그램을 기존 저작권법의 틀 속에 끼워 넣어 보호함에 있어서는, 가능한 한 경제재로서의 가치를 발휘할 수 있도록 법의 규정을 마련하는 것이 요망된다. 개정된 저작권법이나 구 컴퓨터프로그램보호법에서 위와 같이 특별한 규정을 두어 "법인 등이 자기의 저작 명의로 공표할 것"이라고 하는 요건을 삭제하고, 기업의 영업비밀로서 공표하고 있지 않은 프로그램의 저작자도 사용자가 되는 것을 명확히 한 것은 그러한 점에서 타당성과 필요성이 인정된다. 프로그램, 특히 소스코드 중에는 영업비밀에 해당하는 것이 많아서 이와 같이 규정하지 않으면, 프로그램의 저작자와 영업비밀의 주체가 분리되어 수습할 수 없는 결과를 초래할 수도 있으므로, 공표 요건을 삭제한 것은 타당한 개정이라고 말할 수 있을 것이다.

이에 따라 법인 등의 종업원이 작성한 프로그램의 저작권은 사실상 대부분 법인 등에게 원시적으로 귀속하게 되고, 기업으로서는 프로그램을 경제재로서 기업의 목적과 계획대로 이용, 처분을 할 수 있는 가능성이 훨씬 높아지게 되었다.[391]

390) 한국컴퓨터프로그램보호회 외 1, 소프트웨어저작권보호와 침해 대응책, 1998, 116면.

다. 기타 요건

업무상저작물 성립요건 중 공표요건을 제외한 기타 요건(법인 등의 기획, 법인 등의 업무에 종사하는 자, 업무상 창작, 계약이나 근무규칙에 다른 정함이 없을 것)은 다른 일반 저작물의 경우와 동일하므로, 이에 대하여는 제 3 장 제 4 절 '업무상저작물의 저작자' 부분을 참조하면 될 것이다.

다만, 업무상저작물에 관한 규정은 창작자가 저작자로 된다는 저작권법의 대원칙에 대한 예외규정이므로 가급적 업무상저작물의 성립은 좁게 인정되어야 한다는 것이 일반적인 실무와 학설의 입장이다. 그런데 우리 판례의 경향을 살펴보면 일반 저작물의 경우보다 프로그램저작물의 경우에는 업무상저작물의 성립을 보다 넓게 인정하고 있다는 느낌이 든다. 이는 저작물 중에서도 다른 저작물에 비하여 산업재산권적인 성격이 강한 프로그램저작물의 특성을 고려한 것으로 보인다. 예를 들어, 대법원 2000. 11. 10. 선고 98다60590 판결은, "업무상 창작한 프로그램의 저작자에 관한 구 컴퓨터프로그램보호법(1994. 1. 5. 법률 제4712호로 개정되기 전의 것) 제 7 조의 규정은 프로그램 제작에 관한 도급계약에는 적용되지 않는 것이 원칙이나, 주문자가 전적으로 프로그램에 대한 기획을 하고 자금을 투자하면서 개발업자의 인력만을 빌어 그에게 개발을 위탁하고, 이를 위탁받은 개발업자는 당해 프로그램을 오로지 주문자만을 위해서 개발·납품하여 결국 주문자의 명의로 공표하는 것과 같은 예외적인 경우에는 법인 등의 업무에 종사하는 자가 업무상 창작한 프로그램에 준하는 것으로 보아 같은 법 제 7 조를 준용하여 주문자를 프로그램저작자로 볼 수 있다"고 하였다.

V. 프로그램 저작권

저작권법은 프로그램에 대하여서도 다른 일반 저작물과 마찬가지로 저작재산권으로서 복제권(제16조), 공연권(제17조), 공중송신권(제18조), 전시권(제19조), 배포권(제20조), 대여권(제21조) 및 2차적저작물작성권(제22조)을 부여하고 있으며, 저작인격권으로서 공표권, 성명표시권, 동일성유지권을 규정하고 있다. 다만, 권리의 성질상 저작재산권 중 전시권과 같은 것은 프로그램에 대하여는 거의 적용될 여지가 없을 것으로 생각되며, 반면에 대여권은 현재까지는 상업용 음반과 상업적 목적으로 공표된 프로그램의 영리목적 대여의 경우에만 인정되고 있는 권리이다.

391) 中山信弘, 전게서, 57면 참조.

한편, 저작인격권 중 동일성유지권에 관한 제한규정인 저작권법 제13조 제 2 항에서는 프로그램에 대하여만 동일성유지권이 제한되는 특별한 경우를 규정하고 있다. 즉, 특정한 컴퓨터 외에는 이용할 수 없는 프로그램을 다른 컴퓨터에 이용할 수 있도록 하기 위하여 필요한 범위에서의 변경(제 3 호), 프로그램을 특정한 컴퓨터에 보다 효과적으로 이용할 수 있도록 하기 위하여 필요한 범위에서의 변경(제 4 호)의 경우에 저작자는 그 변경에 대하여 이의를 할 수 없다고 규정하고 있다. 이는 프로그램의 준산업적 성격을 고려한 특별규정이다. 이에 대하여는 제 4 장 제 2 절의 '저작인격권' 부분 중 '동일성유지권' 항목 부분에서 검토한 바 있다.

저작권법 제14조 제 1 항은 저작인격권의 일신전속성에 관하여 규정하고 있다. 그런데 구 컴퓨터프로그램보호법에는 이러한 규정을 두고 있지 않았다. 이와 관련하여 이는 구 컴퓨터프로그램보호법이 프로그램 저작인격권에 대하여는 일신전속성을 인정하지 않는 것이라는 견해와, 구 컴퓨터프로그램보호법에 규정이 없는 경우 프로그램 보호에 관하여 저작권법에 규정이 있을 때에는 그 규정을 적용하도록 되어 있으므로(동법 제45조) 프로그램 저작인격권의 경우도 당연히 일신전속성이 있다는 견해가 대립하고 있었다. 이에 관한 상세한 내용 역시 앞의 '저작인격권' 부분에서 이미 살펴본 바 있는데, 결론적으로 현행 저작권법은 구 컴퓨터프로그램보호법을 흡수통합하면서 저작인격권의 일신전속성을 규정한 제14조에서 프로그램저작물을 제외하지 않고 있으며, 프로그램저작물에 관한 특례 규정 부분에서도 저작인격권에 관한 특별한 규정을 두고 있지 않다. 이는 프로그램저작물의 경우에도 다른 일반 저작물과 마찬가지로 그 저작인격권은 일신전속성을 가짐을 명백히 한 것이라고 이해된다.

Ⅵ. 프로그램 저작재산권의 제한

1. 서 설

프로그램에 대하여는 저작재산권 제한 규정 중 제23조(재판절차 등에서의 복제)·제25조(학교교육목적 등에의 이용)·제30조(사적이용을 위한 복제) 및 제32조(시험문제로서의 복제) 규정을 적용하지 아니한다. 다만, 프로그램에 대하여는 2009. 4. 22. 법 개정에 따라 저작권법이 종전의 구 컴퓨터프로그램보호법을 흡수통합하면서 "저작권법 제 5 장의2 프로그램에 관한 특례" 부분(제101조의2부터 제101조의7)이 신설되었는바, 그 중 제101조의3(프로그램의 저작재산권의 제한), 제101조의4(프로그램코드 역분석), 제101조의5(정당한 이용자에 의한 보존을 위한 복제 등) 부분이 프로그램 저작재산권의 제한 규정으로서의 역할을 하고 있다.

프로그램 역시 다른 일반 저작물과 마찬가지로 모든 이용형태에 있어서 무제한으로 저작자의 권리가 보호된다고 하면 프로그램의 원활한 이용을 방해하여 결과적으로는 산업과 기술의 진흥 및 국민경제의 건전한 발전에 지장을 초래하고 문화 및 이에 관련되는 산업의 향상발전을 목적으로 하는 저작권법의 목적에 반하게 된다. 여기서 저작권법은 프로그램에 대한 배타적 지배권을 인정하여 저작자의 이익을 도모하는 한편, 일정한 경우에는 프로그램의 자유이용을 허용하여 프로그램을 이용하는 공중의 이익을 도모함으로써 양자의 이익의 균형을 꾀하고 있다. 그 기본적인 구조는 저작권법상 저작재산권의 제한규정과 상당히 유사하지만, 프로그램의 특수성을 감안하여 위와 같이 저작권법에 특례규정을 두게 되었다.

2. 제한의 내용

가. 개 요

다음 각 호의 어느 하나에 해당하는 경우에는 그 목적상 필요한 범위에서 공표된 프로그램을 복제 또는 배포할 수 있다. 다만, 프로그램의 종류·용도, 프로그램에서 복제된 부분이 차지하는 비중 및 복제의 부수 등에 비추어 프로그램의 저작재산권자의 이익을 부당하게 해치는 경우에는 그러하지 아니하다(저작권법 제101조의3 제 1 항).

① 재판 또는 수사를 위하여 복제하는 경우(제 1 호)
② ‘유아교육법’, ‘초·중등교육법’, ‘고등교육법’에 따른 학교 및 다른 법률에 따라 설립된 교육기관(상급학교 입학을 위한 학력이 인정되거나 학위를 수여하는 교육기관에 한한다)에서 교육을 담당하는 자가 수업과정에 제공할 목적으로 복제 또는 배포하는 경우(제 2 호)
③ ‘초·중등교육법’에 따른 학교 및 이에 준하는 학교의 교육목적을 위한 교과용 도서에 게재하기 위하여 복제하는 경우(제 3 호)
④ 가정과 같은 한정된 장소에서 개인적인 목적(영리를 목적으로 하는 경우를 제외한다)으로 복제하는 경우(제 4 호)
⑤ ‘초·중등교육법’, ‘고등교육법’에 따른 학교 및 이에 준하는 학교의 입학시험이나 그 밖의 학식 및 기능에 관한 시험 또는 검정을 목적(영리를 목적으로 하는 경우를 제외한다)으로 복제 또는 배포하는 경우(제 5 호)
⑥ 프로그램의 기초를 이루는 아이디어 및 원리를 확인하기 위하여 프로그램의 기능을

조사·연구·시험할 목적으로 복제하는 경우(정당한 권한에 의하여 프로그램을 이용하는 자가 해당 프로그램을 이용 중인 때에 한한다)(제 6 호)

위 제 3 호에 따라 프로그램을 교과용 도서에 게재하려는 자는 문화체육관광부장관이 정하여 고시하는 기준에 따른 보상금을 해당 저작재산권자에게 지급하여야 한다. 보상금 지급에 대하여는 저작권법 제25조 제 5 항부터 제 9 항까지의 규정을 준용한다(제101조의3 제 2 항).

일반 저작물의 경우 저작권법 제23조(재판절차 등에서의 복제)에서 "재판절차를 위하여 필요한 경우이거나 입법·행정의 목적을 위한 내부자료로서 필요한 경우에는 그 한도 안에서 저작물을 복제할 수 있다. 다만, 그 저작물의 종류와 복제의 부수 및 형태 등에 비추어 당해 저작재산권자의 이익을 부당하게 침해하는 경우에는 그러하지 아니하다."고 규정하여 입법·행정의 목적을 위한 복제도 허용하고 있으나, 프로그램의 경우에는 이 규정의 적용을 받지 아니하고 위 제 1 호에서와 같이 단지 "재판 또는 수사를 위하여 복제하는 경우"만을 제한사유로 규정하고 있다.

그리고 일반 저작물의 경우 저작권법 제25조(학교교육목적 등에의 이용)의 제한규정이 적용되나, 프로그램에 대하여는 이 규정의 적용이 제외되고 있다. 다만 제 2 호, 제 3 호에서 보는 바와 같이 제25조보다 상당히 축소된 범위 내에서의 저작재산권 제한이 허용되고 있다. 따라서 일반 저작물과는 달리 제 2 호의 수업목적의 이용에서도 복제 또는 배포만이 허용되고 있을 뿐, 공연, 방송 및 전송은 허용되지 않으며, 교육지원기관에 대한 저작재산권 제한 규정이 존재하지 않고, 교육을 받는 자에 대한 제한규정 역시 존재하지 않는다.

또한 일반 저작물의 경우 저작권법 제32조(시험문제로서의 복제)에서 학교의 입학시험 그 밖에 학식 및 기능에 관한 시험 또는 검정을 위하여 필요한 경우에는 그 목적을 위하여 정당한 범위에서 공표된 저작물을 복제·배포할 수 있다고 규정하고 있으나, 프로그램의 경우에는 제 5 호의 특례규정에 따라 '초·중등교육법', '고등교육법'에 따른 학교 및 이에 준하는 학교의 경우만으로 그 범위가 제한되어 있다.

나. 프로그램의 사적복제

프로그램 저작재산권의 제한 중에서 특히 프로그램저작권자의 경제적 이익을 해칠 우려가 커서 문제가 되는 것은 위 제 4 호의 경우이다. 따라서 저작권법상 일반 저작물의 경우에는 비영리목적으로 개인적으로 이용하는 경우 또는 가정 및 이에 준하는 한정된 범위 안에서 이용하는 경우에는 모두 복제할 수 있는 것으로 허용하고 있음에 반하여(저작권법

제30조, 사적이용을 위한 복제), 프로그램에 대하여는 위 특례규정을 통하여 그 목적과 장소를 더욱 제한적으로 규정하고 있다. 즉, 컴퓨터프로그램에 대하여는 사적복제에 관한 저작권법 제30조 규정이 적용되지 아니하고(저작권법 제37조의2), 대신 저작권법 제101조의3 제 1 항 제 4 호가 적용된다. 이 규정에 의하면 "가정과 같은 한정된 장소에서 개인적인 목적(영리를 목적으로 하는 경우를 제외한다)으로 복제하는 경우 그 목적상 필요한 범위에서 공표된 프로그램을 복제 또는 배포할 수 있다. 다만, 프로그램의 종류·용도, 프로그램에서 복제된 부분이 차지하는 비중 및 복제의 부수 등에 비추어 프로그램의 저작재산권자의 이익을 부당하게 해치는 경우에는 그러하지 아니하다."

이 규정에서 말하는 "가정과 같은 한정된 장소에서 개인적인 목적"으로 이용하는 경우와 저작권법 제30조의 "개인적으로 이용하거나 가정 및 이에 준하는 한정된 범위 안에서"는 그 내용이 다르다. 저작권법 제30조의 경우에는 복제하는 사람 자신이 개인적으로 이용하는 경우뿐만 아니라 가정이나 그에 준하는 한정된 범위 안에 있는 소수의 사람들이 함께 이용하는 경우가 포함될 수 있지만, 프로그램에 대한 저작권법 제101조의3 제 1 항 제 4 호가 적용되기 위해서는 복제하는 사람 자신이 개인적으로 이용하는 것을 목적으로 하는 경우일 것을 필요로 한다. 또한 "가정과 같은 한정된 장소에서"라고 하는 것은 이용자의 범위를 넓히는 것이 아니라 오히려 복제의 장소를 가정 안이나 혹은 그에 준하는 한정된 장소로 제한하는 의미로 해석된다. 즉, 가정과 같은 한정된 장소에서 복제한 경우에만 개인적인 목적으로 이용하는 것이 가능하다는 의미이다. 이러한 해석에 의하면, 공공장소에 설치된 PC 등에 의한 복제는 개인적인 목적이라 하더라도 자유이용의 범위에서 제외된다.[392)]

제 4 호의 경우를 프로그램저작권이 제한되는 경우로 규정한 것과 관련하여서는, 오늘날 널리 사용되고 있는 응용프로그램 중에는 미리 수요자의 요구사항을 예측하여 프로그램화하여 일반상품과 같이 대량으로 판매하는 이른바 '패키지 프로그램'이 많은데, 그 중에서도 특히 가정에서의 개인적인 용도에 사용될 것을 목적으로 하는 프로그램의 경우에는 위와 같은 저작권제한규정으로 인하여 판매를 통한 개발비용의 회수에 큰 어려움을 겪을 것이라는 점 등을 들어, 저작자의 보호를 위한 별도의 조치가 강구되어야 한다는 주장이 있다.[393)]

---

392) 이해완, 전게서, 472면; 임원선, 실무자를 위한 저작권법(제4판), 한국저작권위원회(2014), 276면(이 견해에서는, 이 규정이 구 컴퓨터프로그램보호법에 있던 내용을 옮긴 것인데, 사적복제에 관하여 보다 엄격한 기준이 필요하다는 점은 이해되지만 일반 저작물과 이렇듯 차이를 두어야 할 이유를 찾기 어렵다고 비판하고 있다).

393) 임준호, 컴퓨터프로그램의 법적 보호, 지적소유권에 관한 제문제(하), 법원행정처, 1992, 518면; 오승종·이해완, 전게서, 713면 참조.

다. 제 6 호

제101조의3 제 1 항 제 6 호는 프로그램저작물에 대한 연구분석 등 개발기술 습득 및 프로그램 산업의 발전과 저작물의 공정한 이용을 위한 필요에 따라 2000년 구 컴퓨터프로그램 보호법 개정법에서부터 신설된 규정이다. 그 내용은 프로그램의 정당한 이용권자가 프로그램을 이용하여 실행하는 과정에서, 그 프로그램의 기초를 이루는 아이디어 및 원리를 확인하기 위하여 프로그램의 기능을 조사, 연구, 시험할 목적으로 복제하는 경우에는, 그 복제가 저작재산권자의 허락 없이 이루어진 경우라 하더라도 책임을 묻지 않겠다는 것이다. 저작권법의 보호대상은 표현이지 그 기초 원리나 기술적 사상(아이디어)은 아니므로(아이디어/표현 이분법), 어떤 프로그램에 내재된 기초 원리나 기술적 사상은 그에 대하여 특별히 특허권 등을 설정하여 별도로 보호를 받지 않는 이상, 그 기술적 사상에 접근하는 것을 과다하게 금지하는 것은 문화 및 관련 산업의 향상 발전에 이바지하기 위한 저작권법의 목적에는 맞지 않는다. 이러한 점에서 프로그램의 기초를 이루는 아이디어 및 원리를 확인하기 위하여 프로그램의 기능을 조사, 연구, 시험할 목적으로 복제하는 경우에는 프로그램의 저작재산권을 제한하고자 하는 것이 저작권법 제101조의3 제 1 항 제 6 호의 취지라고 할 수 있다.

이 규정에 의하여 프로그램의 복제가 허용되기 위한 요건은 ① 프로그램을 이용할 권한이 있는 자가 행할 것, ② 해당 프로그램을 실행하여 이용하는 과정에서 행할 것, ③ 그 프로그램의 기초를 이루는 아이디어 및 원리를 확인하기 위한 것일 것, ④ 해당 프로그램의 기능을 조사·연구·시험할 목적으로 복제할 것으로 나누어 볼 수 있다.

프로그램의 원시코드를 직접 다루거나 목적코드를 원시코드로 역분석하는 과정 없이 프로그램을 컴퓨터상에서 실행하는 과정을 통하여 프로그램에 포함된 아이디어 및 원리를 분석하여 확인하는 것을 '블랙박스 분석'(black box analysis)이라 부르기도 한다. 그러한 점에서 제 6 호는 '프로그램의 블랙박스 분석'에 관한 규정이며, '블랙박스 분석'에는 프로그램 역분석을 의미하는 디컴파일(逆컴파일) 및 디스어셈블(逆어셈블) 행위가 포함되지 않으므로, '블랙박스 분석'에 관한 저작권법 제101조의3 제 1 항 제 6 호 규정은 '프로그램 역분석'에 관한 제101조의4 규정과는 구별하여야 한다는 견해가 있다.[394] 이 견해에서는 강학상으로 '블랙박스 분석'과 '프로그램코드 역분석'을 포괄하여 '리버스 엔지니어링'이라는 용어를 사용하며, 그 중에서도 '프로그램코드 역분석'만을 가리켜 '리버스 엔지니어링'(좁은 의미)이라

394) 강기봉, "컴퓨터프로그램 리버스 엔지니어링의 저작권법상 허용범위에 관한 연구", 한양대학교 법학박사 논문(2012), 15, 17면. 박성호, 전게서, 601, 602면.

고도 한다. 반면에 '역분석'을 넓은 의미로 이해하여 이에는 ① 프로그램개발자가 광범위한 관찰을 통하여 프로그램의 기능을 발견하는 역분석의 고전적 방법인 '블랙박스 분석'(black box analysis), ② 기계의 어셈블리 코드를 목적코드로 변환하는 '분해'(disassembly),[395] ③ 컴퓨터프로그램의 목적코드를 소스코드로 변환하는 공정인 '역변환'(decompilation) 등 다양한 방법들이 있다고 보는 견해도 있다.[396]

블랙박스 분석의 방법으로는 프로그램에 특정 자료를 입력하고 그 결과를 관찰하는 방법, 디버거(debugger)로 컴퓨터프로그램을 실행하여 자료의 흐름을 관찰하는 방법, 모니터를 통해 16진수 형태로 목적코드를 보면서 컴퓨터프로그램에 포함된 기능을 분석하는 방법 등이 있다.[397]

제101조의3 제 1 항 제 6 호의 규정과 제101조의4에서 규정하는 '프로그램코드의 역분석'과의 관계에 대하여는 아래의 프로그램코드의 역분석 항목에서 보기로 한다.

3. 컴퓨터의 유지·보수를 위한 일시적 복제

가. 의 의

저작권법 제101조의3 제 2 항은 "컴퓨터의 유지·보수를 위하여 그 컴퓨터를 이용하는 과정에서 프로그램(정당하게 취득한 경우에 한한다)을 일시적으로 복제할 수 있다"고 규정한다. 이 규정은 한·미 FTA 이행을 위한 2011년 개정 저작권법에서 신설되었다.

PC, 스마트폰 등의 정보처리장치(컴퓨터)에 프로그램이 설치되어 있는 상태에서 컴퓨터가 고장이 나면 이를 수리하는 과정에서 운영체제를 새로 깔아 설치하여야 하는 경우가 있다. 이때 기존의 하드디스크 등에 설치되어 있던 프로그램을 일시적으로 다른 저장매체에 복제해 두었다가 다시 컴퓨터로 복제하는 과정을 거치지 않으면 컴퓨터를 정상적으로 이용할 수 없게 되는 경우가 많은데, 그러한 경우에 일시적으로 프로그램을 다른 매체에 복제하는 등의 행위를 명시적으로 허용하기 위하여 이 규정을 마련하게 된 것이다.[398]

나. 요 건

첫째, 컴퓨터의 유지·보수를 위하여 그 컴퓨터를 이용하는 과정에서 하는 행위여야

395) '분해'에 의하여 추출된 정보는 일반 대중들은 이용할 수 없고, 단지 프로그램 사이의 호환성 또는 프로그램의 에러를 수정할 목적으로 이용된다고 한다.
396) 전성태, 전게논문, 275-276면.
397) 박성호, 전게서, 602면.
398) 이해완, 전게서, 506면. 박성호, 전게서, 600면.

한다. 그러므로 새로운 컴퓨터를 구입하여 기존의 구 컴퓨터에 설치되어 있던 프로그램을 옮겨 복제하는 것은 컴퓨터의 유지·보수를 위한 것도 아니고, 일시적 복제라고 볼 수도 없으므로 본 항의 적용대상이 아니다.

둘째, 정당하게 취득한 프로그램이어야 한다. 원래부터 권리자의 허락 없이 불법적으로 복제된 프로그램인 경우에는 컴퓨터의 수리 과정에서 일시적으로 복제하는 행위라고 하더라도 굳이 이를 적법한 행위로 볼 이유가 없기 때문이다. 따라서 불법 복제된 프로그램의 경우에는 본 항의 적용대상이 아니다. 이 규정에 대응하는 일본 저작권법 제47조의4의 경우에는 이러한 요건이 없고, 따라서 전문적인 수리업자의 경우 컴퓨터에 저장된 저작물이 불법 복제물인지 여부와 관계없이 면책되는 것으로 해석되고 있다고 한다.[399] 이 요건이 명시되어 있는 우리 저작권법의 해석으로는, 프로그램이 컴퓨터 소유자 등에 의하여 정당하게 취득된 것이 아닐 경우 전문적인 수리업자라 하더라도 고의 또는 과실이 있다면 침해 책임을 질 여지가 있다고 한다.[400]

셋째, 일시적 복제여야 한다. 정당하게 취득한 프로그램의 경우에도 수리 과정에서 그 프로그램을 다른 저장매체에 복제하였다가 수리가 끝난 다음에 원래의 컴퓨터에 다시 복제한 후에는 다른 저장매체에 복제하였던 해당 프로그램을 삭제하여야만 '일시적 복제'라고 볼 수 있다.[401]

4. 프로그램코드의 역분석

가. 의 의

일반적으로 '역분석'(reverse engineering)이라고 하면 "인간이 생산한 공업제품으로부터 그 노하우(know-how)나 지식을 추출하는 공정"이라고 정의된다.[402] 저작권법에서는 '프로그램코드 역분석'을 "독립적으로 창작된 컴퓨터프로그램저작물과 다른 컴퓨터프로그램과의 호환에 필요한 정보를 얻기 위하여 컴퓨터프로그램저작물코드를 복제 또는 변환하는 것을 말한다"고 정의하고 있다(저작권법 제2조 제34호). 프로그램코드의 역분석은 보통 목적코드(object code) 형태의 프로그램을 원시코드(source code) 형태로 변환하는 방법으로 이루어진다. 원시코드는 '소스코드'라고도 하며 인간이 판독할 수 있는 프로그램 언어로 작성된 프로그램에 대한 명령문으로서, 일반적으로 인간이 읽고 쓸 수 있는 텍스트 파일 형태

399) 半田正夫·松田政行, 『著作権法コンメンタール』, 勁草書房(2009), 434면 참조.
400) 이해완, 전게서, 507면.
401) 상게서, 507면. 박성호, 전게서, 601면.
402) 전성태, 프로그램코드 역분석에 관한 소고, 디지털재산법연구, 제4권 제1호, 세창출판사, 2005, 274면.

로 만들어진다. 이에 반하여 목적코드는 원시코드에 대응되는 개념으로서, 인간은 이해할 수 있지만 기계(컴퓨터)는 이해할 수 없는 원시코드를 컴파일러나 어셈블러 등의 번역기를 통하여 기계가 판독할 수 있는 형태의 명령문으로 변환시킨 것이다. 프로그램의 개발은 컴퓨터가 수행하여야 할 동작에 대한 명령을 원시코드 형태로 작성한 후 그 원시코드를 기계어인 목적코드로 변환하는 과정으로 이루어진다. 프로그램코드의 역분석은 이와 같은 개발과정과 역순의 과정을 거치는 것인데, 주로 목적코드를 디스에셈블러(disassembler) 또는 디컴파일러(decompiler)라는 소프트웨어를 통하여 자동적으로 원시코드의 형태로 변환하는 것이다.

프로그램에 관한 특례규정인 저작권법 제101조의4에서 프로그램코드의 역분석이 허용되는 경우와 관련하여 다음과 같이 규정하고 있다.

제101조의4(프로그램코드 역분석)

① 정당한 권한에 의하여 프로그램을 이용하는 자 또는 그의 허락을 받은 자는 호환에 필요한 정보를 쉽게 얻을 수 없고 그 획득이 불가피한 경우에는 해당 프로그램의 호환에 필요한 부분에 한하여 프로그램의 저작재산권자의 허락을 받지 아니하고 프로그램코드 역분석을 할 수 있다.

② 제 1 항에 따른 프로그램코드 역분석을 통하여 얻은 정보는 다음 각 호의 어느 하나에 해당하는 경우에는 이를 이용할 수 없다.

1. 호환 목적 외의 다른 목적을 위하여 이용하거나 제 3 자에게 제공하는 경우
2. 프로그램코드 역분석의 대상이 되는 프로그램과 표현이 실질적으로 유사한 프로그램을 개발·제작·판매하거나 그 밖에 프로그램의 저작권을 침해하는 행위에 이용하는 경우

나. 제101조의3 제 1 항 제 6 호와의 관계

저작권법 제101조의4는 원래 2001년 1월 16일 구 컴퓨터프로그램보호법 전문개정 당시에 신설된 규정이다. 이 규정을 두게 된 이유는, 구 컴퓨터프로그램보호법 제12조 제 6 호에 프로그램저작권이 제한되는 사유로 "프로그램의 해법 기타 특정 요소를 확인하고 분석·연구·교육하기 위하여 필요한 경우" 그 목적에 필요한 범위 내에서 공표된 프로그램을 복제 또는 사용할 수 있도록 하는 규정을 두고 있었지만, 그것이 역분석에 관한 정의인지 여부가 불분명하고 또한 프로그램저작권자의 권리를 지나치게 제한하여 구 컴퓨터프로그램보호법의 목적에 위반될 소지가 있었기 때문이라고 한다. 그리하여 동법 제12조의2를

신설함으로써 제12조 제 6 호와의 관계를 명확하게 한 것이다. 즉, 제12조 제 6 호는 공표된 프로그램을 복제 또는 사용할 수 있는 경우의 유형으로 "프로그램의 기초를 이루는 아이디어 및 원리를 확인하기 위하여 조사·연구·시험하는 경우(정당한 권원에 의하여 당해 프로그램을 사용하는 자가 당해 프로그램을 사용 중인 때에 한한다)"로 한정되고, 역분석에 관한 것은 순수하게 동법 제12조의2(현행 저작권법 제101조의4)가 적용되도록 한 것이다.[403)]

이를 현행 저작권법의 규정과 관련하여 살펴보면 현행 저작권법 제101조의3 제 1 항 제 6 호(블랙박스 분석)와 제101조의4(프로그램코드 역분석)의 관계가 나타난다. 즉, 앞서 본 블랙박스 분석을 하는 과정에서는 필연적으로 해당 프로그램에 대한 복제행위가 수반될 수 밖에 없는데, 이때 그 프로그램의 기초를 이루는 아이디어 및 원리(이 부분은 저작권법의 보호대상이 아니다)를 확인하기 위하여 프로그램의 기능을 조사, 연구, 시험할 목적으로 복제하는 것은 프로그램 저작재산권의 제한에 관한 일반규정인 저작권법 제101조의3 제 1 항 중 제 6 호에 해당하여 면책이 될 수 있다. 그러나 이에 해당하지 않는 경우라 하더라도, 즉 프로그램의 기초를 이루는 아이디어 및 원리를 확인하기 위한 경우가 아니라 하더라도, 역분석 가운데서 특히 프로그램의 호환성 확보를 위하여 하는 '프로그램코드 역분석'[404)] 은 위 일반규정과는 별도의 특례규정인 제101조의4 제 1 항에 의하여 면책될 수 있는 것이다.[405)]

---

403) 전성태, 전게논문, 269-270면.

404) 저작권법은 넓은 의미의 역분석 중에서 특히 "독립적으로 창작된 컴퓨터프로그램저작물과 다른 컴퓨터프로그램과의 호환에 필요한 정보를 얻기 위하여 컴퓨터프로그램저작물코드를 복제 또는 변환하는 것을 특별히 '프로그램코드 역분석'이라고 별도의 정의 규정을 두고 있다(저작권법 제 2 조 제34호).

405) 서울중앙지방법원 2014. 1. 23. 선고 2013가합23162 판결은, "저작권법은 제101조의3 제 1 항에서 공표된 프로그램을 복제 또는 배포할 수 있는 일반적인 예외사유를 규정한 다음, 제101조의4 제 1 항에서 특히 프로그램코드 역분석을 할 수 있는 예외사유를 별도로 규정하는 체계로 이루어져 있는 점, … 저작권법의 보호대상은 표현이지 그 기초 원리나 기술적 사상은 아니므로, 해당 프로그램에 내재된 기초 원리나 기술적 사상에 관하여 특허권 등을 설정하여 별도로 보호받지 아니한 이상, 프로그램의 역분석에 의해 그 기술적 사상에 접근하는 것을 과다하게 금지하는 것은 문화 및 관련 산업의 향상 발전에 이바지하기 위한 저작권법의 목적에도 맞지 않는 점 등을 종합해 보면, 저작권법 제101조의3 제 1 항은 프로그램의 복제를 전제로 하는 프로그램의 역분석에 관하여 적용되는 일반규정이고 같은 법 제101조의4 제 1 항은 역분석 가운데서 특히 프로그램의 호환성 확보를 위한 프로그램코드 역분석에 관하여 적용되는 특별규정이라 할 것이므로, 프로그램의 역분석은 저작권법 제101조의3 제 1 항 각 호에 규정된 예외사유에 해당하는 경우에는 해당 프로그램에 관한 복제권과 배포권을 침해하지 아니하고, 프로그램의 호환에 필요한 정보를 얻기 위한 프로그램코드 역분석은 저작권법 제101조의4 제 1 항에 규정된 예외사유에 해당하는 경우 해당 프로그램에 관한 저작재산권을 침해하지 아니한다고 보아야 한다"라고 판시하고 있다.

다. 요　　건

제101조의4 규정에 의한 역분석을 할 수 있는 주체는 "정당한 권원에 의하여 프로그램을 이용하는 자 또는 그의 허락을 받은 자"이다. 따라서 해커나 불법 복제물의 소지자는 설사 그 목적이 정당하다고 할지라도 역분석이 허용되지 않는다.

또한 역분석이 허용되는 범위는 "프로그램의 호환에 필요한 부분"에 한정된다. 법문에서 '호환'이라고 하고 있는데 이는 적절한 용어가 아니다. 원래 '호환성'(compatability)이라고 하면 특정한 하드웨어나 소프트웨어와 대체 가능한 성질을 의미하는 것이기 때문이다. 컴퓨터프로그램저작물은 일반 저작물과는 달리 단독으로 이용되기보다는 컴퓨터 시스템의 다른 소프트웨어나 하드웨어, 그리고 사용자와의 관계(user interface)에서 그 기능을 발휘한다. 프로그램이 당초 의도한대로 작동할 수 있으려면 이러한 다른 구성요소들과 적절히 연결되어 함께 작동되어야 하는데, 이를 제101조의4 법문에서는 '호환(성)'이라고 표현하고 있는 것이다. 따라서 이를 정확하게 표현하면 '상호운용성'(相互運用性, interoperability)라고 하여야 한다. 요컨대, '상호운용성'이란 컴퓨터 시스템에서 소프트웨어와 하드웨어의 모든 요소들이 그들이 기능하도록 의도된 모든 방식으로, 다른 소프트웨어와 하드웨어 및 사용자들과 함께 작동할 수 있도록 하기 위해서, 물리적인 상호연결과 상호작용이 요구되는 것을 말한다.[406] 그런데 프로그램이 제작되는 때에 이러한 상황이 모두 고려될 수는 없기 때문에 결국 이러한 상호운용(법문에서의 호환)을 위한 노력은 상당부분 이용자의 몫이 된다. 따라서 이를 위해서는 상호운용에 필요한 프로그램의 일부 정보를 알 필요가 있는데, 프로그램은 일반적으로 기계만이 이해할 수 있는 언어로 컴파일된 목적코드 형태로 배포되기 때문에 일반 저작물과는 달리 그 자체로는 내용을 알아볼 수 없다. 그래서 원래의 코드인 원시코드(source code)로 되돌리는 디컴파일(decompile) 작업이 필수적인데, 이와 같은 디컴파일(逆컴파일) 과정에서 프로그램에 대한 복제 또는 변환이 발생하게 된다. 이것은 프로그램을 정상적으로 이용하기 위하여 인정되는 공정한 이용에 해당한다. 따라서 프로그램 저작재산권자의 허락을 받지 않고서도 가능하도록 허용한 것이다.[407]

이때 호환을 위하여 역분석을 하고자 하는 자의 프로그램이 완성단계에 있어야 하는지, 또는 장래에 완성될 고도의 개연성이 있는 것으로 충분한지에 대하여 견해의 대립이 있다. 나아가 역분석은 "호환에 필요한 정보를 쉽게 얻을 수 없고, 그 획득이 불가피한 경우"에만

406) 박성호, 전게서, 604면. 그래서 미국 저작권법과 유럽연합 컴퓨터프로그램 지침에서는 모두 '상호운용성'(interoperability)이란 용어를 사용하고 있다고 한다.

407) 임원선, 전게서, 295면. 박성호, 전게서, 604면.

허용된다. 이를 '보충성의 원칙'이라고 한다. 따라서 사용자 매뉴얼이나 기타의 방법을 통하여 호환에 필요한 정보를 획득할 수 있는 경우에는 역분석이 허용되지 않는다.[408]

5. 프로그램 사용자에 의한 복제

프로그램의 복제물을 정당한 권한에 의하여 소지·이용하는 자는 그 복제물의 멸실·훼손 또는 변질 등에 대비하기 위하여 필요한 범위에서 해당 복제물을 복제할 수 있다(저작권법 제101조의5 제1항). 프로그램의 복제물을 소지·이용하는 자는 해당 프로그램의 복제물을 소지·이용할 권리를 상실한 때에는 그 프로그램의 저작재산권자의 특별한 의사표시가 없는 한 제1항에 따라 복제한 것을 폐기하여야 한다. 다만, 프로그램의 복제물을 소지·이용할 권리가 해당 복제물이 멸실됨으로 인하여 상실된 경우에는 그러하지 아니하다(같은 조 제2항).

이 규정은 컴퓨터프로그램이라는 특수성에 기하여 인정되는 저작권의 제한으로서, 프로그램 사용자에 의한 '보존용 복제'(backup copying)를 허용하는 규정이다. 이 규정의 취지에 비추어 볼 때, 본 규정은 패키지 소프트웨어에는 적용되지 않는다는 견해도 있다. 즉, 패키지 소프트웨어의 경우에는 일반적으로 하드디스크에 복제하여 사용하게 되는데, 그 때에는 원래의 CD가 보존용 복제물의 역할을 하게 된다는 것이다.[409]

Ⅶ. 프로그램배타적발행권

종전 컴퓨터프로그램보호법은 '프로그램배타적발행권'이라는 제도를 가지고 있었고, 이 제도를 2009년 저작권법이 컴퓨터프로그램보호법을 흡수통합하면서 그대로 수용하여 제101조의6에서 규정하고 있었다. 프로그램배타적발행권은 물권은 법률에 의하여 창설된다는 '물권법정주의' 원칙에 입각하여 출판권과 마찬가지로 저작권법에 의하여 창설된 준물권이며, 특별히 프로그램에 한정된 배타적 권리이다.

그러나 한·미 FTA 이행을 위한 2011. 12. 2.자 개정 저작권법은 그동안 프로그램저작물에 대하여서만 인정되던 배타적발행권 제도를 모든 저작물로 확대하는 것으로 하여, 일반 저작물 전반에 적용되는 배타적발행권 제도를 도입하였다. 이 제도가 도입됨으로 인하

408) 전성태, 전게논문, 278-279면.

409) 박덕영, 전게서, 16면 참조.

여 개정전 저작권법 중 프로그램저작물에 관한 배타적발행권 제도를 별도로 유지할 필요가 없어졌기 때문에 개정법은 제101조의6 규정을 삭제하였다. 따라서 프로그램배타적발행권에 대한 설명은 앞서 본 장 제 2 절 '배타적발행권' 부분에 이미 포함되어 있으므로 여기서는 생략하기로 한다.

Ⅷ. 프로그램의 임치

프로그램의 저작재산권자와 프로그램의 이용허락을 받은 자는 대통령령으로 정하는 자('수치인')와 서로 합의하여 프로그램의 원시코드 및 기술정보 등을 수치인에게 임치할 수 있다(저작권법 제101조의7 제 1 항). 프로그램의 이용허락을 받은 자는 위 합의에서 정한 사유가 발생한 때에 수치인에게 프로그램의 원시코드 및 기술정보 등의 제공을 요구할 수 있다(같은 조 제 2 항).

이는 프로그램의 이용허락을 받은 사람이 안정적으로 프로그램을 이용할 수 있도록 보장하기 위하여, 이용을 허락한 프로그램의 저작재산권자가 프로그램의 원시코드 및 기술정보 등을 임치하여 필요한 경우에 프로그램의 이용허락을 받은 자에게 제공할 수 있도록 한 것이다. 프로그램의 경우에 이용허락 시 원시코드를 제공하지 않는 경우가 많은데, 이때 프로그램 저작권자가 폐업 또는 파산하거나 그 밖의 다른 사유로 원시코드가 멸실되면 프로그램의 유지·보수를 계속할 수 없게 된다. 프로그램 임치제도는 이러한 경우에 대비하여 원시코드와 기술정보 등을 신뢰할 수 있는 제 3 의 기관에 임치해 두었다가 미리 합의한 일정한 때에 이를 이용권자에게 교부할 수 있도록 함으로써 이용권자가 프로그램을 안정적으로 이용할 수 있도록 한 제도이다.[410] 현재 저작권법시행령은 수치인으로 한국저작권위원회를 지정하고 있다(시행령 제39조의2).

410) 임원선, 실무자를 위한 저작권법, 개정판, 한국저작권위원회, 2009, 152면.

Chapter 08

저작권의 등록과 위탁관리 · 저작권위원회 · 저작권보호원

C / H / A / P / T / E / R 

저작권의 등록과 위탁관리·저작권위원회·저작권보호원

제 1 절 저작권 등의 등록 및 인증제도

Ⅰ. 서 설

저작권의 등록이란 저작자의 성명 등 저작권법에서 정한 일정한 사항을 저작권등록부에 기재하는 것 또는 그 등록부의 기재를 말한다. 저작권은 재산권으로서 거래의 대상이 되지만, 권리의 목적물이 추상적인 존재이기 때문에 그 권리의 변동에는 아무런 외부적 표상이 따르지 않는다. 등록은 그러한 권리변동에 대하여 일종의 외부적 표상을 만들어 주는 것으로서, 그에 의하여 거래의 안전을 도모하는 것을 목적으로 한다.[1)]

우리 저작권법은, 저작권은 저작물을 창작한 때로부터 발생하며 어떠한 절차나 형식의 이행을 필요로 하지 않는다는 이른바 '무방식주의'를 채택하고 있다.[2)] 따라서 등록이 저작권의 발생여부를 좌우하는 것은 아니다. 또한 저작권법상의 등록은 하나의 공시제도로서 공시력(公示力)만 있을 뿐이지, 실체적 권리관계를 좌우하는 공신력(公信力)이 있는 것도 아니다. 그 결과 저작권등록부의 등록사항을 신뢰하고 거래를 하였으나 등록내용이 진실한 권리관계와 일치하지 않는 경우에는, 그 등록사항을 신뢰한 사람은 보호를 받지 못한다. 즉, 저작권 등록과 관련하여서는 이른바 '공신(公信)의 원칙'이 적용되지 않는다.

그러나 저작권법은 저작권에 관하여 일정한 사항을 공부인 저작권등록부에 등록하게 함으로써 공중에게 공개·열람하도록 하여 공시적인 효과를 기대함과 동시에, 등록된 일정한 사항에 대하여는 분쟁이 생겼을 때 입증의 편의를 위한 추정의 효력을 가지게 하고, 한

1) 新版 著作權事典, 社團法人 著作權情報センター, 1999, 241면.

2) 저작권법 제10조 제 2 항.

편으로는 거래의 안전을 위하여 제 3 자에게 대항할 수 있는 대항력을 가지게 하였다.[3] 다만, 등록이 제 3 자에 대한 대항력을 가지는 것은 저작권법이 정하고 있는 일정한 사항만으로 한정된다. 저작권의 발생여부는 등록과 상관이 없으며, 따라서 저작물을 창작하여 저작권을 원시취득하는 경우 이를 등록하지 않아도 제 3 자에게 대항할 수 있다.[4]

저작권의 등록 및 권리변동 등의 등록에 관한 규정은 저작인접권과 데이터베이스제작자의 권리에 각각 준용되고 있다(제90조, 제98조).

【미국 연방저작권법상 저작권표시제도 및 저작권등록제도】

1. 저작권표시제도

미국은 종래부터 저작물의 복제물에 저작권표시를 할 것을 저작권보호의 요건으로 하는 이른바 '방식주의'(方式主義)를 취하고 있었다. 그러나 무방식주의를 채택하고 있는 베른협약에 가입하게 됨에 따라, 그때까지의 방식주의로부터 '임의주의'(任意主義)로 변경하였다. 그 결과 미국 저작권법 아래에서 저작물로서 보호를 받기 위해서는 ① 유형의 표현매체에 고정되어 있어야 하고(fixation)(미국 저작권법 제102조 a.), ② 창작물이어야 하며(original works)(같은 법 제102조 a.), ③ 표현에 창작성이 있을 것 등 세 가지 요건[5]을 갖추는 것으로 충분하고, 저작권표시를 할 것인지 여부는 저작권자의 자유로운 의사에 맡겨지게 되었다.

그러나 미국 저작권법은 저작권표시를 할 경우 일종의 혜택을 줌으로써 사실상 표시제도의 이용을 촉진하고 있다. 그러한 혜택으로서는 저작권표시를 함으로써 저작권 침해자에 의한 '선의침해(善意侵害)의 항변'(innocent infringement defense)이 성립할 수 없게 되는 것을 들 수 있다. 저작권표시의 방법은 시각적으로 인식가능한 저작물과 음반의 경우가 각각 다르다. 즉, 서적과 같이 시각적으로 인식가능한 저작물의 복제물인 경우에는 ©기호와 최

---

3) 오승종·이해완, 저작권법, 제 4 판 박영사, 2005, 458면.

4) 서울지방법원 1997. 8. 12. 선고 97노50 판결(법률신문 제2625호)은, "저작권법상의 권리는 그 성질상 특정한 형식이나 절차에 관계없이 저작자가 저작물을 저작한 때로부터 당연히 발생하고 성립하는 것이어서(저작권법 제10조 제 2 항), 관계행정기관에 저작권이 등록되어 있는지, 또는 누구의 명의로 등록되어 있는지의 여부는 저작권의 성립 자체와는 무관하다고 할 것이다. 그렇다면, 이 사건 대학입시문제의 저작권은 (업무상저작물의 성질상) 각 대학교의 해당 학교법인에 당연히 귀속된다고 할 것이고, 문화체육부에 등록된 저작권자가 각 대학교의 총장 개인 명의나 또는 각 대학교 그 자체의 명의로 되어 있다는 사실 자체는 위 인정에 아무런 영향도 주지 않는다"고 판시하고 있다.

5) 이들 세 가지 요건을 미국 저작권법상 저작물의 '실질적 보호요건'이라 한다. 이에 대하여 저작권표시 및 등록은 '형식적 보호요건'이다. 미국 저작권법상 저작물의 실질적 보호요건은 ①의 '고정화'를 요구하는 것을 제외하고는 우리나라 저작권법과 큰 차이가 없다.

초 발행연도, 저작권자의 명칭을 기재하면 되고(미국 저작권법 제401조 b.), 음반의 경우에는 Ⓟ기호와 최초 발행연도 및 저작권자의 명칭을 기재하면 된다(같은 법 제402조 b.).

2. 저작권등록제도

미국은 베른협약 가입 전에는 저작권등록을 저작권 침해소송을 제기하기 위한 소송요건으로 하고 있었다. 그러나 베른협약에 가입한 후 그러한 소송요건을 완화하였다. 그리하여 저작권등록을 소송요건으로 하는 저작물의 대상을 미국에서 최초로 발행된 저작물 등 이른바 '미합중국 저작물'(United States works)만으로 한정하였다(미국 저작권법 제411조). 다만, 미합중국 저작물이라 하더라도 그 저작물에 대한 성명표시권 및 동일성유지권 침해에 따른 저작권 침해소송에 있어서는 저작권등록이 소송요건이 아니다.

저작권등록은 저작권국(Copyright Office)에 ① 완전한 복제물(같은 법 제408조 b.), ② 등록신청서(같은 법 제409조)를 제출하고, ③ 법정수수료(같은 법 제708조 a.)를 납부하면 된다.

또한 미국 저작권법은 저작권표시제도와 마찬가지로 저작권등록에 대하여도 일정한 인센티브를 주어 그 이용을 촉진하고 있다. 즉, 저작권등록을 해 두면 저작권침해 소송과 관련하여 ① 법정손해배상청구권(같은 법 제504조 c.),[6] ② 변호사비용의 상환청구권(같은 법 제505조)이 발생하고, 아울러 ③ 등록사항에 관하여 '기초적 증명'(prima facie evidence)으로 활용할 수 있다. 위 ①과 ②는 저작권침해행위가 발생하기 전 또는 저작물이 최초로 발행된 때로부터 3개월 이내에 저작권등록을 한 경우에만 인정된다.

Ⅱ. 저작자 및 저작물과 관련된 등록

1. 의 의

저작자는 다음의 사항을 등록할 수 있다(저작권법 제53조 제 1 항)

① 저작자의 실명·이명(공표 당시에 이명을 사용한 경우에 한한다)·국적·주소 또는 거소

6) 손해액의 입증이 곤란한 경우에 법원이 재량으로 손해배상을 결정하는 것을 말한다. 저작권등록을 해 두면 저작권을 침해당하였을 경우 실제 손해액을 입증하여 손해배상을 받거나, 아니면 법정손해배상액을 청구할 수 있다.

② 저작물의 제호·종류·창작연월일
③ 공표의 여부 및 맨 처음 공표된 국가·공표연월일
④ 기타 대통령령으로 정하는 사항

2006년 개정 전 저작권법은 저작자 또는 저작재산권자가 위 각 사항을 등록할 수 있는 것으로 규정하고 있었다. 따라서 2006년 개정 전 저작권법에 의하면 저작자가 아닌 저작재산권자(저작재산권을 저작자로부터 양수한 자)가 저작자의 성명도 등록할 수 있는 것처럼 해석될 여지가 있었고, 이에 대하여 학설은 저작자 아닌 저작재산권자가 저작자의 허락 없이 저작자의 성명을 등록하는 것은 성명등록이 저작인격권에 내포되어 있는 성명표시권으로서의 성질을 띠고 있는 점에 비추어 볼 때 허용되지 않는 것으로 해석하고 있었다.[7)]

그러나 2006년 개정 이후 저작권법은 저작권등록을 할 수 있는 자를 저작자로 한정하였다. 저작재산권자는 그가 저작자 본인인 경우에는 저작자로서 등록을 할 수 있고, 저작자는 아니지만 저작재산권을 양수한 자인 경우에는 저작권법 제54조의 저작재산권 변동등록을 하여야 하며, 저작재산권자가 상속인인 경우에는 상속인으로서 피상속인의 저작권등록을 한 다음, 가족관계등록부 등을 통하여 상속인임을 증명하면 저작재산권자임을 입증할 수 있으므로, 굳이 제53조에서 저작재산권자가 자신의 성명 등을 등록하게 할 필요가 없다는 취지에서 개정법에서는 저작권 등록을 할 수 있는 자 중에서 저작재산권자는 이를 삭제한 것이다. 따라서 2006년 개정 저작권법 이후에는 저작자의 성명을 등록할 수 있는 자는 저작자로 한정됨이 분명하여졌기 때문에, 위에서와 같은 해석론은 불필요하게 되었다. 한편, 저작자는 등록 당시에 저작재산권을 가지고 있는 자는 물론이고, 양도 또는 그 밖의 사유로 인하여 저작재산권을 가지고 있지 않은 자라 하더라도 위 사항을 등록할 수 있다.[8)] 이는 성명등록이 일종의 성명표시권적인 성격을 가지고 있기 때문이다.

저작자의 이명을 등록하는 것은 공표 당시에 이명을 사용한 경우에 한한다. 이명이란 예명·아호·약칭 등을 말한다.[9)] 저작물의 제호·종류·창작연월일 등을 등록할 수 있도록 한 것은 저작물에 관한 정보를 보다 상세하게 등록을 하도록 함으로써 데이터베이스 구축을 통하여 이용자의 편의를 도모하고 등록의 공시적 효과를 강화하기 위함이다.

저작자가 사망한 경우 저작자의 특별한 의사표시가 없는 때에는 그의 유언으로 지정한 자 또는 상속인이 위 각 사항의 등록을 할 수 있다(저작권법 제53조 제2항). 원래 사망한 사람은 권리능력을 상실하므로 어떠한 법률행위도 할 수 없는 것이 원칙이지만, 저작자의

7) 오승종·이해완, 저작권법, 제4판, 박영사, 2005, 459면.
8) 일본 저작권법 제75조 제1항은 이를 명문으로 인정하고 있다.
9) 저작권법 제8조 제1항 제1호 참조.

사후에도 그의 인격적 이익을 보호하는 것이 필요한 경우가 있으므로, 생전에 저작자의 특별한 의사표시가 없는 한 등록을 할 의사가 있었던 것으로 의제하여 유언으로 지정한 자 또는 상속인이 그 등록행위를 할 수 있도록 한 것이 이 규정의 취지이다.

저작권법 제53조 제1항 제4호에서 규정하고 있는 등록을 할 수 있는 사항으로서 "기타 대통령령으로 정하는 사항"은, (1) 2차적저작물의 경우 원저작물의 제호 및 저작자, (2) 저작물이 공표된 경우에는 그 저작물이 공표된 매체에 관한 정보, (3) 등록권리자가 2명 이상인 경우 각자의 지분에 관한 사항 등이다(저작권법 시행령 제24조).

2. 효　과

가. 성명등록의 효과

(1) 저작자에 대한 추정력

저작권법 제53조 제1항 및 제2항의 규정에 의하여 저작자로 실명이 등록된 자는 그 등록저작물의 저작자로 추정된다(제53조 제3항). 저작자로 추정된다는 것은 소송법적으로 저작자가 누구냐에 대한 입증책임이 전환된다는 것을 의미한다. 저작권침해소송에서 원칙적으로는 저작자라고 주장하는 자가 자신이 저작자임을 입증하여야 하나, 본 항에 의하여 추정을 받게 되면 그 입증책임이 전환되어 그가 저작자가 아니라는 사실을 상대방이 입증(반증)하여야 한다. 본 항에 의하여 인정되는 것은 '추정'(推定)이지 '의제'(擬制)가 아니므로, 상대방의 반증에 의하여 그 추정력은 깨어질 수 있다.

한편 우리 저작권법은 저작자의 추정과 관련하여 또 다른 규정을 두고 있다. 즉, 저작물의 원본이나 그 복제물에 저작자로서의 실명 또는 이명(예명·아호·약칭 등)으로서 널리 알려진 것이 일반적인 방법으로 표시된 자와 저작물을 공연 또는 공중송신하는 경우에 저작자로서의 실명 또는 저작자의 널리 알려진 이명으로서 표시된 자 역시 저작자로 추정된다(저작권법 제8조 제1항). 따라서 저작권법 제53조 제3항에 의한 실명등록에 따른 추정력은 저작물에 실제로 저작자 실명 또는 널리 알려진 이명을 표시하지 않은 경우에 보다 큰 실익이 있다고 할 것이다. 또한 이명으로 저작물을 공표한 자가 자신의 이명이 널리 알려진 것인지 여부에 관하여 확신이 없을 경우에는 실명등록을 함으로써 저작자로서의 추정을 받을 수도 있을 것이다.

저작권법 제53조 제3항과 제8조 제1항의 양쪽의 요건을 모두 만족하는 자는 이중으로 저작자로서의 추정을 받게 된다. 반면에, 양쪽의 요건을 충족하는 자가 각각 다른 경우도 있을 수 있다. 대표적인 사례가 대작(代作)의 경우이다. 즉, 실제로는 A가 집필한 저작물인데 B라는 다른 사람 이름으로 출판을 하였을 때, 집필을 한 A가 그 저작물을 자기 실명으로 등록하면, 실명 등록자(A)와 저작물에 실명이 표시된 자(B)가 각각 다른 사람이 된다. 이때 A와 B가 서로 자신이 저작자라고 주장하면서 A는 저작권법 제53조 제3항의 추정력을, B는 제8조 제1항의 추정력을 각각 주장하는 경우를 생각해 볼 수 있다. 이러한 경우에는 어느 쪽의 추정력이 법률상 우위에 있다고 할 수 없고, 증거판단의 일반원칙으로 돌아가 법관의 자유심증에 따라 누가 진정한 저작자인지에 관하여 사실인정을 하게 될 것이다. 학설로는, 실명등록의 경우는 등록원부를 자세히 확인하는 자는 많지 않은데 비하여, 제8조 제1항에 의해 추정을 받은 자는 서적의 표지 등에 이름이 표시된 참칭저작자임에도 불구하고 진정한 저작자로부터 이의제기를 받지 않는 경우에는 한층 추정의 신뢰성이 인정된다는 점, 참칭저작자도 간단하게 등록을 받을 수 있는 점 등에 비추어 제8조 제1항의 추정이 우선하는 것으로 해석하여야 한다는 견해가 유력하다.[10] 그러나 이러한 학설이 들고 있는 두 가지 근거는 결국 법관의 자유심증을 형성하는데 영향을 줄 수 있는 요소는 될 수 있을지언정 법률상의 추정력의 우위를 인정할 근거는 되지 못한다고 생각한다.

(2) 보호기간의 회복

저작권법 제40조 제1항은 무명 또는 널리 알려지지 아니한 이명이 표시된 저작물의 저작재산권은 공표된 때부터 70년간 존속한다고 규정하고 있다. 그러나 그 70년의 기간 내에 제53조 제1항의 규정에 의한 저작자의 실명등록이 있는 경우에는 위 규정을 적용하지 아니하고, 보호기간에 관한 일반원칙으로 돌아가 저작자의 생존기간 및 사망 후 70년 동안 저작재산권이 존속하게 된다(저작권법 제40조 제2항 제2호). 즉, 저작자의 실명이 없거나 널리 알려지지 아니한 이명으로 저작물이 공표된 경우에도 공표 후 70년이 되기 전에 저작자가 실명등록을 하게 되면 일반저작물과 마찬가지로 사후 70년까지 저작재산권이 보호되는 것이다. 따라서 이 경우에는 사실상 저작재산권의 보호기간을 연장하는 효과를 가져오게 되며, 그러한 점에서 실명등록의 장점이 있다고 할 수 있다.

나. 창작일·최초공표일 등 등록의 효과

(1) 등록사항에 대한 추정력

저작권법 제53조 제1, 2항의 규정에 의하여 창작연월일 또는 맨 처음의 공표연월일이 등록된 저작물은 그 등록된 연월일에 창작 또는 맨 처음 공표된 것으로 추정된다(제53조 제3항). 공표시를 보호기간의 기산점으로 하는 저작물에 있어서 공표시점에 대한 분쟁

10) 박성호, 저작권법, 박영사(2014), 198, 199면 참조.

이 발생할 경우, 반증이 없는 한 이 규정에 의하여 저작권등록부에 기재되어 있는 공표연월일에 그 저작물이 공표된 것으로 추정되는 효과가 있다. 다만, 저작물을 창작한 때부터 1년이 경과한 후에 창작연월일을 등록한 경우에는 등록된 연월일에 창작된 것으로 추정하지 아니한다(위 같은 항 단서). 이는 저작권등록과 관련해서 등록관청에 실질적 심사권이 없다는 한계로 인하여, 창작한 때로부터 1년이 경과되지 아니하였음에도 불구하고, 마치 1년이 훨씬 더 경과한 것처럼 등록신청을 하더라도 이를 가려낼 현실적인 방법이 없게 되는데, 이러한 점을 악용해서 창작시점을 원래의 시점보다 소급하여 추정 받고자 하는 시도를 사전에 봉쇄하기 위하여 2009년 저작권법을 개정하면서 두게 된 규정이다.

(2) 최초공표국가의 추정력여부

맨 처음의 공표연월일을 등록하면서 맨 처음 공표된 국가를 함께 등록한 경우에는 법률상 명시적으로 규정하고 있지 않지만, 등록된 최초 공표 국가에서 최초로 공표된 것으로 사실상 추정되는 것으로 보아야 한다는 견해가 있다. 저작권법 제 3 조 제 2 항에서 대한민국 내에 상시 거주하는 외국인의 저작물과 맨 처음 대한민국 내에서 공표된 외국인의 저작물은 국제조약에 의하지 아니하고도 저작권법에 의하여 보호되는 것으로 규정하고 있는데, 외국인이 맨 처음 공표된 국가로 대한민국을 등록한 경우에는 다른 특별한 반증이 없는 한, 그 최초 공표지가 대한민국이라는 것이 사실상 추정된다는 것이다.[11] 그러나 저작권법이 공표연월일에 대하여는 추정력을 인정하면서도 공표된 국가에 대하여는 추정력을 인정하는 규정을 두고 있지 않은 점에 비추어 보면 반드시 위 견해와 같이 해석하여야 할 것인지는 의문이며, 이 부분은 검토를 요하는 문제라고 생각된다.

다. 저작권 등 침해자의 과실 추정

저작권, 배타적발행권, 출판권, 저작인접권 또는 데이터베이스제작자의 권리가 등록되어 있는 경우에 그 권리를 침해한 자는 침해행위에 과실이 있는 것으로 추정한다(저작권법 제125조 제 4 항).

라. 추정의 효과 및 복멸(覆滅) 방법

이상에서 본 바와 같이 등록이 있으면 저작자 및 창작일·최초공표일 등에 관하여 추정력이 발생한다. 이때의 추정의 효과는 이른바 '법률상의 사실추정'으로 볼 것이다. 법률상의 사실추정은 당해 법규가 정하는 요건사실과는 별개의 사실로부터 그 요건사실을 추

11) 이해완, 전게서, 580면.

정하는 것이 법규에 정하여져 있는 경우를 말한다. 따라서 입증하여야 할 사실의 증명에 갈음하여 추정의 전제사실을 증명함으로써 그 입증하여야 할 사실을 요건으로 하는 법률효과가 발생한다. 예를 들어, 저작권 침해소송을 제기한 자는 자신이 저작자임을 주장·입증하여야 하는데, 이때 저작자라 함은 "저작물을 창작한 자를 말한다"고 법에 규정하고 있다(법 제 2 조 제 2 호). 따라서 저작권 침해소송을 제기한 자는 자신이 "저작물을 창작한 자"라는 사실을 입증하여야 한다. 그런데 누가 저작물을 창작하였는지를 외부에서 판단한다는 것은 상당히 어렵고 그 입증도 어렵다. 이때 그 대신에 저작권법 제53조 제 3 항의 추정규정에 따라 자신이 저작자로 등록되어 있다는 사실을 입증하는 것으로서 저작자임을 추정받을 수 있는 것이다.

이러한 법률상의 사실추정 규정에 의하여 다음과 같은 효과가 발생한다.

첫째는, 증명책임 부담의 경감이다. 당사자는 증명책임의 일반원칙에 따라 요건사실을 직접 증명할 수도 있으나 추정규정에 의하여 그 추정의 전제사실을 증명함으로써 요건사실의 증명에 갈음할 수 있다. 추정의 전제사실(본 항의 경우 '등록')의 증명은 요건사실의 증명보다 그 입증이 용이한 것이 보통이다. 따라서 법률상의 사실추정은 "증명주제의 선택 또는 변경"을 허용하는 것이고, 그 한도에서 당사자의 증명책임의 부담이 경감된다.[12)]

둘째는, 증명책임(입증책임)의 전환이다. 법률상의 사실추정에 의하여서는 위와 같이 증명주제의 선택이 허용될 뿐이고 본래의 의미에서의 증명책임의 전환은 일어나지 않는다. 즉, 법률상의 사실추정을 이용하려는 자는 여전히 요건사실에 대한 객관적인 증명책임을 부담하고, 다만 추정의 전제사실의 증명으로 요건사실의 증명에 갈음할 수 있을 뿐이며, 추정의 전제사실을 입증하지 못하면 그에 따른 불이익을 부담하게 된다. 그러나 일단 추정의 전제사실이 증명되고 나면, 이번에는 상대방이 추정사실과 반대되는 사실을 입증하지 못하면 추정규정이 적용되어 그에 따른 불이익을 부담하게 된다. 즉, 추정의 전제사실이 일단 증명된 경우에는 추정규정으로 인하여 요건사실의 존재가 추정되고 그 법률효과가 인정되는 결과, 추정의 전제사실의 존재에도 불구하고(즉, 저작자로 등록이 되어 있음에도 불구하고) 추정사실이 존재하지 않는다는 것, 다시 말하면 반대사실(즉, 저작물을 창작한 자가 아니라는 것)이 존재한다는 것에 대한 증명책임을 상대방이 부담하게 된다. 이와 같이 법률상의 사실추정에 의하여 본래의 의미에 있어서의 증명책임의 전환을 가져오는 것은 아니나 사실상 증명책임이 전환되는 것과 같은 결과를 가져온다.[13)]

이러한 법률상의 사실추정의 효과를 복멸시키는 방법은 다음과 같다. 법률상의 사실추

12) 정재훈, 법률상의 추정과 사실상의 추정, 재판자료집 제25집, 1995, 법원도서관, 322면.
13) 상게논문, 323면.

정으로 인하여 불이익을 받게 되는 당사자는 그 추정규정의 적용을 저지하기 위하여 반증(反證)을 제출하여 추정의 전제사실(본 항에서는 '등록')의 존재에 대한 법관의 확신을 동요시키는 것, 즉 추정의 전제사실을 불확정의 상태로 유도하는 것으로 족하다. 그러나 이미 추정의 전제사실이 입증되어 추정의 효과가 생긴 경우에는 그 추정의 효과를 복멸시키기 위해서는 반증만으로는 부족하고 요건사실과 반대되는 사실(저작자로 등록된 자가 그 저작물을 창작한 자가 아니라는 사실)의 존재에 대한 본증(本證)을 제출하지 않으면 아니 된다. 즉, 이미 추정의 전제사실이 입증된 경우에는 그 반대사실은 추정의 효과에 대한 장애사유로서 항변사유에 해당하고 독립적인 증명주제(證明主題)가 되어, 추정의 효과를 다투는 자는 추정의 전제사실의 존재에도 불구하고 이 건의 경우에는 예외적으로 요건사실이 인정될 수 없다는 것을 증명할 책임을 부담하게 된다. 이때의 증명은 법관으로 하여금 추정에 의혹을 가지게 하는 것만으로는 부족하고, 반대사실에 대하여 확신을 가지게 할 정도에 이르러야 한다.[14]

마. 법정손해배상 청구자격 부여

저작권침해에 대한 민사적 구제의 가장 대표적인 것으로서 손해배상의 청구를 들 수 있다. 그러나 저작권침해로 인하여 권리자가 입은 피해액 또는 침해자가 침해로 인하여 얻은 이익의 액을 입증하거나 산정하는 것은 쉽지 않다. 그래서 저작권침해가 인정되는 경우에는 권리자가 구체적인 손해를 입증하지 아니하고, 법률에 미리 규정된 범위 내의 손해배상을 청구할 수 있도록 하는 것이 법정손해배상제도이다. 한·미 FTA 이행을 위한 2011. 12. 2. 개정 저작권법은 제125조의2(법정손해배상의 청구) 규정을 신설하여, 그 제 1 항에서 "저작재산권자등은 고의 또는 과실로 권리를 침해한 자에 대하여 사실심(事實審)의 변론이 종결되기 전에는 실제 손해액이나 제125조 또는 제126조에 따라 정하여지는 손해액을 갈음하여 침해된 각 저작물 등마다 1천만 원(영리를 목적으로 고의로 권리를 침해한 경우에는 5천만 원) 이하의 범위에서 상당한 금액의 배상을 청구할 수 있다"고 규정하고 있다. 아울러 같은 조 제 3 항은, "저작재산권자등이 제 1 항에 따른 청구를 하기 위해서는 침해행위가 일어나기 전에 제53조부터 제55조까지의 규정(제90조 및 제98조에 따라 준용되는 경우를 포함한다)에 따라 그 저작물 등이 등록되어 있어야 한다"고 규정함으로써 저작물 사전 등록을 법정손해배상청구의 요건으로 하고 있다.

14) 상게논문, 323면.

Ⅲ. 저작재산권의 변동에 관한 등록

1. 의의 – 대항요건

저작재산권의 양도(상속 기타 일반승계의 경우를 제외한다) 또는 처분제한, 저작재산권을 목적으로 하는 질권의 설정·이전·변경·소멸 또는 처분제한과 같은 사항은 이를 등록할 수 있으며, 등록하지 아니하면 제 3 자에게 대항할 수 없다(저작권법 제54조). 본 조는 저작권 및 저작권을 목적으로 하는 질권의 취득과 상실, 변경 등에 관하여 부동산등기에서와 같은 공시제도를 규정함으로써 재산권으로서의 거래의 안전을 도모하기 위한 규정이다. 다만, 부동산등기와 다른 점은 부동산등기에 있어서는 등기를 하지 않으면 아예 물권변동의 효력이 발생하지 않지만(따라서 물권의 변동에 있어서 부동산등기는 그 효력발생요건이다), 저작권법은 저작재산권의 변동에 관하여 등록을 효력발생요건이 아니라 대항요건으로 규정하고 있다는 점이다. 따라서 저작재산권이 양도 등의 사유로 변동된 경우 등록을 마치지 않았다 하더라도 그 변동의 효력은 발생하나 단지 이를 제 3 자에게 대항할 수 없을 뿐이다. 예를 들어, 저작재산권이 양도된 경우 기존의 저작재산권자와 그 양수인 사이의 의사표시만으로 그 양도의 효력은 발생한다. 그러나 저작재산권이 이중으로 양도되는 경우도 있을 수 있으므로 등록을 하지 않으면 양도의 효력을 제 3 자에게 대항할 수 없도록 함으로써 저작재산권이 양도되었다는 사항을 등록하도록 유도하는 동시에, 등록의 공시적 효력을 확보하여 거래의 안전을 도모하고자 하는 것이 본 조의 취지이다.

여기서 "대항할 수 없다"는 것은 제 3 자에게 저작재산권의 변동의 효력을 주장할 수 없다는 것을 의미한다. 즉, 저작재산권의 이전 등의 권리변동은 양도인과 양수인 등 당사자 사이의 의사표시에 의하여 실질적인 효력이 발생하고 등록을 하지 않더라도 당사자 사이에서는 그 권리변동의 효력을 주장할 수 있지만, 등록을 하지 않으면 거래의 당사자가 아닌 제 3 자에 대하여는 권리변동의 효과를 주장할 수 없다는 것을 의미한다.[15)]

15) 대법원 1995. 9. 26. 선고 95다3381 판결: "외국 작가의 저작물의 번역을 완성함으로써 그 2차적저작물에 대한 저작권을 원시적으로 취득한 자가 그 2차적저작물에 대한 저작재산권을 갑에게 양도하였으나 갑이 이에 대한 등록을 하지 아니한 사이에, 그 저작재산권 양도 사실을 모르는 을이 그 2차적저작물의 저작권자와 저작물을 일부 수정, 가필하여 다시 출판하기로 하는 출판권 설정계약을 체결하고 그 등록까지 마쳤다면, 갑은 그 저작권의 양수로써 을에게 대항할 수 없다."

2. 제 3 자의 범위

가. 무단이용자

일반적으로 대항력이 미치지 않는 제 3 자라 함은 권리변동에 관하여 당사자 및 당사자의 권리의무를 포괄적으로 승계한 자 이외의 모든 자를 말하는 것이 원칙이다. 그러나 본 조에서 말하는 저작재산권 등의 변동등록을 하지 않으면 대항할 수 없는 제 3 자라 함은, 등록이 존재하지 않는다는 것을 주장할 수 있는 "정당한 이익을 가지는 제 3 자"에 한정된다고 해석하여야 한다.[16] 즉, 본 조에서 말하는 제 3 자는 등록이 존재하지 않으면 스스로 저작재산권에 관한 권리주장을 할 수 있는 자에 한정된다는 것이다. 따라서 무단복제를 하고 있는 자, 무단출판을 하고 있는 자와 같이 저작권을 침해하는 불법행위를 하고 있는 제 3 자는 본 조에서 말하는 제 3 자에 해당하지 않는다. 우리 대법원 판결도 같은 취지이다.[17] 저작재산권을 양수한 자는 그러한 불법행위자에 대하여는 저작재산권 양도에 따른 등록을 하지 않았다 하더라도 양수받은 권리를 주장할 수 있고, 침해정지청구권 및 손해배상청구권 등의 권리를 행사할 수 있다.

나. 이중양수인

위 규정의 '제 3 자'에 해당하는 가장 전형적인 예는 저작권자가 저작재산권을 이중으로 양도한 경우의 이중양수인이다. 대법원 1995. 9. 26. 선고 95다3381 판결은, 외국 작가의 저작물의 번역을 완성함으로써 그 2차적저작물에 대한 저작권을 원시적으로 취득한 자가 그 2차적저작물에 대한 저작재산권을 갑(甲)에게 양도하였으나, 갑이 이에 대한 등록을 하지 아니한 사이에, 그 저작재산권 양도 사실을 모르는 을(乙)이 그 2차적저작물의 저작권자와 저작물을 일부 수정, 가필하여 다시 출판하기로 하는 출판권 설정계약을 체결하고 그 등록까지 마쳤다면, 갑은 그 저작권의 양수로써 을에게 대항할 수 없다고 판시하였다.

16) 足立謙三, 著作權の移轉と登錄, 裁判實務大系: 知的財産關係訴訟法, 青林書院, 1997, 266면.

17) 대법원 2006. 7. 4. 선고 2004다10756 판결; 대법원 2002. 11. 26. 선고 2002도4849 판결: 구 저작권법 제52조에 따른 저작재산권의 양도등록은 그 양도의 유효요건이 아니라 제 3 자에 대한 대항요건에 불과하고, 여기서 등록하지 아니하면 제 3 자에게 대항할 수 없다고 할 때의 '제 3 자'란 당해 저작재산권의 양도에 관하여 양수인의 지위와 양립할 수 없는 법률상 지위를 취득한 경우 등 저작재산권의 양도에 관한 등록의 흠결을 주장함에 정당한 이익을 가지는 제 3 자에 한하고, 저작재산권을 침해한 사람은 여기서 말하는 제 3 자가 아니므로, 저작재산권을 양도받은 사람은 그 양도에 관한 등록여부에 관계없이 그 저작재산권을 침해한 사람을 고소할 수 있다고 판시하였다.

다. 이용허락을 받은 자 등

이와 같은 이중양수인 이외의 다른 경우도 있을 수 있다. 예를 들어, 저작재산권자 A가 X에게 저작재산권을 양도하고 그 등록을 하지 않고 있는 사이에, Y가 A로부터 그 저작재산권의 객체인 저작물의 이용허락을 받았을 경우에 X는 등록을 하지 않은 이상 제 3 자인 Y에 대하여 자신이 X로부터 저작재산권을 양도받았다는 주장을 할 수 없고, 따라서 Y가 A로부터 받은 저작물 이용허락의 효력을 다툴 수 없다.[18] 즉, 저작재산권의 이중양도뿐만 아니라, 저작재산권자로부터 출판권을 설정 받은 자,[19] 이용허락을 받은 자, 저작재산권을 목적으로 하는 질권을 설정받은 자 등은 모두 본 조에서 말하는 제 3 자가 된다. 그러나 앞에서 본 바와 같이 본 조의 제 3 자는 등록이 존재하지 않는다는 것을 주장할 수 있는 "정당한 이익을 가지는 제 3 자"에 한정되므로, 일반채권자는 여기서의 제 3 자에 해당하지 않는다고 해석된다.[20]

이처럼 저작재산권자 A로부터 X가 저작재산권을 양수하였다 하더라도 Y가 A로부터 별도로 동일한 저작재산권에 관하여 양수를 한 경우에, X는 자신의 양수 사실을 등록하지 않는 한 Y에 대하여 저작재산권을 주장할 수 없다. 마찬가지로 Y 역시 자신의 양수 사실을 등록하지 않는 이상 X에 대하여 저작재산권을 주장할 수 없게 된다. 이 경우에는 결국 X와 Y 사이에 상호 우열이 없는 관계가 성립되고, 둘 중 어느 한 사람이 등록을 하기 전까지는 권리관계가 불확정적인 상태로 존속하게 된다. 따라서 만약 Y가 먼저 저작재산권 양도 사실을 등록하게 되면 Y가 저작재산권자로서 X에 대하여 권리주장을 할 수 있게 된다. 이때 X는 원래의 권리자인 A에 대하여 이중양도에 따른 책임을 물어 손해배상 등의 청구를 할 수는 있을 것이지만, Y에 대하여 자기가 저작재산권자라는 주장을 할 수는 없다.

라. 악의의 제 3 자

본 조에서는 단순히 "제 3 자에게 대항할 수 없다"고 규정하고 있는데, 여기서 말하는 제 3 자가 선의의 제 3 자에 한정되느냐 여부가 문제로 된다. 이와 관련하여 서울민사지방법원 1989. 5. 23. 선고 88가합51561 판결에서는 저작재산권 양도인의 배임행위에 적극 가

18) 오승종·이해완, 전게서, 463면; 위 대법원 1995. 9. 26. 선고 95다3381 판결 참조. 서울중앙지방법원 2006. 10. 10. 선고 2003가합66177 판결은, "A는 이 사건 음반에 관한 저작인접권을 망 김광석으로부터, 또는 합의를 통해 피고 B로부터 양수한 사실을 저작권법에 정한 바에 따라 등록하지 않았으므로, 피고 B로부터 이용허락을 받아 음반을 제작, 판매한 피고 C, D, E, F에 대하여 위와 같이 저작인접권을 양수한 사실을 가지고 대항할 수 없다"고 판시하였다.

19) 앞에서 본 대법원 1995. 9. 26. 선고 95다3381 판결.

20) 足立謙三, 전게논문, 267면.

담하여 저작재산권을 이중으로 양도받은 제 3 자는 본 조의 제 3 자에 해당하지 않는다고 판시한 바 있다.[21] 이 판결을 본 조의 제 3 자는 선의의 제 3 자에 한정된다고 제한적으로 해석한 판결이라고 이해하면서, 이 판결의 취지에 기본적으로 찬동하되 입법론적으로는 이전등록의 효과를 보다 명확히 하기 위해서 등록하지 아니하면 "선의의 제 3 자"에게 대항할 수 없다고 규정하는 것이 바람직하다는 견해가 있다.[22] 그러나 제 3 자는 선의의 제 3 자로 한정할 것이 아니며, 따라서 등록을 하지 않은 자는 제 3 자의 선의·악의를 묻지 않고 대항할 수 없다고 해석하는 것이 타당하다. 왜냐하면 악의의 제 3 자에게는 등록을 하지 않고도 대항할 수 있다고 하면, 제 3 자가 저작권 양도 등의 사실을 알았는지 몰랐는지 하는 것이 관계자들 사이에서 늘 문제가 될 것이고, 그렇게 되면 저작재산권의 권리변동 사실을 공시하게 하여 저작권 거래의 안전을 도모하고자 하는 등록제도의 의의를 상실하게 될 것이기 때문이다.[23] 위에서 본 서울민사지방법원의 판결은 본 조에서 말하는 제 3 자를 선의의 제 3 자로 한정하여 보아야 한다는 취지가 아니라, 저작재산권을 이중양도하는 배임행위라는 사실을 알면서 이에 적극적으로 가담한 제 3 자는 보호할 필요가 없다는 것으로 해석하는 것이 타당하다고 생각된다. 즉, 부동산의 이중양도에 관한 법리를 저작권 이중양도의 경우에 유추적용한 것이다. 일본에도 '배신적 악의자'(背信的 惡意者)는 본 조의 제 3 자에서 제외되어야 한다고 주장하는 견해가 있으나, 그렇다고 하여 악의의 제 3 자까지 제외된다고 하지는 않는다.[24] 따라서 저작재산권을 이중으로 양도하는 배임행위에 적극 가담하지 아니한 제 3 자는 설사 악의의 제 3 자라 하더라도 본 조의 제 3 자에 해당하고, 그에 대하여는 등록을 하지 아니하면 저작재산권양도 사실을 대항할 수 없다고 보아야 할 것이다.

결국 본 조에서 말하는 제 3 자는 선의의 제 3 자와 악의의 제 3 자 모두를 포함하지만, 이중양도의 배임행위에 적극 가담한 배신적 악의자는 제외된다고 보는 것이 타당하다. 여기서 '적극 가담'이라 함은 목적물(저작재산권)이 다른 사람에게 양도된 사실을 제 2 의 양수인이 안다는 것만으로는 부족하고, 양도사실을 알면서 제 2 의 양도행위(이중양도 행위)를 요

21) 서울민사지방법원 1989. 5. 23. 선고 88가합51561 판결: "저작권등록을 대항요건으로 규정한 현행 저작권법 하에서는 저작재산권의 양도는 당사자 사이의 의사표시만으로 그 효력이 발생하고 다만 저작재산권의 양도는 이를 등록하지 아니하면 제 3 자에게 대항할 수 없는바, 이 경우 제 3 자라 함은 그 등록의 흠결을 주장함에 법률상 정당한 이익을 갖는 자에 한하므로, 저작권양도인의 배임행위에 적극 가담하여 저작권을 이중으로 양도받은 자는 설사 자기 명의로 저작권양도등록을 마쳤다 하더라도 원 양수인의 저작권양도등록의 흠결을 주장할 수 있는 법률상 정당한 이익을 가진 제 3 자에 해당하지 아니한다."

22) 정상조, 저작권이전등록−안현필 사건, 한국저작권판례평석집(Ⅰ), 저작권심의조정위원회, 1998, 129면.

23) 오승종·이해완, 전게서, 463면.

24) 加戶守行, 전게서, 423면.

청하거나 유도하여 계약에 이르게 하는 정도가 되어야 한다.[25] 단순한 이중양도의 권유는 이에 해당하지 않는다. 다만, 양도인과 제 2 양수인이 특수한 관계에 있으면 양도인의 배임행위에 적극 가담한 것으로 사실상 추정될 가능성이 보다 높아질 수 있을 것이다.[26]

마. 신탁저작물의 이중양수인

한국음악저작권협회 등 저작권 신탁관리단체가 회원(신탁자, 저작재산권자)에게 적용하고 있는 신탁계약 중에는 저작자들의 창작과 동시에 그 저작물의 저작재산권이 신탁관리단체에게 양도되도록 규정하고 있는 것들이 있다.[27] 그런데 이러한 신탁계약을 체결한 저작자로부터 저작권을 이중으로 양수한 자가 본 조에서 말하는 제 3 자에 해당할 수 있는지 여부가 문제된다. 이에 대하여 서울고등법원은 저작자가 신탁관리단체와의 사이에 창작과 동시에 저작권을 양도하는 취지의 계약을 체결한 경우에도 신탁관리단체가 그 저작물에 대한 저작권양도(신탁)를 등록하지 아니하였다면, 그 저작자로부터 그에 관한 저작재산권을 양도받거나 이용허락을 받은 제 3 자는 저작재산권의 양도에 관하여 수탁자인 신탁관리단체의 지위와 양립할 수 없는 법률상 지위를 취득한 자로서 저작재산권의 양도에 관한 등록의 흠결을 주장함에 정당한 이익을 가진다고 할 것이어서, 저작권법 제54조에서 말하는 제 3 자에 해당하므로, 신탁관리단체는 그 제3자에 대하여 저작재산권 신탁에 따른 양도로써 대항할 수 없다고 판시한 바 있다.[28]

3. 등록할 사항

가. 저작재산권의 양도 또는 처분제한

저작재산권 전부의 양도뿐만 아니라 '일부'의 양도도 여기서 말하는 양도에 포함된다. 따라서 저작재산권의 지분권인 복제권·공연권·배포권 등을 각각 분리하여 이전등록할 수

---

25) 대법원 2002. 9. 6. 선고 2000다41820 판결: "이미 매도된 부동산에 관하여 체결한 근저당권설정 계약이 반사회적 법률행위로서 무효가 되기 위하여는 매도인의 배임행위와 근저당권자가 매도인의 배임행위에 적극 가담한 행위로 이루어진 것으로서, 그 적극 가담하는 행위는 근저당권자가 다른 사람에게 그 목적물이 매도된 것을 알고도 근저당권 설정을 요청하거나 유도하여 계약에 이르는 정도가 되어야 할 것이다."

26) 부동산 이중양도에 있어서 양도인과 제 2 양수인이 형제간인 경우에 배임행위에 적극 가담한 것으로 추정한 대법원 1978. 4. 11. 선고 78다274 판결이 있다.

27) (사)한국음악저작권협회의 저작권신탁계약약관(2009. 3. 18. 변경된 것) 제 3 조 제 1 항은 '위탁자(저작자)는 현재 소유하고 있는 저작권 및 장차 취득하게 되는 저작권을 신탁재산으로 수탁자(한국음악저작권협회)에게 저작권을 이전하는 것으로 규정하고 있다.

28) 서울고등법원 2013. 12. 19. 선고 2013나2010916 판결(상고).

있다.

한편, "상속 기타 일반승계"의 경우는 이를 등록하지 않더라도 제 3 자에게 대항할 수 있다. 상속인이나 기업의 인수·합병에 있어서 합병법인 또는 포괄유증(包括遺贈, 민법 제1078조)에 있어서의 포괄수유자(包括受遺者)와 같은 포괄승계인(일반승계인)[29]은 자동적으로 피상속인 또는 피승계인의 재산을 승계함으로써 제 3 자에 대한 관계에서는 원래의 권리자, 즉 피상속인 또는 피승계인과 같이 취급되기 때문이다. 따라서 저작재산권을 상속한 상속인들은 상속의 사실을 입증하는 것만으로 제 3 자에게 대항할 수 있으며, 따로 등록을 요하지 않는다.

상속인이 여러 명 있는 경우에는 민법의 규정에 따라 공동상속이 이루어진다. 공동상속의 경우에 상속인은 각자의 상속분에 따라 피상속인의 권리 및 의무를 승계하고(민법 제1007조), 분할할 때까지 상속재산을 공유한다(민법 제1006조). 한편, 소유권 이외의 재산권을 여러 명이 공동으로 가지는 경우 이를 준공동소유(準共同所有)라고 하는데 이에 관하여는 민법상 공동소유에 관한 규정이 준용된다(민법 제278조). 따라서 저작재산권을 공동상속한 경우 공동상속인들은 그 저작재산권에 관하여 준공동소유자의 지위에 있게 되고, 그들 사이의 권리관계는 민법상 공동소유에 관한 규정에 따라 정해진다.[30] 저작재산권을 공동으로 상속한 공동상속인들은 그 등록을 하지 않더라도 각자가 제 3 자에게 저작재산권으로 대항할 수 있다고 할 것이다.

저작재산권의 처분제한이라 함은, 저작재산권자가 가지는 저작재산권의 양도와 질권설정 등의 처분을 할 수 있는 권능을 제한한다는 취지이다. 예를 들어, 압류나 가압류, 처분금지 가처분이 이에 해당하며, 당사자 간의 특약에 의한 양도 또는 질권설정 등의 제한,

---

29) '일반승계'는 '포괄승계'라고도 하며, 하나의 원인에 의하여 피승계인의 권리와 의무를 포함한 재산 일체를 일괄하여 승계하는 것을 말한다. 법에서 규정하는 일반승계의 원인으로서는 상속, 합병, 포괄유증 등이 있다.

30) 상속인이 여러 명 있는 경우에 상속재산은 그 공유로 한다는 민법 제1006조의 규정의 해석과 관련하여, 여기서의 '공유'가 민법상 '공유'를 말하는 것인지 아니면 '합유'를 말하는 것인지에 학설상 다툼이 있다. 이를 '합유'로 본다면 공동상속인은 상속재산 전체에 대한 상속분을 처분할 수는 있지만, 개개의 재산에 대한 지분은 처분할 수 없다. 한편 '공유'로 본다면 공동상속인 각자는 개개의 상속재산에 대하여 상속분에 따른 물권적 지분을 가지며, 그 지분을 양도할 수 있을 뿐만 아니라 지분에 저당권 등을 설정할 수도 있다. '공유설'이 다수설이며, 판례도 공유설을 따르고 있다(대법원 1996. 2. 9. 선고 94다61649 판결). 그러나 상속이나 지분의 양도 등 후발적인 사유에 의하여 저작재산권을 수인이 공동으로 보유하게 될 경우 공동저작물의 저작재산권 행사에 관한 저작권법 제48조의 제한규정이 적용 또는 유추적용되어야 하는 것인지, 아니면 그 경우에는 일반적인 협의의 공유와 같이 저작재산권의 행사나 처분에 있어서 다른 공유자의 동의나 허락 없이 자유롭게 할 수 있는 것인지 여부가 문제로 되는데, 저작권법 제48조는 저작재산권을 공동저작에 의하지 아니하고 기타 사유로 공동보유하게 된 경우에도 원칙적으로 유추적용하는 것이 타당하다고 생각된다. 이에 관하여는 앞의 제 3 장 제 3 절에서 상세하게 언급하고 있다.

저작재산권을 공유하는 경우에 공유자 간에 저작재산권 분할금지의 특약이 있는 경우 또는 유언에 의한 분할금지의 특약이 있는 경우 등이 이에 해당한다.[31)]

나. 배타적발행권 및 출판권의 설정·이전·변경·소멸 또는 처분제한

제57조에 따른 배타적발행권 또는 제63조에 따른 출판권의 설정·이전·변경·소멸 또는 처분제한은 등록할 수 있으며, 등록하지 아니하면 제 3 자에게 대항할 수 없다(저작권법 제54조 제 2 호). 저작권법은 저작권 자체의 등록에 관한 제53조와 저작권의 변동 및 처분제한 등의 등록에 관한 제54조로 나누어, 제54조의 경우에만 등록을 제 3 자에 대한 대항요건으로 규정하고 있다. 그런데 배타적발행권과 출판권에 관하여서는 권리 자체의 등록이라고 할 수 있는 '설정'에 관한 등록까지도 제54조에 규정함으로써 제 3 자에 대한 대항요건으로 규정하고 있다. 이는 배타적발행권이나 출판권(설정출판권)의 경우에는 그 '설정' 자체가 저작권에 대한 권리 변동 및 처분제한의 성격을 가지고 있다는 점을 고려한 것이다.[32)]

다. 저작재산권, 배타적발행권, 출판권을 목적으로 하는 질권의 설정 등

저작재산권, 배타적발행권 및 출판권을 목적으로 하는 질권의 설정·이전·변경·소멸 또는 처분제한도 등록할 수 있으며, 등록하지 않으면 제 3 자에게 대항할 수 없다(저작권법 제54조 제 3 호).

저작재산권에 대한 질권은 이른바 '권리질권'의 한 종류이다. 저작재산권은 물론이고 일반적으로 특허권이나 실용신안권, 상표권, 디자인권 등의 지적재산권에 대하여 질권을 설정할 수 있다. 그런데 다른 지적재산권에 있어서는 등록이 질권의 효력발생 요건이어서 등록을 하지 아니하면 아예 질권 설정의 효력이 발생하지 않는데 반하여(특허법 제101조 등), 저작재산권의 경우에는 등록이 질권 설정의 대항요건으로만 되어 있다는 점에서 차이가 있다.

질권자는 질권설정자(저작재산권자)의 승낙이 없으면 그 저작재산권을 행사하여 그 수익으로써 피담보채권의 우선변제에 충당할 수 없다고 할 것이다. 결국 저작재산권 위에 설정된 질권은 질권설정자의 승낙이 있으면 수익질(收益質)의 성질을 가지는 반면, 승낙이 없으면 저당권과 비슷한 성질을 가진다.

질권의 설정 등록을 제 3 자에 대한 대항요건으로 한 것은, 예를 들어 A가 자기의 저작재산권을 목적으로 하여 B에게 질권을 설정하였고, 그 질권이 설정된 상태로 C에게 그

31) 加戶守行, 전게서, 424면.
32) 이에 관하여는 앞의 제 7 장 제 2 절 배타적발행권 및 제 3 절 출판권 부분에서 언급한 바 있다.

저작재산권을 양도한 경우에 저작재산권의 양도를 받은 C와 질권자 B 사이에 질권의 설정여부가 다투어질 수 있다. 이 경우에 질권자인 B가 질권설정의 등록을 해 두지 않으면 저작재산권의 양도를 받은 C에 대하여 그 저작재산권을 목적으로 하는 질권이 설정되어 있다는 사실을 주장할 수 없다는 것이다.

질권의 이전에 관하여 등록을 제 3 자에 대한 대항요건으로 한 것은 저작재산권의 이전의 경우와 마찬가지로 질권의 이중양도를 염두에 둔 것이다. 또한 질권의 변경 등록을 제 3 자에 대한 대항요건으로 한 것은 예를 들어, 저작자인 A가 자기의 저작물에 대한 저작권을 목적으로 하여 B에게 질권을 설정하고, 그 후에 질권의 대상인 저작물에 수정·증감을 함으로써 변경된 저작권을 C에게 양도한 경우, B와 C 사이에 질권의 내용이 변경된 것인지 여부에 관하여 다툼이 생길 수 있다는 점을 고려한 것이다.[33] 질권에 의하여 담보되는 피담보채권의 변경 등도 등록을 하여야 제 3 자에게 대항할 수 있다고 볼 것이다.

질권의 소멸 등록을 제 3 자에 대한 대항요건으로 한 것은 소멸하는 질권에 대하여 권리를 가지는 제 3 자가 있을 수 있기 때문이다. 일본 저작권법은 질권 소멸의 경우 등록을 제 3 자에 대한 대항요건으로 하고 있으면서도 피담보채권의 소멸에 의한 질권 소멸의 경우에는 예외로 하고 있다.[34] 이는 질권이 담보물권으로서 부종성[35]을 가지고 있기 때문인 것으로 이해된다. 예를 들어, A가 B로부터 100만 원을 차용하면서 그 담보로 A가 가지고 있는 저작재산권을 목적으로 하는 질권을 B에게 설정해 주었는데, 그 후 A가 B에 대한 100만 원의 차용금 채무를 변제하면 피담보채권이 소멸하게 되고, 그 경우에는 자동적으로 질권도 소멸한다. 따라서 제 3 자가 그 질권의 존재를 주장할 근거도 당연히 상실되기 때문에, 이와 같은 피담보채권의 소멸에 의한 질권 소멸의 경우에는 등록을 하지 않더라도 제 3 자에게 대항할 수 있도록 한 취지라고 이해된다.[36] 그러나 질권 중에는 근질(根質), 즉 일정한 계속적인 거래관계(가령 은행과 상인 사이의 당좌대월계약)에서 장래 발생하는 다수의 불특정채권을 담보하기 위하여 설정되는 질권도 그 유효성을 인정받고 있다. 저작재산권에 설정된 질권의 성질이 이러한 근질에 해당하는 경우에는 일시적으로 피담보채권이 소멸되었다고 하더라도 당연히 질권이 소멸한다고는 할 수 없다. 그 경우에는 원칙으로 돌아와 질권의 소멸을 등록하지 않으면 제 3 자에게 대항할 수 없다고 보아야 할 것이다.

---

33) 加戶守行, 전게서, 424면.

34) 일본 저작권법 제77조 제 2 항.

35) 부종성이란 피담보채권의 존재를 전제로 하여서만 담보물권(예컨대 질권)이 존재할 수 있는 성질을 말한다. 따라서 채권이 성립하지 않으면 담보물권이 성립하지 않고, 채권이 소멸하면 담보물권도 소멸한다.

36) 加戶守行, 전게서, 425면.

4. 불실등록(不實登錄)

저작재산권의 등록은 대항요건에 불과하고 권리의 발생요건 또는 효력요건이 아니므로, 등록이 이루어져도 그것이 실체관계에 부합하지 않을 때에는 그 등록은 그 한도 내에서 무효로 된다. 또한 등록에 공신력(公信力)도 인정되지 아니하므로 무효인 등록을 신뢰하여 저작재산권의 양도를 받아도 그 저작재산권을 취득할 수 없는 것으로 해석된다.[37)]

Ⅳ. 등록절차

1. 저작권등록부 등

저작권의 등록 및 권리변동 등의 등록은 저작권등록부에, 프로그램의 경우에는 프로그램등록부에, 저작인접권의 등록은 저작인접권등록부에, 데이터베이스제작자의 권리의 등록은 데이터베이스제작자권리등록부에 각 기재하여 행한다(저작권법 제55조 제1항, 제90조, 제98조).[38)] 그 등록업무는 문화체육관광부장관이 행하도록 되어 있었으나, 실제로는 문화체육관광부장관의 위탁에 따라 한국저작권위원회가 등록업무를 수행하고 있었다. 그러나 2020년 시행된 현행 저작권법은 제112조를 개정하여 위탁에 의하지 않고, 한국저작권위원회가 직접 저작권 등록 관련 업무를 수행하도록 근거규정을 두었다(제112조 제1항).

2. 등록신청

저작권법시행령에 다른 규정이 있는 경우를 제외하고는 등록은 신청 또는 촉탁에 의하여 한다(저작권법시행령 제25조 제1항). 촉탁에 의한 등록의 절차에 대하여는 신청으로 인한 등록에 관한 규정을 준용한다(동조 제2항). 이 규정에 의한 등록을 하고자 하는 자는 문화체육관광부령이 정하는 바에 따라 등록신청서를 제출하여야 한다(동 시행령 제26조).

등록신청은 법령에 다른 규정이 있는 경우를 제외하고는 등록권리자 및 등록의무자가 공동으로 이를 행한다. 다만, 신청서에 등록의무자의 승낙서를 첨부하였을 때에는 등록권

37) 오승종·이해완, 전게서, 464면.

38) 2011년 개정되기 전 저작권법은 제63조 제3항에서, 출판권의 등록은 출판권등록부에 하는 것으로 규정하고 있었으나, 법 개정으로 배타적발행권이 도입되면서 배타적발행권과 출판권 모두 저작권등록부에 기재하여 행하는 것으로 되었다.

리자만으로 이를 신청할 수 있다(동 시행령 제26조 제 2 항). 이는 부동산등기에 있어서와 같이 공동신청주의를 원칙으로 한 것이다. 한편, 판결 · 상속 기타 일반승계 또는 촉탁에 의한 등록신청은 등록권리자만으로 이를 할 수 있다(동조 제 3 항). 또한 등록명의인 표시를 변경하거나 정정하기 위한 등록신청은 등록명의인만으로 신청할 수 있다(동조 제 5 항).

3. 등록신청의 반려

저작권법 제55조 제2항은, "위원회는 다음 각 호의 어느 하나에 해당하는 경우에는 신청을 반려할 수 있다. 다만, 신청의 흠결이 보정될 수 있는 경우에 신청인이 그 신청을 한 날에 이를 보정하였을 때에는 그러하지 아니하다."라고 규정하면서, 그 각 호로서, "1. 등록을 신청한 대상이 저작물이 아닌 경우, 2. 등록을 신청한 대상이 제 7 조에 따른 보호받지 못하는 저작물인 경우, 3. 등록을 신청할 권한이 없는 자가 등록을 신청한 경우, 4. 등록신청에 필요한 자료 또는 서류를 첨부하지 아니한 경우, 5. 제53조 제 1 항 또는 제54조에 따라 등록을 신청한 사항의 내용이 문화체육관광부령으로 정하는 등록신청서 첨부서류의 내용과 일치하지 아니하는 경우, 6. 등록신청이 문화체육관광부령으로 정한 서식에 맞지 아니한 경우"를 들고 있다.

종전에는 저작권 등록 신청 시 관련서류가 미비할 경우에도 이를 반려할 법적 근거가 없어 실무적인 어려움이 있어 왔다.[39] 이에 개정법은 등록사항이 아닌 것을 등록하려고 할 때라던가, 법령으로 정한 양식에 적합하지 아니한 신청서류를 접수할 때 등의 경우에 이를 반려할 수 있도록 절차적 미비점을 보완하였다.[40]

종전 저작권법은 반려의 대상을 "등록을 신청한 사항이 등록할 것이 아닌 때"라고만 되어 있어서 그 범위가 어디까지인지 의문이 있었다. 이는 등록관청의 형식적 심사권의 범위와도 관련되는 문제인데, 등록관청의 형식적 심사권의 범위에 관하여는 뒤에서 다시 살펴보기로 한다. 일단 이 문제와 관련하여 참고할 만한 해석기준으로서는 역시 형식적 심사권을 가지고 있는 등기공무원(등기관)의 경우를 들 수 있다. 사실상 종전 규정은 부동산등기법의 규정을 참조한 것으로 보이는데, 부동산등기법에서는 "등기관은 다음 각 호의 1에 해당하는 경우에 한하여 이유를 기재한 결정으로써 신청을 각하하여야 한다. 그러나 신청

39) 그러나 뒤에서 보는 대법원 1996. 8. 23. 선고 94누5632 판결은 글자체의 저작물성을 부인하여 그 등록신청서를 반려한 등록관청의 처분이 정당하다고 판시한 바 있다. 따라서 형식적 심사권을 가지는 저작권 등록관청이 저작물에 해당하지 아니함이 명백한 경우에는 등록신청을 반려할 수 있음이 판례상 인정되고 있었다.

40) 심동섭, 전게논문, 54면.

의 흠결이 보정될 수 있는 경우에 신청인이 당일 이를 보정하였을 때에는 그러하지 아니하다"라고 하면서 그 각 호 중 하나로서 "사건이 등기할 것이 아닌 때"를 규정하고 있다. 이는 본 항의 종전 규정내용과 상당히 유사하다.[41] 이처럼 등기공무원도 등기 신청에 대하여 형식적 심사권을 가지고 있는데, 이와 관련하여 대법원은 "사건이 등기할 것이 아닌 때라 함은 등기신청이 신청서에 기재된 신청취지 자체에 있어서 법률상 허용할 수 없음이 명백한 경우의 것을 말한다"고 하고 있으며, 그러한 기준에서 등기공무원의 처분의 적법여부를 판단하고 있다.[42] 이러한 점에 비추어 본다면 종전 규정에서 "등록 신청한 사항이 등록할 것이 아닌 때"라 함은 등록 신청이 신청서의 문면이나 제출된 물품 자체에 의하여 실질적인 사실조사를 할 필요도 없이 법률상 허용할 수 없음이 명백한 경우를 말한다고 해석되었다. 현행법은 해석상의 이견을 없애기 위하여 위에서 본 것과 같이 1호 내지 7호의 비교적 상세한 규정을 둔 것이다.

제 2 항에 따라 등록신청이 반려된 경우에 그 등록을 신청한 자는 반려된 날부터 1개월 이내에 위원회에 이의를 신청할 수 있다(제 3 항). 위원회는 제 3 항에 따른 이의신청을 받았을 때에는 신청을 받은 날부터 1개월 이내에 심사하여 그 결과를 신청인에게 통지하여야 한다(제 4 항). 위원회는 이의신청을 각하 또는 기각하는 결정을 한 때에는 신청인에게 행정심판 또는 행정소송을 제기할 수 있다는 취지를 제 4 항에 따른 결과통지와 함께 알려야 한다(제 5 항).

4. 등록증의 교부

위원회는 등록신청을 받아 이를 등록부에 기재하였을 때에는 신청인에게 등록증을 교부하여야 한다(동 시행령 제28조 제 1 항).

5. 등록사항의 경정

위원회는 등록부에 기재된 사항에 착오 또는 누락이 있는 것을 발견하였을 때에는 지체 없이 이를 등록권리자와 등록의무자에게 알려야 한다. 그러한 착오 또는 누락이 등록공무원의 과오로 인한 것인 때에는 지체 없이 그 등록된 사항을 경정하고 그 내용을 등록권리자와 등록의무자에게 알려야 한다. 등록사항의 경정에 이해관계를 가진 제 3 자가 있는

---

41) 부동산등기법 제55조.
42) 대법원 1973. 12. 27.자 73마793 결정(법원공보 481호, 7695면).

경우에는 그 제 3 자에게도 착오 또는 누락의 내용과 그에 따른 경정사실을 알려야 한다(동 시행령 제29조).

6. 등록사항의 변경 및 말소

등록사항에 관하여 변경·경정·말소등록 또는 말소한 등록의 회복등록을 신청할 때에는 문화체육관광부령이 정하는 바에 따른 변경 등 등록신청서에 이를 증명할 수 있는 서류를 첨부하여 위원회에 제출하여야 한다(동 시행령 제30조 제 1 항). 위원회는 등록된 사항이 확정판결에 의하여 허위등록 또는 등록사항이 아닌 것으로 확인된 경우에는 등록을 말소하여야 한다(동 시행령 제31조).

7. 등록공보의 발행 등

위원회는 저작권법 제55조 제 1 항의 규정에 따라 저작권등록부에 기재한 등록에 대하여 등록공보를 발행하거나 정보통신망에 게시하여야 하며, 신청한 자가 있는 경우에는 저작권등록부를 열람하게 하거나 그 사본을 교부하여야 한다(저작권법 제55조 제 6, 7 항).

현행 저작권법에서 등록사항을 정보통신망에 게시할 수 있도록 한 것은, 저작권등록부에 등록된 내용을 공시하기 위한 등록공보를 책자로 발행하는 대신 인터넷 등을 통하여 제공하는 것이 등록공보 제작비용과 시간도 절감되고 공시 효과도 더 크므로, 상황에 따라서 등록공보를 정보통신망을 통하여 공표할 수 있도록 그 법적 근거를 마련한 것이다.

8. 기 타

그 밖에 현행 저작권법은 등록부에 기재된 사항의 착오, 누락의 통지 및 직권 경정(제55조의2), 변경등록 등의 신청(제55조의3), 직권 말소등록(제55조의4)에 관하여 상세한 규정을 두었다.

9. 비밀유지의무

위의 저작권법 제53조부터 제55조까지, 제55조의2부터 제55조의4까지의 규정에 따른 등록 업무를 수행하는 자 및 그 직에 있었던 자는 직무상 알게 된 비밀을 다른 사람에게 누설하여서는 아니 된다(저작권법 제55조의5). 이 규정은 원래 구 컴퓨터프로그램보호법 제25조에 규정되어 있고 저작권법에는 없던 것인데, 2009. 4. 22. 동 법이 저작권법에 흡수통합되면서 모든 저작물의 등록과 관련하여 적용되는 규정으로 수용된 것이다.

Ⅴ. 등록관청의 저작물등록심사권

1. 형식적 심사권

가. 의 의

우리 저작권법은 제6절의 제53조 내지 제55조에서 저작권 및 그 권리변동의 등록에 관하여 규정하고 있으나, 특허법이나 상표법 등 다른 산업재산권법에서와는 달리 등록의 심사절차나 심사기준 등에 관하여 아무런 절차를 두고 있지 않다. 다만 세부적인 등록절차에 대하여 저작권법 시행령 및 시행규칙에서 규정을 두고 있을 뿐이다. 따라서 저작권등록관청의 심사권한 및 범위를 어디까지로 볼 것인지 여부가 문제로 된다.

우리 대법원은 아래에서 보는 바와 같이, 저작권법의 규정내용과 저작권등록제도의 성질 및 취지에 비추어 보면 등록관청은 등록에 대하여 등록신청서나 제출된 물품 자체에 의하여 당해 물품이 저작물에 해당하지 않음이 법률상 명백한지 여부를 판단할 수 있는 형식적 심사권한을 가지고 있지만, 개개 저작물의 독창성의 정도와 보호의 범위 및 저작권의 귀속관계 등 실질적 심사권한은 없는 것으로 보고 있다. 즉, 대법원 1996. 8. 23. 선고 94누5632 판결은, "저작권법의 규정내용과 저작권등록제도 자체의 성질 및 취지에 비추어 보면, 현행 저작권법이나 같은 법 시행령이 등록관청의 심사권한이나 심사절차에 관하여 특별한 규정을 두고 있지 않다고 하더라도, 등록관청으로서는 당연히 신청된 물품이 우선 저작권법상 등록대상인 '저작물'에 해당될 수 있는지 여부 등의 형식적 요건에 관하여 심사할 권한이 있다고 보아야 하고, 다만 등록관청이 그와 같은 심사를 함에 있어서는 등록신청서나 제출된 물품 자체에 의하여 당해 물품이 우리 저작권법의 해석상 저작물에 해당하지 아니함이 법률상 명백한지 여부를 판단하여 그것이 저작물에 해당하지 아니함이 명백하다고 인정되는 경우에는(반드시 저작물성을 부인한 판례가 확립되어 있다거나 학설상 이론의 여지가 전혀 없는 경우만을 의미하는 것은 아니다) 그 등록을 거부할 수 있지만, 더 나아가 개개 저작물의 독창성의 정도와 보호의 범위 및 저작권의 귀속관계 등 실체적 권리관계까지 심사할 권한은 없다"고 하였다.[43)]

나. 학 설

등록관청의 심사권의 범위를 어디까지로 볼 것이냐에 대하여는 이론상 세 가지 견해를 생각할 수 있다.[44]

첫 번째 견해는, 형식적 심사권이라는 면을 극단적으로 강조하여 등록관청에게 일체의 판단기능 내지 재량의 여지를 인정하지 않는 입장이다. 이 견해에 따르면 신청인이 어떠한 물품일지라도 등록신청서에다가 그것이 저작권법에 예시된 어느 종류의 저작물에 해당됨을 표방하면서 등록을 신청하기만 하면 기계적으로 그 등록을 모두 받아주어야 한다. 그러나 이와 같은 견해에 따르게 되면, 등록관청의 심사권을 지나치게 좁게 인정함으로써 저작물이 아님이 명백하여 무익하거나 심지어 유해한 물품에 대한 등록까지 무제한으로 받아주지 않을 수 없게 되어 저작물등록관리에 있어 행정력의 낭비를 초래하게 된다. 또한 저작권등록 자체가 저작권의 성립요건과 직접 관련은 없다 하더라도, 저작물로서 일단 저작권등록부라는 공부에 등록이 되고 나면 등록된 저작자는 우리 저작권법 상으로도 저작자로 추정되며, 타인에게 그 저작권을 양도하거나 이에 대한 질권 등을 설정할 수도 있게 되는데, 등록신청을 무조건 받아주면 그로 인하여 거래질서에 혼란이 발생할 우려가 있다.[45]

두 번째 견해는, 등록관청은 신청된 물품이 저작물에 해당하는지 여부에 관한 형식적인 심사권을 가지고 있고, 심사결과 저작물에 해당하지 아니함이 명백한 경우에는 등록을 거부할 수 있으나, 여기서 저작물에 해당하지 아니함이 명백한 경우라 함은 학설상 당해 물품이 저작물에 해당되지 아니한다는 점에 관하여 전혀 이론의 여지가 없거나, 판례에 의하여 저작물성이 이미 부인된 경우만을 의미하는 것으로 보아야 한다는 견해가 있을 수 있다. 등록관청에게 신청된 물품이 저작물에 해당하는지 여부에 관한 심사권을 인정하기는 하되, 등록관청이 스스로 관계 법령에 관하여 해석, 판단할 권한이나 능력이 있다고 보지 아니하고, 단지 신청된 물품이 학설상 아무런 이론의 여지가 없이 저작물에 해당되지 않는다고 확립된 것인지, 기존의 판례상 그러한 물품에 대하여 저작물성이 부인된 것인지 여부만을 판단할 수 있다고 보는 것이다.

그러나 위 두 번째 견해에 대하여는 저작권에 관한 전문적인 판단능력을 가진 기관인 등록관청의 관계 법령에 대한 해석이나 심사권한을 사실상 부인하고, 판례나 학설만을 좇

43) 대법원 1977. 12. 13. 선고 77누76 판결도 같은 취지로서, 다음과 같이 판시하고 있다. "저작권에 관한 등록은 하나의 공시제도에 불과하여 등록관청은 그 실체적 권리관계에까지 심사할 권한이 없다."

44) 이하의 세 가지 견해에 대한 내용은, 이성호, 서체도안의 저작물성과 등록관청의 저작물등록심사권의 범위, 대법원판례해설 제27호, 법원도서관, 608면 이하의 내용을 정리한 것이다.

45) 이성호, 전게논문, 609면.

아 등록업무를 처리하라고 하여야 할 논리적인 이유가 없다는 비판이 있다. 또한 등록관청으로서는 비록 형식적인 심사권한이라고는 하더라도 어디까지나 관계 법령, 특히 우리 법령의 해석상 제출된 물품이 저작물에 해당하는 것인지 여부를 판단할 권한이 있는 것이므로, 우리나라의 판례가 있는 경우 이에 따라야 함은 물론이지만, 그렇지 않고 단지 학설상의 논의만이 있는 경우에는 일부 외국의 예외적인 입법례가 있다거나 학설상의 일부 소수설이 있다는 이유만으로, 우리 관계 법령의 해석상 저작물성이 명백히 부정된다고 판단됨에도 불구하고, 그 저작물성을 일단 인정하여 등록을 수리하여야만 하는 것은 아니라고 한다. 또 위 두 번째 견해에 의하면 저작물 등록관청의 심사권한을 지나치게 좁게 인정할 뿐만 아니라, 그 등록거부처분의 당부를 사후적으로 심사하는 법원의 심사권한에도 부당한 제한을 가하는 결과가 된다고 한다. 왜냐하면, 등록관청이 학설상 다소 이론이 있는 상태에서 저작물성이 명백히 부인된다고 판단하여 등록신청을 반려한 경우, 두 번째 견해에 의한다면 이를 사법적으로 심사하는 법원으로서도 신청된 물품이 저작물에 해당되지 아니함이 우리 법령상 명백하다고 판단됨에도 불구하고 그러한 법원의 견해와는 상관없이 일단 등록관청의 거부처분을 형식적 심사권의 범위를 넘었다 하여 위법하다고 판단할 수밖에 없게 된다는 것이다. 이렇게 될 경우, 위 첫 번째 견해와 마찬가지로 결국 저작물성이 부인될 물품에 대하여서까지 명시적인 판례가 나오거나 학설상 이론의 여지가 없어질 때까지는 일단 제한 없이 저작권등록을 받아주게 됨으로써 상당한 기간에 걸쳐 저작물등록 관리에 있어서의 행정력의 낭비와 거래질서상의 혼란을 초래할 우려가 있다는 것이 두 번째 견해를 비판하는 이유이다.[46]

세 번째 견해는, 등록관청은 저작물등록신청에 관하여 그것이 저작권등록 대상인 저작물에 해당하는지 여부와 등록신청 시 구비하여야 할 법령상의 요건을 갖춘 것인지 여부 등에 관한 형식적 심사권을 가지지만, 여기서 형식적인 심사권이라 함은 신청서의 문면이나 제출된 물품 자체에 의하여 실질적인 사실조사 없이 당해 물품이 저작물에 해당하는지 여부가 법률상 명백한지 여부를 판단한다는 의미라고 해석한다. 그리하여 위와 같은 형식적인 심사만으로도 당해 물품이 저작권법상의 저작물에 해당하지 아니함이 법률상 명백하다고 판단되면 등록관청은 등록을 거부할 수 있고, 그렇지 아니한 경우에는 의심스럽더라도 등록을 받아 주어야 한다고 본다.

다. 소 결

세 번째 견해가 타당하다고 생각된다. 등록관청의 형식적 심사권을 인정하면서도 그

46) 상게논문, 609면.

판단권한을 어느 정도 인정함으로써 등록업무의 효율적인 처리를 도모하고, 나아가 무분별한 저작물 등록으로 인하여 초래될 거래상의 혼란과 행정력의 낭비 등을 막을 수 있기 때문이다. 이 견해에 따를 경우, 실제로 등록관청의 실질적인 사실조사나 법원의 사실심리 등을 해 보면 결국 등록신청인이 타인의 저작물 또는 이미 공중의 영역에 있는 저작물을 베낀 것이 드러나 창작성이 없다는 것이 밝혀질 경우라 하더라도, 형식적 심사를 할 뿐인 등록관청의 입장에서는 신청 단계에서 제출된 물품 자체에 의하여 창작적 요소가 전혀 없다고 판단되는 경우가 아닌 한 등록을 거부할 수 없다고 보아야 한다. 그러나 저작물에 해당하지 아니함이 명백하다고 판단할 수 있는 경우를 반드시 학설상 이론의 여지가 전혀 없거나 판례를 통하여 이미 저작물성이 부인된 경우로 제한할 것은 아니다. 등록관청이 신청서의 문면이나 제출된 물품 자체와 같은 형식적 사항을 심사한 결과를 관계 법령에 비추어 판단할 때, 신청된 물품이 법률상 저작물로서 보호받을 대상이 될 수 없음이 명백하다고 판단되면 등록을 거부할 수 있다고 할 것이다. 그리고 그러한 등록관청의 판단의 타당성을 사후에 사법적으로 심사하는 법원 역시 신청서 및 제출된 물품 자체에 의하여 판단할 때 해당 물품이 법률상 저작물로서 보호될 가능성이 없다고 판단되는지 여부를 심사하여 등록거부처분의 적법여부를 판단하여야 한다.[47)]

앞에서 본 대법원 1996. 8. 23. 선고 94누5632 판결도 그러한 취지를 표명한 것이라고 해석된다.[48)] 이 판결에 따른다면, 등록관청이 이 판결에서 제시하는 방법에 따라 형식적인 심사를 통해 내린 저작물성 인정여부에 관한 결론에 대하여 신청인이나 이해관계인이 불복하여 행정소송 등을 제기하였을 때, 등록관청의 결론이 사후에 사법적 심사를 담당하는 법원의 견해와 일치하는 경우에는 비록 심사 당시 판례가 없었다거나 학설상 이견이 있었다고 하더라도 등록관청의 저작물성에 관한 판단은 그대로 유지될 것이다.[49)]

---

47) 상게논문, 611면.

48) 대법원 1996. 8. 23. 선고 94누5632 판결: “우리 저작권법은 서체도안의 저작물성이나 보호의 내용에 관하여 명시적인 규정을 두고 있지 아니하며, 인쇄용 서체도안과 같이 실용적인 기능을 주된 목적으로 하여 창작된 응용미술 작품으로서의 서체도안은 거기에 미적인 요소가 가미되어 있다고 하더라도 그 자체가 실용적인 기능과 별도로 하나의 독립적인 예술적 특성이나 가치를 가지고 있어서 예술의 범위에 속하는 창작물에 해당하는 경우에만 저작물로서 보호된다. … ‘산돌체모음’, ‘안상수체모음’, ‘윤체B’, ‘공한체 및 한체모음’ 등 서체도안들은 우리 민족의 문화유산으로서 누구나 자유롭게 사용하여야 할 문자인 한글 자모의 모양을 기본으로 삼아 인쇄기술에 의해 사상이나 정보 등을 전달한다는 실용적인 기능을 주된 목적으로 하여 만들어진 것임이 분명하여, 우리 저작권법의 해석상으로는 그와 같은 서체도안은 신청서 및 제출된 물품 자체에 의한 심사만으로도 저작권법에 의한 보호대상인 저작물에 해당하지 아니함이 명백하므로, 등록관청이 그 서체도안에 관한 등록신청서 및 제출된 서체도안 자체에 의한 심사 결과에 따라 그 서체도안이 우리 저작권법의 해석상 등록대상인 저작물에 해당되지 않는다고 보아 당해 등록신청을 반려한 조치는 적법하다.”

49) 이성호, 전게논문, 614면.

기존 저작권 등에 관한 등록업무는 문화체육관광부장관의 업무에 속하지만, 문화체육관광부장관은 저작권법 제130조에 의하여 그 업무를 한국저작권위원회에 위탁할 수 있도록 되어 있었다. 이에 등록에 관한 업무를 위탁받아 수행하고 있었던 한국저작권위원회의 등록실무에서도 위 세 번째 견해에 따라 업무를 처리하고 있는 것으로 보인다. 한편, 앞에서도 본 바와 같이 개정 저작권법에서는 제55조 제 2 항에서 등록 신청한 사항이 등록할 것이 아닌 때와 등록 신청이 문화체육관광부령으로 정한 서식에 적합하지 않거나, 기타 필요한 자료 또는 서류를 첨부하지 아니한 때 그 등록 신청을 반려할 수 있도록 법을 개정하였다. 위와 같은 법 개정이 있기 전에도 저작권의 등록은 저작물을 대상으로 하는 것인데, 종전 저작권법 제 2 조 제 1 호에서 저작물을 "문학·학술 또는 예술의 범위에 속하는 창작물"이라고 정의하고 있었고, 이러한 정의규정으로부터 저작물의 성립요건으로서 '창작성'이 필요한 만큼, 창작성이 없음이 명백한 저작물이나 저작물에 속하지 않는 물품의 경우에는 아예 저작물에 해당이 되지 않는다고 하여 저작권 등록 신청을 반려하는 것이 등록관청인 한국저작권위원회(당시 저작권심의조정위원회)의 실무였다. 개정법은 이와 같은 종전 업무 처리에 대한 법적 근거를 마련한 것이라는 점에서 의의가 있다고 할 것이다.

2. 한국저작권위원회의 실무

가. 형식적 심사

저작권 등록에 관한 업무를 위탁받아 수행하여 온 한국저작권위원회는 형식적 심사권한에 기초하여 다음과 같이 심사업무를 진행하고 있다. 우선 저작권 등록신청 대상 저작물이 저작권법상 보호받지 못하거나 판례에 의하여 이미 저작물성이 부정된 경우 등 저작물이 아님이 명백한 경우를 제외하고는, 등록신청 시 구비서류가 법령상의 요건을 모두 갖추었는지의 여부만 형식적으로 심사하여 등록수리여부를 결정한다. 이때 개개의 저작물의 독창성의 정도와 보호의 범위 및 저작권의 귀속관계, 양도양수 관계의 적법성 등 실체적 권리관계까지는 심사하지 않는다. 결정이 어려운 경우에는 해당 실무 전문가들의 도움을 받아 결정한다. 저작물성이 명백히 부인되는 경우 등록신청을 반려하고, 그 반려처분에 대하여 이의가 있는 경우 신청인은 재심을 청구할 수 있도록 되어 있다.

다음에 예시된 물품들은 통상 판례 및 학설에 의하여 저작물성이 없는 것으로 보아 신청을 반려하고 있다.[50]

---

50) 저작권아카데미 교재(제10차 문학·학술·방송작가 과정), 저작권심의조정위원회(2006), 91면.

(1) 이름, 제목, 슬로건, 친숙한 심벌(symbol) 또는 디자인, 글자나 색상의 단순한 변형, 성분 또는 내용물의 단순한 리스트
(2) 아이디어, 계획, 방법, 시스템, 고안 등
(3) 정보를 전달하는 것이 아니고 그 자체 정보를 기록하기 위한 시간표, 회계 장부, 일기장, 어음증서, 경기점수 기록표, 주소록, 보고양식, 주문양식 등의 서식
(4) 표준 달력, 신장 또는 체중표, 스포츠 이벤트 스케줄표, 공공서류 또는 출처에서 추출할 수 있는 리스트나 표 등 특별한 창작성이 없는 공공자산으로 구성된 것
(5) 글자체 그 자체

[등록신청 반려 사례]

(1) 의장 등 응용미술 작품－포장디자인 도안, CD 보관 케이스, 인형 등

ㅁ반려 이유ㅁ

저작권법에 의하여 보호되는 저작물이기 위해서는 어디까지나 문학, 학술 또는 예술의 범위에 속하는 창작물이어야 한다. 따라서 산업상의 대량생산에의 이용을 본래의 목적으로 하여 창작되는 응용미술품 등에 대하여는 곧바로 저작권법상의 저작물로 보호된다고 할 수는 없고, 그 중에서도 그 자체가 하나의 독립적인 예술적인 특성이나 가치를 가지고 있어서, 앞서 말하는 예술의 범위에 속하는 창작물에 해당하여야만 저작물로서 보호된다고 할 것이다(대법원 1996. 2. 23. 선고 94도3266 판결 참조). 이는 의장법(현재는 '디자인보호법') 외에 저작권법에 의한 중첩적 보호가 일반적으로 인정되게 되면, 신규성 요건이나 등록요건, 단기의 존속기간 등 의장법의 여러 가지 제한규정의 취지가 몰각되고, 기본적으로 의장법에 의한 보호에 익숙한 산업계에 많은 혼란이 우려되는 점 등을 고려하여, 이러한 응용미술작품에 대하여는 원칙적으로 의장법에 의한 보호로써 충분하고 예외적으로 저작권법에 의한 보호가 중첩적으로 주어진다고 보는 것이 의장법 및 저작권법의 입법취지이기 때문이다. 다만 이 반려 사례는 2000년 개정 저작권법에서 응용미술의 보호요건으로 '물품과 구분되는 독자성'이 규정되기 전의 사례임을 유의할 필요가 있다.

(2) 견적서, 생활안내 전화번호 등

ㅁ반려 이유ㅁ

저작권법상 편집물이 저작물로서 보호를 받으려면 일정한 방침 혹은 목적을 가지고 소재를 수집·분류·선택하고 배열하여 편집물을 작성하는 행위에 창작성이 있어야 하고, 누가 하더라도 같거나 비슷할 수밖에 없는 성질의 것이라면 거기에 창작성이 있다고 할 수 없어 보호가 인정되지 아니한다(대법원 1996. 6. 14. 선고 96다6264 판결; 대법원 1997. 11. 25. 선고 97도2227 판결; 대법원 1999. 11. 23. 선고 99다51317 판결 참조).

(3) 단순한 표어, 로고 등

□반려 이유□

저작권법상 보호되는 어문저작물은 소설·시·논문·강연·연술·각본 등 언어나 문자로 표현된 저작물로서 사상·감정을 구체적으로 외부에 표현한 창작적인 표현 형식이어야 하고, 표현되어 있는 내용, 즉 아이디어나 이론 등의 사상은 저작권의 대상이 될 수 없으므로, 단순한 표어, 슬로건, 캐치프레이즈, 제호 등에 대하여는 일반적으로 저작물성이 부인된다(서울고등법원 1988. 7. 7. 선고 97나15229 판결 참조).[51)]

나. 외국인의 등록신청

외국 국적을 가진 자도 등록신청을 할 수 있다. 대한민국 내에 상시 거주하는 외국인(무국적자 및 대한민국 내에 주된 사무소가 있는 외국법인 포함)과 저작물을 맨 처음 대한민국 내에서 공표한 외국인은 내국인과 똑같이 우리나라 저작권법의 보호를 받으므로(저작권법 제3조 제2항) 아무런 제한이 없다. 그러나 그 외의 외국인은 대한민국이 가입 또는 체결한 조약에 따라 그 보호가 결정되므로(제3조 제1항) 그러한 요건을 갖추지 못한 외국인은 저작권등록을 할 수 없다. 통상 외국인은 국내 법무법인 등 임의대리인을 선정하여 신청하는 경우가 대부분이나, 본인이 직접 신청하는 것도 가능하다. 다만, 국어로 기재된 신청서류를 제출하여야 하며, 등록사유를 증명하는 서류 등은 원본이 외국어로 기재된 경우 그 번역본도 함께 제출하여야 한다. 또한 국적·서명 등을 증명할 수 있는 서류로서 국적증명서나 여권사본 기타 공증서류 등을 제출하여야 한다.[52)]

Ⅵ. 허위 등록에 대한 제재

저작권법 제53조 및 제54조(제63조 제3항, 제90조 및 제98조의 규정에 의하여 준용되는 경우를 포함한다)의 규정에 의한 저작권의 등록 및 권리변동 등의 등록을 허위로 한 자에 대하여는 3년 이하의 징역 또는 3천만 원 이하의 벌금에 처하거나 그 징역형과 벌금형을 병과(竝科)할 수 있다(저작권법 제136조 제2항 제2호).

51) 저작권아카데미, 전게서, 97-98면.

52) 저작권아카데미, 전게서, 96면.

Ⅶ. 권리자 등의 인증제도

'인증'은 저작물 등의 이용허락 등을 위하여 정당한 권리자임을 증명하는 것을 말한다(저작권법 제 2 조 제33호). 문화체육관광부장관은 저작물 등의 거래의 안전과 신뢰보호를 위하여 인증기관을 지정할 수 있다(저작권법 제56조 제 1 항). 이 규정에 의한 인증기관의 지정과 지정취소 및 인증절차 등에 관하여 필요한 사항은 대통령령으로 정한다(같은 조 제 2 항). 이 규정에 따른 인증기관은 인증과 관련한 수수료를 받을 수 있으며 그 금액은 문화체육관광부장관이 정한다(같은 조 제 3 항).

권리자 등의 인증제도는 2006년 개정 저작권법에서 신설된 제도이다. 한류 콘텐츠 수출과 관련, 해외에서 우리 콘텐츠에 대한 불법복제 방지 및 저작권보호를 위해 인증체계 마련이 필요하다는 업계의 요구가 있어 왔다. 즉, 특정국가의 경우 우리나라 영상물을 해당 국가에서 DVD로 발매할 때 발행이 가능하다는 인증번호를 발급하고 있으나, 우리나라 영상물에 대한 진정한 권리관계 파악이 어려워 인증을 기피하는 사례가 있기도 하였다. 일본의 경우에도 일본에 진출한 우리나라 음악콘텐츠에 대해 서로 권리를 주장하는 사람들이 많아, 누구와 계약을 맺어야 할지 모르는 경우가 빈발함으로써 우리 음악의 성공적인 진출에 어려움이 있다고 한다. 이에 저작물 등의 거래의 안전과 신뢰보호를 위해 누가 진정한 권리자인지 여부에 대한 인증제도를 도입할 필요성이 제기되었다. 그 결과 2006년 개정 저작권법은 주무관청인 문화체육관광부장관으로 하여금 권리자 인증기관을 지정할 수 있도록 하고 인증절차 및 인증과 관련한 수수료를 징수할 수 있는 법적 근거를 마련한 것이다.[53] 현재 인증기관으로는 한국저작권위원회가 지정되어 있다.

제 2 절 저작권위탁관리업

Ⅰ. 저작권위탁관리업 제도의 의의

우리 저작권법은 제 7 장에서 저작권위탁관리업 제도에 관하여 규정하고 있다. 저작권위탁관리업이란 저작재산권, 배타적발행권, 출판권, 저작인접권, 데이터베이스제작자의 권리 등을 그 권리자를 위하여 신탁관리하거나 대리·중개하는 것을 업으로 하는 것을 말한

53) 심동섭, 전게논문, 54면.

다. 저작권위탁관리업은 저작권집중관리제도에 의하여 나타난 업무형태라고 할 수 있다. 저작권집중관리란 저작권자 등이 개별적으로 권리를 행사하는 것(이것을 '개별관리'라고 한다)에 갈음하여 저작권자 등으로부터 권리를 위탁받은 저작권관리단체가 집중적으로 저작권 등을 관리하는 것을 말한다.[54] 저작권집중관리제도 및 그에 따른 저작권위탁관리업은 다음과 같은 의의를 가진다.

1. 권리자 측면

첫째로 권리자 측면에서 보면, 오늘날 과학기술의 발달과 디지털화로 인하여 저작물과 저작인접물, 데이터베이스 등에 대한 복제수단이 극도로 다양화되고 광범위해졌다. 그리하여 권리자들로서는 자신의 저작물을 누가 언제 어디에서 어떠한 방법으로 이용하고 있는지를 파악하기 어렵게 되었고, 따라서 이를 감시하고 적절하게 관리하는 것도 사실상 거의 불가능하게 되었다. 뿐만 아니라 인터넷과 유통망의 발달에 따라 저작물의 이용이 매우 빈번하게 이루어지는 상황에서 모든 이용자와 개별적으로 이용허락계약을 체결하고자 한다면 그것 역시 매우 불편한 일이다. 그러므로 저작권 등 권리에 대한 관리를 전문으로 하는 기관이나 단체에게 자신의 권리를 위탁하고, 저작물 이용에 따른 일정한 수익만 취하는 것이 위와 같은 불편을 제거하는 효과적인 방법이 된다. 저작권위탁관리단체나 기관을 통함으로써 권리자는 자신의 권리를 직접 관리하여야 하는 번거로움으로부터 해방되어 창작활동에 전념할 수 있다. 또한 저작권의 이용과정에서 나타나는 복잡한 법률적 문제에 대하여 위탁관리단체의 전문지식을 활용함으로써 발생가능한 각종 법률적 문제를 용이하게 해결할 수 있게 된다. 나아가 권리의 이용기회가 증대되며, 이용계약 체결에서 유리한 조건을 확보할 수 있는 가능성이 높아지고, 권리가 사장되는 것을 최소화하는 등 권리의 경제적 가치를 높일 수 있는 장점이 있다.[55]

2. 이용자 측면

둘째로 저작물 이용자의 측면에서 본다면, 우선 저작권 등의 권리가 특정한 기관이나 단체에 집중이 되어 있어야 이용하고자 하는 저작물에 대한 정보를 손쉽게 찾을 수 있다. 따라서 저작권위탁관리업은 공중의 저작물 이용과 관련된 정보에 대한 접근성을 높여주는

54) 이해완, 저작권법, 제 2 판, 박영사, 2012, 748면.
55) 사단법인 한국저작권법학회, 저작권위탁관리제도 개선방안 연구, 문화관광부, 2004, 7면.

역할을 한다. 이용자의 입장에서 저작물을 이용할 때마다 권리자를 찾아가서 개별적으로 계약을 체결하는 것보다, 그 권리를 집중적으로 관리하고 있는 특정한 기관이나 단체만을 상대로 계속적인 계약을 하는 것이 훨씬 편리할 것임은 두말할 필요도 없다. 나아가 저작권위탁관리기관은 권리자의 창구를 단일화하여 권리자의 소재파악을 용이하게 하고, 표준계약서의 이용, 이용형태와 조건에 따른 사용료의 정형화를 통하여 누구라도 동일한 조건에서 원하는 권리를 이용할 수 있도록 함으로써 평등한 이용기회를 보장하는 등의 장점이 있다.[56]

3. 저작물의 국제적 이용 측면

셋째로, 저작물의 국제적 교류와 유통에 있어서도 저작권위탁관리업은 큰 의미를 가진다. 각국의 저작권 집중관리단체가 상호 관리계약을 체결함으로써 권리자들의 국제적 권리관리와 저작물의 국제적 이용이 편리하게 이루어질 수 있는 장점이 있다. 특히 디지털·네트워크화에 의한 이용형태의 급속한 발전에 따라 저작물이 국경과 관계없이 넘나들고, 그에 따라 권리처리의 합리성과 신속성이 한층 요구되는 오늘날에 있어서는 위탁관리제도를 확립하는 것이 저작권자를 비롯한 권리자의 보호와 문화의 향상 발전, 그리고 관련 산업의 발전을 위하여 매우 중요한 기본적 과제가 될 수밖에 없다.[57]

Ⅱ. 저작권위탁관리업의 효용

저작권위탁관리 시스템을 이용하게 되면 그와 관련된 당사자들은 다음과 같은 이득을 얻을 수 있게 된다. 우선 권리자들이 개인적으로 자신의 권리를 보호하고 행사하는 것이 현실적으로 어려운 경우, 위탁관리를 통하지 않았다면 포기할 수밖에 없었던 사용료를 거두어들일 수 있게 되는 등 보다 많은 이윤을 창출할 수 있다. 그 결과 저작권위탁관리단체의 기능이 활성화 된 오늘날에는 이용자들과 직접 협상[58]을 하고 있는 권리자들은 오히려 소수이다.

---

56) 한국저작권법학회, 상게서, 7면.

57) 오승종·이해완, 저작권법, 박영사, 2005, 472면.

58) 인터넷은 개별 권리자들에게 그들의 저작물을 배포할 수 있는 수단을 제공할 뿐만 아니라, 인터넷 기반의 전자적 저작권 관리시스템(ECMSs, Electronic Copyright Management Systems)을 통하여 그들의 권리를 이용허락해 줄 수 있는 수단도 제공한다.

저작물의 이용상황에 대한 모니터링 기술과 과금 기술이 진보하고 있기는 하지만, 그럼에도 불구하고 여전히 저작자들을 비롯한 개인 권리자들이 그들 작품의 이용에 대하여 각각의 이용자들과 직접 협상을 통해 일일이 계약을 체결하고 이를 관리하는 것은 현실적으로 매우 어려운 일이다. 이러한 현상은 디지털기술의 발달과 인터넷의 보급에 따라 더욱 현저하게 나타난다. 예를 들어, 인터넷에 적법하게 공표되어 공중에게 전송된 저작물의 경우에도 관련 권리자들이 그 저작물의 이용에 대하여 대가를 받고 싶어 하는 경우(즉, 무료 또는 자유사용이 아닌 형태로 공표한 경우)가 있을 것이다. 이와 같이 권리자들이 인터넷을 통하여 자신의 저작물을 널리 공표하면서도 아울러 유료 이용허락을 조건으로 한다면, 해당 저작물을 이용하고자 하는 이용자들은 그에 대한 비용을 관련 권리자들에게 지불하여야 한다. 이때 이용자들은 사용료의 지불 역시 인터넷을 이용하거나 기타 그와 유사한 속도를 가진 수단을 활용하여, 관련 저작물의 권리자들을 찾아내고 계약을 체결하고자 할 것이다. 즉, 이용자들은 가장 효율적으로 권리자들에게 자신이 원하는 저작물에 대한 이용 의사를 신속하게 전달하고 빠르게 응답받기를 원하며, 필요하다면 실시간으로 바로 이용허락계약을 체결하여 비용까지 지불하기를 희망한다. 이와 같은 이용자의 요청에 부합하기 위하여서는 저작권을 비롯한 권리관계가 다양한 이용형태에 따라 일목요연하게 정리정돈 되어 있어서, 이용자들이 언제라도 손쉽게 자신의 이용형태에 가장 적합한 이용허락계약의 형태를 파악하고, 그러한 계약을 찾아내어 용이하게 선택할 수 있는 유통 시스템이 필요하다. 이러한 시스템의 구축을 현실적으로 가능하게 하기 위해서는 관련분야의 저작물과 권리자에 대한 충분한 목록(list)이 해당 저작권위탁관리기관에 집적되어 있어야 한다.[59] 특히 일반적인 위탁관리 체제에서 온라인 이용허락(전자적 이용허락) 시스템을 활용하게 되면 효율성을 제고할 수 있는 것은 물론이고, 경제적으로도 더 큰 이익을 낼 수 있을 것으로 기대되고 있다.[60]

위탁관리제도는 권리자들이 개별적으로는 도저히 접촉할 수 없는 잠재적인 이용자들과도 협상을 할 수 있는 막대한 영향력을 가지고 있기 때문에, 궁극적으로 권리자들에게 많은 혜택을 제공한다. 한 가지 사례로 종전의 소설가나 극작가들은 그들의 권리행사에 있어서 출판사나 제작자에게 크게 의존하고 있었는데, 요즘에는 작가들의 권리를 위탁관리단

59) Daniel Gervais, *Application of an Extended Collective Licensing Regime in Canada: Principles and Issues Related to Implementation*, Univ. of Ottawa, June, 2003, pp.9-11.

60) 물론, 종래의 전통적인 계약 형태만으로 위탁관리를 하여도 큰 문제가 없는 위탁관리단체의 경우에는 온라인 이용허락 시스템과 같은 것이 굳이 필요하지 않을 수도 있다. 예를 들어 위탁관리단체가 기업적인 콘텐츠 제공업자(Contents Provider, CP)와 포괄적인 계약만을 체결하는 경우가 그렇다고 볼 수 있다. 이 경우에는 이용허락을 해 주는 대상이 기업이므로 종래의 오프라인 형태의 계약만으로도 별다른 불편 없이 이용허락계약을 체결할 수 있을 것이다.

체가 지원하고 관리하는 경우를 많이 볼 수 있다.[61] 이런 과정을 거쳐 집중관리단체는 저작자들로부터 기대와 우려를 받으면서도 나름대로 신뢰를 쌓아가고 있다.

상당히 기업화되고 전문화된 권리자들이라 하더라도 각계각층의 다양한 이용자들과 접촉하여 개별적으로 이용허락을 체결하고 그 계약을 모두 관리하는 것은 매우 어렵다. 특히 그러한 과정이 국제적으로 수행되어야 할 경우에는 어려움이 더욱 가중되므로, 궁극적으로는 전문화된 능력을 갖춘 위탁관리단체의 관리를 필요로 하고 그 시스템에 의존하게 될 수밖에 없다. 음원제작자의 경우를 예로 들어 보면, 전 세계적으로 수천 개의 라디오 방송국이 존재하는데, 이러한 방송국에 자신의 음원을 공급하고, 또 무수한 각급 학교에서 사용되고 있는 음원의 복제와 공연, 전송 등을 일일이 통제하고 관리한다는 것은 개인 음반제작자로서는 그가 아무리 기업화되고 전문적이라 하더라도 거의 불가능하다. 그렇기 때문에 전문화된 위탁관리의 중요성은 최근에 들어서서 특별히 강조되고 있다.[62]

위탁관리제도는 그 제도를 이용하는 이용자들에 대하여도 일정한 혜택[63]을 제공한다. 그 중 가장 중요한 것은 이용자들이 집중관리단체로부터 여러 저작물에 대한 이용허락을 '손쉽게' 받을 수 있다는 점이다. 또한, 다양한 여러 작품들에 일괄적으로 접근할 수 있게 됨으로써 개별적인 개인 권리자들을 일일이 찾아 다녀야 하는 시간과 노력을 경감할 수 있으며, 포괄적인 이용허락 뿐만 아니라 자신이 원하는 저작물에 대한 원하는 지분권을 원하는 기간을 정하여 개별적인 이용허락계약을 협상하고 체결할 수도 있다.

위탁관리제도는 완벽한 제도가 아니며, 저작권의 행사와 관련된 모든 문제점을 해결하는 만병통치약도 아니다. 그러나 오늘날 인터넷 등의 발달로 인하여 개인 권리자들이 그들의 권리를 개별적으로 행사하기란 불가능하다는 사실에 비추어 본다면, 저작권에 대한 이러한 집중관리시스템의 중요성은 매우 크다. 다만, 집중관리시스템은 그 중요성만큼이나 복잡하고 또 폐해도 나타날 수 있는 제도이므로, 이 제도가 제대로 정착되고 시행되기 위하여서는 상당한 시간과 비용의 지출 및 정부의 적절한 관리와 제도적 뒷받침 등이 수반되어야 한다는 점을 염두에 두어야 한다.

효율적인 위탁관리 시스템은 특히 음악을 비롯한 여러 분야에서 '최적의 권리 관리 수단'이 될 것으로 예측되고 있다. 최적의 권리 관리 수단이란, 이용자들이 권리자로부터 권리에 대한 이용허락을 받고자 할 때 이용자와 권리자 양쪽 모두에게 적절한 가격에 적절한 조건을 내용으로 하는 이용허락이 이루어지고, 권리자의 수익 창출 및 이용자가 이용허

61) 우리나라에서 그러한 사례로서, 한국문예학술저작권협회, 한국방송작가협회, 영상시나리오작가협회 등을 들 수 있다.

62) Daniel Gervais, supra., p.10.

63) Mihaly Ficsor, *Collective Administration of Copyright and Neighboring Rights*, 2nd ed., WIPO, 2002, p.131.

락을 받을 수 있는 기회가 최대화 될 수 있는 관리 시스템이라고 할 수 있다.

Ⅲ. 저작권위탁관리업의 종류와 성격

1. 저작권위탁관리업의 종류

저작권위탁관리업은 크게 저작권신탁관리업과 저작권대리중개업으로 나누어진다(저작권법 제105조). 저작권신탁관리업은 저작재산권자, 배타적발행권자, 출판권자, 저작인접권자 또는 데이터베이스제작자의 권리를 가진 자를 위하여 그 권리를 신탁 받아 이를 지속적으로 관리하는 업을 말하며, 저작물 등의 이용과 관련하여 포괄적으로 대리하는 경우를 포함한다(저작권법 제 2 조 제26호). 저작권대리중개업은, 저작재산권자, 배타적발행권자, 출판권자, 저작인접권자 또는 데이터베이스제작자의 권리를 가진 자를 위하여 그 권리의 이용에 관한 대리 또는 중개행위를 하는 업을 말한다(제 2 조 제27호).

데이터베이스제작자의 권리도 배타적 권리로서 저작권위탁관리업의 대상이 되므로 2007년 개정 저작권법에서는 이를 저작권위탁관리업의 대상에 포함시켰다. 한편, 저작물 등의 이용과 관련하여 포괄적으로 대리행위를 하는 이른바 '포괄적 대리행위'는 신탁관리업과 유사한 포괄적인 기능을 가지고 있음에도 불구하고, 종전 법에서는 단순히 저작권대리중개업에서 이를 제외한다고 하는 내용만 담고 있어서 포괄적 대리행위가 저작권신탁관리업인지 여부에 대하여 해석상 의견이 분분하였다. 이에 2007년 저작권법에서는 포괄적 대리행위를 아예 저작권신탁관리업의 범주에 포함시킴으로써 이를 명확히 하였다. 따라서 2007년 개정법 이후 포괄적 대리행위를 하는 대리중개업자는 해석의 여지없이 저작권신탁관리업을 영위하는 것으로 간주되므로 이전보다 실효적인 제재가 가능하게 되었다.

저작권신탁관리업을 하기 위해서는 문화체육관광부장관의 허가를 받아야 하고(저작권법 제105조 제 1 항), 저작권대리중개업을 하기 위해서는 문화체육관광부장관에 신고를 하는 것으로 족한데, 신고한 대리중개업체가 포괄적 대리행위를 할 경우에는 허가 없는 신탁행위를 한 것으로 간주되어 저작권법 제137조 제 4 호에서 정한 처벌을 받게 된다. 또한 이 조항은 비친고죄에 해당하므로 고소 없이 수사기관의 인지나 고발에 의하여 처벌이 가능하다(저작권법 제140조 제 2 호).[64]

대법원 2019. 7. 24. 선고 2015도1885 판결은, "저작권신탁관리의 법적 성질은 신탁법

64) 심동섭, 개정 저작권법 해설, 계간 저작권, 2006년 겨울, 저작권심의조정위원회, 50면.

상 신탁에 해당하고, 신탁은 권리의 종국적인 이전을 수반하여 신탁행위 등으로 달리 정함이 없는 한(신탁법 제31조) 신탁자가 수탁자의 행위에 원칙적으로 관여할 수 없는 것이 대리와 구분되는 가장 큰 차이이다. 그에 따라 신탁관리업자는 신탁의 본지에 반하지 않는 범위에서 스스로 신탁받은 저작재산권 등을 지속적으로 관리하며 저작재산권 등이 침해된 경우 권리자로서 스스로 민·형사상 조치 등을 할 수 있다. 따라서 저작권대리중개업자가 저작재산권 등을 신탁받지 않았음에도 사실상 신탁관리업자와 같은 행위로 운영함으로써 저작물 등의 이용에 관하여 포괄적 대리를 하였는지를 판단함에 있어서는, 저작권대리중개업자의 저작물 등의 이용에 관한 행위 가운데 위와 같은 저작권신탁관리의 실질이 있는지를 참작하여야 한다."고 판시하였다.[65)]

2. 저작권위탁관리업의 성격

가. 저작권신탁관리업

(1) 법적 성격

먼저 저작권 등의 '신탁관리'의 법적 성격을 살펴본다. 이는 신탁법상의 신탁에 해당하여 그 권리가 법률상 수탁자에게 이전된다. 신탁관리단체는 수탁 받은 저작재산권 등을 "신탁자를 위하여" 지속적으로 관리하며, 이용자로부터 사용료를 징수하여 신탁자인 저작권자에게 배분한다. 이것이 신탁자와 수탁자 사이의 가장 전형적인 권리의무 관계이다. 따라서 수탁자인 저작권위탁관리업자는 대외적으로 수탁 받은 권리의 주체, 즉 권리자로 인정되며, 자신의 명의로 권리침해자를 상대로 한 소송을 제기할 수도 있다. 결국 신탁된 저작재산권 등은 신탁자인 저작권자로부터 수탁자인 신탁관리단체로 법률상 완전히 이전하여, 그때부터는 수탁자가 권리자가 되고 그 권리에 대한 소제기 권한을 포함한 모든 관리처분권이 수탁자에게 속하게 된다. 그러나 권리 이전으로서의 성격을 가지므로 일신전속권의 성질을 가지는 저작인격권은 신탁관리의 대상으로 되지 않는다.[66)] 아래에서 이와 관련된 우리 법원 판례의 입장을 살펴보기로 한다.

---

65) 이러한 전제 아래 이 판결에서는, 저작권대리중개업체인 피고인 회사가 다수의 권리자로부터 저작물에 대한 이용허락뿐만 아니라 침해에 대한 민·형사상 조치에 대해서도 일체의 권한을 위임받았고, 나아가 '독점적 이용허락'에 기대어 저작물에 대한 홍보·판매 및 가격 등을 스스로 결정하고 다수의 고객들로부터 사용료를 징수하며, 스스로 다수의 저작권침해자들을 상대로 민·형사상 법적조치를 취하고 합의금을 받아 사진공급업체나 저작권자에게 각 일정 부분을 송금한 점 등에 비추어 보면, 피고인 회사의 이러한 행위는 '저작물 등의 이용과 관련하여 포괄적으로 대리하는 경우'에 해당한다고 판시하였다.

66) 오승종·이해완, 전게서, 473면; 김기중, 저작권 신탁관리업에 대한 규제제도와 개선방향, 계간 저작권 2005년 가을, 저작권심의조정위원회, 18-19면.

(2) 서울고등법원 1996. 7. 12. 선고 95나41279 판결(확정) – ‘소설마당’ 사건[67]

(가) 한국문예학술저작권협회가 영위하는 신탁관리업은 저작권법 제78조(현행 저작권법 제105조)에 근거하는 것으로서 그 법적 성질은 신탁법상의 신탁에 해당되는바, 신탁법상의 신탁은 위탁자와 수탁자 간의 특별한 신임관계에 기하여 위탁자가 특정의 재산권을 수탁자에게 이전하거나 기타의 처분을 하고 수탁자로 하여금 수익자의 이익을 위하여 또는 특정의 목적을 위하여 그 재산권을 관리·처분하게 하는 법률관계를 말한다. 신탁자와 수탁자 간에 어떤 권리에 관하여 신탁계약이 체결되면 그 권리는 법률상 위탁자로부터 수탁자에게 완전히 이전하여 수탁자가 권리자가 되고 그 권리에 대하여 소제기의 권한을 포함한 모든 관리처분권이 수탁자에게 속하게 된다.

(나) 저작권법 제14조 제 1 항은 “저작인격권은 저작자 일신에 전속한다”라고 규정하고 있어 저작인격권은 저작재산권과는 달리 양도할 수 없을 뿐 아니라, 신탁법 상으로도 특정의 재산권만이 신탁의 대상이 되도록 되어 있어 재산권이 아닌 권리는 신탁법상 신탁의 대상이 될 수 없다. 이런 점에 비추어 볼 때, 저작권 중 저작인격권은 성질상 저작권신탁계약에 의하여 수탁자에게 이전될 수 없으므로, 저작권법 제78조에 의하여 신탁관리 될 수 있는 권리는 저작재산권에 한하고 저작인격권은 신탁관리 대상이 아니다.

(3) 서울지방법원 1999. 7. 23. 선고 98가합83680 판결

원고는 1991. 7. 30. 한국음악저작권협회에 가입하면서 신탁관리계약을 체결하였고, 그에 따라 원고가 작사·작곡한 이 사건 노래들에 대한 저작재산권에 관하여도 위 협회와의 사이에 신탁관리계약을 체결하였다. 저작권신탁계약의 법적 성질은 신탁법 상의 신탁에 해당된다고 할 것이므로, 원고와 위 협회와의 신탁계약에 따라 위 노래들의 저작재산권은 법률상 신탁자인 원고로부터 수탁자인 위 협회에 완전히 이전하여 수탁자인 위 협회가 권리자가 되고, 권리에 대한 소제기 권한을 포함한 모든 관리처분권이 수탁자인 위 협회에 속하게 되므로, 원고의 이 사건 청구 중 원고가 여전히 위 노래들에 대한 저작재산권을 보유하고 있음을 전제로 한 저작재산권에 기한 손해배상 청구부분은 더 나아가 살펴볼 필요도 없이 이유가 없다(이에 대하여 원고는, 피고도 한국음악저작권협회와 저작권신탁관리계약을 체결하였

67) 이 사건의 가처분사건에 해당하는 서울민사지방법원 1994. 7. 29.자 94카합6025 결정에서도, “저작권 신탁관리 업무는 저작권자로부터 저작권의 이용계약, 저작권에 관한 분쟁의 처리 등을 위탁받아 처리하는 일을 명문으로 규정하고 있으므로, 분쟁이 발생하였을 경우 소를 제기하는 것은 저작권 신탁관리에 부수하는 것으로 소송 수행에 고유의 정당한 이익이 인정되며, 따라서 이는 신탁법 제 7 조에서 금지하고 있는 소송을 목적으로 하는 신탁에 해당한다고 할 수 없다.”고 하여, 신탁관리단체의 소송제기 권한을 인정한 바 있다.

으므로 민법 제124조의 쌍방대리 금지의 규정에 의하여 위 협회는 원고의 저작재산권을 행사하여 피고를 상대로 소송을 제기하는 행위 등을 할 수 없다고 주장하나, 한국음악저작권협회는 원고 또는 피고를 대리하여 저작재산권을 행사하는 것이 아니라 이를 신탁 받아 관리하는 것이므로 쌍방대리 금지 규정이 적용되지 않는다).

(4) 서울중앙지방법원 2020. 11. 19.자 2020카합21491 결정

(가) 저작권법에 따른 저작권신탁관리의 법적 성질은 신탁법상 신탁에 해당하고(대법원 2012. 7. 12. 선고 2010다1272 판결), 신탁은 권리의 종국적인 이전을 수반하므로, 신탁행위 등으로 달리 정함이 없는 한 신탁자가 수탁자의 행위에 원칙적으로 관여할 수 없는 것이 대리와 구분되는 가장 큰 차이이다. 그에 따라 신탁관리업자는 신탁의 본지에 반하지 않는 범위에서 스스로 신탁받은 저작재산권 등을 지속적으로 관리하며 저작재산권 등이 침해된 경우 권리자로서 스스로 민·형사상 조치 등을 할 수 있다(대법원 2019. 7. 24. 선고 2015도1885 판결). 한편, 저작권신탁관리업자는 정당한 이유가 없으면 관리하는 저작물 등의 이용허락을 거부해서는 아니 된다(저작권법 제106조의2).

(나) 신탁의 본지에 반하게 된다거나 처음부터 신탁행위로 저작물의 이용허락에 관하여 위탁자의 승인을 받도록 유보해 두지 아니한 이상, 원칙적으로 저작권신탁관리업자는 위탁자의 의사와 관련 없이 저작물의 이용을 원하는 자라면 누구에게든 그 이용허락을 할 권한이 있다…특별한 사정이 없는 한, 설령 위탁자가 특정인에 대한 저작물 이용허락에 대하여 반대의사를 표시한다고 하더라도 저작권신탁관리업자가 반드시 그에 구속되어 이용허락을 거부할 의무가 있다거나, 저작권신탁관리업자가 위탁자와 이용허락을 원하는 그 특정인 사이의 분쟁상황 내지 모든 경제적 이해득실 관계까지 고려하여 위탁자의 이익을 위해 이용허락의 허부를 결정해야 할 의무까지 부담한다고 볼 수 없다.

(5) 대법원 2022. 11. 17. 선고 2019다283725, 283732, 283749 판결

단체의 설립목적을 달성하기 위하여 수행하는 사업 또는 활동의 절차·방식·내용 등을 정한 단체 내부의 규정은 그것이 선량한 풍속 기타 사회질서에 위반되는 등 사회관념상 현저히 타당성을 잃은 것이라는 등의 특별한 사정이 없는 한 이를 무효라고 할 수 없다. 저작권신탁관리업자인 甲 법인이 유흥주점·단란주점·노래연습장 등 업소에서 노래반주기에 메들리 곡을 재생하는 것에 대하여 수록곡으로서의 공연사용료만 분배하고 로그데이터를 기반으로 한 공연사용료는 분배대상에서 제외하기로 음악저작물 사용료 분배규정을 개정한 것은 음악저작물이 실제 이용되고 있는 비율이나 방식을 정확하게 파악하기 어려운 상황에서 음악저작물의 현실적인 이용 상황과 변화 등 다양한 여건을 고려한 것으로 보여 사회관념상 현저히 타당성을 잃은 것이라고 단정하기 어렵고, 또한 메들리 곡에 대한 공연사용료 중 로그데이터를 기반으로 한 공연사용료만을 분배대상에서 제외한 것일 뿐 분배 자체를 모두 부정한 것이 아니어서 저작권의 본질적 내용을 침해하는 것이라고 볼 수도 없다.

(6) 신탁관리단체의 권한

신탁법 제 1 조는 수탁자가 신탁대상인 재산권을 관리할 수 있을 뿐만 아니라 '처분'도 할 수 있다고 규정하고 있어서,[68] 저작권신탁관리단체가 수탁 받은 저작재산권 등을 처분할 수 있는지 문제가 될 수 있다. 그러나 수탁자는 신탁의 본지에 따라 선량한 관리자의 주의로써 신탁재산을 관리 또는 처분할 의무를 부담하며(신탁법 제28조), 저작권을 신탁관리하는 목적은 개별관리가 어려운 저작권을 집중관리하여 그 사용료 징수와 배분을 용이하게 하고, 저작권 이용상태를 쉽게 감독하기 위한 것이다. 그렇다면 저작권신탁관리계약에 의한 신탁의 본지는 신탁관리단체에게 신탁대상인 저작재산권의 처분권을 주는 것은 아닌 것으로 보아야 한다. 따라서 이러한 신탁의 본지에 위반하여 저작권신탁관리단체가 저작재산권을 처분한 경우에는 신탁자인 권리자는 그 신탁관리업체에 대하여 손해배상 또는 신탁재산의 회복을 청구할 수 있다(신탁법 제38조).[69]

여러 개의 저작물을 가지고 있는 저작자가 신탁관리단체와 신탁계약을 체결할 때, 자신의 저작물들 중 어느 저작물의 저작재산권은 신탁을 하고 다른 저작물의 저작재산권은 신탁을 하지 않는 등 선택권을 행사할 수 있어야 한다. 그런데 현재 일부의 위탁관리단체가 사용하고 있는 신탁약관에 의하면, 회원인 권리자는 자신이 창작한 모든 저작물은 물론이고 장차 창작할 저작물의 권리에 대해서도 신탁을 하는 것으로 규정하고 있다. 이를 이른바 '인별신탁'(人別信託)이라고 한다. 이 제도가 이용자의 입장에서는 당해 저작자와 관련하여 일원적인 접촉을 하면 된다는 점에서 거래의 신속화, 거래비용의 감소 등의 장점이 있는 것은 사실이다. 그러나 권리자의 입장에서는 외부의 투자를 받아서 제작한 저작물의

68) 신탁법 제 1 조 제 2 항은, "본법에서 신탁이라 함은 신탁설정자(위탁자)와 신탁을 인수하는 자(수탁자)의 특별한 신임관계에 기하여 위탁자가 특정의 재산권을 수탁자에게 이전하거나 기타의 처분을 하고, 수탁자로 하여금 일정한 자(수익자)의 이익을 위하여 또는 특정의 목적을 위하여 그 재산권을 관리, 처분하게 하는 법률관계를 말한다"고 규정하고 있다.

69) 김기중, 전게논문, 19면. 신탁법 제38조는, "수탁자가 관리를 적절히 하지 못하여 신탁재산의 멸실, 감소 기타의 손해를 발생하게 한 경우 또는 신탁의 본지에 위반하여 신탁재산을 처분한 때에는 위탁자, 그 상속인, 수익자 및 다른 수탁자는 그 수탁자에 대하여 손해배상 또는 신탁재산의 회복을 청구할 수 있다."고 규정한다.

경우처럼 신탁을 하는 것이 적절하지 않은 저작물도 있어서, 일률적으로 모든 저작물을 신탁하도록 하는 것은 오히려 신탁제도 활성화에 걸림돌이 될 수 있다. 또한 이 제도가 신탁관리단체의 독점적 지위를 남용하는 것이 아닌가 하는 의문이 있었다. 이에 최근에는 여러 신탁관리단체가 권리자의 선택에 의하여 자신의 창작물 중 일부분을 신탁관리 범위에서 제외시킬 수 있는 것으로 약관을 개정하고 있다.[70)]

(7) 신탁관계가 종료된 이후의 이용행위의 효력

신탁관리단체로부터 특정 저작물에 대한 포괄적 이용허락을 받아 이용행위를 하고 있는 이용자는, 그 저작물의 신탁관계가 종료된 이후에도 유효하게 이용행위를 할 수 있는지 여부가 문제로 된다. 이에 대하여 서울고등법원 2011. 10. 27. 선고 2011나6870 판결은 "피고(이용자)가 신탁관리단체인 소외 한국음악저작권협회로부터 받은 포괄적 이용허락의 효력은 특별한 사정이 없는 한 소외 협회가 신탁 받은 기간의 종료나 신탁계약의 해지 여부와는 무관하다고 보아야 한다. 즉, 저작권이 신탁된 경우 저작권은 수탁자에게 완전히 이전하여 모든 관리·처분권한이 수탁자에게 속하게 되므로 원칙적으로 수탁자가 체결한 포괄적 이용허락의 효력과 내용을 후일 신탁자인 원저작자가 좌우할 수 없다고 보아야 한다. 만일 수탁자인 저작권협회가 적법하게 포괄적인 이용허락을 하였음에도 후일 신탁계약기간이 만료하거나 신탁자가 계약을 해지하는 경우 그때부터 이용허락의 효력을 전부 상실하는 것으로 해석한다면, 수탁자가 정액제로 이용허락을 할 경우 원저작자로서는 신탁계약을 조기에 해지하는 편이 오히려 유리하게 되어 저작자간의 불균형은 물론 저작권신탁제도에 혼란이 초래될 우려가 있고, 저작물 이용자의 지위는 극히 불안정해질 뿐 아니라 저작권 이용계약의 내용도 복잡하게 될 것이다. 이러한 거래비용의 증가는 법률로 도입된 저작권신탁관리업 제도의 취지를 상당 부분 몰각시킬 우려가 있다"고 판시하였다.

그러나 이 판결의 상고심인 대법원 2015. 4. 9. 선고 2011다101148 판결은 "저작물 이용자가 저작권자와의 이용허락계약에 의하여 취득하는 이용권은 저작권자에 대한 관계에서 자신의 저작물 이용행위를 정당화할 수 있는 채권으로서의 성질을 가지는 데 불과하므로, 저작권 신탁이 종료되어 저작권이 원저작권자인 위탁자에게 이전된 경우에는 원저작권자와 수탁자 사이에 수탁자가 행한 이용허락을 원저작권자가 승계하기로 하는 약정이 존재하는 등의 특별한 사정이 없는 한 저작물 이용자는 신탁 종료에 따른 저작권 이전 후의

---

70) 사단법인 한국복제전송저작권협회의 경우 신탁관리약관 제10조(신탁의 제외) 제 1 항에서, "신탁자는 특정한 저작물이나 출판물 또는 특정한 이용방법에 관한 권리행사에 관하여 이를 본 협회의 권리 등의 신탁범위에서 제외할 수 있다"고 규정하고 있다.(2011. 10. 17. 한국복제전송저작권협회 홈페이지에서 인용).

이용 행위에 대해서까지 수탁자의 이용허락이 있었음을 들어 원저작권자에게 대항할 수 없다"고 판시하여 위 고등법원 판결을 파기하였다.

나. 저작권대리중개업

저작권신탁관리의 경우와는 달리 저작권대리중개의 경우에는 중개계약의 체결로 인하여 저작재산권의 대외적 귀속에는 아무런 변동이 일어나지 않는다. 저작권대리중개업을 영위하는 자는 저작권의 등록이나 양도, 이용허락을 대리하거나 중개하는 역할만을 수행한다. 따라서 저작권대리중개업자는 권리침해자를 상대로 직접 원고가 되어 소송을 제기할 수도 없다.

대법원 2019. 10. 31. 선고 2017다232310 판결은, "저작권대리중개업자인 원고는 이 사건 출판사들의 대리인으로서 저작권사용료를 수령할 권한만 있을 뿐 자신의 이름으로 직접 피고에게 저작권사용료를 청구할 권한은 없다"고 하였다.[71] 이 판결의 취지에 따르면 저작권자와 대리중개업자 사이의 약정으로 대리중개업자가 직접 저작권사용료를 청구할 수 있도록 하는 것은 강행법규에 위배되어 효력이 없다고 보아야 할 것이다.

Ⅳ. 저작권위탁관리업의 허가 및 신고

1. 허가 및 신고

저작권신탁관리업을 하고자 하는 자는 대통령령이 정하는 바에 의하여 문화체육관광부장관의 허가를 받아야 하며, 저작권대리중개업을 하고자 하는 자는 대통령령이 정하는 바에 의하여 문화체육관광부장관에게 신고하여야 한다(저작권법 제105조 제 1 항). 즉, 저작권신탁관리업은 허가대상이고 저작권대리중개업은 신고대상이다. 저작권신탁관리업을 하고자 하는 자는 첫째, 저작물 등에 관한 권리자로 구성된 단체여야 하며, 둘째, 영리를 목적으로 하지 아니하고, 셋째, 사용료의 징수 및 분배 등의 업무를 수행하기에 충분한 능력이 있을 것 등 세 가지 요건을 갖추어야 한다. 또한 대통령령으로 정하는 바에 의하여 저작권신탁관리업무규정을 작성하여 이를 저작권신탁관리허가신청서와 함께 문화체육관광부장관에게 제출하여야 한다(저작권법 제105조 제 2 항). 위의 세 가지 요건은 2007년 개정법에서 새로 신설된 요건인데, 허가기관이 재량권을 남용하지 못하도록 허가를 받을 수 있는 최소한

71) 같은 취지의 대법원 2019. 7. 25. 선고 2017다260285 판결.

의 요건을 저작권법에 직접 규정할 필요가 있음에 따라 요건을 법정화 한 것이다.[72)]

2. 수수료 및 사용료

저작권위탁관리업의 허가를 받거나 신고를 한 자(이하 "저작권위탁관리업자"라 한다)는 그 업무에 관하여 저작재산권자 그 밖의 관계자로부터 수수료를 받을 수 있다(저작권법 제105조 제 4 항). 수수료의 요율 또는 금액 및 저작권위탁관리업자가 이용자로부터 받는 사용료의 요율 또는 금액은 저작권위탁관리업자가 문화체육관광부장관의 승인을 얻어 이를 정한다. 다만, 저작권대리중개업의 신고를 한 자의 경우에는 그러하지 아니하다(제105조 제 5 항).

문화체육관광부장관은 위 규정에 따른 승인의 경우에 제112조에 따른 한국저작권위원회의 심의를 거쳐야 하며 필요한 경우에는 기간을 정하거나 신청된 내용을 수정하여 승인할 수 있다(같은 조 제 6 항). 신청된 내용을 수정하여 승인할 수 있다는 것은 '변경승인'을 허용한 것인데, 이는 권리자 및 이용자와 저작권위탁관리업자 사이에서 문화체육관광부장관과 한국저작권위원회가 적극적인 조정 역할을 수행할 수 있도록 한 취지이다.

사용료는 저작권위탁관리사업자가 저작물의 이용자로부터 징수하는 것이고, 수수료는 저작권위탁관리사업자가 권리자로부터 징수하는 저작재산권 위탁관리에 따르는 수수료이다. 대부분의 경우 저작권위탁관리사업자는 이용자로부터 징수한 사용료로부터 수수료를 공제한 나머지 금액을 가지고 권리자에게 분배를 하게 된다. 종전 저작권법은 권리자와 저작권신탁관리업자의 이해가 충돌하는 수수료의 요율에 대해서는 문화체육관광부장관의 승인을 받도록 법에서 직접 규정하면서도, 이용자와 저작권신탁관리업자의 이해가 충돌하는 사용료에 대하여는 저작권법 시행령(제29조)에서 문화체육관광부장관의 승인을 받도록 규정하고 있었다. 하지만 저작물이 일상생활과 산업에서 폭넓게 이용됨에 따라 사용료가 수수료 못지않게 중요성을 가지게 되었으므로 이를 수수료와 함께 저작권법에서 직접 규율할 필요가 있음에 따라 사용료의 요율 승인도 저작권법에 직접 규정하게 된 것이다.[73)74)]

---

72) 심동섭, 개정 저작권법 해설, 계간 저작권, 2006년 겨울, 저작권심의조정위원회, 59면.

73) 상게논문, 59면.

74) 서울중앙지방법원 2014. 6. 12. 선고 2013가합552486 판결은, "원고(한국음악저작권협회)는 음악저작물에 대한 저작권을 직접 보유한 자가 아니라 저작권법 제105조 제 1 항에 따라 문화부장관으로부터 저작권신탁관리업의 허가를 받은 법인으로서, 저작권법 제105조 제 5 항에 따라 저작물 이용자로부터 받는 사용료의 요율 또는 금액을 정하기 위해서는 문화부장관의 사전승인을 얻어야 하는바, … 현재 문화부장관의 승인을 받은 원고의 징수규정에 이 사건 매장에 대해 사용료를 받을 수 있는 근거규정이 존재하지 않는 이상, 원고는 피고에게 이 사건 음악저작물의 공연에 대한 공연사용료의 지급을 구할 수 없다고 봄이 상당하고, 따라서 현재 원고에게 피고의 공연권 침해로 인한 손해가 발생하였다고 볼 수도 없다(개별적인 징수규정이 없음에도 '사용료 징수규정이 없는 경우 원고는 사용자와 협의하여 사용료의

한편, 개정법은 수수료 및 사용료 신청내용이 불합리한 경우에는 신청된 내용을 수정 승인할 수 있도록 하였고, 이미 승인된 요율이라도 저작재산권자 그 밖의 관계자의 권익 보호 또는 저작물 등의 이용 편의를 도모하기 위하여 필요한 경우에는 승인 내용을 변경할 수 있도록 하였다(제105조 제 6 항, 제 8 항). 이는 온라인 음악시장 확장에 의하여 신탁관리 업체의 수익이 급상승함에도 불구하고, 승인기간 내에서는 수수료 요율 등을 조절하지 못해 권리자의 이익이 침해당하는 사례가 생김에 따라 이미 승인된 수수료 요율 등을 적절히 조절하려는 목적에서 도입한 것이다.[75)]

한편, 사용료는 이용자의 이익과 직결되는 문제이므로 이용자들이 어떤 내용의 사용료가 승인신청 되었는지를 알 수 있도록 하기 위하여 저작권신탁관리업자가 사용료 승인신청을 한 경우 및 승인을 한 경우에는 문화체육관광부장관이 그 내용을 공고하도록 하였다(제105조 제 7 항). 또한 문화체육관광부장관은 저작재산권자 그 밖의 관계자의 권익보호 또는 저작물등의 이용 편의를 도모하기 위하여 필요한 경우에는 제 5 항의 규정에 따른 승인 내용을 변경할 수 있다(같은 조 제 8 항).

3. 저작권신탁관리업자의 의무

저작권신탁관리업자는 그가 관리하는 저작물등의 목록과 이용계약 체결에 필요한 정보를 대통령령이 정하는 바에 따라 분기별로 도서 또는 전자적 형태로 작성하여 주된 사무소에 비치하고 인터넷 홈페이지를 통하여 공개하여야 한다(저작권법 제106조 제 1 항). 또한 저작권신탁관리업자는 이용자가 서면으로 요청하는 경우에는 정당한 사유가 없는 한 관리하는 저작물등의 이용계약을 체결하기 위하여 필요한 정보로서 대통령령으로 정하는 정보를 상당한 기간 이내에 서면으로 제공하여야 한다(제106조 제 2 항).

지금까지 저작권신탁관리업체는 허가를 받음으로써 상당한 특혜를 받아왔지만 이에 상응하는 의무조항은 없었다. 이에 2006년 개정법은 저작권신탁관리업자에게 자신이 관리하고 있는 저작물 등의 목록을 작성하여 열람에 제공할 의무를 부과함으로써 이용자 보호 내지 원활한 저작물의 유통을 꾀하는 한편, 아울러 이용자가 요청하는 정보를 제공할 의무를 부과한 것이다. 저작권신탁관리업자가 이러한 의무사항을 위반할 경우에는 1천만 원 이

요율 또는 금액을 정하고, 문화부장관의 승인을 받아 이를 확정한다'고 정하고 있는 원고의 징수규정 제39조 및 유사업체와의 합의기준 등에 기하여 피고에게 공연사용료를 징수할 수 있고, 추후 문화부장관의 승인을 얻어 징수규정을 마련한 다음 이를 정산하면 족하다는 원고의 주장은 받아들이지 않는다)" 고 판시하였다.

75) 심동섭, 전게논문, 60면.

하의 과태료 처분에 처하게 된다(저작권법 제142조 제 2 항).

한편, 저작권신탁관리업자 중에는 한국음악저작권협회와 같이 해당 분야 저작물의 대부분을 신탁관리하고 있어서, 사실상 시장지배적 독점사업자의 지위에 있는 단체들이 있다. 이러한 단체가 정당한 이유 없이 이용허락을 거부할 경우 관련 사업을 하는 이용자는 사실상 사업을 할 수 없게 된다. 이러한 점을 고려하여 2020년 시행된 현행 저작권법은, 저작권신탁관리업자는 정당한 이유가 없으면 관리하는 저작물 등의 이용허락을 거부해서는 아니 된다는 규정을 신설하였다(저작권법 제106조의2). 아울러 이를 위반할 경우 1천만 원 이하의 과태료를 부과하도록 하였다(저작권법 제142조 제2항 제2의2호).

4. 저작권위탁관리업자에 대한 감독 등

문화체육관광부장관은 저작권위탁관리업자에게 저작권위탁관리업의 업무에 관하여 필요한 보고를 하게 할 수 있고, 저작자의 권익보호와 저작물의 이용편의를 도모하기 위하여 저작권위탁관리업자의 업무에 대하여 필요한 명령을 할 수 있다(저작권법 제108조 제 1 항, 제 2 항). 문화체육관광부장관은 저작자의 권익보호와 저작물의 이용편의를 도모하기 위하여 필요한 경우 소속 공무원으로 하여금 대통령령으로 정하는 바에 따라 저작권위탁관리업자의 사무 및 재산상황을 조사하게 할 수 있다(같은 조 제 3 항). 문화체육관광부장관은 저작권위탁관리업자의 효율적 감독을 위하여 공인회계사나 그 밖의 관계 전문기관으로 하여금 제 3 항에 따른 조사를 하게 할 수 있다(같은 조 제 4 항). 문화체육관광부장관은 제 2 항부터 제 4 항까지의 명령 및 조사를 위하여 개인정보 등 필요한 자료를 요청할 수 있으며, 요청을 받은 저작권위탁관리업자는 이에 따라야 한다(같은 조 제 5 항).

2020년 시행된 현행법은 문화체육관광부장관의 감독권의 실효성을 확보하기 위하여 저작권신탁관리업자에 대한 징계요구권을 부여하고 있다. 즉, 문화체육관광부장관은 저작권신탁관리업자의 대표자 또는 임원이 직무와 관련하여 (i) 저작권법 또는 형법 제355조 또는 제356조를 위반하여 벌금형 이상을 선고받아(집행유예를 선고받은 경우를 포함한다) 그 형이 확정된 경우, (ii) 회계부정, 부당행위 등으로 저작재산권, 그 밖에 저작권법에 따라 보호되는 재산적 권리를 가진 자에게 손해를 끼친 경우, (iii) 저작권법에 따른 문화체육관광부장관의 감독업무 수행을 방해하거나 기피하는 경우 중 어느 하나에 해당하는 경우에는 저작권신탁관리업자에게 해당 대표자 또는 임원의 징계를 요구할 수 있다(제108조의2).

아울러 문화체육관광부장관은 저작권위탁관리업자가 다음 각 호의 1에 해당하는 경우에는 6월 이내의 기간을 정하여 업무의 정지를 명할 수 있다.

1. 제105조 제 5 항의 규정에 의하여 승인된 수수료를 초과하여 받은 경우
2. 제105조 제 5 항의 규정에 의하여 승인된 사용료 이외의 사용료를 받은 경우
3. 제108조 제 1 항의 규정에 의한 보고를 정당한 사유 없이 하지 아니하거나 허위로 한 경우
4. 제108조 제 2 항의 규정에 의한 명령을 받고 정당한 사유 없이 이를 이행하지 아니한 경우
5. 제106조 제 3 항에 따른 통합 징수 요구를 받고 정당한 사유 없이 이에 따르지 아니한 경우
6. 제106조 제 7 항에 따라 공개하여야 하는 사항을 공개하지 않은 경우
7. 제108조 제 3 항부터 제 5 항까지의 규정에 따른 조사 및 자료요청에 불응하거나 이를 거부·방해 또는 기피한 경우
8. 제108조의2에 따른 징계의 요구를 받고 정당한 사유 없이 그 요구를 이행하지 아니한 경우

2006년 개정되기 전 저작권법에서는 "승인된 수수료 이외의 수수료를 받은 경우"를 업무정지 사유로 규정하고 있었으나 2006년 개정법은 이를 "승인된 수수료를 초과하여 받은 경우"로 수정하였다. 종전 규정에 의하면 저작권위탁관리업체는 문화부장관이 승인한 수수료를 정확하게 징수하여야 하며, 따라서 승인된 수수료보다 더 많은 금액은 물론이고 더 적은 금액을 받는 것도 허용되지 않는다고 해석될 소지가 다분했으나, 개정법에 따르면 위탁관리업체는 승인된 수수료율 범위 내라면 적게 받는 것은 얼마든지 적게 받아도 된다는 함축적인 의미가 숨어있다고 한다.

2006년 개정법은 또한 저작권위탁관리업자가 승인된 사용료 이외의 사용료를 징수하는 경우에도 영업정지처분을 할 수 있는 조항을 신설하였다. 승인된 사용료 이외의 사용료 징수는 위탁관리업자의 우월적 지위를 남용하는 행위임은 물론 저작물의 공정한 이용질서를 해하고 행정법상의 의무를 위반한 행위라고 할 것이므로 이를 영업정지 사유의 하나로 규정한 것이다.[76]

문화체육관광부장관은 저작권위탁관리업자가 거짓 그 밖의 부정한 방법으로 허가를 받거나 신고를 한 경우 또는 업무의 정지명령을 받고 그 업무를 계속한 경우에는 저작권위탁관리업의 허가를 취소하거나 영업의 폐쇄명령을 할 수 있다(저작권법 제109조 제 2 항).

위에서 본 바와 같이 수수료 또는 사용료의 초과징수 등을 이유로 업무정지처분 또는

76) 심동섭, 전계논문, 60면.

허가취소를 할 수 있는데, 이 경우 단순히 위탁관리업체의 업무가 정지되는 것에 그치는 것이 아니라 그 업체와 계약을 맺고 각종 서비스를 제공해 오던 다른 업체(방송사, 온라인서비스 제공자 등)도 저작물을 이용할 수 없게 되어 시장에 혼란이 올 가능성이 있다. 이에 따라 저작권법은 업무정지처분이나 허가취소보다는 그에 상당하는 제재수단으로 5천만 원 이하의 과징금을 대신 부과할 수 있도록 하고, 징수한 과징금은 문화체육관광부장관이 건전한 저작물 이용질서 확립을 위해 사용할 수 있도록 하였다(저작권법 제111조).

제 3 절 한국저작권위원회

Ⅰ. 개 설

저작권법은 제 8 장의 제112조 이하에서, 저작권과 그 밖에 이 법에 따라 보호되는 권리(이하 이 장에서 "저작권"이라 한다)에 관한 사항을 심의하고, 저작권에 관한 분쟁(이하 "분쟁"이라 한다)을 알선·조정하며, 저작권 등록 관련 업무를 수행하고, 권리자의 권익증진 및 저작물등의 공정한 이용에 필요한 사업을 수행하기 위하여 한국저작권위원회(이하 "위원회"라 한다)를 두고 있다.

디지털 시대를 맞아 다양한 저작권 문제가 폭증함에 따라 기존 저작권심의조정위원회가 맡아오던 심의조정 업무 외에 다양한 기능을 추가하고 위상을 강화할 필요가 있다는 판단에 따라 2006년 개정 저작권법에서는 기존의 저작권심의조정위원회를 '저작권위원회'로 명칭을 변경하였다. 그 후 2009년 저작권법과 구 컴퓨터프로그램보호법이 통합됨에 따라 종전에 저작권위원회와 프로그램보호위원회 두 기관으로 나누어져 있었던 관련 단체를 통합하여 한국저작권위원회를 설립하는 것으로 하고, 통합 기관의 기능과 운영에 관한 비교적 상세한 규정을 두게 되었다. 그리하여 한국저작권위원회는 분쟁의 알선·조정 외에 저작물 등의 이용질서 확립 및 공정한 이용 도모를 위한 사업, 저작권 보호를 위한 국제협력, 저작권 연구·교육 및 홍보, 저작권정책의 수립 지원, 기술적 보호조치 및 권리관리정보에 관한 정책 수립 지원, 저작권 정보 제공을 위한 정보관리 시스템 구축 및 운영, 저작권침해에 대한 감정, 온라인서비스제공자에 대한 시정권고 및 시정명령 요청 등의 업무를 추가로 담당하게 되었다. 또한 기술적 보호조치 및 권리관리정보에 관한 정책 수립 지원 및 저작권 정보관리시스템 구축·운영 등을 위하여 위원회 내에 '저작권정보센터'를 설치·

운영할 수 있도록 하였다.[77] 특히 위원회는 저작권 등록 관련 업무를 문화체육관광부장관으로부터 위탁받아 수행하고 있었는데, 2020년 시행된 현행 저작권법에서는 위원회가 위탁에 의하지 않고 직접 저작권 등록관련 업무를 수행하도록 근거규정을 두었다.

Ⅱ. 한국저작권위원회의 업무

위원회는 다음 각 호의 업무를 행한다(저작권법 제113조).

1. 저작권 등록에 관한 업무
2. 분쟁의 알선·조정
3. 제105조 제10항에 따른 저작권위탁관리업자의 수수료 및 사용료의 요율 또는 금액에 관한 사항 및 문화체육관광부장관 또는 위원 3인 이상이 공동으로 부의하는 사항의 심의
4. 저작물등의 이용질서 확립 및 저작물의 공정한 이용 도모를 위한 사업
5. 저작권 보호를 위한 국제협력
6. 저작권 연구·교육 및 홍보
7. 저작권 정책의 수립 지원
8. 기술적보호조치 및 권리관리정보에 관한 정책 수립 지원
9. 저작권 정보 제공을 위한 정보관리 시스템 구축 및 운영
10. 저작권의 침해 등에 관한 감정
11. (삭제)
12. 법령에 따라 위원회의 업무로 정하거나 위탁하는 업무
13. 그 밖에 문화체육관광부장관이 위탁하는 업무

종전 저작권심의조정위원회는 원래 심의·조정기능을 담당하기 위하여 설치되었다. 그러나 설립 이후 저작권 환경의 변화 등으로 인한 현실적인 필요에 따라 2006년 저작권법 개정 이전에도 분쟁의 조정 및 심의기능 외에 건전한 저작물 이용질서의 확립, 저작권 교육·홍보, 정책개발 지원 업무 등 다양한 역할과 기능을 수행하여 왔다.[78] 그러다가 2006년

77) 심동섭, 전게논문, 61면.
78) 서달주, 한국저작권법, 박문각, 2007, 470면.

저작권법 개정을 통하여 그 역할과 기능을 대폭 확대하고 명칭도 한국저작권위원회로 변경하였으며, 2009년 법 개정에 따라 종전 프로그램보호위원회의 역할과 기능까지 흡수통합 하기에 이른 것이다. 그 역할과 기능은 문화체육관광부장관의 업무위탁(위 제12호) 등을 통하여 더욱 확대될 가능성이 있다.

Ⅲ. 저작권관련 분쟁의 조정

1. 조정제도의 의의

민사소송은 절차가 복잡하고 많은 시일이 소요되며, 과중한 비용, 엄격한 법규정을 준수하여야 함에 따른 융통성 부족 등의 문제점이 있고, 특히 저작권관련 분쟁의 경우 소송물 가액이 소액인 경우가 많아 정식의 민사소송제도보다는 간편한 분쟁해결절차인 조정제도를 통하여 처리하는 것이 훨씬 효율적일 수 있다. 이에 저작권법은 저작권법에 의하여 보호되는 권리에 관한 분쟁이 벌어졌을 때 '대체적 분쟁해결절차'(alternative dispute resolution, ADR)에 속하는 한국저작권위원회의 조정을 통하여 당사자 간의 저작권관련 분쟁을 원만하게 해결할 수 있는 제도를 두고 있다.

2. 조정부의 구성

이와 같은 한국저작권위원회의 분쟁조정업무를 효율적으로 수행하기 위하여 위원회에 1인 또는 3인 이상의 위원으로 구성된 조정부를 두되, 그 중 1인은 변호사의 자격이 있는 자로 구성하고 있다(저작권법 제114조 제 1 항). 이 규정에 의한 조정부의 구성 및 운영 등에 관하여 필요한 사항은 대통령령으로 정한다(같은 조 제 2 항).

2006년 저작권법 개정 이전에는 저작권심의조정위원회 내에 3인의 위원으로 구성된 조정부가 조정을 담당해 왔다. 하지만 최근 법원에서 조정절차의 신속성 확보를 위하여 1인 조정부를 원칙으로 하는 방향으로 나아가고 있는 점을 거울삼아, 저작권관련 분쟁도 사안의 성격과 내용에 따라 탄력적으로 조정부를 구성할 수 있도록 2006년 개정 저작권법에서는 1인 조정부를 둘 수 있는 규정을 신설하였다. 한편, 중요사안에 대해서는 전원조정부에서 논의할 필요가 있다는 판단에 따라 3인 이상의 조정부 설치 근거도 마련하였다.[79]

3. 조정의 절차

가. 조정의 신청 및 비공개 원칙

분쟁의 조정을 받으려는 자는 신청취지와 원인을 기재한 조정신청서를 위원회에 제출하여 그 분쟁의 조정을 신청할 수 있다(저작권법 제114조의2 제1항). 분쟁의 조정은 제114조에 따른 조정부가 행한다(같은 조 제2항). 조정절차는 비공개를 원칙으로 한다. 다만, 조정부의 장은 당사자의 동의를 얻어 적당하다고 인정하는 자에게 방청을 허가할 수 있다(제115조). 위원회의 조정은 재판에 해당하지 않으므로 조정절차를 비공개로 진행한다고 하더라도 헌법 제109조가 정하는 "재판의 심리와 판결은 공개한다"는 원칙에 반하지 않는다. 이에 개정 전 저작권법 아래에서도 저작권심의조정위원회의 내부 규정으로 조정절차의 비공개를 원칙으로 하고 있었는데, 2006년 개정 저작권법에서는 아예 법률에 명문으로 비공개 원칙을 천명하는 것으로 하였다.

저작권관련 분쟁의 경우 당사자의 인격이나 프라이버시에 관계되는 사항이 많아 공개심리가 부적절할 수 있고, 또한 비공개된 장소에서 당사자 사이의 원활한 의견 교환을 통하여 합의를 유도한다는 취지에서 비공개를 원칙으로 한 것이다.

나. 조정안의 작성 및 조정 기간

조정부는 조정안을 작성하여 당사자에게 제시하여야 한다. 다만, 조정이 성립되지 아니할 것이 명백한 경우에는 그러하지 아니하다(저작권법 시행령 제61조 제4항). 조정부는 조정신청이 있는 날부터 3개월 이내에 조정하여야 한다. 다만, 특별한 사유가 있는 경우에는 양 당사자의 동의를 얻어 1개월의 범위에서 1회에 한하여 그 기간을 연장할 수 있다(같은 조 제5항). 그러나 분쟁조정신청에 따른 분쟁조정을 위하여 분쟁조정의 양 당사자로부터 프로그램 및 프로그램과 관련된 전자적 정보 등에 관한 감정을 요청받은 경우 그 감정기간은 위 조정기간에 산입하지 아니한다(같은 조 제6항).

다. 진술의 원용 제한

조정절차에서 당사자 또는 이해관계인이 한 진술은 소송 또는 중재절차에서 원용하지 못한다(저작권법 제116조).

조정이 진행되는 과정에서는 매 조정기일마다 '조정기일조서'가 작성되고 조정이 성립되면 '조정조서'가 작성된다. 조정기일조서에는 당사자들의 주장이나 진술의 요지를 기재한

---

79) 심동섭, 전게논문, 61면.

다. 한편, 조정이 불성립으로 끝나게 되면 결국 그 분쟁은 법원의 소송절차에 의하여 해결하는 수밖에 없다. 그런데 이때 당사자가 조정기일에 하였던 진술이나 주장의 취지가, 조정이 불성립하여 소송으로 진행하였을 때 그 소송에서 원용된다면, 조정 과정에서 당사자들은 향후 소송과정에서 불리하게 작용할 것을 염려하여, 솔직한 의견 교환이나 손해배상액수의 절충 등을 터놓고 개진할 수 없게 될 가능성이 있다. 이는 조정절차의 효율적인 진행에 방해가 된다. 이러한 점을 고려하여 2006년 개정 저작권법에서는 조정 절차에서 당사자 또는 이해관계인이 행한 진술은 소송 또는 중재절차에서 원용하지 못하도록 명문으로 규정을 둔 것이다. 이 규정은 민사조정법 제23조의 "조정절차에서의 당사자 또는 이해관계인의 진술은 민사소송에서 원용하지 못한다"는 규정을 따른 것이라고 할 수 있다.

라. 조정의 성립

조정은 당사자 간에 합의된 사항을 조서에 기재함으로써 성립된다(저작권법 제117조 제1항). 3명 이상의 위원으로 구성된 조정부는, (i) 조정부가 제시한 조정안을 어느 한쪽 당사자가 합리적인 이유 없이 거부한 경우, (ii) 분쟁조정 예정가액이 1천만 원 미만인 경우 당사자들의 이익이나 그 밖의 모든 사정을 고려하여 신청 취지에 반하지 아니하는 한도에서 직권으로 조정을 갈음하는 결정(직권조정결정)을 할 수 있다(같은 조 제2항). 조정부는 직권조정결정을 한 때에는 직권조정결정서에 주문(主文)과 결정 이유를 적고 이에 관여한 조정위원 모두가 기명날인하여야 하며, 그 결정서 정본을 지체 없이 당사자에게 송달하여야 한다(같은 조 제3항). 직권조정결정에 불복하는 자는 결정서 정본을 송달받은 날부터 2주일 이내에 불복사유를 구체적으로 밝혀 서면으로 조정부에 이의신청을 할 수 있다. 이 경우 그 결정은 효력을 상실한다(같은 조 제4항).

조정 결과 당사자 간에 합의가 성립한 경우, 또는 직권조정결정에 대하여 이의 신청이 없는 경우에는 재판상의 화해와 동일한 효력이 있다. 다만, 당사자가 임의로 처분할 수 없는 사항에 관한 것은 그러하지 아니하다(같은 조 제5항).

조정의 성립에 따라 작성된 조정조서는 재판상 화해와 동일한 효력이 있으므로 따로 채무명의를 받을 필요 없이 그 자체로 채무명의가 된다. 이 점에서 재판상 화해의 효력은 없고 당사자 간에 재정(裁定)의 내용과 동일한 합의가 성립된 것으로만 보는 구 통신위원회의 재정(지금은 폐지된 구 전기통신기본법 제40조의2 제4항, 따라서 이 경우에 상대방이 그 합의 내용에 반하여 임의이행을 하지 않을 때에는 채무명의를 얻기 위하여 법원에 별도로 소송을 제기하여야 했다) 등과 다르다. 위원회의 조정조서에 대한 집행문부여와 관련하여서는 1992년 3월 2일 대법원규칙 제1198호로 제정된 "각종 분쟁조정위원회 등의 조정조서 등에 대한 집행문부여에 관한 규칙"이 규정하고 있다.

마. 조정의 불성립

조정신청을 하였으나 ① 당사자가 정당한 사유 없이 제62조에 따른 출석 요구에 응하지 아니하는 경우, ② 조정신청이 있는 날부터 시행령 제61조 제 5 항에 따른 기간(조정신청이 있는 날부터 3개월 이내, 다만 특별한 사유가 있는 경우에는 양 당사자의 동의를 얻어 1개월의 범위 내에서 1회 연장된 기간)이 지난 경우, ③ 당사자 간에 합의가 성립되지 아니한 경우 중 어느 하나에 해당하는 경우에는 조정이 성립되지 아니한 것으로 본다(저작권법시행령 제63조 제 1 항). 이상의 경우로 조정이 성립되지 아니한 경우에는 그 사유를 조서에 적어야 한다(같은 조 제 2 항).

4. 조정비용

조정비용은 신청인이 부담한다. 다만, 조정이 성립된 경우로서 특약이 없는 때에는 당사자 각자가 균등하게 부담한다(저작권법 제118조 제 1 항). 이 규정에 의한 조정비용의 금액은 위원회가 정한다(같은 조 제 3 항).

현재 조정비용은 청구금액이 1,000만 원 이내인 경우에는 청구금액의 정도에 따라 차등지급하도록 되어 있고, 청구금액이 1,000만 원을 넘는 경우에는 10만 원으로 고정되어 있다. 금액으로 환산할 수 없는 사건인 경우의 조정비용은 5만 원이다.

Ⅳ. 알　　선

1. 의　　의

알선은 구 컴퓨터프로그램보호법에서 2002년 먼저 도입하였던 분쟁해결 제도이다. 알선은 제 3 자에 의한 분쟁해결 제도라는 점에서 조정과 같으나, 그 법적 효과는 당사자 사이의 합의 성립에 그친다는 차이점이 있다. 제 3 자가 객관적인 입장에서 분쟁에 개입하여 법률적 조언과 타협을 유도하는 자율적인 장치로서의 특징을 가진다. 이에 따라 저작권법은 특별한 법적 효과를 규정하지도 않고 절차적인 엄격성을 요구하지도 않는다.[80)]

---

80) 최경수, 저작권법개론, 한울아카데미, 2010, 640면.

2. 절　　차

저작권법 제113조의2는 알선 절차에 관하여 다음과 같이 규정하고 있다.

분쟁에 관한 알선을 받으려는 자는 알선신청서를 위원회에 제출하여 알선을 신청할 수 있다(제 1 항). 위원회가 제 1 항에 따라 알선의 신청을 받은 때에는 위원장이 위원 중에서 알선위원을 지명하여 알선을 하게 하여야 한다(제 2 항). 알선위원은 알선으로는 분쟁해결의 가능성이 없다고 인정되는 경우에 알선을 중단할 수 있다(제 3 항). 알선 중인 분쟁에 대하여 이 법에 따른 조정의 신청이 있는 때에는 해당 알선은 중단된 것으로 본다(제 4 항). 알선이 성립한 때에 알선위원은 알선서를 작성하여 관계 당사자와 함께 기명날인하여야 한다(제 5 항). 기타 알선의 신청 및 절차에 관하여 필요한 사항은 대통령령으로 정한다(제 6 항).

V. 감　　정

1. 의　　의

위원회는 법원 또는 수사기관 등으로부터 재판 또는 수사를 위하여 저작권의 침해 등에 관한 감정을 요청받은 경우와 저작권법 제114조의2에 따른 분쟁조정을 위하여 분쟁조정의 양 당사자로부터 프로그램 및 프로그램과 관련된 전자적 정보 등에 관한 감정을 요청받은 경우에 감정을 실시할 수 있다(저작권법 제119조 제 1 항). 이 규정에 의한 감정절차 및 방법 등에 관하여 필요한 사항은 대통령령으로 정한다(같은 조 제 2 항). 저작권위원회는 이 규정에 의한 감정을 실시한 때에는 감정 수수료를 받을 수 있으며, 그 금액은 위원회가 정한다(같은 조 제 3 항).

2. 절　　차

감정을 요청하려는 자는, ① 감정 대상 저작물의 원본 또는 사본, ② 침해에 관한 감정 요청의 경우에는 관련 저작물들의 유사성을 비교할 수 있는 자료, ③ 그 밖에 위원회가 감정에 필요하다고 판단하여 요청하는 자료를 위원회에 제출하여야 한다(저작권법 시행령 제64조 제 1 항). 위원회는 감정을 하려면 감정전문위원회를 구성하여 공정하고 객관적으로 처리하여야 하며, 감정전문위원회에는 전문적인 감정을 위하여 상임전문위원을 둘 수 있다

(같은 조 제2, 3항).

제4절 한국저작권보호원

I. 개 설

저작권법은 제8장의2 제122조의2 내지 6에서 저작권 보호에 관한 사업을 하기 위한 기관으로서 한국저작권보호원을 두고 있다. 한국저작권보호원은 2016. 3. 22. 개정 저작권법에 의하여 신설된 기관인데, 그 이전에 저작권 권리자 단체들이 연합하여 설립한 저작권보호센터와 한국저작권위원회로 이원화 되어 있던 저작권 보호업무를 통합함으로써 효과적인 저작권 보호체계를 갖추기 위한 목적으로 설립되었다. 구체적으로는 저작권 보호를 위한 시책 수립지원 및 집행과 저작권 보호와 관련한 사항을 심의하며, 저작권 보호에 필요한 사업을 수행하여 문화 및 관련 사업의 향상발전에 이바지함을 목적으로 하고 있다.

한국저작권위원회는 저작권자와 이용자의 이익의 균형을 추구하는 기관인데 비하여, 한국저작권보호원은 상대적으로 저작권자의 보호를 위한 기관이라는 성격이 강하다. 그래서 그 업무도 저작권침해 행위에 대한 심의 및 행정조치, 온·오프라인 단속, 디지털 저작권침해 과학수사, 저작권 보호에 관한 국제협력 등에 중점을 두고 있다.

II. 한국저작권보호원의 업무

한국저작권보호원(이하 '보호원')은 다음 각 호의 업무를 행한다(저작권법 제122조의5).

1. 저작권 보호를 위한 시책 수립지원 및 집행
2. 저작권 침해실태조사 및 통계 작성
3. 저작권 보호 기술의 연구 및 개발
4. 저작권 침해 수사 및 단속 사무 지원
5. 저작권법 제133조의2에 따른 문화체육관광부장관의 시정명령에 대한 심의
6. 저작권법 제133조의3에 따른 온라인서비스제공자에 대한 시정권고 및 문화체육관광

부장관에 대한 시정명령 요청
7. 법령에 따라 보호원의 업무로 정하거나 위탁하는 업무
8. 그 밖에 문화체육관광부장관이 위탁하는 업무

보호원의 업무 중 심의 업무는 다음과 같이 크게 세 가지로 나누어진다.

(1) 시정명령에 대한 심의

문화체육관광부장관은 인터넷 등 정보통신망을 통하여 저작권침해 복제물 등이 전송되는 경우에 그 통로가 된 온라인서비스제공자에 대하여 해당 불법복제물 등의 전송자에 대한 경고, 해당 불법복제물 등의 삭제 또는 전송 중단 조치를 할 수 있고, 경고를 3회 이상 받은 전송자가 다시 불법복제물 등을 전송할 경우 6개월 이내의 기간 동안 그 전송자의 계정을 정지할 것을 명할 수 있는데, 그러한 조치를 취하기 전에 보호원 심의위원회의 심의를 거치도록 하고 있다(저작권법 제133조의2).

(2) 시정권고에 대한 심의

보호원은 온라인서비스제공자의 정보통신망을 조사하여 불법복제물 등이 전송된 사실을 발견한 경우에는 심의위원회의 심의를 거쳐 온라인서비스제공자에 대하여 ① 불법복제물 등의 복제·전송자에 대한 경고, ② 불법복제물 등의 삭제 또는 전송 중단, ③ 반복적으로 불법복제물 등을 전송한 복제·전송자의 계정 정지의 시정 조치를 권고할 수 있다. 온라인서비스제공자는 이러한 권고를 받은 경우, ① 또는 ②의 경우에는 5일 이내에, ③의 경우에는 10일 이내에 그 조치결과를 보호원에 통보하여야 한다. 보호원은 온라인서비스제공자가 이러한 권고에 따르지 아니하는 경우에는 문화체육관광부장관에게 전송자에 대한 경고, 불법복제물 등에 대한 삭제 또는 전송중단, 계정정지 등의 명령을 하여 줄 것을 요청할 수 있다(저작권법 제133조의3).

즉, 보호원은 불법복제물 등에 대한 문화체육관광부장관의 시정명령에 앞서 그 명령의 필요성과 상당성 등에 관한 심의를 하는 한편, 이와 별도로 자체적으로 불법복제물 등에 관한 조사를 하여 시정권고의 조치를 취하고, 불응할 경우 문화체육관광부장관의 시정명령을 요청할 수 있다.

(3) 침해자 정보의 제공에 대한 심의

자신의 저작권이 침해됨을 주장하는 권리주장자가 민사상의 소제기 및 형사상의 고

소를 위하여, 해당 온라인서비스제공자에게 그 온라인서비스제공자가 가지고 있는 해당 불법복제물 복제·전송자의 성명과 주소 등 필요한 최소한의 정보 제공을 요청하였으나 온라인서비스제공자가 이를 거절한 경우, 권리주장자는 문화체육관광부장관에게 해당 온라인서비스제공자에 대하여 그 정보의 제공을 명령하여 줄 것을 청구할 수 있다(저작권법 제103조의3 제 1 항). 문화체육관광부장관은 그 청구가 있으면 보호원 심의위원회의 심의를 거쳐 온라인서비스제공자에게 해당 복제·전송자의 정보를 제출하도록 명할 수 있다(같은 조 제 2 항).

이 명령을 받은 온라인서비스제공자는 7일 이내에 그 정보를 문화체육관광부장관에게 제출하여야 하며, 문화체육관광부장관은 그 정보를 제 1 항에 따른 청구를 한 자에게 지체 없이 제공하여야 한다. 이에 따라 해당 복제·전송자의 정보를 제공받은 자는 해당 정보를 제1항의 청구 목적 외의 용도로 사용하여서는 아니 된다(같은 조 제 3, 4 항).

이상에서 본 바와 같이 보호원의 시정권고나 정보제공 명령은 온라인서비스제공자에 대하여 발령되는 것인데, 국내에 서버를 두고 있지 않은 해외 온라인서비스제공자에 대하여는 이러한 명령을 발령하더라도 해당 온라인서비스제공자가 이에 따르지 않을 경우 마땅한 실효적 제재 수단이 없다는 점이 문제로 지적되고 있다. 그 결과 국내 온라인서비스제공자로부터 해외 온라인서비스제공자에 비하여 상대적으로 역차별을 받는다는 불만이 제기되고 있는데, 이 점에 관하여는 제도적인 보완이 이루어져야 할 것으로 생각된다.

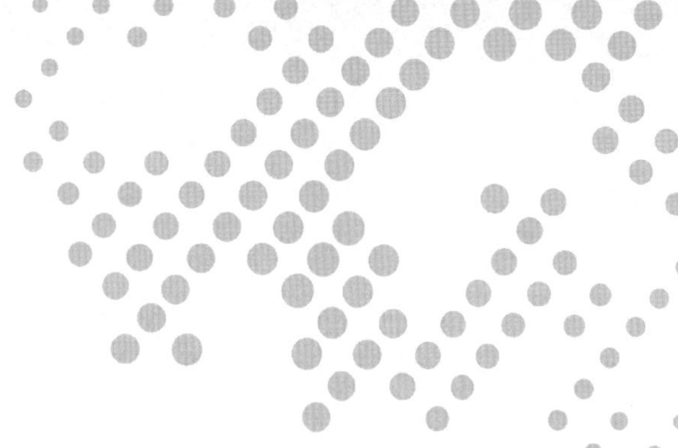

Chapter 09

저작재산권 침해의 요건 및 판단기준

C / H / A / P / T / E / R 09

저작재산권 침해의 요건 및 판단기준

제1절 서 론

Ⅰ. 저작권침해 개관

저작권법에 의하여 저작권은 저작물의 이용에 관한 배타적인 권리로 보호되고 있다. 따라서 저작권이 있는 저작물을 이용하기 위해서는 저작재산권 제한규정(저작권법 제23조 내지 제37조)에 의하여 저작물의 자유이용이 인정되거나, 저작물이용의 법정허락에 관한 규정(저작권법 제50조 내지 제52조)에 의하여 일정한 요건 하에 문화체육관광부장관의 승인을 얻어 저작권자에 대한 보상금을 지급 또는 공탁한 경우가 아닌 한 원칙적으로 저작권자의 허락을 요하며, 저작권자의 허락 없이 무단으로 저작물을 이용하는 것(무단이용)은 저작재산권 침해가 된다. 또한 저작자에게는 저작재산권과는 별도로 저작인격권으로서 공표권·성명표시권·동일성유지권이 인정되므로, 미공표의 저작물을 저작자의 허락 없이 공표하거나, 저작자의 허락 없이 저작자의 성명표시를 변경·삭제하거나, 또는 저작물의 내용이나 형식, 제호에 함부로 변경을 가하는 것은 저작인격권 침해가 된다. 한편 저작권 이외의 저작권법상의 권리로서 출판권과 배타적발행권, 저작인접권, 데이터베이스제작자의 권리 등이 있는데, 이들도 배타적인 권리이므로 출판권이 설정된 도서 등을 출판권자의 허락 없이 무단히 복제·배포하면 출판권의 침해가 되고, 저작인접권의 대상이 되는 실연·음반·방송이나 데이터베이스를 권리자의 동의 없이 무단으로 이용하는 행위는 법률의 규정에 의하여 허용되는 경우가 아닌 한 해당 권리의 침해가 된다.[1)]

나아가 저작권자로부터 저작물이용의 허락을 받은 자라 하더라도 그 허락된 이용방법

1) 오승종·이해완, 저작권법, 박영사, 2005, 483면 이하.

및 조건의 범위 내에서만 저작물을 이용하여야 하고, 범위를 넘는 이용을 하면 저작권의 침해가 될 수 있다.[2] 예컨대 음악저작물의 연주에 대하여만 허락을 받은 자가 그 음악저작물을 출판하면 그 출판은 저작권침해가 된다.[3]

저작권법상 용어는 아니지만 저작권의 침해와 관련하여 '도작'(盜作) 또는 '표절'(剽竊)이라는 말이 사용되고 있다. 도작이나 표절은 타인의 저작물을 무단히 이용한다는 점에서는 앞에서 본 무단이용의 한 유형이지만, 일반적인 무단이용과는 구별되는 특징으로서 "타인의 저작물을 마치 자신의 저작물인 것처럼 공표한다"는 요소가 첨가되어 있어 윤리적 비난가능성이 더욱 높은 경우이다. 저작권침해가 되기 위해서는 무단이용을 함으로써 족하고 도작이나 표절일 것을 요하는 것은 아니다. 다만 도작 또는 표절인 경우에는 저작재산권의 침해와 동시에 저작인격권 중 성명표시권에 대한 침해가 성립할 수 있다.[4][5]

Ⅱ. 논의의 범위

저작권 분야에서 발생하는 분쟁 중에서 가장 큰 비율을 차지하는 것은 아마도 저작재산권과 관련된 분쟁일 것이다. 이때 저작재산권 분쟁의 주된 쟁점은 보통 다음과 같은 두 가지 점에 모아지게 된다. 첫째는, 원고의 저작물이 저작권법으로 보호할 만한 요건을 갖추었느냐 하는 점이고, 둘째는, 그 요건을 갖추었다고 할 때 피고의 저작물이 원고 저작물의 권리범위에 속하는가 하는 점이다. 첫째 쟁점은 '성립요건'에 관한 문제이고, 둘째 쟁점은 '침해' 그 자체에 관한 문제라 할 것이다. 이러한 상황은 다른 지적재산권 분야에서도 마찬가지이다. 예를 들면, 특허법 분야에서의 분쟁의 쟁점은 원고(민사소송의 경우)가 주장하는 특허가 특허권으로 보호받을 만한 권리의 요건(신규성, 진보성, 산업상 이용가능성 등)을 갖추었느냐 하는 점과, 그와 같은 요건을 갖추었다고 할 때 피고의 실시행위가 원고 특허발명의 권리범위에 속하는가 하는 점에 모아지게 된다. 따라서 대부분의 특허침해 소송에서 피고는 원고가 주장하는 특허가 특허권으로서 보호받을 수 있는 요건을 결하였다는 점과, 설사 그 요건이 충족되었다 하더라도 자신의 실시행위는 원고 특허발명의 권리범위에 속

2) 이용허락 범위를 넘는 이용이 저작권침해가 '될 수 있다'고 하는 것은 그것이 저작권침해가 아니라 단순히 이용허락계약 위반이라고 평가되는 경우도 있기 때문이다.

3) 오승종·이해완, 전게서, 484면; 內田 晋, 問答式 入門 著作權法, 新日本法規出版株式會社, 1979, 410면.

4) 오승종·이해완, 전게서, 484면.

5) 서울민사지방법원 1988. 3. 18. 선고 87카53920 판결; 서울고등법원 1987. 8. 21. 선고 86나1846 판결 등에서 '표절'이라는 용어가 사용되고 있다. 이를 일본식 용어 사용이라고 하여 비판하는 지적은 허희성, 판례평석, 계간 저작권, 1988년 봄호, 35면(오승종·이해완, 전게서, 484면에서 재인용).

하지 않는다는 점을 다투게 된다.

저작권법이 저작권 부여를 위한 요건으로서 요구하고 있는 것은 주로 '창작성'이다. 그런데 우리 대법원 판결은 "창작성이란 완전한 의미의 독창성을 말하는 것은 아니며, 단지 어떠한 작품이 남의 것을 단순히 모방한 것이 아니고 작자 자신의 독자적인 사상 또는 감정의 표현을 담고 있음을 의미할 뿐이어서, 이러한 요건을 충족하기 위하여는 단지 저작물에 그 저작자 나름대로의 정신적 노력의 소산으로서의 특성이 부여되어 있고, 다른 저작자의 기존의 작품과 구별할 수 있을 정도이면 충분하다"고 하고 있다(제 2 절 저작물의 성립요건 참조).[6] 이 판결에서 보는 바와 같이 저작권법에서 요구하고 있는 권리의 성립요건은 충족되기에 그다지 어려운 요건이 아니다. 따라서 창작성 등 성립요건의 충족여부가 다투어지는 일부 예외적인 경우를 제외하고는, 저작권 분야에 있어서의 분쟁의 핵심은 위 두 가지 쟁점 중에서도 뒤의 것, 즉 원고 저작물의 권리범위를 어디까지로 해석할 것이냐 하는 점에 모아지게 된다. 바꾸어 말하면, 저작재산권 침해 여부의 판단 문제가 저작권 분쟁의 가장 중심에 위치하고 있는 것이다.

저작재산권에는 복제권, 공연권, 공중송신권, 전시권, 배포권, 대여권, 2차적저작물작성권의 7가지 지분권이 있다(저작권법 제16조 내지 제22조). 저작재산권자는 그 지분권의 내용인 행위들에 대하여 독점·배타적인 권리를 가지며, 그러한 행위들을 저작재산권자의 허락 없이 또는 허락 받은 범위를 넘어서서 행하게 되면 원칙적으로 저작재산권을 침해하는 것이 된다. 우리 저작권법의 규정에 의하면, '복제'는 "인쇄·사진촬영·복사·녹음·녹화 그 밖의 방법에 의하여 일시적 또는 영구적으로 유형물에 고정하거나 유형물로 다시 제작하는 것"을 말하며(법 제 2 조 22호), '2차적저작물'은 "원저작물을 번역·편곡·변형·각색·영상제작 그 밖의 방법으로 작성한 창작물"을 말한다(법 제 5 조 제 1 항). 즉, 복제는 원저작물을 그와 동일한 형태로 다시 작성하는 것이고, 2차적저작물작성은 원저작물을 이용하여 그와 일정한 종속적 관계에 있는 새로운 저작물을 작성하는 것이라고 볼 수 있다. 따라서 복제권과 2차적저작물작성권은 그것이 원작 자체이든 또는 새로운 저작물이든 '작성'이라는 행위를 전제로 한다. 이에 반하여 나머지 지분권들의 내용인 공연, 공중송신, 전시, 배포, 대여 등의 행위는 '작성'이 아니라 이미 작성되어 있는 저작물에 대한 순수한 '이용' 행위만을 의미한다고 할 수 있다. 2차적저작물에 대한 공연, 공중송신, 전시, 배포, 대여 행위 역시 그 2차적저작물에 대한 이용행위가 된다.[7]

6) 대법원 1995. 11. 14. 선고 94도2238 판결(판례공보, 1996상, 117면).

7) 우리 저작권법 제22조는 '2차적저작물작성권'에 관하여, "저작자는 그의 저작물을 원저작물로 하는 2차적저작물을 작성하여 이용할 권리를 가진다"라고 규정하고 있으므로, 저작재산권자는 2차적저작물의 작성 행위만이 아니라, 그와 같이 하여 작성된 2차적저작물의 이용행위(공연, 공중송신, 전시, 배포, 대

이하에서 다루고자 하는 주제는 저작재산권자로부터 허락 받지 아니한 제3자의 '작성'이라는 행위에 의하여 발생되는 저작재산권 침해 문제, 즉 저작재산권 중에서도 주로 복제권 및 2차적저작물작성권에 대한 침해 문제이다. 그러나 복제물이나 2차적저작물을 작성하는 것은 그것을 '이용'하기 위한 것이고, 따라서 '작성' 행위에 의한 저작재산권 침해는 나머지 '이용'에 관한 지분권의 침해를 수반하는 경우가 대부분이다.

복제권 및 2차적저작물작성권 침해의 성립여부를 판단하는 기준에 관하여 법률은 거의 아무런 규정도 두고 있지 아니하며, 이는 전적으로 판례와 이론에 맡겨져 있다고 하여도 과언이 아니다. 그리하여 이들 권리에 대한 침해의 성립여부는 그 판단이 지극히 애매하고 판단하는 자의 경험과 인식, 개인적 성향 등에 따라 자의적·주관적 판단에 흐를 소지가 높다. 학문이나 문화, 예술 분야에 있어서 표절의 문제가 우리 사회에서 심심치 않게 발생하고 있으나 명확한 결론이 내려진 사례는 그리 많지 않다. 이러한 점을 보더라도 저작권침해와 관련하여 객관적인 결론을 도출한다는 것이 얼마나 어려운지 알 수 있다. 대부분의 창작자들은 표절에 대하여 상당히 엄격하다. 반면에 그러한 창작자들도 자신들의 저작물을 창작함에 있어서는 선인(先人)들의 문화유산을 토대로 하여 거기에 자기 자신의 사상이나 감정을 보태어 완성을 하는 것이므로, 저작물 전체가 완전히 저작자 자신에 의하여서만 독창적으로 작성되는 경우는 없다고 하여도 과언이 아닐 것이다. 따라서 어떠한 창작물도 순수한 의미에서의 표절로부터 완전히 자유롭기는 어렵다.[8] 창작과 표절의 경계선 또는 저작재산권 중 복제권 및 2차적저작물작성권 침해와 비침해를 구분하는 경계선이 어디냐 하는 문제는 애매할 수밖에 없고, 그렇기 때문에 저작권과 관련된 분쟁의 핵심은 그러한 경계선을 넘었느냐 넘지 않았느냐, 즉 피고의 작품이 원고 저작물의 권리범위에 속하는지 여부에 모아지게 된다.

개개의 구체적인 사건에 있어서 저작재산권 침해여부를 결정하는 경계선의 설정이 애매하고 어렵다고 하더라도, 그 경계선을 설정하는 기준과 방법론에 관하여는 일반적이고 객관적인 고찰이 가능하다. 이하에서는 저작재산권 침해여부를 판정하는 기준과 요건 및 그 판단 방법론에 관하여 살펴본다.

여 등)에 대하여 독점·배타적인 권리를 갖게 된다.

8) 이러한 의미에서 '표절'(剽竊)이라는 용어는 법적 용어로서는 부적절하다고도 할 수 있다.

Ⅲ. 저작재산권 침해의 구조와 저작물의 보호범위

1. 저작재산권 침해의 기본적 구조

저작재산권 침해는 간단히 저작물의 허락받지 않은 이용이라고 정의할 수 있다. 그러나 저작권자의 허락을 받지 아니한 이용이면 무조건 저작재산권 침해가 되는 것은 아니다. A라는 기존의 저작물을 이용하되 거기에 변형을 가하거나 새로운 창작성을 가미하여 작품을 만들어 가는 과정을 그 변형 또는 새로운 창작성의 정도에 따라 분류하면 다음과 같이 나누어 볼 수 있다.

① 기존의 저작물 A에 의거하여 A를 그대로 베낀 경우(이른바 'dead copy')

② A에 대하여 다소의 수정, 변경을 가하였지만 기존의 저작물 A와 실질적인 동일성을 인정할 수 있고 새로운 창작성이 부가되지는 아니한 경우

③ 기존의 저작물 A를 토대로 하되 그에 새로운 창작성을 가미한 점이 인정되지만, 한편으로 아직도 기존의 저작물 A에 대한 종속적 관계가 인정되는 경우

④ 기존의 저작물 A를 이용하였지만, 단순히 시사 받은 정도에 불과하거나 또는 그것을 완전히 소화하여 작품화함으로써 기존 저작물 A와의 사이에 동일성이나 종속적 관계를 인정할 수 없는 작품이 된 경우[9][10]

이때 위 ① ②의 경우는 A 저작물에 대한 저작재산권 중 복제권의 침해에,[11] ③의 경우는 2차적저작물작성권의 침해에 각 해당한다. 그러나 마지막 ④의 경우는 비록 A 저작물에 의거하여 창작된 저작물이기는 하지만 A에 대한 저작재산권침해가 되지 않고, A와는 별개의 완전히 독립된 저작물이 된다.

이와 같은 분류는 하나의 저작물 전체를 가져다가 변형한 경우에 한하지 않고, 저작물

9) 대법원 1998. 7. 10. 선고 97다34839 판결. 이 판결은, "어떤 저작물이 기존의 저작물을 다소 이용하였더라도 기존의 저작물과 실질적인 유사성이 없는 별개의 독립적인 신 저작물이 되었다면, 이는 창작으로서 기존의 저작물의 저작권을 침해한 것이 되지 아니한다"라고 판시하였다.

10) 清永利亮, 著作權侵害訴訟, 新·實務民事訴訟講座 Ⅴ, 453면.

11) 대법원 1989. 10. 24. 선고 89다카12824 판결(저작권심의조정위원회, 한국저작권판례집, 183면 이하)은, "다른 사람의 저작물을 원저작자의 이름으로 무단히 복제하게 되면 복제권의 침해가 되는 것이고 이 경우 저작물을 원형 그대로 복제하지 아니하고 다소의 수정 증감이나 변경이 가하여진 것이라고 하더라도 원저작물의 재제 또는 동일성이 인식되거나 감지되는 정도이면 복제로 보아야 할 것이며, 원저작물의 일부분을 재제하는 경우에도 그것이 원저작물의 본질적인 부분을 재제하는 경우라면 그것 역시 복제에 해당한다고 보아야 한다"고 판시하였다.

의 일부만을 가져다가 변형한 경우에도 마찬가지로 적용된다. 따라서 하나의 저작물 중 일부가 그대로 복제되거나 다소의 수정, 변경이 이루어졌지만 새로운 창작성이 부가되지는 아니하여 실질적 동일성을 인정할 수 있는 상태로 이용된 경우에는 복제권 침해가 인정된다. 또한 저작물 중 일부가 이용되면서 새로운 창작성이 부가되었으나, 여전히 기존 저작물과의 사이에 종속성이 인정되는 경우에는 그 부분에 대한 2차적저작물작성권 침해가 인정될 수 있다. 다만, 하나의 저작물의 일부가 무단이용 되었을 때 저작재산권 침해가 성립하기 위해서는, 그 이용된 부분이 그 자체만으로도 저작물의 성립요건인 창작성을 가지고 있고, 양적 또는 질적인 면에 있어서의 '실질성'(substantiality)을 가지고 있어야 한다. 창작성이 없는 부분 또는 사소한 부분의 이용만으로는 설사 그 부분이 기존 저작물과 동일성 또는 종속성을 가지고 있다 하더라도 저작재산권의 침해는 성립하지 않는다.

2. 저작재산권 침해관련 분쟁의 주된 쟁점

요약하면, A 저작물의 저작재산권자의 허락을 받지 않고 A를 그대로 베끼거나 다소의 수정, 변경이 있지만 A와 실질적으로 동일한 저작물을 제작하면 A에 대한 복제권 침해가 되고, A에 새로운 창작성을 부가하였지만 여전히 종속적 관계에 있는 저작물을 제작하면 2차적저작물작성권의 침해가 된다. 그러나 부가된 창작성이 일정한 수준을 뛰어 넘어 A에 대한 종속적 관계를 상실하게 되면, 그 때부터는 완전히 독립된 저작물이 되어 아무런 저작재산권 침해도 일어나지 않게 된다. 그렇다면 부가되는 창작성이 어느 수준을 넘어서서 기존 저작물에 대한 종속적 관계를 상실하는 바로 그 순간부터 독립된 저작물이 되므로, 결국 종속적 관계의 유무를 판가름하는 경계선을 사이에 두고 한 쪽은 저작재산권 침해가, 다른 한 쪽은 아무런 침해도 아닌 것이 된다. 이런 까닭에 대부분의 저작재산권 침해 관련 분쟁에 있어서는 어느 저작물이 기존 저작물과 종속성이 있느냐 없느냐 하는 점이 당사자 간에 가장 치열한 쟁점이 되는 경우가 많다.

한편, 이때의 종속성은 일반적으로 기존 저작물과의 사이에 '실질적 유사성'(substantial similarity)을 가지고 있느냐 여부에 따라 결정된다. 그렇기 때문에 대부분의 저작권 침해관련 판결에서는 '종속성'이라는 용어보다는 '실질적 유사성'이라는 용어를 더 많이 사용하고 있다.

3. 저작물 중 보호받지 못하는 요소

가. 서 설

하나의 작품이 저작물의 성립요건을 모두 갖추어 저작물로 성립하였다고 하더라도 그 저작물을 이루는 구성요소들 모두가 저작권의 보호대상으로 되는 것은 아니다. 저작권법은 저작자에게 일종의 독점권을 부여하여 창작에 대한 인센티브를 제공하지만, 저작물의 구성요소 중에는 이를 저작권으로 보호하기보다는 '공중의 영역'(public domain)에 둠으로써 문화의 창달이라고 하는 보다 궁극적인 저작권법의 목적을 달성하는 데 지장이 없도록 하여야 하는 것도 있다. 따라서 저작물의 구성요소 중 어느 범위까지를 저작권으로 보호할 것인지가 문제로 된다.

저작물의 구성요소를 보호받는 요소와 보호받지 못하는 요소로 구분하는 문제에 대하여는 독일법을 비롯한 대륙법계와 영미법계의 미국법이 서로 다른 해법을 제시하여 나름대로 이론을 발전시켜 왔다. 독일법은 저작물의 구성요소를 '내용과 형식'으로 구분하는 방법을 취하였고, 미국의 판례법은 이른바 '아이디어·표현 이분법'이라는 독특한 방식을 개발하였다.[12] 현재 저작권 실무에 있어서 전세계적으로 주류의 지위를 차지하고 있고 우리나라 법원 판례에서도 받아들여지고 있는 것은 '아이디어·표현 이분법'이다. 이에 관하여는 앞의 저작물의 보호범위에서 상세히 설명한 바 있으나 다시 한 번 간략히 언급하기로 한다.

나. 아이디어·표현 이분법(idea expression dichotomy)

(1) 기 원

미국에 있어서 아이디어·표현 이분법의 기원은 문예작품이 관련된 Nichols 사건[13]에서 Learned Hand 판사에 의하여 시도되었다고 한다. Learned Hand 판사는 문예물은 등장인물(characters)과 시퀀스(sequence)로 나누어 볼 수 있는데, 그 중 시퀀스를 예로 들면 보호받을 수 없는 '사상'(idea)으로부터 비교적 보호받기 힘든 '주제'(theme), 보호받을 수 있는지 여부가 다투어질 수 있는 '구성'(plot), 비교적 보호받기 쉬운 '사건'(incident), 보호받을 것이 거의 확실시되는 '대화나 말'(dialogue and language) 등으로 구성되어 있다고 하였다. 그리고 이와 같이 구성요소들을 보다 근본적인 것으로부터 세부적인 것으로 차례로 배열하였을 때 그 중 어느 경계선에서 보호받을 수 있는 부분과 보호받을 수 없는 부분이 나누어진다

12) 오승종·이해완, 저작권법, 박영사, 2000, 41면.
13) Nichols v. Universal Pictures Corp., 45 F.2d 119(2d Cir. 1930).

고 하였다. Learned Hand 판사의 이러한 견해는, 저작권의 보호를 받는 저작물이라고 하여도 그 저작물 전체가 보호를 받는 것이 아니라 그 중에는 보호를 받지 못하는 부분도 포함되어 있고, 이와 같이 보호를 받지 못하는 부분은 비록 다른 사람들이 허락 없이 복제를 하더라도 저작권침해가 되지 않는다는 점을 분명히 하였다는 점에 의의가 있다.

(2) 개 념

하나의 저작물을 아이디어와 표현으로 나누어 그 중에서 표현, 특히 창작성을 가진 표현만이 저작권의 보호를 받는다고 보는 것이 아이디어·표현 이분법의 기본개념이다. Hand 판사는 예를 들어 희곡에 있어서 스토리를 구성하는 구체적인 사건들을 계속적으로 제거시켜 나가면 점차 패턴은 일반화되어 가고 결국에 가서는 그 희곡의 주제에 관한 가장 일반적인 기술(記述)만이 남게 되는데, 이와 같은 추상화(abstraction)의 과정 중에 어느 지점에 이르면 표현은 제거되고 아이디어만이 남아 더 이상 저작권의 보호를 줄 수 없는 상태에 도달하게 된다고 하였다.[14)]

실제 침해소송을 비롯한 저작권관련 사건에 있어서는 아이디어와 표현을 구분하는 것이 상당히 어렵고도 중요한 쟁점으로 제기된다. 저작물의 어떤 부분이 아이디어냐 아니면 표현이냐를 구분하는 것은 최종적으로 소송을 담당하는 법원의 역할이다. 그런데 아이디어·표현 이분법을 발달시켜 온 미국의 법원은 이 두 가지를 구분함에 있어서 법리적인 판단보다는 정책적인 판단을 먼저 하는 경향이 강한 것으로 평가되고 있다. 즉, 저작물의 어떤 부분은 아이디어이고 어떤 부분은 표현이라고 미리 선을 긋기보다는, 오히려 저작권의 보호를 줌으로써 창작의욕을 고취하여야 할 것으로 보이는 부분은 표현이라고 하고, 반면에 공중의 영역에 두어 누구라도 자유롭게 사용할 수 있도록 해야 할 부분에 대하여는 아이디어라고 하여 저작권의 보호를 부인하는 경향이 있다고 한다.[15)]

아이디어·표현 이분법은 미국의 법원 판례에 의하여 발달하여 왔으나, 우리나라의 대법원도 이를 받아들여 저작물의 보호범위를 판단하는데 사용하고 있다.[16)][17)]

14) Nichols v. Universal Pictures Corp., 45 F.2d 119(2d Cir, 1930), Paul Goldstein, *Copyright*, 2d ed., Little Brown and Company, 2, p. 24에서 재인용.

15) 오승종·이해완, 전게서, 45면.

16) 대법원 1996. 6. 14. 선고 96다6264 판결: "한글교육교재는 그 소재인 글자교육카드의 선택 또는 배열에 창작성이 있다고 할 수 없어 이를 편집저작물로 볼 수 없고, 그 한글교육교재가 채택하고 있는 순차적 교육방식이라는 것은 아이디어에 불과하여 저작물로서 보호받을 수 없다"고 판결.

17) 대법원 1993. 6. 8. 선고 93다3073, 3080 판결: "키-레터스(key-letters)를 이용하여 희랍어를 분석해 가는 분석방법은 비록 그것이 독창적이라고 하더라도 어문법적인 원리나 법칙에 해당하는 것이므로 저작권의 보호대상인 표현의 영역에 속하는 것이 아니라 보호대상이 아닌 아이디어의 영역에 속하고, 따라서 그 이론을 이용하더라도 구체적인 표현까지 베끼지 않는 한 저작권의 침해로 인정되지 아니할 것이

(3) 아이디어와 표현의 합체(merge)

하나의 저작물을 아이디어와 표현으로 나누어 그 중에서 아이디어는 보호를 하지 않고 표현만을 보호한다는 것이 아이디어·표현 이분법의 개념이지만, 어떤 경우에는 아이디어와 표현이 밀접하게 연결이 되어 도저히 이를 따로 구분하는 것이 어려운 경우가 있다. 이러한 경우에는 비록 표현이라고 하더라도 저작권에 의한 보호를 줄 수가 없게 된다. 그러한 표현에 보호를 해 주게 되면 부득이 그와 밀접하게 연관되어 있는 아이디어에까지 보호를 해 주는 결과를 초래하게 되고, 그렇게 되면 아이디어는 만인공유의 영역에 두어 다른 창작자에 대한 창작의 자유를 확보해 주려는 저작권법의 기본취지가 몰각될 수 있기 때문이다.

이와 같은 아이디어와 표현의 합체는 다시 다음과 같은 세 가지 경우로 나누는 것이 일반적이다. 첫째, '합체의 원칙'(또는 '융합이론', merger doctrine)으로서, 비록 창작적인 표현이라고 하더라도 해당 저작물의 사상이나 감정, 즉 아이디어가 오직 그 표현방법 외에는 달리 효과적으로 표현할 방법이 없는 경우에는 그 표현에 대하여는 저작권의 보호가 주어져서는 아니 된다는 원칙이다.[18] 둘째, '사실상의 표준'(de facto standards) 원칙으로서, 저작자가 창작을 할 당시에는 그 작품에 내재된 아이디어를 표현하는 방법이 많이 있었는데, 나중에 가서 그 방법이 여러 가지 현실적인 여건상 제한되는 경우, 즉 창작 당시에는 합체가 일어나지 않았으나 시간이 흐른 후 그 표현방식이 업계의 사실상의 표준이 되어 버림으로써 후발적인 합체가 일어나는 경우에도 그 표현에 대하여는 저작권의 보호가 주어져서는 아니 된다는 원칙이다.[19] 셋째, '필수장면의 원칙'으로서, 소설이나 희곡과 같은 문예적 저작물에 있어서 그 작품에 내재되어 있는 보호받지 못하는 아이디어(예컨대 소설의 주제나 기본적인 플롯)가 전형적으로 예정하고 있는 사건들이라든가, 등장인물의 성격타입 등과 같은 요소들에 대하여는 설사 그러한 요소들이 표현에 해당한다고 하더라도 저작권의 보호를 주어서는 아니 된다는 원칙이다.[20][21]

다"라고 판결.

18) Morrissey v. Procter & Gamble Co., 379 F.2d 675(1st Cir. 1967).

19) Baker v. Selden, 101 U.S. 99(1879).

20) 오승종·이해완, 전게서, 50-57면 참조.

21) Zambito v. Paramount Pictures Corp., 613 F.Supp. 1107, 1112, 227 U.S.P.Q. 649(E.D.N.Y), aff'd, 788 F.2d 2(2d Cir. 1985); Paul Goldstein, *Copyright,* 2d ed., Little Brown and Company, 2, p. 36에서 재인용.

제 2 절 침해의 요건

Ⅰ. 서 설

저작재산권 침해를 인정하기 위한 요건에 관하여는 견해에 따라서 분류하는 방법이 조금씩 다르다. 우리나라와 일본의 전통적이고 일반적인 견해를 살펴보면, 저작재산권 침해의 요건으로서, 첫째, 저작권침해를 주장하는 자(원고)가 해당 저작물에 대하여 유효한 저작권을 가지고 있을 것, 둘째, 주관적 요건으로서 침해자의 저작물이 원고의 저작물에 '의거'(依據)하여 그것을 이용하였을 것, 셋째, 객관적 요건으로서 침해자의 저작물이 원고의 저작물과 동일성 내지는 종속성(실질적 유사성)을 가지고 있을 것 등 세 가지를 드는 것이 보통이다.[22][23] 이 중에서 첫째의 요건은 저작물의 성립요건(창작성) 및 보호기간, 유효한 저작재산권의 양도가 있었는지 등과 관련된 문제이다. 견해에 따라 분류방법이 달라지는 부분은 둘째와 셋째의 요건이다. 저작재산권 침해 사건에서 주된 쟁점이 되는 것 역시 이 부분이다. 따라서 이하에서는 둘째 및 셋째의 요건을 중심으로 살펴보기로 한다.

미국의 Paul Goldstein 교수는, 위 둘째 요건을 '복제'(copying) 또는 '현실적인 복제'(actual copying)로, 셋째 요건을 '저작물에 대한 부정이용'(unlawful or improper appropriation)으로 파악한다. 그런데 '현실적인 복제' 행위가 있기 위하여서는 침해저작물이 피침해저작물에 의거하여 복제될 것이 필요하고, 또 '저작물의 부정한 이용'이 되기 위해서는 침해저작물과 피침해저작물 사이에 '창작적 표현에 있어서의 실질적 유사성'(substantial similarity in original expression)이 있어야 한다고 보고 있으므로, 결국 Goldstein 교수의 분류는 우리나라나 일본의 일반적인 분류방법과 큰 차이가 없다고 할 수 있다.[24]

Nimmer 교수는 저작재산권 침해의 성립요건을 크게 (1) 원고가 유효한 저작권을 가지고 있을 것(ownership of a valid copyright), (2) 피고의 복제행위(copying)가 있을 것 등 두 가지로 나누고 있다. 그러면서 (2)의 복제행위에 대한 요건은 다시 두 가지 요소로 구성되는데, 첫째로는 피고가 원고의 저작물을 모델로 하거나 참조하여 이를 복제하였을 것과, 둘째로는 그러한 복제행위가 위법한 차용행위(actionable appropriation)일 것이 요구된다고 하였다. 그리고 그 중 위법한 차용행위가 되기 위해서는 피고의 저작물이 원고 저작물과 실질적

22) 오승종·이해완, 전게서, 485면 이하.
23) 西田美昭, 複製權の侵害の判斷の基本的考え方, 齊藤 博, 牧野利秋 編, 裁判實務大系, 知的財産關係訴訟法, 青林書院, 117면 이하.
24) Paul Goldstein, *op. cit.*, Vol. Ⅱ, p. 7: 1.

유사성(substantial similarity)을 가지고 있어야 한다고 논하고 있다. 결국 Nimmer 교수는 Goldstein 교수가 구분하고 있는 위 둘째(copying)와 셋째의 요건(improper appropriation)을 합하여 일괄적으로 '복제'(copying)라고 칭하고 있지만, 그 내부를 들여다보면 Goldstein 교수의 견해 또는 우리나라에서의 일반적인 요건론과 크게 다르지 않음을 알 수 있다.[25)]Donald Chisum 교수 역시 Nimmer 교수의 견해와 유사하게 저작재산권 침해의 요건을 '의거 또는 복제'(derivation or copying)와 '실질적 유사성'(substantial similarity)으로 나누고 있다.[26)]

생각건대 Goldstein 교수의 방식과 같이 요건을 구분하여 논하는 견해가 저작재산권 침해의 요건에 관한 설명방법으로서 보다 정밀하고도 논리적인 분석의 틀을 제공하고 있으며, 최근 판례의 경향을 잘 반영하고 있다고 본다. 따라서 아래에서는 Goldstein 교수의 설명방법(이는 우리나라의 일반적인 요건론과 별다른 차이가 없다)에 따라 저작재산권 침해의 요건을 크게 주관적 요건인 '의거 또는 복제행위'와 객관적 요건인 '종속성'(실질적 유사성)으로 나누어 고찰하기로 한다.

Ⅱ. 주관적 요건 – 의거(依據)[27)]

1. 개 념

가. 의 의

저작권침해를 인정하기 위해서는 먼저 주관적 요건으로서 침해자가 저작권이 있는 저작물에 '의거'하여 그것을 '이용'하였을 것이 요구된다. 저작권은 저작물의 '이용'에 관한 배타적 권리로서 기본적으로 '모방금지권'이라고 할 수 있고, 따라서 복제권이나 2차적저작물작성권 침해로 되기 위해서는 타인의 저작물을 '모방'하는 것이 필요하기 때문이다.[28)] 저작권은 그 저작물을 이용하는 전유권으로 구성되어 있으므로, 타인이 그 저작물을 이용하는 경우에만 침해가 된다. 따라서 설사 타인의 저작물의 존재를 알고 있어야 했고 알지 못한 것에 과실이 있다고 하더라도, 실제로 그 존재를 알지 못한 이상 이용한 것으로 되지 않아

25) Melville Nimmer & David Nimmer, *Nimmers on Copyright*, Lexis Publishing, 2002, pp.13-19.

26) Donald Chisum & Michael Jacobs, *Understanding Intellectual Property Law*, Matthew Bender, 1992, pp.4-160.

27) 미국 저작권 실무에서는 '의거'를 '복제'(copying)라고 부르는 경우가 많다.

28) 이에 반하여 특허권은 특허발명을 실시하는 전유권이므로 타인이 독자적으로 개발한 발명의 실시라도 특허발명과 동일 또는 균등한 실시로서 특허권의 권리범위에 속하는 실시라면 특허권의 침해가 된다.

의거성이 부정된다. 이하에서는 이와 같은 '의거'와 그에 따른 '이용'을 합쳐서 간략히 '의거' 또는 '의거관계'라고 부르기로 한다.

구체적으로 예를 들면, 타인의 저서의 어느 페이지를 펼쳐 거기에 기재되어 있는 문자를 읽어 내용을 인식하고, 그것에 씌어져 있는 표현을 그대로 원고지에 옮겨 적거나, 그 씌어져 있는 취지를 요약하거나 또는 표현을 고쳐 적거나, 그 씌어져 있는 내용을 소재로 하여 자신의 저작을 하는 것과 같이, 기존의 저작물에 표현된 내용을 인식하고, 그것을 일정한 정도로 이용하여 저작물을 만들어 내는 것을 말한다. 이러한 의거 요건을 분석하면, ①기존 저작물에 대한 표현내용을 인식하고, ②그것을 이용한다는 의사를 가지고, ③ 실제로 그것을 이용하는 행위로 나누어 볼 수 있다.[29] 이 중에서 ③은 주관적인 요소라고 보기는 어려우나 ①과 ②가 주관적 요소에 해당하므로 이들을 전체적으로는 주관적 요건이라고 부르고 있다. 이때 ①과 관련하여서는 기존 저작물의 표현내용을 인식하고 있으면 족하고, 그 기존 저작물이 저작권의 보호대상으로 되는 저작물이라는 인식이나, 저작자가 누구라는 사실에 대한 인식까지 요구하는 것은 아니다.

나. 의거의 대상

반드시 피고가 원고의 저작물 원본 자체를 보고 그에 직접적으로 의거할 것을 요하는 것은 아니며, 원고의 저작물에 대한 복제물을 보고 베낀 경우와 같이 간접적으로 원고의 저작물에 의거한 경우도 저작권침해로 인정할 수 있다.[30] 오히려 원고 저작물에 대한 접근은 그 복제물에 대한 접근에 의하여 이루어지는 것이 보통이므로, 원고 저작물의 복제물에 의거하여 작성된 저작물도 원고 저작물에 의거하여 작성된 복제물로서, 의거 요건을 충족한다고 볼 수 있다.[31] 원작품의 2차적저작물에 의거하여 작성한 경우라도 그 2차적저작물에 원작품의 표현이 나타나 있는 이상 원작품의 표현에 의거한 것과 같이 볼 수 있다. 그리고 의거의 대상은 '표현'이어야 한다. 따라서 타인의 아이디어에 접하여 이를 기초로 자

29) ③의 요건에서 '이용하는 행위'는 복제권 침해와 관련하여 볼 때 원저작물을 유형물로 다시 제작하는 것을 의미하게 되므로, 이를 주관적 요건인 '의거' 요건과는 별개의 '유형성'의 요건으로 파악하는 견해도 있다. 이 경우 복제권 침해의 요건은 ① 주관적 요건인 의거(원저작물의 표현내용을 인식하고 그것을 이용하고자 하는 의사) 요건, ② 유형성 요건, 그리고 ③ 객관적 요건인 동일성 요건의 세 가지 요건으로 구분된다(西田美昭, 전게서, 121-123면 이하 참조).

30) E. P. Skone James, *Copinger and Skone James on Copyright*, Sweet & Maxwell Ltd., 1980, p.179.

31) 西田美昭, 전게서, 127면 참조. 이와 같이 원저작물의 부정 복제물에 의거하여 작성된 저작물 역시 원저작물에 의거하여 작성된 저작물로 볼 수 있으므로, 원고 저작물의 복제권을 침해하여 작성한 침해 저작물의 원고(原稿)에 기초하여 책을 출판한 출판사에 대하여 복제권 침해를 문제로 삼을 경우, 침해 저작물의 저자가 원고 저작물에 의거하였음을 입증하면 족하고, 출판사가 직접 원고 저작물에 의거하였을 것까지 입증할 필요는 없다고 한다.

신이 구체적인 표현을 작성하더라도 아이디어만으로는 저작물이라고 할 수 없기 때문에 타인의 저작물에 의거한 것이 아니다.[32]

다. 무의식적(잠재의식적) 의거

피고가 원고의 저작물에 의거한다는 명시적인 인식을 가지고 작품을 작성한 경우만 저작권의 침해가 되는 것은 아니며, 잠재의식 속에서라도 원고의 저작물에 의거한 것으로 인정되면 저작권침해를 인정할 수 있다고 본 미국의 판례가 있다.[33][34] 이 판례에 의하면, 피고가 원고의 저작물에 접하였으나 시간이 흘러 원고 저작물에 대한 기억을 하지 못하게 된 상태에서 '선의'(in good faith)로 한 복제행위, 즉 '결백한 복제행위'(innocent copying) 역시 저작재산권침해의 요건을 충족하는 것이 된다.[35] 우리나라에서도 과거에 우연히 들었던 곡이 잠재의식 속에 남아 있다가 자신도 모르는 사이에 자신의 곡으로 표현된 경우에도 원저작물을 이용하였다고 할 것이고, 이를 단순히 우연의 일치로 볼 수 없다고 하여 2차적저작물 작성권 침해의 책임을 긍정하는 듯한 견해가 있다.[36]

그러나 일본에서는 무의식에 의한 '의거'는 저작권침해로 되지 않는다는 견해가 더 유력한 것으로 보인다. 이 견해에 의하면, 오래 전에 듣거나 보았기 때문에 창작자의 의식 중에 침전되어 있던 기존의 저작물이 그 이후의 창작활동 과정에서 무의식적으로 용출된 결과, 기존의 저작물과 실질적으로 동일한 표현의 작품이 작성되는 경우가 있을 수 있는데, 이 경우에는 기존의 저작물을 인식하고 작성한 것이라고는 볼 수 없으므로 저작권침해가 성립하지 않는다고 한다.[37] 이러한 무의식에 의한 '의거'는 위에서 본 의거요건 중 ② 원저

32) 中山信弘, 著作權法, 법문사(2008), 409면.

33) Miller & Davis, *Intellectual Property, Patent, Trademark and Copyright*, Nutshell Series, p.328; 이 판결에서는, 예를 들어 과거에 길을 가다가 우연히 들은 곡이 잠재의식 속에 남아 있다가 나중에 창작을 하는 과정에서 그 곡을 자신의 곡으로 작곡한 경우라도 그 곡을 들었었기 때문에 그러한 작곡이 되었다는 인과관계가 있으면 저작권침해가 된다고 한다(오승종·이해완, 전게서, 453면에서 재인용).

34) ABKCO Music, Inc. v. Harrisongs Music, Ltd., 722 F.2d 988, 998, 221 U.S.P.Q. 490(2d Cir. 1983); 이 사건의 피고는 비틀즈의 멤버였던 George Harrison이 설립한 음악 프로덕션 회사이다. 이 사건은 피고가 오래 전에 원고의 작품을 듣고 이를 기억 속에서 잊어버렸지만, 그것이 잠재의식 속에 남아 있다가 나중에 자신도 모르게, 선의로서(in good faith) 그 잠재의식 속에 남아 있던 원고의 작품에 의거하여 작곡을 한 경우이다. 이 판결에서는, 그러한 선의에 의한 의거라는 것만으로는 저작권침해의 책임을 면할 수 없다고 하였다. 이 사건에서는 원고의 작품이 미국의 빌보드 차트에서 5주간 1위를 차지하고 피고의 모국인 영국에서도 7주 동안 최고의 히트곡 중 하나이었음이 입증되었다. 판결은, 비록 그와 같이 인기를 누렸던 기간이 피고가 실제로 작곡을 한 때로부터 6년 전이었다 하더라도 '의거'의 간접적 증거인 '접근'이 있었던 것으로 인정하였다.

35) D. Chisum et al., *op. cit.*, pp.4-155.

36) 서울대학교기술과법센터, 저작권법주해, 박영사, 2007, 249면.

37) 西田美昭, 전게서, 130면(齊藤 博, 民商法雜誌, 81권 2호, 237면도 같은 취지라고 하면서, 다만, 진실로 무

작물을 이용하는 의사를 가지고 한 것이라고 보기 어려우므로 의거요건을 충족하지 않는 것으로 보는 것이 타당하다고 생각된다.

라. 고의·과실과 구별

'의거관계'가 성립하기 위하여서는 피고가 원고 저작물의 존재 및 그 내용을 알고 있어야 한다. 어떠한 사실을 알고 있다는 것은 침해 저작물 작성자의 심리상태를 말하는 것으로서 이른바 '주관적 사실'이다. 이러한 점에서 '의거' 요건을 '주관적 요건'이라고 하는 것이다. 이와 같이 의거는 주관적 사실을 의미하지만, 불법행위 성립요건으로서 가해자의 일정한 심리상태를 말하는 '고의 또는 과실'과는 성질을 달리한다. 고의 또는 과실은 타인의 저작권에 대한 침해가 된다는 사실을 알았거나 알 수 있었을 것을 의미하는데 반하여, 의거는 타인의 저작물의 표현 내용을 인식하고 그것을 이용하는 것을 의미하며, 반드시 권리 침해에 대한 인식이나 인식 못한 것에 대한 과실을 요하는 것은 아니다. 따라서 의거의 요건이 흠결된 경우에는 침해자의 고의 또는 과실을 따질 것도 없이 처음부터 저작권침해는 성립할 수 없다. 예를 들어 기존 저작물의 표현내용을 인식하고 있지 않으면, 설사 그 인식하지 못한 것이 과실에 기한 경우라 하더라도 저작권침해의 '의거' 요건은 충족하지 못한다. 우리 저작권법은 저작재산권침해의 성립과 관련하여 고의 또는 과실을 요건으로 하고 있지 않다. 다만 저작재산권 침해행위에 대하여 금전적인 손해배상을 청구하기 위해서는 침해자의 고의 또는 과실을 요건으로 한다.[38]

마. 침해행위자가 다수인 경우

(1) 공동 침해

저작재산권 침해행위가 복수의 사람에 의하여 공동으로 행하여진 경우에 의거요건은 공동행위자 각자가 모두 충족을 하여야 하는 것인지, 아니면 공동행위자 중 1인에게 만이라도 의거요건이 충족되면 공동행위자 모두에게 의거요건이 충족된 것으로 볼 것인지와 관련하여 해석상 다툼이 있다. 먼저 공동행위자 각자에게 의거 요건의 충족여부를 판단하여야 한다는 견해가 있다.[39] 이 견해에 의하면 복수의 사람이 공동으로 침해 저작물을 작성한 경우, 그 중 의거 요건을 충족하지 못하는 작성자에 대하여는 그의 고의 또는 과실을 따질 것도 없이 저작권침해의 책임을 지울 수 없게 된다. 그 이유는 저작재산권 침해행위

의식이었는지, 아니면 무의식이었다는 변명으로 책임을 모면하려는 것인지는 쉽게 구분할 수 없을 것이므로 신중하게 판단할 필요가 있다고 한다).

38) 저작권법 제123조 제 1 항, 제125조 제 1 항 참조.

39) 光石俊郎, 著作權法において依據について, 知的財産權の現代的課題, 信山社, 1995, 302면.

에 대한 책임이 성립하기 위해서는 고의 또는 과실에 앞서서 의거요건을 충족할 것이 필요하기 때문이다.[40] 이에 대하여 공동저작의 경우에는 공동저작자 전원에 대하여 의거요건이 충족되어야 할 필요는 없고, 그 중 일부가 타인의 작품에 접근하여 의거한 경우에도 의거 요건은 충족될 수 있다고 보는 견해가 있다.[41]

이 문제는 공동불법행위에 관한 민법의 기초이론에 비추어 해석하여야 할 것으로 생각된다. 민법 제760조 제 1 항은 (ⅰ) 수인이 「공동의 불법행위」로 타인에게 손해를 가한 때에는 연대하여 그 손해를 배상할 책임이 있다고 규정하고, 제 2 항은 (ⅱ) 공동 아닌 수인의 행위 중 어느 자의 행위가 그 손해를 가한 것인지를 알 수 없는 때에도 전항과 같다고 규정하며, 제 3 항은 (ⅲ) 교사자나 방조자는 공동행위자로 본다고 규정하고 있다. 그 중에서 제 1 항의 공동불법행위인 이른바 '협의의 공동불법행위'가 성립하기 위해서는 '행위의 독립성', 즉 각자의 행위가 독립된 행위로서 평가되는 것이어야 한다. 따라서 공동행위로 말미암아 제작된 결과물이 타인의 저작재산권을 침해하는 경우에, 공동행위자에게 공동책임을 지우기 위해서는 공동행위자 각자에게 저마다 침해의 요건이 충족될 것이 필요하다고 할 것이고, 그렇다면 의거요건 역시 공동행위자 각자에게 있어서 충족여부를 판단하여야 할 것이라고 생각한다. 다만, 공동불법행위에 있어서 행위의 관련공동성에 관하여 다수설과 판례는 행위자들의 공모 내지 의사의 공통이라 공동의 인식은 필요 없으며, 그 행위가 객관적으로 관련·공동하고 있으면 족하다고 하는 이른바 '객관적 관련공동설'을 취하고 있다.[42] 이러한 다수설과 판례의 입장에 비추어 보면, 의거요건은 공동행위자 각자에게 있어서 충족여부를 판단하되, 공동행위자 사이의 공모 내지 의사의 공통이나 공동의 인식까지는 필요로 하지 않는다고 해석할 것이다.

이에 대하여 공동행위자 전원에 대하여 의거요건이 충족되어야 할 필요는 없고, 그 중 일부가 타인의 작품에 접근하여 의거한 경우에도 의거 요건은 충족될 수 있다고 보는 견해는, 공동행위로 만들어진 공동저작물이란 분리불가능한 것인 이상 일부가 타인의 저작물에 의거하여 그 결과로서 그와 유사한 부분이 작품 가운데 나타나 있다면 전체적으로 침해가 성립되지 않을 이유가 없다는 점을 근거로 들고 있다. 그러면서 동경고등법원 1996. 4. 16. 판결[43]이 이 견해에 부합하는 판례라고 소개하고 있다.[44]

---

40) 본문에서 언급한 바와 같이, 저작재산권 침해에 있어서 고의 또는 과실은 손해배상 청구를 위하여 요구되는 요건일 뿐, 침해의 중지 등 청구권 행사를 위해서는 침해자의 고의 또는 과실조차 필요하지 않다.

41) 中山信弘, 著作權法, 법문사(2008), 409면.

42) 곽윤직, 채권각론, 박영사(1995), 766면; 대법원 1982. 12. 28. 선고 80다3057 판결; 같은 취지의 판결로는, 대법원 1963. 10. 31. 선고 63다573 판결; 대법원 1968. 2. 27. 선고 67다1975 판결; 대법원 1968. 3. 26. 선고 68다91 판결; 대법원 1997. 11. 28. 선고 97다18448 판결; 대법원 1997. 2. 13. 선고 96다7854 판결; 대법원 1997. 8. 29. 선고 96다46903 판결 등.

그러나 공동저작물은 공동저작자 각자의 이바지한 부분을 분리하여 이용할 수 없다는 성격상 그 공동저작물 하나가 전체로서 운명공동체를 이루게 되는 것으로, 그 결과 공동저작물 중 일부가 타인의 저작물에 의거하여 작성된 것인 이상 전체로서 침해가 성립한다는 것일 뿐이지, 그렇다고 하여 공동저작자 전원이 법률적으로 운명공동체가 되어 그 중 일부의 침해행위에 대하여 다른 공동저작자가 모두 동일한 책임을 부담하여야 할 법적인 근거는 없다. 위의 견해가 들고 있는 동경고등법원 1996. 4. 16. 판결은 공동저작자 중 1인이 누군가의 저작물에 의거하고 있다는 사실을 "알고 있는" 다른 공동저작자는 스스로는 그 저작물에 접근할 기회가 없었다 하더라도 의거 요건을 충족한다고 한 사례이다.[45] 즉, 다른 공동저작자 중 1인이 타인의 저작물에 의거하고 있다는 사실을 알고 있는 다른 공동저작자는 그 1인의 의거행위를 인식하고 그것을 이용함으로써 그 역시 간접적으로 타인의 저작물에 의거하고 있는 것이라고 평가할 수 있는 사례이다. 따라서 이 판례 역시 의거요건은 공동저작자 각자에 대하여 충족여부를 판단하여야 한다는 취지에서 벗어난 것은 아니라고 생각된다. 저작권은 준물권이기는 하지만 특허권이나 상표권과는 달리 '모방금지권'이기 때문에 '모방', 즉 '의거'하여 '이용'한다는 것은 일반 불법행위의 성립요건인 고의 또는 과실에 앞서서 요구되는 주관적 요건이다. 따라서 협의의 공동불법행위 성립에 있어서 각자의 공동불법행위자의 행위가 각각 독립해서 불법행위 요건을 갖추고 있어야 할 것을 요구하고 있는데, 의거요건에 있어서는 그 중 일부만 의거요건을 충족하면 전체 공동행위자가 모두 책임을 진다고 보는 것은 무리한 해석이라고 할 것이다.

(2) 사후적 이용행위

타인의 저작재산권을 침해하여 작성된 저작물이라는 사정을 알면서 이를 이용하는 행위를 한 자는 새로운 침해행위를 한 것이므로, 의거 요건을 충족하는 한 역시 저작권침해의 책임을 져야 한다. 예를 들어, 甲이 저작재산권을 가지는 A라는 저작물(예컨대 소설)에 대하여 乙이 주관적 요건과 객관적 요건을 충족하는 저작재산권 침해행위를 하였고, 그로 인하여 B라는 침해 저작물(예컨대 방송드라마 대본)이 작성되었는데, 이 B라는 저작물을 사용하여 丙이 이용행위(드라마로 제작하여 방송)를 하게 되면, 丙 역시 A 저작물에 대한 의거 요

43) 동경고등법원 1996. 4. 16. 판결, 판례시보 1571호, 98면. 이른바 'TV 드라마 悪妻物語 사건'의 항소심 판결.

44) 中山信弘, 著作權法, 법문사(2008), 409면.

45) 이 판결은 공동제작에 의한 TV 드라마의 2차적저작물작성권(번안권) 침해가 문제로 된 사안에서 의거 요건과 관련하여, "공동제작자 전원이 원고의 저작물에 접근하고 있어야 하는 것은 아니고, 다른 공동제작자가 원고의 저작물에 의거하고 있다는 것을 알고 있는 경우에는 스스로 원고 저작물에 접근할 기회가 없었다 하더라도 의거 요건을 충족하는 것"이라고 판시하고 있다.

건을 충족하는 한 甲에 대한 저작재산권 침해의 책임을 지게 되는 것이다. 이때 丙의 의거요건 충족여부는 다음과 같이 판단한다. 먼저 침해물 B가 원저작물 A와 실질적으로 동일한 것으로서 A의 복제물에 해당하는 경우에는, 반드시 원본이 아니라 복제물을 보고 베낀 것도 의거 요건을 충족하므로, 丙이 B가 A의 복제물이라는 사실을 인식한 때로부터 丙 역시 A 저작물에 대한 의거 요건을 충족하는 것이 된다. 따라서 丙의 드라마 제작 및 방송은 甲에 대한 2차적저작물작성권 및 그 방송권에 대한 침해가 된다. 한편, 침해물 B가 원저작물 A의 2차적저작물인 경우 丙이 B에 의거하여 드라마를 제작하였다면 丙의 A에 대한 직접적인 의거는 없는 것이 된다. 그러나 丙은 2차적저작물인 B를 통하여 A의 존재를 인식할 수 있다. 즉 丙은 침해저작물인 B를 통하여 A 저작물의 표현내용을 인식한 것이며, 나아가 그 표현내용을 이용하고자 하는 의사로서 실제 이용행위(드라마 제작)를 한 것이라고 볼 수 있을 것이다. 따라서 이 경우에도 丙의 A 저작물에 대한 의거 요건(앞에서 본 ① 기존 저작물에 대한 표현내용을 인식하고, ② 그것을 이용하는 의사를 가지고, ③ 그것을 이용하는 행위의 존재)은 충족된다고 할 수 있고, 이때 丙이 제작한 드라마가 A와 종속성(실질적 유사성)이 있어 A의 2차적저작물에 해당한다면 丙 역시 甲에 대한 2차적저작물작성권 및 그 방송권 침해의 책임을 지게 된다.

위의 사례에서 甲은 乙과 丙을 공동피고로 하여 방송금지 및 손해배상 등을 청구할 수 있는데, 이 경우 丙은 위와 같이 丙 스스로 의거요건을 충족하여 책임을 지거나, 乙과의 공동불법행위 또는 乙의 저작물이 표절 저작물이라는 사실을 알았거나 알지 못한 것에 과실이 있었음을 이유로 책임을 지게 된다. 다만, 丙이 乙의 저작물이 표절 저작물이라는 사실을 알지 못하였고, 그 알지 못한 것에 과실이 없었다면 손해배상책임은 지지 않아도 된다. 손해배상책임은 고의 또는 과실을 요건으로 하기 때문이다.

바. 판단의 순서

주관적 요건인 의거 요건은 객관적 요건인 뒤의 '실질적 유사성' 요건과는 논리적으로 엄격하게 구분되어야 한다. 따라서 일반적으로는 실질적 유사성여부를 판단하기에 앞서서 먼저 피고가 원고의 저작물에 의거하여 이를 이용하는 행위를 하였는지(의거관계) 여부의 판단이 선행되는 것이 바람직하다.[46] 다시 말하면, 저작재산권 침해여부를 판단함에 있어서는 먼저 피고가 원고의 저작물을 이용하였는지 여부, 즉 의거관계의 존재여부를 판단하여야 하고, 그것이 인정되지 않으면 더 나아가 실질적 유사성여부를 살펴볼 필요도 없이 저작재산권의 침해는 부정된다. 의거관계가 인정되면 그 다음으로 피고가 원고의 저작물로

---

46) 光石俊郎, 전게서, 300면.

부터 저작권의 보호를 받는 부분, 즉 창작적인 표현을 이용함으로써 두 저작물 사이에 실질적 유사성이 존재하는지 여부를 판단하여 그것이 긍정되면 비로소 저작재산권의 침해를 인정하는 것이다.[47]

물론 저작재산권 침해를 인정하기 위해서는 주관적 요건과 객관적 요건이 모두 충족되어야 하므로, 저작재산권 침해를 부정하면서 두 가지 요건 중 어느 하나가 인정되지 않는다고 판단하면 그것으로 족한 것은 사실이다. 또한 저작권침해를 부정하면서 주관적 요건과 객관적 요건 중 어느 요건은 충족되는데 어느 요건이 충족되지 않는다고 판단을 할 수도 있고, 두 가지 요건 모두가 충족되지 않는다고 판단할 수도 있다. 그렇기 때문에 주관적 요건과 객관적 요건 중에서 어느 것이 더 중요하다는 질적 순서나, 어느 요건부터 판단을 하여야 한다는 논리적 순서는 없다는 견해도 있다.[48] 그러나 주관적 요건을 먼저 판단하고 그 후에 객관적 요건을 판단하는 것이 보다 논리적이고 질서가 있어 바람직하다.

2. 입 증

가. 입증의 방법들

원고는 피고가 원고의 저작물에 '의거'하여 이를 이용하였다는 점[49]을 '직접 또는 간접적인 증거'(direct or indirect evidence)에 의하여 입증할 수 있다. '의거관계'의 직접적인 증거는 피고가 원고 저작물을 현실적으로 이용하였다는 사실을 자인하는 경우가 보통일 것이다. 그 외에 피고가 원고의 저작물에 의거하여 이를 이용하는 것을 보았다는 증인의 증언 등도 직접적인 증거가 될 수 있다.[50] 반면에 간접적인 증거는 피고가 원고의 저작물에 '접근'(access)한 사실 등을 입증하여 그로부터 '의거'를 추정하는 방식이 일반적으로 행하여지고 있다. 현실적으로 복제에 대한 직접적인 증거를 얻는 경우는 그리 흔하다고 볼 수 없으므로, '의거'의 입증은 주로 간접적인 증거에 의하여 이루어지는 경우가 많다.[51] 개인적으로 또는 은밀하게 이루어지는 의거나 복제행위는 직접적인 증거에 의하여 입증하기 힘들

47) 일본 최고재판소 1978. 9. 7. 선고 昭和 50(オ) 324호 판결(일명 One Rainy Night in Tokyo 사건의 상고심 판결)에서는, 피고가 원고 저작물의 존재를 알지 못하였다면 저작권침해의 대전제인 '복제'행위 자체가 없었다고 할 것이고, 따라서 더 나아가 고의 또는 과실을 따질 것도 없이 저작권침해는 인정될 수 없다고 하였다(最新 著作權關係判例集, Ⅱ-1, 著作權判例硏究會 編, ぎょうせい, 762-763면).

48) 西田美昭, 전게서, 124-125면.

49) 이를 미국 저작권법에서는 '현실적인 복제'(actual copying)라는 용어로 부르는 경우가 많다.

50) 증인의 증언에 의하여 '의거'를 인정한 사례로는, Fasa Corp. v. Playmates Toys, Inc., 912 F. Supp. 1124, 1168(N.D. Ill. 1996).

51) 이 점은 미국에 있어서도 마찬가지라고 한다. Preet K. Tummala, *The Seinfeld Aptitude Test; An Analysis under Substantial Similarity and the Fair Use Defense*, 33 U.C. Davis L. Rev. 289.

기 때문에, 흔히 피고가 원고의 저작물에 접근하였거나 접근할 수 있는 합리적인 기회가 있었다는 점과 원고와 피고의 저작물 사이에 유사성이 있다는 점 등 두 가지 간접사실의 존재, 즉 '접근'(access)과 '유사성'(similarity)에 의하여 추정하거나, 또는 피고가 원고의 저작물에 의거하지 않았다면 현실적으로 발생하기 어려운 유사성(현저한 유사성)이 양 저작물 사이에 존재한다는 하나의 간접사실(이때에는 '접근'이라는 간접사실의 존재는 따로 요구하지 않는다)의 존재에 의하여 추정하는 경우가 많다. 대법원 2014. 7. 24. 선고 2013다8984 판결(일명 '선덕여왕' 사건)은 "저작권법이 보호하는 복제권이나 2차적저작물 작성권의 침해가 성립하기 위해서는 대비대상이 되는 저작물이 침해되었다고 주장하는 기존의 저작물에 의거하여 작성되었다는 점이 인정되어야 한다. 이와 같은 의거관계는 기존의 저작물에 대한 접근가능성, 대상 저작물과 기존의 저작물 사이의 유사성이 인정되면 추정할 수 있고, 특히 대상 저작물과 기존의 저작물이 독립적으로 작성되어 같은 결과에 이르렀을 가능성을 배제할 수 있을 정도의 현저한 유사성이 인정되는 경우에는 그러한 사정만으로도 의거관계를 추정할 수 있다"고 판시하였다.[52)]

나. 접근과 유사성

(1) 접근(access)

의거를 추정하는 간접사실 중 하나인 '접근'은 반드시 피고가 실제로 원고 저작물을 보았거나 내용을 알았다는 것을 의미하는 것은 아니며, 보거나 접할 상당한 기회를 가졌다는 것을 포함하는 의미이다.[53)] 판례에 따라서는 '접근'이라는 용어 대신 '접근가능성'이라는 용어를 사용하기도 한다.[54)]

---

52) 이 판결에서는 신라의 선덕여왕을 주인공으로 한 원고의 뮤지컬 대본과 피고의 드라마 사이에 역사적 사실로부터는 유추하기 힘든 선덕의 서역 사막에서의 고난, 서역 문화와 사상의 습득, 선덕과 미실의 정치적 대립구도, 선덕과 김유신의 애정 관계 등의 유사성이 존재하지만, 이러한 유사성은 위 대본과 드라마가 독립적으로 작성되어 같은 결과에 이르렀을 가능성을 배제할 수 있을 정도로 현저히 유사한 부분이라고 보기 어렵다고 하여 의거관계의 추정을 부정하였다.

53) Nimmers on Copyright, *op. cit.*, pp.13-16 참조. '접근'에 대한 이러한 정의는 미국 판례상으로 완전히 통일되어 있는 것은 아니나, 대다수의 판례에서 채용되고 있다. 우리나라 판례 중에도 서울고등법원 1995. 6. 22. 선고 94나8954 판결(이른바 '야망의 도시' 사건)에서, '위 야망의 도시라는 저작물을 접할 만한 상당한 기회를 가졌을 것'(이른바 access)을 저작권침해의 요건으로 설시하여 위와 같은 '접근'(access) 이론을 그대로 수용하고 있음을 보여주고 있다(오승종·이해완, 전게서, 467면 참조).

54) 대법원 2014. 1. 29. 선고 2012다73493(본소), 73509(반소) 판결 등. 그러나 의거를 추정하는 간접사실로서 '접근'을 들고 있는 것은 '접근'이라는 사실이 있으면 의거의 '가능성'이 있는 것으로 추정한다는 것인데, '접근가능성'이라는 용어를 사용하게 되면 의거의 '가능성'에 대한 '가능성'이 있다는 것, 즉 '접근가능성'이 있으면 '접근'이 추정되고, '접근'이 추정되면 그에 따라 '의거'가 추정된다는 셈이 되어, 결국 가능성의 가능성을 가지고 '의거' 요건을 판단하는 것이어서 요건사실의 인정으로서는 적절치 않은

원고, 피고 모두와 거래관계를 가지고 있는 제3자가 원고의 작품을 소지하고 있었다는 사실[55] 또는 원고의 저작물이 널리 반포되어 있다는 사실[56] 등이 증명되면 그로써 '접근'을 추정할 수 있다고 한 사례가 있다.[57] 피고가 자연인이 아니고 회사인 경우 그 회사의 직원 중 한 사람이 원고의 작품을 소지하고 있으면 특별한 사정이 없는 한 실제 피고의 작품을 만든 다른 직원도 원고의 작품에 접근한 것으로 추정된다고 한 사례도 있다.[58] 그 외에 피고가 원고의 저작물을 제출 받은 적이 있는 원고의 대리인과 사이에 피고의 작품에 관한 논의를 하였던 것으로 밝혀진 경우[59], 피고 저작물의 제작에 관한 책임을 지거나 그 제작에 관련되어 있는 편집인에게 원고 저작물이 제출되었던 경우[60] 등에도 원고 저작물에 대한 피고의 접근이 인정될 수 있다. 그러나 단순히 약간의 가능성이라도 있는 정도로는 접근에 대한 '상당한 기회'를 가졌다고 보기 어렵다. 따라서 예컨대 원고의 어문저작물이 기재된 원고지(原稿紙)가 피고가 거주하는 도시에 단순히 물리적으로 존재하고 있었다는 사실만으로는 피고에게 원고의 작품을 볼 상당한 기회가 있었다고 할 수 없다고 한 판례가 있다.[61] 원고의 저작물이 널리 배포되어 있다는 사실로서 접근을 추정할 수도 있겠지만, 접근을 추정하기 위해서는 접근에 대한 상당한 가능성이 존재하여야 하고, 단순히 피고가 원고의 저작물에 접근할 기회가 있었을 것이라는 의심만으로 접근을 추정하여서는 안 된다.[62]

이러한 '접근'에 관한 이론은 주로 미국의 실무에서 발전하여 왔는데, 일본의 판례에 의하여 거의 그대로 수용되었을 뿐만 아니라[63] 우리나라의 판례도 이를 수용하는 흐름 위에 서 있다.[64]

것으로 보인다. 따라서 '접근가능성'이라는 용어보다는 차라리 '접촉가능성'이라는 용어가 낫지 않을까 생각한다.

55) Kamar International, Inc. v Russ Berrie & Co., 657 F.2d 1059(CA9 Cal. 1981).

56) 앞서 나온 ABKCO Music, Inc. v Harrisongs Music, Ltd., 판례 및 Chovin v. B&F Music Co., 253 F.2d 102(7th Cir. 1958): 2,000개의 악보와 4개의 녹음물, 200,000개의 음반 및 전국적인 라디오 방송망 몇 개를 통하여 악곡이 전파된 사안에서 원고의 저작물에 대한 피고의 '접근'을 인정하였다. 이상 정상조 편, 지적재산권법강의, 홍문사(이성호 부장판사 집필부분), 319면 참조.

57) Nimmers on Copyright, *op. cit.*, pp.13-19 참조.

58) Segal v. Paramount Pictures, 841 F. Supp.146,150(E.D. Pa. 1993) 등.

59) De Acosta v. Brown, 146 F.2d 408(2d Cir. 1944).

60) Smith v. Little, Brown & Co., 360 F.2d 928(2d Cir. 1966).

61) Columbia Pictures Corp. v. Krasna, 65 N.Y.S.2d 67(Sct. N.Y. County 1946).

62) D. Chisum et.al., *op. cit.,* pp.4-157.

63) 동경지방법원 1980. 6. 23. 판결(最新 著作權關係判例集 Ⅲ, 28면). "피고 저작물 중 원고가 지적한 기술(記述) 부분이 원고 저작물의 저술(著述) 부분의 복제에 해당하기 위하여는 피고가 위 기술부분의 기술을 함에 있어서 원고의 저작물에 접하여 그것에 의거할 기회를 가지고 있었다는 것 및 위 각 기술 부분이 원고 저작물의 저술 부분과 동일성을 가지고 있을 것을 요한다"고 판시하였다.

64) 이른바 '롯티사건'으로 알려진 서울고등법원 1990. 6. 25.자 89라55 결정은, "후에 만들어진 저작물이

(2) 유사성(similarity)

한편 접근 또는 접근의 기회가 있었다는 사실만으로는 주관적 요건인 의거요건이 입증되었다고 할 수 없고, 두 저작물 사이에 유사성이 존재하여야 한다. 즉, 접근과 유사성의 두 가지 간접사실이 모두 존재하여야 의거(복제)행위를 추정할 수 있는 것이다. 이러한 접근과 유사성이라는 두 가지 간접사실은 의거 또는 복제행위를 추정케 함에 있어서 상호보완적인 관계에 있으므로, 두 저작물 사이에 존재하는 유사성의 정도가 강할수록 접근에 관한 증거가 상대적으로 부족하더라도 의거 또는 복제행위를 추정할 수 있는 가능성이 높아지게 된다. 다만, 두 저작물 사이에 유사성이 전혀 없다면 아무리 접근에 관한 증거가 충분하다고 하더라도 의거 또는 복제행위를 인정할 수 없다. 그러나 접근에 관한 증거가 없는 경우에도 다음에서 보는 바와 같이 원고와 피고가 서로 독립하여 같은 결과에 이르렀을 가능성을 배제할 수 있을 정도로 '현저한 유사성'(striking similarity)이 있으면 의거 또는 복제행위를 추정할 수 있다고 본다.[65]

다. 현저한 유사성(striking similarity)

(1) 개 념

미국의 저작권 실무에서는, 원고 저작물과 피고 저작물 사이의 유사성이 실질적인 유사성을 넘어서서 '충분히 현저한 유사성'(sufficient striking similarity)을 가지고 있는 경우에는 따로 '접근'의 입증을 요하지도 않고 '의거'가 사실상 추정되는 것으로 보는 것이 일반적인 경향이다.[66][67] 따라서 원고와 피고 두 저작물 사이의 유사성은 그 정도에 따라 주관적 요건의 입증과 관련하여 두 가지 방향으로 작용을 한다. 즉, 주관적 요건인 복제행위의 존재를 입증하기 위하여서는 (1) '접근'(access)과 '유사성'(similarity)의 두 가지 간접사실을 입증하거나, (2) '현저한 유사성'(striking similarity)의 한 가지 간접사실을 입증하면 된다.

이때 양 저작물 사이의 유사성이 '접근'에 대한 입증을 요하지 않을 정도로 충분히 현저하다고 하기 위해서는, 그 유사성이 우연의 일치나 공통의 소재 등으로는 설명되기 어렵

먼저 만들어진 저작물의 변형 내지 변경이라고 인정되기 위하여는 첫째, 후에 저작물을 만든 자가 저작물을 만드는 과정에서 먼저 만들어진 저작물을 보거나 이용할 수 있는 상황이었는지 여부와, 둘째, 위 두 저작물이 외형상 객관적으로 보아 현저하게 유사한지의 여부 등을 종합적으로 판단하여야 한다"고 판시하였다.

65) 이성호, 저작권법의 체계와 주요 쟁점, 인권과 정의, 2005. 1월호, 통권 341호, 47면.

66) Nimmers on Copyright, *op. cit*, pp.13-24.

67) 다만, 뒤의 '음악저작물'에 대한 부분에서 보는 바와 같이, 미국 저작권 판례 중에는 음악저작물과 관련하여서는 '현저한 유사성'만으로 주관적 요건인 복제행위의 존재를 추정하는 것을 엄격하게 제한하는 것이 있다는 점에 주의를 요한다. 그 예로서, Selle v. Gibb, 741 F.2d 896, 223 U.S.P.Q. 195(7th Cir. 1984) 판결을 들 수 있다.

고, 오직 피고의 저작물이 원고의 저작물에 의거한 것에 의해서만 설명될 수 있는 정도의 것이어야 한다.[68][69] 물론 위와 같은 추정은 피고가 자신의 저작물이 '독립적으로 창작된'(independently created) 것임을 입증함으로써 번복시킬 수 있다.[70]

이처럼 원고와 피고 두 저작물 사이의 유사성은 주관적 요건의 판단에 있어서도 중요한 요소 중 하나이다. 그러나 이때의 유사성은 저작권침해의 두 번째 요건인 객관적 요건에서 요구되는 실질적 유사성과는 논리적으로 분리되어야 하는 것이고, 주관적 요건에 있어서의 유사성 판단이 객관적 요건의 유사성 판단에 영향을 미쳐서는 안 된다는 점을 유의하여야 한다.

저작권침해의 객관적 요건에서 요구되는 두 저작물 사이의 실질적 유사성(또는 종속성)은 '표현'(expression)에 존재하여야 한다. 그러나 주관적 요건인 '의거' 또는 '복제행위'를 추정케 하는 간접사실로서의 '유사성' 및 '현저한 유사성'은 반드시 표현에 존재할 필요는 없다. 대법원 2014. 5. 16. 선고 2012다55068 판결은 "두 저작물 사이에 의거관계가 인정되는지 여부와 실질적 유사성이 있는지 여부는 서로 별개의 판단으로서, 전자의 판단에는 후자의 판단과 달리 저작권법에 의하여 보호받는 표현뿐만 아니라, 저작권법에 의하여 보호받지 못하는 표현 등이 유사한지 여부도 함께 참작될 수 있다"고 판시하여 이 점을 분명히 하고 있다.[71] 주관적 요건을 추정케 하는 현저한 유사성으로서 대표적인 것인 다음에서 보는 '공통의 오류'는 오히려 표현보다는 아이디어의 영역에 속하는 구체적 사실이나 정보 등에서 발견되는 경우가 많다.[72] 이와 같이 주관적 요건을 판단하기 위한 유사성과 객관적 요건을 판단하기 위한 유사성은 서로 구별되어야 한다. 이에 관하여는 뒤의 객관적 요건 부분에서 다시 살펴보기로 한다.

(2) 판 례

우리 대법원 판례 중에도 두 저작물 사이에 존재하는 현저한 유사성을 통하여 주관적 요건인 '의거'를 추정한 사례가 있다. 대법원 2014. 12. 11. 선고 2012다76829 판결은, "의거관계는 기존의 저작물에 대한 접근 가능성, 대상 저작물과 기존의 저작물 사이의 유사성이 인정되면 추정할 수 있고, 특히 대상 저작물과 기존의 저작물이 독립적으로 작성되어

---

68) Testa v. Janssen, 492 F. Supp 198, 208 U.S.P.Q. 213(WD. Pa. 1980) 참조.
69) Paul Goldstein, *op. cit.*, p. 7: 12 참조.
70) 이를 '독립제작의 항변'이라고 하며 높은 수준의 입증이 요구된다. Nimmers on Copyright, *op. cit.*, p.13-25 참조.
71) 대법원 2014. 7. 24. 선고 2013다8984 판결도 거듭 같은 취지의 판시를 하고 있어, 이는 우리 대법원의 확립된 입장인 것으로 보인다.
72) Paul Goldstein, *op. cit.*, p. 7: 13.

같은 결과에 이르렀을 가능성을 배제할 수 있을 정도의 현저한 유사성이 인정되는 경우에는 그러한 사정만으로도 의거관계를 추정할 수 있다"고 판시하였다. 또한 위에서 본 대법원 2014. 5. 16. 선고 2012다55068 판결도 같은 취지의 판시를 하고 있다.

(3) 공통의 오류

현저한 유사성의 대표적인 사례로 들 수 있는 것이 이른바 '공통의 오류'(common errors)와 '공통의 미적 오류'(common aesthetic miscues, 이를 '미학적 일탈'이라고도 한다)이다. 미국 판례에서는, 뒤에 만들어진 피고의 저작물에 먼저 만들어진 원고의 저작물과 공통되는 오류가 발견되면 그것으로써 '의거'가 사실상 추정된다고 한다.[73] 예컨대 원고의 저작물이 번역저작물인 경우에, 원고가 원문에 없는 부분을 창작하여 첨가한 부분이 피고의 번역물에 그대로 옮겨져 있는 것이 발견되는 경우[74]를 들 수 있다. 그리하여 업계에서는 이러한 추정을 받기 위해 지도 등의 저작물에 실재로는 존재하지 않는 작은 섬이나 개천을 그려 넣거나, 전화번호부에 가공의 전화번호를 포함시켜 두는 등 일부러 작은 오류를 포함시켜 두는 경우가 있다고 한다. 일본에서도 실제로 사전을 편집하면서 일부러 오자(誤字)를 집어넣거나 편집순서를 뒤바꿈으로써 나중에 의거에 대한 증거로 활용한 경우가 있었다. 즉, '용자완'(用字宛)이라는 원고의 한자 사전(총 수록 어구 43,200개)과 '실용자편람'(實用字便覽)이라는 피고의 한자 사전 사이에 저작권 침해여부가 문제로 된 사건에서는, 다음과 같은 점에 기초하여 의거 요건이 충족되었음을 인정하였다. 피고의 사전에는 원고 사전에 존재하지 않는 새로운 어구가 400개 정도이고, 반대로 원고 사전에 존재하는 것으로서 피고 사전에서 빠진 어구가 약 600개 정도인데, 피고 사전에만 있는 어구 중 4분의 3 정도가 사전의 앞부분 80면(전체 면수는 490면)에 집중되어 있다는 점, 원고는 원고 사전을 편집한 사람들의 이름을 사전 일부에 숨겨 놓았는데 이것이 피고 사전에 그대로 들어 있다는 점, 원고는 '熖れ'(いきれ), '利札'라고 표기하여야 할 어구를 '熖れ', '利礼'라고 표기하였는데 그것이 피고 사전에도 그대로 표기되어 있는 점, 원고 사전은 '탁점 없는 완전 50음 순서'에 입각하여 어구를 배열하는 것을 원칙으로 하였음에도 몇 가지 단어가 그 원칙과 달리 배열되어 있는데, 피고의 사전에도 동일한 단어에서 동일한 어긋나는 배열이 나타나고 있는 점 등에 비추어 의거 요건이 충족된다고 하였다.[75]

이러한 공통의 오류 또는 공통의 미적 오류는 저작권침해의 주관적 요건인 의거 또는

73) Nimmers on Copyright, *op. cit.*, pp.13-73.

74) 이른바 '꼬마철학자'사건에 대한 서울민사지방법원 1988. 3. 18. 선고 87카53920 판결에서 바로 이러한 경우에 대하여 피고가 주장하는 우연의 일치 가능성을 부정하였다.

75) 일본 나고야지방법원 1987. 3. 18. 선고 昭和 58년(ワ) 2939호 판결.

복제행위의 존재에 대한 추정력을 부여할 뿐이다. 따라서 저작권침해의 객관적 요건인 양 저작물 사이의 실질적 유사성은 별도로 판단되어야 한다. 예를 들어, 사실이나 정보 자체는 저작권법의 보호대상이 아니므로, 피고가 원고의 저작물에 포함된 정보를 자신의 저작물에 이용하면서 잘못된 정보까지 그대로 옮긴 경우, 공통의 오류의 존재에 의하여 주관적 요건인 의거 또는 복제행위가 추정될 수 있다. 그러나 이 경우에도 피고가 원고의 저작물에 존재하는 창작적 표현까지를 모방하지 않는 한 저작권침해가 되지 않는다. 따라서 위와 같은 공통오류의 존재가 바로 저작권침해 사실을 전적으로 추정하게 하는 것은 아니다.[76] 미국의 법원 실무에서는 이러한 공통의 오류가 '의거에 의한 복제' 없이 우연히 일어날 수 있는 경우에 해당하는지, 즉 독립적으로 일어날 수 있는 것인지 여부를 판단하기 위하여 통계전문가에 의한 증언을 채택하는 사례도 있다고 한다.[77]

공통의 오류가 보통 기능적 저작물 또는 사실적 저작물에서 많이 나타나는 것인데 반하여, '공통의 미적 오류'는 문예적, 가공적 저작물(fictional works)에서 주로 나타나는 것이다. 예를 들어 악곡의 일정 소절이 음악적으로 바람직하기 위하여서는 특정한 음(音)들의 조합이 필요한데, 원고와 피고의 음악저작물 모두에게서 그러한 음의 조합이 결여되어 있는 경우를 생각할 수 있다.[78] '공통의 미적 오류' 역시 그것이 우연의 일치나 공통의 소재 등으로 설명되기 어려운 경우에는 그 자체만으로 '의거'를 추정케 하는 간접사실이 될 수 있다. 그러나 사실적·기능적 저작물에서 발견되는 '공통의 오류'의 경우와는 달리 미국의 법원은 이러한 '공통의 미적 오류'가 그 자체만으로 '의거'를 추정케 하기에는 객관성 및 정확성이 떨어진다는 점을 인식하고 있다고 한다. 그래서 원고와 피고의 각 저작물에서 나타나는 공통된 '미적 오류'가 특정한 예술적 유행이나 변형적 기법에 의한 것은 아닌지 세심한 검토를 요한다고 하면서, 그러한 점을 판단하기 위하여 필요한 경우에는 전문가의 증언을 참조할 것을 요구하고 있다.[79][80]

76) 오승종·이해완, 전게서, 469면 참조.

77) Paul Goldstein, *op. cit.*, p. 7: 14.

78) Consolidated Music Publishers, Inc. v. Ashley Publications, Inc., 197 F. Supp.17, 19, 130 U.S.P.Q. 313(S.D.N.Y. 1961).

79) Paul Goldstein, *op. cit.*, p. 7: 14.

80) 서울고등법원 1995. 6. 22. 선고 94나8954 판결(지적재산권 판례집, 대한변리사회, 하권, 2748면): 이 판결은 '야망의 도시'라는 시나리오 작품과 '유산'이라는 텔레비젼 드라마 사이의 표절여부를 판단하면서, 두 저작물 모두 작품의 흐름과는 다소 무관하게 검도장면과 장검이 등장하고, 한국의 기업풍토와는 맞지 않게 주주총회를 기업탈취의 수단으로 묘사함으로써 다소 과장되고 얼마간 미흡한 전개를 하고 있으며, 주범이 총에 의하여 살해되는 비한국적이고 이국적인 처리수법을 쓰고 있다고 사실인정을 하고 있다. 이러한 부분도 일종의 공통의 '미적 오류'라고 볼 수 있을 것이다. 그러나 이 판결은 위와 같은 공통된 '미적 오류'를 인정하면서도, 전문감정인들의 감정결과에 의하면 이러한 공통성은 두 작가가 겪은 우리나라의 시대상황과 두 저작물의 시대배경의 동일성, 재벌총수의 돌연한 사망이라는 극적 동기

3. 추정의 번복

이상에서 본 바와 같이 저작재산권 침해의 주관적 요건인 의거 또는 복제행위는 '접근'과 '유사성'이라는 두 가지 간접사실에 의하여, 또는 '현저한 유사성'이라는 한 가지 간접사실에 의하여 추정될 수 있다. '접근'이라는 간접사실을 입증함에 있어서는 실제의 접근 사실을 입증하는 경우도 있고, '접근의 상당한 개연성'이 있었음을 보여주는 사실을 통하여 입증하는 경우도 있다. 그러나 이는 말 그대로 '추정'이기 때문에 반증에 의하여 뒤집어질 수 있음은 물론이다. 이때 피고의 입장에서 원고가 주장하는 사실의 존재를 다투거나 또는 그로 인한 추정의 효과를 뒤집기 위하여 반증을 제시하는 것은 소송상 부인(否認)에 해당하게 된다.[81)]

우선 접근과 관련하여서는, 예를 들어 원고의 저작물이 피고가 접할 수 있는 매체를 통하여 널리 전파되지 아니하였다는 점을 입증하거나, 또는 원고가 자신의 저작물을 피고가 근무하는 회사에 제출한 적이 있다는 점을 입증하였을 경우, 원고로부터 직접 저작물을 제출받은 사람이 피고의 작품활동과는 전혀 무관한 위치에 있었다는 점을 입증함으로써 '접근'을 부인하고, 나아가 의거 또는 복제행위의 추정을 번복시킬 수 있을 것이다.[82)]

다음으로 두 저작물 사이의 유사성과 관련하여서는, 원고 저작물이 아닌 그와 유사한 제 3 의 저작물이 있고 피고는 그 제 3 의 저작물로부터 차용한 것임을 입증한다든가, 피고가 원고보다도 더 먼저 자신의 저작물을 창작하였다는 증거, 또는 적어도 원고가 먼저 저작물을 창작하였다고 하는 주장에 의문을 가지게 하는 증거를 제출함으로써 유사성에 기한 의거 또는 복제행위의 추정을 번복시킬 수 있다. 또한 피고가 원고보다 먼저 저작물을 창작한 것이 아니라 하더라도, 피고가 그의 저작물을 원고의 저작물과 무관하게 독립적으로 창작하였다는 것을 보여주는 증거가 있을 때에도 의거 또는 복제행위의 추정을 깨뜨릴 수 있다. 여기서 '독립적인 창작'(independent creation)에 관한 입증은 직접적인 증거에 의하여 할 수 있음은 물론, 추정적인 증거에 의해서도 할 수 있다.[83)]

의거 또는 복제행위를 추정케 하는 간접사실로서의 '현저한 유사성'은 독립적인 창작의 가능성을 부정할 수 있을 정도의 현저한 유사성을 말한다. 그렇다면 현저한 유사성의

구성의 일치, 한국적 기업풍토의 도식적 면면의 공통성, 추리기법 동원의 동일성, 젊은이들의 비슷한 언어행동과 세계관 등 동일 내지 유사한 작의로서 구상 전개되어진 두 저작물간의 공통점 등이 중첩되어 짐으로써 빚어진 우연의 일치로 볼 여지가 있다고 하여 저작권침해를 부정하였다.

81) 원고의 주장사실을 뒤집기 위하여 원고 주장과 양립되지 않는 사실을 적극적으로 진술한다는 점에서 간접부인(적극부인)에 해당하게 된다.

82) 이성호, 전게논문, 49면.

83) 상게논문, 49-50면.

입증과 그로 인한 추정을 번복시키기 위한 반증으로서의 독립적인 창작의 입증은 서로 표리의 관계에 있고, 따라서 별개로서가 아니라 통합적으로 판단될 경우가 많다. 미국 제2항소법원의 Gaste v. Kaiserman 판결[84]에서는, "현저한 유사성은 그 자체만으로 (접근에 대한 입증 없이도) 복제행위의 추정을 가능하게 하지만, 이때의 추정은 모든 증거에 비추어 합리적으로 이루어져야 하며, 모든 증거를 전체적으로 판단해 보았을 때 '독립적인 창작의 합리적인 가능성'(reasonable possibility of independent creation)을 배척할 수 있을 정도의 현저한 유사성이 존재하지 않는 한 섣불리 의거(복제)행위를 추정하여서는 아니 된다"고 판시하고 있다.

Ⅲ. 객관적 요건 – 부당한 이용(improper appropriation)

1. 서 설

가. 개 념

저작권침해를 인정하기 위한 객관적 요건으로는 피고가 원고의 저작물을 부당하게 이용하였을 것이 필요하다. 여기서 '부당하게 이용'한다는 것은 악의 또는 고의에 의한 이용행위처럼 이용하는 행위인 '동작'(動作)이 부당한 경우를 말하는 것이 아니라, 이용에 의하여 나타난 '결과'(結果)가 법이 허용하기 어려운 부당한 정도에 이르렀음을 의미한다. 즉, 부당이용에 있어서의 '부당'은 '동작'의 의미가 아니라 '결과' 또는 '정도'의 의미라고 새겨야 하는 것이다. Goldstein 교수는 부당이용을 입증하기 위해서는 (1) 피고가 원고의 저작물 중 '보호받는 표현'(protected expression)을 이용하였을 것과, (2) 일반 청중이 원고의 저작물 중 보호받는 표현과 피고의 저작물 사이에 실질적 유사성이 있음을 인식할 것 등 두 가지 사실을 입증하여야 한다고 하였다.[85] 또는 이 두 가지 사실을 합하여, 부당이용이 성립하기 위해서는 원고 저작물과 피고 저작물 중 저작권으로 보호될 '창작적 표현 부분에 있어서 실질적 유사성'(substantial similarity in protected expression)이 있어야 한다고 설명하는 견해도 있다.[86] 그리고 이와 같은 실질적 유사성의 존재여부를 창작적 표현의 도용이 있었는지 여부를 판단하기 위한 '실용적 기준'으로 파악하기도 한다.[87]

---

84) Gaste v. Kaiserman, 863 F.2d 1061, 9 U.S.P.Q.2d 1300(2d Cir. 1988).
85) Goldstein, *op. cit.*, pp. 7-21.
86) 박익환, 판례평석: 만화저작권 침해와 구제, 지적재산권법상의 제문제, 세창출판사, 2004, 593면.
87) 정상조, 창작과 표절의 구별기준, 서울대학교 법학, 제44권 제1호, 2003, 107면.

실질적 유사성을 저작재산권 침해의 객관적 요건 그 자체로 이해하는 경우를 종종 보게 되는데, 이는 우리나라 저작권침해 판례 중에 "저작권침해가 되기 위해서는 두 저작물 사이에 실질적 유사성이 있어야 한다"는 판시가 자주 보이기 때문인 것에도 그 원인이 있는 것 같다. 그러나 실질적 유사성은 저작재산권 침해의 요건이라기보다는 저작재산권 침해의 객관적 요건인 부당이용을 판단하는 하나의 기준 또는 판단자료라고 보는 것이 더 정확하다.

부당이용의 판단을 위한 표준적인 방법으로 위 (1)의 요건과 관련하여서는, 피고가 단지 보호받지 못하는 요소를 이용한 것에 불과한 것이 아니라는 점을 입증하기 위하여, 우선 두 저작물을 분해하여 보호되는 표현과 보호되지 않는 아이디어로 구분해 내는 작업이 필요하며, 위 (2)의 요건의 판단을 위하여서는, 원고가 목표로 하였던 독자나 청중 등 일반 수요자가 피고의 저작물을 먼저 읽거나 듣는 등 감상을 하게 되면, 원고의 저작물을 감상할 욕구를 상실하게 될 것이라는 점을 입증하여야 한다고 한다.[88] 그러나 이러한 견해에는 다소 의문이 있다. 2차적저작물의 경우 원저작물의 본질적 특성을 감득할 수 있기 때문에 대부분의 2차적저작물은 원저작물의 시장적 수요를 대체하는 관계에 있는 것은 사실이다. 따라서 2차적저작물작성권 침해여부를 판단하기 위하여, 원고와 피고 두 저작물 사이에 실질적 유사성이 있는지 여부를 검토함에 있어서는, 두 저작물이 '시장적 경쟁관계'에 있는지 여부를 판단의 자료로 하는 경우가 많다. 그러나 모든 2차적저작물이 원저작물과 시장적 경쟁관계에 있는 것은 아니다. 예를 들어, 애니메이션 영화(원저작물)와 그 영화에 등장하는 주인공 캐릭터를 소재로 한 인형(2차적저작물)은 시장적 경쟁관계에 있지 않다. 즉, 그 캐릭터 인형을 먼저 감상하였다고 하여 원저작물인 애니메이션 영화에 대한 감상 욕구를 상실하게 되지는 않는 것이다. 따라서 위 견해는 일면 타당하지만, 그에 제시된 판단 방법은 모든 경우에 있어서 적용될 것은 아니다.

나. 동일성과 실질적 유사성

저작재산권 침해를 인정하기 위한 객관적 요건의 판단기준으로는 '실질적 유사성' 외에 '동일성'도 생각할 수 있다. 동일성과 실질적 유사성은 개념적으로 구별이 되고, 동일성(완전 동일과 실질적 동일을 포함한다)이 인정되는 경우에는 복제권 침해가 된다. 한편, 원고와 피고 저작물 사이에 실질적 유사성이 인정되는 경우에는 사안에 따라서 복제권 침해가 될 수도 있고, 2차적저작물작성권의 침해가 될 수도 있다. 예를 들어, 다음에서 보는 부분적·문자적 유사성에 의한 종속성이 인정되는 경우에는 해당 부분에 대한 복제권 침해가 될

88) 이성호, 전게논문, 50면; 박익환, 전게논문, 595면.

가능성이 높을 것이고, 포괄적·비문언적 유사성에 의한 종속성이 인정되는 경우에는 2차적저작물작성권 침해가 될 가능성이 높을 것이다.

흔히 실질적 유사성을 종속성이라고 말하는 경우도 있고, 또 실질적 유사성과 동일성을 포괄하여 종속성이라고 부르는 경우도 있다. 그러나 종속성은 실질적 유사성, 그 중에서도 2차적저작물작성권 침해가 되는 경우에 있어서의 실질적 유사성을 의미하는 것으로 보는 것이 개념적으로는 타당하다고 생각된다. 왜냐하면 종속성이라는 것은 주된 저작물과 종된 저작물의 두 개의 서로 다른 저작물의 존재를 전제로 하는 것인데, 두 저작물 사이에 동일성(실질적 동일성을 포함)이 있다면 그것은 두 개의 저작물이 아니라 실은 하나의 저작물이라고 보아야 하기 때문이다. 다시 말해서 피고가 피고 자신의 이름으로 출판한 소설이 원고의 소설과 동일한 것이라면, 피고의 소설책은 원고의 소설책과 유체물인 책이 다를 뿐이지 두 책에 내재되어 있는 무체물인 저작물은 누구의 이름으로 출판되었든 상관없이 여전히 단일한 저작물이라고 보아야 한다. 따라서 그 경우에는 주된 저작물과 종된 저작물의 개념을 따질 수도 없는 것이다. 우리나라 대법원 판례 중에서도, "피해자의 저작이 원저작물과의 관계에 있어서 이것을 토대로 하였다는 의미에서의 종속성을 인정할 수 있어 소위 2차적저작물에 해당한다"라고 판시함으로써 2차적저작물의 인정과 관련하여 '종속성'이라는 용어를 사용하고 있는 것이 있다.[89)]

다만, 복제권 침해가 되거나 2차적저작물작성권 침해가 되거나, 어느 경우에든 하나만 인정이 되면 저작권침해가 되는 것은 마찬가지이다. 그렇기 때문에 저작재산권 침해를 판단함에 있어서 동일성과 실질적 유사성(종속성)을 구별하거나 그 경계선을 확정할 실익은 없다는 견해도 있다.[90)] 그러나 복제권과 2차적저작물작성권은 저작재산권의 지분권 중 하나로서 이들은 각각 분리하여 양도될 수 있다.[91)] 따라서 복제권과 2차적저작물작성권이 각각 분리되어 양도되거나, 저작자가 제 3 자에게 복제권만 양도하고 2차적저작물작성권은 여전히 보유하고 있는 경우도 있을 수 있다.[92)] 이 경우에는 복제권과 2차적저작물작성권이 서로 다른 사람에게 귀속되게 되므로, 저작재산권 침해와 관련하여 복제권과 2차적저작물작성권을 구분하는 것은 침해에 대한 구제를 받을 자, 즉 침해소송의 원고가 누가 되느냐

---

89) 대법원 1995. 11. 14. 선고 94도2238 판결.

90) 田村善之, 著作權法講義ノート 5, 發明 92권 8호, 97면.

91) 저작권법 제45조 제 1 항은, "저작재산권은 전부 또는 일부를 양도할 수 있다"고 하여 각각의 지분권의 분리 양도가 가능하다는 것을 규정하고 있다.

92) 저작권법 제45조 제 2 항은, "저작재산권의 전부를 양도하는 경우에 특약이 없는 때에는 2차적저작물을 작성하여 이용할 권리는 포함되지 아니한 것으로 추정한다"고 규정하고 있으므로, 저작재산권 전부를 양도한 경우에도 특약이 없는 한 2차적저작물작성권은 여전히 원래의 저작자에게 남아 있는 것으로 추정된다. 다만, 프로그램의 경우 특약이 없는 한 2차적저작물작성권도 함께 양도된 것으로 추정한다.

를 결정짓는 중요한 기준이 된다. 또한 소송법적인 관점에서 볼 때, 원고가 복제권 침해와 2차적저작물작성권 침해 중 어느 한쪽만을 주장하고 있는 경우, 그 주장 내용에 따라 근거가 되는 법조문이 달라지므로 변론주의의 적용을 받게 된다. 따라서 원고가 주장하는 지분권의 침해가 인정되지 않는 한 청구기각의 판결이 내려지게 되고, 주장하지 아니한 지분권에 대한 판단은 필요가 없게 된다. 이러한 의미에서—앞에서 본 바와 같이 실질적 유사성이 인정되는 경우라 하더라도 복제권 침해가 되는 경우도 있을 수 있지만—복제권 침해냐 2차적저작물작성권 침해냐를 구분하는 기준으로서 동일성과 실질적 유사성을 구분하고 그 경계선을 확정할 실익은 분명히 있다고 할 것이다.[93]

그러나 동일성이 인정되는 이른바 데드카피(dead copy)의 경우 저작권 침해여부는 누구라도 비교적 손쉽게 판단할 수 있는 것이기도 하다. 따라서 저작권 침해여부가 다투어지는 경우는 대부분 피고가 원고의 저작물을 그대로 복제하는 경우, 즉 동일성이 인정되는 경우가 아니라 실질적 유사성의 인정여부가 쟁점이 되는 경우이다. 예를 들어 피고가 원고의 저작물 중 일부만을 이용하거나 원고 저작물의 내부적 표현 또는 기본적·전체적인 토대나 구조만을 가져다 이용한 경우, 그리고 거기에다가 피고 자신의 표현이나 독창성을 어느 정도 가미함으로써 변형을 하는 경우이다. 그렇기 때문에 저작권침해가 다투어지는 대부분의 사건에서 주된 쟁점이 되는 것은 실질적 유사성의 존재여부라고 할 수 있다.

다. 객관적 요건의 역할

저작재산권 침해의 주관적 요건인 의거(복제)가 인정된다고 하더라도 그 복제된 부분이 원고 저작물 중에서 저작권으로 보호받지 못하는 부분에만 해당한다거나, 원고의 저작물 중 저작권으로 보호될 창작적 표현이 복제되기는 하였지만 그 정도가 사소한 경우에는 저작재산권의 침해가 인정되지 않는다.[94] 그 과정에서 객관적 요건의 판단기준인 실질적 유사성의 법리가 적용됨으로써 원고 저작물의 과대보호를 방지하게 된다. 다른 한편으로 실질적 유사성은 저작권으로 보호되는 부분이 그대로 베껴진 경우만을 침해로 한정하지 않고, 부당이용을 위장하기 위한 그럴듯한 변형행위에 대하여서도 침해의 책임을 지움으로써 원고 저작물의 과소보호를 막는 역할도 한다.[95]

그러나 '실질적 유사성'이라는 용어 자체가 불확정개념으로서 어떤 경우에 '실질적 유

---

93) 西田美昭, 전게서, 125-126면.

94) 대법원 1998. 7. 10. 선고 97다34839 판결에서는, "어떤 저작물이 기존의 저작물을 다소 이용하였다 하더라도 기존의 저작물과 실질적인 유사성이 없는 별개의 신 저작물이 되었다면 이는 창작으로서 기존의 저작물의 저작권을 침해한 것이 되지 아니한다"고 판시하고 있다.

95) 박익환, 전게논문, 593면.

사성'이 있다고 볼 것이냐 하는 문제는 저작권법 실무에서 가장 어려운 문제 중 하나이다. 그리고 이러한 어려움이 결국 저작권 침해사건의 예측곤란성을 야기하고 법적 안정성을 해치는 결과를 가져오고 있다.96) 두 저작물이 서로 전혀 유사하지 않은 경우와 문자 그대로 똑같은 경우 사이의 어딘가에 실질적 유사성의 경계가 있음은 분명한데, 그 경계를 어떻게 찾아낼 것인가?97) 이것은 어차피 모호성을 피할 수 없는 문제이긴 하지만, 그렇다고 단순히 '구체적·개별적 판단'에 의존할 수밖에 없다고 하는 것만으로는 문제해결에 전혀 도움이 되지 않는다. 결국 실질적 유사성의 선을 긋는데 유용한 지침들을 저작권법의 원리로부터 찾아내야만 하고, 이는 판례와 학설에 맡겨져 있다고 할 것이다.

라. '실질적 유사성'과 '본질적 특징의 감득성'

일본 판결, 특히 일본 최고재판소 판결에서는 2차적저작물작성권 침해가 되기 위한 요건으로서 '실질적 유사성'이라는 개념보다는 '(표현상의) 본질적 특징을 직접 감득할 수 있을 것'을 요구하고 있음을 볼 수 있다. 즉, 어떤 저작물을 기초로 작성한 저작물로부터 그 기초로 된 저작물의 표현형식에 있어서의 본질적인 특징을 직접 감득할 수 있다면, 그 저작물은 기초로 된 저작물의 2차적저작물이라는 것이다.98)

우리나라 하급심 판결을 보면 일명 '행복은 성적순이 아니잖아요' 사건을 비롯하여 원저작물과 2차적저작물의 관계를 인정하기 위하여서는 두 저작물 사이에 '실질적 유사성'이 있어야 한다고 한 것이 비교적 많다.99) 그러나 '애마부인' 사건의 판결처럼 본질적 특징을 직접 감득할 수 있어야 한다고 판시한 사례도 있다.100)

---

96) Nimmers on Copyright, *op. cit.*, pp. 13-15에서는 실질적 유사성에 관하여 다음과 같이 언급하고 있다. 즉, "무시할 수 있을 정도의 또는 사소한 유사성만 가지고는 실질적인 유사성이라고 볼 수 없고 따라서 저작권침해를 인정할 수 없다는 것은 명백하다. 그러나 어느 두 작품이 문자적으로는 완전히 동일하지 않다고 하더라도 저작권침해를 인정할 정도로 실질적으로 유사할 수는 있는 것이다. 그러므로 이 문제는 하나의 경계선을 긋는 것과 같다. 유사성이 존재하지 않는 한쪽의 극단과 완전히 문자적으로 동일한 다른 한쪽의 극단 사이에 실질적 유사성의 경계를 긋는 선이 존재하는 것이다"라고 하였다.

97) Nimmers on Copyright, *op. cit.*, 13.03A, at pp.13-28; Sarah Brashears-Macatee, Total Concept and Feel or Dissection?: Approaches to the Misappropriation Test of Substantial Similarity, 68 Chi.-Kent. L. Rev. 913, p. 2.

98) 일본 최고재판소 1980. 3. 28. 선고 昭和 51(オ) 923 판결(民集 제34권 제3호, 244면, 著作權判例百選, 別冊, ジュリスト, No. 128, 140면) – 일명 '사진 몽타주 사건' 판결.

99) 서울민사지방법원 1990. 9. 20. 선고 89가합62247 판결, 하급심판결집 1990-3, 267면. 이 판결에서는 "어떤 저작물이 원작에 대한 2차적저작물이 되기 위해서는 단순히 사상(idea), 주제(theme)나 소재가 같거나 비슷한 것만으로는 부족하고, 두 저작물 간에 실질적 유사성(substantial similarity), 즉 사건의 구성(plot) 및 전개과정과 등장인물의 교차 등에 공통점이 있어야 한다"고 판시하고 있다.

100) 서울고등법원 1991. 9. 5.자 91라79 결정, 하급심판결집 1991-3, 262면. – 일명 '애마부인' 사건. 이 판

미국 판례에서 사용하는 '실질적 유사성'이라는 개념과 일본 판례에서 사용하는 '본질적 특징의 감득성'이라는 개념은 두 가지 모두 저작재산권 침해의 객관적 요건을 판단하는 기준으로서의 역할을 한다. 일본의 中山信弘 교수는 저작재산권 침해가 성립하기 위한 객관적 요건으로서 유사성(실질적 유사성)이 필요하다고 하면서, 이때의 유사성은 저작권법적인 평가를 포함한 의미에서의 유사성을 말하는 것으로서, 원저작물의 표현상의 본질적인 특징을 직접 느끼고 인지할 수 있도록 하는 것이라는 특수한 의미이므로, '실질적 유사성'과 '본질적 특징의 감득성' 중 어떤 용어를 하더라도 다를 바 없으며, 이는 용어의 선택 문제에 지나지 않는다고 한다.101) 위 '애마부인' 사건 판결은 하나의 판결에서 두 가지 개념을 동시에 사용하고 있다. '실질적 유사성'과 '본질적 특징의 감득성'의 구체적인 내용과 판단 방법에 대하여는 뒤에서 상세하게 살펴보기로 한다.

2. 유사성의 두 형태

저작물 사이의 유사성에는 Nimmer 교수가 지적하고 있는 바와 같이 두 가지 서로 다른 형태의 유사성이 있음을 염두에 둘 필요가 있다. 즉, '포괄적·비문언적 유사성'(comprehensive nonliteral similarity)과 '부분적·문언적 유사성'(fragmented literal similarity)이다.102) 이러한 두 가지 유사성의 구별은 특히 어문저작물에 있어서 확연하게 드러난다. 후자가 원고의 작품 속의 특정한 행이나 절 또는 기타 세부적인 부분이 복제된 경우임에 대하여, 전자는 피고가 원고의 작품 속의 근본적인 본질 또는 구조를 복제함으로써 원, 피고의 양 저작물 사이에 비록 문장 대 문장으로 대응되는 유사성은 없어도 전체로서 포괄적인 유사성이 있는 경우를 말한다. 저작권의 보호는 저작물의 텍스트에 문자적으로 한정될 수 없으므로(그렇지 않다면 표절자는 문장 표현만 이리저리 바꾸는 사소한 변형에 의해 쉽게 저작권침해의 책임으로부터 빠져나갈 수 있을 것이다), 전자의 포괄적 유사성의 경우도 저작권침해를 구성하는 '실질적 유사성'에 해당하여야 하는 것이다.

부분적·문언적 유사성의 경우는 말 그대로 '문언적' 유사성을 의미하므로 그 유사한 부분이 양적인 상당성을 충족하는가 하는 것이 가장 중요한 기준이 된다. 그렇지만 '양'에

결에서는 "원저작물과 2차적저작물의 관계를 인정할 만한 본질적인 특징 자체를 함께 하고 있다고 볼 수 없으므로 영화 '애마부인 5'는 소설 '애마부인'과는 실질적 유사성이 없는 별개의 저작물이라 할 것"이라고 판시하여, 2차적저작물 성립의 판단기준으로서 실질적 유사성과 본질적 특징의 감득 가능성 두 가지를 혼용하고 있다.

101) 中山信弘, 著作權法, 법문사(2008), 410면.

102) 이하 Nimmers on Copyright, *op. cit.*, pp. 199-201 참조.

있어서는 소량이 인용되었더라도 그것이 '질'의 측면에서 중요한 부분이면, 실질적 유사성을 인정할 수 있는 경우도 있다. 따라서 부분적·문언적으로 유사한 부분이 어느 정도의 분량이면 실질적 유사성이 인정된다고 하는 명확한 기준을 제시할 수는 없다.

예컨대, 음악저작물의 경우 하나의 음표에 한정된 유사성으로는 충분하지 않다고 말할 수는 있을 것이나,[103)] 세 소절을 무단 복제하는 것은 저작권침해를 구성하지 않는다고 단언할 수는 없다.[104)] 문학의 영역에서는 일반적으로 한 개 문장의 문언적 유사성만으로는 실질적 유사성의 요건을 충족하지 못할 것이나,[105)] 그것도 일률적으로 단정할 수는 없고, 구체적인 경우에 그 문장이 작품 전체에서 차지하는 비중, 창작성의 정도, 길이 등을 종합적으로 고려하여 판단하여야 한다.[106)]

이러한 점에 비추어 볼 때 '실질적 유사성'이란 결국 유사성(이때의 유사성은 부분적·문언적 유사성과 포괄적·비문언적 유사성을 포괄하는 의미에서의 유사성이다)의 정도(extent of similarity)에 대한 문제라고 할 수 있을 것이다. 즉, 어느 정도의 유사성이 있어야 실질적 유사성이 있다고 판단할 수 있느냐의 문제이다. 두 저작물 사이에 존재하는 유사성이 실질적 유사성의 정도에 이르기 위하여서는 그 유사성이 '경미하거나 사소한 유사성'(slight or trivial similarity)의 정도를 넘어서야 한다. 그러나 그렇다고 하여 두 저작물이 문자적으로 동일(literally identical)할 것을 요구하는 것은 아니다. Nimmer 교수는 저작물로 성립하기 위한 요건인 창작성(originality)의 기준과 실질적 유사성의 기준을 혼동하여서는 안 된다고 하면서, 원작에 대하여 식별할 수 있는 정도의 변형(distinguishable variation)을 가하는 것만으로도 창작성의 요건을 충족할 수 있지만, 그러나 그러한 식별할 수 있는 정도의 변형이 행하여졌다는 사실만으로 저작권침해의 요건인 실질적 유사성이 상실되었다고는 말할 수 없다고 하였다.[107)]

3. 주관적 요건과 객관적 요건에서의 '유사성'의 구별

앞에서 본 바와 같이 주관적 요건인 의거 또는 복제행위는 주로 피고가 원고의 저작물에 접근할 수 있었다는 사실과 두 저작물 사이에 '유사성'이 있다는 사실의 두 가지 간

---

103) McDonald v. Multimedia Enter. Inc., 20 U.S.P.Q.2d 1373(S.D.N.Y. 1991).

104) Baxter v MCA, Inc., 812 F.2d 421, 425(9th Cir. 1987) cert. denied, 484 U.S. 954(1987): Robertson v. Batten, Barton, Durstine & Osborn, Inc., 146 F. Supp.795(S.D. Cal. 1956)(두 소절의 복제가 저작권침해를 구성한다고 판시하였다.)

105) 예컨대, Jackson v. Washington Monthly Co., 481 F. Supp.641(D.D.C. 1979) 판결은 단지 두 문장의 복제는 저작권침해를 구성하지 아니한다고 판시하였다.

106) 이상 Nimmers on Copyright, *op. cit.*, pp. 13-50 참조.

107) *Ibid.*, pp. 13-30.3, 30-4.

접사실에 의하여 추정되는 경우가 보통이다. 그런데 객관적 요건에서도 두 저작물 사이의 '실질적 유사성'을 요구한다. 그렇다면 주관적 요건에서의 유사성과 객관적 요건에서의 실질적 유사성은 서로 다른 것인가? 다르다면 어떻게 다른 것인가? 결론적으로 이 두 가지 유사성은 엄격히 구분되어야 한다. 주관적 요건에서의 유사성은 창작적 표현에 있어서의 유사성은 물론이고 그 밖의 창작성이 없는 표현, 즉 남에게서 빌려온 표현과 표현의 영역에 속하지 않는 부분, 예를 들어 아이디어에 속하는 부분에 있어서의 유사성까지를 포함하는 개념이다. 즉, 주관적 요건에서 요구하는 두 저작물 사이의 유사성이라 함은 굳이 창작적 표현에 있어서의 실질적 유사성에 한정되는 것은 아니다. 또한 그 유사성이 '실질적'인 정도에 이르러야만 주관적 요건을 충족하는 것이 아니라, 아주 사소한 유사성이라 하더라도 그 유사성이 독립창작이라면 나올 수 없는 성질의 유사성(예를 들어 공통의 오류)이라면 주관적 요건의 충족을 추단케 하는 유사성이 된다. 그러나 객관적 요건에서의 실질적 유사성은 저작권의 보호를 받는 부분인 '창작적 표현'(original expression)에 있어서의 '유사성'을 의미하는 것이며, 질적으로 또는 양적으로 사소한 정도를 넘어서서 '실질적'인 정도에 이르러야 한다.

이와 같이 주관적 요건에 있어서의 유사성과 객관적 요건에서의 실질적 유사성은 구분되어야 하는데, 같은 용어를 사용함으로써 혼란을 일으키는 경우가 있다. 특히 Nimmer 교수의 경우 저작권침해의 요건을 (1) 원고에게 저작권이 있을 것과 (2) 피고의 복제행위가 있을 것 두 가지로 나누면서, 그 중 (2)의 요건을 접근과 실질적 유사성의 존재에 의하여 추정케 할 수 있다고 하고 있고, Chisum 교수도 이와 비슷한 방식으로 저작권 침해이론을 전개하고 있다. 그런데 이러한 이론구성에 따를 경우 주관적 요건에서의 유사성이 객관적 요건에서의 실질적 유사성 판단에 포함되어 버릴 우려가 있고, 그 경우 두 유사성 사이에 혼동이 일어날 가능성은 더욱 높아진다. 이런 우려 때문에 객관적 요건에 있어서의 실질적 유사성과 구별하기 위하여 주관적 요건에 있어서의 유사성을 '증명적 유사성'(probative similarity)으로 용어를 달리하여 사용하여야 한다는 논의도 있고,[108] Nimmer 교수도 이러한 견해에 대하여 긍정적으로 평가하고 있다.[109]

일본의 학설 중에도 이러한 맥락에서 주관적 요건인 의거 요건을 판단하기 위한 유사성과 객관적 요건인 종속성을 판단하기 위한 유사성을 구분하여 설명하는 견해가 있다. 즉, 의거의 판단기준으로서의 유사성에는 오자(誤字)나 탈자(脫字) 등이 동일한 경우와 같이

108) Latman, '*Probative Similarity*' *as Proof of Copying: Toward Dispelling Some Myths in Copyright Infringement*, 90 Colum. L. Rev. 1187(1990).

109) Nimmers on Copyright, *op. cit.*, pp. 13-12.

지엽말단적인 점에 있어서의 유사성도 포함되나, 객관적 요건인 종속성의 판단기준으로서의 유사성은 "기존의 저작물의 내용 및 형식을 감지할 수 있을 정도의 유사성"이 있는가 여부에 의하여 판단하여야 한다는 것이다. 그러면서 의거 요건의 판단기준으로서의 유사성과 종속성 요건의 판단기준으로서의 유사성은 서로 구별되어야 할 것임에도, 실제 일본의 판결에서는 두 가지 유사성을 함께 판단하는 경우가 많은데, 논리적으로는 이를 구분하여야 한다고 주장한다.[110]

우리나라 대법원 2007. 3. 29. 선고 2005다44138 판결은, "대상 저작물이 기존의 저작물에 의거하여 작성되었는지 여부와 양 저작물 사이에 실질적 유사성이 있는지 여부는 서로 별개의 판단으로서, 전자의 판단에는 후자의 판단과 달리 저작권법에 의하여 보호받는 표현뿐만 아니라 저작권법에 의하여 보호받지 못하는 표현 등이 유사한지 여부도 함께 참작될 수 있다. 따라서 대상 동화가 이 사건 소설에 의거하여 작성되었는지 여부를 판단함에 있어서 저작권법에 의하여 보호받지 못한 표현 등의 유사성을 참작할 수 있다고 하더라도, 양 저작물 사이의 실질적 유사성여부를 판단함에 있어서도 동일하게 그와 같은 부분 등의 유사성을 참작하여야 하는 것은 아니다."라고 판시하였다. 이러한 판시는 저작재산권 침해의 주관적 요건인 '의거' 판단에서의 유사성과 객관적 요건 판단에서의 '실질적 유사성'은 서로 별개의 것으로서 구분되어야 한다는 점을 분명히 한 것으로서, 저작재산권 침해의 요건론과 관련하여 진일보한 판결로 평가될 수 있다.[111] 그 후 대법원 2014. 1. 29. 선고 2012다73493(본소), 73509(반소) 판결에서도 같은 취지의 판시를 한 바 있고, 이러한 법리는 이제 대법원 판결의 확고한 흐름으로 자리를 잡은 것으로 보인다.

---

110) 光石俊郎, 전게서, 302면.

111) 이 사건에서 문제로 된 저작물은 '당나귀 귀'라는 제목의 프랑스어 원작소설을 우리말로 번역한 번역저작물이었다. 대법원은, "번역저작물의 창작성은 원저작물을 언어체계가 다른 나라의 언어로 표현하기 위한 적절한 어휘와 구문의 선택 및 배열, 문장의 장단 및 서술의 순서, 원저작물에 대한 충실도, 문체, 어조 및 어감의 조절 등 번역자의 창의와 정신적 노력이 깃들은 부분에 있는 것이고, 그 번역저작물에 나타난 사건의 전개, 구체적인 줄거리, 등장인물의 성격과 상호관계, 배경설정 등은 경우에 따라 원저작물의 창작적 표현에 해당할 수 있음은 별론으로 하고 번역저작물의 창작적 표현이라 할 수 없으므로, 번역저작권의 침해여부를 가리기 위하여 번역저작물과 대상 저작물 사이에 실질적 유사성이 있는가의 여부를 판단함에 있어서는 위와 같은 번역저작물의 창작적인 표현에 해당하는 것만을 가지고 대비하여야 한다"고 하였다. 따라서 원작소설의 창작적 표현일 뿐, 번역자에 의하여 새롭게 부가된 창작적인 표현이 아닌 부분의 유사성을 이유로 양 저작물 사이에 실질적 유사성이 있다고 할 수 없다고 하였다.

Ⅳ. 소 결

다른 법률에 있어서도 마찬가지이겠지만 저작권 분야에 있어서도 '요건'을 확정하기 위해서는 우선 개념의 '정의'가 분명하게 되어 있어야 한다. 확정된 '정의'로부터 그 정의에 부합하기 위한 공통분모로서의 '요건'이 추출되고, 그러한 '요건'을 갖추었을 때 법률적인 '효과'가 발생하기 때문이다. 저작재산권 침해에 있어서도 마찬가지라고 할 수 있다. 먼저 저작재산권 침해가 무엇을 의미하는 것인지, 그 개념 '정의'가 명확하게 이루어져야 그에 기초하여 저작재산권 침해의 '요건'이 확정되고, 그러한 요건을 갖추었을 때 저작재산권 침해로 인한 법률효과로서 침해의 정지청구(저작권법 제123조)라든가 손해배상청구(저작권법 제125조) 등 민사상의 구제 및 형사상의 구제(저작권법 제136조 등)를 받을 수 있게 된다.

그런데 저작재산권의 침해, 그 중에서도 본 장에서 검토하고 있는 침해자의 '작성' 행위를 전제로 하고 있는 복제권 및 2차적저작물작성권의 침해에 대하여는 그 개념 정의가 확립되어 있지는 않다. '복제권 침해'의 개념 정의만 보더라도 일본에서는 이를 '저작권법상의 정의'와 '판례에 나타난 정의'로 구분하여 설명하는 견해가 있다. 즉, 일본 저작권법도 우리 저작권법과 마찬가지로 복제의 개념을 "인쇄, 사진, 복사, 녹음, 녹화 기타의 방법으로 유형적으로 재제하는 것"이라고 규정하고 있다.[112] 따라서 저작권법상으로 복제권 침해를 정의한다면, 저작권법상 복제의 개념 정의에 부합하는 행위를 복제권자의 허락 없이 하는 것을 의미한다고 볼 수 있다. 그러나 일본의 판례에서는 일반적으로 복제권 침해를, "기존의 저작물에 의거하여 그 내용 및 형식을 느낄 수 있기에 족한 것을 재제(再製)하는 것"이라고 보고 있다. 그리고 이러한 판례상의 정의로부터 복제권의 침해는 복제권자의 허락 없이, 기존의 저작물에 의거하여, 그 저작물의 내용 및 형식을 감지하기에 충분한 것을 재제하는 것, 즉 그 기존 저작물과 동일성이 있는 작품을 '다시 작성'하는 것으로 정의할 수 있다고 설명한다.[113]

이와 같이 저작재산권 침해에 대한 개념 정의가 통일되지 못한 상황이기 때문에 그 요건을 확정한다는 것은 더욱 어렵다. 그런 까닭에 미국에서도 학자에 따라 저작재산권 침해를 인정하기 위한 요건을 분류하는 방법이 조금씩 다르고, 우리나라나 일본의 일반적인

112) 일본 저작권법 제 2 조 제 1 항 제15호.

113) 西田美昭, 전게서, 118면 이하. 한편 위와 같은 판례상의 정의는 일본 최고재판소 1978. 9. 7. 선고 'One Rainy Night in Tokyo' 판결에서 유래한 것이다. 이 판결은 일본의 구 저작권법이 적용되던 시기에 나온 판결이고, 일본 구 저작권법에서는 복제권의 개념에 이른바 무형적 복제라고 하는 '상연, 연주, 방송, 어문저작물의 구술, 영화저작물의 상영' 등까지 포함하고 있었으므로, 위 판결에서 판시한 복제권 침해의 개념 정의는 그러한 무형적 복제까지 포함하는 개념이었다고 할 수 있다.

견해와도 약간의 차이를 보이고 있다. 그러나 이와 같이 서로 달리 설명되고 있는 이들 요건들을 자세히 들여다보면, 같은 내용을 설명하면서 다만 그 사용하는 용어에 있어서 약간의 차이가 있다든가, 하나의 내용을 여러 개의 요건으로 세분화하거나 또는 반대로 세분화되어 있는 여러 개의 요건을 하나로 합쳐서 설명한다든가 하는 정도의 차이만이 있을 뿐, 본질적인 차이는 별로 없는 것으로 보인다. 또한 복제권 침해에 대한 정의에 관하여도 위에서 본 저작권법에 따른 정의와 판례에 나타난 정의가 일견 달라 보이는 면도 있지만, 결국 저작권법상 복제행위로 예시되고 있는 '인쇄, 사진촬영, 복사, 녹음, 녹화' 등의 행위는 기존 저작물과 동일성이 있는 것을 작성하는 행위를 예시한 것이고, 저작권법의 기본 원칙상 타인의 저작물에 의거하지 않고 독자적으로 창작된 저작물은 저작권침해라고 볼 수 없는 것이므로, 위와 같은 저작권법상의 정의와 판례상의 정의가 서로 배치되는 것은 아니라고 할 수 있다. 그렇다면 저작재산권 침해의 개념에 대하여는 '정의'(definition)라고 불러도 좋을 어느 정도의 보편적인 인식은 이루어져 있다고 할 것이고, 따라서 그러한 개념 정의로부터 공통적인 요건을 추출해 내는 것이 불가능하거나 불합리한 것은 아니다. 또한 영구불변의 것은 아니라 하더라도 현재의 시점에서 타당할 수 있는 저작재산권 침해의 요건을 추출하고 정립하는 것은, 자칫 자의적이고 독단적인 판단에 빠지기 쉬운 저작재산권 침해사건에 있어서 판단의 논리성을 부여하고 예측가능성을 높이는데 도움이 될 수도 있다. 이러한 관점에서 본 절에서는 '의거 또는 복제'를 저작재산권 침해의 주관적 요건으로, '부당이용'을 객관적 요건으로 나누어 검토하였다. 이는 기본적으로 미국의 Goldstein 교수의 요건론에 따른 것이기는 하지만, 그 실질을 들여다보면 Nimmer 교수를 비롯한 다른 학자들의 견해나 일본에서의 요건론 등과 본질적인 차이는 없다. 다만, 저작재산권 침해의 요건론을 개진하여 나감에 있어서 보다 논리적이고 질서있는 설명이 가능하며, 최근의 판례의 경향을 잘 반영할 수 있기 때문에 그의 분류방법에 따른 것이다.

아래에서는 실제적인 저작재산권 침해 판단과 관련하여 우리나라의 판례와 실무에 많은 영향을 미치고 있는 미국의 판례이론을 중심으로 하여 구체적인 판단방법과 기준을 검토하고, 아울러 보충적으로 일본의 판례와 이론에 관하여 살펴봄으로써 저작재산권 침해의 판단방법에 대한 보다 구체적이고 체계적인 해석을 시도해 보기로 한다.

제 3 절 저작재산권 침해의 판단방법

Ⅰ. 기본적인 판단방법

1. 판단의 전제로서 아이디어와 표현의 구분을 위한 이론

가. 추상화이론(abstraction test)

추상화이론이란 미국 제 2 연방항소법원의 Learned Hand 판사가 Nichols v. Universal Pictures Co. 사건 판결[114]에서 주장한 이론이다. 이 이론은 어떤 저작물이 저작권법에 의한 보호를 받는다고 하더라도 그 저작물 중에서 아이디어 등 보호받지 못하는 부분을 제외한 나머지 부분에 대하여만 저작권의 보호가 미친다고 하는 당연한 전제에서 출발한다. 그리하여 하나의 저작물에 있어서 보호를 받지 못하는 아이디어가 어느 지점에서부터 보호를 받을 수 있는 표현으로 구체화 하는지를 판단하기 위하여, 저작물을 단계적으로 추상화해 나가는 방법을 사용하는 것이 추상화이론이다.

이 이론의 효시가 된 Nichols 판결 이유에서 Learned Hand 판사는, "어떤 작품, 특별히 희곡작품의 경우에 그 작품에서 다루고 있는 구체적인 사건이나 표현들을 하나하나 제거하면서 추상화해 나가면 점차 일반적이고 정형화된 구조나 형태만이 남게 되고, 결국에는 그것이 무엇에 관한 작품인가 하는 작품의 주제, 더 나아가서는 그 작품의 제목만이 남는 단계에 이르게 되는데, 이와 같이 추상화를 해 나가는 여러 단계들 중 어느 단계인가에 그 부분을 보호하면 표현이 아닌 아이디어를 보호하는 결과를 초래하게 되는 경계선이 있다"고 하였다. 예컨대 셰익스피어의 희곡 '로미오와 줄리엣'이 아직 저작권 보호기간이 끝나지 않았다고 가정할 때, 로미오와 줄리엣이 밤에 줄리엣의 발코니에서 나누는 감동적인 사랑의 대사와 같은 구체적인 표현이라든가, 둘이 무도회에서 만나 사랑에 빠지게 되고 두 가문 간의 적대감에서 비롯된 예기치 않은 살인사건 등 복잡하게 얽힌 일련의 사건 전개를 통하여 결국은 두 연인이 모두 죽음이라는 비극적 결말에 이르게 된다는 구체적인 사건들을 하나씩 하나씩 제거하면서 점차 이를 추상화해 나간다면, 결국 위 저작물은 "적대적인 두 가문을 배경으로 한 젊은 남녀가 사랑에 빠지고 우여곡절 끝에 죽음에 이른다는

114) Nichols v. Universal Pictures Co., 45 F.2d 119, 121(2d Cir.1930): 이 사건은 원고의 희곡인 'Abie's Irish Rose'의 저작권을 피고가 제작한 영화 'The Cohens and the Kellys'가 침해하였다고 주장한 사건이다. 두 작품은 모두 유태계와 아이리쉬계 아버지들 사이의 다툼과 그 자식들의 결혼, 그리고 손자의 태어남 및 화해 등을 다루고 있다.

비극적인 사랑에 관한 작품"이라든가, '두 젊은 남녀의 비극적인 애정극', 더 나아가서는 단지 '애정극'이라는 한 마디로 이를 추상화해 나갈 수 있는데, 그 중 어느 단계에서인가 아이디어와 표현의 경계선을 찾아낸다는 것이다.115)

Nichols 사건의 제 1 심 심리절차에서 채택된 감정증인은 복잡한 수학 공식을 사용하여 두 저작물을 분석함으로써 저작권침해를 입증하려고 하였지만, 1심 법관은 어떤 형태로든 작품을 분해하는 것은 합리적이지 않다고 하여 받아들이지 않았다. 항소심에서 Learned Hand 판사는 앞서 본 판시를 통하여 하나의 저작물을 추상화 단계에 따라 구분하는 추상화이론을 제시하면서, 원고와 피고 두 저작물이 공통으로 하고 있는 부분은 아이디어에 속하는 부분에 해당한다고 하여 저작권침해를 부정하였다.

추상화이론은 아이디어와 표현을 구별하는 데 있어서 실제적인 도움을 주는 방법론이기는 하나, 추상화 단계의 어떠한 지점이 아이디어와 표현을 나누는 경계선이 되어야 할 것인지에 대하여 명확한 기준을 제시해 주고 있지는 않는다는 점이 한계라고 지적되고 있다.116) 즉, 추상화이론은 저작재산권 침해여부를 판단하는 '방법'(method)을 제시해 주고 있기는 하지만, 그 판단하는 '기준'(standard)까지를 제공해 주지는 못한다는 것이다. 그러나 모든 저작물에 공통적으로 적용할 수 있는 일반적인 판단기준을 수립한다는 것은 사실상 불가능하고, 오히려 바람직하지 않을 수도 있다. 침해의 판단기준은 기본적으로 개개의 구체적인 사건에서 쟁점이 된 저작물의 특성이나 침해된 권리의 성질을 고려하고, 아울러 저작자의 권리의 보호와 저작물의 이용을 통한 문화의 향상 발전이라는 저작권법의 입법 목적을 균형 있게 조화시키는 선에서 구체적 타당성에 입각하여 모색되어야 할 부분이다. 그러한 바탕 위에서 여러 가지 사례들에 관한 축적된 판례들을 비교하고, 각종 저작물의 유형별 특성에 따른 표준적인 판단기준을 찾아냄으로써 구체적 타당성과 법적 안정성의 조화를 도모하여야 한다.

추상화이론은 작품을 전체적인 것으로부터 세부적인 것으로 분해하여 그 어느 경계선에서 보호여부를 결정한다는 점에서 뒤에서 보는 분해식 접근방법과 연결고리를 갖는다고 볼 수 있다. 또한 추상화이론은 뒤에서 언급하는 전통적인 저작권침해 판단방법 중 하나인 '보호받는 표현 및 청중테스트'에 있어서 보호받는 표현 테스트의 기본을 이루게 된다. 나아가 또 다른 저작권침해 판단방법 중 하나인 '추상화－비교－여과의 3단계 테스트'에 있어서 1단계인 추상화테스트도 Learned Hand 판사의 위 추상화이론을 기본으로 하고 있다.

---

115) 이성호, 전게논문, 52면.

116) Nimmers on Copyright, *op. cit.*, pp.13-31, 32; 정상조 편, 지적재산권법 강의(이성호 부장판사 집필부분), 전게서, 305-306면 참조; 오승종·이해완, 전게서, 464면.

이와 같이 추상화이론은 각종 저작권 침해판단의 가장 기초를 이루는 이론이라는 점에서 중요한 의미를 가진다.

나. 유형이론(pattern test)

유형이론은 추상화이론에 대한 일종의 보완이론으로서 Zechariah Chafee 교수에 의해 주장된 이론이다. Chafee 교수는 표현과 아이디어 사이의 경계선을 찾아내는 어려운 문제와 관련하여, "그 경계선은 저자의 아이디어와 그가 사용한 정교한 패턴 사이의 어딘가에 놓여 있다. 이때 저작권의 보호범위는 저작물의 '패턴', 즉 사건의 전개과정(the sequence of events)과 등장인물들 간의 상호작용의 발전(the development of the interplay of characters) 등 요소에까지 미치는 것이다"라고 주장하였다.117) 다시 말해서 일반적으로 저작물의 '유형'(패턴)은 추상화이론에서 살펴 본 보호받는 영역과 보호받지 못하는 영역 중 보호받는 영역에 속한다는 것이다.

이 이론을 구체적으로 설명해 주는 가장 전형적인 보기가 바로 추상화이론에서도 예로 든 셰익스피어의 희곡 '로미오와 줄리엣'이다. 셰익스피어의 이 작품이 아직 저작권 보호를 받는다고 가정한다면, 그 줄거리를 그대로 유지한 채 등장인물의 말투 따위만 각색하여 다른 작품으로 복제해 내는 것은 허용되지 않지만, 서로 적대적인 두 가문에 속한 남녀 사이의 사랑이라는 아이디어만을 차용하여 작품을 창작하는 것은 '유형'(패턴)에 있어서 유사성이 없다면 얼마든지 허용된다. 실제로 지금까지 수많은 작품이 그러한 아이디어를 빌려 창작되었다. Learned Hand 판사가 추상화이론을 처음으로 표명한 Nichols 사건에서 문제된 'Abie's Irish Rose'라는 희곡도 그러한 아이디어를 차용한 예로서, 이 작품과 셰익스피어의 희곡 '로미오와 줄리엣'은 유형이론에 의할 때, 아이디어는 유사하지만 유형이 달라서 '실질적 유사성'이 없는 것으로 분석된다고 한다.118)

미국의 판례 중 상당수가 유형이론을 실질적 유사성 판단에서 수용하고 있다. 소설에 있어서의 저작권은 사용된 대화의 형식이나 구조뿐만 아니라 '이야기의 패턴'(the pattern of story)에도 미친다고 하여 명시적으로 유형(패턴)이론의 수용을 밝히고 있는 판례119)도 있다.

우리나라의 판례 중에도 이러한 유형이론을 수용하고 있는 듯이 보이는 것이 있다. "양 저작물 사이의 실질적 유사성을 인정하기 위해서는 단순히 사상(idea), 주제(theme)가

---

117) 오승종·이해완, 전게서, 464면.

118) 상게서, 464-465면.

119) Grove Press, Inc. v. Greenleaf Publishing Co., 247 F. Supp. 518(E.D.N.Y. 1965).

같다는 것만으로는 부족하고 사건의 구성(plot) 및 전개과정과 등장인물의 교차 등에 공통점이 있어야 한다"는 취지로 판시한 서울민사지방법원 1990. 9. 20. 선고 89가합62247 판결[120]이 그 예라고 볼 수 있다.[121]

유형이론은 특히 소설, 희곡 등 스토리가 있는 어문저작물에 있어서 아이디어와 표현의 구별기준을 제시해 주는 유용한 이론이라고 평가를 받고 있다.[122] 아이디어·표현 이분법을 잘못 이해할 경우에는 소설에서의 사건의 구성이나 전개과정 등은 모두 작가의 아이디어에 속하는 것이고, 구체적인 문장표현만을 표현이라고 생각할 수도 있다. 그러나 사건의 구성 등도 저작자의 사상의 표현에 해당할 수 있는 것이다.[123] 다만 소설 등의 추상적 기법, 어떤 주제를 다루는 데 있어 전형적으로 수반되는 사건이나 배경(예를 들어, 아이디어와 표현이 합체되는 경우의 하나로서 '필수장면'에 해당하는 표현들) 및 추상적인 인물유형은 아이디어의 영역에 속하는 것들이므로 보호받을 수 없다. 사건 전개, 등장인물의 상호작용 등이 보호대상인 표현에 속하는가 여부는 결국 그것이 어느 정도로 추상성을 탈피하여 구체적이고 특징적인가 하는 데 달려있다.

같은 어문저작물이라도 소설이나 동화 같은 이야기 형태의 저작물과 희곡이나 영화각본 같은 극적 저작물(dramatic works)은 그 특성이 서로 다르기 때문에 '표현'으로 인정되는 내용에 있어서도 약간의 차이가 있다. 즉, 전자의 경우는 주제나 줄거리, 사건, 등장인물 등을 산문체의 문장으로 상세하게 묘사하면서 얼마든지 발전시켜 나갈 수 있지만, 극적 저작물은 그렇지 못하다. 따라서 희곡과 같은 극적 저작물에 있어서는 세부적인 줄거리나 사건들이 중요한 표현적 요소이지만, 소설이나 동화에 있어서는 줄거리나 주제, 사건들보다는 그것을 세밀하게 묘사한 부분이 표현으로서의 중요성이 더 높다.[124]

유형이론에 대하여는 '사건'(events)과 '등장인물'(characters)과 같은 스토리적 요소를 포함하지 않는 어문저작물이나 비어문저작물에는 적용하기 곤란하다는 비판이 있다.[125]

---

120) 서울고등법원 1991. 9. 5.자 91라79 결정도 같은 취지를 나타내고 있다.

121) 오승종·이해완, 전게서, 466면.

122) 이 이론은 기능적 저작물의 경우에는 그대로 적용하기 어려운 면이 있다. 특히 컴퓨터프로그램의 저작권 침해사건에서 발달한 것으로서 유형이론과 상당히 유사한 이론이라고 할 수 있는 구조, 순서 및 조직 이론(SSO이론)의 경우 기능적 저작물인 컴퓨터프로그램의 보호범위를 지나치게 확장하는 것이 되어 부당하다는 이유로 많은 비판을 받은 바 있다(오승종·이해완, 전게서, 466-467면).

123) 일본에서는 표현형식을 내면적 형식과 외면적 형식으로 나누고 내면적 형식을 더 중요시하는 견해가 통설이라고 한다. 그 견해에 의하면, 저작물의 외면적 형식은 저작물의 사상을 표현한 구체적인 문자, 색, 음 등을 의미하고 내면적 형식은 외면적 형식에 대응해서 저작자의 내심에 일정한 질서로써 형성되는 사상체계를 말한다고 하며, 외면적 형식에 동일성이 있더라도 내면적 형식에 동일성이 없으면 저작권침해를 인정할 수 없다고 한다(오승종·이해완, 전게서, 467면).

124) 정상조 편, 지적재산권법강의(이성호 부장판사 집필부분), 313-314면 참조; 오승종·이해완, 전게서, 467면.

2. 보호받는 표현 및 청중 테스트

가. 서 설

앞에서 본 바와 같이 미국의 Goldstein 교수는 저작권침해가 인정되기 위해서는 피고가 원고의 저작물을 복제하였다는 것과, 그러한 피고의 복제행위가 부당하다는 것(원고 저작물의 부당이용)의 두 가지 점이 아울러 입증되어야 한다고 이론구성을 하고 있다. 이와 같이 ① 복제행위의 존재와 ② 부당이용 두 가지를 요건으로 하는 것은 우리나라의 경우 ① 의거와 ② 실질적 유사성을 요구하고 있는 것과 근본적으로는 크게 다르지 않다. 사실 '부당이용'의 핵심은 '표현의 실질적 유사성'이라고 할 수 있고, 따라서 '실질적 유사성'은 '부당이용'에 내포되는 개념이라고 할 수 있다.

위에서 본 추상화이론이나 이를 보완한 유형이론은 하나의 저작물 중에서 저작권의 보호를 받을 수 있는 부분과 그렇지 못한 부분을 가려내기 위한 방법론이라고 할 수 있다. 그러나 저작재산권 침해여부를 판단하기 위하여서는 저작권의 보호를 받을 수 있는 부분을 가려낸 후, 그 부분이 피고에 의하여 부당하게 이용되었는지 여부까지가 판단되어야 한다.

미국에서는 '부당이용'을 판단하기 위한 전통적인 방법으로서 '보호받는 표현 및 청중 테스트'가 사용되어 왔는데, 이러한 방법은 우리나라에서 저작권 침해, 특히 '실질적 유사성' 유무를 판단함에 있어 정확성과 논리성을 기하기 위하여 참작할만한 가치가 있다. 이하에서는 미국에서 발전하여 온 전통적 판단방법인 '보호받는 표현 및 청중테스트'에 관하여 살펴보기로 한다.

나. 보호받는 표현 및 청중테스트의 의의

보호받는 표현 및 청중테스트에 의하면, 저작재산권 침해의 요건인 '부당이용'이 인정되기 위하여 원고는 두 가지 기준이 충족되었음을 입증하여야 한다. 첫째로, 피고의 작품이 원고의 저작물로부터 '보호받는 표현'(protected expression)을 차용하였다는 점과, 둘째로, 피고의 저작물과 원고의 보호받는 표현 사이에 일반 청중이 '실질적 유사성'(substantial similarity)을 느낄 것이라는 점이다. 여기서 첫 번째 기준의 충족여부를 판단하는 것을 '보호받는 표현 테스트'(the protected expression test)라고 하고, 두 번째 기준의 충족여부를 판단하는 것을 '청중테스트'(the audience test)라고 한다.[126]

---

125) Jarrod M. Mohler, *Toward a Better Understanding of Substantial Similarity in Copyright Infringement Cases*, 68 U. Cin. L. Rev. 971, p. 6.

126) 이와 같이 전통적인 판단방법을 '보호받는 표현 테스트'와 '청중테스트'로 분류하여 이해하는 것은 Paul Goldstein 교수가 그의 저서에서 채택하고 있는 방법이다(Paul Goldstein, *op. cit.*, § 7.3 이하).

이 중에서 첫 번째 기준 충족여부를 판단함에 있어서는 원고와 피고의 두 저작물을 '분해'(dissect)해 보아야 하는 경우가 많다. 즉, 저작물에서 보호를 받는 창작적인 표현 부분을 보호받지 못하는 아이디어로부터 분리하는 것이다. 이러한 분리과정을 거침으로써, 피고가 원고의 저작물로부터 단순히 보호받지 못하는 요소들을 넘어서서 그 이상을 차용하였다는 것을 증명하는 것이다. 두 번째 기준의 핵심은 '실질적 유사성'이다. 그런데 앞에서도 언급한 바와 같이 실질적 유사성의 충족여부를 판단하기 위한 대체적 방법으로서, 당해 저작물이 목표로 하고 있는 주된 수요자들(청중)이 피고의 저작물을 감상(읽거나 보고나 듣거나)할 경우 원고의 저작물에 대한 감상 욕구가 감소될 것이라는 점을 입증하는 방법이 종종 사용된다. 다시 말해서, 원고와 피고의 양 저작물이 이른바 '시장적 경쟁관계'에 있는가 하는 점을 가지고 두 번째 기준의 충족여부를 판단하는 것이다.[127)]

두 번째 기준에 대하여 이러한 대체적 방법이 허용되는 것은 다음과 같은 이유 때문이다. 첫 번째 기준을 적용하는 것은 원고의 저작물 중에서 원고가 창작적으로 기여한 부분이 어느 정도인지를 판단하여, 그 부분만큼만 보상을 해 주는 것을 주된 목적으로 한다. 반면에 두 번째 기준은 저작권자에게 그의 저작물을 위한 독점·배타적인 시장(수요자, 청중)을 제공함으로써, 창작에 대한 보상을 해 주는 것을 목적으로 한다. 그러므로 원론적으로는 '실질적 유사성'의 존부에 따라 두 번째 기준의 충족여부를 판단하는 것이 원칙일 것이나, 이를 정책적·목적론적인 시각에서 본다면 '시장적 경쟁관계'에 비추어 판단하는 것도 충분히 타당성이 있다.[128)] 그러나 저작권침해가 인정되는 모든 경우에 시장적 경쟁관계가 인정되는 것은 아니다. 시장적 경쟁관계가 없지만 저작권침해를 인정하여야 할 경우도 있다.[129)] 따라서 시장적 경쟁관계는 저작권침해, 그 중에서도 실질적 유사성의 존부를 판단하는 하나의 보조 자료에 해당한다.

첫 번째 기준과 두 번째 기준의 판단, 즉 보호받는 표현 테스트와 청중테스트는 서로 겹치는 경우도 가끔 있다. 피고가 원고의 보호받는 저작물을 차용하여 배포하면 그로 인하여 필연적으로 원고 저작물의 수요자(청중)가 감소되는 경우가 대표적이다. 그러나 논리적으로는 보호받는 표현 테스트와 청중테스트는 엄연히 구별되는 것이며, 통상적으로 보호받는 표현 테스트가 청중테스트보다 선행적으로 판단되어야 하는 테스트이다. 즉, 판단의 순서에 있어서 보호받는 표현 테스트를 먼저 진행하고, 그 다음에 청중테스트를 진행한다. 이와 같이 두 기준을 구별하는 것은, 피고의 저작물이 원고의 저작물과 실질적 유사성을

127) Paul Goldstein, *op. cit.*, pp. 7: 21-22.

128) *Ibid.*, p. 7: 22.

129) 예를 들어, 미키마우스 만화영화에 나온 미키마우스 모습을 모방하여 인형을 만들면, 만화영화와 인형은 시장적 경쟁관계에 있지는 않지만, 저작재산권을 침해한 것이다.

가지고 있고 아울러 원고 저작물에 대한 청중을 감소시키지만, 그러나 원고 저작물 중 보호받는 표현부분은 전혀 차용하지 않은 사례도 있을 수 있기 때문이다. 예를 들어, 피고가 원고의 희곡 저작물 중에서 매우 독창적이지만 보호를 받지 못하는 기본적 플롯(plot)만을 차용한 경우, 원고의 영화저작물로부터 대중적인 호소력이 있지만 보호는 받지 못하는 설정(setting)만을 차용한 경우, 원고의 음악저작물에 포함되어 있는 아주 인상적이지만 보호는 받지 못하는 민요적 주제만을 차용한 경우, 원고의 직물디자인 요소 중에서 시각적으로 가장 주의를 끌지만 보편적인 구성만을 차용한 경우에는, 비록 피고의 차용행위로 인하여 원고 저작물에 대한 수요자(청중)가 감소된다고 하더라도 저작권침해가 인정되지 않는다. 첫 번째 기준을 충족시키지 못하였기 때문이다. 그러므로 첫 번째 기준, 즉 보호받는 표현테스트는, 저작자라 하더라도 그가 창작하지 않았거나 아이디어의 영역에 속하는 요소들에 대하여는 독점·배타권을 가질 수 없다는 저작권법이 추구하는 정책적 목적의 달성에 기여하는 역할을 한다.130)

미국의 저작권침해 사건 판례를 살펴보면 이러한 전통적인 '보호받는 표현 테스트'나 '청중테스트'에 따른 판단을 명시적으로 수행하고 있지 않은 것들이 자주 발견된다고 한다. 이는 오랜 기간에 걸쳐 적용되어 온 전통적인 기준인 이들 테스트의 뿌리가 너무나 깊은 나머지 당연한 것으로 받아들여져서 판결문상으로는 그 판단이 생략되어 버리는 경우가 있기 때문이라고 설명한다. 이러한 사례들은 대부분 원고의 저작물과 피고의 저작물을 비교하여 보면 그 두 작품이 공통적으로 가지고 있는 유일한 내용이라는 것이 보호 받지 못하는 아이디어 또는 공중의 영역에 있는 요소라는 점이 금방 분명하게 드러나는 사례이다. 이러한 사례들에서 보호받는 표현 테스트는 판결문상으로 명시적으로 나타나 있지는 않더라도 사실상 내재되어 있다고 볼 수 있다. 이러한 사례에서 두 번째 기준인 청중테스트는 필요가 없게 된다. 왜냐하면 청중의 반응을 검토하여야 하는 대상이 될 보호받는 요소가 아예 존재하지 않는 까닭이다. 반대로 보호받는 표현을 차용한 것이 너무나 명백하기 때문에 두 번째 기준의 판단이 필요하지 않는 경우도 있다. 예를 들어 피고가 원고의 저작물 중 상당한 분량을 그대로 베낀 사례의 경우에는 보호받는 표현 테스트를 전개할 필요가 없을 수 있다. 그러한 사례에서는 피고가 원고의 표현을 차용하였다는 것은 분명하고, 따라서 청중이 두 저작물을 유사하다고 느낄 것이냐의 문제만 남기 때문이다. 그러나 이들 두 가지 기준에 대한 충족여부를 판결문상에서 명시적으로 판단하지 아니한 사례들 역시, 기본적으로는 보호받는 표현 테스트와 청중테스트를 전제로 하고 있고 그에 대한 판단이 내재되어 있다고 보아야 한다.131)

130) *Ibid.*, pp. 7: 22- 23.

다. 보호받는 표현 테스트(protected expression test)

이상에서 본 바와 같이 부당이용을 판단하는 첫 번째 기준, 즉 보호받는 표현 테스트는 피고의 저작물이 원고의 저작물로부터 보호받는 표현 중 전부 또는 일부분을 복제하였는지 여부를 심리하는 것이다. 바꾸어 말하면 피고가 복제한 원고의 저작물 부분에 저작권의 보호를 받을 수 있는 '표현'이 들어있는가 하는 점을 심리하는 것이다. 이러한 기준을 설정한 기본 취지에는, 저작권은 저작물 중에서 창작적인 표현을 보호하는 것이지 아이디어를 보호하는 것은 아니라는 저작권법의 대원칙, 즉 '아이디어·표현 이분법'의 원칙이 깔려 있다. 피고가 원고의 저작물 중에서 모든 표현적인 요소들을 세세하게, 그리고 문자적으로(literally) 그대로 복제한 경우는 이 테스트의 판단이 그리 어렵지 않다. 미국의 판례를 보면, 피고가 원고의 20만 단어로 구성된 저술 중에서 300 단어를 그대로 복제한 경우,[132] 상당히 긴 과학논문에서 3개 문장만을 그대로 복제한 경우,[133] 그리고 심지어는 광고 카피의 한 문장만을 그대로 복제한 경우[134]에도 보호받는 표현의 복제행위가 있었다고 한 사례가 있다. 이와 같이 피고가 원고 저작물 중에서 외부적으로 드러나는 디테일(detail)한 내용의 전부 또는 일부를 그대로 문자적으로 가져다 복제한 경우는 보호받는 표현 테스트의 판단이 비교적 명백하다. 앞서 언급한 바와 같이, 이러한 명백한 사례들에 관한 판례 중에는 보호받는 표현 테스트가 충족되었음은 당연한 것으로 보고, 판결이유에서 이 테스트에 관한 명시적 판단을 생략한 경우도 상당히 있다.

원고의 입장에서 볼 때 보호받는 표현 테스트를 통과하기가 상대적으로 어려운 사례는, 피고의 저작물이 원고의 저작물과 유사하기는 하지만 원고 저작물의 외부에 드러난 표현을 세부적·문자적으로 복제하지는 않은 경우이다. 추상화이론에서 본 Nichols 사건에서 Learned Hand 판사는, "보호받는 표현에는 저작물의 외부에 표면적으로 드러난 것뿐만 아니라 그 아래에 내재되어 있는 요소들도 포함되며, 따라서 피고는 원고 저작물의 외부에 드러난 세부적인 표현들을 약간씩 바꾸어 표현한 것만으로는 저작권침해의 책임으로부터

---

131) *Ibid.*, pp. 7: 23-24.

132) Harper & Row, Publishers, Inc. v. Nation Enters, 471 U.S. 539, 225 U.S.P.Q. 1073(1985).

133) Henry Holt & Co. v. Liggett & Myers Tobbacco Co., 23 F. Supp.302(E.D. Pa. 1938)(Paul Goldstein, *op. cit.*, p. 7: 25에서 재인용).

134) Dawn Assocs. v. Links, 203 U.S.P.Q. 831(N.D. Ill. 1978); Universal City Studios, Inc. v. Kamar Induss. Inc., 217 U.S.P.Q. 1162(S.D. Tex. 1982): 뒤의 사례에서는, 원고가 제작한 영화 'E.T.' 중에서 "I Love You, E.T."라는 문구와 "E.T. Phone Home"이라는 두 개의 단편적인 문구를 복제하여 상품광고에 사용한 것이 보호받는 표현의 복제행위에 해당한다고 하였다(Paul Goldstein, *op. cit.*, p. 7: 25에서 재인용).

면제될 수 없다"고 판시하였다.[135] 또한 미국의 다른 판례들에서도, 어문저작물 중 구조나 시퀀스는 그대로 따르면서 표현만 약간씩 바꾼 경우, 직물 디자인 중에서 세부적인 표현들만 바꾼 경우, 음악저작물 중 일부 키(key)만을 바꾼 경우에는 저작권침해가 성립된다고 판시하고 있다.[136]

그러나 저작물에 내재되어 있는 아이디어는 누구라도 자유롭게 가져다 쓸 수 있다는 점을 미국의 판례는 일관되게 판시하고 있다. 아이디어는 창작적 활동의 기본적인 필수재료로서 모든 사람이 자유롭게 사용할 수 있도록 열려 있어야 한다는 원칙에 충실한 것이다. 따라서 기존 희곡의 기본적인 플롯만을 차용한 경우, 직물 디자인의 색채만을 차용한 경우, 음악저작물 중 4개의 음으로 구성된 보편적인 도입부만을 차용한 경우에는 저작권침해의 책임이 없다고 한 사례가 있다.[137]

결국 가장 어려운 문제는 저작물에 있어서 어디까지가 보호를 받지 못하는 아이디어이며 어디서부터가 보호를 받는 표현인지를 판단하는 것이다. 이 점과 관련하여 오늘날까지도 자주 인용되는 것이 Learned Hand 판사가 Nichols 사건 판결에서 제시한 '추상화이론'이다. 아이디어와 표현의 구분에 대하여는 추상화이론이 비교적 도움이 되는 분석의 틀을 제공한다고 볼 수 있으며, 그 후에 판례나 학설을 통하여 발달한 대부분의 저작권침해 판단 방법에 있어서도 이 이론이 가장 기초적인 판단기준으로 작용하고 있다. 이 이론에 대한 Learned Hand 판사의 판시 내용을 보다 상세히 살펴보면, "표절자가 글자 그대로 복제를 한 것이 아니라 저작물의 전체적인 개요(abstract)를 차용한 경우에는 저작권침해여부를 판단하는 것이 상당히 어렵다. 어떤 저작물이든지, 특히 희곡의 경우에 있어서 구체적인 사건들을 삭제해 나가면 나갈수록, 그리고 일반화의 정도를 높여가면 갈수록 대부분의 저작물들은 서로 비슷해지게 된다. 일반화의 최종 단계에 이르게 되면 그 희곡이 무엇에 대한 것인가에 관한 가장 일반적인 기술만이 남게 될 것이며, 심지어는 제목 자체만이 남을 수도 있다. 그러나 이러한 추상화의 과정 중에서 더 이상 보호를 해 줄 수 없게 되는 어떤 경계가 있다. 그 경계를 넘어서는 부분을 보호해 줄 경우 저작자가 자신의 표현뿐만 아니라, 원래 그가 권리를 주장할 수 없는 아이디어에 대해서까지 금지권을 행사할 수 있는 결과를 초래한다"고 하였다.[138]

---

135) Nichols v. Universal Pictures Corp., 45 F.2d 119, 121(2d Cir.1930), cert. denied, 282 U.S. 902 (1931).

136) Meredith Corp. v. Harper & Row, Publishers, Inc., 413 F. Supp. 385, 192 U.S.P.Q. 92(S.D.N.Y. 1975); Malden Mills, Inc. v. Regency Mills, Inc., 626 F.2d 1112, 207 U.S.P.Q. 87(2d Cir. 1980); Nom Music, Inc. v. Kaslin, 227 F. Supp. 922, 141 U.S.P.Q. 22(S.D.N.Y. 1964), aff'd, 343 F.2d 198, 145 U.S.P.Q. 237(2d Cir 1965)(이상 Paul Goldstein, 전게서, pp. 7: 25-26에서 재인용).

137) Paul Goldstein, *op. cit.*, p. 7: 26.

이와 같이 하나의 저작물을 추상화의 단계에 따라 구분하는 것을 기본으로 하는 '추상화이론'은 원래 어문저작물에 관하여 사용된 방식이기는 하지만, 그 외에도 다양한 형식의 저작물, 예를 들어 음악저작물이나 그림, 지도, 컴퓨터프로그램과 같은 저작물에 대한 사건에서도 적용될 수 있다고 본다. Learned Hand 판사가 추상화이론을 개발한 이후 그 뒤를 이어 저작권침해 판단과 관련된 다양한 기준이나 테스트가 개발되었지만, 이들은 각각 특수한 저작물에만 적용성을 갖는 제한적인 것들이고, 모든 저작물에 적용할 수 있는 범용성을 가지는 기준은 결국 추상화이론 밖에 없다고 하여 이 이론의 가치를 높이 평가하는 견해도 있다.[139)]

그러나 피고가 원고의 저작물을 외부적으로 표현된 그대로 복제하지 않고 내부적인 표현부분을 복제한 경우에는 부당이용여부, 즉 보호받는 표현의 무단사용이 있는지 여부를 판단하는 데 있어서 '추상화이론'이나 그로부터 응용된 테스트들은 모든 저작물에 공통될 수 있는 일반적인 기준이나 결정적인 기준을 제공해 주지는 못한다. 또한 추상화이론은 어느 사안이라도 적용하면 곧바로 답이 튀어나오는 자동법칙(automatic rule)도 아니다.[140)] 추상화이론은 저작권침해 판단에 있어서 상당히 유용한 '방법론'이기는 하지만, 그렇다고 하여 이 이론이 모든 저작권침해 사건에 범용성을 가지는 획일적인 '판단기준'을 제공해 주는 것은 아니다. 따라서 추상화이론은 저작물의 종류에 따라 달리 적용될 수 있다.

예를 들어, 추상화이론이 처음으로 개발된 어문저작물에 이 테스트를 적용함에 있어서는 개개의 문장뿐만 아니라 문맥의 전후관계를 아울러 파악하여야 하며, 각각의 사안별로 심리대상이 된 저작물의 종류 및 성격, 침해된 저작권의 내용, 저작권 침해행위가 시간적으로 볼 때 현재 어떤 상황에 이르고 있는지(예를 들어, 편집단계, 인쇄단계, 배포단계 중 어디에 이르고 있는지) 등 여러 가지 점을 종합적으로 고려하여야 한다. 뿐만 아니라 추상화이론에 따른 판단은 기본적으로 규범적인 판단이기는 하지만 정책적인 판단 요소가 어느 정도 내재되어 있고, 어떤 경우에는 오히려 정책판단이 더 중요한 기준으로 작용하기도 한다는 점을 부인하기 어렵다. 즉, 추상화이론은 비문언적 차용을 금지하는 것이 합리적인 수준을 넘어서게 되면 저작권자에게 그가 창작하지 않은 요소들에 대하여 독점권을 주게 된다는

---

138) 그 원문은 다음과 같다: Upon any work, and especially upon a play, a great number of patterns of increasing generality will fit equally well, as more and more of the incident is left out. The last may perhaps be no more than the most general statement of what the play is about, and at times might consist only of its title; but there is a point in this series of abstractions where they are no longer protected, since otherwise the playwright could prevent the use of his 'ideas', to which, apart from their expression, his property is never extended.

139) Paul Goldstein, *op. cit.*, p. 7: 27; Jarrod M. Mohler, *op. cit.*, p. 994.

140) Paul Goldstein, *op. cit.*, p. 7: 27.

것과, 그 결과 일반 공중이 저작물을 창작하는 것을 제한하게 될 위험을 초래한다는 것을 인식하고 있다. 그리하여 저작권 보호의 합리적 수준이 어디까지여야 하는지를 결정하는 정책판단(policy judgment) 내지는 가치판단(value judgment)도 요구한다는 것이다.[141] 이는 추상화이론의 기본적 토대를 이루는 아이디어·표현 이분법 자체가 무엇을 보호받는 표현으로 볼 것인지에 관한 정책적인 판단을 내포하고 있다는 점에 기인한다. 이러한 점으로 말미암아 추상화이론은 모든 저작물에 공통될 수 있는 일반적이고 표준적인 기준을 제시하는 것은 아니고, 그때그때 구체적 타당성에 입각하여 사안에 따라 타당한 결론을 도출하여야 하는 판단방법이라고 평가된다.

특히 미국의 판례를 보면, 저작물의 어떤 부분은 아이디어이고 어떤 부분은 표현이라고 미리 선을 긋기보다는, 오히려 저작권의 보호를 줌으로써 창작의욕을 고취하여야 할 것으로 보이는 부분은 '표현'이라고 하고, 반면에 만인 공유의 영역에 두어 누구라도 그것을 자유롭게 사용할 수 있도록 해야 한다고 생각되는 부분은 '아이디어'라고 하는 경향이 강하다. 이는 저작권법의 원칙적인 이론과는 역(逆)의 논리구조를 취하는 셈이다. 이러한 점에서 본다면 아이디어와 표현이라는 용어는 통일적인 개념으로 정의될 것이 아니라, 정책적으로 저작권의 보호를 주어야 할 부분과 주지 말아야 할 부분을 각각 의미하는 것이라고 해석하는 편이 실제 이해를 돕는 길인지도 모른다.[142]

보호받는 표현 테스트와 관련하여 또 한 가지 염두에 두어야 하는 원칙은, 저작권침해의 성립여부는 피고가 원고의 저작물 중에서 얼마나 많은 부분을 베꼈는가, 그리고 그 베낀 부분이 질적으로 얼마나 중요한 부분인가 하는 점에 달려 있는 것이지, 피고가 원고의 저작물을 복제하지 않고 스스로 창작한 부분의 분량이 얼마나 많으냐 하는 점에 달려 있는 것이 아니라는 것이다. 따라서 전체 저작물 중 95% 상당을 피고가 직접 창작하였다고 하더라도 나머지 5% 부분이 원고의 보호받는 표현을 베낀 것이라면 저작권침해를 구성한다. 또한 원고의 작품 중 본질적인 표현 부분을 베낀 경우에는 피고가 거기에 자신의 독창적인 내용을 아무리 부가하였더라도 저작권침해를 구성하게 된다.[143] 미국의 판례를 살펴보면, 피고가 상당히 긴 어문저작물을 창작하면서 그 속에 불과 몇 줄의 내용만을 원고의 저작물로부터 문자적으로 복제하여 넣은 경우나, 문자적 복제를 한 것은 아니지만 원고 저작물의 외부적 표현 내면에 존재하고 있는 보호받는 대화, 사건 또는 캐릭터 등을 모방한 후 이를 통하여 자신의 창작물에 장식적 요소를 가미한 경우 등에서 이러한 원칙을 따르

141) *Ibid.*, p. 7: 27 참조.

142) 오승종·이해완, 전게서, 45면 참조.

143) 이성호, 전게논문, 53면.

고 있다.[144]

그러므로 저작권침해가 성립되는지 여부는 피고가 차용한 부분의 양적 또는 질적 비중에 달려 있는 것이지, 피고가 스스로 창작하여 부가한 부분의 비중에 달려있는 것은 아니다. 그러나 실제 미국의 판례 중에는 저작권침해 판단을 함에 있어서, 피고가 차용한 부분과 원고의 저작물을 전체적으로 비교한 후, 피고가 차용한 부분이 원고 저작물 전체에서 차지하는 비중이 질적으로나 양적으로 상당한 정도가 아닌 사소한 정도에 불과하다면 저작권침해 책임을 묻지 않은 경우도 있다.[145] Goldstein 교수는 이러한 판례는 명백히 잘못된 것이라고 비판하고 있다. Goldstein 교수에 의하면, 만약 피고가 차용한 부분이 원고 저작물의 전체에 해당하고, 그 부분이 저작권의 보호를 받을 수 있을 정도로 표현적이라면 저작권침해가 인정되어야 함이 당연한데, 피고가 원고의 저작물로부터 똑같은 부분을 차용하였음에도 불구하고 그 부분이 원고 저작물 전체가 아닌 일부에 불과하다는 이유로 저작권침해가 부정된다면, 규모가 큰 작품을 창작한 저작자는 불리한 반면에, 상대적으로 적은 표현으로 구성된 소규모 작품의 저작자들은 이익을 보는 결과가 되어 부당하다고 한다.[146]

라. 청중테스트(audience test)

이 테스트는 저작권침해 성립을 위한 두 가지 기준(요건) 중 두 번째 기준의 충족여부를 판단하기 위한 테스트이다. 이 테스트는 피고가 원고의 저작물 중 보호받는 표현을 차용하였다는 사실(첫 번째 기준)에 기초하여, 피고가 차용한 표현과 원고의 저작물에 들어 있는 원래의 표현에 대하여 일반 청중들이 서로 실질적으로 유사하다고 느낄 것인지 여부를 판단하는 것이다. 이러한 판단을 일반적으로 '청중테스트'라고 부르고 있으며, 미국의 일부 판례에서는 '평균적 관찰자 테스트'(ordinary observer test)라고 부르기도 한다.[147] '보호받는 표현 테스트'가 저작자가 독점·배타권을 행사할 수 있는 영역의 범위를 확정하는 것이라면, 청중테스트는 피고가 저작자의 그 독점·배타권의 영역 내로 침범하였는지 여부를 묻는 것이라고 할 수 있다. 청중테스트는 청중, 특히 해당 저작물이 주된 목표로 하고 있는

144) Paul Goldstein, *op. cit.*, p. 7: 27.

145) McDonald v. Multimedia Enter. Inc., 20 U.S.P.Q.2d 1373(S.D.N.Y. 1991); Jackson v. Washington Monthly Co., 481 F. Supp. 641(D.D.C. 1979); Sarah Brashears-Macatee, *op. cit.*, p. 2.

146) Paul Goldstein, *op. cit.*, pp. 7: 28-29 참조.

147) Atari, Inc. v. North Am. Phillips Consumer Elec. Corp., 672 F.2d 607, 614, 214 U.S.P.Q. 33(7th Cir. 1982) 사건에서는, "피고의 저작물이 원고의 저작물과 서로 유사하여 보통의 합리적인 사람(ordinary reasonable person)이라면, 피고가 원고의 보호받는 표현으로부터 질적으로나 양적으로 상당한 부분을 부당하게 무단사용하였다고 인정할 것인지"를 판단하여야 한다고 하였다; 또한 Herbert Rosenthal Jewelry Corp. v. Honora Jewelry Co., 509 F.2d 64, 65, 184 U.S.P.Q. 264(2d Cir. 1974) 사건에서는 'the average layman'이라는 용어를 쓰고 있다(Paul Goldstein, *op. cit.*, p. 7: 30에서 재인용).

수요자 입장에서의 판단을 중심요소로 하고 있다. 이런 점에서 청중테스트는 저작권법의 정책적인 목적, 즉 저작자에게 그의 보호받는 표현에 대한 배타적인 시장 또는 청중을 보장한다는 목적을 현실적으로 구현한 기준이라고 볼 수 있다.

그렇기 때문에 미국의 판례들 중에는 청중테스트를 '실질적 유사성'의 유무가 아닌 '피고 저작물로 인한 원고 저작물 청중의 감소' 또는 '시장적 경쟁관계'여부를 가지고 판단하는 경우도 상당수 있다. 즉, 원고 저작물이 주된 목표로 하고 있는 청중(수요자)들이 원고 저작물의 전부 또는 일부를 차용한 피고의 저작물을 감상할 경우, 그들의 원고 저작물에 대한 구입 또는 감상욕구가 감소될 것인지 여부를 가지고 이 테스트의 충족여부를 판단하는 것이다.

그러나 앞에서도 언급한 바와 같이, 청중의 감소를 증명하는 것이 청중테스트를 만족시키기 위한 필수적인 조건은 아니다. 청중의 감소여부를 가지고 청중테스트를 판단하는 방법은 피고의 작품이 원고의 작품을 매우 흡사하게 복제하고 있는 경우에는 비교적 쉽다. 이러한 경우 피고 작품은 원고 작품의 시장을 직접 공략하게 되므로, 피고가 자신의 저작물을 판매하거나 전시, 공연하는 것은 필연적으로 원고 저작물의 판매 및 전시, 공연에 부정적인 영향을 미치는 결과를 가져오기 때문이다. 그러나 피고의 저작물 중에 원고의 저작물을 복제한 부분이 있지만, 거기에 피고 자신의 창작적인 표현이 가미되어 있거나 원고가 아닌 다른 사람의 저작물로부터 차용한 부분이 가미되어 있는 경우에는, 피고 작품의 출현과 원고 작품의 청중감소 사이의 인과관계 유무를 판단하는 것이 쉽지 않다. 미국의 판례를 살펴보면, 그러한 경우에는 원칙으로 돌아가서 일반적·평균적 관찰자라면 원고의 저작물과 피고의 저작물 사이에 실질적 유사성이 있다고 느낄 것인지 묻는 선에서 판단을 끝내고, 청중의 감소여부에 대하여는 판단을 하지 않는 사례도 다수 있다고 한다.[148]

실질적 유사성여부를 판단함에 있어서 배심원이나 판사들이 해당 저작물에 대한 자신의 개인적인 감상에 기초하여 판단을 하게 되는 것은 현실적으로 어쩔 수 없는 문제이기도 하다. 그러나 그 저작물이 목표로 하고 있는 청중들이 누구인지, 예를 들어 젊은 10대들인지 아니면 나이든 사람들인지, 또는 높은 수준의 교육을 받은 사람들인지 아니면 평균적인 사람들인지를 구별하여, 그 목표로 하고 있는 청중들의 관점에서 해당 저작물에 대하여 실질적 유사성을 느낄 것인지를 판단하는 것이 원칙에 충실한 방법이다.[149]

148) Paul Goldstein, *op. cit.*, p. 7: 32.

149) *Ibid.*, p. 7: 33.

Ⅱ. 전체적 판단방법과 분해식 판단방법

1. 서 설

앞에서 본 바와 같이 저작재산권의 침해 판단을 위한 전통적인 방법에 의하면, 일반적으로 저작재산권 침해가 성립하기 위하여서는 복제행위와 부당이용의 두 가지 요건이 충족되어야 한다. 이때 부당이용이 되기 위하여서는 원고 저작물 중 저작권의 보호를 받는 창작적 표현 부분이 피고에 의하여 이용되고, 그로 인하여 일반 청중이 원고와 피고의 저작물 사이에 실질적 유사성을 느낄 수 있어야 한다. 그리고 창작적 표현이 피고에 의하여 이용이 되었다는 점을 입증하기 위하여서는 두 저작물을 분해하여, 보호되는 표현과 보호받지 못하는 아이디어 또는 공중의 영역에 있는 요소들을 구분해 내는 작업이 필요하다.

그런데 이와 같은 작업을 거쳐 최종적으로 청중에 의한 실질적 유사성 판단을 함에 있어서, 보호를 받지 못하는 부분까지 포함하여 저작물 전체로서의 유사성을 판단할 것인지, 아니면 보호를 받지 못하는 부분을 제외하고 판단을 할 것인지 여부가 문제로 된다. 이때 저작물을 전체적으로 판단하는 방법이 전체적 판단방법이고, 보호를 받을 수 있는 부분만을 가지고 판단하는 방법이 분해식 판단방법이다. 전체적 판단방법을 '외관이론'이라고 부르기도 한다. 이처럼 실질적 유사성 또는 청중테스트를 판단하는 방법은 전체적 판단방법과 분해식 판단방법으로 크게 나누어지며, 실제 판례들도 전체적 판단방법을 취한 것과 분해식 판단방법을 취한 것으로 나누어진다.

2. 전체적 판단방법 – 외관이론(total concept and feel test)

가. 외관이론의 전개

미국에서 '외관이론'(total concept and feel test)은 명시적으로는 '인사용 카드'(greeting cards)의 저작권침해와 관련하여 1970년 제 9 항소법원의 판결이유에서 처음 나타났으며,[150) 1976년 제 2 항소법원에서 어린이의 이야기책과 관련된 사건에서 다시 나타난 바 있다.[151) 그 후 1977년 미국 제 9 항소법원은 시각적 저작물과 관련한 Sid & Marty Krofft Television

150) Roth Greeting Cards v. United Card Co., 429 F.2d 1106(9th Cir. 1970). 이 사건에서 법원은 인사용 카드의 저작권침해여부를 판단하기 위하여서는, 각 카드에 씌어진 문구, 그 문구들의 배열, 그림과 문구의 조합 등 모든 요소를 '전체적으로'(as a whole) 고려하여야 한다고 하였다.

151) Reyher v. Children's Television Workshop, 533 F.2d 87(2d Cir), cert. denied, 429 U.S. 980(1976).

Productions, Inc. v. McDonald's Corp.[152] 사건에서 실질적 유사성을 판단하는데 외관이론을 정식으로 채용하였고, 그로부터 이 방법은 미국 법원에서 실질적 유사성을 판단하는 데 있어서 거의 시금석과 같은 중요한 방법으로 자리를 잡게 되었다.

Krofft 사건은 McDonald 패스트푸드점의 광고 캠페인 문구(피고 저작물)가 Pufnstuf 라고 하는 상상 속의 나라에 살고 있는 가상의 캐릭터를 주인공으로 한 방송 프로그램(원고 저작물)의 저작권을 침해하였는지 여부가 쟁점으로 된 사안이다.[153] 이 사건에서 제 9 항소법원은 뒤에서 보는 이른바 '외부적 테스트'와 '내부적 테스트'로 구성되는 '이중의 테스트'(bifurcated test)를 채택하였다. 그러면서 그 중 표현의 실질적 유사성을 판별하는 '내부적 테스트'와 관련하여, "피고의 저작물은 원고가 저작권을 가지고 있는 Pufnstuf 프로그램의 전체적인 컨셉과 느낌(total concept and feel)을 차용한 것이다"라고 판시함으로써, '전체적인 컨셉과 느낌'을 실질적 유사성의 판단기준으로 채택하였음을 밝히고 있다.[154]

이 사건 이후 미국에서 실질적 유사성을 판단함에 있어 외관이론, 즉 전체적인 컨셉과 느낌이라는 판단기준을 적용한 사례는 매우 자주 나타난다. 이와 같이 실질적 유사성을 전체적(totally)으로 판단하는 접근방법은 다음과 같은 장점이 있다고 한다. 우선 이 방법을 취할 경우 저작물을 전체적으로 검토하되 다른 분석적인 작업을 거칠 것이 없기 때문에, 배심원과 같은 사실판단의 의무를 가지고 있는 사람(the trier of fact)이 수행하여야 할 역할이 매우 단순해진다는 것이다. 따라서 비전문가인 배심원들이 아이디어와 표현을 구분하기 위하여 세심한 주의를 기울여야 할 필요도 없다. 뿐만 아니라 이 접근방법은 배심원들로 하여금 무엇인가 불공정한 행위가 있었다는 식의 직감적인 느낌만으로 실질적 유사성여부를 파악하는 것까지도 허용한다고 한다.[155]

1989년에 제 7 항소법원이 판결한 Roulo 사건[156]도 외관이론을 적용한 대표적 사례로

152) Sid & Marty Krofft Television Productions, Inc. v. McDonald's Corp., 562 F.2d 1157(9th Cir. 1977), 이 판결의 사안은 뒤에서 다시 살펴본다.

153) Krofft 사건에서 접근(access)여부는 쟁점이 아니었는데 그 이유는 피고가 Pufnstuf 주인공을 피고의 광고 캠페인에 사용하는데 대한 라이센스를 받기 위하여 원고와 사전에 접촉을 하였던 사실이 있었기 때문이다.

154) 이 사건에서 법원은, 두 저작물의 '전체적인 컨셉과 느낌'(total concept and feel) 에 관하여 검토를 하면서 피고가 지적한 두 작품 사이의 사소한 차이점들, 예를 들어 피고의 작품에 등장하는 시장(市長)은 전통적이고 공식적인 장식띠를 매고 있는데 반하여 원고의 작품에 등장하는 시장은 야회복용 장식허리띠를 매고 있는 것 따위의 차이점은 두 작품의 실질적 유사성을 부정할 요소가 되지 못한다고 하였다. 즉, 저작물을 전체적으로 비교하면서, 사소한 부분적 차이점에 관하여는 이를 무시한 것이다.

155) Elliott M. Abramson, *How Much Copying under Copyright? Contradictions, Paradoxes, and Inconsistencies*, 61 Temple L. Rev. 133, p. 147(1988).

156) Roulo v. Russ Berrie & Co., 886 F.2d 931(7th Cir. 1989) cert. denied, 493 U.S. 1075(1990).

서, 인사용 카드에 인쇄된 그림과 문구에 대한 저작권 침해사건이다.[157] Roulo 사건에서 피고는, 원심인 지방법원이 두 저작물 사이의 유사성을 비교함에 있어서 배심원들로 하여금 저작권법에 의하여 보호를 받지 못하는 부분들, 예를 들어 카드의 크기나 색깔, 잉크의 색깔, 가장자리 장식, 인사문구에서 자주 사용되는 생략법, 한쪽 면을 이루는 포맷 형태 등을 포함하여 판단하도록 한 것은 잘못이라고 주장하였다. 이에 대하여 법원은, "이러한 요소들이 개별적으로는 저작권의 보호를 받을 수 없는 것은 사실이지만, 이 사건에 있어서 저작권의 보호를 받는 것은 그러한 보호를 받지 못하는 부분들이 창작적이고 독특한 형태로 조합을 이루고 있다는 점이다"라고 하여 피고의 주장을 배척하였다. 그러면서 이 사건 저작물의 경우에는 보호를 받는 부분과 보호를 받지 못하는 부분으로 분해하여 분석하는 방법은 배척되어야 하며, 이러한 저작물은 전체적인 컨셉과 느낌에 의하여 비교·검토되어야 한다고 하였다.

Roulo 사건을 보면 저작권의 보호를 받는 부분과 받지 못하는 부분을 모두 포함하고 있는 저작물에 대하여 외관이론에 따라 전체적인 컨셉과 느낌을 비교하는 접근방법은 편집저작물의 실질적 유사성을 판단하는 방법과 유사한 점이 있다. 편집저작물, 특히 사실(facts)을 모아 놓은 편집저작물을 구성하는 개개의 소재(사실)들은 그 자체로서는 저작권법에 의한 보호를 받지 못한다. 그러나 그 경우에도 소재의 선택 및 배열에 창작성이 있으면 저작권법의 보호를 받을 수 있다. 이를 편집저작물 이외의 다른 일반 저작물에 적용하면, 하나의 저작물에서 그 저작물을 이루는 개개의 구성부분은 비록 저작권의 보호를 받을 수 없다고 하더라도, 그 부분들이 창작적이고 독창적으로 집합을 이루고 있다면 저작권의 보호를 받을 수 있다는 결론에 이르게 된다.[158]

나. 외관이론에 대한 비판

이렇게 해서 외관이론은 부당이용(improper appropriation)을 인정하기 위한 실질적 유사성을 판단하는 기준으로서 꽤 인정을 받게 되었으며,[159] 그 후 미국의 여러 법원들이 외관

157) Roulo 사건에서도 Krofft 사건에서처럼 '접근'(access)은 문제가 되지 아니하였는데, 그 이유는 피고가 본건 저작권침해 소송이 일어나기 전에 2년간의 기간 동안 계약에 의하여 원고의 카드를 배달하는 업무에 종사한 사실이 있었기 때문이다. 원고는 피고와의 계약을 갱신하지 아니하였고, 그러자 피고는 원고의 카드와 유사한 카드를 스스로 제작하여 판매한 것이었다.

158) Sarah Brashears-Macatee, *op. cit.*, pp. 919-920.

159) 앞에서도 본 바와 같이 Goldstein 교수는 저작권침해의 요건으로 ① 복제(actual copying)와 ② 부당이용(unlawful or improper appropriation)을 든다. 그런데 '저작물의 부당한 이용'이 되기 위하여는 침해저작물과 피침해저작물 사이에 표현에 있어서의 '실질적 유사성'(substantial similarity)이 있어야 한다고 보고 있으므로, 결국 부당이용과 실질적 유사성의 요건은 크게 다르지 않다고 볼 수 있다(Paul Goldstein, op. cit., p. 7: 1).

이론을 채택하기에 이르렀다. 그러나 이에 대하여는 비판론도 만만치 않다.

하나의 저작물에는 저작권법에 의한 보호를 받을 수 있는 부분과 그렇지 못한 부분이 함께 존재한다. 그런데 만약 피고가 저작권에 의한 보호를 받을 수 있는 부분과 그렇지 못한 부분 모두를 복제하였다면 부당이용, 즉 실질적 유사성을 판단하기 위한 테스트에서 보호받지 못하는 부분을 고려하는 것은 문제가 될 수 있다. 저작권의 보호를 받지 못하는 부분은 부당이용이 될 수도 없는 까닭이다. 사실 이 부분이 외관이론의 최대의 논리적 약점이라고 할 수 있다. 그렇기 때문에 외관이론은 Roulo 사건에서의 인사용 카드나 Krofft 사건에서의 어린이용 캐릭터 등과 같이, 비교적 단순하여 한 눈에 파악할 수 있는 시각적 저작물에나 적용할 수 있는 이론이고, 다른 저작물 특히 컴퓨터프로그램과 같이 고도의 기술적인 저작물에는 부적당하다는 비판이 있다.[160)]

또한 Nimmer 교수는, '컨셉'(concept)이라는 것은 원래 저작권법에 의한 보호를 받지 못하는 아이디어의 영역에 속하는 것이며,[161)] 거기에 '느낌'(feel)이라는 단어 하나를 덧붙인 것만 가지고는 실질적 유사성 개념을 둘러싸고 난마처럼 뒤얽혀 있는 문제를 명확히 풀어내기가 어렵다고 비판한다.[162)]

이처럼 현재 미국의 학자들 사이에서는, 외관이론에서 말하는 '전체적인 컨셉과 느낌'(total concept and feel)이라는 판단기준은 창작성 있는 표현만을 보호하는 저작권법의 취지에 어긋나는 결과를 가져온다는 점, 원래 '컨셉'은 그 자체가 저작권법으로 보호될 수 없는 아이디어적인 요소이므로 '전체적인 컨셉(관념)'을 고려한다는 것은 잘못된 것이라는 점, '느낌'이라는 것도 극히 비전형적이고 모호한 용어로서 법적인 분석이 불가능하다는 점 등의 이유로 외관이론에 대하여 상당한 비판이 제기되고 있다.[163)] 심지어는 외관이론을 처음으로 발전시킨 제 9 항소법원조차도 최근에 와서는 외관이론의 적용을 자제하는 방향으로 나아가고 있다고 한다.[164)]

---

160) Jarrod M. Mohler, *op. cit.*, p. 988; Nimmers on Copyright, *op. cit.*, § 13.03A1c, pp. 13-38.

161) 작품창작의 원동력이 되는 컨셉(concept)은 수적으로도 제한되어 있기 때문에 독점권을 부여하기에 적당하지 않다. 특히 시장성을 가진 컨셉(marketing concept), 예를 들면 각종 컨테스트(contest)나 퀴즈게임, 게임 쇼 등의 진행방식, 할인쿠폰을 모아 놓은 책의 구성 등과 같이 소비자의 구매의욕을 자극하기 위한 개념들은 부정경쟁방지법과 같은 다른 법의 보호대상은 될 수 있을지 몰라도 저작권법의 보호는 받을 수 없다(오승종·이해완, 전게서, p. 46).

162) Nimmers on Copyright, § 13.03A1c, pp.13-40 참조.

163) 오승종·이해완, 전게서, 473면.

164) Jarrod M. Mohler, *op. cit.*, p. 987.

3. 분해식 접근방법(dissection approach)

가. 분해식 접근방법의 전개

외관이론에 대비되는 분해식 접근방법은 다음에서 보는 Concrete Machinery 사건에서 미국의 제 1 항소법원에 의하여 개발되었다. 많은 미국의 판례들이 실질적 유사성여부를 판단함에 있어서 외관이론(total concept and feel test)을 명시적으로 언급하고 있지만, 이와는 대조적으로 분해식 접근방법에 관하여 분명히 언급을 하고 있는 판례는 그리 많지 않다고 한다. 그러나 판결을 내면적으로 살펴보면 사실상 더 많은 다수의 사건에서 분해식 접근방법을 적용하고 있는 것으로 파악된다고 하는데, 그 이유는 미국의 법원이 하나의 저작물 중에는 저작권법에 의한 보호를 받는 부분과 받지 못하는 부분이 함께 존재한다는 기본적인 인식의 바탕 위에서 판단을 수행하고 있기 때문이라고 한다.[165)]

제 1 항소법원의 Concrete Machinery 사건[166)]은, 복제행위의 존재를 판단하기 위해서는 저작권의 보호를 받는 부분과 받지 못하는 부분을 명백히 분리할 필요가 있다고 하였다. 그런 연후에 저작권의 보호를 받는 부분에 비교의 초점을 맞추어 '평균적 관찰자 테스트'(ordinary observer test)에 비추어 피고의 작품이 원고의 작품과 실질적으로 유사한 것인지 여부를 판단하여야 한다고 하였다.

제 9 항소법원의 Cooling Systems 사건[167)] 역시 분해식 접근방법을 사용한 사례이다. 이 사건은 라디에이터 제품의 카탈로그 삽화(일러스트레이션)에 관한 저작권침해 사건이다. 원고는 전체적인 느낌상 평균적 관찰자라면 두 카탈로그 삽화를 실질적으로 구분하기 어려울 것이라고 주장하였다. 이에 대하여 법원은, 중요한 것은 전체적인 컨셉과 느낌에 있어서 실질적 유사성이 있느냐 하는 것이 아니라, 원고의 카탈로그에 존재하는 저작권의 보호를 받는 부분(이 부분은 극히 적다)이 피고의 저작물에도 같은 정도로 실질적 유사성을 가지고 존재하느냐 하는 것이라고 하였다. 이 사건에서 법원은 외관이론의 적용을 배척하면

---

165) Sarah Brashears-Macatee, *op. cit.*, p. 921.

166) Concrete Machinery Co. v. Classic Lawn Ornaments, Inc., 843 F.2d 600(1st Cir. 1988). 이 사건에서 원고는 7개의 콘크리트 잔디장식에 대한 저작권침해를 주장하였다. 그 중 몇 개의 디자인은 다양한 포즈를 취하고 있는 동물, 예를 들어 백조라든가 사슴과 같은 동물의 모습을 실제 그대로 사실적으로 표현한 것이었다. 법원은 자연상태의 동물을 사실적으로 묘사한 그림은 저작권의 보호를 받을 수 없다고 판결하면서, 원고는 오직 자신의 사실적 그림을 완전 동일하게 복제한 사람에 대하여만 저작권침해를 주장할 수 있다고 하였다. 또한 법원은 이 경우에는 '복제행위'(actual copying)나 '의거'에 대한 증거를 찾기도 쉽지 않다고 하였는데, 그 이유는 만약 누군가가 실제로 존재하는 사슴의 모습을 세부적인 부분까지 그대로 묘사한 조각을 제작하였을 때 다른 조각가도 실제 사슴을 모델로 하여 그와 동일한 조각을 할 수 있을 것이기 때문이라고 하였다.

167) Cooling Systems & Flexible, Inc. v. Stuart Radiator, 777 F.2d 485(9th Cir. 1985).

서, 전체 저작물 중 저작권의 보호를 받는 부분들 사이의 실질적 유사성 여부에만 초점을 맞추고 있다.[168)]

나. 분해식 접근방법에 대한 비판

분해식 접근방법을 사용함에 있어서는 거기서 말하는 '분해'의 의미가 무엇인지를 이해하는 것이 필요하다. 분해식 접근방법에서 '분해'가 하나의 저작물을 작은 조각, 예를 들어 소설 속의 개개의 단어라든가 노래 속의 음조 등으로 기계적으로 쪼개는 것을 의미하는 것은 아니다. 이러한 요소들은 저작권의 보호를 받는 부분이 아니며, 그러한 요소들을 추출해 낸다고 하더라도 거기에 저작권의 보호가 미치는 것은 아니다. 그러면 분해식 접근방법은 과연 무엇을 어떻게 분해하여 보라는 것인가? 어문저작물의 경우 문장, 문단, 또는 장(章)으로 분해하여야 하는 것인지, 음악저작물의 경우 하나, 둘 또는 그 이상의 마디로 분해하여야 하는 것인지가 어려운 문제이다.[169)] 이 문제가 분해식 접근방법에 의한 실질적 유사성의 판단을 더욱 어렵게 하고 있으며, 잘못 분해를 할 경우 저작물의 창작성 있는 부분은 전혀 남지 않게 되는 불합리한 결과가 나올 수도 있다. 이는 분해식 접근방법의 가장 큰 약점이고 비판을 받는 부분이라고 할 수 있다.[170)] 이에 대한 해결방안에 관하여는 뒤에서 살펴보기로 한다.

4. 외부적 테스트(extrinsic test)와 내부적 테스트(intrinsic test)

가. 서　설

아이디어·표현 이분법이 말해주고 있는 바와 같이 어느 저작물이 저작권법에 의한 보호를 받는다고 하더라도 그 저작물의 모든 구성부분이 다 보호를 받는 것은 아니다. 저작권법은 아이디어나 시스템, 개념(concept), 해법(solution), 프로세스, 사실(facts), 짧은 제목, 개개의 단어나 음조(音調), 짧은 문장이나 숙어 및 관용구, 일반적인 구성(plot), 필수장면, 독

---

168) Cooling Systems 사건에서 법원이 부정이용을 판단함에 있어서 분해식 접근방법을 사용한 것이 지지를 받을 수 있었던 가장 큰 이유는, 그 사건에서 문제가 된 저작물이 카달로그였다는 점 때문일 것이다. 카달로그는 사실(facts), 숫자, 그리고 구체적인 사물을 있는 그대로 묘사한 그림 또는 사진으로 이루어진다. 이러한 저작물은 이른바 기능적(또는 사실적) 저작물의 일종인 바, 기능적 저작물은 문예적 저작물과 본질적으로 다르다. 고도의 기능적 저작물의 경우 표현의 실질적 유사성은 글자 그대로 동일한 복제를 하거나 거의 동일한 내용으로 복제를 하여야만 저작권침해가 된다는 것이 미국의 판례 이론이다. 즉, 미국의 법원은 기능적 저작물은 그 표현의 다양성이 극히 제한을 받으므로, 저작권법상의 보호범위도 매우 좁다는 것을 전제로 하고 있다.

169) Sarah Brashears-Macatee, *op. cit.*, p. 921.

170) Jarrod M. Mohler, *op. cit.*, p .988.

창성이 없는 일반적인 어문적 캐릭터 따위는 보호를 하지 않는다.[171]

만약 피고가 원고의 저작물 중에서 창작성이 있는 표현 부분(보호를 받을 수 있는 부분)과 창작성이 없거나 아이디어에 해당하는 부분(보호를 받을 수 없는 부분)을 함께 복제하였다면 어떻게 될 것인가? 이 경우 실질적 유사성여부를 판단하기 위하여서는 저작물을 전체적으로 파악하여야 할 것인가? 아니면 저작권의 보호를 받을 수 없는 부분은 분리를 해 낸 후 저작권의 보호를 받을 수 있는 부분만을 남겨서 그 부분만을 가지고 실질적으로 유사한지 여부를 판단하여야 할 것인가? 앞에서 본 바와 같이 미국의 판례들을 보면, 전자의 방법(외관이론)을 취한 것도 있고 후자의 방법(분해식 접근방법)을 취한 것도 있다. 어느 경우에는 두 가지 방법을 모두 사용하고 있는 것처럼 보이는 것들도 있다. 미국의 법원이 이처럼 사안에 따라 접근방법을 달리하고 있는 것은 소송의 대상이 된 저작물의 성질에 따라 어떤 방법을 취할 것인지 여부가 결정되기 때문이라고 한다.[172] 우리 대법원 판례 중에는 다양한 유형의 저작물 사건에서, 실질적 유사성이 있는가 여부를 판단함에 있어서는 저작권의 보호를 받지 못하는 부분은 제외하고 보호를 받는 부분만을 가지고 비교를 하여야 하는 것이 원칙이라고 하였다.[173]

미국에서는 이와 같이 서로 대립되는 두 가지 접근방법을 발전시켜 나가는 과정에서 저작권 침해판단에 관한 보다 과학적이고 논리적인 분석을 위하여 새로운 기준을 개발하게 되는데, 그것이 외부적 테스트와 내부적 테스트로 구성되는 이른바 '이중의 테스트'(bifurcated test)이다.

나. 외부적 테스트와 내부적 테스트의 기원 – Krofft 판결

(1) Krofft 판결의 내용

외부적 테스트와 내부적 테스트의 기원이 된 대표적 사례로는 보통 앞의 외관이론 부

171) Feist Publications, Inc. v. Rural Telephone Service Co., 499 U.S. 340, 18 U.S.P.Q.2d 1275(1991) 사건에서 미국 연방대법원은 저작권침해 소송에 있어서 가장 중요한 요소는 저작물 중 창작적인 구성요소를 복제하였는가 하는 점이라고 판시하였다. 이 사건에서 문제가 된 저작물은 전화번호부 인명편이었다. 미국 연방대법원은 만약 피고가 원고의 저작물로부터 가져다 쓴 것이 창작적인 부분이 아니라면 그것은 저작권침해를 구성할 수 없다고 하였다. 즉, 저작물 중 창작적 표현이 아닌 부분은 이를 아무리 문자 그대로 복제하더라도 저작권침해가 될 수 없다는 것이다.

172) Sarah Brashears-Macatee, *op. cit.*, p. 916.

173) 대법원 1991. 8. 13. 선고 91다1642 판결은 한복 디자인의 저작권 침해여부가 문제로 된 사건인데, "한복디자인이란 종래의 문화적 유산인 복식에 기초를 두고 이에 변형을 가해 가는 것이므로 그 디자인 중 저작권에 의하여 보호되는 것은 저작자의 독창성이 나타난 개인적인 부분에만 한정되고, 예부터 전해 내려오는 제작기법이나 표현형식은 누구나 자유롭게 이용할 수 있는 것이어서 저작권보호의 대상이 되지 않는다고 할 것이므로 저작권의 침해여부를 가리기 위해 두 저작물 사이에 실질적 유사성이 있는가의 여부를 판단함에 있어서도 위 독창적인 부분을 가지고 비교를 해야 할 것이다"고 하였다.

분에서 살펴본 Krofft 판결을 든다. Krofft 판결은 실질적 유사성 판단에 있어서 외관이론을 적용한 대표적 판결이면서도, 저작권침해의 판단 방법에 있어서 외부적 테스트와 내부적 테스트로 구성되는 이중의 테스트를 개발하였다는 점에서 의의가 있다. 또한 이 판결은 저작권침해와 관련된 제 9 항소법원의 '리딩 케이스'(leading case)라고 할 수 있다.[174] Krofft 판결에서는, 종래부터 내려오던 '보호받는 표현 테스트'[175]를 변형하여 이를 '외부적 테스트'(extrinsic test)라고 이름을 지었다. 외부적 테스트는 '아이디어'의 유사성을 판단하는 테스트이다. 이 테스트에서는 원고 저작물에 내재되어 있는 아이디어와 보호받는 표현을 분석하고 분해한다. 그 분석이나 분해는 배심원들의 감각적인 반응에 의존하는 것이 아니라, 전문적으로 분류되고 분석될 수 있는 특정한 외부적 기준에 의존하기 때문에 '외부적'인 테스트라고 하였다. 이때 적용되는 외부적 기준에는 해당 저작물이 어떠한 종류와 성격의 것인지, 어떠한 소재를 사용하고 있는지, 주제는 무엇이며 그 주제를 나타내기 위한 설정들에는 어떠한 것이 있는지 등이 있다고 하였다.[176] 한편 종래의 전통적인 '청중테스트'는 이를 '내부적 테스트'(intrinsic test)라고 이름을 붙이면서, 이 테스트는 저작물의 전체적인 표현의 유사성을 판단하는 것이라고 하였다. 이 테스트에서는 평균적인 사람들의 반응에 의하여 판단을 할 것이 요구된다. 이 테스트는 일반 수요자의 감성에 기초한 내부적인 테스

174) Sid & Marty Krofft Television Productions, Inc. v McDonald's Corp., 562 F.2d 1157(9th Cir. 1977): 이 판결의 사안은 다음과 같다. 원고 회사는 NBC TV의 요청을 받고 TV Show 'H.R. Pufnstuf'를 제작하였고 이 쇼는 1968년부터 NBC에서 방송되기 시작하였다. 이 TV 시리즈에는 환상적인 의상을 입은 캐릭터들과 움직이는 나무들, 말하는 책들이 살고 있는 환상의 섬 'Living Island'에 사는 지미(Jimmy)가 등장한다. 이 TV Show 프로그램은 선풍적인 인기를 얻었고, H.R. Pufnstuf 관련 제품의 생산과 광고수요를 불러일으켰다. 1970년초 광고대행사인 피고 Needham 회사의 이사는 원고 회사의 사장이자 위 Show 프로그램의 제작자인 Krofft를 만나 H.R. Pufnstuf의 등장인물을 이용하여 피고 맥도날드의 광고를 제작하고자 한다고 말하였다. 그러나 몇 차례 접촉 끝에 Krofft는 광고제작을 거절하였다. 이에 피고 Needham은 위 TV Show 프로그램의 내용을 바탕으로 맥도날드 광고를 제작하였고, 이 광고는 1971. 1.부터 방송되었다. 맥도날드 광고가 방송되기 전에 원고 회사는 장난감, 게임, 도시락통, 그리고 만화제작자에게 H.R. Pufnstuf의 등장인물과 내용을 사용하는 것을 허락한 바 있었다. 또한 켈로그의 광고 등에도 이들 캐릭터가 사용되었다. 그러나 장난감과 게임을 포함한 맥도날드의 광고 이후에는 원고 회사는 새로운 이용허락계약을 체결하지 못하였고 기존의 계약을 연장하지도 못하였다(장주영, 미국저작권 판례, 육법사, 204면 참조).

175) 미국의 저작권 실무에서 저작권 침해판단과 관련하여 전통적으로 적용하던 기준은 '보호받는 표현 테스트'와 '청중테스트'이다.

176) Krofft 판결에서는 다음과 같은 예를 들고 있다. 즉, 미술저작물인 나체석고상에 있어서 아이디어는 '사람의 나체를 석고로 제작하는 것'이다. 따라서 나체화(裸體畵)나 말(馬)의 석고상은 이러한 아이디어를 담고 있지 않으므로 침해가 될 수 없다. 이것이 외부적 테스트이며, 배심원이나 일반 청중의 감성적 반응에 의존하지 않고 분류되거나 분석될 수 있는 특정한 표준 또는 항목별 기준에 의존하기 때문에 외부적이라고 보는 것이다. 미술저작물의 경우 이러한 표준에는, 미술품의 종류, 사용된 재료, 주제, 주제를 위한 배경 등이 포함된다.

트이기 때문에 분석을 위해 저작물을 분해하거나 전문가의 증언을 청취하는 것은 적절하지 않다고 하였다.[177)]

(2) Krofft 판결에 대한 비판

결국 Krofft 판결에서 외부적 테스트는 '아이디어'의 유사성을 판단하는 것이며, 내부적 테스트는 그 아이디어에 대한 '표현'의 유사성을 전체적인 컨셉과 느낌에 의하여 판단하는 것이다. 그러나 Krofft 판결이 외부적 테스트와 관련하여 원고의 저작물과 피고의 저작물 사이에 '아이디어의 유사성'이 있는지 여부를 판단하는 구조를 채택한 것은 잘못이라는 비판이 유력하다. 이러한 비판론은 주로 분해식 판단방법을 지지하는 견해에서 제기되고 있는데, 아이디어의 유사성, 예를 들어 제목이라든가 기본적 플롯, 설정(setting) 등에 유사성이 있다는 것은 '복제'(copying) 또는 '접근'(access)에 대한 입증과는 관련이 있을 수 있겠지만, 그것이 곧바로 피고가 원고 저작물 중 보호받는 표현 부분을 부당이용 하였다는 증거가 될 수는 없다는 것이다. 저작물에 내재되어 있는 아이디어는 누구나 자유롭게 이용할 수 있는 것이며, 피고가 원고 저작물로부터 허락 없이 아이디어를 차용하였다고 하더라도 보호받는 표현을 차용하지 아니하였다면 부당이용이라고 할 수 없다는 것이 비판론의 논거이다.[178)]

이러한 비판론에 의하면, Krofft 판결은 출발점이 되는 외부적 테스트부터 잘못된 방향으로 구성하였기 때문에, 그 다음 단계인 내부적 테스트를 피고의 저작물이 원고 저작물의 '전체적인 컨셉과 느낌'(total concept and feel)을 차용한 것인지 여부를 판단하는 것이라고 보는 잘못을 범하였다고 한다. 비판론은, 종래부터 사용되어 온 전통적인 청중테스트 역시 그 저작물의 청중(주된 수요자)들이 두 저작물 사이에 전체적인 유사성(아이디어와 표현 양쪽에서의 유사성)이 있다고 볼 것이냐를 묻는 것이 아니라, 그 청중들이 해당 저작물의 '표현'에 있어서 실질적 유사성이 있다고 볼 것이냐 여부를 판단하는 것인데, Krofft 판결은 외부적 테스트의 판단과정에서 보호받는 표현의 차용여부를 구분하여 다루지 아니하였기 때문에, 내부적 테스트에 있어서도 보호받는 표현만에 있어서의 유사성여부는 따로 고려하지 않았음을 지적한다.[179)]

177) 그리하여 Krofft 사건에서는, 피고들이 원, 피고 저작물에 등장하는 인물들의 옷과 색깔, 장식도구 등에 차이점이 있음을 지적하고 있지만, 원, 피고의 저작물(광고)을 보는 보통의 사람들은 양 저작물에 등장하는 인물이 서로 다른 허리장식띠를 착용하고 있다는 사실을 알아차리지 못할 것이라고 하면서, 내부적 테스트에 의하여 실질적 유사성을 판단함에 있어서는 '세부적인 유사성' 또는 '분석적 유사성'이 요구되는 것은 아니라고 하였다.

178) Paul Goldstein, *op. cit.*, p. 7: 34.

179) *Ibid.*, p. 7: 35.

(3) Krofft 판결 이후의 변화 – Shaw 판결

Krofft 사건 이후 미국 제 9 항소법원의 저작권 관련 판결들은 거의 대부분 외부적 테스트를 적용하여 왔으며, 그 과정에서 '아이디어'의 유사성여부를 판단하여 왔다. 아울러 내부적 테스트에서도 '전체적 컨셉과 느낌'(total concept and feel)에 의한 판단방법을 채용하는 등 Krofft 판결을 따르고 있었다. 그러나 얼마 후부터 제 9 항소법원에서는 위와 같은 비판론을 의식하였기 때문인지 Krofft 판결을 인용하면서도 오히려 Krofft 사건보다 훨씬 더 전통적인 판단방법, 즉 보호받는 표현을 구분하고 여기에 청중테스트를 적용하여 판단을 내리는 방법으로 회귀하는 경향을 볼 수 있다.

이러한 경향은 외부적 테스트를 적용함에 있어 '아이디어'라고 분류되는 요소들의 범위를 계속적으로 확장하여 나가거나, 또는 '아이디어'라고 분류되는 요소들의 유사성이 표현으로 분류되는 요소들의 유사성으로 '확장'된다고 판단하는 방식으로 나타났다. 그리하여 저작물의 종류와 성격, 소재(materials), 주제(subject matter), 설정(setting) 등 전통적으로 아이디어로 분류되던 것은 물론이고, 더 나아가 대화나 시퀀스, 캐릭터 같은 요소들도 외부적 테스트를 판단함에 있어서는 아이디어에 포함되는 것으로 해석하였다. 이들 아이디어의 영역에 추가적으로 들어오게 된 요소들 중 상당부분은 전통적인 관점에서 본다면 표현에 해당한다고 보아야 할 것들이다. 따라서 원래의 외부적 테스트는 아이디어의 차용(유사성)을 판단하는 것인데, 그것이 종래의 보호받는 표현 테스트와 같이 보호받는 표현의 차용(유사성)을 판단하는 테스트로 실질적으로 변화되었다고 볼 수 있다. 이에 따라 내부적 테스트 역시 일종의 변화를 거치게 되는데, 그 결과 제 9 항소법원 관할 구역 내의 지방법원들은 점차적으로 저작물 전체에 있어서의 유사성보다는 '표현'에 있어서의 유사성에 대한 일반 청중의 느낌에 초점을 맞추게 되었다고 한다.[180] 이와 같은 미국 제 9 항소법원의 판례변천을 가장 잘 드러낸 것으로서 Shaw 판결을 들 수 있다.[181]

Shaw 사건에서 제 9 항소법원 재판부는 Krofft 사건에서 채택한 판단방법, 즉 외부적 테스트는 '아이디어에 있어서의 실질적 유사성'에 의하여, 내부적 테스트는 '전체적인 컨셉

180) *Ibid.*, pp. 7: 35-36.

181) Shaw v. Lindheim, 919 F.2d 1353, 15 U.S.P.Q.2d 1516(9th Cir. 1990): 이 판결의 사안은 다음과 같다. 작가이자 제작자인 원고 Shaw는 NBC TV의 드라마 제작국 간부인 피고 Lindheim과 조건부 계약을 맺어 TV 연속물로 창작한 각본 'The Equalizer' 및 그 각본을 드라마로 제작하는 권한을 NBC에게 주었다. Shaw는 이 각본을 Lindheim에게 전달하였고 Lindheim은 이를 읽어보았다. 그러나 NBC가 제작을 포기하였기 때문에 각본에 관한 모든 권리는 Shaw에게 다시 환원되었다. Lindheim은 그 후 NBC를 떠나 유니버설 TV로 소속을 옮긴 다음, 'The Equalizer'라는 제목으로 TV 연속물 각본을 저술하였다. Lindheim은 위 제목은 Shaw의 각본 제목을 베낀 것이라고 인정하였다. Lindheim의 TV극은 그 후 CBS에서 방영되었다(장주영, 전게서, 210면 참조).

과 느낌'에 의하여 판단하는 방법으로부터 한 발짝 더 벗어난다. 그리하여 전통적 방법인 보호받는 표현 및 청중 테스트에 보다 가까워지게 된다. 한편, 위에서 본 바와 같이 Krofft 판결 이후에 제 9 항소법원의 판례들은 외부적 테스트를 적용함에 있어 '아이디어'라고 분류한 요소들의 범위를 계속적으로 확장하는 방향으로 나아갔다. Shaw 판결은 이러한 경향에 대하여 언급하면서, Krofft 판결 이후에 외부적 테스트에서 아이디어로 추가 분류된 요소들에는, 예를 들어 구성(plot), 주제(themes), 대화(dialogue), 분위기(mood), 배경설정(setting), 사건의 전개속도(pace), 사건의 연속(sequence) 등이 포함되는바, 여기에는 어문저작물에서 고려될 수 있는 거의 모든 요소들이 포함되기 때문에 외부적 테스트는 더 이상 아이디어의 유사성만을 위한 것으로 볼 수 없다고 하였다. Shaw 판결은, 이처럼 외부적 테스트는 창작성이 있는 표현까지를 모두 포함하여 판단하는 테스트로 되었기 때문에, 이제는 Krofft 판결이 외부적 테스트를 '아이디어에 있어서의 유사성'으로 판단하는 것은 의미가 없게 되었고, 외부적 테스트는 '표현에 대한 객관적인 분석'(objective analysis of expression)을, 내부적 테스트는 '표현에 대한 주관적인 분석'(subjective analysis of expression)을 의미한다고 보는 것이 더 바람직하다고 하였다. 그리고 내부적 테스트는 결국 두 작품이 유사한지 여부에 관한 단순한 주관적인 판단으로 되어 버렸기 때문에 객관적인 분석작업은 필요 없다고 하였다.

Shaw 판결은 외부적 테스트를 적용함에 있어서, 줄거리, 구성, 주제, 대화, 분위기, 배경설정, 사건의 전개속도, 사건의 연속 등의 요소들 사이에 유사성을 발견하기 위하여 두 작품의 개별적인 특징들을 비교하여야 한다고 하였다. 그리고 이러한 외부적 테스트는 저작권의 보호를 받지 못하는 아이디어에 초점을 맞추는 것이 아니라, 전체적인 사건의 연결을 구성하고 주요 등장인물들 사이의 관계를 형성하는 구체적인 요소들에 초점을 맞추는 것이라고 하였다. 이러한 관점 아래에서 Shaw 판결은 주제, 줄거리와 구성 및 사건의 연속, 분위기, 배경과 사건의 전개 속도, 등장인물들과 대화 등의 유사성을 검토한 후 저작권 침해를 인정하였다. 그리고 비교의 대상이 되는 일부 요소들은 명백히 아이디어의 영역에 속하는 것이지만, 이들 요소, 예를 들어 주제, 줄거리, 구성, 사건의 연속, 등장인물 등에 있어서의 유사성은 보호받는 표현의 유사성에까지 '확장'된다고 하였다. 결국 Shaw 판결은 부당이용을 판단하기 위한 외부적 테스트에서는, 재판의 대상이 된 두 저작물을 비교하여 피고의 저작물이 원고 저작물로부터 표현적인 요소를 얼마나 차용하였는가 하는 것을 판단해야 한다고 함으로써, 보호받는 표현 테스트로 대표되는 전통적 판단방법의 타당성을 다시 한 번 공인한 셈이 되었다.[182]

182) Paul Goldstein, *op. cit.*, p. 7: 37.

Shaw 판결은, 내부적 테스트는 피고의 저작물이 원고 저작물의 '전체적인 컨셉과 느낌'(total concept and feel)을 차용하고 있는지 여부를 판단하는 것이라고 한 Krofft 사건의 판결을 인용하기는 하였지만, 그 판결이유에서 "Krofft 분석방법의 두 번째 단계는 사실판단자(배심원)로 하여금 '표현'에 있어서 실질적 유사성이 있는지 여부를 판단하도록 하여야 한다"고 지적하고 있다. Shaw 판결은 전통적인 청중테스트를 따르면서, 내부적 테스트는 그 저작물이 목표로 하고 있는 주된 수요자(청중)들이 보호받는 '표현'에 대한 전체적인 컨셉과 느낌(total concept and feel)에 있어서 실질적인 유사성을 느낄 수 있는가 하는 점을 판단하는 테스트라고 하였다.

이처럼 Shaw 판결은 제 9 항소법원이 저작권침해를 판단함에 있어서 보다 전통적인 방법으로 회귀하고 있음을 보여준다. 그러나 앞서 Krofft 판결을 비판하였던 견해는, Shaw 판결 역시 Krofft 판결의 오류인 외부적 테스트를 아이디어에 있어서의 유사성을 판단하는 것이라고 한 잘못을 되풀이하고 있다고 비판한다. 즉, Krofft 사건에서와 마찬가지로, Shaw 판결 역시 '복제'(copying)여부를 판단함에 있어서의 유사성의 역할을 '부당이용'(improper appropriation)을 판단함에 있어서의 유사성의 역할과 혼동하고 있다는 것이다. 예를 들어 Shaw 판결은, 저작물의 제호는 저작권법에 의하여 보호되지 않으며 제호를 베낀 것이 저작권침해 행위는 아니지만, 두 저작물이 동일한 제호를 가지고 있다는 것은 두 저작물 사이에 있어서의 실질적 유사성이 있는지 여부를 판단함에 있어서 고려되어야 하는 요소 중 하나이며, 따라서 원고와 피고의 저작물이 동일한 제호를 가지고 있다는 사실은 원고에게 유리한 요소로 평가된다고 하였다. 그러나 제호는 Shaw 판결 자체에서도 인정한 바와 같이 저작권법의 보호를 받지 못하는 요소이다. 제호의 유사성은 '복제'(copying)의 증거가 될 수 있을지는 몰라도, 보호받는 표현의 '부당이용'(improper appropriation)의 문제와는 관련이 없다. 따라서 제호의 유사성을 근거로 하여 '복제'를 인정하였다면 제호의 유사성의 역할은 거기서 그쳐야 하며, 제호의 유사성이 '복제'에 대한 판단을 넘어서서 '부당이용'의 판단에까지 확장되어 영향을 미쳐서는 안 된다는 것이 비판론의 지적이다. 또한 이 판결은 외부적 테스트를 적용함에 있어서 피고가 원고의 저작물에 접근하였다는 점도 고려하였는데 이것 역시 잘못이라고 한다. 아이디어의 유사성과 마찬가지로, '접근'(access)은 '복제'에 대한 증거가 될 뿐, '보호받는 표현의 부당이용'에 대한 증거는 될 수 없기 때문이다. 나아가 이 비판적 견해는, 적절한 분석을 위하여 저작물을 분해하는 것은 외부적 테스트뿐만 아니라 내부적 테스트를 위하여서도 필요할 수 있다고 한다. 따라서 내부적 테스트를 진행함에 있어서도 실질적 유사성이 보호받는 '표현'으로부터 기인하는 것인지, 아니면 양 저작물이 공통적으로 가지고 있는 아이디어나 공중의 영역에 있는 요소들로부터 기인하는 것인지 여부를 결정하기 위하여, 필요한 범위 내에서 저작물을 분석적으로 분해하는 것을 인정하여야 한다고 주장한다.[183)]

Ⅲ. 추상화 - 여과 - 비교 테스트

1. 서 설

컴퓨터프로그램과 같은 기능적 저작물은 부당이용 또는 실질적 유사성의 판단과 관련하여 매우 어려운 쟁점을 제기한다. 즉, 보호받는 표현 테스트와 청중테스트를 적용하는 전통적 방법과 여기에 '전체적인 컨셉과 느낌' 기준을 혼합한 판단방법을 컴퓨터프로그램과 같은 기능적이고 실용적인 목적을 가지는 저작물의 침해판단에 적용하면, 저작자를 과도하게 보호하고 아울러 효율적인 경쟁을 심각하게 저해하는 위험을 야기할 수 있다. 그러나 그렇다고 하여 컴퓨터프로그램에 대한 보호를 '문언적 침해'(literal infringement)나 '데드카피'(dead copy)에 한정하는 것으로 제한한다면, 대부분의 침해자들은 저작권침해의 책임으로부터 빠져나가게 되고, 이는 원저작물에 대한 투자의욕을 감소시키는 부작용을 가져온다. 이러한 문제를 해결하기 위한 방법으로 미국의 제 2 항소법원은 Altai 사건[184)]에서 새로

183) *Ibid.*, p. 7: 39.

184) Computer Associates International, Inc. v. Altai, Inc., 982 F.2d 693, 23 U.S.P.Q.2d 1241(2d Cir. 1992): 이 판결의 사실관계는 다음과 같다. 원고 Computer Associates International사(이하 'CA')는 CA-Schedular라는 컴퓨터프로그램을 개발하였다. 이 프로그램은 IBM 주컴퓨터가 수행하는 다양한 작업을 통제하기 위한 것인데, Adapter라는 부속 프로그램을 가지고 있다. IBM 컴퓨터는 크기에 따라 DOS/VSE, MVS 또는 CMS 등 세 가지 운영체제 중 하나를 포함하도록 설계되었는데, 어느 하나의 운영체계를 위하여 만들어진 프로그램은 다른 운영체계에서는 작동되지 않는다. Adapter의 기능은 한 프로그램의 언어를 해당 컴퓨터의 운영체계가 이해할 수 있는 다른 언어로 번역해 주는 것이다. 컴퓨터 사용자가 같은 소프트웨어를 이용하면서 다수의 운영체계를 사용하거나 변경할 수 있도록 해 주는 Adapter 프로그램은 사용자에게 매우 유용한 프로그램이다. 피고 Altai는 ZEKE라는 프로그램을 제작하였다. 이 프로그램은 원래 VSE 운영체계에서 작동되도록 만들어졌으나, 소비자들의 요구에 따라 MVS 운영체계에서도 작동이 되도록 수정할 필요가 있었다. 이에 Altai는 CA의 컴퓨터 프로그래머이던 한 직원을 채용하였고, 그 직원은 CA를 떠나 Altai로 전직하면서 Adapter의 VSE 판과 MVS 판의 소스코드를 가지고 나와 이를 이용하여 OSCAR 3.4라는 프로그램을 개발하였다. OSCAR 3.4 프로그램 소스코드의 약 30% 가량이 Adapter 프로그램을 베낀 것이었다. OSCAR 3.4 프로그램에 대한 저작권 및 영업비밀 침해 등이 문제로 되자, Altai는 위 CA의 직원이었던 자를 배제하고 전혀 다른 프로그래머들을 투입하여 OSCAR 3.5 프로그램을 제작하였다. Altai는 OSCAR 3.4가 CA의 저작권을 침해하였다는 사실은 이를 다투지 않고 있으므로, 본건에서 문제로 되는 것은 OSCAR 3.5의 저작권 침해여부이다(장주영, 전게서, 217-218면 참조).

운 판단기준을 개발하였다. 이 방법은 비록 컴퓨터프로그램(소프트웨어)이라는 특별한 저작물에 대한 저작권 침해사건 판단을 위하여 고안된 것이지만 '기능적 저작물'(functional works)이나 '사실적 저작물'(factual works)과 같이 창작자와 이용자 보호의 균형과 관련하여 조심스러운 판단이 요구되는 거의 모든 저작물에 적용될 수 있는 정밀한 모델을 제공하고 있다고 평가된다.

2. 아이디어와 표현의 구분

Altai 판결은 우선 컴퓨터프로그램의 비문언적 요소가 저작권의 보호를 받을 수 있는지 여부에 대하여 언급하고 있다. 이 사건에서 피고 Altai는 자신의 OSCAR 프로그램을 개발하면서 원고가 저작권을 가지는 Adapter 프로그램의 소스코드를 베낀 것이 없으므로 저작권침해도 없다고 다투었고, 원고 Computer Associates International(이하 'CA')은 Altai가 OCSAR의 소스코드를 새로 작성하기는 하였지만 Adapter 프로그램과의 실질적 유사성은 여전히 남아 있다고 주장하였다. 재판부인 제 2 항소법원은, 프로그램의 구조는 개개의 소스코드와 같은 문언적인 요소도 포함하고 있지만, 일반적인 플로우차트(general flow chart)를 비롯하여 구체적으로는 개별 모듈을 연결하는 조직체계, 파라미터 리스트(parameter list), 매크로(macro) 등과 같은 비문언적 요소까지도 포함하는 것이라고 지적하였다. 그리고 Whelan 판결[185]을 인용하면서, 컴퓨터프로그램의 비문언적 요소 역시 저작권의 보호를 받을 수 있는 것이라고 하였다. 그러나 비문언적 요소라도 아이디어에 해당하는 것은 저작권의 보호를 받을 수 없으므로, 비문언적 요소 중에서 아이디어와 표현을 구분해 내는 작업은 필요하다고 하였다.[186]

컴퓨터프로그램저작물과 관련하여 아이디어·표현 이분법이 어떻게 적용되는지 여부에 관하여 이 판결은 다음과 같이 판시하고 있다. "아이디어는 보호되지 않고 표현만이 보호된다는 저작권법의 대원칙은 컴퓨터프로그램에도 적용되어야 한다. 그런데 본질적으로 실용적이고 기능적인 성질을 가지는 컴퓨터프로그램에 있어서는 아이디어와 표현의 분리가 더욱 어렵다. 기능적 저작물에 있어서 아이디어와 표현의 구분에 관한 선례적 사건인 Baker 판결[187]에서의 '회계서적'과 컴퓨터프로그램은 양쪽 다 특정한 결과를 가져오는 기

185) Whelan Associates, Inc. v. Jaslow Dental Laboratory, Inc., 797 F.2d 1222, 230 U.S.P.Q. 481(3d Cir. 1986) (이 판결에서는 컴퓨터프로그램의 저작권 보호는 프로그램 코드의 문자적 표현을 넘어서 그 구조, 처리의 흐름, 구성에까지 미친다고 하였다).

186) Mark A. Lemley et. al., *Software and Internet Law*, 2d, Aspen Publishers(2003), p. 44.

187) Baker v. Selden, 101 U.S. 99(1879).

술(statements) 또는 명령(instructions)이라는 점에서 대체적으로 유사하다. 다만 전자는 사람이 그 과정을 진행하지만, 후자는 전자적인 방법에 의하여 과정이 진행된다는 차이점이 있을 뿐이다. 어쨌든 두 가지 경우 모두 작업의 프로세스 자체는 저작권의 보호를 받을 수 없는 부분이다. 그리고 Baker 판결에서와 마찬가지로, 컴퓨터프로그램의 기능을 구현하는 데 있어서 필수적으로 수반되는 요소들 역시 보호를 받을 수 없는 부분이다."[188]

3. 추상화－여과－비교 테스트의 내용

가. 기본구조

Altai 판결이 제시하고 있는 새로운 방법론은 어문저작물(희곡)에 관한 사건에서 Learned Hand 판사에 의하여 처음으로 제시된 '추상화이론'(추상화테스트)을 출발점으로 하여, '여과' 및 '비교'의 과정을 거치는 3단계로 구성된다. 먼저 원고의 프로그램을 그것을 구성하는 구조적 부분들로 분해한다(추상화 단계). 그리고 각각의 분해된 부분들을 검토하여 그에 내재된 아이디어, 그 아이디어를 나타내는 데 반드시 필요한 표현들, 공중의 영역으로부터 가져온 요소들에 해당하는 것들을 가려냄으로써 모든 보호받지 못하는 요소들을 걸러낸다(여과 단계). 이와 같은 여과과정을 거쳐 창작적 표현의 핵심이 남게 되는데, 마지막 단계는 걸러내고 남아 있는 요소들을 피고 프로그램의 구조와 비교하는 것이다(비교 단계).

이것을 다른 각도에서 살펴보면, 전통적인 아이디어·표현 이분법과 보호받는 표현 테스트에서와 마찬가지로, 추상화 및 여과 단계에서는 보호받는 표현을 보호받지 못하는 아이디어로부터 분리하는 작업이 진행된다. 이러한 분리 및 여과작업이 완성되면, 비교단계인 실질적 유사성에 관한 심리로 들어가는데, 이 과정에서는 앞의 두 단계에서 추출된 보호받는 표현들 중 어느 부분을 피고가 복제하였는가, 그리고 그 복제된 부분이 원고의 전체 프로그램과 관련하여 볼 때 상대적으로 어느 정도의 비중(중요성)을 가지고 있는가를 평가하는 작업이 중심을 이루게 된다.[189]

이하에서는 추상화-여과-비교 테스트를 Altai 판결의 판결이유에 비추어 상세하게 검토해 보기로 한다.

(1) 1단계: 추상화(abstraction)

추상화 테스트는 원래 어문저작물과 관련하여 개발된 것이지만 컴퓨터프로그램에도

188) Mark A. Lemley et al., *op. cit.*, p. 45.
189) Paul Goldstein, *op. cit.*, pp. 7: 39-40.

적용될 수 있다. 추상화 테스트는 아이디어와 표현을 구별해 내기 위한 테스트로서, 모든 저작물은 기본적으로 아이디어와 표현으로 구성된다는 것을 전제로 하고 있다. 이 테스트는 컴퓨터프로그램의 실질적 유사성을 판단하기 위하여 거치는 첫 번째 단계가 되는데, 그 방법은 프로그램을 '역분석'(reverse engineering)하는 것과 같은 방식으로 진행된다. 즉, 침해되었다는 원고 프로그램의 구조를 분해하고 이를 추상화의 단계에 따라 구분하는데, 이 과정은 프로그램 코드(code)로부터 시작하여 프로그램의 궁극적 기능을 명확히 하는 것으로 끝난다. 결국 원고 프로그램의 개발자가 그 개발과정에서 거쳤던 수순을 거꾸로 밟아나가는 것이라고 할 수 있다.

추상화의 가장 낮은 단계, 바꾸어 말하면 가장 구체적인 표현 단계에서 보면 컴퓨터프로그램은 전체적으로 '모듈구조'(hierarchy of modules) 안에 조직화된 '개별적인 명령의 집합'(set of individual instructions)이라고 생각할 수 있다. 이와 같이 추상화의 가장 낮은 단계에서 파악되는 모듈 내에 들어 있는 개별 명령들을 한 단계 추상화하면, 그 모듈들의 기능단위가 개념적으로 파악될 수 있다. 이와 같이 추상화의 낮은 단계에서의 모듈과 명령들을 그보다 상위 단계의 모듈이 가지는 기능단위로 점차 추상화 시켜 나가는 과정을 거쳐 점점 더 높은 추상화의 단계로 나아가게 되면, 결국 그 프로그램이 달성하고자 하는 최종적이고 궁극적인 기능에 도달하게 된다. 컴퓨터프로그램은 추상화의 매 단계마다 일정한 구조를 가지고 있다. 추상화의 낮은 단계에서 그 구조는 매우 복잡할 수 있지만, 추상화의 높은 단계에서는 아주 단순한 것이 된다.[190)]

(2) 2단계: 여과(filtration)

일단 대상 프로그램에 대하여 추상화 정도에 따른 단계적 파악이 이루어지면, 그 다음에는 여과단계로 나아간다. 이 단계에서는 추상화의 각 단계에 나타나 있는 '구조적 요소'(structural components)들을 검토하여 해당 단계에서 그러한 요소들이 '아이디어'에 해당하는지, 또는 아이디어에 필연적으로 수반되는 효율성의 고려에 의하여 어쩔 수 없이 포함된 것인지, 또는 프로그램 자체의 외부적인 요인에 의하여 요구되는 것인지, 또는 공유영역으로부터 가져온 것이어서 보호를 받을 수 없는 표현인지 여부를 판단하여, 그에 해당하는 요소들을 걸러낸다. 한마디로 '여과' 단계는 원고 저작물에서 보호받을 수 있는 요소와 범위를 결정하는 것이다. 보호범위로부터 걸러지는 요소들은 다음과 같다.

(가) 효율성에 의하여 지배되는 요소들

미국 연방대법원의 Baker 사건 판결이 이론적 토대를 제공한 아이디어와 표현의 '합체

190) Mark A. Lemley et al., *op. cit.*, p. 47.

의 이론'(merger doctrine)은, 어떤 아이디어를 표현하는 방법이 오직 하나밖에 없을 때에는 그 아이디어와 표현은 분리될 수 없으며, 따라서 이 경우의 표현은 보호를 받을 수 없다는 원칙이다. 이를 컴퓨터프로그램과 관련하여 본다면, 어떤 특정한 명령이 원하는 작업을 수행하기 위하여 유일하고도 필수적인 것이라면 그것은 저작권의 보호를 받을 수 없다는 것을 의미한다.

컴퓨터프로그래머는 가장 효율적인 방법으로 사용자의 요구를 충족시키는 프로그램을 개발하고자 한다. 그렇기 때문에 특정한 기능을 수행하기 위한 구체적인 지시나 명령을 작성하는 방법이 다수 존재한다고 하더라도, 효율성의 고려 때문에 현실적으로 채택할 수 있는 방법은 극히 제한되는 경우가 있다.[191] 따라서 실질적 유사성을 판단함에 있어서 특정한 모듈이나 모듈 세트를 채택하는 것이 해당 프로그램의 원하는 작업을 효율적으로 수행하기 위하여 필수적인 것인지 여부를 심리하여, 필수적인 것이라면 그 표현은 당해 프로그램의 아이디어에 합체되어 보호를 받을 수 없다고 보는 것이다.[192]

(나) 외부적 요인에 의하여 지배되는 요소들

필수장면의 원칙(scenes a faire) 역시 합체의 원칙과 마찬가지로 컴퓨터프로그램의 저작권침해 판단에 적용된다. 어문저작물에서 필수장면의 원칙에 따라 저작권 보호가 제한되는 것처럼, 프로그래머는 프로그램 개발을 할 때 여러 가지 외부적인 요인을 고려하여야 하고, 그러한 고려사항을 무시한 채 프로그램을 작성한다는 것은 사실상 불가능한 경우가 있다. 따라서 이러한 외부적 요인에 의하여 채택되는 요소들에 대하여는 저작권보호가 제한된다.

저작권 보호를 제한하는 외부적 요인들로서는, (1) 프로그램이 구동되는 컴퓨터의 기계적인 규격, (2) 그 프로그램과 연계되어 함께 작동하도록 되어 있는 다른 프로그램들과의 상호운용성, (3) 컴퓨터 제조업자들이 사용하는 디자인 표준, (4) 관련 산업계의 요구사항, (5) 컴퓨터 업계에서 널리 받아들여지고 있는 프로그램 제작 관행 등을 들 수 있다.[193]

(다) 공중의 영역으로부터 가져온 요소들

공중의 영역(public domain)으로부터 가져온 요소들은 특정인만이 독점적으로 사용하여서는 안 되는 요소들이므로 이들에 대하여도 저작권보호가 제한된다.

(3) 3단계: 비교(comparison)

컴퓨터프로그램의 비문언적 요소에 대한 실질적 유사성을 판단하기 위한 마지막 단계

191) 물론 모든 프로그램에서 효율성의 고려가 반드시 요구되는 것은 아니다. 그러나 효율성 외에 '단순성'(simplicity) 역시 프로그래머들이 개발과정에서 중요하게 고려하는 요소의 하나이다.

192) Mark A. Lemley et al., *op. cit.*, pp.48-49.

193) *Ibid.*, p. 50.

는 비교과정이다. 앞의 단계에서 프로그램의 모든 요소들 가운데 아이디어, 효율성 또는 외부적 요인에 의하여 지배되거나 공중의 영역으로부터 가져온 요소들을 걸러내면, 비로소 보호받을 수 있는 표현만이 남게 된다. 3단계 비교과정에서는 ① 피고가 이러한 보호받는 표현 중 어떤 부분을 복제하였는지, 그리고 ② 복제한 부분이 원고의 전체 저작물과 관련하여 볼 때 상대적으로 어느 정도의 중요성을 가지고 있는지, 즉 실질적인 정도에 이르렀는지 아니면 사소한 정도에 그치고 있는지를 평가하게 된다. 이 중 ①의 판단 부분은 전통적인 판단방법 중 보호받는 표현 테스트와 대응하는 것이고, ②의 판단 부분은 청중테스트에 대응하는 것이라고 볼 수 있다.

이때 두 저작물 사이의 유사성이 보호받지 못하는 표현에 기인하는 것인지 여부를 판단하기 위하여 유사성에 대한 '분석적 분해'(analytic dissection)가 수행되어야 할 수도 있다. 만약 두 저작물 사이에 존재하는 유사성이 전적으로 공통된 아이디어의 사용에 기인하는 것이라면, 저작권침해가 성립되기 위한 요건으로서의 '실질적 유사성'은 존재하지 않는다고 판단한다.[194]

나. Altai 판결의 결론

Altai 판결에서는 위와 같은 추상화-여과-비교의 3단계 테스트를 적용하여 다음과 같이 판단하고 있다.[195]

우선 원고의 프로그램을 일반화 단계에 따라, 목적코드(object code), 소스코드(source code), 파라미터 리스트(parameter list), 요구되는 기능(service required), 일반적인 아우트라인(general outline)으로 구분한 후 각 단계의 순서대로 추상화 테스트를 시행하였다. 그리고 그 각 단계에 있어서의 유사성여부를 판단하였다.

첫 번째로 목적코드와 소스코드에 대하여 보면, 피고가 OSCAR 3.4에서 OSCAR 3.5로 프로그램을 개작하면서 거의 모든 코드를 새로 작성하였기 때문에, 원고의 Adapter 프로그램과 피고의 OSCAR 3.5 프로그램 사이에 동일한 코드는 사실상 존재하지 않는다. 따라서 코드에 있어서의 유사성은 존재하지 않는다.

두 번째로 양 프로그램의 파라미터 리스트와 매크로의 유사성을 살펴보면, 피고 프로그램의 극히 일부 리스트와 매크로만이 원고 프로그램의 보호받는 해당 부분과 유사하다. 그리고 이들 유사한 부분이 전체 프로그램과의 관계에서 차지하는 상대적 중요성을 따져 보더라도 저작권침해를 인정할 만큼 그 비중이 크지는 않다. 그 밖의 나머지 파라미터 리

194) Mark A. Lemley et al., *op. cit.*, p. 50.
195) 그 중 상당부분은 1심 지방법원의 판단을 인용하는 형태로 이루어지고 있다.

스트와 매크로들의 유사한 부분은 모두 공중의 영역에서 가져온 것이거나, 프로그램의 기능수행을 위하여 필수적인 요소들이다. 따라서 파라미터 리스트와 매크로에 있어서도 저작권침해를 인정하기에 충분하지는 않다.

양 프로그램은 요구되는 기능들에 있어서도 겹치는 부분이 있으나, 이는 양 프로그램이 연계되는 운영체계 및 응용프로그램과의 호환성을 확보하기 위하여 필요한 부분이다. 이러한 부분은 그 프로그램과 상호작용을 하여야 하는 다른 프로그램의 성질에 맞추기 위하여 결정되는 것이므로, 이 역시 저작권의 보호를 받을 수 없다.

마지막으로 양 프로그램의 조직적인 플로우차트에 있어서의 유사성도 큰 의미를 가질 수 없다. 양 프로그램의 플로우차트는 지극히 단순한 것이어서 프로그램의 작동원리를 아는 사람에게는 자명한 내용에 해당하기 때문이다. 원고는 어떤 표현이 '자명'(obvious)하다고 하여 보호를 받지 못한다는 것은 부당하다고 주장한다. 그러나 여기서 '자명'하다는 것은 그 표현이 저작물의 주제(theme)로부터 자연히 흘러나오는 것이지 저작자의 창작성으로부터 나오는 것이 아니라는 것을 의미한다. 이런 것에는 저작권의 보호를 제한하는 원칙인 '필수장면의 원칙'이 적용될 수 있다.

결국 Altai 판결은, 원고와 피고 프로그램의 파라미터 리스트(parameter list) 및 매크로(macro) 중 극히 일부분의 보호받는 표현에 있어서의 유사성이 있으나, 그 밖의 다른 유사한 부분들은 공중의 영역에서 가져온 것이거나 프로그램의 기능적인 요구사항을 달성하기 위하여 필수적인 요소들에 해당한다고 하였다. 그리고 보호받는 표현에 있어서의 일부 유사한 부분도 그 부분이 전체 저작물에서 차지하는 비중에 비추어 볼 때 저작권침해를 인정할 만큼 중요성을 가지고 있지 않다고 하면서, 원고의 OSCAR 3.5에 대한 저작권 침해 주장을 기각한 지방법원의 판결을 유지하였다.

추상화 작업의 실제 사례

다음은 PDA와 같은 모바일 기기에서 주식 매매를 할 수 있도록 서비스를 제공하는 프로그램의 화면구성에 대하여 추상화 작업을 한 실제 사례를 보여주는 것이다. 여기서 보는 것처럼 추상화 1단계에서는 화면을 구성하는 각각의 세부적 개별 요소들로 분해하고, 2단계에는 그 개별 요소들을 작은 구성단위로 1차 모듈화하며, 3단계에서는 그 모듈을 다시 한 단계 더 높은 단위로 추상화한다. 이런 과정을 거쳐 최종적으로는 이 프로그램이 달성하고자 하는 궁극적인 목적에 이를 때까지 추상화 작업을 수행한다.

전체 화면

(1) 추상화 1단계

1		PDA 운영체계를 제공하고 있는 마이크로소프트사의 윈도우 로고
2	MPTraveler	PDA 증권거래서비스 제품명
3	4:53	PDA 기기에서 현재 상태를 표시하는 내용으로 안테나의 신호감도, 연결표시, 소리표시, 현재시간, 닫기 등의 기능을 포함.
4		상단의 초록색 버튼은 프로그램의 초기 화면으로 가는 버튼이며, 하단의 버튼은 키보드를 활성화하는 버튼임.
5		상단의 화살표는 현재 보고 있는 화면의 이전화면으로 이동하는 버튼이며, 하단의 버튼은 오늘 프로그램을 기동한 후 지금까지 본 화면의 리스트를 보여줌.
6	주문	프로그램 메뉴의 대분류 버튼(대분류에서는 주식, 선물, 옵션, 뉴스 등의 분류로 바로 갈 수 있음)
7	주식 신용 시외 단일 단주 예약	분류 메뉴의 중분류 메뉴. 주식은 주식주문, 신용은 신용주문, 시외는 시간외주문, 단일은 단일가주문, 단주는 단주거래주문, 예약은 예약주문 등을 의미함.
8		바로가기 버튼으로 각종 메뉴로 바로 갈 수 있도록 설계되어 있음.
9	매도주문 매수주문 정정주문 취소주문	소분류 메뉴 구성 화면 - 가장 하위의 메뉴 구성체계를 가지며 현재 위치는 대분류 주문에서 주식주문 중 매도주문 화면을 보고 있는 것으로 탭을 클릭하면 다른 화면으로 이동이 가능함.
10	001-22-5305497 비번	계좌번호와 비밀번호를 입력하고 본인 인증을 거친 후 주문을 수행하는 화면.

11	삼성전자 ▼ ?	'삼성전자'는 주문 거래를 행할 종목의 명이며, "?"는 종목을 찾는 버튼임. '?'를 클릭하면 종목을 선택할 수 있는 화면이 나타나며 거기서 '가다나' 순서나 스크롤바를 움직여서 종목을 선택할 수 있음.
12	현 호 뉴 재 관	바로 가기 버튼으로 자주 사용하는 화면으로 바로 이동하는 버튼. '현'은 현재가, '호'는 호가, '뉴'는 뉴스, '재'는 재무, '관'은 관심종목 화면으로 바로 연결되는 버튼들임.
13	652000 ▼ 34000 -4.96% 758183	증권 거래를 선택한 종목(위 11번의 삼성전자)에 대한 주가 정보. '652000'은 선택된 종목의 현재가를, '▼'은 하락을 표시하는 기호이며, '▼ 34000'은 전일 대비 현재 가격이 34000원 하락하였음을 표시하며, '-4.96%'는 가격의 증감률을, 758183은 거래량을 나타내고 있음.
14	호가 잔량	호가는 현재 주식 거래를 위해서 주식거래 참여자들이 주문을 내는 가격이며, 잔량은 현재 호가주문을 낸 수량의 합을 말함.
15	656000 127 655000 903 654000 775 653000 340 652000 ▼ 34000 652000 5096 651000 6275 650000 15183 649000 3299	가운데 음영이 있는 '652000 ▼ 34000'이 현재 거래되고 있는 가격과 전일 대비 가격을 나타내고 있으며, 위로 있는 4칸의 숫자들은 매도 호가와 잔량을, 아래로 있는 4칸의 숫자들은 매수호가와 잔량을 표시함.
16	구 분 지정가 ▼	구분은 주문의 유형을 입력하는 항목. 오른쪽의 '▼'를 누르면 지정가, 시장가, 조건부, 최유리, 최우선 등의 항목을 선택할 수 있음.
17	조 건 안함 ▼	조건은 주문의 조건을 말하는 것으로 '안함'과 'IOC', 'FOK' 등을 선택할 수 있음.
18	매도량 0	주식매도를 선택한 경우 매도할 수량을 입력하는 항목으로 '매도량' 글씨를 클릭하면 일정한 수량단위가 나타나며, '0'이 있는 숫자 칸을 클릭하면 숫자를 입력할 수 있는 숫자 키보드 창이 나타나며 거래를 원하는 숫자를 직접 입력할 수 있음.
19	매도가 0	매도호가를 입력하는 항목. '매도가'라는 글씨를 클릭하면 상한가에서 하한가에 이르는 호가 표가 나타나며 선택할 경우 해당 호가가 입력됨. '0'이 있는 숫자 칸을 클릭하면 숫자를 입력할 수 있는 숫자 키보드 창이 나타나며 직접 호가를 입력할 수 있음. 또한 좌측 호가창의 호가를 직접 클릭해도 호가가 입력됨.
20	체 결	'체결'을 클릭하면 당일 체결을 조회할 수 있는 화면으로 이동함.
21	잔 고	'잔고'를 클릭하면 실시간 계좌의 예수금과 잔액을 조회할 수 있음.
22	지 움	'지움'을 클릭하면 주문을 위해 입력한 조건이 모두 지워지고 초기화 됨.

23	매도 주문	‘매도주문’을 클릭하면 매도주문이 실행됨. 바탕화면은 매수주문과 정정, 취소주문 시에는 색깔이 바뀌게 됨.
24	주식매도주문	이 화면의 목적을 다시 한번 보여주는 항목. 특히 주문의 경우 매도를 하는지 매수를 하는지에 대한 판단에 따라 엄청난 결과의 차이가 있기에 다시 한번 화면의 내용을 상기시키는 것임.

(2) 추상화 2단계

1	MPTraveler 4:53	PDA 의 Windows OS 상에서 구성되는 기본 구성단위: 윈도우로고, 제품명, 통화 감도, 네트워크 연결여부, 소리, 시간, 닫기 등의 표현부
2	주문 주식 신용 시외 단일 단주 예약	대분류 메뉴 구성단위: 최상위 메뉴와 중분류 단위의 메뉴를 보여주는 구성단위
3	매도주문 매수주문 정정주문 취소주문	최하위 세부 메뉴를 보여주는 구성단위: 탭으로 구성되며 탭을 클릭 시 해당화면이 활성화 됨.
4	삼성전자 ? 현 호 뉴 재 관 652000 ▼ 34000 -4.96% 758183	종목 선택 및 현재가 구성단위
5	호가 잔량 656000 127 655000 903 654000 775 653000 340 652000 ▼ 34000 652000 5096 651000 6275 650000 15183 649000 3299	호가 및 잔량 구성단위
6	구 분 지정가 조 건 안함 매도량 0 매도가 0	주문정보 입력 구성단위
7	체 결 잔 고 매도 지 움 주문 주식매도주문	관련화면 이동 및 주문 실행 구성단위

(3) 추상화 3단계

1. 메뉴 구성부
2. 현재가 구성부
3. 호가 구성부
4. 주문 구성부

(4) 추상화 4단계

1. 정보조회 기능: 현재가와 호가, 잔량
2. 주문 기능: 주문의 호가 및 수량 입력하여 실행하는 기능

(5) 추상화 5단계

PDA의 화면을 통해서 온라인 주문 거래를 위해 사용되는 사용자 인터페이스의 스크린 디스플레이

Ⅳ. 일본의 판례 및 이론

일본에 있어서 저작재산권 침해의 판단 요건 중 주관적 요건인 '의거성'에 대한 논의는 앞의 "제 2 절 Ⅱ 주관적 요건 – 의거 또는 복제" 부분에서 살펴본 바와 크게 다르지 않다. 즉, 주관적 요건에 대한 법리적 이론구성에 있어서는 본 절에서 살펴보고자 하는 미국과 일본 두 나라 사이에 특별한 차이가 없다. 두 나라 사이에 차이가 발생하는 것은 주로 저작재산권 침해의 객관적 요건 부분이다. 현재 저작재산권 침해와 관련된 우리나라 판례나 이론은 상당 부분 미국의 판례법에서 발달한 법리적 구성을 토대로 하고 있다. 그러나 우리와 법제가 비슷한 일본의 판례와 이론 역시 참고할 가치가 크다. 이하에서는 저작재산권 침해의 객관적 요건과 관련된 일본의 판례와 이론을 살펴보기로 한다.

1. 직접감득성설과 창작적표현설

저작재산권 침해의 객관적 요건과 관련하여 일본에서는 종래부터 '직접감득성설'과 '창작적표현설'이라는 두 가지 입장이 존재하여 왔다. 우리나라에서도 마찬가지이지만, 이 두 가지 입장은 주로 피고의 저작물이 원고의 저작물의 번안물, 즉 2차적저작물에 해당하는지

여부를 두고 나타난 것이다. 복제권과 2차적저작물작성권이 서로 다른 사람에게 귀속되어 있는 경우를 제외하면 어느 쪽의 침해이든 저작권침해가 되는 것에는 다름이 없으므로, 대부분의 경우 침해자의 행위가 복제에 해당하는가 번안(개작)에 해당하는가는 넓은 의미에서의 침해 성립여부에는 큰 영향을 미치지 않는다.

가. 직접감득성설

일본의 종래 판례가 취하여 왔던 입장으로서, 저작권침해는 원저작물에 의거하여 원저작물의 "표현형식상의 본질적 특징을 직접감득할 수 있는" 별개의 저작물을 창작하는 것이라고 한다. 이러한 해석론은 제 6 장 제 2 절 Ⅵ 중 '패러디' 부분에서 살펴본 일본 최고재판소 1980. 3. 28. 선고 昭和51(オ) 923 판결[196]에서 유래하였다. 이 판결에서는, "타인의 저작물을 허락 없이 이용하는 것이 허용되는 것은 그 타인의 저작물의 표현형식상의 본질적인 특징을 직접감득하게 하지 않는 형태로 이용하는 경우로 한정된다"고 판시하고 있다. 이 사건은 원래 저작재산권과 저작인격권 침해를 함께 주장한 사건이었다. 그런데 원고가 나중에 저작재산권 침해 부분에 대하여는 청구를 취하하였기 때문에 상고심 단계에서는 동일성유지권 침해의 성립여부만이 문제로 되었다. 따라서 이 판결에서는 저작인격권인 동일성유지권 침해에 대하여 판단하고 있을 뿐, 저작재산권인 번안권 침해에 관하여 직접 언급하고 있지는 않다. 그러나 이 판결은 원저작물과 후저작물의 구체적 표현이 다른 경우에도 후저작물로부터 원저작물의 표현형식상의 본질적 특징을 직접감득할 수 있는 이상, 후저작물에 대하여 원저작물의 권리가 미친다는 것을 명확히 하였다. 이렇게 타인의 저작물을 허락 없이 이용하는 범위에 관하여 언급하고 있기 때문에, 이 판결은 저작재산권 침해 판단에도 적용되는 것으로 받아들여지고 있다.

'직접감득성설'은, 후저작물이 원저작물의 아이디어를 이용한 것에 지나지 않는 경우에도 그 아이디어가 참신하고 독창적인 것이어서, 원저작물의 표현형식에 있어서의 본질적 특징을 구성하는 경우에는 저작재산권 침해가 성립할 수 있다는 취지로 이해될 소지가 있다. 그러나 이는 저작권법이 보호대상을 '창작적 표현'으로 한정하고 아이디어는 보호하지 않는다는 기본 원칙에 반하게 된다. 따라서 '직접감득성설'을 취하고 있는 일본의 판례들도 대부분 저작재산권 침해의 요건으로서 직접감득성의 유무와 아울러, 직접감득성의 대상으로 된 부분이 아이디어 등 저작권의 보호를 받지 못하는 부분에 해당하는지 여부도 검토해야 한다고 보고 있다. 이러한 입장은 뒤에서 보는 '江差追分 사건' 최고재판소 판결에 그대로 드러나고 있다.

196) 著作權判例百選, 別冊 ジュリスト, No. 128, 140면 이하.

나. 창작적표현설

'창작적표현설'은 원저작물의 창작적 표현의 재생(재제)을 저작재산권 침해의 객관적 요건으로 파악한다. 이 견해는 저작권법이 저작물을 "사상 또는 감정의 창작적 표현"이라고 정의하고 있으므로(제2조 제1항 1호), 저작권의 보호는 "사상 또는 감정의 창작적 표현"이 재생되고 있는 경우에 미치는 것이라고 해석하는 입장이다.[197]

이 견해는 다음과 같은 두 가지 명제로 분석할 수 있다고 한다. 첫째로, 후저작물에서 원저작물의 사상, 감정 또는 아이디어, 창작성이 없는 표현 등 저작권의 보호가 주어지지 않는 부분만이 재생되고 있는 경우에는 저작권(2차적저작물작성권)침해는 성립하지 않는다(제1 명제). 둘째는, 후저작물이 원저작물의 '창작적인 표현'을 재생하고 있는 한, 원저작물에 수정, 변경이 가해졌다고 하더라도 원칙적으로 저작권침해가 성립한다(제2 명제).[198]

위 제1, 2 명제만을 충실하게 따를 경우, 저작재산권 침해 판단에 있어서는 원저작물과 후저작물 사이에 공통하는 부분을 추출하여 그 공통부분이 창작적 표현이라고 인정되는지 여부를 논하면 족하다고 해석할 수 있다. 그 결과 원저작물과 후저작물 사이에서 차이가 있는 부분, 즉 상위부분은 침해의 성립여부에 영향을 미치지 않기 때문에 침해판단에 있어서 고려할 필요가 없게 된다. 그러나 이러한 결론에 대하여는 뒤에서 보는 바와 같이 반대론이 강하다.

다. '江差追分 사건' 최고재판소 판결[199]

이 판결은 일본 최고재판소가 '2차적저작물'(번안)의 의미를 규정하고 그 침해의 판단기준을 본격적으로 제시한 사례로 평가를 받고 있다. 이 사건은 동해에 접한 북해도의 작은 항구인 江差마을에 관한 원고의 논픽션 어문저작물의 프롤로그에 기술된 내용과 피고의 방송 프로그램의 내레이션(narration) 부분이 유사하다고 하여 번안권침해가 다투어진 사건이다.

제1심과 항소심은 번안권침해를 긍정하였다. 그 이유로는 작품에 나타난 "오늘날 江差마을이 가장 흥청거리는 때는 江差追分 전국대회 기간이다"라고 하는 인식이 원고의 특유한 관념(사상)이라는 점이 중요하기 때문이라고 하였다. 그러나 최고재판소는 그러한 인식이 설사 원고의 특유한 관념이라고 하더라도 그 인식 자체는 저작권법상 보호되는 표현

197) 田村善之, 『著作權法概說』, 제2판, 有斐閣(2001), 58면 이하.
198) 横山久芳, 翻案權侵害の判斷基準の檢討, コピライト 609號(2012), 5면.
199) 일본 최고재판소 2001. 6. 28. 판결 民集 55권 4호, 837면.

이라고 볼 수 없다고 판단하였다. 그리고 그 밖에 두 저작물 사이에 공통점이 있는 부분 역시 표현에 해당하지 않는다고 하여 번안권침해를 부정하였다.

이 사건에서 법원은, "① 어문저작물의 번안이라 함은 기존의 저작물에 의거하여, 그 표현상의 본질적인 특징의 동일성을 유지하면서, 구체적 표현에 수정, 증감, 변경 등을 가하여 새로운 사상 또는 감정을 창작적으로 표현함으로써, 그것에 접하는 사람이 기존 저작물의 표현상의 본질적인 특징을 직접 감득할 수 있는 별개의 저작물을 창작하는 행위를 말한다. ② 저작권법은 사상 또는 감정의 창작적인 표현을 보호하는 것이므로(제 2 조 제 1 항 제 1 호), 기존 저작물에 의거하여 창작된 저작물이 사상, 감정 또는 아이디어, 사실, 사건 등 표현이 아닌 부분, 또는 표현상의 창작성이 없는 부분에 있어서만 기존 저작물과 동일성을 가지는 경우는 번안에 해당하지 않는다."고 하였다.

이러한 江差追分 사건 판결은 어문저작물에 관한 것이지만, 그 이후에 나온 하급심판결에서 어문저작물 이외의 다른 유형의 저작물이 문제로 된 사례에 있어서도 이 판결의 판단기준이 그대로 채용되고 있음을 볼 수 있다. 예를 들면, '雪月花 사건' 항소심 판결[200]은 미술저작물에 관하여, '記念樹 사건' 항소심 판결[201]은 음악저작물의 편곡에 관하여 동일한 정의와 기준을 채용하고 있다.

그런데 이 판결은 '직접감득성설'을 채용하는 근거를 명확히 판시하고 있지는 않다. 또한 위의 판시 내용 중 전단의 직접감득성 부분과 후단의 사상, 감정, 아이디어 등은 보호하지 않는다는 부분이 어떠한 논리적 관계에 있는가에 관하여서도 특별한 언급이 없다. 그 결과 이 판결 이후에도 '직접감득성설'과 '창작적표현설'의 학설상의 대립이 해소되지 않고 있다고 한다. '직접감득성설'의 입장에서는 이 판결이 '창작적표현'의 '재생'이 아니라 '본질적 특징'의 '직접감득성'을 문제로 삼고 있다는 점에 특별한 의미가 있다고 보고 있다. 반대로 '창작적표현설'의 입장에서는 '본질적 특징'의 '직접감득성'이라고 하는 기준은 결국 '창작적표현'의 '재생'이라고 하는 것과 큰 차이가 없다고 주장한다.[202] 즉, 창작적표현설의 입장에서는 위 江差追分 사건 판결 중 ②의 후단 부분의 판단이 중요한 것이고, ①의 전단 부분의 설시는 후단부분의 판단을 떠나 특별한 의미를 갖는 것이 아니라고 해석한다.

그러나 横山久芳 교수는 만약 江差追分 판결이 '창작적표현설'을 채용한 것이라면 '번안'을 정의함에 있어서 굳이 '본질적 특징'의 '직접감득성'이라고 하는 저작권법에 규정이 없는 용어를 사용한 이유를 설명할 수 없다고 하면서, 위 판결의 전단 부분은 후단 부분이

200) 동경고등법원 2002. 2. 18. 판결, 판례시보 1786호 136면.

201) 동경고등법원 2002. 9. 6. 판결. 판례시보 1794호 3면.

202) 横山久芳, 翻案権侵害の判断基準の検討, コピライト 609號(2012), 6면에서 재인용. 다만, 구체적으로 어떠한 학자들이 그러한 견해를 주장하고 있는지에 대하여는 특별히 언급하고 있지 않다.

미치지 않는 독자적인 의미를 갖는 것이라고 해석하고 있다. 즉, 이 판결의 전단 부분은 기존의 일본 하급심판결이 따르고 있던 '직접감득성설'을 채용한 것이며, 후단 부분은 '창작적표현설'의 제 1 명제를 채용한 것이라고 해석할 수 있다는 것이다. 따라서 江差追分 판결은 종래의 이론인 '직접감득성설'과 '창작적표현설'을 부분적으로 절충한 입장이라고 보고 있다.[203] 나아가 이 판결의 전단 부분과 후단 부분의 상호관계에 관하여서는, 후단 부분은 후발자의 표현활동의 자유를 확보하기 위하여 저작권에 의한 독점이 부적절한 요소들을 정하는 기준이며, 전단 부분은 후저작물에 차용된 원저작물의 창작적 요소가 감득되지 않는 때, 즉 후저작물이 원저작물과 동일한 창작성을 전달하지 않는 경우에는 저작권의 보호를 부정하기 위한 기준이라고 한다. 따라서 위 江差追分 판결의 후단 부분에 있어서 "원저작물과의 공통부분이 아이디어나 표현상의 창작성이 없는 부분인지 여부"의 판단과, 전단 부분의 "원저작물의 표현상의 창작성을 후저작물에서 직접감득할 수 있는지 여부"의 판단은 별개로 검토되어야 한다고 주장한다.[204]

2. '표현상의 본질적 특징'과 '직접감득성'의 의의

그렇다면 위와 같은 일본의 판례나 해석론에서 사용하고 있는 '표현상의 본질적 특징'이나 '직접감득성'이라고 하는 용어는 어떤 의미를 갖는 것일까. 이들은 모두 일본 저작권법에 명문으로 규정되어 있지는 않은 용어들이다.

이에 대하여 横山久芳 교수는, 우선 '표현상의 본질적 특징'은 저작권의 보호를 받을 만한 표현상의 창작적 정보를 말하는 것이라고 한다. 소설의 경우를 예로 들면, 창작성이 있는 문장 표현이나 창작성이 있는 스토리 등이 이에 해당한다. 나아가 '표현상의 본질적 특징'과 저작물의 정의규정에 있는 '창작적 표현'의 관계에 관하여, '표현'이라 함은 창작적인 정보를 담기 위한 '그릇'(용기)과 같은 것이라고 이해한다. 예를 들어, 소설의 스토리는 구체적인 문장표현과는 다른 별도의 감상적 가치를 가지고 있다. 따라서 소설이 외국어로 번역되거나 영화화됨으로써 구체적인 표현형식에 실질적인 변경이 가해졌다고 하더라도, 독자들은 원래 소설이 가지고 있던 스토리의 창작성을 감득할 수 있다. 즉, 소설의 스토리는 문장이라는 '그릇'이 아니더라도, 만화나 영상 등 다른 '그릇'에 담길 수도 있다. 다만, 어떤 형태이든 구체적인 표현형식을 수반하지 않으면 내용을 특정할 수 없고, 감상자들이 그 내용을 감득할 수도 없게 된다. 그러므로 소설의 스토리는 그 자체로서 저작권의 보호

203) 横山久芳, 전게논문, 6면.
204) 상게논문, 9면.

를 받을 만한 창작성을 가지고 있지만, 그것은 어디까지나 문장이나 영상 등의 구체적인 표현형식을 수반한 형태로서 보호되는 것이고, 그러한 구체적인 표현형식을 떠나서 소설의 스토리 자체가 저작물로서 보호되는 것은 아니라고 한다. 즉, '창작적 표현'이라 함은 저작권의 보호를 받을 가치가 있는 창작적 정보의 구체적인 존재형식을 의미하는 개념이라는 것이다.

한편, 2차적저작물(번안)은 원저작물을 표현하고 있는 '그릇'이 파괴되고 다른 '그릇'에 바뀌어 담겨진 경우를 말한다고 한다. 즉, 후저작자가 원저작물의 창작적 요소를 자기 작품에 차용하면서 원저작물의 구체적인 표현형식에 실질적인 수정, 변경을 가하여, 후저작자 자신의 새로운 표현으로 창작한 경우라고 해석한다.[205] 따라서 번안권침해여부를 판단함에 있어서 '창작적표현설'과 같이 원고 작품과 피고작품이 표현에 있어서 공통되고 있는가 또는 표현이 재생되고 있는가를 기준으로 하는 것은 적절하지 않다고 한다. 원저작물과 후저작물 사이에 2차적저작물 관계가 성립한다면 이미 원저작물의 표현과 후저작물의 표현은 공통되거나 재생되고 있는 것이 아니라 서로 달라졌기 때문이다. 그럼에도 불구하고 후저작물을 통하여 원저작물의 창작적 정보를 직접감득할 수 있는 경우에 원저작물 저작권의 보호를 미치도록 하는 것이 번안권(2차적저작물작성권)이므로, 번안권에 의하여 보호되는 대상은 구체적인 존재형식으로서의 '표현'이 아니라, '표현'을 통하여 감득의 대상으로 된 '창작적 정보', 즉 표현상의 창작적 정보라고 이해하는 것이 타당하다고 한다. 그리고 江差追分 판결이 직접감득성의 대상을 '표현'이라고 하지 않고 '표현상의 본질적 특징'이라고 하고 있는 것도 구체적인 존재형식으로서의 '표현'과 '표현'에 포함되어 있는 '창작적 정보'를 구별한 것으로 평가할 수 있다고 한다.[206]

江差追分 판결 이전의 일본의 하급심판결들은 직접감득성의 대상을 '표현형식상의 본질적 특징'이라고 하고 있는 것이 많았다. 이는 앞에서 본 '패러디 사건'에 관한 최고재판소 판결[207]이 '표현형식상의 본질적 특징'이라는 문구를 사용하였기 때문인 것으로 보인다. 그런데 江差追分 최고재판소 판결에서는 '표현상의' 본질적 특징이라고 판시 문구를 바꾸고 있다. 이에 대하여 横山久芳 교수는 '표현형식'이 '표현'보다 세부적이고 구체적인 개념이라는 전제 아래, '표현형식상의'라는 용어를 사용하면 구체적인 표현형식에 관한 창작성만이 번안권으로 보호된다고 하는 인상을 줄 수 있고, 그 결과 번안권의 보호범위가 문자 그대로의 구체적인 표현형식에 나타난 창작성에 한정되는 것으로 해석될 수 있어서 번안권의

205) 상게논문, 10면.

206) 상게논문, 10면.

207) 일본 최고재판소 1980. 3. 28. 선고 昭和51(オ) 923 판결, 著作權判例百選, 別冊 ジュリスト, No. 128, 140면 이하.

보호의 범위가 지나치게 좁아질 우려가 있다고 한다. *江差追分* 판결은 그러한 이유 때문에 '표현상의' 본질적 특징이라고 판시 문구를 바꾼 것으로 해석하고 있다.[208]

다음으로 '직접감득성'이라는 용어에서 '감득성'은 인간의 인식에 관한 개념이다. '감득성'이 번안권침해의 판단기준이 되는 것은 원저작물의 표현에 실질적인 수정, 변경이 가해졌음에도 불구하고, 원저작물에서 이용된 부분이 원저작물과 같은 창작성을 전달하고 있는지를 밝히기 위하여 필요하기 때문이라고 한다. 그리고 '직접적'인 감득성이란 후저작물의 표현 그 자체로부터 감득할 수 있다는 것을 의미한다. 즉, 후저작물의 감상자가 전문가의 조언이나 외부자료 등 후저작물 이외의 다른 자료를 참고하지 않고, 후저작물 그 자체로부터 원저작물의 창작적 정보를 감득할 수 있는 경우에 번안권침해가 성립한다는 것이다.[209]

3. 직접감득성 판단에 있어서의 고려요소

그렇다면 일본의 판례 및 학설에서는 직접감득성 유무를 판단함에 있어서 어떠한 요소들을 고려하고 있는지 살펴볼 필요가 있다. 직접감득성의 판단주체는 피고 작품의 표현을 감상하는 일반 수요자들이므로, 피고 작품이 대상으로 하고 있는 일반 수요자의 감득성 및 감상성에 영향을 미치는 요소들이 이에 해당한다. 이와 관련하여 종합적인 분석을 하고 있는 *横山久芳* 교수의 견해를 기초로 아래와 같이 정리해 본다.

가. 양 작품의 목적, 성질, 분량, 표현형식의 공통점과 차이점

첫째로, 원고와 피고 작품의 목적, 성질, 분량, 표현형식의 공통점과 차이점이 중요한 고려요소(factor)가 된다. 작품의 목적이나 성질, 분량, 표현형식은 작품을 접하는 자가 작품의 어떤 요소에 주목하여 작품을 감상하는가 하는 점에 영향을 준다. 원고와 피고 작품의 목적이나 성질 등이 다른 경우에는 작품을 감상하는 착안점에 차이가 생기게 되므로, 원고 작품에 들어 있는 요소가 피고 작품에서는 눈에 띄지 않고 다른 요소의 그늘에 가려지며, 그 결과 피고 작품에 원고 작품과 동일한 내용이 표현되어 있어도 피고 작품으로부터 받는 인상과 느낌이 원고 작품의 그것과 크게 달라지는 경우가 있다. 따라서 작품의 목적이나 성질 등이 다르다면 이는 직접감득성의 존재를 부정하는 요소로 작용할 수 있다.

이에 반하여 원고 작품과 피고 작품의 목적이나 성질, 분량, 표현형식 등이 동일하면 작품을 감상하는 착안점이 유사하게 되므로, 원고 작품의 특징을 이루는 창작적 요소는 피

---

208) 横山久芳, 전게논문, 10면.
209) 상게논문, 10면.

고 작품 중에서도 같은 모습으로 들어 있는 경우가 많고, 그 결과 원고와 피고 작품으로부터 받는 인상과 느낌도 유사하게 된다. 따라서 작품의 목적이나 성질, 분량, 표현형식 등이 동일하다는 것은 직접감득성을 긍정하게 하는 요소로 작용할 수 있다.[210] 앞서 본 '江差追分 사건' 최고재판소 판결에서는, 원고와 피고 작품이 그 분량에 있어서 크게 차이가 나며, 원고 작품은 논픽션 어문저작물인 데 반하여 피고의 작품은 방송 프로그램으로서 표현형식이 다르다는 점에 주목하여 직접감득성을 부정하였다. 즉, 원고 작품과 피고 작품의 공통부분은 원고 작품의 프롤로그 전체에 걸쳐 분산되어 있고, 그 공통부분들에는 피고 작품에는 없는 여러 가지 정보가 포함되어 있다. 이때 원고 작품의 독자는 피고 작품과의 공통부분과 그 이외의 부분을 불가분일체로서 인식하고 감득하게 되므로, 공통부분 이외에 어떠한 정보가 포함되어 있는가에 따라서 원고 작품에 대한 독자의 인상이나 감상도 달라진다는 것이다. 또한 원고 작품은 논픽션 어문저작물이고 피고 작품은 TV 방송 프로그램이라는 표현형식상의 차이도 작품 전체로부터 받는 인상과 느낌에 영향을 미치게 된다. 동일한 내용을 표현한다고 하더라도 서적을 읽을 때에 받는 인상과 영상물의 내레이션으로 청취할 때에 받는 인상은 상당히 다르기 때문이다. 서적의 경우에는 문장으로 기술되어 있는 것이 전부이지만, TV 방송물에서는 언어적 표현 외에 영상적 표현이 큰 비중을 차지하고, 문제가 된 내레이션 부분은 영상적 표현과 더불어 인식되기 때문에 영상표현의 내용이나 구성이 어떻게 되어 있는가에 따라 그 부분이 주는 인상과 느낌도 변한다는 것이다.

이에 반하여 앞에서 본 '패러디 사건' 최고재판소 판결에서는, 피고가 원고의 사진에 다른 사진을 합성하여 작품을 만들었지만, "피고의 사진을 한 번 보는 것만으로도 피고 사진이 원고 사진에 타이어 사진을 합성해 부가하여 작성한 것임을 명백하게 인식할 수 있다"고 하여 직접감득성을 인정하였다. 원고 작품과 피고 작품은 둘 다 사진으로서 표현형식이 동일하다는 점과 피고 작품은 원고 작품의 창작적 표현을 거의 그대로 차용하고 있음으로 인하여, 피고가 다른 별개의 표현(타이어 사진)을 합성하여 부가하는 것만으로는 원고 작품의 창작적 표현에 대한 직접감득성이 상실되지 않았다고 본 것이다.

이 사건에서 피고는, 원고 사진은 현실적인 세계를 표현한 것임에 대하여 피고 사진은 비현실적인 허구의 세계를 표현한 것으로서 양 작품은 서로 다른 사상이나 감정을 표현한 것이므로 저작권침해는 부정되어야 한다고 주장하였다. 이에 대하여 横山久芳 교수는 다음과 같이 해석하고 있다. 물론, 양 작품에서 표현하고자 하는 사상이나 감정이 다르면 작품의 주제나 테마가 달라지므로 작품을 구성하는 각 요소의 위치설정이나 의미 등도 달라진다. 그 결과 작품의 각 요소에 대한 직접감득성에도 영향을 미칠 수 있고, 사상이나 감정

210) 상게논문, 17면.

이 달라짐으로 인하여 표현상의 창작성을 직접감득할 수 없게 되는 경우도 있다. 그러나 원고와 피고 작품에서 표현하고자 하는 사상이나 감정이 다르다고 하여 곧바로 표현상의 창작성을 직접감득할 수 없게 되는 것은 아니다. 예를 들면, 소설을 영화화함에 있어서 주제나 테마가 달라졌다고 하더라도 감상자들은 영화로부터 소설의 표현상의 창작성을 직접감득할 수 있다. 그러므로 사상이나 감정의 동일성은 창작성의 직접감득성 판단에 있어서 결정적 요소가 아니라 단순한 고려요소에 그치는 것으로 이해하여야 한다는 것이다.

위 '패러디 사건'에 관하여 보면, 피고가 원고 사진에 타이어 사진을 합성하여 부가함으로써 피고 사진은 단순한 풍경사진이 아니라 허구의 세계를 표현하는 작품이 되었으므로 원고 작품과 피고 작품에는 별개의 사상 및 감정이 표출되어 있다고 평가할 수 있다. 그러나 그럼에도 불구하고 감상자들은 여전히 피고 작품으로부터 원고 작품의 사진저작물로서의 창작성(피사체의 선택, 촬영시각, 노출, 음영의 설정, 렌즈의 선택, 셔터 속도의 설정, 현상 기법 등)을 그 자체로서 직접감득하는 것이 충분히 가능하다.[211] 결국 감상자들이 피고 작품으로부터 원고 작품과는 다른 별개의 사상이나 감정을 인식한다고 하더라도 그러한 인식은 원고와 피고 작품의 공통부분의 직접감득성에는 영향을 미치지 못하며, 따라서 피고 작품은 원고 작품의 번안권 내지 동일성유지권을 침해하는 것이라고 하지 않을 수 없다는 것이다. 이와 같이 원고 작품과 피고 작품의 표현형식이 동일한 경우에는 직접감득성이 인정될 가능성이 높아지며, 특히 패러디 사진 사건과 같이 원고 작품의 창작적 표현이 그 형태 그대로 피고 작품에 차용된 경우에는 특단의 사정이 없는 한 직접감득성이 부정되지는 않을 것이라고 한다.[212]

나. 양 작품의 공통부분과 상위부분의 창작성의 내용 및 정도

둘째로, 원고와 피고 작품의 공통부분과 상위부분의 창작성의 내용 및 정도를 고려한다. 일반적으로 공통부분의 창작성이 높을수록, 그리고 상위부분의 창작성이 낮을수록 피고 작품 중에서 상대적으로 그 공통부분이 두드러지게 인식될 것이기 때문에 직접감득성이 긍정될 가능성이 높아진다. 이에 비하여 공통부분의 창작성이 낮을수록, 그리고 상위부분의 창작성이 높을수록 피고 작품 중 그 상위부분이 두드러지게 되고 공통부분은 상위부분에 매몰되어 버리기 때문에 직접감득성을 인정하기 어려워진다.[213]

211) 横山久芳, 전게논문, 17, 18면.

212) 상게논문, 18면.

213) 横山久芳 교수에 의하면 이러한 판단 방법은 독일 저작권법 실무에 있어서 침해판단의 방법으로 널리 채용되고 있다고 한다. 독일에서는 2차적저작물작성권 침해여부의 판단기준으로서 "기존의 저작물로부터 차용된 개성적인 특징이 새로 창작된 저작물의 개성에 의하여 퇴색되어 있는 경우"에는 '자유이

이러한 점을 고려한 대표적인 판결로서 '주택지도(住宅地圖) 사건' 판결[214]을 들 수 있다. 이 사건은 주택지도의 저작권침해가 다투어진 사례이다. 판결은, 지도의 경우에는 소재의 선택·배열 및 그 표시방법을 통합한 전체적인 표현에 창작성이 있는 것이므로, 지도의 저작권침해 여부는 창작성 있는 요소들을 개별적으로 추출하여 판단해서는 안 되고 전체적으로 판단하는 것이 필요하다고 하였다. 즉, 지도에서는 그에 포함되어야 할 정보의 취사선택, 배치 및 표기 등이 불가분 일체가 되어 전체로서 창작적 표현을 형성하기 때문에, 침해판단에서도 개별 요소의 유사성이 아니라 작품 전체의 유사성을 기준으로 삼아야 한다는 것이다. 그러면서 이 판결은 저작재산권 침해의 판단기준에 관하여, "새로운 저작이 타인의 기존 저작물을 토대로 하여 작성된 경우에도, 그 새로운 저작에 독자적인 창작성이 부가됨으로써 통상인의 관찰에 의할 때 원저작물의 특징이 후저작물의 그늘에 숨겨져서 인식될 수 없는 경우에는, 후저작물은 단순한 복제나 2차적저작물이 아니라 원저작물을 이용하여 창작된 독자적인 저작물이다. 따라서 후저작물이 독립된 저작물이 되기 위해서는 후저작물에 이용된 원저작물의 개성적 표현이 현저할수록 후저작물 자체의 독자적 창작성이 고도할 것이 요구된다. 원저작물의 개성적 표현이 사소한 것이라면 그에 대한 저작권의 보호도 제한되므로, 같은 정도의 창작성을 가지고도 후저작물의 독자성은 인정될 가능성이 높아진다."고 하였다.[215]

'주택지도 사건' 판결은 지도가 가지고 있는 실용적·기능적 성격과 양 저작물의 공통부

용'이 가능하다는 이른바 '퇴색론'(退色論)이 채용되고 있다고 한다. 그리고 이때 원고 작품의 창작적 특징이 피고 작품 속에서 '퇴색되었는가' 여부의 판단에 있어서는 원고 작품과 피고 작품의 창작성의 정도가 중요한 의미를 가진다고 한다. 즉, 원고 작품의 창작성이 강하면 강할수록 그 창작적 특징은 피고 작품 속에서 퇴색될 가능성이 낮다. 이에 반하여 피고 작품의 창작성이 강하면 강할수록 원고 작품의 창작적 특징은 피고 작품 속에서 퇴색될 가능성이 높아진다는 것이다(橫山久芳, 전게논문, 18면).

214) 富山지방법원 1988. 9. 22. 판결, 판례타임즈 375호 144면.

215) 이러한 일반론에 기초하여 이 판결은 다음과 같이 판시하고 있다. "주택지도는 그 성격상 지도에 표기될 대상물의 취사선택이 이미 그 자체에서 결정되어 있는 것이고, 그 부분에 대하여는 창작성을 인정할 여지가 거의 없으며, 일반적으로 실용성과 기능성이 중시되므로 표현기법도 제한되는 특징이 있기 때문에, 주택지도의 저작물성은 일반적인 지도에 비추어 더욱 제한된다. 원고와 피고의 지도를 비교검토하면, 양자는 모두 철도, 街路, 하천, 마을 명칭 등 공통의 소재를 표기대상으로 하고 있다는 점과 街路에 따라 가옥 그 밖의 건조물을 주로 사각형의 평면적인 형태로 표시하면서, 그 안에 회사명칭 등의 정보를 기재하는 등의 표시방법에 있어서 공통된다는 점이 있지만, 양 작품을 외형적으로 보면 지도 전체의 크기와 척도가 다르며, 피고 지도의 면수는 원고 지도 면수의 두 배에 가깝고, 원고 지도에 게재되어 있지 않은 지역이 피고 지도에는 다수 존재한다는 점, 또한 전체적인 인상에 있어서도 피고 지도의 도면이 크고 공간이 널찍하게 되어 있어 전반적으로 넉넉한 인상을 준다는 점, 소재의 배치나 회사명칭 등의 표시에 있어서 양 지도에 다른 부분이 다수 존재하고 있다는 점 등이 인정된다. 따라서 전체적으로 볼 때 원고 지도와 피고 지도 사이의 상위부분이 현저하고, 통상인의 관찰에 의할 경우 피고 지도로부터 원고 지도의 저작물로서의 특징을 인식하는 것은 어렵다"고 하였다.

분의 창작성이 매우 낮다는 점을 근거로 하여, 피고 지도에서 표현상의 상당한 수정, 변경이 가해진 경우에는 직접감득성을 부정할 수 있음을 보여준다. 이 판결에서는 원고가 저작권침해의 근거로서 주장하고 있는 양 지도의 공통부분은 통상의 약도적 수법을 사용할 경우 부득이한 표현형태로서, 독자적인 정신적 노력의 결과라고 볼 여지가 크지 않다고 판시하고 있다. 그렇다면 이 사건에서 원고와 피고 지도의 공통부분은 아예 표현상의 창작성이 있는 부분에 해당하지 않는다고 하여 침해를 부정하는 것도 가능하다. 그러나 공통부분에 표현상의 창작성이 있는가의 문제와 표현상의 공통부분이 직접감득될 수 있는가의 문제는 원칙적으로 별개이다. 따라서 공통부분의 직접감득성이 없다는 것을 용이하게 인정할 수 있는 경우에는 본 판결과 같이 곧바로 직접감득성의 흠결을 이유로 침해를 부정하는 것도 가능하다. 양 지도의 공통부분에 표현상의 창작성이 인정된다고 하여도 지도의 특성상 그 창작성의 정도는 매우 낮다. 따라서 피고 지도가 원고 지도를 거의 복제한 수준이 아니라, 소재의 선택이나 배치, 표기 등의 점에서 어느 정도의 차이가 존재하는 경우에는 공통부분의 창작적 특징이 전체 중에 매몰되어 직접감득할 수 없게 되는 것이다.[216)]

그 밖에도 '수박 사진 사건' 항소심 판결[217)]은 원고의 사진과 피고의 사진 모두 수박을 주제(모티브)로 한 정물사진이고 피사체의 선택, 조합, 배치 등의 점에서 유사하지만, 세부적인 점에서는 여러 가지 차이점이 존재한다는 전제 아래,[218)] 피고가 독자적으로 변경하거나 부가한 요소는 "사소하고 특별한 의미가 없는 상위부분"이거나 또는 "피고의 독자적인 사상 또는 감정을 느낄 수 없는 부분"으로서 창작성이 결여된 부분이므로, 그것에 의하여 직접감득성이 부정되는 것은 아니라고 하였다.

또한 사무용 그룹웨어 프로그램의 표시화면(스크린 디스플레이)의 저작권 침해여부를 다룬 '사이보우즈 사건' 판결[219)]에서는, "원고 프로그램의 표시화면의 특징적 구성 중 일부분이 피고 프로그램의 표시화면에서 공통적으로 보이는 경우라도, 그 공통된 부분만으로는 화면 전체로서의 창작적 특징을 이루고 있다고 보기에 부족한 때,[220)] 또는 피고 프로그램의

216) 横山久芳, 전게논문, 19, 20면.

217) 동경고등법원 2001. 6. 21. 판결 판례시보 1765호 96면.

218) 세부적인 차이점으로, 원고 사진에서는 중앙 전면에 V자 형으로 잘려진 수박이 배치되고 있음에 비하여, 피고 사진에서는 수평 방향으로 반구 형태로 잘려진 수박이 배치되고 있다. 또한 원고 사진에서는 부채꼴 모양으로 얇게 잘려진 수박이 우측으로 경사지게 배치되어 있음에 비하여, 피고 사진에서는 좌측으로 경사지게 배치되어 있다. 나아가 원고 사진에서는 중앙 전면에 얼음이 쌓여있고 넝쿨이 배치되어 있음에 비하여, 피고 사진에서는 얼음이나 넝쿨이 배치되어 있지 않다.

219) 동경지방법원 2002. 4. 22. 平成 13(ワ) 16440 판결. 판례시보 1811호 127면.

220) 이 판결에서는, "일반적으로 사무용 그룹웨어 프로그램은 표 계산이나 문서 작성 등 특정한 계산처리 또는 사무적 작업을 수행하는 것을 목적으로 하는 것이고, 그 표시화면도 컴퓨터에 대한 지시 또는 숫자, 문자 등의 정보를 입력하기 위한 부분 또는 계산의 결과나 작성된 문서 등을 이용자가 열람하기

표시화면에 원고 프로그램 표시화면에는 없는 구성요소들이 새롭게 부가되어 있음으로 인하여 표시화면 전체로부터 받는 인상을 달라지는 때에는, 피고 프로그램의 표시화면으로부터 원고 프로그램 표시화면 전체로서의 창작적 특징을 직접감득할 수 없다"고 하여 저작재산권 침해를 부정하였다. 이 판결은 사무용 그룹웨어 프로그램의 표시화면은 개별적인 요소들이 유기적으로 결합하여 전체가 일체로서 감득의 대상으로 되는 것이므로, 양 프로그램의 표시화면에 상위부분이 존재한다는 것은 그 화면표시로부터 받는 전체적인 인상에 영향을 미치고 그 결과 공통부분의 직접감득성에도 영향을 미친다고 본 것이다. 즉, 양 저작물의 공통부분뿐만 아니라 상위부분까지도 포함하여 표시화면 전체를 비교대조하고 있다. 橫山久芳 교수는 이 판결이 원고 프로그램 표시화면의 표현은 실용적·기능적 목적으로부터 비롯되는 제약이 강하고, 창작성이 발휘된다고 하여도 그것은 제한적이라고 판시한 점에 주목하면서, 표현의 창작성이 약하다는 것은 그 표현에 수정, 증감 및 변경이 가하여짐에 따라 용이하게 그 특징이 퇴색되어 버린다는 것을 의미한다고 하였다. 그 결과 원고 저작물의 표현요소 중 일부를 삭제하거나 새로운 표현요소를 부가함으로써 원고의 표현요소의 특징이 용이하게 감득할 수 없게 되어버린다는 것이다. 이와 같이 일본의 판례에서도 양 저작물의 공통부분과 상위부분의 창작성의 내용 및 정도를 고려하면서 직접감득성 유무의 판단이 행하여지고 있다.[221)]

다. 사상, 감정의 동일성여부

사상이나 감정 그 자체는 저작권의 보호대상이 아니다. 그러나 원고와 피고 작품이 표현하고 있는 사상이나 감정의 동일성여부는 직접감득성 유무의 판단에 영향을 미치는 요소가 될 수 있다. 여기서 말하는 사상, 감정이라 함은 작품의 주제나 테마 같은 것을 의미한다. 작품이 표현하고 있는 사상이나 감정이 작품 자체로부터 객관적으로 명백하게 나타나는 경우에는, 작품을 접하는 감상자는 그 사상이나 감정과 관련지어서 작품의 내용이나 표현을 인식하고 이해한다. 그 결과 작품이 표현하고 있는 사상이나 감정도 작품을 구성하는 여러 요소들의 감득성에 영향을 미치게 된다. 그리고 이러한 경향은 어문저작물과 같이 작품의 감상에 이성적인 이해가 중요하게 작용하는 저작물에 있어서 특히 강하다. 따라서 원고와 피고 작품이 표현하고 있는 사상이나 감정의 동일성 유무도 직접감득성의 판단에

위한 부분들로 구성되어 있는바, 이러한 표시화면은 작업의 기능적 수행과 이용자에 의한 조작 및 열람의 용이성 등의 관점에 의하여 구성이 결정되는 등 그 프로그램에 요구되는 기능이나 이용자의 편리성 관점에 따른 제약이 있어서, 작성자가 그의 사상이나 감정을 창작적으로 표현할 수 있는 범위는 제한적이 되지 않을 수 없다"고 하여 창작성의 정도가 낮다고 하였다.

221) 橫山久芳, 전게논문, 21면.

있어서 고려할 수 있다.

즉, 원고 작품과 피고 작품이 동일한 사상이나 감정을 표현하고 있는 경우에는, 피고가 원고 작품으로부터 차용한 창작적 요소(표현)를 원고 작품과 같은 내용의 콘텐츠로 이용하고 있을 가능성이 높으므로 공통요소의 직접감득이 보다 용이하게 된다. 이에 반하여 원고 작품과 피고 작품이 서로 다른 사상이나 감정을 표현하고 있는 경우에는, 피고가 원고 작품으로부터 차용한 창작적 요소를 원고 작품과는 다른 내용의 콘텐츠로서 이용하고 있을 가능성이 높으므로 공통요소의 직접감득이 보다 어려워지게 된다.[222]

사상이나 감정의 동일성이 직접감득성의 유무에 영향을 미치는 전형적인 사례는 어문저작물의 '요약'에서 볼 수 있다. '日經 콤라인 사건' 판결이 그러한 경우이다.[223] 이 사건은 원고가 발간하는 일간신문에 게재된 기사를 피고가 영어로 요약한 것이 2차적저작물작성권(번안권) 침해에 해당하는지 여부가 다투어진 사건이다. 피고의 요약본은 원고 기사의 내용과 주요한 부분에서 일치하고 있지만 문장표현은 상당히 다르게 되어 있다. 이 판결은, "저작권법상 번안에는 원저작물을 요약하는 것도 포함되는데, 어문저작물의 요약(번안)이라 함은 원저작물에 의거하여 작성된 것으로서, 원저작물의 내용의 일부가 생략되거나 표현이 단축되고 서술의 순서가 변경되기도 하지만, 그 주요한 부분을 포함하면서 원저작물이 표현하고 있는 사상이나 감정의 주요한 부분과 동일한 사상이나 감정을 표현하는 것이다. 따라서 요약은 그것에 접하는 사람이 원저작물을 읽지 않아도 원저작물에 표현된 사상이나 감정의 주요한 부분을 인식케 하는 역할을 한다."라고 판시하고 있다. 즉, 요약이 원저작물에 대한 2차적저작물(번안물)이 되기 위해서는 첫째로 원저작물의 내용의 주요한 부분을 포함하고 있을 것과, 둘째로 원저작물이 표현하고 있는 사상·감정과 대체적으로 동일한 사상·감정을 표현하고 있을 것을 요구한다. 여기서 '내용'이라 함은 기사에 들어갈 사항의 선택, 배열, 구성 등이고 그것이 원고 기사의 표현상의 창작성을 이루는 경우가 많다. 그 경우 '내용의 주요 부분을 포함'한다는 것은 피고 작품이 원고 작품의 표현상의 창작성 있는 부분에 있어서 공통된다는 것을 의미한다. 피고의 저작물이 원고 기사를 요약한 것이라면 당연히 원고 기사와 소재의 선택, 배열, 구성 등의 점에서 공통의 부분을 포함하게 될 것이다. 그리고 피고가 원고 기사를 충실하게 요약하였다면 피고의 저작물은 대개의 경우 원고 기사와 동일한 사상, 감정을 표현하게 될 것이다. 이와 같이 원고의 기사와 피고의 요약본이 표현하는 사상이나 감정이 동일한 경우에는 피고의 요약본에 차용된 원고 기사의 내용은 피고 문서 속에서도 동일한 내용의 정보전달기능 내지 감상적 가치를 가지게

222) 상계논문, 22면.

223) 동경지방법원 1994. 2. 18. 판례시보 1811호 127면.

되며, 그 결과 직접감득성을 긍정할 수 있게 된다.[224)]

실제로 이 판결에서는 피고의 요약본이 원고 기사와 주요한 내용에 있어서 일치하고 또한 동일한 사상, 감정을 포함하고 있다고 하여 저작권침해를 긍정하였다. 橫山久芳 교수는 이 사건에서 만약 피고의 저작물이 원고 기사와 다른 사상이나 감정을 표현하고 있었다면, 피고 저작물에 차용된 원고 기사의 내용은 피고의 저작물 속에서 환골탈태되어 원고 기사와는 다른 새로운 정보전달기능 내지 감상적 가치를 실현하는 것으로서 재구성되었다고 볼 수 있으므로, 그러한 경우에는 직접감득성을 부정할 수 있다고 한다. 아울러 이 판결은 원고와 피고 작품에 나타난 '사상·감정의 동일성'이 양 작품의 공통부분의 직접감득성을 판단함에 있어서 고려요소로 된다는 것을 보여준 판결로서 의미를 갖는다고 평가하고 있다.[225)]

4. 소 결

이상에서 일본에서의 저작재산권 침해판단과 관련된 판례와 이론을, 주로 직접감득성의 판단기준 및 고려요소에 관하여 검토해 보았다. 이에 따르면 저작재산권(번안권) 침해판단에 있어서는, 첫째 단계로 원고 작품과 피고 작품의 공통부분에 표현상의 창작성이 있는지를 판단하고, 둘째 단계로 일반 감상자의 관점에서 피고 작품으로부터 원고 작품과의 공통부분을 직접감득할 수 있는지 여부를 판단한다. 이 둘째 단계에서는 원고와 피고 작품의 목적이나 성질, 분량, 표현형식의 공통점과 차이점, 양 작품의 공통부분과 상위부분의 창작성의 높고 낮음, 양 작품이 표현하고자 하는 사상이나 감정의 동일성 등이 중요한 고려요소로 된다.

그런데 직접감득성의 유무를 판단하는 둘째 단계에서 작품의 목적, 성질, 분량, 표현형식, 창작성의 정도를 비롯하여 심지어는 사상이나 감정의 동일성까지 고려한다는 것은 납득이 가지 않는 면이 있다. 직접감득성 유무는 전문가의 조언이라든가 외부 자료 등을 고려하지 않고, 피고 작품의 평균적인 감상자의 관점을 기준으로 피고 작품의 표현 그 자체로부터 원고 작품의 표현상의 본질적 특징을 직접적으로 감득할 수 있느냐를 판단하는 것이라고 하고 있는데, 그러면서도 그 직접감득성 유무를 판단함에 있어서 위와 같은 요소들을 모두 고려한다는 것은 어딘가 어색하다는 느낌을 지울 수 없다. 특히 사상이나 감정의 동일성이 직접감득성의 판단에 영향을 미친다면, 이는 저작권법에 의하여 보호를 받

224) 橫山久芳, 전게논문, 23면.
225) 상게논문, 23면.

지 못하는 부분이 사실상 보호를 받게 되는 결과를 초래할 수도 있다. 또한 사상·감정의 동일성 유무를 직접감득성 판단에서 고려하게 되면 사실적 판단이 되어야 할 직접감득성 유무가 규범적 판단에 의하여 영향을 받게 될 우려가 있다. 따라서 사상이나 감정의 동일성으로 인하여 양 작품이 유사하게 감득될 수 있다면, 오히려 그러한 유사성은 저작재산권 침해의 객관적 요건인 '실질적 유사성'이나 '직접감득성' 판단에서는 고려하지 말고 제외하여야 하는 것은 아닐까 생각된다.[226)]

우리나라 대법원 1999. 11. 26. 선고 98다46259 판결(수지요법 강좌 서적 사건), 대법원 2000. 10. 24. 선고 99다10813 판결(까레이스키 사건), 대법원 2009. 5. 28. 선고 2007다354 판결, 대법원 2011. 2. 10. 선고 2009도291 판결 등에서 보는 바와 같이, 저작권의 침해여부를 가리기 위하여 두 저작물 사이에 실질적인 유사성이 있는지 여부를 판단할 때에는 창작적인 표현형식에 해당하는 것만을 가지고 대비하여야 한다는 것이 우리 대법원의 확립된 입장이다. 사상·감정에 있어서 동일성이 있으면 그것이 일반 수요자의 인식에 영향을 미쳐 양 저작물이 유사하다고 느낄 가능성이 높아지지만, 그렇다 하더라도 직접감득성의 유무를 판단함에 있어서 사상·감정의 동일성을 고려한다는 것은 납득하기 어려운 부분이다.

Ⅴ. 결 론

1. 미국 판례에 나타난 각각의 테스트들의 관계

이상에서 저작재산권 침해의 판단을 위하여 그동안 개발되어 온 여러 가지 방법론에 관하여 살펴보았다. 이들 방법론들은 주로 미국의 판례를 통하여 나타난 것들로서, 구체적인 사건에서 문제로 된 저작물의 종류 및 성질에 적합한 판단방법으로 각각 개발된 것이다. 예를 들어, 추상화 테스트는 어문저작물, 그 중에서도 희곡저작물에 대한 침해사건에서 개발된 것이며, 외관이론은 시각적·비사실적 저작물, 분해식 접근방법은 시각적·사실적 저작물, 추상화-여과-비교의 3단계 테스트는 컴퓨터프로그램저작물에 대한 침해 사건에서 개발된 것이다. 따라서 이들 방법론들은 어느 것도 일반적인 저작물에 공통적으로 적합할 수 있는 범용성을 가지는 것이라고는 보기 어렵다. 뿐만 아니라 이들 여러 가지 기준(테스트)들은 판례를 통하여 발전되어 오면서 서로가 서로에게 영향을 주고받기는 하였으나, 어

226) 사상이나 감정의 동일 또는 유사성이 저작재산권침해의 주관적 요건인 의거성을 판단하는 기준은 될 수 있다.

쨌든 하나의 구체적인 케이스를 해결하기 위하여 개발된 것으로서 각자 개별성과 독자성을 가지고 있는 것들이기 때문에 각 테스트가 개별적으로 적용되는 것이 본래의 모습이다. 그 결과 예컨대, 외부적 테스트와 내부적 테스트로 구성되는 이중의 테스트 중 외부적 테스트만을 전통적인 보호받는 표현 테스트로 대체하여 구체적 사건에 적용하여 보면 잘 맞아 들어가지 않는 면이 있다. 마찬가지 이유에서 이들 각자의 기준들을 구성하는 세부 테스트들을 1 : 1로 대응시켜 비교해 보아도 정확한 대응이 이루어지지는 않는다. 예를 들어, 전통적인 판단방법에서의 보호받는 표현 테스트와 이중의 테스트에 있어서 외부적 테스트는 원래 전혀 다른 취지의 것이며, 서로 대응하거나 대체할 수 있는 테스트라고는 보기는 어렵다.

그러나 이들 각각의 기준들과 그것을 구성하는 세부적인 테스트들 사이의 상관관계를 비교하여 검토하는 것은, 이들 기준을 논리적이고 정확하게 이해하는 데 도움이 될 수 있으므로, 이 점을 짚고 넘어가기로 한다.

우선 저작재산권 침해의 요건으로는 앞의 제 2 장에서 본 바와 같이 ① 복제(copying) 또는 의거와 ② 부당이용을 들 수 있다. 여기서 ①의 복제(의거)가 인정되기 위해서는 기존 저작물에 대한 표현내용을 인식하고, 그것을 이용하고자 하는 의사를 가지고, 실제로 이용하는 행위가 있어야 한다. 그 다음으로 '부당이용'은 피고의 복제행위가 부당한 정도에 이르렀는지 여부를 판단하는 것이므로 이는 그야말로 불확정개념이다. 따라서 구체적으로 이러이러한 '요건'(requisite)이 충족되면 부당이용이다 라고 말할 수 있는 것은 아니고, 부당이용의 정도에 이르렀음을 측정하는 '기준'(standard)들이 존재할 뿐이다. 그러므로 부당이용을 판단함에 있어서 핵심이 되는 '실질적 유사성' 역시 저작재산권 침해의 요건이라기보다는 부당이용을 판단하는 하나의 기준 또는 자료에 해당한다고 보는 것이 옳다. 다만 '실질적 유사성'은 규범적으로 허용되는 '사소한 유사성'을 넘어선 정도의 유사성이라는 의미를 가지고 있으므로, 그 자체가 '부당이용'에 해당한다고 볼 수 있다. 상당수의 판례에서 보듯이 저작재산권 침해의 객관적 요건을 말할 때 '부당이용'이라는 용어 대신 '실질적 유사성'이라는 용어를 사용하는 경우가 흔히 있는데, 이는 그러한 점에서 이해할 수 있다.

객관적 요건인 '부당이용'을 판단하는 전통적인 방법은 보호받는 표현 테스트와 청중 테스트로 이루어진다. 그런데 보호받는 표현 테스트를 적용하기 위해서는 먼저 하나의 저작물 중에서 어느 부분이 저작권법의 보호를 받는 부분이며, 어느 부분이 받지 못하는 부분인지를 구분하는 작업이 필요하다. 이 구분 작업에 사용되는 기준이 '추상화이론'과 '유형이론'이라고 할 수 있다. 추상화이론과 유형이론을 통하여 저작물 중 보호받는 부분과 보호받지 못하는 부분이 가려지면, 그 다음에는 보호받는 표현 테스트를 적용하여 피고의 저작물이 원고의 저작물로부터 보호받는 표현 중 전부 또는 일부분을 차용하였는지 여부를 심리하게 된다. 그 결과 그러한 차용이 확인되면 그 다음에는 '청중테스트'로 나아가는데, 이때 청중에 의한 유사성을 판단함에 있어서 보호를 받지 못하는 부분까지 포함하여 저작물 전체로서의 유사성을 판단할 것인지, 아니면 보호받지 못하는 부분은 제외하고 판단을 할 것인지에 따라 '전체적 판단방법'(외관이론, total concept and feel test)과 '분해식 판단방법'(dissection approach)으로 나누어진다.

추상화-여과-비교 테스트는 이상과 같은 일련의 전통적인 판단방법들을 하나로 종합한 성격을 갖는다. 이 테스트에서 첫 번째 추상화단계는 보호받는 표현과 보호받지 못하는 요소를 구분하는 단계이고, 두 번째 여과단계는 그 중 보호받지 못하는 요소들을 분리하여 걸러내는 단계이다. 그리고 세 번째 비교단계는 앞의 두 단계를 거쳐 남게 된 보호받는 표현들 중 어느 부분을 피고가 복제하였는가, 그리고 그 복제된 부분이 원고의 전체 저작물과 관련하여 상대적으로 어느 정도의 비중(중요성)을 가지고 있는가를 판단하는 단계이다. 비교단계는 바꾸어 말하면, 유사성이 사소한 정도를 넘어 실질적인 정도에 이르렀는가를 평가하는 단계라고도 할 수 있다. 따라서 비교단계는 전통적인 판단방법에서의 보호받는 표현 테스트와 청중테스트가 함께 수행되는 양자를 포괄하는 개념이라고 할 수 있다. 또한 비교단계에서도 전통적 방법의 청중테스트와 같이 문제가 된 저작물의 종류와 성질에 따라 분해식 판단방법을 취할 수도 있고, 전체적 판단방법을 취할 수도 있다.

이에 비하여 외부적 테스트와 내부적 테스트로 구분되는 이중의 테스트는 전통적인 판단방법과는 상당히 다른 구조를 취하고 있다. 우선 외부적 테스트가 기존의 보호받는 표현 테스트와 1 : 1로 대응하는 관계에 있지 않다는 것은 앞서 언급한 바와 같다. 즉, Krofft 판결에서 제시한 원래의 의미에서의 외부적 테스트는 원고와 피고 저작물 사이에 아이디어의 유사성이 존재하는지 여부를 판단하는 테스트이고, 내부적 테스트는 표현에 있어서의 유사성이 존재하는지 여부를 판단하는 테스트이다. 그런데 아이디어의 유사성을 판단하는 것은 전통적 판단방법에서는 반드시 필요한 작업이 아니다. 다만, 복제(copying) 요건을 충족시키기 위한 간접사실로서 '접근'과 '유사성'이 요구되고, 이때의 유사성이라 함은 표현뿐만 아니라 아이디어에 있어서의 유사성까지를 포함하는 개념이므로, 그 범위 내에서 아이디어의 유사성이 의미를 가질 뿐이다. 그런데 이중의 테스트에서는 아이디어의 유사성여부를 판단하는 것을 부당이용을 판단하는 필수적인 과정으로 파악하고 있다. 이중의 테스트는 바로 이러한 점 때문에 전통적인 판단방법을 지지하는 입장으로부터 비판을 받았으며, 그 비판을 수용하여 Krofft 판결 이후의 판례가 전통적인 판단방법으로 회귀하고 있음은 앞에서 살펴본 바와 같다.

2. 추상화 - 여과 - 비교 3단계 테스트와 그 보완책

가. 추상화-여과-비교 테스트의 장단점

기능적 저작물과 관련하여서는 추상화-여과-비교의 3단계 테스트가 가장 논리적이면서도 정교한 판단의 틀을 제공하고 있다고 평가된다. 그 이유는 무엇보다도 이 테스트가 분해식 접근방법에서의 '분해'의 의미에 대하여 구체적이고 유용한 기준을 제시하고 있기 때문이다. 즉, 기능적 저작물이나 사실적·시각적 저작물에 대하여는 전체적 판단방법보다 분해식 접근방법에 의하여야 한다는 점에 관하여는 별다른 이론이 없다. 그런데 앞에서도 언급한 바와 같이 분해식 접근방법을 취한다고 할 때 거기서 말하는 '분해'가 무엇을 의미하는 것이며, 어떻게 어디까지 분해를 하여야 하는지 알 수 없다는 비판이 있고, 그것이 분해식 접근방법의 가장 큰 약점이라고 할 수 있다. 그러나 추상화-여과-비교의 3단계 테스트에서는 분해의 방법으로서, 하나의 저작물을 추상화의 정도에 따라 단계별로 구분하고, 그 각각의 단계에서 아이디어나 효율성에 의하여 지배되는 요소 등 보호받지 못하는 요소들을 분해하여 걸러내는 방법을 구체적으로 제시하고 있다. 즉, 추상화-여과-비교 테스트는 보호받는 요소와 보호받지 못하는 요소를 분해하여 구분하는 방법에 관하여 구체적이면서도 합리적인 방법을 제시하고 있고, 그로 인하여 분해식 접근방법의 약점을 보완하면서 그 유용성을 개선시킨 장점을 가지고 있다. 뿐만 아니라 추상화-여과-비교 테스트는 저작재산권 침해의 요건과 그에 대한 전통적인 판단기준을 종합한 하나의 '포괄적 기준'(inclusive standard)으로서의 성격도 가지고 있다. 따라서 어느 저작물에 대한 침해사건에서 하나의 판단기준만을 적용한다면 추상화-여과-비교 테스트가 상대적으로 가장 유용한 기준이 될 수 있다.

또한 저작물의 창작이 급속도로 전문화, 기업화되고, 창작의 내용도 복잡해져 가고 있는 오늘날의 시점에서 순수한 외관이론을 적용할 경우, 공중의 영역에 있어야 할 요소들이 저작권의 보호를 받게 됨으로써 자칫 후세의 창작활동을 제한하게 될 우려가 점점 커지고 있다. 따라서 추상화-여과-비교의 3단계 테스트에서 보는 바와 같이 저작권의 보호를 받을 수 없는 요소들을 실질적 유사성을 비교하기 이전 단계에서 여과해 내는 작업의 의미는 기능적 저작물에서 뿐만 아니라, 문예적 저작물에 있어서도 충분히 고려해 볼 만한 가치가 있다.

한편 추상화-여과-비교 테스트에 의하여 보호받을 수 없는 요소들을 모두 여과해 낸 이후에 두 저작물을 비교할 경우, 과연 그런 과정을 거치고 나서도 실질적으로 유사하다고 판단될 수 있는 사례가 얼마나 될지 의문을 가질 수 있다. 다시 말해서, 하나의 저작물을 추상화 정도에 따라 여러 단계로 나누고 그 각 단계마다 여과 작업을 거치게 될 경우, 저작물을 구성하는 대부분 또는 상당수의 중요 요소들이 여과될 것이며, 그 요소들을 제외한 나머지 요소들만 가지고 비교 판단을 하였을 때 유사성, 그것도 사소한 정도를 넘어서는 실질적 유사성을 인정할 수 있는 경우가 과연 얼마나 되겠느냐 하는 의문이다. 이런 이유로 추상화-여과-비교 테스트를 적용할 경우 저작자의 권리는 형해화될 것이라는 우려가 제기된다. 실제로 앞에서 살펴본 Altai 판결이나 뒤에서 보는 Engineering Dynamics 사건, Mitel 사건 등 추상화-여과-비교 테스트를 적용한 대부분의 사례에서 원고 청구를 기각하거나 비교의 대상을 제한한다는 취지의 판결이 선고되었다. 따라서 추상화-여과-비교 테스트를 적용할 경우 저작권의 보호, 특히 기능적 저작물에 대한 보호가 형해화 될 수 있다는 것은 단순한 우려가 아니다.

이에 대한 해결책은 다음과 같은 두 가지 방향에서 찾을 수 있다.

나. 전체적 판단방법의 보완

첫째는 추상화-여과-비교 테스트의 마지막 단계인 비교단계에서 분해식 접근방법을 취하되 거기서 그치지 아니하고 전체적 판단방법을 보완적으로 적용하는 것이다. 즉, 기본적으로는 분해식 접근방법을 취하지만, 분해식 접근방법에 의하여 판단할 때 침해가 인정되지 않을 경우, 추가적으로 전체적 판단방법에 의한 판단을 보완적으로 거치는 것이다.[227] 이때의 전체적 판단방법에 의한 판단은 모든 저작물을 마치 보호받는 요소들과 보호받지 못하는 요소들이 선택·배열된 일종의 편집저작물로 간주하여 저작권침해의 판단을 하는 것과 유사하다. 즉, 하나의 저작물(그것이 편집저작물이 아니라 하더라도)을 구성하는 요소들을 편집저작물에서의 소재들(그 중에는 보호받지 못하는 요소들도 있다)로 간주하고, 그들의 선택·배열 또는 구성에 있어서의 창작성이 인정될 경우 그것과 전체로서의 피고 저작물 사이의 유사성을 비교 판단하는 것이다. 이처럼 분해식 접근방법에 의하여 부당이용이 인정되지 않을 경우 보완적으로 채택되는 전체적 판단방법에서는, 원고 저작물의 보호받는 요소와 보호받지 못하는 요소들을 모두 포함한 전체로서의 원고 저작물과 피고 저작물 전체를 비교하여 실질적 유사성의 존재여부를 판단한다. 다만, 이러한 방법이 보완적으로 적용될 수 있기 위하여서는 그 전제로서 편집저작물의 경우와 마찬가지로, 원고 저작물에 있어서 보호받는 요소들과 보호받지 못하는 요소들의 선택·배열 또는 구성에 창작성이 인정되어야 한다.

227) 특허의 침해여부를 결정하는 '균등론'(doctrine of equivalents)의 판단에 있어서도 발명의 구성요소를 각각 비교하는 '요소 대비 방식'(element by element comparison)과 발명을 전체로서 대비하는 '전체 대비 방식'(comparison as a whole)이 있다. 특허 실무에서는 요소 대비 방식을 원칙으로 하되 전체 대비 방식을 배척하는 것이 아니라 이를 보완적으로 적용할 수 있다고 보고 있다.

그러나 이와 같이 전체적 판단방법을 보완적으로 적용하는 방법은 소송실무, 특히 변론주의와 관련하여 문제가 있을 수 있다. 대부분의 저작권 침해소송, 특히 어문저작물이나 기능적 저작물에 대한 저작권 침해소송에서는 먼저 원고가 소장이나 준비서면에서 원고 저작물과 피고 저작물 사이에 유사성이 존재하는 부분을 특정하여 밝히게 된다. 그냥 두 저작물을 던져 놓고 알아서 유사점을 비교해 보라는 식의 청구는 하지 않을 것이기 때문이다. 이렇게 원고가 두 저작물 사이에 유사성이 발생하는 원천이라고 주장하는 부분을 특정하게 되면 그 부분에 심리가 집중되고, 그 부분을 둘러싸고 원고와 피고의 공격방어가 이루어지며, 판결도 그 부분을 중심으로 내려지게 된다. 그런데 원고가 소장 등에서 유사성의 원천을 특정하였고, 이에 대하여 피고가 방어를 하고 심리한 결과 그 부분은 추상화 및 여과 과정에서 여과되어야 할 부분이거나 유사성이 없는 부분이라고 판단이 되었음에도 불구하고, 법원이 거기서 그치지 아니하고 '보완적'이라는 명목으로 전체적 판단방법을 재차 적용하여 원고가 주장하지 아니한 부분까지 포함한 전체로서의 두 저작물을 비교하여 저작권침해(부당이용)를 인정하면, 피고는 방어권을 제대로 행사할 수 없어 불의타를 입게 된다. 물론 저작권 침해소송에 있어서도 통상의 민사소송에서와 같이 실체법상의 권리 또는 법률관계의 주장마다 하나의 소송물로 보고, 그러한 권리 또는 법률관계를 구성하는 개개의 사실은 소송물을 이루는 하나의 자료 또는 공격방어 방법에 불과한 것으로 이해한다면, 원고가 전체적인 비교판단을 주장하지 아니하였다 하더라도 원고가 특정하여 주장하지 아니한 부분을 포함하여 전체로서의 저작물을 판단의 대상으로 삼는 것이 불가능한 것은 아니다.[228] 그러나 이러한 식의 판단이 변론주의에 반드시 위배되는지 여부는 별론으로 하더라도, 피고에게 적절한 방어권 행사를 못하게 하여 불의타를 입게 하고, 쟁점정리에 의한 집중심리를 도모하고자 하는 민사소송법의 취지에 비추어 바람직스럽지 못한 결과를 초래할 수 있다는 점은 염두에 두어야 한다. 따라서 원고가 전체적 판단을 해 줄 것을 특별히 주장하지 아니하였음에도 전체적 판단방법을 보완적으로 채택할 경우에는, 재판부는 석명권의 적절한 행사를 통하여 전체적 판단 부분을 쟁점화시킴으로써 피고의 방어권을 보장해 주어야 할 필요가 있을 것이다.

뿐만 아니라 전체적 판단방법을 보완적으로 적용하게 되면, 피고의 입장에서는 분해식

228) 西田美昭, 전게서, 123-124면에서는, 복제권의 침해를 이유로 하는 소송의 소송물은 하나의 침해 저작물에 의한 하나의 피해 저작물에 있어서의 복제권 침해를 원인으로 하는 금지청구 또는 손해배상청구마다 하나의 소송물로 보는 것이 사회적인 분쟁의 파악이라는 측면에서 타당하다고 한다. 그러므로 예를 들어 Y라는 침해 저작물의 a 부분이 X라는 피해 저작물의 A 부분에 대한 복제권을 침해한 것임을 원인으로 하는 손해배상청구 소송과, Y라는 침해 저작물의 b 부분이 X라는 피해 저작물의 B 부분에 대한 복제권을 침해한 것임을 이유로 하는 손해배상청구 소송은 소송물이 동일한 것이라고 한다.

접근방법에 의한 판단과 전체적 판단방법에 의한 판단 두 가지 판단 모두에서 저작권침해가 아닌 것으로 판정을 받아야 하므로, 전체적 판단방법만을 적용하는 경우 이상으로 불리해 질 수 있다. 그리고 두 방법을 혼용하게 되면 결국 전체적 판단방법이 가지고 있는 단점, 즉 저작권의 보호를 받을 수 없는 부분이 부당이용의 판단에 영향을 미치게 된다는 단점을 그대로 안고 가게 될 위험성도 있어, 그러한 단점을 해소하기 위하여 개발된 분해식 접근방법의 취지를 몰각하고, 전체적인 기준의 틀이 무너질 가능성도 배제할 수 없다. 따라서 앞에서도 언급한 바와 같이 전체적 판단방법을 보완적으로 적용하는 것은, 원고 저작물의 보호받는 요소와 보호받지 못하는 요소들의 선택·배열 및 구성에 있어서의 창작성이 인정되는 경우만으로 제한하여야 할 것이다.

다. 일부 침해의 활용

두 번째 해결책은 저작재산권 침해판단에 있어서 저작물 전체만을 대상으로 할 것이 아니라 일부분에 있어서의 침해 판단도 활성화하는 것이다. 하나의 저작물 전체에 대한 복제권 및 2차적저작물작성권의 침해가 성립하는 것은 당연하다. 그러나 하나의 저작물의 일부분에 대하여도 복제권 및 2차적저작물작성권 침해가 성립할 수 있다는 것 역시 이론이 없다. 따라서 원고 저작물 중 추상화 및 여과 과정을 거쳐 남은 보호받는 요소들을 저작물의 한 부분으로 보고, 그 부분과 피고 저작물의 해당 부분에 대한 동일성 및 실질적 유사성의 존재여부를 판단함으로써, 그 부분만에 한정된 복제권 및 2차적저작물작성권의 침해를 인정하는 방법을 적극적으로 활용하는 것이다. 이렇게 되면 복제권 또는 2차적저작물작성권 침해가 인정된다고 하더라도 피고의 입장에서는 침해가 인정된 부분만을 삭제하거나 수정하면 되고, 그렇게 함으로써 저작물 전체에 대하여 이용을 못하게 되는 사태를 막을 수 있다. 아울러 원고의 입장에서도 자신의 저작물 중에서 보호받아야 할 부분에 관하여는 최소한도의 보호를 받을 수 있어 양 당사자의 형평을 고려한 결론이 도출될 수도 있다.

다만, 저작물의 일부 침해를 활성화할 경우 다음과 같은 점에 유의하여야 한다. 즉, 저작물 전체에 대한 저작재산권 침해를 주장할 경우에는 원고의 저작물이 창작성을 갖추고 있는지는 원고의 청구원인 중 저작권의 성립요건 속에서 판단된다. 그러나 원고의 저작물이 전체로서의 창작성을 갖추고 있다고 하더라도 침해를 주장하는 특정 부분이 창작성을 구비하지 못하는 경우도 있을 수 있다. 따라서 저작물의 일부분에 대한 저작재산권 침해를 판단하는 경우에는 그 전제로서 해당 부분이 창작성이 있다는 점, 즉 저작권의 보호를 받을 수 있는 사상 또는 감정의 창작적 표현이라는 점이 먼저 인정되어야 한다.

3. 분석적 관찰과 전체적 관찰의 조화

가. 양 작품의 공통부분에 대한 분석적 관찰

저작재산권 침해여부를 판단함에 있어서는 기본적으로 먼저 원고 저작물과 피고 저작물의 공통되는 부분, 즉 동일 또는 유사한 부분을 추출하여,[229] 그 부분이 아이디어나 창작성이 없는 표현이 아닌지 여부를 검토하게 된다. 양 저작물의 공통부분이 모두 아이디어에 해당하거나 표현이라고 하더라도 창작성이 없는 부분이라면 그 단계에서 저작재산권침해는 부정된다.

그러나 사안에 따라서는 원고·피고 작품의 공통부분이 단순한 아이디어인지 창작성 있는 표현인지의 판단이 곤란한 경우도 많다. 그러한 경우에는 저작권법이 아이디어 등의 요소를 보호하지 않는 취지를 고려하여 규범적인 평가를 할 필요가 있다. 저작권법이 아이디어를 보호하지 않는 취지는 아이디어는 후저작자의 표현활동에 널리 이용되어야 할 공용 내지 범용적인 성격을 가지며, 아이디어가 자유롭게 이용될 수 없다면 후저작자의 표현활동을 지나치게 제약할 수 있기 때문이다. 즉, 아이디어나 창작성이 없는 표현을 저작권으로 보호하면, 같은 분야의 표현활동을 하는 창작자 중에서 저작자가 일방적인 우위를 점하게 되고, 다른 창작자는 원저작물을 대체할 수 있는 작품을 창작하는 것이 곤란하게 된다. 이는 문화 및 관련 산업의 향상발전이라는 저작권법의 궁극적인 목적에 배치되는 결과를 가져온다. 따라서 아이디어 등은 공중의 영역(public domain)에 두어 자유이용을 인정할 필요가 있는 것이다.[230]

그렇다면 원고와 피고 작품에 공통하는 부분이 창작적 표현인지 여부는 후발창작자, 즉 원고와 경합하는 표현활동을 행하는 자의 관점에서 볼 때 그 공통부분을 이용해야 할 필요성이 어느 정도 존재하는가, 바꾸어 말하면 후발창작자가 그 공통부분을 이용함이 없이 원고 작품을 대체할 수 있는 표현물을 창작하는 것이 어느 정도 가능한가를 고려하여 판단하여야 한다. 이와 같이 원고와 피고 작품의 공통부분에 표현상의 창작성이 인정되는지 여부는 원고와 경합하는 표현활동을 하는 후발창작자의 관점에서 이루어지게 된다. 이는 저작물성(창작성)의 판단에 있어서 당해 표현이 극히 통상적인 것으로서 창작성을 인정할 수 없는 것인지 여부를 저작자와 경합하는 표현활동을 하는 창작자의 관점에서 판단하는 것과 마찬가지이다.[231] 즉, 원고와 경합하는 표현활동을 하는 후발창작자의 관점에 입

229) 이러한 추출 작업은 실제 소송에서는 주로 원고가 작성한 양 저작물의 동일 또는 유사 부분 목록에 기초하여 이루어지게 될 것이다.

230) 그 상세한 내용에 대하여는 제 2 장 제 1 절 '저작물의 성립요건 및 보호범위' 부분 참조.

231) 横山久芳, 翻案權侵害の判斷基準の檢討, コピライト 609號(2012), 13면.

각하여, 그 공통부분을 이용하지 않고서도 독자적인 정신적 노력에 의하여 원고 작품에 대체할 수 있는 표현물을 창작할 수 있는지 여부를 살펴보아야 한다.

나. 양 작품의 상위부분을 포함한 전체적 관찰

(1) 필요성

앞에서도 본 바와 같이, 외관이론 같은 원래 전체적 판단방법은 물론이고 분해식 접근방법의 대표적인 테스트라고 할 수 있는 추상화-여과-비교의 3단계 테스트의 마지막 비교과정에서도 원고와 피고 저작물을 전체적으로 비교할 필요가 생긴다. 실제로 원고와 피고 저작물을 비교함에 있어서 보호받지 못하는 부분을 걸러내고 나머지 보호받는 표현 부분만을 가지고 비교하는 것은 현실적으로 불가능한 경우가 많다. 하나의 저작물 중에서 보호받는 부분과 보호받지 못하는 부분이 서로 분리하여 인식할 수 없을 정도로 융합되어 있는 경우가 많기 때문이다. 이러한 경우에 양 저작물의 비교 판단은 어떻게 이루어져야 할 것인지에 관하여 살펴보기로 한다.

(2) 관찰의 관점

저작재산권 침해가 인정되기 위해서는 피고 작품에 접한 사람이 피고 작품 그 자체로부터 직접적으로 원고 작품과의 실질적 유사성 또는 원고 작품의 표현상의 창작성을 감득할 수 있어야 한다. 저작재산권 침해, 특히 2차적저작물작성권 침해가 쟁점으로 되는 사안은 피고가 원고 작품의 표현에 실질적인 수정·변경 등을 가한 경우이다. 이때 그러한 수정·변경에도 불구하고 피고 작품의 표현을 통하여 원고 작품의 표현상의 창작성을 감득할 수 있으면 침해가 성립하게 된다. 다른 한편, 피고가 원고 작품의 표현에 수정·변경을 가한 결과, 더 이상 피고 작품의 표현을 통해서는 원고 작품의 표현상의 창작성을 감득할 수 없게 되면 침해가 부정된다.

이와 같이 저작재산권 침해 판단에 있어서 실질적 유사성 또는 표현상의 창작적 특징의 직접감득성이 기준으로 되는 것은 저작물의 기능으로부터 유래한다. 저작물은 표현에 포함되어 있는 창작적 정보를 감상자에게 전달하는 것을 목적으로 한다. 저작물은 감상자가 그 표현으로부터 창작적 정보를 인식하고 감상하는 것에서 그 목적을 달성하고 나아가 문화의 발전에 기여하게 된다. 그러므로 원저작물의 표현에 수정·변경을 가하였음에도 불구하고 피고 작품에 이용된 원고 저작물의 창작적 정보가 감상자에게 직접 감득될 수 있는 경우에까지 저작권의 보호를 확장하고자 하는 것이 2차적저작물작성권의 취지이다. 그렇기 때문에 직접감득성의 유무는 피고 작품을 감상하는 일반 수요자의 인식을 기준으로 판단하여야 한다.

앞에서 본 일본 최고재판소의 '江差追分 사건' 판결도 '번안'이라 함은 "(피고 작품)에 접하는 자가 기존의 저작물의 표현상의 본질적인 특징을 직접 감득할 수 있는 별개의 저작물을 창작하는 행위"라고 판시하고 있는데, 이러한 판시도 직접감득성의 판단주체를 피고 작품의 '감상자'로 상정한 것이라고 볼 수 있다.[232] 이는 앞에서 원고와 피고 작품의 공통부분에 표현상의 창작성이 인정되는지 여부는 '창작자'의 관점을 기준으로 판단하여야 한다는 것과 대비된다. 즉, 공통부분의 표현상의 창작성 유무는 창작자의 관점을 기준으로 판단하고, 직접감득성의 유무는 감상자의 관점을 기준으로 판단하여야 한다는 것이다. 이는 각각의 판단이 수행하는 역할과 기능이 다르기 때문이다. 원고와 피고 작품의 공통부분에 표현상의 창작성이 있는지의 판단은 제 3 자의 표현활동의 자유를 확보하기 위한 것이므로 창작자의 관점에서 판단하여야 하고, 이에 반하여 직접감득성의 판단은 피고 작품에 차용된 원고 작품의 창작적 요소가 원고 작품의 창작성을 전달하는 기능을 수행하고 있는지의 문제이므로 감상자의 관점에서 판단하여야 하는 것이다.

이와 같이 직접감득성이 표현의 감상자인 일반 수요자의 인식의 문제라면, 직접감득성의 판단을 할 때 원고와 피고 작품의 공통부분뿐만 아니라 서로 다른 부분, 즉 상위부분(相違部分)도 고려하여 피고 작품의 표현 전체로부터 원고 작품의 표현상의 창작성을 감득할 수 있는지 여부를 검토할 필요가 있다. 피고의 작품이 원고 작품의 2차적저작물에 해당한다는 것은 피고가 원고 작품의 창작적 요소를 이용하고 있지만, 원고 작품의 표현을 실질적으로 수정·변경하여 새로운 독자적인 표현으로 재구성하였다는 것이다. 즉, 원고 작품으로부터 차용된 창작적 요소는 피고가 새롭게 부가한 창작적 요소와 일체의 것이 되어 피고의 표현인 '그릇'(틀)에 들어있는 것이다. 따라서 일반 수요자들이 피고 작품에 접하게 될 때 원고 작품의 창작적 요소를 피고가 부가한 창작적 요소로부터 분리하여 별도로 감상한다는 것은 통상적으로 불가능하다. 원고 작품으로부터 차용된 창작적 요소도 피고가 독자적으로 부가한 창작적 요소와 일체가 되어 하나의 작품으로 감상자의 인식에 작용하게 되므로, 원고 작품으로부터 차용된 창작적 요소의 감득성은 피고가 부가한 창작적 요소의 영향을 크든 적든 받지 않을 수 없다.[233]

---

232) 상게논문, 14, 15면.

233) 상게논문, 15면. 横山久芳 교수는 이에 대하여 음악을 예로 들어 설명하고 있다. 즉, 피고가 원고 악곡의 선율(멜로디)을 차용하여 새로운 악곡을 작성한 경우에 피고의 악곡을 듣는 청취자는 원고의 악곡의 선율을 그 자체만으로 들을 수는 없다. 피고 악곡의 청취자는 피고의 악곡이라고 하는 '그릇'(틀)을 통하여서만 원고 악곡의 선율을 인식할 수 있는 것이다. 그리고 피고의 악곡을 이루는 요소에는 선율 이외에 화성이나 리듬 등의 다양한 요소도 있는 것이고 이들이 불가분적인 일체의 것으로서 표현된 것이 악곡이므로, 피고 악곡의 청취자가 피고 악곡에 차용된 원고 악곡의 선율 부분으로부터 무엇을

이러한 점에서 알 수 있는 바와 같이, 직접감득성의 판단에 있어서 원고 작품과 피고 작품의 공통부분(동일 또는 유사부분)만을 고려하는 것은 적절한 판단이 될 수 없다. 피고가 원고 작품의 공통부분과 상위부분(비유사부분)을 불가분일체의 것으로 표현하고, 피고 작품의 감상자도 양자를 불가분일체의 것으로 감득하는 경우에는, 공통부분의 직접감득성은 상위부분의 영향을 필연적으로 받게 된다. 따라서 상위부분도 포함한 피고 작품의 표현 전체로부터 공통부분을 직접 감득할 수 있는지 여부를 검토하여야 하는 것이다. 결국 실질적 유사성 또는 표현상의 본질적 특징의 직접감득성 유무를 판단함에 있어서는 원고와 피고 작품의 표현상의 공통부분뿐만 아니라, 상위부분도 그것이 일반 감상자의 감득성에 영향을 미치는 한에서는 고려되어야 한다.234)

(3) 관찰의 범위

일본 최고재판소의 '江差追分 사건' 판결은 원고 작품과 피고 작품의 공통부분이 창작성 없는 부분이라고 하여 번안권 침해를 부정하였지만, 판결 이유에서는 다음과 같이 설시하고 있다. 즉, "(문제가 된) 피고 방송 프로그램의 내레이션(narration) 전체를 보아도 그 분량은 원고 작품의 프롤로그에 비하여 극히 짧고 피고가 창작한 영상을 배경으로 하여 방송된 것이므로, 이것에 접하는 감상자가 원고 프롤로그의 표현상의 본질적인 특징을 직접 감득할 수는 없다"고 하였다. 원고 작품과 피고 작품의 공통부분에 표현상의 창작성이 있는지 여부는 별론으로 하고서라도, 원고 작품과 피고 작품의 분량상의 차이(원고 작품은 상당한 길이를 가지고 있는 데 비하여 피고 작품은 극히 짧다는 점) 및 표현형식의 차이(원고 작품은 어문저작물이고 피고 작품은 방송 프로그램이라는 점)를 고려하면, 피고 작품이 원고 작품과 동일한 내용을 표현한 것이라고 하여도 피고 작품을 접하는 감상자는 원고 작품과는 다른 인상이나 감상을 느끼게 될 것이므로, 원고 작품의 표현상의 창작성을 직접 감득할 수는 없을 것이라고 하였다. 이와 같이 이 판결은 표현상의 본질적 특징의 직접감득성을 판단함에 있어서 원고 작품과 피고 작품의 상위부분을 적극 고려하고 있다.

이상에서 언급한 바와 같이 직접감득성의 판단에는 원고 작품과 피고 작품의 공통부분뿐만 아니라 상위부분도 고려하게 된다. 주의할 것은 원고 작품과 피고 작품의 상위부분을 고려한다는 것은 어디까지나 "상위부분이 공통부분의 감득성에 영향을 미치는 한도에서"라는 점이다. 상위부분이 공통부분의 감득성에 영향을 주지 않음이 명백한 경우에는 상

감득하는가는 화성이나 리듬 등 선율 이외의 다른 요소들의 영향을 받지 않을 수 없다는 것이다. 따라서 피고 악곡으로부터 원고 악곡의 선율의 직접감득성여부를 판단함에 있어서는 원고와 피고 악곡의 공통부분인 선율 이외에 상위요소인 다른 요소들도 고려하지 않을 수 없다는 것이다.

234) 横山久芳, 전게논문, 16면.

위부분을 고려할 필요가 없다. 예를 들어, 원고가 교과서를 저술하여 출판하였는데 피고가 원고의 교과서 중 제 1 장만을 이용하여 제 1 장만을 개작하고 나머지는 전부 독자적으로 집필하여 전체 교과서를 완성하였다면, 이 경우 피고 교과서가 원고 교과서의 2차적저작물 작성권 침해가 되는지 여부를 판단함에 있어서는 원고와 피고 교과서를 전체 대 전체로 비교하여야 하는 것은 아니고, 제 1 장만을 대비하여 침해여부를 판단하는 것으로 충분하다. 왜냐하면 피고 교과서를 접하는 독자의 입장에서도 제 1 장을 나머지 다른 장으로부터 명확하게 분리하여 인식하는 것이 가능하기 때문이다. 양 교과서에서 제 2 장, 제 3 장의 내용이 전혀 다르다고 하여 그것 때문에 제 1 장의 표현상의 창작성을 직접 감득할 수 없게 된다는 것은 통상 생각하기 어렵다.[235]

이처럼 직접감득성의 판단에 있어서 원고 작품·피고 작품의 상위부분을 고려하는 것은 상위부분이 공통부분의 인식에 영향을 미치기 때문이다. 따라서 상위부분이 공통부분의 인식에 영향을 미치지 않음이 명백하면 상위부분을 고려할 필요는 없다. 물론 이 경우에도 원고 서적과 피고 서적을 전체적으로 대비할 수도 있겠지만, 제 1 장 이외의 상위부분이 제 1 장의 직접감득성에 영향을 미치지 않는 이상 작품 전체를 대비한 경우와 제 1 장만을 대비한 경우에 있어서 결론에 차이가 생겨서는 안 된다. 결국 이러한 경우에 제 1 장 이외의 다른 장에 관하여 검토하는 것은 불필요한 심리가 될 가능성이 높다. 오히려 심리의 대상이 불필요한 범위까지로 확대되면 명확하고 적절한 판단이 이루어지지 않을 우려가 있으므로, 직접감득성에 영향을 미치는 범위로 한정하여 원고와 피고의 표현을 대비하고 검토하는 것이 바람직하다.[236] 따라서 직접감득성을 판단함에 있어서는 원고와 피고 작품의 공통부분을 전제로 하여, 일반 감상자의 관점에서 의미적으로 관련성이 강하다고 보이는 범위를 특정하고, 그 범위에서 공통부분과 상위부분의 전체 대비를 하여야 할 것이다.

---

235) 상게논문, 16면.

236) 상게논문, 16면. 横山久芳 교수는 '江差追分 사건'의 최고재판소 판결도 이러한 해석론을 전제로 하고 있다고 주장한다. 즉, '江差追分 사건'에서 원고의 작품은 '北의 파도에 노래한다'라는 제목의 논픽션 어문저작물이고, 피고의 작품은 "홋카이도 스페셜·멀어진 뉴라시아의 노래소리 - 江差追分의 뿌리를 찾아서"라는 제목의 TV 방송프로그램이었는데, 이 판결은 원고의 서적과 피고의 TV 프로그램 전체를 대비하여 직접감득성의 판단을 하고 있지는 않다. 원고 서적의 처음 프롤로그의 부분과 피고 프로그램 중 당해 프롤로그에 대응하는 내레이션을 수반한 영상 부분만을 추출하여 비교대비하고 있는 것이다. 이는 프롤로그에 대응하는 내레이션을 수반한 영상 이외의 부분은 원고과 피고 작품의 공통부분의 감득성에 영향을 미치지 않기 때문에 번안권 침해의 판단에 있어서 고려할 필요가 없었기 때문이라고 한다.

제 4 절 저작물의 종류에 따른 구체적 검토

Ⅰ. 어문저작물

1. 서 설

어문저작물은 언어(language)라는 매개체에 의하여 표현되는 저작물로서, 두 저작물 사이의 유사성 역시 언어에 의하여 설명될 수 있다는 점에서 시각적 저작물이나 음악저작물과 다른 특징을 갖는다. 따라서 두 저작물 사이의 유사성을 언어로 분석하여 언어로 표현할 수 있기 때문에 저작재산권 침해판단 방법 중 분해식 접근방법을 적용하기에 적합하며, 굳이 외관이론과 같은 전체적 접근방법을 사용할 필요가 없다고도 생각할 수 있다. 그리하여 어문저작물의 저작재산권 침해판단에서는 일반적으로 전체적 접근방법인 외관이론이 아니라, 분해식 접근방법을 적용하는 것이 타당하다는 견해가 있다.[237)]

그러나 어문저작물에 대한 분해식 접근방법은 그 접근방법이 음악저작물에 적용되었을 때와 동일한 문제점을 내포하게 된다. 즉, 어문저작물을 이루는 개개의 단어는 이른바 '창작의 기본적 도구'(building blocks)에 해당하는 것으로서 저작권의 보호를 받을 수 없는 것은 분명한데, 그렇다면 얼마만큼의 단어가 모여야 비로소 저작권의 보호를 받을 수 있는 최소 단위가 되는 것인가 하는 점이 문제이다. 다시 말하면, 표현의 실질적 유사성여부를 판단하기 위하여 극단적인 분해식 접근방법을 취하면, 어문저작물은 개개의 단어로 분해되어 버리고 만다. 그런데 이러한 개개의 단어는 창작의 기본도구로서 저작권의 보호대상이 아니기 때문에, 이들을 소거(추출)해 내면 어문저작물에서 저작권의 보호를 받을 수 있는 부분은 전혀 남지 않게 되는 이상한 결론에 도달한다. 이는 올바른 분석방법이라고 할 수 없으며, 역설적으로 비유하자면 두 개의 어문저작물에 있어서 명사나 대명사, 접속사, 형용사 따위가 동일하다고 하여 표절의 책임을 묻는 것과 마찬가지로 불합리하다.

그러나 이러한 극단적인 분해식 접근방법을 취하지 않는 이상 어문저작물에 있어서는 그래도 전체적 판단방법보다는 분해식 접근방법이 합리적이라는 것이 그동안의 경험과 실무를 통하여 받아들여지고 있다. 또한 위와 같은 분해식 판단방법의 문제점은 추상화 작업을 통하여 어느 정도 극복할 수 있다는 것을 앞서 '추상화-여과-비교 테스트' 부분에서 언급한 바 있다. 그렇기 때문에 실제로 미국의 경우 소설이나 희곡과 같은 '문예적 어문저작

---

237) Sarah Brashears-Macatee, *Total Concept and Feel or Dissection?: Approaches to the Misappropriation Test of Substantial Similarity*, 68 Chi.-Kent. L. Rev. 913. p. 928.

물'이 관련된 저작재산권침해 사건에서는 청중테스트(audience test)를 명시적으로 적용하기 보다는, 대신에 복제행위(의거)와 보호받는 표현 테스트(protected expression test)의 심리에 치중하는 경향을 볼 수 있다.[238] 보호받는 표현 테스트와 청중테스트는 저작권 침해판단을 위하여 거쳐야 하는 두 가지 테스트로서, 논리적으로 전자가 먼저 진행되고 후자가 나중에 진행된다. 이때 보호받는 표현 테스트는 분해식 접근방법에 의한 판단을 기본으로 하는 반면에, 청중테스트는 전체적 접근방법을 취하기 쉽다. 이러한 점에 비추어 보면, 미국의 법원이 문예적 어문저작물의 저작권침해 판단에서 청중테스트보다 보호받는 표현 테스트에 치중한다는 것은 분해식 접근방법이 판단의 중심을 이루고 있다는 것으로 보아도 좋을 것이다. 문예적 어문저작물에서 그러할진대 논픽션·기능적 어문저작물에 있어서는 더욱 더 보호받는 표현 테스트에 치중하게 되리라고 추단할 수 있다.

2. 논픽션 또는 기능적 어문저작물의 침해판단

사건 및 전개과정 자체에 허구성이 없는, 즉 사실성을 바탕으로 한 역사적, 전기적 저작물이나 논픽션저작물의 경우, 그 저작물의 본질을 이루는 사건(episodes) 및 전개과정(sequence) 자체는 저작자가 고유한 창작적 능력을 발휘할 수 있는 표현의 영역이 아니다. 따라서 그에 대하여는 저작권의 보호를 받을 수 없다.[239] 다만, 저작자가 자신이 파악한 역사적 사실을 얼마나 독창적인 문장형태로 다듬어 표현하였는가 하는 점과, 일련의 사실들을 연대적 순서로만 기술하는 것에 그치지 않고, 거기에 얼마나 자신의 독창적인 판단과 기량을 적용하여 사실을 배열하고 재해석하였는가 하는 두 가지 관점에서 저작권 보호대상인 표현에 해당하는지 여부가 결정된다.[240]

학술이론이나 사실정보에 관한 저작물의 경우에는 그 속에 들어 있는 독창적인 이론이나 학설 또는 사실정보 등은 모두 저작권의 보호대상인 '표현'의 영역이 아니라 보호받지 못하는 '아이디어'의 영역에 속한다. 따라서 그러한 이론 등을 이용하더라도 구체적인 표현을 베끼지 않는 한 저작권침해를 구성하지 않는다.[241] 다만, 교과서나 논문 등의 경우

238) Paul Goldstein, *op. cit.*, p. 8: 2.

239) 역사소설에 관한 판례인 Streeter v. Rolfe, 491 F. Supp.416, 209 U.S.P.Q. 918(W.D. La. 1980) 참조. 다만 역사소설이 허구적인 부분을 포함하고 있을 경우에 그 허구적인 부분의 사건들은 보호 가능한 영역에 포함될 것이다.

240) 정상조 편, 지적재산권법 강의(이성호 부장판사 집필부분), 홍문사, 330면 참조.

241) 예컨대 다른 사람이 쓴 초고를 보고 그 속의 독창적인 이론이나 새로운 정보를 이용하여 마치 자신의 것인 양 발표하는 경우와 같이 '아이디어의 부정이용'에 해당하는 경우에 불법행위 또는 부당이득의 법리가 원용될 가능성은 있을지 모른다. 그러나 표현을 베끼지 않는 한 저작권법의 적용은 없다(오승

그 속에 포함된 문언적인 표현뿐만 아니라 서술의 순서, 설명 양식, 제시하는 방법 등도 창작성이 있는 표현이 될 수 있고, 그 경우에는 저작권법상 보호의 대상이 된다.[242] 공지(公知)의 사실 또는 일반상식에 속하는 사실이라도 그것을 어떻게 표현하는지는 각자의 개성에 따라 달라질 수 있으므로, 그 구체적인 표현에 창작성이 있는 경우에는 저작권의 보호를 받을 수 있다.[243]

어문저작물 중 논픽션 또는 기능적 저작물에 속하는 것으로는 전화번호부, 경기 스코어 양식, 일기장이나 수첩 또는 이력서 등의 양식, 역사책, 학술서적이나 논문 등에 이르기까지 매우 다양하다. 이러한 어문저작물들은 저작권법에 의한 보호를 받지 못하는 정보들을 다수 포함하고 있는데, 그러한 정보들이 보호를 받지 못하는 것은 사실적 정보이기 때문일 수도 있고, 아이디어·표현 이분법의 파생원칙인 '합체의 원칙'(merger doctrine)이 적용되기 때문일 수도 있다. 보호범위에 있어서 이러한 한계가 존재하기 때문에, 논픽션 또는 기능적 어문저작물의 저작재산권 침해여부를 판단함에 있어서는, 전체 저작물로부터 보호받지 못하는 부분을 분해하여 추출하는 작업이 선행되어야 한다. 사실적 소재나 정보들을 수집해 놓은 편집저작물에 있어서도 그에 수록된 사실이나 정보 자체는 저작권의 보호를 받을 수 없다. 따라서 이러한 편집저작물에서 저작권의 보호를 받지 못하는 부분을 분해하여 제외하고 나면 저작권의 보호를 받는 부분은 거의 남지 않을 수도 있다. 그러나 편집저작물은 개별 소재가 전혀 저작권의 보호를 받을 수 없다고 하더라도, 그러한 소재의 선택·배열 및 구성에 편집상의 창작성을 가지고 있다면 그 부분이 저작권의 보호를 받을 수 있다.[244]

종·이해완, 전게서, 468면).

242) Orgel v. Clark Boardman Co., 301 F.2d 119(2d Cir. 1962).

243) '일조권'(日照權)이라는 주제에 관하여 변호사가 쓴 법률논문의 저작물성이 다투어진 사건에서 일본 동경지방법원 1978. 6. 21. 판결은 "저작물임을 긍정하기 위한 요건으로서의 창작성은 표현의 내용인 사상에 대해 요구되는 것이 아니라 표현의 구체적 형식에 대해 요구되는 것이고, 공지의 사실 또는 일반상식에 속하는 사항에 대하여도 그것을 어떻게 감득하고 어떠한 언어를 사용하여 표현하는가는 각자의 개성에 따라 다를 수 있으므로 (원고 저작의) 기술 내용 중 공지의 사실을 내용으로 하는 부분이 존재한다고 하더라도 그것을 가지고 바로 창작성이 없다고 할 수는 없고, 그 구체적인 표현에 창작성이 인정되는 한 저작물성을 긍정해야 한다"고 하였다. 最新著作權關係判例集 Ⅱ-1, 203-204면 참조(오승종·이해완, 전게서, 468면).

244) Feist Publications, Inc. v. Rural Telephone Service Co., 499 U.S. 340, 18 U.S.P.Q.2d 1275(1991); 대법원 1996. 12. 6. 선고 96도2440 판결(입찰경매정보지 사건)에서는, "피고인들이 무단복제 하였다는 피해자 발행의 '한국입찰경매정보'지는 법원게시판에 공고되거나 일간신문에 게재된 내용을 토대로 경매사건번호·소재지·종별·면적·최저경매가로 구분하여 수록하고, 이에 덧붙여 피해자 직원들이 직접 열람한 경매기록이나 등기부등본을 통하여 알게 된 목적물의 주요 현황·준공일자·입주자·임차금·입주일 등의 임대차관계, 감정평가액 및 경매결과, 등기부상의 권리관계 등을 구독자가 알아보기 쉽게 필요한 부분만을 발췌·요약하여 수록한 것인 사실을 알 수 있으므로, 위 한국입찰경매정보지는 그

미국의 판례들을 살펴보면, 다른 종류의 작품에서 실질적 유사성을 판단함에 있어서는 판단의 방법이나 결론이 일관되지 못하고 심지어는 매우 혼란스러운 모습을 보이기까지 하고 있음에도 불구하고, 논픽션 또는 기능적 저작물에 대하여는 상당히 일관된 접근을 유지하고 있음을 볼 수 있다고 한다. 이는 미국의 법원들이 논픽션 또는 기능적 저작물 중 핵심적 요소는 저작권의 보호를 받을 수 없는 아이디어의 영역에 속한다는 것을 잘 인식하고 있기 때문이며, 그리하여 이러한 요소들을 실질적 유사성을 판단하는 계산틀에서 일관되게 제외하고 있기 때문이라고 한다. 과거의 미국 저작권 실무에서 편집저작물이나 사실적 저작물을 보호하는 데 있어서 '노동이론'(sweat of the brow theory)[245]과 관련하여 다소의 혼란이 있었던 것은 사실이다. 그러나 유명한 Feist 판결에서 미국 연방대법원은, 그러한 저작물을 제작함에 있어서 쏟아 부은 노동과 자본, 시간의 양이 어떠하든지 간에 창작성이 없는 부분은 보호를 받을 수 없다는 점을 분명히 함으로써 혼란에 종지부를 찍었다. Feist 판결은 개개의 소재에 대한 저작권의 보호를 부정하는 대신 소재의 선택, 배열에 있어서의 창작성에 의미를 두었다. 저작재산권 침해의 판단방법과 관련하여 본다면, Feist 판결은 논픽션 또는 기능적 저작물에 대하여 분해식 접근방법을 채택한 것으로도 평가할 수 있을 것이다.

우리나라에도 논픽션 또는 기능적 어문저작물의 침해 사건에 있어서, 아이디어 부분의 차용만으로는 저작권침해가 되지 않는다고 한 판례들이 다수 있다. 대법원 1997. 9. 29.자 97마330 결정은, 피신청인이 신청인의 '4차원 속독법'과 강의록에 저술된 학술적, 이론적 내용, 즉 신청인이 개발한 속독법에 관한 기본 원리나 아이디어 중 일부를 이용하여 피신청인의 서적인 '12시간 속독법'을 저술하였음을 엿볼 수 있으나, 피신청인이 '4차원 속독법'과 강의록의 내용 중 속독법의 기본원리나 아이디어 자체 이외에 창작적인 표현형식을 무단 이용하였다는 점은 인정할 수 없으므로 피신청인이 신청인의 저작권을 침해하였다고 볼 수 없다고 하였다.

또한 대법원 1993. 6. 8. 선고 93다3073, 3080 판결은, "저작권법에 의하여 보호되는 저작물은 학문과 예술에 관하여 사람의 정신적 노력에 의하여 얻어진 사상 또는 감정의 창작적 표현물이어야 하므로 저작권법이 보호하고 있는 것은 사상, 감정을 말, 문자, 음, 색 등에 의하여 구체적으로 외부에 표현한 창작적인 표현형식이고, 표현되어 있는 내용,

---

소재의 선택이나 배열에 창작성이 있는 것이어서 독자적인 저작물로서 보호되는 편집저작물에 해당한다"고 판시하였다.

245) 저작물에 대하여 저작권을 부여하는 근거를 저작자의 '노동에 대한 대가'라고 설명한다. 따라서 저작자의 노동이 투여된 이상 아주 낮은 수준의 창작성만으로도 저작물로 성립되는 데 지장이 없다는 이론이다(오승종·이해완, 전게서, 21면).

즉 아이디어나 이론 등의 사상 및 감정 그 자체는 설사 그것이 독창성, 신규성이 있다 하더라도 소설의 스토리 등의 경우를 제외하고는 원칙적으로 저작물이 될 수 없으며, 저작권법에 정하고 있는 저작인격권, 저작재산권의 보호대상이 되지 아니하고, 특히 학술의 범위에 속하는 저작물의 경우 학술적인 내용은 만인에게 공통되는 것이고 누구에 대하여도 자유로운 이용이 허용되어야 하는 것이므로 그 저작권 보호는 창작적인 표현형식에 있지 학술적인 내용에 있는 것은 아니다"라고 판시하였다.

3. 문예적·픽션 어문저작물에 대한 저작재산권 침해판단

가. 보호받는 표현 테스트의 중요성

(1) 의 의

역사적으로 볼 때 저작재산권 침해판단의 기본적인 원리와 기준들은 주로 어문저작물, 그 중에서도 문예적·픽션 저작물에 대한 저작재산권 침해 사건을 통하여 형성되어 왔다. 이는 우리나라나 미국의 경우나 마찬가지라고 보인다.[246] 어문저작물에 대한 저작재산권 침해사건에서 개발된 침해판단의 원리와 기준들 중에서 가장 기본적인 것을 든다면 무엇보다도 '아이디어·표현 이분법'(idea/expression dichotomy)을 들 수 있다. 이 원칙은 어문저작물에 대한 저작재산권 침해사건에서 발달하였지만, 지금에 와서는 거의 모든 종류의 저작물에 대한 침해사건에서 빠짐없이 적용되고 있다. 오늘날 이 원칙에 들어 있는 '아이디어'와 '표현'이라는 용어는 그 본래의 의미를 떠나서 어느 저작물을 구성하고 있는 요소들 중 보호를 받을 수 있는 부분과 그렇지 못한 부분을 사실상 총칭하는 일종의 대명사가 되었다고 볼 수 있다.

(2) 작품의 주제·기본적 구성 등

문예적·픽션 어문저작물에 있어서 보호받지 못하는 요소들 중 대표적인 것으로는 작품의 '주제'(theme)를 들 수 있다. 예를 들어, 소설이나 희곡 중에서 남녀 간의 사랑을 통하여 삐뚤어진 주인공의 성격을 교화시킨다든가, 정신과 육체 간의 갈등, 적대적인 가문에서 태어난 두 남녀의 사랑 등과 같은 주제를 가진 작품은 수없이 많다. 이와 같은 주제는 독창적이라고 할 수 없다. 설사 독창적이라고 하더라도 그러한 주제는 작품에 있어서 지극히 기본적인 요소일 뿐만 아니라, 다른 작가들이 작품을 창작함에 있어서도 필수적으로 요구되는 요소이다. 그렇기 때문에 어느 작가가 그와 같은 주제를 처음으로 창작하였다고 하여 그 주

---

246) Paul Goldstein, *op. cit.*, p. 8: 3.

제에 대하여 저작권을 통한 독점권을 갖는 것은 적절하지 않다.[247)]

이와 마찬가지로 '기본적인 구성'(basic plot) 역시 보호받을 수 없는 아이디어의 영역에 속한다. 예를 들어, '사랑에 의한 교화'라는 주제를 망나니 같은 남자가 사려 깊은 여성과의 사랑을 통하여 개과천선하게 되는 줄거리(구성)로 표현하였다고 하여 그러한 줄거리에 대하여 저작권의 보호를 부여할 수는 없을 것이다. 또한 어느 작가에게 "소년이 소녀를 만난다. 소년은 소녀를 잃는다. 소년이 소녀를 다시 찾는다"라고 하는 아주 기초적인 구성에 대하여 독점권을 준다면 다른 저작자들은 창작의 자유와 권리를 심각하게 훼손당하게 될 것이다.

이와 같이 작품의 주제나 기본적인 배경, 기본적인 구성, 기본적인 캐릭터들은 어문저작물의 창작에 있어서 필수적으로 사용되는 기술적 도구들로서 아이디어의 영역에 속한다고 보아야 한다. 이러한 요소들로부터 필수적으로 도출되는 장면(표현)에 대하여도 저작권의 보호가 주어져서는 안 된다. 이러한 장면들은 아이디어·표현 이분법의 파생원칙인 이른바 '필수장면의 원칙'이 적용되어 저작권의 보호가 부정된다.[248)] 즉, 표현적인 요소라 하더라도 그것이 '문학적 또는 극적 관행'(literary or dramatic convention)에 따른 것이라면 저작권의 보호가 부정될 수 있다. '필수장면'과 같이 특정한 상황의 묘사에 있어서 자연히 또는 필연적으로 나타나게 마련인 유형의 사건들 역시 공중의 영역에 두는 것이 마땅하다. 따라서 이러한 부분들이 유사하다고 하여 저작권침해를 인정할 수는 없다.

다만, 이러한 공중의 영역에 있는 요소들을 세심하게 가공하고 거기에 창작적인 대화나 묘사적인 서술 등 작가의 창작적인 기여가 덧붙여진다면 저작권의 보호를 받을 수 있는 표현이 될 수 있다. 그러나 창작적 기여가 미미한 정도에 그친다면, 그 작품을 완전히 동일하게 또는 거의 그대로 복제한 표절행위, 즉 문언적 복제행위(literal copying)에 대하여

247) *Ibid.*, p. 8: 4.

248) Paul Goldstein 교수는, "예를 들어, 어떤 작가가 미국 남부의 한 시골지역을 배경으로 한 소설에서, 지역 밀주업자의 하수인인 무모하고 거친 성격의 젊은 청년과 그 지역 학교에 새로 부임한 북부 출신의 여선생과의 사랑을 통하여 그 청년을 바른 길로 인도하는 줄거리의 소설을 구성하였다면, 그 작가는 그와 같은 기본적인 요소들에 대하여는 아무런 보호를 받을 수 없을 것이다. 뿐만 아니라 구체적인 사건장면들이라 하더라도 그것이 해당 작품의 시간적·공간적 배경이라든가 기본적인 구성 및 캐릭터 등과 같은 기본적 요소들로부터 자연스럽게 도출되기 마련인 장면들이라면 보호를 받을 수 없다. 그리고 용감한 주인공과 그를 괴롭히는 악덕 보안관 사이의 갈등을 묘사한 저작물에 있어서 통상적으로 한 번은 등장하게 마련인 둘 사이에 벌어지는 자동차 추격장면, 주인공과 사악한 악당 사이의 결투 과정 중 그 악당이 비겁하고 불공정한 수단을 동원하여 결투에 임하는 장면 등은 이른바 '필수장면'에 해당하고, 이러한 장면들이 원고와 피고 저작물에 공통적으로 존재한다고 하더라도 그것만으로 저작권침해의 요건인 표현의 부당이용을 인정할 수는 없을 것"이라고 하였다(Paul Goldstein, *op. cit.*, pp. 4-5).

만 저작권침해를 인정하여야 한다. 작가의 창작적인 기여가 미미한 경우까지 넓은 저작권의 보호를 주면, 저작물 중 보호받지 못하는 요소들에 대하여서도 독점을 허용해 주는 결과가 될 수 있기 때문이다. 그러나 작가의 창작적 기여에 의한 보호받는 표현 부분이 미미한 정도를 넘어서서 실질적으로 상당한 정도에 이른다면, 문언적 복제뿐만 아니라 그 표현 부분을 다소 수정하거나 변화시킨 행위에 대하여도 저작권침해가 인정될 수 있다.[249)]

이런 점 때문에 문예적·픽션 저작물에 대한 저작권침해 사건에 있어서도 전체적 판단방법인 외관이론(total concept and feel test)의 적용은 상당한 문제점을 가지게 된다. 특히 구성(plot, 줄거리)과 관련하여 문제가 발생할 소지가 높다. 구성이라는 문예적 요소를 어떻게 정의하느냐에 따라 차이는 있겠지만, 일반적으로 작품의 기본적인 구성이나 전체 저작물의 핵심적 스토리 전개는 공중의 영역에 있는 요소로 판단될 가능성이 매우 높다.[250)] 따라서 '사실'(facts) 그 자체가 저작권의 보호를 받지 못하는 것과 마찬가지로, 일반적이고 기본적인 '구성'(plot)도 저작권의 보호를 받을 수 없어야 한다. 그런데 외관이론에 의하여 저작권침해를 판단하게 될 경우 이와 같은 보호받지 않아야 될 요소들이 실질적 유사성 판단에 영향을 미칠 가능성이 매우 높아지게 된다. 뿐만 아니라 외관이론에 따라 전체적인 컨셉과 느낌에 의하여 실질적 유사성을 판단할 경우 '부분적·문자적 유사성'(partial literal similarity)의 문제를 적절하게 파악하기 어렵다.[251)] 피고가 원고의 전체 저작물 중에서 양적으로 적은 부분을 차용하더라도 만약 그 부분이 질적으로 매우 중요한 부분이라면 저작권침해의 책임을 인정하는 것이 옳으며, 미국의 판례도 그와 같이 판단하고 있다.[252)] 그런데 외관이론과 같은 전체적 판단방법에 따라 어문저작물의 저작권침해를 판단하게 된다면, 양적으로는 적은 부분이지만 질적으로는 매우 중요한 부분이 표절된 경우 저작권침해의 책임을 묻기 어려운 문제점이 발생할 수 있다. 이러한 이유로 인하여 문예적·픽션 어문저작물의 저작권 침해판단에 있어서도 분해식 접근방법인 보호받는 표현 테스트가 중심적인 역할을 하게 된다.

(3) 스토리

문예적·픽션 어문저작물에 있어서 작품의 기본적인 '구성'이 저작권의 보호를 받지 못

---

249) Paul Goldstein, *op. cit.*, p. 8: 5.

250) Jessica Litman, *The Public Domain*, 39 Emory L. J. 965(1990).

251) Nimmers on Copyright, *op. cit.*, § 13.03 A2, pp.13-46.

252) Harper & Row, Publishers, Inc. v. Nation Enters., 471 U.S. 539(1985): 이 사건에서 피고는 200,000 단어로 구성된 원고 저작물 중에서 300 단어 정도만을 복제하였지만, 그 복제된 부분이 질적으로 매우 중요한 부분이라고 보아 저작권침해를 인정하였다.

한다고 하여, 소설 등의 '스토리'에는 전혀 저작권의 보호가 미치지 않는 것은 결코 아니다. 작품의 '일반적이고 기본적인' 구성이 저작권의 보호를 받지 못한다는 것일 뿐, 소설의 '스토리'는 작가의 창작적 기여, 즉 작가에 의하여 얼마나 개성적으로 구체화되었는가에 따라서 저작권의 보호를 받을 수 있는지 여부가 결정되게 된다. 어문저작물 중 소설, 극본, 시나리오 같은 문예적·픽션 저작물은 등장인물과 작품의 전개과정(이른바 sequence)의 결합에 의하여 이루어지고, 작품의 전개과정은 아이디어(idea), 주제(theme), 구성(plot), 사건(incident), 대화와 어투(dialogue and language) 등으로 이루어진다. 이러한 구성요소들 중 각 저작물에 특이한 스토리 전개, 구체적 사건이나 대화 등은 저작권침해를 판단함에 있어서 중요한 고려요소가 된다. 저작권침해가 인정되기 위하여 요구되는 실질적 유사성에는 작품 속의 근본적인 본질 또는 구조를 복제함으로써 전체로서 포괄적인 유사성이 인정되는 경우(포괄적 비문자적 유사성 : comprehensive nonliteral similarity)와, 작품 속의 특정한 행이나 절 또는 기타 세부적인 부분이 복제됨으로써 양 저작물 사이에 문장 대 문장으로 대칭되는 유사성이 인정되는 경우(부분적 문자적 유사성 : fragmented literal similarity)가 있으며, 그 두 가지 유사성 중 어느 하나만 있더라도 실질적 유사성이 있다고 본다. 따라서 세부적인 에피소드, 등장인물들 및 그들 사이의 갈등 관계와 그 갈등의 해소 과정 등에 있어서 동일·유사성이 인정되며, 전체적인 줄거리는 물론이고 구체적이고 세부적인 줄거리에서도 상당한 정도의 동일성 내지 유사성이 나타나고 있다면 포괄적 비문자적 유사성이 있다고 보아 저작권침해를 인정할 수 있다.

어문저작물의 저작권침해 판단에 있어서 특히 유용하다는 평가를 받고 있는 '유형이론'(pattern test)에서도 "저작권의 보호범위는 저작물의 패턴, 즉 사건의 전개과정(the sequence of events)과 등장인물들 사이의 상호작용의 발전(the development of the interplay of characters) 등의 요소에까지 미치는 것"이라고 하였다. 우리나라 판례 중에도 이러한 유형이론을 적용한 것으로 보이는 사례가 적지 않다. 서울남부지방법원 2004. 3. 18. 선고 2002가합4017 판결(일명 '여우와 솜사탕' 사건)은 드라마 대본 사이의 저작권침해여부가 다투어진 사건인데, 양 대본에 등장하는 남녀 주인공, 남자주인공 부모, 여자주인공 부모들의 성격이 유사한 점이 인정되고, 이에 따라 양 대본 모두 남자주인공과 여자주인공의 갈등, 남녀 주인공의 어머니들의 갈등, … 여자주인공과 그 어머니의 갈등, 남자주인공 아버지와 어머니의 갈등의 구조가 서로 대응하며, 그 갈등의 내용 또한 구체적인 줄거리나 전개과정에 있어 서로 상당 부분 대응되는 공통점이 있다고 한 후,[253] 원고 대본에 등장하는 각각의 어문적 캐릭터는

253) 예를 들어, 양 드라마의 남자주인공의 아버지는 모두 "①제왕적 가부장의 표상이며, 근검절약 정신이 투철하여 구두쇠로 불린다. ②부인과 딸에게 엄격하고 구속적이지만 아들에게는 자유방임적이다. ③며

저작권법의 보호를 받기 어려우나, 사건의 전개는 등장인물들 각자의 캐릭터 상호간의 갈등의 표출과 그 해소과정이라고 볼 수 있다는 점에서 그러한 캐릭터들의 조합은 저작권의 보호대상이 된다고 판시한 바 있다.

소설가는 구체적인 문장을 작성하는 단계에서뿐만 아니라, 스토리를 구성하고 고안하는 단계에서도 독창적이고 창작적인 노력을 기울이게 된다. 즉, 스토리 구성에 있어서의 창작적 노력은 구체적인 문장표현에 있어서의 창작적 노력과는 별개의 것이다. 따라서 소설과 같은 저작물에는 스토리의 창작성과 문장표현에 있어서의 창작성이 독립적·중첩적으로 나타나며, 독자들은 스토리 면에서의 재미와 문장표현에서의 재미를 개별적으로 느끼고 감상하게 된다. 이와 같이 스토리의 창작성과 문장표현의 창작성은 각각 별개의 독립된 감상적 가치를 가진다. 따라서 독자들은 소설의 세부적인 문장 표현 등 구체적 표현형식이 변경되어 달라진 경우에도, 전체적인 스토리의 창작성에 있어서는 양 작품이 동일 또는 실질적으로 유사하다고 느끼는 경우가 얼마든지 있게 된다. 이처럼 문예적·픽션 어문저작물의 작가는 스토리를 구성하고 고안하는 단계와 구체적인 문장표현을 작성하는 단계에서 각각 다른 창작성을 발휘하게 된다. 또한 독자들의 입장에서도 그 작품을 읽는 것은 구체적인 문장표현을 즐기는 것도 있지만, 그보다는 오히려 스토리를 즐기기 위한 경우가 더 많을 수 있다. 스토리의 창작성과 문장표현에 있어서의 창작성은 소설가의 각각 별개의 정신적 노력에 의하여 도출되는 것이고, 소설의 독자에게도 각각 다른 감상적 가치를 가져오는 것이다. 따라서 저작권에 의한 보호에 있어서도 각각 별도로 보호될 필요가 있다.[254]

나. 원고 청구를 기각하는 경향의 존재

경험적으로 볼 때 미국에서 문예적·픽션 어문저작물과 관련된 저작권침해 사건에서는 원고 청구를 기각하는 판결이 내려지는 경우가 훨씬 많다고 한다.[255] 이러한 경향은 우리나라에서도 그동안 축적된 사례를 통하여 어느 정도 확인할 수 있다. 다음 항에서 자

느리를 위하는 마음이 각별하고, 극본의 후반부에 며느리의 영향으로 부인에게 친절해진다. ④중소기업의 사장으로서 겉보기보다 내실이 튼튼한 알부자이다"라는 공통점이 있고, 남자주인공은 모두 "①어머니의 사랑을 많이 받고, 자유인으로 살아가는 인생에 대한 동경이 있다. ②욱하는 성질과 허풍이 심하며 능글맞은 점이 공통된다. ③외모가 준수해서 여자들로부터 인기가 좋고 결혼 전 여러 여자를 사귄다. ④여주인공과 결혼할 생각이 없었으나 결국 결혼하게 된다. ⑤아내에게 겉으로는 엄격하지만 실은 공처가로서 부드러운 면이 있다. ⑥부인이 계속 공부하는 것을 인정해주고 도와준다"는 공통점이 있다고 판시하고 있다.

254) 横山久芳, 翻案權侵害の判斷基準の檢討, コピライト 609號(2012), 8면 참조.

255) Paul Goldstein, *op. cit.*, pp. 8: 4-5.

세히 살펴보겠지만, 우리나라에 있어서 문예적·픽션 어문저작물에 관한 대표적 저작권 침해사례라고 할 수 있는, '행복은 성적순이 아니잖아요' 사건(서울민사지방법원 1990. 9. 20. 선고 89가합62247 판결),[256] '애마부인' 사건(서울고등법원 1991. 9. 5.자 91라79 결정),[257] '야망의 도시' 사건(서울고등법원 1995. 6. 22. 선고 94나8954 판결),[258] '까레이스키' 사건(대법원 2000. 10. 24. 선고 99다10813 판결)[259] 등에서 원고 청구 기각판결이 선고되었음을 볼 수 있다.[260] 이러한 원고 청구 기각의 경향이 나타나는 이유는 다음과 같은 점에서 찾을 수 있다고 한다.

대부분의 어문저작물은 어느 정도 일반화된 통상적인 주제, 구성, 문학적 관행(convention) 등에 기초를 두고 있다. 특히 통속적이고 상업적인 희곡이나 영화, TV 연속극 등은, 장면 묘사라든가 세밀한 캐릭터의 독창적인 개발보다는 대중의 관심을 끌기에 적합한 통속적인 주제와 이야기 구성, 그리고 그에 따르는 기본적인 상황설정과 통상적인 캐릭터 등의 요소들에 중점을 두는 경우가 대부분이다. 이러한 일반적인 요소들을 바탕으로 작품을 창작한 작가들이 피고(대부분의 경우 영화사나 방송사들이다)의 영화나 TV 연속극을 보고는 그에 내재되어 있는 일반적인 요소들과 자신의 작품에 들어 있는 일반적인 요소들의 유사성으로 인하여 피고의 작품이 자신의 작품을 표절한 것이라고 느끼는 경우가 많이 있다. 특히 여러 방송사나 영화사에 작품의 초안이나 시놉시스(synopsis)를 제출한 적이 있었던 작가들의 경우에 그러한 경향이 강한 것을 볼 수 있다. 이러한 작가들 중 일부는 작가로서의 강한 자긍심과 표절에 대한 엄격성 때문에, 피고가 독자적으로 작품을 창작하였다는 사실을 도저히 받아들이지 못하는 경향도 있다.

이와 같은 종류의 저작권 침해사건을 오랫동안 다루어 온 미국의 법원은, 아무리 사려 깊은 배심원들이라 하더라도 보호받지 못하는 요소들의 유사성에 현혹되어 만연히 저작권 침해를 인정하는 잘못된 판단을 내릴 가능성이 농후하다는 점을 경험적으로 잘 인식하고 있다고 한다. 그래서 이러한 사건에서 미국의 법원이 원고의 청구를 기각하는 약식재판(summary judgment)[261]을 많이 내리는 것은, 배심원들이 저지르기 쉬운 그와 같은 잘못을 사전에 예방하는 것에도 그 목적이 있다는 것이다.[262] 그리하여 이러한 종류의 사건들에서

---

256) 하급심판결집 1990-3, 267면; 대한변리사회, 지적재산권판례집, 2434면.

257) 하급심판결집 1991-3, 262면; 대한변리사회, 지적재산권판례집, 2483면.

258) 대한변리사회, 지적재산권판례집, 2748면.

259) 판례공보 2000(하), 2381면.

260) 한편, 원고 청구가 인용된 사례로는 '하얀나라 까만나라' 사건(대법원 1996. 6. 11. 선고 95다49639 판결, 판례공보 1996(하), 2121면)을 들 수 있다.

261) 약식재판(summary judgment)이란, 주요 요건사실에 대하여 다툼이 없거나 명백한 입증이 있는 때, 또는 사실관계에 대하여는 다툼이 없고 법률적인 판단만이 문제로 되는 경우 등에 있어서 소송절차의 신속을 기하기 위하여 더 이상의 사실심리 없이 판결을 내리는 소송절차를 말한다(Black's Law Dictionary, 6th ed., West Publishing Co., p. 1435).

저작권침해를 판단하는 첫 번째 기준인 의거 요건, 즉 복제행위(copying)의 존재여부가 쟁점으로 된 사례는 상대적으로 그리 많지 않다고 한다. 그 이유는 이들 사건에 있어서 유독 복제행위의 존재가 쉽게 입증되기 때문이 아니라, 피고가 복제행위 또는 적어도 접근에 대하여는 이를 굳이 다투지 아니하거나 자백하여 버리고, 대신 곧바로 그 다음 절차인 부당이용 테스트, 그 중에서도 보호받는 표현 테스트에 대한 쟁점으로 나아가서, 이 부분에 대한 원고의 입증이 없다는 점을 이유로 원고 청구 기각의 약식재판을 얻어내는 전략을 사용하는 경우가 많기 때문이라고 한다. 그렇게 함으로써 피고의 입장에서는 전문화되지 못한 배심원들이 보호받지 못하는 부분의 유사성에 현혹되어 사려 깊지 못한 판단을 내리는 위험을 회피할 수 있게 되는 것이다. 이 경우 대부분의 사건에서 피고가 의도한 바대로 약식재판이 내려지는 것이 보통인데, 그렇게 되면 피고가 복제행위를 하였는지 여부는 결국 소송의 주된 쟁점으로 표면에 떠오르지 아니하여 판결의 결론에는 아무런 영향을 미치지 않게 된다. 마찬가지로 일단 보호받는 표현 테스트와 관련한 쟁점에 대하여 피고에게 유리한 결정이 내려지게 되면, 굳이 청중테스트에까지 나아갈 이유도 사라지게 된다.[263] 문예적·픽션 어문저작물에 대한 저작권 침해사건에서 보호받는 표현 테스트가 중심을 이루게 되는 경향은 이러한 소송 전략적인 면에서도 설명될 수 있다고 한다.

다. 미국 판례의 개관

픽션 저작물에 대하여 미국의 법원들은 기본적으로 Nichols 사건[264]에서 Hand 판사가 개발한 '추상화이론'을 적용하면서, '구성(plot)과 사건의 전개과정(sequence of events)' 등을 작품의 전체적인 컨셉과 느낌에 관련지어 비교하고 있다. 그리고 실질적 유사성(부당이용)을 판단함에 있어서는 '외관이론'을 굳이 배척하지는 않지만, 기본적으로 추상화이론을 바탕으로 한 분해식 접근방법을 적용하는 것이 일반적인 경향이다.

제9항소법원도 Olson v. National Broadcasting Co. 사건[265]에서 픽션 저작물에 대하여 분해식 접근방법을 취하여야 한다고 하였다. 이 사건에서 원고는 NBC TV의 시리즈물인 'The A-Team'이 자신의 시나리오에 대한 저작권을 침해하였다고 주장하였다. 법원은 외부적 테스트와 내부적 테스트를 적용하였는데, 우선 구성, 테마, 대화, 분위기, 세팅, 사건의 전개 속도, 사건의 연결 등을 외부적 테스트에 의하여 비교하고 나서, 두 작품 사이에는 실질적 유사성이 존재하지 않는다고 판결하였다. 또한 내부적 테스트에 의하더라도

262) Paul Goldstein, *op. cit.*, p. 8: 6.
263) *Ibid.*, p. 8: 6.
264) Nichols v. Universal Pictures Co., 45 F.2d 119, 121(2d Cir. 1930).
265) Olson v. National Broadcasting Co., 855 F.2d 1446(9th Cir. 1988).

두 작품 사이에는 실질적 유사성이 존재하지 않는다고 판단하였는데, 그 이유에 관하여 "평균적인 배심원들이라면 전체적인 컨셉과 느낌상 실질적 유사성이 있다고 볼 수도 있을 것이나, 분해식 접근방법에 비추어 보았을 때 두 저작물 중 서로 유사하다고 인정되는 부분은 모두 보편적인 아이디어(common idea)의 사용으로 인한 것임이 인정되므로 내부적 테스트에 의하더라도 유사성이 없다"고 하였다.[266)]

Trust Company Bank v. Putnam Publishing Group Inc. 판결[267)]도 유사한 판시를 하고 있다. 이 사건에서 원고는, 피고의 소설 'The Blue Bicycle'이 원고가 보유하고 있는 '바람과 함께 사라지다'의 저작권을 침해하였다고 주장하였다. 법원은 우선 주제와 구성(줄거리) 등을 외부적 테스트에 의하여 비교한 후, 내부적 테스트에 관하여서는 다음과 같이 판시하였다. 작품에 있어서 저작권의 보호를 받지 못하는 부분, 예를 들어 아이디어라든가 사실(facts), 필수장면 등과 같은 것은 외관이론에 따라 작품을 전체적으로 비교하기에 앞서서 미리 소거되어야 한다. 그리고 극적 저작물(dramatic works)에서와 마찬가지로, 외관이론에서 판단되어야 하는 전체적인 컨셉과 느낌은 보통의 평균적인 관찰자나 청중이 피고의 영화나 책을 보고 그 '즉시' 그것이 원고의 책을 영화화 또는 극화한 것이라고 인식할 수 있는지를 판단하는 것이라고 하였다.[268)]

라. 우리나라 판례의 개관

(1) 서울민사지방법원 1990. 9. 20. 선고 89가합62247 판결[269)]

흔히 '행복은 성적순이 아니잖아요' 사건이라고 불리우는 이 판결은, 문예적·픽션 어문저작물에 관한 저작권침해 요건으로서의 실질적 유사성의 개념을 명확히 하였다는 점에서 저작권법적으로 큰 의미를 가진다.[270)]

---

266) Sarah Brashears Macatee, *op. cit.*, p. 8.

267) Trust Company Bank v. Putnam Publishing Group Inc., 5 U.S.P.Q.2d(BNA) 1874(C.D. Cal. 1988).

268) Trust Co. 사건의 법원은 분해식 접근방법을 사용하기 위한 근거로서 Aliotti 사건을 인용하고 있다(Aliotti v. R. Dakin & Co., 831 F.2d 898, 901(9th Cir. 1987)). 그러나 이에 대하여는 Aliotti 사건을 잘못 이해한 것이라는 비판이 있다. Aliotti 사건의 법원은 배심원들에게 저작물로부터 저작권의 보호를 받는 부분을 분리해 내고 그 나머지 부분을 가지고 전체적인 컨셉과 느낌(total concept and feel)을 평가할 것을 지시한 바 없었다는 것이다. 다만 Aliotti 사건의 법원은, 두 저작물 사이의 유사성이 저작권의 보호를 받지 못하는 부분으로부터 비롯된 것이라면 실질적 유사성의 존재를 긍정할 수 없다는 점을 밝힌 것뿐이라고 한다. 다이노사우루스 봉제인형에 관한 Aliotti 사건은 오히려 극단적인 외관이론을 채택하고 있다(Sarah Brashears-Macatee, *op. cit.*, p .8).

269) 하급심판결집 1990-3, 267면; 대한변리사회, 지적재산권판례집, 2434면.

270) 이 사건은 원고의 '무용극'에 대한 저작권을 피고의 영화 및 소설이 침해하였는가 여부가 문제로 된 사건이다. 원래 '무용극' 자체는 이 사건 판결문에서 언급하고 있는 바와 같이 서술적 표현보다는 무용과 배경음악, 효과 등을 통한 상징적 표현을 위주로 하고 있어 본래적 의미에 있어서의 어문저작물(저작

이 사건은 2차적저작물작성권의 침해 여부가 주된 쟁점이었는데, "어떤 저작물이 원작에 대한 2차적저작물이 되기 위해서는 단순히 사상(idea), 주제(theme)나 소재가 같거나 비슷한 것만으로는 부족하고 두 저작물 간에 실질적 유사성(substantial similarity), 즉 사건의 구성(plot) 및 전개과정과 등장인물의 교차 등에 공통점이 있어야 한다"라고 전제하였다. 그리고 "원고의 무용극과 피고의 영화가 우리나라 청소년교육의 문제점과 경쟁위주의 사회현실을 고발하고 그 해결책을 모색한다는 내용의 주제에 있어 공통점이 있고, 소재에 있어서도 수업시간, 가정생활, 친구관계 등 유사한 점이 있다. 그러나 원고의 무용극은 제 1 장에서는 공부하다 벌서고 시험치기를 되풀이 하는 학생들의 일상생활을, 제 2 장에서는 서로 앞장서려고 치열히 싸우는 경쟁사회 속에서 시험공부에 시달려온 한 여학생이 '난 1등 같은 거 싫은데 … 난 남을 사랑하여 친구와 살고 싶은데 … 행복은 성적순이 아니잖아!'라는 독백 끝에 쓰러지는 모습을, 제 3 장에서는 브레이크댄스에 열중하다 기진맥진해서 쓰러졌던 청소년들이 '고향의 봄'을 부르며 소생하듯 일어나 예전의 한국 어린이들이 즐기던 놀이를 벌이는 모습 등이 비록 전통적인 무용과는 달리 연극성이 강하고 서술적 전개에 치중하였다고는 하나 역시 무용과 배경의 음악, 효과 등을 통해 상징적으로 표현하고 있다. 반면에 피고의 영화는 특정된 고교 2년생들의 삶이 갖가지 구체적인 스토리로 개별로 전개되어 나가면서 그들의 욕구, 갈등, 희열, 좌절 등이 학교성적과 맞물리며 투영되는 등, 등장인물이라든지 사건 전개 등 실질적 구성면에 있어서는 현저한 차이가 있어서, 원고가 주장하는 무용극과 영화 사이에 내재하는 예술의 존재양식 및 표현기법의 차이를 감안하더라도 양자 사이에 원작과 2차적저작물의 관계를 인정할 만한 실질적 유사성이 있다고 볼 수 없다. 따라서 이 사건 소설은 피고가 이 사건 영화의 시나리오를 기초로 재구성한 저작물로서 이것 역시 원고의 무용극과 실질적 유사성이 없는 저작물인 사실을 인정할 수 있으므로, 원고의 무용극과 피고의 영화 및 소설 사이에 원작과 2차적저작물의 관계가 있다는 점을 전제로 한 원고의 청구부분은 이유 없다"고 판결하였다.

이 판결의 이유 부분을 세부적으로 살펴보면, 우선 원고와 피고 저작물 사이에 주제에 있어서 공통점이 있고 소재에 있어서도 일부 유사한 점이 있으나, 이와 같은 유사성만으로는 저작권침해를 인정할 수 없다고 하고 있다. 즉, 주제 및 소재에 있어서의 공통점은 아

권법 제 4 조 제 1 항 제 1 호)이라고 하기는 어렵고 오히려 연극저작물(같은 항 제 3 호)에 해당한다고 보아야 할 것이다. 그러나 이 사건에서 원고는 다른 일반적인 무용극과 달리 자신의 무용극이 가지고 있는 연극성과 서술적 전개에 치중한 점 등을 가지고 저작권침해를 주장하였기 때문에, 판결 역시 주제나 소재, 사건의 구성(plot) 및 전개과정과 등장인물의 교차 등에 있어서의 유사성을 주된 판단의 대상으로 하고 있다. 이런 점에서 이 사건은 사실상 어문저작물에 대한 저작권 침해사례와 같이 볼 수 있다고 생각한다.

이디어 또는 사상에 있어서의 공통점에 해당하므로, 이 부분에 있어서의 공통점만으로는 저작권침해를 인정하기에 부족하다고 판단한 것이다. 이는 미국 판례에서 개발된 '보호받는 표현 테스트'를 적용한 것과 다르지 않으며, 두 저작물에 공통되고 있는 주제나 소재는 이른바 '보호받는 표현'에 해당하지 않는다는 점을 우선적으로 심리·판단한 것으로 보인다. 다만, 이 판결에서는 최종적으로 두 저작물 사이의 실질적 유사성을 판단함에 있어서 이들 보호받지 못하는 요소들, 즉 공통된 아이디어나 사상을 제외하고 판단을 하여야 할 것인지, 아니면 이들 요소를 포함한 전체로서의 저작물에 관하여 유사성여부 판단을 하여야 할 것인지에 대하여는 명확한 언급을 하고 있지 않다.

나아가 이 판결은 이유 부분에서 두 저작물 사이의 표현에 있어서의 차이점을 인정하면서, 원고의 무용극은 상징적 표현으로 되어 있는 반면에, 피고의 영화와 소설은 구체적인 스토리로 표현되어 있다는 점과 등장인물 및 사건전개 등 실질적인 구성면에서 현저한 차이가 있어 "예술의 양식의 차이 및 그에 따른 표현기법상의 차이를 감안하더라도" 실질적 유사성을 인정하기 어렵다고 판시하고 있는데, 이 부분도 상당한 의미가 있다고 생각된다. 이는 뒤집어 말하면, 서로 다른 양식(장르)에 속하는 저작물 사이의 저작권 침해여부를 판단함에 있어서는 그 양식의 다름에서 비롯되는 차이점을 고려할 필요가 있음을 의미한다고 하겠다. 뒤에서 검토하는 바와 같이 미국의 저작권 실무에서도 이와 같은 고려를 하고 있음을 볼 수 있다.

(2) 서울고등법원 1991. 9. 5.자 91라79 결정[271)]

흔히 '애마부인' 사건이라고 불리는 이 사건도 어문저작물의 저작권 침해판단과 관련하여 중요한 의미를 가진다.

이 판결 역시 2차적저작물작성권 침해가 문제로 된 사건으로서, 앞의 '행복은 성적순이 아니잖아요' 판결과 유사하게, "원저작물에 대한 2차적저작물이 되기 위하여는 원저작물을 토대로 작성된 저작물이 단순히 사상·주제·소재 등이 같거나 유사한 것만으로는 부족하고, 두 저작물 사이에 사건의 구성, 전개과정, 등장인물의 교차 등에 공통점이 있어서, 새로운 저작물로부터 원저작물의 본질적인 특징 자체를 감득할 수 있어야 할 것"이라고 전제하였다. 그리고 "영화 '애마부인 5'와 소설 '애마부인'은 그 줄거리도 차이가 있고 그에 따른 전개과정도 현저한 차이가 있어서, 양자 사이에 원저작물과 2차적저작물의 관계를 인정할 만한 본질적인 특징 자체를 함께 하고 있다고 볼 수 없으므로, 영화 '애마부인 5'는 소설 '애마부인'과는 실질적 유사성이 없는 별개의 저작물이라 할 것이고, 따라서 위 영화가 위 소

271) 하급심판결집 1991-3, 262면; 대한변리사회, 지적재산권판례집, 2483면.

설의 2차적저작물임을 전제로 한 신청인의 주장은 이유 없다"고 판시하고 있다.

이 판결은 앞부분에서 저작권침해가 되기 위해서는 '본질적 특징을 공통으로 할 것'을 요건으로 한다고 하여 일본 저작권판례에서 보이는 '본질적 특징'이라는 용어를 사용하고 있다. 그러나 뒷부분에 가서는 "본질적 특징 자체를 함께 하고 있다고 볼 수 없으므로 실질적 유사성이 없는 별개의 저작물이다"라고 판시함으로써 결국 '실질적 유사성'의 유무를 저작권 침해판단의 최종적 요건으로 삼고 있다. 따라서 본질적 특징을 공통으로 한다는 것과 실질적 유사성을 가진다는 것은 결국 같은 것이거나 아니면 전자가 후자의 전제가 된다는 인식을 바탕에 깔고 있는 판결로 보인다.

이 판결에서 특히 눈여겨 볼만한 부분은, "(두 저작물) 모두 중년에 이른 여인의 원만하지 못한 가정생활과 이로 인한 갈등과 방황 등을 소재로 하고 있고, 남편의 이름이 현우이며 동엽이라는 이름의 남자가 등장한다는 점과 남편의 모습에서 말을 연상해 본다든가 말을 타는 여자주인공의 모습을 등장시킨다는 점에 있어서 유사점이 있어도 보이나 그 정도의 유사점은 본질적인 것이라 할 수 없으며(중년여인을 소재로 한 이른바 성인용 소설 또는 성인용 영화가 원만하지 않은 가정생활 등을 갈등의 원인으로 제시하고 말을 상징으로 도입하는 등의 패턴을 취하고 있음은 흔히 볼 수 있다)"라고 한 부분이다. 여기서 원만하지 않은 가정생활과 이로 인한 갈등과 방황, 남편의 모습에서 말을 연상해 본다든가 말을 타는 여자 주인공의 모습을 등장시킨 부분 등을 보호받지 못하는 아이디어나 사상에 해당한다고 보기는 어렵다. 어찌되었거나 이 부분은 표현에 해당하는 부분이라고 보아야 할 것이다. 그럼에도 불구하고 이 판결에서는 이 부분에 있어서의 유사성을 저작권 침해인정의 근거로 채택하지 않으면서, 그러한 표현 부분은 중년여인을 소재로 한 이른바 성인용 소설 또는 성인용 영화에서 '흔히 취하고 있는 패턴'이라고 판시하고 있다. 이러한 판결 이유는 결국 '필수장면의 원칙'을 적용한 것이라고 볼 수 있다. 즉, 위와 같은 표현 부분은 중년여인의 원만하지 못한 가정생활을 소재로 할 때 그로부터 자연스럽게 도출되는 통상적인 표현에 해당하므로, 필수장면의 원칙이 적용되고 따라서 저작권침해의 근거로 삼을 수 없다는 취지로 보인다.

(3) 서울고등법원 1995. 6. 22. 선고 94나8954 판결[272)]

이 판결은 원고의 '야망의 도시'라는 제목의 시나리오와 '유산'이라는 제목으로 방영된 피고의 텔레비전 드라마 사이의 저작권 침해여부에 대한 것이다. 이 판결은 그 이유부분에서, "(저작권침해를) 인정하기 위하여서는, 첫째, 주관적으로 피고의 드라마가 기초로 하고 있는 극본이 원고의 저작물에 의거하여 그것을 이용하여 저작되었어야 하고, 둘째, 객관적

272) 대한변리사회, 지적재산권판례집, 2748면.

으로 두 저작물 사이에 동일성이 있거나 위 '유산'이 '야망의 도시'에 대하여 종속적인 관계에 있는 등 실질적 유사성이 있어야 한다"고 하였다. 그리고 "여기서 의거라 함은, 침해자가 기존의 저작물을 이용하였음을 의미하는 것이므로 유산이 야망의 도시와 거의 동일한 내용이라고 하더라도, 그것이 단순한 우연의 일치이거나 공통의 소재를 이용하는 데서 오는 자연적 귀결인 경우, 혹은 공유에 속하게 된 다른 저작물을 공히 이용한 데서 오는 결과인 경우에는 저작권의 침해가 된다고 볼 수 없다. 또한 실질적 유사성이라 함은 작품 속의 근본적인 본질 또는 구조를 복제함으로써 두 저작물 사이에 비록 문장 대 문장으로 대칭되는 유사성은 없다 하더라도 전체로서 포괄적인 유사성이 있는 경우(이른바 포괄적 비문자적 유사성)와 작품 속의 특정한 행이나 절 또는 기타 세부적인 부분이 복제된 경우(이른바 부분적 문자적 유사성)를 의미하고, 이때 아이디어, 즉 단순히 사상, 주제가 같다고 하여 실질적 유사성을 인정할 수 없을 뿐만 아니라, 피복제 저작물로 주장되는 저작물의 창작성의 정도가 현저히 낮은 경우에는 복제되었다고 주장하는 저작물이 그것과 아주 유사하더라도 저작권의 침해로 단정할 수 없다."고 판시하고 있다.

이 판결은 저작재산권 침해의 요건을 주관적 요건인 '의거'와 객관적 요건인 '동일성' 또는 '종속성'(실질적 유사성)으로 구분하였다는 점, 유사성을 두 가지 종류, 즉 '포괄적 비문자적 유사성'과 '부분적 문자적 유사성'으로 구분하고, 이들 중 어느 하나가 있을 때 저작권침해가 성립할 수 있다는 점을 분명히 하였다는 데 의미가 있다.

또한 이 판결에서 눈에 띄는 부분은 이른바 공통의 '미적 오류'(aesthetic miscues, 또는 미학적 일탈)를 어문저작물에 있어서의 저작권 침해판단의 근거로 삼고 있다는 점이다.[273] 즉, 이 판결에서는 "두 저작물 사이에는 사건의 기본 골격, 주제, 시대배경 및 주무대 등에 있어서 동일 또는 유사한 면이 있고, 두 저작물 모두에 다소 극의 전개와 어울리지 않거나 우리의 현실과 맞지 아니한 점이 없지 아니하나 … "라고 언급하고 있다.[274] 이러한 판시는 원고와 피고 두 저작물 사이에 공통으로 존재하는 미적 오류에 대하여 착안하고 있는 부

273) 이 판결에서는 '공통의 오류'(common errors)라는 용어를 사용하고 있으나, 아래 주에서 보는 바와 같이 다소 극의 전개와 어울리지 않거나 우리의 현실과 맞지 아니한 점들은 '공통의 오류'라고 하기보다는 '공통의 미적 오류'라고 하는 편이 더 정확할 것으로 생각한다.

274) 이 판결은 그 사실인정에서, 두 저작물 모두 시대배경과 주무대 및 주제에 있어서 민주화 및 반정부시위가 격심하고 기업이 정치권력에 유착하여 편법으로 치부함으로써 기업윤리가 타락하고 정치권력이 부패했을 당시의 서울을 극의 주무대로 삼고 있으며, 금권만능주의의 허상을 폭로하고, 정서의 파탄현상 및 젊은이들의 갈등과 파행욕을 고발함을 주제로 삼고 있다는 점에서 동일하다는 점, 그리고 두 저작물 모두 작품의 흐름과는 다소 무관하게 검도장면과 장검이 등장하고, 한국의 기업풍토와는 맞지 않게 주주총회를 기업탈취의 수단으로 묘사함으로써 다소 과장되고 얼마간 미흡한 전개를 하고 있으며, 주범이 총에 의하여 살해되는 비한국적이고 이국적인 처리수법을 쓰고 있다는 점을 일종의 '공통의 미적 오류'로 들고 있다.

분이라고 볼 수 있다. 그러면서도 이 판결은 이러한 미적 오류는 두 작가가 겪은 우리나라의 시대상황과 두 저작물의 시대배경의 동일성, 극적동기 구성의 일치, 한국적 기업풍토의 도식적 면면의 공통성, 추리기법 동원의 동일성, 젊은이들의 비슷한 언어행동과 세계관 등 동일 내지 유사한 작의로서 구상 전개되어진 두 저작물간의 공통점 등이 중첩됨으로써 빚어진 우연의 일치로 볼 여지가 있다고 하여 저작권침해를 부정하고 있다.

앞에서 '제 3 절 저작재산권 침해의 판단 방법론' 부분에서 살펴보았지만, 이른바 공통의 오류나 미적 오류는 저작권침해의 요건과 관련하여 볼 때 접근 또는 의거를 인정하는 근거로는 될 수 있으나, 실질적 유사성 또는 보호받는 표현의 부당이용여부와는 직접적인 상관관계가 거의 없다. 그런데 이 판결은 저작권침해의 요건을 주관적 요건으로서의 '의거'와 객관적 요건으로서의 '종속관계' 또는 '실질적 유사성'으로 명확히 구분하면서도, 그에 따르는 실제 판단에 있어서는 공통의 오류를 '의거' 요건이 아닌 '실질적 유사성' 요건에 대한 것으로 파악하고 있다.[275] 이 점은 논리적으로 세밀하지 못한 부분이라고 생각된다.

(4) 대법원 2000. 10. 24. 선고 99다10813 판결[276]

흔히 '까레이스키' 사건으로 불리는 사건이다. 이 판결에서도 먼저, "아이디어나 이론 등의 사상 및 감정 그 자체는 설사 그것이 독창성, 신규성이 있다 하더라도 원칙적으로 저작권의 보호 대상이 되지 않는 것이므로, 저작권의 침해여부를 가리기 위하여 두 저작물 사이에 실질적인 유사성이 있는가의 여부를 판단함에 있어서도 창작적인 표현형식에 해당하는 것만을 가지고 대비하여야 할 것이며, 소설 등에 있어서 추상적인 인물의 유형 혹은 어떤 주제를 다루는 데 있어 전형적으로 수반되는 사건이나 배경 등은 아이디어의 영역에 속하는 것들로서 저작권법에 의한 보호를 받을 수 없다"고 하여 아이디어·표현 이분법을 판단의 전제로 삼고 있다. 그리고 원심의 사실인정을 통하여 저작권침해의 첫 번째 요건인 '의거' 요건은 추정이 된다고 한 후, 두 번째 요건인 '실질적 유사성'에 관하여서는, "두 작품 모두 일제 치하에 연해주로 이주한 한인들의 삶이라는 공통된 배경과 사실을 소재로 주인공들의 일제 식민지로부터 탈출, 연해주 정착, 1937년 스탈린에 의한 한인들의 중앙아시아로의 강제이주라는 공통된 전개방식을 통해 제정 러시아의 붕괴, 볼셰비키 혁명(1917년), 적백내전, 소련공산정권의 수립, 스탈린의 공포정치 등 러시아의 변혁 과정에서 연해

275) 그렇게 보는 근거가 되는 판시부분은, "(피고가 원고의 저작물에) 접할 수 있는 상당한 기회를 가졌다 하더라도 위 유산의 극본 또는 그 영상제작물이 원고의 위 야망의 도시에 관한 저작권을 침해하였다고 인정할 만한 유사성을 지니고 있는지 또는 소위 공통의 오류가 있다고 볼 수 있는지에 관하여 본다"고 한 부분이다.

276) 판례공보 2000(하), 2381면.

주와 중앙아시아에 사는 한인들이 어떠한 대우를 받았고 어떻게 적응하며 살아왔는지 그 실상을 파헤치고 있다는 점에서 유사한 면은 있지만, 이는 공통의 역사적 사실을 소재로 하고 있는 데서 오는 결과일 뿐이고, 양자의 실질적 동일성 내지 종속성에 관하여 살펴볼 때 (원고의) 소설 '텐산산맥'은 이야기의 구성이 단조롭고 등장인물의 발굴과 성격도 비교적 단순한 데 반하여, (피고의) 드라마 '까레이스키'는 등장인물의 수나 성격이 훨씬 다양하고 사건의 전개방식도 더 복잡하며 이야기의 구성이나 인물의 심리묘사 등도 보다 치밀하고, 극 전체의 완성도, 분위기 및 기법 등에 상당한 차이가 있다"고 하여 실질적 유사성을 부정하였다.

(5) 서울고등법원 1995. 10. 19. 선고 95나18736 판결[277)]

이 판결은 현직 변호사가 쓴 법조소설에 대한 저작권 침해사건으로서 '하얀나라 까만나라' 사건이라고도 부르며, 보기 드물게 문예적·픽션 어문저작물에 있어서 저작권침해가 인정된 사례이다. 이 판결에서는, "어문저작물 중 소설, 극본, 시나리오 등과 같은 저작물은 등장인물과 작품의 전개과정(이른바 sequence)의 결합에 의하여 이루어지는 것이고 작품의 전개과정은 아이디어(idea), 주제(theme), 구성(plot), 사건(incident), 대화와 어투(dialogue and language) 등으로 이루어지는 것인데 이러한 각 구성요소 중 각 저작물에 특이한 사건이나 대화 또는 어투는 그 저작권 침해여부를 판단함에 있어서 중요한 요소가 된다"고 하였다. 그러면서 "저작권침해가 인정되기 위하여서는 침해자가 저작권이 있는 저작물에 의거하여 그것을 이용하였을 것과 저작권이 있는 저작물과 침해자의 저작물 사이에 실질적인 유사성이 있어야 할 것인데, 실질적 유사성에는 작품 속의 근본적인 본질 또는 구조를 복제함으로써 전체로서 포괄적인 유사성이 인정되는 경우(이른바 포괄적·비문자적 유사성comprehensive non-literal similarity)와 작품 속의 특정한 행이나 절 또는 기타 세부적인 부분이 복제됨으로써 양 저작물 사이에 문장 대 문장으로 대칭되는 유사성이 인정되는 경우(이른바 부분적·문자적 유사성fragmented literal similarity)가 있다"고 하였다. 그리고 원고와 피고의 저작물을 비교해 보면, 원고의 이 사건 소설과 피고의 대본 사이에는 소설과 대본이라는 표현형식, 그 주제 및 구성에 있어서는 전체적인 개념과 느낌에 있어서 상당한 차이가 있음이 인정되나, 그 구성요소 중 일부 사건 및 대화와 어투에 있어서 공정한 인용 내지 양적 소량의 범위를 넘어서서 원고의 이 사건 소설과 동일성이 인정되고 부분적·문자적 유사성이 인정되는 이상, 피고 연속극 대본의 일부는 원고의 이 사건 소설의 존재를 알고 이에 의거하여 이루어진 것으로서 비록 원고의 이 사건 소설의 일부라고 할지라도 그 본질적인 부분과 실질적 유사성이 있고 이른바 통상적인

277) 대한변리사회, 지적재산권판례집, 1997, 2847면.

아이디어(idea)의 영역을 넘어서 위 소설의 경험적·구체적 표현을 무단이용 하였다고 보이므로 원고의 이 사건 소설의 저작권을 침해한 것이다"라고 판단하였다.

위 판결은 원고의 소설과 피고의 연속극 대본 모두 검사 및 변호사로 나오는 등장인물들이 각자 수사하거나 수임하여 처리하는 사건에 관한 구체적, 사실적 표현 및 위 주인공들과 주변인물들이 주고받는 대화가 나오는데, 그 중에는 예컨대 원고의 소설에 나오는 변호사가 맡게 되는 첫 사건과 피고 대본의 주인공인 변호사가 맡게 되는 첫 사건, 원고의 소설에 나오는 검사와 피고 대본의 주인공인 검사가 기소유예처분을 하는 사건내용이 각 주거침입절도죄로 동일하고 그 처분을 하게 되는 경위도 동일하며, 원고의 소설에서 나오는 '77고합1024호 강도치사'의 사건번호를 피고의 대본에서 그대로 이용하고 있다는 부분 등을 저작권침해를 인정하는 근거로 삼고 있다.

그러나 이 판결에서는 구체적·사실적 표현이 동일하다고 하고 있을 뿐 어떠한 부분이 어떻게 동일한지에 대하여는 언급이 없다. 또한 기소유예 처분하는 사건이 주거침입절도죄로 동일하고, 사건번호가 동일하다는 것은 '의거' 요건을 추정케 하는 자료는 될지언정, '표현에 있어서의 실질적 유사성'이나 '보호받는 표현의 부당이용' 요건에 대한 입증자료로는 부족한 것이 아닌가 하는 의문이 있다. 왜냐하면 죄명이나 사건번호 자체만으로는 보호받는 표현에 해당한다고 보기 어렵기 때문이다.

4. 구체적 문제에 대한 약간의 고찰

가. 소설적 저작물과 극적 저작물의 차이

(1) 소설적 저작물

어문저작물에 대한 저작권침해 사건에서 소설적 저작물, 예컨대 동화나 이야기, 소설 등과 같이 특정한 스토리를 가진 저작물이 문제된 사례는 상대적으로 볼 때 그리 많은 편은 아니다. 이 점은 미국이나 우리나라나 마찬가지이다. 그리고 앞에서도 본 바와 같이 소설적 저작물의 저작권 침해여부가 문제로 된 판결을 살펴보면, 침해가 부정된 사례가 상대적으로 많음을 알 수 있다. 그 이유는 이러한 사례의 대부분이 원고가 자신의 저작물과 피고의 저작물 사이에 기본적인 구성이나 캐릭터 등에 있어서 다소간의 유사성이 있다는 것을 발견하고는 표절에 대한 섣부른 확신으로 소송을 제기하는 경우들인데, 그와 같은 기본적인 구성과 캐릭터는 보호받는 표현이 아니라 아이디어의 영역에 속하는 것이기 때문에, 이러한 요소들에 유사성이 있다는 것만으로는 저작권침해를 인정받기가 어렵기 때문이다.

한편, 보호받는 표현 부분과 관련하여 볼 때 같은 어문저작물이라 하더라도 소설적 저작물과 극적 또는 드라마적 저작물(예컨대 희곡이나 시나리오) 사이에는 저작권 침해여부를 판단함에 있어서 눈여겨 보아야할 매우 중요한 차이점이 존재한다. 소설적 저작물의 저자는 주제와 구성, 사건과 캐릭터를 원하는 만큼 충분한 분량으로 세부적이고 구체적인 묘사를 통하여 개발할 수 있다. 그렇기 때문에 미국과 우리나라의 여러 판례에서 보는 바와 같이 이러한 저작물이 관련된 사건에서는, 작가 나름대로의 스타일이 배어 있는 세부적인 묘사에서 보호받는 표현을 찾아낸다. 그리고 피고의 저작물이 기본구조나 주제에 있어서는 원고의 저작물과 유사하다고 하더라도 그러한 세부적이고 구체적으로 개발된 묘사 부분에 있어서 유사성을 찾기 어려우면 저작권침해를 부정하는 경향이 있음을 볼 수 있다. 그러나 이에 반하여 극적 저작물에 있어서는 구체적인 묘사는 그다지 중요하지 않고, 그보다는 세부적인 줄거리 구성과 사건의 내용에서 보호받는 표현이 많이 찾아지게 된다. 소설적 저작물과 극적 저작물 사이의 이와 같은 차이점으로 인하여, 미국 저작권 실무상 소설적 저작물에 대한 저작권침해 사건에서는 극적 저작물에 대한 사건의 경우와 비교하여 볼 때 '문자 그대로의 복제'(verbatim or literal copying)를 증명하지 못하면 원고 청구가 기각될 가능성이 높아진다고 한다.[278)]

우리나라와 미국의 판례는 원고 저작물이 소설인 경우에, 원고와 피고 두 저작물의 구성이나 주제, 사건들에 있어서의 유사성은 보호받지 못하는 아이디어 또는 공중의 영역에 있는 요소로 파악하고, 구체적인 표현 스타일이나 등장인물의 대화 등 표면적으로 나타난 차이점을 들어 실질적 유사성을 부정하는 경향이 강하다. 그러나 그렇다고 하여 희곡이나 시나리오의 저작자가 소설이나 이야기의 저작자보다 저작권침해 사건에서 원고로서 더 유리한 입장에 있다고 결론을 내리는 것은 성급하다고 한다. 즉, 소설적 저작물과 극적 저작물 사이에는 저작권침해를 인정받기 위한 입증방법 등 소송실무상의 차이만이 존재한다는 것이다. 소설의 저작자의 입장에서는 구체적인 표현 스타일과 문체, 뉘앙스 등에 있어서의 유사성을 입증하여야 하지만, 희곡의 저작자의 입장에서도 그와 동일한 정도로 구체적인 줄거리나 구성, 캐릭터 등에 있어서의 유사성을 입증하여야 한다. 따라서 입증의 필요성이나 요구되는 입증의 정도에 있어서는 두 종류의 저작물 사이에 큰 차이가 없다는 것이다.[279)]

Paul Goldstein 교수는 Warshawsky v. Carter 판결[280)]을 예로 들어 소설적 저작물과 극적 저작물이 저작권 실무상 어떻게 다르게 취급되고 있는지를 설명하고 있다. 이 사건은, 여성 대통령을 소재로 한 원고의 유명한 소설을 동일한 주제를 가진 피고의 소설이 침해

278) Paul Goldstein, *op. cit.*, p. 8: 8.

279) *Ibid.*, p. 8: 8.

280) 132 F. Supp.758, 107 U.S.P.Q. 80(D.D.C. 1955).

한 것인지 여부에 관한 것이다. 판결은 저작권침해를 부정하면서, 비록 두 소설이 구성이나 사건, 캐릭터에 있어서 실질적 유사성을 가지고 있다고 하더라도 그것만으로는 저작권침해를 인정할 수 없다고 하였다. 이 사건에서 두 소설의 공통점으로는 다음과 같은 것들이 있다. 여성이 당 대표의 반대를 무릅쓰고 부통령 후보로 지명된다. 한 소설에서는 그 여성이 대통령의 사망으로 대통령직을 승계하는 것으로 되어 있는데, 다른 한 소설에서는 대통령의 정신적 질병으로 대통령직을 승계하는 것으로 되어 있다. 두 소설 모두 처음에는 당 대표가 새로운 대통령에 대하여 반대를 하지만, 당 대표 자신의 과거 불미스러운 행적에 대한 증거가 드러나자 더 이상 반대를 하지 못하게 된다. 피고 소설에서는 새 대통령이 복지관련 입법을 실현시키는 반면에, 원고 소설에서는 새 대통령이 전쟁을 종식시킨다. 이에 대하여 Paul Goldstein 교수는, 만약 원고가 이와 동일한 사건과 캐릭터를 묘사한 희곡이나 영화에 대하여 저작권을 가지고 있었고, 동일한 요소를 가진 피고의 희곡이나 영화에 대하여 저작권침해를 주장하였다면 문체나 묘사에 있어서의 유사성 대신에 두 저작물 사이에 존재하는 극적인 요소, 즉 세부적인 줄거리 구성과 사건의 내용에 있어서의 유사성에 초점이 맞추어졌을 것이고, 그랬다면 저작권침해가 인정될 가능성이 더 높았을 것이라고 하였다.[281]

(2) 극적 저작물(dramatic works)

희곡이나 대본, 시나리오 등과 같이 배우의 실연을 전제로 하는 극적 저작물(dramatic works, 드라마적 저작물)의 저작권침해가 문제된 사례에서는 구체적인 문장표현보다는 개별 사건들의 극적인 전개, 등장인물들의 성격과 그들 사이의 갈등관계의 발생과 해소 과정 등에서 보호받는 표현이 찾아지는 경우가 많다. 따라서 원고의 입장에서는 피고가 그러한 부분을 복제하였고, 원고 저작물이 대상으로 하고 있는 청중들이 그 부분에 대한 유사성을 인식할 것이라는 점을 입증한 경우에 저작권침해가 인정될 가능성이 높아진다. 이와 같은 두 가지 사항에 대한 판단 역시 '보호받는 표현 테스트'와 '청중테스트'에 해당한다고 할 수 있다.[282] 즉, 극적 저작물에 있어서도 보호받는 표현 테스트와 청중테스트는 여전히 유

281) Paul Goldstein, *op. cit.*, p. 8: 9.

282) 그러나 미국의 경우에도 희곡이나 대본, 시나리오 등이 관련된 소송에서 이러한 입증에서 성공한다는 것은 현실적으로 볼 때 쉬운 일이 아니며, 원고가 그와 같은 입증에 성공한 사례도 흔치 않다고 한다. 이러한 사례에 대한 법원의 접근방법은 사안에 따라 차이가 있는바, 두 작품을 분해하는 경우가 있고, 반면에 전체적으로 비교하는 경우도 있다. 그러나 어느 방법을 취하든 판결의 결론은 대체적으로 동일하게 나타난다는 것이다. 즉, 피고는 원고의 저작물 중 보호받는 표현 부분은 이용하지 않았으며, 다만 구성이라든가 주제, 기본적인 캐릭터나 상황 등 보호받지 못하는 부분만을 차용하였을 뿐이라고 결론을 내리는 경우가 대부분이라고 한다(Paul Goldstein, *op. cit.*, p. 8: 9).

효하고 원칙적인 기준이 된다. 그러나 소설적 저작물과는 달리 극적 저작물에 있어서는 이러한 테스트의 주된 대상이 되는 것은 구체적이고 개별적인 사건과 그러한 사건들의 연속과정, 극적인 전개, 등장인물의 구체적인 성격, 그들의 구체적 행위 등 '극적인 요소'(dramatic factors)들이다. 그리고 이러한 극적인 요소들이야말로 극적 저작물에 있어서 보호받는 표현이 존재하는 부분이라고 할 수 있다.[283)]

한편 희곡이나 시나리오와 같은 극적 어문저작물에 대한 저작권침해여부를 심리할 때, 희곡이나 시나리오 그 자체에만 의존할 것이 아니라 법관이나 배심원들이 공연되고 있는 연극이나 영화를 실제로 관람해 보는 것이 필요한지 여부에 대하여도 논란이 있다. 미국 제 9 항소법원의 See v. Durang 사건[284)]에서는, 희곡과 같은 극적 어문저작물에 대한 저작권 침해사건을 다루는 법원은 단순히 대본에만 의지할 것이 아니라 반드시 실제로 연극을 관람할 것이 필요하다는 원고의 주장을 받아들이지 아니하였다. Paul Goldstein 교수는 이러한 판결이 타당하다고 주장한다. 피고의 희곡이 원고 희곡의 보호받는 표현 부분을 차용하였는지 여부를 판단할 때, 피고의 희곡이 실연되는 것을 관람하여 원고의 희곡 대본과 비교를 하는 것은 오히려 위험할 수도 있다고 하였다. 왜냐하면 피고 연극의 연출자나 배우, 무대 디자이너 등이 실제 연극에서 어떠한 기여를 하는가에 따라서 희곡이 강조하고자 하는 부분들이 달라질 수 있으며, 그 결과 대본상으로는 인식하기 어려웠던 유사성이 새로이 나타나거나 아니면 그와 반대로 원래는 인식할 수 있었던 유사성이 사후적으로 사라지는 결과를 초래할 수 있기 때문이다.[285)]

Paul Goldstein 교수는, 원고의 희곡을 실제 공연된 피고의 연극이 침해하였는지를 판단하는 사건에 있어서도 위와 같은 위험성의 존재에 유념하여야 한다고 주장한다. 그러면서 Daly v. Palmer 사건[286)]이 그러한 위험성의 존재를 확인해 주는 대표적인 사례라고 하였다. Daly 사건에서는 피고가 공연한 After Dark 이라는 연극이 원고의 Under the Gaslight 라

283) 극적 요소에 주안점을 둔 사례로서 Universal Pictures Co. v. Harold Lloyd Corp., 162 F.2d 354, 73 U.S.P.Q. 317(9th Cir. 1947)를 들 수 있다. 이 사건에서 미국 제 9 항소법원은, 피고의 극영화 'So's Your Uncle'이 원고의 'Movie Crazy'라는 극영화에 대한 저작권을 침해하였다는 1심 판결을 인용하였다. 특히 이 사건에서 법원이 주목한 부분은 피고 저작물의 20%에 해당하는 57개의 연속된 장면이었다. 'Movie Crazy' 영화에서는 호화스러운 댄스파티에 실수로 초대를 받은 주인공이 마술사와 코트를 바꾸어 입게 되는데, 주인공이 춤을 추고 있는 동안 마술 도구가 코트 밖으로 나오게 되고 주인공은 정체가 탄로나 쫓겨나게 된다. 'So's Your Uncle'에서는 주인공이 나이트클럽에서 변장이 필요하다고 판단하고 마술사의 코트로 갈아입고 있다가 원고 영화의 주인공과 같은 꼴을 당한다. 제 9 항소법원은 피고가 원고의 저작물 중 보호받는 부분에 해당하는 캐릭터, 동기, 행위, 사건의 경과 등을 복제하였다는 점을 인정할 수 있다고 하여 저작권침해를 인정하였다(Paul Goldstein, op. cit., p. 8: 10).

284) 711 F.2d 141, 219 U.S.P.Q. 771(9th Cir. 1983).

285) Paul Goldstein, *op. cit.*, p. 8: 1112.

286) 6 F. Cas. 1132(C.C.S.D.N.Y. 1868)(No. 3552).

는 희곡에 대한 저작권을 침해하였다는 판결이 내려졌다. 이 판결은 그 이유에서, 관객에게 전달되는 사건의 진행과 관련하여 볼 때 희곡에서 구체적인 대사가 미치는 영향은 미미하며, 두 저작물 사이의 결정적인 유사성은 오히려 두 장면에서 나타나는 배우의 연기, 해설, 지문, 드라마적인 효과와 인상, 사건의 전개 등에서 찾을 수 있다고 하여 저작권침해를 인정하였다. 그런데 두 작품은 어느 등장인물이 기찻길에 묶여 있다가 기차가 달려오는 순간에 다른 등장인물에 의하여 구조된다는 한 장면 외에는 공통되는 요소들이 거의 없었고, 구체적으로 들여다보면 그 기찻길 장면에서조차 상당한 차이점이 존재하고 있었다. 이에 대하여 Paul Goldstein 교수는 이와 같은 사건에서는 먼저 두 저작물의 대본을 비교하여 구성과 대사에 있어서의 유사성을 찾아내고, 그 이후에 그 대본이 실제로 공연될 경우에도 잔존하게 되는 유사성을 비교하는 것이 보다 합리적이라고 하였다.[287)]

나. 어문저작물과 영상저작물 사이의 저작권침해 판단

저작권법 제 5 조 제 1 항은, "원저작물을 번역·편곡·변형·각색·영상제작, 그 밖의 방법으로 작성한 창작물"을 2차적저작물이라고 하여 독자적인 저작물로 보호하고 있다. 한편, 원저작자는 저작재산권 중 하나로서 그 저작물을 원저작물로 하는 2차적저작물을 작성하여 이용할 권리를 가진다.[288)] 따라서 소설이나 희곡, 시나리오 등의 어문저작물을 원저작물로 하여 영상제작을 할 경우 원저작물에 대한 저작재산권자의 허락을 받아야 함은 당연하다. 그런데 문예적·픽션 어문저작물에 대한 저작권침해 사례로서 가장 빈번하게 나타나는 것이 영상저작물이라고 할 수 있다. 영화나 텔레비전 드라마 등 영상저작물이 소설이나 희곡 등 어문저작물 저작자의 허락 없이 작성된 2차적저작물에 해당하는지 여부가 문제로 되는 사례이다. 앞에서 본 어문저작물과 관련된 우리나라 판례들의 대부분도 영상저작물을 침해저작물로 하여 소송을 제기한 사례들이라고 할 수 있으며, 미국의 경우도 상황은 비슷하다. 영화나 텔레비전 드라마뿐만 아니라 영상을 주된 요소로 하는 게임저작물에 있어서도 그것이 누군가의 어문저작물을 표절한 것이라는 주장이 제기되는 경우가 있다. 실제로 게임저작물 중에는 어문저작물을 원작으로 한 것이 적지 않다. 삼국지나 그리스 로마 신화 등을 원작으로 한 게임이 그러한 예이다.

그런데 이와 같이 어문저작물을 피침해저작물로 하고 영상저작물을 침해저작물로 하는 사건을 심리판단함에 있어서는 한 가지 어려운 문제가 있다. 소설과 같은 문예적·픽션 어문저작물을 영화 또는 텔레비전 드라마와 같은 영상저작물로 변형할 경우, 원작에 있던

287) Paul Goldstein, *op. cit.*, p. 8: 12.

288) 저작권법 제22조.

구성이라든가 사건, 캐릭터 등(이른바 '극적인 요소'들)과 같은 기본적인 요소들은 강조되는 반면에, 대화라든가 배경묘사 등 서술적인 부분들로서 각 작품마다의 차별성과 저작자의 창작성이 존재하는 세부적인 부분들은 오히려 영상저작물의 배경 속에 숨어 들어가서 겉으로는 잘 드러나지 않게 되는 경우가 많다는 것이다. 다시 말하면, 소설이 영화나 애니메이션, 게임 등과 같은 영상저작물로 개작될 때 소설 속의 세부적인 인물묘사나 장면묘사 등 기술적(descriptive)인 요소들은 제거되고, 캐릭터의 시각적 요소나 동작 등이 이러한 기술적 요소들을 대신하게 되는데, 사실상 피침해저작물인 원작에 있어서 보호받는 표현은 오히려 그와 같이 제거되어 버린 기술적 요소들에 더 많이 존재한다는 것이다.[289)]

이와 같이 원저작물인 어문저작물의 표현적 요소는 그것이 영상저작물로 변형되면서 많이 소실되어 버리기 때문에 분해식 접근방법이나 보호받는 표현 테스트에 중점을 두고 저작권침해를 판단할 경우, 어문저작물의 저작자는 상대적으로 불리한 입장에 처하게 될 수 있다. 이런 문제점 때문에 미국의 저작권 실무에서는 원저작물이 어문저작물이고 침해저작물이 영상저작물인 경우에 보호받는 표현 테스트, 즉 피고가 원고 저작물의 보호받는 표현을 차용한 것인지 여부를 판단함에 있어서는 저작물의 형식과 장르상의 차이점을 고려해 주어야 한다고 보고 있다.[290)]

이와 같이 저작권 침해사건에서 원고와 피고 저작물 사이의 표현형식 또는 장르상의 차이를 고려하는 실무적 판단은 우리나라 판례에서도 찾아볼 수 있다. 앞에서 본 서울민사지방법원 1990. 9. 20. 선고 89가합62247 판결[291)]('행복은 성적순이 아니잖아요' 판결)의 판시내용을 살펴보면, "… 무용극과 영화 사이에 내재하는 예술의 존재양식 및 표현기법의 차이를 감안(한다) …"고 하는 부분이 있는데, 이러한 부분이 바로 미국 실무에서 두 저작물 사이의 표현형식 또는 장르상의 차이점을 고려하여 보호받는 표현의 차용여부를 판단하는 것과 사실상 같은 내용이라고 할 수 있을 것이다.

그렇다면 어문저작물과 영상저작물처럼 서로 다른 표현형식을 가진 저작물 사이의 저작권 침해여부를 판단함에 있어서는, 구체적으로 어떠한 점에 중점을 두어야 하는지가 문제로 된다. 앞에서 언급한 바와 같이 소설 속의 산문적 문체, 장면 묘사, 심리묘사 등과 같은 문언적·표현적 요소들 중 상당부분이 그 소설이 영화화되었을 때에 그대로 남아서 옮겨지지 못하고 소실되어 버리기 때문에, 피고의 영화나 희곡이 원고의 소설이나 이야기로부터 보호받는 표현을 차용하였는지 여부를 결정하는 작업은 더욱 어려워진다. 이와 관련

289) Paul Goldstein, *op. cit.*, p. 8: 13.

290) *Ibid.*, pp. 8: 13-14.

291) 하급심판결집 1990-3, 267면; 대한변리사회, 지적재산권판례집, 2434면.

하여 미국의 판례는 특정한 형태의 저작물에 나타나 있는 표현을 다른 형태로 바뀐 저작물에 나타나 있는 표현과 비교하기 위하여서는 그 표현에 대한 별도의 판단기준을 적용하여야 한다고 하였지만, 아직 그에 대한 명확한 기준을 세운 사례는 없다고 한다. 오히려 그동안 있었던 대부분의 판결에서는 비교작업을 보다 쉽게 하기 위하여, 단순히 두 저작물을 가장 기본적인 수준의 공통요소들, 예를 들어 사건의 전개, 캐릭터, 배경 등으로 축소시킨 후, 그 기본적인 형태에서 두 저작물을 비교하는 경향이 있다고 한다. 그리고 이와 같은 방식으로 비교작업을 진행하면, 비교의 대상이 되는 기본적인 요소들은 결국 공중의 영역(public domain)에 있을 가능성이 높기 때문에 저작권침해가 부정되는 확률이 높아지는 것 또한 당연하다고 한다.[292)]

이처럼 미국의 경우 원고의 어문저작물(극적 저작물이든 소설적 저작물이든)과 피고의 영상저작물 사이의 저작권침해가 문제로 된 사례에서는 침해가 부정되는 경우가 훨씬 많다. 그런데 같은 어문저작물과 영상저작물 사이의 사건들임에도 불구하고 특이하게 원고 청구를 받아들이는 확률이 상당히 높은 일단의 사례들이 존재한다. 피고 영화사나 텔레비전 방송국이 원고의 어문저작물에 대한 2차적저작물작성권 또는 이용허락(license)을 얻기 위하여 원고와 사전 접촉을 하였던 사례들이다. 이들 사례에서는 미국의 법원이 비교적 쉽게 저작권침해를 인정하는 경향이 있다. 이러한 경향이 나타나는 것은, 사전에 피고가 원고 저작물에 대한 이용허락을 얻기 위하여 접촉을 했던 것 자체가 바로 원고의 저작권침해 주장을 뒷받침하는 강력한 정황증거이며, 피고가 스스로 허락을 얻으려 했던 원고의 권리를 나중에 가서 그러한 권리가 존재하지 않는다고 주장하는 것은 옳지 않다는 일종의 '금반언의 원칙'이 판결에 내재되어 있기 때문이라고 추측한다. 물론 특별히 이와 같은 사례들에 대하여서만 '금반언의 원칙'을 적용한다는 것은 법률적으로 볼 때 타당성에 의문이 있고, 다분히 정서적인 판단일 수가 있다. 따라서 판결문에서도 피고가 스스로 허락을 구하고자 하였던 사실 자체를 저작권침해의 증거라고 판시하거나 '금반언의 원칙'을 명시적으로 언급하고 있지는 않다. 그러나 Paul Goldstein 교수는, 이러한 사례들에서 다른 일반적인 사건들과 반대되는 결론, 즉 원고청구를 인용하는 결론이 나오는 비율이 통계적으로 훨씬 높은 것은 법관들이 마음 속으로는 사실상 그러한 정서적인 판단을 하고 있는 것이라고 밖에는 달리 설명할 방법이 없다고 한다.[293)]

Paul Goldstein 교수는 일부 판례에서 보이는 이와 같은 정서적 판단경향에 대하여 강하게 반대하는 입장을 보이고 있다. 사전에 이용허락을 받기 위한 접촉이 있었다는 사실

---

292) Paul Goldstein, *op. cit.*, p. 8: 15.

293) *Ibid.*, p. 8: 16.

이 곧 보호받는 표현의 부당이용에 대한 증거로 대체될 수는 없는 것이며, 사전 접촉은 저작권 침해문제와는 완전히 무관한 동기에서 이루어질 수도 있다는 것이다. 즉, 영화사나 텔레비전 방송국의 입장에서는 원고의 저작권을 침해하지 않고서도 영상물을 제작할 수 있다 하더라도, 다른 경제적 동기에 의하여 기꺼이 대가를 지급하고 굳이 원고의 이용허락을 얻으려고 하는 경우가 있을 수 있다. 그러한 동기 중 하나로서, 원작에 대한 이용허락을 취득함으로써 그 원작을 기반으로 한 전체적인 사업화, 즉, 출판, 영화화, 텔레비전 드라마화, 캐릭터 상품화 등을 통하여 해당 저작물에 대한 가치를 극대화하는 전체적인 사업에 참여할 수 있는 기회를 얻을 수 있다는 점을 들 수 있다. 또 한 가지 동기로는, 제목이라든가 주인공의 이름과 같이 비록 저작권에 의한 보호는 주어지지 않지만 부정경쟁방지법이나 상표법에 의한 보호를 받을 수 있는 요소들을 사용하기 위한 목적이 있을 수 있다. 그리고 영화사나 텔레비전 방송국은 스스로의 자체판단에 비추어 볼 때 원고의 저작물과 실질적 유사성이 없어서 굳이 허락을 받지 않아도 저작권침해는 아니지만, 쓸데없는 분쟁을 사전에 예방하고 안정적으로 사업을 하기 위한 경영적 판단에 따라 이용허락을 받을 수도 있는 것이다. 따라서 사전에 이용허락을 얻기 위하여 접촉하였다는 사실은 저작권침해의 주관적 요건에 관련되는 '접근'(access)에 대한 증거로는 삼을 수 있어도 객관적 요건인 '보호받는 표현의 부당이용'의 증거로 삼아서는 안 된다는 것이 Paul Goldstein 교수의 주장이다.[294]

Ⅱ. 시각적 저작물

1. 서　　설

미국의 저작권 실무를 살펴보면, 시각적 저작물(visual works)의 경우에는 일반적으로 외관이론이 주된 역할을 하는 사례가 많은 것으로 보인다. 시각적 저작물이 관련된 저작권침해 사례에서는 두 저작물 사이의 유사성을 판단함에 있어서도, 전문가의 분석에 의존하기보다는 문제된 저작물의 주된 수요자라고 할 수 있는 통상의 감상자가 그 저작물로부터 받는 '전체적인 컨셉과 느낌'에 의하여 판단한다.

외관이론이 적용된 구체적 사례가 어떤 것들인지를 살펴보면, '축하카드'의 표지그림,[295]

---

294) *Ibid.*, p. 8: 17.

295) Roth Greeting Cards v. United Card Co., 429 F.2d 1106(9th Cir. 1970).

아동용 도서,[296] 인형,[297] 포스터,[298] TV 광고,[299] 가장무도회 복장,[300] 비디오게임의 스크린 디스플레이[301] 등을 들 수 있다. 이와 같이 시각적 저작물의 실질적 유사성을 판단함에 있어서는 외관이론을 적용하는 경우가 많다. 한 걸음 더 나아가 다이노사우루스 봉제인형의 저작권 침해사건인 제9항소법원의 Aliotti 사건[302]에서는, 실질적 유사성을 판단함에 있어서 분해식 접근방법은 적절치 아니하며, 비유사한 부분을 분석해 내는 것도 평균적 관찰자의 주의를 전체적인 컨셉과 느낌으로부터 벗어나게 할 우려가 있어 적절치 않다고 함으로써, 분해식 접근방법을 배척하고 철저한 외관이론을 채택하였다.

그러나 외관이론이 적용된 위의 사례들을 구체적으로 살펴보면, 이들은 주로 아동용의 단순한 저작물이거나 낮은 수준의 대중적 미감에 호소하는 시각적 저작물들에 관한 사례들이다. 이런 점에 비추어 보면 외관이론은 비교적 단순한 시각적 저작물 사이의 실질적 유사성 유무를 판단할 때 적용하기 적당한 이론이라고도 할 수 있다.[303] 이와 관련하여 시각적 저작물의 경우에도 그 저작물의 구성요소 중에는 보호되지 않는 아이디어가 포함되어 있을 수 있는데, 이러한 부분에 대한 객관적인 분석 없이 무조건 외관이론 또는 청중테스트에만 유사성의 판단을 의존하는 것은 타당하지 않다는 비판이 있다. 비판론에서는, 시각적 저작물의 경우에는, 예컨대 원고가 만든 인형과 피고가 만든 인형이 흡사하더라도 그 유사성이 특정한 종류의 인형이 보편적으로 가지는 특성이나 속성 또는 보편적 제작기법에 기한 것으로 인정되면, 이는 원고 저작물의 '표현'이 도용된 것이 아니므로 저작권침해를 구성하지 않는다고 주장한다.[304]

그리고 시각적 저작물이라고 하더라도 사물을 있는 그대로 표현하는 '사실적·시각적 저작물'(factual visual works)의 경우에는 외관이론이 아닌 분해식 접근방법을 적용하여야 한다고 본 사례가 있음도 유의할 필요가 있다. 앞의 제3절 중 '분해식 접근방법'에 관한 논의에서 살펴본 Concrete Machinery 사건이 그 좋은 예이다. 이 사례는 전체 저작물 중에서 저작권의 보호를 받지 못하는 부분을 제외한 나머지 부분을 가지고 실질적 유사성을 판단

296) Reyher v. Children's Television Workshop., 533 F.2d 87(2d Cir.). cert. denied, 429 U.S. 980(1976).
297) Recycled Paper Prods., Inc. v. Pat Fashions Indus., Inc., 731 F.Supp. 624, 626(S.D.N.Y. 1990); Little Souls, Inc. v. Les Petits. 789 F.Supp. 56, 59(D. Mass. 1992).
298) Mistretta v. Curole., 22 U.S.P.Q.2d 1707, 1708(E.D. La. 1992).
299) Soloflex Inc. v. Nordictrack Inc., 31 U.S.P.Q. 2d 1721, 1727(D. Or. 1994).
300) National Theme Prods., Inc. v. Jerry B. Beck, Inc., 696 F.Supp. 1348(S.D. Cal. 1988).
301) Atari, Inc. v. North Am. Phillips Consumer Elec. Corp., 672 F.2d 607(7th Cir. 1982); Broderbund Software v. Unison World, Inc., 648 F.Supp. 1127(N.D. Cal. 1986).
302) Aliotti v. R. Dakin & Co., 831 F.2d 898(9th Cir. 1987).
303) Nimmers on Copyright, *op. cit.*, § 13.39 참조.
304) Original Appalachian Artworks., Inc. v Blue Box Factort(USA) Ltd., 577 F.Supp. 625, 222 U.S.P.Q. 593(S.D.N.Y. 1983) 참조.

하여야 한다고 하였다.

2. 회화, 그래픽, 조각, 시청각 저작물

가. 아이디어와 표현의 구분

미국 저작권법 제102조 (a)의 (5)(6)은 회화, 그래픽, 조각 및 시청각 저작물을 저작물의 한 종류로서 예시하고 있다. 이들 저작물에 대한 저작권 침해사례는 그림, 라벨, 직물 디자인으로부터 조각, 보석장식, 인형, 캐릭터 등에 이르기까지 광범위하고 다양한 종류의 사례들을 포함하고 있다. 한편 어문저작물에 대한 저작권 침해사례에서 발달한 아이디어·표현 이분법은 회화, 그래픽, 조각, 시청각 저작물의 침해사례에 있어서도 중요한 역할을 한다.[305] 시각적 저작물과 관련하여 미국의 판례는 일반적으로 색깔이라든가 원근법, 기본적인 기하학적 구조, 미적인 관례(aesthetic convention)에 의하여 나타나는 형상의 표준적인 배열 등을 보호받지 못하는 아이디어로 구분하고 있다. 따라서 이들 시각적 저작물에서 보호를 받는 '표현'은 작가가 이와 같이 보호를 받지 못하는 아이디어에 해당하는 요소와 관례적이고 일반적인 요소들을 어떻게 창작적으로 조합하고 배열하였는가 하는 점에 있게 된다.[306]

나. 침해판단의 기준

시각적 저작물에 관한 저작권침해 사건에 있어서 상당수의 미국 판례는 부당이용(improper appropriation)을 판단하는 두 가지 테스트(기준), 즉 보호받는 표현 테스트와 청중 테스트를 명확히 구분하여 적용하고 있다. 그러나 또한 적지 않은 판례들이 이 두 가지 테스트를 합체시켜 적용하고 있는 것도 사실이다. 시간적·논리적 순서에 따르면, 피고가 원고의 저작물로부터 보호받는 표현 부분을 허락 없이 이용하였는가 하는 점을 판단하고 나서, 그 후에 원고와 피고의 저작물에 대한 청중테스트를 적용하여야 한다. 그런데 두 가지 테스트를 합체시켜 적용한 판례들은 그 대신에 실질적으로 청중테스트에 가깝다고 볼 수 있는 단일한 '인상주의적 기준'(impressionistic test)을 곧바로 적용하여 판단을 하고 있다.[307] 예를 들어, 직물 디자인의 저작권 침해사건과 관련된 Peter Pan Fabrics 사건에서 Learned

305) 그러나 이러한 시각적 저작물에 대한 저작권 침해사례를 다루는 미국의 법원은 판결이유에서 아이디어와 표현 이분법을 명시적·직접적으로 언급하기보다는 은유적·간접적으로 적용하는 경향이 있다고 한다.

306) Paul Goldstein, *op. cit.*, p. 8: 18.

307) *Ibid.*, pp. 8: 18-19.

Hand 판사는, 평균적인 관찰자로 하여금 주의 깊게 차이점을 관찰해 보라고 하지 말고 첫 인상 느낌 그대로 판단해 보라고 하였을 때, 그 평균적 관찰자가 양 저작물의 미적인 느낌이 동일하다고 느낀다면 저작권침해가 인정되어야 한다고 판시하였다.[308] 이러한 판례의 영향으로 인하여 앞서 언급한 바와 같이 미국에서는 시각적 저작물과 관련하여 전체적 접근방법인 외관이론이 주류를 이루어 왔다고도 볼 수 있다. 그리하여 최근까지도 시각적 저작물에 있어서 피고 저작물의 '전체적인 컨셉과 느낌'(total concept and feel)이 원고의 그것과 유사한지 여부에 초점을 맞추어 그러한 유사성이 있으면 저작권침해로, 그렇지 않으면 비침해로 인정하고 있는 판례들이 발견된다.[309]

이처럼 상당수의 미국 판례가 보호받는 표현으로부터 보호받지 못하는 아이디어를 분석적으로 제거해 나가는 논리적인 방법을 채택하는 대신, 단순한 인상주의적인 방법에 의존하는 경향을 보이고 있는 것은, 시각적 저작물에 있어서 분석적인 판단방법을 채용하게 되면 그것은 침해자에게 편파적으로 유리한 방향으로 작용할 것이라는 우려에서 비롯된 것이라고 한다.[310] 어문저작물이나 음악저작물과는 달리 시각적 저작물은 대부분의 경우 법관이나 배심원들이 양 저작물을 서로 옆에 나란히 놓아두고 동시에 비교관찰하는 것이 가능하다. 또한 시각적 저작물은 창작자의 의도를 시각적 이미지를 통하여 있는 그대로 객관적으로 반영하는 속성을 가지고 있으며, 복잡하고 다양한 창작자의 의도를 단 하나의 시각적인 이미지에 실어 보낼 수도 있다. 따라서 피고의 저작물이 원고의 저작물 중 보호받는 표현 부분을 부당하게 차용한 것이 있는지 여부를 가리기 위하여 원고의 저작물을 분해하고 분석할 경우, 두 저작물 사이의 실질적 유사성이 아니라 오히려 세부적인 차이점에 집착을 하게 되는 바람직스럽지 못한 결과를 초래할 수도 있다는 것이다.[311]

308) Peter Pan Fabrics, Inc. v. Martin Weiner Corp., 274 F.2d 487, 489, 124 U.S.P.Q. 154(2d Cir. 1960): 이 판결은 "원고와 피고의 디자인은 전체적인 색깔이 동일하고, 만곡 형태, 장식 글씨, 상징물의 배열 등에 있어서는 동일하지는 않다고 하더라도 상당히 유사하다. 뿐만 아니라 디자인을 꾸미기 위하여 이러한 형상들을 배열한 패턴에 있어서도 동일하다"고 하였다.

309) Cholakian v. MTV Network, Inc., 725 F.Supp. 754, 758(S.D.N.Y. 1989); Slifka v. Citation Fabrics Corp., 329 F.Supp. 1392, 1393, 169 U.S.P.Q. 545(S.D.N.Y. 1971) ("원고와 피고 저작물 사이에 존재하는 차이점은 불법복제의 책임을 회피하기 위하여 교묘하게 전략적으로 채용된 것이 아니라, 그러한 차이점으로 인하여 전체적인 느낌과 감각적인 인상에 있어서의 차이를 보이고 있다"고 하여 저작권침해를 부정하였다); Prestige Fabrics, Inc. v. Universal Mfg., 304 F.Supp. 903, 905, 163 U.S.P.Q. 669 (S.D.N.Y. 1969) ("양 디자인의 전체적인 미적 느낌은 본질적으로 다르다"고 하여 저작권침해를 부정하였다.)(Paul Goldstein, op. cit., p. 8: 19에서 재인용).

310) Paul Goldstein, *op. cit.*, p. 8: 19.

311) *Ibid.*, p. 8: 20.

다. 판단의 실제

미국의 판례를 살펴보면, 회화, 사진, 라벨, 직물 디자인과 같은 2차원적인 시각적 저작물에 관하여 피고가 원고 저작물의 보호받는 표현을 부당이용 하였는지 여부를 판단함에 있어서, 우선 두 저작물이 공통적으로 가지고 있는 요소들을 찾아내고, 그 다음에 피고의 저작물에 존재하는 그 공통적인 요소가 원고 저작물의 보호받는 표현에 해당하는지 여부를 결정하는 정형화된 판단순서를 따르는 판례를 상당수 찾아볼 수 있고, 점차 그러한 경향이 강해지고 있음을 엿볼 수 있다.[312] 인간을 모델로 한 사진저작물 사건에서도 동일한 접근방법을 취한 것들이 있다. 이들 사례에서는 모델 그 자체는 보호받지 못하는 부분이라고 보고, 피고의 저작물이 원고 저작물에 있어서의 포즈나 표정, 카메라 앵글, 조명 등을 그대로 차용한 경우에만 저작권침해를 인정하고 있다.[313]

한편 앞에서도 언급한 바와 같이, 인사용 카드(greeting card)와 같이 시각적 요소와 어문적 요소를 조합한 저작물에 대한 침해사건에서, 전통적인 보호받는 표현 테스트를 취하지 않고 인상주의적인 접근방법, 즉 청중 지향적인 테스트(audience oriented test)를 취한 사례도 있다. 제 9 항소법원의 Roth Greeting Cards 판결[314]이 그러하다. 이 사건에서는 원고

---

312) Franklin Mint Corp. v. National Wildlife Art Exchange, Inc., 575 F.2d 62, 197 U.S.P.Q. 721(3d Cir. 1978) 사건이 그 전형적인 예이다. 이 사건은, 어느 화가가 한 쌍의 홍관조 그림을 그린 후 그 그림에 대한 저작권을 피고에게 양도하였는데, 동일한 창작자가 홍관조 그림을 하나 더 그려 나중에 그린 그림의 저작권을 원고에게 양도한 사례이다. 피고는 자신이 양도받은 저작권을 침해당하였다고 주장하였으나, 법원은 피고의 주장을 받아들이지 아니하였다. 두 그림은 모두 암수 한 쌍의 홍관조가 꽃이 만발한 사과나무 가지에 아래 위로 앉아 있는 옆모습을 그린 것이었다. 일반적으로 어떤 대상을 마치 사진처럼 정확하게 있는 그대로 사실적인 기법으로 그린 경우, 다른 사람이 동일한 대상을 동일한 기법을 사용하여 그리더라도 이에 대하여 저작권침해를 주장할 수는 없다. 이러한 점에 근거하여 법원은, 이 사건에서 원고의 그림은 그와 같은 보호받지 못하는 요소들만을 차용한 것이며, 피고가 저작권을 가지고 있는 선행 작품과 비교하여 볼 때 '색깔, 홍관조가 취하고 있는 포즈, 두 홍관조의 배치 그리고 선의 효과' 등에 있어서 차이가 있다고 하였다(Paul Goldstein, op. cit., p. 8: 21에서 재인용).

313) Gross v. Seligman, 212 F. 930, 931(2d Cir. 1914) (이 판결은 '포즈, 조명, 음영' 등의 동일성을 언급하고 있다); Kisch v. Ammirati & Puris, Inc., 657 F.Supp. 380, 382, 4 U.S.P.Q.2d 1886(S.D.N.Y. 1987); Edwards v. Ruffner, 623 F.Supp. 511, 229 U.S.P.Q. 157(S.D.N.Y. 1985); Falk v. Donaldson, 57 F. 32, 36(C.C.S.D.N.Y. 1893) (이 판결은 "머리의 각도, 팔짱을 낀 것, 깍지를 낀 손, 전체적인 표정, 포즈 등"을 언급하고 있다); Gentieu v. John Muller & Co., 712 F.Supp. 740, 744, 12 U.S.P.Q.2d 1304 (W.D. Mo. 1989) (이 판결은 "원고는 단순히 벌거벗은 아이를 촬영하였다는 아이디어에 대하여 저작권의 보호를 주장할 수는 없는 것이며, 이는 마치 누드 조각이라는 아이디어에 대하여 저작권을 보호를 줄 수 없는 것과 마찬가지이다. 따라서 원고의 저작물에 대한 보호는 그 작품에 있어서 저작권의 보호를 받을 수 있는 부분을 실질적으로 동일하게 복제한 경우에만 주어지게 된다"고 하였다)(Paul Goldstein, op. cit., p. 8: 21에서 재인용).

314) Roth Greeting Cards v. United Card Co., 429 F.2d 1106, 166 U.S.P.Q. 291(9th Cir. 1970).

의 카드에 기재되어 있는 성경에 나오는 문구들은 독창적인 부분이 아니어서 보호를 받을 수 없고, 미술적인 부분들은 비록 보호를 받을 수 있는 부분이기는 하지만 피고가 이를 실질적으로 유사하게 차용하지는 않았다고 판단하였다. 그럼에도 불구하고 저작권침해, 즉 부당이용이 인정된다고 하였는데, 그 이유는 원고와 피고의 두 저작물(카드)이 그림 부분에 나타나 있는 캐릭터, 그 캐릭터가 묘사되고 있는 분위기, 특정한 메시지와 분위기를 전달하는 회화적인 요소들의 조합, 카드에 기재된 단어나 문장들의 배열 등에 의하여 나타나는 '전체적인 컨셉과 느낌'(total concept and feel)이 유사하다는 것이었다. 제 9 항소법원은 이와 같은 이유로 원고청구를 기각한 1심 판결을 파기하였는데, 이 판결은 당시에는 시각적 저작물의 보호수준을 한 단계 높인 판결로 평가를 받았다. 시각적 저작물의 저작권 침해판단에서 전체적 접근방법을 취할 경우 저작권자인 원고에게 유리해지는 것은 어느 정도 당연하다고 볼 수 있다.

그러나 그 이후 유사한 사건에서 다른 판례들은, 피고가 원고의 저작물로부터 흔히 있는 통상적인 설교문구나 통상적인 캐릭터와 같이 보호받지 못하는 요소들만을 차용한 경우에는 저작권침해를 부정하는 결론을 내린 경우가 보다 많다고 한다.[315] 그렇다면 위의 Roth Greeting Cards 사건을 시각적 저작물 등과 관련된 미국 판례의 일반적인 경향이라고는 말할 수 없을 것이다.

한편, 직물 디자인에 관한 저작권침해 사건을 다룬 판례들 중에는 보호받는 표현을 구분해 내는 전통적인 방법을 취하는 경우도 있었고, Roth Greeting Cards 사건에서와 같이 그러한 구분을 하지 않고 전체적이고 인상주의적 판단기준을 주로 또는 전적으로 채택하는 방법을 취한 경우도 있었다.[316]

Millworth Converting 사건[317]은 전통적인 방법을 취한 대표적인 사례이다. 이 사건에서 원고는 '공중의 영역'(public domain)에 있는 3차원적인 자수(刺繡) 디자인을 채용(copy)하

315) Paul Goldstein, *op. cit.*, p. 8: 22.

316) 전통적인 방법을 취하는 법원은, 일단 피고가 원고 저작물의 보호받는 표현 부분을 차용하였는지 여부를 결정한 다음, 실제 시장(market place)에서 거리를 두고 보았을 때 두 직물이 서로 동일한 것이라고 보여질 것인지 여부를 판단하는 청중테스트를 적용하고 있다. 예를 들어, Soptra Fabrics Corp. v. Stafford Knitting Mills, Inc., 490 F.2d 1092, 1094, 180 U.S.P.Q. 545(2d Cir. 1974)에서는, "면밀한 검토 결과 두 직물 디자인 사이에 약간의 차이점이 존재한다는 사실이 인정되지만, 그러한 차이점은 시장에서 몇 발자국만 떨어져서 보거나 주의깊게 보지 않으면 인식할 수 없는 것이므로, 그와 같은 차이점이 존재한다는 것만으로 저작권침해의 책임을 부정할 수는 없다"고 판결하였다. 또한 Peter Pan Fabrics, Inc. v. Martin Weiner Corp., 274 F.2d 487, 489, 124 U.S.P.Q. 154(2d Cir. 1960)에서는, "일반적인 관찰자(ordinary observer)라면 특별히 차이점을 발견해 보라고 요구받지 않는 이상, 원고와 피고 저작물 사이에 존재하는 차이점을 인식하지 못하고 두 저작물을 미적으로 동일한 것이라고 느낄 것이다"라고 판결하였다(Paul Golstein, op. cit., p. 8: 23에서 재인용).

317) Millworth Converting Corp. v. Slifka, 276 F.2d 443, 445, 125 U.S.P.Q. 506(2d Cir. 1960).

여 2차원적인 직물 디자인을 제작하였다. 그런데 원고가 자신의 직물 디자인을 제작함에 있어서 창작적으로 기여를 한 부분은 2차원적인 저작물을 3차원적으로 보이도록 효과를 준 부분에 지나지 않았다고 한다. 이 판결에서는 비록 피고의 제품이 원고의 것과 거의 동일할 정도로 유사한 점은 인정되지만, 원고 저작물 중 보호를 받는 표현 부분인 3차원적인 효과 부분에 대하여는 피고가 차용을 한 바가 없기 때문에 저작권침해가 성립하지 않는다고 하였다.

반면에 보호받는 부분을 세심하게 분석하는 단계를 생략하고, '전적으로는 아니라 하더라도 주로'(primarily not totally) '전체적인 컨셉과 느낌'에 있어서의 일반적인 인상에 따른 판단에 의존한 판례도 있다. Novelty Textile Mills, Inc. v. Joan Fabrics Corp.[318] 사건을 그러한 예로 들 수 있다. 이 사건은 서로 교차하는 다이아몬드 형태의 매듭 문양과 밝은 색 바탕에 갈색과 베이지색의 서로 다른 넓이의 줄무늬가 들어 있는 직물디자인에 관한 저작권 침해사건이다. 원고의 줄무늬와 피고의 줄무늬는 그 폭과 배합에 있어서 차이가 있지만, 사실 보통 사람의 시각에서 본다면 두 개의 저작물은 거의 동일하게 보인다는 점이 인정되었다. 제 1 심은 두 직물 디자인 사이의 차이점에 기초하여 원고의 가처분 신청을 기각하였으나, 항소심은 피고의 디자인이 전체적으로 볼 때 원고의 디자인과 실질적으로 유사하다고 하여 제 1 심 판결을 파기하였다. 나아가 원고의 디자인을 색깔만 달리하여 구현하고 있는 피고의 나머지 직물 디자인 역시 가처분에 의하여 제조 및 판매 중지가 되어야 하는지 여부를 심리하도록 사건을 1심 법원으로 환송하였다.

라. 소　결

미국에서도 Joan Fabrics 판결에 대하여는 강한 비판이 제기되고 있다. 이 판결의 약점은, 색깔에 있어서의 단순한 유사성으로 인하여 소비자들이 전체적으로 유사하다고 느낄 수 있는 디자인 저작물과 관련하여 저작권자를 과도하게 보호할 우려가 있다는 것이다. 전체적인 컨셉과 느낌을 판단기준으로 할 경우 소비자들이 느끼는 일반적인 인상이 저작권 침해여부를 판단함에 있어서 주된 역할을 하게 되고, 그렇게 되면 결국 판단기준을 청중테스트에 한정시킬 가능성이 높다. 이 판결을 비판하는 견해에서는, 먼저 원고와 피고의 저작물이 어떠한 점을 공통적으로 가지고 있는지를 판단하고, 그 다음에 원고 디자인의 요소들, 예컨대 색채와 줄무늬 안에 다이아몬드 모양으로 구성된 사선형태의 매듭과 같은 요소들이 공중의 영역에 존재하는 요소인지를 조사한 후, 최종적으로 두 저작물 사이에 공통적으로 존재하는 보호받는 요소들로 인하여 소비자들이 원고의 직물 대신 피고의 직물을 선

318) 558 F.2d 1090, 195 U.S.P.Q. 1(2d Cir. 1977).

택할 것인지 또는 두 직물디자인을 서로 유사한 것으로 느낄 것인지 여부를 검토하는 방법이 보다 논리적이고 바람직한 접근방법이라고 주장한다.[319)]

그럼에도 불구하고 회화, 사진, 라벨, 직물 디자인과 같은 시각적 저작물에 있어서 지금까지 나온 상당수의 판례가 '인상주의적인 방법'을 취하여야 한다고 강조하는 것은 나름대로 이유가 있다고 한다. 역사적으로 볼 때 미국의 법원이 저작권과 관련된 사건에서 어려움을 겪어 왔던 부분은 창작적인 표현의 범위가 어디까지인지를 결정하는 것이었다. 침해여부를 판단함에 있어서 분석적이고 체계적인 방법을 취하는 대신 인상주의적인 방법을 사용하는 것은, 인상주의적 방법이 이러한 어려운 판단을 함에 있어서 가장 단순한 방법이고, 가장 단순한 방법이야말로 최선의 방법이라는 시각이 깔려 있다고 한다. 그러나 시각적 저작물 관련 사건의 판단의 어려움을 고려하더라도, 인상주의적 접근방법을 주된 판단방법으로 사용하는 것은 저작권자를 지나치게 보호할 우려가 있어 바람직하지 못하다고 비판하는 견해가 훨씬 강한 것이 현재의 상황이다.[320)] 인상주의적인 접근방법을 취할 경우 디자인의 기본적인 요소들과 같이 창작적이지도 않고 표현에도 해당하지 않는 요소들에 대하여 보호가 주어지는 결과를 초래할 가능성이 높기 때문이다.

시각적 저작물이 관련된 저작권 침해사건에서 전체적 접근방법을 취하느냐 아니면 분해식 접근방법을 취하느냐에 따라서 결론은 크게 달라질 수 있다. 그래서 시각적 저작물에 대하여 저작권침해를 인정한 많은 사례에서, 만약 법원이 인상주의적인 방법을 취하는 대신에 보호받는 표현을 걸러내는 분해식 접근방법을 취하였더라면 결론은 반대로 났을 것이라는 추론이 가능하다고 한다.[321)]

3. 캐릭터, 비디오게임, 영화

가. 서　설

만화 캐릭터, 비디오게임, 영화 등과 같이 극적인 요소(dramatic element)와 기계적인 2차

319) Paul Goldstein, *op. cit.*, p. 8: 25.

320) *Ibid.*, pp. 8: 25-26.

321) 그러나 인상주의적인 접근방법을 취하는 것이 항상 원고에게 유리한 것만은 아니다. 미국의 판례들 중에는, 원고의 저작물은 신중하고 질서 정연한 느낌을 주는 데 반하여, 피고의 저작물은 경쾌한 움직임의 느낌을 주고 있다고 하는 등, 전체적인 느낌이 다르다고 하여 저작권침해를 부정한 사례들이 있다. 예를 들어, Slifka v. Citation Fabrics Corp., 329 F.Supp. 1392, 1393, 169 U.S.P.Q. 545(S.D.N.Y. 1971)은, "원고의 저작물은 부드럽고 조용한 이미지를 주는 반면에, 피고의 저작물은 도약하는 느낌을 준다"고 판결하고 있고, Prestige Fabrics, Inc. v. Universal Mfg., 304 F.Supp. 903, 905, 163 U.S.P.Q. 669(S.D.N. Y. 1969)은, "원고의 디자인은 조용하고 질서정연한 느낌을 주는 반면에, 피고의 디자인은 분주한 느낌을 준다"고 판결하고 있다(Paul Goldstein, op. cit., p. 8: 26).

원 애니메이션 요소를 포함하는 저작물의 침해사건에서 미국의 법원은, 다른 일반적인 시각적 저작물과는 상당히 구별되는 특징적인 판례를 만들어 왔음을 엿볼 수 있다. 이들 저작물은 기본적으로는 시각적 저작물이면서도 개개의 사건들(incidents), 캐릭터, 주제 등과 같은 극적이고 어문적인 요소들이 포함되어 있는 까닭에, 그에 관한 사례들을 다룸에 있어서는 어문저작물에 대한 저작권 침해사례에서 취한 접근방법을 그대로 택하는 경우가 상당수 있다. 한편, 이들 저작물에는 시각적 요소 또한 필수적으로 존재하기 때문에 직물디자인과 같은 시각적 저작물의 저작권침해 사건에서 취한 방법들도 일정한 역할을 하게 된다. 그 결과 이들 저작권침해 사례에서는 어문저작물에서의 판단방법과 시각적 저작물에서의 판단방법을 혼합적으로 취하는 특징적인 형태의 판례가 만들어지게 되었다.322)

전통적으로 미국의 법원은 시각적 캐릭터, 비디오게임, 영화 등이 관련된 사건에서 저작권침해의 요건인 부당이용 여부를 판단함에 있어서는, 두 가지 기준(테스트), 즉 보호받는 표현 테스트와 청중테스트를 각각 분리하여 적용하여 왔다. 예를 들어, 어느 영화가 다른 영화에 대한 저작권을 침해한 것인지 여부를 결정함에 있어서 우선 원고 저작물의 스토리 포인트(story point), 주요 캐릭터, 사건의 시퀀스, 시각적 효과 및 이러한 요소들의 상호 작용들을 분석하고 가려낸 후, 피고의 영화가 그 중 저작권의 보호를 받을 수 있는 요소들과 실질적으로 유사한 요소들을 포함하고 있는지 여부를 판단한다. 캐릭터의 취급에 있어서도 마찬가지이다. 많은 사람들에게 널리 알려져 있는 슈퍼맨 캐릭터는 여러 저작권침해 사건의 대상이 되었지만, 이들 사례에서 대부분의 미국 판례들은, 평범한 시민이 영웅으로서의 이중적인 삶을 살아가는 것, 막강한 힘, 하늘을 나는 능력, 사물을 꿰뚫어 보는 능력, 총알을 막아내는 방탄능력 등과 같은 요소들은 저작권의 보호를 받지 못하는 요소들이라고 판시하였다. 그리하여 이러한 요소들을 저작권의 보호를 받을 수 있는 캐릭터의 세부적인 회화적 묘사나 어문적 요소들로부터 세심하게 구분하고 있다.323)

영화와 어느 정도 유사성을 가지고 있는 비디오게임에 있어서도 두 가지 테스트를 모두 적용한 판례를 찾아볼 수 있다. 예를 들어, Atari, Inc. v. North Am. Phillips Consumer Elec. Corp. 사건에서 제 7 항소법원은, 피고의 K.C. Munchkin 비디오게임이 원고의 PAC-MAN 게임의 저작권을 침해한 것인지 여부를 판단함에 있어서, 무엇보다도 먼저 게임 그 자체로부터 PAC-MAN에 있어서 보호받을 수 있는 요소를 분류해 내는 작업이 필요하다

322) Paul Goldstein, *op. cit.*, p. 8: 27.

323) Warner Bros., Inc. v. American Broadcasting Co., 720 F.2d 231, 222 U.S.P.Q. 101(2d Cir. 1983); Warner Bros., Inc. v. American Broadcasting Co., 654 F.2d 204, 211 U.S.P.Q. 97(2d Cir. 1981); Ditective Comics, Inc. v. Bruns Publications, Inc., 111 F.2d 432, 45 U.S.P.Q. 291(2d Cir. 1940) (Paul Goldstein, op. cit., p. 8: 27에서 재인용).

고 하였다. 다시 말하면 원고의 게임 저작물에서 "형태, 크기, 색채, 시퀀스, 배열, 음향" 등의 조합에 내재하고 있는 보호받을 수 있는 표현을 분류해 내는 작업이 필요하다는 것이다. 그 후에 일반적인 청중테스트를 적용하여 피고의 캐릭터와 피고가 채용하고 있는 묘사가 저작권침해에 해당할 정도로 유사한지 여부를 판단하여야 한다고 하였다.[324)]

또 다른 사례인 Frybarger v. International Business Machines Corp. 사건에서 제 9 항소법원은, 원고의 저작물과 피고의 저작물 사이에 존재하는 공통점은 단지 보호를 받을 수 없는 아이디어에 불과하다는 점과, 그러한 아이디어를 표현하는 데 있어서 비디오게임이라는 매체의 특성상 필수불가결한 표현은 보호를 받을 수 없다는 원칙에 근거하여 원고의 청구를 기각하였다. 그러면서 이와 같은 유사한 아이디어에 대하여 필연적으로 수반되는 표현들이 두 저작물에 동일하게 존재한다고 하여 저작권침해를 인정하는 것은 부당하다고 하였다.[325)]

나. 유사성과 비유사성이 함께 존재하는 경우

시각적 저작물과 관련된 저작권 침해사건에서 일반적으로 나타나는 현상이기도 하지만, 2차원적인 애니메이션 저작물의 침해사건에서 가장 어려운 것은 원고 저작물과 피고 저작물 사이에 존재하는 유사점과 비유사점을 합리적으로 비교형량하는 것이다. 저작물은 다양한 보호받는 요소들로 구성되는데, 이른바 데드카피(dead copy)의 경우처럼 이러한 요소들을 피고가 모두 그대로 이용할 경우 저작권 침해판단은 비교적 손쉬울 것이다. 그러나 두 저작물 사이에 유사성이 존재하는 것은 분명한데, 그것과는 별개로 피고의 독자적인 기여가 함께 존재한다면, 그것이 눈길을 끄는 하나의 디자인 요소 또는 주된 색조에 있어서의 단순한 변화 등과 같이 사소한 작업에 기초한 것이라 하더라도, 그로 인하여 피고의 저작물을 원고의 저작물과 사뭇 다르게 보이게 할 수도 있다. 이러한 경우 피고는 저작권침

---

324) Atari, Inc. v. North Am. Phillips Consumer Elecs. Corp., 672 F.2d 607, 615, 617, 214 U.S.P.Q. 33 (7th Cir.), cert. denied, 459 U.S. 880(1982); 이 사건에서는, "피고는 원고의 기본적인 캐릭터를 차용하였을 뿐만 아니라, 그 캐릭터를 원고의 캐릭터와 실질적으로 유사하게 보이도록 묘사하였다. 즉, 피고의 고블러(gobbler)는 그 몸체의 상대적인 크기와 형태, V자 모양의 입, 게걸스럽게 잡아먹는 모양의 동작과 그에 수반하는 음향, 체포되었을 때 사라지는 모양 등에 있어서 원고의 저작물에 등장하는 캐릭터와 거의 동일하다. 피고의 저작물에 등장하는 유령 캐릭터는 원고의 저작물에 등장하는 같은 캐릭터와 비교하여 볼 때 그 유사성의 정도가 더 크다. 또한 피고 저작물에 등장하는 괴물을 예로 들어 보면, 독특하게 생긴 눈의 모양, 다리의 움직임 등이 거의 동일하다. 더구나 두 게임은 역할 바뀜과 재생과정에 있어서도 거의 동일하기 때문에 일반적인 관찰자라면 피고의 게임이 원고의 게임을 복제한 것이라는 결론을 내리지 않을 수 없다"고 판결하였다.

325) Frybarger v. International Business Machines Corp., 812 F.2d 525, 2 U.S.P.Q.2d 1135(9th Cir. 1987)(Paul Goldstein, op. cit., p. 8: 29에서 재인용).

해의 책임으로부터 면제되어야 하는 것인지, 아니면 저작권침해 책임을 인정함으로써 원고의 저작권이 피고에 의하여 부가된 독자적인 요소들에 대하여서까지 미치도록 하여야 하는지는 상당히 판단하기 어려운 문제이다.[326)]

Warner Brothers, Inc. v. American Broadcasting Companies, Inc.[327)] 판결은 이러한 어려움을 해결하는 데 있어서 하나의 가이드라인을 제공하는 판결로 평가를 받고 있다. 이 사건에서 제 2 항소법원은 피고의 TV 시리즈인 'The Greatest American Hero'의 남자 주인공이 원고가 만화책과 텔레비전 드라마, 영화 등을 통하여 개발시켜 온 슈퍼맨 캐릭터의 저작권을 침해하였다는 주장을 배척하였다. 제 2 항소법원은, 피고의 저작물 중에 원고의 저작물을 표절하지 않은 부분도 많다는 사실만으로 표절책임이 면제될 수는 없는 것이지만, 그러나 의도적으로 원고의 저작물에 대하여 충분한 변형을 부가시킴으로써 저작권침해의 책임으로부터 면제될 수 있다는 점을 강조하고 있다. 그러면서 "이와 같이 두 가지 서로 모순되는 것 같은 명제들이 공존하게 되는 현상은, 어문저작물에 묘사된 내용에 의하여 형성되고 개발되어 온 캐릭터를 2차원 또는 3차원적 그래픽 저작물로 제작하는 과정에서 나타나는 어쩔 수 없는 현상"이라고 덧붙였다. 일반적으로 스토리(story)는 '1차원'(linear dimension)적인 형태를 취한다. 스토리는 시작되어 계속되다가 끝나는 단선적(單線的)이고 시계열적(時系列的)인 과정을 거친다. 따라서 만약 피고가 원고가 표현하고 있는 사건들의 전개과정 중 사소하다고 볼 수 없는(즉, 실질적인) 부분을 복제하였다면, 피고가 그 전체 전개과정 중 일정한 부분에 자기만의 독창적인 에피소드를 부가하였다고 하더라도 독자들은 나머지 유사한 부분만 가지고도 부분적인 유사성을 느낄 수 있고, 따라서 피고는 저작권침해의 책임으로부터 면제될 수 없다. 그러나 그래픽 또는 3차원적 저작물은 저작물을 전체로서 인식할 수 있도록 만들어진다. 이때 피고가 원고의 표현을 상당한 정도로 차용하면서도 3차원 형상으로 제작하는 과정에서 자신만의 표현을 부가하면, 그 부가된 부분이 나머지 부분과 일체를 이루어 전체로서 인식이 되게 된다. 따라서 피고의 표현이 부가되지 아니한 나머지 부분에서 일반 감상자가 느낄 수 있었을 유사성이, 피고에 의하여 부가된 새로운 부분에 의하여 영향을 받게 될 소지가 있다. Warner Brothers 판결은 이러한 점을 지

326) 이와 같은 쟁점들에 대하여 해답을 얻기 어려운 이유는, 이들 사건에 있어서의 관련 청중은 대부분 어린이들인 경우가 많기 때문에 판사나 배심원이 두 저작물에 대하여 가지는 느낌을 관련 청중들의 느낌이라고 대체하는 것이 용이하지 않은 까닭이라고 한다. 예를 들어, Sid & Marty Kroffy Television Prods., Inc. v. McDonald's Corp., 562 F.2d 1157, 1166, 196 U.S.P.Q. 97(9th Cir. 1977)에서는, "이 케이스는 원고와 피고의 저작물이 모두 어린이들을 대상으로 한 것이기 때문에 본질적 테스트(내부적 테스트)를 적용하여야 할 필요성이 더 크다. 따라서 어린이들의 마음과 상상력에 두 저작물이 각각 어떠한 영향을 미치는가 하는 점을 판단하는 것이 중요하다"고 판시하고 있다.

327) 720 F.2d 231, 222 U.S.P.Q. 101(2d Cir. 1983).

적하면서, 1차원적인 어문저작물과 3차원적인 시각적 저작물 사이에 존재하는 차이점으로 말미암아, 같은 어문저작물에서였다면 느낄 수 있었을 부분적인 유사성은 3차원 저작물로 변형되면서 필연적으로 감소한다고 하였다.

나아가 Warner Brothers 판결은 시각적 캐릭터에 대한 저작권침해여부를 판단함에 있어서는, "(1) 외모, 행동 또는 성격 등에 있어서의 사소한 차이점에도 불구하고 기존 캐릭터와 실질적으로 유사하여 그에 대한 저작권을 침해하는 캐릭터와, (2) 기존 캐릭터와 다소 유사하기는 하지만 그 외모나 행동, 성격 또는 그러한 것들의 결합에 있어서 실질적으로 기존 캐릭터와 다르기 때문에, 설사 기존 캐릭터를 연상시킨다고 하더라도 저작권침해라고 볼 수 없는 캐릭터를 구분하고, 이들 사이의 경계선을 찾아내는 데 주의를 기울여야 한다."고 지적하고 있다. 이러한 판결의 취지는 시각적 캐릭터의 저작권침해여부를 판단할 경우에는, 그 캐릭터를 이루는 개개의 부분적 요소에 집착하지 말고 전체적으로 파악하여야 한다는 점을 시사하고 있다. 이 사건에서 제 2 항소법원은 "피고의 남자 주인공이 보여주는 전체적인 인상과 행동거지 등에 비추어 볼 때 그 캐릭터는 오늘날 '초인영웅 장르' 의 저작물에 널리 나타나고 있는 초인적인 특성을 가지고 있을 뿐 저작권을 침해하는 캐릭터는 아니다"라고 결론을 내렸다.

다. '건바운드' 사건

이 사건은, '포트리스2 블루' 게임의 개발회사인 신청인이 피신청인들의 게임 '건바운드'가 자신의 '포트리스2 블루'를 표절하였다고 하여 저작권침해를 주장하며, 온라인게임 서비스 중지 등 가처분을 신청한 사건이다. 신청인은 피신청인들이 개발하고 서비스하고 있는 온라인게임 '건바운드'가 캐릭터, 포탄, 게임화면, 계기판, 맵(바탕화면), 게임방식 등에 있어서 '포트리스2 블루'를 표절하였다고 주장하였다. 이에 대하여 피신청인들은 '건바운드'와 '포트리스2 블루'는 전혀 다른 게임이며 개발소스나 캐릭터, 게임화면 구성 등이 모두 독창적이라고 반박하였다. 또한 '건바운드'의 캐릭터는 '포트리스2 블루'의 캐릭터와 달리 아바타와 모빌로 구성되어 있고, 인터페이스도 다르며, 턴 방식 슈팅게임이라는 게임방식은 같지만, 이는 '포트리스2 블루'만의 독창적인 것이 아니라고 주장하였다.[328]

이 사건에서 서울지방법원은 다음과 같이 판결하였다.[329] "이 사건 게임이 저작권법상의 보호를 받는다고 하더라도 그 내용이 게임의 규칙, 진행방식 등 게임에 관한 아이디어까지 저작권으로서 보호되는 것은 아니고, 저작물에 나타난 구체적인 표현을 도용한 경우

328) 디지털타임즈 2002. 7. 4; 재단법인 한국게임산업개발원, 게임분쟁사례집, 2005, 124-125면.
329) 서울지방법원 2002. 9. 19.자 2002카합1989 결정.

에 한하여 저작권침해에 대한 구제가 인정된다. 기록상 이 사건 게임과 피신청인들의 건바운드 게임은 포탄 폭발의 모양, 폭발에 의하여 지형이 파괴되는 모양, 캐릭터 손상시 모양, 채팅창·시간제한·파워게이지·랜덤·캐릭터 능력치에 관한 표현 등 상당부분에 있어 동일하거나 유사하다고 보기 어렵고, 한편 이 사건 게임에 사용된 '턴제 슈팅방식'은 이 사건 게임이 최초로 제작된 1997년 이전에 이미 스코치, 웜즈, 웜즈Ⅱ 등의 게임에 도입된 방식으로서, 이 사건 게임의 목적, 게임 조작방법, 진행방식, 승리조건 등이 위 스코치나 웜즈 게임과 동일하거나 유사할 뿐만 아니라, 이 사건 게임에 나타난 바람 게이지·지형·시간제한·포탄·캐릭터·아이템 생성·무기·캐릭터의 턴 애니메이션·턴 넘김 버튼 등 게임의 중요 요소들도 이전 게임에서 동일하거나 유사하게 표현되었던 점 등 기록상의 제반사정에 비추어 보면, 이 사건 게임의 상당부분은 그 이전에 제작된 게임에 사용된 요소들을 반영하여 제작되었다고 볼 여지가 충분하다 할 것이어서 선뜻 그 독창성을 인정하기 곤란하며, 이 사건 게임에 사용된 일부 아이디어는 컴퓨터라는 표현 매체의 한계성 때문에 특정 형태로 표현되는 것이 불가피하다고 보이는바, 이러한 경우에 있어서까지 저작권법에 의하여 보호해야 할 가치가 있는 것인지는 의문이다."

이 사건 판결 역시 저작물의 보호범위와 관련하여 아이디어·표현 이분법을 기본적인 원칙으로 적용하고 있다. 그리하여 게임저작물의 구성요소 중 게임의 규칙과 진행방식과 같은 부분은 아이디어에 해당하여 저작권의 보호범위 밖에 있음을 밝히고 있다.

또한 이 판결은 공중의 영역(public domain)에 있는 요소 또는 이미 다른 게임에 존재하고 있어 신청인의 '포트리스2 블루'의 창작적인 표현이라고 보기 어려운 요소들도 보호대상에서 제외하고 있다. 나아가 아이디어·표현 이분법과 밀접한 관련을 가지고 있는 이른바 '합체의 원칙'을 적용하고 있는 판시도 엿볼 수 있다. 즉, 신청인의 '포트리스2 블루'에 사용된 일부 아이디어는 컴퓨터라는 표현 매체의 한계성 때문에 특정 형태로 표현되는 것이 불가피하다고 하여, 그러한 경우에는 저작권의 보호를 줄 수 없다는 취지의 판시를 하고 있는데, 이는 특정 아이디어를 표현하는 방법이 한 가지 뿐이거나 극히 제한되어 있는 경우에는 설사 그것이 표현이라 하더라도 저작권의 보호가 주어져서는 안 된다는 '합체의 원칙'을 적용한 것이라고 볼 수 있다. 이러한 점에 비추어 본다면 위 판결은 게임저작물의 저작권침해 판단에 있어서 기본적으로 분해식 접근방법을 따른 사례라고 할 수 있을 것이다.

라. '봄버맨' 사건

서울중앙지방법원 2007. 1. 17. 선고 2005가합65093 판결(일명, -'봄버맨 사건')로서, 일본회사가 저작권을 가지고 있는 '봄버맨'이라는 게임에 대한 저작권을 우리나라 게임회사가 개발한 'BnB' 게임이 침해하였는지 여부가 다투어진 사건이다. 이 판결에서도, "게임의 전개방식, 규칙 등이 게임저작물의 내재적 표현으로 인정되어 저작권의 보호대상이 되기 위해서는, 그러한 게임의 전개방식, 규칙 그 자체 또는 그러한 것들의 선택과 배열 그 자체가 무한히 많은 표현형태 중에서 저작자의 개성을 드러내는 것이어서 표현으로 볼 수 있는 경우여야 하고, 컴퓨터를 통해 조작하고 컴퓨터 모니터에 표현되어야 하는 한계, 승패를 가려야 하고 사용자의 흥미와 몰입도, 게임용량, 호환성 등을 고려하여야 한다는 점과 같이 컴퓨터 게임이 갖는 제약에 의해 표현이 제한되는 경우에는, 특정한 게임방식이나 규칙이 게임에 내재되어 있다고 하여 아이디어의 차원을 넘어 작성자의 개성 있는 표현에 이르렀다고 볼 수 없고, 오히려 그러한 게임방식이나 규칙은 특정인에게 독점권이 있는 것이 아니라 누구나 자유롭게 사용하여 다양한 표현으로 다양한 게임을 만들 수 있도록 하여야 한다."고 하였다. 그리고 이러한 전제 아래에서, "봄버맨 게임은 직사각형 플레이필드 안에서 폭탄을 이용하여 상대방 캐릭터를 죽이는 것을 기본원리로 하는 게임인바, 이러한 기본 설정 하에서 게임의 전개방식과 규칙을 매우 다양하게 표현할 수 있다고 보기 어렵다."고 하였다.

이 판결은 구체적인 판단 부분에서, 두 게임 사이에 나타나는 여러 가지 유사점들에 관하여, "① 캐릭터가 상하좌우로 움직이도록 하는 것은 모니터 화면이 사각인 점, 키보드로 조작하는 경우 원칙적으로 상하좌우로 이동하게 되는 점에 비추어 현실적인 제약에 따른 불가피한 선택으로 보이고, ② 그와 같이 캐릭터가 상하좌우로 움직이고 장애물이 있는 게임에서는 캐릭터 이동 경로에 따라 통로가 형성되고 장애물이 배치되어야 하므로, 화면의 전체적인 모양이나 장애물의 배치는 바둑판 모양의 플레이필드를 기본으로 할 수밖에 없으며(실제로 바둑판 모양의 플레이필드는 봄버맨 게임 이전에 출시된 'Warp&Warp' 게임이나 'Pengo' 게임, 'Crazy Block' 게임에서 이미 사용되었음), ③ 캐릭터가 1매스 크기의 블록 사이를 이동해야 하므로 캐릭터의 크기도 1매스 크기로 통일함이 필수적이라고 할 것이고('Warp&Warp' 게임에서도 그렇고 'Pengo' 게임에서는 더욱 그러함), ④ 폭탄이 폭발하여 상대방 캐릭터를 죽이려면 그 화염이 폭탄이 설치된 인접 매스에도 미쳐야 할 것이고, 플레이필드가 바둑판 모양이라는 점을 감안하면 그 화염은 폭탄이 놓인 매스를 중심으로 하여 십자형태로 미치거나, 폭탄이 놓인 매스와 인접한 모든 매스(폭탄이 놓인 매스를 중심으로 3매스×3매스로 된 직사각형 형태의 9개의 매스)에 미치는 것 중에서 선택할 수밖에 없으며, ⑤ 이때 화염이 1매스의 길이를 그 폭으로 하며 1매스의 길이를 단위로 하여 미치는 것 역시 다른 선택의 여지가 크지 않은 표준적인 선택이라고 할 것이고, ⑥ 캐릭터가 화염에 맞지 않기 위하여 도망하거나 블록 뒤로 숨는다는 것은 그에 따른 필수적인 귀결이며, ⑦ 원고와 피고 게임에서 공통적으로 나타나는 아이스 맵의 경우, 얼음세계 또는 눈 덮인 세계를 배경 또는 소재로 삼는다는 선택은 아이디어에 불과하고, 이를 묘사하는 경우 눈사람 또는 이글루는 전형적으로 등장하는 소재라는 점, 눈사람 하면 누구나 나뭇가지를 꽂아 만든 팔, 모자 등을 연상하게 되므로 눈사람이 모자를 쓴 것은 통상 수반될 수 있는 장면이라는 점, 이글루를 묘사할 경우 캐릭터가 통과하기 위해 캐릭터의 상하좌우 움직임을 고려하면 상하좌우 출입문이 있어야 하고, 이를 위해 십자형태의 5칸이 필요하며, 직사각형 형태를 유지하기 위해 각 모서리마다 1칸씩 4칸을 더하면 9칸이 되므로 이러한 기능적인 고려에 따른 결과라고 할 것인 점에 비추어 이러한 것들은 저작권법의 보호대상이 될 수 없다."고 하여 저작권침해를 부정하였다.

마. 포레스트 매니아 사건

대법원 2019. 6. 27. 선고 2017다212095 판결은, 매치-3-게임(match-3-game) 형식의 모바일 게임을 개발하여 출시한 甲 외국회사가 乙 주식회사를 상대로, 乙 회사가 출시한 모바일 게임이 甲 회사의 저작권을 침해한다는 이유로 침해행위 금지 등을 구한 사안에서, 甲 회사의 게임물은 개발자가 축적된 게임 개발 경험과 지식을 바탕으로 게임물의 성격에 비추어 필요하다고 판단된 요소들을 선택하여 나름대로의 제작 의도에 따라 배열·조합함으로써, 개별 구성요소의 창작성 인정 여부와 별개로 특정한 제작 의도와 시나리오에 따라 기술적으로 구현된 주요한 구성요소들이 선택·배열되고 유기적인 조합을 이루어 선행 게임물과 확연히 구별되는 창작적 개성을 갖추고 있으므로 저작물로서 보호 대상이 될 수 있다고 하였다. 그리고 乙회사의 게임물은 甲 회사의 게임물 제작 의도와 시나리오가 기술적으로 구현된 주요한 구성요소들의 선택과 배열 및 유기적인 조합에 따른 창작적인 표현형식을 그대로 포함하고 있으므로, 양 게임물은 실질적으로 유사하다고 볼 수 있다고 하여 저작권 침해를 인정하였다.

이 판결의 자세한 내용과 의미에 대하여는 제2장에서 살펴본 바 있다.

4. 팬시 제품

가. 판례의 개관

그동안 미국에서 저작권침해의 대상이 되어 온 인형이나 장난감, 보석 장식, 도자기 또는 금속제의 작은 입상(立像) 등과 같은 팬시 제품(novelty items)들은 대부분 3차원적 작품이었다. 이러한 팬시 제품들은 보통 새라든가 짐승, 곤충, 비행기, 자동차, 갓난아기, Uncle

Sam 등과 같은 전통적이거나 공중의 영역에 있는 형상을 표현하고 있다. 어떤 대상을 3차원적으로 묘사하게 되면 그 모습이 더욱 사실적으로 되기 때문에, 이러한 작품이 문제로 된 사건의 판결을 검토해 보면, 원고 저작물에 있어서 보호받는 부분의 존재를 좀처럼 인정하지 않고 피고의 제품이 원고의 제품을 거의 완전히 복제한 경우에만 저작권침해를 인정하는 경향을 엿볼 수 있다.[330] Paul Goldstein 교수는 이러한 유형의 판례들을 스펙트럼으로 늘어놓아 보면 그 스펙트럼의 한쪽 끝에는, 특정한 대상 예컨대 보석으로 장식한 별 모양의 핀(pin)과 같이 대상을 표현할 수 있는 방법이 극히 제한되어 있는 경우가 있다고 하였다. 이 경우 원고는 자신이 제작한 별 모양의 핀과 거의 완전히 동일한 제품에 대하여만 저작권침해의 주장을 할 수 있거나, 아니면 그러한 제품에조차 저작권침해의 주장을 할 수 없는 경우도 있다.[331] 반면에 스펙트럼의 다른 한쪽 끝에는 원고의 작품이 자연에 존재하거나 공중의 영역에 존재하는 어떠한 형상도 전혀 복제하거나 차용하지 않은 완전히 공상적인 형태인 경우가 있다. 판례는 그러한 저작물에 대하여는 보다 넓은 범위의 보호를 해 주며, 동일한 복제품이 아니라 하더라도 어느 정도의 유사성만 있으면 저작권침해를 인정하고 있다.[332] 그리고 스펙트럼의 중간에서는, 자연에 존재하거나 공중의 영역에 존재하는 어떤 형상을 예술적 또는 기술적으로 변형시켜 묘사한 것, 예를 들어 조화(造花, artificial flower)라든가, 새 형상의 조각품, 사람 형상의 고무 인형 등에 대한 사례를 볼 수 있는데, 이들에 대하여는 상당한 유사성이 있으면 저작권침해를 인정한다.[333][334]

---

330) Paul Goldstein, *op. cit.*, p. 8: 31.

331) Herbert Rosenthal Jewelry Corp. v. Kalpakian, 446 F.2d 738, 170 U.S.P.Q. 557(9th Cir. 1971)의 판결이유에서는, "원고의 별 모양의 보석 핀 디자인은 아이디어와 지극히 밀접하게 연관되어 있어 저작권의 보호를 받을 수 없다"고 하면서, "아이디어와 표현이 서로 밀접하게 연관되어 분리될 수 없다면, 그러한 표현을 복제하는 것이 저작권에 의하여 금지되어서는 아니된다. 왜냐하면 이러한 상황에서 표현을 저작권으로 보호하게 되면, 저작권자로 하여금 특허법에서 정하고 있는 엄격한 요건과 심사절차를 거치지 아니한 채 그 아이디어에 대한 독점권을 누릴 수 있도록 해 주는 결과를 초래하기 때문이다"라고 하였다.

332) 예를 들어, Quaker Oats Co. v. Mel Appel Enters., 703 F.Supp. 1054, 1058, 9 U.S.P.Q.2d 2057 (S.D.N.Y. 1989)에서는, "원고가 창작한 Smooshees 인형은 기존에 있었던 인형과는 전혀 다른 독창적인 모양으로 창작되었으므로, Smooshees 인형은 가능한 한 최대의 보호를 받을 수 있다"고 판결하였다.

333) Custom Decor, Inc. v. Nautical Cratfs, Inc., 502 F.Supp. 154, 213 U.S.P.Q. 565(E.D. Pa. 1980); 한편, Streeter v. Rolfe, 491 F.Supp. 416, 420-421, 209 U.S.P.Q. 918(W.D. La. 1980)은 칠면조를 유인하기 위하여 제작된 칠면조 모양의 미끼에 관한 사례인데, "두 제품은 모두 칠면조의 형상을 하고 있을 수밖에 없고, 그렇지 않으면 아무런 소용이 없는 제품이 될 것이다. 두 제품 사이에 존재하는 차이점이 그리 크지 않다는 점은 인정된다. 그러나 목과 꼬리 및 몸통 크기에 있어서 나타나는 차이점으로 인하여 두 제품은 손쉽게 구별될 수 있다"고 하여 저작권침해를 부정하였다.

334) Paul Goldstein, *op. cit.*, pp. 8: 32-33.

나. 외관이론을 채택한 판결

팬시 제품과 관련하여 외관이론을 채택한 대표적 판결로는 Worlds of Wonder, Inc. v. Vector Intercontinental, Inc. 판결[335]을 들 수 있다. 이 판결은 외관이론을 적용하여 결과적으로 저작권의 보호를 받을 수 없는 3차원 형상의 장난감 팬시 제품에 대하여서까지 저작권의 보호를 특별히 확대하여 인정한 사례이고, 그 때문에 비판을 받고 있기도 하다. 이 사안에서 문제가 된 원고의 저작물은 양방향 카세트테이프를 장치한 장난감 곰으로서 그 테이프에 녹음된 이야기가 재생될 때 자동적으로 눈과 코, 입을 움직일 수 있도록 된 것이었다. 피고 역시 원고 저작물과 유사하게 장난감 곰을 작동시킬 수 있는 녹음테이프를 판매하였다. 그러나 피고의 녹음테이프는 공중의 영역에 있는 동화를 녹음하여 수록하고 있었기 때문에 원고의 테이프에 대한 저작권을 침해하는 것으로 볼 수는 없었다. 다만, 피고의 테이프에 녹음된 음성이 원고 테이프에 녹음된 음성과 거의 동일할 정도로 유사한 점은 인정되었다. 그러나 테이프는 이른바 '음반'에 해당하고 미국 저작권법상 음반의 경우는 그에 수록된 음원의 추출 및 복제행위에 대하여만 저작권침해가 인정되므로, 녹음된 음성이 유사하다는 사실만으로 저작권침해를 인정할 수 있는 것도 아니다. 그 밖의 유사점이라고는 녹음된 이야기가 재생될 때 장난감 곰의 눈, 코, 입의 움직임에 의하여 나타나는 시각적 인상뿐인데, 이러한 시각적인 인상은 저작권의 보호를 부여하기에는 너무나 기본적이고 단순한 것이었다. 그럼에도 불구하고 이 판결에서는 피고의 테이프가 원고의 저작권을 침해하였다고 판단하였다. 그 이유는 원고의 테이프가 내장되어 있는지 또는 피고의 테이프가 내장되어 있는지 여부에 관계없이 두 장난감 곰 전체의 '일반적인 느낌과 컨셉' (general feel and concept)이 유사하기 때문이라고 하였는데, 결론에 이르는 이유부분이 모호하다는 비판을 받고 있다.[336]

다. 분해식 접근방법을 채택한 판결

3차원 형상의 팬시 제품이 관련된 사례로서 분해식 접근방법을 채택한 판결로는 제 2 항소법원의 Eden Toys, Inc. v. Marshall Field & Co.[337] 판결을 들 수 있다. 이 사건에서 제 2 항소법원은 피고의 눈사람 봉제인형은 원고의 눈사람 봉제인형에 대한 저작권을 침

---

335) Worlds of Wonder, Inc. v. Vector Intercontinental, Inc., 653 F.Supp. 135, 1 U.S.P.Q.2d 1645(N.D. Ohio 1986); Worlds of Wonder, Inc. v. Veritel Learning Sys., Inc., 658 F. Supp.351, 1 U.S.P.Q.2d 1976(N.D. Tex. 1986).

336) Paul Goldstein, *op. cit.*, pp. 8: 34-35.

337) 675 F.2d 498, 216 U.S.P.Q. 560(2d Cir. 1982).

해하지 않았다는 1심 판결을 유지하면서 "일반적인 관찰자가 두 개의 눈사람 봉제인형 사이에 존재한다고 느끼는 유사성은 그 인형이 눈사람을 형상화한 것이라는 사실로부터 비롯된 것일 뿐"이라고 하였다. 그러면서 원고 저작물에 존재하는 보호받을 수 있는 요소들의 범위를 세밀하게 가려낸 후, 이러한 요소들을 피고 제품에 있는 유사한 요소들과 비교하였다. 이 판결은 작품이 가지고 있는 '전체적인 컨셉과 느낌'(overall concept and feel)을 비교형량하면서도, 원고 작품에 존재하는 요소들 중 신규성이 있는 요소들이라 하더라도 그것이 저작권의 보호를 받을 수 없는 부분이라면 보호의 대상에서는 제외되어야 한다고 하였다.[338]

한편, 이 판결에서 소수의견을 낸 Lumbard 판사는, 두 인형에서 나타나고 있는 일반적인 유사성과 원고의 눈사람 인형이 시장에서 큰 성공을 거둔 점을 저작권침해의 근거로 내세우고 있다. 그러나 이와 같은 소수의견에 대하여는, 시장에서 성공을 거둔 제품의 경우 그러한 성공이 저작권법에 의한 보호를 받을 수 없는 공중의 영역에 있는 요소들을 채용한 데 따른 것인 경우에도 저작권의 보호를 줄 가능성이 있는 잘못된 접근방법이라는 비판이 강하다.[339]

라. 시장성(市場性)의 참작

Eden Toys 판결의 소수의견에서 보는 바와 같이, 팬시 제품과 관련하여 미국의 저작권 판례에서 간혹 나타나는 특징 중 하나로서, 제품의 시장성 및 그러한 시장성에 영향을 미치는 요소에 가중치를 두어 참작하는 사례를 찾아볼 수 있다. 즉, 피고가 원고의 저작물로부터 일정한 요소들, 특히 저작권의 보호를 받을 수는 없는 부분이지만, 시장성이 크거나 소비자들의 구매에 결정적인 영향을 미치는 요소들을 차용하였을 때에는 저작권침해를 보다 쉽게 인정하는 판례들이 있다. 예를 들어 New York 남부지방법원의 PPS, Inc. v. Jewelry Sales Representative, Inc. 판결은, 의복에 부착하는 보석장식의 형상을 한 입 베어먹은 사과 모양으로 만들고, 그 베어먹은 부분에 "I Like You"라는 문구를 새긴 장신구에 대한 저작권침해 사례에서, 그와 유사한 문구를 새긴 사과, 체리, 딸기 등의 모양으로 된 피고의 보석 장신구에 대하여 저작권침해를 인정하였다.[340] 이 사건에서 문제가 된 사과

338) Eden 사건 판결에서는, 원고와 피고의 눈사람 제품의 각각의 컨셉과 느낌은 각 제품이 가지고 있는 요소들에 비추어 볼 때 다르다고 하였다. 예를 들어 원고 눈사람의 머리와 몸체는 직사각형의 벽돌 모양을 하고 있고 그 직사각형 네 면의 가장자리에 갈비뼈 모양이 자수로 놓여 있는데 반하여, 피고 눈사람의 머리와 몸체는 눈사람의 전통적인 모습인 원통형으로 되어 있고, 양 측면과 뒷면에 자수가 놓여 있으며, 두 제품은 직물의 종류나 색깔, 세부적인 구성요소들의 위치 등에 있어서 서로 다르다면서, 이러한 점을 저작권침해를 부정하는 근거로 삼고 있다.

339) 675 F.2d at 501-502; Paul Goldstein, *op. cit.*, p. 8: 36.

한쪽에 한 입 베어먹은 듯한 형상은 흔히 찾아볼 수 있는 이른바 '공중의 영역'에 있는 형상이고, "I Like You"라는 문구도 누구나 알고 있는 상투적인 문구로서, 그 자체로는 저작권의 보호를 받을 수 없는 부분들이다. 그렇지만 이러한 요소들이 없었더라면 원고의 제품은 시장에서 성공을 거두지 못하였을 것이다. New York 남부지방법원은 이러한 점을 적극적으로 참작하여, 이 요소들에 유사성이 있음을 근거로 저작권침해를 인정하였다.

그러나 이와 같이 시장성과 관련된 개념이나 요소를 참작하는 것은 저작권법의 원리와 합치되지 않는다는 비판이 있다. 비판론은 팬시 제품이 상업적인 목적을 가지는 것이고 또 그것이 아무리 시장에서 성공을 거둔 제품이라고 하더라도, 공중의 영역에 있는 요소들에 대하여 저작권의 보호를 주는 것은 부당하며, 이러한 경우에는 저작권법 대신 부정경쟁방지법이나 상표법 등의 법리에 의하여 보호하는 방안을 모색하는 것이 타당하다고 한다.[341)]

5. 대법원 2003. 10. 23. 선고 2002도446 판결(달마시안 캐릭터 사건)

가. 창작성에 대한 검토

이 사건은 미국 디즈니 엔터프라이즈사가 제작한 '101마리 달마시안'이라는 만화영화의 저작권침해에 관한 사건이다. 제 1 심인 광주지방법원 1999. 11. 25. 판결[342)]은 달마시안 캐릭터와 관련한 저작권법 위반 부분에 대하여 다음과 같은 이유로 무죄를 선고하였다. "미국 디즈니 엔터프라이즈사가 제작한 '101마리 달마시안'이라는 만화영화 자체는 사람의 정신적 노력에 의하여 얻어진 사상 또는 감정의 창작적 표현물인 영상저작물로서 저작재산권의 대상이 되지만, 그 만화영화에 나오는 달마시안 종(種) 개의 모습 그 자체는 비록 실제보다 더 단순화되어 표현되었거나 개의 몸에 있는 점의 수나 크기가 달리 표현되어 있는 점은 있으나, 이는 만화로서 표현되는 특성상의 차이점에 불과할 뿐 원래의 자연에 존재하는 달마시안 종 개의 모습과 본질적으로 차이를 보여서 사람의 사상이나 감정에 의하여 새로이 창작

---

340) PPS, Inc. v. Jewelry Sales Representatives, Inc., 392 F.Supp. 375, 383, 185 U.S.P.Q. 374(S.D.N.Y. 1975): 이 사건에서 법원은, "피고의 제품은 그 본질적인 특징, 즉 붉은 사과모양의 핀으로서 사과 윗부분의 한 입 베어 먹은 듯한 부분에 'I Like You'라는 문구가 새겨져 있고, 황금색으로 테두리를 하고 부드러운 에나멜 처리를 한 점 등에 있어서 원고의 제품과 극히 유사하다. 그밖에 체리나 딸기 모양의 제품에 있어서는 비록 과일의 종류는 원고의 것과 틀리지만 그 모양이나 색깔을 비롯한 다른 본질적인 특징들은 원고의 디자인과 극히 유사하여 전체적인 인상에 있어서 유사하다고 볼 수밖에 없다"고 하였다.

341) Paul Goldstein, *op. cit.*, p. 8: 34.

342) 99고단1707, 99고단1708(병합), 99고단1797(병합), 99고단1798(병합), 99고단3121(병합) 판결.

된 모습이라고 볼 수는 없고 자연에 존재하는 달마시안 종 개를 거의 그대로 묘사하였다고 할 것이므로, '101마리 달마시안'이라는 만화영화에 나오는 달마시안 종 개의 모습은 저작권의 대상이 되는 사람의 정신적 노력에 의하여 얻어진 사상 또는 감정의 창작적 표현물인 저작물이라고 할 수 없다"고 하였다. 이 판결은 문제가 된 그림이 창작성을 갖추지 못하고 있다고 판단하고 있으나, 그 그림에 저작권의 보호를 받을 수 있는 부분이 존재하지 않는다는 취지를 판시한 것으로도 볼 수 있다. 이처럼 저작물의 성립요건인 창작성 유무와 저작재산권 침해에서 판단되는 보호범위의 문제는 밀접하게 관련이 된다.

그러나 항소심인 광주지방법원 2002. 1. 10. 선고 99노2415 판결은, "달마시안 종의 개 101마리라는 설정과 이에 따른 101이라는 숫자 및 달마시안 무늬로 만든 디자인의 표현은, 자연계에 존재하는 달마시안 종 일반을 연상시키는 것이 아니라 오로지 만화영화 속 주인공인 101마리의 달마시안 종의 개만을 연상하게 하며, 달마시안 종의 개가 원래 자연계에 존재한다고는 하지만 디즈니 엔터프라이즈사는 달마시안 종의 개에게 만화주인공으로서만이 가질 수 있는 독특한 사랑스러움과 친숙함 등을 느낄 수 있도록 달마시안 캐릭터를 고안해 내었으므로, 이러한 디즈니 엔터프라이즈사의 정신적인 노력과 고심 끝에 만들어진 달마시안 캐릭터는 저작권법에서 요구하는 창작성의 요건을 갖추었다고 해석된다."라고 하여, 달마시안 캐릭터의 창작성을 부인한 원심을 파기하고 있다. 상고심인 대법원 판결도 이러한 항소심의 판단을 유지하였다.

우리 대법원은 창작성과 관련하여, "저작권법에 의하여 보호되는 저작물이기 위하여는 문학·학술 또는 예술의 범위에 속하는 창작물이어야 하므로 그 요건으로서 창작성이 요구되나, 여기서 말하는 창작성이란 완전한 의미의 독창성을 말하는 것은 아니며 단지 어떠한 작품이 남의 것을 단순히 모방한 것이 아니고 작자 자신의 독자적인 사상 또는 감정의 표현을 담고 있음을 의미할 뿐이어서 이러한 요건을 충족하기 위해서는 단지 저작물에 그 저작자 나름대로 정신적 노력의 소산으로서의 특성이 부여되어 있고 다른 저작자의 기존의 작품과 구별할 수 있을 정도이면 충분하다"는 점을 여러 차례에 걸쳐 밝힌 바 있다.[343] 이 사건 항소심이나 상고심 판결은 이와 같은 확립된 대법원의 판례에 따른 것으로 보인다. 반면 위 제 1 심 판결은 달마시안 캐릭터는 자연에 존재하는 달마시안 종 개의 모습을 그대로 재현한 것에 불과하므로 창작성이 없다는 취지에서 위 판결들과는 다른 판단을 하고 있다.

순수한 재현작품(再現作品)이 창작성을 가지는지 여부에 관하여는 논란의 여지가 있다. 미국의 Alfred Bell & Co. 사건 판결[344]에서는 저작권이 소멸하여 공중의 영역(public domain)

---

343) 대법원 1995. 11. 14. 선고 94도2238 판결 등.

에 있는 옛날 화가가 그린 유화를 동판인쇄(mezzotint) 기법으로 재현한 재현작품의 창작성이 문제로 되었는데, 제 2 항소법원은 재현작품이라도 저작자 자신의 것이라고 볼 만한 무엇인가 정신적 활동이 존재하면 창작성이 있다고 하였다. 이 사건 판결에서 문제가 된 달마시안 캐릭터는 비록 실제 달마시안 종 개의 모습과 대단히 흡사하기는 하나, 실제보다 훨씬 크게 그려진 눈, 점의 수와 크기, 갖가지 표정 등 자연에 존재하는 달마시안 종 개의 모습과는 다른 부분을 갖추고 있고, 그로 인하여 자연의 실물 모습에서 느낄 수 없는 사랑스러움과 친숙함을 느낄 수 있다. 이러한 점에서 창작성을 인정한 항소심과 대법원 판결의 결론은 타당하다고 볼 수 있다.

나. 실질적 유사성에 대한 검토

달마시안 캐릭터 사건의 제 1 심이나 항소심 판결, 그리고 대법원 판결은 달마시안 캐릭터의 창작성에 관하여는 비교적 상세한 이유설시를 하고 있다. 그러나 그에 비하여 두 저작물 사이에 실질적 유사성이 존재하는지 여부에 관하여는 특별한 언급을 하고 있지 않다. 다만, "피고인들이 만화영화 속의 달마시안과 실질적으로 유사한 개의 모양"을 원단에 복제하여 판매하였다고 간단하게만 판시하고 있을 뿐이다. 즉, 과정에 관한 명시적인 이유설시 없이 곧바로 실질적 유사성을 인정하고 있는데, 이 점은 다소 아쉬운 부분이다. 물론 대법원으로서는 사실심인 원심에서 그러한 이유설시를 하지 않았으므로, 법률심으로서 원심을 유지하는 마당에 원심인 항소심 판결을 인용하는 것 외에는 특별히 사실인정을 할 이유나 필요가 없었을 것이다. 또한 항소심에서는 피해자의 저작물인 달마시안 캐릭터와 피고인이 제작한 그림이 지극히 유사하여 굳이 유사한 부분과 비유사한 부분을 나누거나 판단에 이르게 된 과정을 서술할 필요도 없이 실질적 유사성을 인정할 수 있다고 보았을 수 있다.

그러나 우리 대법원은 이미 시각적 저작물과 관련하여 두 저작물 사이에 실질적 유사성이 있는가 여부를 판단함에 있어서, 저작권의 보호를 받지 못하는 부분은 제외하고 보호를 받는 부분만을 가지고 비교를 해야 한다고 판시한 바 있다.[345] 특히 위 달마시안 사건이 다루고 있는 캐릭터는 창작성에 관한 판단 부분에서 보았듯이 일반적으로 공상적이거

344) Alfred Bell & Co. v. Catalda Fine Arts, Inc., 191 F.2d 99(2d Cir. 1951). 이 사건에서 제 2 항소법원은, 동판인쇄를 하기 위하여 동판을 새기는 데 있어서는 인쇄자의 개인적인 착상과 판단이 작용하게 되며, 기존의 저작물을 그대로 재현한다 하더라도 새김(engraving)을 함에 있어서의 깊이와 모양은 그 기존작품에 대한 인쇄자의 느낌과 기술이 작용하여 결정되므로, 동일한 기존작품을 재현하는 경우에도 완전히 동일한 동판인쇄가 나올 가능성은 거의 없다고 하였다.

345) 대법원 1991. 8. 13. 선고 91다1642 판결.

나 가상적인 외양을 하고 있는 다른 만화영화 캐릭터와는 달리 자연계에 존재하는 달마시안 종의 개를 상당부분 그대로 재현한 캐릭터 작품이다. 피고인들의 상고이유 역시 피해자가 제작한 만화영화에 나오는 달마시안 그림은 자연에 소재하는 사물인 달마시안 종 개의 모습을 그대로 묘사한 데 불과하고, 피고인들은 그러한 달마시안 종의 개의 모습을 원단에 부착하였을 뿐, 피해자의 캐릭터를 표절한 것이 아니라는 것이었다.

이 사건의 대법원 판결이 인용하고 있는 항소심 판결은 그 판결이유만으로는 분해식 접근방법을 취하고 있는지 아니면 외관이론을 취하고 있는지 분명하지 않다. 그렇지만 이와 같이 사실적·시각적 저작물에 대한 실질적 유사성 판단에 있어서는 분해식 접근방법을 취하는 것이 보다 적절하다는 것은 앞에서 살펴본 바와 같다. 따라서 이 사건에서도 분해식 접근방법에 따라 달마시안 캐릭터의 어느 부분이 아이디어 또는 공중의 영역에 있는 부분에 해당하는지, 그리고 창작자가 스스로 부가한 부분으로서 저작권의 보호를 받을 수 있는 표현은 어느 부분에 존재하는지를 구분한 후, 그 보호받을 수 있는 표현 부분이 피고인의 제품에 공통적으로 존재하는지 여부 및 그로 인한 실질적 유사성여부를 판단하는 것이 바람직하였을 것이다. 또한 외관이론을 취한다고 하더라도 달마시안 캐릭터 중 아이디어에 해당하거나 공중의 영역에 존재하는 요소, 즉 자연의 실물에 있는 요소를 그대로 재현한 부분들은 제외하고, 실물보다 과장되게 크게 표현된 눈 부분이라든가, 실물과 다른 검은 점의 모양이나 수, 갖가지 표정 등 표현 부분의 유사성으로 인하여 수요자들에게 주는 전체적인 느낌이 유사하다는 점을 밝히는 식으로 판시하였더라면 보다 설득력이 있었을 것이다.

6. 사진저작물과 피사체의 관계

사진저작물과 관련하여 실무상 종종 문제로 되는 것 중 하나가 동일 또는 유사한 피사체를 촬영한 것이 저작권침해에 해당하는지 여부이다. 이에 대하여는 동일한 피사체를 촬영한 경우와 유사한 피사체를 촬영한 경우를 나누어 살펴보기로 한다.

가. 동일한 피사체를 촬영한 경우

이미 존재하고 있는 자연물이나 풍경은 저작물이 아니므로, 그러한 대상물을 어느 계절의 어느 시간에 어느 장소에서 어떠한 앵글로 촬영하느냐 하는 선택은 일종의 아이디어로서 저작권의 보호를 받을 수 없다. 따라서 렌즈와 노출의 선택 및 셔터찬스의 포착 등 사진기를 어떻게 작동하느냐에 사진저작자의 정신활동이 개입하게 되고, 거기에 사진저작물의 창작성이 인정된다고 하여도, 당해 사진 자체를 복제하거나 개작한 경우에 저작권침해가 될 수는 있지만, 동일한 피사체를 동일한 장소에서 동일한 방법으로 촬영하였다고 하여 저작권침해가 되는 것은 아니라고 본다.[346)]

일본의 경우 상품 카탈로그 사진저작물에 관한 오오사카지방재판소 1995. 3. 28. 판결[347)]이 이러한 사례를 다루고 있다. 이 사건에서 원고는, 타인의 회화(繪畵)를 손으로 모사(模寫)함에 있어서 모사자의 창작성이 전혀 개입하지 않았다면 그러한 모사 행위는 회화에 대한 복제가 되는 것처럼, 사진의 경우에도 기존 사진과 동일한 피사체를 동일한 장소에서 동일한 방법으로 촬영하면서 자신의 창작성은 전혀 들어가지 않았다면 기존 사진에 대한 복제로 보아야 한다고 주장하였다. 이에 대하여 법원은, 사진에서 회화의 모사 행위와 대응할 수 있는 경우는 기존 사진 그 자체를 유형적으로 다시 제작하는 경우라고 보아야 하지 기존 사진과 동일한 피사체를 동일한 장소에서 동일한 방법으로 촬영하였다고 하여 기존 사진의 복제라고 보기는 어렵다고 판시하였다.[348)]

우리나라에서도 원고 사진저작물의 피사체와 동일한 자연경관을 동일한 방법으로 촬영한 피고 사진의 저작권침해 여부가 문제로 된 사안에서, "자연 경관은 만인에게 공유되는 창작의 소재로서, 촬영자가 피사체에 어떠한 변경을 가하는 것이 사실상 불가능하다는 점을 고려할 때 다양한 표현 가능성이 있다고 보기 어려우므로, 甲의 사진과 丙회사의 사진이 모두 같은 촬영지점에서 풍경을 표현하고 있어 전체적인 컨셉(Concept) 등이 유사하다고 하더라도 그 자체만으로는 저작권의 보호대상이 된다고 보기 어렵고, 양 사진이 각기 다른 계절과 시각에 촬영된 것으로 보이는 점 등에 비추어 이를 실질적으로 유사하다고 할 수 없다"고 판시하여 원고의 청구를 기각하였다.[349)] 즉, 이미 존재하고 있는 자연물이

346) 半田正夫·松田政行, 著作權法コンメンタール, 勁草書房(1), 556-557면.

347) 知的裁集 27권 1호 210면－일명, '三光商社' 사건.

348) 半田正夫·松田政行, 전게서, 557면에서 재인용.

349) 서울중앙지방법원 2014. 3. 27. 선고 2013가합527718 판결('솔섬' 사진 사건). 이 판결은 항소되어 서울고등법원 2014. 12. 4. 선고 2014나2011480 판결로 항소기각(확정) 되었다. 참고로 항소심에서 원고는 저작권침해와 별도로 부정경쟁행위에 따른 청구를 선택적으로 청구하였다. 즉, 피고는 모방작인 이 사건 사진을 상업광고에 사용하면서 '솔' 또는 '솔섬'이라는 표현을 강조하여 일반인들로 하여금 이 사건 사진저작물을 연상하도록 함으로써 솔섬을 대표하는 상징적 이미지가 된 이 사건 사진저작물에 대하여 일반인이 갖는 인식을 아무런 대가 없이 이용하였고, 이는 공정한 상거래 관행이나 경쟁질서에 반하는 방법으로 자신의 영업을 위하여 무단으로 사용하여 원고의 경제적 이익을 침해한 것으로 부정경쟁방지법 제 2 조 제 1 호 (차)목(현행법 (카)목)에 해당한다고 주장하였다. 그러나 항소심은 실질적 유사성이 인정되지 아니하는 형태의 '모방' 행위는 저작권법에 의해 허용되는 것이고, 위 (차)목은 한정적으로 열거된 부정경쟁방지법 제 2 조 제 1 호 (가)~(자)목 소정의 부정경쟁행위에 대한 보충적 규정일 뿐 저작권법에 의해 원칙적으로 허용되는 행위까지도 규율하기 위한 규정은 아니라고 보아야 하며, 나아가 피고의 이 사건 공모전 사진의 사용행위가 공정한 상거래 관행이나 경쟁질서에 반한다고 볼 만한 사정도 찾아 볼 수 없다고 하였다.

나 풍경을 어느 계절의 어느 시간에 어느 장소에서 어떠한 앵글로 촬영하느냐의 선택은 일종의 아이디어로서 저작권의 보호대상이 될 수 없다는 것이다.

나. 유사 피사체를 촬영한 경우

(1) 재판례

상품 카탈로그 사진에 관한 위 오오사카지방재판소 1995. 3. 28. 판결은 동일 피사체를 촬영한 경우에서 더 나아가 유사 피사체를 촬영한 경우에 대하여도 설시하고 있다. 원고는, A사진과 유사 피사체를 촬영한 B사진에 있어서 피사체가 특별한 개성이 없는 대체상품인 경우 그 피사체는 사진저작물의 창작성을 이루는 요소가 될 수 없고, 일반인이 그 사진으로부터 피사체의 차이점을 인식할 수 없어서 B사진이 A사진을 재제(再製)한 것이라고 느끼게 된다면 B사진은 A사진의 복제물로 보아야 한다고 주장하였다. 이에 대하여 법원은, 사진B가 사진A의 피사체와는 다른 대상물을 피사체로 하여 촬영한 경우, 피사체가 개성이 없는 대체적 상품이고, 같은 촬영방법을 사용하고 있다고 하여 사진B를 사진A의 복제물이라고 해석할 수는 없다고 하였다. 원고의 주장처럼 일반인이 사진 상으로 피사체의 차이점을 인식할 수 없고 B사진이 A사진을 재제한 것이라고 느끼게 되는 것은 주로 피사체가 개성이 없는 대체적 상품이라는 것에 기인하는 것이지, 촬영방법이 동일한 것 때문만은 아니라는 것이다.

그러나 이 판결에 대하여는 다른 각도에서 의문을 제기하는 견해가 있다. 대체적 상품처럼 유사 피사체를 촬영한 경우 사진저작물에 대한 복제가 되지 않는다면, 피사체의 결정 자체에 창작성을 인정할 수 있다는 것인지 하는 의문이다. 이 견해는 수박을 피사체로 하여 촬영한 사진A와 그와 유사한 수박을 피사체로 하여 촬영한 사진 B 사이의 저작인격권 및 저작재산권 침해여부가 문제로 된 실제 사례('수박 사진' 사건)를 통하여 논의를 전개하고 있다. '수박 사진' 사건은 사진의 2차적저작물작성권(번안권) 및 동일성유지권 침해가 쟁점이 된 사건이다. 원고 사진과 피고 사진은 둘 다 수박을 주제(모티브)로 한 정물사진으로서, 양 작품 모두 중앙 전면에 놓인 반구 형태로 크게 절반으로 쪼개진 수박 위에 대략 3각형 모양으로 작게 쪼개진 여섯 쪽의 수박이 일렬로 경사지게 배치되어 있고, 그 뒤편에 쪼개지지 않은 원구 형태의 크고 작은 다른 수박들이 놓여 있다. 또한 등나무 바구니에 들어있는 타원 형태의 수박과 덩굴, 푸른색의 gradation(단계적 변화) 용지를 사용한 점 등 피사체가 된 소재의 선택, 조합, 배치 등에 있어서 공통·유사점이 있었다. 피고는 사진의 촬영과 현상을 독자적으로 수행하였기 때문에, 촬영과 현상 방법에 있어서 두 사진의 동일·유사성을 입증하기는 어려웠다. 이에 원고는 피사체의 선택, 조합, 배치 등의 유사성을 근거로 하여 번안권 침해를 주장하였다.

이 사례에서 제 1 심인 동경지방법원 1999. 12. 15. 판결[350]은, “사진에 창작성이 부여되는 것은 피사체의 독자성에 의한 것이 아니라, 촬영 및 현상 등에 있어서 독자적인 정신활동에 따라 창작적인 표현이 생길 수 있기 때문이다. 원고가 사진A를 촬영함에 있어서 여러 가지 정신적 노력을 응집하여 촬영 순간의 결정(셔터찬스의 포착), 노출, 음영의 방향 및 정도, 렌즈의 선택, 셔터 속도의 결정 및 현상 방법의 선택 등에 의하여 생겨나는 창작적인 표현 부분이야말로 사진A의 특징적인 부분이라고 할 것이므로, 이 점에서 A사진과 B사진이 다른 이상 저작권침해는 성립하지 않는다.”고 하였다.

이에 대하여 항소심인 동경고등법원 2001. 6. 21. 판결[351]은, 피사체 자체에 특별한 독자성이 인정되지 않는 때에는 피사체의 결정 그 자체, 즉 촬영 대상물의 선택, 조합, 배치 등에 창작적 표현이 이루어지고, 거기에 저작권법상 보호할 가치가 있는 독자성이 주어질 수 있으므로, 그 경우에는 피사체의 결정 자체에 창작적 표현 및 그 부분에 공통되는 점이 있는지 여부도 고려하여야 한다고 판시하였다. 따라서 사진저작물에 있어서 창작성은 최종적으로 당해 사진에 의하여 보여주고자 하는 것이 무엇인지에 따라서 판단되어야 하는데, 이를 결정하는 것은 (1) 피사체의 선택과 (2) 그것을 촬영함에 있어서 발휘되는 셔터찬스의 포착, 노출, 음영의 방향 및 정도, 렌즈, 셔터 속도 및 현상 방법 등의 결정과 선택 등 두 가지 모두라고 하였다. 그리하여 위 사례에서는 피사체의 결정 자체에 독자성이 있다고 하여, 그 결정에 있어서의 공통성을 검토한 후 동일성유지권의 침해를 인정하였다. 항소심 판결은 1심 판결과는 달리, 사진저작물에 있어서 피사체의 선택, 조합, 배치 등은 창작적 표현이 될 수 있고, 그 경우에는 피사체의 선택, 조합, 배치 등이 공통된다는 것은 2차적저작물작성권 침해를 긍정할 수 있는 근거가 된다는 것이다.

한편, 우리나라 판례 중에는, 원고가 어린아이의 각종 기념사진을 촬영하면서 촬영 대상인 어린아이 주변에 각종 소품을 배치하고, 그 어린이에게 다양한 포즈를 취하게 하여 사진 작품을 제작하였는데, 피고가 다른 어린아이 사진을 찍으면서 원고 사진에 등장한 소품과 동일·유사한 소품을 배치하고 또 원고 사진의 어린아이가 취한 것과 동일·유사한 포즈를 자신의 촬영 대상인 어린아이에게도 취하게 하면서 사진을 촬영한 사안에서, 제1심과 항소심 모두 저작권침해를 부정한 사례가 있다.[352]

350) 判例時報 1699호 145면.

351) 判例時報 1765호 96면.

352) 서울중앙지방법원 2009. 7. 16. 선고 2008가단316603 판결(제1심); 서울고등법원 2010. 3. 18. 선고 2009나74658 판결(항소심). 박성호, 전게서, 108면에서 재인용.

(2) 학 설

일본에서는 위 '수박 사진' 사건 항소심 판결에 대하여 찬성하는 입장과 반대하는 입장이 서로 대립하고 있다.

먼저 반대하는 입장은 피사체의 결정 자체는 어디까지나 아이디어에 지나지 않는다고 한다. 위 항소심 판결처럼 피사체의 결정 자체에 창작성을 인정하는 입장을 취하면, 저작권의 보호범위가 피사체에까지 미치게 되어 부당하다는 것이다. 사진의 창작성을 인정하는 것은 물체나 자연현상을 사진으로 촬영하는 시점에서 창작성이 나타나기 때문이며, 피사체 자체가 저작권으로 보호할 가치가 있으면(예를 들어 피사체가 미술저작물이나 건축저작물인 경우) 피사체를 사진과는 별도의 저작물로서 보호하면 족하다는 것이다.[353)]

이에 대하여 이 판결에 찬성하는 입장은, 피사체 자체가 아이디어에 해당하는가 아니면 표현상의 창작성 있는 부분에 해당하는가는 구체적인 작품을 떠나서 일반론으로서 결정할 수는 없다고 하면서, 예를 들어, "둥글게 자른 반구 형태의 수박을 측면에서 촬영한다"고 하는 피사체의 결정 자체는 아이디어에 해당하는 것으로 보아야 한다고 하였다. 피사체에 관하여 이러한 정도의 단순하고 추상적인 결정을 하는 것만으로 저작권이 주어진다면, 같은 방법으로 수박을 주제로 한 사진촬영을 하는 후발 사진가의 표현활동이 크게 제약을 받기 때문이다. 그러나 위 '수박 사진' 사건에서의 원고 사진의 경우와 같이, 여러 가지 소재를 여러 가지 형태로 조합하여 피사체를 구성한 경우, 그러한 피사체의 구성에 있어서의 결정은 아이디어가 아니라 창작적 표현이라고 평가할 수 있다고 한다. 왜냐하면 피사체에 관하여 그 정도의 구체적이고 다양한 결정이 행하여졌다면, 설사 그러한 피사체의 구성에 대하여 저작권으로 보호하더라도, 같은 방식으로 수박을 주제로 사진촬영을 하는 후발 사진가의 표현활동에 지장을 초래하지 않을 것이기 때문이다. 즉, 후발 사진가가 수박을 촬영하는 경우에 굳이 원고 사진에 나타난 피사체의 조형을 흉내 내지 않아도, 다른 형태의 수박 사진을 창작하는 것이 얼마든지 가능하다는 것이다. 실제로 원고 사진이 창작되기 전부터도 수박을 주된 피사체로 한 사진은 다수 존재하였지만, 원고 사진과 동일한 피사체의 조형을 채용한 것은 찾아볼 수 없다. 이러한 점도 원고 사진에 나타난 피사체의 조형은 수박을 주제로 한 사진에 있어서 일반적으로 채용되어야 하는 표현은 아니라는 점을 보여주고 있다. 따라서 원고 사진에 나타난 피사체의 조형은 창작적 표현에 해당하고, 피고 사진에서 원고 사진에 나타난 피사체의 조형을 직접감득할 수 있다면 피고 사진은 원고 사진에 대한 2차적저작물작성권을 침해하는 것이라고 해석하여야 한다는 것이다.[354)]

---

353) 半田正夫·松田政行, 전게서, 559면.

현재 일본에서는 피사체의 결정 자체에 창작성을 인정할 것인지 여부에 관하여 긍정설과 부정설이 거의 대등하게 대립하고 있는 것으로 보인다.

(3) 소 결

자연경관과 같은 동일한 피사체를 촬영한 경우, 또는 동일한 피사체는 아니지만 개성이 없어 동일한 피사체로 보이는 대체물을 촬영한 경우에 있어서, 피사체는 사진저작물의 대상에 불과하고 사진저작물 자체는 아니며, 그러한 피사체를 어떤 시간과 장소에서 어떤 각도(앵글)로 촬영하는가의 선택은 대부분 아이디어 또는 아이디어와 표현의 합체(merger)에 해당하여 저작권의 보호대상이 되기 어렵다는 것이 다수설이다.[355] 이에 반하여 위 '수박 사진' 사건에서와 같이 촬영자 자신이 피사체를 자유롭게 인위적으로 설정하여 조작·배치한 경우에는, 그 설정에 있어서 선택의 폭이 훨씬 다양하고 촬영자(연출자)의 사상이나 감정이 창작적으로 표현될 여지가 크다. 따라서 유사한 피사체를 가지고 유사하게 대상을 설정하였다면, 설사 독자적으로 촬영하였다 하더라도 저작권침해가 성립할 수 있을 것이다.[356]

7. 소 결

시각적 저작물에 관한 저작권 침해사례가 많이 집적되어 있는 미국의 판례이론을 검토하여 보면 다음과 같은 결론을 얻을 수 있다. 우선 창작적이거나 추상적 또는 가상적인 시각적 저작물, 예를 들어 모직물 디자인이라든가 가공세계의 캐릭터 등에 대한 저작권침해여부를 판단함에 있어서는 외관이론을 위주로 접근한 사례가 많다. 이러한 사례에서는 아이디어를 표현할 수 있는 다양한 방법들이 존재하므로, 두 저작물의 전체적인 인상에 유사성이 있으면 표현의 유사성을 추정할 수 있기 때문인 것으로 보인다. 다만, 이 경우에도 원고와 피고의 저작물 사이의 유사성이 그러한 종류의 저작물이 보편적으로 가지는 특성이나 속성 또는 보편적 제작기법에서 비롯된 것이라면, 이는 원고 저작물의 '표현'이 도용된 것이 아니므로 저작권침해를 구성하지 않는다고 보아야 한다.

이에 반하여 사물의 모습을 있는 그대로 재현하여 묘사하는 방법은 상당히 제한되어 있다. 따라서 시각적 저작물 중 자연 그대로를 묘사한 저작물에 대하여 전체적인 컨셉과 느

354) 横山久芳, 翻案權侵害の判斷基準の檢討, コピライト 609號(2012), 14면.
355) 半田正夫·松田政行, 『著作權法コンメンタール』, 勁草書房(2008), 556면; 박성호, 전게서, 112면 참조.
356) 박성호, 전게서, 113면.

낌을 기준으로 침해여부를 판단하는 것은, 후발 창작자로부터 창작의 기회와 자유를 박탈하는 결과를 초래할 수 있다. 사물을 자연 그대로 묘사한 작품에 대하여 저작권을 부여하는 것은 어떤 의미에서는 그 작가에게 하나님이 창조한, 즉 그 작가가 창조하지 아니한 사물에 대하여 독점권을 부여하는 것과 동일한 결과를 가져올 수도 있다. 따라서 이런 경우에는 분해식 접근방법을 통하여 저작권의 보호를 받지 못하는 부분을 소거하고 나머지 부분을 가지고 실질적 유사성을 판단하는 것이 저작권법의 원리와도 합치된다는 것이다.[357)]

Ⅲ. 음악저작물

1. 서 설

음악저작물은 인간의 사상이나 감정이 음(音)에 의하여 표현된 저작물이다. 오페라 아리아나 가곡, 가요곡 등과 같이 악곡(樂曲)에 가사(歌詞)가 수반되는 경우에는 그 가사도 음악저작물의 일부가 될 수 있다.[358)] 그러나 본래 문예작품인 시(詩) 등이 악곡의 가사로 이용되는 경우, 그 시가 독립적으로 시집 등에 이용되면 어문저작물이 된다. 따라서 가사의 경우 하나의 저작물이 어문저작물과 음악저작물의 두 가지 성질을 갖게 되는 것이다.[359)] 우리나라 저작권법은 고정(fixation)을 저작물의 성립요건으로 하고 있지 않으므로, 음악저작물이 반드시 악보나 음반 등에 고정되어 있을 필요는 없다.[360)] 따라서 녹음이나 채보되지 않은 즉흥연주나 즉흥가창도 음악저작물로 성립할 수 있다.

원래 일본의 초기판례는 악보 등의 매체에 고정되지 않은 즉흥음악은 반복실시가 어렵기 때문에 저작물로 성립할 수 없다고 하였다.[361)] 그러나 이 판결에 대하여는, 반복실시

357) Sarah Brashears-Macatee, *op. cit.*, pp. 925-926.

358) 미국 저작권법은 악곡에 수반되는 가사 역시 음악저작물의 일부임을 명시하고 있다.
17 U.S.C. § 102. (a) "… (2) musical works, including any accompanying words;"

359) 허희성, 신저작권법 축조해설, 범우사, 1988, p. 47.

360) 미국 저작권법은 고정화(fixation)를 저작물의 성립요건으로 한다. 원래 1909년 법에서는 음악저작물은 악보와 같이 읽을 수 있는 형태(readable form)로 고정화 되어야 한다고 규정하고 있었다. 그러다가 1976년 개정법에 따른 시행규칙에서, 악보뿐만 아니라 테이프나 디스크 등에 고정된 것도 음악저작물로 성립할 수 있다고 규정하였는데, 이는 특히 전자음악 분야에 종사하는 작곡가들의 현실적인 상황을 고려한 것이라고 한다.
Copyright Register's Supplementary Report 4: "[A] musical composition would be copyrightable if it is written or recorded in words or any kind of visible notation, in Braille, on a phonograph disk, on a film sound track, on magnetic tape, or on punch cards."

361) 일본 대심원 大正 3. 7. 4. 판결.

가 어렵다는 것은 그 저작물이 자신의 창작물이라고 주장할 때 이를 입증하기에 어려움이 있다는 것이지, 저작물성 자체를 부인할 문제는 아니라는 비판이 강력히 제기되었다. 이에 따라 일본 현행 저작권법의 해석에서는, 음악저작물도 악보 등의 매체에 고정되어 있을 것을 요건으로 하지 않으며, 따라서 녹음이나 채보되지 않은 즉흥음악도 음악저작물로 성립할 수 있다고 보는 것이 통설이다.[362)]

2. 문제의 소재

음악은 모든 예술 형식 중에서 실체성(實體性)과 유형성(有形性)이 가장 떨어지는 예술이다. 음악은 볼 수도 없고, 냄새도 없으며, 맛을 보거나 만져볼 수도 없다. 오직 들을 수 있을 뿐이다. 그렇지만 음악은 멜로디라든가 화음, 박자, 형식 등 나름대로의 수단을 통하여 오히려 문자로는 표현하기 어려운 인간의 사상이나 감정을 표현하고 전달하는 역할을 한다. 그런 의미에서 음악 역시 인간의 사상이나 감정을 표현하는 수단, 즉 광의의 언어라고 할 수 있다.

음악저작물 분야는 특히 표절의 문제가 자주 제기되는 분야이기도 하다. 이 점은 미국을 비롯한 다른 나라에 있어서도 마찬가지이며, 그래서 표절이 문제된 미국 저작권법 사례 중에는 음악저작물에 대한 것이 상대적으로 많다. 그런데 음악저작물에 있어서의 표절, 즉 저작권 침해여부를 판단하는 것은 다른 저작물에 있어서보다 특별히 어려운 부분이 있다. 그 주된 이유는 음악저작물의 창작, 즉 작곡을 함에 있어서 사용되는 기본적 도구는 소설이나 드라마, 또는 시각적 저작물을 창작할 때 사용되는 도구에 비하여 양적으로 훨씬 적고, 따라서 기존에 없던 새로운 음악을 창작해 낼 수 있는 방법도 상대적으로 제한되어 있기 때문이다.[363)] 수학적으로만 본다면 한 음계에 존재하는 12개의 음(note)을 배열할 수 있는 방법은 무수히 많을 것이다. 그러나 그러한 무수한 배열 가운데 인간의 가청범위(可聽範圍)에 들어가고, 그러면서도 인간의 감성에 호소력을 가질 수 있는 배열 방법은 상당히 적어지게 된다. 음악의 창작은 음계를 구성하는 음의 숫자에 의하여 제한을 받게 될 뿐만 아니라, 아름답고 듣기에 좋은 음악을 창작하여야 한다는 필요성, 그리고 성악곡의 경우에는 인간 목소리의 가성범위 안에 있어야 한다는 점(기악곡에 있어서도 해당 악기의 음역 범위 안에 있어야 한다)에 의하여도 제한을 받게 된다. 이와 같이 음악에 있어서의 '미적인 관행'

362) 內田 晋, 問答式 入門 著作權法, 新日本法規出版株式會社, 1979, 57면.

363) Paul M. *Grinvalsky, Idea-Expression in Musical Analysis and the Role of the Intended Audience in Music Copyright Infringement*, 28 California Western Law Review, p. 396.

(aesthetic convention)과 인간의 가청능력, 가성범위의 한계 등은 새로운 음악저작물을 창작하고 기존 음악을 새로운 표현으로 변형함에 있어서 실질적인 제한으로 작용한다. 특히 대중음악에 있어서는 음악적 관행과 시기적 또는 지역적으로 나타나는 음악적 유행으로 인하여 창작에 제한을 받게 되는 현상이 더욱 현저하게 나타난다. 대중음악은 상업적인 속성을 가질 수밖에 없으므로, 그 음악이 속하는 장르에 있어서의 음악적 관행과 유행을 따르게 되는 것이 일반적이기 때문이다. 예를 들어 록(rock)이나 블루스 장르의 음악을 표현하는 리듬 패턴은 대개 유사해서 선택의 여지가 별로 없다.

이런 이유 때문에 음악저작물의 저작재산권 침해판단에서는 창작자와 이용자 사이에서 균형점을 찾기가 더욱 어렵다. 우선 피고가 원고의 음악저작물을 이용한 것이 아니라 공중의 영역에 있는 음악적 요소를 차용한 것인데도 불구하고 저작권침해를 인정함으로써, 원고를 과도하게 보호할 위험이 존재한다. 실제 음악저작물 침해사례에서 원고와 피고의 음악저작물 사이의 나타나는 공통점이 십리결과 다른 공중의 영역에 있는 음악에서도 찾아지는 경우를 흔하게 발견할 수 있다.[364] 그러나 공중의 영역에 있거나 과거부터 존재하고 있는 요소들과 유사하다는 이유만으로 저작권의 보호범위에서 제외를 한다면, 음악저작물의 저작권보호는 형해화 될 수도 있다. 음악저작물에서는 이러한 현실적인 딜레마 속에서 저작권자와 후세 창작자의 이익 사이의 적절한 균형을 찾아가는 것이 다른 저작물에 있어서보다 어렵다. 이는 그동안의 저작권 실무를 통하여 경험적으로 인정되고 있는 점이기도 하다.[365]

3. 음악의 3요소와 보호의 정도

가. 음악의 3요소

음악저작물 중 가사(歌詞)를 분리해 낸 나머지 부분, 즉 악곡(樂曲)은 크게 리듬, 멜로디, 화음의 3가지 요소로 구성된다.[366] 음악저작물의 창작을 위하여 사용되는 기본적인 도

364) Paul Goldstein, *op. cit.*, p. 8: 38.

365) Irving Goldberg 라는 미국의 판사는 음악저작물이 관련된 저작권침해 사건에서, 피고측 감정인이 "원고와 피고 저작물 사이의 유일한 공통점은 일정한 시퀀스를 가지는 3개의 음이 반복된다는 점뿐인데, 이러한 공통점은 원고와 피고의 음악뿐만 아니라 Johann Sebastian Bach의 음악에서도 발견된다"고 진술한 것과 관련하여, "두 저작물의 근원이 Bach에까지 거슬러 올라갈 수 있다면, 저작권 침해판단을 위하여 두 저작물만을 가지고 상호 비교하는 것으로는 충분하지 않다"고 하였다고 한다 (Paul Goldstein, *op. cit.*, p. 8: 38).

366) 일본 동경지방법원 1968. 5. 13. 선고(ワ) 제5299, 5489 판결(일명, 'One Rainy Night in Tokyo' 사건 판결)에서는, 음악은 선율과 화성, 리듬(節奏), 그리고 형식의 4요소로 구성된다고 하였다(最新 著作權關係判例集 I, 著作權判例研究會, 375면).

구는 이러한 리듬과 멜로디, 그리고 화음이며, 이들 각각의 요소는 청중에 대하여 서로 다른 감각적 영향을 미친다. 리듬과 멜로디, 화음 등 악곡의 3요소는 아래에서 보는 바와 같이 실질적으로도 각기 다른 정도의 보호를 받게 된다.

나. 리듬(rhythm)

리듬은 '박자'(拍子)와 '셈여림'(强弱)으로 구성된다. 일정한 박자와 셈여림이 반복적으로 진행됨으로써 이루어지는 리듬은 청취자로 하여금 그 반복성에 따라 손가락을 까딱거리게 만들기도 하고, 또 댄서로 하여금 춤의 종류, 예를 들어 왈츠 음악에 맞추어 춤출 때와 트로트 음악에 맞추어 춤출 때 서로 다른 스텝을 밟도록 만들기도 한다. 이러한 점에서 리듬은 음악에 있어서 물리적 요소라고 할 수 있다. 또한 리듬은 일정한 강약을 가지는 비트(beat)의 조합이 반복된다는 점에서, 어문저작물인 시(詩)에 비교한다면 운율과 같은 것이라고도 할 수 있다. 예를 들어 왈츠는 한 마디 안에 강, 약, 약으로 조합된 세 개의 비트가 있고 이것들이 반복되는 형태를 가지고 있다. 또한 폭스 트로트(fox-trot)는 한 마디가 네 개 비트의 조합으로 구성되는데, 그 중 첫 번째와 세 번째 비트에 악센트가 주어진다.

비트의 수와 강약을 달리함으로써 리듬을 변화시킬 수 있지만, 그 변화의 여지는 수학적·확률적으로도 그리 많지 않다. 뿐만 아니라 기존의 음악적 관행을 크게 벗어나지 않아야 한다는 점 역시 커다란 제한으로 작용하기 때문에, 리듬에 있어서 변화의 여지는 더욱 좁아진다고 할 수 있다. 그런 이유로 미국의 판례는 음악저작물 관련 사례에서 리듬만으로는 창작성을 인정하지 않고, 따라서 리듬만을 모방한 경우에는 저작권침해를 인정하지 않는 것이 일반적인 경향이라고 한다.[367] 즉, 리듬은 멜로디에 비하여 변화의 여지가 매우 적을 뿐만 아니라 악곡의 형식(예를 들면 미뉴에트나 폴카)에 따라서 선택의 폭이 더 좁아지기 때문에, 어느 한 리듬에 대하여 저작권의 보호를 주면 다른 창작자들의 창작의 기회를 심하게 박탈하는 결과를 초래하게 된다. 이러한 위험을 피하기 위하여 리듬에 대한 저작권의 보호는 크게 제한될 수밖에 없다.

다. 멜로디(melody, 가락)

멜로디는 가락 또는 선율(旋律)이라고 하는 것으로, 개별 음의 고저·장단(高低·長短)으로 구성된다. 멜로디는 상대적으로 선택의 폭이 넓기 때문에 악곡의 창작성은 멜로디 부분에서 전형적으로 나타나게 된다. 따라서 악곡의 3요소 중 가장 큰 보호를 받는 부분이기도 하다. 멜로디는 음악저작물에서 인상과 기억에 가장 많이 남는 부분이고 두드러지는 부분

367) Paul Goldstein, *op. cit.*, p. 8: 39.

이기 때문에, 음악저작물에 관한 저작권침해 사건에 있어서는 멜로디 부분이 주된 쟁점으로 되는 경우가 많다. 그런데 멜로디가 민요가락과 같은 공중의 영역에 있는 요소를 전부 또는 부분적으로 차용한 경우도 흔히 있다. 따라서 저작권침해 요건 중 '부당이용'(improper appropriation)여부를 판단함에 있어서는 이 점에 유의하여 보호받는 표현 테스트를 엄격하고 신중하게 적용할 필요가 있다. 다시 말하면, 대상 청중이 두 저작물의 멜로디가 유사하다고 느낄 것인지 여부를 판단함에 있어서는, 그러한 유사성이 보호받는 표현에 존재하는 것인지 여부가 아울러 판단되어야 한다. 이 점에 관하여는 뒤에서 더 자세히 살펴보기로 한다.

라. 화음(harmony)

화음은 고저(高低)의 차이를 가진 두 개 이상의 개별 음이 동시에 또는 짧은 간격을 두고 순차적으로 울림으로써 곡에 깊이를 주는 역할을 한다. 리듬이 음악을 물리적으로 이끌어 가고 멜로디가 음악을 감정적으로 이끌어 가는 것이라면, 화음은 음악에 깊이와 여운을 줌으로써 음악을 보조하고 지탱하는 역할을 한다. 가장 기본적인 형태의 화음으로는 일정한 음정 차이를 가지되 동일한 높낮이 패턴을 가지는 두 개의 멜로디를 동시에 연주하는 것을 들 수 있다. 예를 들어, 어린이 동요인 London Bridge의 주 멜로디는 GAGFEFG/DEFEFG/GAGFEFG/DGEC인데, 주 멜로디와 동시에 부 멜로디로 EFEDCDE/BCDCDE/EFEDCDE/BECG를 연주함으로써 화성을 이루는 것이다. 화음은 개별 음이 동시에 울리는 코드(chord)에서 출발하여, 코드 상호 간 또는 코드와 멜로디가 서로 조화를 이루면서 연관을 갖게 된다.[368)]

화성법은 화음의 법칙이라고 할 수 있다. 이는 주어진 멜로디에 잘 어울리는 코드를 찾아내는 것이다. 멜로디가 주어졌을 때 그 멜로디에 음악적으로 잘 어울리는 코드를 찾아내는 것에는 일정한 법칙이 있기 때문에 그러한 코드의 조합을 만들어 내는 데 있어서 선택의 여지가 그리 많은 것은 아니다. 그러므로 화음은 리듬과 마찬가지로 선택의 폭이 좁고, 따라서 화음 자체에 대한 저작권 보호는 상당히 제한된다고 보아야 한다. 단순히 기계적인 법칙에 따라 찾아진 화음에 대하여는 창작성 자체가 부정되는 경우도 있고, 설사 창작성은 인정이 된다고 하더라도 침해는 부정되는 경우가 많다. 다소 오래된 판례이기는 하지만 미국 뉴욕지방법원의 Jollie 판결[369)]에서는, "단순한 기계적인 법칙에 따라 편곡을 하거나 반주를 작곡해 낼 수도 있는 것이지만, 음악의 창작은 '실질적으로 새롭고 창작적인

368) Paul Goldstein, *op. cit.*, p. 8: 40.
369) Jollie v. Jaques, 13 F. Cas. 910(C.C.N.Y. 1850).

것'(substantially a new and original work)이어야 하며, 단순히 기존에 존재하는 작품에 대하여 음악적 기능을 가진 사람이라면 누구나 작성할 수 있는 '기계적인 부가나 변형'(mechanical additions and variations)을 한 것만 가지고는 부족하다"고 하였다. 그리하여 어떠한 악곡이 저작권의 보호를 받기 위하여 요구되는 창작성은 그 작품에 나타나는 '새로운 느낌'(impression of newness) 또는 '구별될 수 있는 변화'(distinguishable variation)가 사소한 정도를 넘어서는 경우에만 인정될 수 있다고 하였다.[370)]

이처럼 화음 그 자체에 보호받는 표현이 존재하는 경우는 그리 많지 않지만, 리듬이나 멜로디와는 별개로 화음에 있어서의 유사성만으로 저작권침해를 인정할 수 있을 만큼 화음이 독창적인 경우도 있다. 또한 기악편성과 리듬을 통하여 화음에 있어서의 선택의 폭을 넓힐 수도 있다. 특히 관현악곡에서 각각의 악기들의 음색과 악기군(群)의 음색은 표현력의 범위를 넓혀주는 역할을 한다. 우리 판례 중에는, 기존 악곡에 코러스를 편곡한 경우에 그 코러스가 전체 음악에서 상당한 비중을 차지하고 있고, 주 멜로디를 토대로 단순히 화음을 넣은 수준을 뛰어넘어 편곡자의 노력과 음악적 재능이 투입되어 만들이진 것으로 독창성이 있다면 2차적저작권의 일종인 편곡저작권이 성립할 수 있다고 한 사례가 있다.[371)]

4. 음악저작물의 저작권침해 판단

가. 판단의 일반원칙

(1) 음악의 3요소와 침해판단

앞에서 본 바와 같이 악곡의 3요소 중에서는 멜로디가 가장 강한 보호를 받게 된다. 그러나 이는 보호의 정도에 있어서 그렇다는 것일 뿐, 음악저작물에 대한 저작권침해 판단에서 멜로디만이 절대적인 기준이라는 의미는 아니다. 음악저작물의 저작권 침해여부 역시 궁극적으로는 두 작품 사이의 실질적 유사성 유무에 달려 있고, 이때 실질적 유사성은 청중이 받는 전체적인 느낌에 의하여 결정되는 것이기 때문이다(다만, 뒤에서 보는 바와 같이 음악저작물의 저작권침해 판단에 있어서도 분해식 접근방법은 매우 중요한 역할을 한다). Paul Goldstein 교수

370) Paul M. Grinvalsky, *op. cit.*, p. 400.

371) 서울지방법원 1995. 1. 18.자 94카합9052 결정. 이 사건은 이른바 '칵테일 사랑' 사건으로 알려져 있다. 이 결정은, 신청인은 '칵테일 사랑'이라는 원곡의 악보를 받아 수일간에 걸쳐 그 코러스를 편곡하였는데, 노래에서 코러스가 많은 비중을 차지하고 있고, 또 이 노래는 주 멜로디를 그대로 유지한 채 주 멜로디에 코러스를 부가하는 방식으로 만들어졌지만, 그 코러스 부분은 일정한 높낮이의 음을 넣는 수준의 단순한 화음이 아니라 신청인 이외의 다른 사람에 의하여서는 동일한 코러스를 만드는 것이 거의 불가능하다고 볼 수 있을 정도로 독창적이고, 위 노래의 내용과 전체적인 분위기에 결정적인 요소로 작용하고 있음을 들어, 2차적저작물인 편곡저작물로서의 창작성을 인정하였다.

는, 음악저작물의 저작권 침해사건에서 모든 음악적 요소를 함께 고려하는 것은 매우 중요하며, 원고 음악과 피고 음악에서 나타나는 음의 연속만을 단순히 추상적으로 비교하는 것은 상당히 위험하다고 경고하고 있다.372) 미국의 판례 중에는, "멜로디에는 유사성이 존재하지 않지만, 반주 부분에 유사성이 있어 저작권침해를 인정하기에 충분하다"고 판시한 사례가 있다.373) 또 "음악적 동기(motif)의 유사성도 저작권침해를 구성할 수 있으며, 음악의 유사성은 멜로디는 물론이고 소절이나 악센트, 화음 등의 유사성으로부터 나올 수도 있다"고 한 사례도 있다.374)

다만 이미 존재하고 있거나 공중의 영역에 들어 있는 화음이나 리듬의 경우, 그 자체만으로는 저작권의 보호를 받을 수 없기 때문에 저작권 침해판단에서 화음과 리듬이 차지하는 비중은 적어질 수밖에 없다. 음악을 듣는 일반 청중은 리듬과 멜로디, 화음을 각각 구분하여 느끼는 것이 아니라 전체적으로 감상한다. 이때 음악의 전체적인 분위기를 형성하는 것에는 악곡의 3요소만이 있는 것이 아니며, 악곡에 부수되는 여러 가지 표현들, 예를 들면 운지법이라든가 각종 악상기호(부드럽게, 힘있게, 아름답게, 경쾌하게 등), 이음줄, 프레이징(phrasing), 템포(곡의 전체적인 속도를 비롯하여, 점점 느리게, 점점 빠르게 등과 같은 속도의 변화) 따위에 의하여 음악의 전체적 분위기는 상당히 변화한다. 따라서 멜로디뿐만 아니라 화음과 리듬을 비롯하여 악곡에 부수되는 여러 가지 표현들을 종합하여 음악저작물의 실질적 유사성을 판단하여야 할 것이다. 리듬과 멜로디, 화음은 서로 이리저리 융합되고 조화를 이룸으로써 작곡가가 창작적인 표현을 할 수 있는 실질적인 기회를 제공한다. 그렇기 때문에 설사 공중의 영역에 있는 리듬이나 화음이라고 하더라도 그것들이 멜로디를 비롯한 다른 음악적 표현요소들과 유기적으로 결합함으로써 창작적인 표현을 만들어 낼 수 있고, 그렇게 되면 공중의 영역에 있는 리듬이나 화음들도 저작권침해의 요건인 실질적 유사성을 판단함에 있어서 일정한 범위 내에서의 역할을 하게 된다.

(2) 보호 및 입증의 정도

음악저작물에 있어서는 창작수단의 숫자적인 제한, '미적인 관행'(aesthetic convention), 인간의 가청능력과 가성범위의 한계 등으로 말미암아 새로운 음악저작물을 창작하거나 기존의 음악저작물을 새로운 느낌을 주는 표현으로 변형함에 있어서 많은 제한을 받게 된다. 이러한 제한으로 인하여 특히 대중음악에서 두 개의 서로 다른 음악이 표절의 의심을 불

372) Paul Goldstein, *op. cit.*, pp. 8: 40-41.
373) Fred Fisher, Inc. v. Dillingham, 298 F. 145(D.C.N.Y. 1924).
374) Carew v. R.K.O. Radio Pictures, Inc., 43 F.Supp. 199(S.D. Cal. 1942).

러일으킬 정도로 유사한 경우가 매우 자주 발생한다. 이에 따라 미국의 법원은 음악저작물의 침해사건을 다룸에 있어서, 복제행위와 실질적 유사성에 관한 원고의 입증책임을 무겁게 부과하고, 입증의 정도를 보다 높게 요구함으로써 후세 음악저작물에 대한 창작의 자유를 보호하는 방향으로 발전하여 왔다고 한다. 다른 장르의 저작물이었다면 복제행위(copying)를 충분히 추정할 수 있을 만한 현저한 유사성이 존재하여도, 음악의 경우에는 복제행위를 쉽게 추정하지 않고, 현저한 유사성 이외의 추가적인 다른 증거를 요구하는 것이다. 또한 미국의 법원은 음악저작물의 침해사건에서, 원고와 피고의 저작물 사이에 나타나는 유사성은 두 저작물 모두 특정한 공중의 영역에 있는 요소를 공통으로 하고 있기 때문이라는 피고의 주장[375]을 다른 저작물에서보다 쉽게 받아들이는 경향이 있다. 그 결과 어문저작물이나 시각적 저작물이었다면 저작권침해를 충분히 인정할 수 있었을 정도의 유사성을 갖추었음에도 불구하고 저작권침해가 부정되는 경우가 많다고 한다.[376]

나. 복제행위(copying)의 판단

(1) 일반론

앞의 '제 2 절 저작재산권 침해의 요건' 부분에서 언급한 바와 같이 저작권침해의 요건사실 중 하나인 '복제행위'(copying)는 직접증거에 의한 입증이 어렵기 때문에, 피고가 원고의 저작물에 접근(access)하였거나 접근할 수 있는 합리적인 기회가 있었다는 사실 및 원고와 피고 저작물 사이에 유사성이 있다는 두 가지 간접사실에 의하여 추정하는 것이 보통이다. 또한 원고와 피고 저작물 사이에 보통의 유사성을 뛰어넘는 '현저한 유사성'(striking similarity)이 존재함으로써, 피고가 원고 저작물을 베꼈다는 것 외에는 달리 그와 같은 현저한 유사성을 설명하기 어려운 경우에는 현저한 유사성의 존재만으로 '복제행위'를 추정할 수도 있다.

'접근'과 '현저한 유사성' 같은 간접사실을 통하여 복제행위를 추정하는 판단방법은 미국 저작권 판례 중 음악저작물과 관련된 기념비적인 사건이라고 할 수 있는 Arnstein v. Porter[377] 판결에서 비롯되었다. Arnstein 판결은 저작권침해의 요건을 체계화하였다는 점에서도 큰 의의를 가진다. 이 판결은 저작권침해의 요건을, 첫째 '복제행위'(copying)가 있을 것, 둘째, 그 복제행위가 부당한 이용행위일 것(improper appropriation)으로 구분하였다. 이를 뒤집어 보면 복제행위 중에는 위법하지 않은, 따라서 저작권침해가 되지 않는 '허용되는

375) 이는 마치 특허침해소송 실무에서 피고가 '공지기술의 항변'을 하는 것과 유사하다.

376) Pual Goldstein, *op. cit.*, p. 8: 41.

377) Arnstein v. Porter, 154 F.2d 464(2d Cir. 1946), cert. denied, 330 U.S. 851(1947).

복제행위'(permissible copying)도 있다는 의미가 된다. 이하에서 Arnstein 판결에 대하여 살펴보기로 한다.

(2) Arnstein 판결

이 사건의 원고 Arnstein은 자신이 작곡한 곡들인 'The Lord is My Shepherd' 'A Mothers' Prayer' 등을 피고가 'Begin the Beguine' 등의 곡에서 표절함으로써 원고의 저작권을 침해하였다고 주장하였다. 원고는 이 사건 말고도 그 전에 이미 여러 건의 저작권 침해소송을 각기 다른 사람들을 상대로 제기하는 등 걸핏하면 소송을 제기하는 전력을 가지고 있어서, 1심인 뉴욕지방법원의 입장에서는 꽤나 골치 아픈 사람이었던 것으로 보인다. 그리하여 이 사건 1심에서는 '소권의 남용' 등의 이유로 원고 청구를 기각하였다.

그러나 항소심인 제 2 항소법원은 우선 저작권 침해여부를 판단함에 있어서는 두 가지 요건을 혼동하지 않는 것이 중요하다고 하였다. 첫째 피고가 원고의 저작물을 복제하였을 것(copying), 둘째 그 복제행위가 부당한 이용(improper appropriation)에 해당할 것의 두 가지 요건은 엄격하게 구분되어야 한다는 것이다.

항소심 판결의 판결문을 작성한 Frank 판사는 그 판결이유에서 첫 번째 요건인 '복제행위'와 관련하여, 복제행위에 대한 입증은 피고의 자백 또는 정황증거를 통해 이루어질 수 있으며, 그러한 정황증거로는 주로 복제행위를 추론할 수 있는 '접근'(access)에 대한 증거를 생각할 수 있다고 하였다. 그러나 '유사성'(similarity)에 대한 증거가 없으면, 아무리 접근에 대한 증거가 많다고 하더라도 복제행위에 대한 입증으로는 충분하지가 않다고 하였다. 즉, '접근'과 '유사성'에 대한 증거가 모두 존재하여야 한다는 것이다. 그리고 이러한 판단을 위하여서는 저작물을 분석하고 분해(analysis and dissection)할 수 있으며, 판단에 대한 도움을 얻기 위하여 전문가의 증언을 들을 수 있다고 하였다. 한편, '접근'에 대한 증거가 없는 경우라도, 피고가 독립적으로 창작을 하였다면 나오기 어려운 '현저한 유사성'(striking similarity)이 존재하면 피고의 복제행위를 추정할 수 있다고 하였다.

Frank 판사는 두 번째 요건인 '부당이용'(improper appropriation)과 관련하여, 복제행위의 요건이 충족되면 그 다음 단계로 그 복제행위가 '부당이용'에 해당하는지 여부를 판단하게 되는데, 이때는 '일반적인 평범한 청중'(ordinary lay hearer)의 반응이 기준이 된다고 하였다. 따라서 작품을 분석하거나 전문가의 증언을 듣는 것은 이 단계에서는 필요가 없고 그러한 작업이 결정적인 것이 되어서도 안 되며, 설사 전문가의 증언을 듣는다 하더라도 그것은 평범한 청중의 반응을 알아보기 위하여 도움이 되는 범위 내로 제한되어야 한다고 하였다. 즉, 이 두 번째 요건에 대한 판단은 숙련된 음악가들의 판단과 같이 각각의 곡들을 비교

분석하는 것이 아니라 평범한 청중의 반응을 알아보는 것이며, 음악전문가들의 훈련된 귀로 느끼는 인상 혹은 원고와 피고 곡들의 음악적 우수성에 대한 전문가들의 견해는 두 번째 요건인 부당이용의 판단에서는 중요하지 않다고 하였다.

(3) Selle 판결

이처럼 Arnstein 판결은 '복제행위' 요건과 관련하여 '접근'의 증거가 없다고 하더라도 두 저작물 사이에 독립적인 창작의 가능성을 배제할 수 있는 '현저한 유사성'이 있으면 복제행위를 추정할 수 있다고 하였다. 이러한 논리는 그 후 음악저작물 외의 여러 저작물에 대한 침해사례에서도 적용이 되고 있다. 그런데 Arnstein 판결 이후의 미국 판례를 살펴보면, 오히려 음악저작물과 관련하여 유독 '현저한 유사성'의 존재에 따른 복제행위의 추정을 더욱 엄격하게 보는 경향이 있음을 발견할 수 있다. 이는 앞에서 본 바와 같이 음악저작물의 경우 창작의 도구와 방법이 극히 제한되어 있다는 점과, 그러한 제한으로 인하여 음악저작물에 있어서는 서로 유사성을 가지는 작품들이 많이 나올 수밖에 없다는 경험적인 인식으로부터 유래된 것으로 보인다. 실제로 음악 분야에서는 원고와 피고 저작물 사이에 현저한 유사성이 있다고 하더라도, 그 유사성을 가지는 요소가 기존의 다른 음악저작물이나 공중의 영역에 있는 요소들에서도 찾아지는 경우가 많다. 그렇게 되면 원고와 피고 두 음악저작물 사이의 현저한 유사성만으로 피고의 복제행위를 추정하기는 곤란하게 된다. 이때의 현저한 유사성은 피고가 원고의 저작물을 복제한 경우 외에도, 피고가 원고 음악이 아닌 기존의 다른 음악이나 공중의 영역에 있는 음악적 요소를 복제한 경우에도 일어날 수 있기 때문이다. 그 결과 음악저작물에 있어서 복제행위의 입증은 단순히 상당한 정도의 또는 현저한 유사성이 있다는 것만으로는 부족한 경우가 많고, 다른 독립적(independent)인 증거, 즉 피고가 실제로 원고의 음악을 복제하였다는 객관적이고 외부적(external)인 증거를 요구하는 경향이 나타나게 된다.[378)]

제 7 항소법원의 Selle v. Gibb[379)] 판결이 이러한 경향을 반영하여 음악저작물에 있어서 복제행위의 입증을 엄격하게 요구한 대표적인 사례라고 할 수 있다. 이 사건에서 미

378) Paul Goldstein, *op. cit.*, p. 8: 43.

379) Selle v. Gibb, 741 F.2d 89(7th Cir. 1984), 이 사건의 원고인 Ronald H. Selle은 1975년 가을 'Let It End'라는 곡을 작곡하여 노래를 부른 후, 이를 녹음하여 11개 음반회사에 보냈다. 이들 음반회사들 중 8개 회사들은 Selle에게 그 녹음테이프를 되돌려 보냈고, 나머지 3개 회사들은 아무런 응답도 하지 않았다. 이 정도가 Selle의 음악이 공개적으로 알려진 범위이다. 한편 유명한 팝그룹 '비지스'(the Bee Gees)는 1977. 1월 파리근교의 녹음실에서 'How Deep is Your Love'라는 음악을 작곡하였다. Selle은 1978. 5월 경 비지스의 위 노래를 알게 되었으며, 그 노래가 가사는 다르지만 자신의 곡을 표절한 것이라고 느꼈고, 이에 저작권침해 소송을 제기하였다(장주영, 전게서, 187면).

국 제 7 항소법원은, 현저한 유사성은 접근을 추정할 수 있는 정황증거 중 하나에 불과하며 현저한 유사성 하나만 가지고 접근을 판단하여서는 안 된다고 하였다. 접근에 관련된 모든 정황증거들은 함께 고려가 되어야 한다는 것이다. 물론 앞의 '제 2 절 저작재산권 침해의 요건' 부분에서 본 Harrisongs Music[380] 사건에서와 같이 원고와 피고 음악저작물 사이의 현저한 유사성을 인정한 후 그에 따라 접근 및 이른바 '잠재의식에 의한 복제행위'(subconscious copying)까지를 인정한 사례도 있다. 그러나 이 사례는 원고의 음악이 전국적인 방송을 통해서 전파되고 상당량의 테이프가 판매된 경우이다. Selle 판결에서는 위 Harrisongs Music 판례를 언급하면서, Selle 사건의 경우 원고의 음악저작물이 대중에게 널리 보급되지 않았으며, 피고들이 원고가 그 음악을 연주할 때 해당 지역에 있었다는 증거도 없다고 하여 두 사건은 사안을 달리한다고 하였다. Selle 사건에서 원고가 신청한 전문감정인은 "이와 같이 현저한 유사성을 가지고 있는 두 저작물이 서로 다른 작곡가에 의하여 작곡된 사례를 본 적이 없다"고 진술하였으나, 법원은 위 감정인이 "두 저작물 사이의 현저한 유사성은 복제행위의 결과일 수밖에 없다"고 직접적으로 진술하지는 않은 점을 지적하였다. 그리고 특히 접근에 대한 직접적인 증거가 없는 본건과 같은 사건에서, 접근이 있었음을 합리적으로 추정할 수 있을 정도의 '현저한 유사성'을 입증하기 위하여서는, 원고는 그러한 유사성이 복제행위로 인한 것이라는 점 외에는 달리 설명이 불가능하다는 점을 입증하여야 하는데, 이 사건에서는 그러한 입증이 부족하다고 하였다.

한편 우리나라 판례 중에도 음악저작물에 대한 저작권 침해판단에 있어서 복제행위 또는 의거요건의 입증을 엄격하게 요구한 서울중앙지방법원 2008카합1964 판결이 있다. 가요 작곡가인 신청인이 작곡한 '사랑의 눈물'이라는 곡의 첫 번째 마디를 구성하는 멜로디인 '솔미파라솔'과 그 리듬 부분은 이 곡의 가사가 3절까지 진행되는 동안 총 16회 반복되는 주요 모티브이다. 신청인은, 피신청인 SK텔레콤이 '티링'(T Ring)이라는 명칭으로 제작하여 전국적으로 널리 알려진 '솔미파라솔'로 구성된 전자음[381]이 신청인의 곡에 대한 저작권을 침해하였다고 주장하였다. 이 사건에서 신청인은 자신의 곡의 주요 모티브와 티링 사이의 유사성이 우연의 일치나 공통의 소재 등으로 설명하기 어렵고, 오로지 후자가 전자에 의거하지 않았다면 설명될 수 없을 정도로 현저하다는 점에서 의거관계가 추정된다고 주장하였다. 이에 대하여 법원은, 피신청인의 티링 음악은 불과 4, 5개의 제한된 음만으로 1 내지 2초 사이에 소비자에게 해당 상품에 대한 단순하면서도 완결된 이미지를

380) ABKCO Music, Inc. v. Harrisongs Music, Ltd., 722 F.2d 988, 998, 221 U.S.P.Q. 490(2d Cir. 1983).

381) 라디오나 텔레비전 광고에서 사용되는 매력적인 멜로디로 구성된 기억할 만한 슬로건으로 일명 '징글'(Jingle)이라고도 한다.

전달하여야 하는 이른바 '징글'음악으로서, 그 분량과 단순성에 더하여 대중의 취향에 부합할 수 있는 듣기 좋은 음의 배열은 한정되어 있는 점을 감안할 때, 의거관계가 추정될 만한 현저한 유사성을 인정하려면, 일반적인 보통의 감상자를 기준으로 하여 양자가 멜로디나 리듬뿐만 아니라 화성 및 실제 연주나 가창에서의 음색 등을 종합한 전체적인 느낌에서 전면적으로 중복되는 정도에 이르러야 할 것이라고 하였다. 그러면서 이 사건의 경우 양 저작물은 멜로디와 리듬에 있어서 동일성 내지 유사성이 발견되나 그 밖의 요소에 관하여는 유사성을 파악하기 어려운 이상 의거관계를 추정할 만한 현저한 유사성이 있다고 보기 어렵다고 판시하였다.

(4) Repp 판결

미국 제 2 항소법원의 Repp v. Webber 판결[382]은 위의 Selle 판결과는 또 다른 판시를 하고 있다. Repp 사건의 1심 지방법원에서는 원고의 음악이 앨범이나 테이프 등의 형태로 공중에게 배포된 수량에 대한 증거의 부족, 원고 앨범의 배포시간 및 지역, 장소 등에 관한 입증의 부족, 피고가 원고 음악이 연주되는 장소에 있었다는 점을 입증하지 못한 점 등을 들어, 원고와 피고 저작물 사이에 현저한 유사성이 있다는 음악전문가들의 증언[383]에 입각한 원고의 복제행위 주장을 배척하였다. 그리고 접근에 대한 구체적인 증거가 없이 현저한 유사성의 존재만으로는 복제행위를 인정할 수 없다고 판시하였다. 이러한 1심 지방법원의 판단은 위의 Selle 판결과 같은 입장에 서 있는 것으로 보인다.

그러나 항소심인 제 2 항소법원은 위와 같은 1심 판결을 파기하면서 다음과 같이 판시하였다. 저작권침해가 성립하기 위하여서는 '실제의 복제행위'(actual copying)가 직접증거 혹은 간접증거에 의하여 먼저 밝혀져야 하는데, 복제행위를 인정하기 위한 간접증거에는 저작물에 대한 접근, 복제의 가능성을 보여주는 두 작품 사이의 유사성, 전문가 증언 등이 포함될 수 있으며, 두 저작물 사이의 실질적 유사성은 실제의 복제행위가 입증된 뒤에야

382) Repp v. Webber, 132 F.3d 882(2d Cir. 1997).

383) 이 사건에서 뉴욕시립대 음악교수인 W. Hitchcock 교수는, 원고와 피고의 두 음악저작물의 전체적인 구조, 리듬과 박자, 선율과 화음, 이러한 요소들의 상호작용 등을 모두 조사한 후, 두 곡의 기본리듬과 박자의 특성이 동일하다고 하였다. 그리고 비록 두 곡이 서로 다른 화음계(harmonic modes)로 작곡되었다 할지라도, 상당한 일치와 리듬의 동일성을 드러내고 있다고 하였다. 그는 두 곡을 비교하는데 있어서 고려되어야 할 가장 기본적이고 주요한 요소는 선율(melody)인데 두 곡의 선율 사이에는 두드러진 유사성이 있다고 하였다. 또한 원고와 피고의 곡 사이에는 유사한 점들이 예외적으로 많아서 그것들을 사소하거나 우연한 것으로 볼 수 없으며, 피고의 음악이 원고의 음악을 바탕으로 하고 있다고 결론 내릴 수밖에 없다고 하였다. 한편 시카고의 Harold Washington 대학교수인 James Mack 교수 역시 두 곡이 현저하게 유사하기 때문에 독자적으로 창작되는 것은 불가능하다고 하였다(장주영, 전게서, 193-194면).

판단할 문제라고 전제하였다. 그러면서 두 작품 사이에 독립적인 창작의 가능성을 배제할 만큼 현저한 유사성이 있다면 복제행위는 접근에 대한 증거 없이도 입증이 될 수 있는 것이라고 하면서, 이 사건의 경우 접근을 인정할 수 있는 구체적이고 직접적인 증거는 없지만, 원고와 피고의 두 저작물이 현저하게 유사하여 독립적인 창작의 가능성을 배제하고 직접적인 증거 없이도 접근의 추론을 허용할 수 있는 증거, 즉 전문가 교수의 음악학적인 분석을 바탕으로 한 명확한 진술이 있는바, 이에 따라 실제적인 복제행위를 추정할 수 있다고 하였다.384)

(5) '현저한 유사성'의 의미

Selle 판결은 음악저작물에 있어서의 '현저한 유사성'의 의미에 대하여도 주목할 만한 판시를 하고 있다. 이 판결은 음악저작물에 있어서 현저한 유사성은 단순히 두 작품에 나타나는 동일한 음표의 개수의 많고 적음에 관한 것이 아니라, '독특함'이라고 하였다. 그리고 이러한 독특한 부분이 음악적으로 특별히 복잡하게 구성되어 있을 경우 '현저한 유사성'이 인정될 가능성은 더 높아진다고 하였다. 즉, 현저한 유사성의 존재는 유사하다고 주장하는 부분의 '독특함'(uniqueness)과 '복잡함'(complexity)에 의하여 보강될 수 있다는 것이다. 따라서 상대적으로 짧고 단순하며 기본적인 선율에 기초하거나 이를 되풀이하는 형태로 작곡되는 대중음악에 있어서는, 독특함과 복잡함이 부족하기 때문에 음의 유사성만 가지고 현저한 유사성의 존재를 긍정할 수 없는 경우가 많다고 하였다.

독특함과 복잡함이 현저한 유사성의 중요한 요소라면, 피고가 원고의 음악을 복제하였다는 사실을 교묘하게 감추려고 해도 어쩔 수 없이 드러나는 단서들, 예를 들어 원고와 피고의 음악 모두에서 통상적인 음악적 구조로부터 일탈된 구조가 보이는 경우,385) 특히 그 일탈이 원고 음악과는 어울리는 면이 있지만 피고의 음악과는 어울리지 않는 경우에는 그러한 정황이 원고에게 유리한 증거로 작용하게 된다.

미국의 음악저작물과 관련된 저작권 침해사건에서는, 특히 대중음악의 경우 창작에 사용할 수 있는 도구가 여러 가지 요인에 의하여 상당히 제한될 수밖에 없다는 점 때문에, 피고가 원고의 침해 주장을 반박하기 위하여 두 음악에 공통적으로 존재하는 요소는 공중의 영역에 있는 요소라는 항변을 하는 경우를 매우 빈번하게 볼 수 있다고 한다. 피고가 이와 같은 항변을 하는 첫째의 목적은, 원고 역시 공중의 영역에 있는 요소를 복제한 것이

384) 장주영, 전게서, 196면.

385) 이는 결국 앞에서 본 공통의 '미적 오류'(aesthetic miscues, 또는 미학적 일탈)와 같은 것이라고 볼 수 있다.

라는 점을 내세워 원고 음악의 창작성을 부인하기 위한 것이다. 두 번째 목적은 원고 음악에 대한 보호의 범위를 가급적 축소시키려는 것이며, 세 번째 목적은, 피고가 원고 음악에 있는 요소를 복제하였다는 원고 주장의 신빙성을 떨어뜨리고, 원고 음악이 아닌 공중의 영역에 있는 요소로부터 차용(복제)을 할 수도 있다는 점을 주장하기 위한 것이다. 즉, 원고와 피고의 음악에 공통적으로 존재하는 멜로디 등 음악적 요소들이 원고의 음악에서보다 오히려 공중의 영역으로부터 더 용이하게 찾아질 수 있다는 점을 밝힘으로써, 소극적으로는 복제행위에 대한 입증의 부담을 원고에게 전가시키고, 적극적으로는 피고가 원고의 음악에 있는 요소가 아니라 공중의 영역에 있는 요소들을 이용하였다는 추정을 유도하고자 하는 것이다.[386]

다. 부당이용(improper appropriation)의 판단

(1) 일반론

복제행위에 대한 입증에 성공하였다고 하여 그것만으로 저작권침해가 인정되는 것은 아니다. 허용되는 복제, 즉 합법적인 복제행위도 있을 수 있기 때문이다.[387] 따라서 피고의 복제행위가 원고 저작물에 대한 '부당한 이용행위'가 된다는 점이 추가로 입증되어야 저작권침해를 인정할 수 있다. '부당이용'은 주로 복제된 부분이 "창작적 표현"에 해당한다는 점과, 그로 인하여 두 저작물 사이에 실질적 유사성"이 존재한다는 점을 통하여 입증하게 된다.

원고와 피고 두 음악저작물 사이에 유사성이 있다는 점만으로는 복제행위(copying)를 인정할 수 없는 것과 마찬가지로, 저작권침해의 또 다른 요건인 부당이용(improper appropriation)을 인정하는 데 있어서도 두 음악 사이의 실질적 유사성만으로는 충분하지 않으며, '창작적 표현'의 복제(이용)가 인정되어야 한다. 그 이유는 음악저작물은 그것이 원고의 저작물이든 피고의 저작물이든 상당한 요소들을 공중의 영역에 있는 요소들이나 다른 제 3 자의 음악저작물에서 차용해 온 경우가 많기 때문이다. 따라서 원고 저작물 중에서 저작권의 보호를 받는 '창작적 표현' 부분이 피고 저작물에 실질적으로 유사한 형태로 존재하고 있는지 여부를 판단하는 작업이 필요하다.

물론 판단이 아주 쉽고 간단한 사례로서, 두 음악 사이의 유사성이 너무나 커서 피고가 원고 음악의 보호받는 창작적 표현 부분을 차용하였다는 사실 외에는 달리 그러한 유사성을 설명할 방법이 없고, 피고의 음악이 등장함으로 인하여 시장에서 원고 음악이 차지

386) Paul Goldstein, *op. cit.*, pp. 8: 47-48.

387) Arnstein v. Porter, 154 F.2d 464(2d Cir. 1946).

하고 있는 지위에 그만큼 부정적인 영향이 초래되었음이 명백한 사건들도 있다. 그러나 음악저작물과 관련된 저작권 침해사건에 있어서는 사정이 그렇게 쉽고 단순하지만은 않은 경우가 절대적으로 많다. 대부분의 음악저작권 침해사건에서는 원고 음악에 존재하는 보호를 받을 수 있는 창작적 표현 부분을 파악하기 위하여 원고 음악을 분석할 필요가 있고, 아울러 원고 음악의 보호받는 표현 중 어느 부분이 피고에 의하여 복제되었는지를 판단하기 위하여 피고 음악도 분석을 해 보아야 할 필요가 있다. 그러고 나서 원고와 피고의 음악이 대상으로 하고 있는 청중들의 귀에 부당이용을 인정할 수 있을 정도로 실질적으로 유사하게 들릴 것인지를 판단하여야 한다.

그러나 이러한 분석과 판단 작업은 매우 어렵다. 음과 음으로 분석을 해 보면 서로 비슷하다고 판단되는 두 음악이 청중들의 귀에는 완전히 서로 다른 음악으로 들릴 수 있으며, 반대로 청중들의 귀에는 유사하게 들리는 음악이 음과 음으로 분석을 해 보면 전혀 다르게 분해가 되는 경우도 자주 있다고 한다.[388]

(2) 보호받는 표현 테스트의 적용

따라서 음악저작물에서 '부당이용'을 판단하기 위하여서는 우선 원고 저작물 중 보호를 받을 수 있는 창작적인 표현 부분을 가려내는 '보호받는 표현 테스트'가 선행되어야 한다. 이 테스트를 적용하여 원고의 음악저작물에 보호를 받을 수 있는 부분이 존재하는지를 판단함에 있어서는 원칙적으로 양(量)적인 접근방법이 아니라 질(質)적인 접근방법을 취하여야 한다. 왜냐하면 원고가 자신의 음악에서 보호를 받을 수 있는 부분이라고 주장하는 음악적 요소가 양적으로 아무리 많다 하더라도 그것이 다른 음악저작물, 특히 널리 알려진 음악의 그것과 비슷하다면 창작성이 없다는 이유로 보호가 부정될 수 있기 때문이다. 또한 원고 음악의 음악적 요소가 창작성을 갖추고 있다 하더라도 그 요소가 지극히 기초적이고 단순한 것이어서, 거기에 대하여 보호를 줄 경우 다른 사람들의 음악저작물에 대한 창작 활동을 부당하게 제한하게 될 우려가 있는 경우에도 역시 보호가 부정될 수 있다. 다시 말하면, 앞의 Selle 판결에서 본 바와 같이 두 음악저작물 사이에 유사성이 존재한다고 하더라도 그것이 음악적인 '독특함'(uniqueness)과 '복잡함'(complexity)에 의하여 보강되지 않는 한 저작권침해가 부정될 수 있는 것이다.

흔히 음악저작물의 표절과 관련하여 "여섯 마디 이상이 같으면 표절이다" 또는 "여섯 마디가 되지 않는 음악은 얼마든지 자유롭게 복제할 수 있다"고 하는 식의 이른바 '여섯 마디의 법칙'(six bar rule)이라고 하는 획일적인 판단기준이 존재한다고 믿는 사람들이 많다.

388) Paul Goldstein, *op. cit.*, pp. 8: 48-49.

그러나 미국의 판례는 이러한 획일적이고 계량적인 접근방법을 일관되게 배척하고 있다. 미국의 판례 중에는 2 내지 4 마디 또는 심지어는 6개의 음으로만 구성된 음악의 경우에도 저작권의 보호를 긍정한 판례가 있다.[389)390)]

한편, 음악저작물에 대한 침해 사건에서 보호받는 부분을 찾아내는 작업은 주로 멜로디 부분에 집중된다. 이는 청중이 가장 기억하기 쉽고 청중에 대한 영향력이 가장 높은 부분이 멜로디라는 점과, 음악저작물에 있어서 창작성은 리듬이나 화음 또는 음색과 같은 요소들보다는 멜로디에 존재하기 쉽다는 점에서 비롯된다. 그럼에도 불구하고 미국의 판례 중에는 리듬이나 화성과 같은 멜로디 이외의 요소들을 가지고 저작권침해를 인정한 사례도 있다. 대표적인 것으로 Fred Fisher 사건[391)]을 들 수 있다. 이 사건에서 Learned Hand 판사는, "원고의 음악이 대중적 성공을 거둔 것은 주로 그 멜로디에 기인하는 바가 크다고 할 것인데, 피고가 원고의 음악으로부터 멜로디 부분을 복제하지는 않았다는 점은 인정된다. 그렇지만 피고는 원고의 음악으로부터 화성(和聲)과 오스티나토(ostinato), 즉 동일 성부(聲部)에서의 일정한 음형(音型)의 반복, 계속적으로 반복되는 악구(樂句)를 복제한 사실이 인정되고, 그로 인하여 원고의 음악과 유사하게 멜로디 아래에 깔리는 마치 드럼이나 북장단과 같은 계속적인 배경효과를 주고 있다는 점에서 저작권침해의 책임을 인정할 수 있다"고 하였다.

일본 동경지방법원의 'One Rainy Night in Tokyo' 판결[392)]도 음악저작물의 저작권침해를 판단함에 있어서는 멜로디뿐만 아니라 화음과 리듬 및 음악의 형식까지도 종합적으로 고려하여야 한다고 판시하였다. 이 사건에서 원고는 음악저작물에 있어서 표절을 판단하기 위하여서는 선율의 동일 유사성을 판단하면 족하다고 주장하였다. 그러나 동경지방법원은

---

389) Robertson v. Batten, Barton, Durstine & Osborn, Inc., 146 F.Supp. 795, 111 U.S.P.Q. 251(S.D. Cal. 1956); Boosey v. Empire Music Co., 224 F. 646, 647(S.D.N.Y. 1915) (Paul Goldstein, op. cit., p. 8: 50에서 재인용).

390) 과거 우리나라의 공연윤리위원회는 창작곡의 표절 결정기준을 다음과 같이 세운 바 있으나 현재는 사용하지 않고 있다.

1. 주요 동기가 동일 내지 흡사한 경우 표절로 인정함.
2. 가. 주요 동기라 함은 4/4, 4/2, 6/8, 5/4 박자는 첫 2소절, 2/4, 2/2, 3/8, 3/4 박자는 첫 4소절.
   나. 흡사하다 함은 박자 분할이 동일하고 한 두 음의 음정만 다른 경우를 말함.
3. 주요 동기 이외는 1항의 소절 수의 배수를 표절로 인정함.
   4/4, 4/2, 6/8, 5/4 박자는 첫 4소절, 2/4, 2/2, 3/8, 3/4 박자는 첫 8소절.
4. 음형은 동일 내지 흡사하고 박자의 분할 배분만 변경된 것은 표절로 간주함.

(이상 권영준, 전게서, 203면에서 인용)

391) Fred Fisher v. Dillingham, 298 F. 145(S.D.N.Y. 1924).

392) 일본 동경지방법원 1968. 5. 13. 소화 40년(ワ) 제5299, 5489 판결(最新 著作權關係判例集 I, 著作權判例研究會 編, 363면 이하).

"음악은 선율과 화성, 리듬, 형식의 4가지 요소로 구성되며 그러한 요소들이 일체를 이루어 하나의 악곡을 형성하는 바, 두 개의 악곡의 동일 유사성을 판단함에 있어서는 이러한 모든 요소들을 고려하여 판단하여야 한다"고 하였다. 그리고 "악곡 중에는 형식이나 화성이 문제로 되지 않고, 또 리듬도 그다지 중요하지 않아서 단지 선율만이 주된 요소인 경우도 있으며, 그 경우에는 선율만을 고려하면 충분하지만, 이 사건 음악은 그러한 종류의 악곡이 아니다"라고 하였다.393)

우리나라 대법원 2004. 7. 8. 선고 2004다18736 판결394)도, 음악저작물의 저작권침해를 판단함에 있어서는 우선 보호받는 표현 부분을 가려내고 나서 실질적 유사성여부를 판단하여야 한다는 취지를 밝히고 있다. 이 사건은, 2차적저작물인 원고의 '여자야'라는 가요와 피고들의 저작물인 '사랑은 아무나 하나'라는 가요 사이에 실질적 유사성이 있는지 여부를 판단한 사건이다. 대법원은, "이러한 판단을 함에 있어서는 원고 가요의 기초가 된 구전가요에서 따온 부분을 제외하고, 여기에 원고에 의하여 새롭게 부가한 창작적인 표현형식에 해당하는 것만을 대비하여야 할 것인바, 원고의 가요는 구전 가요인 '여자야'에서 따온 전반부와 역시 구전 가요인 속칭 '영자송'에서 따온 중반부 및 '여자야'에서 따온 후반부로 구성되어 있음에 반하여, 피고의 가요는 속칭 '영자송'에서 따온 전반부와 '여자야'에서 따온 후반부로 구성되어 있어 그 편집이 반드시 동일하다고 볼 수는 없는데다가, 피고 가요의 전주 부분과 유사한 원고 가요의 전주 및 간주 부분 5마디도 구전 가요에서 따온 리듬, 가락, 화성에 다소의 변형을 가한 것에 불과한 부분이어서, 피고 가요가 원고 가요와 유사한 디스코 풍의 템포(♩=134)를 적용하였다는 사정만으로는 원고 가요와 피고 가요 사이에 실질적 유사성이 있다고 하기 어렵다"고 하여 저작권침해를 부정하였다.

이처럼 원고 음악저작물에서 보호받는 요소를 가려낸 후에는 그와 같은 보호받는 요소들 중 피고가 무단으로 사용한 것이 있는지를 판단하여야 한다. 그런데 이러한 작업은

---

393) 수원지방법원 2006. 10. 20. 선고 2006가합8583 판결(MC몽 사건): "각 곡을 대비하여 유사성여부를 판단함에 있어서는, 해당 음악저작물을 향유하는 수요자를 판단의 기준으로 삼아 음악저작물의 표현에 있어서 가장 구체적이고 독창적인 형태로 표현되는 가락을 중심으로 하여 대비 부분의 리듬, 화성, 박자, 템포 등의 요소도 함께 종합적으로 고려하여야 하고, 각 대비 부분이 해당 음악저작물에서 차지하는 질적·양적 정도를 감안하여 실질적 유사성여부를 판단하여야 한다.

394) 이 사건의 원고들은 속칭 '영자송'이라는 구전가요와 그의 아류로 여겨지는 다른 구전가요를 기초로 작성한 가요 '여자야'를 작곡하였는바, 대법원은 원고들이 '여자야'를 작곡함에 있어서 공중의 영역에 있는 두 구전가요의 리듬, 가락, 화성에 사소한 변형을 가하는 데 그치지 않고 두 구전가요를 자연스럽게 연결될 수 있도록 적절히 배치하고 여기에 디스코 풍의 경쾌한 템포(♩=130)를 적용함과 아울러 전주 및 간주 부분을 새로 추가함으로써 사회통념상 그 기초로 한 구전가요들과는 구분되는 새로운 저작물로서 저작권법 제5조 제1항 소정의 2차적저작물을 작성한 것이라고 한 후, 이를 전제로 피고들의 음악저작물인 가요 '사랑은 아무나 하나'와 비교 검토하고 있다.

상당히 어려운 경우가 많다. 그 이유는 대부분의 표절자들은 원고 음악저작물의 보호받는 요소들을 그대로 가져다 쓰는 것이 아니라 약간씩 변형하여 쓰는 것이 보통이고, 그러한 경우에는 그 변형이 어떤 정도에까지 이르러야 음악적 '표현'의 무단사용이 아닌 단순한 음악적 '아이디어'의 차용이라고 볼 것인지에 관한 판단이 필요하기 때문이다. 하나의 음만을 살짝 바꾸는 것처럼 단순한 변형만으로는 부당이용의 혐의를 빠져나가기 어려울 것이다. Learned Hand 판사는 피고가 원고의 음악저작물에 대한 실질적인 변형을 가하였을 때 두 음악저작물을 비교하는 정교한 방법을 고안하여 제시하였는데, 참고가 될 만하다. 이 방법은 음악을 뿌리에 이르기까지 분해하고 분석하기 위하여, 음악에서 리듬과 강약을 제거하고 각각의 음에 동일한 비중을 두면서 멜로디에 대하여만 고려를 한다. 그리고 두 음악을 동일한 키(key)와 동일한 조(調)로 바꾸어 놓는데, 그 과정을 통하여 침해자가 원작을 교묘하게 숨기고 있는 것이 드러날 수 있고, 이를 저작권침해의 중요한 증거로 활용한다는 것이다. 이 테스트는 미국 제 2 항소법원 관내의 법원들에 의하여 상당히 적극적으로 사용되어 왔다고 한다.[395)]

(3) 청중테스트(audience test)

피고가 원고의 음악으로부터 보호받는 표현을 차용하였음을 인정하는 것은 부당이용을 인정하기 위한 필요조건이기는 하지만 충분조건은 아니다. 원고는 더 나아가 피고의 음악으로 인하여 원고 음악에 대한 청중이 감소한다는 점, 또는 적어도 일반적인 청중이 두 음악을 서로 유사한 것이라고 느낄 것이라는 점을 입증하여야 한다. 이것이 '청중테스트'이다.[396)] 그런데 절대 다수의 음악 애호가들은 음악을 감상함에 있어서 음악저작물을 전체적으로 느끼는 것이 일반적이며, 마디마다 하나씩 분석하고 집중하여 관심을 갖는 것은 상당히 예외적이다. 그리고 음악은 대다수의 일반 청취자들을 위하여 작곡되는 것이지, 음악을 마디마디 분석하기 위하여 듣는 사람이나, 악보의 한 귀퉁이로부터 세밀한 변형을 찾아내기 위하여 음악을 듣는 사람, 또는 자기의 전문적인 귀에 약간이라도 거슬리는 음이나 불협화음을 찾아내기 위하여 비판적인 의도를 가지고 음악을 듣는 사람 등 소수의 사람들을

---

395) Paul Goldstein, *op. cit.*, p. 8: 51.

396) 우리 하급심 판결 중에도 음악저작물과 관련하여 '청중테스트'를 적용한 것이 있다. 가수 MC몽과 린이 부른 "너에게 쓰는 편지"의 후렴구 8소절의 표절여부가 문제된 사건에서 수원지방법원 2006. 10. 20. 선고 2006가합8583 판결은, "각 곡을 대비하여 유사성여부를 판단함에 있어서는, 해당 음악저작물을 향유하는 수요자를 판단의 기준으로 삼아 음악저작물의 표현에 있어서 가장 구체적이고 독창적인 형태로 표현되는 가락을 중심으로 하여 대비 부분의 리듬, 화성, 박자, 템포 등의 요소도 함께 종합적으로 고려하여야 하고, 각 대비 부분이 해당 음악저작물에서 차지하는 질적·양적 정도를 감안하여 실질적 유사성여부를 판단하여야 한다"고 하였다.

위하여 작곡되는 것은 아니다. 따라서 침해인정을 위한 마지막 분석 작업인 청중테스트에 있어서는, 일반 청중이 피고의 음악으로부터 원고의 음악과 동일 또는 유사한 기분을 느낄 정도로 '충분한' 차용행위가 있었는지 여부를 판단하는 것이 원칙이다. 단순히 유사성이 있다는 것만으로는 침해를 인정할 수 없는 것이다.397) 앞에서 본 바와 같이 Arnstein v. Porter 사건398)에서 제 2 항소법원도, 부당이용여부를 판단하기 위하여서는 '일반적인 보통의 감상자'(ordinary lay hearer)의 느낌을 기준으로 삼아야 한다고 하였다. 그리고 작품을 분석하거나 전문가의 증언을 듣는 것은 이 단계에서는 관계가 없고, 그러한 작업이 결정적인 것이 되어서는 아니 되며, 설사 전문가의 증언을 듣는다 하더라도 그것은 평범한 청중의 반응을 알아보기 위하여 도움이 되는 범위 내로 제한되어야 한다고 하였다. 즉, 이 문제에 대한 판단은 숙련된 음악가들처럼 각각의 곡들을 비교 분석하는 것이 아니라, 평범한 청중의 반응을 알아보는 것이다. 음악전문가들의 훈련된 귀로 느끼는 인상 혹은 원고와 피고 곡들의 음악적 우수성에 대한 전문가들의 견해는 부당이용의 요건과 관련하여서는 중요한 것이 아니라는 것이다. 이는 음악저작물에 있어서 실질적 유사성의 판단은 본질적으로 '전체적 접근방법'(totalities test)을 사용하는 것이 적절하다는 것을 의미한다.399)

사실 음악은 비어문저작물로서 모든 예술 형식 중에서 가장 실체성과 유형성이 떨어지는 예술이다. 특히 음악저작물은 다른 어떤 저작물보다도 어문적 표현에 대한 종속성이 떨어진다는 점을 부인할 수 없다. 그렇기 때문에 음악저작물에서의 '부당이용'의 판단, 특히 '청중테스트'를 적용하여 실질적 유사성을 판단함에 있어서는 분해식 접근방법보다는 전체적 접근방법이 더 적절하다는 견해가 유력한 것이다. 음악저작물과 같은 비어문적 저작물의 저작권침해를 판단할 때 분해식 접근방법을 취한다면 잘못된 접근방법일 가능성이 있으며, 기술적인 전문용어로 문자적으로 서술해 놓았을 때에 인상적으로 느껴지는 부분은 일반 청중의 귀에는 전혀 그렇게 들리지 않을 가능성도 많다고 한다.400)

따라서 외적인 테스트 또는 보호받는 표현 테스트에 의하면 두 음악작품 사이에 상당한 유사성이 존재한다고 하더라도 실제로 청중테스트에서는 그 두 작품이 전혀 유사하게 들리지 않을 수도 있다. 두 음악작품이 전혀 유사하게 들리지 않음에도 불구하고 기술적으로 분해된 요소들 사이에 유사성이 있다고 하여 저작권침해의 책임을 묻는 것은 합리적이지 못하다는 것이 일반적인 견해이다.401)

---

397) *Ibid.*, p. 8: 51-52.

398) Arnstein v. Porter, 154 F.2d 464(2d Cir. 1946).

399) Sarah Brashears-Macatee, *op. cit.*, p. 6.

400) Elliott M. Abramson, *op. cit.*, p. 148; Sarah Brashears Macatee, *op. cit.*, p. 6.

401) 위 Arnstein 사건에서 Clark 판사는 다음과 같은 견해를 표명한 바 있다. 즉, 두 개의 음악저작물을 작

그러나 다음에서 언급하는 몇 가지 이유로 인하여 음악저작물에 있어서도 전체적 접근방법을 채택하는 것은 적절치 못하다는 견해도 있다. Raphael Metzger와 같은 학자들은 음악저작물에 있어서 청중테스트와 같은 전체적 접근방법을 취하는 것은 부적절하다고 주장하면서, 다음과 같은 독특한 견해를 제시한다. 그는 "음악은 아이디어를 전달하는 것이 아니라, 청중들 사이에 어떤 인상이나 감상을 불러일으키는 것이다. 즉, 연설이나 문학작품은 인간의 지성을 매개로 하여 사람의 아이디어를 전달하는 것임에 반하여, 음악은 일반적인 인상을 전달하는 것이다"라고 지적한다. 따라서 음악저작물의 저작권침해 사건에 있어서는 아이디어의 유사성은 고려할 필요가 없다고 하였다. Metzger는 더 나아가 대부분의 일반인들은 청각적 감각이 그다지 발달하지 아니하였기 때문에 이들은 두 개의 음악저작물을 비교하고 분석하는 데 어려움을 느끼지 않을 수 없다고 하였다. 음악적으로 숙련된 전문가들만이 악보를 읽으면서 그 악보로부터 음악작품을 청각적으로 연상해 낼 수 있으므로, 악보를 시각적으로 비교하는 것만으로는 음악저작물의 실질적 유사성을 판단하는 데 부족하다고 하였다.[402]

Metzger는 음악저작물에 있어서 부정이용 및 실질적 유사성을 판단하기 위한 대안적 접근방법으로서 'La Rue test'라는 새로운 형태의 테스트를 제안하였다. 이 방법은 기본적으로는 음악작품을 분석하고 분해하는 과정을 거친다. 다만 분해를 하되 개개의 음조로 분해를 하는 것이 아니라, 작곡의 요소인 사운드, 화음, 멜로디 그리고 리듬으로 구조적 분해를 하는 것이다. Arnstein 판결에서 전문가의 분석은 청중테스트에서 전혀 관계가 없는 것이고 결정적인 것이 되어서도 아니 된다고 하였지만, Metzger는 다른 저작물에 있어서의 청중테스트와는 달리 음악저작물에 있어서는 전문가들이 비교분석 자료를 제공할 수 있고, 배심원들에게 두 작품의 유사여부를 청각적으로 분간하기 위한 도움을 줄 수도 있다고 한다. 이러한 전문가가 제공하는 자료 중에는 쟁점이 되고 있는 음악적 요소가 '공중의 영역'(public domain)에 속하는 것인가 등에 관한 정보가 포함될 수 있다. 예를 들어, 어느 종류의 음악에 유행적으로 광범위하게 쓰이는 리듬 패턴은 설사 그와 실질적으로 유사한 리듬 패턴을 사용하였다고 하더라도, 그것이 바로 저작권침해의 근거가 될 수는 없는 것이다. 이러한 접근방법은 청중테스트에서 전문가의 역할을 인정하지 않음으로 인하여 나타나는 문

은 부분으로 분해해 보았을 때 일단 유사성이 있다고 보여지면, 표절의 책임으로부터 벗어나기 위하여서는 다시 한 번 전체적으로 작품을 살펴보도록 하는 것이 좋은 전략이 될 수 있으며, 다른 방법으로는 존재를 파악할 수 없는 음악적 유사성을 이론적·분석적인 조사를 통하여 존재한다고 주장할 수는 없다고 하였다.

402) Raphael Metzger, *Name That Tune; A Proposal for an Intrinsic Test of Musical Plagiarism*, 5 Loy. Ent. L. J. 61(1985); Sarah Brashears Macatee, *op. cit.*, pp. 6-7.

제들을 완화하는 데 도움이 될 수도 있을 것이다. 음악저작물은 모든 저작물 중에서도 가장 불명료한 것으로서 훈련된 귀를 가지지 않은 사람들에게는 두 작품 사이의 유사성을 판단하기가 상당히 어렵기 때문에 특히 그러하다.[403)]

청중테스트와 관련하여 '일반적인 보통의 감상자'(ordinary lay hearer)의 느낌을 기준으로 하고 있는 Arnstein 판결은 Metzger와 같은 학자들에 의하여서 뿐만 아니라, 그에 후속되는 판례들에 의하여서도 일정한 수정을 겪게 된다. Dawson v. Hinshaw Music[404)] 판결에서는, 청중테스트의 감상자는 작가가 '의도한 청중'(intended audience)으로 구성되어야 한다고 하였다. 이 판결은 시각적 저작물에 관한 Krofft 판결[405)]에서 어린이를 주된 고객으로 하는 환상적인 모습을 한 캐릭터 저작물과 관련된 침해사건에서는 어린이의 기준을 적용하여 실질적 유사성을 판단하여야 한다고 한 점을 상기시키고 있다. 이와 같이 단순한 보통의 감상자가 아니라 작가가 수요자로 의도한 청중 또는 그 저작물에 대하여 이해할 수 있고 감상할 능력을 갖춘 청중이 청중테스트의 판단기준이 되어야 한다는 것은 컴퓨터프로그램에 대한 저작권 침해사례에서는 오히려 일반적인 법리가 되어 있다. 컴퓨터프로그램과 같은 전문적인 저작물에 대한 침해사건에서는 평범한 청중이 아니라 그 저작물을 적절하게 평가할 수 있는 식견을 가진 전문가, 즉 해당 분야에 있어서 평균적 기술을 가진 전문가인 당업자(specialized ordinary observer)가 기준이 되어야 한다는 것이다. 예를 들어, Whelan Associates v. Jaslow Dental Laboratory 판결[406)]에서는, 컴퓨터프로그램에 있어서 실질적 유사성의 판단은 컴퓨터 언어와 프로그램의 내부 구조를 이해할 수 있는 사람을 기준으로 이루어져야 한다고 하였다.

(4) 참고적 기준

음악저작물의 창작에 있어서는 음악미학적 관행, 가청능력 및 가창·가성범위의 한계, 화음, 박자 등에 있어서의 형식 등으로 인하여 창작에 사용할 수 있는 수단이 다른 형식의 저작물의 경우보다 매우 제한적일 수밖에 없다. 또한 공중의 영역에 있는 요소들이나 선행 저작물에 이미 존재하는 요소들을 의식적, 무의식적으로 차용하게 되는 경우도 흔하다. 따라서 미국의 판례를 보면 음악저작물의 저작권침해 여부를 판단할 때, 우선 '보호받는 표현 테스트'를 통하여 원고 저작물 중 보호를 받을 수 있는 창작적인 표현 부분을 가려내

403) Raphael Metzger, *op. cit.*, p. 68.
404) Dawson v. Hinshaw Music, Inc., 905 F.2d 731(4th Cir.), cert. denied, 498 U.S. 981(1990).
405) Sid & Marty Krofft Television Productions, Inc. v. McDonald's Corp., 562 F.2d 1157(9th Cir. 1977)
406) Whelan Associates v. Jaslow Dental Laboratory, 797 F.2d 1222(3rd Cir. 1986), cert. denied, 479 U.S. 1031(1987).

고, 그 이후에 '청중테스트' 등의 방법을 통하여 실질적 유사성 또는 '부당이용'을 판단하는 작업을 단계적으로 수행하는 경향을 볼 수 있다. 우리나라의 판례도 주로 청중테스트를 채용하고 있지만, 그에 앞서 음악을 구성하는 각종 요소들로 분해하여 전문적으로 분석함으로써 보호받는 요소들을 가려내는 작업을 수행하고 있음을 볼 수 있다.

2014년 한국저작권위원회 연구자료에 따르면, 국내외에서 음악저작물 관련 표절 논란이 있었던 사례 15개를 분석한 결과, 표절판단에서는 가락의 유사성이 가장 중요하며, 가락을 제외한 리듬이나 화성은 단독으로 유사하더라도 그것만으로는 표절로 보기 어렵다고 한다. 다만, 사례 중에는 가락이 부분적으로만 유사한 경우에도 표절로 본 예외적인 경우가 있다. 이런 경우에는 대비부분을 분해하여 분석하는 방식을 채택하여야 한다. ① 가락 대비, ② 가락에 대한 음의 진행방법 대비, ③ 리듬 대비, ④ 리듬에 대한 표현방법 대비, ⑤ 화성 대비, ⑥ 박자 대비, ⑦ 템포 대비, ⑧ 시간 대비, ⑨ 장르 및 형식 대비, ⑩ 대비부분의 질적, 양적 대비 등을 통해 실질적 유사성 여부를 판단해야 한다고 결론을 내리고 있다.[407)]

이 연구자료에서는 음악저작물의 표절 판단은 사안에 따라, 또는 인용된 양과 질에 따라 그 결과가 달라지므로 일률적으로 표절판단의 가이드라인을 제시하는 것은 쉽지 않은 일이지만, 그럼에도 불구하고 국내외의 판례, 국내외 표절 논란이 되었던 주요 사례, 그리고 우리나라 음악관계자들의 인식조사를 토대로 할 때 음악저작물의 표절 판단과 관련하여 다음과 같은 가이드라인을 제시할 수 있다고 한다. 이 가이드라인은 청중테스트가 음악저작물의 표절 판단에는 적합하지 않다고 보고 있다는 점에 특색이 있다.

(1) 청중테스트는 음악저작물의 표절 판단에 있어서 적합하지 않다. 청중은 화성 또는 리듬 등 창작성이 부정되는 영역의 유사성으로부터 음악청취의 유사성을 쉽게 인정하고, 이로부터 표절 판단을 내리는 경향이 있기 때문이다. 이러한 청중테스트의 결과는 법원의 표절 판단과 그 궤를 달리하는 사례가 상당히 발견되고 있다.

(2) 음악저작물의 표절 판단은 음원을 분해하는 방법(분해식 판단방법)을 토대로 하여 판단하되, 최종적인 판단에 앞서 청중테스트를 통해 청중들에게 유사한 곡으로 느끼게 하고 있는 부당한 인용이 있었는지를 고려하여야 한다.

(3) 음원을 분해하는 방법을 이용하는 경우에는 가락, 리듬, 화성의 3가지 요소를 단독 또는 복합적으로 고려하여야 한다.

(4) 가락이 유사한 경우에는 리듬, 화성에서 상당한 독창성이 있어 청중으로 하여금 두

407) "국내외 음악분야 표절사건 현황 조사 연구", 한국저작권위원회, 저작권정책연구 2014-06, (연구책임자 정진근), 2014. 12., 4면.

곡이 서로 다르게 느껴지는 수준이 아니라면 표절로 볼 가능성이 크다.

(5) 유사한 가락의 길이는 최소 4마디 이상이어야 하며, 가락의 길이는 곡 전체에서 차지하는 양과 질의 관계를 고려하여 결정되어야 한다.

(6) 가락이 유사하지 않은 경우에는, 리듬, 화성에서 상당한 독창성이 있어 청중으로 하여금 리듬과 화성에서 그 곡의 특징이 드러나지 않는 한 표절에 해당될 가능성이 적다.

(7) 표절 판단에 있어서 관용구, 일반적으로 쓰이는 리듬과 화성은 비교에서 제외하고 창작적인 부분만을 대비하여야 한다.[408]

Ⅳ. 기능적 저작물

1. 서 설

건축설계도, 법률서식, 게임 규칙집, 컴퓨터프로그램 등과 같은 기능적 저작물은 다른 범주의 저작물과 구별되는 차이점을 가지고 있다. 그 차이점이라는 것은 단순한 정도의 문제가 아닌 본질적인 것이다. 물론 일반적인 저작물과 마찬가지로 기능적 저작물 역시 일정한 표현을 내포할 수 있다. 그러나 일반적인 저작물에 내포되어 있는 표현들은 청중의 감각이나 지성에 호소하기 위한 것이지만, 기능적 저작물에 내포되어 있는 표현들은 그 저작물의 주된 목적, 즉 사용자로 하여금 특정한 과업을 수행하도록 하는 목적에 종속되어 생겨나는 것이다. 변호사가 작성한 정교한 법률서식이나 컴퓨터프로그래머가 개발한 기능적인 프로그램은 나름대로의 표현을 내포하고 있지만, 그 표현은 인간의 감성에 대하여 어떤 영향을 줄 것인지에 대하여는 별다른 관심이 없이 작성된다.[409]

오히려 기능적 저작물의 가치는 주로 그 작품의 시스템이나 개념(concept), 방법(method) 등에 내재되어 있는 발명적 독창성, 정확성, 효율성, 기능성에 달려 있다. 그 결과 Paul Goldstein 교수에 의하면, 이러한 저작물에 대하여 저작권을 부여하는 것은 필연적으로 아이디어·표현 이분법, 즉 저작권의 보호는 'idea, procedure, process, system, method of operation, concept, principle, or discovery'에는 미쳐서는 아니 된다는 미국 저작권법상의 대원칙[410]을 위협하게 된다고 한다. 이러한 점에서 기능적 저작물에 대한 저작권 보호는 모든 사람들이 자유롭게 사용할 수 있어야 하는 '사실'(fact) 그 자체에 대하여 독점권을 주

408) Id.,5-6면.
409) Paul Goldstein, *op. cit.*, p. 8: 72.
410) 1976 미국 저작권법 § 102(b).

는 것과 유사한 위험을 내포한다. 뿐만 아니라, 기능적인 성격을 가지고 있는 저작물을 저작권법에 의하여 보호하는 것은, 저작권이 저작물의 창작과 동시에 발생하고 따로 심사절차 등 형식적 절차를 요구하지 않고 있는 관계상, 실용적이고 기능적인 요소에 대한 권리를 부여하기 위하여 특허법 등에서 엄격한 기준을 두고 있는 취지를 몰각시킬 위험이 있다. 즉, 특허법 등에서 요구하고 있는 엄격한 기준을 충족하지도 못한 요소들에 대하여 저작권법에 의하여 간단하게 동일한 수준의 독점권을 부여하는 문제점이 있는 것이다.[411)]

기능적 저작물에 대한 저작권 보호가 내포하고 있는 이러한 위험은 순수한 어문저작물에 대한 저작권침해의 결과와 기능적 저작물에 대한 저작권침해의 결과를 비교해 보면 잘 알 수 있다. 예를 들어, 문학적으로 탁월한 시구(詩句)에 저작권에 의한 독점적 권리를 주어 이를 다른 시인들이 베끼지 못하게 하거나, 사소한 변형을 못하게 하더라도 문화의 향상발달에 큰 문제는 없다. 다른 시인들은 그 시구와 동일한 주제를 표현하면서도 그 시구처럼 탁월한 문학성을 가지고 있는 다른 시구를 얼마든지 창작할 수 있기 때문이다. 그러나 반면에, 법조문과 확립된 판례에 입각하여 작성된 법률서식을 다른 사람들이 복제하거나 유사한 형태로 제작하지 못하도록 하는 것은 다른 사람들로 하여금 법률적으로 부정확한 서식을 작성하도록 강제하거나, 아니면 현실적으로 불가능한 완전히 새로운 서식을 만들도록 강제할 위험이 있다. 그렇게 되면 소비자들은 어쩔 수 없이 먼저 만들어진 서식을 구입할 수밖에 없게 되고, 결과적으로 소비자로서의 정당한 선택권을 제한 당하게 된다. 이는 사회적으로나 경제적으로나 바람직하지 않다. 어떤 기능적 저작물이 기능적인 면에서 가장 효율적인 최적의 상태에 도달하면, 소비자들은 그 저작물이 같은 기능을 가지는 다른 형태로 표현되는 것에는 특별한 관심을 가지지 않는다. 왜냐하면 이때의 소비자들의 관심은 저작물의 '표현'(expression)이 아니라 그 저작물이 가지고 있는 '기능'(function)에 있기 때문이다.[412)]

2. 양 식

미국 연방대법원은 Baker v. Selden 판결[413)]에서 기능적 저작물 중 양식(blank form)의 저작권침해에 대한 사법적 판단기준을 수립한 바 있다. 원고 Selden의 서적은 새로운 부기 방식에 대한 설명과 양식으로 구성되어 있는데, 피고의 책 중 양식 부분이 원고의 양

411) Paul Goldstein, *op. cit.*, p. 8: 73.
412) *Ibid.*, pp. 8: 73-74.
413) 101 U.S. 99(1879).

식과 유사하였다. 연방대법원 아이디어와 표현 사이에는 명확한 선을 그어야 한다며, “원고가 자신의 책에서 서술하거나 예시한 방법 그 자체는 누구나 자유롭게 이용할 수 있다”고 하였다. 그러나 이 사건 판결문 자체만으로는, 원고가 창작한 부기 방식에 사용되는 ‘양식’(blank form)이 저작권의 보호를 전혀 받을 수 없다는 것인지, 또는 원고의 양식은 저작권의 보호를 받을 수 있지만, 피고의 양식이 원고의 양식과 저작권침해를 인정할 만큼의 유사성이 없다는 것인지에 관하여 명확하게 밝히고 있지 않다는 비판이 있었다.[414)]

그 후 거의 70년이 지난 뒤에 나온 Mazer v. Stein 판결[415)]에서 미국 연방대법원은, Baker 사건의 판결을 위의 후자의 경우에 해당하는 것으로 해석하면서 다음과 같이 판시하였다. 즉, “Baker 판결의 취지는, 부기방식에 관하여 저술한 원고의 책에 대하여 피고가 양식의 칸을 그와 다르게 배치하고 제목을 다르게 달 경우 비록 피고의 서적이 원고의 서적과 유사한 결과를 달성하기 위한 것이라 하더라도 저작권침해는 성립하지 않는다는 것이다”라고 하였다. 따라서 만약 피고 저작물에 기재된 양식의 제목이나 칸의 배치 및 구성이 원고의 것과 실질적으로 동일하다면 결과는 달라질 수 있다는 것이다. Mazer 판결은, “저작권법은 저작권자가 창작에 투자한 자본과 노력의 회수를 보장하는 것과 그의 경쟁자가 유사한 기능의 저작물에 새로운 투자를 할 수 있는 자유를 보장하는 것 사이에서 균형을 찾아야 하고, 그렇게 하기 위해서는 피고가 저작권의 보호를 받는 저작물의 기능적 요소를 표면적으로가 아니라 내부적으로 차용하는 것은 허락되어야 하며, 그 ‘표면적 요소를 문자적으로 복제하는 것’(literal copying of surface details)만이 금지되어야 한다.”고 하였다.[416)]

미국 연방대법원의 Baker 판결이나 Mazer 판결이 저작권자와 그 경쟁자의 이익 사이에서 올바른 균형을 찾고자 한 것은 분명하지만, 이들 판결이 제시하고 있는 기준을 구체적으로 어떻게 적용하느냐에 따라 저작권자에게 지나치게 적은 보호를 주거나 반대로 지나치게 많은 보호를 주기도 한다. 다음과 같은 경우에는 저작권자에게 주어지는 보호가 지나치게 적다. 기능적 저작물이지만 상당한 비기능적 표현을 포함하고 있는 경우, 피고가 원고 저작물을 복제하면서 일부 변형을 하였지만 비기능적 표현을 그대로 차용하고 있는 경우이다. 반면에 다음과 같은 경우에는 저작권자에게 지나치게 많은 보호를 주는 셈이 된다. 원고의 저작물이 표현적인 요소를 가지고 있지만, 그 저작물이 가지고 있는 기능적 요소를 효과적으로 표현할 수 있는 방법이 극히 제한되어 있는 경우이다. 이러한 경우 경쟁

414) Paul Goldstein, *op. cit.*, p. 8: 74 참조.
415) 347 U.S. 201, 100 U.S.P.Q. 325(1954).
416) Paul Goldstein, *op. cit.*, pp. 8: 74-75.

자가 그 표현을 복제하지 못하도록 금지하는 것은 경쟁자로 하여금 그 저작물에 내재되어 있는 기능을 사용하는 것까지 봉쇄하게 된다.[417]

3. 지도, 설계도면 등

우리나라 판례 중에도 대표적인 기능적 저작물인 지도 및 그러한 지도를 포함한 여행안내책자와 관련하여 저작재산권 침해의 요건을 엄격하게 적용한 사례가 있다. 대법원 2011. 2. 10. 선고 2009도291 판결[418]은, 피고인 甲이 발행한 A라는 여행안내책자가 乙의 B라는 여행안내책자에 대한 저작권을 침해한 것인지에 관한 사례에서, 여행지의 역사, 관련 교통 및 위치 정보, 운영시간, 전화번호 및 주소, 입장료, 쇼핑, 식당 및 숙박 정보 등에 관한 부분은 객관적 사실이나 정보를 별다른 특색 없이 일반적인 표현형식에 따라 있는 그대로 기술한 것에 지나지 아니하므로 창작성을 인정할 수 없고, B 안내책자에 실린 프랑크푸르트 지도를 살펴보면, 그 내용이 되는 마인강 등의 자연적 현상과 도로, 건물, 지하철 등의 인문적 현상이 종래의 통상적인 방식과 특별히 다르게 표현되어 있지는 않고 그 표현된 내용의 취사선택도 일반적인 여행지도와 별반 다를 것이 없어서 저작물로서 보호될 만한 창작성을 인정할 수가 없으므로, 이러한 부분들은 A와 B 사이의 실질적 유사성여부를 판단함에 있어 대비대상으로 삼아서는 안 된다고 하였다. 나아가 관광지, 볼거리, 음식 등을 주관적으로 묘사하거나 설명하고 있는 부분을 보면, B 안내책자의 표현들을 구성하고 있는 어휘나 구문과 유사해 보이는 어휘나 구문이 A 안내책자에서 일부 발견되지만, 그 중 해당 관광지에 관하여 알려져 있는 특성과 평판 등을 이전의 다른 여행책자들에서도 쉽게 찾아볼 수 있을 정도의 통상적인 표현방식에 의하여 그대로 기술한 것에 불과하거나, 누가 하더라도 같거나 비슷하게 표현할 수밖에 없어 창작성을 인정할 수 없는 표현들을 제외하고 나면, 그러한 어휘나 구문이 전체 책자에서 차지하는 질적·양적 비중이 미미하여 B 안내책자의 창작적 특성이 A 안내책자에서 감지된다고 보기는 어려우므로, 이 부분을 들어 A와 B 사이에 실질적 유사성이 있다고는 볼 수 없다고 하였다.

역시 기능적 저작물인 아파트 내부 평면도 및 배치도와 관련하여 대법원 2009. 1. 30. 선고 2008도29 판결은, 아파트의 경우 건축관계 법령에 따라 건축조건이 이미 결정되어 있는 부분이 많고, 각 세대별 전용면적은 법령상 인정되는 세제상 혜택이나 그 당시 유행하

417) *Ibid.*, p. 8: 75.
418) 판례공보 2011상, 596면.

는 선호 평형이 있어서, 건축이 가능한 각 세대별 전용면적의 선택에서는 제약이 따를 수 밖에 없으며, 그 결과 아파트의 경우 공간적 제약, 필요한 방 숫자의 제약, 건축관계 법령의 제약 등으로 평면도, 배치도 등의 작성에 있어서 서로 유사점이 많은 점, 이 사건 평면도 및 배치도는 기본적으로 건설회사에서 작성한 설계도면을 단순화하여 일반인들이 보기 쉽게 만든 것으로서, 발코니 바닥무늬, 식탁과 주방가구 및 숫자 등 일부 표현방식이 독특하게 되어 있기는 하지만, 이는 이미 존재하는 아파트 평면도 및 배치도 형식을 다소 변용한 것에 불과한 것으로 보이는 점 등을 이유로 저작권침해의 책임을 부정하였다.[419)]

이처럼 기능적 저작물은 다른 일반 저작물과 구별되는 차이점을 가지고 있기 때문에, 저작권 침해여부를 판단하기 위한 기본적인 테스트를 시행함에 있어서 두 가지 점을 특히 염두에 두어야 한다. 첫째로, 원고와 피고 저작물 사이에 '현저한 유사성'(striking similarity)이 존재할 경우 그것이 일반적인 저작권 침해사건에 있어서라면 '복제행위'가 있었음을 추정하기에 충분한 증거가 되지만, 기능적 저작물에 관한 사건에서는 반드시 그런 것이 아니다. 즉, 기능적 저작물에 있어서 원, 피고 저작물 사이의 현저한 유사성이 존재한다고 하더라도, 그러한 현저한 유사성이 양 저작물이 가지고 있는 공통적인 기능성에 따른 제한, 예를 들어 법률서식에 있어서 표준적인 법률문장을 사용하여야 한다는 제한이라든가, 또는 건축도면에 있어서 표준적인 작도법을 사용하여야 한다는 제한 등에 기인한 것이라는 점을 피고가 입증한다면, 현저한 유사성은 '복제행위'가 있었음을 추정하기에 충분한 증거가 될 수 없다. 둘째로, 원고와 피고 저작물에 있어서 비기능적 요소가 동일하게 나타나는 경우, 예를 들어 법률서식에 예시된 당사자의 이름이 같거나, 피고 컴퓨터프로그램의 소스코드에서 원고 프로그램 개발자의 이름 이니셜 등이 공통으로 나타나는 것은 '복제행위'가 있었다는 좋은 증거가 된다. 기능적 저작물이면서도 이와 같은 비기능적 요소에서 '공통의 오류'(common errors) 또는 '공통의 미적 오류'(aesthetic miscues)가 존재한다는 것은 '복제행위'가 있었다는 것 외에는 달리 설명할 방법이 없기 때문이다.[420)]

기능적 저작물에 대하여는 그 종류에 따라 다른 취급을 해 주어야 한다. 특히 서식이나 규칙, 도면 등과 같은 기능적 저작물과 컴퓨터프로그램은 저작권 침해 판단과 관련하여 상당한 차이가 있다. 서식이나 규칙, 도면 등은 비록 감성이나 지성에 호소하기 위하여 만들어지는 것은 아니지만, 인간이 사용하도록 만들어지는 것이라는 점에서 공통점이 있다. 따라서 이러한 종류의 기능적 저작물에 대하여는 표준적인 '청중테스트' 또는 '평균적 관찰

419) 이 판결의 경우 결론에 있어서는 아파트 내부 평면도 및 배치도의 창작성을 부정하여 저작권침해의 책임이 없다고 하고 있으나, 그 내용을 보면 피해자와 피고인의 양 평면도 및 배치도에서 나타나는 유사성의 정도만으로는 그들 사이에 실질적 유사성이 있다고 볼 수 없다는 취지도 포함되어 있다.

420) Paul Goldstein, *op. cit.*, p. 8: 76.

자 테스트'와 유사한 테스트가 유용할 수 있다. 그러나 컴퓨터프로그램의 경우는 오로지 기계장치인 컴퓨터 내에서 사용되기 위하여 만들어지는 것이고, 스크린 디스플레이나 사용자 인터페이스를 제외하면 사람에 의하여 직접 인식되는 부분이 없다. 따라서 다른 일반 저작권침해 판단에서 사용되는 청중테스트나 평균적 관찰자 테스트는 컴퓨터프로그램의 저작권침해여부를 판단함에 있어서는 거의 소용이 없게 된다.[421]

대표적인 기능적 저작물이라고 할 수 있는 컴퓨터프로그램 관련 저작권 보호에서 특히 문제가 되는 것은 프로그램 규약, 해법, 스크린 디스플레이, 사용자 인터페이스 등이다. 이들은 크게 컴퓨터프로그램 자체에 포함되어 있는 것과, 컴퓨터프로그램의 구체적인 작동에 의하여 생성되는 것들로 나누어 볼 수 있다. 이들에 관하여 아래에서 살펴보기로 한다.

4. 스크린 디스플레이(메뉴구조, 그래픽 사용자 인터페이스 등)

가. 컴퓨터프로그램 자체와의 구별 필요성

컴퓨터프로그램은 컴퓨터 화면상에 특정한 디스플레이(screen display)를 나타내기 위하여서도 사용된다. 이러한 스크린 디스플레이에 속하는 것으로서 대표적인 것이 '그래픽 형태의 사용자 인터페이스'(GUI, Graphic User Interface)이다. 사용자 인터페이스는 컴퓨터프로그램과 사용자가 상호작용(의사소통)을 함에 있어서 매우 중요한 역할을 한다. 또한 사용자 인터페이스는 일반적으로 일정한 메뉴구조(menu hierarchy)를 가지는 것이 보통이다.

스크린 디스플레이, 사용자 인터페이스, 메뉴구조는 밀접하게 연관되어 있고 서로 겹치는 부분도 있지만, 원칙적으로 구별되어야 하는 개념이다. 우선 스크린 디스플레이는 컴퓨터프로그램에 의하여 모니터 화면에 나타나는 것으로서, 그 내용 및 형태에 따라서 어문저작물, 미술저작물, 도형저작물, 또는 영상저작물 등으로 분류될 수 있다. 사용자 인터페이스 중에서 컴퓨터 화면에 그래픽 형태로 나타나는 영상 역시 스크린 디스플레이에 속한다고 할 수 있지만, 스크린 디스플레이는 이에 한정되지 않고 예를 들어 비디오게임 프로그램을 작동시켰을 때 화면에 나타나는 영상도 포함한다. 오히려 스크린 디스플레이와 관련된 저작권 판례라고 한다면, 주로 비디오게임에서 화면에 나타나는 영상에 대한 사례가 많다. 또한 사용자 인터페이스라고 하여 모두 스크린 디스플레이에 해당하는 것은 아니고, 모니터 화면에 나타나는 그래픽 형태의 것만이 스크린 디스플레이에 해당하게 된다.[422] 따

421) *Ibid.*, p. 8: 76.

422) 사용자 인터페이스(User Interface)는 넓은 의미로 어떠한 장치, 즉 컴퓨터나 각종 기계장치 등의 사용자가 그 장치를 이용하여 특정한 작업을 수행하기 위하여 그 장치와 상호작용을 하게 되는 부분을 말한다. 예를 들어, 흔글 워드프로세서로 문서편집 작업을 할 때 모니터 스크린에 나타나는 메뉴나 윈도

라서 키보드, 마우스 등 하드웨어 형태의 사용자 인터페이스는 스크린 디스플레이에 해당하지 않는다. 한편, 메뉴구조는 그래픽 사용자 인터페이스에 있어서 특정한 명령이나 지시, 도움말 등의 구조와 상호 연결관계를 말하는 것이다. 따라서 그래픽 사용자 인터페이스가 시각적인 면에 중점을 두고 있는 것이라면, 메뉴구조는 그 구조적·조직적인 면에 중점을 두고 있는 것이다. 실제 그래픽 사용자 인터페이스의 저작권침해가 문제로 되는 경우에는 메뉴구조에 대한 침해여부도 함께 다루어지는 경우가 많다.

컴퓨터프로그램과 그 프로그램에 의하여 생성되는 스크린 디스플레이(또는 사용자 인터페이스, 메뉴구조)는 매우 밀접하게 연관되어 있지만, 저작권 보호 문제와 관련하여서는 서로 분명하게 구별되어야 한다. 특정한 스크린 디스플레이를 생성하는 컴퓨터프로그램에 대한 저작권은 그 프로그램에만 미치는 것이며, 따라서 동일한 스크린 디스플레이를 생성한다고 하더라도 독자적인 형태로 개발된 다른 컴퓨터프로그램에 대하여는 미치지 아니한다. 마찬가지로 스크린 디스플레이에 대한 저작권은 해당 디스플레이에 대하여서만 미치며, 디스플레이에 대한 저작권만을 가지고 다른 경쟁자가 그 디스플레이를 생성하는 컴퓨터프로그램을 복제하는 것을 막을 수는 없다.[423]

그런데 미국의 판례를 보면 스크린 디스플레이와 그것을 생성하는 컴퓨터프로그램을 구별하지 못하고 양자를 혼동한 것들이 가끔 발견된다. 예를 들어, Broderbund Software, Inc. v. Unison World, Inc.[424] 판결에서는 컴퓨터프로그램에 대한 저작권이 그 프로그램에 의하여 생성되는 스크린 디스플레이에까지 미치는 것으로 판단하고 있다. 이와 같이 판단한다면, 결국에 가서는 스크린 디스플레이를 컴퓨터프로그램과 같은 '어문저작물'(literary work)에 해당하는 것으로 파악하게 된다. 왜냐하면 미국 저작권법은 컴퓨터프로그램을 기본적으로 어문저작물의 한 종류로 파악하기 때문이다. Broderbund 판결이 이와 같은 오류를 범하게 된 것은, "컴퓨터프로그램에 대한 저작권의 보호는 문자적 복제(literal copying)에만 미치는 것이 아니라, 그 프로그램의 시청각적 디스플레이를 포함하는 전체적인 구조에까지 미친다"고 판시한 Whelan 사건[425] 판결을 잘못 이해하였기 때문이라고 한다. 나아가

우 환경에서 나타나는 각종 아이콘 모양 등의 스크린 디스플레이, 키보드나 마우스, 조이스틱 등의 하드웨어 장치, 에러발생시 또는 컴퓨터 통신에서 파일 내려받기(download)가 완성되었을 때 울리는 기계음 멜로디, 자동차에 있어서는 핸들과 스틱 등 운전자가 사용하는 각종 장치와 계기판의 배열 및 디스플레이 등이 이에 해당한다.

423) Paul Goldstein, *op. cit.*, pp. 2: 199-200.

424) Broderbund Software, Inc. v. Unison World, Inc., 648 F.Supp. 1127, 231 U.S.P.Q. 700(N.D. Cal. 1986).

425) Whelan Associates, Inc. v. Jaslow Dental Laboratory, 797 F.2d 1222, 230 U.S.P.Q. 481(3d Cir. 1986), cert. denied, 479 U.S. 1031(1987).

이 판결은 주로 시각적 저작물의 침해판단에서 사용된 '외관이론'(total concept and feel test)을 적용하고 있다.[426)]

스크린 디스플레이와 그것을 생성하는 컴퓨터프로그램을 혼동한 또 다른 사례로는 Kramer 판결이 있다.[427)] 이 판결은 컴퓨터프로그램에 의하여 생성되는 시청각 저작물은 본질적으로 컴퓨터프로그램으로 보아야 한다는 전제 아래, 스크린 디스플레이에 대한 저작권은 그 디스플레이를 생성하는 컴퓨터프로그램에까지 미친다고 하였다. 이와 같은 결론에 이르게 된 것은 컴퓨터프로그램을 스크린 디스플레이가 고정되어 있는 '표현매체'에 해당하는 것으로 오해한 것도 한 원인이 되었다고 한다. 스크린 디스플레이가 컴퓨터프로그램에 의하여 생성된다고 하더라도, 그 스크린 디스플레이가 고정되어 있는 표현매체는 컴퓨터프로그램이 아니라 컴퓨터프로그램과 디스플레이를 함께 고정하고 있는 디스크 또는 컴퓨터칩이라고 보아야 한다. 이런 점에서 컴퓨터프로그램과 디스플레이에 관한 정보를 담고 있는 디스크는 음반과 유사한 성격을 가진다. 음반의 경우에도 음악저작물과 그것을 연주한 음악이 함께 수록되어 있지만, 이들은 서로 별개의 저작물 및 저작인접물이다.

Broderbund 판례와 Kramer 판례에서처럼 컴퓨터프로그램에 대한 저작권이 스크린 디스플레이에게 미친다거나, 반대로 스크린 디스플레이에 대한 저작권이 컴퓨터프로그램에 미친다고 하면, 이는 저작권법에서 예시하고 있는 저작물의 분류 및 정의규정과도 일치하지 않는다. 1976년 미국 저작권법 제101조는 컴퓨터프로그램을, "특정한 결과를 가져오기 위하여 컴퓨터에 직접 또는 간접적으로 사용되는 일련의 지시, 명령"[428)]이라고 규정하고 있고 이는 우리 저작권법도 마찬가지이다. 스크린 디스플레이 역시 사용자들에 대한 일련의 '지시'나 '명령'을 포함할 수 있지만, 그것은 특정한 결과를 가져오기 위하여 컴퓨터 안에서 사용되는 '지시'나 '명령'이 아니다. 오히려 스크린 디스플레이는 본질적으로 컴퓨터프로그램에 의하여 생성되는 '결과'에 해당한다고 보아야 한다.

앞서 제4장의 '동일성유지권' 중 '3. 침해의 태양' 부분에서 포털의 대체광고와 관련하여 살펴본 대법원 2010. 8. 25.자 2008마1541 결정은, 피신청인이 개발한 광고 대체 프로그램을 통하여, 신청인(포털 사업자)의 저작물인 포털 사이트의 화면표시를 임의로 변경, 수정한 행위에 대하여, 피신청인의 컴퓨터프로그램은 신청인이 전송한 HTML 소스코드 자체에는 영향을 미치지 않는다는 점에 주목하여 동일성유지권 침해가 아니라고 판시하였다. 피신청인의 컴퓨터프로그램은 신청인이 전송한 HTML 소스코드 자체에는 영향을 미

426) Paul Goldstein, *op. cit.*, p. 2: 201.
427) M. Kramer Manufacturing Co. v. Andrews, 783 F.2d 421, 228 U.S.P.Q. 705(4th Cir. 1986).
428) 원문은, "a set of statements or instructions to be used directly or indirectly in a computer in order to bring about a certain result"이다. 우리 저작권법도 거의 유사한 정의규정을 가지고 있다.

치지 않지만, 사용자 컴퓨터의 임시저장 장치에서 별도 작용을 함으로써 신청인의 HTML 소스코드에 의하여 표시될 스크린 디스플레이에 변경을 가하게 된다. 이 대법원 결정은 결국 컴퓨터프로그램(소스코드)과 그 프로그램에 따라 출력되는 스크린 디스플레이를 별개의 저작물로 파악하지 않은 것으로 이해될 소지가 있다. 이 판결에 대하여는, 소스코드는 프로그래밍 단계에서의 표현일 뿐 인간이 그 소스코드 자체를 인지하는 것은 아니며, 오히려 인간은 소스코드의 실행결과인 화면이나 프린터 상의 출력결과를 인지하게 되는 만큼, 소스코드가 아니라 화면 표시(스크린 디스플레이)를 동일성유지권의 보호대상으로 보아야 한다는 이유로 비판하는 견해가 있음은 위 동일성유지권 부분에서 언급한 바 있다.429) 즉, 컴퓨터프로그램과 그 컴퓨터프로그램에 의하여 표시되는 스크린 디스플레이는 별개의 저작물로 보아야 하고, 저작권침해 여부도 각각 별도로 판단하여야 한다는 것이다.

나. 그래픽 사용자 인터페이스의 저작권 보호범위

(1) 서 설

컴퓨터프로그램에 의하여 생성되는 스크린 디스플레이 중 그래픽 사용자 인터페이스(GUI, Graphic User Interface, 이하 GUI)는 컴퓨터 사용자와 그 프로그램이 내장된 컴퓨터 사이에서 일종의 중개인 내지 통역인의 역할을 한다. 따라서 다른 기능적 저작물과 마찬가지로 GUI 역시 예술성보다는 신속한 작동과 오류의 최소화를 위한 기능성 및 효율성의 확보를 주된 목적으로 하게 된다. 미국의 판례를 살펴보면, 사용자 인터페이스의 저작권 보호범위는 기능적 저작물에서와 마찬가지로 엄격하게 가급적 제한적으로 새기는 경향이 있음을 볼 수 있다. 비용 산출 프로그램의 흐름과 순서를 나타내는 GUI가 문제로 된 Cams 판결430)에서, GUI에는 비용 산출의 과정을 어떻게 표현할 것인지에 대한 개발자의 창작성이 투영되어 있으며, 동일한 기능의 경쟁제품을 만들 경우 다른 표현방법을 채택할 수 있는 길이 열려 있으므로 저작권의 보호를 받을 수 있다고 하였다. 그러면서도 화면 중앙에 제목을 위치하도록 한 것, 밑줄이 그어진 프로그램의 명칭, 프로그램 명령어의 위치 등과 같은 GUI의 포맷은 표현할 수 있는 방법이 극히 제한되어 있기 때문에 여기에 대해서까지 저작권의 보호가 미치는 것은 아니라고 하였다.431)

미국의 초기 판례 중에는 앞서 본 Broderbund 판결처럼 두 개의 GUI 사이의 실질적 유사성을 판단하기 위하여 이들을 서로 비교하면서 '외관이론'(total concept and feel test)을

429) 오병철, 3D 변환 TV의 저작권침해 여부, 정보법학, 14권 3호, 37면.

430) Manufacturers Technologies, Inc. v. Cams, Inc., 706 F.Supp. 84, 994-996, 10 U.S.P.Q.2d 1321(D. Conn. 1989).

431) Paul Goldstein, *op. cit.*, p. 2: 203에서 재인용.

적용한 판례가 있다.[432] 그러나 대부분의 미국 판례들은 외관이론과 같이 주로 직물디자인 등에 적용되어 온 추상적인 기준을 GUI와 같은 기능적 저작물에 적용하는 것은 적절하지 않다는 데 인식을 같이 하고 있다.[433]

기술적으로 요구되는 효율성 때문이 아니라, 사람들의 습관에 의하여 GUI의 표현이 제한되는 경우에도 저작권 보호와 관련하여 문제가 발생한다. 예를 들어, 영문자판을 사용하는 거의 모든 사람들은 'QWERTY' 방식의 표준적인 키보드에 익숙해져 있다. 사실 키보드의 자판구조를 'QWERTY' 방식보다 더 효율적으로 만들 수 있는 방법도 여러 가지가 있다고 한다. 그러나 모든 사용자들이 'QWERTY' 방식의 키보드를 사용함으로써 이미 이에 익숙해졌기 때문에, 아무리 다른 효율적인 자판 배열방법이 있다고 하더라도 이제는 다른 구성을 취하는 것이 사실상 불가능하다. 그렇다면 표준화 이전에 자판배열을 구성하였던 사람이 나중에 그 자판이 '사실상의 표준'(de facto standard)이 되었을 때, 다른 사람들이 그와 동일한 자판을 사용하거나 제조, 판매하는 것을 저작권으로 금지할 수 있게 된다면, 그것은 저작권법이 추구하는 목적에 부합하기 어렵다.

뒤에서 보는 바와 같이 미국의 판례 중에는, 원고가 창작한 사용자 인터페이스가 대단한 성공을 거두어 그 인터페이스가 표준이 되고, 그로 인하여 경쟁자가 그 시장에서 계속 영업을 하기 위하여서는 어쩔 수 없이 그 표준을 사용하여야 한다면, 그 사용자 인터페이스의 표준적인 요소들은 저작권의 보호를 받을 수 없다고 한 것이 있다.[434] 이러한 점에서 볼 때 GUI에게 부여되는 저작권은 매우 약한 것이고, 따라서 그 창작자가 저작권을 통하여 받게 되는 보상은 자신이 그 인터페이스를 개발하기 위하여 들인 노력에 비하여 적은 것이 될 수도 있다. 그러나 한편으로 GUI를 작성함에 있어서는 효율성뿐만 아니라 그 인터페이스를 가급적 보기 좋게 만들고자 하는 노력도 기울이게 된다. GUI의 가치가 예술적이고 미적인 외양에 있는 것이라면, 저작권의 보호는 보다 강하게 주어질 수 있

432) Digital Communications Assocs., Inc. v. Softklone Distrib. Corp., 659 F.Supp. 449, 465, 2 U.S.P.Q. 2d 1385(N.D. Ga. 1987); Broderbund Software, Inc. v. Unison World, Inc., 648 F.Supp. 1127, 1137, 231 U.S.P.Q. 700(N.D. Cal. 1986).

433) Apple Computer, Inc. v. Microsoft Corp., 799 F.Supp. 1006, 1025, 24 U.S.P.Q.2d 1081(N.D. Cal. 1992): 이 판결에서는, 원고 Apple Computer가 주장하는 외관이론을 적용할 경우 피고 Microsoft의 Windows와 New Wave의 사용자 인터페이스는 물론이고, 표준적인 모양을 사용하고 있는 다른 데스크탑 그래픽 사용자 인터페이스 역시 원고 저작권의 보호범위에 들어가게 되어 과대보호가 될 우려가 있음을 지적하고 있다(Paul Goldstein, op. cit., p. 2: 204 참조).

434) Apple Computer, Inc. v. Microsoft Corp., 799 F. Supp.1006, 1023-1026, 24 U.S.P.Q.2d 1081(N.D. Cal. 1992), aff'd, 35 F.3d 1435, 32 U.S.P.Q.2d 1086(9th Cir. 1994); Manufacturers Technologies, Inc. v. Cams, Inc., 706 F. Supp. 984, 994, 10 U.S.P.Q.2d 1321(D. Conn. 1989): 사용자의 '편의성'을 높이기 위하여 채택된 요소는 기계적인 효율성을 높이기 위하여 채택된 요소와 마찬가지로 저작권의 보호가 부정되어야 한다고 하였다.

을 것이다.[435)]

이하에서는 GUI의 저작권 보호에 대한 소극적 입장과 적극적 입장을 미국의 이론을 중심으로 하여 검토하기로 한다.

(2) GUI에 대한 저작권 보호를 부정 또는 제한하여야 한다는 견해

GUI의 저작권 보호에는 몇 가지 제한이 따른다. 첫째로, 1976년 미국 저작권법 §102(b)는, "저작권의 보호는 아이디어, 절차, 프로세스, 시스템, 작동방법, 컨셉, 원리, 발견 등에는 미치지 않는다."고 규정하고 있다. 이러한 102(b) 조항에 내재되어 있는 원리 중의 하나가 바로 '아이디어·표현 이분법'(idea/expression dichotomy)이다.

아이디어·표현 이분법과 긴밀한 관계를 가지고 있는 것으로 '합체의 원칙'이 있음은 앞서 본 바와 같다. 합체의 원칙은, 아이디어와 표현이 서로 분리할 수 없을 정도로 밀접하게 관련되어 있을 때에는 그것이 표현이라고 하더라도 저작권의 보호를 받을 수 없다는 원칙이다. Kern River Gas Transmission Co. v. Coastal Corp.[436)] 사건에서는, 송유관의 매설장소와 위치를 표시하는 선(line)으로 구성된 지도는, 그러한 지도를 효율적으로 표현하는 방법이 극히 제한되어 있기 때문에 합체의 원칙에 따라 저작권의 보호를 받을 수 없다고 판결하였다. 다시 말해서 합체의 원칙이란, 어떤 아이디어를 표현하는 방법이 하나뿐이거나 혹은 극히 제한되어 있는 경우에는 그러한 표현에 대하여 저작권의 보호를 줄 경우, 필연적으로 그 표현에 내재된 아이디어 자체에 대하여도 저작권의 보호가 미치기 때문에, 그 표현에 저작권의 보호가 주어져서는 안 된다는 원칙이다.

합체의 원칙과 밀접한 관련을 가지고 있는 '필수장면의 원칙'도 있다. 이 원칙은 주어진 아이디어를 표현하는 데 있어서 현실적으로 불가결한 표현이나, 적어도 표준화된 표현은 아이디어와 같이 취급되어야 하고, 따라서 저작권의 보호를 받을 수 없다는 것이다. 예를 들어, 전기 철조망이 설치된 모험공원과 그 안을 운행하는 전동차, 그리고 다이노사우루스가 생육되고 있는 고립된 섬 같은 장면은 '다이노사우루스 공원'이라는 컨셉(이는 저작권의 보호를 받지 못한다)으로부터 자연스럽게 나오는 필수장면에 해당한다.

그 외에도 미국 저작권법 §102(b)는 '작동방법'(method of operation)은 저작권의 보호를 받을 수 없다고 규정하고 있다. §102(b)에서 말하는 '작동방법'이란, 사람이 자동차라든가 음식물 조리기 또는 컴퓨터 등과 같은 어떤 기기를 조작하기 위하여 사용하는 수단을 말한다. Lotus Development Corp. v. Borland International, Inc. 사건이 이 규정을 적용한 대

435) Paul Goldstein, *op. cit.*, p. 2: 204.

436) 899 F.2d 1458(5th Cir. 1990), 498 U.S. 952, 111 S.Ct. 374(U.S., 1990).

표적인 사례이다. Lotus 사건에서 미국 제 1 항소법원은 Lotus 1-2-3 스프레드 쉬트 프로그램의 메뉴구조는 작동방법에 해당하기 때문에 저작권의 보호를 받을 수 없다고 하였다. 다만, Lotus 사건에서 문제가 된 Lotus 1-2-3의 사용자 인터페이스는 그래픽적 요소를 거의 포함하지 않고 있었고, 다소 있다고 해도 창작성이 없었기 때문에, GUI가 아닌 '메뉴구조'의 저작권침해만이 문제로 되었다. 따라서 뒤에서 보는 바와 같이 Lotus 판결이 GUI에 대한 저작물성을 부정한 것이라고는 볼 수 없다고 하는 견해가 오히려 유력하다.

1976년 미국 저작권법은 '실용적 저작물'(useful articles)에 대하여는 제한된 저작권만이 주어진다고 규정하고 있다. '실용적 저작물'이란 어떤 대상을 단순히 재현하거나 정보를 전달하기만 하는, 감상보다는 실용을 본래적인 기능으로 하는 작품을 말한다. 사용자 인터페이스는 컴퓨터프로그램을 작동하는 실용적인 기능을 제공한다는 점에서 위 규정에서 말하는 '실용적 저작물'에 해당할 수 있을 것이다. 그렇다면 실용적 저작물 중 '회화, 그래픽, 조각 저작물'의 카테고리에 속하는 저작물에 대하여 1976년 미국 저작권법이 어떠한 취급을 하고 있는지에 대하여 살펴볼 필요가 있다.

첫째, 회화, 그래픽, 조각 저작물의 카테고리에 속하는 저작물 중에서 실용적 저작물로 분류되는 저작물은, 실용적 기능을 포함하고 있는 범위만큼 저작권의 보호가 제한된다. 그러나 실용적 저작물 역시 그러한 실용적인 기능으로부터 물리적 또는 개념적으로 분리할 수 있는 창작적인 표현을 내포하고 있다면, 그 범위에서는 저작권의 보호를 받을 수 있다. 예를 들어, 의자의 디자인은 실용적인 기능을 가지고 있기 때문에 저작권의 보호를 받을 수 없지만, 그 의자의 등받이 부분을 조각으로 처리한 부분은 그 의자의 실용적 기능으로부터 분리할 수 있기 때문에 저작권의 보호를 받을 수 있다. 그러므로 실용적 저작물에 대하여 저작권이 제한된다는 규정 때문에, 사용자 인터페이스와 같은 시청각 저작물에 포함된 표현에 대하여서까지 저작권의 보호가 배제된다는 것은 아니다.

(3) GUI에 대한 저작권 보호를 긍정하는 견해

이 견해는 컴퓨터프로그램의 사용자 인터페이스는 그것이 그래픽 형태이든 아니든, 그 개별적인 구성요소들이 저작권법이 요구하는 최소한의 창작성을 가지고 있는 이상 저작권의 보호를 받아야 한다고 주장한다. 나아가 개개의 사용자 인터페이스를 일종의 '작동방법'(method of operation)으로 본다고 하더라도, 그러한 개별적인 구성요소들의 선택과 배열에 창작성이 있다면 그것 역시 편집저작물의 일종으로서 저작권법의 보호를 받을 수 있다고 한다.[437] 이 견해는 다음과 같은 점들을 그 근거를 들고 있다.

---

437) Hassan Ahmed, *The Copyrightability of Computer Program Graphical User Interface*, 30 Sw. U. L.

첫째로, 컴퓨터프로그램이란 기본적으로 어떤 특정한 목적을 달성하기 위한 것으로서 미국은 컴퓨터프로그램의 정의규정 자체에서 컴퓨터프로그램을 '실용적 저작물'로 정의하고 있다. 그럼에도 오늘날 컴퓨터프로그램이 저작권의 보호를 받는 것은 아주 당연하게 받아들여지고 있다. 다만 컴퓨터프로그램이 가지는 기능적 성격 때문에 저작권 보호에 있어서 일정한 제한이 가해진다는 것은 부득이하다. 컴퓨터프로그램이나 사용자 인터페이스는 양쪽 모두 본질적으로 기능적·실용적 성격을 가지고 있다. 그렇다면 컴퓨터프로그램은 저작권으로 보호를 하면서 GUI에 대하여만 유독 그것이 작동방법에 속하는 것이라고 하여 저작권의 보호를 부정할 수는 없다.

둘째로, 비디오게임의 스크린 디스플레이에 대한 저작권 보호여부가 문제로 되었던 대부분의 판례에서, 스크린 디스플레이가 저작권의 보호를 받을 수 있다는 결론이 내려졌다. 즉, 비디오게임의 시청각적 요소인 스크린에 나타나는 그래픽 이미지는 그것이 게임을 실행하기 위한 '수단'(method)에 해당하는 것이라고 하더라도 저작권의 보호를 받을 수 있다는 것이다. 예를 들어, Atari 사건[438]에서 문제가 되었던 Breakout 비디오게임은, 사용자가 움직이는 물체에 맞추기 위하여 사용하는 직선형태의 디스플레이로 구성되어 있다. 이 게임의 사용자 인터페이스는 하드웨어에 부착되어 있는 손잡이와 스크린에 나타나는 영상(image)이었다. 그럼에도 불구하고 법원은 이 저작물은 '전체적으로 볼 때' 일종의 편집저작물로서 저작권의 보호를 받을 수 있다고 판단하였다. 비디오게임의 스크린 디스플레이는 스크린에 나타나는 이미지를 통하여 프로그램을 작동시킨다는 점에서 볼 때 다른 컴퓨터프로그램의 GUI와 개념적으로 유사하다. 그렇다면 GUI 역시 저작권의 보호를 받을 수 있다는 결론에 이르게 된다.

셋째로, 미국의 저작권 등록절차 아래에서는, 화면에 어떤 이미지를 생성하는 프로그램에 대하여는 오직 하나의 저작권 등록만이 허용된다.[439] 따라서 화면에 특정한 이미지를 생성하는 컴퓨터프로그램을 창작한 저작자는, 자신의 창작물을 컴퓨터프로그램으로 등록할 것인지 아니면 시청각적 디스플레이로 등록할 것인지를 선택하여 결정하여야 하고, 그 과정에서 둘 중 무엇이 더 중요하고, 어느 쪽으로 등록하는 것이 자신의 권리를 보호받는데 유리한지를 고려하게 된다. 만약 저작자가 컴퓨터프로그램의 시청각적 요소에 대하여 등록을 신청하였다면, 그 저작자는 프로그램 자체가 아니라 거기에 내재되어 있는 창작적 표현인 시각적 저작물, 예컨대 GUI에 대하여 보호를 받는 쪽을 선택하였다고 볼 수 있다.

Rev., p. 480.

438) Atari Games Corp. v. Oman, 979 F.2d 242(D.C. Cir. 1992).

439) Copyright Office Notice of Registration Decision, 53 Fed. Reg. 21817(June 10, 1988).

이처럼 저작자가 저작물의 시청각적 요소에 대한 보호를 선택하였다면, 그 저작물의 가치와 창작성은 컴퓨터프로그램 자체보다는 사용자 인터페이스에 있다는 것을 의미한다. 이를 뒤집어 보면, 스크린 디스플레이(화면 이미지)를 생성하는 프로그램에 대하여 화면 이미지와 컴퓨터프로그램 중 어느 하나로만 저작권 등록이 가능하다는 것은, 그러한 스크린 디스플레이 자체가 저작권의 보호를 받아야 한다는 것을 의미한다고 볼 수 있다.

넷째로, 대부분의 사용자 인터페이스는 스크린 디스플레이를 포함하고 있으며, 스크린 디스플레이는 그 개별 구성부분뿐만 아니라 각각의 구성부분들이 선택, 배열된 편집저작물로서도 저작권의 보호를 받기에 충분한 창작적 표현을 가지고 있다. GUI는 시청각 저작물(영상저작물)이고, 그것을 이루는 각각의 구성부분의 선택과 배열에 있어서 창작성을 가지고 있다면 편집저작물로서 보호를 받을 수도 있다.

(4) 소 결

사용자 인터페이스의 구성요소들을 선택하고 배열하는 것은 스크린 디스플레이의 전체적인 외관을 포함하는 것은 물론이고, 나아가 음향과 메뉴 및 파일 시스템의 구조까지도 포함하는 것이다. 컴퓨터프로그램의 사용자 인터페이스에 대한 저작권 보호 문제를 다룬 판례가 많지는 않지만, 미국의 일부 판결 중에는 사용자 인터페이스의 선택과 배열에 대하여 저작권 보호를 인정한 사례가 있다. 예를 들어, 뒤에서 상세히 살펴보겠지만, Engineering Dynamics, Inc. v. Structural Software 판결[440]에서는 인터페이스에 해당하는 입력포맷(input format, 컴퓨터가 입력된 자료를 이용할 수 있도록 하기 위하여 사용하는 방법의 일종) 요소의 선택과 배열에 대하여 저작권 보호를 인정한 바 있다.

사용자 인터페이스의 구성요소들을 선택하고 배열한 것에 대하여 저작권 보호를 인정한 다른 사례로는 Lotus Development Corp. v. Paperback Software 판결[441]이 있다. 이 판결은 Lotus 1-2-3의 메뉴 명령구조는 입력포맷보다 더 많은 창작적 표현을 가지고 있다고 하면서, Lotus 1-2-3의 메뉴 명령구조에 나타난 선택과 배열에 대하여 저작권 보호를 인정하였다. 비록 Lotus v. Borland 사건에서 제 1 항소법원이 위 Lotus v. Paperback 사건의 판결을 폐기한 셈이 되기는 하였지만, 일부 법원은 그 후에도 사용자 인터페이스의 개별적인 요소들을 선택하고 배열한 것에 대하여 저작권의 보호를 인정하고 있다.

그래픽 형태의 사용자 인터페이스는 그 개별적인 창작적 요소는 물론이고 그러한 요소

440) 26 F.3d 1335, 1343(5th Cir. 1994).

441) 740 F.Supp. 37, 67(D. Mass. 1990), overruled by Lotus Dev. Corp. v. Borland Int'l., 49 F.3d 807 (1st Cir. 1995).

들의 선택과 배열에 대하여서도 저작권의 보호를 받을 수 있기 때문에, 실제로 보호를 받을 수 있는 요소들은 상당히 많다고 할 수 있다. 첫째로, 그래픽 이미지, 아이콘, 설명문, 지시문 등은 개별적인 요소로서 저작권의 보호를 받을 수 있다. 예를 들어, 마이크로소프트사의 윈도우 프로그램 인터페이스의 아이콘들은 그 아이콘의 미술적 표현에 있어서 저작권의 보호를 받기에 충분한 창작성이 있다고 평가될 수 있다. 둘째로, 응용프로그램의 메뉴구조, 예를 들어 Corel Wordperfect 7.0 프로그램의 메뉴구조는 동종 프로그램인 Microsoft Word 프로그램의 메뉴구조와 다른 형태로 구성되어 있는데, 그 메뉴구조의 계열화, 즉 툴바에 나타나 있는 각각의 명령어 및 서브메뉴들은, file, view, edit, format 등과 같은 체계적 구조에 표현된 선택 및 배열에 있어서의 창작성으로 인하여 저작권의 보호를 받을 수 있다.442)

다. GUI와 메뉴구조의 저작권 보호에 관한 미국 판례

(1) 서 설

이하에서는 메뉴구조를 포함하는 GUI의 보호 및 그에 관련된 저작권법의 배경원리를 쟁점으로 다룬 미국의 주요 판례들을 살펴본다. 이들 판례를 통하여 GUI를 저작권으로 보호하여야 하는지, 보호한다면 그 근거는 무엇이고, 각각의 인터페이스에 대하여 어느 정도의 저작권 보호가 주어져야 할 것인지를 판단하기 위한 합리적인 분석방법을 제시해 본다.

GUI가 저작권의 보호를 받을 수 있는지에 관한 판례는 미국에서도 그리 많지는 않다. GUI는 스크린 디스플레이(screen display)와 그 스크린 디스플레이를 이루는 구조적·세부적인 구성요소들, 예를 들어 메뉴구조와 그래픽 이미지로 이루어지고, 보다 넓게는 그에 수반되는 음향과 주변기기인 마우스 및 키보드 등과도 연결점을 가지고 있다. GUI의 구성요소들은 컴퓨터프로그램의 기능이 적절하게 수행될 수 있도록 선택된 것들이다. 이러한 구성요소들 중 대부분은 컴퓨터프로그램 개발자의 아이디어를 '표현'한 것이며, 전통적인 저작권법의 원리에 따른다면 저작권의 보호를 받을 수 있다. 이에 반하여 키보드나 스크린 디스플레이, 음향기기 등과 같은 외부적인 장치를 사용하여 사용자와 컴퓨터프로그램 사이에 상호작용을 가능케 하는 '방법'(method) 그 자체는 사용자 인터페이스에 내재된 '아이디어'로서 보호를 받을 수 없다.

(2) 미국의 판례이론 개관

사용자 인터페이스(user interface)에 관한 미국의 판례를 살펴본다.443) 컴퓨터에 있어서

442) Hassan Ahmed, *op. cit.*, p. 488.

443) 소프트웨어와 소프트웨어 사이의(software to software) 인터페이스에 관한 판례로는 Secure Services

사용자 인터페이스란 사용자와 하드웨어 또는 소프트웨어 사이의 인터페이스를 말한다. 일반적으로 컴퓨터프로그램이 그 기능을 수행하기 위해서는 사용자와의 상호작용이 필요하다. 사용자 인터페이스는 그 상호작용이 일어날 수 있도록 중개인 또는 통역인의 역할을 맡아주는 부분이라고 할 수 있다. 사용자 인터페이스는 일반적인 인터페이스와 구별되는 몇 가지 특성이 있다.

첫째, 사용자 인터페이스는 사람과의 상호작용을 목적으로 하므로 사람이 이해하기 쉽도록 어문적 또는 심미적 표현이 수반될 수 있다. 이것은 기계가 이해하는 것을 목적으로 하는 일반적인 인터페이스나 프로그램 자체와는 다른 특성으로서, 어문저작물 또는 미술저작물에 보다 접근하고 있는 측면이라고 볼 수 있다. 이것이 사용자 인터페이스가 다른 인터페이스 또는 프로토콜에 비하여 보다 높은 저작물성을 가지게 되는 이유이다.

둘째, 사용자 인터페이스는 표준화 현상이 잘 일어난다는 특성이 있다. 인터페이스 설계자들은 가능한 한 사용자가 이용하기에 효율적이고 편리한 인터페이스를 개발하기 위해 노력하지만, 사용자 인터페이스가 효율성과 관계없이 임의로 표현된 경우에도 프로그램의 보급에 따라 일단 그 인터페이스가 광범위하게 채택되게 되면, 그 인터페이스는 '기능적'인 것으로 변화되게 된다. 그 결과 새로운 인터페이스가 개발되고, 그것이 효율성에 있어서 종전의 인터페이스와 큰 차이가 없거나 오히려 더 발전된 것이어도, 종전에 널리 사용되던 인터페이스와 다르다면, 사용자들은 새로운 인터페이스의 사용방법을 배우기 위하여 상당한 노력과 시간을 들이는 대신, 어쩔 수 없이 종전의 인터페이스를 계속 사용하게 된다. 이러한 현상을 아이디어·표현 이분법에 대응시켜 '사실상의 표준'(de facto standards)에 의한 아이디어와 표현의 합체(merge)라고 부르기도 한다는 것은 앞에서도 본 바와 같다. 이 경우 후발 인터페이스 설계자가 표절의 책임을 면하기 위하여, 즉 단순히 선행 프로그램과 다르게 보이게 하기 위하여 상이한 표현을 삽입하도록 강요된다면, 이는 기능성과 효율성을 생명으로 하는 컴퓨터프로그램의 성격상 바람직하지 않다. 이러한 점은 사용자 인터페이스의 저작권 보호범위를 제한적으로 보아야 하는 이유가 된다.

그러므로 프로그램의 사용자 인터페이스의 보호정도는 그 어문적 또는 심미적 표현의 창작성 정도에 비례하며, 사실상의 표준화 정도에는 반비례한다고 할 수 있다. 사용자 인터페이스에 관한 미국의 판례 입장은 일관되지는 않지만, 기본적으로는 사실상의 표준화 이론 등을 수용하여 그 보호범위를 상당히 제한하는 입장에 서 있다고 할 수 있다. 아래에

Technology, Inc. v. Time & Space Processing, Inc., 722 F.Supp. 1354(E.D. Va. 1989)가 있다. 이 사건에서 법원은 저작권의 보호를 부정했는데, 그 이유는 (그 사건의 구체적 사안에서) 창작성의 정도가 부족하다는 것이었다. Dennis S. Karjala(민병일 역), 미국 및 일본에서의 컴퓨터 소프트웨어 저작권 보호(하), 계간 저작권 1992년 여름호, 68면.

서 미국 판례의 흐름을 시간적 순서에 따라 살펴본다.

(가) 초기 판례

초기의 판례로는, 메인프레임 컴퓨터의 응용프로그램에 사용된 입력 양식(input formats)은 저작권으로 보호될 수 없다고 본 사례가 있다.[444] 그 뒤 1990년에 들어와 사용자 인터페이스의 저작권침해를 인정하는 중요한 판결이 선고되었는데, 그것이 바로 Lotus Development Corporation v. Paperback Software International 판결[445]이다. 이 사건의 원고 Lotus사가 개발한 'Lotus 1-2-3'라고 하는 스프레드시트 프로그램은 '2줄의 명령메뉴'(two-line menu command), '사용자 정의 기능키'(user-defined function keys), '매크로명령기능'(macro instruction feature) 등 종래의 스프레드시트인 VisiCalc보다 강력한 사용자 인터페이스를 갖고 있었다. 피고는 VisiCalc를 개량하여 Lotus 1-2-3과 호환성을 갖는 'VP-Planner'라는 스프레드시트 프로그램을 개발하면서, 그 호환성을 확보하기 위하여 원고의 사용자 인터페이스와 동일한 명령어(command language)를 사용하였다.

이 사건에서 매사추세츠지방법원은, 사용자 인터페이스 중 커서가 두 줄로 이동하도록 한 메뉴(two line moving cursor menu)는 저작권으로 보호되므로 저작권침해가 인정된다고 하였다. 그 이유로서 이러한 메뉴방식의 인터페이스는 유일한 것이 아니고 세 줄 메뉴(three-line menu) 방식 또는 풀다운 메뉴(pull down menu) 방식 등에 의하여도 표현이 가능하다는 점을 들고 있다. 그러나 나머지 사용자 인터페이스 요소에 대하여는 저작물성을 부인하였다.

위 사건에서 채용한 '메뉴방식을 달리 표현할 수 있는지 여부'를 가지고 저작권침해를 판정하는 방법은 Apple v. Franklin 판결[446]의 기준을 따른 것이나, 그러한 기준을 적용하는 것이 모든 사건에 타당한지에 대하여는 상당한 의문과 비판이 있었다.[447] 또한 표준화 및 호환성을 보호범위의 제한근거로 수용하지 아니한 점도 비판의 대상이 되었다.[448]

---

444) Synercom Technology, Inc. v. University Computing Co., 462 F.Supp. 1003(N.D. Tex. 1978).

445) 740 F.Supp. 37(D. Mass. 1990).

446) 35 F.3d 1435, 1446(9th Cir. 1994).

447) 어떤 아이디어를 표현하는 방법이 한 가지 밖에 없을 경우에 아이디어와 표현의 합체 이론을 적용하는 것이 타당하다는 점은 의문의 여지가 없으나, 표현하는 방법이 한 가지가 아니라는 이유로 무조건 그 표현을 보호하는 것은 문제가 있을 수 있다는 것이다. 비록 다른 표현방법이 있더라도 효율성의 고려 또는 외부적 조건의 제약 등으로 말미암아 기존의 표현방법을 취한 경우에는 저작권침해를 부정하여야 한다는 것이 비판론의 요지이다.

448) Dennis S. Karjala, *op. cit.*, p. 71 참조.

(나) Lotus v. Borland

① 사건의 개요

Lotus 1-2-3의 사용자 인터페이스는 위 Paperback 판결 이후에도 다시 문제가 되어 마침내 1996년에 미국 연방대법원까지 올라간 유명한 사건이 나오게 되었다. 이 사건의 원고는 역시 Lotus사이고 피고는 Lotus 1-2-3과 유사한 스프레드시트 프로그램인 Quattro Pro의 제작사인 Borland사이다. 문제가 된 Quattro Pro 프로그램은 종래 대표적 스프레드시트 프로그램으로 자리잡아 온 Lotus 1-2-3 프로그램과는 독립하여 개발된 별개의 프로그램이지만, Borland사는 그동안 Lotus 1-2-3의 사용에 익숙하여진 사용자들이 Quattro Pro의 사용법을 쉽게 익힐 수 있도록 하기 위한 목적으로 그 메뉴구조를 Lotus 1-2-3과 거의 동일하게 구성하였다. 즉, Copy, Print 등의 명령어의 선택 및 배열 구조를 그대로 차용한 것이다.[449] 물론 프로그램의 기초가 되는 소스코드 자체는 피고가 독립하여 작성한 것이었고, 이 점은 인정이 되었다. Borland사는 Lotus 1-2-3의 메뉴구조는 저작권법의 보호대상이 아닌 조작 방법(method of operation)이라고 주장하였는데, 1심에서는 그 주장이 받아들여지지 않았다.[450]

그러나 2심 법원인 연방 제 1 항소법원은 피고의 주장을 받아들여, Lotus 1-2-3의 사용자 인터페이스인 메뉴 구조에 대하여 저작권 보호를 부정하는 결론을 내렸다. 이 사건은 연방 대법원에의 상고허가 신청이 받아들여져 1996. 6. 16. 연방대법원의 판결이 선고되었는데, 9명의 대법관 중 8명이 심리에 참여한 결과 4 대 4로 의견이 엇갈림으로써 결국 원고 Lotus사의 청구를 기각한 원심이 유지되게 되었다.

Lotus Development Corp. v. Borland International 사건은 지금까지 있어 왔던 어떤 케이스보다도 사용자 인터페이스에 대한 저작권 보호를 제한한 사례이다. 이 판결은 사용자 인터페이스에 대한 저작권 보호는 사실상 인정하지 않겠다고 본 것과 마찬가지라고 평가되고 있다. 그리고 비록 4 대 4로 의견이 갈려 판결문이 작성되지는 아니하였지만, 사용자 인터페이스의 저작권 보호와 관련하여 미국 연방대법원까지 올라간 당시로는 유일한 사건이기도 하였다.

② 사실관계

Lotus 1-2-3은 사용자가 컴퓨터에서 각종 계산기능을 수행할 수 있게 해 주는 이른바 스프레드쉬트(spreadsheet) 프로그램이다. 사용자는 Copy, Print, Quit 등과 같은 메뉴 명령을

---

449) 예컨대 File 메뉴의 부메뉴를 New, Open, Retrieve, Save, save As, saVe all, Close, cLose all로 정하는 것 등이 그대로 차용되었다(위 영문 메뉴 중 대문자로 표시된 알파벳은 단축키로 지정된 것이다).

450) Lotus Dev. Corp. v. Borland Int'l. Inc., 49 F.3d 807(1st Cir. 1995).

통하여 프로그램을 조작하는데, 모니터 화면상에 나타나 있는 메뉴 명령을 밝게 표시하거나(highlighting), 그 명령의 첫 문자를 타이핑하는 방법으로 조작하게 된다. 이 프로그램은 50개 이상의 메뉴(menu)와 하위메뉴(submenu) 안에 배열된 469가지의 명령(command)을 포함하고 있다. 또한 이 프로그램은 다른 일반 프로그램과 마찬가지로 '매크로'(macro)를 작성하여 사용할 수 있는 기능도 가지고 있다. 사용자는 매크로를 작성함으로써 순차적으로 연결된 일련의 명령을 하나의 매크로 키 조작(macro keystroke)으로 수행할 수 있다.

Borland는 1987년에 Quattro라는 계산프로그램을 출시하였다. Borland의 목적은 Lotus 1-2-3을 포함한 기존의 계산프로그램을 뛰어넘는 우수한 프로그램을 만들고자 하는 것이었다. Borland의 주장에 따르면 Quattro 프로그램은 최초 출시품부터 기존의 경쟁제품보다 성능 면에서 우수한 기능을 꽤 많이 포함하고 있었다고 한다.

Borland는 Quattro와 Quattro Pro 1.0 버전에서 Lotus 1-2-3의 모든 메뉴구조(menu tree)를 거의 그대로 복제하였고, 이 점은 Boland도 다투지 않았다. 다만, Borland는 Lotus의 프로그램 코드를 베낀 것은 아니고 메뉴명령 체계(menu command hierarchy)에 나타나는 용어(word)와 구조(structure)만을 베꼈을 뿐이라고 하였다. Borland는 자신의 프로그램을 Lotus 1-2-3과 동일한 방식으로 조작할 수 있도록 함으로써 Lotus 1-2-3 프로그램에 이미 익숙해져 있는 사용자들이 새로운 명령어 및 조작방법을 배우거나 Lotus를 사용하면서 작성해 놓은 매크로를 다시 작성하지 않아도 되도록 하기 위하여 Lotus 1-2-3의 메뉴 구조를 복제(모방)한 것이라고 주장하였다.

또한 Borland는 Quattro 및 Quattro Pro 1.0 버전에서 'Lotus Emulation Interface'라는 추가적인 인터페이스를 제공하고 있었다. 이 인터페이스를 작동시키면 화면의 모습이 조금 다르고 Lotus 1-2-3에는 없는 여러 가지 선택사항들이 포함되어 있기는 하지만, Quattro 제품의 사용자들이 화면에서 Lotus의 메뉴명령과 같은 명령을 볼 수 있고, 마치 Lotus를 사용하는 것처럼 동일한 방식으로 Quattro 제품을 사용할 수 있었다.

③ 1심 지방법원의 판결과 그 후의 경과

제 1 심 지방법원은 저작권침해를 인정하였다. 그 가장 주된 이유는 Lotus 1-2-3이 채택한 메뉴 구조와 다른 메뉴 구조로 표현하는 것이 얼마든지 가능하기 때문에, Lotus 1-2-3의 메뉴 명령의 구조는 저작권의 보호를 받을 수 있다는 것이었다. 예를 들어, Quit라는 명령 '명칭'(term, label)은 Exit로 표현할 수 있고, Copy라는 명령 명칭도 Clone, Ditto, Duplicate, Imitate, Mimic, Replicate, Reproduce 등 비슷한 의미를 가지는 다른 명칭으로 얼마든지 표현이 가능하다. 따라서 Lotus의 개발자가 Lotus의 메뉴구조에 들어 있는 여러 가지 명령의 명칭을 특별히 그와 같이 선택하여 배열한 것은 보호받는 표현에 해당한다는 것이다. 1심에서 Lotus의 주장을 인정한 약식판결이 선고되자, 그 직후 Borland는 Quattro 프로그램에서 Lotus Emulation Interface를 삭제하였다. 그럼에도 불구하고 Borland의 프로그램에는 Key Reader라는 구성이 있어서 이 부분을 작동하면 Borland 프로그램이 Lotus 1-2-3의 매크로를 이해하고 작동시킬 수 있도록 되어 있었다. 그 결과 Lotus 프로그램의 명령을 조작하는 데 소요되는 시간을 절약하기 위하여 사용자들이 작성한 매크로는 Borland 프로그램에서 여전히 사용이 가능하였다.

1심 지방법원은 다음과 같은 두 가지 관점에서 판단을 내렸다. 첫째, 기존의 Lotus Emulation Interface가 Lotus 1-2-3의 메뉴구조를 거의 그대로 복제하고 있는 것은 저작권 침해에 해당한다고 하였다. 둘째, Lotus Emulation Interface가 삭제된 후에는 Lotus의 명령 명칭을 그대로 사용하지 않고 다만 그 첫 글자만을 사용하고 있지만, 그 첫 글자가 동일하고 메뉴의 구조 및 조직이 동일한바, 이들은 모두 보호받는 표현에 속하므로 역시 저작권 침해가 성립한다고 하였다.

④ 항소심 판단

㉮ 판단의 전제　　항소심 재판부는 우선, 이 사건의 심리 대상을 사용자 인터페이스의 스크린 디스플레이적 요소 등이 포함되지 않은 순수한 메뉴명령 구조(menu command hierarchy)만으로 한정하고 논의를 전개하였다. Borland는 자신이 Lotus 메뉴명령 체계의 명령 명칭이나 배열을 베꼈다는 사실은 이를 다투지 않으면서, 다만 Lotus의 메뉴명령 체계는 일종의 '작동방법'(method of operation)에 해당하기 때문에 저작물성을 갖지 않는다고 주장하였다. Borland는 이 사건이 부기양식의 저작물성을 부인한 Baker v. Selden 판결[451)]과 본질적으로 동일한 사안이며, 다만 Baker 사건에서의 사용자 인터페이스는 종이를 사용하는 것이지만 Lotus 사건에서는 컴퓨터 화면을 사용하는 것만이 다를 뿐이라고 하였다.

그러나 항소심은 Baker 사건과 이 사건은 사안이 다르다고 하였다. 이 사건에서 Lotus가 저작권을 주장하는 대상은 계산시스템 자체가 아니라, 계산프로그램을 조작하기 위하여 사용되는 명령체계라고 하였다.

㉯ Altai 사건과의 비교-3단계 테스트의 적용가능성　　항소심 재판부는 본건과 Altai 판결[452)]을 다음과 같이 비교하였다. "제 2 항소법원은 Altai 판결에서 컴퓨터프로그램과 관련된 사건, 특히 소스코드의 비문언적 표현에 대한 저작권침해 판단을 위한 테스트(이른바 추상화-여과-비교의 3단계 테스트)를 고안하였다. 그러나 이 사건은 소스코드를 비문언적으로 복제한 사례가 아니라, Borland가 의도적으로 Lotus의 메뉴명령 체계를 그대로 문자적으로 복제한

451) 101 U.S. 99(1879).

452) Computer Associates International, Inc. v. Altai, Inc., 982 F.2d 693(2d Cir. 1992).

사례이다. 따라서 그 사안이 다르다. Altai 판결이나 이 사건 1심 지방법원이 행한 3단계 테스트, 즉 메뉴명령 체계를 개개의 명령 및 명령 명칭으로부터 계속 추상화하여 그 각 단계에서 아이디어를 여과해 낸 후 실질적 유사성을 비교하는 방법은 오히려 사건의 본질을 흐리게 할 우려가 있다. 이 사건에서 가장 기본적인 쟁점은 메뉴명령 체계가 저작물성을 가지고 있느냐 하는 점이다. 따라서 메뉴명령 체계의 개별적인 구성요소가 보호받는 표현에 해당하느냐 하는 점이 아니라, 전체로서의 메뉴명령 체계가 저작물성을 가지고 있느냐 하는 점이 우선 판단되어야 한다."

이처럼 항소심 재판부는 Altai 판결이 개발한 추상화-여과-비교의 3단계 테스트는 본건에서는 적용될 여지가 별로 없다고 보았다.

㈐ 판결의 결론 항소심 판결의 결론은 다음과 같다. "일반적으로 '작동방법'(method of operation)이란 사람이 자동차, 조리기구, 컴퓨터 등 어떤 기구를 작동시키고 조작하는 방법을 말한다. 작동방법을 설명한 문장은 저작권의 보호를 받을 수 있지만, 그 보호가 작동방법 자체에 대해서까지 미치는 것은 아니다. Lotus의 메뉴명령 체계는 저작권의 보호를 받을 수 없는 작동방법에 해당한다. Lotus 1-2-3 프로그램의 사용자들은 메뉴명령 체계를 통하여 그 프로그램을 운영하고 조작한다. 예를 들어, 복사를 하려면 'Copy' 명령을 사용하고, 인쇄를 하려면 'Print' 명령을 사용한다. 메뉴명령 체계가 없다면 사용자들은 Lotus 1-2-3의 기능에 접근하거나 통제 또는 이용할 수 없다. Lotus의 메뉴명령 체계는 사용자들에게 Lotus 1-2-3의 기능을 설명하고 보여주는 역할을 할 뿐만 아니라, 그 프로그램을 작동시키고 통제하는 방법으로서의 역할도 한다.

1심 판결은 Lotus의 메뉴명령 체계에서 사용되고 있는 구체적인 명령 명칭과 그 배열을 그대로 베끼는 것은 금지된다고 하였다. 그러나 Lotus 프로그램의 개발자들이 그 개발과정에서 명령 명칭의 선택과 배열에 일정한 '표현적인 선택'(expressive choice)을 한 것은 사실이지만, 그럼에도 불구하고 그 표현은 Lotus 1-2-3의 작동방법의 일부분을 이루는 것이어서 저작권의 보호를 받을 수 없다. 가장 기본적인 쟁점은 Lotus의 메뉴명령 체계가 어떠한 표현적인 요소를 포함하고 있느냐가 아니라, 그 메뉴명령 체계가 '작동방법'에 해당하느냐 하는 것이다. 메뉴 명칭을 어떻게 이름 짓고 그것을 어떻게 배열할 것인가 하는 점에 '표현적인 선택'이 있더라도, 그것만으로 저작물성을 가지지 못하는 메뉴명령 체계에 대하여 저작물성을 부여할 수는 없는 것이다.

Lotus의 메뉴명령 체계는 여러 가지 점에서 VCR(video cassette recorder)을 조작하기 위하여 사용하는 단추(button)와 유사하다. VCR의 작동단추는 'Record, Play, Reverse, Fast Forward, Pause, Stop/Eject'의 명칭으로 되어 있으며, 사용자는 이 단추를 조작하여 VCR

을 작동시킨다. 여기서 그 단추가 특정한 형태로 배열되어 있고 특정한 이름이 붙여져 있다고 하여 그것이 어문저작물이 될 수는 없는 것이며, 추상적 작동방법이 '표현'으로 되는 것도 아니다. Lotus 1-2-3 프로그램에서 화면에 나타난 'Print' 명령 표시를 하이라이트(highlight)하거나 그 첫 문자인 'P'를 타이핑하는 것은 VCR의 'Play' 단추를 누르는 것과 마찬가지이다. 따라서 Lotus의 메뉴명령의 명칭은 VCR의 작동버튼에 씌어져 있는 표시(label)가 아니라 작동버튼 그 자체라고 보아야 한다.

사용자가 '인쇄'라는 기능을 작동시키기 위하여 서로 다른 프로그램을 사용할 때마다 각각 다른 작동방법을 배워야 한다면 매우 불편하다. 또한 1심 판결의 결론을 따를 경우, 사용자가 Lotus 1-2-3 프로그램에서 매크로를 작성하여도 다른 프로그램을 사용할 때는 그 매크로를 사용할 수 없고, 그 다른 프로그램의 메뉴명령 체계를 이용하는 새로운 매크로를 작성해야 한다는 결론이 된다. 그러나 매크로는 '사용자'가 작성한 것이지, 프로그램 저작자가 작성한 것은 아니므로 그에 대하여 프로그램 저작자가 권리를 주장할 수 있는 것은 아니다."

⑤ Boudin 판사의 보충의견

Boudin 판사는 약간 다른 각도에서 다음과 같은 보충의견을 개진하고 있다. 그의 의견은 다음과 같다.

"어떠한 작업을 수행하는 데 있어서 가장 효율적인 방법이 한 가지 있다고 할 때 그 방법을 다른 사람이 사용하는 것을 제한하기 위해서는 특허권과 같은 엄격한 심사를 거친 권리가 있어야 한다. 영문 키보드 자판에서 QWERTY 방식과 다른 보다 더 효율적인 자판 배열방식이 있다고 하더라도, 모든 사람들이 이미 QWERTY 방식의 자판의 사용법을 배운 결과 그것이 시장지배적인 방식이 되었다면 그 방식은 저작권의 보호를 받을 수 없다. Lotus가 여러 개의 명령을 특별한 형태로 조합하거나 상하 배열을 한 것은 그렇게 하는 것이 보다 논리적이거나 사용에 있어서의 편의성이 있기 때문일 수도 있겠지만, 임의적인 선택에 의한 부분도 있을 것이다. 그러나 이러한 명령의 조합 또는 배열 형태에 대하여 독점권을 준다면, Lotus 1-2-3의 메뉴구조를 습득하고 보다 빠른 조작을 위하여 스스로 매크로를 작성하였던 사용자들은 Lotus를 떠날 수 없게 되고 결국 Lotus에 갇혀 버리게 된다. 이는 QWERTY 자판에 대하여 독점권을 주면, 그 방식을 습득한 사용자들은 모두 그 독점권자의 포로가 되어버리는 것과 마찬가지이다. 사용자가 어느 프로그램의 메뉴 작동방법을 습득하고 자기만의 매크로를 작성하기 위하여 들인 노력이 그 사용자를 가두는 올가미가 되어서는 안 된다.

Lotus는 Borland가 자신의 메뉴체계를 복제함으로써 Lotus 프로그램에 대한 수요자가 감소하였으므로 '부당이용'(improper appropriation)이 있다고 주장한다. 그러나 수요자가 감소하였다고 하여 모두 저작권침해로 되는 것은 아니다. 복제물이 나타났지만 원저작물에 대한 저작권이 제한되거나 공정사용이 인정되어 저작권침해가 부정되는 경우에도 원저작물의 수요자는 감소하는 것이다."

⑥ Lotus v. Borland 판결에 대한 비판론

Lotus 사건에서 제 1 항소법원은 지방법원의 판결을 파기하면서, 사용자 인터페이스를 아예 저작권 보호로부터 제외하는 해석론을 채택하였다. 그러나 이러한 해석론에 대하여는 그동안 확립되어 온 저작권법의 원칙과 일치하지 않는다는 비판이 있다. 제 1 항소법원은 컴퓨터 스프레드쉬트 프로그램의 메뉴 구조는 일종의 '작동방법'에 해당하고, 따라서 저작권의 보호를 받을 수 없다고 하였다. 그러나 다른 법원에서는 어떠한 구성요소가 '작동방법'에 해당한다고 하더라도 그것의 표현적 요소는 저작권의 보호를 받을 수 있다고 판결한 사례가 적지 않다는 것이다.[453]

다음으로 제 1 항소법원은 Lotus 메뉴 체계가 '작동방법'에 해당하는지 여부를 판단하면서, '작동방법'이란 '사용자가 무엇인가를 조작하기 위한 수단'이라고 정의하였다. 그리고 이러한 정의에 따라 메뉴 체계는 '작동방법'에 해당하며 보호를 받을 수 없다고 하였다. 또한 각각의 명령의 '선택과 배열' 역시 작동방법의 한 구성형태에 해당하므로 저작권의 보호를 받을 수 없다고 하였다. 그러나 비판론은 이러한 논리 역시 잘못된 것이라고 주장한다. 미국 저작권법은 작동방법이 저작권의 보호를 받을 수 없다고 규정하고 있을 뿐, 그 작동방법에 표현이 부착되어 있을 때 그 표현조차 보호를 받을 수 없다고 규정하고 있는 것은 아니라는 것이다.[454]

제 1 항소법원은, 사용자는 계속적인 사용을 통하여 어느 한 프로그램의 사용자 인터페이스에 친숙하게 된다고 하였는데, 이것 역시 잘못된 생각이라고 비판을 받고 있다. 우선, 사용자들이 새로운 시스템을 배워야 하는 것을 싫어해서 반드시 열등한 프로그램을 선택할 것이라고는 보기 어렵다는 것이다. 게다가 이 사건에서 사용자들이 Borland 프로그램을 사용하기 위하여 새로 배워야 하는 명령어는 매우 기초적인 것이다.

미국 저작권청의 규정에 따르면, 컴퓨터프로그램의 저작자는 이를 소스코드로 표현된 어문저작물로 등록하거나, 아니면 사용자 인터페이스로 표현된 시각적 저작물로 등록하여야 한다.[455] 그런데 컴퓨터프로그램을 시각적 저작물로 등록할 경우, 사용자 인터페이스야

---

453) Hassan Ahmed, *op. cit.*, p. 495.
454) *Ibid.*, p. 466.
455) Copyright Office Notice of Registration Decision, 53 Fed. Reg. 21817(June 10, 1988).

말로 해당 컴퓨터프로그램의 유일한 시청각적 요소이므로 이 부분을 보호하지 않을 수 없다는 점 역시 비판론의 논거 중 하나이다.

⑦ Lotus v. Borland 항소심 판결 해석에 있어서의 유의점

Lotus 사건의 항소심 판결을 해석함에 있어서는 다음과 같은 점을 유의하여야 한다.

첫째, Lotus 사건의 항소심 판결은 Apple v. Franklin 판결[456] 이래 컴퓨터 관련 저작물에 대하여 통용되어 온 아이디어·표현의 합체(merge) 이론의 적용범위를 다소 수정, 보완하였다고 할 수 있다. 즉, Lotus 개발자들이 Lotus 프로그램의 명령어를 선택하고 배열하는 데 있어서 창조적 '표현'이 있었다는 점은 인정하였다. 그 선택 및 배열은 아이디어의 유일한 표현방법은 아니었던 것이다. 그럼에도 불구하고 이 판결에서는 그 '표현'이 Lotus 1-2-3의 '조작방법'의 일부분이기 때문에 저작권의 보호대상이 될 수 없다고 판단하였다.[457] Lotus 프로그램의 메뉴 명령어들은 "프로그램의 조작에 꼭 필요한 것이므로" 비유하자면 VCR의 버튼에 붙은 라벨이 아니라, 그 버튼 자체에 해당한다는 것이다.

둘째, Lotus 항소심 판결은 사실상의 표준화에 의한 호환성의 요구를 적극적으로 참작하여 결론을 내리고 있다. 즉, "Lotus 메뉴가 조작방법에 해당한다는 것은 프로그램의 호환성을 고려하면 더욱 명백하다. Lotus 측의 주장을 따를 경우, 사용자는 여러 가지 프로그램을 사용할 때 각 프로그램마다 동일한 기능에 대하여 다르게 정하여진 사용방법을 배워 익혀야 한다는 것인데, 이것은 매우 불합리하다"라고 판시하고 있다.

셋째, 항소심판결은 Lotus의 메뉴구조에는 스크린 디스플레이의 요소가 없다는 점을 강조하고 있다. 이는 스크린 디스플레이에 영상적 요소가 있을 경우에는 저작권 보호의 여지가 있음을 암시하는 것이다.[458]

(다) Apple Computer v. Microsoft Corp.[459]

① 사건의 배경

이 사건에서는 사용자로 하여금 Apple의 Lisa 및 Machintosh 컴퓨터를 손쉽게 작동할

---

456) 35 F.3d 1435(9th Cir. 1994).

457) 다음과 같이 설시하고 있다. Accepting the district court's finding that the Lotus developers made some expressive choices in choosing and arranging the Lotus command terms, we nonetheless hold that that expression is not copyrightable because it is part of Lotus 1-2-3's "method of operation."

458) 스크린 디스플레이(영상표현)의 저작물성이 인정된 최초의 판례는 Broderbund Software, Inc. v. Unison World, 648 F.Supp. 1127(N.D. Cal. 1986)이며, 이어서 Digital Communication v. Softklone Distributing, 659 F.Supp. 449(N.D. Ga. 1987); Manufacturers Technologies, Inc. v. CAMS, Inc., 728 F.Supp. 75(D.C. Conn.1989) 등 판결에서 제한적으로 인정해 왔다. 이 경우 스크린 디스플레이(영상표현)는 그 기반이 되는 컴퓨터프로그램 자체와는 다른 별개의 저작물로서 보호를 받는다고 하였다.

459) Apple Computer, Inc. v. Microsoft Corp., 35 F.3d 1435(9th Cir. 1994).

수 있도록 해 주는 GUI가 문제로 되었다. 그 사용자 인터페이스는 독특한 암시적 이미지에 기초를 둔 것으로서, 아이콘, 풀다운 메뉴(pull-down menu) 및 여러 가지 아이템을 동시에 보여주는 윈도우 창으로 구성된 것이었다. 사용자는 마우스를 가지고 이러한 요소들을 클릭함으로써 프로그램과 상호작용을 하게 된다. Apple사는 Microsoft사의 Windows 1.0 프로그램에 포함된 GUI가 자신의 사용자 인터페이스와 실질적으로 유사하다는 이유로 Microsoft사를 상대로 저작권 침해소송을 제기하였다.

소송을 제기한지 얼마 되지 않은 1985년에 양 당사자는, Microsoft사에게 Windows 1.0 프로그램에 Apple의 GUI를 기초로 2차적저작물을 작성하여 사용하고, 이를 제 3 자에게 재이용허락(sublicense)을 할 수 있는 권리를 부여하는 이용허락계약(license agreement) 체결에 합의하였다. 따라서 분쟁은 합의에 의하여 종결된 것처럼 보였다.

그러나 Microsoft사가 Windows 2.03과 3.0 프로그램을 출시하고 Hewlett-Packard Company(HP)가 Microsoft로부터 이용허락을 받아 NewWave 1.0과 3.0 버전을 발행하자, Apple사는 이 새로운 버전의 프로그램이 종전에 부여된 이용허락의 범위를 넘어서는 것으로서 Apple사의 Lisa 및 Macintosh 프로그램 GUI에 대한 저작권을 침해한 것이라고 주장하면서 다시 소송을 제기하였다.

② 판결의 내용

이 사건의 판결 이유는 저작권침해의 판단방법론을 설시한 부분과, 그에 따른 구체적 판단을 설시한 부분 등 크게 두 부분으로 나누어진다.

우선 저작권침해 판단방법론과 관련된 판시 부분은 다음과 같다.

"그동안 판례는 저작물의 복제행위가 부당이용으로서 침해가 되는지 여부를 판단하기 위하여 외부적 테스트와 내부적 테스트를 적용해 왔다. 외부적 테스트는 외부적인 기준과 항목을 기초로 한 아이디어의 유사성에 대한 판단으로서, 여기에서는 분석적인 분해(analytic dissection)와 전문가 증언(expert testimony)을 사용하는 것이 도움이 될 수 있다. 내부적 테스트는 보통의 합리적인 관찰자(ordinary resonable observer)의 입장에서 전문가의 도움을 받지 않고 표현의 실질적 유사성을 판단하는 것이다. 외부적 테스트는 아이디어와 표현에 유사성이 있는가를 객관적으로 판단하는 객관적 성격의 테스트로 발전하였다. 반면에 내부적 테스트는 표현의 실질적 유사성여부를 판단하는 주관적 성격의 테스트이다. 부당이용 여부의 판단에서는 보호되는 표현만을 비교하여야 하므로, 저작물을 전체로서 고려하기 이전에 저작권의 보호범위를 결정하기 위한 분석적인 분해를 하는 것이 필요하다.

GUI에 대한 저작권 보호범위를 결정함에 있어서는 다음과 같은 3가지 단계를 거치는 것이 도움이 된다.

(1) 원고 저작물과 피고 저작물 사이에 유사성이 발생하는 원천(source)을 밝힌다.[460)]

(2) 분석적인 분해를 하되, 필요한 경우 전문가의 증언을 활용하여 유사한 부분이 저작권으로 보호되는 부분인지 여부를 결정한다. 이 사건에서와 같이 이용허락계약이 체결되어 있는 경우에는 피고가 복제를 허락받은 부분이 무엇인지를 결정하여야 한다. 이용허락 된 항목 및 범위가 결정되면, 보호받을 수 있는 표현과 보호받지 못하는 아이디어를 분리한다.

(3) 유사한 부분을 분해하고 가능한 표현의 범위를 참작하여 원고 저작권이 미치는 범위를 확정한다. 즉, 저작물이 넓게 보호되어야 할 것인지 좁게 보호되어야 할 것인지를 확정한다. 이런 과정을 거쳐 확정된 보호범위에 기초하여, 저작물 전체로 볼 때 불법복제를 인정할 만한 충분한 실질적 유사성이 있는지 여부를 결정하기 위한 주관적 비교(subjective comparison)를 수행한다."

다음으로 구체적 판단과 관련하여 다음과 같이 판시하고 있다.

"Apple은 GUI의 아이디어에 대하여 특허권과 유사한 권리를 가져서는 안 된다. 따라서 원고와 피고의 저작물이 모두 윈도우(window)나 특정한 기능을 나타내는 친숙한 아이콘들, 그리고 이들 아이콘들의 화면상에서의 이동, 특정한 정보나 기능에 쉽게 접근할 수 있도록 구성된 메뉴들을 공통적으로 가지고 있다고 하여 표현에 있어서의 실질적 유사성이 있다고 할 수는 없는 것이다.

이 사건에서는 '필수장면의 원칙'도 밀접한 관련을 가진다. 비디오게임에서 서로 유사하게 나타나는 특징이 어떤 아이디어를 처리하는 데 있어서 불가피한 방법이거나 일종의 '표준'에 해당한다면, 그것은 아이디어와 마찬가지로 저작권의 보호를 받을 수 없다. 마찬가지로 비디오게임의 기술적인 요구 때문에 어쩔 수 없이 채용하게 되는 표현에 대하여는 Dead Copy가 아닌 이상 저작권침해가 인정되어서는 안 된다. 이 사건에 있어서 '서로 겹치는 윈도우'(overlapping windows)를 사용하는 것은 윈도우라는 방식에 본래부터 내재되어 있는 것이다. 프로그램 개발자의 입장에서 볼 때, 화면상에 하나 이상의 윈도우를 동시에 보여주는 방법에는 '타일 시스템'(tiled system)과 '오버래핑 시스템'(overlapping system) 두 가지 밖에는 선택할 수 있는 방법이 없다. 그 중에서도 '오버래핑 시스템'이 훨씬 더 선호될 것임이 명백하다. 따라서 저작권침해의 요건인 실질적 유사성이 인정되기 위하여서는 단순히 '오버래핑

460) 실제 소송에서는 원고가 소장 등을 통하여 원, 피고 저작물 사이에 유사성이 발생하는 원천을 밝히는 과정이 선행된다. 즉, 원고가 두 저작물 사이에 어떠한 부분이 유사한지를 밝히고, 그 부분에 심리를 집중하는 쟁점정리 방식을 취하게 되는 것이 보통이다. 그 이후는 일반적인 추상화-여과-비교의 3단계 테스트와 같은 방법으로 심리가 진행되지만, 쟁점 부분으로 증거조사가 집중될 수 있어 훨씬 효율적일 것이다.

시스템'을 공통으로 하고 있다는 것만으로는 부족하고 그것을 넘어서는 다른 특별한 표현이 공통으로 존재하여야 한다.

보호받을 수 없는 요소에 대한 유사성만으로는 저작권침해를 인정할 수 없다. 저작물을 전체로서 판단하기 이전에 보호받을 수 없는 요소들을 분명히 구분하여 여과해 내야 한다. 원고가 불법복제 되었다고 주장하는 대부분의 특징들은 피고들이 이용허락계약에 의하여 적법하게 복제할 수 있는 부분들이다. 그 외에 남아있는 특징들 중에 Windows 2.03 및 3.0 버전에서는 보호받을 수 있는 표현의 유사성은 발견되지 않는다."

③ Apple 판결의 의미

Apple 판결은, Microsoft사의 GUI가 Apple사의 사용자 인터페이스의 저작권을 침해한 것이라고는 보지 않았지만, 그렇다고 하여 이 판결이 GUI는 저작권의 보호를 받을 수 없다는 원칙을 천명한 것은 아니다. 이 점에서 메뉴구조는 이른바 '작동방법'(method of operation)에 해당하여 저작권의 보호를 받을 수 없다고 한 Lotus 판결과 다르다.

Apple 판결에서는 Microsoft사의 Windows 2.03 및 3.0 프로그램이 Apple사의 GUI를 침해한 것인지를 결정함에 있어서 일종의 '추상화-여과-비교'의 3단계 테스트를 적용하여, 저작권침해를 구성할 만큼 보호받는 부분에 대한 복제행위가 있었는지 여부를 판단하였다. 이 판결이 채택한 테스트 방법을 다시 한 번 정리하면 다음과 같다.

첫째, '추상화' 단계에서 피고가 복제한 부분을 분명히 한다.

둘째, '여과' 단계에서 원고가 복제되었다고 지적한 부분 중에서 저작권의 보호를 받을 수 없는 부분을 제거한다. 이는 아이디어 및 아이디어와 불가분의 관계에 있는 부분, 원고가 피고에게 라이선스를 준 부분, 당해 아이디어를 표현함에 있어서 필수적인 부분 등을 걸러내는 것을 의미한다.

셋째, 이러한 요소들이 걸러지고 보호를 받을 수 있는 표현이 얼마나 되는지를 검토한 후에는, 당해 저작물이 저작권법상 넓은 보호를 받을 것인지 아니면 좁은 보호를 받을 것인지를 결정한다. 그리고 그 저작권의 보호범위에 따라 당해 저작물을 전체로서 비교함으로써 저작권침해를 구성할 만한 충분한 정도의 복제행위가 있었는지 여부를 결정한다. Apple 판결에서 법원은 저작권침해라고 주장된 부분의 약 90퍼센트가 이미 Microsoft사에게 이용허락 된 부분이기 때문에 Apple사는 아주 좁은 범위의 저작권 보호를 받을 수 있을 뿐이고, 따라서 완전히 그대로 복제한 경우가 아니라면 저작권침해를 인정하기 어렵다고 하였다.

이 판결에 대하여는 다음과 같은 비판이 있다. 즉, 저작권침해를 구성할 만큼 충분한 복제행위가 있었는지 여부를 결정하기 위하여 '추상화-여과-비교'의 3단계 테스트를 적용한 것은 합당한 조치였다고 보이지만, 유사한 부분이 어떤 부분인지를 명확히 하는 것을 원고의 책임으로 돌리고, 원고가 지적한 부분에 대하여서만 분석을 행함으로써, 구성요소의 전체적인 선택과 배열도 저작권침해의 대상이 될 수 있는지 여부에 대하여는 명확한 결론을 내리지 않았다는 것이다.[461] 또한 이 판결에서는, "저작물을 전체로서 비교하기 전에 저작권의 보호를 받을 수 없는 부분이 명확히 지적되고 걸러져야 한다"고 하였는데, 비판론에서는 이러한 결론도 잘못된 것이라고 주장한다. 즉, 저작권의 보호를 받을 수 없는 소재들도 이들을 창작적으로 선택하거나 배열하면 보호를 받을 수 있다는 것은 일찍부터 판례와 이론에 의하여 확립된 바이다. 그럼에도 불구하고 보호를 받을 수 없는 부분을 저작물 비교 전 단계에서 미리 제거한다면, 결과적으로 전체적인 선택과 배열에 있어서의 실질적 유사성을 비교하는 단계에서는 그 부분에 대하여 아무런 고려를 할 수 없게 된다는 것이다.[462]

이와 반대로 Gates Rubber 판결은,[463] 보호를 받지 못하는 부분을 걸러내기 전에 먼저 저작물의 전체로서의 비교가 이루어져야 한다고 지적하고 있다. 이 접근방법을 취한다면 Apple 사건보다 충실하게 편집저작물을 보호할 수 있을 것이다. Apple 사건의 접근방법에 의하면, 보호를 받지 못하는 구성요소들의 선택과 배열에 있어서의 창작적 표현은 비교대상에서 제외되지만, Gates Rubber 사건의 접근방법에 따르면 비교대상에 포함되게 된다.

Apple 사건은 원고가 청구한 배상금액이 50여 억 달러에 이르는 큰 사건이었을 뿐만 아니라 여러 가지 어려운 쟁점이 포함된 관계로 소 제기 시점으로부터 많은 세월이 흐른 후인 1995년에야 항소심 판결이 선고되었다. 항소심 판결에서는 피고들의 각 프로그램에 사용된 GUI는 1985년의 협의에서 사용허락(licence)을 받은 부분이 90% 이상에 이르고 있는 이상, 피고들의 GUI가 원고의 그것과 실질적으로 동일(virtually identical)하지 않다면 저작권침해를 인정할 수 없다고 하였다.

이 사건은 이용허락계약이 전제로 되어 있다는 점에서 GUI의 저작권 문제에 관한 보편적 선례가 되기에 미흡하다는 지적도 있으나,[464] 그 판시 취지를 자세히 살펴보면 GUI에 대한 보호기준을 파악하는 데 큰 도움을 주는 사례임을 알 수 있다. 이 판결은 기본적으로 GUI의 저작권 자체를 전면적으로 부인하는 것은 아니고, 그 보호범위를 상당히 제한적으로 보아야 한다는 입장에 서 있다. 다음과 같은 판결이유는 다시 한 번 새겨둘 필요가 있다.

---

461) Hassan Ahmed, *op. cit.*, p. 491.

462) *Ibid.*, p. 491.

463) Gates Rubber Co. v. Bando Chemical Industries, 9 F.3d 823(10th Cir. 1993).

464) 오승종·이해완, 전게서, 677면.

"GUI는 한편으로는 예술적이지만, 다른 한편으로는 기능적이다. 그것은 사용자와 컴퓨터 사이의 커뮤니케이션이 원활하게 이루어지도록 하기 위한 도구이다. … 하드웨어적인 제약으로 인하여 화면에서의 윈도우의 움직임을 시각적으로 나타내는 방법의 가짓수는 제한된다. … 대체할 수 있는 디자인의 범위는 사용자에게 보다 친숙한 방법으로 조작될 수 있어야 한다는 목적에 의해 더욱 제한된다. GUI에 있어서의 표현의 범위를 제한하는 이러한 요소들, 그리고 그와 유사한 환경적, 인간공학적 요소들은 저작권 보호범위를 제한한다."

(라) Engineering Dynamics v. Structural Software 판결

① 사건의 배경

Engineering Dynamics 판결[465]은 사용자 인터페이스의 저작권침해 문제를 판단함에 있어서 추상화-여과-비교 테스트를 적용한 또 다른 사례이다. 이 사건에서 제 5 항소법원은, input과 output의 형태로 되어 있는 사용자 인터페이스는 저작권의 보호를 받을 수 있다고 하였다.

이 사건의 사실관계와 배경은 다음과 같다. 원고 Engineering Dynamics이 개발한 SACS Ⅳ 프로그램은 건축설계에서 나타나는 구조적인 문제들에 대한 해답을 제공하기 위한 목적으로 고안된 것이다. 이 프로그램의 기능을 수행하기 위해서는 사용자가 세부적 구조, 환경 데이터, 그리고 다른 외부적인 힘의 크기 등 많은 양의 데이터를 입력하는 것이 필요하다. 이와 같은 정보들을 포함하고 있는 input 포맷은 8줄의 키펀치 카드를 사용하여 컴퓨터에 입력된다. 이 input 포맷에서 사용자는 특정한 종류의 정보를 카드의 특정한 장소에 입력하도록 되어있다.

피고 Structural Software는 StruCAD라는 명칭의 독자적인 건축설계 구조관련 프로그램을 개발하였다. 이 과정에서 피고는 80개의 포맷 명령 등 SACS의 사용자 인터페이스를 상당부분 차용하였다. 원고는 자신이 개발한 입출력 포맷(input/output format)의 구조 중 56개를 피고가 복제하였다고 주장하면서 저작권 침해소송을 제기하였다.

② 판결 이유

제 5 항소법원은 구조, 순서, 조직(structure, sequence, and organization)과 같은 컴퓨터프로그램의 비문언적 요소도 저작권의 보호를 받을 수 있다는 점을 다시 한 번 분명히 하였다. 그 다음으로 해결하여야 할 쟁점은, 과연 피고가 원고의 입출력 포맷을 부당하게 복제하였는가 하는 점이었다. 이 쟁점에 대한 결론을 내리기 위하여 법원은 추상화-여과-비교의 3단계 테스트를 적용하였다.

465) Engineering Dynamics v. Structural Software, 26 F.3d 1335(5th Cir. 1994).

우선 추상화 단계에서 단순한 아이디어, 작동방법 기타 저작권의 보호를 받을 수 없는 요소들을 걸러내기 위한 기초작업으로, 사용자 인터페이스를 추상화 정도에 따라 여러 단계로 분해하였다.

다음의 여과 단계에서 법원은, 사용자 인터페이스의 각 단계로부터 저작권의 보호를 받을 수 없는 부분을 걸러내는 작업을 하였다. 추상화 정도에 따라 분해된 각각의 단계에 대하여 저작권의 보호를 제한하는 다양한 원칙들을 적용하였는데, 특히 '필수장면의 원칙'을 중점적으로 적용하였다.

제 5 항소법원은, 여과 단계의 분석과 심리를 더 충실하게 하고 그 단계를 거쳐 남아있는 요소와 원고의 사용자 인터페이스를 비교함으로써 실질적 유사성 유무를 판단해 보라는 취지로 1심판결을 파기환송하였다. 그러면서 아주 사소한 표현적 요소만을 가지고 있는 SACS와 같은 입출력 포맷이라 하더라도 저작권의 보호를 받을 수 있다고 하였다.

(마) Mitel v. Iqtel 판결[466)]

① 사건의 배경

컴퓨터의 사용자 인터페이스가 '작동방법'에 해당하더라도 저작권의 보호를 받을 수 있다는 점을 밝힌 또 다른 케이스로서, Mitel v. Iqtel 사건을 들 수 있다. Mitel 사건의 사실관계는 다음과 같다.

원고 Mitel은 Smart-1 call controller라고 하는 프로그램을 개발하였는데, 이 프로그램은 64개의 숫자 코드의 조합과 instruction set라는 구성요소에 의하여 작동되는 것이었다. 사용자는 call controller의 기능을 수행하기 위하여 4자리 숫자의 명령 코드를 전화기의 다이얼 판과 같은 형태로 된 조작판을 통하여 입력하거나 call controller에 부착되어 있는 컴퓨터 키보드를 통하여 입력하게 된다.

그로부터 얼마 후 피고 Iqtel은 IQ200+call controller라고 하는 프로그램을 개발하였다. Iqtel과 Mitel의 call controller는 여러 가지 점에서 동일한 기능을 제공하지만, 그 조작판의 모양에 있어서 Iqtel은 Mitel의 것과는 다른 모양을 채택하였다. 그러나 양 프로그램이 서로 동일한 기능을 수행하여야 하는 부분이 있는데, 이 부분에 대하여 Iqtel은 Mitel의 것과 동일한 모양과 수치를 채택하였다.

② 판결의 요지

법원은 추상화-여과-비교의 3단계 테스트를 적용하여 Iqtel의 call controller가 Mitel의 call controller와 실질적으로 동일한 것인지 여부를 검토하였다. 분석의 틀을 갖추기 위하여 법원은, 원고 프로그램을 '추상화 정도'에 따라 다양한 단계로 분류하였다. 그 다음에 이러

466) Mitel, Inc. v. Iqtel, Inc., 124 F.3d 1366(10th Cir. 1997).

한 틀에 따라 저작권의 보호를 받을 수 없는 요소를 걸러내기 위하여 추상화에 따른 각 단계별로 검토하였다. 그리고 여과단계에서 '아이디어, 프로세스, 사실, 공중의 영역에 있는 정보들, 합체의 원칙이 적용되는 부분, 필수장면의 원칙이 적용되는 부분, 그리고 다른 보호받지 못하는 부분들을 걸러 내었다.

마지막으로 재판부는, 그러한 과정을 거치고 남아 있는 부분들과 피고의 저작물을 비교함으로써 피고가 원고 저작물의 상당부분을 부정하게 복제하였는지 여부를 검토하였다. 그 결과, Mitel의 Smart-1 call controller 명령 코드는 저작권법의 제한을 넘어서는 어떠한 표현도 포함하지 않고 있으며, 남아 있는 구성부분도 저작권의 보호를 받을 수 있을 만큼 충분한 창작적 표현을 포함하고 있지 않다고 판단하였다.

이 판결은, 비록 결론에 있어서는 Mitel의 사용자 인터페이스가 저작권의 보호를 받을 수 없다고 하였지만, 실질적 유사성을 판단하기 위한 추상화-여과-비교의 3단계 테스트를 정확하게 적용하고 있다는 점에서 높은 평가를 받았다. 또한 어떤 저작물이 작동방법에 해당한다고 하여 자동적으로 저작권의 보호가 배제되는 것은 아니라고 하였으니, Lotus 판결의 결론을 사실상 채택하지 아니한 셈이다.

(바) Lotus 판결 이후 컴퓨터 프로토콜, 메뉴구조에 대한 보호

Lotus 판결은 응용프로그램의 인터페이스(application program interface, API)와 그 밖의 다양한 조작용 구성요소들은 그 자체로서 전혀 저작권의 보호를 받을 수 없다는 것으로 해석될 여지가 있었다. 그러나 그 후 미국의 대부분 법원은 이와 같은 극단적인 견해를 따르지 않고 있다.

다만, 인터페이스가 그 자체로서 저작물성이 있고 저작권의 보호를 받을 수 있다고 하더라도, 실제 재판에서 법원이 여과 단계에서 인터페이스의 거의 모든 구성요소들을 저작권의 보호를 받을 수 없는 것이라고 걸러내면, 거의 문언적인 복제를 제외하고는 사실상 저작권의 보호가 주어지기 어렵다. 그 전형적인 예가 바로 위에서 본 제10항소법원의 Mitel 판결로서, call controller 프로그램 조작판의 구성요소인 코드 숫자들의 임의적인 선택은 저작권의 보호를 받을 수 있을 만한 창작성을 가지고 있지 못하다고 한 것을 들 수 있다. 또한 인터페이스의 구성요소는 그것이 외부적인 요인, 예를 들어 특정한 하드웨어나 소프트웨어와의 호환성 때문에 채택된 것이라면 그 경우에도 역시 저작권의 보호를 받을 수 없다. Mitel 판결은, call controller 프로그램의 코드에 합치되는 값으로 선택된 수치들은 설사 창작성을 가지고 있다 하더라도, 외부적인 요인에 의하여 필수적으로 선택된 것이기 때문에 저작권의 보호를 받을 수 없다고 하였다.

기본적으로 법원이 어떠한 접근방법을 채택하느냐에 따라 GUI나 메뉴구조 등 스크린

디스플레이의 저작권 보호여부에 대한 결론은 크게 달라진다. 프로토콜이나 메뉴구조를 구현하는 프로그램은 상당한 분량의 프로그램 코드를 포함할 수 있다. 프로그램으로부터 보호받지 못하는 요소들을 여과해 낸다고 하더라도, 프로그램 자체와 그에 수반하는 문서들에 대한 문자적인 복제를 금지할 수 있을 정도의 보호받는 표현은 충분히 남아 있을 수 있다. 프로그램을 설명하는 문서들이나 그 프로그램을 구현하기 위한 실제 코드들을 작성함에 있어서 사용된 서술은 여러 가지 다양한 표현적 선택을 포함할 수밖에 없고, 그러한 선택은 아이디어·표현 이분법 원칙에 따라 보호를 받을 수 있기 때문이다. 반면에, Lotus 판결과 같은 접근방법을 채택한다면 모든 프로토콜이나 메뉴구조는 그것을 구현하는 프로그램 코드까지 포함하여 전혀 저작권의 보호를 받을 수 없게 된다.

Mitel 판결은 Lotus 판결과 같이 무조건 저작물성을 부정하는 접근방법을 채택하지 않고 추상화-여과-비교의 3단계 테스트를 적용한다고 하더라도, 프로토콜이나 메뉴구조는 저작권의 보호를 받을 수 없다는 결론에 도달하기 쉽다는 것을 보여준다. 그러나 다른 결론을 내린 판결도 있다.[467] 예를 들어 Compaq 판결[468]은 프로토콜 요소라도 그 자체로서 저작권의 보호를 받을 수 있다는 점을 보여주고 있다. 이 판결에서는 하드 드라이브에 오류가 발생할 수 있음을 경고하기 위하여 사용되는 다섯 개의 숫자 파라미터의 집합은 저작권의 보호를 받을 수 있다고 하였다. 그러면서 각각의 파라미터에서 오류발생 가능영역에 도달하였음을 가리키는 수치값을 선택하여 배열한 것은 '선택 및 배열에 있어서의 창작성'을 갖추고 있어서 저작권의 보호를 받을 수 있다고 하였다. 나아가 설사 프로토콜의 개개의 구성요소들이 기능적 필요성 때문에 채택된 것이어서 저작권의 보호를 받을 수 없다고 하더라도, 그 프로토콜들 전체를 하나의 편집저작물(compilation)로 보아 보호를 받을 수 있다고 하였다.

라. 동경지방법원 2002. 4. 22. 평성13년(ワ) 16440호 판결

(1) 사건의 배경

이 사건의 원고는 업무용 그룹웨어 프로그램인 '사이보우즈 office'의 저작권자이다. 이 프로그램은 여러 가지 다양한 기능을 갖춘 소위 '어플리케이션'의 집합체이며, 그 어플리케이션은 각각 단품의 프로그램으로도 판매된다.[469]

---

467) Mark A. Lemley et al., *Software and Internet Law*, Aspen Publishers(2003), p.75.

468) Compaq Computer Corp. v. ProCom Technology, 908 F.Supp. 1409(S.D. Tex. 1995) (Mark A. Lemley, p. 75.에서 재인용).

469) 사이보우즈오피스에 내재되어 있는 기능은 대체로 다음과 같은 것들이다.
「스케줄」: 개인의 스케줄관리가 아니라 오피스의 구성원 전원의 스케줄을 공유, 열람할 수 있다.

피고는 원고의 프로그램과 동일한 종류의 프로그램을 제조, 판매하였는데, 피고는 자신의 프로그램을 제작할 때에 선행상품인 원고의 사이보우즈 2.0의 기능 및 화면표시 등을 참조하였다.

(2) 판결의 내용

이 사건에서 동경지방법원은 개별 표시화면의 저작물성과 표시화면들의 집합적인 선택·배열에 있어서의 저작물성 등 두 가지 측면에서 판단을 하였다. 그리고 결론에 있어서도 개별 표시화면에 대한 저작권침해와 집합체로서 표시화면들의 선택·배열에 대한 저작권침해 두 가지로 나누어 판단하였다.

(가) 우선 개별화면의 저작권침해에 대하여는 다음과 같이 판시하고 있다.

"일반적으로 업무용 프로그램은 표계산이나 문서작성 등 계산처리나 사무적 작업을 행하는 것을 목적으로 하며, 그 표시화면(스크린디스플레이)은 컴퓨터에 대한 명령이나 숫자, 문자 등의 정보를 입력하거나, 계산 결과나 작성된 문서 등을 이용자가 열람하도록 하기 위한 것이다. 이와 같은 표시화면은 작업의 기능적 수행이나 이용자의 조작 및 열람의 용이성 등을 고려하여 그 구성이 결정되므로, 요구되는 기능이나 이용자의 편리성에 따른 제약이 있으며, 그로 인하여 개발자가 표시화면을 창작적으로 표현하는 범위는 제한되지 않을 수 없다.

원고 프로그램의 「스케줄」, 「행선안내판」, 「시설예약」, 「게시판」, 「공유주소록」 등의 어플리케이션은, 컴퓨터가 활용되기 이전부터 이미 그와 유사한 기능을 가지는 흑판이나 화이트보드 등을 이용한 예정표, 게시판이나 장부 형태의 시설예약부 등이 사용되고 있었으며, 또한 유사한 기능을 가지는 시스템 수첩 등도 존재하고 있었기 때문에, 이러한 게시판, 장부 등의 서식이 취하고 있는 종래의 관행적 구조를 계속 이어갈 필요가 있다는 제약도 존재한다.

이러한 점을 고려한다면, 원고 프로그램의 표시화면에 있어서 서식의 항목 선택이나 배열에 개발자의 지적 활동이 개재할 여지나, 개발자의 개성이 창작적으로 표현될 가능성이 전혀 없는 것은 아니지만, 그 범위는 제한적이며, 비록 창작적 요소가 인정되더라도 화

「행선지 안내판」: 부재중인 구성원의 소재를 파악, 부재중인 구성원에 대한 전언을 등록할 수 있다.
「게시판」: 구성원에게 일제히 연락하고 싶을 때에 이용하는 전자게시판.
「시설예약」: 회의실 등의 시설을 이용할 때에 다른 구성원과 중복되지 않도록 예약할 수 있다.
「공유주소록」: 구성원 전원이 공유할 수 있는 주소정보를 작성할 수 있다.
「ToDo리스트」: 각 구성원의 임무를 테마별, 마감일 순, 우선도 순으로 간단하게 관리할 수 있다.
「프로젝트관리」: 프로젝트의 진척상황을 간단하게 파악할 수 있다.
「전자회의실」: 구성원 전원이 참가할 수 있는 전자회의시스템.

면의 부분적 범위에 그치게 된다."

결국 이 판결은 원고 소프트웨어 표시화면의 저작물성을 인정한다고 하더라도, 저작권 침해를 인정할 수 있는 것은 이른바 데드카피(dead copy) 내지 그에 준하는 것에 한정된다고 하여 보호범위를 극히 제한적으로 보는 입장을 취하였다.

(나) 다음으로 집합체로서의 표시화면들의 선택·배열에 대한 저작권침해 여부와 관련하여서도, "개별화면의 경우와 마찬가지로, 원고 프로그램에 있어서 화면의 선택과 조합(배열)에 관하여 개발자의 지적활동이 개재할 여지나 그의 개성이 창작적으로 표현될 가능성이 없는 것은 아니다. 그러나 이 경우에도 창작성의 유무는 해당 프로그램에 요구되는 기능 및 이용자의 편리성 요구에 따른 제약, 기존의 동종 소프트웨어와의 비교 등을 고려하여 판단하여야 한다. 이렇게 볼 때 원고의 표시화면은, 작성자의 사상이나 감정을 창작적으로 표현하는 범위가 제한되며, 설사 창작적 요소가 인정된다고 하더라도 좁은 범위에 한정된다."고 판시하였다.

따라서 원고 프로그램에 내재되어 있는 서로 견련관계를 가지는 표시화면의 집합체를 하나의 저작물로 보더라도, 저작권침해는 데드카피(dead copy) 내지 그에 준하는 것에 한정된다고 하였다.

결론적으로 이 판결은 원고의 표시화면에 관하여, 그것이 개개의 표시화면으로서 창작성을 가지는 사상·감정의 표현으로서 저작물에 해당하는지 여부는 검토할 점이 있지만, 설사 해당한다고 하더라도 원고와 피고의 표시화면 사이에 공통하는 부분은 모두 프로그램의 기능에 따른 당연한 구성, 혹은 종전의 게시판, 시스템수첩, 동종의 프로그램에서 보이는 구성에 해당한다고 하였다. 그리하여 원고 프로그램에서 개개의 표시화면의 저작물성 인정여부에 관계없이, 피고 프로그램의 표시화면이 원고 프로그램 표시화면의 복제 내지 2차적저작물에 해당한다고는 볼 수 없다고 결론을 내리고 있다.

또한 이 판결은 상호 견련관계에 있는 각 표시화면의 집합체에 관하여도, 같은 취지에서 그 저작물성(창작성)을 인정할 수 있는지 여부에 관계없이, 피고 프로그램의 표시화면의 선택 및 배열이 원고 프로그램에 대한 복제 내지 2차적저작물이라고 볼 수 없다고 하였다.

(3) 판결의 의미

이 판결은 스크린 디스플레이, 그 중에서도 GUI와 관련하여 내려진 판결로서 비교적 상세한 법리를 구사하여 판단을 하고 있다. 이 판결은 GUI가 창작성을 가짐으로써 저작물로 성립할 수 있는가 여부에 관한 판단과, 원고와 피고의 소프트웨어에 공통적으로 나타나고 있는 특징이 저작권의 보호를 받을 수 있는 부분인지, 아니면 기능성 또는 효율성 등의 요인에 의하여 보호를 부정하여야 하는 부분인지 여부에 대한 판단, 그리고 그러한 공통점으로부터 표현상의 창작적 특징의 유사성을 감득할 수 있는지 여부에 대한 판단을 각각 구분하여 논하고 있다. 이러한 점에서 볼 때 기본적으로 미국에서 발달된 3단계 테스트와 궤를 같이 한다고 볼 수 있다. 그러나 이 판결은 위와 같이 구분된 판단을 논리적 순서에 입각하여 진행하는 대신, 두 번째 판단, 즉 원고와 피고의 소프트웨어에서 공통적으로 나타나고 있는 요소들을 여과과정의 판단을 통하여 걸러냄으로써 창작성의 판단이나 유사성의 판단과 무관하게 곧바로 저작권침해를 인정할 수 없다는 결론을 내리고 있다. 이 점은 다소 아쉬운 부분이다.

5. 컴퓨터 게임의 스크린 디스플레이

전자비디오게임 프로그램은 비디오게임기의 ROM칩 속에 내장되어, 이용자가 버튼을 조작함에 따라 화면의 영상이 변화되면서 게임을 수행할 수 있도록 하는 것으로서, 그 자체가 저작권법의 보호대상인 프로그램저작물이라는 점에 대하여는 별다른 이론이 없다.[470] 문제는 그 프로그램의 작동에 따라 나타나는 시각적 영상(visual image)과 그에 부수된 음악 등 소리를 포함하는 시청각적(audio-visual) 요소가 저작물성을 갖는가 하는 점이다.

미국과 일본의 컴퓨터프로그램 관련 판례 중에는 이 문제를 다루고 있는 것이 상당히 많다.

미국의 경우, Stern Electronics v. Kaufman 사건[471]에서 원고는 자신이 라이선스를 받은 비디오게임인 Scramble의 'attract mode'(게임을 시작하기 전에 게임내용을 설명하는 화면)와 'play mode'(동전을 집어넣어 게임이 시작된 후의 화면) 두 가지의 시청각 요소는 저작물로서 보호되어야 한다고 주장하였다. 이에 대하여 피고는 게임을 하는 사람이 어떻게 게임을 조작하는가에 따라 화면의 진행이 모두 다르기 때문에, 게임의 영상과 소리는 매체에 고정된

470) 이기수 외 6인, 전게서, 1133면.

471) 523 F.Supp. 635, 213 U.S.P.Q. 75(E.D.N.Y. 1981). 사안은 다음과 같다. 원고인 Stern Electronics는 일본의 고나미사가 개발한 SCRAMBLE이란 이름의 비디오게임을 고나미사로부터 북남미에 독점적으로 판매할 수 있는 라이센스를 얻어서 1981년 봄부터 미국에서 팔기 시작하였다. SCRAMBLE 게임은 우주선이 지상의 미사일이나 비행기 등으로부터 공격을 피하여 목적지에 도달하도록 된 내용으로 한 벌이 2,000달러인데도 판매 개시 두 달 만에 10,000벌이나 팔리는 대성공을 거두었다. 피고인 Omni Video사는 1981년 말부터 SCRAMBLE이란 이름을 머리판에 붙인 Space Guerilla 등의 비디오게임을 팔기 시작하였으며 이는 Stern사의 Scramble과 시청각적 표현이 거의 같았다. 이에 Stern사는 저작권을 침해당하였다고 하면서 그 침해행위의 금지명령을 구하는 가처분신청을 하였다.

것도 아니고 창작적인 것도 아니며, 따라서 저작물에 해당하지 않는다고 항변하였다. 법원은 게임의 구체적인 영상과 소리가 어떻게 진행되는지와 관계없이 전체적인 이미지는 게임이 반복될 때마다 동일하므로 '고정되어' 있는 것이고, 그 전체적인 이미지가 다른 게임과 구별될 수 있으므로 창작성도 인정된다고 하여, Scramble의 시청각 요소는 저작물로서 보호된다고 판시하였다.[472]

이 판례와 관련하여서는 다음과 같은 점들을 유의하여야 한다.

첫째, 비디오 게임기에 내장된 프로그램에 의하여 화면에 현출되는 시청각적 표현은 프로그램 자체가 아니라 그와 별개의 '시청각저작물'로 보호된다는 점이다. 이를 우리 법에 대응시켜 보면, 시청각적 요소는 저작권법 제 4 조 제 1 항의 저작물 분류 중 제 9 호의 컴퓨터프로그램저작물이 아니라, 제 7 호의 '영상저작물'에 해당한다.

둘째, 영상저작물에 관하여는 우리 저작권법상으로도 "연속적인 영상(음의 수반여부는 가리지 아니한다)이 수록된 창작물로서 그 영상을 기계 또는 전자장치에 의하여 재생하여 볼 수 있거나 보고 들을 수 있는 것을 말한다"라고 정의하고 있으므로,[473] 고정의 요건을 요하는 것으로 볼 수 있다.[474] 따라서 미국의 판례가 위와 같이 고정의 요건에 관하여 판단한 것은 우리 법의 해석상으로도 원용될 수 있다.

일본의 동경지방법원도 1984. 9. 28. 선고한 판결에서 원고 Namco(주)의 PACMAN이라는 비디오게임은 "영화촬영 기술에 유사한 시청각효과 또는 시각효과를 낳는 방법으로 표현된 작품"이므로 영화저작물에 해당한다고 판시하였으며, 이는 비디오게임이 저작권법상의 영화저작물에 해당되는 것을 인정한 일본의 첫 판결이었다.[475]

컴퓨터프로그램은 프로그램 코드 자체와 그에 내재되어 있는 비문언적·구조적 요소들을 프로그램저작물로 보호하는 것과, 그 프로그램에 의하여 생성되어 화면상에 나타나는 시청각적 디스플레이를 별도의 저작물로 보호하는 것 등 두 가지 형태로 저작권의 보호를 받게 된다. 프로그램저작물인 코드 자체는 컴퓨터의 작동과정에서 실제 사람이 시각적으로 읽을 수 있는 것은 아니다. 그 코드는 컴퓨터에 의하여 읽혀지고 이때 컴퓨터 화면에 나타

472) 같은 취지의 판례로, Compaq Computer Corp. v. ProCom Technology, 908 F.Supp. 1409(S.D. Tex. 1995); Midway Mfg. Co. v Artic International, Inc., 211 U.S.P.Q. 1152, 1982-1 CCH Trade Cases 64534(N.D. Ill. 1981); Williams Electronics, Inc. v Artic International, Inc., 685 F.2d 870(3d Cir. 1982) 등이 있다. 이와 같이 게임프로그램에 포함된 시청각저작물의 보호를 기본적으로 인정하는 전제 하에, 원, 피고의 게임프로그램에 포함된 시청각적 표현이 유사하지만, 그것이 보호되지 않는 아이디어와 불가분적 관계에 있는 표현이라는 이유로(이른바 merger doctrine 적용) 원고의 청구를 기각한 사례로는 Atari, Inc. v Amusement World, Inc., 547 F.Supp. 222, 215 U.S.P.Q. 929(D.C. Md. 1981)가 있다.

473) 저작권법 제 2 조 제13호.

474) 일본의 저작권법도 영상저작물에 관하여는 분명하게 '유형물에의 고정'을 요하는 것으로 규정하고 있다.

475) 이철, 전게서, 301-302면 참조.

나는 것은 코드 자체가 아니라 그 코드에 기초한 스크린 디스플레이다. 사용자가 시각적으로 인식할 수 있는 것은 스크린 디스플레이뿐이므로, 그러한 디스플레이에 대하여 저작권의 보호를 부정하는 것은 컴퓨터프로그램에 대한 저작권 보호를 형해화할 우려가 있다.476) 마찬가지로 스크린 디스플레이를 시청각 저작물로 보호를 한다고 하여 그 보호가 그에 내재된 게임이나 프로그램 그 자체에까지 미치는 것은 아니다.

제 5 절 결 론

저작권법을 비롯한 지적재산권법의 중요한 법적 요건이나 침해의 판단기준은 대부분 '불확정개념'으로 되어 있다. 저작권법의 창작성과 실질적 유사성 개념, 특허법의 진보성과 균등개념, 상표법의 특별현저성과 유사개념 등이 그렇다. 이러한 불확정개념은 구체적 타당성을 기하는 데에는 유용할지 모르나, 그로 인하여 지적재산권법에 있어서 법적 안정성의 요청은 언제나 요원한 것이 되고 만다. 또한 결론의 예측불가능성으로 인하여 분쟁이 끊이지 않는 원인도 된다. 그리하여 특허법에서는 "무엇이 균등인가 하면, 법관이 균등이라고 하는 것이 균등이다"라는 푸념이 있을 정도이다. 저작권법에서도 사정은 다르지 않다. 실제 분쟁에 있어서는 저작재산권 침해의 판단기준 중 하나인 실질적 유사성의 존재여부에 대하여 대립하는 당사자 사이에 판단이 서로 다르기 때문에, 이를 둘러싸고 끊임없는 다툼이 계속되는 경우를 자주 볼 수 있다.

그러나 이러한 불확정개념의 판단기준을 설정하는 것이 어렵다고 하여 손을 놓고만 있을 수는 없다. 판례를 분석하고 이론을 검토함으로써 객관적이고 합리적인 기준을 설정하도록 노력을 기울여야 한다. 본 장의 내용은 이 부분에 대한 이론과 실무가 비교적 발달한 미국의 사례를 중심으로 연구, 검토함으로써 저작권침해의 판단기준 수립을 시도해 보고자 한 것이다.

우리나라에서도 최근 들어와서 저작재산권 침해와 관련된 사건이 늘어나고 있으며, 그에 따라 판례도 많이 생산되고 있다. 과거 우리나라의 판례는 저작재산권 침해와 관련된 이유 설시가 정교하다고 보기는 어려웠다. 저작재산권 침해의 요건과 관련하여 논리적 순서에 따른다면 다른 요건의 판단에 앞서 선행되어야 할 일부 요건에 대한 판단을 미리 생략하거나, 서로 구별되어야 하는 요건을 함께 판단하여 버리는 경우가 드물지 않았다. 또

476) Mark A. Lemley, *op. cit.*, p.77.

한 침해요건의 핵심이라고 할 수 있는 '실질적 유사성'의 판단에 있어서도 저작물 전체로서의 실질적 유사성과 표현에 있어서의 실질적 유사성을 구분하지 아니한 채 뭉뚱그려 판단하고 있는 경우도 많았다. 그러나 저작재산권 침해의 요건에 관한 정확한 이해가 이루어지면, 그에 후속되는 판단방법에 있어서도 논리적이고 체계적인 접근이 가능하다.

예를 들어, 본 장 제 4 절 Ⅳ의 3. 기타 부분에서 검토한 지도 등 여행정보를 수록한 책자의 저작권침해여부에 관한 대법원 2011. 2. 10. 선고 2009도291 판결을 다시 한 번 살펴보기로 한다. 이 판결은 "저작권의 침해여부를 가리기 위하여 두 저작물 사이에 실질적인 유사성이 있는지 여부를 판단할 때에도 창작적인 표현형식에 해당하는 것만을 가지고 대비해 보아야 하고, 표현형식이 아닌 사상이나 감정 그 자체에 독창성·신규성이 있는지 등을 고려하여서는 안 된다"고 판시하고 있다. 그러나 이러한 판시 부분에 대하여는 본격적인 검토를 해 보아야 한다. 이러한 판시는 위 대법원 판결이 인용하고 있는 대법원 1999. 11. 26. 선고 98다46259 판결(수지요법 강좌 서적 사건), 대법원 2000. 10. 24. 선고 99다10813 판결(까레이스키 사건), 대법원 2009. 5. 28. 선고 2007다354 판결 등 여러 대법원 판결에서부터 이어지고 있어 마치 우리 대법원의 확립된 입장인 것처럼 이해되는 부분이기도 하다.

저작권의 보호 대상은 학문과 예술 등 사람의 정신적 노력에 의하여 얻은 사상 또는 감정을 말, 문자, 음, 색 등에 의하여 구체적으로 외부에 표현한 창작적인 표현형식이고, 거기에 표현되어 있는 내용 즉 아이디어나 이론 등의 사상 및 감정 그 자체는 원칙적으로 저작권의 보호 대상이 아니라는 것은 아이디어·표현 이분법의 대원칙이다. 이에 관하여는 특별한 이론이 없다. 따라서 두 저작물 사이의 저작권침해여부를 판단함에 있어서는, 첫 번째 단계로서 원고 저작물로부터 저작권의 보호를 받는 부분과 받지 못하는 부분을 가려내는 '분해'(dissection) 작업이 필요하게 된다. 그리하여 그 작업을 통하여 가려진 보호받는 부분이 피고의 저작물에 동일 또는 유사한 형태로 들어 있어야 비로소 저작권침해여부를 논할 수 있게 되는 것이다.

그런데 저작권침해 판단은 여기서 그치는 것이 아니라 두 번째 단계로서 '실질적 유사성'(substantial similarity)의 판단 단계를 거쳐야 한다. 즉, 위와 같이 저작권의 보호를 받을 수 있는 부분, 다시 말해서 원고의 '창작적 표현'(original expression) 부분이 동일 또는 유사한 형태로 피고 저작물에 의하여 차용되었을 뿐만 아니라, 그로 인하여 두 저작물 사이에서 수요자들이 실질적 유사성을 느낄 수 있어야 비로소 저작권침해로 인정될 수 있다. 이때 수요자들을 대상으로 한 실질적 유사성 대비 판단에 있어서 두 저작물을 '전체 대 전체'로서 비교하는 '전체적 접근방식'(comprehensive approach, 또는 total concept and feel approach)을 취할 것인지, 아니면 원고의 저작물에서 보호받는 요소(element)와 보호받지 못하는 요소를 분석하여 보호받지 못하는 요소를 여과 또는 제거한 뒤, 남게 된 보호받는 요소만을 피고의 저작물과 비교하는 '분해식 접근방식'(dissection approach)을 취할 것인지 여부가 중요한 문제로 대두된다.

본 장에서 살펴본 바와 같이 전체적 접근방식의 단점은 이 방식에 의할 경우 실질적 유사성을 판단함에 있어서 저작권으로 보호받는 표현뿐만 아니라 보호받지 못하는 아이디어와 같은 요소까지도 함께 포함되는데, 그 때 보호받는 표현이 아니라 보호받지 못하는 요소들에 의하여 수요자들이 두 저작물 사이의 실질적 유사성을 느낄 수도 있다는 점이다. 그리하여 전체적 접근방식은 주로 축하카드나 포스터 등 단순한 시각적 저작물의 침해판단에 유용할 뿐, 컴퓨터프로그램저작물과 같은 고도의 기술적인 저작물의 침해판단에는 부적당하다는 비판을 받아 왔다.

반면에 분해식 접근방식의 단점은 현실적으로 하나의 저작물을 여러 가지 요소로 분해하는 것은 매우 어려운 작업이며, 잘못 분해를 할 경우 저작물의 창작성이 있는 부분은 전혀 남지 않게 되는 불합리한 결과가 나올 수도 있다는 점이다. 또한 시각적 저작물과 같은 저작물에 있어서, 설사 그 저작물을 분해하여 보호받는 요소와 보호받지 못하는 요소로 나눈다고 하더라도, 실제 실질적 유사성을 판단함에 있어서는 이미 그 저작물 속에 모든 요소들이 포함되어 한 눈에 보여지고 있는데, 그 중에서 보호받지 못하는 요소들을 어떻게 제거하고 판단할 수 있는지, 이는 결국 감각적·심리적으로 불가능한 것을 가능한 것처럼 의제하는 것에 지나지 않는다는 비판이 있다.

위 대법원 판결이나 그 판결에서 인용하고 있는 다른 대법원 판례들을 판결이유의 문언대로만 해석하면, 마치 저작권침해 판단에 있어서는 저작물 중 보호받는 요소들을 가려낸 후 그 보호받는 요소들만 가지고 비교판단, 즉 실질적 유사성여부를 판단하여야 한다는 것처럼 받아들여진다. 이는 위 대법원 판결들이 '분해식 접근방식'을 채택하고 있는 것처럼 해석될 여지가 크다. 그러나 결코 그렇게 단순히 볼 문제가 아니다. 경험적으로 볼 때 전체적 접근방식은 원고에게 유리하고, 분해식 접근방식은 피고에게 유리하다. 따라서 전체적 접근방식을 취할 것이냐, 아니면 분해식 접근방식을 취할 것이냐는 침해판단의 결론에 중대한 영향을 미칠 수 있는 부분이고, 특별히 신중을 기해야 할 쟁점이다. 그런 이유로 실질적 유사성 판단 법리의 뿌리가 된 미국 판례 및 실무에서는 '보호받는 표현 테스트와 청중테스트', '외부적 테스트와 내부적 테스트', '추상화-여과-비교의 3단계 테스트' 등 전체적 접근방식과 분해식 접근방식을 혼합하여 케이스에 따라 적절하게 적용하는 판단방법이 주로 채택되어 왔던 것이다.

특히 위 대법원 판결에서 문제가 된 여행안내 책자는 여행지의 역사, 관련 교통 및 위치 정보, 운영시간, 전화번호 및 주소, 입장료, 쇼핑, 식당 및 숙박 정보 등을 소재로 하되, 그러한 소재들이 창작성 있는 모습으로 선택, 배열, 구성된 편집저작물의 성격을 가지고 있다. 편집저작물의 창작성은 소재 자체의 창작성여부와는 상관이 없이, 그러한 개별 소재가 전체적으로 어떻게 선택, 배열, 구성되어 있는지에 달려 있으므로, 그 창작성은 저작물 전체를 통하여 판단되어야 하는 것이 기본이다. 따라서 편집저작물에 있어서의 실질적 유사성 판단 역시 해당 저작물 전체(또는 적어도 실질적인 부분 전체)를 가지고 판단하는 것이 기본이 되어야 한다.

그런데 위 대법원 판결의 판시에 따르면 대상 저작물이 편집저작물임에도 불구하고 실질적 유사성여부를 판단함에 있어서는 개별 소재의 창작성여부, 즉 개별 소재가 아이디어에 해당하는지 창작적 표현에 해당하는지 여부를 가려낸 후, 그 중 창작적 표현에 해당하는 부분만을 가지고 실질적 유사성여부를 판단하여야 한다는 입장, 즉 분해식 접근방식을 취한 것으로 해석될 여지가 크다. 만약 위 대법원 판결의 취지가 실제로 그러한 것이라면, 이는 그 결론이 옳든지 그르든지 깊이 있게 검토되고 연구되어야 할 문제이다. 다만, 위 대법원 판결이나 그에 앞서 같은 취지를 판시한 인용 판결들을 가지고 우리 대법원이 모든 저작물의 저작권침해 판단(실질적 유사성 판단)에 대하여 일률적으로 분해식 접근방식을 채택하여야 한다는 취지를 천명한 것이라고 이해하는 것은 무리이다. 그런데 이들 대법원 판결의 판시에서는 저작물의 종류가 무엇인지에 대하여는 특별한 언급함이 없이, 그냥 창작적 표현에 해당하는 부분만을 가지고 실질적 유사성여부를 판단하여야 한다고만 하고 있기 때문에 해석상 오해를 불러일으킬 가능성이 있는 것이다.

결국 이러한 오해를 불식시키기 위해서는, 저작권침해 판단에 있어서 보호받는 표현을 가려내는 첫 번째 단계와 실질적 유사성을 판단하는 두 번째 단계를 논리적으로 구분하고, 두 번째 단계에서 어떤 종류의 저작물에 대하여(예컨대 시각적 저작물이냐 어문저작물이냐, 또는 편집저작물이냐) 어떤 접근방식을 취하여야 하는지를 명백히 판시해 주는 것이 바람직하다고 생각한다. 앞으로 이 부분에 관하여 보다 정밀하고 논리적인 판결이유를 구성한 판례가 나타나기를 기대해 본다.[477)]

이러한 관점에서 본 장에서는 우선 서론적 고찰로서 저작재산권 침해의 구조와 저작물의 보호범위에 관하여 필요한 범위 내에서 간략히 언급을 하였다. 이후 '저작재산권 침해의 요건'에서는 우선 이론의 전개방법과 관련하여, Paul Goldstein 교수가 미국의 전통적 이론을 기초로 하여 채택하고 있는 이론 전개방법, 즉 주관적 요건으로서의 복제행위

477) 분야별 중요판례분석, 법률신문사, 2011, 880-884면.

(copying)와 객관적 요건으로서의 부당이용(improper appropriation)의 두 가지 요건으로 나누고, 그 중 객관적 요건을 다시 보호받는 표현을 이용하였을 것과 일반 청중이 두 저작물 사이에 실질적 유사성을 인식할 수 있을 것의 세부 요건으로 나누는 방법을 채택하였다. 그것은 이 방법이 가장 정밀하면서도 논리적인 분석의 틀을 제공하고 있는 것으로 생각되었기 때문이다. '요건'(requisite)을 확정하기 위해서는 그에 앞서 '정의'(definition)가 확정되어 있어야 한다. 확정된 '정의'로부터 그 정의에 부합하기 위한 공통분모로서의 '요건'이 추출되고, 그러한 '요건'을 갖추었을 때 법률적인 '효과'(legal effect)가 발생하는 까닭이다. 그런데 저작재산권의 침해, 그 중에서도 침해자의 '작성' 행위를 전제로 하고 있는 복제권 및 2차적저작물작성권의 침해에 대하여는 그 개념 정의가 아직 명확하게 되어 있다고 볼 수 없다. 이와 같이 개념 정의가 되어 있지 못한 상황에서 그 요건을 확정한다는 것은 아직 시기상조일지도 모른다. 그렇기 때문에 미국에서도 논자에 따라 저작재산권 침해를 인정하기 위한 요건을 분류하는 방법이 조금씩 다르고, 우리나라나 일본의 일반적인 견해와도 약간의 차이를 보이고 있다.

그러나 이와 같이 서로 약간씩 다르게 설명되고 있는 이들 요건들도 자세히 들여다보면, 설명 방법에 있어서의 다소간의 차이가 있을 뿐 본질적인 차이는 별로 없다. 그렇다면 저작재산권 침해의 개념에 대하여는 '정의'라고 불러도 좋을 정도의 보편적인 인식은 이루어져 있다고 볼 수 있고, 따라서 그러한 개념 정의로부터 공통적인 요건을 추출해 내는 것도 가능하다고 생각된다. 또한 지금까지 나타난 판례나 학설로부터 현재의 시점에서 타당할 수 있는 저작재산권 침해의 요건을 추출하고 정립하는 것은, 자칫 자의적이고 독단적인 판단에 빠지기 쉬운 저작재산권 침해 사건에 있어서 판단의 논리성을 부여하고 예측가능성을 높이는 데 도움이 될 수도 있을 것이다. 이러한 관점에서 제 2 절에서는 저작권침해의 요건을 주관적 요건인 '의거 또는 복제'와 객관적 요건인 '부당한 이용'으로 구분하면서, 그 각각의 요건에 대한 해석과 적용상의 구체적 문제점에 관하여 이론을 전개하였다.

제 3 절에서는 저작재산권 침해의 요건을 판단하기 위하여 그동안 개발되어 온 여러 가지 방법론 및 기준 등에 관하여 살펴보았다. 이들 방법론들은 주로 개별 판례를 통하여 개발된 것들이기 때문에 그 어느 것이나 일반적인 저작물에 공통적으로 적합할 수 있는 범용성을 가지는 것이라고는 보기 어렵다. 그러나 이들 각각의 기준(테스트)들과 그것을 구성하는 세부적인 테스트들 사이의 상관관계를 비교하여 검토하는 것은 이들 기준을 논리적이고 정확하게 이해하는 데 도움이 될 것이기 때문에, 각각의 기준들의 구체적 내용뿐만 아니라 그 기준들의 상관관계와 연결고리도 찾아보고자 하였다.

앞에서도 언급하였지만, 이러한 기준들 중에서 미국의 Altai 판결에서 제시된 '추상화-

여과-비교의 3단계 테스트'가 그 판결의 대상이 되었던 기능적 저작물에 대하여서는 물론이고 그 밖의 다른 문예적 저작물에서조차 기본적으로 또는 적어도 다른 기준에 부가하여 적용될 수 있는, 현재까지는 가장 만족스러운 판단기준을 제공하는 것으로 평가된다.

특히 오늘날에는 음악이라든가 영화, 비디오게임, 애니메이션 등 문예적 장르에서도, 대규모 자본과 인원이 투자되어 기업적으로 창작되는 저작물들이 많고, 이러한 저작물들에 대한 분쟁이 저작권 침해소송의 주류를 이루고 있음을 볼 수 있다. 이러한 저작물들은 경쟁기업들이 각각 유사한 내용의 저작물들을 앞을 다투어 생산해 내면서 서로가 서로에게 영향을 미치는 관계에 있기도 하고, 해당 문화산업의 발전수준에 따라 관련 업계 전반으로부터 영향을 받기도 한다. 따라서 이들이 생산해 내는 저작물들은 산업적이고 기술적인 성격이 매우 강하고, 그 구성요소의 창작적 기원도 매우 복잡다양하다. 종래 지적재산권 분야를 문화와 산업 두 가지 분야로 크게 나누고, 그 중 저작권법을 문화기본법이라 하여 산업재산권법인 특허법, 상표법, 디자인보호법, 실용신안법 등과 구분하여 왔던 경계선은 오늘날 그 의미를 많이 상실하였다고 볼 수 있다. 우리가 영화나 음악에 대하여 영화산업, 음반산업이라고 칭하고, 나아가 문화 전반에 대하여 문화산업이라 칭하는 것처럼 이제 저작권법이 다루는 저작물은 강한 산업성을 갖게 되었다.

따라서 전통적으로 산업적 성격이 강한 기능적 저작물의 침해판단과 관련하여 제시되었던 추상화-여과-비교의 3단계 테스트는 점차 산업성의 정도가 높아져 가고 있는 문예적 저작물 일반에 대하여서도 어느 정도의 효용을 가질 수 있을 것이다. 사실상 추상화-여과-비교의 3단계 테스트는 그동안 주로 문예적 저작물의 침해판단의 기준으로 제시되었던 '추상화이론', '보호받는 표현 테스트 및 청중테스트', '외부적 테스트와 내부적 테스트' 등의 기준들이 종합적으로 반영되어 있는 결과물이라고도 할 수 있다. 또한 추상화-여과-비교의 3단계 테스트는 분해식 접근방법에서의 '분해'의 의미에 대하여 대단히 구체적이고 유용한 기준을 제시하고 있다. 즉, 분해식 접근방법을 취한다고 할 때 거기서 말하는 '분해'가 무엇을 의미하는 것이며, 어떻게 어디까지 분해를 하라는 것인지 알 수 없다고 하는 비판이 있고, 그것이 분해식 접근방법의 가장 큰 약점이라고 할 수 있다. 그런데 추상화-여과-비교의 3단계 테스트에서는 분해의 방법으로서, 하나의 저작물을 추상화의 정도에 따라 단계별로 구분하고, 그 각각의 단계에서 아이디어나 효율성에 의하여 지배되는 요소 등 보호받지 못하는 요소들을 분해하여 걸러내는 방법을 제시함으로써 구체적이면서도 합리적인 방안을 제시하고 있다. 그로 인하여 분해식 접근방법의 약점을 보완하고 유용성을 높인 장점이 있다.

뿐만 아니라 추상화-여과-비교 테스트는 저작재산권 침해의 요건과 그에 대한 전통적인 판단기준을 종합한 하나의 '포괄적 기준'으로서의 성격도 가지고 있기 때문에, 모든 저작물에 대한 침해사건에서 하나의 판단기준을 적용한다면, 현재로는 추상화-여과-비교의 3단계 테스트가 가장 유용한 기준이 될 수 있을 것이다.

한편 추상화-여과-비교 테스트에 의하여 보호받을 수 없는 요소들을 모두 여과해 낸 이후에 두 저작물을 비교할 경우, 실질적 유사성을 인정할 수 있는 경우가 거의 없어 결국 저작자의 권리보호는 형해화되고 말 것이라는 현실적인 우려가 있다. 이에 대한 해결책으로는 두 가지 방안을 생각해 볼 수 있다.

첫째는 분해식 접근방법을 취할 경우에도 그에 그치지 아니하고 전체적 판단방법을 보완적으로 적용하는 것이다. 즉, 침해 판단의 마지막 과정에서 원고 저작물을 보호받는 요소들과 보호받지 못하는 요소들이 선택·배열된 일종의 편집저작물로 간주하여 저작권침해 판단을 해 보는 것이다. 다만, 이러한 방법이 보완적으로 적용될 수 있기 위하여서는 그 전제로서, 원고 저작물에 있어서 보호받는 요소들과 보호받지 못하는 요소들의 선택·배열 또는 구성에 전체적인 창작성이 있어야 한다. 또한 전체적 판단방법의 적용에 대한 원고의 주장이 없을 경우, 적절한 석명권의 행사를 통하여 이를 쟁점화 시킴으로써 피고의 방어권을 보장해 주는 조치가 따라야 할 것이다.

두 번째는 저작권 침해판단에 있어서 저작물 전체가 아닌 일부침해 판단을 활성화하는 것이다. 원고 저작물 중 추상화 및 여과 과정을 거쳐 남은 보호받는 요소들을 저작물의 한 부분으로 보고, 그 부분과 피고 저작물의 해당 부분에 대한 동일성 및 실질적 유사성의 존재여부를 판단함으로써 그 부분만에 한정된 복제권 및 2차적저작물작성권의 침해를 인정하는 방법을 적극적으로 활용하는 것이다. 이렇게 되면 복제권 또는 2차적저작물작성권 침해가 인정된다고 하더라도 피고의 입장에서는 침해가 인정된 해당 부분만을 삭제하거나 수정하면 되고, 그렇게 함으로써 전체 저작물에 대하여 이용을 못하게 되는 사태를 막을 수 있다. 아울러 원고의 입장에서도 자신의 저작물 중에서 보호받아야 할 부분에 관하여는 최소한도의 보호를 받을 수 있어 양 당사자의 형평을 고려한 결론이 도출될 수도 있을 것이다. 다만, 이 경우 그 판단의 전제로서 해당 부분이 창작성이 있을 것, 즉 저작권의 보호를 받을 수 있는 사상 또는 감정의 창작적 표현이라는 점이 먼저 인정되어야 할 것이다.

제 6 절 간접침해

I. 서 설

오늘날 정보통신기술의 급속한 발전은 저작권자들을 비롯한 권리자와 이용자, 그리고 그러한 저작물의 유통과정에 존재하는 온라인서비스제공자(인터넷서비스제공자) 사이의 관계에 있어서 새로운 패러다임을 제공하고 있다. 특히 온라인서비스제공자의 책임과 관련하여, 그동안 우리나라에서도 많은 관심 속에 '소리바다 사건'이나 '벅스뮤직 사건' 등과 같이 중요한 판례들이 나온 바 있다.

온라인서비스제공자의 책임 문제에 관하여 미국의 경우를 보면, 1998년 의회를 통과한 이른바 디지털 밀레니엄 저작권법(DMCA: Digital Millenium Copyright Act, 이하 'DMCA')에서 온라인서비스제공자의 책임을 제한하는 규정을 두고 있다. 또한 우리나라에서도 2003년 5월의 저작권법 개정법에서 그 책임 제한에 관한 독립된 장(당시 제 5 장의2, 현행법 제 6 장)을 신설하는 등 신속하게 대처하고 있다. 그러나 이러한 규정만으로 온라인서비스제공자의 책임 유무 판단과 관련된 모든 문제가 해결되는 것은 아니다. 온라인서비스제공자의 책임 문제에 관하여는 기본적으로 민법과 저작권법의 법리가 대전제로서 적용되기 때문이다.

온라인서비스제공자의 책임과 관련하여서는 그동안 미국에서 다양한 판례들이 나온 바 있다. Playboy Enterprises Inc. v. Frena 사건을 시작으로 Sega Enterprises Ltd. v. Maphia 사건, Religious Technology Center v. Netcom 사건, A&M Records, et al. v. Napster 사건 및 Grokster 사건 등의 판결들을 그 예로 들 수 있다.

온라인서비스제공자, 특히 P2P나 웹하드서비스제공자와 같이 직접 저작권침해 행위를 하지 않는 자를 상대로 한 저작권 침해책임이나 손해배상책임을 묻는 데 있어서, 기여책임과 대위책임을 기본으로 하는 미국의 판례와 이론은 많은 도움이 될 수 있다. 그러나 '기여책임'이나 '대위책임'과 같은 이른바 간접침해 유형의 책임이론을 적용하고자 할 경우 미국과 우리나라의 민법체계의 차이점에 대한 깊은 주의가 필요하다. 특히 저작권침해에 따른 손해배상 책임과 관련하여 우리나라 민법은 미국의 기여책임 및 대위책임과 달리 과실책임의 원칙을 취하고 있기 때문에, 이 점에서 미국의 법제와는 기본적으로 다르다는 점을 유의하여야 한다. 그러므로 오늘날 많은 관심의 대상이 되고 있는 인터넷을 통한 저작권침해에 따른 책임의 문제를 논함에 있어서는 각국의 제도와 판례를 무분별하게 수용할 것이 아니라, 우리나라 법체계에 비추어 체계적이고 철저하게 연구·검토한 연후에 취사선택 과정을 거쳐 받아들이는 것이 필요하다.

이와 관련하여 일본의 경우를 보면, 저작권정보센터 산하에 '기여침해·간접침해 위원회'를 설치하여 체계적이고 종합적인 연구를 수행한 바 있다. 동 위원회는 1999년 10월 26일에 설립되어, 저작권 등의 침해에 다수인의 주체가 관여된 사례에 있어서 직접침해자 이외의 자의 책임을 어떤 방식으로 물을 수 있는지에 대하여 집중적인 연구를 수행하였다. 그리하여 각국의 이론과 제도, 판례를 비교하는 한편, 일본 법제도 내에서의 도입 가능성 및 이론구성의 가능성을 검토하였다. 이 위원회는 학계, 변호사, 관계단체의 전문가들인 위원들로 구성되어 제 1 회 위원회가 개최된 이래 도합 7회에 걸친 집중적인 토의 끝에 최종적인 보고서를 발간하였다.

이 보고서에 따르면, 미국의 경우 기여책임과 대위책임에 관한 상당히 많은 판례가 축적되고 있고, 특히 최근의 온라인서비스제공자의 법적 책임에 관한 다수의 판례가 나온바 있지만, 기여책임과 대위책임의 관계에 관하여 양자의 구별이 반드시 명확하지는 않고, 그것이 중첩되는 경우 양자의 경계 및 그 경계를 이루는 기준도 명확하지 않다고 비판하고 있다. 이러한 한계로 인하여 위 보고서에서는 제정법의 조문적 해석으로부터 연역적으로 결론을 이끌어내는 대륙법계 국가에서는 미국 판례의 시사성이 다소 떨어진다는 평가를 내 놓고 있기도 하다.

저작권의 간접침해와 관련하여 지금까지 나온 우리나라 하급심 판결 중에는 미국의 기여책임과 대위책임에 관한 법리를 원용하여 논리를 전개하면서도, 우리 성문법상의 근거 및 우리 법체계와의 조화에 대하여는 분명히 밝히지 못한 것이 있다. 정보통신 기술의 발전에 따라 앞으로도 계속 문제가 될 온라인서비스제공자의 책임문제와 관련하여 직접침해와 간접침해 이론의 정확한 파악과 외국 제도의 유용성 및 우리나라 법제에 있어서 무리 없는 적용 등에 대하여 깊은 토의와 연구가 이루어져야 할 것이다.

이하에서는 온라인서비스제공자가 관련되는 저작권의 간접침해 유형에 대한 영국과 미국, 일본 등 외국의 판례와 이론을 살펴보고, 아울러 우리나라의 판례가 저작권침해에 해당하는 복수의 주체 사이에 있어서 그 책임을 어떠한 판단방법에 의하여 어떻게 분담케 하고 있는지, 디지털화·네트워크화가 현저하게 진전되어 가고 있는 현재의 상황에서 그 판단방법은 유효하게 기능하고 있는지, 판례가 아직 그 태도를 명확하게 하지 않고 있어 장래의 이론과 실무에서 해결하여야 할 쟁점으로는 어떠한 것이 있는지, 또한 판례나 이론의 발달에 맡겨 두기보다는 입법적인 해결을 도모하여야 할 부분으로는 어떠한 것이 있는지 등의 문제를 비롯하여, 우리 저작권법상 온라인서비스제공자의 책임제한 규정과 관련된 여러 가지 관련 문제를 검토해 보기로 한다.

Ⅱ. 각국에 있어서의 간접책임이론과 법제

1. 서 설

광의에 있어서 저작권의 간접침해라 함은 널리 직접침해를 제외한 일체의 저작권침해 행위를 의미하는 것이지만, 주로 저작권 침해행위를 스스로 행하지는 않으면서 그것을 방조하거나 그에 가담하는 자가 그 저작권침해에 대하여 법적 책임을 부담하는 경우를 일컫는다.

이와 같은 저작권의 간접침해에 관하여 영국에서는 1988년 제정된 '저작권, 디자인, 특허법'(Copyright, Designs and Patents Act 1988. 이하 간략히 '영국 저작권법'이라고 한다)[478]이 2차적 책임(secondary infringement of copyright) 또는 간접침해(indirect infringement)라고 하여 그 구체적인 유형을 명시하고 있다. 영국은 유럽연합(European Union)의 회원국이었기 때문에 유럽연합에서 제정한 각종 규칙(regulation)과 지침(directive)의 수범자였다.[479] 따라서 영국 정부는 그동안 유럽연합의 저작권관련 지침을 국내법에 반영하기 위하여 1988년 영국 저작권법을 몇 차례에 걸쳐 수정하여 왔다. 특히 영국 저작권법의 최근 개정에 많은 영향을 미친 것으로 유럽연합이 2001년 초에 통과시킨 "정보사회에 있어서 저작권 및 관련 권리의 일정한 측면의 조화에 관한 EU 지침"이 있다.[480] 이 지침은 복제에 관하여 직접적이든 간접적이든, 일시적이든 영속적이든, 전체적이든 부분적이든 불문하고, 나아가서는 수단과 형식도 묻지 아니하고, 저작자에게 그것을 통제할 수 있는 권리, 즉 복제권을 인정한다. 다만, 직접적으로나 간접적으로나 상업적 목적이 아닌 사적 이용을 위한 복제에 대하여는 복제권을 제한하는 규정을 두고 있다. 이 지침은 온라인서비스제공자의 법적 책임에 관하여도 규정하고 있는데, 제 3 자가 온라인서비스제공자의 서비스를 이용하여 권리침해를 행한 경우 그 온라인서비스제공자에 대한 금지청구를 인정하고 있다. 이 규정은 2000년에 성립한 EU 전자상거래지침이 온라인서비스제공자에 대한 면책규정을 두고 있는 것에 대한 보완

478) 각각의 지적재산권에 대하여 개별 법규로 보호하고 있는 우리나라나 일본, 미국 등과는 달리 영국에서는 특허권과 상표권, 디자인권, 저작권 등 여러 종류의 지적재산권을 포괄적으로 보호하는 통합법의 형태를 취하고 있다.

479) 유럽연합에서 제정하는 법규의 한 형태로서의 '규칙'(regulation)은 제정됨으로써 규칙 그 자체가 바로 모든 회원국 내에서 국내법과 같은 기능을 한다. 반면에 유럽연합의 '지침'(directive)은 규칙과는 달리 각 회원국이 그 내용을 국내법에 반영할 의무를 부담하지만, 구체적인 이행방법은 국내법에 맡기고 있으며, 대체로 2년 이내의 이행기간을 부여하고 있다(저작권심의조정위원회, 영국저작권법, 2005, 박덕영 번역, 저작권관계자료집 제46집, 15면).

480) Directive 2001/29/EC of the European Parliament and of the Council of 22 May 2001 on the Harmonization of Certain Aspects of Copyright and Related Rights in the Information Society.

적 의미를 가진다.

한편, 미국에서는 저작권보호수단(copy protection)인 기술적 보호조치의 회피장치 제조 행위를 금지하는 규정(미국 저작권법 제1002조)과 인터넷서비스제공자의 책임에 관한 규정을 담은 DMCA가 제정법으로 존재하고 있으며, 그 외에는 주로 판례에 의하여 기여책임 및 대위책임을 인정하고 있다. 간접침해와 관련된 판례로서는 오래 전 1886년의 Hayper v. Shoppell 판결로부터 시작하여 1971년의 Gershwin Publishing Corp. v. Columbia Artists Mgt., Inc. 판결을 거쳐 Sony Corp. of America v. Universal City Studios, Inc. 사건과 Napster 사건 및 Grokster 사건 판결에까지 일련의 판결들이 이어지고 있다. 이들 판례들에 관하여서는 뒤에서 다시 살펴보기로 한다.

일본에서는 초기에는 저작권 간접침해를 저작권 직접침해의 개념에 포섭시켜 해결한 판례와 그것을 뒷받침하는 이론들이 주류를 이루었다. 그러다가 저작권 간접침해를 민법상 공동불법행위의 한 유형으로서 파악하고자 하는 시도가 판례와 이론을 통하여 나타나기 시작하였다. 그 후에는 저작권 간접침해를 미국에 있어서의 대위책임 또는 기여책임과 같은 독자적인 불법행위 유형으로 구성하려는 이론적 검토도 있었지만, 최근까지는 대위책임 또는 기여책임의 독자적인 이론구성으로 책임을 인정한 판례는 나타나지 않은 것으로 보인다.

이하에서는 영국과 미국, 일본, 그리고 우리나라에 있어서의 저작권 간접침해에 대한 판례와 이론의 발전과정에 관하여 살펴보기로 한다.

2. 영 국

가. 개 념

영국 저작권법은 제22조로부터 제26조에 걸쳐 저작권 간접침해 행위의 유형에 대하여 규정하고 있다. 영국 저작권법에서는 이를 저작권의 '2차적 침해'(secondary infringement of copyright)라고 하고 있는데, 문헌에 따라서는 '2차적 침해 또는 간접침해'(secondary or indirect infringement)라고 하기도 한다.[481)]

영국의 경우 특허권의 간접침해에 관하여 1949년의 특허법까지는 명문의 규정이 없었지만, '유럽공동체 특허조약'(CPC) 제30조(현재는 제26조)에 부응하여 1977년 특허법에서 이를 명문화하였다(영국 특허법 제60조 제 2 항). 이 규정에서는 특허권의 간접침해와 관련하여 유럽공동체 특허조약에서 사용하고 있는 '간접침해'(indirect infringement)라는 용어를 그대로 사용하기도 하고, 또 '기여침해'(contributory infringement)라는 용어를 사용하기도 하였다.

481) 영국저작권법, 전게서, 39면.

영국 저작권법의 '2차적 침해'에 대한 규정은 영국 특허법의 간접침해 규정과 유사한 것이라고 평가받고 있다. 그 규정들은 크게 나누어, 이미 이루어진 저작권침해 행위로 인하여 작성된 복제물을 취급하는 제 3 자에 대한 규정과, 그 복제물의 작성이나 실연 행위 등에 직접 관여하는 제 3 자에 대한 규정으로 분류해 볼 수 있다. 그 중 전자의 유형에 관한 규정으로는 영국 저작권법 제22조 및 제23조가 있다. 제22조는 불법복제물을 수입하는 행위는 2차적 침해에 해당한다고 규정하고 있다.[482] 이 규정은 주관적 요건으로 수입을 한 물건이 저작권을 침해하는 복제물이라는 것을 현실적으로 알았거나 혹은 그렇게 믿을 근거가 있었을 것을 요구한다. 또한 저작권자의 허락을 받지 않았다는 것을 적극적 요건으로 하고, 사적(私的) 또는 가정 내에서의 이용이라는 것을 소극적 요건으로 한다. 한편, 제23조는 불법복제물의 소지 및 취급에 관하여 규정하고 있다.[483] 업무상의 소지, 판매, 대여, 판매 또는 그러한 행위를 위한 제공, 진열, 업무상의 전시 또는 양도, 저작권자의 권리를 부당하게 침해하는 업무 외의 양도 등이 이에 해당하는 행위이며, 주관적 요소로서 저작권침해 복제물이라는 것을 현실로 알았거나 그렇게 믿을 이유가 있을 것을 요구한다. 이와 같이 직접침해로 인하여 저작권 침해물이 작성된 '이후'에 그 침해물의 확산에 관여하는 행위에 대한 규정이 영국 저작권법 제22조, 제23조이다.

이와 달리 같은 법 제24조 내지 제26조는, 불법복제물의 작성이나 무단 연주 등의 직접 침해행위가 이루어지는 바로 그 단계에서 관여하는 행위에 관한 규정이다. 이들 규정은 불법복제물의 작성 행위를 사전에 방지하는 것을 목적으로 하며, 저작권자가 1차적 침해행위에 대하여 가지는 것과 동일한 권리 및 구제를 2차적 침해행위에 대하여도 인정한다. 이른바 복제방지(copy protection) 장치의 무력화 기기의 제조[484]와 송신된 저작물을 허락 없이 수신하기 위한 기기의 제조[485] 역시 2차적 침해 또는 간접침해의 유형에 포함된다.

이하에서는 본 절에서 주로 다루고자 하는 '간접침해' 유형에 해당하는 영국 저작권법

482) 영국 저작권법 제22조(2차적 침해: 불법 복제물의 수입) 저작물의 저작권은 사적이나 가정 내 이용 이외의 목적으로, 저작물의 불법 복제물이라는 것을 알거나 믿을 만한 이유가 있는 경우에, 저작권자의 허락 없이 그 물품을 영국으로 수입하는 자에 의하여 침해된다(영국 저작권법, 전게서, 39면).

483) 영국 저작권법 제23조(2차적 침해: 불법 복제물의 점유 또는 처리) 저작물의 저작권은 저작물의 불법 복제물이라는 것을 알거나 이를 믿을 만한 이유가 있는 물품에 관하여 저작권자의 허락 없이 다음의 행위를 하는 자에 의하여 침해된다.

(a) 업무 과정에서 물품을 소지하는 것.

(b) 물품을 판매, 임대하거나 또는 판매나 임대를 위하여 제공, 진열하는 것.

(c) 업무 과정에서 물품을 공중에 전시, 배포하는 것.

(d) 업무 과정이 아닌 경우에도 저작권자를 해치는 정도로 배포하는 것(상게서, 39면).

484) 영국 저작권법 제296조.

485) 영국 저작권법 제298조.

제24조 내지 제26조에 관하여 살펴보기로 한다.

나. 영국 저작권법 제24조 내지 제26조의 간접침해 유형

(1) 저작권침해의 수단을 제공하는 행위

영국 저작권법 제24조 제1항은 저작권 침해행위, 즉 불법복제물을 작성하는데 사용되는 수단을 제공하는 행위를 2차적 침해의 한 유형으로 규정하고 있다. 여기서 불법복제물을 작성하는데 사용되는 '수단'(means)이라 함은, 그 자체는 저작권을 침해하는 불법복제물이 아니지만 복제권 침해를 위하여 제공되는 일체의 것을 말하며, 불법복제물을 작성하기 위하여 특별히 의도되거나 또는 그것에 적합하도록 제작된 것을 말한다.[486] 예를 들면, 불법복제물 인쇄를 위한 지형(紙型) 등이 이에 해당한다. 따라서 불법복제가 아닌 그 외의 무엇인가 다른 적법한 용도에 제공될 수 있는 것은 여기에 해당하지 않는다. 예를 들면, 마스터 음반은 영국 저작권법 제24조 제1항의 불법복제물 제작을 위한 수단에 해당될 수 있지만, 그 음반을 찍어 내는 프레스 기계는 여기에 해당하지 않는다. 1988. 9. 12.의 CBS Songs v. Amstrad 사건에서는 녹음테이프를 복제할 수 있는 이른바 '더블 데크'가 불법복제물의 제작을 위한 수단에 해당하는지 여부가 다투어졌는데, 불법복제물 작성 이외의 적법한 사용방법이 있는 물건이므로 여기에 해당하지 않는다고 판결하였다. 이 규정에서 '제공'이라 함은, 제조, 업무상 소지, 판매, 대여, 판매 또는 대여를 위한 제공(청약) 및 전시를 말한다. 나아가 주관적 요건으로서 그러한 수단이 불법복제물을 작성하는데 사용된다는 것을 현실적으로 알거나 또는 그렇게 믿을 만한 이유가 있을 것을 요한다.

(2) 허락을 받지 않은 송신행위

영국 저작권법 제24조 제2항은 저작물을 수신하여 불법복제물을 작성하는 자에 대하여, 저작권자의 허락 없이 그 저작물을 송신하는 것을 2차적 침해라고 규정하고 있다. 여기서 송신이라 함은 전기적 수단에 의하여 영상 또는 음 등을 전달하는 것을 말하고 방송

486) 영국 저작권법 제24조(2차적 침해: 불법복제물의 제작을 위한 수단의 제공)

(1) 저작물의 저작권은 그 물품이 불법복제물의 제작에 사용되는 것을 알거나 그렇게 믿을 만한 이유가 있는 경우에 그 저작물의 복제를 특별히 의도하거나 설계한 물품에 관하여, 저작권자의 허락 없이 다음의 행위를 하는 자에 의하여 침해된다.

(a) 제작하는 것,

(b) 영국에 수입하는 것,

(c) 업무상 소지하는 것,

(d) 판매 또는 임대하거나, 판매나 임대를 위하여 제공 및 전시하는 것(영국 저작권법, 전게서, 40면 참조).

이나 유선방송은 제외된다. 또한 주관적 요건으로서 그 송신을 수신하는 자에 의하여 불법복제물이 만들어질 수 있다는 것을 현실적으로 알거나 또는 그렇게 믿을 만한 이유가 있을 것을 요한다.487)

(3) 불법 실연을 위한 장소의 제공행위

영국 저작권법 제25조는 저작권을 침해하는 실연행위를 할 수 있도록 장소를 제공해 주는 행위를 2차적 침해로 규정하고 있다. 여기서의 '장소'는 평소에는 주로 다른 목적으로 사용되지만 때때로 대중의 이용에 제공되는 장소도 포함된다. 소극적 주관적 요건으로서, 그 실연이 저작권을 침해하지 않을 것이라고 믿을 만한 합리적인 근거가 있는 경우에는 2차적 침해에 대한 책임이 면제된다. 따라서 실연되는 음악이 어떠한 것이며 어떻게 실연될 것인지에 대한 결정권은 오로지 실연자에게만 맡겨져 있고, 장소를 제공한 자는 불법적인 실연이 행하여지는 것을 알지 못했던 경우에는 소극적 주관적 요건에 해당되어 2차적 책임이 면제될 가능성이 높다.488)

(4) 저작권을 침해하는 실연을 위한 기기의 제공행위

영국 저작권법 제26조에서는 저작권을 침해하는 실연행위를 위하여 기기(機器)나 장치를 제공하는 행위를 2차적 침해라고 규정하고 있다. 앞의 제25조가 장소제공에 대한 규정임에 대하여, 이 규정은 주크박스(jukebox)나 라디오, TV 수상기 등 특정한 장치를 통하여 저작권을 침해하는 실연이 행하여진 경우, 그 장치 자체를 제공한 자 또는 그 장치의 반입을 허가한 건물점유자, 그 장치에 이용되는 음이나 영상을 제공한 자에게 저작권침해의 2차적 책임을 부담케 하는 규정이다. 장치 자체나 그 주요한 부분을 제공하는 자의 경우, 주관적 요건으로서 그 장치가 저작권 침해행위를 위한 이용에 제공될 수 있다는 것을 현실적으로 알았거나 또는 그렇게 믿을 만한 근거가 있어야 한다. 그리고 장치의 통상의 용

---

487) 영국 저작권법 제24조(2차적 침해: 불법복제물의 제작을 위한 수단의 제공)

(2) 저작물에 대한 저작권은 영국이나 다른 장소에서 송신을 수신함으로써 불법복제물이 제작되는 것을 알거나 그렇게 믿을 만한 이유가 있는 경우에, 저작권자의 허락 없이 전기통신 시스템(공중에 대한 전달 이외에)에 의하여 저작물을 송신하는 자에 의하여 침해된다(영국 저작권법, 전게서, 40면 참조).

488) 영국 저작권법 제25조(2차적 침해: 불법 실연을 위한 장소의 사용허락)

(1) 어문, 연극 또는 음악저작물에 대한 저작권이 공중오락 장소에서의 실연에 의하여 침해된 경우에, 그 실연을 위하여 장소의 사용을 허락한 자는 그가 허락을 할 때 그 실연이 저작권을 침해하지 않을 것이라고 믿을 만한 합리적인 근거가 있는 경우를 제외하고 그 침해에 대한 책임을 진다.

(2) 전항의 '공중오락 장소'는 주로 다른 목적을 위하여 점유되고 때때로 공중오락의 목적으로 임대되는 장소를 포함한다(영국 저작권법, 전게서, 40면 참조).

법이 실연을 위한 것인 경우에는, 그 장치가 저작권을 침해하는 행위에 사용된다는 것을 알지 못하였던 것에 합리적인 이유가 있는 경우에는 면책된다. 건물점유자가 장치의 반입을 허가한 경우에는 주관적 요건으로서 허가를 한 시점에서 그 장치가 저작권 침해행위에 제공될 수 있다는 것을 현실로 알았거나 그렇게 믿을 만한 근거가 있을 것을 요한다. 또한 장치에 이용되는 음악이나 영상을 제공한 자의 경우에는, 그 제공의 시점에서 자신이 제공한 음악이나 영상 또는 그로부터 직접, 간접적으로 복제된 것이 저작권 침해행위에 제공될 수 있다는 것을 현실로 알았거나 그렇게 믿을 만한 근거가 있어야 한다.[489)]

(5) 복제방지장치의 무력화 기기의 제조행위 등

영국 저작권법 제296조는 복제방지장치(copy protector)가 장착된 전자적 형태의 복제물을 공중에게 반포하는 자는 그 복제방지장치를 무력화하기 위하여 특별히 의도되거나 또는 그러한 목적에 적합하게 제작된 기기 또는 수단을 제조, 수입, 판매 및 대여, 또는 판매 및 대여를 위한 제공, 전시, 광고를 하는 자에 대하여, 그가 그러한 사실을 현실로 알았거나 알 수 있었을 경우에는, 저작권자가 저작권침해에 대하여 가지는 권리와 동일한 권리를 가진다고 규정하고 있다.

이 규정의 적용을 받기 위하여 권리자는 자기의 저작물이 그와 같은 무력화 장치에 의하여 위법하게 복제되었다는 것을 입증할 필요는 없으며,[490)] 직접침해의 발생을 요건으

489) 영국 저작권법 제26조(2차적 침해: 불법 실연 등을 위한 장치의 제공)
(1) 저작물에 대한 저작권은 다음의 행위를 위한 장치에 의하여, 저작물이 공중에의 실연, 재생 또는 현시됨으로써 침해된다.
(a) 녹음물의 재생,
(b) 영화 상영,
(c) 전자적 수단에 의하여 전달되는 시각 영상이나 음향의 수신.
(2) 장치 또는 그 장치의 본질적 부분을 공급한 자는 그가 그 장치를 공급할 때 다음에 해당됨으로써 저작권침해의 책임을 진다.
(a) 그 장치가 저작권침해에 사용될 가능성이 있다는 것을 알았거나 그렇게 믿을 만한 이유가 있는 경우,
(b) 그 장치가 통상적으로 공연, 공개재생 또는 공개현시에 사용되는 경우, 그 장치가 저작권침해에 사용되지 않는다는 것을 믿을 만한 합리적인 근거가 없는 경우.
(3) 장치를 그 장소에 반입하도록 허락한 장소의 점유자는 그가 그와 같은 허락을 할 때 그 장치가 저작권침해에 사용될 가능성이 있다는 것을 알았거나 그렇게 믿을 만한 이유가 있었던 경우 저작권침해에 대한 책임을 진다.
(4) 저작권침해에 사용될 녹음물이나 영화의 복제물을 공급하는 자는 그가 그 공급의 시점에서 그가 공급한 녹음물이나 복제물 또는 그것으로부터 직접·간접적으로 제작된 복제물이 저작권침해에 사용될 가능성이 있다는 것을 알았거나 그렇게 믿을 만한 이유가 있었던 경우에는 저작권침해에 대하여 책임을 진다(영국 저작권법, 전게서, 41면 참조).

490) 영국저작권법, 전게서, 171면.

로 하지도 않는다.

(6) 허락을 받지 않은 수신을 위한 장치의 제조행위 등

영국 저작권법 제298조는 방송 또는 유선방송의 수신과 관련하여 그 대가를 수령하는 자로서, 정당한 권원 없이 타인이 방송 기타 송신을 수신하는 것을 가능하게 하거나, 또는 그러한 행위에 적합한 기기 또는 장치를 제조, 수입, 판매, 대여하는 자에 대하여, 저작권자는 저작권침해에 대하여 가지는 권리와 동일한 권리를 가진다고 규정하고 있다.

3. 미 국

가. 개 설

미국의 경우 특허권의 기여침해에 관하여서는 이미 1871년의 Wallace v. Holmes 판결 이래 상당한 기간에 걸쳐 판례법에 의한 법리의 생성발전이 진행되어 왔으며, 그러던 중 1952년 미국 특허법 제271조 b.항 및 c.항에 의하여 그 내용이 성문화되기에 이르렀다. 상표권에 관하여서는 1885년의 De Kuyper v. Witteman 판결이 기여침해를 인정한 것이라고 평가받고 있다. 그러나 상표법에는 아직 기여책임에 대한 성문법 규정이 마련되지 않고 있다.

저작권침해의 기여책임에 관하여서도 복제방지장치의 무력화장치 등의 제조금지 규정이나 인터넷서비스제공자의 책임 제한에 관한 DMCA 외에는 특별한 성문법 규정이 없다. 그러나 미국에서 기여책임이나 대위책임에 관한 법리는 판례법을 통하여 상당히 정밀하게 발전하여 왔다고 평가되고 있다. 그러한 판례들 중에서도 연방최고재판소가 저작권의 기여침해에 관하여 직접적으로 판시한 1984년의 'Sony 사건' 판결이 매우 중요한 의미를 갖는다. 또한 DMCA가 제정되기 이전부터 인터넷의 발달에 따라 인터넷서비스제공자의 책임 문제를 다룬 다수의 중요한 판례가 나타난 바 있다. 이하에서는 이들 판례를 중심으로 미국의 기여책임 및 대위책임에 관한 이론의 전개를 살펴보기로 한다.

나. 기여침해와 대위책임에 관한 판례들

(1) Sony 사건[491)]

이 사건의 개요는 다음과 같다. 원고(피상고인)는 TV 프로그램의 저작권자이고, 피고

---

491) Sony Corp. of America v. Universal City Studios, Inc., 457 U.S. 1116, 102 S.ct 2926(U.S. Cal. Jun 14. 1982).

Sony사(상고인)는 VTR(Video Tape Recorder)의 제조판매업자이다. 원고는 피고 Sony사를 상대로 하여 Sony사의 VTR을 구입한 자가 원고가 저작권을 갖는 TV에서 방영된 저작물을 무단으로 녹음하여 저작권을 침해하고 있으므로, VTR을 제조판매한 피고 Sony사는 저작권 침해의 책임을 부담하여야 한다고 주장하면서 손해배상과 금지청구를 하였다.

이에 대하여 1심 지방법원은 방송된 프로그램의 비상업적 가정 내의 녹음은 저작권의 공정이용(fair use)에 해당하여 저작권침해가 아니며, 설사 VTR의 가정 내 이용이 저작권을 침해하는 것이라고 하더라도 피고 Sony사는 기여침해자로서의 책임을 부담하지 않는다고 판시하였다. 그러나 항소심에서는 VTR의 가정 내 이용은 공정이용에 해당하지 않고, VTR은 비침해적 이용에는 적합하지 않은 기기라고 하여 피고 Sony사의 기여침해를 인정하였다.

이와 같이 1심과 항소심의 판결이 엇갈린 상황에서 상고심인 연방대법원은, 저작권침해 행위를 완성케 하는 '수단'을 제공하고 광고를 통하여 그러한 행위를 조장하는 것만으로는 저작권침해 책임을 인정하기에 충분하지 않다고 하였다. 나아가 '기여책임' 이론과 관련하여서도, 기여책임이 인정되기 위해서는 침해자가 타인에 의한 저작물의 이용을 '지배'하는 지위에 있어야 하는데, 본건에서는 그 점을 명백히 인정하기 어렵다고 하여 책임을 부정하였다.

이처럼 Sony 사건에서 미국 연방대법원은 결과적으로 기여침해의 성립을 인정하지 않았지만, 기여침해가 성립하기 위하여서는 그 전제로서 직접침해가 성립하여야 한다고 함으로써 기여침해는 직접침해에 종속한다는 점을 밝혔다. 또한 기여침해를 구성하는 물건과 관련하여 성문규정을 가지고 있는 특허법을 유추해석함으로써, 실질적으로 저작권의 비침해적인 사용에 제공될 수 있는 물건에 대하여는 저작권 기여침해가 성립하지 않는다는 것을 명확하게 하였다는 점에서 큰 의미가 있다.

(2) Playboy v. Frena 사건[492)]

이 사건의 피고 Frena는 전자게시판(BBS)의 운영자인데, 그 전자게시판을 통하여 Playboy사가 저작권을 가지고 있는 사진들의 불법복제물이 배포되었고, 그로 인하여 다수의 Playboy사 사진들이 온라인상으로 제공되었으며, 게시판에 접속한 사용자들에 의하여 다운로드 되었다. Playboy사가 소송을 제기하자, 피고 Frena는 위 사진들은 모두 게시판 가입자들이 올린 것이며 자신이 올린 사진은 없다고 주장하였다. 또한 피고는 Playboy사로부터 저작권침해 사실을 통보받은 직후 게시판에 올려진 사진들을 모두 삭제하였으며, 그 후부터 그러한 사진이 올려지는지 여부를 계속적으로 감시하고 있다고 주장하였다.[493)]

492) Playboy Enterprise, Inc. v. Frena, 839 F.Supp. 1552(M.D. Fla. 1993).

1심 지방법원은 Playboy사가 해당 사진들에 대한 저작권을 가지고 있는 것은 분명하고 그것을 저작권자의 허락 없이 배포하는 것은 미국 저작권법상 배포권을 침해하는 것이라고 하면서, 피고가 설치한 전자게시판에 불법복제물이 포함되어 제공된 이상 그 자신이 직접 복제물을 올렸는지 여부는 문제가 되지 않는다고 판시하였다. 특히 피고가 저작권침해 사실을 몰랐다는 것은 책임의 유무와는 상관이 없고, 단지 책임의 범위를 정함에 있어서 참작할 사유에 지나지 않는다고 하였다. 이 판례는 결론의 당부와는 상관없이 온라인서비스 제공자에게 지나치게 엄격한 책임을 부과한 것이라는 비판을 받고 있다.[494)]

(3) Netcom 사건[495)]

(가) 사건의 개요

이 사건의 개요는 다음과 같다. 원고는 신흥 종교단체의 창시자가 저술한 저작물에 대한 저작권을 가지고 있다. 한 때 그 종교단체의 목사였다가 맹렬한 비판자가 된 피고 A는 그 종교단체에 대한 비판과 토론을 위하여 피고 B가 설치·운영하는 전자게시판을 통하여 온라인 뉴스그룹(유즈넷)에 원고의 허락 없이 위 저작물을 업로드(게시)하였다. 피고 B의 전자게시판은 미국에서 가장 큰 인터넷 서비스제공업체 중 하나인 피고 Netcom의 설비를 통하여 인터넷에 연결되어 있다. 원고는 전자게시판 운영관리자인 B와 인터넷서비스제공자인 피고 Netcom에 대하여 그 저작물의 게시를 중지시킬 것과 피고 A가 전자게시판 시스템에 접근하는 것을 중단시킬 것을 요구하였다. 그러나 피고 B와 Netcom은 사전에 전자게시판 이용자의 이용행위를 중단시키는 것은 불가능하고, 피고 A의 인터넷에의 접속을 차단하는 것은 결국 피고 B의 전자게시판 이용자 모두의 접속을 차단하는 결과로 된다고 하여 이를 거부하였다. 이에 원고는 피고들을 상대로 저작권침해금지 소송을 제기하면서 피고 A는 저작권 직접침해에 대한 책임이, 그리고 피고 B와 Netcom은 저작권 직접침해 또는 간접침해(기여침해 및 대위침해)에 대한 책임이 있다고 주장하였다. 법원은 피고 A의 저작권침해(직접침해)는 이를 인정하였다. 아래에서는 피고 Netcom에 대한 판단 부분에 관하여 살펴본다.

---

493) 이 사건에서는 원고의 저작물이 이용되었을 뿐만 아니라, 원고의 등록상표인 PLAYBOY와 PLAYMATE도 사진을 포함하는 파일을 표시하기 위하여 사용되었다. 따라서 이 사건에서 원고는 저작권침해와 아울러 상표권침해 및 부정경쟁방지법위반 등을 청구원인으로 주장하였는바, 상표권침해와 부정경쟁방지법 위반 부분도 모두 인정이 되었다.

494) 이상 이대희, 인터넷과 지적재산권법, 박영사, 2002, 290-291면; 이해완, 인터넷서비스제공자의 책임, 특수지적재산권, 2004년 전문분야 특별연수, 변호사연수원, 175면.

495) Religious Technology Center v. Netcom On-Line Communication Services, Inc., 907 F.Supp. 1361 (N.D. Cal. 1995).

(나) 직접침해의 성립여부

우선 피고 Netcom이 저작권 직접침해의 책임을 지는가 여부에 관한 문제이다.

이와 관련하여 재판부는 인터넷서비스제공자인 Netcom을 통하여 이루어지는 디지털 정보의 축적이 저작권법상 복제의 정의에 부합하기에 충분한 유형적인 표현의 고정에 해당하지만, Netcom이 이용자의 이용행위를 적극적으로 지배하고 있다고는 볼 수 없어 직접침해는 성립하지 않는다고 하였다. 즉, 이 사건에서 행하여지는 복제행위와 관련하여 피고 Netcom은 마치 전자복사기와 같은 역할을 하고 있을 뿐이라고 하였다. Netcom은 이용자가 업로드하면 그것을 자동적으로 유즈넷에 송신하는 시스템을 미리 설정해 놓은 것에 불과하고, 그 과정에서 Netcom의 시스템에 일시적으로 복제가 일어나는 것은 불가피하다. 그러한 복제는 이용자가 유즈넷에 업로드 함으로써 생기는 결과로서 이용자가 복제를 하였다고는 할 수 있어도 Netcom이 직접 복제행위를 한 것은 아니라고 하였다. 그리고 이 사건과 같은 경우에 직접침해를 인정한다면 피고 A가 업로드한 저작물이 송신되는 모든 유즈넷이 직접침해의 책임을 지게 된다는 것을 의미하므로 불합리하다고 하였다. 일반적으로 유즈넷은 업로드 된 메시지가 광범위하게 전달되게 하는 시스템을 유지운영하고 있을 뿐이다. 비록 미국법상 저작권침해에 대한 책임이 엄격책임의 법리(strict liability)에 기초하고 있지만, 그 책임을 인정하기 위해서는 '의사(意思, volition) 또는 인과관계(因果關係, causation)'라는 일정한 요소가 반드시 필요하다. 그러나 피고 Netcom의 시스템이 단순히 제 3 자가 복제를 행하기 위하여 사용되었을 뿐인 이 사건에서는 그러한 요소가 흠결되어 있다고 하였다. 나아가 피고 Netcom이 원고들의 요청을 받아들여 피고 A가 올린 저작물이 전파되는 것을 막는 조치를 취했다면 원고들이 입을 피해가 줄어들 수도 있었을 것이나, 그것은 불법복제에 대한 Netcom의 직접책임의 성립여부와는 관계가 없다고 하였다.[496)]

(다) 간접침해의 성립여부

① 기여책임

재판부는 피고 Netcom이 '침해행위를 인식'(knowledge of infringing activity)하고, 그 침해행위에 '실질적인 관여'(substantial participation)를 하였다면 기여책임을 인정할 수 있다고 하였다.

재판부는 기여책임의 첫 번째 요건인 '침해행위의 인식'과 관련하여, 피고 Netcom이 원고로부터 저작권침해 행위가 있음을 알리는 통지를 수령한 후에, 자신의 시스템을 통하여 유즈넷에 재송신된 원고의 저작물에 대하여 침해의 인식을 가졌는지 여부가 문제로 된다고 하였다. 피고 Netcom은 침해행위가 있다는 통지를 받았다 하더라도 저작권등록이 유

496) 이해완, 인터넷서비스제공자의 책임, 전게서, 178면.

효한지, 공정이용이 적용될 여지는 없는지 여부가 불분명하므로 원고의 그러한 통지만으로는 침해행위에 대한 결정적인 인식이 성립할 수 없다고 다투었다. 재판부는 일반론으로서 저작권표시가 없는 경우, 공정이용의 항변이 성립할 가능성이 있는 경우, 또는 권리자가 침해에 대한 입증자료를 제출하지 못하는 경우에는 침해행위에 대한 인식이 없었다고 볼 수 있다는 점을 인정하였다. 다만, 이 사건에서는 피고 Netcom이 피고 A의 침해행위가 계속되고 있는 사이에 원고로부터 통지를 수령하였으므로 피고 Netcom의 인식 유무에 대하여는 사실심리를 해 보아야 한다고 하였다.

다음으로 두 번째 요건인 '실질적인 관여'와 관련하여 피고 Netcom이 원고로부터 통지를 수령한 후에, 원고 저작물에 대한 추가적인 손해가 발생하는 것을 방지할 수 있는 간단한 조치를 취할 수 있는 지위에 있었음에도 불구하고 그러한 조치를 취하지 아니하였다면 실질적인 관여를 인정할 수 있다고 하였다. 그리하여 피고 Netcom이 그러한 조치를 취할 수 있는 입장에 있었는지 여부를 사실심리를 통해 밝혀 보아야 한다고 하였다.

② 대위책임

재판부는 대위책임 성립의 객관적 요건으로서 첫째, '침해행위를 통제할 권한 및 능력'(right and ability to control), 둘째, '침해행위로부터 직접적인 금전적 이익'(direct financial benefit)을 얻을 것이 필요하다고 하였다.

먼저 첫 번째 요건과 관련하여, 피고 Netcom이 이용자들의 행위에 대하여 일정한 조치를 취할 수 있는 권한을 유보하고 있다는 점, 특정한 이용자나 특정한 파일의 업로드를 감시할 수 있는 소프트웨어를 사용할 수 있다는 점(또는 소프트웨어를 간단하게 조작함으로써 특정한 문구를 포함하고 있거나 특정한 가입자로부터 오는 자료를 확인할 수 있다는 점), 실제로도 Netcom은 지금까지 특정한 이용자의 메시지를 삭제하는 등의 관리행위를 해 오고 있었다는 점 등에 비추어 피고 Netcom에게는 침해행위를 통제할 권한 및 능력이 있다고 인정하였다.

다음으로 두 번째 요건과 관련하여, 피고 Netcom은 이용자들로부터 일정한 액수로 고정된 요금만을 수령하였으며, 피고 A 또는 다른 이용자들의 침해행위로 말미암아 서비스의 가치를 증가시키거나 새로운 이용자들을 유치하였다고 볼 증거는 없다고 하였다. 그리고 네트워크를 통하여 불법복제물을 전송하는 이용자들에 대하여 별다른 조치를 취하지 않음으로써 Netcom이 저작권침해자들을 자신의 시스템으로 유인하고 그로 인하여 직접적인 경제적 이익을 받았다고 볼 증거도 없으며, 설사 그러한 사정이 존재한다고 하더라도 그것이 피고 A의 침해행위로부터 피고 Netcom이 직접적으로 받는 경제적 이익이라고 보기도 어렵다고 하였다.

결국 이 판결에서는 대위책임을 인정하기 위한 위 두 가지 요건 중 두 번째의 '직접적인 금전적 이익'을 얻었다는 증거가 없다는 이유로 대위책임도 받아들이지 아니하였다.

이 판례는 저작권의 직접침해가 성립하는 경우와 기여침해가 성립하는 경우 및 대위책임이 성립하는 경우에 관하여 각각의 요건을 명확하게 언급하고 있다는 점에서 큰 의미를 가지며, 이후의 판례에 크게 영향을 미쳤다.

(4) Sega v. Maphia 사건[497)]

이 사건의 개요는 다음과 같다. 원고 Sega는 Genesis라고 하는 컴퓨터비디오게임 시스템과 비디오게임 프로그램을 제조하는 기업이고, 피고는 'MAPHIA'라는 명칭으로 알려져 있는 전자게시판(BBS)의 운영자이다. 피고의 게시판에서 이용자들 상호간에 원고가 저작권을 가지고 있는 컴퓨터비디오게임의 다운로드와 업로드가 행하여지자, 원고는 피고를 상대로 저작권침해 행위에 대한 금지 등을 청구하였다.

이 사건에서도 피고 스스로가 원고의 게임프로그램을 업로드하는 행위는 하지 않았다는 점에서 앞에서 본 Playboy 사건과 같다. 그러나 이 사건이 Playboy 사건과 다른 것은, 피고 자신이 전자게시판을 통하여 게임프로그램을 교환하는 것을 이용자들에게 장려하고 있고, 아울러 이용자가 게임프로그램을 다운로드하기 위해서는 그 조건으로 이용자 개인이 가지고 있는 다른 게임프로그램을 업로드한다든가 또는 일정한 대금을 지불할 것을 요구하는 등, 피고가 게임프로그램의 불법적 유통에 깊이 관여하고 있었다는 점이다.[498)]

재판부는 피고에 의한 저작권 직접침해행위가 있었음을 인정하였다. Playboy 사건 판결이 배포권과 전시권의 침해를 인정한 것임에 대하여, 이 사건 판결은 복제권의 침해에 초점을 맞추어 전자게시판에 원고의 게임프로그램이 이용자로부터 업로드 되었을 때 전자게시판에서 불법복제가 행하여졌다고 하면서, 피고는 이러한 복제에 대하여 직접침해의 책임을 진다고 하였다. 다만, Playboy 사건 판결이 직접침해는 엄격책임(strict liability)이라는 법리를 충실하게 적용하여 피고의 인식을 문제로 삼지 않았던 것에 비하여, 이 판결은 직접침해를 인정한다고 하면서 피고가 침해에 대하여 인식이 있었음을 인정하고 있다. 이 때문에 Sega 판결을 실질적으로는 기여책임의 법리에 기초한 것으로 보는 견해도 있다.[499)]

---

497) Sega Enterprises of America, Inc. v. MAPHIA, 948 F. Supp. 923(N.D. Cal. 1996).
498) 이해완, 인터넷서비스제공자의 책임, 전게서, 176면.
499) 상게서, 177면.

(5) Napster 사건[500)]

(가) 사건의 개요

Napster는 1999년 미국 Northeastern 대학생인 숀 패닝(Shawn Fanning)이 개발한 시스템이다. 이 시스템을 사용하는 방법은 다음과 같다. 먼저 Napster 웹사이트(http://www.napster.com)에서 제공하는 뮤직셰어(Music Share)라는 프로그램을 다운받아 설치하고 실행한다. 사용자는 뮤직셰어를 실행시키고 자신의 사용자 ID와 비밀번호를 만들어서 Napster 회원으로 등록을 한다. 일단 Napster의 회원이 되면 뮤직셰어를 사용해서 자신의 MP3 파일을 다운받을 수 있다. 이때 사용자가 자신의 컴퓨터 하드디스크에 있는 MP3 파일을 타인에게 제공하려면 먼저 MP3 파일에 직접 이름을 붙여서 파일 목록을 만들어야 한다. 뮤직셰어를 실행시키고 Napster 시스템에 접속하면, 사용자가 만든 파일 목록이 자동으로 Napster 서버에 업로드되어 데이터베이스에 추가된다. 이때 중요한 것은 사용자의 MP3 파일이 Napster 서버에 전송되는 것이 아니고, 사용자가 이름을 붙여서 만든 파일 목록만이 전달된다는 점이다. 사용자가 다른 Napster 회원이 제공하는 MP3 파일을 다운받고자 할 때에는 뮤직셰어를 실행시켜 원하는 노래나 가수의 이름을 넣으면 된다. 뮤직셰어는 Napster 서버에게 해당 MP3 파일을 찾아 줄 것을 요구하게 되고, Napster 서버는 사용자들이 올린 파일 목록으로 구축한 데이터베이스에서 조건에 맞는 MP3 파일이 있는지 검색한다. 이때 Napster 서버는 파일 목록만을 가지고 있고 MP3 파일 자체는 각 사용자의 컴퓨터에 있기 때문에 현재 접속하고 있는 사용자의 MP3 파일만 이용이 가능하다.[501)] 또한 Napster는 MP3 파일을 분류하고 검색하는데 기술적인 지원을 해 주며, 그 외에 음악관련 토론공간인 '대화방'(chat room)과 음악가들이 자신들의 음악에 대하여 정보를 제공해 주는 '자료방'(directory)에 대한 기술적인 지원을 해 주고 있다.

(나) 당사자 주장의 개요

1999. 12월 미국음반산업연합회(Recording Industry Associations America, RIAA)가, 그리고 2000. 4월에는 Metallica라는 록밴드 그룹이 각각 Napster사를 저작권침해행위를 조장하고 기여하였음을 이유로 소송을 제기하였다. 위에서 본 것처럼 Napster 프로그램은 음악관련 정보와 파일 교환용으로 개발된 소프트웨어이다. 이 소프트웨어는 ① 채팅, ② MP3 등 디지털 음악정보를 관리하는 역할을 하는 라이브러리, ③ 음악 라이브러리에 대한 검색, ④ 파일 전송 기능 등을 가지고 있다. 그리고 이러한 기능들은 Napster 서버에 로그인하여야

500) A&M Records, et al. v. Napster Inc., 239 F. 3d 1004(9th Cir. 2001).

501) 임동혁, 인터넷 P2P 서비스의 저작권침해에 관한 연구－P2P 모델을 중심으로, 고려대학교 법과대학원 석사학위 논문, 2004. 7, 31-32면..

작동된다. 이용자는 Napster 서버에 로그인함으로써 자신의 하드디스크(의 일부)를 공개하게 되고, 그에 따라 이용자 상호 간에 peer to peer 방식으로 MP3 파일 등의 형식으로 보관되어 있는 음악정보를 교환하여 다운로드할 수 있게 된다. 이는 통상적인 검색엔진으로 정보를 수집하는 것보다 훨씬 빨리 필요한 정보를 수집하는 것을 가능하게 한다.

피고 Napster측은, Napster 시스템은 음악저작물을 직접 제공하는 것이 아니라 단순히 그것을 입수하는 수단을 제공하는 것에 지나지 않는다고 주장하였다. 또한 Metallica에 대하여는 자신은 인터넷서비스제공자로서 '디지털 밀레니엄 저작권법'(DMCA)에 의하여 책임이 면제되어야 한다고 주장하였다.

(다) 판결의 경과 및 내용

① 개 요

2000. 7. 26. 캘리포니아 북부지구 연방지방법원은 원고의 주장을 받아들여 예비적 금지명령을 발령하였다. 이에 대하여 Napster가 항소를 하였는데, 항소심인 제 9 연방항소법원은 2001. 2. 12. 1심 지방법원의 판결을 일부는 인용하고, 일부는 파기하였다. 제 9 연방항소법원은, Napster 시스템을 이용하는 이용자가 해당 음악저작물의 저작권을 직접 침해하고 있음을 인정한 후, 그에 대하여 피고 Napster사는 이용자들의 저작권 직접침해에 대한 기여침해 및 대위책임을 부담한다고 하였다. 기여침해의 성립과 관련하여, Napster사가 이용자의 직접침해를 알면서도 이를 조장하여 실질적으로 침해행위에 기여하고 있는바, Napster사가 특정한 침해정보가 존재하고 그 정보가 자기 회사의 시스템에서 이용가능하다는 것을 알고 있거나 알 수 있었으며, 권리침해를 저지할 수 있는 방법이 있음에도 불구하고 그러한 조치를 취하지 아니하였으므로 그 범위 내에서 책임이 인정된다고 하였다. 또한 대위책임의 성립과 관련하여서는, Napster사가 이용자의 침해행위로 인하여 경제적 이익을 얻고 있으며, 그 침해행위를 지배(control)하는 권한과 능력을 가지고 있다고 하여 대위책임을 인정하였다. 다만, '디지털 밀레니엄 저작권법'(DMCA)의 규정에 따라 인터넷서비스제공자의 책임이 제한되는 이른바 '피난처'(safe harbor) 조항에 해당하는지 여부에 대하여는 사실심에서 다시 심리를 해 보아야 한다고 하였다.

② 직접침해의 성립과 관련하여

판결은, Napster 시스템을 이용하는 이용자들의 직접침해가 인정되기 위해서는 첫째, 원고들이 해당 저작물에 대한 유효한 저작권을 보유하고 있고, 둘째, 그 배타적 권리 중 적어도 어느 하나가 침해되어야 한다고 전제한 후, 기록에 의하면 Napster에서 이용할 수 있는 음악파일들 중 약 87% 가량이 저작권등록이 되어 있고, 그 중에서 원고들이 약 70% 이상에 대하여 저작권을 보유하고 있는바, Napster 시스템의 이용자들이 그 저작권 중 복제권과 배포권을 침해하고 있다고 인정하였다. 즉, 다른 사람이 다운로드 할 수 있도록 음악파일의 이름을 검색목록에 올린 이용자는 배포권을 침해한 것이고,[502] 그 파일을 다운로드 받은 이용자는 복제권을 침해한 것이라고 하였다.

한편, 판결은 이용자들의 위와 같은 복제 및 배포행위가 공정이용(fair use)에 해당한다는 피고의 주장을 배척하였다. 이용자들의 행위는 어떤 저작물을 구입하기 전에 일시적으로 그 저작물을 복제하여 사용해 보는 이른바 '견본사용'(sampling)에 해당한다고 할 수 없고, 적법한 CD 등의 형태로 이미 보유하고 있는 음악파일을 Napster 시스템을 통하여 다른 공간에서 사용이 가능한 형태로 단순 변형하는 이른바 '공간이동'(space-shifting)에도 해당하지 않는다고 하였다.

③ 기여책임의 성립

기여책임이 인정되기 위해서는 그 전제조건으로 우선 '직접침해'가 존재하여야 한다. 그리고 침해행위에 대한 '인식 또는 인식 가능성'과 침해행위에 대한 조장이나 원조, 침해수단의 제공 등 '기여행위'가 있어야 한다.

법원은 Napster사는 이용자들의 직접침해 행위를 실제로 인식하였거나 인식할 수 있었음이 추정된다고 하였다. 네트워크 시스템의 운영자가 침해행위를 확인할 수 있는 정보를 가지고 있지 않다면, 그 시스템의 구조가 저작물을 상호 교환하게 한다는 이유만으로 기여책임을 질 수는 없다. 만약 그러한 경우에 기여책임을 인정한다면 이는 Sony 판결의 취지에 어긋나는 것으로서, 침해행위와 관련이 없는 행위까지도 제한할 개연성이 있다. 그러나 이 사건에서 피고 Napster는 이용자들이 저작권을 침해하는 파일을 Napster 시스템을 통해 내려받을 수 있다는 것을 실제로 인식하고 있었고, 침해 파일을 제공한 사람들이 Napster 시스템에 접속하는 것을 차단할 수 있었음에도 그러한 조치를 취하지 않았다.

Napster사는 Sony 판례에 비추어 자신에게는 책임이 없다고 주장하였다. 이에 대하여 법원은, Sony 사건은 실질적으로 비침해행위에 사용될 수 있는 제품을 제조·판매한 경우이지만, Napster사는 자신의 시스템이 실질적으로 비침해행위에 이용될 수 있다는 점을 충분히 입증하지 못하였다고 판단하였다.

'기여행위'와 관련하여서는, Napster 서비스가 없었더라면 이용자들은 그 서비스가 제공하는 방법으로 손쉽게 불법 음악파일들을 다운로드받을 수 없었을 것이고, 따라서 Napster사는 사실상 저작권의 직접침해를 위한 '장소와 설비'를 제공한 것과 마찬가지라고 하여 '기여행위'의 존재를 인정하였다.

502) 미국 저작권법상 '배포권'은 무형적 배포에 해당하는 전송을 포함하는 개념이다.

④ 대위책임의 성립

대위책임이 성립하기 위해서는 객관적 요건으로서 권리 침해의 행위를 지배하고 감독하는 권한을 가지고 있고, 그러한 권리 침해행위로부터 직접적인 경제적 이익을 얻을 것을 필요로 한다.

판결은 첫 번째 지배·감독 권한과 관련하여, 어떠한 이유로든 침해자가 특정한 환경에 접속하는 것을 차단할 수 있는 수단을 가지고 있다면 이는 지배·감독 권한을 가지고 있다는 증거가 된다고 하였다. Napster사는 이용자의 행위가 법규에 위반되는 등의 일정한 사유가 있는 경우에는 Napster사의 자체적이고 임의적인 결정에 따라 서비스 제공을 거부하거나 계정의 사용을 중단시킬 권리를 보유하고 있다. Napster사가 대위책임을 면제받기 위해서는 자신에게 유보된 이러한 권리를 충분히 행사하여야 한다고 하였다.

다음으로 경제적 이익과 관련하여, 침해물이 고객들을 유인하는 역할을 할 때 경제적 이익의 존재를 인정할 수 있다고 하면서, Napster사의 장래 수입은 결국 이용자들의 숫자에 달려 있는바, 이용할 수 있는 음악파일의 양과 질이 증가하면서 더 많은 이용자들이 Napster 시스템에 회원으로 가입할 것이고, 따라서 Napster사는 저작권 침해물의 이용가능성으로부터 직접적인 경제적 이익을 얻는다고 하였다.

결론적으로 Napster사의 대위침해에 대한 책임도 인정하였다.

(6) Grokster 사건

(가) 사건의 배경

Grokster 사건 역시 음악이나 영화 같은 디지털 저작물(콘텐츠)을 인터넷을 통하여 무단 교환한 사건이다. 이 사건 원고들은 다수의 영화사(MGM, 콜롬비아, 디즈니, 파라마운트, 타임워너, 20세기 폭스, 유니버설 등)와 음반회사(BMG, UMG 등) 및 작곡가, 음악출판업자 등이다. 원고들은 인터넷을 통하여 디지털콘텐츠를 교환할 수 있도록 해 주는 소프트웨어를 배포한 피고 Grokster, StreamCast Networks 및 네덜란드 회사인 KaZaA BV를 상대로 소송을 제기하였다. 피고 Grokster 등이 배포한 소프트웨어는 중앙서버가 없는 환경 아래에서 파일교환을 가능하게 한다는 점에서 Napster 사건과 차이가 있다. 그 외에 Grokster 시스템과 Napster 시스템은, 모두 피고들이 운영하는 서버로부터 파일교환을 위한 소프트웨어가 사용자의 컴퓨터에 다운로드 된다는 점, 일단 그 소프트웨어가 설치되면 사용자는 다른 사용자의 컴퓨터에 있는 음악파일, 비디오 파일, 소프트웨어 애플리케이션, 전자책(e-book)과 텍스트 파일 등을 공유할 수 있게 된다는 점, 사용자의 컴퓨터가 실행되면 그 소프트웨어는 peer-to-peer 형태의 네트워크에 접속되고, 그에 따라 같은 peer-to-peer 형태의 네트워크에 접속하고 있는 모든 사용자의 파일을 공유하여 그 파일을 전송받을 수 있다는 점에서는 동일하였다. 또한 사용자가 키워드, 곡명, 가수 이름 등을 입력하여 공유되고 있는 음악 파일을 검색할 수 있고, 일단 검색이 시작되면 소프트웨어가 검색 범위와 일치하는 파일을 공유하고 있는 사용자들과 추정되는 전송 시간의 내용을 디스플레이 해 준다는 점도 동일하였다.[503)]

(나) 판결의 경과

① 1심[504)] 및 항소심 판결

이 사건 역시 Napster 사건과 마찬가지로 파일교환용 소프트웨어 사용자들에 의한 저작권 직접침해 책임과, 그러한 소프트웨어를 배포한 피고 Grokster 및 StreamCast 등에게 간접침해가 인정될 것이냐 여부가 쟁점이었다. 1심인 캘리포니아 중앙지방법원 판결 및 그 판결을 인용한 항소심 판결은 이용자들의 직접침해는 인정하고, 간접침해는 이를 부정하였다.

1심 및 항소심 재판부는 기여책임이 인정되기 위해서는 침해행위에 대한 '기여'가 있어야 한다고 전제하였다. 그런데 Napster 사건의 경우 직접침해자인 이용자들은 Napster 시스템이 없다면 그들이 원하는 음악파일을 쉽게 찾거나 다운로드 받을 수 없기 때문에 '기여'를 인정할 수 있으나, Grokster의 경우에는 Napster와 같은 중앙 파일 공유 시스템을 운영하고 있지 않기 때문에 사안이 다르다고 하였다. Grokster의 경우에는 일단 사용자의 컴퓨터가 네트워크에 접속하면 사용자의 검색 요청과 그에 대한 결과가 수퍼노드를 통해서 빠르고 효율적으로 전달되는데, 이 점이 Napster와는 결정적으로 구분되는 점이다. 즉, Napster는 중앙서버에 파일에 대한 정보를 저장하고 검색 요청과 검색 결과를 모든 Napster 사용자들에게 전달하며, 따라서 모든 Napster 검색은 Napster 서버에 정보를 전달하거나 그에 의존하여 실행된다. 그러나 Grokster에서는 사용자가 Grokster 소프트웨어를 사용할 때 Grokster가 관리하는 컴퓨터에 어떠한 정보를 전달하거나 의존하지 않는다는 점에서 차이가 있다.[505)]

Grokster 사건의 1심 및 항소심 재판부는 먼저 간접침해 중 기여책임과 관련하여 Sony 판결을 예로 들면서, Sony사는 자신이 제조·판매하는 VCR이 저작권을 침해하는 데 사용될 수 있다는 점을 알고 있었지만, 그러한 인식만으로 기여침해 책임이 인정되는 것은 아닌 것처럼, 저작권을 침해하는 데 사용될 수 있는 소프트웨어를 배포하였다는 것만으로 기여책임을 인정할 수는 없다고 하였다. 즉, Grokster 사건의 제 1 심 판결 및 항소심 판결에서는 Sony 판결의 의미를, 상당한 비침해적 이용이 가능한 상업적 제품을 배포한 경우에

503) 이대희, P2P 파일교환에 관한 판례의 분석, 디지털재산법연구, 제 3 권 제 1 호, 2004. 5, 6-7면.
504) Metro-Goldwyn-Mayer Studios, Inc. v. Grokster, Ltd., 243 F.Supp. 2d 1073, 1080(C.D. Cal. 2003).
505) 임동혁, 전게논문, 64-65면.

는 배포자가 침해 사실을 실제로 인식하고 그러한 인식에도 불구하고 침해를 방지하지 못한 경우에 기여책임을 부담하는 것으로 해석하였다. 그런데 피고들의 소프트웨어는 상당한 비침해적 이용이 가능하고 그 소프트웨어가 중앙서버에 의존하고 있지 않기 때문에 피고들이 침해행위에 대하여 실제로 인식하고 있었다고 볼 수 없으며, 피고들이 소프트웨어를 제공한 이후에는 이용자들 스스로가 저작권을 침해하는 파일을 검색하고 저장하였기 때문에 이용자들의 침해해위에 대하여 피고들이 중대하게 기여한 것이 없다고 하여 기여책임을 부정하였다.

또한 대위책임과 관련하여 1심 및 항소심 재판부는, 대위책임이 인정되기 위해서는 첫째 침해행위를 통제할 수 있는 능력과 권한이 있을 것과, 둘째 그러한 침해행위로부터 경제적 이득을 얻을 것을 요건으로 한다고 전제한 후, 피고 Grokster의 경우에는 사용자가 일단 소프트웨어를 다운로드 받아서 설치하면 Napster에서처럼 사용자가 파일 공유 네트워크에 접근하는 것을 막을 수 있는 방법이 없기 때문에 이용자들을 관리할 수 있는 능력이 없다고 하였다. 결국 피고 Grokster와 StreamCast는 (a) 소프트웨어의 이용을 감시하거나 통제할 수 없었으며, (b) 소프트웨어의 이용을 감독할 수 있는 권리가 이용자들과의 계약 등에 의하여 확보되어 있다거나 그러한 능력이 있다고 볼 수도 없고, (c) 이용자들의 침해행위를 감시할 의무도 부담하고 있지 않기 때문에 대위책임이 성립하지 않는다고 하였다.

② 연방대법원의 판결[506)]

그러나 미국 연방대법원은 Grokster 사건 상고심에서 원심을 파기하고 대법관 전원일치 의견으로 Grokster를 비롯한 피고들의 책임을 인정하는 판결을 선고하였다. 연방대법원은 이 사건에서 피고들의 책임을 인정하는 근거로 이른바 '유발이론'(또는 유인이론, inducement theory)이라는 다소 생소한 법리를 동원하였다. 유발이론은 저작권침해에 사용될 수 있는 장치를 배포하는 피고가 이용자 등 직접침해자를 침해행위로 유도하는 메시지(inducing message)를 보내는 등 기타 적극적인 조치를 취한 경우에는, 이용자의 직접침해행위에 대한 책임을 부담한다는 것이다. 이 논리는 Sony 판결의 의의를 긍정하면서도, 피고가 침해를 유발한 때에는 Sony 판결이 제시한 원칙의 검토에 들어갈 필요도 없이 곧바로 피고의 책임을 인정할 수 있다는 것이다.[507)]

연방대법원은 1심 및 항소심에서 Sony 판결을 기여책임을 부정하는 근거로 든 것과는

506) Grokster, 2005 WL 1499402(U.S.).
507) 박준석, 인터넷 서비스제공자의 책임에 관한 국내 판례의 동향-소리바다 항소심 판결들을 중심으로-, Law & Technology 제 2 호, 2005. 9, 서울대학교 기술과법 센터, 52-53면.

달리 Sony 판결을 다른 각도에서 해석하였다. 우선, 피고들의 네트워크상에서 이용될 수 있는 파일의 90% 정도가 저작권침해물이라는 것을 고려하면, 피고들의 시스템이 나머지 10% 정도의 적법파일 교환에 이용될 수 있다는 이유만으로 상당한 비침해적 용도에 사용된다고 볼 수는 없다고 하였다. 연방대법원은, 1심 및 항소심은 어떠한 기기가 상당한 비침해적 이용이 가능한 경우에는 그 기기의 생산자는 그 기기를 이용한 제 3 자의 침해행위에 대하여 기여책임을 부담하지 않는다고 하였는데, 이는 Sony 판결을 잘못 해석한 것이라고 하였다.[508)]

또한 연방대법원은 유발이론과 관련하여, StreamCast의 경우에는, (a) 기존 Napster의 이용자들을 끌어들이기 위하여 디자인된 OpenNap이라는 프로그램을 이용할 것을 촉구하는 광고를 자신의 사이트를 통하여 내 보낸 점, (b) OpenNap 프로그램을 이용하는 자들에게는 실제로 Napster와 동일하게 음악 파일을 다운로드 받을 수 있는 서비스가 제공되었다는 점을 지적하였다. 또한 Grokster의 경우에는, (a) Grokster 소프트웨어를 통하여 음악 파일에 접근할 수 있다는 전자서신(news letter)을 이용자들에게 배포하였다는 점, (b) Grokster는 Napster에게 링크를 걸어 Napster를 이용하였던 자들에게 연결하였다는 점을 지적하였다. 이에 따라 연방대법원은 Grokster 및 StreamCast 양 회사가 이용자들의 침해행위를 유도하는 명확한 유인 메시지를 전달한 것이라고 판시하였다.[509)]

다. 미국 판례에 나타난 간접침해의 법리

이상과 같은 법원의 판례를 통하여 나타난 미국에서의 기여침해와 대위책임의 법리를 간단히 정리해 보면 다음과 같다.

(1) 기여책임

타인의 저작권 침해행위를 알면서 그 침해행위를 발생케 하거나, 원인을 제공하거나, 또는 실질적으로 관여하는 자는 기여침해자로서의 책임을 진다. 기여침해 성립의 요건으로서는 다음과 같은 것들이 요구된다.

우선, 직접침해가 존재하여야 하고 기여침해는 이에 종속한다. 다음으로 객관적 요건으로서, 조장, 원조, 허가, 침해수단의 제공 등 침해행위에의 실질적 관여가 있어야 하고, 그것과 직접침해행위가 시기적으로 밀접할 것 등이 요구된다. 그리고 주관적 요건으로서

508) 이대희, P2P 파일교환에 관한 Grokster 판결과 그 영향에 관한 고찰, Law & Technology, 서울대학교 기술과법 센터, 2005. 9, 89-90면.

509) 상게논문, 91면.

침해행위에 대한 인식 또는 인식 가능성이 존재하여야 한다.

(2) 대위책임

대위책임은 권리의 직접침해자에 대하여 구제를 요구하는 것이 실효적이지 못한 경우에 그 자의 보증인적 지위에 있는 자에 대하여 책임을 묻는 것이다. 따라서 대위책임이 인정되기 위해서는 객관적 요건으로서 침해행위를 감독, 지배(control)하는 것이 가능하고 그에 대한 권원을 가질 것, 그리고 권리침해행위에 대하여 금전적 이해를 가지며 그것이 직접적일 것이 필요하다. 대위책임의 성립에 주관적 요건은 필요하지 않다.

라. DMCA의 규정

1998년에 제정된 미국의 '디지털 밀레니엄 저작권법'(DMCA)은 인터넷서비스제공자를 저작권침해의 책임으로부터 보호해 주기 위하여, 일정한 요건 아래 책임을 면제받을 수 있는 네 가지 경우의 이른바 '피난처'(safe harbors) 조항을 두고 있다. 또한 그 네 가지 면책조항에 해당하지 않는 경우에도 인터넷서비스제공자가 저작권침해에 대한 책임을 지기 위해서는 저작권법상의 침해요건을 갖추어야 한다. 인터넷서비스제공자가 네 가지 책임면제 조항 중 어느 하나에 해당하면, 직접침해는 물론이고 기여책임과 대위책임 등 간접침해에 따른 금전적인 손해배상책임도 부담하지 않으며, 원칙적으로 금지명령도 제한된다.[510] 네 가지 피난처 조항의 내용은 다음과 같다.

(1) 네트워크 상에서의 임시적인 디지털 통신(transitory digital network communications)

인터넷서비스제공자의 네트워크를 통한 일시적이고 임시적인 송신에 의하여 일어나는 저작권침해에 대하여 인터넷서비스제공자는 원칙적으로 책임을 부담하지 않는다.

(2) 시스템 캐싱(system cashing)

이용자가 인터넷상의 자료에 신속하게 접근할 수 있도록 하기 위한 시스템 캐싱 서비스를 저작권침해책임으로부터 면제하는 규정이다. 시스템 캐싱을 통하여 저작권 침해물이 인터넷서비스제공자의 시스템이나 네트워크에 잠재적·중기적(中期的) 또는 일시적으로 축적된 경우에, 인터넷서비스제공자는 저작권침해에 대한 책임을 부담하지 않는다.

---

510) 이대희, 인터넷과 지적재산권법, 박영사, 2002, 531면.

(3) 자료의 저장(stored information)

이용자의 지시에 의하여 인터넷서비스제공자가 축적한 정보에 대하여 인터넷서비스제공자는 저작권침해의 책임을 부담하지 않는다.

(4) 정보검색 도구(information location tools)

인터넷서비스제공자가 하이퍼텍스트 링크(hipertext link), 목록(directory), 색인(index), 레퍼런스 포인터(reference pointer), 검색엔진(search engines) 등의 정보검색 도구를 사용하여, 저작물을 침해하는 자료나 침해하는 행위가 일어나고 있는 온라인상의 위치로 이용자를 연결시키는 행위에 대하여 저작권침해책임을 면제한다.

4. 일 본

가. 직접침해로 이론구성한 판결

(1) 최고재판소 1988. 3. 15. 판결 – '캐츠아이 사건' 상고심 판결[511)]

일본 최고재판소 1988. 3. 15. 판결은, 노래방 반주에 맞추어 손님이 노래(가창)를 한 사건에서, "점포 내에 노래방 장치 및 반주 테이프를 설치·조작함으로써 그 가창을 관리하는 노래방 업소의 경영자는 그 가창(연주)의 주체가 되며, 이때의 연주는 영리를 목적으로 하여 공연히 행하여진 것이므로 연주권 침해에 따른 불법행위 책임을 면할 수 없다"고 하였다.

이 판결은 그에 앞서 나온 일본 하급심 판결들[512)][513)][514)]이 캬바레나 노래방에서 저작권자의 허락을 받지 않은 음악저작물이 공연(연주, 가창)된 사례에서 캬바레나 노래방의 운영자

511) 일본 최고재판소 1988. 3. 15. 제3소부 판결, 民集 42권 3호 199면; 판례시보 1270호, 34면.

512) 나고야고등법원 결정 1960. 4. 27. 下民集 11권 4호 p.940, 판례시보 224호, 15면. "카바레에서 이루어지는 음악 연주에 관하여, 당해 연주 자체는 악단에 의하여 이루어진다고 하여도, 악단의 배치는 카바레의 경영자에 의하여 이루어지고, 연주곡목의 선정이 악단에 맡겨져 있다고 하여도 카바레 경영자의 자유의사에 따라 지배되고 있으며, 음악 연주에 의하여 카바레 경영자가 영업상의 효과와 수익을 얻고 있는 경우에는 카바레 경영자를 당해 음악저작물에 대한 연주권 침해의 주체로 보아야 한다."고 판결.

513) 오오사카고등법원 판결 1970. 4. 30. 無體例集 2권 1호, 252면; 판례시보 606호, 40면. "카바레에 상시 배치되어 있는 악단 또는 쇼 출연자가 음악을 연주 또는 가창을 하는 경우에는, 당해 음악 등이 오로지 카바레 경영자를 위하여 행하여지고, 카바레 경영자가 영리를 위하여 저작물을 이용하고 있는 것이므로 그 경영자를 음악저작물 이용의 주체로 보아야 한다"고 판결.

514) 히로시마지방법원 후쿠야마지원 판결 1986. 8. 27. 판례시보 1221호 p.120. 클럽 점포 내에 가라오케 장치를 설치·관리하면서 고객으로 하여금 음악저작물을 가창하도록 한 클럽 경영자에 대하여, 당해 가창의 주체는 클럽 경영자라 할 것이며, 또한 그 연주(가창)가 영리를 목적으로 이루어진 것이므로, 연주권의 침해에 해당한다고 한 사례.

를 저작권침해의 주체로 볼 수 있다고 한 판례의 흐름을 추인한 것으로 해석할 수 있다.

이 판결은 행위주체성 판단의 기준을 첫째, 당해 저작물의 사용 형태(연주)에 대한 '관리' 내지 '지배'의 귀속, 둘째, 당해 저작물의 사용 행위(연주)에 따른 '이익'의 귀속 등 두 가지 점에서 구하고 있다.

이 사건에서 일본 최고재판소는 '관리' 내지 '지배'의 귀속을 인정케 하는 구체적 사실로서, (i) 피고(클럽 경영자)가 가라오케 장치와 테이프를 비치하여 두고 있다는 점, (ii) 종업원이 고객에게 가창을 권유하고 있다는 점, (iii) 고객은 피고가 비치하여 둔 가라오케 테이프의 범위 내에서 선곡을 한다는 점, (iv) 가창을 위한 반주음악의 재생이 종업원에 의한 가라오케 장치의 조작에 의하여 이루어진다는 점 등을 적시하고 있다.

또한 '이익'의 귀속을 나타내는 구체적 사실로서는, 피고가 고객의 가창을 영업을 이끌어가는 중요한 마케팅 요소로 하고 있으며, 그것을 통하여 업소의 분위기를 고조시키고 고객을 끌어 모아서 영업상의 이익을 증대시키는 것을 의도하고 있다는 점을 지적하고 있다.

이러한 판례의 입장은 그 이후의 하급심 판결에 있어서 영업의 실태가 다소 다른 노래방의 경우에 대하여서도 그대로 유지되었다. 동경고등법원 1999. 7. 13. 판결[515]은 노래방 고객에 의한 가창(공연)에 관하여, "이러한 가창은 노래방 경영자의 관리 아래에서 행하여지고 있으며, 노래방 영업의 성질상 노래방 경영자는 고객에게 가창을 하도록 함으로써 그로부터 직접적으로 영업상의 이익을 얻고 있음이 명백하다"고 하면서, "노래방의 각 방실에서 이루어지는 고객의 가창에 의한 저작물의 공연행위 역시 그 주체는 노래방의 경영자들이라고 볼 것이다"라고 결론을 내렸다.[516]

(2) 동경지방법원 1998. 11. 20. 판결[517]

이 판결은 발레단과 댄서를 초빙하여 발레 상연을 주최·실시한 자는 그 공연을 관리하고 그에 따른 이익을 수취하고 있으므로, 해당 공연에 있어서 발레를 상연한 주체가 되는 한편, 그 상연 과정에서 발생한 저작권 또는 저작인격권 침해행위의 주체가 된다고 판단하였다. 이 판결도 앞에서 본 '클럽 캐츠아이 사건'의 최고재판소 판결과 마찬가지로 공연의 주최자를 저작권의 직접침해자로 인정하였고, 그 과정에서 '공연에 대한 관리'와 그로 인한 '이익의 향수'를 중요한 판단요소로 보고 있다.

이 판결에 대하여는 '이익의 향수'를 '직접침해자'를 인정하는 불가결의 요소라고 해석

515) 판례시보 1696호, 137면('빅 에코' 사건 항소심 판결).
516) 일본 최고재판소 2소결 2000. 7. 14. 판결에 의하여 이 고등법원 판결은 확정되었다.
517) 일본 동경지방법원 1998. 11. 20. 知裁集 30권 4호 841면(ベジャール振付 사건 판결).

하여서는 안 되며, 상연 '내용'(內容)에 대한 관리여부가 보다 중요한 요소가 되어야 한다는 견해가 있다.[518] 예컨대, 게시판에 타인의 명예를 훼손하는 내용이 계속 업로드 되고 있는 것이 문제로 된 사안에서, 그 게시판의 설치주체가 매일 일정한 시간이 경과된 기사를 말소하는 방법으로 게시판을 관리하고 있는 경우, 그것을 이유로 게시판 설치주체에 대하여 명예훼손 행위의 주체성을 인정하고 직접침해자와 동등한 책임을 부과하는 것은 타당하지 않다고 한다. 왜냐하면 그 관리자는 게시물의 '내용'에 대한 관리권은 가지고 있지 않기 때문이다. 반면에 자기의 지배 아래에 있는 자로 하여금 타인의 명예를 훼손하는 글을 작성하게 하여 계속적으로 올리게 한 자는 '내용'에 대한 통제관리권을 가지고 있으므로 해당 글에 의한 명예훼손 행위의 주체성을 인정할 수 있는 것이라고 한다.

위 견해에서는 예를 들어, 공연 프로모터가 상연 항목과 내용의 세부적인 것을 결정하고 있는 경우에는 그 프로모터를 저작권 침해행위의 직접행위자로 인정하는 것이 가능하다고 한다. 그러나 극장의 소유자 또는 관리자가 대가를 받고 극장을 제공하거나, 공연 프로그램 등을 배포함으로써 일정한 선전·광고활동을 하고 있다고 하여도, 그가 상연 항목의 선정과 상연내용의 상세한 부분에 전혀 관여하고 있지 않은 때에는, 설사 그 상연과정에서 저작권침해행위가 발생하였다 하더라도 극장의 소유자나 관리자에게 침해행위의 주체성을 인정할 수 있는 것은 아니라고 한다.[519]

나. 공동불법행위책임으로 이론구성한 판례

(1) 하급심 판결의 흐름

노래방 기기의 리스업자가 노래방 업자와 리스계약을 체결한 후 그 계약에 따라 노래방 기기(가라오케 장치)를 제공한 행위에 관하여, 리스업자의 이와 같은 행위는 객관적으로 저작권침해의 도구(하드웨어로서의 장치 및 기기와 소프트웨어로서의 음악저작물인 악곡과 가사)를 제공하는 것으로서 방조행위에 해당한다고 본 하급심 판결들이 있다. 이들 판결에서는, 노래방 업자가 저작권자의 허락을 받지 않고 노래방 기기를 사용한다는 것을 리스업자가 인

518) 寄與侵害·間接侵害 委員會, 전게서, 54면.

519) 이와 같은 해석론을 취하는 와세다 대학 鎌田 薰 교수는, 화가 위트릴로의 회화 카탈로그에 관한 동경지방법원 2001. 1. 30. 판결을 예로 들고 있다. 이 판결에서는, 전람회의 주최자에게 전람회를 주최한 것 그 자체로부터 침해행위의 주체성을 인정할 수 있는 것은 아니고, 카탈로그가 반포되는 것을 인식하고, 나아가 사전에 카탈로그의 내용을 알았으며, 그에 관하여 의견을 진술할 입장에 있었다는 사정으로부터 카탈로그 제작행위(저작권침해행위)의 주체로서의 성격을 인정할 수 있는 것이라고 하였다. 그리하여 동 판결은, 전시회의 주최자가 저작권침해의 내용이 담긴 카탈로그를 제작함에 있어서 저작물의 사용허락의 절차에 관하여는 카탈로그 제작자에게 일임하고, 사전에 그와 같은 허락을 얻었다는 것을 증명하는 서면의 제출을 요구하는 등의 조치를 취하지 아니하였다는 점을 들어 저작권침해에 대한 과실이 있었던 것이라고 인정하고 있다(寄與侵害·間接侵害 委員會, 전게서, 54면).

식하면서, 노래방 기기를 제공하여 저작권침해의 결과를 초래한 경우에는 고의에 의한 방조의 불법행위 책임을 부담하는 것으로 보고 있다.

이른바 '魅留來 사건'의 항소심 판결[520]에서는, 레이저디스크 가라오케 장치를 설치한 후 권리자의 허락을 받지 않고 저작물이 수록된 레이저디스크를 재생하여 고객이나 종업원으로 하여금 가창(공연)을 하게 한 노래방 업자는 공연권 침해의 책임을 진다고 하였다. 아울러 영업용 레이저디스크 가라오케 장치를 노래방 업자에게 리스해 준 리스업자에 대하여서는, 노래방 업자에 의한 공연권 침해행위가 발생할 것을 인식하였음에도 그러한 결과를 용인하면서 가담한 것이라고 하여 노래방 업자와의 공동불법행위 책임을 인정하였다. 이때 리스업자는 리스계약 체결 시점에서 리스 상대방인 노래방 업자가 저작권신탁관리단체인 JASRAC과 저작물 이용허락계약을 하여야 한다는 점에 관하여 철저히 주지시켜야 할 주의의무와 리스계약 체결 후에도 수시로 그러한 이용허락계약의 체결여부를 확인하여야 할 주의의무 및 리스 상대방이 JASRAC과 이용허락계약을 체결하지 않는 경우에는 리스계약을 해제하고 리스해 준 가라오케 장치 등을 회수하도록 노력하여야 할 주의의무를 부담한다고 하였다.

동경고등법원의 이른바 '비디오메이츠(ビデオメイツ) 사건'[521]도 일정한 범위까지는 같은 입장에 서 있다. 이 판결에서는, 영업용 노래방 기기의 리스업자는 그 장치가 리스 상대방에 의하여 저작권침해의 도구로서 사용되지 않도록 조치하여야 할 일반적인 주의의무를 부담한다고 하였다. 그러나 리스계약 체결 당시에 리스 상대방에 대하여 구두 또는 서면으로 저작물 이용허락계약을 체결하도록 지도를 하였다면 통상의 경우에는 그러한 조치의무를 다한 것이라고 하였다. 또한 영업용 노래방 기기의 리스업자가 리스 상대방과 저작권자(JASRAC) 사이의 저작물 이용허락계약에 관하여 노래방 기기의 인도 전에 그러한 계약의 체결여부를 확인하여야 할 주의의무 및 인도 후에도 수시로 그 계약의 체결여부를 확인하여야 할 주의의무를 일반적으로 부담하는 것은 아니라고 하였다. 다만 리스업자는 리스 상대방이 JASRAC과의 저작물 이용허락계약을 체결하지 않을 가능성이 있음을 상당한 정도로 예견할 수 있는 경우, 또는 리스계약 체결 후에도 상대방이 저작물 이용허락계약을 체결하지 않을 가능성이 있음을 의심할 수 있는 특단의 사정이 있는 경우에는, 이용허락계약의 체결을 확인하기 전까지는 노래방 기기를 인도하지 않거나 또는 인도 후에라도 그것을 다시 회수하는 등 저작권침해 행위가 발생하지 않도록 조치를 강구하여야 한다고 하였다.

이상의 두 판결에서 입장의 차이가 발생하는 부분은 노래방 기기의 리스업자가 노래

---

520) 오오사카고등법원 1997. 2. 27. 판결; 知的裁集 29권 1호, 213면; 판례시보 1624호, 131면.

521) 일본 동경고등법원 1999. 11. 29. 판결; 最高裁 HP·知的財産權 裁判例集.

방 업자에 의한 저작권침해에 대하여 직접적인 인식을 하지 아니한 경우에 과실에 의한 방조의 불법행위 책임을 묻기 위한 요건으로서 리스업자는 어떠한 내용의 주의의무를 부담하는가 하는 점이다.

'비디오메이츠사건' 항소심 판결은, 노래방 기기의 리스업자는 계약의 목적물인 노래방 기기가 저작권침해의 도구로서 사용되지 않도록 조치하여야 할 일반적인 주의의무를 부담하고 있다고 한 판결이다. 이 판결에서는, 리스업자로서는 리스계약 당시에 노래방 업자에 대하여 구두 또는 서면으로 저작물 이용허락계약을 체결하여야 할 법적 의무가 있다는 것을 지도하였다면, 통상의 경우에 있어서는 그의 주의의무를 다한 것으로 되고, 특단의 사정이 있는 경우에만 저작물 이용허락계약을 체결하는 것을 확인하기까지 노래방 기기를 인도하지 않든가, 인도한 후라도 그것을 회수하는 등의 조치를 강구하여야 할 의무를 부담한다고 하였다.

이에 대하여 '魅留來 사건' 항소심 판결은, 영업용 노래방 기기는 음악저작물의 연주권 및 상영권의 침해에 제공될 우려가 극히 높은 장치라는 점에 주목하면서, 그러한 장치의 리스업자로서는 당해 장치의 사용자가 저작권자의 허락 없이 그 장치를 사용하는 사태가 있을 수 있음을 예측하여 그 사용자에 대하여 저작물 이용허락계약을 체결할 것을 철저히 주지시킴으로써 계약을 체결하도록 하거나, 리스계약 체결 후에도 수시로 저작물 이용허락계약 체결의 유무를 조사확인한 후, 계약 체결에 이르지 않은 경우에는 조속히 계약을 체결하도록 노력하여야 할 주의의무가 있고, 사용자가 이에 응하지 않는 경우에는 리스계약을 해제하는 것은 물론이고 나아가서는 리스한 노래방 기기를 회수하는 조치를 취하여야 할 강한 주의의무가 있다고 판시하였다.

이상에서 본 바와 같이 두 항소법원 판결 사이에는 리스업자의 주의의무의 내용과 관련하여 상당한 차이가 존재한다. 이에 대하여 일본 최고재판소는 '비디오메이츠 사건' 상고허가신청 사건에 대한 결정문에서 다음에서 보는 바와 같은 상세한 이유를 붙여 노래방 기기 리스업자가 부담하여야 할 주의의무의 내용에 관한 입장을 정리하였다.

(2) '비디오메이츠사건' 최고재판소 판결[522)]

① 최고재판소는, "노래방 기기의 리스업자는 리스계약을 체결함에 있어서 그 기기가 오로지 음악저작물의 공연에 사용되는 것인 때에는, (i) 리스계약의 상대방에 대하여 해당 음악저작물의 저작권자와의 사이에 저작물 이용허락계약을 체결하여야 한다는 것을 고지하여야 하고, 아울러 (ii) 리스계약의 상대방이 해당 저작권자와의 사이에 저작물 이용허락

522) 일본 최고재판소 2소판 2001. 3. 2. 판결.

계약을 체결 또는 체결을 위한 청약을 한 것을 확인한 후에 노래방 기기를 인도하여야 할 조리상의 주의의무를 부담한다."고 판시하였다.

이 판결에서 들고 있는 위 (i)의 주의의무는 앞서 본 '魅留來 사건' 항소심 판결뿐만 아니라 이 사건 원심판결인 '비디오메이츠사건' 항소심 판결에서도 인정한 것이다.

이에 반하여, 위 (ii)의 주의의무까지를 인정한 것은 이 부분에 대한 이 사건 원심판결의 판단이 잘못되었다는 것을 명확히 하였다는 점에 의미가 있다.[523] 또한 '魅留來 사건' 항소심 판결도 노래방 기기의 인도시점을 기준시로 하는 주의의무를 명확하게 인정하고 있었던 것은 아니라는 점에서 최고재판소 판결은 주의의무의 기준시점과 관련하여 의미가 있다고 평가되고 있다.[524]

② 최고재판소 판결은 노래방 기기의 리스업자가 그 판시 내용과 같은 주의의무를 부담하여야 하는 근거로서 아래의 5가지 점을 들고 있다.

첫째, 노래방 기기에 의하여 공연되는 음악저작물의 대부분이 저작권의 보호대상이므로, 노래방 기기는 저작권자의 허락이 없는 한 일반적으로 저작권 침해행위를 발생케 할 개연성이 높은 장치라고 볼 수 있다.

둘째, 저작권 침해행위는 형벌법규(일본 저작권법 제119조 이하)에 해당하는 범죄행위이기도 하다.

셋째, 노래방 기기의 리스업자는 저작권침해의 개연성이 높은 노래방 기기를 임대에 제공함으로써 영업상의 이익을 얻는 자이다.

넷째, 일반적으로 노래방 기기를 이용하는 노래방 업주들이 저작권자와 이용허락계약을 체결하는 비율이 그다지 높지 않다는 것은 당시로서는 공지의 사실이었다. 따라서 노래방 기기의 리스업자로서는 리스계약의 상대방이 저작물 이용허락계약을 체결 또는 체결을 위한 청약을 하였다는 것이 확인되지 않는 한, 저작권침해가 행하여질 개연성이 있음을 예견할 수 있다.

다섯째, 노래방 기기의 리스업자는 저작물 이용허락계약을 체결 또는 체결을 위한 청약을 하였는지 여부를 용이하게 확인할 수 있고, 그에 따라 저작권침해 회피를 위한 조치를 강구하는 것이 가능하다.

③ '비디오메이츠 사건' 최고재판소 판결에 나타난 주의의무에 관한 이론적 구조는 다음과 같다.[525]

---

523) 寄與侵害·間接侵害 委員會, 전게서, 39면.
524) 상게서, 39면.
525) 상게서, 40면.

저작권자와 간접침해자 사이에는 계약관계나 그와 유사한 관계가 없는 것이 통상적이므로, 간접침해자의 주의의무는 결국 '조리'(條理)에 근거를 둔 것이라고 보지 않을 수 없다. 조리 상 발생하는 주의의무의 내용은 다음의 3가지 요소를 감안하여 결정한다.

a. 필요성: 권리침해의 회피를 위하여 그러한 주의의무를 부과할 필요가 있을 것.
b. 실행가능성: 권리침해의 회피를 위하여 그러한 주의의무에 따른 행동을 취하는 것이 가능할 것.
c. 이익교량: 전체적 입장에서 볼 때 관계 당사자 사이의 이익균형이 이루어질 것.

우선 주의의무의 발생과 관련하여 이 사건 최고재판소 판결이 들고 있는 위 ②에서 본 다섯 가지 근거들을 분류해 보면 다음과 같이 나누어 볼 수 있다.

a. '필요성'에 해당하는 것은 위 ②의 첫째, 둘째 및 넷째의 근거들이다. 최고재판소는 두 번째 근거와 관련하여, 저작권 침해행위가 직접으로는 사회적 비난가능성 및 위법성이 높은 범죄행위에 해당한다는 점을 설시하고 있다.

b. '실행가능성'에 해당하는 것은 위 ②의 다섯 번째 근거이다. 최고재판소는 리스업자가 계약체결의 준비 및 계약체결의 단계에서 위 ①에서 본 (i)과 같은 주의의무, 즉 리스계약의 상대방이 당해 저작권자와의 사이에 저작물 이용허락계약을 체결 또는 체결을 위한 청약을 한 것을 확인한 후에 노래방 기기를 인도하여야 할 조리 상의 주의의무를 부담한다고 한 것은, 리스계약에 따른 이행의 단계에 있어서 그러한 주의의무를 다하기 위한 조치를 취하는 것은 특별한 어려움(기술적인 곤란이나 부당한 비용의 지출 등)을 수반하지 않고도 가능하다고 보고 있다.

이 사건 최고재판소 판결은, 노래방 기기의 인도시점을 저작권침해의 회피와 관련하여 결정적으로 중요한 시점이라고 보고, 그 시점에 있어서의 주의의무를 명확하게 판시하고 있다. 한편, 최고재판소 판결에서는 다루고 있지 않지만, 노래방 기기를 인도한 후 리스계약의 종료시점에 이르기까지의 기간 동안 리스업자가 부담하는 주의의무는 또 다른 문제이다. 이 점에 관하여 田中 豊 변호사는 다음과 같이 보는 것이 합리적이라고 한다. 즉, 노래방 기기를 인도하는 시점에서 저작물 이용허락계약의 체결 또는 그 체결을 위한 청약을 한 것을 확인한 리스업자로서는, 그 이용허락계약이 체결되고 또 존속하고 있다고 신뢰하여도 좋다고 보아야 한다. 따라서 그 이용허락계약이 해제되는 등 어떠한 사유로 더 이상 존속하지 않게 되었다고 의심할만한 특단의 사정이 있는 경우에만, 그러한 특단의 사정을 인식하거나 또는 인식할 수 있었던 시점에서 저작물 이용허락계약이 존속하고 있는지 여부를 다시 확인한 후 노래방 기기의 회수 등 필요한 조치를 취하여야 할 주의의무를 부담한다고 해석하여야 한다는 것이다.[526]

c. '이익교량'에 해당하는 것은 위 ②에서 든 첫째, 셋째, 넷째, 다섯째의 근거이다. 이 때 고려하여야 할 가장 중요한 요소는 "해당 도구(노래방 기기)가 저작권침해의 결과를 발생케 할 위험성의 성질과 정도"이다. 최고재판소는 그 중 첫째 및 넷째의 근거와 관련하여 설시하고 있는데, 이에 관하여는 아래의 ④에서 따로 살펴보기로 한다. 또한 직접침해와 간접침해를 구별하는 기준으로서 일본에서 중요하게 취급되고 있는 "관리·지배" 및 "이익의 귀속" 여부는 공동불법행위자(방조자)로서의 주의의무 내용을 결정함에 있어서도 중요한 고려요소로 된다.[527]

④ 당해 도구가 저작권침해의 결과를 발생케 할 위험성의 성질과 정도

'기여침해·간접침해 위원회'의 보고서에 따르면, '비디오메이츠 사건' 최고재판소 판결과 그 원심인 항소심 판결의 결론이 달라진 가장 큰 원인은, 영업용 노래방 기기가 저작권침해의 결과를 발생케 할 위험성의 성질과 정도에 관한 인식의 차이라고 한다.[528]

위 보고서는, "위험성의 성질"에 관해서는, 일반적인 복사기와 노래방 기기를 비교하여 보면 쉽게 알 수 있다고 한다. '비디오메이츠 사건'의 항소심 판결은, "일반적으로 노래방 기기가 저작권침해 행위에 사용될 위험이 있다고 할 수는 있어도, 그 위험이 극히 높다는 것까지를 인정하기에 족한 증거는 없다"고 판단하면서, 노래방 기기가 가지는 위험성의 성질과 정도가 일반적인 복사기의 그것과 같은 것이라고 보고 있다. 그러나 일반적인 복사기의 경우에는 자기 자신의 저작물을 복사하는 경우에도 사용되는 등 다른 적법한 사용방법이 널리 존재하므로, 통상적으로 볼 때 복사기를 사용하기에 앞서서 특정한 저작권자의 허락을 얻지 않는다고 하여 복사기의 사용개시 시점으로부터 종료시점까지 매 행위마다 저작권침해의 결과를 발생케 할 위험성이 있는 것은 아니다. 이에 반하여 노래방 기기의 경우에는 그 기기를 사용하기에 앞서 음악저작물의 신탁관리단체인 일본음악저작권협회(JASRAC)의 허락을 얻지 않는 한 현실적으로 그 사용개시 시점부터 종료시점까지 매 행위마다 저작권침해의 결과를 발생시키게 될 것이다. 이 사건 최고재판소 판결은 이러한 점을 중시하고 있다.[529]

"위험성의 정도"와 관련하여 최고재판소는, 일반적으로 노래방 업자들이 저작물 이용허락계약을 체결하는 비율이 그다지 높지 않다는 것은 공지의 사실이므로(이는 이 사건 당시

526) 상게서, 41면.
527) 상게서, 41면.
528) 상게서, 41면.
529) 상게서, 41-42면.

의 일본의 상황이 그러하였다는 것을 의미한다), 노래방 기기의 리스업자로서는 리스계약의 상대방이 저작물 이용허락계약을 체결 또는 체결을 위한 청약을 하였다는 것이 확인되지 않는 한, 저작권침해가 행하여질 개연성이 있음을 예견하여야 한다고 하였다.

⑤ '신뢰의 원칙'의 적용여부

최고재판소 판결과 그 원심판결인 '비디오메이츠(ビデオメイツ) 사건' 항소심 판결의 결론이 달라진 두 번째 원인은, "제 3 자가 자신의 법적 의무에 따라서 행동할 것을 신뢰할 수 있다"고 하는 이른바 '신뢰의 원칙'의 적용 여부에 관하여 견해가 달랐기 때문이라고 한다.[530]

항소심판결은 '신뢰의 원칙'의 적용을 긍정한 것이라고 볼 수 있다. 이에 반하여 상고심인 최고재판소 판결은 앞의 ②의 네 번째 이유 설시에서 보는 바와 같이, 일반적인 노래방 업자의 경우, 그 노래방에서 공연되는 음악저작물에 대하여 저작물 이용허락계약을 체결하는 비율이 그다지 높지 않다는 것은 공지의 사실이므로, 신뢰의 원칙을 적용하기는 적절하지 않고, 리스업자로서는 노래방 업자에 의한 저작권 침해행위가 발생할 개연성을 예견하여야 한다는 취지로 판시하고 있다. 즉, 이 사건 당시의 일본 사회의 현실을 고려하면, 리스업자가 리스계약의 상대방인 노래방 업자가 스스로 준법행동을 할 것을 단순히 신뢰한 것만으로는 부족하고, 그 노래방 업자가 저작권침해행위로 나아갈 것까지도 고려하여 행동할 필요가 있다고 하였다.

이와 관련하여 田中 豊 변호사는, 주의의무의 내용을 구체적으로 어떻게 결정하느냐 하는 것은 결국 실제 사회생활에 있어서의 당사자 사이의 법적 역할분담을 결정하는 것이라고 하였다. 그리하여 통상적인 시민이라 하더라도 여러 가지 목적이나 동기로 인하여 다른 사람의 권리나 이익을 침해하는 불법적 행동으로 나아가게 되는 경우도 종종 일어나는 것이 현실이므로, 제 3 자가 준법행동을 할 것이라고 신뢰를 하였다고 하여 그것으로 족한 것은 아니라고 하였다. 요컨대 제 3 자의 준법행동을 신뢰하여도 좋을 만한 사회적·사실적 기반이 없는 상황에서 무작정 '신뢰의 원칙'을 근거로 제시하는 것은 잘못된 것이라는 것이다.[531]

(3) 최고재판소 제 3 부 2001. 2. 13. 판결

이 판결은 이른바 '도끼메끼 메모리얼'(ときめきメモリアル) 사건에 관한 판결로서, 오로지 컴퓨터용 게임소프트웨어의 개변에만 사용되는 메모리카드를 수입·판매하여 유통시킨

530) 상게서 42면.
531) 상게서, 42-43면.

행위에 대하여, "타인으로 하여금 게임소프트웨어의 동일성유지권침해를 야기하게 하는 행위"라고 하여 불법행위에 따른 손해배상 책임을 인정하였다.

이 판결은, "메모리카드 사용으로 게임소프트웨어의 동일성유지권이 침해되었고, 피고의 메모리카드 수입·판매행위가 없었다면 본건 게임소프트웨어의 동일성유지권 침해가 생기는 일도 없었을 것이다."라고 판시하고 있다. 즉, 문제가 된 메모리카드의 사용자(게임플레이어)를 동일성유지권의 직접침해자로 보고, 메모리카드의 수입판매업자를 동일성유지권 침해에 필요불가결한 도구를 제공한 방조자 내지 교사자로 보고 있다. 따라서 직접침해의 성립여부와 관계없이 메모리카드를 유통시킨 행위 그 자체를 동일성유지권 간접침해로 인정한 것은 아니라고 평가되고 있다.[532)]

이 판결은 고의에 의한 방조 내지 교사에 따른 불법행위 책임을 인정한 것이기 때문에, 과실에 의한 불법행위 책임과 관련된 '비디오메이츠 사건' 최고재판소 판결과는 달리 주의의무에 관하여는 언급하고 있지 않다.

(4) 스타디지오(スターデジオ) 사건 관련 판결

(가) 동경지방법원 2000. 5. 16. 판결

스타디지오(スターデジオ) 사건은 두 가지 방향에서 진행되었는데 그 1심은 동경지방법원에서 각각 같은 날 선고되었다.

첫 번째 사건(편의상 '스타디지오 제1사건'이라 한다)은, 저작인접권자인 음반제작자가 라디오 음악방송을 디지털 신호로 공중에게 유료로 송신하고 있는 방송사업자에 대하여, 그 방송의 수신자가 음악방송에서 수신한 음악을 MD로 녹음하는 행위는 음반제작자가 가지는 복제권을 침해하는 것이고, 따라서 그 방송사업자의 방송행위는 위법한 복제행위를 교사·방조하는 것에 해당한다는 이유로 저작인접권 침해의 금지 및 손해배상을 청구한 사건이다.

두 번째 사건(이를 편의상 '스타디지오 제2사건'이라 한다)은, 음악방송의 수신자들이 수신된 음악을 MD로 녹음하는 행위에 대하여는 실질적으로 방송사업자가 그 행위주체라고 평가할 수 있다는 이유로 방송사업자가 복제권 직접침해행위자임을 청구원인으로 하여 제기된 사건이다.

즉, 음원을 송신하는 방송사업자에 대하여 제1사건은 복제권 침해의 교사 및 방조책임(간접책임)을 물은 것이고, 제2사건은 복제권 침해의 직접책임을 물은 것이다.

동경지방법원은 2000. 5. 16. 스타디지오 제1사건에서, 라디오의 수신자가 음원을

---

532) 상게서, 43면.

MD로 녹음하는 것은 '사적이용을 위한 복제'(일본 저작권법 제102조 1항, 제30조 1항)에 해당하여 위법한 복제라고 볼 수 없으므로, 위법복제의 교사·방조를 원인으로 한 복제권 침해 주장은 이유가 없다고 판결하였다.

또한 같은 날 스타디지오 제 2 사건에서, 라디오 수신자가 음악을 수신하여 MD로 녹음하는 것은 오로지 수신자의 자유의사에 따라 수신자가 준비한 기기에 의하여 행하여지는 것이므로, 그 방송의 송신자(방송사업자)가 수신자의 녹음행위를 관리·지배하고 있다고는 볼 수 없고, 따라서 송신자의 행위가 복제권의 직접침해행위에 해당한다고 볼 수 없다고 판결하였다. 즉, 송신된 음원을 수신자가 녹음하는 경우, 수신된 음원의 녹음에 관하여 음원 송신자와 수신사 사이에는 아무런 합의도 존재하지 않고, 수신자가 녹음을 할 것인지 여부는 오로지 수신자의 자유의사에 기초하여 결정되며, 녹음행위 역시 수신자가 임의로 준비한 녹음기기에 의하여 행하여지므로, 음원의 송신자가 수신자의 녹음행위를 관리·지배하고 있는 관계에 있다고 할 수 없고, 따라서 이 경우 음원 송신자를 녹음행위의 직접적인 행위주체로 평가할 수는 없다고 하였다.

(나) 스타디지오 제1, 2 판결에 대한 평가

이하에서는 스타디지오 판결에 대한 일본의 '기여침해·간접침해 위원회'의 해석과 평가를 살펴보기로 한다. 동 위원회는 우선 두 개의 스타디지오 사건 판결의 타당성 여부에 관하여 논하기에 앞서서, 스타디지오 형태의 라디오 방송이 왜 문제인가를 정리하여 둘 필요가 있다고 하였다. 그리고 이 사건이 제기하는 문제점이 현행법 체계의 해석론에 의하여 해결될 수 있는 것인가를 생각해 보는 것도 의미가 있다고 하였다.

동 위원회에서는 우선 다음과 같은 점들을 스타디지오 형태의 라디오 방송의 문제점이라고 지적하였다.

첫째, 저작권법이 사적이용을 위한 복제(사적 복제)를 저작재산권이 제한되는 경우로 규정하고 있는 것은, 타인의 저작물을 개인적으로 또는 가정이나 이에 준하는 소수의 한정된 범위 안에서 이용하는 것은 저작재산권자의 경제적 이익을 크게 손상할 우려가 없고, 또 그것을 일일이 규제하여 저작재산권자의 이용허락을 얻게 한다는 것도 현실적이지 못하다는 고려 하에 두게 된 것이다. 현행 저작권법은 이러한 취지에서 마련된 사적 복제를 디지털 기술에 의한 복제의 경우까지 포함하여 허용하고 있지만, 이는 사적 복제규정의 원래 취지에 맞지 않을 수 있다. 즉, 디지털 기술에 의한 경우까지 사적 복제를 허용하는 것은 창작 의욕을 현저하게 저해할 수 있고, '지식정보 사회'라고 일컬어지는 21세기에는 어울리지 않는다는 점에 관하여 심각한 고민이 있어야 한다.

둘째, 스타디지오 형태의 라디오 방송은 사실상 주문에 의한 전송, 즉 On-demand 형태의 전송에 가까운 것임에도 불구하고 일본 현행법상 방송으로 취급되고 있기 때문에, 저작권법상 더 강한 규제를 받는 전송과의 사이에 불균형이 생길 수 있다.

셋째, 디지털 방송의 수신자는 종전의 아날로그 방송의 수신자와 비교하여 볼 때, 사적 복제(녹음)를 하는 자의 숫자가 현저히 많아서 음반의 판매량 감소에 큰 영향을 미치며, 그에 따라 음반제작자는 심각한 경제적 손실을 입게 될 수도 있다.

넷째, 방송사업자는 음반제작자의 투자에 대한 정당한 대가를 지불하지 않으면서도 방송의 수신자들로부터는 수신료를 수수한다. 따라서 방송사업자와 음반제작자 사이에 경제적 이익의 불균형이 생길 수 있다.

스타디지오 제 1 사건 판결에 대한 평가는 다음과 같다. 우선 이 판결이 채택한 결론, 즉 직접침해가 사적 복제규정에 의하여 면책이 되는 이상 그 교사 및 방조 책임도 물을 수 없다는 결론은, 현행 저작권법상 직접침해가 성립하지 않는 경우에는 간접침해도 성립할 수 없다는 전제에 서는 한 당연한 것이라고 하였다. 앞에서 본 '비디오메이츠 사건'의 일본 최고재판소 판결은, 공연권(연주권·상영권)의 직접침해가 명확하게 성립하는 사안에 대한 것이어서 스타디지오 사건과는 사안이 현저하게 다르다. 또한 '도끼메끼 메모리얼 사건'의 일본 최고재판소 판결도 저작인격권(동일성유지권)의 직접침해가 성립하는 것을 전제로 하여 판단을 한 것이서, 스타디지오 사건과는 사안이 다르다고 볼 수 있다.

위원회는 라디오 방송 수신자가 수신한 음원을 MD로 녹음하는 것이 '사적 이용을 위한 복제'에 해당한다고 하여 면책하는 것은 문제라고 지적하고 있다. 이 점과 관련하여서 먼저 검토를 해 보아야 할 사항은 사적 복제를 규정한 일본 저작권법 제102조 제 1 항, 제30조 제 1 항이 베른협약 제 9 조 제 2 항에 합치되는지 여부라고 하였다. 베른협약 제 9 조 제 2 항은 동맹국이 특별한 경우에 입법에 의하여 복제권을 제한하는 것을 허용하지만, 그 복제가 "당해 저작물의 통상의 이용을 방해하지 않고, 그 저작자의 정당한 이익을 부당하게 해하지 않을 것"이라는 조건을 달고 있다. 따라서 일본 저작권법 제30조 제 1 항에서 사적 이용의 경우 복제권을 제한하고 있지만, 사적 이용이라는 명목 아래에서 행하여지는 복제가 당해 저작물의 통상의 이용을 방해한다든가 또는 저작자의 정당한 이익을 부당하게 해하는 경우에는 복제권을 침해하는 것이 된다. 이것은 사적 복제규정을 베른협약에 합치되게 해석하여야 한다는 견해에 따른 해석이다.

스타디지오 사건의 동경지방법원 판결에서는, "구체적으로 어떠한 행위 유형이 베른협약 제 9 조 제 2 항의 조건을 만족하는지에 관하여서는 동 협약이 이를 명시적으로 규정하고 있지 아니하므로, 결국 이것은 각 동맹국의 입법에 위임된 문제이다"라고 하면서, "사적 이용을 위한 복제로서 허용되는 행위인지 여부를 판단하는 것은 결국 일본 저작권법

제30조 제 1 항의 규정에 해당하는지 여부에 관한 판단문제라고 보면 족한 것이고, 동 조항의 배경으로 된 베른협약의 규정에 적합한지 여부까지를 직접적인 판단문제로 볼 것은 아니다"라고 하였다. 이에 대하여 위 위원회의 보고서에서는, 베른협약에서 '통상의 이용', '정당한 이익', '부당하게 해하지 않을 것'을 규범적 요건의 형태로 규정하고 있음에도 불구하고, 복제권 제한의 내용은 동맹국의 입법에 위임된 것이라고 해석한 동경지방법원의 판결은 잘못이라고 비판하고 있다.[533] 그러면서 스타디지오 사건에서 다루어지고 있는 라디오 수신자에 의한 음원의 녹음행위가 베른협약이 규정하는 조건들을 만족하는 것인지 여부는 저작권법 제30조 제 1 항의 사적 이용을 목적으로 한 복제 해당여부와는 별개로 판단되어야 할 문제라고 지적하였다.

위원회는, 스타디지오 사건에서의 수신자 개개인의 행위를 보면 이는 개인적인 소규모의 영세한 사용행위이고 따라서 사적녹음 보상금제도에 의하여 대처하는 것으로 충분하다고 하는 견해가 있을 수 있지만, 한편으로는, 음원이 송신되는 순간순간마다 전국적으로 엄청난 양의 녹음이 행하여질 수 있고, 개개의 수신자의 입장에서는 원음과 비교하여 전혀 품질이 떨어지지 않는 상당한 규모의 음악 라이브러리를 구축하는 것도 가능하게 되는데, 이러한 상황에 대하여서까지 사적녹음 보상금제도에 의하여 대처하는 것으로 족하다고는 볼 수 없다는 점을 지적하고 있다. 그러면서 미국 연방항소법원이 Napster 사건 판결에서 개별 사용자가 음악을 다운로드하는 행위는 저작권법상 허용되는 '공정이용'(fair use)에 해당하지 않는다고 판단한 것도 그러한 취지라고 하였다.[534]

위원회는, 이러한 사안은 음악 디지털 방송과 음반 매상의 감소 사이에 실질적인 인과관계가 있는지, 수신자가 방송을 청취하면서 어느 정도의 빈도로 녹음을 하고 있는지, 그 녹음의 성격은 종래의 음악방송을 녹음하는 경우와 비교하여 볼 때 어떠한 차이가 있는지, 음악을 MD에 녹음한 수신자는 그 후 그것을 어떻게 사용하고 있는지 등의 여러 가지 점에 관하여 실태조사가 이루어진 후에 그 결과에 따라 답변이 달라질 수 있다고 하였다.[535]

나아가 스타디지오 제 2 판결에 대하여는 다음과 같이 평가하고 있다. 스타디지오 제 2 사건 판결은, '관리·지배'와 '이익'의 두 가지의 요소를 감안하여 직접침해의 성부를 결정하는 기존의 법원 판례 이론을 적용하여 결론을 도출하고 있다. 그리하여 노래방 업자의 행위와 손님의 행위(또는 공연주최자의 행위와 연주자의 행위)는 시간적·공간적으로 동시·동일한 것이어서, 후자가 전자의 '관리·지배' 아래에 있다고 해석될 여지가 크지만, 스타디지오

533) 寄與侵害·間接侵害 委員會, 전게서, 45-46면.
534) 상게서, 46면.
535) 상게서, 46면.

사건에서의 음악방송 송신자와 수신자의 행위는 시간적·공간적으로 다른 차원에 있기 때문에 송신자가 수신자의 행위를 '관리·지배'하고 있다고 보기에는 상당한 무리가 있다. 스타디지오 제2판결이 지적하고 있는 바와 같이 녹음에 제공되는 기기를 누가 준비하는지도 다르다. 또한 방송사업자가 음악을 녹음하는 수신자와 음악을 청취하기만 하는 수신자를 식별하여, 그 중에서 녹음을 하는 수신자에 대한 송신만을 정지시키는 것은 기술적으로 불가능하다. 따라서 Napster 사건의 연방항소심 판결에서 대위책임의 근거로 설시한 "직접 침해자의 행위를 통제(control)하는 권한과 능력"이 스타디지오 사건의 방송사업자에게 있다고 보기는 곤란하다. 다음으로 '이익'에 관하여 보더라도 스타디지오 사건의 방송사업자에게 수신자의 복제에 의한 이익이 귀속되는지도 문제이다. 노래방 업자의 경우에는 손님으로부터 연주·상영의 대가까지도 요금의 일부로서 수취하고 있지만, 스타디지오 사건의 송신자(방송사업자)에 있어서는 반드시 그렇다고는 말할 수 없기 때문이다.[536]

(5) 동경지방법원 2002. 4. 9. 판결 – '파일로그(File Rogue) 사건'

파일로그 사건은 사용자들의 컴퓨터 사이에서 데이터를 송수신하게 하는 P2P(peer to peer) 서비스에 관한 것이다. 파일로그 서비스는 캐나다에 중앙서버를 두고, 인터넷을 경유하여 중앙서버에 접속된 불특정다수의 사용자 컴퓨터에 장치된 파일 중에서 동시에 접속되어 있는 다른 사용자가 원하는 파일을 선택하여 무료로 다운로드 할 수 있게 해 주는 서비스이다.[537] 파일로그 시스템은 Napster와 유사하게 이용자가 원하는 파일을 검색하면, 파일로그에 접속하고 있는 다른 이용자의 공유폴더로부터 검색에 따른 파일정보(파일명, 이용자 ID, IP 주소 등)가 송신되고, 그 중 이용자가 원하는 파일을 선택하면 자동으로 다른 이용자의 공유폴더로부터 자신의 컴퓨터로 파일을 전송받을 수 있도록 되어 있다. 이때 전송받은 파일은 이용자 컴퓨터의 공유폴더에 저장된다. 도시바, EMI 등 일본의 19개 음반제작업체는 일본음악저작권협회(JASRAC)와 함께 2002. 2. 복제권 및 송신가능화권 등 저작인접권이 침해되었음을 이유로 가처분을 신청하였다.

이에 대하여 동경지방법원은, "파일로그 서비스를 통하여, MP3 방식에 의해 복제 및 송수신 가능한 상태로 된 전자파일의 존재 및 내용을 나타내는 파일 정보 중 파일명 및 폴더명에 원고들이 저작인접권을 가지는 음반의 타이틀명, 실연자명이 표기된 파일정보를 이용자에게 송신해서는 아니 된다"고 판결하였다. 이 판결은 파일로그가 문제된 MP3 파일 자체를 서버에 가지고 있지 않은 사실을 인정하면서도, 파일로그 이용자들이 원고들의 복

536) 상게서, 46-47면.
537) 임동혁, 인터넷 P2P 서비스와 저작권침해에 관한 연구, 전게논문, 46면.

제권 및 송신가능화권(전송권)을 침해하였다고 인정하였다.

이 판결은 이용자가 자동공중송신행위 또는 수신행위를 할 때 파일로그 프로그램의 역할과 파일로그 서버에의 접속이 필수적일 뿐만 아니라, 파일로그가 배너광고에 의한 수입을 얻고 있고 향후 유료화로 전환하려는 계획을 세우고 있다는 점 등을 지적하였다. 따라서 파일로그가 이용자들을 자사의 웹사이트에 접속시켜 MP3 파일의 공중송신 행위를 하게 하는 것은 자신의 영업상의 이익을 증대시키는 행위로서 원고들이 가지는 송신가능화권(전송권)을 침해하는 것이라고 판단하였다.[538)]

다. 기타 판례들

앞에서 살펴본 판례들은 주로 음악저작물의 간접침해에 관한 판례들이다. 그러나 간접침해가 일어날 수 있는 경우는 음악저작물에만 한정되는 것은 아니다. 영상저작물이나 게임저작물 등에서도 간접침해가 나타날 수 있다.

동경지방법원 1984. 9. 28. 판결[539)]에서는, 영화저작물(영상저작물)을 무단복제하는 방법으로 제작된 비디오게임기를 그것이 무단복제물이라는 점을 과실로 알지 못하고 구입하여 자기가 경영하는 점포에 설치 및 상영한 다방 경영자는 그 영화저작물의 상영권(공연권)을 침해한 것이라고 하였다.

또한 오오사카지방법원 1997. 7. 17. 판결[540)]은 TV 게임기의 본체에 접속 가능한 전용 컨트롤러를 제조·판매한 업자의 행위와 관련하여, 게임소프트웨어의 상영에 필수적인 컨트롤러를 제조·판매하는 행위를 해당 게임소프트웨어의 상영행위와 동일시하기 위해서는, 해당 컨트롤러의 제조·판매행위와 그 구입자에 의한 상영행위 사이에 필연적인 인과관계가 있다는 것만으로는 부족하고, 구입자의 상영행위를 제조·판매업자가 관리·지배하고 있어야 하고, 나아가 제조·판매의 목적이 상영행위 그 자체에 의하여 이익을 얻기 위한 것이어야 한다고 하였다. 그러면서 이 사건에서 상영행위는 구입자의 자유의사로서 행하여지는 것으로서 제조·판매업자의 지배·관리가 있다고 볼 수 없으며, 제조·판매의 목적이 상영 그 자체에 의하여 이익을 얻는 것이라는 점도 인정되지 않으므로, 해당 컨트롤러의 제조·판매행위를 게임소프트웨어의 상영행위와 동일시할 수는 없다고 판결하였다.

위 사건의 항소심 판결인 오오사카고등법원 1998. 12. 21. 판결[541)]도, 컨트롤러의 제조·

---

538) 이상 이해완, 인터넷서비스제공자의 책임, 전게서, 197-198면에서 재인용.

539) 일본 동경지방법원 1984. 9. 28. 판결, 無體例集 16권 3호, 676면; 판례시보 1129호, 120면. '팩맨(Pac-Man) 비디오게임 사건.'

540) 일본 오오사카지방법원 1997. 7. 17. 판결, 知的裁集 29권 3호, 703면; 판례타임즈 973호, 203면. 'NEO·GEO 사건.'

판매행위를 게임소프트웨어의 상영행위와 동일시할 수는 없다고 하였다. 이 판결은 최고재판소 1999. 7. 8. 상고기각 결정으로 확정되었다.

한편, 앞에서 나온 동경지방법원 1998. 11. 20. 판결[542]은 무용저작물의 공연 주체와 관련하여, "실제로 무용을 공연한 댄서에 한하지 않고, 그 공연을 관리하고 그에 따른 영업상의 이익을 향수하는 자도 공연의 주체로 되며, 저작권 또는 저작인격권 침해의 주체가 될 수 있다"고 판시하면서, 러시아 발레단을 일본으로 초빙하여 일본 공연을 주최한 흥행사를 저작권 및 저작인격권 침해의 주체로 인정하였다.

5. 우리나라 판례

가. 전자게시판 서비스제공자의 책임에 관한 판례

(1) 서울지방법원 1999. 12. 3. 선고 98가합111554 판결 – '칵테일 사건'

원고는 멀티미디어 저작도구인 칵테일98이라는 프로그램의 저작권자이다. 소외 A는 원고의 동의를 받지 않고 피고 학교법인 ㅇㅇ대학교 홈페이지의 자료실에 위 프로그램을 zip 파일로 압축시켜 업로드하였다. 원고는 피고의 홈페이지에 자신의 프로그램이 등록되어 있는 것을 알고 피고에게 항의하였고, 이에 피고는 곧바로 게시판을 폐쇄하였다. 그러나 그 전에 이미 해당 프로그램은 약 400회의 조회건수를 기록하고 있었다. 피고의 홈페이지 게시판은 그 대학 학생은 물론이고 일반인들에게도 모두 개방되어 있었기 때문에 누구라도 자유롭게 그 게시판을 열람하고 업로드 되어 있는 자료들을 다운로드 받을 수 있었다. 특히 자료의 업로드 방식은 게시판 운영자의 사전 검토나 선별과정 없이 미리 마련된 자동화된 기술적 과정을 통하여 이루어지는 것이었다.

이 사건에서 서울지방법원은, "전송이 가능하도록 장소나 시설을 제공한 것에 불과한 자는 이를 통하여 발생하는 불법행위에 관하여 자신이 직접적인 고의를 가지고 있지 아니한 이상, 원칙적으로는 장소나 시설의 제공사실만을 가지고 곧바로 침해에 대한 직접적인 책임을 부담하는 것으로 볼 근거가 없으며, 다만 예외적으로 이들이 이용자의 침해행위를 적극적으로 야기하였다거나 우연한 기회에 권리자로부터의 고지를 통하여 이용자의 침해물 또는 침해행위의 존재를 인식하고도 이를 방치한 경우 또는 이들이 침해행위를 통제할 권리와 능력이 있고 그 침해행위로부터 직접적인 재산상 이익을 얻는 경우 등과 같이 이용자의 직접적인 침해행위와 동일하게 평가할 수 있을 만한 특별한 사정이 있는 경우에는

541) 일본 오오사카고등법원 1998. 12. 21. 판결, 知的裁集 30권 4호, 981면, NEO·GEO 사건 항소심 판결.
542) 일본 동경지방법원 1998. 11. 20. 판결, 知財集 30권 4호, 841면, ベジャール振付 사건 판결.

그 책임을 인정하여야 할 경우가 있을 수 있으며, 그러한 경우에 해당하는지 여부는 결국 제공되는 서비스의 구조나 형태, 범위, 침해행위의 정도 및 태양 등 제반 사정들을 종합하여 구체적으로 판단할 수밖에 없다."고 하였다.

그러면서 이 사건의 경우에는, "피고의 자료실 게시판은 이용자의 범위에 관하여 아무런 제한 없이 개방되어 있었던 관계로 피고가 불특정 이용자에 의한 불법행위를 사전에 일일이 통제할 수 있었을 것으로 기대하기 어려운 점, 위 자료실 게시판에의 자료 등록과정이 관리자에 의한 선별과정을 거침이 없이 자동화된 기술적 과정을 통하여 수행되는 체제로 운영됨에 따라, 피고가 이 사건 게시물의 등록이 이루어질 당시 게시물의 내용을 미리 검토할 수 없어 사전에 저작권침해 사실의 존재를 인식할 수 없었던 점, 교육기관으로서의 피고의 지위 및 자료실 게시판의 이용과 관련하여 이용자들에게 이용료를 부과하지 않는 무료 운영방식 등에 비추어 자료실 게시판의 설치목적이 영리성의 추구에 있다고 보기 어려운 점, 피고가 권리자인 원고의 항의를 받은 후 이 사건 게시물의 등록이 이루어진 자료실 게시판 자체를 폐쇄한 점 등 제반 사정을 종합하여 보면, 피고가 자료실 게시판을 설치·운영함에 있어서 불법복제물의 등록여부를 수시로 확인하고 통제하여야 할 구체적인 주의의무가 발생하였다거나 나아가 침해행위의 직접적인 행위자가 아닌 제 3 자로서 이 사건 게시물의 등록 및 존속에 관하여 피고에게 그 책임을 부담시켜야 할 특별한 사정이 존재한다고 보기도 어렵다"고 하여 원고의 청구를 기각하였다.

(2) 서울지방법원 2001. 8. 24. 선고 2000가합83171 판결 – '인터넷 제국 사건'

원고는 영상 및 음반제작판매업자이고, 피고는 음악과 관련된 파일의 무상 공유를 목적으로 하는 웹사이트를 개설하여 운영하는 회사이다. 피고의 웹사이트 자료게시판에서 이용자들은 원고가 제작한 뮤직비디오를 동영상 파일의 형태로 변환하여 업로드하고 이를 다운로드 받아 왔다. 피고는 이들 파일을 장르별로 구분한 뒤 항목을 나누어 웹사이트 안에 서브디렉토리를 만들어 둠으로써 이용자들이 보다 쉽게 동영상 파일들을 업로드하거나 다운로드 받을 수 있도록 하였다.

법원은, 원고가 저작권을 가지는 뮤직비디오들의 동영상 파일을 이용자들이 피고의 웹사이트에 업로드하여, 다른 이용자들로 하여금 다운로드 받을 수 있도록 이용에 제공한 행위는 원고의 복제권 및 전송권을 침해하는 행위라고 하였다. 나아가 피고의 경우, 처음부터 이용자들 사이에 음악관련 파일을 무상으로 공유하게 할 목적으로 웹사이트를 개설하여 운영하였던 점, 약 8개월의 장기간 동안 이용자들이 동영상 파일들에 대한 업로드 및 다운로드 행위를 하고 있었음에도 그 파일들이 저작권법에 위반되는지 여부에 대하여 검토하거나 필요한 조치를 취하지 아니한 점, 오히려 이용자들이 보다 편리하게 동영상 파일들을 업로드하거나 다운로드할 수 있도록 각 음악장르별로 서브디렉토리를 만들어 주기까지 한 점 등을 들어, 비록 피고가 직접 위 동영상 파일들을 복제·전송한 것은 아니라 하더라도 웹사이트를 운영·관리함에 있어서 위와 같은 이용자들의 저작권 침해행위를 알거나 알 수 있었고, 그 동영상 파일들을 삭제하는 등의 필요한 조치를 취할 수 있었음에도 불구하고 상당한 기간 동안 그러한 조치를 취하지 않았으며, 오히려 그러한 침해행위를 용이하게 하기까지 한 이상 이용자들의 저작권침해 행위에 대하여 온라인서비스제공자로서의 책임을 져야 한다고 하였다.[543]

(3) 이상 판례에 대한 평가

이들 판결은 대체적으로 미국의 기여책임과 대위책임에 관한 판례들 및 입법동향에 주목하여 그 내용을 참고한 흔적이 역력하다고 평가되고 있다.[544]

이들 판결에 대한 비판적인 견해에서는, 위 판결들은 한국보다 시기적으로 앞서서 사설전자게시판(BBS) 서비스제공자의 책임이 문제로 되었던 미국의 선례들과 거기에 설시된 기여책임 및 대위책임의 법리를 참고하는데 그치지 않고 무비판적으로 한국 성문법의 해석에 도입하고 있는 점이 문제라고 한다. 먼저, 칵테일 사건 판시 중, "이들이 침해행위를 통제할 권리와 능력이 있고 그 침해행위로부터 직접적인 재산상 이익을 얻는 경우"라고 한 부분은 미국 판례법상 대위책임 법리에 관한 것인데, 이러한 기준을 그대로 도입하는 것은 우리 성문법의 해석과 충돌할 위험이 있다는 것이다. 왜냐하면 우리 민법상으로 대위책임의 법리와 가장 유사한 것은 사용자책임이라고 할 것인데, 사용자책임은 비록 입증책임과 관련하여 실무상으로는 무과실책임에 가깝게 운용되고 있기는 하지만 대위책임과는 달리 원칙적으로는 엄연히 고의, 과실을 요구하고 있다. 그런데 위 판례의 해석대로라면 위와 같이 통제할 권리와 능력을 구비하고 직접적인 재산상 이익을 얻은 경우는 고의, 과실 요건과 관계없이 바로 책임을 긍정할 위험이 있다는 것이다.[545]

또한 비판론에서는, 인터넷제국 판결은 이용자들의 행위가 직접침해 행위가 되느냐를 먼저 전제한 이후에 서비스제공자인 피고의 책임을 판단하고 있는데, 이러한 판단순서는 기여책임이나 대위책임에 관하여 미국의 판례가 취한 논리전개 방식을 그대로 따른 것으로서, 미국 판례상으로는 직접침해자의 직접침해 행위가 전제되어야 그에 따른 2차적 책

543) 이상 판례의 정리는, 박준석, 전게서, 54-55면. 참조.

544) 이해완, 인터넷서비스제공자의 책임, 전게서, 194면은 칵테일 사건 판결에 대하여 그와 같이 평가하고 있다.

545) 박준석, 인터넷서비스제공자의 책임에 관한 국내 판례의 동향, 전게서, 55면.

임 혹은 부수적 책임으로서 기여책임 내지 대위책임의 성립여부를 검토할 수 있는 것이지만, 그러한 논리전개 수순이 과연 우리 법문에도 부합하는지 여부는 의문이라고 한다.[546] 또한 이 판례만 보아서는 과연 피고에 대하여 직접 저작권침해의 책임을 인정한 것인지, 아니면 이용자들의 저작권 침해행위에 대한 민법상 불법행위 책임을 인정한 것인지, 나아가 민법상의 책임이라면 민법 제760조 제 1 항의 공동불법행위 책임인지, 아니면 민법 제760조 제 3 항의 방조에 의한 불법행위 책임을 인정한 것인지도 불분명하다는 점을 지적하고 있다.[547]

나. P2P 서비스제공자의 책임에 관한 판례 – '소리바다' 판결들

(1) 소리바다 시스템의 개요

소리바다도 미국의 Napster와 마찬가지로 P2P 네트워크 상에서 MP3 파일을 공유하는 시스템이다. 소리바다 웹사이트에서 소리바다 프로그램을 다운받은 후 설치하면, 사용자 컴퓨터에 '소리바다'와 '파도'라는 아이콘이 생성된다. 사용자가 자신의 컴퓨터에 설치된 소리바다를 실행하고 회원가입을 하면, 공유할 MP3 파일이 있는 폴더를 지정한 후 파일 목록을 작성하게 된다. 음악을 검색할 때에는 소리바다의 노래검색 메뉴를 선택해서 원하는 MP3 파일이 있는 다른 회원의 폴더를 찾을 수 있다. 소리바다도 Napster와 같은 P2P 서비스이기 때문에 현재 시점에서 동시접속하고 있는 회원의 MP3 파일만 이용할 수 있다는 점은 마찬가지이다. 그러나 소리바다는 Napster와 비교해서 다음과 같은 차이점이 있다. 소리바다 서버는 누가 어떤 음악 파일을 교환하는지 알 수 없고, 단지 어느 회원이 접속되어 있는지만 알 수 있다. Napster 시스템에서는 중앙서버가 회원의 파일 목록을 데이터베이스에 저장하고 있는데 반하여, 소리바다는 회원의 파일 목록을 저장하고 있지 않다. 소리바다 서버는 일일이 다른 회원들에게 파일 보유여부를 물어 해당 회원의 위치를 알려주기만 할 뿐, 누가 어떤 음악 파일을 가지고 있는지에 대한 정보는 가지고 있지 않다.[548] 즉, 소리바다 시스템은 중앙 서버가 존재하기는 하되 IP 주소 등과 같은 컴퓨터 직접 연결에 필요한 정보만 관리함으로써, Napster와 같은 기존의 P2P 방식에서의 문제점인 비대한 중앙 서버 운영에 따른 재정적 부담 또는 Gnutella 방식에서 나타나는 기술적인 병목현상을 동시에 해결한 시스템으로 평가받고 있다. 이러한 시스템의 특성상 소리바다의 중앙 서버에서는 이용자들의 IP 주소와 같은 연결정보만 보관하고 있고, 공유의 대상이 되는 MP3

546) 상게서, 56면.
547) 상게서, 56면.
548) 임동혁, 인터넷 P2P 서비스와 저작권침해에 관한 연구, 전게논문, 40면.

파일 자체나 MP3 파일의 목록 및 파일정보는 보관하고 있지 않다.

(2) 서울고등법원 2005. 1. 12. 선고 2003나21140 판결 – 가처분이의 항소심 판결

소리바다 사건에 대하여는 민사 가처분이의 항소심 판결과 형사 항소심 판결 등 두 건의 항소심 판결이 먼저 나왔다. 그 중 민사 가처분이의 항소심 판결인 서울고등법원 2003나21140 판결에서 '간접침해'와 관련된 부분의 내용은 다음과 같다.

(가) 협의의 공동불법행위 책임의 성립여부

우선 이 판결에서는 협의의 공동불법행위 책임의 성립은 이를 부정하였다. 민법 제760조 제1항의 공동불법행위가 성립하려면 행위자 사이에 의사의 공통이나 행위공동의 인식까지 필요한 것은 아니지만, 객관적으로 보아 피해자에 대한 권리침해가 공동으로 행하여지고 그 행위가 손해발생에 대하여 공통의 원인이 되었다고 인정되는 경우라야 하고, 또한 그 각 행위는 독립적으로 불법행위에 해당하여야 한다고 전제하였다.[549] 그러면서 피고들은 소리바다 서버를 운영하면서 아이디 등 접속에 필요한 정보만을 보관, 관리하고 있기 때문에, 개별 이용자들의 구체적인 불법 MP3 파일 공유 및 다운로드 행위를 확정적으로 인식하기는 어려웠던 점, 음악의 검색 및 검색결과의 전송 그리고 다운로드 과정에는 소리바다 서버가 전혀 관여하지 않고 있는 점 등 피고들이 서버를 운영하면서 이용자들에 의한 복제권 침해행위에 관여한 정도에 비추어 볼 때, 비록 소리바다 서버에의 접속이 필수적이기는 하나, 그것만으로 피고들이 독립적으로 이 사건 원고인 음반제작자들의 복제권을 침해하였다거나 협의의 공동불법행위가 성립할 정도로 직접적이고 밀접하게 그 침해행위에 관여하였다고 평가하기는 어렵다고 하였다.

(나) 방조에 의한 공동불법행위 성립여부

그러나 이 판결은 방조에 의한 공동불법행위의 성립은 긍정하였다. 이 판결에서는 민법 제760조 제3항의 '방조'라 함은 불법행위를 용이하게 하는 직접·간접의 모든 행위를 가리키는 것으로서, 형법과 달리 손해의 전보를 목적으로 하여 과실을 원칙적으로 고의와 동일시하는 민법의 해석으로서는 과실에 의한 방조도 가능하다고 할 것이며, 이 경우의 과실의 내용은 불법행위에 도움을 주지 않아야 할 주의의무가 있음을 전제로 하여 그 의무에 위반하는 것을 말한다고 전제하였다.[550] 그러면서 일반적으로 P2P 방식에 의한 파일공유 시스템에서는 이용자들에 의한 디지털 형태의 저작복제물 무단 유통이 발생할 개연성

549) 이 판시부분과 관련하여 대법원 1989. 5. 23. 선고 87다카2723 판결 및 대법원 1996. 5. 14. 선고 95다45767 판결 등을 근거로 들고 있다.

550) 이 판시부분과 관련하여서는 대법원 2003. 1. 10. 선고 2002다35850 판결을 근거로 제시하고 있다.

이 있다고 할 것이나, 그렇다 하더라도 모든 형태의 P2P 시스템 운영자들이 획일적으로 이용자들의 저작인접권 등 침해행위에 대하여 방조책임을 부담한다고 단정할 수는 없고, 운영자가 서버를 운영하면서 그 서버를 통하여 이용자들의 파일공유 및 교환행위에 관여하고 있는 정도, 운영자의 개입이 없이도 이용자들이 자체적으로 파일공유 등 행위를 할 수 있는지 여부, 저작인접권 등 침해행위를 하는 이용자가 있는 경우 운영자가 이를 발견하고 그에 대하여 서비스 이용을 제한할 수 있는지 여부, P2P 시스템이 파일공유 기능 자체 외에 이용자들의 저작인접권 등 침해행위를 용이하게 할 수 있는 다른 기능을 제공하고 있는지 여부, 운영자가 이용자들의 저작인접권 침해행위로부터 이익을 얻을 목적이 있거나 향후 이익을 얻을 가능성의 정도 등 구체적 사정을 살펴보아, 운영자가 이용자들의 파일공유 등으로 인한 저작인접권 등 침해행위를 미필적으로나마 인식하고서도 이를 용이하게 할 수 있도록 도와주거나, 그러한 침해행위에 도움을 주지 않아야 할 주의의무가 있음에도 이를 위반하는 경우라고 평가되는 경우에만 방조책임을 인정할 수 있다고 하였다.

그러면서 피고들은 아이디, 비밀번호, IP주소 등이 담긴 이용자 목록을 작성, 관리하고 있었고 매일 1, 2회 가량 다른 일반 사용자와 같은 방법으로 접속하여 서비스 운영상태를 점검하였으므로 이용자들의 저작인접권 침해를 미필적으로나마 알았거나 알 수 있었던 점, 이용자들은 소리바다 서버에 접속하여야만 파일공유를 할 수 있으므로 아이디를 판별하여 접속을 거부함으로써 침해행위를 하는 이용자들의 파일공유를 제한할 수도 있었던 점, 소리바다 서비스에는 이용자가 검색된 MP3 파일 중 가장 다운로드 속도가 빠르면서도 음질이 양호한 것을 선택하여 다운로드 받을 수 있도록 지원하는 정렬 기능과, 다운로드 중에 실시간으로 해당 파일을 들어 볼 수 있는 기능 및 이용자들 상호간 MP3 파일을 공유할 수 있는 채팅 기능 등 이용자들의 MP3 파일 다운로드를 촉진시키는 다양한 기능이 있는 점, 피고들은 소리바다 서비스 개시 당시 향후 수익성에 대하여 높은 평가를 받아 서버를 무료로 제공받기도 하고 소리바다 서비스 운영을 통하여 얻은 인지도를 이용하여 수익을 얻을 계획이었던 점, MP3 파일 공유 서비스를 통하여 공유되는 파일은 대부분 저작인접권 침해가 문제되는 것임을 경험칙 상 충분히 예상할 수 있었던 점 등을 종합하면, 피고들은 이용자들에 의한 저작인접권 침해행위가 발생하리라는 사정을 미필적으로 인식하였거나 충분히 예견할 수 있었다고 볼 것임에도, 침해행위를 방지할 만한 아무런 조치를 취하지 아니한 채 MP3 파일 공유 서비스를 제공함으로써 이용자들의 저작인접권 침해행위를 용이하게 하였으므로 이용자들의 저작인접권 침해행위에 대한 방조책임을 부담한다고 하였다.

이와 같은 소리바다 가처분이의 항소심 판결은 대법원 2007. 1. 25. 선고 2005다11626 판결에 의하여 그대로 확정되었다. 대법원은, “저작권법이 보호하는 복제권의 침해를 방조하는 행위란 타인의 복제권 침해를 용이하게 해주는 직접·간접의 모든 행위를 가리키는 것으로서, 복제권 침해행위를 미필적으로만 인식하는 방조도 가능함은 물론 과실에 의한 방조도 가능하다고 할 것인바, 과실에 의한 방조의 경우에 있어서 과실의 내용은 복제권 침해행위에 도움을 주지 않아야 할 주의의무가 있음을 전제로 하여 이 의무에 위반하는 것을 말하는 것이고(대법원 2000. 4. 11. 선고 99다41749 판결; 2003. 1. 10. 선고 2002다35850 판결 등 참조), 위와 같은 침해의 방조행위에 있어서 방조자는 실제 복제권 침해행위가 실행되는 일시나 장소, 복제의 객체 등을 구체적으로 인식할 필요가 없으며 실제 복제행위를 실행하는 자가 누구인지 확정적으로 인식할 필요도 없다"고 판시하였다.

(3) 서울중앙지방법원 2005. 1. 12. 선고 2003노4296 판결 – 형사 항소심 판결

'소리바다'에 관한 형사 항소심 사건에서 검사는, '소리바다' 시스템의 개발·배포자인 피고인들이 정범인 소리바다 시스템 이용자들의 복제권침해 행위에 대하여 방조책임이 있다고 하면서 그 근거로서 다음과 같은 두 가지를 제시하였다. 첫째는, 피고인들은 '처음부터' 복제권 침해행위에 제공하기 위하여 소리바다 시스템을 개발·배포하였으므로 소리바다 시스템은 이른바 '불법도구'에 해당한다는 점이다. 둘째는, 피고인들이 소리바다 시스템을 통하여 저작권 침해행위가 이루어진다는 점을 인식하면서도 경고문 고지 외에는 별다른 조치 없이 소리바다 서비스를 제공한 것은 정범의 고의와 방조의 고의를 모두 갖춘 '부작위에 의한 방조'에 해당한다는 것이다.

우선 첫째 근거인 '불법도구' 해당여부에 대하여 법원은, 어떤 사람이 일반인들에게 물건 또는 장비를 제조·판매하였는데, 그 물건의 '핵심적인 용도'가 타인의 저작권을 침해하는 것에 맞추어져 있거나 또는 그 물건의 '유일한 용도'가 그와 같은 목적 아래 제조된 경우에는, 그 물건 또는 장비가 타인에 의한 1차적 침해행위(직접침해 행위)의 중요한 도구 또는 유일한 도구로 사용될 수 있다는 상당한 개연성이 있는 한, 제조자의 저작권 침해행위에 대한 인식여부와는 상관없이 위와 같은 도구의 판매행위 자체로서 다른 사람의 침해행위를 도와 준 것이 되어 방조범으로서의 형사책임을 부담한다고 할 것이나, 물건 또는 장비가 실질적으로 비침해적·합법적인 용도로 사용되고 있거나, 장차 그와 같이 사용될 개연성이 높은 경우에는 그 물건 등의 일부 용도가 현재 침해적으로 사용되고 있다는 사정만으로 곧바로 그것을 가리켜 1차적 침해행위를 위한 불법도구라고 단정할 수는 없다고 전제하였다. 그러면서 소리바다 시스템을 통하여 인터넷상에서 유통되는 MP3 파일 중 70% 정도가 불법적인 것이어서, 소리바다의 P2P 서비스가 인터넷 사용자들 사이에서 상당한 정도로 MP3 파일의 불법복제에 이용되고 있는 것이 현실이기는 하지만, 한편 소리바

다 시스템을 통하여 실제 나머지 30%는 합법적인 MP3 파일이 유통되고 있는 점, 인터넷상에서 P2P 방식에 따른 서비스가 현재 및 장래에 비침해적인 용도로 사용될 개연성이 상당히 높다는 점 등을 종합하여 볼 때, 피고인들이 처음부터 복제권 침해행위를 방조할 목적으로 소리바다 프로그램을 개발하였다거나, 또는 P2P 방식의 소리바다 서비스 자체를 저작권침해의 용도로만 사용될 목적으로 제작된 불법도구라고 단정할 수는 없고, 나아가 현재 소리바다 서비스의 이용실태만을 근거로 불법 MP3 파일의 유통이 소리바다 서비스의 핵심적인 용도 또는 유일한 용도라고 보기도 어렵다고 하여 검사가 주장한 첫째 근거를 받아들이지 아니하였다.

두 번째 근거인 '부작위에 의한 방조범'의 성립여부에 관하여서는, 우선 형법상 부작위범이 인정되기 위해서는 형법이 금지하고 있는 법익침해의 결과발생을 방지할 법적인 작위의무를 지고 있는 자가 그 의무를 이행함으로써 결과발생을 쉽게 방지할 수 있었음에도 불구하고, 결과의 발생을 용인하고 이를 방관한 채 그 의무를 이행하지 아니한 경우에, 그 부작위가 작위에 의한 법익침해와 동등한 형법적 가치가 있는 것이어서 그 범죄의 실행행위로 평가될 만한 것이라면, 작위에 의한 실행행위와 동일하게 부작위범으로 처벌할 수 있으며,[551] 이때 말하는 작위의무는 '법적인 의무'이어야 하므로 단순한 도덕상 또는 종교상의 의무는 포함되지 않으나 작위의무가 법적인 의무인 한 법령, 법률행위, 선행행위, 기타 신의성실의 원칙이나 사회상규 또는 조리상의 작위의무가 기대되는 경우라야 비로소 법적인 작위의무가 있다고 전제하였다. 그러면서 이 사건에서 법령이나 법률행위, 선행행위 등에 의한 작위의무는 도출될 수 없고, 다만 조리상의 작위의무의 발생여부가 문제로 되는데, 통상 온라인서비스제공자로서는 저작권자 등으로부터 저작권을 침해하였다는 음악파일 등의 목록을 구체적으로 통지받기 전까지는 통신망에서 유통되는 음악파일 등이 실제로 타인의 저작권을 침해하였는지 여부를 알 수 없다는 점에 비추어 볼 때, 원칙적으로 온라인서비스제공자는 자신이 운영하고 있는 시스템에서 벌어지고 있는 구체적인 저작권 침해행위를 일일이 점검(search)해서 통제해야 할 작위의무까지 있는 것은 아니고, 적어도 저작권자로부터 구체적인 침해행위의 내용이 특정된 통지를 받아 실제로 이를 알게 되었을 경우에만 비로소 저작권 침해행위를 방지할 조리상의 작위의무가 발생한다고 하였다.[552]

---

551) 이 부분 판시와 관련하여서는, 대법원 2003. 12. 12. 선고 2003도5207 판결; 대법원 1997. 3. 14. 선고 96도1639 판결; 대법원 1996. 9. 6. 선고 95도2551 판결 등을 근거로 제시하고 있다.

552) 이 판시부분에 대한 근거로서는 대법원 2003. 6. 27. 선고 2002다72194 판결 및 대법원 2001. 9. 7. 선고 2001다36801 판결 등을 제시하고 있다. 이들 판결은, 인터넷상 홈페이지 운영자인 온라인서비스제공자 또는 전자게시판을 설치, 운영하는 전기통신사업자 등이 자신이 관리하는 전자게시판에 타인의 명예를 훼손하는 내용이 게재된 것을 방치하였을 때 명예훼손으로 인한 손해배상 책임을 지게 하기 위해서는, 온라인서비스제공자 등이 명예훼손적인 글이 인터넷 게시판 등에 게재됨으로써 피해를

따라서 만약 피해자들이 저작권 침해행위를 구체적으로 특정하지 않고 단순히 소리바다 서비스를 통하여 저작권 침해행위가 벌어지고 있으니 서비스를 중단하거나 폐쇄하라는 내용의 통지서만 보냈다면, 이로써 당연히 피고인들에게 방조책임이 성립된다고는 할 수 없다고 하였다. 이와 같은 전제 아래에서, 이 사건의 경우 피고인들에게 복제권 침해행위에 대한 추상적인 인식이 있었던 것으로는 인정이 되나, 피해자들로부터의 구체적인 침해행위에 대한 통지가 없었고, 더욱이 비침해적인 MP3 파일도 소리바다 시스템을 통하여 공유되고 있고, 저작권자 등으로부터 침해목록을 통고받기 전까지는 전체 MP3 파일 중 어느 파일이 저작권자 등의 저작권을 침해하였는지 여부를 알 수 없는 상황에서 피고인들로서는 실제로 침해행위의 내용을 구체적으로 알 수 없었다 할 것이고, 따라서 피고인들에게는 피해자들이 저작인접권을 가지고 있는 저작물에 대한 복제권 침해행위를 방지해야 할 법적인 작위의무가 발생하지 않는다고 하여 부작위에 의한 방조범의 성립도 부정하였다.

결국 이 사건 형사 항소심 판결은 검사가 제시한 두 가지 근거를 모두 부정함으로써 소리바다 시스템을 개발·배포한 피고인들에 대하여 각 무죄를 선고하였다.

(4) 대법원 2007. 12. 14. 선고 2005도872 판결 – 형사 상고심 판결

이상에서 보는 바와 같이 소리바다 사건에 관한 민사 가처분이의 항소심 판결에서는 방조에 의한 공동불법행위 책임이 긍정되었음에 반하여, 형사 항소심 판결에서는 그 책임이 부정되었다. 이처럼 같은 사안을 두고 두 판결이 서로 다른 결론에 이르고 있는 것에 관하여, 민사적으로는 과실에 의한 방조에 대하여도 책임을 인정할 수 있지만, 형사적으로는 고의범만 처벌할 수 있으므로 형사사건 항소심에서는 무죄를 선고할 수밖에 없었던 것이라고 풀이해 볼 수도 있다. 그러나 가처분이의 사건의 항소심은 소리바다 운영자가 고의 혹은 과실에 의한 방조 책임이 있다고 판시하고 있어서 과연 그 방조행위가 고의에 의한 것인지 과실에 의한 것인지 특정하지 않고 있으므로 그러한 풀이는 타당하지 않다는 견해가 있다.[553] 이 견해는 두 판결이 서로 다른 결론에 이르게 된 것은 결국 미국 연방대법원의 Sony 판결[554]에서 다수의견과 소수의견이 치열하게 다투었던 문제, 즉 "장차 VTR 이용자들에 의한 저작권 침해행위가 발생하리라는 사정을 VTR 제조공급자인 피고 Sony가 알았거나 알 수 있었음에도 VTR을 공급한 경우, 그 공급행위만으로 나중에 실제로 발생한 이용자들의 침해행위에 대하여 책임을 부담하게 되는가?"라는 문제에 대한 인식이 서로

입었다고 주장하는 피해자로부터 위 글에 대한 삭제 또는 시정조치 요구를 받아 이를 삭제할 의무가 발생하였음에도 불구하고 장기간 이를 방치한 경우라야 한다는 취지이다.

553) 박준석, 인터넷서비스제공자의 책임에 관한 국내 판례의 동향, 전게서, 74면.

554) Sony Corp. of America v. Universal City Studios, Inc., 104 S.Ct 774, 464 U.S. 417(1984).

달랐기 때문이라고 한다.[555)]

그 후 대법원은 이러한 논의에 종지부를 찍고 2007. 12. 14. 선고 2005도872 판결로, 소리바다 형사사건에서도 유죄의 취지로 원심판결을 파기하였다. 대법원은 먼저 방조범의 성립과 관련하여, "저작권법이 보호하는 복제권의 침해를 방조하는 행위란 정범의 복제권 침해를 용이하게 해주는 직접·간접의 모든 행위로서, 정범의 복제권 침해행위 중에 이를 방조하는 경우는 물론, 복제권 침해행위에 착수하기 전에 장래의 복제권 침해행위를 예상하고 용이하게 해주는 경우도 포함하며, 정범에 의하여 실행되는 복제권 침해행위에 대한 미필적 고의가 있는 것으로 충분하고 정범의 복제권 침해행위가 실행되는 일시, 장소, 객체 등을 구체적으로 인식할 필요가 없으며, 나아가 정범이 누구인지 확정적으로 인식할 필요도 없다"고 하였다.

그리고 소리바다 프로그램의 형사책임과 관련하여, "P2P 프로그램을 이용하여 음악파일을 공유하는 행위가 대부분 정당한 허락 없는 음악파일의 복제임을 예견하면서도 MP3 파일 공유를 위한 P2P 프로그램인 소리바다 프로그램을 개발하여 이를 무료로 널리 제공하였으며, 그 서버를 설치·운영하면서 프로그램 이용자들의 접속정보를 서버에 보관하여 다른 이용자에게 제공함으로써 이용자들이 용이하게 음악 MP3 파일을 다운로드 받아 자신의 컴퓨터 공유폴더에 담아 둘 수 있게 하고, 소리바다 서비스가 저작권법에 위배된다는 경고와 서비스 중단 요청을 받고도 이를 계속한 경우, MP3 파일을 다운로드 받은 이용자의 행위는 저작권법 제 2 조 제22호의 복제에 해당하고, 소리바다 서비스 운영자의 행위는 복제권 침해행위의 방조에 해당한다"고 하였다.

대법원은 이 판결을 내리기 위해 상고심으로서는 이례적으로 소부에서 변론을 열어 심리하는 등 매우 신중하게 사건을 진행하였고, 결국 소리바다 운영자인 피고인들에게 무죄를 선고한 항소심 판결을 파기하고 사건을 서울고등법원으로 환송하였다. 대법원은 피고인들이 P2P 프로그램을 통한 음반파일의 공유가 대부분 허락 없는 복제라는 결과에 이르게 됨을 예견하면서도 음악파일 공유 프로그램을 개발하여 널리 제공하였을 뿐만 아니라, 권리자가 저작권법에 위반되는 것임을 수차례 경고하고 권리 보호를 위한 조치를 요청한 바 있음에도 불구하고 프로그램 배포와 서버 운영을 계속하여 이용자들이 불법 복제를 할 수 있도록 해 온 점을 중요하게 보았다. 그리하여 피고인들은 적어도 미필적 고의를 가진 상태에서 프로그램을 배포하고 서버를 운영하여 정범의 복제권 침해행위를 용이하게 해준 것이므로, 방조의 점에 대해 무죄로 판단한 원심판결은 법리를 오해한 위법이 있다고 하여 파기 환송하였다.

---

555) 박준석, 전게서, 75면.

이 판례는 그동안 소리바다의 민사책임을 인정한 판례들이 줄을 잇는 가운데에서도 명백히 형사적 책임을 인정한 판례가 없었던 상황에서 형사적 책임을 인정하였다는 점에서 주목할 만하다.

형사 책임에서의 '방조'를 민사 책임에서의 '방조'와 동일하게 해석할 수는 없다. 우리 판례는, 민법 제760조 제3항의 방조를 불법행위를 용이하게 하는 직접·간접의 모든 행위를 가리키는 것으로 해석하면서, 형법과 달리 손해의 전보를 목적으로 한다는 점에서 원칙적으로 고의와 과실을 같이 평가하고 있다.556) 다만, 이러한 판례의 입장에 대하여는 민법상 공동불법행위가 지나치게 넓게 인정된다는 견해도 있다.557) 죄형법정주의의 원칙상 부작위범의 조리상 작위의무를 지나치게 확대해석해서는 안 된다. 그런 점에서 소리바다 운영자의 형사책임을 부정한 원심의 판단에도 긍정적인 평가를 내릴 만한 부분이 존재한다는 견해도 있다.558) 그러나 소리바다 운영자의 고의 및 책임여부에 대한 판단은 소리바다 시스템의 탄생배경이나 실제 운영 상황, 경고장 수령과 협의 진행 과정, 그리고 법적 분쟁으로 이어진 일련의 사태를 감안하여 전체적으로 살펴보면서, 미필적 고의가 성립될 것인지 여부를 판단하여야 할 것인데, 그런 점에서 본건 대법원의 판결의 의미를 찾을 수 있다.

다. 온라인서비스제공자의 방조에 의한 공동불법행위 책임을 부정한 사례: 서울중앙지방법원 2009. 7. 17. 선고 2009가합9022 판결

원고는 (사)한국음악저작권협회이고, 피고는 인터넷 포털서비스를 운영하는 업체로서 온라인서비스제공업자이다. 피고는 자신의 사이트를 통하여 싸이월드의 미니홈피, 싸이월드 광장, 싸이월드 클럽 등의 서비스를 제공하고 있다. 이들 각 서비스의 이용자들이 올린 파일은 피고의 중앙서버에 저장된 다음, 이용자들(방문자들)이 접속하면 중앙서버에서 불러들여 실행되거나 이용자의 요청에 따라 내려 받을 수 있으며, 각 사이트의 초기화면에서는 각 사이트에 게재된 정보에 대하여 분야별로 분류가 된 정보의 검색이 가능하도록 하는 종합검색기능을 제공하고 있어, 이용자가 원하는 곡명이나 가수명을 검색한 뒤 그 결과를 클릭함으로써 위 각 서비스 중 관련 파일이 게재된 화면으로 이동할 수 있다.

원고는, 피고가 위와 같은 서비스를 제공하여 이용자들로 하여금 원고가 신탁관리하는 음악저작물인 음악파일을 불법적으로 업로드 내지 다운로드할 수 있도록 하였고, 검색서비스를 제공하여 이를 더욱 용이하게 함으로써, 원고의 복제권 및 공중송신권의 침해를 방조

556) 대법원 2003. 1. 10. 선고 2002다35850 판결 등 참조.
557) 민법주해, 채권 12, 박영사, 178면 이하 참조.
558) 이규홍, 소리바다 사건의 항소심 판결들에 대한 소고, 정보법학회, 2005. 4. 12. 사례발표 참조.

한 책임이 있다고 주장하였다.

이에 대하여 이 사건 판결은 우선, 저작권법이 보호하는 복제권의 침해를 방조하는 행위란 타인의 복제권 침해를 용이하게 해주는 직접, 간접의 모든 행위를 가리키는 것으로서, 복제권 침해행위를 미필적으로만 인식하는 방조도 가능하고 과실에 의한 방조도 가능하다고 할 것인바, 과실에 의한 방조에 있어서 그 과실의 내용은 복제권 침해행위에 도움을 주지 않아야 할 주의의무가 있음을 전제로 하여 그 의무에 위반하는 것을 말하는 것이고, 그와 같은 침해의 방조행위에 있어서 방조자는 실제 복제권 침해행위가 실행되는 일시나 장소, 복제의 객체 등을 구체적으로 인식할 필요가 없으며, 실제 복제행위를 실행하는 자가 누구인지 확정적으로 인식할 필요도 없다고 하여 위에서 본 대법원 2007. 1. 25. 선고 2005다11626 판결의 법리를 다시 한 번 확인하고 있다.

그러나 이 사건 판결은, 파일공유기능을 제공하는 모든 형태의 시스템 운영자들이 획일적으로 이용자들의 저작권 침해행위에 대한 방조책임을 부담한다고 할 수는 없고, 운영자가 서비스를 제공하는 과정에서 이용자들의 파일공유 및 교환행위에 관여할 수 있는지의 여부와 그 방식 및 정도, 저작권 침해행위에 대한 운영자의 인식여부와 그에 따른 시스템에서의 권리보호조치의 내용과 그 정책, 시스템이 파일공유 기능 외에 이용자들의 저작권 침해행위를 용이하게 할 수 있는 다른 기능을 제공하고 있는지의 여부, 운영자가 이용자들의 저작권 침해행위로부터 이익을 얻을 목적이 있거나 향후 이익을 얻을 가능성의 정도 등 구체적 사정을 살펴보아, 운영자가 이용자들의 파일공유 등으로 인한 저작권 침해행위를 미필적으로나마 인식하고 있으면서도 이를 용이하게 할 수 있도록 도와주거나, 이러한 침해행위에 도움을 주지 않아야 할 주의의무가 있음에도 이를 위반하는 경우라고 평가되는 경우에만 방조책임이 인정된다고 판시하였다.

그러면서 이 판결은, 피고의 서비스 제공 약관에서 가입자에게 지적재산권의 침해금지 의무가 있고, 이를 위반할 경우 삭제 등의 조치가 취해진다는 내용을 명시하였으며, 원고의 삭제요청이 있기 전부터 자체적으로 감시직원을 배치하여 삭제 등의 제재조치를 취하였을 뿐만 아니라 원고 등의 삭제요청에 조속히 대응하여 해당 파일을 삭제하였고, 음악 관련 파일의 업로드 금지, 금지어 검색금지 등의 정책을 도입하였으며, 더 나아가 현재 필터링 분야에서 최고수준인 것으로 보이는 음악인식기술을 도입한 점 등을 종합하면, 피고에게 개인회원이 독자적으로 관리, 운영하는 공간에서 이루어지는 모든 음악파일의 업로드 및 다운로드 행위에 대하여 권리자의 침해신고가 있기 전부터 그 위법여부를 전면적, 사전적으로 감시하거나 강제로 이를 차단하는 등의 통제의무를 부과할 수는 없다고 할 것이고, 피고가 원고의 저작권 침해신고가 있는 경우에는 이에 대한 적극적인 차단조치를 취하고 있는 이상, 피고가 이용자들의 위와 같은 저작권 침해행위를 미필적으로 인식하였다거나 그 침해행위에 도움을 주지 않아야 할 주의의무에 위반하여 이를 방조하였다고 볼 수 없다고 하였다.

그동안 이른바 '소리바다 판결'을 비롯한 일련의 온라인서비스제공자의 저작권 침해 관련 사건에서 방조책임을 인정하는 판결들이 주류를 이루어왔고, 그 중에서는 온라인서비스제공자의 주의의무를 지나치게 과도하게 인정하고 있다는 평가를 받은 판결도 있었다. 그런 과정에서 위 판결은 인터넷의 특성을 고려할 때 온라인서비스제공자에게 너무 가혹하게 방조에 의한 불법행위책임을 인정하는 것은 오히려 인터넷을 통한 사업이나 이용자들의 활동에 제약을 가져올 수 있다는 점을 고려하여, 온라인서비스제공자의 책임을 적절하게 제한하여야 한다는 취지로 이해할 수 있어 의미를 갖는다고 평가된다.[559]

Ⅲ. 간접침해에 대한 이론구성

1. 서 설

직접 저작권 침해행위를 하지 않는 넓은 의미에서의 저작권 간접침해 행위에 대한 법률적 책임을 묻기 위한 이론구성으로는 크게 "직접침해로 이론구성하는 방법", "방조에 의한 공동불법행위 책임으로 이론구성하는 방법", 미국 판례이론에서와 같이 "기여책임 및 대위책임을 기반으로 하는 순수한 간접침해 책임으로 이론구성하는 방법" 등 세 가지를 생각해 볼 수 있다.

앞에서도 본 바와 같이 미국에서는 오랜 기간 동안 판례법상 인정되고 발달하여 온 기여책임과 대위책임의 이론구성을 따른 판례들이 많다. 한편, 우리와 비슷한 법제를 가지는 일본의 경우를 살펴보면, 과거에는 상당수의 판례들이 직접침해로 이론구성하여 접근하는 방법을 취하고 있는 것을 볼 수 있다. 넓은 의미에서의 간접침해와 관련된 일본의 판례들은 카바레나 노래방 등에서 저작권자의 허락을 받지 않고 이루어지는 음악저작물의 공연 등에 관하여 해당 업소를 경영하는 업주에게 저작권침해행위에 대한 '직접주체성'(直接主體性)을 인정할 수 있는지 여부가 다투어진 사례들이 대부분이다. 그러한 판례의 흐름의 정점에 서 있는 것이 앞에서 본 '클럽 캐츠아이 사건'에 대한 일본 최고재판소의 판결이라고 할 수 있다.[560] 이 판결은 업소 경영자의 직접적인 행위주체성을 다룬 그동안의 하급심

559) 박성호, 온라인서비스제공자의 방조에 의한 공동불법행위 책임, 저작권문화, 2009. 9, 29면.

판례의 흐름을 받아들이고 있으며, 그 후 다수의 일본 하급심 판결들이 이 최고재판소 판결을 따르고 있다.

우리나라의 판례를 살펴보면 앞에서 본 '칵테일 사건'이나 '인터넷제국 사건' 판결들은 한국보다 시기적으로 먼저 사설전자게시판(BBS) 서비스제공자의 책임이 문제되었던 미국의 판례들 및 그 판례들이 기초로 하였던 기여책임과 대위책임의 법리를 원용하고 있는데, 이에 대하여는 우리나라와 법체계가 다른 미국의 이론을 그 차이에 대한 심각한 고려 없이 그대로 도입하고 있다는 점이 문제점으로 지적되고 있다. 즉, 미국에서 발달한 기여책임 내지 대위책임의 법리는 오랜 기간 동안에 걸쳐 다듬어져 온 판례법상 법리로서 한국의 법원들이 이를 참고하는 것 자체는 타당한 태도라고 할 수 있다. 그러나 우리나라의 성문법은 미국의 판례법과는 다른 이론적 체계를 가지고 있으므로 그에 대한 충분한 고려가 있어야 한다는 것이 비판론의 요지이다. 그러나 소리바다에 관한 항소심 판결들은 "방조에 의한 공동불법행위 책임으로 이론구성하는 방법"을 채택하고 있다.

이하에서는 우리나라 법체계에 있어서 간접침해 행위에 대한 법률적 책임을 묻기 위한 세 가지 이론구성 방법의 가능성 등에 관하여 검토를 해 보기로 한다.

2. 직접침해로 이론구성하는 방법

가. 서　설

앞에서 본 바와 같이 우리와 비슷한 성문법의 민법 및 저작권법 체계를 가지고 있는 일본에서는 상당수의 판결들이 간접침해형 저작권 침해행위에 대하여 직접침해로 이론구성하는 방법을 취하고 있다. 이 이론은 직접 침해행위를 하지 않은 자에 대하여 "저작물의 사용주체성"을 인정하여 직접침해자로 보는 것이다. 일본에서 이러한 이론구성을 해 온 것에는 나름대로 다음과 같은 이유가 있었기 때문이라고 한다.

첫째, 일본에서는 저작권법에 간접침해 그 자체에 관한 규정이 없는 것은 물론이고, 민법의 불법행위 규정에도 기여책임이나 대위책임에 관한 규정은 없으며, 일본 민법 제715조의 사용자책임에 관한 규정만으로는 저작권의 간접침해가 문제로 된 사안에 대하여 적절하게 대처할 수가 없다.

둘째, 간접침해가 문제로 되는 사안에서 저작물의 직접적인 사용행위를 하는 사람들은 대부분 저작권법상 책임이 면제되는 자(예를 들면, 노래방에서 노래를 부르는 고객은 일본 저작권법 제38조 제 1 항[561]에 의하여 책임이 면제된다)이다. 따라서 설사 대위책임에 관한 실정법상의

560) 일본 최고재판소 1988. 3. 15. 民集 42권 3호 199면.

근거가 있다고 하더라도 대위책임의 법리에 의하여 노래방 업자 등과 같은 간접침해자에게 저작권침해의 책임을 묻는 것은 불가능하다.

셋째, 저작권의 간접침해자에 대하여 직접적인 사용주체성을 인정하면, 사용주체성이 인정된 자는 결과적으로 해당 저작물에 관한 이용허락을 받아야 할 의무를 부담하게 된다. 그러나 대위책임이나 기여책임의 이론구성에 의할 경우 설사 간접침해자의 책임이 인정된다고 하더라도 그 침해자를 해당 저작물에 관한 이용허락을 받아야 할 주체라고 보기는 어려운 점이 있다. 실제 이용행위는 제3자, 예컨대 노래방 고객에 의하여 이루어지기 때문이다. 물론 대위책임 또는 기여책임의 이론 구성에 의하여 책임이 있다고 판단된 간접침해자가 스스로 이용허락(이때의 이용허락계약은 제 3 자를 위한 계약이 된다)을 받는다면 별문제이겠지만, 저작권자 측에서 그 간접침해자에 대하여 이용허락을 받을 것을 요구한다고 하여도 그것을 법적으로 강제할 방법을 찾기는 곤란하다.[562)]

이러한 이유로 일본에서는 저작권의 간접침해자를 간접침해자가 아닌 직접침해자로 보는 이론적 구성을 모색하게 되었고, 그 결과 '저작물의 사용주체'라는 개념을 사실적 개념이 아닌 규범적 개념으로 파악함으로써 직접침해의 카테고리를 다소 완화하여 해석하는 방법을 고안하게 된 것이다.

나. 직접침해형 이론구성의 내용

직접침해로 이론구성하는 방법은 한 마디로 간접침해자에 대하여 규범적인 의미에 있어서의 '사용주체성'을 인정하는 것이다. 이 이론을 따르는 일본의 주류적인 판례와 학설은 간접침해자가 직접침해자의 침해행위에 대하여 '관리·지배'를 하고 있고, 그로 인하여 '경제적 이익'을 얻고 있으면 사용주체성을 인정한다. 이와 같은 이론구성은 자동차손해배상보장법에 있어서 교통사고를 낸 직접 행위자인 운전자가 아니라 그 운전자의 운행행위를 '관리·지배'하고 있고 그 운행행위로 인한 '이익'을 얻고 있는 자, 즉 '운행지배'와 '운행이익'을 가지고 있는 자를 '운행자' 또는 '자동차보유자'라고 하여 그에 대하여 교통사고에 따른 직접적인 책임을 묻는 구조와 여러 모로 비슷하다.[563)]

---

561) 일본 저작권법 제38조(영리를 목적으로 하지 아니하는 상연 등) 제 1 항. "공표된 저작물은 영리를 목적으로 하지 아니하고 또한 청중 또는 관중으로부터 요금(어떠한 명목으로 하는가를 불문하고 저작물의 제공 또는 제시에 대하여 받는 대가를 말한다)을 받지 아니하는 경우에는 일반 공중에게 상연, 연주, 구술 또는 상영할 수 있다."

562) 寄與侵害·間接侵害 委員會, 전게서, 33-34면.

563) 자동차손해배상보장법 제 2 조 제 3 호에서 '자동차보유자'라 함은 자동차의 소유자 또는 자동차를 사용할 권리가 있는 자로서 자기를 위하여 자동차를 운행하는 자를 말한다고 정의하고 있고, 같은 조 제 4 호에서 '운전자'라 함은 다른 사람을 위하여 자동차의 운전이나 운전의 보조에 종사하는 자를 말한다

이처럼 직접침해로 이론구성하는 방법은 침해행위에 대한 '관리·지배'와 침해행위로 인한 '경제적 이익'을 얻고 있을 것을 요건으로 하므로, 미국 판례법에서 발달한 대위책임 이론이 '관리·지배'와 '이익'을 그 요건으로 하고 있는 것과 발상에 있어서의 공통점을 가지고 있다. 그러나 미국의 대위책임 이론은 저작권의 직접침해자가 별도로 존재하고 있고, 대위침해자의 책임은 어디까지나 그에 대위하는 보증인적 책임으로 본다는 점에서 직접침해형 이론구성과 다르다고 할 수 있다.

한편 일본의 학설에 의하면, 직접침해형 이론구성에서 '사용주체성'을 인정하기 위한 요건으로서의 '관리·지배' 및 '이익'과 미국의 대위책임의 판단 요소로서의 '관리·지배' 및 '이익'을 비교하여 볼 때, 실질적으로 어느 쪽이 더 엄격한 것인지는 반드시 명확한 것은 아니지만, 다음과 같이 비교해 볼 수 있다고 한다.[564]

(1) '관리·지배'

'관리·지배'에 관하여 보면, 일본의 직접침해형 이론구성에서의 '관리·지배'가 미국의 대위책임에서의 그것에 비하여 더 '직접적인' 관리 또는 지배를 염두에 두고 있다고 한다.

앞에서 본 바와 같이 '관리·지배'가 있다고 한 일본 판례로는, 자기의 업소에서 악단 등에게 음악의 생연주를 하게 한 카바레 경영자, 자기 업소에서 고객에게 음악테이프를 복제하도록 한 음악테이프 더빙점 경영자, 자기 업소에서 고객에게 무단복제 된 게임소프트웨어를 작동하도록 한 다방 경영자, 무용저작물의 저작권을 침해하는 발레 공연을 기획하고 주최한 자 등이 있다.

이에 대하여 '관리·지배'가 없다고 한 판례로는, 게임소프트웨어의 상영에 필수적인 장치인 컨트롤러를 제조하여 판매하는 업자는 실제 게임소프트 사용자의 상영행위에 관하

고 정의하고 있다. 또한 같은 법 제 3 조에서는, "자기를 위하여 자동차를 운행하는 자는 그 운행으로 인하여 다른 사람을 사망하게 하거나 부상하게 한 때에는 그 손해를 배상할 책임을 진다"라고 규정하고 있는데, 여기서 '자기를 위하여 자동차를 운행하는 자'를 보통 '운행자'라고 한다. 운행자 개념의 구성요소로는 '운행이익'(운행으로부터 나오는 이익)과 '운행지배'(자동차의 사용에 관하여 사실적인 처분권을 가지는 것)의 두 요소를 기준으로 하는 입장과 '운행지배'만을 기준으로 하는 입장이 있는데, 우리 판례는 전자의 입장을 따르고 있다(대법원 2001. 4. 24. 선고 2001다3788 판결은, 자동차손해배상 보장법 제 3 조 소정의 '자기를 위하여 자동차를 운행하는 자'라 함은 자동차에 대한 운행을 '지배'하여 그 '이익'을 향수하는 책임주체로서의 지위에 있는 자를 의미한다고 하였다). 이와 같이 자동차손해배상보장법 제 3 조는 직접적인 운전자가 아닌 '운행자'의 경우에도 그 자동차의 운행으로 인한 손해에 대한 배상책임을 명문으로 규정하고 있다. 이와 별도로 자동차를 직접 운전한 자가 주의의무를 위반한 경우에 그 스스로의 불법행위 책임 내지 채무불이행 책임을 지는 것은 당연하며, 이때 운전자의 책임과 운행자의 책임은 이른바 부진정연대 관계에 서게 된다.

564) 寄與侵害·間接侵害 위원회, 전게서, 31면 이하 참조.

여 '관리·지배'가 없고, 디지털 방식으로 음악을 송신하는 방송사업자는 수신자의 녹음행위에 관하여 '관리·지배'가 없다고 한 사례 등이 있다. 또한 판결 이유에서 명시적으로 밝히고 있지는 않지만 노래방에 노래방 기기를 리스(lease)해 주는 업자는 그 노래방에서 행하여지는 연주 및 상영행위에 관하여 '관리·지배'가 없고(그리하여 리스업자를 직접침해자가 아니라 공동불법행위자로 이론구성하고 있다), 게임소프트웨어의 개변만을 목적으로 하는 메모리카드를 수입하여 판매하는 업자는 그 게임소프트웨어 사용자의 상영행위에 관하여 '관리·지배'가 없다고 한 판례들이 있다.

일본에서 직접침해형 이론구성을 취한 판례들을 종합적으로 검토해 보면, '사용주체성'을 인정하기 위해서는 어느 정도의 '관리·지배'를 요구하고 있는지에 관하여 다음과 같이 정리해 볼 수 있다.[565)]

우선 간접침해자의 '사용주체성' 인정여부와 관련하여, "직접적으로 저작물 사용행위를 하는 자(직접침해자)의 자유의사가 개재되어 있다는 것이 간접침해자의 '관리·지배'여부를 인정함에 있어 반드시 장애로 되는 것은 아니지만, 직접침해자가 저작물 사용행위를 하는데 사실상 필요불가결한 수단 내지 도구를 제공한다든가 당해 수단 내지 도구가 저작물 사용행위에 이용될 개연성이 높다고 하는 것만으로는 '관리·지배'를 인정하기에 부족하고, 저작물 사용행위를 거의 동시적으로 관리하는 사실상의 권한 내지 능력이 있을 것을 요한다"고 한다. '관리·지배'가 있다고 한 대부분의 판례는 간접침해자에게 저작물 사용행위가 이루어진 장소를 관리하는 사실상의 권한 내지 능력이 있는 사안에 관한 것들이다. 그러나 오늘날 정보통신기술과 인터넷의 현저한 발달에 비추어 볼 때, 장소적 관리를 '관리·지배'의 필수적인 요건으로 해석하는 것은 타당하지 않다고 보고 있다.

이에 비하여 미국의 대위책임에 있어서 요구되는 "직접침해자의 행위를 지배하는 권한과 능력"(right and ability to control)이라 함은 직접침해자의 행위를 그 행위와 거의 동시적으로 지배할 수 있을 것까지를 요구하는 것은 아니고, 직접침해행위가 있음을 알게 된 경우에 그 직접침해행위로 인한 결과의 제거 또는 계속되는 직접침해행위를 억제할 수 있는 권한 내지 능력이 있으면 족하다는 것으로 해석된다.

(2) '이익'에 관하여

'이익'과 관련하여서는 일본의 직접침해형 이론구성을 취한 판례와 미국의 대위침해를 인정한 판례 중 어느 쪽이 '보다 직접적인' 이익을 요구하고 있는지 분명하지 않다고 한다.[566)]

565) 상게서, 32면.
566) 상게서, 32면.

앞에서 본 미국의 Netcom 판결[567]은 저작권 침해행위에 의한 직접적인 경제적 이익의 귀속을 명확히 요구하면서, 인터넷 서비스제공자가 사용자로부터 정액의 사용료를 수취한다고 하더라도 그것만으로 저작권 침해행위로부터 발생하는 경제적 이익이 직접적으로 귀속하는 것은 아니라고 하였다. 그러나 그 후에 나온 Napster 사건의 연방항소심 판결[568]은, 인터넷상에서 웹사이트를 개설한 자가 사용자의 저작권 침해행위 그 자체로부터 이익을 얻고 있지는 않는다고 하더라도, 사용자(웹사이트 접속자)가 저작권을 침해하는 MP3 파일을 다운로드 받는 것을 가능하게 함으로써 웹사이트 개설자의 사용자 데이터베이스가 증가하는 관계가 존재하며, 그 데이터베이스가 사이트 개설자의 장래 수입의 원천이 되는 경우에는 경제적 이익의 귀속을 인정할 수 있다고 하여 저작권 침해행위로부터 직접적인 경제적 이익이 귀속될 것을 요건으로 하지 않는 입장에 서 있음을 명백히 하였다.

이에 대하여, 일본에서 '사용주체성'이 인정된 사례를 살펴보면, 저작권 침해물의 사용량과 간접침해자가 얻는 이익이 정확하게 비례한다고는 볼 수 없더라도, 저작권 침해물의 증가가 간접침해자의 영업상 이익의 증가와 결부되어 있음으로써, 상당한 정도로 '직접적'인 경제적 이익이 귀속되고 있는 사례들이 대부분이다. '이익'의 귀속이 없다고 한 오오사카지방법원과 고등법원의 'NEO·GEO 사건' 판결[569]은, TV 게임기 전용 컨트롤러를 제조·판매하는 업자는 사용자에 의한 상영 그 자체로부터 경제적 이익을 얻는 것은 아니라고 판시하였다. 이 판결은 TV 게임의 상영행위가 없으면 전용 컨트롤러의 제조판매 영업이 성립할 수 없다는 것만으로는 '이익'의 귀속이 있다고 보기에 부족하다고 함으로써, '이익'의 귀속이라는 요소를 상당히 엄격하게 해석하고 있다.

(3) 소 결

저작권법 및 민법과 관련하여 우리나라는 일본과 유사한 성문법 체계를 가지고 있다. 따라서 우리나라 역시 간접침해 그 자체에 관한 직접적인 규정이 저작권법에 없는 것은 물론이고, 민법의 불법행위 부분에도 대위책임이나 기여책임에 관한 명문의 규정이 없다. 이러한 상황에서 일본의 판례들이 노래방 업자와 같은 넓은 의미의 저작권 간접침해자들에 대하여 직접침해자로서의 책임을 묻기 위하여 채용하여 온 방법, 즉 직접침해자로 인정하기 위한 이른바 '저작물의 사용주체성'을 사실적 개념이 아닌 규범적 개념으로 파악함으

567) Religious Technology Center v. Netcom On-Line Communication Services Inc., 907 F.Supp. 1361 (N.D. Cal. 1995).

568) A&M Records, et al. v. Napster Inc., 239 F. 3d 1004 (9th Cir. 2001).

569) 일본 오오사카지방법원 1997. 7. 17. 판결, 知的裁集 29권 3호, 703면; 판례타임즈 973호, 203면; 일본 오오사카고등법원 1998. 12. 21. 판결, 知的裁集 30권 4호, 981면.

로써 직접침해가 성립할 수 있는 카테고리를 다소 완화하여 해석하는 방법은 법기술적으로 채택할 수 있는 유용한 방법의 하나라고 할 수 있을 것이다. 일본에서는 특히 2인 이상의 행위가 동시적으로 저작권침해에 해당하는 경우에는 이 방법이 사안의 실체에 부합하는 가장 합리적인 법률구성이라고 평가하는 견해도 있다.570)

그러나 이러한 방법에는 그 자체가 내포하고 있는 한계도 존재한다.

첫째로, 규범적 요건의 존재로 인하여 판단에 있어서 항상 애매모호함이 따라다니게 된다. 그 결과 재판규범 및 행위규범으로서 갖추어야 할 '명확성'이 떨어지고, 법적 안정성을 해칠 우려가 있다는 것이 단점으로 지적된다. 특히 직접침해와 간접침해가 법적 효과가 달라지는 경우571)에는 이 점이 심각한 문제로 될 수 있다.

둘째로, 일본의 직접침해형 이론구성과 같이 '사용주체성'을 인정하기 위한 요건으로 '관리·지배'와 '이익'이라고 하는 두 가지를 요구한다고 할 때, 그 두 가지 요건을 엄격하게 충족하고 있지 못한 침해행위에 대하여는 대처하기가 어렵다. 결국 직접침해형 이론구성만으로는 현실세계에서 벌어지는 모든 유형의 침해행위에 대처하는 것이 불가능하므로, 어떤 형태로든 이 이론을 보완할 수 있는 간접침해 그 자체에 대한 이론을 세울 필요가 있다.572)

셋째로, 타인에게 저작권 침해행위를 하게 한 자에 대하여 사용주체성 내지 직접침해자의 지위를 인정한다는 것은 다분히 의제적(擬制的)이라는 비난을 피할 수 없다.

이와 같은 한계가 있음에도 불구하고 직접침해형 이론구성을 채용할 만한 상당한 필요성과 타당성이 존재한다. 따라서 앞으로도 이 이론에 대한 연구와 검토를 해 나갈 필요는 있다.

3. 방조에 의한 공동불법행위 책임으로 이론구성하는 방법

일본의 경우를 보면, 간접침해자에 대하여 방조에 의한 공동불법행위 책임으로 이론구성한 사례는 주로 노래방과 관련된 사건들에서 나타나고 있다. 즉, 노래방 업자에게 노래방 기기를 리스해 준 리스업자에 대하여, 기기를 인도받은 노래방 업자들이 저작권자의 허락을 받지 않은 채 그 노래방 기기를 영업에 사용함으로써 저작권 침해행위를 한 경우에,

570) 寄與侵害·間接侵害 委員會, 전게서, 34면.

571) 뒤에서 보는 바와 같이 간접침해 행위에 대하여는 저작권법상 구제수단인 금지청구가 인정될 수 없다는 견해가 있는바, 이러한 견해에 따른다면 어느 침해행위가 간접침해로 인정되느냐 아니면 직접침해로 인정되느냐에 따라 금지청구가 인정될 수 있는지 여부의 법률적 효과가 달라지게 된다.

572) 寄與侵害·間接侵害 委員會, 전게서, 34면.

리스업자에 대하여 저작권침해의 방조에 따른 공동불법행위책임을 부담하도록 한 사례들이 많음을 볼 수 있다.

동경고등법원 1999. 11. 29. 선고 일명 '비디오메이츠(ビデオメイツ) 사건' 항소심 판결에서는, "(리스업자는) 당해 기기가 리스 상대방에 의하여 저작권침해의 도구로서 사용되지 않도록 배려하여야 할 일반적인 주의의무를 부담하지만, 리스계약 체결 시에 리스 상대방에 대하여 구두 또는 서면에 의한 저작물 이용허락계약을 체결하도록 지도를 하였다면 통상의 경우에는 그러한 주의의무를 다하였다고 할 수 있다. 다만, 노래방 기기의 리스업자는 리스 상대방이 저작권신탁관리단체(JASRAC)와 저작물 이용허락계약을 체결하지 않을 것이라는 점이 상당한 정도로 예상되거나, 또는 리스계약 체결 후에도 상대방이 이용허락계약을 체결하지 않을 가능성을 의심할 수 있는 특단의 사정이 있는 경우에는, 이용허락계약의 체결을 확인하기까지는 노래방 기기를 인도하지 않거나 또는 인도 후에라도 이를 다시 수거하는 등 저작권침해가 생기지 않도록 조치를 강구하지 않으면 안 된다"고 하였다.

한편 오오사카고등법원 1997. 2. 27. 선고 일명 '魅留來 사건' 항소심 판결은,[573] 리스업자는 리스 상대방인 업소 경영자에 대하여 리스계약 체결 당시에 저작권신탁관리단체와의 저작물 이용허락계약 체결이 필요함을 철저하게 주지시킬 주의의무 및 리스계약체결 후에도 수시로 이용허락계약의 체결을 확인하여야 할 주의의무를 부담하며, 나아가 리스 상대방이 그에 응하지 않을 경우에는 리스계약을 해제하고 리스해 준 노래방 기기를 회수하도록 노력하여야 할 주의의무를 부담한다고 하였다. 그리하여 업무용 레이저디스크 노래방 장치를 노래방 업자에게 리스해 준 리스업자에 대하여 그 노래방 업자에 의한 음악저작물의 저작권 침해행위에 가담 또는 방조한 공동불법행위 책임을 인정하고 있다.

나아가 '비디오메이츠 사건'의 상고심 판결은,[574] 영업용 노래방 기기의 리스업자는 리스계약의 상대방에 대하여 저작물 이용허락계약을 체결하여야 한다는 것을 고지하여야 할 뿐만 아니라, 저작물 이용허락계약을 체결 또는 체결의 청약을 한 것을 확인한 후에 노래방 기기를 인도하여야 할 조리(條理)상의 주의의무를 부담한다는 점을 명확히 하였다.

우리나라에서는 앞에서 본 '소리바다 사건'의 가처분이의 항소심 사건에서, 민법 제760조 제 3 항의 방조에 의한 공동불법행위가 성립한다는 원고의 주장에 대하여, 형법과 달리 민법의 해석으로는 과실에 의한 방조도 가능하다면서 구체적 사정을 살펴보아 운영자가 이용자들의 파일공유 등으로 인한 저작인접권 침해행위를 미필적으로나마 인식하고서도 이를 용이하게 할 수 있도록 도와주거나, 그러한 침해행위에 도움을 주지 않아야 할 주의

573) 일본 오오사카고등법원 1997. 2. 27. 판결, 知財集 29권 1호 213면.
574) 일본 최고재판소 2001. 3. 2. 판결.

의무가 있음에도 이를 위반하는 경우라고 평가될 수 있는 경우에는 방조책임을 인정할 수 있다고 판시함으로써, 방조에 의한 공동불법행위 이론구성을 통하여 책임의 성립을 인정한 바 있다.

'소리바다 사건'의 형사 항소심 판결 역시 방조에 의한 공동불법행위 이론구성으로 접근해 들어간 사례라고 할 수 있다. 다만, '소리바다 사건'의 형사 항소심 판결에서는 방조에 의한 공동불법행위 이론구성을 취하면서도, 검사가 피고인들의 행위가 형법상 저작권 침해죄의 방조에 해당하기 위한 근거로서 들고 있는 두 가지 점, 즉 피고인들이 처음부터 복제권 침해행위에 제공하기 위하여 소리바다 시스템을 개발·배포하였으므로 소리바다 시스템은 이른바 '불법도구'에 해당한다는 점 및 소리바다 시스템을 통하여 저작권 침해행위가 이루어진다는 사실을 인식하면서도 피고인들이 경고문 고지 외에는 별다른 조치 없이 소리바다 서비스를 제공한 것은 정범(正犯)의 고의와 방조(幇助)의 고의를 모두 갖춘 부작위에 의한 방조에 해당한다는 점 등 두 가지 근거를 모두 배척하고 피고인들에 대하여 무죄를 선고하였다.

우리 민법상 교사자나 방조자는 직접불법행위자와 연대책임을 진다.[575] 또한 판례는 과실에 의한 방조도 성립할 수 있다고 해석하고 있다.[576] 이때 과실의 내용은 불법행위에 도움을 주지 않아야 할 주의의무가 있음을 전제로 하여 그 의무에 위반하는 것을 말한다. 또한 방조자에게 공동불법행위자로서의 책임을 지우기 위해서는 방조행위와 피방조자의 불법행위 사이에 상당인과관계가 있어야 한다.[577] 대법원 2022. 4. 14. 선고 2021다303134, 303141 판결은, "컴퓨터 프로그램 또는 그 라이선스의 판매 시 함께 제공되는 일련번호와 같은 제품키는 컴퓨터 프로그램을 설치 또는 사용할 권한이 있는가를 확인하는 수단인 기술적 보호조치로서, 누군가가 프로그램을 복제하고 그 복제행위가 컴퓨터 프로그램 저작권을 침해하는 행위에 해당한다면 이를 용이하게 하는 제품키의 복제 또는 배포행위는 위와 같은 행위를 용이하게 하는 행위로서 경우에 따라 프로그램 저작권 침해행위의 방조에 해당할 수 있다."고 하였다.[578]

---

575) 민법 제760조 제3항.

576) 대법원 2003. 1. 10. 선고 2002다35850 판결. "수인이 공동하여 타인에게 손해를 가하는 민법 제760조의 공동불법행위의 경우 행위자 상호간의 공모는 물론 공동의 인식을 필요로 하지 아니하고 객관적으로 그 공동행위가 관련공동 되어 있으면 족하며, 그 관련공동성 있는 행위에 의하여 손해가 발생함으로써 공동불법행위가 성립하고, 같은 조 제3항의 방조라 함은 불법행위를 용이하게 하는 직접·간접의 모든 행위를 가리키는 것으로서 형법과 달리 손해의 전보를 목적으로 하여 과실을 원칙적으로 고의와 동일시하는 민법의 해석으로서는 과실에 의한 방조도 가능하다고 할 것이며, 이 경우의 과실의 내용은 불법행위에 도움을 주지 않아야 할 주의의무가 있음을 전제로 하여 이 의무에 위반하는 것을 말한다."

577) 대법원 1998. 12. 23. 선고 98다31264 판결.

일본에서는 교사·방조에 의한 공동불법행위 이론과 관련하여, 각자의 행위가 독립하여 불법행위의 요건을 충족할 필요는 없고, 객관적 또는 주관적인 관련공동성 및 공동행위와 결과발생과의 사이에 인과관계가 있으면 된다고 해석하고 있다. 또한 공동불법행위자 사이에 의사적(意思的) 관여가 있으면 족하므로 과실에 의한 교사·방조도 인정할 수 있다고 해석하고 있다. 따라서 앞서 본 판례에서의 리스업자의 경우 그에게 고의가 있는가, 아니면 과실만이 있는가 하는 점은 민사책임을 묻는 경우에는 그다지 큰 문제가 되지 않는다. 오히려 리스업자에게 있어서는 상대방이 침해행위를 행할 것에 대한 예견가능성 유무가 책임과 관련하여 가장 중요한 요소가 되고, 또한 예견가능성이 있다고 하더라도 어느 정도로 어떠한 내용의 작위의무 또는 결과회피의무가 부과되는가 하는 점이 방조에 의한 공동불법행위 책임의 성립여부를 결정하게 된다.[579)]

일본의 기여침해·간접침해 위원회의 보고서에서는, 노래방 기기 리스의 경우에는 그 기기가 항상 저작물의 이용을 수반하는 기계이며, 특히 영업용 노래방 기기인 경우에는 저작권침해에 이용될 위험성이 극히 높다는 점, 노래방과 같은 불특정 다수의 고객이 이용하는 업소의 경우에는 저작물의 불법적인 이용을 리스업자를 통하여 통제하고 그 대가를 징수하도록 하는 것이 가장 효율적인 방법이라는 점 등에 비추어 보면, 영업용 노래방 기기의 리스업자에 대하여 상당히 고도의 주의의무 및 작위의무를 부과하는 것이 부득이하다고 해석한다. 이에 반하여 인터넷서비스제공자에 대하여는 그 서비스를 통과하는 정보의 성질이나 서비스제공자의 영업형태 등에 비추어 볼 때, 서비스 제공행위와 실제 저작권 침해행위의 관계가 형태에 있어서 극히 다양하고, 일반적으로 인터넷서비스제공 계약에 수반하여 저작권 침해행위가 행하여질 가능성이 높다고 단정할 수는 없으므로, 구체적인 상황에 따라 인터넷서비스제공자의 주의의무의 내용 및 정도를 결정하여 개별적으로 판단하여야 한다고 하였다.[580)]

---

578) 대법원 2002. 6. 28. 선고 2001도2900 판결 : 컴퓨터프로그램 시리얼번호는 컴퓨터프로그램을 설치 또는 사용할 권한이 있는가를 확인하는 수단인 기술적 보호조치로서, 컴퓨터프로그램에 특정한 포맷으로 된 시리얼번호가 입력되면 인스톨을 진행하도록 하는 등의 지시, 명령이 표현된 프로그램에서 받아 처리하는 데이터에 불과하여 시리얼번호의 복제 또는 배포행위 자체는 컴퓨터프로그램의 공표·복제·개작·번역·배포·발행 또는 전송에 해당하지 아니할 뿐 아니라 위와 같은 행위만으로는 컴퓨터프로그램저작권이 침해되었다고 단정할 수 없고, 다만 복제 또는 배포된 시리얼번호를 사용하여 누군가가 프로그램복제를 하고 그 행위가 컴퓨터프로그램저작권을 침해하는 행위로 처벌되는 행위라면 시리얼번호의 복제 또는 배포행위는 위와 같은 행위를 용이하게 하는 행위로서 경우에 따라 프로그램저작권 침해행위의 방조범이 될 수 있을 뿐이다.

579) 寄與侵害·間接侵害 委員會, 전게서, 56면.

580) 상게서, 56면.

[NOTE]

위 보고서에서는 인터넷서비스제공자의 서비스 기능을 다음과 같이 분류하고 있다.

○ 단순한 네트워크 통신서비스

서비스제공자 스스로는 콘텐츠를 송수신하지 않고 단순히 이용자(발신자)를 위하여 메일의 송수신을 포함하는 접속기능 서비스(자동적·일시적인 콘텐츠의 보관 서비스를 포함한다)를 행하기만 한다. 송신에 필요한 시간을 초과하여 콘텐츠를 보관하지 않는다.

○ 캐싱 서비스

서비스제공자 이외의 자가 발신하는 콘텐츠를 변경 없이 송수신한다. 그 형태는 일시적 보관(복제)이다. 서비스제공자는 콘텐츠의 내용을 변경하지 않는다.

○ 호스팅 서비스

서비스제공자가 발신자(이용자) 등의 편리를 위하여 서버 내에 콘텐츠를 보관하는 장소를 제공하여 송수신을 행하게 한다. 중소 서비스제공업자나 기업, 또는 개인 등이 이용하는 경우도 많다. 콘텐츠의 내용은 발신자(이용자)에 의하여 변경될 수 있으나, 장소를 제공한 서비스제공자는 이를 변경하지 않는다.

○ 검색 서비스

서비스제공자가 정보의 위치를 파악하는 솔루션(검색엔진) 등으로 발신자(이용자)가 희망하는 사이트를 검색하여 알려주고, 검색된 사이트(콘텐츠의 보관장소)에 링크를 시켜주는 서비스이다. 콘텐츠를 보관하여 두지 않으므로 서비스제공자는 콘텐츠와 직접적인 관계가 없다.

○ 판매사이트 서비스

서비스제공자가 자기의 서버 상에 발신자(이용자)가 상품을 매매할 수 있는 판매서비스 장소(사이트)를 개설하여 주는 것으로, 서비스제공자와 콘텐츠와의 관계는 거의 없다.

4. 기여책임 및 대위책임으로 이론구성하는 방법

미국에서 발달한 기여책임 내지 대위책임의 법리는 오랜 동안 판례들을 거쳐 다듬어져 온 비교적 정교한 판례법상 법리라고 평가된다. 따라서 이러한 법리를 우리의 입장에서 참고하는 것은 나름대로의 의미가 있지만, 우리나라의 성문법은 미국의 판례법과는 일치하지 않는 부분이 적지 않기 때문에 기여책임과 대위책임에 관한 미국 판례법상의 법리를 그대로 가져다 원용하는 것은 부적절하다.[581] '칵테일 사건' 판결과 '인터넷제국 사건' 판결 등에 대하여 미국의 기여책임과 대위책임의 법리를 우리 법체계와의 조화에 관한 별다른

581) 박준석, 인터넷서비스제공자의 책임에 관한 국내 판례의 동향, 전게서, 55면.

검토 없이 그대로 받아들인 판결이라는 이유로 비판하는 견해가 있음은 앞에서 본 바와 같다. '소리바다 사건'의 가처분이의 사건 항소심 판결의 원심인 1심 판결[582]에서도 간접침해자에 대한 침해책임을 긍정하면서, 사실상 미국 판례법상 기여책임 및 대위책임의 법리를 거의 그대로 원용하고 있다. 이 판결에서는 소리바다 이용자들의 복제권·배포권 침해행위에 대하여 소리바다 서비스 제공자인 피고들의 책임을 인정하기 위해서는, i) 피고들이 소리바다 서비스를 제공하게 된 경위 및 상황, ii) 소리바다 서버의 구조 및 소리바다 소프트웨어가 제공하는 서비스 중 이용자들의 행위와 관련되는 서비스의 내용, 태양 및 그 성질, iii) 서비스 제공 이후의 소리바다의 운영상황 등을 전체적, 종합적으로 참작하여 피고들이 이용자의 침해행위를 적극적으로 야기하였거나, 침해행위를 인식하고도 이를 방치하면서 실질적으로 침해행위에 기여하였는지, 피고들이 침해행위를 관리·지배하고 그 침해행위로부터 직접적인 재산상의 이익을 얻었는지 등을 따져 이용자의 직접적인 침해행위와 동일하게 평가할 수 있을 만한 사정이 있는 경우에는 그 책임을 인정하여야 할 것이라고 하였다. 그러면서 피고들은 이용자들의 침해행위를 알면서, 소프트웨어의 공급과 서버 운영을 통하여 그와 같은 침해행위가 가능하도록 계속적으로 관여하였고, 피고들의 관리 하에서 그와 같은 침해행위가 행하여지고 있으며, 그와 같은 침해행위를 이용하여 이익을 얻고 있었고, 그 규모와 기간에 비추어 이용자들의 침해행위는 피고들에 의하여 야기되고 유인되었다 할 것이므로, 피고들은 소리바다 이용자들과 일체가 되어 원고들의 복제권·배포권의 침해행위를 하고 있는 것으로 평가할 수 있다고 판시하였다. 이 판결에 대하여도 피고들의 책임을 긍정함에 있어서 사실상 기여책임 이론을 도입하면서 정작 우리법상 근거는 제시하지 아니하였다고 하여 비판하는 견해가 있다.[583]

저작권의 간접침해자에 대하여 기여책임과 대위책임 등 순순한 간접침해 책임으로 이론구성 하는 것은 사실상 우리 법체계상으로는 어려운 점이 많다. 우리 저작권법에는 간접침해 그 자체에 관한 규정이 없으며, 민법상 불법행위 규정에도 기여책임이나 대위책임에 관한 규정이 없기 때문이다. 따라서 우리 법체계상으로는 간접침해형 저작권 침해행위에 대하여는 앞에서 본 두 가지 방법, 즉 사용주체성을 인정하여 직접침해로 이론구성하거나 방조에 의한 공동불법행위로 이론구성하는 것이 보다 현실적인 방법이 될 것이다. 그럼에도 불구하고 기여책임이나 대위책임과 같은 순수한 간접침해로 이론구성하여야 할 필요성이 있는 경우도 있다. 예를 들어, 직접침해가 존재하여야 그 침해행위에 기여한 간접침해자에게 책임을 물을 수 있다는 종속설(從屬說)의 입장을 취하게 되면, 직접침해자의 침해행

582) 수원지방법원 성남지원 2003. 2. 14. 선고 2002카합284 가처분이의 판결.
583) 박준석, 전게서, 60면.

위가 사적 복제 등의 이유로 저작권 침해행위로 되지 않는 경우, 직접침해가 성립하지 않으므로 간접침해에 대한 책임도 물을 수 없게 된다. 이러한 경우에 순수한 간접침해 그 자체를 침해행위로 볼 수 있는 이론구성이나 법 규정의 필요성을 느끼게 된다. 물론 미국 판례이론인 기여책임이나 대위책임의 경우에도 직접침해의 존재를 전제로 한다는 입장을 취하게 된다면, 기여책임이나 대위책임의 법리만으로는 위와 같은 필요성에 부응할 수 없게 된다. 따라서 그러한 필요성에 부응하기 위해서는 직접침해 행위의 존재를 전제로 하지 않고 간접침해 그 자체만으로 침해행위를 인정할 수 있어야 한다. 특허법에서는 이미 그와 같은 간접침해 규정을 두고 있다. 특허법 제127조는, "1. 특허가 물건의 발명인 경우에는 그 물건의 생산에만 사용하는 물건을 생산, 양도, 대여 또는 수입하거나 그 물건의 양도 또는 대여의 청약을 하는 행위, 2. 특허가 방법의 발명인 경우에는 그 방법의 실시에만 사용하는 물건을 생산, 양도, 대여 또는 수입하거나 그 물건의 양도 또는 대여의 청약을 하는 행위를 업으로 하는 경우에는 특허권 또는 전용실시권을 침해한 것으로 본다."고 규정하고 있다. 따라서 저작권법에서도 직접침해 행위의 존재를 전제로 하지 않는 순수한 간접침해에 대한 책임을 묻기 위해서는 특허법 제127조와 같은 규정이 필요하다.

우리 민법상으로는 직접적인 행위(침해행위)는 위법성이 없지만, 그 배후에 존재하면서 직접적인 행위를 하지 않은 자에 대하여 독자적인 불법행위책임을 인정할 수 있는 경우는 거의 찾아볼 수 없다. 민법에서 명문으로 규정하는 것으로서는, 책임무능력자의 감독자의 책임과 동물 점유자의 책임을 들 수 있고, 해석상 인정되는 것으로서는 점유보조자를 통한 불법점유 등이 유사한 법률관계를 보이고 있다.

기본적으로 우리나라의 경우는 일본에서의 해석론과 마찬가지로 보호법익과 침해행위의 태양 사이의 상관관계 등에 의하여 유연하게 성립여부를 인정할 수 있는 구조를 가지고 있으므로, 직접적인 행위가 위법성이 없어 침해로 인정되지 않는 경우에도 그 배후에 있는 관여자에 대하여 직접적인 불법행위 책임(간접정범형 불법행위 책임)을 인정하는 '독립설'(獨立說)을 취하는 것이 이론상으로는 가능하다고 볼 수 있을 것이다.[584]

다만 이러한 문제와 관련하여서는, "사적 이용을 위한 복제" 규정 등 저작재산권을 제한하는 규정의 취지와 관련하여, 그러한 규정들에 해당하는 행위가 저작권침해의 구성요건을 충족하지 않는 것인지, 위법성이 조각되는 것인지, 아니면 책임이 조각되는 것인지에 관하여 다시 한 번 검토해 볼 필요가 있다.

우리 저작권법이 사적 이용을 위한 복제규정, 즉 공표된 저작물을 영리를 목적으로 하지 아니하고 개인적으로 이용하거나 가정 및 이에 준하는 한정된 범위 안에서 이용하는

---

584) 상게서, 57면.

경우에는 그 이용자는 이를 복제할 수 있다(저작권법 제30조)는 규정을 두고 있는 것은, 타인의 저작물을 개인적으로 또는 가정이나 그에 준하는 소수의 한정된 범위 안에서 이용하는 것은 저작재산권자의 경제적 이익을 크게 손상할 우려가 없고, 또 그것을 일일이 규제하여 저작재산권자의 이용허락을 얻게 하는 것도 현실적이지 못하다는 고려 때문이라고 할 수 있다. 그러나 이 규정은 저작재산권의 제한 규정 중 저작재산권자의 이익을 가장 포괄적으로 제한할 소지가 있는 규정인 만큼 그 해석·운용에는 신중함이 요구된다.

특히 디지털 기술이 발달한 오늘날에 있어서도 사적 이용을 위한 복제 규정을 둔 취지가 여전히 유효한지 여부는 검토를 요한다. 예를 들어, 주문자 제공(On-demand) 방식의 디지털 방송을 통하여 널리 불특정다수의 수신자에게 "사적 이용을 위한 복제"를 행하게 하면 그로 인하여 대량의 사적복제 행위가 계속적으로 행하여지게 될 가능성이 있는데, 이러한 경우까지 저작재산권자에게 미치는 영향이 '미미한 것'이라고는 볼 수 없을 것이다. 따라서 이러한 행위에 관하여서는 위법성을 인정하는 것이 "사적 이용을 위한 복제" 규정의 본래의 취지에 비추어 합리적인 해석이라고 볼 수도 있다. 이와 같은 경우에 각각의 디지털 방송수신자를 침해자로 하여 개별적으로 구제절차를 밟는 것은 현실적으로 매우 어렵다. 따라서 그러한 방송을 송신한 자에 대하여 저작재산권자의 권리가 미치도록 하여 일정한 비율로 비용부담을 부과하는 것이 가장 간편하게 이해를 조정하는 수단이 될 수 있다. 그러나 그것을 실현하는 수단으로서 손해배상제도에 의하는 것이 좋을지, 아니면 보상금청구권의 부여 등과 같은 적절한 과금 제도를 창설하는 것이 좋을지 등에 대하여는 또 다른 검토를 할 필요가 있다.[585]

결론적으로, 어떤 형태로든 직접침해를 전제로 하지 않는 순수한 간접침해 책임을 인정할 수 있는 이론구성이 가능하다면, 즉 타인에게 저작권자의 이익을 침해하는 행위를 하게 한 행위를 그 자체로서 저작권을 침해하는 행위로 보는 간접침해 이론이 확립된다면, 예를 들어 노래방 업주가 불특정다수의 고객에게 가창을 하게 하는 행위도 굳이 "고객의 가창은 곧 업주의 가창"이라고 하는 의제적인 이론구성을 매개하지 않고서도, 직접적으로 그 행위를 저작권의 간접침해행위로 인정하여 책임을 부담시키는 것이 가능할 것이다.[586]

585) 寄與侵害·間接侵害 委員會, 전게서, 57면.
586) 상게서, 58면.

Ⅳ. 간접침해에 대한 금지(정지)청구 가능 여부

1. 서 설

저작권법은 저작권자·출판권자·저작인접권자 등 저작권법이 보호하는 권리를 가진 자는 "그 권리를 침해하는 자에 대하여 침해의 정지를 청구할 수 있으며, 그 권리를 침해할 우려가 있는 자에 대하여 침해의 예방 또는 손해배상의 담보를 청구할 수 있다."고 규정하여,[587] 저작권자 등에게 침해정지청구권과 침해예방청구권을 인정하고 있다. 이러한 침해정지(금지)청구권 등은 권리침해자에 대한 책임추궁을 목적으로 한다기보다는 현재 발생하고 있거나 또는 발생할 위험이 있는 권리침해의 상태 그 자체를 제거하는 성격의 것이다.[588]

침해정지청구권은 현재 권리를 침해하고 있는 자에 대하여 침해의 정지를 구하는 것을 내용으로 하므로, 이 권리를 행사하기 위해서는 권리침해가 현존하고 있을 것을 요한다. 예를 들어, 저작물의 무단연주나 무단방송이 행해졌어도 이미 그 연주나 방송이 종료해 버렸으면 이 권리를 행사할 수 없게 된다.

침해예방 또는 손해배상담보청구권은 권리침해가 아직 발생하고 있지는 않지만, 가까운 장래에 발생할 우려가 있는 경우에 그 예방조치 등을 구할 수 있음을 내용으로 한다. 법문의 '침해할 우려'라고 하는 것은 침해될지도 모른다는 단순한 가능성이 존재하는 것만으로는 부족하고, 침해행위가 이루어질 개연성이 특별히 높은 경우여야 한다고 해석되고 있다.[589] 예를 들면, 저작권자 허락 없이 무단으로 연주하기 위한 준비(연주장소의 예약, 프로그램의 인쇄 등)가 실제로 이루어지고 있는 경우 등이 '침해할 우려'가 있는 경우에 해당한다. 이 두 가지 청구는 모두 주관적 책임요건으로서 고의·과실을 요하지 않는다.[590]

2. 간접침해행위에 대한 금지청구권 행사의 가부

앞에서 본 바와 같이, 넓은 의미의 저작권 간접침해행위가 문제로 된 사례에서 간접침해자에 대한 책임을 묻기 위한 이론구성으로는 세 가지 방법을 생각해 볼 수 있다. 첫째,

587) 저작권법 제123조 제 1 항. 다만 그 항의 괄호 안에서 상업용 음반의 방송사용으로 인한 보상금청구권 등에 대하여는 정지청구권을 행사할 수 없도록 제한하고 있다.

588) 內田 晋, 問答式 入門 著作權法, 新日本法規出版 株式會社, 1979, 429면.

589) 상게서, 430면.

590) 오승종·이해완, 전게서, 534면.

직접침해로 이론구성하는 방법(예를 들어, 불특정다수의 고객에게 가창을 하게 하는 노래방 업주의 경우 그 업주에 대하여 사용주체성을 인정하여 직접적인 저작권침해를 인정하는 방법), 둘째, 방조에 의한 공동불법행위 책임으로 이론구성하는 방법(예를 들어, 영업용으로 사용되는 노래방 기기의 리스업자에 대하여 노래방 업자의 침해행위에 대한 방조의 공동불법행위 책임을 인정하는 방법), 셋째, 순수한 간접침해 책임으로 이론구성하는 방법(예를 들어, 주문형 On-demand 방식의 디지털 방송과 같이 직접행위자의 행위는 사적복제로서 위법성이 조각되지만, 그러한 행위가 대량으로 이루어지도록 하는 방송업자의 행위를 독자적인 저작권 침해행위로 인정하는 방법)의 세 가지 유형이 있다.

그 중에서 첫째의 유형의 경우 저작권법 제123조 제 1 항의 금지청구를 할 수 있다는 점은 의문의 여지가 없다.

그러나 둘째의 유형인 방조형 공동불법행위의 경우에도 금지청구를 인정할 수 있는지에 대하여는 다툼이 있다. 민법이 아닌 저작권법의 영역으로 넘어오면 공동침해자의 경우와 달리 교사, 방조에 의한 침해자는 저작권법 제123조의 침해정지청구권의 상대방이 되지 않는다는 유력한 해석론이 있다. 이 해석론은 “저작권 그 밖의 이 법에 의하여 보호되는 권리 … 를 가진 자는 그 권리를 침해하는 자에 대하여 침해의 정지를 청구할 수 있으며, 그 권리를 침해할 우려가 있는 자에 대하여 침해의 예방 또는 손해배상의 담보를 청구할 수 있다.”는 저작권법 제123조 제 1 항의 규정 중 “그 권리를 침해하는 자”란 원칙적으로 자신이 직접 권리를 침해하는 자에 국한되며, 예외적으로 특허법 제127조, 실용신안법 제29조, 디자인보호법 제63조, 상표법 제108조 등과 같이 지적재산권 침해의 방조행위까지 권리침해행위로 간주하는 규정, 즉 간접침해 규정을 두고 있을 때에만 침해행위의 방조자를 “그 권리를 침해하는 자”에 포함시킬 수 있다는 것을 이유로 든다. 저작권법은 이러한 간접침해 규정을 두고 있지 아니하므로,[591] 결국 저작권침해의 방조행위는 저작권법상 권리를 침해하는 행위라고 볼 수 없다는 것이 이 견해이다.[592]

그러나 이에 대하여는 반대하는 견해가 지배적이다. 반대론에 따르면, 저작권법이 특허법 등 다른 법들과 달리 간접침해의 규정을 두지 않고 있더라도 그것을 근거로 방조에 의한 저작권침해자가 저작권법상 금지청구의 상대방이 아니라고 단정하는 것은 다음과 같은 이유들 때문에 부당하다고 한다.

첫째, 우리 특허법 등에서 정한 간접침해는 바로 미국 특허법상 ‘기여침해’(contributory infringement)의 법리를 도입한 것으로 그 문구가 인터넷서비스제공자의 책임을 논함에 있어

591) 저작권법 제124조는 침해로 보는 행위를 규정하고 있으나 여기에는 간접침해 형태의 행위에 대하여는 규정이 없다.

592) 박준석, 인터넷서비스제공자의 책임에 관한 국내 판례의 동향, 전게서, 67면에서 재인용.

거론되는 기여책임과 유사할 뿐만 아니라, 실제로도 기여책임이 미국 특허법 규정에서 출발하였다고 보는 것이 대체적인 해석이다. 그러나 미국법의 해석이 아닌 우리 특허법 등에 국한한다면 특허법 제127조 제1호는 침해를 준비하는 단계의 행위를 미리 준비단계에서 차단하여 침해를 막고자 하는 취지라고 할 것인데, 이러한 행위는 방조행위의 일부에 속할 수는 있을지 몰라도 역으로 인터넷서비스제공자의 방조행위 등이 언제나 간접침해에 해당한다고 볼 필요는 없다는 것이다. 즉, 인터넷서비스제공자의 방조행위 중에는 사전 준비단계가 본질적이라 할 위 간접침해와 같이 "저작권침해를 목적으로 한 인터넷서비스제공자의 서비스나 그 시설의 준비행위"가 아니라 그 시설을 가동하여 서비스를 함으로써 침해를 현재 돕고 있는 행위를 제지하는 것이 문제되는 것이다. 이러한 행위에 대하여는 저작권법이 간접침해행위를 규제하고 있느냐와 관계없이 저작권법 제123조의 정책적인 해석으로 충분히 금지를 구할 수 있다고 보아야 결론적으로는 더 타당할 것이라고 한다.

둘째, 방조에 의한 저작권침해자는 금지청구의 대상이 아니라고 하는 해석론에 따른다면, 방조책임을 부담하는 인터넷서비스제공자에게 침해금지가 아닌 손해배상을 청구하는 경우에도 저작권법상으로는 손해배상을 청구할 수 없고 민법의 불법행위 규정에 의하여야 한다는 입장으로 귀결된다. 그런데 방조에 의한 저작권법 관련 책임을 거론하면서 정작 근거규정은 저작권법으로 의율하지 못하고, 굳이 민법규정에 의지하여 책임을 지우는 해석은 구조적으로도 어색하고 문제가 있다는 것이다. 뿐만 아니라 이러한 인터넷서비스제공자나 그 대표자들에게 형사책임을 추궁한 실무사례와 비교하여도, 형사적으로는 저작권법에 의율하면서도 민사적으로는 민법에 의하여야 한다는 결론은 비록 형사와 민사의 차이를 감안하더라도 상당히 어색하다고 한다.[593)]

일본에서도 위 둘째 유형인 방조형 공동불법행위에 관하여는 금지청구를 인정하는 것이 통설이다.[594)] 저작권침해를 배제 또는 예방하는 실효적 수단이 확보되어야 한다는 정책적 측면에서 볼 때, 방조형 공동불법행위의 경우에도 침해행위에 대한 정지청구를 인정하여야 할 필요성이 있다는 점에 관하여는 별다른 이론이 없다. 다만, 이를 인정하는 경우에 고려하여야 할 것으로는 간접침해행위를 하는 자에게 다른 권리 또는 법적으로 보호받는 이익이 있는가 하는 점이다. 그러나 그렇다고 하여 형사상 범죄행위에 해당하는 행위를 교사 또는 방조함으로써 얻는 경제적 이익(예를 들면, 노래방 기기의 리스업자가 저작권 침해행위에 제공되는 노래방 기기의 리스행위를 계속함으로써 받게 되는 리스료)을 법적으로 보호받는 이익이라고 볼 수는 없을 것이다.[595)]

593) 박준석, 인터넷서비스제공자의 책임에 관한 국내 판례의 동향, 전게서 67-68면.
594) 寄與侵害·間接侵害 委員會, 전게서, 59면.

또한 직접침해자에 대하여서만 금지청구를 인정한다고 하는 견해에서도 공동정범의 경우에는 금지청구를 인정하는데, 이 경우에 저작권자가 각 공동정범자에 대하여 금지청구의 구체적 내용을 각자의 구체적 역할분담에 따라 청구하는 것을 배제할 이유는 없을 것이다. 그렇다면 공범의 형태가 교사나 방조로 분류되는 경우에 그 가담의 구체적 태양에 따라 금지청구를 인정하는 것이 특별히 문제될 것은 없다고 해석할 수도 있다.

나아가 저작권침해의 도구인 기기나 장치에 관하여서는, 저작권법 제123조 제 2 항의 "저작권 그밖에 이 법에 의하여 보호되는 권리를 가진 자는 제 1 항의 규정에 의한 청구를 하는 경우에 침해행위에 의하여 만들어진 물건의 폐기나 그 밖의 필요한 조치를 청구할 수 있다"는 조항을 근거로 하여, 직접침해자에 대하여 청구하는 것이 일반적이다. 그러나 같은 조 제 1 항에 기하여 방조행위의 주체인 간접침해자에 대하여 금지청구를 하는 것이 보다 간명한 경우가 있을 수 있다. 예를 들면, 문제가 된 기기나 장치를 간접침해자(예컨대, 일본 사례에서의 노래방 기기 리스업자)가 점유 및 소유하고 있는 경우에는 그 간접침해자를 상대로 금지청구를 하는 것이 보다 신속하게 금지의 실효성을 확보할 수 있는 방법이 된다.[596)]

앞에서 본 '소리바다 사건'의 가처분이의 항소심 판결[597)]도 방조에 의한 공동불법행위의 이론구성을 취하면서 방조자에 대하여 저작권법 제123조의 침해정지청구권이 인정된다고 판시하고 있다. 즉, 저작권법 제124조 제 1 항 등에서 일정한 행위를 침해로 본다는 규정을 두고 있더라도, 그것만으로 그에 해당하지 않는 방조행위자를 정지 등 청구의 대상에서 제외한 것이라고 단정할 수 없다는 점, 개별 이용자들의 저작인접권 침해행위를 정지시키는 것보다 소리바다 서버의 운용에 의한 방조행위를 정지시킴으로써 보다 실효성 있게 정지효과를 달성할 수 있다고 인정되는 점 등을 들어 직접침해자인 이용자들에 국한되지 않고 그 침해행위를 방조하고 있는 피고들도 침해정지청구의 상대방이 될 수 있다고 판시하였다.

영국에서는 "저작권, 디자인 및 특허에 관한 법률" 제96조 제 2 항이 2차적 침해자에 대하여도 금지청구를 할 수 있다는 것을 명문으로 규정하고 있다. 또한 인터넷서비스제공자의 법적 책임을 별도의 입법(디지털밀레니엄 저작권법, DMCA)을 통하여 명백히 규정한 미국에서는, 침해행위에 해당하는 소재 또는 침해행위자의 접근을 제공하는 행위를 금지청구의 대상으로 하였다. 앞에서 본 Napster 사건 연방항소심 판결도 기여책임의 효과로서 금지청구권이 발생하는 것을 당연한 전제로 하고 있다. 캘리포니아 북부 연방법원은,

595) 상게서, 36-37면.
596) 상게서 37면.
597) 서울고등법원 2005. 1. 12. 선고 2003나21140 판결.

Napster 항소심 판결에 따라 2001. 3. 5. 수정된 금지명령을 발령한 바 있다. 유럽연합 역시 2000. 5.에 "전자상거래의 법적측면에 관한 EU 지침"을 발표하였는데, DMCA와 마찬가지로 간접침해에 대한 금지청구를 인정하고 있다.[598)]

한편, "직접침해가 없으면 간접침해도 없다"고 하는 입장에 선다면, 저작권자가 간접침해자에 대하여 손해배상청구를 하는 경우에는, 그 전제로서 직접침해행위의 발생과 그것에 기인하는 손해를 주장·입증하는 것이 필요하다. 그러나 방해예방청구로서의 금지청구를 하는 경우에는 당해 행위가 직접침해행위를 야기할 고도의 개연성이 있다는 것을 주장·입증하면 족하다.

다음으로 셋째 유형, 즉 순수한 간접침해형으로 이론구성하는 경우에도 그것을 독자적인 저작권침해행위로 인정하는 이상, 앞의 둘째 유형에서와 같은 이유로 간접침해자를 금지청구의 상대방으로 할 수 있어야 한다.[599)]

간접침해의 책임은 온라인서비스제공자의 책임과 밀접한 관련이 있다. 따라서 이와 관련된 진전된 논의에 대하여는 다음의 제 7 절 "온라인서비스제공자의 책임제한" 부분에서 검토하기로 한다.

제 7 절 온라인서비스제공자의 책임제한

Ⅰ. 개 관

저작권법상 '온라인서비스제공자'(online service provider, OSP)라 함은 "(1) 이용자가 선택한 저작물 등을 그 내용의 수정 없이 이용자가 지정한 지점 사이에서 정보통신망(정보통신망 이용촉진 및 정보보호 등에 관한 법률 제 2 조 제 1 항 제 1 호의 정보통신망을 말한다)을 통하여 전달하기 위하여 송신하거나 경로를 지정하거나 연결을 제공하는 자, (2) 이용자들이 정보통신망에 접속하거나 정보통신망을 통하여 저작물 등을 복제·전송할 수 있도록 서비스를 제공하거나 그를 위한 설비를 제공 또는 운영하는 자"를 말한다(저작권법 제 2 조 제30호).

온라인서비스제공자보다 다소 좁은 개념으로서 '인터넷서비스제공자'(internet service pro-

598) A&M Records, et al. v. Napster, 2001 U.S. Dist. Lexis 2186; 寄與侵害·間接侵害 委員會, 전게서, 37면에서 재인용.

599) 寄與侵害·間接侵害 委員會, 전게서, 59면.

vider, ISP)라는 용어도 흔히 사용된다. 인터넷서비스제공자는 인터넷을 통하여 이용자들에게 인터넷 접속, 웹사이트 호스팅(website hosting), 검색엔진(search engine), 전자게시판 시스템 제공 등 각종 서비스를 제공하는 자를 지칭한다. 온라인서비스제공자에는 인터넷서비스제공자가 당연히 포함되며, 그 외에도 인터넷이 아닌 기업 내에서만 연결되는 폐쇄적인 형태의 네트워크 서비스 등 모든 네트워크에서 활동하는 서비스제공자가 이에 해당한다.[600)]

과거 성행하였던 BBS(전자게시판) 사업자의 경우는 그 이용자들이 저작물 등을 서비스제공자의 정보통신망을 통하여 복제 또는 전송할 수 있도록 하는 서비스를 제공하므로 온라인서비스제공자의 개념에 속한다. 또한 인터넷접속 서비스제공자·캐싱 서비스제공자·호스팅 서비스제공자·검색엔진 서비스제공자 등은 모두 이용자들이 저작물 등을 정보통신망을 통하여 복제 또는 전송할 수 있도록 서비스를 제공하는 자들이므로 당연히 저작권법상 온라인서비스제공자의 개념에 포함된다. 인터넷 경매 서비스제공자는 주된 목적이 이용자들 사이의 저작물의 복제·전송에 관한 것이 아니기 때문에 저작권법상 온라인서비스제공자의 개념에 포함되는지 여부가 불분명하다. 그러나 이러한 서비스는 이용자들 중 특히 구매자들로 하여금, 경매사이트에 등록된 수많은 물품들 중에서 구매를 원하는 특정 물품을 탐색할 수 있도록 검색기능을 제공한다는 점에서 검색엔진 서비스와 크게 다를 것이 없으므로, 역시 온라인서비스제공자에 속한다고 보아야 한다는 견해가 유력하다. 반면에 '소리바다'와 같은 P2P 서비스제공자의 경우는 자신의 정보통신망을 통하지 않고, 이용자들의 개인 컴퓨터끼리 직접 연결되어 MP3 파일과 같은 저작물이 복제·전송되도록 하는 것이므로 저작권법상 온라인서비스제공자의 개념에 포함될 수 없다는 견해가 있다.[601)] 그러나 뒤에서 보는 소리바다5 판결인 서울고등법원 2007. 10. 10. 선고 2006라1245 판결은 P2P 서비스제공자가 온라인서비스제공자에 속한다는 것을 전제로 판단하였다. 특히 P2P 서비스제공자가 저작권법 제104조의 '특수한 유형의 온라인서비스제공자'에 속한다는 것은 오늘날 실무상 확립되어 있다고 볼 수 있다. 구체적으로 어느 범위까지 저작권법상 온라인서비스제공자의 개념에 포함될 것인지는 저작권법 시행령이나 판례와 학설에 의하여 그 기준이 확정되어야 할 것이다.

"온라인서비스제공자의 책임제한" 규정이 우리 저작권법에 들어온 것은 2003년 5월 27일 개정된 저작권법이 제 5 장의2를 신설하면서부터이다(현행 저작권법에서는 제 6 장으로 편제되었다). 이 규정을 신설한 취지는 온라인서비스제공자가 저작물이나 실연·음반·방송 또는 데이터베이스의 복제·전송과 관련된 서비스를 제공하는 것과 관련하여, 다른 사람에

600) 박준석, 인터넷서비스제공자의 책임, 박영사, 2006, 8면.
601) 상게서, 149-153면 참조.

의한 이들 권리의 침해사실을 알고서 당해 복제·전송을 중단시킨 경우에는, 그 다른 사람에 의한 권리침해행위와 관련되는 온라인서비스제공자의 책임을 감경 또는 면제하도록 하기 위한 요건 등을 정하고자 한 것이다. 우리 민법은 기본적으로 과실책임주의를 채택하고 있으므로, 온라인서비스제공자라고 하여 판례법에 의하여 일종의 무과실책임이라고 할 수 있는 '엄격책임'(strict liability)을 인정하고 있는 미국의 경우와 같이 무과실책임을 지는 것은 아니다. 따라서 온라인서비스제공자의 책임을 감경 또는 면제해 주기 위하여 굳이 이러한 규정을 신설할 필요는 없다고도 할 수 있다. 그러나 온라인서비스제공자의 서비스와 관련하여 과실이 있고 없음을 판단하는 것은 구체적인 사례에서 상당히 복잡하고 어려운 문제일 수 있고, 온라인서비스를 통하여 제공되는 수많은 콘텐츠의 성질 또한 매우 다양하며 그 송·수신 과정 역시 지극히 순간적이다. 그로 인하여 온라인서비스제공자의 입장에서 과연 어디까지 주의를 하여야만 과실책임으로부터 벗어날 수 있을지를 그때그때 판단한다는 것은 매우 곤란하며, 이는 온라인서비스제공자가 안정적으로 사업을 영위할 수 없도록 하는 결과를 초래한다. 따라서 온라인서비스와 관련된 이해 당사자 사이의 법률관계를 보다 명확히 하여 법적 안정성을 도모하는 동시에, 정보통신 사회에서 핵심적 역할을 담당하는 온라인서비스제공자가 안정적으로 사업을 영위할 수 있도록 명문의 규정을 신설하게 된 것이다.

처음 이 규정이 신설될 당시인 2003년 개정 저작권법은 '온라인서비스제공자'를 "다른 사람들이 정보통신망을 통하여 저작물 등(저작물이나 실연, 음반, 방송 또는 데이터베이스)을 복제 또는 전송할 수 있도록 하는 서비스를 제공하는 자"라고 정의한 후(동법 제 2 조 제30호), 그 책임제한도 모든 온라인서비스제공자에 대하여 일률적으로 규정하고 있었다. 그러나 그 후 온라인서비스제공자 책임 제한에 관한 규정은 한·EU FTA 이행을 위한 2011년 6월 30일 저작권법 개정에 의하여 대폭적으로 변경되었다. 변경된 내용 중 가장 핵심이 되는 것은 첫째, 온라인서비스제공자에 대한 정의규정에서 서비스제공자의 범위를 "이용자가 선택한 저작물 등을 그 내용의 수정 없이 이용자가 지정한 지점 사이에서 정보통신망(정보통신망 이용촉진 및 정보보호 등에 관한 법률 제 2 조 제 1 항 제 1 호의 정보통신망을 말한다)을 통하여 전달하기 위하여 송신하거나 경로를 지정하거나 연결을 제공하는 자"까지로 확대(저작권법 제 2 조 제30호 가목)하였다는 점이다. 둘째, 온라인서비스제공자를 ①단순도관, ②캐싱, ③호스팅, ④정보검색의 네 가지 유형으로 나누고 각 유형별 면책요건을 상세하게 규정(저작권법 제102조 제 1 항)하였다는 점과, 셋째, 그러한 책임 제한과 관련하여 온라인서비스제공자는 자신의 서비스 안에서 침해행위가 일어나는지를 모니터링하거나 침해행위에 관하여 적극적으로 조사할 의무를 지지 않음을 명확히 하였다(제102조 제 3 항)는 점이다.

그 중 가장 핵심이 되는 위 네 가지 유형의 온라인서비스제공자(OSP)의 면책요건과 관련하여 보면 2011년 6월 30일 개정 저작권법은 먼저 제102조 제 1 항 제 1 호에서 단순도관 서비스 유형의 면책요건으로서, ① 온라인서비스제공자가 저작물 등의 송신을 시작하지 아니한 경우 및 ② 온라인서비스제공자가 저작물 등이나 그 수신자를 선택하지 아니한 경우 등 두 가지 요건을 충족할 것을 요구하고 있었다. 그리고 이러한 단순도관 서비스 유형에 있어서의 면책요건은 나머지 다른 세 가지 서비스 유형에 대한 공통적인 면책요건(다만, 정보검색도구 서비스에 있어서는 위 ①의 요건만이 해당)이 되고 있다. 즉, 단순도관 서비스 유형을 제외한 나머지 다른 세 가지 서비스 유형에 있어서는 공통적으로 위 ①과 ②(정보검색도구 서비스에 있어서는 ①)의 요건을 충족하는 외에, 각 서비스 유형별로 구체화된 개별 요건을 충족하면 온라인서비스제공자로서의 책임을 면하는 것으로 규정하고 있다.

그런데 위 한·EU FTA와는 달리, 현행 저작권법의 기초가 된 한·미 FTA 협정에서는 단순도관 서비스 유형의 면책요건을 별도로 정하고 있지는 않지만, 모든 서비스 유형에 공통적으로 적용되는 면책요건으로서 위 ①과 ② 외에 추가적으로 "반복 침해자의 계정을 폐지하는 정책을 수립하고 시행할 것"과, "온라인서비스제공자와 권리자가 협의하여 정한 표준적 기술조치를 수용하고 방해하지 않을 것"을 요구하고 있다.

이에 2011년 12월 2일 공포된 저작권법은 위 ①과 ② 외에 한·미 FTA 협정에서 요구하는 '③ 반복적 저작권 침해자에 대한 계정해지 정책 실시' 및 '④ 표준적인 기술조치 수용'의 요건을 추가적인 공통 면책요건으로 규정하였다.

한편, 종전 법에서 온라인서비스제공자가 저작권법 제102조 제 1 항 및 제103조 제 1 항 내지 제 4 항의 관련 규정에 따라 저작물 등의 복제·전송을 중단시키거나 재개시킨 경우에 온라인서비스제공자의 책임을 '감경 또는 면제'할 수 있도록 되어 있던 것을, 2011년 6월 30일 개정 저작권법에서부터는 아예 '면제'하는 것으로 하였다(제102조 제 1 항, 제103조 제 5 항). 저작권법 제102조는 온라인서비스제공자가 저작권 등의 침해사실을 알고 자발적으로 복제·전송의 중단 등의 조치를 취한 경우를 주로 예정한 것이며, 이에 반하여 제103조는 권리자의 중단 요청을 받아서 그러한 조치를 취한 경우에 대한 것이다.

이러한 온라인서비스제공자의 책임제한에 관한 규정은 입법취지나 각 조항의 문구상 별다른 제한이 없는 점에 비추어 볼 때, 민사책임뿐만 아니라 형사책임에도 적용된다고 봄이 상당하다.[602]

온라인서비스제공자의 책임제한에 관한 구체적 내용은 다음과 같다.

602) 대법원 2013. 9. 26. 선고 2011도1435 판결.

1. 저작권법 제102조에 의한 책임제한

2011년 개정되기 전 저작권법은 제102조 제 1 항에서 "온라인서비스제공자가 저작물 등의 복제·전송과 관련된 서비스를 제공하는 것과 관련하여 다른 사람에 의한 저작물 등의 복제·전송으로 인하여 그 저작권 그 밖에 이 법에 의하여 보호되는 권리가 침해된다는 사실을 알고 당해 복제·전송을 방지하거나 중단시킨 경우에는, 다른 사람에 의한 저작권 그 밖에 이 법에 의하여 보호되는 권리의 침해에 관한 온라인서비스제공자의 책임을 감경 또는 면제할 수 있다"고 규정하고 있었다. 그러나 2011년 개정 저작권법에서는 인터넷을 통해 저작물 등의 정보를 교환하는 데 있어서 매개자 역할을 수행하는 온라인서비스제공자(OSP)의 서비스를 통하여 발생할 수 있는 저작권침해를 최소화할 수 있도록 하는 한편, 온라인서비스제공자가 저작권 침해책임으로부터 벗어나 보다 안정적으로 사업을 영위할 수 있도록 제102조 제 1 항의 온라인서비스제공자의 유형을 세분화하고 그에 따른 면책 요건을 명확히 하였다. 그에 따라 온라인서비스제공자의 유형을 인터넷접속(단순도관)서비스, 캐싱서비스, 저장서비스, 정보검색도구서비스로 세분화하고, 각 서비스 유형에 따른 면책요건을 구체화하였다. 또한 면책의 허용여부 및 범위도 종전 법에서는 "책임을 감경 또는 면제할 수 있다"고 하여 감경 또는 면제여부를 최종적으로 법원이 재량으로 판단하도록 되어 있었는데, 개정법에서는 "책임을 지지 아니한다"고 규정함으로써 재량의 여지없이 책임을 면제하는 것으로 하였다. 이와 같이 면책사유가 임의적 감면사유에서 필요적 면제사유로 변경됨으로써 온라인서비스제공자의 면책범위는 크게 넓어지게 되었고 그만큼 안정적인 사업이 가능하게 되었다.

온라인서비스제공자의 서비스 유형은 다음 표와 같이 분류할 수 있다.

OSP(온라인서비스제공자)의 서비스 유형 분류[603)]

OSP의 서비스 유형	기술적 특징
인터넷 접속서비스 [단순도관(mere conduit)] (제 1 항 제 1 호)	네트워크와 네트워크 사이에 통신을 하기 위해서 서버까지 경로를 설정하고 이를 연결해 주는 서비스 (KT, SK브로드밴드, LG유플러스 등)
캐싱(cashing)* (제 1 항 제 2 호)	OSP가 일정한 콘텐츠를 중앙서버와 별도로 구축된 캐시서버에 자동적으로 임시 저장하여 이용자가 캐시서버를 통해 해당 콘텐츠를 이용할 수 있도록 하는 서비스
저장 또는 검색서비스 (제 1 항 제 3 호)	카페, 블로그, 웹하드 등 일정한 자료를 하드디스크나 서버에 저장·사용할 수 있게 하는 서비스(인터넷 게시판 등)

603) 한·EU FTA 개정 저작권법 해설, 한국저작권위원회, 2011. 7, 14면.

	인터넷에서 정보를 검색하여 정보를 제공하여 주는 서비스(네이버, 다음, 구글 등의 검색 서비스)

* 캐싱(Caching)이란 정보처리의 효율성과 안정성을 높이기 위해 자주 이용되는 디지털 정보를 캐시(Cache)라 불리는 저장 공간에 임시적으로 저장한 후에, 이를 다시 이용하고자 하는 경우 그 정보의 원래의 출처로 다시 가지 않고 임시 저장된 정보를 활용하도록 하는 것을 말한다. OSP의 캐싱은 이용자가 자신의 컴퓨터에서 저작물을 이용하면서 행하게 되는 캐싱과 구별된다.
종전에 저장서비스와 검색서비스로 나뉘어져 있던 것을 2020년 저작권법에서 통합하였다.

각 서비스 유형별 면책요건의 구체적 내용은 다음과 같다.

가. 인터넷 접속서비스 유형

온라인서비스제공자가 내용의 수정 없이 저작물 등을 송신하거나 경로를 지정하거나 연결을 제공하는 행위 또는 그 과정에서 저작물 등을 그 송신을 위하여 합리적으로 필요한 기간 내에서 자동적·중개적·일시적으로 저장하는 행위, 즉 인터넷 접속서비스(단순도관) 유형의 서비스 행위와 관련하여 저작권 등 권리가 침해되더라도,

① 그 온라인서비스제공자가 저작물 등의 송신을 시작하지 아니하고,

② 온라인서비스제공자가 저작물 등이나 그 수신자를 선택하지 아니하며,

③ 저작권, 그 밖에 이 법에 따라 보호되는 권리를 반복적으로 침해하는 자의 계정(온라인서비스제공자가 이용자를 식별·관리하기 위하여 사용하는 이용권한 계좌를 말한다. 이하 이 조, 제103조의2, 제133조의2 및 제133조의3에서 같다)을 해지하는 방침을 채택하고 이를 합리적으로 이행하며,

④ 저작물 등을 식별하고 보호하기 위한 기술조치로서 대통령령으로 정하는 조건을 충족하는 표준적인 기술조치를 권리자가 이용한 때에는 이를 수용하고 방해하지 아니한 경우[604] 등,

위 네 가지 요건을 모두 갖춘 경우에는 그 권리의 침해에 대하여 책임을 지지 아니한다(저작권법 제102조 제 1 항 제 1 호).

한편, 위 규정에 따라 저작권법시행령은 위 ④의 표준적인 기술조치로 되기 위한 대통령령으로 정하는 조건이란 "(a) 저작재산권자와 온라인서비스제공자의 의견일치에 따라 개방적이고 자발적으로 정하여질 것, (b) 합리적이고 비차별적인 이용이 가능할 것, (c) 온라인서비스제공자에게 상당한 비용을 부과하거나 온라인서비스 제공 관련 온라인서비스제공자의 시스템 또는 정보통신망에 실질적인 부담을 주지 아니할 것"의 각 조건을 말한다고

604) 본문 ③과 ④ 부분이 2011. 12. 2. 공포된 현행 저작권법에서 공통의 면책요건으로 추가된 부분이다.

규정하고 있다.[605)]

나. 캐싱 유형

온라인서비스제공자가 서비스이용자의 요청에 따라 송신된 저작물 등을 후속 이용자들이 효율적으로 접근하거나 수신할 수 있게 할 목적으로, 그 저작물 등을 자동적·중개적·일시적으로 저장하는 행위와 관련하여 저작권 등 권리가 침해되더라도, 위 인터넷 접속서비스 유형의 면책요건인

① 그 온라인서비스제공자가 저작물 등의 송신을 시작하지 아니하고,

② 온라인서비스제공자가 저작물 등이나 그 수신자를 선택하지 아니하며,

③ 저작권, 그 밖에 이 법에 따라 보호되는 권리를 반복적으로 침해하는 자의 계정을 해지하는 방침을 채택하고 이를 합리적으로 이행하고,

④ 저작물 등을 식별하고 보호하기 위한 기술조치로서 대통령령으로 정하는 조건을 충족하는 표준적인 기술조치를 권리자가 이용한 때에는 이를 수용하고 방해하지 아니한 경우 등,

위 네 가지 요건을 모두 갖추고 아울러,

⑤ 온라인서비스제공자가 그 저작물 등을 수정하지 아니하고,

⑥ 제공되는 저작물 등에 접근하기 위한 조건이 있는 경우에는 그 조건을 지킨 이용자에게만 임시저장 된 저작물 등의 접근을 허용하고,

⑦ 저작물 등을 복제·전송하는 자(이하 '복제·전송자')가 명시한, 컴퓨터나 정보통신망에 대하여 그 업계에서 일반적으로 인정되는 데이터통신규약에 따른 저작물 등의 현행화에 관한 규칙을 지키며(다만, 복제·전송자가 그러한 저장을 불합리하게 제한할 목적으로 현행화에 관한 규칙을 정한 경우에는 그러하지 아니한다),

⑧ 저작물 등이 있는 본래의 사이트에서 그 저작물 등의 이용에 관한 정보를 얻기 위하여 적용한, 그 업계에서 일반적으로 인정되는 기술의 사용을 방해하지 아니하고,

⑨ 제103조 제1항에 따른 복제·전송의 중단요구를 받은 경우, 본래의 사이트에서 그 저작물 등이 삭제되었거나 접근할 수 없게 된 경우, 또는 법원, 관계 중앙행정기관의 장이 그 저작물 등을 삭제하거나 접근할 수 없게 하도록 명령을 내린 사실을 실제로 알게 된 경우에 그 저작물 등을 즉시 삭제하거나 접근할 수 없게 한 경우 등,

위 ①에서 ⑨까지의 요건을 모두 갖춘 경우에는 그 권리의 침해에 대하여 책임을 지지 아니 한다(저작권법 제102조 제1항 제2호).

---

605) 저작권법시행령 제39조의3(표준적인 기술조치).

다. 저장 또는 검색서비스 유형

온라인서비스제공자가 복제·전송자의 요청에 따라 저작물 등을 온라인서비스제공자의 컴퓨터에 저장하는 행위 또는 정보검색도구를 통하여 이용자에게 정보통신망 상 저작물 등의 위치를 알 수 있게 하거나 연결하는 행위와 관련하여 저작권 등 권리가 침해되더라도, 위 인터넷 접속서비스 유형의 면책요건인

① 그 온라인서비스제공자가 저작물 등의 송신을 시작하지 아니하고,

② 온라인서비스제공자가 저작물 등이나 그 수신자를 선택하지 아니하며,

③ 저작권, 그 밖에 이 법에 따라 보호되는 권리를 반복적으로 침해하는 자의 계정을 해지하는 방침을 채택하고 이를 합리적으로 이행하며,

④ 저작물 등을 식별하고 보호하기 위한 기술조치로서 대통령령으로 정하는 조건을 충족하는 표준적인 기술조치를 권리자가 이용한 때에는 이를 수용하고 방해하지 아니한 경우 등,

위 네 가지 요건을 모두 갖추고 아울러,

⑤ 온라인서비스제공자가 침해행위를 통제할 권한과 능력이 있을 때에는 그 침해행위로부터 직접적인 금전적 이익을 얻지 아니하며,

⑥ 온라인서비스제공자가 침해를 실제로 알게 되거나 제103조 제 1 항에 따른 복제·전송의 중단요구 등을 통하여 침해가 명백하다는 사실 또는 정황을 알게 된 때에 즉시 그 저작물 등의 복제·전송을 중단시킨 경우 및,

⑦ 제103조 제 4 항에 따라 복제·전송의 중단요구 등을 받을 자를 지정하여 공지한 경우 등,

위 ①에서 ⑦까지의 요건을 모두 갖춘 경우에는 그 권리의 침해에 대하여 책임을 지지 아니한다(저작권법 제102조 제 1 항 제 3 호).

이상의 각 서비스 유형별 면책요건을 요약하면 아래 표와 같다.

OSP 유형별 책임제한 요건[606]

온라인서비스 유형 / 책임 면제요건	도 관 서비스	캐 싱 서비스	저장 또는 정보검색 서비스
저작물의 송신을 개시 않을 것(제 1 호 가목)	○	○	○

606) 한·EU FTA 개정 저작권법 해설, 전게서, 15면.

저작물과 수신자를 선택 않을 것(제 1 호 나목)	○	○	○
반복 침해자의 계정 폐지정책(제 1 호 다목)	○	○	○
표준적 기술조치의 수용(제 1 호 라목)	○	○	○
저작물 등을 수정 않을 것(제 2 호 나목)		○	
일정조건 충족하는 이용자만 캐싱된 저작물에 접근허용 (제 2 호 다목)		○	
복제·전송자가 제시한 현행화 규칙 준수(제 2 호 라목)		○	
저작물 이용 정보를 얻기 위하여 업계에서 인정한 기술 사용 방해 않을 것(제 2 호 마목)		○	
본래의 사이트에서 접근할 수 없게 조치된 저작물에 접근할 수 없도록 조치(제 2 호 바목)		○	
침해행위 통제 권한 있는 경우, 직접적 금전적 이익 없을 것 (제 3 호 나목)			○
침해행위 인지 시 해당 저작물 복제·전송 중단 (제 3 호 다목)			○
복제·전송 중단 요구 대상자 지정 및 공지(제 3 호 라목)			○

- (제 1 호 가목 및 나목) OSP가 저작물을 업로드하거나 다운로드하는 것에 전혀 관여하지 아니하고, 단순히 업로드 및 다운로드의 매개자 역할만을 하는 경우
- (제 2 호 나목) 캐싱 서비스를 제공하는 OSP가 캐시 서버에 저장된 저작물을 수정하지 않은 경우
- (제 2 호 다목) 원래 사이트에 대한 서비스 이용이 제한되어 있는 경우, 예를 들어 원래 사이트에 이용료의 지불 또는 암호나 그 밖의 다른 정보의 입력에 기초한 조건이 있는 경우 그 조건을 지킨 이용자에게만 캐시 서버에 접근을 허용한 경우
- (제 2 호 라목 본문) 저작물 등의 현행화에 관한 '데이터통신규약'의 예: HTTP 프로토콜, Internet Cache Protocol
- (제 2 호 라목 단서) 예를 들어, 캐싱 운영자에게 10초마다 현행화시키는 규칙을 정한 경우, 캐싱 운영자에게 너무 과도한 부담을 줄 수 있으므로 이를 해소하기 위함
- (제 2 호 마목) 예를 들어, 광고수익을 위한 hit count를 원래 사이트로 돌리는 기술의 사용을 방해하지 않은 경우
- (제 2 호 바목) 복제·전송 중단요청으로 원서버에서 자료가 삭제되거나 접근할 수 없는 경우, 또는 법원의 판결이나 행정명령을 받아 삭제된 경우, 캐시 서버에서도 이를 즉시 삭제하거나 접근할 수 없게 한 경우
- (제 3 호 나목) 저작물에 대한 통제권한이 있는 저장서비스 제공자가 서비스 제공에 따른 사용료, 전송속도 상행, 전송속도에 따른 프리미엄 서비스 제공 등을 통해 직접적인 금전적인 이익이나 혜택을 받지 않은 경우
- (제 3 호 다목) OSP가 침해사실을 직접 알게 되거나, 복제·전송의 중단요구 등을 통하여 침해가 명백하다는 사실 또는 정황을 알게 된 때에 즉시 그 저작물 등의 복제·전송을 중단시킨 경우
- (제 3 호 라목) 불법복제물에 대한 복제·전송의 중단요구 등을 받을 자를 지정하여 공지한 경우(흔히 개인정보관리책임자와 유사하게 저작권을 관리하는 책임자를 지정하고 공지)

한편, 저작권법 제102조 제 1 항에도 불구하고 온라인서비스제공자가 그 제 1 항에 따른 조치를 취하는 것이 기술적으로 불가능한 경우에는 다른 사람에 의한 저작물 등의 복제·전송으로 인한 저작권, 그 밖에 이 법에 따라 보호되는 권리의 침해에 대하여 책임을 지지 아니한다(제102조 제 2 항). 또한 위 법 제102조 제 1 항에 따른 책임 제한과 관련하여 온라인서비스제공자는 자신의 서비스 안에서 침해행위가 일어나는지를 모니터링하거나 그 침해행위에 관하여 적극적으로 조사할 의무를 지지 아니한다(같은 조 제 3 항).

이상에서 본 바와 같이 2011년 개정되기 전 저작권법에서는 온라인서비스제공자의 행위 유형을 구분하지 않고 복제·전송을 방지하거나 중단시킨 경우 온라인서비스제공자의 책임을 감경 또는 면제하도록 하였으나, 현행 저작권법에서는 온라인서비스제공자의 행위를 세 가지로 유형화하여 각각의 유형에 해당하는 요건을 충족하면 책임을 면제하도록 하였다. 이는 온라인서비스제공자의 사업을 안정적으로 영위할 수 있도록 하는 한편, 온라인서비스제공자가 자신의 서비스를 통하여 발생할 수 있는 저작권침해에 대하여 보다 적극적으로 억지할 수 있는 기준을 설정해 주었다는 점에서 큰 의미를 가진다.

2. 저작권법 제103조에 의한 책임제한

저작권법 제103조에 의한 책임제한 규정은 온라인서비스제공자가 권리자의 중단 요청을 받아 복제·전송 등의 중단조치를 취한 경우에 대한 규정이다.[607] 따라서 먼저 그런 중단 요청 및 그에 따른 후속조치가 어떻게 이루어져야 하는지에 대하여 살펴볼 필요가 있다.

현행 저작권법은 앞에서 본 바와 같이 제102조에서 온라인서비스제공자를 3가지 유형으로 나누어 그 면책요건을 규정하고 있으며, 이에 따라 권리주장자의 복제·전송 중단 요구와 그에 대한 온라인서비스제공자의 중단 절차 역시 유형별로 명확히 하고 있다. 먼저 인터넷 접속서비스(도관서비스)를 권리주장자가 불법 복제물의 복제·전송 중단 요구를 하는 대상에서 제외하였는데, 이는 도관서비스는 단순히 인터넷 접속만을 제공하므로 침해 주장의 통지를 받아 처리할 수 있는 유형의 서비스가 아니기 때문이다. 또한 현행법은 불법 복제물을 중단시키고, 중단 사실을 권리 주장자 및 복제·전송자에게 통보하여야 하는 온라인서비스제공자를 명확히 하였다.

607) 이른바 Notice and Take-down 조항이라고 볼 수 있다.

가. 권리자의 권리주장과 복제·전송의 중단 등

(1) 권리의 주장

온라인서비스제공자(저작권법 제102조 제1항 제1호의 경우는 제103조 적용에서 제외한다)의 서비스를 이용한 저작물 등의 복제·전송에 따라 저작권, 그 밖에 이 법에 따라 보호되는 자신의 권리가 침해됨을 주장하는 자(이하 '권리주장자')는 그 사실을 소명하여 온라인서비스제공자에게 그 저작물 등의 복제·전송을 중단시킬 것을 요구할 수 있다(제103조 제1항). 법 제103조 제1항에 따라 온라인서비스제공자에게 복제·전송을 중단시킬 것을 요구하려는 자는 문화체육관광부령으로 정하는 요청서(전자문서로 된 요청서를 포함한다)에 다음 각 호의 어느 하나에 해당하는 소명 자료(전자문서를 포함한다)를 첨부하여 온라인서비스제공자에게 제출하여야 한다. 다만, 권리주장자가 저작권신탁관리업자이거나 최근 1년 이내에 반복적인 침해행위에 대하여 권리자임을 소명할 수 있는 자료를 이미 제출한 사실이 있는 경우에는 요청서만 제출하여도 된다(저작권법 시행령 제40조).

1. 자신이 그 저작물 등의 권리자로 표시된 저작권 등의 등록증 사본 또는 그에 상당하는 자료
2. 자신의 성명 등이나 이명으로서 널리 알려진 것이 표시되어 있는 저작물 등의 사본 또는 그에 상당하는 자료

(2) 복제·전송의 중단 등

온라인서비스제공자는 제1항에 따른 복제·전송의 중단요구를 받은 경우에는 즉시 그 저작물 등의 복제·전송을 중단시키고 권리주장자에게 그 사실을 통보하여야 한다. 다만, 제102조 제1항 제3호의 온라인서비스제공자는 그 저작물 등의 복제·전송자에게도 이를 통보하여야 한다(제103조 제2항).

2006년 개정 전 저작권법에서는 중단요구가 있는 경우 '지체 없이' 복제·전송을 중단하여야 한다고 규정하고 있었다. 그런데 '지체 없이'보다는 '즉시'가 더 신속한 개념이므로 침해물의 복제·전송으로 인한 침해물의 확산을 최대한 빨리 차단시켜야 한다는 취지에서 개정된 저작권법에서는 권리주장자의 요구가 있는 경우에 온라인서비스제공자가 저작물 등의 복제·전송 중단 조치를 취할 시간적 의무를 '지체 없이'에서 '즉시'로 변경하였다고 한다.[608] 또한 2006년 개정 전 저작권법에서는 복제·전송의 중단 사실을 복제·전송을 하

608) 법제처에서 간행한 법제업무 편람에 의하면, "'즉시'는 시간적 즉시성이 보다 강한 것이다. 이에 대하

는 자에게만 통보하는 것으로 규정하고 있었는데, 온라인서비스제공자가 권리주장자의 요구에 따라 저작물 등의 복제·전송을 중단시켰는지 여부는 권리주장자에게도 매우 민감한 사안이므로, 2006년 개정된 저작권법에서는 중단 사실을 복제·전송자뿐만 아니라 권리주장자에게도 통보하도록 하였고, 2011년 개정된 저작권법에서는 권리주장자에게 통보하는 것을 원칙으로 하되, 저작권법 제102조 제 1 항 제 3 호의 온라인서비스제공자는 복제·전송자에게도 통보하는 것으로 하였다.

결국 2020년 개정된 현행 저작권법 제103조에 의하면, 제102조에서 정한 3가지 온라인서비스 유형 중 도관서비스 유형(제102조 제 1 항 제 1 호)에 있어서는 권리주장자 및 복제·전송자 모두에게 통보할 필요가 없다. 캐싱서비스 유형(같은 제 2 호)에 있어서는 권리주장자에게만 통보를 하면 되고, 복제·전송자에게는 통보를 할 필요가 없다. 저장 또는 검색서비스 유형(같은 제 3 호)에 있어서는 권리주장자와 복제·전송자 모두에게 통보를 하여야 한다. 이는 앞에서도 본 바와 같이 도관서비스는 단순히 인터넷 접속만을 제공하기 때문에 침해 주장의 통지를 받아 처리할 수 있는 유형의 온라인서비스가 아니므로 이를 제외하고, 캐싱·저장·검색 서비스의 경우에는 해당 자료를 삭제하거나 접근할 수 없도록 할 수 있으므로, 권리주장자로부터 침해 주장의 통지를 받아 복제·전송을 중단시킨 경우 권리주장자에게 통보하도록 한 것이다. 나아가 저작물의 복제·전송을 중단시킨 경우, 캐싱서비스는 침해 주장의 통지 내용이 원 서버에서 지워진 자료가 캐시서버에 그대로 올려져 있는 것을 삭제하여 달라는 것이므로 복제·전송자에게 이를 통보할 필요가 없어서 제외한 것이다.[609)]

이를 요약하면 아래 표와 같다.

복제·전송 중간의 통보여부에 대한 비교표[610)]

<table>
<tr><th rowspan="2">구 분</th><th colspan="2">종전법</th><th colspan="2">개정법</th></tr>
<tr><th>권리주장자</th><th>복제·전송자</th><th>권리주장자</th><th>복제·전송자</th></tr>
<tr><td>도관서비스
(제102조 제 1 항 제 1 호)</td><td colspan="2" rowspan="2">종전에는 온라인서비스제공자 구분없이 권리주장자 및 복제 전송자에 대해 통보하도록 하고 있으나, 실제 적용 대상은 저장 및 검색 서비스 사업자가 대상</td><td>×</td><td>×</td></tr>
<tr><td>캐싱서비스
(제102조 제 1 항 제 2 호)</td><td>○</td><td>×</td></tr>
</table>

여 '지체 없이'는 역시 시간적 즉시성이 강하게 요구되지만 정당한 또는 합리적인 이유에 대한 지체는 허용된다고 해석하고, 다만 사정이 허락하는 한 가장 신속하게 하여야 한다는 것을 뜻한다"고 한다(문화관광부, 2005-개정저작권법 설명자료, 98면 참조).

609) 한·EU FTA 개정 저작권법 해설, 전게서, 18면.

610) 상게서, 18면.

저장 또는 검색서비스 (제102조 제 1 항 제 3 호)	이었음	○	○

온라인서비스제공자가 통보하여야 할 사항에 관하여는 저작권법시행령이 규정하고 있는데, 저작권법 제103조 제 2 항에 따라 저작물 등의 복제·전송을 중단시킨 온라인서비스제공자는 복제·전송을 중단시킨 날부터 3일 이내에 권리주장자 및 복제·전송자(복제·전송자의 경우는 제102조 제 1 항 제 3 호의 온라인서비스제공자로 한정한다)에게 문화체육관광부령으로 정하는 통보서(전자문서로 된 통보서를 포함한다)에 권리주장자가 제출한 복제·전송 중단 요청서(복제·전송자에 한정하며, 전자문서를 포함한다)를 첨부하여 통보하여야 한다(저작권법시행령 제41조 제 1 항). 아울러, 온라인서비스제공자는 복제·전송자에게 제 1 항에 따른 통보를 할 때 자신의 복제·전송이 정당한 권리에 의한 것임을 소명하여 복제·전송의 재개를 요구할 수 있음을 알려주어야 한다(같은 조 제 2 항).

판례는 온라인서비스제공자가 이 규정에 의하여 그 책임을 면제받을 수 있기 위해서는 저작권자로부터 중단 요구를 받은 즉시 그 저작물의 복제·전송을 중단시켜야 하는 점에 비추어, 온라인서비스제공자가 스스로 저작권 침해사실을 알게 된 경우에도 그 즉시 당해 복제·전송을 중단시켜야 책임을 면할 수 있다고 하였다.[611)]

(3) 복제·전송자의 권리소명

저작권법 제103조 제 2 항의 규정에 따른 통보를 받은 복제·전송자가 자신의 복제·전송이 정당한 권리에 의한 것임을 소명하여 그 복제·전송의 재개를 요구하는 경우 온라인서비스제공자는 재개요구사실 및 재개예정일을 권리주장자에게 지체 없이 통보하고 그 예정일에 복제·전송을 재개시켜야 한다(저작권법 제103조 제 3 항).

저작권법 제103조 제 3 항에 따라 복제·전송의 재개를 요구하려는 복제·전송자는 온라인서비스제공자로부터 복제·전송의 중단을 통보받은 날부터 30일 이내에 문화체육관광부령으로 정하는 재개요청서(전자문서로 된 요청서를 포함한다)에 다음 각 호의 어느 하나에 해당하는 소명 자료(전자문서를 포함한다)를 첨부하여 온라인서비스제공자에게 제출하여야 한다(저작권법시행령 제42조).

1. 자신이 그 저작물 등의 권리자로 표시된 저작권 등의 등록증 사본 또는 그에 상당하는 자료

611) 대법원 2013. 9. 26. 선고 2011도1435 판결.

2. 자신의 성명 등 또는 널리 알려진 이명이 표시되어 있는 그 저작물 등의 사본 또는 그에 상당하는 자료
3. 저작권 등을 가지고 있는 자로부터 적법하게 복제·전송의 허락을 받은 사실을 증명하는 계약서 사본 또는 그에 상당하는 자료
4. 그 저작물 등의 저작재산권의 보호기간이 끝난 경우 그 사실을 확인할 수 있는 자료

(4) 온라인서비스제공자의 공지의무

온라인서비스제공자는 저작권법 제103조 제 1 항 및 제 3 항의 규정에 따른 복제·전송의 중단 및 그 재개의 요구를 받을 자('수령인')를 지정하여 자신의 설비 또는 서비스를 이용하는 자들이 쉽게 알 수 있도록 공지하여야 한다(저작권법 제103조 제 4 항). 온라인서비스제공자가 이 규정에 따라 수령인을 지정(지정한 수령인을 변경하여 지정하는 것을 포함한다)한 경우에는 그 복제·전송 서비스를 제공하는 자신의 정보통신망에 누구나 쉽게 알 수 있도록 수령인에 대한 성명 및 소속부서명, 전화번호·팩시밀리번호 및 전자우편주소, 우편물을 수령할 수 있는 주소의 정보를 표시하여야 한다(저작권법 시행령 제44조).

(5) 온라인서비스제공자의 책임제한

온라인서비스제공자가 제 4 항의 규정에 따른 공지를 하고 제 2 항 및 제 3 항의 규정에 따라 그 저작물 등의 복제·전송을 중단시키거나 재개시킨 경우에는 다른 사람에 의한 저작권 그 밖에 이 법에 따라 보호되는 권리의 침해에 대한 온라인서비스제공자의 책임 및 복제·전송자에게 발생하는 손해에 대한 온라인서비스제공자의 책임을 면제한다. 다만, 이 항의 규정은 온라인서비스제공자가 다른 사람에 의한 저작물 등의 복제·전송으로 인하여 그 저작권 그 밖에 이 법에 따라 보호되는 권리가 침해된다는 사실을 안 때부터 제 1 항의 규정에 따른 중단을 요구받기 전까지 발생한 책임에는 적용하지 아니한다(저작권법 제103조 제 5 항).

해석론으로서는, 권리자의 권리주장이 저작권법 제103조 제 1 항에 따른 소명과 저작권법시행령 제40조 등이 정한 구체적 소명방법에 관한 규정을 준수하고 있지 않은 경우에는 온라인서비스제공자는 그 권리주장에 따른 조치를 거부할 수 있고, 그러한 경우에는 적법한 침해주장의 통지를 받고 제거조치를 취한 온라인서비스제공자의 경우와 차별할 합리적 근거가 없으므로 역시 책임을 감면해 주는 것이 타당하다는 견해가 있다.[612)]

한편, 정당한 권리 없이 제 1 항 및 제 3 항의 규정에 따른 그 저작물 등의 복제·전송

612) 박준석, 전게서, 162면.

의 중단이나 재개를 요구하는 자는 그로 인하여 발생하는 손해를 배상하여야 한다(저작권법 제103조 제 6 항). 또한 자신에게 정당한 권리가 없음을 알면서 고의로 저작권법 제103조 제 1 항 또는 제 3 항의 규정에 따른 복제·전송의 중단 또는 재개요구를 하여 온라인서비스제공자의 업무를 방해한 자는 1년 이하의 징역 또는 1천만 원 이하의 벌금에 처한다(저작권법 제137조 제 6 호).

(6) 온라인서비스제공자가 책임을 지게 되는 경우

위와 같은 책임제한 규정에도 불구하고 온라인서비스제공자는 다음과 같은 경우에는 저작권침해에 따른 책임을 져야 할 것으로 해석된다.

첫째, 온라인서비스제공자가 저작권침해에 대한 인식을 가지고 스스로 저작권침해물의 선별적인 송신행위를 하는 경우이다. 저작권법 제102조와 제103조는 이용자들이 저작권침해물의 송신행위를 하고, 온라인서비스제공자는 다만 그 통로가 되는 정보통신망을 이용할 수 있도록 하는 역할만을 하고 있는 경우를 예정한 것이다. 따라서 온라인서비스제공자가 저작권침해물이라는 점을 인식하면서 적극적·주체적으로 복제 또는 전송 등의 행위를 하였다면, 저작권법 제102조나 제103조와 관계없이 저작권침해에 따른 책임을 져야 한다.[613] 그러나 개정된 현행 저작권법은 제102조와 제103조가 적용되는 요건을 상세하게 규정하고 있으므로 온라인서비스제공자가 저작권침해에 대한 인식을 가지고 스스로 저작권침해물의 선별적인 송신행위를 한 경우에는 위 제102조나 제103조가 적용될 여지가 거의 없을 것이다.

둘째, 온라인서비스제공자가 이용자의 저작권침해행위에 일정한 관여를 함으로써 민법 제760조 제 3 항의 '교사자' 또는 '방조자'라고 평가할 수 있는 경우에는 그 이용자의 행위와 공동불법행위가 성립하므로 역시 책임을 질 수 있다. 특히 온라인서비스제공자가 저작권침해 사실을 인식하였거나 권리자로부터 법 규정에 따른 권리주장이 있었음에도 불구하고 적절한 조치를 취함이 없이 이를 방치하였다면 공동불법행위에 따른 책임을 질 수 있다.[614] 온라인서비스제공자의 방조책임과 관련하여 대법원 2019. 2. 28. 선고 2016다271608 판결은, "온라인서비스제공자가 제공한 인터넷 게시공간에 타인의 저작권을 침해하는 게시물이 게시되었다고 하더라도, 온라인서비스제공자가 저작권을 침해당한 피해자로부터 구체적·개별적인 게시물의 삭제와 차단 요구를 받지 않아 게시물이 게시된 사정을 구체적으로 인식하지 못하였거나 기술적·경제적으로 게시물에 대한 관리·통제를 할 수

---

613) 오승종·이해완, 전게서, 519면.
614) 상게서, 519면.

없는 경우에는, 게시물의 성격 등에 비추어 삭제의무 등을 인정할 만한 특별한 사정이 없는 한 온라인서비스제공자에게 게시물을 삭제하고 향후 같은 인터넷 게시공간에 유사한 내용의 게시물이 게시되지 않도록 차단하는 등의 적절한 조치를 취할 의무가 있다고 보기 어렵다."고 판시하였다.

셋째, 2011년 개정 전 저작권법 아래에서는 온라인서비스제공자에게 타인의 저작권을 침해한 저작물이 게시판 등에 게재되지 않도록 감시(monitoring)할 주의의무가 인정될 경우에는 침해에 대한 책임을 질 수 있다고 해석되었다. 개정 전 저작권법 제102조 및 제103조는 이러한 책임의 가능성을 전제로 하면서 일정한 경우에 그 책임을 감경 또는 면제하는 규정이라고 보았기 때문이다.[615] 그러나 2011년 저작권법 개정에 따라 현행 저작권법은, 제102조 제 1 항에 따른 책임 제한과 관련하여 온라인서비스제공자는 자신의 서비스 안에서 침해행위가 일어나는지를 모니터링하거나 그 침해행위를 적극적으로 조사할 의무를 지지 않는다는 명문규정을 두었다(제102조 제 3 항).

나. 법원 명령의 범위 등

2011년 6월 30일 개정된 저작권법 제103조 제 3 항은 "제 2 항의 규정에 따른 통보를 받은 복제·전송자가 자신의 복제·전송이 정당한 권리에 의한 것임을 소명하여 그 복제·전송의 재개를 요구하는 경우 온라인서비스제공자는 재개요구사실 및 재개예정일을 권리주장자에게 지체 없이 통보하고 그 예정일에 복제·전송을 재개시켜야 한다"고 규정하고 있다. 현행법은 여기에 "다만, 권리주장자가 복제·전송자의 침해행위에 대하여 소를 제기한 사실을 재개예정일 전에 온라인서비스제공자에게 통보한 경우에는 그러하지 아니하다"는 단서를 신설하였다.

또한 현행법은 제103조의2(온라인서비스제공자에 대한 법원 명령의 범위) 규정을 신설하여, 법원은 제102조 제 1 항 제 1 호에 따른 요건을 충족한 온라인서비스제공자에게 제123조 제 3항에 따라 필요한 조치를 명하는 경우에는 ① 특정 계정의 해지, ② 특정 해외 인터넷 사이트에 대한 접근을 막기 위한 합리적 조치만을 명할 수 있도록 하였고, 나아가 법원은 제102조 제 1 항 제 2 호 및 제 3 호의 요건을 충족한 온라인서비스제공자에게 제123조 제 3 항에 따라 필요한 조치를 명하는 경우에는 ① 불법복제물의 삭제, ② 불법복제물에 대한 접근을 막기 위한 조치, ③ 특정 계정의 해지, ④ 그 밖에 온라인서비스제공자에게 최소한의 부담이 되는 범위에서 법원이 필요하다고 판단하는 조치만을 명할 수 있도록 하였다.

---

615) 상게서, 520-521면.

다. 온라인서비스제공자의 정보제공 의무

(1) 의 의

저작권 등의 권리자(권리주장자)가 소송의 제기 등 침해에 대한 구제를 받기 위해서는 침해자에 대한 신원정보를 필요로 한다. 그런데 인터넷과 같은 온라인을 통하여 다수의 침해자가 관련된 경우 그 침해자들에 대한 정보를 피해자가 직접 수집하기란 매우 어렵다. 반면에 그러한 침해가 온라인을 통하여 이루어졌을 경우에 해당 온라인서비스제공자는 침해자들에 대한 신원정보를 보유하고 있을 가능성이 높다. 이러한 이유로 인하여 특히 온라인을 통한 저작권 침해사건에서는 피해자가 일단 형사 고소를 하고 그 형사 고소에 따른 수사절차에서 해당 온라인서비스제공자로부터 침해자들에 대한 신원정보를 간접적으로 수집하는 사례가 많이 발생하고 있다. 이와 같이 권리자(또는 권리주장자)가 저작권침해에 대한 구제를 받기 위하여 침해 혐의자의 신원 등을 파악할 목적으로 형사절차를 남용하는 등 불합리한 사례가 발생하는 점을 개선하기 위하여, 권리주장자가 온라인서비스제공자로부터 저작권을 침해한 것으로 주장되는 가입자의 신원에 관한 정보 등을 소송에 필요한 범위 내에서 획득할 수 있도록 하는 절차로 고안된 것이 '침해자의 정보제공 의무' 제도라고 할 수 있다.

현행 저작권법의 기초가 된 한·미 FTA 협정이 온라인을 통한 저작권 등 침해에 대한 권리 구제의 실효성을 기하기 위하여 침해 고지를 한 권리주장자가 온라인서비스제공자에 대하여 침해 혐의자에 대한 신원정보를 청구할 수 있는 사법적 또는 행정적 절차를 마련할 것을 당사국의 의무 사항으로 규정하고 있음에 따라 도입된 제도이다.[616)]

(2) 내 용

위에서 본 '침해자 정보제공 의무' 제도의 취지 및 한·미 FTA 협정에 따라 2011년 12월 2일 공포된 현행 저작권법은 권리주장자가 저작권 등 권리침해 혐의자의 신원정보 등 필요한 최소한의 정보 파악에 관한 절차를 마련함으로써 권리자가 온라인을 통한 저작권침해에 보다 효율적으로 대처할 수 있도록 하였다. 다만, 권리주장자에 의한 무분별한 정보제공의 청구를 방지하기 위하여 권리주장자가 문화체육부장관에게 정보의 청구를 하기 전에 먼저 온라인서비스제공자에게 정보제공을 요청하는 등의 자구노력을 하도록 하고 있다. 또한 개인의 신원정보 공개는 사생활을 침해할 우려가 있으므로 신중한 판단을 위하여 문화체육관광부장관이 정보제공을 명하기 전에 저작권보호심의위원회의 심의를

616) 한·미 FTA 협정 제18.10조 제30항 나호 9목 및 11목.

거치도록 하는 등 일정한 요건을 부가하고 있다. 나아가 개인정보의 보호를 위하여 제공하여야 하는 정보의 내용을 성명 및 주소 등 소제기를 위하여 필요한 최소한의 정보로 제한하고,[617] 이에 따라 취득한 정보의 목적 이외의 사용을 금지하는 한편, 그 금지를 위반한 경우에는 3년 이하의 징역 또는 3천만 원 이하의 벌금에 해당하는 형벌을 과할 수 있도록 하였다.

보다 구체적으로 살펴보면, 현행법은 제103조의3(복제·전송자에 관한 정보 제공의 청구) 규정을 신설하여 그 제 1 항에서, "권리주장자가 민사상의 소제기 및 형사상의 고소를 위하여 해당 온라인서비스제공자에게 그 온라인서비스제공자가 가지고 있는 해당 복제·전송자의 성명과 주소 등 필요한 최소한의 정보 제공을 요청하였으나 온라인서비스제공자가 이를 거절한 경우 권리주장자는 문화체육관광부장관에게 해당 온라인서비스제공자에 대하여 그 정보의 제공을 명령하여 줄 것을 청구할 수 있다"고 규정하고 있다.[618] 또한 같은 조 제 2 항에서는, "문화체육관광부장관은 제 1 항에 따른 청구가 있으면 제112조의6에 따른 저작권보호심의위원회의 심의를 거쳐 온라인서비스제공자에게 해당 복제·전송자의 정보를 제출하도록 명할 수 있다"고 하고 있고, 같은 조 제 3 항에서는, "온라인서비스제공자는 제 2 항의 명령을 받은 날부터 7일 이내에 그 정보를 문화체육관광부장관에게 제출하여야 하며, 문화체육관광부장관은 그 정보를 제 1 항에 따른 청구를 한 자에게 지체 없이 제공하여야 한다"고 규정하고 있다. 나아가 같은 조 제 4 항에서는, "제 3 항에 따라 해당 복제·전송자의 정보를 제공받은 자는 해당 정보를 제 1 항의 청구 목적 외의 용도로 사용하여서는 아니 된다"고 하여 정보의 무분별한 사용행위를 제한하고 있으며, 제136조(벌칙) 제 2 항 제 3 의2호를 신설하여 "제103조의3 제 4 항을 위반한 자"에 대하여는 3년 이하의 징역 또는 3천만 원 이하의 벌금에 처하거나 이를 병과할 수 있도록 하였다.

3. 특수한 유형의 온라인서비스제공자의 의무

가. 의무의 내용

다른 사람들 상호 간에 컴퓨터를 이용하여 저작물 등을 전송하도록 하는 것을 주된 목적으로 하는 온라인서비스제공자(이하 '특수한 유형의 온라인서비스제공자')는 권리자의 요청

617) 문화체육관광부, 전게서, 제30면은, 현행법상으로도 사생활 침해 또는 명예훼손의 경우에 피해자가 소송의 제기를 위하여 방송통신심의위원회에 해당 정보통신서비스제공자가 보유하고 있는 이용자 정보의 제공을 청구할 수 있도록 하고 있음(정보통신망 이용촉진 및 정보보호 등에 관한 법률 제44조의6)을 들고 있다.

618) 개정안 제103조의3 제 1 항.

이 있는 경우 해당 저작물 등의 불법적인 전송을 차단하는 기술적인 조치 등 필요한 조치를 하여야 한다. 이 경우 권리자의 요청 및 필요한 조치에 관한 사항은 대통령령으로 정한다(저작권법 제104조 제1항).

이 규정은 2006년 저작권법 개정 당시 새로 신설된 규정이다. 여기서 "다른 사람들 상호간에 컴퓨터 등을 이용하여 저작물 등을 전송하도록 하는 것을 주된 목적으로 하는 서비스제공자"는 P2P 서비스업자나 공유형 웹하드업자를 염두에 둔 것이다. P2P는 사용자들 사이의 자유로운 파일(저작물) 교환(전송)을 주된 목적으로 하므로 권리자들의 요청이 있을 경우 그의 저작물이 더 이상 공유되지 못하도록 대통령령이 정한 보호조치를 취할 것을 강제한 것이다. 한편, 웹하드 서비스는 개인에게 일정한 저장 공간을 마련해주는 것이 기본적인 서비스이지만, 이를 벗어나 이용자들이 자유롭게 파일을 교환하는 장을 마련해주고 이를 통해 수익을 얻는 경우가 빈발하고 있다. 따라서 순수하게 웹하드 제공만을 목적으로 하지 않는 파일 교환 서비스를 제공해 주는 이른바 '공유형' 웹하드 업체도 이 규정의 규율을 받는 것으로 해석된다.[619)]

문화체육관광부장관은 저작권법 제104조 제1항의 규정에 따른 특수한 유형의 온라인서비스제공자의 범위를 정하여 고시할 수 있다(제104조 제2항). 이에 따라 문화체육관광부 고시 제2014-0007호는 다음과 같이 특수한 유형의 온라인서비스제공자의 범위를 고시하고 있다.

[특수한 유형의 온라인서비스제공자의 범위]

공중이 저작물 등을 공유할 수 있도록 하는 웹사이트 또는 프로그램을 제공하는 자로서 다음 각 호의 어느 하나에 해당하는 경우에는 저작권법 제104조의 규정에 의한 특수한 유형의 온라인서비스제공자로 본다.

1. 개인 또는 법인(단체 포함)의 컴퓨터 등에 저장된 저작물 등을 공중이 이용할 수 있도록 업로드 한 자에게 상업적 이익 또는 이용편의를 제공하는 온라인서비스제공자

※ 유형 예시: 적립된 포인트를 이용해 쇼핑, 영화 및 음악감상, 현금교환 등을 제공하거나, 사이버머니, 파일 저장공간 제공 등 이용편의를 제공하여 저작물 등을 불법적으로 공유하는 자에게 혜택이 돌아가도록 유도하는 서비스

2. 개인 또는 법인(단체 포함)의 컴퓨터 등에 저장된 저작물 등을 공중이 다운로드 할 수 있도록 기능을 제공하고 다운로드 받는 자가 비용을 지불하는 형태로 사업을

619) 심동섭, 개정 저작권법 해설, 계간 저작권, 2006년 겨울, 저작권심의조정위원회, 59면.

하는 온라인서비스제공자

※ 유형 예시: 저작물 등을 이용 시 포인트 차감, 쿠폰사용, 사이버머니 지급, 공간제공 등의 방법으로 비용을 지불해야 하는 서비스

3. P2P 기술을 기반으로 개인 또는 법인(단체 포함)의 컴퓨터 등에 저장된 저작물 등을 업로드 하거나 다운로드 할 수 있는 기능을 제공하여 상업적 이익을 얻는 온라인서비스제공자

※ 유형예시: 저작물 등을 공유하는 웹사이트 또는 프로그램에 광고게재, 타 사이트 회원가입 유도 등의 방법으로 수익을 창출하는 서비스

이 규정은 2006년 저작권법 개정과 관련하여 가장 논란이 많았던 규정 중 하나이다. 입법관계자에 의하면 이 규정은 우리나라가 세계제일의 IT강국이지만 온라인상 불법복제의 천국이라는 오명을 없애고 저작권산업을 발전시키겠다는 입법자의 의지가 들어간 조항이라고 한다. 원래 개정안에는 "다른 사람들 상호간에 컴퓨터 등을 이용하여 저작물 등을 복제·전송하도록 하는 것을 주된 목적으로 하는 온라인서비스제공자"로 되어 있었는데, '복제'라는 단어가 들어가면 개인의 이메일까지 포섭하게 되는 것이 아닌가 하는 논란이 있었다고 한다. 이에 대하여는 이메일은 복제를 주된 목적으로 하는 서비스가 아니라는 반론이 있었으나, 보다 명확히 하기 위해 개정법에서는 '복제' 부분을 아예 삭제하였다는 것이다. 이밖에 P2P서비스에 링크서비스를 제공하여 불법서비스를 조장하고 수익을 창출하는 신종사업이 생겨나기 시작하는 점을 감안, 이러한 서비스도 저작권을 침해한 것으로 간주하는 내용의 개정안이 있었으나, 기존 포털 등의 링크업무까지 모두 포섭하는 너무 포괄적인 규정이 아닌가 하는 논란 끝에 개정법에서는 삭제되었다고 한다.[620)]

저작권법 제104조 제 1 항에 따라 권리자가 해당 저작물 등의 불법적인 전송을 차단하는 기술적인 조치 등 필요한 조치를 요청하려면 문화체육관광부령으로 정하는 요청서(전자문서로 된 요청서를 포함한다)에 다음 각 호의 자료(전자문서를 포함한다)를 첨부하여 특수한 유형의 온라인서비스제공자에게 제출하여야 한다. 다만, 권리자가 저작권신탁관리업자이거나 최근 1년 이내에 반복적인 침해행위에 대하여 권리자임을 소명할 수 있는 자료를 이미 제출한 사실이 있는 경우에는 제 1 호의 자료를 제출하지 아니할 수 있다(저작권법 시행령 제45조).

1. 권리자임을 소명할 수 있는 다음 각 목 중 어느 하나에 해당하는 자료

가. 자신이 그 저작물 등의 권리자로 표시된 저작권 등의 등록증 사본 또는 그에 상당

620) 심동섭, 전게논문, 59면.

하는 자료

나. 자신의 성명 등이나 이명으로서 널리 알려진 것이 표시되어 있는 저작물 등의 사본 또는 그에 상당하는 자료

2. 차단을 요청하는 저작물 등을 인식할 수 있는 저작물의 제호, 그에 상당하는 문자나 부호(이하 '제호 등') 또는 복제물 등의 자료

저작권법 제104조 제1항 전단에서 '해당 저작물 등의 불법적인 전송을 차단하는 기술적인 조치 등 필요한 조치'란 다음 각 호의 모든 조치를 말한다(저작권법 시행령 제46조 제1항).

1. 저작물 등의 제호 등과 특징을 비교하여 저작물 등을 인식할 수 있는 기술적인 조치
2. 제1호에 따라 인지한 저작물 등의 불법적인 송신을 차단하기 위한 검색제한 조치 및 송신제한 조치
3. 해당 저작물 등의 불법적인 전송자를 확인할 수 있는 경우에는 그 저작물 등의 전송자에게 저작권침해금지 등을 요청하는 경고문구의 발송

위 제1항 제1호 및 제2호의 조치는 권리자가 요청하면 즉시 이행하여야 한다(같은 조 제2항).

나. P2P 서비스 – 소리바다5 사건

서울고등법원은 2007. 10. 10. 선고 2006라1245 음반복제금지 가처분 사건(일명, '소리바다5' 사건)에서 기술적 조치 의무와 관련하여 많은 논란의 대상이 된 판결을 하였다. P2P 프로그램인 소리바다와 관련되어 선고된 일련의 민·형사상 판결들에 관하여는 앞의 제6절 '간접침해' 부분에서 상세하게 살펴본 바 있다. 소리바다 프로그램의 서비스업체는 이러한 판결들을 겪어 나가는 과정에서 계속적으로 불법파일의 공유를 억제하는 수단들을 소리바다 프로그램에 반영하는 조치를 취하였으며, 그에 따라 가장 완벽한 억제 수단을 적용하여 개발된 프로그램이라고 하여 제작·배포된 것이 소리바다5 프로그램이다. 그러나 그와 같은 소리바다5 프로그램에 대하여도 권리자로부터 저작권침해에 대한 방조책임을 묻는 소송이 제기되었고, 그 소송에 대한 항소심 판결이 여기에서 보는 '소리바다5 사건' 판결이다.

소리바다5는 이전의 '소리바다' 프로그램과는 달리 권리 보호를 위한 몇 가지 기술들을 도입하였는데, 그 핵심이 되는 것은 해쉬값 대조 기술과 음악인식 기술을 통해 허락되

지 않은 저작물은 다운로드를 받지 못하도록 하는 '필터링' 기술이었다.

소리바다5에서의 필터링 기술로는 세부적으로 해쉬값 대조, 음악지문비교, 그린파일 시스템 등이 마련되어 있는데, 작동방법을 개관하면 다음과 같다.

해쉬값 대조 기술은 음원파일의 해쉬함수를 적용하여 해쉬값들을 생성한 다음, 이를 소리바다 서버에 DB로 축적하고 이용자들로부터 다운로드 요청이 있을 때 요청된 음원의 해쉬값과 DB의 해쉬값을 비교하여 동일성여부를 판단하는 기술이다. 이 기술에 의하여 저작권자가 허락하지 않은 음원으로 확인이 되면 소리바다5는 화면에 '필터링'이라고 표시하고 다운로드를 금지한다. 그러나 같은 음원이라고 하더라도 녹음환경과 압축률의 차이로 인해 다양한 변형파일들이 존재하고, 해쉬값 DB 갱신의 지연으로 필터링에 한계가 있으므로 이를 보완하기 위해 음악지문(Audio Finger Printing)을 DB로 만들어 유통되는 파일과 동일성을 판단함으로써 추가적으로 필터링이 되도록 하고 있다.

나아가 소리바다5는 여기에서도 걸러지지 않는 허락받지 않은 음원을 보호하기 위해 '그린파일'(Green File) 시스템을 개발하여 적용하였다. 이 시스템은 음원 공급계약을 하지 않은 권리자가 법인인감증명서, 사업자등록증사본 등의 서류를 갖춰 소리바다의 회원사로 가입한 뒤, 자신의 음원 정보를 제공하면 해당 음원 파일이 필터링 되도록 한 것이다.

이 사건에서 서울고등법원은, 이용자들의 복제권 및 전송권 침해 사실을 간략히 언급한 뒤, 소리바다5가 방조 책임을 질 것인지에 대해 판단하고 있다. 그러면서 방조는 미필적으로만 인식하거나 과실에 의해서도 가능한 것인바, 구체적으로 이용자의 저작권침해에 어떠한 도움을 주었는지를 살펴보아, 운영자가 미필적으로나마 권리침해를 인식하고 있었거나 방지할 주의의무가 있음에도 과실로 이용자의 침해행위를 도와준 경우에는 방조책임이 인정된다고 하였다. 여기까지는 종전 소리바다1이나 소리바다3 판결의 입장을 재확인한 것과 다를 바 없다.

특별히 소리바다5 사건이 관심을 모은 것은, 소리바다5 서비스가 그 이전의 소리바다 서비스와 달리 기술적으로 권리 보호를 위한 조치를 취하고 있었기에, 그 결과 소리바다1 및 소리바다3 판결과는 다른 결론이 내려지지 않을까 하는 점이었다. 그러나 본 결정에서는 소리바다5가 채택한 기술적 조치가 가지고 있는 '소극적 필터링'이라는 성질상의 한계로 인하여 그러한 조치만으로는 침해 행위의 발생이 불가피하며, 소리바다측은 이를 미필적으로나마 인식하였으므로 방조책임이 인정된다고 판단하였다.

또한 본 결정에서 법원은 소리바다5와 같은 P2P 서비스를 제공하는 사업자는 저작권법상 온라인서비스제공자에 해당한다고 판단하면서(P2P서비스업체가 온라인서비스제공자에 해당하는지에 대해서는 그간 논란이 있어 왔다. 따라서 이에 대하여 법원이 이 사건에서 명확한 입장을 밝힌 것은 의미 있는 부분이다. 이로써 P2P 서비스제공자 역시 면책 규정의 적용 가능성을 확인 받은 것이다), 그러한 전제 하에 저작권법 제102조 요건의 충족여부를 검토하였다. 필터링 기술에도 불구하고 소리바다5 아래에서 여전히 불법 파일이 유통되고 있는 것은 사실이다. 그런데 불법 파일의 유통을 방지하고자 필터링 등의 기술적 조치를 취했고 더 이상의 통제가 기술적으로 불가능하다면 소리바다 운영자는 저작권법 제102조 제 2 항에 의해 면책될 수 있어야 할 것이다. 소리바다측은 실제로 유통된 불법 파일들에 대해 이 조항을 항변의 근거로 제시하였다. 그러면서 위 법 조항을 개념 논리적으로 해석할 때 P2P 서비스사업자가 취하여야 할 권리 보호를 위한 필터링은 '소극적 필터링'을 전제로 하는 것이므로, 소리바다는 소극적 필터링 등의 조치를 취함으로써 권리보호를 위해 기술적으로 가능한 모든 노력을 한 것이라고 주장하였다.

그러나 법원은 P2P 서비스와 관련하여 '적극적 필터링'(권리자들이 이용허락을 한 음원들의 파일에 대해서만 파일공유를 허락하는 방식을 말한다)을 상용화한 서비스가 이미 존재하고 있는 현실에서 소극적 필터링만을 취하고 불법 파일의 유통을 방관한 소리바다5가 더 이상의 기술적 조치는 불가능하다고 주장하는 것은 이유가 없고, 따라서 소리바다5는 저작권법 제102조 제 2 항에 의한 면책 대상이 될 수 없다고 판단하였다.

또한 저작권법 제103조와 제104조에서는 권리자들의 침해 주장 및 요청을 요구하고 있는바, 이는 저작권법이 소극적 필터링을 전제로 면책 규정을 마련한 것이라는 주장에 대하여도, 법원은 이들 조문은 저작권법 제102조가 소극적 필터링을 전제로 한 것임을 증명해 주는 조문은 아니라고 판단하였다. 단지 제103조는 재판을 거치지 않고도 저작물의 복제 중단을 요청하는 간이한 절차를 마련한 것이며, 제104조 역시 법원의 재판을 거치지 않고 바로 저작권법시행령 제46조에서 정한 조치를 취할 의무를 법정화하여 위반 시 과태료를 부과하도록 한 규정으로서, 온라인서비스사업자 중에서도 "저작물 등을 전송하도록 하는 것을 주된 목적으로 하는" 사업자만을 대상으로 가중된 의무를 부과한 것에 불과하다고 해석하였다.

이 사건에서 법원은 소리바다5의 불법성을 언급하는 과정에서 '소극적 필터링'과 대비되는 저작권 보호에 있어서 보다 강화된 방식인 '적극적 필터링', 즉 권리자들과 사이에 음원공급계약 등 권리자들로부터 이용허락을 받은 음원파일에 대하여만 파일공유를 허용하는 기술적 조치에 대하여 언급하였고, 인터넷의 특성상 단 하나의 허락 받지 않은 음원이라 하더라도 걸러지지 않는 경우 그 걸러지지 않은 음원 파일이 다운로드를 요청한 모든 이용자들에게 순식간에 공유될 가능성이 높다는 점에 비추어 볼 때 완벽한 필터링이 이루어지지 않는 이상 필터링율의 제고가 저작인접권 등의 침해방지를 위한 기술적 조치를 다하였는지에 관한 법적 평가에 있어 어떠한 의미가 있다고는 보기 어렵다고 판시하였다. 이러한 판결 이유에 대하여는 P2P 기술의 활용을 부정하고, 온라인서비스제공사업자의 책임 제한 규정을 마련한 저작권법의 취지를 무색케 할 가능성이 있으며, 사실상 사업자에게 모니터링 의무를 부과하는 결과로 이어질 수 있다는 우려가 있다. 또한 사업자에게 이러한 고도의 의무를 부과하는 것은 한·미 FTA(KORUS FTA) 합의사항에도 배치되며, 나아가 필터링을 통해 완벽하게 불법 자료의 유통을 막는다는 것이 현실적으로 가능한 것인지도 의문스럽다는 비판이 있다. 그러나 법원이 본 결정에서 '적극적 필터링'을 언급하고 있는 것은 '소극적 필터링'이 가지고 있는 저작권 보호에 있어서의 기술적 한계, 즉 피신청인 회사가 공유금지로 설정하여 놓은 음원 파일들에 대하여만 필터링을 실시하는 방식의 내재적 한계와 그에 따라 불법 음원들이 현실적으로 유통될 수밖에 없다는 점을 설명하기 위함이지, 반드시 '적극적 필터링'을 채택하여야만 합법이라고 판시한 취지는 아니라고 해석할 여지도 있다.

다. 웹하드 서비스

공유형 웹하드 서비스 역시 저작권법 제104조의 특수한 유형의 온라인서비스제공자에 해당한다. 웹하드 사이트에 저작권침해물이 게시된 경우, 그 침해 게시물이 게시된 목적, 내용, 게시기간과 방법, 그로 인한 피해의 정도, 게시자와 피해자의 관계, 삭제 요구의 유무 등 게시에 관련한 쌍방의 대응태도, 관련 인터넷 기술의 발전 수준, 기술적 수단의 도입에 따른 경제적 비용 등에 비추어, 해당 사이트에서 제공하는 게시물로 인하여 저작권을 침해당한 피해자로부터 구체적·개별적인 게시물의 삭제 및 차단 요구를 받은 경우는 물론, 피해자로부터 직접적인 요구를 받지 않은 경우라 하더라도 웹하드 서비스제공자가 그 게시물이 게시된 사정을 구체적으로 인식하고 있었거나 그 게시물의 존재를 인식할 수 있었음이 외관상 명백히 드러나며, 또한 기술적, 경제적으로 그 게시물에 대한 관리·통제가 가능한 경우에는, 웹하드 서비스제공자에게 그 게시물을 삭제하고 향후 같은 인터넷 게시공간에 유사한 내용의 게시물이 게시되지 않도록 차단하는 등의 적절한 조치를 취하여야 할 의무가 있다.[621)]

그러나 서울중앙지방법원 2019. 11. 15. 선고 2018가합545827 판결(확정)은, "저작권법 및 그 시행령의 취지는 저작물 등의 불법적인 전송으로부터 저작권 등을 보호하기 위하여 특수한 유형의 온라인서비스제공자에게 가중된 의무를 지우면서도 다른 한편으로는, 이러한 입법 목적을 고려하더라도 기술적 한계 등으로 인하여 불법적인 전송을 전면적으로 차단할 의무를 부과할 수는 없다는 점을 고려하여 '권리자의 요청'이 있는 경우에 대통령령

621) 대법원 2010. 3. 11. 선고 2009다4343 판결 참조.

으로 규정하고 있는 '필요한 조치'를 취하도록 제한된 의무를 부과하려는 것이다. 따라서 특수한 유형의 온라인서비스제공자가 저작권법 시행령 제46조 제 1 항이 규정하고 있는 '필요한 조치'를 취하였다면 저작권법 제104조 제 1 항에 따른 필요한 조치를 한 것으로 보아야 하고, 실제로 불법적인 전송이라는 결과가 발생하였다는 이유만으로 달리 판단하여서는 아니 된다"고 판시하였다.

제 8 절 기술적 보호조치의 무력화 금지 등

Ⅰ. 기술적 보호조치

1. 서 설

디지털·네트워크 환경의 발달에 따라, 복제에 소요되는 노력과 시간은 더 이상 대량 복제를 방지하는 요인이 되지 못하게 되었고, 복제를 거듭하여도 원본과 복제물의 질적 차이가 없으며, 원본에 대한 조작이나 변경이 쉽고 그 흔적 또한 거의 남지 않게 되었다. 또한 문자·음성·음향 및 영상 등 존재의 양태가 다른 여러 저작물이 하나의 매체에 상호 연결되어 이용될 수 있고, 디지털화 된 저작물이 인터넷과 같은 통신망을 통하여 순식간에 전 세계에 송신될 수 있게 되었다. 이처럼 고품질의 복제물 작성과 네트워크를 통한 신속하고도 광범위한 유통이 가능해짐에 따라 저작물의 유통과 관련한 새로운 환경이 조성되었다. 그리하여 권리자들은 자신들의 권리를 보호하기 위한 방안으로 법제도의 구축과 함께, 저작물의 유통과 이용을 통제하고 관리할 수 있는 기술적인 수단의 개발에 박차를 가하게 되었고, 그러한 결과로 나타나게 된 것이 기술적 보호조치와 권리관리정보라고 할 수 있다.

기술적 보호조치의 정의와 관련하여 종전 저작권법은, 기술적 보호조치라 함은 "저작권 그 밖에 이 법에 의하여 보호되는 권리에 대한 침해 행위를 효과적으로 방지 또는 억제하기 위하여 그 권리자나 권리자의 동의를 얻은 자가 적용하는 기술적 조치를 말한다"고 규정하고 있었다(종전 저작권법 제 2 조 제28호). 그리고 동법 제124조 제 2 항에서, "정당한 권리 없이 저작권 그 밖에 이 법에 의하여 보호되는 권리의 기술적 보호조치를 제거·변경·우회하는 등 무력화하는 것을 주된 목적으로 하는 기술·서비스·제품·장치 또는 그 주요부품을 제공·제조·수입·양도·대여 또는 전송하는 행위는 저작권 그 밖에 이 법에 의하여 보호되는 권리의 침해로 본다"고 규정하고 있었다. 즉, 뒤에서 보는 기술적 보호조치 중에서 이른바 "이용통제 기술적 보호조치"만을 보호하고, "접근통제 기술적 보호조치"에 대하여는 보호를 하지 않고 있었다.

또한 그러한 기술적 보호조치의 무력화를 위한 장치 등의 유통 및 서비스 제공 행위를 저작권 침해행위로 의제(간주)하는 규정을 둠으로써 권리자들이 저작권침해에 준하여 구제를 받을 수 있도록 하고 있었다. 따라서 이러한 저작권 침해의제 행위에 대하여는 일반 저작권침해의 경우와 마찬가지로 저작권법에 의한 민사적 구제를 받도록 되어 있었고, 처벌규정에 의한 형사적 구제가 가능하도록 되어 있었다.

그런데 2011년 개정 저작권법에서는 이용통제 기술적 보호조치의 보호만으로는 불법복제물의 증가와 유통을 효과적으로 억제하는데 한계가 있다는 점을 고려하여 접근통제 기술적 보호조치에 대한 보호를 추가하였다. 또한 종전 법에서 저작권 침해행위로 의제하던 기술적 보호조치 무력화 등의 행위를 독립된 금지행위로 규정하여 저작권법 제104조의2를 신설하고, 아울러 민사적 구제에 관한 제104조의4와 형사적 구제에 관한 제136조 제 2 항 제 3 호의2를 신설하였다. 한편, 개정법에서는 종전 법에 없던 접근통제 기술적 보호조치를 보호하는 규정을 새로 두게 됨에 따라, 그 지나친 보호로 인하여 공정하게 저작물을 이용하려는 사람들이 저작물에 접근하는 것까지 제한하게 되고 저작물의 공정한 이용을 저해할 우려가 있다는 점을 고려하여, 이를 최소화하기 위하여 접근통제 기술적 보호조치의 보호에 대한 예외 규정을 구체적으로 상세하게 열거함으로써 면책을 받을 수 있도록 하였다.

2. 기술적 보호조치의 분류

가. 접근통제(access control)

기술적 보호조치 중 보호대상물에 대한 접근 자체를 통제하는 기술, 즉 저작권침해와 관계없이 저작물에의 접근 자체를 통제하기 위한 기술을 말한다. 접근이 될 수 없다면 이용될 수도 없는 것이므로 접근을 통제한다는 것은 정보를 전반적으로 이용하는 것을 통제하는 것이 된다. 이때의 접근은 두 가지로 나누어 볼 수 있다. 첫째는 서버 또는 저작물의 원본이나 복제물을 담고 있는 매체(수록매체)에 접근하는 것이고, 둘째는 저작물의 복제물의 재생을 통해 그에 포함된 저작물(실제로는 저작물의 내용)에 접근하는 것이다 후자의 접근은 실질적으로 저작물을 사용·향유 또는 경험하는 것을 의미한다.[622)]

622) 임원선, 저작권 보호를 위한 기술조치의 법적 보호에 관한 연구, 동국대학교 박사학위 논문, 2003, 21-22면.

접근통제 조치를 이러한 분류에 따라 나누어보면, 우선 서버 또는 수록매체에 대한 접근통제는 허락받지 않은 이용자의 서버에의 접속이나 서버에 저장된 특정한 정보에의 접근을 거부하는 이용자 확인과 검증절차를 통해서 이루어진다. 이 절차는 일반적으로 이용자의 명칭(ID)과 암호(password)의 입력을 요구하여 서버 또는 특정한 저작물에 대한 접근을 허락하는 방법으로 진행된다. 다음으로 저작물에 대한 접근 통제는 대체로 재생이나 작동기기 또는 소프트웨어와 저작물 파일에 담겨 있는 정보의 상호작용에 의해 이루어진다. 재생 가능한 시한을 설정하거나 특정한 기기에 저작물을 속박시켜 그 기기 이외에서는 재생되지 않도록 하거나, 또는 파일이 최초에 인증되어 제공되었을 때의 것과 다르게 변경된 경우에는 재생이나 작동이 안 되도록 하는 기술이 적용될 수 있다.623)

접근통제 기술로는 ① CSS(Content Scramble System: 영화에 관련된 것으로, 저작물 등의 디지털 신호 자체에 스크램블을 부가하여, 하드웨어 제조사가 그 CSS와 라이센스 계약을 체결하고 암호키를 해독하는 절차와 마스터키를 확보한 후 재생기기에 이를 장치하고, 복호화장치에 의하여 복호의 조작을 함으로써만 저작물 등을 감상할 수 있도록 하는 시스템을 말한다)가 가장 대표적이고, 그 이외에 ② 게임전용기기의 게임소프트웨어에 사용되는 기술로서, 기록매체의 특수한 장소에 통상의 복제로는 복제가 불가능하도록 기록함으로써 원본임을 확인할 수 있는 신호를 그 기록매체의 사용 시에 기기가 체크하여 원본신호를 가지지 않은 불법 복제본의 사용을 불허하는 원본신호 조합 등을 예로 들 수 있다.624)

나. 이용통제, 복제통제(use control, copy control)

이용통제 기술은 일단 저작물에 대한 접근은 통제하지 않지만, 해당 저작물에 대한 복제 등 이용을 통제하는 것을 말한다. 여기서 '이용'이라 함은 저작권자의 허락을 필요로 하는 저작물의 이용행위를 말하며, 구체적으로는 저작권을 구성하는 각각의 지분권의 대상이 되는 행위, 즉 복제, 공연, 방송, 배포, 전송하는 행위 등이 이에 해당한다. 이 유형은 크게 복제를 통제하는 경우와 기타의 이용을 통제하는 경우로 다시 나누어 볼 수 있다.

전자의 주된 기능은 복제로부터 보호하는 것인데, 가장 대표적인 예로서는 디지털 복제물을 다시 디지털 복제물로 복제하는 횟수를 통제하는 SCMS(Serial Copy Management System, 직렬복제관리시스템)를 들 수 있다. SCMS 기술을 채택하게 되면 디지털 저작물의 복제물은 이로부터 디지털 복제물을 다시 복제하기 위한 원본으로서의 역할이 통제된다. 주로 DAT나 MD 등 녹음매체에 적용되어 권리자가 디지털 방식의 직렬복제 횟수를 통제할 수 있도

623) 상게논문, 28-29면.

624) 강태욱, PS2-Mod Chip 사건을 통해 바라본 기술적 조치의 보호범위, 한국디지털재산법학회, 디지털재산법연구, 제 5 권 제 1 호, 통권 제 7 호, 2006. 6, 63면.

록 한 것이다. 그 외에도 CGMS(Copy Generation Management System, 복제세대관리시스템)가 있는데, 이는 SCMS의 변형으로서 주로 DVD 등 녹화매체에 적용되어, '복제불가', '1세대 복제가능', '복제가능'의 세 종류, 또는 경우에 따라서는 '추가복제불가'를 포함해 네 종류의 통제를 선택하는 방식으로 복제행위를 통제하는 기술이다. 또한 매크로비전은 미국 디지털 밀레니엄 저작권법에 의해 그 보호가 법률에서 의무화된 것으로서, 주로 비디오카세트 또는 DVD에 수록된 영상저작물의 복제를 통제하기 위한 기술이다. 직렬복제관리시스템과 복제세대관리시스템은 대상이 되는 복제 자체를 방지하지만, 매크로비전은 복제 자체는 허용하되 복제된 콘텐츠의 질을 저하시킴으로써 복제를 억제하는 방법을 활용하고 있다.[625] FCC의 Broadcast Flag Order의 'Broadcast Flag' 기술과 같이 복제에 대해서는 통제를 가하지 않지만 재배포만 통제하는 기술도 여기에 속한다.

그 이외에 복제를 방지하는 또 다른 방법으로는 프로그램의 복제를 간파하여 복제된 파일을 지워버릴 수 있는 'worm'을 컴퓨터프로그램에 저장하거나, 소프트웨어에 의하여 저작물 전체를 인쇄하거나 복제하는 기능을 봉쇄함으로써 인쇄나 복제하는 것을 방지할 수도 있다.

후자의 경우로는 일정한 기한 후에는 사용할 수 없게 하는 장치, 특정한 시스템에만 작동되도록 하는 장치 등 주로 컴퓨터프로그램에서 일정한 조건에 따르지 않는 사용을 방지하기 위한 장치가 있다.[626]

다. 기 타

그 이외에 접근이나 복제, 이용을 직접 통제하지는 않지만 복제 등 이용 및 변경을 확인하는 장치로서, 저작물에 대한 접근을 허락하지만 복제를 하거나 기타 이용에 대한 결과를 남겨 이용료 청구 등의 근거로 활용하는 장치와, 일부를 복제한 경우에도 원본을 확인할 수 있도록 하는 장치, 그리고 일부를 변경한 경우 그것이 변경된 것임을 확인할 수 있는 장치 등을 기술적 보호조치의 범주에 포함시키기도 한다.[627]

라. 접근통제조치와 이용통제조치의 관계

접근통제조치 및 이용통제조치의 분류는 그것이 저작권법상 보호되는 권리를 통제하기 위한 것인가 여부에 의해 이루어지는 것일 뿐 기술적으로 의미가 있는 분류는 아니다.

625) 임원선, 전게논문, 32면.
626) 강태욱, 전게논문, 64면.
627) 상게논문, 64면.

따라서 특정한 기술조치가 이 두 가지 효과를 동시에 가질 수도 있다. 예를 들어, DVD에 적용되는 CSS(Content Scrambling System) 암호화 기술은 DVD에 수록된 영상물의 디스크램블링(descrambling)과 재생을 위해서는 특정한 속성을 갖춘 장비가 필요하도록 하고 있다. CSS는 복제를 통제하기 위하여 접근통제조치를 활용한다는 점에서 접근통제조치와 이용통제조치의 두 가지 속성을 동시에 가진다고 할 수 있다.

이용통제형 기술적 보호조치의 보호에 대하여는 별다른 이견이 없지만 접근통제형 기술적 보호조치의 보호에 대하여는 많은 논란이 있다. 접근통제형 기술적 보호조치의 보호를 반대하는 입장에서는, 기술의 보호는 그것이 법 또는 조약에서 규정하는 권리로부터 근거하는 것이어야 하는데, 법 또는 조약의 어디에도 저작자 등의 권리로서 이른바 '접근권'을 인정한 바가 없고, 접근통제형 기술적 보호조치는 종래 누구나 자유롭게 할 수 있는 저작물의 향수에 불과한 행위에 대하여 새롭게 저작권 등의 권리를 미치게 하는 것이기 때문에 이를 법으로 보호하는 것은 부당하다는 것이다.[628] 이러한 논란은 국제적으로도 통일적인 해결을 보지 못하고 있어서, 뒤에서 보는 바와 같이 미국의 디지털밀레니엄 저작권법(DMCA)은 저작물에 대한 접근(access)을 통제하기 위한 기술적 보호조치와 저작권을 보호하기 위한 기술적 보호조치를 구분하여 양자를 모두 보호하고 있으나, 일본 저작권법은 접근통제형 기술적 보호조치를 제외하고 입법을 하였다. 그러나 1999년 10월 1일부터 시행되고 있는 일본 부정경쟁방지법은 기술적 보호조치로서 복제방지기술뿐만 아니라 접근통제기술도 포함하여 이러한 기술적 보호조치를 우회하는 장치의 제조·판매에 대한 금지청구 및 손해배상청구권을 인정하고 있다.[629]

3. 기술적 보호조치의 부작용

기술적 보호조치는 저작권자의 권리보호를 실효성 있게 하는 중요한 역할을 하지만 부작용도 가져올 수 있다. 기술적 보호조치는 저작권자로 하여금 저작권법에 의해 보호되는 행위뿐만 아니라, 저작권법에 의하여 보호되지 않거나 보호되더라도 저작권법이 규정하고 있는 각종의 예외와 제한에 의하여 권리를 행사할 수 없는 저작물 또는 이용행위에 대해서도 통제권을 부여하기 때문이다. 기술적 보호조치로 인한 부작용 중 대표적인 것으로서 다음과 같은 것들을 들 수 있다.

---

628) 윤선희·신재호, 기술적 보호조치에 대한 검토, 디지털재산법연구, 한국디지털재산법학회, 2002. 2. 제1권 제2호, 196면.

629) 상게논문, 196면.

첫째, 저작권법은 저작물의 보호기간을 설정하고 그 기간이 경과하게 되면 그 저작물은 이른바 '공중의 영역'(public domain)에 들어가 누구나 자유롭게 복제를 비롯한 기타 이용행위를 할 수 있도록 하고 있다. 그런데 기술적 보호조치가 부착된 저작물의 경우 저작권자가 보호기간이 경과한 이후에도 해당 저작물에 대한 독점적인 권리를 향유하는 결과가 발생할 수 있다.

둘째, 저작권법은 일정한 경우에는 저작권을 제한하면서 저작물의 자유로운 이용을 보장하고 있다. 그런데 기술적 보호조치를 부착함으로써 저작권법에 의하여 허용되어야 할 자유로운 이용까지도 제한되는 결과를 초래할 수 있다. 예를 들어, 저작권법은 저작권자에게 저작물의 공중에 대한 송신만을 통제할 권리를 부여하였는데, 기술적 보호조치가 부착됨으로써 저작물의 사적인 송신을 통제하는 데에도 사용될 수 있다.

셋째, 저작권법은 창작성을 갖춘 콘텐츠만을 저작물로서 보호하고 있는데, 기술적 보호조치는 창작성을 갖추지 못한 콘텐츠도 보호하는 결과를 초래할 수 있다. 이러한 기술적 보호조치의 부착은 결과적으로 저작권법의 범위를 넘어서는 것이 된다.

넷째, 기술적 보호조치는 저작권법과는 상관없는 다른 목적을 위해 활용될 수도 있다. 예를 들면, 끼워팔기(tie-in) 등 불공정경쟁의 수단으로 활용되거나, 이용자와 관련된 정보를 수집하기 위해서 또는 일반 이용자들이 구매를 원하지 않거나 피하고 싶어 하는 콘텐츠를 어쩔 수 없이 이용하도록 하는 데 사용될 수 있다.[630]

4. 기술적 보호조치에 관한 미국과 일본의 입법 동향

가. 미 국

미국의 경우는 종전부터 판례를 통하여 정립된 이른바 '기여침해' 이론에 따라 저작권 보호를 위한 기술적 조치가 사실상 보호되고 있었다고 평가된다. 1992년에 제정된 '가정 내 녹음법'(Audio Home Recording Act)은 디지털 녹음기기에 대하여 직렬복제관리시스템의 채택을 의무화하는 동시에 이를 우회하는 장치와 서비스를 규제한 바 있다. 그 후 미국은 1998년 이른바 '디지털 밀레니엄 저작권법'(DMCA)을 제정하면서 제1201조에서 기술적 보호조치에 대한 본격적인 규정을 두었다. 이는 기술적 보호조치의 보호에 관한 규정을 둔 WIPO저작권조약(WCT)과 실연·음반조약(WPPT)에 따른 첫 사례이며,[631] 그 후로 다른 국가

630) 이상 기술적 보호조치의 부작용과 관련하여서는, 강태욱, 전게논문, 65면; 임원선, 전게논문, 44-45면 참조.

631) WCT 제11조와 WPPT 제18조는, "체약 당사자는 이 조약 또는 베른협약상의 권리의 행사와 관련하여 저작자가 이용하는 효과적인 기술조치로서 자신의 저작물에 관하여 저작자가 허락하지 아니하거나 법

들의 관련 입법에 많은 영향을 미쳤다.

미국의 기술적 보호조치에 대한 보호 입법에서 가장 특징적인 것은 단순히 저작권법에 의하여 부여된 권리를 보호받기 위한 기술적 보호조치(이용통제조치가 이에 해당한다)뿐만 아니라, 간접적으로 접근을 통제하기 위하여 적용되는 기술조치(접근통제조치)에까지 그 보호를 확대하였다는 점이다. 그리고 접근통제조치에 대해서는 우회에 사용되는 도구 및 서비스의 제공만이 아니라, 우회행위 자체에 대해서도 이를 금지하고 있다. 이것은 이용통제조치에 대해서는 도구 및 서비스의 제공만을 금지할 뿐 우회행위 자체에 대해서는 금지하지 않고 있는 것과 대조된다. 이를 표로 나타내면 아래와 같다.[632)]

미국 저작권법 제1201조의 기본 구조[633)]

구 분	우회행위 규제	도구 및 서비스 규제
접근통제조치	○(제1201조(a)(1))	○(제1201조(a)(2))
이용통제조치	×	○(제1201조(b))

제1201조(a)(1)은 "누구든지 본 법에 의하여 보호되는 저작물에 대한 접근을 효과적으로 통제하는 기술적 조치를 우회(회피)하여서는 아니 된다"고 규정함으로써 접근통제를 위한 기술적 보호조치를 보호하고 있다. 같은 조 (a)(2)에서는 저작물에 대한 접근을 통제하는 조치를 회피하는 것을 주된 목적으로 하는 장치나 부품 등의 제조 및 양도, 수입 등을 금지하고 있다. 나아가 같은 조(b)에서는 저작권법상의 권리를 보호하기 위한 복제통제 등 기술적 보호조치를 회피하는 것을 주된 목적으로 하는 장치나 부품 등의 제조, 양도, 수입 등을 규제하고 있다. 따라서 접근통제조치와는 달리 복제 등 이용통제조치의 경우에는 그의 우회와 관련된 도구 및 서비스의 제공 등만을 금지할 뿐 우회행위 자체에 대해서는 금지하지 않고 있다. 이렇게 접근통제조치와 이용통제조치를 구별하여 차이를 둔 것은 첫째로는, 이용통제조치의 허락받지 않은 우회는 곧 저작물의 허락받지 않은 이용을 의미하므로, 이는 곧바로 전통적인 저작권법에서 금지하고 있는 저작권 침해영역에 해당하고 따라서 이를 별도로 금지할 필요가 없다는 취지에서라고 한다. 둘째로는, 이용통제조치가 적용된 경우라 하더라도 저작권법이 정하고 있는 각종 저작재산권의 예외 및 제한규정이 온전하게 유지될 수 있도록 하기 위한 것이라고 설명한다.[634)]

에서 허용하지 아니하는 행위를 제한하는 기술조치를 우회하는 것에 대하여 충분한 법적 보호의 효과적인 법적 구제에 관하여 규정하여야 한다"고 규정하고 있다(강태욱, 전게논문, 66면).

632) 임원선, 전게논문, 79면.

633) 상게논문, 79면.

나아가 금지의 대상으로 되는 도구 및 서비스에 해당하는지 여부를 판단하는 기준을 다음과 같이 설정하고 있다. 첫째, 일차적으로 저작권으로 보호되는 저작물에의 접근을 효과적으로 통제하는 기술적 보호조치를 우회하기 위한 목적으로 디자인되거나 생산되는 것, 둘째, 저작권으로 보호되는 저작물에의 접근을 효과적으로 통제하는 기술적 보호조치를 우회하는 것 이외에는 단지 제한적으로만 상업적으로 의미있는 목적이나 용도를 가지는 것, 셋째, 저작권으로 보호되는 저작물에의 접근을 효과적으로 통제하는 기술적 보호조치를 우회하는데 사용될 것을 알면서 그에 의하여 또는 그와의 공조 하에 움직이는 다른 사람에 의하여 판매되는 것 등 세 가지 기준에 해당하는 기술, 제품, 서비스, 장치, 구성품, 또는 그의 부품을 제조, 수입, 공개청약, 또는 기타 거래하는 것을 금지하고 있다.[635]

나. 일 본

일본에서의 기술적 보호조치의 보호는 저작권법과 부정경쟁방지법 양쪽에 의하여 이루어지고 있다.

(1) 저작권법에 의한 보호

1999년 일본 저작권법 개정에 의하여 도입된 기술적 보호조치의 회피에 대한 규제조치를 개관하면, 제120조의2를 신설하여 오로지 기술적 보호조치의 회피를 행하는 것을 기능으로 하는 장치나 프로그램의 복제물을 공중에게 양도 또는 대여하거나, 그러한 목적으로 제조, 수입, 소지, 공중의 사용에 제공하거나, 또는 그러한 프로그램을 공중송신 또는 송신가능화하는 자에 대하여 형사벌을 과하는 것으로 하였다. 공중의 요구에 따라 업으로 기술적 보호조치의 회피를 행하는 자에 대하여도 같다.[636] 그리고 사적이용을 목적으로 하는 복제라 하더라도 기술적 보호조치를 회피하여 가능하게 된 복제를 그러한 사실을 알면서 행하는 경우에는 허용되지 않는 것으로 하였다(일본 저작권법 제30조 제 1 항 제 2 호). 다만, 그러한 복제를 행한 자는 민사상 책임만을 부담하고, 형사처벌의 대상으로는 하지 아니하고 있다. 이와 같이 회피행위 자체는 공중에 대한 회피 서비스의 제공을 업으로 하는 경우만을 규제하는 것으로 하고 있다.

---

634) 강태욱, 전게논문, 68-69면; 임원선, 전게논문, 84면.

635) 미국 저작권법 제1201조(a)(2). 임원선, 전게논문, 88-89면 참조.

636) 일본 저작권법은 권리관리정보의 보호는 우리나라 저작권법과 같이 침해로 보는 행위의 하나로 규정하고 있으면서도, 기술적 보호조치에 대해서는 이에 관한 위반을 침해로 보는 행위로 규정하지 않고 바로 처벌규정을 두고 있다. 다만, 이를 다른 저작권침해죄와는 달리 친고죄의 대상에서는 제외하고 있다. 이처럼 형사벌의 대상으로만 하고 있을 뿐, 민사상의 책임은 부과하지 않고 있다는 것도 특징적이다. 임원선, 전게논문, 127면.

대상으로 되는 기술적 보호조치에 관하여는 일본 저작권법 제 2 조 제 1 항 제20호에서 정의하고 있는데, 전자적 방법, 즉 전자적·자기적·광학적 방법 등에 의하여 사람이 인식할 수 없는 방법으로 저작권 등을 침해하는 행위를 방지 또는 억제하는 수단으로서, 저작물 등의 이용 당시 당해 이용기기가 특정한 반응을 하는 신호를 저작물 등과 함께 기록매체에 기록하거나 송신하는 방식에 의하는 것을 말한다.

일본 저작권법은 '접근통제조치'는 보호대상에서 제외하고 있다. 위성방송 등에 사용되고 있는 '스크램블' 방식이나 DVD에서 사용되고 있는 CSS(Content Scramble System) 등은 전용 디코더나 특정한 기기를 사용하지 않으면 저작물 등의 시청을 할 수 없도록 하는 기술조치인데, 저작권법상 저작물 등을 단순히 시청하는 행위는 저작권자 등의 권리가 미치는 행위가 아니므로 그와 같은 시청을 제한하는 조치(접근통제조치)에 대하여는 저작권법의 보호대상에서 제외한 것이라고 한다.[637] 따라서 일반적인 암호화 시스템과 같은 것은 일본 저작권법상 보호대상이 아니라고 본다. 또한 게임 소프트웨어 분야에서 진정상품인 CD-ROM 등에 일정한 신호를 기록함으로써 게임기가 그 신호를 읽어 신호가 기록되지 않은 불법복제 소프트웨어는 사용할 수 없도록 하는 수단이 많이 사용되고 있는데, 이러한 수단 역시 불법복제 소프트웨어를 개인적으로 단순히 사용만 하는 행위는 저작권의 효력이 미치는 대상이 아니므로 일본 저작권법상 기술적 보호수단에는 해당하지 않는다고 보고 있다.[638]

(2) 부정경쟁방지법에 의한 보호

일본 부정경쟁방지법은 제 2 조 제 1 항에서 제10호와 제11호를 신설하여 기술적 보호조치를 보호하고 있다. 그리하여 기술적 보호조치를 영업상 이용하는 콘텐츠 제공업자가 당해 조치를 무효화하는 기기 등의 양도 등 행위를 하는 자에 의하여 영업상의 이익을 침해당하거나 침해당할 우려가 있는 경우에는, 그러한 행위를 하는 자에 대하여 금지청구 등을 할 수 있게 하였다. 또한 영업상의 이익이 침해된 경우 손해배상을 청구할 수도 있다.

일본 저작권법에서는 앞에서 본 바와 같이 접근통제조치는 보호대상이 아니다. 그러나 부정경쟁방지법에서는 이용통제조치와 접근통제조치를 구별하지 않고 모두 보호의 대상으로 하고 있다. 또한 일본 부정경쟁방지법은 일본 저작권법에 의한 기술적 보호조치의 경우와는 달리, 우회 도구의 제조행위는 통제 대상에 포함하고 있지 않다. 이에 대해서는 단순한 제조행위는 그것만으로는 곧바로 공정경쟁을 저해하는 것으로 연결되지 않기 때문이라

637) 作花文雄, 전게서, 725면.
638) 상게서, 725-726면.

고 설명한다.[639]

5. 우리 저작권법에서의 기술적 보호조치의 보호

가. 기술적 보호조치의 의의

서론에서 언급한 것처럼 우리 저작권법은 그동안 접근통제 기술적 보호조치는 보호를 하지 않다가, 2011년 개정에 의하여 종래의 이용통제 기술적 보호조치뿐만 아니라 접근통제 기술적 보호조치까지 보호하게 되었다. 그리하여 개정된 저작권법 제 2 조 제28호는, '기술적 보호조치'란 "(1) 저작권, 그 밖에 이 법에 따라 보호되는 권리의 행사와 관련하여 이 법에 따라 보호되는 저작물 등에 대한 접근을 효과적으로 방지하거나 억제하기 위하여 그 권리자나 권리자의 동의를 받은 자가 적용하는 기술적 조치, (2) 저작권, 그 밖에 이 법에 따라 보호되는 권리에 대한 침해 행위를 효과적으로 방지하거나 억제하기 위하여 그 권리자나 권리자의 동의를 받은 자가 적용하는 기술적 조치 중 어느 하나에 해당하는 조치를 말한다."고 규정하고 있다. 위 (1)은 접근통제 기술적 보호조치를, (2)는 이용통제 기술적 보호조치를 각각 의미한다. 앞에서도 본 바와 같이, 접근통제 기술적 보호조치는 저작물이 수록된 매체에 접근하거나 그 저작물 자체를 감상(재생 및 작동)하기 위하여 접근하는 것을 통제하기 위한 조치로서, 예를 들어 복제는 할 수 있더라도 불법복제 된 것은 작동할 수 없게 하는 장치 등을 말한다. 이에 비하여 이용통제 기술적 보호조치는 저작권법이 저작권자에게 부여한 저작물 이용행위(복제, 배포, 공중송신 등의 행위)를 통제하기 위한 조치, 예를 들어 CD-Rom의 복제방지 장치 등을 가리킨다. 우리 저작권법은 종래에 저작권 침해행위로 의제하던 기술적 보호조치의 무력화 등 행위를 2011년 법 개정에 따라 직접적인 금지행위로 규정하였다.

개정 전 저작권법 아래에서의 판결이지만, 기술적 보호조치 해당여부와 관련하여 주목을 받은 대법원 2006. 2. 24. 선고 2004도2743 판결[640]이 있다. 이 사건의 피고인은 Sony사의 PS2 게임CD 타이틀을 판매하는 자인데, PS2에서 복제 CD를 구동할 수 있도록 해 주는 모드칩(일명 '블루메시아칩')을 개당 35,000원을 받고 불법 장착하여 주었다. 이 사건 게임프로그램은 CD-Rom이나 DVD-Rom과 같은 저장매체에 의해 저장되어 판매되고, PS2 게임기 본체에서만 실행되는데, 정품 게임 CD에는 게임프로그램 이외에도 엑세스 코드(access code)가 수록·저장되어 있고, PS2에는 부트롬(Boot Rom)이 내장되어 있어 PS2 게

639) 임원선, 전게논문, 137면.
640) 일명, 'PS2-Mod chip' 사건 또는 '플레이스테이션2' 사건.

임기에 삽입되는 게임 CD에 엑서스 코드가 수록되어 있는지를 검색한 후 엑서스 코드 없이 게임프로그램만 저장된 CD는 프로그램 실행이 되지 않도록 설계되어 있다. 통상적인 장치나 프로그램에 의해서도 게임 CD의 복제는 가능하지만 엑서스 코드의 복제는 불가능하고, 따라서 불법으로 복제된 게임 CD로는 PS2에서 프로그램을 실행할 수 없다. 모드칩은 엑세스 코드가 수행하는 역할을 대신하는 것으로서, 엑세스 코드 없이 게임프로그램만 복제·저장된 CD가 PS2 게임기에 삽입되더라도 PS2 게임기의 부트롬으로 하여금 엑세스 코드가 수록되어 있는 정품 CD인 것으로 인식하게 하여 불법으로 복제된 게임 CD도 프로그램 실행이 가능하도록 하는 장치이다.

이 사건에서 대법원은 첫째로, 모드칩 장착행위는 구 컴퓨터프로그램보호법이 금지하는 기술적 보호조치의 무력화에 해당하지 않는다는 피고인의 주장에 대하여, "구 컴퓨터프로그램보호법 제 2 조 제 9 호, 제 7 조를 종합하면, 기술적 보호조치란 프로그램에 관한 식별번호·고유번호 입력·암호화 및 기타 법에 의한 권리를 보호하는 핵심기술 또는 장치 등을 통하여 프로그램 저작자에게 부여된 공표권, 성명표시권, 동일성유지권과 프로그램을 복제·개작·번역·배포·발행 및 전송할 권리 등 프로그램저작권에 대한 침해를 효과적으로 방지하는 조치를 의미하는 것으로 봄이 상당하다"고 한 후, "엑세스 코드나 부트롬만으로 게임프로그램의 물리적인 복제 자체를 막을 수는 없는 것이지만, 통상적인 장치나 프로그램만으로는 엑세스 코드의 복제가 불가능하여 불법으로 게임프로그램을 복제한다고 하더라도 PS2를 통한 프로그램의 실행을 할 수 없는 만큼, 엑세스 코드는 게임프로그램의 물리적인 복제를 막는 것과 동등한 효과가 있는 기술적 보호조치에 해당한다고 할 것이고, 따라서 피고인이 모드칩을 장착함으로써 엑세스 코드가 없는 복제게임 CD도 PS2를 통해 프로그램 실행이 가능하도록 하여 준 행위는 구 컴퓨터프로그램보호법 제30조 제 2 항 소정의 상당히 기술적 보호조치를 무력화하는 행위에 해당한다"고 하였다.

둘째로, 구 컴퓨터프로그램보호법 제30조 제 2 항은 프로그램저작물의 적법한 취득자의 원본 보호를 위한 복제행위를 부당하게 제한하는 것으로서 헌법 제23조, 제10조에 위반된다는 피고인의 주장에 대하여, "구 컴퓨터프로그램보호법 제30조 제 2 항은 프로그램의 복제품을 정당한 권원에 의하여 소지·사용하는 자가 개인적으로 프로그램저작물을 이용하는 행위를 제한하기 위한 것이 아니라, 다수의 사람이 프로그램저작물을 불법적으로 이용할 수 있도록 기술적 보호조치의 무력화장치를 전파하는 행위 등을 제한하고자 하는 것이고, 특정 프로그램저작물을 정당하게 구입한 자가 그 프로그램저작물의 원본을 보호할 목적으로 기술적 보호조치를 무력화하여 복제물을 생성하는 것은 동법 제30조 제 1 항 제 3 호, 제14조에 의하여 허용되는 것이므로, 동법 제30조 제 2 항의 규정은 헌법에 위반되지

아니한다"고 하였다.[641]

한편, 비슷한 시기에 선고된 오스트레일리아 대법원의 Stevens v. Kabushiki Kaisha Sony Computer Entertainment 판결[642]은 위 대법원 판결과 거의 유사한 사안에서 다른 결론을 내리고 있어 주목된다. 이 사건의 상고인인 Stevens는 불법 복제된 PS2 콘솔용 프로그램 CD를 판매하고, 그 CD를 구동할 수 있도록 하는 모드칩을 판매하면서 이를 장착해 주었고, 이에 Sony사가 Stevens에 대하여 침해의 정지 및 손해배상을 청구하였다. 이 사건에서 오스트레일리아 대법원은, "기술적 보호조치는 저작물에 대한 접근을 부인하거나 접근이 확보된 저작물에 대한 복제물을 생성하는 능력을 제한하는 기술적 수단을 사용하여 저작권의 침해에 이를 수 있는 행위를 '물리적으로' 방지하는 수단을 의미하는데, 엑세스 코드를 무력화하기 위하여 판매된 피고의 모드칩은 법에서 말하는 컴퓨터 게임의 복제를 '목적'으로 하는 것이 아니고, 복제 행위는 이미 CD-Rom을 복제하는 과정에서 이루어진 것이며, 모드칩은 ① 복제된 프로그램에 접근(access)하고, ② 프로그램의 기능에 따른 실행 결과를 시각적으로 취득한다는 다른 목적을 위한 것이므로 법에서 정하고 있는 기술적 보호조치에 해당하지 않는다"고 하면서 Sony사의 청구를 인용한 항소심 판결을 파기하였다.

아울러 오스트레일리아 대법원은, 형사처벌 규정이 있는 경우에는 그 규정을 해석함에 있어서 엄격하고 좁게 해석하여야 하며, 기술적 보호조치는 사전적 방어수단인 것인데, 원고 Sony사의 수단은 침해를 사전에 방지하는 것이 아니라 복제가 발생한 이후에 사후적으로 접근을 방지하기 위한 것이라는 점, 기술적 보호조치를 넓게 해석하게 되면 권리의 독점을 강화시킬 여지가 있다는 점 등을 원고 청구를 기각하는 근거로 적시하고 있다.

앞에서 본 바와 같이 구 컴퓨터프로그램보호법 제30조가 이용통제조치뿐만 아니라 접근통제조치에 대한 보호까지를 규정한 것인지 여부에 대하여는 논란이 있다. 그런데 위에서 본 우리 대법원 판결은 접근통제조치에 대한 보호를 인정하는 것처럼 이해될 수 있다. 그러나 판결이유에서 " … 물리적인 복제를 막는 것과 동등한 효과가 있는 기술적 보호조치에 해당한다"라고 하고 있어서 과연 위 대법원 판결이 모드칩을 접근통제조치로 보고 있는 것인지는 불분명하다. 어찌되었든 현행법은 접근통제조치에 대한 보호까지를 인정하고 있으므로 위 대법원 판결의 중요성은 상당히 퇴색되었다고 할 것이지만, 기술적 보호조치의 의의를 파악하는 데 있어서는 여전히 많은 시사점을 제공해 주고 있다.

641) 이상 사안의 정리는, 강태욱, 전게논문, 57-58면 참조.

642) 오스트레일리아 대법원 2005. 10. 6. 선고 2005 HCA 58(이하 강태욱, 전게논문, 75-76면에서 재인용).

나. 기술적 보호조치의 무력화 금지

(1) 접근통제 기술적 보호조치의 무력화 금지

(가) 원 칙

먼저 접근통제 기술적 보호조치의 보호와 관련하여 저작권법 제104조의2 제 1 항은 "누구든지 정당한 권한 없이 고의 또는 과실로 제 2 조 제28호 가목의 기술적 보호조치(접근통제 기술적 보호조치)를 제거·변경하거나 우회하는 등의 방법으로 무력화하여서는 아니 된다"고 규정하고 있다. 이는 접근통제 기술적 보호조치를 직접적으로 무력화하는 행위를 금지하는 것으로서, 같은 조 제 2 항의 기술적 보호조치의 무력화 예비행위를 금지하는 것과 구별된다.

(나) 예 외

그러나 앞에서도 본 바와 같이 접근통제 기술적 보호조치의 보호는 자칫 저작권법이 보호하지 아니하는 '접근권'을 권리자에게 인정해 주는 결과를 초래하고 종래 누구나 자유롭게 할 수 있었던 저작물의 향수(감상)에 불과한 행위에 대하여 새롭게 권리를 미치게 할 수 있다는 등의 반론이 있다. 이처럼 접근통제 기술적 보호조치에 대한 지나친 보호는 공정하게 저작물을 이용하려는 사람들이 저작물에 접근하는 것까지 제한하여 저작물의 공정한 이용을 저해할 우려가 있다는 점을 고려하여, 이를 최소화하기 위하여 위 법 제104조의 2 제 1 항에 대하여 개정법은 8가지의 예외조항을 열거하여 면책을 하고 있다. 암호 연구, 미성년 보호, 온라인상의 개인식별정보(일종의 쿠키 정보) 수집 방지, 국가의 법집행 등, 도서관 등에서 저작물의 구입여부 결정, 프로그램 역분석, 보안 검사, 기타 문화체육관광부장관이 고시로 정하는 경우 등인데, 그 구체적 내용은 다음과 같다.

1. 암호 분야의 연구에 종사하는 자가 저작물 등의 복제물을 정당하게 취득하여 저작물 등에 적용된 암호 기술의 결함이나 취약점을 연구하기 위하여 필요한 범위에서 행하는 경우. 다만, 권리자로부터 연구에 필요한 이용을 허락받기 위하여 상당한 노력을 하였으나 허락을 받지 못한 경우에 한한다.
2. 미성년자에게 유해한 온라인상의 저작물 등에 미성년자가 접근하는 것을 방지하기 위하여 기술·제품·서비스 또는 장치에 기술적 보호조치를 무력화하는 구성요소나 부품을 포함하는 경우. 다만, 제 2 항에 따라 금지되지 아니하는 경우에 한한다.
3. 개인의 온라인상의 행위를 파악할 수 있는 개인 식별 정보를 비공개적으로 수집·유포하는 기능을 확인하고, 이를 무력화하기 위하여 필요한 경우. 다만, 다른 사람들이 저작물 등에 접근하는 것에 영향을 미치는 경우는 제외한다.

4. 국가의 법집행, 합법적인 정보수집 또는 안전보장 등을 위하여 필요한 경우.
5. 저작권법 제25조 제 3 항 및 제 4 항에 따른 학교·교육기관 및 수업지원기관, 같은 법 제31조 제 1 항에 따른 도서관(비영리인 경우로 한정한다) 또는 공공기록물 관리에 관한 법률에 따른 기록물관리기관이 저작물 등의 구입여부를 결정하기 위하여 필요한 경우. 다만, 기술적 보호조치를 무력화하지 아니하고는 접근할 수 없는 경우에 한한다.
6. 정당한 권한을 가지고 프로그램을 사용하는 자가 다른 프로그램과의 호환을 위하여 필요한 범위에서 프로그램코드 역분석을 하는 경우.
7. 정당한 권한을 가진 자가 오로지 컴퓨터 또는 정보통신망의 보안성을 검사·조사 또는 보정하기 위하여 필요한 경우.
8. 기술적 보호조치의 무력화 금지에 의하여 특정 종류의 저작물 등을 정당하게 이용하는 것이 불합리하게 영향을 받거나 받을 가능성이 있다고 인정되어 대통령령으로 정하는 절차에 따라 문화체육관광부장관이 정하여 고시하는 경우. 이 경우 그 예외의 효력은 3년으로 한다.

(2) 기술적 보호조치 무력화 예비행위의 금지

(가) 원 칙

기술적 보호조치를 무력화하는 예비행위로서, 무력화를 위한 장치 등의 유통 및 서비스 제공 등의 행위를 금지하고 있다. 즉, 저작권법 제104조의2 제 2 항은, 누구든지 정당한 권한 없이 (1호) 기술적 보호조치의 무력화를 목적으로 홍보, 광고 또는 판촉되는 것, (2호) 기술적 보호조치를 무력화하는 것 외에는 제한적으로 상업적인 목적 또는 용도만 있는 것, (3호) 기술적 보호조치를 무력화하는 것을 가능하게 하거나 용이하게 하는 것을 주된 목적으로 고안, 제작, 개조되거나 기능하는 것과 같은 장치, 제품 또는 부품을 제조, 수입, 배포, 전송, 판매, 대여, 공중에 대한 청약, 판매나 대여를 위한 광고, 또는 유통을 목적으로 보관 또는 소지하거나, 서비스를 제공하여서는 안 된다고 규정하고 있다.

이 규정은 개정 전 저작권법에서 단순히 "기술적 보호조치를 제거·변경·우회하는 등 무력화하는 것을 주된 목적으로 하는 기술·서비스·제품·장치 또는 그 주요부품을 제공·제조·수입·양도·대여 또는 전송하는 행위"(개정 전 법 제124조 제 2 항)라고만 규정하고 있던 것에서, 금지의 대상이 되는 무력화 예비행위의 범위를 명확히 하였다는 점에서 의미가 있다. 위 (1호)는 어떠한 장치, 제품, 부품(이하 '장치 등')이 기술적 보호조치 무력화 용도와 그 외의 용도가 동시에 존재하는데, 기술적 보호조치 무력화 용도가 있다는 것에 초점을 맞춰 홍보, 광고 또는 판촉되는 것을 말한다. (2호)는 어떠한 장치 등이 기술적 보호조치 무력화 용도 이외의 다른 용도가 있으나, 주로 기술적 보호조치 무력화에 사용되고 다른 용도로는 실질적으로 제한적인 의미만 있는 경우이다. (3호)는 어떠한 장치 등이 기술적 보호조치 무력화를 목적으로 개발되었거나, 그렇지 않더라도 그러한 목적으로 사용될 수 있도록 개조된 경우를 말한다.643)

한편, 위 (3호)에서 금지되는 장치와 서비스를 판별하는 기준으로 우리 저작권법은 '주된 목적'을 기준으로 하고 있는데, 이는 미국 및 유럽연합의 법률에서 채택하고 있는 '본래의 목적'(primary purpose) 기준보다는 완화된 것이라고 해석한다. 즉, 특정한 도구 및 서비스의 여러 목적이나 용도 중에서 기술 조치를 불법적으로 우회하고자 하는 목적이 주된 부분을 차지하는 도구 및 서비스의 제공 등이 금지된다. 2011년 개정 전 저작권법에서는 상업적으로 의미있는 비침해적 용도가 없다거나 또는 우회를 목적으로 하는 것으로 광고 또는 판촉 된다거나 하는 기준을 채택하고 있지 않았는데,644) 2011년 개정법에서는 위 (1호)와 (2호)에서 이 기준을 채택하고 있다. (3호)는 기술적 보호조치의 무력화를 '주된 목적'으로 하는 것에 한하므로, 예컨대 CD-RW와 같이 사용방법에 따라 기술적 보호조치의 무력화를 가능하게 하는 장치라 하더라도 그러한 무력화를 주된 목적으로 하는 것이라고 볼 수 없는 장치 등은 적용범위에서 제외된다. 무력화를 주된 목적으로 하는 장치가 다른 기기에 내장되어 있거나 다른 기기와 결합되어 있는 경우에도, 해체, 분석하여 보았을 때 기술적 보호조치의 무력화 이외의 다른 실용적 기능이 없는 장치가 포함된 경우에는 규제대상에 해당하는 것으로 보아야 할 것이다.645)

위에서 본 것처럼 (3호)는 금지되는 장치와 서비스의 판단에 있어서 '주된 목적'을 기준으로 하고 있다. 이에 비하여 구 컴퓨터프로그램보호법에서는 '상당히'라는 요건을 충족하여야 하는 것으로 규정하고 있었다.646) 그러나 이에 대하여는 그 표현이 불명확하여 법적 안정성을 해칠 우려가 있으며 이는 관련 기술의 발전의 장애요소로 작용할 여지가 있다고 하는 비판론이 강하였다. 비판론에서는 "기술적 보호조치의 무력화를 목적으로 설계 또는 제조된 것으로서 무력화 이외의 상업적 목적 또는 용법을 갖지 않는 것"을 기준으로 하여 규제대상이 되는 기술적 보호조치의 무력화 장치의 범위를 결정하는 것이 타당하다고 하였다.647) 한편, 일본 저작권법은 '오로지'라는 요건을 충족하여야 하는 것으로 규정함

643) 한·EU FTA 개정 저작권법 해설, 한국저작권위원회, 2011. 7, 22면.

644) 임원선, 전게논문, 145면.

645) 오승종·이해완, 전게서, 531면.

646) 구 컴퓨터프로그램보호법 제30조 ① 누구든지 정당한 권원 없이 기술적 보호조치를 회피, 제거, 손괴 등의 방법으로 무력화(이하 '기술적 보호조치무력화'라 한다)하여서는 아니 된다. ② 누구든지 상당히 기술적 보호조치를 무력화하는 기기·장치·부품 등을 제조·수입하거나 공중에 양도·대여 또는 유통하여서는 아니 되며, 기술적 보호조치를 무력화하는 프로그램을 전송·배포하거나 기술적 보호조치를 무력화하는 기술을 제공하여서는 아니 된다.

으로써 그 범위를 대폭 제한하고 있다.[648] 이는 일본 저작권법이 기술적 보호조치의 무력화 장치의 배포행위에 대하여 민사적 구제 규정을 두지 않고 형사적 구제, 즉 벌칙규정만을 두고 있기 때문에 죄형법정주의의 원칙 중 명확성의 원칙에 따른 제한을 받을 수밖에 없다는 점에도 그 원인이 있는 것으로 보인다.

이와 같은 규정에서 보는 바와 같이 저작권법 제104조의2 제 1 항은 '접근통제 기술적 보호조치'에 대한 직접적인 무력화를 금지하는 규정이고, 같은 조 제 2 항은 '접근통제 기술적 보호조치'와 '이용통제 기술적 보호조치'에 대한 무력화 예비행위를 금지하는 규정이다. 즉, '접근통제 기술적 보호조치'에 대하여는 직접적인 무력화와 무력화 예비행위를 모두 금지하고 있으나, '이용통제 기술적 보호조치'에 대하여는 무력화 예비행위는 금지하고 있지만, 직접적인 무력화 행위 그 자체는 금지하지 않는 접근방법을 취하고 있다. 이는 접근통제형 기술적 보호조치를 제외한 복제통제기술 등 이용통제형 기술적 보호조치의 경우 이를 무력화하거나 우회하는 행위 그 자체는 따로 규제할 필요가 없기 때문이다. 왜냐하면 '이용통제 기술적 보호조치'에 있어서 '이용'이라 함은 저작권이 미치는 행위, 즉 저작권자의 허락을 필요로 하는 저작물의 이용행위를 말하며, 구체적으로는 저작권을 구성하는 각각의 지분권의 대상이 되는 행위로서, 복제, 공연, 공중송신, 배포 등의 행위가 이에 해당하는 바, 그러한 무력화 또는 우회하는 행위에 대하여는 그 행위의 태양에 따라 저작권 등 권리를 직접 침해하는 행위로 규제가 가능하기 때문이다.[649] 따라서 무력화 또는 우회 행위로 인하여 저작권침해가 발생하지 않는다면 비록 보호되는 기술적 보호조치라 할지라도 그것을 우회하는 행위는 금지되지 않는다. 즉, 저작권의 예외 및 제한 사유에 해당하는 저작물 이용을 위해서는 기술적 보호조치를 우회할 수 있다는 것을 의미한다.[650] 그러나 이러한 우회를 하기 위해서 필요한 도구와 서비스의 제공 등이 원천적으로 금지되어 있으므로 스스로 우회 능력을 가진 일부 숙련자와 전문가를 제외한 대부분의 일반 사용자는 사실상 이러한 예외와 제한의 활용이 어렵다. 이 점에서 기술적 보호조치에 대한 법적 보호

647) 윤선희·신재호, 기술적 보호조치에 대한 검토, 디지털재산법연구, 한국디지털재산법학회, 2002. 2, 제 1 권 제 2 호, 205-206면.

648) 일본 저작권법 제120조의2. "다음 각호의 1에 해당하는 자는 3년 이하의 징역 또는 300만 엔 이하의 벌금에 처하거나 이를 병과한다. 1. 기술적 보호수단의 회피를 행하는 것을 오로지 그 기능으로 하는 장치(당해 장치의 부품으로서 용이하게 조립할 수 있는 것을 포함한다) 혹은 기술적 보호수단의 회피를 행하는 것을 오로지 그 기능으로 하는 프로그램의 복제물을 공중에게 양도 또는 대여, 공중에게 양도 또는 대여할 목적으로 제조, 수입 또는 소지, 또는 공중의 사용에 제공하거나 당해 프로그램을 공중송신 또는 송신가능화 한 자."

649) 그리하여 미국 DMCA의 경우도 접근통제형 기술적 보호조치의 무력화 행위만을 별도로 규제하고 있을 뿐, 이용통제형 기술적 보호조치에 대하여는 무력화 행위를 별도로 규제하고 있지 않다.

650) 임원선, 전게논문, 144-145면.

로 인하여 권리자와 이용자 사이의 균형이 권리자 쪽으로 기울었다는 점에서는 미국이나 일본과 별 차이가 없다는 평가를 받고 있다.651)

앞에서 본 바와 같이 일본 저작권법은 기술적 보호조치를 회피한 경우에는 사적이용을 위한 복제라고 하더라도 저작재산권 제한사유가 될 수 없다는 내용의 특칙을 두고 있으나, 우리 저작권법은 그러한 규정을 도입하지 않았다. 따라서 기술적 보호조치를 무력화하여 저작물을 복제하는 경우에도 그것이 사적이용을 위한 것으로 인정되는 등 저작재산권 제한사유에 해당할 경우에는 저작재산권 침해가 되지 않는다고 해석된다.652)

(나) 예 외

저작권법 제104조의2 제 3 항은 무력화 예비행위 금지에 대한 예외, 즉 무력화 예비행위가 허용되는 경우를 접근통제 기술적 보호조치와 이용통제 기술적 보호조치로 구분하여 규정하고 있다.

먼저 접근통제 기술적 보호조치의 무력화 예비행위 금지에 대한 예외로서, 저작권법 제104조의2 제 1 항 제 1 호·제 2 호·제 4 호·제 6 호 및 제 7 호에 해당하는 경우가 있다(제104조의2 제 3 항 제 1 호). 즉, 기술적 보호조치의 직접적 무력화 행위 금지에 대한 예외 중 제 3 호와 제 5 호만 빠져 있는 것이다. 원래 접근통제 기술적 보호조치의 직접적인 무력화를 금지하는 규정인 제104조의2 제 1 항의 예외로서 규정된 동항 제 1 호부터 제 8 호까지의 단서 규정들은 접근통제 기술적 보호조치의 무력화를 금지하는 데 따르는 예외이므로, 접근통제 기술적 보호조치의 무력화 예비행위에도 기본적으로 허용되어야 하는 것이 원칙이다. 그러나 동 단서 제 3 호나 제 5 호와 같이 그러한 예비행위에 사용되는 도구의 용도가 제한되어 있는 경우 또는 허용된 범위 이상으로 활용되어 저작권을 해칠 우려가 있는 경우에는 예외를 적용하지 않기로 한 것이다. 동 단서 제 3 호는 주로 프라이버시 보호를 명목으로 인터넷상 널리 이용되는 쿠키(cookie)의 수집행위 자체를 막는 도구의 거래를 인정할 경우, 인터넷 사용의 불편을 초래할 수 있으므로 예외의 적용을 배제한 것이고, 동 단서 제 5 호는 도서관 등에서 구입여부 결정을 위한 경우는 허용범위가 제한적인 경우로서, 그러한 도구가 유통될 경우 허용범위를 넘어서서 저작권침해를 조장하는 결과가 될 수 있으므로 예외의 적용을 배제한 것이다.653)

다음으로 저작권법 제104조의2 제 3 항 제 2 호는 이용통제 기술적 보호조치의 무력화 예비행위금지에 대한 예외를 규정하고 있는데, 같은 조 제 1 항 제 4 호 및 제 6 호에 해당

651) 상게논문, 147면.

652) 오승종·이해완, 전게서, 531면.

653) 한·EU FTA 개정 저작권법 해설, 한국저작권위원회, 2011. 7, 23면.

하는 경우만을 예외로 하고 있다. 이는 이용통제 기술적 보호조치의 무력화 도구는 직접적으로 저작권침해를 방조하는 행위가 되므로 원칙적으로 특별한 사정이 없는 한 예외를 인정하지 않아야 할 것이되, 위 제 4 호와 6호의 경우에 한하여 예외를 둔 것이다. 제 4 호는 "국가의 법집행, 합법적인 정보수집 또는 안전보장 등을 위하여 필요한 경우"로서, 예를 들어 국가 전산망의 DDoS 공격에의 취약점을 파악하기 위하여 시스템을 점검하는 경우 등에는 기술적 보호조치와 관련된 금지가 적용되지 않도록 예외를 인정한 것이며, 제 6 호는 "정당한 권한을 가지고 프로그램을 사용하는 자가 다른 프로그램과의 호환을 위하여 필요한 범위에서 프로그램코드 역분석을 하는 경우"로서, 컴퓨터프로그램의 역분석은 경쟁 촉진을 위하여 저작권법상 일정한 요건을 갖추면 허용되는 행위이므로(제101조의4), 컴퓨터 및 소프트웨어 산업에 있어서의 경쟁과 혁신을 촉진하기 위하여 이용통제의 경우에도 예외를 인정한 것이다.[654]

다. 기술적 보호조치 무력화 금지 위반에 대한 구제

(1) 민사적 구제

개정 전 저작권법에서는 기술적 보호조치 무력화 행위를 저작권 침해행위로 의제하고 있었기 때문에 침해행위에 대한 민사적 구제 규정, 즉 침해의 정지 청구 등에 관한 저작권법 제123조, 손해배상 청구에 관한 법 제125조, 손해액의 인정에 관한 법 제126조, 공동저작물의 침해에 관한 법 제129조 등이 기술적 보호조치 무력화 행위에도 그대로 적용되었었다. 그러나 2011년 개정된 저작권법에서는 기술적 보호조치 무력화 행위를 직접적인 독립된 금지행위로 변경하였기 때문에 별도의 독자적인 민사적 구제 규정이 필요하게 되었고, 이에 개정법은 제104조의8을 신설하여, "저작권, 그 밖에 이 법에 따라 보호되는 권리를 가진 자는 제104조의2(기술적 보호조치의 무력화 금지) 및 제104조의3(권리관리정보의 제거·변경 등의 금지)을 위반한 자에 대하여 침해의 정지·예방, 손해배상의 담보 또는 손해배상의 청구를 할 수 있다. 이 경우 제123조, 제125조, 제126조 및 제129조를 준용한다."는 규정을 두었다.

이처럼 기술적 보호조치의 무력화 행위에 대하여는 일반 저작권침해의 경우와 마찬가지로 저작권법에 의한 민사적 구제를 받을 수 있고, 다음에서 보는 바와 같은 처벌 규정에 의한 형사적 구제도 받을 수 있다. 민사적 구제로서는 그러한 침해행위의 정지 및 침해의 예방 또는 손해배상의 담보를 청구할 수 있고, 아울러 손해가 있으면 그 배상을 청구할 수 있다. 그런데 이 중에서 손해배상과 관련하여서는 저작권침해 자체에 대한 손해액의 입증

654) 상게서, 23면.

도 어려운데, 그 전단계인 무력화 행위로 인한 손해액을 입증하도록 하는 것은 사실상 불가능한 것이 아니냐 하는 회의적 견해가 있다.[655] 기술적 보호조치를 무력화하는 장치에 따른 손해배상을 청구할 경우, 그 무력화의 대상이 되는 저작물을 특정하기 곤란하고 그 결과 권리자도 특정할 수 없다는 어려움이 있다. 나아가 무력화장치의 제조 및 유통행위만으로 손해의 발생을 인정할 수 있는가는 사실 문제이다. 그리하여 저작권법상 기술적 보호조치의 무력화장치의 제조 및 유통행위에 대하여는 뒤에서 보는 콘텐츠산업진흥법(구 온라인디지털콘텐츠산업발전법)과는 달리 손해배상 청구에 관한 명시적 규정을 두고 있지 않다는 점, 직접침해의 예비적 단계인 무력화 장치의 제조 및 유통만으로는 손해의 발생을 인정하기 어렵고 직접침해에 의한 손해배상을 구하는 것으로 충분하다는 점을 근거로 하여 부정적으로 새기는 견해가 있다.[656]

(2) 형사적 구제

형사적 구제에 대하여는 기술적 보호조치 무력화 행위를 저작권 침해행위로 의제하고 있던 개정 전 저작권법도 제136조 제 2 항 제 6 호에서 "업으로 또는 영리를 목적으로 제124조 제 2 항의 규정에 따라 침해행위로 보는 행위를 한 자"에 대하여 처벌을 하는 독립된 규정을 두고 있었다. 2011년 개정 저작권법은 이러한 종전 규정을 그대로 적용하여, 제136조 제 2 항 제 3 호의3에서, "업으로 또는 영리를 목적으로 제104조의2 제 1 항 또는 제 2 항을 위반한 자"에 대하여 3년 이하의 징역 또는 3천만 원 이하의 벌금에 처하거나 이를 병과할 수 있도록 규정하고 있다.

한편, 저작권법은 이 처벌규정을 비친고죄로 하고 있다(저작권법 제140조 제 2 호). 기술적 보호조치에 대한 처벌규정을 비친고죄로 한 것은 그것이 권리관리정보의 보호와 관련된 침해와는 달리 이러한 침해로 인하여 피해를 입는 권리자를 구체적으로 특정하기 어려운 점이 있고, 그 침해행위가 대부분 저작권침해가 발생하기 이전에 이루어진다는 점을 고려한 것이다.

6. 소 결

이상에서 본 바와 같이 우리 저작권법은 2011년 개정을 통하여 기술적 보호조치의 정의규정에서 기존의 이용통제형 기술적 보호조치에 접근통제형 기술적 보호조치를 추가하

655) 저작권심의조정위원회, 멀티미디어보고서, 283면.
656) 윤선희·신재호, 전게논문, 210면.

고, 접근통제형 기술적 보호조치와 이용통제형 기술적 보호조치의 무력화 금지 규정을 신설하였다. 이와 관련하여서는 앞에서도 언급한 바와 같이 기존의 권리범위를 확장하거나 저작권법이 보호하지 않는 새로운 권리(접근권)를 창설하는 효과가 생길 수 있어 이용자의 공정한 이용을 방해하고, 이미 형성된 기존의 법질서를 교란할 수 있다는 우려가 제기되고 있다.

이에 대하여 개정법 입법을 주도한 정부측 입장은, 디지털 이용환경에서의 불법 복제물 유통을 차단하기 위해서는 접근통제형 기술적 보호조치를 수용하는 것이 어느 정도 불가피한 측면이 있으며, 접근통제형 기술적 보호조치에 대한 보호는 저작권자 또는 그의 허락을 받은 자가 저작물 등에 대하여 접근통제 기술적 보호조치를 적용한 경우에 이를 무력화하거나 무력화를 위한 예비행위를 하는 것을 금지하는 것이지, 저작물에의 접근 자체에 대하여 권리자에게 통제권을 부여하는 것이 아니라는 점에서 저작권법이 보호하지 않던 새로운 권리(접근권)를 부여하는 것과는 차이가 있다는 것이다. 또한 접근통제형 기술적 보호조치 무력화 금지에 대한 예외사유를 구체적으로 명시함으로써 저작물의 공정한 이용을 저해할 우려를 최소화하였다는 점과, 개정 전 저작권법에서는 이용통제형 기술적 보호조치에 대해서만 보호를 규정하고 있었지만, 앞에서 본 대법원 2006. 2. 24. 선고 2004도2743 판결을 통하여 일부 접근통제형 기술적 보호조치에 대해서도 보호의 필요성이 인정되어 왔다는 점을 법 개정의 근거로 들고 있다.

어쨌든 법이 개정된 이상 개정법이 이용자의 공정한 이용을 저해하고 이미 형성된 법질서를 교란하거나, 결과적으로 저작권법의 목적인 문화 및 관련 산업의 향상발전에 오히려 역행하는 결과가 오지 않도록 개정법을 시행함에 있어서 관련 업계는 물론이고, 법률실무계와 학계가 꾸준히 주의를 기울일 것이 요망된다고 할 것이다.

7. 콘텐츠산업진흥법에서의 기술적 보호조치의 보호

콘텐츠산업진흥법(구 온라인디지털콘텐츠산업발전법의 전부 개정법률)은 '기술적 보호조치'를 "콘텐츠제작자의 이익의 침해를 효과적으로 방지하기 위하여 콘텐츠에 적용하는 기술 또는 장치"라고 정의하고 있다(같은 법 제 2 조 제 7 호). 같은 법 제37조 제 2 항은, "누구든지 정당한 권한 없이 콘텐츠제작자나 그로부터 허락을 받은 자가 제 1 항 본문의 침해행위를 효과적으로 방지하기 위하여 콘텐츠에 적용한 기술적 보호조치를 회피·제거 또는 변경(이하 '무력화')하는 것을 주된 목적으로 하는 기술·서비스·장치 또는 그 주요 부품을 제공·수입·제조·양도·대여 또는 전송하거나 이를 양도·대여하기 위하여 전시하는 행위를 하여서는 아니 된다. 다만, 기술적 보호조치의 연구·개발을 위하여 기술적 보호조치를 무력화하는 장치 또는 부품을 제조하는 경우에는 그러하지 아니하다"고 규정하고 있다.

민사적 구제로서는, 이 규정을 위반하는 행위로 자신의 영업에 관한 이익이 침해되거나 침해될 우려가 있는 자는 그 위반행위의 중지나 예방 및 그 위반행위로 인한 손해의 배상을 법원에 청구할 수 있다(같은 법 제38조 제 1 항). 이 규정에 의하면 기술적 보호조치의 무력화장치를 배포·유통함으로써 자신의 영업에 관한 이익이 침해되거나 침해될 우려가 있는 자만이 민사적 구제를 청구할 수 있으므로, 권리자 특정이나 손해액 산정에 있어서 저작권법에서와 같은 문제는 없다.

또한 형사적 구제로서, 이 규정을 위반하여 정당한 권한 없이 기술적보호조치의 무력화를 목적으로 하는 기술·서비스·장치 또는 그 주요 부품을 제공·수입·제조·양도·대여 또는 전송하거나 이를 양도·대여하기 위하여 전시하는 행위를 한 자는 2년 이하의 징역 또는 2천만원이하의 벌금에 처하도록 되어 있다(같은 법 제40조 제 1 항 제 2 호). 이 죄는 친고죄로 되어 있다(같은 조 제 2 항).

한편 구 온라인디지털콘텐츠산업발전법에서 보호하고 있는 기술적 보호조치가 접근통제형 기술적 보호조치를 포함하는 것인지 여부에 관하여는 해석상 다툼이 있었다. 이 법에서 기술적 보호조치라 함은 " … 이 법에 의하여 보호되는 이익의 침해를 효과적으로 방지하기 위하여" 적용하는 기술 또는 장치를 말한다고 규정하고 있으므로, 형식적으로는 당시 저작권법이 "저작권 그 밖에 이 법에 의하여 보호되는 권리에 대한 침해 행위를 효과적으로 방지 또는 억제하기 위하여" 적용하는 기술적 조치로 정의하고 있는 것과 큰 차이가 없어서 위 법이 보호하는 기술적 보호조치의 대상에서도 접근통제형 기술적 보호조치는 제외된 것으로 해석할 수 있었다. 그러나 회피행위의 법정 구성요건의 충족만으로 침해행위가 성립하는 저작권법적 보호시스템과는 달리, 그 행위의 결과로써 영업상 이익의 침해 여부를 재평가하는 시스템, 다시 말해서 영업상 이익의 침해를 야기할 수 있는 회피행위만을 규제하는 부정경쟁방지적 보호시스템을 취하고 있는 콘텐츠산업진흥법에서의 기술적 보호조치에는 이른바 접근통제형 기술적 보호조치가 포함되는 것으로 해석하여야 한다는 견해가 있었다.[657]

구 온라인디지털콘텐츠산업발전법을 전부 개정한 법률인 현행 콘텐츠산업진흥법은 그 정의 규정에서는 기술적 보호조치를 접근통제형과 이용통제형으로 구분하지 않고 있지만, 금지행위에 관한 제37조 제 2 항 규정에서 "제 1 항 본문의 침해행위를 효과적으로 방지하기 위하여 콘텐츠에 적용한 기술적 보호조치"라고 되어 있는바, 이는 저작권법 제 2 조 제

657) 윤선희·신재호, 전게논문, 197면.

28호 나목의 '이용통제형 기술적 보호조치'의 정의를 거의 그대로 가져온 것이다. 같은 호 가목의 '접근통제형 기술적 보호조치'는 침해행위와 관계없이 '저작권법에 따라 보호되는 저작물 등에 대한 접근을 효과적으로 방지'하는 기술적 조치라고 정의되고 있는 것과 대비된다. 또한 콘텐츠산업진흥법의 위 금지행위 규정에서는 회피·제거 또는 변경과 같은 무력화의 예비행위(장치 및 서비스 제공)만을 금지의 대상으로 하고 있을 뿐, 직접적인 무력화 행위에 대하여는 금지행위의 대상으로 규정하고 있지 않다. 이는 이용통제형 기술적 보호조치만을 보호하던 개정 전 저작권법에서, 직접적인 무력화 행위에 대하여는 그 나타난 행위의 태양에 따라 저작권 등 권리를 침해하는 행위로 직접 규제하는 것이 가능하기 때문에 무력화 예비행위만을 금지행위로 규정한 것과 유사하다고 볼 수 있다. 이러한 점에 비추어 볼 때 콘텐츠산업진흥법에서 금지행위로 보호하고 있는 기술적 보호조치는 '이용통제형 기술적 보호조치'만을 의미하는 것으로 봄이 상당하다고 해석된다.

Ⅱ. 권리관리정보

1. 서 설

가. 권리관리정보의 기능

디지털화·네트워크화는 디지털콘텐츠의 유통에도 혁신적인 변화를 가져왔다. 이러한 상품유통 상황의 변화와 네트워크 이용자의 익명성에 편승한 무단복제 또는 무단전송 등 권리침해 행위의 증가로 인하여, 권리자의 경제적 이익의 손상에 대응할 수 있는 새로운 권리처리 시스템의 구축에 대한 요구가 날로 커지고 있다.

권리관리정보는 저작물 등의 정보데이터에 부착되어 자동적인 권리처리를 가능하게 하고, 탐색프로그램 등을 통하여 위법 복제물 등의 발견을 용이하게 하는 등 저작물의 정보데이터를 관리하는 기술의 하나이다. 따라서 기술적 보호조치가 저작물의 불법복제 등을 사전에 방지하기 위한 것이라면, 권리관리정보는 이미 행하여진 불법복제의 발견이나 적법한 이용을 위해 필요한 권리처리의 수행을 용이하게 하는 것이다. 예를 들면, 인터넷상에 저작물 등이 무단으로 업로드 된 경우 그 검색 및 발견을 수작업으로 하는 것은 거의 불가능에 가까운 일이지만, 워터마킹 기술 등을 이용하여 미리 저작물 등에 권리관리정보를 부착해 두면, 나중에 저작권자가 검색로봇과 같은 프로그램을 사용하여 저작물과 함께 업로드 된 권리관리정보를 검색하는 방법으로 쉽게 불법 업로드 된 저작물 등을 찾아낼 수

있는 것이다.658)

대표적인 권리관리정보의 하나라고 할 수 있는 디지털워터마크의 경우를 보면 다음과 같은 기능을 가지고 있다.659)

첫째 권리자 식별(owner identification) 기능이다. 디지털콘텐츠는 그 기술의 속성상 내용이나 형식을 용이하게 변경 또는 조작할 수 있기 때문에, 어떤 콘텐츠가 인터넷을 통하여 전전 유통되면서 여러 차례 수정과 변경이 반복하여 일어난 경우에는 누가 해당 콘텐츠의 진정한 저작자인지 알아내기가 어렵다. 이러한 경우에 저작자가 자신의 콘텐츠에 워터마크를 삽입시켜 놓는다면, 향후 콘텐츠의 저작자가 누구인지에 관하여 분쟁이 발생한 경우에, 보관하고 있던 원본 콘텐츠와 워터마크에 사용된 암호키를 이용하여 자신이 원본 콘텐츠의 저작자임을 손쉽게 입증할 수 있다.

둘째, 불법복제 추적(fingerprinting) 기능이다. 저작물을 이용할 경우 허락을 받은 콘텐츠의 구매자는 콘텐츠를 복제·전송하는 것까지 허락받은 경우도 있고 그렇지 않은 경우도 있다. 그런데 구매자가 허락의 범위를 넘어 콘텐츠를 복제해서 인터넷을 통하여 다른 사람에게 유포할 수도 있다. 이러한 경우에 저작자가 디지털콘텐츠의 각 복제물에 구매자의 ID와 같은 고유표지를 워터마크로 삽입시켜 놓는다면 침해물로 의심되는 콘텐츠를 워터마크 추출 프로그램으로 조사하여 침해물인지 여부와 누구의 영역에서 침해물이 만들어졌는지를 추적할 수 있다.

셋째, 콘텐츠 모니터링(contents monitoring) 기능이다. 예컨대, 음원에 워터마크를 삽입하고 그 워터마크를 인식할 수 있는 기기를 이용하면, 방송사업자가 그 음원을 일정 기간 동안 몇 번 방송하였는지 자동적으로 조사할 수 있게 된다.

넷째, 인증 및 무결성 검사(authentication and integrity check) 기능이다. 저작자가 비밀키를 이용하여 자신의 로고 등을 워터마크로 삽입하고 디지털콘텐츠와 함께 로고와 공개키를 이용자에게 전송하면, 콘텐츠 이용자는 공개키를 이용하여 저작자의 로고를 추출함으로써 디지털콘텐츠의 송신자의 진정성을 확인할 수 있게 된다. 그리고 Fragile 워터마크의 경우에는 콘텐츠를 조작하거나 변형하려고 시도하는 때에는 워터마크가 깨어지기 때문에, 워터마크가 깨어졌는지의 여부를 확인함으로써 디지털콘텐츠의 무결성을 확인할 수 있게 된다.

다섯째, 사용제한(usage control) 기능이다. 복제관리정보(copy control information)를 워터마크로 이용하고 이를 식별할 수 있는 재생기기를 갖추면, 재생기기가 디지털콘텐츠로부터

658) 오승종·이해완, 전게서, 532면.

659) 이하 디지털워터마크의 기능에 대한 부분은, 김현철, 권리관리정보 보호를 위한 저작권법 개정 방향에 관한 연구, 저작권심의조정위원회, 저작권연구자료 37, 2001. 12, 33-34면.

사용에 관한 정보를 읽어 복제 여부 및 횟수를 통제할 수 있게 된다.

이처럼 권리관리정보는 저작권 등 권리의 실효성을 확보하기 위하여 중요한 역할을 하므로, 그러한 정보를 제거하거나 개변하는 것은 권리처리에 오류를 발생시켜 불법 복제물의 발견을 곤란하게 하는 등 권리자의 이익을 해칠 우려가 크다. 이에 따라 저작권법은 권리관리정보를 제거하는 행위 등을 저작권 등 권리의 침해행위로 간주하여 규제하고 있는 것이다.

나. 권리관리정보의 의의

저작권법은 권리관리정보를 다음과 같이 정의하고 있다.

저작권법 제 2 조 제29호

"권리관리정보"는 다음 각 목의 어느 하나에 해당하는 정보나 그 정보를 나타내는 숫자 또는 부호로서 각 정보가 저작권, 그 밖에 저작권법에 의하여 보호되는 권리에 의하여 보호되는 저작물 등의 원본이나 그 복제물에 부착되거나 그 공연·실행 또는 공중송신에 수반되는 것을 말한다.

가. 저작물 등을 식별하기 위한 정보
나. 저작권 그 밖에 저작권법에 따라 보호되는 권리를 가진 자를 식별하기 위한 정보
다. 저작물 등의 이용 방법 및 조건에 관한 정보

이들 중에서 가.에 해당하는 것으로서 '식별자'를 들 수 있는데, 그 가운데 대표적인 것이 DOI(Digital Object Identifier)이다. DOI는 디지털콘텐츠를 특정할 수 있는 고유의 식별자 체계로서 기존의 웹상의 콘텐츠들의 위치정보를 제공하는 URL(Uniform Resource Locator) 체계와는 달리 제공하는 서버가 변경되거나 웹사이트의 구성이 달라진 경우에도 변함없는 위치정보를 제공하며, 권리자가 변동된 경우에 그에 관한 정보를 제공할 수도 있다. 나.에 해당하는 것으로서는 저작자 등 권리자의 이름 등의 정보를 예로 들 수 있다. 다.에 해당하는 것으로서는, 이용허락을 구하는 자가 저작권자 등이 제시한 허락하는 이용의 형태, 회수, 허락에 대한 대가로서 이용자가 지불하여야 하는 권리사용료 등의 정보, 예를 들면, "이 저작물의 복제사용료는 100원" 등과 같은 정보를 말한다.

2. 권리관리정보의 보호

가. 금지행위

정당한 권리 없이 권리관리정보를 제거 또는 변경하는 행위 및 권리관리정보가 제거·변경된 저작물 등을 배포하는 등의 행위는 금지된다. 이러한 행위 역시 기술적 보호조치의 경우와 마찬가지로 2011년 개정 전 저작권법에서는 저작권 등의 권리를 침해하는 것으로 의제(간주)하는 형식으로 되어 있었으나, 개정법에서는 독립된 금지행위로 규정한 것이다.

한편 현행법의 기초가 된 한·미 FTA 협정은 권리관리정보에 대하여 다음과 같이 정의하고 있다. "권리관리정보라 함은 다음 중의 어느 하나로서 저작물·실연 또는 음반의 복제물에 부착되거나, 저작물·실연 또는 음반의 공중전달 또는 공중에게 이용가능하게 하는 것과 관련하여 나타나는 정보를 말한다. ① 저작물·실연 또는 음반, 저작자·실연자 또는 음반제작자 또는 저작물·실연 또는 음반에 관한 권리자를 식별하는 정보, ② 저작물·실연 또는 음반의 이용 조건에 관한 정보, 또는 ③ 그러한 정보를 나타내는 어떠한 숫자 또는 코드."[660] 한편, 한·미 FTA 협정은 전자적 형태의 권리관리정보에 한하지 않고 모든 형태의 권리관리정보를 보호의 대상으로 하고 있다. 그리고 이러한 권리관리정보를 ① 제거·변경하거나, ② 제거·변경된 권리관리정보 자체를 유통시키거나, ③ 권리관리정보가 제거·변경된 복제물을 유통시키는 것을 금지하도록 하고 있다.[661] 권리관리정보의 침해에 대한 예외와 관련하여서는, 정부의 피고용인, 대리인 또는 계약업자가 법의 집행·정보 활동·필수적 안보 또는 이와 유사한 정부 목적을 위하여 수행하는 적법하게 승인된 행위로 제한할 것을 요구하고 있다.[662]

이러한 한·미 FTA 협정의 권리관리정보에 대한 보호 및 그 예외는 한·EU FTA 협정의 내용과 공통되는 사항이었기 때문에 한·EU FTA 협정 이행을 위한 2011년 6월 30일 개정 저작권법에서 제104조의3 규정을 신설함으로써 이미 모두 반영이 된 바 있다.

다만, 2011년 6월 30일 개정 저작권법은 권리관리정보에 관한 정의규정인 제2조 제29호에서는 그 존재형태를 전자적 형태로 제한하지 않고 폭넓게 정의하고 있으므로 문제가 없으나, 보호의 대상과 관련하여서는 '전자적 형태'의 권리관리정보로만 한정하고 있었으므로(저작권법 제104조의3 제1항), 모든 형태의 권리관리정보를 보호 대상으로 하고 있는 한·미 FTA 협정 이행을 위해서는 이 규정을 개정할 필요가 있었다. 또한 한·미 FTA 협

660) 한·미 FTA 협정 제18.4조 제8항 다호.
661) 한·미 FTA 협정 제18.4조 제8항 가호.
662) 한·미 FTA 협정 제18.4조 제8항 나호.

정은 권리관리정보를 침해하는 행위로 제거·변경된 권리관리정보 자체를 유통시키는 행위도 금지하고 있는 데 비하여, 2011년 저작권법은 그러한 행위를 금지 대상으로 규정하고 있지 않으므로 이 부분도 개정할 필요가 있었다.

그리하여 2011년 12월 2일 공포된 저작권법에서는 제104조의3(권리관리정보의 제거·변경 등의 금지) 규정 중 "전자적 형태의 권리관리정보"라는 문구에서 '전자적 형태의'라는 문구를 모두 삭제하였다. 아울러 이 규정 제 1 항에 제 2 호를 신설하여, "권리관리정보가 정당한 권한 없이 제거 또는 변경되었다는 사실을 알면서 그 권리관리정보를 배포하거나 배포할 목적으로 수입하는 행위"를 금지행위의 유형 중 하나로 새로이 규정하였다.

한편, 위 2011년 6월 30일 개정 저작권법은 권리관리정보를 정의하면서 저작물 등, 저작재산권자 등, 저작물 등의 이용 방법 및 조건에 관한 '정보'라고 규정하고 있었는데, 권리관리정보는 저작권으로 보호되는 저작물 등의 이용과 관련하여서만 보호할 가치가 있으므로 이를 명확히 할 필요가 있었다. 그리하여 현행법은 제 2 조 제29호의 '권리관리정보' 정의규정에서 종전의 '정보'라는 문구에 "저작권, 그 밖에 이 법에 따라 보호되는 권리에 의하여 보호되는"이라는 문구를 덧붙이고 있다. 나아가 위 2011년 6월 30일 개정 저작권법은 제 2 조 제29호 나.목에서 "저작자·저작재산권자·출판권자·프로그램배타적발행권자·저작인접권자 또는 데이터베이스제작자를 식별하기 위한 정보"라고 하여 권리자에 관한 식별 정보를 나열식으로 규정하고 있었는데, 여기에 인격권을 가지는 실연자가 명시되지 않고 빠져 있는 등의 문제점이 있었다. 그리하여 현행법에서는 이 부분도 "저작권, 그 밖에 이 법에 따라 보호되는 권리를 가진 자를 식별하기 위한 정보"라고 하여 보다 포괄적인 내용으로 수정하였다.

그리하여 현행 저작권법 제104조의3은 다음과 같이 규정한다.

> 제104조의3(권리관리정보의 제거·변경 등의 금지)
>
> ① 누구든지 정당한 권한 없이 저작권, 그 밖에 이 법에 따라 보호되는 권리의 침해를 유발 또는 은닉한다는 사실을 알거나 과실로 알지 못하고 다음 각 호의 어느 하나에 해당하는 행위를 하여서는 아니 된다.
>
> 1. 권리관리정보를 고의로 제거·변경하거나 거짓으로 부가하는 행위
> 2. 권리관리정보가 정당한 권한 없이 제거 또는 변경되었다는 사실을 알면서 그 권리관리정보를 배포하거나 배포할 목적으로 수입하는 행위
> 3. 권리관리정보가 정당한 권한 없이 제거·변경되거나 거짓으로 부가된 사실을 알면서 해당 저작물 등의 원본이나 그 복제물을 배포·공연 또는 공중송신하거나 배포

를 목적으로 수입하는 행위

② 제1항은 국가의 법집행, 합법적인 정보수집 또는 안전보장 등을 위하여 필요한 경우에는 적용하지 아니한다.

위 제1항 제1호에서 권리관리정보의 '제거·변경'은 저작권 등의 침해의 우려를 발생시키는 행위이기 때문에 이를 금지행위로 규정한 것이다. 그러나 침해로 간주되는 행위를 너무 넓게 인정하게 되면 저작물 등의 원활한 이용에 부정적인 영향을 미치게 되므로, '고의'로 권리관리정보를 제거·변경하는 행위만을 금지행위로 하였다. 또한 여기서 '고의'를 요건으로 하고 있는 것은, 권리관리정보의 제거·변경 또는 허위 부가의 행위가 저작권 등의 실효성을 해치는 행위라 하여도 저작권 등의 침해 그 자체는 아니라는 점, 예를 들어 워터마크형 권리관리정보는 그 특성상 일반인이 인식하지 못하도록 되어 있는 경우가 많으며 이를 미처 알지 못한 저작물 등의 이용자가 결과적으로 당해 권리관리정보를 제거·변경한 경우까지 규제의 대상으로 삼는 것은 이용자에게 불측의 손해를 줄 수도 있다는 점을 고려한 것이라고 한다.[663]

제1호에서 '거짓으로 부가'(허위 부가)라 함은 예를 들면, 저작권자가 아닌 자를 저작권자인 것처럼 표시하는 정보, 저작권자가 인정하지 않은 조건을 이용허락의 조건으로 표시하는 정보 등을 부가하는 것을 생각할 수 있다. 이러한 정보가 저작물 등에 부가되어 권리관리정보로서 저작물 등의 관리에 사용될 경우 자동적인 권리처리에 오류가 생기게 되어 저작권 등의 침해의 우려가 발생하고 결국 권리관리정보를 제거·변경한 경우와 동일한 결과에 이르게 된다. 그리하여 2006년 개정 전 저작권법에서는 권리관리정보를 제거·변경하는 경우만을 대상으로 하고 있었는데, 2006년 개정 저작권법에서부터는 '허위 부가'의 경우까지를 금지행위로 그 대상을 넓힌 것이다.

제3호는 권리관리정보가 제거·변경되거나 거짓으로 부가된 사실을 알고 그 저작물의 원본이나 복제물을 공중에게 유포하는 등의 행위를 하게 되면 저작권 등 권리에 대한 침해의 우려가 커지므로 이러한 행위를 금지행위로 규정한 것이다. 그러나 이 부분 역시 금지행위의 범위를 너무 넓게 인정하게 되면 저작물 등의 원활한 이용에 부정적인 영향을 미치게 되므로, 그러한 사실을 '알고' 하는 경우만을 금지행위로 한 것이다.

한편, 종전 저작권법 제124조 제3항 단서에서는, "다만, 기술적으로 불가피하거나 저작물 등의 성질이나 그 이용의 목적 및 형태에 비추어 부득이하다고 인정되는 경우"는 본

663) 김형렬, 권리관리정보의 보호에 관한 소고, 디지털재산법연구, 디지털재산법학회, 2002. 2, 제1권 제2호, 105면.

조의 저작권 등 권리침해로 간주하는 대상에서 제외하고 있었다. 그리하여 예를 들어, 저작물 등을 압축하거나 복원, 축소, 확대하는 경우 또는 저작물 등을 일부 발췌하여 기록하거나 송신하는 경우에 기술적인 제약으로 부득이하게 권리관리정보가 제거되는 경우는 본 항의 대상에서 제외되는 것으로 보고 있었다. 그러나 2011년 개정 저작권법에서부터는 위와 같은 단서 규정이 삭제되었는바, 그 취지가 종전에 단서 규정에 의하여 허용되던 행위까지를 금지행위의 대상으로 포함시키고자 한 것인지는 불분명하다. 앞으로의 해석론에 맡겨진 부분이 아닌가 생각된다.

또한 저작권법 제104조의3 제 1 항은 종전 법 제124조 제 3 항과 마찬가지로 "정당한 권한 없이 저작권 등 권리의 침해를 유발 또는 은닉한다는 사실을 알거나 과실로 알지 못하고 하는 행위"만을 대상으로 하므로, 예를 들어, 저작권 양도 후에 저작재산권자 이름에 관한 권리관리정보를 새로운 저작재산권자의 이름으로 바꾸는 경우처럼 권리침해의 우려가 없는 경우는 본 항의 적용 대상이 아니라고 본다.[664)]

나. 처벌규정

저작권법은 제104조의3의 금지행위를 한 자에 대한 처벌규정을 두고 있다. 즉, 업으로 또는 영리를 목적으로 제104조의3 제 1 항을 위반한 자는 3년 이하의 징역 또는 3천만 원 이하의 벌금에 처하거나 이를 병과할 수 있다. 다만, 과실로 저작권 또는 이 법에 따라 보호되는 권리 침해를 유발 또는 은닉한다는 사실을 알지 못한 자는 제외한다(제136조 제 2 항 제 3 의4호). 2011년 개정 전 저작권법에서는 이 벌칙규정은 비친고죄의 대상으로 하고 있었는데(같은 법 제140조 제 2 호), 2011년 6월 30일 개정된 저작권법에서는 그 부분이 삭제되었다. 이는 입법과정에서의 실수가 아닌가 생각되었는데, 현행 저작권법에서는 이 벌칙규정을 다시 비친고죄의 대상으로 하고 있다(같은 법 제140조 제 2 호).

3. 콘텐츠산업진흥법에서의 권리관리정보 보호

콘텐츠산업진흥법은 구 온라인디지털콘텐츠산업발전법에서와 마찬가지로 기술적 보호조치는 보호를 하면서 권리관리정보에 대하여는 아무런 규정을 두고 있지 않다. 이는 디지털콘텐츠를 주된 사업의 영역으로 하고 있는 IT관련 업계에서는 기술적 보호조치와 권리관리정보를 분리하여 이해하는 경우가 거의 없다는 현실을 감안한 것이라고 한다.[665)] 그리

664) 加戸守行, 著作權法 逐條講義, 四訂新版, 社團法人 著作權情報センター, 651면.
665) 윤선희·신재호, 전게논문, 213면.

하여 비록 이 법에서 권리관리정보를 보호하는 직접적인 규정은 없지만, 가장 중요한 워터마크의 경우 콘텐츠로부터 쉽게 제거·변경할 수 없다는 점에서 단순 경고형 기술적 보호조치와 구별되고, 워터마크를 부가하는 목적과 기능은 다양하지만 가시적 워터마크의 1차적인 목적은 영업적 재이용의 금지에 있다는 점을 고려할 때, 일정한 워터마크는 콘텐츠제작자의 영업상 이익의 침해를 방지할 수 있는 기술적 보호조치에 포함시킬 수 있는 것이라고 한다.[666]

Ⅲ. 기타 금지행위

1. 암호화된 방송신호의 무력화 금지

가. 의의 및 한·미 FTA 협정의 규정

한·미 FTA 협정은 프로그램을 전달하는 암호화된 위성 및 케이블 신호의 보호와 관련한 의무사항을 규정하고 있다. 다만, 신호 배포자에게 배타적 권리를 부여하는 방식이 아니라, 일정한 행위를 금지하고 그 금지행위 위반에 대하여 민사적 구제 및 형사적 구제를 인정하는 방식으로 규정할 것을 요구하고 있다. 한·미 FTA 협정은 '암호화된 프로그램 전달 위성 및 케이블 신호'(Encrypted program-carrying satellite and cable signals)가 무엇인지에 대하여는 특별한 규정을 두고 있지 않다. 다만, 이른바 위성 협약이라고 하는 '브뤼셀협약'의 정의규정에 따르면, '신호'는 "프로그램을 송신할 수 있도록 전자적으로 발생시킨 반송파"라고 정의하고 있고, '프로그램'은 "궁극적으로 공중 수신의 목적으로 송출된 신호에 구현된 영상, 음향 또는 그 두 가지로 구성된 일련의 고정되지 않은 내용물 또는 고정된 내용물"이라고 정의하고 있다.[667] 그러므로 '암호화된 프로그램 전달 위성 및 케이블 신호'는 신호에 대한 접근을 막기 위하여 암호화되고 위성 또는 유선에 의하여 송신되는 방송 신호 및 방송 전 신호를 의미한다고 해석된다.[668] 암호화된 방송 신호의 보호는 접근통제형 기술조치의 보호와 유사한 측면이 있지만, 침해에 대한 책임 발생 요건이 다르므로 이를 기술적 보호조치의 보호와는 별도로 규정할 필요가 있다.

666) 상게논문, 213면.
667) 위성 협약 제1조: 저작권위원회, 전게서, 147면에서 재인용.
668) 저작권위원회, 전게서, 147면.

나. 저작권법의 내용

이에 현행 저작권법은 먼저 암호화된 방송 신호에 대한 정의 규정인 제 2 조 제 8 호의 2를 신설하여 "'암호화된 방송 신호'란 방송사업자나 방송사업자의 동의를 받은 자가 정당한 권한 없이 방송(유선 및 위성 통신의 방법에 의한 방송에 한한다)을 수신하는 것을 방지하거나 억제하기 위하여 전자적으로 암호화한 방송 신호를 말한다"고 규정하였다.

한·미 FTA 협정은 암호화된 방송 신호의 보호와 관련하여, ① 무단 복호화 기기 등을 제조하는 행위, ② 암호화된 방송 신호에 무단 접근하여 시청하고 이를 유포하는 행위, ③ 적법하게 복호화된 방송 신호를 배포하는 행위 등 3가지 행위 유형으로 나누어 금지할 것을 요구하는 취지로 되어 있다. 이에 현행 저작권법은 제104조의4(암호화된 방송 신호의 무력화 등의 금지) 규정을 신설하여, "누구든지 ① 암호화된 방송 신호를 방송사업자의 허락 없이 복호화(復號化)하는 데에 주로 사용될 것을 알거나 과실로 알지 못하고, 그러한 목적을 가진 장치·제품·주요부품 또는 프로그램 등 유·무형의 조치를 제조·조립·변경·수입·수출·판매·임대하거나 그 밖의 방법으로 전달하는 행위. 다만, 제104조의2 제 1 항 제 1 호·제 2 호 또는 제 4 호에 해당하는 경우에는 그러하지 아니하다. ② 암호화된 방송 신호가 정당한 권한에 의하여 복호화된 경우 그 사실을 알고 그 신호를 방송사업자의 허락 없이 영리를 목적으로 다른 사람에게 공중송신하는 행위. ③ 암호화된 방송 신호가 방송사업자의 허락 없이 복호화된 것임을 알면서 그러한 신호를 수신하여 청취 또는 시청하거나 다른 사람에게 공중송신하는 행위 중 어느 하나에 해당하는 행위를 하여서는 아니 된다"라고 규정하였다.

이러한 암호화된 방송 신호의 무력화 등의 금지행위 규정이 신설됨에 따라 저작권법은 그 형사적 제재로서 벌칙 규정인 제136조 제 2 항에 3의5호를 신설하여 "제104조의4 제 1 호 또는 2호에 해당하는 행위를 한 자"에 대하여는 3년 이하의 징역 또는 3천만 원 이하의 벌금에 처하거나 이를 병과할 수 있도록 하였고, 제137조(부정발행 등의 죄)에 제 3 의2호를 신설하여 "제104조의4 제 3 호에 해당하는 행위를 한 자"에 대하여는 1년 이하의 징역 또는 1천만 원 이하의 벌금에 처할 수 있도록 하였다. 암호화된 방송 신호를 무단 시청할 수 있도록 하는 기기 등을 제조하거나 영리를 목적으로 신호를 공중송신하는 행위(제104조의4 제1, 2호)와 암호화된 방송신호를 단순히 수신하여 시청하는 행위(같은 조 제 3 호)는 그 죄질에 있어서 차이가 있으므로 법정형을 구분하여 별도로 규정한 것이다.

이와 같은 현행 저작권법 규정에서 '복호화'(復號化, decryption)라 함은 암호화 과정의 역과정으로 암호 알고리듬에 의하여 암호화된 콘텐츠를 평문 콘텐츠로 바꾸는 과정, 즉 암호 해독과정을 의미한다.

암호화된 방송 신호의 무력화 금지행위 규정을 신설함과 아울러 현행 저작권법은 제104조의7(방송전 신호의 송신 금지) 규정을 신설하여, "누구든지 정당한 권한 없이 방송사업자에게로 송신되는 신호(공중이 직접 수신하도록 할 목적의 경우에는 제외한다)를 제 3 자에게 송신하여서는 아니 된다"고 규정하였다. 그리고 이러한 방송전 신호의 송신 금지행위를 위반한 자에 대하여는 3년 이하의 징역 또는 3천만 원 이하의 벌금에 처하거나 이를 병과할 수 있도록 하였다.[669]

2. 라벨 위조 및 배포 등의 금지

가. 의의 및 한·미 FTA 협정의 규정

시중에서 유통되는 저작물의 복제물, 예를 들어 음악 CD나 영화 DVD, 컴퓨터프로그램 CD 같은 상품들은 그 복제물이 정당한 권리자에 의하여 제작된 정품이라는 점을 나타내기 위하여 라벨이나 인증서 등이 그 복제물에 첨부되거나 동봉되는 경우가 많다. 일반적으로 라벨이라고 하면 어떤 저작물의 복제물이 정당한 권한에 의하여 작성되거나 사용되는 것임을 나타내기 위한 표지, 인증서, 사용허락 문서, 등록카드 등을 말하는 것으로서, 합법적인 복제물, 즉 정품임을 증명하기 위한 용도로 사용된다.[670] 이러한 라벨이나 인증서는 소프트웨어의 경우 그 소프트웨어가 담겨져 있는 CD 패키지 케이스 등 적당한 곳에 스티커 형태로 부착되며, 일반적으로 라이선스 번호가 기재되어 있다. 특히 이러한 라벨이나 인증서 등은 독특한 형태로 디자인됨으로써 시중에서 해당 복제물에 대한 식별력과 고객흡인력을 높이고, 그로 인하여 일반인들이 시장에서 저작물의 복제물을 구입할 때 그 복제물의 외관에 부착된 라벨이나 인증서 등을 보고 구입하는 경우도 많다. 그런데 불법 복제물의 경우에는 그것이 불법 복제물임을 확연하게 알 수 있는 형태로 유통되는 것들도 있지만, 상당수의 불법 복제물들은 라벨이나 인증서를 비롯하여 내·외부적인 디자인까지 정품의 것을 그대로 모방하여 제작·유통됨으로써 정품과의 혼동을 초래하고 있다. 이러한 행위는 불법 복제물의 확산을 조장할 뿐만 아니라 건전한 유통질서를 무너뜨리고 조악한 품질로 인하여 소비자에게 피해를 가져오는 경우가 적지 않다. 따라서 불법 복제물로 인한 저작권자의 피해를 최소화 하고, 저작물의 복제물에 대한 건전한 유통질서를 확립하는 한

669) 저작권법 제136조 제 2 항 제 3 의7호.

670) 반면에 권리관리정보는 저작물 등을 식별하기 위한 저작물의 제호, 최초 공표 연도 및 국가, 저작자의 성명이나 연락처, 저작물의 이용 방법 및 조건 등에 대한 정보를 말하는 것이라는 점에서 라벨과 구별할 수 있다(문화체육관광부, 전게서, 제37면 참조).

편, 관련 시장이 올바른 기능을 발휘하도록 하기 위해서는 이러한 라벨이나 인증서 등의 위조나 불법 유통을 통제할 필요가 있다.

한·미 FTA 협정은 음반, 컴퓨터프로그램, 어문저작물 및 영상저작물에 관하여 그 저작물의 복제물에 부착하는 라벨 또는 포장을 위조하여 제작·유통시키는 경우 및 라벨 등을 본래의 목적 외로 사용하는 행위 등에 대하여 형사적 처벌을 부과할 것을 요구하고 있다.[671] 라벨이나 인증서 등에는 해당 제품의 상표가 표시되어 있거나, 주지·저명한 표지를 포함하고 있는 경우도 있다. 이러한 경우에는 그 라벨이나 인증서를 위조할 경우 상표권 침해 또는 부정경쟁방지법 위반 등의 책임을 물을 수도 있을 것이다. 그러나 그러한 상표나 주지·저명한 표지를 포함하지 않는 라벨이나 인증서 등도 많이 있을 것이기 때문에 한·미 FTA 협정상의 의무를 이행하기 위해서는 저작권법에 위조 라벨이나 인증서의 제조 또는 유통을 처벌하는 규정을 둘 필요가 있었다.

나. 저작권법의 내용

이에 현행 저작권법은 먼저 제 2 조 정의규정 중 제35호를 신설하여, "'라벨'이란 그 복제물이 정당한 권한에 따라 제작된 것임을 나타내기 위하여 저작물 등의 유형적 복제물·포장 또는 문서에 부착·동봉 또는 첨부되거나 그러한 목적으로 고안된 표지를 말한다"고 정의하였다. 그리고 제104조의5(라벨 위조 등의 금지) 규정을 신설하여, 누구든지 정당한 권한 없이, "① 저작물 등의 라벨을 불법복제물이나 그 문서 또는 포장에 부착·동봉 또는 첨부하기 위하여 위조하거나 그러한 사실을 알면서 배포 또는 배포할 목적으로 소지하는 행위, ② 저작물 등의 권리자나 권리자의 동의를 받은 자로부터 허락을 받아 제작한 라벨을 그 허락 범위를 넘어 배포하거나 그러한 사실을 알면서 다시 배포 또는 다시 배포할 목적으로 소지하는 행위, ③ 저작물 등의 적법한 복제물과 함께 배포되는 문서 또는 포장을 불법복제물에 사용하기 위하여 위조하거나 그러한 사실을 알면서 위조된 문서 또는 포장을 배포하거나 배포할 목적으로 소지하는 행위" 중 어느 하나의 행위를 하여서는 아니 된다고 규정하였다.

아울러 벌칙규정인 제136조 제 2 항에 제 3 의6호를 신설하여, 위 제104조의5의 금지행위를 위반하는 자에 대하여는 3년 이하의 징역 또는 3천만 원 이하의 벌금에 처하거나 이

671) 한·미 FTA 협정 제18.10조 제28항. "각 당사국은 최소한 다음의 고의적인 거래의 경우, 고의적인 상표 위조 또는 저작권 불법복제에 해당하지 아니한 경우라도 형사절차 및 형벌이 적용되도록 규정한다. ① 음반, 컴퓨터프로그램 또는 어문저작물, 영화 또는 기타 영상저작물 또는 그러한 품목을 위한 서류 및 포장에 부착·동봉 또는 첨부되거나 부착·동봉 또는 첨부되도록 고안된 위조 라벨 또는 불법 라벨, ② 위 ①에 규정된 유형의 품목에 대한 위조 서류 또는 포장."

를 병과할 수 있도록 규정하였다. 이와 같은 규정을 통하여 적법한 복제물에 부착되는 라벨 등을 위조하여 유포시키는 행위에 대하여는 저작권 침해자체와는 별도로 독자적인 형사처벌이 가능하게 되었다.

3. 영화 도촬행위의 금지

가. 의의 및 한·미 FTA 협정의 규정

영화의 도촬이란 영화관 등에서 상영 중인 영화를 저작권자의 허락 없이 무단으로 캠코더 등의 녹화기기를 사용하여 녹화하는 행위를 말한다. 영화와 같은 영상저작물의 경우 영화상영관에서 1차 상영되고, 그 후에 2차적으로 비디오테이프나 DVD의 출시, 유선방송이나 공중파 방송에 의한 방송, 인터넷 전송 등이 시차를 두고 순차적으로 이루어지는 것이 보통이다. 그런데 그러한 영상저작물의 복제물인 비디오테이프나 DVD 등이 출시되기도 전에 1차 상영관인 영화관에서 상영 중인 영화를 저작권자의 허락 없이 무단으로 촬영하여 그 복제물을 배포하거나 특히 파일형태로 인터넷 전송하게 되면, 해당 영상저작물의 무차별적인 불법 유포가 행하여질 우려가 매우 크다. 이는 영상저작물의 1차적 이용은 물론이고 그 후순위 이용에 큰 영향을 미치게 되어, 제작에 거대한 비용이 소요되고 큰 투자위험을 부담하여야 하는 영상저작물에 있어서 영상제작자 등 관련 권리자들의 투하자본 회수에 막대한 지장을 초래할 우려가 있다.[672] 따라서 영상저작물의 건전한 유통과 시장질서 확립을 위하여서도 도촬 등의 행위를 규제할 필요는 충분하다.

물론, 이러한 행위는 저작권침해(복제권 침해)에도 해당하지만, 저작권침해로 규율할 경우에는 해당 행위가 저작재산권 제한 조항에 해당하는지 여부, 특히 사적 복제에 해당하는지 여부 등을 따져보아야 하는 곤란한 문제가 발생한다. 그리고 복제권 침해 규정만으로는 녹화하려고 시도하다가 미수에 그친 경우라던가, 아니면 촬영 내용을 저장하지 않고 곧바로 제 3 자에게 송신한 경우에는 이를 규제하거나 처벌하기가 곤란하다. 상영 중인 영화를 녹화하는 경우에는 그것이 외부에 누출될 개연성이 높고, 녹화물이 외부에 유통될 경우에 발생할 피해는 매우 크기 때문에 저작재산권 제한 규정에의 해당여부를 따지지 않고 형사처벌 등 규제를 하기 위하여 도촬 행위를 저작권침해죄와 독립된 범죄로 규율하여 처벌할 필요성이 있다는 것이다.[673]

672) 실제로 많은 관객이 몰렸던 '해운대'라든가 '워낭소리' 같은 영화를 도촬한 불법 복제물이 인터넷을 통하여 유포됨으로 인하여 이들 영화의 2차적 이용에 큰 지장과 손해를 초래한 사례가 있었다.

673) 저작권위원회, 전게서, 242면.

이와 관련하여 한·미 FTA 협정은 제18.10조 제29항에서, "각 당사국은 공공 영화상영 시설에서 영화 또는 그 밖의 영상저작물의 상영으로부터 그 저작물 또는 그 일부를 전송하거나 복사하기 위하여 영화 또는 그 밖의 영상저작물의 저작권자 또는 저작인접권자의 허락 없이, 고의로 녹화장치를 사용하거나 사용하려고 시도한 자에 대하여 형사절차가 적용되도록 규정하여야 한다"고 함으로써, 영화관 등에서 상영 중인 영화를 녹화장치를 이용하여 녹화하거나 또는 녹화하려고 시도한 자에 대한 형사 처벌 규정을 마련할 것을 요구하고 있다.

참고적으로 일본의 경우에는 저작권법이 아니라 2007년 '영화의 도촬 방지에 관한 법률'이라는 독립된 법률을 제정하여 영화관 등에서의 도촬 행위를 금지하고 있다.

나. 저작권법의 내용

이에 따라 현행 저작권법은 먼저 제 2 조 정의규정에 제36호를 신설하여, "'영화상영관 등'이란 영화상영관, 시사회장, 그 밖에 공중에게 영상저작물을 상영하는 장소로서 상영자에 의하여 입장이 통제되는 장소를 말한다"는 규정을 두었다. 그리고 제104조의6(영상저작물 녹화 등의 금지) 규정을 신설하여, "누구든지 저작권으로 보호되는 영상저작물을 상영 중인 영화상영관 등에서 저작재산권자의 허락 없이 녹화기기를 이용하여 녹화하거나 공중송신하여서는 아니 된다"고 하여 영화상영관 등에서의 도촬행위를 금지행위로 규정하였다. 아울러 벌칙규정인 137조 제 1 항에 제 3 호의3 규정을 신설함으로써, 위 제104조의6 금지행위를 위반한 자에 대하여는 1년 이하의 징역 또는 1천만 원 이하의 벌금에 처할 수 있도록 하였다. 뿐만 아니라, 제137조에 제 2 항을 신설하여, "제 1 항 제 3 호의3의 미수범은 처벌한다"고 함으로써 도촬행위에 대하여는 미수범까지도 처벌하는 규정을 두었다.

Chapter 10

저작권침해에 대한 구제

C / H / A / P / T / E / R 10

저작권침해에 대한 구제

제 1 절 민사적 구제

Ⅰ. 서 설

저작권침해에 대한 민사적 구제는 침해행위의 정지 등 청구와 손해배상을 비롯한 금전적 청구 등에 의하여 실현될 수 있다. 그 밖에 저작인격권 및 실연자의 인격권 침해에 대하여 명예회복에 필요한 조치 등의 청구가 가능하다.

저작권침해에 대하여는 민법 제750조의 일반 불법행위 규정에 따라 손해배상을 청구할 수도 있지만, 저작권법은 별도로 손해배상청구에 관하여 손해액의 산정규정(제125조), 과실추정 규정(제125조 제 4 항), 법정손해배상(제125조의2), 손해액 산정이 어려운 경우 상당한 손해배상액의 산정규정(제126조) 등의 규정을 두고 있다. 그 중에서 저작권법 제125조는 민법 제750조의 일반불법행위에 따른 손해배상청구권의 특별규정이라고 해석된다. 저작권침해 행위 역시 고의·과실에 의하여 타인의 권리를 침해하는 행위로서 민법상 불법행위의 규정이 적용되지만, 교통사고에 의하여 신체적 장애를 입게 되었다든가 물건의 손상을 당한 경우와는 달리 침해의 대상이 저작권이라고 하는 무체(無體)의 창작적 표현이기 때문에, 손해액의 파악이나 가해행위와의 인과관계의 입증에 상당한 곤란이 따른다. 이러한 곤란을 해소하기 위하여 저작권법은 특히 저작권침해로 인한 손해배상청구에 관하여 위와 같은 손해액 산정을 위한 특별 규정을 두고 있는 것이라고 이해할 수 있다.

이하에서는 침해행위의 정지청구권에 관하여 먼저 살펴보고, 다음으로 손해배상과 관련하여 민법 제750조에 의한 손해배상청구 및 저작권법의 별도 규정에 의한 손해배상청구, 부당이득반환청구의 순서로 살펴보기로 한다.

Ⅱ. 침해의 정지청구권 등

1. 침해정지 및 예방청구권

가. 의 의

저작권 그 밖에 저작권법에 의하여 보호되는 권리(제25조, 제31조, 제75조, 제76조, 제76조의2, 제82조, 제83조 및 제83조의2의 규정에 의한 보상을 받을 권리를 제외한다)를 가진 자는 그 권리를 침해하는 자에 대하여 침해의 정지를 청구할 수 있으며, 그 권리를 침해할 우려가 있는 자에 대하여 침해의 예방 또는 손해배상의 담보를 청구할 수 있다(저작권법 제123조 제 1 항). 이 규정은 저작권자를 비롯하여 배타적발행권자, 출판권자, 저작인접권자, 데이터베이스제작자 등에게 저작권법이 보호하는 그들의 권리를 침해하는 행위에 대하여 침해정지청구권과 침해예방청구권을 인정한 것이다.

저작재산권은 무체재산권의 전형적인 것으로서 그 침해의 태양은 여러 가지가 있으나, 저작재산권의 목적물인 저작물은 소유권 또는 점유권의 목적물인 물건과 이론상으로나 성질상으로나 상당히 유사하다. 소유권 또는 점유권에 대하여는, 그 물권내용의 완전한 실현이 어떤 사정으로 인하여 방해받고 있거나 방해받을 염려가 있는 경우에, 그 방해자에 대하여 물권내용의 실현을 가능하게 하는 행위를 청구할 수 있는 권리, 즉 물권적 청구권으로서의 방해제거청구권 및 방해예방청구권이 인정된다. 마찬가지로 저작재산권의 완전한 실현이 방해받고 있거나 방해받을 염려가 있는 경우에도 물권적 청구권과 유사한 침해정지청구권 및 침해예방청구권을 인정할 필요가 있다. 이러한 필요에 따라 두어진 규정이 저작권법 제123조 제 1 항이라고 할 수 있다.

또한 배타적발행권과 출판권은 저작권의 용익물권적 성질을 가지는 것이어서 저작권과 이들 권리의 관계는 마치 소유권과 지상권의 관계에 대비될 수 있는 것이므로, 그 침해에 대하여도 침해의 정지 및 예방청구권을 인정하고 있다.

저작인접권이나 데이터베이스제작자의 권리는 저작권에 유사한 권리로서 그 성질은 저작권에 준하는 것이므로, 그 침해의 배제 및 예방에 관하여도 저작권에서와 같은 구제수단을 인정하고 있다.

한편, 저작인격권이나 실연자 인격권은 그것이 재산적 권리가 아니라 인격적 권리라는 점에서 재산적 권리인 소유권이나 점유권과는 성질이 다르지만, 이들 인격권의 침해는 결국 저작물의 이용이라는 형태로 나타나게 되므로 그 점에서 저작재산권의 침해의 형태와 실질적으로 동일하다. 뿐만 아니라 이러한 인격권의 침해에 대한 배제 및 예방의 필요성은 재산권의 경우와 다를 바 없는데, 위자료 등 금전적인 손해배상청구권만으로는 구제의 실효성을 확보할 수 없는 경우가 많다. 따라서 이들 인격권에 대하여도 침해의 정지 및 예방청구권을 인정하고 있다.[1)]

저작권법 제123조 제 1 항 중 괄호 안의 부분은 보상금청구권에 관한 것으로, 이러한 보상금청구권을 침해하는 행위에 대하여는 본 조에서 규정하는 침해의 정지 또는 예방청구권이 인정되지 않는다. 보상금청구권은 소유권이나 점유권과 같은 물권적 성질을 가진다기보다는 채권적 성질을 가지는 것이기 때문이다. 종전 저작권법에서는 실연자의 방송사업자에 대한 보상금청구권(개정 전 법 제65조)과 음반제작자의 방송사업자에 대한 보상금청구권(같은 제68조) 부분만을 침해의 정지 및 예방청구권의 대상에서 제외하고 있었으나, 2006년 및 2009년 두 차례에 걸친 저작권법 개정에 따라 저작권법 제25조(학교교육목적 등의 이용에 따른 보상금청구권), 제31조(도서관 등에서의 복제에 따른 보상금청구권), 제76조(실연자의 디지털음성송신사업자에 대한 보상금청구권), 제76조의2(상업용 음반을 사용하여 공연하는 자의 실연자에 대한 보상), 제83조(음반제작자의 디지털음성송신사업자에 대한 보상금청구권), 제83조의2(상업용 음반을 사용하여 공연하는 자의 음반제작자에 대한 보상) 규정이 새로 신설되었으므로, 이러한 새로 규정된 보상금청구권 역시 본 조가 규정하는 침해의 정지 및 예방청구의 대상으로부터 제외한 것이다.

나. 침해정지 및 예방청구권의 요건

(1) 청구의 상대방

저작권법 제123조 제 1 항은 '침해하는 자' 또는 '침해할 우려가 있는 자'를 대상으로 하여 그 침해의 정지 또는 예방을 청구할 수 있다고 규정한다. 따라서 침해의 정지 또는 예방청구의 상대방은 '침해하는 자' 또는 '침해할 우려가 있는 자'(이하에서는 이들을 통틀어 '침해자'라고 부르기로 한다)이다. 그런데 '침해자'가 누구냐 하는 것은 항상 명확한 것은 아니다. 예를 들어, 나이트클럽에서 악단이 연주를 하는 경우에 현실적으로 연주를 함으로써 음악저작물을 이용하는 행위를 하는 것은 악단 또는 그 구성원들이다. 그런데 그 연주가 저작자의 허락을 받지 않은 무단이용이라고 할 때 저작권의 '침해자'가 악단의 구성원들인지 아니면 나이트클럽의 영업주인지 문제가 될 수 있다. 이는 이른바 '저작권의 간접침해'의 문제인데, 이처럼 현실의 행위자와는 별도로 법률상 저작권의 침해자로 평가될 수 있는 제 3 자가 따로 존재하거나 병렬적으로 존재하는 경우, 그 제 3 자를 상대로 침해의 정지청구나 손해배상청구가 가능한지 여부가 쟁점이 된다. 또한 형사적 구제와 관련하여서도 그

1) 加戶守行, 著作權法 逐條講義, 四訂新版, 社團法人 著作權情報センター, 630면.

러한 제 3 자에 대하여 저작권침해의 주체성 내지는 공동정범이나 방조범 등으로서의 책임을 물을 수 있는지가 문제될 수 있다. 이에 관하여는 앞의 '제 9 장 제 6 절 간접침해' 부분에서 검토한 바 있다.

(2) 침해의 현재성 등

침해정지청구권은 '현재' 권리를 침해하고 있는 자에 대한 청구권이므로, 이 권리를 행사하기 위해서는 권리의 침해가 현존하고 있어야 한다. 즉, 침해행위의 '정지'를 청구하는 것이므로 침해행위가 청구 시점에 계속되고 있을 것을 요하며, 침해행위가 종료되면 더 이상 그 정지를 구할 수 없다. 따라서 저작물의 무단연주나 무단방송이 행해졌다고 하더라도 이미 그 연주나 방송이 종료해 버렸다면, 이 권리를 행사할 수 없게 된다. 그러나 일부 침해행위가 종료하였다고 하더라도 다른 형태의 침해행위를 하고 있거나, 새로운 침해행위가 예정되어 있는 경우에는 본 조에 의한 청구권을 행사할 수 있다. 예를 들어 서적을 무단으로 인쇄한 경우에 그 인쇄행위가 종료한 이상 복제권 침해행위 자체는 종료하였다고 할 것이지만, 그러한 위법복제물을 배포하기 위하여 소지하는 행위 역시 저작권 침해행위가 되고(저작권법 제124조 제 1 항 제 2 호), 또 그러한 자는 침해행위를 할 우려가 있는 자에도 해당되므로 여전히 본 조에 의한 침해의 정지 또는 예방 등의 청구권을 행사할 수 있다.[2)]

한편, 침해예방 또는 손해배상담보청구권은 권리침해가 아직 발생하고 있지 않지만, 가까운 장래에 발생할 우려가 있는 경우에 그 예방조치 등을 구할 수 있음을 내용으로 한다. 법문에서 '침해할 우려'라고 하고 있는데, 이는 단순히 침해될지도 모르겠다는 가능성이 존재하는 것만으로는 부족하고, 침해행위가 이루어질 가능성이 특별히 높은 경우여야 한다고 해석되고 있다.[3)] 예를 들면, 저작물을 무단으로 연주하기 위한 준비(연주장소의 예약, 프로그램의 인쇄 등)가 실제로 이루어지고 있는 경우 등이 '침해할 우려'가 있는 경우에 해당한다. 과거부터 침해행위가 여러 번 반복되어 왔다면, '침해의 우려'가 있다고 인정해도 좋은 경우가 많을 것이다.[4)]

(3) 고의·과실을 요하지 않음

본 조가 적용되기 위해서는 침해자 또는 침해할 우려가 있는 자에 대한 주관적 요건으로서 고의 또는 과실을 요하지 않는다. 따라서 침해자가 선의·무과실인 경우에도 본 조

2) 加戶守行, 전게서, 632면.
3) 內田 晉, 問答式 入門 著作權法, 新日本法規出版 株式會社, 2000, 430면 참조.
4) 오승종·이해완, 전게서, 534면.

에 따른 침해정지 등의 청구를 할 수 있다. 다만, 손해배상의 담보를 청구한 경우에 그 후 손해가 현실화되어 손해배상청구권의 유무를 판단하여야 하게 되면, 그 때에는 고의·과실을 따져야 할 것이다.5)

2. 폐기 등 필요한 조치청구권

가. 의 의

저작권 그 밖에 저작권법에 의하여 보호되는 권리를 가진 자는 침해의 정지 또는 침해예방 등의 청구를 하는 경우에 침해행위에 의하여 만들어진 물건의 폐기나 그 밖의 필요한 조치를 청구할 수 있다(저작권법 제123조 제 2 항). 침해의 정지 또는 침해예방 등의 청구권은 권리보전을 위한 추상적인 청구권이고, 그러한 청구에 의하여 발령되는 가처분이나 판결 역시 추상적 권리보전을 명하는 성질을 갖는다. 따라서 그 청구내용을 실행하고자 하여도 권리의 구체적인 구제에는 실효를 거두지 못하는 경우가 많다. 이러한 점을 고려하여 침해행위의 정지 또는 예방청구권의 실효성을 보장하기 위하여 본 항과 같은 규정을 둔 것이다. 그러므로 실제 실무에서는 저작권 등 침해행위가 있을 경우 저작권법 제123조 제 1 항에 의한 추상적인 권리보전적 청구와 제 2 항에 의한 구체적인 조치로서의 청구를 병행하는 것이 보통이다.

제 2 항에서 "제 1 항에 의한 청구를 하는 경우에 …"라고 규정하고 있으므로, 제 2 항에 의한 청구는 제 1 항에 의한 청구를 전제로 하는 것으로 해석된다. 그렇지만 제 1 항의 청구는 제 2 항과 반드시 병행하지 않고 단독으로 하는 것도 가능하다. 즉, 1회로 끝나는 무단 생음악 연주와 같이 침해행위에 의하여 만들어진 물건도 존재하지 않고 그 밖의 구체적 조치를 청구할 실익도 없는 경우에는 제 2 항에 의한 구체적 조치에 대한 청구 없이 제 1 항의 청구만을 단독으로 하는 경우도 있을 수 있다.

나. 폐기청구권

"침해행위에 의하여 만들어진 물건"은 저작권 등 권리를 침해함으로써 만들어진 복제물 등으로서, 형법상 몰수의 대상으로 되는 "범죄행위로 인하여 생긴 물건"에 상당하는 것을 말한다.

제 2 항은 침해행위에 의하여 만들어진 물건만을 폐기청구의 대상으로 규정하고 있기 때문에 침해행위에 사용된 물건, 예를 들어 무단상영에 사용된 필름 등은 그것 자체가 침

5) 허희성, 신저작권법 축조해설, 범우사, 1988, 393면.

해행위에 의하여 만들어진 것이 아닌 이상 폐기청구의 대상이 되지 않는다.6) 다만, 이러한 물건들이 형법 규정에 의하여 몰수의 대상이 되는 경우는 있을 것이다.7) 참고적으로 일본 저작권법은, "침해행위를 조성한 물건", "침해행위로 작성된 물건", 또는 "오로지 침해행위에 제공된 기계 혹은 기구" 등도 폐기청구의 대상으로 하고 있다.8)

폐기청구의 대상으로 되는 물건이 침해자의 소유에 속하는 경우에는 큰 문제가 없이 본 항에 따라 폐기를 명하면 족하다. 그러나 그 물건이 침해자가 아닌 제 3 자의 소유에 속하는 경우에는 폐기를 명할 수 있는 것인지 여부가 문제로 된다. 폐기청구의 상대방으로 되는 자는 제 1 항의 규정에 의하여 '침해하는 자' 또는 '침해할 우려가 있는 자'라고 할 것이므로, 폐기청구의 대상으로 되는 물건이 제 3 자의 소유에 속하는 경우라 하더라도 형식적으로는 폐기청구를 할 수 있다고 볼 수 있을 것이다. 그러나 법원의 입장에서는 비록 폐기청구가 '침해하는 자' 또는 '침해할 우려가 있는 자'를 상대로 하고 있지만, 그 물건이 제 3 자의 소유에 속하는 경우에는 현실적으로 폐기를 받아들이지 않는 경우가 많을 것으로 생각된다. 예를 들어 무단복제 된 서적이 판매되어 이미 최종 소비자의 수중에 들어간 경우에, 침해자를 상대로 한 폐기청구를 받아들이게 되면, 그 침해자는 최종 소비자로부터 그 무단복제 서적을 회수하여 폐기하여야 하는데, 이는 현실적으로 집행이 어렵다고 보아야 할 것이다. 다만, 제 3 자가 그 물건이 저작권침해행위에 의하여 만들어진 물건이라는 사정을 알면서 취득한 경우에는 형법상 몰수의 일반규정에 따라 그 물건을 몰수 또는 폐기할 수 있을 것이다.9)

그러나 무단복제 서적이 인쇄소에서 반출되어 서점에 배포된 상태에 있고 아직 최종 소비자에게 판매되지는 않은 경우에는 그 서점에 대하여 제 1 항에 의한 '침해할 우려'가 있음을 이유로 하는 침해예방청구를 함과 동시에 제 2 항에 의하여 그 무단복제 서적의 폐기청구를 하는 것은 가능하다고 생각된다.

저작물의 일부분이 저작권침해에 해당되는 경우에는 그 부분만의 폐기청구를 할 수 있다. 이 경우 신청취지 및 판결의 주문은 보통 "채무자는 ○○ 서적 중 별지목록 기재 각 해당부분을 삭제하지 아니하고는 위 서적을 인쇄·제본·판매·배포하여서는 아니 된다"는 형식으로 기재하고, 점유해제 및 집행관보관명령 부분에는 "집행관은 채무자의 신청이 있으면 위 각 해당부분을 말소하고 위 서적을 채무자에게 반환하여야 한다"라는 문구를 부

6) 오승종·이해완, 전게서, 534면.
7) 형법 제48조 제 1 항 제 1 호는 "범죄행위에 제공하였거나 제공하려고 한 물건"은 몰수할 수 있다고 규정한다.
8) 일본 저작권법 제112조 제 2 항.
9) 형법 제48조 제 1 항, 제 3 항 참조.

가하기도 한다.[10]

다. 그 밖의 필요한 조치 청구권

"그 밖의 필요한 조치"로는 우선 저작권 등 권리침해행위를 하기 위한 용도로 제공될 위험성이 있는 기계, 기구 등의 사용을 금지하는 조치를 생각할 수 있다. 예를 들어, 저작권을 침해하는 서적의 인쇄용 필름에 대한 사용을 금지하는 것이다. 그러나 단순히 추상적으로 사용을 금지하는 청구를 하여 그에 대한 법원의 인용판결을 받더라도 그 실효성을 확보할 수는 없으므로, 보통은 그러한 기계나 기구를 집행관에게 보관하도록 하는 조치를 취하는 것이 일반적이다.[11] "그 밖의 필요한 조치"로 청구할 수 있는 것인지 여부는 청구의 목적, 침해의 태양 및 정도, 청구하는 조치의 내용 및 정도 등의 제반 사정을 고려하여 법원이 재량에 따라 판단하게 된다.

3. 건축물의 경우

건축저작권을 침해하여 건축된 건물에 대하여 제 2 항에 의한 폐기청구를 할 수 있는지, 또는 건축되고 있는 건물에 대하여 제 1 항에 의한 '침해의 정지' 또는 제 2 항에 의한 '그 밖의 필요한 조치'로서 건축공사의 중지를 청구할 수 있는지 여부가 문제로 된다. 건물을 폐기한다는 것은 곧 그 건물을 파괴한다는 것이 되는데, 저작권침해로 인한 손해와 비교하여 볼 때 거액의 자본이 투자된 건물을 파괴한다는 것은 사회경제적으로도 바람직하지 못한 경우가 많기 때문이다. 건축공사를 중지하는 경우도 마찬가지이다. 이러한 점을 고려하여 오스트리아나 스웨덴, 독일의 경우는 일단 건축이 개시된 경우에는 건축의 중지를 청구할 수 없다는 규정을 두고 있다고 한다.[12] 그러나 우리나라에서는 이러한 특별규정을 두고 있지 않으므로, 일단 건물의 경우에도 그것이 저작권을 침해하여 건축되고 있는 것이라면 건축의 중지를 청구할 수 있다고 보는 것이 원칙일 것이다.[13] 다만, 이러한 청구가 있을 경우 법원의 입장에서는 실제로 건축을 중지시킬 필요성이 있는가 여부를 보전의 필요성 등과 관련하여 합리적으로 신중하게 판단하여야 한다. 특히 건축공사가 상당한 정도로 진척되어 이를 중단하게 되면 중대한 사회적·경제적 손실을 초래할 경우에는 건축공사중지가처분을

10) 법원실무제요, 민사집행(Ⅳ)－보전처분, 법원행정처, 2003, 325면.
11) 보통 "채무자는 ○○ 서적의 인쇄용 필름에 대한 점유를 풀고 이를 채권자가 위임하는 집행관에게 인도하여야 한다"라는 신청취지가 사용된다.
12) 독일저작권법 제101조 참조.
13) 加戶守行, 전게서, 637-638면.

받아들일 수 없다고 한 대법원 판례가 있음을 유의할 필요가 있다.[14)]

4. 가 처 분

권리자는 위와 같은 침해의 정지 또는 예방, 손해배상담보의 제공 등을 청구내용으로 하는 소송(본안소송)을 제기하는 것이 가능함은 물론이지만, 권리침해의 배제 또는 예방에는 긴급을 요하는 경우가 많으므로 본안소송에 앞서서 우선 가처분신청에 의하여 정지청구권 등의 실현을 꾀하는 경우가 보통이다. 일반적으로 가처분은 '피보전권리'와 '보전의 필요성'을 소명함으로써 발령되는데, 저작권침해정지 청구권과 관련한 가처분 사건에서의 피보전권리는 바로 침해정지청구권이다.[15)]

이와 관련하여 저작권법 제123조 제 3 항은, 같은 조 제 1 항과 제 2 항의 경우 또는 저작권법에 의한 형사의 기소가 있는 때에는, 법원은 원고 또는 고소인의 신청에 따라 담보를 제공하거나 제공하지 않게 하고, 임시로 침해행위의 정지 또는 침해행위로 말미암아 만들어진 물건의 압류 기타 필요한 조치를 명할 수 있다고 규정하고 있다. 일반적으로 가처분결정을 내릴 경우에는 가처분결정으로 인하여 생길 수 있는 채무자(피고)의 손해를 담보하기 위하여 담보를 제공하게 하는 것이 보통인데, 저작권침해정지 가처분사건에서는 저작자의 경제적 형편이 넉넉하지 못한 경우를 고려하여 담보의 제공 없이 가처분결정을 내릴 수 있도록 규정을 둔 것이다.

또한 같은 조 제 4 항은, 위 제 3 항의 경우에 저작권 그 밖에 저작권법에 의하여 보호되는 권리의 침해가 없다는 뜻의 판결이 확정된 때에는, 신청자는 그 신청으로 인하여 발생한 손해를 배상하여야 한다고 규정하고 있다. 이는 가처분 사건이 본안판결 이전에 임시적으로 권리를 보전하는 잠정적 처분의 성질을 가지고 있으므로, 가처분결정이 내려졌으나 나중에 본안소송 등에서 그 가처분의 기초가 된 피보전권리(저작권침해정지 청구권 등)가 존재하지 않는다는 것이 판결로 확정된 경우, 그 가처분으로 인하여 채무자가 입은 손해에 대하여 가처분을 신청하였던 신청인(채권자)이 무과실 배상책임을 지도록 한 것이다. 우리나라 대법원 판례에 의하면, 가처분 집행 후에 본안소송에서 원고가 패소확정 됨으로써 그 가처분의 피보전권리가 부존재하는 것이 확정된 경우에는, 특별한 사정이 없는 한 그 가처분으로 인하여 피고가 입은 손해에 대하여 가처분채권자에게 고의 또는 과실이 있다고 추

14) 대법원 2000. 6. 14.자 99마7466 결정: 이 사건 결정의 상세한 내용에 관하여는 '제 2 장 제 2 절 저작물의 분류' 중 '건축저작물' 부분 참조.

15) 오승종·이해완, 전게서, 535면.

정된다고 하고 있는데,[16] 위 저작권법 제123조 제 4 항은 아예 가처분을 집행한 채권자의 무과실책임을 인정하였다는데 의미가 있다.

한편, 침해자가 임의로 침해행위를 중지하지 않는 경우를 대비하여 간접강제를 청구하는 경우도 적지 않다. 이른바 '소리바다' 사건에서 간접강제가 받아들여진 바 있는데, 참고적으로 그 주문 및 이유의 형식은 다음과 같다.

서울중앙지방법원 2005. 10. 31.자 2005타기3097 결정

[주 문]

1. 채무자는 이 결정을 송달받은 날부터,
   가. www.soribada.com에서 제공하는 소리바다 3 프로그램(3.0 이상의 소수점 이하 표시로 구분되는 업그레이드 버전을 모두 포함)의 이용자들이 동 프로그램을 이용하여 별지 목록 기재 각 음원이 들어 있는 MP3 파일을 업로드 또는 다운로드 하도록 하여서는 아니 된다.
   나. www.soribada.com을 통해 위 소리바다 3 프로그램을 배포하거나 위 소리바다 3 프로그램의 실행을 통한 MP3 파일의 공유 서비스를 제공하여서는 아니 된다.
2. 만약 채무자가 제 1 항의 의무를 위반한 때에는 채권자에게 그 위반이 있은 날마다 1일 금 10,000,000원의 비율에 의한 금원을 지급하라.
3. 신청비용은 채무자가 부담한다.

[이 유]

채무자의 이 법원 2004카합3491 음반복제금지가처분 신청사건의 결정정본에 기한 이 사건 신청은 이유 있고, 한편, 채무자의 저작인접권 침해행위로 채무자가 얻게 될 영업상 이득 및 채권자가 입게 될 손해의 정도, 위 가처분에 이르게 된 경위, 가처분 이후의 경과, 간접강제의 필요성 등 여러 사정을 고려하면, 위반행위시의 간접강제금은 그 위반이 있은 날마다 1일 금 10,000,000원의 비율에 의한 금원으로 정함이 상당하므로, 주문과 같이 결정한다.

16) 대법원 1992. 9. 25. 선고 92다8453 판결: "가압류나 가처분 등 보전처분은 법원의 재판에 의하여 집행되는 것이기는 하나 그 실체상 청구권이 있는지 여부는 본안소송에 맡기고 단지 소명에 의하여 채권자의 책임 하에 하는 것이므로, 그 집행 후에 집행채권자가 본안소송에서 패소확정 되었다면 그 보전처분의 집행으로 인하여 채무자가 입은 손해에 대하여는 특별한 반증이 없는 한 집행채권자에게 고의 또는 과실이 있다고 추정되고, 따라서 그 부당한 집행으로 인한 손해에 대하여 이를 배상하여야할 책임이 있다."

Ⅲ. 손해배상청구권

1. 서 설

저작권이 침해된 경우 저작권자는 권리 자체의 교환가치의 하락이나 저작물 판매량의 감소, 저작물 가격의 저하, 신용훼손 등으로 재산적·정신적 손해를 입게 된다. 또한 저작인격권의 침해에 의해서도 정신적 손해를 입는다. 이하에서는 주로 저작권 등 저작권법이 보호하는 권리의 침해에 따른 재산적 손해에 관하여 살펴보기로 한다. 정신적 손해에 대한 배상은 위자료의 지급으로 나타나는데, 그 액수나 범위에 대한 판단이 사실상 법원의 재량에 맡겨져 있으므로 인격권 침해에 대하여는 재산적 손해에 관하여 살펴본 이후에 뒷부분에 가서 검토하기로 한다. 따라서 아래에서 특별한 언급이 없는 한 손해배상이라 함은 저작권 등 권리침해에 대한 재산적 손해배상을 의미하는 것으로 한다.

침해자의 고의·과실로 저작권이 침해되어 저작권자에게 손해가 발생하면 이는 불법행위에 해당하여 저작권자에게 손해배상청구권이 발생하고, 법률상 원인 없이 저작권을 이용하여 이득을 얻고 그로 인하여 저작권자에게 손해를 가한 자는 부당이득을 한 것이 되어 저작권자에게 그 이득을 반환하여야 한다. 이는 민법의 일반 법리상 당연하다. 그러나 저작권의 목적물인 저작물은 무체물이기 때문에 저작권자가 이를 물리적으로 지배할 수가 없다. 따라서 침해행위가 언제 어디에서든 쉽게 일어날 수 있고, 저작자가 침해사실을 인지하기가 쉽지 않다. 또한 저작권은 권리범위가 명확하지 않기 때문에 침해여부의 판단이나 손해액의 산정이 상당히 곤란하다는 특성을 가지고 있다. 이러한 이유로 저작권침해에 따른 손해배상과 관련하여서는 침해행위의 성립요건이나 손해액의 입증과 관련하여 특별한 규정을 둠으로써 저작권자를 보호하고 있는 것이 각국의 입법 경향이다. 이러한 사정은 특허법이나 상표법, 실용신안법, 디자인보호법 등 다른 지적재산권법에 있어서도 마찬가지이다. 우리 저작권법은 제125조 이하에서 저작권침해로 인한 손해배상과 관련하여 몇 가지 특칙을 두고 있다.

저작권침해에 대한 민사적 구제로서 손해배상의 청구는 매우 중요하다. 그러나 저작권 침해의 경우 앞에서 본 침해의 정지 또는 예방청구에 그치는 경우가 많고, 다른 일반 불법행위의 경우와는 달리 손해배상의 청구에까지 나아가는 경우는 상대적으로 적다. 이는 손해배상에 관하여 저작권법이 몇 가지 특칙을 두고 있음에도 불구하고 손해액의 입증이 쉽지 않다는 점과, 입증이 된다고 하더라도 그 액수가 미미하여 소송의 실익이 없다는 점에 기인하는 것으로 보인다. 그렇기 때문에 저작권침해로 인한 손해배상과 관련하여서는 재판

실무례의 축적도 더딘 면이 있다. 특허권 등 다른 지적재산권의 경우에도 그런 면이 없지 않지만, 특히 저작권의 경우에 상황이 더욱 심각하다. 저작권법에서 두고 있는 손해배상과 관련된 특칙들은 특허법을 비롯한 다른 산업재산권법이 손해배상과 관련하여 두고 있는 특칙과 상당히 유사하다. 따라서 이들 산업재산권에 관한 해석론과 판례는 특별히 저작권의 성질에 배치되는 것이 아니라면 저작권과 관련하여서도 유효하다고 볼 수 있으므로, 이하에서는 이들에 관한 해석론이나 판례도 참조하여 검토하기로 한다.

저작권침해행위로 인한 손해배상을 청구하기 위해서는 그것이 불법행위가 되어야 하므로 일단 민법 제750조의 규정에 의한 일반 불법행위의 성립요건을 충족하여야 한다. 따라서 이하에서는 저작권침해행위가 성립하기 위한 일반적 요건을 살펴보고, 그 다음으로 손해배상의 범위 및 액수의 산정 부분에서는 민법 제750조에 의하는 경우와 저작권법상 손해배상 산정에 관한 특칙에 의하는 경우로 나누어 살펴보기로 한다.

2. 손해배상책임 발생의 요건

민법 제750조에 의한 불법행위가 성립하기 위해서는 ① 행위자의 고의 또는 과실, ② 권리의 침해, ③ 손해의 발생, ④ 권리침해와 손해발생 사이의 인과관계의 존재 등 4가지 요건을 갖출 것이 요구된다.[17] 따라서 저작권침해에 대하여 손해배상을 청구하는 경우에도 이들 요건을 갖추어야 한다.

가. 고의 또는 과실

(1) 의 의

고의(故意)란 자기 행위로 인하여 타인에게 손해가 발생할 것임을 알고도 그것을 의욕하는 심리상태를 말하고, 과실(過失)이란 사회생활상 요구되는 주의의무를 기울였다면 일정한 결과의 발생을 알 수 있었거나 그러한 결과를 회피할 수 있었을 것인데, 그 주의를 다하지 아니함으로써 그러한 결과를 발생하게 하는 심리상태를 말한다. 앞에서 본 침해행위의 정지 또는 예방청구권을 행사하는 경우에는 침해자 또는 침해할 우려가 있는 자의 고의 또는 과실은 요건이 아니다. 그러나 손해배상을 청구하는 경우에는 침해자의 고의 또는 과실, 즉 침해자가 자신의 행위가 저작권 등 권리의 침해가 된다는 사실을 알고 있었거나

17) 민법상 일반 불법행위의 요건에 관하여는, ① 고의 또는 과실로 인한 가해행위, ② 가해행위의 위법성, ③ 손해의 발생, ④ 가해행위와 손해 사이의 인과관계의 존재라고 보는 견해(지원림, 민법강의, 제3판, 홍문사, 2004, 1274면 이하 참조) 등 다양한 견해가 있다.

또는 주의의무를 게을리 하였기 때문에 알지 못한 경우가 아니면 손해배상을 청구할 수 없다.

(2) 입증책임과 과실의 추정

침해행위자에게 고의 또는 과실이 있다는 점에 관하여는 원고(피해자, 즉 저작권 등 권리자)가 입증책임을 부담하는 것이 원칙이다. 그런데 지적재산권법 중에는 침해행위자의 고의 또는 과실을 추정하는 규정을 두고 있는 것이 많다. 특허법과 디자인보호법은 과실을 추정하는 규정을 두고 있고,[18] 실용신안법이 이를 준용하고 있으며,[19] 상표법은 고의에 대한 추정 규정을 두고 있다.[20] 그러나 저작권법은 이러한 규정을 두고 있지 않다. 특허법과 같은 이른바 산업재산권법은 산업의 발전을 위하여 새로운 기술의 이용촉진과 중복투자를 방지한다는 관점에서 발명 내용의 등록을 권리의 성립요건으로 규정하고 있다. 따라서 특허권이 설정된 등록발명의 내용은 반드시 관보에 게재되어 일반에게 공개되므로, 그러한 내용을 알지 못하였다는 것은 통상적으로 볼 때 주의의무를 게을리 한 과실이 있는 것으로 추정할 수 있다. 또한 특허권과 같은 산업재산권은 절대적인 독점·배타적 권리이다. 이러한 취지에서 특허법 등에서는 위와 같은 과실 등의 추정규정을 두고 있는 것이다.

이에 반하여 저작권의 경우에 있어서는 등록이 권리의 성립요건이 아니며, 따라서 저작물의 내용이 관보 등에 공고나 공개되는 것도 아니다. 또한 저작권은 산업재산권과 같은 절대적 독점·배타적 권리가 아니라 동일한 저작물이라 하더라도 그것이 별개로 창작된 이상 복수의 저작권이 성립할 수 있으며, 그러한 의미에서 상대적인 독점·배타권으로서의 성질을 가진다. 이러한 차이점으로 인하여 저작권법에서는 다른 산업재산권법에서와 같은 고의나 과실에 관한 일반적인 추정규정을 두고 있지 않다.

다만, 저작권법은 제125조 제 4 항에서 "등록되어 있는 저작권·배타적발행권·출판권·저작인접권 또는 데이터베이스제작자의 권리를 침해한 자는 그 침해행위에 과실이 있는 것으로 추정한다"는 규정을 두고 있다. 이 규정은 2000년 1월 저작권법 개정 당시에 신설된 것인데, 이 규정에 의하여 저작권 등의 침해행위의 주관적 요건(의거성)이 추정되는 것은 아니고, 과실이 추정될 뿐이다. 따라서 주관적 요건인 의거성을 갖추어 저작권의 침해

18) 특허법 제130조: 타인의 특허권 또는 전용실시권을 침해한 자는 그 침해행위에 대하여 과실이 있는 것으로 추정한다.
디자인보호법 제116조: 타인의 디자인권 또는 전용실시권을 침해한 자는 그 침해행위에 대하여 과실이 있는 것으로 추정한다.

19) 실용신안법 제30조.

20) 상표법 제112조: 등록상표임을 표시한 타인의 상표권 또는 전용사용권을 침해한 자는 그 침해행위에 대하여 그 상표가 이미 등록된 사실을 알았던 것으로 추정한다.

행위가 있다고 인정되는 경우, 그 출판자 등의 과실여부를 판단할 때 적용될 소지가 클 것이다. 이 규정을 신설한 것은 저작권의 등록을 활성화시키기 위한 목적이 컸다는 점을 부인할 수 없을 것인데, 산업재산권과 달리 이른바 상대적 독점권으로서 모방금지권의 성질을 가지는 저작권에 대하여 이러한 과실 추정규정을 둘 필요가 있었는가에 대하여는 의문이 남는다.[21)]

한편, 여기서 추정되는 과실이 경과실(輕過失)이냐 중과실(重過失)이냐 의문이 있을 수 있다. 그러나 저작권법은 특허법 제128조 제 4 항[22)]에서와 같은 '중과실'의 개념을 두고 있지 않고 있다는 점, 저작권법 제125조 제 4 항은 불법행위의 성립을 위한 요건사실로서의 과실을 추정하고 있을 뿐이며, 과실의 정도에 관하여 아무런 언급이 없다는 점, 일반적으로 과실이라고 하면 경과실을 의미한다는 점, 저작권등록부가 그리 널리 반포되는 것도 아니며, 등록부의 정리 방법 여하에 따라서는 그 등록여부를 조사하는 것도 쉽지 않다는 점 등을 두루 고려하면 경과실의 추정이라고 보는 것이 타당할 것이다.

이러한 추정을 적용받지 않으려면 침해자가 자신에게 과실이 없었다는 것을 항변으로써 주장·입증하여야 한다. 침해자가 저작권의 존재를 알지 못한 것에 상당한 이유가 있거나, 그 존재를 알았더라도 자기의 행위가 그 저작권의 권리범위에 속하지 않는다고 인식할 만한 상당한 이유가 있는 경우, 그 밖에 자신의 행위를 정당화할 사유가 있다고 인식함에 상당한 이유가 있는 경우에는 과실의 추정이 깨어진다.[23)] 하급심 판결 중에는 저작권 등록 여부를 확인하는 등 진정한 저작권자를 알아보는 노력을 하였다는 점을 인정할 자료가 없다면 과실 추정을 뒤집기에 부족하다고 한 사례가 있다.[24)] 대법원 판결 중에는 의장권(디자인권)에 관한 사건으로, 의장권을 침해한 자가 그 의장권의 등록사실을 모르고 제 3 자의 주문을 받아 생산하여 주문자 상표 부착 방식으로 제 3 자에게 전량 납품한 경우에도 과실이 없다거나 추정이 번복되지 않는다고 한 것이 있다.[25)]

---

21) 오승종·이해완, 전게서, 537면.

22) 특허법 제128조 제 4 항: "… 특허권 또는 전용실시권을 침해한 자에게 고의 또는 중대한 과실이 없는 때에는 법원은 손해배상의 액을 정함에 있어서 이를 참작할 수 있다."

23) 전효숙, 특허권침해로 인한 손해배상, 신특허법론, 법영사, 2005, 787면 참조.

24) 서울중앙법원 2014. 2. 5. 선고 2012가단5144473 판결. 원고가 이 사건 미술저작물을 창작하여 저작권 등록을 해 두었는데, 피고가 A회사에게 피고가 제조하는 과자의 포장 디자인 제작 용역 업무를 대금 5백만 원으로 정하여 의뢰하였고, A회사로부터 원고의 미술저작물을 이용한 과자 포장 디자인을 제공받는 과정에서 이 사건 미술저작물의 저작자가 B이고 따라서 B에게 이용료를 지급하여야 한다는 말을 듣고 B에게 20만 원의 이용료를 지급한 사안에서, 피고가 B에게 이용료를 지급할 당시 이 사건 미술저작물에 관한 B의 저작권 등록 여부를 확인하는 등 B가 진정한 저작권자인지를 알아보는 노력을 하였다는 점을 인정할 자료가 없는 이상, 이 사건 미술저작물을 피고가 제조한 과자 포장에 이용함으로써 이루어진 원고 저작권 침해행위에 대한 과실 추정을 뒤집기에 부족하다고 판시하였다.

25) 대법원 1997. 2. 14. 선고 96다36159 판결. 한편, 하급심 판례 중에는 의장권침해 사건에 관하여, 피해

(3) 의거 관계

저작권침해가 성립하기 위해서는 주관적 요건으로서 직접 침해자에게 '의거성'이 인정되어야 하는데, 이때의 '의거성'이 인정되기 위해서는 ① 타인의 저작물을 인식하고, ② 그 저작물을 이용한다는 의사를 가지고, ③ 실제로 이용행위를 하여야 한다. 주관적 요건으로서의 '의거'는 주관적 사실을 의미하지만, 불법행위의 성립요건으로서 가해자의 일정한 심리상태를 말하는 '고의 또는 과실'의 문제와는 그 성질이 다르다. 즉, 고의 또는 과실은 타인의 저작권에 대한 침해가 된다는 사실을 알았거나 주의의무를 게을리 하여 알지 못한 것을 의미하는데 반하여, 의거는 타인의 저작물의 표현 내용을 인식하고 그것을 이용하는 것을 의미하며, 반드시 권리 침해에 대한 인식이나 인식 못한 것에 대한 과실을 의미하는 것은 아니다.

(4) 출판자, 방송사업자의 과실

따라서 직접 침해자에게 '의거'의 요건이 흠결된 경우에는 그의 고의 또는 과실을 따질 것도 없이 처음부터 저작권침해는 성립할 수 없다. 그러나 직접 침해자에게 '의거'의 주관적 요건이 충족되는 이상 현실적으로 과실이 부정되는 경우를 상정하는 것은 상당히 어려울 것으로 생각된다. 따라서 소송실무에 있어서 침해행위자의 과실이 문제로 되는 경우는 대부분 스스로 직접적인 침해행위를 하지 않는 자, 예를 들어 침해저작물을 출판하는 출판자나 방송하는 방송사업자 또는 온라인서비스제공자의 경우처럼 가해행위에 대한 일종의 방조적(幇助的) 또는 매개적(媒介的)행위를 하고 있는 경우라고 할 수 있다. 그런데 판례를 보면, 출판자는 저작권을 침해한 책을 출판하지 않기 위해 출판에 앞서 동종서적을 조사해 보는 등의 노력을 기울여야 할 주의의무가 있다고 하며, 대개의 경우 그러한 주의의무를 게을리 하였다고 하여 과실을 폭넓게 인정하고 있다. 다만, 외부의 전담 기획자가 기획한 책을 펴낸 경우에는 무과실로 본 예[26]가 있다.

특히 실무상 많이 문제로 되는 것이 출판자의 과실여부이다. 출판자가 저작자로부터 넘겨받은 원고(原稿) 내용 중에 저작권을 침해하는 부분이 있다는 의심이 들 경우, 출판자는 저작자에게 그러한 사실을 알리고 그 부분이 저작권침해에 해당하지 않는지 여부를 확

자의 의장이 등록되기 전부터 침해자가 그와 유사한 의장을 사용해 왔고, 피해자의 의장 등록 후에는 전문가의 감정결과에 따라 침해가 안 된다고 생각하여 계속 의장을 사용해 왔으며, 의장권의 권리범위에 관한 심판, 대법원의 판결의 결론이 엇갈리는 등의 사정이 있는 경우에 침해자의 고의·과실이 없다고 하여 추정을 번복한 사례가 있다(대구고등법원 1980. 4. 24. 선고 79나533, 지적재산권판례집(상), 823면), 전효숙, 전게논문, 787면 참조.

26) 동경지방법원 1980. 9. 10. 판결. 오승종·이해완, 전게서, 536면 참조.

인할 필요가 있다. 또한 출판자는 문제가 된 부분이 저작권침해에 해당할 개연성이 높다는 점에 인식이 미치면 일단 출판을 중지하여야 한다. 이러한 경우에 출판자가 만연히 그 저작물을 계속하여 출판한다면 책임을 면하기 어려울 것이다. 그러나 저작권침해인지 여부의 판단은 실제에 있어서 매우 어렵고 미묘하며 주관적 판단에 흐를 소지가 많기 때문에, 판단하는 사람에 따라서 다른 결론이 나올 가능성도 매우 높다. 또한 출판자에게 일반적으로 요구되는 지식이나 경험, 능력만으로는 저작물에 타인의 저작권을 침해하는 부분이 있다는 것을 발견하기 어려운 경우도 많다. 예를 들어, 고도의 전문적인 학술서와 같은 경우에 출판자가 사전에 동종서적을 구하여 일일이 비교대조를 한다고 하더라도 표절 부분을 발견하는 것은 용이한 일이 아니다. 이러한 경우에 출판자가 어느 범위까지 주의의무를 부담할 것인가를 일률적으로 정하기는 어렵다. 그러나 출판자에게 그의 능력 이상의 주의의무를 요구하여서는 안 된다. 예를 들어, 신문사가 신춘문예 현상공모를 하여 응모된 작품들을 심사위원들로 하여금 충분한 검토를 하게 한 후 수상작을 결정하고 그 작품을 신문에 공표하였는데, 나중에 가서 그 작품이 타인의 저작물을 표절한 것으로 밝혀진 경우에는, 신문사가 심사위원들과 별도로 수상작품이 표절작품인지 여부를 조사하여야 할 일반적인 의무는 없고, 이러한 경우에는 신문사에게 저작권침해의 책임을 물을 수 없다고 보는 견해가 있다.[27]

한편, 출판자가 저작권법상 아무런 문제가 없다고 판단하여 서적을 출판을 한 경우에도, 제3자로부터 그 서적이 자신의 저작권을 침해한 것이라는 주장이 제기되고, 그러한 주장이 있음을 출판자가 어떤 형태로든 알게 된 경우에는 출판자의 주의의무가 한층 높아지게 된다. 이때 출판자는 일반적인 경우보다 한 단계 더 나아가, 그러한 주장이 있음을 그 서적의 저자에게 알리고 아울러 저작권침해여부를 조사해 보아야 할 주의의무를 부담한다. 그리고 조사 결과 저작권침해의 가능성이 높다고 판단되면 출판을 중지하여야 한다.[28]

출판자는 출판을 결정하기 전에 저자로부터 원고를 넘겨받아 이를 검토하는 과정을 거치는 것이 보통이다. 따라서 출판자가 스스로의 판단에 따라 출판을 결정하여 저작물을 발행한 이상, 그 저작물의 내용에 관하여 출판자는 전혀 무관하고 모든 것은 저자의 책임이라고 돌릴 수만은 없는 것이다. 다수의 저작물을 복제하여 배포하는 것을 전문적인 업무로 하고 있는 출판자에게는, 저작권법상의 권리침해 문제에 관하여서도 일반인 이상의 높은 주의의무가 요구된다고 볼 것이다.[29]

---

27) 內田 晋, 問答式 入門 著作權法, 新日本法規出版 株式會社, 2000, 418면.
28) 상게서, 419면.
29) 상게서, 420면.

이와 같이 출판자에게는 더 높은 주의의무가 요구되기 때문에, 출판자의 과실이 문제된 대부분의 경우 그러한 주의의무를 게을리 하였다고 하여 과실을 폭넓게 인정하고 있는 것이 종래 실무의 현실이었다.[30] 그래서 출판자에게는 사실상 무과실 책임을 인정하고 있는 것과 마찬가지라는 평가도 있다. 그러나 출판자의 책임은 엄연한 과실책임이며, 따라서 출판자의 능력을 훨씬 넘어서는 주의의무를 요구하는 것은 부당하다.

나. 권리의 침해(위법한 가해행위)

'권리의 침해'라는 요건의 내용은 앞에서 본 침해행위의 중지 또는 예방 등에서 본 '침해행위'의 내용과 같다고 볼 수 있다. '권리의 침해'라 함은 법률에 의하여 구체적으로 인정되고 있는 권리의 침해뿐만 아니라, 법률상 보호되는 이익에 대한 침해까지 포함하는 개념이다. 그러나 저작권은 실정법상으로 배타성을 인정받고 있는 권리이므로 그 침해는 당연히 불법행위 성립의 요건을 충족하게 된다. 권리의 침해에 해당하는지 여부에 대한 판단은 제 9 장의 직접침해 및 간접침해에서 논의한 바와 같으며, 그러한 논의를 기초로 하여 구체적인 사안의 내용에 따라 침해여부의 판단을 내리게 될 것이다.

다. 손해의 발생

'손해'라 함은 일반적으로 불법행위가 없었을 경우의 피해자의 재산적·정신적 이익상태와 불법행위에 의하여 현실적으로 발생한 재산적·정신적 이익상태 사이의 차이라고 볼 수 있다.[31] 이는 손해의 개념에 대하여 '차액설'(差額說)을 취하는 통설의 입장에 따른 것이

30) 서울민사지방법원 1990. 2. 6. 선고 89나3271 판결(한국저작권판례집, 저작권심의조정위원회, 175면): "피고는 '월간 현대'의 발행인으로서 소외인의 표절사실을 알고 있었거나 피고 자신이 무명인 소외인이 작성한 글을 인쇄 전에 검토한 바 있으므로, 이 글이 이미 발표되어 시중에 판매되고 있는 원고의 위 글을 표절한 것인지 여부를 확인하지 않은 채 그대로 위 잡지에 게재한 잘못(과실)이 있다.

서울고등법원 1998. 7. 15. 선고 98나1661 판결: "피고 甲은 이 사건에서 문제된 서적들과 같은 종교·문학에 관한 서적을 전문적으로 출판하는 출판사의 편집장인 乙의 사용자로서, 乙이 앞서 출간된 동종서적을 조사해 보는 등의 통상 기울여야 할 출판업자로서의 주의의무를 게을리하여 위와 같이 '세계대역학전집'의 일부 삽화와 내용을 무단이용한 '신통수상술대전'을 제작·판매한 과실로 역시 원고의 저작재산권과 성명표시권 및 동일성유지권 등의 저작인격권을 침해한 데에 대한 책임을 져야 할 것이다."(오승종·이해완, 전게서, 536면 참조).

31) 이처럼 차액설에서는 "손해 = 가해적 사태가 없었더라면 존재하였을 상태－현재의 상태"라고 파악한다. 이러한 통설의 입장과는 달리, 피해자의 재산을 구성하는 개개의 권리 또는 법익이 입은 불이익(또는 손실)을 손해라고 하는 견해도 있다(지원림, 전게서, 837면 참조).

판례는 차액설을 따르고 있는 것으로 보인다. 대법원 1992. 6. 13. 선고 91다33070 판결: "불법행위로 인한 재산상의 손해는 위법한 가해행위로 인하여 발생한 재산상의 불이익, 즉 그 위법행위가 없었더라면 존재하였을 재산상태와 그 위법행위가 가해진 현재의 재산상태의 차이를 말하는 것이고, 그것은 기존의 이익이 상실되는 적극적 손해의 형태와 장차 얻을 이익을 얻지 못한 소극적 손해의 형태로 구분

다. 저작권침해로 인하여 권리자에게 발생하는 손해로서는 다음과 같은 것들을 생각할 수 있다.

(1) 침해행위가 없었더라면 얻을 수 있었던 이익의 손해(소극적 손해 또는 일실이익)
(2) 저작권침해를 파악하기 위하여 든 조사비용, 소송을 제기하고 수행하기 위하여 든 변호사 비용, 소송비용(민사소송등인지법에 의하여 첩부한 인지액, 소장 기타 소송에 필요한 서류의 서기료 및 도면의 작성료, 증인·감정인 등에 대한 일당, 여비 등)[32] 등으로 인한 손해(적극적 손해)
(3) 침해제품의 출시에 의하여 발생한 거래처 등에서의 신용실추에 따른 손해
(4) 저작인격권 등 침해로 인한 정신적 손해

저작물은 유체물에서와 같은 물리적 손괴 등을 생각하기 어려우므로(다만, 미술저작물과 같은 일품제작의 저작물의 경우는 예외이다) 기본적으로는 ①의 일실이익의 배상이 가장 큰 비중을 차지하게 된다. 위의 손해들 중 ②의 소송비용에 관하여서는 판결주문에 각 당사자의 부담비율이 정하여 지고, 일반적으로 원고가 전부 승소하는 경우에는 전액이, 일부 승소하는 경우에는 법원이 재량에 따라 정한 액수가 피고의 부담으로 된다.[33] 저작권자는 저작권침해소송의 판결에서 정하여진 피고의 부담분을 소송비용액 확정결정[34]을 받아 별도로 회수할 수가 있기 때문에 소송비용은 민법 제750조 규정에 의한 손해배상의 대상이 되지 않는다.

또한 ②의 변호사비용, 즉 저작권자가 저작권침해 소송을 대리한 변호사에게 지급하였거나 지급할 보수는 일반적인 경우 대법원규칙이 정하는 금액의 범위 안에서 소송비용으로 인정된다.[35] 따라서 변호사비용 역시 소송비용액의 확정결정을 받아 다른 소송비용과 함께 회수할 수 있다. ②의 손해 중 저작권침해를 파악하기 위한 조사비용이나 ③의 거래처에서의 신용훼손에 따른 손해와 관련하여 금전배상 청구를 하는 경우는 별로 없는 것으로 보인다.

결국 실제 침해소송에서 손해배상청구의 중심이 되는 것은 ①의 일실이익(소극적 손해)의 배상이며, 여기에 ④의 정신적 손해의 배상이 그 보조적인 역할을 한다고 볼 수 있다. 일실이익의 배상이 손해배상청구의 중심이 되는 것은 우리나라 불법행위제도가 실제손해액

된다."
32) 민사소송비용법 참조.
33) 민사소송법 제98조, 제101조.
34) 민사소송법 제110조.
35) 민사소송법 제109조.

의 전보 및 원상회복을 기본으로 하고 있는 이상 어쩔 수 없는 부분이다. 그러나 이로 인하여 저작재산권 침해의 경우 나중에 침해로 판단되면 배상을 해 주더라도 원래부터 적법행위를 한 경우와 비교하여 볼 때 일단 침해를 하는 편이 더 이익이라는 인식을 갖게 하는 경향이 있음을 부인할 수 없다. 그리하여 침해된 법익의 상실 그 자체를 손해로 보아야 한다는 견해(실체적 가치설)도 나타나고 있고, 미국법에서 활용되고 있는 징벌적 손해배상제도를 도입하여야 한다는 주장도 있다. 따라서 이러한 이론의 전개에도 관심을 기울이면서 저작권침해로 인한 손해의 개념을 검토할 필요가 있다. 손해액의 산정에 대하여는 일반 민법에 의하는 경우와 저작권법상 특칙에 의하는 경우로 나누어 뒤에서 다시 상세히 살펴보기로 한다.

라. 인과관계

불법행위 책임이 성립하기 위해서는 가해행위와 손해 사이에 인과관계가 존재하여야 한다. 판례는 인과관계와 관련하여 상당인과관계설[36]을 따르고 있지만, 이에 대하여는 강력한 반대론이 있다. 이는 민법의 해석론에 관한 문제이기 때문에 여기서는 상세한 설명을 피하겠지만, 어느 견해나 그 판단 및 가치기준이 다를 뿐, 인과관계를 일정한 범위 내로 제한하고 그에 따라 손해배상의 범위도 제한한다는 점에서는 같은 취지라고 할 수 있다.

저작권침해 사건에서는 직접 침해자에게 주관적 요건인 '의거성'이 인정되는 이상 침해행위와 손해발생 사이에 인과관계를 인정하기 곤란한 경우는 거의 없을 것이라고 생각된다. 문제는 적정한 배상범위로 인과관계를 한정시키는 것이며, 이는 결국 다음에서 보는 손해배상의 범위와 손해액 산정의 문제로 귀결된다.

3. 재산적 손해배상의 범위와 손해액의 산정

가. 민법에 의하는 경우

(1) 개 설

저작권법은 제125조에서 손해액 산정에 관한 특칙을 두고 있다. 그러나 이는 입증의 부담을 경감하기 위한 민법에 대한 특칙일 뿐이므로, 저작권자는 이를 원용하지 않고 바로 민법의 법리에 의하여 권리침해로 자신이 입은 손해의 배상을 청구할 수 있다. 민법상 손

36) 상당인과관계설은 인과관계가 무한정으로 확대되는 조건설의 난점을 시정하여 불법행위와 상당인과관계에 있는 손해만을 배상하게 하려는 입장으로, 어떤 사실을 발생시킨 조건들 중 우연한 사정 내지 당해 불법행위에 따르는 특수한 사정은 제외하고 일반적인 것만을 원인으로 하는 것이다.

해의 개념과 관련하여 우리나라의 통설과 판례는 앞에서 본 바와 같이 차액설을 취하고 있다. 따라서 저작권침해로 인한 민법상의 재산적 손해 역시 차액설에 따라 산정할 수 있다. 예를 들어, 저작권자가 저작물의 복제물을 제조·판매하고 있는데 침해자가 이와 동일한 불법복제물을 판매하는 경우, 저작권자의 매출감소로 인하여 상실하게 된 판매이익을 손해라고 할 수 있다.

한편, 차액설에 의하면 저작권자가 저작물의 복제물을 스스로 제조·판매하지 않고 제 3 자에게 이용허락을 해 주고 있지도 않은 경우에는 손해를 산정하기가 어려워진다. 그러나 그런 경우라 하더라도 저작권자의 입장에서는 어떤 형태로든 재산적 손해를 입었다고 보아야 할 것이다. 이러한 경우 손해를 산정하기 위한 개념으로 '규범적 손해개념'을 들 수 있다. 규범적 손해개념에 의하면 저작권이 침해된 경우 그에 따라 상실된 객관적 이용가치가 손해이므로, 그 이용가치를 표창하는 실시료 상당액이 최소한 배상되어야 한다고 본다. 따라서 기본적으로는 차액설을 따르되, 저작권자가 스스로 실시하고 있지 않은 경우 등 특수한 경우에는 예외를 인정하여 저작권자의 실시태양이나 침해유형에 적합한 손해개념과 산정방법으로 보완해 나가야 할 것이다.[37)]

(2) 소극적 손해

(가) 의 의

소극적 손해는 가해행위가 없었더라면 저작권자가 얻을 수 있었을 이익의 상실을 의미한다. 그러나 저작권자의 저작물 이용행위의 태양이나 침해행위의 유형에 따라서는 손해액의 산정이 어려운 경우가 많다. 실제 소송에서 주로 문제로 되는 것은 판매수량의 감소에 의하여 상실한 얻을 수 있었던 이익(일실판매수익)의 손해이다.

이 밖에도 판매수량의 감소와는 다른 형태의 소극적 손해도 발생할 수 있다. 예를 들어, 침해자의 침해품과 경쟁하기 위하여 저작권자가 어쩔 수 없이 자기 저작물의 가격을 내려야 했다든지, 침해품이 출시됨으로써 저작물의 가격파괴가 생긴 경우, 또는 침해품이 판매되지 않았더라면 당연히 인상하였을 가격을 인상하지 못한 경우와 같이 가격 감소에 따른 손해도 발생할 수 있다. 그러나 이러한 손해는 입증이 어렵기 때문에 실무상 독립적으로 청구되는 사례가 별로 없는 것으로 보인다. 또한, 저작권자가 타인에게 저작물의 이용허락을 해 주고 그 제조 또는 판매수량과 액수에 따라 사용료를 약정하고 있는 경우, 침해행위에 의하여 이용허락을 받은 자의 매출이 감소하면 저작권자에게는 사용료의 감소라고 하는 손해가 생길 수 있다. 그러나 이러한 형태의 손해배상 역시 실무상 독립적으로 청

37) 전효숙, 전게논문, 789면 참조.

구되는 사례가 별로 없다. 따라서 소극적 손해로서 주로 논의되는 것은 일실판매수익이라고 할 수 있다.

(나) 일실판매수익의 개념 및 계산방법

일실판매수익은 침해자가 저작권이 미치는 저작물과 동일 또는 실질적으로 유사한 침해물(무단으로 작성된 복제물 또는 2차적저작물)을 제조·판매함으로써 저작권자의 저작물 판매수량이 감소된 결과 입게 된 손해이다. 일실판매수익을 청구하기 위해서는 첫째, 저작권자가 그 저작물을 현실적으로 이용하는 행위, 예를 들어 인쇄된 복제물을 제조·판매하는 등의 행위를 하고 있어야 한다. 저작권자가 현실적인 이용행위를 하고 있지 않은 경우에는 다른 특별한 사정이 없는 한 다음에서 보는 일실사용료수입의 청구가 가능할 것이다. 둘째로는, 침해행위로 인하여 해당 저작물의 판매수량이 감소하였다는 사실과 그 감소된 수량을 확정한 후 이를 기초로 하여 저작권자가 상실한 수입의 액수를 계산하여 손해액을 산정한다. 계산방법으로는 다음과 같은 두 가지 방법이 있다.

(A) 매상 감소액(감소된 판매수량×저작권자의 제품 1개 단위당 가격)×저작권자의 이익률
(B) 감소된 판매수량×저작권자의 제품 1개 단위당 이익액[38)]

여기서 감소된 판매수량이라 함은 침해가 없었더라면 판매할 수 있었던 판매량에서 실제 판매량을 뺀 나머지 수량을 말한다.

(다) 인과관계

그런데 위와 같은 방법에 의하여 곧바로 일실수입손해를 인정할 수 있는 것은 아니다. 가장 문제로 되는 것은 인과관계의 존재인데, 침해행위에 의하여 저작권자의 저작물 판매수량이 감소되었다고 하려면, 침해품이 판매되지 않았을 경우 그 대신 저작권자의 저작물이 판매되었을 것이라는 인과관계가 존재하여야 하기 때문이다. 즉, 침해품이 없었더라면 그 침해품의 구매자가 저작권자의 저작물을 구입하였을 것이라고 인정할 수 있어야 하는데, 그렇게 되려면 결국 저작권자 외에 다른 제3자의 경쟁저작물이 시장에 전혀 존재하지 않던가, 아니면 유사한 경쟁저작물이 존재한다고 하더라도 저작권자의 저작물이 월등한 고객흡인력을 가지고 있어서 실질적으로 경쟁저작물이 존재하지 않는 상태에 있는 것과 마찬가지라는 사실이 입증되어야 한다. 그런데 이러한 사실을 입증할 수 있는 경우는 많지 않다.

그 밖에도 침해행위로 인하여 감소된 판매량의 산정은 시장 여건의 변화, 소비자 기호

38) 상게논문, 790-791면 참조.

의 변화, 광고비 투입여부 및 침해자의 상업적·영업적 능력 등 다양한 변수에 따라 변화할 수 있는 것이기 때문에, 침해자의 판매량 증가와 저작권자의 판매량 감소 사이의 인과관계를 입증하는 것 역시 매우 어려운 일이다.[39] 이러한 이유로 말미암아 저작권침해 사건에서 일실수입손해의 산정은 일반 민법에 의하기보다는 뒤에서 보는 저작권법의 추정규정에 의하여 그 액수를 산정하는 경우가 대부분이다.

(라) 단위당 이익의 계산

제품 1개 단위당 이익액(단위당 이익)의 계산을 어떻게 할 것인지도 문제이다. 우선, 단위당 이익액을 계산할 때 판매가격(매출액)으로부터 공제되어야 할 비용의 범위는 어디까지인지가 검토되어야 한다. 이는 주로 저작권법 제125조 제 1 항과 대응하는 특허법 제128조 제 2 항의 침해자의 이익액과 관련하여 논의되는데, 조이익설(組利益說)과 순이익설(純利益說)이 대립한다. 우리나라 학설 및 판례는 대부분 순이익설을 취하고 있다. 일반적으로 조이익은 당해 제품의 매출액으로부터 제조원가 또는 사입액(仕入額)을 뺀 금액을, 순이익은 그로부터 다시 판매비 및 일반관리비를 뺀 금액을 의미한다. 양설의 가장 큰 차이점은 총매출액으로부터 공제되는 비용 속에 일반관리비를 포함시킬 것인가에 있다. 순이익설에 의할 경우에도 공제해야 할 비용의 범위와 일반관리비 등을 당해 상품에 어떠한 기준으로 할당할 것인지가 문제되는데, 일반관리비 총액을 각 제품의 매상고에 따라 안분하는 것이 일반적인 방식이다. 일본의 다수설 및 주류적인 판례도 순이익설을 취하고 있다고 한다.[40]

(3) 적극적 손해

적극적 손해란 피해자의 기존 재산의 감소를 의미한다. 저작권침해로 인한 적극적 손해의 예로서는, 저작권자가 침해행위를 조사·포착하기 위하여 지출한 조사비용 등 침해의 제거·방지를 위하여 지출한 비용과 변호사 보수 등이다. 변호사 보수는 민사소송법 제109조에 의하여 소송비용으로 인정된다. 변호사 보수는 변호사에게 실제 지급한 보수 전액을 청구할 수 있는 것이 아니라 대법원규칙으로 정한 금액의 범위 안에서만 소송비용으로 인정된다. 소송비용에 산입되지 않는 변호사 보수는 일반 불법행위의 요건이 갖추어진 경우에 한하여 소송수행에 상당한 범위의 금액을 손해배상으로 청구할 수 있다.[41]

---

39) 오승종·이해완, 전게서, 537면.

40) 전효숙, 전게논문, 794면.

41) 침해자의 부당한 응소, 항쟁 그 자체가 불법행위로 인정되는 경우와 침해자가 부당하게 책임을 회피하거나 이행청구에 불응하는 경우에는 권리자가 지급하는 변호사 비용을 침해행위와 상당인과관계가 인정되는 손해로 인정할 수 있을 것이다. 대법원 1972. 2. 29. 선고 72다265 판결(원고들이 애초에 피해에 대한 손해의 배상을 받고자 제소할 때에 피고들이 부당한 응소와 부당한 상소를 통하여 항쟁하였기 때문에 어쩔 수 없이 변호사에게 소송수행을 위임하게 된 특별사정의 존부를 가리지 아니하고는 변호

나. 저작권법상 손해액의 추정규정에 의한 청구

(1) 저작권법 제125조 제 1 항에 의한 손해액의 추정(침해자 이익형)

(가) 의의 및 성격

저작권법 제125조 제 1 항은, "저작재산권 그 밖에 이 법에 의하여 보호되는 권리(저작인격권 및 실연자의 인격권을 제외한다)를 가진 자가 고의 또는 과실에 의하여 권리를 침해한 자에 대하여 그 침해행위에 의하여 자기가 받은 손해의 배상을 청구하는 경우에 그 권리를 침해한 자가 그 침해행위에 의하여 이익을 받은 때에는 그 이익의 액을 저작재산권자 등이 받은 손해의 액으로 추정한다"고 규정하고 있다.

이 규정은 저작권침해로 인한 손해액의 입증이 매우 어렵다는 점을 고려하여 입증의 곤란을 덜어줌으로써 저작권자의 이익을 보호하려는 데 입법취지가 있다. 특허법 제128조 제 2 항도 본 항과 같은 내용의 규정을 두고 있는데, 이에 대하여는 입법 경위와 문면에 비추어 볼 때 불법행위의 일반원칙의 적용을 전제로 권리자의 입증의 부담을 덜어주기 위한 규정, 즉 민법상 불법행위로 인한 손해배상에 관한 특칙으로서 권리자의 손해액의 입증에 관한 부담을 경감하기 위하여 둔 규정이고 손해배상의 관념을 변경한 것은 아니라고 해석하는 견해가 다수설이다.[42] 이에 대하여 권리자의 현실의 손해액과 관계없이 침해자가 얻은 모든 이득의 반환청구권을 새로이 인정한 규정이라거나, 특별히 규범적 손해개념을 도입한 것이라는 소수설이 있다.[43]

역시 특허법 제128조 제 2 항에 관한 해석론이지만, 이 조항을 손해액에 관한 입증책임 경감규정으로 보고 이 조항에 의하여 손해의 발생까지 입증되는 것은 아니라고 보는 것이 우리나라의 다수설 및 판례이다.[44][45] 그리하여 손해배상이 인정되기 위해서는 ① 손해의 발생, ② 침해행위와 손해발생 사이의 인과관계, ③ 손해의 액수가 입증되어야 하는데, 이 중에서 저작권법 제125조 제 1 항에 의하여 추정되는 것은 ②와 ③만이며, ①의 손

사에게 지급한 보수와 애초의 불법행위와의 사이에 상당인과관계가 있는 것이라고 말할 수 없다). 전효숙, 전게논문, 797면.

42) 中山信弘(編), 注解特許法(上), 第 2 版, 1994, 868면; 전효숙, 전게논문, 800면에서 재인용.

43) 상게논문, 800면 참조.

44) 송영식 외 2, 지적소유권법(上), 육법사, 435면; 전효숙, 전게논문, 800면 등.

45) 상표법상 같은 취지의 추정규정과 관련한 대법원 2004. 7. 22. 선고 2003다62910 판결: "(구)상표법 제67조 제 2 항, 제 3 항, 제 5 항은 같은 조 제 1 항과 마찬가지로 불법행위에 기한 손해배상청구에 있어서 손해에 관한 피해자의 주장·입증책임을 경감하는 취지의 규정이고, 손해의 발생이 없는 것이 분명한 경우까지 침해자에게 손해배상의무를 인정하는 취지는 아니라 할 것이므로 상표권의 침해행위에도 불구하고 상표권자에게 손해의 발생이 없다는 점이 밝혀지면 침해자는 그 손해배상책임을 면할 수 있는 것으로 해석함이 상당하다 할 것이다."

해의 발생까지 추정되는 것은 아니라고 한다. 이에 따르면 이 조항이 민법상 손해의 개념을 변경한 것은 아니고, 침해자의 이득액을 권리자의 손해액으로 추정하는 기초에는 침해행위가 없었더라면 침해자가 그 권리의 실행에 의하여 얻은 이익액과 동액의 이익을 권리자가 그 실행에 의하여 얻을 수 있었을 것이라는 경험칙이 상정되어 있는데, 이때 권리자가 스스로 그 권리를 실행하고 있는 것이 위 경험칙의 불가결한 요소이므로 그 사실은 권리자가 주장·입증해야 한다.[46)]

(나) 저작권자가 권리행사를 하지 않고 있는 경우

이처럼 저작권과 관련하여서도 저작권법 제125조 제1항이 손해의 발생 자체를 추정하는 것은 아니므로, 저작권자가 스스로 그 저작물인 책을 출판하지 않고 있는 경우에는 본 항의 규정에 의해 추정되는 손해액을 청구할 수 없다고 하는 견해가 있다.[47)] 반대로 저작권 침해행위가 있으면 아직 책을 출판하기 전이라고 하더라도 손해의 발생이 추정될 수 있을 것이라고 하는 견해도 있다.[48)] 종래의 통설은 앞의 견해이다. 특허권 등 다른 산업재산권에서의 통설적 견해와 마찬가지로 저작권법에 있어서도 저작권법 제125조 제1항의 적용을 받기 위해서는 권리자 스스로 또는 타인에게 이용허락을 부여함으로써 그 권리를 행사하고 있어야 한다는 것이다. 그러나 저작권자가 당해 저작물의 이용행위를 현실적으로 행하고 있어야 하는 것이 본 조항을 적용하기 위한 전제조건이라면 그러한 취지가 조문상 명기되어 있어야 할 것이고, 또 그렇게 명문으로 전제조건을 명시하는 것이 입법기술상 어려운 것도 아닐 것인데, 본 조항은 그러한 명문의 전제조건을 규정하고 있지 않다는 점에서 후자의 견해를 취하는 소수설도 있다.[49)]

손해의 발생이 저작권법 제125조 제1항을 적용하기 위한 전제조건이고, 이 조항에 의하여 추정되는 손해가 일실이익에 한정된다고 본다면, 저작물에 대한 이용행위를 하고 있지 않은 권리자는 스스로 이용에 의하여 얻을 수 있는 이익상실 손해가 발생하였다고 할 수 없으므로 이 조항의 적용을 받을 수 없을 것이다. 그러나 상표권침해 사건에서 대법원은, "(구)상표법 제67조 제1항의 취지에 비추어 보면, 손해의 발생에 관한 주장·입증의

46) 전효숙, 전게논문, 801면 참조.

47) 池原季雄 외 2, 著作權判例百選, 198면 참조. 동경지방법원 1978. 6. 21. 판결 '日照權－あすの都市と太陽' 사건(判例タイムズ 366호, 343-350면)은 "원고는 피고들이 피고 서적의 발행 및 판매에 의하여 순이익을 얻었다는 점을 이유로 그 액수를 원고가 입은 손해의 액수로 주장한다. 그러나 원고가 스스로 원고 서적의 발행 및 판매를 하고 있지 않으므로, 원고가 저작권법 제114조 제1항의 규정을 원용하여 피고들이 피고 서적의 발행 및 판매에 의하여 얻은 순이익의 액수를 자기 손해의 액수로 주장할 수는 없다. 원고는 당해 저작권 행사에 의하여 통상 받을 수 있는 사용료에 상당하는 금액을 자신의 손해로서 청구할 수 있음에 그친다"고 판시하였다.

48) 동경지방법원 1984. 8. 31. 판결.

49) 作花文雄, 詳解 著作權法, 제3판, ぎょうせい, 481면.

정도에 있어서는 손해 발생의 염려 내지 개연성의 존재를 주장·입증하는 것으로 족하다고 보아야 하고, 따라서 상표권자가 침해자와 동종의 영업을 하고 있는 것을 증명한 경우라면 특별한 사정이 없는 한 상표권침해에 의하여 영업상의 손해를 입었음이 사실상 추정된다고 볼 수 있다"고 하여 상당히 완화된 입장을 보이고 있다.[50] 일본의 유력설과 실무의 운용도 이에 가깝다고 한다.[51] 저작권법이 추구하는 목적과 제125조 제1항의 입법취지에 비추어 볼 때 이 조항에서 말하는 손해를 일실이익으로만 해석하여, 그 손해를 주장하기 위해서는 스스로 그 권리를 행사하여 이익을 얻고 있을 것을 전제로 한다고 엄격하게 해석하는 것은 다시 한 번 검토해 볼 필요가 있다. 현실적으로 타당한 해결을 이끌어내기 위하여 이 조항을 보다 유연하게 해석하는 것이 필요하다.

(다) 추정의 복멸

저작권법 제125조 제1항은 "침해행위와 인과관계가 있는 손해의 액"을 입증하는 대신에 이보다 입증이 용이한 별개의 사실인 "침해행위에 의하여 침해자가 얻은 이익의 액"을 입증함에 의하여 "침해행위와 인과관계가 있는 손해의 액"이 입증된 것으로 인정(추정)한다는 취지이므로 "법률상의 사실추정"에 해당한다. 이러한 추정은 그 효과 주장자에 대하여는 증명주제의 선택권을 부여하는 것이며, 이를 복멸하고자 하는 상대방(침해자)에게는 그 반대사실을 입증할 책임을 부담시키는 것이다.[52] 즉, 권리자는 손해배상을 청구할 때 직접 "침해행위와 인과관계가 있는 손해의 액"을 증명할 수도 있고, "침해자의 이익액"을 증명하여 이에 대신할 수도 있다. 이를 다투는 침해자는 "침해행위에 의한 이익의 액"의 증명을 진위불명의 상태로 몰고 가면 본 항의 추정을 면할 수 있는데 이는 추정의 복멸이 아니라 추정규정의 적용배제이다. 이 경우 침해자가 내세우는 증거는 반증이다. "침해행위에 의한 이익의 액"이 권리자에 의하여 증명된 경우에도 침해자는 "침해행위와 인과관계가 있는 손해의 액"의 부존재를 증명하면 추정규정의 적용을 면할 수 있는데, 이것이 추정의 복멸이다. 추정복멸 사유를 입증하기 위한 증거는 반증이 아니라 본증이며, 법관을 확신시킬 정도의 것이어야 한다.[53]

(라) 추정의 복멸 사유

'손해의 발생'이 저작권법 제125조 제1항의 추정규정을 적용하기 위한 전제조건이라고 한다면, '손해의 불발생'이라는 주장은 부인(否認)에 해당한다. 이에 대하여 '손해의 발생'

50) 대법원 1997. 9. 12. 선고 96다43119 판결.
51) 高城春實, 特許·實用新案侵害訴訟における損害賠償の算定(4), 發明, 86巻 4號, 1989, 51면; 전효숙, 전게논문, 802면에서 재인용.
52) 전효숙, 전게논문, 802면.
53) 전효숙, 전게논문, 802면.

은 손해발생의 염려 내지 개연성의 존재만으로 족하므로, 구체적 손해의 불발생에 대하여 침해자가 입증책임을 부담한다는 견해도 있다. 한편, 위 규정이 손해의 발생까지도 추정한다는 학설에 의하면 손해의 불발생은 추정복멸사유가 된다.[54)]

침해자가 얻은 판매이익 전부가 저작권침해만으로 인한 것은 아닐 수 있다. 판매이익에 공헌하는 요인으로는 침해자의 자본, 영업능력, 선전광고, 제품의 품질, 제조기술, 상표, 디자인, 기업의 신용, 판매의 계열화 등 여러 가지가 있다. 이러한 이익에 기여한 요인이나 경업관계에 있는 제 3 자의 존재 또는 권리자는 공급능력에 한계가 있다는 사유 등의 존재가 곧바로 추정복멸사유가 되는 것은 아니다. 그러한 요인이나 사유의 존재 때문에 "권리자의 현실의 손해액"이 추정액보다 적다는 것이 입증될 때 비로소 추정이 복멸된다.[55)]

추정복멸이 성공할 경우 침해자는 자신이 얻은 이익 중 일부만을 반환 또는 배상하고 나머지 이익은 그대로 취할 수 있게 된다. 이에 대하여는, 침해행위의 억제라는 목적론적 견지에서 침해자가 침해행위를 통하여 얻은 이익을 저작권자가 입은 손해액과 관계없이 전액 반환하게 하는 입법을 검토해 보아야 한다는 견해가 있다.[56)]

(마) 침해자의 이익액 산정

침해자의 구체적인 이익액을 산정함에 있어서는 일반 민법에 의한 일실판매수익 산정에서와 같이 이익액의 개념과 관련하여 조이익설(組利益說), 순이익설(純利益說)로 나누어진다.[57)] 조이익설과 순이익설의 계산 방법 및 우리나라와 일본의 다수의 학설과 판례가 순이익설을 취하고 있다는 점도 앞서 본 바와 같다.

순이익을 계산하는 방법에 관하여는 상표법에 관한 판결이지만 다음과 같은 대법원 판례가 참고가 될 수 있다. 대법원 1997. 9. 12. 선고 96다43119 판결은, "상표권자가 (구) 상표법 제67조 제 1 항에 의하여 상표권을 침해한 자에 대하여 손해배상을 청구하는 경우에, 침해자가 받은 이익의 액은 침해 제품의 총 판매액에 그 순이익률을 곱하거나 또는 그 제조판매수량에 제품 1개당 순이익액을 곱하는 등의 방법으로 산출함이 원칙이지만, 통상 상표권 침해에 있어서 침해자는 상표권자와 동종의 영업을 영위하면서 한편으로 그 상표에 화체된 상표권자의 신용에 무상으로 편승하는 입장이어서, 위와 같은 신용을 획득하기 위하여 상표권자가 투여한 자본과 노력 등을 고려할 때, 특별한 사정이 없는 한 침해자의

54) 상게논문, 803면.
55) 상게논문, 803면.
56) 오승종·이해완, 전게서, 539면; 정재훈, 저작권침해에 대한 손해배상-입법론을 중심으로, 법조 1997. 3월호, 통권 제486호, 99면.
57) 최근 등장한 견해로서, 매출액에서 생산이나 판매증가에 따른 변동경비(원료, 인건비, 기타 경비의 증가분)만을 공제한 이익, 즉 한계이익을 침해이익으로 보는 '한계이익설'이 있다.

순이익률은 상표권자의 해당 상표품 판매에 있어서의 순이익률보다는 작지 않다고 추인할 수 있으므로, 침해자의 판매액에 상표권자의 순이익률을 곱하는 방법으로도 침해자가 받은 이익의 액을 산출할 수 있고, 위와 같이 산출된 이익의 액은 침해자의 순이익액으로서, 그 중 상품의 품질, 기술, 의장, 상표 이외의 신용, 판매정책, 선전 등으로 인하여 상표의 사용과 무관하게 얻은 이익이 있다는 특별한 사정이 없는 이상 그것이 상표권자가 상표권 침해로 인하여 입은 손해액으로 추정된다고 보아야 한다."고 판시하고 있다.

이 판결에 따르면 결국 침해자가 얻은 이익액은, "① 침해품 매출액 × 침해자의 이익률, ② 침해품 판매수량 × 침해품 1개당 이익액, 또는 ③ 침해품 매출액 × 저작권자의 순이익률" 중 어느 하나의 방법으로 산정할 수 있다.

침해자가 얻은 이익액을 산출하는 방법에 대한 우리나라와 일본의 판례를 살펴보면, ① 출판권 침해에 의한 손해액을 침해자가 얻은 이익액에 기해 산정하는 경우 판매가격에서 제판·인쇄·제본까지의 경비 및 그 20%로 인정되는 일반관리비를 공제한 액이 침해자가 얻은 이익이라고 한 사례,[58] ② 피고가 침해행위에 의하여 받은 이익은 저작권의 이용 그 자체가 아니라 침해자가 저작권을 이용한 결과로 얻은 구체적인 이익을 의미하는데, 이는 매출액에서 매출원가 및 통상소요경비인 판매비 및 관리비를 공제한 영업이익을 기준으로 함이 상당하다고 한 사례,[59] ③ 가게에서 음악테이프를 무단녹음·복제하여 고객에게 그 복제물을 대여하는 행위로 저작권침해를 한 자가 그 테이프 1개당 500엔의 대여료를 받고 있을 경우 그 대여료에서 테이프의 감가상각비 등으로 대여료의 20%를 공제한 금원이 침해자가 얻은 이익액이라고 한 사례,[60] ④ 회화의 불법복제물이 게재된 서적 판매가격의 30%가 이익액인 것으로 인정되는 경우, 그 서적에서 해당 회화의 기여율이 5%로 인정된다고 하여 이에 따라 이익액을 산정한 사례,[61] ⑤ 피고가 원고의 서적을 부분적으로 복제하여 제작한 서적을 판매한 경우, 피고가 얻은 이익액을 판매가격의 30%라고 인정한 다음 <서적값×판매부수×무단이용부분의 비율×30%>의 산식으로 피고의 이익액을 산정한 사례[62] 등이 있다.[63]

---

58) 동경지방법원 1982. 3. 8. 판결(判例體系 無體財産權法 V 4359의 5면).

59) 서울민사지방법원 1992. 6. 5. 선고 91가합39509 판결.

60) 高松지방법원, 1985. 3. 29. 판결(判例體系 無體財産權法 V 4359의 13면).

61) 동경지방법원 1984. 8. 31. 판결(判例體系 無體財産權法 V 4359의 13면). 이와 마찬가지의 취지에서 불단조각의 복제에 의한 침해에 있어서 불단가격 중 불단조각 가격이 점하는 비율은 2할을 하회하지 않는다고 하여 불단 1대의 판매이익금의 2할로 침해자의 이익을 산정한 사례가 있다(고베지방법원 1984. 7. 9. 판결 判例體系 無體財産權法 V 4359의 2면).

62) 서울고등법원 1998. 7. 15. 선고 98나1661 판결. 유사한 예로서 서울지방법원 1998. 5. 29. 선고 96가합48355 판결은 저작물을 출판, 판매할 경우의 이익률을 25%로 보아 동일한 산식을 적용하였다.

63) 이상의 순이익 산정방법과 관련한 우리나라 및 일본 판례의 정리는, 오승종·이해완, 전게서, 538면 참조.

(바) 당해 저작권의 기여도

침해품의 판매이익에 당해 저작권뿐만 아니라, 침해자 자신의 지명도, 자본, 신용, 선전광고, 영업능력 등 여러 가지 다른 요인이 반영된 경우에는 그에 상응하는 부분을 이익액에서 공제하여야 한다는 것이 통설 및 판례이다. 따라서 침해품의 판매이익 중에서 당해 저작권의 기여도(기여율)를 곱한 금액이 저작권법 제125조 제 1 항에 의하여 저작권자가 받은 손해액으로 추정된다. 다만, 당해 저작권의 기여율에 관한 입증자료는 대부분 침해자가 보유하고 있을 것이므로, 권리자로서는 저작권침해로 인하여 침해자가 얻은 이익 전액을 주장·입증하면 족하고, 침해자(피고)는 저작권 이외에 판매이익을 가져온 기타 요인을 주장·입증함으로써 당해 저작권의 기여율을 낮출 수 있다.[64)]

참고적으로 대법원 2004. 6. 11. 선고 2002다18244 판결은, "구 저작권법(2000. 1. 12. 법률 제6134호로 개정되기 전의 법률) 제93조 제 2 항(현행 저작권법 제125조 제 1 항)은 저작재산권자가 고의 또는 과실로 그 권리를 침해한 자에 대하여 손해배상을 청구하는 경우에 그 권리를 침해한 자가 침해행위에 의하여 이익을 받았을 때에는 그 이익액을 저작재산권자가 입은 손해액으로 추정하도록 규정하고 있는바, 물건의 일부가 저작재산권의 침해에 관계된 경우에 있어서는 침해자가 그 물건을 제작·판매함으로써 얻은 이익 전체를 침해행위에 의한 이익이라고 할 수는 없고, 침해자가 그 물건을 제작·판매함으로써 얻은 전체 이익에 대한 당해 저작재산권의 침해행위에 관계된 부분의 기여율(기여도)을 산정하여 그에 따라 침해행위에 의한 이익액을 산출하여야 할 것이고, 그러한 기여율은 침해자가 얻은 전체 이익에 대한 저작재산권의 침해에 관계된 부분의 불가결성, 중요성, 가격비율, 양적 비율 등을 참작하여 종합적으로 평가할 수밖에 없다"고 판시하고 있다. 그리하여 "피고 등이 원고가 작곡한 이 사건 곡을 타이틀곡으로 한 음반을 제작·판매함에 있어서, 이 사건 곡이 80년대 초반의 인기곡이었다는 사정 이외에 가수의 인기도와 위 음반에 대한 홍보 등도 상당한 영향을 미친 사정 등을 고려하여 피고 등이 위 음반을 제작·판매하여 얻은 이익에 대한 이 사건 곡의 기여도는 30%로 봄이 상당하다"고 하였다.

(2) 저작권법 제125조 제 2 항에 의한 청구(사용료 형)

(가) 의의 및 성질

저작권법 제125조 제 2 항은 "저작재산권자 등이 고의 또는 과실에 의하여 그 권리를 침해한 자에 대하여 그 침해에 의하여 자기가 받은 손해의 배상을 청구하는 경우에 그 권리의 행사로 통상 받을 수 있는 금액에 상당하는 액을 저작재산권자 등이 받은 손해의 액

64) 전효숙, 전게논문, 808면.

으로 하여 그 손해배상을 청구할 수 있다"고 규정한다.

이 규정의 법적 성질에 관하여서는 손해액계산규정설(損害額計算規定說)과 손해발생의제설(損害發生擬制說)이 대립한다. 손해액계산규정설은 저작권법 제125조 제 2 항도 제 1 항과 마찬가지로 손해액의 계산에 관한 규정이며 손해의 발생을 전제로 하여 사용료 상당액을 최저한도의 손해액으로 법정한 것이라고 한다. 손해액 자체가 법정되어 있기 때문에 원고는 저작권침해 사실 및 사용료 액수만 주장·입증하면 족하며, 침해행위에도 불구하고 손해가 발생하지 않았다는 것이 피고의 항변사유가 된다고 한다.65) 이에 비하여 손해발생의제설은 저작권침해로 인한 손해액의 증명이 어렵다는 것을 고려하여 저작권침해 행위가 있으면 항상 최저한도 사용료 상당액의 손해가 발생한 것으로 간주하는 규정이라고 한다.66) 어느 설에 의하더라도 권리자가 침해사실과 사용료 상당액만을 입증하면 최소한 사용료 상당액을 손해로 배상받을 수 있는 점에서는 같으나, 권리자에게 손해가 발생하지 않았다는 사실을 피고가 항변으로 내세울 수 있는지에 관하여 차이가 있다.67)

손해액계산규정설과 손해발생의제설은 일본 특허법 제102조 제 2 항의 해석을 둘러싸고 나온 해석론들인데, 일본 특허법 제102조 제 2 항은 "특허권자 또는 전용실시권자는, 고의 또는 과실에 의하여 자기의 특허권 또는 전용실시권을 침해한 자에 대하여 그 특허발명의 실시에 대하여 통상 얻을 수 있는 금액에 상당하는 금전을 자기가 받은 손해의 액으로서 그 배상을 청구할 수 있다"고 규정되어 있다. 그러나 우리 저작권법 제125조 제 2 항은 "저작재산권자 등이 고의 또는 과실에 의하여 그 권리를 침해한 자에 대하여 그 침해에 의하여 자기가 받은 손해의 배상을 청구하는 경우에 … "라고 달리 규정하고 있다. 따라서 일본 특허법 아래에서는 손해의 발생이 요건사실이 아니라는 해석이 가능할지 모르나, 우리 저작권법은 '받은 손해의 배상'이라고 명시하고 있으므로 손해의 발생을 전제로 하고 있다고 해석하는 것이 타당할 것으로 보인다. 뒤에 이어지는 " … 통상 받을 수 있는 금액에 상당하는 액을 저작재산권자 등이 받은 손해의 액으로 하여 … "라는 문언만으로는 손해의 발생까지 의제되는 것이라고 보기 어려우므로 우리 저작권법 제125조 제 2 항의 해석론으로는 손해액계산규정설이 더 타당하다고 생각된다.68)

또한 저작권법 제125조 제 2 항의 성질과 관련하여, 이 규정이 일실이익의 배상을 전제로 한 규정이라고 본다면, 침해자가 허락을 얻어 이용하였을 경우 권리자에게 지불하였을 이익(일실사용료이익)을 전보하기 위한 것이지만, 기본적으로 침해자측의 감액주장을 허

65) 이균룡, 상표권침해로 인한 금지청구 및 손해배상에 관한 소고, 법조, 1991. 9, 74면.
66) 송영식 외 2인, 전게서, 435면.
67) 전효숙, 전게논문, 809면.
68) 상게논문, 809면 참조.

용하지 않음으로써 권리자에게 안정적으로 최저한의 손해배상액을 확보케 하려는 점에 그 취지가 있다는 점에 비추어 보면, 통상 받을 수 있는 금액이 일실이익과 반드시 일치하지 않는 경우도 있을 수 있고, 따라서 실제의 일실사용료이익이 이 규정에 의한 금액보다 적은 경우라 하더라도 이 규정에 의한 금액을 보전해 준다는 점에서 이 규정은 민법상 손해배상에 관한 규정의 특칙으로서의 의미가 있다는 것이 일반적인 해석이다.69) 권리자는 자기가 얼마만큼의 손해를 받았는가에 관계없이, 다른 특별한 입증을 할 필요도 없이 통상의 사용료를 입증하여 손해배상액으로 청구할 수 있다. 결국 저작권법 제125조 제 2 항은 최소한의 손해액으로서 청구할 수 있는 금액을 정하고 있는 것이며, 권리자가 통상의 사용료를 입증하여 청구하면 침해자는 특별한 사유가 없는 한 이를 지급하여야 할 의무를 부담한다. 이 규정의 실익은 권리자가 실제로 입은 손해가 얼마이든지 관계없이 통상의 사용료를 청구할 수 있다는 것이며, 권리자측에게 과실이 있다고 하더라도 감액이 허용되지 않는다는 견해가 있다.70)

(나) 통상사용료 산정방법

저작권법 제125조 제 2 항에서 "권리의 행사로 통상 받을 수 있는 금액"이라 함은 일반적으로 타인에게 이용허락을 하였더라면 받을 수 있는 통상적인 사용료(로열티) 상당액을 말한다. 저작권법 제125조 제 2 항은 '추정' 규정이 아니라 사실상 간주규정에 준하는 것이므로 저작권 등 권리침해가 인정되고 손해의 발생이 전제로 되는 이상 권리자는 최소한 이 규정에 의한 손해액을 청구할 수 있다. 저작권자가 스스로 해당 저작물을 사용하는 행위를 하지 않고 있다고 하더라도 저작권은 그 자체만으로 적어도 사용료 수입을 얻을 수 있는 객관적인 사용가치를 가지고 있는 것이고, 저작권이 침해된 경우에는 이러한 객관적인 사용가치가 훼손된 것으로 볼 수 있기 때문이다.

문제는 통상사용료를 어떻게 산정할 것인가 하는 점이다. 일반적으로는 침해자가 침해행위를 하지 않고 애초에 권리자로부터 이용허락을 받았을 경우 통상적으로 지급하였을 대가에 상당하는 액수라고 할 수 있다. 따라서 원고료·인세·사용료·출연료 등의 명목으로 지급되는 금액으로서 해당 업계에서 통상적인 수준에 해당하는 가격이 일차적인 표준이 된다. 서적의 경우에는 인세를 기준으로 통상사용료를 산정하는 경우가 많은데, 전체 저작물 중 일부가 저작권침해에 해당하는 경우에는 "저작권을 침해한 서적의 가격×인세비율×(저작권침해 부분의 분량÷전체 서적의 분량)×발행부수"의 산식으로 손해액을 산정하는 것이 일반적이다.71)

69) 作花文雄, 전게서, 482면; 加戶守行, 전게서, 664면; 전효숙, 전게논문, 810면.

70) 加戶守行, 전게서, 664면.

이와 관련하여 대법원 2001. 11. 30. 선고 99다69631 판결은, "(저작권법 제125조 제 2 항은) 저작재산권자 등은 제 2 항의 규정에 의한 손해액 외에 그 권리의 행사로 통상 얻을 수 있는 금액에 상당하는 액을 손해액으로 하여 그 배상을 청구할 수 있다고 규정하고 있는바, 여기서 권리의 행사로 통상 얻을 수 있는 금액에 상당하는 액이라 함은 침해자가 저작물의 사용 허락을 받았더라면 사용대가로서 지급하였을 객관적으로 상당한 금액을 말한다고 보아야 할 것이고, 음악저작물은 저작물에 따라 작품성과 대중 인기도에 차이가 있어 저작권자로서는 저작물을 사용하고자 하는 자와 사이에 저작물사용계약을 체결하면서 나름대로의 사용료를 정할 수 있는 것이므로, 저작권자가 당해 저작물에 관하여 사용계약을 체결하거나 사용료를 받은 적이 전혀 없는 경우라면 일응 그 업계에서 일반화되어 있는 사용료를 저작권침해로 인한 손해액 산정에 있어서 한 기준으로 삼을 수 있겠지만, 저작권자가 침해행위와 유사한 형태의 저작물 사용과 관련하여 저작물사용계약을 맺고 사용료를 받은 사례가 있는 경우라면, 그 사용료가 특별히 예외적인 사정이 있어 이례적으로 높게 책정된 것이라거나 저작권침해로 인한 손해배상청구 소송에 영향을 미치기 위하여 상대방과 통모하여 비정상적으로 고액으로 정한 것이라는 등의 특별한 사정이 없는 한, 그 사용계약에서 정해진 사용료를 저작권자가 그 권리의 행사로 통상 얻을 수 있는 금액으로 보아 이를 기준으로 손해액을 산정함이 상당하다"고 판시한 바 있다.

또한 문단이나 화단의 저명 작가 또는 인기가수 등이 일반적인 표준사용료보다 훨씬 더 많은 수십 배의 대가를 받는 경우가 있음을 감안하여, 권리자 자신이 통상적으로 받고 있는 대가가 따로 있다면 그 금액이 곧 제125조 제 2 항의 "통상 받을 수 있는 금액"이 된다고 해석한다.[72] 아래에서 보는 서울남부지방법원 판례도 그러한 취지에서 손해액을 산정하고 있다. 이미 제 3 자에게 이용허락을 하고 있었던 경우라면 그 약정사용료가 일차적인 기준으로 참작될 수 있을 것이나, 유사한 조건의 이용허락계약이 많이 체결되었는지, 침해자의 침해행위가 이용허락계약에 기초한 이용행위와 유사한 것인지 여부 등을 고려할 필요가 있다.[73] 침해행위 당시 약정사용료가 존재하지 않는 경우에는 그 당시에 만약 이용허

71) 서울고등법원 1987. 8. 21. 선고 86나1846 판결(확정): 하급심판결집 1987-3, 65면.

72) 장인숙, 저작권법원론, 보진재(1996), 268면.

73) 서울고등법원 1995. 5. 4. 선고 93나47372 판결(대한변리사회, 지적재산권 민사형사판례집(하권), 1997, 2719면)은, 토플시험을 주관하는 미국회사와 국내에서 시사영어잡지를 발행하는 회사 사이의 저작권침해 사건에서, 피고가 원고에게 저작권이 있는 토플영어시험문제들을 무단복제하여 출판하였다는 이유로 저작권침해를 인정하면서, 그 손해배상액을 저작권법 제125조 제 2 항 규정에 의한 "권리의 행사로 통상 받을 수 있는 금액"을 기준으로 하여 1문항 당 미화 7.5달러씩이라고 인정하였다. 법원은 이 금액을 산정함에 있어서, 원고의 내부적인 사용료액 기준, 원고의 이 사건 토플문제 제작 동기와 그 사용관계, 피고의 저작권 침해행위의 형태와 동기, 침해의 방법과 정도, 피고 잡지의 (추정) 판매부수, 우리나라가 당시 세계저작권협약 상 개발도상국 특혜조항의 적용을 받고 있었던 점 등 제반사정을 참작하였다.

락계약이 있었더라면 사용료로 결정되었을 가정적인 금액으로 하되 유사한 다른 저작물에 대한 사용료 등 여러 사정을 종합하여 산정하여야 한다. 일반적인 인세·사용료·출연료의 기준에 대하여는 그 금액이나 지급에 관한 업계의 관행이 어떤지를 살펴보아야 할 경우가 많은데, 그 관행은 증인의 증언에 의하여 인정할 수도 있다.[74] 다음에서 보는 서울고등법원 판결은 증인의 증언에 의하여 관행적으로 지급되는 사용료의 액수를 인정하고 있다.

일본의 경우는 종래 저작권 등 권리의 행사에 의하여 "통상 받을 수 있는 금액"이라고 규정하고 있던 것을 2001년 개정법에서 '통상'이라는 단어를 삭제하였다. 이는 사용료액을 인정함에 있어서 당사자 간의 구체적인 사정을 고려하여 보다 합리적인 사용료액을 인정할 수 있음을 명확히 한 것이라고 한다. 예를 들면, 가까운 시일 내에 공표하고자 하였던 미공표 회화를 불법적으로 복제하여 다수 판매한 경우에는, 일반적인 회화의 사용료 상당액을 기준으로 할 것이 아니며, 그 그림이 미공표 작품이라는 사실로 인하여 일반적인 경우보다 높은 사용료가 인정될 수 있다면 그러한 사정을 고려하여 손해액을 산정하여야 한다는 것이다.[75]

(다) 판 례

① 서울남부지방법원 2004. 3. 18. 선고 2002가합4017 판결 - '여우와 솜사탕' 사건[76]

이 판결에서는 피고의 제 2 대본 및 드라마(침해저작물)는 적어도 1회부터 38회까지는 그 주된 흐름이 남녀 주인공과 그 가족간의 이야기 부분이 원고의 제 1 대본(피해저작물)의 해당 부분과 포괄적·비문자적 유사성 및 부분적·문자적 유사성이 인정되므로, 그 범위 내에서 이 사건 제 2 대본 및 드라마는 제 1 대본에 관한 원고의 저작권을 침해한 것으로 판단된다고 한 후, "원고는 저작권법 제93조 제 2 항(현행 저작권법 제125조 제 2 항)에 의하여 저작권을 침해한 피고들에 대하여 그 침해에 의하여 자기가 받은 손해의 배상을 청구하는 경우에 그 권리의 행사로 통상 받을 수 있는 금액에 상당하는 액을 그 손해배상으로 청구할 수 있다고 할 것인바, 원고가 그 권리의 행사로 통상 얻을 수 있는 금액에 상당한 액이란 침해자가 저작물의 사용허락을 받았더라면 사용대가로 지급하였을 객관적으로 상당한 금액을 말하는 것이다"라고 하였다. 그리고 구체적인 통상 사용료의 산정에 있어서는, "원고의 경우 2001년경을 전후하여 이 사건 2드라마(침해저작물)와 같은 60분물 주말드라마를 집필할 경우 극본료로 회당 금 19,000,000원 정도를 받을 수 있었는데, 이 금액은 원고가 직접 작품을 집필했을 경우의 금액으로서, 리메이크 작품은 원작을 이용하는 부분에다 새

74) 오승종·이해완, 전게서, 540면.
75) 加戶守行, 전게서, 664면.
76) 한국저작권판례집(10), 저작권심의조정위원회, 55-57면.

롭게 창작한 부분이 가미되어야 하고, 또한 상당한 시간과 노력이 실제 투여되어야 작품이 완성된다는 점, 앞서 본 바와 같이 이 사건 제 2 대본 및 드라마가 이 사건 제 1 대본(원고저작물)에 의거하면서도 구체적인 줄거리의 전개과정, 등장인물 상호관계의 구도에 있어서 적지 않은 새로운 부분이 추가되어 있을 뿐만 아니라, 이 사건 2대본 및 드라마만의 독특한 부분이 상당 정도 인정되는 점 등을 종합하면 원작 사용에 대한 부분은 원고가 직접 작품을 집필한 경우 받을 수 있는 금액의 3분의 1 정도로 평가함이 상당하고, 특별한 사정이 없는 한 위 원작사용에 대한 금액 정도가 원고가 타인에게 이 사건 제 1 대본의 사용허락을 하고 사용대가로 지급받았을 객관적 금액이 된다고 봄이 상당하다"고 하였다. 그 결과 원고가 피고들의 위 저작권침해로 입은 재산적 손해를 이 사건 제 2 대본 및 드라마의 1회부터 38회까지 분에 해당하는 금 240,666,666원(=19,000,000원×1/3×38회)으로 산정하고 있다.

② 서울고등법원 1984. 11. 28. 선고 83나4449 판결[77]

이 판결은 방송사가 방영한 드라마를 비디오테이프로 제작하여 판매한 것이 문제로 된 사례이다. 법원은 먼저, 방송극작가들인 원고들이 방송사업자인 피고 공사의 주문에 의하여 방송극본을 저작하여 대가를 받고 극본을 피고 공사에 공급하기로 한 극본공급계약은, 원고들이 피고 공사로 하여금 동 극본을 토대로 2차적저작물인 TV드라마 녹화작품을 제작하여 TV 방송을 통하여 방영하는 것(즉, 개작 및 방송)을 승낙하는 의사가 당연히 포함되어 있다 할 것이나, 그렇다고 하여 위 극본공급계약으로써 원고들이 피고 공사에게 원고들의 별도의 동의 없이 위 극본을 토대로 제작된 녹화작품을 TV 방송이 아닌 다른 방법으로 이용하는 행위까지 승낙하였다고는 볼 수 없다고 하여 저작권침해 사실을 인정하였다.

나아가 피고들이 배상하여야 할 손해배상의 범위에 관하여, "위와 같은 저작권 침해행위로 인하여 원저작자인 원고들이 입은 재산적 손해는 다른 특별한 사정이 없는 한 원저작자인 원고들이 위 침해행위와 같은 저작권 사용에 대하여 통상 얻을 수 있는 저작권 사용료 상당액이라고 봄이 상당하다 하겠는데, 우리나라에 있어서는 아직 극본을 드라마 녹화작품으로 만들어 복제판매하는 경우의 극본사용료에 관하여 일반적인 기준이 정하여 진 바는 없으나, 저서의 경우에는 그 판매가격의 10 내지 30퍼센트 상당액이, 레코드의 경우에는 그 판매가격의 10 내지 15퍼센트 상당액이 인세로서 저작권 사용료로 지급되고 있는 것이 일반 관행으로 되어 있는 사실을 인정할 수 있고, 이와 같은 저작권 사용료가 지급되는 다른 분야에 있어서의 사용료의 요율에다 원고들이 이 사건 극본저작의 동기, 피고들의 저작권 침해행위의 태양 및 동기, 침해의 방법 및 정도 등 이 사건 변론에 나타난 제반사정을 아울러 보면, 피고들이 위 녹화작품을 복사·판매함에 있어서 극본저작자인 원고들에

77) 대한변리사회, 지적재산권 민사형사 판례집 하권, 1997, 2328-2332면.

게 지급할 저작권 사용료 상당의 손해액은 그 판매가격의 10퍼센트 정도로 정함이 상당하다"고 판시하였다.

(라) 기 타

한편, 관련업계에 대한 자료를 가지고 있는 각종 기관이나 사회단체 등에 사실조회를 통하여 통상적인 사용료 액수를 파악하는 것도 증거방법으로 활용된다. 저작권위탁관리단체인 한국음악저작권협회가 주무부처의 승인을 받아 제정한 음악저작물사용료규정에 의한 사용료는 통상의 음악저작물 사용료에 대한 유력한 판단자료가 된다.[78] 마찬가지로 한국문예학술저작권협회가 회원들로부터 저작권을 신탁 받아 관리하고 있는 소설들에 대하여, 여러 출판사들과 출판계약을 체결하면서 원고지 1매당 얼마씩의 저작권이용료를 받아 온 경우에, 이를 통상의 사용료로 인정한 사례도 있다.[79] 저작권법 제125조 제 2 항에 의한 손해액 산정은 입증의 간편함 때문에 실무에서 가장 많이 활용되고 있으나,[80] 그야말로 법이 손해액의 최저한도로 인정한 것일 뿐 권리자의 실제 손해액이나 침해자의 실제이익에 미치지 못하는 경우가 많을 것이다.[81]

(마) 저작권법 제125조 제 1 항과 제 2 항의 관계

과거 저작권법 제125조 제 1 항에 의한 "침해자 이익의 손해액 추정 규정"과 같은 조 제 2 항에 의한 "통상사용료 손해액 규정"의 관계가 문제로 된 바 있다. 즉, 2001년 1월의

78) 서울남부지방법원 1989. 12. 8. 선고 88가합2442 판결(일명 '테레사의 연인' 사건, 대한변리사회, 지적재산권 민사형사판례집 하권(1997), 2387-2392면): " … (재산적 손해에 관하여 보건대) … 원고가 다음에서 보는 협회의 회원이 아니긴 하나, 이 법원의 사단법인 한국음악저작권협회에 대한 사실조회 회보에 의하면 … 문화공보부장관의 승인을 받아 위 협회가 제정한 음악저작물 사용료 규정 및 음악저작물 사용료 분배규정을 원고가 위 협회의 회원임을 전제로 하여 이를 적용하여 본다면, … 원고가 위 가요 '고독'을 위 가요드라마의 주제음악 및 배경음악으로 방영된 경우 받을 수 있는 방송사용료는 금 9,792원(72점×136원) 정도라는 것인바, 위 가요사용료에 관하여 아무런 다른 증거가 없는 본건에 있어서 회원인 경우 분배되는 위 사용료가 비회원인 경우에도 일응 그대로 적용된다고 봄이 상당하다 할 것이어서, 이에 따르면 피고는 원고에게 위 가요의 무단방영에 따른 사용료로 금 9,792원을 지급하여야 할 의무가 있다."

79) 서울고등법원 1996. 7. 12. 선고 95나41279 판결(대한변리사회, 지적재산권 민사형사판례집(하), 1997, 2888-2901면): " … (증거에 의하면) 원고(사단법인 한국문예학술저작권협회)는 1993년부터 이 사건 저작권자들을 포함한 회원들로부터 저작권을 신탁 받아 관리하고 있는 소설들에 대하여 여러 출판사들과 저작물 출판계약을 체결하면서 원고지 1매당 금 3,200원씩의 저작권이용료를 받아 온 사실을 인정할 수 있고, … 달리 반증이 없으므로, 원고가 이 사건 소설 부분에 대한 저작권의 행사로 통상 얻을 수 있는 금액은 원고지 1매당 금 3,200원씩으로 계산한 금액이라고 할 것이다."

80) 일본의 경우에도, 저작권침해로 인한 손해배상이 인용된 89건의 사건을 조사한 결과, 우리 저작권법 제125조 제 2 항에 의한 통상사용료 상당액에 기하여 손해배상을 인정한 사례가 47건, 제 1 항에 의한 침해자의 이익을 손해액으로 산정한 사례가 20건, 민법 750조의 일반 불법행위에 기초하여 손해액을 산정한 사례가 6건, 저작인격권침해에 의한 것이 9건, 계약위반에 의한 것이 7건으로서, 통상사용료 상당액에 기하여 손해배상액을 산정한 사례가 압도적으로 많았다고 한다(作花文雄, 전게서, 482면 참조).

81) 오승종·이해완, 전게서, 541면.

개정 전 저작권법에서는 현행법 제125조 제 2 항에 해당하는 제93조 제 3 항에서 "제 2 항(현행법 제125조 제 1 항에 해당)에 의한 손해액 외에 그 권리의 행사로 통상 얻을 수 있는 금액에 상당하는 액을 손해액으로 하여 그 배상을 청구할 수 있다"고 규정하고 있었던 것과 관련하여, "제 2 항에 의한 손해액 외에"라는 문구를 "제 2 항에 의한 손해액에 첨가하여"라는 의미로 해석하여 <침해자의 이익액 + 통상사용료 액>을 청구할 수 있다는 견해(합산설)와, "제 2 항의 규정에 의한 손해액에 갈음하여"라는 의미로 해석하여 양자를 선택적으로 청구할 수 있다고 보는 견해(선택설)로 크게 나누어져 있었다. 판례는 "제 2 항에 의한 금액과 제 3 항에 의한 금액 중 더 많은 금액을 한도로 하여 선택적으로 또는 중첩적으로 손해배상을 청구할 수 있다"고 하여 절충적인 입장을 취하고 있었다.[82)]

2001년 1월 개정된 저작권법은 양자 사이의 관계에 대하여 기본적으로는 선택설의 입장을 채택하여 "제 2 항(현행 저작권법 제125조 제 1 항)에 의한 손해액 외에"라는 문구를 삭제함으로써 그 관계를 분명히 정리하였다. 다만, 제 3 항에서 다음에서 보는 바와 같은 보충적인 규정을 두고 있다.

(바) 통상사용료 상당액을 초과하는 손해

저작권법 제125조 제 3 항은 "제 2 항의 규정에 불구하고 저작재산권자 등이 받은 손해의 액이 제 2 항의 규정에 의한 금액을 초과하는 경우에는 그 초과액에 대하여도 손해배상을 청구할 수 있다"고 규정한다. 이는 실손해 배상의 원칙을 확인하는 규정으로서, 이 규정이 없더라도 민법이나 저작권법 제125조 제 1 항의 규정에 의한 손해배상 청구가 가능하므로, 위 제 3 항은 주의적인 규정에 지나지 않고 특별한 의의를 갖는 것은 아니라고 해석된다.[83)]

(3) 상당한 손해액의 인정

저작권법 제126조는 "법원은 손해가 발생한 사실은 인정되나 제125조의 규정에 의한 손해액을 산정하기 어려운 때에는 변론의 취지 및 증거조사의 결과를 참작하여 상당한 손해액을 인정할 수 있다"고 규정한다. 이 규정은 재산상 손해배상 청구에 있어서도 마치 위자료 산정의 경우처럼 법원이 재량으로 손해액을 산정할 수 있도록 함으로써, 저작권법 제125조의 규정에 의하여도 손해액의 입증이 어려운 경우 권리자를 보호하기 위하여 둔 규정이다.

원래 구 저작권법은 저작재산권자의 허락 없이 저작물을 복제한 때에 그 부정복제물

82) 대법원 1996. 6. 11. 선고 95다49639 판결.
83) 전효숙, 전게논문, 817면.

의 부수 등을 산정하기 어려운 경우에 출판물의 경우에는 5,000부, 음반의 경우에는 10,000매로 추정한다는 규정을 두고 있었다(구 저작권법 제94조). 이 규정에 대하여는 부수 추정치가 너무 높아 비현실적이며 외국에서는 이미 오래 전에 이런 규정이 폐지되었다는 등의 비판이 있었으나, 저작권침해로 인한 손해액의 입증이 곤란한 경우가 많은 현실에서 저작권자의 권리구제에 도움이 된다는 이유로 계속 존치되어 왔다.

그런데 2000년 1월 28일 컴퓨터프로그램보호법이 전면 개정되면서 본 조와 같은 재량에 의한 상당한 손해액의 인정 규정이 처음으로 도입되었고, 그 이후 특허법, 상표법, 디자인보호법, 부정경쟁방지및영업비밀보호에관한법률 개정 시에도 각각 유사한 규정이 신설되었다. 이에 저작권법에서도 유사한 규정을 도입하는 것이 저작권자 등의 권리 보호의 측면 뿐 아니라, 다른 법률과의 균형을 이룬다는 측면에서 타당하다는 관점에서 제126조 규정을 두게 된 것이다. 따라서 이제는 저작권법 제125조에 의한 손해액의 인정이 곤란한 경우에 부수추정규정이 없더라도, 법원이 변론의 전취지 및 증거조사의 결과 등을 참작하여 상당한 손해액을 인정할 수 있게 되었으므로 종전의 부수추정 규정은 삭제하게 되었다.[84)]

다만 손해액의 인정기준이 변화되었으므로 개정법 시행일(2003. 7. 1.) 이전에 발생한 손해에 대해서는 종전의 제94조의 부수추정규정을 적용하도록 하는 경과조치를 부칙 제5항에 두고 있다.

이 규정은 그 문언 자체에서 밝히고 있는 바와 같이 "제125조에 의한 손해액을 산정하기 어려운 때"에 적용되어야 할 것이지, 민법이나 저작권법 제125조에 의하여 충분히 손해액을 산정할 수 있음에도 불구하고 만연히 이 규정을 적용하여 재량에 의한 손해배상을 인정하여서는 안 된다. 또한 이 규정을 적용하더라도 아무런 근거도 없이 법원이 순수한 자유재량으로 손해액을 인정할 수는 없는 것이고, 관련성이 있는 증거나 정황자료 등을 수집하여 가급적 실손해에 가깝다고 인정될 수 있는 합리적인 손해액을 산정하는 노력을 기울여야 할 것이다. 이 규정이 큰 효용을 발휘할 수 있는 경우로서는, 예를 들어 침해행위를 한 자가 매출관련 자료 등을 갖추고 있지 않거나, 그 자료제출을 거부하여 침해자의 이익계산을 위한 단위당 판매이익 또는 이익률을 상정하기 어려운 경우를 들 수 있는데, 이때 법원은 세법상의 표준소득률, 기준경비율 또는 단순경비율 등 다양한 증거방법을 조사한 후 변론의 전취지와 당사자 간의 형평성을 고려하여 합리적인 손해액을 인정할 수 있을 것이다. 또한 인터넷상에서 침해행위가 발생한 경우처럼 침해행위가 발견되기 전에 어느 정도의 규모로 침해행위가 행하여졌는지를 파악하기 어려운 경우에는, 이 규정에 의하

84) 오승종·이해완, 전게서, 541-542면.

여 침해행위 발견 후의 일정기간 침해의 규모(홈페이지에 접속한 회수 등)를 기초로 과거의 침해에 의한 상당한 손해액을 파악하는 것도 가능하다고 본다. 전국적으로 불법복제물이 제조·판매되었지만 그 판매수량을 전국적으로 파악하는 것에 막대한 비용과 시간이 드는 경우에, 전국 평균에 해당하는 일정 지역의 판매수량을 입증한 후, 그 판매량을 기준으로 전체적으로 상당한 손해액을 산정하는 방법도 생각해 볼 수 있을 것이다.[85)]

다. 법정손해배상의 청구

(1) 개 설

저작권침해에 대한 구제와 관련하여 민사적 구제의 가장 대표적인 것이 손해배상의 청구이지만, 저작권침해로 인하여 권리자가 입은 피해액 또는 침해자가 침해로 인하여 얻은 이익의 액을 입증하거나 산정하는 것은 쉽지 않다. 그래서 저작권침해가 인정되는 경우에는 권리자가 구체적인 손해를 입증하지 않고, 법률에 미리 규정된 금액 범위 내의 손해배상을 청구할 수 있도록 하는 것이 법정손해배상제도이다.[86)]

현행법의 기초가 된 한·미 FTA 협정은 "민사 사법절차에서, 각 당사국은 최소한 저작권 또는 저작인접권에 의하여 보호되는 저작물·음반·실연에 대하여, 그리고 상표위조의 경우에 권리자의 선택에 따라 이용가능한 법정손해배상액을 수립하거나 유지하여야 한다. 법정손해배상액은 장래의 침해를 억제하고 침해로부터 야기된 피해를 권리자에게 완전히 보상하기에 충분한 액수이어야 한다."고 규정하고 있다.[87)]

앞에서도 본 바와 같이 우리의 기존 저작권법은, 저작재산권 등 저작권법이 보호하는 재산적 권리를 고의 또는 과실로 침해한 경우에 그 침해자를 상대로 하여 금전적 배상인 손해배상을 구함에 있어서, 권리자의 손해액에 대한 입증의 곤란을 덜어주기 위하여 여러 가지 특별규정을 두고 있다. 침해자가 침해행위에 의하여 이익을 받은 때에는 그 이익의 액을 권리자가 받은 손해액으로 추정하는 규정(저작권법 제125조 제 1 항), 그 권리의 행사로 통상 받을 수 있는 금액에 상당하는 액을 손해액으로 하여 청구할 수 있도록 하는 규정(같은 조 제 2 항), 손해가 발생한 사실은 인정이 되나 위 규정들에 의하더라도 손해액을 산정하기 어려운 때에는 법원이 변론의 취지 및 증거조사의 결과를 참작하여 상당한 손해액을 인정할 수 있도록 하는 규정(제126조) 등이 그것이다. 그러나 미국 저작권법에서와 같은 법정손해배상제도를 두고 있지는 않았다. 미국 저작권법은 법정손해배상에 관하여, "저작권

85) 加戸守行, 전게서, 673면; 作花文雄, 전게서, 486-487면.
86) 저작권위원회, 전게서, 186면.
87) 한·미 FTA 협정 제18.10조 제 6 항.

자는 최종 판결이 있기 전에는 언제든지 그 선택에 따라서 실제 손해와 이익에 갈음하여, 저작물 1개에 관한 소송에 관련된 모든 침해로서 침해자 1인이 단독으로 책임을 지거나 2인 이상이 연대하여 책임을 지는 행위에 대하여 750달러 이상 30,000달러 이하의 금액 중 법원이 정당하다고 인정하는 법정손해의 판정액을 회복할 것을 선택할 수 있다. 이때 편집저작물이나 2차적저작물의 모든 구성 부분은 하나의 저작물을 구성한다."고 규정하고 있다.[88] 나아가 침해행위가 고의로 행하여졌다고 판단하는 때에는, 법원은 재량에 의하여 손해의 판정액을 150,000달러까지 인상할 수 있으며, 반대로 침해자가 자신의 행위가 저작권침해를 구성한다는 사실을 알지 못했고 그렇게 믿을 만한 상당한 이유가 있다고 법원이 판단하는 때에는, 법원은 재량에 의하여 손해의 판정액을 200달러까지 인하할 수 있도록 하고 있다.[89]

법정손해배상제도를 도입함에 있어서는 법정손해배상액의 상한과 하한을 어떻게 정할 것인지, 저작권 등록과 같은 형식적 절차의 이행을 요건으로 할 것인지, 소송 절차와 관련하여 어느 시점까지 법정손해배상을 선택할 수 있도록 할 것인지, 저작물의 일부를 이용한 경우에는 법정손해배상금액을 어떻게 정할 것인지 등이 문제로 된다. 다음에서 이와 관련된 현행 저작권법의 내용을 살펴본다.

(2) 법정손해배상의 내용

저작권법은 제125조의2(법정손해배상의 청구) 제 1 항에서 "저작재산권자등은 고의 또는 과실로 권리를 침해한 자에 대하여 사실심(事實審)의 변론이 종결되기 전에는 실제 손해액이나 제125조 또는 제126조에 따라 정하여지는 손해액을 갈음하여 침해된 각 저작물 등마다 1천만 원(영리를 목적으로 고의로 권리를 침해한 경우에는 5천만 원) 이하의 범위에서 상당한 금액의 배상을 청구할 수 있다"고 규정하고 있다.

이처럼 우리 저작권법은 법정손해배상액의 상한선과 하한선을 함께 규정하고 있는 미국 저작권법과는 달리, 상한선만 규정하고 하한선은 정하지 않고 있다. 그 이유는 법정손해배상제도는 침해에 대한 충분한 보상과 침해 억지력을 확보하는 데 목적을 둔 제도인데, 하한선을 책정할 경우 자칫 침해 행위와 손해 사이의 비례성을 현저히 흔들 수 있기 때문이라고 한다. 즉, 법정손해배상액은 침해건수가 아닌 침해된 저작물 수를 기준으로 하는데, 온라인상에서의 침해는 일반적으로 많게는 수만 건의 저작물이 관련되는 경우가 있어서, 하한선을 정할 경우, 개별 저작물로서는 소액이라고 하더라도 침해된 저작물이 대량인 관

88) 미국 저작권법 제504조 (c)(1).
89) 미국 저작권법 제504조 (c)(2).

계로 침해자가 감당하지 못할 거액의 손해액이 정해지는 등 합리적인 손해배상액과의 괴리가 지나치게 커지게 된다면 오히려 불합리를 초래할 우려가 있다는 것이다.[90] 그리하여 우리 저작권법은 미국 저작권법이 정하고 있는 법정손해배상액을 기준으로 하되 하한선은 정하지 않고 상한선만을 정하는 것으로 하였으며, 여기에 환율과 양국의 일인당 국내총생산(GDP) 비율을 반영하여 상한선의 액수를 도출한 것이라고 한다. 미국 저작권법의 경우 위에서 본 바와 같이 기본적으로 법정손해배상의 상한을 30,000달러로 정하고 있으며, 고의에 의한 침해의 경우에는 150,000달러까지 증액할 수 있도록 하고 있다. 한편, 2007년도 원화의 평균 환율은 1달러당 930원이고, 2006년도 양국의 1인당 명목 GDP 비율은 1 : 2.4 정도이므로, 이를 반영한 기본적인 상한액은 대략 1천 1백만 원, 고의에 의한 침해의 경우 증액된 상한액은 대략 5천 8백만 원 정도가 된다. 이에 우리 저작권법에서는 법정손해배상액의 상한을 저작물 당 1천만 원으로, 영리를 목적으로 한 고의 침해의 경우에 증액된 상한은 5천만 원으로 규정한 것이다.[91]

저작권침해로 인한 손해배상을 청구함에 있어서 저작권법 제125조 제 1 항의 침해자가 받은 이익을 기준으로 구할 것인지, 같은 조 제 2 항의 권리의 행사로 통상 받을 수 있는 금액을 기준으로 구할 것인지, 아니면 제125조의2에 의한 법정손해배상을 구할 것인지는 민사소송법의 대원칙인 변론주의가 적용되는 관계상 손해배상을 구하는 권리자가 스스로 선택할 문제이다. 그리고 이들 사이에서의 변경, 예를 들어 제125조 제 1 항 또는 제 2 항에 의한 손해배상청구를 법정손해배상청구로 변경하거나 반대로 법정손해배상청구를 제125조 제 1 항 또는 제 2 항의 손해배상청구로 변경하는 것은 민사소송법상 청구의 취지 또는 원인의 변경에 해당한다. 우리 민사소송법은 청구의 취지 또는 원인의 변경은 변론을 종결할 때까지 할 수 있는 것으로 규정하고 있다.[92] 저작권법 제125조의2 제 1 항은 이러한 점을 반영하여 소송 절차와 관련해서 법정손해배상을 선택할 수 있는 시점을 사실심의 변론종결 이전까지로 정하고 있다.

저작권법 제125조의2 제 2 항은, "둘 이상의 저작물을 소재로 하는 편집저작물과 2차적저작물은 제 1 항을 적용하는 경우에는 하나의 저작물로 본다"고 규정하고 있다. 이 조항은 앞에서 본 미국 저작권법 제504조 (c)(1)의 후문 규정과 같은 취지라고 볼 수 있다. 즉, 편집저작물과 2차적저작물은 외부적·전체적으로는 하나의 편집저작물 또는 2차적저작물이더라도 내부적으로는 다수의 소재 저작물 또는 원저작물 등으로 구성될 수 있다. 그리고

90) 한·미 FTA 이행을 위한 개정 저작권법 설명자료, 문화체육관광부(2011. 12.), 43면.
91) 저작권위원회, 전게서, 192면 참조.
92) 민사소송법 제262조 제 1 항.

그 경우 일반적인 저작권 침해소송에 있어서는 각각의 소재 저작물 또는 원저작물에 대한 저작권침해가 별도로 성립할 수 있는 것이다. 그러나 위 제 2 항 규정에 따라 법정손해배상과 관련하여서는 소재 저작물 또는 원저작물의 다과에 관계없이 편집저작물 및 2차적저작물은 전체적으로 하나의 저작물로 보아서 하나의 법정손해배상만을 인정한다는 것이다.

저작권법 제125조의2 제 3 항은, "저작재산권자등이 제 1 항에 따른 청구를 하기 위해서는 침해행위가 일어나기 전에 제53조부터 제55조까지의 규정(제90조 및 제98조에 따라 준용되는 경우를 포함한다)에 따라 그 저작물 등이 등록되어 있어야 한다"고 규정함으로써 저작물 사전 등록을 법정손해배상청구의 요건으로 하고 있다.[93]

저작권법 제125조의2 제 4 항은, "법원은 제 1 항의 청구가 있는 경우에 변론의 취지와 증거조사의 결과를 고려하여 제 1 항의 범위에서 상당한 손해액을 인정할 수 있다"고 규정하고 있다. 우리 민사소송법은 처분권주의[94]를 채택하고 있으므로, 당사자가 청구한 범위(금액) 내에서만 법원이 손해배상액을 인정할 수 있다. 따라서 당사자가 손해배상금액을 특정하지 않고 법정손해배상을 선택하기만 하면, 법원이 법정손해배상액의 상한선 범위 내에서 적정한 금액을 손해액으로 인정하도록 하는 것은 처분권주의에 반한다. 결국 법정손해배상제도가 도입되었다고 하더라도 손해배상을 구하는 당사자가 법정손해배상액의 상한선 범위 내에서 특정한 금액을 청구하는 형식을 취하고, 이에 대하여 법원이 손해액에 대한 입증 없이 당사자가 구하는 금액 범위 내에서 적절한 금액을 손해액으로 인정하게 될 것이다.

(3) 기대 효과

법정손해배상제도를 도입함으로써 다음과 같은 효과를 기대할 수 있다고 한다. 첫째, 저작권침해로 인하여 손해가 발생한 경우에 그 손해액 산정 및 그와 관련한 증거 확보의 곤란함을 보완하여, 침해를 억지하거나 예방할 수 있는 충분한 손해배상액을 보장함으로써 저작권을 효과적으로 보호할 수 있게 된다. 둘째, 침해로 인한 손해배상의 실효성을 확보함으로써 저작권침해에 대하여 형사적 해결방식이 아닌 민사적 해결방식의 활용이 증대될

93) 서울중앙지방법원 2014. 1. 22. 선고 2013가단114795 판결은 원고의 만화저작물 이미지를 파일공유 사이트에 업로드 한 행위를 저작재산권 침해로 인정하면서, 일실수익에 관한 증거가 없어 법정손해배상 청구를 한 것에 대하여 저작권법 제125조의2 제 1 항에 의한 법정손해배상을 청구하기 위해서는 침해행위가 일어나기 전에 저작물이 등록되어 있어야 하는데, 그러한 등록 사실을 인정할 증거가 없다는 이유로 법정손해배상 청구를 기각하였다. 그러나 변론의 취지 및 증거조사의 결과를 참작하여 저작권법 제126조에 따른 상당한 손해배상액으로 200만 원의 배상책임을 인정하였다.

94) 소송 절차의 개시, 심판의 대상 및 절차의 종결을 당사자의 처분에 맡긴다는 원칙이다. 심판의 대상과 관련하여서는 당사자가 청구한 것보다 적게 인용하는 것은 허용되나, 청구의 범위를 넘어서서 판결하는 것은 허용되지 않는다.

수 있다. 셋째, 침해에 대한 손해액을 산정하는 일차적인 기준을 제시함으로써 법원 업무의 효율성을 증대시키고 당사자 사이의 화해가능성을 높일 수 있다.[95]

(4) 소결 – 미국과 중국의 선례

법정손해배상제도는 이미 언급한 바와 같이 우리법 체계에서는 매우 생소한 것으로서 국내의 법이론만으로 이를 해석하고 운용방향을 제시하기에는 한계가 있다. 앞으로 판례의 축적을 기다려 보아야 할 부분이다. 따라서 현 시점에서는 법정손해배상제도를 도입한 지 이미 오래 되었고, 그동안 상당수의 판례가 집적된 미국 저작권법상 법정손해배상제도의 판단기준을 살펴보고, 아울러 제도의 도입은 얼마 되지 않았지만 우리보다 앞서 이 제도를 시행한 중국의 판단기준에 관하여 요약하여 살펴보고자 한다. 이를 바탕으로 하여 법정손해배상제도 운용에 관한 구체적인 방향을 가늠해 볼 수 있을 것으로 기대한다.

미국 및 중국에 있어서 법정손해배상산정의 근거와 기준[96]

1. 미　　국

가. 저작권 등록

◎ 미국저작권청(저작권위원회)에 저작물로서 등록하였다는 사실만으로 각 저작물(사진저작물)이 법정손해배상산정과 관련하여 자동적으로 별개의 저작물로 취급되는 것은 아니다.[97]

◎ TV시리즈의 개별 에피소드는 독자적인 저작권등록번호를 가지고 있는지 여부에 상관없이 법정손해액을 산정함에 있어서 독자적인 저작물로 평가될 수 있다.[98]

나. 고의나 악의를 비롯한 법정손해배상액 증액의 고려요소

◎ 침해과정에서 침해자의 지속적인 기망행위나, 변론 등 소송 과정에서 침해자가 행한 지속적인 기망행위 등 침해자의 침해 이후의 반성 없는 행동을 고려할 수 있다.[99]

◎ 권리자가 제출한 소장을 송달받고도 침해자가 그에 대하여 아무런 답변을 하지 않거나. 준비기일이나 변론기일 등에 법원에 출석하지 않거나, 답변서 기타 문서를 제출하지 않는 행위는 고의 또는 악의를 인정하는 요소가 될 수 있다.[100]

95) 문화체육관광부, 전게서, 42면.

96) 필자가 2012년 문화체육관광부의 용역과제로 수행한 "법정손해배상제도에 관한 연구" 중 일부 내용이다.

97) 299 F.Supp. 2d 7.

98) 11 F.3d 1106

99) 388 F.Supp. 2d 443.

100) 2006 WL 44020.

다. 법정손해배상액 고려요소

◎ 음반 라벨이나 용기의 표면에 저작권 고지 문구(copyright notice)가 기재되어 있으며, 침해자가 합법적인 저작물에 대한 접근이 가능한 상황에서 침해행위를 한 경우, 침해자가 적절한 조사를 해 보았다면 해당 저작물이 저작권에 의하여 보호되고 있다는 것임을 쉽게 알 수 있었던 경우,[101] 나아가 저작권침해행위에 대한 권리자의 침해행위중지 등 고지 이후에도 침해적인 영업활동을 변경하거나 중지하지 않은 경우 선의 주장을 배척하였다.[102]

◎ 저작권침해의 고의성에 대하여는 저작권자에게, 그리고 저작권을 선의로 침해했다는 점에 대하여는 침해자에게 입증책임이 있다.[103]

라. 법정손해배상 청구권의 개수 판단 기준

◎ 법정손해배상에 관한 연방저작권법 제504조(c)(1)의 규정, 즉 "편집저작물이나 2차적저작물의 모든 구성 부분은 하나의 저작물을 구성하는 것으로 본다"는 규정과 관련하여, 편집저작물 또는 2차적저작물의 일부에 대한 권리가 서로 다른 복수의 저작권자에게 귀속되는 경우에도 이를 하나의 저작물로 보아 단일의 법정손해배상을 인정할 것인지 여부가 문제된다. 위 제504조(c)(1)의 규정은 단일의 편집저작물 내지 단일의 2차적저작물이 동일한 저작권자에 속하는 것을 전제로 한 규정이라고 해석된다.[104] 따라서 편집저작물이나 2차적저작물의 일부에 대한 권리가 복수의 저작자에 귀속되는 경우에는 복수의 저작물로 해석한다.

◎ 이러한 이유로 Playboy v. Sanfilippo 사건에서 캘리포니아 남부지방법원은, Playboy 잡지사가 출판한 개별 사진들은 모델, 사진사 및 장소가 다른 독립된 저작물이기 때문에, 편집저작물의 일부로 출판되었다고 하더라도 분리된 저작물로서 고려되어야 한다고 보았다. 또한 Berg v. Symons 사건에서 텍사스 남부지방법원은 귀걸이, 목걸이, 팔찌, 장신구, 단검, 벨트 버클 등 서구식 보석·장신구의 디자인을 침해한 사건에서, 이들 디자인이 미국 저작권청에 하나의 신청서로 일괄 등록되어 있다고 하더라도 이들 다수의 디자인은 각각 독립적인 경제적 가치를 가지는 것으로서 독자적인 권리를 가지기 때문에 법정손해배상에 있어서 개별적으로 산정되어야 한다고 판시하였다.[105][106]

◎ 저작재산권은 가분성(divisibility)이 있으므로, 하나의 저작물에 대한 저작재산권이 분할되어 복수의 저작권자가 존재하는 경우에도, 그 저작물 침해에 대하여는 하나의 단일한 법정손해배상을 인정하는 것이 법정손해배상제도 입법의 기본적 취지이다.[107]

---

101) BMG Music v. Gonzalenz, 430 F. 3d 888,892.
102) Design Tex Group v. U.S. Vinyl Manufacturing, 2005 WL 2063818.
103) 최경진, 법정손해배상제도의 도입에 관한 연구－한미자유무역협정에 따른 민법과의 조화를 중심으로－, 中央法學, Vol.13 No.3, 2011, 222면.
104) 134 F.Supp.2d 546; 279 F.Supp.2d 325.
105) Berg v. Symons, 393 F. Supp. 2d 525, 2005-2 Trade Cas. (CCH) 75039 (S.D. Tex. 2005).
106) 최경진, 전게논문, 219면.
107) 134 F.Supp.2d 546; 279 F.Supp.2d 325.

◎ 소설의 저작권자 A가 그 소설에 대한 저작권 중 영화화할 권리를 B에게 양도하거나 배타적발행권을 설정한 경우, 저작권의 가분성으로 인하여 B가 그 저작물에 대하여 저작권의 일부 또는 배타적발행권을 주장할 수 있다는 사실만으로 법정손해배상액의 개수를 확대하지 못한다.[108)]

◎ 과거 미국의 법원들 중에는 하나의 저작물에 대하여 한 사람에 의한 여러 개의 침해행위가 있는 경우에 침해행위의 시간적 간격과 침해행위의 이질성을 고려하여 여러 개의 법정손해액을 인정한 바 있었으나, 한 사람이 하나의 저작물에 대하여는 아무리 많은 침해행위를 하더라도 하나의 법정손해배상책임을 지는 것이 원칙이다.[109)]

◎ 6개의 서로 다른 포즈를 취하고 있는 미키마우스(Mickie Mouse)와 미니마우스(Minnie Mouse)는 각각 하나의 저작물을 구성할 뿐이며, 따라서 이들의 침해에 대하여는 2개의 법정손해배상만을 인정한다.[110)]

◎ 8개의 에피소드로 구성된 방송물(TV 드라마)에 대하여 8개의 법정손해배상을 인정한다.[111)]

◎ 7개의 CD에 수록된 13개의 저작권으로 보호되는 음악에 대해 13개의 법정손해배상을 인정하였다(침해된 음악은 각각 하나의 독립된 작품으로서 분리된 법정손해배상을 구성한다고 판단).[112)]

◎ 이에 반하여 앨범에 수록된 개별 노래나 트랙(track)에 대한 법정손해배상을 인정하지 않은 사례도 있다. 이 사례에서는 미국 저작권법 제504조의 입법연혁에 비추어 볼 때, 하나의 편집저작물의 모든 구성부분은 법정손해배상액 결정에 있어서 하나의 저작물로 보아야 한다고 판시하였다. 즉, 각 음악앨범은 하나의 편집물이고 법정손해배상은 노래 단위(per song)가 아니라 앨범 단위(per CD)로만 인정될 수 있다고 판단한 것이다.[113)][114)]

---

108) L.A. Westermann Co. v. Dispatch Printing Co., 249 U.S. 100, 105(1919).

109) Sarah A. Zawada, Infringed Versus Infringing: Different Interpretations Of The Word "Work" And The Effect On The Deterrence Goal Copyright Law, Marq. Intell. Prop. L. Rev. 129, 134. 137면. 침해행위를 복수의 침해행위로 볼 것인지 아니면 하나의 계속적인 침해행위로 볼 것인지는 침해행위의 시간적 근접성과 광고, 재정적 배경, 지역성, 관객 등 여러 가지 변수들을 고려하여 침해행위의 이질성을 종합적으로 결정해야 한다고 하였다. 미국 법원은 Iowa州가 ABC 방송국을 상대로 학생들이 만든 올림픽 레슬링 Dan Gable의 영화를 ABC 방송국이 1972년 올림픽 기간 동안에 방송하여 그의 저작권을 침해하였다는 주장을 한 사건에서 19개월이라는 기간과 각기 다른 시청자를 위한 방송의 이질성을 이유로 4개의 별개의 침해를 인정한 바 있다고 한다(이종구, "한미 FTA의 이 행에 따른 미국의 법정손해배상제도의 도입과 그 한계," 산업재산권 23호, 2007, 629면 재인용).

110) Walt Disney Co. v. Powell, 897 F.2d 565, 14 U.S.P.Q.2d 1160 (D.C.Cir. 1990); Coogan v. Avnet, Inc., 2005WL 2789311.

111) Twin Peaks Production, Inc. v. Publications Intern., Ltd., 996 F.2d 1366, 21 Media L. Rep.(BNA) 1545, 27 U.S.P.Q 2d 1001(2d Cir.1993).

112) 445 F.3d 538.

113) Arista Records, 2006 WL 842883 *22.

114) 603 F.3d 135.

◎ 다수의 침해자가 '독자적'으로 하나의 저작물을 침해한 경우에 저작권자는 각각의 침해자에 대하여 각각의 법정손해배상을 청구할 수 있다. 그러나 다수의 침해자가 서로 관련되어 있을 때, 즉 공동불법행위로 연대책임을 지는 경우에는 침해자 중 한 사람에게 또는 침해자 모두를 상대로 하나의 법정손해배상만을 청구할 수 있다.[115]

◎ 즉, 둘 이상의 침해자가 하나의 저작권을 침해하는 하나의 침해행위에 공동으로 관여한 경우 하나의 법정손해배상책임을 지게 된다.[116]

◎ 둘 이상의 사람이 하나 이상의 침해행위에 부진정연대책임을 지는 경우에는 하나의 저작물이 침해되었는지 여부에 상관없이 그들에 대해 별소가 제기되더라도 전소에서의 판결채무의 변제는 후소에서 유효한 항변으로 기능한다.[117] 둘 이상의 사람이 동일한 저작물의 개별적인 침해행위에 대하여 개별적으로 책임을 지고, 그들이 개별적인 침해행위로 인하여 부진정연대책임을 지지 아니하는 경우에는 각 침해자는 독자적으로 책임을 지며, 그 중 한 침해자의 판결채무의 변제는 다른 침해자의 책임을 면제하지 못한다.[118]

◎ 침해자 1인이 행한 복수의 침해행위에 의하여 동일한 저작물이 침해된 경우 하나의 법정손해배상을 인정하였다.[119]

◎ 원고 1인이 다수의 별소에서 개별적인 침해행위를 이유로 동일한 침해자를 상대로 각각 최소한 법정손해액의 하한을 청구한 경우, 연방저작권법상으로는 원고가 이와 같이 다수의 법정손해배상을 청구하는 것을 막는 명문의 규정이 없으나,[120] 원고의 이러한 청구는 기판력(res judicata)에 의하여 제한될 수 있다.[121]

◎ 법정손해배상 청구권의 개수는 원칙적으로 침해된 저작물의 개수 및 개별적인 책임을 질 침해자의 수에 좌우되는 것이고, 저작물의 침해행위의 개수에 의하여 영향을 받지 않는다.[122]

2. 중 국

가. 법정손해배상액 산정에 있어서 고려요소

◎ 잠재적 손실로서 예상시장점유율의 감소 및 제품신용의 추락여부를 고려할 수 있다.[123]

115) 17 U.S.C. 제504조 (c)(1): 미국 저작권법은 2인 이상이 연대하여 배상책임을 지는 경우(예컨대 공동불법행위)에도 하나의 법정손해배상책임을 인정한다.

116) Sparaco v. Lawler, Matusky, Skelly Engineers LLP, 313 F.Supp.2d 247, 255-56(S.D.N.Y. 2004); Warner Bros. Inc. v. Dae Rim Trading, Inc., 677 F.Supp. 740, 769(S.D.N.Y. 1988), aff'd in part, rev'd on other grounds, 877 F.2d 1120(2d Cir. 1989).

117) Nimmer & Nimmer, id, § 14.04[E][2][e].

118) Nimmer & Nimmer, Ibid., § 14.04[E][2][e]

119) 17 U.S.C. § 504(c)(1).

120) Nimmer & Nimmer, Ibid., § 14.04[E][2][b].

121) Nimmer & Nimmer, Ibid., § 14.04[E][2][b].

122) Venegas-Hernandez v. Sonolux Records, 370 F.3d 183, 194(1st Cir. 2004).

123) 廖志刚, "专利权侵权损害赔偿研究", 重慶大學學報(社會科學版), 2007年 第13卷 第3期, 第91页.

◎ 권리자가 입은 손해가 비교적 작음에도 불구하고 증거수집의 어려움을 핑계로 증거를 제출하지 않고 법정손해배상의 적용을 청구하는 경우,[124] 또는 권리자가 연속적인 불법행위에 대하여 여러 번에 거쳐서 소송을 제기하거나 공동불법행위자에 대하여 각각 소송을 제기함으로써, 법정손해배상의 반복적인 적용을 꾀하여 실제 손해액을 훨씬 뛰어넘는 배상을 취득하고자 하는 경우는 소권의 남용으로 보아 법정손해배상 청구를 배척할 수 있다.[125]

◎ 통상적으로 법정손해배상 적용에 있어서 침해를 받은 권리의 개수를 단위로 하여 권리 각각에 대하여, 각각 50만 위안 이하에서 구체적인 법정손해배상액을 확정하여 누계로 계산하여야 한다. 그러나 이는 배상액 산정단위의 확정이 불법행위의 내용과 무관하다는 것은 아니다. 가령 서로 다른 성질과 종류의 불법행위가 서로 다른 용도와 목적으로 하나의 지적재산권을 침해하였다면, 권리의 개수가 아니라 행위의 개수를 기준으로 하여야 한다.

나. 당사자가 다수인 경우

◎ 하나의 권리를 다수인이 공유하는 경우에 침해자의 불법행위로 인하여 침해되는 것은 여전히 하나의 권리이기 때문에 하나의 법정손해배상액만 인정될 수 있다. 또한 다수인이 공동으로 하나의 권리를 침해한 경우는 공동불법행위에 해당하므로 하나의 법정손해배상액만 인정할 수 있다.

◎ 다수의 각각 다른 권리의 소유자가 한 명의 피고를 제소한 경우 권리의 성질이 서로 다르므로 각각 별개의 법정손해배상액을 결정하여야 한다. 다수의 침해자가 다수의 권리자의 종류가 같지만 서로 다른 권리를 침범한 경우에는, 일반 공동소송에 따라 병합하여 심리하되 권리자인 원고 각각의 권리에 따라 각각 법정손해배상액을 확정할 수 있다.

다. 불법행위의 경위 고려

◎ 법원은 법정손해배상액을 산정함에 있어서 침해를 받은 지적재산권의 유형, 평가 가격, 불법행위의 지속시간, 불법행위로 인하여 입은 경제적 및 신용적 손해 등 요소를 고려하여야 한다.[126]

◎ 불법행위의 경위와 관련하여 일반적으로 고려되고 있는 요소로서는, 저작재산권의 종류, 불법행위의 성질, 지속시간, 침해의 범위, 결과, 시장에서의 평가가치, 합리적인 양도대가, 합리적인 사용료, 피고의 과실 정도, 피고의 신용도, 불법행위가 해당 권리가 적용된 제품시장에 미친 영향 등이 있다.[127] 불법행위로 인하여 입은 권리자의 손실 또는 불법행위로 인하여 얻은 침해자의 소득의 추정과 관련된 요소는 모두 고려할 수 있는 요소들이다.[128]

124) 石磊, "知识产权审判中的法定赔偿原则", 人民司法, 2003年 第5期, 第61页.
125) 李永明, 전게논문, 第178页.
126) 김용섭·정상현, 著作權法上 法定損害賠償制度의 導入과 問題點, 성균관법학 제20권 제3호 별권, 2008, 575면.
127) 董天平等, "著作权侵权损害赔偿问题研讨会", 知识产权, 2006年 第6期, 第155页.
128) 김용섭·정상현, 전게논문, 575면.

4. 저작인격권 등 침해와 위자료

저작인격권인 공표권, 성명표시권, 동일성유지권이 침해된 경우 저작자는 민법 제751조에 의하여 정신적 손해의 배상을 청구할 수 있다. 민법 제751조 제1항은 "타인의 신체, 자유 또는 명예를 해하거나 기타 정신상 고통을 가한 자는 재산 이외의 손해에 대하여도 배상할 책임이 있다"고 규정한다. 우리 대법원 판례는, "저작인격권이 침해되었다면 특별한 사정이 없는 한 저작자는 그의 명예와 감정에 손상을 입는 정신적 고통을 받았다고 보는 것이 경험법칙에 합치된다"고 판시하고 있다.[129] 또한 "비록 법의 규정은 없으나 자신의 일신전속적인 권리인 저작인격권에 대한 침해에 대하여 위자료 등의 손해배상을 청구할 수 있음은 법리상 당연하다"고 한 판례도 있다.[130] 이러한 판례의 취지는 저작인격권이나 실연자의 인격권이 침해된 경우 명예와 감정에 손상을 받았다고 보는 것이 경험칙에 합치되고, 따라서 그 경우 명예를 훼손당하였거나 기타 정신적인 고통을 받았음을 이유로 민법 제751조에 의하여 정신적 손해배상을 청구할 수 있으며, 설사 저작인격권 또는 실연자의 인격권 침해로 인하여 명예를 훼손당하지 않은 경우라 하더라도 다른 면에서의 정신적 손해가 있음을 이유로 위자료 청구를 할 수 있음을 밝힌 것이라고 해석된다.

저작권침해로 인한 손해액 산정과 관련된 저작권법 제125조는 그 성질상 저작인격권이나 실연자 인격권에는 적용되지 않는다. 불법행위 일반론으로서 위자료는 피해자에게 생긴 정신적인 손해의 보전을 도모하는 것이고, 따라서 그 액수는 정신적 손해의 크기에 따라서 결정될 것이다. 그러나 실제로는 법관이 변론에 나타난 제반 사정을 고려하여 재량에 따라 결정하고 있는 것이 현실이다. 또한 저작인격권 침해로 인한 위자료는 전체 손해배상액수의 적정화를 도모하는 조정적 기능을 담당하는 역할도 한다. 일본의 경우에도 사정은 마찬가지인 것으로 보인다. 그리하여 인용총액이 적은 사건일수록 인용되는 전체 손해배상금액 중에서 위자료 액수의 비율이 높아지는 현상이 발견된다고 하는데, 이는 결국 위자료가 1차적으로는 정신적 손해를 전보하는 것을 주된 기능으로 하지만, 동시에 경직적으로 운영될 수밖에 없는 재산적 손해배상액의 산정을 합리적이고 공평하게 조정 내지 보완하는 기능도 가지고 있음을 의미한다.[131]

---

129) 대법원 1989. 10. 24. 선고 89다카12824 판결.
130) 대법원 1999. 5. 25. 선고 98다41216 판결.
131) 作花文雄, 전게서, 483면.

Ⅳ. 명예회복에 필요한 조치

1. 의 의

저작인격권 또는 실연자 인격권의 침해에 대하여 저작권법은 위자료 청구와는 별도로 제127조에서, "저작자 또는 실연자는 고의 또는 과실로 저작인격권 또는 실연자의 인격권을 침해한 자에 대하여 손해배상에 갈음하거나 손해배상과 함께 명예회복을 위하여 필요한 조치를 청구할 수 있다"고 규정하고 있다. 이 규정은 앞에서 본 저작인격권 침해에 따른 위자료 청구와 별도로 인정되는 것이며, 이 규정에 의하여 비로소 저작인격권 침해에 따른 위자료 청구권이 인정되는 것은 아니다. 오히려 이 규정은 저작인격권 침해에 대하여는 민법 등 일반 불법행위법에 의하여 별도의 위자료청구를 할 수 있다는 점을 전제로 한 것이라고 보아야 할 것이다.[132] 따라서 위자료 청구의 존부와는 상관없이 저작권법 제127조의 필요한 조치를 청구할 수도 있다고 해석된다.

본 조가 적용되는 것은 저작인격권 또는 실연자의 인격권이 침해된 경우이다. 따라서 저작권법이 규정하는 저작인격권인 공표권(제11조), 성명표시권(제12조, 제66조), 동일성유지권(제13조, 제67조)이 침해된 경우와 저작인격권의 침해로 보는 행위, 즉 저작자의 명예를 훼손하는 방법으로 저작물을 이용하는 행위(제124조 제 2 항)의 경우이다.

우리 저작권법은 제127조에서 보는 것처럼 저작인격권 또는 실연자 인격권의 침해에 대하여서만 명예회복 등의 청구를 인정하고 있고, 저작재산권의 침해에 따른 명예나 신용 등 비재산적 이익의 훼손에 대한 회복조치 청구권에 대하여는 명문의 규정을 두고 있지 않다. 그런데 특허법 제131조는, "법원은 고의 또는 과실로 특허권 또는 전용실시권을 침해함으로써 특허권자 또는 전용실시권자의 업무상 신용을 떨어뜨린 자에 대해서는 특허권자 또는 전용실시권자의 청구에 의하여 손해배상을 갈음하여 또는 손해배상과 함께 특허

---

132) 대법원 1989. 10. 24. 선고 88다카29269 판결('윤정아' 사건): "구 저작권법 제17조에 의하면, 저작자는 그 저작물의 내용, 형식과 제호를 변경할 권리가 있다고 되어 있고, 이는 저작자가 그 저작물에 관한 인격적 권리에 터잡아 저작물의 동일성을 유지할 권리가 있다는 뜻이므로, 저작자는 특단의 사정이 없는 한 위와 같이 그 저작물을 임의로 변경한 자에 대하여는 위 법조 소정의 변경권 내지 동일성 유지권의 침해로 인한 정신적 손해의 배상을 구할 수 있다 할 것이고, 한편 이른바, 원상유지권을 규정한 같은 법 제16조가 뜻하는 것은 저작자는 그 저작물에 변경을 가하여 그 명예와 성망을 해한 자에 대하여는 같은 법 제62조, 제68조, 민법 제764조 등의 규정에 따라 손해배상에 갈음하거나 손해배상과 함께 명예회복에 적당한 처분을 구할 수 있다는 것일 뿐 위 법조 소정의 명예와 성망을 침해당하지 아니한 저작자는 그 저작물의 동일성유지권 내지 변경권이 침해되더라도 일체 이로 인한 정신적 손해의 배상을 청구할 수 없게 된다는 것으로 풀이할 수는 없는 것이다."

권자 또는 전용실시권자의 업무상 신용회복을 위하여 필요한 조치를 명할 수 있다"고 하여 특허권자 등의 신용회복에 관하여 규정하고 있다. 또한 상표법 제113조 역시 특허법 규정과 거의 유사한 규정을 두고 있다. 특허법이나 상표법과 같은 산업재산권법에서 이러한 재산권 침해로 인한 업무상 신용 등 비재산적 이익의 훼손에 따른 회복을 위하여 필요한 조치 청구권을 인정하고 있음에 비하여, 저작권법에서 저작재산권의 침해와 관련하여 동일한 조치 청구권에 대한 명문의 규정을 두고 있지 않다는 것은, 저작재산권 침해에 따른 업무상 신용 등 비재산적 이익의 훼손에 따른 회복을 위한 조치 청구권을 부정한다는 취지인지 의문이다.

이에 대하여는 비록 특허법이나 상표법과 같은 명문의 규정은 없지만, 저작재산권 침해의 경우에도 그로 인하여 업무상 신용 등의 훼손이 있으면 그 회복을 위한 조치를 청구할 수 있다고 해석하여야 한다고 본다. 그러한 조치를 청구할 수 없다면 저작인격권자와 저작재산권자가 다른 경우에 불합리한 점이 발생하게 된다. 즉, 저작재산권이 양도됨으로 인하여 저작인격권과 저작재산권이 별개의 주체에 귀속되는 경우에, 제3자가 허락 없이 저작물의 일부를 개작한 경우 저작인격권자(저작자)는 동일성유지권에 의하여 명예회복을 위하여 필요한 조치를 청구할 수 있지만, 저작재산권을 양도받은 저작재산권자는 그러한 개작으로 인하여 업무상 신용이 훼손되어도 신용회복을 위하여 필요한 조치를 청구할 수 없게 된다. 저작자로부터 저작재산권을 양도받아 사업을 영위하고 있는 저작재산권자는 저작인격권자와는 별도로 저작재산권의 침해로 인하여 업무상의 신용을 훼손당하는 경우가 충분히 있을 수 있으므로, 그러한 경우에 저작재산권의 주체로서 신용회복을 위하여 필요한 조치를 청구할 수 있다고 보아야 할 것이다.[133]

2. 고의 또는 과실

저작권법 제127조의 명예회복에 필요한 조치는 '고의 또는 과실'로 저작인격권 또는 실연자의 인격권을 침해한 자에 대하여 청구할 수 있다는 점을 유의할 필요가 있다. 고의 또는 과실을 요건으로 한다는 점에서 이를 요건으로 하지 않는 저작권법 제123조 침해 등의 정지 청구와 다르다. 제127조의 명예회복 등 조치 청구와 제123조의 침해 등의 정지 청구는 모두 피침해자(원고)가 침해자(피고)를 상대로 일정한 작위 내지 부작위를 구한다는 점에서는 공통점이 있지만, 그 성질은 다르다. 즉, ① 전자는 고의 또는 과실을 요건으로 하고 있음에 비하여, 후자는 이를 요건으로 하지 않고 있다는 점, ② 전자는 '손해배상에 갈

133) 半田正夫·松田政行, 『著作権法コンメンタール』, 勁草書房(3), 511면 참조.

음'하여 또는 '손해배상과 함께' 청구할 수 있다는 문구를 두고 있어서 불법행위에 기한 손해배상의 대체 내지 보완적 수단으로서 손해배상과의 연관성이 강함에 비하여, 후자는 손해배상청구와의 연관성이 약하다는 점, ③ 전자는 원고가 피고에 대하여 과거의 침해행위에 의하여 발생한 손해의 회복수단으로서 청구하는 것임에 비하여, 후자는 현재 및 장래의 침해를 정지 또는 예방하기 위한 청구라는 점 등 그 목적과 성질이 다르다.[134)]

3. 손해배상에 갈음하거나 손해배상과 함께

저작권법 제127조는 명예회복 등의 청구는 "손해배상에 갈음하거나 손해배상과 함께" 이를 청구할 수 있음을 규정하고 있다. 원래 저작인격권이 침해된 경우에 저작자는 각각의 요건을 충족하는 범위 내에서 손해배상 청구권과 명예회복 등 청구권을 가지며, 이들 두 가지 청구권은 그 중 하나가 성립하면 다른 하나가 성립할 수 없는 택일적 관계가 아니라, 두 가지 청구권이 양립할 수 있는 병존적 관계에 있다고 보아야 할 것이다. 따라서 이들 두 가지 청구권을 함께 행사할 것인지, 아니면 그 중 하나의 청구권만을 행사할 것인지는 원고의 자유로운 선택에 맡겨져 있다고 할 것이다. 그런 점에서 볼 때 저작권법 제127조가 "손해배상에 갈음하거나 손해배상과 함께" 명예회복 등의 청구를 할 수 있다고 규정한 것은 이러한 법리를 확인하는 정도 외에 특별히 다른 의미는 없다고 볼 수 있다. 실제 소송에 있어서도 명예회복에 필요한 조치와 손해배상 청구를 함께 하는 경우가 대부분일 것이기 때문에, 특별히 본 조에서 "손해배상에 갈음하여"라는 문구가 문제로 되는 경우는 별로 없을 것이다. 설사 원고가 명예회복 등의 청구만을 하고 있는 경우라 하더라도, 특별히 "손해배상에 갈음하여" 청구하고 있음을 명백히 밝히고 있지 않은 이상, 이는 단순히 손해배상의 청구를 유보하고 있을 뿐이지 굳이 손해배상에 갈음하여 명예회복 등의 청구를 하고 있는 것이라고 보기는 어려울 것이다. 이 점에 관하여는 법원이 적절하게 석명권을 행사하여 원고의 의사를 분명히 할 필요가 있을 것이다.[135)]

4. 필요한 조치의 내용

가. 의　　의

저작자가 이 규정에 의하여 청구할 수 있는 조치로서는 첫째, 자신이 저작자라는 것을

134) 상게서, 514면.
135) 상게서, 515면.

확인시키기에 적당한 조치를 들 수 있다. 이는 성명표시권이 침해된 경우에 가장 큰 효용을 발휘할 수 있다. 예를 들면, 저작물에 저작자의 성명이 아닌 타인의 이름이 저작자로 표시된 경우라든가, 저작자 이름 없이 무명저작물로 공표된 경우에 그 저작물이 자신의 저작물임을 표시하도록 하여 이를 공중에게 제공 또는 제시하게 하는 조치를 청구할 수 있을 것이다. 둘째, 저작물의 정정 등 기타 저작자의 명예를 회복하기 위하여 적당한 조치를 들 수 있다. 이는 동일성유지권 침해라든가 또는 저작권법 제124조 제 4 항의 "저작자의 명예를 훼손하는 방법으로 그 저작물을 이용하는 행위"가 있는 경우에 효용성을 가지는 조치이다.136)

저작권법 제127조에서 말하는 '필요한 조치'의 전형적인 예로서 사죄광고를 들 수 있다. 가해자에게 사죄광고를 강제하는 것은 헌법상 양심의 자유에 반한다는 헌법재판소의 결정137)으로 인하여 사죄광고의 청구가능성은 봉쇄되어 있다. 그러나 그 대안으로 피고의 행위가 원고의 저작인격권을 침해하고 명예를 훼손한 불법행위라고 인정한 판결문 내용을 요약하여 공고문으로 게재하도록 하는 방법이 있는데, 이 방법은 사죄광고를 명하는 것이 아니라 판결문 내용이라는 객관적 사실을 공고하도록 하는 것이므로 헌법재판소의 결정에 반하지 않는 것으로 해석된다. 그 밖의 명예회복에 필요한 조치로는 정기간행물 등 지면을 이용한 침해의 경우 당해 정기간행물 등에 정정문을 게재하도록 하는 것 등이 고려될 수 있다. '필요한 조치'인지 여부는 침해의 성질 및 정도와 청구된 조치의 타당성을 비교형량하여 결정하여야 한다.138)

명예회복 조치의 타당성을 판단함에 있어서는, 그러한 조치를 명하는 것이 필요하고 효과적이며 또한 판결에 의하여 강제하는 것이 적절한지 여부 등을 참작하여야 한다. 또한 침해행위가 고의적이거나 악의적인가, 사실공고 등에 의하여 명예회복이 실효성 있게 이루어질 수 있는가, 명예훼손 후에 가해자가 어떠한 태도를 보였으며 그에 따라 다소라도 명예회복이 이루어졌는가, 또는 명예훼손이 더 심화되었는가 등의 요소들도 고려될 수 있을 것이다. 훼손된 명예가 이미 회복되었거나 피해가 금전배상에 의하여 충분히 보상되었거나 그 밖에 당해 행위의 반사회성의 정도가 경미하여 피해가 극히 적은 경우에는 명예회복 조치를 명할 타당성이 부정될 수 있을 것이다.139)

136) 加戸守行, 전게서, 674-675면.
137) 헌법재판소 1991. 4. 1.자 89헌마160 결정.
138) 정재훈, 전게논문, 114면; 오승종·이해완, 전게서, 543면.
139) 한지영, 불법행위의 구제방법으로서의 원상회복에 대한 검토 - 인격권 침해시 원상회복을 중심으로 -, 창작과 권리 2010년 겨울호(제61호), 118면.

나. 원상회복의 허용 여부

'필요한 조치'에 '원상회복'도 포함되는지 여부가 문제될 수 있다. 우리 저작권법 제127조에 해당하는 일본 저작권법 제115조는 " … 그가 저작자 또는 실연자임을 확보하거나 정정 기타 저작자 혹은 실연자의 명예 또는 성망을 회복하기 위해 적당한 조치를 청구할 수 있다"고 규정하고 있다. 그래서 일본의 해석론에서는 이러한 회복 조치로서, ① 저작자 또는 실연자임을 확보하는 조치, ② 정정 조치 및 ③ 기타 저작자 혹은 실연자의 명예 또는 성망을 회복하기 위해 적당한 조치 등 세 가지로 나누어, 그 중 ①의 조치는 성명표시권 침해의 경우에 청구할 실익이 있으며, ②와 ③의 조치는, 성명표시권이 침해된 경우와 동일성유지권이 침해된 경우 및 명예와 성망을 해하는 방법으로 행하여진 이용행위(일본 저작권법 제113조 제6항)의 경우에 청구할 실익이 있다고 보고 있다.[140] 여기서 '정정 기타'라는 문언을 근거로 일본에서는 이러한 조치를 일종의 원상회복 조치라고 이해하고 있다. 그리고 그러한 조치의 한 종류로서 "동일성을 회복케 하는 조치"를 들고 있다.[141]

일본 저작권법에서와 같이 '정정 기타' 조치라는 문구를 두고 있지 않은 우리 저작권법의 해석상으로도 동일성을 회복하기 위한 원상회복 조치가 인정될 수 있을 것인가 하는 점에 관하여 의문이 있을 수 있으나, 기본적으로는 긍정하여야 할 것으로 생각된다. 저작인격권 역시 인격권의 한 종류로서 원래 금전적인 배상, 즉 위자료에 의하여 그 손해가 전보된다기보다는 명예회복에 필요한 조치를 인정하는 것이 가장 효과적이고 합리적인 구제조치라고 할 수 있다. 따라서 저작권법 제127조에서 말하는 '필요한 조치'는 침해의 성격과 정도 및 청구조치의 적합성 등에 비추어 비합리적인 경우가 아닌 한 이를 넓게 인정하는 것이 옳다. 다만, 이 경우 원상회복 조치를 인정하기 위해서는 그것이 저작자의 명예를 회복하기 위하여 필요하다는 점이 당연한 전제로 되어야 한다. 저작권법 제127조는 "명예회복을 위하여 필요한" 조치라고 명문으로 제한하고 있기 때문이다. 그 조치가 명예회복을 위하여 '필요한 조치'인지 여부는 침해행위의 성질, 태양, 피해의 정도, 회복을 위한 조치의 실효성 등을 종합적으로 고려하여 판단하여야 할 것이다. 실제 소송에서는 이러한 조치를 구하는 당사자(원고)가 상대방(피고)에 대하여 소장의 청구취지 등을 통하여 작위를 구하는 구체적인 원상회복조치의 행위 내용을 특정할 필요가 있다.

여기서 명예라 함은 저작자가 그 품성·덕행·명성·신용 등 인격적 가치에 대하여 사회로부터 받는 객관적 평가, 즉 사회적 명예를 가리키는 것으로, 저작자가 자기 자신의 인

140) 半田正夫·松田政行, 전게서, 513면.
141) 加戶守行, 전게서, 674면; 作花文雄, 전게서, 496면 참조.

격적 가치에 대하여 갖는 주관적 평가인 명예감정은 포함되지 않는다. 따라서 저작인격권 침해행위로 인하여 주관적 명예감정은 손상되었으나 사회적 명예가 손상되었다고 볼 수 없는 경우에는 명예회복에 필요한 조치를 청구할 수 없다. 다만, 주관적 명예감정의 손상도 위자료 산정에 있어서는 참작사유가 될 수 있다.[142] 저작인격권 침해와 관련하여 판례는, 저작인격권이 침해되었다면 특별한 사정이 없는 한 그의 명예와 감정에 손상을 입는 정신적 고통을 받았다고 보는 것이 경험법칙에 합치된다고 보고 있다.[143]

하급심 판결 중에는 아래에서 보는 바와 같이 어떤 조치에 의하여 주관적으로 명예가 회복된다고 느낀다는 사정만으로는 다른 특별한 사정이 없는 한 침해결과물의 원상회복을 명하는 것은 인정할 수 없다고 한 것이 있다. 서울동부지방법원 2004. 9. 30. 선고 2004가합4292 판결이 그것인데, 사건의 개요는 다음과 같다. 조형예술가인 원고는 지방자치단체인 피고 송파구가 공모한 잠실 사거리에 설치할 조형물에 '빛의 세계'라는 제목의 조형물로 응모하여 최우수 작품으로 선정·발표되었다. 이에 따라 원고와 송파구 사이에 위 조형물에 대한 설계용역계약이 체결되어 그 조형물이 완성·설치되었다. 그 후 송파구는 위 조형물의 중간 부분에 원래 부착되어 있는 사각형 모양의 고정식 광고판으로는 구청 홍보에 한계가 있다고 판단하여 원고의 동의를 받지 않고, 위 광고판을 철거한 후 전광판을 갖춘 원반형 스테인리스 구조물로 대체하여 설치하는 공사를 시행하여 완료하였다. 이에 원고가 피고 송파구를 상대로 동일성유지권 등 저작인격권 침해로 인한 손해배상 및 명예회복에 필요한 조치로 위 스테인리스 구조물의 철거를 구하였다.

이 사건에서 법원은, "저작권법 제95조(현행 저작권법 제127조)에서 규정하는 '명예회복을 위하여 필요한 조치'는 저작인격권의 침해로 인하여 저작자의 인격적 가치에 대한 사회적 평가가 훼손된 경우 이를 회복하기 위한 조치를 의미하는 것이므로, 이에 해당하기 위해서는 저작자의 명예회복을 위한 객관적이고 직접적인 필요성이 인정되어야 하며, 단지 어떤 조치의 결과에 의하여 저작자가 주관적으로 자신의 명예가 회복되었다고 느끼거나 간접적으로 저작자의 명예가 회복된다는 등의 사정만으로는 이에 해당한다고 인정할 수는 없는 것이어서, 결국 저작인격권의 침해사실을 인정하는 해명광고문이나 판결문 등의 게재를 명하는 등의 조치 외에 그 침해결과물의 원상회복 등을 명하는 것은 특별한 사정이 없는 한 이를 인정할 수 없다"고 하였다. 그리하여 "피고로 하여금 이 사건 조형물에 설치된 원반형 스테인리스 구조물을 철거하도록 명하는 것이 저작권법 제95조에서 규정하는 조치에 해당하는지에 관하여 살피건대, 원고의 명예훼손은 피고의 이 사건 조형물 변경행위에 의

142) 오승종·이해완, 전게서, 543면.

143) 대법원 1989. 10. 24. 선고 89다카12824 판결.

하여 이미 발생한 것이고, 이 사건 조형물의 변경부분을 철거한다고 하더라도 이미 훼손된 원고의 명예가 객관적으로 회복된다고는 보기 어려우며, 또한 이 사건 조형물 변경부분의 철거와 원고의 명예회복 사이에 직접적인 관련성을 인정할 자료도 없으므로, 이 사건 조형물의 변경부분 철거를 명하는 것은 저작권법 제95조에서 규정하는 조치에 해당하지 않는다고 봄이 상당하다"고 하였다.

그러나 이 판결과 같이 원상회복으로서 문제된 조형물을 철거하기 위한 전제로서, 그러한 원상회복 조치를 통해 이미 훼손된 원고의 명예가 객관적으로 회복될 것을 요구한다면, 이는 너무 엄격한 요건을 필요로 하는 것이어서 부당하다고 비판하는 견해가 있다. 즉, 이 판결처럼 명예회복처분의 타당성을 요구할 뿐만 아니라 그 타당성 인정과 관련하여 원상회복으로 인한 명예의 객관적 회복, 원상회복과 명예회복 사이의 직접적인 관련성과 같은 엄격한 기준을 요구하는 것은 납득하기 어렵다고 한다. 명예회복 조치의 타당성을 판단함에 있어서는, 일단 명예의 침해가 발생한 경우에는 완전한 원상회복이 사실상 어려운 경우가 많다는 점을 참작하여야 하며, 따라서 위 판결과 같이 엄격하게 명예의 객관적 회복을 그 요건으로 한다면 실질적으로 명예회복을 위한 처분으로서 원상회복이 인정될 가능성은 매우 희박해지고, 이는 저작권법 제127조 규정 자체를 유명무실하게 하는 결과를 가져올 수 있다는 것이다.[144)]

이 견해에 따르면 명예를 실추시킨 부분을 제거하는 철거 조치는, 비록 해명광고나 판결문 공고와 같이 직접적 설명을 통해 명예를 회복시키지는 않지만, 외형상 원고와 명예를 실추시키는 작품 간의 연결을 중단시킨다는 의미에서 원고의 명예를 객관적으로 회복시키는 측면이 있고, 나아가서 실질적으로 철거 조치는 이미 실추된 명예를 회복시키기보다는 명예훼손 상태가 지속되는 것을 방지한다는 의미가 더 크다는 점에서 필요성이 있다고 본다. 그리하여 명예를 실추시킨 부분을 제거하는 철거조치의 근거를 저작권법 제127조에서 찾을 것이 아니라, 침해의 정지 등 청구에 관한 제123조에서 찾아야 할 것이라고 한다. 즉, 위 판결과 같이 피해자가 구하는 원상회복을 명예회복을 위한 조치라고 보는 경우에는 다양한 방식의 원상회복을 인정하기가 어렵고, 이는 피해자 구제라는 목적에 부합하지 않으므로, 이러한 문제점을 해결하기 위해서는 원상회복을 구하는 근거를 금지청구권(정지청구권)에서 찾는 것이 타당하다고 한다.[145)]

144) 한지영, 전게논문, 119면.
145) 상게논문, 125면.

V. 부당이득반환청구권

1. 의 의

저작재산권 침해를 원인으로 하여 손해배상을 청구하기 위해서는 앞에서 본 바와 같이 침해자의 '고의 또는 과실'을 요건으로 한다. 따라서 침해자에게 고의 또는 과실이 없을 경우에는 손해배상을 청구하지 못한다. 또한 손해배상청구권은 민법 제766조에 의하여 손해 및 가해자를 안 날로부터 3년간 이를 행사하지 아니하면 시효로 소멸한다. 그런데 저작권침해의 경우 특허법 등 다른 지적재산법의 경우처럼 일반적인 과실 추정규정을 두고 있지 않으므로 침해자의 고의나 과실을 입증하기가 상대적으로 어렵다. 또한 저작권 침해행위는 장기간에 걸쳐 일어나는 경우가 적지 않고, 권리자가 침해행위를 알면서도 이를 방치해 오다가 뒤늦게 소송을 제기하는 경우도 많으므로, 손해배상청구권이 3년의 단기소멸시효에 걸리기 쉽다는 특징이 있다. 이러한 경우에 효용성을 가지는 것이 부당이득반환청구권이다.

구 저작권법(1957년 저작권법) 제63조에서는 부당이득반환청구권에 관한 규정을 두고 있었으나 현행 저작권법에서는 이를 삭제하고 있다. 그러나 저작권자가 민법상 부당이득반환청구의 요건을 갖추어 행사할 경우 이를 막을 이유는 없다고 할 것이다. 저작재산권 침해의 경우 과실에 대한 일반적인 추정규정이 없고, 그 손해배상청구권이 시효에 걸리기 쉽다는 점을 고려하면, 손해배상청구권과는 별도로 부당이득반환청구권을 인정할 실익은 분명히 있다.[146] 저작물의 허락 없는 이용의 경우 부당이득반환청구권이 인정됨을 분명히 한 판결로서 대법원 2016. 7. 14. 선고 2014다82385 판결이 있다. 이 판결은, "저작권자의 허락 없이 저작물을 이용한 사람은 특별한 사정이 없는 한 법률상 원인 없이 이용료 상당액의 이익을 얻고 이로 인하여 저작권자에게 그 금액 상당의 손해를 가하였다고 보아야 하므로, 저작권자는 부당이득으로 이용자가 저작물에 관하여 이용허락을 받았더라면 이용대가로서 지급하였을 객관적으로 상당한 금액의 반환을 구할 수 있다. 이러한 부당이득의 액수를 산정할 때는 우선 저작권자가 문제 된 이용행위와 유사한 형태의 이용과 관련하여 저작물 이용계약을 맺고 이용료를 받은 사례가 있는 경우라면 특별한 사정이 없는 한 이용계약에서 정해진 이용료를 기준으로 삼아야 한다."고 판시하였다.

146) 정재훈, 전게논문, 115-116면.

2. 요 건

민법 제741조는 "법률상 원인 없이 타인의 재산 또는 노무로 인하여 이익을 얻고 이로 인하여 타인에게 손해를 가한 자는 그 이익을 반환하여야 한다"고 규정한다. 이 규정에 의하여 부당이득반환청구권을 행사하기 위해서는, ① 타인의 재산으로 인하여 이익을 얻었을 것, ② 타인에게 손해를 가하였을 것, ③ 이익과 손해 사이에 상당인과관계가 있을 것, ④ 이익을 얻는 데 관하여 법률상 정당한 원인이 없을 것 등의 요건이 필요하다.

이러한 요건에서 보는 것처럼 부당이득반환청구권을 행사하기 위해서는 침해자의 고의 또는 과실을 입증할 필요는 없다. 그러나 부당이득반환청구는 이익과 손해 중 적은 쪽의 금액만이 인정될 뿐이며, 침해자가 선의인 경우에는 현존이익(現存利益)의 한도에서만 반환이 가능하다는 한계가 있다. 한편, 부당이득반환청구에서의 '이익'은 침해자가 저작물을 이용하여 얻은 이익을 말한다. 해석론에 따르면 이러한 이익은 침해자가 이용행위로써 시장으로부터 얻은 이익, 즉 영업이익만을 의미하는 것이 아니라, 타인의 저작물을 이용하였다는 사실 자체가 이익에 포함될 수 있는 것이라고 한다. 따라서 저작권자는 그 사용이익의 객관적인 대가의 반환을 청구할 수 있으며(민법 제747조 제 1 항, 저작물의 이용은 원물반환이 불가능하므로), 그 가액은 침해자가 받은 이익의 객관적 가치인 통상사용료를 의미한다.

또한 부당이득반환청구를 하기 위한 위의 요건 중 손실(손해)의 요건에 관하여는, 저작권자가 입은 손실은 비록 침해행위 당시에 수입을 얻을 현실적 가능성이 없었더라도 추상적 가능성까지 없는 것은 아니므로 특별한 사정이 없는 한 승낙 없이 저작물을 사용한 사실 자체에 의해 손실도 추정될 수 있다고 한다.[147] 결국 저작권자로서는 부당이득반환청구에 의하여 고의 또는 과실의 입증 없이, 침해자가 자신의 저작물을 사용하였다는 사실만 입증하면 저작권법 제125조 제 2 항의 손해액(통상의 사용료 상당액)과 동등한 금액을 반환받을 수 있을 것이다.[148]

서울고등법원 2002. 7. 24. 선고 2001나5755 판결(일명, - '이상문학상 수상집' 사건)은,[149] 피고(문학사상사)는 원고(사단법인 한국문예학술저작권협회)가 피고에 대하여 이 사건 저작물에 대한 출판허락을 철회한 2000. 2. 1. 이후에도 계속하여 이 사건 저작물을 서적에 수록하여

---

147) 따라서 예를 들어, 컴퓨터프로그램의 저작권자가 자력이 없어서 어차피 그 프로그램에 의하여 수입을 얻을 현실적인 가능성이 없다고 하더라도 그러한 수입을 얻을 추상적·일반적 가능성까지 없는 것은 아니므로 일반적으로 손해를 입은 것으로 인정된다(오승종·이해완, 전게서, 544면).

148) 정재훈, 전게논문, 116-117면; 양창수, 민법의 관점에서 본 저작권법, 계간 저작권, 1988년 가을호, 33면; 오승종·이해완, 전게서, 544면 참조.

149) 한국저작권판례집(8), 저작권심의조정위원회, 107-121면. 이 사건의 사실관계는 앞의 제 5 장 제 3 절 부분 참조.

판매함으로써 법률상 원인 없이 저작권 사용료 상당의 이익을 얻고, 원고에게 동액 상당의 손해를 가하였다고 할 것이므로, 피고는 원고에게 그로 인하여 얻은 이익을 반환할 의무가 있다고 한 후, "피고가 이 사건 저작물의 이용으로 얻은 이익은 이 사건 저작물의 사용료 상당이라고 할 것인바, 원고가 1999년 무렵 이 사건 신탁자들의 문학작품 중 소설을 출판업자에게 이용하도록 하고 받고 있었던 사용료는 계약기간을 3년으로, 발행부수의 상한을 30,000부로 할 경우 200자 원고지 1매당 3,200원인 사실, 원고가 2000. 9. 26. 문화관광부장관으로부터 승인받아 징수하고 있는 저작물 사용료는 계약기간 3년, 발행부수 30,000부 이내의 일반도서 중 소설, 희곡, 기타 이에 해당하는 부류일 경우 200자 원고지 1매당 3,200원인 사실을 각 인정할 수 있으므로, 위 저작물 사용료를 기준으로 원고가 피고에 대하여 구하는 2000. 12. 31.까지의 부당이득액인 금 7,506,224원"을 지급할 의무가 있다고 하였다. 아울러 저작권 사용료 청구권은 3년의 단기 소멸시효에 걸리므로 이 사건 소제기일로부터 3년 이전의 기간에 해당하는 저작권 사용료 청구권은 시효로 소멸하였다는 피고의 주장에 대하여, "원고의 이 사건 청구는 출판허락관계가 적법하게 존속함을 전제로 그 사용료를 청구하는 것이 아니라 피고가 아무런 법률상 원인 없이 원고가 신탁 받은 저작권을 이용함으로 인한 부당이득의 반환을 구하는 것인데, 원고의 위 부당이득반환청구권은 3년의 단기 소멸시효에 걸리는 채권이 아니고, 또 위에서 반환하여야 할 것을 인정한 부당이득액은 소제기일로부터 역산하여 3년 이내의 것이므로 피고의 주장은 받아들일 수 없다."고 하였다.

Ⅵ. 공동저작물의 권리침해에 대한 구제

1. 구제의 기본적 구조

저작권법 제129조는 "공동저작물의 각 저작자 또는 각 저작재산권자는 다른 저작자 또는 다른 저작재산권자의 동의 없이 제123조의 규정에 의한 청구(침해의 정지 등 청구)를 할 수 있으며 그 저작재산권의 침해에 관하여 자신의 지분에 관한 제125조의 규정에 의한 손해배상의 청구를 할 수 있다"고 규정하고 있다. 공동저작물의 저작인격권 및 저작재산권에 대한 침해의 정지청구는 공동저작자 각자가 다른 공동저작자의 의사와 상관없이 개별적으로 행사할 수 있으며, 저작재산권 침해에 대하여는 각자가 자신의 지분비율에 따라 손해배상의 청구를 할 수 있음을 규정한 것이다. 공동저작인접권이나 공동출판권 등의 경우에도 마찬가지이다.

민법의 일반 이론에 의하면 제 3 자 또는 다른 공유자가 공유물의 사용을 방해하는 등 침해행위를 하는 경우에 각 공유자는 단독으로 공유물 전체에 대하여 그 침해행위의 중지(방해제거 등)를 청구할 수 있다.[150] 또한 일부 공유자가 공유물을 배타적으로 사용하거나 제 3 자가 공유물을 불법점유하는 경우에 다른 공유자는 단독으로 자기의 지분범위 안에서 부당이득반환청구권을 행사할 수 있고,[151] 제 3 자가 공유물을 멸실시킨 경우에도 각 공유자는 자기의 지분범위 안에서 단독으로 손해배상을 청구할 수 있다. 그렇다면 저작권법 제129조는 민법상 공유자가 단독으로 공유물에 대한 방해배제 청구 등을 할 수 있고, 분할채권인 손해배상청구권을 각 지분별로 행사할 수 있다는 법리가 저작재산권의 준공유관계에도 적용된다는 점을 분명히 한 규정이라고 볼 수 있다. 이러한 규정을 둔 이유는 저작권법 제48조에서 "공동저작물의 저작재산권은 그 저작재산권자 전원의 합의에 의하지 아니하고는 이를 행사할 수 없으며, 다른 저작재산권자의 동의가 없으면 그 지분을 양도하거나 질권의 목적으로 할 수 없다"는 규정을 두고 있고, 공동저작물의 저작인격권에 관하여도 저작권법 제15조에서 유사한 규정을 두고 있기 때문에, 공동저작물의 권리침해의 경우에도 전원의 합의를 요하는 것처럼 해석될 여지가 있음을 우려한 때문이다.

저작권법 제129조는 금지청구권 및 손해배상의 청구에 대하여만 규정하고 있지만, 부당이득반환청구의 경우에도 그대로 적용된다고 볼 것이다. 일본 저작권법은 본 조가 부당이득반환청구에도 적용된다는 점을 명문으로 규정하고 있다.[152]

2. 본 조의 적용

저작권법 제123조에 의한 침해의 정지 등 청구권은 공동저작자 또는 공동저작재산권자 단독으로 할 수 있으므로, 각자가 청구권을 행사한 결과로 인한 법률적 효과 역시 그 청구권을 행사한 공동저작자 등에게만 미치고 다른 공동저작자에게는 미치지 않는다. 따라서 공동저작자 A가 배포금지청구권을 행사하여 인용된 후에 다른 공동저작자인 B가 폐기

150) 일부 공유자가 함부로 공유물을 배타적으로 사용하는 경우에, 다른 공유자는 단독으로 방해제거를 청구할 수 있다. 그 근거에 관하여 판례는, 일부 공유자가 공유물을 배타적으로 점유하는 경우에 이는 권원 없는 점유이기 때문에, 그러한 점유를 배제하는 것은 공유물의 보존행위에 해당하여 각 공유자는 민법 제265조 단서에 기하여 단독으로 방해제거를 청구할 수 있을 뿐만 아니라, 공유물 전부를 자기에게 인도할 것을 청구할 수 있다고 한다(대법원 1994. 3. 22. 선고 93다9392, 9408 판결).

151) 대법원 1991. 9. 24. 선고 91다23639 판결.

152) 일본 저작권법 제117조. "공동저작물의 각 저작자 또는 각 저작재산권자는 다른 저작자 또는 다른 저작재산권자의 동의를 얻지 아니하고, 제112조의 규정에 의한 청구(침해의 정지 등 청구) 또는 그 저작권의 침해에 관하여 자기의 지분에 대한 손해배상청구 또는 자기의 지분에 상응한 부당이득의 반환을 청구할 수 있다."

청구권을 행사하는 것도 가능하다고 해석된다.[153]

손해배상은 각자의 지분에 관하여 청구할 수 있으므로, 결국 침해행위로 인하여 발생한 전체 손해액 중에서 해당 공동저작자의 지분비율에 상당하는 부분을 청구할 수 있을 것이다. 공동저작물에 있어서 공동저작자 각자의 지분비율은 공동저작자 사이의 협의에 의하여 정해지고, 그러한 협의가 없다면 공동저작물을 창작함에 있어서 각자의 기여도, 예를 들면 집필 분담량 등에 의하여 결정된다. 그러나 협의도 없고 기여도도 명확하지 않은 경우에는 그 지분비율은 민법의 일반원칙에 따라 균등한 것으로 추정된다(민법 제262조 제 2 항).

3. 공동저작물의 저작인격권 침해로 인한 손해배상 등의 청구

가. 해석상의 문제점

저작권법 제129조에서는 법 제123조에 의한 청구(침해의 정지 등 청구)와 법 제125조에 의한 청구(손해배상의 청구)에 대하여만 단독으로 청구를 할 수 있다고 규정하고 있을 뿐, 법 제127조에 의한 저작인격권 또는 실연자의 인격권을 침해한 자에 대한 손해배상청구 및 명예회복을 위하여 필요한 조치의 청구권에 관하여는 아무런 규정을 두고 있지 않다. 따라서 공동저작물의 저작인격권이 침해된 경우 그에 대한 손해배상 및 명예회복을 위하여 필요한 조치의 청구는 각 공동저작자 전원이 행사하여야 하는 것인지 아니면 각자가 단독으로 할 수 있는 것인지에 대한 의문이 생긴다.

이에 대한 결론은 해석과 판례에 맡겨져 있다. 대법원 1999. 5. 25. 선고 98다41216 판결은, 공동저작물에 관한 저작권법 제127조에 의한 저작인격권의 침해에 대한 손해배상이나 명예회복 등 조치청구는 저작인격권의 침해가 저작자 전원의 이해관계와 관련이 있는 경우에는 전원이 행사하여야 하지만, 1인의 인격적 이익이 침해된 경우에는 단독으로 청구할 수 있고, 특히 저작인격권 침해를 이유로 한 정신적 손해배상을 구하는 경우에는 공동저작자 각자가 단독으로 자신의 손해배상을 청구할 수 있다고 하였다. 이러한 판시는 저작권법 제129조의 해석에 있어서 저작인격권의 성질과 그 대외적 행사 문제의 조화를 고려한 나름대로 합리적인 결론이라고 생각된다.

이 대법원 판결에 따르면, 저작인격권이나 저작재산권 침해에 대한 저작권법 제123조에 의한 침해의 정지 등의 청구 및 저작재산권 침해에 대한 제125조의 손해배상 청구는 공동저작자 또는 공동저작재산권자 각자가 단독으로 할 수 있되, 제127조에 의한 저작인격권 침해에 대한 명예회복 등의 청구는 그 침해행위가 전원의 인격적 이익에 관련된 것인

153) 加戸守行, 전게서, 684면.

지 아니면 1인의 인격적 이익에 관련된 것인지를 나누어, 전자에 대하여는 공동저작자 전원이, 후자에 대하여는 침해를 당한 1인이 단독으로 청구를 할 수 있다는 취지로 이해된다. 그렇다면 공동저작자 전원의 인격적 이익에 관련된 것은 아니지만, 그렇다고 1인만의 인격적 이익에 관련된 것도 아닌 일부 공동저작자의 인격적 이익에 관련된 경우, 예를 들어 5인의 공동저작자 중 3인의 공동저작자의 인격적 이익에 관련된 경우에는 어떻게 처리하여야 할 것인지 문제가 된다. 이에 관하여는, 위 대법원 판례가 저작인격권의 침해는 저작자 전원의 이해관계와 관련이 있는 경우 이를 불가분채권으로 파악하고 있는 것이라는 전제 아래, 공동저작물의 공동저작자들 중 일부에 대해서만 저작인격권이 침해된 경우에는 침해된 자 전원이 손해배상 및 명예회복 조치 등의 청구를 할 수 있다는 견해가 있다.154)

나. 일본의 해석론

이 문제에 관한 일본의 학설 중에는, 공동저작물에 있어서 저작자의 인격은 원칙적으로 공동저작자 전원의 인격이 그 공동저작물 중에 혼연일체로 융합되어 있는 것이기 때문에, 그 공동저작물에 대한 인격은 어디까지나 하나의 인격으로 보아야 할 것이며, 이를 개별 공동저작자 각자의 인격으로 분리하여 볼 것은 아니라는 견해가 있다. 이 견해는 공동저작물에서 발현되는 저작자의 인격은 공동저작자 전원의 운명공동체로서의 인격이라고 보아야 하며, 따라서 단순한 권리보전수단에 지나지 않는 금지청구권과는 달리, 공동저작물의 저작인격권이 침해된 경우 저작자의 내면적 자유·명예·성망 기타 정신적 이익이 침해되었음을 이유로 하여 그 구체적인 대상(代償)을 구하는 손해배상청구권이라든가 명예회복에 필요한 조치청구권을 각 공동저작자가 개별적으로 행사하도록 하는 것은 문제가 있다고 한다. 나아가 저작권법 제15조에서 공동저작물의 저작인격권 행사에 있어서 저작자 전원의 합의를 요구하는 것도 공동저작물의 저작인격권을 일체적인 것으로 보고 있는 것이므로, 침해행위의 정지나 예방을 목적으로 하는 금지청구는 별론으로 하고, 저작자 인격에 대한 대외적인 의사표시라고 할 수 있는 손해배상청구나 명예회복 등에 필요한 조치 청구의 경우는 원칙적으로 공동저작자 전원에 의하여 행사되어야 할 필요가 있다고 한다.155)

다. 검　토

그런데 이러한 일본의 해석론처럼 공동저작물의 저작인격권 행사는 공동저작자 전원의 합의에 의하여 이루어져야 한다고 하면 몇 가지 문제가 생긴다. 대표적인 것이, 공동저

154) 서울대학교기술과법센터, 저작권법주해, 박영사, 2007, 1270면.
155) 加戸守行, 전게서, 685면.

작자 중 1인이 침해자인 경우에는 어떻게 할 것인가 하는 문제이다. 이때에는 공동저작자 전원의 합의를 이룬다는 것은 사실상 불가능하므로, 결국 그 침해자인 1인을 제외하고 나머지 공동저작자 전원의 합의에 의하여 청구권을 행사할 수 있는 것으로 볼 것인가? 즉, 앞의 견해에서와 같이 공동저작물에서 발현되는 저작자의 인격은 공동저작자 전원의 운명공동체로서의 인격이라고 보아야 한다는 것을 이유로, 손해배상청구나 명예회복 등의 조치를 청구함에 있어서 전원의 합의를 필요로 한다는 원칙을 고집하게 되면, 공동저작자 중 1인이 침해자인 경우에는 그 운명공동체의 의사가 분열되어 하나의 인격으로서의 의사결정이 불가능한 상태에 빠지게 되고 결국 권리를 행사할 수 없게 된다. 이러한 불합리를 해결하기 위해서는 부득이 그 침해자인 1인을 제외하고 나머지 공동저작자 전원이 권리를 행사하여야 한다고 할 수밖에 없는데, 그렇게 되면 결국 하나의 운명공동체로서의 인격이라는 논리적 전제를 부정하는 셈이 된다. 이는 그러한 논리적 전제가 손해배상이나 명예회복 등의 조치 청구는 반드시 공동저작자 전원에 의하여만 한다는 근거가 되지 못한다는 것을 보여준다. 또 한 가지 문제는, 예를 들어 여러 명의 공동저작자 중 1명만의 성명표시권이 침해가 된 경우는 사실상 하나의 운명공동체로서의 인격과는 무관하다고 할 것인데, 그 경우에도 공동저작자 전원이 합의를 하여야만 손해배상청구나 명예회복에 필요한 조치를 취할 수 있게 된다는 점이다.

소송법적으로 본다면, 손해배상청구 또는 명예회복 등의 조치청구에 관하여 공동저작자의 단독행사를 인정하지 않고 전원에 의한 행사가 필요하다고 하면, 전원이 원고로 되지 않을 경우 원고적격을 흠결하게 되고, 그 결과 공동저작자 중 한 사람만 반대를 하여도 다른 공동저작자들은 소송을 수행하는 것이 불가능하게 된다. 이는 타인의 재판을 받을 권리를 침해하는 중대한 결과를 가져올 수 있는데, 그럼에도 불구하고 전원에 의하지 아니하면 소송수행을 할 수 없다고 하기 위해서는 이른바 '필수적 공동소송'(必須的共同訴訟), 즉 소송의 목적이 공동소송인 전원에 관하여 합일적으로 확정되어야만 하는 경우여야 한다.[156] 필수적 공동소송은 소송의 공동이 법률상 강제되고 또 공동소송인 모두에게 합일확정의 필요가 있는 공동소송을 말하는 것으로서, 단독소송이 허용되지 아니하고 반드시 전원이 공동소송을 하여야 비로소 당사자적격이 인정된다. 따라서 모든 공동소송인에 의하여 제기되지 아니한 소송은 부적법 각하를 면할 수 없다.[157]

그럼에도 불구하고 전원의 행사를 요구하는 앞의 견해는, 공동저작물의 저작인격권 침해로 인한 손해배상의 액수에 관하여 공동저작자 중 A는 100만원, B는 200만원, C는 150만

156) 민사소송법 제67조 제 1 항.
157) 법원실무제요 민사소송(1), 법원행정처, 2005, 284-285면.

원을 각각 청구할 수 있다고 한다면 그 판단이 곤란하고, 명예회복 등의 조치 청구와 관련하여서도 A는 사죄광고를, B는 원상회복을 각각 주장할 수 있도록 하는 것은 불합리하다는 점을 합일확정의 근거로 들고 있는 것으로 이해된다. 그러나 저작인격권을 침해하는 행위로 인하여 고통을 받는 주체는 공동인격이라는 관념적인 존재가 아니라 각각의 현실적 존재인 저작자들이며, 이들 각각의 저작자에 대하여 침해행위의 내용이 각각 달라지는 경우는 얼마든지 있을 수 있다. 즉, 침해행위 자체는 객관적으로 동일한 하나의 사실이더라도 공동저작자 각자의 그에 대한 평가나 받아들이는 정도는 서로 다를 수 있는 것이고, 그 평가나 받아들이는 정도의 차이에 따라 침해행위로 인하여 받는 정신적 고통도 각각 다를 수 있는 것이다. 또한 청구하는 명예회복 등의 조치의 내용도 달라질 수 있다. 이러한 경우에 굳이 정신적 손해배상액(위자료)이나 명예회복 등의 조치의 내용을 공동저작자 모두에게 동일하게 하여야 할 법률상의 이유는 없으므로, 이는 소송의 목적이 공동소송인 전원에 관하여 합일적으로 확정되어야만 하는 경우에 해당하지 않는다고 보아야 한다. 따라서 저작인격권 침해가 공동저작자 중 일부의 저작자에 대하여만 관계되는 경우는 물론이고, 침해가 저작자 전원의 인격적 이익에 관한 경우에도 합일확정의 필요가 있는 것은 아니고, 각각의 공동저작자들이 단독으로 권리를 행사할 수 있다고 보아야 할 것이다.[158]

일본에서도 저작인격권의 침해가 제 3 자에 의하여 행하여지고, 그것이 공동저작자 전원의 인격적 이익에 관계된 경우에도 공동저작자 중 1인 또는 일부에 의한 청구가 가능하다는 견해가 나온 이래 이에 대하여 찬성하는 견해가 많다고 한다.[159] 하급심 판결 중 동경지방법원 1980. 9. 17. 판결[160]도 그러한 취지를 판시하고 있다. 이 판결의 원고와 참가인 A, B는 일종의 유고집(遺稿集)의 편집자들로서 편집방침을 정하고 수록할 유고 등을 선택, 배열 및 구성하는 등의 편집행위를 하였는데, 출판사인 피고가 원고 등의 허락을 받지 않고 원고 등의 성명표시 없이 유고집을 출판하였다. 이에 대하여 위 판결은, "공동편집저작자인격권의 침해에 의하여 발생한 정신적 손해의 배상청구권은 편집저작자인격권 그 자체와는 성질을 달리하는 별개의 권리인 불법행위에 기한 손해배상청구권이고, 나아가 그 청구권의 발생 유무, 즉 편집저작자인격권의 침해의 유무는 각 공동편집저작자에 대하여 개별적으로 판단되어야 하는 것으로서, 각 공동편집저작자가 입은 정신적 손해 역시 각자의 사회적 지위, 편집에 관여한 정도, 침해행위의 태양 등에 따라 각각 달라지는 것이므로, 공동편집저작자는 각각 자기가 입은 정신적 손해만의 배상을 청구할 수 있다"고 하면서,

158) 半田正夫·松田政行, 著作權法コンメンタール, 勁草書房(3), 554-555면.
159) 상게서, 557면 참조.
160) 無體例集 12권 2호, 456면

정신적 손해의 배상청구권이 불가분채권이라는 주장은 받아들일 수 없다고 하였다. 또한 이 판결은 명예회복 등의 조치 청구와 관련하여, "공동편집저작자가 공동편집저작물에 대하여 가지는 편집저작자인격권의 침해에 의하여 실추된 명예의 회복조치 청구권은 일종의 원상회복청구권으로서, 편집저작자인격권 그 자체와는 성질을 달리하는 별개의 권리이고, 나아가 그 청구권의 발생 유무 즉, 편집저작자인격권의 침해의 유무는 각 공동편집저작자에 관하여 개별적으로 판단되어야 하는 것으로서, 명예회복에 필요한 조치의 내용 역시 침해행위의 태양에 따라 각 공동편집저작자에 대하여 각각 달라질 수 있는 것이므로, 공동편집저작자는 각각 개별적으로 명예의 회복조치를 청구할 수 있다"고 하였다.[161)]

라. 소 결

결론적으로 공동저작자 각자가 단독으로 청구할 수 있다는 견해가 타당하다고 생각한다. 앞에서 본 대법원 1999. 5. 25. 선고 98다41216 판결의 취지가 저작권법 제127조에 의한 저작인격권 침해에 대한 명예회복 등의 청구는 그 침해행위가 전원의 인격적 이익에 관련된 것인지 아니면 1인의 인격적 이익에 관련된 것인지를 나누어, 전자에 대하여는 공동저작자 전원이, 후자에 대하여는 침해를 당한 1인이 단독으로 청구를 할 수 있다는 것이어서, 나름대로 합리적인 해결을 도모하고 있기는 하다. 그러나 구체적인 사안에 들어가게 되면 어떤 침해행위가 전원의 인격적 이익에 관련되는 것인지, 아니면 1인 또는 공동저작자 일부의 인격에 관련되는 것인지를 확정한다는 것도 매우 어려운 문제이다. 따라서 법적 안정성을 도모한다는 차원에서도 공동저작자 전원에 관한 것인지 1인 또는 일부에 관한 것인지를 불문하고, 공동저작물의 저작인격권 침해에 대한 손해배상이나 명예회복 등의 조치 청구는 공동저작자 각자가 단독으로 할 수 있다고 해석하는 것이 합리적이다.

마. 공유저작물과 공유저작인접권의 경우

저작권을 공유하는 전형적인 예로서는 위에서 본 공동저작물의 경우가 대표적이지만, 그 외에도 저작재산권 자체에 대하여 공유가 성립하는 경우도 있다. 예를 들어 1인에 속하였던 저작재산권을 그가 사망함으로써 복수의 유족이 상속한 경우를 생각해 볼 수 있다. 저작인접권의 경우도 마찬가지이다. 이러한 경우에도 위에서 본 공동저작물에 대한 권리침해의 경우와 마찬가지로 해석할 수 있을 것인가? 긍정하여야 할 것으로 생각한다. 따라서 저작재산권 또는 저작인접권을 공유하는 경우 그 저작재산권 및 저작인접권에 대한 침해행위의 정지 등 청구권은 각자 개별적으로 전체의 저작물에 대하여 행사할 수 있으며, 손

161) 상게서, 557-558면에서 재인용.

해배상청구권은 자신의 지분에 관하여 개별적으로 행사할 수 있다고 보는 것이 타당하다. 우리 민법은 소유권 외의 재산권을 수인이 공동으로 가지는 경우에 이를 준공동소유(準共同所有)라고 하면서, 이에 대하여는 공동소유에 관한 규정이 준용되는 것으로 규정하고 있기 때문이다(민법 제278조). 한편, 일본 저작권법은 우리 법 제129조에 해당하는 제117조 제 2 항에서 "전항의 규정은 공유인 저작권 또는 저작인접권의 침해에 관하여 이를 준용한다"고 명문으로 규정하고 있다.

Ⅶ. 일반 불법행위 법리에 의한 저작권 비침해행위에 대한 구제

1. 서 론

최근 판례의 경향을 보면, 저작물성이 없거나 저작권침해의 요건을 갖추지 못하여 저작권법에 의한 보호가 주어지지 못하는 경우에 민법 제750조의 일반 불법행위 법리를 적용하여 손해배상이나 나아가서는 금지청구까지를 명하는 판결이 종종 나타나고 있다. 이러한 현상은 저작권법뿐만 아니라 부정경쟁방지법을 비롯한 다른 지적재산권법의 분야에서도 나타나고 있다. 이와 같이 개별 지적재산권법에서의 보호요건이나 침해요건을 갖추지 못하여 해당 지적재산권법에서는 비침해행위로 규정될 수밖에 없는 행위에 대하여, 민법상의 일반 불법행위로 인정할 수 있는지 여부가 문제로 된다. 대부분의 지적재산권법은 공법적인 부분과 사법적인 부분을 모두 포함하고 있다. 그리고 그 중 사법적인 부분은 일반법인 민법의 특별법적인 성격을 가진다고 볼 수 있다. 그런데 특별법인 개별 지적재산권법에서 보호요건이나 침해요건을 갖추지 못하여 위법성이 부정되는 행위를, 일반 사법인 민법에 의하여 위법하다고 하는 것이 법리적으로 가능한 것인지, 즉 일반법에 대한 특별법 우선의 원칙에 반하는 것은 아닌지, 또한 법리적으로 가능하다고 하더라도 개별 지적재산권법에서 위법성이 부정되는 행위에 대하여는 일반 국민도 위법성이 없는 행위영역이라고 판단하여 안심하고 그러한 행위를 할 수 있는데, 그러한 경우에 민법상의 불법행위가 인정된다고 한다면 이는 일반 국민의 법에 대한 신뢰를 해치는 바람직하지 못한 결과를 초래하는 것은 아닌지 의문이다. 이 문제는 법리적인 측면과 법적 예측가능성 및 법적 안정성 등 법정책적인 면까지를 고려하여 신중하게 판단하여야 한다. 결국 일반 불법행위 법리에 의한 지적재산권법의 보완 문제라고 할 수 있는데, 그러한 보완을 인정할 수 있는지, 있다면 그 범위와 한계는 어디까지로 보아야 할 것인지는 법리적으로나 법정책적으로나 매우 어려운 문제이다.

일본의 田村善之 교수는 이에 대한 긍정론과 부정론의 두 가지 대립되는 입장을 '민법 자기완성주의'와 '지적재산법 중심주의'라고 분류하고 있다. '민법 자기완성주의'의 입장은 모든 위법성의 문제는 관련되는 개별 지적재산법이 있느냐 여부에 관계없이 민법 제750조에 비추어 판단하면 족하다는 것이다. 이에 대하여 '지적재산법 중심주의'의 입장은, 지적재산법은 일반 민법에 대한 특별법으로서 널리 무임승차(free ride)에 해당하는 행위들에 대하여 구체적이고 세부적인 규율을 하고 있으므로, 개별 지적재산법이 특정한 형태의 free ride를 규제하지 않는 취지라고 판단되면, 그러한 취지를 존중하는 바탕 위에서 그럼에도 불구하고 민법 제750조의 일반 불법행위 법리에 의하여 그 규제가 미치지 못하는 부분을 보완할 것인지 여부를 판단해야 한다는 입장이다.[162]

2. 판례 및 학설

가. 일본의 판례 및 학설

이해의 편의를 위하여 먼저 일본에서의 판례의 흐름을 살펴보기로 한다. 우선, 지적재산법 중심주의 입장에 선 대표적 판결로서는 일본 대심원 1914. 7. 4.의 이른바 '桃中軒雲右衛門 사건' 판결[163]을 들 수 있다. 이 사건은 浪花節(나니와부시) 또는 浪曲(로쿄쿠)라고 하는 일본 전통 음악의 유명한 예인(藝人)인 桃中軒雲右衛門의 노래가 녹음된 축음기 음반(레코드)을 허락 없이 복제하여 판매한 피고의 행위가 저작권침해 또는 민법상 불법행위에 해당하는지 여부가 다투어진 사건이다. 이 음반에 대한 복제·판매권을 가진 원고가 피고에 대하여 형사고소 및 그에 따른 부대사소(附帶私訴)[164]로서 손해배상을 청구한 것이다. 일본 대심원은 우선 저작권침해여부와 관련하여, 浪花節이라는 것은 연주자가 즉흥적으로 스스로 선율을 창작하면서 그때그때의 장면마다 자신의 리듬에 따라 노래한 순간적 창작으로서 창작자의 입장에서는 이를 반복하고자 하는 의사가 없고, 또한 그것을 반복할 수단방법도 없기 때문에 저작권의 보호를 받을 수 없다고 판시하였다.[165] 나아가 일반 불법행위의 성립

---

162) 田村善之, 民法の一般不法行爲法による著作權法の補完の可能性について, コピライト, 社團法人 著作權情報センター, No.607(2011. 11), 27면.

163) 刑錄 20輯 1360면.

164) '부대사소'(附帶私訴)는 일본의 메이지(明治) 시대에 형사법에 도입되었다가 그 후에 폐지된 제도로서 형사사건에 부대하여 관련 민사적 구제를 청구할 수 있도록 한 제도였다고 한다. 형사범죄행위의 피해자가 그 배상청구권을 일반 민사소송이 아닌, 당해 형사재판 절차에 부대하여 행사하는 '배상명령' 제도와 유사한 것으로 보인다.

165) 당시 일본 저작권법은 '연주 및 가창'과 같은 실연행위를 보호하고 있지 않았다.

여부에 관하여서는, 이러한 피고의 행위가 정의의 관념에 반하는 것인지 여부는 검토해 보아야 할 문제이기는 하지만, 그에 대한 개별 규제법이 없는 이상 이를 불문에 붙이는 것 외에는 달리 방법이 없다고 하였다. 이러한 판결이 나오게 된 것은 이 사건의 경우 손해배상의 청구가 형사사건의 부대사소(附帶私訴)로서 제기되었다는 점, 따라서 죄형법정주의가 적용되며, 형사사건과 민사사건의 증거가 공통되고 사소(私訴) 판결이 형사 판결과 동시에 이루어진다는 점 등이 배경으로 작용하였다고 하는 지적도 있다. 그러나 해석론으로서 개별법 내지 특별법인 저작권법에 명문으로 규정된 권리가 없는 경우에는 설사 정의의 관념에 반한다고 하더라도 이를 일반법인 민법으로 보호할 수는 없다는 점을 명확히 하였다는 점에서 '지적재산법 중심주의'에 입장에 선 대표적인 판결로 평가되고 있다.

'지적재산법 중심주의'는 개별 지적재산법에 의하여 보호되지 않는 경우 특별한 사정이 없는 한 일반 불법행위에 의하여 이를 보완할 수는 없다는 입장으로서, 그것이 정의관념에 반하는 경우라 하더라도 결국 그에 대한 해결은 입법을 통하여 이루어질 수밖에 없다고 보는 것이다. 실제로 일본에서는 위 판결 이후 1920년 구 저작권법의 개정을 통하여 연주·가창과 같은 실연이나 음반 등 저작인접권을 보호하게 됨으로써 이 문제가 입법적으로 해결되었다.

그런데 그 후 1925년에 역시 일본 대심원에서 위 桃中軒雲右衛門 판결에 대하여 커다란 전환을 가져온 위법성 이론의 선구적 판결이라고 평가되는 이른바 '大學湯 사건' 판결[166]이 나왔다. 이 판결의 사안은 매우 복잡한데 저작권과는 직접적인 관계가 없으므로 그에 대한 설명은 생략하기로 한다. 판결의 요지는, 엄밀한 의미에서 명확하게 권리라고 볼 수 없는 것이라고 하더라도 일반인의 법률관념에 비추어 그 침해에 대하여 불법행위에 기초한 구제를 부여할 필요가 있는 법률상 보호를 받아야 할 '이익'이 존재한다는 것이다. 일본 민법 제709조[167]는 '타인의 권리'라고 규정하고 있지만, 그 권리를 협소하게 해석하여 구체적인 권리가 법률에 규정되어 있지 않을 경우에는 불법행위가 성립할 여지가 없다고 본다면, 이는 세부적인 것에 치우쳐 대국적인 면을 보지 못하는 불합리한 결과를 초래할 수 있으므로, 정의관념과 일반적인 법률관념에 기초하여 그 침해에 대하여 불법행위 성립을 인정함으로써 보호해 줄 필요가 있다고 한다. 즉, 법에 의하여 보호되어야 하는 것에는 '권리'뿐만 아니라 '법률상 보호되는 이익'도 있는 것이며, '법률상 보호되는 이익'이라고 판단되면 특별히 이를 권리로서 규정하고 있는 명문의 규정이 없다고 하더라도 불법행위 법리에 의한 보호대상이 되어야 한다는 점을 밝힌 것이다.

166) 일본 대심원 1925. 11. 28.
167) 우리 민법 제750조에 해당.

그 후에 나타난 일본 하급심 판결의 흐름을 살펴보면 지적재산법에 명문의 규정이 없는 경우에 일반 불법행위의 성립여부가 문제로 된 사건들이 다수 있으나 결론적으로 불법행위의 성립을 인정한 판례는 그리 많지 않다. 이들 판례에서는 일반 불법행위가 성립하는 경우는 “거래에 있어서 공정 또는 자유로운 경쟁으로 허용되는 범위를 현저하게 일탈하여 법적 보호를 받는 영업활동을 침해하는 행위”에 한정된다든가,[168] “공정 또는 자유로운 경쟁원리에 의하여 성립하는 거래사회에 있어서, 현저하게 불공정한 수단을 사용하여 타인의 법적 보호를 받는 영업활동상의 이익을 침해하는 행위”[169]에 한정된다고 하는 설시가 자주 사용되고 있다.

불법행위의 성립을 인정한 예외적인 하급심 판결 중 하나로서 1989년 교토지방법원의 佐賀錦袋帶 사건 판결[170]을 들 수 있다. 이 사건은 원고가 제작한 袋帶[171]를 피고가 참고하여 유사한 무늬의 제품을 제작·판매한 사례인데, 법원은 원고 袋帶의 무늬가 그것만으로는 출처를 알 수 있을 정도까지 알려지지 않았다고 하여 부정경쟁방지법의 적용 요건인 주지성 및 상품 등 주체혼동행위의 해당성을 부정하였다. 나아가 응용미술저작물성의 논점에 관하여, 원고 제품의 무늬는 일반적으로 흔히 볼 수 있는 문양과 구별될 수 있을 정도의 창작성을 갖추지 못하였다고 하여 그 저작물성을 부정하였고 따라서 저작권침해도 인정하지 않았다. 그러나 피고가 자신의 袋帶의 재료로서 인공적인 크라우트 가공실을 사용하고 있음에도 불구하고 천연 섬유임을 표시하는 특정 섬유공업조합의 인증서를 제품에 부착한 것을 들어 일반 불법행위의 성립을 인정하였다. 그 이유는 피고의 행위로 인하여 피고 제품에 접하는 거래자들이 그 제품의 무늬를 보고 원고가 자신의 袋帶와 유사한 무늬로 그보다 품질이 떨어지는 袋帶를 헐값에 별도로 판매하고 있다고 하는 오해를 하게 함으로써 원고가 피해를 보았다는 것이다. 그러나 이 판결에 대하여는 지적재산법인 부정경쟁방지법상 ‘품질위장행위’[172]로 충분히 피고 행위의 위법성을 인정할 수 있는 것인데 굳이 민법상 불법행위의 법리를 적용할 필요는 없었다고 하여 비판하는 견해가 있다.[173]

좀 더 상세한 이론을 전개하고 있는 판결로서 오오사카지방법원 2004. 11. 9. 판결[174]을 들 수 있다. 이 사건 역시 혼동을 초래하는 행위의 위법성이 문제로 된 사례이다. 피고는 원고의 제품과 형태는 흡사하지만 품질 및 성능이 떨어지는 제품을 제조한 뒤, 원고 제

168) 동경고등법원 1991. 3. 12. 17. 知財集 23권 3호 808면(일명, 木目化粧紙 사건 항소심 판결).
169) 동경지방법원 2001. 5. 25. 판례시보 1774호 132면(일명, 수퍼 프론트맨 사건 중간판결).
170) 교토지방법원 1989. 6. 15. 판례시보 1327호 123면.
171) 袋帶(ふくろおび): 자루 모양으로 속이 비어있게 짠 띠.
172) 우리 부정경쟁방지법 제2조 제1호 바목에 해당.
173) 田村善之, 전게논문, 31면.
174) 오오사카지방법원 2004. 11. 9. 판례시보 1897호 103면.

품을 주문한 고객들에게 원고 제품과 피고 자신이 제작한 열등한 제품을 섞어서 납품하는 행위를 하였다. 그 과정에서 피고는 소비자들이 혼동을 일으키기 쉽도록 원고와 피고의 제품 코드 번호를 주문 접수와 납품 시에 혼재케 한다든가, 카탈로그에 피고 제품을 위장하여 원고 제품의 사진을 사용하는 등의 여러 가지의 행위를 하였다. 그 결과 다수의 소비자들에게 원고 제품의 성능이 저하되었다는 오해를 불러일으키는 등 원고 제품에 대한 평가가 하락하였다. 법원은 이러한 피고의 행위에 대하여 불법행위 책임을 인정하였다. 이 사건에서도 원고 제품의 형태가 부정경쟁방지법상의 주지성을 갖추고 있다는 주장이 있었지만 법원은 이를 받아들이지 않았다. 그러나 부정경쟁방지법이 규정하고 있는 개별적인 부정경쟁행위에 명확히 해당되지는 않더라도, 수요자에게 혼동을 일으킬 수 있도록 피고가 행하고 있는 여러 가지 행위들을 종합적으로 평가할 때 이를 일종의 '위장행위의 집합'으로 볼 수 있다고 하여 일반 불법행위의 성립을 인정한 사례이다.

그러나 위 佐賀錦袋帯 사건 판결에 대하여 비판론을 제시하였던 견해에서는 이 판결에 대하여서도 비판을 하고 있다. 즉, 비록 이 사건에서 원고 상품 표지의 주지성 및 그와 유사한 표지의 사용과 그로 인한 소비자의 혼동 등 등 부정경쟁방지법이 적용되기 위한 과정이 명백하고 정연하게 나타나 있지는 않지만, 피고의 여러 행위들이 집합적으로 한데 모여서 실제로 소비자들의 혼동을 일으키게 하고 있는 이상, 주지성여부에 다소 애매한 점이 있다고 하더라도 부정경쟁방지법을 유추적용하여 그 위법성을 인정할 수 있는 것이며, 굳이 일반 불법행위의 법리에 의존할 필요는 없었다고 한다.[175)]

다음으로 오오사카지방법원 1998. 3. 26. 판결이 있다.[176)] 이 사건은 원고의 강화 플라스틱(FRP) 제품 담당자 및 영업과장 지위에 있었던 피고가 재직 중의 지위를 이용하여 원고의 허락 없이 원고의 비용으로, 자신의 퇴직 후에 영위할 원고와 경업관계에 있는 컨베이어벨트 커버 제조판매 사업에 관한 주문의 의뢰 및 접수 등 영업활동을 한 사례이다. 피고는 원고 회사가 보유하고 있는 설계도에서 원고 제품임을 나타내는 독특한 모양의 화살표 표기를 삭제한 후, 그 설계도를 이용하여 피고 제품 제조에 사용될 금형을 제작하고 제품을 제작하였다. 그리고 원고회사에 재직하면서 영업용 및 대조용 자료로 직무상 소지하고 있던 원고의 컨베이어벨트 커버 컬러 샘플을 퇴직시 반환하지 않고 회사명 등의 기재를 변경하여 그대로 피고의 사업에 유용하는 등의 행위를 한 것이다. 이 사건에서 법원은, 원고의 설계도는 비밀준수의무를 부과하지 않은 상태로 거래 상대방에게 교부되어 있었으며, 그 설계도에 기재된 원고 제품의 형상, 수치 등은 원고 제품으로부터 용이하게 인식할

175) 田村善之, 전게논문, 32면.
176) 오오사카지방법원 1998. 3. 26. 평성 5(ワ)4983(일명, '컨베이어벨트 커버 설계도' 사건).

수 있어 비밀성이 없다는 이유로 부정경쟁방지법상 영업비밀침해의 성립은 부정하였다. 또한 원고 설계도가 저작물로서 저작권법에 의한 보호를 받을 수 있는지 여부에 관하여서도, 원고 설계도는 형상, 규격 등을 있는 그대로 충실하게 표현한 것에 지나지 않으므로 표현에 창작성이 없어 저작물에 해당하지 않는다고 하였다. 이와 같이 부정경쟁방지법이나 저작권법 등 개별 지적재산법의 보호는 부정되었다. 그러나 법원은 피고의 위와 같은 일련의 행위는 피고가 직업선택의 자유를 가진다는 점을 고려하더라도 사회통념상 허용되는 정당한 사업활동의 범위를 일탈하여 공정한 경쟁질서를 현저하게 파괴하고, 원고에게 부당한 손해를 입게 하였다고 볼 것이므로 일본 민법 709조(우리 민법 제750조)의 불법행위를 구성한다고 판시하였다.

일반 불법행위 법리에 의한 지적재산권의 보완 문제와 관련하여 가장 관심을 끈 판결로는 '제 6 장 제 2 절 Ⅵ. 공표된 저작물의 인용' 부분에서 살펴본 '디지털 얼라이언스 사건'(라인토픽 사건) 판결을 들 수 있다. 이 사건의 원고 요미우리 신문사는 일간신문인 '요미우리 신문'을 발행하면서 아울러 인터넷 상의 Yomiuri On-Line(YOL) 홈페이지에서 뉴스 서비스를 제공하여 광고수입을 얻고 있었다. 피고 디지털 얼라이언스사는 Yahoo! Japan이 운영하는 웹페이지인 'Yahoo! 뉴스'상에 공개되어 있는 원고의 위 인터넷 뉴스의 표제 문구를 피고의 웹페이지에 자동적으로 전달하여, "뉴스 LINK LINE TOPICS"라고 표시된 한 줄의 박스 속에 흐르도록 표시하는 시스템을 개발하여 피고의 홈페이지에 사용하고, 그것을 제 3 자도 사용할 수 있도록 하였다. 피고 홈페이지에서 흐르고 있는 표제 문구를 클릭하면 Yahoo! Japan이 제휴하고 있는 원고 요미우리 신문사 등의 온라인 기사로 링크(link)되어 그 내용이 나타난다. 한편, Yahoo! 뉴스 사이트에는 '링크 자유'(link free) 방침이 표명되어 있다. 이러한 피고의 서비스에 대하여 요미우리 신문사가 YOL 기사의 표제 문구에 대한 저작권(복제권 및 전송권) 침해를 이유로 서비스 금지 및 손해배상을 청구하는 소송을 제기하였다.

1심 동경지방법원은 뉴스 기사 표제 문구의 저작물성을 부정하는 한편, "YOL 표제 문구는 원고 자신이 인터넷상에 무상으로 공개한 정보이고, 저작권법 등에 의하여 원고에게 배타적인 권리가 인정되지 않는 이상 제 3 자가 그것을 이용하는 것은 본래 자유이다. 따라서 부정한 이익을 도모할 목적으로 이용한 경우 또는 원고에게 손해를 가할 목적으로 이용한 경우 등 특단의 사정이 있는 경우는 별론이지만, 그러한 사정이 없는 한 인터넷 상에 공개된 정보를 이용하는 것이 위법이라고는 볼 수 없다"고 판시하여 원고 청구를 기각하였다.[177]

---

177) 이 사건에서 판단의 전제로 된 기사 표제어의 저작물성여부에 대하여는 '제 6 장 제 2 절 Ⅵ. 공표된 저

그런데 항소심인 동경고등법원 지적재산 전문재판부는 일반 민법상의 불법행위 책임을 인정하였다. 동경고등법원은 "인터넷에서 제공되고 있는 가치 있는 정보들은 아무런 노력도 없이 그냥 존재하는 것이 아니다. 그 정보를 수집·처리하고 이를 인터넷에 개시하고자 노력하는 자가 있기 때문에 인터넷에 대량의 가치 있는 정보가 존재할 수 있는 것이다"라고 전제하면서, "인터넷 뉴스 서비스에서 제공되는 정보는 보도기관에 의한 막대한 노력과 비용을 들인 취재, 기사 원고의 작성, 편집, 표제 작성 등의 일련의 지속적인 활동이 있기 때문에 비로소 인터넷에 유용한 정보로 존재할 수 있는 것"이라고 하였다. 따라서 이 사건에서 문제가 된 표제 문구는 보도기관인 원고의 막대한 노력, 비용 투입에 따른 결실이며 유료로 제공되는 거래 대상이라는 점 등을 참작하여 볼 때, 정보의 신선도가 높은 시기에 영리를 목적으로 하여 반복적·계속적으로 그 표제 문구를 그대로 또는 약간씩 변형하여 피고의 홈페이지와 약 2만 사이트에 이르는 등록 유저의 홈페이지에 표시하도록 한 피고의 행위는 원고의 법적 보호 가치가 있는 이익을 위법하게 침해하고 있는 것이라고 하여 일반 불법행위의 성립을 인정하였다.

그러나 앞에서도 언급한 바와 같이 일본 판결의 주류적인 흐름은 여전히 지적재산법 중심주의 입장에 서 있다. 따라서 지적재산법에 명문의 규정이 없는 경우에 일반 불법행위의 성립여부가 문제로 된 사건들이 다수 있으나 결론적으로 불법행위의 성립을 인정한 판례는 그리 많지 않다. 특히 개별 지적재산법에서 위법하다고 하지 않는 행위는 원칙적으로 일반 불법행위에 해당하지 않는다고 확실히 언급한 판결도 있다. 동경지방법원 2009. 2. 27. 판결[178]은, 3건의 재판기록을 한데 모은 서적 및 월간지의 각호를 시간 계열에 따라 배열한 서적에 관하여 편집저작물의 성립을 부정하였다. 그러면서 출판사의 '판면권' 침해 주장에 대하여는, "다른 출판사의 판면을 그대로 복사하여 출판물을 제작하는 행위는 출판업에 종사하는 자로서의 도의에 위배되는 것임은 명백하다. 그러나 법은 그것을 반드시 위법한 것이라고 평가하고 있는 것은 아니며, 저작권 등의 존재를 전제로 일정 범위의 유형에 한하여 위법하다고 명시적으로 규정하고 있을 뿐이다. 따라서 저작권법에서 위법하다고 하지 않는 행위를 일반 불법행위에 의하여 위법하다고 판단하는 것은 가급적 억제하여야 할 것이다"라고 판시하였다.

나. 우리나라의 판례

저작물로서의 요건을 갖추지 못하였다는 등의 이유로 저작권침해가 성립하지 않는 경

작물의 인용' 부분의 '디지털 얼라이언스 사건'(라인토픽 사건) 판결 참조.

178) 동경지방법원 2009. 2. 27.(판례타임즈 1311호 259면, 일명 '특고경찰관계자료집성 사건') 판결.

우에는 설사 그것이 재산적 가치를 갖는다고 하더라도 원칙적으로 모방과 자유로운 이용이 허용되어야 한다. 우리나라의 경우에도 어떤 행위가 저작권침해에 해당하지 않음에도 불구하고 일반 불법행위가 성립한다고 본 판결이 그리 많지는 않다. 그러나 소수이기는 하지만 아래에서 보는 바와 같이, 그 이용행위가 공정한 거래질서나 자유로운 경쟁으로서 허용되는 범위를 심히 일탈하여 법적 보호 가치가 있는 이익을 침해하는 경우에 해당한다고 하여 일반 불법행위의 성립을 인정한 판결들을 찾아볼 수 있다.

먼저 하급심 판결로서, 원고(성형외과 의사)의 홈페이지에 실린 모발이식수술 치료 전후의 사진과 온라인을 통한 환자에 대한 상담내용을, 무단으로 자신이 치료한 환자의 임상사례인 것처럼 방송에서 그 사진을 제시하고, 또한 자신이 스스로 상담한 내용인 것처럼 자신의 홈페이지 온라인 상담코너에 그대로 옮겨 싣는 방법으로 이용한 피고(의사)의 행위가 저작권침해행위에 해당하는지 여부와, 그와 같은 행위가 저작권을 침해하지 않는다 하더라도 일반 불법행위책임이 성립할 여지는 없는지 여부가 다투어진 사건이 있었다. 이 사건에서 서울중앙지방법원[179]은, 문제된 사진의 저작물성과 관련하여 모발이식 전후의 환자사진은 모발치료의 효과를 나타내고자 하는 실용적 목적으로 촬영된 것으로서, 피사체의 선정, 촬영방법 등에서 촬영자의 개성과 창조성이 인정되지 않으므로 사진저작물로 볼 수 없다고 하였다. 또한 홈페이지에서 온라인을 통한 환자에 대한 상담내용을 적은 글은 표현방법이 한정되어 있어 누구라도 그러한 내용을 표현할 경우 유사하게 표현할 수밖에 없으므로 저작자의 개성과 창조성이 드러난 어문저작물로 볼 수 없다고 하여 역시 저작물성을 부정하였다. 따라서 저작권침해는 인정되지 않는다는 전제 아래, 나아가 이러한 지적재산권(저작권) 비침해행위에 대하여 불법행위책임이 성립하는지 여부가 쟁점이 되었다.

이에 대하여 법원은, "일반적으로 홈페이지를 통하여 인터넷에 공개된 정보는 저작권법에 따라 배타적인 권리로 인정되지 않는 한 제 3 자가 이를 이용하는 것은 원칙적으로 자유이지만, 부정하게 스스로의 이익을 꾀할 목적으로 이를 이용하거나, 정보제공자에게 손해를 줄 목적에 따라 이용하는 등의 특별한 사정이 있는 경우에는 불법행위가 성립할 수 있다. 피고의 위와 같은 행위는 경쟁관계에 있는 원고의 수년간의 연구 성과와 임상경험에 편승하여 부정하게 스스로의 이익을 꾀할 목적으로 이를 이용한 것으로서, 공정하고 자유로운 경쟁원리에 의해 성립하는 거래사회에 있어서 현저하게 불공정한 수단을 사용함으로써, 사회적으로 허용되는 한도를 넘어 원고의 법적으로 보호할 가치 있는 영업활동상의 이익을 위법하게 침해하는 것으로서 민법 제750조의 불법행위를 구성한다."고 판시하였다.

또한 인터넷 교육사이트에 공개한 공인중개사 시험 문제 해설의 내용을 그 교육사이

179) 서울중앙지방법원 2007. 6. 21. 선고 2007가합16095 판결(확정).

트와 영업상 경쟁관계에 있는 학원의 강사가 무단으로 사용한 사례에서, 서울중앙지방법원[180]은, "일반적으로 홈페이지 등을 통하여 인터넷에 공개된 정보는 저작권법에 따라 배타적인 권리로 인정되지 않는 한 제3자가 이를 이용하는 것은 원칙적으로 자유이다. 그러나 불법행위가 성립하기 위해서는 반드시 저작권 등 법률에 정해진 엄밀한 의미에서의 권리가 침해되었을 경우에 한하지 않고, 법적으로 보호할 가치가 있는 이익이 위법하게 침해된 것으로 충분하다. 따라서 부정하게 스스로의 이익을 꾀할 목적으로 이를 이용하거나 또는 작성자에게 손해를 줄 목적에 따라 이용하는 등의 특별한 사정이 있는 경우에는, 홈페이지 등을 통하여 인터넷에 공개한 정보를 이용하는 행위라도 그 행위가 법적으로 보호할 가치가 있는 상대방의 이익을 침해하는 위법한 행위에 해당하여 불법행위가 성립할 수도 있다."고 판시하였다. 이 판결에서는, 원고의 문제해설 내용은 원고의 연구, 노력에 따른 성과이고, 또한 이와 같은 내용을 인터넷 교육사이트에 게시하여 운영하는 것은 원고가 운영하는 온라인 교육사이트 영업의 일환으로서 경제적 가치 있는 활동이므로, 원고가 인터넷에 공개한 문제해설 내용이 비록 저작물성이 인정되지 않아 저작권법상의 보호를 받지 못한다고 하더라도 이는 당연히 법적 보호의 가치가 있는 이익에 해당하고, 피고가 영리의 목적으로 피고 학원과 영업상 경쟁관계에 있는 원고가 노동력과 비용을 들이고 전문지식을 사용하여 만든 문제해설 내용을 무단으로 도용해서 사용한 것은 공정하고 자유로운 경쟁원리에 의해 성립하는 거래사회에 있어서 현저하게 불공정한 수단을 사용함으로써, 사회적으로 허용되는 한도를 넘어 원고의 법적으로 보호할 가치 있는 영업활동상의 신용 등의 무형의 이익을 위법하게 침해하는 것으로 평가할 수 있으므로, 피고의 이와 같은 행위는 민법 제750조의 불법행위를 구성한다고 하였다.

그 후 대법원에서도 비록 부정경쟁방지법이 한정적으로 열거하여 규정하고 있는 부정경쟁행위에 해당하지 않아도 일정한 요건 아래 민법상 일반 불법행위가 성립할 수 있다는 판결이 선고되어 많은 주목을 받았다. 대법원 2010. 8. 25.자 2008마1541 결정[181]은 인터넷 포털이 제공하는 광고를 임의로 대체하는 광고 서비스의 위법성여부가 문제로 된 사건에서, 경쟁자가 상당한 노력과 투자에 의하여 구축한 성과물을 상도덕이나 공정한 경쟁질서에 반하여 자신의 영업을 위하여 무단으로 이용함으로써 경쟁자의 노력과 투자에 편승하여 부당하게 이익을 얻고 경쟁자의 법률상 보호할 가치가 있는 이익을 침해하는 행위는 부정한 경쟁행위로서 민법상 불법행위에 해당하며, 이러한 무단이용 상태가 계속되어 금전배상을 명하는 것만으로는 피해자 구제의 실효성을 기대하기 어렵고 무단이용의 금지로

180) 서울중앙지방법원 2008. 11. 14. 선고 2007가단70153 판결(항소 후 화해성립으로 종결).
181) 이 대법원 결정의 사안은 '제4장 제2절 Ⅳ 동일성유지권'에서 소개한 바 있다.

인하여 보호되는 피해자의 이익과 그로 인한 가해자의 불이익을 비교·교량할 때 피해자의 이익이 더 큰 경우에는 그 행위의 금지 또는 예방을 청구할 수 있다고 하였다. 그리하여 피고 회사가 인터넷 사이트를 이용한 광고시스템 프로그램을 인터넷 사용자들에게 제공함으로써, 이를 설치한 인터넷 사용자들이 원고 회사가 운영하는 인터넷 포털사이트를 방문하면, 그 화면에 원고 회사가 제공하는 광고 대신 피고 회사의 광고가 대체 혹은 삽입된 형태로 나타나게 한 행위는, 원고 회사의 인터넷 포털사이트가 가지는 신용과 고객흡인력을 무단으로 이용하는 셈이 될 뿐만 아니라, 원고 회사의 영업을 방해하면서 원고 회사가 얻어야 할 광고영업의 이익을 무단으로 가로채는 부정한 경쟁행위로서 민법상 불법행위에 해당한다고 하였다. 나아가 피고 회사의 위와 같은 광고행위가 일회적인 것이 아니라 계속적으로 반복되며, 피고 회사에게 금전배상을 명하는 것만으로는 원고 회사 구제의 실효성을 기대하기 어렵고, 피고 회사의 위와 같은 광고행위를 금지함으로써 보호되는 원고 회사의 이익이 그로 인한 피고 회사의 영업의 자유에 대한 손실보다 더 크므로, 원고 회사는 피고 회사에 대하여 그 인터넷 포털사이트에 접속한 인터넷 사용자들의 모니터에서 위 프로그램을 이용한 광고행위를 하는 것의 금지 또는 예방을 청구할 피보전권리와 보전의 필요성이 소명되었다고 판시하였다.

이 대법원 결정은 부정경쟁방지법에서 한정적으로 열거하고 있는 부정경쟁행위에 해당하지 않는다 하더라도, 일정한 경우, 즉 경쟁자가 상당한 노력과 투자에 의하여 구축한 성과물을 상도덕이나 공정한 경쟁질서에 반하여 자신의 영업을 위하여 무단으로 이용함으로써 경쟁자의 노력과 투자에 편승하여 부당하게 이익을 얻고, 경쟁자의 법률상 보호할 가치가 있는 이익을 침해하는 경우에 대하여 민법상 일반 불법행위의 성립을 인정하였다. 뿐만 아니라, 소유권 등 물권이 침해되지 않았음에도 불구하고 부정한 경쟁행위에 대하여 일정한 경우, 즉 그 부정한 경쟁행위가 계속되어 금전배상을 명하는 것만으로는 피해자 구제의 실효성을 기대하기 어렵고, 무단이용의 금지로 인하여 보호되는 피해자의 이익이 그로 인한 가해자의 불이익보다 클 경우 금지청구권을 인정하였다는 점에서 매우 중요한 의미를 가진다. 우리나라 판례는 법률에 명시적 근거는 없지만 인격권 침해에 대한 금지청구권을 인정하고 있다. 이 대법원 결정은 여기에서 더 나아가 인격권과 같은 절대권의 침해가 없는데도 불구하고 금지청구권을 인정하고 있는 것이다. 그러나 이 대법원 결정은 그에 대한 근거는 명확하게 제시하고 있지 않은데, 사안을 보면 금지청구권에 관한 부정경쟁방지법 제4조를 근거 규정으로 유추적용할 수 있다는 견해가 있다.[182)]

182) 법률신문사, 분야별 중요판례분석(2011), 중 204면 김재형 교수 집필 부분.

3. 소 결

위에서 본 바와 같이 최근 우리나라에서도 저작물성이 없거나 저작권침해의 요건을 갖추지 못하여 저작권법에 의한 보호가 주어지지 않는 경우에, 민법 제750조의 일반 불법행위 법리를 적용하여 손해배상을 인정하는 한편, 더 나아가서는 금지청구까지 인정하는 판결이 나타나고 있다. 저작권법상으로 보호요건을 갖추지 못하여 위법성이 인정되지 않는 행위에 대하여 민법상의 불법행위를 인정하는 것은, 일반 국민의 법에 대한 신뢰를 해칠 수 있으므로 법리적인 측면만 아니라, 법적 예측가능성 및 법적 안정성 등 법정책적인 면까지를 고려하여 신중할 필요가 있다. 개별 지적재산법에서 보호하지 않는 정보는 이른바 '공유의 영역'(public domain)에 있는 것으로서, 누구나 자유롭게 이용할 수 있다는 근본 원칙에 대한 신뢰를 해칠 우려가 있기 때문이다.

저작권법에 의하여 보호되지 않는 정보나 아이디어, 표현 등은 설사 그것이 재산적 가치를 갖는다고 하더라도 자유로운 모방과 이용이 가능함이 원칙이다. 따라서 그러한 모방이나 이용행위에 대하여 일반 민법에 따른 불법행위를 인정하는 것은, 그 모방 또는 이용행위가 공정한 거래질서 및 자유로운 경쟁질서에 비추어 정당화될 수 없는 '특별한 사정'이 있는 경우에 한정되어야 한다. 이때 그 '특별한 사정'이 무엇인가에 관하여서는, 그 정보의 이용행위를 민법상의 불법행위 법리에 의하여 보호해 주지 않으면 그 정보 작성자에게 인센티브의 흠결이 발생하는 명백한 경우에 한정되어야 한다는 것이 지금까지 나타난 학설상의 대체적인 견해이다.[183] 일본의 학설에서도 기본적으로는 지적재산법 중심주의 입장에 서면서도, 위에서 본 '라인토픽 사건'과 관련하여 인터넷 뉴스 서비스를 제공하기까지에는 취재 및 기사 작성, 표제 문구의 작성, 편집, 온라인 시스템의 구축 등 막대한 노력과 투자가 소요되었다고 할 것인데, 그와 같이 하여 작성된 정보의 뉴스로서의 가치가 채 사라지지 않은 시점에서 원고 신문사가 작성한 표제 문구와 동일 또는 유사한 표제 문구를 인터넷을 통하여 허락 없이 전송하는 행위를 허용한다면 이는 언론사의 취재 시스템 구축에 대한 인센티브를 저해하는 결과를 가져옴이 명백하므로 그러한 경우에는 일반 불법행위 해당성을 인정할 수 있을 것이라고 제한적으로 보는 견해가 유력하다.[184]

저작권법에 입법적 흠결이나 공백이 있다면 이는 입법으로 해결하여야 할 문제이다. 다만, 그러한 입법을 기다릴 경우 재산적 가치나 고객흡인력이 있는 정보 작성자가 가져야 할 인센티브에 간과할 수 없는 악영향이 초래될 우려가 있는 경우에 한하여 민법상의 불

183) 박성호, 전게논문, 203면.
184) 田村善之, 전게논문, 37-38면.

법행위 법리에 따른 사법적 해결을 제한적·보완적으로 적용하여야 할 것이다.

한편, 2014. 1. 31. 시행된 개정 부정경쟁방지법에서는 제 2 조 제 1 호 카목을 신설하여 "타인의 상당한 투자나 노력으로 만들어진 성과 등을 공정한 상거래 관행이나 경쟁질서에 반하는 방법으로 자신의 영업을 위하여 무단으로 사용함으로써 타인의 경제적 이익을 침해하는 행위"를 부정경쟁행위로 규제하고 있음을 유의할 필요가 있다. 이 규정은 기술의 변화 등으로 나타나는 새롭고 다양한 유형의 부정경쟁행위에 적절하게 대응하기 위하여, 타인의 상당한 투자나 노력으로 만들어진 성과 등을 공정한 상거래 관행이나 경쟁질서에 반하는 방법으로 자신의 영업을 위하여 무단으로 사용함으로써 타인의 경제적 이익을 침해하는 행위를 부정경쟁행위로 규정하는 보충적 일반조항으로 신설한 것이다. 따라서 저작권침해의 요건을 갖추지 못한 경우라 하더라도 일반 민법은 물론이고 이러한 부정경쟁방지법에 의하여 규제될 가능성이 있음을 유의하여야 한다.

다만, 저작권을 비롯한 지적재산권 비침해행위에 대하여 위 부정경쟁방지법 카목을 적용하여 규제를 하는 것은 지적재산권제도 본연의 목적에 배치되는 결과를 낳을 수 있으므로 가급적 엄격하게 적용하여야 한다는 견해가 유력하다.[185] 서울고등법원 2017. 1. 12. 선고 2015나2063761 판결은, "지식재산권에 의한 보호의 대상이 되지 않는 타인의 성과 이용은 원칙적으로 자유로운 영역이므로, 그 이용을 규제하기 위해서는 일정한 합리성(사회적 타당성)이 인정되지 않으면 안 된다. 그리고 이러한 합리성의 근거는 많은 경우 그 이용행위의 위법성, 즉 타인의 성과를 이용하는 행위가 경쟁사회의 공통규범인 경업자간의 공정하고 자유로운 경쟁의 확보라는 원칙에 비추어 상당하지 않은 것에 있다. 그러므로 지식재산권법에 의하여 보호되지 않는 타인의 성과인 정보(아이디어) 등은 설령 그것이 재산적 가치를 갖는다고 하더라도 자유로운 모방과 이용이 가능하다고 할 것이지만, 그와 같은 타인의 성과 모방이나 이용행위에 공정한 거래질서 및 자유로운 경쟁질서에 비추어 정당화될 수 없는 '특별한 사정'이 있는 경우로서, 그 지적 성과물의 이용행위를 보호해 주지 않으면 그 지적 성과물을 창출하거나 고객흡인력 있는 정보를 획득한 타인에 대한 인센티브가 부족하게 될 것임이 명백한 경우 등에는 그와 같은 모방이나 이용행위는 허용될 수 없다고 할 것이다. 따라서 타인의 성과 모방이나 이용행위의 경과, 이용자의 목적 또는 의도, 이용의 방법이나 정도, 이용까지의 시간적 간격, 타인의 성과물의 취득 경위, 이용행위의 결과(선행자의 사업이 괴멸적인 영향을 받는 경우 등) 등을 종합적으로 고려하여 거래 관행상 현저히 불공정하다고 볼 수 있는 경우로서, 절취 등 부정한 수단에 의하여 타인의 성과나 아이디어를 취득하거나 선행자와의 계약상 의무가 신의칙에 현저히 반하는 양태의 모방, 건전한

---

185) 설민수, "저작권의 보호 한계와 그 대안", 인권과 정의, 대한변호사협회(2016. 6.), 45, 48면.

경쟁을 목적으로 하는 성과물의 이용이 아니라 의도적으로 경쟁자의 영업을 방해하거나 경쟁지역에서 염가로 판매하거나 오로지 손해를 줄 목적으로 성과물을 이용하는 경우, 타인의 성과를 토대로 하여 모방자 자신의 창작적 요소를 가미하는 이른바 예속적 모방이 아닌 타인의 성과를 대부분 그대로 가져오면서 모방자의 창작적 요소가 거의 가미되지 않은 직접적 모방에 해당하는 경우 등에는, 예외적으로 타인의 성과 모방이나 이용행위에 공정한 거래질서 및 자유로운 경쟁질서에 비추어 정당화될 수 없는 '특별한 사정'이 있는 것으로 보아 민법상 불법행위 또는 부정경쟁방지법 제 2 조 제 1 호(차)목(현행법 파목)에서 규정하는 부정경쟁행위에 해당한다고 봄이 타당하다."고 판시하였다.

그 후 대법원은 현행 부정경쟁방지법 제2조 제1호 파목에 관한 일련의 판시를 통하여 그 적용범위에 관한 기준을 제시하였다.[186] 이 판결들을 종합하면, 부정경쟁방지법 제2조 제1호 파목은 보호대상인 '성과 등'의 유형에 제한을 두고 있지 않으므로, 유형물뿐만 아니라 무형물도 이에 포함되고, 종래 지식재산권법에 따라 보호받기 어려웠던 새로운 형태의 결과물도 포함될 수 있다. '성과 등'을 판단할 때에는 위와 같은 결과물이 갖게 된 명성이나 경제적 가치, 결과물에 화체된 고객흡인력, 해당 사업 분야에서 결과물이 차지하는 비중과 경쟁력 등을 종합적으로 고려해야 한다. 이러한 성과 등이 '상당한 투자나 노력으로 만들어진' 것인지는 권리자가 투입한 투자나 노력의 내용과 정도를 그 성과 등이 속한 산업분야의 관행이나 실태에 비추어 구체적 · 개별적으로 판단하되, 성과 등을 무단으로 사용함으로써 침해된 경제적 이익이 누구나 자유롭게 이용할 수 있는 이른바 공공영역(公共領域, public domain)에 속하지 않는다고 평가할 수 있어야 한다. 또한 위 파목이 정하는 '공정한 상거래 관행이나 경쟁질서에 반하는 방법으로 자신의 영업을 위하여 무단으로 사용'한 경우에 해당하기 위해서는 권리자와 침해자가 경쟁관계에 있거나 가까운 장래에 경쟁관계에 놓일 가능성이 있는지, 권리자가 주장하는 성과 등이 포함된 산업분야의 상거래 관행이나 경쟁질서의 내용과 그 내용이 공정한지, 위와 같은 성과 등이 침해자의 상품이나 서비스에 의해 시장에서 대체될 수 있는지, 수요자나 거래자들에게 성과 등이 어느 정도 알려

186) 대법원 2020. 3. 26. 선고 2016다276467 판결(실제 골프장 코스를 골프장 운용회사의 허락 없이 그대로 재현한 스크린골프 시뮬레이션 영상 프로그램을 제작한 것은 부정경쟁행위에 해당한다고 한 사례); 대법원 2020. 3. 26.자 2019마6525 결정(유명 아이돌그룹 BTS 화보집을 소속 매니지먼트 회사 허락 없이 제작한 것은 부정경쟁행위에 해당한다고 한 사례); 대법원 2020. 6. 25. 선고 2019다282449 판결(특정한 구조를 가진 차량 루프박스는 상당한 투자나 노력으로 만들어진 성과로 보기 어렵다고 한 사례) ; 대법원 2020. 7. 9. 선고 2017다217847 판결(명품 에르메스 핸드백과 유사한 형태의 핸드백을 제조한 것이 부정경쟁행위에 해당한다고 한 사례); 대법원 2020. 7. 23. 선고 2020다220607 판결(광고제작사가 기업의 의뢰로 제작한 브랜드 명, 콘티 등으로 구성된 광고용역 결과물을 부정경쟁방지법이 보호하는 상당한 투자나 노력으로 만들어진 성과로 인정한 사례) 등.

졌는지, 수요자나 거래자들의 혼동가능성이 있는지 등을 종합적으로 고려해야 한다.[187]

Ⅷ 정보제공 명령과 비밀유지명령

1. 증거수집을 위한 침해자 정보제공 명령

가. 의 의

저작권 침해소송에 있어서 침해의 정지 등 각종 조치를 청구하거나, 권리자가 입은 피해액 또는 침해자가 침해로 인하여 얻은 이익의 액을 산정하기 위해서는 증거 수집의 차원에서 침해자에 대한 정보를 필요로 하게 되는 경우가 많다. 그런데 침해자에 대한 증거수집은 현실적으로 쉽지 않다. 특히 침해 행위에 여러 사람이 관여하고 다양한 경로를 통하여 이루어지는 경우에 그러하다. 따라서 저작권 침해행위를 방지하고 저작권을 효과적으로 보호하기 위해서는, 소송 중에 법원이 침해행위와 관련하여 당사자가 보유하고 있는 정보의 제공을 명할 수 있도록 할 필요가 있다. 이러한 이유로 증거 수집의 차원에서 당사자의 신청에 따라 법원이 손해액의 산정 등 침해의 구제에 필요한 증거로서, 침해자가 보유 또는 관리하고 있는 증거의 제출을 명할 수 있도록 하는 입법례나 국제조약 등이 있는데, 이와 같은 법원의 명령에 대한 반대 효과로서 침해자가 침해와 관련된 증거를 제공하여야 할 의무가 생긴다. 이것이 침해자의 정보제공의무라고 할 수 있다.[188]

현행 저작권법의 기초가 된 한·미 FTA 협정은 각 당사국이 법원에 지적재산권 침해에 대한 정보 제공을 명할 수 있는 권한을 부여하도록 요구하고 있으며, 법원의 정보제공 명령을 위반한 자에 대하여는 벌금 또는 징역의 형사적 제재를 명할 수 있는 권한을 부여하도록 요구하고 있다.[189]

나. 저작권법의 내용

저작권법에 의하면, 법원은 저작권 침해소송 중 당사자의 신청에 따라 다른 당사자에

187) 대법원 2020. 7. 23. 선고 2020다220607 판결.

188) 저작권위원회, 전게서, 195-196면.

189) 한·미 FTA 협정 제18.10조 제10항. "각 당사국은 지적재산권 집행에 관한 민사 사법절차에서 사법 당국이 증거 수집의 목적상 침해된 상품 또는 서비스의 생산과 유통 또는 그 유통경로에 연루된 제3자의 신원을 포함하여 침해의 어떠한 측면으로든 연루된 사람과 그러한 상품과 서비스의 생산 수단 또는 유통 경로에 관하여 침해자가 소유하거나 통제하는 모든 정보를 제공하고 그 정보를 권리자 또는 사법당국에게 제공하도록 침해자에게 명령할 수 있는 권한을 가지도록 규정하여야 한다."

대하여 침해 행위, 침해물의 생산 및 유통에 관련된 자를 특정하기 위한 정보, 침해물의 생산 및 유통 경로에 관한 정보 등의 제공을 명할 수 있도록 규정하고 있다. 이는 민사소송법상의 문서제출명령제도의 특별 규정에 해당한다고 할 수 있다. 따라서 정당한 이유 없이 정보제공 명령에 따르지 아니하는 경우에는 법원은 그 정보에 관한 당사자의 주장을 진정한 것으로 인정할 수 있는 효과를 부여하였다. 다만, 영업비밀이나 사생활 보호와 관련된 경우 등 일정한 경우에는 정보 제공을 거부할 수 있도록 함으로써 저작권자의 이익과 침해자의 이익 사이에 균형을 맞추고자 하였다.

저작권법의 내용을 구체적으로 살펴보면, 우선 제129조의2(정보의 제공) 제 1 항에서, "법원은 저작권, 그 밖에 이 법에 따라 보호되는 권리의 침해에 관한 소송에서, 당사자의 신청에 따라 증거를 수집하기 위하여 필요하다고 인정되는 경우에는, 다른 당사자에 대하여 그가 보유하고 있거나 알고 있는 다음 각 호의 정보를 제공하도록 명할 수 있다"고 하면서, 그 각 호로서, "① 침해 행위나 불법복제물의 생산 및 유통에 관련된 자를 특정할 수 있는 정보, ② 불법복제물의 생산 및 유통 경로에 관한 정보"를 들고 있다.

그리고 같은 조 제 2 항에서는, "제 1 항에도 불구하고 다른 당사자는 다음 각 호의 어느 하나에 해당하는 경우에는 정보의 제공을 거부할 수 있다"고 하면서, 그 각 호로서, "① 다른 당사자, 다른 당사자의 친족이거나 친족 관계가 있었던 자, 또는 다른 당사자의 후견인 중 어느 하나에 해당하는 자가 공소 제기되거나 유죄판결을 받을 우려가 있는 경우, ② 영업비밀(「부정경쟁방지 및 영업비밀 보호에 관한 법률」 제 2 조 제 2 호의 영업비밀을 말한다) 또는 사생활을 보호하기 위한 경우이거나 그 밖에 정보의 제공을 거부할 수 있는 정당한 사유가 있는 경우"를 들고 있다.

나아가 같은 조 제 3 항에서는, "다른 당사자가 정당한 이유 없이 정보제공 명령에 따르지 아니한 경우에는 법원은 정보에 관한 당사자의 주장을 진실한 것으로 인정할 수 있다"고 하여 정보제공명령 위반에 대한 효과에 관하여 규정하고 있다. 이는 민사소송법 제349조(당사자가 문서를 제출하지 아니한 때의 효과)에서 당사자가 문서제출명령에 따른 의무를 이행하지 아니한 때에는, 법원은 문서의 기재에 대한 상대방의 주장을 진실한 것으로 인정할 수 있다고 규정한 것과 같은 취지라고 볼 수 있다.

2. 소송 당사자에 대한 비밀유지명령

가. 의 의

저작권을 비롯한 지적재산권 관련 소송에서는 해당 지적재산권이 적용된 상품의 제조

방법 등 생산기술상의 정보라든가, 판매 방법, 관리 방법, 고객 리스트, 매출액, 거래 규모 등 경영상의 정보 같은 고도의 영업비밀이 불가피하게 상대방 당사자에게 노출되는 경우가 적지 않다. 소송과 관계없는 제3자에 대한 관계에서는 영업비밀에 대한 접근을 엄격하게 차단하여야 하지만, 소송에 관여하는 당사자나 소송대리인 등에 대하여는 무기평등의 원칙 및 방어권 보장의 차원에서 소송에 제공된 증거에 접근할 권리를 보장해 줄 필요가 있다. 예를 들어, 원고가 피고를 상대로 프로그램저작권을 침해하였다고 소송을 제기한 경우, 피고가 적극적인 반증으로서 자신의 프로그램 소스코드가 원고의 그것과 다르다는 점을 입증하기 위하여, 피고가 관리하고 있는 영업비밀에 해당하는 피고의 프로그램 소스코드를 재판부에 제공하였는데, 원고가 반론권 보장의 차원에서 해당 영업비밀을 원고에게도 공개하여 줄 것을 요청하는 경우 등을 생각해 볼 수 있다.

소송 당사자에게 모든 증거에 대한 폭넓은 접근을 허용하는 것은 자유로운 소송 활동을 보장하여 실체적 진실을 발견하게 해 준다는 점, 무기평등의 원칙과 반론권 및 방어권을 보장해 준다는 점에서 바람직한 면이 있다. 그러나 다른 한편으로는 소송 중에 일방 당사자의 귀중한 영업비밀이, 그것도 경쟁사업자인 상대방 당사자에게 노출되어 영업비밀 보유자에게 예측하지 못한 피해가 발생하게 되는 문제점도 있다. 그러므로 증거수집절차에서의 영업비밀 제출을 통한 영업비밀 노출의 위험을 감소시켜 줌으로써 이러한 문제점을 보완하여 줄 필요가 있는데, 그에 대한 방안으로서 제시된 것이 소송 당사자에 대한 비밀유지명령제도라고 할 수 있다. 이 제도는 소송의 준비 또는 소송 진행 중에 제시된 증거나 소송 자료 중에 포함된 영업비밀에 접근하여 알게 된 소송 당사자 등에게 소송의 목적을 넘어서서 해당 영업비밀을 이용하거나 누출하지 말 것을 명하는 법원의 명령이다.

한·미 FTA 협정 제18.10조 제1항은 각 당사국은 소송절차에서 생산되거나 교환된 비밀정보의 보호에 관한 사법 명령의 위반에 대하여, 민사 사법절차의 당사자, 변호인, 전문가 또는 법원의 관할권이 미치는 그 밖의 사람에게 제재를 부과할 수 있는 권한을 갖도록 규정할 것을 요구하고 있다.[190] 이처럼 한·미 FTA 협정은 비밀정보의 보호에 관한 사법부의 명령에 위반한 경우에 제재를 부과할 권한을 사법부에 부여할 것을 요구하는 형태로 규정되어 있다. 이는 사법부가 비밀정보보호에 관한 명령, 즉 비밀유지명령을 내릴 권한을 가지고 있을 것을 전제로 한다. 한·미 FTA 협정은 사법부에 민사 사법절차에서 비밀유지명령을 내릴 권한과 이를 위반한 경우에 제재를 부과할 권한을 모두 부여할 것을 요구한 것이다.

---

190) 일본의 경우에는 FTA와 상관 없이 사법제도 개혁 작업의 일환으로 2004년 모든 지적재산권법에 비밀유지명령제도를 일괄적으로 도입하였다고 한다(저작권위원회, 전게서, 205면).

민사소송법은 제163조에서 소송 기록 중에 기재되어 있는 비밀보호를 위하여 소송 기록 등의 열람 등을 제한하는 규정을 두고 있다. 그러나 이는 소송 당사자가 아닌 제 3 자의 열람을 제한하는 데 그치고, 소송 당사자의 열람 제한 및 비밀유지 의무를 부과하는 규정은 아니다.

나. 저작권법의 내용

이와 같은 한·미 FTA 협정의 의무사항에 따라 저작권법은 제129조의3(비밀유지명령) 규정을 두고 있다. 그 내용은, 저작권의 침해에 관한 소송에서 그 당사자가 보유한 영업비밀에 대하여, ① 이미 제출하였거나 제출하여야 할 준비서면 또는 이미 조사하였거나 조사하여야 할 증거(제129조의2 제 4 항에 따라 제공된 정보를 포함한다)에 영업비밀이 포함되어 있다는 것과, ② 위 ①의 영업비밀이 해당 소송수행 외의 목적으로 사용되거나 공개되면 당사자의 영업에 지장을 줄 우려가 있어, 이를 방지하기 위하여 영업비밀의 사용 또는 공개를 제한할 필요가 있다는 것의 사유를 모두 소명한 경우에는, 그 당사자의 신청에 따라 결정으로 다른 당사자, 당사자를 위하여 소송을 대리하는 자, 그 밖에 해당 소송으로 인하여 영업비밀을 알게 된 자에게, 해당 영업비밀을 해당 소송의 계속적인 수행 외의 목적으로 사용하거나, 해당 영업비밀에 관계된 이 항에 따른 명령을 받은 자 외의 자에게 공개하지 아니할 것을 명할 수 있다고 규정하고 있다.

또한 제129조의4(비밀유지명령의 취소)에서 비밀유지명령을 신청한 자나 비밀유지명령을 받은 자는, 제129조의3 제 1 항에서 규정한 요건을 갖추지 못하였거나 갖추지 못하게 된 경우, 소송기록을 보관하고 있는 법원(소송기록을 보관하고 있는 법원이 없는 경우에는 비밀유지명령을 내린 법원)에 취소를 신청할 수 있음을 규정하였다.

나아가 영업비밀이 누출될 경우 해당 영업비밀의 보유자인 당사자에게 심각한 피해를 가져올 수 있기 때문에 비밀유지명령의 실효성을 높일 수 있는 수준의 처벌을 부과할 수 있는 벌칙규정을 두었다. 그리하여 저작권법 제136조(벌칙) 제 1 항에 제 2 호에서 제129조의3 제 1 항에 따른 법원의 비밀유지명령을 정당한 이유 없이 위반한 경우에는 저작재산권 침해의 경우와 같은 5년 이하의 징역 또는 5천만 원 이하의 벌금에 처하거나 이를 병과할 수 있도록 하였다.

저작권법은 제129조의3 내지 5에서 비밀유지명령의 발령 및 취소 등의 요건과 절차 등에 관하여 매우 상세한 규정을 두고 있다. 이와 같은 비밀유지명령제도를 통하여 소송과정에서 제공·제출된 영업비밀을 보다 엄격하게 보호함으로써, 영업비밀과 관련된 사항을 그 영업비밀을 보유하고 있는 당사자가 누출에 대한 부담 없이 법원에 제시할 수 있도록 하여 효과적인 입증과 심리의 충실을 도모하는 한편, 궁극적으로는 실체적 진실발견에 이바지하는 효과를 기대하고 있다.

다. 비밀유지명령의 적용범위 및 효과

비밀유지명령은 저작권 그 밖에 저작권법에 따라 보호되는 권리의 침해에 관한 소송에서 적용된다. 이때 침해에 관한 소송에 본안소송뿐만 아니라 가처분 사건도 포함될 것인지에 관하여 논의가 있는데, 넓은 의미의 소송에는 보전소송도 포함된다는 점, 저작권을 비롯한 지식재산권 관련 소송의 상당수가 가처분 절차를 통하여 이루어지고 있고, 그에 따라 가처분이 본안소송화하는 것이 실무의 경향이라는 점을 고려할 때, 가처분 사건에도 비밀유지명령 제도가 적용될 수 있다는 것이 일반적인 견해이다(다만, 특허권과 관련된 직무발명 사건이나 심결취소소송 등에는 비밀유지명령 규정이 적용되지 않는다고 한다).

비밀유지명령의 효력은 그 결정서가 비밀유지명령을 받은 자에게 송달된 때로부터 효력이 발생한다(저작권법 제129조의3 제 4 항). 비밀유지명령의 존속기간에 대하여는 따로 규정이 없으므로, 일단 저작권법 제129조의4에 의한 비밀유지명령의 취소가 있기 전까지 그 효력이 존속한다고 해석된다. 따라서 비밀유지명령을 받은 회사 직원이 전직하거나 퇴직하여도, 또한 소송대리인의 수임계약이 종료된 후에도 그 효력은 존속하게 된다. 이러한 점이 비밀유지명령을 받는 당사자에게 지나친 부담이 될 수 있기 때문에, 그에 대한 구제방안으로 일정 시기 이후에는 비밀성의 요건을 상실할 것으로 예상되는 영업비밀에 대하여는, 비밀유지명령을 발령할 때 그 존속기간의 종기를 명시하는 방법이 제시되고 있다.

라. 비밀유지명령 제도의 실효성

일본의 경우 비밀유지명령 제도가 도입된 지 수년이 지났지만 발령건수는 3, 4건에 불과할 정도로 그 이용이 저조하다고 한다. 이는 비밀유지명령 제도가 그 명령을 받은 자에게는 향후 사업이나 유사 업무 수행에 막대한 장애를 초래할 수 있는 부담을 부과하는 한편, 그 명령을 신청하는 자에게는 과연 비밀유지의 실효성을 보장할 수 있는지 신뢰를 주지 못하고 있기 때문이라고 한다. 또한 비밀유지명령을 발령하는 법원의 입장에서도 발령절차나 취소절차의 심리과정에서 영업비밀이 누설되지 않도록 절차 진행에 각별히 신중하여야 하는 등 부담이 크다는 점도 이 제도의 활용을 가로막는 요인이 되고 있다고 한다.

이와 관련하여서는 그 보완책으로 비밀유지명령 위반에 대하여 형사벌을 부과하는 것과 민사상 과료를 부과하는 것을 선택할 수 있도록 한다든가, 비밀유지명령 취소 절차와 아울러 비밀유지명령의 효력기간을 일정 기간으로 제한하되, 그 기간이 경과한 후에도 영업비밀성을 상실하지 않았을 경우에는 그러한 사정을 소명하여 적절한 기간으로 연장할 수 있도록 하는 제도적 방안 등이 논의되고 있다. 앞으로 이 제도를 운용할 우리 실무계도 이러한 점에 관심을 가져 모처럼 도입된 제도가 제자리를 잡아갈 수 있도록 노력을 기울여야 할 것이다.

Ⅸ. 행정적 구제 - 보칙

1. 불법복제물의 수거·폐기 및 삭제 명령

저작권법 제133조(불법 복제물의 수거·폐기 및 삭제)

① 문화체육관광부장관, 특별시장·광역시장·도지사·특별자치도지사 또는 시장·군수·구청장(자치구의 구청장을 말한다)은 저작권 그 밖에 이 법에 따라 보호되는 권리를 침해하는 복제물(정보통신망을 통하여 전송되는 복제물은 제외한다) 또는 저작물 등의 기술적 보호조치를 무력하게 하기 위하여 제작된 기기·장치·정보 및 프로그램을 발견한 때에는 대통령령으로 정한 절차 및 방법에 따라 관계공무원으로 하여금 이를 수거·폐기 또는 삭제하게 할 수 있다.

② 문화체육관광부장관은 제 1 항의 규정에 따른 업무를 대통령령이 정한 단체에 위탁할 수 있다. 이 경우 이에 종사하는 자는 공무원으로 본다.

③ 문화체육관광부장관은 제 1 항 및 제 2 항에 따라 관계 공무원 등이 수거·폐기 또는 삭제를 하는 경우 필요한 때에는 관련 단체에 협조를 요청할 수 있다.

④ 문화체육관광부장관은 제 1 항에 따른 업무를 위하여 필요한 기구를 설치·운영할 수 있다.

⑤ 제 1 항부터 제 3 항까지의 규정이 다른 법률의 규정과 경합하는 경우에는 이 법을 우선하여 적용한다.

종전에는 오프라인 상 불법 복제물 수거·폐기 권한이 구 '음반·비디오물및게임물에관한법' 제42조 제 3 항 제 6 호 및 '출판및인쇄진흥법' 제25조 제 1 항 제 1 호에 흩어져 있어서 실효적인 효과를 거두기 어려웠다. 이에 '음반·비디오물및게임물에관한법률'을 폐지하고 '영화및비디오물의진흥에관한법률', '게임산업진흥에관한법률', '음악산업진흥에관한법률' 등 3개법으로 분법하면서, 불법 저작물 수거·폐기조항을 모법인 저작권법에 일괄하여 두는 것이 낫다는 판단에 따라 관련 조항을 저작권법 제133조에 일괄하여 규정하게 된 것이다.

종전에는 불법 저작물 수거, 폐기를 주로 저작권 관련 단체의 협조를 받아 수행하였으나, 법률상 수거·폐기권한이 있는 공무원이 직접 나가 수행하지 않고 단체 직원이 수행하다보니 단속활동에 대한 적법성 시비 등 여러 가지 마찰이 있어 왔다. 현행법은 이러한 업무를 대통령령이 정한 단체에 위탁할 수 있도록 하고, 이 경우 이에 종사하는 자는 공무원으로 본다는 규정을 두어 실제 단속행위를 하는 저작권 관련 단체 직원의 권한에 대한 문제점을 원천적으로 해소하고자 한 것이다.[191)]

한편, 오프라인뿐만 아니라 온라인 상 불법복제물의 범람으로 문화산업이 크게 위축되고 있다는 인식에 따라, 문화산업의 활성화와 건전한 저작물 이용 질서를 확립하기 위하여 정보통신망을 통하여 유통되는 불법 복제물에 대한 문화체육관광부장관의 삭제명령 등에 관한 규정을 두었다. 다만, 자의적인 법집행을 막기 위해 한국저작권보호원(이하 '보호원') 심의위원회의 심의를 거쳐야만 명령할 수 있도록 요건을 엄격히 하였다(저작권법 제133조의2). 나아가 이와 같은 문화체육관광부장관의 명령을 어길 때에는 1천만 원 이하의 과태료 처분을 받도록 하였다(저작권법 제142조 제 2 항).[192)]

저작권법 제133조의2(정보통신망을 통한 불법복제물 등의 삭제명령 등)

① 문화체육관광부장관은 정보통신망을 통하여 저작권이나 그 밖에 이 법에 따라 보호되는 권리를 침해하는 복제물 또는 정보, 기술적 보호조치를 무력하게 하는 프로그램 또는 정보(이하 "불법복제물등"이라 한다)가 전송되는 경우에 심의위원회의 심의를 거쳐 대통령령으로 정하는 바에 따라 온라인서비스제공자에게 다음 각 호의 조치를 할 것을 명할 수 있다.

1. 불법복제물등의 복제·전송자에 대한 경고
2. 불법복제물등의 삭제 또는 전송 중단

② 문화체육관광부장관은 제 1 항 제 1 호에 따른 경고를 3회 이상 받은 복제·전송자가 불법복제물등을 전송한 경우에는 심의위원회의 심의를 거쳐 대통령령으로 정하는 바에 따라 온라인서비스제공자에게 6개월 이내의 기간을 정하여 해당 복제·전송자의 계정(이메일 전용 계정은 제외하며, 해당 온라인서비스제공자가 부여한 다른 계정을 포함한다. 이하 같다)을 정지할 것을 명할 수 있다.

③ 제 2 항에 따른 명령을 받은 온라인서비스제공자는 해당 복제·전송자의 계정을 정지하기 7일 전에 대통령령으로 정하는 바에 따라 해당 계정이 정지된다는 사실을 해

---

191) 이 규정에 따라 출판저작권 관련단체의 직원이 공무원 신분을 의제 받아 대학가 불법복사에 대한 효율적인 단속이 가능하게 되었다.

192) 이상 저작권법 제133조의 입법취지에 관하여는, 심동섭, 개정 저작권법 해설, 계간 저작권, 2006년 겨울, 저작권심의조정위원회, 62-63면 참조.

당 복제·전송자에게 통지하여야 한다.

④ 문화체육관광부장관은 온라인서비스제공자의 정보통신망에 개설된 게시판(「정보통신망 이용촉진 및 정보보호 등에 관한 법률」 제2조 제1항 제9호의 게시판 중 상업적 이익 또는 이용 편의를 제공하는 게시판을 말한다. 이하 같다) 중 제1항 제2호에 따른 명령이 3회 이상 내려진 게시판으로서 해당 게시판의 형태, 게시되는 복제물의 양이나 성격 등에 비추어 해당 게시판이 저작권 등의 이용질서를 심각하게 훼손한다고 판단되는 경우에는 심의위원회의 심의를 거쳐 대통령령으로 정하는 바에 따라 온라인서비스제공자에게 6개월 이내의 기간을 정하여 해당 게시판 서비스의 전부 또는 일부의 정지를 명할 수 있다.

⑤ 제4항에 따른 명령을 받은 온라인서비스제공자는 해당 게시판의 서비스를 정지하기 10일 전부터 대통령령으로 정하는 바에 따라 해당 게시판의 서비스가 정지된다는 사실을 해당 온라인서비스제공자의 인터넷 홈페이지 및 해당 게시판에 게시하여야 한다.

⑥ 온라인서비스제공자는 제1항에 따른 명령을 받은 경우에는 명령을 받은 날부터 5일 이내에, 제2항에 따른 명령을 받은 경우에는 명령을 받은 날부터 10일 이내에, 제4항에 따른 명령을 받은 경우에는 명령을 받은 날부터 15일 이내에 그 조치결과를 대통령령으로 정하는 바에 따라 문화체육관광부장관에게 통보하여야 한다.

⑦ 문화체육관광부장관은 제1항, 제2항 및 제4항의 명령의 대상이 되는 온라인서비스제공자와 제2항에 따른 명령과 직접적인 이해관계가 있는 복제·전송자 및 제4항에 따른 게시판의 운영자에게 사전에 의견제출의 기회를 주어야 한다. 이 경우 「행정절차법」 제22조 제4항부터 제6항까지 및 제27조를 의견제출에 관하여 준용한다.

⑧ 문화체육관광부장관은 제1항, 제2항 및 제4항에 따른 업무를 수행하기 위하여 필요한 기구를 설치·운영할 수 있다.

저작권법 제133조의3(시정권고 등)

① 보호원은 온라인서비스제공자의 정보통신망을 조사하여 불법복제물등이 전송된 사실을 발견한 경우에는 심의위원회의 심의를 거쳐 온라인서비스제공자에 대하여 다음 각 호에 해당하는 시정 조치를 권고할 수 있다.

1. 불법복제물등의 복제·전송자에 대한 경고
2. 불법복제물등의 삭제 또는 전송 중단
3. 반복적으로 불법복제물등을 전송한 복제·전송자의 계정 정지

② 온라인서비스제공자는 제1항 제1호 및 제2호에 따른 권고를 받은 경우에는 권고를 받은 날부터 5일 이내에, 제1항 제3호의 권고를 받은 경우에는 권고를 받은 날

부터 10일 이내에 그 조치결과를 보호원에 통보하여야 한다.

③ 보호원은 온라인서비스제공자가 제 1 항에 따른 권고에 따르지 아니하는 경우에는 문화체육관광부장관에게 제133조의2 제 1 항 및 제 2 항에 따른 명령을 하여 줄 것을 요청할 수 있다.

④ 제 3 항에 따라 문화체육관광부장관이 제133조의2 제 1 항 및 제 2 항에 따른 명령을 하는 경우에는 심의위원회의 심의를 요하지 아니한다.

2. 건전한 저작물 이용환경의 조성과 저작재산권 등의 기증

저작권법 제134조(건전한 저작물 이용환경 조성사업)

① 문화체육관광부장관은 저작권이 소멸된 저작물 등에 대한 정보 제공 등 저작물의 공정한 이용을 도모하기 위하여 필요한 사업을 할 수 있다. <개정 2009. 4. 22>

② 제 1 항에 따른 사업에 관하여 필요한 사항은 대통령령으로 정한다.

이 규정은 우리 저작권법이 저작자 보호뿐만 아니라 저작물의 공정한 이용을 도모하는 것을 목적으로 한다는 점을 감안(제 1 조 참조)하여, 저작물의 이용을 촉진하고, 저작권 보호기간이 만료된 공유(公有) 저작물의 정보 제공 등 저작물의 공정한 이용을 도모하기 위한 사업을 문화체육관광부장관이 수행할 수 있도록 한 것이다.

저작권법 제135조(저작재산권 등의 기증)

① 저작재산권자 등은 자신의 권리를 문화체육관광부장관에게 기증할 수 있다.

② 문화체육관광부장관은 저작재산권자 등으로부터 기증된 저작물 등의 권리를 공정하게 관리할 수 있는 단체를 지정할 수 있다.

③ 제 2 항의 규정에 따라 지정된 단체는 영리를 목적으로 또는 당해 저작재산권자 등의 의사에 반하여 저작물 등을 이용할 수 없다.

④ 제 1 항과 제 2 항의 규정에 따른 기증 절차와 단체의 지정 등에 관하여 필요한 사항은 대통령령으로 정한다.

개정 저작권법은 법 제135조에서, 저작재산권자 등이 자신의 권리를 문화체육관광부장관에게 기증할 수 있도록 하고 이를 공정하게 관리할 수 있는 단체를 지정하여 공적 목적에 사용할 수 있도록 하였다. 이는 우리나라 문화나 산업의 발전을 위해 저작재산권을 기증하고 싶어도 저작재산권을 기증받아 효율적으로 공정하게 관리할 수 있는 기구가 없

어 저작재산권의 기증이 원활하게 이루어지지 않고 있다는 판단에 따른 것이다.[193)]

제 2 절 형사적 구제

I. 서 설

저작권법은 제11장에서 저작권 등 저작권법이 보호하는 권리를 침해한 경우에 대한 벌칙을 정하고 있다. 저작권 등 권리침해에 대한 형사적 구제로서의 벌칙 규정을 보면, 그동안 저작권 보호에 대한 인식이 높아지고 물가의 상승, 피해규모의 확대 등 경제적 상황의 변화에 따라 징역형 및 벌금형의 상한이 계속 높아져 온 것을 알 수 있다. 또한 처벌의 대상이 되는 행위의 범위 역시 넓어져 온 것이 확인된다. 예를 들어, 우리나라 최초의 저작권법인 1957년 저작권법에서는 저작재산권의 침해에 대하여는 징역형이나 벌금형의 규정이 없었고, 저작인격권 침해의 경우에만 징역 6월 또는 10만 환 이하의 벌금에 처하는 것으로 되어 있었다. 그러나 현행 저작권법은 저작권법상의 권리침해뿐만 아니라 법이 규정하는 특정사항에 관한 의무위반행위에 대하여도 벌칙으로 제재를 가하고 있다.

벌칙의 적용에 대하여는 형법총칙의 규정이 당연히 적용된다(형법 제 8 조 참조). 따라서 저작권법위반죄는 저작권법상 과실범을 처벌하는 규정이 없는 이상 고의범만 처벌된다(형법 제13조). 일반적으로 형법상 고의라 함은 구성요건에 해당한다는 사실을 인식 또는 예견하는 것인데, 저작권침해죄의 경우에는 보호대상으로 되는 저작물을 권리자의 허락을 받지 않고 이용한다는 사실을 피고인이 인식하고 있는 것으로 족하며, 해당 저작물의 권리자가 누구인지, 저작권법의 어느 조항에 위반하는 것인지 등을 구체적으로 정확하게 알고 있을 것까지를 요구하는 것은 아니다. 저작권법 위반임을 모르고 출처의 명시를 하지 않거나 복제권자 표지의무를 이행하지 않은 경우는, 과실의 문제가 아니라 형법 제16조의 법률의 착오 문제에 불과하므로 정당한 이유가 없는 한 원칙적으로 처벌대상이 된다.[194)]

---

193) 심동섭, 전게논문, 63면 참조.
194) 오승종·이해완, 전게서, 546면.

Ⅱ. 죄와 벌칙

1. 권리의 침해죄

가. 저작재산권 등 침해죄(저작권법 제136조 제1항)

다음 각 호의 어느 하나에 해당하는 자는 5년 이하의 징역 또는 5천만 원 이하의 벌금에 처하거나 이를 병과할 수 있다.

1. 저작재산권, 그 밖에 이 법에 따라 보호되는 재산적 권리(제93조에 따른 권리는 제외한다)를 복제, 공연, 공중송신, 전시, 배포, 대여, 2차적저작물 작성의 방법으로 침해한 자
2. 제129조의3 제1항에 따른 법원의 명령을 정당한 이유 없이 위반한 자(저작권법 제136조 제1항)

종전 저작권 등 권리침해죄에 대한 법정형은 모두 3년 이하의 징역 또는 3천만 원 이하의 벌금으로 되어 있었는데, 2000년 1월의 저작권법 개정에 의하여 위와 같이 저작재산권을 비롯한 재산적 권리에 대한 침해죄를 분리하여 그 부분에 대한 법정형만을 강화하였다. 침해의 태양도 종전 저작권법에는 "복제·공연·방송·전시 등의 방법"이라고만 규정되어 있어서, 예컨대 배포의 경우는 이에 해당하지 않는 것으로 해석되었다.[195] 그러나 2000년 개정법에서 "전송·배포·2차적저작물작성"의 경우도 침해에 해당하는 것으로 명백히 규정하였고, 다시 2006년 개정법에서 공중송신권 및 저작인접권자의 대여권이 신설됨에 따라 "공중송신·대여"의 경우도 포함하는 것으로 개정하였다.

저작재산권 등 침해의 개념에 대하여는 앞의 장에서 살펴본 바와 같다. 다만 저작권침해죄는 고의범만 처벌하므로, 침해행위 중 권리침해에 대한 고의가 있는 경우만이 처벌 대상이 된다. 저작권법 제124조 제1항에 의하여 침해로 보는 행위를 한 경우는 법정형이 보다 낮은 제136조 제2항에 벌칙이 규정되어 있으므로 1항의 벌칙규정에서는 제외된다. 저작권침해여부를 판단하기 위한 아이디어와 표현의 구별 이론, 침해의 판단기준인 실질적 유사성 이론 등은 기본적으로 형사상의 권리침해죄의 성부를 판단하는 데에도 그대로 적

195) 대법원 1999. 3. 26. 선고 97도1769 판결: "저작권법 제98조 제1호는 저작재산권 그 밖의 저작권법에 의하여 보호되는 재산적 권리를 복제·공연·방송·전시 등의 방법으로 침해한 자를 처벌한다고 규정하고 있는바, 저작권법상 저작재산권의 하나로 배포권이 인정되나, 그렇다고 하여 권리침해의 복제행위 외에 '배포'행위까지 위 법조에 의해 반드시 처벌되어야 하는 것은 아니라고 할 것이어서, 위와 같이 처벌규정에 명시적으로 규정되어 있지 아니한 '배포'행위를 복제행위 등과 별도로 처벌하는 것은 유추해석이나 확장해석을 금하는 죄형법정주의의 원칙상 허용되지 않는다."

용될 수 있다.[196)]

나. 저작인격권 침해죄 등(저작권법 제136조 제 2 항)

다음 각 호의 어느 하나에 해당하는 자는 3년 이하의 징역 또는 3천만 원 이하의 벌금에 처하거나 이를 병과할 수 있다.

1. 저작인격권 또는 실연자의 인격권을 침해하여 저작자 또는 실연자의 명예를 훼손한 자
2. 제53조 및 제54조(제90조 및 제98조에 따라 준용되는 경우를 포함한다)에 따른 등록을 거짓으로 한 자
3. 제93조에 따라 보호되는 데이터베이스제작자의 권리를 복제·배포·방송 또는 전송의 방법으로 침해한 자

3의2. 제103조의3 제 4 항을 위반한 자

3의3. 업으로 또는 영리를 목적으로 제104조의2 제 1 항 또는 제 2 항을 위반한 자

3의4. 업으로 또는 영리를 목적으로 제104조의3 제 1 항을 위반한 자. 다만, 과실로 저작권 또는 이 법에 따라 보호되는 권리 침해를 유발 또는 은닉한다는 사실을 알지 못한 자는 제외한다.

3의5. 제104조의4 제 1 호 또는 제 2 호에 해당하는 행위를 한 자

3의6. 제104조의5를 위반한 자

3의7. 제104조의7을 위반한 자

4. 제124조 제 1 항에 따른 침해행위로 보는 행위를 한 자

2006년 개정되기 전 저작권법에서는 저작재산권 등 침해죄와 저작인격권 등 침해죄가 각각 제97조의5와 제98조로 나누어져 있었는데, 양 조문이 동일한 표제 아래 권리침해에 대한 벌칙내용을 각각 담고 있었으므로 이를 하나의 조문 중 1항과 2항으로 나누어 정리한 것이다. 또한 실연자에게 인격권이 부여됨에 따라 실연자의 인격권을 침해한 경우에도 저작자 인격권 침해와 마찬가지로 형사적 제재를 가함으로써 그 실효성을 보장하고자 하였다.

---

196) 대법원 1999. 10. 22. 선고 98도112 판결: "저작권법 제98조 제 1 호에서 형사처벌의 대상이 되는 저작권 침해행위로 규정하고 있는 저작물의 무단 복제여부도 어디까지나 저작물의 표현 형식에 해당하고 또 창작성이 있는 부분만을 대비하여 볼 때 상호간에 실질적 유사성이 있다고 인정할 수 있는지 여부에 의하여 결정되는 것이어서, 원칙적으로 표현 내용이 되는 아이디어나 그 기초 이론 등에 있어서의 유사성은 그에 아무런 영향을 미칠 수 없을 뿐만 아니라 표현 형식에 해당하는 부분이라 하여도 창작성이 인정되지 아니하는 부분은 이를 고려할 여지가 없다."(오승종·이해완, 전게서, 547면).

2. 부정발행 등의 죄(저작권법 제137조)

다음 각 호의 어느 하나에 해당하는 자는 1년 이하의 징역 또는 1천만 원 이하의 벌금에 처한다.

1. 저작자 아닌 자를 저작자로 하여 실명·이명을 표시하여 저작물을 공표한 자
2. 실연자 아닌 자를 실연자로 하여 실명·이명을 표시하여 실연을 공연 또는 공중송신하거나 복제물을 배포한 자
3. 제14조 제 2 항을 위반한 자
   3의2. 제104조의4 제 3 호에 해당하는 행위를 한 자
   3의3. 제104조의6을 위반한 자
4. 제105조 제 1 항에 따른 허가를 받지 아니하고 저작권신탁관리업을 한 자
5. 제124조 제 2 항에 따라 침해행위로 보는 행위를 한 자
6. 자신에게 정당한 권리가 없음을 알면서 고의로 제103조 제 1 항 또는 제 3 항에 따른 복제·전송의 중단 또는 재개요구를 하여 온라인서비스제공자의 업무를 방해한 자
7. 제55조의5(제90조 및 제98조에 따라 준용되는 경우를 포함한다)를 위반한 자

저작권법은 실연자 아닌 자를 실연자로 표시하여 공중에게 제공 또는 제시하는 행위를 위 제 2 호에서 처벌대상으로 규정하고 있다. 이러한 행위는 실연자의 인격권 침해가 되지만, 다른 한편으로 최종 소비자를 기망하여 실연의 이용 시장에 왜곡을 가져오는 행위이기 때문에, 실연자의 인격권을 침해하는 행위를 처벌하는 규정과는 별도로 이를 처벌할 필요성이 있다는 판단에 따라 2011년 6월 30일 개정법에서 새로이 규정을 신설한 것이다.

본 규정 제 1 호와 제 2 호는 비친고죄로 되어 있다(저작권법 제140조 단서 제 2 호). 이는 본 호가 공표된 저작명의자 또는 실연자로 표시된 자의 인격적 이익을 보호하는 것 이외에도, 널리 제 3 자에 대한 허위의 기망적 표시행위를 규제하여 저작자 표시에 대한 사회적 신뢰를 보호하기 위한 공공적 성격을 갖기 때문이다. 이 규정은 일반 공중에 대한 기망행위를 금지한다는 측면에서 부정경쟁방지 및 영업비밀보호에 관한 법률 제 2 조 제 1 호 가목에서 상품의 출처혼동행위를 부정경쟁행위로서 금지하는 것과 그 취지가 같다고 할 것이다. 이때 이른바 '대작'(代作)이 본 호 위반죄에 해당하는지 여부가 문제로 된다. 대작의 경우에는 명의자로 표시된 자가 자신의 명의를 사용하는 것에 대하여 승낙을 하고 있는 경우가 보통이다. 따라서 범죄의 구성요건에는 해당하더라도 피해자의 승낙에 의한 위법성 조각여부에 의문이 있을 수 있기 때문이다. 이에 관하여는 제 3 장 제 2 절 Ⅱ 부분에서 검

토한 바 있다.

일본 저작권법 제121조는 "저작자가 아닌 자의 실명 또는 널리 알려진 이명을 저작자명으로 표시한 저작물의 복제물(원저작물의 저작자가 아닌 자의 실명 또는 널리 알려진 이명을 원저작물의 저작자명으로 표시한 2차적저작물의 복제물을 포함한다)을 배포한 자"에 대한 처벌을 규정하고 있어 본 규정 제 1 호와 유사하다. 이와 관련하여 일본의 판례는, 저작명의자의 동의가 있는 경우 그 성명, 칭호를 저작물에 게재하는 것은 본 조의 죄가 성립하지 않는다고 판시한 바 있다.[197] 그러나 이에 대하여 일본의 학설은 저작명의자의 인격적 이익의 보호라는 측면에서는 위법성이 조각된다고 볼 여지가 있으나, 이 처벌 규정이 저작자 명의를 허위로 표시하여 대중을 속이는 행위에 대한 제재라는 관점에서 볼 때, 설사 저작명의자의 동의가 있다고 하더라도 위법성이 조각될 수 없다는 비판이 있다.[198]

3. 출처명시위반죄 등

다음 각 호의 어느 하나에 해당하는 자는 500만 원 이하의 벌금에 처한다(제138조).

1. 제35조 제 4 항을 위반한 자
2. 제37조(제87조 및 제94조에 따라 준용되는 경우를 포함한다)를 위반하여 출처를 명시하지 아니한 자
3. 제58조 제 3 항(제63조의2, 제88조 및 제96조에 따라 준용되는 경우를 포함한다)을 위반하여 저작재산권자의 표지를 하지 아니한 자
4. 제58조의2 제 2 항(제63조의2, 제88조 및 제96조에 따라 준용되는 경우를 포함한다)을 위반하여 저작자에게 알리지 아니한 자
5. 제105조 제 1 항에 따른 신고를 하지 아니하고 저작권대리중개업을 하거나, 제109조 제 2 항에 따른 영업의 폐쇄명령을 받고 계속 그 영업을 한 자

Ⅲ. 몰　　수

저작권, 그 밖에 이 법에 따라 보호되는 권리를 침해하여 만들어진 복제물과 그 복제물의 제작에 주로 사용된 도구나 재료 중 그 침해자·인쇄자·배포자 또는 공연자의 소유

197) 大正 2. 6. 3. 판결: 서울대학교기술과법센터, 저작권법주해, 박영사, 2007, 1337면에서 재인용.
198) 金井重彦 외 1, 著作權法コンメンタール(下卷), 304면; 전게서, 1337면에서 재인용.

에 속하는 것은 몰수한다(저작권법 제139조).

한·미 FTA 협정은 저작권 등 권리침해에 대한 형사적 구제절차의 하나인 몰수와 관련하여, 저작권침해로 인하여 발생한 자산의 경우에는 사법부에 그러한 자산의 몰수를 명할 권한을 부여하여야 한다고 규정하고 있다.[199] 아울러 침해물, 침해행위에 사용된 재료 및 기기와 관련하여서는 예외적인 경우를 제외하고 사법부가 몰수를 명하여야 한다고 규정함으로써 이른바 '필요적 몰수' 규정을 둘 것을 요구하고 있다.[200] 그런데 종전 우리 저작권법은 저작권 등 권리 침해물에 한하여 필요적 몰수를 규정하고 있었고, 형법은 임의적 몰수만을 규정하고 있다. 따라서 한·미 FTA 협정 이행을 위해서는 침해물뿐만 아니라 침해물 제작에 제공된 기기나 재료 등과 관련하여서도 필요적 몰수를 명할 것이 필요한데, 이 부분은 2011년 한·EU FTA 협정 이행에 따른 저작권법 개정을 하면서 공통사항으로 이미 반영을 하여 위와 같은 내용으로 규정되었다. 이는 불법 복제물의 유통을 원천적으로 억제·방지하기 위한 취지이다.

Ⅳ. 친고죄 및 비친고죄

1. 원　　칙

저작권법위반죄는 기본적으로 친고죄이다. 따라서 저작권자 등의 고소가 없으면 죄를 논할 수 없다. 고소는 범인을 알게 된 날로부터 6개월 이내에 하여야 한다(형사소송법 제236조).

2. 비친고죄의 도입 경위

그러나 인터넷 환경에서 대규모 또는 반복적으로 이루어지는 저작권침해는 권리자의 법익뿐만 아니라 사회 전체의 법익까지도 침해하므로, 이에 대하여는 권리자의 고소와 관계없이 검찰이 직권(ex officio)으로 공소를 제기할 수 있도록 비친고죄 적용범위를 확대할 필요가 있다는 논의는 종전부터 있어 왔다. 우리 저작권법은 2006년 법개정을 통하여 종래 친고죄였던 저작재산권침해죄를 대폭 축소하고 그 상당 부분을 비친고죄로 규정하였다. 그리하여 "영리를 목적으로 상습적으로" 이루어지는 저작권침해죄의 경우에는 권리자의 고

199) 한·미 FTA 협정 제18.10조 제27항 다호.
200) 한·미 FTA 협정 제18.10조 제27항 라호.

소 없이도 기소를 할 수 있도록 하였다.

즉, 2006년 개정 전 저작권법은 제98조 제 3 호(허위등록의 경우), 제 5 호(업으로 또는 영리를 목적으로 제92조 제 2 항의 기술적 보호조치를 무력화하는 장치 등을 제공하는 등의 행위를 한 경우), 제99조 제 1 호(저작자 아닌 자를 저작자로 하여 실명·이명을 표시하여 저작물을 공표한 경우), 제 2 호(저작권법 제14조 제 2 항의 저작자 사망 후에 그 저작인격권의 침해가 될 행위를 한 경우), 제 3 호(허가를 받지 아니하고 저작권신탁관리업을 한 경우)만을 친고죄에서 제외하고 있었다.

2006년 개정 저작권법은 이러한 비친고죄 대상을 상당부분 확대하였다. 우선 영리를 위하여 상습적으로 복제, 공연, 공중송신, 전시, 배포, 대여, 2차적저작물작성 등의 방법으로 저작재산권을 침해한 경우를 비친고죄로 하였다. 또한 2011년 다시 저작권법을 개정하면서 제137조 제 7 호(저작권 등 등록에 있어서 비밀유지의무를 위반한 자)의 죄 또한 친고죄에서 제외하여 비친고죄로 하였다.

그 개정 취지를 보면 다음과 같다. 저작권법위반을 친고죄로 하느냐 비친고죄로 하느냐 하는 것은 법 본질적인 문제가 아니라 입법 정책상의 문제로 미국·프랑스·캐나다 등은 비친고죄를 원칙으로 하고 있으며 같은 사권(私權)이지만 상표권은 비친고죄로 규정하고 있다.

종전 저작권법이 친고죄를 원칙으로 했던 것은 저작권의 인격적 성격을 고려한 측면도 있지만 대부분의 침해행위는 일반인이 개인적 이용을 위하여 일회적으로 행한다는 점을 고려한 것이었다. 하지만 최근 저작권이 산업화되면서 침해행위가 조직적이고 반복적으로 이루어지는 경우가 많으며, 저작자 등이 개인적으로 그 사실을 알거나 대응하기도 어렵고 산업적인 피해가 심각하기 때문에 그 권익을 심각하게 침해하는 경우(영리+상습적)에 비친고죄 적용범위를 확대하였다는 것이다. 원래 2006년 개정법 초안은 "영리를 위하여 반복적으로"라는 표현을 썼으나 법사위 논의과정에서 너무 포괄적이라는 견해가 제기되어 법무부 등의 의견을 받아들여 "영리를 위하여 상습적으로"라는 표현으로 변경되었다고 한다.[201)]

2006년 개정 저작권법 초안 작성과정에서 비친고죄 확대보다는 반의사불벌죄로 하는 것이 어떤가 하는 논의가 있었다고 한다. 그러나 다음과 같은 이유로 반의사불벌죄로 하는 의견은 채택되지 않았다고 한다. 즉, 오늘날 권리자들의 침해구제는 일단 저작권 침해자를 고소한 상태에서, 협상을 통해 일정 대가를 받고난 후 고소를 취하하는 형태가 주류를 이루고 있다. 그 결과 수사기관은 엄청난 인력을 동원하여 수사를 진행하였는데, 그 수사를 거의 종결하는 단계에 와서 고소권자가 합의금을 받고 고소를 취하하는 사례가 빈발함에

201) 심동섭, 전게논문, 64면 참조.

따라 개인의 이익을 위해 공권력이 낭비되고 있다는 비판을 받아왔다. 만약 반의사불벌죄로 할 경우 권리자는 자신의 고소 없이도 수사기관이 알아서 수사한 후에 처벌여부를 물어올 것이므로, 그때 가서 처벌여부를 가지고 침해자와 협상을 벌일 여지가 더 많아질 수 있다. 즉, 권리자는 고소에 의해서 침해자와 협상을 벌여 이득을 취하는 방법 외에, 고소 없이도 수사기관이 알아서 수사하여 기소 전 단계에 있는 침해자와 협상을 벌이고, 이때 수사 종결을 협상카드로 하여 이득을 취하는 방법 등을 택할 가능성이 높다는 것이다. 따라서 반의사불벌죄는 저작권 침해예방보다 권리자의 이익을 챙기는 도구로 전락할 위험이 있다는 이유로 논의에서 제외되었다고 한다.[202)]

3. 현행법상 비친고죄

한·미 FTA 협정은 저작권침해를 이유로 한 형사 처벌과 관련하여 고의에 의한 상업적 규모의 저작재산권침해죄에 대하여는, 당사국은 권리자 기타 관계자의 고소 또는 고발 없이도 직권으로 형사절차를 개시하여야 한다고 규정하고 있다.[203)]

여기서 우리 종전 저작권법의 "영리를 목적으로 상습적으로"라는 요건과 한·미 FTA 협정의 "상업적 규모"라는 요건을 어떻게 조화시킬 것인가의 문제가 있었다. 그리하여 현행법은 종전 저작권법의 "영리를 목적으로 상습적으로"라는 요건을 "영리를 목적으로 또는 상습적으로"라는 요건으로 수정하는 것으로 하였다. 즉, 비친고죄 적용에 관한 종전의 "영리 and 상습" 요건을 "영리 or 상습"의 요건으로 완화한 것이다.

이와 같이 완화된 요건 아래에서, 현행 저작권법 제136조 제1항 제1호(저작재산권 등 권리침해 행위), 제136조 제2항 제3호(데이터베이스제작자의 권리침해 행위) 및 제4호(제124조 제1항의 침해행위로 보는 행위, 다만 제124조 제1항 제3호의 프로그램의 저작권을 침해하여 만들어진 프로그램의 복제물을 그 사실을 알면서 취득한 자가 이를 업무상 이용하는 행위의 경우에는 비친고죄가 아니라 피해자의 명시적 의사에 반하여 처벌하지 못하는 '반의사불벌죄'로 하였다[204)])에 해당하는 행위

---

202) 상게논문, 64-65면 참조.

203) 한·미 FTA 협정 제18.10조 제27항 바호.

204) '반의사불벌죄'란 범죄의 피해자가 처벌을 희망하는 의사표시를 하지 않아도 공소를 제기할 수 있으나, 처벌을 희망하지 않는 의사표시가 있거나 처벌을 희망하는 의사표시를 철회하였을 때에는 공소를 제기할 수 없는 범죄이다. 반의사불벌죄의 경우 피해자의 고소가 없어도 공소를 제기할 수 있다는 점에서 한·미 FTA 협정상의 의무를 이행한 것으로 볼 수 있다. 여기서 제124조 제1항 제3호의 프로그램의 저작권을 침해하여 만들어진 프로그램의 복제물을 그 사실을 알면서 취득한 자가 이를 업무상 이용하는 행위를 특별히 비친고죄가 아닌 반의사불벌죄로 한 것은, 일부 소프트웨어 업계에서 이러한 행위가 비친고죄로 되면 당사자 사이에 합의로 해결할 수 있는 기회가 축소되어 오히려 저작권 보호에 장애가 된다는 이유를 들어 친고죄 유지를 주장하고 있는 점을 고려한 것으로 보여진다.

를 한 경우, 그리고 제136조 제 2 항 제 2 호(허위등록), 제 3 호의2(제103조의3 규정에 따라 제공받은 정보의 목적 외 사용), 3(기술적 보호조치의 무력화 등), 4(권리관리정보의 제거 및 변경 등), 5(암호화된 방송신호의 불법 복호화 등), 6(라벨의 위조), 7(방송 전 신호의 송신 등), 제137조 제 1 항 제 1 호부터 제 4 호까지(암호화된 방송의 무단시청과 상영 중인 영화의 도촬 등 개정안에서 새로이 규정된 부분 포함) 및 제 6 호(온라인서비스제공자의 업무 방해), 제 7 호(등록업무 수행자의 비밀유지의무 위반), 제138조 제 5 호(무신고 저작권대리중개업 및 영업폐쇄명령 위반 등) 등이 비친고죄에 해당하게 되었다.

이를 요약하면, 다음 각 호의 어느 하나에 해당하는 경우에는 친고죄가 아니다(저작권법 제140조).

1. 영리를 목적으로 또는 상습적으로 제136조 제 1 항 제 1 호, 제136조 제 2 항 제 3 호 및 제 4 호(제124조 제 1 항 제 3 호의 경우에는 피해자의 명시적 의사에 반하여 처벌하지 못한다)에 해당하는 행위를 한 경우
2. 제136조 제 2 항 제 2 호 및 제 3 호의2부터 제 3 호의7까지, 제137조 제 1 항 제 1 호부터 제 4 호까지, 제 6 호 및 제 7 호와 제138조 제 5 호의 경우

저작권법위반 행위가 비친고죄로 되기 위한 요건 중 하나인 '상습성'과 관련하여 대법원 2011. 9. 8. 선고 2010도14475 판결은 "저작권법 제140조 본문에서는 저작재산권 침해로 인한 같은 법 제136조 제 1 항의 죄를 친고죄로 규정하면서, 같은 법 제140조 단서 제 1 호에서 영리를 위하여 상습적으로 위와 같은 범행을 한 경우에는 고소가 없어도 공소를 제기할 수 있다고 규정하고 있는바, 같은 법 제140조 단서 제 1 호가 규정한 '상습적으로'라고 함은 반복하여 저작권 침해행위를 하는 습벽으로서의 행위자의 속성을 말한다고 봄이 상당하고, 이러한 습벽의 유무를 판단함에 있어서는 동종 전과가 중요한 판단자료가 되나 동종 전과가 없다고 하더라도 범행의 횟수, 수단과 방법, 동기 등 제반 사정을 참작하여 저작권 침해행위를 하는 습벽이 인정되는 경우에는 상습성을 인정하여야 할 것"이라고 판시하고 있다.[205]

205) 이 판결에서는 "피고인1은 peer-to-peer(p2p)방식으로 디지털콘텐츠의 거래가 이루어지는 '○○○ 사이트'를 운영하는 법인인 피고인2 회사의 대표자로서, 위 웹사이트의 운영 방법에 의할 경우 회원들이 대부분 정당한 허락 없이 저작재산권의 대상인 디지털콘텐츠를 '○○○ 프로그램'을 통하여 공유함으로써 복제 및 공중송신의 방법으로 반복적으로 저작재산권을 침해하는 행위를 조장·방조하는 결과에 이르게 되는 반면에, 위 피고인이 행한 저작권 보호를 위한 기술적 조치 등은 저작재산권자의 고소나 수사기관의 단속을 피하기 위한 형식적인 것에 불과하였던 점, 피고인1은 이러한 사정을 충분히 인식하고 있으면서 피고인 회사의 대표자로서 위 웹사이트를 개설하여 약 11개월에 걸쳐 영업으로 이를

한편, 비친고죄로 되기 위한 다른 하나의 요건인 '영리를 목적으로'에 관하여는 아직 뚜렷한 대법원 판결이 나오지 않고 있다. 다만, 대법원 2020. 7. 29. 선고 2017도1430 판결로 확정된 하급심판결[206]은, 피고인이 기능성식품인 로즈힙 분말을 제조하기 위해 식품의약품안전처에 건강기능식품 기능성 원료 인정 신청을 하면서 저작권자 등의 사용 허락 없이 로즈힙의 기능에 관한 임상연구 논문을 임의로 복제 및 첨부하여 제출한 행위에 대하여, 건강기능식품 기능성 원료로 인정받을 경우 건강기능식품의 판매로 상당한 이익이 예상되고, 피고인의 경쟁업체의 경우에는 저작권자로부터 상당한 대가를 지급한 후 논문을 제공받았다는 등의 이유로 영리목적을 인정하였다.[207]

이처럼 비친고죄 규정이 확대되면서 다수의 저작물을 대상으로 조직적이고 반복적으로 이루어지는 저작재산권 침해죄에서 저작재산권자(피해자)가 다수일 경우 피해자를 명확하게 기재하지 않으면 공소사실이 특정되지 않은 것으로 볼 것인지가 문제로 되었다. 이와 관련하여 대법원 2016. 12. 15. 선고 2014도1196 판결은, "저작재산권은 특허권 등과 달리 권리의 발생에 반드시 등록을 필요로 하지 않기 때문에 등록번호 등으로 특정할 수 없는 경우가 많고, 저작재산권자가 같더라도 저작물별로 각 별개의 죄가 성립하는 점, 그리고 2006. 12. 28. 법률 제8101호로 전부 개정된 구 저작권법이 영리를 위하여 상습적으로 한 저작재산권 침해행위를 비친고죄로 개정한 점 등을 고려해 보면, 저작재산권 침해행위에 관한 공소사실의 특정은 침해 대상인 저작물 및 침해 방법의 종류, 형태 등 침해행위의 내용이 명확하게 기재되어 있어 피고인의 방어권 행사에 지장이 없는 정도이면 되고, 각 저작물의 저작재산권자가 누구인지 특정되어 있지 않다고 하여 공소사실이 특정되지 않았다고 볼 것은 아니다."라고 판시하였다. 그리고 이러한 법리에 따라 "비록 이 부분 공소사실에는 피해자인 저작재산권자의 성명 등이 특정되어 있지 않으나, 정범의 범죄 구성요건적 행위에 해당하는 '○○' 사이트 이용자들의 영상저작물 업로드 행위에 관하여 그 행위자의 아이디, 업로드 파일의 파일명, 저작권침해 확인일시, 검색어 등이 기재되어 있어서 침해 대상 저작물과 침해 방법을 특정할 수 있으므로, 구성요건 해당사실을 다른 사실과 구별할

운영하고, 스스로도 정당한 허락 없이 사무실 컴퓨터에 저장된 저작재산권의 대상인 다수의 디지털콘텐츠를 회원들과 공유함으로써 위와 같은 저작재산권 침해행위를 한 점, 그 밖에 위와 같은 행위를 통해 이루어진 저작재산권의 침해 정도, 피고인 회사의 영업 규모 및 매출액 등을 종합하여 볼 때, 피고인1에게는 반복하여 저작권 침해행위를 하는 습벽이 있다고 봄이 상당하고"고 하여 대표이사와 법인 모두에 대하여 상습성을 인정하고 비친고죄로 의율하였다.

206) 수원지방법원 2017. 1. 11. 선고 2016노5836 판결.

207) 박경신, "저작권법 제140조상 '영리의 목적'의 범위에 대한 검토", 한국저작권위원회, 저작권동향, 2020. 12. 17. 등록. 이 글에서는 '영리의 목적'을 '간접적인 영리의 목적'이 있는 경우까지로 확대하는 것은 바람직하지 않다고 비판하고 있다.

수 있을 정도로 공소사실이 특정되었다고 볼 수 있다."고 하였다.

V. 양벌규정

법인의 대표자나 법인 또는 개인의 대리인·사용인 그 밖의 종업원이 그 법인 또는 개인의 업무에 관하여 저작권법에 정한 죄를 범한 때에는 행위자를 벌하는 외에 그 법인 또는 개인에 대하여도 각 해당 조의 벌금형을 과한다(저작권법 제141조 본문). 한편, 2009년 저작권법을 개정하면서, 법인 또는 개인이 그 위반행위를 방지하기 위하여 해당 업무에 관하여 상당한 주의와 감독을 게을리 하지 아니한 경우에는 위 양벌규정을 적용하지 아니하는 단서 규정을 추가하였다(같은 조 단서). 이는 헌법재판소가 법인의 과실 유무에 상관없이 양벌규정을 적용하여 처벌하는 것은 '책임주의' 원칙에 위배되므로 위헌이라고 결정한 것을 반영한 것이다.[208)]

법인이나 개인이 그의 대표자, 대리인, 사용인 또는 그 밖의 종업원 등이 그들의 업무와 관련하여 다른 사람의 저작권을 침해하지 않도록 하기 위해 어떻게 해야 하는지에 대한 일정한 안내가 필요하다. 이를 위한 업무지침을 보통 저작권 준수 프로그램(copyright compliance program)이라고 한다. 종업원 등이 업무를 수행하는 과정에서 저작권을 준수하도록 하기 위한 저작권 준수 프로그램은 일반적으로 다음과 같은 절차로 구성된다.

1. 기관 내에서 저작권 준수를 위한 제도의 수립과 이의 시행을 위한 담당자를 지정한다.
2. 저작물 이용과 밀접한 관련이 있는 업무에 대해서는 결재를 위한 체크리스트에 저작권 준수여부를 검토하는 과정을 삽입한다.
3. 종업원 등이 저작권 보호에 대하여 늘 경각심을 가지고 업무에 임할 수 있도록 정기적인 교육과 경고문을 부착한다.[209)]

법인 등이 이러한 저작권 준수 프로그램을 시행한 경우 위 양벌규정의 적용을 피할 수 있는 하나의 근거가 될 수 있을 것이다.

한편, 법인 등의 상습성 등 비친고죄 요건의 판단과 관련하여 위 대법원 2011. 9. 8.

---

208) 헌법재판소 2007. 11. 29. 선고 2005헌가10 결정. 이 사안은 보건범죄단속에관한특별조치법에 대한 것이었다.

209) 임원선, 실무자를 위한 저작권법, 개정판, 한국저작권위원회, 2009, 401-402면.

선고 2010도14475 판결은, 저작권법 제141조의 양벌규정의 적용에 있어서는 행위자인 법인의 대표자나 법인 또는 개인의 대리인·사용인 그 밖의 종업원의 습벽 유무에 따라 친고죄인지 여부를 판단하여야 할 것이라고 판시하고 있다.

Ⅵ. 죄수(罪數)

동일한 저작재산권자의 권리에 속하는 복수의 저작물에 대한 저작재산권을 침해한 경우에 이를 하나의 죄로 볼 것인지, 아니면 복수의 죄로 볼 것인지가 문제로 된다. 기본적으로 저작재산권 침해행위는 저작권자가 같더라도 저작물별로 침해되는 법익이 다르므로, 각각의 저작물에 대한 침해행위는 원칙적으로 각 별개의 죄를 구성한다. 다만, 단일하고도 계속된 범의 아래 동일한 저작물에 대한 침해행위가 일정기간 반복하여 행하여진 경우에는 포괄하여 하나의 범죄가 성립된다고 볼 수 있다.[210)]

주의할 것은 저작권법 제140조 본문에서 저작재산권 침해로 인한 제136조 제 1 항의 죄를 친고죄로 규정하면서, 제140조 단서 제 1 호에서 영리를 목적으로 또는 상습적으로 그러한 죄를 범한 경우에는 비친고죄로 규정하고 있으나, 상습으로 제136조 제 1 항의 죄를 저지른 경우를 가중처벌한다는 규정은 따로 두고 있지 않다. 따라서 수회에 걸쳐 저작권법 제136조 제 1 항의 죄를 범한 것이 상습성의 발현에 따른 것이라고 하더라도, 이는 원칙적으로 경합범으로 보아야 하는 것이지 하나의 죄, 즉 포괄일죄로 처단되는 상습범으로 볼 것은 아니다.[211)] 상습범을 포괄일죄로 처벌하는 것은 그것을 가중처벌하는 규정이 있기 때문인데, 상습범에 대한 가중처벌 규정이 없는 제136조 제 1 항의 죄에 대하여 상습적으

210) 대법원 2012. 5. 10. 선고 2011도12131 판결은, "2개의 인터넷 파일공유 웹스토리지 사이트를 운영하는 피고인들이 이를 통해 저작재산권 대상인 디지털 콘텐츠가 불법 유통되고 있음을 알면서도 다수의 회원들로 하여금 수만 건에 이르는 불법 디지털 콘텐츠를 업로드하게 한 후 이를 수십만 회에 걸쳐 다운로드하게 함으로써 저작재산권 침해를 방조하였다는 내용으로 기소된 사안에서, 피고인들에게 '영리목적의 상습성'이 인정된다고 하더라도 이는 고소 없이도 처벌할 수 있는 근거가 될 뿐 피고인들의 각 방조행위는 원칙적으로 서로 경합범 관계에 있고, 다만 동일한 저작물에 대한 수회의 침해행위에 대한 각 방조행위가 포괄하여 하나의 범죄가 성립할 여지가 있을 뿐인데도, 이와 달리 위 사이트를 통해 유통된 다수 저작권자의 다수 저작물에 대한 피고인들의 범행 전체가 하나의 포괄일죄를 구성한다고 본 원심판결에 저작권법 위반죄의 죄수에 관한 법리오해의 위법이 있다"고 판시하였다. 같은 취지로 대법원 2013. 9. 26. 선고 2011도1435 판결에서는, 피고인들에 대한 저작권법위반 방조의 대상이 되는 저작물이 모두 동일한 저작물은 아니므로, 피고인들의 범행을 경합범으로 보아 경합범 가중을 한 것은 정당하다고 판시하였다.

211) 대법원 2013. 9. 26. 선고 2011도1435 판결. 대법원 2013. 8. 23. 선고 2011도1957 판결.

로 수죄를 범하였음에도 이를 하나의 죄인 포괄일죄로 의율하게 되면 경합범으로 처벌하는 경우보다 가벼운 처벌을 받게 되어 불합리하기 때문이다.

제 3 절 침해로 보는 행위

Ⅰ. 서 설

저작권법은 저작권 등 동법에서 보호하는 권리(이하 '저작권 등'이라 한다)를 직접적으로 침해하는 것은 아니지만, 특정한 행위를 허용하면 저작권자 등 권리자의 이익을 부당하게 해할 우려가 있는 경우를 저작권 등을 침해하는 행위로 간주하는 규정을 저작권법 제124조에 두고 있다. 이 규정은 권리자를 충실하게 보호하는 한편, 실질적으로는 권리의 내용을 확충하기 위한 것이다. 그리하여 저작권법 제124조의 각항에서 규정하고 있는 행위는 이 규정으로 인하여 사실상 저작권 등 권리의 범위 내에 속하게 되는 효과가 있다. 이들 규정에 해당하는 행위를 하게 되면 저작권 등 권리의 침해가 될 뿐만 아니라, 벌칙의 대상으로도 된다.

Ⅱ. 저작권법 제124조 제 1 항

1. 배포 목적의 저작권 등 침해물건 수입행위

저작권법 제124조 제 1 항 제 1 호는, "수입 시에 대한민국 내에서 만들어졌더라면 저작권 그 밖에 이 법에 따라 보호되는 권리의 침해로 될 물건을 대한민국 내에서 배포할 목적으로 수입하는 행위"는 저작권 등 권리의 침해로 본다.

저작권 등 권리를 침해하는 행위가 외국에서 행하여질 경우 그러한 행위에 대하여는 우리 저작권법의 효력이 미치지 않는다. 예를 들면, 권리자의 허락을 받지 않고 중국에서 복제물이 작성되어도 그러한 작성행위에 대하여 우리 저작권법상의 권리를 주장할 수는 없다. 그러나 그렇게 해서 작성된 복제물이 우리나라에 수입된다면 이는 저작권 등 권리자의 경제적·인격적 이익을 해칠 것이 명백하고, 실질적으로는 우리나라에서 불법복제물이 제작되어 출시된 것과 동일한 의미를 가지므로, 이를 저작권 등 권리의 침해행위로 간주하여 저작권 등 권리자의 보호에 만전을 기하고자 한 것이다.

이 규정에 해당하는지 여부는, 그 물건을 수입하는 때에 있어서 만약 그 물건이 국내에서 작성되었다고 가정한다면, 당해 작성행위에 대하여 우리나라 저작권법을 적용할 경우 적법하다고 평가될 것이냐 불법이라고 평가될 것이냐의 방법으로 판단한다. 따라서 그 저작물이 외국에서 적법하게 작성되었느냐 불법적으로 작성되었느냐에 의하여 이 규정의 적용여부가 결정되는 것이 아니다. 작성행위가 우리나라에서 행하여졌더라면 권리자의 허락이 있는 것으로 볼 수 있는 것인지, 또는 저작재산권의 제한 규정이나 법정허락의 규정에 해당한다고 볼 수 있을 것인지 여부에 의하여 이 규정의 적용여부가 결정되는 것이다. 따라서 외국에서는 그 물건의 작성이 그 외국의 저작권법 등 관계법령에 비추어 불법적이지 않더라도 우리나라에서는 권리침해로 되는 경우가 있을 수 있고, 반대로 외국에서는 그 물건의 작성이 불법적인 행위였다고 하더라도 우리나라에서는 권리침해로 되지 않는 경우도 있을 수 있다. 즉, 물건이 만들어진 외국과 우리나라의 법 제도의 차이에 의하여 권리침해 여부가 결정되는 경우가 생긴다. 이 규정에 의하여 저작인접권이나 실연자의 인격권을 침해하는 것으로 간주되는 경우가 있을 수 있는데, 이와 같은 권리들은 나라에 따라서 보호의 유무 및 정도가 큰 차이가 날 수 있으므로 특히 주의를 요하는 부분이다. 외국에서는 실연자 인격권을 침해하지 않는 것이라 하더라도 우리나라에서는 침해로 되는 경우가 있을 수 있다.

그리고 이와 같은 판단과정을 거쳐 저작권 등 권리를 침해하는 것이라고 평가된 물건을 국내에서 '배포할 목적'으로 '수입하는 행위'를 저작권 등을 침해하는 행위로 간주하는 것이다. 개인적으로 즐기기 위한 물건이나 개인적인 연구를 목적으로 하는 물건 또는 단지 국내통과의 목적으로 수입하는 물건으로서 배포의 목적이 없는 물건은 저작권 등 권리를 침해하는 것으로 간주되지 않는다.[212)]

침해로 간주되는지 여부는 그 물건의 '수입 시'를 기준으로 하여 평가하므로, 수입 시에 만약 국내에서 작성되었더라면 권리침해가 되었을 물건이 침해물건으로 간주된다. 따라서 우리나라에서 권리침해에 해당하는 행위에 의하여 작성된 물건이라고 하더라도 수입시점에서 권리자로부터 허락을 받았다면 적법하게 작성된 물건으로 본다. 권리침해의 행위시점 역시 '수입시점'이다. 그리고 권리를 침해한 것으로 간주되는 자는 해외에서 그 물건을 작성한 자 또는 수출을 한 자가 아니라 수입을 한 자이며, 수입을 한 자가 고의·과실 유무에 관계없이 권리를 침해한 자로 간주된다.

212) 作花文雄, 전게서, 293면.

한편, 다른 나라의 법제도에 의하여 공적인 기관의 허락을 받아 작성된 물건의 경우가 문제로 될 수 있다. 다른 나라에서 권리자의 허락을 받지는 아니하였지만 그 나라의 강제허락 등의 법제도에 의하여 그 나라에서는 적법하게 작성된 물건을 수입하는 경우를 들 수 있다. 앞에서 본 바와 같이 수입 시에 우리나라에서 만들어졌을 경우를 가정하여 판단하면 이러한 경우도 본 규정에 따라 침해행위로 간주될 수 있을 것이다.[213)]

2. 악의의 배포목적 소지행위

저작권법 제124조 제 1 항 제 2 호는, "저작권 그 밖에 이 법에 따라 보호되는 권리를 침해하는 행위에 의하여 만들어진 물건(제 1 호의 수입물건을 포함한다)을 그 사실을 알고 배포할 목적으로 소지하는 행위"를 저작권 등 권리를 침해하는 행위로 본다.

2000년 1월의 저작권법 개정 전에는 '악의의 배포행위' 자체도 위 간주규정의 적용대상에 포함되어 있었는데, 2000년 1월의 개정에 의하여 악의의 배포행위는 위 규정에서 빠지게 되었다. 원래 권리침해행위에 의하여 만들어진 물건을 배포하는 행위는 당연히 배포권의 침해를 구성하므로 별도의 침해간주규정을 둘 필요가 없는 것인데, 이를 침해간주규정에 포함시킴으로써 일반적인 저작권침해죄에 비하여 낮은 형을 적용하는 결과로 되었었기 때문에 저작권법 개정으로 수정하게 된 것이다. 따라서 이 개정에 의하여 배포권 침해의 경우도 복제권 등의 침해와 동일한 민·형사책임을 지게 되었다.[214)]

'소지'라 함은 지배의 의사로서 사실상 자기의 지배 아래 두는 행위를 말한다. 예를 들면, 침해물을 창고에 보관하고 있는 것처럼 사회통념상 지배하고 있다고 평가되는 상태라면, 반드시 물리적으로 수중에 갖고 있지 않는 경우라 하더라도 이를 소지하는 것으로 볼 수 있을 것이다. '그 사실을 알고'라 함은 권리를 침해하는 물건임을 알면서 배포할 목적으

213) 동경지방법원 1987. 11. 27. 판결(判例時報, 1269호, 136-144면) 프랑스에서 신청외 A(작가)와 신청외 B는 레오나르 후지타 화백의 탄생 100주년을 맞아 '레오나르 후지타의 생애와 작품'이라는 제목의 서적을 출판하고자, 그 화백의 상속인인 처 X(신청인)에게 허락을 구하였으나 거절당하였다. 그런데 당시 프랑스 저작권법 제20조의 "사망한 저작자의 대리인이 출판권 또는 이용권의 행사 및 불행사와 관련하여 명백한 권리남용을 하는 경우 지방법원은 상당하다고 인정되는 조치를 명할 수 있다"는 취지의 규정에 따라 A와 B는 프랑스지방법원에 출판허락을 구하였고 그것이 받아들여졌으며, 베르사이유 항소법원도 이를 지지하였다. 그리하여 프랑스에서는 적법하게 작성된 이 사건 서적을 피신청인 Y(주식회사 日本美術出版)가 수입하여 판매를 하자, 이에 대하여 X가 이는 저작권을 침해하는 것으로 간주되는 행위라는 이유로 가처분신청을 하였다. 이 사건에서 동경지방법원은 그 서적을 수입하는 행위는 그 수입시점에 일본에서 저작권을 침해하는 것으로 간주된다고 하여, 일본에 수입하거나 일본에서 판매하는 것을 금지하는 가처분결정을 내렸다.

214) 오승종·이해완, 전게서, 530면.

로 그것을 소지하는 것을 말한다. 누가 어떻게 작성하였는지 등을 구체적으로 알고 있을 것까지를 요구하는 것은 아니다. 소지하는 시점에서는 권리침해물이라는 사실을 몰랐으나, 그 후에 알게 된 경우에도 그 후 계속하여 배포할 목적으로 소지한다면 '그 사실을 알고' 소지하는 것이 되어 본 규정의 적용을 받게 된다. 한편, 저작권을 침해하는 물건인지 여부가 소송 등에서 다투어지고 있는 경우에는 반드시 확정판결이 있은 때가 아니라 가처분결정이나 미확정의 제 1 심 판결 등 중간적인 판단이 내려진 단계에서 이미 권리침해물이라는 사실을 알게 된 것으로 인정하여야 할 것이다.[215)]

3. 프로그램의 업무상 이용

저작권법 제124조 제 1 항 제 3 호는 "프로그램의 저작권을 침해하여 만들어진 프로그램의 복제물(제 1 호에 따른 수입 물건을 포함한다)을 그 사실을 알면서 취득한 자가 이를 업무상 이용하는 행위"를 저작권 등 권리를 침해하는 행위로 본다. 이 규정은 종전 컴퓨터프로그램보호법 제29조 제 4 항 제 2 호를 2009년 개정 저작권법에 옮겨놓은 것이다. 즉, 다른 사람이 불법 복제한 프로그램이라는 사실을 알면서, 그 불법 복제 프로그램을 취득하여 이용하는 행위는 금지된다. 업무상 이용하여야 하므로 개인적인 목적으로 사용하는 경우는 이 규정에 해당하지 않는다.

4. 저작인격권 침해 의제행위

저작권법 제124조 제 2 항은 "저작자의 명예를 훼손하는 방법으로 저작물을 이용하는 행위"는 저작인격권의 침해로 본다. 앞의 저작권법 제124조 제 1 항의 침해로 보는 행위가 주로 재산권 침해를 의제하는 행위라고 한다면, 제 2 항의 침해로 보는 행위는 인격권 침해를 의제하는 행위이다.

저작권법은 공표권, 성명표시권, 동일성유지권 등 3가지의 저작인격권을 규정하고 있는데, 저작권법 제124조 제 2 항은 이들 3가지 저작인격권과는 별개의 제 4 의 인격적 권리로서 저작자의 명예의 유지 및 보호를 도모하기 위한 것이라고 평가된다. 이 규정의 입법취지는 저작자의 창작의도를 벗어나는 방법으로 해당 저작물의 이용행위를 함으로써 그 창작의도에 의구심을 불러일으키게 하거나, 저작물에 표현되어 있는 예술적 가치를 심각하게 훼손하는 형태로 저작물을 이용하는 것을 방지하기 위한 것이다.

215) 同旨, 作花文雄, 전게서, 295면.

저작인격권은 저작물에 화체된 저작자의 인격, 즉 '저작자인격'을 보호하는 것인데 비하여, 본 항은 일반적인 개인으로서의 명예를 보호하기 위한 규정이라고 할 수 있다. 따라서 민법상 명예훼손에 대한 권리 중 저작물과 관련된 특수한 영역을 규율하기 위한 규정으로서, 저작인격권과 민법상 인격권의 중간적 영역에 속하는 권리라고 볼 수 있다.216)

공표권, 성명표시권 및 동일성유지권 등 저작인격권을 침해하는 행위가 있을 경우 경험칙상 저작자의 명예가 훼손된 것으로 본다면, 이 규정은 특별한 의미가 없는 규정이라고 생각할 수도 있다. 곧바로 저작인격권 침해행위에 대한 책임을 물을 수 있기 때문이다. 그러나 저작물의 이용행위가 저작인격권 침해에는 명백히 이르지 않았다고 하더라도 그 과정에서 저작자의 명예를 훼손하는 방법으로 이용이 이루어졌다면 본 항에 의하여 저작인격권 침해로 의제된다는 점에서 이 규정의 의미가 있다. 예를 들어, 시(詩)나 음악을 저작재산권자의 허락을 받아 영상물에 수록하면서 저작자의 성명을 표시하고 동일성을 해치지 않았다 하더라도 그 저작물이 음란 영상물의 대사나 배경 음악에 사용되었다면 그것이 저작자의 명예를 훼손하는 행위라고 할 수 있다.217) 그 밖에 저작자의 명예를 훼손하는 방법으로 저작물 이용행위를 하는 것으로서는, 저작자가 희망하지 않았던 장소에 저작물을 비치하는 경우가 있다. 예를 들어, 예술작품인 누드화를 복제하여 스트립쇼 극장의 입간판으로 사용하는 행위와 같이, 저작자가 본래 의도하지 않았던 방법으로 저작물을 이용하는 경우를 생각할 수 있다.218) 또한 문학작품을 상업용 광고선전 문서 속에 수록하여 출판하는 경우나, 예술적인 가치가 높은 미술작품을 싸구려 물품의 포장지에 복제하여 사용함으로써 마치 그 작품이 처음부터 포장지의 디자인으로 창작된 것과 같은 인상을 주게 하는 이용행위, 엄숙한 종교음악을 희극용 악곡과 합체하여 연주하는 경우처럼 저작자가 표현하고자 하였던 종교적 엄숙함을 느낄 수 없도록 하는 이용행위, 의도적으로 저작자의 명예를 훼손하기 위하여 특정 어문저작물을 인용하는 경우(예를 들어, 문법교재나 논술교재 등에 특정 어문저작물을 잘못된 문장의 사례로 인용하는 경우) 등도 이에 해당할 수 있다는 견해가 있다.219)

본 항에서 말하는 '명예'는 주관적인 명예감정이 아니라 객관적인 사회적 평가를 말한다.220)

그 밖에 저작인격권, 출판권, 저작인접권, 데이터베이스제작자의 권리 등의 침해에 대하여는 각 해당 부분에서 검토한 바 있다.

---

216) 加戶守行, 전게서, 652-653면.
217) 최경수, 저작권법개론, 한울아카데미, 2010, 655면.
218) 허희성, 신저작권법축조해설, 범우사(1988), 407면.
219) 加戶守行, 전게서, 653면.
220) 오승종·이해완, 전게서, 533면.

Chapter 11

저작권의 국제적 보호

제 1 절
서　　설

제 2 절
국제조약

제 3 절
외국인 저작물의 보호

제 4 절
국제 저작권 분쟁에 있어서의 국제재판관할과 준거법

C / H / A / P / T / E / R 11

저작권의 국제적 보호

제 1 절 서 설

오늘날 저작물은 전달매체와 유통체계의 급속한 발달에 의하여 언제 어느 때라도 국경을 넘어 손쉽게 대량으로 전파될 수 있는 특성을 가지게 되었으며, 이러한 현상은 시간이 갈수록 더욱 가속화되고 있다. 사실 매체와 유통의 발달에 따른 저작물 이용환경의 변화는 인쇄출판을 중심으로 하는 미디어의 발달과 함께 19세기 초반에 들어서면서부터 이미 시작되었다고 볼 수 있다. 이러한 상황에서 저작권법의 속지주의 원칙을 엄격하게 적용하여 저작물이 국제적으로 보호를 받지 못하게 되거나 또는 일부 국가에서만 보호를 받게 된다면 저작자의 권리는 크게 위협을 받게 된다. 저작자 본국 이외의 곳에서는 저작물사용료를 지급하지 않고도 자유롭게 외국인의 저작물을 이용할 수 있게 되므로, 저작권의 가치는 격감하고, 해외에서 사용료를 내지 않고 제작된 값싼 저작물(해적판)이 그 저작물의 본국으로 역수입되어 국내의 정상적인 저작물의 시장마저 교란시킴으로써 저작권을 무의미하게 만들 수 있기 때문이다. 악화가 양화를 구축한다는 '그레샴의 법칙'(Gresham's Law)이 저작물 분야에서도 나타날 수 있다.[1)]

그리하여 19세기 중반부터 유럽 여러 나라를 중심으로 세계 각국에서는 저작권의 국제적 보호를 위한 노력이 나타나기 시작하였다. 먼저 각국의 문학가, 학자, 작곡가, 출판업자, 악보상 등으로 구성된 '국제문예협회'(國際文藝協會, International Literary and Artistic Association, Victor Hugo를 회장으로 파리에서 설립된 비정부기관)가 1878년 창립되어 자신들의 저작물을 보호하기 위한 국내 저작권법의 정비 및 국제간의 상호보호 등의 입법을 촉진하는 운동을 활발히 전개하였다. 이러한 움직임의 결과 상호 상대방 국민의 저작권을 보호하는 조약을 양 당

1) 송영식 외 2, 지적소유권법(상), 제 9 판, 육법사, 2005, 126면 참조.

사국이 체결하는 양국간 조약의 체결로부터 다국간 조약의 체결에 이르기까지 저작물의 국제적 보호는 비교적 신속한 진전을 보게 되었다.

그 과정에서 결실을 본 저작권에 관한 가장 기본적인 조약으로서 오늘날에도 큰 영향을 미치고 있는 것이 '베른협약'이다. 베른협약의 정식 명칭은 '문학·예술 저작물의 보호를 위한 베른협약'(Berne Convention for the Protection of Literary and Artistic Works)이고, 1886년 처음으로 제정되었다. 그 후 2번의 추가협성서와 5번의 개정을 거쳐 오늘에 이르고 있으며, 2019년 현재 177개국이 가입하고 있어 사실상 세계 대부분의 국가가 이 협약의 가입국이라고 볼 수 있다. 북한도 베른협약에 가입하고 있다.

그러나 베른협약은 개정이 이루어질 때마다 회원수의 확대보다는 주로 보호의 수준을 향상시키려고만 노력함으로써, 선진국 위주의 저작권제도일 뿐 전세계를 아우를 수 있는 보편성을 잃고 있다는 비판을 받았다. 또한 종전에는 2차 대전 이후 초강대국이 된 미국과 소련을 비롯하여 UN의 회원국이 된 많은 나라가 이 협약에 가입하지 않았다는 약점을 안고 있었다. 이에 2차 대전 후 UNESCO의 주도로 베른협약과 저촉되지 않으면서 개발도상국을 포함한 모든 나라의 가입을 유도할 수 있는 새로운 조약을 만들려고 시도한 결과 저작권에 관한 또 하나의 중요한 다국간 국제조약이 성립하게 되었는데, 그것이 '세계저작권협약'(Universal Copyright Convention, UCC)이다.[2] 이 협약은 1952년 제정되어 2012년 4월 현재 78개국이 가입하였다.

한편, 저작인접권에 관한 국제적 조약으로서는 통칭 '로마협약' 또는 '실연자조약'이라고 하는 '실연자, 음반제작자 및 방송사업자의 보호를 위한 국제협약'(International Convention for the Protection of Performers, Producers of Phonograms and Broadcasting Organization)이 1961년 제정되어 2015년 기준 92개국이 가입하고 있다.

1996년 12월에는 인터넷을 비롯한 디지털 네트워크 환경에 대응하여 저작권 및 저작인접권의 적절한 보호를 도모하려는 목적으로 세계지적재산권기구의 신조약인 저작권조약(WIPO Copyright Treaty, WCT)과 실연음반조약(WIPO Performances and Phonograms Treaty, WPPT)이 제정되었고, 2014년 5월 13일 기준 WCT에 93개국, WPPT에 94개국이 가입하고 있다.

우리나라는 1987년 7월 1일 세계저작권협약에 가입신청하여 1987년 10월 1일부터 그 효력이 발생하였고, 1987년 7월 10일 음반협약에 가입신청하여 1987년 10월 10일 그 효력이 발생하였다. 베른협약에는 1996년 6월 21일 WIPO에 가입신청서를 제출하여 1996년 9월 21일에 그 효력이 발생하였다. 그리고 2004년 3월 24일 WIPO 저작권조약(WCT)에 가입

---

2) 상게서, 127면.

신청을 하여 2004년 6월 24일 그 효력이 발생하였고, WIPO 실연음반조약(WPPT)에는 2008. 12. 18. 가입하여 2009. 3. 18. 그 효력이 발생하였다.[3)]

저작권 관련 국제조약 및 우리나라 가입현황(2015년 4월 기준)[4)]

조 약	체 결 일	발 효 일	당 사 국	한국 가입
베른협약	1986. 9. 9.	1887. 12. 5.	177	1996. 8. 21.
UCC	1971. 7. 24.	1974. 7. 10.	78(2012. 현재)	1987. 10. 1.
TRIPs 협정	1994. 4. 15.	1995. 1. 1.	161(2015. 현재)	2000. 1. 1.
WCT	1996. 12. 20.	2002. 3. 5.	93	2004. 6. 24.
로마협약	1961. 10. 26.	1964. 5. 18.	92	2009. 3. 18.
음반협약	1971. 10. 29.	1973. 4. 18.	78	1987. 10. 10.
WPPT	1996. 12. 20.	2002. 5. 20.	94	2009. 5. 20.

제 2 절 국제조약

Ⅰ. 베른협약

1. 베른협약의 성립

1882년 5월 로마에서 회의를 가진 각국의 저술가, 학자, 작곡가, 출판업자, 악보상 등은 Victor Hugo를 회장으로 한 국제문예협회에서의 독일 서적업자조합의 발의에 따라, 문학적·예술적 저작물의 보호를 위한 국제적인 조직을 설립할 것을 결의하였다. 이에 1883년 베른에서 회의를 개최하게 되었고, 스위스가 주최국이 되어 1983년 9월 10일부터 13일까지 4일간 예비회담을 거쳐 다국간 조약안을 채택하였다. 스위스 연방평의회는 이 협정안을 같은 해 12월 3일 각국에 송부하였고, 조약안 채택을 위한 외교회의를 1884년에 개최하기로 하였다. 이에 따라 1884년 9월 8일 베른에서 제 1 차 국제회의가 소집되었고, 1885년 9월 7일 제 2 차 국제회의, 1886년 9월 6일 제 3 차 국제회의가 개최됨으로써 스위스, 영국,

3) 오승종·이해완, 저작권법, 제 4 판, 박영사, 2005, 554면. www.wipo.int/treaties 참조.
4) 최경수, 저작권법개론, 한울아카데미, 2010, 70면. 조약 당사국의 정확한 숫자와 우리나라의 가입일 및 발효일 등은 참고로 한 자료에 따라서 다소 차이가 날 수 있다.

독일, 프랑스, 벨기에, 이탈리아, 스페인, 리베리아 등 10개국에 의하여 조약이 체결되기에 이르렀다. 초기 회의에서는 독일이 주장한 세계법으로서의 저작권법은 시기상조라 하여 배척하고, 외국인과 내국인의 권리를 평등하게 한다는 이른바 내국민대우의 원칙에만 관심을 기울였다고 한다.[5)]

특히 독일과 프랑스를 중심으로 한 '저작자권'(the right of author) 체계와 영국을 중심으로 한 '저작권'(copyright) 체계 사이의 심각한 차이점들[6)]로 인하여 하나의 통일된 법리에 따른 협정을 체결하는 것은 포기하고, 양 체계의 내용을 절충하려 한 결과 베른협약 창설규정은 각기 다른 법적 관점들이 혼재하는 양상을 띠게 되었다고 한다.[7)] 그 주요 내용을 보면 동 협약 제 2 조 제 1 항에서 내국민대우의 원칙을 확립하고 제 2 항에서 체약국에서 보호를 받기 위해서는 당해 저작물의 본국에서 법률이 정한 조건 및 절차를 이행할 것을 요건으로 하였다. 보호기간에 관한 일반규정은 두지 않고 제 5 조에서 번역권에 관하여서만 공표 후 10년간으로 규정하였다.

2. 베른협약의 변천

베른협약은 성립된 이후 현재까지 2번의 추가의정서가 있었고 5번의 개정규정이 만들어졌다. 그 주요 내용은 다음과 같다.

가. 1896년 파리 추가협정서

1896년 5월 파리에서 열린 회의에서 성립한 베른협약의 추가협정서이다. 이 추가협정서에서는 '최초발행'이라는 개념을 처음으로 도입하였고, 번역권에 관한 규정을 개정하였다. 즉 원래의 베른협약 창설규정에서는 저작자가 체약국 내에서 저작물을 발행한 날로부터 10년간 배타적인 번역권을 가지도록 하였는데, 파리 추가협정서에서는 배타적인 번역권을 저작권의 존속기간 전체를 통하여 인정하되, 다만 저작권자에 의하여 '최초발행일'로부

5) 이성호, 외국인의 지적소유권의 보호－저작권을 중심으로, 지적소유권에 관한 제문제(하), 재판자료 제57집, 법원행정처, 1992, 599면.

6) 저작권법 분야에 있어서 전통적으로 프랑스와 독일로 대표되는 대륙법계 국가에서는 저작권을 '저작자의 권리'(author's right)로 파악함으로써 저작물은 저작자의 인격의 발현이라는 의식이 강하게 나타나고 있다. 그리하여 저작권을 보호함에 있어서는 재산적 권리의 보호도 중요하지만 저작인격권을 비롯한 인격적 이익의 보호 역시 매우 중요하게 취급한다. 이에 반하여 영국과 미국을 중심으로 하는 영미법계 국가에서는 저작권을 '복제를 금지하는 권리'(copyright)로 파악하여 저작자의 재산적 이익을 확보하는 것에 중점을 두는 경향을 보이고 있다.

7) 오승종·이해완, 전게서, 562면.

터 10년 내에 번역출판이 이루어지지 않는 경우에는 그 번역권이 소멸하는 것으로 규정하였다. 또한 보호되는 저작물의 목록에 "사진과 유사한 과정에 의하여 표현된 저작물을 포함하는 사진저작물"을 추가하였다.[8]

나. 1908년 베를린 개정규정

1908년 10월부터 11월까지 사이에 베를린에서 베른협약 개정회의가 개최되어 같은 해 11월 13일 베를린 개정규정이 성립되었다. 베를린 개정규정은 저작물의 보호와 관련하여 상당히 중요한 의미를 가지는데, 우선 '무방식주의'(無方式主義)를 채택하였다는 점이다. 그리고 저작물이 그 저작물의 본국(本國)에서 어떠한 보호를 받고 있는지 여부에 관계없이 내국민대우에 의하여 보호를 받을 수 있음을 규정하였으며, 권리의 구제는 그 저작물의 보호를 구하고 있는 나라의 법률에만 의하여야 한다는 점을 분명히 하였다. 즉, '권리독립의 원칙'과 '속지주의 원칙'(저작물 이용지법 적용원칙)을 채택한 것이라고 할 수 있다. 보호받는 저작물과 관련하여서는 응용미술에 관한 규정을 두었고, 사진저작물의 보호를 명확히 하였다. 또한 음악저작물의 녹음행위 및 그 녹음물에 의한 재생행위에 관하여서도 저작자의 권리가 미치는 것으로 하였다. 저작물이 영화에 이용될 경우 저작자는 복제 및 흥행에 관한 권리를 가지며, 영화 자체도 저작물로 보호받는 것으로 규정하였다.

보호기간에 대하여는 원칙적으로 저작자의 사후 50년까지로 규정하였으며, 번역권의 경우는 그 존속기간에 관한 특례를 정한 종전 규정을 삭제하고 번역권도 다른 권리와 동일한 존속기간의 적용을 받는 것으로 하였다. 다만, 체약국이 종전과 같이 파리 추가협정서의 규정에 따를 수 있도록 함으로써 이 부분은 체약국의 권리로 유보하였다.

다. 1914년 베른 추가의정서

1914년 베른에서 추가의정서가 제정되었다. 이 의정서를 제정하게 된 배경은 베른협약에 가입하지 않은 미국이 불가입에 따른 사실상의 무임승차 효과를 얻고 있는 것을 무력화하기 위한 것이었다. 베른협약의 파리 추가규정이나 베를린 개정규정에 의하면, 비체약국의 저작물이라 하더라도 체약국내에서 최초로 공표된 경우에는 동일한 보호를 받는 것으로 되어 있었다. 미국은 이러한 규정을 이용하여 자국 내에서 서적을 발행하면서 동시에 영어권인 캐나다나 영국에서 동일한 서적을 발행함으로써 사실상 베른협약 체약국과 같은 보호를 누려왔다. 이를 이른바 '우회적 보호'(back door protection)라고 한다. 그러나 이에 비하여 영국 등 체약국의 저작물이 미국에서 보호를 받기 위해서는 등록이나 납본 등 미국

8) 상게서, 563면.

법이 규정하고 있는 여러 조건을 만족하지 않으면 안 되는 불합리한 상황이 계속되고 있었던 것이다. 이러한 불합리를 타개하기 위하여 영국의 제창에 의하여, 비체약국 국민의 저작물에 대하여는 체약국 내에서 최초로 공표된 것이라 하여도, 당해 비체약국이 체약국의 저작물을 적절한 방법으로 보호하지 않는 경우에는, 체약국은 당해 비체약국의 국민의 저작물 보호를 제한할 수 있도록 하는 이른바 '보복조항'(reprisal clause)을 두는 것으로 의정서가 작성되었다.9) 이것이 1914년 베른 추가의정서이다.

라. 1928년 로마 개정규정

1928년 5월부터 6월 사이에 로마에서 개최된 개정회의에서 정해진 규정이다. 이 개정안의 가장 중요한 내용은 인격권의 보호를 명확히 하였다는 것이다. 이에 의하여 저작자는 자신이 창작자라는 사실을 주장할 수 있는 권리(성명표시권)와 저작물의 개변에 의하여 명예나 성망을 손상당하지 않을 권리(동일성유지권)를 가지게 되었다. 또한 새로운 매스 미디어에 대한 문제를 취급하여 상영권과 연주권에 관한 규정을 정비하였고, 라디오 방송과 관련하여 방송권 규정을 신설하였으며, 공동저작물의 저작권 보호기간을 최후 생존자가 사망한 날로부터 기산하는 규정을 두었다.10)

마. 1948년 브뤼셀 개정규정

1948년 6월 5일부터 26일까지 브뤼셀에서 개최된 개정회의에서 정해진 규정이다. 저작권의 보호기간을 "저작자의 생존 기간 및 사후 50년"으로 하는 규정을 강행규정으로 함으로써 보호를 강화하였으며, 희곡과 음악저작물 저작자에게 공연권을 인정하였다. 응용미술 등의 보호에 관한 규정을 정비하였으며, 추급권을 새로이 도입하고, 협약의 해석과 운영에 관한 분쟁은 국제사법재판소(International Court of Justice)에 의하여 해결하도록 하였다.11)

바. 1967년 스톡홀름 개정규정

1967년 6월 11일부터 7월 14일까지 스톡홀름에서 저작권에 관한 베른협약의 개정, 공업소유권에 관한 파리조약의 개정과 베른협약 및 파리조약의 관리를 근대화하기 위한 새로운 국제기구로서 세계지적재산권기구를 설립하는 조약의 작성을 목적으로 외교회의가 개최되었다. 이 회의에서 저작권에 관한 베른협약과 관련하여 몇 가지 새로운 문제가 대두

---

9) 作花文雄, 詳解 著作權法, 제 3 판, ぎょうせい, 515면.
10) 상게서, 516면.
11) 오승종·이해완, 전게서, 564-565면.

되었는데 첫째, 누가 저작권자인가, 둘째, 새로운 기술의 발전에 협약은 어떻게 대처할 것인가, 셋째, 베른협약과 미국 및 제 3 세계와의 관계를 어떻게 정립할 것인가 하는 점 등이었다.

스톡홀름 회의는 저작권 보호수준을 약화시키려는 제 3 세계의 노력에 따라 베른협약의 전반적인 개정과 개발도상국들의 희망을 충족시키기 위한 저작권 제한문제를 논의하였고, 그에 대한 성문화 작업에까지 이르렀지만 개발도상국들을 위한 부속서에 불만을 가진 국가들이 비준을 하지 않음으로써 실체규정은 발효되지 못하였다.[12] 그러나 여기서 정해진 실체규정들은 상당수가 다음의 파리 개정규정에 인계되어 각국의 저작권 개정 작업에 큰 영향을 미치게 된다.

사. 1971년 파리 개정규정

1971년 7월 5일부터 24일까지 파리에서 개최된 개정회의에서 정해진 내용이다. 이 회의는 세계저작권협약(UCC) 개정회의와 동시에 개최되었다. 여기서 정해진 파리 개정규정이 결국 오늘날 현행 베른협약의 내용을 이루고 있다고 볼 수 있다. 파리 개정규정에는 베른협약과 불가분 일체를 이루고 있는 부속서가 포함되어 있는데, 이 부속서에서는 개발도상국에 관한 특례규정을 두고 있으며, 번역권의 강제허락 규정을 두어 3년간 특정 국가의 언어로 번역서가 발행되지 않은 경우에는 그 국가의 권한 있는 기관으로부터 허가를 받아 교육연구 목적을 위하여 번역서를 발행할 수 있도록 하였다. 또 복제권의 강제허락 규정을 두어 교육활동에 사용하기 위하여 출판물의 발행 후 5년 내에 당해 국가에서 통상적인 가격으로 배포되지 않은 경우에는 허가를 얻어 발행할 수 있도록 하였다.

이하에서는 파리 개정규정을 포함한 현행 베른협약의 주요 내용에 대하여 살펴본다.

3. 베른협약의 내용

가. 보호대상인 저작물

베른협약은 제 1 조에서 '문학·예술 저작물'에 대한 저작자의 권리를 보호한다고 규정하면서, 제 2 조 제 1 항에서 "문학·예술 저작물이란 그 표현의 형태나 방식을 불문하고 서적·소책자·강의·강연·설교 등의 저작물, 연극 또는 악극저작물, 무용저작물과 무언극, 가사의 유무를 불문한 음악저작물, 영화와 유사한 방법으로 표현된 영상저작물, 소묘·회화·건축·조각·판화 및 석판화, 사진과 유사한 방법에 의하여 표현된 사진저작물, 응용미술,

12) 송영식 외 2, 전게서, 130면.

지도·설계도·스케치 및 지리학·지형학·건축학 또는 과학에 관한 저작물 등 문학·학술 및 예술의 범위에 속하는 일체의 창작물을 포함한다."고 규정하고 있다.

문학·예술 저작물의 번역물·각색물·편곡물·기타 개작물은 원저작물의 저작권에 영향을 미치지 아니하는 범위 내에서 저작물로 보호된다(제 2 조 제 3 항). 마찬가지로 소재의 선택과 배열에 의하여 창작물이 되는 백과사전 및 선집과 같은 문학·예술 저작물의 편집물은 그 편집물을 구성하는 각 소재 저작물의 저작권을 해치지 않는 범위 내에서 저작물로 보호된다(제 2 조 제 5 항).

이상에서 규정하고 있는 저작물들은 협약 자체에 의하여 모든 체약국에서 각 체약국의 입법여부에 관계없이 보호의 대상이 된다. 다만, 응용미술저작물 및 산업디자인, 모형에 관한 법률의 적용범위와 그러한 저작물·디자인 및 모형이 보호되는 조건은 체약국의 입법에 맡겨 결정할 수 있도록 하고 있다. 또한 본국에서 오로지 디자인과 모형으로만 보호되는 저작물은 다른 체약국에서 디자인과 모형에 부여하는 것과 같은 특별한 보호를 받는다. 다만, 그 다른 체약국에서 그러한 특별한 보호를 부여하지 아니하는 경우에 그 저작물은 예술저작물로서 보호된다(제 2 조 제 7 항). 시사보도나 단순한 언론 보도의 성격을 가지는 기타 사실에 대하여는 베른협약에 의한 보호가 부여되지 않는다(제 2 조 제 8 항).

보호의 요건으로서 '고정'을 요구할 것인지 여부는 체약국의 국내법에 유보하는 것으로 하였다(제 2 조 제 2 항).

나. 내국민대우(內國民待遇)의 원칙

베른협약 제 5 조 제 1 항은 "저작자는 이 협약에 의하여 보호되는 저작물에 관하여 본국 이외의 체약국에서 각 법률이 현재 또는 장래에 자국민에게 부여하는 권리 및 이 협약이 특별히 부여하는 권리를 향유한다"고 규정함으로써 내국민대우의 원칙을 천명하고 있다.

내국민대우(national treatment)란 어느 조약에 관하여 체약국이 다른 체약국의 국민에 대하여 자국민에게 부여하는 대우와 동등하거나 또는 그 이상의 대우를 부여하는 것을 말한다. 이와 유사한 개념으로서 '최혜국대우'가 있는데, 최혜국대우가 '특정국가 우대 금지'(제 3 국의 국민에게 부여하는 대우와 동등하거나 그 이상의 대우를 다른 체약국의 국민에게도 부여하는 것)를 의미하는 것임에 대하여, '내국민대우'는 '타국민에 대한 차별금지'(자국민에게 부여하는 대우보다 불리하지 않은 대우를 타국민에게 부여하는 것)를 의미한다는 점에서 차이가 있다.

또한 '내국민대우'를 '내외 무차별'(內外 無差別)과 혼동하는 경우가 많은데, 원칙적으로 이들은 서로 다른 개념이다. '내외무차별'은 자국민과 타국민을 완전히 동등하게 취급하는 것을 의미하지만, '내국민대우'는 이와는 달리 타국민을 자국민보다 우대하는 것도 가능하다.

저작권에 관한 조약의 기본적인 목적은 저작권 보호의 수준에 관한 국제적 조화를 이루고자 하는 것이다. 그런데 각국에서 동일한 수준의 저작권 보호와 권리를 부여한다고 하여도, 다른 체약국 국민에 대하여 자국민과 동등 이상의 대우를 해 주지 않는다면 국제적 조화는 달성할 수 없게 된다. 따라서 국제저작권 조약에 있어서 '내국민대우의 원칙'은 매우 중요한 의미를 가지고 있으며, 베른협약뿐만 아니라 뒤에서 보는 세계저작권협약, 로마조약, WIPO 실연음반조약 등의 조약에서는 이러한 '내국민대우의 원칙'을 보장할 것을 체약국의 의무사항으로 명기하고 있다.[13)]

저작권 국제조약과 관련하여 보면 '내국민대우의 원칙'은 크게 두 가지 종류로 나누어 볼 수 있다. 첫째는 베른협약 형태의 내국민대우의 원칙으로서, 조약에 규정되어 있는 권리뿐만 아니라 모든 권리에 대하여 내국민대우를 부여하는 것이다. 따라서 어느 체약국이 베른협약에 따른 의무를 넘어서서 자국민에게 독자적으로 부여하는 권리에 대하여도 다른 체약국의 국민에게 내국민대우, 즉 동등한 대우를 부여하게 된다. 둘째는 로마협약에서 볼 수 있는 형태의 내국민대우의 원칙으로서, 그 조약에 규정되어 있는 권리에 대하여서만 내국민대우를 부여하는 것이다. 이 경우에는 어느 체약국이 그 조약에서 정한 의무를 넘어서서 자국민에게 독자적으로 부여하는 권리에 대하여는 다른 체약국의 국민에게 내국민대우를 부여하지 않아도 된다.[14)]

다. 무방식주의(無方式主義)의 원칙

베른협약은 제 5 조 제 2 항에서 "저작자가 가지는 권리의 향유와 행사는 어떠한 방식에 따를 것을 조건으로 하지 않는다"고 규정함으로써 무방식주의의 원칙을 천명하고 있다. 따라서 저작권 보호의 전제조건으로 등록이나 납본, 저작권 유보의 표시 등과 같은 어떠한 절차나 방식도 필요로 하지 않는다.

원래 '무방식주의'(non-formality)란 저작권의 취득·발생에 관하여 아무런 방식의 이행이나 절차를 요구하지 않는 제도를 말한다. 무방식주의는 극히 일부의 국가를 제외하고 세계 대부분의 국가들이 채택하고 있는 제도이기도 하다.

이에 비하여 '방식주의'(formality)라 함은 저작권의 취득이나 저작권법에 의한 보호의 대상으로 되기 위해서는 일정한 방식을 요구하는 제도를 말한다. 그러한 방식으로서는 복

---

13) 다만, 보호기간 등에 있어서는 '상호주의'에 의할 수 있도록 예외규정을 두고 있다.
14) 이상 新版 著作權事典, 社團法人 著作權情報センター, 1999, 282-283면.

제물의 납본, 등록, 표시, 공증인에 의한 증명, 수수료의 납부, 자국에서 발행되거나 복제물이 제조될 것 등을 생각해 볼 수 있다. 종전에는 초강대국인 미국이 방식주의를 채택하고 있었기 때문에 저작권 실무의 국제적 조화에 있어서 큰 문제가 되었다. 그러나 미국도 1989년 베른협약에 가입함으로써 무방식주의를 채택하게 되었고, 따라서 현재 방식주의를 채택하고 있는 나라는 극히 소수에 불과하다. 다만, 미국의 경우 등록제도와 관련된 규정은 여전히 이를 유지하고 있다. 따라서 미국의 경우 베른협약 체약국의 저작물에 대하여 저작권 그 자체의 취득 및 행사와는 관계가 없지만, 소송에 있어서 '법정손해배상 규정의 적용'이나 '변호사비용 청구의 가부' 등과 관련하여 등록저작물과 비등록저작물 사이에 차별적인 취급을 하고 있다.[15)]

라. 보호의 대상

체약국 국민의 저작물(발행 또는 미발행여부를 불문한다. 비체약국 국민에 대하여도 체약국에 상시 거소를 두고 있으면 체약국 국민으로 본다), 비체약국 국민의 저작물이라 하더라도 체약국에서 최초 발행(동시 발행을 포함한다. '동시발행'이라 함은 타국에서 최초 발행한 날로부터 30일 이내에 발행하는 것을 말한다)된 저작물이 보호된다. 또한 영화저작물의 경우에는 위의 조건을 충족하지 않는 경우라 하더라도 영화제작자가 체약국에 주된 사무소 또는 주소를 두고 있는 경우에는 보호된다. 체약국에서 건축된 건축저작물이나 체약국에 소재하는 부동산과 일체로 되어 있는 미술저작물도 보호된다(제 3 조).

마. 권리독립의 원칙

베른협약은 제 5 조 제 2 항의 두 번째 문장에서 "저작권의 향유와 행사는 당해 저작물의 본국에서의 보호여부와 관계가 없다"고 규정함으로써 권리독립의 원칙을 명시하고 있다. 따라서 당해 저작물이 본국에서의 저작권법이 정하는 요건을 충족하지 못하여 그 본국에서는 권리가 실효된 경우에도 다른 체약국에서는 보호를 받을 수 있다.

바. '보호국법주의'(保護國法主義)

베른협약은 제 5 조 제 2 항의 세 번째 문장에서 "… 보호의 범위와 저작자의 권리를 보호하기 위하여 주어지는 구제의 방법은 오로지 보호가 주장되는 국가의 법률에 따른다." 고 규정하고 있다.[16)] 이 규정이 준거법에 관한 규정인지 여부 및 이 규정에서 '보호가 요

15) 著作權事典, 전게서, 353면.

16) 그 원문은 다음과 같다. "Consequently, apart from the provision of this Convention, the extent of

구되는 국가'가 과연 보호국을 의미하는지에 관해서는 이견이 있으나, 이 규정을 베른협약이 이른바 '보호국법주의'(保護國法主義)의 원칙을 천명하고 있다고 보는 것이 일반적인 해석인 것 같다.

다자간 저작권협약에 국제사법의 일반원칙을 적용함에 있어서는 이론적으로 본국법주의(本國法主義)와 보호국법주의(保護國法主義) 두 가지 모델이 있을 수 있다. 저작물에 관하여 본국법주의를 취한다고 하는 것은 저작권의 발생·내용·제한 등에 관하여 '저작물의 본국법'을 그 준거법으로 하는 것을 말한다. '저작물의 본국'은 그 창작 당시의 저작자의 국적 또는 그 저작물 자체의 탄생지(최초로 발행된 나라)를 기준으로 정해진다.[17] 본국법주의에 의할 때에는 만약 어떤 저작물이 베른협약 체약국 중 예컨대 잠비아에서 최초로 발행된 경우에는 우리나라에서도 잠비아에서와 동일한 내용의 저작권을 가지게 되는 것이다. 따라서 그에 대한 권리침해소송이 제기되었을 경우, 우리나라 법정은 우리 저작권법이 아니라 잠비아의 저작권법을 적용하여야 한다.[18]

이에 반하여 보호국법주의에 의하면 저작물의 본국이 어디든 상관없이 그 저작권 보호가 요구된 국가의 저작권법을 적용하여 판단하면 된다. 이러한 보호국법주의의 채택은 자연스럽게 내국민대우의 원칙으로 이어진다. 즉, 내국민대우의 원칙은 보호국법주의와 논리필연적 관계에 있는 것은 아니지만, 실제적으로 밀접한 관계를 가지고 있다. 내국민대우의 원칙은 협약에 의하여 저작권보호를 받는 사람들은 어느 체약국에서든지 당해 나라의 법이 내국민에 대하여 승인하는 보호를 자신에게도 적용할 것을 요구할 수 있다는 것을 말한다. 즉 외국인도 그가 베른협약의 체약국에 속하여 있으면 내국민과 같은 대우를 받게 되는 것이다.[19]

본국법주의를 취하면 동일한 저작물은 세계 어느 나라에서나 동일하게 보호받게 되는 장점이 있으나, 저작권의 국제적 보호에 관한 소송사건을 담당하는 법원은 서로 다른 내용의 많은 외국법을 해석하여 적용하여야 하는 어려움에 봉착하게 될 것이다. 보호국법주의를 취하면 법원은 보호가 요구되는 국가(대부분의 경우 보호를 요구하는 국가의 법원에 소송을 제기하는 것이 보통이므로, 보호를 요구하는 국가는 해당 법원의 자국이 될 가능성이 높다)의 저작권법만

---

protection, as well as the means of redress afforded to the author to protect his rights, shall be governed exclusively by the laws of the country where protection is claimed."

17) 베른협약 상 저작물의 '본국'이라 함은 ① 체약국에서 발행된 저작물에 대하여는 그 발행지의 체약국(서로 다른 보호기간을 정하는 2 이상의 체약국에서 발행된 경우에는 가장 짧은 보호기간을 정하는 국가), ② 비체약국과 체약국에서 동시에 발행된 경우에는 그 체약국, ③ 미발행 저작물과 체약국에서 최초 발행되지 않은 저작물의 경우에는 저작자의 국적이 있는 체약국을 말한다(제 5 조 제 4 항).

18) 오승종·이해완, 전게서, 565면.

19) 상게서, 566면.

적용하면 되는 장점이 있으나, 동일한 저작물에 대하여 보호가 요구되는 곳이 어디인가에 따라 서로 상이한 내용의 보호를 하게 되는 단점이 있을 수 있다.

그러나 실제에 있어서 이 두 가지 모델 중 두 번째 모델, 즉 보호국법주의와 내국민대우의 원칙을 취하는 것이 실행가능한 현실적인 방법임이 역사적으로 입증되었다고 한다. 그것은 일찍부터 내국민대우의 원칙을 채택한 베른협약은 매우 성공적인 협약으로서 오랜 기간 동안 강력한 영향력을 발휘하고 있음에 반하여, 베른협약이 성립한 지 얼마 후인 1889년에 미주대륙을 중심으로 본국법주의를 원칙으로 하여 성립하였던 몬테비데오협약(Montevideo Convention)은 결국 제대로 실시되지 못하고 실패하게 된 예를 통해서도 알 수 있다고 한다.[20] 베른협약은 보호국법주의 및 그것을 전제로 한 내국민대우의 원칙을 기본원칙으로 정하였고, 그 뒤에 나온 저작권 및 저작인접권에 관한 협약도 모두 이 원칙을 채택하고 있다. 이는 국제저작권에 있어서 내국민대우의 원칙의 일반적인 적용은 국제사법에서 제기되는 중요한 쟁점, 즉 "섭외적 요소를 내포하고 있는 사건에서 법원은 어느 법을 적용하여야 하는가"라고 하는 쟁점이 저작권법에서는 발생할 여지가 크지 않게 되었다는 것을 의미한다. 즉, 준거법의 선택은 협약에 의하여 대부분 결정되어 있다. 저작권자가 체약국의 국민이거나 저작물이 체약국 내에서 최초로 발행된 경우에는 어떤 다른 체약국에서도 그 나라의 국민과 동일한 보호를 받을 수 있고, 따라서 그러한 저작권자에 의하여 저작권침해소송이 제기되었을 경우에 법원은 대부분 그 법원이 소재하고 있는 국가의 국내 저작권법을 적용하면 된다.[21]

사. 저작인격권

베른협약 제 6 조의2는 저작자의 인격적 이익을 보호하기 위하여 저작자는 자신이 그 저작물의 창작자라는 사실을 주장할 수 있는 권리(성명표시권)와 저작물의 개변이나 기타 행위에 의하여 명예와 성망에 해를 입는 것을 방지할 수 있는 권리(동일성유지권 등)를 가지는 것으로 규정하고 있다. 또한 저작자의 사후에도 적어도 재산권의 보호기간이 만료되기 전까지는 인격적 이익을 보호하는 것으로 규정하고 있다.

아. 저작재산권

베른협약에 의하면 저작자에게 부여되는 저작재산권으로서는, ① 번역권(제 8 조), ② 복제권(제 9 조. 다만 제13조에 의하여 음악저작물의 녹음에 대하여는 강제허락 제도의 도입이 허용되고 있

20) 상게서, 566면.
21) 상게서, 567면.

다), ③ 공개상연권, 연주권(녹음·녹화물의 재생을 포함한다. 제11조 제1항 제1호) 및 상연·연주를 공중에게 전달하는 권리(유선에 의한 송신도 포함한다. 제11조 제1항 제2호), ④ 방송권 등(제11조의2. 저작물을 방송하거나 기타 무선으로 공중에게 전달하는 권리. 방송된 저작물을 수신하여 유선 또는 무선으로 공중에게 전달하는 권리. 방송된 저작물을 확성기 등으로 공중에게 전달하는 권리. 본 조의 권리를 행사하기 위한 조건에 관하여는 체약국의 법령이 정하는 바에 따른다. 따라서 강제허락 제도의 도입도 허용된다), ⑤ 공개낭독권(제11조의3), ⑥ 번안권(제12조), ⑦ 영화화권(제14조), ⑧ 추급권(제14조의3. 다만, 이 권리를 규정할 것인지 여부는 체약국의 국내법에 위임되어 있다)이 규정되어 있다.

이를 요약하면 저작재산권 중 복제권, 번역권, 공개상연 및 연주 등 공연권, 공개낭독권, 번안권, 영화화권은 체약국의 국내 입법에 관계없이 무조건 인정해야 하는 권리이고, 음악저작물의 녹음권과 방송권은 체약국의 국내 입법에 의하여 강제허락이 가능하며, 추급권은 인정여부 자체가 체약국의 법령에 유보되어 있는 것으로 정리할 수 있다.[22] 한편, 추급권에 대하여는 실질적 상호주의가 적용되고 있다. 그리하여 추급권의 보호는 저작자가 속한 국가의 입법으로 이를 허용하고 있는 경우에, 그리고 그 보호가 주장되는 국가가 허용하는 범위 내에서만 각 체약국에서 주장될 수 있으며, 그 징수절차와 금액에 대하여는 국내 입법에 맡겨져 있다(제14조의3 제2, 3항).

자. 권리의 제한

첫째, 복제권에 대한 예외적인 제한을 두는 것에 관하여 체약국의 입법에 유보하고 있다(제9조 제2항). 다만, 그러한 복제는 저작물의 통상적인 이용과 충돌하지 않아야 하며, 저작자의 합법적인 이익을 부당하게 침해하지 아니하여야 한다(이를 이른바 'Three Step Test', 즉 '3단계 테스트'라고 한다). 둘째, 저작물은 인용에 의하여 출처를 명시하고 이용할 수 있다(제10조 제1항). 셋째, 저작물은 교육목적을 위하여 출처를 명시하고 출판·방송·녹음·녹화의 방법으로 이용할 수 있다(제10조 제2항). 넷째, 신문·정기간행물에 게재된 정치·경제·종교상의 시사문제에 관한 기사나 방송된 그러한 종류의 저작물은 명시적으로 금지되어 있는 경우를 제외하고 출처를 명시하고 다른 신문잡지에 게재하거나 방송 또는 유선에 의하여 공중전달할 수 있다(제10조의2 제1항). 다섯째, 시사사건을 보도함에 있어서 사건의 과정에서 보이거나 들리는 저작물은 보도의 목적상 정당한 범위 내에서 이용할 수 있다(제10

22) 베른협약 제14조의3 제1항은 "저작자 또는 그의 사망 후에 체약국의 법률에 의하여 그 권리를 받은 자연인이나 단체는 미술저작물의 원본 및 작사자와 작곡자의 원고에 대하여, 저작자가 저작물을 최초로 이전한 후에 그 저작물의 매매로 인하여 발생하는 이익에 대하여 양도할 수 없는 권리를 갖는다."고 하여 추급권을 규정하고 있다. 추급권의 의미에 대하여는 '제3장 제3절 저작재산권' 중 '서설' 부분 참조.

조의2 제 2 항). 여섯째, 방송을 위한 일시적 고정을 할 수 있다(제11조의2 제 3 항).

또한 베른협약은 조문 상으로 명시하고 있지는 않지만 저작물의 무형적인 이용, 즉 상연이나 연주, 상영 등과 관련하여 일정한 경우에 권리를 제한할 수 있음을 인정하고 있는 것으로 해석된다. 이를 이른바 '소유보'(小留保, minor reservation)라고 한다. 1948년 브뤼셀 개정회의에서 합의된 성명서에서 '소유보'가 허용되어야 한다는 점에 관하여 언급하고 있는데, 구체적으로는 종교적인 의식이나 축제일에서 군악대의 연주, 청소년이나 성인교육을 위하여 저작물을 이용하는 경우 등을 들고 있다. 그러나 이는 예시이고 '소유보'는 위 성명서에서 들고 있는 경우만으로 한정되는 것은 아니라고 해석되고 있다. 어떠한 형태의 이용행위가 소유보로서 허용되어야 할 것인지에 관해서는 구체적인 기준이 없으므로, 각 체약국의 저작물 이용실태와 권리자에게 미치는 영향 등을 고려하여 판단하여야 한다.23)

한편 TRIPs 협정 제13조와 WIPO 저작권조약(WCT) 제10조, WIPO 실연·음반조약(WPPT) 제16조에서는 권리의 제한에 대한 일반원칙으로서 베른조약 제 9 조 제 2 항의 복제권의 제한에 관한 앞서 본 3단계 테스트(Three Step Test)와 동일한 내용을 규정하고 있다. 따라서 실제적으로는 복제권뿐만 아니라 저작재산권의 모든 지분권에 대하여 종류에 관계없이 3단계 테스트가 적용되는 셈이다. 그러나 3단계 테스트의 기준 역시 구체적으로 정하여진 것은 없으므로 결국 권리자의 이익과 이용자의 공정한 이용의 조화를 고려하여 판단하여야 할 문제이다. 3단계 테스트의 내용에 대하여는 제 6 장 "저작물의 자유이용과 저작재산권의 제한" 부분에서 검토한 바 있다.

차. 보호기간

베른협약 제 7 조는 저작자의 생존기간 및 사후 50년까지를 저작물의 원칙적인 보호기간으로 규정하고 있다. 그러나 체약국들은 베른협약의 보호기간 규정에서 정하는 기간을 초과하여 보호기간을 부여할 수도 있다. 사진 및 응용미술 저작물의 보호기간은 25년 이상으로 되어 있다.

한편, 보호기간에 대하여 베른협약은 이른바 '상호주의'를 적용할 수 있도록 허용하고 있다. 국제저작권법에서 '상호주의'(reciprocity)는 실질적 상호주의와 형식적 상호주의로 나눌 수 있다. '실질적 상호주의'(material reciprocity)란 A국이 B국의 저작물에 대하여, B국이 자국 내에서 A국의 저작물에 대하여 A국과 실질적으로 동등한 수준의 보호를 부여하는 경우에 한하여 보호해 준다는 원칙이다. 이에 비하여 '형식적 상호주의'(formal reciprocity)란 B국이 자국 내에서 A국의 저작물에 대하여 B국 저작물과 같은 정도의 보호만 부여하면,

23) 作花文雄, 전게서, 522면.

A국도 B국의 저작물에 대하여 자국 저작물과 같이 보호해 준다는 원칙이다. 내국민대우의 원칙을 기본으로 하는 베른협약에서는 원칙적으로 실질적 상호주의에는 반대하고 형식적 상호주의를 채택하고 있다고 할 수 있다. 이러한 형식적 상호주의는 내국민대우의 원칙과 모순이나 충돌이 없다.[24)]

그러나 보호기간에 관한 베른협약 제 7 조 제 8 항은 "어떠한 경우에도 그 기간은 보호가 주장되는 국가의 입법의 지배를 받는다. 다만, 그 국가의 입법으로 다르게 규정하지 아니하는 한, 그 기간은 저작물의 본국에서 정한 기간을 초과할 수 없다."고 규정함으로써 실질적 상호주의를 규정하고 있다. 따라서 예를 들어 우리나라가 저작권의 보호기간을 여전히 사후 50년까지로 규정하고 있다고 가정할 경우, 저작권의 보호기간을 저작자의 사후 70년까지로 규정하고 있는 노르웨이에서 우리나라를 '본국'으로 하는 저작물에 대하여 노르웨이 저작권법에 따라 70년의 보호기간을 인정해 줄 필요는 없으며, 우리나라 저작권법에 따른 저작자 사후 50년까지의 보호기간만을 인정하면 된다. 다만, 이러한 실질적 상호주의는 이와 같이 베른협약 자체에 분명한 근거규정이 있는 경우 등에 한하여 예외적으로 인정되는 것이고, 원칙적으로는 앞에서 본 보호국법주의 및 내국민대우의 원칙에 따라야 한다.[25)]

카. 소급보호의 원칙

베른협약 제18조 제 1 항은 "이 협약은 협약의 효력 발생 당시에 본국에서 보호기간 만료에 의하여 이미 저작권이 소멸한 상태에 놓이지 않은 모든 저작물에 적용된다."고 하여 이른바 '소급보호의 원칙'을 규정하고 있다.[26)] 이는 베른협약의 효력 발생 전에 창작된 저작물이라도 협약이 발효될 당시에 그 본국에서 보호기간의 만료에 의하여 공중의 영역에 들어간 경우를 제외하고는 베른협약에 따라 보호를 받을 수 있음을 의미한다. 법률에서 통상적으로 '소급'이라고 하면 어느 법률의 규정을 제정함에 있어서 제정 전의 행위에 대하여도 그 법률 조항을 소급하여 적용하는 것을 말하는 경우가 많은데, 저작권 분야에서 소급이라고 하면 어느 저작권 관련 법령의 제정 전에 창작된 저작물을 그 법령의 시행 후에 그 법령에 따라 보호하는 것을 의미하는 것으로 사용되는 경우가 많다.

다만 베른협약 제18조 제 3 항에서는 "이 원칙의 적용은 그러한 효과를 가지는 기존의

24) 오승종·이해완, 전게서, 569면.
25) 상게서, 569면.
26) 그 원문은 다음과 같이 되어 있다. "The Convention shall apply to all works which, at the moment of its coming into force, have not yet fallen into the public domain in the country of origin through expiry of the term of protection."

또는 장래에 체결될 체약국들 사이의 특별 협약에 담긴 규정들을 따를 것을 조건으로 한다. 그러한 규정들이 없는 경우에 각 국가는 자국에 대하여 이 원칙이 적용될 조건을 결정한다"고 규정하고 있다. 이 규정은 각 체약국의 사정에 따라 소급보호의 원칙의 절대적인 적용을 완화하고 자국의 사정에 따른 적용의 조건을 정할 수 있음을 의미한다. 그런데 여기서 문제는 이러한 제18조 제 3 항의 규정에 의하여 소급보호의 원칙을 규정한 위 제18조 제 1 항의 적용을 완전히 배제할 수 있느냐, 아니면 완전배제는 할 수 없고 오직 소급보호의 원칙이 적용될 조건만을 정할 수 있느냐 하는 점이다. 전자로 해석하여 베른협약에 가입하면서도 소급보호를 배제한 나라도 있다. 예를 들어 미국은 베른협약에 가입하면서 이러한 제18조 제 3 항을 근거로 소급보호 규정을 '베른조약시행법'이라는 국내법으로 배제한 바 있었으나, 그 후 WTO/TRIPs 협정의 발효로 1994년 저작권법을 개정함으로서 비로소 소급보호를 인정하였다고 한다. 그러나 이러한 해석은 베른협약 제18조의 소급보호의 원칙을 근저에서부터 뒤흔드는 것이며, 그러한 해석이 타당하다면 제 3 항을 두는 것보다 아예 제18조 자체를 삭제하는 것이 옳았을 것이다. 우리 저작권법 1995년 12월 6일 개정법률 부칙 제 3 조 및 제 4 조의 규정은 위 베른협약 제18조 제 3 항의 규정을 후자의 입장으로 해석하여 소급보호 원칙의 적용조건을 규정한 것이라고 볼 수 있다.[27)]

타. 민속저작물의 보호

베른협약은 이른바 '민속저작물'(folklore, '민간전승물'이라고도 한다)의 보호에 대한 규정을 두고 있다. 제15조 제 4 항(a)에서 "저작자의 신원이 밝혀지지 아니하였으나 그가 체약국의 국민임을 추정할 근거가 있는 미발행 저작물에 있어서, 저작자를 대신하고 또한 그 체약국에서 그의 권리를 보호하고 행사할 수 있는 권한 있는 기관을 지정하는 것은 그 국가의 입법에 맡긴다"고 규정하고 있다. 이는 저작자의 신원이 알려지지 않았지만 그 저작자를 어느 체약국의 국민으로 추정하는 데 충분한 근거가 있는 미발행 저작물의 경우에 당해 체약국의 법률에 의하여 지정된 기관은 베른협약상 무명저작물의 발행자와 같은 지위에서 모든 체약국에서 저작권의 보호를 받고 행사할 수 있다는 것을 의미한다. 이 규정에서 정하고 있는 조건에 따라 그러한 권한 있는 기관을 지정한 체약국은 그 지정된 기관에 관한 모든 정보를 기재하여 WIPO 사무국장에게 통고하여야 하며, 사무국장은 그 정보를 즉시 다른 모든 체약국에게 전달하여야 한다(제15조 제 4 항(b)).

민속저작물이라 함은 민화·민요·민속악기 또는 민속무용 등과 같이 토착 공동체에서 확인되지 않은 다수의 사람들에 의하여 구전으로 보전되어 오던 것을 말하며, 오늘날 알제

27) 송영식 외 2, 전게서, 131면.

리·오스트레일리아·쿠바 등 10여 개 국가에서 이를 저작물로 보호하고 있다고 한다. 이를 보호하는 국가들은 주로 개발도상국이 많다고 할 수 있다. 민속저작물 보호에 관한 베른협약 제15조 제4항의 규정은 1967년 스톡홀름 개정회의에서 개발도상국들의 요구에 의하여 도입된 것이며, 당시 개발도상국들이 베른협약에서 집단적인 탈퇴를 할 것을 선언하고 있는 상황에서 그것을 무마하기 위하여 협약의 부속서(개발도상국을 위한 특례규정)와 함께 도입한 것이라고 한다.[28)]

Ⅱ. 세계저작권협약

1. 세계저작권협약의 성립

세계저작권협약(Universal Copyright Convention, UCC)은 1952년 9월 6일 제네바에서 체결되었다. 당시 상황을 보면 베른협약이 채택한 무방식주의 원칙은 미국 저작권법 체계와 맞지 않아 국제저작권 관계에서 중요한 지위를 차지하고 있는 나라 중 하나인 미국이 베른협약에 가입하지 않고 있었고, 아메리카 대륙의 나라들은 19세기 말까지 여러 가지 지역적 다국간 조약을 체결하는 형태로 해당 지역 내에서의 국제저작권 관계를 규율하고자 노력하고 있었다. 또한 2차 대전 이후에 강대국으로 부상한 소련 역시 베른협약에 가입하지 않고 있었으며, UN 회원국 중에서도 상당수의 나라가 베른협약에 가입하지 않는 등 국제저작권 질서에 있어서 큰 맹점이 드러나고 있었다. 뿐만 아니라 베른협약은 당시까지 국제저작권에 관한 기본 조약으로서 확고한 지위를 차지하고 있었지만, 가입국가 수의 확대보다는 주로 저작권보호의 수준을 향상시키는 방향으로 노력을 집중하였던 관계로, 개발도상국들로부터 선진국 위주의 국제저작권 조약이라는 비판을 받아 왔다.

그리하여 제2차 대전 후 UNESCO는 베른협약을 비롯한 다른 저작권조약에 저촉되지 않으면서도, 모든 나라의 가입을 가능하게 할 새로운 저작권 조약을 제정하기 위한 시도를 하였다. 그 결과 1952년 9월 6일 제네바에서 성립을 본 것이 바로 세계저작권협약(UCC)이다. 우리나라는 1987년 10월 1일 이 협약에 가입하였다.[29)]

세계저작권협약은 이 협약의 성립으로 인하여 기존 베른협약이 영향을 받는 것을 최

28) 허희성, 베른협약축조개설(파리규정), 일신서적출판사, 1994, 159면; 오승종·이해완, 전게서, 572면에서 재인용.
29) 정진섭·황희철, 국제지적재산권법, 육법사, 1995, 131면.

소화하기 위하여, 세계저작권협약 체약국들이라 하더라도 베른협약 체약국 상호간에 있어서는 베른협약을 우선적으로 적용하는 규정을 두고 있다(제17조). 이 규정을 이른바 '베른안전규정'(Berne Safeguard Clause)이라고 한다.[30]

세계저작권협약은 1971년 7월 파리에서 개발도상국들을 배려하는 내용을 중심으로 개정이 이루어졌다. 그 주요내용은 ① 유엔총회의 확립된 관행에 의하여 개발도상국으로 간주되는 국가는 베른안전규정의 적용을 배제함으로써, 베른협약을 탈퇴하고 세계저작권협약에 의하여 저작권관계를 규율할 수 있도록 허용하였고, ② 번역권과 복제권에 관하여 개발도상국들에게는 예외규정을 두어, 교육·연구 목적을 위하여 보다 완화된 조건으로 강제허락제도를 이용할 수 있게 하는 대신, ③ 저작권자에게 부여되는 최소한도의 권리에 복제권과 방송권 및 공연권을 추가하였다.[31]

2. 세계저작권협약의 주요 내용

가. 내국민대우의 원칙

체약국 국민의 저작물과 체약국 내에서 최초로 발생된 저작물은 다른 체약국에서 그 국가의 저작물과 같은 보호를 받는다(제 2 조).

나. ©표시 제도

세계저작권협약은 미국, 남아메리카의 여러 나라들, 소련 등 협약 제정 당시 방식주의를 취하고 있었던 국가와 무방식주의를 취하고 있는 국가들 사이의 가교역할을 하는 것을 그 중요한 목적 중 하나로 하고 있다. 그리하여 세계저작권협약이 고안한 제도가 ©표시 제도로서, 세계저작권협약은 저작권의 보호요건으로 ©표시를 요구하고 있다. ©표시라 함은 ©기호와 저작권자의 이름 및 저작물이 최초로 발행된 연도의 3가지 사항을 차례로 표시하는 것을 말한다. 그리하여 저작권 보호에 관하여 방식주의를 채택하는 국가들도 저작

30) '베른안전규정'(Berne Safeguard Clause)이란 세계저작권협약 제17조에 관한 부속선언을 말하는 것으로, 세계저작권협약과 베른협약의 관계를 조율하고 세계저작권협약의 성립에 의하여 베른협약이 유명무실하게 되는 것을 막기 위한 규정이다. 이 규정에 의하면, 베른협약과 세계저작권협약에 동시에 가입한 나라가 1951년 1월 1일 이후에 베른협약을 탈퇴하는 경우 그 나라의 저작물은 원래 세계저작권협약에 의한 보호대상이 되더라도 베른협약 체약국 내에서는 세계저작권협약에 의한 보호마저도 받을 수 없도록 하고, 베른협약과 세계저작권협약에 동시에 가입하고 있는 국가들 사이에서는 베른협약 체약국 저작물에 관하여는 세계저작권협약의 적용이 배제되도록 한 것이다(이성호, 전게논문, 615면; 오승종·이해완, 전게서, 581면 참조).

31) 오승종·이해완, 전게서, 582면.

물의 복제물의 적당한 위치에 적당한 방법으로 이러한 ©표시를 하면 저작권의 보호가 주어지도록 하였다. 이는 방식주의 국가와 무방식주의 국가의 가교 역할을 하기 위하여 저작권보호의 모든 조건을 ©표시만으로 단순화시킨 것이다(제 3 조). 따라서 세계저작권협약의 체약국이 저작권 보호의 요건과 관련하여 납본이나 등록 등 일정한 방식의 이행을 요구하고 있는 경우에, 협약상 보호하여야 할 외국인의 저작물이 다른 체약국에서 그 저작물의 복제물에 ©표시가 부착되어 발행된 경우에는 그러한 방식요건을 충족한 것으로 인정하게 된다. 그러나 ©표시 제도는 방식주의를 채택하고 있는 체약국에서의 보호를 위한 것이므로, 무방식주의를 채택하고 있는 체약국들에서는 ©표시여부와 상관없이 다른 체약국의 저작물을 보호하게 된다.

©표시와 관련하여 주의하여야 할 것은 저작자가 아니라 저작권자의 이름을 표시하여야 한다는 점과, 발행연도는 최초로 실제 발행된 연도를 표시하여야 한다는 점이다.

이처럼 ©표시 제도는 방식주의를 채택하고 있는 국가와 무방식주의를 채택하고 있는 국가들 사이의 가교역할을 주된 목적으로 하여 고안된 것이었는데, 방식주의를 취하고 있던 국가들 중 가장 큰 비중을 차지하고 있던 미국이 1989년 3월에 베른협약에 가입함으로써 무방식주의를 채택하였고, 그 후 세계 대다수의 국가들이 무방식주의를 채택하게 되었으므로 오늘날에는 그 실질적인 역할이 거의 사라졌다고 할 수 있다. 그러나 세계저작권협약 성립 이래 ©표시 제도는 전세계적으로 정착하였고 오늘날에도 여전히 사용되고 있다. 그러면서 해당 저작물에 대한 저작권이 존재하고 있다는 점과 저작권자를 확인하기 위한 기호로서 일정한 기능을 하고 있다.

다. 보호기간

저작물의 원칙적인 보호기간은 저작자의 생존기간 및 사후 25년 이상으로 되어 있다(제 4 조). 다만, 사진이나 응용미술저작물에 대하여는 10년 이상이다.

라. 보호되는 권리

복제권, 공연권(공중에 대한 상연권, 연주권), 방송권을 포함하는 배타적 권리가 부여된다(제 4 조의2). 또한 번역 및 번안에 대한 권리도 부여하고 있다.

마. 번역권의 7년 강제허락 제도

최초 발행된 날로부터 7년간 당해 체약국에서 그 국가에서 일반적으로 사용되고 있는 언어로 권리자의 허락을 얻어 번역물이 발행되지 않고 있는 경우에는, 당해 체약국의 권한 있는 기관으로부터의 허가를 받아 공정한 액수의 보상금을 지급하고 당해 언어로 번역하여 발행할 수 있다(제 5 조). 이때의 허가를 신청함에 있어서는 번역권자에게 허락을 구하였으나 거부되었다는 것 또는 상당한 노력을 기울였으나 번역권자와 접촉할 수 없었다는 것이 전제가 된다.

바. 불소급의 원칙

세계저작권협약의 효력발생일 당시 해당 체약국에서 보호기간의 만료에 의하여 공중의 영역에 들어간 저작물이나 보호받지 않는 저작물에 대하여는 동 협약이 적용되지 않는다(제 7 조). 그 저작물이 어떠한 이유로 보호받지 못하였던가는 문제되지 않는다. 저작권 보호기간의 만료, 방식주의 국가에서의 방식의 불이행, 번역의 자유를 인정하는 것과 같은 어느 특정권리의 불인정, 외국저작물 보호에 관한 국제협약에의 미가입 등 이유 여하를 막론하고 이미 체약국 내에서 저작권의 보호를 받지 못하고 공유로 된 저작권은 세계저작권협약의 가입에도 불구하고 보호받지 못한다. 그 결과 세계저작권협약은 베른협약과는 달리 소급효를 인정하지 않고 있으며, 따라서 세계저작권협약의 효력발생 후에 창작되거나 발행된 저작물만을 보호대상으로 한다.

우리나라 구 저작권법은 세계저작권협약의 위와 같은 불소급의 원칙에 따라 제 3 조에서 "당해 조약 발효일 이전에 발행된 외국인의 저작물은 보호하지 아니한다"는 단서규정을 두고 있다가, WTO/TRIPs 가입에 따라 베른협약의 체약국이 되면서 1995년 12월 6일 개정법에서 이를 삭제하였다.[32)]

Ⅲ. 로마협약

1. 로마협약의 성립

로마협약은 실연자, 음반제작자, 방송사업자 등 저작인접권자의 보호를 위한 가장 대표적인 국제협약이다. 저작인접권자의 보호를 위한 국제적 논의는 1920년대부터 시작되었다. 1928년 베른협약 로마 개정회의에서 이탈리아 대표가 방송권 등의 정비에 관하여 실연예술가에게도 배타적 권리를 부여하여야 한다는 제안을 한 바 있으나, 프랑스 대표가 실연자는 저작물의 매개자에 해당하므로 저작자와 같은 법제로 보호하는 것은 무리라는

32) 오승종·이해완, 전게서, 587면; 이성호, 전게논문, 624면.

반대의견을 개진하였다고 한다. 그러나 이때부터 실연자 등 저작인접권자의 법적 보호에 대한 검토가 중요한 과제로 인식되기 시작하였고, 그러한 과정을 거쳐 저작인접권자 보호에 관한 로마협약이 성립되기에 이르렀다. 1961년 10월 10일부터 26일까지 사이에 로마에서 유네스코, 베른동맹, ILO 등 3 기관의 공동주최에 의하여 저작인접권협약 외교회의를 개최함으로써 저작인접권자 보호를 위한 국제협약의 초안을 작성하였고, 이에 대한 각국 정부의 의견을 수집하여 심의를 진행하였다. 그 결과 '실연자, 음반제작자 및 방송사업자의 보호에 관한 국제협약'(International Convention for the Protection of Performers, Producers of Phonograms and Broacasting Organization)이 성립되었으며 이를 약칭하여 '로마협약'(Rome Convention)이라고 한다.[33)]

2015년 현재 92개국이 가입되어 있다. 우리나라는 2008년에 로마협약에 가입하였으며, 2009년 3월 18일자로 국내에 공표되었다.

2. 로마협약의 주요 내용

가. 내국민대우의 원칙

각 체약국은 자국민인 실연자나 음반제작자, 자국 내에 주된 사무소를 가지는 방송사업자에 대하여, 자국법에 따라 부여하는 것과 같은 보호를 다른 체약국에서 행하여진 실연이나 다른 체약국의 국민인 음반제작자의 음반, 다른 체약국에 주된 사무소를 가지는 방송사업자 등에 대하여 부여하여야 한다(제 2 조). 다만, 이러한 내국민대우의 원칙이 적용되기 위해서는 아래에서 보는 바와 같이 실연자에 대하여는 협약 제 4 조, 음반제작자에 대하여는 제 5 조, 방송사업자에 대하여는 제 6 조의 조건이 구비되어야 한다.

나. 보호의 대상

로마협약에 의하여 보호를 받는 '실연자'라 함은 배우, 가수, 연기자, 무용가 기타 문학·예술 저작물을 연기·가창·낭독·웅변 등으로 표현하거나 기타 실연하는 사람을 말한다(제 3 조의a). 따라서 저작물이 아닌 것을 예능적인 방법으로 표현하는 것은 로마협약이 보호하는 실연에 해당하지 않는다. 실연자에 대하여 로마협약에 의한 내국민대우가 부여되기 위해서는 (i) 실연이 체약국 내에서 이루어지거나, (ii) 실연이 로마협약 제 5 조에 의하여 보호되는 음반에 수록되거나, (iii) 음반에 고정되어 있지 않은 실연이 로마협약 제 6 조에 의하여 보호되는 방송물에 실려 있는 경우 중 어느 하나에 해당하여야 한다(제 4 조).

---

33) 作花文雄, 전게서, 531-532면.

또한 로마협약에 의하여 보호를 받는 '음반'이란 실연의 음 또는 기타 음을 청각적으로만 고정한 것을 말하며(제 3 조의b), '음반제작자'란 실연의 음 또는 기타 음을 최초로 고정한 자연인이나 법인을 말한다(제 3 조의c). 음반제작자가 로마협약에 의한 내국민대우를 받기 위해서는 (i) 음반제작자가 다른 체약국의 국민이거나(국적 기준), (ii) 최초의 음의 고정이 체약국에서 이루어지거나(고정지 기준), (iii) 음반이 최초로 체약국에서 발행된 경우(발행지 기준) 중 어느 하나에 해당하여야 한다(제 5 조).

로마협약에 의하여 보호되는 '방송'이란 공중이 수신하도록 무선 방법에 의하여 음 또는 음과 영상을 송신하는 것을 말하며(제 3 조의f), '재방송'이란 어느 방송사업자가 다른 방송사업자의 방송을 동시에 방송하는 것을 말한다(제 3 조의g). 방송사업자가 로마협약에 의한 내국민대우를 받기 위해서는 (i) 방송사업자의 주된 사무소가 체약국에 소재하고 있거나, (ii) 방송물이 체약국에 소재하고 있는 송신기로부터 송신되는 경우 중 어느 하나에 해당하여야 한다(제 6 조).

다. 보호의 내용 – 최소보호의 원칙

실연자는 그에게 부여되는 최소한의 권리로서, (a) 실연자의 동의 없이 실연을 방송 또는 공중에 전달(다만, 방송 또는 공중에의 전달에 사용되는 실연이 그 자체가 이미 방송된 것이거나 또는 고정물에서 이루어지는 경우는 제외한다)하는 행위, (b) 실연을 실연자의 동의 없이 유형물에 고정하는 행위, (c) 최초의 고정 그 자체가 실연자의 동의 없이 이루어졌을 때 또는 실연자가 동의한 목적과 다른 목적을 위해 복제가 이루어졌을 때, 또는 최초의 고정이 국내법에 의해 저작인접권 제한규정에 근거하여 이루어졌으나 당해 규정이 정하는 목적과 다른 목적을 위하여 이루어졌을 때 그 복제행위 등을 금지할 수 있는 권리를 가진다.

음반제작자는 그에게 부여되는 최소한의 권리로서 그의 음반을 직접 또는 간접적으로 복제하는 것을 허락하거나 금지할 권리를 가진다(제10조). 또한 음반의 2차적 사용에 대하여 정당한 보상금을 받을 권리를 가지는데, 음반의 2차적 사용이라 함은 상업용 음반(판매용 음반)을 방송이나 공중전달에 사용하는 것을 말한다. 이에 따라 상업용 음반의 복제물이 방송 또는 공중전달에 직접 사용될 경우에는 그 사용자는 실연자 또는 음반제작자에 대하여 정당한 보상을 지불하여야 한다. 당사자 간에 협약이 없을 경우 이 보상금의 지급조건은 국내법으로 정할 수 있다(제12조).

방송사업자는 그에게 부여되는 최소한의 권리로서 방송의 재방송, 방송의 유형물에의 고정, 방송사업자의 동의 없이 만들어진 방송 고정물의 복제, 입장료를 지급하고 입장하는 장소에서 TV 방송을 공중에게 전달하는 행위 등을 허락하거나 금지할 권리를 가진다(제13조).

라. 보호기간

저작인접권의 보호기간은 실연이나 고정, 방송이 행하여진 때로부터 최소 20년으로 한다(제14조).

Ⅳ. 음반협약

1. 음반협약의 성립

로마협약이 1961년도에 제정되었지만 체약국들이 그 내용을 국내법으로 신속하게 수용하기에는 기준이 너무 높았고, 또한 각국마다 보호의 태양에 있어서 서로 다른 부분이 많았기 때문에 로마협약은 초기에 체약국의 숫자가 그리 많지 않았다. 또한 로마협약은 음반의 무단 수입이나 배포행위를 금지할 것을 체약국의 의무사항으로 하고 있지 않았다. 이러한 상황에서 해적판 음반이 성행하게 되고 그에 따른 음반제작자의 경제적 피해가 심각한 지경에 이르게 되자 음반제작자의 권리를 보호하기 위한 일종의 응급조치로서 로마협약과는 별도로 음반협약이 체결되게 되었다.

음반협약의 정식 명칭은 '음반의 불법복제로부터 음반제작자를 보호하기 위한 협약'(Convention for the Protection of Producers of Phonograms Against Unauthorized Duplication of Their Phonograms)이며, '제네바협약'(Geneva Convention)이라고도 한다.

우리나라는 1987년 7월 10일 이 협약에 가입하여 같은 해 10월 10일부터 그 효력이 발생하였다.

2. 음반협약의 주요 내용

가. 보호의 원칙

체약국은 다른 체약국의 국민인 음반제작자를 그의 승낙을 얻지 않고 이루어진 공중에 대한 배포를 목적으로 하는 복제물의 작성, 공중에 대한 배포를 목적으로 하는 당해 복제물의 수입 및 공중에 대한 배포로부터 보호하여야 할 의무를 부담한다(제2조). 즉 음반협약은 공중에 대한 배포를 목적으로 하는 해적판 행위에 한정하여 규제의 대상으로 하고 있는 것이다.

또한 이 협약에서는 '다른 체약국의 국민'인 음반제작자를 보호한다고 규정함으로써 원칙적으로 '국적주의'를 보호의 기준으로 하고 있다. 다만 예외적으로 음반협약의 작성일인 1971년 10월 29일 당시 음반제작자에 대한 보호에 관하여 최초 고정지만을 기준으로 하고 있는 국가는 국적주의 기준 대신 고정지를 기준으로 채용할 수 있다고 규정하고 있다(제 7 조 제 4 항).

나. 보호의 수단

이 협약을 실시하기 위한 수단은 각 체약국의 국내 법령이 정하는 바에 따르며, 그 수단은 저작권 기타 특정 권리의 부여에 의한 보호, 불공정경쟁에 관련되는 법률에 의한 보호 또는 형벌에 의한 보호 중 하나 이상을 포함하여야 한다(제 3 조).

다. 보호기간

보호기간은 각 체약국의 국내법이 정하는 바에 따른다. 그러나 국내법이 특정한 보호기간을 정하는 경우에는 그 보호기간은 음반에 수록되어 있는 음이 최초로 고정된 연도의 말로부터 또는 음반이 최초로 발행된 연도의 말로부터 기산하여 20년 이상이어야 한다(제 4 조).

라. 보호의 방식

체약국이 음반의 보호와 관련하여 일정한 사항의 표시, 음반의 납본, 등록 등의 이행을 보호의 요건으로 하는 방식주의를 채택하고 있는 경우에는 공중에게 배포되는 음반의 모든 복제물 또는 그 용기에 Ⓟ기호 및 최초 발행연도가 합리적인 보호 요구의 표시로서 적당한 방법으로 표시되어 있는 때에는 방식주의 국가가 요구하는 방식을 이행한 것으로 본다. 또한 복제물이나 그 용기에서 음반제작자나 그의 권리승계인 또는 배타적 허락을 받은 자를 명시하지 않고 있는 경우에는 그 표시는 제작자, 그의 권리승계인 또는 배타적 허락을 받은 자의 성명을 아울러 표시하여야 한다(제 5 조).

마. 보호의 제한

저작물의 보호와 관련하여 인정되는 제한과 같은 제한을 음반제작자의 보호에 관하여서도 국내법에 의하여 정할 수 있도록 하고 있다. 그러나 강제허락은 다음과 같은 모든 조건을 충족하지 않는 이상 인정되지 않는다. 첫째, 복제가 교육 또는 학술적 연구만을 목적으로 이루어질 것, 둘째, 강제허락에 관한 허가는 그 허가를 부여할 권한 있는 기관이 속한 체약국의 영역 내에서 행하여지는 복제에 대하여서만 유효하고, 그 복제물의 수출에 대해서는 적용되지 아니할 것, 셋째, 강제허락에 관한 허가에 따라 행해지는 복제에 대하여 제조된 복제물의 수를 고려하여 권한 있는 기관이 정하는 공정한 보상금을 지급할 것 등 세 가지 조건이다(제 6 조).

바. 실연자의 보호

음반에 고정되어 있는 실연을 행한 실연자의 보호에 관해서는 각 체약국의 국내법에 위임한다(제 7 조 제 2 항).

사. 불소급의 원칙

체약국은 자국에서 이 조약이 효력을 발생하기 전에 고정된 음반에 관하여는 보호의무를 부담하지 않는다(제 7 조 제 3 항).

Ⅴ. TRIPs 협정

1. TRIPs 협정의 제정 경위

1970년대 후반 부정상품의 범람에 의하여 커다란 손실을 입은 미국 등 선진국은 상품무역에 관한 국제기구인 GATT에서 부정상품에 대한 대책을 강화하는 방안을 검토할 것을 요청하였다. 그러나 각국의 경제상황이 다르고 법제도에 있어서도 많은 차이점이 있었기 때문에 본격적인 검토는 1986년 9월에 시작된 우루과이 라운드에서 이루어지게 되었다. 우루과이 라운드 협상은 1993년 12월 15일에 실질적인 타결에 이르렀고, 1994년 4월 12일부터 15일까지 모로코의 말라케시(Marrakesh)에서 개최된 각료회의에서 WTO(세계무역기구) 설립협정의 내용이 확정되었다.

WTO 설립협정('말라케시 협정'이라고도 한다)은 종래의 GATT(관세 및 무역에 관한 일반협정)가 대상으로 하고 있었던 상품 무역에, 서비스 무역, 지적재산권의 무역 관련 측면까지를 포함시킴으로써 범위를 대폭 확대한 것이다. 이 설립협정과 일체로 된 부속서 중 하나인 '무역 관련 지적재산권 협정'(Trade-Related Aspects of Intellectual Property Rights)이 바로 'TRIPs'라고 약칭되는 협정이다.

지적재산권에 관한 국제조약에 있어서 저작권의 분야에서는 베른조약과 실연자보호를 위한 로마조약이 있고, 산업재산권 분야에서는 파리조약 등이 있음에도 불구하고 TRIPs

협정이라는 새로운 보호체계를 구축하게 된 배경으로는, 기존의 WIPO를 중심으로 한 지적재산권에 관한 조약을 둘러싸고 선진국과 개발도상국 사이의 이른바 남북대립이 격화되어 타협이 잘 이루어지지 않았다는 점, 이러한 대립을 해결하는 데 있어서 WIPO는 그 자체의 구조적·기능적 문제점으로 인하여 선진국들이 만족할 만한 해결능력을 발휘하지 못하였다는 점, 기존의 지적재산권 관련 조약은 권리에 대한 집행규정이 불충분하여 보호의 실효를 거둘 수 없었다는 점, 기존의 조약에서는 국제분쟁을 해결할 절차로서 국제사법재판소에 대한 제소가 거의 유일한 것이었는데, 그 절차의 기동성이 떨어져서 실질적인 보호에 불충분하였다는 점 등을 들 수 있다. 또한 개발도상국들이 지적재산권의 보호를 위한 자국의 법제를 신속하게 정비하기 위해서는 상품에 관한 무역에 적용되는 규정들과 통합적으로 이루어진 협정을 포괄적으로 체결하는 방법, 즉 지적재산권 문제와 상품의 무역 문제를 연계시키는 방법이 보다 효과적이라는 판단도 작용하였다.

TRIPs 협정은 저작권, 특허권, 상표권, 디자인권 등 지적재산권 전반에 관한 국제적 보호를 위한 기준 및 그 확보를 위한 수단에 관하여 규정하고 있다.[34)]

이상에서 본 바와 같이 TRIPs 협정은 기본적으로 WTO 설립협정의 여러 부속서 중 하나이며, 각 부속서는 WTO 설립협정과 불가분 일체의 관계를 갖고 모든 WTO 회원국을 구속한다. 따라서 각 회원국은 자국의 지적재산권 관련 국내법령을 TRIPs 협정이 규정하는 기준에 맞도록 개정할 의무를 부담한다(WTO 설립협정 제16조 제 4 항). 우리나라는 2000년 6월 개발도상국으로는 처음으로 WTO의 지적재산권 법령심사를 받은 바 있다. TRIPs 협정에 의하여 그동안 WIPO가 개별 지적재산권 조약에 의하여 규율하여 오던 지적재산권 보호의 문제를 이제는 WTO가 범세계적 차원에서 무역과 관련한 지적재산권 보호의 통일된 기준을 정하여 규율하게 되었다고 할 수 있다. 뿐만 아니라 177개국에 이르는 WTO의 모든 회원국은 예외 없이 TRIPs 협정의 적용을 받게 되어 회원국의 확대현상을 가져오게 되었으며, WTO 출범과 함께 새로이 발효된 분쟁해결 제도는 교차보복이라는 강력한 제재를 지적재산권 관련 집행수단으로 제공하게 되었다. 또한 TRIPs 협정 제 3 부는 집행(enforcement)에 관한 별도의 장을 두어 지적재산권 보호의 실효성 확보를 위한 기본적 절차를 규정하고 각 회원국이 이를 각국의 법령에 수용할 것을 요구하고 있으며, 무역정책검토제도 및 각종 통보제도를 두어 각 회원국들의 지적재산권 보호정도를 감시하고 있다.[35)]

34) 이상 作花文雄, 전게서, 538면.
35) 박덕영, 저작권 국제협약, 저작권심의조정위원회, 2006, 38-39면.

2. TRIPs 협정의 저작권관련 부분 개요

가. 내국민대우의 원칙

각 체약국은 다른 체약국 국민에 대하여 자국민보다 불리하지 않은 대우(no less favorable)를 부여하여야 한다. 다만, 기존의 베른협약 등에서 이미 규정하고 있는 내국민대우 적용에 대한 예외규정은 그대로 적용된다. 이러한 예외규정은 주로 절차적인 사항들로서, 예컨대, 사법·행정절차, 사법관할, 주소지 지정 및 대리인 선정 등에 관한 것들이다. 실연자, 음반제작자, 방송사업자에 관하여는 이 협정이 규정하는 권리에 대하여만 내국민대우를 부여하면 족하다(제3조).

나. 최혜국대우의 원칙

저작권을 포함한 지적재산권의 보호와 관련하여 어느 체약국이 다른 체약국의 국민에 대하여 허용하는 모든 이익, 혜택, 특전 또는 면책혜택은 즉시, 그리고 아무런 조건 없이(immediately and unconditionally) 다른 모든 체약국의 국민에게 부여되어야 한다(제4조). 여기서의 특혜조치는 체약국 간의 쌍무 혹은 다자간 협약에서 발생하는 모든 특혜를 포함하는 것이다. 그러나 다음과 같은 경우에는 최혜국대우의 원칙을 적용하지 않는다.

(1) 특별히 지적재산권의 보호에 한정되지 않고 일반적인 사법공조 또는 집행공조에 관한 국제협정으로부터 파생되는 대우.
(2) 로마협약 또는 베른협약의 내국민대우 원칙에 의하여 부여되는 대우가 아니라 그 협약들의 조항에 의해 다른 나라에서 부여되는 대우.
(3) 실연자, 음반제작자, 방송사업자에 대한 권리로서 TRIPs 협정에서 규정한 것 이외의 권리에 관한 대우
(4) WTO 설립협정 시행 전에 발효된 지적재산권 보호관련 국제협약으로부터 발생한 대우. 이 경우에 그러한 협약은 TRIPs 위원회에 통보되어야 하며, 다른 체약국의 국민에 대한 자의적이거나 부당한 차별대우이어서는 아니 된다.
(5) 최혜국대우 원칙은 WIPO 주관 아래 체결되는 지적재산권의 획득과 유지에 관한 다자간 협정에서 규정하는 절차에는 적용되지 않는다. 따라서 WIPO 주관 아래 있는 조약에서 가입국에 대하여만 당해 지적재산권의 취득 및 유지에 대한 특별규정을 두는 경우 이들 규정은 다른 나라 국민에게는 적용하지 않을 수 있다.[36)]

36) 정진섭·황희철, 전게서, 191-192면.

다. 최소보호의 원칙

TRIPs 협정은 이른바 '국제협정 플러스 방식'을 채택하였다. 즉, 국제협정을 최저 보호수준으로 하여 그 이상의 보호를 해 주도록 하는 것이다. 따라서 TRIPs 협정 체약국은 그 보호가 TRIPs 협정에 위배되지 아니할 것을 조건으로 "자국의 국내법에 의하여 이 협정에 의하여 요구되는 것보다 더 광범위한 보호를 부여할 수 있다"는 원칙을 천명하고 있으며(제 1 조 제 1 항), 그러한 광범위한 보호를 부여할 것인지 여부는 각 체약국의 재량사항이다.

라. 투명성의 원칙

투명성의 원칙은 TRIPs 협정뿐만 아니라 WTO 협정에 전반적으로 적용되는 하나의 일반원칙이라고 할 수 있다. 투명성 보장을 위하여 WTO는 무역정책검토제도를 두고, 정기적으로 회원국의 무역관련 법규, 사법적·행정적 결정 및 정책 등을 검토하여 보고서를 발간하고 있다. 또한 TRIPs 협정 제63조 제 1 항은 지적재산권의 획득가능성, 범위, 집행, 남용방지 등 협정의 대상에 관하여 회원국이 시행하는 법과 규정, 그리고 일반적으로 적용되는 최종 사법판결이나 행정결정 등은 회원국 정부 및 권리자가 그 내용을 알 수 있는 방법으로 공표하도록 규정하고 있다. 회원국은 자국의 법과 규정을 TRIPs 위원회에 통보하고, 회원국의 요청이 있을 경우 관련 정보를 제공하여야 한다. 그러나 비밀정보, 법집행이나 공익에 반하는 정보, 국가안보에 관련된 정보의 경우는 예외가 인정된다.[37)]

마. 베른협약과의 관계

TRIPs 협정의 체약국은 베른협약 파리개정 조약 제 1 조에서 제21조까지의 규정 및 부속서 규정을 준수하여야 한다. 다만, 제 6 조의2의 규정에 의한 저작인격권에 대하여는 보호의 의무를 부담하지 않는다(제 9 조).

바. 컴퓨터프로그램과 데이터베이스의 보호

컴퓨터프로그램은 그것이 원시코드의 형태이든 목적코드의 형태이든 불문하고 베른협약에 따라 어문저작물로서 보호된다(제10조 제 1 항). TRIPs 협정이 체결되기 이전에도 이미 선진국들은 대부분 컴퓨터프로그램을 어문저작물의 한 형태로 보호하고 있었지만, 일부 국가들이 컴퓨터프로그램을 보호기간이 상대적으로 짧은 '응용' 저작물로 보호하고 있었다. 이에 TRIPs 협정은 TRIPs 체약국들에 대하여 그러한 여지를 박탈하고 컴퓨터프로그램에

37) 박덕영, 전게서, 43면.

대한 통일적인 보호를 부여하기 위하여 위와 같은 규정을 둔 것이다.

또한 기계가 판독 가능한 형태 또는 그 외의 형태로 존재하는 여부에 관계없이, 내용의 선택 또는 배열에 의하여 지적 창작물을 구성하는 자료 기타 소재의 편집물(compilations of data or other material)은 편집물로서 보호된다. 이러한 보호는 자료 또는 소재 그 자체에는 적용되지 아니하며, 자료 또는 소재 자체에 존재하는 어떠한 저작권에도 영향을 미치지 않는다(제10조 제2항). 베른협약은 '저작물의 편집물'만을 보호하고 있었는데, TRIPs 협정은 '자료 기타 소재의 편집물'이라고 규정함으로써 저작물이 아닌 자료 또는 소재들로 구성된 데이터베이스의 경우에도 보호를 받을 수 있음을 분명히 하였다.

사. 프로그램과 영상저작물의 대여권

TRIPs 협정 제11조는 체약국은 적어도 컴퓨터프로그램과 영상저작물에 대하여는 그 원본 또는 복제물을 공중에게 상업적으로 대여하는 것을 허락하거나 금지할 수 있는 권리를 부여하여야 한다고 규정하고 있다. 여기서 저작물의 원본 또는 복제물을 대여하는 것을 허락하거나 금지할 수 있는 권리가 바로 '대여권'(rental rights)이다. 이 규정에 따라 TRIPs 회원국은 대여권을 인정하여야 한다.

그러나 이 대여권에는 그 대상과 내용에 일정한 제한이 따른다. 첫째, TRIPs 협정 제11조에 언급된 대여권의 대상은 '적어도' '컴퓨터프로그램'과 '영상저작물'이다. 따라서 TRIPs 회원국은 최소한 컴퓨터프로그램과 영상저작물에 관해서는 대여권을 인정하여야 한다. 그러나 그 외의 다른 저작물에 대하여는 반드시 대여권을 인정하여야 할 의무는 없다. 둘째, TRIPs 협정에서 규정하는 대여권은 그 내용에 있어서 '공중에 대한 상업적 대여'에 한정된다. 셋째, 어떤 TRIPs 회원국 내에서 '영상저작물'의 대여가 "저작자와 그 권리승계인에게 당해 회원국에서 부여된 배타적인 복제권을 실질적으로 침해하는 저작물의 광범위한 복제(widespread copying)를 초래하지 아니하는 경우", 당해 회원국은 대여권을 부여할 의무로부터 면제된다. 이것은 실제에 있어서 비디오테이프 등의 대여로 인한 복제행위가 그다지 심각할 정도로 발생하지는 않을 수 있다는 점을 고려한 것이다. 우리나라 저작권법도 이러한 대여권에 관한 예외규정을 적용하여 영상저작물에 대하여는 대여권을 인정하지 않고 있다. 또한 컴퓨터프로그램과 관련하여서는 TRIPs 협정의 회원국은 "프로그램 자체가 대여의 실질적인 대상(the essential object of the rental)이 아닌 경우"에 대하여는 대여권을 인정할 의무가 없다. 예를 들어 자동차와 같이 컴퓨터프로그램을 포함하고는 있지만, 그러한 프로그램이 단지 하나의 부속품에 불과하고 주요 구성부분은 아닌 장치나 물품 등을 대여하는 경우에는 대여권을 인정하지 않을 수 있는 것이다.[38)]

아. 저작재산권 제한의 엄격화

TRIPs 협정의 체약국은 "저작물의 통상의 이용을 방해하지 않고, 저작재산권자의 정당한 이익을 부당하게 해하지 않는 특별한 경우"에 한하여 배타적 권리의 제한에 관한 규정을 둘 수 있다(제13조).[39] 이 규정은 베른협약 제 9 조 제 2 항이 정하고 있는 복제권 제한에 관한 엄격한 기준인 이른바 '3단계 테스트'(Three Step Test)와 동일한 기준을 저작재산권 제한에 관한 일반적인 규정으로 확대 적용하고 있는 것이다. 저작재산권 제한에 관하여 이와 같이 엄격한 기준을 두는 것은 그 후 1996년에 채택된 WIPO의 저작권조약(WCT) 및 실연음반조약(WPPT)에도 반영되고 있다.

자. 저작인접권자의 보호

TRIPs 협정은 실연자, 음반제작자, 방송사업자와 같은 저작인접권자의 권리 중 다음과 같은 기본적 권리를 보호하고 있다.

실연자는 생실연(生實演)을 음반에 고정하는 행위 및 그 고정물의 복제행위에 관한 권리를 가지며, 생실연의 방송 및 공중전달에 관한 권리를 갖는다(제14조 제 1 항). TRIPs 협정에서는 실연자가 자신의 생실연을 고정할 권리가 음반이라는 매체에 국한되어 있는데 반하여, 로마협약은 이 권리를 '시각매체'(visual carriers)와 '시청매체'(visual and sound carriers)에 고정하는 것에까지 확대하고 있는 점 및 로마협약상으로는 '금지할 가능성'만 부여하였음에 반하여 TRIPs 협정은 배타적 권리로서 인정하고 있는 점에 차이가 있다. 음반제작자는 음반을 직접 또는 간접적으로 복제하는 행위에 관하여 권리를 갖는다(제14조 제 2 항). TRIPs 협정은 로마협약이 인정하고 있는 음반의 2차적 사용에 따른 보상에 대한 권리는 규정하고 있지 않다. 대신에 음반제작자에 대하여 로마협약이 인정하지 않고 있는 음반의 대여에 관한 권리를 인정하고 있다(제14조 제 4 항). 방송사업자는 방송의 고정 및 그 고정물의 복제, 방송의 재방송, TV방송의 공중전달에 관한 권리를 갖는다(제14조 제 3 항).[40]

실연자 및 음반제작자의 권리의 보호기간은 50년 이상으로 규정되어 있고, 방송사업자의 권리의 보호기간은 20년 이상으로 규정되어 있다(제14조 제 5 항).

또한 TRIPs 협정은 '소급보호의 원칙'을 규정한 베른협약 제18조를 음반에 있어서의

---

38) 오승종·이해완, 전게서, 597-598면.

39) 그 원문은 다음과 같이 되어 있다. "Members shall confine limitations or exceptions to exclusive rights to certain special cases which do not conflict with a normal exploitation of the work and do not unreasonably prejudice the legitimate interests of the right holder."

40) 오승종·이해완, 전게서, 600면 참조.

실연자 및 음반제작자의 권리에 준용하고 있다(제14조 제 6 항, 제70조 제 2 항). 이로 인하여 종래 불소급원칙을 채용하고 있었던 저작인접권에 대하여 소급보호의 원칙이 적용되게 되었는데, 이는 법적 안정성을 희생하여서라도 음반 산업계의 경제적 이익을 보호하고자 하는 취지가 담긴 것이라고 이해된다.

차. 권리의 구제절차 및 분쟁처리 절차

TRIPs 협정은 저작권 외에 상표, 지리적 표시, 디자인(의장), 특허 등 지적재산권 전반에 걸쳐 베른협약이나 공업소유권의 보호에 관한 파리협약 등 기존의 관련 국제협약의 보호내용을 보완함과 동시에, 이러한 협약에서 보호되는 권리의 행사절차 및 분쟁처리 절차에 대하여 규정하고 있다. 나아가 지적재산권의 보호 및 그 침해에 대한 효과적인 구제절차를 체약국의 국내법에 규정할 것을 체약국의 의무사항으로 규정하고 있다.

예를 들면, TRIPs 협정 제 3 부는 지적재산권 보호의 실효성을 담보하기 위하여 회원국이 국내법으로 규정하여야 하는 구제절차에 관하여 상세한 규정을 두고 있다. 이러한 구제절차는 기본적으로 "협정이 보호하는 지적재산권의 침해에 대하여 신속하고 효과적인 구제가 가능하도록" 하여야 하며(제41조), 침해의 금지(제44조), 손해배상(제45조), 침해물의 폐기(제46조)와 같은 민사상 절차는 물론이고, 적어도 고의로 저작권을 상업적 규모로 침해한 경우에 적용될 몰수, 벌금, 징역 등과 같은 형사적 구제절차(제61조)가 망라되어야 한다는 것을 요구하고 있다.

또한 TRIPs 협정은 '국경조치'(border measure)에 관한 특별규정을 두고 있다. 즉, 위조상품의 유통을 규제하기 위하여 체약국들이 취하여야 할 조치를 규정한 제51조는, 체약국은 저작권자가 저작권 침해상품의 통관 정지를 사법 및 행정 당국에게 서면으로 청구할 수 있는 절차를 갖추어야 하며, 그 구체적인 내용은 협정 제52조 내지 제60조의 내용을 포함하여야 한다고 규정하고 있다.

TRIPs 협정은 제 5 부 '분쟁의 방지 및 해결' 부분에서 분쟁처리의 절차에 관한 규정을 두고 있다. 기존의 지적재산권 관련 국제협약들의 경우에는 체약국들 사이에 협약의 해석이나 적용에 관하여 다툼이 발생한 경우 국제사법재판소에 해결을 부탁할 수 있다는 취지를 규정하고 있을 뿐, 독자적인 분쟁처리절차를 가지고 있지 않았다. 그러나 WTO의 전신인 GATT는 나름대로의 분쟁처리절차를 갖추고 있었다. 이에 TRIPs 협정 제64조에서는 1994년의 GATT 협정 제22조 및 제23조의 규정이 TRIPs 협정에 관한 협의나 분쟁의 처리에 관하여도 준용된다는 점을 분명히 하였다. WTO의 분쟁처리절차를 이용함으로써 지적재산권 관련 분쟁을 공평한 다수국간의 분쟁처리절차에 따라 해결하도록 하는 방안을 채용한 것이다. 그 결과 WTO 회원국 사이의 분쟁해결을 위하여 설치된 '분쟁해결기구'(The Dispute Settlement Body)가 TRIPs 협정과 관련된 분쟁의 해결 및 그 결정과 권고안의 이행을 보장하기 위한 모든 절차를 관리하며, 그에 의한 분쟁해결절차는 회원국에 대하여 강력한 구속력을 발휘한다. 이와 별도로 TRIPs 협정에 의하여 설치된 'TRIPs 이사회'(TRIPs Council)는 회원국의 의무이행상황을 감시하고, 무역과 관련된 지적재산권의 문제에 대한 자문에 응하기도 하며, 회원국 사이의 분쟁해결을 위하여 회원국이 요청하는 지원을 하게 된다(제68조).[41]

Ⅵ. 세계지적재산권기구(WIPO) 저작권조약(WCT) 및 실연·음반조약(WPPT)

1. WCT 및 WPPT의 제정 경위

베른협약은 1886년 창설된 이래 거의 20년마다 개정이 되어 왔다. 오늘날 디지털화·네트워크화로 대표되는 저작물을 둘러싼 환경의 급격한 변화에 따라, 저작자의 권리를 적절하게 보호하기 위하여 관련 국제협약의 내용들도 수정되어야 한다는 것은 당연한 요청이다. 그러나 베른협약의 개정은 그 요건이 매우 엄격한데다가, 다수의 회원국이 가맹되어 있고 체약국 중에도 선진국과 개발도상국의 이해관계가 대립하기 때문에 의견의 통일을 이끌어 낸다는 것은 지극히 곤란한 것이 현실이다.

이러한 상황에서 한편으로는 우루과이라운드에서의 저작권을 포함한 지적재산권에 관한 협정의 검토가 진행되고 있었지만, WIPO의 입장에서도 저작권과 관련된 국제적 환경에 대하여 특단의 조치를 취하여야 한다는 인식이 있었다. 이에 1991년 11월부터 전문가회의에서 베른협약 자체를 개정하지는 않고 의정서(Protocol to the Berne Convention)를 채택하는 방향으로 검토를 하였고, '베른협약의정서'에 관한 전문가회의가 활동을 시작하였다.

처음에는 저작권 분야에 대한 논의만을 하는 것으로 상정하고 있었지만, 미국의 요청에 의하여 음반의 보호 강화까지를 의제에 포함시키게 되었다. 이에 따라 '실연자 및 음반제작자의 보호'에 관한 전문가회의가 구성되어 활동을 시작하였다.

1996년 8월에 양 전문가회의에서 의장 명의로 협약안이 공표되었으며, 1996년 12월 2일부터 12월 20일까지 사이에 이른바 'WIPO 저작권 및 저작인접권의 특정문제에 관한 외교회의'(WIPO Diplomatic Conference on Certain Copyright and Neighboring Rights Questions)가 스위스의 제네바에서 열렸다. WIPO 127개 회원국, 유럽공동체, 옵서버 3개국, 7개 국제기구

41) 오승종·이해완, 전게서, 602면.

및 76개 비정부기구(NGO)가 참여한 이 외교회의는 6년간의 긴 협상을 매듭짓고 WIPO 저작권조약(WIPO Copyright Treaty, WCT)과 WIPO 실연·음반조약(WIPO Performances and Phonograms Treaty, WPPT)을 채택하였다. 이 두 가지 조약을 WIPO 신조약이라고도 한다.[42)]

WCT와 WPPT는 저작권과 저작인접권 보호에 관한 양대 조약인 베른협약과 로마협약의 미비점을 보완하면서 디지털·네트워크화에 따른 그동안의 환경변화에 대처하는 성격을 가지고 있다. 베른협약이나 로마협약은 모두 그 사이에 이루어진 새로운 매체와 기술의 출현 및 디지털환경으로의 급격한 변화를 반영하지 못하고 있다는 한계를 가지고 있었으나, 앞에서 본 바와 같이 이를 개정하는 것은 그 요건이 엄격하여 쉽지 않은 문제를 안고 있었다. 특히 로마협약은 가입 회원국이 많지 않아 베른협약만큼의 보편성을 갖추고 있지도 못하였다. WCT와 WPPT 두 조약은 베른협약과 로마협약의 위와 같은 문제점을 보완하고, 디지털시대의 새로운 환경에 적응하는 것을 목적으로 한다. 우리나라는 2004년 6월 24일에 위 두 가지 조약 중 WCT에 우선적으로 가입하였으며, WPPT에 가입하기 위하여 그 선행조건들을 충족시키는 내용을 포함하는 것으로 2006년 말 저작권법을 대폭 개정한 후, 2009년 5월 20일 WPPT에 가입하였다.[43)] 2009년 9월 당시 WCT에는 70개국이, WPPT에는 68개국이 가입하였다.

WCT는 베른협약의 실체규정은 이를 그대로 준용하면서 새로운 규정을 부가하는 형식을 채택하였다는 점에서 TRIPs 협정과 유사하다. 이에 반하여 WPPT는 로마협약과는 별개의 체계로 구성하는 방식을 채택하였다. 또한 이들 두 개의 신조약은 조문 해석의 명확성을 기하기 위하여 이른바 '합의성명'을 채택하는 한편, WPPT에서는 시청각 실연이 기본적으로 제외되어 있다는 점을 고려하여 시청각 실연에 관한 결의 및 데이터베이스에 관한 권고안을 각각 채택하였다.

2. WIPO 저작권조약(WCT)의 내용

가. 베른협약과의 관계

WCT는 베른협약 제20조에서 규정하고 있는 특별협정에 해당한다(제 1 조 제 1 항).[44)] 베른협약 체약국 상호간에는 WCT에 의하여 베른협약 상 부담하는 기존의 의무를 훼손할 수

42) 作花文雄, 전게서, 542면.
43) 오승종·이해완, 전게서, 603면.
44) 베른협약 제20조: 체약국 정부는 그들 사이의 특별협정이 저작자에게 이 협약(베른협약)보다 광범위한 권리를 부여하거나 이 협약에 저촉되지 아니하는 다른 규정들을 담고 있는 한, 그 협정을 체결할 권리를 유보한다. 이러한 조건을 충족하는 기존의 협정 규정들은 그대로 적용된다.

없도록 하고 있으며(제 1 조 제 2 항), 베른협약 회원국이 아닌 WCT 체약국은 베른협약 제 1 조 내지 21조 및 부속서의 규정을 준수하여야 할 의무를 부담하도록 규정하고 있다(제 1 조 제 4 항). 그러나 WCT 가입의 전제조건으로 베른협약 체약국이어야 할 것을 요구하는 것은 아니다. WCT와 베른협약은 서로 독립적인 관계에 있으며, WIPO의 회원국이라면 WCT에 가입할 수 있다(제17조).

나. '일시적 축적'의 문제

WCT는 베른협약 제 9 조의 복제권 규정의 적용과 관련하여 '합의성명'을 통하여 해석을 내리고 있다. 1996년 WCT의 성립을 위한 논의 과정에서부터 미국의 제의로 '일시적 축적(저장)'을 복제의 범위에 포함시킬지 여부가 논란의 대상이 되었다. 그리하여 WCT 초안은 "복제권은 임시적이거나 영구적인 것에 관계없이 어떠한 방법이나 형식으로든지, 저작물을 직접·간접적으로 복제하는 것을 포함하여야 한다"고 하여 일시적 축적을 복제의 개념에 포함시키는 것으로 규정하였었다. 그러나 복제의 범위가 지나치게 확대될 것을 우려한 개발도상국들의 반대와 서비스 과정에서 시스템상에 일시적 복제가 일어나게 되는 전화회사 및 온라인서비스제공사업자들의 반대 등으로 합의에는 이르지 못하였다.

다만, 조약의 해석에 관한 합의성명(ageed-upon statement of interpretation)에서 베른협약 제 9 조에 규정된 복제권의 개념이 디지털 방식의 저작물 이용에도 그대로 적용된다는 점을 밝히고 있는데, 이 합의성명이 WCT의 일부를 구성하는가에 관하여 미국은 그렇다는 입장인 반면에 우리나라를 비롯한 상당수 국가들은 합의성명의 조약으로서의 구속력을 부인하였다.[45] 한편 일본에서는 이 합의성명에 의하더라도 과연 어떠한 축적이 복제권이 미치는 행위인지 여부는 반드시 명확한 것은 아니라고 보는 것이 일반적인 해석이다.[46]

다. 저작권의 보호범위

저작권의 보호는 표현에는 미치지만 사상이나 절차, 운용방법, 수학적 개념과 같은 것에는 미치지 아니한다는 점을 표명함으로써 이른바 '아이디어/표현 이분법'(idea/expression dichotomy)의 원칙을 채택하고 있음을 명백히 하였다(제 2 조). 그 조문의 내용을 보면 미국 저작권법의 영향을 강하게 받았음을 알 수 있다.[47]

45) 박덕영, 전게서, 70-71면.

46) 作花文雄, 전게서, 544면; 이에 관한 상세한 논의는 제 3 장 제 3 절 저작재산권의 복제권 중 '일시적 축적'에 관한 부분 참조.

47) 그 원문은 다음과 같다. "Copyright protection extends to expressions and not to ideas, procedures, methods of operation or mathematical concepts as such."

라. 컴퓨터프로그램의 보호

WCT 제 4 조는 "컴퓨터프로그램은 베른협약 제 2 조에서 규정하고 있는 어문저작물로서 보호된다. 그 보호는 어떠한 표현 형식이나 형태의 컴퓨터프로그램에도 적용된다."고 규정함으로써 TRIPs 협정과 거의 같은 내용으로 컴퓨터프로그램에 대한 보호를 규정하고 있다. 이 규정은 컴퓨터프로그램이 베른협약의 보호대상이라는 점을 명확히 하는 의미도 담고 있다.

마. 데이터베이스의 보호

WCT 제 5 조는 "내용의 선택과 배열로 인하여 지적 창작물이 되는 자료 또는 소재의 편집물은 그 형태에 관계없이 지적 창작물로서 보호된다. 이 보호는 당해 자료 또는 소재 그 자체에는 미치지 아니하며, 그 편집물에 수록된 자료나 소재에 존속하는 저작권에 영향을 미치지 아니 한다"고 규정함으로써 데이터베이스 보호에 관한 규정을 두고 있다. 형태에 관계없이 보호한다고 하고 있으므로 반드시 컴퓨터프로그램에 의하여 검색하는 것에만 한정되지 않는다.[48] 이 규정 역시 TRIPs 협정의 규정과 거의 동일한 내용으로 되어 있다.

바. 배 포 권

베른협약에서는 영상저작물의 경우를 제외하고는 일반적인 배포권에 관하여 언급하고 있지 않다. 그러나 WCT는 제 6 조 제 1 항에서 "저작자는 판매 또는 기타 소유권의 이전을 통하여 저작물의 원본이나 복제물을 공중이 이용할 수 있도록 제공하는 것을 허락할 배타적 권리를 가진다"고 규정함으로써 배포권이 저작자의 권리임을 명확히 하고 있다. 또한 제 6 조 제 2 항에서 "이 조약의 어떠한 규정도 체약국이 저작물의 원본이나 복제물이 저작자의 허락 아래 최초판매되거나, 기타 소유권이 이전된 후에 제 2 항의 권리의 소진이 적용될 조건을 결정할 자유에 영향을 미치지 아니 한다."라고 규정함으로써 배포권이 최초판매 이후에 소진하는지 여부(최초판매의 원칙 또는 권리소진의 원칙의 적용여부)를 결정할 권한 및 이른바 국내소진을 채택할 것인지 국제소진을 채택할 것인지 여부는 체약국의 입법에 위임하고 있다.[49] 한편 수입권(輸入權)을 인정할 것을 미국이 강력하게 주장하였지만 채택되지 아니하였다.

---

48) 참고로 일본 저작권법에서 데이터베이스라 함은 컴퓨터에 의하여 검색할 수 있도록 작성된 것만을 상정하고 있다.

49) 국내소진과 국제소진에 관하여는 제 3 장 제 3 절 저작재산권의 '배포권' 부분 중 권리소진의 원칙에 관한 내용 참조.

사. 대 여 권

WCT 제 7 조 제 1 항은 “컴퓨터프로그램, 영상저작물, 체약국의 국내법에서 정하는 음반에 수록된 저작물의 저작자는 그 저작물의 원본이나 복제물을 공중에게 상업적으로 대여하는 것을 허락할 배타적 권리를 가진다”고 규정함으로써, 컴퓨터프로그램과 영상저작물 및 음반에 대한 대여권을 저작자의 권리로서 인정하고 있다. 다만, 컴퓨터프로그램 그 자체가 대여의 본질적 대상이 아닌 경우, 영상저작물의 상업적 대여가 배타적인 복제권을 실질적으로 침해하는 저작물의 광범위한 복제를 초래하지 아니하는 경우에는, 그 컴퓨터프로그램이나 영상저작물에 대하여는 대여권을 인정하지 않아도 된다. 이러한 대여권에 관한 규정도 TRIPs 협정 제11조와 거의 동일한 내용으로 되어 있다.

아. 공중전달권

WCT 제 8 조는 “저작자는 공중의 구성원이 개별적으로 선택한 장소와 시간에 저작물에 접근할 수 있는 방법으로 공중이 이용할 수 있도록 유선 또는 무선의 수단에 의하여 저작물을 공중에 전달하는 것을 허락할 배타적 권리를 가진다”고 규정하고 있다. 기존의 베른협약에서는 유선에 의한 송신행위에 대하여는 단편적으로 권리를 규정하고 있었지만, WCT에 의하여 유선 및 무선을 포함하는 일반적인 송신에 관한 권리가 인정되게 되었다.

‘공중에 전달’에는 공중의 구성원이 개별적으로 선택한 장소와 시간에 저작물에 접근할 수 있도록 그 저작물을 공중이 이용가능한 상태에 두는 것을 포함하므로, 실제로 송신이 된 경우만이 아니라 송신의 준비단계에 관해서도 권리가 미치게 된다.

공중전달권에 관한 합의성명에 의하면 공중 전달을 위한 물리적 설비나 전달을 가능하게 하는 물리적 설비를 단순히 제공하는 것은 WCT 또는 베른협약이 규정하는 ‘공중전달권’이 미치는 대상이 아닌 것으로 해석하고 있다.

자. 사진저작물의 보호기간

사진저작물에 관하여 베른협약 제 7 조 제 4 항의 규정을 적용하지 않는 것으로 규정함으로써, 사진저작물의 보호기간을 일반저작물과 동일한 기간으로 하고 있다(제 9 조).

차. 저작재산권의 제한 및 예외

WCT 제10조 제 1 항은 “체약국은 저작물의 통상의 이용과 충돌하지 아니하고 저작자의 합법적인 이익을 부당하게 해하지 아니하는 특별한 경우에, 이 조약에서 저작자에게 부여하는 권리에 대한 제한과 예외를 국내법으로 정할 수 있다"고 규정한다. 이는 저작재산권의 제한과 예외를 엄격한 조건 아래에서만 인정할 것을 규정한 것으로서, TRIPs 협정 제13조의 규정과 동일한 내용이며, 베른협약 제 9 조 제 2 항이 규정하는 복제권의 제한에 관한 이른바 3단계 테스트(Three Step Test)를 저작재산권 일반에 적용한 것이다. 따라서 베른협약상의 저작재산권 제한규정들을 더욱 엄격하게 적용할 것을 요구하는 의미를 가지고 있다고 볼 수 있다.

카. 기술적 보호조치에 관한 보호의무

WCT 제11조는 "체약국은 이 조약 또는 베른협약 상의 권리의 행사와 관련하여 저작자가 이용하는 효과적인 기술적 조치로서, 자신의 저작물에 관하여 저작자가 허락하지 아니하거나 법에서 허용하지 아니하는 행위를 제한하는 기술적 조치를 우회하는 것에 대하여, 충분한 법적 보호와 효과적인 법적 구제조치에 관한 규정을 국내법에 두어야 한다."고 규정하고 있다.

타. 권리관리정보에 관한 의무

체약국은 (i) 전자적인 권리관리정보를 권한 없이 제거하거나 변경하는 행위, 또는 (ii) 전자적인 권리관리정보가 권한 없이 제거되거나 변경된 것을 알면서 저작물이나 복제물을 권한 없이 배포하거나 배포하기 위하여 수입, 방송 또는 공중전달하는 행위가 WCT 또는 베른협약상의 권리의 침해를 유인, 방조, 조장 또는 은닉한다는 사실을 알거나, 또는 민사적 구제에 있어서는 알 만한 상당한 이유가 있는 경우에 이를 고의로 행하는 자에 대하여 충분하고도 효과적인 법적 구제조치를 할 수 있는 규정을 국내법에 두어야 한다(제12조 제 1 항).

이 규정에 관한 합의성명에서는 "이 조약 또는 베른협약이 대상으로 하는 권리의 침해"에는 배타적 권리뿐만 아니라 보수청구권도 포함하는 것으로 해석하고 있다. 또한 이 규정이 베른협약이나 WCT에서 인정하고 있지 않은 방식주의를 요구하는 것은 아니라는 점을 확인하고 있다.

파. 소급보호의 원칙

체약국은 이 조약에서 규정하고 있는 모든 보호에 관하여 베른협약 제18조의 규정을 적용하여야 한다(제13조). 따라서 WCT가 당해 체약국에서 발효된 시점에서 보호기간이 만료되지 않은 모든 저작물은 본 조약의 보호대상으로 된다.

3. WIPO 실연·음반조약(WPPT)의 내용

가. WPPT의 개요

이 조약은 TRIPs 협정과 마찬가지로 로마협약의 계속적인 유효성을 명문으로 인정하고 있기는 하나,[50] 로마협약과는 별개의 독립적인 조약이다. 뿐만 아니라 WPPT는 로마협약 중 방송사업자의 권리에 관한 부분을 제외한 나머지 부분을 실질적으로 대체하고 있다. 일반원칙으로는 베른협약과 비슷하게 내국민대우의 원칙(제 4 조), 무방식주의(제20조), 소급보호의 원칙(제22조), 50년의 보호기간(제17조), 권리제한의 예외적 허용(제16조) 등에 관하여 규정하고 있다.[51]

나. 개념의 정의규정

WPPT에서는 몇 가지 중요한 개념에 대한 정의규정을 두고 있다(제 2 조).

우선 '음반'에 관하여는 "실연의 소리나 기타 소리, 또는 소리의 표현을 고정한 것으로서 영상저작물이나 시청각저작물에 수록된 형태 이외의 고정물을 말한다"고 정의하고 있다(제 2 조의b). 이 규정에서는 '소리의 표현'이라는 개념이 새로이 추가되었다는 점에서 로마협약의 규정과 차이가 있다. 오늘날에는 디지털기술의 발달에 따라 실연이 소리의 형태로만 고정되지 않고 디지털 데이터의 형태로 고정되어 적절한 전자장치에 의하여 들을 수 있도록 할 수도 있게 되었는데, 이 조약에서 '소리의 표현'이라는 용어를 사용한 것은 바로 그러한 디지털 데이터로의 표현을 포함하기 위한 것이라고 한다.[52]

'음반제작자'에 관하여는 "실연의 소리 기타 소리, 또는 소리의 표현을 최초로 고정하기 위하여 기획하고 이에 책임을 지는 자연인이나 법인을 말한다"고 정의하고 있다(제 2 조의d).

또한 WPPT는 '발행'의 개념에 권리자의 동의라는 요소를 추가적으로 반영한 정의를 하고 있다. 그리하여 "발행이란 고정된 실연이나 음반을, 상당한 양으로 공중에게 제공하는 것을 조건으로, 권리자의 동의를 얻어 공중에게 제공하는 것을 말한다"고 정의하고 있다(제 2 조의e). 로마협약에서는 권리자의 동의여부와 관계없이 발행을 정의하고 있었는데, WPPT가 이와 같이 권리자의 동의라는 요소를 반영한 것은 베른협약상의 발행의 개념과 일치시키기 위한 것이라고 한다.[53]

---

50) WPPT 제 1 조 제 1 항 "이 조약상의 어떠한 규정도 1961년 10월 26일 로마에서 체결된 실연자, 음반제작자 및 방송사업자의 보호를 위한 국제협약(로마협약)에 의하여 체약국이 상호간에 부담하는 기존의 의무를 저해하지 아니한다."

51) 오승종·이해완, 전게서, 611면.

52) 오승종·이해완, 전게서, 611면; 作花文雄, 전게서, 546면.

WPPT는 '방송'에 대하여도 보다 구체적인 정의를 내리고 있다. 그리하여 '방송'이란 "공중이 수신하도록 무선의 방법에 의하여 소리, 영상과 소리 또는 그 표현을 송신하는 것을 말한다. 위성에 의한 송신도 방송에 해당한다. 암호화 된 신호의 송신은 해제를 위한 방법이 방송사업자에 의하여 또는 그의 동의를 얻어 공중에게 제공된 경우에는 방송에 해당한다"고 정의하고 있다(제2조의f). 기존의 국제조약에 있어서도 방송에는 위성방송이 포함되는 것으로 보는 것이 일반적인 해석이었는데 WPPT에서는 이를 명확히 하였다.

실연이나 음반의 '공중전달'은 "방송 이외의 매체에 의하여 실연의 소리, 음반에 고정된 소리 또는 소리의 표현을 공중에게 송신하는 것을 말한다"고 정의하고 있다. WPPT 제15조에 의하여 보상금청구권의 대상이 되는 공중전달과 관련하여서는 소리 또는 음반에 고정된 소리의 표현을 공중이 청취할 수 있도록 제공하는 것을 포함하는 것으로 규정하고 있다(제2조의g). 공중전달에 관한 이러한 정의는 로마협약이나 베른협약 또는 WCT의 공중전달 개념과는 다르며, 특히 주문형 송신은 이 개념에서 배제된다고 한다.[54]

다. 조약의 보호대상

WPPT는 실연자와 음반제작자를 보호하기 위한 조약이다. 따라서 방송사업자는 그 보호의 대상에서 제외되고 있다는 점에서 로마협약과 큰 차이가 있다.

또한 실연자의 권리의 대상도 음반에 고정된 실연에 한정할 것인지, 아니면 모든 실연, 특히 시청각저작물에 고정된 실연도 포함할 것인지 여부가 조약의 체결과정에서 가장 큰 쟁점이 되었다. 개발도상국들과 선진국 사이에 첨예한 대립을 보인 끝에 시청각 실연(audiovisual performance)의 포함여부에 관하여는 합의를 도출하지 못한 채, 결국 음반에 고정된 실연에 한하여 복제권, 배포권, 대여권, 전송권 등을 인정하는 것으로 귀결되었다.[55]

라. 내국민대우

체약국은 WPPT에서 특별히 규정하고 있는 배타적 권리 및 동 조약 제15조에서 규정하는 공정한 보상을 청구할 권리(상업용 음반의 2차적 사용에 대한 권리)에 관하여, 체약국의 국민에게 부여하고 있는 보호를 다른 체약국의 국민에게도 부여하여야 할 의무를 부담한다. 다만, 제15조 제3항에 따라 체약국에 대하여 유보가 허용되는 경우에는 예외로 한다(제4조).

---

53) 최경수, WIPO 저작권조약 및 실연·음반조약 해설(하), 계간 저작권, 1997년 여름, 제38호, 저작권심의조정위원회, 5면.

54) 최경수, 전게논문, 5면.

55) 오승종·이해완, 전게서, 612면; 최경수, 전게논문, 5면.

마. 실연자의 권리

(1) 실연자의 인격권

WPPT 제 5 조에 의하여 실연자는 "자신의 재산권과 독립하여 그리고 그 권리의 이전 후에도 실연의 이용방법상 생략이 요구되는 경우를 제외하고는, 자신의 청각적 생실연 또는 음반에 고정된 실연에 관하여 그 실연의 실연자임을 주장하고(성명표시권), 자신의 명성을 해칠 수 있는 실연의 왜곡·훼손 기타 변경에 대하여 이의를 제기할 권리(동일성유지권)를 가진다" 실연자에게 부여되는 이와 같은 인격권은 로마협약에서는 언급되지 않았던 권리이다. 다만, 이 권리는 모든 실연에 대하여 인정되는 것이 아니고 시청각 실연(audiovisual performance)은 그 대상에서 제외된다.

(2) 생실연에 대한 권리

실연자는 그의 실연에 대하여 (i) 이미 방송된 실연을 제외하고 생실연을 방송 또는 공중전달하는 행위 및 (ii) 생실연을 고정하는 행위에 관하여 이를 허락할 배타적 권리를 갖는다(제 6 조).

(3) 음반에 고정된 실연의 복제에 대한 권리

실연자는 음반에 고정된 실연에 대하여 여하한 방법이나 형식에 의한 직접적 또는 간접적인 복제를 허락할 배타적 권리를 가진다(제 7 조). 복제권과 관련하여 중요한 점은 로마협약이 체결될 당시에는 존재하지 않았던 디지털 복제에까지 이 권리가 미칠 수 있게 되었다는 점이다.[56]

(4) 배포권과 대여권

실연자는 판매 또는 기타 소유권의 이전을 통하여 음반에 고정된 실연의 원본이나 복제물을 공중이 이용할 수 있도록 제공하는 것을 허락할 배타적인 권리를 갖는다(제 8 조 제 1 항). 다만, 배포권의 제한에 해당하는 최초판매의 원칙(권리소진의 원칙)의 적용여부 및 그 조건에 대한 결정권은 체약국에 유보되어 있다(제 8 조 제 2 항).

WPPT는 권리소진 원칙에 대한 예외에 해당하는 대여권에 관하여도 규정하고 있다. 즉, 실연자는 음반에 고정된 실연의 원본이나 복제물이 자신에 의하여 또는 자신의 허락에 의하여 배포된 후에도 체약국의 국내법에서 정한 바에 따라 이를 공중에게 상업적으로 대

56) 최경수, 전게논문, 7면.

여하는 것을 허락할 배타적 권리를 갖는다(제 9 조 제 1 항). 다만, 체약국은 1994년 4월 15일 당시(TRIPs 협정 제14조 참조)에 음반의 상업적 대여에 관하여 실연자에게 공정한 보수를 지급하는 제도를 가지고 있었고, 그 이후에도 그 제도를 계속 유지하고 있는 경우에는 음반의 상업적 대여가 실연자의 배타적 복제권에 현저한 침해를 발생시키지 않는다는 것을 조건으로 그 제도를 유지할 수 있다(제 9 조 제 2 항).

(5) 이용제공권

실연자는 공중의 구성원이 개별적으로 선택한 시간과 장소에서 실연에 접근할 수 있는 방법으로, 유선 또는 무선의 수단에 의하여 음반에 고정된 실연을 공중이 이용할 수 있도록 제공하는 것을 허락할 배타적 권리를 갖는다(제10조).

(6) 2차적 사용에 대한 보상청구권

실연자는 상업용 음반의 방송 또는 공중전달에 의한 이용에 대하여 보상청구권을 갖는다(제15조).

바. 음반제작자의 권리

음반제작자 역시 실연자와 마찬가지로 자신의 음반에 대한 복제권(제11조), 배포권(제12조), 대여권(제13조), 이용제공권(제14조), 2차적 사용에 대한 보상청구권(제15조) 등의 권리를 갖는다.

사. 권리제한의 엄격화

WPPT는 TRIPs 협정의 규정을 이어받아 실연자 및 음반제작자의 배타적 권리에 대한 제한을 엄격히 한정하는 규정을 두고 있다. 그리하여 제16조에서 "체약국은 실연자와 음반제작자의 보호에 관하여 문학·예술 저작물에 대한 저작권 보호와 관련하여 규정한 바와 같은 종류의 제한이나 예외를 국내법으로 규정할 수 있다"고 하면서, "체약국은 이 조약에서 규정한 권리에 대한 제한이나 예외를 실연이나 음반의 통상적인 이용과 충돌하거나 실연자나 음반제작자의 합법적인 이익을 부당하게 해치지 아니하는 특별한 경우로 한정하여야 한다"고 규정하고 있다(제16조 제 1 항 및 제 2 항).

로마협약상 실연자 및 음반제작자의 권리에 대한 제한과 예외는 간단하면서도 폭넓게 인정되고 있었다. 즉, 실연자와 음반제작자의 권리제한과는 별도로 개인적 사용(private use), 시사보도 목적의 짧은 발췌(short excerpts), 방송사업자의 일시적 고정, 교육·조사 목적의 이용 등에 대하여 실연자와 음반제작자의 권리를 제한하고 있었다. 그러나 WPPT 제16조에서는 권리에 대한 예외와 제한을 저작자에 대한 제한과 상응하도록 함으로써 실연자와 음반제작자의 권리를 강화하였다.[57)]

아. 보호기간

WPPT는 "(i)이 조약에 의하여 실연자에게 부여되는 보호기간은 실연이 음반에 고정된 연도의 말로부터 기산하여 적어도 50년의 기간이 종료하는 때까지 존속한다. (ii)이 조약에 따라 음반제작자에게 부여되는 보호기간은 음반이 발행된 연도의 말 또는 그 발행이 50년 이내에 행하여지지 아니한 경우에는 고정이 행하여진 연도의 말로부터 기산하여 적어도 50년의 기간이 종료하는 때까지 존속한다."고 규정하고 있다(제17조 제 1 항, 제 2 항).

자. 기술적 보호조치 및 권리관리정보에 관한 의무

기술적 보호조치 및 권리관리정보의 보호에 관하여 WCT의 규정과 거의 동일한 내용을 규정하고 있다(제18조, 제19조).

차. 무방식주의

WPPT에서 정한 권리의 향유와 행사는 어떠한 방식에 따를 것도 조건으로 하지 아니한다(제20조)고 규정함으로써 무방식주의의 원칙을 천명하고 있다.

카. 소급보호의 원칙

체약국은 WPPT 조약에서 규정하는 실연자 및 음반제작자의 권리의 보호와 관련하여 베른협약 제18조의 규정을 준용하여야 한다. 다만, 체약국은 WPPT 조약 제 5 조(실연자의 인격권)의 규정을 이 조약이 당해 체약국에서 효력을 발생한 후에 이루어진 실연에 대하여만 적용되는 것으로 제한할 수 있다(제22조).

---

57) 상게논문, 7면.

제 3 절 외국인 저작물의 보호

I. 저작권법 제3 조

외국인의 저작물의 보호에 관하여는 저작권법 제 3 조가 규정하고 있다. 그 내용을 보면, 제 1 항에서 조약에 의한 외국인 저작물의 보호를 규정하고 있으며, 제 2 항에서는 대한민국에서 상시 거주하는 외국인의 저작물과 대한민국에서 처음으로 공표된 저작물의 보호에 관하여 규정하고 있다. 그리고 제 3 항에서는 상호주의에 관하여 규정하고 있다.

참고로 일본 저작권법은 보호받는 저작물을 '일본국민의 저작물'과 '일본에서 최초로 발행된 저작물', '조약에 의하여 보호되는 저작물'로 나누고 있으며, 일본의 법령에 의하여 설립된 법인 및 일본에 주된 사무소를 가지는 법인의 저작물은 일본국민의 저작물에 포함되는 것으로 규정하고 있다.[58]

1. 제 1 항

가. 조약에 의한 외국인의 저작물 보호

외국인의 저작물은 대한민국이 가입 또는 체결한 조약에 따라 보호된다(저작권법 제 3 조 제 1 항). 저작권과 관련된 조약으로서 우리나라가 가입한 것으로는 베른협약, TRIPs 협정, 세계저작권협약(UCC), 로마협약, 음반협약, WCT, WPPT 등이 있다.

조약이 국내법으로서의 효력을 곧바로 가지는가에 관하여는 각국의 입법례가 다르다. 영국이나 스칸디나비아 국가들에서는 조약의 '자기집행력'(self-executing)을 인정하지 않으므로 조약 자체만으로는 아무런 국내법상의 효력을 가질 수 없고, 국내법으로 입법을 하여야만 그 국내법을 통하여 조약상의 규정이 적용되는 결과가 된다. 그러나 대부분의 유럽국가와 남미국가들과 같은 대륙법계 국가에서는 조약이 자기집행력을 가지는 것으로 보기 때문에, 조약의 의미가 불분명하거나 국내법의 입법을 조약 자체에서 전제하고 있지 않는 한 조약 자체가 국내법과 같이 곧바로 사법적 판단의 전제가 된다.[59]

우리나라 헌법 역시 위와 같은 대부분의 대륙법계 국가들과 마찬가지로 조약이 별도의 입법조치 없이 곧바로 국내법과 같은 효력을 가지는 것으로 규정하고 있다.[60] 따라서

58) 일본 저작권법 제 6 조.
59) 이성호, 전게논문, 630-631면.

우리나라가 가입한 저작권 관련 국제조약이 국내법으로서의 효력을 갖는 것은 당연하다. 그리고 여기서 말하는 '국내법'이란 법률을 말한다는 것이 통설이므로, 저작권에 관한 국제협약은 저작권법과는 동등한 지위를 가지면서 신법우위의 원칙이 적용되고, 저작권법 시행령이나 시행규칙보다는 우위의 효력을 갖게 된다. 다만, UCC나 베른협약 등 국제협약은 외국인의 저작물의 보호가 문제된 경우에만 적용되며, 조약이 일반적으로 자기집행력을 가지는 경우에도 법원은 조약 자체의 내부적 요인에 의하여 어느 조항이 자기집행력을 가지지 못하는 것으로 판단할 수도 있다.[61]

우리나라가 가입한 저작권 관련 국제조약 중에서 UCC는 소급보호를 인정하지 않고 있다. 따라서 UCC가 우리나라에서 효력을 발생한 날인 1987년 10월 1일 이전에 우리나라에서 보호를 받지 못하던 저작물은 UCC 가입에도 불구하고 이를 보호하지 않아도 되었다. 결국 UCC에 의하여 우리나라에서 보호를 받게 되는 외국인의 저작물은 UCC 효력 발생일 이후에 발행된 저작물들이라고 할 수 있다. 그러나 그 후에 우리나라가 가입한 베른협약과 TRIPs 협정은 원칙적으로 소급보호를 인정한다. 우리나라는 WTO 회원국으로서 TRIPs 협정의 적용을 받게 되므로 그 협정상의 의무를 이행하기 위하여 1995년 12월 6일 저작권법을 개정함으로써 외국저작물에 관하여 소급보호를 인정하지 않고 있던 종전의 규정을 삭제하였다. 즉 원래의 저작권법 제 3 조 제 1 항에서는 "다만, 당해 조약발효일 이전에 발행된 외국인의 저작물은 보호하지 아니 한다"라는 단서조항이 있었는데, 개정법에서는 이 단서조항을 삭제하여 소급효를 인정한 것이다. 따라서 그 전까지는 자유이용이 가능했던 외국인의 저작물도 위 법의 발효일인 1996년 7월 1일부터는 새로이 소급보호를 받게 되었다(이와 같이 소급보호를 받게 된 저작물을 우리 저작권법에서는 '회복저작물'이라는 용어로 부르고 있다). 다만, 그러한 변경에 따른 경과조치로서 부칙에서 소급보호에 관한 규정을 두면서 동시에 소급보호에 관한 몇 가지 예외에 관하여도 규정을 두고 있다. 그것이 부칙 제 3 조의 '보호기간의 특례'와 부칙 제 4 조의 '회복저작물 등의 이용에 관한 경과조치' 규정이다.[62] 회복저작물의 보호기간 등에 관하여는 제 6 장 제 5 절 중 '외국인 저작물의 보호기간' 부분에서 검토한 바 있다.

나. 외교관계가 없는 북한 등의 저작물

우리나라와 외교관계가 수립되어 있지 않은 대만이나 북한의 저작물도 우리나라에서

60) 헌법 제 6 조 제 1 항: "헌법에 의하여 체결·공포된 조약과 일반적으로 승인된 국제법규는 국내법과 같은 효력을 가진다."
61) 이성호, 전게논문, 631면.
62) 오승종·이해완, 전게서, 615면.

보호되는지 문제가 된다. 대만의 경우 외교관계의 단절로 인하여 서로의 저작권을 보호하는 데에 문제가 있었으나, 대만이 2002년 WTO 협정에 가입하여 2003. 1. 1.부터는 이 문제가 정리되었다고 한다.[63] 다만, 대만과의 연결고리가 WTO 협정 하나에 국한되므로 저작권조약 등 그 밖에 다른 조약에 의한 추가적인 보호는 부여되지 않는다.

북한은 2003. 4월 베른협약에 가입하였으나, 우리나라에서 북한 저작물의 경우에는 그와 관계없이 법원의 판결에 의하여 보호되고 있다.[64] 즉, 우리 법원은 헌법 제 3 조의 "대한민국의 영토는 한반도와 그 부속도서로 한다"는 이른바 '영토조항'을 전제로 하여, "대한민국의 주권은 헌법상 북한 지역에까지 미치는 것이므로, 북한 저작물은 상호주의에 관계없이 우리 저작권법상 보호를 받는다"는 입장을 유지해 왔다.[65] 서울민사지방법원 1989. 7. 26.자 89카13692 결정은, "남북한이 서로 주권을 인정하고 국가로 승인하거나 또는 1개의 국가 내에서 서로 다른 법률체계를 상호인정하기로 하는 헌법적 효력을 가지는 계약이 체결된 바 없는 이상, 우리 헌법에 의거하여 제정된 저작권법이나 민법 등 모든 법령의 효력은 당연히 북한지역에 미친다 할 것이므로, 월북작가가 북한지역에 거주하면서 저작한 저작물이라 하더라도 우리 저작권법에 따라 보호되는 저작권을 취득하였다 할 것이고, 그가 사망한 경우에는 남한에 있는 그의 상속인이 이를 상속한 것으로 보아야 한다"고 판시하였다. 이러한 판결의 논리에 따르면 저작권뿐만 아니라 저작인접권에 대하여도 북한의 관련 조약에의 가입과 관계없이 보호된다고 보아야 할 것이다.[66] 서울지법 남부지원 1994. 2. 14. 선고 93카합2009 판결도 "대한민국의 주권은 헌법상 북한지역에까지 미치는 것이므로 북한이 세계저작권조약(UCC)에 가입하지 아니하였다 하더라도 북한저작물은 상호주의에 관계없이 우리 저작권법상의 보호를 받는 것"이라고 판시하였다.

그러나 이러한 판례들이 헌법상 '영토조항'을 기초로 남북한 저작물의 이용관계를 순전히 대한민국의 국내법적 이용으로 규정하여 해결하고자 하는 것은 바람직한 방법이 아니며, 남북저작권 문제의 특수성, 즉 순수한 국내법적 문제도 국제법적 문제도 아닌 민족 내부의 저작권 문제라는 점에 착안하여 보다 합리적인 해결책을 모색하여야 한다는 의견들이 있다. 즉, 남북한 간의 저작권 보호에 관한 실체적·절차적 규정을 담은 새로운 특별협정을 체결하여 해결하는 것이 바람직하다는 견해와,[67] 북한저작물의 보호 문제에 관해서

63) 임원선, 실무자를 위한 저작권법, 개정판, 한국저작권위원회, 2009, 56면.

64) 북한은 2001년 저작권법을 제정하였다.

65) 서울지방법원 1996. 9. 12. 선고 96노3819 판결: 대한민국의 주권은 헌법상 북한 지역에까지 미치는 것이므로 북한이 세계저작권조약(UCC)에 가입하지 아니하였다 하더라도 북한 저작물은 상호주의에 관계없이 우리 저작권법상의 보호를 받는다고 판시.

66) 임원선, 전게서, 56면.

67) 한승헌, "남북부속합의서 발효에 따른 저작물의 상호보호방안", 계간 저작권(1992), 겨울호, 저작권심의

는 남북한 특수관계론을 근거로 남북 간의 문제를 준국제사법적 문제로 보고 국제사법을 유추 적용하여 준거법을 검토해 보는 것이 바람직하다는 견해 등이 있다.[68)]

남북 저작물의 상호 교류에 대하여는 1991년 체결된 '남북 사이의 화해와 불가침 및 교류·협력에 관한 합의서'(남북 기본합의서)에서 공식적으로 언급되기 시작하였다. 동 합의서 제16조에서는 "남과 북은 과학 기술, 교육, 문학예술, 보건, 체육, 환경과 신문, 라디오, 텔레비전 및 출판물을 비롯한 출판 보도 등 여러 분야에서 교류와 협력을 실시한다"라고 규정하고 있다. 그리고 그 다음 해 체결된 남북 기본합의서 제3장 교류·협력의 이행과 준수를 위한 부속합의서 제9조 제5항에서 "남과 북은 쌍방이 합의하여 정한데 따라 상대측의 각종 저작물에 대한 권리를 보호하기 위한 조치를 취한다"고 규정하여, 남북 간의 문화·저작물 교류에 대한 합법적인 인정과 함께 저작권에 대한 보호를 논의하기 시작하였다. 그 후 북한은 2001년에 북한 저작권법을 제정하였고 2004년 북한 내에서 북한의 저작물에 대한 배타적 권리를 부여받은 저작권사무국을 설립하였다. 2005년 대한민국 통일부는 북한의 저작물 이용 등에 대한 저작권사무국의 통지를 받아들여, 북한과의 저작권 교류시 북한 저작권자의 승인서 및 저작권사무국의 확인서 제출을 인정하였다. 이에 따라 남한은 저작권사무소의 승인을 받은 통일부 산하 재단법인인 남북경제문화협력재단이, 북한은 저작권사무소가 남북 저작물 교류에 대한 창구 역할을 하고 있다.[69)]

2. 제2항

대한민국 내에 상시 거주하는 외국인(무국적자 및 대한민국 내에 주된 사무소가 있는 외국법인을 포함한다)의 저작물과 맨 처음 대한민국 내에서 공표된 외국인의 저작물(외국에서 공표된 날로부터 30일 이내에 대한민국 내에서 공표된 저작물을 포함한다)은 대한민국의 저작권법에 따라 보호된다(제3조 제2항).

제2항에서 보는 바와 같이 제2항이 규정하는 저작물은 조약에 앞서서 대한민국 저작권법에 의한 보호를 받는다. 그리하여 조약에 의하여 보호를 받는 경우와 비교하여 볼 때 다음과 같은 차이점이 생긴다. 즉 UCC나 TRIPs 협정은 베른협약과는 달리 저작인격권의 보호에 관하여 규정하고 있지 않은데, 만약 우리나라가 베른협약에는 가입하지 않고 있고 UCC에만 가입하고 있는 상황이라 하더라도 제2항에서 규정하는 저작물들은 UCC가

조정위원회, 56면.

68) 박성호, 저작권법, 박영사(2014), 769면.

69) 박지숙, "남북 저작물 교류에 대한 협력방안 연구", 한국저작권위원회, 계간 저작권 2014년 겨울호, 137, 138면.

아니라 우리 저작권법에 의한 보호를 받게 되므로, 저작재산권은 물론이고 우리 저작권법이 규정하고 있는 바에 따라 저작인격권에 의한 보호도 받게 된다.

베른협약 제 3 조 제 2 항[70]과 제 6 조 제 1 항[71]에 의하면 비체약국의 국민이 어느 체약국에 상시 거주하는 경우 그 체약국의 국민으로 대우하도록 하고, 실질적인 상호주의를 적용하지 못하도록 규정하고 있다. 그리고 이때의 비체약국의 국민에는 무국적자 및 난민을 포함하는 것으로 해석되고 있다. 이에 따라 현재 베른협약 체약국인 우리나라 저작권법의 조약 위반 문제의 소지가 있어서 대한민국 내에 상시 거주하는 외국인 및 무국적자의 저작권을 상호주의의 적용대상으로부터 제외하여 보호하고자 하는 것이 본 항의 취지이다. 즉, 개정 전 저작권법에서는 무국적자에 대하여는 규정이 없었는데, 2006년 저작권법을 개정하면서 무국적자를 보호대상으로 포함시킴으로써 베른협약에 대한 해석론을 받아들인 것이다.

제 2 항의 보호대상에 외국에서 공표된 날로부터 30일 이내에 대한민국 내에서 공표된 저작물을 포함하도록 한 것은 베른협약 제 3 조 제 4 항의 규정을 반영한 것이다. 베른협약 제 3 조 제 4 항은 "저작물이 최초 발행으로부터 30일 이내에 둘 이상의 국가에서 발행된 경우에는 그 저작물은 여러 국가에서 동시에 발행된 것으로 본다"고 규정하고 있다.

3. 제 3 항

제 1 항 및 제 2 항의 규정에 의하여 보호되는 외국인(대한민국 내에 상시 거주하는 외국인 및 무국적자는 제외한다, 이하 이 조에서 같다)의 저작물이라도 그 외국에서 대한민국 국민의 저작물을 보호하지 아니하는 경우에는 그에 상응하게 조약 및 이 법에 의한 보호를 제한할 수 있다(제 3 조 제 3 항).

이 규정은 일반적인 의미에서의 상호주의 원칙(the principle of reciprocity)을 선언한 것인데, TRIPs 협정·베른협약·UCC 체약국에 대하여는 협약상 내국민대우의 원칙에 따라 실질적 상호주의에 의한 보호제한은 원칙적으로 인정되지 아니한다.[72]

---

70) 베른협약 제 3 조 제 2 항: "비체약국의 국민으로 어느 체약국에 상시 거소를 가지는 저작자는 이 협약의 적용상 그 체약국의 국민으로 대우한다."

71) 베른협약 제 6 조 제 1 항: "어느 비체약국이 어느 체약국의 국민인 저작자의 저작물을 적절한 방법으로 보호하지 아니하는 경우에 후자의 국가는 최초 발행일에 그 비체약국의 국민이고 어느 체약국에 상시 거주하지 아니하는 저작자의 저작물에 주는 보호를 제한할 수 있다. 최초 발행국이 이 권리를 원용하는 경우에 다른 체약국은 최초 발행국이 부여한 보호보다 더 넓은 보호를 부여하는 특별한 대우를 하여야 할 의무가 없다."

72) 오승종·이해완, 전게서, 617면.

제 3 항에서도 위 제 2 항에서와 같은 취지에서 '무국적자'를 조문 내에 포함시켰다.

4. 제 4 항

위 제 1 항 및 제 2 항에 따라 보호되는 외국인의 저작물이라도 그 외국에서 보호기간이 만료된 경우에는 이 법에 따른 보호기간을 인정하지 아니한다. 이 규정은 2011년 개정 저작권법에서 새로 신설된 규정이다. 2011년 저작권법 개정으로 말미암아 저작재산권의 보호기간이 종전 생존기간 및 사후 50년에서 70년까지로 연장되었다. 그러나 아직까지도 세계 각국에서는 70년보다 짧은 기간을 보호기간으로 정하고 있는 경우가 많은데, 보호기간이 짧은 다른 나라에서 이미 저작재산권의 보호기간이 만료되어 공중의 영역에 들어간 저작물을 굳이 우리나라에서 보호해 줄 필요가 없을 뿐만 아니라, 만약 이를 보호할 경우 하나의 저작물이 어느 나라에서는 공중의 영역에 있어 자유이용이 가능함에도 불구하고 우리나라에서는 자유이용이 불가능하게 되어 오히려 혼란을 초래할 우려가 있기 때문이다.

Ⅱ. 외국인의 저작인접물의 보호

외국인의 저작인접물의 보호에 관하여는 저작권법 제64조가 규정하고 있다. 이 규정에 해당하는 저작인접물은 이 법, 즉 우리나라 저작권법에 따라 보호를 받는다. 그 구체적인 내용은 다음과 같다.

1. 실　　연

저작권법 제64조 제 1 호의 가목은 "대한민국 국민(대한민국 법률에 의하여 설립된 법인 및 대한민국 내에 주된 사무소가 있는 외국법인을 포함한다. 이하 같다)이 행하는 실연"은 저작권법에 의하여 보호를 받는다고 규정하고 있다. 즉, 대한민국 국민의 실연뿐만 아니라, 외국법인이라고 하더라도 대한민국 법률에 의하여 설립되었거나 대한민국 내에 주된 사무소가 있는 법인이 행하는 실연은, 대한민국 국민이 행하는 실연으로 간주함으로써 우리 저작권법에 의하여 보호를 받는 것이다. 이는 대한민국 내에 주된 사무소를 두고 있는 외국법인을 아예 대한민국 국민에 포함되는 것으로 본다는 점에서, 그러한 법인을 외국법인으로 보고 있는 저작권법 제 3 조의 규정과 다소 다르며, 오히려 위에서 본 일본 저작권법의 입법태도와 유사한 점이 있다. 그러나 대한민국 내에 주된 사무소를 두고 있는 외국법인을 외국인으로 보든 대한민국 국민으로 보든 저작권법 제 3 조와 제64조에 따라 그 법인의 저작물 및 실연은 우리나라 저작권법에 의하여 보호를 받게 되므로 보호의 내용에 있어서는 차이가 없다.

다음으로 저작권법 제64조 제 1 호의 나목은 "대한민국이 가입 또는 체결한 조약에 따라 보호되는 실연"을, 다목은 다음에서 보는 제 2 호 각목에 해당하는 음반에 고정된 실연을, 라목은 다음에서 보는 제 3 호 각목에 해당하는 방송에 의하여 송신되는 실연(송신 전에 녹음 또는 녹화되어 있는 실연을 제외한다)을 각각 우리 저작권법에 의한 보호를 받는 실연으로 규정하고 있다. 따라서 제64조 제 1 호의 나목 내지 라목에 해당하는 실연은 조약에 앞서서 우리 저작권법에 의한 보호를 받게 된다.

2. 음 반

저작권법 제64조 제 2 호는, "가. 대한민국 국민을 음반제작자로 하는 음반," "나. 음이 맨 처음 대한민국 내에서 고정된 음반," "다. 대한민국이 가입 또는 체결한 조약에 따라 보호되는 음반으로서 체약국 내에서 최초로 고정된 음반," "라. 대한민국이 가입 또는 체결한 조약에 따라 보호되는 음반으로서 체약국의 국민(당해 체약국의 법률에 의하여 설립된 법인 및 당해 체약국 내에 주된 사무소가 있는 법인을 포함한다)을 음반제작자로 하는 음반"은 우리 저작권법에 의하여 보호를 받는다고 규정하고 있다.

이 중에서 위 라목의 음반은 2006년 저작권법 개정을 통하여 새로이 신설된 규정이다. 그 이전의 저작권법은 외국인 음반제작자가 만든 음반과 관련하여 대한민국 내에서 맨 처음 고정되거나 체약국 내에서 최초로 고정된 음반만을 보호하고 있었다. 그러나 WIPO의 실연·음반조약(WPPT)은 체약국의 국민을 음반제작자로 하는 음반은, 어느 나라에서 그 음반을 고정하던지 고정지를 불문하고 보호할 것을 체약국의 의무로 규정하고 있어서, 우리나라가 WPPT에 가입하기 위해서는 국내법을 정비할 필요가 생겼다.[73] 이에 따라 제64조 제 2 호 라목에서 체약국의 국민을 음반제작자로 하는 음반으로서, 체약국 이외의 지역에

73) WIPO실연·음반조약(제 3 조)
(1) 체약당사자는 다른 체약당사자의 국민인 실연자와 음반제작자에게 이 조약에서 규정한 보호를 부여하여야 한다.
(2) 다른 체약당사자의 국민이란 이 조약의 체약당사자가 모두 로마협약의 체약당사자라면 동 협약에서 규정한 보호 적격 기준을 충족하는 실연자와 음반제작자로 이해된다. 체약당사자는 이러한 적격 기준에 관하여 이 조약 제 2 조의 관련 정의를 적용하여야 한다.

서 최초로 고정된 음반도 우리 저작권법상 보호받는 음반의 하나로 추가하게 된 것이다. 그 결과 예를 들어, 종전에는 저작권관련조약 체약국인 A국 국민의 음반이 우리나라에서 보호받으려면 우리나라에 와서 음반을 고정하거나 A국을 포함한 조약 체약국에서 고정하여야 하였으나, 이 규정이 생김에 따라 A국 국민이 체약국이 아닌 다른 나라에 가서 음반을 고정하더라도 이를 보호하게 되었다.74)

3. 방 송

저작권법 제64조 제3호는 "가. 대한민국 국민인 방송사업자의 방송," "나. 대한민국 내에 있는 방송설비로부터 행하여지는 방송," "다. 대한민국이 가입 또는 체결한 조약에 따라 보호되는 방송으로서 체약국의 국민인 방송사업자가 당해 체약국 내에 있는 방송설비로부터 행하는 방송"은 우리 저작권법에 의한 보호를 받는 방송으로 규정하고 있다.

저작권 관련 국제조약 가입 현황

※ 기준시점: 2007. 1. 25

국 명		WIPO	Berne	Rome	음반	위성	WCT	WPPT	WTO
아시아·태평양	네 팔	97. 2. 4	06. 1. 11						04. 4. 23
	뉴질랜드	84. 6. 20	28. 4. 24		76. 8. 13				95. 1. 1
	대 만								02. 1. 1
	라오스	95. 1. 17							
	레바논	86. 12. 30	47. 9. 30	97. 8. 12					
	마카오								95. 1. 1
	말레이시아	89. 1. 1	90.10. 1						95. 1. 1
	몰디브	04. 5. 12							95. 5. 31
	몽 골	79. 2. 28	98. 3. 12				02. 10. 25	02. 10. 25	97. 1. 29
	미얀마	01. 5. 15							95. 1. 1
	미크로네시아		03. 10. 7						
	바레인	95. 6. 22	97. 3. 2	06. 1. 18			05. 12. 15	05. 12. 15	95. 1. 1
	방글라데시	85. 5. 11	99. 5. 4						95. 1. 1
	베트남	76. 7. 2	04. 10. 26		05. 7. 6	06. 1. 12			07. 1. 11
	부 탄	94. 3. 16	04. 11. 25						
	북 한	74. 8. 17	03. 4. 28						

74) 심동섭, 개정 저작권법 해설, 계간 저작권, 2006년 겨울, 저작권심의조정위원회, 55면.

국 명	조약·협정명	WIPO	Berne	Rome	음반	위성	WCT	WPPT	WTO
아시아·태평양	브루나이	94. 4. 21	06. 8. 30						95. 1. 1
	사 모 아	97. 10. 11	06. 7. 21						
	사우디아라비아	82. 5. 22	04. 3. 11						05. 12. 11
	솔로몬제도								96. 7. 26
	스리랑카	78. 9. 20	59. 7. 20						95. 1. 1
	시리아	04. 11. 18	04. 6. 11	06. 3.13					
	싱가포르	90. 12. 10	98. 12. 21			05. 4. 27	05. 4. 17	05. 4. 17	95. 1. 1
	아랍에미리트	74. 9. 24	04. 7. 14	04. 1.14			04. 7. 14	05. 6. 9	96. 4. 10
	아제르바이잔	95. 12. 25	99. 6. 4	05.10. 5	01. 9. 1		06. 4. 11	06. 4. 11	
	예 멘	79. 3. 29					05. 9. 20	05. 9. 20	
	오 만	97. 2. 19	99. 7. 14						00. 11. 9
	오스트레일리아	72. 8. 10	28. 4. 14	92. 9.30	74. 6.22	90. 10. 26			95. 1. 1
	요 르 단	72. 7. 12	99. 7. 28				04. 4. 27	04. 5. 24	00. 4. 11
	우즈베키스탄	91. 12. 25	05. 4. 19						
	이 라 크	76. 1. 21							
	이 란	02. 3. 14							
	인 도	75. 5. 1	28. 4 .1		75. 2. 12				95. 1. 1
	인도네시아	79. 12. 18	97. 9. 5				02. 3. 6	05. 2. 15	95. 1. 1
	일 본	75. 4. 20	99. 7. 15	89. 10. 26	78. 10. 14		02. 3. 6	02. 10. 9	95. 1. 1
	중 국	80. 6. 3	92. 10. 15		93. 4. 30				01. 12. 11
	카자흐스탄	91. 12. 25	99. 4. 12	03. 8. 13	01. 8. 3		04. 11. 12	04. 11. 12	
	카 타 르	76. 9. 3	00. 7. 5				05. 10. 28	05. 10. 28	96. 1. 13
	캄보디아	95. 7. 25							04. 10. 13
	쿠웨이트	98. 7. 4							95. 1. 13
	키르기스탄	91. 12. 25	99. 7. 8	03. 8. 13	02. 10. 12		02. 3. 6	02. 8. 15	98. 12. 20
	타 이	89. 12. 25	31 .7. 17						95. 1. 1
	터 키	76. 5. 12	52. 1. 1	04. 4. 8					95. 3. 26
	통 가	01. 6. 14	01. 6. 14						
	투르크메니스탄	91. 12. 25							95. 9. 16
	파키스탄	77. 1. 6	48. 7. 5						95. 1. 1
	파푸아뉴기니	97. 7. 10							96. 6. 9
	피 지	72. 3. 11	71. 12. 1	72. 4. 11	73. 4. 18				96. 1. 14
	필 리 핀	80. 7. 14	51. 8. 1	84. 9. 25			02. 10. 4	02. 10. 4	95. 1. 1
	한 국	79. 3. 1	96. 8. 21		87. 10. 10		04. 6. 24		95. 1. 1
	홍 콩								95. 1. 1

국 명	조약·협정명	WIPO	Berne	Rome	음반	위성	WCT	WPPT	WTO
아프리카	가 나	76. 6. 12	91. 10. 11				06. 11. 18		95. 1. 1
	가 봉	75. 6. 6	62. 3. 26				02. 3. 6	02. 5. 20	95. 1. 1
	감 비 아	80. 12. 10	93. 3. 7						96. 12. 23
	기 니	80. 11. 13	80. 11. 20				02. 5. 25	02. 5. 25	95. 10. 25
	기니비사우	88. 6. 28	91. 7. 22						95. 5. 31
	나미비아	91. 12. 23	90. 3. 21						95. 1. 1
	나이지리아	95. 4. 9	93. 9. 14	93. 10. 29					95. 1. 1
	남아프리카 공화국	75. 3. 23	28. 10. 3						95. 1. 1
	니 제 르	75. 5. 18	62. 5. 2	64. 5. 18					96. 12. 13
	라이베리아	89. 3. 8	89. 3. 8		05. 12. 16				
	레 소 토	86. 11. 18	89. 9. 28	90. 1. 26					95. 5. 31
	르 완 다	84. 2. 3	84. 3. 1			01. 7 .25			96. 5. 22
	리 비 아	76. 9. 28	76. 9. 28						
	마다가스카르	89. 12. 22	66. 1. 1						95. 11. 17
	말 라 위	70. 6. 11	91. 10. 12						95. 5. 31
	말 리	82. 8. 14	62. 3. 19				02. 4. 24	02. 5. 20	95. 5. 31
	모 로 코	71. 7. 27	17. 6. 16			83. 6. 30			95. 1. 1
	모리셔스	76. 9. 21	89. 5. 10						95. 1. 1
	모리타니	76. 9. 17	73. 2. 6						95. 5. 31
	모잠비크	96. 12. 23							96. 8. 26
아프리카	베 냉	75. 3. 9	61. 1. 3				06. 4. 16	06. 4. 16	96. 2. 22
	보츠와나	98. 4. 15	98. 4. 15				05. 1. 27	05. 1. 27	95. 5. 31
	부 룬 디	77. 3. 30							95. 7. 23
	부르키나파소	75. 8. 23	63. 8. 19	88. 1. 14	88. 1. 30		02. 3. 6	02. 5. 20	95. 6. 3
	상투메 프린시페	98. 5. 12							
	세 네 갈	70. 4. 26	62. 8. 25				02. 5. 18	02. 5. 20	95. 1. 1
	세 이 셀	00. 3. 16							
	소말리아	82. 11. 18							
	수 단	74. 2. 15	00. 12. 28						
	스와질란드	88. 8. 18	98. 12. 14						95. 1. 1
	시에라리온	86. 5. 18							95. 7. 23
	아프카니스탄	05. 12. 13							
	알 제 리	75. 4. 16	98. 4. 19						

국 명		WIPO	Berne	Rome	음반	위성	WCT	WPPT	WTO
아프리카	앙 골 라	85. 4. 15							96. 11. 23
	에리트레아	97. 2. 20							
	우 간 다	73. 10. 18							95. 1. 1
	에티오피아	98. 2. 19							
	이 집 트	75. 4. 21	77. 6. 7		78. 4. 23				95. 6. 30
	잠 비 아	77. 5. 14	92. 1. 2						95. 1. 1
	적도 기니	97. 6. 26	97. 6. 26						
	중앙아프리카 공화국	78. 8. 23	77. 9. 3						95. 5. 31
	지 브 티	02. 5. 13	02. 5. 13						95. 5. 31
	짐바브웨	81. 12. 29	80. 4. 18						95. 3. 3
	차 드	70. 9. 26	71. 11. 25						96. 10. 19
	카 메 룬	73. 11. 3	64. 9. 21						95. 12. 13
	카보베르데	97. 7. 7	97. 7. 7	97. 7. 3					
	케 냐	71. 10. 5	93. 6. 11		76. 4. 21	79. 8. 25			95. 1. 1
	코 모 로	05. 4. 3	05. 4. 17						
	코트디부아르	74. 5. 1	62. 1. 1						95. 1. 1
	콩 고	75. 12. 2	62. 5. 8	64. 5. 18					97. 3. 27
	콩고 공화국	75. 1. 28	63. 10. 8		77. 11. 29				97. 1. 1
	탄자니아	83. 12. 30	94. 7. 25						95. 1. 1
	튀 니 지	75. 11. 28	87. 12. 5						95. 3. 29
	토 고	75. 4. 28	75. 4. 30	03. 6. 10	03. 6. 10	03. 6. 10	03. 5. 21	03. 5. 21	95. 5. 3
북·남	가이아나	94. 10. 25	94. 10. 25						95. 1. 1
	과테말라	83. 4. 30	97. 7. 28	77. 1. 14	77. 2. 1		03. 2. 4	03. 1. 8	95. 7. 21
	그레나다	98. 9. 22	98. 9. 22						96. 2. 22
	니카라과	85. 5. 5	00. 8. 23	00. 8. 10	00. 8. 10	79. 8. 25	03. 3. 6	03. 3. 6	95. 9. 3
	도미니카 공화국	00. 6. 27	97. 12. 24	87. 1. 27			06. 1. 10	06. 1.10	95. 3. 9
	도미니카연방	98. 9. 26	99. 8. 7	99. 8. 7					95. 1. 1
	멕 시 코	75. 6. 14	67. 6. 11	64. 5. 18	73. 12. 21	79. 8. 25	02. 3. 6	02. 5. 20	95. 1. 1
	미 국	70. 4. 26	89. 3. 1		74. 3. 10	85. 3. 7	02. 3. 6	02. 5. 20	95. 1. 1
	바베이도스	79. 10. 5	83. 7. 30	83. 9. 18	83. 7. 29				95. 1. 1
	바 하 마	77. 1. 4	73. 7. 10						
	베네수엘라	84. 11. 23	82. 12. 30	96. 1. 30	82. 11. 18				95. 1. 1
	벨 리 즈	00. 6. 17	00. 6. 17						95. 1. 1

국명		WIPO	Berne	Rome	음반	위성	WCT	WPPT	WTO
	볼리비아	93. 7. 6	93. 11. 4	93. 11. 24					95. 9. 13
	브 라 질	75. 3. 20	22. 2. 9	65. 9. 29	75. 11. 28				95. 1. 1
	세인트루시아	93. 8. 21	93. 8. 24	96. 8. 17	01. 4. 2		02. 3. 6	02. 5. 20	95. 1. 1
	세인트빈 센트그레나딘	95. 8. 29	95. 8. 29						95. 1. 1
미	세인트키츠 네비스	95. 11.16	95. 4. 9						96. 2. 21
	수 리 남	75. 11. 25	77. 2. 23						95. 1. 1
	아르헨티나	80. 10. 8	67. 6. 10	92. 3. 2	73. 6. 30		02. 3. 6	02. 5. 20	95. 1. 1
	아 이 티	83. 11. 2	96. 1. 11						96. 1. 30
	앤티가바부다	00. 3. 17	00. 3. 17						95. 1. 1
	에콰도르	88. 5. 22	91. 10. 9	64. 5. 18	74. 9. 14		02. 3. 6	02. 5. 20	96. 1. 21
	엘살바도르	79. 9. 18	94. 2. 19	79. 6. 29	79. 2. 9		02. 3. 6	02. 5. 20	95. 5. 7
	온두라스	83. 11. 15	90. 1. 25	90. 2. 16	90. 3. 6		02. 5. 20	02. 5. 20	95. 1. 1
	우루과이	79. 12. 21	67. 7. 10	77. 7. 4	83. 1. 18				95. 1. 1
북	자메이카	78. 12. 25	94. 1. 1	94. 1. 27	94. 1. 11	'00. 1. 12	02. 6. 12	02. 6. 12	95. 3. 9
	칠 레	75. 6. 25	70. 6. 5	74. 9. 5	77. 3. 24		02. 3. 6	02. 5. 20	95. 1. 1
·	캐 나 다	70. 6. 26	28. 4. 10	98. 6. 4					95. 1. 1
	코스타리카	81. 6. 10	78. 6. 10	71. 9. 9	82. 6. 17	99. 6. 25	02. 3. 6	02. 5. 20	95. 1. 1
남	콜롬비아	80. 5. 4	88. 3. 7	76. 9. 17	94. 5. 16		02. 3. 6	02. 5. 20	95. 4. 30
	쿠 바	75. 3. 27	97. 2. 20						95. 4. 20
미	트리니다드 토바고	88. 8. 16	88. 8. 16		88. 10. 1	96. 11. 1			95. 3. 1
	파 나 마	83. 9. 17	96. 6. 8	83. 9. 2	74. 6. 29	85. 9. 25	02. 3. 6	02. 5. 20	97. 9. 6
	파라과이	87. 6. 20	92. 1. 2	70. 2. 26	79. 2. 13		02. 3. 6	02. 5. 20	95. 1. 1
	페 루	80. 9. 4	88. 8. 20	85. 8. 7	85. 8. 24	85. 8. 7	02. 3. 6	02. 7. 18	95. 1. 1
	그루지야	91. 12. 25	95. 5. 16	04. 8. 14			02. 3. 6	02. 5. 20	00. 6. 14
	그 리 스	76. 3. 4	20. 11. 9	93. 1. 6	94. 2. 9	91. 10. 22			95. 1. 1
	네덜란드	75. 1. 9	12. 11. 1	93. 10. 7	93. 10. 12				95. 1. 1
	노르웨이	74. 6. 8	96. 4. 13	78. 7. 10	78. 8. 1				95. 1. 1
	덴 마 크	70. 4. 26	03. 7. 1	65. 9. 23	77. 3. 24				95. 1. 1
	독 일	70. 9. 19	87. 12. 5	66. 10. 21	74. 5. 18	79. 8. 25			95. 1. 1
	라트비아	93. 1. 21	95. 8. 11	99. 8. 20	97. 8. 23		02. 3. 6	02. 5. 20	99. 2. 10
유	러 시 아	70. 4. 26	95. 3. 13	03. 5. 26	95. 3. 13	89. 1. 20			
	루마니아	70. 4. 26	27. 1. 1	98. 10. 22	98. 10. 1		02. 3. 6	02. 5. 20	95. 1. 1

국 명	조약·협정명	WIPO	Berne	Rome	음반	위성	WCT	WPPT	WTO
	룩셈부르크	75. 3. 19	88. 6. 20	76. 2. 25	76. 3. 8				95. 1. 1
	리투아니아	92. 4. 30	94. 12. 14	99. 7. 22	00. 1. 27		02. 3. 6	02. 5. 20	01. 5. 31
	리히텐슈타인	72. 5. 21	31. 7. 30	99. 10. 12	99. 10. 12				95. 9. 1
	마케도니아	91. 9. 8	91. 9. 8	98. 3. 2	98. 3. 2	91. 11. 17	04. 2. 4	05. 3. 20	03. 4. 4
	모 나 코	75. 3. 3	89. 5. 30	85. 12. 6	74. 12. 2				
	몬테네그로	06. 6. 3	06. 6. 3		06. 6. 3	06. 6. 3	06. 6. 3	06. 6. 3	
	몰 도 바	91. 12. 25	95. 11. 2	95. 12. 5	00. 7. 17		02. 3. 6	02. 5. 20	01. 7. 26
	몰 타	77. 12. 7	64. 9. 21						95. 1. 1
	바 티 칸	75. 4. 20	35. 9. 12		77. 7. 18				
	벨로루시	70. 4. 26	97. 12. 12	03. 5. 27	03. 4. 17		02. 3. 6	02. 5. 20	
	벨 기 에	75. 1. 31	87. 12. 5	99. 10. 2			06. 8. 30	06. 8. 30	95. 1. 1
	보스니아	92. 3. 6	92. 3. 6			92. 3. 6			
럽	불가리아	70. 5. 19	21. 12. 5	95. 8. 31	95. 9. 6		02. 3. 6	02. 5. 20	96. 12. 1
	산마리노	91. 6. 26							
	세르비아	92. 4. 27	92. 4. 27	03. 6. 10	03. 6.10	92. 4. 27	03. 6. 13	03. 6. 13	
	스 웨 덴	70. 4. 26	04. 8. 1	64. 5 .18	73. 4. 18				95. 1. 1
	스 위 스	70. 4. 26	87. 12. 5	93. 9. 24	93. 9. 30	93. 9. 24			95. 7. 1
	스 페 인	70. 4. 26	87. 12. 5	91. 11. 14	74. 8. 24				95. 1. 1
	슬로바키아	93. 1. 1	93. 1. 1	93. 1. 1	93. 1. 1		02. 3. 6	02. 5. 20	95. 1. 1
	슬로베니아	91. 6. 25	91. 6. 25	96. 10. 9	96. 10. 15	91. 6. 25	02. 3. 6	02. 5. 20	95. 7. 30
유	아르메니아	93. 4. 22	00. 10. 19	03. 1. 31	03. 1. 31	93. 12. 13	05. 3. 6	05. 3. 6	03. 2. 5
	아이슬란드	86. 9. 13	47. 9. 7	94. 6. 15					95. 1. 1
	아일랜드	70. 4. 26	27.10. 5	79. 9. 19					95. 1. 1
럽	안 도 라	94. 10. 28	04. 6. 2	04. 5. 25					
	알바니아	92. 6. 30	94. 3. 6	00. 9. 1	01. 6. 26		05. 8. 6	02. 5. 20	00. 9. 8
	에스토니아	94. 2. 5	94. 10. 26	00. 4. 28	00. 5. 28				99. 11.13
	영 국	70. 4. 26	87. 12. 5	64. 5. 18	73. 4. 18				95. 1. 1
	오스트리아	73. 8. 11	20. 10. 1	73. 6. 9	82. 8. 21	82. 8. 6			95. 1. 1
	우크라이나	70. 4. 26	95. 10. 25	02. 6. 12	00. 2. 18		02. 3. 6	02. 5. 20	
	유럽연합(EU)								95. 1. 1
	이스라엘	70. 4. 26	50. 3. 24	02. 12. 30	78. 5. 1				95. 4. 21
	이탈리아	77. 4. 20	87. 12. 5	75. 4. 8	77. 3. 24	81. 7. 7			95. 1. 1
	체 코	93. 1. 1	93. 1. 1	93. 1. 1	93. 1. 1		02. 3. 6	02. 5. 20	95. 1. 1
	크로아티아	91. 10. 8	91. 10. 8	00. 4. 20	00. 4. 20	91. 10. 8	02. 3. 6	02. 5. 20	00. 11. 30
	키프로스	84. 10. 26	64. 2. 24		93. 9. 30		03. 11. 4	05. 12. 2	95. 7. 30

국 명 \ 조약·협정명	WIPO	Berne	Rome	음반	위성	WCT	WPPT	WTO
타지키스탄	91. 12. 25	00. 3. 9						
포르투갈	75. 4. 27	11. 3. 29	02. 7. 17		96. 3. 11			95. 1. 1
폴 란 드	75. 3. 23	20. 1. 28	97. 6. 13			04. 3. 23	03. 10. 21	95. 7. 1
프 랑 스	74. 10.18	87. 12. 5	87. 7. 3	73. 4. 18				95. 1. 1
핀 란 드	70. 9. 8	28. 4. 1	83. 10. 21	73. 4. 18				95. 1. 1
헝 가 리	70. 4. 26	22. 2. 14	95. 2. 10	75. 5. 28		02. 3. 6	02. 5. 20	95. 1. 1
계	184	163	83	76	29	61	59	150

(출처: 저작권위원회 홈페이지 www.copyright.or.kr)

우리나라의 저작권 국제조약 가입현황(2020. 4. 30. 현재)

구분	공식명칭		주요 내용	체결	가입
	국문	영문			
베른협약	문학·예술 저작물의 보호를 위한 베른협약	Berne Convention for the Protection of Literary and Artistic Works	· 가장 기본적인 협약 · 저작권의 보호 규정 · 보호기간 50년	1886년	'96. 5. 21.
로마협약	실연자, 음반제작자 및 방송사업자의 보호를 위한 국제협약	International Convention for the Protection of Performers, Producers of Phonograms and Broadcasting Organizations	· 가장 기본적인 협약 · 저작권인접권의 보호 규정 · 보호기간 20년	1961년	'08. 12. 18.
위성협약	위성에 의하여 송신되는 프로그램 전송 신호의 배포에 관한 협약	Brussels Convention Relating to the Distribution of Programme-Carrying Signals Transmitted by Satellite	· 위성신호의 보호 규정 · 가입국이 소수	1974년	'11. 12. 19.
WIPO 협약	세계지식재산기구 설립협약	Convention Establishing the World Intellectual Property Organization	· WIPO 설립을 규정 · WIPO 가입시 서명	1967년	'79. 3. 1.
음반협약	음반의 무단복제로부터 음반제작자를 보호하기 위한 협약	Convention for the Protection of Producers of Phonograms against Unauthorized Duplication of Their Phonograms	· 음반의 무단 복제·배포 금지 규정 · 단일 내용을 규정, 영향력 없음	1971년	'87. 7. 1.
TRIPs	무역관련 지식재산권에 관한 협정	Agreement on Trade-Related Aspects of Intellectual Property Rights	· 베른협약 및 로마협약의 실체규정 원용 · 저작권 및 저작인접권의 종합적 규정 · 국가간 분쟁 발생 시 분쟁해결기구에 회부 가능 · WTO 일반원칙인 NT 및 MFN 원칙 적용	1995년	'95. 1. 1.
UCC	세계저작권협약	Universal Copyright Convention	· 저작권 보호에 방식주의(©마크) 적용 · 대부분 국가가 무방식주의를 지향하는 바, 영향력 없음	1952년	'87. 10. 1.

구분	공식명칭		주요 내용	체결	가입
	국문	영문			
WCT	세계지식재산기구 저작권조약	WIPO Copyright Treaty	· 인터넷 시대에서의 저작권 보호 · 베른협약을 디지털 시대에 맞게 업데이트한 성격의 조약 · 보호기간 50년	1996년	'04. 3. 24.
WPPT	세계지식재산기구 실연·음반조약	WIPO Performances and Phonograms Treaty	· 인터넷 시대 실연, 음반 보호 · 로마협약 내용 중 실연 및 음반 관련 규정을 디지털 시대에 맞게 업데이트한 성격의 조약 · 보호기간 50년	1996년	'08. 12. 18.
WIPO 시각 장애인 조약	세계지식재산기구 시각장애인 및 독서장애인의 공표 저작물 접근성 향상을 위한 조약	Marrakesh Treaty to Improve Access to Published Works for Persons who are Blind, Visually Impaired, or otherwise Print Disabled	· 시각장애인 및 독서장애인의 저작물 접근성 향상을 위한 저작권 및 저작인접권 제한 규정 포함	2013년	'15. 10. 8
문화 다양성 협약	문화적 표현의 다양성 보호와 증진에 관한 협약	Convention on the Protection and Promotion of the Diversity of Cultural Expressions	· 문화활동, 문화상품 및 서비스가 지니는 문화적 특수성 강조 · 문화적 표현의 보호를 위한 조치 · 공동제작·배급 협정체결 장려 및 개발도상국 문화산업 지원 등 국제협력 증대	2005년	'10. 4. 1.
WIPO 시청각 실연 조약	시청각 실연에 관한 베이징 조약	Beijing Treaty on Audiovisual Performance	· 배우, 연기자 등 시청각 실연자의 권리 보호에 관한 국제 조약	2012년	'20. 4. 22.

제 4 절 국제 저작권 분쟁에 있어서 국제재판관할과 준거법

Ⅰ. 서 설

19세기에 들어와 저작물의 국제적 유통이 활발해짐에 따라, 유럽 각국은 주로 상호주의 원칙에 입각하여 자국민의 저작물이 외국에서 보호되는 만큼 상대방 국민의 저작물을 보호하는 양자협정을 체결한 사례가 많았다. 1886년 베른협약이 체결되기 전까지 유럽에는 이러한 양자협정이 100건 이상 존재하였다고 한다. 당시 대부분의 양자협정은 준거법과 관련하여 본국법(또는 본원국법; lex loci originis) 원칙을 채택하였다. 이에 따라 분쟁이 생기면 각국 법원은 해당 저작물의 본국을 일일이 확인하고 그에 따른 보호를 해 주어야 했다. 그러다가 다자간 협정인 베른협약에서 보호국법(lex loci protectionis) 원칙을 채택하게 되었는데, 이는 저작물의 이용행위 또는 침해행위가 이루어지거나 보호가 주장된 국가의 법을 준거법으로 한다는 것이다.[75)]

그러나 국제적 분쟁에 있어서 준거법의 결정만으로 모든 섭외적 쟁점이 해결되는 것은 아니다. 섭외적 사안이 분쟁의 내용으로 되어 소송이 제기된 경우에, 법정지 법원은 문제된 섭외적 사안에 적용될 준거법을 확정하기에 앞서, 먼저 당해 법원이 그 섭외적 사안을 판단할 수 있는 국제재판관할권을 갖는지 여부를 결정하여야 한다. 그리하여 섭외적 사안 또는 법률관계에 적용될 준거법을 정하는 법인 국제사법은 섭외적 법률관계에 대해서 어느 국가의 법원이 재판관할권을 갖는지에 관한 논의인 국제재판관할의 분야도 포섭하여 규율하는 것이 일반적이다. 우리나라 국제사법도 제 1 조에서 "이 법은 외국적 요소가 있는 법률관계에 관하여 국제재판관할에 관한 원칙과 준거법을 정함을 목적으로 한다"고 규정함으로써, 국제사법이 준거법의 결정뿐만 아니라 국제재판관할의 결정에 관해서도 규율하고 있음을 분명히 하고 있다. 따라서 섭외적 지적재산권 분쟁에 관한 소송이 제기된 경우에 소송의 법정지 법원은, 먼저 그 법원이 해당 섭외적 사안에 관한 재판관할권을 갖는지 여부를 결정한 후에, 그러한 재판관할권이 있다고 인정되는 경우에만 비로소 준거법을 결정하는 단계로 나아가게 된다.

75) 최경수, 저작권법개론, 한울아카데미, 2010, 36면.

Ⅱ. 국제재판관할

1. 의 의

국제재판관할권은 섭외적 사안을 내용으로 하는 분쟁이 특정 국가의 법원에 제소된 경우에 그 국가의 법원이 문제의 섭외적 사안에 대하여 판단할 수 있는 권한을 의미한다. 국제재판관할에 관한 문제는 한 국가 내에서 어느 법원이 재판권을 갖는지에 관한 '재판적'(venue) 또는 토지관할에 관한 문제와는 개념적으로 다른 것이므로 이 두 가지는 분명하게 구별되어야 한다.

현재까지는 국제재판관할을 결정하는 국제민사소송법이 독립적으로 존재하지 않다. 따라서 국제소송이 제기된 경우 그 소송을 담당하는 법원은 자국의 국내법 원칙에 의하여, 당해 법원이 문제된 섭외적 사안을 판단할 수 있는 국제재판관할권을 갖는지 여부를 스스로 판단하여야 한다. 국제사법 이론에서는 국제재판관할권의 확정과 관련하여 일반적으로 세 가지 서로 다른 입장이 나타나고 있다. 첫째는 '국가주의'라고 하는 것으로서, 이는 섭외적 사안의 국제성을 고려하지 않고, 자국과 자국민의 이익, 즉 내국이익을 보호한다는 관념에 충실하게 재판관할권을 인정하여야 한다는 입장이다. 둘째는 '국제주의'라고 하는 것으로, 국제재판관할권의 문제를 국가주권의 사법관할 상호간 충돌의 문제로 파악하여, 국제법상의 대인주권과 영토주권에 관한 원칙에 따라서 해결하려는 입장이다. 셋째는 '보편주의'라고 하는 것으로서, 국제사회에서 재판의 기능은 각국에 적정하고 공평하게 분배되어야 한다는 원칙에 기초하여 국제재판관할권을 결정하려는 입장이다.

이들 중 '국가주의'는 자국과 자국민의 이익만을 고려할 뿐, 다른 국가나 국민의 이익은 고려하지 않는다는 점에서 채택하기 어렵고, '국제주의'는 국가간의 권리의무를 규율하는 국제법상의 원칙을 사인간의 권리의무 관계를 규율하는 국제민사소송 관계에 적용하고자 한다는 점에서 비판을 받고 있다. 그리하여 국제재판관할에 관한 독립된 국제적 규범이 존재하지 않는 현실을 고려하면서 국제사회에서의 재판기능의 적정하고 공평한 분배를 강조하는 보편주의 입장이 지지를 받고 있다. 보편주의적 접근방법에서는 민사소송법의 기본이념이라고 할 수 있는 당사자 사이의 공평성과 재판의 공정성, 신속성 및 효율성 등이 국제재판관할 결정의 중요한 고려요소가 된다.[76)]

76) 신창섭, 국제사법, 세창출판사(2011), 50면.

2. 국제재판관할권의 결정

가. 실질적 관련의 원칙

우리나라 국제사법 제2조 제1항은, "법원은 당사자 또는 분쟁이 된 사안이 대한민국과 실질적 관련이 있는 경우에 국제재판관할권을 가진다. 이 경우 법원은 실질적 관련의 유무를 판단함에 있어 국제재판관할 배분의 이념에 부합하는 합리적인 원칙에 따라야 한다"고 규정하고 있다. 이 규정에서 요구하고 있는 '실질적 관련'의 존재 요건은 법정지국인 우리나라의 법원이 국제재판관할권을 행사하는 것을 정당화할 수 있을 정도로 당사자 또는 문제된 섭외적 사안이 우리나라와 관련성을 갖는 것을 의미한다.77) 따라서 피고의 주소지, 채무이행지, 불법행위지, 영업소 소재지 등의 요소들은 일반재판관할 또는 특별재판관할의 존재를 확정하기 위한 요건으로서 실질적 관련의 존재여부를 판단하는 데 중요한 고려요소가 된다.

실제 소송에서 실질적 관련의 존재여부는 법원이 구체적인 경우에 제반 사정을 종합하여 판단하여야 할 것이나, 그 판단은 국제재판관할 배분의 이념에 부합하는 합리적인 원칙에 근거하여 이루어져야 한다. 다만, 국제사법은 실질적 관련의 유무를 판단함에 있어서 국제재판관할 배분의 이념에 부합하는 합리적인 원칙에 따라야 한다고 규정하고 있을 뿐, 그 구체적인 내용을 규정하고 있지는 않다. 이에 대하여 국제재판관할 배분의 이념은 기본적으로 당사자 사이의 공평성과 재판의 공정, 적정 및 신속 등 민사소송의 기본이념을 포함하며, 재판의 경제성 및 효율성도 중요한 고려요소가 된다고 한다. 그리고 이때 당사자 사이의 공평성을 판단함에 있어서는 법정지가 당해 사안을 공평하게 판단할 가능성뿐만 아니라, 법정지의 선택이 원고와 피고의 이익형량의 관점에서 공평할 것까지 포함하며, 또한 재판의 공정, 적정 및 신속을 판단함에 있어서 기준이 되는 요소는 법정지가 당사자 또는 문제된 섭외적 사안에 대하여 갖는 '밀접관련성' 등이 될 것이라고 한다.78) 우리 대법원도 "국제재판관할을 결정함에 있어서는 당사자 간의 공평, 재판의 적정, 신속 및 경제를 기한다는 기본이념에 따라야 할 것이고, 구체적으로는 소송당사자들의 공평, 편의 그리고 예측가능성과 같은 개인적인 이익뿐만 아니라 재판의 적정, 신속, 효율 및 판결의 실효성 등과 같은 법원 내지 국가의 이익도 함께 고려하여야 할 것이며, 이러한 다양한 이익 중 어떠한 이익을 보호할 필요가 있을지 여부는 개별 사건에서 법정지와 당사자와의 실질적 관련성 및 법정지와 분쟁이 된 사안과의 실질적 관련성

77) 석광현, 2001년 개정 국제사법 해설(제2판), 지산(2003), 38면; 신창섭, 전게서, 59면.
78) 신창섭, 전게서, 59면.

을 객관적인 기준으로 삼아 합리적으로 판단하여야 할 것"이라고 판시하고 있다.[79]

나. 국내법의 관할규정 참작

한편, 국제사법 제 2 조 제 2 항은 "법원은 국내법의 관할 규정을 참작하여 국제재판관할권의 유무를 판단하되, 제 1 항의 규정의 취지에 비추어 국제재판관할의 특수성을 충분히 고려하여야 한다"고 규정하고 있다. 여기서 '국내법의 관할규정'이라고 함은 대체로 민사소송법의 토지관할(재판적)에 관한 규정을 의미하는 것으로 이해할 수 있다. 이때 국제재판관할권 유무를 판단함에 있어 민사소송법의 토지관할에 관한 규정을 참작하는 방식과 관련하여서는 학설이 나뉘고 있다. 첫째는, 민사소송법의 토지관할 규정을 역으로 유추하여 우리나라에 토지관할이 있으면 원칙적으로 국제재판관할도 존재한다는 역추지설, 둘째는, 국제재판관할은 사안의 가장 적절한 해결, 당사자 간의 공평성·능률성, 소송의 신속성 등의 민사소송의 이념을 종합적으로 고려하여 조리에 따라 결정되어야 하므로 국내 토지관할이 있다 하여 원칙적으로 또는 당연히 국제재판관할이 유추되는 것은 아니고, 섭외사건의 특성에 따른 수정을 염두에 두고 국내 토지관할 규정을 개별적으로 검토하여 그것이 국제재판관할 근거로서도 합리성을 가지는 경우에 그로부터 국제재판관할을 유추할 수 있다는 관할배분설(조리설), 셋째는, 원칙적으로 국내 토지관할의 규정을 유추하여 국제재판관할을 인정하되, 섭외적 요소를 감안하고 당사자 간의 공평, 재판의 적정, 소송의 신속 등을 고려할 때 그 결과가 부당하게 되는 특별한 사정이 있는 경우에는 국제재판관할을 인정하지 않는다는 수정역추지설 등이 있다. 최근까지는 관할배분설이 다수설을 이루고 있다고 한다.[80]

한편, 우리 대법원 판결 중에는, "섭외사건에 관하여 국내의 재판관할을 인정할지의 여부는 국제재판관할에 관하여 조약이나 일반적으로 승인된 국제법상의 원칙이 아직 확립되어 있지 않고 이에 관한 우리나라의 성문법규도 없는 이상, 결국 당사자 간의 공평, 재판의 적정, 신속을 기한다는 기본이념에 따라 조리에 의하여 이를 결정함이 상당하다 할 것이고, 이 경우 우리나라의 민사소송법의 토지관할에 관한 규정 또한 위 기본이념에 따라 제정된 것이므로, 기본적으로 위 규정에 의한 재판적이 국내에 있을 때에는 섭외사건에 관한 소송에 관하여도 우리나라에 재판관할권이 있다고 인정함이 상당하다"고 판시한 것이

---

79) 대법원 2005. 1. 27. 선고 2002다59788 판결. 이 판결에서는 대한민국 내에 주소를 두고 영업을 영위하는 자가 미국의 도메인 이름 등록기관에 등록·보유하고 있는 도메인 이름에 대한 미국의 국가중재위원회의 이전 판정에 불복하여 제기한 소송에 관하여 분쟁의 내용이 대한민국과 실질적 관련성이 있다는 이유로 대한민국 법원의 국제재판관할권을 인정하였다.

80) 이성호, 사이버 지적재산권분쟁의 재판관할과 준거법, 국제사법연구(2003. 8), 240-241면.

있다.[81] 이 대법원 판결은 2001년 7월 1일 시행된 현행 국제사법 제2조의 '국제재판관할 규정'이 명문화 되기 전에 종전 섭외사법이 적용되던 당시에 나온 판결로서 위 학설 중 수정역추지설에 가까운 입장에 서 있는 것으로 이해된다.

다수설인 관할배분설이나 위 판례가 취하고 있는 수정역추지설에 의하면, 민사소송법상 토지관할 규정은 국내 법원 사이에서의 사건의 배분을 위한 규정이므로 아무런 수정 없이 그대로 국제재판관할을 위한 규정으로 원용될 수는 없다. 따라서 국제사법 제2조 제2항의 취지는 국제재판관할을 결정함에 있어서 국내법의 토지관할에 관한 규정을 참작하되, 그에 한정되거나 구속되지 않고 국제재판관할의 특수성을 함께 고려함으로써 구체적 타당성을 기할 것을 요구하는 것으로 해석된다.

통상적으로 국제재판관할권과 관련하여서는 피고의 주소지에 기초해서 일반재판관할권이 인정되고,[82] 그 밖에 계약의 이행지나 불법행위지,[83] 당사자 사이의 재판관할권에 관한 합의 및 피고 재산의 소재지[84] 등에 의하여 특별재판관할권이 인정된다고 볼 수 있다.

여기서 주소에 대한 정확한 정의는 국가에 따라 다를 수 있지만, 일반적으로 자연인을 특정 장소에 연결하는 연결점을 의미하며, 법인인 경우에는 법인의 소재지로서 회사의 주된 경영진이 소재하고 있거나 회사가 운영되는 중심적인 위치 또는 설립장소 등을 의미한

81) 대법원 2000. 6. 9. 선고 98다35037 판결. 이 판결에서는 우리 민사소송법 제4조에 의하면 외국법인 등이 대한민국 내에 사무소, 영업소 또는 업무담당자의 주소를 가지고 있는 경우에는 그 사무소 등에 보통재판적이 인정된다고 할 것이므로, 증거수집의 용이성이나 소송수행의 부담 정도 등 구체적인 제반 사정을 고려하여 그 응소를 강제하는 것이 민사소송의 이념에 비추어 보아 심히 부당한 결과에 이르게 되는 특별한 사정이 없는 한, 원칙적으로 그 분쟁이 외국법인의 대한민국 지점의 영업에 관한 것이 아니라 하더라도 우리 법원의 관할권을 인정하는 것이 조리에 맞는다고 하였다.

82) 민사소송법 제2조(보통재판적)는 "소(訴)는 피고의 보통재판적이 있는 곳의 법원이 관할한다"고 규정하고 있고, 같은 법 제3조(사람의 보통재판적)는 "사람의 보통재판적은 그의 주소에 따라 정한다. 다만, 대한민국에 주소가 없거나 주소를 알 수 없는 경우에는 거소에 따라 정하고, 거소가 일정하지 아니하거나 거소도 알 수 없으면 마지막 주소에 따라 정한다"고 규정하고 있다. 또한 같은 법 제5조(법인 등의 보통재판적)에서는, "① 법인, 그 밖의 사단 또는 재단의 보통재판적은 이들의 주된 사무소 또는 영업소가 있는 곳에 따라 정하고, 사무소와 영업소가 없는 경우에는 주된 업무담당자의 주소에 따라 정한다. ② 제1항의 규정을 외국법인, 그 밖의 사단 또는 재단에 적용하는 경우 보통재판적은 대한민국에 있는 이들의 사무소·영업소 또는 업무담당자의 주소에 따라 정한다"고 규정하고 있다.

83) 민사소송법 제8조(거소지 또는 의무이행지의 특별재판적)는 "재산권에 관한 소를 제기하는 경우에는 거소지 또는 의무이행지의 법원에 제기할 수 있다"고 규정하고 있고, 같은 법 제18조(불법행위지의 특별재판적) 제1항은 "불법행위에 관한 소를 제기하는 경우에는 행위지의 법원에 제기할 수 있다"고 규정하고 있다.

84) 민사소송법 제11조(재산이 있는 곳의 특별재판적)는 "대한민국에 주소가 없는 사람 또는 주소를 알 수 없는 사람에 대하여 재산권에 관한 소를 제기하는 경우에는 청구의 목적 또는 담보의 목적이나 압류할 수 있는 피고의 재산이 있는 곳의 법원에 제기할 수 있다"고 규정하고 있고, 같은 법 제20조(부동산이 있는 곳의 특별재판적)는 "부동산에 관한 소를 제기하는 경우에는 부동산이 있는 곳의 법원에 제기할 수 있다"고 규정하고 있다.

다. 계약의 이행지나 불법행위지는 주소지를 보충하는 개념으로서 대륙법계나 영미법계 국가에서 모두 재판관할권의 기초로 인정되고 있다. 주소에 의하여 재판관할이 인정되는 경우에는 피고의 주소와 분쟁의 성질 사이에 어떠한 관계가 있을 것이 요구되지 않기 때문에 피고의 주소지는 '일반재판관할권'의 기초가 된다. 그러나 계약의 이행지나 불법행위지의 경우에는 발생한 분쟁과 소송이 제기된 장소 사이에 일정한 관련이 있을 것이 요구되므로, 이들은 '특별재판관할권'의 기초가 된다.

또한 피고가 외국의 법정에서 자신을 방어하겠다고 하는 경우에 이를 굳이 제한할 이유가 없으며, 당사자 사이에 체결된 계약의 내용에 법정지선택조항을 포함시킴으로써 미리 외국의 법정에서 방어하겠다는 의사를 명시적으로 표시한 경우에도 그 효력을 인정하여야 할 것이므로 당사자 사이의 재판관할권에 관한 합의에 따라 특별재판관할권이 인정된다. 이때 국제재판관할권에 관한 합의가 전속적 재판관할권을 정한 것인지 아니면 부가적 재판관할권만을 정한 것인지 여부는 원칙적으로 당사자들의 의사에 따라 정해질 것이다. 다만, 우리 대법원은, "대한민국 법원의 관할을 배제하고 외국의 법원을 관할법원으로 하는 전속적인 국제관할의 합의가 유효하기 위하여는, 당해 사건이 대한민국 법원의 전속관할에 속하지 아니하고, 지정된 외국법원이 그 외국법상 당해 사건에 대하여 관할권을 가져야 하는 외에, 당해 사건이 그 외국법원에 대하여 합리적인 관련성을 가질 것이 요구된다고 할 것이고, 한편 전속적인 관할 합의가 현저하게 불합리하고 불공정한 경우에는 그 관할 합의는 공서양속에 반하는 법률행위에 해당하는 점에서도 무효"라고 판시한 바 있다.[85]

학설 중에는, 국내법의 관할 규정을 참작하여 국제재판관할권의 유무를 판단하라는 것은 관할 규정이 있는 경우를 가리키는 것이므로, 국내법의 관할 규정이 없다는 이유로 국제재판관할을 전혀 인정할 수 없게 되는 것은 아니며, 따라서 국내법에 규정이 없는 '활동에 기한 관할'도 국제사법 제 2 조 제 1 항의 원칙에 부합하는 것으로 인정될 수 있다면 같은 조항에 따라 국제재판관할의 근거로서 도입될 여지가 충분하다는 견해가 있다.[86] 피고의 사무소나 영업소가 있는 경우에 그 업무에 관한 소송에 대하여 재판적을 인정하는 것은 우리 민사소송법 규정에도 있다.[87] 그런데 이 견해는 반드시 사무소나 영업소의 존재를 요건으로 하지 않고, 특정 국가에서 이루어지는 사업활동에만 기초하여서도 관할을 인정할 수 있다고 보는 것이다. 이는 일종의 '사업행위 관련 관할'(이른바 'doing business 관할')을 인

---

85) 대법원 1997. 9. 9. 선고 96다20093 판결.

86) 이성호, 전게논문, 248면.

87) 민사소송법 제12조(사무소·영업소가 있는 곳의 특별재판적) "사무소 또는 영업소가 있는 사람에 대하여 그 사무소 또는 영업소의 업무와 관련이 있는 소를 제기하는 경우에는 그 사무소 또는 영업소가 있는 곳의 법원에 제기할 수 있다."

정하는 것으로서, 대륙법계 국가에서는 비교적 생소한 것이다. 종래 사무소나 영업소의 존재를 재판적 인정을 위한 요건으로 정한 것은 외국에서 영업을 함에 있어서는 그 외국에 사무소나 영업소를 두는 것이 필수적이라는 전제에 따른 것이다. 그러나 오늘날 인터넷과 통신기술의 발달에 의하여 업종에 따라서는 반드시 외국에 사무소나 영업소를 두지 않고도 그 외국 시장을 대상으로 하여 대규모 사업을 영위하는 것도 얼마든지 가능해졌다. 따라서 사무소나 영업소의 존재를 재판적이나 관할 인정의 필수요건으로 요구하는 것은 현재의 실태에 맞지 않는다고 보이며, 위 견해는 충분히 타당성이 있다고 생각된다.

Ⅲ. 준거법의 지정

법정지 법원은 스스로가 문제로 된 섭외적 사건을 다룰 수 있는 국제재판관할권을 가지고 있다고 판단하면, 그 다음 단계로 자국의 국제사법이나 조약 등의 적용을 통하여 그 섭외적 사건에 적용될 준거법을 지정하여야 한다. 준거법을 지정함에 있어서는 문제가 된 법률관계의 성질 결정, 연결점의 확정, 공서양속에 의한 외국법의 적용배제여부 및 반정의 인정여부 판단 등의 단계를 거치게 된다. 그 중에서 특히 중요한 것이 법률관계의 성질 결정과 연결점의 확정이다.

1. 법률관계의 성질 결정

법률관계의 성질 결정은 특정한 섭외적 사안이 어떤 법률관계에 속하는지를 결정하는 것을 말한다. 예를 들어 섭외적 저작권침해를 원인으로 하는 손해배상을 청구함에 있어서 그에 적용될 준거법을 지정하기 위해서는, 이 문제가 저작권(지적재산권) 보호의 법률관계에 해당하는 것인지, 아니면 불법행위의 법률관계에 해당하는 것인지 여부를 먼저 결정하여야 하는 것이다. 베른협약을 고려하지 않는다는 가정 아래 만약 문제된 섭외적 사안이 저작권 보호의 법률관계에 해당한다고 판단되면, 지적재산권의 보호는 그 침해지법에 의한다고 규정하고 있는 우리나라 국제사법 제24조가 적용될 것이다. 그러나 이 사안이 불법행위의 법률관계에 해당한다고 판단된다면 불법행위에 관한 행위지법 적용을 규정하고 있는 국제사법 제32조 제1항에 따르게 되는 것이다.

이처럼 특정한 섭외적 사안이 어떠한 법률관계에 해당하는지, 어떤 법률관계의 성질을 갖는 것인지를 결정하는 것이 법률관계의 성질 결정인바, 이 과정은 섭외적 사건에서 매우 중요한 의미를 갖는다. 일단 법률관계의 성질이 결정된 후에는 그 법률관계에 관련 조약이나 국제사법 등의 적용을 통해서 준거법이 정해질 것이므로, 법률관계의 성질이 어떻게 결정될 것인지에 따라 문제의 섭외적 분쟁에 관한 소송의 결과가 달라질 수 있기 때문이다.[88] 다만, 국제사법은 기본적으로 섭외적 사건에 적용될 준거실질법을 결정하는 법이고, 절차법적 사안에 대해서는 법정지의 절차법이 적용된다는 것이 국제사법상 확립된 원칙이다. 따라서 문제된 섭외적 사안이 실체법적 사안이라면 국제사법의 규정 등을 통해서 적용될 준거실질법을 확정하여야 하지만, 그 사안이 절차법적 사안이라면 국제사법의 적용 없이 바로 법정지의 절차법이 적용된다. 그러나 문제된 섭외적 사안이 실체법적 사안인지 아니면 절차법적 사안인지 여부에 대한 판단이 언제나 용이한 것은 아니다. 예를 들어, 지적재산권 침해에 따른 손해배상과 관련하여 미국에 고유한 징벌적 손해배상이나 3배 손해배상 등의 제도에 대하여 미국 법원은 이를 절차법적 문제로 이해하여 자국의 법원칙을 적용할 수 있을 것이나, 우리나라 법원은 이를 실체법적 문제로 이해하여 국제사법 또는 조약에 따라 정해지는 준거법을 적용할 수 있다는 것이다.[89]

2. 연 결 점

섭외적 사안이 갖는 법률관계의 성질이 결정된 후에는 그 법률관계를 규율하는 조약이나 국제사법 규정의 적용을 통해서 문제된 사안에 적용될 준거법을 확정하게 된다. 이 과정에서 섭외적 사안 또는 법률관계와 준거법을 연결하는 요소가 '연결점'(connecting factor)이다. 즉, 단위 법률관계를 기준으로 하여 준거법을 지정할 때, 그 지정은 법률관계에 내포되어 있는 특정한 요소를 매개로 하여 이루어지는데, 이 요소를 연결점이라고 한다. 국제사법에서 사용되는 연결점에는 국적, 상거소지, 물건의 소재지, 행위지 또는 사실발생지, 법정지,[90] 당사자의 의사[91] 등이 있다.

---

88) 신창섭, 전게서, 82면.

89) 상게서, 86면.

90) 국제사법은 법정지법을 준거법으로 하는 명문의 규정을 두고 있지는 않지만, "소송 절차는 법정지법에 의한다"는 국제사법상의 원칙이 일반적으로 인정되고 있는데, 이는 실체법적 문제는 외국법에 따를 수 있지만, 절차법적인 문제는 언제나 법정지법에 따른다는 것을 의미한다고 한다(신창섭, 전게서, 93면).

91) 국제사법 제25조 제1항은 "계약은 당사자가 명시적 또는 묵시적으로 선택한 법에 의한다"고 하여, 국제거래에서 체결된 계약에 있어서 당사자의 의사에 따라서 준거법이 결정될 수 있음을 규정하고 있다. 이는 당사자의 의사를 연결점으로 사용할 수 있음을 의미한다.

3. 국제 저작권 분쟁과 준거법

국제 저작권 분쟁에 있어서 준거법을 정함에 있어서는 베른협약과 국제사법의 규정을 아울러 검토하여야 한다. 베른협약은 앞에서 본 바와 같이 제5조 제2항에서 "… 보호의 범위와 저작자의 권리를 보호하기 위하여 주어지는 구제의 방법은 오로지 보호가 주장되는 국가의 법률에 따른다"고 규정하고 있다. 한편 우리나라는 2001년 7월 섭외사법 전문 개정과 함께 국제사법 제24조의 "지적재산권의 보호는 그 침해지법에 의한다"라는 규정을 신설하였다. 저작권의 침해에 대한 구체조치로서는 크게 침해의 중지청구와 손해배상청구를 생각할 수 있다. 그 중 손해배상청구는 불법행위의 성질을 가지는데, 국제사법 제32조 제1항에서는 "불법행위는 그 행위가 행하여진 곳의 법에 의한다"고 규정하여 '행위지법주의'를 채택하고 있다. 실제로 상당수의 저작권침해 소송에서는 침해의 중지청구와 손해배상청구가 병합되는 형태를 취하게 되는데, 이처럼 서로 다른 준거법을 지정하고 있는 규정들 사이에서 어떤 규정에 의할 것인지 여부가 문제이다. 아래에서는 이러한 문제와 관련된 학설과 판례를 검토해 보기로 한다.

Ⅳ. 국제 저작권 분쟁에 있어서 준거법의 결정

1. 저작권 관련 계약의 성립 및 효력에 관한 준거법

가. 준거법에 관한 합의가 존재하는 경우

국제적 저작권 분쟁과 관련하여 저작물이용허락계약과 같은 계약의 성립 및 효력에 대한 준거법 결정을 함에 있어서는, 그 계약상에 준거법에 관한 합의가 존재하는 경우와 그렇지 않은 경우로 나누어 볼 필요가 있다. 먼저 문제가 된 계약에 준거법 결정에 관한 명시적 또는 묵시적인 합의가 존재하는 경우에는 그 합의에서 정한 준거법이 적용된다. 국제사법 제25조 제1항은 "계약은 당사자가 명시적 또는 묵시적으로 선택한 법에 의한다"고 규정함으로써 당사자자치의 원칙을 채택하고 있다. 따라서 저작물이용허락계약이나 양도계약 등 저작권관련 계약에 준거법에 관한 명시적 또는 묵시적 합의가 있으면, 그 계약의 성립 및 효력에 관한 준거법은 그 합의된 준거법이 된다. 계약은 매우 다양한 요소를 포함하고 있어서 밀접한 관련을 갖는 국가를 일률적으로 상정하기 어려운 까닭에, 국제사법은 계약의 성립 및 효력에 관한 준거법을 당사자자치의 원칙에 따라 정하고 있는 것이다.

다만, 국제사법 제25조 제1항 단서는 "묵시적인 선택은 계약내용 그 밖에 모든 사정으로부터 합리적으로 인정할 수 있는 경우에 한한다"라고 규정함으로써, 준거법에 관한 당사자 사이의 합의는 묵시적인 선택으로도 이루어질 수 있지만, 그 묵시적인 선택의 존재여부는 계약의 구체적 내용을 비롯해서 계약과 관련된 제반 사정을 고려하여 판단할 것을 요구한다. 따라서 당사자가 명시적으로 준거법을 지정하지 않은 경우에도 그 계약의 양태나 성질 또는 내용, 당사자의 국적이나 주소, 목적물의 소재지, 재판관할의 합의 또는 중재지의 합의 등 제반 사정을 고려하여 당사자의 묵시적 의사를 추단함으로써, 당사자가 준거법으로 하고자 하는 법을 결정할 수 있다.[92] 우리 대법원도 "수입신용장 개설은행의 신용장에 따른 대금지급의무는 법률행위인 신용장 상의 지급확약에 의하여 발생하는 것인바, 그 법률행위의 성립과 효력 등에 관하여는 섭외사법 제9조(현행 국제사법 제25조)에 따라 당사자가 지정한 준거법에 의하며, 당사자가 명시적으로나 묵시적으로 준거법을 정하지 아니한 경우에는 같은 조의 단서를 적용하여 행위지법에 의할 것"이라고 판시하고 있다.[93]

다만, 여기서 주의할 것은 저작권 관련 계약에 준거법에 관한 명시적 또는 묵시적 합의가 있다고 하더라도, 그 준거법은 채권계약의 '성립 및 효력'에 관한 사항에 대하여만 준거법이 될 뿐이고, 계약의 목적인 저작권의 성립, 소멸, 침해 등에 관한 분쟁의 준거법은 되지 않는다는 점이다. 즉, 저작물 양도 및 이용허락계약에 있어서 당사자 사이에 합의된 준거법은 그 채권계약 자체의 성립 및 효력에 관한 준거법이 된다는 것이지, 그 준거법이 저작권의 양도성이나 이용허락의 제한 등의 문제까지 결정할 준거법으로 되는 것은 아니라고 할 것이다.[94]

나. 준거법에 관한 합의가 없는 경우

계약에서 준거법에 대한 명시적 또는 묵시적 합의가 없는 경우에는 어떻게 할 것인가. 이에 관하여 국제사법 제26조 제1항은, "당사자가 준거법을 선택하지 아니한 경우에 계약은 그 계약과 가장 밀접한 관련이 있는 국가의 법에 의한다"고 규정하고, 같은 조 제2항은, "당사자가 계약에 따라 ① 양도계약의 경우에는 양도인의 이행, ② 이용계약의 경우에는 물건 또는 권리를 이용하도록 하는 당사자의 이행, ③ 위임·도급계약 및 이와 유사한

92) 신창섭, 전게서, 223면.
93) 대법원 1997. 5. 9. 선고 95다34385 판결.
94) 이성호, 전게논문, 240면.

용역제공계약의 경우에는 용역의 이행 세 가지 중 어느 하나에 해당하는 이행을 행하여야 하는 경우에는, 계약체결 당시 그의 상거소가 있는 국가의 법(당사자가 법인 또는 단체인 경우에는 주된 사무소가 있는 국가의 법)이 가장 밀접한 관련이 있는 것으로 추정한다. 다만, 계약이 당사자의 직업 또는 영업활동으로 체결된 경우에는 당사자의 영업소가 있는 국가의 법이 가장 밀접한 관련이 있는 것으로 추정한다."고 규정하고 있다.

그러나 이러한 국제사법 제26조 제 2 항의 규정에도 불구하고, 저작물이용허락계약의 경우에는 저작물의 이용이라는 측면을 중시하여 이용자의 상거소지나 사업소재지법을 준거법으로 하여야 한다는 견해가 유력하다. 저작물이용허락계약은 저작물의 이용 또는 실연 등을 관리하는 것을 목적으로 하며, 저작자의 이익을 산출하는 것도 이용자의 이용행위에서 비롯되는 것이므로 저작물을 이용하는 당사자의 이행을 중심으로 보아야 한다는 것이다. 저작물이용허락계약에 있어서 이용의 대상이 되는 저작권은 국제적으로 통일된 하나의 권리로서 보호되는 것이 아니라, 이용행위가 이루어지는 개별 국가의 영토 내에서 그 국가가 부여하는 보호를 받을 뿐이고(속지주의 원칙), 이용자로서도 그 영역 내에서 당해 국가가 보호하는 범위 내에서 이를 이용할 권리를 가지는 것이며, 이용자에게는 계속적인 이용의무(저작물의 일정 부수 이상의 출판의무 등)가 부여되는 것이 일반적이라는 점을 고려해 보면, 그와 같은 의무를 부담하는 이용자를 중심으로 그의 상거소지나 사업소재지법을 해당 저작물이용허락계약의 성립 및 효력에 관한 준거법으로 봄이 옳다고 한다.[95] 오늘날 디지털 네트워크 등 통신기술의 발달로 말미암아 수많은 개별국가의 저작물들이 순식간에 국경을 넘어 이용되고 있는 점과, 세계 대부분의 나라가 가입하고 있는 베른협약이 다음에서 보는 바와 같이 보호국법주의를 취하고 있는 점을 고려할 때, 이용자를 중심으로 준거법을 결정하여야 한다는 이 견해가 현실적인 면에서 타당하다고 생각된다.

2. 저작권침해의 준거법

가. 국제사법과 베른협약의 해석

앞에서 언급한 바와 같이 국제사법은 "법률관계(단위법률관계)"에 있어서 '연결점'을 설정함으로써 준거법을 도출하는 구조로 되어 있다. 예를 들면, 국제사법 제24조가 "지적재산권의 보호는 그 침해지법에 의한다"고 규정하고 있는 것은 "지적재산권의 보호"라고 하는 법률관계와 "침해지"라고 하는 연결점을 설정함으로써 준거법을 결정하는 구조이다.

저작권과 관련된 외국적 요소가 있는 법률관계에 대하여 적용될 준거법의 결정에 관

95) 상게논문, 242면.

하여서는, 저작권의 보호가 요구되는 국가, 즉 그 권리의 침해가 주장되고 있는 국가의 법에 의하여야 한다는 '보호국법주의'(또는 침해지법주의)의 입장이 대세를 이루고 있다. 그러나 사안에 따라서는 등록국 또는 최초 발행지국 등의 법이 준거법이 된다는 '본국법주의'(본원국법주의)의 입장도 있다.[96] 지적재산권의 국제적 보호는 원칙적으로 속지주의에 의하고 있기 때문에 지적재산권과 관련된 외국적 요소가 있는 법률관계에 대하여 적용될 준거법은 기본적으로 보호국법에 따라야 하지만, 지적재산권의 유효성이나 저작재산권의 귀속의 문제 등에 관하여는 본국법이 적용되어야 한다는 입장도 있기 때문이다.[97] 베른협약은 보호기간에 관한 규정에서 일정한 경우에 부분적으로 본국법에 의할 수 있도록 하는 규정을 두고 있다.[98] 다만, 등록과 같은 국가의 설권적 행위에 의하여 발생하는 산업재산권인 특허권 또는 상표권과는 달리, 저작권은 등록 등의 방식을 요구하지 않고 저작물의 창작에 의하여 법률상 당연히 발생하는 권리라는 점에 특색이 있다. 따라서 저작권과 관련된 섭외적 분쟁에 대하여는 본국법으로서 등록국의 법률을 준거법으로 할 여지는 거의 없다고 본다.

우리 국제사법 제24조는 "지적재산권의 보호는 그 침해지법에 의한다"고 규정함으로써 법문상으로는 단지 지적재산권의 '보호'만을 언급하고 있다. 그러나 여기에는 지적재산권과 관련해서 가장 흔한 분쟁사례가 되고 있는 지적재산권의 침해가 포함되어 있기 때문에 지적재산권 전반에 관한 규정을 둔 경우와 결과에 있어서 크게 다를 바는 없다. 이때 침해지는 그의 영토에 있어서 지적재산권의 보호가 청구되고 있는 국가를 의미하는 것이지, 소를 제기함으로써 보호를 구하는 국가, 즉 법정지국을 의미하는 것이 아니다. 예를 들어, 영국에서 특허를 등록한 A가 원고가 되어 우리나라 사람 B가 독일에서 그 특허를 침해하였다고 주장하면서 침해자의 주소지인 우리나라에서 손해배상을 구하는 소를 제기한 경우에, 당해 특허권의 등록국(부여국)은 영국이고, 침해국(보호국)은 독일이며, 법정지국은

---

96) 金彦叔, 知的財産權と國際私法, 信山社(2006), 165면.

97) H. Schack가 이러한 입장에 따라 저작권의 내용, 제한, 보호기간은 보호국법에 의하여야 하지만, 저작권의 최초 권리자, 권리의 양도성은 본국법에 따라 결정하여야 한다고 주장하고 있으며, U. Drobnig, J. Ginsburg 등도 같은 견해를 취하고 있다고 한다(金彦叔, 전게서, 166면). 특히 미국의 경우, 저작권이 회복된 저작물의 귀속에 관하여 회복저작물은 그 저작물의 본국법(the law of the source country of the work)이 정하는 바에 따라 결정되는 저작자 또는 저작권자에게 최초로 귀속된다고 규정하고 있으며(1976년 미국 저작권법 제104 A(b)), 학설로서도 저작자의 지위(authorship)와 저작권의 원시취득에 관하여는 본국법에 의하여 결정하는 것이 베른협약의 취지나 거래상의 확실성의 견지에서 볼 때 타당하다는 주장이 있다고 한다(P. Goldstein. 金彦叔, 전게서, 167면에서 재인용).

98) 베른협약 제 7 조 제 8 항: "어떠한 경우에도 그 (저작물의 보호) 기간은 보호가 주장되는 국가의 입법의 지배를 받는다. 다만, 그 국가의 입법으로 다르게 규정하지 아니하는 한, 그 기간은 저작물의 본국에서 정한 기간을 초과할 수 없다."

우리나라가 된다.[99)]

한편, 국제사법 제24조가 지적재산권의 보호(침해)에 관한 규정을 별도로 두고 있는 까닭에, 그 한도에서 불법행위의 준거법으로서 원칙적으로 행위지법을 적용할 것을 규정하고 있는 국제사법 제32조[100)]는 적용되지 않는다는 것이 국제사법 학계의 주류적인 해석이다.[101)] 다만, 불법행위의 경우에 과도한 손해배상을 제한할 수 있도록 허용하는 국제사법 제32조 제 4 항을 지적재산권 침해로 인한 손해배상청구소송에 대해서도 적용할 수 있는지 여부에 대하여는 논란이 있다. 즉, 국제사법 제24조에 의하여 지적재산권 침해의 준거법이 특정 외국법으로 지정되고, 이를 적용한 결과 가해자가 과도한 손해배상을 부담하게 되는 경우에 국제사법 제32조 제 4 항을 적용하여 손해배상액을 제한할 수 있는지의 문제이다. 예를 들어 국제사법 제24조에 의하여 침해지인 미국법이 준거법으로 지정되고 그에 따라 침해자인 피고가 미국법에 고유한 징벌적 손해배상(punitive damages)이나 3배 손해배상(treble damages)에 따른 손해배상을 부담하게 되는 경우에, 우리 국제사법 제32조 제 4 항을 적용하여 손해배상액을 제한할 수 있는지 여부이다. 일반적으로 지적재산권의 침해는 불법행위를 구성하는 경우가 많으며, 그 한도에서 국제사법 제24조는 제32조에 대한 특칙을 구성한다고 볼 수 있기 때문에, 지적재산권 침해가 동시에 불법행위로서 성질 결정된 경우에는 국제사법 제32조 제 4 항이 적용될 수 있고, 그에 따라 과도한 손해배상에 대한 제한이 허용되어야 할 것으로 본다.[102)]

그런데 지적재산권 중에서도 저작권과 관련된 국제적 분쟁에 있어서는 준거법과 관련하여 국제사법보다 먼저 염두에 두어야 할 중요한 사항이 있는데, 그것이 베른협약의 규정이다. 앞에서 본 국제사법 제24조는 지적재산권에 관한 국제조약에 준거법에 관한 규정이 없는 경우를 대비한 보충적 성격의 규정이므로, 국제조약에 문제된 법률관계에 적용될 준거법에 관한 규정이 있는 경우에는 그에 따라 준거법을 결정하여야 하기 때문이다. 오늘날 우리나라를 비롯한 세계 대부분의 국가는 저작권 보호와 관련한 국제조약인 베른협약을 수용하고 있다. 베른협약은 제 5 조 제 2 항에서 "… 보호의 범위와 저작자의 권리를 보호

99) 석광현, 2001년 개정 국제사법 해설(제 2 판), 지산(2003), 192면; 신창섭, 전게서, 213면.

100) 국제사법 제32조(불법행위) ① 불법행위는 그 행위가 행하여진 곳의 법에 의한다. ② 불법행위가 행하여진 당시 동일한 국가 안에 가해자와 피해자의 상거소가 있는 경우에는 제 1 항의 규정에 불구하고 그 국가의 법에 의한다. ③ 가해자와 피해자 간에 존재하는 법률관계가 불법행위에 의하여 침해되는 경우에는 제 1 항 및 제 2 항의 규정에 불구하고 그 법률관계의 준거법에 의한다. ④ 제 1 항 내지 제 3 항의 규정에 의하여 외국법이 적용되는 경우에 불법행위로 인한 손해배상청구권은 그 성질이 명백히 피해자의 적절한 배상을 위한 것이 아니거나 또는 그 범위가 본질적으로 피해자의 적절한 배상을 위하여 필요한 정도를 넘는 때에는 이를 인정하지 아니한다.

101) 신창섭, 전게서, 213면; 석광현, 국제지적재산권법에 관한 소고, 법률신문 제3656호.

102) 신창섭, 전게서, 213면.

하기 위하여 주어지는 구제의 방법은 오로지 보호가 주장되는 국가의 법률에 따른다"고 규정하고 있다.[103] 이 규정이 준거법 결정에 관한 규정인지 여부에 대하여는 학설상 다툼이 있다. 반대설도 유력하나 현재로서는 이 규정이 준거법 결정에 관한 규정이라고 해석하는 것이 국제적인 통설로서 지지를 받고 있는 것으로 보인다.[104] 이러한 입장에 의하면 베른협약 제 5 조 제 2 항은 저작권의 준거법에 관한 저촉규정에 해당하는 것이므로, 저작권의 준거법에 관한 문제는 베른협약 자체에서 해결을 하게 될 것이다. 따라서 그 경우에는 베른협약이 우리 국제사법 규정보다 우선하게 된다.

그러나 베른협약 제 5 조 제 2 항의 규정이 준거법 결정에 관한 규정이라고 하더라도 그 내용이 정밀하지 못하여 이 규정에서 정하고 있는 연결점, 즉 "보호가 주장되는 국가" 라고 하는 연결점이 실제 저작권과 관련된 섭외적 사건과 관련하여 준거법 지정을 위한 충분한 기능을 하지 못한다는 견해도 있다.[105] 또한 베른협약 제 5 조를 저작권의 준거법에 관한 저촉규정이 아니라 단순한 외인법에 해당하는 규정이라고 해석하면서, 이 규정으로부터 저촉규정을 도출할 수는 없으며, 베른협약이 규정하는 보호국법에는 법정지의 국제사법을 포함하는 것이므로 결국 저촉법에 관한 처리는 각 국가의 국제사법에 따라야 한다는 해석도 있다.[106] 보다 구체적으로 살펴보면, 베른협약 제 5 조 제 2 항의 의미와 관련하여서는 아래에서 보는 바와 같이 몇 가지 서로 다른 해석론으로 분류할 수 있다.

나. 학 설

첫째는 '보호국법 준거법설'(保護國法 準據法說, 또는 '보호국법설')이다. 이 해석론은 베른협

103) 베른협약 제 5 조 ① 저작자는 이 협약에 따라 보호되는 저작물에 관하여, 본국 이외의 동맹국에서 각 법률이 현재 또는 장래에 자국민에게 부여하는 권리 및 이 협약이 특별히 부여하는 권리를 향유한다. ② 그러한 권리의 향유와 행사는 어떠한 방식에 따를 것을 조건으로 하지 아니한다. 그러한 향유와 행사는 저작물의 본국에서 보호가 존재하는 여부와 관계가 없다. 따라서 이 협약의 규정과는 별도로, 보호의 범위와 저작자의 권리를 보호하기 위하여 주어지는 구제의 방법은 오로지 보호가 주장되는 국가의 법률의 지배를 받는다(① Authors shall enjoy, in respect of works for which they are protected under this Convention, in countries of the Union other than the country of origin, the rights which their respective laws do now or may hereafter grant to their nationals, as well as the rights specially granted by this Convention. ② The enjoyment and exercise of these rights shall not be subject to any formality; such enjoyment and such exercise shall be independent of the existence of protection in the country of origin of the work. Consequently, apart from the provisions of this Convention, the extent of protection, as well as the means of redress afforded to the author to protect his rights, shall be governed exclusively by the laws of the country where protection is claimed.).

104) 金彦叔, 전게서, 56면.

105) 道垣內 正人, 著作權に關する國際裁判管轄と準據法, コピライト, No.600, 12면.

106) 金彦叔, 전게서, 56-57면.

약 제 5 조 제 2 항은 저작권의 "보호의 범위와 저작자의 권리를 보호하기 위하여 주어지는 구제의 방법"이라는 법률관계(단위법률관계)에 관한 연결점으로서 "보호가 주장되는 국가"(보호국)를 규정하고 있으므로, 이는 보호국법을 준거법으로 지정하는 원칙을 정한 것이라고 이해한다. 이 해석론이 일본을 비롯한 다수 국가의 통설인 것으로 보이며, 일본의 판례는 대부분 이 해석론을 따르고 있다고 한다.[107] 여기서 '보호국'(保護國)은 단순히 당사자가 보호를 구하는 국가를 의미하는 것은 아니다. 예를 들어, 섭외적 저작권 분쟁의 당사자가 A국법의 보호를 구하면 A국과 관계없는 저작권 사안이라도 A국법이 준거법으로 되는 것은 아니다. 당사자의 주관적 판단에 의하여 그가 선호하는 특정 국가의 법의 보호를 구하면 그 국가의 법이 준거법이 된다는 것은 타당하지 않기 때문이다. 그러므로 이 조항에서 말하는 '보호국'이라 함은 저작물이 이용되고 있거나 이용할 수 있는 상태에 있는 장소를 말하는 것이고, 그 장소에서의 어떤 사람의 행위가 그 이용에 해가 된다고 판단되는 경우에 그에 대한 보호를 부여하는 국가, 다른 말로 하면 '이용행위지국'(利用行爲地國)을 의미하는 것으로 이해한다. 이 해석론에 의하면, A국에서 발생한 A국 저작권 침해행위에 관하여 우리나라에서 소송이 제기된 경우, 우리나라 법을 적용하는 것이 아니라 A국의 법을 적용하게 된다. 이러한 점에서 '보호국'은 다음에서 보는 '법정지국'과는 구별되어야 한다.

둘째는 '법정지 저작권법설'(法廷地 著作權法說)이다. 이 해석론은 베른협약 제 5 조 제 2 항의 "보호가 주장되는 국가의 법"(the laws of the country where protection is claimed)에서의 '국가'는 소송이 제기된 나라, 즉 '법정지국'(法廷地國)을 의미하는 것이라고 이해한다. 이 해석론에 따르면 A국에서 발생한 A국 저작권 침해행위에 관하여 우리나라에서 소송이 제기되면 그 준거법은 우리나라 법이 된다. 따라서 원고의 입장에서는 자기에게 유리한 나라를 선택하여 제소를 하는 이른바 'forum shopping'을 할 수 있게 된다는 부작용이 있다.

셋째는 '법정지 국제사법설'(法廷地 國際私法說)이다. 이 해석론은 베른협약 제 5 조 제 2 항에서 말하는 '보호국'을 법정지국이라고 보는 점에서는 앞의 법정지 저작권법설과 같지만, 이때의 '법'에는 '국제사법'이 포함된다고 해석하는 점에서 차이가 있다. 그러나 국제사법 역시 나라마다 그 내용이 다를 수 있으므로 당사자에 의한 forum shopping을 완전히 막을 수는 없다는 것이 이 해석론의 단점으로 지적된다. 또한 법정지국의 국제사법에 의하여 준거법을 정한다면 이는 굳이 베른협약에 규정이 없더라도 당연한 것이므로, 이 해석론에 따를 경우 베른협약 제 5 조 제 2 항의 규정은 무의미하게 된다는 비판이 있다.[108]

넷째는 '외인법설'이다. 외인법은 국제사법 외에 섭외적 사법관계에 적용되는 실질사법

107) 道垣內 正人, 전게논문, 13면; 金彦叔, 전게서, 56면.
108) 상게논문, 13면.

으로서, 어느 나라에서 외국인이나 외국법인의 지위 또는 처우에 등에 관한 사항을 규정한 법을 말한다. 우리나라에서 외국인에 관한 사항을 규정한 외인법의 예로서는 외국인토지법과 상법 제 6 장의 외국회사에 관한 규정 등을 들 수 있다. 이 해석론은 베른협약 제 5 조 제 2 항의 규정은 준거법 지정을 위한 규정이 아니라, 같은 조 제 1 항에서 규정하고 있는 가맹국 국민(외국인)에 대한 내국민대우의 원칙을 위한 일종의 외인법적 성격을 가지는 규정일 뿐이라고 본다. 그 근거로서는 베른협약 제 5 조 제 2 항의 입법 경위를 들고 있다. 즉, 베른협약의 개정 경위를 검토해 보면 제 5 조 제 2 항이 준거법 지정을 위한 규정으로 도입된 것이 아니라, 종전 베른협약은 방식요건을 포함하여 저작물의 본국법에서 권리로서 인정되고 있을 것을 내국민대우를 부여하는 조건으로서 요구하고 있었는데, 이를 1908년의 협약 개정 과정에서 본국에서 해당 저작물이 보호를 받고 있는지 여부에 관계없이 보호가 주장되는 국가의 법에 의하는 것으로 변경하기 위하여 도입한 것이 이 규정이라는 것이다. 따라서 베른협약 제 5 조 제 2 항은 준거법 지정과는 관련이 없는 규정이라고 한다. 한편, 기본적으로 '외인법설'의 입장을 취하면서 '본국법설'의 해석론을 전개하는 견해가 있다. 이 견해는 베른협약 제 5 조는 외인법상의 규정으로서 저촉법적 내용을 포함하고 있지 않으며, 베른협약은 본국법(country of origin)의 적용을 전제로 하는 것이라고 해석하는데, H. Schack 가 그러한 견해를 취하고 있다고 한다.[109)]

다. 소 결

위 해석론들 중에서 두 번째의 '법정지 저작권법설'과 세 번째 '법정지 국제사법설'은 당사자의 자의적인 선택에 따라 준거법이 결정되는 이른바 forum shopping을 극복할 수 없다는 결정적인 단점이 있다. 이 때문에 이들 해석론을 지지하는 판례나 학설은 찾아보기 어렵다. 한편, 베른협약의 입법 및 개정 경위에 비추어 본다면, 네 번째의 '외인법설'이 근거가 있다는 점은 타당해 보인다. 그러나 외인법설에 의할 경우 제 5 조 제 2 항과 마찬가지로 보호국법에 의할 것을 규정하고 있는 제 6 조의2 제 3 항, 제 7 조 제 8 항, 제10조의2 제 1 항, 제14조의2 제 2 항(a) 등의 다른 베른협약상의 규정 역시 외인법적 규정이라고 해석하여야 하는지 의문이 발생하게 된다. 결국 베른협약 제 5 조 제 2 항을 과거의 입법 취지나 경위에 구애받지 않고 현재의 시각으로 해석하여, 이 조항은 베른협약 각 가맹국의 실질법이 통일되어 있지 않은 상황에서 준거법을 지정하기 위한 원칙을 정한 규정이라고 해석하는 것이 합리적이다. 그러한 점에서 다수설 및 일본의 판례가 따르고 있는 첫 번째의 '보호국법 준거법설'이 타당하다고 생각된다. 즉, 베른협약은 저작권의 국제적 보호에 관하여 저작물의

109) 金彦叔, 전게서, 63면.

최초 발행지 등 본국법에 따르지 아니하고 보호를 부여하는 각 나라가 독립하여 자국의 영토 내에서 자국법에 따라 내외국민 간에 동등한 대우를 받도록 보장하는 이른바 '보호가 주장되는 국가의 법', 즉 '보호국법'(lex loci protectionis)에 의할 것을 규정하고 있는 것이다.

우리나라의 하급심 판결 중에도 이러한 점을 명시적으로 판시한 사례가 있다. 서울고등법원 2012. 7. 25. 선고 2011나70802 판결은, "국제사법 제24조는 '지식재산권의 보호는 그 침해지법에 의한다'고 규정하고 있으나 이는 지식재산권에 관한 국제조약에 준거법에 관한 규정이 없는 경우를 대비한 보충적 성격의 규정이므로, 국제조약에 법률관계에 적용될 준거법에 관한 규정이 있는 경우에는 그에 따라 준거법을 결정하여야 한다. 그런데 대한민국과 미국은 각각 베른협약에 가입한 동맹국이고, 베른협약 제 5 조 제 2 항 제 2 문은 '저작자의 권리에 대한 보호의 범위와 이를 보호하기 위하여 주어지는 구제의 수단은 오로지 보호가 요구된 국가의 법률에 따라 규율된다.'고 규정하고 있다. 베른협약의 '보호가 요구된 국가'(the country where protection is claimed)는 '그 영토 내에서의 보호가 요구되고 있는 국가', 즉 '보호국'을 의미하며, 특히 저작재산권 침해와 관련하여 '그 영토 내에서의 침해행위에 대하여 보호가 요구되고 있는 국가', 즉 '침해지국'을 의미하는데, 원고가 자신의 저작재산권 침해행위가 대한민국에서 발생하였음을 주장하며 이에 대한 보호를 요구하고 있으므로, 결국 대한민국 법률이 보호국법이자 침해지국법으로서 이 사건에 적용될 준거법이다"라고 판시하고 있다.[110]

'보호국법 준거법설'에 따르게 되면 저작권에 관한 국제적 보호에 대하여 저작물의 최초 발행지 등 본국법에 의하지 아니하고 보호를 부여하는 각 나라가 독립하여 자국의 영토 내에서 자국의 법에 따라 내외국민간에 동등한 대우를 보장할 수 있게 되어 베른협약이 내용으로 하고 있는 내국민대우의 원칙에 가장 잘 부합하게 된다. 또한 이 해석론에 따르게 되면 앞에서 본 특수한 경우, 즉 A국에서 발생한 A국 저작권 침해행위에 관하여 우리나라에서 소송이 제기되었을 때, 우리나라 법을 적용하는 것이 아니라 A국의 법을 적용하게 되는 경우 등을 제외하고는 대체로 법정지법주의를 적용한 경우와 결론에 있어서 같아지게 된다. 따라서 법정지법주의가 가지고 있는 편리성이라는 장점을 그대로 살려 나갈 수도 있다. 즉, 각 협약국의 법원이 자신들에게 익숙한 자국의 법에 따라 신속하게 권리구제를 부여할 수 있게 된다는 장점이 있는 것이다. 이와 달리 본국법주의의 입장을 취하게 되면, 저작권자로서는 동일한 저작물에 대하여는 어느 나라에서나 동일한 보호를 받게 된다는 장점은 있으나, 각 협약국의 법원으로서는 소송 사건마다 서로 다른 저작물의 본국법을 해석하고 적용하여 저작권의 성립, 내용, 제한 등을 일일이 판단하여야 하는 어려움에

110) 이 판결은 상고되었으나 대법원 2014. 12. 11. 선고 2012다76829 상고기각 판결로 확정되었다.

봉착하게 된다. 따라서 신속한 권리구제를 받기 어렵고 효율성이 떨어져서 섭외적 사건을 다룸에 있어 현실적이지 못하다는 점을 부인할 수 없다.[111)]

그동안의 우리나라 하급심 판결들도 대체로 저작권침해가 관련된 섭외적 사건에서 저작물의 등록지나 최초 발행지 또는 저작권자의 주소지 등 본국법을 적용하지 않고, 침해행위지인 우리나라 저작권법을 준거법으로 하여 판단하고 있다. 예를 들어, 서울고등법원 1999. 12. 21. 선고 99나23507 판결[112)]은, 일본 회사가 한국인 피고를 상대로 일본에서 창작된 '헬로 키티'(Hello Kitty) 캐릭터에 대한 저작권 등 침해금지를 청구한 사안에서 그 캐릭터가 독자적인 저작물에 해당하는지 여부를 한국 저작권법 및 응용미술의 저작물성에 관한 한국 대법원 판례에 비추어 판단하고 있다. 이 판결에서는 "캐릭터란 만화·TV·신문·잡지 등 대중매체를 통하여 등장하는 인물이나 동물, 물건 등의 특징·명칭·성격·도안·동작 등을 포함하며, 상품이나 서비스, 영업에 수반하여 고객흡인력 또는 광고효과라는 경제적 가치를 지니는 것을 의미하는바, 캐릭터가 그 자체로서의 생명력을 갖는 독립된 저작물로 인정될 경우 그 내용에 따라 어문저작물 또는 미술저작물에 해당하여 저작권법의 보호대상이 된다(학설에 따라서는 캐릭터의 독자적 저작물성을 부인하는 견해도 있다)"고 한 후, "이 사건 캐릭터는 원고가 창작할 당시 이른바 오리지널 캐릭터(만화, 영화 등 대중매체에 표현되기 전에 상품에 사용되면서 공표되는 캐릭터)의 일종으로 개발된 것으로서, 고양이의 얼굴부위를 단순화·의인화한 도안의 구성과 다양한 사용형태에 비추어 볼 때, 그 자체가 상품과 물리적·개념적으로 분리되는 독립한 예술적 특성을 지니고 있으므로 저작권법상 미술저작물에 해당하고, 원고는 이를 창작한 저작자로 인정된다."고 판시하였다. 일본 최고재판소는 1997. 7. 17. 선고(オ) 1443호 판결에서 캐릭터의 독자적인 저작물성을 부정한 바 있으므로[113)] 만약 위 사건에서 우리나라가 아닌 일본 저작권법 및 판례에 비추어 판단을 하였더라면 판시 내용이 달라질 수도 있었을 것이다.

일본의 판례를 살펴보더라도, 적어도 저작권의 침해에 기한 금지청구에 관하여서는 베른협약 제5조 제2항에 의하여 보호국법으로서의 일본법에 따른다는 것이 동경고등법원 지적재산권 전담재판부를 비롯한 다수 법원의 판례이다.[114)] 또한 보호기간에 관하여서는 베른협약 제7조 제8항에 의하여, 저작인격권 침해에 기한 금지청구 등에 관하여서는 같

111) 이성호, 국제 지적재산권 분쟁의 현황과 국제사법상의 과제, 국제사법연구(2003. 12), 244면.

112) http://www.lawnb.com/case/contents_view.asp?cid=550E3EF637F24457931A536004182D4A에서 검색 가능하다(이 판결은 대법원 2001. 4. 10. 선고 2000다4487 판결로 상고기각되어 확정되었다).

113) 이 판결에 대하여는 "제2장 제4절의 Ⅰ. 캐릭터" 부분 참조.

114) 동경고등법원 2004. 12. 9. 판결, 동경지방법원 2006. 7. 11. 판결, 판례시보 1933호 68면; 道垣内 正人, 전게논문, 14면에서 재인용.

은 협약 제 6 조의2 제 3 항에 의하여 각각 보호국법으로서의 일본 저작권법을 적용한 판례가 있다고 한다.[115)]

라. 금지청구의 준거법과 손해배상청구의 준거법

다수설인 '보호국법 준거법설'에 의하면, 베른협약 제 5 조 제 2 항은 "보호의 범위와 저작자의 권리를 보호하기 위하여 주어지는 구제의 방법"이라는 법률관계에 대하여 보호국법에 따를 것을 규정하고 있는 것이므로, 저작권침해에 대한 구제방법으로서 손해배상의 범위 및 금지청구의 가능여부 등의 문제는 모두 보호국법에 의하게 된다. 또한 저작인격권을 "보호하기 위하여 주어지는 구제의 방법" 역시 보호국법에 따르게 되므로, 예컨대 공표된 저작물의 인용에 있어서 출처표시의무를 위반한 행위에 대한 제재 등에 관하여서도 보호국법에 의하게 된다.[116)]

한편, 일본 최고재판소는 특허권침해가 문제로 된 사건에서, 특허권에 기한 금지·폐기청구와 손해배상청구는 성질을 달리하는바, 전자는 특허권의 효력의 문제이며 후자는 불법행위의 문제이므로, 준거법과 관련하여 전자는 등록국법에 따르고 후자는 불법행위지법에 따라야 한다고 판시한 바 있다.[117)] 그러나 저작권침해의 경우에는 베른협약 제 5 조 제 2 항이 존재하는 이상 특허의 경우와는 달리 보아야 한다는 것이 보호국법 준거법설을 주장하는 견해의 입장이다. 따라서 저작권침해에 기한 손해배상의 경우에도 불법행위지법에 의할 것은 아니라고 한다.[118)] 뒤에서 살펴보는 바와 같이 우리 하급심 판결 중에는 저작권침해와 관련해서 금지청구와 손해배상청구를 구분하여 양자의 성질 결정을 달리함으로써 준거법도 달리 정한 판결[119)]이 있는데, 이에 대하여는 학계로부터 강한 비판이 있다. 비판론에서는 국제사법 제24조는 금지청구와 손해배상을 그의 성질결정에 관계없이 통일적으로 보호국법에 연결하고 있는 것이며, 다만 지적재산권 침해는 불법행위로서의 성질을 가지므로 제32조 제 1 항을 제외한 불법행위에 관한 다른 조문은 적용될 수 있다고 하였다. 예컨대 제32조 제 4 항에 따라 과도한 손해배상을 배제할 수 있고, 제33조에 따라 준거법의 사후적 합의도 침해로 인한 효과(예컨대 손해배상청구권)에 관하여는 가능하다는 것이다(다만 지적재산권의 존부에까지 허용하기는 어렵다고 한다). 그러나 불법행위의 준거법에 관하여 행위지법원칙을 정한 제32조 제 1 항은 제24조에 배치되므로 적용될 수 없다고 한다.[120)] 그 후 위 판결

115) 위 같은 판결.
116) 道垣內 正人, 전게논문, 15면.
117) 일본 최고재판소 2002. 9. 26.(民集 56권 7호 1551면, 일명 '카드 리더 사건').
118) 道垣內 正人, 전게논문, 15면.
119) 서울중앙지방법원 2008. 3. 13. 선고 2007가합53681 판결(일명, '아이비 뮤직 비디오' 사건).
120) 석광현, 국제지적재산권법에 관한 소고, 법률신문 제3656호.

과 반대되는 취지의 판결, 즉 위 비판론과 궤를 같이 하는 하급심 판결[121]도 나왔는바, 이들에 대하여는 뒤에서 살펴보기로 한다.

일본의 하급심 판결 중에도 베른협약 제 5 조 제 2 항의 문언을 좁게 해석하여, 저작권 침해로 인한 금지청구에 대하여는 이 규정에 따를 것이지만, 손해배상에 대하여는 일본 국제사법 제17조에 따라야 한다고 판시한 사례가 있다고 한다. 그러나 이러한 판결에 대하여는, 베른협약 제 5 조 제 2 항이 준거법에 관한 규정인지 여부에 대하여는 해석상 다툼이 있지만, 적어도 이 규정에는 준거법에 관한 규정이 내재(built-in) 되어 있다고 보아야 하고, 그렇게 보는 이상 베른협약 제 5 조 제 2 항이 적용될 단위법률관계를 금지청구에만 한정하여 좁게 해석하여서는 안 될 것이라고 하여 반대하는 견해가 유력하다.[122]

3. 저작권의 권리자, 권리의 성립 및 소멸, 양도성 등의 준거법

저작권의 권리자, 권리의 성립 및 소멸, 양도 등의 문제는 각 나라의 저작권법 사이에 차이점이 많이 발생하는 부분이다. 전통적으로 대륙법계의 나라들은 저작권을 자연권적인 권리로 보아 저작물의 창작자는 오로지 자연인만이 될 수 있고, 법인 등 단체는 저작자가 될 수 없으며, 저작자에게는 저작인격권(moral rights)을 인정하여 왔다. 반면에 영미법계 나라들은 저작권을 입법에 의하여 특별히 부여된 재산권으로 보아 업무상저작물의 저작자로서의 지위와 저작권을 피용자인 자연인이 아닌 법인 등 사용자에게 귀속시키는 한편, 일반적으로 저작인격권은 별도로 인정하지 않는다.[123] 일본과 우리나라는 대륙법계 전통을 따르면서도, 업무상저작물의 경우에는 법인 등 사용자를 저작자라고 규정하는 등 일부 영미법계의 입법태도를 따르고 있다. 따라서 오늘날 독일, 프랑스, 미국, 일본, 우리나라 등이 모두 베른협약이나 Trips 협정에 가입하여 협약이 요구하는 최소한의 보호를 부여하고 있음에도 불구하고, 각 협약국에 있어서 저작자의 결정이나 저작자에게 부여되는 권리의 내용에 있어서는 여전히 차이가 있다. 또한 저작권의 양도 및 이용허락에 있어서도 저작자의 보호에 치중한 독일 저작권법은 원칙적으로 저작권의 양도를 허용하지 아니하고 이용권의 부여만을 허용할 뿐이며, 이용허락 당시 아직 알려지지 아니한 방법에 관한 이용권의 부여는 무효라고 규정하고 있다. 반면에 프랑스 저작권법에서는 저작재산권의 양도는 허용되나 저작인격권의 양도는 인정되지 않는다. 영국 및 미국 저작권법은 저작권의 양도나 이용허

---

121) 서울중앙지방법원 2008. 6. 20. 선고 2007가합43936 판결.

122) 道垣內 正人, 전게논문, 15면.

123) 이성호, 사이버 지적재산권 분쟁의 재판관할과 준거법, 국제사법연구 8호(2003. 8.), 269면 참조.

락을 제한 없이 허용하며, 일본 및 우리나라 저작권법에서도 저작권 양도에 있어서 2차적 저작물을 작성하여 이용할 권리는 특약이 없는 한 저작자에게 유보된다는 규정을 두고 있는 정도 외에는 특별한 제한이 없다.124)

이와 같이 각 나라의 저작권법이 상이한 상황에서, 베른협약이나 국제사법 제24조 등의 규정에 따라 저작권침해 사건에 대한 준거법을 보호국법으로 본다고 하더라도, 더 나아가 저작자 등 저작재산권 및 저작인격권 등의 권리자를 결정하는 문제와 저작권의 성립, 소멸, 양도성 등 저작권과 관련된 일체의 문제를 모두 보호국법에 의하여 결정할 것인지 여부는 다시 검토를 해 보아야 한다. 이 문제에 대하여도 이를 긍정하는 보호국법주의와 저작권의 권리자, 권리의 성립 및 소멸, 보호기간, 양도 등의 사안에 대하여는 저작물의 본국법에 의하여야 한다는 본국법주의가 대립한다. 저작권자의 결정과 관련하여 베른협약 제14조의2 제2(a)항은 "영화저작물의 저작권자의 결정은 보호가 요구되는 국가의 법에 의한다"는 규정만을 두고 있을 뿐, 다른 저작물 일반에 대하여는 규정하고 있지 않다. 본국법주의를 취하는 견해에서는 이러한 베른협약을 반대해석하여, 영화저작물을 제외한 다른 저작물의 저작권자 결정에 대하여는 본국법에 의할 수 있다고 주장한다. 또 보호국법주의에 의하면 동일한 저작물에 대하여 국경을 넘을 때마다 저작권자가 바뀔 수 있다는 단점이 있는 반면에, 본국법에 의하면 저작권자가 처음부터 명확하게 결정되어 있어 당사자의 예측가능성을 높여준다는 점과, 통상 저작물이 최초로 발행된 곳이나 저작자의 거주지 등 저작물의 본국법이야말로 저작물과 가장 밀접한 관련을 가지는 법이라는 점 등을 논거로 내세운다.125)

그러나 본국법주의에 의하더라도 디지털 환경 하에서는 최초로 발행된 곳이 어디인지 등 저작물의 본국을 결정하는 것 자체가 쉽지 않아 저작자의 결정이 반드시 명확해진다고 볼 수 없다. 뿐만 아니라 전통적으로 저작자가 선택한 최초 발행지가 가지던 민족주의적인 또는 물질주의적인 특별한 의미도 이미 퇴색하였으며, 본국법을 저작권자의 결정에만 적용할 것인지, 나아가 권리의 존재와 존속기간 등에도 적용할 것인지, 그 적용 한계를 정할 논리적 근거는 무엇인지도 분명하지 아니하다. 또 이용자의 입장에서 보면 자신이 속한 영토 내에서의 저작권 침해여부가 그 대상인 저작물의 본국이 어디인가에 따라 제각기 다르

---

124) 상계논문, 269면.

125) Jane Ginsburg, "Private International Law Aspects of the Protection of Works and Objects of Related Rights Transmitted through Digital Networks", Group of Consultants on the Private International Law Aspects of the Protection of Works and Objects of Related Rights Transmitted through Digital Networks(Geneva, December 16-18, 1998), 18, http://www.wipo.int/eng/meetings/1998/gcpic/pdf/gcpic-2.pdf; 이성호, 전게논문, 247면에서 재인용.

게 판단되므로 자신의 행위가 침해에 해당하는지 여부를 알기 어렵고, 그와 같은 모호한 기준에 따라 지적재산권침해죄의 형사책임까지 지게 된다면 더욱 불합리한 결과를 초래할 수 있다.[126)]

이처럼 저작권자의 결정 등의 문제를 본국법에 의할 경우에는, 같은 국가의 영토 내에서도 저작물의 본국이 어디냐에 따라 저작권 침해여부 판단이나 저작권자 결정의 결론이 달라져서, 저작물 이용자나 법원 등이 이를 판단, 적용하기가 쉽지 않게 된다. 또한 저작권자의 결정 문제는 저작권의 존부 및 내용과 밀접하게 결부되어 있어 각 보호국이 이를 통일적으로 해석 적용할 필요가 있고, 그렇게 하는 것이 각 협약국으로 하여금 내국민대우에 의한 보호를 부여하게 함에 있어서 용이하다. 또한 실무상으로도 대부분 법정지법과 일치하기 마련인 보호국법에 의하는 것이 훨씬 간편하다는 점에 비추어 볼 때, 국제사법 제24조가 지적재산권에 관한 모든 분야에 관하여 보호국법주의를 명시하지 아니하고 지적재산권 침해의 경우만을 규정하는 방식을 취하고 있다고 하더라도, 이를 넓게 해석하여 지적재산권의 성립, 이전 등 전반에 관하여 보호국법주의 원칙을 채택한 것으로 해석함이 타당하다고 생각된다. 따라서 국제협약에서 명시적으로 본국법에 의하도록 규정하지 아니한 이상 저작권에 대한 침해의 경우뿐만 아니라, 저작권의 권리자, 권리의 성립 및 소멸, 보호기간, 양도 등 저작권에 관한 전반적인 문제에 대하여 보호국법을 적용하여 결정함이 타당하다고 본다.[127)]

4. 준거법의 적용 범위와 관련된 문제 – 공법 및 강행법규의 적용 등

가. 공법의 적용여부

국제사법에 의하여 처리되는 법률관계는 원칙적으로 '사법'(私法)적 법률관계이며 형법이나 조세법 등을 비롯하여 공정거래 및 독점금지 관련법 등과 같은 '공법'(公法)적 법률관계는 포함되지 않는다는 것이 F. Savigny에서 비롯된 전통적인 '공·사법 준별론'의 입장이다. 일반적으로 공법에 관한 섭외적 문제 또는 법률관계에 어떤 법률을 적용할 것인지는 그 공법 자체에서 정하고 있는 지역적 적용범위에 따라 처리하게 된다. 보통은 속지주의를 원칙으로 하고 예외적으로 속인주의 등에 따르는 것으로 하고 있다. 예를 들면, 우리나라의 독점규제 및 공정거래에 관한 법률이 섭외적 사안에 대하여 어디까지 적용되는지 여부는 우리나라의 해당법이 결정하는 것이고, 미국의 독점금지법이 어디까지 적용되는가 역시

126) 이성호, 전게논문, 248면.

127) 이성호, 전게논문, 249면; 뒤에서 보는 서울고등법원 2008. 7. 8. 선고 2007나80093 판결(일명, '본 더치 상표' 사건, 또는 '플라잉 아이볼' 사건)이 이러한 입장에 서 있다.

미국의 독점금지법이 규정하는 것이다. 이에 따라 우리나라 독점규제 및 공정거래에 관한 법률은 2004. 12. 31. 제 2 조의2(국외행위에 대한 적용) 규정을 신설하여, “이 법은 국외에서 이루어진 행위라도 국내시장에 영향을 미치는 경우에는 적용한다”는 규정을 두고 있고, 미국은 오래 전부터 미국 시장에 영향을 주는 행위에 관하여서는 미국 독점금지법의 규율대상으로 하여 자국법의 역외적용을 인정하고 있다.

이와 같이 사법과 공법은 섭외적 사안에 있어서의 적용범위에 대한 원칙이 전혀 다르다. 그런데 20세기에 들어오면서부터 노동법을 필두로 해서 종전 사법적 영역에 속한다고 보던 법률 분야에 대하여 국가의 법률정책이 강력하게 반영되면서 이른바 ‘사법의 공법화’ 현상이 두드러지게 나타나게 되었다. 그리하여 오늘날 순수한 사법이라고 볼 수 있는 영역은 사실상 거의 사라졌다고 하여도 과언이 아닐 정도이며, 공법인지 사법인지 여부가 불분명한 회색지대의 성격을 가지는 법 영역이 계속적으로 증가하고 있다. 저작권법 역시 형사관련 규정은 제외하더라도 적어도 권리의무에 관한 부분은 사법의 영역에 해당한다고 보아 왔지만 이 영역에도 오늘날 각 국가의 문화적·법적 정책이 깊게 반영되고 있음은 부정할 수 없는 현실이 되었다.

이러한 점을 고려하여 국제사법 제 6 조는 “이 법에 의하여 준거법으로 지정되는 외국법의 규정은 공법적 성격이 있다는 이유만으로 그 적용이 배제되지 아니한다”고 규정하고 있다. 즉, 외국법이 공법적 성격이 있다고 하더라도 준거법으로 적용될 수 있음을 밝힌 것이다. 다만, 국제사법 제 6 조에 대하여는 이 조항이 외국의 공법적 법규가 준거법으로 적용될 수 있음을 소극적으로 규정하고 있는 것일 뿐, 외국의 공법을 반드시 적용할 것을 요구하는 것은 아니라고 한다. 따라서 외국의 공법의 적용여부는 국제사법적 고려에 의하여 판단되어야 할 것이며, 그 적용의 필요성 및 범위는 문제된 준거법 소속국인 외국의 공법의 입법목적 등을 고려해서 판단할 것이라고 한다.[128)]

나. 강행규정의 적용

‘사법의 공법화’ 현상이 날로 심화됨에 따라 사법의 섭외적 적용관계를 국제사법이라는 법체계에 맡겨서 밀접관계지를 가리키는 연결점에 의하여 준거법을 결정하는 전통적인 모델은 한계를 드러내게 되었다. 이에 대응하고 전통적인 모델의 붕괴를 예방하기 위하여 나타난 것 중 하나가 ‘법정지국 강행규정의 적용’ 또는 ‘국제적(절대적) 강행법규의 특별연결’이라고 하는 예외규칙의 도입이다.[129)] 이 규칙은 법정지에서 공법에 가까운 정책목적을

128) 신창섭, 전게서, 116면.
129) 道垣內 正人, 전게논문, 16면.

가지는 사법상의 규정으로서 그 자체가 지역적 적용범위를 가지는 것에 대하여는, 국제사법 일반원칙에 따르지 않고 그 규정의 직접 적용을 인정하는 처리방법이다. 섭외적 사안에 있어서 법정지 강행규정의 적용여부와 관련해서 대부분의 대륙법계 국가는 '공공복리'(public welfare)를 보호하는 취지를 갖는 내국법은 외국법에 대하여 우선해서 적용된다는 이른바 '공공질서 이론'(doctrine of public order)을 채택하고 있다.[130)]

우리나라 국제사법도 제 7 조(대한민국 법의 강행적 적용)에서 "입법목적에 비추어 준거법에 관계없이 해당 법률관계에 적용되어야 하는 대한민국의 강행규정은 이 법에 의하여 외국법이 준거법으로 지정되는 경우에도 이를 적용한다"고 규정함으로써 '공공질서 이론'에 따른 '법정지국 강행규정의 적용' 원칙을 도입하고 있다. 따라서 국제사법에 의하여 외국법이 준거법으로 지정되는 경우에도, 우리나라의 대외무역법, 외국환거래법 또는 공정거래법 등 그 입법목적에 비추어 볼 때 국내에서 문제된 섭외적 사안에 대해서도 적용되어야 하는 강행규정은 외국법이 준거법으로 지정되었는지 여부에 상관없이 적용된다고 할 것이다. 다만, 이때 적용되어야 하는 강행규정은 당사자의 합의에 의해 그 적용을 배제할 수 없는 일반적 강행규정의 의미로 해석되어서는 안 되고, 당사자의 합의에 의한 적용배제가 허용되지 않을 뿐만 아니라, 준거법이 외국법이라도 그 적용이 배제되지 않을 만한 이른바 보편적 또는 국제적 강행규정을 의미하는 것으로 엄격히 해석되어야 한다는 것이 국제사법 학계의 대체적인 입장이다. 따라서 국제적 강행규정 또는 강행법규에 해당하는지 여부는 문제된 규정 또는 법규의 의미와 목적 등을 고려하여 판단하되, 대외무역법, 외국환거래법 또는 공정거래법 등의 경우와 같이 경제정책 등 보호되어야 할 국가이익의 요소를 강하게 담고 있는 규정이라면 일단 국제적 강행규정으로 볼 수 있을 것이라고 한다.[131)]

그렇다면 우리 저작권법 중에서 국제적 강행규정이라고 해석할 수 있는 규정으로는 어떠한 것들이 있는지 살펴볼 필요가 있다.[132)] 우선 저작권법 중에서 강행규정이라고 해석될 수 있는 것은 주로 저작재산권 제한규정들이다. 앞의 제 6 장 제 3 절의 Ⅱ에서 살펴본 바와 같이 저작권법에 존재하는 각각의 저작재산권 제한규정들이 강행규정이냐 임의규정이냐, 또한 강행규정이라고 할 때 단속규정이냐 효력규정이냐 여부는 당해 규정의 입법취지와 사회적 요청을 저작권법이 추구하는 궁극적인 목적에 비추어 판단하여야 한다. 우리

130) 신창섭, 전게서, 120면. 여기서 말하는 '공공질서'는 국제사법 제10조의 "선량한 풍속 그 밖의 사회질서"와 같은 의미라고 이해된다.

131) 상게서, 121면.

132) 섭외적 특허사건에 있어서 일본 동경지방법원 2004. 2. 24. 판결(판례시보 1853호 38면)은 직무발명에 관한 일본 특허법 제35조의 규정에 대하여, "절대적 강행법규의 성질을 가지는 노동법규는 (섭외적 사안에도) 적용되어야 할 것인바, 일본 특허법 35조도 그러한 성질을 가지는 법규라고 해석된다"고 판시하였다.

저작권법 제 1 조는 "이 법은 저작자의 권리와 이에 인접하는 권리를 보호하고 저작물의 공정한 이용을 도모함으로써 문화 및 관련 산업의 향상발전에 이바지함을 목적으로 한다"고 규정하고 있다. 이러한 규정을 전제로 하여 각 개별 제한규정의 목적·취지를 검토하고, 그 개별 제한규정이 실현하고자 하는 여러 가지 이익을 고려하여 강행규정인지 임의규정인지 여부를 결정하여야 한다. 나아가 저작재산권 제한규정의 근거가 되는 국제조약들도 그 판단의 기준이 될 수 있을 것이다. 특히 강행규정여부의 판단에 있어서는 관련 국제조약과의 합치성도 요구되므로, 베른협약 제 9 조 제 2 항의 "특별한 경우에 저작물의 복제를 인정하는 권능은 동맹국의 입법에 유보된다. 다만, 그러한 복제가 당해 저작물의 통상의 이용을 방해하지 않고 나아가 그 저작자의 정당한 이익을 부당하게 해하지 않는다는 것을 조건으로 한다"는 규정 및 Trips 협정 제13조의, "가맹국은 배타적 권리의 제한 또는 예외를 저작물의 통상의 이용을 방해하지 않고, 권리자의 정당한 이익을 부당하게 해하지 않는 특별한 경우에 한정하여야 한다"는 이른바 '3단계 테스트'(three step test)[133]를 비롯한 각종의 국제조약과 연계하여 검토할 것이 요구된다.

개별적 저작재산권 제한규정 중 예를 들어, 표현의 자유 등 정신적 자유권에 속하는 보호법익이나 국민의 알 권리의 실질적 확보를 위하여 필요한 보도의 자유와 관련된 권리제한규정 등은 일단 당사자 간의 특약으로 배제할 수 없고 공익과도 관련되는 보편적 강행규정이라고 보아야 할 것이다. 저작권법 제24조의 "정치적 연설 등의 이용"이나 제26조의 "시사보도를 위한 이용", 제31조의 "도서관 등에서의 복제", 제33조의 "시각장애인 등을 위한 복제" 규정 등이 이에 해당한다고 할 수 있다. 또한 국가권력을 행사하는 기관들에게 부여된 임무인 국정 실현을 달성하기 위해 두어진 권리제한규정도 이에 준한다고 할 것이다. 우리 저작권법 제 7 조의 "보호받지 못하는 저작물" 규정, 제23조의 "재판 등에서의 복제" 등이 이에 해당할 수 있다. 나아가 저작권법의 궁극적 목적인 문화의 향상발전에 따르는 보호법익이라고 할 수 있는 학문적 목적을 위한 이용행위 등과 관련된 제한규정도 보편적 강행규정이라고 볼 수 있다. 저작권법 제28조의 "공표된 저작물의 인용"이 이에 속한다.

반면에 단순한 개인적인 필요와 흥미를 만족시키기 위한 제한규정은 당사자 사이의 특약으로 배제할 수 있는 임의규정이라고 보아야 할 경우가 상대적으로 많을 것이다. 예를 들어, 저작권법 제30조의 "사적이용을 위한 복제" 규정은 계약 당사자의 합의에 의하여 그 적용을 배제하는 것을 굳이 무효로 할 이유가 없다고 보며, 그런 점에서 이 규정은 임의규정이라고 해석된다.[134] 다만, 학술연구(학습을 위한 것을 포함한다)를 위한 사적복제는 새로운

133) 3단계 테스트의 의미와 내용에 관하여는 제 6 장 제 1 절 Ⅱ 참조.

창작활동을 유인하는 복제이고 문화의 향상발전 및 다양한 문화적 산출물을 확보한다는 저작권법의 목적과 정신을 추구함에 있어서 필수적인 사항이므로, 학문연구를 위한 사적복제를 허용하지 않는 특약은 무효라고 볼 것이다. 따라서 문제로 된 섭외적 사안의 쟁점이 학문연구를 위한 사적복제를 저작재산권자의 허락 없이 할 수 있는지 여부에 관한 것이라면 우리 저작권법 제30조가 강행규정으로서 적용될 수 있을 것이다.

그 밖에 저작재산권의 전부를 양도하는 경우에 '특약'이 없는 때에는 2차적저작물을 작성하여 이용할 권리는 포함되지 아니한 것으로 추정하는 저작권법 제45조 제 2 항이 강행규정에 해당하는지 여부도 검토해 볼 문제이다. 예를 들어, 우리나라를 포함한 세계 모든 국가를 지역적 범위로 하여 저작재산권 전부를 양도하는 계약을 체결하면서 그 준거법을 그와 같은 추정규정을 두고 있지 않은 A국법으로 하는 합의를 한 경우에, 2차적저작물을 작성하여 이용할 권리의 양도에 관한 특약이 없으면 그 양도 대상으로 된 우리나라에서의 저작재산권에 2차적저작물을 작성하여 이용할 권리는 포함되지 아니한 것으로 추정할 것인지 여부이다.

계약에 있어서 특약의 여부, 즉 특약의 유무는 일차적으로 당사자의 의사해석의 문제이지만, 그러한 특약을 서면으로 작성 또는 기재하여야 하는지의 문제라면 법률행위의 방식에 해당하는 문제라고도 볼 수 있다.[135] 후자의 경우와 관련하여 우리 국제사법 제17조 제 1 항은 "법률행위의 방식은 그 행위의 준거법에 의한다"고 규정함으로써 법률행위의 방식은 원칙적으로 그 행위의 준거법, 즉 법률행위의 실질의 준거법에 의하도록 하고 있다. 이때 법률행위의 방식은 일반적으로 법률행위의 실질적 성립요건과 가장 밀접한 관련을 갖고 있을 것이기 때문에, 이 규정에서 말하는 '행위'는 법률행위의 실질적 성립요건을 의미하는 것으로 이해하여 법률행위의 방식은 원칙적으로 그 법률행위의 실질적 성립요건의 준거법에 따라야 할 것이라고 한다.[136] 한편, 법률행위의 방식은 그 실질의 준거법에 의한다는 원칙만을 고집할 경우, 실질의 준거법이 정하고 있는 방식을 인정하지 않는 국가에 있어서는 유효한 법률행위를 할 수 없게 되는 불합리한 경우가 발생할 수 있다. 이에 국제사법 제17조 제 2 항은 "행위지법에 의하여 행한 법률행위의 방식은 제 1 항의 규정에도 불구하고 유효하다"고 규정함으로써 법률행위의 방식은 법률행위의 실질의 준거법뿐만 아니

134) 作花文雄, 詳解 著作權法, 제 3 판, ぎょうせい, 314면.

135) 법률행위의 방식은 법률행위의 형식적 성립요건으로서 법률행위가 유효하게 성립하기 위해서 필요한 의사의 외부적 표현방식을 말한다. 의사표시에 있어서 구두 또는 서면방식, 물권적 법률행위에 있어서 등기나 인도, 증여에 있어서 서면의 방식 또는 유언에 있어서 자필방식이나 증인의 참여 등이 그러한 예이다(신창섭, 전게서, 194면 참조).

136) 신창섭, 전게서, 195면 참조.

라 행위지법에 의해서도 유효한 것이 될 수 있음을 밝히고 있다.[137] 이와 같은 국제사법의 규정들에 비추어 보면, 법률행위의 방식은 당해 법률행위의 성립요건의 준거법이나 행위지법 어느 쪽에든 적합하면 방식상으로는 유효한 것으로 보게 될 것이다. 따라서 우리 저작권법 제45조 제2항을 강행규정이 아닌 일반적인 사법 규정이라고 해석할 경우, 위에서 본 사례에서 당사자들이 A국에서 2차적저작물작성권까지를 양도한다는 특약이 없이 저작재산권 양도계약을 체결하였고, 그 A국에서는 2차적저작물작성권 양도에 특약을 요구하고 있지 않다고 한다면, 그러한 계약에 2차적저작물작성권의 양도까지 포함된 것인지 여부가 우리나라 법정에서 문제가 되었을 때 행위지법인 A국법에 따르면 2차적저작물작성권의 양도는 포함되지 아니한 것으로 추정하는 효과는 발생하지 않게 된다.

이러한 문제에 대하여 일본의 해석론을 살펴보면, 우리 저작권법 제45조 제2항에 해당하는 일본 저작권법 제61조 제2항[138]의 규정은 적어도 일본 저작재산권의 양도에 대하여는 언제나 적용되어야 하는 일종의 강행규정의 성격을 가지는 것으로 보아야 한다는 것이 주류의 견해이다. 일반적으로 볼 때 일본의 법제는 유럽이나 미국의 법제와는 달리 법률행위의 방식을 엄격하게 요구하는 경우가 그리 많지 않다. 그럼에도 불구하고 일본 저작권법에서 굳이 제61조 제2항과 같은 규정을 두고 있는 것은, 2차적저작물작성권의 양도에 대하여는 특약에 의할 것을 엄격하게 요구하는 입법자의 강한 의도가 반영된 것이라고 보아야 하므로, 이 규정은 앞에서 언급한 이른바 '국제적(절대적) 강행규정'에 해당한다는 것이다. 따라서 일본 저작권법 제61조 제2항은 그 독자적인 지역적 적용범위를 가지며, 이 규정은 적어도 일본 저작권의 양도에는 준거법에 관계없이 국제사법에 의하여 외국법이 준거법으로 지정되는 경우에도 항상 적용되어야 한다는 것이 다수설의 입장이다.[139] 이러한 일본의 해석론은 법제가 유사하고 같은 내용의 규정들을 두고 있는 우리나라의 경우에도 타당하지 않을까 생각한다.

또한 일본의 해석론에서는 우리 저작권법 제124조 제1항 제1호에 해당하는 일본 저작권법 제113조 제1항 제1호의 일본 국내에서 배포할 목적으로 수입하는 행위를 저작권 침해로 보는 규정[140] 역시 준거법의 결정과 관계없이 일본이 법정지가 될 경우 항상 적용

137) 이 규정은 "장소는 행위를 지배한다"(locus regit actum)라는 원칙에 입각한 것으로 법률행위의 성립을 용이하게 하고 당사자의 편의와 행위지의 거래이익을 도모하기 위한 취지를 갖는다고 하며, 이때 국제사법 제17조 제2항의 행위지는 일반적으로 의사표시를 한 곳을 의미한다고 한다(신창섭, 전게서, 196면 참조).

138) 일본 저작권법 제62조 제2항 "저작권을 양도하는 계약에 있어서 제27조(번역권, 번안권 등) 또는 제28조(2차적저작물의 이용에 관한 원저작자의 권리)에 규정하는 권리가 양도의 목적으로 특별히 게시되어 있지 아니한 경우에는, 이들 권리는 양도한 자에게 유보된 것으로 추정한다."

139) 道垣內 正人, 전게논문, 16면.

되어야 하는 규정으로 이해하고 있다. 이 규정에서의 '수입'은 곧 일본 국경 바깥으로부터 안으로 반입하는 것을 말하는 것으로서 그러한 행위를 '지'(地)와 분리하여 생각한다는 것은 불가능하기 때문에, 이러한 행위에 대하여 밀접관계지가 어디인지를 판단한다는 것은 무의미하고, 따라서 이 규정 자체가 그 지역적 적용범위를 내포하고 있는 것으로 보아야 한다는 것이다.[141] 이러한 해석론 역시 같은 내용을 규정하고 있는 우리 저작권법 제124조 제1항 제1호에 대하여도 동일하게 적용할 수 있을 것으로 생각한다.

섭외적 사안의 판단에 있어서 공공질서 이론을 수용할 경우의 문제점은, 이 이론이 포섭하는 강행규정의 내용이 매우 불확정적이어서 자칫 이 이론이 법정지법을 적용하기 위한 도구로 남용됨으로써 국제사법의 기본취지를 훼손할 수 있다는 점이다. 따라서 법정지법원은 공공질서 이론을 원용함에 있어서 동 이론의 남용으로 말미암아 국제사법의 기본취지가 몰각되지 않도록 주의하여야 한다.[142]

그러나 오늘날 심화되고 있는 '사법의 공법화' 경향에 비추어 볼 때, 개별 사법 규정들 중에는 그 나름대로의 입법 목적이 있어서 그 목적을 실현함에 있어서 국제사법에 그 적용여부에 대한 판단을 일임하지 않고, 그 규정의 지역적 적용범위에 들어가면 국제사법에 의한 준거법의 지정과 관계없이 적용된다고 보아야 할 규정도 상당수 있을 것이라고 생각된다. 특히 저작권법의 경우에는 그 위반행위가 형벌의 대상으로 되는 경우가 적지 않은데, 그러한 사안은 단순히 국제사법에 의하여 적용여부가 결정될 것은 아니다. 또한 저작권법 중 일반적으로 사법적 영역이라고 해석되는 규정도 그 배후에는 공공질서의 유지 등 특정한 입법 목적을 달성하기 위한 입법자의 강력한 의도가 들어 있는 경우가 많다. 따라서 해당 규정의 섭외적 적용이 문제로 되었을 때에는 입법취지 등을 종합적으로 고려하여 그 지역적 적용범위를 개별적으로 검토해 보아야 할 필요가 있다.

5. 인터넷을 통한 침해의 경우 침해지의 특정 문제

저작물이 디지털 네트워크, 예컨대 인터넷을 통하여 전세계적으로 공중송신되어 섭외적 사안이 발생한 경우에 그 침해지를 어디로 볼 것인지 여부가 문제로 된다. 이에 대하

---

140) 일본 저작권법 제113조 제1항 "다음에 게시하는 행위는 당해 저작인격권, 저작권, 출판권, 실연자인격권 또는 저작인접권을 침해하는 행위로 본다. 1. 국내에서 배포할 목적으로, 수입 시에 국내에서 작성하였다면 저작인격권, 저작권, 출판권 또는 저작인접권의 침해로 될 행위에 의하여 작성된 물건을 수입하는 행위."

141) 道垣內 正人, 전게논문, 17면.

142) 신창섭, 전게서, 121면.

여는 크게 '발신지국법'(law of the country of emission)과 '수신지국법'(law of the country of reception)의 두 가지를 생각해 볼 수 있다. 이는 공중송신의 방법으로 정보를 발신하여 이용에 제공할 경우 그와 같은 정보를 최초로 발신한 국가와, 그 정보를 수신하는 여러 국가의 복수의 준거법이 적용될 수 있다는 것을 의미한다. 수신지국법에 의하게 되면 저작권자의 입장에서는 다수의 법정지에서 단편적인 여러 개의 소송을 수행하여야 하고, 피고의 상거소지 등 어느 한 곳에서 소송을 하는 경우에도 관련된 각 나라마다 권리의 범위, 주장된 침해 및 적절한 구제수단을 각각 달리 평가하여야 하는 복잡한 소송을 수행하지 않을 수 없게 된다. 반면에 발신지국법에 의하게 되면, 침해가 개시된 발신지국의 저작권에 대한 보호수준이 낮거나 아예 보호를 인정하지 않는 경우에는 저작권자에게 적절한 보호를 부여할 수 없게 된다. 예를 들어, 위성방송을 통한 저작권침해와 관련하여 방송전파를 인공위성으로 발신하는 행위가 '방송'이고 인공위성으로부터 송출된 전파를 수신하는 것은 방송이 아니라고 보면, 수신행위가 우리나라에서 발생하고 있어도 발신행위가 외국에서 일어나는 한 우리나라 저작권법은 적용될 수 없다는 해석이 나올 수 있다. 그렇게 되면 방송권을 전혀 보호하지 않는 나라로부터 방송전파를 발신한다든가 아니면 공해상의 무국적 선박으로부터 방송전파를 발신하게 되면 저작권침해의 책임을 물을 수 없게 되고, 따라서 법의 회피가 가능해진다. 특히 인터넷의 경우 발신지를 선택하는 것이 기술적으로 매우 간단할 뿐만 아니라 조작도 가능하고 그 경우 이를 찾아내는 것도 쉽지 않으며, 웹사이트의 운영자와 호스트 서버가 별도로 존재하고 그 각 소재지와 운영자의 주소지도 동일하지 않은 경우가 많다는 점에 문제의 심각성이 있다.

따라서 이러한 경우에는 단일한 발신지국법에만 의할 것이 아니라, 각 수신지 국가에서는 그 각 수신지국법을 적용하도록 하는 중첩적인(cumulative) 준거법의 적용이 필요하다고 한다. 그리고 이러한 입장은 원인행위지에서는 전체 손해에 대한 관할권을 가지나 결과발생지에서는 각 나라에서 발생한 손해에 한하여 관할을 인정하는 유럽 재판소의 판례 입장과도 궤를 같이 하는 것으로서 각 나라의 주권을 존중하는 결과로도 이어진다고 한다.[143)]

우리나라의 입장에서 볼 때 전체 손해에 대하여 단일한 발신지국법에만 의하게 되면, 예컨대 미국 저작물에 대하여 재미 교포가 미국에서 최초로 인터넷상에 게시한 침해물을 우리나라 국민이 전송받아 다시 우리나라에 널리 배포한 경우에 우리나라에서 발생한 손해에 대하여도 발신지인 미국법을 준거법으로 하여 침해의 책임을 정하게 된다. 따라서 징벌적 손해배상이나 3배 손해배상 규정 등이 적용되어 외국인 저작자에 대하여 국내 저작자보다도 더 높은 보호를 부여하면서 자국민인 침해자에 대해서는 지나치게 무거운 책임

143) 이성호, 전게논문, 250-251면.

을 묻는 결과로 될 수 있다.[144] 또 국내 법원으로서는 개별 사건마다 발신지법인 외국법을 파악하여 재판을 하여야 하므로 실무적으로도 적지 않은 어려움이 예상된다. 이러한 이유로 우리나라로서는 수신지국법인 우리나라법을 준거법으로 하는 것이 여러 모로 유리하다는 견해가 있다.[145] 이 견해는 우리나라에서 저작권 침해행위가 이루어지거나 우리나라에서 침해의 결과가 발생하여 저작권자로부터 우리나라에서 보호를 요청받은 경우에는, 언제나 우리나라를 국제사법 제24조에서 정하고 있는 침해지로 보아 우리나라 법을 적용할 것이라고 한다.

일본에서는 인터넷을 통한 저작권침해의 경우 업로드한 장소가 외국이고 그 서버도 외국에 있다고 하더라도, 일본으로부터 침해 저작물에 대한 접근이 가능하다면 이는 일본에서의 해당 저작물에 대한 시장성을 해치는 결과를 가져오므로 일본에서의 해당 저작물에 대한 저작권을 침해하는 것이며, 따라서 일본을 그 불법행위지로 볼 수 있다는 해석론이 유력하다.[146]

V. 판례의 검토

1. 서울중앙지방법원 2008. 3. 13. 선고 2007가합53681 판결(일명, '아이비 뮤직비디오' 사건)

일본국에서 설립된 법인인 원고가 대한민국 법인과 대한민국인인 피고들을 상대로 일본국의 영상저작물의 저작권침해를 청구원인으로 하여 제기한 소송으로서, 실체 판단에 앞서 재판관할권 및 준거법이 문제로 된 사건이다. 이 사건에서 일본인 원고는 한국인 피고를 상대로 저작권침해금지청구, 저작권침해로 인한 손해배상청구 및 해명광고청구를 하였는데, 법원은 두 가지 경우로 나누어 각각 준거법을 정하고 있다. 즉, 저작권에 기초한 금지청구와 명예회복을 위한 조치로서의 해명광고청구에 관해서는 베른협약 제 5 조 제 2 항, 제 6 조의2 제 3 항을 근거로 준거법을 정한 반면에, 저작권침해를 이유로 하는 손해배상청

144) 다만, 우리 국제사법 제32조 제 4 항은 불법행위와 관련하여 "… 외국법이 적용되는 경우에 불법행위로 인한 손해배상청구권은 그 성질이 명백히 피해자의 적절한 배상을 위한 것이 아니거나 또는 그 범위가 본질적으로 피해자의 적절한 배상을 위하여 필요한 정도를 넘는 때에는 이를 인정하지 아니한다"고 규정하고 있으므로, 이 규정에 의하여 징벌적 배상의 지급을 명하는 미국법의 적용을 배제할 수 있을 것이다.

145) 상게논문, 252면.

146) 道垣內 正人, 전게논문, 18면.

구에 대해서는 국제사법 제32조 제1항을 적용하여야 한다고 하였다.

전자와 관련하여 이 판결은, 국제사법 제24조에 따르면 지적재산권의 보호는 그 침해지법에 의한다고 규정하고 있으나 이 조항은 지적재산권에 관한 국제조약에 대하여 보충적인 규정으로서, 관련 국제조약에 저촉규정을 두고 있는 경우에는 우선적으로 그에 따르고, 관련 국제조약이 존재하지 않거나 저촉규정을 두고 있지 않은 때에만 적용된다고 하였다. 그리고 후자와 관련하여서는, 저작권침해를 이유로 하는 손해배상청구의 법률관계의 성질은 불법행위이고 따라서 그 준거법에 관해서는 국제사법 제32조 제1항에 따라야 할 것인바, 국제사법 제32조 제1항에 정해진 '불법행위가 행하여진 곳의 법'은 피고들의 뮤직비디오가 배포된 곳이 우리나라이고, 우리나라에서 저작권의 침해에 의한 손해가 문제로 되고 있는 점에 비추어 우리나라의 법을 준거법으로 보아야 한다고 판단하였다.

이와 같이 저작권의 침해와 관련하여 금지청구와 손해배상청구를 나누어 양자의 성질결정을 달리함으로써 준거법도 달리 정한 위 판결에 대하여는 학계로부터 강한 비판이 있다.[147] 비판론에 의하면, 이 판결은 베른협약이 보호국법주의를 규정한 것으로 보면서도, 저작권침해를 둘로 나누어 이는 금지청구만을 규율하고 손해배상청구는 규율하지 않는다고 보았으나, 베른협약 상 그러한 근거가 있는지는 의문이라고 한다. 베른협약에 저촉규범이 있는지에 관하여는 전세계적으로 다툼이 있고 부정설도 유력하나, 보호국법주의를 규정한 것으로 해석하면서 이는 저작권침해에도 적용된다는 견해가 더 유력하고, 부정설은 아예 저촉규범이 없다거나, 아니면 저작권의 최초귀속과 양도에 대하여는 저촉규범이 없다는 것이 주류적인 해석이라는 것이다. 또한 이 비판론에서는 국제사법 제24조에 관하여, 이 규정은 금지청구와 손해배상을 그의 성질결정에 관계없이 통일적으로 보호국법에 연결하는 것이라고 하면서, 다만 지적재산권의 침해는 불법행위로서의 성질을 가지므로 제32조 제1항을 제외한 다른 불법행위에 관한 조문도 적용될 수 있다고 한다. 예컨대 제32조 제4항에 따라 과도한 손해배상을 배제할 수 있고, 제33조에 따라 준거법의 사후적 합의도 침해로 인한 효과(예컨대 손해배상청구권)에 관하여는 가능하다는 것이다(다만 지적재산권의 존부에까지 허용하기는 어렵다고 한다). 그러나 어떻든 불법행위의 준거법에 관하여 행위지법원칙을 정한 제32조 제1항은 제24조에 배치되므로 적용될 수 없다고 한다.[148]

---

147) 석광현, 국제지적재산권법에 관한 소고, 법률신문 제3656호.

148) 상게논문.

2. 서울중앙지방법원 2008. 6. 20. 선고 2007가합43936 판결

이 사건에서의 원고의 주장은, 원고는 '一生要做的99件事'(일생에 해야 할 99가지 일)이라는 제목의 중문서적의 저작재산권자인데, 피고 A는 원고의 허락 없이 그 중문서적을 한국어로 번역한 서적을 대한민국에서 출판하였고, 나머지 피고들은 그 번역서적을 피고 A로부터 공급받아 일반 독자들에게 판매하였는바, 이는 이 사건 중문서적에 관한 원고의 저작재산권을 침해하는 행위에 해당하므로 그 침해의 정지 및 이로 인하여 원고가 입은 손해의 배상을 구한다는 것이다. 이에 대하여 피고들은, 이 사건 중문서적은 기존에 존재하는 흔한 이야기들을 단순히 수집한 것으로서 창작성이 없을 뿐만 아니라, 피고 A는 원고와의 계약에 의하여 이 사건 중문서적의 해외 번역·출판을 허락할 권한을 가지고 있는 북경출판사로부터 적법하게 이용허락을 받아 번역서적을 출판한 것이므로 원고의 저작재산권을 침해하지 않았다고 주장하였다.

이 판결에서는 실체판단에 들어가기에 앞서 준거법에 관하여 다음과 같이 상세한 판시를 하고 있다. 즉, 원고는 자신의 저작재산권이 침해됨을 원인으로 하여 그 침해행위의 정지, 침해물건의 폐기 및 침해로 인한 손해배상을 구하고 있는바, 침해행위의 정지 및 침해물건의 폐기 청구는 저작재산권의 준물권적·대세적 효력에 기초한 것으로서 물권에 있어서의 방해배제청구권에 대응하는 성격이 있는 반면, 손해배상청구는 저작재산권의 침해로 인한 불법행위로서의 성격을 가지고 있어 위 청구들의 법률관계 성질들이 동일하다고 보기는 어려운 면이 있으나, ① 지적재산권의 침해는 일반 불법행위와는 다른 특수한 성격이 있음을 고려하여 국제사법이 불법행위에 관한 준거법 규정(제32조) 이외에 '지적재산권의 보호'에 관한 법률관계에 적용될 준거법 규정(제24조)을 별도로 둔 점, ② 침해정지청구와 손해배상청구는 공통적으로 지적재산권의 침해행위에 대하여 저작재산권자의 권리를 보호하기 위한 구제수단으로서의 성격을 가지고 있는 점, ③ 지적재산권의 보호에 관하여 요구되는 보호수단에 따라 상이한 준거법을 적용하는 것은 지적재산권의 보호에 관하여 준거법의 통일을 의도한 국제사법의 입법취지에 어긋나는 점 등을 고려할 때, 지적재산권의 침해를 원인으로 한 침해정지 및 손해배상청구는 모두 '지적재산권의 보호'에 관한 법률관계로서 원칙적으로 국제사법 제24조에 의해 그 준거법을 '침해지법'으로 정함이 상당하다고 하였다.

다만, 국제사법 제24조는 지적재산권에 관한 국제조약에 준거법에 관한 규정이 없는 경우를 대비한 보충적 성격의 규정이므로, 국제조약에 이 사건에서 문제된 법률관계에 적용될 준거법에 관한 규정이 있는 경우에는 그에 따라 준거법을 결정하여야 할 것인데, 대한민국과 중국은 모두 베른협약의 가입국이고, 이 사건 중문서적은 베른협약 제 1 조 및 제 2 조 제 1 항의 '문학적·예술적 저작물'(literary and artistic works)에 해당하며, 베른조약 제 5 조 제 2 항 제 2 문은 "저작자의 권리에 대한 보호의 범위와 이를 보호하기 위하여 주어지는 구제의 수단은 오로지 보호가 요구된 국가의 법률에 의해 보호된다"고 하여 저작재산권의 보호에 있어서의 준거법에 관해 규정하고 있으므로, 저작재산권의 보호에 관해서는 베른협약 제 5 조 제 2 항에 의하여 준거법을 결정하여야 한다고 하였다. 그리고 앞서 본 법리에 비추어 볼 때 베른협약 제 5 조 제 2 항의 '보호하기 위하여 주어지는 구제의 수단'에는 저작재산권에 기한 침해정지청구와 손해배상청구가 모두 포함되는 것으로 해석함이 상당하다고 하였다.

나아가 베른협약 제 5 조 제 2 항에 규정된 '보호가 요구된 국가'(the country where protection is claimed)라 함은 '그 영토 내에서의 보호가 요구되고 있는 국가', 즉 '보호국'을 의미하며, 특히 저작재산권의 침해 문제에 관련해서는 '그 영토 내에서의 침해행위에 대하여 보호가 요구되고 있는 국가', 즉 '침해지국'을 의미하는바, 이 사건에서 원고는 자신의 저작재산권에 대한 침해행위가 대한민국 영토 내에서 발생하였음을 주장하며 이에 대한 보호를 요구하고 있으므로, 결국 대한민국의 법률이 보호국법이자 침해지국법으로서 이 사건에 적용될 준거법이 된다고 하였다.

요약하면, 지적재산권의 침해를 원인으로 한 침해정지 및 손해배상청구는 모두 '지적재산권의 보호'에 관한 법률관계로서 원칙적으로 국제사법 제24조에 의해 그 준거법을 '침해지법'으로 정함이 상당하다는 것이다. 다만, 국제사법 제24조는 국제조약에 준거법 규정이 없는 경우를 대비한 보충적 규정인바, 이 사건이 관련된 대한민국과 중국은 모두 베른협약의 가입국이고, 베른협약 제 5 조 제 2 항은 "저작자의 권리에 대한 보호의 범위와 이를 보호하기 위하여 주어지는 구제의 수단은 오로지 보호가 요구된 국가의 법률에 의해 규율된다'" 고 하고 있으며, 특히 저작재산권의 침해 문제에 관련해서는 이는 "그 영토 내에서의 침해행위에 대하여 보호가 요구되고 있는 국가," 즉 '침해지국'을 의미한다는 것이다.

이 판결은 저작권의 침해와 관련하여 금지청구와 손해배상청구를 나누어 양자의 성질결정을 달리함으로써 준거법도 달리 정한 위에서 본 2007가합53681 판결과는 반대로, 저작권에 기한 침해정지 및 손해배상청구는 모두 '지적재산권의 보호'에 관한 법률관계로서 원칙적으로 베른협약 제 5 조 제 2 항에 의해 그 준거법을 '보호국법'(침해지법)으로 정함이 상당하다는 결론을 내리고 있다. 그러한 점에서 이 판결은 위 2007가합53681 판결에 대한 학계의 비판론과 궤를 같이 하고 있으며, 베른협약 제 5 조 제 2 항의 해석과 관련하여서는 보호국법 준거법설의 입장에 서 있는 것으로 보인다.

3. 서울고등법원 2008. 7. 8. 선고 2007나80093 판결(일명, '본 더치 상표' 사건, 또는 '플라잉 아이볼' 사건)

미국인인 망 A의 저작물 '플라잉 아이볼'(Flying Eyeball) 그림에 대한 저작권은 2002년 A의 상속인들에 의하여 '본 더치 오리지날'이라는 회사로 양도되어 본 더치 상표에 사용이 되었으나, 본 더치 오리지날은 위 그림에 대한 상표등록만 하고 저작권등록을 하지 않았다. 한편 A의 상속인들은 그 후 2005년 동일한 저작권을 원고에게 이중으로 양도하여 원고가 대한민국 내에서 저작권등록을 마쳤다. 그런데 피고는 '플라잉 아이볼' 그림을 상표출원하여 등록을 마치고, 이를 의류 등에 부착하여 판매하였고, 이에 원고는 자신의 저작권이 침해당하였음을 이유로 저작권법 제123조의 저작권침해정지청구권에 기하여 소송을 제기하였다.

이 사건의 국제사법적인 쟁점은 침해여부가 아닌 원고가 이 사건 각 저작권을 적법하게 취득하였는지 여부, 즉 '저작권자 결정' 등의 문제를 '본국법'에 의할 것인지 '보호국법'(침해지법)에 의할 것인지의 문제였다. 이에 대하여 본국법을 따른다면 위 저작물의 최초 발생국인 미국의 저작권법이 준거법이 될 것이고, 보호국법을 따른다면 보호를 구하는 국가, 즉 우리나라 저작권법이 준거법이 될 것이다. 이 사건의 실체적 쟁점인 저작권양도등록이 저작권양도의 성립요건과 대항요건 중 어느 것에 해당하는지, 대항요건에 해당한다면 대항요건의 구비에 필요한 구체적인 판단 기준은 무엇인지 등에 관하여 보면, 보호국법인 한국법과 본국법인 미국법이 모두 대항요건주의를 취한다는 점에서 양 법은 차이가 없다. 그러나 대항요건의 구비에 필요한 구체적인 판단 기준에 관하여는 차이가 있다. 즉, 한국 저작권법 및 판례에 의하면, 저작권 이중 양도의 계약상대방들 중 먼저 저작권등록을 경료한 사람이 원칙적으로 적법한 권리자로 보호받고, 다만 선등록한 후순위 양수인이 저작권자의 배임행위에 적극적으로 가담한 경우에 한하여 그 권리의 보호가 부정되는데 비하여,[149] 미국 저작권법 및 판례에 의하면, 선등록한 후순위 양수인이 적법한 권리자로 보호받기 위해서는 우리 법상의 위와 같은 요건 외에도, ① 후순위 양수인이 선순위 양도계약의 존재를 몰랐을 것, ② 후순위 양수인이 상당한 대가를 지급하였을 것 등의 추가적인 요건을 필요로 한다. 따라서 이 사건은 어느 법을 준거법으로 하느냐에 따라서 판결의 결론이 달라질 수 있는 상황이었다.

이 사건 판결이 판시하고 있는 바와 같이, 이 사건 저작물의 최초 발생국(본국)인 미국과 원고가 그 저작권의 보호를 구하는 국가(보호국)인 우리나라는 모두 베른협약의 가입국

149) 저작권법 제54조 제1호, 서울중앙지방법원 2006. 10. 10. 선고 2003가합66177 판결 등.

이고, 이 사건 저작물은 베른협약 제 2 조 제 1 항의 회화, 스케치 기타 응용미술저작물의 일종으로서 베른협약의 적용대상인 문학적·예술적 저작물에 해당한다.

이 판결에서는, 우리나라는 베른협약에서 채택한 보호국법주의를 국내법으로 명문화하여 국제사법 제24조에 "지적재산권의 보호는 그 침해지법에 의한다"라고 규정하였는데, 여기서 지적재산권의 보호와 관련하여 보호국법이 적용되는 범위가, 피고들이 주장하는 것처럼 베른협약 제 5 조 제 2 항 규정상의 "권리보호의 범위", "권리구제의 방법"으로 한정되는 것인지, 아니면 저작권자의 결정이나 저작권의 양도성 등에 대하여도 보호국법을 적용할 것인지가 문제로 된다고 하였다. 그러면서, "저작권자의 결정 등의 문제를 본국법에 의할 경우에는 우선 본국법을 정하는 것 자체가 쉽지 않을 뿐만 아니라, 같은 영토 내에서도 저작물의 본국이 어디냐에 따라 저작권 침해여부 판단이나 저작권자 결정의 결론이 달라져 저작물 이용자나 법원 등이 이를 판단, 적용하기가 쉽지 아니한 반면, 저작권자의 결정 문제는 저작권의 존부 및 내용과 밀접하게 결부되어 있어 각 보호국이 이를 통일적으로 해석 적용할 필요가 있고, 그렇게 하는 것이 각 동맹국이 자국의 영토 내에서 통상 법정지와 일치하기 마련인 보호국법을 간편하게 적용함으로써 내국민대우에 의한 보호를 부여하기에도 용이한 점에 비추어 보면, 국제협약에서 명시적으로 본국법에 의하도록 규정하지 아니한 이상 저작권자의 결정이나 권리의 성립, 소멸, 양도성 등 지적재산권에 관한 일체의 문제를 보호국법에 따라 결정함이 타당하며, 우리나라 국제사법 제24조가 지적재산권에 관한 모든 분야에 관하여 보호국법주의를 명시하는 대신 지적재산권 침해의 경우만을 규정하는 방식을 취하고 있다고 하더라도, 이를 넓게 해석하여 지적재산권의 성립, 이전 등 전반에 관하여 보호국법주의 원칙을 채택한 것으로 해석함이 상당하다"고 하여 보호국법주의 원칙의 적용범위를 확대해석하고 있다.

Ⅵ. 결　　론

그동안 저작권 분야에서 국제사법적 쟁점을 다룬 사례는 흔치 않았다. 그러나 지적재산권을 둘러싼 국제적인 분쟁이 날로 증가하고 있고, 이에 따라 최근에는 우리나라에서도 그동안 애매하게 넘어가던 저작권 분쟁과 관련한 국제사법적 쟁점으로서 준거법의 문제를 본격적으로 다룬 판례가 잇달아 나오고 있다. 이러한 현상은 저작물의 경제적 가치가 높아지고 산업화되면서 우리나라의 문화시장 역시 글로벌 마켓에 편입되고 있는 현실을 반영하고 있는 것으로 보인다.

이는 비단 우리나라에만 한정된 문제가 아니라 세계적으로 일어나고 있는 현상이다. 이에 저작권을 포함한 지적재산권 분야에서 국제재판관할 및 준거법의 문제와 더 나아가 외국판결의 승인 및 집행을 포함하여 세계적인 통일규범을 제정하여야 한다는 요구가 나오고 있다. 그동안 유럽 여러 나라를 중심으로 1968년의 브뤼셀협약과 그 병행협약인 1988년도의 루가노협약[150]이 채택되어, 민사 및 상사사건 일반에 관한 국제재판관할과 외국판결의 승인 및 집행에 관하여 제한된 범위 내에서 지역적인 통일 노력을 기울여왔다. 그리고 1992년에 이르러 미국의 제안으로 시작된 헤이그국제사법회의(Hague Conference on Private International Law)에서 기본적으로 위 협약들에 기초하여 1999년 "민사 및 상사사건의 국제재판관할과 외국재판에 관한 협약 예비초안"을 작성하기에 이르렀으나, 그 후 각국의 입장 차이와 인터넷의 등장을 비롯한 지적재산권에 관한 새로운 문제의 대두 등으로 조약의 성립이 어려움을 겪고 있다고 한다.[151] 즉, 지적재산권에 대한 국제적인 보호는 원칙적으로 속지주의에 입각하고 있는데, 인터넷의 등장과 함께 글로벌화가 진행됨에 따라 종래 국제사법상의 영토적인 연결점을 적용하여 국제재판관할과 준거법 등 국제사법상의 문제를 해결하는 것이 점점 더 어려워지고 있으며, 그 결과 지적재산권 분야가 국제적 통일규범의 성립에 장애물로 작용하고 있는 것이다. 그리하여 헤이그국제사법회의와는 별도로 세계지적재산권기구(WIPO)를 중심으로, 지적재산권 분야를 헤이그협약의 적용범위에서 제외하고 지적재산권의 국제재판관할과 재판의 승인 및 집행을 규율할 별도의 협약을 채택하기 위한 노력이 진행되어 왔다. 세계지적재산권기구에서는 지적재산권에 관한 국제사법상의 문제를 해결하기 위하여 1998년 "글로벌 디지털 네트워크를 통하여 전송되는 저작물 및 인접물의 보호에 관한 국제사법적 측면에 대한 전문가 그룹 회의"를 개최하였고, 1999년에는 상표, 의장 및 지리적 표시에 관한 특별위원회에서 인터넷상의 상표 사용에 관한 재판관할 및 준거법 문제에 대하여 논의를 가졌으며, 2000년에는 "전자상거래와 지적재산권 문제들에 관한 입문서"를 발간하여 국제재판관할과 준거법 등 국제사법적인 논점들을

150) Convention on Jurisdiction and Enforcement of Judgments in Civil and Commercial Matters, Sept. 27, 1968, O. J. (C 27). 1968년 당시 유럽공동체(EC) 회원국 중 6개국 간에 체결되어 1972년도에 발효된 브뤼셀협약은 여러 차례 개정을 거치면서 유럽연합(EU) 15개 회원국 전체에 효력을 가지게 되었고, 병행협약인 1988년 루가노협약(Lugano Convention)에 의해 유럽자유무역연합(EFTA) 국가들에게까지 확대 적용되기에 이르렀으며, 1999. 5. 1. 발효된 암스테르담조약에 따라 브뤼셀협약은 유럽연합 이사회규정(Council Regulation)인 브뤼셀 I 규정(Brussels I Regulation)으로 전환되어 2002. 3. 1.부터 발효되었다(이성호, 사이버 지적재산권 분쟁의 재판관할과 준거법, 전게논문, 190면에서 재인용).

151) 그러나 헤이그국제사법회의에 의하여 2005년에 "법정지 선택합의에 관한 헤이그협약"(Hague Convention on Choice of Court Agreement)이 제정됨으로써, 법정지선택합의의 방식, 선택된 법정지 법원의 관할 및 선택된 법정지 법원에 의한 판결의 승인 및 집행 등에 관한 규정을 두는 등 어느 정도의 성과를 거두기도 하였다(신창섭, 전게서, 53면).

포함한 전반적인 문제에 대하여 조감한 바 있다.[152]

그 후의 성과로서는 미국법률협회(ALI; American Legal Institute)가 2007년 5월 14일 제정한 지적재산권과 섭외적 분쟁에 관한 재판관할, 준거법 및 판결의 승인에 관한 이른바 'ALI 원칙'[153]이 2008년 9월에 공표되었고, 유럽에서는 막스프랑크 연구소를 중심으로 한 연구자 그룹(CLIP)이 CLIP 원칙[154] 제정 작업을 진행하고 있다. 한편, 일본에서는 早稻田 大學의 "グローバルCOEプロジェクト"가 아시아를 염두에 둔 원칙을 제정 중에 있다(이른바, '透明化 프로젝트' 입법제안).[155]

그러나 이러한 범세계적인 통일규범 제정에 대한 요구에도 불구하고 그러한 규범이 실제로 성립할 수 있을 것인지, 성립한다고 하더라도 장차 협상과정에서 어떠한 내용으로 제정될 것인지는 현재로서는 예측하기 어렵다. 따라서 현재로서는 앞에서 살펴본 학설이나 판례에 비추어 구체적인 사안별로 판단하되, 우리나라의 국익관계 등을 고려하여 신중하게 접근하는 것이 필요하다고 생각한다.

---

152) 이성호, 전게논문, 191면. 231면 참조.

153) Principles Governing Jurisdiction, Choice of Law, and Judgments in Transnational Disputes(ALI Principles).

154) CLIP(The European Max Planck Group on Conflict of Laws in Intellectual Property)는 지적재산 및 국제사법 분야에 대한 유럽의 연구자 그룹으로서, 막스프랑크 학술진흥협회(Max Planck Society)의 지원을 받아 2004년 결성된 이래 정기적인 회의를 개최하여, 지적재산·국제사법 및 재판관할의 문제에 관하여 논의를 진행하고 있다. 이 연구자 그룹의 목적은 지적재산권에 있어서 통일적인 준거법 원칙 모델을 제정하고, 독립적인 입장에서 유럽 각 나라의 입법에 도움을 주는 것이라고 한다(河野俊行, 知的財産權と涉外民事訴訟, 弘文堂(2010), 108면 참조). CLIP 원칙은 지적재산 분야에 있어서 국제재판관할, 준거법 및 판결의 승인과 집행에 관한 원칙을 정한 것으로서, 2009년 4월 8일 제 1 차 초안, 2009년 6월 6일 제 2 차 초안, 2010년 9월 1일 제 3 차 초안을 거쳐, 현재 2011년 12월 1일 최종 텍스트가 공표되었다(http://www.cl-ip.eu 참조).

155) 河野俊行, 전게서, 2면.

인용문헌

1. 국내문헌

가. 단 행 본

권영준, 『저작권법침해판단론』, 박영사(2007).

김윤명, 『정보기술과 디지털법』, 진한 M&B(2005).

박덕영, 『컴퓨터프로그램보호법 교재』, 저작권심의조정위원회.

박덕영, 『저작권 국제협약』, 저작권심의조정위원회(2006).

박성호, 『저작권법의 이론과 현실』, 현암사(2006).

박성호, 『저작권법』, 박영사(2014).

박준석, 『인터넷 서비스 제공자의 책임』, 박영사(2006).

서달주, 『한국저작권법』, 박문각(2007).

석광현, 『201년 개정 국제사법 해설』, 제 2 판, 지산(2003).

송상현·김문환·양창수, 『컴퓨터프로그램보호법 축조연구』, 서울대학교 출판부(1989).

송영식·이상정, 『저작권법개설』, 전정판, 세창출판사(2000).

송영식·이상정·황종환, 『지적소유권법』, 육법사(1999, 2005).

신창섭, 『국제사법』, 세창출판사(2011).

오승종·이해완, 『저작권법』, 박영사(2000, 2004, 2005).

윤선희, 『지적재산권법』, 전정판, 세창출판사(2004).

이기수 외 6인, 『지적재산권법』, 한빛지적소유권센터(1998).

이대희, 『인터넷과 지적재산권법』, 박영사(2002).

이상정, 『산업디자인과 지적소유권법』, 세창출판사(1995).

이종일, 『특허법』, 한빛지적소유권센터(1995).

이종일, 『특허법』, 한빛지적소유권센터(1996).

이철, 『컴퓨터범죄와 소프트웨어 보호』, 박영사(1995).

이해완, 『저작권법』, 제 3 개정판, 박영사(2015).

임원선, 『실무자를 위한 저작권법』, 제 4 판, 한국저작권위원회(2014).

장인숙, 『저작권법원론』, 보진재(1996).

장주영, 『미국 저작권판례』, 육법사(2003).

재단법인 한국게임산업개발원, 『게임분쟁사례집』(2005).

저작권심의조정위원회, 『영국저작권법』, 저작권관계자료집 제46집(2005).

정진섭·황희철, 『국제지적재산권법』, 육법사(1995).

지원림, 『민법강의』, 제 3 판, 홍문사(2004).

최경수·오기석, 『디지털방송과 저작권법』, 문화관광부(2003).

하용득, 『저작권법』, 사단법인 법령편찬보급회(1988).

한국컴퓨터프로그램보호회, "소프트웨어저작권보호와 침해 대응책,"(1998).

한승헌, 『저작권의 법제와 실무』, 삼민사(1988).

허희성, 『베른협약축조개설(파리규정)』, 일신서적출판사(1994).

허희성, 『신저작권법축조해설』, 범우사(1988).

황적인 외 2인, 『著作權法』, 법문사(1988).

나. 논 문

강태욱, "PS2-Mod Chip 사건을 통해 바라본 기술적 조치의 보호범위," 한국디지털재산법학회, 디지털재산법연구(제 5 권 제 1 호, 통권 제 7 호).

계승균, "권리소진이론에 관한 연구," 부산대학교 박사학위 논문(2003).

계승균, "저작권과 소유권," 계간 저작권(2004년 봄호), 저작권심의조정위원회.

계승균, "저작권법상 권리소진이론," 창작과 권리(2003년 겨울호, 제33호), 세창출판사.

곽경직, "저작인접권의 보호," 계간 저작권(1995년 겨울).

권영상, "매절," 한국저작권논문선집(Ⅱ), 저작권심의조정위원회(1995).

권영준, "컴퓨터프로그램저작권과 아이디어·표현 이분법," 『사이버지적재산권법』, 법영사(2004).

김경숙, "저작권 침해판단에서 '실질적 유사성' 개념의 재구성," 계간 저작권(2015년 가을), 한국저작권위원회.

김근우, "컴퓨터프로그램법상 저작인격권," 디지털재산법연구(제 4 권 제 1 호, 통권 6호), 세창출판사(2005).

김기섭, "외국 만화 캐릭터의 국내법적 보호에 관한 소고," 한국저작권논문선집(Ⅰ), 저작권심의조정위원회(1992).

김기중, "저작권 신탁관리업에 대한 규제제도와 개선방향," 계간 저작권(2005년 가을), 저작권심의조정위원회.

김문환, "동일성유지권의 침해 여부－ '롯티' 사건 판례평석," 한국저작권판례평석집(Ⅰ), 저작권심의조정위원회

김병일, "음악공연권과 그 제한에 관한 고찰," 산업재산권(제17호)(2005).

김성종, "타이프페이스의 법적 보호론," 계간 저작권(1995년 가을), 저작권심의조정위원회.

김용섭·정상현, 著作權法上 法定損害賠償制度의 導入과 問題點, 성균관법학 제20권 제3호 별권(2008).

김일환, "데이터베이스와 DB산업의 현장," 계간 저작권(1990년 봄).

김정술, "저작권과 저작인접권의 내용,"『지적소유권에 관한 제문제(下)』, 재판자료 57집, 법원행정처(1992).

김진욱, "퍼블리시티권의 보호범위와 한계에 관한 연구," 성균관대학교 석사학위 논문(2005).

김창화, "저작권법상 실질적 유사성 판단의 관점에 대한 연구," 계간 저작권(2014년 여름), 한국저작권위원회.

김현철, "권리관리정보 보호를 위한 저작권법 개정 방향에 관한 연구," 저작권연구자료 37, 저작권심의조정위원회(2001. 12),

김현철, "도서관보상금제도 안내," 저작권아카데미 제 6 차 사서과정.

김현철, "디지털환경하의 사적 복제문제에 관한 비교법적 고찰," 저작권심의조정위원회(2004).

김형렬, "권리관리정보의 보호에 관한 소고," 디지털재산법연구(2002. 2. 제 1 권 제 2 호), 디지털재산법학회.

김형렬, "저작권법상 전시권 관련 규정의 문제점과 개선방안, 정보법학," 한국정보법학회(2014. 제18권 제 3 호).

도두형, "판례평석: 저작물 동일성유지권이 미치는 범위," 인권과 정의, 대한변호사협회(1994. 5).

박범석, "저작권계약의 해석방법론에 관한 연구－저작자와 저작권이용자 사이의 계약 해석에 있어서－," 서울대학교 법학석사 논문(2000. 8).

박성호, "미키마우스 저작권의 보호기간－판례평석," 1997. 7. 28.자 법률신문 제2618호.

박성호, "업무상 작성한 저작물의 저작권 귀속," 한국저작권논문선집(Ⅰ), 저작권심의조정위원회(1992).

박성호, "저작권의 보호기간," 한·미 FTA 저작권 분야 공청회 자료(2006).

박성호, "편집저작물의 저작권 보호," 계간 저작권(1995년 겨울), 저작권심의조정위원회.

박성호, "포스트모던 시대의 예술과 저작권," 한국저작권논문선집(Ⅱ), 저작권심의조정위원회(1995).

박유선, "미국 판례상의 변형적 이용에 대한 연구," 계간 저작권(2015년 여름), 한국저작권위원회.

박익환, "사진의 저작권보호," 계간 저작권(2002년 여름호), 저작권심의조정위원회.

박익환, "판례평석: 만화저작권 침해와 구제,"『지적재산권법상의 제문제』(梅山 송영식 선생 華甲 기념논문집), 세창출판사(2004).

박준석, "인터넷 서비스제공자의 책임에 관한 국내 판례의 동향－소리바다 항소심 판결들을 중심으로－," Law & Technology 제 2 호, 서울대학교 기술과법센터(2005. 9.).

박지숙, "남북 저작물 교류에 대한 협력방안 연구," 계간 저작권(2014년 겨울호), 한국저작권위원회.

박태일, "어문저작물인 원저작물을 요약한 요약물이 원저작물과 실질적인 유사성이 있는지 판단하는 기준에 관한 연구," 정보법학 한국정보법학회(2014. 제18권 제 3 호).

배금자, "저작권에 있어서의 병행수입의 문제," 창작과 권리(2003년 봄호, 제30호), 세창출판사.
배대헌, "지적재산권 개념의 형성과 그 발전," 『지적재산권법의 제문제』(梅山 송영식 선생 華甲 기념논문집), 세창출판사(2004).
서달주, "2002 독일 개정저작권법과 저작자의 지위 강화," 저작권심의조정위원회(2003).
서달주, "프랑스 저작권 이용계약법," 저작권심의조정위원회(2004).
석광현, "국제지적재산권법에 관한 소고," 법률신문 제3656호.
신재호, "2차적 저작물의 개념 및 법적 취급에 관한 검토," 창작과 권리(2011년 겨울).
신창환, "미국 저작권법의 저작인격권 문제," 계간 저작권(2004년 여름), 저작권심의조정위원회.
심동섭, "개정 저작권법 해설," 계간 저작권(2006년 겨울), 저작권심의조정위원회.
안경환, "공연·전시에 있어서의 신·구법의 차이점," 계간 저작권(1988년 봄호), 저작권심의조정위원회.
양창수, "민법의 관점에서 본 저작권법," 계간 저작권(1988년 가을호), 저작권심의조정위원회.
오세빈, "캐릭터의 부정사용과 부정경쟁방지법 위반죄의 성부," 형사재판의 제문제(제 1 권), 박영사(1997).
원세환, "공동저작물을 둘러싼 법률관계," 계간 저작권(2014년 여름), 한국저작권위원회.
유대종, "저작권 남용의 법리에 관한 연구," 경희대학교 박사논문(2006).
유대종, "Publicity권에 관한 고찰," 경희대학교 석사학위논문(1999).
윤선희·신재호, "기술적 보호조치에 대한 검토," 디지털재산법연구(2002. 2. 제 1 권 제 2 호), 한국디지털재산법학회.
이균룡, "상표권 침해로 인한 금지청구 및 손해배상에 관한 소고," 법조(1991).
이기수·안효질, "판례평석－응용미술 작품의 보호," 창작과 권리, 세창출판사.
이대희, "저작권법상 일시적 복제개념의 인정여부에 관한 연구," 계간 저작권(2004년 가을, 제67호), 저작권심의조정위원회.
이대희, "P2P 파일교환에 관한 판례의 분석," 디지털재산법연구(2004. 5. 제 3 권 제 1 호).
이대희, "P2P 파일교환에 관한 Grokster 판결과 그 영향에 관한 고찰," Law & Technology, 서울대학교 기술과법 센터(2005. 9).
이상정, "데이터베이스 제작자의 보호," 계간 저작권(2003년 가을), 저작권심의조정위원회.
이상정, "응용미술의 보호," 계간 저작권(1995년 봄), 저작권심의조정위원회.
이상정, "판례평석－롯티사건," 창작과 권리(1997년 봄호, 제 6 호), 세창출판사.
이상정, "판례평석－이른바 '히딩크 넥타이'의 도안의 저작물성," 창작과 권리(2006년 봄호, 제42호), 세창출판사.
이성호, "사이버 지적재산권분쟁의 재판관할과 준거법," 국제사법연구(2003. 8).
이성호, "서체도안의 저작물성과 등록관청의 저작물등록심사권의 범위," 대법원판례해설(제27호), 법원도서관.

이성호, “외국인의 지적소유권의 보호－저작권을 중심으로,” 지적소유권에 관한 제문제(하), 재판자료 제57집, 법원행정처(1992).

이성호, “저작권법상 공연의 의미와 노래방 업주의 책임,” 대법원판례해설(제25호), 법원도서관(1996. 11.).

이성호, “저작권법의 체계와 주요 쟁점,” 인권과 정의(2005년 1월호, 통권 341호).

이성호, “저작권 침해 여부의 판단기준,” 『지적재산권법강의』, 홍문사(1997).

이성호, “저작물 이용허락의 범위와 새로운 매체－미국 저작권법을 중심으로,” 판례월보(311호).

이성호, “사이버 지적재산권분쟁의 재판관할과 준거법,” 국제사법연구(2003. 8).

이성호, “국제 지적재산권 분쟁의 현황과 국제사법상의 과제,” 국제사법연구(2003. 12).

이영록, “퍼블리시티권에 관한 연구(Ⅱ),” 저작권심의조정위원회 저작권연구자료, 47권(2004).

이재환, “저작권의 양도 및 이용허락에 관한 프랑스법의 태도와 본 주제에 관한 사견,” 판례실무연구, 비교법실무연구회(1997).

이종구, “한미 FTA의 이 행에 따른 미국의 법정손해배상제도의 도입과 그 한계,” 산업재산권 23호(2007).

이해완, “인터넷서비스제공자의 책임,” 특수지적재산권, 2004년 전문분야 특별연수, 변호사연수원(2004).

이해완, “인터넷 링크와 저작권침해 책임,” (사)한국저작권법학회, 2015 상반기 학술세미나 자료집.

이형하, “저작권법상의 자유이용,” 지적소유권에 관한 제문제(下), 재판자료 제57집, 법원행정처(1992).

이호열, “WTO 체제하의 저작권 대책－미국 저작권법상 공정이용을 중심으로,” 고려대학교 대학원 박사학위논문(1997) .

임동혁, “인터넷 P2P 서비스의 저작권 침해에 관한 연구－P2P 모델을 중심으로,” 고려대학교 법과대학원 석사학위논문(2004. 7).

임원선, “새로운 비즈니스 모델과 일시적 복제의 보호,” 사이버지적재산권법, 법영사(2004).

임원선, “저작권 보호를 위한 기술조치의 법적 보호에 관한 연구,” 동국대학교 박사학위논문(2003).

임준호, “컴퓨터프로그램의 법적 보호,” 지적소유권에 관한 제문제(하), 법원행정처(1992).

전석진, “디지털시대의 저작권,” 『지적재산권법강의』, 홍문사(1997).

전성태, “프로그램코드 역분석에 관한 소고,” 디지털재산법연구(제 4 권 제 1 호), 세창출판사(2005).

전효숙, “특허권침해로 인한 손해배상,” 『신특허법론』, 법영사(2005).

정상기, “소프트웨어의 일시적 복제와 전송권,” 산업재산권(2005년 5월, 제17호), (사)한국산업재산권법학회.

정상조, "우리나라의 데이터베이스 보호," 세계의 언론법제(2006년 상권), 한국언론재단.
정상조, "저작권이전등록-안현필 사건," 한국저작권판례평석집(Ⅰ), 저작권심의조정위원회(1998).
정상조, "저작물 이용허락의 범위," 판례실무연구(Ⅰ), 비교법실무연구회.
정상조, "창작과 표절의 구별기준", 서울대학교 법학(제44권 제 1 호)(2003).
정재훈, "법률상의 추정과 사실상의 추정," 재판자료집 제25집, 법원도서관(1995).
정재훈, "저작권 침해에 대한 손해배상-입법론을 중심으로," 법조(1997년 3월, 통권 제486호).
정재훈, "패러디 廣告와 著作權 侵害," 광고연구(1998년 여름, 제39호), 한국방송광고공사.
정재훈, "퍼블리시티권의 제한," 창작과 권리(1998년 봄), 세창출판사.
조원희, "응용미술저작물의 보호기준에 관한 소고," 계간 저작권(2005년 여름호), 저작권심의조정위원회.
채명기, "저작권법상 비영리목적의 공연에 관한 연구," 저작권심의조정위원회(1999).
최경수, "WIPO 저작권조약 및 실연·음반조약 해설(하)," 계간 저작권(1997년 여름, 제38호), 저작권심의조정위원회.
최경수, "멀티미디어와 저작권," 저작권연구자료(21), 저작권심의조정위원회(1995).
최경진, "법정손해배상제도의 도입에 관한 연구 -한미자유무역협정에 따른 민법과의 조화를 중심으로-," 中央法學, Vol.13 No.3, 2011.
최성준, "기술적 보호조치의 무력화 행위에 관하여," Law & Technology(제 2 권 제 3 호), 서울대학교 기술과법센터.
최연희, "캐릭터 보호에 관한 연구," 이화여대 석사논문(1990).
최정열, "인터넷상의 디지털 정보에 관한 보호," 재판자료집(1999).
최진원·이일호, "제호의 상품화와 지식재산적 보호," (미공간).
최진원, "하인즈 워드와 동화책-인격권·퍼블리시시권과 예술·표현의 자유," 저작권문화, 저작권심의조정위원회(2006. 7).
최현호, "영상저작물에 관한 특례," 한국저작권논문선집(Ⅰ), 저작권심의조정위원회(1992).
하동철, "공연권에 관한 연구-재구성과 제한을 중심으로," 서강대학교 박사학위논문(2005).
한승헌, "번역과 저작권," 계간 저작권(1997), 저작권심의조정위원회.
한위수, "퍼블리서티권의 침해와 민사책임," 인권과 정의(1996년 10월, 11월).
한지영, "불법행위의 구제방법으로서의 원상회복에 대한 검토 - 인격권 침해시 원상회복을 중심으로 -," 창작과 권리 2010년 겨울호(제61호).
허희성, "사진저작물에 대한 이용허락의 범위," 계간 저작권(2005년 봄호, 제69호), 저작권심의조정위원회.
허희성, "일본저작권법의 개요," 계간 저작권(1996년 가을), 저작권심의조정위원회.
황인상, "데이터베이스의 저작권법상의 보호 및 새로운 입법의 필요성," 사법연수원 제28기 수료논문(1999).

황적인, "복제보상금제의 긍정론," 한국저작권논문선집(Ⅱ), 저작권심의조정위원회(1995).
황적인, "영상저작물의 판례평석," 계간 저작권(1988년 봄호), 저작권심의조정위원회.
황희철, "컴퓨터프로그램보호법," 『지적재산권법강의』, 홍문사(1997).

다. 기　　타

2005 저작권법 개정안 설명자료, 문화관광부.
CYBER LAW의 제문제(상), 법원도서관(2003).
『연극·영화관련 저작권 문답식해설』, 저작권심의조정위원회(1991).
『저작권에 관한 국제협약집』, 개정판, 저작권관계자료집(21), 저작권심의조정위원회.
대한민국법령연혁집, 법제연구원(1997), 13권.
대한변리사회, 『지적재산권판례집』(1997).
문화관광부, 『2005－개정저작권법 설명자료』.
법무부, 『컴퓨터프로그램의 법적 보호』(1994).
법원실무제요, 『민사집행(Ⅳ)－보전처분』, 법원행정처(2003).
사단법인 한국저작권법학회, "저작권위탁관리제도 개선방안 연구," 문화관광부(2004).
저작권심의조정위원회, 『독일저작권법(2004)』, 저작권관계자료집(45).
저작권심의조정위원회, 『멀티미디어보고서』.
저작권심의조정위원회, 『著作權에 관한 外國判例選』.
한국데이터베이스진흥센터, 『외국의 데이터베이스 관련 정책 및 제도연구』.
한국저작권판례집, 저작권심의조정위원회.
中山信弘, 著作權法, 법문사(2008).

2. 국외서적(일본)

가. 단 행 본

著作權判例百選, 別冊, ジュリスト, No. 128.
清永利亮, 『著作權侵害訴訟』, 新·實務民事訴訟講座 Ⅴ.
最新 著作權關係判例集 Ⅰ, 著作權判例研究會.
最新 著作權關係判例集 Ⅱ-1, 著作權判例研究會 編, ぎょうせい.
金井重彦, 小倉秀夫 編著, 『著作權法 コンメンタール』, 東京布井出版(2002).
布井要太郎, 『判例知的財産侵害論』, 信山社(2000).
『著作權法と民法の現代的課題』, 半田正夫先生 古稀記念論集, 法學書院(2003).
清永 利亮, 設樂 隆一 編著, 『現代裁判法大系, V.26 知的財産權』, 新日本法規(1999).
加戸守行, 『著作權法逐條講義』, 改訂新版, 著作權情報センター(1994).

加戸守行,『著作權法 逐條講義』, 四訂新版, 社團法人 著作權情報センター.
田村善之,『著作權法講義ノート5』, 發明 92권 8호.
田村善之,『著作權法概說』, 제 2 판, 有斐閣(2001).
新版 著作權事典, 社團法人 著作權情報センター(1999).
作花文雄,『詳解 著作權法』, 제 3 판, ぎょうせい.
半田正夫,『著作權法概說』, 第 7 版, 一粒社(1994).
半田正夫,『著作權法概說』, 제11판(2003. 8).
半田正夫,『著作權法の現代的課題』, 一粒社, .
半田正夫·松田政行,『著作權法コンメンタール』, 勁草書房(2008)
中山信弘,『ソフトウェアの法的保護』, 有斐閣(1990).
著作權法の權利制限規定をめぐる諸問題, 權利制限委員會, 社團法人 著作權情報センター(2004. 3).
齊藤博,『概說著作權法』, 一粒社.
吉田大輔, '明解著作權 201答', 出版ニュース社(2001).
內田 晉,『問答式 入門 著作權法』, 新日本法規出版 株式會社(2000).
中山信弘(編),『注解特許法(上)』, 第 2 版(1994).
齊藤博, 著作權法(第3版), 有斐閣(2007).
金彦叔, 知的財産權と國際私法 , 信山社(2006).
河野俊行, 知的財産權と涉外民事訴訟, 弘文堂(2010).
渋谷達紀, 知的財産法講義(2) 著作權法·意匠法(第2版), 有斐閣(2007).
河野俊行, 知的財産權と涉外民事訴訟, 弘文堂(2010).

나. 논 문

上野達弘, "引用をめぐる要件論の再構成," 著作權法と民法の現代的課題.
足立謙三, '著作權の移轉と登錄', 裁判實務大系: 知的財産關係訴訟法, 青林書院(1997).
半田正夫, "著作權の準占有, 取得時效," 裁判實務大系－知的財産關係訴訟法, 青林書院.
光石俊郎, "2次的著作物の作成とその原著作物の著作者の同一性保持權について," 知的財産權をめぐる諸問題, 社團法人 發明協會(1996).
光石俊郎, "著作權法において依據について," 知的財産權の現代的課題, 信山社(1995).
西田美昭, "複製權の侵害の判斷の基本的考え方," 齊藤 博, 牧野利秋 編, 裁判實務大系, 知的財産關係訴訟法, 青林書院(1997).
齊藤浩貴, "一時的蓄積と複製に關する實際的考察," 著作權法と民法の現代的課題, 法學書院(2003).
木村 豊, "美術の著作物等に關する著作權の制限," 著作權法の權利制限規定をめぐる諸問題, 權利制限委員會, 社團法人 著作權情報センター(2004. 3).

高城春實,『特許·實用新案侵害訴訟における損害賠償の算定(4)』, 發明(86卷 4號)(1989).

渡邊 修, "文學的 キヤラクター の侵害," 裁判實務大系-知的財産權訴訟法(牧野利秋 외 1인 編).

茶園成樹, "新聞記事의 要約," 裁判實務大系－知的財産權關係訴訟法(牧野利秋 외 1인 編), 青林書院.

飯村敏明, "著作者의 認定," 裁判實務大系－知的財産關係訴訟法, 青林書院(牧野利秋 編, 1997).

古城春實, "共同著作," 裁判實務大系-知的財産關係訴訟法, 牧野利秋 編, 青林書院(1997).

阿部浩二, "權利制限規定とフェア·ユースの法理," 著作權法の權利制限規定をめぐる諸問題, 權利制限委員會, 社團法人 著作權情報センター(2004. 3).

土肥一史, "著作權法上權利制限規定の性質," 著作權法の權利制限規定をめぐる諸問題, 權利制限委員會, 社團法人 著作權情報センター(2004. 3).

大澤恒夫, "IT分野と私的複製·引用に關聯する若干の檢討," 著作權法の權利制限規定をめぐる諸問題, 權利制限委員會, 社團法人 著作權情報センター(2004. 3).

棚野正士, "放送事業者等著による一時的固定－判例 スターデジオ事件にみる," 著作權法の權利制限規定をめぐる諸問題, 權利制限委員會, 社團法人 著作權情報センター(2004. 3).

木村 豊, "美術の著作物等に關する著作權の制限," 著作權法の權利制限規定をめぐる諸問題, 權利制限委員會, 社團法人 著作權情報センター(2004. 3).

早稻田祐美子, "圖書館をめぐる權利制限の問題," 著作權法の權利制限規定をめぐる諸問題, 權利制限委員會, 社團法人 著作權情報センター(2004. 3).

田口重憲, "學校教育目的での著作物利用と權利制限,"『著作權法の權利制限規定をめぐる諸問題』, 權利制限委員會, 社團法人 著作權情報センター(2004. 3).

田村善之, 民法の一般不法行爲法による著作權法の補完の可能性について, コピライト, 社團法人 著作權情報センター, No.607(2011. 11).

三山裕三, "引用に依する著作權の制限," 著作權法の權利制限規定をめぐる諸問題, 權利制限委員會, 社團法人 著作權情報センター(2004. 3).

小泉直樹, 2次的著作物について, コピライト 494號(2002).

長澤幸男, 2次的著作物, 牧野利秋·飯村敏明 編, 新裁判實務大系 22 著作權關係訴訟法, 青林書院(2004).

橫山久芳, 翻案權侵害の判斷基準の檢討, コピライト 609號(2012).

道垣內 正人, 著作權に關する國際裁判管轄と準據法, コピライト, No.600.

3. 국외서적(영미)

가. 단 행 본

Black's Law Dictionary, 6th ed., West Publishing Co.

Donald S. Chisum & Michael A. Jacobs, *Understanding Intellectual Property Law*, Matthew Bender & Co., Inc (1992).

E. P. Skone James, *Copinger and Skone James on Copyright*, Sweet & Maxwell Ltd. (1980).

Mark A. Lemley et. al., *Software and Internet Law*, 2d Aspen Publishers (2003).

Melville Nimmer & David Nimmer, *Nimmer on Copyright*, Lexis Publishing (2002).

Miller & Davis, *Intellectual Property, Patent, Trademark and Copyright*, Nutshell Series.

Paul Goldstein, *Copyright*, 2d ed., Little Brown and Company (1996).

나. 논 문

Daniel Gervais, *Application of an Extended Collective Licensing Regime in Canada: Principles and Issues Related to Implementation*, Univ. of Ottawa (June, 2003).

Elliott M. Abramson, *How Much Copying under Copyright? Contradictions, Paradoxes, and Inconsistencies*, 61 Temple L. Rev. 133, p.147 (1988).

Hassan Ahmed, *The Copyrightability of Computer Program Graphical User Interface*, 30 Sw. U. L. Rev. 480.

Jarrod M. Mohler, *Toward a Better Understanding of Substantial Similarity in Copyright Infringement Cases*, 68 U. Cin. L. Rev. 971.

Jessica Litman, *The Public Domain*, 39 Emory L. J. 965 (1990).

Latan, *'Probative Similarity' as Proof of Copying: Toward Dispelling Some Myths in Copyright Infringement*, 90 Colum. L. Rev. 1187 (1990).

Mihaly Ficsor, *Collective Administration of Copyright and Neighboring Rights*, 2nd ed. (Geneva: WIPO, 2002).

Paul M. Grinvalsky, *Idea-Expression in Musical Analysis and the Role of the Intended Audience in Music Copyright Infringement*, 28 California Western L. Rev.

Preet K. Tummala, *The Seinfeld Aptitude Test; An Analysis under Substantial Similarity and the Fair Use Defense*, 33 U.C. Davis L. Rev.

Raphael Metzger, *Name That Tune; A Proposal for an Intrinsic Test of Musical Plagiarism*, 5 Loy. Ent. L. J. 61 (1985).

Sarah Brashears-Macatee, *Total Concept and Feel or Dissection?: Approaches to the Misappropriation Test of Substantial Similarity*, 68 Chi.-Kent. L. Rev. (1993).

판례 찾아보기

1. 대법원

2. 하급심 판례

3. 일본 판례

4. 미국 판례

사항 찾아보기

| ㄹ |

| ㅇ |

| ㅋ |

| ㅎ |

저자 소개

서울대학교 법과대학 졸업
미국 Columbia Law School(LL.M.)
서강대학교 법학박사

제26회 사법시험 합격
사법연수원 수료
서울형사지방법원 판사
서울지방법원 동부지원 판사
춘천지방법원 강릉지원 판사
서울지방법원 북부지원 판사
서울지방법원 판사
사법연수원 교수
성균관대학교 법과대학 교수
사법시험, 변리사시험 출제위원
일본 동경대학교 법과대학 특임교수
사법연수원 외부강사
국악방송 이사
한국출판문화산업진흥원 이사
방송통신위원회 전문위원
특허청 산업재산권분쟁조정위원
한국저작권위원회 위원
개인정보보호위원회 위원
법무법인 바른, 법무법인 다래 변호사
한국저작권위원회 위원장
한국저작권법학회 회장

현재 홍익대학교 법과대학 교수
변호사

주요 저서

저작권법 강의(박영사)
저작권법(사법연수원)
정보사회와 저작권법(홍익대학교)
특허법(사법연수원, 공저)
회사변호사의 윤리(집문당)

제 6 판
저작권법

초판발행 2007년 6월 30일
제 6 판발행 2024년 2월 20일

지은이 오승종
펴낸이 안종만 · 안상준

편 집 한두희
기획/마케팅 최동인
표지디자인 이영경
제 작 고철민 · 조영환

펴낸곳 (주) 박영사
서울특별시 금천구 가산디지털2로 53, 210호(가산동, 한라시그마밸리)
등록 1959. 3. 11. 제300-1959-1호(倫)
전 화 02)733-6771
f a x 02)736-4818
e-mail pys@pybook.co.kr
homepage www.pybook.co.kr
ISBN 979-11-303-4634-2 93360

정 가 72,000원